U0631931

中国住房与城乡建设发展实务

中

ZHONGGUO ZHUFANG YU CHENGXIANG JIANSHE FAZHAN SHIWU

中国管理科学研究院资源环境研究所 编

第四篇
宜居城市与低碳城市建设

第一章　宜居城市建设

第一节　宜居城市的内涵及特征

城市是人类文明的载体，是人类修养生息的聚居地，在人类文明发展历程中肩负着伟大的使命。城市又是一个复杂的巨系统，是包含着人类、生态、经济、社会、文化多种要素的集合，因而宜居城市作为对当今时代城市属性简洁准确的概括，其内涵必定是丰富多样，难以一言以蔽之的。尽管宜居城市这一城市建设的思想起源已久，但宜居城市内涵的提出时间不长，目前在国内外还没有统一准确权威的界定。人们对宜居城市的内涵、理解多种多样，宜居城市也表现出多种评价标准、特征和内在的发展规律。本章主要研究宜居城市的基本内涵、评价标准、特征及其发展的基本规律。

一、宜居城市的基本内涵

（一）宜居城市

宜居城市是指城市范围内的经济、社会、文化、环境协调发展，人居环境良好．能够满足居民物质和精神生活需求，适宜人类工作、生活和居住的城市。“宜居”从字面的解释就是“宜于居住”，起初主要是对一个社区、一定的居民生活范围内生存环境的一个基本认识，涉及的是一个比较“微观”的范畴。

广义的“宜居城市”则是指人文环境与自然环境相协调，经济持续繁荣社会和谐稳定，经济效益与社会公共利益、生态环境效益统筹兼顾，文化氛围浓郁，设施舒适齐备，适于人类工作、生活和居住的城市。这里的“宜居”不仅是指适宜居住，还包括适宜就业、快捷出行及教育、医疗、安全、环境、文化资源充足等内容，还包括社会安全、政治稳定、资源能源的可持续利用等方面。

依据罗亚蒙负责完成的中华人民共和国建设部批准立项06—R1—26项目《宜居城市科学评价指标体系研究》验收成果，“宜居城市”是指那些社会文明度、经济富裕度、环境优美度、资源承载度、生活便宜度、公共安全度较高，城市综合宜居指数在80以上且没有否定条件的城市。城市综合宜居指数在60以上、80以下的城市，称为“较宜居城市”。城市综合宜居指数在60以下的城市，称为“宜居预警城市”。

宜居城市有宏观、中观、微观三个层次的含义。从宏观层面看，宜居城市应该具备良好的城市大环境，包括自然生态环境、社会人文环境，人工建筑设施环境在内，是一个复杂的巨系统；从中观层面看，宜居城市应该具备规划设计合理、生活设施齐备、环境优美、和谐亲切的社区环境；从微观层面来看，宜居城市应该具备单体建筑内部良好的居室环境，包括居住面积适宜、房屋结构合理、卫生设施先进、以及良好的通风、采光、隔音等功效。但是究竟什么样的城市才是“宜居城市”，不同时期“宜居”会有不同的体现。

在国内宜居城市建设实践中，对宜居城市的理解更注重宏观和中观层面的研究与理解。宜居城市是一个由自然物质环境和社会人文环境构成的复杂巨系统。其自然物质环境包括自然环境、人工环境和设施环境3个子系统，其社会人文环境包括社会环境、经济环境和文化环境3个子系统。各子系统有机结合、协调发展，共同创造出健康、优美、和谐的城市人居环境，构成宜居城市系统。宜居城市的自然物质环境为人们提供了舒适、方便、有序的物质生活的基础，而社会人文环境则为居民提供了充分的就业机会、浓郁的文化艺术氛围，以及良好的公共安全环境等。当然，城市自然物质环境和社会人文环境的界限不是绝对的，两者相互融合，构成一个有机整体。城市自然物质环境是宜居城市建设的基础，城市社会人文环境是宜居城市发展的深化。城市社会人文环境的营造需要以城市自然物质环境为载体，而城市自然物质环境的设计则需要体现城市的社会人文内容。

宜居是一个围绕着居住问题，在安居，人居基础上提出的新名词。宜居城市是指经济、社会、文化、环境协调发展，人居环境良好，能够满足居民物质和精神生活需求，适宜人类工作、生活和居住的城市。对宜居城市的涵

义可以从以下三个方面进行解读：

1. 系统解读。中国著名建筑学家吴良镛先生提出的人居环境科学理论，把宜居城市从内容上划分为居住系统、支持系统、人类系统、社会系统、自然系统五大系统。由此可见，宜居是一个包含了居住条件、社区环境、人文环境、经济环境、生态环境等多方面因素在内的综合概念，是一个全面考核和评估某一城市综合品质的非常重要的新的理念，过去我们评园林城市、生态城市、卫生城市、环保模范城市、文明城市等等，考核的只是城市某一个方面的品质，而宜居城市强调的是城市的综合品质，并非单一品质。因而，对一个城市而言，某一方面突出，并不意味着这个城市就是宜居的。宜居城市应综合考虑、综合评定。

2. 动态解读。宜居是有时空差异和人群差异的，在不同的历史时期、不同的地区、针对不同的人群而言，城市的宜居情况以及人们对宜居的理解是各不同的。对同一个城市而言，今天不宜居，并不意味着它昨天不宜居，也不意味着它明天不宜居。因而，衡量一个城市是否宜居，必须把它放在一个时间段里，看他在这个时间段内的整体情况，以此来判定是否宜居。对于不同的城市而言，由于地理位置、自然条件的不同，具体的宜居情况也是各不相同的，另外，不同的人群对不同的城市，甚至同一城市的宜居感受也是各不相同的。那么，如何来衡量一个城市是否宜居呢？关键是要看这个城市大部分人的感受，尤其是普通老百姓的感受。如果居住在这个城市的普通老百姓一致认为是宜居的，这个城市才是真正宜居的，否则，只能是暂时的、少数人的宜居城市。所以，建设宜居城市，一定要承认城市在时间、空间和人群上的这种差异性。宜居城市的发展和建设规划也应依这种差异性来制定。

3. 相对解读。无论是从理论上还是实践上来讲，所有的城市都是有宜居性的。因为城市最初都是在自然环境条件相对比较好，甚至是最好的地方选址的。可以说，没有宜居性是不可能形成城市的。所以，宜居是具有相对性的。宜居是相对于安居、人居而言的，是在安居、人居的基础上对现有居住条件的进一步提升和进一步改善。它强调的是在“安居”基础上的“乐居”问题，表达的是人们随着生活质量和生活环境的改变，追求高层次生活条件的强烈愿望，和把城市由经济舞台转变为生活乐园的强烈期盼。由此可见，“宜居”是一个超越“安居”，“人居”的概念，其内涵是居住城市的全面发展和可持续发展。因此，建设宜居城市不仅要注重人与自然的和谐共生，而且要注重生产与生活的综合开发，更要注重物质享受和精神满足的相互协调。

（二）宜居城市的本质分析

宜居城市从“城市的本质是人的生活”这一基点出发，体现了两层基本含义：一是人与自然环境的整体和谐，二是发展是永续的。宜居城市是指一定地域空间内人与自然系统和谐共生和持续发展的人类住区，其思想内涵体现人类了对传统工业化、城市化模式的批判性反思以及发展观、价值观的根本性转变。

1. 宜居城市超越了传统的“城市”概念，把城市看作是“人与自然”的复合共生系统，城市不是静态的，而是包括内在生态关系的人与自然和谐、人与人和谐的共生关系网络，具有长远性、可持续性、生态性的宜居区域。城市不仅仅是满足人的生存与发展，更重要的是在确保人的生存和发展的同时，强调生活质量和长远发展的可持续性，是在传统的生存防御功能的基础上的更好发展的高层次需求的满足。人与自然相互作用形成复合系统，融合了社会、经济、文化、生态、环境等内容，形成人与自然、社会与环境的共生关系；系统运行既遵守社会经济规律也遵循自然演化规律，具有高度开放性，不断地与周边地区进行着物质能量和信息交换，系统因结构和功能的脆弱性而易受外力影响。

2. 宜居城市体现了“可持续发展”的内涵，城市的发展是既“满足当代人的需要，又不损害子孙后代满足其需求能力的发展”。城市的建设必须限定在资源和环境的承载力之内，体现对现代和未来需要的持续满足，达到现代与未来人类利益的高度统一。

3. 宜居城市坚持了区域整体和系统最优的发展思想。城市与所在城镇集群形成区域整体，城市的发展必须是区域整体发展和城乡协调发展，城市之间必须的协调与合作，实现社会、经济和环境的整体最优，即系统最优。

4. 宜居城市体现了生态环境与经济发展的统一性。经济是发展的基础，在社会发展中居于中心地位，但发展经济的目的是提高包括城市和城镇集群在内的全体人民的生活质量和水平，创造合适宜人的居住环境。

5. 宜居城市是一个循序渐进的持续发展过程，也是城镇集群整个区域的共同目标和行动。宜居城市建设也是循序渐进的过程，需要整合各方面的力量和资源，分阶段、分步骤实施的过程。这个过程是以宜居城市为目标，在生态理念和方法论的指导下持续促进城市及周边区域的经济、社会、自然环境各子系统向整体协调、稳定有序状态演进的过程，最后实现人与自然复合共生系统的协调发展。

（三）宜居城市相关分析

宜居城市实践较早出现于经济发达的西方国家，它不是一种运动或城市发展的新型阶段的标志，而是城市发展水平进入高质量阶段的一种必然，是

随同城市的建设过程“生长出来”，并被逐步认识并因此开始频繁使用的概念，因此具体年代很难界定，也没有明确的定义。如果回溯城市发展历史，具有相当共通含义和比较完整的认识体系的的概念应当是霍华德的“花园城市”。“花园城市”是伴随着资本主义经济的发展和世界范围的城市化发展浪潮而出现的。我们通常理解的“花园城市”更多地集中在对城市结构、城市规模，以及城市化模式的解读，但实际上，“花园城市”指的是城市生活等各个方面改革的综合，是希望建设一个功能完整的城市和城乡的有机动态平衡体。

1. 人居环境

人居环境，主要包括自然系统、人类系统、社会系统、居住系统和支撑系统等五个子系统，在研究过程中应从全球、区域、城市、社区（村镇）、建筑等五个层次进行。从广义上看，具有综合性、系统性和开放性的特点，是指人类生存聚居环境的总和，人是人居环境概念的核心。狭义上来讲，人居环境指人类聚居活动的空间，它是自然环境与人建环境的总和。

2. 园林城市

在《园林城市评选标准》中提出，园林城市就是：保护城市依托的自然山川地貌，搞好大环境的绿化建设、改善城市生态、形成城市独有的风貌特色。相对来说，城市园林是人类社会发展到一定阶段的产物。是人类社会的一种文化现象。城市园林和花园城市含义相同，都具有展现景观美为宗旨的园林风格，追求空间分异的审美标准，讲究视觉上的美感和心灵上的愉悦。简单来说，其实建设园林城市就是增加城市的绿色空间，追求优美的自然环境。

园林城市主要关注城市的绿化、景观和生态环境，以整个市域为城市绿化载体，重在维持整个城市的生态平衡，着力创造优美、自然、和谐、绿色的城市环境。园林城市强调的是城市绿化、美化和环境质量的提高，是以提高城市生态环境质量为目标，重点在于自然环境的建设，较少涉及社会、经济、自然的协调发展。园林城市建设是宜居城市生态环境建设的目标之一，但是宜居城市的人居环境建设不仅仅关注城市的自然生态建设。

3. 山水城市

在中国传统人居环境观中，人们对居住需求有着朴素而丰富的阐述。“安其居，乐其业”，“安得广厦千万间，大庇天下寒士俱欢颜”，“结庐在人境，而无车马喧”，“采菊东篱下，悠然见南山”，这些诗人、哲学家的言语反映出古代中国居民的思想。“山水城市”的思想广泛见于钱学森与友人及相关学者的信件中，他在文中结合实际论述了“城市总体设计”、“城市园林·城市森林和山水城市”等问题之后，明确指出：“山水城市的设想是中外文化的有机结合，是城市园林和城市森林的结合”。其设想始于“能不能把中国的山水诗词、中国古典园林建筑和中国的山水画融合在一起，创立‘山水城市’的概念？人离开自然又要返回自然”。社会主义的中国，能建造山水城市式的居民区。其中的“山水”既指天然山水，亦指人造山水，并着重强调后者。因为并不是每座城市都具备杭州、厦门、桂林、济南那样依山傍水的卓越天然环境，缺乏天然因素的城市只有通过因地制宜的人工创造才能构筑良好的城市环境，并以此为基础，追求“虽由人做，宛自天开”的理想境界。

4. 生态城市

生态城市的概念是在联合国教科文组织发起的“人与生物圈计划”研究过程中提出来的。其核心是强调在城市发展过程中，社会、经济、自然系统的协调发展，生态城市是城市生态化发展的结果，简单地说它是社会和谐、经济高效、生态良性循环的人类住区形式，自然、城、人融为有机整体，形成互惠共生结构。生态城市的发展目标是实现人与自然的和谐（包含人与人和谐、人与自然和谐、自然系统和谐三方面内容），其中追求自然系统和谐、人与自然和谐是基础、是条件，实现人与人和谐才是生态城市的目的和根本所在，即生态城市不仅能“供养”自然，而且满足人类自身进化、发展的需求，达到“人和”。

对于城市未来的发展，不同部门、组织和不同的专家学者已经提出如“生态城市”、“绿色城市”、“健康城市”、“园林城市”等理念。这些关于城市发展的设想，和宜居城市相比，有各自的切入点和侧重点，与“宜居城市”的内涵也有相互交叉的地方，分别体现了宜居城市的某一些方面。

生态城市是在联合国教科文组织发起的“人与生物圈（MAB）”计划研究过程中提出的概念。生态城市是根据生态学原理，应用生态、社会、系统等工程技术建设的社会、经济、自然可持续发展和物质、能量、信息高效利用的人类聚居地，超越了保护环境的层次，融合了社会、文化、历史、经济等因素，体现的是一种广义的生态观。生态城市关注的重点是城市生态环境、生态安全、生态整合、生态文明等，而宜居城市关注的是以生态城市为基础的人居环境建设。

5. 健康城市

健康城市是世界卫生组织（WHO）面对21世纪城市化问题给人类健康带来挑战于1986年倡导的新的行动战略。健康城市是由健康的人群、健康的环境和健康的社会有机结合发展的一个整体，能改善其环境，扩大其资源，使城市居民能互相支持，享受生命，以发挥最大潜能。健康城市重点关注的是人、人的健康以及健康的生活，特别是关注如何通过人类自身的努力消除或减少城市病，使城市的发展给人类带来更多的健康机会，使城市成为能够不断创造和改善物质和社会环境、不断扩充公共资源并帮助人类在健康生活各个方面都得到有力支持的可持续发展的人类住区。健康城市要求有健康的空气，没有污染或者低污染的空气环境和宜人生存的气候条件，化学污染、尾气排放、城市噪音、光热辐射等均处于可控范围内的城市环境。这些也都是宜居城市关注的一个方面，可以说，健康城市不一定是宜居城市，但是宜居城市一定是健康城市。

6. 绿色城市

绿色城市的提出基于这样的现实：随着城市人口的增长，规模的扩大、对科技的掌握，势必会导致社会不断地扩大自己的领地，从而逐步地挤压自然的空间，挤压自然生态的生存空间，绿色的森林逐渐会被城市的“灰色森林”所替代。如果这样持续下去，最终，自然会因承受不了社会无限索取的重负而全面崩溃，使人类失去赖以生存的家园。改变灰色森林或黑色城市的面貌．需要加快建设绿色城市，举行声势浩大的“绿色运动”或“绿色革命”。因此，绿色城市是在为保护全球环境而掀起的“绿色运动”过程中提出的。

绿色城市是基于整个城市生态系统的重建、维护与发展，更多更重要的是体现人类真、善、美的绿色理念，体现经济、社会、生态、资源，环境在城市中的协调发展。绿色城市所追求的目标主要是经济发展、环境保护、社会进步。在环境保护、经济社会文化发展的某些方面，绿色城市和宜居城市的目标要求有相通之处，但绿色城市更偏重城市绿色的生产，宜居城市除了人与自然和谐之外，还关注人与人的融洽相处。

7. 低碳城市

加快低碳经济发展、促进低碳城市建设，努力控制和减少温室气体排放是我国十二五期间必然面临的重要战略选择。低碳城市（Low—carbonCity），是指以低碳经济为发展模式及方向、市民以低碳生活为理念和行为特征、政府公务管理层以低碳社会为建设标本和蓝图的城市。也有研究认为，低碳城市就是在城市实行低碳经济，包括低碳生产和低碳消费，建立资源节约型、环境友好型社会，建设一个良性的可持续的能源生态体系。城市消费全球能源的75%，占全球温室气体排放的80%，目前世界上许多大城市开始以城市为单元实践低碳经济理念，低碳城市已成为世界各地的共同追求。

中国在应对全球气候变化中采取积极行动，从中央到地方各级政府高度重视低碳经济发展、低碳城市建设。中国政府提出，到2020年单位国内生产总值二氧化碳排放比2005年下降40%～45%，非化石能源占一次能源消费比重达到15%左右，大力增加森林碳汇，大力发展绿色经济。这不仅是中国加快经济结构调整和转变发展方式的自主行动，更是应对全球气候变化的必要措施，是破解能源资源环境瓶颈、实现低碳崛起的战略选择。借鉴国际经验，中国把可持续发展作为国家战略，把建设资源节约型、环境友好型社会作为重大任务，对控制温室气体排放提出了明确要求，公布了中国政府《节能减排综合性工作方案》和《应对气候变化国家方案》。城市作为工业化程度较高，资源消耗和环境污染高、碳排放比较严重的区域，承担节能减排和应对气候变化不可推卸的责任和压力，承担加快发展低碳经济、建设低碳城市的神圣使命，承担应对全球气候变化和加快低碳技术创新与制度创新的责任与要求，构建低碳城市必然成为中国现代宜居城市建设的新课题、新使命、新战略。

综上所述，宜居城市的本质是以人为本，持续发展的适宜人居住、生活以及发展的城市，在这里人们能够健康、快乐地生活、工作，社会公平、安全，经济与文化、环境协调发展，人居环境良好，生活便利，各种设施齐全，能够满足居民的物质和精神需求，建设经济繁荣、环境优美、低碳宜居、文化包容的现代城市。

二、宜居城市评价标准与特征

对于宜居城市的判别标准，目前国际上尚无统一定论，但“宜人性”是对宜居城市最基本的要求。宜居城市是由优美的自然生态环境与和谐的社会人文环境组成的复杂巨系统，是最适合当地居民居住和生活的地方。根据国内外宜居城市理论研究与建设实践，我们总结出宜居城市应包含以下六个方面的特点和判别标准：

（一）经济发展度：持续繁荣与稳定增长

宜居城市是建立在一定经济基础之上的能确保群众生活富足的城市。因此宜居城市首先应该考察其经济发展度，应该是经济富裕、持续繁荣、稳定增长的城市。经济富裕是城市宜居度的基础性条件，经济不富裕的城市不可能是宜居城市。城市只有拥有雄厚的经济基础、合理的产业结构和强大的发展潜力，才能为城市居民提供充足的就业机会和较高的收入，居民才能够享

受得起城市提供的服务，才能为宜居城市物质设施建设提供保证。当然宜居不是单纯由生活水平优越程度来衡量，更多强调的是身心愉悦的感受，而非物欲的刺激。

经济发展是社会进步的基础，只有经济得到发展，经济稳定增长，才能解决城市贫困、环境污染、就业不足等一系列城市问题，才能为居民创造良好的城市人居硬环境，从而促进城市人居软环境的改善。所以，宜居城市应该是一个经济发展水平高的城市。城市经济发展水平可由城市经济总量、经济结构、经济效益三个指标来衡量。不仅如此，宜居城市还要求城市具有强劲的经济发展潜力，以确保经济可持续发展，城市经济发展潜力的高低取决于多方面的因素，其中发展成本、科教水平、创新能力是三个关键因素。

（二）社会和谐度：和谐稳定与安居乐业

从城市社会稳定方面看，城市社会运行有序，财富分配公平，治安良好，居民安居乐业，是宜居城市必须具备的社会条件。社会的和谐度直接关系到城市发展的安全程度和稳定程度，经济财富拥有安全性离不开和谐的、安全的社会环境的保障。城市社会的稳定程度可以用社会政局稳定程度、收入分配公平程度和就业机会充足状况等指标反映。从城市社会安全保障方面来看，宜居城市至少应该使每一个居民能够维持最基本的生活水平。宜居城市必须建立起包括社会保险、社会救济、社会福利、优抚安置和社会互助等在内的健全的多层次社会保障体系。城市社会保障水平可以用社会保险制度、最低生活保障制度的覆盖面等指标表示。

宜居城市是政治体制健全、人民当家作主、社会和谐稳定的城市。只有在政局稳定、决策科学民主、行政效率高、社会运转良好、社区亲和、居民真正参与城市建设的城市，居民才能安居乐业，才能充分享受丰富多彩的现代城市生活，才能将城市视为自己物质的家园和精神的归宿。

（三）文化丰厚度：氛围浓厚与传承文明

城市文化是城市的精神与内核，是市民归属感的源泉，文化氛围浓厚标志着一个城市给予市民的精神粮食和寄托，也是人们选择定居城市的重要基础。因此，城市文化的丰厚度是宜居城市的重要判别标准。城市文化的丰厚度主要体现在城市历史文脉与城市社区有机融合所形成的城市文化环境的发达程度上，主要包括城市历史文化遗产、现代文化设施、城市文化氛围等内容。城市历史文化遗产不仅包括文物古迹、历史建筑和文化街区等有形的实体遗产，而且包括传统节日、风俗等各种非物质文化遗产。现代文化设施主要由高等院校、博物馆、图书馆、文化馆、音乐厅、体育馆，以及满足多种游憩要求的大型游乐场等组成。城市文化氛围就是以城市历史文化遗产和现代文化设施为载体，传统文化与现代文化相融合而形成的一种特色文化环境。宜居城市的建设必须维护城市文脉的延续性，以传承历史，延续文明，兼收并蓄，融合现代文明，营造高品位、高质量的文化环境。

（四）生活舒适度：资源富足与服务完善

宜居城市是物质资源相对集聚和丰富的城市，能为市民提供比较充足的生产和生活资源条件的区域。物质资源是宜居城市的物质支撑，关系着城市的生存与发展空间。宜居城市的水、土资源应该富足，食品供应满足居民生活需求且保证安全，为城市持续发展提供保障。在物质资源富足，保证城市良好运转的同时，宜居城市也是环保、资源利用节约的城市。

宜居城市应该是具有高度生活舒适度的城市。生活舒适度主要包括居住舒适度、生活质量水平和生活便捷度等内容。从居住的舒适度来看，要有充足的、符合健康要求的住宅，有供电、供水等基础设施，有商店、学校、医院等生活服务设施，有绿化、美化、净化的住区环境，要有和睦的邻里关系，充满人际关怀、表现出浓厚生活气息的社区氛围，要建设符合社区自身特点的交往环境，增加居民交往的机遇，丰富社区生活内容；从生活质量水平来看，城市居民生活质量可由城市居民可支配收入，人均住房条件，教育、医疗、卫生保健的满足程度等指标来表述；从生活便捷度来看，宜居城市必然是一个基础设施先进、完备，居民生活与出行方便、快捷的城市，城市生活便捷度可用城市交通设施、信息设施和服务设施等指标来衡量。

宜居城市是生活舒适、设施服务完善、交通便捷的城市。生活便宜包括居住空间尺度宜人，道路交通体系合理，公共交通网络发达，商业设施服务面广，公共产品和公共服务如教育、文化、体育、医疗卫生等质量良好，有足够的绿色开敞空间，供给充足，可达性高。服务完善才能为城市居民提供便利的生活条件，才能降低城市生活成本，进而减少生活压力，增加宜居程度，使生活更加舒适。

（五）景观怡人度：优美怡人与生态平衡

宜居城市是自然环境优越、城市景观优美怡人、文化丰富厚重的城市。城市是自然环境与人文环境的复合体，优越的生态环境是城市宜居的基本要求；丰富多彩的城市文化，现代与传统交相辉映，文脉传承，让城市充满生命力。同时，宜居城市的人文景观与自然景观、古今建筑、建筑与周围环境总是相互协调的，城市建筑的设计总是“以人为本”，具有人文尺度。

要求宜居城市必须拥有良好的自然生态环境和宜人尺度的建筑人工环境，

并实现两者相互协调和有机融合，从而创造出怡人的城市景观环境，满足居民的生理和心理舒适要求。自然生态环境是宜居城市环境系统的核心组成部分，也是宜居城市的首要判别标准。创造良好的生态环境，不仅要求增加绿地和水体的面积，提高绿化质量，而且必须把道路、建筑、设施等人工元素与绿地、水体等自然元素很好地结合起来。城市生态环境的承载力主要表现为自然为城市人口及其生产、生活、娱乐等活动提供的生态服务能力，表现为环境为城市人口生产、生活及安全保障提供的环境缓冲能力、自净能力和抗逆能力。

宜居城市的生态环境质量可以由空气质量、绿化面积、环境卫生等指标来衡量。城市的建筑人工环境的规划和建设，一定要以人为本，即以人的需求为出发点，建筑体量和外观，道路的宽度，桥梁的结构，街头小品的设计等，要具有宜人的尺度，要考虑城市居民使用的舒适、便捷和视觉上的审美需求，从而形成各种不同建筑、不同设施之间的协调，以及人与建筑的和谐，这是宜居城市的重要标识之一。宜居城市还要合理安排城市用地，形成特色城市地域结构，并因地制宜地将自然景观、人文景观、历史风貌等融为一体，使人文景观因自然景观而添辉，自然景观借人文景观而增色，从而形成具有特色的城市景观。城市景观协调度可由自然景观美观度、人文景观美观度和自然景观与人文景观的有机融合度三个指标来判别。

景观怡人度要求通过城市绿化、美化建设，通过节能减排和资源集约化利用，促进环境友好，实现自然生态环境的平衡，不仅包括碳中和、零排放，而且在其他物质循环方面能实现生态平衡，具有绿色、自然、生态的城市景观环境。

（六）公共安全度：安全保障与预警治理

宜居城市建设必须强调自然灾害和人为灾害等突发性城市公共安全预警及治理机制的完善性，为居民提供一个安全的居住和生活环境。城市的主要突发性公共事件可划分为自然灾害、事故灾难、公共卫生事件和社会安全事件四大类。一些特大型城市，具有特殊的地位，人口稠密、建筑密集、经济要素高度集聚，政治、文化及国际交往活动频繁，形成了以非自然因素为主，灾害种类多、损失重、影响大、连发性强、处置难度大等城市灾害的显著特点。维护公共安全，是城市社会、经济、文化、环境协调发展的基础，是满足居民安居乐业的需求、创新宜人居住环境的保证。因此，宜居城市需要有完善的预防与应急处理机制，以及有效的控制危机的能力，将自然灾害和人为灾害等突发公共事件造成的损失减少到最低程度，使居住在这个城市的居民有安全感。

宜居城市是公共安全有保障的城市。宜居城市的各种生命线工程完好，城市政府能较好的抵御自然灾害如地震、洪水、暴雨、温疫，防御和处理人为灾害如大暴乱、恐怖袭击、突发公共事件等，确保城市居民生命和财产安全的能力。公共安全是宜居城市建设的前提条件，只有有了安全感，居民才能安居乐业。

公共安全度在很大层面上要考察城市对于公共安全事件的预警能力、突发事件的及时治理能力，能够将公共安全危害降低到最低程度，减少给居民带来生命、物质、心理等多方面的危害和影响。预警与治理能力充分体现宜居城市的安全保障能力，充分体现城市政府的公共安全服务能力，充分体现城市宜居性和安全性。这是城市居民安居乐业的前提和基础，缺乏安全保障的城市不可能吸引更多的居民生存与发展，不可能成为宜居城市。

三、宜居城市发展规律

（一）城市经济、社会、环境统筹协调发展

宜居城市首先需要的是经济社会的可持续发展并在一定环境承载力范围内的发展过程，即经济要实现繁荣，社会要更加和谐，环境承载力在一定范围之内保持生态平衡和环境优美，三者实现全面、协调、可持续发展，强调城市各个方面的统筹协调发展。

1. 体现经济社会环境协调发展的阶段性规律

在城市发展的初级阶段，城市的功能主要是为城市居民的生存提供最基本的物质保障。受经济条件的制约，这个阶段的城市居住环境相对较差。进入中期阶段，城市的生产性功能更加突出，重工业得到快速发展，而重工业由于能耗和物耗高、环境污染严重，使得城市居住环境恶化。同时，农村剩余劳动力不断涌入城市，城市失业人口增加、基础设施不足、住房紧张、治安下降等问题，加剧了城市人居环境的恶化。进入高级阶段，城市的服务功能逐渐突出，高新技术产业和现代服务业逐步占据主导地位，城市经济增长方式逐渐走向集约化，人居环境不断优化，最终实现宜居城市的发展目标。在城市经济发展过程中，城市的社会意识也不断发生变化。在初、中级阶段，“征服自然”的意识占主导地位，人们不惜一切代价发展经济，对城市生态环境、贫富差距、文化保护等不够重视。到高级阶段，“人与自然的和谐发展”成为主流社会意识，人们开始重视这些问题，也有一定的经济基础去解决这些问题，宜居城市建设成为人们关注的焦点。

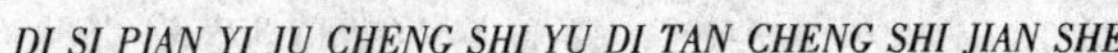

2. 宜居城市包括社会、经济、环境等多方面的内涵

只有城市经济、社会、环境协调发展，才能推动城市和谐社会的创建，确保宜居城市建设目标的实现。和谐社会具有层次性，其核心层是人与人之间关系的和谐，其保证层是城市的社会、经济、环境协调发展。城市协调发展包括三层含义：一是经济与环境的协调发展。它要求城市在发展模式和战略选择上要考虑城市资源的约束力和环境的承载力，城市经济增长注重资源有序利用和环境保护，着力发展高新技术产业和现代服务业，以确保城市资源永续利用和生态环境质量，实现城市的可持续发展。二是社会与环境的协调发展。它要求城市人口增长和社会生活方式的选择要考虑城市资源的约束和环境的承载力，保持适度的人口增长，提倡资源节约型和环境保护型的生活方式。三是经济与社会的协调发展。它要求在经济发展的基础上，实现社会的全面进步，增进全体居民的社会福利。一方面，通过增加城市科学技术、文化教育、公共卫生和医疗等方面的投入，来创造稳定的城市社会环境和舒适的生活环境，使人与人之间和谐共处，实现居民安居乐业和社会的全面进步。另一方面，通过完善教育培训体系、就业服务网络、社会保障制度及公共支出制度，为城市经济发展创造稳定的社会环境，促进经济进一步繁荣。

3. 城乡统筹和区域协调发展的产物

统筹城乡发展的实质，就是通过提高郊区城市化和工业化水平，促进城乡二元化经济结构向现代社会经济结构的转变，从根本上化解城市发展中的资源制约矛盾，有效扩大城市承载能力，最终实现城乡一体化。

城乡统筹发展主要包括以下几项内容：一是统筹市区与郊区的规划和建设，市区重点提高现代化水平，郊区重点提高城市化水平，从而实现市区和郊区的功能互补、产业互补、协调发展；二是统筹新城建设与旧城改造，郊区应加强新城、卫星城和中心镇的建设，培育一批功能完善、结构合理、优势突出、集聚效应明显的反磁力中心，吸引中心城市的产业与人口向郊区转移，加快旧城改造，促进中心城与郊区及周边地区的协调发展；三是统筹市区与郊区的产业发展，加快郊区工业化和城市化进程，扩大郊区经济总量，以产业集聚带动人口集聚和城镇发展，市区重点发展高新技术产业和现代服务业，郊区重点发展现代制造业及休闲、观光、旅游业；四是统筹市区与郊区教育、就业、人口流动、社会保障制度的发展与管理，减少社会安全隐患，为城市发展提供一个稳定的社会环境。发挥城市的比较优势，加强区域内各城市之间的合作，有利于宜居城市的建设。产业合作，可以将原料耗费大、缺乏成本优势的产业适时转移给其他城市，加强现代制造业和高新技术产业的分工与合作，避免城市间的重复建设。市场合作，建立区域统一市场，整合土地、资本、人才、技术等要素市场，积极开发和共享文化、旅游、信息等战略优势资源，形成整体竞争优势，避免城市之间的恶性竞争。基础设施和环境整治合作，通过基础设施的统一规划和建设，实现区域交通一体化和其它公共设施的共享，通过环境整治的统一规划，实现跨地区环境问题的有效治理。

（二）政府和市场的双重导向

宜居城市建设需要依托政府力量和市场力量的双重结合与导向。宜居城市体现以政府为主导，充分发挥市场在宜居城市建设中资源配置的基础性作用，充分发挥市场机制在宜居城市建设中的突出作用和应有活力。

一方面，在市场经济环境中，要充分发挥市场力量的自由竞争作用，发挥企业的创新动力和活动，为城市经济发展提供充足的税源和解决劳动就业问题，进而为市民收入提供来源，实现城市经济发展，这是宜居城市建设的前提和基础，没有充足的经济收入来源，没有足够的税收来源，城市建设和发展将是比较困难的和不可持续的。

另一方面，市场存在失灵，宜居城市建设是促进城市居民公共福利增进的公共服务和公共产品，更加舒适、宜居、安全的城市环境对每一个人而言都是正外部效应，这种正外部性的存在，决定宜居城市建设中会存在市场失灵，因此需要政府和社会力量的参与，需要发挥政府在宜居城市规划、建设、运营、管理中履行基本职能，政府是宜居城市建设和发展的管理主体。政府在宜居城市建设中的作用主要表现为：第一，对宜居城市建设进行战略规划和宏观调控，城市政府制定发展规划，明确宜居城市建设的目标、理念、重点、难点。第二，整合城市资源，促进资源要素集聚与空间流动，进行产业布局和调控，引导企业和产业发展，形成合理的产业结构和城市地域结构，促进城市经济发展，为宜居城市提供坚实的经济基础。第三，通过调控与监管，减少资源能源消耗和环境污染，特别是对污染较大、能耗程度高、技术含量低的企业进行关停并转，加大环境治理力度，改善城市环境。第四，通过政策工具，实施宏观调控，协调区域关系和城乡关系，协调城市化和工业化战略，协调城市经济、社会和环境发展目标。第五，向公众提供公共产品和公共服务，完善城市基础设施，完善社会保障制度和收入分配制度，提供安全的城市生活环境，塑造浓郁的文化氛围。可见政府在宜居城市建设中具有主导性作用，宜居城市建设需要充分发挥市场和政府两种力量的作用，既不能以市场代替政府，也不能仅仅依靠政府来完全替代市场，市场经济体制下要充分调动两种力量的积极性。

（三）实现以人为本和全民共享的城市第三境界

纵观我国确切可考的4000多年城市发展历史，可以清晰地看出我们的祖先不同的城市理想，从而营建出不同的城市形态，进而又体现出不同的城市境界。

（1）城市的第一境界：以安全为本的城市。考古史料证明，远在仰韶文化时期的半坡时代，原始人聚落周围已经围有壕沟，以防止野兽和敌人的攻击。在可考的最早的都城洛阳二里头遗址（夏早期都城）已经有城墙的遗迹。以安全为本的城市体现在城市形成初期的人类聚居能提高市民生活安全度，防止自然猛兽、外敌侵扰等威胁。

高墙深池、重城壁垒，是中国早期城市的基本形态，体现了我们祖先以安全为本的城市理想。至隋唐，中国城市安全防护体系发展到古代最高水平，在保持郭城、皇城、宫城三重城池基本格局的同时，城内实行坊里制度，分设100余坊，各有坊墙，夜间宵禁。经济财富的不够发达和人类文明进程的阶段性决定了当时的城市生活将安全放在第一位考虑。生存安全直接威胁到社会稳定和发展。

（2）城市的第二境界：以经济为本的城市。北宋开始，中国都城进行了一场深刻的变化：打破城内的坊墙，开店设铺，发展贸易，而不是像隋唐时期在东西两市固定交易。不以政治、军事为目的的纯粹的经济城市也在宋代开始出现，史称宋代“城市革命”。

宋代“城市革命”的本质，是我们祖先城市理想的进步。他们把城市从防御工事变成了经济舞台，并且这种转变是以牺牲安全设施为代价的。

当然，城市从以安全为本转变到以经济为本只是从宋代开始，而不是在宋代完成的。真正意义上以经济为本的城市时代，是在冷兵器时代结束、鸦片战争之后在中国才开始的。而欧洲，早在工业革命时期就完成了转变。

（3）城市的第三境界：以人为本的城市。2004年，以胡锦涛为总书记的中共中央提出“以人为本，全面、协调、可持续发展”的科学发展观，建设“以人为本”的城市由此成为我们新的城市理想。

“以人为本”的城市理想的本质意义，在于确立了人的全面发展在城市规划、建设、管理中的核心地位，表达了我们要把城市从经济舞台变成生活乐园的期盼。“以人为本”的城市就是宜居城市。实现“以人为本”的城市理想，建设宜居城市，是中华民族文明历程中的又一次巨大进步。它带给我们的将是一次新的“城市革命”，我们的规划建设理念、管理方式、城市形态都将发生深刻而显著的变化，我们的城市也将在未来进入到更高境界。

在宜居城市中，所有社会元素和城市建筑元素的构建都应该以满足社会和社会个体在自身完善和发展方面的要求为前提。公共空间是社会生活的中心，也是整个社会注意力的焦点所在。宜居城市是全民共享的生活空间。在宜居城市中，人们能够享有健康的生活，能够很方便到达要去的任何地方——不论是采取步行、骑车、公共交通或是自驾车的方式。宜居城市是富有吸引力、让人流连忘返的地方；对上班族、孩子和老人而言，它都是很安全的。宜居城市是可持续的。宜居城市尊重所有的历史遗迹，同时它也尊重城市的未来。它以保证不损害下一代发展能力为基本前提，充分满足现今居民的生活需要。

（四）易居、逸居、康居、安居的综合体现

宜居城市是一个内涵丰富的宽广概念，它绝不是单纯的居住条件的适宜性和人人都享有一定的住房，而是从城镇的总体上增强其可持续发展能力，使我国的城镇走上生产发展、生活富裕、生态良好的文明发展道路。“三生兼顾”应是今天我们宜居城市的核心与关键。构建和谐社会则是从当前我国城镇的现实出发，提出宜居城市更高更明确的目标，也为我们从反面避免不宜居城市的出现提出制约指标指明了方向。联合国的口号“让我们携起手来，共建一个充满和平、和谐、希望、尊严、健康和幸福的家园”，是对宜居城市的社会标准的简明概括。宜居城市是具有良好的居住和空间环境，良好人文社会环境、良好的生态与自然环境和清洁高效的生产环境的居民地。结合我们中国文化的特点，以“居”（live）为中心，宜居也可更简洁地概括为：“易居、逸居、康居、安居”八个字。

1. 易居

即人们在城市里能够住得下、住得起，城市的经济稳定发展，财政能力较强，居民就业充分，能够为人们提供人人有其居的条件，并且使人们有可能获得生活居住权和享受到应有的生活居住条件。城市的生活居住空间资源和环境资源是全社会的，人人有份，不能嫌贫爱富和制造不平等权益，尤其是应当关注弱势群体，使其都能够在城市里“有其居”和能够享受应有的生活居住条件。

2. 逸居

即人们在城市里不仅“有其居”，而且应当住得开、住得好，是安乐之居。即具有一定面积的适当生活居住空间和良好的生活居住环境条件，生活舒适、方便、安逸，能够有较好的生活居住质量。

3. 康居

即人们在城市里不仅住得好、住得舒适方便，还必须有充足的阳光、水和新鲜的空气，与自然不脱离，与历史文化不脱离，有益于人们的身心健康。一句话，健康之居。让人们生活居住在城市里，心旷神怡，人与自然和谐，有利于身体健康、精神健康和经济社会可持续健康发展。

4. 安居

即人们在城市里不仅住得好、住得健康，还必须住得安定和安全，长居久安，体现为安居乐业。一是社会安定、社会和谐、社会文明，使人们能够无忧无虑、自由自在的生活。二是城市的社会公共安全、卫生安全有保障，防灾、减灾、救灾设施齐全，城市具有抵御自然灾害的能力，并具有发生突发事件的应急措施。要使城市成为人们安居乐业的所在，成为国泰民安、社会稳定，生活长久平安的地方。

（五）历史性、地缘性、群体性的差异化产物

宜居城市没有统一的模式，不同区域、不同历史阶段、不同人类种群会表现出不同的形式和模式，体现为各具特色的差异性。主要表现在以下几个方面：

1. 历史性差异

城市演变是随着历史的发展而变迁，在中国古代，随着朝代的更替和不同朝代都城的选择与迁移，城市的繁荣也表现出历史发展的轨迹。历代帝王都会选择适宜自己建都和统领疆域的城市作为都城，这些城市的选择在当时肯定可以算是宜居城市。这种宜居城市的定位就表现出历史性差异。也就是说，一个城市今天不宜居，不等于它昨天不宜居、也不等于它明天不宜居。如西安在隋唐、汉代以前，属于水资源丰富、自然环境优美、高山为屏，沃野为田，属于八百里秦川的国王选作都城的风水宝地，应该说是历史上的宜居城市。但是现在由于水资源匮乏、地下水也被过度抽空、空气污染严重、气候干燥，不能算做宜居城市。因此，宜居城市是动态变化的历史过程，表现出明显的历史差异。又如北京在历史上属于水资源丰富、绿树遍野的历代国王首选定都的世界宜居城市，但是随着气候变暖、水资源匮乏、城市扩张、自然环境受到严重破坏，交通拥堵、尾气排放严重、气候干燥、受沙尘暴等影响并不适合人类居住，难以算作是宜居城市。当然这些城市如果能根据宜居城市的标准进行有效治理和改善，还是有可能成为宜居城市的，如北京加大城市绿化、美化，改善水资源环境等，成为宜居城市是可能的。所以说，宜居城市是具有历史性和时间性的差异特征和演变规律。

2. 地缘性差异

宜居城市的地缘性是指城市所在地缘的自然生态要素、文化要素、经济发展和社会结构等影响城市宜居性的要素之间的特定关联。首先宜居城市的自然环境的地缘性，不同的地缘有不同的自然环境，如地形地貌、地质水文、气候条件、光热条件、风向、植被、环境色彩与色调等。城市人居环境应当适宜于地区的自然环境要求，南方城市有南方城市的特色，北方城市有北方城市的特点，内陆城市和沿海城市有着很大的差异。各个地方城市建设因地制宜，利用当地自然环境所赋子的地形条件、气候条件等进行整合，融人自然而形成的。其次，宜居城市的地缘性表现在城市的历史文化环境。不同的地缘有着不同的发展历程、社会制度、风俗文化、历史风貌等也即城市文化上的差异性。比如我国不同区域有着独特的地缘性历史文化，如江浙的吴越文化、西北的秦汉文化、山东半岛的齐鲁文化、港粤的岭南文化、西南的巴蜀文化等，不同的文化背景下的城市的宜居文化也是迥异的。再次，宜居城市的地缘性表现在城市的社会经济环境。我国区域经济发展水平差异很大，基本上由东部向中部、西部呈现梯度下降，南方经济比北方繁荣。经济又是城市社会和谐、消除贫困、提供充分的就业机会以及丰裕物质条件的保障，是宜居城市重要的支撑基础。

宜居城市一般都处于交通枢纽和要塞，历史以来多为兵家必争之地，这种交通的便利造就了许多城市的发展，呈现出地缘性差异。有的为大江大河的要道，有的为港口城市，有的为资源型城市，这些交通要塞和资源禀赋型的区域性城市为城市的发展提供了充足的资源条件和交通条件，成为人类社会经济发展和宜居的必选之地。因此，宜居城市不仅表现为历史时间上的差异性，还表现为空间距离层面的地缘性差异。不同的地域因为水资源、矿产资源、交通条件、民族聚居的差异也表现出不同的地缘文化。不同从空间上来说，也是有差异的。宜居从理论上来说是一样的，比如城市的水资源的量必须能够充分保证这个城市人民的生活需要和生产需要。这是一个理论的指标，但是具体来说，南方和北方，东部和中部、西部会有地区上的差异。再比如说气温，在南方出生长大的人，已经适应了南方夏天那种闷热的天气，刚到北京来的时候，就会觉得北京的天气忒恶劣了，但是在北京生活了几年之后，又会觉得北京的气候比南方的还好，现在再回到南方，夏天闷热、冬季阴冷，那就很难接受。所以说地缘性的差异是客观存在的，关键是看当地居民的感受，宜居本来就是一种人的身心愉悦的感受。

地区差异体现在气候、资源、经济等各个方面。比如经济的富裕度是考

量的指标，但并不一定说是要达到多少才宜居，还得有个标准。标准就是它的生活比较宽裕，基本达到小康。是否宜居还要看它的生活水平，看它的购买能力，看它的生活是不是比较宽裕。地区差异在国家层面的空间存在，在一个城市内部也存在。北京中心城区可能不宜居，但密云可能是宜居的，怀柔可能是宜居的，有山有水的怀柔完全有条件建成一个宜居的小城市。这就是说在一个不太宜居的大城市的范围内仍然可以有一些宜居的城区，因此中国宜居城市建设因根据地缘差异采取相应的对策和发展战略，加强城乡统筹发展和区域均衡发展，消除城乡差距和区域差距，实现基本公共服务均等化，有利于和谐社会构建和宜居城市建设。

3. 群体性差异

不同的人群、不同的社会阶层对宜居的期望值不同，对宜居的感受不同，因而宜居、不宜居有明显的人群差异。有些中小城市可能对老百姓是宜居的，它的就业率也高，生活费也不贵，交通也不拥挤，空气也好。而对富裕的开发商来说，市场有限，不利于发展，消费档次不高，未必宜居。规划建设宜居城市，一定要承认不同人群对宜居的差异性要求，承认一个城市适宜的人群是不完全相同的，然后来确定不同的发展和建设的规划。我们考量一个城市是不是真正的宜居城市，重点应看它是不是让老百姓都宜居。老百姓宜居了，这个城市就宜居了。像首都省会这样的特大城市，有一定的特殊性，城市宜居要满足特殊群体的需要，但是它也还是要让老百姓宜居。老百姓宜居了，才是宜居城市，我们要根据时间、空间和人群上的差异来建设宜居城市的目标并进行相应的规划，考量这些差异来制定宜居城市发展战略和政策。

第二节　宜居城市的理论基础

宜居城市建设形成了比较丰富的理论基础。随着对人居环境与城市问题的高度关注和深入探索，人们对城市环境、居住空间考察的理论视角以及研究问题的深度、广度不断延伸和拓展，包括城市环境、资源、生态、安全等内容逐步纳入研究的视野。有学者以城市综合反映为主线，以城市理论发展历史为序，将国外具有一定代表性的城市建设理论、思想进行梳理和综述，阐释了包括霍华德的“田园城市”理论和道萨迪亚斯的“人类聚居”学理论以及诸多当代宜居城市的理论和思想。借鉴这些理论研究成果，本节主要研究宜居城市的理论渊源和主要的理论观点，为进一步阐释宜居城市的内涵、特点、发展模式等提供理论依据。

一、“宜居”思想的缘起及演变

（一）“宜居”思想的缘起

在人类城市发展的历史进程中，城市建设者和规划者们从来没有停止过对城市宜居性建设理论与实践的探索。“从《易经》、《道德经》到康有为的《大同书》，从《太阳城》、《田园城市》到道萨迪亚斯的人类聚居学，人类从来没有停止过对理想生活与住所的积极探索与追求”。

宜居城市思想可以追溯到古希腊时代（公元前 800 ~ 146 年）。古希腊作为西方古典文化的先驱与欧洲文明的摇篮地，也是对城市进行科学理解和探索的发源地。在希腊文明和人本主义思想的理念支配下，“城市”被界定为：基于自身美好生活理想追求而保持一定规模的社区，社区居民既有节制而又能够自由自在地生活的区域范围，这种社区生活能为居民提供比较舒适、享受、轻松的文化环境。

中世纪时期，宜居城市思想上升到了从人类生活的实际需要层面，深刻反映了当时基督教生活的有序化和高度组织性，并按照市民平等和大众公共利益的基本原则安排自我生活，凸显城市生活环境的自然优美、亲切宜人、和谐统一等特征。

文艺复兴时期，宜居城市思想转向追求理想王国的城市图景，相继出现了“理想城市”的设计模型。

资本主义社会时期，从工业革命将人类社会带入机器大工业时代开始，人们就发现，虽然促进了大规模城市化的工业革命对城市经济发展起着积极的作用，但是也随之带来了一系列的城市社会、环境问题，即“城市病”，如严重的环境污染、过高的人口密度、严重短缺的住房以及拥挤肮脏、瘟疫频发的居住环境等。特别是随着世界城市化进程的不断加快，人类生存环境和人居生态系统都在发生巨大的变化，有的甚至已经遭受着巨大的破坏，城市地区人居环境的可持续发展面临着严峻挑战。一些空想社会主义者及思想在这样的社会环境下也应运而生，具有代表性的诸如：莫尔的“乌托邦”社会、摩莱里（Morelly）的“共产主义法典”、圣西门的“新基督教”和“实业制度”、傅立叶的“和谐社会”、欧文的“新和谐公社”等。

1898 年，霍华德出版了《明日：一条通向真正改革的和平道路》（To tomrrow——A Peacful Path to Real Reform），提出了“田园城市”理论。他的

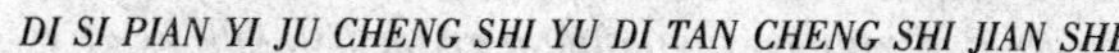

理论比傅里叶、欧文等人的空想进了一步。霍华德基于系统的视角，将城市环境作为整体来研究，重点考察城乡关系，提出适应现代工业的城市规划问题。“田园城市”就是为安排健康的生活和工业而设计的城镇，其规模有可能满足各种社会生活，但不能太大，被乡村包围；全部土地归公众或者托人为社区代管。

由此追根溯源，随着不同时期、不同思想的出现，在人类城市发展的历史长河中，城市的建设者和规划学者们从来没有停止对城市宜居性的研究。从古希腊到文艺复兴，从文艺复兴到资本主义时期，人类从来没有停止过对理想生活与住所的积极探索与追求。在这种背景下，关于宜居环境的探索逐渐成为社会学家、规划师、建筑师甚至思想家主流意识：从莫尔的“乌托邦”、欧文的“新协和村”（Working Community）和傅立叶的“共产村庄”开始，经过霍华德的“田园城市”（Garden City）和泰勒的“卫星城”（Satellite Town），到柯布西埃的“现代城市”（Contemporary City）、赖特的“广亩城市”（Broadacre）最后到杨尼特斯基提出的“生态城市”（Eco—city），都是人类对最适人居模式的努力探索，并取得了丰硕的理论和实践成果。

（二）宜居内涵的演变

从城市发展进程的历程看，城市发展经历了农业社会、工业社会、后工业社会、信息社会等几个阶段。人们对生活环境、生活质量、生存状态的要求也在不断发生变化，并且总体上需求越来越复杂、要求越来越高，这个必然的进化趋势导致人们越来越关心人居环境及自身的生存状态。人类从怀着美好的愿望来到城市，到以焦虑的心情注意到住房和人类住区条件的不断恶化，特别是在工业化过程中产生的非持续性的消费和生产方式问题、非持续性的人口变化问题、无家可归问题、贫困加剧问题、失业问题、社会排斥问题、家庭不稳定问题、资源缺乏问题、基础设施和服务不足问题、规划欠缺问题、不安全因素及暴力日益增多问题、环境恶化和抗灾能力不断减弱问题等等。

与此同时，人类不可否认的是，作为工业社会以后人类文明的中心，城市及其城市化进程推动了经济发展和社会、文化、精神及科学的全面进步。为此，人类如何面对挑战，抓住人类居住空间和城市发展所带来的新机遇和新问题，保护人居环境丰富多彩的形式，塑造多样化的人居环境模式和人居环境特质，加强人居环境调控研究，扭转人类居住环境的恶化趋势，是城市时代人类实现人居环境可持续发展所面临的重大课题之一。从最初面对工业化时期的环境问题、卫生问题以及资源问题，到后工业化时代城乡面临的区域竞争问题，“宜居环境”正在从解决城市问题的手段到提升城市竞争力、知名度的重要要素。宜人的居住环境是人类居住的理想，也应当是城乡发展永恒的追求。

1960年代希腊著名规划师道萨迪亚斯（C. A. Doxiadis）提出的“人类聚居学”的学术思想，将整个人类聚居系统划分成从单个人体开始，到整个人类聚居系统以至“普世城”15个单元；后来又把15个聚居单元归并为从家具到“普世城”等10个层次。

1961年，世界卫生组织（WHO）总结了满足人类基本生活要求的条件，提出了居住环境的基本理念，即安全性（safety）、健康性（health）、便利性（convenience）、舒适性（amenity），并以该理念为基础提出了“健康的居住生活环境”，也即“在安全中追求享受，在健康中追求舒适，营造高效率的生活”的环境。

1963年，全球成立了世界人居环境学会（World Society of Ekistics）；1976年，联合国在温哥华召开首次人类住区大会，并正式接受“人类聚居”概念，在内罗毕成立了“联合国人居中心（LTNCHS）”，开始了广泛的关于人居环境研究的促进工作。

1992年，在里约热内卢会议上通过的《21世纪议程》，得到了全球绝大多数国家的响应，纷纷出台了符合各国国情的21世纪议程，包括《中国21世纪议程》，多把人居环境建设列为重要内容。

1996年，联合国在伊斯坦布尔召开第二次人类住区国际大会，对人居环境问题表现出更多关注，提出“人人享有适当的住房”和“城市化进程中人类居住区可持续发展”的理念。

2003年城市绿化国际论坛提出“创建城市可居住环境”的概念，明确的接近“宜居”概念；联合国人居署提出“让我们携起手来，共建一个充满和平、和谐、希望、尊严、健康和幸福的家园”的口号。

国内许多专家认为，和谐宜居城市的基本条件可以归纳为三个方面。一是良好的生态环境，包括清新的空气、洁净的水源、葱郁的绿化和优美的自然景观，这是宜居的基本条件；二是完善的物质基础，包括城市公共设施、交通住房、居民收入、安全、减灾、就业、就医等方面，这是宜居城市的硬件设施；三是和谐的人文氛围，包括社会秩序、道德风尚、教育程度、文化底蕴和娱乐功能等，这是宜居城市的精神体现。

纵观国内外城市建设的发展史，生产力决定和谐宜居城市建设进程。建设和谐宜居城市是生产力发展到一定程度后的必然要求，是上层建筑适应经

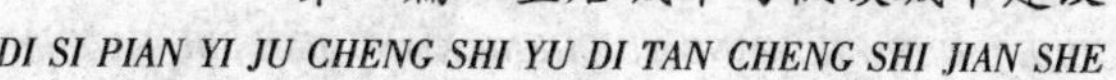

济基础的必然结果。一方面，建设和谐宜居城市，生产力起决定性作用；另一方面，解放和发展生产力，是建设和谐宜居城市的基本要求。

二、人本主义思潮与田园城市理论

（一）人本主义思潮

追溯国外宜居城市的思想基础—主要是西欧和北美的宜居城市理论的思想基础，应该可以从14世纪下半叶发源于意大利并传播到欧洲其他国家的人本主义思潮当中找到它们的影子。人本主义是构成西方文化的基本要素之一，强调尊重人的价值和维护人的尊严，把人看成万物的尺度，主张以人性、人的有限性和人的利益为主体的价值哲学。人本主义思想也是文艺复兴中表现人的独特价值的一个基本方面，当时的思想家以此为起点，把人重新纳入自然和历史世界中去，并以这个观点来解读人类社会及其城市生活，强调无论农村还是城市生活都应该以人本主义为指导，重视人、尊重人、理解人，体现以人为本的价值要求。

在资本主义社会早期，生产力的快速发展和释放，促进经济社会的快速发展，社会财富的集聚和增进促使人们生活条件和居住空间得到提高和拓展，但社会矛盾也因此进一步提升，不平等现象、阶级剥削、区域差距等问题困扰人们的社会生活。基于此现实，激发当时的思想家们进一步思考和探索如何设计更加合理的经济发展和社会管理模式，使得社会成员能够生活在更加平等、和睦相处的社会环境中。人本主义仍然是当时知识精英们主要推崇的思想，但莫尔的“乌托邦”空想社会主义思想超越了人本主义的界限。他所设计的“公有”社会模式，着力对广大下层民众表现出宽广的人文情怀。他所设计的社会虽然不仅仅是一个城市的生活状况，但对后来西方有关宜居城市的思想产生了基础性的导向作用。在莫尔的“乌托邦”社会中，物资充足，居民的生活有充足的保障，所有居民就像生活在一个大家庭里一样，互敬互爱。

当历史的车轮驶入18、19世纪的时候，西方社会的各种矛盾和冲突越来越突出。特别是社会底层的工人们受到的剥削压迫非常繁重，他们贫困的生活与上层社会的富丽豪华、穷奢极欲形成了鲜明对比。这引起了许多有识之士的认真思考和反思。为化解社会矛盾，他们努力寻找通向平等、富足、互爱之理想社会的良方。欧文就是其中有代表性的一位，他所设计的未来社会应该是这样的：在这种理想的社会中，没有城市和乡村的差别；不存在脑力劳动和体力劳动的对立；不再有造成贫富差别的私人经营和雇佣劳动力；每个人都是平等的，在人格上是独立的；整个社会生产的所有产品都平均分配到所需要的人手里；整个社会经济活动的目的只为满足社会成员的生活需要，不为赚钱或者出口；国家或者行政机构只不过是管理生产的部门。1824 年，他来到美国印第安纳州，花 20 万美元买了 8 万英亩土地，开始兴建他理想中的“新和谐公社”。可见人本主义思潮构建了宜居城市的基本思想雏形，为以后宜居理念和思想的发展奠定了坚实的理论基础，也是人们研究宜居城市问题的思想根源。

（二）田园城市与人类聚居理论

在人本主义思潮的发展下，1898 年，霍华德在其著作《明日：通向真正改革的和平道路》中提出了“田园城市”理论。他认为，理想的城市应该兼具城市和乡村田园的优点，城市生活具有田园的舒适、安逸和清新的氛围和环境，享受到贵族般的生活。田园城市包括农村和城市两个部门，城市发展离不开农村，农村发展也离不开城市，两者相互补充和保障供给，共同发展。即农村为城市居民提供及时的新鲜的农产品和实物供给，城市周边应布局一定的农业用地，有专业的农场，保障城市的农产品消费需求。城市也为农村和农民提供市场和经济收入来源，田园城市的所有的土地归全体居民集体所有，使用土地必须缴付租金。城市的收入全部来自租金；在城市土地上进行生产活动或者聚居而获得的增值全部归集体所有。霍华德提出，城市规模不能无限制地扩大，必须有一定的范围，人口也不能过度膨胀，有足够的生活和发展空间，保证城市居民生活和出行的方便，城乡差距应该较为容易地控制在一定范围，城市市民能获得充足的农产品供应，还能感受到乡村的田园风光和乡村气息，城市生活充满自然、舒适的田园气息，给市民带来比较好的生活环境。

在霍华德的规划图中，田园城市占地面积大概为 6000 英亩。在这个范围内，主要的城市区居中，规划面积占地 1000 英亩；在它周围是 5000 英亩的农业用地，这些农业用地包括耕地、牧场、果园、森林等，此外还有为农业发展提供强大支持和不竭动力的农业科研机构，如农业学院等。而且在他的规划中，农业用地被当作保留的绿化带，是城市的生态带，永远不得改作他用。霍华德是最早对城市人口做出具体规定的城市规划学者，他规定，在这 6000 英亩土地上，永久居住人口 32000 人，而且其中 30000 人住在市中心，其余 2000 人散居在城市周围的乡村。如果城市人口超过了规定数量，则应建设另一个新的城市，可见霍华德的科学远见与创新精神。在他的城市规划中，有居民休闲、娱乐的地方，如市中心他就规划为一个面积约 145 英亩的公园，

这样城市功能就不仅仅是居住，还有休憩和娱乐。

不仅如此，他还在规划中将设计的六条主干道路从市中心向外辐射，这样就把城市分成了六个区域。城市的最外圈地区规划为建设各类工厂、仓库、市场等生产和交易区域；各区域之间交通运输十分方便。更让人惊叹的是霍华德提出，为减少城市的烟尘污染，城市的生产和生活必须以电为动力源。他还极富远见地关注到了城市垃圾的处理问题，并建议将城市垃圾集中回收，然后将垃圾用于农业生产。

霍华德不仅仅只限于提出他的理论和规划，而且不遗余力地为实现他的设想进行了规划和做出周密的方案。他的方案比较详细，包括对资金来源、土地规划、城市收支、经营管理等问题都提出具体的建议。他的最初规划和设计认为，工业和商业不能被政府管理部门垄断，要将这些机会尽可能多地留给私营企业。1899 年他组织成立了“田园城市协会”，并于 1903 年组建了经营和管理田园城市的商业公司——“田园城市有限公司”。该公司在他的领导下，很快就在距离伦敦不远的地方购置了一块土地，用来实施他的田园城市的梦想。他给这个世界上的第一座田园城市命名为“莱奇沃思（Letchworth)”。在他的理论及其不遗余力亲自建立田园城市的实践感召下，欧洲社会各界都被他的田园城市梦想所牵动，很多国家或者个人纷纷效仿他的做法。虽然这些效仿的产物距离霍华德理想中的田园城市之间尚有不小的差距，甚至没有按照他的设想去经营管理，但都不影响他的理论的强大感召力和对当时社会的巨大影响力，至少说明了当时民众对建立公平、和谐、繁荣、生态的理想城市之向往。

进入 20 世纪以来，随着资本主义经济、文化的发展，城市的规模也在不断增大，城市的功能随之变得越来越多。城市的各种矛盾和冲突也越来越多。除了传统的城市拥挤、交通不便、生态环境遭到破坏之外，还出现了贫富差距加大、城市污染严重、城市建设混乱等现象。这些现象促使人们不断对城市的功能和规划设计进行反思。不仅仅是建筑学者和地理学者关注城市的建设和发展，许多的社会学者、人类学者也开始对此给予了极大的关注和研究。这当中最有代表性的是希腊学者道萨迪亚斯（Doxiadis）于 1958 年提出的“人类聚居学”（Ekistics）理论。在他的这一理论中，特别强调对人类居住环境的综合研究。他提出，对城市的综合研究要从自然界、人、社会、建筑物和联系网络这五个要素的相互作用关系中来研究人居环境。他强调对人类聚居地的研究首先要建立一套科学的体系和方法，了解和掌握人类聚居的发展规律，然后着手分析和研究人类的各种聚居地；同时，研究人类聚居地的主要目的就是要能够为解决人类聚居中存在的具体问题而提出科学、合理、符合聚居发展规律的方案和有益的启示，最终为人类创造出良好的生活、工作环境，让人类的生活更加美好。道萨迪亚斯定义的人类聚居地主要指包括乡村、集镇、大中城市等的人类群体生活环境。人类聚居学认为人类聚居是由自然界、人、社会、建筑物、联系网络五个基本要素组成。人类聚居学就是要研究这五项要素以及它们之间的相互关系。

人类聚居学的研究很广泛，但主要关注以下内容：第一，对人类聚居的概念进行描述性的剖析，包括分析聚居的基本特点、聚居之间的相互关系、聚居的演化过程以及聚居中产生各种问题的原因。第二，分析、研究人类聚居的基本规律，包括研究人类在生活、居住方面的需求，人类聚居形成的主要成因，聚居的结构、形式和密度，还有聚居对城市未来的影响和根据聚居理论做出的一般性预测。第三，研究制定了人类聚居建设的计划、方针、政策和工作步骤等。此外，20 世纪 50 年代，希腊建筑师 C. A. 杜克塞迪斯也开始独立研究有关人类聚居的理论，他的理论与道萨迪亚斯的研究侧重点有比较大的差异，着重从成熟规划和环境生态方面对人类聚居地进行比较系统的研究，也具有令人惊叹的创造性。为研究方便起见，杜克塞迪斯把人类聚居地按规模的不同分成 15 个层次，即个人、居室、住宅、住宅组团、小型邻里、邻里、集镇、城市、大城市、大都会、城市组团、大城市群区、城市地区、城市洲、全球城市等单位。杜克塞迪斯从系统的观点来分析这 15 级单位，并认为如要解决聚居系统各层次中的问题，必须对整个系统进行整体的把握和分析，只有这样才能找出聚居中问题的本质以及找出科学有效的解决方案。

随着世界对城市问题关注热度的提升以及各国出现的诸多城市病，国际性组织和很多国家的政府也对此给予了高度的重视，1963 年全球成立了世界人居环境学会（world Society Ekistics）；随后，在 1976 年，联合国也召开了首次有关人类居住区问题的大会。在这次大会上各国学者正式接受了“人类聚居”的概念，并在肯尼亚首都内罗毕正式成立了“联合国人居中心”（UNCH），来协调和加强各国对人类聚居问题，特别是城市问题的研究工作。从此世界各国的学者开始合作研究推进关于人居环境建设与研究的工作。

到了 20 世纪末期，因为工业化在诸多发展中国家的快速推进以及发达国家大城市人口和工业规模的膨胀，世界城市问题愈加严重。1992 年 6 月 14 日，在里约热内卢召开的联合国环境与发展大会上各国通过了旨在鼓励发展的同时要竭力保护环境的全球可持续发展行动纲领《21 世纪议程》，反映了

各国积极为解决环境问题、提高人类居住区质量和保持可持续发展的决心和愿望。很显然这份全球环境与发展的纲领把人居环境建设列为了重要内容。随着可持续发展理念在各国得到普遍认同和重视，1996 年联合国第二次人居大会提出了“人人享有适当的住房”和“城市化进程中人类住区可持续发展”的目标和原则。自此，可持续发展也成为宜居城市建设的主要目标和评价标准。在此基础上，国外关于宜居城市建设的理论越来越多，众多学科的学者从不同的视角来审视和分析宜居城市建设问题。

三、新城市主义与健康城市理论

（一）新城市主义思想及其影响

在 20 世纪 90 年代初兴起于美国的“新城市主义”也给方兴未艾的宜居城市建设理论注入了新鲜血液。新城市主义的产生主要针对二战后美国遍地开花的城市扩张和建设和由此出现的巨大经济、社会、环境等方面的负面影响。其初衷就是针对这种盲目扩大的城市建设中的错误做法和思想，力求找到科学、有效的城市发展与能源、土地、环境之间的可持续发展道路，避免城市的无序、盲目扩张和蔓延，带来可持续、高质量的生活。最令大家关注的新城市主义理论就是它所倡导的“传统邻里开发”和以使用公共交通为特色的“邻里区开发”。他们的共同之处是在城市居民集中的地方建立众多公共中心，使得附近居住社区的市民能在不远的步行范围内就可以方便地接近必需的生活设施。新城市主义为市民提供的是具有传统色彩和文化特色，居住空间密度高、尺度小的建筑模式。新城市主义也对社区文化比较重视，提倡在住宅区要设计出公共空间，将与市民生活密切相关的文化设施，如教堂、图书馆、文化娱乐场所等置于其中，以提供给居住社区和谐、浓郁的文化氛围和人性化社区氛围。新城市主义留给大家印象最深的就是其所倡导的一种未来城市发展模式：多中心的“网络”式居住社区模式。在这种模式下，不仅每个社区具有各自独特的人文特色和融于各自环境的自然特征，而且居民们又能在步行范围内充分享受到便捷、周到的社区生活。

（二）健康城市理论及标准

为应对和解决世界城市面临的众多严重问题，世界卫生组织于 20 世纪 80 年代提出了建设“健康城市”的战略，以求在高速工业化的现代主要城市中，提高居民的生活质量，改善城市环境状况，解决大城市居民面临的日益恶化的健康问题，改善城市居民的居住条件和提高人类的健康水平。新城市主义理论和健康城市的理念虽然不是直接的宜居城市理论，但根据宜居城市学者的看法和观点，这些理论都应该包含在宜居城市的内涵当中，都是宜居城市的题中应有之义。事实也证明，许多宜居城市理论都把新城市主义的主张和健康城市的思想吸收到自己的理论当中。

健康城市是卫生组织（WHO）在20世纪80年代面对城市化问题给人类健康带来挑战而倡导的一项全球性行动战略。WHO在1994年给健康城市的定义："健康城市应该是一个不断开发、发展自然和社会环境，并不断扩大社会资源，使人们在享受生命和充分发挥潜能方面能够：互相支持的城市"。上海复旦大学公共卫生学院傅华教授等认为：所谓健康城市是指从城市规划、建设到管理各个方面都以人的健康为中心，保障广大市民健康生活和工作，成为人类社会发展所必需的健康人群、健康环境和健康社会有机结合的发展整体。

世界卫生组织的健康城市项目是一个长期的，持续发展的项目，它谋求的不仅仅是结果，而更注重的是建设过程。任何一个城市，都可开展建设健康城市活动，在不同层次上对某些影响健康的状况提出改善的承诺，并通过一定的组织和活动过程去实现这种承诺。一个阶段的承诺实现，也并不意味着已经达到特定的健康水平，而是不断关心新的影响健康因素的产生，并努力去控制和改善。在一次又一次的过程中，不断提高城市的健康水准，不断提高人群的健康水平，其最终目标是提高在城市生活工作的人们的生理、心理、社会及环境适应的健康水平。

建设健康城市的标准主要包括这些方面：为市民提供清洁安全的环镜。为市民提供可靠持久的食品、饮水、能源供应，具有有效的清除垃圾系统。通过富有活力和创造性的各种经济手段，保证市民在营养、饮水、住房、收入、安全和工作方面的基本要求。拥有一个强有力的相互帮助的市民群体，其中各种不同的组织能够为改善城市健康而协调工作。能使其市民一道参与制定涉及他们日常生活特别是健康和福利的各种政策。提供各种娱乐和休闲活动场所，以方便市民之间的沟通和联系。保护文化并尊重所有居民（不分其种族或宗教信仰）的各种文化和生活特征。把保护健康视为公众决策的组成部分，给市民选择有利于健康行为的权力。作出不懈努力争取改善健康服务质量，并能使更多市民享受健康服务。能使人们更健康长久地生活或少患疾病。

健康城市理论为宜居城市建设提供了比较好的理论依据，可以说，宜居城市首先是健康的城市，健康是内涵于宜居之中，是宜居最基本、最起码的要求，宜居城市必须具有健康的清洁安全的生活环境，必须保证市民在营养、

饮水、住房、收入等方面的健康而协调的生活区域。关于健康城市各项标准和要求均适合于宜居城市。

四、人居环境科学与和谐社会理论

人居环境科学为宜居城市研究奠定了重要理论基础。人居环境科学（The - Sciences of Human settlments）以人类生活环境为研究对象，着重探讨人与环境之间的相互关系，目的是满足人类聚居的要求，建设可持续发展的宜人的美好生活环境。它是一门"关于整体与整体性的科学"，强调从整体出发思考人居环境，追求人居环境建设的整体利益，其思想内涵可以概括为"整体观"。

（一）人居环境科学的发展阶段

1. 人居环境科学的萌芽期

19 世纪末至二次世界大战前期，这一时期人居环境学尚未被作为正式学术语提出，但以人的需求和以人为出发点的价值观念开始深入人心。以功能形体性、解释性三大模式为研究角度，开展多学科交叉研究，为以后人居环境的研究奠定了良好的思想体系基础。

工业化迅速发展和城市化加快导致的人口迅速向城市聚居，城市开始显现引起人们对居住环境的重视，城市规划思想开始产生。1898 年，英国霍华德（Ebenezer Howard）发表了《明日：一条通向真正改革的和平道路》，其倡导建立一种"花园城市"以改善城市人居环境质量。1915 年，生物学家格迪斯（Patrick - Ceddes）则指出城市规划的基本框架和背景应是自然地区。1938 年芒福德（Lewis Mumford）在格迪斯理论的基础上，倡导创造性地利用景观，使城市环境变得自然而适于居住。随后 1942 沙里宁（Eliel Sarrinen）的有机疏散理论则认为当城市中心的人口和产业适当的分散出去。

1929 年，佩里（ClerancePerry）首先提出"邻里单位"概念，主张扩大原来较小住宅街坊，以城市干道所包围的区域作为基本单位，建成具有一定人口规模和地面积的"邻里"，使居民有一个舒适、方便、安静、优美的居住环境。

1922 年，勒·科比西埃（Le Corbusier）为代表的国际现代建筑协会（GIAM）试图现代形体技术手法探求城市人居环境模式 1933 年，CIAM 提出了现代城市的大纲《雅典宪章》，提出了城市的居住、工作、游憩与交通功能分区，并强"居住是城市的第一功能"。

芝加哥城市社会生态学派集中于对城市中人际关系的研究，将自然生态学基本理论体系尝试性地、有系统性地运用于对人类社会的研究，并出现了伯吉斯（E. W. Bursess）的同心圆模式、1936霍伊特（HomerHoyt）的扇形模式、哈里斯（Harris）和乌尔曼（E. Lullman）的多核心模式等模式分析了城市中居住区。

2. 人居环境科学雏形期

二次世界大战至上世纪70年代这一时期是人居环境科学初创期，人们从理论和实践中都认识到人居环境必须包括健康的自然生态和人文生态。1954年希腊学者道萨迪亚斯（Doxiadis）提出了人类聚居学的概念，强调对人类居住环境的联合研究。即：人类聚居学要从自然界、人、社会、建筑物和联系网络等五个要素的相互作用关系中来研究人居环境。1977年国际建协通过《马丘比丘宪章》强调“人与人相互作用与交往是城市存在的基本根据”，“同样重要的目标是争取获得生活的基本质量以及与自然环境的协调”，两个主题是城市人居环境建设基本内容和目标。

3. 人居环境科学发展期

20世纪80年代至今，联合国1987年《我们的共同未来》报告中反映的人居环境呈持续发展趋势。1992年《21世纪议程》里的“人类住区”章节指出了“人类住区工作的总目标是改善人类住区的社会、经济和环境质量以及所有人，特别是城市和乡村贫民的生活和工作环境”。1996年第二届人类住区会议探讨了“人人享有适当住房”和“城市化世界中的可持续人类住区发展”两大主题。一系列的事件反映人居环境上升到全球视野。

（二）人居环境科学的主要思想观点

1. 吴良镛教授的人居环境原则

吴良镛院士主编的《人居环境科学导论》一书运用希腊城市学者道萨迪亚斯的人居环境系统模型，结合城乡建设实际提出了人居环境科学理论。这个理论从城镇居民点都包含着自然系统、人类系统、社会系统、居住系统和支撑系统等五大系统的原则出发，如下图人居环境系统模型所示，提出了解决人居环境的五项原则：正视生态的困境，提高生态意识原则；人居环境建设与经济发展良性互动的原则：发展科学技术，推动经济发展社会繁荣与人居环境建设方式多样化，技术多层次的原则；关怀广大人民群众，重视社会发展整体利益的原则；科学追求与艺术创造相结合的原则。

五项原则中，生态原则作为首要原则提出，这是因为在人类每一次“征服”自然的胜利后．都遭到大自然的报复。人类属于自然，人类的需求，生存都依赖大自然；而迅速的工业化、城市化使资源短缺，环境恶化日益严峻；

城市的蔓延，土地的开垦，过渡的放牧，荒漠化的扩大，使保护环境持续发展尤显迫切。解决城市生态环境，首先要对城市的产业结构及生产工艺按生态原则进行调整、改造；其次要大力推进城市内的绿地系统建设，加强城市郊区的生态农业建设，形成城乡复合生态系统；第三，城镇生态环境还包括城镇社区的生活废弃物的就地无害化处理，并将它资源化，能源化再开发再利用。

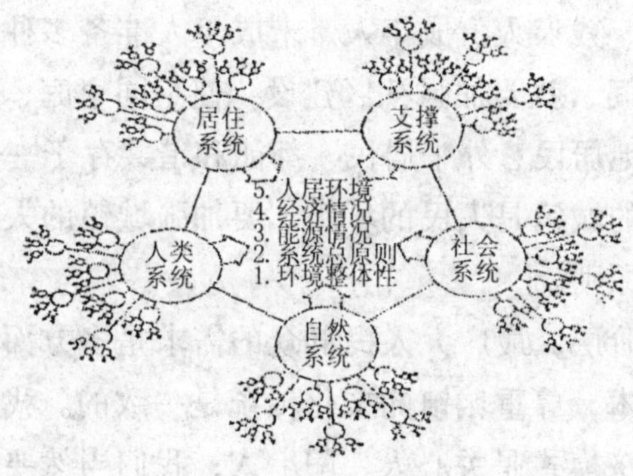

人居环境系统模型

2. 朱锡金教授的居住区规划原则

朱锡金（1994）提出了面向21世纪的居住区规划问题，认为居住区规划设计：要强调效益原则、生态原则和文化原则的统一。要组构多种以居住功能为体的发展单元。要与社会发展规划接轨。要适应住宅私有化趋向。不断提高和改善已有居住地的功能和环境质量。朱锡金提出了生态住区的概念强调环对人的养成作用的直接功能，由以自然生态为依托的体能养育到适应信息社会智能培育，而且把多相的住区环境要素作为整体的复合结构而加以考察和营造。1997年他进一步提出“居住园区”这一居住区构成样式。

良好的人居环境建设本身要求以一定经济实力为基础，近年我国城市市政公用基础设施建设，住房及有关配套建设投入等已构成重大的经济活动，有的已成为重要产业。反之，这些巨大投入，又在迅速形成更巨大的积累，良好的人居环境又不断吸引来先进技术装备，吸引掌握新兴技术与管理的人才，增加大量就业岗位，促进了经济结构调整和经济实力增强。与经济发展良性互动是人居环境建设的重要原则。

经济发展、社会繁荣，人居环境建设中的许多难题，寄希望于科学的发展与新技术的运用。但社会与经济发展是不平衡的，只有保持发展方式的多样化，技术水平的多层次化，才能恰到好处地推动各方面协调发展。所以适用、先进技术也许永远都是人居环境建设应遵循的原则。

人居环境建设要面向广大群众，重视社会群体、公民个人的参与作用。经济发展是中心，社会发展是根本。以追求利润为动机营建城市，以满足少数人或个别阶层需求为依据进行决策，是完全错误的。现代城市建设不仅仅是建造鳞次栉比的建筑群和高档次的别墅式住区，更重要的在于创造惠及广大群众的物质与精神文明。这样，就要面向广大普通群众解决居者有其屋，就要为包括老年人、残疾人、成年人、未成年人准备多种多样，适应不同需要的生活与休憩空间，就要加强社区建设，使不同家庭、不同年龄、不同职业、不同阶层。本地居民、外来居民，都能和谐共存于一个美好的社会环境之中。总之，我们的城镇是人民的城镇，要加强城镇的人民性，即要遵循城镇环境建设的社会原则。

满足社会不同阶层，最广大人民群众的需求是多方面的。发展经济与技术，同追求城镇艺术，尊重城镇的文化传统是一致的。我们当然要积极发展经济，但最好的经济模式是关心人、陶冶人；我们当然要尽可能采用先进科学技术，但如果先进的科学技术不能与传统文化相结合则先进技术难以被广泛运用，甚至以失败告终。环境建设还要同艺术美学结合起来，对于规划师和建筑师来说，“最终要使人类环境具有良好的空间组织形式和完美的艺术形象，这是一种别具一格的艺术创造”。就城镇环境来说，应该为工业、商业、金融等服务业，为科学、技术、文化、艺术、教育、体育、医疗卫生、游戏、娱乐、旅游休憩等人文活动，组织各种不同的空间环境，使其各得其所，而又不互相干扰。

一个良好的人居环境的取得，不能只着眼于它的部分建设，而要实现整体完美，既要面向“生物的人”，达到“生态环境的满足”，还要面向“社会的人”，达到“人文环境的满足”。城市人居环境科学是以城市规划、建筑和园林为核心，以区域、社会、文化、社区、经济、能源、资源、环境、生态、地理、水利、美学等学科为外围的多学科交叉融合的学科体系按照人地关系系统理念，从自然和人文两大方面入手来评价分析人居环境，是宜居城市研究的基本方法。

（三）和谐社会理论的时代背景

我国全面建设小康社会与构建和谐社会的目标为宜居城市建设指明了方向。2002 年中共中央召开十六大，江泽民在十六大报告中提山“要在本世纪头廿年，集中力量，全面建设惠及十几亿人口的更高水平的小康社会，使经济更加发展，民主更加健全，科技更加进步，文化更加繁荣。社会更加和谐，

人民生活更加殷实等六个方面的要求和相应的目标”。十六大报告在阐述小康社会目标时，特别提到可持续发展问题，“可持续发展能力不断增强，生态环境得到改善，资源利用效率显著提高，促进人与自然的和谐，推动整个社会走上生产发展、生活富裕、生态良好的文明发展道路”。此前一年，2001 年在建党八十周年纪念大会上，江泽民代表中央阐述党今后的历史任务时，已明确提出“要促进人和自然的协调与和谐，使人们在优美的生态环境中工作和生活。坚持实施可持续发展战略，正确处理经济发展同人口、资源、环境的关系，改善生态环境和美化生活环境，改善公共设施和社会福利设施。努力开创生产发展、生活富裕和生态良好的文明发展道路”。这些论述既宏观又明确地为宜居城市的研究指明了方向。尤其是“生产发展、生活富裕、生态良好”三生兼顾，是城市工作的准绳，也是宜居城市的最主要标准。

2004 年，以胡锦涛为代表的党中央提出了“以人为本，全面、协调、可持续的科学发展观”。指出“以人为本”，就是要以人的全面发展为目标，从人民群众的根本利益出发，谋发展，促发展，切实保障人民群众的经济、政治和文化权益，让发展的成果惠及全体人民；“全面发展”，就是要以经济建设为中心，全面推进经济、政治、文化建设；“协调发展”就是统筹城乡、统筹区域、统筹经济社会、统筹人与自然和谐、统筹国内发展和对外开放；“可持续发展”就是促进人与自然协调，坚持走生产发展、生活富裕、生态良好的文明发展道路，保证一代接一代地永续发展。科学发展是在总结二十多年来我国现代化建设的经验，吸取世界上其它国家发展中的经验教训提出的对发展问题的新认识，是对今后发展的战略指导思想。2005 年胡锦涛又代表中央提出了提高构建社会主义和谐社会能力问题，并对和谐社会确定了“民主法治、公平正义、诚信友爱、充满活力、安定有序、人与自然和谐相处”等六个方面的要求。构建和谐社会，是反映人类社会发展的理想，是全面建设小康社会，开创现代化建设新局面重大战略决策。科学发展观与和谐社会目标不仅为“宜居城市”的研究提供了明确的指导思想，也为构建“宜居城市”的标准提供可操作的指南。

和谐社会就是说社会系统中的各个部分、各种要素处于一种相互协调的状态。和谐社会具有层次性，其核心层是人与人之间关系的和谐，其保证层是城市的社会、经济、环境协调发展。和谐社会有三个标志：社会阶层之间的相互开放和平等进入，任何阶层特别是具有较高社会位置的阶层都不应以任何理由人为地设置障碍，来排斥其他阶层的社会成员进入本阶层，以达到维护本阶层特有利益的目的；是各个阶层应当得到有所差别的并且是恰如其分的回报，这就必须按照贡献进行分配；是社会各个阶层之间应当保持着一种互惠互利的关系，这就必须在其相互之间实现互惠互利的公正规则一个社会的经济、政治、文化、生活的各个领域和部分都紧密联系，互相互利，整个社会才能始终保持有序和谐的状态。

宜居城市是“以人为本”的和谐城市，是基于和谐社会视野的包括建设理念、原则、重点任务在内的城市建设问题。建设理念包括应满足不同群体的宜居需求，协调好经济发展项目和住房及其公共服务设施项目的关系，为居民的安居乐业创造条件；建设原则包括在城市规划和建设中应遵循景观建设服从功能配置的原则，在住房和审美的需要之间，认知的需要是指对于周围的一切都会有一种天然的好舒心，它表现为喜爱分析，把事物还原为它的基本组成部分，喜欢做实验并看到实验结果，还愿意对问题作出解释；审美的需要是指对诸如秩序、完美、对称、趋合等一类东西的需要。这在每一种文化中，都可以找到人类审美需要的证据。

（四）宜居城市是和谐社会的实现途径

宜居城市的建设目标要实现城市发展战略的和谐，就是要使城市系统内人与自然的和谐，人与人的和谐，人与社会的和谐。

（1）宜居城市是人与自然天人合一的和谐。人与自然的和谐发展涉及：生态经济、绿色经济、绿色 GDP。人为了持续从自然之母那里获得生存、发展所需要的物质，就得保持提高自然再生产的能力；而保持提高自然再生产能力，就必须保持自然良好的生态，就必须保证人们对自然物质的索取不会破坏自然再生产的能力。基于此，提出生态经济、绿色经济的实质是把生态经济扩大到社会经济再生产的各个部门，使经济再生产与自然环境再生产实现有机结合。有了绿色经济，就要有衡量绿色经济的指标：绿色 GDP。绿色经济指标要扣除“生态赤字”，即环境污染所造成的环境质量下降、自然资源退化与配比的不均衡、长期生态环境质量退化所造成的损失、自然灾害所引起的经济损失、资源短缺性所引发的成本、物质、能量的不合理利用所导致的损失等。从过去单纯追求经济数量增长的 GDP，到追求生态经济优先的绿色 GDP，是人类认识的飞跃，也为保证绿色经济发展提供了一个较为客观公正的评价标准。

人与自然的和谐是宜居城市的重要组成部分，是人类文明得以延续和发展的载体，它可以减少或消除因生态破坏、环境污染和资源短缺导致的各种社会矛盾。因此，人与自然的和谐，城市生态与自然环境的平衡是宜居城市的重要组成部分和基本要求，这样的宜居城市才能体现人类文明的全部内涵

和可持续发展的科学要义。

（2）宜居城市是人与人的和谐。人与人的和谐包括人自身发展的和谐，具体表现在每个公民做人、做事和学习等多个方面。做人要真诚待人、诚实守信、认真负责、自信自强。做事要遵守规则、讲究效率、友善合作、合理消费。做文明人要做到：不说粗活脏话，不乱吐乱扔，不乱贴乱画，不乱摆乱放，不酗酒滋事，不损坏公共设施，不违反交通规则，不搞迷信活动，不攀折花草树木。学习要主动学习、独立思考、学用结合、总结反思。做文明人要做到：社会公德、职业道德、家庭美德有机统一到宜居城市建设中，努力追求：兼容、和谐、诚信、卓越的城市精神。使居民在物质生活水平提高的同时，精神生活水平也得到相应地提升。

（3）宜居城市是人与社会的和谐，人与社会之间的和谐包括城市社会各子系统之间以及各子系统内部的和谐，是宜居城市的核心。社会的发展与人的发展是双向同步发展的统一运动过程，人与社会应该和谐发展，个人社会认同相适应；个人利益与需求的满足和整个社会的利益和需要的实现相适应；人的素质的全面提高与社会不断进步相适应；人的能力发挥与社会公平公正相适应。宜居城市充满人与社会和谐的人文关怀，为人的和谐发展优化社会结构，促进就业，有序流动，缩小社会阶层的贫富差距，完善社会保障体系、打造平安社区，把城市打造成最宜人居住的幸福家园。

（4）宜居城市是自然与社会的和谐。随着城市人口的增长，规模的扩大、对科技的掌握，势必会导致社会不断地扩大自己的领地，从而逐步地挤压自然的空间，挤压自然生态的生存空间，绿色的森林逐渐会被城市的“灰色森林”所替代。如果这样持续下去，最终，自然会因承受不了社会无限索取的重负而全面崩溃，使人类失去赖以生存的家园。

五、城市生态学与低碳城市理论

（一）城市生态学的概念及内容

城市生态学理论把城市看作一个生态系统，不但研究城市生态系统的形态结构，而且把注意力放在全面阐明它的组分之间的关系及其组分之间的能量流动、物质代谢、信息流通和人的活动所形成的格局和过程上。1916 年，美国芝加哥学派（·Chicago Schoolof Human Ecology）的创始人帕克（R. E. Park）在《城市：关于城市环境中人类行为研究的几点意见》的著名论文，奠定了城市生态学的理论基础。芝加哥学派的主要理论认为城市土地价值变化与植物对空间的竞争相似，即土地的利用价值反映了人对有价值地点的竞争。1933 年赫特（H. Hoyt）提出了扇形理论，认为城市从 CBD 区沿主要交通干道向外发展形成星形城市，总的仍是圆，从中心向外形成各种扇形辐射区，各扇形向外扩展时仍保持了居区特点，其中有较多住宅出租的扇形区是城市发展的重要因素，因为它影响和吸引整个城市沿着该方向发展。

在 20 世纪 70 年代初，联合国教科文组织的“人与生物圈”（MAB）计划提出了从生态学角度来研究城市的项目，指出城市是一个以人类活动为中心的人类生态系统，将城市作为一个生态系统来研究。1973 年日本的中野尊正等编著的《城市生态学》一书，系统阐述了城市对自然环境的影响以及城市绿化、城市环境污染及防治等。1977 年美国学者 B. J. L. Berry 发表的《当代城市生态学》，系统阐述了城市生态学的起源、发展与理论基础，应用多变量统计分析方法研究城市化过程中的城市人口空间结构、动态变化及其形成机制，奠定了城市因子生态学的研究基础。真正一体化的城市生态系统研究是 1997 年在美国长期生态研究（LTER）网络中进行的巴尔的摩和凤凰城的城市生态系统研究，透过将自然因素与人类活动因素综合进入城市生态系统的研究，建立了以城市生态系统为核心的完整理论体系，融入系统论、复杂性科学等理论。

国内学者在城市生态系统研究方面提出了不少有开创性的理论和方法。（1）生态学家马世骏提出“社会—经济—环境”城市复合生态系统的思想，对城市生态系统研究起到了极大的推动作用。（2）王如松进一步在城市生态学领域发展这种思想，提出城市生态系统的“自然—社会—经济”结构与“生产—生活”还原功能的结构体系。（3）用生态系统优化原理、控制论方法研究城市生态系统。杨邦杰等提出城市生态支持系统的理论和方法。从自然生态系统到城市复合生态系统的提出，是城市生态系统理论发展史上的一次新综合，为城市生态环境研究奠定了理论和方法基础。（4）随着国外对“生态城市”的研究和实践，国内学者将其作为城市生态系统可持续发展的合理模式。彭晓春、李明光指出：生态城市是城市生态系统发展的结果，简单地说它是社会和谐、经济效益、生态良性循环的人类住区形式。黄肇义和杨东援认为，生态城市是全球区域生态系统中分享其公平承载能力份额的可持续子系统，它是基于生态学原理建立的自然和谐、社会公平和经济高效的复合生态系统。更是具有自身人文特色的自然与人工协调、人与人之间和谐的人居环境。

综合国内外学者的研究来看，对城市生态系统的研究主要有以下三个方面：第一，以城市人口为研究中心，侧重于城市社会系统，并以社会生活质

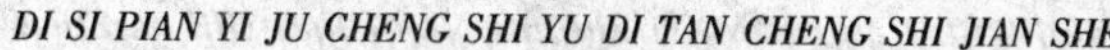

量为标志，以人口为基本变量，探讨城市人口生物学特征、行为特征；和社会特征在城市化过程中的地位和作用。第二，以城市能流、物流和信息流为主线，侧重于城市生态经济系统以及以城市为中心的区域生态经济系统的功能方面的研究。第三，将城市视为社会、经济—自然复合生态系统，以复合生态系统的概念、理论为主流，研究城市生态系统中物质、能量的利用，社会和自然的协调，以及系统动态的自身调节等。

（二）城市生态系统的主要特征

城市是一种生态系统。城市的物质基础是自然生态系统，城市的整体是一种自然—人文复合生态系统，人类活动与其物质环境之间是一个不可分割的有机体。城市生态系统是一种特殊的生态系统，具有不同于自然生态系统的一系列特点，主要表现在以下几个方面：

（1）城市生态系统的人为性。与其他生态系统一样，城市生态系统也是生物与环境相互作用而形成的统一体，只不过这里的生物主要是人，这里的环境也成了包括自然环境和人工环境的城市环境。“城市人”和城市环境相互依赖、相互适应而形成一个共生整体。但是在这一整体中，人是城市的主体，城市的各项建设都要满足人的生理、心理需要为宗旨来进行。城市环境是服务于人的，当然，人也并不是被动的接受环境的服务，而是主动的利用环境、改善环境。人要避免对城市环境的污染、损坏，保持城市自然、社会和经济的平衡。

（2）城市生态系统的开放性。一般的自然生态系统只要有足够的太阳光输入，依靠自身内部的物质循环、交换和信息传输，就可以保证和协调系统平衡和持续正常的发展。城市生态系统不能提供本身所需的大量能源和物质，必须从外部输入资源物质和能源，以及大量的人力、资金、技术、信息等，才能维系它本身的正常发展、演化及其形态、结构与功能的协调与平衡。另外，城市也向外部系统输出，这种向外输出的产品也包括经过城市人工加工改造后能被外部系统使用的新型能源和物质。形成城市系统合理的“供需平衡”的经济关系，才能保证城市系统的持续发展。

从城市生态系统与自然生态系统的能源流动特点加以对比就可以看出，在形式上它们是完全不同的。自然生态系统中的能量流动遵循“生态学金字塔”规律，即食物链各营养级的生物产量由低级到高级呈金字塔递减。而在城市生态系统中，人成了生态系统的主体，其营养关系呈倒金字塔式递减。这种倒金字塔型的营养结构，决定了城市生态系统本身不可能是一个自我封闭、自我循环的系统、就是说城市本身不可能是一个自我解决封闭、自我循环的系统，也就是说城市生态系统本身不可能自己解决城市生产、生活所需的物质和能量，城市生活和生产的代谢产物也不可能在城市内部分解与转化。

（3）城市生态系统的复杂性。城市生态系统是一个迅速发展和变化的复合人工系统。与自然生态系统不同，城市生态系统中的对能源和物质的处理能力并非来自自然天赋，而是来自人们的劳动和智慧。自然生态系统的发展变化，主要表现于在生物圈内生物数量的增减上。以及各自所占地域的扩大或缩小上。而在城市生态系统中，随着人们生产力的提高，人们在对能源和物质的处理能力上，不仅有量的扩大，而且可以不时发生质的变化，通过人工对原有能源和物质的合成或分解，可以形成新的能源和物质，形成新的处理能力。

另外，城市生态系统还是一个功能高度综合的系统。它是人类追求美好生存环境质量的象征和产物。城市生态系统要达到这一目标，就必须形成一个多功能的系统，包括政治、经济、文化、科学、技术及旅游等多项功能。一个优化的城市生态系统除要求功能多样以提高其稳定性外，还要求各项功能协调。系统内耗最小，这样才能达到系统整体的功能效率最高。

（4）城市生态系统的脆弱性。由于城市生态系统是高度人工化的生态系统，受到人类活动的强烈影响，自然调节能力弱，主要靠人工活动进行调节，而人类活动又具有太多的不确定因素，不仅使得人类自身的社会经济活动难以控制，还因此导致自然生态的非正常变化．影响城市生态系统的因素众多，各因素间具有很强的联动性，一个因素的变动会引起其他因素的连锁反应，因此城市生态系统的机构和功能表现出相当脆弱性。

城市生态学理论认为，如果要使城市生态系统能协调持续发展，必须使得这个系统中的各种要素以及整体都要符合生态原则，按生态规律运作。从系统的“流”来看，应保持物流、能流、信息流的连续与畅通，使得物质的输入和输出保持均衡。从“网”的方面来看，城市是一个通过各种复杂的物理网络、管理网络、交通网络以及产业结构、产品结构、产业布局、土地利用格局和居民点等交织而成的超人文空间。它们在系统中的关系是网式而非链式的。因此，要使城市生态系统能持续发展，必须使城市系统中不论是微观的，局部的结构布局，还是宏观的、整体的结构布局都应合理，避免条块分割的链式规划。城市的功能方面来看，一个和谐的城市生态系统必须具备良好的生产、生活和还原缓冲功能，具备自组织、自催化的竞争序，以主导城市的发展，以及自调节、自抑制的共生保证城市的持续与稳定。而这一切的关键取决于人的作为。正因为城市生态系统是一个特殊的人工复合生态系统，具有上述几方面特点和运行机理，因此，在城市生态学理论指导下的宜居城市建设目标，应倡导人与人之间的亲近人与自然之间的和谐，它不仅注重经济建设而且注重生态建设。

随着城市生态环境的普遍恶化和区域生态支撑能力的持续衰退，建设生态城市成为当代城市发展的一种新理念追求。“生态城市”是生态学在城市发展、城市规划、建设和管理领域渗透的结果。从生态学的观点来看，生态城市是一个个人为改变了自然结构、物质循环和部分能量转化的、受人类生产活动和消费需求影响的人工生态系统；是一个中心城区与周围城镇和乡村紧密联系、与国内外都市相互竞争和补充的开放系统。

生态城市不仅仅涉及辖域内外自然生态系统中的空气、水体、土地、森林、动植物、能源和其他矿产资源的供需保障，而且也与城市所处的人工环境系统、经济系统和社会、文化系统的状态有关。它是一个以人的发展需要和能动作用为主导、自然环境系统为依托、资源流动为命脉、社会体制和管理体系为经络的复合机制系统。因此，应该和谐人与自然、人与人之间的相依关系，协同各行业和不同区位间的发展，在改善和满足当代人生活质量提高的同时，也能为未来人口留下较充裕的拓展空间和良好的生态基础。

第三节　宜居城市建设的历史必然

一、建设宜居城市是城市是发展转型的目标和内容

城市宜居问题关系城市及其居民的生存安全与发展空间。2001 年联合国在人居中心的基础上成立了人居环境署，标志着全球人居环境和宜居城市建设进入了新阶段。在国际城市不断提高质量的同时，城市安全与宜居性再次面临挑战，特别是9.11 事件、伦敦爆炸案、“非典”的爆发、印度洋海啸对东南亚沿海城市袭击、巴黎骚乱、卡特里娜飓风对新奥尔良市毁灭性打击、日本海底地震引发的海啸事件等城市安全事件的频繁出现，让我们更加重视城市和谐发展之路，安全、健康、繁荣、和谐成为宜居城市的首要条件。

随着经济社会发展和人们生活水平的提高，城市化进程不断加速，并由数量增长和生存保障型转向质量提升和发展宜居型转变，即人们在追求城市化、工业化发展的同时，更加强调对生活质量、生活环境的关注，强调生活

更加舒适、宜居、低碳、绿色、安全，因此，宜居城市建设已经成为许多城市发展的重要理念和时代潮流。宜居城市及其可持续发展是实现人类可持续发展目标的重心和焦点，也是科学发展观对城市发展的内在要求。随着人们对世界性的生态观念的逐步形成共识，宜居城市提出是人们对城市的生态属性和人文内涵、人类生存价值的体认。

在欧美等西方发达国家，有关学者早在19世纪就开始关注城市发展中出现的问题，强调提高城市的发展质量。霍华德的田园城市正是针对城市出现的诸多环境和社会问题而提出的；柯布希耶的集中主义城市试图通过城市的重构来缓解城市的问题；芒福德的城市发展思想则十分重视以人为中心，强调以人为尺度进行城市规划。“宜居城市”建设和实践不是一种运动或城市发展新阶段的标志，而是城市发展水平进入高质量阶段的一种必然。

“宜居城市”有狭义和广义之分。狭义的“宜居城市”是指气候条件宜人，生态景观和谐，人工环境优美，治安环境良好，适宜居住的城市。这里的“宜居”仅居住环境质量的追求，建立适宜人类居住的生活环境，是城市可持续发展在建筑与城市规划中的体现，也是城市规划、城市设计一直追求的理想。2000年“‘URBAN’世界城市未来大会”的报告中指出：适宜居住的环境是人类最基本、最普遍的要求，但在当今世界里，并非轻而易举的任务，它需要人们作极大的努力才能实现。

宜居城市建设是当前转变发展方式、构建社会主义和谐社会的重要战略要求，是城市化进程中实现资源节约与环境友好双赢目标的新型发展模式与发展理念。随着城市化进程的不断加快，资源能源瓶颈性制约越发凸显，环境承载力受到限制，居民生活质量在得到提升的同时，对生活环境的需求意识也更为强烈，更加注重城市生活的宜居性、舒适度、幸福感。这就形成对城市宜居性问题的关注。2010年11月10日，中共中央政治局常委、国务院副总理李克强在国合会2010年年会上指出，中国将坚持科学发展加快转变经济发展方式，牢固树立绿色、低碳发展理念，大力推进体制机制创新和科技创新，加强资源节约和生态环境保护，提高生态文明建设水平。中国人口多，资源环境承载力相对不足，在工业化、城镇化的进程中，生态环境对经济社会发展的瓶颈制约日趋强化。加快转变经济发展方式是否见到实效，一个基本的衡量标准是发展的资源环境代价是否降低，一个重要的决定因素是生态环保的力度有多大。把建设资源节约型、环境友好型社会作为加快转变经济发展方式的重要着力点，努力走代价小、效益好、排放低、可持续的发展路子。城市的宜居性体现为在居住环境、生存与发展、工作事业等层面的更高

物质和精神生活质量的需求的提升。现在随着城市化水平的提高，人们不仅再满足于有房住，更重视居住的舒适性、安全性、生活的便捷性、和谐性、以及城市的生态性、怡人性等。在种种因素的影响下，人们越来越关注宜居城市，特别是注重从可持续发展的角度对宜居城市进行探讨。

在我国，近些年来也已有不少城市结合自身特点，提出和构建“宜居城市”目标。“宜居城市”目标已成为城市和地区竞争力的重要评判标准和发展趋势，但什么是宜居城市，国内外有哪些成功的经验和模式，如何发展和建设“宜居城市”等问题还没有形成比较系统的研究成果。基于此背景，本书主要研究国内外宜居城市建设的主要经验，分析当前中国建设宜居城市所存在的主要问题，进而提出宜居城市建设的主要战略构想和政策建议，以期指导我国宜居城市建设实践。

二、宜居城市建设是中国城市发展的政策选择

在宜居城市理论上，两院院士吴良镛教授等学者，于1993年8月正式提出建立“人居环境科学”。2001年10月出版的吴良镛院士的著作《人居环境科学导论》系统地介绍了人居环境科学兴起、发展与主要理论方法，标志着人居环境科学的理论方法体系正在形成。人居环境科学（scineces of Settlement）是以人类聚居（包括乡村、集镇、城市等）为研究对象，着重探讨人与环境之间相互关系的科学。学科的目的是了解、掌握人类聚居系统发展的客观规律、以便更好地建设符合人类理想的聚居环境。在本质上，是城乡规划、地理学、生态学等相关学科交叉综合与持续发展的重要方向，在实践应用研究中发展与完善这一学科具有深远的意义。国家自然科学基金会先后资助了几次关于人居环境的学术会议，规划与建筑学、地理科学、生态学等领域从事人居环境研究的组织与活动逐步增多，人居环境科学的发展得到了重视。

人居环境科学的迅速发展，总结国际城市规划设计的经验并汲取其教训，促进了传统城市规划设计系统的改善，以建设“宜人的住区”为核心，指明了我国城市规划设计科学发展的一个方向。1991年6月8日联合国人居环境中心北京信息办公室成立，国内部分城市参加了联合国人居环境最佳范例评比并获奖。1996年《深圳市总体规划（1996～2010）》提出建设最适宜居住的城市、突出“以人为核心”的设计思想，城市居民能够“安居乐业”，创造宽松、良好的、与社会经济发展水平相适应的居住环境。宜居城市概念提出以后，在2000年建设部提出“创造充分的就业和创业机会，建设空气清

新、环境优美、生态良好的宜居城市”目标。2001年中国建设部设立了“中国人居环境奖”和“中国人居环境范例奖”，使我国宜居城市发展与国际接轨，珠海、大连、中山、厦门、青岛、威海等获奖城市成为中国城市的明星和典范，被公众称为最适宜居住的城市。

2004年国务院原则通过的新一轮《北京城市总体规划（2004～2020)》提出用15年将北京建成宜居城市，这是一次比较完整的实践设想。2005年国务院批准的《北京城市总体规划（2004～2020))》将宜居城市确立为发展目标之一，开启我国城市宜居性规划的新时代。

2010年11月10日，时任中共中央政治局常委、国务院副总理李克强在国合会2010年年会开幕式上指出，生态环境问题是一个发展问题，也是一个民生问题。改善人居环境，是公众的强烈愿望和政府的重要责任。我们将顺应人民群众提高生活质量的新期待，加大污水垃圾处理、清洁能源等设施的建设力度，着力解决水、空气、土壤污染等损害人民身体健康、影响群众生产生活的突出环境问题。加强政策支持和引导，使保护生态环境成为全民的自觉行动。

2012年5月3日，是任国务院副总理李克强出席在布鲁塞尔举行的中欧城镇化伙伴关系高层会议开幕式，指出欧洲的城市化模式在全球独具特色，注重城市的空间合理布局，重视公共服务和人居环境，崇尚保护自然和历史风貌。中国作为文明古国，同样有着辉煌的城市发展史。改革开放30多年来，中国工业化、城镇化步伐明显加快，城镇人口从1.7亿人增加到近7亿人，促进了经济发展和社会进步。“十二五”期间，中国环保累计投入要超过5万亿元人民币，节能环保领域的潜力巨大。中国有序推进城镇化、破解资源环境难题，需要立足国情走自己的路，学习和引进欧洲先进理念、技术与管理经验。中欧应加强在新能源和可再生能源、节能环保产业、循环经济以及废弃物利用等方面的合作，共同建设绿色城市、低碳城市。

中国国民经济社会发展“十二五”规划纲要明确指出，“十二五”时期是全面建设小康社会的关键时期，是深化改革开放、加快转变经济发展方式的攻坚时期，必须深刻认识并准确把握国内外形势新变化新特点，继续抓住和用好重要战略机遇期，努力开创科学发展新局面。要按照统筹规划、合理布局、完善功能、以大带小的原则，遵循城市发展客观规律，以大城市为依托，以中小城市为重点，逐步形成辐射作用大的城市群，促进大中小城市和小城镇协调发展。科学规划城市群内各城市功能定位和产业布局，缓解特大城市中心城区压力，强化中小城市产业功能，增强小城镇公共服务和居住功能，推进大中小城市基础设施一体化建设和网络化发展。这些政策与规划为中国宜居城市建设提供了良好的政策基础和发展环境。

三、中国宜居城市建设实践情况

我国自古以来就比较重视居住环境的改善，强调天人合一，人与自然和谐相处，以尊重自然规律为基本理念的人类居住空间布局。在城市化进程中，我国经历了初级阶段和不断发展与完善阶段，目前正处于城市环境提质升级阶段。在初级阶段，由于是以资源禀赋为特征的城市扩张模式，资源能源消耗支撑城市经济发展，通过经济增长获得城市发展与社会建设的资金来源，进而促进城市在量上的积累与扩张，因此城市缺乏有效的规划和空间布局，“摊大饼”、以工业化促城市化的粗放型发展一定程度上促进了城市规模的扩大，但也带来许多弊病与困境，如资源能源耗竭、城市环境污染、交通拥堵、人口过于膨胀、水资源紧缺等，不断恶化的生态环境并不适合城市市民的居住。

我国宜居城市建设实践，经历了“安居—人居—宜居”三个阶段。随着城市工业化进程的不断推进，城市经济发展达到一定水平后，城市政府及其市民越来越重视对城市生活环境的改善，追求宜居、生态、低碳的城市生活空间成为现代城市发展的共识，也是中国城市从资源消耗型发展模式走向宜居城市模式的基本要求。改革开放初提出“安居”，反映了人们追求“居住为安”的最低生活需求。随着改革开放深入，经济发展与人民生活水平提高，上世纪末提出“人居”概念，表达追求高档次生活的愿望。而今“宜居”的提出，反映了人们对居住从简单要求到对环境综合要求的提高。

伴随改革开放的不断推进、市场经济体制的不断完善，工业化、城市化水平的不断提高，宜居城市建设的理论与实践进入了全新阶段。此后，全国已有100余个城市提出建设“宜居城市”的目标，宜居成为新的城市理想，一股研究宜居城市、建设适宜城市的热潮在全国范围内掀起。如银川市提出建设西北地区最适宜居住的城市；秦皇岛市提出打造适宜人居的北方滨海城市；洛阳市提出建设中西部地区最美丽、最适宜人居的城市；天津市提出打造生态宜居城市；杭州市提出建设滨水宜居城市等等。这标示着“宜居城市”建设已成为我国城市发展的普遍任务和重要方向，宜居城市将是众多城市发展的重要目标。

北京宜居城市建设实践主要包括产业生态化、住房建设、社区建设、环境建设等多个方面。北京产业结构调整取得了巨大成就，传统产业的比重大大降低，高新技术产业和第三产业已经成为了拉动北京经济增长的最主要动力。北京住宅产业发展迅速，住房建设取得了很大成绩。北京市社区建设取得了较大成绩，社区规模得到调整，社区公共服务设施投资力度加大，社区功能进一步提升。北京通过加强对环境污染的治理。实施公交优先战略，重点发展轨道交通，制订更加严格的企业排污标准，通过新城建设契机，推动中心城污染性工业外迁，减少了大气污染；通过加强饮用水源保护，控制水源地污染，完善城市污水管网，改建厕等手段，解决地下水水源的污染问题，强化农村地区的水污染防治，城市环境建设取得了较好的成果。

上海市重视宜居城市建设实践工作。2002 年，联合国颁发“城市可持续发展贡献奖”、公共交通国际联合会（UITP）颁发“城市交通可持续发展奖”；2005 年，联合国经济与社会事务部颁发的“城市信息建设杰出贡献奖”、携程旅行网评选的“到达人气最旺目的地城市”第一、《商务周刊》与零点公司评选的“国内十大宜居城市”评选中位列第一。2010 年在上海举办的世博会的主题是“城市让生活更美好”，给重视城市生活质量的上海提供了一个建设宜居城市的有利契机。从“平、缓、特”的交通规划、强调“正生态和快乐生态”的生态系统规划、“叠合城市”的地下空间规划到完善的安全体系规划、信息交流规划中都围绕着“城市让生活更美好”的主题进行。追求人和自然的高度协调，建设生态城市是上海城市规划的方向之一。通过高水平建设市域绿地系统，高标准推进污染治理，构建符合上海特点的城市生态景观；加强自然资源保护和生态功能区建设，保障上海城市生态安全；大力发展循环经济，减少经济社会发展对资源和环境的压力等措施是上海不断的向生态城市的目标迈进。运用住宅设计的新理论、新思想、新方法，住宅发展以提高居住环境质量和生活服务设施水平为核心。居住区规划设置大面积的中心绿地和分散的组团绿地，同时重视绿地的功能性、观赏性、生态型和景观设计、种植设计。使人们置身于一个融汇着自然、文化，艺术的优美的花园般的居住区内。上海作为中国经济最发达的城市，已经在向后工业社会和信息社会演进，新的城市形态与新的城市文化正在趋向稳定和固有。海派文化的生成不仅仅是东西方文化的融合，其更深层内涵是它的边缘文化的气质，这种独特的魅力平添了上海城市的宜居性。

杭州市结合自身情况加快宜居城市建设实践。杭州属亚热带季风性气候，四季分明、温和湿润；杭州历史悠久，曾是五代吴越国和南宋王朝两代建都地。近年来先后获得“国家卫生城市”、“环境综合整治十佳城市”、“全国园林城市”、“全国园林绿化先进城市”等多项荣誉称号，并在多家机构评选的宜居城市中位居前列。杭州市宜居建设的主要工作内容包括确立“花园式生态城市”的发展思路，塑造“住在杭州”的优美人居环境品牌，打造中国“最具安全感的城市”，尊重、保护并延续城市文化。

珠海市宜居城市建设实践比较早。在设立和建设特区初期，确立于“以工业为主，综合发展”的城市发展思路，大力引进项目，主要解决建市资金不足问题。后期确定“以外向型经济为主”的发展战略，促进了低能耗，少污染企业的发展，确立“花园式海滨城市”的建设目标，加强城市绿化、环保监测和污染治理。1990 年代，珠海市确立了“花园式海滨城市和现代化经济特区”的城市定位，实施可持续发展战略，大规模、高标准投入基础设施建设，主要发展高新技术企业，提高环境准入门槛，加大处罚力度，大批“三来一补”，劳动密集型、污染型企业迁出本市，城区绿化，美化取得成就，生态宜居特色基本形成。2000 年，广东省委、省政府明确提出珠海的城市定位是“三基地一中心”，即建设成为“以信息技术为龙头的高新技术产业基地，有较强吸引力的产学研基地，高附加值的产品出口创汇基地和有较强辐射力和吸引力、环境优美、经济繁荣、秩序优良、文明富庶的现代化区域中心城市”。2006 年，珠海市制定并实施了《珠海市近期城市规划建设管理实施纲要》，明确提出“要进一步贯彻可持续发展理念，积极实施特色化发展，走聚集高素质人才、发展高质量经济、建设高品质城市的道路，将珠海建设成为“最适宜居住、最适宜创业、最富有魅力”的海滨山水城市，为建设珠三角区域性中心城市奠定坚实基础。珠海宜居城市建设战略和理念进一步清晰并通过实际行动予以拓展。

此外，成都、厦门、贵阳等多个城市也开展了宜居城市建设，取得了一定的建设经验，结合各自城市资源禀赋和自然条件与人文环境，提出和构建了不同模式的宜居城市发展模式。

第四节　宜居城市建设的基本体系

中国宜居城市建设与发展经历了实践与探索，积累了有益的经验。国外宜居城市发展也为中国宜居城市建设提供了模式选择。当前，中国宜居城市建设面临诸多机遇，但也存在一系列问题，面临复杂的环境和路径选择。因此，需要在过去宜居城市建设的基础上树立科学的发展理念，明确宜居城市建设与发展的基本原则，厘清宜居城市建设的目标。在此基础上研究出宜居城市的实现路径和政策体系。

一、宜居城市建设的基本理念

中国宜居城市建设既要遵循世界城市发展的一般规律和理念，也要符合中国城市发展的实际，符合中国社会的精神价值和共同理念。总归起来，宜居城市建设应该遵循以下理念。

1. 科学发展理念

在城市建设中，城市的精品建筑是一个城市的名片，也是城市建设重要的一环。城市建筑从全寿命周期的角度来考虑，质量越好，使用寿命越长的建筑设施，其总体成本就越低，使用效益就越高。建设具有国际视野的城市，必须牢固树立科学发展的城市建设理念。高质量的城市建筑，应当是内在质量、功能质量、环境质量的有机统一，是品质完美、功能完善和外在形象良好的有机结合。在国外，不少建筑都有几百年以上的历史，一代人修筑的房屋，几代甚至几十代人都能享受。我国古代的建筑很讲究建筑技术与视觉艺术的协调统一，追求一种天人合一的自然境界。宜居城市建筑同样要追求这样的效果，既要注重技术方案的论证，也要注重景观、美学的审查。因此，宜居城市建设应该贯彻落实科学发展观，坚持科学发展的基本理念．并将科学发展理念落实到具体的宜居城市建设实践中，指导宜居城市建设的科学发展方向。

2. 环境友好理念

环境友好是城市的命脉，是市民生存与发展的基础。城市建设将造成自然生态不可逆转的变化，要建设经济发展、社会进步、生态保护三者高度和谐的幸福家园。在未来城市发展进程中，必须坚定不移地做好生态环境保护这篇文章，即使牺牲一点目前的经济利益，也不能留下让后人指责的遗憾。推进城市建设必须与绿化建设有机结合，加大城市绿化体系的建设，按照宜居城市人与自然和谐相处的要求，在中心城区建立多层次、多功能、开放式的绿化结构体系，构建城区绿美相融、城郊森林环绕、城外绿海田园的城市生态体系，保持合理的城市绿化率。要加强工业排污治理和城市污水处理，有效改善伊通河的水质。全面开展清洁能源行动和城市洁美整治行动，大力推进建筑节能，充分利用新技术降低城市能源消耗。进一步促进城市资源的共建共享，提高公益设施的开放程度，实现公共资源利用效率最大化。要注重生态环境的保护开发。城市建设要坚持以不破坏生态环境为原则推进城市

的拓展和改造，通过合理规划与科学建设，尽量保持城市既有的自然风貌，坚决避免因城市建设而造成破坏。

3. 以人为本理念

宜居城市建设的主体是人，受益者也是人，宜居城市是为人而建，并非汽车、高楼大厦，因而必须坚持以人为本的原则。传统城市发展模式之所以受到严峻的挑战，遭受到越来越多的批评和指责，是因为在经济不断发展，城市不断扩张的过程中，它忽视了人自身的发展需求，使城市无限蔓延发展，被汽车和摩天大楼包围着，城市里的人更是被一个个“水泥笼子”和“金属盒子”隔离在各自的安乐窝内，彼此缺乏交流，心灵受到了严重的禁锢。因而，宜居城市建设要充分考虑人的需求并不断满足人的需求，使城市的发展与人的需求和进步相吻合。

以人为本的核心是要让老百姓分享经济和社会发展的成果。解决好人民群众的生活问题，真正形成人民与社会共享发展成果的局面，这既是建设社会主义现代化的客观需要，也是现代文明城市的重要标志。同样，也是宜居城市竞争力提升的最核心、最本质的目标要求。宜居城市强调的是城市在经济、社会、文化、环境等各方面都能协调发展，是一个关于生态系统、经济系统、文化系统和社会系统的全方位发展的概念。宜居城市不仅是适宜于人的生活，更适宜于人的全面发展。21 世纪以来，生态良好、环境宜人的居住环境越来越成为人们生活的首要追求。党的十六届三中全会提出了“以人为本，全面协调可持续发展”的科学发展观，人正在真正的逐步成为城市的主体和核心。城市化发展的目标应是安全、舒适、方便、健康、便捷的城市，是培养人、熏陶人、塑造人、促进人全面发展的精神家园。

城市属于居住在这里的人们。让人们生活便捷、舒适是城市宜居的重要标准，也是城市建设的重要目标。要始终着眼于提高人们生活的便捷度。加快推进枢纽型重点交通项目工程的建设，加快推进城区主要道路的升级改造，打通堵头卡口，促进城区车辆和人员在空间上的纵向与横向合理分流，提高道路通行率，全面构建完善和科学的城区路网，从根本上解决出行难的问题。要合理规划和建设城市生活圈，分区域建立健全最小半径、最大程度满足人们生活需要的资源要素体系，形成总体分散、局部集中的城市人居集聚格局。要始终着眼于提高人们生活的保障度。促进房地产市场的健康发展，加快经济适用房和廉租房等保障住房的建设，确保户户享有一套适宜居住的房屋。要加强城市生活配套设施的建设，构建较为完善的城市生活资源保障体系，充分满足人们不断提高的生活需求。要始终着眼于提高人们生活的舒适度。

加快棚户区和城中村改造，全面完成背街小巷的改造，切实改善城市人居环境。要加快建设一批高品位城市公园广场和景观工程，建设一批综合性文化公益设施，建设一批高品质标志性工程，丰富多层次的文化生活需求，提高城市的美感与魅力。

4. 多元融资理念

随着城市建设的加快发展，项目融资难、征地拆迁难等问题日益凸显，深化城市建设投融资体制的改革和创新，成为新时期城市建设中需要积极探索和实践的重大课题。资金是城市建设的基础，随着投资规模的不断扩张，城市建设仅靠政府财政性资金的投入已远远不能满足需求，需要积极探索和不断拓展城市建设的投融资渠道。按照统一融资、分类投入、分期建设、分级负责的片区运作模式，构建了以“规划先行、政府推动、市场运作、效益平衡、社会融资、差额增信”为核心内容的城建融资模式，充分发挥财政资金的杠杆作用，实现由政府投资主导为市场投资主导，形成了多层次融资结构和多元化投资主体，才有效地破解了城建融资难题。

5. 透明管理理念

加强城市建设管理是推进城市建设工作的重要环节。推行城市建设阳光管理，我们的建设项目才能经得起群众的检验，历史的检验。近年来，许多城市政府积极探索城市建设管理制度，构建了较为健全的部门联合工作机制。全面实行项目法人制和项目代建制，公益性重点项目和政府资本参与投入的其他重点项目建设应选择专业化的代建单位，负责项目的投资管理和建设组织实施工作。完善招标投标制度，严格执行招标投标的有关规定，建立和完善投标保证金管理、项目经理管理及诚信体系管理等一系列制度。实行政府投资建设重大项目社会公示制度，在项目审批决策前，通过电视、报纸和政府网站等，向社会公开项目的投资规模、建设内容、土地权属、现状、工期、法人代表、监理单位、招标、中标等内容，广泛听取各方面的意见和建议，接受群众监督，实行民主决策、科学决策。加强对项目工程实施全过程监督，特别是对重点工程项目要实施纪检监察人员派驻制度和巡查制度，实行常态化管理，把纪检监察监督贯穿整个项目从开工到竣工的过程。同时；加大重点工程的审计力度，确保建设资金合规使用。

二、宜居城市建设的主要原则

宜居城市并不是完美无缺的，世界上任何事物都是如此，但宜居城市可以针对目前城市发展的问题，制定一些对自然和社会更健康的原则，这些原

则相对来讲，可以克服城市以往发展中的弊端，并对可能出现的新问题进行统筹全面的考虑，减少经济社会活动对自然的破坏，从而使人与自然之间的关系更和谐。

1. 政府主导原则

建设宜居城市是政府提供给城市市民的公共产品和公共服务，是政府履行公共职责的最基本的生存要求。政府在宜居城市建设中承担主导性责任，因此要求政府应以高度负责任的态度。积极开展宜居城市建设，明确宜居城市建设的方向、战略重点和具体任务，整合社会资源，优化资源配置，加快宜居城市建设步伐。政府职能在宜居城市建设中主要是制定政策，提供服务，优化环境，增强服务意识，提高宜居城市建设能力，减少宜居城市建设成本。坚持政府主导的基本原则，为宜居城市建设提供政策、财政、信息、人才等多方面的支持和鼓励，通过政策扶持和财政投入，为宜居城市建设提供更加完善、及时、高效的公共产品和公共服务，提供政策保障，创新体制机制，减少制度障碍，降低交易成本，构建宜居城市建设的良好环境和文化氛围。

2. 可持续发展原则

传统上的城市建设，以牺牲环境质量和浪费资源为代价，其特点是造成负面连锁反应：城市建设大量吞噬耕地和绿地；不合理的城市规划使居民增加对私人汽车的依赖；汽车的增加引起交通拥堵；汽车尾气排放的污染物造成空气污染；水资源短缺等。这样的城市发展道路会造成宜居性的逐渐丧失，使出行日益困难、环境质量恶化、生活费用增加、街坊邻里关系淡化、城市的社会经济活力减弱。因此城市发展必须要坚持可持续原则。可持续发展强调降低不可再生资源的耗竭速度，减少对大气质量，水环境和其他自然因素造成影响和破坏的程度，协调人口的发展与生态系统的生产潜力，切实做到人口，资源，环境，管理决策四位一体的高度综合。

3. 生态优先原则

宜居城市的建设要合理运用有关生态学的原理与方法，坚持生态优先的原则，承认生态价值是至高无上的，生态利益是人类超越一切的根本利益，生态优先规律将是城市发展所必须遵守的规律。之所以要进行这样的选择，既是人类积极的生态意识所致，也是人类被迫无奈的真实写真。面对濒临失衡的地球，人与自然日趋紧张的关系，人的生存与发展比以往任何时候都受到如此严重威胁的时候，人类还有其他更好的选择吗？可以说是没有。只有坚持生态优先的原则，才能医治城市躯体的病患，把一种病态的城市导入一种健康发展的生态城市轨道。

4. 资源集约原则

宜居城市建设既不是回归自然的原始生态，也不是人间仙境式的理想生态，而是积极意义上的建设适宜人居住、资源集约化利用的城市。这种积极意义上的城市建设就是要针对城市发展的实际情况及建设弊端，选择合理的途径，进行资源集约化利用与城市建设。当前阶段要特别倡导坚持集约化原则。集约化原则包括两方面的内容。第一，防止城市无限蔓延发展。“摊大饼”式的无限向外扩展，造成城市规模不经济，会引发了很多城市问题。宜居城市建设旨在根本扭转这种现象，注重土地的集约利用，发挥土地的集约效益，努力形成一种“紧凑式”的发展，防止城市机械扩张。第二，各种能源和资源的集约使用。在地球资源并不富裕的今天，城市的发展还要不断地消耗资源，为了可持续发展，就要注重资源的集约利用，提高资源利用率，尽可能做到资源重复利用和循环使用，实现资源的可持续发展。

5. 整体有序原则

在宜居城市建设过程中，把宜居城市建设视为一个完整的生态，经济，社会有机结合的循环再生的复合生态经济系统，既要研究制约城市发展的各种社会经济因素，按客观经济规律办事，又要研究城市发展的各种生态环境因素，按自然规律办事。结合经济规律和自然规律，从全局和长远利益出发，采取综合的措施和对策，实现宜居城市的建设。

6. 公众参与原则

宜居城市建设是一项规模庞大的系统工程，离不开社会公众的广泛参与，宜居城市建设也关乎公共利益，关系到城市居民的整体利益，需要充分考虑和整合社会公共利益，积极有效有序地发挥公众参与的作用。宜居城市是动员社会力量、整合社会资源、提升社会资本、服务社会利益的系统工程，不是政府唱独角戏，也不是政府自编自演，社会和人民群众才是宜居城市建设的主力军、受益者、实施者。要搭建平台、扫清障碍、提供条件，促进社会公众参与，吸引社会资本投入到宜居城市建设的伟大事业中，真正依靠社会自身的力量促进宜居城市建设。发挥公众参与的积极性、主动性和创造性，需要发挥市场机制在宜居城市建设资源配置中的基础性地位和作用，引入市场机制，促进自由进入、自由实施、自由退出，激发宜居城市建设的市场活力，形成自由竞争、优胜劣汰、公平公正的良性循环效应，形成全民参与宜居城市建设的不竭动力和长效机制。

三、宜居城市建设的目标模式

几乎没有人同意会有一种城市的终极形态，但是人们可以期待对终极目标进行广泛的民意调查，因为千百年来，这一终极目标几乎没有发生改变。从底比斯到巴比伦，从君士坦丁堡到圣地亚哥，那些城市大受称赞，因为它们给人们提供了最佳的生活体验。宜居城市也不是城市的终极形态，但是宜居城市应该能够满足于百年来人们对于城市的期待。城市本身的发展状况和现实基础会对其朝着宜居城市的目标迈进产生影响。根据不同城市的不同状况，宜居城市可选择的发展自己的强势已形成特色，避开弱势以获取理想的发展速度和效果。作为未来城市的主流形态，宜居城市可能会以网络城市、文化城市、安全城市、生态城市、功能城市、便捷城市等其中的任何一种形态出现。

1. 安全城市模式

纵观中外城市发展史，安全保障一直是宜居城市建设的首位需求，从希腊的雅典卫城到中国的王城，无不体现出城市的“城”之含义——安全防卫的功能。在城市规划建设历史上，人类从来都没有停止过对城市安全的追求，“一个城市必须在保证自由、安全的条件下，为每个人提供最好的发展机会，这是人类城市的一个目标”：“一个成功的城市地区的基本原则是人们在街上身处陌生人之间时必须能感到人身安全”。现代化的大城市由于其集中化、过密化，成为一个复杂的巨系统，成为易受地震、洪水、环境污染、人为破坏打击的脆弱系统。因此，如果将宜居性作为一个未来城市建设的主要追求目标，那么它首先应该是一个安全的城市。

安全城市是指在环境和生态、经济和社会、文化、人身健康、资源供给、政府绩效以及其他和城市安全相关的未知方面保持的一种动态稳定与平衡协调状态，并具有对自然灾害和社会与经济异常或突发事件干扰良好抵御能力的城市。安全城市所应该提供给市民的不仅仅是城市的公共安全保障，这种保障应该是多方面全方位的。其中包括城市生态环境安全、城市食品安全、城市社会安全、城市生产安全、城市经济安全等。

城市生态环境安全是指城市赖以生存、发展的环境处于一种良性循环、不受污染或危害的良好状态，在这种状态下，城市保持着一种完善的结构和健全的生态功能，并具有一定的自我环境调节与净化功能；城市食品安全是指通过强化食品卫生的立法、监督和执法，保证食品、生活饮用水等与饮食相关产品的安全卫生，加强动物检疫工作，完善动物疾病监测、防治、检疫和监督体系，保障动物产品安全，从而全面确保城市食品的卫生和安全；城市社会安全是指城市在日常运转过程中具有的组织性、秩序性和稳定性，以及受到内部或外部干扰（如暴力、战争、自然灾害等）时具备良好的控制和应对能力，并能继续保持社会的稳定性、秩序性；城市生产安全，指安全知识宣传到位，生产环节监控有力，并将事故发生率控制在合理范围之内；城市经济安全，是指城市经济在受到各种外来威胁时，如自然灾害、通货膨胀及周期性经济起伏波动时仍能保持正常运行和发展，保持城市经济发展的健康、稳定，并能在国内外竞争中争取到有利的地位和良好的外部环境。

2. 功能城市模式

早在1933年诞生了关于功能城市的《雅典宪章》，这个宪章是为了应对大工业时代导致的“城市病”，比如说交通拥堵、环境污染、失业、棚户区的蔓延和城市中心的人逃离城市。面对这些“城市病”，当时一些规划师、一些建筑师、一些社会学家集中在一起研究解决“城市病”的治本之策，认为城市需要合理的功能分区的规划，对于城市的居住、工作、游憩和交通要在合理的区域里妥善地安排。

宜居城市应该是一个功能城市。就像人一样，宜居城市有它的命脉，它能够呼吸、喝水、吃东西，并排泄出废物，也能够生长、繁殖、再生，它思维和行动协调，有思想和精神。宜居城市要拥有作为心脏的城市公众基本价值观、城市居民身份认同和地域认同感，拥有作为大脑和神经系统的城市管制和公众参与机制、监测机制、评价机制以及城市自学习系统。同时宜居城市中完整的社区、繁荣的市中心核心区域、合理分布的工业组团、令人赏心悦目的绿地系统等是其组成器官；自然资源的输入/输出流、绿色走廊、能量网络、通信网络、交通网络等是其循环系统。在宜居城市中，居住、交通、工作、游憩等功能完整，各项功能运转健康。宜居城市要有满足各城市阶层的多种生活方式需要的功能，能够提供良好的居住环境、工作条件、经济收入、教育体育、文化娱乐、社会保障等，具备人类生存与发展的完善功能服务。

当然功能城市建设模式需要避免千城一面的现象。要避免城市记忆的消失。城市记忆是在历史长河中一点一滴地积累起来，从文化景观到历史街区，从文物古迹到地方民居，从传统技能到社会习俗等，众多物质的与非物质的文化遗产，都是形成一座城市记忆的有力物证，也是一座城市文化价值的重要体现。一些城市在所谓的旧城改造和危旧房改造中采取大拆大建的开发方式，致使一片片历史街区被夷为平地、一座座传统民居被无情地摧毁，由于忽视了文化遗产的保护，造成了这些历史性城市文化空间的破坏、历史文脉的割裂、社区邻里的解体，最终导致城市记忆的消失。因此，功能城市建设模式应该在完善城市基本功能的同时，需要根据城市的实际情况，注重城市文化生态的保护，重视城市古迹的维护，防止城市建设是为了创造良好的人居环境，既包括物质环境，也包括文化环境。而城市规划则是合理配制公共资源，保护人文与自然环境，维护社会公平，弥补市场失灵的重要手段，它的根本目的不仅是建设一个环境优美的功能城市，更在于建设一个社会和谐的文化城市。

3. 便捷城市模式

宜居城市更应该是一座交通便捷、出行通畅、联系紧密的城市。在物质生活已比较丰富的后工业社会中，人们对工资等经济条件的关注降低，但对城市的音乐、艺术等人文环境，气候，湿度，以及绿化等各种城市生活的便捷条件的需求会越来越高。充实的商品市场及服务、由优美的建筑和科学的城市规划等形成的良好城市外观、低犯罪率，良好的学校等公共服务的完备、便捷的交通及通讯基础设施等等都是便捷宜居城市的具体体现。

宜居城市中便捷的交通和基础设施建设非常重要。在便捷的城市中，为中心区提供每一种主要类型的城市活动是有道理的。这些城市活动当然的包括生活、工作、游憩、交通。宜居城市除了要满足各城市阶层的多种生活方式的需要，还应该能够满足围绕这些生活方式的其它相关的需要，交通便是其中最为重要的一项。城市有便捷的交通才能够使生活、工作、游憩有效衔接。宜居城市的便捷性还要特别强调为残疾人考虑，从事场地和设施规划的通用设计，不是从一般人的视角出发，而是要从所有使用者的角度考虑各种感觉意识，各种运动，以及所有体力和智力作用的层次。

4. 网络城市模式

随着科学技术的发展，人们的生活形态在逐渐发生改变。信息网络出现和普及给人们带来了更为便利的工作、学习、购物、交流的途径。在未来的城市中，信息网络会成为城市的基本骨架之一和人们衡量生活、工作、生产等是否便利的标准之一。人与人，人与自然将表现出一种新型的关系。宜居城市的信息网络应该是高度发达的，内部的交通通讯网络、对外联系网络等等都是完善的或者至少应该朝着完善的方向不断发展的。我们可以说它是一个网络城市；它甚至可以称为智能城市。在这样城市中，人们可以从饮食起居、休闲娱乐到工作学习、购物交流等各方面享受到信息网络和新技术带来的便利的、人性化的、智能的服务。“网络城市”是基于知识经济时代的网络高效性和空间虚拟性的时尚表达。

从广义上讲，网络城市应该包括有形网络和无形网络二大方面，一方面是物质空间的基础设施即有形的网络框架；另一方面是虚拟空间，是信息高速公路等通讯基础即隐形设施的网络框架。二者综合即形成了基于快速通道网（基础设施+通讯设施）的宜居城市大框架。在这个新的生存空间里，全面信息化网络将使城市人的工作、教育、生活、购物就医、娱乐等打破时空限制，并且更为高效和多样化。现在城市的高能耗、高污染的生产、生活方式将被淘汰。信息文明加强人与人的信息交流和情感交融，促进文化的多元化和多样性：信息网络使人们能更方便地向社会表达自己的意愿参与公共事务的管理，社会将进一步走向公开化和民主化。网络城市是在未来信息文明时代形成的一种不同于以往任何时代的城市空间结构的重组，也是宜居城市建设的追求目标之一。

5. 文化城市模式

21世纪的成功城市将是文化城市。文化不仅仅代表着各种文化产品，更意味着生活、表达、思考和学习的方式。文化已成为城市发展战略的主轴，经济、社会、技术和教育战略与文化的关联越来越密切。在未来的竞争中，信息与知识是地方经济可持续发展的关键，只有那些学会了如何战胜文化挑战的城市才能得到最佳的发展。宜居城市没有固定的模式，不能“千城一面”，每个宜居城市都会有自己的气韵风度和个性特点。沙里宁说过：“让我看看你的城市，我就知道你的人民在追求什么。”城市个性维系着城市中每一个人的生活命运，早已成为不可割舍的血脉，它就是城市的灵魂。而最能体现个性的是一个城市的文化。21世纪的城市，不只是经济的竞争、科技的竞争，更重要的是文化的竞争、人文特色的竞争。独具个性特色的城市因其凝聚着地域文化传统的精华而具有强劲的竞争力，其发展才会有动力和后劲，才有可能朝着宜居城市的方向发展。

宜居城市的个性是地域文化缩影，这种个性因包含有值得人类尊重和捍卫的普遍价值而成为人类共同享有的文化遗产，它不只是一个城市所有，它属于全世界。宜居城市的文化特色满足了人类日益增长的个性心理需求，给生活中的人们带来领域感、归属感、认同感和自豪感。但是宜居城市的文化特色绝不是摒弃外来文化和拒绝外来事物的自我崇拜，它是一种兼容并蓄的文化情怀，外来人口在感受到城市浓郁的文化特色之外，更能够感觉到这种文化所拥有的博大胸怀。

宜居城市应该是一座文化城市。一个城市的魅力不在于它的新建筑和摩

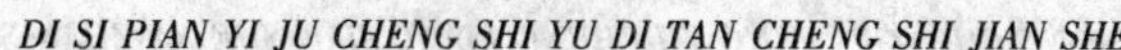

天大楼，根本在于它的文化底蕴，这种底蕴不是一朝一夕形成的，也不是急功近利可以打造的，而是用几千年的时间，培养了人的素质和城市的文化氛围后逐渐锻造出来的。在连续发展与变化的历史长河中，每个城市都会孕育和发展出独特的历史传统、建筑风格、风土民俗、文化氛围等，而这一切都会反映在城市的文化中，宜居城市建设不是要破坏这些文化以寻求创新，而是保持文化的完整性并在此基础上不断创新，对原有文化积淀不断的进行丰富与完善，最终达到文化城市的目标。

文化宜居城市表现为知识型城市的特征。知识城市（knowledge city）是近几年随着知识经济发展而出现的新概念，是指那些通过研发、技术、智慧创造新产值来推动经济的城市。这是21世纪一种全新的城市文化发展理念，许多国家中富有活力和创新力的城市纷纷将“知识城市”作为文化发展战略。知识城市的目的就是要促进城市转型和产业结构调整，使以文化、创意产业为主导的知识型服务经济对城市经济的贡献率占有主导地位。知识城市的出现为工业城市的转型提供了新的路径。工业城市往往面临着生态环境的破坏、资源的耗竭、功能单一、模式老套的“通病”，要解决好这些问题，实现城市可持续发展，就应该在工业城市的转型过程中更加注重知识的含量和城市发展模式的多样性，紧密依托产业已形成的区位优势、产业优势、文化优势、形象优势等，以国际成功知识城市为榜样，深化城市转型和产业结构调整，走知识型的城市文化发展的新路径。

我国改革开放以来，30多年的城市变化也有力地说明了发展文化产业对城市发展的巨大促进。一些城市如北京、上海、深圳、杭州、昆明都提出了自己的文化城市的发展战略。很多城市因地制宜，发挥自己的特色，大力兴办文化产业，迅速提升了城市竞争力。昆明“世博会”所提升的昆明城市的知名度以及带动相关产业的发展使昆明受益匪浅。上海浦东新区利用优势大力发展演出娱乐产业、会展产业、旅游产业、文化中介产业等，把城市经济带入了全新境界，使上海市成为中国最具活力、最具竞争力的城市之一。在城市经济发展和城市竞争中，开发文化的经济价值刻不容缓。从社会的消费趋势、倾向以及正在形成的消费热点看，随着恩格尔系数的下降，旅游、体育健身、信息、教育、娱乐等文化消费急剧升温，文化消费的市场容量呈几何级数加速扩张，文化产业增长潜力巨大。

建立文化城市必须把发展文化产业放在重要位置，从整个国家战略高度实行产业政策的战略性调整，把城市文化产业当作国民经济的支柱产业培育。要构建我国城市文化产业体系，加强引导，完善文化产业发展法规体系，健全管理制度。一方面，要通过法律来规范文化市场，重塑文化市场秩序，建立适应加入世贸组织的法治游戏规则；另一方面，通过法律来加强文化管理，保证社会主义精神文明建设的方向，保证文化产业的健康有序发展。以经营性与公益性为标准，进一步对现有的文化单位和文化产品进行严格的划分，实行分类管理。提高文化产业的科技含量，中国科技水平与国外先进国家相比仍处于非常落后的地位，这对于中国文化产业的发展来说是一种严重的制约。因此提高文化产业的科技含量是一项十分急迫的重大课题。要注重科技创新，积极推动文化产业的科技进步，加强艺术科技的研究和开发，使文化自身的科技水平不断提高。

要加强对其他领域新技术的研究，注意运用其现代高科技手段，加大文化制作，包装、传播等环节的科技含量，使文化产业发展始终与科技进步同步合拍，改善文化形象；以适应现代人不断提高的审美品位和心理期待。建立科技与文化的融合沟通机制，文化部门和科技部门要加强协调，加快进行全国文化产业科技管理信息网络系统建设，为文化产业发展提供有效的技术支持。还要扩大开放，引入资产重组经验，鼓励民间资本流入，扩大吸引外资，实行资金投入和产业经营形式多元化。要把文化产业发展放在产业结构调整和提升城市根本竞争力的高度，在文化产业开放和企业重组中，培育出一大批文化产业的龙头企业和著名品牌，提升城市文化软实力。

第二章　低碳城市建设

城市是以非农业产业和非农业人口集聚形成的较大居民点。由于这些居民点大多是一个国家或地区的政治、经济、文化交流中心，所以，一般都是人口密集区。在狭小的区域拥挤了过多的人口，尽管这里的人们千方百计地试图改善身边的居住环境和生态环境，不遗余力地进行城市建设，但总有回天乏术之感。城市建设过程中面临的一些风险或困境日益凸显，严重地影响了人们的生活质量。

一、过度的能源需求

人口的过分集中，导致城市居民对生活必需品，如居民的住房、住宅和市区照明以及出行的车辆和运载工具等的需求增加，从而带来城市交通拥堵和电力供应紧张，而且对人类赖以生活的空间造成了极大的负面影响，如极端气候的形成、水体和空气的严重污染、地下水的短缺，都与人类的活动，特别是过度的能源需求相关。

1. 气候变化

人类活动造成 CO_2 过度排放，在大气中形成温室效应，并由此引发天气的极端变化，如酷热、干旱、飓风、特大暴雨。降雨量骤减以及持续的干旱导致水力发电减少，化石燃料电厂承受更大的发电压力，使短期燃料价格升高，造成更高的保险费和更昂贵的贷款成本。此外，城市热岛效应（白天楼房吸收热量，晚上辐射热量）已经使城市的温度高于周边。所有这些，都是由于城市的不断扩张而对大气环境带来的令人担忧的后果。

2. 大气污染

燃烧化石燃料的工业锅炉和汽车尾气是大气的主要污染源。统计资料表明：所排放的 SO_2、NO_x 量由于燃煤质量和燃烧炉的结构不同而不同，大约燃煤1吨SO_2排放量（无脱硫）为17.44千克；燃煤1吨NO_x排放量，层燃炉为10.7千克，煤粉炉为7千克。目前，虽然加强了对这些气体的监测，但仍没有行之有效的去除方法。

3. 水资源短缺

大量的居民生活用水和工业生产用水使城市的供水缺口日益扩大。尽管地方政府采取了多种补救措施，市区及周边地区缺水现象依然严重。高温加剧了水蒸发，河流流量减少，造成河道干涸，湖水面积缩减，地下水平面急剧降低，严重的地方造成地面开裂或塌陷，甚至会出现所谓的“天坑”。

4. 水体污染

作为国民经济的支柱产业——化工、钢铁、制药、印染、纺织、制革和酿造等行业，随着国民经济的快速发展而得到了长足发展，但一些企业的工业废水无控排放，造成城区及周边的水源，甚至地下水或土壤严重污染，更有甚者，对江河湖泊也造成了严重的污染，毒害了水中生物，达到令人不可容忍的程度。此外，煤炭、石油和天然气的开采，不仅造成了地容、地貌和地层结构的破坏，而且造成了大量地下水流失，甚至造成水体的二次污染。

5. 固体垃圾及排泄物对环境的污染

据资料不完全统计，一个成年人一年的排泄物大约为800千克，近14亿人口的11.2亿吨排泄物需要处理。此外，还有人们的生活垃圾，据1999年统计，全国城市生活垃圾清运量为11415万吨。目前，采用的人粪尿处理方法大多为高温堆肥和中小型太阳能沼气池方法（大型沼气池需要燃煤锅炉加热升温）。而固体垃圾多用掩埋法和焚烧法，处理过程会产生二次污染。所以，高效无害化处理垃圾和人粪尿的方法亟待解决。

二、对人类健康的威胁

大气、水体和土壤的污染不仅危及生态环境，而且对人类健康也构成威胁。因环境污染所导致的群发性的严重身体疾患事件时有报道。极端的气候条件，夏季的酷热和长期的干旱以及冬季的严寒对人类健康已构成威胁。表面看来，这些都应当归因于自然环境的恶化，但究其深层次的原因，无一例外，都与人类特别是城市居民的活动直接相关。

三、沿海城市面临的风险

温室效应导致的极地冰川融化造成海平面上升，使沿海城市的生态环境

变得极为脆弱—海水淹没处于低位地区的沿海岸线湿地，盐水入侵湖泊和内河，使沿海地区洪灾变得更频繁，影响更严重。一项气象统计表明，百年洪灾将从现在的80年一次，变成到2020年的43年一次，以及到2050年的19年一次。

很显然，城市所面临的上述风险给城市建设带来了无形的压力。面对这种严酷的现实，城市居民在当地政府的领导下采取了多种应对措施，如行政上的节能、限电和私人车辆限号运行，技术上的燃煤锅炉尾气脱硫、脱硝，中低温余热和生物质发电，新能源的开发与利用（风能与太阳能）以及人粪尿的低温发酵处理等。但局面始终没有得到改观。现在所进行的低碳城市建设就是人们经过摸索所得到的唯一选择。

第一节　低碳城市的概念与推力

对于现代城市所面临的风险，世界各国人民以及各个国家的各级政府，特别是城市政府为了保持社会的可持续发展和提高人民生活水平，都致力于各自家园的建设，而城市低碳化就是其中的一个重要举措。

实质上，低碳城市是低碳经济理论、低碳社会理念、低碳生活方式在城市发展中的实际应用。其内涵包括：

（1）低碳经济为城市经济发展模式和发展方向。

（2）低碳社会为城市社会发展样本和发展蓝图。

（3）低碳生活为城市生活方式和生活导向。

与低碳城市相关的概念还包括：生态城市、可持续城市、绿色城市、共生城市、花园城市、紧凑城市、山水城市、园林城市和生态园林城市等。虽然这些概念所强调的重心和内容不尽相同，但总的价值取向是相同的—都是强调自然环境和社会环境的和谐统一，城市可持续发展是它们共同的精神内涵。表4－1对这些不同概念的城市内涵进行了简要的比较。

表4-1　不同概念的城市内涵

不同概念城市	基本要义
生态城市（可持续城市）	社会、经济、自然协调发展，物质、能量、信息高效利用，技术、文化、景观充分融合，人与自然的潜力得到充分发挥，居民身心健康，生态持续和谐的集约型人类聚居地
共生城市	由瑞典建筑师提出的关于城市规划和城市建设理念，主要强调：①多种城市“节点”共存、相互交织和混合使用。②气候中性，减少 Co_2 和其他温室气体的排放。③变废为宝，建立一套关于水、能源、垃圾和材料等的综合利用方案，提高资源利用率
紧凑城市	促进以中心区为重点的城市再发展；保护农用土地，限制农村地区的大量开发；更高的城市密度；功能混合的用地布局；优先发展公共交通，并在其节点处集中城市开发
花园城市	城市建设要遵照国际花园城市的评价标准．突出：①园林景观的美化。②历史遗迹的保护。③环境保护
园林城市	针对中国特殊环境提出的城市建设和城市规划理念，主要强调城市的绿化景观和环境治理，对此国家相关机构有成文的评价标准
山水城市	由钱学森于1990年在中国传统的山水自然观、天人合一哲学观基础上提出的关于未来城市的构想，提倡人工环境与自然环境协调发展，最终建起与自然环境相融合的人类聚居环境

以城市为单位改善居住环境和生态环境，是改造人类生存条件、维护地球家园的有效措施，打造低碳城市已渐渐被人们所接受，成为当今社会发展的主流共识。可以说，在当前，低碳城市建设遇到了前所未有的大好时机，来自不同领域的推力将使这一方兴未艾的事业在世界各地得到蓬勃发展。

一、自然资源的保护

据不完全统计，健康的生态系统的各个环节，如洁净的水、富饶的土壤、无害的垃圾及配套服务为全球经济提供的价值至少为每年30万亿美元。所以，单从经济价值这个层面来考虑，自然资源的保护已经是十分必要了。而在这一巨大的工程中，低碳城市建设占有举足轻重的地位。

二、战略资源的可持续发展

人类赖以生存的两大战略性资源—石油和饮用水正面临枯竭的局面。有报道称，目前全世界每天抽取8900万桶的原油产量，已达到开采峰值。据推算，到2031年，仅中国一个国家每天就需要9900万桶原油。世界人口每21年翻一番，随着人口的飞速增长以及城市规模的爆炸性扩张，使得供水远远不能满足人类需求。1999年，2亿人口缺乏清洁的饮用水，到2050年。预计40亿人口会遭受严重的水荒。战略资源的短缺正在呼唤低碳城市的诞生。

三、低碳经济的快速发展

不论发达国家还是发展中国家，都把减少温室气体排放量列在了国民经济发展中的一个重要位置，一些关于低碳经济的发展模式如技术创新、制度创新、产业转型和新能源开发等应运而生，这些举措将助推低碳城市建设步入高速发展的快车道。

四、生活方式的改变

日益严峻的气候变化和不断恶化的生活环境，使世界各国人民清醒地认识到必须摈弃高能耗的生活方式，走低碳化道路才是唯一的生活出路。所以，广大觉醒了的人民，不分国度和种族，都在积极创建低能耗、低污染的生活方式，在行动上对建设低碳城市这一伟大工程给予了助推力。

五、资金的支持

减排和适应气候变化所需的资金预计每年为2750亿美元，世界各国预期未来支持减排和适应气候变化的资金为每年1000亿美元，而目前支持减排和适应气候变化的资金每年却只有90亿美元，并且国际社会的支持减排和适应气候资金都是通过国家政府发放的，城市能否直接申请还存在不确定性。主要的支持减排和适应气候变化的基金有：

1. 最不发达国家基金（The Least Developed Countries Fund）

2.23亿美元，小额基金，为发展中国家提供资助，由全球环境基金（Clobal Environment Facility）管理。

2. 特殊气候变化基金（Special Climate Change Fund）

1.48亿美元，小额基金，为发展中国家提供资助，由全球环境基金管理。

3. 气候投资基金（Climate lnvestment Funds）

63 亿美元，由世界银行为发展中国家清洁技术、森林投资、可再生能源和其他气候投资提供的资助。

4. 清洁发展机制 CDM（Clean Development Mechanism）

是由多国政府于 1997 年通过《京都议定书》设立的二氧化碳减排指标交易机制。2008 ~2020 年，来自欧盟排放权计划（EU ETS）和欧洲政府的国际碳排放权贸易需求将达到 39 亿吨，而目前已有的在联合国气候变化框架公约下的 CDM 项目预计将提供 29 亿吨，余下将有约 10 亿吨二氧化碳当量的短缺。虽然城市 CDM 项目占所有 CDM 项目的比例不到 1%，但也引起了相关方的足够重视，一种以约旦首都安曼市为样板的城市 CDM 方法学正在开发中。

六、低碳城市建设的步骤

低碳城市建设可分为如图 4 -1 所示的五个步骤，这五个步骤为低碳城市建设提供了简单标准的方法来计算城市温室气体排放，设定城市低排放目标，制订城市减排行动计划，减少温室气体排放措施的实施，并监测、测量和报告城市减排的成绩。

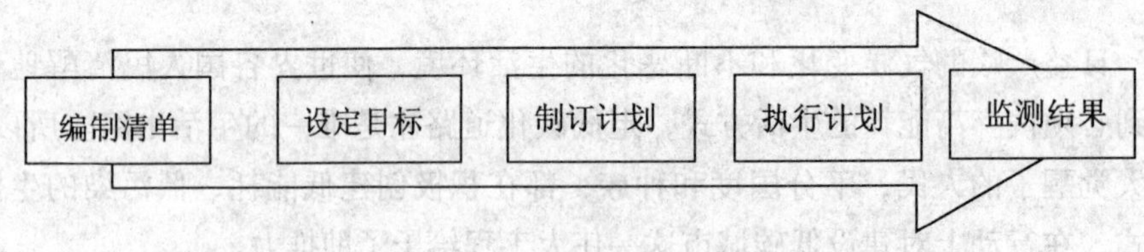

图 4 -1　低碳城市建设步骤

（一）编制城市温室气体排放清单

根据城市的能耗和垃圾生成，计算某一基准线年份和预报年份的温室气体排放。编制的清单中历史排放数据是制定城市减排目标的依据，也是预测未来城市减排进程的基准。所以，这是城市建设中最基础的一步。为夯实这一具有战略意义的基础，必须调动各利益相关方进行广泛的摸底和碳盘查，将这一工作深入、细致地做好。

（二）设定城市在预报年份的减排目标

依据城市温室气体排放清单所设定的城市减排目标，既能体现目标制定者的政治意图，也能反映城市居民建设美好家园的强烈愿望。这不是一个空洞的口号，而是有丰富内涵的、引导城市居民在有限的年份里为之奋斗的行

动纲领，同时，也为减排举措的实施制定了一个框架。所以，这个目标必须能够反映民意、不浮夸、脚踏实地、恰到好处，并让这个目标家喻户晓，深入人心。

（三）制订城市减排行动计划

为实现城市减排目标，行动计划的制订者通过多层的利益相关方研讨程序，将城市减排项目逐一规划和落实。行动计划主要包括地方政府为实现减排目标所制定的政策和举措，其中也包括计划执行的时间表、融资机制的描述以及相关部门和员工的任务和责任。行动计划除了制定直接的温室气体减排举措外，还应包括对民众的宣传和教育措施，以加强和提高公众的参与意识。

（四）执行城市减排行动计划

这是低碳城市建设中最为关键的一步。地方政府应本着先易后难的原则推进城市减排行动计划的实施，应尽快出成果，以便调动各利益相关方的积极性，使之在建设中在财力、人力和物力上多投入。此外，对重大的排放源的减排要予以足够的重视，因为这样可以起到以点带面的作用。一般情况下，实施的政策和举措包括对政府建筑和水设施的能效提高、路灯改造、公共交通的改善、可再生能源项目的安装以及废物管理中的甲烷回收等。

（五）监测和核查城市减排成果

监测和核查减少或防止温室气体排放的实施进程是一个持续的过程，从项目实施开始，监测就要启动，全程跟踪，直至结束。在监测和核查过程中要不断地向各级责任者进行信息反馈，以保证工程的顺利进行，或者对工程的进度乃至内容进行调整。

以上是低碳城市建设中必经的步骤，但绝不是一成不变的，可以说，这只是一个灵活的框架，对于基础不同（发达的和发展中的）和规模不同（大都市和小城镇）的城市都适用，但可以灵活调整。

第二节　低碳城市建设的指数评价体系

为了有效地指导生态城市建设，加强对已建低碳城市的评估和监控，以及便于城市间的横向对比，国内外在相关研究与实践中对可持续城市规划的指标体系进行了研究。以下为一些代表性的指标体系。

一、联合国可持续发展指数

2007年，联合国发布《可持续发展指数：指南与方法学》，将可持续发展指数分成环境、社会、经济和机构四部分，如表4－2所示。

表4－2　城市可持续发展指数

环境		
主题	子主题	指数
大气	气候变化	温室气体排放
	臭氧层损耗	臭氧消耗
	空气质量	大气中污染物浓度
土地	农业	适于耕种的永久田地的面积
		化肥的使用
		农业除虫剂的使用
	林业	森林面积占土地面积的百分比
		木材砍伐数量
	沙漠化	受沙漠化影响的土地面积
	城市化	正式和非正式市区定居点面积
海洋和海岸	沿海地区	沿海水域中藻类的浓度
		沿海地区人口百分比
	渔业	主要鱼种的年捕获量
淡水	水量	每年抽取的地下水和地表水占总水量的百分比
	水质量	水体中的BOD
		淡水中大肠杆菌的浓度
生物多样性	生态系统	特定的关键生态系统的面积
		保护区占总面积的百分比
	物种	特定关键物种的充足量

续表

社会		
主题	子主题	指数
平等	贫穷	在贫困线以下生活的人口的百分比
		表征收入均衡度的基尼指数
		失业率
	性别平等	妇女平均工资与男性平均工资比率
健康	营养状态	儿童的营养状态
	死亡	5 岁以下儿童死亡率
		出生成活率
	环卫	有充足下水道排放设施的人口百分比
	饮用水	有安全饮用水的人口
	医保	有医保的人口的百分比
		儿童传染疾病的免疫
		避孕措施普及率
教育	教育水平	小学毕业的儿童
		成人中学教育水平
	识字	成人识字比率
治安	犯罪	每 10 万人口记录的犯罪数量
人口	人口变化	人口增长速度
		正式与非正式市区定居人口
经济		
主题	子主题	指数
经济结构	经济表现	人均 GDP
		GDP 中投资的份额
	交易	商品与服务交易的平衡
	财务状况	债务与 GNP 的比例
		支出与收入的 ODA 总量占 GNP 的百分比

续表

消费与生产形式	材料消耗	材料使用强度
	能源使用	人均能源年消耗量
		可再生能源消耗份额
		能源使用强度
	废物生成和管理	工业和城市固体废物的生成
		危险废物的生成
		放射性废物的生成
		废物回收与再利用
	交通	不同交通方式的人均出行距离
机构		
主题	子主题	指数
机构框架	可持续发展的战略实施	国家可持续发展战略
	国际合作	生效的国际协议的实施
机构能力	信息访问	每1000户住户中认购网络服务的数量
	通信基础设施	每1000户住户中电话的拥有量
	科技	研发费用占GDP的百分比
	灾害准备与应付	自然灾害引起的经济与人文损失

二、欧洲绿色城市指数

由西门子公司资助，经济学家情报部门（Economist Intelligence Unit）对欧洲主要城市的环境影响进行了评估，并建立了欧洲绿色城市指数评价体系，包括二氧化碳、能源、建筑物、环境管理、交通、水资源、废弃物和土地利用、空气质量，如表4－3所示（European Green City Index，2009）。

表4－3　欧洲绿色城市指数评价体系

类别	子类别	描述
二氧化碳	二氧化碳排放量	人均二氧化碳排放量
	二氧比碳强度	单位GDP二氧化碳排放量（以2000年为标准年）
	二氧化碳减排战略	二氧化碳排放量削减战略强度

续表

类别	子类别	描述
能源	能源消耗	人均能耗
	能源强度	单位 GDP 能耗（以 2000 年为基准年）
	可再生能源消费	可再生能源在城市能源消费总量中所占的比例
	清洁和高效的能源政策	促进清洁高效能源使用政策
建筑物	住宅楼宇的能源消耗	每平方米住宅建筑能源消赞
	节能建筑标准	节能建筑标准推广度
	节能建筑的倡议	节能建筑推广度
环境管理	绿色行动计划	改善和监测环境表观的综合战略
	绿色管理	环境问题管理和国际承诺达标性评估
	绿色政策的公众参与	公众参与环境决策程度评估
交通	公共汽车使用	工作出行使用公共交通工具、骑自行车和步行人数占人口总数的百分比
	非机动车运输网络规模	自行车道和公共交通网络的平均公里数
	推广绿色交通	清洁交通工具推广度
	减少交通拥堵政策	市内汽车减少量
水资源	耗水量	人均年耗水量
	供水系统损失	在输水系统中损失的水量百分比
	废水处理	住房连接到污水处理系统的百分比
	用水效率和废水处理政策	提高水的使用效率和废水处理能力的综合措施
废弃物和土地利用	废弃物产生	人均废物总量
	废物回收	废物回收率
	减少废物以及相关政策	对减少废物的产生以及回收和再利用废弃物的措施推广度
	绿地政策	控制城市扩展，促进绿色空间的达标性政策

续表

类别	子类别	描述
空气质量	二氧化氮	日均二氧化氮的排放量
	臭氧	日均臭氧的排放量
	颗粒物	日均颗粒物的排放量
	二氧化琉	日均二氧化硫的排放量
	清洁空气政策	改善空气质量政策推广度

三、亚洲绿色城市指数

经济学家情报部门在研究评估了欧洲主要城市的环境影响的基础上，建立了亚洲绿色城市指数评价体系，包括能源与二氧化碳、交通、环卫、土地利用与建筑、废弃物、水、空气质量和环境管理八个类别，具体指标和内容如表 4 -4 所示。

表 4 -4　亚洲绿色城市指数评价体系

类别	子类别	描述
能源与二氧化碳	人均二氧化碳排放	人均二氧化碳排放量
	单位 GDP 能源消耗	单位 GDP 二氧化碳排放量（单位：兆焦/千美元）
	清洁能源政策	城市努力减少与能耗有关排放的举措
	气候变化行动计划	城市应对气候变化的战略
交通	优良的公共交通网络	快速公交、有轨电车、轻轨和地铁的总长度（单位：公里/平方公里）
	市区大众交通政策	建设替代私家车的大众交通系统的举措
	缓解拥堵政策	减少拥堵的举措
环卫	改善卫生环境的人群	直接与污水处理系统连接或可使用改善的公共厕所的人群百分比
	处理污水的比例	产生的污水被收集并经过基本处理的比例
	环卫政策	减少因不卫生引起污染的举措

续表

类别	子类别	描述
土地利用与建筑	人均绿色空地	公众可进入的公园、休闲地、水域（单位：平方米/人）
	人口密度	每平方米居住人口数（单位：人数/平方公里）
	生态建筑政策	减小建筑对环境影响的举措
	土地利用政策	减小城区开发对环境和生态影响的举措
废弃物	收集/处理的垃圾组分	收集并在垃圾填埋场、垃圾焚烧场、垃圾回收设施处理掉的垃圾组分
	人均生成的垃圾	生成的垃圾年总量（单位：千克/人）
	垃圾收集/处理政策	改善垃圾收集和处理系统，以减小垃圾对环境影响的举措
	垃圾回收与再利用政策	减少、回收和再使用垃圾的举措
水	人均耗水量	人均年耗水量（单位：升/人）
	供水系统损失	在配送系统中损失的水量百分比
	水质量政策	改善地表水和饮用水的政策和举措
	水可持续政策	有效管理水源的举措
空气质量	二氧化氮浓度水准	日均二氧化氰的排放量
	二氧化硫浓度水准	日均二氧化硫排放量
	颗粒物浓度水准	日均颗粒物 PM_{10} 的浓度
	清洁空气政策	减少空气污染的举措
环境管理	环境管理	环境管理举措
	环境监测	环境监测举措
	公众参与	公众参与环境决策的举措

第三节　中国低碳城市的发展及评价指标

中国科学院可持续发展战略研究组于2009年发布了《2009中国可持续发展战略报告》，提出了中国低碳城市发展的战略目标，分经济、社会和环境三大类阐述，如表4－5所示。

表4－5　2009～2020年中国低碳城市发展战略目标

类别	子类别	指标	单位	全国城市	百强城市
经济	优化产业结构，提高经济效益	人均GDP	万元	6	12
		GDP增速	%	8	10
		第三产业占GDP的比例	%	50	60
		第三产业从业人员的比例	%	55	65
	资源循环利用，提高能源效率	万元GDP能耗	吨标准煤	0.5	0.45
		能源消耗弹性系数		0.5	0.3
		单位GDPCO_2排放量	吨标准煤	0.75	0.5
		新能源比例	%	15	20
		热电联产比例	%	100	100
	加大研发投入，促进技术创新	研发投入占财政支出的比例	%	3	5
社会	保证低收入居民有能力担负住房支出	住房用地中经济适用房的比例	%	20	30
		人均住房面积	m_2	20	30
		土地出让净收入用于廉租房建设的比例	%	20	30
	提高人们的生活质量	人均可支配收入（城市）	万元	2.5	4
		恩格尔系数	%	30	25
		城市化率	%	50～55	55～60
	大力发展快速公交系统（BRT），引导人们利用公共交通出行	到达快速公文系统站点的平均步行距离	m	1000	500
		万人拥有公共汽车数	辆	15	20

续表

类别	子类别	指标	单位	全国城市	百强城市
环境	提升整体城市的碳汇能力	森林覆盖率	%	35	40
		人均绿地面积	m_2	15	20
		建成区绿地覆盖率	%	40	45
	减少污染物排放量，改善城市环境	生活垃圾无害化处理率	%	100	100
		城镇生活污水处理率%	80	100	
		工业废水达标率	%	100	100
	通过低碳设计，减低对气候的影响	低能耗建筑比例	%	50	70
		温室气体捕获与储存（ccs）比例	%	10	15

二、其他低碳城市评价标准和指标体系

（一）世界知名城市的人均 CO_2 排放指标

图 4－2 列出了世界各国一些知名城市人均 CO_2 排放指标（美国环保署，2009），数据来自官方报道的温室气体清单。由于世界各国甚至同一个国家的不同城市使用的方法学和排放源并不相同，所以这一指标仅供参考。

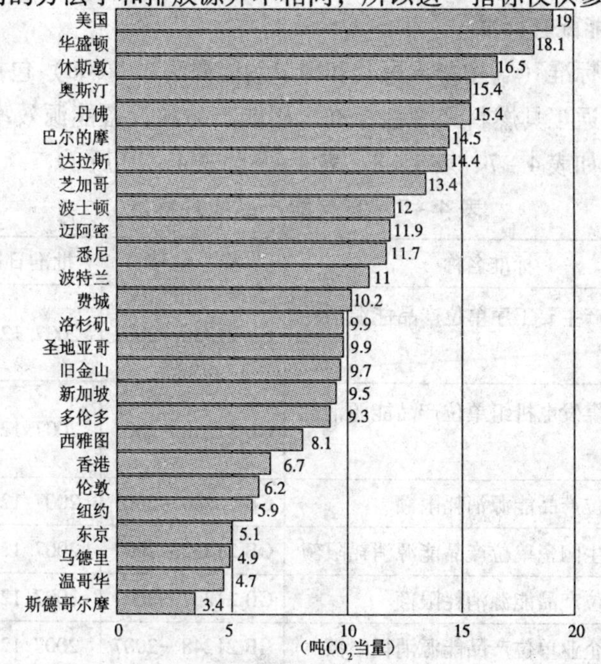

图 4－2　世界知名城市的人均 CO_2 排放量

（二）中国四类城市的人均、地均和碳强度二氧化碳排放指标

国内一些学者对于低碳城市评价指标体系的架构提出设想，例如，以全国同类城市平均水平作为比较的基准值，以及以人均二氧化碳排放量、地均二氧化碳排放量、单位GDP的二氧化碳排放量与该城市的人类发展指数共同构成的低碳城市基本评价体系。

表4-6列举了我国四类城市（资源开发型城市、工业主导型城市、综合型城市和旅游型城市）人均、地均和碳强度二氧化碳排放量指标，并与世界平均水平和经合组织国家的指标进行了比较。

表4-6　我国四类城市二氧化碳排放指标

排放指标	资源开发型城市	工业主导型 城市	综合型城市	旅游型城市	世界平均水平（2006）	经合组织国家（OECD）
市辖区人均二氧化碳排放量（吨/人）	16.22	15.31	15.01	7.74	4.28	10.93
市辖区地均二氧化碳排放量（万吨/人）	1.61	1.57	1.93	0.69	—	—
市辖区碳强度二氧化碳排放量（吨/万元）	4.17	1.91	2.54	1.65	0.902	0.536

（三）节能配套标准

节能配套标准（《中华人民共和国节约能源法》，2008）包括高耗能产品能耗标准、交通工具燃料经济性标准、用能产品和设备能源效率标准和节能基础标准等，如表4-7、表4-8、表4-9和表4-10所示。

表4-7　高耗能产品能耗标准

编号	标准名称	标准编号	批准日期	实施日期
1	粗钢生产主要工序单位产品能源消耗限额	GB 21256-2007	2007.12.3	2008.6.1
2	常规燃煤发电机组单位产品能源消耗限额	GB 21258-2007	2007.12.3	2008.6.1
3	水泥单位产品能源消耗限额	GB 16780-2007	2007.12.3	2008.6.1
4	建筑卫生陶瓷单位产品能源消耗限额	GB 21252-2007	2007.12.3	2008.6.1
5	烧碱单位产品能源消耗限额	GB 21257—2007	2007.12.3	2008.6.1
6	铜冶炼企业单位产品能源消耗限额	GB 21248—2007	2007.12.3	2008.6.1

续表

编号	标准名称	标准编号	批准日期	实施日期
7	锌冶炼企业单位产品能源消耗限额	GB 21249－2007	2007.12.3	2008.6.1
8	铅冶炼企业单位产品能源消耗限额	GB 21250－2007	2007.12.3	2008.6.1
9	镍冶炼企业单位产品能源消耗限额	GB 21251－2007	2007.12.3	2008.6.1
10	黄磷单位产品能源消耗限额	G15 21345－2008	2008.1.9	2008.6.1
11	焦炭单位产品能源消耗限额	GB 21342－2008	2018.1.9	2008.6.1
12	合成氨单位产品能源消耗限额	GB 21344－2008	2008.1.9	2008.6.1
13	铁合金单位产品能源消耗限额	GB 21341－2008	2008.1.9	2008.6.1
14	平板玻璃单位产品能源消耗限额	GB 21340－2008	2008.1.9	2008.6.1
15	电石单位产品能源消耗限额	GB 21343－2008	2008.1.9	2008.6.1
16	电解铝企业单位产品能源消耗限额	GB 21346－2008	2008.1.9	2008.6.1
17	锡冶炼企业单位产品能源消耗限额	GB 21348－2008	2008.1.9	2008.6.1
18	锑冶炼企业单位产品能源消耗限额	GB 21349－2008	2008.1.9	2008.6.1
19	镁冶炼企业单位产品能源消耗限额	GB 21347－2008	2008.1.9	2008.6.1
20	铝合金建筑型材单位产品能源消耗限额	GB 21351－2008	2008.1.9	2008.6.1
21	铜及铜合金管材单位产品能源消耗限额	GB 21350－2008	2008.1.9	2008.6.1
22	炭素单位产品能源消耗限额	GB 21370－2008	2008.1.21	2008.6.1

表4－8　交通工具燃料经济性标准

编号	标准名称	标准编号	批准日期	实施日期
23	三轮汽车燃料消耗量限值及测量方法	GB 21377－2008	2008.1.21	2008.6.1
24	低速货车燃料消耗量限值及测量方法	GB 21378－2008	2008.1.21	2008.6.1
25	载货汽车运行燃料消耗量	GB/T4352－2007	2007.12.18	2008.6.1
26	载客汽车运行燃料消耗量	GB/T4353－2007	2007.12.18	2008.6.1
27	轻型商用车燃料消耗量限值	GB 20997－2007	2007.7.19	2008.2.1

表4－9　用能产品和设备能源效率标准

编号	标准名称	标准编号	批准日期	实施日期
28	家用燃气快速热水器和燃气采暖热水炉能效限定值及能效等级	GB 20665－2006	2006.12.12	2007.7.1
29	中小型三相异步电动机能效限定值及能效等级	GB 18613－2006	2006.12.12	2007.7.1
30	单路输出式交流—直流和交流—交流外部电源能效限定值及节能评价值	GB 20943—2007	2007.5.21	2007－12.1
31	清水离心泵能效限定值及节能评价值	GB 19762－2007	2007.11.2	2008.7.1
32	多联式空调（热泵）机组能效限定值及能源效率等级	GB 21454－2008	2008.2.18	2008.9.1
33	转速可控型房间空气调节器能效限定值及能源效率等级	GB 21455－2008	2008.2.18	2008.9.1
34	家用电磁灶能效限定值及能源效率等级	GB 21456－2008	2008.2.18	2008.9.1
35	交流接触器能效限定值及能效等级	GB 21518—2008	2008.4.1	2008.11.1
36	储水式电热水器能效限定值及能源效率等级	GB 21519－2008	2008.4.1	2008.11.1
37	计算机显示器能效限定值及能源效率等级	GB 21520－2008	2008.4.1	2008.11.1
38	复印机能效限定值及能效等级	GB 21521－2008	2008.4.1	2008.11.1

表4－10　节能基础标准

编号	标准名称	标准编号	批准日期	实施日期
39	石油石化行业能源计量器具配备和管理要求	GB/T 20901－2007	2007.4.16	2007.10.1
40	有色金属冶炼企业能源计量器具配备和管理要求	GB/T20902－2007	2007.4.16	2007.10.1

续表

编号	标准名称	标准编号	批准日期	实施日期
41	钢铁企业能源计量器具配备和管理要求	GB/T21368－2008	2008. 1. 21	2008. 7. 1
42	化工企业能源计量器具配备和管理要求	GB/T21367－2008	2008. 1. 21	2008. 7. 1
43	工业锅炉经济运行	GB/T 17954－2007	2007. 11. 8	2008. 6. 1
44	三相异步电动机经济运行	GB/T 12497－2006	2006. 7. 18	2006. 12. 1
45	单位产品能源消耗限额编制通则	GB/T 12723－2008	2008. 2. 3	2008. 6. 1
46	综合能耗计算通则	GB/T2589—2008	2008. 2. 3	2008. 6. 1

（四）固体废物环境标准

固体废物环境标准（中华人民共和国环境保护部，2004）包括固体废物污染控制标准、危险废物鉴别标准、固体废物监测方法标准及其他相关标准，如表4－11、表4－12、表4－13和表4－14所示。

表4－11　固体废物污染控制标准

标准名称	标准编号	发布时间	实施时间
生活垃圾填埋场污染控制标准	GB 16889－2008	2008. 4. 2	2008. 7. 1
进口可用作原料的固体废物环境保护控制标准—骨废料	GB 16487. 1－2005	2005. 12. 14	2006. 2. 1
进口可用作原料的固体废物环境保护控制标准—冶炼渣	GB 16487. 2－2005	2005. 12. 14	2006. 2. 1
进口可用作原料的固体废物环境保护控制标准—木、木制品废料	GB 16487. 3－2005	2005. 12. 14	2006. 2. 1
进口可用作原料的固体废物环境保护控制标准—废纸或纸板	GB 16487. 4－2005	2005. 12. 14	2006. 2. 1
进口可用作原料的固体废物环境保护控制标准—废纤维	GB 16487. 5－2005	2005. 12. 14	2006. 2. 1
进口可用作原料的固体废物环境保护控制标准—废钢铁	GB 16487. 6－2005	2005. 12. 14	2006. 2. 1
进口可用作原料的固体陵物环境保护控制标准—废有色金属	GB 16487. 7－2005	2005. 12. 14	2006. 2. 1

续表

标准名称	标准编号	发布时间	实施时间
进口可用作原料的固体废物环境保护控制标准—废电机	GB 16487.8－2005	2005.12.14	2006.2.1
进口可用作原料的固体废物环境保护控制标准—废电线电缆	GB 16487.9－2005	2005.11.14	2006.2.1
进口可用作原料的固体废物环境保护控制标准—废五金电器	GB 16487.10－2005	2005.12.14	2006.2.1
进口可用作原料的固体废物环境保护控制标准—供拆卸的船舶及其他浮动结构体	GB 16487.11－2005	2005.12.14	2006.2.1
进口可用作原料的固体废物环境保护控制标准—废塑料	GB 16487.12－2005	2005.12.14	2006.2.1
进口可用作原料的固体废物环境保护控制标准—废汽车压件	GB 16487.13－2005	2005.12.14	2006.2.1
医疗废物集中处置技术规范（试行）	环发［2003］206号	2003.12.26	2003.12.26
医疗废物转运车技术要求（试行）	GB 19217—2003	2003.6.30	2003.6.30
医疗废物焚烧炉技术要求（试行）	GB 19218－2003	2003.6.30	2003.6.30
危险废物焚烧污染控制标准	GB 18484－2001	2001.11.12	2002.1.1
生活垃圾焚烧污染控制标准	GB 18485－2001	2001.11.12	2002.1.1
危险废物贮存污染控制标准	GB 18597－2001	2001.12.28	2002.7.1
危险废物填埋污染控制标准	GB 18598－2001	2001.12，28	2002.7.1
一般工业固体废物贮存、处置场污染控制标准	GB 18599－2001	2001.12.28	2002.7.1
含多氯联苯废物污染控制标准	GB 13015—91	1991.6.27	1992.3，1
城镇垃圾农用控制标准	GB 8172—87	1987.10.5	1988.2.1
农用粉煤灰中污染物控制标准	GB 8173－87	1987.10.5	1988.2.1
农用污泥中污染物控制标准	GB 4284—84	1984.5.18	985.3.1

表 4－12　危险废物鉴别标准

标准名称	标准编号	发布时间	实施时间
危险废物鉴别标准　腐蚀性鉴别	GB 5085.1－2007	2007.4.25	2007.10.1
危险废物鉴别标准　急性毒性初筛	GB 5085.2－2007	2007.4.25	2007.10，1
危险废物鉴别标准　浸出毒性鉴别	GB 5085.3－2007	2007.4.25	2007.10.1
危险废物鉴别标准　易燃性鉴别	GB 5085.4－2007	2007.4.25	2007.10.1
危险废物鉴别标准　反应性鉴别	GB 5085.5－2007	2007.4.25	2007.10.1
危险废物鉴别标准　毒性物质含量鉴别	GB 5085.6－2007	2007.4.25	2007.10.1
危险废物鉴别标准　通则	GB 5085.7－2007	2007.4.25	2007.10.1
危险废物鉴别技术规范	HJ/T 298－2007	2007.5.21	2007.7.1

表 4－13　固体废物监测方法标准

标准名称	标准编号	发布时间	实施时间
固体废物浸出毒性浸出方法　水平振荡法	HJ 557－2009	2010.2.2	2010.5.1
固体废物浸出毒性浸出方法　硫酸硝酸法	HJ/T 299－2007	2007.4.13	2007.5.1
固体废物二噁英类的测定同位素稀释高分辨气相色谱—高分辨质谱法	HJ 77.3－2008	2008.12.31	2009.4.1
固体废物浸出毒性浸出方法　醋酸缓冲溶液法	HJ/F 300－2007	2007.4.13	2007.5.1
固体废物浸出毒性浸出方法　翻转法	GB 5086.1－1997	1997.12.22	1998.7.1
固体废物浸出毒性浸出方法　水平振荡法	GB 5086.2－1997	1997.12.22	1998.7.1
固体废物总汞的测定冷原子吸收分光光度法	GB/T 15555.1－1995	1995.3.28	1996.1.1
固体废物铜、锌、铅、镉的测定　原子吸收分光光度法	GB/T 15555.2－1995	1995.3.28	1996.1.1

续表

标准名称	标准编号	发布时间	实施时间
固体废物砷的测定二乙基二硫代氨基甲酸银分光光度法	GB/t15555. 3 - 1995	1995. 3. 28	1996. 1. 1
固体废物六价铬的测定　二苯碳酰二肼分光光度法	GB/T 15555. 4 - 1995	1995. 3. 28	1996. 1. 1
固体废物总铬的测定　二苯碳酰二肼分光光度法	GB/T 15555. 5 - 1995	1995. 3. 28	1996. 1. 1
固体废物总铬的测定　直接吸入火焰原子吸收分光光度法	GB/T 15555. 6 - 1995	1995. 3. 28	1996. 1. 1
固体废物六价铬的测定　硫酸亚铁铵滴定法	GB/T 15555. 7 - 1995	1995. 3. 28	1996. 1. 1
固体废物总铬的测定　硫酸亚铁铵滴定法	GB/T 15555. 8 - 1995	1995. 3. 28	1996. 1. 1
固体废物镍的测定　直接吸人火焰原子吸收分光光度法	GB/r 15555. 9 - 1995	1995. 3. 28	1996. 1. 1
固体体废物镍的测定　丁二酮肟分光光度法	GB/T 15555. 10 - 1995	1995. 3. 28	1996. 1. 1
固体废物氟化物的测定　离子选择性电极法	GB/T 15555. 11—1995	1995. 3. 28	1996. 1. 1
固体废物腐蚀性测定　玻璃电极法	GB/T 15555. 12—1995	1995. 3. 28	1996. 1. 1

表 4 - 14　其他相关标准

标准名称	标准编号	发布时间	实施时间
危险废物（含医疗废物）焚烧处置设施性能测试技术规范	HJ 561 - 2010	2010. 2. 22	2010. 6. 1
地震灾区活动板房拆解处置环境保护技术指南	公告 2009 年第 52 号	2009. 10. 12	2009. 10. 12
新化学物质申报类名编制导则	HJ/T420 - 2008	2008. 1. 15	2008. 4. 1

续表

标准名称	标准编号	发布时间	实施时间
医疗废物专用包装袋、容器和警示标志标准	HJ 421 - 2008	2008. 2. 27	2008，4. 1
铬渣污染治理环境保护技术规范（暂行）	HJ/T 301 - 2007	2007. 4. 13	2007. 5. 1
报废机动车拆解环境保护技术规范	HJ 348 - 2007	2007. 4. 9	2007. 4. 9
废塑料回收与再生利用污染控制技术规范（试行）	HJ/T 364 - 2007	2007 - 9. 30	2007. 12. 1
危险废物（含医疗废物）焚烧处置设施二噁英排放监测技术规范	HJ/T 365 - 2007	2007. 11. 1	2008. 1. 1
医疗废物高温蒸汽集中处理工程技术规范（试行）	HJ/T276 - 2006	2006. 6. 14	2006. 8. 1
固体废物鉴别导则（试行）	公告 2006 年第 11 号	2006. 3. 9	2006. 4. 1
长江三峡水库库底固体废物清理技术规范	HJ/T 85 - 2005	：2005. 6. 13	2005. 6. 13
危险废物集中焚烧处置工程建设技术规范	HJ/T 176 - 2005	2005. 5. 24	2005. 5. 24
医疗废物集中焚烧处置工程技术规范	HJ/T 177 - 2005	2005. 5. 24	2005. 5. 24
废弃机电产品集中拆解利用处置区环境保护技术规范（试行）	HJ/T 181—2005	2005. 8. 15	2005. 9. 1
医疗废物化学消毒集中处理亡程技术规范（试行）	HJ/T 228 - 2005	2006. 2. 8	2006. 3. 15
医疗废物微波消毒集中处理工程技术规范（试行）	HJ/T 229 - 2005	2006. 2. 8	2006. 3. 15
化学品测试导则	HJ/T 153 - 2004	2004. 4. 13	2004. 6. 1
新化学物质危害评估导则	HJ/T 154 - 2004	2004. 4. 13	2004. 6. 1
化学品测试合格实验室导则	HJ/T 155 - 2004	2004. 4. 13	2004. 6. 1
环境镉污染健康危害区判定标准	GB/T 17221 - 1998	1998. 1. 21	1998. 10. 1
工业固体废物采样制样技术规范	HJ/T 20 - 1998	1998. 1. 3	1998. 7. 1
船舶散装运输液体化学品危害性评价规范水生生物急性毒性试验方法	GB/T 16310. 1 - 1996	1996. 5. 16	1996. 12. 1

续表

标准名称	标准编号	发布时间	实施时间
船舶散装运输液体化学品危害性评价规范水生生物积累性试验方法	GB/T 16310. 2 - 1996	1996. 5. 16	1996. 12. 1
船舶散装运输液体化学品危害性评价规范 水生生物沾染试验方法	GB/T 16310. 3 - 1996	1996. 5. 16	1996. 12. 1
船舶散装运输液体化学品危害性评价规范　哺乳动物毒性试验方法	GB/T 16310. 4 - 1996	1996. 5. 16	1996. 12. 1
船舶散装运输液体化学品危害性评价规范　危害性评价程序与污染分类方法	GB/T 16310. 5 - 1996	1996. 5. 16	1996. 12. 1
环境保护图形标志—固体废物贮存（处置）场	GB 15562. 2 - 1995	1995. 11. 20	1996. 7. 1
农药安全使用标准	GB 4285 - 89	1989. 9. 6	1990. 2. 1

第四节　中国低碳城市建设及发展趋势

为应对气候变化，确保实现控制温室气体排放行动目标，各国政府相继出台了多项与环保和节能相关的政策和法规，用以规范各自的减排行动和项目的实施。虽然各有特点，但它毕竟是这一伟大工程中的重要一环，其工作目标与历来所倡导的节能减排目标是一致的，它所涵盖的领域基本上是相同的。

（1）节能。包括建筑节能、交通节能以及工业节能等。

（2）可再生能源的利用。包括风能、太阳能、水能、生物质能、地热能、海洋能等非化石能源。

（3）环境保护。包括环境治理（如城区绿化、湿地建设、休闲娱乐场所建立、土地荒漠化治理以及植树造林等）和污染防治（如包括固体废弃物处理和资源化以及水体和空气净化等）。

但是，由于国情、地理环境、气候条件以及人文背景的不同，所制定政策的内容和细节也浑然不同，各具特色。

一、国外低碳城市建设政策

（一）建筑节能

1. 欧盟

2010年5月18日，欧洲议会通过新的建筑节能标准，要求2020年后新建的建筑物必须“在实质上达到碳中性”，这将使供暖费用每年削减达数十亿美元。“近零能耗”建筑标准将在2018年后适用于所有欧盟新建建筑，并且将会在其后两年分阶段应用于家庭和办公场所。

2. 英国

英国政府推出了一项2012年生效的绿色交易计划，倡导市民家庭安装阁楼、空心隔热墙、节能锅炉以及太阳能板和热泵等节能设施，所产生的费用先由能源公司预付，在未来的20年内，通过能源的节约来定期偿付这笔款项，当偿付期满后，用户将终生受益。

3. 日本

据统计，在2005年，整个东京60%的能耗来自建筑。为此，东京都政府出台了一系列建筑节能政策法规，对新建建筑和房屋销售进行了规范。要求面积为1万平方米的新建建筑，必须向政府提交环境报告，以评估其是否满足低碳设计，并要求房产开发者在出售公寓时必须提供环保效益标识，以向公众展示公寓的环保性能。更进一步，东京都政府计划将新建建筑的节能标准从现在的14%提高到2016年的65%，以最大限度地降低房屋的耗能水平。2006年东京都政府推行了家电产品能效标签制度，消费者可根据能效标签来获得家电产品节能信息，以便决定是否购买。此外，还有白炽灯与低能耗日光灯更换计划，它在不影响光照效果的情况下，每年可为日本家庭节约成本1850日元。

4. 美国

为鼓励市民使用高能效家用电器，将向购买高效的能源之星家电产品（包括电冰箱牌柜、洗碗机、洗衣机等）的消费者提供联邦税收补贴。除此之外，消费者还可获得电力公司或州政府的补贴，以及州政府的税收优惠等。项目总投资3亿美元，将在50个州实施。此外，目前美国能源部正在开展对30种家电的能效标准更新工作，其中将增加待机能耗以及产品寿命的测试。在不久的将来，还要增加电冰箱/冷柜能效第三方测试，现正在准备之中。

（二）交通节能

1. 欧盟

环境部长理事会 2010 年 12 月 20 日通过的限制小型卡车二氧化碳排放的法案，针对满载时重量不超过 3.5 吨或空载时重量不低于 2.61 吨的小型卡车。规定到 2014 年，欧盟境内 70% 的小型卡车新车应满足每公里 175 克的平均排放限值要求；到 2015 年和 2016 年，分别要有 75% 和 80% 的新车满足这一要求；从 2017 年起，所有新车都应满足这一平均排放标准；到 2020 年，争取实现 CO_2 平均排放量控制在每公里 147 克的长期目标。如果汽车制造商生产的车辆 CO_2 排放量超标，就需要为每辆车交付一定数额的罚金。罚金采用逐级递增的方式。如每公里超出限值不是 1 克的，需缴罚金 15 欧元；每公里超出限值 2 克的，需缴罚金 25 欧元；每公里超出 3 克的需缴罚金 95 欧元。

2. 美国

美国颁布了第一个全国性汽车燃油能耗和排放新标准：2012 ~ 2016 年，所有在美国生产的轿车和轻型卡车必须达到每加仑汽油行驶 35.5 英里的平均油耗标准，比现行每加仑汽油行驶 25 英里的标准提高了 42%。同期，每辆车平均尾气排放将从 2012 年每英里 295 克降至 2016 年的每英里 250 克。

3. 日本

2006 年，东京交通部门的 CO_2 排放量占总排放量的 26.2%，高达 1466 万吨。为减少交通部门的碳排放量，采取了多种节能减排措施：①对购买低污染、低耗能汽车者，给予一定的财政补贴。②市区范围内的公共汽车改用生物柴油，并开展第二代生物柴油在公共汽车的应用研究。③提倡生态驾驶，避免突然加速或减速以及发动机长时间空转。④倡导员工上下班尽量乘坐轨道交通，避免使用私家车。

（三）工业节能

1. 美国

美国针对电力工业节能，采取了多项措施：

（1）智能电网（Smart Grid）项目是奥巴马政府经济刺激计划下重点推进的一个项目，计划铺设或更新 3000 英里输电线路，并为 4000 万个美国家庭安装与智能电网相兼容的家电设施。项目总拨款为 110 亿美元。

除了建立智能电网基础设施外，现用的传统家电的自动化和智能化等级必须提升，消费者可自主设定设备的使用功率和时间，在供电高峰时减少或不使用电力，甚至选择备用的可再生能源如太阳能、风能等，从而既提高能

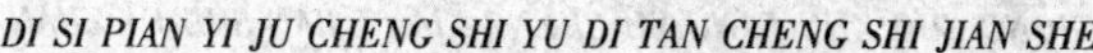

源利用效率、节省电费，又有助于改善电网的供电安全。

（2）环保署规定，将严控二氧化硫、氮氧化物、汞以及其他有毒物质的排放标准，还有可能首次对煤灰的排放加以控制，并且可能会对燃煤电厂冷却塔加以规范，使其排放的废水不会影响河流等生态系统。这些新规则可能将使众多燃煤发电厂被迫关闭。

（3）加利福尼亚州碳交易市场将于2012年正式启动，发电厂、工厂和其他企业将为自己产生的每吨二氧化碳购买排放配额，而碳配额可在拍卖市场或公开市场出售。市场规模将从最初的不足20亿美元增长到2016年的近100亿美元。

2. 日本

东京大型商业机构在数量上虽然仅占全部商业机构的1%，但碳排放量却占到了商业部门与工业部门碳总排放量的40%。因此，在2006年，东京都政府发布了《东京 CO_2 减排计划》，强制要求大型企业提交碳减排规划与措施报告，并进行评估定级，要求大型商业机构2020年碳排放量在2000年的基础上减少17%。

（四）可再生能源

1. 欧盟

欧盟将在2014年前通过立法和加强合作等手段建立一体化能源市场，目的是获得可靠的、可持续的、供应有保障的、价格可接受的能源。为此，欧盟在未来10年，将投资1万亿欧元，用以改善并扩大能源基础设施建设，提高能源效率，加强成员国间可再生能源的研究与合作。

2. 美国

美国能源部和内政部共同发布了《国家海上风电战略：创建美国海上风电产业》规划，拟投入5050万美元。解决：①海上风电的相对高成本。②安装、运营和并网方面的技术挑战。③现场数据和项目审批程序经验的匮乏。

美国农业部长Vilsack于2010年10月21日发布了促进第二代生物质能源发展的两项新举措：①生物质作物援助计划，鼓励大面积种植非粮食、非饲料作物，以满足未来可再生能源生产需求。②与联邦航空管理局合作，共同开发运用农业、林业生物质原料生产航空油料相关技术，加快相关技术商业化进程，减少航空燃油对外的依赖性。

（五）环境保护

1. 欧盟

欧盟颁布了多项环境保护政策，主要包括：

（1）废弃物管理。通过污染付费原则，利用经济手段促使制造商对其产品的污染成分从产品设计、生产工艺以及材料配方诸方面进行改进，从源头上减少污染的产生。

（2）噪声污染。制定某些大型机械设备（如除草机、机动车、民用航空器及其他户外使用设备）的最大噪声标准，不准这些设备超标运行。

（3）化学品污染。为减少对环境的破坏以及保护资源，①公布了限制销售和使用某些危险化学物质的指令。②加强对现存的危险化学品的监管，对其生产量、毒性等进行登记、注册，并对其安全性进行评估。③鼓励制造商采用先进的环境化设计技术来生产化学产品。

（4）水污染。在过去对生活饮用水、渔业用水、地下水的水质及其保护进行立法的基础上，就水资源的功能区、水质、污染物的排放、某些特定的生产工艺和产品标准进行了立法，并对汞、镉、六氯环己烷和其他一些危险物质的排放制定了排放标准。

（5）空气污染。20 世纪 80 年代中期，由于大气污染、酸雨、臭氧层破坏加剧以及全球气候变暖的加剧，开始了空气污染立法。目前，针对气体和粉尘排放共通过了近 20 个法规和指令，针对臭氧层保护通过了 9 个公约、决定和指令，并就成员国在空气污染防治合作方面制定了多项法规，形成了一个相当完善的法规体系。

（6）森林保护。2010 年 5 月，通过法案，要求木材生产加工销售链条上的所有厂商，须向主管部门提交木材来源地、木材体积和重量、原木供应商的名称和地址等，证明木材来源的合法性。这一保护森林资源法案的实施，大大增加了对木材非法采伐的打击力度。

（7）碳捕获与碳封存（Carbon Capture and Storage，CCS）。挪威在二氧化碳地质储存方面已有 13 年的经验。北海的 Sleipner，油气田从天然气里分离出二氧化碳，储存在海底。现在每天分离并储存的二氧化碳达 2800 吨。迄今累计减少排放 1000 万吨。挪威还建有世界上第一个装有 CCS 装置的液化天然气厂。从 2008 年 4 月开始收集的二氧化碳埋存于巴伦支海的 Snohvit 油气田。挪威还将在蒙哥斯塔德（Mongstad）建设接近零排放的天然气发电规模化示范项目，将分两期进行，预计 2014 年投入运行。挪威将为整个项目的建设提供 35 亿欧元的支持，并提供 5 亿欧元的研发资金。英国在《2010 能源法》中，引入了碳捕获与储存激励机制，支持在英国建设 4 个商业 CCS 示范项目，并要求政府定期发布有关英国 CCS 进展报告。此外，英国与中国联合调查碳封存地点，目前已经探查到 46 个废弃油气田，二氧化碳填埋潜力为 72 亿吨；

68 个没有开采价值的地下煤层，潜力为 120 亿吨；24 个盐水层，潜力为 14350 亿吨。这些潜在的填埋地点主要集中在东北、华北、西北、西南地区，以及黄海和东海一带。

2. 日本

日本是世界上环保立法较为完善的国家之一，有关环保的法律多达数十部，大致可分为：

（1）环境保护基本法。如《环境污染控制基本法》（1967 年）、《公害对策基本法》（1967 年）、《环境基本法》（1993 年）。这类法律是有关环境保护、防止公害的基本法律，在环境保护方面作出比较宽泛的原则和基本规定。

（2）环境保护专业法。如《烟尘排放规制法》（1962 年）、《大气污染防止法》（1968 年）以及《海洋生物保护及其管理法》（1996 年）等。这类有关环保专业领域的立法数量最多。

（3）环境保护综合法。如《工厂废物控制法》（1958 年）、《资源有效利用促进法》（1991 年）等。

（4）不直接属于但与环保密切相关的法律。如《公害健康损害赔偿法》（1973 年）、（能源使用合理化法》（1979 年）、《居住生活基本法》（2006 年）等。

通过环境保护政策的制定和实施，使这个 20 世纪 50 年代水体和大气污染事件频发的国度，一跃变成了世界环保强国。目前，日本共推动了 23 项国家级节能环保技术，其中 10 项已经得到了广泛的实施应用。这些技术包括：

（1）钢铁。钢坯热送技术、废渣余热回收、干式集尘。

（2）化学。制造工程节能、海水利用、海水淡化、废水利用、沼气利用。

（3）电力。脱硫、生物质能源、污泥焚烧、风力、余热发电。

（4）塑料。回收废材料和聚烯烃原料开发新材料产品。

（5）造纸。造纸污泥资源化、废水深度处理、生产木纤维板。

其中，太阳能发电、燃气轮机具有非常强的国际竞争力。燃料电池、电池电力储藏系统已经达到世界尖端水平。

二、国内低碳城市建设政策（“十二五”规划）

（一）建筑节能

1. 总体目标

到“十二五”期末，建筑节能形成 1.16 亿吨标准煤节能能力。其中发展绿色建筑，加强新建建筑节能工作，形成 4500 万吨标准煤节能能力；深化供热体制改革，全面推行供热计量收费，推进北方采暖地区既有建筑供热计量及节能改造，形成2700万吨标准煤节能能力；加强公共建筑节能监管体系建设，推动节能改造与运行管理，形成1400万吨标准煤节能能力；推动可再生能源与建筑一体化应用，形成常规能源替代能力3000万吨标准煤。

2. 具体目标

（1）提高新建建筑能效水平。严格执行建筑节能标准，提高标准的执行率。到2015年，城镇新建建筑执行不低于65%的建筑节能标准，城镇新建建筑95%达到建筑节能强制性标准的要求。鼓励北京等四个直辖市和有条件的地区率先实施节能75%的标准。

（2）进一步扩大既有居住建筑节能改造规模。实施北方既有居住建筑供热计量及节能改造4亿平方米以上，地级及以上城市达到节能50%强制性标准的既有建筑基本完成供热计量改造，并同步实施按用热量分户计量收费。启动夏热冬冷地区和夏热冬暖地区既有居住建筑节能改造试点5000万平方米。

（3）建立健全大型公共建筑节能监管体系。实现省级监管平台全覆盖。促使高耗能公共建筑按节能方式运行，实施高耗能公共建筑节能改造达到6000万平方米。“十二五”期末，力争实现公共建筑单位面积能耗下降10%，其中大型公共建筑能耗降低15%。

（4）开展可再生能源建筑应用集中连片推广。进一步丰富可再生能源建筑应用形式，实施可再生能源建筑应用省级示范、城市可再生能源建筑规模化应用和以县为单位的农村可再生能源建筑应用示范，拓展应用领域，“十二五”期末，力争新增可再生能源建筑应用面积25亿平方米，形成常规能源替代能力3000万吨标准煤。

（5）实施绿色建筑规模化推进。在城市规划的新区、经济技术开发区、高新技术产业开发区、生态工业示范园区、旧城更新区等实施100个以规模化推进绿色建筑为主的绿色建筑集中示范城（区）。政府投资的办公建筑和学校、医院、文化等公益性公共建筑和东部地区省会以上城市、计划单列市政府投资的保障性住房率先执行绿色建筑标准，“十二五”末期执行比例达到70%。引导房地产开发类项目自愿执行绿色建筑标准。到“十二五”期末，北京、上海、天津、重庆等直辖市，江苏、浙江、福建、广东、海南等东部省和深圳、大连、厦门、青岛、宁波等计划单列市作为国家绿色建筑先行地区，新建房地产项目的50%以上达到绿色建筑标准。

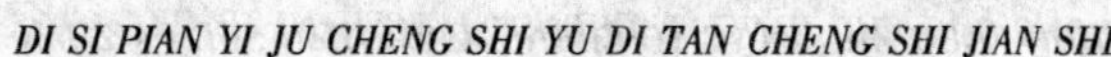

（6）鼓励农民分散建设的居住建筑达到节能设计标准的要求。引导农房建设按绿色建筑的原则进行设计和建造，在农村地区推广应用太阳能、沼气、生物质能和农房节能技术，调整农村用能结构，改善农民生活质量。支持25万农产结合农村危房改造开展建筑节能示范。

（7）依托大中型骨干企业建设新型墙体材料研发中心和产业化基地。大力推进新型墙体材料革新，开发推广新型节能结构体系。新型墙体材料产量占墙体材料总量的比例达到60%以上，建筑应用比例达到70%以上。

（8）形成以《节约能源法》和《民用建筑节能条例》为主体的，部门规章、地方性法规、地方政府规章及规范性文件为配套的建筑节能法规体系。规划期末实现地方性法规省级全覆盖，建立健全支持建筑节能工作发展的长效机制，形成财政、税收、科技、产业等体系共同支持建筑节能发展的良好局面。建立省、市、县三级职责明确、监管有效的体制和机制。健全建筑节能技术标准体系。建立并实行建筑节能统计、监测、考核制度。表4－15列出了“十二五”期间建筑节能主要指标及其与节能减排综合方案的比较。

表4－15　“十二五”期间建筑节能工作主要指标与节能减排综合方案的比对

项目	内容		属性	“十二五”节能减排综合性工作方案提出的目标和任务
新建建筑	城镇新建建筑执行不低于65%的建筑节能标准，城镇新建建筑95%达到建筑节能强制性标准的要求		约束性	新建建筑严格执行建筑节能标准，提高标准执行率
既有居住建筑节能改造	北方采暖地区	实施北方既有居住建筑供热计量及节能改造4亿平方米	约束性	北方采暖地区既有居住建筑供热计量和节能改造4亿平方米以上
	过渡地区、南方地区	在夏热冬冷地区和夏热冬暖地区进行既有居住建筑节能改造试点5000万平方米	约束性	夏热冬冷地区既有居住建筑节能改造5000万平方米

续表

大型公共建筑节能监管	监管体系	加大能耗统计、能源审计、能效公示、能耗限额、超定额加价、能效测评制度实施力度	预期性	加强公共建筑节能监管体系建设，完善能源审计、能效公示
	监管平台	建设省级监测平台20个，实现省级监管平台全覆盖，节约型校园建设200所，动态监测建筑能耗5000栋	约束性	-
	节能运行和收造	促使高耗能公共建筑按节能方式运行，实10个以上公共建筑节能改造重点城市，实施高耗能公共建筑节能改造达到6000万平方米，高校节能改造示范50所	约束性	公共建筑节能改造6000万平方米，推动节能改造与运行管理
	实现公共建筑单位面积能耗下降10%，其中大型公共建筑能耗降低15%		预期性	-
可再生能源建筑应用	新增可再生能源建筑应用面积25亿平方米，形成常规能源替代能力3000万吨标准煤		预期性	推动可再生能源与建筑一体化应用
绿色建筑规模化推进	区域性推进绿色建筑	实施100个绿色建筑示范城（区）	预期性	制定并实施绿色建筑行动方案
	政府投资建筑和公益性建筑	政府投资的建筑和学校、医院、文化等公益性公共建筑强制执行绿色建筑标准，“十二五”末期执行比例达到80%以上；省会以上城市、计划单列市政府投资的保障性住房强制执行绿色建筑标准，“十二五”末期比例达到70%	约束性	
	房地产类建筑	到“十二五”期末，北京、上海、天津、重庆等直辖市，江苏、浙扛、福建、广东、海南等东部省和深圳、大连、厦门等计划单列市作为国家绿色建筑先行地区，新建建筑的20%以上为绿色建筑	约束性	

续表

农村建筑节能	农村危房改造建筑节能示范25万户	约束性	-
新型建筑节能材料推广	新型墙体材料产量占墙体材料总量的比例达到60%以上，建筑应用比例达到70%以上	约束性	推广使用新型节能建材和再生建材，继续推广散装水泥
建筑节能体制机制	形成以《节约能源法》和《民用建筑节能条例》为主体的，部门规章、地方性法规、地方政府规章及规范性文件为配套的建筑节能法规体系。省、市、县三级职责明确、监管有效的体制和机制。建筑节能技术标准体系健全。基本建立并实行建筑节能统计、监测、考核制度	预期性	-

注：＊预期性指标是期望的发展目标，要不断创造条件，努力争取实现。约束性指标是在预期基础上进一步强化了责任的指标，要确保实现。

（二）交通节能

2011年6月，由交通运输部制定的《公路水路交通运输节能减排“十二五”规划》明确提出：

（1）能源强度指标。与2005年相比，营运车辆单位运输周转量能耗下降10%，其中营运客车、营运货车分别下降6%和12%；营运船舶单位运输周转量能耗下降15%，其中海洋和内河船舶分别下降16%和14%；港口生产单位吞吐量综合能耗下降8%。

（2）CO_2排放强度指标。与2005年相比，营运车辆单位运输周转量CO_2排放下降11%，其中营运客车、营运货车分别下降7%和13%；营运船舶单位运输周转量CO_2排放下降16%，其中海洋和内河船舶分别下降：17%和15%；港口生产单位吞吐量CO_2排放下降10%。

为完成这一硬性指标，还制定了如下保证措施：①优先发展公共交通，加大对公共交通的投入，完善公共交通服务体系，鼓励利用公共交通工具出行；鼓励使用非机动交通工具出行。②加强交通运输组织管理，引导道路、水路、航空运输企业提高运输组织化程度和集约化水平，提高能源利用效率。鼓励开发、生产、使用节能环保型汽车、摩托车、铁路机车车辆、船舶和其他交通运输工具，实行老旧交通运输工具的报废、更新制度。③鼓励开发和推广应用交通运输工具使用的清洁燃料、石油替代燃料。制定交通运输营运车船的燃料消耗量限值标准；不符合标准的，不得用于营运。

（三）工业节能

2012 年 2 月 27 日工业和信息化部发布了《工业节能“十二五”规划》。其主要目标和主要行业目标如下：

（1）主要目标。到 2015 年，规模以上工业增加值能耗比 2010 年下降 21%左右，“十二五”期间预计实现节能量 6.7 亿吨标准煤。

（2）主要行业目标。到 2015 年，钢铁、有色金属、石化、化工、建材、机械、轻工、纺织、电子信息等重点行业单位工业增加值能耗分别比 2010 年下降 18%、18%、18%、20%、20%、22%、20%、20%、18%。

在这份文件中，首次要求未完成年度节能目标的地方，对于其新上高耗能项目采取区域限批措施。即将环保领域的“环评区域限批”引入工业节能领域，且“区域限批”不仅覆盖新送审项目，还针对已纳入国家级行业规划的项目。

（四）可再生能源政策

中国国家能源局 2012 年 5 月公布了我国可再生能源发展的“十二五”规划目标。根据该目标，到 2015 年，我国将努力建立有竞争性的可再生能源产业体系，风电、太阳能、生物质能、太阳能热利用及核电等非化石能源开发总量将达到 4.8 亿吨标准煤。包括到 2015 年，风电将达到 1 亿千瓦，年发电量达到 1900 亿千瓦时，其中海上风电 500 万千瓦；太阳能发电将达到 1500 万千瓦，年发电量 200 亿千瓦时。

为达到上述目标，国家制定了以下政策：①鼓励和支持分布式可再生能源并网发电，允许利用生物质资源生产的燃气和热力，在符合城市燃气和热力管网的入网技术标准的条件下，入网营运。②鼓励单位和个人安装和使用太阳能供热采暖和制冷、太阳能光伏发电系统。同时，倡导房地产开发企业在建筑物的设计和施工中，为太阳能利用提供必备条件。③鼓励和支持农村地区因地制宜地推广应用沼气等生物质资源转化、户用太阳能、小型风能、小型水能等技术，并为项目提供财政支持。④国家财政设立可再生能源发展基金，资金来源包括国家财政年度安排的专项资金和依法征收的可再生能源电价附加收入等。可再生能源发展基金用于补偿规定的差额费用以及可再生能源的进一步开发和利用。

（五）环境保护政策

2011 年 12 月 15 日国务院发布了《国家环境保护“十二五”规划》，具体指标见表 4 – 16。

表4-16　“十二五”环境保护主要指标

序号	指　标		2010年	2015年	2015年与2010年相比（%）
1	化学需氧量排放总量（万吨）		2551.7	2347.6	-8
2	氨氮排放总量（万吨）		264.4	238.0	-10
3	二氧化硫排放总量（万吨）		2267.8	2086.4	-8
4	氮氧化物排放总量（万吨）		2273.6	2046.2	-10
5	地表水国控断面劣Ⅴ类水质的比例（%）		17.7	<15	-2.7
	七大水系国控断面水质好于Ⅲ类的比例（%）		55	>60	5
6	地级以上城市空气质量达到二级标准以上的比例（%）		72	≥80	8

为把“十二五”环境保护目标和任务落到实处，要积极实施各项环境保护工程（全社会环保投资需求约3.4万亿元），其中，优先实施8项环境保护重点工程，开展一批环境基础调查与试点示范，投资需求约1.5万亿元。

1. 主要污染物减排工程

包括城镇生活污水处理设施及配套管网、污泥处理处置、工业水污染防治、畜禽养殖污染防治等水污染物减排工程，电力行业脱硫脱硝、钢铁烧结机脱硫脱硝、其他非电力重点行业脱硫、水泥行业与工业锅炉脱硝等大气污染物减排工程。

2. 改善民生环境保障工程

包括重点流域水污染防治及水生态修复、地下水污染防治、重点区域大气污染联防联控、受污染场地和土壤污染治理与修复等工程。

3. 农村环保惠民工程

包括农村环境综合整治、农业面源污染防治等工程。

4. 生态环境保护工程

包括重点生态功能区和自然保护区建设、生物多样性保护等工程。

5. 重点领域环境风险防范工程

包括重金属污染防治、持久性有机污染物和危险化学品污染防治、危险废物和医疗废物无害化处置等工程。

6. 核与辐射安全保障工程

包括核安全与放射性污染防治法规标准体系建设、核与辐射安全监管技术研发基地建设以及辐射环境监测、执法能力建设、人才培养等工程。

7. 环境基础设施公共服务工程

包括城镇生活污染、危险废物处理处置设施建设，城乡饮用水水源地安全保障等工程。

8. 环境监管能力基础保障及人才队伍建设工程

包括环境监测、监察、预警、应急和评估能力建设，污染源在线自动监控设施建设与运行，人才、宣教、信息、科技和基础调查等工程建设，建立健全省市县三级环境监管体系。

充分利用市场机制，形成多元化的投入格局，确保工程投资到位。工程投入以企业和地方各级人民政府为主，中央政府区别不同情况给予支持。定期开展工程项目绩效评价，提高投资效益。

三、中国低碳城市建设政策取向及发展趋势

世界各国所制定的低碳城市建设政策和采取的措施是不同的，各具特点。中国在低碳城市建设方面起步较晚，多项政策有待建立和完善。所以，在这一背景下，中国的低碳城市建设是走独立自主的政策还是仿效他国，这可能是在制定政策过程中首先要考虑的问题。

在欧洲和北美，如纽约、洛杉矶和芝加哥以及新闻媒体报道的哥本哈根等城市在低碳城市建设中，以它们的求实精神、严谨的科学态度以及勤奋务实的劳动，取得了令人瞩目的成就，成为了国际上低碳城市建设的领跑者，所以，它们的经验值得借鉴，只有这样，才能使我们的低碳城市建设多快好省。但是，各国的城市地理环境、气候条件、人文背景以及经济水准均不相同，所以不能生搬硬套外国经验要有选择地吸收。即我国的低碳城市建设应该立足本土，适当吸收外国经验。

什么是低碳城市？对于这个问题至今也没有一个统一说法，特别是在量化方面，缺少一个量化标准。如果说温室气体的零排放是衡量低碳城市的标准，那么，大于零排放多少才不是低碳城市呢？所以，在制订低碳城市建设计划时，不要一味地在概念上做文章。但是，也有一个参照标准，那就是制定低碳城市的总体温室气体排放量。如果完成了这一指标，项目的制定者、上级领导者，乃至一般的市民，上下观点一致，达到共识，那就可以说我们所建设的城市是低碳的。尽管这座城市与外界，特别是与国际上的低碳城市

相比，还有相当大的差距。所以，我们在建设低碳城市时，完成我们拟定的排放指标，才是硬道理。

城市是一个具有不同经济结构和能源结构的庞大的有机体．在对其进行低碳化建设时，除了保持经济增长外，还可能涉及能源和环境保护各领域的改造，如果低碳城市决策者们为了实现既定的目标，有可能对建筑、交通和工业节能以及环境保护各方面全面出击，有可能造成人力和物力的分散，欲速则不达。

低碳城市建设是通过节能和环境保护，为市民建造一座宜居城市，是一项利在当代、功在千秋的惠民工程。所以，在低碳城市建设进程中，要把与市民相关的工程作为重点来抓，如北方城市的建筑保温、家用电器的能效提高，并且采取返点计划等，这不仅赢得了民心，也推动了工程的快速进展。当然，还有一种模式值得商榷，那就是企业主导型的低碳城市建设模式，这种模式的实质就是借低碳之名，达到发展地方产业之实，这种已经变了味的低碳城市建设，在国内可以得到认同，甚至还会得到许多地方的仿效，但是，在国际上是否能得到认可，那就很难说。举一个简单的例子，在2011年德班气候变化大会上，我国的项目只有“千村点亮山寨”入选，而其他项目都被拒之门外，这是因为这个项目符合低碳城市建设的理念，一个小小的LED灯借助太阳能点亮了山寨，使人们告别了黑暗，而且无污染。这个事实告诉我们，低碳城市建设是：通过节能和环境保护实现长期持久的惠民工程，来不得半点敷衍或曲解。

低碳城市建设既然是惠民工程，市民就要亲自动手，才能受益。日本是一个环保大国，它不仅建立了多项政策和法规，而且也调动了市民的参与热情。早在20世纪80年代就在全国实施了垃圾分类。由于市民的广泛参与，在垃圾无害化处理方面获得了很大的成功，横滨的两台垃圾焚烧炉已经停止运行，因为一些垃圾不需要焚烧，就可以回收或无害化处理。再如，2011年3月18日，南非名为“49M”的大规模全民节能运动在约翰内斯堡市启动，意在强调南非4900万公民都是节约用电的主角，随时随地关闭不用的电灯、电器是应尽的责任，使节约用电成为南非的“国民素养”。这种动员市民全体参加低碳城市建设的活动值得借鉴。

强化科技创新，使之在节能和环境治理的重点领域中发挥作用。①智能电网、小水电等低碳技术。②碳捕获与封存技术。③可再生能源技术，如风电、太阳能发电以及低温余热发电技术。④固体废弃物、工业废水、锅炉和汽车尾气排放治理及无害化处理等。为此，必须最大限度地调动国内企业、高校和科研院所科技创新积极性，不断提高低碳技术自主创新能力。此外，洋为中用，引进国外的先进技术，通过消化吸收，使其在我国低碳城市建设中发挥作用，也是十分必要的。

科技投入必须有资金的支持。①依照国家产业和技术政策把握好信贷投放的重点，加大低碳技术研发和产业化信贷支持与金融服务，为低碳技术创新和产业化营造良好的金融环境。②认真落实国家有关鼓励企业技术创新的优惠政策，加大对企业低碳技术和产品创新投入的所得税前抵扣和税费减免力度。

在建设低碳城市的同时，开发碳交易市场也是十分必要的。因为这样，低碳城市所获得的减排量，以中国核证减排量（CCER）的方式，在碳交易市场进行交易，所获得的经费可投入到低碳城市建设上来，加快工程进度，构成一个良性循环。

据悉，在国家发改委的策划下，中国将有 7 个碳排放权交易试点省市（北京市、天津市、上海市、重庆市、湖北省、广东省及深圳市）启动试点交易。如果以“1 万吨”为分界线，碳排放权交易主体将达到 2000 家。

在碳交易市场建立过程中，尚有四个问题需要解决，即缺乏统一的企业层面温室气体核算标准、MRV（测量、报告、核查）的困难、登记结算系统的建立健全以及如何促进流动性。

第三章　城市建设中的环境保护

第一节　城市垃圾处理措施

城市垃圾指的是人们在生活、娱乐、消费过程中产生的废物以及法律、行政法规规定为城市垃圾的固体废弃物。我国改革开放的30多年来，随着经济的高速发展，人民生活水平的迅速提高，城市化进程的不断加快，城市垃圾产生量急剧增加。目前，我国城市垃圾年产生量已达1.4亿吨以上，人均垃圾年产生量为450~500kg，且仍在以每年8%~10%的速度增长。此外，城市生活垃圾积存量约为60多亿吨，垃圾侵占土地面积已超过5亿平方米，全国已有200多个城市被垃圾包围。我国城市生活垃圾处理技术与发达国家相比还相当落后，大部分为简单堆埋处理，少部分用于焚烧发电等。堆埋处理不仅占用大量土地，而且对土壤、地下水、大气等造成危害，严重污染了环境，已发展到非加强管理、加快治理力度不可的地步。《中华人民共和国固体废物污染环境防治法》中提出，对固体废弃物污染防治实行减量化、资源化、无害化的原则。为了利于我国城市生活垃圾的处理技术朝着这些方向发展，首先对我国城市生活垃圾的产生与处理现状作深入的了解是十分必要的。

一、城市垃圾对环境的污染

国内外研究结果，垃圾堆放场和简易垃圾填埋场对环境的污染可长达数十年甚至上百年，对环境的污染主要表现为对水体的污染、对农田土壤的污染、对大气的污染和传播疾病等几个方面。

1. 对水体的污染

垃圾填埋场渗滤液呈棕黑包，是填埋场经生物降解后富营养化的高氮、高磷、高有机物液体，并溶解和携带了大量含汞、镉、铅、砷、铬等元素的化合物，以及苯、酚等有害有机物，细菌总数和各种传染病菌超过一般水源几十倍到几千倍。据测定，这种渗滤液从小沟到大沟．从溪流到江河，从地面到地下，严重污染着地表和地下水源，特别是垃圾堆放场附近的水源。像北京市的沙质土壤以及水源结构，一旦造成地下水源污染，其后果是相当严重的。昆明市滇池污染，部分原因是垃圾场地的污染。成都市洪河垃圾场曾严重污染周围农田和水源，也都是垃圾渗滤液造成的恶果。

我国是严重缺水的国家之一。据统计，我国淡水人均占有量为 $2200m^3$。为世界平均水平的1/4。水资源分布的不均匀，再加上农田、工业用水占大部分，且不说给发展经济带来的问题，一些地方的生活用水电成了严峻的问题。水源一旦被严重污染，要使水质恢复需要几十年或更长的时间，因此，保护水资源不被污染是十分重要的。

2. 对农田土壤的污染

垃圾填埋场对农田土壤的污染主要有 2 个途径：一个是垃圾渗滤液对周围土壤的污染；另一个是垃圾堆放场内的陈垃圾，只经筛分就施放于农田，造成对农田土壤的污染。

有关研究结果表明，城市垃圾渗滤液对地表水和地下水的影响主要是有机物污染，但对土壤的影响有所不同。由于渗滤液中的重金属有可能在土壤中富集，故除了对土壤的有机物污染外，还有可能造成土壤的重金属污染。

为促进回收利用，我国许多城市将填埋场内已基本腐熟的垃圾进行筛分，经二次造堆发酵后，用作有机肥，取得了成功的经验。但我国许多垃圾场除接纳生活垃圾外，还接收普通工业垃圾，其中部分工业垃圾中重金属含量较高。由于未对生活垃圾中的有毒有害废弃物进行分类收集，垃圾来源中含有废灯管和废电池等废弃物，其重金属含量亦较高，尤其是铅、镉、铜、镍、锰含量偏高，其中铅含量超标 2 ~ 3 倍，镉含量超标 2 ~ 6 倍。这种垃圾如作为农用肥，会造成农田土壤的重金属污染。

3. 对大气的污染

垃圾堆放场产生的大量垃圾填埋气体（LFG）会造成大气污染。LFG 的主要成分为 CH_4 和 CO_2，CH_4 的含量一般在 50% ~65% 的范围内，CO_2 的含量一般在 40% 左右，两者均为温室气体。垃圾堆放场和垃圾填埋场产生的 CH_4 约占人类 CH_4 排放总量的 10% ~ 20%，CH_4 的相对密度为 0.72，在正常

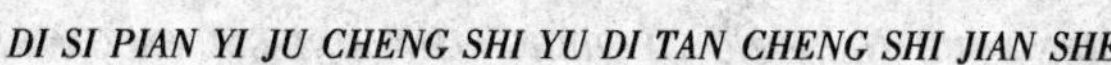

情况下会很快升空并造成臭氧层的耗损，其对臭氧层的破坏是 CO_2 的 20 倍。LFG 中含有微量的 H_2S、NH_3、CS_2、RSH 和某些有毒金属等微量气体，也会造成严重的大气污染。垃圾堆放场特有的恶臭，来源于微量气体中的某些组分。尤其是夏秋两季，雨后蒸发出的恶臭，严重影响周围居民的身心健康。垃圾堆放场的另一种大气污染形式是垃圾中的微粒尘土和病原体，吹风时，微粒尘土和病原体就进入大气中，传播到较远的地方。这对城郊较小的、广为分布的垃圾堆来说更为严重。在北方地区春季多风季节，这种污染形式很突出。

4. 传播疾病

垃圾堆放场本已是大量蚊蝇、老鼠、病原体的孳生传播源，垃圾不处理而采用露天堆放则是孳生蚊蝇、老鼠和病原体的良好环境，而成为暴发时疫的祸根。在一些垃圾堆放场附近，春、夏、秋三季苍蝇之多已到了令人发怵的程度。更令人吃惊的是，有些灭蝇药物在喷洒一段时间之后，苍蝇竟然对其有了相当的抗药性，这不能不令人警惕。英国几次鼠疫大流行均与垃圾处理不当有关。这种病原体的孳生传播渠道及其引起的危害，确实可作前车之鉴。

此外，在我国城市常将生活垃圾筛分后直接施放于农田，由于寄生虫卵等未经杀灭。会通过作物、蔬菜返回人体造成疾病传播。对南京市直接施用未经处理生活垃圾的农田土壤的分析表明，每克土壤含 23.8 万个人肠杆菌，198 个蛔虫卵，其中活卵占 80%。而未施用垃圾的土壤蛔虫卵只有 11 个。

二、城市垃圾处理中存在的问题

我国生活垃圾处理起步于 20 世纪 30 年代，在 1990 年以前，全国城市生活垃圾处理率不足 2%。进入 20 世纪 90 年代以后，垃圾处理取得了较快的发展，国家出台了一系列生活垃圾处理法规、标准和政策，使行业管理和设施建设有了依据，垃圾收费制度从无到有，并在部分城市实施，环卫体制改革不断推进，截止到 2005 年底，全国 661 座城市生活垃圾清运量 1.56 亿吨，建有垃圾处理厂 471 座，垃圾无害化日处理能力达到 256312 吨，环卫机械总数 64205 台，城市生活垃圾无害化处理率由 1990 年的 2.97% 上升到 51.69%。

近年来，在中央政策和资金的支持下，地方政府加大了对垃圾处理的投入，我国垃圾处理行业取得了快速的发展。“十五”计划期间，一大批垃圾处理项目按照新标准开工建设并相继投入使用，极大地提高了我国的垃圾处理能力。但由于环境意识、政策法规、管理体制、运行机制、资金投入、技术装备、设施配套等诸多因素的影响与制约，我国垃圾处理处置仍在低水平上运行，已建处理设施运营情况不甚理想。垃圾包围城市、严重污染环境的态势，不但未能得到有效遏止，反而大有越演越烈的发展趋势。我国城市垃圾处理方面，主要存在下面一些问题：

1. 无害化处理率依然较低，设施总量不能满足生活垃圾日益增长的需求

虽然有51.69%的垃圾得到集中处理，但真正达到无害化处理的比例不高，部分垃圾处理厂仍然存在着二次污染现象；虽然近年来国家实施了积极的财政政策，在国债资金和各级政府财政的支持下，城市垃圾处理设施的建设得以加快，但由于我国城市生活垃圾产生量的快速增长，加之我国生活垃圾处理存在较多的历史欠账，因此目前我国垃圾处理设施仍然不能满足垃圾日益增长的需要，大量生活垃圾尤其是农村生活垃圾得不到有效处理。

2. 管理体制和运营机制与市场化要求不相适应

一些城市仍然由政府主管部门直接负责垃圾处理基础设施建设和运行管理，转制政策不到位，大多数从事垃圾处理的单位仍属于行政事业编制，人员总体素质不高，难以实现劳动力优化组合。不少城市还没有建立合理的建设和运营投资偿还机制，环境卫生基础设施完全靠政府财政拨款建设，财政投入偏低，投资渠道单一，建设和运营资金严重不足。垃圾处理收费体制不够完善，收费标准和收缴率较低，难以满足垃圾处理设施建设和运营的需要。

3. 法律法规体系不健全

虽然近年来国家及有关部门加大了对垃圾处理和环境污染防治有关法律法规的制定和修订工作，如：2004年底全国人大修订颁发了《固体废物污染环境防治法》，2005年建设部下发《城市建筑垃圾管理规定》，建设部于2007年颁发了《城市生活垃圾管理办法》。但我国垃圾处理法律法规体系还不完善，有些法律法规发布至今已有十多年，这期间，我国的经济水平、人民群众的消费水平、垃圾成分及产生量、生活垃圾处理体制等都发生了翻天覆地的变化。对上述法规和部门规章进行修订刻不容缓。

4. 生活垃圾处理收费不到位，生活垃圾处理设施的运营仍然得不到有效保障

2002年我国开始实施生活垃圾处理收费制度以来，大多数地方还没有找到一种合理有效的收费方式，垃圾处理费收缴率普遍较低，政府缺少对垃圾处理费使用的监管手段。垃圾处理费还远远不能补偿垃圾处理设施的运营成本。因此，我国绝大部分城市垃圾处理费用主要由政府承担，由于政府负担不起高昂的处理费用，只能采取简单的填埋方式处理垃圾，对环境安全造成

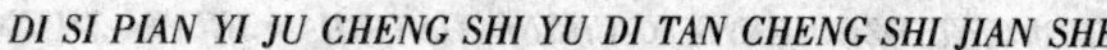

了极大的隐患。资金缺乏制约了城市垃圾处理设施的建设。

5. 现有的垃圾处理技术存在多种弊端

长期以来，我国城市生活垃圾的处理，主要是以寻找合适地点加以消纳为目的。目前大多数城市仍采用传统的单一处理方式，以简单填埋为主要处理方式（约占80%左右），高温堆肥和焚烧方式较少。但是每一种处理方法只是对垃圾中的一种或几种组分有效，而对其他组分常常不起作用。实践证明，采用传统的单一处理方式，均存在严重的弊端；简单填埋表面上看似处理量大，投资少，一埋了之，这种所谓的“处理方式”事实上是“垃圾转移和储藏”，而非真正意义上的处理，不但占用大量的土地，而且对环境污染严重：卫生填埋建设费用高，占地大，底层防渗要求高，将垃圾中可利用的资源和长年不能降解的废塑料统统埋掉，这样不仅无法实现资源化，还带来一定的污染和长期隐患；焚烧法一次性投资巨大，运行管理费用昂贵，对垃圾热值要求高，必须以热电联供形式运行，燃烧中不仅把有回收利用价值的资源统统付之一炬，造成“玉石俱焚”的局面，而且还产生难以检测的剧毒二恶英气体；堆肥法目前的主要问题是未能对垃圾进行有效分类，堆肥质量差，不符合国家标准及农业部标准，堆肥物料中含有玻璃、砖瓦、铁屑、陶瓷、贝壳等无机物碎片以及废塑料、橡胶等可燃有机物碎片，甚至还有废电池等有害物质，有的堆肥厂采用的工艺未能有效进行高温灭菌，肥料中的养分不够，人们称它为“垃圾土”、“营养土”，堆出不合格的肥料，不仅肥效低，而且对土壤有害，农民不欢迎，市场滞销。

6. 对垃圾处理技术的要求提高

为了满足国家提出的“无害化、减量化、资源化”的处理原则，仅仅依靠现有的垃圾处理技术还远远不够。必须要跳出传统、陈旧的垃圾处理方式，通过对中国城市生活垃圾现状的调查和分析，参考发达国家的做法和经验，依靠科技进步，整合先进的处理技术，形成整体综合优势，走出一条中国城市生活垃圾处理的创新之路—以资源化为主要目标，同时实现无害化、减量化的综合处理方案。

7. 土地占用问题严重

在我国城市化进程中，垃圾占用的土地面积在逐渐增加。例如，在北京地区，1983 年 50 平方米以上的垃圾堆约 1500 个，现已发展到 4000 多个。在上海市区，1260km^2 的范围内 50 平方米以上的垃圾堆近 2000 个。在天津市外环线两侧，占地 600 平方米以上的垃圾堆约 117 个，300 ~ 600 平方米的垃圾堆约 289 个。目前，全国由于垃圾堆存侵占的土地面积多达 5×10^8 平方米。

关于垃圾堆放场占地还有另一难题：即政府出面征地，常常遭到附近居民的强烈反对，谁也不愿意将自己的家园或周围环境当作垃圾堆放场。同时还有一系列问题相继产生，如拆迁、安置、赔偿等都需妥善解决，致使征地费用愈来愈高。有的城市已发展到无合适的场所可以堆放垃圾的地步。

三、转变观念，改进城市垃圾的管理

受人口、资源、环境等诸多因素的制约，我国的经济发展水平和综合国力同发达国家相比，还差得很远，我国对城市垃圾处理设施的投资还十分有限，单纯地就污染抓污染是永远不能解决环境和发展的矛盾，城市垃圾的污染控制应从源头抓起。为此，必须改变管理模式，走出一条符合中国国情的城市垃圾管理的路子。

鉴于我国城市垃圾的现状和存在的问题，城市垃圾管理今后应逐步建立适合社会主义市场经济的城市垃圾管理体制，实现城市垃圾的减量化、资源化、无害化，走持续发展的道路。具体应加强以下几方面的工作：

1. 建立完善的城市垃圾管理法规体系

应严格遵照《固体废物污染环境防治法》的有关规定，制定有关的法规、条例，如城市垃圾经营许可证管理制度和城市垃圾处理处置设施管理条例等，最大限度地减少城市垃圾的产生量和实现垃圾资源化，提高垃圾的无害化处理处置水平，加大普法宣传和教育，提高公众的守法意识和环境保护意识。

2. 建立与社会主义市场经济相适应的城市垃圾管理体制

我国垃圾管理体制总体上讲仍是计划经济时代的产物，集管理和服务职能为一体，同市场经济脱节，资源得不到合理配置；缺乏有效的市场经济运行机制，垃圾产生者和垃圾处理者不承担处理的费用，不对垃圾的污染负责；缺乏垃圾处理的收费政策及其他经济政策的支持，难以吸引国内外资金的投入，同时也影响了垃圾处理业的发展。为适应社会主义市场经济的需要，必须加快改革步伐，推行政企分开，建立环保监督、环卫管理、企业化运作的社会化服务管理模式。要转变政府包揽垃圾处理的局面，可探索各种改制的方式，根据城市垃圾经营许可证管理制度，鼓励各公司参与竞争，在强化管理的前提下，将城市垃圾处理变为产业化经营，进行综合管理。

3. 从源头抓起，最大限度地减少垃圾的产生量

这实际上是一个综合规划的问题，首先应该从产品的生产处注意提高原料利用率和产品的回收利用效率；其次应重视垃圾的分类收集、回收利用的技术和管理方法。垃圾的减量化既与人的环境意识有关系，又与经济、文化、

社会发展的水平紧密相连。垃圾的减量化要通过立法、政策、教育、规划和监督等一系列管理的集成来实现，需要全社会的共同努力。平时还应注意改变城市日常生活服务方式，减少废弃物的产生量。如改变城市的燃料结构，有条件的地方应尽可能采用民用燃气，降低垃圾中的煤灰含量；大力推行精、净菜进城，减少城市垃圾中厨余物的比重。废塑料造成的白色污染已引起各方面的重视，要从解决白色污染入手，提倡不用或少用塑料包装物，鼓励包装材料的回收重复使用。

针对城市垃圾产生的情况，垃圾的综合管理是非常重要的，各地应结合当地情况，制定垃圾收集、运输、处理、处置和回收利用的管理办法；环卫部门和环保部门应加快制定行业管理制度，通过许可认证和强制执行垃圾处理标准，对承担垃圾处理经营活动的企业实施有效监督。目前我国部分城市的生活垃圾产生量增幅首次下降。据了解，北京市东城、西城、宣武和崇文4个城区的生活垃圾产生量出现负增长，朝阳、海淀、丰台、石景山4区的生活垃圾产生量增幅下降，这是新中国成立以来北京城区生活垃圾产生量增幅首次下降。北京市城区生活垃圾产生量增幅下降的原因主要有：一是北京市多年以来开展了垃圾分类工作，创建了垃圾分类示范单位和示范地区；二是从2007年年初起，北京市开始实施生活垃圾处理经济补偿机制，产生生活垃圾的地区向消纳生活垃圾的地区进行经济补偿，标准为每吨50元；三是垃圾处理经费下拨到各区县，建立和落实垃圾处理区域责任制；四是垃圾资源的回收利用，从源头上解决了垃圾产生量增加的问题。这些措施促进了北京市垃圾减量化、资源化和无害化。

四、城市垃圾的处理处置方式

城市生活垃圾的问题是一个涉及广泛、层面复杂的多学科多系统的工程．近几年来正在进行一场彻底的革命。旧有的减少垃圾方式是处理和处置的比重最大，回收减量和防止废物产生的作用很小。现在的观念是首先避免垃圾的产生，比如停止使用塑料餐盒，其次注意废品回收，最后才考虑能源回收和最终处置。本书只涉及废品回收和垃圾处置的问题。

本着对城市垃圾处理实现无害化、减容化、资源化的目标，对垃圾的处理主要采取堆肥处理、焚烧处理、热解处理、卫生填埋等几种方式。

第二节　城市垃圾的分类及影响因素

影响垃圾产量和构成的因素非常多，随着国民经济的发展，人民生活水平的提高，产量和构成是时时在发生变化的。了解掌握其变化规律是制定垃圾清运处理设施规划的必要依据，是一项不可缺少的基础研究工作。近年来，我国许多大中城市在掌握垃圾产生状况及预测方面做了大量的工作，形成了自己的调查统计规范和预测方法，并正在逐步走向准确化和系统化。

一、城市垃圾的分类

城市垃圾的分类方法很多，通常可以按照不同的目的进行分类。其分类方法的依据有：

垃圾产生源、垃圾构成比例，垃圾基本特性、垃圾危害特性、垃圾可处理特性等等。常用的分类方法有：以垃圾收运为目的，按垃圾产生源分类的方法；以垃圾管理和研究为目的，按垃圾构成比例分类的方法；以垃圾处理为目的，按垃圾可处理性分类的方法。

1. 按产生源分类

城市垃圾产生源是指在城市区划内产生垃圾的场所。不同的产生源，其产生的垃圾构成也有所不同，因而垃圾的特性也不同，对垃圾清运处理方式的要求也有所不同。按产生源的不同，城市垃圾可分为，居民生活垃圾、清扫垃圾、商业垃圾、工业单位垃圾、事业单位垃圾、交通运输垃圾、建筑垃圾、医疗卫生垃圾和其他垃圾。

2. 按垃圾构成分类

根据我国有关标准，城市垃圾分为有机物、无机物、可回收物和其他垃圾4大类。其中，有机物分为植物垃圾和动物垃圾两类，无机物分为灰土、砖瓦和陶瓷等三类，可回收物包括所有具有较高回收利用价值的废弃物。

3. 按垃圾可处理性分类

城市垃圾处理是城市垃圾清运处理系统的最后环节。在进行城市垃圾处理设施规划时，必须按照其可处理性，确定合适的垃圾处理方式。按照垃圾的可焚烧特性，可将垃圾分为可燃垃圾、难燃垃圾和不可燃垃圾。按照垃圾的可堆肥特性，可将垃圾分为可堆肥垃圾和不可堆肥垃圾，可堆肥垃圾为适宜于利用

微生物发酵处理的垃圾，不可堆肥垃圾为不适宜于利用微生物发酵处理的垃圾。

二、影响我国城市垃圾产生量的因素

1. 中国城市生活垃圾的产生量

随着经济的高速发展、城市规模的扩大、城市化进程的加速、人口高度集中、国民消费水平的提高，中国城市生活垃圾的产生量和堆积量均在逐年增加。我国自1979～1999年城市生活垃圾清运量与人均生活垃圾产量变化趋势如图4－3。近几年我国城市生活垃圾的年增长率均在8%～10%。人均生活垃圾产量已超过1.0kg/（人·d），超过了日本20世纪80年代末90年代初的水平。

2. 影响城市生活垃圾产生量的因素

城市生活垃圾产生量主要与人口、经济发展水平、居民收入、居民消费水平、民用燃料结构等因素有关。

（1）城市人口数量的影响

中国城市生活垃圾总量的大幅度增加主要是由于城市化规模的扩大以及城市数量和城市人口的增加所造成的。改革开放的30多年来，中国的城市化进程逐年加快，城市数量大幅度增加，城市规模不断扩大，城市非农业人口迅速增长。至2006年中国人口已超13亿，城市661个，5.77亿人，城市化水平达28%。其中：200万人口以上的超大城市31座，50万～200万人口的中等城市247座，20万人口以下的小城市383座。1986～1996年间中国城市生活垃圾量与非农业人口的关系如图4－4所示。从图中可见，我国城市生活垃圾的产量与城市人口的增加几乎成正比关系增长，而且这一趋势随着我国城市化进程步伐的加快在今后相当长的一段时间内仍将持续下去。可以肯定的讲，城市人口的数量是影响我国城市生活垃圾总量的最主要因素。

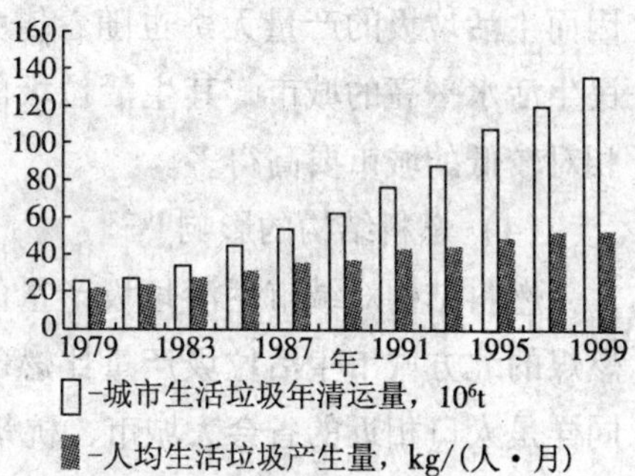

图4－3 我国城市生活垃圾清运量与人均生活垃圾产生量变化趋势

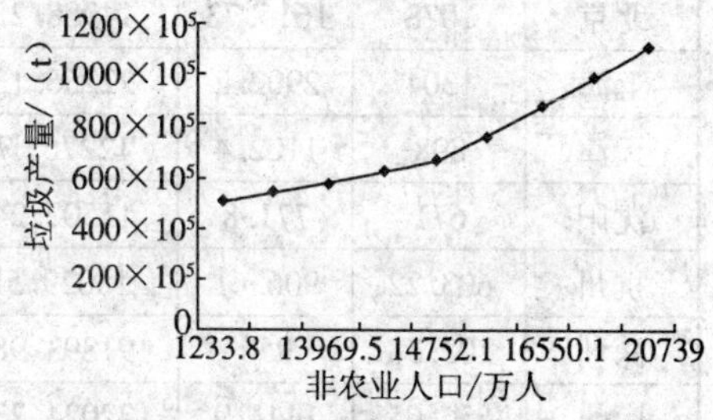

图4－4 1986～1996年间中国城市生活垃圾量与非农业人口的关系

（2）国民经济发展水平的影响

我国城市生活垃圾产生量与国内生产总值（GDP）的关系曲线如图4－5所示。从图中可以清楚地看出经济发展水平对城市生活垃圾产生量的影响。即随着GDP的增长，城市生活垃圾产生量也随着增长，但当GDP达到一定值后，垃圾产量的增幅减慢，并逐渐趋于稳定，这与工业发达国家经济高度增长时期的情况极其相似。

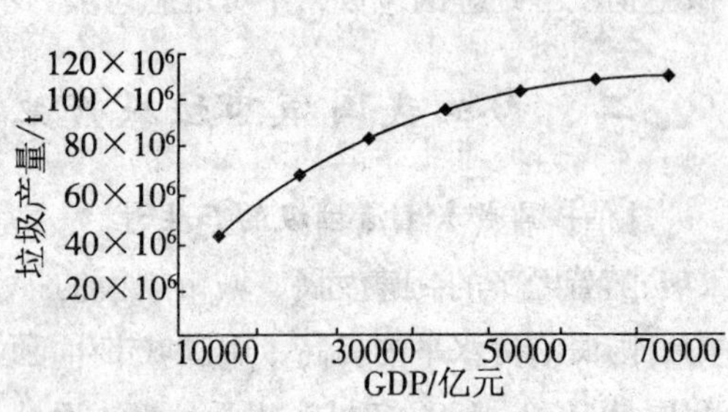

图4－5　我国城市生活垃圾产生量与GDP间的关系

（3）居民生活水平的影响

城市生活垃圾产量与城市居民生活水平有一定关系。经济发达，居民生活水平的提高，生活方式也随着发生变化，家具、生活用品等的更新将加快，因而生活垃圾的产量无疑也随着增大。由表4－17可以看出，经济发达、居民生活水平高的城市，其生活垃圾的产量一般比经济欠发达、居民生活水乎相对较低的城市要高得多。

（4）燃料结构的影响

燃料结构对缄市生活垃圾产量的影响较大。由表4－17可以看出，一般燃煤的北方城市生活垃圾产量比燃气的南方城市要高得多。比如杭州与沈阳同样是人口相近的省会大城市，杭州的GDP高于沈阳，但是人均垃圾产生量却低于沈阳，这与沈阳位于北方，取暖时间长，燃料消费以煤为主有关。

表4－17　1995年部分城市人口、GDP及垃圾产生量调查统计表

城市	总人口（万人）	GDP（亿元）	年人均GDP（元/人）	年生活垃圾量（Kt）	人均生活垃圾量（kg/人·d）
北京	1078	1615.73	14988.22	3110	1.20
上海	1304	2902.2	22256.13	4182.9	1.23
天津	898	1102.4	12276.I7	1853	0.98
沈阳	671	771.8	11502.24	1569	1.02
杭州	603.22	906.61	15029.51	660	0.92
深圳	103.38	950	91893.98	754.8	2.62
广州	656.05	1444.9	22024.23	1764.2	1.20
大连	537.4	733.07	13641.05	715	0.77
鞍山	331.2	395.04	11927.54	401.5	0.76

三、我国城市生活垃圾的成分、热值及其影响因素

1. 我国城市生活垃圾的成分、热值

热值：在燃料化学中，表示燃料质量的一种重要指标，即单位重量（或体积）的燃料完全燃烧时所放出的热量。热值通常用热量计（卡计）测定，或由燃料分析结果算出，有高热值和低热值两种。高热值是燃料的燃烧热和水蒸气的冷凝热的总数，即燃料完全燃料时所放出的总热量。低热值仅是燃料的燃烧热，即由总热量减去冷凝热的差数。燃料大都用于燃烧，各种炉窑的排烟温度均超过水蒸气的凝聚温度，不可能使水蒸气的凝聚热释放出来，所以在能源利用中一般都以燃料的低热值发热量作为计算基础。常用的热值单位，kJ/kg（固体燃料和液体燃料）或 kJ/m^3（气体燃料）。

世界各类国家城市生活垃圾的密度、水分、厨余、灰土、热值等数值见表4－18。

表4－18　世界各类国家城市生活垃圾的密度、水分、厨余、灰土、热值等数值

国家类别	密度（kg/m^3）	含水量（%）	厨余含量（%）	灰土含量（%）	热值（kJ/kg）
发达国家	100～150	20～40	6～30	0～10	6300～10000
转发达国家	200～400	>40～60	20～60	1～30	4000～6500
发展中国家	250～500	40～80	40～85	1～40	1500～5000

从表中可见，发展中国家的城市生活垃圾的组分、热值同发达国家的相比差别较大。中国是一个发展中国家，经济实力、国民的生活水平、生活习惯等与发达国家相比仍有一定差距。我国城市生活垃圾的成分、热值与发达国家的相比也有很大的区别，成分的特点是厨余、灰土、水分的含量高，热值普遍低于4000kJ/kg，而美、日、德等发达国家热值高于6000kJ/kg。但是如果将原生混合垃圾除去大量灰分后，其热值可达4600kJ/kg左右，如果再进行入炉前的干燥或脱水，使其含水量从60%降到30%，其热值还能进一步提高，甚至可达到日本焚烧炉入炉垃圾的热值，约为8000kJ/kg。

2. 影响我国城市生活垃圾成分、热值的因素

城市生活垃圾的构成、热值主要受地理条件、生活习惯、居民生活水平和民用燃料结构的影响。我国城市生活垃圾在产生量迅速增加的同时，垃圾的构成、热值也发生了很大的变化。主要表现在有机成分及可燃成分增多、热值增大。

(1) 民用燃料结构的影响

燃料结构对垃圾构成的影响主要表现在对垃圾中无机物成分即煤灰量的影响。对于燃煤区，其垃圾中煤灰渣比例可高达70%～80%以上；对于燃气区，煤灰渣比例理论上趋近于零，但由于灰渣土的存在，其无机物成分也可达30%。这在不同地理环境、不同规模的城市中都得到了验证。在分析北京、南京、沈阳、天津等城市的资料时还发现，燃料结构还在一定程度上影响有机物人均日产量，这样也会影响垃圾的构成。例如，沈阳市双气户人均有机物日产量为0.195kg，单气户为0.132kg，燃煤户为0.05kg。

(2) 居民生活水平和消费结构的影响

近20年来，我国城市居民的生活水平不断提高，消费结构也在不断地变化，主要是塑料制品、家电、食物包装袋的消耗量大大增加了，这些东西都不易腐烂，给垃圾处理带来了很多困难，与此同时，垃圾的热值也发生了很大变化。根据广州市1991～1996年调查显示，5年间热值增加了16.43%。

(3) 城市特征的影响

按城市所处的地理环境，城市可分为北方城市和南方城市。根据20世纪90年代初垃圾成分分析数据，对不同地理环境和不同规模的城市之间进行比较分析得出：

(1) 重点大城市有机物成分占30%以上，无机物成分约占60%，废品仅占4%～6%；中、小城市生活垃圾中有机物成分约占20%，无机物成分约占75%，废品比重更低。

(2) 重点大城市的垃圾构成受所处的地理环境的影响较小，南方城市垃圾中有机物成分约占31%，北方城市垃圾中有机物成分约占33%。

(3) 中、小城市垃圾构成与地理环境的关系较密切。北方城市垃圾中有机物成分约占16.42%，南方城市中有机物成分明显高于北方城市，为28.54%。

随着我国城市化进程的发展，我国城市垃圾在产量迅速增加的同时，垃圾构成也发生以下变化：①有机物增加；②可燃物增多；③可回收利用物增多；④可利用价值增大。这就为我们将垃圾综合利用打下良好的基础。

第三节　城市垃圾的运输及处置

城市垃圾包括生活垃圾、商业垃圾、建筑垃圾、粪便等。从我国现有的

情况看，城市垃圾收集工作是分开进行的，具体做法是：商业垃圾及建筑垃圾原则上由单位自行清除；生活垃圾的收集一般是由垃圾发生源送至垃圾桶，统一由环卫工人将垃圾桶（箱）内垃圾装入垃圾车，再运至中转站，最后由中转站运去最终处理场或填埋场处置；形成了一套固定模式的收集—中转—集中处置系统，菜场、饮食业及大型团体产业的大宗生活垃圾则由各单位自设容器收集并送至中转站或处理场。为了改善环境卫生，有些城市或部分地区试行垃圾袋集中装收，然后投入垃圾箱由垃圾车运走。目前，个别城市正进行垃圾分装和上门收集的试验。医院垃圾则由医院自行焚烧处理，再送至处置场所。

目前在英、法和瑞士等发达国家，垃圾收集和加工处理系统已经成为拥有现代化技术装备的重要工业部门，而且非常重视对垃圾的分类收集，由居民从垃圾中分出玻璃、黑色金属，织物、废纸、纸板等物，投放到专门的垃圾容器之中，分别运往垃圾处理厂进行回收利用。

管道输送是新兴的一种垃圾收集方法。它的特点是利用气流系统，将垃圾由楼内直接输送到垃圾车或几十千米以外。

收集和输送垃圾的费用很大，发达国家目前已达到占处理总费用的80%左右。运输费用与填埋、销毁或处理厂的距离成正比，由于处理场必须与居民区保持足够的距离，必然会增加运费。但应看到，今后若采取垃圾分选的方法，需焚烧或运往处理厂的垃圾数量必将大为减少，所以运输费用会有降低的趋势。

一、生活垃圾收集站

生活垃圾收集站的作用是将从居民、单位、商业和公共场所等垃圾收集点的垃圾运送到这里集中，并装入专门的容器内，由运载车辆送至大型垃圾转运站或垃圾处理场。

1. 密闭式垃圾收集站

密闭式垃圾收集站就是在一个密闭的环境中收集、转运垃圾。使垃圾在运输过程中不暴露，使清洁工人的工作由室外转到室内，由流动作业转变到固定作业，它是在垃圾池、垃圾桶等暴露式垃圾收集方式中发展起来的。根据是否配置压缩机构，可将密闭式垃圾收集站分为普通式密闭垃圾收集站和压缩式密闭垃圾收集站两种。

（1）普通式密闭垃圾收集站

普通式密闭垃圾收集站是由可封闭建筑物、集装箱、吊装系统等组成。

设施的基本结构如图4-6。在收集站内设置地坑（坑数根据垃圾日收集量而定），地坑内放置垃圾集装箱。从各收集点收集的垃圾进站后，倒入置于地坑中的集装箱内，装满后，盖好箱盖，掀起地坑挡板，电动葫芦提升吊装架将集装箱吊起并做横向移动后，置于自卸汽车上，挂上安全链。汽车驶至垃圾处理场，打开集装箱后门，箱体随车箱做自卸动作，卸出垃圾后，集装箱恢复正常位置，关好集装箱后门，驶回收集站，卸下空箱完成一个工作循环。

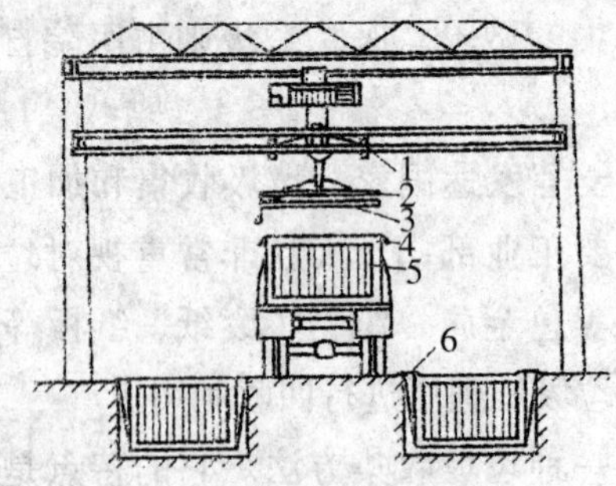

图4-6 普通式密闭垃圾收集站设施的基本结构

1—导向总成；2—吊装架；3—吊环；4—吊耳；5—集装箱；6—地坑挡板

收集站设在可封闭的建筑物内，故具有较好的环境效益，密封式集装箱运输垃圾，解决了运输过程中尘土飞扬和垃圾洒漏问题。

(2) 压缩式密闭垃圾收集站

城市生活垃圾中塑料、废纸等成分所占比例的越大，垃圾容重越低，垃圾运输的亏载问题越严重。为此，相继出现了配置压缩机构的密闭式垃圾收集站如图4-7。

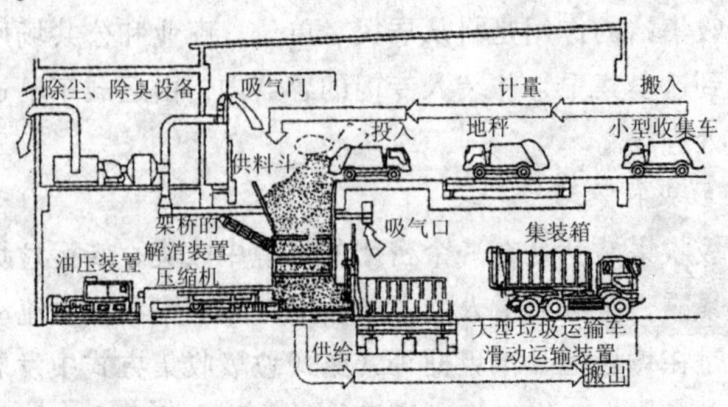

图4-7 压缩式密闭垃圾收集站设施基本结构

垃圾的压缩可以增大容重减小体积，便于装卸和运输，降低运输成本，还可以制取高密度惰性块料，便于储存、填埋或做建筑材料，已经成为一

些国家处理城市垃圾的一种现代化手段。根据有关的统计资料，我国大城市的垃圾中可压缩成分已接近发达国家20世纪80年代中期水平，经验表明，这种条件下将压缩技术应用于城市垃圾的收运系统中，将会有较好的效果。

城市垃圾压缩的主要机械设备由垃圾吊装系统、垃圾集装箱、地坑附属装置、垃圾压缩系统、控制系统等组成。基本工作原理为：由垃圾车将容积为7m^3的专用垃圾集装箱运至垃圾收集站内，通过垃圾站内的吊装系统将垃圾集装箱吊入地坑内，由垃圾收集人员向箱内倒入垃圾，同时也可用压缩系统对倒入的垃圾进行挤压，当垃圾集装箱装满后，再用吊装系统将垃圾集装箱吊上垃圾车，运往处理厂。对于某些体积较大或不好挤压的垃圾，也可以先破碎再进行压缩。

2. 垃圾管道真空收集系统

垃圾管道真空收集系统是一种以真空涡轮机和垃圾输送管道为基本设备的密闭化垃圾收集系统，根据系统组成的不同，可分为垃圾管道中心收集站真空收集系统和垃圾管道收集车真空收集系统两种。

（1）垃圾管道中心收集站真空收集系统

该系统主要由中心收集站、管道和各种控制阀组成，中心收集站内装有若干台鼓风机、消声器、自动和手动调节阀、空气过滤器，旋风分离器、压缩机、垃圾专用容器、控制仪表以及其他辅助装置。管道线路上装有进气口、截流阀、垃圾卸载阀、管道清理口等如图4－8。这种垃圾收集系统可收集数千所住宅的生活垃圾，最远可将垃圾输送到20km之外。对城市生活垃圾存在的成分复杂，轻质物如塑料、纸张，重质物如金属、玻璃和石块，而且含水率和含尘率波动大等问题都采取物流控制、高速输送、增大管径等技术措施给予了解决，是我国现代化高楼大厦垃圾收集系统的发展方向。

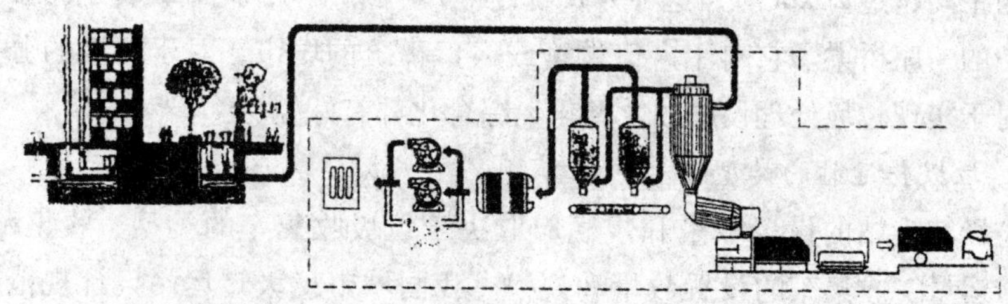

图4－8　垃圾管道中心收集站真空收集系统

（2）垃圾管道收集车真空收集系统

为了节省投资，或由于周围环境的限制，有些垃圾管道真空收集系统仅由管道和各种控制阀组成，管道内的垃圾直接由真空垃圾收集车抽吸，而形成垃圾管道收集车真空收集系统如图4－9。该系统管道线路比垃圾管道中心收集站真空收集系统短得多，系统组成也简单得多。

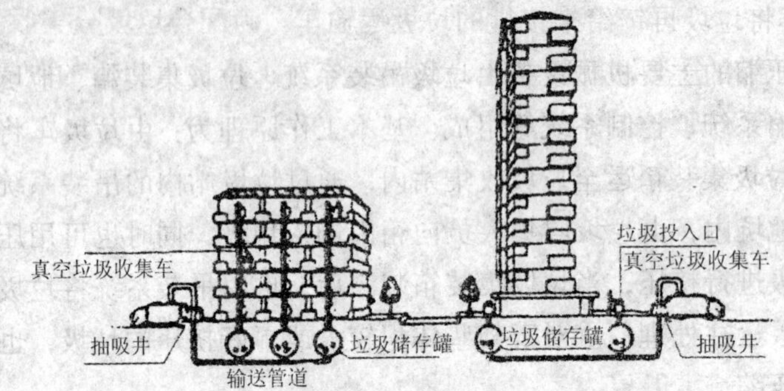

A—居民区垃圾收集

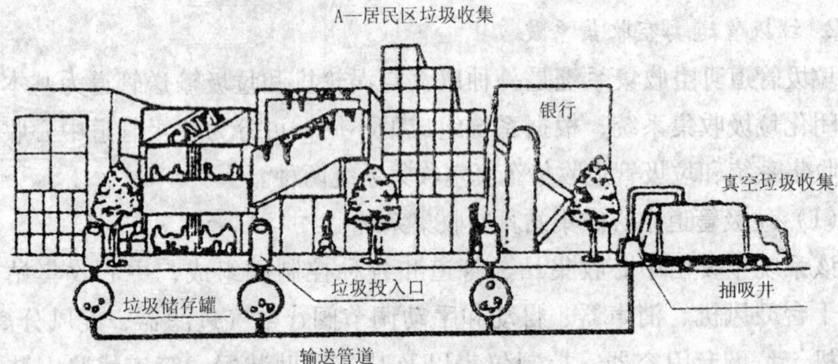

B—商业区垃圾收集

图4－9 垃圾管道收集车真空收集系统

二、城市垃圾转运站

城市垃圾当运输距离不太远时可由收集车直接运输到垃圾处理场，但是当运输距离超过20km时，这种方式就显得并不经济了，而垃圾转运站即可成为其中的一座桥梁。它对于人口稠密或人口稀疏的城市，对于垃圾的分类回收，对于实现垃圾处理设施的大型化、综合化都有好处。

1. 垃圾转运站的类型

垃圾转运站的设置数量和规模应取决于垃圾收集车的类型、收集范围、垃圾转运量、收集车的设置数量和规模。我国城市垃圾转运站设计规范的划分方法为：小型垃圾转运站的转运量小于150t/d，中型为150～450t/d，大型大于450t/d。当运输距离大于10km但小于20km时，可设置小型垃圾转运站，运输距离大于20km时，可设置大、中型垃圾转运站，

2. 垃圾转运站的转运方式

垃圾转运站一般分为上下两层。上层供垃圾收集车行驶，将垃圾由卸料斗卸给下层的垃圾运输车，有时为防止排队，也可将垃圾先卸到一个堆料平台，然后用铲车将垃圾再铲给来接货的垃圾运输车。为配合垃圾分类收集工作，转运站还设置有分类垃圾装载区，将垃圾分为4类装入相应的收集桶，再运往相应的回收处理场如图4－10。

3. 垃圾转运站的经济性

当垃圾处理场远离垃圾收集地点时，直接运输就显得并不经济了，垃圾转运站也就成为垃圾运输过程中的重要设施。建立这样的垃圾转运站可以更为经济合理地使用垃圾收集车而降低了垃圾收集运输成本，可以充分利用垃圾处理设施而提高垃圾处理设施的效率。

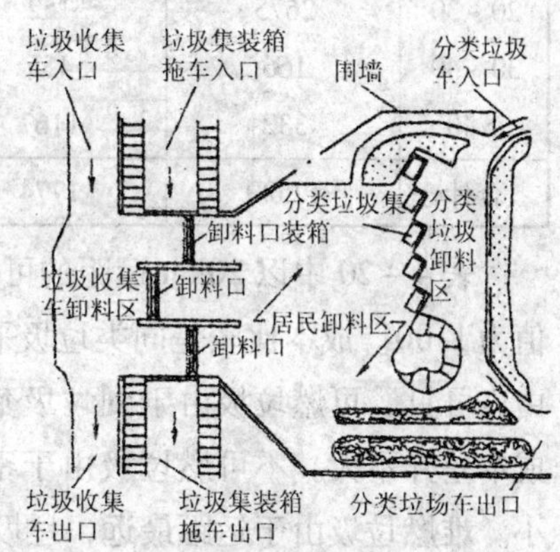

图4－10　直接卸料式垃圾转运站平面布置图

垃圾收运处理是一个庞大复杂的系统，单一考虑某一项设施的作用是不行的，以下我们举一个例子，将直接运输方式和间接运输方式进行比较，来进行一下垃圾转运站的经济分析。

日本东京面积2187km²，人口1200万左右，城市垃圾日产量1.4万t。东京地区除广泛开展材料回收工作外，还将垃圾按可燃垃圾、难燃垃圾和不可燃垃圾进行了分类，分别进行焚烧处理和填埋处理。东京地区的城市垃圾采用集中处理方式，可燃垃圾运往23区周围的11处垃圾焚烧厂进行焚烧处理。焚烧后产生10%的残渣，加上难燃垃圾和不可燃垃圾，连同企业自运的普通工业垃圾，每天约有11000t垃圾需作填埋处理。垃圾处理场设置在南端东京湾，最远的运输距离达74km。见表4－19所示为东京地区垃圾运输量和运输方式，表中直接运输的垃圾中相当一部分是由垃圾产生单位直接运往垃圾处理场。间接运输是由东京垃圾清运局下属垃圾收集运输公司负责运输到垃圾处理场。从表中可见，当运输距离大于30km时，优先采用的垃圾运输方式是间接运输。

表 4 – 19　东京地区垃圾运输量和运输方式

运输距离（km）	垃圾运输量（t/d）			直接运辖间接运输的百分比（%）	
	直接运输	间接运输	合计	直接运输	间接运输
<10	2755	0	2755	100	0
10～20	6601	0	6601	100	0
20～30	2675	152	28Z7	94.6	5.4
30～40	166	455	621	26.7	73.3
>40	332	1167	1499	22.1	77.9
合计	12529	1774	14303	–	–

表 4 – 20 中以 20km 运距的可燃垃圾直接运输成本为对照参数，取其参数值为 1.00。成本比较是同类垃圾采用间接运输与直接运输两者之间的比较值。由表可见，可燃垃圾由于到垃圾焚烧厂的运距较短，其直接运输和间接运输成本差异不大。不可燃垃圾由于密度较大，直接运输和间接运输成本差异较小。难燃垃圾由于运距最远，垃圾密度小，具有可压缩性，采用间接运输时，其成本比直接运输下降了 61%。由此可见，影响垃圾运输成本的因素是多方面的，其中包括运输规模、运输距离、运输方式等等。

表 4 – 20　东京地区不同垃圾运输方式所需成本比较

项目参数	规模（t/d）	运输距离（km）	直接运输成本	间接运输成本	成本比较（%）
可燃垃圾	200	20	1.00	0.89	89
不可燃垃圾	200	30	1.29	1.16	90
难燃垃圾	200	50	2.22	0.87	39

第四节　城市水污染的处理

一、城市水体污染概述

（一）水体污染和自净

1. 水体污染

水体是地表水圈的重要组成部分，指的是以相对稳定的陆地为边界的天

然水体，包括一定流速的河渠，江河和相对静止的塘堰，水库，湖泊，沼泽，以及受潮汐影响的三角洲与海洋，还包括水中悬浮物质，溶解物质，底泥和水生生物等。水体污染是指排入水体的污染物质超过了水体的自净能力使水的组成及性质发生变化，从而使动植物的生存条件恶化，鱼类生长受到损害、人类的生活和健康受到不良影响，水环境的生态平衡遭到破坏。

造成水体污染的因素是多方面的：向水体排放未经过妥善处理的城市生活污水和工业废水；施用的化肥、农药及地面污染物被雨水冲刷，随地面径流进入水体；随大气扩散的有毒物质通过重力沉降或降水过程进入水体等。其中第一项是水体污染的主要因素。随着工业生产的发展和社会经济的繁荣，大量的工业废水和生活污水排入水体，水体污染日益严重。

2. 水体自净

水体自净指的是受污染的水体自身由于物理、化学、生物等方面的作用，使污染物浓度和毒性逐渐下降，经一段时间后恢复到受污染前的状态。水体自净大致分为三类，即物理净化、化学净化和生物净化。水体自净过程中，相互影响并相互交织进行（图4－11）。

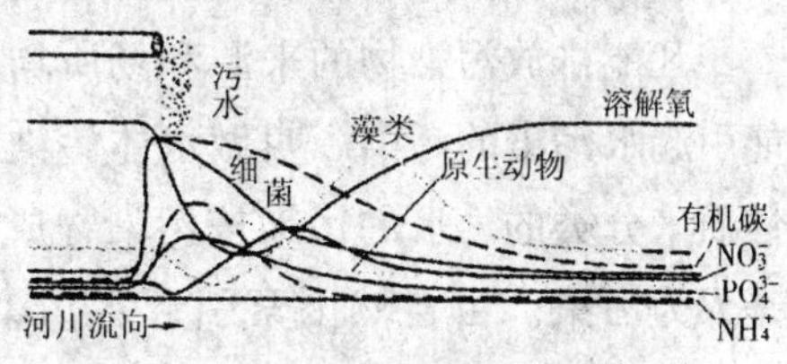

图4－11　水体自净的过程

（1）物理净化。物理净化是指污染物质由于稀释、扩散、混合和沉淀等过程而降低浓度。污水进入水体后，可沉性固体在水流较弱的地方逐渐沉入水底，形成污泥。悬浮体、胶体和溶解性污染物因混合、稀释，浓度逐渐降低。污水稀释的程度通常用稀释比表示。

（2）化学净化。化学净化是指污染质由于氧化还原、酸碱反应、分解化合和吸附凝聚等化学或物理化学作用而降低浓度。流动的水体从水面上大气中溶入氧气，使污染物中铁、锰等重金属离子氧化，生成难溶物质析出沉降。某些元素在一定酸性环境中，形成易溶性化合物，随水漂移而稀释；在中性或碱性条件下，某些元素形成难溶化合物而沉降。天然水中的胶体和悬浮物质微粒，吸附和凝聚水中污物，随水流移动或逐渐沉降。

（3）生物净化，又称生物化学净化，是指生物活动尤其是微生物对有机物的氧化分解使污染物质的浓度降低。工业有机废水和生活污水排入水体后，即产生分解转化，并消耗水中溶解氧。水中一部分有机物消耗于腐生微生物的繁殖，转化为细菌机体：另一部分转化为无机物。细菌又成为原生动物的食料。在这个过程中，水便得到净化。如果有机物过多，氧气消耗量大于补充量，水中溶解氧不断减少，因为缺氧，有机物由好氧分解转为厌氧分解，于是水体变黑发臭。

影响水体自净过程的因素很多，主要有河流、湖泊、海洋等水体的水文、地形等条件；水中微生物的种类和数量；水温和复氧（大气中的氧溶于水体中）状况；水化学条件，以及污染物的性质和浓度。水体的自净速度是有限的，在正常情况下，水体单位时间内通过正常生物循环中能够同化有机污染物的最大数量称为同化容量或自净容量。水的自净能力与水体的水量、流速等因素有关。水量大、流速快，水的自净能力就强。但是，水对有机氯农药、合成洗涤剂、多氯联苯等物质以及其他难于降解的有机化合物、重金属、放射性物质等的自净能力是极其有限的。

（二）城市水污染的来源和分类

凡能排放污染物的来源和场所均称为污染源。凡能排出或释放的污染物能引起水污染的污染源叫做水体污染源。水体污染一般是按污染源的情况和性质来分类的。水的污染按污染物成因分为两类：一类是自然污染，另一类是人为污染。由自然因素引起水污染的来源和场所，如环境本底值高（矿藏）、森林草原地带、火山爆发等为自然污染源。由人类的社会、经济活动所形成的污染源称为人为污染源。当前对水体危害较大的是人为污染。

1. 按污染源的空间分布分类：点源和非点源污染

点源污染有确定的空间位置，主要是针对工业污水和生活污水排放，这些污染源一般都有明显的排污口，因此被称为点源污染。农业面源即为非点源污染，亦即时间、空间、排放不确定的污染物。与点源污染相比，非点源污染起源具有分散、多样、地理边界和发生位置难以识别和确定、随机性强、成因复杂、潜伏周期长等特点。

2. 按污染源排放的污染物属性分类：化学性污染、物理性污染和生物性污染三大类。

(1) 化学性污染

化学水污染是由于水体接纳工业废水、农田排水和生活污水所致。冶金、机电、电镀、造纸、制革、石油、农药、化肥、食品、印染、选矿等工业废水所含的污染物种类多、毒性强，是化学水污染的主要来源；农田排水中的大量农药、化肥和农作物的残枝败叶，生活污水中的很多需氧有机物，也是造成化学水污染的原因。据估计，水中化学物质种类达 100 多万种。因此，化学污染物是当今世界性水污染中最大的一类污染物。主要有以下几类：

1）无机污染物质。污染水体的无机污染物质有酸、碱和一些无机盐类。

酸碱污染使水体的pH值发生变化，妨碍水体自净作用，还会腐蚀船舶和水下构筑物，影响渔业；

2）无机有毒物质。污染水体的无机有毒物质主要是重金属等有潜在长效影响的物质，主要有汞、镉、铅、砷等元素；

3）有机有毒物质。污染水体的有机有毒物质主要是各种有机农药、多环芳烃、芳香烃等。它们大多是人工合成的物质，化学性质很稳定，很难被生物所分解；

4）需氧污染物质。生活污水和某些工业废水中所含的碳水化合物、蛋白质、脂肪和酚、醇等有机物质可在微生物的作用下进行分解。在分解过程中需要大量氧气，故称之为需氧污染物质；

5）植物营养物质。植物营养物主要指氮、磷等能刺激藻类及水草生长、干扰水质净化，使BOD_5升高的物质。富营养化是指在人类活动的影响下，生物所需的氮、磷等营养物质大量进入湖泊、河口、海湾等缓流水体，引起藻类及其他浮游生物迅速繁殖，水体溶解氧量下降，水质恶化，鱼类及其他生物大量死亡的现象。江河湖泊的富营养化称为“水华”，海洋的富营养化称为“赤潮”；

6）油类污染物质。石油污染物主要来自石化工业排放，另外，清洗石油运输船只的船舱、机件及发生意外事故、海上采油等均可造成石油污染。

（2）物理性污染

水体物理特性恶化的一种水污染现象。水体物理特性主要指水的颜色、臭与味、混浊、温度和放射性等。这类特性恶化主要是由泥沙、粉尘、热能、气体和放射性物质等物理成分引起的。

1）悬浮物质污染。悬浮物质是指水中含有的不溶性物质，包括固体物质和泡沫塑料等。悬浮物质影响水体外观，妨碍水中植物的光合作用，减少氧气的溶入，对水生生物不利。

2）热污染。热污染是一种能量污染，是由工矿企业向水体排放高温废水造成。若不采取措施，直接排入水体，可能引起水温升高、溶解氧含量降低，水中存在的某些有毒物质的毒性增加等现象，从而危及鱼类和水生生物的生长。

3）放射性污染。放射性污染是由放射性物质进入水体造成的。

4）生物性污染。生物性污染是有害生物进入水体或某些水生物繁殖过程引起的一种水污染现象。水体中常含有各种病原体，如细菌、病毒、寄生虫等。这些病原体主要来自生活污水、医院污水、畜禽饲养场、屠宰场以及制革、洗毛等工厂排出的废水。水体被病原体污染，能传播多种疾病。

（三）水污染的主要途径

1. 工业废水

工业废水处理是指工业生产过程中产生的废水、污水和废液。工业废水大都具有量大、面广、成分复杂、不易净化、难处理等特点，是水域的一个重要污染源。不同行业、不同种类的工业企业，废水的排放量以及废水的成分也各不相同。随着国内工业结构调整的逐步优化，以及政府管理部门对工业污染控制的不断加强，2006 年，工业废水排放量 240.2 亿 t，占废水排放总量的 44.7%，比上年减少 1.1%，工业废水的直接排放量开始呈现逐年下降的趋势。工业废水的主要特征如下：

（1）废水中污染物浓度大，某些工业废水含有的悬浮固体或有机物浓度是生活污水的几十甚至几百倍；

（2）废水成分复杂且不易净化，如工业废水常呈酸性或碱性，废水中常含不同种类的有机物和无机物，有的还含重金属、氰化物，多氯联苯、放射性物质等污染物；

（3）带有颜色或异味，如刺激性的气味，或呈现出令人生厌的外观，易产生泡沫，含有油类污染物等；

（4）废水水量和水质变化大，因为工业生产一般有着分班进行的特点，废水水量和水质常随时间有变化，工业产品的调整或工业原料的变化，也会造成废水水量和水质的变化；

（5）某些工业废水的水温高，有些高达 40℃以上。

2. 生活污水

生活污水是来自家庭、机关、商业和城市公用设施及城市径流的污水。生活污水中的污水成分 99% 为水，固体杂质不到 1%，大多为无毒物质，生活污水中氮和磷的含量比较高，主要来源于商业污水、城市地面径流和粪便、洗涤剂等。相对于城市工业废水污染压力的日趋缓解，城市生活污水的排放数量和负荷，却随着人口的增加、生活质量的提高，正以较快的速度上升。如今，生活污水排放量已经明显超过工业废水排放量，成为污染的主要矛盾。据 2006 年的统计，全年城镇生活污水排放量达到 296.6 亿 t，占废水排放总量的 55.3%，比上年增加 5.8%。由于城市生活污水的收集和处理设施建设状况没有得到根本改善，集中处理设施严重缺乏，污水处理技术还有待提高等原因，导致大量生活污水未经处理或处理不达标而直接进入水体。目前，生活污水的实际处理率和水平仍较低，生活污水的无序排放和污染分担率上升

较快，城市段的河流湖泊的污染程度依然较重，城市生活污水排放现状日益严重。

生活污水的主要特征是水质浑浊、色深、具有恶臭、呈微碱性，但一般不含有毒物质；固体物质含量很低，仅占总重量的0.1%～0.2%；有机杂质约占60%，有机成分占全部悬浮物总量的四分之三以上；无机成分主要以泥沙、溶解盐、沉淀盐居多。此外，生活污水还含大量细菌、寄生虫等微生物。

3. 医院污水

一般综合医院、传染病医院、结核病院等排出的污水含有大量的病原体，如伤寒杆菌、痢疾杆菌、结核杆菌、致病原虫、肠道病毒、腺病毒、肝炎病毒、血吸虫卵、钩虫、蛔虫卵等。这些病原体在外环境中往往可生存较长时间。因此，医院污水污染水或土壤后，能在较长时间内通过饮水或食物途径传播疾病。

4. 农田水的径沉和渗透

在我国广大农村，近年来化肥、农药的用量在迅速增加，土壤经施肥或使用农药后，通过雨水或灌溉用水的冲刷及土壤的渗透作用，可使残存的肥料及农药通过农田的径流，而进入地面水和地下水。农田径流中含有大量有病原体、悬浮物、化肥、农药及分解产物。农药种类繁多，性质各异，故毒性大小也不相同，有的农药无毒或基本无毒，有的可引起急慢性中毒，有的可能致癌、致突变和致畸，有的对生殖和免疫机能有不良影响。

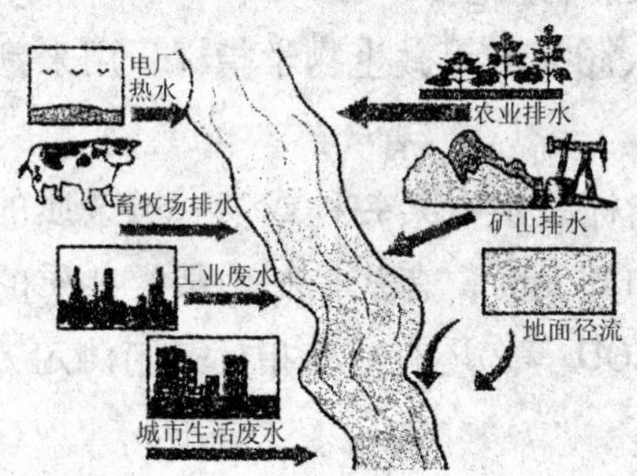

图4－12　水体污染的主要渠道

5. 废物的堆放、掩埋和倾倒

一些暂时堆放于露天的废物可能因雨水淋湿或刮风等原因被带入水体中，一些废弃物人为倾倒进入水体，一些难于处置的废弃物被人们掩埋在地下深层，但如果地下处置工程设置不当或不加任何处理填埋，会影响处置地区周围的地质与环境，使被处置的污染物进入水体，引起水体污染。

上述几方面的废水是水体污染的重要渠道，见图4－12。

（四）水污染的水质主要指标

水质是指水相的质量，通过水体的物理、化学和生物特征及组成状况，反映水体环境自然演化过程和人类活动影响的程度。污水所含的污染物质千差万别，可用分析和检测的方法对污水中的污染物质做出定性、定量的检测以反映污水的水质。水中杂质的具体衡量尺度称水质指标。水质指标分为物理、化学和微生物学指标三类。

（1）水温、悬浮物（SS）、浊度（TS）、透明度及电导率等物理指标，pH值、总碱（酸）度、总硬度等化学指标，用来描述水中杂质的感官质量和水的一般物理化学性质，有时还包括对色、嗅、味的描述。

（2）氧的指标体系，包括溶解氧（DO）、生化需氧量（BOD）、化学需氧量（COD）、总需氧量（TOD）等，用来衡量水中有机污染物质的多少，也可以用碳的指标来表示，如总有机碳（TOC）、总碳等。

（3）氨氮、亚硝酸盐氮、硝酸盐氮、总氮、磷酸盐和总磷等，用来表征水中植物营养元素的多少，也反映水的有机污染程度。

（4）金属元素及其化合物，如汞、镉、铅、砷、铬、铜、锌、锰等，包括对其总量及不同状态和价态含量的描述。

（5）其他有害物质，如挥发酚、氰化物、油类、氟化物、硫化物以及有机农药、多环芳烃等致癌物质。

（6）细菌总数、大肠菌群等微生物学指标，用来判断水受致病微生物污染的情况。

总之，有的水质指标是水中某一种或某一类杂质的含量，直接用其浓度表示，如某种重金属和挥发酚；有些是利用某类杂质的共同特性来间接反映其含量的，如BOD、COD等；还有一些指标是与测定方法直接联系的，如浑浊度、色度等。

（五）城市污水的水质特征

1. 有机污染物的可降解性

城市污水的主要组成部分以可生物降解有机污染物为主，对于功能综合的城市，城市排水系统接纳的生活污水约占总污水量的45%～65%，因此，城市污水具有生活污水的特点。

2. 水质成分的复杂性

城市污水的水质，在主要方面具有生活污水水质特征的同时，在不同城市或城市的不同区域因工业的规模和性质不同，在水质指标和成分上往往有

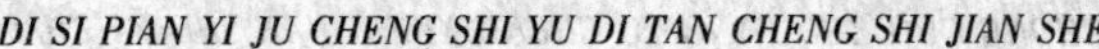

明显变化，工业废水中污染物的种类要比生活污水多得多，且变化大，所以工业污水是造成城市污水成分复杂、水质水量变化大的主要原因。一般情况下，工业污水中有机污染物生物降解能力比生活污水中的有机污染物降解能力要差得多，城市生活污水与工业污水合并处理尽管在经济、技术上可行，但是为了避免工业污染对污水处理厂正常运行的破坏，我国实行城市排水许可制度，严格按照污水排入城市地下水道水质标准，控制排入城市污水收集系统的污水水质和水量，对排入城市污水收集系统的工业污水的重金属、有毒有害物质含量进行严格的控制，确保城市污水处理设施安全有效地运行。

3. 地区和季节的差异性

城市污水的水质情况，不仅在我国南北方有差异，城市之间有差异，而且在同一城市的不同区域，由于在城市中所处的功能不同，其水质差异也很大；对于同一个区域的污水处理厂，不同的季节水质也有较大的差异。

因此，对于城市污水处理厂的回用水处理，在技术上要充分考虑到城市污水的特点，根据城市污水的来源、成分组成、水质浓度和变化波动情况，确定合适的城市污水处理工艺和回用的深度污水处理方法。

（六）污水处理方法的分类

污水处理是采用不同的方法将污水中所含的污染物质分离出来，或将其转化成无害的物质，以达到净化污水的目的。生活污水和工业污水中的污染物是多种多样的，不能预期只用一种方法就能够把所有的污染物去除干净，一种污水往往需要通过由几种方法组成的处理系统进行处理，才能达到要求处理的程度。

1. 污水处理的三大类方法

（1）物理法

物理处理方法主要是利用物理作用分离废水中呈悬浮状态的污染物质，通过过滤、沉淀、浮选等物理过程分离或回收污水中的悬浮性物质，在处理过程中不改变污染物的化学性质。常用的有沉降与气浮、隔截与过滤、离心分离与蒸发浓缩。

（2）化学法

化学处理方法是利用化学反应的作用，去除污染物质或改变污染物的性质，分离污（废）水中的胶体物质、溶解性物质等。化学法是使有毒、有害废水转为无毒无害水或低毒水的一种方法，主要有酸碱中和、混凝、化学沉淀、氧化还原、电解凝聚、离子交换等方法等。

（3）物理化学法

物理化学法是利用吸附、萃取、离子交换和膜分离等物理化学作用，分离和去除污染物质。如吸附法、萃取法、电解法、汽提法、吹脱法、膜分离法等。

（4）生物化学法

生物化学法是通过微生物的代谢作用，使废水中呈溶液、胶体以及微细悬浮状态的有机性污染物质转化为稳定、无害的物质。水的自净作用是以水体中的有机污染物作为自己的营养食料，通过吸附、吸收、氧化、分解等过程，把有机物变成简单的无机物，既满足了微生物本身繁殖和生命活动的需要，又净化了污水。菌类、藻类和原生动物等微生物，具有很强的吸附、氧化、分解有机污染物的能力。它们对废物的处理过程中，对氧的要求不同，据此可将生化处理分为好氧处理和厌氧处理两类。好氧处理是需氧处理，厌氧处理则在无氧条件下进行，生化处理法是废水中应用最久最广且相当有效的一种方法，特别适用于处理有机污水。各类污染处理技术及其作用详见表4－21。

表4－21　水处理技术方法和作用

物理法	筛滤截留法	格栅：主要截留污水中大于栅条间隙的漂浮物
		筛网：主要用网孔较小的筛网截流污水中的纤维等细小悬浮物以保证后续处理效果
		滤机：机械型式较多，其作用相当于转动的筛网
		砂滤：主要采用石英砂等为过滤介质，靠水力压差使污水通过滤层滤除细小悬浮物、有机物
	重力分离法	沉淀：通过重力沉降分离废水中呈悬浮状态污染物质的方法
		气浮：又称上浮法，用于去除污水中相对密度小于1的污染物，或通过投加药剂等措施去除相对密度大于1的物质
	离心分离法	水旋分离器：设备固定，废水通过水泵打人或靠水头差沿切线方向进人器内，造成旋流产生离心力场，使悬浮颗粒分离出来
		离心机；由设备本身高速旋转以产生离心力，使悬浮物分离出来
	高梯度磁分离法	利用磁场中感应磁场和高旋磁梯度所产生的磁力从液体中分离颗粒污染物或提取有用物质

续表

化学法	化学沉淀法	向废水中投加可溶性化学药剂，使之与水中呈离子状态的无机污染物起化学反应，生成不溶于水或难溶于水的化合物，析出沉淀，使废水得到净化
	中和法	利用酸碱中和处理酸性或碱性废水
	电解法	利用电解的基本原理，使废水中有害物质通过电解过程，在阴阳两级分别发生氧化和还原反应，以转化成无害物，达到净化水质的目的
生物化学法	活性污泥法（好氧生物处理方法）	鼓风曝气：即推流式曝气，将压缩空气不断地打入污水中，保证水中有一定溶解氧，维持微生物生命活动，分解有机物
		机械曝气，即表面曝气，利用装在曝气池内的机械叶轮转动，剧烈搅动水面，使空气中的氧溶于水中，供微生物生命活动
		纯氧曝气：又称富氧曝气，是按鼓风曝气方法向吹入纯氧，以充分提高充氧效率
		深井曝气：一般用直径 0.5～6m，深达 40～150m 的曝气装置，利用水压来提高水中充氧的速率，使废水中有机物降解，达到净化目的
	生物膜法	生物滤池：使废水流过生长在滤料表面上的生物膜，通过各相间的物质交换及生物氧化作用，使废水中有机物降解，达到净化目的。这也属好氧氧生物处理法
		塔滤：即塔式生物滤池，塔高 8～24m，直径 1～3.5m，由于内部通风好，水力冲刷较强，污水同空气、生物膜充分接触，生物膜更新速度快，各层生长有适应于水性质的不同生物群
		生物转盘：由固定在一横轴上的若干间距离很近的圆盘组成，圆盘面上生长一层生物膜，以净化污水
		生物接触氧化：供微生物栖附的填料全部浸在废水之中，并采用机械设备向废水中充氧，废水中的有机物由微生物氧化分解，达到净化的目的
	生活氧化塘	利用水中的微生物和藻类、水生植物等对污水进行好氧或厌氧生物处理的天然或人工池塘
	土地处理系统	利用土壤及其中的微生物和植物根系对污染物的综合净化能力（过滤、吸附、微生物分解等）来处理城市污水，同时利用污水中的水、肥来促进农作物、牧草、树木生长
	污水灌溉	以灌溉为主要目的的土地处理系统

续表

生物化学法	厌氧生物处理法		利用厌氧微生物（如甲烷菌等）分解污水中有机物，达到净化目的，同时产生甲烷、CO_2 等气体。厌氧处理既用于处理废水（主要为高浓度有机废水），又用于污泥消化
	离子交换法		利用离子交换剂的离子交换作用来置换污水中的离子态污染物质，去除废水中的有害离子，离子交换剂分为无机质（如海砂等天然物质或合成氟石）与有机质（如磺化煤和树脂）。此种处理方法为电镀废水处理和回收贵重金属离子的有效手段之一
物理化学法	萃取法		将不溶于水的有机溶剂投入污水之中，污染物由水中转入溶剂中，利用溶剂与水的密度差，从中分离出某些能大量溶解在溶剂中的污染物质，以达到废水净化，再利用其他方法回收溶剂
	膜分离	电渗析	电渗析是在离子交换法基础上发展起来的一项分离技术。溶液中的离子在直流电场的作用下，有选择地通过离子交换膜进行定向迁移。此法多用于海水和苦咸水除盐、制取去离子水等
		扩散渗析	即浓差渗析，利用半透膜（只透过溶剂或只透过溶质）使溶液中的溶质由高浓度一侧通过膜向低浓度一侧迁移。主要用于酸碱废浓的处理、回收和有机、无机电解质的分离、纯化
		反渗透	利用一种特殊的半渗透膜来截留溶于水中的污染物质，以压力为推动力，把水溶液中的水分离出来。同时分离、浓缩溶液中的分子态或离子态物质的方法。反渗透在化学工程分离技术、硬水软化、制取高纯水和分离细菌、病毒等方面得到广泛应用
		超过滤法	以压力为推动力，使水溶液中大分子物质和水分离，其本质是机械筛滤，膜表面孔隙大小是主要控制因素
	吸附处理		利用多孔性的固体物质作为吸附剂（如活性炭、大孔吸附剂树脂、硅藻土、炉渣等），使污水中的一种或多种物质吸附在固体表面进行去除，以回收或去除某些污染物，使废水得到净化

2. 污水处理程度分级

(1) 一级处理

一级处理即机械处理，主要用物理法或化学法将污水中可沉降的物质除

去，然后加氯消毒。这种处理只除去污水中飘浮物和部分悬浮状态的污染物，调节 pH 值，减轻废水的腐化程度和减少后续处理工艺的负荷，一般多采用物理处理法，如筛滤、沉淀等物理处理技术。经过一级处理后，悬浮固体的去除率为 70% ~80%，而生化需氧量（BOD）的去除率只有 25% ~40% 左右，废水的净化程度不高。处理水达不到排放标准，必须进行再处理。

（2）二级处理

二级处理是在一级处理的基础上，再用生物化学方法除去大量有机污染物，去除废水中呈胶体和溶解状态的有机污染物质，使污水进一步净化。二级处理主要应用各种生物处理技术。以 BOD 为例，一般通过二级处理后，废水中的 BOD 可去除 80% ~90%。城市污水经二级处理后水中的 BOD 含量可低于 30mg/L。好氧生物处理法的各种处理单元大多能够达到这种要求，处理后的水可以达到一般排放标准（图 4 - 13）。

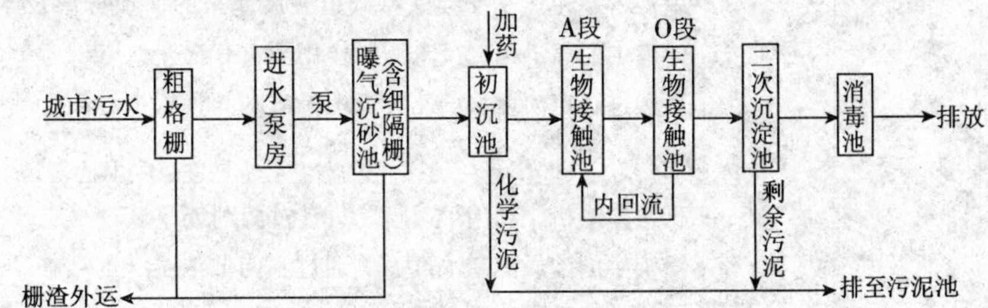

图 4 - 13　城市污水二级处理工艺流程示例

（3）三级处理

三级处理称污水高级处理或水的深处理，是在一级、二级处理的基础上，对难降解的有机物、磷、氮等可溶性无机物进一步处理，采用的处理技术有混凝、过滤、离子交换、反渗透、超滤、消毒等。污水经过三级处理后能再利用（图 4 - 14）。

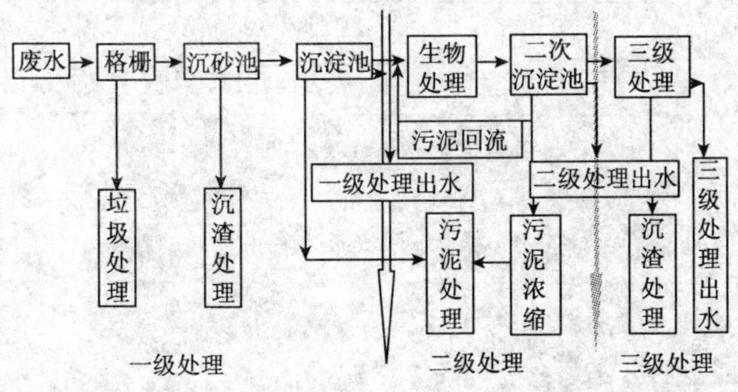

图 4 - 14　城市污水三级处理工艺流程示例

污水中的污染物组成非常复杂，常常需要以上几种方法组合，才能达到处理要求。污水一级处理为预处理，二级处理为主体，处理后的污水一般能达到排放标准。三级处理为深度处理，出水水质较好，甚至能达到饮用水质标准，但处理费用高，除在一些极度缺水的国家和地区外，应用较少。目前我国许多城市正在筹建和扩建污水二级处理厂，以解决日益严重的水污染问题。三级处理在经济发达城市正在逐步建设。

第四章　生态宜居城市建设与环境保护实例

开拓创新　锐意进取　打造经典精品城区

河北省石家庄市新华区城区建设管理局　崔　利　于志栋

新华区位于河北省西北部，西靠太行山，北依滹沱河，全区面积 92.11 平方公里，城区人口 62 万人。交通便利，24 条市区主次干道纵横交错；历史悠久，大石桥、解放纪念碑、正太铁路总工会旧址、人民银行旧址见证了石家庄解放的历程。它地处省会上风上水，有 13 座公园和五大水系，是全市水源保护地，被誉为省会的后花园。

新华区城管局办公场所位于康乐街 1 号新华大厦的四层和五层，属于区政府直管执法部门，正科级单位。内设机构为：党政办公室、法规督查科、建设管理科、数字化指挥中心、街道景观科、防汛应急办公室、城管机动监察大队、渣土管理大队、环境卫生管理所、市政维护管理所、道路停车收费中心、卫生队等部门，全局 1000 余名干部职工，兢兢业业，迎难而上，锐意进取，大胆创新，城区建设管理各项工作都取得了显著成效。

一、队伍建设

（一）深入开展创先争优活动

局党委始终把创先争优活动作为一项重要工作来抓。在活动中，扎实做好公开承诺、亮牌示范、夺旗争星、群众评议和评比表彰等每一项工作，充分发挥广大党员在工作中的先锋模范作用。着重搞好“三项教育”，认真组织开展党的光辉历程教育、党的光荣传统教育和党性党风党纪教育。采取党组织书记讲党课、召开民主生活会、组织在革命圣地重温入党誓词、表彰“两优一先”等形式，不断强化党组织在创先争优活动中的引领作用。

（二）着力推进优化发展环境建设

在全体干部职工中深入开展“着力改善发展环境大讨论”活动，通过撰写调研报告、剖析材料、心得体会等多种形式，克服群众反映强烈、工作作风中存在的“散、懒、庸、虚”四个方面的问题。努力实现“提升队伍形象、提升服务质量、提升执法水平、提升管理效果”、“建一流城管队伍，创一流工作业绩”的“四提升双一流”的奋斗目标。

（三）严肃抓好纪律整顿

制定科学合理、针对性强的《作风纪律教育整顿活动方案》和学习培训计划，利用上班前或下班后时间组织开展队列训练、法律法规培训和党风廉政教育。全年共5次对293名执法人员进行了法律培训。开展明察暗访，进行作风纪律检查50次，现场纠正162人次，增强了队员组织纪律性，改进了工作作风。完善日常管理规定和请销假制度，从一点一滴做起，推进城管队伍正规化建设。

（四）着力推行文明执法

认真贯彻市城管委关于文明执法的要求，在干部职工中掀起了以“建文明执法队伍，创一流工作业绩”为主题的活动，进一步规范执法行为。逐级签订规范执法行为承诺书，进一步推动文明执法。认真落实《石家庄市城管系统执法人员十二条禁令》和我局制定的《十二不准、十二禁止》。将上述规定制作成小卡片并塑封，让每一名执法队员随身携带，并对具体内容进行3次突击考试，使每一项规定都深入人心，树立城管队伍良好形象。

二、市容整治

我局根据季节变化，适时开展不同规模、不同区域、不同内容、不同主题的市容综合整治活动。重拳治理占道经营、露天烧烤、乱贴小广告等城市“顽症”。开展了对15条街道牌匾“洗脸”和整治活动，共拆除不规范牌匾1300块，清洗门店牌匾15000余块。规范了全区21个占道早夜市、菜市场的管理，取缔了赵佗路市场、新合街市场等15条占道市场。通过强有力的整治，我区面貌发生了深刻的变化，塑造了清新亮丽的新形象。

三、景观整治

启动和平路和中华大街主干道景观提升工程，全长共计15.4公里，涉及沿线200余家单位、9个方面、150余项工作。拆除楼顶大字116块；规范门店牌匾838块；清洗沿街建筑物外立面49栋；整饰完工楼宇198栋；统一空调机位2150余台；封堵门脸100余个；围墙围挡整治22处；拆除违章建筑28处；对南高基石太桥南侧、石岗家俱城、北联干休所4处低矮破旧建筑进行了拆除，共计11000余平方米。

四、环卫渣土

扎实开展“洁城行动”。每天凌晨4时至7时，对主干道进行洒水、冲洗作业，达到“路见底色”。同时，建成了10座环卫作息用房。大力开展垃圾清理会战，共清理卫生死角156处、清理无主积存垃圾1.3万立方米、新布设高标准果皮箱120个，赢得了市城管委、市环卫处领导的一致好评，并多次夺得“洁城行动”流动红旗。

出台《新华区建筑垃圾管理工作指导手册》，在工地管理上用实招，对辖区内76个在建工地围挡进行排查，整改50处。协调交警二大队采取联合执法严查渣土车辆，规范渣土运输秩序。共计检查运输车辆1240辆/次，处罚违章车辆160辆/次，依法登记保存15辆。对违章行为实施行政处罚共计15万元。

五、市政建设

（一）打造精品小街巷

对红军大街、市军路、市庄路进行全方位整治。共整饰楼宇6栋，围墙、小房29处，门店牌匾整饰125块，面积1000平方米，更换便道砖9600平方米、整修道牙近200米。

（二）启动水源街景观提升整治工程

整饰住宅楼宇38栋，公建楼宇3栋，整修小房9处，整修围墙13处1200平方米，封堵门店16间，规范牌匾36块，粉刷栅栏1400米；种植黄杨2万株，龙柏1万株，并铺设青石道牙。

（三）启动清真寺街景观提升整治工程

建设特色牌楼1座，建成特色商业门店19间，约500余平米。成立以回民为主的清真寺商业街管理办公室，实现了回民自我约束、自主管理、自动提升。

六、道路停车

严格规范停车场设置，杜绝车辆乱停乱放、超标准收费、违规使用发票等行为的发生。对全区停车场点进行清理整顿，依法查处虚假审批、擅自设置的停车场点，大力规范停车场管理秩序，共对停车场检查 662 人次，开除违规收费看车工 1 人，没收假发票 24 本，撤销 4 个不达标停车场，新增设 4 个免费停车场，便民举措受到了广大市民认可。

七、防汛抢险

成立综合协调组、市政设施抢修组、在建工程安全组、通讯保障组四个职能小组，组建 16 支共 365 人的抗洪抢险队伍。通过组建防汛队伍、号备防汛物资、定期排查安全隐患等措施，做好各项准备工作，杜绝防汛隐患。严格落实领导天天带班、突击队待命抢险、干部职工通信畅通随叫随到、防汛值班 24 小时值守等要求，确保了全区汛期安全。

百舸争流，破浪者领航；千帆共进，奋勇者当先。新华区城管局正在局领导的正确领导下，以只争朝夕的责任感和紧迫感进一步解放思想，振奋精神，焕发昂扬斗志，点燃火热激情，开拓创新，真抓实干，为打造“经典老城区，建设幸福石家庄”作出新的贡献。

作者简介：

崔利，男，汉族，1960 年 1 月出生，中共党员，大学学历。现任河北省石家庄市新华区城区建设管理局党委书记、局长。

自 1976 年 3 月参加工作起，历任 63 军 563 团、排长、连长；新华公安分局民警（副科）；新华区委政法委副书记；新华区委办公室副主任、稳定办主任；新华区信访局局长；新华区城管局局长、党委副书记；新华区城管局党委书记、局长。2011 年 1 月至今，任新华区城区建设管理局党委书记、局长。

于志栋，男，汉族，1970年12月出生，中共党员，大学学历。现任河北省石家庄市新华区城区建设管理局党委办公室主任。

自1987年11月参加工作起，历任石家庄解放军白求恩军医学院学员十队、八队副队长；石家庄市新华区城区建设管理局办公室副主任、党委办公室主任。

高标准建设　高水平管理
提升宜居内丘城市品位

河北省内丘县住房和城乡建设局　张建敏　徐延贞

近年来，内丘县围绕宜居内丘建设目标，坚持“拆建结合、以建为主，建管结合、综合治理”的原则，以县城为重点，统筹城乡发展，集中力量攻坚突破，奋力实现城镇面貌大变样、上水平目标，城市功能进一步完善，城市品位得到明显提升。

一、主要成果

（一）城市环境质量明显改善

以改善水环境质量为重点，大力实施废物处置、生态绿化，城市环境质量持续好转。一是切实加强水环境保护。出台了城区集中式饮用水源地规划，明确了饮用水源保护范围、主要任务、重点工程和保障措施，对饮用水源地实行月监测报告制度，加强监测监管，集中式饮用水源地水质达标率达到100%。县城污水处理率达到83.92%。二是切实加强废物处置利用。在工业企业大力发展循环经济，实施废物集中处置和综合利用，工业固体废物处置利用率达到100%。危险废物全部按要求处置，处置率达到100%。投资8900万元，建成日处理能力1.5万吨的县城污水处理厂和日处理能力120吨的垃圾处理场。以县垃圾处理场为龙头，在城区和乡镇建设17个垃圾中转站、乡村建设1106个垃圾集中收集池，形成“村收集、乡（镇）中转、县处理”的城乡垃圾处理一体化机制，建立起完善的生活垃圾收集、运输、处置和回收网络，生活垃圾处理率达到100%。三是强化污染物排放监控。8家省控重点企业污染物排放达到国家和省相关标准要求。城镇污水处理厂出水达到国家标准并实现在线监控，出水达到国家一级标准的A标准。四是大力实施生态绿化。在康庄路、振兴路、幸福大街、高速路连接线等重点部位实施绿化、美化工程，建设了蓬山公园、泰和公园、文温居园、光明健身广场和周边游园，全部实行免费对外开放，实现了公园从无到有，由少到多，人均公园绿地面积达到14.29平方米，居民生活区达到了300米见绿、500米见园要求。

建成康庄路等标志性树种街道，县城主干道绿化率达到22%，建成区绿地率达到36.14%，县城绿化覆盖率达到43%。

（二）城市承载能力得到提升

以改善道路交通和增强城市功能为重点，加快实施路网工程和重点项目建设，努力提升城市综合承载能力。一是道路交通设施日益完善。近年来，新建、改建和扩建西环路、胜利路、中兴大街、幸福大街、文昌街、文源街、北环路、振兴路等10余条道路，特别是打通了群众期盼20多年的朝阳街，加快了城区东部的发展。建成区道路网密度达到13.26公里/平方公里，新开发和成片改造支路网密度达到3.2公里/平方公里。二是基础设施建设步伐加快。供水方面，城区供水水源6处，备用水源1处，城区供水普及率达到100%。排水方面，不断健全完善城区排水系统，朝阳街、中兴大街、幸福大街、解放路、东环路、公园路、107国道县城段全部实现雨污分流，排水管网密度达到9.86公里/平方公里。供热供气，逐步关停分散式燃煤小锅炉，县城4吨以下燃煤锅炉已全部关停。投资1.6亿元，利用龙海钢铁公司工业余热，对县城集中供热进行改造，县城集中供热普及率达到78.83%，由中燃翔科燃气公司投资实施天然气入城工程，成为邢台市最早使用民用天然气的县份。燃气普及率达到100%。

（三）城市现代魅力初步显现

以景观整治、拆违拆迁和精品工程建设为重点，高标准规划、高水平建设，打造一批经得起历史检验、群众好评的精品工程和标志性建筑，塑造特色，提升县城品位。一是大力塑造城市特色。制定出台了《神头村古民居保护管理办法》，编制了省级历史文化名村神头村保护规划，主要人文景观资源得到充分保护。突出内丘扁鹊文化特色，在朝阳街、蓬山公园、光明健身广场、鹊山酒店等主要街道两侧、街头、公园均建有扁鹊雕塑或大型雕塑群，提高了城市文化内涵。二是大力开展景观环境整治。我县把拆违拆迁作为城建工作的突破口，先后实施了县政府对过商住楼、原财政局、中医院、地矿局、城关国税所、朝阳街、幸福大街、大理石厂家属院等单位和民房建筑拆迁，累计拆违拆迁80余万平方米，为日益紧张的城市建设提供了用地空间。完成城区主要出入口景观整治，对沿街建筑的屋顶、墙身、基座进行了外观改造，主要街道两侧实体围墙全部拆除，新建透空围栏。在城区80个机关单位、大型公建和标志性建筑全部设置景观照明设施。三是全力打造精品工程。以高起点、建精品、上档次、出品位为目标，先后建成劳动力市场、财政集中支付中心、电力调度中心、县医院综合门诊楼、文化活动中心、社团大厦等精品工程，其中县医院门诊楼是目前全市功能最全、标准最高的县级医院综合门诊楼，文化活动中心是全市规模最大、设施最先进的县级文化活动中心。

（四）城市管理水平不断提高

以规划编制为重点，加快推进城市精细化管理，建立权责明晰、标准明确、运转高效的城市管理体制。一是规划管理水平明显提高。聘请北方规划设计院编制完成县城总体规划（2010～2020年），通过市政府审批，为今后县城发展描绘了蓝图。各类专项规划全部编制完成，城区近期建设地段控制性详细规划达到100%。强化规划刚性和执行力，所有建设项目全部做到依法规划、依法审批、依法建设，未出现随意变更规划强制性内容的行为。二是城市管理成效显著。为全面加强城市精细化管理，该县成立了邢台市城乡规划局内丘分局、城市管理行政执法局，进一步理顺了城市管理体制。出台了县政府精细化管理制度，县城主要街道广告、牌匾全部实现规范化审批。集中开展市容市貌整治活动，规范各类牌匾1000余块。治理城区流动摊点230个，清理店外经营530家、烧烤摊点30家，占道经营、乱堆乱放现象得到有效治理。施工现场全部实行封闭围挡作业，杜绝物料占路、废物乱堆。

二、具体措施

县委、县政府把宜居内丘建设列入重要议事日程，作为“一把手”工程，高标准、严要求，强力推进各项工作开展。

（一）加强领导，健全组织

为加强对城建工作的领导，县委、县政府成立了专门指挥部，及时召开动员大会，安排部署城建工作。近年来，先后制定出台了《城镇建设“每年一大步，三年大变样”实施方案》、《旧城改造拆迁管理实施办法》、《关于进一步加快城中村改造的实施意见》等一系列政策文件。调整充实了城镇化建设工作指挥部，由县委书记任政委、县长任指挥长，12名县级干部任副指挥长，31个部门和乡镇主要负责同志为成员，下设拆违拆迁、规划调控、资金运营、宣传报道、维护稳定、督导检查六个工作小组，负责统一组织领导全县城镇化建设工作的开展。

（二）量化目标，落实责任

围绕宜居内丘建设目标，县委、县政府树立“全县一盘棋”思想，明确提出城建工作人人有责，打破领导工作分工和部门职责界限，建立党政班子齐抓共管、县直部门全部参与的工作机制，将任务落实到项目，把项目落实

到人头，形成强大的工作合力。同时，该县还建立了项目帮扶推进机制，按照“一项工程、一套班子、一个方案、一抓到底”的要求，逐项目明确目标任务、完成时限、责任人和帮扶牵头人及帮扶单位，实行捆绑奖惩制度，帮扶牵头人、帮扶单位和项目责任人负有同等责任。完不成任务，不但对项目责任人进行问责，还要对帮扶牵头人和帮扶单位问责，有效地促进了各项工作的落实。

（三）严明纪律，强化督导

该县把城建工作作为检验各级干部能力和作风的“试金石”，大力倡导“完成任务，拒绝理由”，明确提出凡是城建指挥部决定的事项，任何单位和干部必须坚决执行；领导干部、共产党员、公职人员不带头支持城建工作的，由纪检监察和组织人事部门采取必要的组织措施。特别是对县委、县政府确定的重点项目，逐项“过堂会审”，每个项目以党政联席会或县长办公会形式，确定各阶段工作进度和完成时限，记录在案、跟踪要账。县委、县政府对城建工作实行单独考核，将每次观摩调度情况作为年终考核、评优评先重要依据，对城建工作深入开展起到明显的推动作用。

作者简介：

张建敏，男，汉族，1962年10月出生，中共党员，研究生学历。现任河北省内丘县住房和城乡建设局局长。

自1981年9月参加工作起，历任内丘县委办公室调研科科长；内丘县白鹿角乡副乡长、党委副书记、乡长、党委书记；内丘县委组织部副部长兼考核办主任；内丘县委组织部副部长；内丘县纪委副书记、监察局局长。2007年3月至今，任内丘县住房和城乡建设局局长。

徐延贞，男，汉族，1977年11月出生，大专学历。现任河北省内丘县住房和城乡建设局办公室主任。

自1995年9月参加工作，历任县建设局办公室副主任、县建设局办公室主任。2006年8月至今，任内丘县住房和城乡建设局办公室主任。

突出“五大”主攻方向　全力打造生态宜居曲阳

河北省曲阳县住房和城乡建设局　张士宏　刘树勋

曲阳的小城镇建设起步于1985年，当时仅有两条主干街，城区面积不足一平方公里。随着改革开放的深入和经济的发展，2001年对县城总体规划进行修编，确定“三横九纵一条街”（三横：北环路、恒山路、南环路。九纵：西环路、太行路、正阳街、文昌街、复兴街、恒阳街、朝阳街、嘉禾街、东环路。一条街：正阳街）的县城路网布局，并相继开通了恒山路、外东环、南环路西段、正阳街北段等道路工程。在“城镇面貌三年大变样”工作中，按照五项基本目标，我县重点建设污水处理厂、垃圾转运站；开通复兴街、朝阳街、嘉禾街南段、东环路南段、南环路东段、实现东南环对接，建设雕塑会展中心、金地财富广场等精品工程，实施东关、小南关、许城东等城中村改造和县城西北部棚户区改造工程及多处住宅小区建设，实施恒山路、正阳大街迎宾线改造提升工程和孟良河环境综合治理、北岳庙周边环境治理工程，可以说县城有了一个良好的发展基础。目前，县城建成区面积13.2平方公里，城区人口6.5万，城中村11个。

2011年县委、县政府对县城总体规划进行第三次修编，围绕提高县城承载能力，详细制定了城市道路、工业园区、住房建设等专项规划，到2020年县城规划区面积扩大到24.15平方公里，形成“四横九纵一环”（四横：石海子路、定龙路、恒山路、南环路。九纵：西环路、太行路、文昌街、复兴街、恒阳街、朝阳街、嘉禾街、七里庄东街、富强大街。一环：外环路）的路网结构，明确“两心三轴七区”（两心：商业中心、行政中心。三轴：恒山路、正阳街、恒阳街。七区：老城区、新北区、新东区、南部工业区、嘉山风景区、白家湾水库风景区、雕刻公园区）的城市空间布局，县城建设初见成效。

2013年，曲阳县住建局按照县城“两心三轴七区”的规划布局，加快推进老城区改造和东部新城、北部新区建设，进一步拓展城市空间，健全城市功能，倾力落实“双十工程”，突出“文化、生态、宜居、善美、协调”五大主攻方向，投资10个亿，实施“两园”、“两环”、“两站”、“一河”等惠民工程，全力打造“千年古县、文化之都、雕刻之乡、山水名城”四张名片，把曲阳建设成为天蓝水净、地绿山青的生态宜居县城。

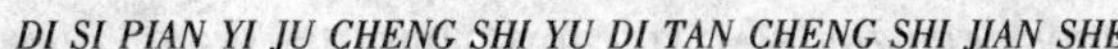

一、落实重点项目建设

（一）“两园”项目（白家湾生态公园、观赏石公园）

1. 白家湾生态公园。该项目是我县2012年实施的“四个一”工程之一，白家湾生态公园，包括白家湾水库公园和孟良河景观综合整治两部分，总投资1.3亿元，其中白家湾水库公园综合整治投资7600万元，2012年已完成白家湾水库湖底清淤和岸边护坡工程。2013年主要实施水库周边绿化、硬化，建设休闲娱乐、建身、观光、垂钓台、广场等设施，目前正在顺利施工。

2. 观赏石公园。中国曲阳观赏石公园位于县城东侧，嘉禾山南麓，东外环以东，京昆高速公路以西区域，占地1200余亩，总投资1.6亿元，建设周期一年半，由两部分组成：在京昆高速公路引线北侧建设主体公园，旨在普及赏石文化，展示赏石魅力，具有旅游休闲功能；在主体公园北部的大片区域建设观赏石交易市场，旨在打造“世界石都”，弘扬石文化，发展石产业，规范石市场，繁荣县域经济。该项目坚持政府规划，政策扶持，市场化运作和谁投资、谁受益的原则，吸纳社会资金进行建设，形成集展示交易、研评开发、休闲旅游等于一体的观赏石文化园地。目前该项目已实现投资3000余万元，平整观赏石市场500亩，完成公园主干道路基建设，“三通一平”工程即将完成。

（二）“两环”项目（南环路东延、东环路南延工程）

为加快城镇化进程，拓展城市空间，健全城市功能，保障县城高速路口交通顺畅，联通“曲燕线”（曲阳至燕赵镇），经县政府研究决定实施南环路东延、东环路南延工程，该工程也是我县着力改善“两个环境”和涉及民生的“双十”工程之一。工程全长3821米，总投资1.2亿元，总占地230亩。涉及恒州镇七里庄、大赵邱和大西旺三个村的拆迁征地工作，其中七里庄村征地80户，拆迁12户、大赵邱村征地157户、大西旺村征地166户，拆迁6户。工程采取BT模式由河北欣平房地产开发有限公司投资建设，已于2012年完成七里庄和大赵邱村部分征地工作，并于2012年11月1日开工。目前，南环路东延1000米和东环路南延700米正在进行路基工程施工，力争2013年完成通车。

（三）“两站”项目

1. 供热站。曲阳县城东区集中供热项目是我县民生工程之一，位于曲阳县七里庄村西、工业园区东南角，项目总投资8000万元，占地面积约40亩，铺设主管网10公里，供热面积约198万平方米。项目分两期建设，第一期用于教育城、教职工周转房及部分东部住宅小区供热，面积为100万平方米。第二期供热面积为98万平方米用于朝阳街以东其它部分。项目建成后能使集中供热覆盖朝阳街以东区域内的所有住宅楼及公建楼，实现曲阳县城东区集中供热，取得很好的社会效益。目前规划选址、环评、科研、初设等前期工作已全部完成，月底进场施工，确保11月份东城区供热。

2. 燃气站。曲阳县天然气工程项目，由金达丰天然气有限公司投资建设，项目总投资1.6亿元。项目建设主要分两期：

一期工程：已完成投资4000万元，建设CNG供气站一座，城区中低压30余公里，安装民用户3000户。

二期工程：计划投资1.2亿元，完成东环路CNG汽车加气站建设和五座LNG加气站建设，完成定州至曲阳县长输管线建设20公里。2013年实施的工程有，建设LNG汽车加气站两座，修建完毕定州至曲阳长输管线20公里，铺设城区主管线8公里，安装居民用户3000户。

（四）“一河”项目

孟良河景观整治，全长4.1公里，投资6030万元，重点对河道及两侧进行防渗和挡墙工程建设，修建3座索拉桥、2座橡胶坝、1座钢板坝和1道水泥坝。按照白家湾生态公园总体规划设计，依据孟良河人文、时代、魅力、生态四个分区，实施绿地、健身、凉亭、栏板、小广场等设施建设和孟良河环境保护工作，使孟良河沿岸成为群众的休闲娱乐健身的中心。目前，孟良河防渗工程和砌筑河岸挡墙工程已经竣工，河道内2道橡胶坝、一道钢板坝和一道水泥坝工程已完工并蓄水，完成孟良河段西环至河清路段河两侧人行道硬化，新安装LED灯96盏，河道两侧安装霓虹灯带3300米，修建休闲凉亭4座，安装汉白玉栏板4200米，正在进行河岸两侧绿化工程及河清路至新南环段东侧道路施工，整个工程完工后，孟良河将实现碧水蓝天、清水长流，成为曲阳县城一道靓丽的风景线。

二、关注民生，加快保障性住房建设

（一）保障房项目

2013年市政府下达我县保障性安居工程任务是：

1. 新建353套，其中廉租房50套，经济适用住房303套。

2. 竣工项目1099套，其中2011年开工建设的公租房590套，棚户区改造509套。

3. 新增租赁住房补贴户数10户。目前，50套廉租房任务，利用往年保

障房建设中多余50套房源予以解决。其余303套经济适用住房利用市批复的15亩土地指标，计划在大赵邱分批集中建设，正在落实土地审批手续。1099套竣工项目，目前509套公租房主体已完工，年底保证竣工交付使用；590套棚户区改造，主体已竣工，正在办理竣工手续，年底整个项目将投入使用。

（二）农村危旧房改造

2013年市下达农村危房改造任务1500户，任务已分配到基层建设年帮扶村和各乡镇，目前完成上报并开工建设。

三、积极推进其他城建项目

（一）加快城区教育基地项目建设

该项目位于县城东南部，建成设施齐全、功能配套的综合性中学，项目总占地400亩，总投资6.82亿元。其中高中建筑面积8.5万平米，总投资2亿元，已完成教学楼、实验楼、图书楼、艺术楼、宿舍楼、礼堂楼、学生食堂主体工程，正在进行内部装修；教职工周转房21万平米，共9栋楼，主体正在进行施工。

（二）两厂（场）提升建设

加强污水处理厂和垃圾处理场管理工作，确保两厂（场）正常运营。目前污水处理厂日处理污水1.5万吨，县城污水管网总长27公里，投资3600万元，已建成19公里，完成投资2600万元，其他管线正在进行施工，全部完工后，可使污水处理厂达到日处理污水2万吨的满负荷运转。积极谋划第二污水处理厂建设，目前正在做选址等前期工作。“两费”征收：污水处理费征收率达到了75.5%，垃圾处理费征收率达到85.5%。

（三）房地产项目和城中村改造建设情况

开展土地房地产市场整顿规范工作。我县于2011年10月开始，利用半年时间，对县城土地房地产市场进行了整顿和规范，共清理整顿违法违规房地产项目23个，收缴各项费用6000多万元，净化了我县的土地房地产市场秩序，规范了土地房地产审批程序，提升了政府公信力，保证了建筑市场秩序健康良性发展。在此基础上，借鉴先进县（市）管理经验，广泛征求有关部门和单位意见，制定出台了《曲阳县人民政府关于进一步加快城中村改造的实施意见（试行）》、《曲阳县房地产开发项目联合审批实施方案（试行）》、《曲阳县人民政府关于建立健全国土资源执法监管共同责任机制的意见》等文件，逐步形成了我县土地房地产市场秩序良性发展的长效机制。

经过开展全县土地房地产市场整顿规范活动，房地产市场得到健康、有序发展，同时推进城中村改造步伐，商品房建设和交易活跃，城市居住条件不断得到改善。嘉禾小区项目，投资1.4亿元，建设6.8万平米住宅楼，4栋楼主体完工，其余正在主体施工；汇博丽景豪庭项目投资1.7亿元，建设8.26万平米住宅楼，已有2栋楼主体完工，其余正在建设中。小南关城中村改造项目，计划总投资4.092亿元，建设高层住宅楼9栋，共18.6万平米。目前，该项目所有住宅楼主体均已封顶，正在进行内部装修。东关城中村改造项目，计划总投资1.87亿元，建设高层住宅楼5栋，共8.5万平米。目前，5栋楼主体工程已经封顶，正在进行内部装修。赵城东城中村改造项目，计划总投资1.03亿元，建设6栋住宅楼共4.7万平米。目前，2栋18层和2栋19层住宅楼已经封顶，其余正在建设。二医院迁建项目，2012年新开工，总投资8685万元，建筑面积31680平方米，2012年计划完成投资5000万元，目前，该项目已完成投资4000万元，主体二次结构完工，正在进行内部装修。凯瑞家居建材城项目，位于复兴街与南环路交叉路口处，交通便利，是集金属门窗加工、销售与一体的综合楼项目（年加工10万平方米金属门窗），总投资2800万元，占地9474.28平方米（合14.21亩），建筑面积21075平方米，已经完工并投入运营。

（四）推进县城形象提升工程，实施绿化、亮化工程

目前，县城南环路、北环路、朝阳街和多条背街小巷尚没有路灯照明设施，预计投资4240万元，对县城全长42公里道路路灯（含原有路灯），进行亮化提升，进一步改善县城公用设施，使居民生活更加方便舒适。目前已完成雕刻广场和恒山路亮化提升改造工程，完成投资800万元。同时对县城新建街道两侧进行全面绿化，加大县城背街小巷和城乡结合部新增绿化面积的建设力度，进一步改善环境，结合孟良河景观改造工程，增加绿化景观和休闲场所，改善县城人居环境。

三、存在问题及下一步措施

（一）存在的问题

我县城镇建设虽然取得了一些成绩，但与上级要求和广大群众的希望还有一定差距，还存在征地难、拆迁难，土地、资金困难等方面的问题，制约着城建工作的发展后劲。

（二）下一步打算

进一步拓展城市空间，加快城镇化进程。围绕构筑“一主（县城）、两副（灵山镇、羊平镇）、多星（燕赵、文德等乡镇）”的城市构架，加快推进老

城区改造和东部新城、北部新区建设。按照“两心三轴七区”的布局，完善主城区路网建设，加快南环路东延和东环路南延、白家湾公园及孟良河景观工程、实施县城自来水项目，加快推进城区教育基地项目进度和第二供热站等涉及民生的重点项目建设，为县城扩展奠定基础。

提升城市品味　彰显县城魅力

河北省雄县住房和城乡建设局　方兴久

近年来，雄县依托“三水”资源，以地热温泉为重点，着力完善城市功能、提升城市形象、突显温泉之乡特色、优化人居环境，努力增强城市的承载力和吸引力，促进了全县经济社会健康、协调、可持续发展，积累了一些宝贵经验。

一、“一个打造，两个实现”，提升城市环境

（一）打造全面绿化新格局

为加快省级园林县城建设步伐，改善城区生态环境。以保津高速引线为重点认真搞好城区主要街道绿化，城区主要街道共栽种行道树22000余株，建设了高速引线两侧10万余平方米的绿化精品工程，先后进行了温泉湖公园、中心绿地广场、包装园区广场、将台路公园、清河公园等一批城市公园建设，严把新建住宅小区绿化验收关，积极引导企业和个人投资城市绿化事业，不断掀起城区绿化建设的新高潮。实现了景观绿化向生态绿化、平面绿化向立体绿化、春季绿化向四季绿化的转变，营造出“春有花、夏有荫、秋有色、冬有绿”的绿化特色以及建设绿色家园、优化居住环境的良好创建氛围。至2012年底，我县城区绿地率为33.2%、绿化覆盖率为36.3%，人均公园绿地面积为8.6平方米。城区绿化名列全市前茅，多次被评为保定市绿化工作先进县。

（二）实现安全饮水新突破

制定了《水源地保护规划》，对保护区内所有排污口进行了取缔封堵，集中式饮用水的水源地水质达标率达到100%。设计总投资4245.9万元，占地60亩，日处理能力2万吨的雄县污水处理厂项目，已于2009年正式投入运营，并通过了市“两厂（场）办”检查验收，从而结束了我县生活污水、工业废水“裸排”的历史。铺设了与污水处理厂相配套的16.53千米的污水收集管网，污水处理率达到90.2%，污水处理厂出水水质达到一级A标准。龙湾镇污水处理厂项目也已完成前期准备工作，预计2013年10月投入使用。

（三）实现废物处置新突破

设计总投资4000万元，占地150亩，日处理能力200吨的生活垃圾处理场项目，于2010年完成建设并投入使用。城镇垃圾的收集、运输、处置和回收得到进一步完善，生活垃圾无害化处理率达到81.5%，危险废物处置率达100%。

二、完善网络体系，提升城市承载能力

（一）交通体系完整

以架构城区道路主框架，完善道路交通路网为重点，加大城市道路投入，先后新建和改扩建了雄州路、南外环路等一批城市主干道，城区交通环境明显改善；重修了杨西楼大桥、解放桥，城区道路交通基础设施进一步完善，人均道路面积达17.29平方米，城区路网密度6.2公里/平方公里，新开发区和成片改造地区的支路网密度达到3.2公里/平方公里，万人拥有公交车辆达到12.2标台，公交车平均时速为25公里/小时，城区中心区公共交通线路网密度为3.15公里/平方公里，公交线路不大于300米间隔的站点覆盖率为56.8%。

（二）供水排水体系完整

集中供水工程投资约2055万元，累计入户11380余户，铺设主次管网15.45万米，形成完整供水体系，集中供水普及率达到71%。城区雨污分流管道涉及双侯大街东段、将台路、铃铛阁大街等6条主要街道，管网总长约40101米，2010年完成并投入使用，建成雨水提升泵站一座，全面实现雨水入河、污水入厂。排水管网密度达到4.08公里/平方公里，中水回用率达到17%。

（三）供热供气体系完整

充分发挥地热资源优势，全面普及地热采暖，全部完成燃煤锅炉拆除改造任务。集中供热面积216.4万平方米，集中供热普及率达到70.5%；燃气入户已投入资金1.1亿元，建成天然气门站1座，铺设中低压管网9.5公里，累计入户1万余户。世纪城、盛唐国际、太阳城、滨河新区等近30个小区全部接通天然气管道。截至2012年底，我县城区天然气普及率达70%，年供气量达290万立方米。

三、上品味，上水平，提升城市居住条件

近年来，我们改造“棚户区”两个，建设了盛唐国际、滨河小区、温泉

花园等一批质量高、功能全、环境优、服务好的住宅小区，总建筑面积达到230余万平方米，城区居民的居住条件明显改善。尤其最近几年来，我县把保障民生作为加快转变发展方式的出发点和改善人居环境的总抓手，推动就业、教育、医疗、住房保障等社会事业全面发展。不断完善经济适用房制度，出台了《雄县经济适用住房管理办法》等规范性文件，全面建立起以廉租房，货币补贴为主导的住房保障体系，保障性住房实现了对低保家庭的全覆盖。

（一）旧城改造上品味

按照“依据政策、规范运作、整体规划、梯次推进、鼓励改造、提升形象”的思路，向旧城改造要城市品位的提升、要城市容貌的根本改善、要居住条件的有效提高，按计划对危房区、旧有住宅小区逐步实施改造，旧城改造项目实现了重大突破。滨河新区危房改建项目，占地面积120亩，总拆迁面积3.1万平方米，总投资1.8亿元，316户居民搬出危房区，已完成回迁入住，二期工程已近尾声；文昌园改造项目，总投资3848万元，拆迁改造面积1.15万平方米，新建高层住宅一栋，多层三栋，总建筑面积3万平方米，已全部完成入住；温泉花园旧城改造项目，占地面积255亩，总拆迁面积约10万平方米，总投资7.9亿元。目前一期工程拆迁改造面积76亩，均已签定协议并完成回迁，该项目一期接近尾声，计划启动二期工程。温泉招待所改造项目，总投资1.6亿元，拆迁改造面积56.69亩，总建筑面积6.3万平方米住宅楼已开工。

（二）住房保障上水平

加快廉租住房建设步伐，我县廉租住房总建筑面积为10250平方米，205套，绿地率为30%，层高7层，户型50平方米/户。截止2012年底，200套廉租住房主体已完工，5套在建。该项目总投资2358万元，其中中央投资300万，地方投资2058万，资金已全部到位。

四、抓特色，抓精品，提升城市现代魅力

（一）城市特色明显

充分利用地热资源，从冰岛引进世界最先进的地热利用技术并采取地热回灌，全面普及地热采暖及温泉洗浴，全力打造“无烟城”，实现地热资源的可持续发展；城市绿化水平快速提升，城区绿化工作连续五年名列全市前茅，多次被评为保定市绿化工作先进县，并被河北省授予“三年大变样先进集体”荣誉称号；生态环境全面改善，顺利通过创建省级环境优美城镇验收。

（二）景观布局合理

编制完成《城市景观风貌规划》，对建行、计生局等9处建筑进行了外立面改造，改造面积1.5万平方米。对联社、中行等17处建筑进行了夜景照明亮化整治。全面开展了拆违拆临活动，共拆除城区违章建筑、临时建筑64处，拆违面积约1.5万平方米。积极启动了“拆墙透绿”行动，已对城区原电力局、雄中等11个单位实施了拆墙透绿围墙改造，改造总面积1694.1平方米，实现了还绿于民，方便于民，为城市建设增添了一道靓丽风景。

（三）精品工程突出

相继谋划建成了一批投资金额高、社会反响好的精品工程。先后完成迎宾线升级改造工程、杨西楼大桥重建工程、中心绿地广场、温泉湖公园、双拥公园、清河公园等市政和景观工程。县医院改建、文体中心、第三小学新建项目正在进行中。积极引入社会资本，兴建了雄州购物广场、古玩城商贸中心、汇森国际温泉酒店、盛唐国际温泉博览园等项目。城区范围不断扩大，城市容貌不断改善，城市品味不断提高，一个新兴的中等城市渐趋成形。

五、依法依规，提升管理水平

筹措资金70余万元，购置清扫车、洒水车各一台，实行主干道路机械化清扫。加大环卫基础设施投资力度，设置可移动环保型公厕，政府广场高标准公厕，并对社区公厕进行清理粉刷。对现有139余名环卫工人定人、定岗、定责、定标准、定考核、定奖惩。切实做到街道整洁、院落干净、垃圾日产日清。按照“门前三包”规定，把治理门前乱停乱放责任落实到临街各门店，使车辆排放整齐有序。加大广告牌匾治理力度，完成了文昌大街、迎宾线的牌匾综合治理工作。立足科学发展，从宣传入手，营造良好的氛围，充分调动社会各界力量，开展了形式多样的宣传活动。下发《雄县市民文明公约》，通过手机发送文明短信近10万条，召开专题宣讲座谈会20次，发放文明礼仪宣传页50000张，开展小黄帽在行动等志愿者活动，参加活动的志愿者近千人，大力营造了“城市是我家，管理靠大家”的浓厚氛围，进一步提高了市民文明素质和社会文明程度，各种不文明行为及陋习明显减少。

六、对今后工作的几点建议

县城管理工作，是一个长期、复杂、艰巨的工程，涉及的因素很多。如何将城市管理好，出特色，上品味，笔者提出以下几点建议：

一是不断完善城市功能。在县城建设和管理上，有不少先天性不足，这些问题在短时间内得到有效解决是不客观的。因此要建立长效保障机制，保证城市功能的不间断发挥，着力改善县城居民的生活质量。

二是城市环境容貌建设要与当地产业特色紧密结合。将当地产业特色与城市公益设施、标志性建筑等有效“嫁接”，打造城市名片。

三是引进竞争机制，将城市卫生清洁、清理工作进行市场化运作，逐步改变“人海”战术，实现机械化、日常化，全方位清扫、清洁。

作者简介：

方兴久，男，1970年3月出生，中共党员，本科学历。现任河北省雄县住房和城乡建设局党组书记、局长。

曾当选中国共产党雄县第十一次代表大会代表，雄县第十五届人大代表，政协雄县第七届委员会委员。历任乡镇团委书记、组织委员、纪委书记，经联社主任，县供销合作社主任、党委副书记、书记，雄县环保局党组书记、局长，雄县住房和城乡建设局党组书记、局长。

曾四次被评为“优秀共产党员”，四次被评为“纪检监察先进个人”，三次被评为“优秀党务工作者”，一次被县委、县政府授予“雄县经济发展功臣”称号，一次被县委记三等功；曾获“省供销系统劳动模范”、“省供销合作社安全管理先进个人”、“保定市十佳局长”等荣誉称号。

依法行政　认真履责　优质服务
全力推进古交市扩容提质

山西省古交市住房和城乡建设管理局

2012年，古交市住建局在市委、市政府的正确领导下，在市人大、市政协的监督下，坚持依法行政，认真履行职责，提高办事效率，优质文明服务，按照市委、市政府年初确定的目标任务，较好地完成了全年的各项工作任务，在重点工程、住房保障、农村危房改造、城市建设、城乡管理、自身建设等方面取得较好的成绩，实现了住房和城乡建设事业持续、健康、快速发展。

一、重点工程目标任务完成情况

（一）住房保障工作稳步推进，省、太原市下达我市的各项目标任务已完成

根据太原市下达的保障性住房目标任务，2012年我市需开工建设各类保障性住房共2000套，目前实际现已开工建设2004套各类保障性住房，其中：公租房60套，职工集资建房（经济适用房）1072套，棚户区改造872套。

（二）供热工程按期完成并使用，集中供热运营情况良好

城市供热是直接涉及千家万户的重要民生工程，为保证按期正常供暖，我们及早动手，多项措施保供暖，及时完成了1#、2#锅炉检修，目前一用一备运转正常；3#锅炉主体已安装完毕，打压合格。正抓紧安装一、二次风机、除尘、筑炉、脱硫塔等附属设备，力争月底投入使用。此外，还投资近1000万元，对首站、二次换热站、一网、二网进行了维修改造，从10月25日开始供暖到目前为止运行情况良好。

（三）为民“解难题，办实事”农村危房改造工程已完成

农村危房改造的主要对象是农村最困难的群众，现居住房屋最危险的群众，是我市为民办的十件实事工程之一，也是太原市为民“解难题，办实事”重点工程之一。我局开展的危房改造工作覆盖我市所有农村，惠及千余家困难群众。在各乡镇（街办）的共同努力下，按国家规定程序（村民代表评议并公示、乡镇入户审核并公示、市级部门审批），圆满完成了2012年省、太

原市下达我市的1630户农村危房改造任务。11月份已全部完工，目前正在组织相关部门逐户验收。验收合格后由市财政以一卡通形式直接拨付危房改造农户，这一做法受到省市主管部门的好评。

二、城市建设方面

近年来，我市围绕建设“四个一流”的城市战略目标，加快“大县城”建设步伐，加大中心城镇的扩容提质，按照“北延、南伸、东扩、西进”分区推动的原则，在拉大城市框架的基础上，把更多的精力投入到水、暖、路、气、污水处理、垃圾处理厂等城市基础设施建设项目及保障性住房建设方面。通过市容环境大整治、城乡清洁工程等把城市建设管理的重点放在树形象、创特色、出精品，增强城市的吸引力和集聚力上来，不断优化城市人居环境，改善城市服务功能，打造宜居城市。

（一）中心城镇西延工程项目

1. 丽景花苑小区建设：新建2栋高层住宅楼（277套），总用地面积6.65亩，总建筑面积24178.56平方米，概算投资5800万元，建设位置位于古离路东、畜牧市场南侧。目前，1#楼已14层封顶，2#楼已12层封顶，完成投资2400万元，建设单位为山西亚东房地产开发有限公司。

2. 文华盛景住宅小区：总用地面积9.51亩，总建筑面积39665.2平方米，新建住房306套，计划拆迁76户，拆迁面积约8200平方米，概算投资11000万元，建设位置位于青山路西侧矾石沟焦煤有限公司直属的原大川河矿办公楼及周边零散居民区，建设单位为山西国盛房地产开发有限公司。目前，拆迁补偿达70%，规划已报批准备上规委会。

3. 青山路大川河矿片区改造：总用地面积45400平方米，总建筑面积168475平方米，计划拆迁37户，概算投资53141万元，建设位置位于青山路大川河矿周边，建设单位为桃园街道办事处，目前，拆迁补偿完成90%，规划已报批准备上规委会。

4. 凤凰苑小区建设：总用地面积24000平米，规划总建筑面积155800平米。目前，一期工程包含1#、2#楼及附属裙房部分，1#楼32层，2#楼26层，建筑面积87400平米，现施工至5层。二期工程包含3#、4#楼及附属裙房部分，3#楼30层，4#楼30层，建筑面积68400平米，现桩基工程完成。

（二）中心城镇东扩工程项目

1. 积极推进新区开发建设，即开发建设火山新区，总占地约1200亩，建筑面积约130万平方米。目前，规划、土地及修建性详规已基本完成。拆迁

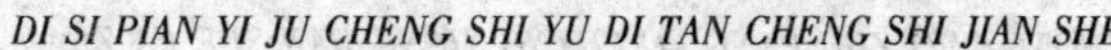

补偿进展顺利，拆迁补偿涉及708处房屋，需拆除129186平方米，目前为止，签订拆迁补偿合同410份，签订拆迁面积是61141平方米；11月底为止，拆除了200多处房屋，涉及310份拆迁补偿合同，440户拆迁户，拆除房屋面积44000平方米，补偿金额1656.55万元。

2. 汾东苑小区建设：总用地面积48.59亩，总建筑面积152170.61平方米，新建住房1360套，计划拆迁安置约220户，拆迁面积约12000平方米，概算投资32000万元。建设位置位于滨河南路古钢东延段北侧、古钢一工区，建设单位为太原金嘉实业有限公司。目前，正在和国土部门协调土地使用证发放问题，建设单位为太原金嘉实业有限公司。

3. 三岔口片区改造：总用地面积290.55亩，总建筑面积619862平方米，规划建设27栋住宅楼，新建住房4020套。建设单位为东曲街道办事处。目前，河口村、河下村部分正在进行地质勘探和单体建筑设计。15#楼地基处理，17#楼主体封顶，24#楼基坑回填，完成投资4300万元。

（三）旧城改造建设项目

1. 当中街西苑小区建设：总用地面积47.1亩，总建筑面积83535平方米，新建住房912套，计划拆迁安置约277户，拆迁面积约28876平方米，概算投资14000万元。建设位置位于当中街，建设单位为太原锦金龙房地产开发有限公司，目前，项目规划方案已报规划局。

2. 西曲矿俱乐部改造：规划建设2栋高层住宅楼，总建筑面积75500平方米，可安置598户职工。建设位置位于西曲矿工人俱乐部，建设单位为西曲矿。目前，西曲街办和西曲矿正在制定项目实施方案，并抓紧进行房屋征收工作，现已拆迁6800平方米。项目初步规划、设计已完成。

3. 煤管局办公楼及住宅楼改造：总用地面积10.78亩，新建1栋高层住宅楼和1栋商业办公楼，总建筑面积60345.03平方米，新建住房462套，拆迁面积约14700平方米，概算投资15000万元，建设位置位于煤管局办公楼附近，建设单位为煤管局。目前，初步规划和设计已定，入户调查已完成，现进入房屋征收工作阶段。

（四）基础设施建设

1. 第二污水处理厂建设项目。拟采取BOT模式在河下建设古交市第二污水处理厂，采用氧化沟+沉淀池技术，日处理能力4万吨，概算投资13100万元。一期工程建设日处理能力2万吨，投资8000万元，建设单位为住建局。目前，该项目已经立项批复，方案已经市政府常务会审议通过，可研已编制并评审，正在进行工程设计和配套管网设计，已完成地形图测绘，正在办理土地预审。

2. 大川河一桥一景整饰工程。对大川河上的胜利桥、金牛大桥、滨河桥3座大桥进行立面整饰，同时对整饰后造型进行亮化美化。概算投资800万元，建设单位为住建局。目前，工程设计方案已上报审定，正在进行施工图设计并办理相关手续，由于财政资金紧张原因，市委、市政府已暂缓实施该项目。

3. 东部新城火山片区基础设施建设工程。项目概况：为加快火山新区开发，拟先期建设火山片区四条市政道路，其中一路长186.14米，二路长374.51米，三路长542.55米，四路长379.68米，并安装路灯、配套建设水电气暖管线，概算投资2.3亿元。

4. 一中边坡治理回迁安置项目。古交王家沟一中坝体出现裂缝存在安全隐患的问题，我们从2012年初对一中周边的安全隐患进行了勘察、设计、专家论证，于5月上旬开始分四个标段同时建设，总投资1200万元。目前工程已完工，因紧急避险和施工场地所需，在实施边坡治理中必须配套实施王家沟7户居民回迁安置楼项目，目前已制定了实施方案，与7户居民签订了搬迁协议，正在进行手续办理工作。

三、小城镇建设方面

积极推动马兰示范镇的“五建设两整治”工作，通过政府主导，实现基础设施建设与驻地企业共享共建，截至目前，完成投资13535万元，完成了2012年省、太原市确定的百镇建设目标任务。镇城底镇居住小区建设项目开始启动，总用地面积238.74亩，总建筑面积249906平方米，计划新建住房1894套。目前。该项目正依法实施补偿征收中。

四、城乡管理方面

（一）加强了城市供热管理

1. 我局专门派出工作组进驻热源厂进行日常性监督检查，确保供热正常运行。

2. 聘请太原市和西山电厂有关专家，组成了供热专家组，提供了强有力的技术支持和指导。

3. 督促热源——电厂及早完成了锅炉的全面检修和调试工作，与驻地有关单位协调解决了供热用煤，要求热源厂组建了相应的专家小组，聘请了36

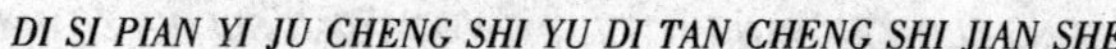

名锅炉操作有关方面技师、熟工和管理人员，确保了锅炉操作人员的素质。

4. 对新纳入供热范围的管网进行了打压、检修，效果明显改善。

5. 督促热源厂、煤热公司累计投资800多万元，提前购买了充足的供热备品备件，制定了专门的采暖季供热运行方案和供热抢险应急预案，配备了专门的抢险队伍和机械设备，做好了各种供热应急的准备。

6. 严把收费关，及时收取供暖费用。

（二）加强了城市供水管理

实施了科技园区外供水主管线工程和中心水质化验室建设工程，完成了川东、川西、王家沟等八处总长1100米的供水管线改造，对供水主管线部分阀门进行了更新改造，狠抓了水质的检测和化验，截止目前售水291万吨，确保了市民的正常用水。

（三）严格建筑市场管理

按照“公开、公平、公正”的原则，全面打造招投标的“阳光工程”，截止11月底，古交市房屋建筑和市政基础设施工程招标共计33项，总面积约为454207平方米，招标控制价为：86521.84万元，中标价为79469.91万元，通过招投标，节约资金为7051.93万元。

（四）加强建筑安全生产和质量管理

一年来对全市在建的50项工程，依法进行全面质量安全监督。其中：监督房屋建设工程27项，建筑面积56.67万平米，监督城市基础设施配套工程垃圾场建设项目1项，总投资1884.6万元；监督工业园区道路工程1项，长度1770米，总投资1780万元；监督自来水管道工程1项，长度2800米，总投资420万元；监督学校D级危房改造等学校工程20项，建筑面积1.48万平米，报监工程监督覆盖率达到了100%。全年监督单位工程竣工验收项目3项，验收房屋建设面积3.56万平米，监督验收率、竣工备案率均已达到100%，全面完成2012年监督验收任务。下发安全隐患整改通知单15份，整改安全隐患和问题92起，下达质量问题整改单35份，整改质量缺陷120项。我市建筑安全生产保持了稳步发展的良好局面，建筑工程整体质量水平也有了进一步提高。

（五）加强了违法建设查处

坚持日常巡查与及时制止相结合，截至目前，共查处违法建设31起，下达停止违法建设通知书6份，停止违法建设告知函25份。通过防控结合的措施和强制手段，有效地遏制了各类违法建设行为的发生蔓延，有力地维护了城市建设管理的严肃性和权威性。

五、不断加强机关自身建设，工作作风、效能建设进一步提升

为优化我市投资软环境，推动我市转型综改发展，以扩权强县进一步深化行政审批制度改革为契机，提高行政效能，根据《太原市行政审批管理办法》和古交市政府《关于深化行政审批制度改革促进政务服务工作的实施方案》等有关规定，我局制定和推行“两集中、两到位”实施方案。推进了行政审批权相对集中改革，实现我局行政审批职能向行政审批科集中，行政审批科向政务服务中心集中，对审批窗口人员授权到位，行政审批项目在市政务服务中心办理到位，构建“审管分离，权责一致”和“审批一条龙，服务一站式”的审批工作新机制，整合归并本局行政审批职能，所有行政审批项目集中到行政审批科，行政审批实行集中受理，授权审批程序。增强窗口办事能力，提高审批效率。

狠抓机关作风效能建设和工作计划的落实。一是对标找差，自查自纠，改进服务，争创群众满意科室和满意事例。二是狠抓提速增效。对上级交办的办文单、信箱信件、领导批示等实行急办夹传递和限时办结；严格抓好绩效考核，确保了任务的及时全面落实。三是以打造廉洁、勤政、务实、高效的“窗口”形象为目标，认真履行职责，规范“窗口”行政审批行为，提高了办事效率。实行了政府信息公开保密审查制度，局政务网行政权力网上公开透明运行工作有序。四是自觉接受监督。组织开展了“向人民汇报、请人民评议”专题活动，组织了3期“行风评议”，妥善处理群众反映的问题；多次召开服务对象座谈会，主动听取意见建议，促进了工作顺利开展。

六、党建和精神文明建设工作进一步加强

1. 深入开展保持党的纯洁性教育活动，不断学习，创新思维，坚持科学发展，突出以人为本，争创学习型机关，推进学习型党组织和学习型领导班子建设，提高广大党员干部职工科学掌握转型跨越发展的本领。

2. 狠抓工作落实。围绕局2013年工作目标任务，以集中供热工程、农村危房改造，保障房建设等重点工程和民生工程为重点，统筹安排、精心组织、细化责任、抓好落实，以高昂的斗志，发扬不怕疲劳、不怕吃苦、不怕吃亏的精神，埋头苦干，将各项工作有条不紊、有序的推进。

3. 加强效能建设。建立严格的责任制和责任追究制，要认真查摆存在的问题，在工作中不断总结，在总结中不断创新，不断加强广大党员干部的思

想教育，不断提高广大党员干部队伍的综合素质，牢固树立为人民服务的思想；切实抓好平台建设，充分发挥基层党组织的战斗堡垒作用，提高服务基层、服务群众、服务发展的水平，使我市的城乡建设工作做到让广大人民群众真正放心、满意。

4. 以制度建设为重点，切实加强党风廉政建设和党员队伍的建设，不断建立健全各项规章制度，用制度来管人、管事，做到勤政廉洁，依法行政。严格建设工程程序，规范建筑市场秩序，加大对工程招投标、工程监督、工程监理工作的管理力度，增强工作的透明度。树立执法的严肃性、权威性，切实抓好工程建设领域中突出问题的专项治理工作。

5. 认真开展了“三下乡”主题实践活动，加强了与联系点邢家社乡党组织的共建，了解社情民意，“解难题、办实事”，局班子成员个人集资为油房坪村新建了一座跨河便桥，解决该村群众出行难的问题，促进了干群关系融洽、机关作风的转变，受到市纪检委的好评，太原电视台做了专题报道；组织开展了“向人民汇报、请人民评议”专题活动，分解党风廉政建设目标责任，抓好党风廉政责任制和述职述廉诺廉考廉、公开承诺、工程建设招投标、工程项目廉政等制度的落实，领导干部排查廉政风险点，完善措施。三是加强了干部管理。开展了干部述职活动，参加各类业务培训，提高了干部职工的职业道德和业务素质。

七、存在的问题和困难

住房和城乡建设管理事业是一项十分繁杂的系统工程，涉及社会、经济等各方面，是一项多部门协调联动的综合性工作，在推进城镇化过程中，随着政府机构改革，职能的重新划分，我局在城市建设管理、小城镇建设等方面还局限在履行职责，在提高城镇化质量和城乡宜居水平方面缺乏统一协调的大建设意识，还需进一步解放思想，完善工作机制。

2013 年是“十二五”的关键之年，是深入贯彻党的十八大精神的起步之年，也是加快古交城市发展的关键之年，按照市委、市政府的要求，结合我局的工作职能和具体实际，确定 2013 年我局的工作思路为：围绕“一个目标”（建设一流现代宜居城市），实施“一个战略”（东扩西改，南延北治），坚持“三高原则”（高起点规划、高标准建设、高质量管理），实施“三大建设”（新城建设、城中村和旧城改造建设、城市基础设施建设），全力推进我市城市扩容提质，为把古交打造成现代宜居城市奠定坚实的基础。

具体来说要重点做好以下五方面工作：

1. 加快东部新城建设。东部新城由三个片区构成。

(1) 火山新区。规划、土地、修建性详规已基本完成，占地约1200亩，建筑面积约130万平方米。2013年工程全面开工，“十二五”期间建成高标准现代城市综合体。(2) 古钢及三岔口片区，占地约600亩。(3) 古交高速出口河下、河口片区。

2. 实施旧城片区改造。按照政府引导、市场化运作、让利于民、和谐征收的思路，抓好6个片区的旧城改造项目。一是进一步推进当中街旧城改造；二是启动西曲旧城改造一期工程；三是启动矾石沟大川河井口片区危旧盖板房及边山民房拆迁改造；四是启动长峪沟社区片区改造；五是启动汾水社区危旧房改造；六是煤管局片区危旧房改造；七是镇城底片区改造；八是台湾一条街项目。以上八个旧城改造项目正在完善土地、规划等相关手续，进行前期征收准备工作。力争2013年全部开工建设。同时要下大力气改造城中村，加快制定石家河村改造的实施方案，适时启动。

3. 进一步推进保障性住房建设工程。2013年计划完成保障性住房800~1000套，目前项目储备已经足够，近期将进行研究确定。

4. 加强城市基础设施建设，下大力气解决制约城市发展的瓶颈问题。一是实施古交市第二污水处理厂及配套管网建设；二是实施火山新区基础设施配套工程。

5. 以学习贯彻党的十八大精神为统领，强班子，带队伍，唱响服务为先理念，严格执法管理程序。一要抓好供热、供气、供水等公用事业管理，为市民提供安全、优质的用暖、用气、用水服务。特别是煤气管理方面，要制定全市煤气管理的实施方案，确保规范管理、安全运行。二要强化建筑市场管理，对于违反《建筑法》等有关法律法规的违法行为要从严查处，维护建筑市场依法有序运行。三要抓好招投标管理、建筑安全管理、建筑质量管理等日常管理工作，规范程序，多创精品，确保安全文明施工。

加快转型跨越发展
打造自然 生态 现代 宜居 幸福 美丽新城

山西省怀仁县住房保障和城乡建设管理局 翟云丰 王正全

怀仁县地处雁门关外金沙滩上，全县三分山、七分川，总面积1230平方公里，辖10个乡镇162个行政村。总人口38万，其中县城居住人口23万人。境内交通便利，区位优势明显，有闻名中外的鹅毛口古石器遗址和金沙滩古战场，是全国羔羊小区养殖第一县，也有“三晋教育强县”和“中国现代日用瓷都”的美称。先后获得全国文明县城、国家卫生县城、国家园林县城、全国科技进步先进县、全国国土资源节约集约模范县等80多个省级以上荣誉称号，被列为国家可持续发展实验区、全省社会管理创新试点县、全省扩权强县试点县。

近年来，我县突出“城市让人民生活更美好”的主题，以加快基础设施建设、加强城市管理为主线，大力改造城中村和棚户区，扎实开展市容市貌和“县成森林”专项治理，做大了城市规模，做美了城市环境，做旺了城市人气，做优了城市品位，都市化气息日益浓厚，成为雄居塞上的一颗璀璨明珠。目前，县城建成区面积达到25平方公里，城市绿化覆盖率达到40%。

一、坚持以科学发展观为指导思想，加强组织领导

科学发展观是全面建设小康社会和推进现代化建设必须始终坚持的重要指导思想。面对新形势和新任务，我们坚持增强用科学发展观指导城市现代化建设的自觉性和坚定性，把科学发展观始终贯穿于城市规划建设管理的全过程，始终落实到城市规划建设管理的各个细节中去，不断提高领导城市发展的能力，与时俱进地推进城市现代化建设。

为了加快城市建设，推进城镇化发展水平，由县委县政府牵头成立了城镇化推进工作领导组、“大县城”领导组、城乡清洁工程领导组，并制定了《怀仁县推进城镇化进程工作实施方案》、《怀仁县“大县城”战略实施方案》、《怀仁县城乡清洁工程实施方案》，有效的指导了城市建设。

二、坚持把规划作为城市建设的龙头，创新城市规划建设理念

我县城市建设起步较早，世纪之初，在全省就有“南看侯马、北学怀仁”的美誉。近年来，我们坚持市场理念，把城市作为一种资源、一种产业，认真策划，科学规划，整体运作，引领了城市快速发展。

（一）找准城市定位

1996年我们提出了城市发展的模式为依托老城升级改造的城市发展战略，期间经过几次补充完善，2010年确立了北抑、西调、南控、东扩，引水建湖、植绿造山战略，立足生态宜居，推进集约发展、内涵发展、绿色发展，打造受人尊重、令人羡慕、让人向往的华北最美县城。

（二）科学规划城市

一是高标准编制规划。瞄准国内一流水平，聘请中国建筑设计院重新修编了县城总体规划和县域城镇体系规划，确定了“一城四区、多心、绿带环结”的空间布局结构。同时，以怀安大街东段为主轴，进行新区开发，引导旧区人口向新区积聚，降低旧区人口密度，缓解交通压力。对新区进行功能划分，优化空间布局，使县城的行政中心、经济中心、商贸中心东移。

二是抓好建设项目评审。成立了由相关专业人士和县建设、国土、环保、人防、地震等20多个单位为成员的县规划委员会，对新区范围内的项目规划开展评审工作，美化建筑外形设计，完善配套设施功能，力争每个项目都符合总规要求，与自然景观、人文景观相融合。

三是从严查处违章建筑。加大违章建筑查处力度，依法严厉打击未批先建、少批多建、违规乱建等行为，确保城市总体规划及控制性详规执行到位。

（三）打造城市品牌

城市个性特征是美化城市的关键。我县充分利用现有的自然资源，抓好城市特色建设，为打造华北最美县城绘写下了浓墨重彩的一笔。

一是城东新区建设。以行政中心建设为重点，面向全国招标并选定设计方案，全面启动规划面积达13平方公里的城东新区建设，高质量打造集行政办公、文化娱乐、休闲居住、商贸物流、餐饮服务等区域分明、功能完善的现代化新区。

二是步行街建设。开工建设了金沙滩、怀贤、仁福三条商业步行街，形成集购物、休闲、娱乐、旅游于一体的特色街道，进一步改善了城市面貌，提高了城市品位。

三是三馆建设。概算总投资3.28亿元，在仁德公园内、清凉河南湖沿岸规划建设“城市规划馆”、“体育馆”、“图书馆”，总占地面积350亩，建筑面积4.53万平方米，进一步完善城市功能。

四是金沙滩民俗文化生态美食娱乐城建设。概算总投资8.9亿元，规划占地面积400亩，规划建筑面积44.5万平方米，建设金沙滩美食街、地下娱乐城、金沙滩民俗文化博物馆、庞家大院、云海生态园、幸福家园小区、养老院等。

五是水系恢复治理。以建设生态宜居城市为理念，以打造晋北独特风景水城为目标，加大力度，恢复原有水系治理，实施了七大水系建设，并建设三大湿地公园，做美城市环境，提高人民群众对城市建设的满意度和幸福指数。

六是绿地建设。实施“大树进城”工程，完成投资7000多万元，栽植大树2万余株，增加了城市绿地面积；同时投资50亿元实施了金沙滩30万亩生态经济园林区工程，植树2300万株，并在磨道河水系周边栽植经济林3500亩，提高了全县森林覆盖率。

三、坚持把项目作为城市建设的抓手，加速推进重点区域建设

推进城市建设，必须以项目为载体。我们把城市建设作为一个总体项目和系列子项目进行运作，以项目的理念推进整个城市建设。

（一）把握时序，梯次运作

在建设时序上，第一，拉开框架——建成了六横六纵城市主干道，怀安、聚仁、仁山三座跨铁路高架立交桥，拉大了城市框架，使建成区控制面积达到63平方公里；第二，基础先行，完善了城市基础设施，实现了九通一平，即通暖、电、气、电信、污水、排水、自来水、有线电视、街巷道路，平整土地；所有管线全部入地，每条道路两侧安装LED灯，并栽植立体绿化带，形成一路一灯、一街一景的城市景观，增强了吸引能力；第三，核心突破——重点对新城区建设内容的充实，全面启动了安居住宅区、医药工业园、食品加工园、皮革物流园、科技教育园等项目的建设，提升了集聚能力。

（二）把握时差，加快包装

为有力推进项目实施，我们高度重视项目前期工作，把城市战略举措包装成一个个重点项目，抓紧完成评估、可研、初设、地勘等前期工作，做到

包装成熟一个，推向市场一个，着力实施一个。如金沙滩商业步行街综合开发工程，县委、县政府为将项目做细做实，前期聘请清华大学设计院进行了规划设计，规划占地 649 亩，建设具有“都市特色、现代风格、商业氛围”的内外复式商业街，并在仁德路与怀信街的夹角处建设一座五星级国际酒店。

（三）把握时机，加快推进项目

在城市建设过程中，我们始终认为，项目建成越早，越能抢占先机，越能聚集人气，越能促进发展。因此在项目建设上，我们克服惯性思维，创新思路，倒排工期，确保各项目工程标段平行作业有序进行。同时，不分节假日、不分昼夜，加快推进。如怀义街周边棚户区改造工程，长 5000 米，涉及 2 个乡镇、4 个村，征收 1022 个院落 1496 户，建筑面积 22. 4 万平方米，是近年来我县线路最长、范围最广、面积最大、涉及商铺最多的棚户区改造工程。我们从 2011 年 11 月开始入户调查，2012 年年初签订了征收协议，同时利用冬季进行了有序拆迁，并于同年 3 月份实现了全线奠基开工。

四、坚持把市场作为城市建设的手段，努力破解城市建设资金难题

近年来，我县城市建设摊子大、项目多、资金需求量大。在财力十分紧张的情况下，我县坚持“以城建城、以城养城、以城兴城”的发展思路，把城市当作资本来经营，通过市场化运作，积极筹集建设资金。

（一）市场“筹”资

采用“政府 + 总运营商 + 项目开发商”三级开发模式，在单纯的政府主导基础上进行角色转换，充分利用市场化手段，引入运营商，捆绑企业、政府两者利益，权责分明，大力走民办官督的区域发展路线。近年来，我们共遴选出大同广社房地产开发公司、大同久盛房地产开发公司、山西东海房地产开发公司、山西丰元开发有限公司等 20 多家企业入怀，累计投资达 120 多亿元，在政府不出资的情况下，实施了城市棚户区改造、公用事业工程建设、市政公用设施建设等多项城市建设工程。

（二）市场“融”资

依托怀仁县投资开发有限公司这个平台，向开行、农发行共贷款 9. 8 亿元，进行市政公用设施建设。其中向开行贷款 1. 6 亿元，建成了全省县级城镇标准最高、规模最大、自动化控制能力最强的热源厂。安装了 40 吨链条炉 2 台、80 吨循环流化床锅炉 5 台，建换热站 64 座，供热面积达到 480 万平方

米，供热普及率达到了88%，大幅度削减了污染物排放量，提高了环境质量，为怀仁的最宜居、最宜发展城市建设奠定了基础。

（三）企业“助”资

在自有财力严重不足的情况下，我们广泛发动、积极引导境内涉煤企业、陶瓷企业等企业关心怀仁城市建设、助推怀仁城市建设。近几年，煤矿企业、陶瓷企业支持城市建设资金累计达7.8亿元，先后建起了丰火台广场、文殊塔、孔子像、华瓷天韵、三羊开泰等市政设施，有力的保证了市政公用设施的建设和运转。

（四）自身“节”资

在“筹资、融资、助资”的同时，我们更注重“节资”，将每一分建设资金都用在刀刃上，能节约尽量节约，发挥应有的作用。在工程建设中，本着既保质量又少投资的原则，精心组织、优化方案、公开招标、合理施工，并与各施工单位签订目标责任状，从而把任务落到实处，尽可能缩短工期、节约资金。

五、坚持把产业作为城市建设的支撑，增强城市发展动力

产业是城市发展的动力之源和重要支撑，是提高城市竞争力的基础，没有城市产业的壮大，城市的就业功能就会弱化，城市的土地、资金、基础设施就不可能发挥最佳效益。为了实现城市建设的良性循环，我们按照统筹城乡发展的思路，大力推动工业向园区集中、园区向城镇集中，提升县城的凝聚力和辐射带动力。

（一）煤炭物流园

位于我县金沙滩镇翰林庄村东北，左沙公路北侧，园区土地开阔平坦，交通条件便利。煤炭外销有四通八达的左沙公路，内销附近有方川煤炭发运站、金沙滩煤炭发运站、大峪口煤炭发运站等，煤炭供应面广，临近左云、山阴、平鲁、右玉等产煤大县，煤炭资源丰富。该园区总投资3亿元，目前已入住企业达20多家，均为洗煤厂。园区基础设施建设已修筑高标准水泥路4.7公里，道路绿化3公里，完成投资850万元。

（二）陶瓷工业园

我县的陶瓷工业区涉及我县金沙滩、新家园2个乡镇，规划占地面积5000亩。该区目前已入住企业13家，计划通过减少产量、节约资源、提升品

质、争创品牌、增加效益，快速发展壮大，逐步接替煤炭产业，撑起强县的基础。力争到2015年，全县陶瓷企业扩大到40家，陶瓷生产线达到90条，形成年销售收入过亿的生产企业或企业集团6~8家，培育3~5个国内名牌，行业产值达到40亿元，税收达到5亿元。

（三）现代服务商贸物流园

位于仁德路西、怀贤街南，占地2700亩，概算投资112亿元。主要以"物流、商贸"为主导功能，联动发展"休闲、观光、旅游"特色功能，形成一种综合性、集成式的社会物流与商贸休闲有机结合的服务模式。主要包括中国怀仁·海宁皮革城、金沙滩商业步行街、金沙滩国际酒店、清凉河湿地公园、金沙滩建材市场、东华苑、百合新城、华联商贸中心、大型地上地下停车场，及其他配套服务设施等。2012年区域流动人口15万人次，预计2013年区域流动人口将达到220万人次。

（四）羔羊养殖园

肉羊养殖，是怀仁农民的传统产业。为了加快我县养殖业的发展，县委、县政府提出"全力打造全国肉羊养殖第一县"的宏伟构想，将原有的南小寨村"一枝独秀"的发展道路变为"一县一业"的发展道路，为我县实现转型跨越找到新的突破口。南小寨羔羊育肥屠宰加工园区占地面积43万平方米，棚圈面积达7.6万平方米，拥有集育肥、屠宰、加工、储藏、销售于一体的肥羔羊屠宰场10家。羔羊年出栏量2012年为232万只，预计2015年将达到500万只，届时我县将成为华北肉羊养殖第一县。

（五）医药化工园

该园区位于县城东北部，东临大运高速公路，南与怀安大街相接，规划占地面积3000亩。目前已形成了五横五纵的道路框架，基本实现了"六通一平三配套"。园区已入驻企业7家，现已完成投资4.9亿元。该园区引进和安排科技含量高、产品附加值大的高新技术产业，形成产业集群，实施品牌强企战略，加强制药产业安全体系，形成药品生产科技创新体系。到2015年园区固定资产达到33亿元，产值达到78亿元，税金7.4亿元。

（六）生态经济园

近年来，我县大力实施金沙生态经济园林区为龙头的生态建设工程，全力打造森林怀仁。在纵贯该县境内南北全长65公里的县域西山坡上，积极推广"一厂一矿绿化一山一沟"、"挖一吨煤栽一棵树"的经验，充分调动煤炭领域企业参与造林绿化和生态修复工程。2011年栽植经济林16.5万亩，2012年栽植经济林30万亩，预计2015年经济林面积到达50万亩。

（七）生态观光园

金沙滩生态观光园区是一个自然与文化相融的生态休闲园区，总占地面积3万亩。园区内建有5700个各类大棚和5000亩的采摘园，种植京杏、接李、葡萄、红枣、寒富士等。此外，还建有总面积1万亩的集生态旅游、历史文化、佛教、休闲度假为一体的旅游景区，和水面面积8850亩的金沙滩湿地公园。

（八）科技教育园

怀仁县陶瓷职业技术学院是经省政府批准、教育部备案的全日制普通高等专科院校。按照规划，学院将开设陶瓷材料分析与应用系、陶瓷装备研究与应用系、陶瓷工艺美术系、陶瓷艺术设计系、数字设计系和工商管理等六大系，培养基层生产、技术设计和企业管理三大类型人才，为地方经济乃至全省经济发展，特别是陶瓷产业培养技能人才，为实现怀仁县陶瓷产业“替代、提升、突破”的发展目标、为把我县建设成全国新兴陶瓷产业基地提供人才支持和智力支撑。工程预计投资近5亿元，占地500亩，在总体布局的基础上，注重学院园林化设计，学院的每一栋楼都要有自己的特色，体现晋北仁人故里浓厚的文化氛围。

六、坚持把民生作为城市建设的核心，提升人民群众幸福指数

城市建设是个宏伟的工程，必须充分体现“人民城市人民建，建好城市为人民”的理念，形成全社会关注和参与城市建设的强大氛围。

（一）以人为本，合理征收

在居住人口多、人员复杂的情况下，实现了和谐征收、平安拆迁。在工作中，我们始终坚持以人为本、让利于民的原则，结合国家、省、市有关精神，制定了征收补偿实施办法，采取货币补偿、货币结算结合产权调换互找差价、按规划异地就近安置三种方式，充分保障被征收人的合法权益。具体操作中，一是科学测算、合理补偿。搬迁补偿费平房每自然间100元、楼房每套1000元（以90平方米为标准）；临时安置补助住宅给予每月12元/平方米、商业用房按建筑面积给予租金补助；房屋面积按1∶1置换，超出面积45平米内每15平米为一个基数，分别按30%、20%、10%给予优惠，其他部分按照市场价计算。同时对积极响应、迅速搬迁的给予适当奖励。二是群众参与，阳光操作。每项拆迁工作前，都多次召开征收户听证会，请群众选择评估公司，参与政策的制定，并进行抽签摇号，做到了依法、公开、公正、

公平。三是强化领导，真情服务。工程指挥部每天早晚召开会议，及时分析研究，做到事不过夜；同时，政法和信访等单位，把信访接待室设在工地，全力做好引导和矛盾化解工作。人大、政协各相关部门广泛参与，密切配合，确保了工程的有序、平稳、快速推进。

（二）上下齐心，改善环境

多年来，我们始终高度重视改善市民生活环境，每年政府承诺办理十件实事，服务于民、取信于民。特别是2012年以来，县委、县政府倾力打造流经县城的清凉河、磨道河、鹅毛河三大水系，积蓄县城灵气；全力建设怀安街、怀义街、怀贤街、怀远街、仁德路、仁爱路六大道路工程，改善城市形象；加快实施金沙滩、怀贤、仁福三条商业步行街建设工程，满足群众消费需求；积极实施污水厂升级改造、东城雨污管网及提升泵站建设、公厕改建、人民公园改造、仁义广场改造、丰火台广场改造、北坛公园改造六项城市基础设施配套工程，改善市民居住环境。同时，加大民生投入，方便群众走好“最后一公里”，改造全县背街小巷。从2012年4月1日起，试行了市内公交“政府买票、市民乘车”，让广大市民充分享受“幸福怀仁”的建设成果。

（三）创新机制，强化管理

城市管理工作是推动城市经济社会发展的重要动力。我们积极适应现代城市管理要求，不断推进城市管理工作。一是理顺管理体制。在原有基础上，实施功能重组，将城建局分为住建局、市容市貌管理局、园林局、环卫中心、自来水公司、供热公司6个单位，达到了职责具体、责任明确，进一步强化了城市管理部门的职能。二是加大执法力度。各职能部门实行定路段、定人员、定目标、定奖惩的“四定”管理制度，把工作重点放在基层，把执法人员充实到街面上，把违法现象解决在一线，使城市管理工作步入经常化、专业化和规范化轨道。三是推进社会化管理。在充分发挥城市管理职能部门作用的基础上，组织和引导相关部门、社会团体、行风监督员等群众组织参与城市管理。成立了城市监督管理协会，协会由退下来的老干部组成，主要负责寻找城市建设和管理中的不足之处，提出合理化建议；其次是加强和创新社会管理，在县城设立了15个社区居委会，每个居委会对服务范围内的居民按1000~2000人设立一个网格，构建起了网格化社会管理的新格局。

近几年，我县的“大县城”建设取得了显著成效，有力的推动了全县经济社会转型跨越发展。但我们也清醒地认识到，工作还有较大的差距，还需要加倍的努力。在今后的工作中，我们将向其他县区学习，以更高标准、更大气魄、更强力度，进一步加速城镇化建设步伐，实现我县的全面、协调、持续发展。

作者简介：

翟云丰，男，汉族，1971年10月出生，中共党员，本科学历。现任山西省怀仁县住房保障和城乡建设管理局局长、住建系统党委书记。

自1992年参加工作起，历任怀仁县人民医院骨科副主任，怀仁县人民医院院长助理兼骨科主任，怀仁县人民医院副院长，朔州市药品监督管理局怀仁分局副局长，朔州市食品药品监督管理局怀仁分局副局长，朔州市食品药品监督管理局怀仁分局局长。2011年5月至今，任怀仁县住房保障和城乡建设管理局局长、住建系统党委书记。

王正全，男，汉族，1973年11月出生，中共党员，本科学历。现任山西省怀仁县住房保障和城乡建设管理局办公室主任。

自1995年9月参加工作起，历任怀仁县自来水公司办公室主任，怀仁县建设局办公室副主任。2008年6月至今，任怀仁县住房保障和城乡建设管理局办公室主任。

2003年~2010年连续8年被城建局评为“单位先进工作者”；2005年~2010年连续6年被县委宣传部评为“优秀通讯员”；2008年~2010年连续3年被朔州市评为“全市文明和谐创建工作先进工作者”；2010年被市政府评为“全市建设工作先进个人”。

打造生态文明宜居靓丽的新敦化

吉林省敦化市住房和城乡建设局　王　利　冯　涛

近年来，吉林省敦化市以创建国家园林城市为目标，以天蓝、地绿、水清、人和为理念，有计划有步骤全方位地推进了生态文明城市建设。通过逐年加大投入以及社会多渠道融资，使城市绿化、美化、亮化工作取得了瞩目的成就，人与自然和谐相处，独具北方长白园林特色的国家级园林城市全面形成，并于2008年9月4日一举实现了国家园林城市，为改善人居生态文明环境作出了突出贡献。

回眸敦化在加快园林城市建设，改善人居生活环境和投资环境，促进生态文明建设上，主要有以下几方面的做法：

一、坚持高起点规划，科学指导生态文明城市建设

敦化市委、市政府清醒地认识到打造城市特色生态文明环境也是生产力，只有加快城市建设、改善城市生态文明环境，提高城市知名度，“筑巢引凤”才是经济发展的关键所在。为此，2002年敦化市委、市政府在全省率先提出了争创国家园林城市，加快城市生态文明建设奋斗目标。为了确保实现好、完成好这一奋斗目标，科学指导生态文明建设，敦化不惜重金聘请国家知名规划专家进行实地踏查研究，努力把敦化生态文明城市品位做好、功能做全、环境做优、形象做美、使其逐步向国家特色园林城市迈进。敦化在城市生态文明建设上围绕“特”字大做文章，大力实施城市绿化精品工程。敦化市委、市政府充分认识到城市特色是城市名片，是城市文化的标志，盲目模仿，千篇一律不是城市特色，城市特色就是充分挖掘各种资源，集唯一性、排他性、权威性为一体的发展理念，所以在城市生态文明建设上要与其他城市比特色、比内涵、比品位，不单纯地比气派、比规模、比投资，真正把城市生态建设水平寓于我市特色之中，打出真正属于自己的品牌。因此，在城市绿地系统规划中注重主次分明定基调，品种搭配讲协调、造型灵活创风格、精雕细刻求完美这一指导思想，完成了近期、中期和远期城市生态文明环境建设系统规划，为科学指导城市绿化美化工作奠定了坚实基础。

在实施城市生态规划建设上，严格执行了“规划一张图、审批一支笔、

建设一盘棋、管理一个法”的这一原则，并且在实践工作中严格实行了“三个否定”，一是城市建设行政主管部门在审批建设项目时，首先看设计图纸是否按照生态系统规划要求，留足了绿化美化用地，否则不予审批、不予实行招投标，一票否决，确保绿化空间不被侵占和变更；二是在工程建设过程中严格按照“谁开发谁绿化，边开发边绿化的要求”，否则予以停工整改，直至建设与绿化双轨齐进，共同发展；三是在工程竣工时，绿化美化与主体工程一并验收，绿化指标未达标，视为整个工程未达标，直至达标为止，否则工程不予验收备案，真正做到了建一房绿一点，修一路绿一线，建一区绿一片，最后实现建一城生态园的规划总体目标。目前，敦化市在城市规划指导下，城区绿地总面积已达城区绿地总面积已 941.7 公顷，建成区绿地率达 43%、绿化覆盖率达 46%；人均占有公共绿地面积 23 平方米，一举实现了国家园林城市创建目标。

二、高标准建设，为城市打造了亮丽的名片

（一）在公园、广场、游园、植物园的绿化美化手法上突出了点的美，打造绿色精品

公园、广场、游园是城市中最亮的绿点，是人民群众最直接受益的场所，也是城市形象的标志性绿色工程。为了使我市公园、广场绿化更好地体现长白山自然风貌，尽快使长白山乡土树种移居城中，我市建设行政主管部门积极组织技术人员进行大树移植技术攻关，攻破了大树当年不能进城的这一技术难关，使长白山乡土大树入住城区各大公园、广场，达到了当年绿化当年见成效，大树移植成活率达 95% 以上。由于大树移植技术的研究成功，不仅使城市绿化与自然生态紧密融为一体，而且极大地丰富了绿化品种，形成了城市与森林紧密相联，人与自然和谐共处的园林建设格调。公园、广场、游园绿化物种数量达 106 种，敦化公园现已堪称长白山乡土花草树木植物园。在大树移植上，市政府严格按照林业相关法律法规及专家有关要求，取密保疏，取大补小，取一补十，取采伐变移植，既保证了自然林更好生长，又保证了城市绿化要求，既让百姓得到实惠，又鼓励他们植树造林，达到了两全其美的效果，严禁顾此失彼的现象发生。在城区绿化建设上，牢固树立了精品意识，做到了高起点设计，每一张设计图纸都要经过市委、市政府及相关专家研究，征求社会各界意见后再进行高标准建设，达到了建一个广场，成一个精品。众多的公园、广场、游园构思精巧、层次分明、功能齐全、分布合理，展示着敦化绿化的大手笔和点的精美，达到了每服务半径在 500 米之

内就有一个。广场、游园、植物园有群众休闲型的、群众娱乐型的、群众观赏型的、群众聚会型的、群众绿念型的，到目前为止，共建成了3305游园、丹峰游园、翰章游园、渤海广场、文化广场、龙兴广场、植物园等18个大型广场游园，还有街头小绿地30多处，使公园绿化面积达85%，游园绿地率达75.36%，极大地提高了城市绿化的品位和档次。敦化市民形象地把公园、广场称为古都的绿洲、城市的空调、会客的氧吧、情侣的聚所、健身的操场，光彩夺目的绿宝石。

（二）在街路绿化美化手法上突出线的特色性，营造绿色走廊

我市城区86条街路是城市的基本骨架，也是营造绿色走廊的基本线条。为此，在街路绿化手法上，以树为主，形成乔、灌、花、草参差错落科学合理搭配，针阔叶结合，规则式、组团式、自然式有机融合，基调统一，风格各异，层次分明，特色浓郁，达到一街一式，一街一品，路不同景各异。随着我市城市街路的飞速发展，一条条绿色长廊在不断延伸。在此基础上，我们还注重街头绿地建设，沿街绿色景观得到了明显提升。城市6个出口的绿化、美化是近两年来敦化的又一大手笔，在突出长白山自然特色的同时，追求园林建设的千姿百态，追求与城市绿化的相互映衬与和谐，并形成了春有绿、夏有花、秋有果、冬有青的敦化特有的绿色大通道，城市出口绿化美化已成为我市对外宣传的广告和亮丽的名片。道路绿化普及率已达97.97%；道路绿化达标率达83%；主干道绿化面积与道路面积比为26.78%；人均拥有道路面积9.4平方米。在敦化城区有街就有树、有路就有花，无论是在车流密集的主干道，还是在人声鼎沸的步行街，绿树是路标，花丛是门牌，让人从深浅不一的绿色中去充分领略城市的景致和风采。

（三）在庭院绿化手法上突出面的多样性，装点绿色庭院

敦化市在环城拓绿、沿江建绿、拆房补绿、开墙透绿的同时，让更多的地方铺满绿色，大力开展了庭院绿化。在机关、部队、学校、企事业单位、小区庭院绿化上，积极开展了园林式单位小区评比活动，并把能否成为园林式小区、单位作为评先选优的刚性指标，在重点部门还实行一票否决，调动了各部门、单位、小区居民绿化美化庭院的积极性和独创性。在单位和居民小区中形成了“见缝插绿、找缝插绿”，对零散空地，居民楼院周边等边边角角，进行绿化美化，尽可能地延伸绿化空间，提高绿化密度。在空地，绿化以树木为主，就是能搞一片搞一片，能栽一棵栽一棵。对居民楼院山墙栽植各种各样的攀绿植物，使其形成绿色屏障。在单位院内，因地制宜建设园林花坛，建设藤架。在居住区，提倡居民开展家庭绿化和阳台绿化，在庭院周

边栽植花草树木，有效地扩展了绿化范围，营造出处处生机勃勃的绿色空间。近两年来，我市涌现出了丹峰林业、3305 工厂、供水公司、警苑宾馆、航空护林站，旭达花园、康惠花园、阳光城小区、隆泰新城等一批省、州级园林式单位和居住小区。园林式居住小区占居住小区总数的68%；园林式单位占单位总数的65%；新建居住小区绿地率达 31.43%；改造旧居住小区绿地率达 27%；干道沿街单位拆墙透绿达 93%。

（四）在山水环城的绿化手法上突出圈的粗犷性，构建绿色屏障

我市北山、六顶山、牡丹江、北小石河环城而致，两山环绕，两水合流是敦化一大特点，为了营造一个城市的大生态圈，我们在绿化手法上突出圈的粗狂性，凸显地域特色，构建绿色屏障。敦化市委、市政府高度重视生态环境建设，始终坚持城市园林绿化与城市周边大环境绿化有机结合协调发展原则，坚持不懈地开展全民义务植树，加大对两山一江一河的绿化美化工程建设力度，达到了一年绿一片，年年接着干，目前北山已建设成为森林公园、六顶山已建设成为郊野公园，两山已成为敦化最为靓丽的绿色屏障，一江一河已成为两条绿色巨龙，吸戏着城市这颗碧绿明珠。近年来，市委、市政府还大力开展退耕还林和义务植树造林活动，仅城市规划区域内共植树造林就达到 200 多公顷。在义务植树过程中，严格实行“三保”即保栽植、保养护、保成活，使义务植树成活率达 91%；义务植树保存率达 92.3%；各单位义务植树尽责率达 95%。

三、高效能管理，实现了生态文明城市可持续发展

敦化市在开展创建国家园林城市以来，始终坚持“三分栽，七分管”的这一原则，建立了一整套长效的园林绿化管理机制，实行了规范化管理，相继出台了《敦化市园林绿化管理办法》、《敦化市古树名木保护管理暂行办法》、《敦化市园林绿化养护质量标准》等一些规范性管理办法和文件，使园林绿化管理做到了有法可依、有章可循。同时，对城区不同地段的绿化实行市场化管理，对其进行招投标，让市内和市域外的有资质、有能力、会管理的园林公司承包，达到了养事不养人，绿化管理水平有了大幅度提高。在此基础上，我们还成立了园林绿化管理科，对公园、广场、街路绿化实施全天候监控，发现问题及时处理。为了营造一个大的管理环境，我们还利用各种宣传媒介在群众中广泛宣传有关国家、省、州、市园林绿化管理法规，提高了市民自觉爱护城市一草一木，使全市上下形成了人人参与园林绿化管理良好氛围，使城市花草树木的成活率达 98% 以上，保存率达 100%。为了确保

树木、花、草的有效供给，实现可持续发展，敦化市根据近远期规划要求，在城郊区建成3处总占地面积40公顷的苗圃和长白山乡土树种驯化基地，使苗木自给率达90%。按照国家园林城市标准要求，敦化市在大力开展园林绿化同时，加快了城市基础设施建设，强化了城市管理，其中，主次干道硬化率达95%，亮灯率达99%，道路照明装置率达98.5%；用水普及率达100%；水质综合合格率达100%；道路机械化清扫率达30%；万人拥有交通车辆11.7辆（标台）；公交车出行率达93%；新建了日处理能力为500吨的垃圾处理场，使城市生活垃圾无害化处理率达100%；并在全市范围内积极开展了“蓝天碧水”工程建设，进一步加大了治理大气、水体污染等环保工作，大气污染指数小于100的268天，地表水质量在三类以上，燃气普及率达95.50%；新建的日处理能力为5万吨的污水处理工程已于2008年9月份投入使用，我市污水处理率已达97.6%以上。

吉林省敦化市住建局全体干部和职工将继续发扬好的优良传统，喊破嗓子，不如甩开膀子，本着“踏石留印、抓铁有痕”的坚韧不拔的精神，为把敦化建设成为生态文明宜居魅力的北方明珠作出新的更大的贡献。

立足长远　求实创新
不断描绘生态宜居城镇蓝图

黑龙江省宝清县城乡规划局　张继春

宝清县城乡规划局从2006年成立以来，克服了人员少、基础弱、底子薄的不利条件，通过几年的努力，现已成为宝清县规划审批的综合性部门。几年来，宝清规划局按照黑龙江省住建厅以及宝清县委、县政府的有关要求，深入贯彻新的《中华人民共和国城乡规划法》，立足宝清发展实际，凸显规划工作对城乡建设和经济发展的引导和调控作用，在规划编制、具体设计和规划审核中着力念好“三字经”：

一、将规划的结构性标准调“高”

突出规划的功能指导作用，切实做到用规划“一张图”指引建设“一盘棋”，重在城镇功能分区、休闲场所分布和城镇景观设计上下大力气。

（一）在城区休闲场所分布上合理安排

城镇休闲场所建设着重体现“人在自然”与“自在自然”的统一，依势造园、依势建绿、顺景添绿。针对宝清县实际，通过以自然生态的骨架融合宝清城区四周的山体水系，使自然景观与人文景观相结合，用大生态的视角规划出宝清县的城镇园林格局，现已形成东有天府公园、西有小西山公园、南有宝石河水上公园、北有奥体广场、中有人民广场和城南广场的大园林布局。通过四个城区出入口的公园建设，将原来脏乱差的城郊结合部和城市出入口一举扭转为天蓝水碧、草青树绿的生态休闲园。

（二）在城镇景观设计上匠心独具

针对宝清县老旧楼体多、街景亮化不突出的实际，通过找专家、请高人，委托省级规划设计院统一规划设计，学习和借鉴满洲里成功经验，以中央大街、新华路两侧为重点，大手笔实施了城镇穿衣戴帽工程，依据周围景观，因地制宜或俄式、或欧式，别具一格，实现了破旧楼体“旧貌换新颜，重添新景观”，彻底改变了中央大街和新华路两条城市主通道的楼体形象，大大提升了城市品位。

以大思维的视角，高起点超前规划了宝清城镇的整体亮化工程。在具体景观设计上，以楼体亮化为重点，以道路亮化为主线，以树木绿篱亮化为点缀，以高空射灯亮化为补充的多层次、大范围、宽视野四位一体的大亮化格局，已初步形成"靓丽宝清不夜天"的夜晚魅力。

二、将规划的龙头性功能做"强"

充分发挥规划对城乡建设龙头先导功能，做到了科学规划、有序推进和合理改造。

（一）科学修编了总体规划

针对原城市总体规划已不能科学指导城市建设的实际，投入资金 200 万元，委托大连规划设计院本着"立足当前、精细规划、着眼长远、超前规划"的原则，大手笔、高标准、科学修编了宝清县城市总体规划，以适应城市全面协调可持续发展的需要。同步编制了宝石河、挠力河、幸福干渠等滨水规划设计，加快城市水资源开发利用，以水兴城，以水兴业。

（二）做好控制性详细规划的编制工作

根据"营造特色、完善功能、优化结构、统筹发展"的总体要求，编制完成了宝清县总用地面积 408.9 公顷的控制性详细规划，全面提高了控制性详细规划的覆盖率，为我县城乡建设的安排提供了科学的指导依据，为做好"和谐宝清"建设工作打下坚实的基础。

（三）加强基础测绘工作

针对我县原有地形图使用年限久、比例尺大，精度不够、已无法指导规划编制的实际，安排专项资金，委托黑龙江省规划勘察设计院完成城区 56 平方公里的 1:1000 比例地形图的测绘工作（现城区建成区面积为 13.8 平方公里），为城乡建设提供科学依据，同时满足了城市发展今后 20 年的使用要求。

三、将规划的执行刚性把"严"

不断规范规划报建审批程序，增强规划执行的刚性力度，切实维护规划的权威性。

（一）严格报建审批

在规划审批过程中严把审查关，建立内部办公会制、例会制，按照"分级审核、会议决策"的原则，实行办公例会，集体研究，集体决策，实行报建项目流转审签程序。凡是城市建设重大规划、重点地段的规划设计，都报

请县城乡规划委员会从严审批。尽力避免规划审批的随意性和盲目性，使规划在指导建设中真正发挥作用。

针对宝清县棚改项目因拆迁进度产生的审批矛盾，探索实行“分区块办理审批程序”的解决方法，打破以往整体地块不拆迁完毕，就不能核发《建设工程规划许可证》、建设项目就不能开工建设的局面，加快了审批速度，保证了项目的正常施工，有力保障了回迁户的按时入住。

（二）狠抓规划执行

在具体工作中，突出工程审批、施工监管和竣工验收三个环节，严格监管，制定建设工程规划跟踪管理记录册等具体措施，对各类项目进行全程的跟踪管理，确保规划实施过程不走样，不落空。

加强对新建民房和验收的管理力度，一方面以人为本，会同县建设局房产处对老城区进行逐家入户普查，对于一些建成年限较久、历史形成的房屋，在不违背城市规划、符合消防要求的条件下，按照“尊重历史、实事求是、区别对待”的原则，给予补办了规划审批手续。保证了百姓的既得利益不受损失，缓解了拆迁中的矛盾，同时也为地方财政增加了税收。另一方面加大对违章私建、抢建民房违法行为的查处力度，会同县拆迁办在电视上发布公告，敬劝百姓不要盲目违法建设，同时设立“群众举报箱”、“群众热线电话”，形成全社会监督氛围，有效遏制违法建设行为，保证城市规划工作的顺利实施。

（三）全力打造“阳光”工程

通过网站向社会公开规划申报条件、审批程序、办理时限、收费标准、服务承诺以及有关规划管理的法律法规、规章制度等，同时将规划执法依据、执法程序、收费依据、执法结果予以公示，认真接受社会各方面监督，提高了审批、执法和办事流程的公众认知度和透明度，实现“阳光审批”和“阳光执法”。

同时抓好批前、批后公示，对重要地段、重要区域、重要项目或群众关心的规划建设项目，在报批前将规划方案在规划专栏、规划网站和建设项目所在地进行公示，充分听取和吸纳群众的意见和建议，对方案进行修改、完善。对批准实施的建设项目现场挂牌公示，公示项目名称、建设单位、建筑层数、间距、容积率、绿化率等主要技术指标，较大限度地保障公众参与城市规划的权利，让市民对城市规划有知情权、批评权、建议权和监督权，确保建设项目按规划实施。

（四）优化服务效能

按照“一城两片区”的空间结构，设立规划管理岗位，规划管理人员下基层工作，变“开门服务”为“上门服务”，加强对基层的前沿服务。加强优化环境、促发展工作，对新入驻的房地产开发企业或生产加工型企业，帮助认真全面权量选址，无偿提供地形资料和工程规划，为企业准确的测算利润和发展空间提供有力保障。在工程建设中，按照城市总体规划和控制性详细规划的要求，不分节假日，在第一时间内为项目测绘放线，确保房地产开发、工业和市政项目顺利开工，按期完工。

宝清县城镇化建设刚刚起步，规划工作任务艰巨，困难很多，经验不足，与兄弟县、市相比无论是建设档次、整体品位和投资规模都有很大距离。宝清城乡规划局决心在省住建厅的大政方针指引下，学习兄弟县市先进经验，紧紧抓住全省加快小城镇建设的历史机遇，自我加压，知难而进，比、学、赶、超，把宝清县城镇建设再推向一个新的台阶。

作者简介：

张继春，男，汉族，1965年2月出生，中共党员，研究生学历。现任黑龙江省宝清县城乡规划局局长。

历任宝清县建设局副书记、发改委副主任、项目办主任、商务局局长、经济协作和第三产业办公室主任。

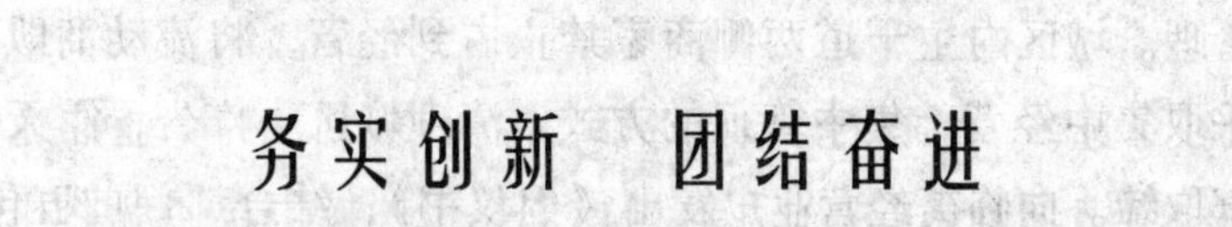

务实创新　团结奋进
推进茄子河区城乡建设发展新面貌

黑龙江省七台河市茄子河区住房和城乡建设局　唐宏军

茄子河区城市建设和管理工作在市委、市政府的正确领导下，深入贯彻落实科学发展观，紧紧围绕“创建园林城市”的城市发展战略，以我市“创建三优文明城市、开展十项整治”的决策部署为主线，深入贯彻国家、省、市各项政策措施，务实创新，团结奋进，各项工作取得了新进展。

几年来在加快推进项目建设的同时，通过不断理顺城市管理体制，完善管理机制，强化管理举措，有效推进了城市管理的科学化、规范化。城乡建设管理工作总体上呈平稳较快发展态势。

一、“十项整治”活动

（一）主要街路临街楼体立面、牌匾广告整治

由专业设计公司完成设计方案，对主街路19处楼体实施了立面改造和亮化，重点开展杨扬街和东安街的牌匾整治，拆除无商家经营的废旧牌匾。更换主街路牌匾，清理沿街不规范牌匾。对街两侧商家牌匾按照一店一匾进行规范。对临街破旧平房和板杖子进行统一改造和粉刷。

（二）城市出入口及主要街路整治

城市出入口整治。对景观节点的绿化进行提档升级。建设了造型景观，实施大树、景观树移栽，对绿化树木统一剪枝、造型。开展景观节点建设。

主要街路整治。以高起点、高标准、高质量的原则，开展街路整治。新栽植水蜡、小叶丁香、云杉等13个树种，绿化苗木36.3万株，草皮绿化1.33万平方米，节点绿化景观17个，按照1米、2米、3米、7米宽的标准砌筑绿化池181个。对路牙石、彩砖、水篦子、检查井进行统一整修，加快推进临街楼体立面改造工作。完成1078块树穴生态景观护树板铺装和4500平方米裸土沥青罩面工程，完成东侧暗排及沿街5700平方米彩砖铺设工程。对建材城以西个别商户的门面及围挡进行粉刷。对杨扬街沿街通信企业配电箱和公交站牌进行规范、油饰。拆除网通公司废弃IC卡电话和私建彩钢棚。对

沿线进行遮挡。采取街面管理人员分片包保的方式，对大街以及辖区内主要街路进行管理。城区内主干道两侧商家禁止占到经营，将流动商贩规定到指定地点，采取集中经营，集中管理的方式。清理城区小广告，露天烧烤和马路市场全部取缔。向临街经营业户发出《倡议书》，结合“门前五包”，引导商户定时定点倾倒垃圾，共同管护既有绿化树木，促进“三优”文明城市创建。

（三）公共环境卫生整治

研究制定了《茄子河区清扫保洁作业质量考评办法》，对全区100多个垃圾箱进行了清洗、油饰，并对破损严重的垃圾箱进行了更换、修整。加强对各街道及物业小区的环境卫生监管工作。

（四）环境污染整治

制定了《茄子河区原煤散烧大气污染治理实施方案》。推动城区内主干道两侧可视范围内、居民区附近的煤矿、洗煤厂、煤炭货场等涉煤企业建设防尘网、封闭煤仓等防尘措施，三级以上标准化矿井全部建设防尘仓，向辖区内餐饮业等相关企业下发《加强治理原煤散烧大气污染、餐饮油烟污染的通知》。开展保护“母亲湖”行动。

（五）居民住宅小区整治

实施住宅楼立面粉刷，并对楼体的牌匾实施整治。在小区栽植了花草，进行了绿化。

（六）厂区矿区环境整治

重点推进规模上及沿途省道两侧重点企业的整治，开展环境整治，共种植各种树木1.9万棵，道路硬覆盖4000米，绿地18000平方米。实施了厂房、围墙粉刷。制定全区煤矿环境整治计划，全年完成30处矿井地面防尘设施的建设。各煤矿对以前没有存活的树木进行补植，对房屋进行粉饰。

（七）城市供水整治

我区拟进行茄子河煤矿机井供水及新富村供水管网工程建设。其中改造茄子河煤矿机井供水管网21700延米，投入资金190万元。改造新富村供水管网3343延米及检查井，投入资金150万元。以上工程资金来源为区政府投资。

（八）村容村貌整治

全区农村环境整治工作投入资金2897万元（以区级、乡镇、村屯、域内企业投入为主）。主要整治情况如下：建设别墅小区16栋，多层住宅4栋，清运生活垃圾18000立方米，白色垃圾4700立方米，清运建筑残土和冰雪

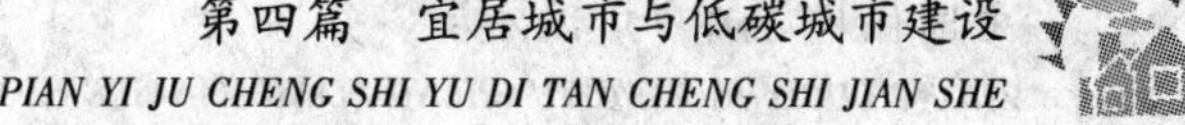

12500 立方米；清理杂草 2500 立方米；清理公路沿线、城乡结合部视野所及范围的障碍物 118 处；清理边沟 16500 延米，修缮道路 97 条，农村改厕 120 所。各乡镇栽植绿化苗木 46000 株（簇），完成绿化节点 10 处，绿化条带 7 处。安装水泥、铁艺和彩钢栅栏 6000 延米，修缮村民栅栏 124 处。全区各乡镇新制作铁质垃圾箱 145 个，新购置叉车 3 台；已安装路灯 80 盏。成立保洁队伍 37 支，拥有保洁人员 116 人。发放"让乡村更亮丽，让生活更美好"宣传单 2 万份，制作宣传磁带 20 盘，张贴标语 130 条，张挂条幅 35 条，在《七台河日报》上发稿《茄子河区：山水田园画卷徐徐展开》、《茄子河区村容村貌整治大变样》、《乡村美景胜江南》等 16 篇，其中全区性综合稿 5 篇，各乡镇 11 篇，电视报道 6 次，营造了全民动手、全民参与环境整治的浓厚氛围。我区开展的《文明幸福家庭评选活动》、《弯弯腰、伸伸手，我与文明同步走》等活动，取得了显著成果。

（九）道路建设整治

严格执行新的《公路技术状况评定标准》，指导公路养护，促进公路养护工作制度化、规范化。全区完成养护里程 223 公里，新增晴雨天通车里程 36.7 公里，整修路面、垫坑槽 125.6 公里，清理路边沟 9 万延米。同时又对道路两侧绿化进行了重点整治及更新，加大了道路绿化美化力度，共完成道路绿化 220 公里，植树 51292 株，美化面积达 95 公里，整修树床 5.5 万余平方米，用于道路建设养护共出动机动车 3800 台次，总投资 198 万元。完成文明样板路铁山乡至建新村 11.5 公里；向阳至新立 18.015 公里，进行道路建设养护，备料 2875 立方米，整修村床 4000 余平方米，植树 2500 株，美化面积达到 10 公里。

北方水泥厂道路。项目由七台河天河公路工程咨询公司设计所设计，全长 1.4364 公里、宽 8 米、两个基层、面层厚 30 厘米。工程由七台河市建正招投标公司公开招标，七台河通达市政工程公司中标。中标单位按工程要求，保质保量进行道路施工建设，已通车使用。

1. 乡村规划许可工作。2012 年乡村建设规划许可工作，紧紧围绕农村危房改造和泥草房改造两项中心工作，以加大服务和指导为重点，积极引导改造农户使用节能、抗震材料。并符合乡、村控详规划。2012 年共完结农户建房申请 858 户，该项工作取得了群众基础的支持和信任。

2. 农房改造工作。2012 年全区完成改造泥草房 487 户。同时根据国家住建部、发改委、财政部《关于做好 2011 年扩大农村危房改造试点工作的通知》与《黑龙江省 2011 年国家农村危房改造试点实施方案》的要求，开展了农村危房改造工作，2012 年全区改造危房完成 66 户。

3. 小城镇建设工作。(1) 茄子河区中心河乡、铁山乡作为全市六个试点示范乡镇。(2) 基础设施建设方面：一是通过和企业协调，修建了宽 8 米，长 1000 米的小区循环路；二是建设更 4 个行政村休闲广场共计 3200 平方米。三是建设完善农民公园 2.3 万平方米，先后栽植了大型观赏树木、低矮乔灌木等 2 万余株，栽种各式花草 5000 余株，铺设休闲甬道 2000 余米，并安装了大型体育设施。四是投资 90 万元，建设垃圾掩埋处理厂一座、叉车一台、垃圾箱 150 个、垃圾车一台。五是投资 125 万元，新增供热管道 2500 米、改造泵站 4 座。六是投资 30 万元，完善所在地路灯 75 基。七是修建吉伟至新立村路栅栏 1200 米。(3) 住宅建设方面：一是农民住宅楼建设两栋。二是村整体搬迁，已有近 60 余居民搬至乡所在地和市区。

(十) 产业发展方面

完成了蔬菜基地建设，以亿百康生态园为牵动，加快蔬菜基地建设，2012 年投资 500 万元在村进行蔬菜小区建设，占地面积 10 万平方米，其中温室 12 栋，钢架大棚 84 栋。投资 12 万元对通村公路两侧绿化树刷灰，清理了树床中的杂草；投资 10 万元对全乡 9 个行政村的通村公路上矸石粉进行路肩维修。投资 72 万元，修建了村内 1000 延米白色路面。投资 5 万元，在村内四十个主要路口铺设涵管。铁山乡加大了新农村建设力度，在村西择扯新建农村二层楼别墅小区，现有 16 栋住宅楼已经建设完毕。

二、下步打算

(一) 完善城区发展规划设计。按照“因地制宜、理念超前、民生优先、生态为重”的原则，完善城市总体规划设计，具体到每一个建筑物、每一条街道、每一处节点，切实增强规划的指导性和可操作性，做到有的放矢。

(二) 加大对改造工程督办力度。由专人负责，进行定期督办，随时掌握工程进度，同时抓好工程质量的监督，促使有关单位按时完成整治任务。加大力度，积极加强与需整治改造单位沟通联系，督促未开工的单位抓紧工程改造。

(三) 加大投入力度。虽然茄子河区财力较为紧张，但我们将坚持可用财力向重点工程投入的原则，开源节流、广辟渠道，全面保证城市建设发展的需要。

(四) 建立健全环境综合整治长效机制。按照边整治、边规范、边改革的思路，紧紧围绕“全时段、全方位、全覆盖、精细化”的总体目标，进一步

探索和完善环境综合整治的长效机制，健全管护维修网络，形成符合长远发展地、科学有效地管理制度。

（五）持续推进“重点项目建设。把重点项目作为助推经济社会又好又快发展的重要载体，坚持“党委牵头、政府负责、多方协调、群众参与”的原则，每个步骤、逐个节点的抓好推进落实，每一项工作都要取得最好的成果，真正发挥项目作用。

（六）营造开展城市建设活动的浓厚氛围。通过各种形式、载体的广泛宣传，进一步突出整治重点，着力打造一些环境整治的精品，发挥典型引领作用，在全区形成一种全民参与的环境整治意识，共同管护既有成果，从而更加有力地推动茄子河区的城市化进程。

积极探索城市综合管理长效机制

上海市城乡建设和交通发展研究院　袁　钢

时下，上海正在探索新一轮的现代化国际大都市城市综合管理，这主要是源于多年来因诸多原因形成了不少城市管理顽症，需要多部门进一步合作来加以缓解或解决。目前探索实施的大联动，虽然方向是对的，但操作方法略显粗糙，相关工作机制还有待进一步完善。究竟采取哪些方法，才能使城市管理与其他社会管理有机结合，从而建立起长效常态的城市综合管理机制呢?

一、历次的城市综合管理方法辨析

1. 1977 年 4 月，市政府成立了“三整顿”领导小组和办公室，开展整顿马路、整顿交通和整顿市容工作。整顿马路，是指整顿马路仓库、马路垃圾、马路工厂、马路搭建、马路停车等“五马闹市”问题；整顿交通，是指改进交通管理、加强道路管理、加强交通枢纽治理、改善公交乘车拥挤等；整顿市容，是指在通向机场、车站、码头、宾馆、大型公共活动场所、体育场馆的道路上，发动沿线有关单位整修墙面、店面、路面和绿化、路灯等设施。显然，这是在市政府统一领导下的一次多部门的合作，是初步的城市综合管理探索。但因为“三整顿办公室”长期是临时机构，因而既缺乏长期稳定的管理规划，又不能全面制订各项必要的管理标准和规定，也就只能起到一时的突击整治的作用。

2. 1990 年 10 月，市委决定组建一支具有综合性管理职能的巡警队伍，统一行使城市管理所涉及的道路、广场、街坊等公共场所的社会性执法管理职能。1992 年 6 月，市人大通过了《关于在本市部分地区试行人民警察综合执法的决定》。11 月，黄浦、静安、徐汇 3 区巡警大队正式上街巡逻执法，并重点对乱停车、乱占路、乱设摊等问题进行大力整治。1993 年 3 月，市政府决定把试点范围扩大到虹口、卢湾、长宁、闸北、南市共 8 个区。7 月，市人大颁布《上海市人民警察巡查条例》。1994 年 1 月，上海市公安局巡警总队成立。显然，这是一次借鉴新加坡、香港经验，在执法层面上体现一警多能的强有力、高效能的城市综合管理探索。可惜的是，由于在国家层面没有巡警

建制，没过几年，巡警队伍被解散，这种形式的综合执法也就停止了。

3. 1996 年，上海在街道这一层面组建监察队，试行对城市道路、园林、环卫等 6 方面的部门管理为“合六为一”的综合管理。2000 年 7 月，市人大通过了《上海市城市管理综合执法试点工作方案》，将市容环卫、绿化、市政、公安、工商、规划、房地、环保等 9 个部门的简易执法职能，在区一级层面上试行“合九为一”的城市综合执法管理。2005 年 6 月，成立上海市城市管理行政执法局，行使对本市市容市貌的集中处罚和管理职能至今。显然，这是继巡警综合执法取消后，换了牵头部门的继续综合执法，仍然是城市综合管理在执法层面上的探索。这一方法是行之有效的，是城市管理支柱之一。问题在于，现时的城市管理面临着许多复杂情况，在强化执法的同时，遇到了法不责众的严峻考验，以罚代管行不通了。

4. 2005 年 10 月，上海城市网格化管理市级平台和卢湾、长宁 2 个区级平台试运行。2008 年，全市 1 + 19 个城市网格化管理平台全部建成投入运行，管理覆盖了 1200 平方公里的城市化区域。城市网格化管理将城市管理内容分为部件和事件两类，不仅涉及了建交系统的大部分管理内容，而且还延伸涉及到了相关诸如公安、工商、民政、电力等跨系统的部分内容。它依托信息系统，通过网格的划分，进一步明确了管理职责；通过流程再造，建立了发现、立案、派遣、处置、核查、结案的闭合管理流程；通过规范工作标准，进一步明确了问题的发现标准和处置标准。显然，这是一种科技加制度的城市综合管理新模式。它的核心是及时发现问题和快速解决问题，它不打破现有管理体制，不涉及行业审批管理和执法管理，而是旨在加强过程服务的一种城市综合管理方法。目前存在的问题主要是缺乏法规支撑，其覆盖面还不包括农村地区。

二、现行的城市综合管理方法探究

2009 年以来，本市奉贤、崇明、长宁、杨浦、闵行、静安、嘉定、浦东、松江等区县为有效应对城市基础设施维护不到位、市容市貌脏乱差、无证经营、非法营运、违章建筑、无证行医以及街面违法犯罪等突出问题，陆续开展了城市综合管理探索。具体做法有以下特点：

（一）调整现有相关信息系统架构

奉贤、崇明、长宁、杨浦类似，是在城市网格化管理信息系统基础上，建立呼叫中心，构建街镇管理分平台，并与公安、应急等相关信息系统互联；闵行、静安类似，是在城市网格化管理、综合治理和应急管理三个独立平台之上，重新构架一个总平台，并再建立呼叫中心和建立街镇分平台；嘉定、浦东、松江类似，目前还只是停留在试点街镇分平台建设试运行上。

（二）扩大及时发现问题的渠道

相关区县都将城市管理、综合治理和应急管理的日常管理、执法人员整合在一起，扩大了监督员队伍规模，并按照一定的规范要求，能更大范围及时主动地发现问题。同时与主动发现问题渠道相对应，通过呼叫中心，受理各类市民诉求，增加了被动发现问题渠道。这样，区县、街镇两级“大联动”平台可以统一受理监督员巡查和市民投诉信息，并按不同的业务流程，分别通过城市网格化管理、综合治理和应急管理三个子系统予以派遣处置，以提高发现解决问题的能力。

（三）拓展城市管理区域和内容

通过建立区县、街镇、居村委三级管理网络，上街面，进小区，到农村，城市管理区域范围较快地全覆盖，管理重心得到了下移；同时，将其他社会管理，诸如工商、卫生医疗、文化、教育、体育、治安等部分内容纳入进来，使得城市综合管理内容更丰富，各类执法人员、辅助人员等管理资源得到进一步整合。这样，横向到边，纵向到底，少死角，少盲区，城市综合管理开展更广泛。

（四）提升管理机构协调权威性

相关区县实施大联动，虽然有的已经全面推开，有的还在局部试点，但都建立起了高层次的相关管理协调机构。这一机构，有的由区政府牵头，有的由综合治理部门牵头，还有的直接由公安部门牵头，设置大同小异，旨在增强其管理协调的权威性。城市综合管理有了强有力的组织机构保障，其日常及时发现问题和快速处置问题的协调就有了可靠保证，催办督办效率大大提高。

上述特点表明，目前相关区县实施的大联动，是科技加制度方法的进一步探索，是进一步以城市网格化管理为理念，以问题导向为原则，以及时发现问题和快速解决问题为核心，是一次更大范围的城市综合管理。正因为范围大了，规模大了，难度也就大了。目前其存在的问题是，从相关信息系统建设来看，新建一套平台体系，成本高，周期长；从实际运行效果看，更换牵头部门，导致了城市网格化管理被弱化；从其他社会管理运行情况看，因其管理标准和流程尚不成熟，相关信息平台的案件信息量较少，这些都还有待通过进一步的探索予以改进完善。

三、城市综合管理是城市管理和社会管理的有效联动

本市新一轮的城市综合管理其主要特征是城市管理和其他社会管理联动。那么，什么是城市管理，什么是社会管理，它们之间的关系又是什么。引起该问题探讨的，是因为现实中出现了两种城市综合管理信息系统，一种是偏重于城市管理的城市网格化管理，另一种是偏重于社会管理的大联动。我们先来罗列一下这两种管理信息系统分别所涵盖的管理内容。

（一）城市网格化管理将城市管理内容分成了部件和事件

城市管理部件是指城市公共区域范围内的各类城市基础设施，主要包括市政工程设施和市政公用设施及其附属设施。目前，涵盖了公共设施、道路交通、环卫环保、园林绿化、其他设施等5大类共88种内容，比如各类井盖、各类交通标志标牌、各类废物箱桶、各类公共绿地、加油站等。城市管理事件是指人为或自然因素导致市容环境管理秩序受到影响或破坏的现象和行为。目前，涵盖了市容环卫、设施管理、突发事件、街面秩序、综合管理等5大类共34种内容。比如乱涂写乱招贴、道路破损、水管爆裂、占道无照经营、违章搭建等。

（二）个别区大联动将社会管理内容分成了日常管理、治安维稳和应急联动三大块

日常管理包括了城市网格化管理的所有部事件内容，并在此基础上进行扩展，增加了工商、卫生医疗、文化、教育、体育等部事件内容，还增加了热线服务内容，受理市民相关诉求；治安维稳包括公安管理的社会治安一部分内容；应急管理包括约20个行业的应急预案、应急人员和应急物资等管理内容。

上述两系统在城市管理内容方面是完全重叠的，大联动系统覆盖了网格化系统的管理内容。这一做法的合理性值得商榷。

城市管理有广义和狭义之分。广义的城市管理是政府各行业公共管理的总称，狭义的城市管理是依照现行的行政管理系统职能划分，是仅指市政基础设施管理、市容市貌管理、交通管理、工程建设管理等专业方面的公共管理。而社会管理也有广义和狭义之分。广义的社会管理是政府、企事业单位和社区所涉及的公共事务总称，狭义的社会管理仅指社区公共管理事务。显然，无论是广义的还是狭义的，城市管理和社会管理都是有区别的。

当然，我们从实际出发，在现行体制基础上来探讨城市管理与社会管理之间的关系是有意义的。城市管理是社会管理的重要组成部分，社会管理覆

盖城市管理，逻辑上是通的，方向是对的。但实际情况是，城市管理各专业管理都具有其独立的机构、流程和标准，而其他社会管理也是由若干个专业管理组成，分别有其独立的机构、流程和标准，这样，在这些都没有什么变化的情况下，将城市管理与社会管理放在一个信息系统或者一栋楼内，显然，更多的只是形似而非神似。其实，城市管理与其他社会管理没必要去作简单的混合，但可以作有机的结合。这种结合，不是相互替代，也不是相互抵制、牵制，而是各行所长，相互取长补短，是强强联动。

优化服务水平　提升工作效能
为全面建成滨江生态城市尽职尽力

江苏省泰州市高港区住房和城乡建设局　邱小平

2012年，泰州市住建系统上下瞄准全年目标任务，层层落实工作责任，区交各项目标任务全面完成和超额完成，市交的建筑业、城镇绿化、保障房建设和重点镇村建设等四项考核指标，继续处于全市领先地位。2012年，泰州市住建系统上下瞄准全年目标任务，层层落实工作责任，区交各项目标任务全面完成和超额完成，市交的建筑业、城镇绿化、保障房建设和重点镇村建设等四项考核指标，继续处于全市领先地位。

一是依法房屋征收，重点项目顺利实施。协调并组织实施全区重点城建项目69个，完成城建投入80亿元，累计拆除房屋40万平方米、动迁1600户，开工建筑面积90万平方米，新增道路40万平方米，新增绿化56万平方米；二是坚持建管并重，建筑经济稳步发展。全区完成建筑业施工总产值152亿元，工程结算收入78.6亿元，企业入库税收1.1亿元。创成省优工程1个、市优5个，省文明工地1个、市优7个，实现施工安全“零伤亡”；三是推进安居工程，人居环境持续改善。全年新建、续建房地产开发项目13个，开工面积70万平方米，竣工面积45万平方米。开工限价商品房1770套、建成1564套，建设公共租赁房787套、交付226套，分别完成市交指标的188%、174%、394%和113%；四是把握创建机遇，城市形象全面提升。城区绿化总面积260万平米、绿化覆盖率47%。城市路灯升级改造基本完成，路桥维修工程全面启动，住宅小区雨污分流、农贸市场下水道疏通、老小区停车场改造等惠民便民项目全部完成；五是统筹城乡建设，镇容村貌加速改观。完成49个行政村136个自然村的村庄环境整改创建任务，创成省星级康居乡村64个、环境整洁村72个。重点镇村建设圆满完成，在全市考核评比中名列前茅。首批农村危房1000套的改造任务已经下达，并指导督促各镇街按照计划抓紧实施。

2013年是贯彻落实十八大精神的第一年，是我区推进转型升级综合改革的突破之年，也是我区城镇建设加速发展、城市品位加速提升、城乡面貌加速变化的关键一年。面对新的形势，新的机遇，我们将以紧迫的责任感、崇高的使命感，抢抓泰州大桥通车机遇，瞄准“在苏中率先基本实现现代化”的总目标，调大建设目标，提升争先意识，调高建设水准，提升城市品位，调实建设措施，提升工作水平，扎扎实实推进城市建设工作再上新台阶，再创新业绩。

2013年城建工作的总体目标是：实施续建、新建工程项目66个，城建总投入100亿元，开工建筑面积100万平米，新增道路面积100万平米，新增绿化50万平米。促进一城（主城区）三区（高新园区、核心港区、临港经济园区）加快建设、联动发展，加快形成纵横交织、内环外通、高效快捷的城市骨干道路框架，加快形成配置得当、配套齐全的城市基础设施体系，加快形成设计新颖、色彩协调的城市建筑群落，加快形成布局合理、功能明晰的城市功能分区，加快形成人与自然、建筑、环境相和谐的生态宜居文明城市风貌。

一、加大工作力度，确保全年目标顺利完成

一是深化对接市交考核指标。积极与市区考核部门对2013年度建筑业、保障房建设、村庄环境整治建设、城镇绿化等指标任务要及时分解落实到相关责任主体，细化数据指标，优化考核办法，签订责任书，确保目标必成。二是认真梳理全局目标任务。对照区三个文明考核指标，分解落实目标任务，各责任科室（单位）、责任人，迅速研究方法措施，排定全年工作计划表，列出月度分解实施计划表，确定每周序时进度。三是强化督查推动工作落实。局纪检监察室依据年度计划，加大对各项工作完成落实程度的跟踪督查，对未能按照序时进度完成或者达不到工作要求的，在每周的局例会上通报情况，科室或单位负责人要说明原因，并详细报告下一步工作举措和完成时间。

二、加快项目建设，确保城建重点工程顺利实施

一是强化征地拆迁。积极与属地党委政府、规划、国土、人社等部门搞好对接，协调处理各类矛盾，加快重点项目征地、交地工作，认真抓好重点项目房屋征收工作，为项目建设提供保障。二是抓好项目推进。东方明珠在建30幢11万平米全部建成，新高港中学、书画院、基督教堂、江平线大桥改造、春城路以及金港装饰城南侧、东侧和海裕山庄北侧道路年内竣工交付。三是提升服务水平。加强与各园区、镇街和相关部门沟通联系，了解工程进度，帮助协调矛盾，处理问题。强化城建例会、现场办公会、检查督查等各

类活动的组织，每月通报至各成员单位，全力维护好全区城建工作的大局。

三、完善城市功能，确保城市形象一年一个样

一是制定城区改造长远计划。遵循“北进南扩”的原则，认真排查老镇区在市政、绿化和路灯等方面存在的问题，根据现实情况排定实施计划表，分步改造。迅速建立城区基础设施综合巡查小组，结合数字化城管工作，及时发现问题，第一时间处理。二是抓好重要节点改造。以泰州大道为中轴线，启动滨江新城、口岸转盘、港城路道口、刁铺转盘、京沪立交功能区等 5 个重要节点的升级改造。加大小游园建设力度，实施港城公园、银杏广场、生态公园升级改造工程，为广大市民提供更多更好的公共活动空间。三是打开物管工作新局面。以美化小区生活环境、提高业主满意度为目标，进一步强化小区卫生保洁、亮化绿化、安全保卫等工作。学习借鉴社区物管的成功经验，推动此项工作落到实处。不断加强和规范公维基金的管理和使用，着重抓好老小区的升级改造，把事情要做在前面，涉及到群众生命财产安全的要抓紧办，办到位。

四、关注民本民生，确保房产市场保持平稳态势

一是加快安置房建设。从关心群众、维护稳定的高度出发，尽快制定出台团购房意见细则，同时，规划好、协调好、落实好安置房建设、交付和管理的各项工作，年内竣工交付安置房 1000 套以上。二是加紧保障房建设。对困难家庭要抓好对接、排查和审核，廉租房住房补贴、相关离退休人员住房补贴等要及时有序发放。积极争取资金和政策，加大公共租赁住房和经济适用房规划和建设力度。贯彻落实公租房配建政策，年内开工建设公租房 2 万平米以上。三是加速商品房开发。抓紧完成新上市项目开发前的各项准备工作，确保年内开工建设；做好续建开发项目的协调服务工作，在保障质量安全的前提下，帮助协调矛盾问题，加快工程推进速度，确保年内上市商品房 3600 套 40 万平米，保证市场供应量，稳控商品房价格，促进区内房产市场稳定发展。

五、推进城乡一体，确保镇村环境显著提升

一是明确目标任务，健全工作机制。全年创成省环境整洁村 77 个、星级康居乡村 32 个。充分发挥建设部门的主体作用，严格落实目标责任制、工作

例会制、巡查督导制、定期通报制、绩效考核制、公开公示制等各项制度，形成齐抓共管、务实高效的工作氛围。二是科学安排计划，优化实施方案。星级康居乡村和环境整洁村按照“六整治、六提升”和“三整治、一保障”要求倒排基础设施建设和整治项目计划，明确序时进度，务求目标必成。三是加强工作引导，整合多方资源。做到“七个结合”：把村庄环境整治工作与农田水利建设工程、绿化造林工程、交通环境改善工程、高效农业示范工程、农民集中居住区建设工程、秸秆禁烧与综合利用工程、镇村道路沿线整治工程等紧密结合，全面提升农村环境综合品质。四是推进长效管理，提升整治成果。进一步健全完善村庄环境长效管理机制，加强村庄环境综合长效管护，坚决杜绝“回潮反弹”现象。做好村庄环境整治工作总结转段，鼓励有条件的村庄“转星升级”。

六、加强管理整合，确保建筑产业健康有序发展

一是整顿规范建筑区内市场秩序。集中开展综合执法检查和专项整治行动，将建设、施工、监理等企业的市场行为与资质动态考核挂钩，健全完善综合信用评价办法，全面提高责任主体诚信状况的透明度。特别是要认真研究工程款支付管理办法，从源头上防范拖欠农民工工资。二是增强企业综合竞争实力。充分发挥本地大江建设集团公司的龙头作用，强化管理，提升规模，优化服务，逐步树立品牌，整合壮大队伍，提高经济效益。加强人才培养、劳务培训、资金保障等工作力度，增强建筑业发展后劲。全年新增二级资质企业3家，培养引进一、二级建造师20名，初中高级职称人40名。三是不断提升建设工程质量安全水平。实施“以名牌换品牌、以实战练队伍、以管理树形象”战略，全年创成省优工程4项、市优工程6项，创省级文明工地6个、市级文明工地15个。牢固树立“安全第一”的观念，下大决心、花大力气抓好建筑施工安全工作，确保不发生一起重大安全生产事故。

七、强化教育管理，确保以勤廉高效的作风迎接新挑战

一是严格要求，提升队伍战斗力。积极打造“学习型”党员干部队伍、“创新型”党员干部队伍、“实干型”党员干部队伍。始终保持逢山开路、遇水架桥的昂扬斗志，始终保持直面挑战、勇往直前的创业激情，埋头苦干不张扬，攻坚克难争主动，真正做到在艰难中奋进、在压力下崛起。二是严整政风，提升行政执行力。始终心里想着群众，主动靠近群众，用心服务群众，

从解决群众最关心的热点、难点入手，急群众所急，想群众所想，做群众所愿，解群众所需。坚决拥护习总书记的指示精神和省市区相关规定，严格执行局各项制度，进一步加大对公务车、公务接待以及公务活动的管理和审核，严控各项经费支出，用好每一分钱。三是严明纪律，提升社会公信力。坚持党风廉政建设与业务工作同部署同考核，对党风廉政建设责任制落实不力出问题的，坚决实行一票否决。突出抓好《廉政准则》的学习贯彻，大力推进廉政文化建设，开展廉政文化进工地、进家庭、干部警示教育、廉政课堂等活动。不断健全惩治预防腐败体系，认真落实民主集中制，积极推进党务政务公开和内控机制建设，组织开展好预防职务犯罪风险源点排查工作，抓好排查出的风险源点的整改防范，加大源头防治腐败力度。

回首过去，我们取得了一定成绩；面向未来，我们肩负着光荣使命。系统上下将以思想的大解放推动工作的大跃进，以作风的大转变推动效能的大提高，为高港争当全市转型升级综合改革排头兵、率先基本实现现代化作出我们应有的贡献。

真抓实干　奋力拼搏
为加快建设美丽分宜进程而努力奋斗

江西省分宜县住房和城乡建设局　敖志明　黄　峰

2012年，分宜县住建局按照县委、县政府的安排部署，紧紧围绕“跻身全国百强县”和创建国家级园林县城、省级生态文明县城的总目标，以争作为、树形象、谋发展为出发点，狠抓重点工程、城市规划、行业管理，各项城建事业均取得了较好的成绩。

一、规划工作不断加强

坚持规划先行，建立和完善了城乡规划体系。

（一）按照总体规划要求，精心编制了城乡规划

委托南昌市城市规划设计研究总院编制了老城区控制性详细规划，委托新余市规划设计院编制了凤阳乡、洞村乡、高岚乡、操场乡四个乡的总体规划，以上两个规划已经县规委会、专家评审会、县政府常务会审查通过。两个规划批下来后，我县城区控规覆盖率、乡镇总规编制率均为100%。

（二）严格规划审批环节，认真执行“一证两书”制度

严格做到重要地段规划设计方案实行五级审批：规划管理办—分管规划的副局长—局长—分管副县长—县长。一般地段规划设计方案实行四级审批：规划管理办—分管规划的副局长—局长—分管副县长；做到重大项目规划、建设用地性质、容积率调整等重大事项经县规划委员会会议讨论通过，方可按照规定程序报批。全年，共受理城乡建设审批报建项目23项，建筑面积106.56万平方米，同比增长20%；核发建设项目选址意见书8份，拟用地面积12.41万平方米，同比增长15%；核发建设用地规划许可证28份，审批建设用地面积1361.42亩，同比增长14%；核发建设工程规划许可证36份，总建筑面积44.61万平方米，同比增长16%。

（三）狠抓规划管理，严格规划执法

做到了所有项目审批后全部在网上和施工现场公示。为确保新建小区的道路、停车场、绿化率、雨污分流、燃气设施、强弱电等基础设施达到规划

设计要求，增加了小区基础设施验收环节，对不符合规划要求的一律不验收。对不按批准方案来实施的项目，坚决予以处罚和不验收，促进规划全面落实到位。其中，东湖花城二期在规划验收时，发现有两栋楼地下室超高4公分，严格按照《城乡规划法》进行了罚款处理，罚款4.6万元；阳光新城项目验收时发现，利用一层店面高度做隔层增加建筑面积，不符合规划要求，坚决要求全部拆除，拆除后才给予项目验收。

二、重点工程稳步推进

2012年，重点工程建设抓好了城区道路工程、商贸开发工程、排水渠工程、污水处理工程和燃气工程五个方面13个城市建设项目，所有工程总形象进度完成了95%，全年累计完成投资1.99亿元，同比增长30%。一是城区道路工程。嵩阳路新建工程，总进度完成了50%，投资完成了3900万元，超额完成3%；东环路升级改造工程，总进度完成了90%，投资完成了5085万元；泉塘路人行道铺装工程已竣工；北环路挡土墙加固工程已进入扫尾。二是商贸开发工程。沃尔玛项目，商业楼主体工程已经封顶，投资额完成了1.1亿元，超额完成了10%；机关幼儿园工程9月份已投入使用；老政府大院绿化改造工程已竣并对市民开放。三是排水渠工程。城北排水渠工程，总进度完成了90%，投资额完成了1800万元。四是污水处理工程。污水管网二期工程，总体进度完成了80%，投资完成了1040万元。

三、行业管理全面规范

围绕进一步规范行业管理，做大做强我县建筑业，保障工程质量和安全，促进我县经济发展这一主线，进一步规范了行业管理。

（一）规范了工程招投标工作

做到了所有招投标项目全部进入分宜县公共资源交易中心交易，建议县里成立了招投领导小组，出台了《关于进一步加强我县工程建设招投标管理的通知》。全年，完成了26项房屋建筑和市政基础设施工程招投标，建筑面积43.81万平方米，中标总造价10.25亿元，同比增长20%。

（二）整顿了建筑市场秩序

推进工程建设领域诚信体系建设，增强了工程建设各方主体的信用意识，出台了《分宜县加强工程建设领域不良行为监管办法》，定期开展持证上岗现场文明施工检查，开展了中介机构专项整治、建筑施工“打非治违”专项清理，建设领域挂靠围标串标专项清理等活动中，进一步规范了我县建筑市场秩序；为确保商品混凝土的质量，价格合理，我局审批了第二家商品混凝土供应公司——分宜永建建材有限公司，得到了广泛好评；全年，颁发施工许可证30份，建筑面积41.26万平方米，同比增长20%；办理《诚信手册》138份，施工合同备案率达100%。

（三）抓好了建筑节能工作

严格按照上级有关规定，认真做好县城范围内新、改、扩建工程的节能专项验收和备案。加强了与县财政、发改等部门的配合，积极申报节能减排财政政策综合示范城市的建筑绿色项目2个，总建筑面积约13.28万平方米。帮助双林镇申报了国家绿色低碳小城镇，目前这个项目已经通过了国家验收组的验收，项目申报成功后，双林镇三年将会得到国家补助资金9000余万元；全年，完成了5个项目验收，面积19.56万平方米，同比2011年增加18%；完成22个项目设审备案，总设审备案面积111.51万平方米，同比增长25%。

（四）工程质量安全有新成效

为进一步加强质量安全管理，出台了《关于进一步加强我县建筑工程质量和安全生产监督管理的办法》，积极开展施工安全生产大检查（隐患排查）、专项建筑机械设备检查、“安全生产月”宣传整治等活动，确保了质量安全零事故发生。全年，办理新开工工程质量安全监督注册95个，建筑面积42.37万平方米，同比增长12%；组织了43个项目竣工验收，验收面积15.75万平方米，同比增长12%；办理工程竣工验收备案36个，备案面积13.18万平方米，同比增长16%；监督工程竣工验收合格率达100%，监管的分宜县文化中心、分宜县人民医院住院部大楼和分宜县人民检察院技侦大楼三个项目2012年被评为省级优良工程，分宜六中2012年评为杜鹃花奖。

（五）下属单位和行业管理单位工作有新进展

检测站的分开和站班子的调整，进一步规范了内部管理，提高了办事效率，企业对外形象明显好转。县建公司和二建公司在业务量少、经济困难的情况下，积极做好了稳定工作，没有给局里添加什么麻烦，难能可贵；县设计院引进人才，提升了设计水平；监理公司严格管理，每个施工环节认真负责监管把关，负责监督的分宜六中工程被评为杜鹃花奖；广夏公司承担的县检察院家属楼项目，多次得到检察院的领导高度好评；新成立了钤锦公司，规范了城建档案管理工作；中水环保公司负责了全县的生活污水的处理，运转正常，在全省排名靠前，抓好了燃气管理，安全生产零事故。

四、民生工程不断改善

坚持以人为本，关注民生，改善环境，全力以赴解决好民生问题。

（一）建立了建设领域职工工资的保障管理制度

出台了建设领域职工工资保障措施，全年共收取建设单位和施工单位工资保障金239万元，确保职工无一名上访。

（二）农村危房改造做到了公平公正

农村危房改造工作做到了公平公正，让最需要得到补助的农民得到党和国家的帮助。针对2012年下大雨钤山镇山体滑坡倒塌了96栋民房和双林镇中心镇建设，积极向省厅打报告，为我县多争取150户改造任务，为县里多争取国家和省里的专项补助资金157.5万元。

（三）全力解决市民反映的热点难点问题

泗水北路进行了改造，得到周边市民的高度好评；玉兔饭庄后面的居民反映排水沟排水不畅，局里组织了专业技术人员到现场查看，并提出了详细的处理方案；针对市民和部分人大代表、政协委员反映比较强烈的钤山东路、洪阳北路、泉塘东路等几条断头路问题，做好了各项前期工作，计划2013年将它们全部打通。

五、干部作风明显提升

围绕全面打造诚信服务、优质服务、高效服务机关，开展了“三项活动”。

（一）开展干部作风整治活动，集中抓好自查自纠

根据县委县政府要求制定了《分宜县住建局集中整治影响发展环境的干部作风突出问题活动实施方案》，通过系统学习、自查自纠和认真整改后，我们的干部都能防微杜渐，都能保持警醒的状态，都有一个廉洁自律的心态。

（二）开展机关效能活动，推进了制度管理建设

组织开展了“五讲五比五提升，创先争优树形象”活动，做到讲学习、比能力，讲责任、比业绩，讲作风、比效率，讲奉献、比服务，讲廉洁、比境界。完善了《县住建局机关管理制度》，规范了机关内部管理。

（三）开展中层干部轮岗活动，增强工作活力

实行了股室负责人全面轮岗和其他岗位部分轮岗，增强了工作激情，减少了经验主义慢半拍，无形中提高防腐拒变能力。实行双周例会制，对行政许可实行限时审批，提高了工作效率，做到了特事特办，急事急办。

回顾过去一年的工作，城建工作取得了突出的成绩。沃尔玛的快速推进，机关幼儿园的快速建成，嵩阳路40多户的拆迁，污水管网的“爬山涉水”，农村危房改造踏遍每个村去做鉴定，泗水北路的硬化，质量安全每季度一个工程一个工程巡查、事故零发生，县建二建的稳定，检测站分开后口碑明显好转，行风评议综合测评县直部门排名第5。但是，成绩的后面细分析仍然存在一些不足，比如：我们少数干部工作的主动性、积极性、责任心、前瞻性不够，与挂点县领导的沟通不够，抓落实的力度不大，攻坚克难的方法不多。

六、多措并举，加快推进新型城镇化建设

2013年，我们的城乡建设将以加快推进新型城镇化建设为抓手，以创建省级生态园林县城、建设美丽分宜为目标，以“工业大会战、城建大会战、三产大会战”为契机，狠抓“建设工程质量提升年”活动，扎实做好我县城乡规划建设各项工作。

（一）创新抓好美丽分宜建设

坚持规划为引领，启动钤阳湖生态新区规划编制，逐步开展城市天然气专项规划，抓好城中村拆迁安置户布点规划。认真做好规划审批管理工作，按照“起点高、定位准、谋长远”的要求，突出村镇特色，做好乡镇和村的各种规划设计，做到严格审批、严格监管，保障村镇规划建设的顺利实施。坚持“因地制宜，分类指导，重点突破，整体推进”的原则，以中心镇建设、新农村建设、农村危房改造为抓手，抓试点，树样板，以点带面，全面推进村镇建设发展。

（二）突出抓好工程质量建设

深入开展“建设工程质量提升年”活动，严格按照2012年底出台的《关于进一步加强我县建筑工程质量和安全生产监督管理的办法》《分宜县加强工程建设领域不良行为监管办法（试行）》有关规定，加强标后监管和施工现场管理，认真抓好施工单位五大员和监理单位总监、旁监的管理，采取上班打卡，押证上岗，不定期现场抽查等措施，记录不良行为或列入黑名单等管理；筹建好市政工程监督管理站，实现工程质量、进度和造价合理统一。

（三）持续打好重点工程攻坚战

重点抓好沃尔玛、污水管网三期、农村危房改造、西气东输天然气接收门站等重点工程建设。加快城市基础工程建设，重点打通洪阳北路、钤山东路、泉塘东路等断头路，构建城区循环交通网络。做好项目建设前期工作，搞好服务，把准时间节点，确保工程按进度、保质量快速推进。

（四）扎实推进建筑行业稳步发展

进一步规范行业秩序，为建筑业营造宽松、健康的发展环境。严格执行《建设领域职工工资支付管理办法》，加大职工工资的日常监管力度，将工程安全质量监管与职工工资支付情况监管结合起来，把拖欠工资现象控制在最小状态，控制农民工工资上访现象；积极开展农民工技术培训，使农民工的质量和安全意识提高；抓好县二建公司改制工作，力促企业平稳过渡。

（五）切实提高干部队伍素质

通过开展“五讲五比五提升，创先争优树形象”、“四项服务”等活动，来历练干部的工作作风，营造积极向上的工作氛围，提高服务水平和服务质量。通过各种载体对干部进行廉政教育，提高干部拒腐防变的能力，并增强班子的凝聚力和战斗力。

回首过去，我们几多欣慰，几多感慨；面向未来，我们信心百倍，斗志昂扬。作为城市建设的重要职能部门，我们唯有视奉献为己任，负重奋进，创新开拓，才能不负县委、县政府的期望，才能不负全县32万人民的重托。“雄关漫道真如铁，而今迈步从头越”。我们要以更加饱满的精神状态投入新一年的工作，以更加高昂的创新激情迎接新的挑战，以更加严谨务实的作风创造新的业绩，为加快建成美丽分宜进程努力工作！

作者简介：

敖志明，男，1967年10月出生，中共党员，本科学历。现任江西省分宜县住房和城乡建设局副书记。

自1987年7月参加工作起，历任杨桥镇人民政府团委书记、党办主任，分宜县物资局办公室主任，分宜县委组织部、村建办干部，副科级组织员、县委组织员办副主任，分宜县委组织部、机关工委组织办主任、村建办主任、机关工委副书记兼部办公室主任，分宜县房地产管理局党组书记，分宜县委办公室副主任、台办主任，县委组织部副部长、人才办主任。2012年4月至今，任分宜县住房和城乡建设局副书记。

黄峰，男，1980年8月出生，中共党员，本科学历。现任江西省分宜县住房和城乡建设局机关党支部书记、办公室主任和城建股股长。

曾先后获得“胜利油田管理局优秀共青团员”，“胜利油田石油管理局胜大园林公司的先进工作者”，“分宜县住建局先进个人”，“新余市住建系统先进工作者”，“江西省农村危房改造先进个人”等荣誉称号。

加快城市现代化进程　建设富强宜居长垣

河南省长垣县住房和城乡建设局　黄国威　毛　宁　胡香红

近年来，长垣县住建局紧紧围绕建设“富强、科教、宜居、和谐”四个长垣目标，在不断拉大城市框架的同时，狠抓基础设施建设，不断完善城市功能，城市环境日益优化，城市品位和档次显著提升，群众生活环境明显改善，受到省市县领导的充分肯定和人民群众的广泛好评。自2010年以来先后荣获“新乡市人民满意公务员集体”、“全省住房和城乡建设系统优秀委局”、“群众满意基层站所”、“河南省建筑业管理先进单位”、“河南省建设劳务工作先进单位”、“省建设科技暨建筑节能先进单位”等150余项国家、省、市、县荣誉，在长垣县成功创建“中国防腐蚀之都”、“国家级卫生县城”、“中国创意（中小）城市50强”、“国家级可再生能源建筑应用示范县”、“外商眼中最佳投资城市”、“省级园林县城”过程中发挥了重要作用，为城市建设的大突破、大发展、大提升作出了重要贡献。

一、坚持以科学规划为先导，引领城市现代化

始终把规划作为生态宜居城市建设的龙头，牢固树立“规划一张图、建设一盘棋，一张蓝图绘到底”的思想，保证城市建设有序推进。

（一）科学超前规划，提升发展定位

按照建设新乡市副中心城市的发展要求，努力提升规划理念、规划水平、规划品质，先后四次修编城市总体发展规划。2010年底，聘请河南省规划院对城市总体规划实施了第四次修编，新一轮规划将城市发展定位为豫鲁交界区域中心城市、现代工贸型城市。相继委托英国城市化系统事务所有限公司、北京土人设计院等单位编制城南新区、东南新城等45公里的城市控制性详细规划和10多平方公里的修建性详细规划。规划到2020年，城区人口达到44万、建成区面积达到51.3平方公里，城镇化率达到50%左右。

（二）及时调整区划，拓展发展空间

2003年以来，紧抓行政区划调整机遇，经过四次区划调整，将樊相镇、常村镇、孟岗乡、满村乡部分行政村和魏庄镇划入城区，设立了蒲东、蒲西、南蒲、蒲北、魏庄5个街道办事处，进一步拉大了城市框架，县城规划控制

区面积由原来的225.3平方公里扩大到411平方公里，用地规模由原来的51平方公里增加到71平方公里。

（三）严格规划实施，创优发展环境

认真执行“一书两证”制度，各类建设项目必须经县城市规划委员会论证审批，沿街建设和重点工程严格按规划标准进行布局和设计。同时，强化规划执法，从街景、标高、红线、建筑容积率等方面严格控制，对不符合规划要求的，坚决依法纠正或拆除，切实维护城市规划的权威性和法律性。

二、坚持以多元投资为驱动，加速城市现代化

充分发挥民营资本优势，积极探索“公商协同、以商补公”的投入机制，着力改变城市建设单一由财政投入的模式，推行市场化运作方式，有效解决了城市建设资金投入不足问题。

（一）深化体制改革，做强城建投资主载体

依托原长垣县城市建设投资有限公司，以总资产29.6亿元，注册资金6.2亿元成立长垣县投资集团，建立完善“政府主导、市场运作、责权明晰、独立经营、运行高效”的城建投融资机制。先后融资16.8亿元投入城市和产业集聚区建设，共实施县行政新区路网、体育馆、如意园、城区河道综合治理等城市公共基础设施项目30多个。积极探索政府资产评估置换建设模式，将部分县直单位办公楼及原有土地资产作价置换，建成了县四大班子综合办公楼、建设大厦、计生大厦等一批行政办公设施。

（二）激活社会资本，促进城建投资多元化

在“统一规划、统一管理”的前提下，按照“谁投资，谁受益”的原则，鼓励具有一定经济实力的专业公司参与建设、经营和管理部分城市基础设施。新乡市新水公司和省黄河河务局供水局分别出资建设了总投资6500万元、日供水3万吨的长垣第二水厂和水源地项目。采取出让城市基础设施冠名权、广告权等方式，吸纳社会资金参与城市建设。宏力公司、长城公司等8家企业取得了宏力大道、博爱路、长城大道等道路的冠名权。

（三）创新开发模式，推动城建投资市场化

实施“经营城市”战略，按照城市建设项目规划设计，由开发商负责集中开发，并从开发收益中拿出资金投入城市基础设施建设。银河公司负责食博园项目开发，出资建设了总投资4532万元的县游泳馆、总投资1.1亿元的银河国际星河酒店等项目；亿隆广场、南京路、温州路、上善公园等项目也均由开发企业从开发收益中出资建设。

三、坚持以产城融合为基础，支撑城市现代化

着眼于解决城镇化推进中的人口、产业集聚和资源配置等问题，加快产业集聚区建设，推动县城、产业集聚区融合发展，夯实产业基础，以产兴城、以城带乡。

（一）统筹规划布局，推进产城空间一体化

2003 年以来，与城市总体规划相衔接，建设了起重工业园区，奠定了产城一体、产城融合的基础。为进一步加快产业集聚、产城融合，相继规划建设了省级长垣县产业集聚区和市级蒲城特色产业园区，将县城新城区、南蒲办事处、魏庄办事处、恼里镇部分区域划入产业集聚区规划范围，将起重工业园区范围内的 13 个行政村规划整合为 3 个社区，推动了城镇化与工业化互动融合发展。

（二）完善基础设施，推进公共设施一体化

加快县城道路向集聚区延伸，集聚区道路向乡镇拓展。实施了工业大道南延、宏力大道南延、桂陵大道南延、德邻大道北延、经三路北延等产城路网贯通工程，形成了产业集聚区与南蒲办事处、恼里镇、魏庄办事处等之间的交通路网。同步实施投资 1.5 亿元的五洲酒店项目、投资 1.5 亿元的起重工业园区污水处理厂、投资 3000 万元的起重设备配件产品质量监督检验中心等公共基础设施项目，促进了产城资源共享。

（三）强化产业支撑，推进就业社保一体化

通过大力实施项目引资双带动战略，引导企业向产业集聚区集中布局，实施县城企业向产业集聚区搬迁，进一步提高集聚发展水平，促进了社会就业。目前，产业集聚区共入驻生产性企业 436 家、各类经营门店 1000 余家，吸纳外来人口 1 万余人，从业人员达 8 万人。加强产业技能、就业再就业培训，完成培训 10 万人次以上。建立以建设标准化厂房来增加收益的等失地农民保障机制，深入推行城乡社会养老保险，争取中央投资保障性住房项目 20 个、总建筑面积 30.5 万平方米，解除群众的后顾之忧。

四、坚持以内涵发展为主导，提升城市现代化

以开展“新城杯”竞赛和“大整治、大绿化、大建设”活动为载体，坚持高品位、高标准建设，着力完善城市基础设施，深入推进城市数字化、精细化管理，城市形象和品位明显提升，城市建设连续三年获得市“新城杯”

竞赛第一名。

（一）持续加大基础设施建设投入，城市功能日臻完善

近三年来，累计投入资金 7.9 亿元，新建改建城市道路 110 多条，道路里程达到 196 公里，形成了“九纵十四横”的城市交通网络。自来水普及率达 95%。投资 1.16 亿元建成了城市污水处理厂及垃圾处理厂，投资 2.45 亿元启动了长垣县污水处理厂扩建工程和长垣县第二污水厂一期工程，生活污水处理率达 86% 以上。2012 年，与中石化公司达成共识，按照“整体开发、分步实施、综合利用、良性发展”的原则在我县实施深层地热资源开发项目，预计总投资 15 亿元，现已进入施工阶段，已完成投资 3000 万元。建成垃圾中转站 52 个，公共厕所 70 个。在豫北县（市）中率先启动了城市管道燃气项目，管道燃气覆盖率达 92%。新建扩建三善园、如意园、容园等公园游园 38 处，绿地面积 828 公顷，城市绿化覆盖率达 41.5%，绿地率达 36%，人均公共绿地面积 9.7 平方米，形成了颇具自然风采和人文特色的城市景观。

（二）坚持新城开发与旧城改造并重，城市容量迅速扩大

启动了城市商务中心区建设，建成了体育馆、游泳馆、中国烹饪文化博物馆等一批重点公共设施。先后投资 26.8 亿元，完成宏力新村、东方福地、欧洲小镇、长城金典、美景天城等商住房开发项目 38 个，总建筑面积达 310 万平方米。按照“政府零收益、群众得实惠、城市树形象”改造原则，强力推进旧城、城中村改造，启动实施棚户区改造项目 15 个，累计完成拆迁面积 110 万平方米，建设安置房 40 万平方米。

（三）大力推广建筑节能、可再生能源建筑应用，城市资源优化利用

先后投入资金 3000 多万元，建成河南首家复合混凝土（CL 建筑体系）生产基地，年生产能力可满足近百万平方米建筑工程使用。仅 2011 年至 2012 年就实施新型节能建设工程 14 个、50.24 万平方米。成功申报国家金太阳示范工程，启动了屋顶 1.9MW 光伏电站项目；安装太阳能路灯 305 盏、LED 等新型节能灯具 270 盏。推广应用太阳能热水装置，南蒲社区、陶行社区等先后集中安装 580 台套，覆盖建筑面积 25.6 万平方米。文博中心、长垣一中初中部、食品公司棚户区改造等 17 个项目均使用了地源热泵技术，总面积 27 万平方米。2012 年，被确定为国家级可再生能源建筑应用示范县。

（四）强力推进城区综合环境大整治，城市环境显著改善

累计投资 9600 万元，实施清水入城工程。建成城区周边水系拦河橡胶坝 4 处，疏浚美化城区河道及相关水系河渠 8 条，建设耿村沟水景、铜塔寺水景容园、山东干渠等滨水景观带，完善城区坑塘和河渠周边进行污水截流管网，基本实现未经处理的生产生活污水向自然水体的零排放，城区水系环境质量和滨水景观大大改善。全面推行“数字城管”，实现了网格化管理全覆盖。健全环境卫生管理组织落实、道路卫生清扫和垃圾收集清运等制度，配备管理员172人、保洁员3209名、环卫车辆455辆，集中整治市容市貌、镇容村貌，城乡居民文明意识明显提高。在全市城市管理工作年度评比中，我县连年荣获8县（市）第一名。

下一步，我们将以科学发展观统领城乡建设工作全局，围绕建设“富强、科教、宜居、和谐”长垣，以加强规划管理、完善基础设施、改善人居环境、树立城市形象为着力点，进一步提升城乡建设与管理水平，增强承载承接功能，加快构建城区现代化、镇村一体化发展新格局，为全面推进长垣县城镇化进程，加快长垣经济发展建设作出新的、更大的贡献。

作者简介：

黄国威，男，汉族，1966年9月出生，中共党员，本科学历。现任河南省长垣县住房和城乡建设局党委书记、局长。

自1988年8月参加工作起，历任建委村镇副科长，县城建局招标办主任、定额站站长、规划股长，县城建局纪检组长，建委副主任。2011年3月至今，任长垣县住房和城乡建设局党委书记、局长。

稳妥推进“五区”统筹　实现城建事业新跨越

河南省沈丘县住房和城乡建设局　韩　平　董爱国

近年来，沈丘县委、县政府坚持“以人为本、改善民生”的城建理念，以打造“江淮情调、水韵绿城”为目标，按照集中建设新城区、逐步改造老城区、强力推进产业集聚区、启动建设中心商务区、稳妥推进新型农村社区“五区统筹”要求，全面把握城市定位，大力推进城市建设。通过实施道路畅通、商贸物流、社会民生、高层建筑等系列工程，拉开了发展框架，提升了城市形象，开创了城市建设的新局面，一座“高楼、清水、绿树、整洁、亮化”的新城市已初具规模。

一、合理定位，突出重点

一个城市的发展，既要体现与时俱进、融入时代潮流，又要立足本地实情，彰显地方特征。2006 年 3 月，县委、县政府经过反复论证，把沈丘的县城建设定位为“现代气息、江淮情调、个性沈丘、水韵绿城”，并将“个性沈丘、水韵绿城”诠释为“高楼、绿树、清水、亮化、整洁、文明”等具体内容。按照“高起点规划、高标准设计，高水平建设”的要求，把县城分为老城区、新城区、产业集聚区、中心商务区、新型农村社区五个区域，坚持“五区互动”，实现城市建设与产业发展相互促进，协调发展，共同提高。在进行城市建设时，围绕“一河两路”（沙颍河、兆丰大道和颍河大道）进行重点打造，规划建设沙颍河两岸城区段 11.5 公里景观带、新建西环路和东环路大桥，亮化兆丰大道桥、加宽颍河大道大闸桥，投资 5 千万元的兆丰大道景观升级改造工程、投资 8 千万元的东环路绿化工程正在抓紧实施。

二、“五区”互动，统筹推进

“五区”是指新城区、老城区、产业集聚区、中心商务区、新型农村社区。新城区以完善路、电、水、灯、绿、文、教、体、卫等基础设施为重点，集聚资源要素，提升城市品位，县委县政府把高层建筑作为提升县城品味的主要举措。几年来，永基时代新城、绿城水岸名家等 100 多栋 16 层以上的高层建筑拔地而起。音乐喷泉广场、公园绿地从无到有，为群众增添了休闲健身场所，投资1.2亿元建成的中华槐园一期项目，占地400亩，被评为国家3A级旅游景区。这里有数十处生态景观，可以容纳上万人游园休闲，成为河南省目前集生态旅游、园林文化、自然景观为一体的第一个生态槐树园林。老城区重点改善居住环境，改造道路、排水，完善供水供气，安装路灯，植树种草，建设活动场所，方便居民生产生活。产业集聚区着力提升服务功能，建成综合行政服务中心，全力为入园企业、重点项目和投资者提供一站式、一条龙服务，目前已入住企业110家，全年实行税收超2亿元。食品加工、聚酯网业、光电新材料三个主导产业呈集群化发展态势。中心商务区项目已获得批准，正在加快组装。和谐新村、金沙港湾、北城新村等新型农村社区正在加快建设。通过五区互动建设，实现了企业集中布局、产业集群发展、资源集约利用、功能集合构建、人口向县城转移。全县的城镇化率由“十五”末的19.8%跃升到目前的30.5%，提高10.7个百分点。

三、突出民生，优先建设

在城市基础设施建设过程中，对与人民群众关系密切的民生工程，县委县政府始终放在突出位置，优先解决。几年来，先后抓了“四网五工程”建设。

（一）四网

1. 城区供水网。通过加大投入，加快新自来水厂建设，投资1亿元、日供水2万吨的县第一自来水厂于2012年5月建成并实现供水，完成主管网铺设70公里，供水范围不断扩大，供水质量不断提高。

2. 城区供气网。投资1.2亿元民用天然气项目于2012年8月实现通气，县城居民使用上洁净价廉的天然气。

3. 城乡生活垃圾处理网。2008年建成了沈丘县蓝天生活垃圾处理厂，2009年建成全县20个乡镇垃圾中转站，日处理垃圾50吨，乡镇生活垃圾实现了“村组保洁、乡镇集中、统一运输、县城处理”的运营模式。

4. 城区污水处理网。总投资5900万的县沙北污水处理厂于2007年建成，共铺设污水管网26.9公里。日处理污水能力2.5万吨。投资6000万元、日处理废水3万吨的沙南污水处理厂于2012年12月建成投入运营，结束了城区生活污水直排沙河的历史。

（二）五工程

1. 城区道路工程：先后完成了兆丰大道、交通东西路、闸南东西路、长安路、新华街、西环路、吉祥路等20条重点城区道路工程，总长度65公里。

2. 城区排水工程：先后完成了交通东西路、闸南东西路、新华街、惊天市场及里海子等21条重点城区排水管道建设，总长度45公里。

3. 城区照明工程：先后完成了兆丰大道、交通东西路、淮海路、和谐路等照明工程，城区主次干道实现路灯全覆盖。

4. 城区绿化工程：先后建成了富都街心公园，永基时代广场、大闸公园东西区、行政新区广场、海亿街心公园等休闲健身场所，新栽树木5万株，新增绿地面积600余亩。

5. 保障性住房建设工程：自2008年起，完成总投资3亿元，完成经济适用住房建设竣工面积12万平方米，完成890套；廉租住房完成4.8万平方米，完成960套，累计发放廉租住房补贴676万元。

通过几年来的努力，我县城乡面貌有了较大改善，但与人民需求还有较大差距。今后，我们要多向先进县市学习，借鉴他们在城市建设中的成功经验，继续按照“四区互动、产城相融、统筹城乡”的城镇建设格局，加大城镇建设和管理力度，加快新型城镇化进程。一是继续抓好“两路一河”组装开发。兆丰大道两侧规划新建高层43栋，逐步打造县城中轴线和高层景观带。二是抓好城市基础设施建设。继续实施新区路网建设，逐步改造老城区基础设施，进一步完善城市功能，构建优美和谐人居环境。三是加强城镇管理。以“四城联创”为抓手，创新城镇管理机制，认真开展城镇精细化管理，下大力气解决好人民群众反映强烈的垃圾乱倒、车辆乱停、摊点乱设、房屋乱建等突出问题，继续开展城乡违法建设、违法用地“两违”综合整治。四是进一步加快污水处理、垃圾处理、供水供气等民生项目建设，让更多的群众享受到优质服务。五是分期分批对重要节点进行“城中村”、“城边村”、“园中村”改造，有计划有重点对重要部位进行景观式、园林式开发。争取到2015年，城区建成面积达到35平方公里，聚集人口30万人，城镇化率达到45%以上。

作者简介：

韩平，男，汉族，1969年9月出生，中共党员，本科学历。现任河南省沈丘县住房和城乡建设局局长。

自1988年7月参加工作起，历任沈丘县洪山乡党委副书记；县留福镇党委副书记、镇长；县赵德营镇党委书记。2011年3月至今，任沈丘县住房和城乡建设局局长。

工作期间被评为2011年度河南省建筑劳务工作先进个人、2012年度河南省建筑劳务工作先进个人、2012年度河南省村镇规划建设工作先进个人。

董爱国，男，汉族，1970年12月出生，中共党员，本科学历。现任河南省沈丘县住房和城乡建设局办公室主任。

自1991年7月参加工作起，历任沈丘县刘庄店镇党委委员、武装部长。2011年4月至今，任沈丘县住房和城乡建设局办公室主任。

工作期间被评为2011年度河南省村镇建设工作先进个人、2012年度周口市城乡建设工作先进个人、周口市信息宣传和办公室工作先进个人、沈丘县优秀共产党员。

诗祖故里满城绿

湖北省房县住房和城乡建设局　姚志新　周　爽

在长江之北，汉水之滨，在巍巍武当山和莽莽神农架之间，镶嵌着一块金盆之地，这就是“千里房县”。房县版图面积5110平方公里，人口48.9万人，境内山川秀丽、风光旖旎、物华天宝、人杰地灵，是孝子黄香的出生地，也是周太师、《诗经》的采录者和编纂者尹吉甫的出生地、食邑地。房县是“湖北省旅游强县”之一，先后获得两届湖北省城市规划建设管理“楚天杯”，被评为“省级文明城市”、“省级园林城市”、“全国绿化造林模范县”，城区空气质量常年保持在国家二级标准以上，是鄂西北最适宜人类居住的理想佳境。

近年来，房县以推进科学发展、建设生态房县为目标，以创建国家园林县城为契机，不断加大园林绿化投入，加强园林体制、机制创新，加大园林执法、管护力度。城市绿地各项指标逐年攀升，城市面貌大为改观，人居环境更加优美，一座山在城中、城在林中、山水相映、城林交融的国家园林县城已清晰可见。

一、宣传大声势，激发全民创建热情

一是领导重视，建立和完善创建工作机制。为推进园林城创建工作，我县将国家园林县城与国家卫生城、国家文明城、省级环保模范城联合创建，成立了“四城”联创指挥部，成立专门办事机构由县主要领导任指挥长，县委、县政府分管领导任副指挥长，县委办、政府办、宣传部、财政局、国土局、住建局、交通局、环保局、卫生局、公安局等相关单位主要负责人为成员。同时，成立了国家园林县城创建领导小组，创园工作形成了县主要领导亲自抓、分管领导具体抓、相关部门配合抓的工作格局。2013年作为创园工作的验收之年，县委、县政府将城市建设总体目标定为“举全县之力创建国家园林县城”，“四城”联创办公室集中一切资源投入到创园工作当中，定期召开国家园林县城创建督办会议，县委书记、县长亲自安排部署；县政府多次召开创园工作现场办公会，对当前任务进一步明确到单位、到乡镇、到社区。对各单位的任务落实情况列入单位年度目标考核。

二是增强力量，强化园林绿化队伍建设。调整和充实了园林绿化管理机构，成立了房县市政园林管理局，同时成立了公园管理处，明确了编制和人员；加大了经费投入，先后投入500多万元，购置了修剪机、草坪机、打药机、割草机、园林洒水车以及河道清污船只等作业工具，提升了园林作业水平；从2012年起，县财政每年预算100万元，用于园林绿化管理；组织专业技术人员参加各类专业技术培训，提高专业技术水平，开展苗木移栽、培育实验研究。目前，园林队伍不断壮大，专业技术人员逐步得到充实，拥有一支技术扎实、专业配备齐全、实践经验丰富的园林绿化队伍。

三是强化宣传，形成浓厚的创建工作氛围。为推动园林城市创建工作的深入开展，我县充分利用各种形式全方位宣传创建工作。大力开展“城市是我家，管理靠大家”等主题教育活动，发放8万多份《致全体市民的一封公开信》，出动宣传车辆200余台次，在《今日房县》和电视台开设《家在房陵》栏目。通过宣传绿化管理法规，倡导文明行为，市民爱绿护绿意识进一步增强，创建园林城市的重要意义更加深入人心，提高了广大群众参与创建活动的主动性、积极性。目前，全县上下已经形成了人人参与、共创美好家园的浓厚创园氛围。

二、规划大手笔，勾画生态系统蓝图

一是推进城市绿地系统规划及专项规划编制。坚持把创建国家园林县城与塑造城市个性和特色相结合，树立精品意识，各项绿化工程按照一流设计、一流施工、一流质量来科学组织实施，努力使一路、一街、一园、一景都显现出鲜明的城市园林特色。委托湖北博克景观规划设计公司、武汉集境规划设计有限公司对城区范围实施《城市绿地系统规划》及《房县城区生物（植物）多样性保护规划》、《城区绿线保护规划》、《城区蓝线保护规划》、《城区湿地资源保护规划》、《城区公园绿地防灾避险规划》、《城区历史文化风貌保护规划》等六个专项规划。突出了“一心、五带、六廊”（即：房陵趣事园、桥头公园、城区小游园、沿河两岸带状绿地形成的生态绿心；西门河、盘峪河、马栏河、高枧河、白窝河五条河流景观带；城市三纵三横六个绿化长廊）的园林绿地系统结构和以“一城纳三镇，一池纳四水”景观特色。二是认真落实城市总体规划和绿地系统规划的要求，对公园绿地、主次干道及新建小区的绿化规划设计，组织专家进行反复论证修改，力求出精品。三是对老城区和新城区绿化的规划设计，注重讲究城市人文景观、自然景观与城市风貌相互交融，力求既能体现特色鲜明的新城风格，又能彰显生态自然的县城

风格。

三、建管大投入，全力增绿扩绿护绿

一是以“点”为支撑，全面开展庭院绿化。在全县大力开展“万人绿城活动”，在县城各单位庭院中增绿扩绿，采取破硬建绿、拆墙透绿、立体增绿、垂直添绿等绿化措施，搞好植物搭配，增加常绿树林比例，提高绿化档次，做到“四季有花，四季常青”。通过创建活动，累计改建、增加绿地 12 万平米。

二是以“线”为纽带，增设道路绿化带。从 2011 年 10 月起，启动了县城主次干道综合改造工程，累计投入资金 1.2 亿元，配套建设房陵大道、武当路、沿河东路、南大街、神农路、东城门路、丁字街、县门街等 12 条街道布置，更换香樟、广玉兰等 1072 株，新植树池、花坛麦冬植被 3850 平方米，景观绿化小苗木 10 万余株。对迎宾大道 7.5 公里、房陵大道西延工程 5 公里两条进出城通道全面实施绿化升级改造，改扩建街头绿地 15 处，新增道路绿化 8.6 万平米。

三是以“面”为中心，建设精品亮点绿化。近年来，先后投入资金 2.6 亿元，开展马栏河、盘峪河、小河等三河综合治理，实施凤凰山森林公园、二郎岗森林公园建设；2013 年初，投入资金 5.5 亿元，启动了迎宾公园、诗经公园、诗经文化长廊、诗经主题公园、温泉度假村、万亩荒山绿化工程等一批精品亮点绿化工程。完成 100 亩诗经公园建设，新建迎宾公园 1.2 万平方米，移栽图案设计苗木 7 万余株，草皮 5000 平方米。实施河道生态景观绿化提档升级，对西河公园、黄香广场等 7 个广场、公园及五河十岸 10 公里生态长廊补植景观带绿化苗木 8 万余株，更换草皮 3 万平方米。将穿城河堤建成生态环保观赏带。通过大气魄投入，大项目带动，大刀阔斧增绿建绿，新增绿地 60 余公顷，使城区绿地辐射范围进一步增大。

四是以“文”为灵魂，彰显城市景观魅力。如何更好的传承与发扬房陵文化，房县在绿地建设中巧妙的融入文化元素，升华城市景观的意境。以古代大孝子黄香刻苦读书，做官为民，做子为孝的感人事迹为背景建设了黄香广场；以礼乐文化为主旨，礼容天下、乐待宾朋、诗礼传家、经纬天地为题眼，通过对《诗经》中礼乐文化内容的挖掘，提取相关的文化符号建设诗经文化公园；以诗经文化“风、雅、颂”为背景，从周肆、礼乐宗周、十五国风、上古神话、鹿鸣等五个层面演绎西周文化、西周社会风貌和民俗特色，建设诗经文化主题公园；以诗经的文化影响力为主题，穿越西周礼乐、大唐盛世、两宋俊雅、乾元戏曲和明清经学，提取各个时期最具时代特征的美学元素，将一个个高潮迭起、精彩纷呈的故事一线串珠，形成一幅穿越古今、通向未来的历史画卷，建成诗经文化长廊。

五是以“法”为守护屏障，保护城市绿化成果。认真贯彻落实《房县城市绿线管理办法》、《城镇绿化实施细则》、《城市绿化管理试行办法》、《城镇古树名木管理办法》、《城区新建小区绿化管理办法》等各项管理办法，对公园、绿地的位置、范围、面积以及城市道路绿化绿线予以明确，确保规划区内绿地面积符合国家园林县城的指标要求；严格执行“绿色图章”制度，县园林部门参与工程项目的规划审查和竣工验收，要求所有建设项目必须配套完成相应的绿化建设任务，做到各类附属绿化工程和主体工程同步规划、同步征地、同步建设、同步验收。成立了园林绿化监察机构，加强对城市绿地和风景林、防护林的巡查保护，对占用城市绿地和擅自砍伐、移植树木等行为进行严厉打击。

四、生态大优先，大力改善城市环境

一是全员上阵，开展生态环境整治。以国家园林城创建为抓手，以整治市容市貌环境为重点，以打造环境美好示范路活动，开展“万人绿城、万人洁城”活动，实施县领导包联街道等活动为措施，开展了市容市貌环境专项整治。县住建、公安、交通、工商、卫生五部门联合下发了《关于对影响城区交通、市容环卫、经营秩序的行为实施处罚的通告》，组成市容和交通两个执法专班，对城区乱停乱行、超门店经营、沿街叫卖、乱扔乱倒、乱搭乱建等行为进行联合执法行动。逐街清理整治沿街两侧乱贴乱画、乱牵乱挂 3950 余处，设置临街环境死角围栏 6800 平方米，制止临街超门店经营行为 3627 户，清理影响市容的墙体广告 3700 余平方米，拆除杂乱、破损、油污广告招牌 892 块、6760 平方米，新规划设置广告招牌 223 块、2547 平方米，规范人行道停车线 7300 余米，绘制管理黄线 1430 米，实现人行道车辆摆放有序的工作目标。开展麻木车治理，彻底根除麻木车乱停、乱行，阻碍城市交通问题。开展垃圾围城专项治理。从 2012 年起，将唐城路、凤凰山路等 15 条背街小巷纳入清扫保洁范围，使城区保洁面积由原来的 128 万平方米，增加到目前的 150 万平方米。定期组织人员对主次街道、背街小巷全面实行督查清理。共清理背街小巷、城乡结合部、进出城通道积存垃圾 1800 余吨，清除杂草 1.5 万平方米；清除沿街“牛皮癣”8500 余处，冲洗街道污损的路面 20 余万平方米。改善了城市生态环境，提高了城市管理水平和效能。

二是全民动员，四旁植绿成绩斐然。近年来，县主要领导亲自倡导开展“绿色城区”工程建设，县四家班子领导带头，组织县直机关干部职工1万多人，对城关、白鹤、红塔、军店等与城市规划区接壤的万亩山地进行植树造林整治改造，整地挖窝5215亩，栽植塔柏、香樟、核桃等树种68万株，投入资金6000多万元，使荒山荒坡重新披上了绿装，城市周边环境焕然一新。

三是全面创新，建设节约型园林绿地。积极探索建设生态型、节约型园林城市新思路。按照生态优化的原则，从资源集约利用、技术进步、规划设计和改善管理入手，积极探索节约型绿地建设。推进“管理型”节约。加大硬件设施投入，提升管养水平和质量，节约管理费用，提高管理效能。推进“生态型”节约。从生态承载和环境容量出发划定生态原地，在保护自然生态的基础上，结合城市布局和居民亲近自然的需要，“以绿护地”，恢复植被，如2013年建设的迎宾公园绿地对预留地、裸露地、待建地进行绿化保护，推进“设计型”节约。在园林绿化设计上，以发挥最大的生态环境效益为目标，倡导绿地建设向自然生态转型，推广种植生长快、绿化效果好的乡土树种和乡土花木运用等，创造一种城市自然生态风光，如我县近年建设的马栏河两岸绿地，以简洁、自然风格为主，广泛采用本地乡土树种。

五、功能大提升，强化综合承载能力

一是加快市政建设，完善城市功能。抓污水处理厂建设，改善城区水域环境。县城区污水处理厂一期工程已于2010年5月正式投入使用。污水处理厂二期工程已竣工，即将并网运营。抓垃圾处理场建设，改善城市卫生环境。建成总投资3041.4万元，日处理垃圾170吨，库容128万立方米垃圾处理场。抓城市供水设施建设，改善居民饮水质量。针对城区人口日益增加，饮用水需求量不断增大的实际，启动了城区供水扩容工程——三海水厂建设。工程总投资3026万元，一期工程3万吨/日，已于2010年4月正式供水，北城工业园日供水3万吨水厂建设项目已经完成规划设计。抓公共设施建设，完善城市功能。按照“谁开发、谁建设”的原则，新建公厕15所，星级公厕2所，垃圾屋27个，县城公厕总数达49个，垃圾屋（池）总数达53个；结合武神路改造工程，对神农路、房陵大道、东城门路等五条城区主街道20万平方米路面全部实施了黑色化。

二是建设保障住房，实现住有所居。我县保障性安居工程按照以廉租住房建设为主，各类城市棚户区改造和公共租赁住房为辅的建设和发展思路，通过中央投资新建、改扩建和回购三种形式，共实施廉租房建设项目8个，总建筑面积6.27万平米，建成廉租住房1133套。近年来，全县累计有1.3万多户城镇中低收入住房困难家庭享受到保障性住房政策，受益人口超过3万。

三是强化引导监管，推广建筑节能。全面贯彻落实《湖北省民用建筑节能条例》，全力推广建筑节能。我们在建筑设计中，以执行强制性标准为基础，加强对建筑节能的设计审查与监督管理；严格控制室内热环境和建筑节能设计指标，新建建筑设计阶段节能标准执行率达到100%。加快了城区粘土砖厂的关闭和转型，减少自然山体植被的破坏。“两禁”工作深入推进。出台了《关于加强墙体材料革新与建筑节能工作的意见》，城区禁止使用实心粘土砖达到100%；“禁现”进展迅速，通过公开招标，建成商品混凝土搅拌站2家，保证供应预拌混凝土。

通过开展“国家园林县城”创建活动，房县园林绿化建设步伐进一步加快，城乡建设事业得到全面发展，生态环境明显改善。在房县这块古老而又神奇的土地，厚重的历史文化与美丽的自然风光辉映，浓郁的特色风情与园林胜景交融。山水展神秀，碧水绕青城，四季皆画卷。国家园林县城创建工作受到省市住建领导、专家的高度赞誉，房县将以上级领导、专家的鼓励和鞭策为动力，以提高县城综合竞争力为主线，以改善城市生态环境、人居环境为出发点，坚持“绿化优先、生态优先、环境优先、科学发展”的理念，进一步加大投入，加快建设，精细管理，把房县建设成为天更蓝、水更清、花更红、山更秀的生态宜居家园！

作者简介：

姚志新，男，汉族，1964年10月出生，中共党员，大专学历。现任湖北省房县住房和城乡建设局局长。

自1984年12月参加工作起，历任房县沙河乡党委宣传委员，土城镇镇长、党委书记，房县安监局局长。现任房县住房和城乡建设局局长。

曾先后获得“全国安全生产监察先进个人”，“全省园林城市创建先进个人”等荣誉称号。

1999～2006年连续两届当选为县党代表和人大代表，2007～2010年为县政协委员，2011年至今当选房县人大代表。

统筹城乡　规范运作
构建全域一体的污水收集处理系统

湖北省鄂州市住房和城乡规划建设委员会

“十一五”以来，鄂州市按照全省城乡一体化试点市和全省“两型”社会综合改革示范区的要求，坚持统筹城乡、科学规划、因地制宜、厂网配套、规范运营，努力构建全域一体的污水收集处理系统。全市域已建成污水处理厂5座，正在建设2座，配套管网379公里，污水处理能力达到14万吨/日。2012年城区污水处理厂处理污水2359.75万立方米，COD削减量4814.1吨，城区污水处理率88.7%，水质达标排放率94.4%，运行负荷率86.8%。我们的主要做法是：

一、统筹城乡，规划建设全市域污水收集处理系统

按照“两型”社会建设的总体要求，鄂州市率先启动城乡一体化污水收集处理的系统规划与建设，以提升城镇基本公共服务能力为目标，打破地域和区域界限，遵循统筹兼顾、资源整合的建设思路，对市域范围内的污水处理设施统一规划，合理布局，在主城、新城“1+4”五大功能区规划新、改建污水处理厂8座，近期新增污水处理能力20万吨/日，远期达到70万吨/日；新建污水提升泵站6座，建设Φ600~1200毫米管网320公里；建设污泥处置厂2座，近期处理能力达到95吨/日，远期达到160吨/日，逐步形成“因地制宜、厂网并举、再生利用、总体均衡”的全市域城乡一体的污水收集处理网络格局。

二、因地制宜，创新全市域污水收集处理模式

鄂州市遵循“源头削减、资源利用、因地制宜、统筹城乡”的原则，依据城乡不同特点，创新“四种模式”，全面建设市域一体的污水收集处理系统。即以污水处理厂+配套管网的城镇模式，目前主城区和新城、小城镇已建成或在建7座污水处理厂；以村湾既有的沟、渠建设必要的格栅、沉淀、过滤和稳定塘等设施的传统村庄模式；有餐饮服务业或使用水冲式厕所的现

代村庄，则采用污水净化处理装置、管沟集中收集＋厌氧滤池、生物滤池＋人工湿地或稳定塘等技术集中处理模式；对农村新社区，实施雨污分流，采用“污水集中收集＋格栅、沉淀＋厌氧滤池生物滤池处理＋人工湿地”进行二级污水处理模式。目前全市已投入资金1.35亿元完成123个行政村（或新社区）的生活污水处理设施的规划建设工作，处理后的污水就近排入村庄周边池塘或水系。

三、广辟渠道，多途径引进污水处理设施建设资金

随着鄂州市城市化进程的不断加快，污水排放量逐年递增，污水处理设施的建设投入也不断加大。为了有效缓解资金压力，市政府通过一系列举措广辟渠道，多种途径引进资金，有力地推动了污水处理设施的建设。一是积极申报中央财政预算内专项资金，近年来累计争取到中央财政预算内污水处理设施及配套管网建设专项资金过亿元。二是通过对污水处理厂实行BOT建设，极大的提高了投资和运营效益。三是治污重大项目洋澜湖综合整治工程引进了德国贷款2.4亿元，为引进污水设施建设资金开辟了新的渠道。四是市级财政、城投及其他社会投资多元化并举齐下，多方出力积极推动污水设施建设。

四、突出重点，发挥主城区污水处理引领示范作用

在城镇污水处理工作中，突出重点，抓好主城区污水处理设施的建设和管理，对鄂州市开展全市域污水处理工作起到了较好的引领示范作用。一是突出重点项目建设。主城区内二座污水处理厂均采用BOT模式投资建设，在项目建设过程中，市住建委作为项目建设的牵头推进单位，及时协调解决项目资金、用地审批，建设规模等突出问题，积累了大量的污水设施建设经验。二是凸显城市自然水体的治理成果。近年来，鄂州市不断加大控源截污力度，通过沿江、环湖（城中湖洋澜湖）截污、管网改造等一系列举措，将城市污水全部收集进污水处理厂集中进行处理排放，有效改善了城市水体的水质。洋澜湖的部分水体水质已由原来的劣Ⅴ类变成Ⅲ类，让广大市民切身感受到了城市污水治理成果，彰显了城镇污水收集处理创造的环境效益和社会效益。三是突出城区污水处理厂规范运营的示范作用。城区污水处理厂自2008年正式运营以来，运行情况稳定，运行负荷率持续保持在85%以上，水质综合合格率达到96%，污水处理厂运营监管水平处于全省前列，为全市域污水收集

处理起到了引领示范作用。

五、强化管理，确保污水处理厂安全有效运营

为确保污水处理设施规范高效运营，鄂州市在与BOT投资商签订《特许经营协议》和《污水处理服务协议》等法律文件的同时，进一步制定《污水处理项目运营监管办法》，作为项目监管的实施依据。并由市污水处理公司成立BOT项目运营协调办公室，对污水处理厂的运营工作进行“日巡查、月评估、半年考核”，评估和考核结果与污水处理服务费结算挂钩。在污水处理设施协调配合运行问题上，通过污水处理中心监控室，对全市所有污水处理设施进行统一调度。进一步强化污水处理费征收，做到“增收创效，广开源路”。一是实行随水代征。安排专人协助自来水公司抄表、统计，2012年随水代征污水处理费2056万元，征收率达到96%。二是强化自备水源污水处理费征缴。征收人员在认真做好调查取证工作的同时，积极做好宣传解释工作，并定期与已确认的自备水源用户召开座谈会。通过努力，自备水源污水处理费征收工作取得了突破性的发展，部分小型酒店、厂矿企业已纳入征收范围内。2012年自备水源污水处理费征收总额达到286万元。通过多渠道征收，保证了污水处理设施正常运行的费用。

近年来，鄂州市虽然在污水处理设施规划建设、资金筹措、运营监管等方面开展了一些工作，取得了一定成效，但是在污水处理体制、机制、设施体系建设方面还存在一些不足。下一步，我们将在省住建厅的正确领导和行业指导下，不断加强行业管理，理顺体制机制，按照构建城乡污水处理一体化的工作思路，加快设施建设步伐、强化运行监管，推进污水再生利用与污泥处理处置工作，努力推动鄂州污水处理事业再上一个新台阶。

全域长效保洁　数字集中收处
全面加快城乡一体化进程

湖北省鄂州市鄂城区住房和城乡建设局

2012年，鄂州市委、市政府大力开展“清洁乡村”工程，鄂城区积极响应，强势启动垃圾收运系统建设工作，按照“示范带动、督查推动、奖惩促动、全域处理”的原则，深入开展了以“清洁乡村、美化家园”为主题的村庄环境整治活动，取得了明显实效。

一、收运系统建设完毕

截至目前，市政府安排给我区的垃圾清运设施全部到位。这些设施包括板车1355辆，一级转运车25辆，二级转运车（8吨）4辆，拉臂车1辆，垃圾斗10个，洒水车6辆。市政府要求我区建设1355座垃圾房的任务已建设完成1460座，压缩站1座（沙窝）正在建设之中。我区现有的垃圾压缩站13座，已全部调试完毕投入使用。花湖镇垃圾压缩中转站正在规划选址。我区各乡镇（开发区）还投资430万元购置了垃圾箱、果皮箱8659个，投资100万元对压缩中转站进行了维修更新。我区所有乡镇、开发区一级转运车及区二级转运车已集中安装GPS定位系统，数字平台系统已建设完毕，现在可以通过网络平台实时了解全区的垃圾收集和转运情况。

二、一体化收集运行良好

（一）湾组保洁情况

全区107个行政村均建立了保洁队伍，实现了村组保洁员全覆盖。所有的湾组都成立了理事会，保洁人员1358名，并与保洁员签订了责任状，对保洁员进行了定岗、定责，保洁员主要有村民轮值与工资支付两种方式，工资一般为每月150～600元。各地总结出了12种村湾保洁模式。如长港镇峒山村分级负责运作，5个小组每年1万元保洁费；新庙镇汪家当由理事会主导，村民轮值；燕矶镇嵩山村由老板出资保洁；杜山镇路口村每户每年按20元标准收取保洁费。

（二）一级转运情况

花湖开发区、汀祖镇、花湖镇、泽林镇、新庙镇、燕矶镇、碧石镇一级转运市场化运作已开始运行，其他四个乡镇现阶段由城建部门自行清运。

（三）二级转运情况

11 月 19 日，区政府与武汉市中胜保洁有限责任公司鄂州锦江分公司签订了二级转运合同，二级转运同时开始。目前，汀祖镇、燕矶镇、新庙镇、杜山镇、碧石镇、长港镇、泽林镇 7 个乡镇已开始二级转运；沙窝乡、花湖镇因为没有压缩转运站，垃圾集中清运后到乡镇填埋场填埋；杨叶镇因地制宜，垃圾由该镇自行清运后送砖窑填埋场填埋；花湖开发区垃圾送黄石黄荆山垃圾焚烧厂处理。一、二级转运实现了有效对接；垃圾的收集、压缩、转运全过程已实现数字化监测和后控制管理，收运系统对接成功，运行良好。

三、建立和完善长效机制

目前，我区已将工作重点转移到长效机制的建立和完善上来，健全“三有”（即有人干事、有钱办事、有章理事）机制，坚持“市场运作、公司运营、政府监管、以钱养事”的原则，各乡镇均制定了考核奖励办法、卫生督查制度、例会通报制度，实行了分管领导包片、驻村干部包村、党员干部包户的管理制度等；同时，有针对性地对村级保洁员队伍产生方式、垃圾车辆配备、保洁员工资发放等一系列问题进行了配套完善，努力将有效的一时之策转化为经常之举，着力构建城乡清洁工作长效机制。

（一）建立垃圾处理机制

构建“农户分类、村组清扫、乡镇收集、区级转运”的生活垃圾收集处理运行机制。各农户负责自家房前屋后的环境卫生保洁，并将生活垃圾投放到垃圾桶或垃圾房内，村保洁员每天清理收集，集中运到乡镇各垃圾中转站，再清运垃圾到市垃圾处理场。

（二）建立财政投入机制

区级每年投入 1200 万元以上用于“清洁乡村”，实施“以奖代补”。碧石渡镇按照农村人口人平均 8 元的标准投入，保证足额的垃圾清运资金投入和垃圾中转站的正常运行，并对农户房前屋后道路硬化按每平方米 15 元标准给予补助；花湖镇投入 200 万元在汀花公路安装路灯 300 盏；汀祖镇投入财政资金 300 万元，以奖代补。

（三）建立卫生包干机制

建立“乡镇干部包村、村干部包组、党员包户”的卫生保洁包干机制。

驻村干部对所驻村的环境卫生负责，监督指导村级卫生保洁工作。各村根据实际，划定环境卫生保洁责任区块，各区块确定一名村两委干部为责任人和一名村湾理事会成员为义务监督员，每名党员包3户，监督卫生保洁员工作情况，监督各农户“三包”落实情况等。

（四）建立工作考核机制

制定《鄂城区“清洁乡村”工程考评细则》，将“清洁乡村”工程列入年度目标管理，实行村一周一检查，乡镇半月一检查，区一月一检查，每次考核及结果及时公布，年终考核取考核平均值，评出先进、达标、不合格三种类型，被评为先进乡镇及村的进行奖励，不合格的通报。

四、存在的问题

（一）工作进展不平衡，覆盖面不广

乡镇之间不平衡，大多数乡镇领导重视，措施有力，乡村卫生面貌发生显著变化。但也有极少数乡镇领导重视不够，工作推进力度不大，有的乡镇主要精力放在“点”上，垃圾收运保洁工作覆盖面不广，有些村湾人员是死角，环境仍然还是“原生态”。

（二）农民认识不足，保洁意识不强

城乡一体化垃圾处理刚开始启动，许多村民还没有定点投放垃圾的观念，更没有为垃圾分拣的意识，这为乡村整治生活垃圾污染造成了很大难度。

（三）系统建设未到位，环卫设施建设滞后

沙窝乡垃圾压缩中转站迟迟未动工，花湖镇规划时未规划建设垃圾压缩站，垃圾无法转运到百洪垃圾场进行无害化处理；其他乡镇为节省开支，有自行填埋的行为。大部分乡镇未配置垃圾桶、垃圾斗等环卫设施，垃圾无法及时清运。

（四）经费投入不足，长效机制难以保障

农村生活垃圾治理长期被视为一项公益性事业，其经费主要来源于地方财政，资金来源渠道单一。主要表现在一级转运经费在有困难的乡镇无法得以保障，这已成为制约农村生活垃圾有效治理的主要瓶颈。

五、加快推进新农村清洁工程，提升人居环境质量

社会主义新农村建设是一个生产发展、生活宽裕、村容整洁、管理民主的有机统一体。农村垃圾处理作为村容整洁的一个方面，关系到整个新农村

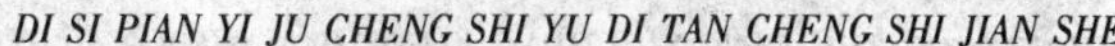

建设的和谐程度，解决好农村垃圾处理问题已成为改善农村环境面貌、社会主义新农村建设的当务之急。因此，应以搞好农村垃圾处理和清洁卫生为突破口和切入点，以加强农村基础设施建设为重点，以改善村容村貌、提高农民生活质量为目的，加快推进新农村清洁工程，提高农村人居环境，建设和谐美好家园。

（一）广泛宣传，发动群众

群众是农村垃圾等环境污染的制造者，也是受害者，更是环境治理的受益者。他们对环境卫生的认识程度，直接关系到我们的工作成效。因此，发动群众是全面深入推进的关键，必须把宣传群众、组织群众贯彻始终。要加强对农村垃圾处理问题等农村环境情况的宣传教育，利用农村学校及广播、宣传栏等开展多种形式的宣教活动，不断提高广大群众的环保意识。发挥社区委员会的主体作用，自我管理、自我教育、自我服务；发挥经济组织的支撑作用，公共水电、保安、物业等服务费用从经济收入中列支；发挥理事会的执行监督作用，负责基础设施建设、公共服务体系等事务。

（二）创新机制，长效管理

一是健全管理制度。健全完善了集镇、乡村卫生管理和城管员、村民值日保洁等制度，完善村规民约，做到“有章循事”。按照“减量化、资源化、无害化”原则，推广“户分类、组打扫、村集中、镇清运、市处理”的垃圾处理模式，通过垃圾分类回收与保洁员工资挂钩等多种方式，形成“农户自觉分类、保洁员有偿包干、物业公司市场化管理”的长效机制。二是成立自治组织。以农村“五老”（老干部、老教师、老党员、老模范、老工人）和无职党员为主体，成立村民理事会，做到“有人管事”。燕矶镇龙山村王家老屋湾由乡风文明理事会牵头，组织安排农户轮流保洁，每户每月打扫两次。三是探索保洁模式。探索了村民五户一联义务帮工、村民理事会轮流派工、聘请卫生保洁员有偿出工等保洁模式，做到“有人干事”。一些村湾卫生保洁由村民小组长兼任，实行组长、保洁员、网格信息员、分会长“四合一”，工资报酬由村级统一发放。

（三）加大投入，监管并举

遵循分级负担、多方筹资的原则，鼓励引导村民利用“一事一议”的政策筹资筹劳，弥补资金投入的不足。一是争取上级“帮”。加大跑市进省力度，整合环保、国土、水利、文体、农村能源等各类涉农资金，推进“清洁乡村”工程建设。二是实行地方“投”。一、二级转运资金要纳入财政预算。三是动员社会“捐”。利用亲情乡情，动员在外知名人士、企业老板捐资。四是发动群众“筹”。采取“一事一议”的办法，发动群众自愿出资和义务投工投劳。五是城乡一体化垃圾收运处理工作要纳入目标考核，奖惩问责。六是开展经常性文明户创建活动。

（四）采取措施，整治污染

采取“因地制宜、因陋就简、全民参与、就地消化”的措施，对生活垃圾进行分类处理。在垃圾分拣后，对金属、纸、塑料等进行回收；对厨余垃圾、落叶杂草、瓜果等有机物垃圾，进行生物降解形成肥效；对渣土、砖瓦、沙石等建筑垃圾，由村或乡（镇）就地集中填埋；对废旧电池、农药瓶等有害垃圾及不可回收、分解的垃圾，由乡镇运送到县环卫部门统一处理。各村与农户要将柴草、杂物统一、有序地堆放，努力做到村容整洁；同时，不要随意焚烧秸秆，以免造成空气污染；另外，各养猪大户与各农户要圈养好畜禽，并及时对畜禽粪便进行无害化处理，不得污染当地的水源与土壤。乡（镇）村要建立和完善指导、监督、奖惩的长效机制，引导和督促农户整治好房前屋后及责任区范围内的生活垃圾，确保乡（镇）村整洁、卫生。

惟有南岳独如飞

湖南省衡阳市南岳区住房和城乡建设局　刘冬林　曾智海

南岳衡山是中华五岳之一。

衡阳市南岳区地处衡山脚下，1984年建区，现为国家级重点风景名胜区、国家自然与文化遗产地，下辖三乡一镇一街道，常驻人口6.8万余人，总面积181.5平方公里。

该区坚持科学发展观为指导，深入学习贯彻党的十八大精神，在湖南省委、省政府加快富民强省，全面推进“四化两型”的进程中，住房和城乡建设事业快速发展，有力促进了全区经济社会的发展。

今日之南岳，正如近代中国“睁眼看世界”先行者之一、清人魏源的赞美——“惟有南岳独如飞”。

一、风景区保护取得重大进展

完成了《南岳衡山风景名胜区总体规划》、《南岳衡山数字化景区总体规划方案》的编制、修编。报请省十届人大常委会颁布了《湖南省南岳衡山风景名胜区保护条例》，151处（种）自然景观、3379种生物物种、444处人文景观等风景名胜资源普查建档，并落实措施，加强保护。坚持综合整治，核心景区整治共拆除28处楼堂馆所、2条商业街的近6万平方米建筑，并恢复植被，力度之大、速度之快、效果之好，得到社会各界的充分肯定，中央电视台等媒体先后进行了正面专题报道，先后获评“全国重点风景名胜区综合整治先进单位”、“全国重点风景名胜区优秀标志奖”、“全国重点风景名胜区综合整治十佳单位”等荣誉。联合五岳申报世界自然与文化遗产，先后完成了南岳衡山生物多样性、地质地貌独特性和文化多样性三大科研课题研究，聘请北大申遗专家组编制申遗中、英文本，成功入围《中国国家自然与文化双遗产预备名录》，被国家住房和城乡建设部提交联合国教科文卫组织中国全委会。

二、风景区利用取得显著成效

先后修复水帘洞、南岳庙、古镇等景观300余处，新辟南岳衡山牌坊、麻姑仙境、穿岩诗林、金钢舍利塔、万寿广场、梵音谷等景观10多处，修复游步道40多公里，风景游览区现达11个，面积由建区时的85平方公里扩大到100.7平方公里。

三、城市建设开创新局面

多元化主体投资，先后实施祝融南路、东城区、西城区等重点项目建设10多个，城市框架不断拉开，城市面积比建区时的0.48平方公里扩大了15倍。加快市政设施建设，增强城市服务功能，现已建成：主干道47条、30万平方米，人行道23万平方米，雨污水管道6.7公里、井口8602个，公共绿地5.7万多平方米、行道树6778棵，路灯3699盏，天然气管道36公里。实施管线入地、“穿衣戴帽”、背街小巷改造等工程，市政设施档次不断提升，人居环境不断优化，城市品位不断提升。为从根本上解决城市河道污染问题，以贯彻落实省政府“三年行动计划”为契机，建成并投入运营了城市污水处理设施。

四、城景区管理扎实推进

以城景乡建设管理、旅游环境综合治理为抓手，建立健全目标明确、责任落实、制度完善、考核严格、奖罚严明的长效管理机制，市容市貌、公用事业、建筑施工等城景区管理不断规范，得到社会各界的广泛好评，成功创建“全国文明风景旅游区”。

五、建筑产业地位大幅提升

先后进行了企业内部分配和用工制度改革、调整企业所有制结构、改革和完善工程建设管理制度、建立市场准入和清出制度等一系列重大改革，建筑工程质量、安全监督不断加强，建筑设计、施工水平不断提高，建筑业对全区经济的拉动作用不断增强。全区质量、安全监督工程师达8人，建筑工程招投标率、监督率保持在100%；建筑设计单位1家，一、二级结构师、建筑师5名，资质由丁级升为丙级，可承担高度24米以下、跨度12米以内的建筑、市政工程设计；建筑企业12家，其中具备房屋建筑工程施工承包三级资质的1家、文物保护工程施工二级资质的4家；建安年总产值1.6亿元，从业人员2万余人。

今后，住建局将进一步创新工作思路，突出工作重点，做到思想再统一，力度再加大，措施再强化，领导再加强，持之以恒，抓紧、抓细、抓实，努力实现城市环境上档次、上水平，合理利用风景区，加快全区经济社会又好又快发展。

作者简介：

刘冬林，男，汉族，1971 年 10 月出生，中共党员，本科学历。现任湖南省衡阳市南岳区住房和城乡建设局党组副书记、局长。

自 1992 年 12 月参加工作起，历任中国银行南岳支行储蓄员、会计，南岳区人大常委会内务司法工委主任。2011 年 4 月至今，任衡阳市南岳区住房和城乡建设局党组副书记、局长。

曾智海，男，汉族，1968 年 11 月出生，中共党员，大专学历。现任湖南省衡阳市南岳区住房和城乡建设局党组成员、副局长。

自 1987 年 3 月参加工作起，历任南岳区环卫处副处长、党支部书记，南岳区祝融街道办事处党委副书记。2007 年 10 月至今，任衡阳市南岳区住房和城乡建设局党组成员、副局长。

把握城建重点　打造旅游精品

湖南省张家界市武陵源区建设局　赵义平

张家界市武陵源风景名胜区是国家重点风景名胜区、世界自然遗产、世界地质公园、全国首批AAAAA级景区和全国文明风景旅游区。近5年来，武陵源积极推进国际旅游休闲度假区建设，实施新型城市化战略，城市建设突飞猛进，城市化进程不断加快。城市建成区面积由2.2平方公里增长到3.2平方公里，城镇化率由58%增长到60.46%；城市道路面积由46.17万平方米增长到50.98万平方米，人均道路面积由20.7平方米增长到21.70平方米；绿地率由37.31%增长到41.49%，绿化覆盖率由44.94%增长到53.2%，人均公共绿地面积由12.18平方米增长到12.74平方米，城乡建设发展取得了新成效。

一、以城市基础设施为重点，不断完善城市功能

（一）城市道路建设

2009年总投资1.7亿元的高云路全面竣工，随着阳龙公路和高云路通车，提升了城区东大门和南大门形象。2011年投资1700万元的武陵路东段改扩建一期工程竣工通车。武陵路东段改扩建二期工程正在进行房屋征收与补偿工作，预计2012年底完成房屋征收与补偿并开工建设。2011年完成了柳荫巷、老宝峰路两条小街小巷的改造建设，极大地改变了两街巷的破旧面貌，切实解决群众出行难的问题。实施城区亮化工程，路灯设计融合“小青瓦、坡屋面、外挑檐”等民族符号，投入1100万元安装古华灯682盏5380余火，路灯总功率200多千瓦，并对武陵源标志门、宝峰桥、高云桥和武陵路、军邸路沿线公共建筑进行夜景照明。

（二）安居工程建设

我区优化城市空间布局，实施扩容提质，加大旧城改造力度，5年来共实施黄龙洞停车场、高云路、武陵源二中、天马国际公寓、原生态绿景休闲园、武陵路东段改扩建等项目房屋征收，征收补偿面积约21.5万多平方米。新建岩门、高云、沙坪、杨家界等安置区，总建筑面积22万平方米，概算总投资2.52亿元。5年完成商品房开发252套35133平方米，修建安置房1006套

123370.6 平方米，修建经济适用房 144 套 13738 平方米，修建廉租房 290 套 15159 平方米。逐步形成了商品房和安置房为主、经济适用房和廉租房为辅的城市住房保障体系。

（三）人居环境建设

投资 3576 万元的索溪峪污水处理场二期工程完成，新埋设污水管网 15 公里，日处理污水能力增至 1.5 万吨，城镇污水集中处理率达到 70.6%。改扩建了索溪水厂，日供水能力达到 1.5 万吨，供水管道共 73.9 公里。建设了吴家峪、白鹭路、国园商贸城 3 座公厕和高云安置区、喻家嘴、一中等 7 个垃圾中转站。征地 80 亩，投资 4500 万元，日处理生活垃圾 150 吨，日处理垃圾渗滤液 100 吨的野猫峪生活垃圾处理场建成并投入使用。投入 6000 多万元对索溪河进行生态整治。投资 3600 万元，供气管道总长度 64 公里，年供气能力 1428.9×104m^3/h 的城区天然气项目已建成并投入使用。积极创建园林城市，建成了高云桥北生态休闲园、宝峰桥环岛绿化广场、黄龙洞生态广场和停车场、高云路绿化景观带，推进“拆围透绿”，共创建达标省市级园林式单位（小区）38 家。目前城区绿地面积、绿化覆盖面积、公共绿地面积分别达到 166.95 公顷、170.23 公顷、29.95 公顷，绿地率、绿化覆盖率、人均公共绿地面积比省级园林城市标准分别超出 10.49%、18.2%、5.74 平方米。

（四）旅游设施建设

建成了吴家峪生态广场和门票站、黄龙洞生态广场和停车场、“张家界·魅力湘西”、森林公园门票站和游人中心、杨家界门票站等一批旅游设施，旅游硬件建设迈上了新台阶。宾馆酒店提质升级步伐加快，武陵源国际度假、张家界盛美达、青和锦江、专家村、国宾、江汉、纳百利酒店、冯氏粤桂、台湾山庄等一批高档酒店相继营业或即将完工，大大提升了旅游接待水平。

二、以新农村建设为契机，不断提高城乡统筹水平

（一）编制村庄规划

委托长沙市建筑设计院有限责任公司编制完成了《武陵源区域村庄布局规划》，通过区、市、省三级审查。编制完成了 24 个村庄整治建设规划，其中索溪峪镇 7 个、中湖乡 6 个、协合乡 6 个、天子山镇 4 个、张家界森林公园 1 个，通过政府审批并备案。

（二）开展村庄试点

2008 年在索溪峪镇双星村、协合乡杨家坪村开展了新农村建设村庄整治试点，按照村民自愿、以奖代投的方式，为双星村村民房屋实施“穿衣戴帽”

改造，为杨家坪修建了一座民心桥。

三、以遗产保护为前提，维护自然遗产真实性、完整性

（一）创建全国文明风景旅游区

区文明办、区建设局、区旅游局三家联合开展全国文明风景旅游区创建工作，以“珍爱世界遗产、共创旅游文明”为主题，遗产保护法制化、设施建设精品化、旅游管理规范化、旅游服务人性化，景区软硬件建设迈上新台阶。2009 年 3 月摘取全国文明风景旅游区桂冠，填补了湖南省的空白，2011 年又顺利通过全国文明风景旅游区复核验收。

（二）开展景区综合整治

规范景区标志标牌，在核心景区按照国际标准设立了标示牌、解说牌、导游图、指示牌、景点牌和警示牌，整治景区摊棚摊点，编制了整治规划，统一风格、统一修建、统一管理。建设“数字武陵源”，建成“一个门户、两个中心、三个平台、N 个系统”，“张·网”已启用，总投资 800 万元的平安技防项目完成，共有 131 个公共区域监控点和 39 个景区监控点。从 2012 年开始，按照“一年打基础、两年上水平、三年成精品”的建设目标，全面改造提质景区基础设施，改造提质了十里画廊观光电车上站、天子山、水绕四门、袁家界等景区公厕，全面启动杨家界游步道建设。

（三）宣传贯彻法律法规

认真贯彻执行《风景名胜区条例》、《湖南省风景名胜区条例》和《湖南省武陵源世界自然遗产保护条例》，履行好保护遗产管理职责。每年组织完成了自然遗产与风景名胜区保护状况年度自评报告。2011 年，积极参与配合省人大对《湖南省风景名胜区条例》和《湖南省武陵源世界自然遗产保护条例》的修订调研、座谈工作，两《条例》颁布后，利用培训、宣传窗、印制发放宣传单、信息网络等多种形式进行了广泛宣传。

四、以建筑市场管理为中心，整顿规范建筑市场秩序

近 5 年来，全区共有 52 个投资建设项目，其中政府投资项目 40 个，社会投资项目 12 个，实现建筑业产值近 11 亿元，为区财政收入作出了重大贡献。

（一）勘察设计管理工作

我们严把初步设计审查关，确保符合深度要求、规范标准和规划要求。凡未经初步设计审批和施工图审查备案的项目，应招标工程不得招投标，不

得办理施工许可证。5 年共办理初步设计审批 42 个，工程造价 10.49 亿元，各类建筑面积 49.3 万平方米，报审率达 100%。

（二）建筑节能管理工作

建筑节能工作经过多年推进，建设、设计、施工、监理等单位均能较自觉地执行建筑节能相关标准、规范，我区近年来新开工项目设计均能严格执行建筑节能相关设计规范，在建的居住建筑和公共建筑，新建建筑节能设计率达 100%，节能设计及图审通过率为 100%，施工阶段执行率达 98%。切实加强监督管理，适时组织开展建筑节能实施情况专项执法检查。积极开展建筑节能宣传培训，解决了施工、监理人员对相关规程规范不熟的问题。开展省级建筑节能示范项目创建活动，沙坪施家落安置小区一期工程、纳百利酒店、林业棚户区（危旧房）改造工程等项目被列为省级建筑节能示范项目。按要求强力推行玻化微珠 A 级防火无机保温等建筑节能材料，建筑节能在各建设项目全面得到较好实施，建筑节能工作走在了全市的前列。

（三）招标投标管理工作

我们认真贯彻落实省住房和城乡建设厅出台的“两个规定三个办法”，严格招标前置条件审核，严把招标项目备案关，加强招标公告、资格预审、招标文件、评标、定标等各环节的监督管理。认真推行招投标保证金制度、招投标行贿档案查询制度和进场交易制度，实现公开、公正、公平。5 年来，共有招投标工程项目 52 个，工程招标率和公开招标率均达 100%，无一起有效投诉。

（四）质量安全管理工作

坚持“质量为本、安全至上”，制定了安全文明费“四方”（施工单位、建设单位、商业银行、监督部门）托管制度，实行安全差别化管理。组织开展“安全生产年”、建筑安全专项治理、工程监理和质量检测专项整治、建筑起重机械调查和登记备案等活动，推行建筑施工安全质量标准化，督促施工项目部和现场监理部按标准配备关键岗位人员。5 年来，我区建设工程安全质量规范化管理水平有了长足的进步，如脚手架的搭设由竹木架构变为钢管架构、取消现场拌砼推行商品砼、美观大方的活动板房替代简易工棚等，我区建筑工地文明施工监督管理走在了全省的前列。全区工程报建率、质量安全受监覆盖率、工程质量一次性验收合格率均达 100%。

（五）建筑市场管理工作

我们强化了工程项目履行基本建设程序手续的稽查，稳步推进建筑市场监督执法。规范市场准入，对进入武陵源建筑市场的监理和施工企业实行了验证登记备案管理制度。完善网络监管系统，及时录入我区所有监管项目的基本数据和日常监管信息。5 年来共发放施工许可证 52 个，建筑面积 484709 平方米，工程造价 104900 万元。

5 年来，我们取得了一些成效，但也还存在着一些问题和不足：一是框架未拉开，大交通格局尚不够完善，中心城区部分道路急待改造升级。二是城市品位不高，建筑没有形成统一格调，城市景观缺乏魅力，缺乏城市个性和特色。三是设施不完善，城市功能分区混杂，基础设施不配套，城市燃气、供电、给排水、公共停车场方面欠账较多。四是重点工程推进难，突出表现在土地房屋征收难，施工环境堪忧。五是受利益驱动，违章建设问题比较突出，增加了城市建设的成本。

在今后一段时间内，我们将加快建设国际旅游休闲度假区，逐步实现“一轴一环四空间”的规划构想的总体目标，突出抓好四大工程。

一是城市基础设施工程。进一步完善城市路网结构，配套建设城市供水、供气、排水、排污等项目，拓展城市空间。继续推进武陵路东段改扩建，对天子路、文苑路、张清公路沙坪段、天马路、观音路进行改扩建，建设岩门片区路网共七条街道，拓宽改造军地坪城区桂花路、白鹭路，对军地坪城区“三纵五横”道路网络进行“白改黑”提质改造，对军地坪城区道路路灯进行 LED 灯更换，完成高云生态文化主题公园和城中村改造任务；城区统一集中供水，将军地坪和索溪峪镇供水管网连通；城市污水收集率和处理率均有提高，敷设管道将景区污水引导到城区进行集中处理；普及天然气。

二是小城镇建设工程。统筹城乡规划，统筹城乡发展，把小城镇建设提到重中之重的位置。壮大城镇规模，提高辐射带动能力，进一步推动城乡基础设施共建共享，促进城乡共同繁荣。完善中湖乡中天路和天子山镇云卿路建设，对道路两侧房屋实行“穿衣戴帽”改造。建设中湖乡杨家界安置区，天子山镇向家坪安置区。

三是绿地景观工程。继续实施城市绿化、美化、亮化工程，推进城市主要节点和主要道路景观的建设改造。搞好武陵路中、西段提质改造，建设城市植物公园、绿景休闲园、沿河休闲游憩步道和河畔公园。做活城市“水”文章，结合索溪河治理和“溪布街”、“百溪边城”项目，将沿河建成旅游休闲长廊。

四是城市建设管理工程。继续加快工程质量监督信息化建设步伐，抓好建设领域的诚信体系建设，依靠科技进步，治理工程质量通病，积极探索质量监督新模式，提高建设工程监督覆盖率。加强对建筑市场各方行为主体的

监督管理，继续完善行政执法、行业自律、舆论监督、群众参与相结合的建筑市场监管体系，进一步规范各方主体行为，严格工程合同和竣工验收备案、结算管理，实行工程量清单计价。加强勘察设计管理，继续推广建筑节地、节能、节水、节材新技术，新建建筑节能执行率达100%，对不可再生资源的总消耗下降10%，既有建筑节能改造完成50%。加强招投标管理，探索建立行为规范、运转协调、公正透明、廉洁高效的管理体制。加强工程质量安全管理，完善监管信息系统，落实各方主体质量责任。加强城建档案基础设施建设，努力提高城建档案现代化管理水平，加快信息化建设步伐。

创先争优　开放发展
推动建设事业健康快速发展

湖南省中方县住房和城乡建设局　周怀志　刘朝根

2012 年，中方县住房和城乡建设局在县委、县政府的正确领导下，认真贯彻落实上级会议精神，以科学发展观为指导，围绕“开放发展、稳中求快、快中求好”的工作总基调，切实转变作风，着重抓好了重大项目建设、保障性安居工程建设、房地产调控、建设工程安全质量监管、建筑有形市场管理等各项工作，推动了全县住房和城乡建设事业的健康有序发展。

一、住建工作有序发展，稳步推进

2012 年，县住房和城乡建设局主动融入县委、县政府的中心工作，全面履行部门职责，取得了较好的成绩，为推动宜居城乡建设，促进建筑业、房地产业发展作出了重要贡献。

（一）城建项目建设稳步推进

2012 年，安排实施县城基础设施建设、保障性住房建设、房地产项目、商贸物流、社会发展项目和旅游项目等 6 大类 69 个项目，总投资达 31. 24 亿元，其中政府投资项目 15 个，计划投资 7. 9 亿元，社会投资项目 54 个，计划投资 23. 34 亿元。其中由县住建局负责的项目共 38 个，包括社会投资项目 36 个，政府投资项目 2 个，年度计划投资 13. 274 亿元。截止目前，累计完成投资 14. 14 亿元，占年度计划总投资的 106. 5%，已超额完成县委、县政府下达的投资计划任务。小城镇建设完成投资 3300 万元，完成任务数的 100%。通过一年的努力，各项具体指标已全面完成：县城建成区面积达 4. 5 平方公里，县城常住人口达 4. 2 万人，城镇化率达 30%，完成垃圾中转站及公厕建设各一座，完成果皮箱安装 200 个，新增绿地面积 1. 5 公倾，绿地率保持在 37% 以上，人均公园绿地面积 9. 6 平方米。

（二）房地产业开发渐趋平稳

2012 年，我县实施的房地产开发项目共有 37 个，房地产开发项目总投资达 38. 95 亿元，项目总占地面积约 3060 亩，总建筑面积约 326 万平方米。现

累计建成的房屋建筑面积107.84万平方米（住房6617套，门面2131个），正在建设的房屋建筑面积133.61万平方米。2012年1～10月份房屋成交408套，销售面积4.91万平方米，销售总金额9027.94万元。2012年，我县廉租住房建设任务72套3562平方米。目前廉租住房具体项目已经确定，项目选址中方镇栗山村，池黔公路旁，与2011年栗山廉租住房建设一期工程相邻，整个项目占地3503平方米。目前，已完成的前期工作包括：立项、项目选址、环境影响评估、初步设计、规划、国土批复，5月15日已完成招投标，项目已正式破土动工。到目前已完成投资80万元，预计2012年底可竣工。

（三）县城绿化品质稳步提升

2012年，我们严格按照全县生态园林规划要求，大力实施生态园林建设，实现生态园林建设点、线、面有效结合，大幅度提升县城绿化品质。3月份，我们将全县绿化任务分配到各个县直机关及小区，确定了10个重点增绿提质单位，制定了县城4个公共绿地增绿提质方案，要求高标准做好县城绿化工作。重点抓好了金大地森林公园绿化提质工作，“3.12”植树节期间，组织干部职工进行补植活动，到目前为止，文化墙上方绿化工作已接近尾声；加强对县直机关庭院绿化提质活动的督查工作；加强城区内各道路特别是中方大道和南湖路沿线行道树的补植和扶正工作，现除玫瑰路舞水家园段施工条件不具备外，其余已全部完成；在园林养护方面，按照“政府指导、市场动作”模式，严格督促两家园林养护公司落实养护责任，已分别对树木花草进行了培土施肥、修枝整形、扶正喷药和中耕锄草；同时，对县城内恶意破坏绿化的行为进行严肃处置，县城绿化品质在逐步提升。

（四）县城安置工程扎实推进

2012年，共实施6个安置区建设项目，包括：荆坪家园、长塘家园、栗山家园、同乐家园一、二期、龙井家园一、二期、龙井家园三期等。由于领导高度重视，加强工作调度力度，截止目前，荆坪家园、长塘家园已完成土地报批，正在进行前期规划；栗山家园已完成选址；同乐家园一、二期联建房正在进行小区道路配套和桩基施工，二期统建房2～7#楼已完成主体二层，8～11#楼正在进行内外装修，1#和12#完成五层主体，预计年底，可交付使用；龙井家园一、二期正进行土石方工程；龙井家园三期有五栋已进入四层主体施工，2012年计划完成10栋安置房建设。

（五）城市管理工作逐步规范

2012年来，城管局认真抓好市政设施、环境卫生、“两违建筑”、文明施工及户外广告管理等工作。市政设施方面，主要是加大市政设施维护和修护力度，对芙蓉路、铜锣路、中方大道、五溪路等6处下水井盖进行了更换；对城区道路路灯进行了维修，添置龙井安置区垃圾屋，做好垃圾中转站及公厕使用前的准备工作等；环境卫生方面，加强了日常巡查制度，督促环卫企业及时清运垃圾和清扫渣土，并对道路进行冲洗；指导物业小区做好卫生工作；督促企事业单位和门店经营户落实门前三包责任；“两违整治”方面，主要坚持“疏堵结合，以堵为主”的原则，落实管控机制，加大日常巡查力度，严厉打击城区内乱搭乱建行为。全年来，共立案查处违法建设112起，依法拆除13起，有效制止违法新违6起，在一定程度上遏制了“两违”建设多发势头，全县“城管”氛围日益浓厚，城管工作逐步规范。

（六）安全生产形势总体平稳

2012年上半年，针对雨水天气频繁、施工环境恶劣的现状，我们制定了严密的雨季施工实施方案，认真做好雨季施工的各种防范措施，狠抓各项专项治理、加强监督执法，认真履行建设工程监督管理职责和服务功能。全年认真组织了全县建设领域安全生产专项检查4次，下发安全隐患通知书33份，质量隐患通知31份，排查整改安全隐患132处，规范行业安全生产行为。同时，做好建筑施工现场安全质量达标认证工作，逐步取消城区内预制构件的使用，消除各类安全隐患，全面提高了我县建设工程质量安全水平。截止目前，全县未发生一起安全、质量事故，为我县建筑业健康有序发展提供了有力保障。

（七）机关形象得到有效改善

结合“创建”工作，我局2012年来，大力推进机关庭院美化、亮化、绿化工程。利用春季栽种季节，对枯死树木、花草进行清理，及时补植。平时，加强了对树木、花草的修剪整形、除草施肥等工作；6月份，我局斥资15万元完成了对机关后院的美化工程，通过一系列的措施，使我局机关庭院绿化品质进一步提升。

2012年以来，我局还加大了对机关作风的整顿，扎实开展“五优机关”的创建活动。2012年初，我们完善了机关纪律制度，成立了纪检督察室，专门负责全局机关作风的监督、管理；同时，对局内部分股室、二级机构及乡镇建管站进行了内部审计工作，不断规范干部职工工作行为。

扎实开展各种活动。2012年来，深入开展了“干部联村”活动。全局干部职工深入联系村组，扎实开展“扶贫帮困”活动，为联系村的脱贫致富、工作顺利开展积极献计献策；局团委组织全体团员对县城内的“牛皮癣”进行了一次全面彻底清除；局妇联也开展了一系列关心妇女儿童的活动。通过

以上各种措施及各种活动的开展，我局工作环境更加舒适、优越，干部职工精神面貌明显好转，机关形象得到有效改善。

二、存在的主要问题及下一步工作设想

2012年以来，我们虽然做了大量卓有成效的工作，取得了较好的成绩，但在推进工作中也遇到一些困难和问题，主要是：一是筹措城建资金的路子不多，特别是对基础设施的投入严重不足。二是建设监管基本到位，但仍存在许多薄弱环节，表现为专业技术人才的缺乏，目前高级称职者为空白。2012年我局虽引进了部分专业技术人员，但仍满足不了整个建设的需要，如监理人员每个人负责的项目都在6个以上，工作难度很大。全县在建项目近70个，安全监管任务压力仍然艰巨。三是建筑市场管理力度仍需进一步加强。四是私人房屋建设管理还要进一步加大。今后我们将着重抓好以下几个方面的工作。

（一）围绕扩容，不断强化行业监管力度

下一阶段，我局将进一步健全项目工程管理体系，逐步规范项目工程管理，走向“责权统一、管理规范”的项目监管模式，实现建筑工程管理中心与县施工管理站合署办公，负责县城规化区内所有项目的行业管理工作。

重点抓好四个方面的工作：一是强化市场监管体系建设，规范建筑市场秩序。进一步规范招投标活动，切实加强建筑企业资质管理和农民队伍挂靠的问题，逐步健全市场准入和请出制度。二是强化工程质量监督管理，提高建设工程整体质量。规范工程勘察设计市场，严格施工图审查备案制度，从源头把好工程质量安全生产关。三是强化安全生产管理措施，确保安全生产无事故，一般事故控制在1‰以下。四是强化建筑节能管理，为建设节约型城市再做贡献。

（二）围绕旺市融城，加快推进县城重点项目建设

按照县政府工作报告中提出“以房地产业的快速发展来聚集人气、提升活力”的思路，从完善功能配套、发展房地产业入手，抓县城建设。2012年计划完成城建投资13.27亿元，继续建设城区道路，形成合理的路网布局；加快城市基本功能项目建设，进一步完善配套功能；大力推动房地产业发展，为融城造市聚集人气。

（三）围绕生态宜居，不断提升城市管理水平

一是严格城管执法。加强对建筑工地的渣土管理和违章建筑查处力度，确保县城的生态建设成果。二是以争创省级“文明卫生县城”为契机，切实

搞好县城净化、绿化、美化工作，加强环卫管理，提升城市品位。三是加大对市政设施的维护力度，减少盗损现象。四是建立健全城市卫生、供水、市容、市场等管理办法和规章制度，实现城市管理科学化、经常化和规范化，及时接管县城建成的道路及公共死角。围绕生态宜居开展城管工作。五是实施“蓝天、碧水、绿地”工程，大力推进县城规划区内园林养护力度，保护天然山水，保留自然风光，构建山在城中、城在绿中、人在景中的宜居城市。

（四）围绕创先争优，继续抓实班子和干部队伍建设

扎实做好创先争优工作，以班子建设为龙头，继续强化队伍政治思想、服务技能、业务素质教育与管理，进一步提升干部队伍干事、服务、敬业、奉献的责任意识，同时加大办公设施建设，打造便民、利民、便捷、高效的服务平台及办事环境，推动城市建设又好又快发展。

作者简介：

周怀志，男，汉族，1971 年 9 月出生，中共党员，大专学历。现任湖南省怀化市中方县住房和城乡建设局局长。

刘朝根，男，汉族，1975 年 12 月出生，中共党员，本科学历。现任湖南省怀化市中方县住房和城乡建设局办公室主任。

超常谋划　创新举措　打造活力亲水城市

四川省宜宾市南溪区住房和城乡规划建设局　张成俊

南溪，是一座具有1400多年历史的文化古城，近年来，南溪区委、区政府创新理念，加大投入，确立了“工业强区、科教兴区、商旅活区”的发展战略和“新型工业主导区、商务会展聚集区、城乡一体示范区、休闲旅游体验区、科教产业先行区”的川南区域经济新高地的发展目标，以南溪模式、南溪速度、南溪精品，把南溪滨江新城打造成为社会功能完备，配套设施完善、居住生活环境优美、业态发展均衡的活力亲水城市，确立了“仙源福地，上善水城”的城市品牌。

一、依托优势，科学规划，坚持把城市作为南溪发展的平台

（一）找准城市定位

南溪区充分认识到，宜宾作为川南经济区的经济强市，将是川南经济区重要的产业聚集区，也将在城市建设和城市功能上承担川南经济区的重要功能。南溪作为宜宾市城市发展及沿江经济的重要组团，其作用也将进一步凸显，必将成为宜宾大市中心之一。特别是川南沿江经济带日益吸引全国乃至国际的目光时，各种发展机遇也将随之纷至沓来，宜南快速通道、渝宜高速公路的建设，将从根本上影响到南溪的发展命运，使得南溪将从宜宾城市的远郊变成宜宾百万人口大城市中心城区的重要组团。南溪区多次组织到先进地区学习考察，主动对接宜宾城市总体规划修编纲要中对中心城区各片区的功能分区，最终按照“错位发展、优势互补”的发展策略，主动承担、分担宜宾大市功能，经营新区优势、比较优势、后发优势，确立了宜宾大市全域开放的桥头堡、产业活跃的增长极、创新跨越的示范区的战略定位，努力将南溪打造成宜宾乃至川南的休闲旅游体验区、科教产业先行区和商务会展集聚区。

（二）打造城市品牌

区委、政府从重庆、上海、深圳、海南等全国大城市中的甲级设计单位采取带方案公开遴选方式，按“专家咨询、公众参与、集体决策”的原则，

投入3000多万元，高标准、高水平、大手笔开展规划、策划和设计工作，编制完成了《南溪县城市发展战略策划》、《南溪新城业态策划》、《南溪县西城城市设计》等方案，提出了南溪“仙源福地，上善水城”的城市品牌定位，并提出了“仙源长街——万里长江第一街”、“仙源外滩——湿地与滨江公园”、“城市商业——宜宾商业的明珠”、“城市地产——理想舒居”等四张名片，着力体现千年南溪的城市古韵和长江首善的水城风韵。

（三）科学规划城市

南溪区在城市建设上，确立了城市战略为“西拓东进适度北扩”，重点建设4.76平方公里西城新区，西城用地沿长江平行分布，总体布局按照“一心、两片”的紧凑型带状结构布置，“一心”是指规划区中部集合商业、商贸等的公共服务中心，“两片”是指桂溪河东西两片的居住用地形成的两块片区。西城新区开发预计可带动100亿元的投资，将打造集生态公园、商务楼宇、高档住宅、休闲娱乐等功能为一体的亲水性城市核心区。在规划设计过程中，充分考虑城市经济效益、社会效益，为整个城市经营和西城新区建设奠定良好基础。

二、抢占先机，抢抓速度，坚持把项目作为城市建设的抓手

南溪把城市作为区域经济的重要引擎，从城市基础设施入手，通过城市公共设施、城市休闲空间和城市商业服务等方面率先提升品质，从而实现南溪城区的商业、商务办公、公共服务和居住品质的快速提升。

（一）把握时序，梯次运作项目

在新城开发时序上，一期：核心突破——以对南溪新城整体的环境改造为基础，以沿江休闲、核心商业区和五星级酒店为突破重点，造环境聚能量促发展；二期：拉开骨架——重点对东西两大区域引擎的打造，通过南溪古城、体育馆、南溪职中、湿地公园全面启动，依靠引擎的拉动，使周边土地价值得到释放和提升；三期：全面开发——当土地价值峰值释放后，有计划的进行商业地产和住宅地产的全面开发。目前，已完成三横五纵道路骨干、滨江景观、丽雅前进小学、南溪职中、金盛市场、桂溪河5座桥梁、五星级酒店、桂溪河商业古街等项目建设，正在进行文化体育中心、中医院、滨江消落带、动漫产业园、金融中心等项目的建设，金融机构将逐步往新城转移，新城公共服务平台逐步推进。

（二）把握时差，加快项目包装

南溪高度重视项目前期工作，把城市战略举措包装成一个个重点项目，抓紧完成评估、可研、初设、地勘等前期工作，做到包装成熟一个，推向市场一个，着力实施一个。为了缩短项目前期工作的时间，不按照常规的“完成一个环节，进入下一个环节”的做法，根据拟定的项目提前开工时间、倒排时间，在一个环节未完成的同时，紧接着进行下个环节，甚至同步推进。比如3.5公里的长江防洪护岸三期工程和1.75公里的桂溪河改道工程，仅用3个月时间，高效率完成了防洪规划、行洪论证、水保、环保、通航论证、可研、初设等前期工作，超常推进和完成防洪堤及堤上景观带建设，完成桂溪河两岸商业古街建设，成为新城独具特色的亮点工程之一。

（三）把握时机，加快推进项目

南溪城市作为区域经济的重要引擎，从城市基础设施入手，通过城市公共设施、城市休闲空间和城市商业服务等方面率先提升品质，从而实现南溪城区的商业、商务办公、公共服务和居住品质的升级启动。在项目建设上，克服惯性思维，创新思路，倒排工期，制定各合同段阶段性目标和保证关键工序、设备投入、材料储备等重点环节的措施，确保各标段工程平行作业有序进行。同时，不分节假日、不分白天晚上，加快推进。比如，计划用两个汛期完成的滨江堤建设，7个月时间主体工程已全面完成。城市建设上率先完成三横五纵城市道路骨架，同时建设完成康安幼儿园、丽雅前进小学、南一中B校区、职业中学、中医院、金盛农贸市场、安置房、廉租住房等项目公共服务项目，为新城的建设打下坚实基础。

三、多元投入，多头并举，坚持把市场作为城市建设的手段

南溪区在财力十分紧张的情况下，通过市场化运作，把城市当作资本来经营，走以城建城、以城养城、以城兴城之路。

（一）整合资源，破除瓶颈

树立城市经营理念，坚持市场化运作模式，充分发挥财政资金的撬动效应，调动和吸引更多的社会资金参与城乡建设。坚持“以城建城”的筹资策略，促进建设资金的保值增值和滚动发展。推行BT（建设－移交）、BOT（建设－经营－移交）、BOOT（建设－经营－所有－移交）等模式，有偿转让基础设施的建设权、管理权、经营权，吸引国内外投资者参与城

市基础设施建设、经营和管理。积极利用国债和银行贷款等资金，拓宽城市建设的投融资渠道。积极争取上级支持，争取增加新增建设用地总规模，提高集约节约用地水平，大力开展土地开发整理及闲置土地清理，保障耕地占补平衡。

（二）创新融资手段，加大招商引资力度

把城市建设作为招商引资的重要阵地，加强与北京商会、广东商会、重庆商会等的联系和战略合作，积极开展上海、广州、南宁等招商引资活动，城市招商工作成效显著，成功引进三友物流投资亿元迁建区客运中心、广东惠东工程公司投资1.5亿元投资西城农贸市场等项目，特别是成功引进实力较强的房地产商开发金融街区、商业古街、盛景天下、长江国际、康安江城等房地产项目，提升了南溪房地产水平和档次，有力地助推城市建设的快速推进。

（三）保证质量，节约资金

城市建设的每一份资金都必须用在刀刃上，能节约尽量节约，整合好建设资金。在整个工程建设过程中，本着保证质量控制及减少投资浪费的原则，优化各类施工方案，如桂溪河自身土石方平衡、桂溪河护底、桂溪河与长江堤基础换填处理等方案，至少为工程投资节约万元以上，并且缩短了工程工期。强化对招投标及政府采购的监管，成立由监察局、发改局、财政局、审计局、检察院、住建局为成员的招投标监督委员会，组建区财政投资评审中心和投资审计中心，进一步规范项目监督管理制度，节约大量的财政资金。

四、强势推进，过硬考核

加强对南溪城市建设中的重点区域、重大项目的组织管理，按照目标任务，倒排工期，确保工程按期完成。认真抓好重点项目的组织实施，实行“一个项目、一个领导、一个责任人、一套工作班子、一个实施方案、一支好的施工队伍”的运行机制，确保按时按质完成项目建设。完善城市建设目标管理责任制，在组织实施上，把城市建设的目标任务层层分解到部门、到个人，严格实行工程承诺制，做到责任全覆盖、管理无空白；在时序进度上，严格相应的建设进度和推进时序，从早、从紧、从快抓好各项工程的实施，确保时间到位、投资到位、任务到位。实行重点城建工程每月现场调度制，对工程推进过程中存在的问题现场限时办结。加强督促检查，跟踪问效，定期考核，对工作进展慢、责任不落实的部门和单位及时通报批评，调动各方

面参与城市建设的积极性，一座“宜居、宜业、宜游”的滨江生态园林城市正快速崛起。

作者简介：

张成俊，男，汉族，1975 年出生，现任四川省宜宾市南溪区住房和城乡规划建设局局长、宜宾市南溪区房地产管理局局长。

抓住规划龙头 夯实城镇基础 促进城乡和谐 打造宜居城市

贵州省安龙县住房和城乡建设局 胡荣鑫

2012年，安龙县住房和城乡建设工作紧紧围绕“自然、历史、现代”城市空间布局，按照“3455”工作思路，以自然、历史、现代城市三元空间结构高标准编制规划；以市府大道、安龙大道、荷都大道（县城至安龙开发区城市连接线）、盘江大道构筑城市交通路网，建设路网拓展城市，优化交通引领发展；以打造物流园区、教育园区、轻工业园区、笃山石材工业园区、新工业园区为核心，通过园区兴产业，产业集聚人口，人口扩充城镇；以抓好州级、县级示范性小城镇建设带动其他乡镇共同发展打造特色小城镇；以民族特色村庄整治推动新农村建设推进乡村城镇化，将安龙打造成历史之城、文化之城、旅游之城、生态之城、休闲之城），继续“实施五轮驱动，实现五县目标”和进一步“实施工业强县、城镇化带动战略推进城乡一体化”的发展战略，以经济适用房、廉租住房、公共租赁住房建设逐步实现住有所居；以热情服务、规范服务、主动服务和依法行政、文明执法、执法为民建设服务型与法制型机关提升部门形象，为推进安龙县域经济更好更快发展、建设宜居安龙作出了积极贡献。

一、城乡规划工作成效明显

科学规划是宜居城市建设的第一要务，是城市建设的龙头。2012年度安龙县城乡规划工作获黔西南州政府考评一等奖。一是完成安龙县城市总体规划修改（第四轮）工作经县、州审核通过，现正报省级审核审批。乡镇总体规划除坡脚乡、万峰湖镇因地质灾害原因未启动外，其余乡镇总体规划编制全面完成并经县政府批准实施。二是严格规划审批，坚持“规划一张图、审批一支笔、建设一盘棋、管理一条龙”的原则，加强城市规划集中统一管理，不符合规划的项目不予立项，未编制控制性详规的地块不准出让、转让和开发建设，对县域规划区内所有建设项目实行“流线型”审批管理。三是严格规划执法。认真开展“两违”清理，加大对违法建设行为的清理打击力度。

逐步建立和完善了防违、控违和拆违的工作机制，加大规划违法案件查处力度。

二、大干快上城市基础设施项目，逐步完善城市功能

千方百计、克服重重困难争取和筹措项目建设资金，实施了安龙大道、西城区开发大道（市府大道）延伸线工程建设、市府大道改造（市府大道中华灯路灯安装工程、市府路绿化亮化）工程、安龙县垃圾卫生填埋场工程及附属工程等城市基础设施建设工程，完成项目投资共计近4亿元。

三、进一步规范建筑市场，提升建筑市场管理水平

建立健全招投标制度，规范招投标程序；进一步完善企业和专业人员数据库，建立信用档案。规范建筑企业管理，对新开工的建设工程实行收取安全保证金，协助人社局搞好收取民工工资保证金的管理，保证了安全生产，基本杜绝新开工的工程发生拖欠工程款和民工工资现象。

四、加强房地产市场管理，规范房地产市场各方主体行为

2012年，加强对房地产交易、规划建设审批窗口服务工作人员法律法规知识培训，提高工作人员政治思想觉悟和工作效率，增强了窗口服务意识和工作责任心，较好地完成了各项工作任务，2012年度政务服务工作获安龙县人民政府表彰为“优秀窗口单位”。

五、住房保障工作绩效明显，逐步实现城镇低收入家庭“住有所居”目标

围绕建设、分配、管理、运营四大环节，完善住房保障政策体系，实现标准化建设、规范化分配、动态化管理、高效化运营。积极回应城市中低收入家庭、新就业大学生和外来务工人员的住房诉求，加大政策研究力度，先后出台经济适用住房、城市廉租住房保障、经济适用住房和廉租住房审批管理、加快发展公共租赁住房等政策意见，基本上形成了分层次、多途径、全覆盖的住房保障体系。一是新建2012年度廉租住房66套、公共租赁住房144套建设按省、州、县要求时间进度保质保量进行，进度排在全州前列。基本

完成年度廉租住房租赁补贴发放工作。二是2011年保障性住房<续建项目>建设按省、州、县政府要求完成并交付使用。

六、加强执法队伍建设，城乡建设执法工作有序开展

住房和城乡建设执法工作通过加强业务学习培训，提高队伍素质，强化班子建设，强化责任落实等措施，确保城乡建设执法工作健康有序开展。

七、加强城市环境卫生管理，强力推进“整脏治乱”步伐

加强城市环境卫生和城市秩序管理，以开展“整脏治乱”、争创“国家卫生城市”活动为目标，通过完善各项规章制度；加强领导，明确责任，把管理范围覆盖到县城区的每一条大街小巷、每一处公共场所、每一个住宅小区、每一处施工现场、每一个工作时段。着力抓好流动摊点、背街小巷、出入城道路、城郊结合部等薄弱部位市容环境综合整治。全面整治违章建筑、乱搭乱建的修车厂、洗车场，确保“整脏治乱”工作取得阶段性成效，创卫工作得到顺利开展。

八、扎实开展质量安全专项整治，实现零事故目标

建筑工程质量安全工作紧紧围绕保障性住房建设和城市基础设施建设为主开展质量监督和安全整治，积极开展“打非治违”工作。统一思想，提高认识，周密部署，加强宣传，督查整改，2012年未发生安全生产责任事故，确保了人民群众生命财产安全，为安龙县社会经济跨越发展创造良好的环境。

九、党风廉政建设、党建扶贫工作取得阶段性成效

认真落实党风廉政建设责任制，通过开展对党员干部的党风党纪和廉洁自律教育；贯彻落实《建立健全和预防腐败体系2008～2012年工作规划》；加强制度建设和机关干部作风建设，扎实推进行政效能建设；进一步加强工程项目监管；加强行政审批管理，提升住建管理水平等工作措施，做到了班子成员齐抓共管，党员干部积极参与，使党风廉政建设和反腐败工作落到了实处，有力地保障了各项工作的健康开展。2012年度，我局按照县委、县政府的安排部署，对帮扶点进行党建定点挂钩帮扶，把解决群众困难、协助抓

好社会管理综合治理、人口计生问题作为对口扶贫工作的重点，全面完成了县委县政府交给的扶贫任务。

十、完成县委、县政府交办的其他工作

完成撤销新安镇，设立招堤、栖凤二个街道办事处工作；完成招堤风景区申报国家级城市湿地公园前期对接工作；完成市府大道改造建设并竣工通车投用工作；完成全州城镇化大会（分会场）接待及参观现场布置等工作；完成第六届荷花节招堤风景区灯饰恢复及设施维修工作；完成安龙大道2012年工程投资建设工作；完成原招堤街道办事处海庄社区、钱相乡打凼村、戈塘镇香车河、万峰湖镇坝盘村等特色村庄整治项目工作；完成汕昆高速公路沿线4个乡镇（德卧、龙广、新桥、木咱）沿路14个行政村200米可视范围村庄整治工作；完成物流园区、教育园区及石材产业园区规划编制调整报批等相关工作……

回顾过去一年的工作，成绩斐然；展望未来，2013年全县城乡规划建设管理工作任务艰巨，全县住房和城乡建设系统将进一步提高对城镇化建设的认识，加强组织领导，转变工作作风，抓好城镇基础设施项目建设，扎实做好城乡规划建设管理的各项工作。以“踏石有印、抓铁留痕”的精神和勤政务实、主动服务的作风，开拓进取、后发赶超，推动我县住房和城乡规划建设管理事业再上新台阶，为实现与全国全省同步建成小康社会作出积极的贡献！

作者简介：

胡荣鑫，男，汉族，1964年9月出生，中共党员，大专学历，水利电力助理工程师。现任贵州省安龙县住房和城乡建设局党组书记、局长。

自1982年6月参加工作起，历任安龙县水电局技术员、助理工程师、副局长、队长，新安镇科技副镇长、镇长书记，安龙县水电局党组书记、局长，工业局局长，经贸局局长、党组书记，安龙县科学技术学会主席，安龙县安监局局长兼党组书记，安龙县建设局局长、党组书记，安龙县住房和城乡建设局局长、党组书记。2012年11月至今，任贵州安龙经济开发区管委会副主任兼安龙县住房和城乡建设局党组书记、局长。

中国漂城　灵秀施秉

贵州省施秉县住房和城乡建设局　黄绍鹍　杨　辉　冯廷华

施秉县位于贵州省东部、黔东南苗族侗族自治州西北部，全县国土面积1543.8平方公里，总人口16万人，居住着苗、汉、布依等13个民族。这里山川秀丽、资源富集、风情浓郁，是一个适宜人居和休闲度假的好地方，是一座融山、水、林、城为一体的山水园林式生态旅游服务城。县内旅游资源丰富，在总面积510.2平方公里的国家级氵舞阳河风景名胜区中有369平方公里在施秉境内，有上、下舞阳河峡谷风光游览区，云台山自然、人文景观游览区，黑冲奇山、云海风光游览区，杉木河峡谷涉水观景、漂流度假游览区等。其中杉木河漂流蜚声省内外，施秉因此赢得了“中国漂城”的美誉。

近年来，施秉县委、县政府坚持以科学发展观为指导，紧紧围绕省委、省政府“两加一推”主基调，以“打好‘三城’品牌，建设生态文明示范县”的发展思路，大力实施“工业强县、城镇带县、旅游活县、农业稳县”四大发展战略，拓宽投融资渠道，大力实施经营城市战略，高起点规划、高水平设计、高质量建设，全力以赴加快城镇建设步伐，县城基础设施建设不断完善，城市空间进一步拓展，提升了县城对外新形象。2012年，全县生产总值完成19.1亿元，财政总收入完成3.5亿元，全社会固定资产投资达30.6亿元。目前，仅累计投入城镇建设资金12亿多元，先后完成重点基础设施项目120多个，实现了城市经营与县域经济发展的互促联动。

一、高标准规划，着力打造山水园林旅游服务城

近年来，该县先后编制了《县城总体规划》、《县城景观风貌规划》、《施秉县城东城市综合体建设规划》、《施秉县城西城市综合体建设规划》和道路、给排水、绿化、电力、电讯等专项规划，县城将以“一城三区”的发展格局，逐步建成“两心、两轴、一带、四组团”的空间布局结构。通过启动实施沿河11公里长的河滨景观绿化带状公园、整治旧城区街区风貌、引导控制新区建设风貌整体提升县城形象，努力打造“水在城中，城在绿中，人在景中”的山水园林生态旅游城市，把施秉打造成贵州乃至西南地区一流的人居环境。将工业园区融入城市规划，作为城市的拓展区，强力推进“一园三区”规划

建设，实现全县整个工业经济规模化、集约化、园区化的发展，实现园区、城区、居民安置区的规划建设同步进行，拓宽县城发展空间，提高城市建设品位。在旅游规划方面，着力做好景区整体规划及云台山与杉木河连接开发项目规划，规划和启动实施白沙井—鸡公岩和沙坪两个旅游服务区建设。规划编制注重人文理念，力求分区合理、景观多样、功能配套齐全；在建筑风格上将地方特色、文化底蕴与杉木河、氵舞阳河、云台山为纽带的山水自然风光融合，充分展示“中国漂城”的新形象。

二、高起点建设，城镇基础设施得到不断改善

施秉县先后投资1.38亿元建成了杉木河大道南段道路、施秉大桥至平宁桥河滨道路建设等城镇路网工程，完成了县城主干道“白改黑”和人行道“青石板改造”工程，为改善城区环境，完善城市配套功能起到了积极的推动作用，老城区现已形成四纵四横的道路体系，基本建成“内联外接、环网互补、节点畅通”的城镇道路系统。投入5600万元新建了县城一座日处理4000吨污水处理厂和日处理60吨垃圾填埋场；投入3.85亿元新建三丰迎宾馆、华振宾馆皇朝酒店等旅游接待设施。开发了阳光水岸、氵舞阳湾、氵舞阳1号、澜泊湾、金商道等商住小区，完成了部分街区景观风貌改造、河滨带状公园等美化及绿化工程，新建了三角洲、街心花园等休闲广场，城镇形象不断提升，县城建成区面积扩大到了3.2平方公里，城镇化率达32.4%，城区绿化覆盖率达18%，绿地率达9.2%。

为凸显城市特色，避免城市建设千城一面，施秉县在全州第一个编制了县城景观风貌规划，规划以抓好城市特色与塑造城市形象作为切入点，在创特色、抓精品、上档次上下功夫。将县城建筑风貌分为地域传统型、过渡型、现代型、主题型四个风貌区，对主要街道按照“一路一特、一街一景”的原则，精心设计了立面景观改造方案，以山水特色为主，民族图腾为辅，充分展示建筑风格和多样文化元素。投入近亿元资金对舞阳河路、县境内二级公路沿线房屋和景区公路沿线的房屋进行了风貌改造，突出了以“徽”派为主的多元化建筑风格，在主要街道和背街小巷安装了路灯、景观灯。

三、高水平管理，让漂城“面孔”靓起来

市容市貌是一个城市的“脸面”，是城市管理工作的第一要务。在一定意义上讲，经济管理是越活越好，城镇管理要越严越好。近年来，该县按照

“全面参与、条块结合、各负其责、共建共享”的原则，探索建立社区管理模式，理顺城市管理体制，形成科学规范的长效管理机制。严格执行城镇建设规划。施秉县委、县政府严格执行城镇建设规划，按照《城乡规划法》的要求，对实施的城镇建设项目严格执行城镇规划，及时向社会各界以及新闻媒体进行公示，广泛征集意见，避免城镇建设项目重复建设的现象发生。施秉县组织县住建、国土、环保等部门进行联合执法，坚持对城区违法建筑重点清查、清理，有效地打击违规建设行为。同时，以创建“省级文明县城”为契机，深入开展“整脏治乱”，推进城区“亮化、绿化、美化”工程建设，加强市民素质教育，提高市民的城市意识、公德意识、法律意识。形成了“人民城市人民管、管好城市为人民”的良好氛围。现在的施秉，城区规模扩大了，街道变宽了、变绿了、变亮了、变美了，一座功能日趋完善的旅游服务城已经初现雏形。

同时，我们充分利用和发挥好品牌资源，多渠道、多形式、多方位地扩大宣传，提高施秉知名度，让“中国漂城”更加响亮。

“雄关漫道真如铁，而今迈步从头越”。展望“十二五”，施秉县将按照“国际旅游专业服务城”的发展定位继续规划和建设好施秉县城，实现整体包装“四景一城”，打造好县内的三日两夜休闲度假观光旅游精品线路。将按照规划要求，加快平宁新区、潘家坝新区路网建设，加快新区开发；即将实施新建县城至甘地坪工业小区50米宽城市主干道、县城至桃子湾工业园区快速车道以及县城至黑冲景区的旅游道路建设，使“一城三区”骨架网络全部打通；积极抓好中兴街、城关镇供销片区等旧城改造；着力打造独特的城市景观，重点建好11公里长的河滨绿化带状公园，构建亲水休闲娱乐长廊，营造更优美的生活环境。抓紧做好云台山作为“中国南方喀斯特第二批世界自然遗产地”申报工作，启动以云台山作为主园区的黔东南苗岭国家级地质公园舞阳河园区的相关工作。

施秉这座充满魅力的漂流之城，正焕发出无穷的生机与活力！一个经济繁荣、环境优美、交通便捷、功能齐备的山水园林生态旅游服务城必将崛起于贵州东部！

鼓足干劲　振奋精神　全力打造精品魅力城市

云南省曲靖市麒麟区住房和城乡建设局　李　昆

2012年，曲靖市麒麟区住建局紧紧围绕区委、区政府提出的“六区、四城、两中心”奋斗目标，深入实施“中心改造、四面拓展、组团起步、集镇升级”战略，强力推进城乡基础设施建设，努力改善城市环境，不断提升城市服务功能，强化建筑市场和工程质量安全监管，创新城市管理体制，加快重点项目建设，全力打造“精品魅力宜居城市”。麒麟中心城区建成区面积65.8平方公里，比2011年增加了4.8平方公里，城镇化率67.3%。完成固定资产投资52.58亿元，同比增长50.2%；建筑业总产值完成79.6亿元，同比增长24.7%。

一、城乡建设

2012年，坚持突出规划的前瞻性、操作性和针对性，在曲靖市总体规划的指导下，着力完善城镇体系规划、乡镇规划和村庄规划体系。积极协调资金，争取规划修编经费450万元，通过公开招标的方式，高档次、高品位、高投入打造城镇亮点，完善城镇服务功能。组织编制完成了越州工业园区总体规划、麒麟区城镇上山一期试点金麟湾片区控制性详细规划、东山镇特色小城镇组团规划及麒麟区工业园区轻工片区概念性规划，并通过专家评审。组织编制完成越州工业园区道路及给排水专项规划，启动实施潇湘集镇总体规划修编工作及金江生态园控规编制工作。严格规范村镇管理，全年审批中心城区私房（加层）21户；办理了城区的户外广告门头装修审批995起；核发《建设项目选址意见书》39份，用地面积126.88万平方米；核发《建设用地规划许可证》22份，用地面积110.98万平方米；核发《建设工程规划许可证》29份，建筑面积49.92万平方米；核发《临时建设许可证》3份，建筑面积1.96万平方米；办理安全报监备案7项，建筑面积0.88万平方米，投资1306.5万元，缴纳风险抵押金12.215万元。通过巡查，发现未批就建工程项目34个，及时下发了68份行政执法文书。组织召开规委会会议1次，规划专家咨询会10次，规划评审会6次，技术审查会30次，出具规划设计条件24份，技术审查项目7个，回复规划线路走向意见10份，建设项目放线27

个，验线14个。积极协调省、市住建部门，争取到2012年第二批农村危房改造项目，改造危房1000户，修缮加固32户，配合指导各乡（镇）、街道完成基础设施及农村农房建设投资13.22亿元。

按照“一个项目、一套班子、一个责任制”的原则，做到“项目到人、责任到人、管理到人”，确保重点项目稳步推进。326国道小坡铁路桥至沾益段道路改建工程已建成通车。珠江源大道南延线项目总投资3.83亿元，2012年完成投资2.42亿元，二、三标段已全面完工；第一标段除曲鸡路交叉口约100余米因牛街18户小宗国有土地建房的拆迁影响未建成外，其余已完工；第四标段白石江、潇湘江大桥桥梁工程施工已近尾声，第五标段路基工程、景观河工程、水稳层铺设工程已基本完成，全面启动绿化工程。荷花塘片区旧城改造项目于2012年7月13日进行了土地挂牌出让，现正在进行地下基础部分建设，全年完成投资4.22亿元。子午路立交桥A地块改造项目总投资3.67亿元，2012年完成投资1.008亿元，项目审批、环境影响评价、规划设计等前期手续已办理完毕，规划已经市规委评审原则通过，修改完善后报市规划局批复，涉及国有用地已委托市土地收储中心收储，A地块已完成拆迁工作。保障性住房建设项目总投资3.993亿元，2012年完成投资2.74亿元，项目审批、环境影响评价、规划设计、招投标等前期手续已办理完毕。2012年初计划的4200套保障性住房，有500套被市住房保障办调整到西片开发区实施，麒麟区组织建设3700套，其中：廉租住房1万平方米、200套，公共租赁房17.5万平方米、3500套。万承商贸建设廉租住房39套，麒麟职中建设廉租住房161套、公共租赁住房139套，曲靖石林瓷业燃气化公司建设公共租赁住房250套，曲靖雄业集团建设公共租赁住房400套，东山镇中心学校新建公共租赁住房196套，麒麟区政府统建公共租赁住房2515套，均已开工建设。政务中心建设项目总投资3.3亿元，2012年完成投资1183万元，已完成可研、规划与设计方案招标、房屋测绘、土地评估、白石江土管所公（私）房评估、拆迁施工单位招标等前期工作，与白石江土管所签订了公房征收协议，启动白石江土管所公房、商铺、私房拆迁。城镇人畜粪便资源化综合处理项目总投资6800万元，总占地面积72亩，分为一期建设项目和二期改扩建项目，建成规模为日处理城镇人畜粪便250吨，该项目已启动建设。

二、片区开发

2012年，城南片区累计完成投资3.72亿元，其中：投资2.42亿元完

成了珠江源大道南延线征地拆迁、道路、绿化、亮化建设；投资3560万元完成了环城西路南延线与纬七路路基工程建成；投资6320万元完成南片区排水系统及配套管网工程；投资422万元完成文笔路改造；投资189万元完成了南片区中心广场维修、金江路排水管网整修、南片区汛期防洪清淤工程；投资2400万元完成南宁街道水寨社区第8、9、10组老村房屋拆迁补偿，投资90万元完成南宁街道水寨社区6组电网改造；龙泉路东段及月雨路北段道路工程、南片区中水利用项目等项目招投标工作结束，正准备开工建设。

近年来，为完善温泉片区基础设施建设，改善片区环境，投资4000余万元，先后完成了度假区主干道、老虎山水库、温泉自来水厂等基础设施建设，曲靖市职工疗养院水疗中心项目顺利建设，温泉自来水厂供水范围已扩展至43个居（村）民小组、4所小学及2所中学，有效解决了3万余人的饮用水问题。

金麟湾片区2012年完成投资1.064亿元，项目审批、土地审批、规划设计、招投标等前期手续已办理完毕，完成了道路纵横断面测绘、道路设计及工程地质勘察、地质灾害危险性评估，金麟湾区块一期1020亩和二期1049亩用地报件省政府已审批，三期1048亩的用地报件已上报省国土厅审查。签订拆迁协议5618亩，完成房屋拆迁171户10万平方米，征地拆迁补偿费4.17亿元。经五路木龙井山段、金江路西延线市政道路、横二号、横三号、纵四号路已完成招标并启动建设。

三、城市管理

（一）狠抓净化工程

按照《麒麟区进一步规范中心城区市容市貌环境卫生管理实施方案》，住建局环卫处负责中心城区79条主要街道，351.66万平方米的环境卫生管理工作。南宁、寥廓、白石江、建宁4个街道办事处负责中心城区162条小街小巷及部分次要道路201.37万平方米（不含西城街道）环境卫生管理工作。清扫保洁始终本着“主干道严管、次干道严控、小街小巷逐步规范”的工作方针，对背街小巷实行堵疏结合、逐步规范，着力解决背街背巷、建筑工地等薄弱环节“脏、乱、差”的问题。通过落实清扫保洁责任，延长保洁时间，提高保洁质量，共清运生活垃圾15万余吨，加大公园、广场、车站、餐馆、宾馆、医院、商业街区、学校周边、集贸市场等公共场所及周边环境卫生整治力度，市容容貌、环境卫生大为改观。完善环卫设施，购置机械设备，充实人员力量，使中心城区道路清扫保洁率达98%以上，生活垃圾袋装率达100%，无公害化处理率达100%。成立了麒麟区建筑渣土行业协会，于11月2日实施了《曲靖市麒麟区建筑垃圾管理办法》，统一车辆标识、颜色、全程密闭运输等措施，严格渣土运输资质审查，建立部门联动管理机制，与新开工的38个建筑工地签订了《环境卫生责任书》，从源头上遏制了渣土污染，渣土运输逐步规范化。

（二）狠抓美化工程

围绕创建国家园林城市，严格执行城市绿地系统规划，大力实施立体绿化、屋顶绿化、阳台绿化、墙壁绿化，多形式、多视角、多层面为城市增绿、补绿、添绿。对4万多株行道树、74.56万余平方米绿地喷洒农药7次，累计修剪灌木330万平方米，修剪草坪380万平方米，清除街道枯枝、杂物680余吨，冬季乔木刷白4万多株。两城创建期间，投入90余万元，新建树池527个、补植乔木430余株，补植地被及灌木6000余平方米、修补绿化带及花台1167米，清理绿化带内枯枝、垃圾、废砖块、瓦块20余吨。截至12月底，新增绿地2.8万平方米，绿化覆盖率提高到38.9%。

（三）狠抓亮化工程

通过实施“河岸、道路、桥梁、公园、广场、绿化带和临街建筑”亮化工程，新增景观灯1000多盏、路灯2100余盏；安装潇保路和彩云路路灯，改建园林路、河北商业街路灯设施，对城区损坏的路灯设施进行日常维护维修；引入云南电投通华节能科技有限公司投资1300余万元，对曲靖中心城区1.7万盏照明路灯80个控制点实施节能改造，安装改造路灯线路节能控制柜（智能照明调控仪）35台，路灯节能监控系统已进入调试阶段，主次干道亮灯率达95%以上。

（四）狠抓便民工程

投入资金1380.68万元，维护维修职中路、花柯路、寥廓北路、三江大道、珍珠街、珠江源大道等中心城区破损的4.7万平方米市政道路；清淤中心城区6条防洪大沟、38条主干道的防洪管沟，清理防洪管沟淤泥8.76万米，缓解了城市防洪压力；设置中心城区隔离墩2000个，隔离栏1880米，有效缓解了交通拥堵状况。筹集资金2000多万元，对公园广场内绿化、公共设施、道路、景观进行改造，完善了服务功能，提升了公园广场品位，营造了良好的休闲、娱乐环境。

四、安全维稳

严格执行“打非治违”要求，加大对建筑施工、城市燃气、城市防洪、市政基础设施、公园广场游乐设施、森林防火等安全检查力度，认真完成人大建议和政协提案办理工作。

（一）加大城镇燃气安全监管检查力度

除重大节假日外，每月对中心城区和乡镇燃气管网安全生产进行1次检查，对43家燃气供气门店检审了许可证并签订了安全生产责任书；在节日期间，对4家燃气企业41个燃气门店开展燃气专项整治活动，与公安、安监、质检、消防等多部门联合执法，查处非法无证经营液化气窝点1处，查获无证液化气362瓶；在“六月安全生产月”期间，组织4家燃气企业对广大市民进行用气常识宣传，发放宣传单2000余份，悬挂安全标语20余条，组织应急演练3场次，提高了应急事件的处理能力。

（二）加大建筑行业违章检查力度

集中开展建筑施工领域“打非治违”专项执法行动，共检查建设工程项目44项，对未办理施工许可证的20个项目下发停工整改指令书，并要求相关责任主体及时办理完善基本建设手续。

（三）加大安全巡查检查力度

全年开展质量安全巡查检查238次，提出工程质量、安全隐患960条，下发停工整改通知书33份，限期整改通知书36份，整改率达97.6%。不断完善各项防火制度，强化责任追究落实、火源管理、检查登记、盘问巡查、瞭望监控，确保寥廓山无火灾发生。

（四）积极为民办实事

2012年，住建局政务服务中心窗口共受理门头装修及户外广告985件，办结985件；完成报建项目111项，发放施工许可证48份；审查建筑施工图设计59项、地勘17项，受理占用城市绿化用地37项；及时办理、全面承办市、区人大代表建议48件，面商率、满意率达到了100%，保证每件人大建议和政协提案落到实处，切实为民办好事、办实事。

下一步，我们将进一步明确责任、强化措施，鼓足干劲、振奋精神、开拓进取，以更加务实的工作作风，更加有力的工作措施，扎实推进城乡建设工作全面展开，努力实现城乡建设新跨越、新发展，为全区经济社会又好又快发展作出新的贡献。

作者简介：

李昆，男，1966 年 2 月出生，中共党员，本科学历。现任云南省曲靖市麒麟区住房和城乡建设局党委书记、局长。

自 1987 年 8 月参加工作起，历任中共曲靖市委办公室副主任，麒麟区人大党委会办公室主任，麒麟区统计局局长，麒麟区人民政府办公室主任、区政府党组成员。2011 年 10 月至今，任麒麟区住房和城乡建设局党委书记、局长。

完善规划体系　强化建设管理
积极创建省级园林县城　实现城乡建设再上新台阶

云南省陆良县住房和城乡建设局

2012年，在陆良县委、县政府的正确领导下，县住建局围绕建设“曲靖南部区域中心城市”目标，按照“提升老城、建设新区、完善功能、畅通内外”的思路，坚持高起点规划、高标准建设、高水平管理、高效益经营的原则，以提高城市承载力为核心，以创建省级园林县城为契机，深入实施城镇化带动战略，突出抓好新区建设和老城改造提升，克服了资金短缺、拆迁难、群众工作难等诸多困难，全面推进城乡规划、建设、管理和经营工作，全县城乡建设工作取得了明显成效。

一、城乡建设工作成效显著

2012年计划完成固定资产投资11.88亿元，实施重点项目19项，实际完成固定资产投资12.28亿元，其中城市基础设施建设1.91亿元、房地产开发7.21亿元、保障性住房建设2.56亿元、村镇建设0.6亿元，比年度计划增长0.4亿元，增长3.4%。至2012年末，县城建成区面积15.7平方公里，有主次干道40条、总长86.44公里、总面积186.48万平方米，建成区绿化覆盖率36.61%、绿地率34.86%，人均公共绿地面积9.21平方米，城区总人口14.87万人，全县城镇化率达39%。全县10个乡镇和华侨管理区拥有不同规模的集镇30个、面积14.51平方公里。

（一）抓好城乡规划编制和报批

一是抓好总规修编和报批。按照省、市“保护坝区农田、建设山地城镇”有关政策和要求，修编完善县城总体规划，形成中心城区近期（2015年）人口21.5万人、建成区用地23.65平方公里，远期（2030年）36万人、37.8平方公里的30年远景规划方案，人口与用地规模已经省住房和城乡建设厅审查批复，正组织报批实施。二是抓好近期建设规划。根据“两上山”和“三规合一”的要求，进一步完善《陆良县城市近期建设规划（2015年）》，并顺利通过省建厅、国土资源厅和林业厅专家组评审。三是抓好片区规划及专业规划。编制完成《陆良县城市绿地系统规划》，形成以“一环、一廊、三轴、四楔、多园”为核心的城市绿地系统。片区建设坚持规划先行，完成西片区12平方公里低丘缓坡地控制性详细规划和行政服务中心1000亩修建性详细规划、南片区863亩城镇上山试点修建性详细规划、春光东路片区修建性详细规划、旧城改造片区修建性详细规划，以规划引领城市建设。四是抓好集镇规划。加强业务指导，配合各乡（镇）做好镇总体规划修编、控制性详细规划和近期建设规划编制，突出抓好三岔河、马街、召夸三个省级和小百户市级特色小城镇，以及三岔河“十个一”工程试点规划建设。五是抓好村庄规划。加强业务指导，配合各乡（镇）按照行政村总体规划“二图一书”、自然村“三图一书”的标准，完成全县127个行政村、605个自然村规划编制，基本实现村庄规划全覆盖。全年组织召开初评委会议12次、审批建设项目23个，召开规委会会议5次、审批建设项目25个、调整用地性质5宗，核发建设用地规划许可证38份、建设工程规划许可证184份，查处违章建筑13起，成功调解建房纠纷3起，切实维护了规划的权威性、严肃性和连续性。

（二）加快城市建设和村镇发展

一是抓好新区开发建设。坚持规划先行、土地收储先行、基础设施先行的原则，严格规划控制，高起点、高品质、高标准建设西片区新区，力求做到绿化、亮化和公用设施同步设计、同步建设、同步投入使用，市政管线全部入地。坚持经营城市的理念，通过城投公司、土投公司、园区锦达投资公司等投融资平台破解融资用地难题，融资5.3亿元，收储土地4264亩；通过土地一级市场开发整理，筹措建设资金，实现基础设施建设的滚动发展。着重抓好顺兴路、瑞和路、朝阳西路等路网建设，以及全民健身中心建设和行政事业单位入驻，以行政服务功能的转移带动西片区的开发建设。首家入驻单位公安局业务用房建设主体和装修工程已完工，正完善附属工程建设；法院、环保、人社业务用房已开工建设，正进行基础施工；审计局、质监局、司法局、档案局、人防办、住房公积金中心6家单位业务用房建设，委托云南省城市规划设计研究院进行规划设计，初步方案已完成，正进一步修改完善；民政局儿童福利院、老年公寓、流浪乞讨人员救助站等业务用房正进行招投标等前期工作；全民健身中心正由县文体局委托上海同济大学进行规划设计。二是完成莲花田引水应急工程建设，项目计划总投资3300万元，铺设管道17.4公里，2月份开工建设，4月28日建成逐步恢复城区供水，有效缓解了持续干旱造成的城市供水压力。三是稳步推进旧城改造。坚持旧城改造提升与拓展城市发展空间相结合，按照“政府主导、市场运作、群众自愿、

分级负责、因地制宜”的基本原则，完成了西华路口片区、原陆良丝绸厂片区（鑫城国际）改造，西门片区、北门影剧院片区改造稳步推进。四是狠抓城市功能建设。抓好LNG气化站和L－CNG加气站建设前期工作，投入资金350万元，完成项目可研、环评、初设、地勘等工作，并经省发改委、省住建厅批准，列入了“国家项目库”，正进行土建施工；抓好西桥段、中兴南路段截污管网建设，概算总投资663万元，铺设管网3.8公里，项目招投标已完成，已顺利开工建设，建成后将开发区生活污水引入污水处理厂进行处理，力争污水处理厂满荷运转；完成同乐广场、中兴路绿化改造工程，创建省级园林单位和小区51个，省级园林县城创建初步通过省住建厅专家组考评验收。五是加快小城镇建设。积极争取项目和资金支持，重点抓好三岔河、马街、召夸三个省级和小百户市级特色小城镇建设，以及三岔河“十个一”试点建设，着力打造产业集中、功能完善、环境优美的特色集镇，加快推进城镇化进程。

（三）抓好保障性安居工程建设

一是抓好2011年保障性住房建设。2011年6.5万平方米、1300套廉租住房按照“政府统建、政校共建、政企共建”的模式，分别由10个项目点实施，除燃料一厂2万平方米因危旧房屋拆迁影响进度，基本完工外，其余9个项目点已全部竣工。公共租赁住房100套按照“政企共建”模式，由云南新威电子工业有限公司实施，已竣工。二是抓好2012年保障性住房建设。2万平方米、400套廉租住房按照“政企共建”模式，分别由2个项目点实施：云南新威电子工业有限公司实施0.8万平方米、160套，设计三层，正砌筑第二层墙体；云南新千佛茧丝绸有限公司负责实施1.2万平方米、240套，设计七层，正砌筑第三层墙体。公共租赁住房按照“政府统建”模式，委托陆良县城市综合开发公司进行建设，项目选址在青山工业园区，计划总投资1.57亿元，正砌筑第一层或第二层墙体。三是抓好农村危房改造及地震安居工程。顺利完成2011年1400户农村危房改造及地震安居工程建设任务；2012年先期下达任务800户，补助资金800万元，由各乡（镇）具体组织实施，10月底全部开工建设，计划2013年春节前全部竣工。

（四）促进房地产健康有序发展

一是优化服务，稳步推进嘉旺·金色港湾、坤尚·水岸康庭、康隆盛世、曲陆锦苑、大自然远东小区、金景·润苑等房地产项目的开发建设，稳定市场，为广大购房者提供充足的房源。二是引导开发企业合理确定户型面积、优化户型结构设计，使户型设计更富人性化、更具特色化，改变户型上同质化竞争的状况，促进房地产业有序竞争、健康发展。三是加强房地产市场监管，认真落实房地产网上监控措施，建立健全房地产交易诚信机制，狠抓房地产营销策划、房产中介从业人员培训，着力提高全行业的整体素质。四是进一步规范小区业主委员会和物管企业的关系和行为，提高物业管理水平，为业主提供更加优质的服务。五是严格房产管理。按照依法、公开、便民、高效的原则，突出抓好测绘、登记、发证等环节服务质量，累计登记发证2461件，共有权登记发证689件，完成产权登记发证面积45.87万平方米，成交房432宗、4.39万平方米，办理银行抵押登记2853件、80.88万平方米、抵押价值11.89亿元，确保了银行按揭信贷业务顺利进行。全年建成商品房51万平方米、5916套，销售47.42万平方米、5000套，实现销售收入9亿元，全县城镇人均居住面积达35平方米，房地产开发企业发展到34个（含外地到陆良开发的企业），房地产业成为了城镇建设最活跃、最积极的因素，为城镇建设注入了新的活力。

（五）积极探索城市管理新机制

以组建城市综合管理执法局为契机，突出城市交通、卫生、市容市貌等重点，全力推行城市精细化管理机制。一是针对城市管理多头执法、推诿扯皮等现象，制定了《陆良县城市综合管理办法》，就城市综合管理做出了明确规定，统一执法权限，做到城市管理有法可依、有章可循。二是以示范街道创建为突破口，全面推进“门前三包”、小广告统一管理等机制，集中制作小广告张贴栏5块，统一规范管理小广告，逐步杜绝乱张乱贴、乱涂乱喷等现象发生。三是加大城市无形资产经营力度，引进昆明枭雄广告有限公司、宜良卓星投资咨询有限公司，签订户外导视、果皮箱广告合作项目，计划投资1000万元，统一安装垃圾果皮广告箱。四是加大城市管理政策法规宣传力度，加强行政执法，逐步完善和提高城市综合执法机制，提高城市管理法制化水平。五是狠抓城市保洁工作，积极推行分段包片、责任到人管理机制，对城市垃圾定点定时进行收集，做到垃圾清扫清运一体化、日产日清，有效杜绝了垃圾二次污染。1月1日起，启动南盘江沿岸垃圾清运和日常保洁工作，修建垃圾收集池28个，新增钩臂式垃圾收集车5辆、垃圾收集箱49个，南盘江沿岸环境卫生明显好转。

（六）统筹全系统事业协调发展

1. 建筑业有序发展。健全完善建筑安全生产责任制、项目安全报监管理备案制和建设项目安全风险抵押金制度，加强施工现场的安全生产监督检查力度，做到安全生产任务明、责任明、措施明、政策明、目标明，全年核发

施工许可证69份，实现建筑业总产值17.19亿元，比上年增长23.1%。加强建筑工程质量监管，不断充实和完善质量检测手段，共接受55个单位工程、36.23万平方米的质监任务，抽检钢筋试验2690组、混凝土2070组、砂浆695组、砖35组、沙石45组，竣工备案30个单位工程、25.8万平方米。以建设工程领域突出问题专项治理为契机，突出完善制度、提高素质两个重点，狠抓招投标监管、招标代理机构和评标专家动态管理、有形建筑市场建设、建立完善依法查处机制四个环节，规范操作，改进评标方法，完成建设工程招投标169项，工程拦标价10.73亿元，中标价10.49亿元，招标节约资金0.24亿元，促进了建筑有形市场健康有序发展。

2. 市政公用事业稳步推进。加大城市照明维护力度，全年检修高压钠灯4275盏，改造同乐广场、爨文化公园景观灯和中兴北路路灯照明，新安装春光东路延长线、圣邦新城等地段路灯，维修交通信号灯3组，合理调整路灯开闭时间，确保城市亮灯率达95%以上。加强城市燃气、液化气店安全监管，做到定期检查与随机抽查、专项检查与突击抽查相结合，对3个燃气企业、33个液化气销售店和桶装水供应点进行专项检查15次，发放隐患整改通知书18份，提出整改意见32条，妥善处置4起轻微安全事故，及时督促整改安全隐患，有效避免和防止了公共安全事故发生。

3. 市场服务中心以中层干部竞聘上岗、职工双向选择为契机，围绕服务市场经济发展、维护稳定发展大局宗旨，进一步健全市场人员、财务、安全等管理制度，深入做好消防、安全生产等工作。加强市场监管，熟悉掌握市场布局、经营状况及人员结构，切实维护市场秩序，确保各铺面和摊位经营活动做到货不出门、摊不越线，市场环境秩序焕然一新。加强指导服务，及时调解市场矛盾纠纷，妥善解决好市场内发生的各种应急问题，确保市场交易活动健康有序进行。

4. 爨文化公园管理服务中心着眼服务大局，进一步建立健全各项管理制度，充分调动工作人员的积极性，努力提高管理和服务质量。狠抓安全生产管理，特别是LED显示屏、游乐设备等基础设施的保养和维修，确保广大市民生命财产安全。充分发挥爨文化广场展示平台的作用，承办组织开展各种宣传、文体演出活动13场次，接待各级参观考察6起，进一步丰富了广大市民的业余文化生活，树立了良好的对外形象。

5. 城市供水公司以抗旱保供水为重点，精心组织，采取分时供水、关停高耗水服务行业、统一管理地下深井等措施，参与完成莲花田水库应急引水工程建设，确保了旱季城市供水安全。全年新安装PE100以上供水管道1620

米、DN100以下352米，新增用户156户，修漏786余起，累计供水597万方、售水269万方，实现销售收入800多万元，代收污水处理费80万元。

6. 城市综合开发公司积极配合“西华苑”小区318户住户，顺利完成土地使用权证办理，妥善解决了10多年来难以解决的历史遗留问题。稳步推进北门影剧院片区改造，组织实施2012年1500套公共租赁住房建设，完成“好莱坞·豪庭”、西华苑和文萃苑剩余房屋、车库煤棚的销售，实现销售收入293.79万元。

7. 建设监理咨询公司不断加强业务学习培训，狠抓内部管理，规范职工行业，不断提高工程监理水平，承揽了莲花田应急引水工程、三岔河、板桥和活水土地整理工程、工业园区道路工程等项目，累计完工项目10个，即将完工5个，已开工或即将开工3个。进一步规范资金管理，拓展业务领域，不断增强公司自我积累、自我发展的能力，确保公司健康、持续、快速发展。

8. 诚达工程招标咨询公司严格按照招投标有关政策和规定，严把报名、资格预审、评标等关键环节，进一步规范招标代理行为，全年代理工程招标项目160项，其中房屋建筑81项、路桥29项、水电7项、其他43项，总建筑面积32.68万平方米，总投资9.38亿元。通过工程招标代理，保证了工程招投标顺利进行，控制了工程投资，切实维护了承发包双方的合法权益，取得了一定的社会效益和经济效益。

二、存在问题和困难

（一）规划体系不配套

县城总体规划编制和新一轮修编完成后，与之配套的详规、控规和专业规划缺乏，衔接不紧，有待进一步配套完善。

（二）建设资金不到位

城市建设历年累计负债达1.8亿余元，贷款、融资较难，加之县级财政十分困难，城市建设地方政府性投入乏力，造成城市建设资金严重不足，致使部分项目开工受阻、推进速度不快，难以按时完工。

（三）拆迁改造难推进

受社会不良风气影响和经济利益驱使，项目推进中拆迁难、迁坟难，少数项目一时难以开工建设或推进受阻，严重影响了工程建设进度。特别是旧城改造项目，群众思想工作非常困难、协调难度较大，进展较为缓慢。

（四）城市管理有待加强

城管人员和环卫工人与建成区面积不相适应，“人少事多”矛盾突出，加

之装备不足、老化严重、管护经费缺乏，城管工作困难较大。城管执法主体不明确，执法中部门配合不够，缺位、越位、推诿扯皮等现象时有发生，严重影响了执法的及时性、准确性和严肃性。

三、创新思路，转变作风，推进住房和城乡建设事业再上新台阶

2013年，县住建局将继续围绕建设“曲靖南部区域中心城市”目标，按照“提升老城、建设新区、完善功能、畅通内外”的思路，以深入开展“转作风、强素质、踏实干，做贡献、树形象、增光彩”活动和中层干部竞聘上岗、职工双向选择为抓手，切实转变工作作风，狠抓落实，突出新区开发建设和旧城改造，不断做大规模、做优功能、做强产业、做美环境，提高城镇集聚力、辐射力和带动力，努力推进住房和城乡建设事业再上新台阶。重点抓好以下四个方面：

（一）完善规划体系

一是结合“两上山”精神，按照“三规合一”的要求，进一步修编完善城市总体规划和近期建设规划，力争完成两个规划的报批。二是编制完成西片区供电、给排水、通信、天然气等专业规划；结合西片区开发建设存在的实际问题，着力优化完善行政服务片区概念性详细规划、城市设计和建筑风貌控制规划。三是完成西片区山体公园的规划景观设计，医院、学校、客运站点等功能服务类项目的规划选址。四是完成建成区17.3平方公里（含北片区、西桥片区）的控制性详细规划编制。五是完成高速公路景观大道绿化景观设计。六是指导协助各乡（镇）抓好集镇总体规划修编和村庄规划实施。

（二）加快城镇建设

一是全力推进12条路网及配套设施建设。继续抓好西片区瑞和路、顺兴路道路建设，春节后启动绿化和亮化建设；7月底开工建设西片区高速公路辅道、政通路、人和路道路工程，春节前完成中兴路南延道路建设；启动滨江路（大坡桥至四河桥段）建设，计划上半年建成通车；启动北片区中三大道及中兴路北延道路建设，完善北片区路网体系，带动北片区开发建设；启动南片区城镇上山试点项目晴岚街西段、春蕾街南段和高速公路辅道建设，以及整个片区场地平整土石方工程，计划4月底完工。二是稳步推进13个重点项目建设。抓好9.5万平米保障性住房、西片区行政服务区山体公园、全民健身中心、客运枢纽中心、单位业务用房建设、西门片区旧城改造、西华路

口片区旧城改造收尾、开发区污水处理配套管网、垃圾处理厂技改升级、北山水厂扩建及西片区供水管网、天然气 LNG 站和 CNG 站、滨江公园、青山烈士陵园等项目建设，完成高速公路沿线两侧控制范围内有条件实施地段的绿化景观建设。三是突出新区开发。抓好西片区、南片区城镇上山试点、北片区和东片区开发建设，努力拓展城市发展空间。四是继续抓好金色巴黎、康隆盛世、润都、金景润苑等在建房地产项目的开发建设，稳步推进爨乡印象、北门影剧院片区旧城改造、南片区城镇上山试点项目等新开工房地产项目建设。五是狠抓“两污”治理。积极争取上级项目资金支持，加快污水处理厂配套管网建设和垃圾处理综合利用技改项目。六是加快村镇建设。以“十一个一”试点小城镇、“两新”建设、农村危房改造、村民议事场所建设等为契机，着重抓好三岔河、马街、召夸三个省级重点小城镇建设。

（三）强化城市管理

以制定完善《城市综合管理实施方案》为突破口，大力推进城市管理综合行政执法，逐步理顺城市管理关系，明确管理职责，促进城市管理法制化和规范化。不断创新城市管理思路，积极探索严管重罚机制，推行预防式管理、经常性管理和长效管理。加强宣传教育，强化重点监控，增加巡查密度，努力塑造整洁、有序、文明的城市新形象。

（四）发展城镇经济

坚持市场化、产业化、社会化的方向，按照“先规划后建设、先征地后配套、先储备后开发、先做环境后出让”的思路，逐步盘活城市土地等公共资源，以存量资产置换增量资金。进一步加大招商引资力度，积极创造条件吸引民间资本、外商资本参与重点项目、基础设施和公益事业建设，逐步实现城市资产资本化、建设市场化和投资多元化。加快城投公司组建步伐，完善机构，理顺机制，以城投公司为主体搭建城市建设投融资平台，有效解决城市建设的投融资问题。以加快城镇化为载体，大力发展面向生产、面向民生的现代服务业，促进一、二、三产业有机结合、互动互促，不断完善城镇产业支撑体系，增强城镇产业聚集和吸纳就业的能力。

碧水蓝天　绿满会泽

云南省会泽县住房和城乡建设局　黄剑洲

会泽县城是省级历史文化名城，历史悠久、文化厚重，是云南历史上开发开放较早的地区之一，从汉武帝建元六年（公元前135年）设置堂琅县，唐置唐兴县，明设东川府，清置会泽县至今，已有2000多年的历史。在两千多年的历史长河中，因矿冶业的兴起，经济社会曾几度繁荣和兴盛。由于铜矿资源的开采、冶炼、鼓铸和京运，明清时期，建立了众多的会馆、寺庙和宗祠。不同地域的文化交汇融合，汉文化、赣文化、秦文化、楚文化、闽文化、川文化在这块土地上争奇斗艳，形成了“十里不同俗，一巷不同音”的文化特色。近年来，会泽县以建设高原生态历史文化型热点旅游线路为目标，从2008年开展创建省级园林县城工作以来，大力实施县城绿化、硬化、美化、亮化、净化五大工程建设，广泛开展园林式单位、园林式小区创建活动。通过近两年的努力，创建省级园林县城取得了明显成效。截止2010年底，县城建成区面积10平方公里，人口10万人，建成区绿地总面积296万平方米，公共绿地面积64万平方米，城市绿化覆盖总面积343万平方米，建成区绿地率31.16%，绿化覆盖率36.11%，人均公园绿地面积为8.1平方米，超过1000平方米以上的公共绿地服务半径达到535米，各项指标均达到了省级园林县城的标准。2010年12月，通过省建设厅专家组的实地考评，会泽县被省人民政府表彰命名为“省级园林县城”。

一、加强组织领导，科学编制规划

2008年初，县委、政府召开全县“创园”工作动员会，对创建工作进行广泛动员部署，成立了以县委主要领导任组长的县创建省级园林县城工作领导小组，下设办公室在县建设局，具体负责创建工作的领导、组织、协调和实施；全县各级各部门按照创建省级园林县城实施方案，落实“创园”专项资金。同时，充分利用会泽电视台等宣传媒体和宣传工具，大力宣传创建园林县城的重要意义和有关城市绿化的法规政策，充分调动与激发群众主动参与创建的积极性和主动性，营造了全县动员、全民参与的良好氛围。

为确保创建省级园林县城工作科学有序推进，进一步完善县城绿化布局，充分发挥规划的龙头和引领作用，编制了《会泽县城绿地系统规划》，根据人口分布密度，合理配置综合公园、社区公园、街头绿地等绿地体系。与此同时，认真编制县城树种多样性保护规划，全面挖掘县城文化内涵及绿化景观潜质，使绿地系统规划建设与县城文化、形象、风格、特色有机结合，有效提升了会泽园林绿化规划建设水平，构筑了道路绿化、公共绿化、庭院绿化、小区绿化并举的绿化格局，建立实施了城市绿化管理制度。

二、强化名城古迹和名木古树管护，传承文脉

会泽历史悠久、文化厚重。明清时期，全国十省八府在会泽采办京铜，建立了众多的会馆、寺庙和宗祠，至今保留完整的尚有30余座。近年来，以创建省级园林县城为契机，着力打造“旅游名县”，一是先后筹集资金1000万余元，对各级文物保护单位进行了抢救性保护。二是对县城区名木古树进行摸底调查，建档立卡，制作电子文档及文字图片资料，并分批对每一棵树编号挂牌，加强古树名木的保护。目前，县城区有扁柏、滇朴、紫玉兰、桂花等地方特色乡土古树17种、319株。三是出台《会泽县户外广告管理办法》，明确户外广告设置地点、开工时间、规格和安全要求，依法查处未经规划审批擅自设置户外广告的违章行为。

三、绿化县城，形成整洁优美的县城景观

一是高标准进行城市绿化建设。始终坚持市政建设与绿地建设同步进行，城市道路按照绿化率不低于30%的标准实施，形成了环境整洁优美、四季鲜花盛开、植物搭配有致的县城景观。城市道路绿化实施“大树进城”工程，近两年来，县城新植银杏、大叶女贞、滇金刚、滇朴、三角枫、华山松等18000棵。及时实施了隔离带及公路沿线绿化工程，新增绿化面积12.5万平方米。县城4个街道环岛栽植形状初步呈现“四层次、二色带”的景观特色，道路绿化普及率达96.5%，达标率为85%，城区干道绿化面积占总道路面积的25.6%。

二是加强绿化苗木供应体系建设。建成县城市规划区有规模的苗圃15个，生产绿地总面积27万平方米，占县城建成区面积的2.84%。全县公共绿化、园林绿化工程的苗木自给率达85%。

三是大力倡导和开展义务植树活动。2008 年以来，全民义务植树达 1333.56 万株，植树成活率和保存率均为 92%，尽责率、成活率、保存率分别达到省级园林县城验收标准。以退耕还林为支撑，在县城附近面山实施造林工程，构筑了一道绿色屏障，拉开了以县城为中心的园林绿化序幕。

四、打造园林，体现会泽特色

近年来，会泽专用绿地和居住小区绿地迅速发展，主干道沿街 80% 以上单位实施了拆墙透绿，小区和单位绿化建设做到了有规划，布局合理，有树有花有草坪，植物造景有特色，有园林小品及必要的配套设施。全县涌现出了一批绿化艺术性较高，绿地率超过 40% 的环境优美的单位和小区，如滇北电业局办公区、会泽烟厂小区等，特别是润泽苑小区的叠石理水技术体现了会泽特色。2009 年，会泽县检察院、五机关办公区等 9 家单位被省住房和城乡建设厅命名为“云南省园林单位”，会泽县烟厂小区、润泽苑等 2 个小区被省住房和城乡建设厅命名为“云南省园林小区”。园林式单位占 47.3%，园林式小区占 45%。投资 8000 多万元，完成了占地 13.5 万平方米的会泽公园建设，绿化面积 8 万平方米，种植植物达 100 多种。

五、生态建设，让会泽天蓝水清

通过开展生态建设，县城地表水环境质量达到三类标准，城区环境空气质量标准为二类标准，大气污染指数小于 100 的天数为 260 天。总库容为 127 万立方米的县城垃圾处理场投入使用，日处理垃圾达 120 吨，垃圾无害化处理率达 80%；总投资 6979 万元污水处理厂建成投入使用，日处理污水 5 万立方米，污水处理率达 80%；县城区燃气普及率达 80%；城市主次干道路灯亮灯率 99%，人均拥有道路 12.95 平方米，用水普及率达 92%，水质综合合格率 100%，每万人拥有公厕 4.17 座。

近年来，在成功创建省级园林县城的带动下，会泽县进一步加大城市道路等市政设施和房地产开发、保障性住房建设等一系列的项目建设，达到了扩容和提质的双重效果，截止 2012 年底，全县建成区面积已达 28 平方公里，其中县城建成区面积达 12 平方公里，全县城镇化率达 33%。

作者简介：

黄剑洲，男，汉族，1968年出生，中共党员，研究生学历。1987年7月参加工作。现任云南省会泽县住房和城乡建设局党委书记、局长。

五年拼搏　五年跨越　促进易门建设新崛起

云南省易门县住房和城乡建设局　贾自云　吴应福

2008年以来的五年，易门县住建局在县委、县政府的正确领导下，积极致力于全县住房城乡建设事业，服务于经济社会发展，全局上下团结一心、顽强拼搏、攻坚克难，使我县城镇体系逐步完善，城镇化水平稳步提高，城乡面貌日新月异，人居环境明显改善。未来五年，县住建局将抢抓新一轮西部大开发和滇中产业新区建设的重大历史机遇，精心谋划城乡建设科学发展思路，以安居工程建设为重点，优先发展民生保障事业；坚持建设与改造并行，扩张城区规模，优化整体结构，增强城镇聚集效应；完善机制，强化监管，促进建筑市场健康发展；以人为本，创新服务，促进城市管理科学规范；全面提升我县城镇承载产业、吸纳人口、服务居民的综合实力。

一、过去五年工作回顾

（一）城镇化进程不断加快，城镇化水平不断提高

全县城镇建成区面积达8.8km^2（县城建成区4.2km^2）；城镇常住人口由2007年的5.15万人增加到7.18万人，城镇化率达40.45%，比2007年的28.79%提高11.66个百分点。2011年，易门县成功列入国家第三批资源枯竭城市转型发展；六街、绿汁成功列入全省重点开发建设的210个特色小镇。城镇主要道路基本硬化、绿化、亮化，城镇职能结构和功能布局趋向合理，城镇人口积聚快速增加。

（二）城乡规划日趋完善，规划管理更加规范

五年来，我们坚持“高起点规划”的原则，进一步加快城乡规划编制，基本实现了县、乡、村规划全覆盖。先后修编了县城总体规划、近期建设规划，编制了城镇特色规划、县城中心城区控制性详细规划和县城绿地系统、专业市场、住房保障、供水、排水、环卫等专项规划及“平滩子、金三峡、石莲寺”旅游区规划，完成了龙泉河综合治理五期工程、南屯湖生态旅游休闲园、东片区公租房等10多项各类修建性详细规划和《易门县城市规划管理技术暂行规定》制定。完成了六街、绿汁、浦贝集镇总规修编及六街工业型、绿汁商贸型特色小镇规划；启动了十街和小街集镇总规修编。完成全县56个

行政村、780个自然村村庄规划编制，实现村庄规划全覆盖。

在规划管理方面，严格执行批前审查和批后监管，成立“易门县城市规划建设委员会”和“易门县住房和城乡建设局城乡规划建设领导小组”，认真落实“一书两证”的规划建设和审批公示制度，加大违法违规建设行为查处，有力维护了规划的严肃性和权威性，做到“规划一张图、审批一支笔、管理一盘棋”，促进了全县城乡规划建设快速有序发展。

（三）城市基础设施建设成效显著，综合承载能力不断提升

五年来，我局围绕“滇中水城”建设，先后实施城市基础设施建设50余项，累计投入资金近10亿元。新建、改造了南二环路、梨园路、市场路、南华街、南屯湖环湖路等30余条主次干道，城区市政道路长度达32.4km，面积达56.3万平方米，分别比2007年增加16.99km、18.43万平方米；安装路灯1147组、8955盏，布灯里程31km，道路布灯率达99%；栽植行道树8650棵，道路绿地面积12.73万平方米，道路绿化普及率达100%。实施了龙泉河治理五期工程、南屯湖外坝坡景观工程及城区拆墙透绿、增绿补绿、见空插绿工程，建成区绿地总面积达144.82万平方米，县城区绿化覆盖总面积达167.62万平方米，公园绿地面积达46.8万平方米，县城区绿地率达35.24%，绿化覆盖率达40.78%，人均公园绿地面积达14.18平方米。实施了城区供水管网改造及自来水厂5000吨处理池扩建工程，新建和改造供水管网19km，城区供水管道长度达88.6km，自来水厂日供水能力从1.0万m^3提高到1.5万m^3。新建了县城污水处理厂，共铺设污水管网30km，日处理污水能力达1万m^3，污水处理率达75.72%。新建县城生活垃圾处理场，城市生活垃圾无害化处理率达97%。采取市场化运作模式，完成牲畜交易市场、众康屠宰厂、祥友建材交易市场、金属构件加工市场、汤锅风味园、南园集贸市场等专业市场建设；实施了龙泉集贸市场及易兴商场提级改造工程。启动了西山公园及县城第二自来水厂建设工程。

（四）房地产业发展迅猛，住房保障不断深化

全县房地产开发企业发展到11家，外地到易开发企业2家，完成房地产开发投资约6亿元，新建商品房面积近30万平方米。先后实施了金源花园、龙泉花园临街商住楼、佳园小区、陶艺人家、文昌雅韵、六街仁和佳园小区、野生菌美食文化城二期、水鑫花园、东盛花都、象山华庭等房地产项目；总投资8.6亿元、建筑面积38万平方米的南屯湖“御景龙园”项目正在有序推进。自2008年我县开始启动城镇低收入家庭住房保障制度以来，先后建成廉租住房1195套（其中135套教育系统定向廉租住房）；发放城镇低收入住房

困难家庭廉租住房租赁补贴1082户、395.29万元。2010年启动公共租赁住房建设，先后开工建设1600套，已投入使用100套（达亚公司狮凤山矿）。

强化房地产市场监管与服务，规范房地产经营行为。累计完成各类房产登记3455件、61.98万平方米；办理存量房交易3012起，交易面积43.62万平方米，交易金额10.33亿元，成交均价2368元；商品房合同备案779起，备案面积8.6万平方米，备案金额2.89亿元，均价3360元/平方米。自2009年以来，全县房地产业年均实现税收3000万元，有力拉动和支持了地方经济发展。

（五）建筑业快速发展，工程质量安全稳步提升

全县建筑企业数量由5家发展到7家，年均完成建筑业产值近2亿元，建筑业对县域经济的支撑作用愈加明显。加强工程建设实施阶段的监督备案管理，五年来，共办理施工许可163项，工程项目报建166项，备案各类合同492份，建设工程施工图设计文件政策性审查及备案133份；组织完成房屋及市政基础设施、水利、交通、园林绿化等工程招标293项，拦标价14.56亿，中标价14.15亿，合理降低工程造价4050万元。紧紧抓住工程质量和施工安全两个中心环节，深入开展“两场”（建筑市场与施工现场）联动检查，完善市场准入和清除机制，使建筑市场规范有序。工程质量监督方式由原来的现场验收转变为质量巡查为主，严把“三关”（建材质量关、施工监理关和竣工验收关），工程质量总体较好；严格落实安全生产责任制，共开展专项检查26次，停工整改项目25个，未发生重大质量事故和安全生产事故。建立健全农民工工资保障长效机制，共64个项目800万元农民工工资保证金存入了指定账户，有效防止了拖欠农民工工资行为在工程建设领域的发生，促进了社会稳定与和谐。2013年全县建筑业从业人员达2000多人，实现税收900多万元，接近1000万元大关，建筑业正逐步向支柱产业迈进。

（六）村镇建设步伐加快，村镇面貌日新月异

不断加大指导支持作用，协助各乡镇（街道）加快集镇建设和新农村建设步伐，大部分乡镇完成集镇老街改造，各项基础设施建设进展顺利，行政村组织活动场所建设得到加强。积极争取中央和省、市补助资金2500万元，实施农村危旧房改造及地震安居工程建设8683户；实施村庄道路硬化、环境卫生整治等工程，村容村貌大为改观。

（七）城市管理不断加强，城镇环境进一步美化

五年来，我局把抓好城市管理作为改善人居环境，推进社会进步纳入重要议事日程，动员社会各方参与，部门齐抓共管，综合整治城市环境。本着

“主干道严禁、次街道严控，小街巷规范”的原则，加大城区街头巷尾市容市貌错时管理力度；采取点、线、面相结合，集中整治与日常监管相结合，定点定岗、徒步巡查与机动车巡查相结合的方式，变“白天管”为“全天管”，由“一时管”为“长期管”，强化市容市貌及环境卫生监管。通过精心组织、增添措施、落实经费，完善行政、经济、法律手段并举的运行机制，推行实施县城街道清扫保洁市场化承包经营责任制，推行龙泉河景区绿化、卫生管护和市政道路工程建设市场化托管，城市形象得到较大提升。县城自2004年起，连续四次被评为“云南省甲级卫生县城”（2年一次）；2010年荣膺“省文明县城”、“省园林县城”称号；2011年，龙泉河生态环境建设项目被住房和城乡建设部授予“中国人居环境范例奖”荣誉。2012年，全面启动创建国家卫生县城和国家园林县城工作，目前，创建国家卫生县城工作已顺利通过省级评估和国家专家组暗访检查，进入最后技术评估阶段；创建国家园林县城工作已通过省级初评，将于2014年申报国家住房和城乡建设部。

（八）城镇建设管理机制逐步完善，行业保障能力得到加强

2010年成立县委政法委书记为组长，分管住建、公安部门的副县长为副组长，相关部门为成员的县城市综合管理委员会，指导和协调城市综合管理工作；同年成立易门县城市管理综合行政执法局；2011年完成机构改革，将“易门县建设局”更名为“易门县住房和城乡建设局”，加挂“易门县城市管理综合行政执法局”牌子，增加住房保障、村镇建设和城市综合管理职能；先后增设政策法规和执法督查股、住房保障股、村镇规划建设管理股、城市综合管理股（城市管理综合行政执法大队）和市政基础设施建设投资管理中心，成立清源污水处理有限公司、同源垃圾处理有限公司、荣城市政工程建设有限公司、绿景园林绿化有限公司和泉源供水有限责任公司；2012年制定出台了《易门县城市管理办法》及其10个配套办法。

（九）机关作风建设进一步加强，干部队伍素质明显提高

在机关作风和干部队伍建设中，紧紧围绕科学发展观学习实践活动、“创先争优”活动和“四群”教育活动，全面推行“阳光政府”、“效能政府”、“责任政府”、“法治政府”四项制度，实施政务公开、党务公开，健全机关内部管理制度，提高了办事效率，改进了机关工作作风。同时通过政治理论学习、业务培训等，不断加强干部职工素质教育，提高了干部职工队伍整体素质。

五年来，我们在加快城乡建设、推进城镇化进程以及整顿和规范建设市场秩序中，做了一定的工作，取得了一定的成绩。但在肯定成绩的同时，也

要看到存在的问题和不足，主要表现在：城镇化发展步伐还不能完全适应全县经济社会发展需要，全县规划建设管理力量较为薄弱，融资难度大等问题仍制约着城市建设进程，保障性住房建设任重道远，建筑业、房地产业管理等仍存在薄弱环节，行业信访维稳压力依然较大，城建工作机制还需进一步创新等。所有这些都需在今后的工作实践中认真加以解决。

二、今后五年工作思路

今后五年我县住房和城乡建设工作的总体思路是：以党的十八大精神为指导，以科学发展观为统领，紧紧围绕建设全省绿色经济强县、休闲经济名县和滇中城市经济圈的特色新城目标，抢抓新一轮西部大开发和滇中产业新区建设的重大历史机遇，坚持高水平规划、高标准建设、高效能管理、高质量服务，推动城乡功能、环境、形象、品位迈上新台阶，努力构建城乡一体、和谐优美的国家卫生县城和国家园林县城。

（一）加快城镇化发展战略，实现质量和水平大提高

坚决贯彻落实省委、省政府城镇化发展战略，按照统筹城乡、区域协调发展的要求，以规划推进城镇化发展。力争到2017年末，全县城镇建成区面积达15km^2（县城建成区达10km^2），城镇常住人口增加到10万人（县城建成区居住人口达7万人），全县城镇化水平提高到46%以上（争取与全省同步，每年提高1个百分点），初步建成全省绿色经济强县、休闲经济名县和滇中城市经济圈的特色新城。

（二）精心编制各项规划，实现城乡建设大提速

高起点、高标准完成“一心”（中心城区）、“两翼”（城东区和城南区）6平方公里范围内控制性详细规划和城区主干道两侧及重点建设项目修建性详细规划编制，精心编制道路交通、夜景亮化、特色街区、地下管网空间、公共服务设施等专项规划，确保县城核心区控规覆盖率达100%并向控制区延伸。深化县城重点区域空间形态、主要地块建筑色彩和标志性建筑风格景观的规划设计，力争每年完成城区2~3个重点地段或城市节点设计。做好城市广场、停车场和绿地等规划用地的预留，留足发展空间。加快集镇详细规划、控制性规划编制与实施，促进村镇建设走上先规划、后建设的法制化管理轨道。积极推行“阳光规划”，进一步健全规划审查、报批、管理制度，确保规划执行到位。

（三）加快市政基础设施建设，实现综合承载能力大提升

计划新建和改造20余条城市主、次干道，新增市政道路15km，道路总

长达48km，逐步完善路网结构，努力构筑“便捷、高效”的城市综合交通体系。加快南屯湖生态旅游园建设和三五大河整治，逐步改善城区水体环境，全力打造独具特色的城区山水景观带和生态圈。加快现有灯饰提档升级和节能改造，推进路灯管理智能化、照明环保化。逐步将城区10余条道路路灯更换为具有环保节能的绿色照明，力争到2017年城区路灯节能降耗率达30%。加快城区第二自来水厂和供水管网建设，推进城市供水向城郊和周边乡镇延伸进程，进一步提高城市供水覆盖面。继续推进城区污水管网铺设和雨污分流工程建设进度，实现城区污水处理全覆盖。加快烧烤市场、废旧物品收购市场等专业市场建设，规划建设停车场，为规范划行归市和城市管理奠定基础。

（四）加快住房和房地产业发展，实现城乡居民大惠及

认真落实国家关于宏观调控房地产业的各项政策措施，进一步完善住房供应结构，建立普通商品住房、廉租住房、公共租赁住房、经济适用住房、城乡居（农）民安置房和高档商品房等多层次的住房市场，满足不同收入家庭的住房需求。加大整顿和规范房地产市场秩序力度，坚持综合开发，调控稳定房价，增加中低价位、中小套型普通商品住房有效供给，普惠民生。力争完成房地产开发投资25亿元，年均实现房地产税收6000万元，新增城镇住房面积100万平方米，其中保障性住房20万平方米，确保保障面达20%。坚持依法征收，公平补偿，统筹兼顾，妥善安置，稳妥推进房屋征收拆迁工作。大力提升住宅小区物业管理水平。

（五）着力培育建筑市场，实现建筑业发展大跨越

发展壮大本地建筑企业，占领本地市场，开拓外地市场，提高企业市场竞争能力。争取具有施工总承包资质企业由现在的7家发展到10家，其中房屋建筑施工总承包二级资质企业达到2家。研究新形势下建筑市场监管，确保建设工程在“阳光”下竞争。强化安全生产责任主体，健全安全生产监管体制和长效机制，加快建设领域重大突发事件预警应急体系，有效遏制安全生产事故发生。严格执行工程建设强制性标准，完善和推进质量监管新模式，加大参建各方质量行为的监管。开展“创优”工作，建设精品工程。加强监督，规范管理，促进勘察设计、监理、招标代理等行业发展。深入开展“禁实”、“禁粘”工作，逐步由县城向村镇延伸。力争到2017年末，全县规划区新型墙材使用率达100%，城镇新建公共建筑节能达80%以上，建筑业年产值达5亿元，实现税收2000万元。

（六）开展“创园”工作，实现园林绿化建设大发展

举县而为，全面启动创建国家园林县城工作。加快建立“职责明确、制

度健全、措施有力”的管理机制，明确部门职责和任务，建立齐抓共管的格局，加强宣传，深入人心，营造氛围。加快编制并严格实施各类规划，严把城市规划编制、市政公益和开发小区建设“绿色图章”审批关。加快西山公园、城山公园、湿地公园、南苑公园、河滨路景观大道及街头绿地建设，使之县城绿地分部均匀，布局合理。加强园林绿化管理，发展园林生产基地。力争2017年末建成区绿地率达40%，城区绿化覆盖率达45%，人均公园绿地面积达15平方米。

（七）加快村镇建设，实现城乡统筹大推进

继续加大指导支持力度，坚持以城镇带产业，以产业促城镇，重点加快中心镇、重点镇建设步伐。按照“三集中”（人口向城镇集中，工业向园区集中，农房向规划村落集中）的原则，加快集镇基础设施体系和公共服务设施体系向农村延伸，努力形成布局合理、功能完善的城镇发展格局。抓好新农村示范点建设，全面完成农村危房改造，加快推进农村清洁工程，深入开展村庄环境整治，全面提高农村居民的人居生活环境。

作者简介：

贾自云，男，汉族，1972年3月出生，中共党员，本科学历。现任云南省易门县住房和城乡建设局局长、兼易门县城市管理综合行政执法局局长。

自1992年11月参加工作起，历任铜厂乡政府副乡长、人大主席、党委书记；易门县水利局党总支书记、局长；易门县建设局局长、党总支书记；易门县住房和城乡建设局党总支书记、局长、兼易门县城市管理综合行政执法局局长；易门县财盛投资有限责任公司董事长。2013年2月至今，任易门县住房和城乡建设局局长、兼易门县城市管理综合行政执法局局长。

吴应福，男，汉族，1976年8月出生，中共党员，本科学历。现任云南省易门县住房和城乡建设局（易门县城市管理综合行政执法局）办公室主任。

自1996年10月参加工作，从事易门县建设局环卫站工作；易门县城建监察大队工作；易门县城建监察大队副大队长；易门县建设局城乡建设规划站工作。2011年1月至今，任易门县住房和城乡建设局（易门县城市管理综合行政执法局）办公室主任。

市区联动　齐抓共管
积极构建人民满意的美丽城市

云南省临沧市临翔区住房和城乡建设局

临沧市临翔区住房和城乡建设局是临沧市临翔区人民政府的住房和城乡建设主管部门，下设一个二级局20个股室，现有干部职工175人。其中：行政机关1个二级局7个股室：城乡规划局、局办公室、园林绿化股、村镇建设管理股、建筑市场管理股、新家园建设办公室、住房保障与房产管理股、工程建设管理股；事业全额拨款单位10个：数字城市管理办公室、园林管理中心、建设工程质量监督站、城建档案馆、招标办、总工办、环境卫生管理站、城市管理监察大队、路灯队、污水处理管理中心；事业自收自支单位3个：房地产交易所、规划设计室、建筑设计院。党组织设党总支1个，下设4个党支部，共有党员110名。

2012年末，临翔区城镇规划区面积49.34平方千米，城镇建成区面积17.08平方千米，总人口32.75万人，城镇人口15.4万人，城镇化水平47.15%，城市绿化覆盖率40%，城市绿地率35.8%，人均公共绿地面积7平方米。

2012年，临翔区住建局在市委、市政府的正确领导下，在各部门的大力支持下，

较好地完成了住建各项工作，创造了整洁、有序的城乡环境，促进了我区经济又稳又快发展。

一、市政建设

（一）新区建设与老区改造相结合，提高城市承载功能

以老城改造与新区建设相结合，通过建设临沧城东片区市政基础设施和北片区综合开发，加快城市扩容，城市功能日益完善，城市承载功能不断提高，为增强临沧城中心城市对周边区域经济社会发展的带动力和辐射力打下了坚实基础。

1. 以临沧城东片区“四个一”工程建设为抓手，实施了缅宁大道项目建

设，启动了茶马古镇、恒东花园、临翔区2012年保障性住房、金旭之光、南汀河滨河西路建设项目等一批项目建设。

2. 加快推进临沧城北片区开发建设，实施了2011年保障性住房（玉龙花园小区）、民族中学初中部、南屏小学标准化校园、市医院青华新院、市体育运动中心、环城西路等一批重点建设项目。

3. 充分利用临沧城两河汇一城的独特地理优势，遵循“无山不秀、无水不灵”的规划建设理念，积极探索生态城市的建设模式。在南汀河与西河交汇的三角区域建成了水域面积200亩、景观面积204亩的玉龙湖，对西河、南汀河实施了河道综合治理和绿化景观改造。随着玉龙湖、缅宁大道、两河治理工程、西河绿化景观改造工程的竣工，以玉龙湖为核心景观区、两河及缅宁大道为绿色生态长廊的临沧城“两河一湖”景观已经形成，为广大市民提供了优美、舒适的休闲场所。

（二）实施“四化”工程，加大了城市市政设施建设力度

投入约5.9亿元，新建缅宁大道、环城东路等市政道路3条20.19公里，建成道路面积727665平方米，建成人行道面积39435万平方米。

1. 实施“美化”工程，投入150余万元完成公园路、南塘街、南屏路、洪桥路、世纪路、南天路、旗山路等主次干道道路修复及人行道改造工程。

2. 实施“亮化”工程，投入2800余万元新安装路灯1500余盏。

3. 实施“绿化”工程，投入1.22亿元，完成大树移植30087株、新植人行道树2017余株、改扩建绿化带263437万平方米。

4. 实施“净化”工程，共投入环卫设施资金125万元，提高了环卫工作保障能力，较好地解决了城市生活垃圾的处理，改善了城市环境卫生，有效保护周边环境，保护了人民群众的身体健康。

二、住房保障工作

（一）保障性住房建设

按照国务院和省政府关于加大保障性住房建设力度、解决城镇低收入家庭住房困难的重大决策部署，大力推进保障性住房建设。2012年，临沧市下达临翔区保障性住房建设任务2500套（廉租住房2000套，公共租赁住房500套）。根据中央、省、市相关文件精神，临翔区结合实际采取“政府主导、政企共建”的模式在临沧市泛华林业投资发展有限公司园区配建300套公共租赁住房，在临沧城东片区文华路南侧统建2000套廉租住房和200套公共租赁住房，项目计划总投资28281万元。

（二）廉租住房租赁补贴发放

按照廉租住房租赁补贴发放相关规定，认真审核租赁补贴对象的退出和准入工作，2012 年临翔区实有租赁补贴对象 1566 户，发放补贴资金 350 余万元。

（三）廉租住房实物配租

积极参与市、区公共租赁住房管理政策研究和制定工作，制定了《临翔区城区统建廉租住房实物配租实施细则》，2012 年通过公开抽签、电脑摇号的方式实物配租 384 户，解决了部分低收入人群住房困难问题。

（四）农村危房改造及民居地震安全工程

临翔区 2012 年农村危房改造及民居地震安全工程指标任务为拆除重建 4000 户，按照相关政策规定，临翔区解放思想，创新思路，把农村危房改造及民居地震安居工程与新农村建设项目、残疾人建房项目相结合，按照《云南省农村民居地震安全工程技术导则》和《临翔区农村民居房屋抗震设防技术要求》等规范要求，选用临沧市新农村户型和临翔区建筑设计院统一设计推荐户型进行拆除重建。2012 年完成拆除重建 5500 户，完成建筑面积 880460 平方米，累计完成投资 115620 万元。

三、新家园行动计划旧城改造

以“和谐临沧、宜居家园”为主题，按照疏解交通、补充绿地、补充服务设施、补充市政公用设施，增强活力、增强功能、减少居住用地、工业用地、部分公共设施用地的“一疏三补”和“双增三减”的旧城改造总体战略，2012 年，共实施了头塘街片区、百树广场开发、南天商贸城开发等 15 个旧城改造项目，完成改造面积 25.6 万平方米，新建房屋 21.2 万平方米。通过旧城改造，老城区基础设施更加配套、功能更加完善、环境更加优美，人居质量大幅提高。

四、“三个一百”工作

2012 年，临翔区住房和城乡建设局“三个一百”工作目标任务为：固定资产投资项目 40 个，总投资 130.59 亿元，要求确保完成投资 32 亿元；招商引资项目 19 个，要求确保完成落实到位资金 6.57 亿元；向上争取资金项目 13 个，要求确保完成向上争取项目资金 1.71 亿元。

2012 年末，共完成固定资产投资 32.3 亿元，招商引资落实到位资金 11.5

亿元，向上争取资金17174万元。

五、城市管理

围绕科学化管理、精细化作业、人性化服务的城市管理新要求，以“让城市美丽、让人民满意”为目标，按照市区联动、齐抓共管的原则，不断探索城市管理新模式。

（一）加大宣传力度，营造良好氛围

利用媒体、报刊及现场宣传等方式，大力宣传城市管理工作，广泛动员社会团体组织和公众参与城市管理工作，主动听取人民群众意见，建立市民投诉、市民参与城市管理决策机制，并协调电信部门搭建了12319通信平台，形成统一指挥、监督有力、沟通快捷、运转高效的城市管理机制，为市民提供快速、优质、高效服务，逐渐形成“人民城市人民建、人民城市人民管”的良好氛围。全年通过平台共受理群众投诉42次、举报37次、咨询579次，通过电视新闻等宣传报道城管工作14条，信息宣传17条。

2012年12月28日完成了临翔区数字城市管理建设一期工程谈判工作，建成后可借助现代化信息管理技术提升城市管理水平。

（二）强化工作措施，健全管理体制

实行街长制、河段段长制管理，根据网格片区划分及城区主要街道分布情况，将城区主次干道及河道分段管理，由一名处级领导挂钩联系，一名科级领导分管，一名街长或河段长负责、一支管理队伍抓落实的城市综合管理体制。注重发挥公众参与城市管理的作用，广泛动员社会团体组织和公众参与城市管理工作，主动听取人民群众意见，建立市民投诉、市民参与城市管理决策机制，逐渐形成“人民城市人民建、人民城市人民管”的良好氛围。全年共清理流动摊点、临时占道等违章占道经营行为29200余起；清理“店外店”10119户次；规范西大街、迎宾路等暂时保留路段的夜市摊点210户次，取缔严控路段出现的夜市摊点17户；责令设置到期、设置不规范、破旧影响市容的户外广告牌业主限期改正506户，拆除253块，拆除布标条幅60幅；纠正、制止乱扔乱丢、随地吐痰等影响环境卫生行为8900余起，处罚47050元，制作、粘贴了“城管温馨提示”98张，收效较好；清除、清洗临街建（构）筑物、围墙面乱贴、乱涂、乱画3700余处；治理规范“三车”（摩托车、助力车、自行车）乱停放和车辆上人行道行为230起；清理团结路（部队门口）、汀旗路、旗山路、沧江路下水道窨井350余个、清淘下水道3800余米、清除於泥600余吨，更换、修复下水道盖板487块、落水栓279

块、预制板21块；修补公园路、南塘街、南屏路、洪桥路等部分沥青路面坑塘1583平方米，修补世纪路、南天路、旗山路等砼路面坑塘500多平方米、约700方；修复人行道破损花台、树池124个；校正、清洗、刷新隔离护栏30次，更换护栏42米；抓捕流浪犬40只；对全城人行道树池、绿化带内的垃圾进行了6次集中清理、清除。

（三）加大监管力度，维护建设秩序

加大市政秩序巡查力度、对施工占道、道路破挖、工程车拉运砂石、渣土等行为进行规范管理，严格要求建筑工地围栏作业、施工占道区域控制、道路破挖封闭施工、渣土车辆密封运输，通过开展专项整治，有效规范了渣土车辆的运输行为。全年共规范了“都市明珠”“林翔时代广场”、“凯歌大厦”、“恒基广场”等建筑工地设置围栏13处，责令整改设置不规范或存在安全隐患施工围栏11处、拆除3处380方；清理、规范城区主次干道施工占道作业、占道堆放建筑材料276处；规范道路破挖48起、193处；查处擅自占道施工作业、擅自破挖城市道路等违章行为27起，处罚12000余元；规范拉运砂石、渣土车辆245辆次，罚款69400元；查处损坏城市路灯、绿化、环卫等市政设施案件16起、挽回经济损失34980元；积极参与西环线、南汀河滨河西路、214线临沧城过境段等重点工程建设项目强制拆迁16场次，调度人员980人次，吊车11台次、运输车116台次，参与重点工程建设施工维护及小煤窑治理现场维护28场次，参与处突维稳8次，出动人员1400余人次。

（四）环卫管理服务水平日益提高

2012年，临翔区加大环境卫生管理工作，投入资金125万元，新增100名公益性岗位，5名政府购买服务岗位，壮大了环卫管理队伍。环卫清扫保洁面积180.6万平方米，人均清扫面积5626.2平方米，垃圾清运服务范围东至文华村、西至忙角村、南至机场路一线、北至忙岗村，共有垃圾清运桶点186个578只，垃圾坑56个，服务单位192个621只垃圾桶。全体环卫工人牢固树立全心全意为人民服务的意识，积极强化行业作风建设，发扬“宁愿一人脏，换来万家净”的精神，保洁时间早上5:00至晚上22:00，日清运垃圾150吨，做到“四无四净”：无砖瓦沙石、无垃圾树叶、无果皮纸屑、无卫生死角及堆积物；路面干净、路边侧沟干净、边角干净、绿化带干净；清运工作做到密闭运输、沿途不泼洒、车走桶脚干净、垃圾桶摆放整齐。切实改善城市生活环境，提高城市居住质量，促进城市可持续发展。

（五）搞好公共绿化、路灯日常管护

园林管理中心负责全城30000余株行道树绿化管护工作，结合不同花草

树木病、虫害发生情况，定期、定点进行防治，全城大范围机械喷洒农药40次，人工喷洒农药35次，整形、修剪行道树2万余株，绿化带、环岛面积10.7万平方米，完成行道树涂干3万余株，保持花木形状整齐、优美，适时浇水、松土、施肥，清除杂草，确保花木正常生长。

2012年，临沧城全城路灯7839盏，路灯队认真组织各大节日和路灯日常维护工作，加强巡逻检修，采取技术措施及巡逻检查相结合防范电缆被盗，保证路灯灯亮率达98%以上。

六、队伍建设

（一）加强班子建设

以“举旗帜，抓班子，带队伍，促发展”为目标，采取强化理论学习，通过重点工作及重点项目实践锻炼等有效措施，不断提高班子成员的思想政治素质和领导水平；坚持中心组学习制度，结合“四群”教育等重点工作，班子成员完成2篇以上有较高质量的理论文章和调查报告。

（二）强化干部队伍建设

加强对干部的教育、管理和监督，坚持干部培训制度，创造条件，组织干部职工参加各项学习培训；完善股所干部任用选拔、管理和考核制度，逐步推行公平竞争、择优选用的干部制度。对成绩突出的干部给予奖励、表彰，对不称职的干部进行调整岗位，形成平等竞争、优胜劣汰、能上能下的机制，有效促进干部职工充分发挥智慧和才干推动全局工作。

（三）加强作风建设

建立健全各项规章制度，制定落实措施，明确工作责任，形成有效的激励约束机制；强化软环境建设，有效落实公开承诺、首问首办、限时办结等制度，严格执行文明办公，努力提高了工作效率和服务质量。

攻坚克难　励精图治
加快推进弥勒旅游城市精品化建设进程

云南省红河州弥勒市住房和城乡建设局　向星宇

自“十一五”规划实施以来，弥勒市抢抓西部大开发、云南实施桥头堡战略和旅游二次创业等重大机遇，坚定不移地实施工业强县、品牌立县、旅游活县三大战略，结合弥勒城市建设发展实际，科学制定城市规划，创新建设思路和管理方法，稳步实施弥勒城市建设管理“靓丽行动”计划，在“科学发展、和谐发展、跨越发展”的理念引领下，全力加快推进城市化进程，“云南省重要旅游城市”和“云南省休闲度假旅游示范城市”建设成果日益凸显。到2012年，县城建成区面积达18.42平方公里，城镇化水平达40.5%，城市道路总面积达173.99万平方米，建成区绿化覆盖率达43.49%，先后被评为“云南省园林城市”、“云南省甲级卫生县城”和“国家园林县城”。

一、立足区位优势，统一发展思路

立足于滇南城市经济圈自身资源优势，抓住桥头堡建设和国家宏观政策调整的机遇，强化内联高速通道、城市道路、供排水、电网等城市基础设施建设，建立和强化城乡一体化发展协调机制，优化城市发展的软硬件环境，引导资源、人才、产业等社会发展要素向弥勒聚集，以和谐城市、美丽弥勒的理念，以建设云南省重要旅游城市和休闲度假旅游示范城市为契机，加快推进城镇化，促进弥勒社会经济建设的跨越式发展。

二、立足规划调控，明确发展目标

紧紧围绕省委、省政府提出的“保护坝区农田、建设山地城镇”重大决策，编制完善了《弥勒县土地利用总体规划》、《弥勒县城市总体规划修改(2009~2030)》和《弥勒县林地保护规划》，以“三划合一”指导弥勒城市可持续开发建设，全面发挥规划的引导和调控作用，规划形成“一主一副一带”的县域空间格局，围绕“高端人群的居住、商务和一般人群的休闲、康体、娱乐、饮食、购物”的旅游定位，整合自然、生态、人文和休闲度假资

源，依托“民族人文、城市生态、佛教文化、乡村田园、会展商务”五大旅游品牌，形成“一心，两带，五聚集”旅游空间布局。

同时高标准、严要求编制《中心城区近期建设规划》，明确城北片区、城南片区、西山片区、湖泉片区、老城片区、工业园区及东风、新哨、火车站组团为近期建设重点，突出片区功能，加快完善基础设施和公共服务设施。到2017年末，推动弥勒城镇化率达48.05%，城市面积达25.95平方公里，城市户籍人口26.63万人，绿化率达44.81%，城市控规覆盖率达100%，创建全国文明城市和国家卫生城市。

三、立足协调发展，提升城市品质

（一）规划调控，增强城市发展的科学性

紧紧围绕省委、省政府提出的“保护坝区农田、建设山地城镇”重大决策，根据《云南省弥勒县城市总体规划》要求，一是分片区完成控制性详细规划编制，城区控制性详细规划在总体规划区域内的覆盖率达81.47%；二是科学引导重点片区开发建设强度，编制弥勒城南片区城市设计、昆河路城区段道路两侧城市设计、城南甸溪河河道景观改造城市设计、东风片区葡萄酒庄规划和白龙洞风景名胜区规划，合理利用城市建设用地，统一配套城市服务功能；三是统筹城乡发展，完成各乡镇集镇规划编制，完成全市1219个行政村和自然村的村庄规划编制工作，乡镇规划覆盖率达100%。

（二）突出重点，引领城市品质跨步提升

一是充分借鉴山地城市建设经验，提升西山片区土地利用价值，实施一批城镇上山项目，投资46亿元的湖泉金秋运动休闲中心项目草地高尚运动场和会所已建成使用，投资约40亿元的民族文化生态园项目目前正在建设样板区工程，投资约3亿元的红河春天健康运动休闲度假村项目产权式度假酒店进入交房阶段，游客服务中心投入营业。

二是深度挖掘弥勒休闲度假和佛文化优势资源，争创湖泉生态园和锦屏山风景区两个国家4A级景区，同时开发一批高端旅游项目，计划投资约13.5亿元的弥勒国际假日公园正在进行控制性详细规划，投资8亿元的弥勒财富新天地文化旅游综合项目基本完工，投资约6亿元的福地半岛一期竣工入住，投资约3亿元的湖泉和境商住区和投资约3亿元的山水人间旅游小镇项目建成投入使用，云上庄园项目正在开展招商引资工作。

三是投资3.07亿元，建成行政中心、文体中心、文化艺术博览园、市民休闲广场、城市生活垃圾处理场、城市生活污水处理厂等市政公用设施项目，

进一步健全了城市功能配套。

（三）夯实基础，全面加快旅游城市建设步伐

以“强筋壮骨”、“穿衣戴帽”、城市绿化、旧城旧村改造、拆临拆围、综合整治和灯光亮化等7项措施为抓手，整合资源，创新城市建设模式，强力推动弥勒旅游城市建设。

一是以新市政道路建设为重点，构建城市发展骨架。投资约9亿元完成昆河公路弥勒城区段拓宽改造，使新旧城区将有机连为一体，同时采取BT等多种融资模式逐年完善城区道路网，目前城区已建成道路71.41公里，城市道路总面积达173.99万平方米。

二是以美化亮化工程为着力点，提升城市外在形象，投资约4054万元完成髯翁西路、上清路绿化及道路改造；完成城区主要街道沿街10家单位拆围透绿工作；投资约1200万元完成西城区20幢主要建筑灯光亮化工程建设。同时分步实施绿化及广场改造，探索推行社会“认建认养”城市绿化新举措。

三是以旧城旧村改造为突破口，推进城市整体发展。充分发挥城市建设投融资平台优势，形成投资、融资、建设及运营管理的有效机制，制定《弥勒县城旧城改造三年行动计划》和《弥勒县城中村及生态园周边改造方案》，按照“成熟一片改造一片”的原则，全面推进旧城及旧村改造步伐。目前喷泉片区（金辰时代广场）一期正在进行主体工程建设；物资公司片区（巨人财富中心）第一期工程已完工投入使用，西山路片区、花口河风情园项目、老政府片区、老人大片区和弥阳镇政府片区改造正在开展前期工作。

（四）关注民生，加快保障性安居工程建设

保障性住房建设始终坚持“保障性住房优先发展、商品房开发合理布局、基础配套设施超前谋划”的原则，统筹规划、分步实施、组团发展，将保障性住房建设项目纳入全盘考虑，在新增建设用地年度计划中，首先确保保障性住房用地，保障房选址与商品房相互伴生，同时明确项目建设目标责任，强力推进住房保障工作。通过采取廉租住房、公共租赁住房、棚户区改造、农村危房改造及农村民居地震安居工程同步推进的方式，多元化解决弥勒低收入家庭住房困难问题。2006年至2012年，共建设各类保障性住房3543套，20.53万平方米；完成农村危房改造及农村民居地震安居工程建设14963户。

（五）建管并重，不断提升城市管理水平

1. 卫生整治责任到人，“街长制”逐显成效。自《弥勒县城区实行“街长制”管理工作方案》实施以来，各街区责任明确，行动迅速，各街街长及时组织责任单位深入责任街区开展调研，现场研究解决城市管理中存在的困难问题，各责任单位充分发挥职能作用，通力合作，强抓落实和整治，城区环境、市容品质得到大幅提升。

2. 部门工作形成合力，城市管理添动力。以爱国卫生运动为契机，住建、环保、卫生、公安加强协作，密切配合，共同抓好环境卫生管理，市容秩序、违章建筑、景区综合整治，以及规范城市管线设置等城市管理工作，建立信息共享机制和情况互通机制，形成城市管理的合力，推动城市管理向纵深发展。

（六）拓展渠道，多方筹集建设资金

一是搭建融资平台，向社会筹集建设资金实现城市资产公司化经营、市场化运作。二是坚持走“以地生财，以财建城，以城发展”的路子，保证土地出让收益金大部分用于城乡建设。三是充分整合扶贫、水利、农业等各方资金，加强部门间协调配合，形成合力，共同推进城乡统筹协调发展。四是根据国家、省的重点建设扶持方向，加强建设项目前期工作，认真做好项目储备，积极向国家、省争取项目补助资金。

四、今后工作计划

（一）强化规划战略指导地位，严控建设“龙头”

严格遵守城市建设总体规划。加快编制东风片区控制性详细规划、城南甸溪河片区控制性详细规划、东风片区发展建设规划、昆河路城区段两侧城市设计、城南片区城市设计、城南甸溪河流域改造城市设计、环卫专业规划、城市消防专项规划、城市广告专项规划、葡萄酒庄规划和白龙洞风景名胜区规划编制工作。进一步建立健全规划审批机构和机制，加大城乡规划监管力度，确保城乡规划的实施。

（二）做好基础设施建设，增强旅游城市发展后劲

一是加快推进旅游项目建设。全力推进弥勒财富新天地文化旅游综合项目、湖泉金秋运动休闲度假区等旅游项目建设，加快东南亚民族生态园、雨补水库温泉综合旅游项目、国际假日公园、花口河风情园、民族高原葡萄酒堡等前期工作进度，促进项目尽快开工建设。二是全面加快景区升级工作。加快弥勒湖泉生态园、锦屏山风景区和云南红酒庄申报国家4A级旅游景区相关工作。三是加大旅游公共服务设施建设。争取项目资金扶持，逐步在锦屏山风景区及旅游交通沿线主要节点配套建设游客接待中心、旅游休息站、以及旅游厕所、停车场、旅游购物商店、旅游标识牌、旅游广告宣传牌等旅游公共服务设施。

（三）从城市管理细节入手，提升旅游城市品位

一是突出重点部位，开展综合整治。加强对城区主干道绿化、垃圾收集箱、路边摊点、临街立面、户外广告、门店招牌，建筑垃圾等的综合整治，保证城区卫生清洁，使城市形象从根本上得到改观，提升市容管理水平。二是提高户外广告、公共设施、园林绿化、夜景灯光、建筑立面等建设水平，使城市市容管理优美、简洁、干净、有序。三是大力整治违法建设。对重点工程周边、主要道路两侧及严格控制区内严重影响城市规划的违法建筑加大查处力度。

（四）积极探索城市经营方式，破解资金难题

在今后的城区建设过程中，我们将强化经营城市理念，努力完成从把城市资产作为公共财产到可经营性资产的转变，从把城市建设作为社会公益事业到市场化经营的转变，从把政府部门作为出资者到服务者的转变。坚持适度负债理念，敢于在基础设施方面加大投入，通过前期公共设施建设，提高土地价值；通过前期项目的建设提高后期土地价值，实现土地价格上台阶。在吸引项目建设上，认真做好城建项目包装，改善投资软环境，加大招商引资力度，充分利用项目开发好城区土地资源，实现土地效益最大化。

作者简介：

向星宇，男，汉族，1972 年 9 月出生，中共党员，大学学历。现任云南省弥勒市住房和城乡建设局局长。

1990 年 12 月参加工作，历任弥勒县竹园镇人民政府副镇长、党委副书记、镇长。2012 年 2 月至今，任弥勒市住房和城乡建设局局长。

紧抓省计划单列市的良好机遇
精心打造生态宜居的黄河沿岸区域性中心城市

陕西省韩城市住房和城乡建设局

韩城是一座以能源、重化工、建材业为主，兼有旅游业的新兴城市，也是世界历史文化名人司马迁的故乡，1986年被命名为国家级历史文化名城。市域国土面积1621平方公里，城市结构为一城三区，即中心城区、芝川区和龙门区。城市规划控制区面积274平方公里，城市规划用地面积77平方公里，建成区面积23平方公里，其中中心城区12平方公里，龙门区9.5平方公里，芝川区1.5平方公里。全市总人口约40.47万人，城镇人口为25.2万人，城镇化水平为61.8%。近年来，我们抢抓陕西东大门建设和省计划单列市的发展机遇，以建设生态宜居城市为目标，积极加快新一轮的城市规划修编，狠抓城市基础设施建设，着力治理城市脏、乱、差现象，城市品位大大提升，人居环境明显改善。

一、牢固确立规划为纲的思想，为城市发展提供科学的规划依据

2012年，省委、省政府相继出台了建设陕西东大门和省内计划单列市试点的相关文件，书记作出重要批示，要求韩城按照宜居型、生态型来布局城市。我们紧抓这一难得机遇，对城市总体规划的思路进行了调整。市委、市政府经过慎重研究，决定投资890万元，由中国城市规划设计研究院承担韩城市第三轮城市总体规划编制工作，高起点、高规格、大手笔绘制城市建设蓝图，全力将韩城打造成黄河沿岸中等规模区域性中心城市。目前，新一轮城市总体规划正在进行编制。特别是近几年来，我们严把规划审批关，要求所有新建小区的容积率不超过《陕西省城市规划管理技术规定》的上限，绿化率不低于30%，同时，还必须建设地下停车场，拓展地下空间，方便广大市民，这些项目建成后，城市功能将不断完善，城市品位将得到进一步提升。

二、多渠道增加投入，全力塑造城市美好形象

为了给广大市民提供一个整洁、舒适、优美的工作环境和生活环境，近

几年来，我们集中精力，抓了三个方面的工作：

（一）狠抓城市绿化美化

一是充分利用国家退耕还林政策，紧抓春季有利时机，按照《韩城市绿地系统规划》提出的“一圈两带”的城市绿化要求，实施了城市防护林绿化工程和新老城区结合部生态工程，完成植树造林5000余亩，绿化道路246公里，城市绿化工作得到了超常规发展，为创建国家园林城市奠定了坚实的基础。二是加快园林广场建设。几年来，累计投入1亿余元，先后实施了禹甸园、涺水园、太史园扩建、金塔公园扩建、金塔文化广场、桢州公园等一系列园林绿化建设工程，留芳公园目前正在进行建设，这些工程的实施，进一步提升了城市绿化品位，为广大市民创造优雅的休闲娱乐场所。三是实施了高速路韩城入口绿化、城市南大门的绿化、108国道新农段绿化及108国道（龙门高速路出口——上桑公路入口）绿化工程，塑造了城市绿色美丽的整体形象。四是实施了太史大街、普照路、黄河大街、盘河路、烟泉路等道路绿化工程，城市道路绿化率达到100%。截止目前，我市城市建成区绿化覆盖率37.88%，人均公共绿地8.06平方米，城市绿化得到了长足发展。

（二）加快城市基础设施建设步伐

几年来，我们多渠道筹集资金2亿余元，不断改善城市基础设施条件。一是先后完成了太史大街、黄河大街、二环路、盘河路等城市道路建设改造工程，形成了以龙门大街、太史大街、黄河大街、桢州大街4条40米宽的主干道为骨架的城市道路网络，城市道路共27条，总里程达57公里。2013年计划投资3.4亿元，实施二环北路建设工程（二环东路—黄河大街）、二环东路建设工程（普照路—黄河大街）、卓立路建设工程（西峙路—桢州大街）等十一项城市道路建设改造工程。二是实施了金塔公园、太史大街、金塔路、高速公路出入口等城市亮化工程，在城区各主要街道安装路灯3319盏，城市夜间更加绚丽多彩。三是加强项目建设，投资1.5亿余元，实施了城市污水处理、垃圾卫生填埋场和城市天然气利用工程，有效降低了城市污染。四是完成新老城区10座国家二类水冲式公厕建设工程，解决了群众入厕难的问题。近年来，随着城市基础设施的不断完善，城市的服务功能得到了进一步提高。

三、全方位积极推进，不断提高城市管理水平

（一）不断强化市区环境卫生管理

一是不断完善城市环境卫生精细化管理。近几年来，我们不断完善城市

环境卫生管理责任制，对清扫保洁、垃圾收集制度进行了大胆改革，在实行“早5晚9，两班倒”工作制的基础上，制定了严格的清扫保洁、垃圾收集管理工作考核奖惩制度，要求管理人员全天跟班作业，严格检查考核，奖惩兑现，保持了城市环境干净卫生。二是加大城区“三堆”治理力度。对城区二道街和背街小巷的堆煤、建筑材料以及其它垃圾进行了重点清理；对住宅小区阳台、楼道卫生进行了整治，整治率达到90%以上，使小区楼道的环境卫生有了根本好转。三是积极实施城市生活垃圾袋装化。垃圾袋装化是实现垃圾收集清洁化，减少环境二次污染的有效办法。四是重视环卫硬件设施建设。先后购置垃圾清运车、道路清扫车和洒水车，减轻了环卫工人的劳动强度。

（二）加大城区市容市貌治理力度

围绕改善市容市貌，我们坚持每年开展专项整治活动：一是清除乱贴乱画治理活动，基本消除了影响城市容貌的现象。二是取缔占道经营。按照疏堵结合的原则，加快有形市场建设，先后建成了汽车城，规范完善了建材市场、摩托车市场、家具市场、农贸市场、电焊一条街等各类专业市场，做到了划行归市，规范经营。三是规范城区户外广告，强行取缔了有碍市容的违章户外广告牌。四是深入开展了取缔电话亭的专项整治活动，在活动开展过程中，我们对电话亭经营业主进行耐心细致的说服劝导，克服了重重困难，先后取缔电话亭30余座，彻底杜绝了市区的电话亭经营摊点。

（三）突出整治108国道环境

为了提升城市整体形象，我们把市域108国道纳入了城市管理范畴，成立了国道暨风景名胜区环境监察大队，采取日常管理与集中整治相结合的原则，深入开展了国道环境综合整治活动。认真落实“四自一包五不准”责任，与国道两侧各单位、住户、门铺店签订责任书，有效保证了沿线各单位、住户、门铺店周边环境卫生。在国道沿线投放了30个垃圾斗，购置了2辆垃圾运输车，做到了沿线居民生活垃圾日产日清。

四、城市发展思路和对策

（一）提高城乡规划水平

加快新一轮规划编制工作，坚持以人为本、突出特色、注重生态的规划理念，增强规划的科学性和前瞻性。全面完成韩城市城乡一体化建设规划编制工作，统筹城乡基础设施和公共服务设施建设，实现基础设施和公共服务设施的共建共享；完成城市总体规划修编的编制及报批工作。修编完善名城保护规划，并编制金城区控制性详细规划。编制韩城市城市交通体系专项规划，编制象山区控制性详细规划。加强城乡规划管理，认真贯彻落实《城乡规划法》，严格规划的审批、实施和监督管理。加大规划执法和督查力度，对违反规划的行为及时纠正和查处，禁止各类违法建设。以规划为依据，强化管理，合理引导城市建设按照规划既定目标健康、有序、快速发展。

（二）积极加快城市基础设施道路建设

积极实施北区二环路（普照路—黄河大街）、紫云路道路建设工程和城市北区给排水工程，为城市“北扩”奠定基础。加快采煤沉陷安置区路网建设步伐，实施建成区道路建设、改造工程，完善城市道路体系。加快城市大东环的建设步伐；北区建设大禹路；修建五星路、盘乐路；建成区完成太史大街的西延东伸，金塔路的道路改造工程。

（三）加快城市园林化发展步伐

以创建国家级园林城市为契机，把韩城建设成为环境优美、景色宜人、社会文明、适宜居住、天蓝水碧的现代化园林城市。按照城市绿地系统规划，进一步完善“一圈两带多点”的城市绿地建设，搞好城市环城路两侧、台塬地、小曲沟城市防护林带及城乡结合部的绿化建设工作；建设城市绿化苗圃；搞好道路绿化、庭院绿化、立体绿化，拆墙透绿；在城区积极开展创建园林式单位、园林式小区活动。加快城市景观建设，在城市重要地段和区域建成一批城市雕塑和小品；实施城市主干道、桥梁、出入口景观亮化和临街楼体亮化工程，主要街区景观亮化基本完成。

（四）加大城市建设招商引资力度

城市建设资金不足，是当前我们城市建设工作中的薄弱环节。在城市建设资金的筹集上，要进一步拓宽融资渠道：一是要引入经营城市理念，采取盘活城市资产等方式，吸引民间资本投资城市公益事业建设，加快城市建设步伐。二是紧抓陕西东大门建设和省计划单列市的大好机遇，积极主动地多方面、多途径争取城市基础设施建设资金和城市基础设施建设项目。三是严格按照规费的收费标准，足额征收有关规费，做到应征的不漏征、不少征、不随意免征，确保各种规费按时收缴。四是严格财务管理，坚持收支两条线制度，堵塞财务支出漏洞，认真计划，合理安排，精打细算，管好用好资金，把有限的资金用在刀刃上，为城市建设和管理提供资金保证。

加强生态园林建设　打造现代宜居兰州

甘肃省兰州市城关区住房和城乡建设局　汤　森

对于地处西部高原地带的兰州来说，园林绿化如何从简单的植树造林逐渐向“科学化、人文化、低碳化、和谐化、生态化、特色化”的现代城市生态发展方向转变，如何更好的体现黄河流域中心城市所特有的历史文化内涵，如何确保生态园林的可持续发展。这些不仅仅是政府和园林部门的工作，同时也是城市居民的共同责任与义务，从这个意义上说，现代的城市园林已经承载着自然和社会的诸多意义和功能，只有生态环境得到了较好的改善，人与自然相处的更加和谐，我们才能吸引更多的人才与投资，彻底改变西部城市荒凉、落后的形象。

一、新时期兰州市生态环境建设的重要意义

随着社会经济的不断发展和国民生产总值的快速提高，富裕起来的人们都在寻找可以更好的延长自己健康生命的城市来作为学习、工作、旅游、休闲的目的地，因此哪个城市的人居环境建设的好，哪个城市就能吸引更多的人才和投资，有效的产生人、财、物的高速聚集效应。目前我国的北京、大连、威海、青岛、杭州、深圳、上海等一大批城市，都在大打这样的“环境牌”，“奥运会”、“世博会”、“亚运会”等各大赛事、盛会大量鲜花、植物造景，就是为了通过环境的改善来最终达到宣传绿色文明、吸引投资、发展城市、优化生态、服务群众的目标。这也是兰州市近年来大力创建“国家文明城市”、“国家园林城市”的重要原因之一。

生态环境的不断改善对于兰州这样濒临沙漠，且相对生态基础较为薄弱的城市来说，除了上述提升综合竞争力、改善人居环境的作用之外，还有着更加重要的意义。在中外历史上，曾经很多人口众多、繁盛一时的文明，最终都因为生态环境的恶化而逐渐走向衰落，甚至湮没于茫茫的沙海。兰州地处全球四大沙尘暴区之一的中亚沙尘暴区，是全球现代沙尘的高发区，每年我们都能看到遮天蔽日的黄沙时常降临这座城市，危害着我们的生产建设和人民生活，同时也造成了极大的经济损失，这些都是不断敲响的警钟，如果生态环境不能得到很好的保护和改善，生态园林不能做到可持续性的发展，

未来可能就会引发灾难性的后果。

二、生态园林建设在改善生态环境中的重要作用

生态园林不仅是兰州城市景观的重要组成部分，它还具有着改善生态环境的巨大作用，一方面城市中大量栽植树木花草可以更好的保持水土，防止泥沙流入黄河损毁田地、填高河床，减轻洪涝灾害造成的损失。据科学统计“一亩树林比无林地区可多蓄水 20 吨左右，同时还可以治理沙化耕地，防风固沙，增加土壤蓄水能力，当沙尘暴来临时，只要城市边缘拥有防护林，沙尘的速度就会减弱 70% ~80%”。第二个方面树木被称为“地球之肺”，如同一个庞大的氧气发生器和二氧化碳吸收器，在道路两侧种植绿化隔离带，是隔声降噪吸污的最有效措施，面对日益严重的机动车污染和工业废气排放，植树造林无疑成为事关子孙后代健康福祉的大举措，经研究发现兰州市树国槐，属于落叶乔木，是吸收 CO_2能力最强的树种（1 株落叶乔木每天可以吸收 2.91 公斤的 CO_2）。此外兰州最近几年大量种植的行道树银杏，对机动车排放的颗粒物、氮氧化物、碳氢化合物等污染物同样具有较强的吸附、吸收作用。第三个方面随着城市建设观念的不断进步，兰州的城市园林必须从简单的植树种草，逐渐向着更加“科学化、人文化、低碳化、和谐化、生态化、特色化”的“行道树、树林草坪、片林带、防护林、水源涵养林、草地、水域、花圃、苗圃、果园”综合建设的现代生态园林发展方向转变，并由市区逐渐向郊区、市域扩展。以兰州市生态园林发展较快的中心城区城关区为例，仅 2011 年上半年，就完成了卷烟厂门前和北面滩、九州中心广场 3 处开放式生态小游园的建设，同时为了迎接“国际马拉松赛、敦煌行国际丝绸之路旅游节、兰洽会”等各大国际赛事和重大节会的来临，向各国、各地来宾展现独特的兰州历史、文化内涵，改变城市街区造景色彩单一、缺乏新意的旧面貌，让兰州更好的走出西北、走向世界，该区还通过布置具有重要环保意义和生态宣传意义的 61 组大型绿色植物雕塑群与百万盆花期半年以上的缤纷花卉及造型各异的数万套新型节水花箱、花球对路面、桥面、灯杆进行了立体造景，在城区营造出了诗情画意的自然氛围。这些美丽的“生命”不仅为兰州增添了更多的色彩，有益于市民的身心健康，还可以培养市民的社会公德、陶冶高尚情操、增加审美情趣，更好的宣传兰州市“开放、健康、活泼、美丽”的城市新形象。而绿色雕塑的钢结构主体又能够循环利用，每年只需重新插草后通过摆放地点的调整，搭配的重新组合就可以完成新的城区造景，这样不仅节约成本而且寓意深刻、新颖大方。

三、实现生态园林的可持续发展的有效措施

(一) 提高思想认识

提高思想认识不是口号、不是权宜之计，而是生态园林建设可持续发展的先决条件，政府部门一定要克服形式主义、克服麻痹思想，真正抓出典型、抓出成效。要通过已建成的生态园林典范和各省市在生态园林建设方面取得的优异成绩，利用媒体、报纸、网络和流动宣传的方式，让市民群众更好的了解这项工作具有的特殊意义，并从思想上认识到生态园林对改善人居环境，吸引人才投资，改善城市形象的重要性，同时还要让市民群众知道科学的更换树种、生态造景不是在浪费金钱而是“以小本赢大利”的高效投资。要大力宣传“绿色文明”、“生态文明”改善市民整体素质和道德意识。最终使得市民群众真正自觉自愿的参与到植树造林这项功在当代、利及千秋的事业中来，也只有这样，我们的生态园林建设才能获得更多的理解和支持，才能走的更远，走的更好。

(二) 综合长远规划

生态园林建设作为城市建设的重要组成部分，因其长期土地占用性，必须和城市发展规划统一、综合、科学的结合起来，从全局性、前瞻性、长效型的角度通盘考虑，强调不同行政区域之间及区域内城镇之间和城乡之间的相互协调，强调市区交通、城区扩建和已建成绿地的相互协调；假使没有做好此项工作，已建成的生态园林就会因为道路拓建、城乡改扩、土地性质转变等等因素受到破坏，城市生态环境就会出现开倒车的现象。

(三) 多方统筹生态园林建设资金

1. 确保政府资金的固定投入。为了确保生态园林建设不受资金影响，政府部门应加大相应的资金投入，同时严格确保各项已建成绿地的管养经费增长速度与社会经济发展的统一性，笔者思考可否由每年的“城建费”中单列此项开支，并通过文件、政策的形式保证费用不被挪用侵占。同时加大专项重点园林工程的资金投入，加快提高园林一线职工的各项特殊补助，园林一线职工每日都在大街马路上，受到粉尘、噪声污染十分严重，有的职工甚至年纪不大就有了失眠、脱发的毛病，特别是在夏季及秋季病虫害防治时，由于总是接触化学农药，很多职工身体都受到了不同程度的损害，这些职工们为兰州市这样一个干旱地区的绿化事业作出的奉献，在工资中却没有体现出来，这些受到污染的同志与其它单位坐在办公室里同志津贴上没有任何差距，会大大降低职工和相关从业者的工作积极性。

2. 开拓渠道，多方融措资金。生态园林的建设并不只是政府部门的一家之责，它同样与每一位生活在城市中的人都息息相关，因此兰州完全可以借鉴其它发达城市的做法，开拓思路、开拓渠道来多方筹措资金。由于生态园林具有一定的可收益性，笔者建议采用BT模式，由政府根据兰州市的社会和经济发展对园林建设项目进行立项，完成项目建议书、可行性研究、筹划报批等前期工作，将项目融资和建设的特许权转让给投资方（依法注册成立的国有或私有建筑企业），再由银行或其他金融机构根据项目未来的收益情况对投资方的经济等实力情况为项目提供融资贷款，政府与投资方签订BT模式投资合同，投资方组建BT项目公司，在建设期间行使业主职能，对项目进行融资、建设、并承担建设期间的风险。项目竣工后，按BT合同，投资方在确保建成绿地性质不变的前提下，具有一定年限的园林使用权，待使用期限结束后再交还政府管理。另外，根据我市南北两山距离市区较近的优势，林地可以采用长期绿化承包的方式，承包给各企业建成经济林，在确保林地覆盖面积年增长基数的前提下，承包商可按议定比例自行使用林材或选用多种经营模式获得收益（比如建成生态园、生态度假村），待承包年限结束后再移交政府统一管理。

3. 更换周边农村产业模式。生态园林建设不仅仅只是创造生态效益的公益事业，同时也能够成为直接创造经济效益的基础产业。近年来由于国际金融风暴的全球性影响，兰州有大量的农民工因无法在城市找到工作返回了农村，但由于缺乏大面积平整土地，农民种植粮食、蔬菜无法获得较高的收益，间接造成城市大量闲散劳动力的再次出现，笔者建议可以由政府统一协调周边的农村，按照转变农业产业发展模式的思路，进行大规模的花卉、苗木栽植。随着城市发展的加快，兰州市为了迎接各大节会的来临，每年都需要数百万计的盆栽花卉和数十万的补栽苗木，目前这些花卉、苗木很大一部分都需要从周边地区甚至山东、河南等处引入，这样不但政府需要支付高额的运输费和人工费，且异地苗木进入兰州后都需要一定的本土适应期，不但费工、费钱而且费时、费力，市民在得知后也会想当然的认为这是“短期形象工程”浪费太大，但如果兰州附近的农村采用产业化的形式按照每年年初政府采购花卉、苗木的数量、品种，进行统一种植，不但可以解决农民种植的盲目性，为农村生产打开销路，而且城市所属县区可以兴建大量的生态古镇（如兴隆山地区植被生长条件较好可兴建兴隆生态古镇，永登玫瑰闻名于世可依托修建浪漫小镇等）植物园、生态园，农闲时节一方面吸引城市人前去消费，另一方面城市人也通过生态景观陶冶了人与自然和谐相处的道德情操，在双方

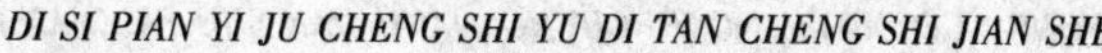

共利的基础上，更好的提高了农民收入，时间一长还可以打出兰州特色生态农业的品牌，解决农村生产科学转型，将短期形象工程变成我市长期双赢的园林建设之路。

（四）建设具有兰州特色的可持续发展生态园林

1. 建设高品质生态园林，必先从园林工作者的教育抓起。一个缺乏“灵魂”的作品是一件失败的作品，同样一个没有“灵魂”的城市生态园林景观，也只不过是树木花卉的简单堆积而已。我国著名书画家范曾老先生曾经说过，“一个不懂得中国历史与文化的书法爱好者，一辈子也成不了书法家，最多只能成为一个写字匠。”同样，一个没有一定文化素养，对于中西方文化、兰州特色地域文化没有一些了解的园林建设者，在兰州也同样建设不了什么高水平的园林作品。面临着新世期的挑战，园林建设者必须具有一定的文化知识作为基础，必须对行业内的发展动态、发展方向有一定了解，只有这样在创新工作中才能拿出好点子、好方法，才能知道什么是需要借鉴、需要拿来的，才能不走弯路、不闹笑话，否则就必然会被发展的潮流所淘汰！

2. 依托黄河文化，建设沿河景观为主线，多种形式共存共荣的立体生态景观群。我市的百里黄河风情线东起雁滩新桥，西至秀川河滩，全长百公里，是目前全国最长的市内滨河路。近年来，在夹峙黄河两岸的滨河风景路的基础上，兰州已初步建成百里黄河风情线。它以中山桥为中轴，以黄河两岸风光为依托，依山就势，被南来北往的客人称为“兰州外滩”。依托“黄河”的天然景观优势，我们必须将其确立为未来兰州生态园林发展的亮点之一，不断在这条双带状长廊中通过建设、更换具有时代意义、突出黄河文化、水车文化的精品植物雕塑，兴建更多的开放式生态游园、湿地公园和仿古建筑群，同时再结合城区公园、游园、广场及周边县区融现代文明与历史积淀一身的多文化“特色古镇”，农家乐园、山体林景等，形成“政府、企业、乡村共同投资，全民受益”的综合生态园林景观群，将未来的兰州建成一个讲述丝路故事、黄河故事的历史文化名都，让“生态宜居”真正成为兰州的特色城市名片。

3. 加强园林执法，确保法律严肃性。由于兰州市城区园林建设管养单位本身不具备执法权，且目前尚无一支专业的快速绿化执法队伍，基层的管理者在工作中常常处于弱势者的尴尬位置，这些工作人员发现人为破坏苗木和绿化设施现象出现后，劝解没效果、执法没权利，只能层层上报有关部门，等到执法人员来到现场时，破坏者早已离开，不能有效、及时地制止人为损坏现象的发生，更无从谈起维护园林绿化法规的严肃性，这样也就直接造成兰州每年必须花费大量资金进行死亡苗木及损坏设施的补栽、维修工作，不但耗人耗力且年年如此，已进入一个恶性循环的怪圈。实现园林法制化管理，在兰州这样人员流动较多且市民素质还未达到一定高度的特大省会城市来说，是城市生态园林建设可持续发展的基本保障。经过仔细的调查研究，笔者建议可以将部分园林执法权下放到基层，使基层单位的管理人员可以更加有效的起到执法、宣传相结合的作用，免除层层上报带来的时间耗费，挽回人为破坏造成的损失。同时加强学校对市民的宣传教育，通过“小手拉大手”努力提高市民的道德修养和文明素质，培养市民爱护园林设施的良好风尚。

俗话说“十年方能树木”，这证明生态园林因其生命性、延续性等因素，不可能如同雕塑、小品这些建筑景观一般，直接建立、立即见效，它必须经过长期有效的专业建管才能起到优化生态环境的作用，园林成果年年遭受破坏不但造成大量资金的流失；同时也耗费了我们宝贵的时间，因此必须制定和完善各项法律、法规和规章，严格按照国务院和省、市有关城市园林绿化条例的规定，加大处罚力度，及时、严厉地打击侵占园林绿地、损坏园林设施、盗抢园林花木等行为，依法维护园林管理秩序；同时积极探讨园林执法权的上层集中和下放后的权利分散可能造成的各种问题，真正找到一条解决的途径，做到及时执法、有法必依、有人执法；只有这样，才能建造出人与自然和谐相处的园林生态大景观，有效地改善旅游及投资环境，完成建设国家级园林城市的大目标，将科学发展观这一先进的理念，真正落实在兰州未来的生态环境建设当中。

综上所述，兰州应当从现在就树立起“大园林、大格局、大人文、大生态”的理念，通过东西方文化的交流碰撞和兰州地域特色、黄河文明的有机结合，寻找更多的契合点，提高建设水平，统筹资金、开拓渠道、多方融资，真正实现园林建设的可持续性发展，同时加强学校教育、市民教育，提高群众爱绿护绿的意识，严格园林执法，确保建设成果不受破坏，真正使兰州成为“天蓝、水绿、城青、宜居、宜业、宜城”的现代生态名都。

作者简介：

汤森，男，1981年1月出生，中共党员，研究生学历。现任甘肃省兰州市城关区住房和城乡建设局党政、行政办公室主任。

突出文化资源优势　打造特色文化城市

甘肃省礼县住房和城乡建设局　潘东海　刘晓泉

文化是城市的生命和灵魂，是城市的内核、实力和形象；城市是文化的凝结和积淀，是文化的容器、载体和舞台。城市与文化是与生俱来、密不可分的统一体。

城市是凝固的文化，城市建设没有文化特色就没有吸引力，在城市建设中，增加文化含量才是真正意义上的城市建设，要注重传统文化的承接、开掘、融合和发展。特色是城市建设的永恒动力，决定着城市发展的未来。每个城市都有自己独特的文化和历史，文化是一个城市的灵魂，是永续利用的资源，是一种历史的积淀，城市以文化彰显出自己的个性。城市建设以鲜明强烈的区域性文化特色来形成鲜明的城市风貌，城市的文化底蕴一方面是通过语言、称谓、观念、习俗等无形的文化形态体现出来的，另一方面则是通过建筑、街道、山川、河流、雕塑等构成城市的一系列有形城市元素而体现出来的。

2007 年 8 月以来，住建局坚持城市建设规划先行的原则，首先编制完成了县城总规及四个城区的控制性详规；其次完成了 16 个乡镇总规编制及 57 个行政村规划编制，城区规划面积由原来 5.1 平方公里增加到现在 10.2 平方公里，实现了翻番。无论是城市建设、小城镇建设还是灾后重建，局长都带领一班人积极争取项目、争取资金、争取上级支持、争取领导支持。从 2007 年以来县委、县政府高度重视城市建设，共融人资金 23.64 亿元，建成了以行政广场、廉租住房、三期供水、南城区道路、东城区道路、旧城道路改造、盐官新城广场、县城生活垃圾处理场、秦文化博物馆、秦汉大道、滨河风情线、赤土山公园等为代表的一大批重点建设项目。同时，在事关民生的行路难、吃水难、排水难等方面，县上加大投资力度，先后投入 1000 多万元，治理了 82 条小巷道，建成二、三期供水工程，使供水普及率达到了 85%，这些极大地拓展了城市空间，提升了城市品位，提高了服务水平，礼县城建工作在短短五年一跃走在了全市前列。2009 年、2010 年、2011 年、2012 年连续四年获得全市城市建设综合考评第一名，实现了“四连冠”，赢得了上下左右的一致好评和全市城市建设工作现场会在礼县的召开。

近年来，礼县坚持把城市建设作为促进经济发展、优化发展环境、改善人民生活条件的一项重要举措来抓，紧紧围绕建设“布局合理、设施完善、功能齐全、特色鲜明、生态环境秀美，先秦、三国文化与现代文明相融合，具有礼县人文特色的陇上山水园林文化城市”发展思路和“东扩西进、南移北延，统筹三山两水、一城六区”的发展方略，按照科学化规划、市场化运作、产业化经营、高标准建设、规范化管理的总体要求，用新的理念破解了城市建设中规划、土地、资金等方面的难题，加快城市扩容提质，城市框架不断拉大，服务功能不断健全，城市特色、品位和内涵更加丰富，城市建设实现了历史性巨大突破。我们的具体做法是：

一、坚持高点起步规划，发挥龙头先导作用

礼县坚持把规划作为城市建设发展的龙头，立足独特的先秦、三国文化资源和广阔的城市发展空间，科学统筹县域政治、经济、文化、历史沿革和自然地理等城市发展要素，充分学习借鉴发达地区城市建设与发展的先进理念，先后投入资金 1450 万元，委托资深设计单位，高标准修编县城总体规划，县城规划面积扩大了一倍，达到 10.2 平方公里，人口容量达 10 万人；完成了 24 个中心小城镇建设规划和 168 个行政村规划编制工作，初步形成城乡建设规划体系。

二、注重和谐征用土地，加快推进城市发展

土地征用是城市建设中无法避免的难题。礼县坚持把土地储备作为加快城市建设的先决条件，严格按规定程序报批，在征地过程中切实注重维护群众利益，采取宣传发动、依法征用、妥善安置“三步走”的办法，做到了政策宣传、责任落实、征地补偿、后续安置“四个到位”。建立完善了土地储备交易机制，实现了土地由政府一级垄断，全县累计储备土地 2494.5 亩。为城市建设及时提供用地保障，有力地加快了建设项目进度。划拨了教育、卫生、文化、体育、计生等社会事业建设用地，安排了公园、绿地、广场建设用地。特别是县财政出资将失地群众全部纳入城市最低居民生活保障，并通过积极衔接争取，对符合政策的居民办理了养老保险，并积极探索外地先进经验，计划对城中村进行改造，使城中村的失地农民家家有商铺、户户有产业，切实解决失地农民的后顾之忧，实现了和谐征地。

三、突出文化资源优势，打造特色文化城市

礼县历史悠久，文化灿烂，是先秦文化和中华原生文明的摇篮，也是黄河仰韶文化和长江巴蜀文化的交汇点，先秦文化、三国文化、盐井文化以及民俗文化积淀深厚，魅力独特。礼县坚持把文化元素融入到城市规划、建设和管理之中，致力于建设先秦、三国文化与现代文明相融合，具有礼县人文特色的陇上山水园林文化城市，注重突出文化主题，在整体定位上突出文化特征，在建筑风格上依据文化特色来设计，对主要建筑加快进行特色化改造，在命名上突出秦汉文化，赋予城市建筑人文内涵和历史文化元素，打造一批城市文化建筑群和彰显秦汉文化特色的城市地标，以甘肃秦文化博物馆和秦人广场为中心、西汉水风情线为辐射、赤土山公园和秦汉大道为延伸，集中体现秦汉文化的城市布局初步形成，县城已初步成为先秦和三国文化的综合展示平台。

四、始终坚持以人为本，实现城市共建共享

礼县坚持把以人为本作为打造宜居城市的核心，全力推进便民利民工程与城市绿化、美化、净化、亮化工程建设，建成顺鑫家园、秦都花苑等四个商住小区，新建绿地现代城、福铭御景商住小区。加快保障性住房工程建设，新建四、五期廉租房、经济适用房，及时发放廉租房租赁补贴，有效解决了城市居民住房难题。精心打造西汉水风情线、行政广场、秦人广场、赤土山公园、东城公园等一批体现礼县历史、风土人情、民俗文化特色内涵的公益文化设施，城区新增绿地面积 2.5 公顷，城区绿化覆盖率达到 14.96%，建成了点、线、面交相辉映的城市夜景照明体系，20 多万平方米城市居民享受集中供热服务，大大改善了城市居民的生活条件。

五、突出城市运作经营，用新机制牵动发展

经营城市是实现城乡建设市场化运作、滚动式发展的必由之路，礼县坚持把城市作为一种资本来运作、管理和经营，创新“以地养城、以业兴城、以城建城”体制机制，实行市场化运作，2012 年实施城市基础设施等续建、改建、新建项目 65 项，总投资达 13.14 亿元，主要用于公共基础设施和公共服务设施。先后建成了甘肃秦文化博物馆、迎宾公园、新城公园、东新路改造、东城南城供水、县一中等一批提升城市品位、彰显城市文化内涵的城市

地标，促进城市建设提质增效。城市建成区面积达到6.8平方公里，全县城镇化率达到16%，城镇承载能力和服务功能进一步提升。同时加快小城镇建设，通过市场化运作投入资金8000万元，盐官、白河等18个中心小城镇建设取得了显著成效，城镇一体化进程明显加快。

今后，礼县城市建设将严格按照“统筹规模、合理布局、完善功能、以城带镇”发展思路，围绕打造陇上山水园林文化县城目标，继续推进城市提质扩容，树立精品意识，赋予重点城建工程人文内涵和历史元素，新建一批彰显秦文化特色的城市地标，打造城市品牌。抢抓国家扶持发展小城镇重大机遇，分梯次培育一批功能定位准确、地方特色鲜明工业带动型、商贸流通型、旅游拉动型小城镇，构建中心城镇、重点城镇、一般集镇、三级城镇体系，把城镇建成工业聚集区、农产品集散地和现代物流、商流、信息流区域中心，加速推进城镇建设支撑和带动经济社会跨越式科学发展进程。

作者简介：

潘东海，现任甘肃省礼县住房和城乡建设局党组书记、局长。

自1982年7月参加工作起，历任礼县雷王乡党委副书记，礼县雷王乡人民政府乡长，礼县石桥乡党委书记，礼县县委宣传部副部长，礼县水土保持局局长。2007年8月至今，任礼县住房和城乡建设局党组书记、局长。

刘晓泉，男，汉族，1970年2月出生，中共党员，大专学历。现任甘肃省礼县住房和城乡建设局执法监察大队队长。

“三大举措”助力西宁北区强势崛起

青海省西宁市城北区建设局　黄祥福

近年来，西宁市城北区从长远利益出发，依托全市重点城市规划，以创新的思维对城区进行功能定位，出台切合区情的措施，推进城市建设可持续发展，努力建设“绿山护城，秀水穿城，生态良好，宜业宜居”的新北区。

一、高品质落实保障性安居工程

以科学发展观为统领，把安置房建设和解决中低收入群众住房困难作为实现科学发展、促进社会和谐的一项重要民生工程来抓，努力做到建一个项目、出一个精品、留一个亮点。

（一）城北区公共租赁住房建设项目

城北区在西海路以东、廉租住房（民欣园）以南7.2亩用地范围内建设城北区公共租赁住房。该项目由城北区建设局承建，总投资为2900万元，包括2栋六层住宅，共计144套，户均建筑面积50平方米，一梯三户，总住宅建筑面积7200平方米。于2012年7月中旬开工建设，预计2013年8月末竣工。新建公租房配套设施齐全，无需装修即可入住。同时以“购改租”形式收购了山川家属院37号楼50套住房，合计为194套公共租赁住房。

（二）棚户区改造及破产企业生活区维修

2013年实施棚户区综合整治（“穿衣戴帽”工程）项目17个，改造户数5000余户，面积495646.8平方米，共投资约6216万元。其中提前启动实施项目5个，分别为原青海农牧机械厂生活区，原青海双蝶绒线厂生活区，原山川铁合金集团生活区，原省汽车三、四场，原省三建三河小区，共计户数1891户，面积35万平方米，共投资2088.3万元，项目已于2012年底完成招投标工作，现已开工实施。剩余12个项目正在进行项目设计和编制可研报告。同时，结合实施棚户区综合整治（穿衣戴帽）工程，同步推进“三无”老旧家属楼院管理，在前一阶段投入100万元，招收40名清扫员对11个环境卫生较差的“三无”老旧家属楼院进行全方位卫生环境整治的基础上，进一步推广“三无”老旧家属楼院管理模式，逐步实现“三无”老旧家属楼院物业全覆盖。棚户区改造拆除新建项目有青藏铁路西格二线道口改建、省四建四处、原青海农牧机械厂及原汽车五厂3个项目，共改造户数427户，面积约2.99万平方米。目前项目正在进行前期协商及办理相关手续。

二、人性化建设畅通工程

坚持建管并重，标本兼治，集中力量解决影响城市道路交通畅通的突出问题，加快城市道路交通管理工作科学化、法制化、规范化建设的步伐，努力为城市经济发展和社会进步提供良好的道路交通环境。

2013年，城北区投资1397.61万元，新建北川河滨河西路、北川河滨河东路、北禅路、天驹宾馆规划路、寺台子村段规划路及雷家巷规划路6条道路（路名均为暂定）。打通天驹宾馆东侧、北川河西路延长段、滨河路、北川河东路、北川河西路等6处断头路，逐步形成“城内成网、城外成环、环网相连、节点畅通”的路网结构；投资279万元，启动建北巷、雷家巷、建南巷、柴达木巷及青海工程机械厂5条道路路灯亮化工程，计划设置路灯183盏，为居民提供明亮的夜间出行环境。

三、高标准推进重点片区改造工作

门源路片区改造工程。门源路片区是西宁市重要的城市整体开发试点项目之一，该片区内现有国家级遗址——沈那遗址、城市级综合公园——海棠公园。根据西宁市城市功能与空间形态特征和发展趋势的分析，随着城北区文教区、生物科技产业园的发展，城北的功能空间拓展将加快，人口快速集聚将带来大量的商业、文化娱乐等功能需求。通过遗址的保护性开发和对生态公园的综合利用来提升片区功能层次和开发价值，对完善城北区乃至西宁市城市功能体系有十分重要的作用。门源路片区规划提出在小桥片区培育区级综合服务（商业和文化娱乐）中心，截流和过滤大部分商业和区级文化、娱乐等功能需求，供给部分高端功能或大型市级功能设施。通过门源路片区改造，小桥片区将作为西宁市城北区级综合服务节点，主要发展居住、商业、文化娱乐等功能，片区发展定位还结合文物古迹，发展成为历史文化体验感受区。使门源路片区成为推动城市综合地区改造的成功典范，成为带动城北快速发展的引擎。

通过对城北区高原山水格局、城市文化背景和城市空间结构的研究和解读，将北川河沿线定位为：高原水城、夏都花园、文化走廊。“高原水城”突出西宁高原山水城市的地域风貌，强化“水”的建设主题，塑造西北地区山水城市典范，引领可持续发展理念，将城市与山水合理衔接，形成“山、城、水”城市新格局的融合；“夏都花园”完善美丽西宁的发展动能，提供多功能复合型配套设施，全面提升都市服务档次，协助西宁转型21世纪魅力都会，真正成为“高端休闲、商务配套、旅游服务”产业功能的西宁后花园；“文化走廊”凸显多民族文化汇集之地，挖掘多元民族文化经典，把握旅游产业趋势，集中展示河湟文化等多元文化，打造全国度假目的地，使其成为“冬游三亚，夏游西宁”的空间载体。

功能定位：西宁城市特色滨水休闲区、城北片区的综合活力中心。

空间布局：“一心三带”，即中心商业区；城市功能服务带、滨水公共设施带、郊野生态休闲带。提出“山、水、城”交融共生的设计理念和空间模式。具体就是自西向东由城市向郊野过渡，城市建设强度递减，形成“城、街、岛、村”的建设空间形态。

功能结构：“一核六区”。即商务核心区；商住综合区、休闲娱乐区、特色商业区、旅游度假区、湿地公园区、郊野体验区。

实施进展：北川河（核心段）综合治理工程一期征地拆迁工作于2012年7月24日启动，涉及北杏园、陶家寨、陶新、石头磊村。共需拆迁村（居）民1448户，企业119家，征收上述四村及二十里铺、九家湾、郭家塔及双苏堡8个村集体土地7200亩，国有土地600亩。目前拆迁工作已接近尾声，并完成北杏园村、九家湾村、郭家塔村及双苏堡村土地征收工作，共征收土地约1940亩。

规划建设后的北区，以祁连路、柴达木路及小桥大街等干道为主骨架，以门源路片区、北川河片区为载体，以区内路网为支撑，使城区发展的点、线、面有机结合起来，形成“两带六区”的发展格局，即：“北川河水系生态景观带、柴达木路沿线立体景观带”“小桥商务区、高新技术产业区、创新科教研发服务区、朝阳现代物流园区、都市精品特色农业区和北山土楼观旅游综合休闲区”，届时，城区路网连通，景色优美，拥有现代物流、商务区、教育、科研、特色休闲观光农业、北山地质文化公园，真正成为“绿山护城、秀水穿城”的生态宜居之区。

作者简介：

黄祥福，本科学历。现任青海省西宁市城北区建设局局长。

自2001年5月起，历任西宁市城北区建设和国土资源局副局长，西宁市国土资源局城北分局局长，西宁市城北区建设和环境保护局局长。2010年5月至今，任西宁市城北区建设局局长。

突出特色　提升品味
全面建设高原旅游休闲度假名城

青海省互助土族自治县住房和城乡建设局　李占顺

互助县是全国唯一的土族自治县，县城威远镇是全县的政治、经济、文化中心，距省会西宁32公里。近年来，我县紧紧围绕东部城市群建设战略部署，按照打造“具有地域民族特色、高原田园风光的国家级旅游休闲度假名城”县城发展新定位，注重城市建设管理与旅游开发的有机结合，在城市经营中贯穿旅游理念，在城市管理中蕴含旅游属性，充分发挥资源优势，通过加大投入力度，城市功能日臻完善，城市管理逐步规范，城市品位不断提高，综合承载能力进一步增强。目前，全县城市规划区总面积达952.59平方公里，城市人口12.546万人，城市化率达到32.02%。县城威远镇中心城区规划面积为98.65平方公里，城市建设用地面积16.5平方公里，建成区面积7.6平方公里，人均建设用地134平方米。城市道路总长35公里，道路面积54万平方米，人均道路面积9平方米，已形成了“五横三纵七出口”的城市道路路网体系。城区供水管网总长69公里，日供水能力1.7万立方米，自来水普及率达98%以上，人均日生活用水量150升。截止2012年底绿化覆盖面积达到258.7万平方米，绿化覆盖率为34.04%。2009年被省住房和城乡建设厅命名为“省级园林城市”。城市居民住房建筑面积由“十五”末的人均6平方米增加到现在的人均28.97平方米，住房成套率达90%。共拥有城市路灯786杆，城市照明设施日益完善。已建成城市生活垃圾填埋场和污水处理厂各一座，城市生活垃圾填埋场总库容量90万立方米，日处理垃圾180吨，污水处理厂日处理能力0.5万吨，污水处理率达85%以上，县城排污管网总长26.94公里。

一、立足规划引领，着力提升城市规划品位

规划是城市建设的第一资源、第一要素，决定着城市建设的质量和水平。建设高原旅游休闲度假名城，必须立足当前、着眼长远、面向未来，不断创新规划理念，着力提升城市规划品位。

（一）多次修编完善总规

互助县现行城市总体规划是在2001版的基础上，根据省委、省政府东部城市群战略部署和海东地委、行署的统一安排，委托上海同济城市规划设计研究院从县域、城市规划区和中心城区三个层次进行了修编，确定互助县城性质定位为具有地域民族特色、高原田园风光的国家级旅游休闲度假名城，互助县城区未来发展方向为“东进、南拓、西调、北控、中优”，规划形成“六心、双轴、一环、三组团”的整体结构。青海省人民政府于2012年1月对互助县城市总体规划进行了批复。规划近期2015年，互助县城人口为10万人，规划城市建设用地11.80平方公里，人均建设用地指标为118.0平方米/人。规划中期2020年，互助县城人口为12万人，规划城市建设用地13.79平方公里，人均建设用地指标为114.9平方米/人。规划远期2030年，互助县城人口为15万人，规划城市建设用地16.5平方公里，人均建设用地指标为110平方米/人。

（二）重视整体格局，完善分区规划

从城市整体格局上着眼，按照“六心、双轴、一环、三组团”的城市新框架，进一步完善老城区、东新区、南城区、绿色产业园区、土族聚落旅游区和城市发展备用区“六片区”的分区规划，做到各个片区布局合理、功能明确、风格协调，实现功能性与审美性的统一。在规划中既要注重休闲城市、山水园林城市的总体格调，也要注重建筑群体多样化组合，追求建筑的形态美、色彩美、整体协调美。

（三）完善建筑空间层次，合理布置开敞空间

讲究城市规划美学，探索适宜于具有土乡特色的城市艺术风貌，制定城市色彩和建筑风格原则。通过节点景观、通道景观、鸟瞰形象的组织，以及建筑物、构筑物在形式、风格、色彩、尺度、空间组织等方面的协调，反映城市景观的艺术要求。

（四）抓好控制性详规，强化重点地区规划控制

为突出我县传奇王国的历史，乡村夏都的特色，浪漫酒城的内涵，彩虹部落的魅力，我局委托北京清华、上海同济、西安建筑科技大学等全国知名规划设计院编制了《互助县城市政专项规划》、《互助县旅游片区控制性详细规划》、《互助县塘川片区控制性详细规划》。同时，为突出城市特色，对县城道路节点和土族建筑风格进行专题研究探索，委托编制了《互助县城市景观风貌专项规划》，并选择了县城出入口、青稞酒文化广场、主要街道等几个窗口部位，精心设计、精雕细琢，集中进行了以打造标志性地段、标志性景观、标志性建筑为目标的人居环境建设规划，为营造一批彰显特色、独具魅力的城市亮点夯实了基础。另外，抓好东新区控制性详细规划、安定河“一河两岸”景观设计和核心区城市设计，全力做好农业示范园区、绿色产业园区、土族聚落旅游区等重点区域的规划编制，重点做好彩虹广场、七彩湖等城市地标性工程修建性详细规划。努力使详规覆盖率达到100%。完善区域功能，突出传奇王国、彩虹部落、乡村夏都、浪漫酒城的区域特色。

（五）强力落实规划，强化规划的“钢性”功能

高度发挥规划审查委员会的作用，严格执行重点项目规划审查和“并联审批”制度，不断规范建设项目规划审批程序，坚持做到先审后批，先批后建。凡是新建的市政项目都要进行多方论证，广泛征求意见，对既定的方案坚决贯彻执行，力争新建项目能与县城总体规划和旅游业专项规划相符合，有效维护规划的“钢性”功能，树立“规划如法，执法如山”的理念。

二、立足完善功能，着力提升城市建设品位

紧紧围绕东部城市群建设的战略部署，牢牢把握打造高原旅游名城的目标要求，以项目建设为基础，按照县城“东进、南拓、西控、北调、中优”的城市建设发展方向，进一步完善设施配套，扩大城市建设规模，提升城市建设品位。

（一）完善路网建设，改善交通环境

从拉开城市建设框架、完善道路的交通功能出发，加快新旧城区路网建设。通过申报项目、招商代建等形式，积极实施南大街延伸段、天佑路等旧城区路网建设工程，并抓好台子路、南门峡路等旧城区道路整治，打通断头路、改造瓶颈路，缓解旧城区交通压力，改善旧城区交通环境。加紧启动实施东新区、绿色产业园区路网建设工程，基本形成“四横四纵”的新区路网框架。同时，提高道路两侧绿化、路灯、交通标志标线等设施的整体设计和细节处理，体现质量、品味和艺术，建设一条道路，扮靓一条街区。

（二）加快新区建设，打造城市亮点

按照“做特、做绿、做精”要求，以路网建设为基础，加快启动实施东新区水、电、路等基础设施建设。以自然生态、显山露水的原则，重点开发建设彰显土族民族特色的“彩虹广场”和“七彩人工湖”等代表东新区的标志性工程。结合安定河修建性详细规划，同步打造“一河两岸”景观。启动实施县城一分区集中供热建设工程，加快东新区体育场、医院、学校、中央商务区、会展中心等公共服务设施建设，组织实施东润国际、东城印象、龙

腾印象等城镇保障性住房和房地产开发项目建设，把东新区打造成行政办公、滨水休闲、文化娱乐、酒店商务、园林居住等功能为主导，其他相关配套功能为一体的复合型、生态现代滨水“一河两岸”综合区域，使其成为县城建设的一大亮点。

（三）加大旧城改造，提升旧城品味

按照“突出个性特色，提升旧城品味”的思路，加快改造力度，依托现有格局，围绕县城总规，加大拆迁力度，加快城中村、城郊村改造步伐。在保护好鼓楼、八大作坊和古墓群遗址等有历史传统和地方特色的建筑、建筑群和文物古迹的前提下，通过招商引资，以鼓楼为中心，按照古色古香古朴的风格在其四周规划建设鼓楼广场、鼓楼地下商城等建设项目，充分挖掘历史文化底蕴，把鼓楼四周打造成商业性城区和旅游集散地，创造独特的威远古镇形象。

（四）推进亮化建设，塑造城市夜景

对标志性建筑楼体轮廓用灯光勾勒成为夜景亮点；对城市主要临街建筑和河道两岸采用动静对比、明暗结合的灯光系统打造夜景亮线；对商贸、文教、居住等功能分区采用虚实对比的灯光色调构成夜景亮面。通过点、线、面相结合，形成主题鲜明、视角舒适的灯光体系，营造独特的城市夜景。

三、立足增强魅力，着力提升城市特色品味

（一）营造水韵特色

“三水”是我县县城难得的自然资源，也是构成生态环境的主要因素，应以营造生态水系为目标，全力进行保护、开发和建设。在城市整体布局结构上充分利用水系与城市各项功能布局有机结合，将水与城市总体布局巧妙、自然结合，积极实施“引水进城”“引水环城”工程。将穿城而过的“三水”经科学规划全部连通，将水体引入城区繁华地段和商业街区，局部打造人工湖，着力打造沙塘川河、毛斯河、安定河三条纵向景观带和连接三条河流的横向景观带，构建“水清、岸绿、景美”的县域水系，形成清水环城的城市形象。在治理沙塘川河和改造毛斯河的基础上，继续对安定河现状进行改造，模拟自然形态，将水域面积控制在 70 至 150 米，沿河修建以市民休闲娱乐为主的四季公园、文化绿岛和动步休闲公园，力争将毛斯河和安定河打造成全国有特色、全省一流的景观河。

（二）营造园林特色

以构建和谐生态环境为目标，按照城市绿地系统规划，继续加大力度，

组织环境绿化、广场绿化、道路绿化、庭院绿化。倡导全县居民人人参与绿化、家家种草养花。城区所有围墙、栅栏能实施墙体垂直绿化的一律实施垂直绿化，真正做到“土不露天、能绿则绿”，“栅栏变成绿篱，外墙披上绿衣”。

（三）营造宜居特色

加大既有建筑节能改造力度，鼓励使用节能建筑材料、保温建筑材料，规划源头引导建设项目广泛应用节能保温技术，试点建造一批生态小区，形成新的城市建设亮点；制定节约能源、节约用水相关政策，以供气规划为指导，加速推广使用天燃气，引进垃圾分类收集处理的先进技术，创新生活方式，建设真正意义的环保城市。

（四）营造文化特色

没有文化的城市是一个没有内涵、没有灵魂的城市。在城市建设中积极规划实施一批富有地方民俗文化韵味的建设工程，在城市出入口、重要路段、主要旅游景点设置反映民族风情、青稞酒文化、古镇历史的人文景观。在西门河沿河景观带建设中通过写实、抽象和符号化的手段融入民间传统文化体育活动和高原农耕文化。在周边山体上引进民间资本建设楼台亭榭、庙宇殿堂，从而促进“城景文游”一体化，展示古镇历史风貌，不断丰富和凸现城市文化内涵，打造文化城市特色品牌。

四、立足塑造形象，着力提升城市管理品位

（一）开展环境综合整治工程

以创建“省级卫生县城”为目标，理顺协调联动机制，落实县城管理工作措施，集中力量开展以“环境优美、秩序优良、服务优质”为主题的县城环境综合整治活动，县城管理由单一的“门前五包”向主体空间“五化”（净化、亮化、绿化、美化、硬化）管理拓展，道路清扫由白天向昼夜全天候延伸，重点实施“垃圾不落地”、“县城美容”、治理“牛皮癣”等工程。同时，加大规范户外广告设置、个体工商户经营行为，努力塑造出良好的县城环境。

（二）开展素质提升工程

坚持把加强居民教育、增强居民意识作为城市管理的首要任务和基础工程来抓。全力开展“城市是我家、管理靠大家”的主题宣传活动，及时宣传城市管理有关法规、城市管理各阶段工作任务及活动情况，实现宣传教育的单位化、社区化和社会化。与此同时，深入开展以“讲卫生、讲文明、讲科学、树新风、除陋习”为主要内容的“三讲一树一破除”活动，深入开展文

明单位、文明楼院、文明商店、文明家庭创建评选活动。通过多种形式的宣传教育，大力提高居民城市意识、环境意识、卫生意识和文明意识，为打造旅游县城提供坚实的群众基础。

（三）开展队伍建设工程

选拔一批懂业务、会管理、作风硬、能带兵的同志充实城市管理领导岗位，按照构建和谐社会的要求，确立“以人为本”的城管执法新理念，全面推行人性化管理。

五、住房建设稳步推进

（一）城镇保障性住房建设步伐加快

1. 廉租住房建设有序推进。2008 年～2012 年新建廉租住房 3062 套，15.3 万平方米，建设总投资 30620 万元，其中，中央及省财政补助 13923 万元、县财政配套 5967 万元。截至目前，已交付使用 1434 套，在建 1628 套；城镇低保家庭租赁补贴足额发放，2008 年以来，已为符合廉租住房保障条件的 1445 户城镇低保家庭累计发放租赁补贴 1612 万元。

2. 公共租赁住房建设如期完成。我县自 2010 年建设公共租赁房以来，已累计建设 4200 套，总建筑面积 16.8 万平方米，建设总投资 33600 万元，其中专项补助 21766 万元，县自筹 959 万元。截至目前，2642 套公共租赁住房建设项目主体已完工，正在进行后期收尾工程，将于 2013 年 12 月全部交付使用；其余 1558 套正在建设当中，将于 2014 年 12 月全部交付使用

（二）农村奖励性住房建设成果喜人

自 2010 年以来，我县累计完成农村奖励性住房建设 21890 户，建设面积 175 万平方米，完成投资 14.49 亿元。其中：2010 年，完成农村奖励性住房建设 4140 户，建设面积 33 万平方米，完成投资 2.07 亿元（其中：省级补助 1656 万元、县级配套 414 万元、农户自筹 1.86 亿元）；2011 年，完成农村奖励性住房建设 13000 户，建设面积 104 万平方米，完成投资 9.1 亿元（其中：省级补助 6500 万元、县级配套 13000 万元、农户自筹 7 亿元）；2012 年实施农村奖励性住房建设 4750 户，建设面积 38 万平方米，完成投资 3.32 亿元（其中，省级补助 5700 万元、县级配套 475 万元、农户自筹 2.7 亿元）。2013 年计划建设农村奖励性住房 3755 户，建设面积 30 万平方米，完成投资 2.89 亿元（其中，省级补助 6008 万元、县级配套 375.5 万元、农户自筹 22530 万元），目前 2013 年 3755 户农村奖励性住房建设农户建房开工率达 35% 以上，预计年底全面竣工入住。

作者简介：

李占顺，男，汉族，1967 年 12 月出生，中共党员，本科学历。现任青海省互助土族自治县住房和城乡建设局局长。

自 1989 年 7 月参加工作起，历任东山乡财政所所长，五十乡财政所所长，互助县财政局副局长，东和乡政府党委书记，互助县交通局局长。2011 年 11 月至今，任互助土族自治县住房和城乡建设局局长。

统筹城乡发展　加强基础建设
大力提升曲麻莱人居环境质量

青海省曲麻莱县住房和城乡建设局　尼玛才仁　扎西朋措

“十一五”期间，是曲麻莱县市政基础设施建设和环境保护发展，找准方向、打牢基础、承前启后、继往开来的发展新阶段。过去的五年是曲麻莱城乡建设投资规模、发展速度、变化显著的五年。五年来在县委、县政府的正确领导下，我局以科学的发展观统领城乡建设和环境保护各项工作，狠抓城市基础设施建设，完善城镇服务功能，提升城镇人居环境，各项工作呈现出欣欣向荣、依法按规、配套完善、稳步推进的大好局面。

2006 年 6 月曲麻莱县建设环保局正式成立，原属曲麻莱畜牧局的环保职能划入我局，2012 年 7 月机构改革原属我局的环保职能划入曲麻莱县水务局，曲麻莱住房和城乡建设局正式成立。下设办公室、质监站、房产科、项目办、城管执法大队、环卫公司 6 个职能科室站司。

一、市政基础设施建设

（一）加大规划编制力度

完成了曲麻莱县城总体规划，巴干乡、曲麻河乡、叶格乡、秋智乡、麻多乡“五乡”的集镇规划，为城市建设提供了法律依据。

（二）城市基础设施项目有序推进

五年来实施了管网建设、道路建设、绿化建设、供水建设、设施建设、河道整治工程，城市道路、市容市貌焕然一新，市场、公厕、道路、公园、路灯等城市公共服务功能日益完善。小集镇建设不断完善，辐射功能不断增强。五年来完成了城区道路拆迁并通和建筑风貌打造，形成了“六纵九横”道路框架和民族特色浓郁的城镇建设格局，共拆迁 301 户，拆除房屋面积 12848 平方米，拆除围墙总长 5217.96 米，发放拆迁补偿 165.79 万元；投资 369 万元，完成了县城南入口拉热那滩垃圾点人工湖整治改造工程；投资 280 万元完成了黄河源文化广场的规划建设；投资 2711.2 万元，完成了 37859.6 米的县城道路排水管网改造工程；投资 318.84 万元，铺设彩砖 21690 平方米，

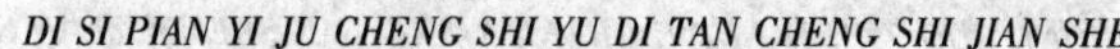

完成了人行道“亮化”工程等重点整治项目。

形成了以城区为中心，生态移民、游牧民定居点为次中心的小城镇结构体系。目前，县城建成区面积已达36.2平方公里，城镇化水平达34%，城市规模增长迅速，发展空间不断拓展。城市人均居住面积达30平方米，修建城镇道路25.12公里，县城绿化面积达166258.298平方米，绿化覆盖率为38%。

（三）治污项目循序推进

完成了县城生活垃圾填埋场项目，建设规模为日处理垃圾3.2吨，服务年限为25年，项目概算投资1167万元。

（四）保障性住房建设稳步实施

廉租住房建设2009年至2011年我县廉租住房指标26250平方米（其中2009年3750平方米、2010年2500平方米、2011年20000平方米），计划总投资4380.5万元。棚户区建设2009年至2011年我县棚户区改造指标13000平方米（其中2009年3400平方米、2010年1600平方米、2011年8000平方米），计划总投资575.8万元。奖励性住房建设2009年至2011年我县奖励性住房指标18000平方米（其中2009年3000平方米、2010年3000平方米、2011年12000平方米），计划总投资150万元。公共租赁房建设2010年至2011年我县公共租赁住房指标14400平方米（其中2010年2400平方米、2011年12000平方米），计划总投资3312.78万元。

先后编制完成了《曲麻莱县城镇最低收入家庭廉租住房管理办法》、《曲麻莱县城区低收入家庭廉租住房保障工作实施方案》、《曲麻莱县廉租住房分配实施方案》、《曲麻莱廉租住房申租方案》、《曲麻莱县农村奖励性住房建设项目实施方案》、《曲麻莱棚户区（危旧房）改造实施方案》。

二、环境保护

（一）环境保护认识发生重大转变

“十一五”以来，县委、县人民政府和县各有关部门高度重视、关心并支持环境保护工作，将环境保护和生态建设摆在更加突出的位置，加快建设资源节约型、环境友好型曲麻莱。县委、政府和各有关部门认真履行环保职责，细化环境保护目标责任制考核并签订目标责任书，明确任务、落实责任，监督完成主要污染物总量控制任务，及时研究解决辖区环境保护重大问题，保障群众环境权益。通过开展“六·五”世界环境日等系列宣传活动，全社会绿色消费、低碳生活的观念更加深入人心，公众参与、关注、支持、监督环保的氛围更加浓厚，社会各界对环境保护的认识发生了根本改变。

（二）建设项目环境监管水平逐步提高

切实把环境保护融入经济社会发展大局中，坚持“疏”“堵”结合，切实做好服务与把关、当前与长远、效率与质量的关系。对所有新建、改建、扩建的基建项目进行了“环境影响评价”，严格实行建设项目环保“三同时”制度，结办率达100%。编制完成了“道路建设环境保护责任书”，制定了“道路建设生态恢复技术要求”，规范了施工单位的环境保护行为。

（三）县城环境卫生治理工作得到不断强化

“十一五”期间，“曲麻莱县环卫公司”正式挂牌成立，我局着眼于“白色污染”和“脏、乱、差”治理，先后与沿街各体工商户签订了“门前卫生三包制”、“禁止销售和使用一次性塑料制品”协议和承诺书。大力宣传《玉树藏族自治州城镇市容和环境卫生管理条例》，明确处罚标准，有效遏制了单位和个人违反环境卫生条例的行为；制定完成了“卫生管理费”、“排污费”收费标准；配置屋斗式密闭垃圾140个，并与各单位和住户签订了“生活垃圾处理协议书”，有效地提升了垃圾清运和处理能力。“十一五”期间不间断开展城市环境的综合整治，城区环境质量有了很大提升，在2007、2008年度全州环境卫生目标责任考核中名列第一。

（四）环境管理和执法力度不断加大

“十一五”期间、“曲麻莱县城管行政执法大队”、“曲麻莱县环境监察大队”相继成立。成立后多方争取职能建设资金，统一了制服，配备了执法队伍的有关监察设备和监察用车，监测和执法能力不断提高。“十一五”期间，共没收“一次性塑料制品”10余吨，罚款10万余元。参与生态环境保护执法8余起，处理违法行为23余起。

（五）环保基础性工作成效显著

认真开展排污申报核定，加大排污费征收工作力度，建立了排污申报管理数据库，对全县30家排污单位进行了排污申报核定。摸清了全县主要污染排放总量、污染源数量及各污染源源强大小，圆满完成了“第一次全国污染源普查”工作，通过了国家、省、州三级检查组验收，被授予青海省第一次污染源普查工作“先进单位”。

住建工作并非一朝一夕可以完成，虽然我们取得了一定的成绩，但我们深知，还有很多地方需要改进与努力，在今后的工作中，我们将积极进取，开拓创新，不断完善住房保障制度，加强保障性住房建设，加大环境治理与保护力度，为推进曲麻莱县住建工作顺利开展作出更大的贡献。

作者简介：

尼玛才仁，男，藏族，1972 年 7 月出生，中共党员，研究生学历。现任青海省曲麻莱县住房和城乡建设局局长。

扎西朋措，男，藏族，1979 年 5 月出生，中共党员，大学学历。现任青海省曲麻莱县住房和城乡建设局办公室主任。

精心打造生态宜居东归名城
城市面貌换新颜

新疆维吾尔自治区和静县住房和城乡建设局　朱建新　刘保江

建国初期，和静县建成区面积为2.2平方公里，城区道路只有团结路、开泽路、阿尔夏特路，而且大多数为沙石路面，那时的建筑多为一层土木结构和砖木结构房屋，不论是在居住水平、建筑形式，还是在建筑结构上都比较落后，给人留下最深印象的，也只有几条破烂不堪的小街道。

党的十一届三中全会以后，随着和静工农业等各项事业的发展，和静县城建设逐步发展起来。1984年9月，和静县城乡建设环境保护局成立，城市建设步伐逐步加快，主要公共建筑面积达到7.4万平方米，建有人民公园和街心公园，道路硬化面积14.6公里。这一时期，县城虽逐渐繁荣，但由于基础设施建设规模不大，城市建设仍停留在较低水平。

进入了新的世纪，城市建设更是有了长足的发展。特别是2000年以来，在县委、县政府的引领下，加快了城市建设步伐，相继投资完成了县城阿尔夏特路、文化路、友好路、建设路等12条县城道路硬化工程。安装路灯2100盏，新建人行道9条3.5万平方米，更新改造主街人行道3条4.3万平方米。占地面积2.5万平方米的东归文化广场（休闲广场、街心公园、王爷府）是目前县内最大的文化、休闲、娱乐式广场，为县城广大居民提供了一个舒适的活动场所。为满足广大居民的生活发展需要，自实现集中供热以来，相继建成了5个供热站，随着供水二期工程的建成投入，满足了县城建成区居民的日常用水。道路绿化面积19万平方米，公共绿地面积达到37.01万平方米，绿地率达36.19%，城镇居民人均绿地达8.31平方米。建有垃圾填埋场1座，清扫保洁面积达到100万平方米，基本保证了日产日清，和静县也被命名为自治区最佳卫生县城。城镇住宅建筑从小规模的住宅小区向设施齐全、配套完善、体现“以人为本”的理念、整洁、舒适、方便、安全的城市住宅小区转变，进而又向体现“人性化”的小康示范居住小区发展。房型向集实用性、美观性与经济性高度协调统一，完美体现“人性化”的房型发展，和静县已建成住宅小区（组团）9个，建筑面积已达52.85万平方米，县城人均住房建筑面积达到29.76平方米，县城规划区面积为9.12平方公里，建成区

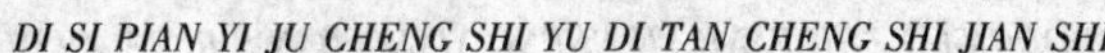

7.84 平方公里，城市功能已日趋完善。

2008 年以来，在新一届党委、政府的高度重视城乡建设工作，进一步加强了城市基础设施建设，投入巨资对道路硬化工程、路灯工程、人行道工程、排水管道工程、广场改造工程、污水处理厂建设工程等工程的建设，使和静县城市面貌和基础设施功能得到了极大提升。同时大力推进县城“东改北扩”工程和打造“东归名城”品牌，加大东城商业区投资开发，规范建设北城行政功能区，随着城北东归名苑小区、天富花园小区、巴音小区及法院、人事局、妇幼保健院、孤儿院、电视台等公共建筑的建设，城北新区已初具规模，住宅建筑外部造型也一改过去火柴盒、豆腐块形象，而不断展现时代特点，体现民族特色，新建的小区在现代的建设风格上加入象征东归文化的图案，即有现代风格的时尚也有东归文化的华丽，将极具和静地方民族特色的东归文化融入到现代建设风格中。特别是东归文化休闲广场的改造建设就很好地将东归历史及文化有机地结合到改造当中，形成了独具风格特色的和静县旅游休闲广场。

2010 年来，随着做大县城改革试点工作和新型城镇建设的深入推进，和静县委、县人民政府坚持大手笔规划，大力推进城乡一体化、新型城镇化进程，以新型工业化促进新型城镇化、新型城镇化带动新型工业化的发展思路，编写了《和静县城总体规划（2012～2030）》。大力实施县城区东改北扩战略，实现旧成区、新成区无缝对接，建成区面积从 7.84 平方公里扩大到 14.55 平方公里，规划区面积从 9.12 平方公里扩大到 20.14 平方公里，旧城区形成集商业文化、居住于一体，商业服务体系完整、历史文化气息浓厚；新城区形成行政办公为中心，居住、商业、医疗、文教等各类设施其全的综合新区。在此期间，房地产业迅猛发展，住宅从多层建筑向高层建筑发展，三年时间内开发面积就达到 200 多万平方米，7 层以上建筑达到 82 栋，31 层的亿倡大厦为我县最高标志性建筑，住宅小区也从小而精向大而全发展，同时引入物业管理先进理念，培育物业管理示范小区，和静县世纪花园小区、团结花园小区及东归名苑小区荣获自治区级优秀住宅小区称号。

如今，和静县的城乡建设在市政建设、城建项目库建设、城市水业管理、城市供热管理、城市燃气管理等方面取得了巨大的成绩，已全面完成了城区主次干道的硬化、亮化、绿化建设，供水、排水、供热、垃圾处理等各项设施正在进行全面改造，县城居住、就业、工作环境得到极大改善，成功创建成为“自治区园林县城”、“国家卫生县城”及“中国宜居宜业典范县”。

作者简介：

朱建新，男，汉族，1964年10月出生，中共党员，大学学历。现任新疆维吾尔自治区和静县住房和城乡建设局局长。

自1982年09月参加工作起，历任库尔勒市上户乡中学教务主任；和静县检察院书记员；和静县检察院监察员；和静县反贪局副局长；和静县法制办任主任、兼任政府办公室副主任；和静县安监局局长；2010年4月至今，任和静县住房和城乡建设局局长。

刘保江，男，汉族，1975年4月出生，中共党员，大学学历，2000年9月参加工作。现任新疆维吾尔自治区和静县住房和城乡建设局副主任科员、办公室主任。

加强整改工作 完善管理机制 树立城市全新面貌

新疆维吾尔自治区富蕴县修住房和城乡建设局 袁瑞奇

为全面提升富蕴县环境卫生工作，富蕴县建设局切实加强小区物业管理，改善城乡环境卫生面貌，提高城乡环境卫生管理水平，营造整洁、优美、文明、有序的城乡环境，切实巩固国家卫生县城创建成果及国家5A级景区建设，以增强城市功能、优化人居环境、提升城市形象和品位、构建和谐富蕴为目标，以加强环境卫生管理体制和推进综合行政执法管理为突破口，加大管理力度，提高管理水平，形成长效管理机制，为我县的经济和社会发展、提升城市形象奠定坚实的基础。

一、总体要求

（一）突出重点抓整治

以拆除县城进出口维修铺等违法违章建筑和全面清理整治县城乡结合部的脏、乱、差现象为重点，优化人居环境。

（二）转变管理方式

坚持城市管理方式由以建设为主向建管并重转变，建立新的管理标准、机制，做好“堵”与“疏”的工作，较好地解决因管理不严导致的乱搭乱建、乱堆乱放、乱贴乱涂、乱扔乱丢等问题，进一步规范完善城市管理体制，提高卫生环境管理水平。

（三）着力城市品位

通过整治，使县城基本实现交通秩序规范有序，街景市容整洁大方，城市基础设施完善，交通通道美观大方的要求，提升县城形象和品位。

（四）整治见实效

按照综合整治的目标、责任、任务、全力抓好落实，做到实事求是，突出重点，确保每一项工作都能让居民群众感觉和享受到环境卫生综合整治的效果。

二、整治重点

环境卫生综合整治工作要围绕拆违建、美环境、净市容、增绿地、畅交通的重点整治任务，努力抓好以下几方面的工作。

1. 重点强化规划执法，拆除违法违章建筑和临时建筑。要对县城主要出入口和各街道两侧影响城市规划的建筑予以拆除，同时加大管控力度，对县城乡结合部建筑垃圾、农家肥要严格控制指意倾倒地点。小区的建设必须严格按照规划所要求的容积率、绿地率、建筑密度、建筑高度、建设用地面积、建筑面积以及物业用房面积、垃圾收集房数量与面积、公共停车位面积进行开工建设，不得违反相关规定，擅自更改。

2. 以改善市容为根本，彻底整治废旧品收购站点的不合理设置和环境卫生脏、乱、差现象，对主要区域的工商部门要予以取缔。

3. 狠抓城市环境卫生，全面清理县城及周边积存的垃圾，解决垃圾围城问题。要全面彻底清理县城各出入口、城乡结合部、城中村、背街小巷、公路及其两侧、河道内及其两岸、县城周边以及空闲地段的陈年积存垃圾，清理卫生死角，对新建设的街道和未设垃圾点的居民区合理规划垃圾点，对垃圾倾倒实行有效管理，做到日产日清不留垃圾。

4. 改善城市建筑容貌，对县城的户外广告进行整治。按照谁拥有、谁负责的原则，对临街商业门店牌匾和户外广告进行清理和规范，使各类广告牌匾规范统一，设置有序。同时严厉打击街头违章违法小广告，政府加大投资在主要街道处，人流集中处设置便民信息发布栏。

5. 增加县城绿化面积，提高县城绿化规模和水平。继续加强双拥公园及河滨公园等公共场所建设。加强对每年新种植花草树木的管护，保证成活率，加大县城的绿化程度，改善县城的总体环境。

6. 规范富蕴县综合市场周围小摊小贩、外来卖农副产品秩序，新建一个农产品交易中心及卸货市场。

7. 落实“门前五包”责任制，推进卫生环境长效管理。按照谁拥有、谁负责的原则，解决好门前环境卫生、绿化、社会秩序工作，划定责任区范围，签订“门前五包”责任书，建立监督检查奖惩制度，推进卫生环境的长效管理。

8. 以完善小区基础设施为重点。2011 年为完善小区基础设施及相关居民活动设施，库镇制定了富蕴县旧小区改造计划，将光明小区、中心花园小区作为试点小区进行改造。并在旧小区及新建小区内设置物业管理用房及居民

活动用房，此项工作的开展大大改善了小区内居住生活环境。2012 年我们在此基础上进一步完善各项功能。同时要加强对新小区配套设施的完善（绿化、硬化、管线开挖、停车位、活动用房等），坚持谁开发，谁完善的原则，根据《关于对富蕴县各开发小区违章、擅自改动规划等违规违法行为限期整改的紧急通知》（富建设字［2012］1 号）精神，各开发企业严格按照规划要求，不得私自改动规划进行乱建、改建、扩建，各小区需配备完善的物业管理，设计和营造一个与自然和谐统一、赏心悦目的多彩空间。

三、明确职责，落实责任，全力开展集中整治行动

（一）环卫部门

负责城乡主次干道路面卫生、边渠（沟）疏通以及垃圾代运、清运和处理工作，做到日产日清；负责县城区水冲式公厕卫生监管工作，确保公厕有专人管理，水冲式公厕达标管理；负责城区垃圾箱、果皮箱、垃圾房等公共卫生设施的管护，做好各类集贸市场内外、摊点、停车场等经营场所环境卫生的有偿保洁工作；负责河流流经县城段河床及两侧路面卫生保洁；建议县委政府加大对环卫机械设备的投入力度，进一步美化环境，提高工作效率。

（二）城管部门

加强摊位管理，规范沿街门面房、摊点等经营秩序，督促经营者落实“门前五包”责任书；根据《城市市容和环境卫生管理条例》相关规定，对随地大小便、乱倒乱排污水，沿街楼内往外乱抛洒垃圾，沿街两侧乱悬挂等影响市容面貌等不文明行为进行处罚；加强施工工地、施工车辆环境卫生管理，对不文明施工、排渣撒漏、乱堆放等行为进行查处；加强对各施工项目工程的验收程序，尤其是小区工程建设，坚决杜绝未交工小区入住现象发生；由交警队、交通局、城管大队严格规范大型货车上路时间、路段，对违规进城、沿路抛洒的车辆，根据相关规定予以处罚；负责拆除城区平房区所有在院外搭建的旱厕；城管部门和城镇派出所联合抓捕流浪狗，每年集中抓捕至少两次。

（三）园林绿化部门

加强县城内主次街道两侧、广场等区域树木、花草管理维护，定期组织专业技术人员进行修剪和病虫防治，保持树木、绿篱、花坛、草坪整洁、美观；植树、种花、种草期间，加强场地管理，督促相关部门及责任人保持场地卫生清洁。

我县自 2009 年开始全面实施对旧建筑物的节能改造，内容包括外围计量

结构保温、屋面保温、窗户改造、室内暖气安装及亮化。县城部分旧小区、办公楼改造已完成，2012 年县城实际开工建设 1.7 万平方米，完成投资 800 万元，明年我县将继续按照上级要求，对旧建筑物进行节能改造，使旧小区焕然一新，各项功能更加齐全。

城市整改工作是城市建设性作用和效果体现，也是建设成果的一部分和建设工作的进一步延伸，城市建设的发展和不断完善，将会对我县的长远发展起到积极作用。我们要从贯彻落实科学发展观，促进我县经济社会又好又快又稳发展的高度出发，充分认识城市建设工作的重要性和必要性，继续按照上级要求，结合我县实际，努力、稳步向前发展，及时完善工作中的不足。在今后的建设工作中，我们将进一步建立整改长效机制，加大整改力度，更好地发挥本单位的职能和作用，保障经济和社会健康发展。

作者简介：

袁瑞奇，男，汉族，1968 年 12 月出生，中共党员，本科学历。现任新疆维吾尔自治区富蕴县住房和城乡建设局局长。

自 1987 年 7 月参加工作起，历任富蕴县可可托海镇企业办干部，富蕴县国土局干部，富蕴县建设局城管大队大队长，富蕴县吐尔洪乡副乡长，富蕴县水利局副局长，富蕴县建设局党组成员、副局长。2008 年 10 月至今，任富蕴县住房和城乡建设局党组成员、局长。

曾连续获得四届天山杯综合奖，被评为新疆维吾尔自治区 2008 年“天山杯”优秀局长。

第五篇
村镇规划

第一章　村镇与村镇规划

第一节　村镇的产生及发展

一、村镇的基本概念

村镇是乡村居民点的总称，包括村庄、集镇和县城以外的建制镇，它和城市共同组成完整的城乡居民点体系。

（一）村镇的形成

1. 居民点

居民点是由居住、生产、生活、交通运输、公用设施和园林绿化等多种体系构成的一个复杂的有机综合体，是人们按照生活和生产的需要而形成的聚集定居的场所。一般说来，居民点是由建筑群（包括住宅建筑、公共建筑与生产建筑等）、道路网、绿地网及其他公用设施所组成。这些组成部分通常被称之为居民点的物质要素。

2. 村镇的形成

在人类社会发展历史上，并非一开始就有居民点，居民点的形成与发展是社会生产力发展到一定阶段的产物。在原始社会初期，人类并没有固定的栖息之地，也没有形成稳定的居民点，人类常常用自然洞穴藏身，过着完全依赖于自然、采集渔猎的经济生活。随着生产力的进一步发展，人类在新石器时代有了从事农业生产的能力，使人类有了定居的可能性，出现了最早的村落形式。人类在长期与自然斗争的过程中发现并发展了种植业，于是人类社会出现农业与畜牧业分离的第一次社会大分工，从而出现了以原始农业为主的固定居民点—原始村落，如西安半坡村等。由于生产工具的不断改进，生产力不断发展，在2000多年前的奴隶社会初期，随着私有制的产生与发展，出现了手工业、商业与农业、牧业分离的第二次社会大分工，并带来了居民点的分化，形成了以农业为主的乡村和以商业、手工业为主的城市。在18世纪中叶，工业革命导致了以商业、手工业为主的村镇逐渐发展为或以工业、或以金融经济、或以文化教育为主的城镇。

（二）村镇的概念、范畴

我国的居民点依据它的政治、经济地位，人口规模及其特征，可以分为城镇型居民点和乡村型居民点两大类型。

城镇型居民点分为城市（特大城市、大城市、中等城市、小城市）和城镇（县城镇、建制镇）。

乡村型居民点分为乡村集镇（中心集镇、一般集镇）和村（中心村、自然村）。

由于县城镇已具有小城市的大多数基本特征，所以本书所阐述的村镇是指村庄、集镇以及县城以外的建制镇。截至2002年年底，我国共有乡镇39054个，其中建制镇19811个；共有村庄694515个（不包括台湾地区，以下同）。

1. 建制镇

是农村一定区域内政治、经济、文化和生活服务的中心。1984年国务院批准的民政部门关于调整建镇标准的有关报告中，关于设镇的规定调整为：

（1）凡县级地方国家机关所在地，均应设置镇的建制。

（2）总人口在2万以下的乡，乡政府驻地，非农业人口超过2000的，可以建镇；总人口在2万以上的乡，乡政驻地，非农业人口占全乡人口10%以上也可建镇。

（3）少数民族地区、人口稀少的边远地区、山区和小型工矿区、小港口、风景旅游区、边境口岸等地，非农业人口虽不足2000，如确有必要，也可设置镇的建制。

2. 集镇

大多数是在集市的基础上发展起来的。“集”的发展带动了镇的发展，在位置适中、交通方便、规模较大的集市上，有人为交易者食宿方便，开设了酒店、饭馆、客栈等饮食服务业。随后又有工业、商业者前来定居、经营，集市逐渐成为具有一定人口规模和多种经济活动内容的聚落居民点——集镇。

它是商品经济发展到一定程度的产物，是指乡人民政府所在地和经县级人民政府确认，由集市发展而成的作为农村一定区域经济、文化和生活服务中心的非建制镇。因此，集镇大多数是乡政府所在地，或居于若干中心村的中心。集镇也是农村中工农结合、城乡结合、有利生产、方便生活的社会和生产活动中心，集镇是今后我国农村城市化的重点。

3. 中心村

一般是村民委员会的所在地，是农村中从事农业、家庭副业和工业生产活动的较大居民点，其中有为本村和附近基层村服务的一些生活福利设施，如商店、医疗站、小学等。人口规模一般在1000~2000人。

4. 基层村

也就是自然村，是农村中从事农业和家庭副业生产活动的最基本的居民点，一般只有简单的生活福利设施，甚至没有。

二、村镇的基本特点

居民点是社会生产力发展到一定历史阶段的产物，作为城市居民点中规模较小的建制镇和乡村居民点的集镇、中心村也不例外，它们与城市相比，有以下基本特点。

（一）区域的特点

在我国辽阔的土地上，村镇星罗棋布地分布在所有的地区，但由于各地区社会生产力的发展水平不同，即区域经济的发展水平不同，村镇分布呈明显的区域差异，经济相对发达地区的村镇的平均规模与分布密度一般要高于经济欠发达地区。

另外，由于地理的差异，如土地（包括土壤、地形等）、气候等自然因素存在明显的地区差异，决定了村镇在规模分布，平面布局以及建筑的形式、构造等方面有各自的特点。比如在平原与山区、在南方与北方，村镇表现出风格迥异的区域特点。

1. 村庄的特点

村庄是农村人口从事生产和生活居住的场所，它是在血缘关系和地缘关系相结合的基础上形成的，以农业经济为基础的相对稳定的一种居民点形式。它的形成与发展同农业生产紧密联系在一起。因此，它具有以下特点：

（1）点多面广，结构比较松散

居民点受地域条件的各种影响，农村地广人稀，居住分散，村庄分布极不均匀，表现为点多面广、结构比较松散。

（2）职能单一，自给自足性强

村庄是农民生活和生产的场所。由于其规模一般都偏小，人口集约化程度较低，与外界交通不便，交往不多，各方面表现为一定的封闭性特征，而且经济活动内容简单。因此，村庄在一定地域空间范围内所担负的职能比较单一，自给自足性较强。

（3）人口密度低，且相对稳定

村庄的分布和人口密度受耕作面积及耕作半径的影响。从有利生产、方便生活的条件出发，要求人口不宜过分集中。另外，居民点的规模还受到生产力水平低、机械化程度不高的制约。因此，在当前一定的生产条件下，居民点的规模一般偏小，人口密度较低。从村庄的形成与发展历史来看，村庄人口的增长仅仅局限于自然增长的变化，迁村并点现象很少出现，人口的空间转移极其缓慢并相对稳定。

（4）依托土地现有资源，家庭血缘关系浓厚

土地是农业中不可替代的主要劳动对象和劳动生产资料，是农业人口赖以生存的主要物质条件，土地资源是否丰富，将直接影响到村庄的分布形态、发展速度、经济水平和建设标准。

家庭是村庄组成的基本单元，也是村庄经济活动的组织单位。十一届三中全会以后，广大农村进行经济体制改革，普遍实行家庭联产承包责任制，家庭在组织生产、方便生活、文化娱乐等方面所发挥的作用越来越重要。相应地，历史沿袭下来的家族观念在村庄中仍受重视，家庭血缘关系浓厚。

以上所述四个特点，是从农村现状分析总结出来的，对指导村庄规划和村庄建设有着重大指导意义。

2. 集镇的特点

集镇是介于村庄和城市之间的居民点。其人口结构、经济结构、空间结构等具有亦城亦村、城乡结合、工农结合的特征。

集镇的分布和发展是与一定地区的经济发展水平、社会、历史、自然条件密切相关的。纵观我国农村集镇的现状分布与发展，它一般具有以下几个特点：

（1）历史悠久，交通便利

随着社会生产力的发展和商品交换的出现，在某些交通比较便利的地带出现了集市，这种间歇性的集市，逐步发展形成集镇。目前，我国的大多数集镇都是按其原有区域经济的特点、自然条件、交通条件，或是其他历史原因而形成的，并沿袭至今。大部分集镇都具备一定的交通条件，使村镇各级

居民点之间联系方便，有利生产和生活。

（2）集镇是一定区域范围内的政治、经济、文化和生活服务的中心

我国大多数集镇为乡行政机构驻地，或乡村企业的基地及城乡物资交流的集散点。大多数集镇已成为当地政治、经济，文化和生活服务的中心。

（3）星罗棋布，服务农村

不论是新老集镇，还是山区平原集镇，它们的分布和经济联系半径，一般都在5～10km之间。它们的服务对象，除本集镇居民外，还包含了周围的农村居民点。

（4）吸引农业剩余劳动力，节制人口盲目外流

党的十一届三中全会以后，农村经济体制的重大变革推动了农村经济的迅速发展，使得农村经济结构、产业结构、人口空间结构发生变化。农村出现越来越多的剩余劳动力，这些剩余劳动力中的一部分涌向城市。加强集镇建设，大力兴办乡镇企业，是吸引农业剩余劳动力、控制人口盲目流入城市的重要措施之一。集镇是今后村镇规划的重点。

（二）经济特点

村镇与城市相比，农业经济所占的比重大，村镇必须充分适应组织与发展农、牧、副、渔业生产的要求。农业生产的整个生产过程，目前主要是在村镇外围土地上进行的，这充分说明村镇与其外围的土地之间的关系十分密切。村镇建设用地与农业用地相互穿插，这是由村镇经济的特点所决定的。

（三）基础设施的特点

从目前的情况看，我国村镇规模较小，布局分散，又普遍存在着基础设施的不足。虽然近几年来，经济的发展使得一些村镇的面貌发生了根本性的变化，但相对于大多数村镇来说，还普通存在着道路系统分工不明确、给排水设施不齐备、公共设施标准较低等一系列问题。据1996年国家体改委小城镇课题组对我国18个省市随机抽取的1035个建制镇（包括县城镇）的调查表明：非县城镇生活供水自来水普及率为63%；生活燃气普及率47%；道路铺装率70%；电话总装机平均为3084部；垃圾处理率43%；废水处理率26%。因此，从总体上来看，我国村镇的基础设施发展较为滞后。

三、村镇的发展概况及规律

1. 农村城镇化是现代化的重要标志

农村城镇化是人类社会发展的必然趋势，是农业社会向工业社会逐步转化的基本途径，也是衡量一个国家或地区经济发展和社会进步的重要标志。

而农村现代化最重要的标志是使农村城镇化。在我国积极推进村镇建设尤其是小城镇建设，能加快农业和农村现代化的步伐，能加快农村城镇化、城乡一体化的进程。所谓城乡一体化是以功能与文化的中心城市为依托，在其周围形成不同层次、不同规模的城乡（镇）村等居民点，各自就地在居住、生活、设施、环境、管理等方面实现现代化。城市之间，城市与乡（镇）、村之间以及乡（镇）与乡（镇）、村与村之间，均由各种不同容量的现代化交通设施和方便、快捷的现代化通讯设施联结在一起，形成一个网络形式的城乡一体化的复杂社会系统，即自然—空间—人类系统，融城乡于自然、社会之中，使村镇能够在具备上述交通及通讯现代化的前提下，充分享受到城市现代文明（包括文化、教育、卫生、信息、科技服务等各方面）。因此，农村城镇化是城乡一体化的必由之路，也是现代化的重要标志。

2. 大力发展村镇是我国现代化建设的重大战略目标

解放后，我国的城市建设取得了巨大的成就，改善和发展了一大批原有城市；改建和发展了一大批新兴的工矿城镇；大量的县城得到了一定程度上的改造和发展。很明显地，这批城镇的发展，适应并且推动着我国社会主义社会和经济向前发展。

党的十一届三中全会以后，由于党在农村的各项政策方针得以落实，农村经济迅猛发展，广大农民收入普遍增加，生活水平大幅度提高，不仅要求改善自身生活条件、兴建各类生产性建筑，而且要求增加和改善生活服务、文化教育等各类设施。仅住房一项，1978~1981年四年中，全国兴建的农村住宅约15亿平方米。

近年来，随着城市建设的迅猛发展和城镇居民生活水平不断提高，“三农”问题突显，已经成为制约我国经济和社会发展以及实现全面建设小康社会目标的“瓶颈”。针对这种形势，国家适时地将各方面的工作重心向农村转移。党的十六届五中全会通过的《中共中央关于制定国民经济和社会发展第十一个五年规划的建议》，明确提出了建设社会主义新农村的重大历史任务，为做好当前和今后一个时期的“三农”工作指明了方向。2006年年初，中央颁布了《中共中央、国务院关于推进社会主义新农村建设的若干意见》（中发［2006］一号文件），进一步出台了一系列加强“三农工作”、推进社会主义新农村建设的具体政策措施。

近十年来，我国新增农村住宅建筑面积6亿~7亿平方米，占全国新建住宅的一半以上。但由于缺乏科学的规划和指导，长期以来，农村建设处于无序和混乱状态：旧村无力改造更新，土地闲置；新宅建设侵占耕地现象严重，且无规划指导，建设水平低；村庄公共空间混乱，公用工程和设施缺失等。此外，农村住宅建设方面也存在一些问题：沿用传统粗放型住宅模式，缺乏节能省地观念；建筑技术落后，配套设施不完善，居住条件差；能源生产、利用方式落后，技术水平低，浪费严重等。

我国村镇的发展，尤其是乡镇的发展是我国城市化的重要组成部分。城市化不仅仅是我国经济发展所提出的迫切要求，也是被世界各国城市化过程所证明了的必然趋势。现代城市化具备多方面的特征，但其本质是城乡人口的再分配过程，即农村人口向城镇人口转移，农业人口向非农业人口转移。通常，人们以城镇人口占总人口的比重作为一个国家城市化水平的标志。

据2000年人口普查显示，我国目前人口约12亿9000多万，如以1981～1996年平均的增长速度4%来统计，至2010年城镇人口至少要净增2.5亿人，这将是一个庞大的数字。如何安排这些人口，是一项重大的战略任务。如果把这么多人都安置在城市里，将会给城市造成重大负担，造成城市人口过多、社会混乱等问题；如果兴建新城，则需成百上千座新城来安置这些人口。

但是，如果在全国的乡镇中，平均每个乡镇增加城镇人口6000人，不仅能较快地解决农村剩余劳动力的安排，而且将加快我国城镇化的发展，促进全国乡镇蓬勃发展。

3. 规划村镇是新世纪现代化建设的一项重要任务

21世纪的村镇，不但应有繁荣的经济，而且应该有丰富的文化，它是村镇综合实力的标志。村镇建设当前已成为农村经济新的增长点，全国各地积极探索村镇建设方式的转变，加快村镇建设的步伐，搞好村镇住宅建设，以基础设施和道路建设为突破口，带动整个村镇的全面发展。这深刻表明，村镇建设是我国现代化建设，特别是农村现代化建设的主要内容。

要建设好村镇，必须先有一个科学合理的规划，21世纪的村镇建设是社会主义物质文明和精神文明高度结合的现代化建设。因此，规划村镇时必须考虑到新情况、新特点和新趋势。

村镇规划，尤其是乡镇规划，要满足农业现代化的要求。农业产业化、工厂化发展是村镇繁荣的经济基础，也是村镇规划建设的新内容。村镇是与大自然最亲近的人居环境。随着经济水平的提高以及人们对生态环境意识的不断增强，人们对生活居住的环境质量和建筑美学的要求也在不断提高。基础设施建设的现代化，使人们能在村镇里和城市人群一样真正享受到现代物质文明和精神文明的成果（即水、电、路、邮、通讯等）。这只有通过立足当前、顾及长远，按照城乡人、财、物、信息、技术流向进行科学分析论证，合理规划建设，才能加快现代化建设的步伐。

通过对村镇形成和发展的历史回顾，以及对我国村镇建设实际情况的分析研究，可以看到村镇的建设和发展具有自身的规律。

（1）村镇的建设与发展必须与农村当前经济状况相适应

农村经济的发展为村镇建设奠定物质基础，村镇建设又为农村经济的进一步振兴创造条件，二者相互促进，相互制约，相辅相成。因此，在确定村镇建设的规模、发展速度和标准时，必须在科学发展观指导下，全面考虑农村经济的承载能力，量力而行。

（2）村镇建设发展具有地区差异性

我国是一个历史悠久、人口众多、疆域广阔的发展中国家。各地自然条件和资源蕴藏优劣多寡不一，区域经济和技术基础强弱不等。另外，各地气候特征、环境条件各异，各民族有着不同的民俗风情，村镇建设存在着明显的地区差异。因此，在村镇规划和建设时，要坚持科学发展观，不能盲目追求一个格式、一样速度和统一标准，必须承认和自觉运用地区经济发展不平衡的规律，因地制宜，发挥优势，使村镇建设各具特色。

（3）村镇建设由低级到高级逐步向城乡一体化过渡

村镇的发展取决于社会生产力的发展。由于社会生产力、社会分工是不断向前发展的，因而作为和生产力相适应的村镇建设，无论性质、规模、内容，还是内部结构，都是沿着由低级到高级、由简单到复杂逐步进化。当前世界是城市化的时代，城乡一体化是世界城镇发展的必然趋势。因此，村镇的发展最终将走向城乡一体化，即村镇的发展将向城市的生产效益、生活条件靠近。党的十六大提出了统筹城乡发展的战略思路，这种新的战略思想和发展思路跳出了传统的就农业论农业、就农村论农村的框框，要求我们站在国民经济和社会发展全局的高度研究和解决“三农”问题，改变了过去重城市、轻农村的“城乡分治”的观念和做法。党的十六届三中全会通过的《中共中央关于完善社会主义市场经济体制若干问题的决定》提出的“统筹城乡发展、统筹区域发展、统筹经济社会发展、统筹人与自然和谐发展、统筹国内发展和对外开放”的新要求，是新一届党中央领导集体对发展内涵、发展要义、发展本质的深化和创新，蕴含着全面发展、协调发展、均衡发展、可持续发展和人的全面发展的科学发展观。对此，我们要深刻理解和准确把握。

（4）农村人口的空间转移遵循“顺磁性”规律

所谓“磁性”，在这里指的是居住环境（包括政治、经济、文化生活等）对人们的吸引力。大城市人口集中就是因为其生活、就业等各种条件优于农村和集镇。如果要求人口分布合理，避免大城市所带来的矛盾和问题，就应顺应人口“顺磁性”规律，把村镇建设成为具有强大“磁性”的系统，以村镇的吸引力削减城市的吸引力，减缓大城市的人口压力。当前，随着农村产业结构的变化，农村人口空间流动的重要方向就是按照一定的经济梯度，由不发达地区向发达地区、由山区向平原、由农村向集镇转移，这种人口的空间分布加速了农村人口集聚化的过程，同时也推动了城乡一体化进程。

第二节　村镇体系及村镇规划

一、村镇体系

1. 村镇体系的概念

世界上的任何一个城镇都不是孤立地存在，这是因为，城镇既是物质的生产者，又是物质的消耗者。城镇活动的主要部分即是物质的生产与消耗的过程，为了维持城镇之间正常的活动，城镇与城镇之间，城镇与乡村之间总是不断进行着物质、能量、人员、信息的交换与相互作用。正是由于这种相互作用，才把地表上彼此分离的村镇结合为具有一定结构和功能的有机整体，即村镇体系。

村镇体系是以某一村镇为核心，形成一定引力范围的村镇居民点网络。即在一定区域内，由不同层次的村庄与村庄、村庄与集镇之间的相互影响、相互作用和彼此联系构成的相互完整的系统。村镇系统和城市系统完整地构成了城乡体系。

村镇体系由村庄、集镇及县城以外的建制镇组成，其范围一般以行政边界划分，但村镇体系分析要考虑行政区外的相邻区域，结合实际分析论证，如确有必要时，也可突破行政边界。

村镇体系并不是与城镇、乡村同步产生的，它是在区域内的城镇、乡村发展到一定阶段的历史产物，村镇体系的构成一般应具备以下几个条件：

（1）各村镇内部在地域上应是相邻的，彼此之间有便捷的交通联系。

（2）各村镇应具有自身的功能特征和形态特征。

（3）各村镇从大到小、从主到次、从中心镇到一般集镇、从中心村到自然村，共同构成整个系统内的等级序列，而系统本身又是属于一个更大系统的组成部分。

经济发展是村镇发展的必要条件，而村镇的发展又有力地影响和推动经济的发展。一方面，区域内各村镇和区域是“点”和“面”的关系，区域经济的发展是区域内村镇之间具有纵横方向的相互密切联系，并在其经济中心的带动下发展；另一方面，村镇的建设和发展不能脱离区域的具体条件。因此，要编制一个行之有效的村镇建设规划，必须立足于宏观角度，从现实角度出发，全面综合地分析研究区域经济发展的具体条件，分析研究区域内村镇之间的相互影响和作用，因地制宜地进行整体的、发展的、动态的规划，将其纳入更为科学的轨道。

2. 村镇体系的构成

村镇体系的构成如下：

建制（集）镇（中心集镇、一般集镇）——中心村（行政村）——基层村（自然村）。

村镇体系构成为多层次、多等级的结构模式。建制（集）镇与区域内的其他村庄、建制（集）镇等相互联系，产生区域性的影响和辐射作用。在村镇体系中，村庄和村庄、建制（集）镇和村庄之间的相互联系表现为经济上互相依托、生产上分工协作、生活上密切联系、发展上协调统一。因此，建立起完整的村镇体系，从区域和系统的角度进行村镇规划，对村庄和建制（集）镇定点、定性、分责、分级，明确发展对象，合理布局生产力具有深远的意义。

3. 村镇体系的特征

村镇体系从系统角度而言，与任何其他系统一样，具有群体性、层次性、关联性、开放性、动态性、整体性。

（1）群体性

村镇体系一般是由一群或一组村庄、建制（集）镇共同组成的整体，一个或少数几个村庄、建制（集）镇是无法构成村镇体系的，村镇体系因其具有群体性特征，才使其具有差异性、多样性。差异产生多样，两者又使其群体中的每一部分担负的职能与作用各不相同，从而带来分工。群体协调运转，发挥功能，合理分工是基础要求之一。

（2）层次性

村镇体系具有多层次、多等级的特征，组成村镇体系的各级村庄、建制（集）镇在规模级别、功能大小、作用强弱方面呈现出由小到大、由简单到复杂的组织特征，这反映了村镇体系的纵向结构关系。村镇体系的这种多层次、多等级特征既是村镇体系实现村镇间分工合作的基础，也是形成村镇规模的基础。同时，由于村镇职能的丰富与多样化在相当程度上受其规模级别的影响，所以村镇体系的层次性也在一定程度上决定了村镇的职能类型。

(3) 关联性

村镇之间在经济、文化、社会生活等各方面相互依赖、相互依存，彼此之间具有不可分割的关系。其次，村镇体系的存在与发展是与其外部地域条件分不开的。村镇体系的关联具有不同强度及方式的差别，规模级别相近与相差悬殊的村镇之间的关联强度也不会相同，同样，关联方式也根据各种情况出现种种差异。

(4) 开放性

所谓村镇体系的开放性特征，是指村镇体系本身及其所有的村镇在其发挥作用、正常运行的过程中，与外界环境产生密切的相互作用，呈现出不同程度的扩散特征。村镇体系的开放性程度反映了村镇体系向外界开放及与外界相互依存的程度；开放方式是村镇体系向外界开放的具体行为特点，具体表现为社会系统与自然环境的交流和社会系统与社会环境的交流。

(5) 动态性

村镇体系的状态不是静止不变的，而是随着村镇体系由外部因素及时间因素产生种种变化。其动态性特征有两层含义：一是指村镇体系内部各村镇的规模、地位与作用的大小因种种因素的影响随时产生消长进退的变化；二是指村镇体系的整体完善和整体作用，也呈现出不断变化的动态特征。

(6) 整体性

村镇体系的整体性特征是指村镇体系由所有村镇共同担负着区域社会经济运行和区域发展的任务，并在这一方面达到了统一。村镇体系整体功能的大小，一方面取决于各村镇发挥功能作用的程度；另一方面也由村镇体系整体性大小所决定。

二、村镇规划

村镇规划是乡（镇）人民政府为实现村镇的经济和社会发展目标，确定村镇的性质、规模和发展方向，协调村镇布局和各项建设而制订的综合部署和具体安排。它是一定时期和一定地域范围内，指导和控制村镇建设的依据，是村镇建设的前期工作和首要环节。村镇规划是一门综合性很强的学科，它涉及政治、经济、社会、生态、文化、建筑技术和艺术等多方面的内容。

（一）村镇规划的规模

村镇规划的规模分级，按其不同层次及规划常住人口，分为大、中、小三级，如表5－1所示。

表5－1　村镇规模分级

村镇层次	村庄		集镇	
	基层村	中心村	一般镇	中心镇
大　型	>300人	>1000人	>3000人	>10000人
中　型	100～300人	300～1000人	1000～3000人	3000～10000人
小　型	<100人	<300人	<1000人	<3000人

（二）村镇规划的任务和内容

规划通常兼具两种意义：一是指达到目的或任务；二是为实现目标而建立的具有动态的连续的系统控制。村镇规划是村镇在一定时期内的发展规划，是村镇政府为实现村镇的经济和社会发展目标，依据区域和自身发展条件而建立的具有区域综合性的动态连续的系统控制，是一定时期内村镇发展与各项建设的综合性部署和村镇建设与管理的依据。

1. 基本任务

村镇规划的基本任务是在一定的规划年限内，从经济社会的可持续发展出发，从区域的角度，客观地研究和确立村镇各级居民点及相互间的联系，协调好村镇人口、资源与环境的关系，确定村镇的性质与发展规模和方向，合理安排和组织各项建设用地，确定各项基础服务设施的规模，制定旧村镇改造规划，协调村镇布局和各项建设项目而制定的综合布置和全面安排，使村镇能够科学、有计划地进行建设。

2. 研究内容

在村镇规划中，应针对下列问题进行深入研究：村镇的规模、等级、性质和发展方向，它的合理经济联系范围；乡镇的各种生产活动、社会活动；村镇居民的各项生活要求；建设资金的来源；工程基础资料和村镇的现状等。在此基础上，合理安排村镇的各项建设用地，研究各项用地之间的相互联系，进行功能分区；安排近远期建设项目，确定先后顺序，以利于建设。简言之，村镇规划即是根据国家、市、县的经济和社会发展计划与规划，以及村镇的历史、自然和经济条件，合理确定村镇的规模、性质，进行村镇的结构布局，做到布局合理、功能齐全、交通便利、设施配套、居住舒适、环境优雅、颇具特色，以获得较高的社会效益、经济效益和生态效益。

（三）村镇规划的工作阶段

村镇规划分为村镇总体规划（含村镇体系规划）和镇、区或村庄的建设规划两个阶段，在编制村镇总体规划前可以先制定村镇总体规划纲要，作为编制村镇总体规划的依据，如下所示：

村镇总体规划
- 村镇规划
- 村镇建设规划
  - 镇区建设规划
  - 村庄建设规划

三、村镇规划编制的指导思想

根据村镇经济发展的需要，建立起一定区域的村镇体系，从整体建设部署上全面适应生产发展与生活提高的需要，综合规划、统筹安排村镇各项建设并协调发展。要坚持在生产发展的基础上，正确处理生产和生活关系，因地制宜，从实际出发，以改造为主，量力而行，循序渐进，逐步建设，使村镇布局合理紧凑、设施完善实用、交通便利、环境优美宜人，建设成具有地方特色的现代集镇和文明新村；要坚持全面规划、合理布局、节约用地、充分利用旧村，统筹安排住房和各级各类设施的建设；要坚持因地、因时制宜，确定建设规模、建设方式和建筑形式；要坚持走群众路线，采取正确引导、典型引路的办法，注意社会效益、经济效益、环境效益的统一，不搞强迫命令，不搞形式主义。

四、村镇规划的工作特点

村镇规划关系到人民的生活，涉及政治、经济、技术和艺术等方面的问题，内容广泛而繁杂，村镇规划的工作具有以下特点：

（1）综合性。村镇规划建设涉及面广泛，包括生产和生活各方面，要通过规划工作把复杂、广泛的内容有机地组织安排和统一在村镇规划之中，进行全面安排、协调发展。因此，村镇规划是一项综合性的技术工作。

（2）政策性。村镇建设项目涉及国家、集体、个人，要注意处理好三者的关系，认真学习国家有关各项方针、政策，把集体和个人的力量和智慧吸收并汇总到村镇规划当中去。因此，规划工作要加强政策观点，身体力行，在工作中认真贯彻执行党的有关政策、法规。

（3）地方性。我国地大物博、幅员辽阔，南方与北方、沿海与内地、平原与山地的自然条件、经济条件、风俗民情和建设要求都不相同，村镇规划必须因地制宜、就地取材，反映当地村镇特点和民俗特色。

（4）长期性。村镇建设是百年大计，需循序渐进，逐步实施。因此，在规划中，既要适应当前村镇建设的需要，又要考虑近、远期结合，对规划内容不断加以改进、补充，逐步完善。

五、新时期村镇规划的基本原则

建设好一个村镇，就首先要有一个适应村镇发展的规划。村镇规划是指导村镇建设的蓝图，规划新世纪现代化村镇，要遵循以下几个基本原则：

（1）根据国民经济和社会发展计划，结合当地经济发展的现状和要求，以及自然环境、资源条件和历史情况等，统筹兼顾，综合部署村庄和集镇的各项建设；

（2）处理好近期建设与远景发展、改造与新建的关系，使村庄、集镇的性质和建设的规模、速度、标准，同经济发展和农民生活水平相适应，切不可求新过急，大拆大迁；

（3）合理用地，节约用地，各项建设应当相对集中，充分利用原有建设用地，新建、扩建工程及住宅应当尽量不占用耕地和林地；

（4）有利生产，方便生活，合理安排住宅、乡（镇）村企业、乡（镇）村公共设施和公益事业等的建设布局，促进农村各项事业协调发展，并适当留有发展余地；

（5）保护和改善生态环境，防治污染和其他公害，加强绿化和村容镇貌、环境卫生建设，促进村镇的可持续发展。

六、目前村镇规划工作中存在的主要问题

目前，我国村镇规划工作整体相对滞后，不能适应新的发展形势，地区之间也存在较大差异。主要存在以下几方面的问题：

（1）由于规划意识不强、法制观念淡薄，很多地方的村镇规划修编不及时，甚至根本没有编制规划。以江西省为例，到2003年年底，建制镇、集镇规划编制率为78.2%，村庄规划编制率仅为7.3%，与统筹城乡发展、加快社会主义新农村的要求极不适应。

（2）编制的规划质量相对较差。主要表现在：编制乡（镇）域总体规划和村镇体系规划时，在空间上，缺乏区域的观点、整体的观点，存在就村镇论村镇的现象；在时间上，对规划的动态连续性把握不够，规划缺少应有的

弹性；规划文本和图纸均较简单，达不到国家标准要求；规划设计缺乏特色；村镇规划在与上一层次的规划衔接方面存在不协调，或缺少县域城镇体系规划与村镇体系规划的指导。

（3）规划审批不规范。按照城市规划相关法规的要求，村庄、集镇总体规划和集镇建设规划，经乡级人民代表大会审查同意，由乡级人民政府报县级人民政府审批。村庄建设规划，经村民会议讨论同意后，由乡级人民政府报县级人民政府审批。但实际存在未组织审批及未按规定程序报县级人民政府批准的问题。

（4）规划执行不够严格，建设随心所欲。“一任领导一个规划”的现象较普遍。规划的法令性和严肃性在一些地方得不到很好的执行。

由于目前我国村镇规划工作存在上述问题，在一定程度上导致了农村建设的无序，如农村居民的饮用水源被工业、养殖业或自己的生活污水污染；公路穿村而过，路面高于住宅，威胁村民生命财产安全；发展家庭养殖业过程中“人畜混杂”，留下人畜共患病的公共安全隐患；把生活垃圾填埋到不应填埋的地方；把住宅建在了泄洪区、泥石流波及区和地下采空区；随意建房或堆放柴草，没有留出消防通道；厕所搭建不合理等。其次，因为缺乏统一规划，部分基础设施和公共服务设施重复建设，在一定程度上也造成了资源和有限建设资金的浪费。最后，由于规划的缺失，村镇建设发展过程中对生态环境的破坏也不容忽视。相反，如果以科学合理的规划为先导，指导村镇建设，则会取得良好的效果。例如，江西省各地近年来以村镇规划为切入点，开展村庄整治，加强农村基础设施和生态环境建设，给广大农村带来了巨大变化。例如高安市八景镇上堡蔡家村、赣州市美陂村、瑞金市叶坪村等。

第二章　村镇总体规划

第一节　村镇总体规划的内容及编制依据

一、村镇总体规划的任务

村镇总体规划是对乡（镇）域范围内村镇体系及重要建设项目的整体部署。村镇总体规划的任务是以乡（镇）行政辖区及其与之有直接、间接或潜在联系的区域为规划对象，依据县城规划、县农业区划、县土地利用总体规划和各专业的发展规划，在确定的发展远景年度内，确定乡（镇）域范围内居民点的分布和生产企业基地的位置；根据各自的功能分工、地理特点和资源优势，确定村镇的性质、人口规模和发展方向；按照相互之间的关系，确定村镇之间的交通、电力、电讯以及生活服务等方面的联系。村镇总体规划体现了农业、工业、交通、文化教育、科技卫生以及商业服务等各行业系统对村镇建设的全面要求和相应建设的总体部署。

二、村镇总体规划的期限和主要内容

（一）村镇总体规划的期限

村镇总体规划的期限是指完全实现总体规划方案所需要的年限。其期限的确定应与当地经济和社会发展目标所规定的期限相一致，一般为 10 ~ 20 年。

（二）村镇总体规划的主要内容

（1）对现有居民点与生产基地进行布局调整，明确各自在村镇体系中的地位。

（2）确定各个主要居民点与生产基地的性质和发展方向，明确它们在村镇体系中的职能分工。

（3）确定乡（镇）域及规划范围内主要居民点的人口发展规模和建设用地规模。

1）人口发展规模的确定。用人口的自然增长加机械增长的方法计算出规划期末乡（镇）域的总人口。在计算人口的机械增长时，应当根据产业结构调整的需要，分别计算出从事一、二、三产业所需要的人口数，估算规划期内有可能进入和迁出规划范围的人口数，预测人口的空间分布。

1）建设用地规模的确定。根据现状用地分析，土地资源总量以及建设发展的需要，按照《村镇规划标准》确定人均建设用地标准。结合人口的空间分布，确定各主要居民点与生产基地的用地规模和大致范围。

（4）安排交通、供水、排水、供电、电讯等基础设施，确定工程管网走向和技术选型等。

（5）安排卫生院、学校、文化站、商店、农业生产服务中心等对全乡（镇）域有重要影响的主要公共建筑。

（6）提出实施规划的政策措施。

上述总体规划内容主要可归结为“三定”、“五联系”。“三定”就是定点（定居民点和主要生产企业、基地的位置）、定性（定村镇的性质）和定规模（定村镇的规模）；“五联系”就是交通运输联系、供电联系、电讯联系、供水联系和生活服务联系（主要公共建筑的合理配置）。

三、村镇总体规划编制的主要原则和依据

（一）村镇总体规划的主要原则

（1）编制村镇总体规划，应当以科学发展观为指导，以构建和谐社会、建设社会主义新农村为基本目标，坚持城乡统筹，因地制宜，合理确定村镇发展战略与目标，促进城乡全面协调可持续发展。

（2）编制村镇总体规划，应当立足于改善人居环境，有利生产，方便生活；节约和集约利用资源；保护生态环境；符合防灾减灾和公共安全要求；保护历史文化、传统风貌和自然景观，保持地方与民族特色。

（3）编制村镇总体规划，应当坚持政府组织、部门合作、公众参与、科

学决策的原则。

（4）编制村镇总体规划，应当遵守国家有关标准、技术规范。

（二）村镇总体规划的依据

1. 村镇总体规划纲要

在编制村镇总体规划前可以先制定村镇总体规划纲要，作为编制村镇总体规划的依据。

村镇总体规划纲要应当包括下列内容：

（1）根据县（市）域规划，特别是县（市）域城镇体系规划所提出的要求，确定乡（镇）的性质和发展方向；

（2）根据对乡（镇）本身发展优势、潜力与局限性的分析，评价其发展条件，明确长远发展目标；

（3）根据农业现代化建设的需要，提出调整村庄布局的建议，原则确定村镇体系的结构与布局；

（4）预测人口的规模与结构变化，重点是农业富余劳动力空间转移的速度、流向与城镇化水平；

（5）提出各项基础设施与主要公共建筑的配置建议；

（6）原则确定建设用地标准与主要用地指标，选择建设发展用地，提出镇区的规划范围、用地的大体布局。

2. 县级各项规划的成果

如县域规划、县级农业区划、县级土地利用总体规划等。这些规划都是比村镇总体规划高一层次的发展规划，对村镇总体规划都具有指导意义。因此，在编制村镇总体规划之前，应尽量搜集上述规划成果。并应认真分析它们对本乡（镇）范围内村镇发展的具体要求，使之具体体现和落实到村镇总体规划中来。否则，编出的总体规划，就会偏离全县发展规划的大目标，脱离实际陷入盲目性。

3. 国民经济各部门的发展计划

包括工业交通、科技卫生、文化教育、商业服务等各行业系统，它们在一定的地域内都有各自发展的计划。编制村镇总体规划时，也要认真分析、研究它们对当地乡（镇）的具体要求，将其纳入村镇总体规划中，以便与之相协调，具体体现出来。

4. 当地群众及乡（镇）政府领导干部对本乡（镇）村镇建设发展的设想

当地群众和领导干部，最熟悉本地区的情况和存在问题，对发展当地村镇生产和建设事业也都有一定的计划或设想。他们最有发言权。因此，要认真了解他们的计划或设想，特别是要了解这些计划或设想的客观依据。

上述规划成果及搜集的各项资料，都是村镇总体规划的依据。在没有编制县级区域规划的地区，在编制村镇总体规划时，应由县人民政府组织有关部门，从县域范围进行宏观预测，提出本乡（镇）范围内村镇的性质、规模、发展方向和建设特点的意见，作为编制村镇总体规划的依据。位于城市规划区内的村镇，应在城市规划的指导下进行编制。

第二节　村镇体系规划模式

村与村、村与镇之间相互矛盾、相互联系的社会、经济、环境、资源等各方面错综复杂的联系，构成了村镇体系形成的基础和内容，村镇体系规划就是对这些内容所进行的调查、研究、分析，并反映到物质规划建设方面并付诸实施的过程。

村镇体系规划的内容主要涵盖以下方面：

第一，综合研究村镇体系内的各种矛盾和联系，综合评价村镇体系在规划期限内的有利发展条件、潜力和制约因素，制定村镇体系发展战略。

第二，明确村镇体系规划编制的主要任务和重点内容，明确并制定重点规划区域、重点镇、重点建设中心村的建设标准和发展策略，提出村庄整治与建设的分类管理策略。

第三，预测村镇体系人口增长和城市化水平，合理进行村镇体系内生产力的布局；确定村庄布局原则和管理策略，村镇体系内各村庄的职能分工、等级结构，协调村镇体系内资源保护与产业配置、布局发展的时空关系和有效措施。

第四，编制村镇体系规划近期发展规划，明确规划强制性内容，特别是要在规划中划定禁建区、限建区、适建区范围，提出各管制分区空间资源有效利用的限制和引导措施。

第五，统筹安排区域基础设施和社会设施，确定空间管制分区和阶段实施规划及规划实施措施等各项规划内容，引导和控制村镇体系的合理发展和布局，指导村庄、集镇总体规划和建设规划的编制。

村镇体系布局是在乡（镇）域范围内，解决村庄和集镇的合理布点问题，也称布点规划。包括村镇体系的结构层次和各个具体村镇的数量、性质、规模及其具体位置，确定哪些村庄要发展，哪些要适当合并，哪些要逐步淘汰，最后画出乡（镇）域的村镇体系布局方案，用图纸和文字加以表达。村镇体系布局是村镇总体规划的主要内容之一。县域村镇体系规划是调控县域村镇空间资源，指导村镇发展和建设，促进城乡经济、社会和环境协调发展的重要手段。编制县域村镇体系规划，要以科学发展观为指导，以构建和谐社会和服务“三农”为基本目标，坚持因地制宜、循序渐进、统筹兼顾、协调发展的基本原则。各级人民政府和城乡规划行政主管部门应高度重视县域村镇体系规划，结合当前社会主义新农村建设重点工作，切实加强村镇体系规划编制和审批工作。

一、村镇体系规划的基本要求

（一）要有利于工农业生产

村镇的布点要同乡（镇）域的田、渠、路、林等各专项规划同时考虑，使之相互协调。布点应尽可能使之位于所经营土地的中心，以便于相互间的联系和组织管理，还要考虑村镇工业的布局，使之有利于工业生产的发展。

对于广大村庄，尤其应考虑耕作的方便，一般以耕作距离作为衡量村庄与耕地之间是否适应的一项数据指标。耕作距离也称耕作半径，是指从村镇到耕作地尽头的距离，其数值同村镇规模和人均耕地有关，村镇规模大或人少地多、人均耕地多的地区，耕作半径就大；反之，耕作半径就小。耕作半径的大小要适当。半径太大，农民下地往返消耗时间较多，对生产不利；半径过小，不仅影响农业机械化的发展，而且会使村庄规模相应地变小，布局分散，不宜配置生活福利设施，影响村民生活。在我国当前农村以步行下地为主的情况下，比较合适的耕作半径可这样考虑：在南方以水稻或棉花为主的地区，人口密度大，人均耕地少，耕作半径一般可定为0.8～1.2km。在北方以种植小麦、玉米等作物为主的地区，相对的人口密度小，人均耕地多，耕作半径可定为1.5～2.0km。随着生产和交通工具的发展。耕作半径的概念将会发生变化。它不应仅指空间距离，而主要应以时间来衡量，即农民下地需花多少时间。国外常以30～40分钟为最高限。如果在人少地多的地区，农民下地以自行车、摩托车甚至汽车为主要交通工具时，耕作的空间距离就可大大增加，与此相适应，村镇的规模也可增大。在作远景发展规划时，应该考虑这一因素。

（二）要考虑村镇的交通条件

交通条件对村镇的发展前景至关重要，当今的农村已不是自给自足的小农经济，有了方便的运输条件，才能有利于村镇之间、城乡之间的物资交流，促进其生产的发展。靠近公路干线、河流、车站、码头的村镇，一般都有较好的发展前途。布点时其规模可以大些，在公路旁或河流交汇处的村镇，可作为集镇或中心集镇来考虑。而对一些交通闭塞的村镇，切不可任意扩大其规模，或者维持现状，或者逐步淘汰。考虑交通条件时，应考虑远景，虽然目前交通不便，若干年后会有交通干线通过的村镇，仍可发展，但更重要的还是立足现状，尽可能利用现有的公路、铁路、河流、码头，这样更现实，也有利于节约农村的工程投资。具体布局时，应注意避免铁路或过境公路横穿村镇内部。

（三）考虑建设条件的可能

在进行村镇位置的定点时，要进行认真的用地选择，考虑是否具备有利的建设条件。建设条件包括的内容很多，除了要有足够的同村镇人口规模相适应的用地面积以外，还要考虑地势、地形、土壤承载力等方面是否有利于建筑房屋。在山区或丘陵地带，要考虑滑坡、断层、山洪、冲沟等对建设用地的影响，并尽量利用背风向阳的坡地作为村址。在平原地区受地形约束要少些，但应注意不占良田、少占耕地，并考虑水源条件。只有接近和具有充足的水源，才能建设村镇。此外，如果条件具备，村镇用地尽可能在依山傍水、自然环境优美的地区，为居民创造出适宜的生活环境。总之，尽量利用自然条件，因地制宜地来确定村址。

（四）要满足农民生活的需要

规划和建设一个村庄，要有适当的规模，便于合理配置一些生活服务设施。特别是随着党在乡村各项政策落实后，经济形势迅速好转，农民物质文化生活水平日益提高，对这方面的需要就显得更加迫切了。但是，由于村庄过于分散、规模很小，不可能在每个村庄上都设置比较齐全的生活服务设施，这不仅在当前经济条件还不富裕的情况下做不到，就是将来经济情况好一些的时候，也没有必要在每个村庄都配置同样数量的生活服务设施，还是要按着村庄的类型和规模大小，分别配置不同数量和规模的生活服务设施。因此，在确定村庄的规模时，在可能的条件下，使村庄的规模大些，尽量满足农民在物质生活和文化生活方面的需要。

（五）村镇的布点要因地制宜

应根据不同地区的具体情况进行安排，比如南方和北方、平原区和山区的布点形式显然不会一样。就是在同一地区以农业为主的布局和农牧结合的布局也不同。前者主要以耕作半径来考虑村庄布点；后者除考虑耕作半径外，还要考虑放牧半径。在城市郊区的村镇规模又同距城市的远近有关。特别是城市近郊，在村镇布点、公共建筑布置、设施建设等方面都受到城市的影响。城市近郊应以生产供应城市所需要的新鲜蔬菜为主，其半径还要符合运送蔬菜的“日距离”，并尽可能接近进城的公路。这样根据不同的情况因地制宜作出的规划才是符合实际的，才能达到“有利生产，方便生活”的目的。

（六）村镇的分布要均衡

力求各级村镇之间的距离尽量均衡，使不同等级村镇各带一片。如果分布不均衡，过近则会导致中心作用削弱，过远又受不到经济辐射的吸引，使经济发展受到影响。

（七）慎重对待迁村并点问题

迁村并点，即是指村镇的迁移与合并，是村镇总体规划中考虑村镇合理分布时，必然遇到的一个重要问题。

我国的村庄，多数是在小农经济基础上形成和发展起来的，总的看来比较分散、零乱。这种状况既不符合农村发展的总趋势，也不利于当前农田基本建设和农业机械化。因此，为了适应乡村生产发展和生活不断提高的需要，必须对原有自然村庄的分布进行合理调整，对某些村庄进行迁并。这样做不仅有利于农田基本建设，还可以节省村镇建设用地，扩大耕地面积，推动农业生产的进一步发展。规划中应当结合当地实际，综合考虑下列因素，以确定不同地域的村庄迁并标准：

（1）人口规模。人口规模过小的村庄。

（2）安全隐患。存在自然灾害安全隐患的村庄，包括地处行洪区、蓄滞洪区、矿产采空区，泥石流、滑坡、塌陷、冲沟等地区的村庄。

（3）环境问题。存在严重环境问题的村庄，包括供水、供电、通讯、交通等基础设施严重匮乏且修建困难的村庄；位于水源地、自然生态保护区、风景名胜核心区等生态敏感区的村庄；地方病高发地区的村庄。

（4）其他方面。重点建设项目占地或压占矿产资源的村庄；位于城镇内部和近郊逐步与城镇相融合的村庄；地域空间上接近且逐渐融为一体的村庄等。

二、村镇体系布局规划

（一）村镇体系的概念

村镇体系是乡村区域内相互联系和协调发展的居民点群体网络。农村居民点，包括集镇和规模大小不等的村庄，从表面看起来它们是分散、独立的个体，实际上是在一定区域内，以集镇为中心，吸引附近的大小村庄组成的群体网络组织。它们之间既有分工，又在生产和生活上保持了密切的内在联系，客观地构成了一个相互联系、相互依存的有机整体。例如，在生活联系方面，住在村庄里的农民，看病、孩子上中学、购物、看电影等，要到镇上去；在生产联系方面，买化肥、农药和农机具，交公粮等，也要到镇上去。就行政组织联系来说，中心村或基层村都受乡（镇）政府领导，国家和上级的方针政策都要通过乡（镇）政府来传达、贯彻、执行。就农村经济发展而言，也是相互促进，相互依存的关系：广大农村经济发展了，为集镇提供了充足的原料和广阔的市场，提供大批剩余劳动力，促进了集镇的繁荣和发展；反过来，集镇的经济发展和建设，对广大农村的经济发展又起到推动作用，为农业发展和提高农民生活水平提供了更便利的条件。

（二）村镇体系的结构层次

村镇体系由基层村和中心村、一般集镇和中心集镇四个层次组成。

村庄是乡村中组织生产和生活的基本居民点。基层村一般是村民小组所在地，设有仅为本村服务的简单的生活服务设施；中心村一般是村民委员会所在地，设有为本村和附近基层村服务的基本的生活服务设施。集镇是乡村一定区域的经济、文化和服务中心，多数是乡（镇）人民政府所在地。一般集镇具有组织本乡（镇）生产、流通和生活的综合职能，设有比较齐全的服务设施；中心集镇除具有一般集镇的职能外，还具有推动附近乡（镇）经济和社会发展的作用，设有配套的服务设施。

这种多层次的村镇体系，主要是由于农业生产水平所决定的。为了便于生产管理和经营，形成了我国乡村居民点的人口规模较小、布局分散的特点。这个特点将在一定的时期内继续存在，只是，基层村、中心村和集镇的规模和数量随农村经济的发展会逐步有所调整。基层村的规模或数量会适当减少，集镇的规模或数量会适当增加，这是随着农村商品经济发展而带有普遍性的发展趋势。

（三）建立村镇体系的意义

村镇体系不是凭空想出来的，而是在村镇建设的实践基础上获得的。过去在村镇建设上曾出现过“就村论村，以镇论镇”的问题，忽视了村镇之间具有内在联系这一客观实际，盲目建设、重复建设，造成了不必要的浪费和损失。这些经验和教训提醒了我们，不能忽视村镇之间具有的内在联系。村镇体系这一观点，体现了具有中国特色的村镇建设道路，是我国村镇建设的理论基础，并成为我国村镇建设政策的重要组成部分，由此确定了村镇建设中的许多重大问题：

（1）明确了村镇体系的结构层次问题；

（2）进一步明确了村镇总体规划和村镇建设规划是村镇规划前后衔接、不可分割的组成部分；

（3）确定了以集镇为建设重点，带动附近村庄进行社会主义现代化建设的工作方针。这一方针是根据我国国情确定的，在当前农村经济还不是十分富裕的情况下，优先和重点建设与发展集镇，以集镇作为农村经济与社会发展的前沿基地，带动广大村庄的全面发展，逐步提高居住条件，完善服务条件，改善环境条件，这些都具有积极的战略意义。

三、镇（中心村）域基础设施规划

村镇生产、生活等各项经济活动的正常进行，村镇的发展，受约于村镇基础设施的正常保障。因此，村镇在实现人口增加、空间扩展过程中需要重点突出、按部就班地解决好重要基础设施的问题。镇（中心村）域基础设施规划主要包括：交通、给水、排水、供电、燃气、供热、通信、环境卫生、防灾等各项村镇工程系统。

村镇交通工程系统担负着村镇日常的内外客运交通、货物运输、居民出行等活动的职能；村镇供电工程系统担负着向村镇提供高能、高效的能源的职能；村镇燃气工程规划系统担负着向村镇提供卫生的燃气能源的职能；村镇供热工程系统担负着提供村镇取暖和特种生产工艺所需要的蒸汽等职能；村镇供电、燃气、供热工程系统三者共同担负着保证村镇高能、高效、卫生、方便、可靠的能源供给职能；村镇通信工程系统担负着村镇内外各种交通信息交流、物品传递等职能，是现代村镇之耳目和喉舌；村镇给水工程系统担负着供给村镇各类用水、保障村民生存与生产的职能；村镇排水工程系统担负着村镇排涝出渍、治污环保的职能；村镇给水、排水工程系统共同担负着村镇生命保障，“吐故纳新”之职能。村镇防灾工程系统担负着防、抗自然灾害、人为灾害，减少灾害损失，保障村镇安全等职能；村镇环境卫生工程系统担负着处理污废物、洁净村镇环境的职能。

镇（中心村）域基础设施规划目的是要在镇（中心村）域范围内建立起各类基础设施的良好骨架，满足整个乡镇的供水、供电、通信等需要，并为镇区建设规划和村庄建设规划提供工程方面的依据。

规划过程中应注意到村镇与城市的区别，合理确定基础设施的开发时序。制定合理的基础设施开发时序，不仅可以充分利用资金，而且还可以有效地引导村镇的发展方向。基础设施投资巨大，在建设中应本着适度超前的原则。过度超前不仅难以解决资金的问题，还无法获取相应的收益；反之，前瞻性不够则会阻碍村镇的健康发展。

村镇重要基础设施开发时序的基本要求是坚持因地制宜的原则，抓住村镇建设的主要矛盾，首先建设能够解决主要矛盾的基础设施，实现村镇健康有序地发展。

四、镇（中心村）域资源开发与生态保护规划

资源是“资财之源”，是人类赖以生存和发展的基础和源泉。狭义的资源仅指自然资源，广义的资源则包括自然资源和社会资源。自然资源是存在于自然界的、有用的自然物质和能源，包括土地、水、空气、矿藏等。社会资源是人类活动创造的资源，包括资本、信息、知识、技术、信誉、伦理、政策、制度等。

自然资源具有可用性、整体性、变化性、空间分布不均匀性和区域性等特点，是人类生存和发展的物质基础和社会物质财富的源泉，是可持续发展的重要依据之一。

人类生存和发展离不开自然、社会、环境提供给人们的资源，这是人类赖以生存的物质条件和社会条件，因此培养科学的资源意识十分重要。资源意识包括对资源性质种类及有限性等知识性认知，保护和节省不可再生资源，加紧开发利用并培植可再生资源，以及对资源的合理、高效综合利用等的情感要求。对“资源”概念的认识蕴含价值观念，在人与自然的关系上，人不是自然的主宰，判定自然界各种事物是否有用不能仅仅以人的需要为依据，还要考虑到自然本身固有的价值存在。因此，可以说整个环境就是资源的整体。同时在一定时空和社会历史条件下，资源是有限的，要充分利用环境提供的有限资源，使得相对有限的资源满足人类相对无限的需要既是经济学要解决的问题，也是环境教育的一个重要课题。培育资源意识对培养受教育者的道德价值观、思维能力和水平有重要意义。

（一）自然资源利用与保护中，存在的主要问题

（1）缺乏有效的资源综合管理及把自然资源核算纳入国民经济核算体系的机制，传统的自然资源管理模式和法规体系将面临市场经济的挑战。

（2）经济发展在传统上过分依赖于资源和能源的投入，同时伴随大量的资源浪费和污染产出，忽视资源过度开发利用与自然环境退化的关系。

（3）采用不适当行政干预的方式分配自然资源，严重阻碍了资源的有效

配置和资源产权制度的建立以及资源市场的培育。

（4）不合理的资源定价方法导致了资源市场价格的严重扭曲，表现为自然资源无价、资源产品低价以及资源需求的过度膨胀。

（5）缺乏有效的自然资源政策分析机制以及决策的信息支持，尤其是跨部门的政策分析和信息共享，从而经常出现部门间政策目标相互摩擦的不利影响。

（6）资源管理体制上分散，缺乏协调一致的管理机制和机构。

（二）自然资源利用与保护的原则

为了确保有限自然资源能够满足经济可持续高速发展的要求，必须执行“保护资源，节约和合理利用资源”、“开发利用与保护增殖并重”的方针和“谁开发谁保护、谁破坏谁恢复、谁利用谁补偿”的政策，依靠科技进步挖掘资源潜力，充分运用市场机制和经济手段有效配置资源，坚持走提高资源利用效率和资源节约型经济发展的道路。自然资源保护与可持续利用必须体现经济效益、社会效益和环境效益相统一的原则，使资源开发、资源保护与经济建设同步发展。

（1）立足于自然资源基本自给，充分利用村镇内外的资源。

（2）自然资源开发与保护相结合的原则。应按照不同资源类型、区域和特点，制定具体的开发保护计划，其目标应使自然资源得到合理的永续利用，并使自然环境得到不断改善。

（3）资源开发与资源节约相结合原则。资源开发投资大、周期长、成本高，应作为中长期发展重点。二者互为依存，要根据不同资源、不同条件确定其侧重点。

（4）因地制宜原则。由于自然资源时空分布的不均匀性和严格的区域性，以及不同资源的不同特性，因此在自然资源合理利用中必须因地制宜、因时制宜。

（5）资源开发的超前准备与后继开发相结合。

（三）生态保护规划

农村是中国重要的社会区域、经济区域，也是各种自然资源、自然生态系统集中的地方。因此，农村生态环境的优劣，直接作用于农业生产和农村经济的持续发展，同时也影响广大人民群众的居住地—村镇的环境。

生态保护规划是通过分析区域生态环境特点和人类经济、社会活动，以及两者相互作用的规律，依据生态学和生态经济学的基本原理，制定区域生态保护目标以及实现目标所要采取的措施（规划的技术路线）。

1. 当前我国农村生态环境面临的重要问题

（1）中国国土面积大，但耕地面积少，人均耕地只有一亩多，远远低于世界人均水平，是世界上人均耕地面积比较少的国家之一，而且呈人口逐年增多、耕地逐年减少的趋势。据统计，从20世纪50年代到80年代，中国耕地面积减少了14339万亩，人均耕地面积已减少了一半，主要原因是基本建设占用耕地现象日益严重。

（1）中国耕地质量呈下降趋势。耕地有机质含量下降，同时盐碱化、沙漠化、水土流失和自然灾害等严重威胁着大量耕地。

（3）森林覆盖率低，仅为13.4%，远远低于31.4%的世界平均水平，位居世界后列。特别是占国土面积50%的西部干旱、半干旱地区，森林覆盖率不足1%，而且宜林地因各种占用还在大量减少，森林资源不断受到乱砍滥伐的威胁，火灾、病虫害等也常常导致大片森林衰退消失。

（4）中国草地资源丰富，然而存在风蚀沙化威胁，草地植被破坏，超载放牧，不合理开垦以及草原工作中的低投入、轻管理问题，导致草地退化严重，鼠害增加，优良牧草不断减少，且产量降低、质量下降。

（5）农田受到工业"三废"的污染。目前受到工业"三废"污染的农田已有1亿多亩，引起粮食减产，每年达100亿公斤。水体受到污染，死鱼事件常有发生，损失严重。

（6）滥用农药现象十分普遍。一些高产地区每年的施药次数多达十余次，每亩用量高达1公斤，致使部分粮食、蔬菜、畜禽产品、蜂蜜以及其他农副产品农药含量严重超标，农药中毒事故和农药污染纠纷呈上升趋势。

（7）乡镇企业污染严重。20世纪80年代异军突起的乡镇企业数量多、分布散、规模小、行业杂、技术力量弱，污染也很严重。农村环境是村镇环境的基础，为了保护好农村生态环境，必须提高农民的环境保护意识，加强法制建设，合理利用自然资源，植树造林，加强国际交流，进行生态农业建设。

村镇发展中如不注意生态保护，盲目发展，将会造成严重的后果。村镇的污染物就地排放，本身无能力分解，造成村镇本身的污染。另外，将污染废物输送到村镇之外，一般排放集中，被排农村无能力分解，造成农业污染，最终将危害人类自身。

2. 村镇污染类型与防治

当前村镇污染主要是水体污染，其次是烟尘、大气污染和噪声污染。

（1）水体污染

如果未经过处理的污废水大量排放到江河湖泊中，超过了水体的自净能力，水体将变色、发臭，鱼虾死亡，这说明水体受到了严重的污染。

水体污染来源有两种。一是自源污染：地质溶解作用；降水对大气的淋洗、对地面的冲刷，夹杂各种污染物进入水体，如酸雨、水土流失等。另一种是人为的污染，即工业废水和生活污水对水体的污染。

水体污染的防治可采用以下思路：

1）全面规划、合理布局是防止水污染的前提和基础。对河流、湖泊、地下水等水源，加强保护，建立水源卫生保护带。对江河流域统一管理，妥善布置和控制排污，保持河流的自净能力，不能使上游污染危及下游村镇；

2）从污染源出发，改革工艺、进行技术改造、减少排污是防治的根本措施。实际证明，通过加强管理、改进工艺，实行废水的重复使用和一水多用，回收废水中的有用成分，既能有效地减少工业废水的排出量、节约用水，又能减少处理设施的负荷；

3）加强工业废水的处理和排放管理，执行国家规定的废水排放标准，促进工厂进行工艺改革和废水处理技术的发展；

4）完善村镇排水系统，根据条件对污水进行适当的处理。

(2) 大气污染

大气是人类及一切生物呼吸和进行新陈代谢所必不可少的物质。所谓大气污染是指由于人类的各种活动向大气排放的各种污染物质，其数量、浓度和持续的时间超过环境所允许的极限（环境容量）时，大气质量发生恶化，使人们的生活、工作、身体健康以及动、植物的生长发育受到影响或危害的现象。

大气污染物多种多样，主要来源于燃料燃烧时排放的烟尘以及工厂、矿井的排气、漏气、跑气和粉尘等。其中对人类生活环境威胁较大的是烟尘中的二氧化硫、一氧化碳、硫化氢、二氧化碳以及一些有毒的金属离子等。

消除和减轻大气污染的根本方法是控制污染源；同时，规划好自然环境，提高自净能力。防治大气污染的技术措施有：

1）改进工艺设备、工艺流程，减少废气、粉尘排放；

2）改革燃料构成。选用燃烧充分、污染小的燃料。如城市煤气化，有条件的地方尽量采用太阳能、地热等洁净能源，汽车燃料采用无铅汽油等；

3）采用除尘设备，减少烟尘排放量；

4）发展区域供热。按照环境标准和排放标准进行监督管理，管理和治理相结合，对严重污染者依法制裁。

防治大气污染的规划措施有：

1）村镇布局规划合理。合理规划工业用地是防治大气污染的重要措施。工业用地应安排在盛行风向的下侧。主要考虑盛行风向、风向旋转、最小风频等气象因素。规划时，除应收集本市、本县的气象资料外，还要收集当地的资料；

2）考虑地形、地势的影响。局部地区的地形、地貌、村镇分布、人工障碍物等对小范围内气流的运动产生影响，因此在山区及沿海地区的工厂选址时，更要注意地形、地貌对气流产生的影响，尽量避开空气不流通、易受污染的地区；

3）山区及山前平原地带易产生山谷风，白天风向由平原吹向山区，晚上风向相反，此风可视为当地的两个盛行风。散发大量有害气体的工厂应尽量布置在开阔、通风良好的山坡上；

4）山间盆地地形比较封闭，全年静风频率高，而且产生逆温，有害气体不易扩散，因此不宜把工业区与居住区布置在一起。污染工业应布置在远离城市的独立地段。

5）沿海地区的工业布局要考虑海、陆风的影响。白天风从海洋吹向大陆，为海风；晚上风从陆地吹向海洋，为陆风。所以沿海地区的工业区与居住区布置时，应采用如图 5－1 所示的布置方式；

6）设置卫生防护带。设置卫生防护带，种植防护林带，可维持大气中氧气和二氧化碳的平衡，吸滞大气中的尘埃，吸收有毒有害气体，减少空气中的细菌。同时，可以根据某些敏感植物受污染的症状，对大气污染进行报警。

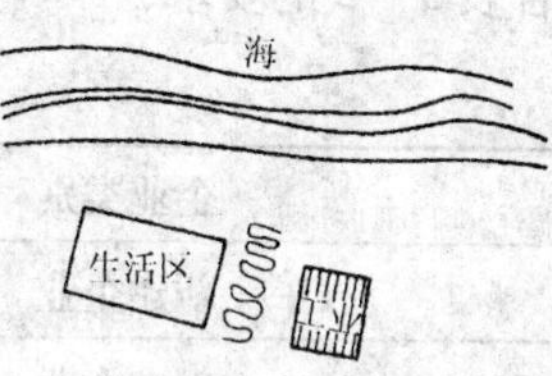

图 5－1　海地区工业区、居住区布置

（3）噪声污染及防治

有些声音是人们日常生活中所需要的或者是喜欢听的，但有些声音却是不需要的，听起来使人厌烦，甚至发生耳聋或者其他疾病，这就是不受欢迎的噪声。噪声有大有小，强度不同，噪声的强度用声级来表示，其单位为分贝（dB）。

一般来讲，声音在 50 分贝以下，环境显得安静；接近 80 分贝时，就显得比较吵闹；到 90 分贝时，环境会显得十分嘈杂；如果到 120 分贝以上，耳朵就开始有痛觉，并有听觉伤害的可能。

噪声的危害不容忽视，轻则干扰和影响人们的工作和休息，重则使人体健康受到损失。在噪声的长期影响下，会引起听力衰退、精神衰弱、高血压、胃溃疡等多种疾病。如果长期在 90 分贝的噪声环境里劳动，就会患不同程度的噪声性耳聋，严重的还会丧失听力。随着社会的发展，噪声污染将呈上升趋势。噪声的来源主要有以下几个方面：

1）工厂噪声。工厂噪声主要是指工厂设备在生产过程中所发出的噪声；

2）交通噪声。机动车噪声为主要噪声声源，主要包括汽车、拖拉机等，少数村镇还有铁路和轮船；

3）建筑及市政工程施工噪声。现阶段村镇建设迅速发展，村镇中有大量的建筑工地，建筑施工中立模板、打桩、浇筑混凝土的噪声很大，影响居民正常的休息和生活，必须依法进行管理；

4）日常生活及社会噪声。包括家庭噪声、公寓噪声及公共建筑（如中学、小学）、娱乐场所、儿童游戏场所、体育运动场所等的噪声。

噪声防治的目标就是使某一区域符合噪声控制的有关标准。治理噪声的根本措施是减少或者消除噪声源。通过改革工艺设备、生产流程等方法来减少或消除噪声源；通过吸声、隔声、消声、隔振、阻尼、耳罩、耳塞等来减少噪声。常用的规划措施有：

1）远离噪声源。村镇规划时合理布局，尽可能将噪声大的企业或车间相对集中，和其他区域之间保持一定的距离，使噪声源和居住区之间的距离符合表5-2的要求；

表5-2　噪声标准

企业类别	A声级（分贝）
新建企业	85
现有企业	90
已建企业	85

(a) 工业企业噪声标准（每天工作8小时）

(b) 居住区环境噪声标准

时间	A声级（分贝）
白天：晨7时至晚9时	46~50
夜晚：晚9时至晨7时	41~45

(c) 一般噪声标准

为保护听力，最高噪声级	75~90分贝
工作和学习	55~70分贝
休息和睡眠	35~50分贝

2）采取隔声措施。合理布置绿化。绿化能降低噪声，绿化好的街道比未绿化的街道可降低噪声 8～10 分贝。利用隔声要求不高的建筑形成隔声壁障，遮挡噪声；

3）合理布置村镇交通系统，减少交通噪声污染。

3. 村镇工业环境保护

中国的乡镇工业创始于 20 世纪 50 年代后期，是在农村手工业基础上逐步发展起来的。自党的第十三届三中全会以来，在十多年的时间里，乡镇工业发展迅猛。1993 年，全国乡镇工业总产值达 23446. 59 亿元，已占全国工业总产值的 40%。

乡镇企业为农村剩余劳动力从土地上转移出来，为农村的脱贫致富和逐步实现现代化开辟了一条新路，乡镇企业已成为中国农村经济的强大支柱、国民经济的重要组成部分和中小企业的主体。然而，随着乡镇企业（特别是乡镇工业）的发展，村镇环境污染和生态破坏也日益严重，引起了人民的普遍关注。

乡镇企业在中国社会经济发展中的地位越来越重要，因此，如何妥善地处理好乡镇工业的发展和环境生态保护的关系就显得尤为重要。

乡镇企业面临的主要环境问题伴随着乡镇企业的迅速发展，乡镇企业（主要是乡镇工业）对村镇的环境污染和生态破坏日益突出。

乡镇企业一般都建立在水源比较丰富的村镇周围，而现在的农村生态环境是建立在低层次的自然生态良性循环基础上的。所以，其水环境容量很低，一旦被污染，恢复起来十分困难。

在我国东部沿海地区，由于历史和自然条件的原因，乡镇工作发展较快，污染负荷较大；加上东部地区城市大工业的环境污染负荷大，污染又从城市向农村迅速蔓延并呈现逐渐连成一片的趋势，因而成为中国乡镇工业的主要污染地区。我国中、西部地区，乡镇工业发展较东部地区慢一些，但当地自然资源丰富，利用本地资源发展起来的冶炼、采矿等行业，由于工业技术落后、设备相对简陋，对资源、能源浪费较大，造成了局部区域比较严重的水体和大气污染。

由于缺少规划、疏于管理、环境意识差等原因和急于脱贫致富的心态，乡镇企业尤其是一些个体联户企业，对矿产资源随意乱采滥挖，致使植被破坏、林木被毁、草场退化、土地沙化、河道淤塞，造成了局部地区生态严重失衡和资源的严重浪费。局部地区由于冶炼、土炼硫、土炼汞等排放的高浓度有毒有害废气，已造成冶炼炉台周围区域植被死光、粮食绝收，成为“不毛之地”、“生态死区”。

（1）乡镇工业的环境保护

解决乡镇工业的污染问题主要包括以下六个方面：

1）提高环境意识，广泛开展乡镇工业环境保护的宣传教育工作。

2）加快乡镇工业环境保护的法制建设，建立并完善乡镇工业的环境管理法规体系。

3）加强乡镇工业的环境规划，合理布局工业，调整和改善产业结构和产品结构。

4）强化环境管理，加强乡镇工业环境管理机构的建设，提高管理和技术人员的素质；加强部门协作，坚持引导和限制相结合的原则，因地制宜，做好乡镇工业重点污染地区和主要污染行业的环境保护工作；一切新建、扩建、改建工程项目必须严格执行“三同时”的规定，把治理污染所需的资金纳入固定资产投资计划，坚持“谁污染，谁治理”的原则。

5）依靠科技进步，推广无废、少废工艺，逐步加强对乡镇工业生产过程的环境管理。

6）组织开发、研制适用的乡镇工业污染防治技术和装备，积极发展乡镇工业的环保产业。

（2）村镇工业环境保护的规划措施

1）端正村镇工业的发展方向，选择适当的生产项目。各村镇应根据本地资源情况、技术条件和环境状况，全面规划，合理安排，因地制宜的发展无污染和少污染的行业。

2）合理安排村镇工业的布局。从环境保护的角度出发，把村镇工业分类分别进行布置。工业布局要从村镇的实际情况出发，合理布置功能区。就村镇环境保护来讲，工业的布点应按以下原则安排：

①远离村镇的工业。如排放大量烟尘、有害气体、有毒物质的企业，以及易燃易爆、噪声震动严重扰民的企业，建在远离村镇的地方；

②布置在村镇边缘的工业。这类工业占乡镇工业的大多数。这类工业的布置，也要考虑到村镇水源的上下游、主导风向等因素；

③可布置在村镇内的工业。这类工业多为小型食品加工业、小型轻纺和服务性企业等，大多规模不大、无污染或轻度污染。

工厂布置时，还要注意到某些工厂今后发展、转产的可能。特别是目前乡镇企业正处在发展和调整阶段，工业布局要有长远的发展观念，才能避免今后可能出现的被动局面。而且，工业布局还必须注意到直接影响环境问题的地理因素、气象因素等。例如，山区村镇要注意到山谷中不利于大气污染物的稀释扩散；平原地区的村镇要注意防止对附近农田的污染；自然保护区、风景游览区、水源保护区等有特殊环境意义要求的区域，不能兴建污染型工厂和某些乡镇企业等。

企业厂址的选定，要充分注意当地的地理条件。地理条件对工厂废弃物的扩散会产生一定的影响。

严格控制新的污染源。发展村镇企业，必须同时控制污染，杜绝环境污染的发展。所有新建、扩建和转产的村镇企业，都必须执行“三同时”政策。同时，也要防止污染从大城市向村镇扩散。

限期治理村镇企业污染。对易产生污染的村镇企业，应根据国家有关文件，分别采取关、停、并、转等措施，使其限期达到国家和地方制定的污染物排放标准。

总之，村镇资源的开发与保护工作中，应该坚持保护优先，预防为主，防治结合的原则，同时注意生态保护与经济发展相结合，统筹规划，突出重点，分步实施，达到资源、环境、经济的合理利用，走可持续发展的道路。

第三节　村镇规划范围及规模

确定村镇的性质和规模是村镇总体规划的重要内容之一，正确拟定村镇的性质和规模，对村镇建设规划非常重要，有利于合理选定村镇建设项目，突出规划结构的特点，为村镇建设规划方案提供可靠的技术经济依据。

大量村镇建设实践证明，重视并正确拟定村镇性质和规模，村镇建设规划的方向就明确，建设依据就充分。反之，村镇发展方向不明，规划建设就被动，规模估计不准，或拉大架子，或用地过小，就会造成建设和布局的紊乱。

一、村镇性质

村镇的性质是指一个具体村庄或集镇在一定区域范围内，在政治、经济、文化等方面所处的地位与职能，即村镇的层次；特点与发展方向，即村镇的类型。村镇性质制约着村镇的经济、用地、人口结构、规划结构、村镇风貌、村镇建设等各个方面。在规划编制中，要通过这些方面把村镇的性质体现出来，发挥其应有的地位和职能。因此，正确地确定村镇性质是村镇规划十分重要的内容。

二、规划范围

村镇规划区，是指村镇建成区和因村镇建设及发展需要实行规划控制的区域。村镇规划区的具体范围，在报经批准的村镇总体规划中划定。

三、规划规模

村镇规模一般用村镇人口规模和村镇用地规模来表示，但用地规模随人口规模而变化，所以村镇规模通常以村镇人口规模来表示。村镇人口规模是指在一定时期内村镇人口的总数。村镇规划人口规模是指规划期末的人口总数。

村镇规划人口规模是村镇规划和进行各项建设的最重要的依据之一，它直接影响着村镇用地大小、建筑层数和密度、村镇的公共建筑项目的组成和规模，影响着村镇基础设施的标准、交通运输、村镇布局、村镇环境等一系列问题。因此，对村镇人口规模估计得合理与否，对村镇的影响很大。如果人口规模估算过大，造成用地过大、投资费用偏高和土地使用上长期不合理与浪费；如果人口规模估计太小，用地也会过小，相应的公共设施和基础设施标准就不能适应村镇建设发展的需要，会阻碍村镇经济发展，同时造成生活居住环境质量下降，对村镇上居民的生活和生产带来不便。

因此，在村镇规划中，正确地确定村镇规划人口规模是经济合理地进行村镇规划和建设的关键。

（一）村镇规划人口规模预测

1. 村镇人口的调查与分析

在预测规划人口规模之前，必须首先调查清楚村镇人口现状和历年人口变化情况，以及由于各部门的发展计划和农村剩余劳动力的转移等而引起的人口机械变动情况，并进行认真分析，从中找出规律，以便正确地预测村镇规划人口规模。

（1）集镇人口的分类

在进行现状人口统计和规划人口预测时，村庄人口可不进行分类。集镇人口应按居住状况和参与社会生活的性质分为下列三类：

1）常住人口。是指长期居住在集镇内的居民（非农业人口和自带口粮进镇人口）、村民、集体（单身职工、寄宿学生等）三种户籍形态的人口；

2）通勤人口。指劳动、学习在镇内，而户籍和居住在镇外，定时进出集镇的职工和学生；

3）指出差、探亲、旅游、赶集等临时参与集镇生活的人员。

（2）村镇历年人口变动

村镇人口的增长来自两方面：人口的自然增长和人口机械增长，两者之和便是村镇人口的增长数值。人口年增长的速度，通常以千人增长率表示。

1）人口自然增长数和人口自然增长率

人口自然增长数，就是一定时期和范围内出生人数减去死亡人数而净增的人数。

人口自然增长率，就是人口自然增长的速度。有年自然增长率和年平均自然增长率之分。

年自然增长率就是某年内出生人数减去死亡人数与该年年初总人口数的比值，即

$$\text{年自然增长率}=\frac{\text{年内出生人数}-\text{年内死亡人数}}{\text{本年初（或上年末）总人数}} \tag{5-1}$$

因为年自然增长率只代表某年人口的增长速度，不能代表若干年（如规划年限）内人口的增长速度，还需要知道若干年内的年平均自然增长率，因为它是计算人口规模的依据。

年平均自然增长率，就是一定年限内多年平均的自然增长率，可由若干年的年自然增长率和相应年数求出

$$\text{平均自然增长率}=\frac{\text{若干年人口年自然增长率之和}}{\text{相应的年数}} \tag{5-2}$$

2）人口机械增长数和人口机械增长率

机械增长数主要包括发展工副业和公共福利事业吸收劳动力以及迁村并点引起人口增减等两个方面。至于参军和复员转业、学生升学等原因引起的人口增减，因人数不多，可以省略不计。

发展工副业和公共福利事业，其劳动力都是从整个区、乡（镇）辖区范围内各村吸收的。根据现行政策，这类工副业吸收农业剩余劳动力，户粮关系不转，可以不考虑带眷人数，只考虑职工人数。至于村办企业的职工，均为本村或附近村的劳动力，在家食宿，不会引起人口增减。

迁村并点引起的人口增减，根据村镇分布规划，分阶段按迁移的时间、户数、人口（也包括自然增长数）进行计算。人口机械增长率，就是人口机械增长的速度。有年机械增长率和年平均机械增长率之分。

年平均机械增长率，就是一定年限内多年平均的机械增长率，可由若干年的年机械增长率和相应年数求出

$$年平均机械增长率=\frac{年内迁入人数-年内迁出人数}{本年初（或上年末）总人数}2 \qquad (5-3)$$

（3）农业剩余劳动力的调查分析

农业剩余劳动力，是由于社会生产力的进步，农业劳动生产率的提高和党的正确政策引导的结果。农业剩余劳力是村镇建设和发展的劳力资源。

党的十一届全会以来，由于在农村实行了家庭联产承包责任制和生产结构的调整，提高了广大农民的生产积极性，大大解放了农村劳动力，使大批劳动力从种植业上解放出来，各地均出现大批剩余劳力，而且数量上差异很大。劳动力上的流动出现新动向，很值得我们调查和研究，这对于如何安排剩余劳动力和合理组织人口转移是十分必要的。

根据我国农村的实际，剩余劳力的出路有以下几方面：第一，各村庄就地吸收，调整种植结构，增加劳力投入，从事手工业、养殖业和加工业等；第二，外出到县城或城市，从事其他职业；第三，流动于城乡之间，从事运输贩卖等；第四，进入集镇做工、经商或从事服务业等，这部分人对集镇的人口规模预测关系重大，应予以足够重视。农业剩余劳动力的统计范围要以乡、镇为单位，以集镇为中心，在乡（镇）域范围内做好村镇体系布局，考虑村镇在某一地域中的职能和地位，以及经济影响和辐射面的大小，同时要根据近几年人口变化的特点来确定村镇吸收剩余劳动力的能力。影响人口的因素是多方面的，可变的因素特别多。我们还是要抓住主要矛盾进行调查分析，用发展的眼光，对待剩余劳动力转移的问题。

2. 村镇规划人口规模预测的方法

预测村镇规划人口规模，首先，根据乡（镇）域自然增长和机械增长两方面的因素，预测出乡（镇）域规划人口规模；然后，再根据农村经济发展和各行业部门发展的需要，分析人口移动的方向。明确哪些村镇人口要增加，增加多少，哪些村镇人口要减少，减少多少，具体预测各个村庄或集镇的规划人口规模。

（1）乡（镇）域规划总人口的预测

乡（镇）域规划总人口是乡（镇）辖区范围内所有村庄和集镇常住人口的总和。总人口的预测计算公式如下

$$N=A\ (1+K)^{n}+B \qquad (5-4)$$

式中　N——乡（镇）域规划总人口数（人）；

A——乡（镇）域现状总人口数（人）；

K——规划期内人口年平均自然增长率；

n——规划年限；

B——规划期内人口的机械增长数；

人口年平均自然增长，应根据国家的计划生育政策及当地计划生育部门控制的指标，并分析当地人口年龄与性别构成状况予以确定。

人口的机械增长数，应根据不同地区的具体情况予以确定。对于资源、地理、建设等条件具有较大优势，经济发展较快的乡（镇），可能接纳外地人员进入本乡（镇）；对于靠近城市或工矿区，耕地较少的乡（镇），可能有部分人口进入城市或转至外地。

【例5-1】某乡共辖12个村，合计现状总人口为10925人，计划生育部门提供的年平均自然增长率为7‰，根据当地经济发展计划，确定规划期限为10年。据调查该乡范围内盛产棉花。有关部门计划在规划期限内建棉纺厂和被服厂各一座，共需从外地调入职工及家属1200人，计算该乡的规划人口规模。

【解】 $N = A(1+K)^n + B = 10925 \times (1+7‰)^10 + 1200 = 12914 \approx 12900$（人）

（2）规划人口规模的预测

集镇规划人口规模的预测，应按人口类别分别计算其自然增长、机械增长和估算发展变化（计算内容见表5-3），然后再综合计算集镇规划人口规模。

表5-3 集镇规划人口预测的计算内容

集镇人口类别		计算内容
常住人口	村民	计算自然增长
	居民	计算自然增长和机械增长
	集体	计算机械增长
通勤人口		计算机械增长
临时人口		估计发展变化

集镇人口的自然增长，仅计算常住人口中的村民户和居民户部分。

集镇人口的机械增长，应根据当地情况，选择下列的一种方法进行计算，或采用两三种方法计算，然后进行对比校核。

1）平均增长法。用于集镇建设项目尚不落实的情况下，估算人口发展规模。计算时应根据近年来人口增长情况进行分析，确定每年的人口增长数或增长率。

2）带眷系数法。用于企事业建设项目比较落实，规划期内人口机械增长比较稳定的情况。计算人口发展规模时应分析从业者的来源、婚育、落户等情况，以及集镇的生活环境和建设条件等因素，确定带眷人数。

3）劳力转化法。根据商品经济发展的不同进程，对全乡（镇）域的土地和劳力进行平衡，估算规划期内农业剩余劳动力的数量，考虑集镇类型、发展水平、地方优势、建设条件和政策影响等因素，确定进镇比例，推算进镇人口数量。

集镇规划人口规模预测的基本公式为

$$N = A\ (1 + K_{自})^{n} + B \tag{5-5}$$

或

$$N = A\ (1 + K_{自} + K_{机})^{n} \tag{5-6}$$

式中 N——规划人口发展规模；

A——现状人口数；

$K_{自}$——人口年平均自然增长率；

B——规划期内人口的机械增长数；

$K_{机}$——人口年平均机械增长率；

n——规划年限。

【例5-2】某集镇现有常住人口5560人，其中村民3250人，居民1570人，单身职工500人，寄宿学生240人；现有通勤人口1325人，其中定时进出集镇的职工700人，学生625人；现有临时人口750人。根据当地计划生育部门的规定，村民的年平均自然增长率为7‰，居民的年平均自然增长率为5‰。据历年来统计分析，居民的年平均机械增长率为10‰，根据当地各部门的发展计划，单身职工需增加300人，寄宿学生增加240人；定时进出集镇的职工增加300人，学生增加575人；根据预测，临时人口将增加300人。若规划年限定为10年，试计算该集镇的规划人口规模。

【解】 分别计算各类规划人口规模

村民规划人口规模 $=3250\times(1+7‰)^{1}0=3485$（人）

村民规划人口规模 $=1570\times(1+5‰+10‰)^{1}0=1822$（人）

单身职工规划人口规模 $=500+300=800$（人）

寄宿学生规划人口规模 $=240+240=480$（人）

定时进出集镇的职工规划人口规模 $=700+300=1000$（人）

定时进出集镇的学生规划人口规模 $=625+575=1200$（人）

临时人口规模 = 750 + 300 = 1050（人）

常住规划人口规模 = 3485 + 1822 + 800 + 480 = 6587（人）

集镇常住规划人口规模是确定集镇各项建设规模和标准的主要依据。其余定时进出集镇的职工和学生以及临时人口规模，则主要是在确定公共建筑规模时，应考虑这部分人口对公共建筑规模的影响。

（3）村庄规划人口规模预测

村庄人口规模预测，一般仅考虑人口的自然增长和农业剩余劳动力的转移方向两个因素。随着农业经济的发展和产业结构的调整，村庄中的农业剩余劳动力，大部分就地吸收，从事手工业、养殖业和加工业，还有部分转移到集镇上去务工经商。因此，对村庄来说，机械增长人数应是负数。故村庄的规划人口规模计算公式为

$$N = A(1 + K)^n - B \tag{5-7}$$

式中　N——村庄规划人口规模；

A——村庄现有人口数；

K——年平均自然增长率；

n——规划年限；

B——机械增长人数。

【例 5 - 3】某村庄现有人口 596 人，计划生育部门提供的年平均自然增长率为 8‰，根据经济发展，某集镇需从本村吸收剩余劳力 50 人，若规划期限为 10 年，试计算该村的规划人口规模。

【解】　$N = A(1 + K)^n - B = 596 \times (1 + 8‰)^{10} - 50 = 595 \approx 600$（人）

（二）村镇用地规模的估算

村镇用地规模是指村镇的住宅建筑、公共建筑、生产建筑、道路交通、公用工程设施和绿化等各项建设用地的总和，一般以 ha（公顷）表示。用地规模估算的目的，主要是为了在进行村镇用地选择时，能大致确定村镇规划期末需要多大的用地面积，为规划设计提供依据，以及为了在测量时明确测量区的范围。村镇准确的用地面积，须在村镇建设规划方案确定以后才能算出。

村镇规划期末用地规模估算，可以用下列公式计算

$$F = N \cdot P \tag{5-8}$$

式中　F——村镇规划期末用地面积（ha）；

N——村镇规划人口规模（人）；

P——人均建设总用地面积（平方米/人）。

公式（5-8）中，人均建设总用地面积与自然条件、村镇规模大小、人均耕地多少密切相关。因此，就全国范围来说，不可能作出统一规定，而应根据各省、市、自治区的具体情况确定。目前，全国各省、市、自治区大部分地区编制了结合本地区实际的村镇规划定额指标，对人均建设总用地面积都作了具体规定。

【例5-4】山西省某平原中心集镇，规划人口规模为6500人，据山西省村镇建设规划定额指标，平原中心集镇人均建设总用地面积为70~120平方米/人，取100平方米/人，求该中心集镇的用地规模。

【解】 $F=N\cdot P=6500\times 100=650000$（平方米）$=65ha$

第四节 村镇用地布局规划

一、村镇规划用地选择

村镇用地选择，是指所选择的用地在质量和数量上都能满足村镇建设要求的一项工作。从质量上说，不仅要使所选的村镇地理位置优越，适应农村管理体制和农业生产发展的要求，还应使选择的用地能够满足村镇生产、生活、交通、游憩、环境、安全等方面的要求。就数量而言，不仅要使选择的用地，在范围、大小和形状上能满足建设各级居民点的要求，还应考虑近远期相结合，留有发展用地，同时必须提高土地利用率，达到节约用地的要求。

村镇用地选择，包括村镇总体规划中新建村镇的用地选择，也包括村镇建设规划中原有村镇改建或扩建用地的选择。为叙述方便，两种情况的用地选择在此一并介绍。

（一）村镇用地选择的意义

村镇用地选择的好坏，对农业生产、运输、基建投资以及居民生活和安全都有密切的关系，是百年大计，绝对不能掉以轻心。有的地方在建设村镇时不注意用地选择，有过惨痛的教训。有的村镇建在滑坡地带，如兰州红山根下雷窿村，1904年因山体滑坡全村被埋；1983年3月7日，甘肃省东乡族自治县洒勒山发生大型滑坡，滑坡覆盖面积152万平方米，果园乡四个村被埋。有的村镇建在河道或洪沟的低洼处，如兰州市雁滩乡北面滩村，由于村址选在低洼地点，多次受到黄河洪水袭击。1981年9月15日，黄河流量达

$5600m^3/s$，洪水超过北堤，使该村浸泡在洪水中，房屋大量倒塌，致使北面滩村有百余户人家无家可归。有的村镇建在矿区上面，有的建在水库淹没区或国家建设工程区内，由于地址不当，刚建起来就要重新搬迁，造成浪费。有的村镇，只考虑眼前利益而不考虑长远利益，占了良田，甚至高产田，给农业生产带来了不可弥补的损失。

在进行原有村镇改建时，有的村镇不认真研究分析本村镇建设用地现状存在的问题（例如，内部有未利用的闲散地或建筑密度过低，或用地布局不合理等），不是在如何调整、利用现有用地上下工夫，而是一味地向外扩展，盲目扩大建设用地规模，造成土地的浪费。有些村镇，由于原有用地满足不了规划发展要求，需要向外扩展，同样，由于缺乏调查研究和认真分析，在选择扩建用地时，或选择在不宜修建建筑物的地段上，或占用耕地、良田，而不利用荒地或薄地，或将安排生产建筑的扩建用地布置在住宅用地的上风和上游，或由于选择不当，使本来就狭长的村镇建设用地更加狭长，等等，致使村镇用地布局不合理。

正确地选择村镇建设用地，可使用地布局紧凑合理，少占耕地良田，降低建设费用，加快建设速度。可见，村镇用地选择工作关系重大，在村镇规划中应予以足够的重视。

（二）村镇用地选择的基本要求

1. 有利生产、方便生活

村镇用地选择，既要考虑生产，又要兼顾生活。从有利生产方面来说，要充分考虑和利用农田基本建设规划的成果，村镇的分布应当适中，使之尽量位于所经营土地的中心（有比较均匀的耕作半径）。便于生产的进行和相互间的联系；便于组织和管理，有利于提高劳动生产率。还要考虑主要生产企业的布局，有利于乡镇企业的发展，就方便生活而言，要满足人们工作、学习、购物、医疗保健、文化娱乐、体育活动、科技活动等方面的要求。

2. 便于运输

村镇用地最好靠近公路、河流及车站码头，并与农田之间有十分方便的联系。这样，有利于村镇物资交流，有利于方便农业生产，有利于提高农业机械化水平。利用现有公路、铁路、河流及其设施，有利于节约工程费用。但是，也不要让铁路、公路、河流等横穿村镇内部，以免影响村镇的卫生和安全，也减少桥梁等建筑的投资。

3. 宜于建筑

村镇用地要选择在地势、地形、土壤等方面适宜建筑的地区。在平原地区选址，应避免低洼地、古河道、河滩地、沼泽地、沙丘、地震断裂带和大坑回填地带；山区和丘陵地带，应避开滑坡、泥石流、断层、地下溶洞、悬崖、危岩以及正在发育的山洪冲沟地段。在峡谷、险滩、淤泥地带、洪水淹没区，也不宜建设村镇。在地震烈度7度以上的地区，建筑应考虑抗震设防。

一般应尽量选择地势较高而干燥、日照条件好的地区建设村镇。要求地形最好是阳坡，坡度一般在0.4%～4%之间为宜，若小于0.4%则不利于排水，大于4%又不利于建筑、街道网的布置和交通运输。在黄土塬上建设下沉式窑洞村庄时，一定要选择暴雨汇集不会灌入院落的地方；建设崖窑时尽量选择向阳坡和可以打窑洞的山坡、崖坎，并有能开辟方便的道路的地方。

4. 水源充足

水源是选择村镇用地的重要条件。只有接近和具有充足的水源，才能建设村镇，保证生产、生活用水的需要。因此，村镇应选择接近江河、湖泊、泉水或有地下水源的地方。选择村镇用地的地下水位，应低于冻结深度，低于建筑物基础的砌筑深度。

5. 环境适宜

村镇用地应尽可能选在依山傍水、自然风景优美的地区。如有条件，最好能与名胜古迹结合起来，为发展旅游事业创造条件。但不要把村镇选在两山间的风口，山洪易于泛滥的地方，更不要把村镇安排在有污染的工厂的下风、下游地带，以免遭受自然灾害和三废污染的威胁。

另外，不要在有克山病、大脖子病、麻风病的地区选址新建村镇，以尽量避免地方病的蔓延。

6. 不占良田

我国耕地越来越少，不占良田是一个重要原则。因此，在选择村镇用地时要尽量利用宜于建筑的荒山、荒坡、瘠地、低产地。尽量做到不占良田，少占耕地。

7. 节约用地

村镇建设用地一定要按照当地规定的各项指标执行，不要滥占，不要多占，村镇用地应尽可能集中紧凑，避免分散布局。有条件的地方，可适当提高建筑层数；适当合并分散村落，达到节约用地的目的。

8. 留有余地

村镇用地选择应在不占良田、节约用地的前提下，留有村镇发展的余地。做到远近期结合，以近期为主。一方面妥善地解决好当前村镇的建设问题，处理好近期建设；另一方面，又要适应发展的需要，解决好远期发展用地。

9. 便于管理

村镇用地要依据我国现行的行政管理体制，选择集镇、中心村、基层村三级村镇用地。有条件的地方，村镇用地应尽可能集中布局，有利于加强管理，有利于建设新型的社会主义现代化的新村镇。

二、村镇规划用地功能组织与平衡

村镇的功能分区（或叫用地的功能组织），就是把整个居民点用地，按其性质、功能的不同划分为不同的部分，并决定它们的相互位置，使它们之间有机地结合起来，更好地为生活、生产服务。功能分区有利于其内部的互相联系，有利于共同利用各项公用设施，并可避免不同功能区之间相互干扰和影响。

较小的村镇一般都分为两大部分：即生产区和生活区。在生活区内配置住宅和各种公共建筑；生产区配置各种生产设施和建筑，进行固定性生产，如各类畜舍、仓库、农机站、工副业厂房等。

有的村镇规模较大，公共建筑项目较多，除上述两区以外，还常常单独设置公共建筑区，把办公机构、商店、服务、医疗、文娱、金融等建筑都集中配置在公共建筑区里。此区一般设置在居民点的中心部位，是居民点的政治、生活服务的中心，也称“公共中心”。

村镇用地的功能组织应当遵循下列原则：

（一）有利生产

村镇功能分区首先应当考虑居民点周围各种用地的关系，务使生产区与农用地之间有方便的联系。为此，总是把生产区设在靠近主要农田的一边（或靠近工厂原料来源的一边）。

生产区与生活区之间联系频繁，两者布置要方便紧凑（同时要合乎卫生及防火要求）。为缩短道路网，常将生产区与生活区采用长边相接的方式。生产区内各生产地段的布置，应有利于生产过程中的协作关系和综合利用各种工程、动力设备。因此，应避免各生产地段在居民点内过分分散。各功能地区的用地外形应力求整齐（山区除外），以使整个居民点用地的周边外形规整，有利于相接壤的田地规整，适于机耕作业，并为各功能地区内部的规划创造有利条件。

（二）方便生活，有利卫生、防火及安全

功能分区时，既要考虑居民到生产区劳动的方便，又要考虑居民对各种公共建筑物—如商业服务、文化卫生等建筑的使用方便。因此，通常把大部分的公共建筑，尽可能地集中布置于生活区适中部位，形成一个服务半径合理且较繁华的公共中心。

同时，生活区与生产区之间还应有一定的有效隔离，以使生活区不受生产区排出的废水、异味、烟尘、噪声等的污染和干扰。因此，规划应很好地考虑地形、全年主导风向、河流流向等对功能分区的影响。

（三）有利形成优美的景观风貌和地方特色

功能分区时就应考虑到建成后道路广场、建筑空间及绿化之间的协调、互衬关系，注意对名胜古迹和优秀传统民居的保护。

三、村镇公共设施的规划布置

村镇总体规划中，除了村镇的分布规划和确定村镇的性质及规模外，还包括主要公共建筑的配置规划，主要生产企业的安排，村镇之间的交通、电力、电信、给水、排水工程设施等项规划。这些都是村镇总体规划的重要组成部分。

村镇主要公共建筑的配置规划，主要是解决乡（镇）域范围内规模较大、占地较多的主要公共建筑的合理分布问题。在一个乡（镇）域范围内，村镇的数量较多，而且规模大小、所处的位置以及重要程度等都不一样，人们不像城市人口那样集中居住，而是分散居住在各个居民点里，这是由农业生产特点所决定的。因此，不必要也不可能在每个村镇都自成系统地配置和建设齐全、成套的公共建筑，特别是一些主要的公共建筑，要有计划地配置和合理地分布。既要做到使用方便，适应村镇分散的特点，又要尽量达到充分利用、便于经营管理的目的。

村镇公共建筑的配置和分布，要结合当地经济状况、公共建筑状况，从实际出发，要注意避免下列偏向：一是配置公共建筑项目求全，规模偏大，标准偏高；二是不先建广大农民急需的一些生活服务设施，而是花费大量资金、材料、劳力先建办公楼、大礼堂等大型公共建筑；三是有些村镇，建了不少新的住房，但对农民生活必需的服务设施，没有很好安排。农民虽然住进了新房，改善了居住条件，由于缺乏必需的生活福利设施，生活仍然很不方便。

村镇总体规划中，进行主要公共建筑的配置规划，就可以指导各村镇的建设，使各村镇的公共建筑能够科学、合理地分布，避免盲目性。凡是为全乡（镇）域服务的公共建筑和规模较大的公共建筑均属于主要公共建筑。主要公共建筑在配置和分布时，要考虑下面几个因素：

（1）根据村镇的层次与规模，按表5－4的规定，分级配置作用和规模不同的公共建筑；

表5－4　村镇公共建筑项目配置参照表

分类	项目	中心镇	一般镇	中心村	基层村
一 行政管理	1. 人民政府、派出所	√	√	—	—
	2. 法庭	○	—	—	—
	3. 建设、土地管理机构	√	√	—	—
	4. 农、林、水、电、交通管理机构	√	√	—	—
	5. 工商、税务管理机构	√	√	—	—
	6. 粮管所	√	√	—	—
	7. 交通监理站	√	—	—	—
	8. 居委会、村委会	√	√	√	—
二 教育机构	9. 专科院校	○	—	—	—
	10. 高级中学、职业中学	√	○	—	—
	11. 初级中学	√	√	○	—
	12. 小学	√	√	√	—
	13. 幼儿园、托儿所	√	√	√	○
三 文体科技	14. 文化站（室）、青少年之家	√	√	○	○
	15. 影剧院	√	○	—	—
	16. 灯光球场	√	√	—	—
	17. 体育场	√	○	—	—
	18. 科技站	√	○	—	—
四 医疗保健	19. 中心卫生院	√	—	—	—
	20. 卫生院（所、室）	√	√	○	○
	21. 防疫站、保健站	√	○	—	—
	22. 计划生育指导站	√	√	○	—

续表

分类	项目	中心镇	一般镇	中心村	基层村
五 商业金融	23. 百货店	√	√	○	○
	24. 食品店	√	√	○	—
	25. 生产资料、建材、日杂店	√	√	—	—
	26. 粮店	√	√	—	—
	27. 煤店	√	√	—	—
	28. 药店	√	√	—	—
	29. 书店	√	√	—	—
	30. 银行、信用社、保险机构	√	√	○	—
	31. 饭店、饮食店、小吃店	√	√	○	○
	32. 旅馆、招待所	√	√	—	—
	33. 理发、浴室、洗染店	√	√	○	—
	34. 照相馆	√	√	—	—
	35. 综合修理、加工、收购店	√	√	○	—
六 集贸设施	36. 粮油、土特产市场	√	√	—	—
	37. 蔬菜、副食市场	√	√	○	—
	38. 百货市场	√	√	—	—
	39. 燃料、建材、生产资料市场	√	○	—	—
	40. 畜禽、水产市场	√	○	—	—

注：√为应设项目，○为可设项目。

（2）结合村镇体系布局考虑，公共建筑应安排在有发展前途的村镇，对某些从长远看没有发展前途，甚至会被逐步淘汰的村庄，近期就不应安排公共建筑；

（3）充分利用原有的公共建筑，逐步建设，不断完善。

我国村镇建设，绝大多数是在原有村庄或集镇的基础上进行改建或扩建的。这些村镇，一般都兴建了一些公共建筑，应当充分利用，不要轻易拆除。确实需要新建的项目，也要区别不同要求，在标准上有所区别。例如托幼建筑、学校建筑，为使儿童和青少年健康成长，提高教学质量，应很好地规划设计，在建筑标准上也可以适当高于其他的建筑。

公共建筑要随着生产的发展和生活水平的提高逐步建设，逐步完善。那种求新过急的做法，不仅脱离我国当前的实际，而且也脱离群众。

在主要公共建筑的建设顺序上，要根据当地的财力、物力等情况，对哪些项目需要先建，哪些可以缓建，作出统一安排。吉林省永吉县阿拉底的村庄建设，首先抓了三项与农民生活息息相关的卫生所、学校和供销店的建设，抓重点选择，随着今后经济发展逐步完善，这种方法，值得参考。

四、乡镇企业用地的规划布置

随着农村经济的发展和产业结构的调整，出现了各种类型的生产性建筑。为了避免盲目建设和重复建设所造成的浪费，必须在总体规划中，根据当地自然资源、劳力、技术条件、产供销关系等因素，在全乡（镇）范围内合理布点，统筹安排其项目和规模。

村镇各类生产性建筑。有的可以布置在村镇中的生产建筑用地内，有些则由于其生产特点和对村镇环境有较严重的污染，必须离开村镇安排在适于生产要求的独立地段上。这就是我们所指的主要生产企业的安排。安排这类生产企业的一般原则是：

（1）就地取材的一些工副业项目，如砖瓦厂、采矿厂、采石厂、砂厂等、需要靠近原料产地安排相应的生产性建筑和工程设施，以减少产品的往返运输；

（2）对居住环境有严重污染的项目，如化肥厂、水泥厂、铸造厂、农药厂等，应远离村镇，设在村镇的下风、下游地带，选择适当的独立地段安排建设；

（3）生产本身有特殊要求，不宜设在村镇内部的，如大中型的养鸡场、养猪场等，除了污染环境外，其本身还要求有较高的防疫条件，必须设立在通风、排水条件良好的独立地段上，宜在村镇盛行风向的侧风位，与村镇保持必要的防护距离。这些饲养场也可设于田间适当地段，便于就地制肥、就近施肥。

这些生产企业地段，可以看作是没有农民家庭生活要求的“村镇”，应与一般村镇同时进行统筹安排，纳入到村镇总体规划中。

生产企业用地的选择，除了首先要满足各类专业生产的要求外，还要分析用地的建设条件。包括用地的工程地质条件，道路交通运输条件，给水、排水、电力及热力供应条件等。

至于现有的生产企业，应在总体规划中作为现状统一考虑。对那些适应生产要求而又不影响环境的，可以考虑扩建或增建新项目。对那些有严重影响而又靠近村镇的生产企业，应在总体规划中加以统一调整或采取技术措施给予解决。

第五节　村庄布局形式

一、村庄基本结构模式

（一）集中式布局

（1）布局特点。组织结构简单，内部用地和设施联系使用方便，节约土地，便于基础设施建设，节省投资。

（2）适用范围。平原地区特别是人均耕地面积较少的村庄；现状建设比较集中的村庄。

集中式布局常用形式如图5－2所示。

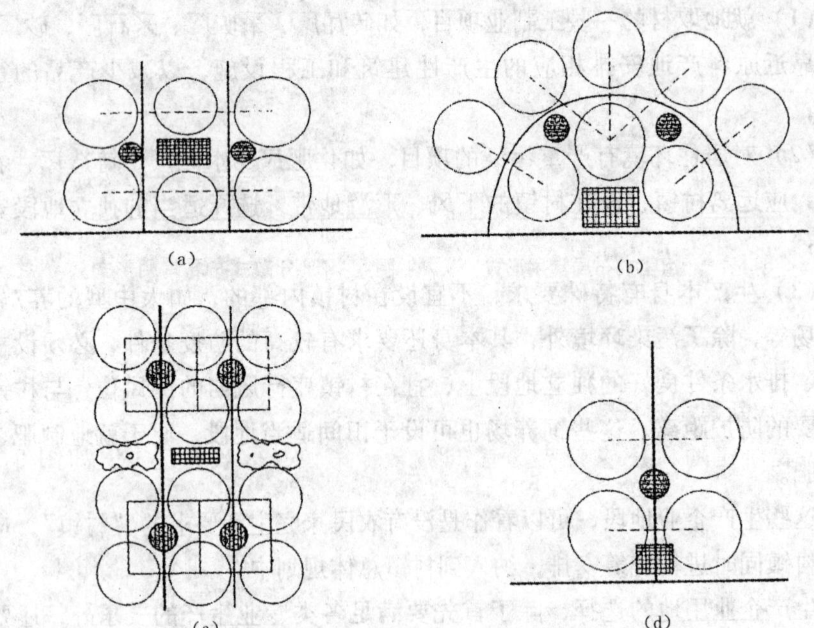

图5－2　集中式村庄布局模式

(a) 成带形布局形式；(b) 成半放射形布局形式；(c) 成多中心布局形式；(d) 成组团布局形式

(二) 组团式布局

由两片或两片以上相对独立建设用地组成的村庄，多采用自由式布局形式。

(1) 布局特点。因地制宜，与现状地形或村庄形态结合，较好地保持原有社会组织结构，减少拆迁和搬迁村民数量，减少对自然环境的破坏；土地利用率较低，公共设施、基础设施配套费用较高，使用不方便。

(2) 适用范围。地形相对复杂的山地丘陵、滨水地区；现状建设比较分散或由多个自然村组成的村庄；规模村庄较大或多个行政村联成一体的区域。

组团式布局常用形式如图5－3所示。

(三) 分散式布局

由若干规模较小的居住组群组成的村庄。

(1) 布局特点。结构松散，无明显中心区，易于和现状地形结合，有利于环境景观保护；土地利用率低，基础设施配套难度大。

(2) 适用范围。土地面积大、地形复杂，适宜建设用地规模较小的山区；风景名胜区、历史文化保护区等对村庄建设有特殊要求的区域。

分散式布局常用形式如图5－4所示。

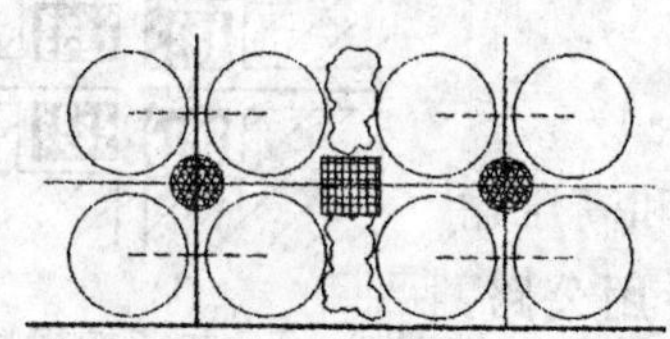

图5－3　组团式布局常用形式

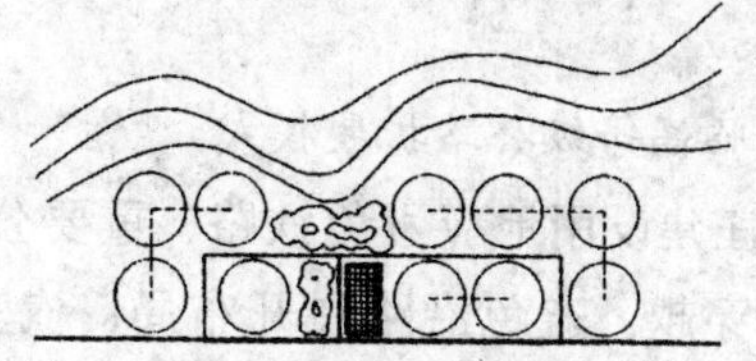

图5－4　分散式布局常用形式

二、村庄发展规划形式

(一) 新建型村庄规划

需要新建的村庄应首先考虑向城镇、集镇、行政村迁并。如图5－5所示。

图5－5　新建型村庄规划模式（一）

需要选择新址的村庄，在区域统一规划的基础上，宜选择用地条件较好、交通便捷、基础设施较完善的地方集中建设，应避开易受自然灾害影响的地段及自然保护区、有开采价值的地下资源和地下采空区，如图5－6所示。

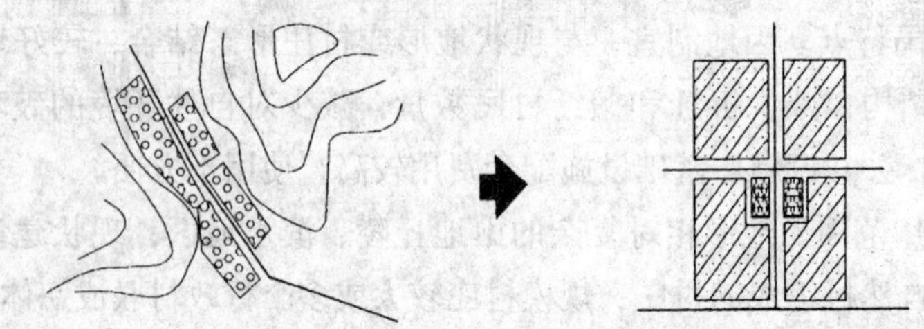

图5－6　新建型村庄规划模式（二）

（二）改建、扩建型村庄规划

改建和扩建村庄的选择原则：①现有一定的建设规模（不低于70户）；②便于组织现代农业生产；③具有较好的或便于形成的对外交通条件；④拥有值得保护、利用的自然资源或文化资源；⑤具有一定的基础配套设施，并可以实施更新改造；⑥村庄周边用地能够满足改建、扩建需求。

1. 四周扩展模式

通过总体规划控制，进行有序的建设，如图5－7所示。

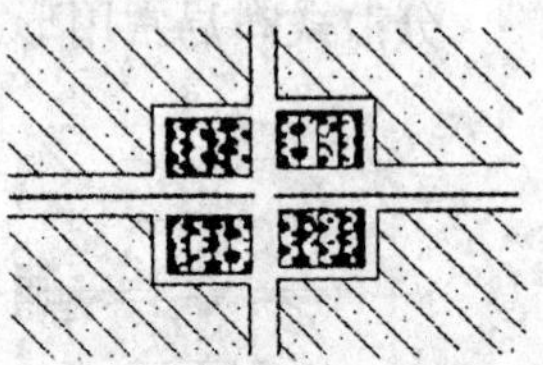

图5－7　村庄按规划向四周扩展

2. 临高等级公路扩展模式

村庄建设用地应避免铁路、重要公路和高压输电线路穿越，避免沿路展开布局；汽车专用公路，一般公路中的二、三级公路，不应从村内部穿过；对于已在公路两侧形成的村，应进行调整，如图5－8所示。

3. 滨河扩展模式

滨河两侧的村庄可考虑先重点建设条件好的一侧，如图5－9所示。

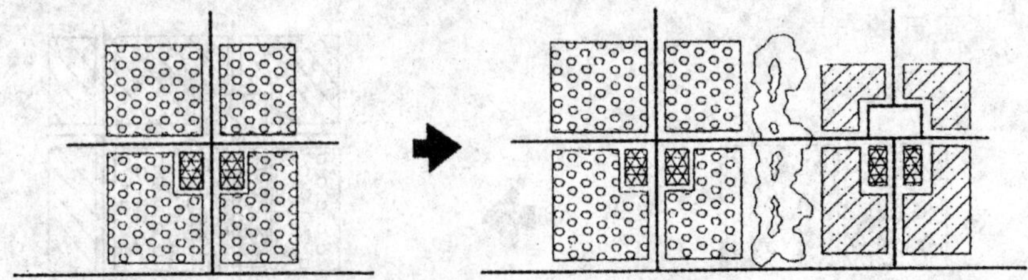

图5－8　临高等级公路扩展校式

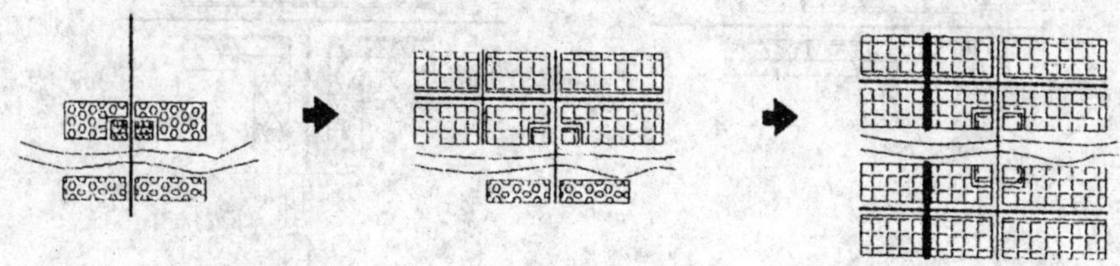

图 5-9　滨河扩展模式

4. 临旧村建新村的模式

临旧村建新村模式如图 5-10 所示。

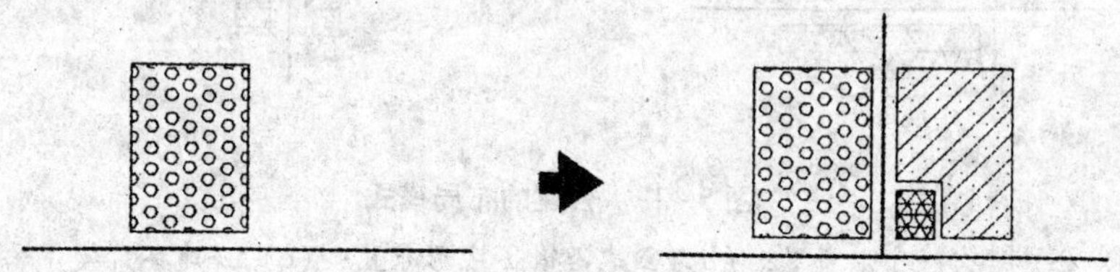

图 5-10　临旧村建新村模式

(1) 公共设施布局

公共设施布局模式如图 5-11 所示。

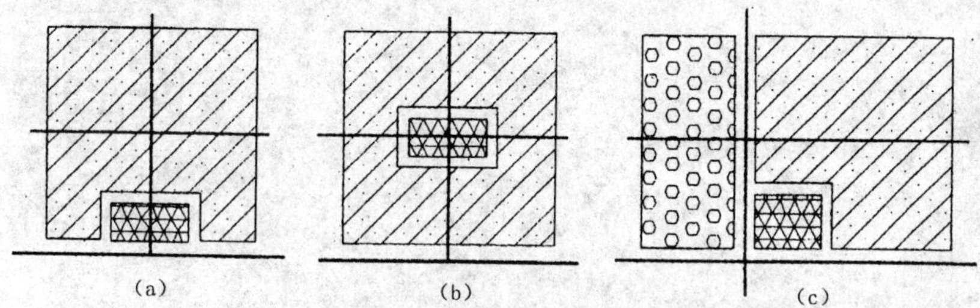

图 5-11　公共设施布局模式

(a) 公共设施布置于村庄主要出入口处；(b) 公共设施布置于村庄中心位置；
(c) 公共设施布置于新旧村结合处

(2) 公建布局

公共建筑的布局模式如图 5-12 所示。

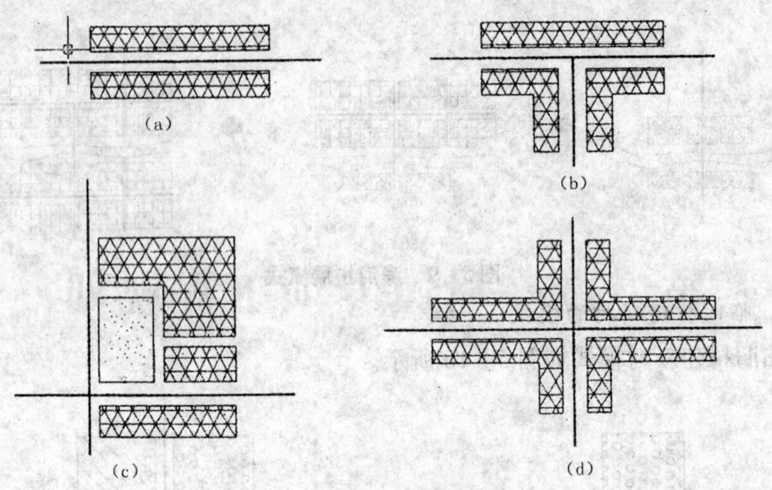

图 5－12　公建的布局模式

(a) 公建沿街一字形布置；(b) 公建沿街 T 字形布置；(c) 公建环广场、绿地周边布置；(d) 公建沿村庄主要道路布置

第三章　村镇专项工程规划

第一节　历史文化村镇保护规划

1. 历史文化村镇保护原则

（1）整体性原则

历史文化村镇的保护最重要的是保护古镇的整体风貌和文化环境，而不只是单一的历史遗迹和个体建筑。

（2）协调性原则

历史文化村镇的保护不同于文物和历史遗产的保护，必须兼顾其居民的现代生活、生产的发展需求，协调好保护与发展的关系。

（3）展示性原则

在充分尊重历史环境、保护历史文化遗迹的前提下，采取保护与开发相结合的原则，使历史古镇整体及其历史遗迹的历史价值、艺术价值、科学价值、文化教育价值不断得到新的升华，并获得显著的经济效益和社会效益。

2. 历史文化村镇传统特色要素与构成

历史文化村镇的传统特色要素与构成，见表5－5。

表5-5　历史文化村镇的传统特色要素与构成

要素	构成
自然环境	山脉——高山、群山、丘陵、植被、树林 水体——江河、湖泊、海洋 气候——日照、雨量、风向、气候特征 物产——农作物、果树、山珍、水产、特产
人工环境	历史遗迹——庙宇、亭、台、楼、阁、祠、堂、塔、门、城墙、古桥等 文化古迹——古井、石刻、墓、碑、坊等 民居街巷——街、巷、府、院、祠、园、街区、广场等 城镇格局——结构、尺度、布局
人文环境	历史人物——著名历史人物、政治家、文学家、科学家、教育家、宗教人士等 民间工艺——陶艺、美术、雕刻、纺织、酿酒、建筑艺术等 民俗节庆——集会、仪式、活动、展示、婚娶等 民俗文化——方言、音乐、戏曲、舞台、祭祀、烹饪、茶、酒等

3. 历史文化村镇保护内容

（1）整体风貌格局

包括整体景观、村镇布局、街区及传统建筑风格。

（2）历史街区（地段）

集中体现古镇的历史和文化传统，保存较完整的空间形态。

（3）街道及空间节点

最能体现历史文化传统特征的空间环境、传统古街巷、广场、滨水地带、山村梯道及空间节点中的重要景物，如牌坊、古桥、戏台等。

（4）文物古迹、建筑遗产、古典园林

各个历史时代古镇遗留下来的至今保存完好的历史遗迹精华。

（5）民居建筑群风貌

为传统古镇的主体，最具有生活气息和体现民风民俗的部分。

4. 历史文化村镇保护规划

历史文化村镇的保护规划不同于历史文化名城的保护规划，由于古村镇通常保护范围相对较小，内容相对单纯，编制的形式、深度在参考历史文化名城保护规划办法的前提下，分为三种情况：一是按专项规划深度编制，二是在村镇建设规划中单独编制古村镇保护规划，三是结合旅游规划和园林绿地系统规划，编制专题的古村镇或历史街区保护规划。以上三种规划编制形式，其保护规划内容基本一致，归纳如下：

（1）确立村镇保护级别、作用、效果及保护规划框架。

（2）明确历史文化村镇的保护定位。

（3）根据现状环境、历史沿革、要素分析，明确划分古村镇的保护范围、细分保护区等级。

（4）与村镇建设规划相衔接和调整。

（5）提出保护系统的构成，即区、线、点的系统保护，并确定系统的重点。

（6）对保护区内建筑更新的风格、色彩、高度的控制。

（7）在调查分析、研究的基础上确定古镇保护区建筑的保护与更新的方式，通常为保护、改善、保留、整治、更新等方法。

（8）对城镇整体景观、空间系列、传统民居群、空间节点和标志等方面的规划。

（9）完善交通系统，确定步行区，组织旅游线路。

（10）对古镇环境不协调的地段、河流、建筑、场所进行整治，并进行市政设施配套、绿化系统规划和环境卫生的整治。

第二节　道路交通系统规划

一、小城镇交通特征

1. 我国大部分小城镇规模较小，而且又都是沿交通干线逐渐发展起来的，公路既是交通运输的通道，又是镇区街道及市场，小城镇过境交通往往占60%以上。

2. 机动车与非机动车混杂行驶普遍。过境交通一般以货运交通为主，主要交通工具有卡车、拖挂车、客车、小汽车等；镇区内交通以本地居民为主，由于出行距离较短，主要交通工具除了小汽车、摩托车、拖拉机以外，还有自行车、马车等非机动车。同时，居民的出行交通方式大部分还以步行为主。由于交通混杂，相互干扰大，造成各类交通车辆通行的困难，严重影响了小城镇居民的生活环境，各种交通方式的比例见表5－6。

表5－6 小城镇出行交通方式

出行方式	步行	自行车	摩托车	公共交通
比例	50%以上	25%～35%	10%～20%	10%以下

3. 交通流向和流量在时间与空间上呈非平衡状态分布。随着商品经济和乡镇企业的发展，有许多农民进城从事特种非农业生产，造成交通流量在各个季节、一周及早、中、晚高峰时段呈钟摆式单向运动，变化较大。在一些有较大集市日活动的城镇，其集市日客流量远远大于平均日客流量。

4. 道路交通基础设施较差，道路性质不明确、道路断面功能不分、技术标准低、人行道狭窄或被占用，造成人车混行，缺乏专用交通车站及停车场地，道路违章停车多。在道路的分布中，丁字路口、斜交路口及多条道路交叉的现象也比较多。

5. 交通管理和交通设施不健全，普遍缺乏交通标志、交通指挥信号等设施，致使交通混乱、受阻。

二、对外交通类型及布置

小城镇对外交通的类型主要包括铁路、公路和水运三类，各种交通类型都有它各自的特点。铁路交通运输量大、安全，有较高的行车速度，连续性强，一般不受季节、气候影响，可保持常年正常的运行。公路交通机动灵活、设备简单，是适应能力较强的交通方式。水运交通运输量大、成本低、投资少、耗时长。

1. 铁路交通及布置

铁路由铁路线路和铁路站场两部分组成。小城镇所在的铁路站大多是中间车站，客货合一，多采用横列式的布置方式。铁路站的布置往往与货场的位置有很大的关系，由于小城镇用地范围小，工业仓库也较少，为避免铁路分隔城镇、互相干扰，原则上铁路站场应布置在小城镇一侧的边缘，并将客站和货站用地布置在小城镇的同侧方向。客站直接近小城镇生活居住用地，货站则接近工业、仓库用地。

站场用地规模取于客、货运量及场站布置形式，并适当留有发展余地。站场用地长度主要根据站线数量及其有效长度确定，可参见表5－7至表5－8。

表 5-7 Ⅰ、Ⅱ级铁路站坪长度

车站种类	车站布置形式	按远期采用的到发线有效长度/m							
		1050		850		750		650	
		单线	复线	单线	复线	单线	复线	单线	复线
(1) 中间站	①横列式无货物线	1350	1550	1150	1350	1050	1250	950	1150
	②横列式有货物线	1500	1650	1300	1450	1200	1350	1100	1250
(2) 区段站	①横列式	1850	2150	1650	1950	1550	1850	1450	1750
	②纵列式	3000	3400	2600	3000	2400	2800	2200	2600

表 5-8 Ⅲ级铁路站坪长度

车站种类	车站布置形式	按远期采用的到发线有效长度/m			
		850	750	650	550
(1) 中间站	①无货物线	1150	1050	950	850
	②有货物线	1300	1200	1100	1000
(2) 区段站		1650	1550	1450	1350

场站用地宽度，根据各类车站作业要求、站线数量、站屋、站台及其他设备来确定。旅客列车到发线一般与部分货物到发线客货混用，但在计算时必须将旅客列车行车量一并列入，对各类站场的用地规模应与铁路有关部门共同研究确定。

当车站客、货部分不能在城镇一侧而必须采用客、货站对侧布置，城镇交通不可避免地跨铁路时，应保证镇区发展以一侧为主，货场和地方货源、货流同侧，以充分发挥铁路设备的运输效率，在城镇用地布局上尽量减少跨越铁路和交通量。

当铁路线路不可避免地穿越城镇时，应配合城镇规划的功能分区，把铁路线路布置在各分区的边缘、铁路两侧各分区内均应配置独立完善的生活福利和文化设施，以尽量减少跨越铁路的交通，如图 5-13 所示。

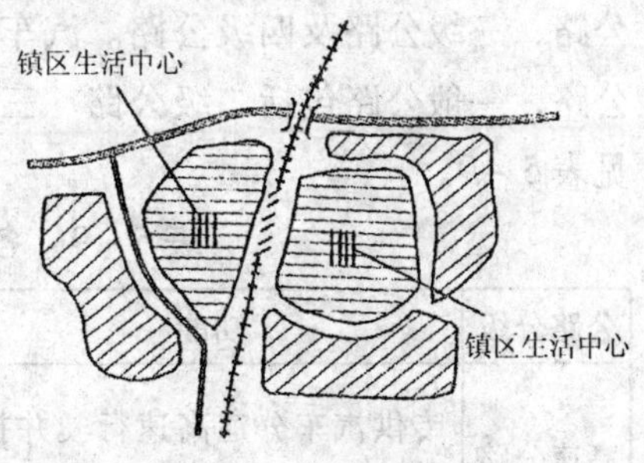

图 5-13 小城镇铁路布置与城镇分区的配合

通过城镇的铁路两侧应植树绿化，这样既可以减少铁路的噪声对城镇干扰、废气污染及保证行车的安全，还可以改善城镇小气候和城镇面貌。铁路两侧的树木不宜植成密林，不宜太近路轨，与路轨的距离最好在10m以上，以保证司机和旅客能有开阔的视线。有的城镇可利用山坡或水面等自然地形作屏蔽，也能收到良好的效果，如图5－14所示。

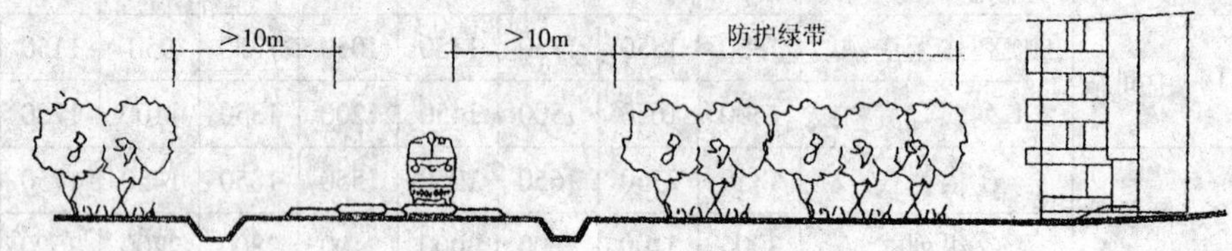

图5－14　小城镇中的铁路防护绿带

2. 公路交通及布置

（1）公路的分类。根据公路性质和作用及其在国家公路网中所处的位置，可分为国道、省道和县、乡道三类。

1）国道。是由首都通向全国各省、市、自治区的政治、经济中心和30万以上人口规模城市的干线公路，或通向各大道口、铁路枢纽、重要工农业产地的干线公路，以及通向重要对外口岸和开放城市、革命纪念地、名胜古迹的干线公路，有重要意义的国防公路干线。这些公路组成国家的干线公路网。

2）省道。是属于省内县市间联系的干道或某些大城市联系近郊城镇、休疗养区的道路。

3）县、乡道。它是直接服务于城乡、工矿企业的客货运输道路，与广大人民的生产、生活有密切的联系，是短途运输中的主要网路。

（2）公路的分级。按照公路的使用性质和交通量大小，分为2类5个等级。2类指汽车专用公路与一般公路，5个等级指高速公路、一级公路、二级公路、三级公路及四级公路。汽车专用公路包括高速公路、一级公路及二级公路，一般公路包括二级公路、三级公路及四级公路。各级公路的技术特征见表5－9。

表5－9　各级公路的技术特征

公路分级	功能	车道数	交通量/（辆/年）	备注
高速公路	专供汽车分道高速行驶并控制全部出入的公路	4～8	折合成小客车25000辆以上	具有特别重要的政治、经济意义

续表

公路分级	功能	车道数	交通量/（辆/年）	备注
一级公路	专供汽车分道快速行驶并部分控制出入的公路	4	折合成小客车 10000 ~ 25000 辆	联系重要政治、经济中心
二级公路	汽车专用公路专供汽车行驶的公路	2	折合成中型载重汽车 4500 ~ 7000 辆	联系政治、经济中心或矿区、港口、机场
一般公路	运输量繁忙的城郊公路	2	折合成中型载重汽车 2000 ~ 5000 辆	联系政治、经济中心或矿区、港口、机场
三级公路	运输任务较大的一般公路	2	折合成中型载重汽车 2000 辆以下	沟通县以上城市
四级公路	直接为农业运输服务的公路	1 ~ 2	折合成中型载重汽车 200 辆以下	沟通县、乡镇、村

（3）各级公路主要技术指标。公路的技术标准是确保该公路达到相应等级的具体指标，不同等级的公路能够容许车辆行驶的数量、速度、载重量亦不相同。其主要技术指标，仍按现行的交通部标准《公路工程技术标准》（JTJ 001—2003）的规定执行，见表 5 - 10。

表 5 - 10　各级公路主要技术指标汇总

公路等级	汽车专用公路								一般公路					
	高速公路				一		二		二		三		四	
地形	平原、浅丘	深丘、山岭	山岭		平原、浅丘	深丘、山岭	平原、浅丘	深丘、山岭	平原、浅丘	深丘、山岭	平原、浅丘	深丘、山岭	平原、浅丘	深丘、山岭
计算行车速度/（km/h）	120	100	80	60	100	60	80	40	80	40	60	30	40	20
行车道宽度/m	2 × 7.5	2 × 7.5	2 × 7.5	2 × 7.0	2 × 7.5	2 × 7.0	8.0	7.5	9.0	7.0	7.0	6.0	3.5	

续表

公路等级		汽车专用公路								一般公路					
		高速公路				一		二		二		三		四	
路基宽度/m	一般值	26.0	24.5	23.0	21.5	24.5	21.5	11.0	9.0	12.0	8.5	8.5	7.5	6.5	
	变化值	24.5	23.0	21.5	20.0	23.0	20.0	12.0	—	—	—	—	—	7.0	4.5
极限最小半径/m		650	400	250	125	400	125	250	60	250	60	125	30	60	15
停车视距/m		210	160	110	75	160	75	110	40	110	40	75	30	40	20
最大纵坡（%）		3	4	5	5	4	6	5	7	5	7	6	8	6	9
桥涵设计车辆荷载		汽车—超20级 挂车—120				汽车—超20级 挂车—120 汽车—20级 挂车—100		汽车—20级 挂车—100		汽车—20级 挂车—100		汽车—20级 挂车—100		汽车—10级 挂车—50	

（4）不同类型机动车交通量的换算。因为道路上行驶的车辆类型比较复杂，在计算混合行驶车行道上的能力或估算交通量时，需要将各种车辆换算成同一种车。城镇道路一般换算为小汽车，公路则换算成载重汽车；由于我国城镇的交通量是以载重汽车为主体，因此村镇宜以载重汽车作为换算标准，见表5－11和表5－12。

表5－11　以小汽车为计算标准的换算系数表

车辆类别	换算系数	车辆类型	换算系数
小汽车	1.0	5t以上货车	2.5
轻货车	1.5	中、小型公共汽车	2.5
3～5t货车	2.0	大型公共汽车、无轨电车	3.0

表5－12　以载重汽车为计算标准的换算系数表

车辆类型	换算系数
载重汽车（包括大卡车、重型汽车、三轮车、胶轮拖拉机）	1.0
带挂车的载重汽车（包括公共汽车）	1.5
小汽车（包括吉普、摩托车）	0.5

（5）公路在小城镇中的布置。公路线路与小城镇的联系和位置分两种情况，即公路穿越小城镇和绕过城镇。采用哪种布置方式要根据公路的等级、过境交通和入境交通的流量、城镇的性质与规模等因素来确定。

1）公路穿越城镇。公路穿越城镇造成公路与城镇之间的相互干扰，但对过境公路穿越城镇也不能盲目外迁，要根据实际情况综合考虑。对交通量不大的过境公路，可以适当拓宽路面，在镇区内路段可以改造为城市型道路，做到一路两用。但要结合城镇用地布局的调整，严格控制公路两侧建设项目，尽量减少交通联系，并且不宜作为小城镇的生活性干道。

2）过境公路绕过城镇。对于等级较高、交通量较大的过境公路，一般应绕城镇通过。过境公路与城镇的联系有以下两种方式：

①将过境公路以切线方式通过城镇。这种方式通常是将现状穿越城镇中心区的过境公路改道，迁至城镇边缘绕城而过。

②过境公路的等级越高且经过的城镇越小，通过该城镇的车流中入境的比重越小，过境公路宜远离城镇，其联系可采用辅助道路引入，如图 5－15 所示。

（6）长途汽车站。一般可分为客运站、货运站、混合站三类。其位置和用地规模应结合城镇特点及城镇干道系统规划统一考虑；布置的原则是既满足使用功能，又不对城镇产生干扰，并与城镇中的铁路站场、水运码头等其他交通设施有较好的联系，组织联运。公路汽车站场分类及其位置选择要求见表 5－13。

1）客运站的布置要解决好与镇区内干道系统和对外交通联系，一般可布置在入城干道与对外公路交汇的地点或城镇边缘，同时可以设置相应的公共服务设施，这样可以避免不必要的车流和人流进入镇区，减少对镇区的交通干扰。对于较大的城镇，为方便旅客乘车，客运站也可以考虑布置在城镇中心区的边缘地段，通过交通性干道来联系。

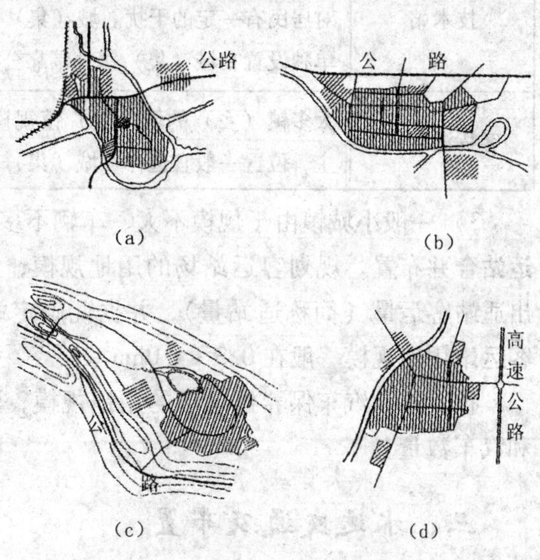

图 5－15　公路线路与小城镇的联系

（a）过境交通穿越城镇生活区；

（b）过境交通以切线通过城镇边缘；

（c）用入城干道与城镇联系；

（d）高速公路和城镇的联系

2）货运站的布置与货物的性质有关。供应城镇居民的日常生活用品的货运站，应布置在城镇中心区的边缘地段，与镇区内仓库有较为直接的联系；

以供应工业区的原料或运输工业产品或以中转货物为主的货运站，可布置在仓库区，亦可布置在铁路货运站及货运码头附近，以便组织联运，同时货运站直通过城镇交通性干道对外联系。

表 5－13　公路汽车站场分类及其位置选择

分类	位置选择要求
客运站	客运站首先是最大限度地方便旅客，因此，要解决好与城（集）镇干道和对外交通的衔接，规模较大城（集）镇的客运站多设在城（集）镇中心区外围，并与其他形式的对外交通有便捷联系，一般车站前设有广场，便于旅客疏散和车辆调度；站场设计同广场周围的建筑同时考虑，形成一个完整协调的空间
货运站	城（集）镇单独设置货运站的情况较少，一般有铁路或码头货运的城（集）镇单独设置，单独设置的货运站位置与货流方向和货物性质有关。若以供应居民的日常生活用品为主，则可布置在城（集）镇中心区边缘；若以中转货物为主，应布置在铁路货运站及货运码头附近，以便组织联运，其原则是避免大运量的重复运输和空驶里程
技术站	技术站主要对汽车进行清洗、检修（保养）等工作，用地要求较大，对居民有一定的干扰。城（集）镇一般不设技术站；若设置，则一般单独设置在城（集）镇外围靠公路线附近，与客货站有方便的联系
客货混合站	大多镇（乡）的城（集）镇规模较小，公路汽车站一般以混合站为主，位置一般宜选择在城（集）镇对外联系的主方向和主通道边上

3）一般小城镇由于规模不大、车辆不多，为便于管理，往往客运站与货运站合并布置。规划客运站场的用地规模，应根据远期预测的客运量，推算出适站客运量（简称适站量），并据此确定站场各种用地规模。城（集）镇客运站用地规模一般在 0.3～1.0hm^2。

技术站和汽车保养修理场的用地规模，取决于保养检修汽车的技术等级和汽车数量。

三、水运交通及布置

沿江河湖泊的小城镇，在规划时要根据“深水深用、浅水浅用”的原则，综合小城镇用地的功能组织，对岸线作全面的安排。为发展水运优势，应将适宜于航运的城镇岸线在规划时明确规定下来，在用地上要保证有一定的纵深陆域，用以布置仓库、堆场及陆地上的有关设施。同时，还要留出满足城镇居民游憩生活需要的生活岸线。

1. 内河

（1）航道等级。内河航道共分为7个等级，其航道分级与航道尺度，见表5－14。

表5－14 内河航道分级

航道等级	驳船吨级/t	船型尺度/m（总长×型宽×设计吃水）	船队尺度/m（长×宽×吃水）	航道尺度/m					
				天然及渠化河流			限制性航道		弯曲半径
				水深	单线宽度	双线宽度	水深	宽度	
Ⅰ	3000	75×16.2×3.5	（1）350×64.8×3.5	3.5～4.0	120	245			1050
			（2）271×48.6×3.5		100	190			810
			（3）267×32.4×3.5		75	145			800
			（4）192×32.4×3.5		70	130	5.5	130	580
Ⅱ	2000	67.5×10.8×3.4	（1）316×32.4×3.4	3.4～3.8	80	150			950
			（2）245×32.4×3.4		75	145			740
		75×14×2.6	（3）180×14×2.6	2.6～3.0	35	70	4.0	65	540
Ⅲ	1000	67.5×10.8×2.0	（1）243×32.4×2.0	2.0～2.4	80	150			730
			（2）328×21.6×2.0		55	110			720
			（3）167×21.6×2.0		45	90	3.2	85	500
			（4）160×10.8×2.0		30	60	3.2	50	480
Ⅳ	500	45×10.8×1.6	（1）160×21.6×1.6	1.6～1.9	45	90			480
			（2）112×21.6×1.6		40	80	2.5	80	340
			（3）109×10.8×1.6		30	50	2.5	45	330
Ⅴ	300	35×9.2×1.3	（1）125×18.4×1.3	1.3～1.6	40	75			380
			（2）89×18.4×1.3		35	70	2.0	75	270
			（3）87×9.2×1.3		22	40	2.5～2.0	40	260
Ⅵ	100	26×5.2×1.8	（1）361×5.5×2.0	1.0～1.2			2.5	18～22	105
		32×7×1.0	（2）154×14.6×1.0		25	45			130
		32×6.2×1.0	（3）65×6.5×1.0		15	30	1.5	25	200
		30×6.4（7.5）×1.0	（4）74×6.4（7.5）×1.0		15	30	1.5	28	220

续表

<table>
<tr><th rowspan="3">航道等级</th><th rowspan="3">驳船吨级/t</th><th rowspan="3">船型尺度/m（总长×型宽×设计吃水）</th><th rowspan="3">船队尺度/m（长×宽×吃水）</th><th colspan="6">航道尺度/m</th></tr>
<tr><th colspan="3">天然及渠化河流</th><th colspan="2">限制性航道</th><th rowspan="2">弯曲半径</th></tr>
<tr><th>水深</th><th>单线宽度</th><th>双线宽度</th><th>水深</th><th>宽度</th></tr>
<tr><td rowspan="3">Ⅶ</td><td rowspan="3">50</td><td>21×4.5×1.75</td><td>（1）273×4.8×1.75</td><td rowspan="3">0.7~1.0</td><td></td><td></td><td>2.2</td><td>18</td><td>85</td></tr>
<tr><td>23×5.4×0.8</td><td>（2）200×5.4×0.8</td><td>10</td><td>20</td><td>1.2</td><td>20</td><td>90</td></tr>
<tr><td>30×6.2×0.7</td><td>（3）60×6.5×0.7</td><td>13</td><td>25</td><td>1.2</td><td>26</td><td>180</td></tr>
</table>

（2）航闸。内河航道航闸有效尺度见表5-15。

（3）水上过河建筑物。从内河航道上面跨越的桥梁、渡槽、管道等水上过河建筑物的通航净空尺度应按所通过的最大船舶（队）的高度和航行技术要求确定，但不得小于表5-16中的尺度。

表5-15　内河航道船闸有效尺度　　（单位：m）

航道等级	长（L_K）	宽（B_K）	门槛水深（H_K）	航道等级	长（L_K）	宽（B_K）	门槛水深（H_K）
Ⅰ-（1）				Ⅳ-（2）	120	23	2.5~3.0
Ⅰ-（2）				Ⅳ-（3）	120	12	2.5~3.0
Ⅰ-（3）	280	34	5.5	Ⅴ-（1）	140	23	2.0~2.5
Ⅰ-（4）				Ⅴ-（2）	100	23	2.0~2.5
Ⅱ-（1）				Ⅴ-（3）	100	12	2.5~3.2/2.0~2.5
Ⅱ-（2）	280	34	5.5	Ⅵ-（1）	190	12	2.5~3.0
Ⅱ-（3）	195	16	4.0	Ⅵ-（2）	160	16	1.5
Ⅲ-（1）				Ⅵ-（3）	80	8	1.5
Ⅲ-（2）	260	23	3.0~3.5	Ⅵ-（4）	80	8	1.5
Ⅲ-（3）	180	23	3.0~3.5	Ⅶ-（1）	140	12	2.5
Ⅲ-（4）	180	12	3.0~3.5	Ⅶ-（2）	110	12	1.2
Ⅳ-（1）	180	23	2.5~3.0	Ⅶ-（3）	70	8	1.2

表5-16 水上过河建筑物通航净空尺度 （单位：m）

航道等级	天然及渠化河流				限制性航道			
	净高（H_M）	净宽（B_M）	上底宽（b）	侧高（h）	净高（H_M）	净宽（B_M）	上底宽（b）	侧高（h）
Ⅰ-（1）	24	160	120	7.0				
Ⅰ-（2）		125	95	7.0				
Ⅰ-（3）	18	95	70	7.0				
Ⅰ-（4）		85	65	8.0	18	130	100	7.0
Ⅱ-（1）	18	105	80	6.0				
Ⅱ-（2）		90	70	8.0				
Ⅱ-（3）	10	50	40	6.0	10	65	50	6.0
Ⅲ-（1）								
Ⅲ-（2）		70	55	6.0				
Ⅲ-（3）	10	60	45	6.0	10	85	65	6.0
Ⅲ-（4）		40	30	6.0	10	50	40	6.0
Ⅳ-（1）		60	50	4.0				
Ⅳ-（2）	8	50	41	4.0	8	80	66	3.5
Ⅳ-（3）		35	29	5.0	8	45	37	4.0
Ⅴ-（1）	8	46	38	4.0				
Ⅴ-（2）		38	31	4.5	8	75~77	62	3.5
Ⅴ-（3）	8、5	28~30	25	5.5、3.5	8、5	38	32	5.0、3.5
Ⅵ-（1）					4.5	18~22	14~17	3.4
Ⅵ-（2）	4.5	22	17	3.4				
Ⅵ-（3）	6	18	14	4.0	6	25~30	19	3.6
Ⅵ-（4）		18	14	4.0	6	28~30	21	3.4
Ⅶ-（1）					3.5	18	14	2.8
Ⅶ-（2）	3.5	14	11	2.8	3.5	18	14	2.8
Ⅶ-（3）	4.5	18	14	2.8	4.5	25~30	19	2.8

注：1. 在平原河网地区建桥遇特殊困难时，可按具体条件研究确定。

2. 桥墩（或墩柱）侧如有显著的紊流，则通航孔桥墩（或墩柱）间的净宽值应为本表的通航净宽加两侧紊流区的宽度。

3. 当不得已将水上建筑物建在航行条件较差或弯曲的河段上时，其净宽应在表列数值基础上根据船舶航行安全的需要适当放宽。

（4）通航水位。

天然河流的设计最高通航水位应采用表5－17所示的各级洪水重现期的水位。

表5－17　天然河流设计最高通航水位的洪水重现期

航道等级	洪水重现期/年
Ⅰ～Ⅲ	20
Ⅳ、Ⅴ	10
Ⅵ、Ⅶ	5

注：对出现高于设计最高通航水位历时很短的山区性河流，Ⅲ级航道的洪水重现期可降低为10年一遇；Ⅳ、Ⅴ级可降低为5年一遇；Ⅵ、Ⅶ级可按2～3年一遇执行。

2. 河港

随着公路运输的发展，根据水运的特点，镇（乡）域河港目前以货运港和渔港为主，水上客运在逐渐减少或转向以旅游服务为主。

（1）河港分类，见表5－18。

表5－18　河港分类

分类	名称
按装卸货物种类分	综合港、货运港、客运港、其他港（如军港、渔港）等
按修建形式分	顺岸式港口、挖入式港口、混合式港口

（2）河港组成，见表5－19。

表5－19　河港组成

区域	组成
水域	水域是船舶航行、运转、锚泊和停泊装卸的场所，包括航道、码头前水域港池及锚地
陆域	陆域包括码头及用来布置各种设备的陆地，供旅客上下船、货物装卸、堆存和转载之用

（3）河港位置选择，见表5－20。

表 5-20　河港位置选择

因素	要求
与城（集）镇总体规划相协调	通常布置在城（集）镇生活居住区的下游、下风，避免对生活区产生干扰，并给将来港口发展留有余地
水域条件	要对各种河流、各个河段分别进行分析、选择地质好、河床稳定、水流平顺、有较宽水域和足够水深的河段
岸线长度和陆域面积	应有足够的岸线长度和一定的陆域面积，且便于与铁路、公路、城（集）镇道路相连接，并有方便的水、电供应
避开有关建筑物	避开贮木场、桥梁、闸坝及其他水上构筑物或贮存危险品的建筑物
远离电线电缆	港区内不得跨越架空电线和埋设水下电缆，两者均应距港区至少 100m，并设置信号标志
特殊情况	对封冻河流的河港的选址，除按冰冻河流要求选择位置外，应注意避开经常发生冰坝区段及其上游附近区段

四、镇区交通规划

1. 小城镇镇区交通规划的阶段与内容

（1）道路交通量、OD 调查。主要有居民出行调查、货物流调查、路况调查、车辆调查、对外交通调查、交通事故调查等。

（2）道路交通预测。根据城镇规划发展的人口、用地规模、经济发展水平，从调查的数据出发，预测道路交通的增长情况，主要内容包括：

①出行产生：预测居民和车辆出行发生总量。

②出行分布：预测出行量在各发生区和吸收区的分布。

③交通方式划分：将预测的出行量按合理比例分配给不同道路、不同的交通方式、计算其所承担的交通量。

④交通工具与交通设施的增减。

（3）规划编制。根据预测交通流量流向编制道路网及客、货运交通规划。

2. 小城镇自行车交通

（1）在自行车出行率较高的小城镇，可由单独设置的自行车专用道、干道两侧的自行车道、支路和住宅区道路共同组成一个能保证自行车连续通行的网络。

（2）自行车专用道应按设计速度 20km/h 的要求进行道路线型设计。自行车道路的交通环境应设置安全，照明、遮荫等设施。

（3）为适应小城镇自行车交通不断发展，还应考虑自行车停车条件；对小城镇而言，重点是解决好城镇中心区及车站的自行车停车问题。

3. 小城镇步行交通

小城镇步行交通系统规划应以步行人流的流量和流向为基本依据，因地制宜地采用各种措施，科学合理地进行人行道、人行横道、商业步行街、滨河步道或林荫道的规划；并应与居住区、车站广场、中心区广场等步行系统紧密结合，构成完整的城镇步行交通系统。步行交通设施应符合无障碍交通要求。

（1）人行道。沿人行道设置行道树、车辆停靠站、公用电话亭、垃圾箱等设施时，应不妨碍行人的正常通行。人行道布置如图 5 – 16 所示。

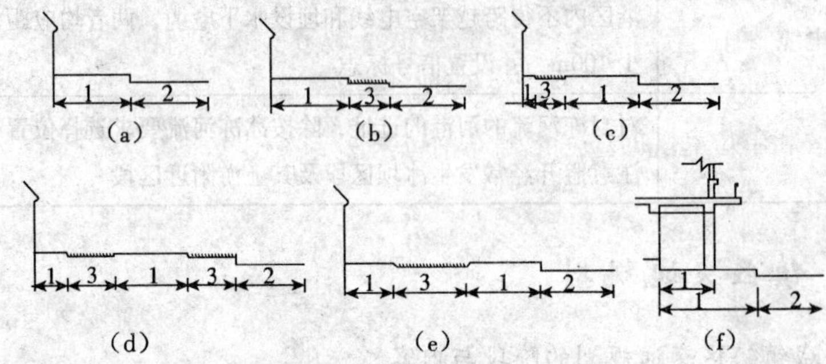

图 5 – 16　小城镇人行道的布置

（a）～（e）人行道；（f）骑楼

1 – 步行道；2 – 车行道；3 – 绿带

（2）人行横道。在城镇的主要路段上，应设置人行横道或过街通道，其宽度不小于 2m，间距宜为 250～300m。当道路宽度超过 4 条机动车道路或人行横道长度大于 15m 时，人行横道应在车行道中间分隔带设置行人安全岛，最小宽度 1.25m，最小面积 5 平方米。

（3）商业步行街。小城镇设置商业步行街，必须根据具体情况，对步行街与城镇的相互关系作必要的研究，在此基础上，结合具体交通系统分析，合理组织交通及停车设施布局，从而达到改善小城镇的交通环境、增加步行空间、繁荣商业经济的目的。

商业步行街要满足送货车、清扫车、消防车及救护车通行的要求，道路宽度可采用 10～15m，其间可配置小型广场。道路与广场面积可按 0.8～1.0 人/平方米计算。街区的紧急安全疏散出口间隔距离不得大于 160m。路口处应设置机动车和非机动车停车场地，距步行街进出口距离不宜超过 100m。

4. 小城镇货运交通

小城镇的机动车交通通常以货运车辆为主，货运交通的规划是在预测小城镇货运交通流量、流向的基础上选择货运组织方式，安排货运交通路线，确定主要货流所经的交通干道网，选定货运站场、仓库、堆场位置及交通管理设施。

货运交通规划受工业企业、仓库、专业市场及车站、码头等用地布置的影响很大，规划中要妥善地安排好这些货流形成点，尽量按交通流发生点或吸引点间交通量的大小及它们的相关程度规划好它们之间的位置，切忌主要交通流的绕行、越行和迂回，尽量减少交通流的重叠和过境交通流穿越镇区。

同时，还要考虑静态交通设施，应根据车辆增长预测，合理地布置公共停车场（库）的位置。停车场的容量根据小城镇交通规划作出预测。人、车流较集中的公共建筑、商业街（区），应留出足够的停车场（库）位置，在规划居住区和单位庭院时应考虑停车泊位。

五、道路系统规划

小城镇道路系统规划应根据其道路现状及规划布局的要求，按照道路的功能性质进行合理布置。

1. 小城镇道路系统规划的基本要求

（1）应满足交通流畅、安全和迅速的要求。

1）在规划小城镇道路系统时，其选线位置要合理、主次分明、功能明确。过境公路或与过境公路联系的对外道路，连接工厂、仓库、码头、货场等交通性干道应避免穿越城镇中心地段。

2）干道网的密度要适当，应与小城镇交通相适应，一般在小城镇中心地区向镇郊逐渐递减，以适应居民出行流量分布变化的规律。但往往有些老城镇中心地区密度过高、路幅又窄，应注意适当放宽路幅或禁止机动车通行或改为单行车道。同时，要尽量避免锐角交叉口，两条干道相交的夹角宜大于45°。

3）位于商业服务、文化娱乐等大型公共建筑前的道路，应设置必要的人流集散场地、绿地和停车场地。在以上大型公共建筑集中的路段，可以布置为商业步行街，禁止机动车穿越，路口处应设置停车场地。

（2）规划干道路网骨架，要结合小城镇用地布局规划结构，形成完整的干道路网系统。

1）要满足作为合理划分小城镇分区、片区、组团、街坊等用地的界线要求。

2）要满足小城镇对外交通联系的通道及小城镇各分区、片区、组团、街坊相互之间交通联系通道的要求。

（3）充分结合地形、地质、水文条件合理规划道路走向。

1）对于平原地区的小城镇，按交通运输的要求，道路线形宜平而直；对不合理的局部路段，可以采取“裁弯取直”或拓宽路面的措施予以改造。

2）对于山区的小城镇，特别是地形起伏较大的地段，一般宜沿较缓的山地或结合等高线自由布置道路。

3）在选择道路标高时，要考虑水文地质条件对道路的影响，特别是地下水对路面、路基的破坏作用；一般路面标高至少应距地下水最高水位0.7～1.0m的距离。

（4）有利于改善小城镇环境。

1）要避免或减少汽车对小城镇居住的影响，一般应合理地确定干道系统密度，以保证居住区与干道有足够的消声距离。限制过境车辆穿越镇区，对于已在过境公路两侧形成的建设用地，应进行必要的调整。道路两侧应有一定的宽度布置绿地或防护绿地。

2）小城镇主干路走向应有利于建筑取得良好的朝向。南方小城镇干道走向一般应平行夏季主导风向；临海临江的道路需临水，并留出必要的生活岸线，布置一些垂直岸线的街道；北方小城镇严寒且多风沙、大雪，道路布置应与大风的主导方向成直角或一定的斜角；山地小城镇的道路走向要有利于组织山谷风。

（5）应有利于组织小城镇景观。

1）小城镇街道要与沿街建筑群体、广场、绿地、自然环境、各种公用设施有机协调。

2）小城镇街道的走向应注意用对景和借景的手法把自然景色（山峰、江河、绿地）、宝塔、纪念碑、古迹及现代建筑贯通起来，并与绿地、广场、建筑及小品等相配合，形成小城镇的景观骨架，体现小城镇的个性特色和艺术风貌。

（6）有利于各种工程管线的布置。

小城镇道路的纵坡要有利于地面排水，并应根据小城镇公共事业和市政工程管线规划，留有足够的空间和用地。小城镇道路系统规划还应与人防工程、防洪工程、消防工程等防灾工程规划密切配合。

2. 村镇道路规划要点

根据村镇之间和村镇内部各项用地的动能联系，结合地形与现状，组织安全通畅、经济合理的道路交通系统，并为建筑布置和管线敷设创造有利条件。

（1）利用村镇现有路网，疏通局部卡口和堵头，改造不合理的线形和交叉口。

（2）配合布局调整，加强镇区道路的功能分工，适应乡镇企业的发展，开辟运输干路分流货运，使镇中干路由杂乱拥挤转变为繁华整洁的生活干路。

（3）镇区汽车站的选址，要求与公路连接通顺，与公共中心联系便捷，并与码头、铁路站场密切配合。

（4）结合集贸市场、商业街，设置停车场地；人流量大的公共建筑应设置必要的集散场地。

（5）村镇道路网应与田间道路相配合，打谷场、农机库的位置应避免对村镇造成干扰。

（6）配合村镇建设进程，安排好道路调整改造的步骤，逐步实现，适应发展。

3. 小城镇道路系统的形式

小城镇干道系统可分为四种形式：方格网式（棋盘式）、环形放射式、自由式和混合式，如图 5－17 所示；四种形式道路网特点比较，见表 5－21。

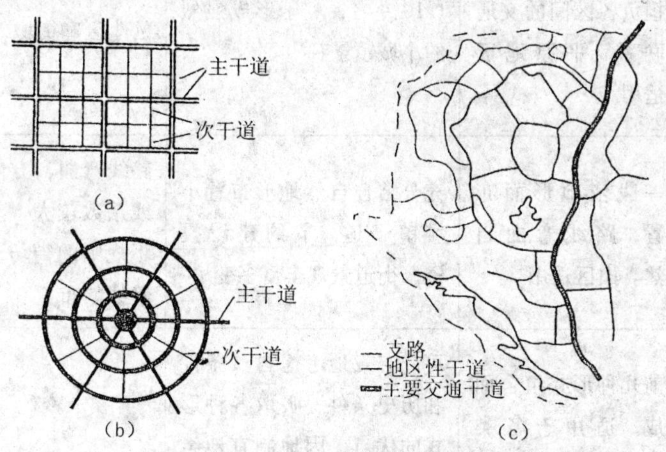

图 5－17　小城镇道路系统形式

（a）方格网式；（b）环形放射式；（c）自由式路网

4. 小城镇道路的功能分工

小城镇道路按其功能一般可以分为交通性道路和生活性道路。这两类道路既相对独立又有机联系，也可能是部分重合。

（1）交通性道路。要求行车快速畅通，避免非机动车及行人频繁过街造成的干扰。交通性道路还必须与公路及工业、仓库、交通运输等地有方便的联系，同时与居住、公共建筑等用地有较好的隔离。道路线型应顺直，并形成网络。

表5-21　小城镇道路网形式及比较分析

形式分类	特征	优点	缺点
方格网式	道路以直线型为主，呈方格网状。平原地区适用	街坊排列整齐，有利于建筑物的布置和方向识别，车流分布均匀，不会造成对小城镇中心区的交通压力	交通分散，不能明显地划分主要干路，限制了主、次干路的明确分工，对角方向的交通联系不便，行驶距离较长，曲线系数可高达1.2～1.41
环形放射式	由放射干道和环形干道组合形成，放射干道担负对外交通联系，环形干道担负各区间的交通联系。平原地区适用	对外对内交通联系便捷，线形易于结合自然地形和现状，曲线系数一般在1.10左右，利于形成强烈的小城镇景观	易造成城镇中心区交通拥堵，交通机动性差，在小城镇中心区易造成不规则的小区和街坊
自由式	一般依地形而布置，路线弯曲自然。山区适用	充分结合自然地形布置小城镇干道，节约建设投资，街道景观丰富多变	路线弯曲，方向多变，曲线系数较大，易形成许多不规则的街坊，影响工程管线的布置
混合式	前几种形式组合而成。适用于各类地形	可以有效地考虑自然条件和历史条件，吸取各种形式的优点，因地制宜地组织好小城镇交通	

（2）生活性道路。要求的行车速度相对低一些，不受交通性车辆的干扰，同居民区有方便的联系，同时对道路又有一定的景观效果要求。生活性道路一般由两部分组成：一部分为联系城镇各分区（组团）的生活性干道，另一部分是分区（组团）内部道路。

生活性道路的人行道比较宽，并要考虑有较好的绿化环境，在规划时要因地制宜、结合地形地貌特点，采用活泼的道路线形，在组织好小城镇居民生活的同时，也要组织好小城镇的景观，以体现各地不同的小城镇特色和风貌。

5. 小城镇道路交通用地分类及标准

（1）用地分类。小城镇道路交通用地主要包括对外交通用地及道路广场用地。

对外交通用地是指小城镇对外交通的各种设施用地，它又分为公路交通用地（即公路站场及规划范围内的路段、附属设施等用地）、其他交通用地（即铁路、水运及其他对外交通的路段和设施等用地）。

道路广场用地是指规划范围内的道路、广场、停车场等设施用地，它又分为道路用地（即规划范围内宽度等于和大于3.5m的各种道路及交叉口等用地）、广场用地（即公共活动广场）、停车场用地（不包括各种用地内部的停车场地）。

（2）用地构成比例及人均用地指标。小城镇规划道路广场用地占建设用地的比例，一般为：中心镇11%～19%，一般镇10%～17%，中心镇9%～16%，规划人均道路广场用地指标一般为7～15平方米/人。国内部分小城镇规划道路广场用地指标参考，见表5－22。

表5－22 国内部分小城镇对外交通用地及道路广场用地指标

城镇名称	占建设用地比例（%）				人均建设用地指标/（平方米/人）			
	对外交通用地		道路广场用地		对外交通用地		道路广场用地	
	现状	规划	现状	规划	现状	规划	现状	规划
吉林省延吉市三道湾镇		1.59		14.10		2.38		21.14
江苏省武进县遥观镇	2.33	1.09	12.84	11.17	3.11	1.31	17.21	13.38
江西省进贤县文港镇	2.81	2.02	16.34	17.93	2.26	2.00	13.12	17.79
江西省永新县澧田镇	2.75	5.25	8.21	15.54	2.10	4.43	6.25	13.10
江西省婺源县清华镇	7.08	2.98	3.11	15.61	5.98	2.76	2.62	14.44
江西省德兴市泗洲镇	4.29	3.90	6.46	12.8	3.77	3.90	5.66	12.78
广西区邕宁县苏圩镇	2.68	2.22	6.61	15.97	2.34	2.23	5.78	16.05

续表

城镇名称	占建设用地比例（%）				人均建设用地指标/（平方米/人）			
	对外交通用地		道路广场用地		对外交通用地		道路广场用地	
	现状	规划	现状	规划	现状	规划	现状	规划
广西区合浦县山口镇	0.34	1.09	9.07	19.04	0.32	1.19	8.46	20.86
湖北省应城市长江埠城区	12.26	6.54	6.36	11.14	12.29	6.91	6.38	11.78
湖北省黄梅县小池镇	1.90	2.10	16.8	12.10	1.80	2.20	16.30	12.50
湖北省嘉鱼县潘家湾镇	1.80	2.70	6.70	15.70	1.67	2.57	6.35	14.88
天津市津南区葛沽镇	4.56	0.51	7.75	21.17	4.61	0.41	7.86	16.95
安徽省肥西县三河镇	0.70	4.80	15.0	11.30	0.58	5.21	11.84	12.27
广西区灵山县陆屋镇	10.50	6.50	24.0	17.10	10.20	6.38	23.20	16.90
广西区灵山县石塘镇	3.20	2.00	18.10	17.80	2.00	2.00	11.30	17.80
广西区横县云表镇	3.89	3.74	12.08	16.34	3.76	4.00	12.62	17.47

注：表中资料所列规划年限一般为15～20年。

6. 小城镇道路系统规划指标及规定

（1）小城镇道路系统分级。根据国家《村镇规划标准》规定，村镇道路按使用功能和通行能力划分为四级，见表5－23。根据国家《城市道路交通规划设计规范》规定，小城市道路可划分为干路及支路二级。不同规模的村镇道路系统的组成见表5－24。

表5－23　小城镇道路分级标准

道路等级	功能特征	红线宽度/m	断面形式
一级路	小城镇商业居住中心的主要交通汇集线，是沟通小城镇各功能区之间的主要联系通道	24～32	一般为一块板式，个别大镇可以设三块板
二级路	次于一级路的干道	16～24	一般为一块板
三级路	次于二级路，是方便居民出行、交通疏散，满足消防、救护等要求的道路	10～14	
四级路	联系村落住宅与主要交通路线道路	4～6	

表 5－24　村镇道路系统分级

村镇层次	规划人口规模/人	道路分级			
		一	二	三	四
中心镇	大型（10001 以上）	●	●	●	●
	中型（3001～10000）	△	●	●	●
	小型（3000 以下）		●	●	●
一般镇	大型（3001 以上）		●	●	●
	中型（1001～3000）		●	●	●
	小型（1000 以下）		△	●	●
中心村	大型（1001 以上）		△	●	●
	中型（301～1000）			●	●
	小型（300 以下）			●	●
基层村	大型（301 以上）			●	●
	中型（101～300）			△	●
	小型（100 以下）				●

注：1. ●—应设的级别；△—可设的级别。

2. 当中心镇规划人口大于 30000 人时，其主要道路红线宽度可大于 32m。

（2）小城镇道路网密度。小城镇道路网密度应满足道路系统规划的基本要求。小城镇道路由于机动车流量不大、车速较低、居民出行主要依靠自行车和步行，因此，其干道网和道路网（含支路、巷路）的密度可以略高，道路网密度可达 8～13km/km^2，道路间距为 150～250m；干道网密度可达 5～6.7km/km^2，干道间距可为 300～400m。

（3）小城镇道路规划技术指标。按照国家《村镇规划标准》，村镇道路规划技术指标是根据村镇不同等级的道路，对其各项指标内容作出的相应规定要求，见表 5－25。

小城镇的道路分为两级，其规划指标，见表 5－26。

表 5－25　村镇道路规划技术指标

规划技术指标	村镇道路级别			
	一	二	三	四
计算行车速度/（km/h）	40	30	20	—
道路红线宽度/m	24～32	16～24	10～14	—

续表

规划技术指标	村镇道路级别			
	一	二	三	四
车行道宽度/m	14~20	10~14	6~7	3.5
每侧人行道宽度/m	4~6	3~5	0~2	0
道路间距/m	≥500	250~500	120~300	60~150
最大纵坡（%）	4	5	6	6
不设超高最小平曲线半径/m	250	150	100	50
停车视距/m	50	30	20	—

注：1. 表中一、二、三级道路用地按红线宽度计算，四级道路按车行道宽度计算。

2. 非积雪地区由于受地形限制，最大纵坡可增加1%~2%。

表5-26　小城镇道路网规划指标

项目	城镇人口/万人	干路	支路
机动车设计速度/（km/h）	>5	40	20
	1~5	40	20
	<1	40	20
道路网密度/（km/km^2）	>5	3~4	3~5
	1~5	4~5	4~6
	<1	5~6	6~8
道路中机动车车道数/条	>5	2~4	2
	1~5	2~4	2
	<1	2~3	2
道路宽度/m	>5	25~35	12~15
	1~5	25~35	12~15
	<1	25~30	12~15

第三节　给水、排水工程规划

一、给水工程规划

1. 规划内容、范围

（1）小城镇集中式给水工程规划的主要内容应包括：预测小城镇用水量；进行水资源与用水量供需平衡分析；选择水源，提出水资源保护要求和措施；确定水厂位置、用地，提出给水系统布局框架；布置输水管道和给水管网；乡村居民点用水量基本上为生活用水量。农业用水量包括引水灌溉、养畜、水产养殖和放牧用水量等。

（2）小城镇给水工程规划范围与小城镇总体规划范围一致，当水源地在小城镇规划区以外时，水源地和输水管线应纳入小城镇给水工程规划范围。

2. 水资源

（1）小城镇水资源应包括符合各种用水的水源水质标准的淡水（地表水和地下水）、海水，及经过处理后符合各种用水水质要求的淡水（地表水和地下水）、海水、再生水等。

（2）小城镇水资源和用水量之间应保持平衡，当不同小城镇之间用同一水源或水源在规划区以外时，应进行区域或流域范围的水资源供需平衡分析，根据水资源平衡分析，提出保持平衡的对策。

（3）小城镇用水量应分两部分。

第一部分应为小城镇给水工程统一供给的居民生活用水、工业用水、公共设施用水及其他用水量的总和；

第二部分应为上述统一供给以外的所有用水水量的总和，包括工业和公共设施自备水源供给的用水，河湖环境和航道用水、农业灌溉及畜牧业用水。

3. 用水量

（1）小城镇给水工程统一供给的综合生活用水量宜采用表 5－27 所示的指标预测，并应结合小城镇地理位置、水资源状况、气候条件、小城镇经济、社会发展与城镇公共设施水平、居民经济收入、居住、生活水平、生活习惯，综合分析比较选定指标。

表5-27　小城镇人均综合生活用水量指标　（单位：L/（人·d））

地区区域	小城镇规模分级					
	一		二		三	
	近　期	远　期	近　期	远　期	近　期	远　期
一区	190~370	220~450	180~340	200~400	150~300	170~350
二区	150~280	170~350	140~250	160~310	120~210	140~260
三区	130~240	150~300	120~210	140~260	100~160	120~200

注：1. 一区包括：贵州、四川、湖北、湖南、江西、浙扛、福建、广东、广西、海南、上海、云南、江苏、安徽、重庆；

二区包括：黑龙江、吉林、辽宁、北京、天津、河北、山西、河南、山东、宁夏、陕西、内蒙古河套以东和甘肃黄河以东的地区；

三区包括：新疆、青海、西藏、内蒙古河套以西和甘肃黄河以西的地区。

2. 用水人口为小城镇总体规划确定的规划人口数。

3. 综合生活用水为小城镇居民日常生活用水和公共建筑用水之和，不包括浇洒道路、绿地、市政用水和管网漏失水量。

4. 指标为规划期最高日用水量指标。

5. 特殊情况的小城镇，应根据实际情况，用水量指标酌情增减。

（2）小城镇用水量预测可在综合生活用水量预测的基础上，按小城镇相关因素分析或类似比较确定的综合生活用水量与总用水量比例或其与工业用水量、其他用水量之比例，测算总用水量，其中工业用水量也可单独采用其他方法预测。

（3）估算小城镇总体规划给水工程统一供水的给水干管管径或预测不同性质用地用水量，可按不同性质用地用水量指标确定。

1）小城镇单位居住用地用水量应根据小城镇特点、居民生活水平等因素确定，并根据小城镇实际情况，选用表5-28中指标。

表5-28　单位居住用地用水量指标　[单位：万 m^3/（km^2·d）]

地区区划	小城镇规模分级		
	一	二	三
一区	1.00~1.95	0.90~1.74	0.80~1.50
二区	0.85~1.55	0.90~1.38	0.79~1.15
三区	0.70~1.34	0.65~1.16	0.55~0.90

注：表中指标为规划期内最高日用水量指标，使用年限延伸至2020年，即远期规划

指标，近期规划使用应酌情减少，指标已含管网漏失水量。

2）小城镇单位公共设施用地、工业用地及其他用地用水量指标，应根据现行国家标准《建筑给水排水工程设计规范》（GB 50015—2003），结合小城镇实际情况选用，参见表5－29至表5－31。

表5－29 小城镇公共建筑用水量

建筑物名称		单位	用水量标准（最高日/L）	时变化系数
集体宿舍	有盥洗室	每人每日	50～75	2.5
	有盥洗室和浴室	每人每日	75～100	2.5
旅馆	有盥洗室	每床每日	50～100	2.0～2.5
	有盥洗室和浴室	每床每日	100～120	2.0
	25%及以下的房号有浴盆	每床每日	150～200	2.0
	26%～75%的房号有浴盆	每床每日	200～250	2.0
	76%～100%的房号有浴盆	每床每日	250～300	1.5～2.0
医院	有盥洗室和浴室	每床每日	100—200	2.0～2.5
	有盥洗室和浴室，部分房间有浴盆	每床每日	200～300	2.0
	所有房号有浴盆	每床每日	300～400	2.0
	有泥浴，水疗设备及浴室	每床每日	400～600	1.5～2.0
门诊部、诊所		每人次	15～20	2.5
公共浴室设有淋浴器、浴盆、理发室		每人次	80～170	1.5～2.0
理发室		每人次	10～25	1.5～2.0
洗衣房		每千克（干衣）	40～60	1.0～1.5
公共食堂、营业食堂		每人次	15～20	1.5～2.0
工业企业、机关、学校和居民食堂		每人次	10～25	1.5～2.0
幼儿园托儿所	有住宿	每人每日	50～100	2.0～2.5
	无住宿	每人每日	25～50	2.0～2.5
办公楼		每人每班	10～25	2.0～2.5
中小学校（无住宿）		每人每日	10～30	2.0～2.5
中等学校（有住宿）		每人每日	100～150	1.5～2.0

续表

建筑物名称		单位	用水量标准（最高日/L）	时变化系数
电影院		每人每场	3～9	2.0～2.5
剧院		每人每场	10～20	2.0～2.5
体育场	运动员淋浴	每人次	50	2.0
	观众	每人次	3	2.0
游泳池	游泳池补充水（每日占水池容积）运动员淋浴	每人每场	15% 60	2.0
	观众	每人每场	3	2.0

注：医疗、疗养院和休养所的每一床每日的生活用水量标准均包括了食堂、洗衣房的用水量，各类学校的用水量包括了校内职工家属用水。

表5－30　乡镇工业部分单位产品参考用水量

工业项目		用水量/m^3	工业项目	用水量/m^3
水泥/t		1～3	酿酒/t	20～50
水泥制品/t		60～80	啤酒/t	20～25
制砖/万块		7～12	油/t	6～30
造纸/t		500～800	榨糖/t	15～30
纺织/万 m		100～150	制茶/l	0.1～0.3
印染/万 m		180～300	罐头/t	10～40
塑料制品/t		100～220	豆制品加工/t	5～15
屠宰/头		0.8～1.5	食品/t	10～40
制革	猪皮/张	0.15～0.3	果脯加工/t	30～35
	牛皮/张	1～2	农副产品加工/t	5～30

表5－31　主要畜禽饲养用水量

畜禽类别	单位	用水量/L	畜禽类别	单位	用水量/L
马/（头·日）	L/头·日	40～60	羊/（只·日）	L/只·日	5～10
成牛或肥牛/（头·日）	L/头·日	30～60	鸡/（只·日）	L/只·日	0.5～1
牛/（头·日）	L/头·日	60～90	鸭/（只·日）	L/只·日	1～2
猪/（头·日）	L/头·日	20～80			

（4）进行小城镇水资源供需平衡分析时，小城镇给水工程统一供水部分所要求的水资源供水量为小城镇最高日用水量除以日变化系数，再乘以供水天数。小城镇的日变化系数可取1.6～2.0。

（5）小城镇自备水源供水的工业企业和公共设施的用水量应纳入小城镇用水量中，并由小城镇给水工程统一规划。

4. 水质与水源选择

（1）小城镇统一供给的或自备水源供给的生活饮用水水质应符合现行国家标准《生活饮用水卫生标准》的规定，其他用水水质也应符合相应的水质标准。

（2）小城镇应贯彻节约用水的原则，水源应合理配置、高效利用；选择小城镇给水水源，应以水资源勘察或分析研究报告和小城镇供水水源开发利用规划及有关区域、流域水资源规划为依据，并满足小城镇用水量和水质等方面的要求。

（3）小城镇选择地下水作为给水源时，不得超量开采，选择地表水作为给水水源时，其枯水流量的保证率不得低于90%。

（4）水资源不足的小城镇，更应节约用水，宜将雨水及污水处理后用作工业用水、生活杂用水及河湖环境用水、农业灌溉用水等，其水质应符合相应标准的规定。

（5）小城镇水源选择应符合表5－32和表5－33的要求。

表5－32　地下水水源选择要求

因素	要求
取水地点	应与村镇规划的要求相适应
水量	水量充沛可靠，水量保证率要求在95%以上，不但满足规划水量要求，且留有余地
水质	水质良好，原水水质符合饮用水水质要求
用水地区	应尽可能靠近主要用水地区
综合利用	应注意综合开发利用水资源，同时须考虑农业、水利的需求
施工与运行	应考虑取水、输水、净化设施的施工、运转、维护管理方便、安全、经济，不占或少占农田

表 5-33 地表水水源选择要求

因素	要求
规划要求	取水地点应与村镇规划要求相适应，尽可能靠近用水地区以节约输水投资
水量、水质	水量充沛可靠，不被泥砂淤积和堵塞，水质良好
避砂洲	在有砂洲的河段应离开砂洲有足够的距离（500m 外），当砂洲有向取水点移动趋势时，还应加大距离
地段	宜在水质良好地段，应在村镇上游，防止污染、防止潮汐影响。选择湖泊、水库为水源时，应有足够水深。远离支流汇入处，靠近湖水出口或水库堤坝，在常年主导风向的上风向
洪水、结冰	应设在洪水季节不受冲刷和淹没处，无底冰和浮冰的河段
人工构筑物	须考虑人工构筑物，如桥梁、码头、丁坝、拦河坝等对河流特性所引起变化的影响，以防对取水构筑物造成危害
给水系统	取水点位置与给水厂、输配水管网一起统筹考虑协调布置

5. 给水系统

（1）小城镇给水系统应满足小城镇的水量、水质、水压及消防、安全给水的要求，有地形可供利用时，宜采用重力输配水系统。

（2）小城镇给水管网布置应符合小城镇规划发展的要求，给供水的分期发展留有充分的余地；干管的方向应与给水的主要流向一致；管网布置形式应作相关分析、比较确定，并宜根据条件，逐步布置环状管网。

（3）小城镇给水管网布置原则。

1）给水干管布置的方向应与供水的主要流向一致，并以最短距离向用水大户送水。

2）给水干管最不利点的最小服务水头，单层建筑物可按 5～10m 计算，建筑物每增加一层应增压 3m。

3）管网应分布在整个给水区内，且能在水量和水压方面满足用户要求。小城镇中心区的配水管宜呈环状布置；周边地区近期宜布置成树枝状，远期应留有连接成环状管网的可能性。

4）保证给水的安全可靠，当个别管线发生故障时，断水的范围应减少到最小程度。

5）尽量少穿越铁路、公路；无法避免时，应选择经济合理的线路。宜沿现有或规划道路铺设，但应避开交通主干道。管线在道路中的埋设位置应符合现行的《城市工程管线综合规划规范》（GB 50289）的规定。

6）选择适当的水管材料。

7）应结合小城镇建设的长远需要，为给水管网的分期发展留有余地。

8）小城镇输水管原则上应有2条，其管径应满足规划期给水规模和近期建设要求。小城镇一般不设中途加压站。

（4）小城镇给水管径简易估算。小城镇给水管网系统的供水管径简易估算可参照表5－34、表5－35进行。

表5－34　给水管径简易估算表

管径/mm	估计流量/（L/s）	使用人口数/人						
		用水标准＝50L/（人·日）（K＝2.0）	用水标准＝60L/（人·日）（K＝1.8）	用水标准＝80/L/（人·日）（K＝1.7）	用水标准＝100L/（人·日）（K＝1.6）	用水标准＝120L/（人·日）（K＝1.5）	用水标准＝150L/（人·日）（K＝1.4）	用水标准＝200L/（人·日）（K＝1.3）
50	1.3	1120	1040	830	700	620	530	430
75	1.3～3.0	1120～2400	1040～2400	830～1900	700～1600	620～1400	530～1200	430～1000
100	3.0～5.8	2400～5000	2400～6400	1900～3700	1600～3100	1400～2600	1200～2400	1000～1900
125	5.8～10.25	5000～8900	6400～8200	3700～6500	3100～9500	2800～4900	2400～4200	1900～3400
150	10.25～17.5	8900～15000	8200～14000	6500～11000	5500～9500	4900～8400	4200～7200	3400～5800
200	17.5～31.0	15000～27000	14000～25000	11000～20000	9500～17000	8400～15000	7200～12700	5800～10300
250	31.0～48.5	27000～41000	25000～38000	20000～30000	17000～26000	15000～23000	12700～20000	10300～16000
300	48.5～71.0	41000～61000	38000～57000	30000～45000	26000～28000	23000～34000	20000～29000	16000～24000
350	71.0～111	61000～96000	57000～88000	45000～70000	28000～60000	34000～58000	29000～45000	24000～37000

续表

管径/mm	估计流量/（L/s）	使用人口数/人						
		用水标准=50L/（人·日）（K=2.0）	用水标准=60L/（人·日）（K=1.8）	用水标准=80/L/（人·日）（K=1.7）	用水标准=100L/（人·日）（K=1.6）	用水标准=120L/（人·日）（K=1.5）	用水标准=150L/（人·日）（K=1.4）	用水标准=200L/（人·日）（K=1.3）
400	111~159	96000~145000	88000~135000	70000~107000	60000~91000	58000~81000	45000~70000	37000~56000
450	159~196	145000~170000	135000~157000	107000~125000	91000~106000	81000~94000	70000~81000	56000~65000
500	196~284	170000~246000	157000~228000	125000~181000	106000~154000	94000~137000	81000~117000	65000~95000

注：1. 本表可根据用水人口数以及用水量标准查得管径，亦可根据已知管径、用水量标准查得可供多少人使用，亦可根据设计流量查得管径。

2. 本表适用于铸铁管。如用混凝土管供水，供水人口数减少10%~20%；如用钢管供水，供水人口增加10%~20%。

3. 本表仅适用于计算生活用水量。

表5-35　给水铸造铁管管径-流量-流速-水力坡降简表

管径/mm	流量 m³/h	流量 L/s	速/（m/s）	水力坡降i（‰）	管径/mm	流量 m³/h	流量 L/s	流速/（m/s）	水力坡降i（‰）
100	19.44	5.4	0.70	11.6	300	228.60	64.5	0.90	4.29
150	46.80	13.0	0.75	7.6	400	432.00	120.0	0.95	3.32
200	90.00	25.0	0.80	5.98	500	705.60	196.0	1.00	2.70
250	149.40	41.5	0.85	4.98					

注：钢管和预应力钢筋混凝土管的各项参数与表相近，塑料类管材在相同流量下管径可小一个等级。

6. 水源地与水厂、泵站

（1）小城镇的水厂设置应以小城镇总体规划和县（市）城镇体系规划为依据，较集中分布的小城镇应统筹规划区域水厂，不单独设水厂的小城镇可酌情设配水厂。

（2）小城镇水源地应设在水量、水质有保证和易于实施水源环境保护的地段；地表水水厂的位置应根据给水系统的布局确定；地下水水厂的位置应根据水源地的地点和不同的取水方式确定，宜选择在取水构筑物附近。小城镇水厂位置选择要求见表5－36。

表5－36　小城镇水厂位置选择要求

因　素	要求
布　局	有利于给水系统布局合理
地　形	不受洪水威胁，充分利用地形地势，有较好的废水排泄条件
地　质	有良好的工程地质条件
卫　生	有良好的卫生环境，便于设立卫生防护地带
用　地	少拆迁、不占或少占良田
运　行	施工、运行和维护方便

（3）小城镇水厂用地应按规划期给水规模确定，用地控制指标应按表5－37，结合小城镇实际情况选定，水厂厂区周围应设置宽度不小于10m的绿化地带。

表5－37　小城镇水厂用地控制指标　（单位：平方米·d/m^3）

建设规模/（万m^3/d）	地表水水厂		地下水水厂
	沉淀净化	过滤净化	除铁净化
0.5～1	1.0～1.3	1.3～1.9	0.4～0.7
1～2	0.5～1.0	0.8～1.4	0.3～0.4
2～5	0.4～0.8	0.6～1.1	
2～6			0.3～0.4
5～10	0.35～0.6	0.5～0.8	0.3～0.4

注：1. 指标未包括厂区周围绿化地带用地。

2. 当需水量小于0.5万m^3/d时，可考虑采用一体化净水装置，其用地可小于常规处理工艺所需面积。

（4）小城镇给水水源保护。

1）地面水取水点周围半径100m的水域内严禁捕捞、停靠船只、游泳和从事有可能污染水源的任何活动。

2）取水点上游1000m，下游100m的水域不得排入工业废水和生活污水；其沿岸防护范围内不得堆放废渣，不得设置有害化学物品仓库或设立装卸垃圾、粪便、有毒物品的码头。

3）供生活饮用的水库和湖泊，应将其取水点周围部分水域或整个水域及其沿岸划为卫生防护地带。

4）以河流为给水水源的集中式给水，必须把其取水点上游1000m以外一定范围的河段划为水源保护区，严格控制污染物排放量。

5）以地下水为水源采取分散式取水时，水井周围30m范围内不得设置渗水厕所、渗水坑、粪坑、垃圾堆、废渣堆等污染源；在井群影响半径范围内，不得使用工业废水和生活污水进行农业灌溉和施用剧毒农药。

（5）当小城镇配水系统需设置加压泵站时，其位置宜靠近用水集中地区；泵站用地应按规划期给水规模确定，用地控制指标按《城市给水工程项目建设标准》规定，结合实际情况选定；泵站周围应设置不小于10m的绿化地带，并宜与小城镇绿化用地相结合。

二、排水工程规划

1. 规划内容、范围

（1）小城镇排水工程规划的主要内容应包括划定小城镇排水范围，预测小城镇排水量，确定排水体制、排放标准、排水系统布置、污水处理方式和综合利用途径。

（2）小城镇排水工程规划范围应与小城镇总体规划范围一致；当小城镇污水处理厂或污水排出口设在小城镇规划区范围以外时，应将污水处现厂或污水排出口及其连接的排水管渠纳入小城镇排水工程规划范围。

2. 排水量

（1）小城镇排水量应包括污水量和雨水量，其中污水量应包括综合生活污水量和工业废水量。

（2）小城镇总体规划综合生活污水量宜根据综合生活用水量乘以排放系数0.75～0.90确定，工业废水量宜根据工业用水量乘以其排放系数0.70～0.90确定；综合生活污水量和工业废水量还可按其他方法计算确定。

（3）小城镇雨水量宜按当地或地理环境、气候相似的所属城市或邻近城市的标准，按下式计算确定：

$$Q = q \cdot \Psi \cdot F \qquad (5-9)$$

式中Q——雨水量/（L/s）；

q——暴雨强度/（L/s · ha）；

Ψ——径流系数，见表5-38和表5-39；

F——汇水面积（ha）。

表 5－38　小城镇综合径流系统

不透水覆盖面积情况	综合径流系数 Ψ
建筑稠密的中心区（不透水覆盖面积 >70%）	0.6～0.8
建筑较密的居住区（不透水覆盖面积为 50%～70%）	0.5～0.7
建筑较稀的居住区（不透水覆盖面积 30%～50%）	0.4～0.6
建筑很稀的居住区（不透水覆盖面积 <30%）	0.3～0.5

表 5－39　各类地面径流系数表

地　面　种　类	径流系数 ψ
各种屋面、混凝土和沥青路面	0.9
块石铺砌路面	0.6
级配碎石路面	0.45
干砌砖石、碎石路面	0.4
非砌石土路面	0.3
公园和绿地	0.15

3. 排水体制

（1）小城镇排水体制应根据小城镇总体规划、环境保护要求、当地自然条件和废水受纳体条件、污水量和其水质及原有排水设施情况，经技术经济比较确定。

（2）小城镇排水体制可参考表 5－40。小城镇排水体制原则上一般宜选择雨水、污水分流制；经济发展一般地区和欠发达地区小城镇近期或远期可采用不完全分流制，有条件时宜过渡到完全分流制；某些条件适宜或特殊地区小城镇宜采用截流式合流制，并应在污水排入系统前采用化粪池、生活污水净化沼气池等方法进行预处理。

表 5－40　排水体制分类

分流制	指用不同管渠分别收纳污水和雨水的排水方式		
合流制	指用同一管渠收纳生活污水、工业废水和雨水的排水方式	直泻式	将管渠系统就近坡向水体，分若干个排出口，混合的污水未经处理直接泻入水体
		截流式	将混合污水一起排向沿水体的截流干管，晴天时污水全部送到污水处理厂；雨天时，混合水量超过一定数量，其超出部分通过溢流并汇入水体

4. 小城镇排水管渠布置

排水管渠的布置，可采用贯穿式、低边式或截流式。雨水应充分利用地面径流和沟渠排除，污水通过管道或暗渠排放；雨水、污水均应尽量考虑自流排水。

（1）农村排水管渠管径（断面）。

1）农村排水管渠最大允许充满度应满足表5－41要求。

表5－41　排水管渠最大允许设计充满度

管径或渠高/mm	最大设计充满度/（h/D）
200～300	0.60
350～450	0.70
500～900	0.75
>1000	0.80

注：明渠内水面和渠顶间的高度（称为超高）不应小于0.2m。

2）农村排水管渠设计流速。

①污水管道最小设计流速：当管径≤500mm时为0.9m/s；当管径>500mm时为0.8m/s；明渠为0.4m/s；

②污水管道最大允许流速：当采用金属管道时，最大允许流速为10m/s，非金属管为5m/s；明渠最大允许流速可按表5－42选用。

表5－42　明渠最大允许流速

明渠构造	最大允许流速/（m/s）	明渠构造	最大允许流速/（m/s）
粗砂及贫砂质黏土	0.8	干砌石块	2.0
砂质黏土	1.0	浆砌石块	4.0
黏土	1.2	浆砌砖	3.0
石灰岩或中砂岩	4.0	混凝土	4.0
草皮护面	1.6		

注：1. 本表仅适用于水深为0.4～1.0m的明渠。

2. 当水深小于0.4m或超过1.0m时，表中流速应乘以下列系数：h<0.4m时为0.85；h≥1.0时为1.25；h≥2.0m时为0.40。

③排水管渠流速计算，可按下式进行计算：

$$V=\frac{1}{n}R_{2/3}I_{1/2} \qquad (5-10)$$

式中　V——流速（m/s）；

n——粗糙系数；

R——水力半径（m）；

J——水力坡降，管渠粗糙系数按表5－43选用。

表5－43　管渠粗糙系数

管渠类别	粗糙系数n	管渠类别	粗糙系数n
石棉水泥管、钢管	0.012	浆砌块石渠道	0.017
陶土管、铸铁管	0.013	干砌块石渠道	0.020～0.025
混凝土管、水泥砂浆抹面渠道	0.013～0.014	土明渠（包括带草皮）	0.025～0.030
浆砌砖渠道	0.015	塑料管、玻璃钢管	0.0084

3）农村排水管渠的最小尺寸。

①建筑物出户管直径为125mm，街坊内和单位大院内为150mm，街道下为200mm；

②排水渠道最小底宽不得小于0.3m。

4）农村排水管渠的最小坡度。

当充满度为0.5时，排水管道应满足表5－44规定的最小坡度。

表5－44　不同管径的最小坡度表

直径/mm	最小坡度	直径/mm	最小坡度
125	0.001	400	0.0025
150	0.002	500	0.002
200	0.004	600	0.0016
250	0.0035	700	0.0015
300	0.003	800	0.0012

（2）农村排水管渠布置的原则。

①应布置在排水区域内地势较低，便于雨水、污水汇集地带。

②宜沿规划道路敷设，并与道路中心线平行。

③在道路下的埋设位置应符合《城市工程管线综合规划规范》（GB 50289）的规定。

④穿越河流、铁路、高速公路、地下建（构）筑物或其他障碍物时，应选择经济合理路线。

⑤截流式合流制的截流干管宜沿受纳水休岸边布置。

⑥排水管渠的布置要顺直，水流不要绕弯。

（3）检查井。在排水管渠上必须设置检查井，检查井在直线管渠上的最大间距应按表 5－45 确定。

表 5－45　检查井直线最大距离

管渠类别	管径或暗渠净高/mm	最大间距/m
污水管道	<700	50
	700～1500	75
	>1500	120
雨水管渠和合流管渠	<700	75
	700～1500	125
	71500	200

5. 排水受纳体

（1）小城镇排水受纳体应包括江、河、湖、海和水库、运河、稳定塘等受纳水体和荒废地、劣质地、山地以及受纳农业灌溉用水的农田等受纳土地。

（2）污水受纳水休应满足其水域功能的环境保护要求，有足够的环境容量，雨水受纳水体应有足够的排泄能力或容量；受纳土地应具有足够的环境容量，符合环境保护和农业生产的要求。

6. 污水处理与雨水、污水利用、排放

（1）小城镇排水规划应结合当地实际情况和生态保护，考虑雨水资源和污水处理的综合利用途径。

（2）小城镇污水处理应因地制宜选择不同的经济、合理的处理方法，处于城镇较集中分布的小城镇应在区域规划优化的基础上联建区域污水处理厂；远期 70%～80% 的小城镇污水应得到不同程度的处理，其中较大部分宜为二级生物处理。

（3）不同地区、不同等级层次和规模、不同发展阶段小城镇排水和污水处理系统相关的合理水平，应根据小城镇经济社会发展规划、环境保护要求、当地自然条件和水体条件，污水量和水质情况等综合分析和经济比较，符合表 5－46 的要求。

（4）污水排放应符合国家标准《污水综合排放标准》的有关规定；污水用于农田灌溉，应符合现行的国家标准《农田灌溉水质标准》的有关规定。

（5）小城镇污水排除系统布置要确定污水厂、出水口、泵站及主要管道的位置；雨水排除系统布置要确定雨水管渠、排洪沟和出水口的位置；雨水应充分利用地面径流和沟渠排除，污水、雨水的管、渠均应按重力流设计。

（6）小城镇污水处理厂和出水口应选在小城镇河流的下游或靠近农田灌溉区，污水处理厂应尽可能与出水口靠近，污水处理厂应位于小城镇夏季最小频率风向的上风侧，与居住小区或公共建筑物之间有一定的卫生防护地带；卫生防护地带一般采用300m，处理污水用于农田灌溉时宜采用500～1000m。污水处理厂位置选择要求见表5－46。

表5－46 小城镇排水体制、排水与污水处理规划要求

排水管网面积＼分项			排水体制一般原则：1. 分流制 2. 不完全分流制	排水体制一般原则：合流制	排不管网面积普及率（%）	不同程度污水处理率（%）	统建、联建、单建污水处理厂	简单污水处理
经济发达地区	一	近期	△1		95	80	△	
		远期	●1		100	100	●	
	二	近期	△1		90	75	△	
		远期	●1		100	100	●	
	三	近期			85	65		○
		远期	●1		95～100	90～95	●	
经济发展一般地区	一	近期	△2		85	65		○
		远期	●1		100	100	●	
	二	近期	○2		80	60		○
		远期	●1		95～100	95～100	●	
	三	近期	○2		75	50		○
		远期	△1		90～100	80～85	●	
经济欠发达地区	一	近期	○2		75	50		○
		远期	●1		90～100	80～90	△	
	二	近期		○	50～60	20		○
		远期	△2		80—85	65～75	△	
	三	近期		○部分	20～40	10		○低水平
		远期	△2		70～80	50～60		△较高水平

注：1. ○—可设，△—宜设，●—应设。

2. 不同程度污水处理率指采用不同程度污水处理方法达到的污水处理率。

3. 统建、联建、单建污水处理厂指郊区小城镇、小城镇群应优先考虑统建、联建污水处理厂。

4. 简单污水处理指经济欠发达、不具备建设较现代化污水处理厂条件的小城镇，选择采用简单、低耗、高效的多种污水处理方式，如氧化塘、多级自然处理系统，管道处理系统，以及环保部门推荐的几种实用污水处理技术。

5. 排水体制的具体选择除按上表要求外，还应根据总体规划和环境保护要求，综合考虑自然条件、水体条件、污水量、水质情况、原有排水设施情况，技术经济比较确定。

表5－47　污水处理厂位置选择要求

因素	要求
排放	(1) 宜在城（集）镇水体的下游，与城（集）镇工业区，居住区保持300m以上的距离 (2) 宜选在水体和公路附近，便于处理后污水能就近排入水体，减少排放渠道长度，以及便于运输污泥
气象	在城（集）镇夏季最小频率风向的上风侧
地形	(1) 宜选在城（集）镇低处，以使主干管沿途不设或少没提升泵站，但不宜设在雨季时容易积蓄污水的低洼之处 (2) 靠近水体的污水处理厂，厂址标高一般应在20年一遇洪水位以上，不受洪水威胁 (3) 用地地形最好有适当坡度，以满足污水和在处理流程上的自流要求，用地形状宜长条形，以利于按污水处理流程布置构筑物
用地	尽可能少占用或不占用农田
分期	考虑到远、近期结合，使厂址近期离城（集）镇不太远，远期又有扩建的可能
地质	有良好的工程地质条件，厂址宜选在无滑坡、无塌方、地下水位低、土壤承载力较好（一般要求在1.5kg/cm² 以上）的地方

(7) 污水处理厂规划预留用地面积应按表5－48范围，结合当地实际情况，分析、比较选取。

表5－48　小城镇污水处理厂用地估算面积（单位：平方米·d/m³）

处理水量（万 m3/d）	一级处理	二级处理（一）	二级处理（二）
0.5～1	1.0～1.6	2.0～2.5	4.0～6.0
1～2	0.6～1.4	1.0～2.0	
2～5	0.6～1.0	1.0～1.5	2.5～4.0
5～10	0.5～0.8	0.8～1.2	1.0～2.5

注：1. 一级处理工艺流程大体为泵房、沉砂、沉淀及污泥浓缩、干化处理等。

2. 二级处理（一）工艺流程大体为泵房、沉砂、初次沉淀、曝气、二次沉淀及污泥浓缩、干化处理等。

3. 二级处理（二）工艺流程大体为泵房、沉砂、初次沉淀、曝气、二次沉淀、消毒及污泥提升、浓缩、消化、脱水及沼气利用等。

（8）小城镇排水泵站宜单独设置，与住宅、公共建筑间距应符合有关要求，周围宜设置宽度不小于10m的绿化隔离带；排水泵站预留用地面积应按全国市政工程投资估算指标的雨污水泵站用地一项综合指标范围，结合当地实际情况，分析、比较选定，也可参照表5－49。

表5－49　小城镇排水泵站用地指标（单位：平方米·s/L）

用地指标　规模 泵站性质	雨水流量（1/s）		污水流量（1/S）		
	1000～5000	5000～10000	100～300	300～600	600～1000
雨水泵站	0.8～1.1	0.6～0.8			
污水泵站			4.0～7.0	3.0～6.0	2.5～5.0

第四节　供电工程规划

一、规划内容

小城镇供电工程规划的主要内容应包括用电负荷预测、电力平衡、确定电源和电压等级、做出电力网主网规划及主要供电设施配置（详细规划应作出配电网规划及其主要设施配置），确定高压线走廊，提出近期主要建设项目。

二、用电负荷计算

1. 镇区用电负荷计算

（1）分项预测法。小城镇所辖地域范围用电负荷的计算，应包括生活用电、乡镇企业用电和农业用电的负荷，可按以下标准计算。

1）生活用电负荷为：1kW/户。

2）乡镇企业用电量为：重工业每万元产值用电量为3000～4000kWh；轻工业每万元产值用电量为1200～1600kWh。

3）农业用电负荷为：每亩15kW。

（2）人均指标预测法。当采用人均市政、生活用电指标法预测用电量时，应结合小城镇的地理位置、经济社会发展与城镇建设水平、人口规模、居民经济收入、生活水平、能源消费构成，气候条件、生活习惯、节能措施等因素，对照表5-50的指标幅值选定。

表5-50 小城镇规划人均市政、生活用电指标（单位：kWh/人·年）

小城镇规模分级	经济发达地区			经济发展一般地区			经济欠发达地区		
	一	二	三	一	二	三	一	二	三
近期	560~630	510~580	430~510	440~520	420~480	340~420	360~440	310~360	230~310
远期	1960~2200	1790~2060	1510~1790	1650~1880	1530~1740	1250~1530	1400~1720	1230~1400	910~1230

（3）负荷密度法。当采用负荷密度法进行小城镇用电负荷预测时，居住建筑、公共建筑、工业建筑三大类建设用地的规划单位建设用地负荷指标的选取，应根据其具体构成分类及负荷特征，结合现状水平和不同小城镇的实际情况，按表5-51经分析、比较而选定。

表5-51 小城镇规划单位建设用地负荷指标

建设用地分类	居住用地	公共设施用地	工业用地
单位建设用地负荷指标/（kW/hm^2）	80~280	300~550	200~500

注：表外其他类建设用地的规划单位建设用地负荷指标的选取，可根据小城镇的实际情况，经调查分析后确定。

（4）单位建筑面积用电负荷指标法。当采用单位建筑面积用电负荷指标法进行小城镇详细规划用电负荷预测时，其居住建筑、公共建筑、工业建筑的规划单位建筑面积负荷指标的选取，应根据三大类建筑的具体构成分类及其用电设备配置，结合当地各类建筑单位建筑面积负荷的现状水平，按表5-52经分析、比较后选定。

表5-52 小城镇规划单位建筑面积用电负荷指标

建设用地分类	居住用地	公共建筑	工业建筑
单位建筑面积负荷指标/（W/平方米）	15~40（每户1-4KW）	30~80	20~80

注：表外其他类建筑的规划单位建筑面积用电负荷指标的选取，可根据小城镇的实际情况，经调查分析后确定。

2. 镇域农业用电负荷计算

（1）需用系数法，可按下式计算：

$P_{max} = K_x \sum P_n$ (5-11)

$A \approx P_{max} \cdot T_{max}$ (5-12)

式中 P_{max}——最大用电负荷（kW）；

K_x——需用系数；

$\sum P_n$——各类设备额定容量总和（kW）；

A——年用电量（kWh）；

T_{max}——最大负荷利用小时（h）。

有关农业用电的需用系数和最大负荷利用小时数见表5-53。

表5-53 农村用电需用第数 K_x 与最大负荷利用小时参考指标

项目	最大负荷利用小时数/h	需用系数	
		一个变电站的规模	一个镇区的范围
灌溉用电	750~1000	0.5—0.75	0.5~0.6
水田	1000~1500	0.7~0.8	0.6~0.7
旱田及园艺作物	500~1000	0.5~0.7	0.4~0.5
排涝用电	300~500	0.8~0.9	0.7~0.8
农副加工用电	1000~1500	0.65~0.7	0.6~0.65
谷物脱粒用电	300~500	0.65~0.7	0.6~0.7
乡镇企业用电	1000~5000	0.6~0.8	0.5~0.7
农机修配用电	1500~3500	0.6~0.8	0.4~0.5
农村生活用电	1800~2000	0.8~0.9	0.75~0.85
其他用电	1500~3500	0.7~0.8	0.6~0.7
农村综合用电	2000~3500		0.2~0.45

（2）增长率法。在各种用电规划资料暂缺的情况下可采用增长率法，该法也适用于小城镇综合用电负荷计算和工业用电负荷计算，计算公式为：

$A_n = A(1+K)^n$ (5-13)

式中 A_n——规划地区几年后的用电量（kWh）；

A——规划地区最后统计年度的用电量（kWh）；

K——年平均增长率；

n——预测年数。

（3）单耗法。指生产某一单位产品或单位效益所耗用的电量，称为用电单耗。

1）年用电量计算，按下式计算：

$A=\sum_{i=1}^{n}A_i=\sum C_iD_i$ （5－14）

式中　A——规划区全年总用电量；

A_i——第 i 类产品全年用电量（kWh）；

C_i——第 i 类产品计划年产量或效益总量（t，hm^2 等）；

D_i——i 类产品用电量单耗（kWh/t，kwh/hm^2）。

2）最大负荷计算，按下式计算：

$P_{max}=\sum_{i=1}^{n}\frac{A_i}{T_{imax}}$ （5－15）

式中 P_{max}——最大负荷（kW）；

T_{imax}——第 i 类产品年最大负荷利用小时数（h）。

对于产品用电单耗，可以收集同类地区、同类产品的数值，进行综合分析，得出每种产品的单位耗电量。

三、电源与电力平衡

（1）小城镇供电电源可分为接受区域电力系统电能的电源变电所和小城镇水电站及发电厂两类。小城镇的供电电源在条件许可时，应优先选择区域电力系统供电；对规划期内区域电力系统电能不能经济、合理供到的地区的小城镇，应因地制宜地建设适宜规模的发电厂（站）作为电源。小城镇内不宜设置区域变电站。对于具有丰富水力资源地区的小城镇，充分利用水力廉价、没有污染，建设小型水电站。见效快、成本低，不需建长距离的输电线路，应为有丰富水资源的山区小城镇优选的供电电源。

（2）供电电源和变电站站址的选择应以县（市）域供电规划为依据，并符合建站的建设条件，且线路进出方便和接近负荷中心，不占或少占农田。变压器的位置应设在负荷中心，尽量靠近负荷量大的地方；配电变压器的供电半径以控制在500m 内为宜。

（3）变电站选址应交通方便，但与道路应有一定的间隔，且不受积水浸淹，避免干扰通信设施，其占地面积应考虑最终规模要求。

（4）应根据负荷预测（适当考虑备用容量）和现状电源变电所、发电厂的供电能力及供电方案，进行电力、电量平衡，测算规划期内电力、电量的余缺，提出规划期内需增加的电源变电所和发电厂的装机总容量。

（5）小城镇220kV 电网的变电容载比一般为1.6～1.9，35kV～110kV 电网的变电容载比为1.8～2.1。

四、电压等级与电网规划

（1）小城镇电压等级宜为国家标准电压 220kV、110kV、66kV、35kV、10kV 和 380/220V 中的 3～4 级，三个变压层次，并结合所在地区规定电压标准选定，限制发展非标称电压。

（2）小城镇电网中的最高一级电压，应根据其电网远期规划的负荷量和其电网与地区电力系统的连接方式确定。

（3）小城镇电网各电压层、网容量之间，应按一定的变电容载比配置，容载比应符合《城市电力网规划设计导则》及其他有关规定。

（4）小城镇电网规划应贯彻分层分区原则，各分层分区应有明确的供电范围，避免重叠、交错。

（5）小城镇电网的过电压水平应不超过允许值，不超过允许的短路电流水平。

（6）小城镇供电线路输送容量及距离。

各级电压、供电线路输送容量和输送距离应符合表 5－54 的规定。

表 5－54　小城镇不同电压的输送容量和输送距离

电压/kV	输送功率/kW	输送距离/km
0.22	100 以下	0.2 以下
0.38	100 以下	0.6 以下
6	200～1200	4～5
10	200～2000	6～20
35	1000～10000	20～70
110	10000～50000	50～150

五、主要供电设施

（1）小城镇 35kV、110kV 变电所一般宜采用布置紧凑、占地较少的全户外或半户外式结构，其选址应符合接近负荷中心或在镇区边缘布置、不占或少占农田、地质条件好、交通运输方便、不受积水淹浸、便于各级电力线路的引入与引出等有关要求；小城镇 35～110kV 变电所应按其最终规模预留用地，并应结合所在小城镇的实际用地条件，按表 5－55 经分析比较选定相应指标。220kV 区域变电所用地按《城市电力规划规范》的有关规定预留，详见表 5－55。

表 5 - 55　小城镇 35 ~ 110kV 变电所规划用地面积控制指标　（单位：平方米）

变压等级/kV	主变压器容量/［MVA/台（组）］	变电所类型为全户外式时的用地面积	变电所类型为户外式时的用地面积	变电所类型为广内式时的用地面积
半户外式用地面积 110（66）/10	20 ~ 63/2 ~ 3	3500 ~ 5500	1500 ~ 3000	800 ~ 1500
35/10	5.6 ~ 31.5/2	2000 ~ 3500	1000 ~ 2000	500 ~ 1000
10/0.4	1 台	16 × 13		

表 5 - 56　小城镇 220kV 变电所规划用地面积控制指标　（单位：平方米）

变压等级/kV	主变压器容量/［MVA］/台（组）］	变电所结构形式	用地面积/平方米
220/110（66.35）及 220/10	90 ~ 180/2 ~ 3	户外式	1 200 ~ 3000
220/10（66.35）	90 ~ 180/2 ~ 3	户外式	8000 ~ 20000
220/110（66.35）	90 ~ 180/2 ~ 3	半户外式	5000 ~ 8000
220/110（66.35）	90 ~ 180/2 ~ 3	户内式	2000 ~ 4500

（2）小城镇变电所主变压器安装台（组）数宜为 2 ~ 3 台（组），单台（组）的主变压器容量应标准化、系列化；35 ~ 220kV 主变压器单台（组）的容量选择应符合国家有关规定，220kV 主变压器容量不大于 180MVA，110kV 主变容量不大干 63MVA，35kV 主变容量不大于 20MVA。

（3）小城镇公用配电所的位置应接近负荷中心，其配电变压器的安装台数宜为两台；居住区单台容量一般可选 630kVA 以下，工业区单台容量不宜超过 1000kVA。

（4）小城镇变电所供电半径，见表 5 - 57。

表 5 - 57　小城真镇变电所供电半径

变电所电压等级/kV	变电所二次侧电压/kV	合理供电半径/km
35	6，10	5 ~ lQ
110	35，6，10	15 ~ 20
220	110，6，10	50 ~ 100

（5）小城镇供电线路布置。

1）便于检修，减少拆迁，少占农田，尽量沿公路、道路布置。

2）为减少占地和投资，宜采用同杆并架的架设方式。

3）线路走廊不应穿越村镇中心住宅、森林、危险品仓库等地段，避开不良地形、地质和洪水淹没地段。

4）配电线路一般布置在道路的同一侧，既减少交叉、跨越，又避免对弱电的干扰。

5）变电站出线宜将工业线路和农业线路分开设置。

6）线路走向尽可能短捷、顺直，节约投资，减少电压损失（要求自变电所始端到用户末端的电压损失不超过10%）。

7）小城镇架空电力线路应根据小城镇地形、地貌特点和道路网规划沿道路、河渠、绿化场架设；35kV 及以上高压架空电力线路应规划专用通道，并加以保护；镇区内的中、低压架空电力线路应同杆架设；中心繁华地段、旅游地段等宜采用电缆埋地敷设或架空绝缘线。

（6）小城镇供电变压器容量选择。供电变压器的容量选择应根据生活用电、乡镇企业用电和农业用电的负荷确定。小城镇重要公用设施、医疗单位或用电大户应单独设置变压设备或供电电源。

（7）小城镇高压线走廊。对 10kV 以上的高压线走廊，其宽度可按表 5－58 确定。

表 5－58　10kV 以上高压线走廊宽度

电压等级/KV		35	110	220
标准杆（塔）高/m		15	15	23
走廊宽度/m	无建筑物	17	18	26
	已受建筑物限制	8	11	14

注：若需考虑高压线侧杆的危险，则高压线走廊宽度应大于杆高的两倍。

（8）小城镇电力线路的各种距离标准，按表 5－59 确定。

表 5－59　电力线路的各种距离标准

距离标准/m　电力线路类别　项目		配电线路		送电线路			附加条件
		1kV 以下	1～10kV	35～110kV	154～220kV	330kV	
与地面最小距离	居民区	6	6.5	7	7.5	8.5	送电线路应架在上打
	非居民区	5	5.5	6	6.5	7.5	
	交通困难区	4	4.5	5	5.5	6.5	
与山坡峭壁最小距离	步行可到达的山坡	3	4.5	5	5.5	6.5	
	步行不能到达的山坡	1	1.5	5	4	5	

续表

距离标准/m 电力线路类别 项目		配电线路		送电线路			附加条件
		1kV 以下	1～10kV	35～110kV	154～220kV	330kV	
与建筑物	最小垂直距离	2.5	3	4～5	6	7	
	最小距离	1	1.5	3～4	5	6	
与甲类易燃厂房、仓库距离		不小于杆高的1.5倍，且需大于30m					
与行道树	最小垂直距离	1	1.5	3	3.5	4.5	
	最小水平距离	1	2	3.5	4	5	
与铁路	至轨顶最小垂直距离	7.5（窄轨6.0）		7.5（7.5）	8.5（7.5）	9.5（8.5）	
	杆塔外沿至轨道中心最小水平距离	交叉5.0m，平行杆高加3m		交叉5.0m，平行时杆高加3m			
与道路	至路面最小水平距离	6	7	7	8	9	
	杆距路基边缘最小水平距离	0.5		与公路交叉时8.0m，与公路平行时用最高杆高			
与通航河道	至50年一遇洪水位最小垂直距离	6	6	6	7	8	
	边导线至斜坡上缘最小水平距离	最高杆高		最高杆高			

续表

项目（电力线路类别／距离标准/m）		配电线路		送电线路			附加条件
		lkV 以下	1～10kV	35～110kV	154～220kV	330kV	
与弱电线路	一级弱电线路	大于45		大于45			送电线路应架在上方
	二级弱电线路	大于30		大于30			
	三级弱电线路	不限		不限			
	至被跨越级最小垂直距离	1	2	3	4	5	
	与边导线间最小水平距离	1	2	最高杆高路径受限制时按6			
电力线路之间	1kV 以下	1	2	3	4	5	电压高的线路一般在上方
	1～10kV	2	2	3	4	5	
	平行时最小水平距离	2.5	2.5				

（9）小城镇电力线路导线截面选择。

1）小城镇各级电压送电线路选用导线截面，见表5－60。

表5－60　小城镇各级电压送电线路选用导线截面

电压/kV	导线截面面积（按钢芯铝绞线考虑）/mm²			
35	185	150	120	95
66	300	240	185	150
110	300	240	185	150
220	400	300	240	

注：必要时采用2mm×400mm、2mm×300mm及分裂导线布置。

2）小城镇高、低压配电线路导线截面，见表5－61。

表5-61　小城镇高、低压配电线路选用导线截面

电压等级		导线截面（按铝绞线考虑）/mm^2		
380/220V（主干线）		150	120	95
10kV	主干线	240	185	150
	次干线	150	120	95
	分支线	不小于50		

3）小城镇各种电压选用电缆截面，见表5-62。

表5-62　小城镇各种电压选用电缆截面

电压	电缆铝芯截面/mm^2			
380/220/V	240	185	150	120
20/kV	300	340	185	150
35/kV	300	240	185	150

第五节　通信工程规划

一、规划内容

（1）小城镇通信工程规划应以电信工程规划为主，同时包括邮政、广播、电视规划的主要相关内容。

（2）小城镇电信工程规划的主要内容：总体规划阶段应包括用户预测、局所规划、中继网规划、管道规划和移动通信规划；详细规划阶段除具体落实规划地块涉及的上述规划内容外，尚应包括用户网优化和配线网规划。

二、用户预测

（1）小城镇电信规划用户预测：在总体规划阶段以宏观预测为主，宜采用时间序列法、相关分析法、增长率法、普及率法、分类普及率法等法进行预测；在详细规划阶段以小区预测、微观预测为主，宜采用分类建筑面积用户指标、分类单位用户指标预测，也可采用计算机辅助预测。

（2）电信用户预测应以两种以上方法预测，其中一种以上方法为主，另一种方法可作为校验。

（3）电话普及率法常用综合普及率，宜采用局号普及率，并应用“局线/百人”表示。

（4）当采用普及率法作预测和预测校验时，采用的普及率应结合小城镇的规模、性质、作用和地位、经济、社会发展水平、平均家庭生活水平及其收入增长规律、第三产业和新部门增长发展规律，进行综合分析，按表5－63指标范围比较选定，必要时做适当调整。

表5－63　小城镇电话普及率预测水平　（单位：线/百人）

小城镇规模分级	经济发达地区			经济发展一般地区			经济欠发达地区		
	一	二	三	一	二	三	一	二	三
近期	38～43	32～38	27～34	30～36	27～32	20～28	23～28	20～25	15～20
远期	70～78	64～75	50～68	60～70	54～64	44～56	50～56	45～55	35～45

（5）当采用单位建筑面积分类用户指标作用户预测时，其指标选取可结合小城镇的规模、性质、作用和地位、经济、社会发展水平、居民平均生活水平及其收入增长规律、公共设施建设水平和第三产业发展水平等因素，综合分析按表5－64指标范围比较选取。

表5－64　按单位建筑面积测算小城镇电话需求用户指标　（单位：线/平方米）

建筑用户地区分类	写字楼办公楼	商店	商场	旅馆	宾馆	医院	工业厂房	住宅楼房	别墅、高级住宅	中学	小学
经济发达地区	1/(25～35)	1/(25～50)	1/(70～120)	1/(30～35)	1/(20～35)	1/(100～140)	1/(100～180)	1线/户面积	(1.2～2)/(200～300)	(4～8)线/校	<3～4)线/校
经济发展一般地区	1/(30～40)	(0.7～0.9)/(25～50)	(0.8～0.9)/(70～120)	(0.7～0.9)/(30～35)	1/<25～35)	(0.8～0.9)/(100～140)	1/(120～200)	(0.8～0.9)线/户面积	—	(3～5)线/校	(2～3)线/校
经济欠发达地区	1/(35～45)	(0.5～0.7)/(25～50)	(0.5～0.7)/(70～120)	(0.5～0.7)/(30～35)	1/(30～40)	(0.7～0.8)/(100～140)	1/(150～250)	(0.5～0.7)线/户面积	—	(2～3)线/校	(1～2)线/校

（6）小城镇交换机容量预测按电话用户数的1.2～1.5倍估算。

三、局所与移动通信规划

（1）小城镇电信工程规划应依据小城镇总体规划和上一级电信工程规划。

（2）小城镇电话网，近期多数应属所在中等城市或地区（所属地级市或地区）或直辖市本地电话网，少数宜属所在县（市）本地电话网，但发展趋势应属所在中等城市或地区本地电话网。

（3）属中等城市本地网的小城镇局所规划，其中县驻地镇规划C4一级端局；其他镇规划C5一级端局（或模块局）；中远期从接入网规划考虑，应以光纤终端设备OLT（局端设备）或光纤网络单元ONU（接入设备）代替模块局。

（4）属所在中等城市本地网的小城镇长途通信规划在所属中等城市本地网的长途通信规划中统一规划。

（5）属县（市）本地电话网的小城镇局所规划应以县（市）总体规划的电信规划为依据，其县（市）驻地镇局所规划，可以长话、市话、农话合设或分设。

（6）小城镇电信局所规划选址应考虑环境安全、服务方便、技术合理和经济实用原则，并接近计算的线路网中心，避开靠近110kV以上变电站和线路地点，以及地质、防灾、环保不利的地段；局所预留用地可结合当地实际情况，考虑发展余地，按表5-65分析比较选定。

表5-65 小城镇电信局所预留用地

局所规模门/门	≤2000	3000~5000	5000~10000	30000	60000	100000
预留用地面积/平方米	1000~2000	2000~3000	4500~5000	6000~6500	8000~9000	

注：1. 用地面积同时考虑兼营业点用地。

2. 当局所为电信枢纽局（长途交换局、市话汇接局）时，2万~3万路端用地为15000~17000平方米。

3. 表中所列规模之间大小的局所预留用地，可比较后酌情预留。

（7）小城镇移动通信规划应主要预测移动通信用户需求，并具体规划落实移动通信网涉及的移动交换局（端局）、基站等设施；有关的移动通信网规划一般宜在省、市区域范围统一规划。

（8）小城镇中远期应考虑电信新技术、新业务的大发展，电信网规划应考虑向综合业务数字网 ISDN 的逐步过渡和信息网的统筹规划。

四、通信线路与管道规划

（1）小城镇通信线路敷设方式，应符合表 5－66 要求。

表 5－66　小城镇通信线路敷设方式

敷设方式	经济发达地区						经济发展一般地区						经济欠发达地区					
	小城镇规模分级																	
	一		二		三		一		二		三		一		二		三	
	近期	远期	近期	远期	近期	远期	近期	远期	近期	远期	近期	远期	近期	远期	近期	远期	近期	远期
架空电缆											○		○		○		○	
埋地管道电缆	△	●	△	●	部分△	●	部分●	●	部分△	●		△		●		△		部分△

注：○—可设，△—宜设，●—应设。

（2）小城镇通信管道规划应按 30～50 年考虑，规划管孔数应同时考虑计算机互联网、数据通信、非话业务，电缆电视及备用等需要。

（3）通信线路布置。

1）应避开易受洪水淹没、河岸塌陷、土坡塌方、流砂、翻浆以及有杂散电流（电蚀）、化学腐蚀或严重污染的地区，不应敷设在预留用地或规划未定的场所或穿过建筑物，也尽量不要占用良田耕地。

2）应便于线路及设施的敷设、巡查和检修，尽量减少与其他管线等障碍物的交叉跨越。

3）宜敷设在电力线走向的道路的另一侧，且尽可能布置在人行道上（下）；如受条件限制，可规划在慢车道下。

4）通信管道的中心线原则上应平行于道路中心线或建筑红线，应尽量短、直。

5）架空通信线路的隔距标准，按表 5－67 确定。

表 5－67 小城镇通信线路的隔距标准

<table>
<tr><th colspan="2">隔距标准</th><th>最小距离/m</th><th colspan="2">隔距标准</th><th>最小隔距/m</th></tr>
<tr><td rowspan="3">线路离地面最小距离</td><td>一般地区</td><td>3</td><td colspan="2">跨越公路、乡村大路、村镇道路时导线与路面距离</td><td>5.5</td></tr>
<tr><td>村镇（人行道上）</td><td>4.5</td><td colspan="2">跨越村镇胡同（小巷道）、土路</td><td>5</td></tr>
<tr><td>在高产作物地区</td><td>3.5</td><td colspan="2">两个电信线路交越，上面与下面导线最小隔距</td><td>0.6</td></tr>
<tr><td rowspan="3">线路经过树林时导线离树距离</td><td>在村镇水平距离</td><td>1.25</td><td rowspan="3">信线穿越电力线路时应在电力线下方通过，两线间最小距离（其中电力线压为后面表格中数据）</td><td>1～10kV</td><td>2（4）</td></tr>
<tr><td>在村镇垂直距离</td><td>1.5</td><td>20～110kV</td><td>3（5）</td></tr>
<tr><td>在野外</td><td>2</td><td>154～220kV</td><td>4（6）</td></tr>
<tr><td colspan="2">导线跨越房屋时，导线距离房顶的高度</td><td>1.5</td><td colspan="2">电杆位于铁路旁与轨道隔距</td><td>13 杆高</td></tr>
<tr><td colspan="2">跨越铁路时导线与轨面距离</td><td>7.5</td><td colspan="2"></td><td></td></tr>
</table>

注：表内带括号数字是在电力线路无防雷保护装置时的最小距离。

6）架空通信线路与其他电气设备距离，按表 5－68 确定。

表 5－68 小城镇架空通信线路与其他电气设备距离

电气设备名称	垂直距离或最小间距/m	备注
供电线路接户线	0.6	
霓虹灯及其铁架	1.6	
有轨电车及无轨电车滑接线及其吊线	1.25	通信线到滑接线或吊线之间距
电气铁道馈电线	2.0	

五、邮政、广播、电视规划

（1）小城镇的广播、电视线路路由宜与电信线路路由统筹规划，并可同杆、同管道敷设，但电视电缆、广播电缆不宜与通信电缆共管孔敷设。

（2）县（城）总体规划的通信规划应在县驻地镇设电视发射台（转播台）和广播、电视微波站，其选址应符合相关技术要求。无线电台台址中心距离重要军事设施、机场、大型桥梁不小于 5km，天线场地边缘距主干线铁路不小于 1km；短波发射台、天线设备与有关设施的最小距离应符合表 5－69

至表5－71的要求。

表5－69　小城镇短波发射台到居民集中区边缘的最小距离

发射电力/KW	最小距离/km
0.1～6	2
10	4
25	7
120	10
>120	>10

表5－70　小城镇短波发射台技术区边缘到收信台技术区边缘的最小距离

发射电力/kW	最小距离/Km
0.2～5	4
10	8
25	14
120	20
>120	>20

表5－71　小城镇收信台与干扰源的最小距离

干扰源名称	最小距离/km	干扰源名称	最小距离/Km
汽车行驶繁忙的公路	1.0	其他方向的架空通信线	0.2
电气化铁路电车道	2.0	35kV以下的输电线	1.0
工业企业、大型汽车场、汽车修理厂	3.0	35～110kV的输电线	1.0～2.0
拖拉机站、有X光设备的医院		>110kV的输电线	>2.0
接收方向的架空通信线	1.0	有高频电炉暇备的工厂	>5.0

（3）县（城）总体规划的通信规划，其邮政局（所）规划主要是邮政局和邮政通信枢纽局（邮件处理中心）规划，其他镇邮政局所规划主要是邮政支局（或邮电支局）和邮件转运站规划。

（4）县（城）邮政通信枢纽局址除应符合通信局（所）一般原则外，在邮件主要依靠铁路运输情况下，应优先在客运火车站附近选址，并应符合有关技术要求；在主要靠公路和水路运输时，可在长途汽车站或港口码头附近选址；预留用地面积应按设计要求或类似比较确定。

（5）邮政局所设置应按方便居民用邮政服务人口数、服务半径、业务收入确定，见表5－72。

表 5－72　小城镇邮政服务网点设置参考值

小城镇人口密度/（万人/km^2）	服务半径/km	小城镇人口密度/（万人 Km^2）	服务半径/km
>2.5	0.5	0.5	0.81～1.0
2	0.51～0.6	0.1	1.01～2.0
1.5	0.51～0.6	0.05	2.01～3.0
1	0.71～0.8		

（6）小城镇邮电支局，预留用地面积应结合当地实际情况，按表 5－73 分析、比较选定。

表 5－73　邮电支局预留用地面积　（单位：平方米）

用地面积 / 支局级别 / 支局名称	一等局业务收入 1000 万元以上	二等局业务收入 500～1000 万元	三等局业务收入 100～500 万元
邮电支局	3700～4500	2800～3300	2170～2500
邮电营业支局	2800～3300	2170～2500	1700～2000

第六节　燃气工程规划

燃气是一种清洁、优质、使用方便的能源，燃气供应是小城镇公用事业中一项重要设施，燃气化是实现小城镇现代化不可缺少的一个方面。燃气工程规划是编制小城镇燃气工程计划任务书和指导小城镇工程分期建设的重要依据。

一、燃气工程规划的任务

（1）根据能源资源情况，选择和确定燃气的气源。

（2）确定燃气供应的规模和主要供气对象。

（3）推算各类用户的用气量及总用气量，选择经济合理的输配系统和调峰方式。

（4）做出分期实施小城镇燃气工程规划的步骤。

（5）估算规划期内建设投资。

二、燃气的气源及燃气量

1. 小城镇燃气负荷预测

（1）小城镇燃气总用量计算：

1）分项相加法，按下式计算。

$$Q = Q_1 + Q_2 + Q_3 + Q_4 \quad (5-16)$$

式中　Q_1——居民生活用气量；

Q_2——公共建筑用气量；

Q_3——业企业生产用气量；

Q_4——未预见用气量。

其中，Q_1、Q_2 应分别按表 5－74～表 5－75 中提供的指标进行计算；工业企业用气量按民用气的 2/3 计算，亦可与当地有关部门共同调查和协商后确定；未预见用气量按总用气量的 5% 计算。

表 5－74　小城镇居民生活用气量指标[单位:MJ/人・年(1.0X10^4,kcal/人・年)]

小城镇所属地区	有集中采暖的用户	无集中采暖的用户
东北地区	2303～2721（55～65）	1884～2303（45～55）
华东、中南地区		2093～2302（50～55）
北京	2721～3140（65～75）	2512～2931（60～70）
成都		2512～2931（60～70）

注：1. 本表指一户装有一个燃气表的居民用户住宅内做饭和热水的用气量，不适用于瓶装液化石油气居民用户，

2. "采暖" 系指非燃气采暖。

3. 燃气热值按低热值计算。

表 5－75　小城镇公共建筑用气量指标

类别		单位	用气量指标
职工食堂		1.0×104kJ/kg（粮食）	0.84～1.05
幼儿园、托儿所	全托	1.0×10^{4}kJ/（座位・年）	167.47～209.34
	半托	1.0×10^{4}kJ/（人・年）	62.80～104.67
医院		10×10^{4}kJ/（床位・年）	272.14～355.87
旅馆（无餐厅）		1.0×10^{4}kJ/（座位・年）	66.98～83.73
理发店		1.0×10^{4}kJ/（人・次）	0.33～0.42
饮食业		1.0×10^{4}kJ/（座位・年）	795.49～921.09

注：1. 职工食堂的用气量指标包括做副食和热水在内。
2. 燃气热值按低热值计算。

2）比例估算法。通过预测未来居民生活与公建用气在总气量中所含比例得出小城镇总的用气负荷。

$$Q = Q_s \quad (5-17)$$

式中 Q——总用气量；

Q_s——居民生活与公建用气量；

P——居民生活与公建用气量占总用气量的比例。

（2）小城镇燃气的月平均日用气量，按下式计算：

$$Q = \frac{Q_a K_m}{365} + \frac{Q_a\ (1/p - 1)}{365} \quad (5-18)$$

式中　Q——计算月平均日用气量（m^3 或 kg）；

Q_a——居民生活年用气量（m^3 或 kg）；

p——居民生活用气量占总用气量比例（%）；

K_m——月高峰系数（1.1～1.3）。

由 Q 可以确定城市燃气的总供应规模（即小城镇燃气的总负荷）。

（3）小城镇燃气的高峰小时用气量，按下式计算：

$$Q = \frac{Q'}{24} kd \cdot kh \quad (5-19)$$

式中　Q′——燃气高峰小时最大用气量（m^3）；

Q——燃气计算月平均日用气量（m^3）；

kd——日高峰系数（1.05～1.2）；

kh——小时高峰系数（2.2～3.2）。

Q′可用于计算小城镇燃气输配管网的管径。

2. 燃气的气源及其选择

（1）燃气的分类，燃气按其成因不同，可分为天然气和人工煤气两大类。

天然气：包括纯天然气、含油天然气、石油伴生气和煤矿矿井气等。

人工煤气：包括煤、煤气（含水煤气，即生物质气化燃气）和油煤气、沼气。

液化石油气既可从天然气开采过程中得到，也可以从石油炼制过程中得到。

（2）燃气气源选择。

①根据国家有关政策，结合本地区燃料资源的情况，通过技术、经济比

较来确定气源选择方案。

②合理利用本地现有气源，做到物尽其用，如充分利用附近钢铁厂、炼油厂、化工厂等的可燃气体副产品。目前发展液化石油气一般比发展油制气或煤制气经济。

③应充分利用外部气源。当选择自建气源时，必须落实原料供应和产品销售等问题。

3. 燃气厂和储配站址选择

选择燃气源厂的厂址，一方面要从小城镇的总体规划和气源的合理布局出发；另一方面也要从有利生产、方便运输、保护环境着眼。厂址选择有如下要求：

（1）应符合小城镇总体规划的要求，并应征得当地规划部门和有关主管部门的批准。

（2）尽量少占或不占农田。

（3）在满足环境保护和安全防火要求的条件下，尽量靠近负荷中心。

（4）交通运输方便，尽量靠近铁路、公路或水运码头。

（5）位于小城镇下风向，避免污染。

（6）工程地质良好，厂址标高应高出历年最高洪水位0.5m以上。

（7）避开油库、交通枢纽、飞机场等重要战略目标。

（8）电源应能保证双路供电，供水和燃气管道出厂条件要好。

（9）应留有发展余地。

（10）应符合建筑防火规范的有关规定。

4. 燃气供应系统的组成。

燃气供应系统由气源、输配和应用三部分组成，如图5－18所示。

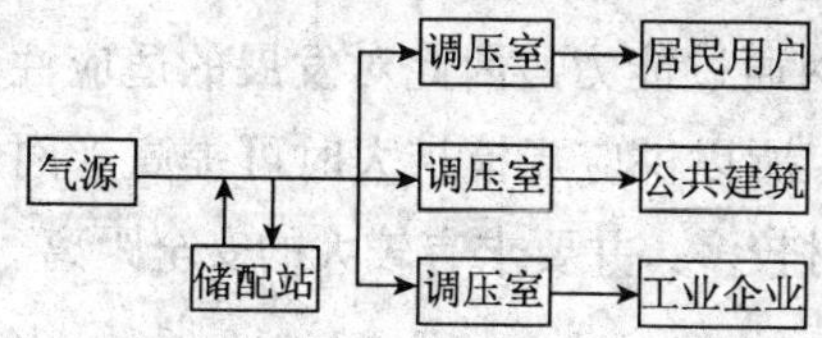

图5－18　燃气供应系统组成示意图

在燃气供应系统中，输配系统是由气源到用户之间的一系列煤气输送和分配设施组成，包括煤气管网、储气库（站）、储配站和调压室。在小城镇燃气规划中，主要是研究有关气源和输配站和调压室。在小城镇燃气规划中，主要是研究有关气源和输配系统的方案选择和合理布局等一系列原则性的问题。

三、燃气的输配系统

燃气的输配系统包括气源厂（或天然气远程干线的门站）以后到用户前的一系列燃气输送和分配设施。燃气的输送与分配必须把燃气供应的安全性和可靠性放在重要地位。

1. 燃气管道压力的分段

我国城镇燃气管道的压力分级，见表5－76。

表5－76　燃气管道的压力分级

燃气管道分级	压力/MPa
低压	≤0.005
中压	0.005～0.15
次高压	0.15～0.3
高压	0.3～0.8

在进行小城镇燃气规划时，要考虑将来发展的需要。

2. 燃气管网系统

燃气管网系统一般可分为单级系统、两级系统、三级系统和多级系统。

（1）单级系统。只采用一个压力等级（低压）来输送、分配和供应燃气的管网系统，如图5－19所示。其输配能力有限，故仅适用于规模较小的小城镇。

（2）两级系统。采用两个压力等级（中、低压）来输送、分配和供应燃气的管网系统，如图5－20所示，包括有高低压和中低压系统两种。中、低压系统由于管网承压低，有可能采用铸铁管，以节省钢材，但不能大幅度升高运行压力来提高管网通过能力，因此对发展的适应性较小。高、低压系统因高压部分采用钢管，所以供应规模扩大时可提高管网运行压力，灵活性较大；其缺点是耗用钢材较多，并要求有较大的安全距离。

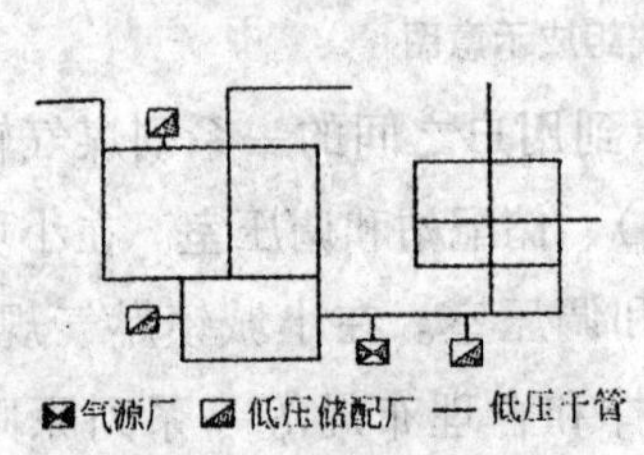

图5－19　单级系统示意图

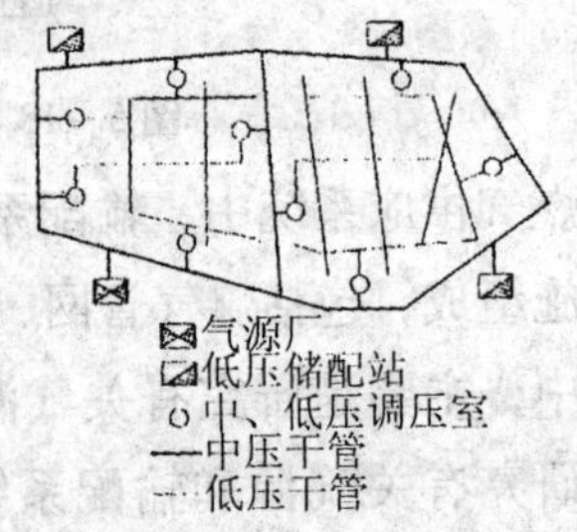

图5－20　中、低压两级系统示意图

(3) 三级系统。是由高、中、低三种燃气管道所组成的系统，如图5－21所示，仅适用于大城市。

(4) 多级系统。在三级系统的基础上，再增设超高压管道环，从而形成四级、五级等多级系统，如图5－22所示。

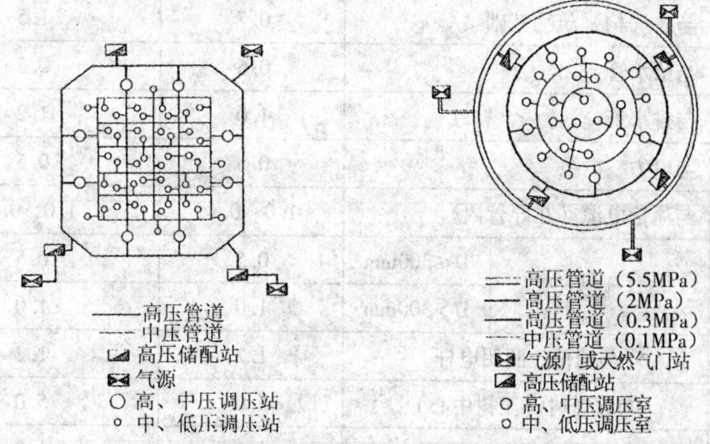

图5－21 高、中、低三级系统示意图　　图5－22 多级系统示意图

3. 小城镇燃气输配管网布置

(1) 干管靠近大用户，主干线逐步连成环状。

(2) 尽量避开主要交通干线和繁华街道，禁止在建筑物下、堆场、高压电力线走廊、点电缆沟道、易燃易爆和腐蚀性液体堆场下及与其他管道平行重叠敷设。

(3) 沿街道设管道时，可单侧布置，也可双侧布置。低压干管宜在小区内部道路下敷设。

(4) 穿越河流或大型渠道时，可随桥（木桥除外）架设，或用倒虹吸管由河底通过，也可架设管桥。

(5) 管道应尽量少穿越公路、铁路、沟道和其他大型构筑物。必须穿越时应有一定的防护措施。

4. 小城镇郊外输气干线布置

(1) 结合小城镇总体规划，避开规划的建筑物。

(2) 少占良田，尽量靠近现有公路或沿规划的公路敷设。

(3) 尽量避免穿越大型河流、湖泊、水库和水网地区。

(4) 与工矿企业、高压输电线路保持一定的距离。

5. 小城镇燃气管道、输气主干线的安全距离

(1) 小城镇燃气管道与建（构）筑物基础及相邻管之间的水平净距，按

表5－77执行。

表5－77　小城镇地下燃气管道与建（构）筑物基础及相邻管道间的水平净距

序号	项　　目		水平净距/m	
			P≤0.005MPa	0.005MPa＜P＜0.2MPa
1	与建（构）筑物基础		0.7	1.5
2	与给水管		0.5	0.5
3	与排水管		1.0	1.2
4	与电力、电缆		0.5	0.5
5	与通信电缆（在导管内）		1.0，0.4	1.0，0.4
6	与其他燃气管	D≤300mm	0.5	0.5
		D＞300mm	1.0	1.0
7	与通信、照明电杆		1.2	1.2
8	与行道树（至树中心）		5.0	5.0
9	与铁路钢轨		1.0	1.0
10	输电杆（塔）基础	≤35kV	5.0	1.0
		＞35kV	5.0	5.0

（2）输气干线与架空高压输电线（或电气线）平行敷设时的安全、防火距离，参见表5－78。

表5－78　小城镇输气干线与架空高压输电线（或电信线）平行敷设时的安全、防火距离

架空高压输电线或电信线名称	与输气管最小间距/m
≥110kV电力线	100
≥35kV电力线	50
≥10kV电力线	15
Ⅰ、Ⅱ线电信线	25

（3）埋地输气干线中心线至各类建（构）筑物的安全、防火距离，见表5－79。

表5－79 小城镇埋地输气干线中心线至各类建（构）筑物的最小允许安全、防火距离 （单位：m）

建构筑物的安全防火类别	建（构）筑物名称	输气管公称压力P/（kg/cm^2）								
		P≤16			16＜P＜40			P≥40		
		D≤200	D＝225～450	D≥500	D≤200	D＝225～450	D≤500	D≤200	D＝225～450	D≥500
Ⅰ	特殊的建（构）筑物、特殊的防护地带（如大型地下构筑物及其防护区）、炸药及爆炸危险品仓库、军事设施	大于200m，并与有关单位协商确定								
Ⅱ	城镇，公建（如学校、医院），重要工厂，车站，港口码头，重要水工建筑，易燃及重要物资仓库（如大型粮食、重要器材仓库），铁路干线和省、市级、战备公路的桥梁	25	50	75	50	100	150	50	150	200
Ⅲ	与输气管线平行的铁路干线，铁路专用线和县级、企业公路的桥梁	10	25	50	25	75	100	25	100	150
Ⅳ	与输气管线平行的铁路专用线，与输气管线平行的省、市、县级、战备公路及重要的企业专用公路	＞10m或与有关单位协商确定								

注：1. 城镇——从规划建筑线算起。

2. 铁路、公路——从路基底边算起。

3. 桥梁——从桥墩底边算起。本表所列桥梁中：铁路桥梁为桥长80m或单孔跨距23.8m或桥高30～50m以上者；公路桥梁为桥长100m或桥墩距40m以上者；如桥梁规格小于以上值，则按一般铁路或公路对待。

4. 输气管线平行的铁路或公路指相互连续平行500m以上者。

5. 除上述以外，其他建构筑物从其外边线算起。

6. 表列钢管D≤200指无缝钢管，D>200指有缝钢管；钢管均由抗拉强度36～52kg/平方米的钢材所制成。

四、燃气输配设施规划

1. 燃气储配站

燃气储配站应符合防火规范要求，具有较好的交通、供电、供水和供热条件，应布置在镇区边缘。

2. 调压站

（1）一般设置在单独的建筑物内，当条件受限时中低压燃气管道可设置在地下。

（2）尽量布置在负荷中心或接近大用户。

（3）尽可能避开繁华地段，可设在居民区的街坊内、广场和公园等地。

（4）高压站为二级防火建筑，应保证其防火安全距离，更应躲开明火。

（5）其供气半径以0.5～1km为宜。

3. 液化石油气瓶装供应站

（1）一般设在居民区内，服务半径为0.5km，供应5000～7000户，居民耗气量可取13～15kg/（户·月）。

（2）应有便于运瓶汽车出入门的道路。

（3）液化石油气瓶库与站外建筑物或道路之间的防火距离，不应小于表5－80和表5－81的规定。

表5－80　设有总容积≤10m^3的贮罐的独立建筑物的外墙与相邻厂房外墙之间的防火间距

相邻厂房的耐火等级	一、二级	三级	四级
防火间距/m	10	12	14

表5－81　液化石油气储罐与铁路、公路的防火间距　（单位：m）

项目	厂外铁路线（中心线）	厂内铁路线（中心线）	厂外道路（路边）	厂内道路间距	
				主要	次要
液化石油气储罐	45	35	25	15	10

注：液化石油气储罐与架空电力线的防火间距，不应小于电杆高度的1.5倍。

(4) 供应站的瓶库与站外建、构筑物的防火间距，不应小于表5-82的规定。

表5-82　小城镇瓶状供应站的瓶库与站外建、构筑物的防火间距　(单位：m)

总存瓶容积/m^3 项目	≤10	>10
明火、散发火花地点	30	35
民用建筑	10	15
重要公用建筑	20	25
主要道路	10	10
次要道路	5	5

五、生物质气化供气

1. 生物质气化原理

与煤一样，生物质也可以通过热化学过程裂解气化成为气体燃料，俗称“水煤气”，是一种常用的生物质能转换途径。生物质气化能量转换效率高，设备简单，投资少，易操作，不受地区、燃料种类和气候的限制。生物质经气化产生的可燃气，可广泛用于炊事、采暖和作物烘干，还可以用作内燃机、热气机等动力装置的燃料，输出电力或动力，提高了生物质的能源品位和利用效率。在我国，尤其是农村地区，具有广阔的应用前景。将生物质气化产生的可燃性气体供燃用或用其发电，是农村供能与用能的重大变革。

生物质气化是生物质热化学转换的一种技术，基本原理是在不完全燃烧条件下，将生物质原料加热，使较高分子量的有机碳氢化合物链裂解，变成较低分子量的CO、H_2、CH_4等可燃性气体，在转换过程中要加气化剂（空气、氧气或水蒸气），其产品主要指可燃性气体与N_2等的混合气体。此种气体尚无准确命名，称燃气、可燃气、气化气的都有，以下称其为“生物质燃气”或简称“燃气”。生物质气化技术近年来在国内外被广泛应用。

对生物质进行热化学转换的技术还有干馏和快速热裂解，它们在转换过程中是加不含氧的氧化剂或不加气化剂，得到的产物除燃气之外还有液体和固体物质。

生物质气化所用原料主要是原木生产及木材加工的残余物、薪柴、农业副产物等，包括板皮、木屑、枝杈、秸秆、稻壳、玉米芯等，原料在农村随处可见，来源广泛，价廉易取。它们挥发组分高，灰分少，易裂解，是热化学转换的良好材料。按具体转换工艺的不同，在添入反应炉之前，根据需要应进行适当的干燥和机械加工处理。

生物质气化炉产出的生物质燃气成分及热值数据，见表5-83。

表5-83 燃气主要成分及低位热值

原料品种	燃气成分（%）						低位热值（标准状态下）/（kJ/m^3）
	CO	H_2	CH_4	CO_2	O_2	N_2	
玉米秸	21.4	12.2	1.87	13.0	1.65	49.88	5328
玉米芯	22.5	12.3	2.32	12.5	1.4	48.98	5033
麦秸	17.6	8.5	1.36	14.0	1.7	56.84	3663
棉秸	22.7	11.5	1.92	11.6	1.5	50.78	5585
稻壳	19.1	5.5	4.3	7.5	3.0	60.5	4594
薪柴	20.0	12.0	2.0	11.0	0.2	54.5	4728
树叶	15.1	15.1	0.8	13.1	0.6	54.6	3694
锯末	20.2	6.1	4.9	9.9	2.0	56.3	4544

2. 生物质气化站规划

（1）从气化炉产出的燃气中含有焦油、灰分和水分，有待去除，否则影响燃气的使用，尤其是对焦油的去除。所以生物质气化站规划应充分考虑燃气净化及对环境的影响。

（2）建气化站投资比较大。产出的燃气如果只供当地居民炊事用燃料，需用的生物质原料并不多；若用燃气作发电燃料和在北方冬季还要用它作采暖燃料，则耗用的生物质气化原料就比较多。基于以上两点原因，在确定建站地点时，最好选在经济条件比较充裕、气化所用原料产量比较丰富的村镇。

（3）在我国北方地区，冬季寒冷而漫长，这就涉及储气、输气系统的防冻问题。送气管道要埋在冻土层以下。湿式储气罐难以正常越冬运行，这就需要选用合适的干式储气设施。

3. 户用生物质气化供气热装置

以HQ-280型生物质气化供热装置为例，图5-23为其示意图，是下流式气化炉。

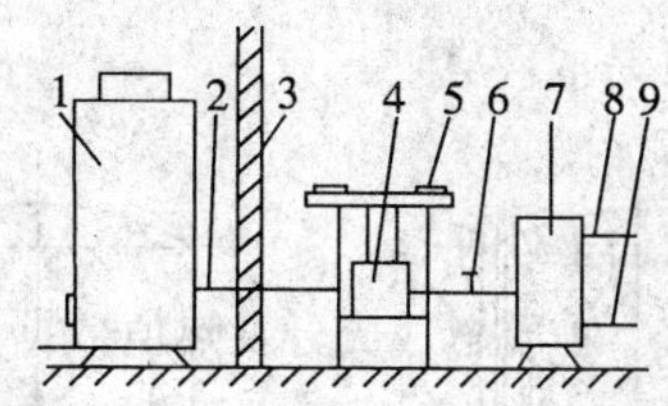

图 5-23 HQ-280 型生物质气化供热装置

1—气化炉；2—输气管；3—隔墙；4—分气箱；5—炊事灶，6—阀门；7—水加热器；8—热水管；9—冷水管

HQ—280 型生物质气化装置主要技术参数如下：供热量 41900～50200kJ/h；产气量 7～10m^3/h；产气率 2.2～2.5m^3/kg；燃气热值 4600～5200kJ/m^3；燃料耗量 3～4kg/h；气化效率 65%～70%；炉灶热负荷 11700kJ/h；配套风机 40～60W；封火时间 12h 以上；气化炉反应直径 280mm；气化炉外形尺寸 600mm×500mm×800mm。

4. 生物质气化集中供气规划

生物质气化集中供气系统已在我国许多省份得到了推广应用，在农民居住比较集中的村落，建造一个生物质气化站，就可以解决整个村镇居民的炊事和取暖所用的气体燃料。吉林省自 1998 年起，已先后在四平、长春、吉林、延边地区兴建了 7 个生物质气化站，每个站产燃气量为 200～1800m^3/h。

（1）气化站。气化站（图 5-24）的主要设备有切碎机、上料装置、气化炉（下流式）冷却器、过滤器、风机、水封器、储气罐（也称燃气柜）等。

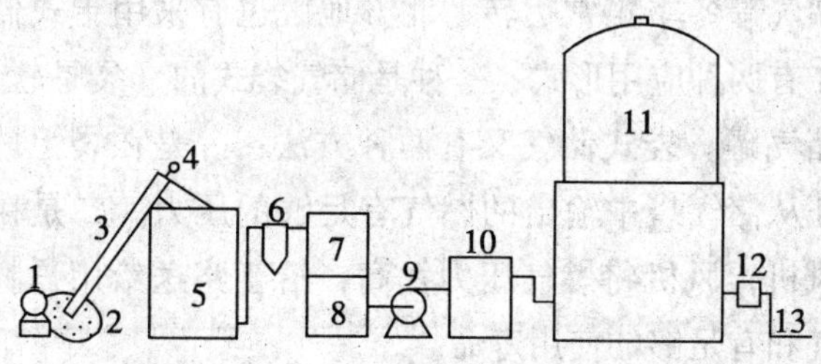

图 5-24 生物质气化站主要设备

1—切碎机；2—喂料斗；3—上料器；4—电动机；5—气化炉；6—旋风分离器
7—冷缺器；8—过滤器；9—风机；10—水封器；11—储气罐；12—阻火器；13—送气主管

（2）储气柜。生物质燃气储气罐也称燃气柜，有湿式、干式两种类型。现在国内应用较多的是湿式（也称变容湿式）储气罐，又分为水室式和非水室式两种结构，如图 5-25 所示。

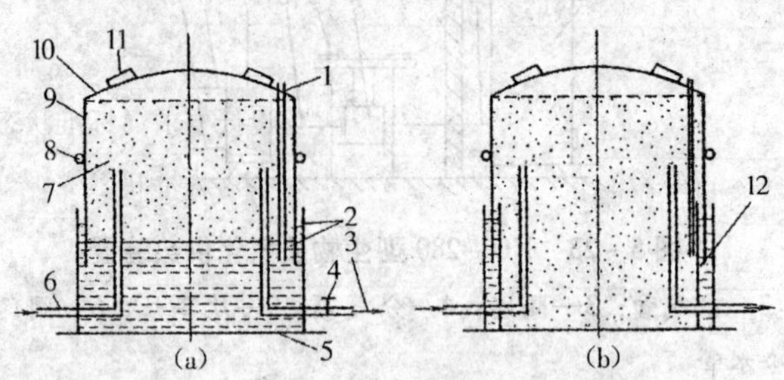

图 5－25　湿式储气罐示意图

(a) 水室式；(b) 非水室式

1—排散管；2—水面；3—送气主管；4—闸阀；5—底座；6—进气管；

7—罐中燃气；8—导向轮；9—罐侧壁；10—罐顶；11—配重；12—水封槽

在我国北方，冬季寒冷而漫长，湿式储气罐应解决防冻问题，其办法一是罐体外面加保温层；二是给罐中水力口温；三是向水中加降低冰点的物质，若加盐（NaCl）将加速钢板的锈蚀。

罐内燃气的压强（单位面积上压力值）p 用下式计算：

$$p=\frac{G}{S}\times 9.81 \qquad (5-20)$$

式中　p——储气罐内燃气压强（习惯称压力）(Pa)；

G——浮罩（罐壁和罐顶）与配置的重量之和（kg）；

S——罐的内表面横截面面积（平方米）。

为了保证储气罐冬季正常运转，北方地区也有采用干式储气装置的。干式储气装置现在有两种应用形式：一种是储气袋式的（袋是软性材料）；另一种是活塞式的储气罐。袋式储气又有两种方法：一是在袋上放平板，平板上加配置，以保证从储气袋中输出的燃气有足够的压力；二是在储气袋送气主道上先安装小风机，风机将燃气压力提高，沿管路送给用户。气袋的材质要选好，防止漏气和有足够的使用寿命。

(3) 气化站生产燃气的主要技术指标。农业部 2001 年 6 月 1 日发布、2001 年 10 月 1 日实施《秸秆气化供气系统技术条件及验收规范》（农业行业标准 NY/T 443—2001）中，对生物质气化站生产燃气规定了如表 5－84 所列的一些主要技术指标。

表 5－84　生物质气化站生产燃气的有关指标

项　　目	技 术 指 标
燃气产量/（m^3/h）	≥设计要求（标准状态下）
燃气中焦油和灰尘含量/（mg/m^3）	<50（标准状态下）
输向储气罐的燃气温度/℃	≤35
燃气低温热值/（kJ/m^3）	≥4600（标准状态下）
燃气含氧量（%）	<1
气化机组正常情况下噪声/dB	<80
燃气中氧化硫含量（%）	<20
气化效率（%）	≥70
燃气中硫化氢含量/（mg/m^3）	<20
气化车间风中一氧化碳含量/（mg/m^3）	<3
避雷器接地电阻/Ω	<10

另外，户用灶具的热效率应大于35%。

（4）供气管网。图5－26所示是由气化站向居民燃气区输送燃气的管网系统。管网埋在地下超过冻土层深度。在主、支管路中设集水井，内有排水器，用来积储燃气过冷析出的液体，并应及时排出。管路以5‰的坡度向排水器下倾，使管中液体流入排水器。

阀门井内的阀门控制向支管道燃气的供给。

（5）供气量与供气压力。

1）供燃气量。某片居民区用燃气作炊事燃料，若每户仅装一台双眼灶或装两个单眼灶，为保证居民的燃气需要量，每小时向这片居民区供给燃气量可按下式计算：

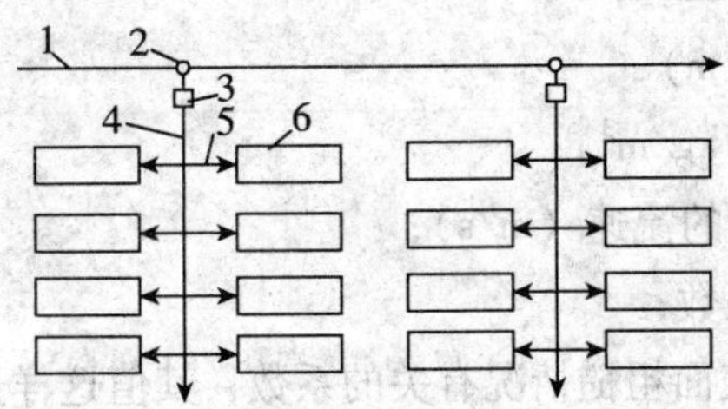

图5－26　供气管网平面示意图

1—来自气化站的主管道；2—集水井；3—阀门井；
4—支管道；5—户用引管；6—居民房

$$Q = \sum K_0 Q_n N \tag{5-21}$$

式中　Q——供一片居民区的燃气管道计算流量（m^3/h）；

N——同一类型燃具数（台）；

K_0——同时工作系数，见表5－85；

Q_n——同一类型燃具的额定同时工作系数，它取决于这片居民使用同一类型的燃具数。

表5－85　双眼灶（或两个单眼灶）同时工作系数 K_0

相同燃具数/N	同时工作系数/K_0	相同燃具数/N	同时工作系数/K_0
4	1.00	60	0.39
8	0.64	100	0.35
15	0.56	500	0.30
30	0.45	1000	0.28

2）供应压力。为使燃气有良好的使用效果，应保证输给距储蓄气罐最远的用户室外燃气压力表 $>0.75p_n+150$（Pa）。p_n 表示燃具的额定压力（Pa）；150表示用户室内管道和燃气表的燃气阻力损失应小于150Pa，若在燃气表前装有小过滤器时，其值还应大一些。

燃气在管道中流动，因受阻力造成压力损失（压力下降）。压力损失有两种：一是沿程压力损失，指在各段管路中的损失；二是局部压力损失，指在管路拐弯、变径、闸阀等处的损失。沿程压力损失用下式计算：

$$\Delta p_f = \lambda \frac{l}{d} \rho \frac{\upsilon^2}{2} \tag{5-22}$$

$$\lambda = K\left(0.0125 + \frac{0.0011}{d}\right) \tag{5-23}$$

式中　Δp_f——沿程压力损失（Pa）；

l——管路长度（mm）；

d——管路内径（m）；

ρ——燃气密度（kg/m^3）；

υ——燃气在管内的流速（m/s）；

λ——沿程阻力系数；

K——与管路内表面粗糙情况有关的系数，其值这样选取：内壁光滑 K＝1.0，内壁较光滑 K＝1.3，内壁粗糙 K＝1.6。

局部压力损失因管中的各局部结构情况的不同，损失的值也不一样，可粗略取其值为 Δp_t 的5%～10%。这样，从管路的一个断面到另一断面之间的全部压力损失为：

$$\Delta p = (1.05 \sim 1.10)\ \Delta p_f \qquad (5-24)$$

在两个断面之间的管路若内径不等或内壁光滑程度不一样，以及燃气在管中的流速有变化（如因有流量分出），要分段逐一计算其压力损失，再叠加起来，即为管路全长的压力损失。

当气化站储气罐内燃气压力值已经确定，距储气罐最远的燃气用户压力值够用否，应按上述方法计算出管路的全程压力损失值，储气罐内燃气压力减去全程压力损失值后，剩余的压力值即为到最远用户住房墙下管道内的燃气压力值，它应大于 $0.75p_n + 150$，单位是 Pa。

（6）秸秆气化集中供气系统

集中供气系统。集中供气系统的基本模式为：以自然村为单元，系统规模为数十户至数百户，设置气化站（气柜设在气化站内），敷设管网，通过管网输送和分配生物质燃气到用户的家中。

集中供气系统中包括原料前处理（切碎机）、上料装置、气化炉、净化装置、风机、储气柜、安全装置、管网和用户燃气系统等设备，秸秆气化集中供气系统如图 5－27 所示。

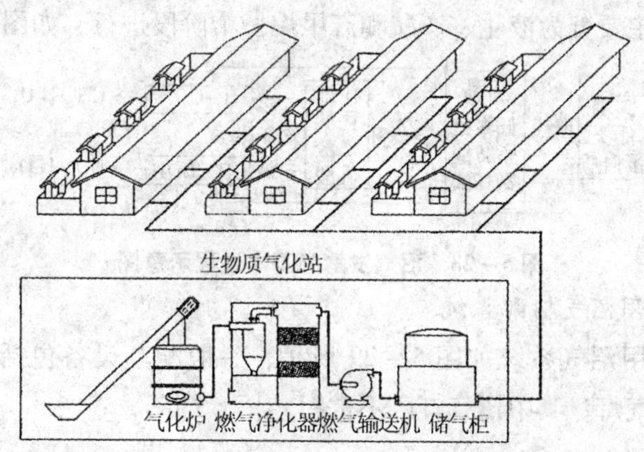

图 5－27　秸秆气化集中供气系统示意图

六、沼气供气

1. 沼气利用技术原理

沼气是将人畜禽粪便、秸秆、农业有机废弃物、农副产品加工的有机废水、工业废水、城市污水和垃圾、水生植物以及藻类等有机物质在厌氧条件下，经微生物分解发酵而生成的一种可燃性气体，其主要成分是甲烷（CH_4）和二氧化碳（CO_2），此外还有少量的氢（H_2）、氮（N_2）、一氧化碳（CO）、硫化氢（H_2S）和氨（NH_3）等。通常情况下，沼气中的甲烷含量为 50%～

70%，二氧化碳为30%～40%，其他气体均含量很少。不同组分沼气的主要特性参数见表5－86。沼气中的主要可燃成分是甲烷，每立方米沼气的热值约为21520kJ，约相当于1.45m³煤气或0.69m³天然气的热值。

表5－86　不同组分沼气的主要特性参数

特性参数	$CH_4$50%，CO_2 50%	$CH_4$60%，CO_2 40%	CH_4 70%，CO_2 30%
密度/（kg/m³）	1.374	1.221	1.095
相对密度	1.042	0.944	0.847
热值/（kJ/m³）	17937	21542	24111
理论空气量/（m³/m³）	4.76	5.71	6.67
理论烟气量/（m³/m³）	6.763	7.914	9.067
火焰传播速度/（m/s）	0.152	0.198	0.243

沼气发酵是一个（微）生物作用的过程。各种有机质，包括农作物秸秆、人畜粪便以及工农业排放废水中所含的有机物等，在厌氧及其他适宜的条件下，通过微生物的作用，最终转化成沼气，完成这个复杂的过程，即为沼气发酵。

沼气发酵主要分为液化、产酸和产甲烷三个阶段进行，如图5－28所示。

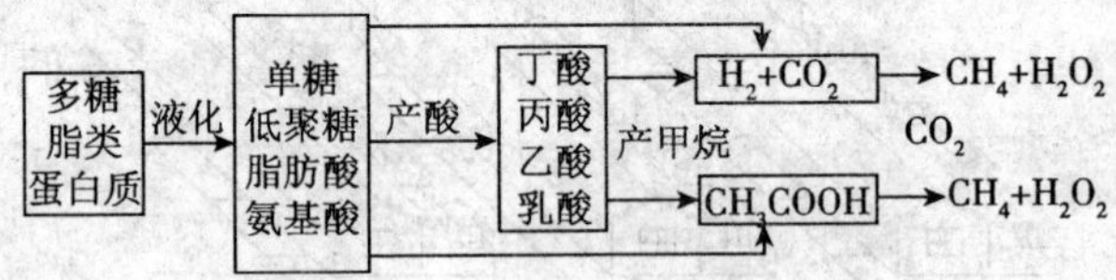

图5－28　沼气发酵的基本过程示意图

2. 小型户用沼气输配系统

典型的户用沼气系统如图5－29所示，一般配套设备包括输配气系统、沼气炉灶和沼气灯，其中沼气灯已不常用。

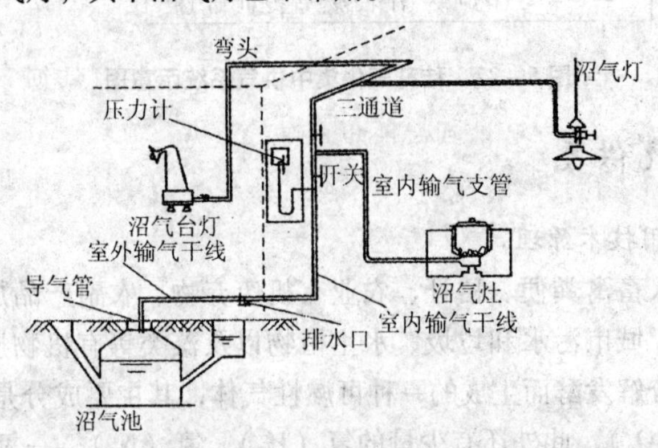

图5－29　小型沼气系统示意图

输配气系统主要由输气管、形状、三通、弯头、接头和压力计等组成。

3. 大中型沼气系统工程

（1）明确工程最终目标。为规模化畜禽场、屠宰场或食品加工业的酒精厂、淀粉厂、柠檬酸厂等设计沼气工程，首先要明确工程最终达到的目标。最终目标基本上有三种类型：一是以生产沼气和利用沼气为目标；二是以达到环境保护要求，排水符合国家规定的标准为目标；三是前两个目标的结合，对沼气、沼渣和沼液进行综合利用，实现生态环境建设。工程达到的最终目标，要由厂方提出，或者由设计方根据原料来源的具体情况，给厂方提出参考意见，确定工程最终目标。

（2）工程设计注意事项。工程建设涉及国家或集体的投资，一项工程的寿命至少定为15～20年，所以原料供应要相对稳定，尤其足以畜禽场粪污为原料的大小型沼气工程。出售肉猪容易受到市场价格的起落而转向经营，更要注重粪便原料的相对稳定。

必须重视沼气、沼渣和沼液的综合利用。以环保达标排放为目标的大中型沼气工程，因为是以环保效益和社会效益为主，只有对沼气、沼渣和沼液进行综合利用，才能增大工程的经济效益。

在工程设计中，单一追求高指标，忽略了工程总体技术的可靠性、操作简便、运行费用低这三个方面，可能会使工程半路夭折，终止运行，因此工程设计必须把追求高指标与实用性二者相结合。

（3）工程设计内容。

1）工程设计依据和内容。工程建设的批复文件、国家对资源综合利用方面的优惠政策、国家对工程建设项目的相关规定、工程设计的技术依托单位等，都是工程设计的具体依据，需要明确。

工程建设项目必须符合国家或部门规定的相关条款要求，还要根据场地和原料来源等具体情况，进行全面综合设计。不论情况如何变化，共性的设计内容应该包括：工程选址和总体布置设计、工艺流程设计、前处理工艺段设备选型与构筑物的设计、厌氧消化器结构形式的设计、后处理工艺段设备选型与构筑物设计、储气罐设计、沼气输气管网设计及安全防火等。

2）总体布局设计。总体布置需要在满足工艺参数要求的同时，与周围的环境相协调，选用设备装置及构筑物平面布局与管路走向合理，并要符合防火相关条款规定。若以粪便为原料来源，在条件允许的前提下，还要考虑养殖场生产规模扩展的可能性。

3）工艺流程设计。设计工艺流程是工程项目设计的核心。要结合建设单位的资金投入情况、管理人员的技术水平、所处理物料的质量情况，还要采用切实可行的选进技术，最终实现工程的处理目标。

工艺流程要经过反复比较，确定最佳的适用的工艺流程。

大中型沼气工程的工艺流程，概括来讲，包括原料的预处理、沼气发酵、后处理等几部分。

（4）装置的选型与设计。大中型沼气工程工艺流程可分为三个阶段；预处理阶段、中间阶段和后处理阶段。料液进入消化器进行厌氧发酵，消化掉有机物生产沼气为中间阶段。料液进入消化器之前为原料的预处理阶段。从消化器排出的消化液要经过沉淀或固液分离，以便对沼渣进行综合利用，此为后处理阶段。由于原料不同，运行工艺不同，每个阶段所需要的构筑物和选用的通用设备也各有不同。大中型沼气工程所选用或设计装置与构筑物必须满足发酵工艺要求，最终达到总体设计目标。

1）在满足料液悬浮物沉淀或者分离，实现事先预计的消化负荷和化学需氯量（CODcr）去除率的前提条件下，结合原料水质水量的具体情况，参照相关的设计规范和同类运行的工程实例，来设计本工程的装置结构或选用标准设备。

2）规模化养猪场粪便污水的预处理阶段，需要选用格栅及除杂物的分离设施。对格栅可在环保工程设计手册上选到适宜的型号。杂物分离设施可选用斜板振动筛（图 5－30）或振动挤压 分离机等。

3）固液分离是把原料中的杂物或大颗粒的固体分离出来，以便使原料废水适应潜水污水泵和消化器的运行要求。

4）淀粉厂的废水前处理设施，可选用真空过滤、压力过滤、离心脱水和水力筛网等设施，也有选用沉淀池（罐）等设施，如图 5－31 所示；以玉米为原料的酒精厂废水前处理，可选用真空吸滤机、板框压滤机、锥篮分离机和卧式螺旋离心分离机等；以薯干为原料的酒精厂废水前处理先经过沉沙池再进入卧式螺旋离心机。

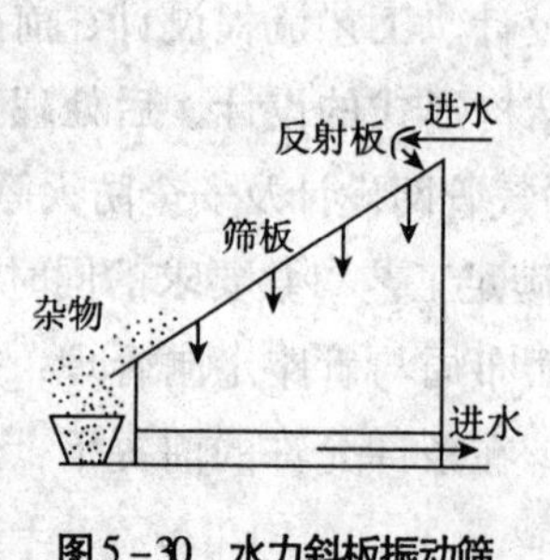

图5－30　水力斜板振动筛

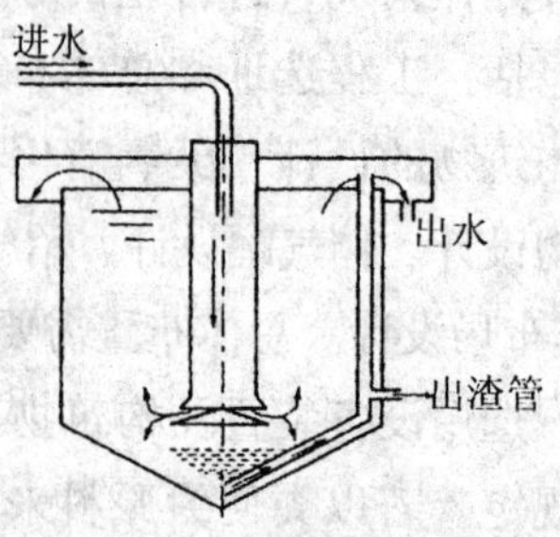

图5－31　沉淀池（竖沉罐）

5）后处理阶段是以环保为目标的工程。后处理装置是好氧处理设施。以能源环保相结合为目标的工程，消化液后处理包括固液分离机和沼渣干燥、成分调配和包装设施、沼液浓缩、成分调配等设施。

（5）输气系统的设计。

1）压力降组成。压力降又叫压力损失。压力降就是气体从输气系统的一处流到另一处时压力的减少量，这是衡量输气畅通程度的指标。输气系统的压力降由沿程压力降和局部压力降两部分组成，即：

$$\Delta p = \Delta p_{沿} + \Delta p_{局} \tag{5-25}$$

式中 Δp——系统压力降（10^5Pa）；

$\Delta p_{沿}$——沿程压力降（10^5Pa）；

$\Delta p_{局}$——局部压力降（10^5Pa）。

沿程压力降和局部压力降可以实测求得，或者通过水力计算求得。

2）沼气输气管网设计的基本内容，设计沼气输气系统，首先要经过管网的水力计算设计。对输气系统的计算，通常叫水力计算。水力计算的目的有三方面：①根据已知输气系统要通过的沼气流量，输气管管长和允许的压力降，求输气管所需的管径；②根据已知输气管的管径、管长和要求通过的沼气流量，求压力降；③根据已知的起始压力、管长和管径求可以通过的沼气流量。

（6）沼气集中供气输配管网系统。沼气集中供气的输配管路系统，主要由中、低压沼气管网、沼气压送站、调压计量站、沼气分配控制室及储气罐等组成。

1）集中供气方式。

①低压供气：低压供气系统由变容湿式低压浮罩储气罐和低压供气站组成。低压供气管路系统比较简单，容易维护管理，不需要压送费用，供气可靠性较大，但供气压力低。

②中压供气：是将消化器或储气罐的沼气加压至几千帕水柱后送入中压管路，在用户处设置调置器，减压后供给炉具使用。中压供气适用于供气规模较大的沼气站，这种供气系统的优点是能节约输气管路费用；而缺点是要求用户用阀门控制流量调压，如用户调节不好，就会降低炉具的燃烧效率。

③中、低压两级供气：是综合了低压和中压气的优点而设计的。中、低压供气系统设置了调压站，能比较稳定地保持所需的供气压力。但这种系统由于设置了压送设备和调压器，维护管理较复杂，费用也较高，在供气时需用动力，当停电时则不能保证供气。

2）输气管及其附件配置。输送沼气的管道当前所用的管材有钢管、铸铁管、塑料管（聚氯乙烯硬管、聚乙烯管和红泥塑料管）。对输气管总的要求是具有足够的机械强度，即优良的抗腐蚀性、抗震性和气密性等。

①钢管：钢管具有较高的拉伸强度，易于焊接，气密性能得到保证，易受腐蚀。

在选用钢管时，管径大于150mm时，选用螺旋卷焊钢管。钢管壁厚应视埋设地点、土壤和交通载荷而定，一般壁厚不小于3.5mm；在街道红线内不小于4.5mm；穿越重要障碍物和土壤腐蚀性极强的地段时，应不小于8mm。

②铸铁管：铸铁管比钢管抗腐蚀性能强，使用寿命长，但不易焊接。由于材质较脆，不能承受较大的应力，在动载荷较大的地区不宜采用。

③塑料管：塑料管密度小，运输、加工和安装均很方便；化学稳定性高，耐腐蚀性能好；硬塑料管内壁光滑，摩擦阻力小，在相同的压力差情况下，比钢管的流量增加40%。

硬聚氯乙烯管的拉伸强度虽然比聚乙烯管高，但其拉伸强度随温度和时间的增加而降低。聚乙烯管的密度更小，而冲击强度比聚氯乙烯管高约3倍，很适合在寒冷地区使用。

硬聚氯乙烯管的线膨胀系数大，是钢管的6~8倍，受热易变形下垂，刚性较差，切口处强度较低。在施工安装时，尽可能不要采用螺纹连接。塑料管粘接和焊接时，要采用承插口。

④冷凝水排放装置：为排除沼气管道中的冷凝水，在敷设管道时应有不小于0.5%的坡度，以便在低处设排水器，将汇集的水排出。

（7）储气罐设计。在大中型沼气工程中，沼气储存是重要的组成部分。在产气量大于用气量时，将多余的沼气送入储气罐；反之，则由储气罐供气，以维持供需平衡。如果要确定储气罐的容积，必须首先确定用气量。

1）居民用气量。影响居民用气量的因素很多，包括生活水平、生活习惯、灶具、气候等诸多因素，可按居民过去使用的燃料消耗量进行折算。

①采用用气量表示：

$$V = \frac{GQ_1\eta_1}{Q_2\eta_2} \tag{5-26}$$

式中 V——折算成用沼气量（标准状态下）[m^3/（人·年）]；

G——过去使用燃料年消耗量［kg/（人·年）］；

Q_1——过去使用燃料低热值（kJ/kg）；

η_1——炉灶热效率；

η_2——沼气灶热效率；

Q_2——沼气低热值（标准状态下）（kJ/m^3）。

②采用热量表示：

$$H=\frac{GQ_1\eta_1}{\eta_2} \quad (5-27)$$

式中　H——折算成需用沼气的热值［kJ/（人·年）］。

无相关数据时，可参考邻近城市居民用气定额取值。见表5－87所示。

表5－87　几个城市民用气定额

城市	用热量/［kJX10⁴/（人·年）］	用气量（标准状态下）/［m^3/（人·年）］热值为20934kj/m^3
北京	272～305.6	130～146
上海	197～201	94～96
南京	205～218	98～104
大连	197～209	94～100
沈阳	201～218	96～104
哈尔滨	243～251	116～120
成都	218～280	104～134
重庆	230～272	110～130

2）居民年用气量计算。年用气量可根据用气人数（或户数）与用气定额计算：

$$V_n=nV_r \quad (5-28)$$

式中　V_n——居民年用气量（标准状态下）［m^3/（人·年）］；

n——用气人数；

V_r——用气定额（标准状态下）［m^3/（人·年）］。

3）单位时间沼气最大用气量。沼气输配管网中月、日、时都存在用气的不均匀性。沼气输配管网的通过能力应该按高峰月平均小时用气量来计算确定，即：

$$\frac{V_a}{8760} \quad (5-29)$$

式中　G_T——沼气输配管网小时通过气量（标准状态下）（m^3/h）；

V_a——年用气量（标准状态下）［m^3/（人·年）］；

K_{max}——月高峰不均匀系数，$\frac{\text{高峰月平均日用气量}}{\text{全年平均日用气量}}K_{max}1.1—1.3$。

乡镇沼气最大小时用气量的确定，关系到沼气输配管网的经济性和可靠性。最大小时用气量选择过高，就会增加输配管网的投资费用；反之，又会影响供气的可靠性。

4）储气罐的容量。储气罐的容量应按最大小时用气量来确定，还必须考虑工业用气量和民用用气量的比例。若用气量均匀的用户沼气耗量所占的比重大，则储气容积就小；如果居民用户所占比重大，同时又必须考虑节假日期间的用气高峰，所需的储气容积就大。工业和民用不同用气比例的参考储气量见表5-88。

表5-88　工业和民用不同用气比例参考储气量　（单位%）

工业用气量占日用气量	民用用气量占日用气量	储气罐容积占计算月平均日用气量
50	50	40~45
>60	<40	30~40
<40	>60	50~60

根据运行经验表明，储气罐容积以日供气量的50%~60%为宜，也可计算求得。

5）储气罐中沼气的压力。一般小型储气罐内的压力为75~90mm水柱，大中型沼气工程储气罐内的压力为200~350mm水柱。这种压力是由储气罐浮罩的质量来提供，若浮罩太轻，则需要增加配重来提供正确的压力。

储气罐出口压力适当高一些好，使灶前压力保持稳定，使炉具和燃用沼气的发动机处于较好状态下工作。储气罐出口压力如下式：

$$p_out = \frac{W_c}{S_c} \qquad (5-30)$$

式中　p_out——储气罐出口压力（Pa）；

W_c——浮罩质量（kg）；

S_c——浮罩水平截面积（平方米）。

如果储气罐出口压力不符合计算压力要求值时，则应采取增加配重的方法来达到设计要求的出口压力。

第七节　供热工程规划

小城镇集中供热（又称区域供热）是在镇区和镇域某些区域，利用集中热源向工厂、民用建筑供应热能的一种热方式。集中供热工程规划是编制小城镇集中供热工程计划任务书、指导集中供热工程分期建设的重要依据。

一、发展集中供热的意义

（1）节约能源。集中供热可使锅炉热效率提高20%。

（2）减轻大气污染。集中供热减少燃煤，相应地减少污染物总的排放量；同时，把分布广泛的污染物“面源”变为比较集中的“点源”，污染状况也能减轻。

（3）减少小城镇运输量。

（4）节省用地。一个集中热源可代替多个分散小锅炉，相对就会节省许多用地。

（5）节省建设投资。采用集中供热，可对各种用户用热高峰出现的时间不同进行互相调整从而减少设备总容量，节约了建设投资。

总之，实行集中供热，有利于供热管理科学化，提高供热质量，能收到综合的经济效益和社会效益。

二、热负荷计算

1. 计算法

（1）采暖热负荷计算，可按以下公式计算：

$$Q = q \cdot A \cdot 10^{-3} \quad (5-31)$$

式中　Q——采暖热负荷（MW）；

q——采暖热指标（W/平方米），取60～67W/平方米；

A——采暖建筑面积（平方米）。

（2）通风热负荷计算，可按以下公式计算：

$$Q_r = KQ_n \quad (5-32)$$

式中　Q_r——通风热负荷（MW）；

K——加热系数，一般取0.3～0.5；

Q_n——采暖热负荷（MW）。

（3）生活热水热负荷计算，可按以下公式计算：

$$Q_w = Kq_wF \quad (5-33)$$

式中　Q_w——生活热水热负荷（W）；

K——小时变化系数；

q_w——平均热水热负荷指标（W/平方米）；

F——总用地面积（平方米）。

当住宅无热水供应，仅向公建供应热水时，q_w 取 2.5～3W/平方米；当住宅供应洗浴用热水时，q_w 取 15～20W/平方米。

（4）空调冷负荷计算，可按以下公式计算：

$$Q_c = \beta q_c A 10^{-3} \tag{5-34}$$

式中 Q_c——空调冷负荷（MW）；

β——修正系数；

q_c——冷负荷指标，一般为 70～90W/平方米；

A——建筑面积（平方米）。

对不同建筑而言，β 的值不同，详见表 5－89。

表 5－89 小城镇建筑冷负荷指标

建筑类型	旅馆	住宅	办公楼	商店	体育馆	影剧院	医院
冷负荷指标 βq_c	$1.0q_c$	$1.0q_c$	$1.2q_c$	$0.5q_c$	$1.5q_c$	$1.2 \sim 1.6q_c$	$0.8 \sim 1.0q_c$

注：当建筑面积小于 5000 平方米时，取上限；建筑面积大于 10000 平方米时，取下限。

（5）生产工艺热负荷计算。对规划的工厂可采用设计热负荷资料或根据相同企业的实际热负荷资料进行估算。该项热负荷通常应由工艺设计人员提供。

（6）供热总负荷计算。将上述各类负荷的计算结果相加，进行适当的校核处理后即得供热总负荷，但总负荷中的采暖、通风热负荷与空调冷负荷实际上是同一类负荷，在相加时应取两者中较大的一个进行计算。

2. 概算指标法

对民用热负荷，亦可采用综合热指标进行概算。

（1）民用建筑供热面积热指标概算值，详见表 5－90。

表 5－90 小城镇民用建筑供暖面积热指标概算值

建筑物类型	2 单位面积热指标/（W/平方米）	建筑物类型	单位面积热指标/（w/平方米）
住宅	58～64	商店	64～87
办公楼、学校	58～87	单层住宅	81～105
医院、幼儿园	64～81	食堂餐厅	116～140
旅馆	58～70	影剧院	93～116
图书馆	47～76	大礼堂、体育馆	116～163

注：1. 总建筑面积大，外围护结构热工性能好，窗户面积小，可采用表中较小的数值，反之，则采用表中较大的数值；

2. 上表推荐值中，已包括了热网损失在内（约6%）。

（2）对居住小区而言，包括住宅与公建在内，其采暖热指标建议取值为60～67W/平方米。

三、集中供热系统

1. 供热系统的组成

集中供热系统由热源、热力网和热用户三大部分组成。

根据热源的不同，一般可分为热电厂和锅炉房两种集中供热系统，也可以是由各种热源（如热电厂、锅炉房、工业余热和地热等）共同组成的混合系统。

2. 小城镇主热源的规模

应能基本满足供暖平均负荷的需要，我国黄河以北的小城镇供暖平均负荷可按供暖设计计算负荷的60%～70%计。

3. 热电厂的厂址选择和锅炉房用地

（1）热电厂的厂址选择。热电厂厂区占地面积参考指标，见表5－91。

表5－91 热电厂厂区占地面积参考指标

单机容量/MW	0.12	0.25～0.50	1.0～2.0
单位容量占地/（hm^2/MW）	15～20	8～12	4～8

热电厂厂址选择一般要考虑以下几个问题：

1）应符合小城镇总体规划的要求，并应征得规划部门和电力、环境保护、水利、消防等有关部门的同意。

2）应尽量靠近热负荷中心，提高集中供热的经济性；热电厂蒸汽的输送距离一般为3～4km。

3）应有连接铁路专用线或方便的水陆交通条件，以保证燃料供应。

4）要有良好的供水条件和保证率。

5）要妥善解决排灰问题，最好能将灰渣进行综合利用。

6）应有一定的防护距离，降低对小城镇的污染。

7）节约用地，尽量少占或不占良田。

8）应避开滑坡、溶洞、塌方、断裂带、淤泥等不良地质地段。

9）应同时考虑职工居住和上下班等因素。

（2）锅炉房的用地。锅炉房的用地大小与采用的锅炉类型、锅炉容量、燃料种类和储存量有关，见表5－92。

表5－92　不同规模热水锅炉房的用地面积

锅炉房容量/MW（MkJ/h）	用地面积/hm²	锅炉房容量/MW（MkJ/h）	用地面积/hm²
5.8～11.6（21～41.8）	0.3～0.5	>58.1～116（209.7～418.7）	1.6～2.5
>11.6～35（42.3～125.6）	0.6～1.0	>116.1～232（419.0～837.3）	2.6～3.5
>35.1～58（126～209.3）	1.1～1.5	>232.1～350（837.7～1256.0）	4～5

（3）小城镇热水锅炉选址应遵循以下原则：

1）靠近热负荷较集中的地区。

2）便于引出管道，并使室外管道的布置在技术、经济上合理。

3）便于燃料贮运和灰渣排除，并宜使人流和煤、灰、车流分开。

4）有利于自然通风。

5）位于地质条件较好的地区。

6）有利于减少烟尘和有害气体对居住区和主要环境保护区的影响。全年运行的锅炉房宜位于居住小区和主要环境保护区的全年最小频率风向的上风侧，季节性运行的锅房宜位于该季节盛行风向的下风侧。

四、集中供热的管网布置

热源至用户间的室外供热管道及其附件总称为供热管网，也称热力网。必要时供热管网中还要设置加压泵站。供热管网的作用是保证可靠地供给各类用户具且正常压力、温度和足够数量的供热介质（蒸汽或热水），满足其用热需要。

根据输送介质的不同，供热管网分蒸汽管网和热水管网两种。

1. 供热管网布置的基本形式

供热管网布置的基本形式有枝状或辐射状、网眼状和环状3种，如图5－32所示。

（1）枝状或辐射状管网比较简单，造价较低，运行方便，其管网管径随着与热源距离的增加而逐步减少。缺点是没有备用供暖的可能性，特别是当管网中某处发生事故时，在损坏地点以后的用户就无法供热。

（2）环状和网状管网主干管是互相联通的，主要的优点是具有备用供热的可能性，其缺点是管径比枝状管网大，消耗钢材多，造价高。

在实际工程中，多采用枝状管网形式。因为枝状管网只要设计合理，妥

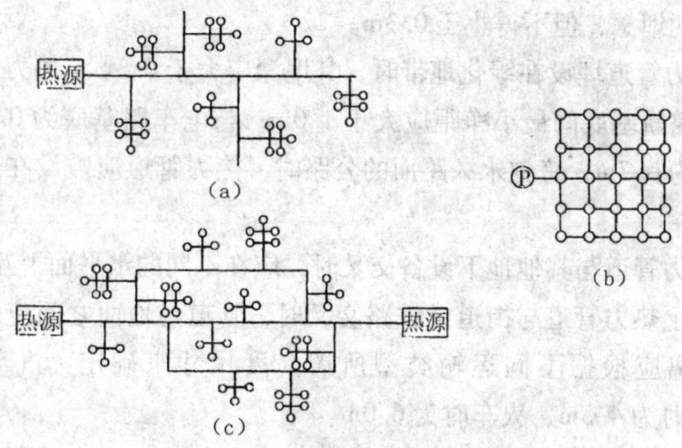

图 5－32　供热管网布置的基本形式

(a) 枝状或辐射状；(b) 网眼状；(c) 环状

善安装，正确操作，一般都能无故障地运行。环状和网眼管网形式使用得相对少。

2. 小城镇供热管网平面布置原则

(1) 其主要干管应力求短直并靠近大用户和热负荷集小的地段，避免长距离穿越没有热负荷的地段。

(2) 尽量避开主要交通干道和繁华街道。

(3) 宜平行于道路中心线，通常敷设在道路的一边，或者是敷设在人行道下面。尽量少敷设横穿街道的引入管，尽可能使相邻的建筑物的供热管道相互连接。如果道路是有很厚的混凝土层的现代新式路网，则采用在街坊内敷设管线的方法。

(4) 当供热管道穿越河流或大型渠道时，可随桥架设或单独设置管桥，也可采用虹吸管由河底（或渠道）通过。具体采用何种方式，应与城市规划等部门协商并根据市容要求、经济能力进行统一考虑后确定。

(5) 和其他管线并行敷设或交叉时，为保证各种管道均能方便地敷设、运行和维修，热网和其他管线之间应有必要的距离。

(6) 技术上应安全可靠，避开土质松软地区和地震断裂带、滑坡及地下水位高的地区。

3. 小城镇供热管网的竖向布置

(1) 一般地沟管线敷设深度最好浅一些，以减少土方工程量。为避免地沟盖受汽车等动荷重的直接压力，地沟的埋深自地面到沟盖顶面不小于 0.5～1.0m。特殊情况下，如地下水位高或其他地下管线相交情况极其复杂时，允许采用较小的埋深，但不得小于0.3m。

（2）热力管道埋设在绿化地带时，其埋深应大于0.3m。热力管道土建结构顶面至铁路轨基底间最小净距应大于1.0m；与电车路基底为0.75m；与公路路面基础为0.7m；跨越永久路面的公路时，热力管道应敷设在通行或半通行的地沟中。

（3）热力管道与其他地下设备交叉时，应在不同的水平面上互相通过。

（4）地上热力管道与街道或铁路交叉时，管道与地面之间应保留足够的距离。此距离应根据不同运输类型所需高度尺寸来确定：汽车运输时为3.5m、电车时为4.5m、火车时为6.0m。

（5）热力管道地下敷设时，其沟底的标高应高于近30年来最高地下水位0.2m，在没有准确地下水位资料时应高于已知最高地下水位0.5m以上；否则，地沟要进行防水处理。

（6）热力管道和电缆之间的最小净距为0.5m。如电缆地带和土壤受热的附加温度在任何季节都不大于10℃，且热力管道有专门的保温层，则可减少此净距。

（7）热力管道横过河流时，目前广泛采用悬吊式人行桥梁和河底管沟方式。

（8）热力管网道与其他管线、建（构）筑物之间的最小距离要求见表5－93。

表5－93　小城镇热力网管道与建筑物、构筑物、其他管线最小距离

建筑物、构筑物或管线名称	与热力网管道最小水平净距/m	与热力网管道最小垂直净距/m
建筑基础与DN≤250热力管沟	0.5	—
建筑基础与DN≥300的直埋敷设闭式热力管道	2.5	—
建筑基础直埋敷设开式热力管道	3.0	—
铁路钢轨	铁路外侧3.0	轨底1.2
电车钢轨	铁路外侧2.0	轨底1.0
铁路、公路路基边坡底脚或边线路的电杆	1.0	—
通信、照明或10kV以下电力线路的电杆	1.0	—
桥墩（高架桥、栈桥）边缘	2.0	—

续表

建筑物、构筑物或管线名称		与热力网管道最小水平净距/m	与热力网管道最小垂直净距/m
架空管道支架基础边缘		1.5	—
高压输电线铁塔基础边缘	35～66kV	2.0	—
	110～220kV	3.0	—
通信电缆管线		1.0	0.15
通信电缆（直埋）		1.0	0.15
电力电缆和控制电缆	35kV 以下	2.0	0.5
	110kV	2.0	1.0
燃气管道与热力管沟	P＜150kPa	1.0	0.15
	P 为 150～300kPa	1.5	0.15
	P 为 300～800kPa	2.0	0.15
	P＞800kPa	4.0	0.15
燃气管道与直埋热力管道	P＜300kPa	1.0	0.15
	P 为 300～800kPa	1.5	0.15
	P＞800kPa	2.0	0.15
给水管道		1.5	0.15
排水管道		1.5	0.15
地铁		5.0	0.8
电气铁路接触网电杆基础		3.0	—
乔木（中心）		1.5	—
灌木（中心）		1.5	—
道路路面		—	0.7

续表

建筑物、构筑物或管线名称		与热力网管道最小水平净距/m	与热力网管道最小垂直净距/m
铁路钢轨		轨外侧 3.0	轨顶一般 5.5，电气铁路 6.55
电车钢轨		轨外侧 2.0	—
公路路面边缘或边沟边缘		轨外侧 0.5	—
架空输电线路	1kV 以下	导线最大风偏时 1.5	热力管道在下面交叉通过，导线最大垂度时 1.0
	1～10kV 以下	导线最大风偏时 2.0	热力管道在下面交叉通过，导线最大垂度时 2.0
	35～110kV 以下	导线最大风偏时 4.0	热力管道在下面交叉通过，导线最大垂度时 4.0
	220kV 以下	导线最大风偏时 5.0	热力管道在下面交叉通过，导线最大垂度时 5.0
	330kV 以下	导线最大风偏时 6.0	热力管道在下面交叉通过，导线最大垂度时 6.0
	500kV 以下	导线最大风偏时 6.5	热力管道在下画交叉通过，导线最大垂度时 6.5
树冠		0.5（到树中不小于 2.0）	—
公路路面		—	4.5

注：1. 当热力管道埋深大于建筑物基础深度时，最小水平净距应按土壤内摩擦角计算确定。

2. 当热力管道与电缆平行敷设时，电缆处的土壤温度与月平均土壤自然温度比较，全年任何时候对于 10kv 电力电缆不高出 10℃、对 35～110kV 电缆不高出 5℃时，可减少表 5

-93 中所列距离。

3. 在不同深度并列敷设各种管道时，各管道间的水平净距不小于其深度差。

4. 热力管道检查塞、“Ⅱ”型补偿器壁龛与燃气管道最小水平净距亦应符合表 5-93 中规定。

5. 条件不允许时，经有关单位批准，可减少表 5-93 中规定距离。

5. 热力管管径

1. 热水热力管管径

不同供、回水温差条件下热水管径可按表 5-94 采用。

表 5-94　小城镇热水管网管径估算表

热负荷/MW	供、回水温差/℃									
	20		30		40（110~70）		60（130~70）		80（150~70）	
	流量/(t/h)	管径/mm	流量/(t/h)	管径/mm	流量/(t/h)	管径/mm	流量/(t/h)	管径/mm	流量/(t/h)	管径/mm
6.98	300	300	200	250	150	250	100	200	75	200
13.96	600	400	400	350	300	300	200	250	150	250
20.93	900	450	600	400	450	350	300	300	225	300
27.91	1200	600	800	450	600	400	400	350	300	300
34.89	1500	600	1000	500	750	450	500	400	375	350
41.87	1800	600	1200	600	900	450	600	400	450	350
48.85	2100	700	1400	600	1050	500	700	450	525	400
55.02	2400	700	1600	600	1200	600	800	450	600	400

2. 蒸汽热力管管径

蒸汽管道管径的确定与该管段内的蒸汽平均压力密切相关，可按表 5-95 估算。

表 5-95　饱和蒸汽管道管径估算表

蒸汽压力/MPa 管径/mm 蒸汽流量/（t/h）	0.3	0.5	0.8	1.0	蒸汽压力/Mpa 管径/mm 蒸汽流量/（t/h）	0.3	0.5	0.8	1.0
5	200	175	150	150	70	500	450	400	400
10	250	200	200	175	80		500	500	450
20	300	250	250	250	90		500	500	450
30	350	300	300	250	100		600	500	500
40	400	350	350	300	120			600	600
50	400	400	350	350	150			600	600
60	450	400	400	350	200			700	700

注：1. 过热蒸汽的管径也可按此表估算。

2. 流量或压力与表 5 - 95 中不符时，可以用内插法求管径。

3. 凝结水热力管管径

凝结水水温按 100℃以下考虑，其密度取值为 1000kg/m³，其管径可按表 5 - 96 估算。

表 5 - 96　凝结水管径估算表

凝结水流量/（t/h）	5	10	20	30	40	50	60	70	80	90	100	120	150
管径/mm	70	80	100	125	150	150	175	175	200	200	200	250	250

6. 热力站与制冷站的设置

1. 小城镇热力站的设置

（1）应位于小区热负荷中心。但工业热力站应尽量利用原有锅炉房的用地。

（2）单独设置的热力站，其尺寸视供热规模、设备种类和二次热网类型而定。二次热网为开式热网的热力站，其最小尺寸为长 4.0m、宽 2.0m 和高 2.5m；二次热网为闭式热网的热力站，其最小尺寸为长 7.0m、宽 4.4m 和高 2.8m。

（3）一座供热面积 10 万平方米的热力站，其建筑面积约为 300 平方米；若同时供应生活热水，则建筑面积要增加 50 平方米左右。对居住小区而言，一个小区一般设一个热力站。

2. 小城镇制冷站的设置

（1）小容量制冷机用于建筑空调，位于建筑内部；大容量制冷机可用于区域供冷或供暖，设于冷暖站内。

（2）冷暖站的供热（冷）面积宜在 10 万平方米范围之内。

第八节　防灾工程规划

1. 防洪工程规划

1. 规划内容

小城镇防洪工程规划的主要内容应包括历史洪灾和防洪现状分析、防洪特点与防洪规划原则、防洪标准与防洪方案选定以及防洪设施与防洪措施。

2. 规划依据与原则

（1）小城镇防洪工程规划必须以小城镇总体规划和所在江河流域防洪规划为依据。

（2）编制小城镇防洪工程规划除应向水利等有关部门调查分析相关基础资料外，还应结合小城镇现状与规划，了解分析设计洪水水位、设计潮位的计算和历史洪水和暴雨的调查考证。

（3）小城镇防洪工程规划应遵循统筹兼顾、全面规划、综合治理、因地制宜、因害设防、防治结合、以防为主的原则。

（4）小城镇防洪工程规划应结合其处于不同水体位置的防洪特点，制定防洪工程规划方案和防洪措施。

3. 防洪排涝标准

（1）小城镇防洪标准应按照表5－99所示现行国家标准《城市防洪工程设计规范》相关规定的范围，综合考虑小城镇的人口规模、经济社会发展、受灾后造成的影响、经济损失、抢险难易以及投资的可能性，因地制宜合理选定。小城镇设计洪水位频率采用2%～5%，相应的洪水位重现期为20～50年，经充分论证和上级有关部门批准可以提高一级。对经济发展前景较好的重要小城镇，可分别提出近、远期防洪标准。

表5－97　小城镇防洪标准

标准	河（江）洪、海潮	山洪
防洪规划/（重现期/年）	50～20	10～5

（2）沿江河湖泊小城镇的防洪标准，应不低于其所处江河流域的防洪标准。

（3）邻近大型工矿企业、交通运输设施、文物古迹和风景区等防护对象的小城镇防洪规划，当不能分别进行防护时，应按“就高不就低”的原则，执行其中高的防洪标准。

（4）涉及江河流域、工矿企业、交通运输设施、文物古迹和风景区等的防洪标准，应根据国家标准《防洪标准》等的相关规定。

（5）小城镇排涝设计标准一般应以镇区发生一定重现期的暴雨时不受涝为前提，一般采用P＝1～2年。

4. 防洪方案选择

（1）位于江河湖泊沿岸小城镇的防洪规划，上游应以蓄水分洪为主，中游应加固堤防，以防为主，下游应增强河道的排泄能力，以排为主。

（2）位于河网地区的小城镇防洪规划，根据镇区被河网分割的情况，防洪工程宜采取分片封闭形式，镇区与外部江河湖泊相通的主河道应设防洪闸控制水位。

（3）位于山洪区的小城镇防洪规划，宜按水流形态和沟槽发育规律对山洪沟进行分段治理。山洪沟上游的集水坡地治理应以水土保持措施为主，中流沟应以小型拦蓄工程为主，因地制宜考虑防洪方案。

（4）沿海小城镇防洪规划，以堤防防洪为主，同时规划应作出风暴潮、海啸及海浪的防治对策。

（5）同时位于以上2~3水体位置情况的小城镇，要考虑在河、海高水位时，山洪的排出问题及可能产生的内涝治理问题，位于河口的沿海小城镇要分析研究河洪水位，天文潮位及风暴潮增高水位的最不利组合问题。

（6）沿江滨湖洪水重灾区一般小城镇应按国家“平垸行洪、退田还湖、移民建镇”的防洪抗灾指导原则和根治水患相结合的灾后重建规划来考虑。

（7）对地震区的小城镇，防洪规划要充分估计地震对防洪工程的影响。

5. 防洪设施与措施

（1）小城镇防洪、防涝设施应主要由蓄洪滞洪水库、堤防、排洪沟渠、防洪闸和排涝设施组成。

（2）小城镇防洪规划应注意避免或减少对水流流态、泥沙运动、河岸、海岸产生不利影响，防洪设施选线应适应防洪现状和天然岸线走向，与小城镇总体规划的岸线规划相协调，合理利用岸线。

（3）小城镇防洪措施应包括工程防洪措施和非工程防洪措施。

（4）位于蓄滞洪区的村镇，当根据防洪规划需要修建围村埝（保庄圩）、安全庄台、避水台等就地避洪安全设施时，其位置应避开分洪口、主流顶冲和深水区，其安全超高应符合表5-99所示的规定。

表5-98　小城镇就地避洪安全设施的安全超高

安全设施	安置人口/人	安全超高/m
围村埝（保庄圩）	地位重要，防护面大，人口≥10000的密集区	>2.0
	≥10000	2.0~1.5
	1000~10000	1.5~1.0
	<1000	1.0
安全庄台、避水台	≥1000	1.5~1.0
	<1000	1.0~1.5

（5）堤线布置必须统筹兼顾上下游和左右岩，在岩地垫较高、房屋拆迁工作量较少的地方布置，并结合排涝工程、排污工程、交通闸、港口码头统一考虑，还应注意路堤结合、防汛抢险交通及城镇绿化美化的需要。堤线与岸边的距离以堤防工程外坡脚的距岩边不小于10m为宜，且要求顺直。

（6）对河道中阻碍行洪的障碍物应提出清障对策和措施。

（7）因地制宜地采取排、截、抽等排涝工程措施，正确处理地排与截、自排与抽排等关系，合理确定各项排涝工程的作用与任务。小城镇的排涝泵站可与雨水泵站相结合，以排放自流排放困难地区的雨水。

2. 抗震防灾规划

1. 小城镇抗震防灾规划成果要求

小城镇应按丙类模式编制抗震防灾规划，其主要内容为：

（1）总说明。包括小城镇抗震防灾的现状及防灾能力分析。

（2）根据小城镇建筑物、工程设施和人口分布状况，阐明遭遇防御目标地震影响时可能出现的主要灾害、小城镇抗震防灾的主要薄弱环节和亟待解决的问题。

（3）减轻地震灾害的主要对策和措施。

2. 小城镇抗震防灾措施

（1）在地震设防区进行小城镇规划时，应根据国家和省地震设防规定和工程地质的有关资料，对小城镇建设用地作出综合评价。

（2）在地震设防区确定小城镇建设用地和布置建筑物时，应选择对抗震有利的场地和地基，严禁在断裂、滑坡等危险地带或由于地震可能引起水灾、火灾、泥石流等次生灾害的地区选址，宜避开有软弱黏性土、液化土、新近填土或严重不均匀土层的地段。

（3）位于地震设防区的小城镇规划应充分考虑震灾发生时避难、疏散和救援的需要，应安排多路口出入道路，主要道路应保持灾后不小于3.5m以上的路面通行宽度，并设置疏散避难的小型广场和绿地。

（4）位于地震设防区的小城镇规划应采取措施，确保交通、通信、供水、供电、消防、医疗和重要企业、物资仓库的安全，为震后生产、生活的迅速恢复提供条件。

（5）小城镇建筑物的体型、尺寸、间距应有利于抗震，按现行的《建筑抗震设计规范》的规定执行。

3. 消防规划

1. 小城镇消防规划

小城镇消防用水量可按同一时间内只发生一次火灾，一次灭火用水量为10L/s，灭火时间不小于3小时来确定。室外消防用水量按表5－99来确定。

表5－99　小城镇室外消防用水量

人口数/万人	同一时间发生火灾次数	一次灭火用水量/（L/s）	
		全部为一、二层建筑	一、二层或二层以上建筑
1以下	1	10	10
1.0～2.5	1	10	15
2.5～5.0	2	20	25
5.0～10.0	2	25	35

2. 小城镇消防站布置

（1）小城镇消防站设置数量可按表5－100确定。

表5－100　小城镇消防站设置数

小城镇人口	消防站数量/个
常住人口不到1.5万人，物资集中地或水陆交通枢纽	1
常住人口4.5～5.0万人的小城镇	1
常住人口5万人以上，工厂企业较多的小城镇	1～2

（2）消防站址应选择在消防责任区的适中位置、交通方便，利于消防车迅速出动，其边界距液化石油气罐区、煤气站、氧气站不宜小于200m。

（3）小城镇消防站规模通常为三级，配备3辆消防车，设火警专用电话。

3. 小城镇消防水源

（1）在进行小城镇规划时，应安排可靠的消防水源，合理布置消防取水点，在重要的建筑物、厂站、仓库区应设置消防用水设施。

（2）在规模较小、管道供水不足的小城镇增设消防水池。有消防车的小城镇，消防水池的保护半径宜为100～150m；只配备有手抬机动消防泵的小城镇，其保护半径不宜超过100m。

4. 小城镇消火栓布置

（1）沿街道、道路设置室外消火栓，消火栓服务半径不宜超过120～150m，尽量靠近十字路口。

（2）消火栓距车行道不应大于2m，距建筑物外墙不应小于5m（地上式消火栓应大于1.5m）。

（3）消火栓的供水管径不得小于75mm。

5. 小城镇消防通道设置

小城镇建筑布置必须按现行的《村镇建筑设计防火规范》的有关规定，设置必要的消防通道，以保证消防车辆能靠近建筑物。

6. 小城镇消防安全布局

（1）小城镇新建区、扩建区的建筑物，应按不同性质和用途分别布置，旧区改造时应将易发生火灾的建筑物和场、站调整至小城镇边缘布置。

（2）小城镇的易燃、易爆厂房、仓库、谷场和燃料场的选址应遵守现行的《村镇建筑设计防火规范》的有关规定。

4. 地质灾害防治规划

（1）位于易发生滑坡地段的小城镇建设用地的选址，应根据气象、水文和地质等条件，对规划范围内的山体及其斜坡的稳定性进行分析、评价，并作出用地说明。

（2）在斜坡地带布置建筑物时，应避开可能产生滑坡、崩塌、泥石流的地段，并充分利用自然排水系统，妥善处理建筑物、工程设施及其场地的排水，并做好隐患地段滑坡、崩塌、泥石流的防治。

（3）对位于规划区内的滑坡、崩塌、泥石流地段，应避免改变其地形、地貌和自然排水系统，不得布置建筑物和工程设施。

5. 防风规划

（1）位于易受风灾地区的小城镇，其建设用地的选址应避开风口、风沙面袭击和袋形谷地等易受风灾危害的地段。

（2）常遭受风灾的小城镇应考虑在迎风方向的村镇边缘，因地制宜地设置必要的防护林带。

（3）位于易受风灾地区的小城镇，其建筑物的长边宜与风向平行布置；迎风处宜安排刚度大的建筑物，不宜孤立地布置高耸建筑物。

第九节 环境卫生工程规划

一、环境保护规划

1. 小城镇水源地保护

（1）从保护水资源的角度来安排城镇用地布局，特别是污染工业的用地布局。

（2）在确定小城镇的产业结构时应充分考虑水资源条件。

2. 小城镇污水处理

（1）应按不同经济发展地区、不同规模、不同发展阶段的小城镇，确定相应的污水管网普及率和污水处理率。

（2）小城镇污水管网系统的建设应优先于污水处理设施的建设，即规划建设和完善污水管网收集系统，避免污水随意排放而造成水体多点污染以及“有厂无水”现象。

（3）小城镇污水处理方式应根据污水水量和水质、当地自然条件、受纳水体功能、环境容量、城镇经济社会条件和环境要求等要素综合选择。规模较小的城镇不宜单独采用基建投资大、处理成本较高的常规生物活性污泥法，而应选择工艺简单、成本较低、运行管理方便的污水处理技术。在自然条件和土地条件许可的情况下，优先选择投资小、运行费用低、净化效果高的自然生物处理法。

（4）小城镇的污水处理应分期分级进行。对近期采用简单处理工艺的城镇，远期要为污水处理工艺的升级留有余地。

（5）在规划建设小城镇污水管网和处理设施时，应突出工程设施的共享，避免重复建设。在城镇化程度较高、乡镇分布密集、经济发展和城镇建设同步性强的地区，可在大的区域内统一进行污水工程规划，统筹安排、合理配置污水工程设施，通过建造区域性污水收集系统和集中处理设施来控制城镇群的污染问题。

（6）提高节水意识，减少污水排放量，并积极推广污水回用技术和措施，特别是在农业方面的回用。

3. 小城镇大气环境保护

（1）小城镇大气环境质量控制指标。

1）小城镇大气环境质量主要控制指标为SO_2、总悬浮颗粒物（TSP）和氮氧化物，以建材业为主导产业的城镇还应把氟化物作为主要控制指标。

2）小城镇大气环境质量的控制标准整体上应高于大中型城市。大部分小城镇的空气质量应达到国家大气环境空气质量一级标准，有些小城镇应满足大气环境质量的二级标准。

（2）小城镇大气环境保护措施。

1）优化调整乡镇企业的工业结构，积极引进和发展低能耗、低污染、资源节约型的产业，严格控制主要大气污染源（如电厂、水泥厂、化肥厂、造纸厂等）项目的建设，并加快对现有重点大气污染源的治理，对大气环境敏感地区划定烟尘控制区。

2）根据当地的能源结构、大气环境质量和居民的消费能力等因素，选择适宜的居民燃料。城镇居民的炊事和供热除鼓励使用固硫型煤外，有条件的城镇应推广燃气供气、电能或其他清洁燃料。

3）应采取有效措施提高汽车尾气达标率。控制汽车尾气排放量，积极推广使用高质量的油品和清洁燃料，如液化石油气、无铅汽油和低含硫量的柴油等。

4）应充分发挥自然植物和城镇绿地的净化功能，根据当地条件和大气污染物的排放特点，合理选择植物种类，通过植物来净化空气、吸滞粉尘，防止扬尘污染。

4. 小城镇噪声环境规划

（1）小城镇的主要噪声源为交通噪声、工业噪声、建筑施工噪声、社会生活噪声等；小城镇的主要噪声规划控制指标为区域环境噪声和交通干线噪声。

（2）为避免噪声对居民的日常生活造成不利影响，在进行小城镇规划时应合理安排小城镇用地布局，解决工业用地与居住用地混杂现象，把噪声污染严重的工厂与居民住宅、文教区分隔开；在非工业区内一般不得新建、扩建工厂企业。工厂与居民区之间采用公共建筑或植被作为噪声缓冲带，也可利用天然地形如山冈、土坡等来阻断或屏蔽噪声的传播。

（3）严格控制生产经营活动噪声和建筑施工噪声，减轻噪声扰民现象。施工作业时间应避开居民的正常休息时间；在居民稠密区施工作业时，应尽可能使用噪声低的施工机械和作业方式。

（4）小城镇不宜沿国道、省道与交通主干道两侧发展，把过境公路逐步从镇区中迁出，减少过境车辆对镇区的噪声污染，同时避免或减轻小城镇对交通干线的干扰。对经过居民区、文教区的道路，采取限速、禁止鸣笛及限制行车时间等措施来降低噪声；高噪声车辆不得在镇区内行驶。

5. 小城镇固体废弃物规划

（1）应重视小城镇环境卫生公共设施和环卫工程设施的规划建设，加大对环卫设施的投入，对城镇产生的垃圾及时清运。

（2）应根据小城镇的实际情况来确定垃圾处理方式，应突出垃圾的最大资源化；在对垃圾进行处理时，应允分考虑垃圾处理设施的共享，避免重复建设。

6. 小城镇建设与环境保护

（1）大力发展小城镇，使人口和乡镇企业向小城镇有序集中，减轻水土流失区现有耕地的压力，达到还田于林、还田于植被的目的。

(2) 保护和合理利用水资源、矿产资源、生物资源和旅游资源，尽量多保留一些天然水体、森林、草地、湿地等，为城镇发展提供充足的环境容量。

(3) 在确定人口规模和城镇发展方向时，要充分考虑环境容量、资源能源等自然条件，从而保证城镇建设在满足经济目标的同时满足环境保护的目标。

(4) 在工业项目引进中，乡镇企业要更多地依靠技术进步求得发展，避免高污染行业向小城镇转移，特别是在环境容量已很小的地区应更多地考虑无污染和低污染、节地、节水和节能型产业。

二、环境卫生规划

1. 小城镇生活垃圾量、固体废物量预测

(1) 小城镇固体废物应包括生活垃圾、建筑垃圾、工业固体废物、危险固体废物。

(2) 小城镇生活垃圾量预测主要采用人均指标法和增长率法；工业固体废物量预测主要采用增长率法和工业万元产值法。

(3) 当采用人均指标法预测小城镇生活垃圾量时，规划预测人均指标可按0.9~1.4kg/（人·日），并结合当地燃料结构、居民生活水平、消费习惯和消费结构及其变化、经济发展水平、季节和地域情况进行分析、比较后选定。

(4) 当采用增长率法预测小城镇生活垃圾量时，应根据垃圾量增长的规律和相关调查、分析，按不同时间段确定不同的增长率。

2. 小城镇垃圾收运、处理与综合利用

(1) 小城镇应逐步实现生活垃圾清运容器化、密闭化、机械化和处理无害化的环境卫生目标。

(2) 小城镇垃圾在主要采用垃圾收集容器和垃圾车收集的同时，采用袋装收集方式，并符合日产日清的要求；其垃圾收集方式有非分类收集和分类收集，宜按表5-101所示，结合小城镇相关条件和实际情况分析、比较后选定。

表 5－101 小城镇垃圾收集方式选择

指标	经济发达地区						经济发展一般地区						经济欠发达地区					
	小城镇规模分级																	
	一		二		三		一		二		三		一		二		三	
	近期	远期	近期	远期	近期	远期	近期	远期	近期	远期	近期	远期	近期	远期	近期	远期	近期	远期
非分类收集					●		●		●		●		●		●		●	
分类收集	△	●	△	●		●		●		△		●		△		△		

注：Δ—宜设；●—应设。

（3）小城镇生活垃圾处理应主要采用卫生填埋方法处理，有条件的小城镇经可行性论证后也可因地制宜、采用堆肥方法处理；乡镇工业固体废物应根据不同类型特点来考虑处理方法，尽可能地综合利用。其中有害废物应采用安全土地填埋，并不得进入垃圾填埋场；危险废物应根据有关部门要求，采用焚烧、深埋等特殊处理方法。

（4）小城镇环境卫生规划的垃圾污染控制目标可按表 5－102 的指标，结合小城镇实际情况制定。

表 5－102 小城镇垃圾污染控制和环境卫生评估指标

指标	经济发达地区						经济发展一般地区						经济欠发达地区					
	小城镇规模分级																	
	一		二		三		一		二		三		一		二		三	
	近期	远期	近期	远期	近期	远期	近期	远期	近期	远期	近期	远期	近期	远期	近期	远期	近期	远期
固体垃圾有效收集率（%）	65～70	≥98	60～65	≥95	55～60	95	60	95	55～60	90	45～55	85	45～50	90	40～45	85	30～40	80
垃圾无害化处理率（%）	≥40	≥90	35～40	85～90	25～35	75～85	≥35	≥85	30～35	80～85	20～30	70～80	30	≥75	25～30	70～75	15～25	60～70
资源回收利用率（%）	30	50	25～30	45～50	20～25	35～45	25	40～50	20～25	40～45	15～20	30～40	20	40～45	15～20	35～40	10～15	25～35

注：资源回收利用包括工矿业固体废物的回收利用，以及结合污水处理和改善能源结构，粪便、垃圾生产沼气，回收其中的有用物质等。

3. 小城镇环境卫生公共设施规划

（1）小城镇环境卫生公共设施规划应对公共厕所、化粪池、粪便蓄运站、废物箱、垃圾容器（垃圾压缩站）、垃圾转运站（垃圾码头）、卫生填埋场

（堆肥厂）、环境卫生专用车辆配置及其车辆通道和环境卫生基地建设的布局、建设和管理提出要求。

（2）小城镇环境卫生公共设施规划应符合统筹规划、合理布局、美化环境、方便使用、整洁卫生，有利排运的原则。

（3）小城镇公共厕所设置的一般要求。镇区主要繁华街道公共厕所之间距宜为400～500m，一般街道宜为800～1000m，新建的居民小区宜为450～550m，并宜建在商业网点附近；旱厕应逐步改造为水厕。没有卫生设施的住宅街道内，按服务半径为70～150m设置1座。

（4）小城镇废物箱应根据人流密度合理设置。镇区繁华街道设置距离宜为35～50m，交通干道每50～80m设置1个，一般道路为80～100m；在采用垃圾袋固定收集堆放的地区，生活垃圾收集点服务半径一般不应超过70m，居住小区多层住宅一般不应超过70m，居住小区多层住宅一般每4幢设一个垃圾收集点。

（5）小城镇宜考虑小型垃圾转运站，其选址应在靠近服务区域中心、交通便利、不影响镇容的地方并按0.7～1.0km^2的标准设置1座，与周围建筑间距不小于5m，规划用地面积宜为100～1000平方米/座。临水的小城镇可考虑设垃圾粪便码头，规划专用岸线及陆上作业用地，其岸线长度参照《城市环卫设施设置标准》要求。

（6）小城镇卫生填埋场的选址应最大限度地减少对环境和城镇布局的影响，减少投资费用并符合其他有关要求，宜规划在城市弃置地上并规划卫生防护区。卫生填埋最终处理场应选择在地质条件较好的远郊。填埋场的合理使用年限应在10年以上，特殊情况下不应低于8年且宜根据填埋场建设的条件考虑分期建设。

（7）小城镇环境卫生车辆和环境卫生管理机构等应按有关规定配置完善。小城镇环卫专用机动车数量可按小城镇人口每万人2辆配备；环卫职工人数可按小城镇人口的1.5‰～2.5‰配备。环卫车专用车道宽不小于4m，通往工作点倒车距离不大于20m，回车场12m×12m。

（8）小城镇洒水车供水器可设在街道两旁的给水管上，每隔600～1500m设置1个。

（9）小城镇居住小区的道路规划应考虑环境卫生车辆通道的要求，新建小区和旧镇区改建时的相关道路应满足5t载重车通行。

4. 小城镇环卫设施面积指标

（1）小城镇公厕建筑面积指标，可按表5－103执行。

表 5-103 小城镇公共厕所建筑面积指标

分类	建筑面积指标/（平方米/千人）
居住小区	6~10
车站、码头、体育场（馆）	15~25
广场、街道	2~4
商业大街、购物中心	10~20

（2）小城镇垃圾粪便无害化处理场用地指标，可根据处理量、处理工艺按表 5-104 确定。

表 5-104 小城镇垃圾、粪便无害化处理场用地指标

垃圾处理方式	用地指标/（m^3/t）	粪便处理方式	用地指标/（平方米/t
静态堆肥	200~330	高温厌氧	20
动态堆肥	150~200	厌氧—好氧	12
焚烧	90~120	稀释—好氧	25

（3）小城镇基层环卫机构用地指标，见表 5-105。

表 5-105 小城镇基层环卫机构用地指标

用地指标	基层机构设置/（个/万人）		
	用地规模	建设面积	修理工棚面积
1 平方米（1~5）	310~470	160~240	120~170

（4）小城镇环卫工人作息点规划指标，根据作业区大小和环卫工人的数量，见表 5-106。

表 5-106 小城镇环卫工人作息点规划指标

作息场所设置数量/（个/万人）	环卫清扫、保洁工人平均占有建筑面积/（平方米/人）	每处空地面积/（平方米/个）
1 个/（0.8~1.2）万人	3~4	20~30

第四章　村镇规划建设实例

科学规划　合理布局
健全完善城市排水系统

河北省霸州市建设局　郝洪岩　李　健　刘卫军

城市排水系统，是处理和排除城市污水和雨水的工程设施系统，是城市公用设施的重要组成部分，在整个水污染控制和水生态环境保护体系中扮演着一个重要角色。但数十年来，受历史条件及客观因素影响，国内多数城市的排水系统相对薄弱，城市内涝一时间成为热点词汇，笔者结合北方一县城的排水系统，简要分析城市排水系统的现状及发展方向。

一、排水系统的组成

笔者所在的地方为北方一个县城，其排水体系主要由四个方面构成：一是城区内排水管网，主要承担市区内主次干道两侧的雨后积水和生活污水的排水功能；二是城区内建设的7座泵站，主要承担着市区汛期雨后的强排工作；三是城区南部的排水体系，由市区坑塘和河道连接而成，主要承担着市区老城区的蓄、排水功能；四是内陆河流系统，主要承担部分区域的雨水排放功能。

二、排水系统的弊端

目前，排水系统主要存在以下问题：

（一）排水管网建设缺乏规划，标准不统一

受各种客观因素影响，排水管道存在建设滞后、管理滞后的双重矛盾。其中建设滞后主要体现在建设的随意性上，一是管网建设标准不统一，部分管道直径较小，造成个别路段排水管网负担过重。二是重视程度不够。排水管网属于地下工程，被覆盖后无法直观显示，因此历来不受重视，把关不严，造成路上富丽堂皇，地下寒酸委屈。

（二）泵站设备老化

一是多数泵站的设备长时间不更新，存在开机启动慢、操作繁琐、排水不及时等问题。二是设备清理不受重视，造成诸多泵站的前池淤积严重，影响泵站排水效果。三是泵站建设不能适应需要。随着土地政策的紧缩，无论是政府，还是开发商，都想充分利用现有的土地，没有预留配套设施的建设位置，造成排水设施建设随行就市，临时应付。

（三）坑塘河道萎缩严重

近年来，因政府监管不力，加上周围群众的排水意识淡薄，造成北方内陆城市的排水坑塘、河道被违规侵占，填埋，甚至是建房，造成排水功能大幅下降甚至彻底堵塞。

综上所述，排水系统存在的主要问题有以下几点：一是部分坑塘被填平建房，雨水的天然调蓄池逐渐减少，降低了雨水的调节能力；二是旧管道建设标准低，部分让位盖板明沟，污水渗漏严重。部分管道坡度太小，致使管道达不到自清流速，淤积严重，排水能力降低，造成市区一些地区雨季积水严重。

三、排水系统的发展设想

排水系统的不健全，必然会导致城市内涝的发生，严重影响社会的正常运行，并且具有极大的安全隐患。随着城市化建设进程的不断推进，城市排水系统的改进也将得到越来越多的关注。通过借鉴成功案例，笔者结合网上资料提出以下几点建议：

（一）加快城市排水系统的建设

从人均占有排水管道长度来看，我国只有发达国家的1/10，仍然无法满足城市的正常排水需求，完善城市排水系统建设是解决城市内涝问题的有效途径之一。在排水系统建设过程中，我们应该做到合理规划，排水系统并不是孤立存在的，而应相互贯通形成体系。同时，城市排水应和城市建设的其他配套设施相互协调，统筹兼顾。

（二）选择合理科学的排水体制

排水体制主要包括合流制和分流制两种，合流制是将污水和雨水在一个管道中排放并处理，在城市老城区采用的比较多，这种排水体制的优点是维护费用低，污水和雨水都经过处理，不会造成水体污染，缺点是一旦发生内涝，污水会随着雨水漫出，从而带来公共安全问题。分流制是将雨水和污水分管道排放和处理。这种排水体制的优点是比较灵活、易于控制、不会带来污水溢出等问题，缺点是造价较高，雨水未经处理直接排放容易造成城市水体污染。现在普遍认为分流制优于合流制，在新城区建设中也被广泛采用。但两种体制各有利弊，老城区应结合实际情况对合流制进行改造，保留合流制并在此基础上修建合流管渠截留管效果或许会比全部改成分流制更好。

（三）道路建设需因地制宜，不能盲目搞地面硬化

许多城市和乡镇在城市建设过程中一味的强调美观而大量使用硬化地面，导致地表层丧失了透水功能。我们认为道路建设不能片面强调外表的美观，更应该注重其整体功能。针对地面硬化问题，可以采取如下措施：在人行道和非机动车道上采用透水性地砖铺设；在居民区、公园等公共场所铺设的实心砖间留出一定空隙，增加路面透水性。在部分地区也可以采用德国的管理体制，即通过征收高额的雨水排放费限制地面硬化。

（四）加强排水管道管护，保障排水设施畅通卫生

建立完善的排水系统是解决内涝问题的开端，但治理重点仍在于日常工作中的维护。法国的下水道体系庞杂，但仍然保持较好的排水环境，甚至成为了巴黎旅游的热门景点之一，关键在于其拥有多达 1300 人的专业维护队伍。笔者认为在排水管护工作中，一方面要配备充足的专业维护人员，定期的对管道进行清理；另一方面，要加强监管和宣传，严禁餐馆、洗车行等服务性行业将油污、杂物未经处理直接排出。

（五）调蓄配套系统可以降低内涝危害

当雨水量超过了管渠的排水能力时，就会造成雨水漫流导致内涝，而合理的调蓄配套系统则有助于缓解管渠排水能力的不足。可以在部分容易发生内涝的地区建立大容量的地下调蓄库，这样在洪水期到来时就可以大规模蓄水，保证排水通畅，同时又可以实现雨水的合理利用。

城市的发展需要科学的理念，有远见的规划，着力研究城市排水系统建设，是落实科学发展观的体现。让我们致力于城市排水系统的健全与完善，将城市建设的更加美好，让人们生活的更加舒适。

建设和谐家园 谱写发展新篇

黑龙江省克东县住房和城乡建设局 胡树华

道路坑坑洼洼，泥泞难走，主街是沙石道，其它街路皆是土路；狭窄的街路上人车混行，交通无序，道路环境极差；到了夜晚漆黑一片；街道两旁只有寥寥的大杨树；巷道更是泥泞路……这是克东昔日的写照。

高楼林立，绿树成荫，道路宽阔；不见了昔日不规则的几条狭街小巷、无照明的黑夜、无花木的窘景……这是今日的新城克东。

岁月更迭，沧桑巨变，城镇建设日新月异。克东住建局广大干部群众正用自己的智慧和勤劳改变家乡面貌，一座优美的新城展现在人们面前。

城镇建设的日新月异也见证了县委、县政府以民生为本，不断加大资金投入，举全县之力，加大这些造福于民的实效工程的利民之举。

思路决定出路，规划决定未来。为了夯实基础，造福于民，打造宜居住、宜创业、宜发展的克东靓城，克东县住建局充分发挥规划的调控作用，坚持高起点规划、大手笔运作，全力打造投资与人居环境双佳城市。按照“突出特色、优化布局、增强功能、改善环境、服务经济”的要求，依据城市总体规划，结合本地实际，规划设计了“两轴、两区、连片、三园”的建设蓝图。“两轴”，即以南北、东西大街为主轴；“两区”，即老城区改造、新区建设并驾齐驱；“连片”，即楼房建设要进行集中连片开发，塑造城市新形象；“三园”，即建设工业园、生态园、生活园。为了保证建设不走样，住建局按照“规划一张图、审批例会制、建设一盘棋”的总原则，完善了规划审批的例会制度，坚持一张蓝图画到底、一个严字抓审批、一种格调搞建设，确保城市规划的全面贯彻落实。规划一次到位，克东拉开了分期分步建设新城改造老城的序幕。城市规划在城市建设中的龙头地位更加明晰，用规划引领城市建设的认识进一步确立。

住建局从最贴近市民百姓生活的道路入手，审时度势，高瞻远瞩，加大城镇基础设施建设的投入力度，把解决出行难、提升城镇品味、打造城镇形象、净化城镇环境作为县域经济发展的突破口和着眼点，让市民百姓亲身体会城市建设给百姓带来的实惠。在道路改造上，连年拓街修路，大手笔地拆旧除陈，标新立异，拓宽了南北、东西大街主干道，新建了北二、北三、东

三、东四、通山路等次干道，打通了西二南段、北段，短短三、五年，全城十几条街道焕然一新，形成靓丽的街景，领导力度之大、改造之广、建设之快、投资之多，令人瞠目。近年来，城市道路累计投资达6500万元，总长度达33.4公里，面积达35.7万平方米，铺装人行道彩色地砖11条，面积达11.5万平方米，城镇主次干道硬化率达到98.5%。东六道街原是一条土路，"晴天一身灰、雨天一脚泥"，在这条路居住的居民怨声载道。经实地踏察，在充分尊重百姓意愿的前提下，在本级财政紧张的情况下，本着为想百姓之所想、急百姓之所急，住建局毅然改造了这条居民巷道，全部铺设了水泥路面，两边砌成了整齐的边沟和护坡，并挖了沉井，使原来路面崎岖、雨天泥泞的路况得到了彻底改善。路好了，出行方便了，环境卫生好了，百姓心里敞亮了，昔日的"闹心路"成了今天的"幸福路"。现在，克东城市总体规划确定的中心城区"十纵七横"主次干道的规划建设基本改造完成，主次干道改造网络的完成，不但东西、南北两条主街宽敞明亮，贯通顺畅，秩序井然，而且次干道和部分巷道也实现了硬化贯通，全县人民对此赞不绝口，感受到了党和政府的温暖。

街路宽了，城镇整洁了，秩序井然了，亮化工程也跟进了。近几年，住建局在坚持新建改造主次干道的基础上，也加快了亮化建设步伐。县城亮化工程按照"以人为本，提高档次，提升品位，独具特色"的要求，先后完成了南北、东西、西二道街、东三道街、东西、东五道街、通山路等街路灯安装，2010年又将南北大街两侧现有路灯150盏更换成双光源节能灯，原路灯安装在其它路段。全县亮化共计投资近750万元，累计共安装路灯1379盏，主次干道路灯亮灯率达到100%。现在这些路灯不但外表精美别致，而且还节能环保亮度高。回想改革开放前，只有南北、东西大街少数二十几盏路灯根本无法照亮城市，夜晚街路漆黑一片，到了90年代街路的路灯与电线杆是同架设的，街路两侧各种线缆多如织，乱如麻，城市空间既不美观，又不安全，导致路灯时亮时不亮。近年来，随着实施新一轮城市建设的高潮，亮化也作为一项重要内容抓紧不放。路灯升级改造也架设了专用灯杆，埋设了电缆，形成了自成一体独立的路灯设施，主街两侧改造为双侧路灯，提高了照明档次和水平。路灯升级改造范围之广，数量之众，投资之多，是以前所没有的。路灯的亮化水平提高，既有效地净化了城市空间，又美化了城市环境。路灯的管理也由过去的人工控制升级为无线节能监控智能化管理，实现了质的飞跃，增添了城市魅力。随着城镇的发展，在通往二克山山路两侧又安装了119盏路灯，埋铺电缆线5000多延长米。每当清晨夜晚，人们去二克山晨练游玩，由近及远，景致各异，美轮美奂、色彩纷呈的亮化景观给广大市民提供视觉享受和精神大餐，形成了北方城市清晨夜里一道道靓丽的风景线。

与此同时，住建局把建设生态城市作为克东的宜居城市定位，以机关企事业单位庭院和居民小区绿化为特色，以街路“点、线、面、片”及公共绿地建设为重点，以科学配置、合理密植为手段，多方筹集资金，采取乔灌花相配套的绿化格局，多种方式绿化、美化家园，全力开展城区绿化建设，使城区绿化建设一年一个新变化，一年一个新台阶。近3年来，绿化投资500多万元，新增绿化面积8.4公顷，城区绿化覆盖率达到12.5%，人均公共绿地达到4.1平方米。对新区绿化整体进行了规划设计，并按设计进行组织施工，新区主体绿化9500平方米，各分区绿化10892平方米；对老城区进行“拆墙透绿、空地造绿、垂直挂绿”，全县主次干道，已拆除建筑设施2万多平方米，绿化新增6万多平方米，在13条主次干道进行绿化及补植行道树6508株，种植花卉60多万株。飞鹤乳业、绿金集团等企业被齐齐哈尔市政府评为市级花园单位。特别是在北二道街绿化建设上，采取市场化运作的办法，选聘绿化公司，将过去由临时组织人干的活一次性交给绿化公司进行实施并负责养护三年，保成活后交给我们。截止目前，拆除北二道街南北两侧花坛160立方米，种植灌木绿篱30000株，栽云杉90株，栽乔木（山杏）100株，花卉30万株；在飞鹤路北及东五道街两侧新种植草坪6200平方米。通过扒旧楼、建绿地、植树木、种花卉，为市民生活、消夏、娱乐、健身提供了理想场地。为了把县城建设成环境优美的园林生态式现代化城市，给居民创造一个舒适优雅的生活环境，2008年投资280万元，建设了二克山广场一期工程，并逐年投入，不断扩大规模。按照二克山公园广场的规划，分二期工程，占地面积6.9公顷，其中山前广场总面积3.34公顷，带状步行广场绿地3.56公顷，该山前广场建筑物、构筑物占地0.12公顷，绿地面积1.68公顷，道路广场1.43公顷，人行道0.11公顷，为三角形用地，广场内设有入口区、广场活动区、安静休息区、商服办公区、中心景观区、老年儿童活动区。二克山一期工程的完工为我县居民游览、观赏、休憩、锻炼身体提供了重要的场所。二克山广场冬日银装素裹，成为广大市民休闲、健身、娱乐的好去处。清晨，锻炼的人们穿着棉衣，踏着初冬的白雪来到二克山广场，或是慢跑、或是器械锻炼、或是集体打太极拳、或是挥舞剑术，尽情地享受这广场带来的快乐。

绿化美化后的城镇鲜花点缀，婀娜多姿，美丽温馨，一幅“城在林中，房在树中，山在城中，人在绿中”的美景正在一步步走向克东城百姓。

道路的不断提升，亮化的不断普及，绿化的不断增加，为拉动克东经济飞速发展，为群众生产、生活创造了有利的条件，出行难问题、亮化问题、绿化问题得以妥善解决，为构建克东和谐发展奠定了重要基础。这个北方小城，正英姿勃发以全新的姿态吸引着八方来客。

统筹安排　多措并举
积极推进农村泥草房和农村危房改造

黑龙江省牡丹江市阳明区住房和城乡建设局　贺　平　刘智勇　于英之

近年来，我区认真贯彻市委、市政府的部署，始终将农村泥草房和农村危房改造工作作为一项民生工程来抓，结合新农村建设和小城镇建设，逐步加大了农村泥草房和危房改造工作力度，农民群众居住条件有了较大改善。

一、加强领导，精心组织

农村泥草房和危房改造工作，直接关系百姓能否安居乐业，直接关系群众的安危冷暖。区委、区政府对此十分重视，多次召开区委常委会、区政府常务会和区长办公会，专门研究农村泥草房和危房改造工作。按照“尊重民意、符合实际、政策扶持、逐步推进”的原则，扎实推进农村泥草房和危房改造工作。一是明确责任，明确任务。区委、区政府专门成立了由区长任组长，主管区长、纪检委书记任副组长，区发改委、农业局、建设局、财政局、四镇等部门为成员的农村泥草房和危房改造工作领导小组，并在区建设局下设了办公室，确定专门领导和专门的工作人员，具体负责农村泥草房和危房改造工作。区里制定并出台了农村泥草房和危房改造实施方案，对确定的目标任务逐级逐项进行细化分解，并将具体目标落实到镇、村、户，建立了由“一把手”负总责亲自抓、分管领导具体抓的责任制度，初步形成了“政府主导，部门牵头，乡镇主抓，村屯配合”的工作机制。二是严格考核督查。把农村危房改造工作纳入区目标考核之中，与干部的提拔、晋职晋级和评优结合起来。对未完成危房改造任务或危房改造工作迟缓的地方，予以通报批评。区危房改造领导小组办公室坚持每月进行一次督查，及时掌握危房改造工作进度，并按月通报督查情况，推介好的做法和经验，促进了危房改造工作。三是加大投入，提供保障。2012年，区政府给“两改”工作办公室拨付专项工作经费，保障了工作的正常运行。

二、规划先行，统筹安排

为了有的放矢的搞好农村危房改造工作，坚持“镇不漏村（屯），村

（屯）不漏户”的原则，在年初利用一个月的时间，组织有关部门和各个乡镇，对农村泥草房和危房再次进行了一次认真细致的调查摸底。针对房屋破损程度和群众的生活状况，分轻重缓急，确定了具体的危房改造户数、危房改造房主和危房改造时限，真正做到了底数清，情况明，为扎实推进农村危房改造奠定了一个良好的工作基础。在农村泥草房和危房改造工作中，坚持“立足当前，着眼长远”的原则，综合考虑了环境保护、土地综合利用、基础配套设施等因素，把规划建设放在了前位。积极编制《乡镇建设规划》、《村屯建设规划》，确保农村泥草房和危房改造工作有章可循，有序推进。在住房设计上，坚持“经济、适用、安全、合理、砖瓦”的原则，充分考虑本地自然条件和经济发展状况，规范了总体布局、房屋造型、内部结构、配套设置和节能建筑等建设内容，确保了危房改造工作高效有序的进行。

三、加速改造，稳步推进

我们立足当前，着眼长远、因地制宜，根据自然地理条件和经济发展水平，在充分考虑群众承受能力的基础上，坚持“四个原则”，即坚持科学规划、统筹协调安排的原则；坚持政府引导、尊重群众意愿的原则；坚持经济实用，保证质量安全的原则；坚持公平、公正、公开的原则，分步实施，扎实推进危房改造工作。一是广泛宣传，营造氛围。由于我区镇、村居住分散，需要改造的泥草房和危房涉及面广，任务量大，困难多。所以，需要群众对政策的充分理解和广泛参与。为此，重点加大了泥草房和危房改造的相关政策、措施和办法宣传力度，充分利用广播、宣传标语、发放宣传资料、召开村民大会等多种宣传形式，广泛宣传农村泥草房和危房改造的意义，宣传上级各项资金政策、改造计划和改造范围，做到了家喻户晓、人人皆知。通过广泛宣传发动，农民对当前农村泥草房和危房改造鼓励和扶持政策有了更深的认识，对主动改造泥草房和危房的积极性和意愿逐年提高。二是因地制宜，分类实施。在农村危房改造工作中，始终坚持把最危险的房子、最困难的群众作为危改工作的重点来抓，切实改善了农民群众居住条件，推动了阳明区新农村发展建设发展步伐。

虽然我区在农村泥草房和危房改造工作中做了一些工作，取得了一些成绩，但与省、市要求相比，特别是与其他县市区相比，还有较大差距和不足。一是区级资金扶持能力弱，整体推进较慢。二是一些农民生活困难，改造无力，在一定程度上制约和影响了危房改造工作。三是少数群众主动改造积极性不高，等靠思想较严重。这些问题都有待于我们在下步的工作中认真加以解决。

（一）进一步细化方案，分解目标，切实把农村危房改造工作任务落实到最基层

坚持高起点、早动手、早谋划，把农村危房改造工作纳入城乡统筹和阳明新城建设之中，做到“三统一”，即统一规划，统一安排，统一推进。2013年3月份，将组织有关部门和各乡镇，对全区农村危房改造情况再进行一次细致的调查摸底，在此基础上，细化方案，分解目标，做到“四定”，即定领导、定任务、定目标、定完成时限。

（二）采取强有力的措施，抓推进、抓落实

结合阳明新城建设，进一步加大对危房改造力度。一是实行区长分工包干责任制。区政府五名正副区长，都要分工包乡镇，具体组织领导有关部门和乡镇推进农村危房改造工作。同时，由建设局牵头，组成四个工作推进组，具体负责农村危房改造推进工作。二是抓住夏季农闲的有利契机，将在全区组织开展一次农村危房改造大会战，集中领导，集中力量，集中时间，集中解决一批农村危房改造难点问题，强力推进农村危房改造工作，确保2013全年任务的完成。三是在四个乡镇各选树一至两个村屯为样板，通过典型的示范作用，带动全区农村危房改造工作。四是在适当的时机，召开一次全区农村危房改造工作现场推进会，总结交流典型经验，进一步推动全区农村危房改造工作。

（三）加强检查督导

一是建立定期情况通报制度，对农村危房改造情况及时进行通报。对农村危房改造工作进展缓慢的部门和单位，及时进行督办，确保农村危房改造工作任务的顺利完成。二是实行分类指导。由包镇领导带队，组织相关部门和农村危房改造工作推进组，经常深入各乡镇，对农村危房改造工作进行督导检查，尤其注意解决农村危房改造工作薄弱面或薄弱环节，突破难点，促进工作平衡发展和有序进行。三是搞好检查验收。要按照省市关于农村危房改造要求和区里制定的农村危房改造工作方案，严格标准，严把质量，认真搞好检查验收工作，确保农村危房改造工作质量和工作实效。

（四）积极引导，在提高农村危房改造质量上下功夫

要在加大危房改造扶持政策的同时，积极引导农民建设节能住房，大力推广太阳能、复合墙体、空心砖、苯板、塑钢窗等农村节能新技术、新材料和新产品，提高环保水平和抗震能力；积极推广新型住房建设，减少和降低工程成本，提高农村危房改造工程质量，让农民群众住上安心房、舒心房。

审时度势　因地制宜
积极推进美好乡村示范县建设

安徽省岳西县住房和城乡建设局　崔卫兵

十八大报告明确指出：解决好农业农村农民问题是全党工作重中之重，城乡发展一体化是解决“三农”问题的根本途径。要加大统筹城乡发展力度，增强发展活力，逐步缩小城乡差距，促进城乡共同繁荣。深入推进新农村建设和扶贫开发，全面改善农村生产生活条件。加快完善城乡发展一体化体制机制，着力在城乡规划、基础设施、公共服务等方面推进一体化，促进城乡要素平等交换和公共资源均衡配置，形成以工促农、以城带乡、工农互惠、城乡一体的新型工农、城乡关系。美好乡村建设，是新形势下贯彻落实十八大精神的重要举措，是功在当代、利在千秋的最大民生工程。建设美好乡村示范县，是县委、县政府积极响应“美丽中国”、“美好安徽”号召，审时度势、实现城乡跨越发展的重大举措。

一、岳西县美好乡村建设现状

（一）村情村貌

我县国土面积2398平方公里，总人口41万人，现辖24个乡镇、182个行政村、6个社居委，4500个自然村庄。据调查，全县35.8万农业人口，分布在全县6000多个居民点，平均每个居民点不足60人。村庄分布主要呈三个特征：一是自然型村落。大多以“亲”世居，经济结构相对单一，一般以事农为主。二是分散型村落。大多单门独户，互不相闻，像天女散花，以传统农耕为主，与田园山水较好地融为一体。三是集镇型村落。这些地方交通较为便利，共配设施相对完善，面积较大，人口较多，经济条件相对较好，经济成分比较复杂，既有农村的元素，又有城镇的功能。

（二）美好乡村建设工作进展

自2009年以来，我县按照“五句话、二十字”的总体要求，扎实推进新农村建设，取得了较为明显的成效。全县共有20个村、3个乡镇纳入了省级“千村百镇”示范工程，为推进我县美好乡村建设树立了示范。一是产业特色鲜明，农民收入稳步提高；二是民生保障有力，基础设施逐步改善；三是村庄整治有序，村容村貌明显改观；四是重视制度建设，村级管理走向民主；五是破除陈习陋俗，乡村风气日趋文明。

1. 以实施项目建设为抓手，扎实开展美好乡村建设。一是狠抓农村危房改造和农村清洁工程两项民生工程。我县危房改造工作和农村清洁工程建设自6月份正式启动，第一时间将目标任务分解到了各个乡镇，随后通过多次到各乡镇督查两项民生工程进展情况和召开迎检工作专题会议，推进两项民生工程建设。目前已完成了4200户危改任务。我县农户信息录入率、开工率、竣工率等综合排名位列全市前列。农村清洁工程方面，冶溪、白帽、菖蒲、莲云等四个乡镇的建设任务已完成，共安装4500个垃圾桶，建成60个垃圾池（房）和4个简易垃圾中转站，配备了42辆垃圾手推车和39辆垃圾运输车，5辆压缩式垃圾转运车也刚刚配置到位。同时，为加强对清洁工程的后续管养，我县对前两年实施农村清洁工程的四个乡镇各补助1万元管养经费，菖蒲水畈、白帽土桥等32个美好村庄圆满完成了2012年度建设任务。二是迅速出台规范性文件和建设方案，规范指导美好乡村建设。根据建设四个示范县要求，县委县政府相继出台了《关于建设全省美好乡村示范县的决定》、《岳西县风情小镇建设实施方案》、《岳西县美好村庄建设实施方案》、《岳西县2012年度农村危房改造和清洁工程实施方案》等文件和《岳西县美好乡村示范县建设规划》。同时，加强了对各乡镇美好乡村建设的指导力度，组织宣讲团到24个乡镇进行讲解，并配合县政协就如何建设美好乡村示范县进行了调研。

2. 抢抓机遇，积极争取住建部和住建厅支持。通过大力争取，国家住建部领导四次来到岳西调研大别山连片扶贫开发和美好乡村建设工作。住建部已将我县列为全国土坯房建设试点县，将响肠镇请水寨村列为大别山连片扶贫开发2个重点扶持村之一，并组织北京建工学院为该村编制美好乡村建设规划。省住建厅领导前后七次来到我县指导工作，帮助河图、黄尾等两镇编制风情小镇规划，组织编制响肠镇请水寨村、温泉镇桃岭村、姚河乡姚河村三个村庄整治规划和县城整体城市设计；并于9月份和11月份分两批追加6000户危改指标，2012年全年危改指标已达7200户，补助资金达8997万元。

3. 有效组织开展了村镇建设管理队伍培训工作。先后组织乡镇分管领导和村镇管理人员就如何建设美好乡村进行了培训。组织店前、菖蒲等村镇管理员分两批到省建筑工业学院脱产学习三个月，提高了基层建设管理人员的业务素质；选派了22名专业技术人员到乡镇担任规划建设指导员，为乡镇规划建设工作提供技术服务。

4. 美好乡村建设初见成效。自“四个示范县”建设启动以来，全县各地各部门积极响应县委号召，与省直部门、县直相关单位积极对接、争取支持，职能部门高效运作，美好乡村建设规划体系和县城总体规划编修工作业已完成，首批32个美好村庄集中点的建设工作也已正式启动，涌现出像水畈、余畈、土桥那样的美好亮点。

二、美好乡村建设存在的问题和困难

我县美好乡村建设刚刚起步。通过调研，特别是到江浙先行地区学习考察后认为，我县美好乡村建设存在难以避免的薄弱环节，同时还存在诸多问题，主要表现在：

（一）规划管理滞后

从农民意识、建房实施、控制管理和规划文本四个方面，村镇规划都比较滞后，目前正在狠抓这项工作。

（二）基础设施薄弱

虽然实施了危房改造、清洁工程、村村通工程等，但总体看，我县农村基础设施薄弱，尤其是公建设施。

（三）经济发展缓慢

当前，除少数特色农业镇村外，我县镇村经济总体呈现发展缓慢趋势，没有主导产业和产业链。同时，农村经济也受到政策性影响，如是否可以增强“土地流转灵活性”的试点等。

（四）保护传承工作尚需加强

我县自然、人文资源十分丰富，一是做好保护，每个非物质文化遗产就可以打造一处特色鲜明的美好乡村；二是做好传承，深挖文化和历史内涵，拓展人文影响力。

同时，还存在着诸如资金投入不足、群众参与意识不强、项目资源整合不协调、长效机制有待加强等问题。

三、建议与意见

美好乡村是新农村建设的目标，不是一蹴而就的，需要不懈的努力与实践。当前，虽有一些困难，存在着先天不足，但同时也要把握机遇，充分利用后发优势。一是自然生态优势，二是山岳风光优势，三是绿色资源优势，四是人文景观优势，五是区位向好优势（两条高速、两条国道），六是产业支撑优势（生态农业、生态工业、生态旅游都有一定基础），七是政策支持优势（革命老区县、大别山区县、扶贫开发县），八是上级重视优势，九是群众基础优势（岳西有看重建房、互助建房、民间“看家”的传统乡风），十是干部团结务实优势。将此十大优势凝成合力，挖掘潜力，必将形成发展的巨大动力，催动着美好乡村建设的热潮澎湃向前。像水畈、余畈、土桥那样的生动实践，就是我们充满信心的底气。为给美好乡村建设带好头，起好步，现阶段着重就农村住房和基础设施建设，提出以下建议：

（一）加强规划引领，注重分步实施

以美好乡村大规划为纲，做好每个乡镇、村庄规划，通过规划布局，引导农民建房和农村基础设施建设。注重分步实施，在现有条件下，把能先实施的先实施，不能先实施的保护或控制起来。如宅基地的选择、配套建设的基本内容和布局等。

（二）正确理解“集中连片”建设的内涵和意义

集中连片建房有利于统一建筑风格，有利于节约资源，有利于美化亮化乡村环境，是建设生态岳西、美丽岳西的重要举措。“集中连片”不是一刀切式的集中或连片，还要结合岳西山区和地形地貌的特点，有选择的集中，对于依山依路建设，即便相距几十米甚至超过百米，只要统一风格，合理规划布局，也是广义的“集中连片”。

（三）改变农民建房观念，确保农村住房安全经济适用

开展多种形式的宣传，改变农民建房观念，杜绝农民盲目跟风，给农民提供小巧精致的设计户型，将减小建筑面积的资金投入到建筑质量上来，确保农民住得舒适，住得放心。

（四）多措并举，为农村住房和基础设施建设提供保障

一是有组织地开展移民。边远深的山区或人口分布十分稀疏的地区，群众生产生活十分不便，生活条件和幸福指数都会很低，应有计划分步骤的组织移民。二是提供政策支持。如土地流转政策，破除农村组与组之间、村与村之间、乡镇之间的用地障碍，有利于合理规划、统一布局、有序建设，有利于人居环境和社会和谐的彻底改善。

（五）加强基础性建设和维护工作

在规划引领下，率先启动一些基础性工作。仿照江浙模式，建成镇、村、组的环境卫生治理体系，治理好垃圾和各种污染，树立文明意识。启动农村基础设施建设，从农民建房到公共设施建设，要循序渐进，合理适用。

在今后工作中，我县将进一步加大工作力度，明确责任分工，把美好乡村建设工作当作一项长期的工作任务，常抓不懈，注重制度建设和长效工作机制建设，确保环境整治效果的保持和巩固，进一步推进美好乡村建设，为建设美好和谐新岳西，构建社会主义和谐社会作出更大的贡献。

以人为本 和谐征迁

福建省尤溪县住房和城乡规划建设局 朱陈辉

尤溪地处闽中，因境内同名溪流而得名，是南宋著名理学家、教育家朱熹的诞生地。县域面积3463平方公里，居全省各县（市、区）第二位，总人口42.5万人，辖9镇6乡、250个村和11个居委会，是三明市幅员最大、人口最多的县。

一、基本情况

2000年以前，我县是典型的“大县小城关”，县城建成区面积仅为4.13平方公里，城区居住人口仅6.5万人。为迅速改变状况，2007年起，县委、县政府启动实施了水东片区旧城改造建设，顺利推进水东一至三期征迁工作，征收房屋面积15.7万平方米，通过几年努力，水东新城初具规模。2010年起，特别是新一届县委、县政府主要领导到位以来，我县围绕建设“千年古城中的闽中新都市”中等城市的新定位，按照“东扩南拓西连美中心”的工作主线，实施了水东片区第四期旧城改建、三奎头旧城改建、水南片区改造及5A级景区创建三个重点征迁项目，涉迁个人房屋797户、企事业单位65家，拆除建筑面积约44万平方米。特别是水南片区改造征迁工作，涉迁个人房屋420户、企事业单位22家，拆除建筑面积约10.4万平方米，仅用两个月时间完成征迁工作，呈现出启动迅速、推进高效、征迁和谐的特点，征迁工作成效明显。征迁工作的顺利推进，有效地促进了城市重点项目建设，目前我县建成区面积拓展到14平方公里，比2000年提高了约10平方公里；县城居住人口增加至12.9万人，增加了6.4万人，城市空间大幅拓展，城市面貌明显改观，城市品位有效提升。“大县大城关”的格局初步形成。一个交通便捷、设施完备、环境优美、富有现代气息的新尤溪正在海西腹地加快崛起。

二、主要做法

我们以改善人居环境为根本，按照“依法实施、按程序推进、人性化操作”的要求，坚持做到依法征迁、阳光征迁、和谐征迁，最大限度地维护征迁户的合法权益，为扩大城市空间，拓展新区开发，改善人居环境奠定坚实的基础。我们的主要做法是：

（一）坚持宣传先行，发挥舆论引导作用

任何事情，思想认识到位了，则“事半功倍”。在征迁改造中，我们始终注重发挥舆论的引导作用。一是通过宣传解疑释惑。在征迁工作正式实施前，组织召开村民代表会、户主会、党员会等，挨家挨户开展面对面、点对点宣传，讲政策、摆事例、说道理，把规划用途、征迁意义、补偿安置办法讲清楚说明白，让广大征迁户真正感受到旧城改造的必要性和紧迫性。在征迁过程中，我们通过广播电视进行面上宣传、通过编印材料进行重点宣传、通过组织会议进行集中宣传，争取广大被征迁群众的理解和支持。二是通过宣传展望未来。在县有线电视台开辟了《城建时空》专栏，用动画的形式，展示水东新城、三奎新城、水南5A级景区建设的美好未来，介绍安置区优美环境和完善设施，消除被征迁群众的思想顾虑。正是有效、有力的宣传，让被征迁群众通过看、听、说、算，思想逐步得到了转变，从原先的不支持、不配合，到后来的理解、肯定。三是通过模范带头推进。征迁伊始，部分村民抵触情绪较大，工作组和村两委通过宣传规划发展前景、合理安排补偿和征地资金、加大村民社会保障等办法，积极做通村民特别是村民代表的思想，率先就村产部分签订了协议，起到良好的表率作用。在整个水南片区拆迁过程中，征迁区内党员干部都是主动带头先签协议，后再和工作组的同志一起做其他群众的思想工作。正是这些基层党组织和党员干部模范带头作用，消除了群众的疑虑，促进了搬迁工作的顺利实施。

（二）坚持团队运作，部门配合共促共为

征迁工作是系统的社会工程，涉及面广、工作量大，需要强有力的组织来推进。在历次征迁工作中，我们坚持项目团队运作模式，充分发挥部门的作用，有力推动了征迁工作。一是成立项目团队。在县委、县政府的正确领导下，成立征迁工作项目团队，由县处级领导担任组长，抽调有关科局干部组成工作组，项目团队下设综合协调组、宣传报道组、调查摸底组、产权确认组、价格评审组、厂场搬迁组、工程建设项目部等七个小组，集中时间、集中人员、统一指挥、统一办公。二是领导指挥到位。由县委、县政府主要领导亲自组织召开征迁工作动员大会，处级责任领导亲临一线坐镇指挥，在征迁工作期间执行每周工作例会，由各组汇报工作进度及存在问题，及时研究解决相关问题，确保征收工作有序推进。三是实行五包责任。县政府确定房屋征收补偿方案、做出房屋征收决定后，各责任单位实行“五包”（包宣传、包签订协议、包临时过渡、包拆除被征收房屋、包回迁安置）工作责任制，分片包干到户到人，扎实推进征迁安置工作落实。

（三）坚持民生优先，突出方案科学合理

在征迁过程中，我们始终把制定科学合理的补偿方案作为实现和谐征迁的前提。一是做好征迁调查摸底。在实施征迁前，组织相关专业人员到征迁区域开展各种形式的调研和调查摸底工作，县委、县政府主要领导在此期间也多次到现场调研，与群众交心，了解群众的想法与愿望，为决策与征迁的实施打好基础。二是广泛发动群众参与。改变以往“政府单方制定、群众被动接受”的传统操作模式，每个征迁项目补偿方案草案制定后，召开各种层次和类型的座谈会、征求意见会、听证会上百场，在中心广场位置公示补偿安置方案草案，并进行民意问卷调查，充分吸纳群众提出的合理性意见，让征迁户真正成为制定补偿方案的关键一方，使方案制定过程成为发现问题、解决问题、消除矛盾、形成共识、宣传发动的过程。三是制订合理补偿方案。一个好的补偿安置方案是征收与补偿工作能否取得成功的关键环节。为此，我们严格按照《中华人民共和国城市规划法》、《中华人民共和国土地管理法》和《国有土地上房屋征收与补偿条例》等相关法律法规规定，结合我县的实际情况，组织相关人员认真制定房屋征收补偿安置方案，明确征收的程序、补偿安置方式、奖励办法，做到在坚持依法依规的基础上，尽可能地把方方面面的利益考虑周到，充分融入和谐征收、人性化补偿安置的内容，并严格按方案组织实施。

（四）坚持依法实施，以法律服务作保障

专程组织相关工作人员到省住建厅、国土资源厅向相关领导和专家请教有关法律法规、政策的具体解释和执行办法，邀请省市房屋征收与补偿主管部门领导、专家到我县指导征收工作，同时还聘请专业律师、邀请县法院的法律工作者对房屋征收与补偿工作进行指导，帮助把好相关法律、政策关，确保整个征收与补偿工作依法进行。一是在征迁准备阶段。律师协助征收部门做好被征收房屋调查核实工作；协助拟定征迁补偿安置方案，对征迁项目的法律风险进行评估，解答群众法律咨询。二是在动迁补偿安置阶段。律师负责提示征收部门及时公示并向被征收人送达相关材料，对特殊房屋征收补偿提供法律意见，协助有关部门对“两违”建筑予以认定。三是在征迁后续阶段。协助协调解决征迁过程中发生的矛盾纠纷，对确需申请法院司法强制拆除的，协助政府进行社会稳定风险评估，会同征收部门进一步做好被征收人的思想工作。通过律师上述各个阶段的法律服务，深度介入各个项目征迁全过程，有利于将征迁矛盾化解在萌芽状态，助推了“和谐征迁”目标的实现。

（五）坚持公平公正，保证补偿标准统一

征迁工作，只有依法依规，公平公正，才能避免纠纷，保证顺利实施。在征迁过程中，我们始终坚持以下几点：一是坚持标准。坚决做到“一把尺子量到底”、“一碗水端平”。坚持补偿标准不变、安置地点不变，先签协议先选房，使补偿标准前后统一，不让先签协议的吃亏。二是坚持公开。工作制度、办事流程、征迁纪律以及征迁补偿安置的相关政策、实施方案、奖励办法、选房顺序号、困难户申请名单等事项，都通过上墙上会、电视报纸、宣传材料等形式全程公示，接受被征收人和社会监督。三是坚持原则。对征迁过程中遇到的重大事项，特别是涉及群众利益的敏感事项、需要“个案处理”的特殊事项等，都需经县委、县政府或工作组办公会议集体研究决定，任何个人都没有决策权，任何人都不能私开口子，必要时还须征求社会意见。

（六）坚持人性化操作，切实解决群众困难

在工作推进过程中，我们坚持把“人文”关怀作为整个征收工作好坏的衡量标准，采取了诸多人性化措施，有效地赢得了群众的理解和配合。一是以情感人以理服人。每一户征迁对象，动迁人员平均都要入户5次以上，有的甚至走访10多次，深入做好解疑释惑、测量核对、算经济账等工作，实事求是地帮群众算好算透利益账，设身处地帮助群众权衡利弊得失，用政策法规说服群众。同时通过深入细致的工作，工作人员与被征迁群众建立起了相互信任的良好关系，有力地推动了工作。二是加强弱势群体照顾。对符合购买经济适用房、租住廉租房的，优先给予安排，不轮候。对人口众多、收入不高的夹心层家庭，经工作组研究同意并公示无异议后，照顾享受经济适用房和廉租房政策。提高老年人过渡费标准，对个别难以租到房的老人，由政府统一提供过渡房。在水南片区征迁工作中，充分考虑到征收范围内的高龄老年人、残疾人的临时过渡安置租房困难的现实情况，采取多渠道方式解决了33户特困户临时过渡安置困难。三是切实服务困难群众。征迁是政府工作的大事，更是群众生活中的大事。为了解决征迁而带来的诸如上学、就业等一系列问题，工作组积极联系学校、电信等有关单位，安排随迁儿童就近上学，并积极为困难群众解决生活出路问题。针对征迁区域内部分老宅权利人众多且不在本地工作的特点，工作组积极与在外地权利人沟通，协调权利人同时回来签订协议或由工作组派专人将沟通好的协议专程送往权利人所在城市签订。为防止“房拆、人走、茶凉”伤了群众的心，工作组建立征迁户定期回访制度，及时了解过渡生活状况，尽可能帮助其解决困难。这些人性化措施，得到被征迁群众的肯定，赢得了群众的支持。

三、几点体会

从近年来我县城市房屋征迁实施情况看，征迁工作一期比一期更为顺利，涉迁群众没有发生一起集体上访和越级上访事件。我们深深感受到，只有领导重视、精心组织，依法依规、讲究方法，深入基层、做细工作，才是实现和谐征迁的根本出路。

（一）深入基层，是实现和谐征迁的关键

城市房屋征迁，从前期的入户调查摸底，到补偿安置方案制定；从征迁动员大会，到安置房建设方案确定；从个案问题的处理，到群众搬迁后的回访，从县委、县政府主要领导到村一级干部，都是全程实质性参与，赢得了广大群众的高度信任。

（二）群众支持，是实现和谐征迁的基础

通过开门征求征迁补偿安置方案意见，变群众被动接受为主动参与方案制定，保证了方案的合理性、科学性和可操作性。同时大力实施改造后地块酒店、公园、学校等配套设施建设，以提高城市品位，让被征迁群众共享旧城改造成果，取得了群众的广泛理解支持。通过发动、依靠和尊重群众，并尽最大可能为群众服务，赢得了群众的信任，把政府与被征迁群众之间的关系由最初的“对立”转变为“相融”。

（三）补偿合理，是实现和谐征迁的核心

无论是从补偿标准的确定，安置地点的选择，房屋用途的认定，还是违章建筑的处理、“最低保障”制度的设计，政府时时处处为群众考虑、使群众满意、让群众受益。实行就地就近安置，不与民争利，把改善群众居住环境这个“大利”“大实惠”让给群众，从而赢得被征迁户的广泛支持。

（四）依法依规，是实现和谐征迁的保障

通过政府采取法律服务的做法，引入律师全程参与征迁活动，严格依照国家法律法规和相应政策来推进征迁活动，强化政府依法实施征迁的理念，提升了政府征迁决策的合法性和可行性，有效避免了不当行政行为的发生，确保了被征迁群众的合法权益不受侵害。

（五）阳光运作，是实现和谐征迁的要求

将征迁全过程置于阳光下运作，实施过程公开透明，全程接受群众监督，补偿标准首尾相衔、一以贯之，做到“一碗水端平”，防止出现最先搬迁的

“老实人”吃亏，最后搬迁的“钉子户”得利现象的产生，切实保障了被拆迁群众的合法权益，得到了群众的理解、支持和拥护。

在今后的征迁工作中，我们将认真借鉴先进地区和兄弟县市的经验，认真总结，不断探索新时期、新形势下和谐征迁安置工作的方式方法，为加快城市建设发展作出应有的贡献。

开拓创新　积极探索村庄规划建房管理之策

江西省鹰潭市月湖区村镇规划建设局　苏　玮

为响应市委、市政府构建大框架城市发展战略，根据《鹰潭市中心城规划区及城乡发展控制区土地管理若干规定》文件精神，加强连片未建设的集体土地管理，留足大框架城市发展空间，进一步加强城乡规划建设管理工作已尤为重要。

一、月湖区基本情况

（一）自然村基本情况

童家镇、四青、东湖街办辖区内共有104个自然村，总户数9676户，总人口36780人（详见表5－107）。

表5－107

镇（办）	总户数（户）	总人口（人）	自然村	其中分类	
				城中村（个）	非城中村（个）
童家镇	5832	22283	桃李桂家、院里祝家、牌底詹家、郭塘祝家、腰沙埠黄家、邹家、梅园詹家、演塘桂家、刘家、宋家、大塘李家、腰上吴家、化溪张家、角山徐家、蓬里、柏里、上童、畈背、东源、垱上、叶塘、新罗、老罗、汤家石、东岸、苏山、新村吴家、石塘、下戴、毛院、藕湖、曲溪、土桥夏家、苏家、谢家、上占、六族、三源、咀上、七甲山、岗背、马步前、艾家、白家、庙下、礼村、东川、官山、瑶山、曾家、地理、南山、余家、后朱、下坂、炉塘、里毛、外毛、胡家、南边张家、南边董家、延石孔家、里屋孔家、老屋董家、大石岭、万家、新塘董家、陈家山钟家、吕家、董家、姜炉小计（71个）	桃李桂家、院里祝家、牌底詹家、郭塘祝家、腰沙埠黄家、邹家、梅园詹家（小计7个）	64

续表

镇（办）	总户数（户）	总人口（人）	自然村	其中分类	
				城中村（个）	非城中村（个）
四青办	3344	12710	朱埠刘家、朱埠杨家、夏家、任家、角家塘、杏树园、建设、百家村、新建、西门上房、西门中房、杏树园下房、鱼塘徐家、源和余家、上桂、下桂、杨碧占家、杨碧杨家、安山徐家、桥东、姜家、郑家、刘家、汪源、彭家、李家 小计（26个）	朱埠刘家、朱埠杨家、夏家、任家、角家塘、杏树园、建设、百家村、新建、西门上房、西门中房、杏树园下房、鱼塘徐家、源和余家、上桂、下桂 小计（16个）	10个
东湖办	500	1787	高桥、白露港、乌演社、白马吴家、白马李家、小桥、碑东 小计（7个）	高桥、白露港、乌演社、白马吴家、白马李家、小桥、碑东 小计（7个）	0
合　计	9676	36780	104个	30	74

（二）村民建房情况

1. 建房现状。104个自然村村民建房11165栋，建房总基底1409758平方米（折合2114.6亩），建筑总面积2752947平方米，其中空心房总栋数1507栋，占房屋总数的13.5%。其特点主要体现为以下几点：

城中村：建房密度较大，容积率较高，乱搭乱建、见缝插针现象严重。

非城中村：一是公路沿线建房；二是居民点分布零散；三是占用耕地建房；四是一户多基、超占面积。

2. 未来10年分户建房。104个自然村9676户，未来10年分户建房6094人。

二、农村建房中制约因素

目前农村建房存在问题的严重性是显而易见的，其原因主要有以下几点：

（一）农村村民法律意识淡薄

农民接受教育的程度不高，整体素质普遍偏低，法律意识淡薄，将土地承包经营权视为土地私有权，在土地上想做什么就做什么。

（二）受利益的驱动，违法搭建

由于城市的开发建设，农民为了在拆迁补偿安置中尽可能享受优惠政策，在新址兴建住房时，又不肯拆除旧房，很多旧房成了破房、危房，形成了名副其实的空心村。特别是城郊结合部村民不从生活与安全因素考虑，只图眼前利益，违法加层搭建，见缝插针。

（三）村庄建设缺乏规划

绝大多数村庄未编制建设规划，没有严格的规划管制，每户宅基地用地布局随意性大，乱建乱占现象严重，甚至不少新建房在空旷地块单独矗立，既浪费土地，又不符合村镇规划。

三、积极探索规划新途径

加强城乡规划建设管理工作是一项长期、持久且艰巨、复杂的系统工程，因而在确定思路、作出对策时，必须遵守以科学发展观为统领，统筹城乡一体化发展的原则，汲取和借鉴外地城中村改造成功经验，不断探索和创新工作方法，努力寻求符合我区实际、行之有效的村民建房管理工作新途径。经反复深入调研和分析，现就城中村改造及非城中村村庄规划工作提出以下建议：

（一）城中村改造工作

对区域内的城中村实施全面改造，已成为城市发展的必然选择和突破项目瓶颈问题的当务之急，要按照“政府主导、市场运作、一村一案、逐村改造、合理安置、利民惠民”的原则，平稳有序地实施城中村改造工程，彻底把城市建设管理的“难点”问题转变为“亮点”工程项目，把单一的城中村改造工程项目转变为提升农民人居水平的惠民工程，全面建设新型城市化社区格局。

（二）非城中村规划建房工作

坚持因地制宜、节约用地、尊重民意、科学决策的原则，加快村庄规划编制，规范审批程序，引导村民合理有序建房，着重从以下几方面加强。

1. 加强《江西省城乡规划法》、《江西省土地管理法》、《江西省村镇建设管理条例》等法律法规的宣传，提高村民法律意识，增强法制观念。

2. 明确镇（街办）责任主体，充分发挥村、组干部基层堡垒作用，加强整合分散自留地、宅基地的力度，确保村庄规划实施到位。

3. 加强引导散居农户和较小村落向集镇或中心村集中，提高土地利用空间。

4. 结合新农村建设工作，加强对一户多宅、空置老宅形成的“空心村”整治、改造力度，减少土地利用粗放现象。

5. 进一步完善宅基地审批制度，规范审批程序，缓解符合建房条件的村民住宅需求压力。同时加大控违力度，对不符合建房条件或不在预留规划用地内的违建行为，坚决予以打击。

作者简介：

苏玮，男，汉族，1983 年 2 月出生，本科学历。现任江西省鹰潭市月湖区村镇规划建设局办公室主任。

2000 年参加工作，2003 年调入鹰潭市月湖区村镇规划建设局工作。2003 年至今，任鹰潭市月湖区村镇规划建设局办公室主任。

加强管理　合理规划　统筹城乡协调发展

湖北省五峰土家族自治县住房和城乡建设局　唐少华

五峰土家族自治县住房和城乡建设局作为县城地质灾害治理及避险搬迁重建工作的排头兵，充分发挥部门职能作用，以与时俱进的思想观念，立足全局的工作理念，高屋建瓴的前瞻眼光，在编制城乡规划、统筹城乡协调发展、加强城乡建设管理、提高建筑工程质量、加大危房改造力度、推进新型环保建筑材料、构建科学合理的城乡建设体系等方面发挥了积极的作用。

一、主要工作成绩及经验

（一）规划引领，推动城乡统筹发展

一是新城专项规划逐步完成。按照县委县政府“三年崛起新县城”的战略布局，用后来者居上的思路规划新县城建设，不断为县城新区建设提供技术保障和科学依据。经过反复考察、论证和修改，目前新县城总体规划、控制性详细规划、修建性详细规划和城市设计均已编制完成，新县城规划体系全部形成。同时，结合新城市政设施建设，由宜昌市规划设计院编制完成了渔洋关镇的给水、排水、路网的专项规划的编制工作。

二是五峰镇总体规划初步形成。在全面规划新县城的同时，因地制宜启动老县城五峰镇的修建性详细规划编制，由我局委托省规划设计院对五峰镇的总体规划编制工作已提交初步方案，并按照国际慢城的理念启动了五峰镇的修建性详细规划的编制工作。目前，修建性详规初步方案已经形成，随后可以完成编制工作并上报政府批准。

三是长乐坪镇村庄规划思路正在形成。结合长乐坪土家风情走廊建设积极谋划村庄规划，目前，在加强325省道沿线农村建房管理的同时，增加绿化景观及土家元素，保留现有田园风光，努力将长乐坪镇打造成为具有土家民俗特色的“土家风情走廊”的规划思路正在形成。

（二）项目跟进，促进城乡一体发展

一是加快建设新城配套设施。以县城新区为重点，突出重点项目，合理调配资金，扎实推进渔洋关镇基础设施建设。日处理污水1万吨的渔洋关污水处理一期工程累计完成投资额4280万元，现已进入试运行阶段；渔洋关自

来水扩建工程已完成投资额2050万元，厂区建设已完工，主管网铺设已完成20km；目前正在兴建的渔洋关垃圾卫生填埋场总投资2912万元，设计总库容48万立方米，完成后每天可处理垃圾99吨。

二是不断完善市政设施。以改善百姓生产生活条件为出发点和落脚点，我局完成了以老县城为重点的自来水源上移工程、先后投资40多万元对县医院桥步行道、原砖瓦厂步行道及城渔两镇部分路面维修，努力为城区百姓营造更加舒适的生活家园。

三是着力推进新农村建设进程。为切实改善民生，提高广大农村群众的生活品质，始终把村容村貌综合整治作为促进和服务社会主义新农村建设的重要载体，我局从基础设施建设、危房改造等方面入手，着力加强村镇净化、绿化、美化、亮化，积极推进以道路、给排水、垃圾处理等为重点的基础设施建设，近三年共完成危房改造任务4248户，先后有白岩坪村、汉马池村、腰牌村、茅坪村等4个村被命为“宜居村庄”，长乐坪镇、渔洋关镇被命名为“特色镇”和“重点中心镇”。通过一系列的工作，使村镇环境面貌发生了显著变化，有效地改善了群众的居住条件和生活环境。

（三）加强管理，确保城乡和谐发展

一是加强宣传培训，营造工作氛围。通过广播电视、网站、宣传车、标语标牌、宣传单、致广大农民朋友一封信的形式，加强了对《城乡规划法》、《湖北省城乡规划条例》、《湖北省村庄和集镇管理办法》、《五峰土家族自治县城乡规划建设管理条例》、《五峰土家族自治县农村建房管理办法》等法律法规的宣传力度。结合农村建房管理，我局分别在付家堰乡、采花乡、渔洋关镇组织了农村建房管理培训会，对农村建房联合审批、户型指导等方面进行了全面指导。

二是完善保障机制，规范城乡管理。管理是一项系统工程，管理是建设和维护的灵魂。在县委高度重视下，我局成立了城乡规划建设管理执法大队，建立健全相应工作机制，明确了工作职责。重点围绕325省道及乡镇、村庄规划落实情况开展不定期巡查，配合乡镇人民政府对违建行为进行查处，对老城区的乱搭乱建、乱堆乱倒、出店占道经营等违法行为及时发现、及时查处。同时，结合我县实际修订完善了《五峰土家族自治县农村个人建房管理办法》。对农村个人建房实行推荐户型、现场联合踏勘及并联审批、公路主干道沿线建房提出了明确要求。我们将根据农村建房管理办法制定实施细则及审批流程，择期召开全县农村个人建房管理工作会议，宣传政策法规，把关审批流程、推广典型户型。

三是优化审批流程，提高服务效率。为更好的服务新县城建设，我局将各股室、站分别办理的审批项目统一授权到窗口集中办理，做到一个窗口申请、一个窗口办结，申办许可的相关要求实行一次性告知，并编制服务指南，公示办事流程。加强审批服务，提倡审批服务前移的理念，对于服务对象的申办事项，要有预见性的提前介入，在审批申办之前，预先给予告知提示，并做好相关前期准备工作，同时联合其他有审批权限的部门实行并联审批制度，对于规划区内的个人建房审批，严格按县政府要求组织各部门联合审批后办理相关许可。

（四）多方筹资，积极推进保障性住房建设

目前，渔洋关三房坪廉租住房项目主体封顶，并通过合格等级验收，建成廉租房1036套，现已竣工交付使用，完成投资7175万元，占年计划7098万元的101.08%。2012年在建项目东门桥廉租住房336套1.68万平方米，已于11月开工建设；城市棚户区改造100户已完成规划，开始启动土地征收及前期准备工作。2012年新增公共租赁住房1747套，占年计划1500套的116.5%，其中新建公共租赁住房1356套55654平方米（三峡国际珠宝产业园在建1309套53694平方米、红旗中益电缆在建47套1960平方米），县内向市场租赁公共租赁住房391套（其中续租2011年272套）。新增廉租住房租金补贴200户，已完成204户，完成计划的102%。

一是租金补贴实现应保尽保。对申请享受租金补贴的低收入家庭，做到及时受理、审核、公示、审批和发放。2011年对符合条件的421户保障对象按4元/平方米的标准共发放租金补贴69.9万元，累计发放补贴242.24万元。

二是加强分配管理与督查，促进分配对象明确、程序公正、公开透明。严把入住对象的资格关、审查关和公示关，使保障性住房建设这项“民生工程”落到实处，充分发挥保障性安居工程的作用，在已建成和收购改造的575套廉租住房中，积极支持全县教育、卫生制度改革，安排城镇最低收入无房家庭、拆迁还建户、引进大学生和职教中心老师共260户入住廉租房。

三是强化制度建设。经广泛调研，多异其稿，在采纳法制等部门意见的基础上拟定《五峰土家族自治县保障性住房建设与管理暂行办法》（送审稿），待县政府批转施行。

（五）强化监管，提高行业管理水平

一是“重拳”抓监管，规范建筑市场秩序。结合全市“建筑市场整顿规范年”要求，我局进行专题研究，及时印发了《关于进一步强化建筑市场监管工作的通知》，结合工作实际，进一步明确了基本建设程序、市场准入制度、劳务分包制度和企业信用评价体系建设等监管措施。结合全县建设工作会议精神，修改完善了《五峰土家族自治县房屋建筑工程和市政基础设施建设工程项目招投标管理办法》，与招投标中心协作，严格施工企业资质资格审查，加强对招标代理、造价咨询等中介机构的监管和招标文件的审查备案工作，进一步规范了房屋建筑工程和市政基础设施建设工程项目招标投程序。2012 年，全县应招标建筑工程招标率达 100%，发放施工许可证 5 份，施工合同备案制度和劳务分包制度执行率均达 100%。

二是"铁腕"抓安全，提高建筑施工安全水平。进一步理顺安全管理的机构，落实部分人员编制，明确安全监管工作职责。层层签订安全生产责任状，并深入施工现场检查各方主体履行质量安全责任情况。重点加强了保障性住房的安全检查，对不按规范要求操作和不执行强制性标准等问题下达了限期整改通知书。针对问题比较严重的施工现场，加强跟踪管理，监督企业落实整改措施，消除隐患。经过参建各方的共同努力，我县顺利通过了省建工局、市住建委分别组织的质量安全大检查，继续保持零安全责任事故的记录，全县质量行为进一步规范，工程实体质量稳步提高。2012 年度我们组织开展了全县工程建设行业关键岗位和特种作业人员的上岗培训工作，参加培训的人员达 235 人，培训时间达 30 课时，完成了全县工程建设行业关键岗位和特种作业人员的上岗培训和换证工作。

三是严格把关口，推进新型环保材料和技术运用。围绕生态立县战略，大力推进可再生能源建筑应用示范项目建设，全面推广建筑节能、环保和新墙材革新技术应用，努力完成"禁实"、"禁现"工作目标。2012 年，我县"农村地区可再生能源建筑应用示范县项目"申报成功，纳入了国家专项补助计划。为迅速启动项目建设，县人民政府成立了领导小组，并召开专题办公会讨论通过了《五峰土家族自治县可再生能源建筑应用实施方案》和《可再生能源建筑应用专项资金管理暂行办法》，明确了项目的申报程序、实施管理、资金使用和监管等配套措施。目前，项目已完成可再生能源建筑应用服务商备选库招投标工作，确定了 5 家国内知名太阳能建筑应用企业入围备选库。新县城在建或即将启动的大型公共建筑项目已落实了可再生能源建筑应用设计的初步方案。同时，为完成"禁现"工作目标，我们积极支持发展预拌混凝土生产企业。目前，"五峰宗和混凝土有限责任公司"是宜昌市内县（市）级第一批取得资质的预拌混凝土生产企业，公司的实验室、厂区建设获得了省建筑节能专家的一致好评。为新县城全面实现"禁现"目标，提供了物质上的保障。

二、下一步工作思路

（一）进一步加大规划编制力度

一是完成乡镇总体规划。我们将迅速启动乡镇的规划编制工作，力争在一到二年内将我县8个乡镇的规划编制工作基本完成。二是在编制乡镇规划的同时，根据规划编制进展情况及时启动各乡镇的专项规划的编制工作。三是进一步完善村庄规划，围绕我县旅游发展规划控制和指导村庄建设。

（二）进一步加强行业监管

一是加强建筑市场秩序管理。按照《关于进一步强化建筑市场监管工作的通知》的要求严格杜绝无证施工、先施工后办证现象。二是加大新型墙体材料推广使用力度。三是大力推进可再生能源项目的实施。

（三）进一步加大项目争取力度

在加大新县城市政设施项目建设的同时，加大老县城污水处理及垃圾处理项目的争取力度。另外积极做好长乐坪垃圾处理厂、污水处理厂及乡镇供排水工程的申报工作。积极加大宜居村庄、农村危房改造的争取力度。

（四）进一步加强城乡管理

在加强老城区城镇管理的同时，结合农村个人建房管理办法加大对农村建房的管理力度。

作者简介：

唐少华，现任湖北省五峰土家族自治县住房和城乡建设局党组书记、局长。

自1995年8月参加工作起，历任五峰土家族自治县红渔坪乡农技站技术员，采花乡财政所干部，采花乡政府秘书，采花乡农技站站长，采花乡农业服务中心主任；傅家堰乡党委副书记；五峰土家族自治县县委办公室副主任、610办公室主任；五峰土家族自治县县委办副主任、县政府办副主任、农办主任。2012年6月至今，任五峰土家族自治县住房和城乡建设局党组书记、局长。

多措并举推进城乡一体化 大干三年再创嘉禾新辉煌

湖南省嘉禾县住房和城乡建设局　雷牛俊

2012 年来，嘉禾县住建局在县委、县政府的正确领导和市住建局的精心指导下，积极响应“大干新三年、再创新辉煌”的号召，认真贯彻落实县委经济工作会议、全市住房和城乡建设工作会议精神，以全力推进“城乡一体化”统筹发展为目标，加快推进城市基础设施建设，着力优化人居环境，全面加强行业管理，各项工作稳步实施，全县住房和城乡建设事业继续保持了健康、快速、协调发展的良好态势。

一、以“建管分离”为契机，完善制度，进一步明确职能职责

按照县委、县政府安排，2012 年 3 月份我局涉及城市管理方面的职能划出成立了县城市管理行政执法局。职能调整后，为加强对全县住房和城乡建设工作的监督和管理，我局及时更新了单位公章和各业务用章，进一步明确了单位职能职责，有条不紊的推动各项工作的开展，并以此为契机，对局各站室和机关各个工作岗位的职能职责进行了重新明确，对机关各项内部管理制度进行了全面梳理。一是结合当前工作实际，完善了机关学习、上班签到、会议、财务审批、招投标管理、公务接待、首问责任等内部管理制度；二是对“建管分离”后本局负责的行政审批事项进行了清理，完善了行政审批制度，制作了审批流程图及办事指南，加强了政务中心住建局窗口的建设；三是重新编制了局规范权力运行制度，对行政许可告知制度、权力运行公开制度、行政许可备案制度等 20 项权力运行制度进行了编制。

二、以规划为先导，突出重点，进一步优化全县发展空间布局

我局充分利用我县被省政府列为全省四个城乡一体化示范县之一及全市

城乡一体化现场会在我县召开的契机，紧紧围绕2012年的城乡一体化工作总体目标，规划的龙头作用进一步体现。

（一）城乡规划编制水平有效提升

一是与湖南城市学院签订“产、学、研战略合作协议”，充分利用高校资源平台，委托编制《嘉禾县城乡一体化总体规划》，为我县城乡一体化建设谋划蓝图；二是委托湖南省社科院编制我县城乡一体化发展整体战略，为我县城乡一体化进行顶层设计；三是通过召开座谈会形式，邀请省、市有关专家为我县城乡规划和城乡一体化出谋划策；四是积极配合全市城乡一体化现场会工作，组织专业人员对桂嘉路提质改造、嘉蓝路建设、嘉金路建设、新城区围挡、荫溪村新农村建设等一大批重点项目进行指导，有力的支持了城乡一体化现场会工作。

（二）城乡规划编制进度加快

我县财政在2011年投入500余万元编制规划的基础上，继续加大投入，邀请多家高水平城乡规划设计部门编制我县城乡规划，为我县城乡一体化发展带来先进理念。一是组织编制了《嘉禾县城乡统筹总体规划》、《坦塘工业园总体规划》等十项县域层面规划；二是指导乡镇编制了《塘村镇总体规划》、《车头镇总体规划》等四个乡镇总体规划和15个新农村规划；三是编制了县城停车设施、环卫、绿化、亮化、燃气、道路提质改造、东塔公园、新城公园等专项规划；四是组织编制了《县城新区控规（整合）》、《嘉蓝路两厢用地控规》、《工业园起步区控规》等控规，县城建设用地范围控规覆盖率达到90%，全县力争2015年以前实现规划全覆盖。

（三）城乡规划管理力度加强

我们通过进一步规范规划管理程序、推行规划政务公开、严格规划执法，为城乡规划实施打下良好基础。一是规范管理程序。2012年我县制定了《嘉禾县县城规划区内建设用地性质变更和建筑密度、容积率调整管理暂行办法》。严格按审批权限实行“一书三证”管理，核发《建设项目选址意见书》10份；核发《建设用地规划许可证》126件；核发《建设工程规划许可证》47件；下达规划设计条件59宗。“一书两证”发放率均达100%；二是加强规划效能督察。围绕改善行政管理、提高工作效能，针对城乡规划方面群众反映强烈的突出问题和容易滋生腐败的城乡规划工作环节，积极开展城乡规划效能监察工作。成立了城乡规划效能监察领导小组，主要是对城乡规划依法编制、审批情况，城乡规划行政许可的清理、实施、监督情况，城乡规划政务公开情况，城乡规划廉政、勤政情况等五个方面的主要内容进行督察，使各项工作有序快速推进。

三、以项目为抓手，强化支撑，进一步增强城镇发展的源动力

（一）重点项目稳步推进

2012年我局负责的项目建设任务有九老峰景区项目工程（投资约7000万元）、普济寺小游园工程（投资约400万元）、嘉禾大道含田水库段边坡治理工程（投资约140万元）、金珠路建设工程（约630万元）等项目。在项目实施过程中我们发扬“五加二、白加黑、晴加雨”的工作作风，以强烈的责任感和使命感抓住机遇，拼搏奉献，确保了项目建设顺利推进。目前，嘉禾大道边坡治理工程、普济寺小游园工程均已完工，九老峰景区项目正按计划实施并已初具规模，金珠路建设工程已经开工。

（二）民生工程顺利实施

2012年我局承担的民生100工程任务主要是完成2个“城中村”改造（分三年完成）和拆违1万平方米。我局把该项工作列为2012年的工作重点，并列入年终工作考核内容。目前已完成珠泉社区珠水村拆迁13户，同时完成配套建设道路16米×340米路幅的道路土石方、硬化、雨、污分流排水管道，在建房屋一栋；荫溪村的改造工作已完成《荫溪村村庄整治规划》编制并通过县规委评审。该村改造分三期，其中第一期投资900万元，已完成186户村民拆迁，拆迁面积2万平方米，建成房屋6000平方米，已投入使用。第二期投资800万元，涉及拆迁村民139户，拆迁面积1.08万平方米，建设村民安置房面积5000平方米，项目已完成拆迁、村民安置房外墙装饰及水、电路配套，建小游园3个，村级办公楼、公厕1座，实施配套完善，年前可投入使用。第三期计划投资500万元，涉及拆迁村民90户，拆迁面积0.5万平方米，建设村民安置房4200平方米，计划2013年实施。面对2012年艰巨的拆违工作任务，我局精心组织规划、建管、质监等站室，抽调精干力量，通过仔细摸排，做好测量、拆迁补偿等工作，到目前已完成煤场、砖厂、违法建筑的拆违62158平方米，共完成上级下达任务的621%。

四、以安全为己任，狠抓质量，进一步提高建设工程监督水平

我局严格按照有关规范、规定和监督工作导则，加强了对受监工程建设

各方责任主体的行为监督。在质监工作中，我们采取了以下监督措施：

1. 分片包干，责任到人。将监督的区域分片包干各监督室，责任落实到一线监督人员，并要求质安监人员做到“三勤”，即腿勤——多下工地检查；口勤——多讲规范、标准，指出存在的问题与不足；眼勤——仔细审查设计图纸，多看出工程上存在的质量安全问题。只要工地需要，不分节假日，不分白天与晚上，冒风雨，顶烈日，均照常深入工地检查。

2. 加强日常巡查，重点检查各责任主体单位人员配备及到位情况、安全文明措施费的拨付情况、监督施工现场保证质量和安全生产的基础条件情况、监督重大危险源的识别和控制管理情况。

3. 全面推行“差别化管理”的模式，对责任主体不到位，质量安全意识淡薄的问题企业、问题项目实行重点监管并挂牌督办。

4. 对事故隐患采取“绝不放过原则”即隐患不排除不放过；查出的隐患不整改到位不放过。

5. 分阶段、分层次对项目实施管理，首先做好办理手续关，施工企业跟质安站签订安全生产责任状，对项目部的主要人员执行押证管理，认真开展开工安全生产条件审查，建立健全工程项目质量安全保证体系，积极开展质量安全专项整治。

6. 重点监管监控重大危险源，多次开展了施工脚手架、施工用电、起重机械、深基坑等专项检查，对不符合要求的起重机械进行了查封。

7. 对保障性住房重点监管，全年开展了3次保障性住房专项检查，对存在较多的质量安全隐患的项目各方责任主体进行了约谈以及不良行为告知。

8. 把好建筑材料与半成品质量关，不断完善检测手段，确保进入施工现场材料质量。通过以上措施，使我县建筑行业质量安全监督水平得到了有效提升。

五、以各项活动为载体，突出整治，积极组织开展建筑行业相关活动

2012年来，为认真搞好“安全生产月”“质量月”活动，我局制定的《嘉禾县建设局安全生产月活动方案》、《嘉禾县建设局质量月活动方案》，并在县城主要道路开展了安全法律法规的咨询活动，共发放宣传资料3000余册，出动宣传车38台次，挂宣传横幅30余条，放宣传汽球8个，贴宣传标语30余条，利用版报制作安全生产警示专刊1期。“质量月”期间，突击强化

了对电子计量、砼配合比试验、钢材、承重构件的监管，并对所有工地进行了拉网式排查。同时，根据省、市有关要求，2012 年我局组织了 7 次质量安全大检查（其中每个季度例行检查一次，两会两节、五一、国庆各检查一次），每次检查都是不走过场，敢于碰硬。2012 年 3、4 月，我局集中力量进行了为期 1 个月的“打非治违”专项整治行为，共组织督查组 5 个，出动执法人员 100 余人次，检查企业 30 家，检查在建项目 39 个，排查质量安全隐患 300 余处，责令停工项目 15 个，实施经济处罚 2 万元，拆除违章建筑 500 平方米。8 月至 11 月开展了为期 100 天的“百日大攻坚”活动，此次活动共排除质量安全隐患 400 余处，下发整改通知书 36 份，停工通知书 6 份，对不符合要求的 26 台物料提升机、6 台塔吊进行了查封，对全县中小学建设、保障性住房以及起重机、脚手架、支模架等进行了多次专项检查。通过这些整治，我县施工现场的安全隐患得到了有效排除，各方责任主体的质量安全意识有所增强，至目前全县未发生工程质量安全事故。

六、以规范程序为重点，多措并举，进一步加强建筑业管理

2012 年来，我们以规范程序为重点，以执法检查和市场调研为手段，增强服务意识，开拓工作思路，提高了工程建设行政管理效率。一是加强建筑企业资质、市场准入管理和基本建设程序管理。以快捷高效为目标，认真梳理规范审批流程，合理确定许可前置条件。截至目前共办理施工许可 12 份，下发施工许可催办通知书 26 份，其中私人规模建房 8 份；使用一般程序依法立案 27 起，查处未取得施工许可擅自施工行为 3 起，对 6 个施工单位采取了清除建筑市场的处理。同时我们加强了施工工地流动人口计划生育的管理，与在建项目的施工企业签订计划生育合同 37 份；二是充分发挥综合执法队作用。我局综合执法队全年共查处违法建设行为案件和查处违章、违规的案件 46 件，其中拆除违法建筑 1 件，挂靠承包 3 件，违反规划建设 5 件，违反建设工程许可 15 件，园林违法 3 件，市容市貌违法 20 件，件件有卷宗，件件依程序办理；三是根据有关法律法规和行业要求，做好招投标管理工作，充分发挥企业自报价的能力，规范业主在招标中的行为，有效避免招标单位在招标中盲目压价的行为，从而真正体现公开、公平、公正的原则。截止目前，建设工程施工招标项目共 39 项，建筑面积 64810 平方米，总造价 33065. 9 万元，均按规定进行招投标，招标率达 100%。通过多措并举，使我县建筑市

场、招投标市场秩序进一步得到了规范；四是按照省市的统一部署开展了对监理企业市场行为的专项整治，对施工企业和监理企业的市场行为进行检查，下达责令整改通知5份，通过整改达到了预期的效果；五是对施工项目市场行为和质量安全差的问题企业和问题项目执行差别化管理，全年对问题企业约谈3次；六是加强了对施工项目监管信息平台的录入，通过信息平台的资源共享管理施工企业；七是通过广泛宣传，加大征缴力度，我局全年收取劳保基金252万元，比市局下达的200万元任务超收52万元，为确保施工企业劳保基金的足额征收作出了努力；八是组织培训农民工400余人次，较好的完成了市住建局安排的农民工职业技能的培训工作任务。

七、以提升效能为目标，加强管理，提升住建队伍素质形象

（一）深入开展创先争优活动

2012年以来，我局紧密结合城建工作实际，确立了“围绕城建抓党建，抓好党建促城建”的工作思路，积极开展以“三亮、三比、三评、三创”为主要内容，达到“四个一流”目标的实践活动，通过深入开展领导点评等环节的工作，结合实施城乡建设目标任务，进一步优化作风、强化效能，着力提高工作质量、服务水平，激励党组织和广大党员学先进、争贡献、为民生、比奉献。有效提升住建系统的社会公信力，不断提高党组织在群众中的威信，不断提升党员在群众中的先进形象。

（二）全面推进基层党建工作

以基层党组织分类定级活动为抓手，明确党组织职责、突出中心重点，强化考核制度，把基层党组织、党员责任落到了实处，开创了基层党建工作创新发展的良好局面。通过组织发动、宣传教育、述职点评、整改落实等措施，基层党建工作已实现了与单位业务工作的“双轨并行”，既推动了单位业务的发展，又促进了党建工作的落实，有效地增强了党建工作的成效和水平。

（三）大力加强党风廉政建设

加强学习教育，与作风大整顿活动有机结合，组织全局广大党员干部认真学习党纪条规，集中开展廉政主题教育，开设廉政课堂，正面引导，反面警示，帮助广大党员干部熟知党纪政纪规定，进一步增强是非观念，坚定政治信仰，增强自律意识。结合建设领域突出问题专项整治，大力开展预防职务犯罪整顿活动，以推进部门内控机制建设、健全惩防体系建设为突破，抓

住工程招投标、企业资质申领、工程施工现场管理、工程质量验收、工程款结算审计等五个重点环节，科学配置权力，优化运行流程，防控风险源点，堵塞廉政漏洞，进一步建全制度，强化监督，严格管理，正本清源，使全局上下守好“家门”、管好部门、带好队伍，进一步彰显务实高效、廉洁从政的住建新形象。

回顾一年来的工作，全局上下克服各种困难，扎实推进县城建设，取得了较好的成绩。成绩的取得极其不易，存在的问题不容忽视。在肯定成绩的同时，我们更应看到在建设工作推进过程中还存在的问题：一是建设资金紧缺，融资的渠道不畅，解决的办法还不多；二是建筑市场监管还需不断强化深化，在监管力量相对薄弱的情况下，违法违规建设行为仍时有发生；三是部分单位、个别人缺乏大局意识、服务意识，不能从整个建设大局考虑问题、研究工作；四是少数干部的工作执行力不够强，不敢人先，决而不行，缺乏真抓实干的精神，缺乏干事创优的热情。对这些问题和不足，我们要予以高度重视，采取有效措施，以科学的思维和实干的态度去加以解决，为推进城乡一体化而不懈努力，再创嘉禾新辉煌！

打造现代美丽乡村　推进城乡一体发展

广东省从化市城乡建设局　徐忠媛

从化是典型的城乡二元并存地区，农村面积广大，农业人口比重大，农村人均收入远低于广州市平均水平，农村脏乱差还不同程度存在，农村经济发展、基础设施建设和基本公共服务设施建设严重滞后，各种问题较突出。这就意味着从化统筹城乡发展的难度更大、发展城乡经济的生态制约更强、完善农村基础设施和基本公共服务设施的成本更高。因此，快速破解从化城乡问题，对从化的发展具有重大意义。

美丽乡村建设是广州市新型城市化发展“1+15”系列政策文件主要内容之一，是广州市第十次党代会作出的“12338”决策部署，目的是加快统筹城乡发展、改善农村人居环境、提升农民生活水平和建设独具岭南特色、生态宜居的农民美好家园。以美丽乡村建设为主要抓手，加快从化村镇建设，不仅是走有从化特色的新型城市化发展道路的重要举措，也是建设“美丽中国”的重要体现。

一、从化市村镇建设存在的问题及其原因

目前，从化已选取了22个美丽乡村创建试点，其中1条评为广州市级美丽乡村创建点，其他为从化市级和镇（街）创建点，创建工作已全面启动，创建成果初显成效。为加快推进美丽乡村建设工作，充分了解从化村镇建设过程中出现的问题，下面就从化村镇建设过程中存在的问题主要进行分析。

（一）存在的问题

1. 资金缺口大。资金不足是从化市村镇建设工作的首要困难。美丽乡村建设大部分项目广州暂未安排资金，要求从化市自行解决。从化虽然已结合扶贫开发、中心镇建设、危破房改造、相关部门项目资金及社会资金支持建设，但这些资金远达不到村建设项目的要求。同时，相关单位的扶持资金也未落实。

2. 重视不足。根据从化市任务分工，村镇建设主要以镇（街）为建设主体，各成员单位对口指导，各援建单位对口帮扶，通过多方合作，充分调动积极性，加快从化村镇建设。而从目前建设情况来看，各镇（街）虽然能够

组织实施项目的建设及项目的监管，但在调动村民积极性方面还存在一定的不足，在整合资金渠道方面还缺乏一定力度，在项目建设推进计划上不明确，导致部分项目严重滞后；多数成员单位、对口帮扶单位能够较好的配合村镇建设，但部分单位仍缺乏主动性和大局观念，有些单位甚至存在走过场的思想。

3. 村民建设的积极性和参与性不高。在村镇建设工作中，村民一直处于被动地位，从选点到建设的过程中，村民很少有机会参与到建设工作中来，因此建设积极性不高，甚至给创建工作制造阻力。

4. 村镇建设工作人才队伍薄弱。从化村镇建设工作不仅人员数量较少，而且人员构成较单一。目前，村镇建设办公室共有9人，在编仅1人，其余8人均是借调，大部分人员专业较单一。该办公室包含了美丽乡村、名镇名村、农村路灯、中心镇建设等多方面的业务，负责美丽乡村建设的工作人员仅有3人，广州其他区仅这一项业务就有8~10个工作人员，显然从化村镇建设人员远远不足。

（二）形成问题的原因

1. 经济基础较薄弱。从化全境属半山区，产业结构简单，以生态型产业为主，经济发展与周围兄弟区（县级市）相比相对落后。因此导致村镇建设各项公共服务设施、基础设施配套不全，资金匮乏等问题。

2. 村民思想观念陈旧落后。一是村民思想不开放。从化作为广州市的一个县级山区市，村民“山区意识”浓厚，“等、靠、要”思想严重，无法从更高、更远、更宽的范围去看从化经济社会发展面临的机遇。二是法制意识淡漠。受“小农意识”等传统观念的影响，村民法制意识淡漠，违法用地、违法建设等现象比较严重，造成征地拆迁各项工作难以推进，影响产业和基础设施建设项目正常供地，阻碍了村镇建设工作。三是对政府信任度较低。由于受历史遗留因素的影响，部分涉及人民群众的切身利益的有关问题没有得到彻底的解决，引发人民群众对政府不信任，造成有关政策措施受抵制。

3. 村镇建设尚处于摸索阶段，缺乏有力的监管机制。农村的问题多而复杂，村镇建设尚处于摸索阶段。各种建设、监管机制还有待探索，人员的结构和组成缺乏合理性。

二、借鉴他山之石，吸取可用经验

新兴县位于广东省中部偏西，总面积1521平方公里、辖12个镇199个村，总人口47.2万。2011年，被省政府确定为“名镇名村示范村建设示范县”。在名镇名村建设中，新兴县充分发挥群众的主体作用、坚持保留当地的人文特色和自然特色、积极推动农村公共服务均等化、实施财政奖补有机结合等先进经验，均值得我们学习。

（一）新兴县名镇名村创建工作的特点

新兴县名镇名村建设创新经验充分体现在：一是实施“以奖代补”政策，把各级财政奖补资金分为基础性资金和区内或片内竞争性资金，按 1∶1 或以上比例进行竞争性奖补。同时，把财政专项资金向资金筹集能力强、群众积极性高的镇村、项目倾斜，以此来调动群众共谋共建的积极性，放大各级财政补助资金的使用效应。此外，号召乡贤支持家乡建设、造福乡亲百姓；二是建立村民理事会，由村民理事会具体负责村民发动、资金筹集和管理、组织实施项目建设等；三是结合当地民间特色传统文化活动及自身良好的自然生态条件，着力培育优势主导产业，形成有地方特色的“一镇一业，一村一品”。

（二）对新兴县名镇名村创建工作取得成效的分析

1. 群众主体作用得到充分发挥。通过村民理事会的示范带动，群众的思想观念明显从“要我建”转变为“我要建”。同时，在财政资金的分配上，新兴县将平均分配的资金和专项财政资金转化为竞争性资金，充分调动了群众共谋共建、筹资投劳的积极性。

2. 党群干关系密切。在建设过程中，按照“共谋、共建、共管、共享”的理念发动群众参与，使党员、干部在参与中与群众增进感情、密切联系，既增强了党组织的凝聚力和影响力，也融洽了党群干关系。与此同时，群众在潜移默化中获得教益，除陋习、倡新风，营造了民风纯朴、邻里和睦、文明和谐的农村新风貌，促进了农村群众综合素质的提升。

3. 主导产业具有地方特色。新兴县着力培育优势主导产业，形成有地方特色的“一镇一业，一村一品”。如龙山塘村重点发展乡村特色旅游业及生态农业；五联石头冲村依托温氏集团“倍增计划”，发展规模化科技禽畜养殖和现代林业；洛洞村依托禅龙峡景区发展乡村旅游业，从而推动农村经济社会快速发展。

三、创新从化市美丽乡村建设的对策

为了更好地避免和解决从化村镇建设存在的问题，创新从化市美丽乡村建设，结合从化实际，借鉴新兴县先进经验，现提出以下几点对策：

（一）继续加强美丽乡村建设舆论宣传

一是加强美丽乡村建设的宣传报道力度，广泛宣传报道建设的工作情况，介绍建设成果，逐步引导全市及各试点村关注美丽乡村建设情况，让村民感受到美丽乡村建设的意义，进而引导村民参与其中，体现主体的地位，营造良好的社会氛围。二是深入基层，与村民零距离的进行宣传。通过举办培训班的形式，到各镇（街）去宣讲美丽乡村建设情况及政策，提高广大农民群众对美丽乡村相关政策的了解。

（二）充分调动村民积极性，加强村民竞争意识

对照新兴县，村民在创建过程中是“我要建”，而我市是“要我建”，所以创建的速度和效果与新兴县存在一定的差距。因此，要借鉴新兴县经验，充分调动村民积极性，以村民自愿、量力而行为原则，充分发挥村民在创建中的主体作用，出谋献策，义务投工投劳，减少创建成本，减小创建阻力。

（三）明确镇（街）为创建主体的职责

以各镇（街）为创建主体，坚持民事民办、民事民治为原则，在自然村建立由村干部和村民组成的新农村建设村民理事会或筹委会，具体负责村民发动、资金筹集和管理、组织实施项目建设等，让农民在名村创建中有发言权、决策权、监督权，充分发挥其创建主体作用。各级镇政府负责组织实施美丽乡村建设，明确财政资金使用、监管责任、建设目标和计划。层层签订项目建设及资金监管责任书。同时，要求每个镇都指定专职人员负责日常工作，包干落实，一抓到底。

（四）通过竞争机制放大各级财政补助资金的使用效用

从化市在结合扶贫开发、中心镇建设、危破房改造、引进高端旅游业项目落户及整合相关部门项目资金开展创建工作解决创建资金的同时，也要借鉴新兴县的财政奖补方式，实行竞争性资金，村民自筹资金和市财政以1∶1比例进行补助，充分调动村民积极性，扩大资金的使用效率。同时，要积极引导社会资金参与美丽乡村项目建设，争取形成具有从化特色的“政府引导、村民支持、社会参与”美丽乡村建设成功模式。另外，鼓励各村委托有资质的工程设计和造价咨询单位进行设计和编制预算，委托有资质的监理机构对全市美丽乡村建设项目进行全过程监理。

（五）实施分类指导，提高农民经济收入

根据22条美丽乡村试点不同的特点，将其分为都市农业型、自然生态型、乡村旅游型、村庄整理型等四种类型，进行分类指导。依托各创建点的特色和优势，充分挖掘乡村生态、农耕文化的独特魅力，着力培育优势主导产业，打造品牌影响力的“一村一品”，提高农民就业率和收入；同时，免费加强一部分不愿意或者不适合在农村发展的村民的技能培训，提高他们就业的技能，到城里、到厂里去就业，让所有农村的劳动力都能够找到自己合适的岗位。

（六）加强多元化人才队伍建设

美丽乡村建设项目种类多、涉及面广，几乎涵盖了农业、林业、水利、建设、环保等工程，因此，要建立多元化的人才队伍，确保对项目的充分了解，便于及时掌握各部门的相关政策，利于有的放矢。首先，从农业局、林业局、水务局、发改局、环保局、工程造价站等相关部门抽调或从社会上聘请优秀的业务人员，组成多元化的人才队伍，并对每条试点村指派一位驻村干部，负责跟进该村的美丽乡村所有事项及项目；其次，通过有针对性的对该人才队伍进行美丽乡村建设等培训，使其在自身业务或专业的基础上充分掌握美丽乡村建设的相关政策。另外，为留住村镇建设工作经验丰富、热心村镇建设工作的人才，还应建立多渠道保障制度，增加财政核拨工作经费，制定村镇建设人才工作激励奖惩办法，切实提高村镇建设人才的经济待遇、政治待遇和生活待遇，激发村镇建设人才的工作积极性。

（七）成立乡贤储备机构

成立乡贤储备机构。由专职的工作人员负责查找在从化市生活过或是从化市籍的企业家、学者等人员，并赴全国各地与其联系、交流及建立档案和交流群，及时发布从化建设动态，听取其对从化建设的意见。同时，在从化建设需要支持时，能够及时号召这些乡贤出谋划策，出钱出力，作出贡献。

（八）建立行之有效的美丽乡村建设考核制度

层层签订美丽乡村创建工作责任书，明确市长、各镇镇长（街道办主任）、各村委会主任为第一责任人。采取派工作督导组，召开专题督办会议，建立督查通报制度等形式，推广典型经验，表彰先进，鞭策后进。考核结果与绩效报酬、奖惩、任用直接挂钩。对试点工作成绩突出、效果明显的镇（街）政府（街道办）、村委及相关工作人员，由市委、市政府给予表彰，并对美丽乡村的后续建设给予有关政策和财政投入方面的优惠和奖励；对于项目进展缓慢的试点，创建工作走过场的单位或有关人员，要予以通报批评、诫勉谈话，甚至停发当年绩效奖励，对有关人员予以解聘。

全面推进基础设施建设提高新型城镇综合功能

贵州省玉屏侗族自治县住房和城乡规划建设局　朱世辉

2012年，围绕玉屏县委、县政府“新型工业重镇、中国箫笛名城、黔东经济发展极”城市定位，以规划编制为先导，以“11766”等重点项目为抓手，以建设创新型城市为目标，大力实施城镇带动战略，全面推进城镇基础设施建设，全力提升城镇综合功能，城市面貌大为改观。

一、以规划编制为先导，城乡规划管理水平显著提高

坚持统筹城乡发展的理念，以狠抓城乡一体化功能布局为重点，坚持高起点、高标准，科学编制，严格监管，规划编制工作有序开展。

一是委托贵州省城乡规划设计研究院启动了《县城总规》修编工作，目前正在完善规划文本，年底可提供规划成果；二是加大控规编制力度，委托铜仁市规划设计院编制完善了《北门至馆驿片区控规》；三是加强详规编制，组织编制完成了金鹰·舞阳欣城修建性详细规划、贵鑫中天广场修建性详细规划、县行政中心修建性详细规划和蒋家田农贸市场修建性详细规划4个；四是狠抓重点工程项目详规编制工作，组织编制了屏山公园、四馆建设、茅坪市政广场、箫笛大道绿化景观、水月庵河滨绿化景观及鼓楼广场规划设计方案；五是狠抓新农村建设及村庄整治规划工作，全面完成了全县30个村庄整治规划编制工作任务。

二、以项目为抓手，城镇建设快速蓬勃发展

（一）住宅小区工程建设得到有序推进

按照“高起点规划、高标准建设”的总体要求，我局积极加大工作力度，稳步推进住宅小区建设。紫林小区规划建设商住楼14幢，目前已全部完工，完成总建筑面积49000余平方米；“福鑫小区”商住楼工程2号、3号、4号楼A段已经完工，完成总建筑面积12000余平方米，1号楼已封顶，4号楼B段正进入三楼主体施工，康华住宅小区正在平整场地。

（二）狠抓重点工程项目建设

我局作为县特色城镇化建设领导小组成员单位之一，始终围绕县委、县

政府工作大局，按照县特色城镇化建设领导小组的统一安排，针对重点项目存在的遗留问题，本着先易后难、尊重历史、注重现实的原则认真组织实施。

一是狠抓箫笛大道开发建设。箫笛大道已于2011年12月28日全面贯通，2012年以来主要是抓箫笛大道安置房建设工作。目前，安置房1~2号楼A、B栋拆迁户已入住；3~4号楼已竣工，即将交付使用，5~6号楼完成主体工程，进入装修阶段，7~11号楼已竣工，年底交付使用，12号、附8号楼完成招投标，12月中旬动工。

二是加大河滨路建设工作力度。河滨路总投资2600万元，用地21亩，目前道路已全部拉通，人行道板铺好，景观台、文化柱牌坊已完工，北门桥下河滨路的引桥已投入使用，安置房已竣工并交付使用，北门桥头安置房正进行基础施工。

三是步行延伸街工程明显加快。1号、2号、3号、6号、7号、8号楼已全面完工，完成总建筑面积57710余平方米，9号楼装修已完毕，B幢小高层已完成主体工程。

四是加快火车站小区建设步伐。火车站小区拆迁安置已交由江发公司负责，江发公司启动后共拆迁14户面积600平方米，后由于江发公司原因造成工作停止，通过协调已转由宏发公司出资，城建办抽调力量配合，目前该项目已拆除36户，正进入安置房施工阶段。新军供站已验收合格并交付使用。

五是狠抓垃圾卫生填埋处理工程建设。该项目总投资2586万元，日处理垃圾55吨，总库容41.25万立方米，2012年5月份争取到项目资金750万元，目前垃圾填埋场锚固平台、场地平整、场区内道路已完成，渗滤液处理站已完工，设备安装完毕，防渗膜铺设接近尾声，综合楼、调节池、地下倒排层已完成，库区地下水导排层砾石已铺设完毕，共完成投资3491万元，于2012年8月31日试运行。

（三）全力抓好城市建设管理“11766工程”项目

为实现2012年城镇建设的大突破，县委、县人民政府决定启动实施城市建设管理“11766工程”（即：一个新区——茅坪新区；一个园——屏山公园；七个馆——箫笛博物馆、文化馆、图书馆、城市规划馆、档案馆、体育馆、殡仪馆；六个场——市政广场、鼓楼广场、火车站广场、蒋家田农贸市场、中华路停车场、平江路停车场；六条路——箫笛大道、人民路、中山路、文水路、红花路、平江路），并成立了县“11766工程”总指挥部，总指挥部下设办公室和12个工程指挥部。在县委、县人民政府的正确领导及各部门和广大市民群众的共同努力下，“11766工程”项目得到了稳步推进。

茅坪新区总投资8000万元的市政道路工程完成95%以上路基土石方、给排水和电力综通工程，总投资4500万元的风雨桥全面完工，行政中心正进入四楼主体施工阶段，预计春节前完成主体工程；安置房主体已完工，总建筑面积44200平方米；舞阳欣城项目总投资2.8亿元，总建筑面积14万平方米，一期七栋12层施工，八栋进入8层施工，九栋进入4层施工，十一至十三栋进入地下室施工。屏山公园项目正实施上山步梯、山门及观景亭工程；县三角道道路改造工程总投资约60万元，目前已基本完成；中山路人行道及道路两边房屋立面改造、水月庵河堤景观整治工程、道路改造工程已于9月底完工，完成投资约4100万元；县城灯光亮化工程共投入资金1400万元，分7个标段实施，共完成31栋（处）房屋楼体夜间照明工程；小凤山殡仪馆已实行集中治丧；体育馆改造于10月底完工并投入使用；蒋家田农贸市场进入二楼施工阶段；钟鼓楼广场地下层施工已完毕，正进入地面工程，火车站广场片区改造项目正有序推进；总投资约4100万元的中山路房屋立面改造、水月庵景观河堤整治和中山路道路改造已于9月底完工。拆除违章建筑指挥部共排查违章建筑179户6031平方米，累计拆除违章建筑2916.1平方米；县城道路建设及维修工程指挥部已完成了步行街、文水路及平江路人行道改造项目；全力抓好广告牌匾和街道绿化、净化、美化工作，统一规范设置了县人民路、中华路、红花路门面广告牌匾，在人民路玉中至工行路段修建了花池并栽植了花草，在红花路、中华路等路段设置了移动花箱200个；认真抓好停车场建设工作，中华路停车场已投入使用，平江路停车场及城东、城南、城西、城北4个货运停车场正在有序建设之中，预计年底完工。

（四）实施好上级下达的保障性住房建设（十件实事）

2012年廉租住房任务100套，建设规模5000平方米，总投资600万元；实际开工建设471套，超计划371套，开工面积23550平方米，整个廉租住房正在二层主体施工阶段，完成投资280万元。

教师公租房建设任务200套，建设规模7000平方米，投资770万元；实际开工224套，超计划24套，涉及五个乡镇，其中亚鱼24套，田坪72套，大龙36套，朱家场52套，新店40套，整个教师公租房项目196套主体三层施工，28套一层主体施工，完成投资约260万元。

（五）抓好农村危房改造工程

农村危房改造工程是一项民生工程，为了保证该工程的顺利实施，我局作为牵头单位积极向县人民政府汇报，在县委、县政府的高度重视下，此项工作得到了顺利开展。一是加强领导。4月份召开了全县农村危改工作动员会，调整充实了危房改造领导小组，制定了工作实施方案，并与各乡镇主要负责人签订了工作责任状。同时，我局并成立了农危改技术指导组分赴各乡镇开展技术指导，督促工程质量安全及进度。二是加强培训，于5月16日开办了全县农村危房改造培训会，对全县各乡镇分管领导、村管所人员和县直相关部门人员进行了培训。三是按地区危改办的安排，2012年分给我县农村危改任务数1492户，我局作为牵头单位，已把任务分解到各乡镇，其中平溪镇263户，大龙镇202户，田坪镇424户，朱家场镇217户，新店乡168户，亚鱼乡218户。通过各级各部门的努力，到目前止已全部竣工，竣工率100%。

（六）村容寨貌整治工作全面推进

认真履行村容寨貌工作职责，积极深入各乡镇整治施工现场开展技术指导，全力督促工程进度，5月份按时完成了县政府安排的房屋立面整治任务和验收汇总工作，全县共完成房屋立面整治909户，其中平溪镇立面改造248户，田坪镇立面改造368户，新店乡立面改造88户，亚鱼乡立面改造205户。

三、存在的主要问题

1. 项目建设资金缺口较大。资金筹集困难，资金投入严重不足，部分已开工建设项目进展缓慢，导致城镇基础设施建设进展缓慢。

2. 土地手续完善难度大。部分重点项目建设将占用农村基本土地，土地的征用和办理土地相关手续工作困难。

3. 房屋拆迁安置协调难度大。部分群众认识不足，导致项目建设中房屋拆迁、安置等协调难度大。

4. 城建专业人才短缺、规划技术力量不足，制约了城乡规划的进展。

5. 规划实施的严肃性，超前性还须进一步加强。

四、强化宣教，科学规划，推动特色城镇化建设进程

1. 进一步加强《城乡规划法》、《建筑法》、《国有土地上房屋征收与补偿条例》等法律法规的学习宣传力度，提高市民对城乡规划、建设的意识，使广大市民积极投入支持城乡规划建设工作。

2. 做好规划编制管理工作。加快总规修编步伐，加大控规编制力度，围绕县委、县人民政府“一区四园”工作大局编制完善好园区规划，不断提高控规覆盖率；围绕“两高”建设做好沿线村庄整治规划，扎实推进新农村建

设步伐。

3. 加快建设，不断推动我县特色城镇化建设进程。一是加大上跑力度，向上争取垃圾处理、市政、园林绿化等城市基础设施补助资金，围绕城市基础设施的改造和建设实际，做好相关项目的编制申报，不断改造和开发城市基础设施建设。二是加大城市建设力度，围绕“新型工业重镇，中国箫笛名城，黔东经济社会发展极”城市定位，筹集资金不断加强城市道路、广场、桥梁等基础设施建设力度，稳步推进原老汽车站片区、原政府片区开发进程。三是狠抓重点工程项目建设，在县特色城镇化建设领导小组的统一安排部署下，积极推进蒋家田农贸市场、步行延伸街、火车站小区、茅坪新区及园区开发建设进程。

4. 加快保障性住房建设，在确保完成已争取到的廉租住房和教师、卫生、计生公租房建设任务的前提下，积极加大上跑力度，再争取实施一部分廉租住房建设项目。

作者简介：

朱世辉，男，侗族，1973年8月出生，中共党员，研究生学历。现任玉屏侗族自治县委组织部正科级干部，贵州省玉屏侗族自治县住房和城乡规划建设局党组成员、副书记。

自1995年7月参加工作起，历任玉屏侗族自治县政府办秘书，玉屏侗族自治县政府办信息督察科科长，玉屏侗族自治县政府办秘书科科长，玉屏侗族自治县政府办副科级秘书，玉屏侗族自治县农业办公室党组成员、副主任，中共玉屏侗族自治县亚鱼乡党委委员、副书记、乡长，中共石阡县龙井仡佬族侗族乡党委书记。2012年8月至今，任玉屏侗族自治县委组织部正科级干部，贵州省玉屏侗族自治县住房和城乡规划建设局党组成员、副书记。

做好城乡规划文章　加快城镇化建设步伐

云南省玉龙县住房和城乡规划建设局　尹　宏

玉龙县住建局在县委、县政府的正确领导下，在各部门的积极配合下，在县城开发建设中坚持规划先行、建管并重，加强保障性住房建设，进一步创建园林城市，通过县城建设辐射带动乡镇发展，加快新农村建设步伐，推动了城乡建设事业健康快速发展。

一、规划先行，落实好规划是法的理念

自2003年新县城选址建设以来，我们始终坚持“规划先行”，认真落实好规划是法的理念。《丽江市玉龙纳西族自治县新县城总体规划》和《玉龙纳西族自治县县城控制性详细规划》就由省规院编制，由县人大通过，并由市政府批准。我们严格按照“行云流水、返朴归真、经营文化、再造遗产”规划理念，“一次规划、分期实施、滚动发展”的建设思路，以及“政府主导、企业开发、市场运作、经营城市”的开发理念，引进云南江东集团为玉龙县城的一级开发商。在具体实施过程中，政府掌舵，规划引领，市场调节，企业划桨，用好用活丽江文化品牌，建管并重，全面推进了新县城的开发和建设，打牢城市基础的同时，努力构建县城骨架。2007年底，大多数县直部门迁入县行政办公区新址；至2008年底，雪山水城傍山别墅、丽江人家一期、丽江人家二期等居住小区和上吉市场先后建成，县城雏形初具；2010年开始，随着创建国家园林城市工作的开展以及闲置土地开发利用进程的加快，我们玉龙县城开发建设处于全盘动工、全面开花的状态。过去的两年，在建项目的建筑面积都达到100万平方米以上，未来的五至八年，建筑面积只会一年比一年高，2012年将达140万平方米，这种大规模的城市建设在全省乃至全国都是少有的。

随着新县城建设的推进，以及大丽铁路、丽香铁路的建设，2008年我们组织编制了《丽江市铁路客运站场片区控制性详细规划》、《玉龙县城核心区一轴一带控规》，做好新区建设的规划控制，适当提高建设用地的容积率。

随着玉龙县城的开发建设，为适应新的发展形势，进一步确保近期建设规划与远景发展规划在实际操作过程中的先导控制，加强规划研究，围绕构

建现代化特色城区，于2011年全面启动了县城总体规划的修编工作，将文笔海片区、南口工业园区纳入城市总体用地规划，不断完善规划体系，为城市发展谋划好蓝图，充分发挥好规划龙头作用。

当前，根据省委省政府的决策，玉龙县列入省“低丘缓坡土地综合开发利用试点县”，我们按照“城镇上山”、“园区上山”的要求，目前正在加紧编制《文笔山片区控制性详细规划》、《五台山片区控制性详细规划》。

同时，我们按照城乡统筹、城乡协调发展、城乡一体化的要求积极开展乡镇、村庄规划编制，到2012年年底，我们已完成近700个村庄的规划文本，使我县的村庄规划编制覆盖达率到达了100%。

二、严格执法，建管并重

我局依法严格城乡规划和建筑管理的相关法律法规，强化规划用地、基本建设程序管理，确保建筑施工安全和工程质量。在规划用地管理方面，严格按照总规和控规，切实做好水源地、水系、绿化、市政公用设施和文教卫等社会事业发展用地的预留和控制，不断完善行政初审、专家咨询、政府决策的“三级联审”规划审批制度，做好规划的放线、验线，做好日常巡查，对违法违章建设进行有力查处，优化城乡公共空间，改善城市布局和功能配套；在基本建设程序管理方面，严格实行招投标备案、项目报建审查、项目挂钩联系、重大项目台账管理等制度，贯彻和落实好建筑行业管理的相关规定，规范项目建设的招投标、报建、施工、验收等管理环节，不断提高行政审批效率，优化服务质量，保证施工安全和工程质量。同时，治理好建设领域突出问题，加强廉政建设和廉政防控，杜绝工程款和民工工资的拖欠行为，促进建筑行业的健康发展。

三、以加快城市闲置土地的开发利用为重点，推进城市保障性住房建设

为加快县城开发建设进度，针对我县土地闲置、改变土地用途、拖延开竣工时间、捂盘惜售等违法违规行为，2010年和2011年，通过配合省市县国土部门的督查和查处，云南玉龙公司、翔鹭集团、美林集团等已获得土地开发权的开发商都加大了资金投入力度，丽江人家三期、文笔旅游小镇、翔鹭高星酒店、江东五星酒店等重点项目依次开工，丽江街等续建项目得以最终收尾，县内的火车站片区基础设施、县一中搬迁、县医院搬迁等项目也加快

推进，金色家园、杏林家园等20余个房地产项目得以实施，宋城项目等得以落户丽江，年投资额突破40亿元。

加快县城开发建设进程的同时，切实解决民生问题，按照职能开展好保障性住房的建设。2010年建设了玉龙县廉租小区，出台了《玉龙县城镇廉租住房管理工作规程（试行）》，目前有144户入住，2011年接受了400套公租房建设任务，目前主体工程已基本完成。另外，每年实施2000～3000户的农村危房改造工程，目前已连续实施第六年。

四、以创建国家园林城市为抓手，加强市政配套设施建设

按照市委、市政府的统一部署，按照“工期倒逼，进度倒逼，时间倒逼”和“白加黑，五加二”工作方式，抢时间、保质量、赶工期、争进度、抓养护，全面推进国家园林城市创建活动，完成玉龙县城文笔体育休闲公园、城市道路行道树补植补种、记忆遗产公园改造等11个城市绿化建设项目，投入园林绿化资金约2.2亿元，新增公共绿地面积约法34万平方米，县城绿化面积已达90.7万平方米，建成区城市绿化覆盖率达40.5%。在创园的同时，城市道路、城市照明、公交车站、供水排水、环卫设施、排污管道等市政基础设施得到加强和配套，城市功能不断完善。

今后，住建局将进一步创新工作思路，突出工作重点，做到统一思想，加强领导，加大执法力度，强化质量监管，持之以恒，与时俱进，努力实现城乡环境上档次、上水平，加快全县经济社会又好又快发展。

加快县城规划建设　促进县域经济发展
创建生态和谐幸福林周

西藏自治区林周县住房和城乡建设局　杜乾余

为加快县城规划建设，促进县城乡经济发展，建立绿色、和谐幸福林周，县委、县政府根据林周县乡发展实际，制定出了林周县城东扩和老城改造战略，在县委县政府精神指导下，林周县城日新月异，城市功能急速完善，带动县域经济快速发展，有力地促进了林周社会经济全面发展。

一、林周县城发展变化

现林周县县域是由原来的澎波农场、林周农场和原林周县三个县级单位所管辖区域合并而成。现县政府于1988年7月迁至甘曲镇甘丹曲果村，当时占地面积为2.4平方公里，位于彭波农场的20世纪60年代建造的土木结构铁皮平房为当时机关工作人员宿舍及办公用房。当时县城主要道路仅有两条（甘曲路、江苏路），且为泥土路面，路面泥坑遍地，每逢雨季道路泥泞不堪，车辆行驶困难。道路两侧没有一座像样的建筑，县城无给排水设施，即使是县政府也仅靠一个压水井维持日常用水。且当时全县用电设施简陋，靠20世纪60年代至80年代修建的4座微型水电站（装机容量为30千瓦/座）供电，供应范围仅为县级机关及部分乡村。干部职工办公条件艰苦、住宿条件简陋，生活水平低下，极大地不利各项工作的开展。回首沧桑20年，在党和政府的支持和关怀下，林周县发生了翻天覆地的变化，极大地改善了全县面貌，提高了百姓的生活水平。

（一）住房条件的变化

1994年，中央第三次西藏工作座谈会上确定了江苏省苏州市为林周县的对口支援市，在党和政府的关怀下林周县城的建设发展掀开了新的一页，开建了林周县第一批职工周转房，结束了林周县职工住宿没有楼房的历史。1995年3月20日，总投资300万元、建设总面积2623.55平方米的林周县住房建设及配套设施工程开工建设，并于当年8月竣工。随着国家住房保障政策的逐步实施，林周县于2000年、2004年、2007年、2009年相继建设了职工周转房，至今林周县城已建成职工周转房388套，廉租房66套，极大地改善了干部职工的住宿条件，促进了林周的稳定发展。2005年在第四批援藏干部的积极努力下修建了苏州新村，林周县第一座别墅式小区在县城“东扩”区内建成，不仅成为了林周县建设史上的亮点，更是极大改善了县城面貌，提高了居民的生活质量。

（二）办公区域的变化

于1990年10月15日开工建设并于1991年10月12日高速度、高质量竣工总投资97.5万元的林周县政府办公楼，使得县委、政府所有部门皆搬进了同一座楼里上班，极大方便了办事群众，但是随着我县发展，办公条件与人员增长的矛盾日益突出，为进一步改善办公条件，1997年国家投资建设了县委办公楼，随着国家投资力度的逐步加大，林周县民政局、县公安局、县司法局、县工商局、县法院等单位先后修建了办公楼，相继从老政府楼内搬出，县职工办公条件得到了较大改善。行政区域的变化，极大改变了城区结构，拓展了城区发展走向。

（三）道路建设的变化

1995年以前，林周县城只有3条沙石城市道路，即甘曲路、苏州路和彭波路。1995年国家投资对甘曲路铺筑水泥预制块地面，（全长1350米，宽6米），林周县城历史上第一条硬化路面形成。

1999年，国家投资13.6万元，在甘曲路上安装了62盏JDF－10型单臂路灯。同年，江苏省苏州市援助资金400万，对江苏路进行了改建，铺筑柏油2公里，道路宽5.4米，林周县城整体面貌发生了新的变化。

2000年6月25日至27日，国务院召开第四次西藏工作座谈会，会议决定在“十五”期间，国家将继续加大对西藏的投入，重点是基础设施建设。期间林周县共完成各类建设投资达8.69亿元，其中投资9800万元的拉林公路黑色路面于2003年建设完成，不仅实现了拉萨市至林周县道路黑色化，而且标志着拉萨市实现了县县通油路的目标。2007年南部实现了乡乡通油路的目标，有效改善了林周乡村公路条件。2003年通过援藏资金建设了水泥路面的林周大道和太湖路，林周县城框架进一步形成，随着援藏力度的不断增大，2005年修建了觉得岗路和东吴路，2007年波卡支路建设完成，县城道路框架已基本形成，县城环境面貌发生了巨大变化。

（四）给排水系统的变化

1995年以前，林周人民生活用水全部靠压井或小河沟取水，1995年县政府投资25万元修建了水塔和县机关院内给水管道，解决了林周县机关干部

200多人的生活用水，揭开了林周县使用自来水的历史；1999年国家投资186万元建立了林周县自来水厂和县城内单位与部分城市居民生活用水管网建设，管线长约3000米，从此，林周县有了真正意义上的自来水；同年国家投资180万元建立了排水工程，城市生活用水设施得到初步完善；2005年国家投资530万元对给排水管网进行了进一步改造和完善，苏州市投资180万元援藏资金对水厂进行了改造提升，实现了林周县24小时供应自来水的目标。如今，正在实施的投资1055.83万元的县城给排水工程，将进一步完善我县市政基础设施，提高县城生产、生活用水排水水平。

（五）公共基础设施的变化

1996年11月，总投资50万元的林周县文化馆修建完成，极大地丰富了干部职工的业余文化生活。1998年7月，通过第一批援藏干部的努力，利用江苏省苏州市、吴江市、吴县无偿援助的430万元修建了林周县人民会堂，解决了干部职工举行会议没有正规地点的尴尬局面。

2007年第四批援藏干部利用争取的援藏资金修建了林周县农贸市场、敬老院、幼儿园等基础设施，改变了过去林周县买菜难、以街为市、秩序混乱的不良局面；2010年由苏州市出资1126.82万元援建的林周县文化活动中心、出资350万元援建的县城公园等项目的落成进一步提升了县城整体形象，丰富了城市居民文化生活，完善了城市功能。

二、“幸福林周”建设发展规划

城镇化是人类社会进步的表现，是统筹城乡经济发展的重要抓手，是提高群众生活水平和生活质量的迫切需要，是经济社会健康发展的重要推动力，是一个地区形象、水平和实力的标志。城建工作的好与坏，城市建设的优与劣，直接关系到林周对外开放的形象和发展环境，直接关系到林周经济的健康发展。建设好县城，发挥带动和辐射作用，对于大力实施经营绿色林周、和谐幸福林周，推动经济快速健康发展具有重要的支撑作用。

2010年，县委县政府班子为林周发展出谋划策，提出了县城“东扩”发展战略，将林周县城“东扩”并划分为四个片区，即办公区、生活区、商业区和工业区。2011年6月中国共产党林周县第八次代表大会决议将“县城东扩”定为林周县“五件大事”之一，拉开了林周县城东扩快速建设的序幕。

根据规划，2011年在林周县东扩区域内的办公区已建设实施了林周县档案馆（国家投资196万元，建筑面积950平米）、林周县物价监管基础设施及统战民宗业务用房（国家投资349万元，建筑面积1289平米）项目。投资

2700万元建筑面积112900平米的林周县农产品科技示范推广中心（即林周县委政府综合办公大楼）正在建设。已立项批复即将开工建设的项目有林周县公安业务技术用房（援藏资金投资1002万元，建筑面积3900平米），林周县环保局办公服务大楼（国家投资427万元，建筑面积1557平米），林周县就业和社会保障综合服务中心（国家投资485万元，建筑面积1700平米）。以上总投资达5159万元。

在生活区投资698万元的2011年林周县58套职工周转房建设项目已开工建设（国家投资627万元，县级配套71万元，建筑面积4060平米），预计2013年10月可全面完成建设任务，已立项批复的有投资369.2万元的2012年林周县职工周转房（24套、建筑面积1680平米）建设项目、投资852.2万元的2012年林周县公共租赁房建设项目（国家投资707.2万元，县级配套150万元，104套，建筑面积4160平米）。

2012年，投资2290万元的县城道路改造工程、投资1300万元的县城自来水厂改造工程，投资1498.8万元的垃圾填埋场建设工程即将实施，投资150万元的县城环境绿化工作已全面启动，县城“东扩西改”的发展规划目标正在逐步实施。

这些项目的落实，将有力推动林周县社会经济全面发展。“十二五”期间，我县会积极争取到国家支援西藏的投资项目，使更多的项目落户林周，加快县城建设步伐，进一步促进老城区改造和县城东扩建设，进一步改善各乡镇和村委会周边区域发展，真正改变城乡建设落后面貌。

一是争取在太湖路以北新修环城道路一条（县公安局——县武装部），进一步拉大县城框架，扩大县城规模；二是争取在农科所至客运站沿线开展美化绿化硬化工程，改善县城环境面貌；三是积极争取实施县城集中供暖工程，营造良好的人居环境；四是争取修建公园一处，进一步提升居住环境；五是争取修建两座桥（卡多桥、吾金桥），改善城乡交通条件；六是以县城周边乡镇为试点，制定详细乡域规划，以县城建设带动周边乡镇发展，以乡镇中心区域建设带动周边行政村的聚集和发展。

如今，我县县城道路框架已基本形成，县城规划占地面积3.33平方公里，行政区、生活区、商业区、工业区，四大规划区域已现端倪，县城基础设施建设正在逐步完善，城市功能正在逐步加强，整体城市环境面貌正在向着“一年一小变、两年一大变”的方向发展，一个祥和文明、环境优良、秩序井然、欣欣向荣的林周县城正在悄然升起。

三、存在的问题

建设经济繁荣、健康文明、功能完善、生态优美、充满朝气活力的县城是全县人民的期盼，也是我们为之奋斗的目标。近年来，在全县干部职工和百姓的努力下，县城面貌发生了明显的改观。但是，与周边县区相比还有很大差距，与建设和谐、生态林周的要求相差甚远。我们应该清醒地看到，县城建设还存在一些突出问题。

一是专业规划（详规）相对滞后，县城建设的科学性、前瞻性不够，且执行规划不够严格，建设随意性较大，致使城市用地布局较为混乱，功能分区不够明确。特别是“老城区”商业、居住、行政办公等用地混杂在一起，街道单一、布局零乱、建筑密度高、绿地面积少、人居环境欠佳。

二是市政基础设施和公用设施相对落后。表现为道路通而不畅，停车无序，居民休憩无序，贸易有市无场等问题较为突出，特别是老城区东西方向交通仅靠一条甘曲路，道路堵塞情况时常出现。基础设施建设投资靠政府投入和援藏投入单调局面没有根本转变，多元投资格局还处在探索、起步阶段，资金短缺的制约十分突出。

三是城市品位不高，建筑没有特色，个性不强，形不成风格，未实现文化传承功能的定位。没有文化的城市只是空洞的躯壳，没有文化的旅游只是浮燥的掠影。实现地域文化的挖掘体现、传承光大是县城规划建设的题中之义。

四是城市管理水平不高，“脏、乱、差、臭”等问题还比较严重，与县城建设大开发、大发展形成强烈的反差；城市环境质量较差，乱停乱放、乱贴乱挂、乱倒乱泼等现象屡禁不止、大量存在。

五是行政执法措施不硬，综合整治前清后乱，反弹回潮现象严重。

四、县城建设规划的建议措施

为真正把林周建设为拉萨的后花园，我县应该通过科学规划，提高设计水平，引进建设理念，严格建设管理等方法来科学发展城市，老城区改造和县城东扩并举，促进县域经济发展，各乡镇以乡镇和村委会周边建设为切入点，促进乡村发展，从而进一步提高城市品位和百姓的幸福指数。重点加快县城东扩区的开发建设，积极稳妥地推进县城旧城区拆迁改造。以政府高度垄断土地一级市场滚动筹集资金，以招商引资为突破口，以产业发展和人口的聚集为支撑，以行政中心的转移为拉动，坚持“科学规划、严格管理、高标准建设”的原则，把东扩区建设成为我县对外开放的窗口，把旧城区改造成为设施完善、功能齐全、环境优美、商贸繁荣的和谐社区。

（一）基本原则

1. 坚持先易后难的原则。优先发展县城东扩区，适度推进旧城区拆迁改造。

2. 坚持以人为本、可持续发展的原则。走可持续发展道路，东扩区建设必须做到社会效益、经济效益、环境效益互相统一。

3. 坚持“两手抓”原则。一手抓开发建设，一手抓产业聚集，通过开发建设促进产业聚集，通过产业聚集带动开发建设。

4. 坚持“政府引导、市场主导、企业参与、统筹开发”的原则。通过政府的引导、指导和协调服务，根据东扩区的建设规划和功能定位，运用市场机制充分优化配置东扩资源，实现东扩区开发效益最优化、最大化。

5. 坚持“小机构、大服务”的原则，建立廉洁高效、透明的东扩区建设运行管理体制。

（二）目标任务

制定并依据《县城总体规划》，建立科学的管理体制，确保城市建设高效运转，将县城建设成为全县的政治、商贸、文化中心，以第三产业为依托，建设城东，改造老城，壮大乡镇，城乡面貌焕然一新，把县城建设成“功能更加完善、环境更加优美、体现林周特色”的和谐生态式城市。

（三）高起点规划，确保城市建设规划管理的科学性和权威性

1. 东扩区规划建设方案和各专项规划要体现立意高远、节能、节地的规划设计理念，使各种要素布局合理、和谐，整体功能协调配套，体现现代化城市形象；东扩区未编制控制性详细规划和城市设计的重点区域、重点地段的城市规划，原则上要求乙级以上资质的设计单位进行编制，并要求提供两个以上的规划方案供领导小组和专家审查，并向社会公示。任何人不得以任何理由干扰、破坏城市规划的执行。对规划、建设中有法不依、有章不循、滥用职权、以权谋私和管理不力、失职渎职等，按照法律法规和党纪政纪的规定，严格追究相关人员的法律责任和党纪、政纪责任，确保规划的严肃性和稳定性。确需对规划进行局部调整，成立县城规划管理委员会并召集有关部门和专家提出调整理由、修改意见，报原规划审批部门批准实施。

2. 旧城区控制性详细规划和修建性详细规划要本着因地制宜的原则进行编制，充分考虑旧城改造的难度，统一规划，分期实施。旧城修建性详细规划原则上由开发业主自行编制，由县人民政府批准实施。

3. 旧城区规划原则上以居住、商贸为主，机关、企事业单位办公建筑、国家、国债资金项目，以及新增建设项目要规划进入东扩区。停止旧城区私人建房审批，严格控制单体建筑和小体量建筑审批。要通过规划的调控引导，促进东扩区产业集聚和土地增值。

4. 东扩区开发上，政府要高度垄断土地一级市场，建立科学、合理的土地收储制度，按照“统一规划、统一征地、分批次拍卖”的原则进行土地收购、储备、出让，促进土地增值，实现“以地生财、以财建路、以路带房、以房养城”的开发建设模式，通过县城东扩和老城改造促进县城经济的发展。

5. 乡镇建设上，制定乡镇规划，集中人力、财力、物力，重点在南部7乡镇建设一批现有基础条件好、发展潜力大的乡镇，使其基础设施、生活服务条件、集贸市场及信息服务等得到改善，成为较大范围内人口和经济活动的聚集地。乡镇建设是衔接城市建设和新农村建设的中间环节，我们要高度重视我县城镇化水平较低、城镇化滞后的弊病，重点推动南部7乡镇的城镇化建设，通过加快乡村建设的步伐，促进乡村经济的发展，加快农村富余劳动力的转移，促进乡镇企业适当集中和结构调整，增加农牧民收入，提高农业劳动生产率和农村综合经济效益；扩大消费需求，拓展二、三产业特别是服务业的发展空间，创造更多的就业岗位；发挥集聚效应，增强全县整体竞争力，以县城建设有力带动周边乡镇的发展。

6. 强化用地管理。党政机关行政办公用地，医疗、教育、文化用地，公益设施用地，公共道路绿化用地等，原则上实行行政划拨。商业、娱乐、居住等经营性用地，实行招标拍卖挂牌出让。凡依法取得土地审批手续的建设项目，在签订出让合同时要约定开工时限，未按时开工的要依据有关规定依法收回，避免非法圈地或变相买卖土地。建设、国土部门要严厉打击县城规划区内违法用地、非法买卖土地、违规建房等行为，确保各项建设活动健康、有序进行。

7. 依法征地拆迁，切实保障被征地农民和被拆迁人的合法利益。国土部门要抓紧调查研究工作，制定东扩区土地征用补偿标准和对失地农民的安置、扶助措施，以及收回国有土地使用权的补偿规定，加快完成县城土地利用总体规划的修编工作，保证城市规划与土地利用总体规划的协调统一，为征用农用地创造条件。建设部门要严格执行《城市房屋拆迁管理条例》等相关配套的拆迁政策，按上级有关部门下达的拆迁年度计划组织实施房屋拆迁工作。社保、民政等部门要高度重视失地农民的就业问题，开展就业培训，提高农民素质，增强农民的就业竞争能力，千方百计拓宽就业渠道，引导农民向非农产业转移，逐步建立被征地农民的社会保障救助制度。在东扩区征地中要预留一定比例的用地给被征地村发展集体经济，解决农民的生活问题。

8. 加大招商引资力度，拓宽东扩区开发建设投资融资渠道。

（1）盘活东扩区土地资源。政府高度垄断土地一级市场，合理配置东扩区土地资源，促使东扩区土地增值，采取公开拍卖土地使用权，将土地拍卖收益作为东扩区道路等基础设施建设资金。

（2）鼓励各种资本进入东扩区参与各类项目的开发建设。按照“谁投资、谁经营、谁受益”的原则，放宽社会资本投资领域，鼓励社会资本投资东扩区基础设施和体育、卫生、文教设施建设，推进项目社会化运行。

（3）盘活旧城存量资产。党政机关、行政事业单位要率先搬迁进入东扩区，将原有固定资产、土地资源进行拍卖、置换，筹集建设资金在东扩区建设办公楼，营造东扩区开发建设的大气候、大氛围。

（4）积极争取上级专项资金。建设、交通、水利、发改、林业、文化、教育、卫生、体育等部门要以项目投入的形式向上级积极争取专项资金、国债资金用于东扩区园林绿化、市政道路管网、消防设施、垃圾污水处理、学校、医院、体育场馆、青少年活动中心、老年活动中心、文化等设施建设。林业部门要将退耕还林还草项目向县城规划区倾斜，对规划区内的荒地、坡地、渠地进行绿化、美化。

（5）积极争取信贷资金支持。建设、发改等部门要抓紧进行东扩区开发项目储备，打捆包装新的贷款项目，争取银行信贷资金支持东扩区开发建设。

9. 全面扶持，加快出台县城建设发展的各项优惠政策。

（1）在东扩区建设上，政府每年收取的城市建设维护费原则上用于东扩区建设，东扩区开发收取的各项规费、税费原则上用于东扩区建设。

（2）在旧城改造上，对开发企业免收基础设施配套费，土地出让金地方所得部分全部返还给开发企业作为基础设施建设，建设部门收取的费用除上交部分外，只收取工本费。

（3）在东扩区投资的项目实行“一站式”服务，进一步减少审批事项、简化审批程序、规范审批权限，各部门的审批事项一律优先办理。

（4）大力引进东扩区开发建设中急需的各类人才，建立人才进入东扩区的“绿色通道”，为东扩区的开发建设提供智力支持。

（5）加大对东扩区开发建设的宣传力度。要充分开动各种宣传机器，宣传东扩区开发建设的各种政策措施和东扩区规划，包装打造东扩区开发品牌，提高东扩区知名度，塑造东扩区新形象，使全县广大干部群众和更多的县（市）外人士认识东扩区、了解东扩区、关心东扩区，更多的投资者参与东扩区开发建设，形成“人人关心东扩区建设、人人支持东扩区建设”的良好局面。

作者简介：

杜乾余，现任西藏自治区林周县住房和城乡建设局局长。

自2000年7月参加工作起，历任江夏乡政府科技副乡长、乡人民武装部部长，卡孜乡政府乡党委书记，林周县乡企局局长。2010年12月至今，任林周县住房和城乡建设局局长。

科学规划　严格管理
全面推进边境地区城乡建设

西藏自治区日喀则地区亚东县住房和城乡建设局　赵岳毅

西藏素以地域广阔而出名，在许多人的眼中，西藏的城乡规划可有可无，导致许多地区城乡规划滞后，城乡建设陷入无序状态。近年来，随着城乡经济的快速发展，土地利用和城乡布局不合理的问题日益突出，各县、各乡镇开始着手城乡规划，但从这些年的工作情况来看，我区的城乡规划仍有许多不完善的地方，城乡规划的执行也得不到很好的落实，笔者结合实际工作情况，对边境地区的城乡规划及执行提出几点看法。

一、城乡规划中存在的问题

一是城乡规划理想化。在近年来笔者接触到的许多城乡规划中，理想化的规划居多。在许多城乡总体规划中，规划编制单位不考虑该地已形成的现状，想当然的进行规划，结果规划不符合实际，拆迁量大，规划无法操作，最后导致规划无法执行。就以亚东县帕里镇为例，在2002年进行城镇总体规划中，没有考虑到帕里镇已形成的建筑体系，理想化的将城中路规划为22米，将原已建成的小学、镇政府、驻军部队、邮政所等单位的布局全部作了调整，群众的居住区也进行了划分。从规划方案上看，该规划布局合理，功能齐全，但如与现有的帕里镇对待对照，若全部按规划执行，帕里全镇的拆迁量将达到70%以上，相当于将全镇重建。因此，应该结合实际情况，因地制宜，依据现有的城乡布局进行合理规划调整，避免出现这种白纸上画画的规划方式。

二是规划的前瞻性不够。在一些城乡规划中，由于没有科学地分析发展形势，规划区域过小，导致原计划使用十年的城乡规划在不到七、八年的时间就已饱和，只好提前修编，从而使规划在执行过程中出现断层，给后期规划带来影响。同样以亚东县帕里镇为例，在2002年规划中，全镇规划区域纵向长度仅为2km，随着经济的快速发展和一些单位、企业的入驻，原有的规划区域已无法容纳帕里镇的发展，给帕里镇的建设带来一定的困难，同时也为下一步的规划带来了负面的影响。

三是规划中对区域民情考虑不足，使规划不符合地域实际情况。在许多规划中，规划设计人员完全按照内地一些发达城市的模式，单一的从节约利用土地角度出发进行规划，特别是对群团居住组群的考虑过于简单，在规划中简单的按当地人口发展趋势，以高层建筑小区式的居住方式对群团居住组群进行设计，而未考虑到西藏群众单门独户居住的习惯，使群团居住组群土地利用率不够，造成规划执行困难。

二、城乡规划执行中存在的问题

在实际工作中，我们也接触到一些编制的很好的城乡规划，这些规划无论是从发展的角度还是从可执行性上来讲，都是符合西藏实际情况的，但在执行的过程中却存在着偏差，导致规划得不到很好的执行。以一些城市和县城为例，城市规划已出台，在建设过程中却无法得到很好的执行，其原因主要有以下几个方面：

一是受投资的影响，规划难以得到有效实施。西藏由于自身财力不足，基础设施建设项目全部依靠国家投资，在国家投资下达到自治区后，为考虑到各个地区的发展和投资的平衡，对一些基础设施建设的投资进行压缩，使一些基础设施建设无法按规划进行建设。同时由于各地基础设施建设相对滞后，靠自身财力难以解决基础设施的建设，依靠国家投资，建设规模又达不到规划要求。为了解决目前的困难，只好将原高标准规划建设基础设施的标准降低，导致规划执行出现偏差。

二是边境政策影响规划管理工作。在一些规划出台后，要严格执行规划，势必会出现拆迁和征地问题，西藏作为一个边境地区，维护稳定工作是全区各项工作的重中之重，特别对于一些边境县，避免引起群体性事件、避免激发党群关系是县委、县政府工作的重点。群众为了自身利益，不执行规划、不同意征地拆迁，使规划难以执行。就以亚东县为例，由于县城周边可利用土地极少，国家投资的基础设施建设项目基本上都涉及到征地拆迁。随着国家投资力度的加大和县城发展的需求，土地矛盾日益突出。群众乱占土地、违章建设的情况时有发生，但为了避免出现社会不稳定因素，政府对群众的这些违法现象不能彻底清查，造成规划执行困难。

三、做好边境规划须坚持四项原则

针对上述在规划及执行过程中存在的问题，笔者认为，要做好边境地区的规划和管理，必须要坚持以下几项原则：

一是要扎实做好规划编制工作。在编制规划过程中，编制单位要深入当地，切实掌握实际情况，了解当地群众的生产生活习惯，同时考虑到该地区的经济能力，科学合理地进行规划编制，避免出现闭门造车、纸上谈兵的不符合实际情况的规划的出台。

二是规划要有前瞻性。在规划过程中要放眼长远，对规划区的经济和社会发展要有科学的预测，预留出更多的发展空间，避免出现城乡规划频繁的修编。

三是严守规划底线，对于已制定的规划不以投资因素而改变，对于一些可要可不要的项目，如与规划发生冲突，宁可不要，切不可为了争取建设资金而放弃规划的执行。对于一些急需上马的项目，在投资不足的情况下应做好发展和预留，为今后的建设留下足够的空间，不能因一个项目投资计划的改变而影响到全局规划。

四是做好法制宣传，严格执行城乡规划法。对违法乱建乱占的现象不姑息迁就，不能因怕群众上访、怕群众闹事就对群众的违法行为听之任之。对出现的乱占乱建现象应依法一查到底，确保城乡规划顺利执行。

边境地区城乡规划任重道远，因此要坚持从实际出发，积极做好城乡规划，因地制宜，以规划统筹城乡，以规划指导建设，以规划服务发展，推动边境地区城乡建设又快又好发展。

作者简介：

赵岳毅，男，汉族，1973 年 7 月出生，中共党员，本科学历。现任西藏自治区亚东县住房和城乡建设局局长。

自 1993 年 7 月参加工作起，历任上海市杨浦区人民政府办公室调研科副主任科员，上海市杨浦区房地产交易中心副主任，上海市杨浦区房地局市场科副科长，上海市杨浦区城市规划信息中心科副主任。2010 年 6 月至今，任亚东县住房和城乡建设局局长。

城建显真情　实事惠民生

青海省兴海县住房和城乡建设局　华角才让

兴海县自1999年颁发《关于加强小城镇建设工作的决定》以来，在小城镇建设方面做了许多努力，工作陆续出现了4个初具有规模、各具特色的小城镇，如县城集镇建设、河卡镇集镇建设、曲什安镇集镇建设、温泉点集镇建设，这对拉动全县经济增长，推动农牧业产业化进程，促进农牧村剩余劳动力转移，启动农牧村市场，改善农牧民生产生活条件等，都起到了积极的推动作用。

一、基本情况

兴海县位于青海省西南部，隶属海南藏族自治州，地理坐标介于东经99°01′~100°21′，北纬34°48~36°14′之间。县城东西最大距离119km，南北最大距离159km。全县地势西南高东北低，南部地区河流纵横，林木广布，植被良好，四季松柏常青，野生动植物资源丰富；北部地区地势开阔平坦，牧草广茂，是优质的天然牧场。黄河从西向东北流经县域，境内有黄河一级支流曲什安河和大河坝河，两河长期冲刷形成两条冲积河谷地带，沿河两岸地势较低，气温暖和、水源充足、物产丰富。全县海拔2590~5320米，平均海拔4300米；年最高气温24℃，最低气温-25℃；年平均降水量353毫米，年日照时数4431.8时，属高原大陆性气候。

兴海县从2008起实施了以子科滩镇城镇建设为主的总投资4.4亿元，共实施各类保障性住房5700套，267247.9平方米，其中：廉租房4390套，219511平方米，棚改房共实施1824套（包括国有工矿棚户区改造项目）投资2423万元；公共租赁房共实施1310套，47736.9平方米。

二、主要做法

（一）科学布局，因地制宜，高起点规划小城镇

在深入调查、摸清底数、精确测算的基础上，结合城镇住房特点，因地制宜对全县7个乡镇城镇建设进行总体规划编制，重点围绕新一轮城镇总体规划编制，逐步完善我县城镇规划体系，提升城镇功能和布局，启动了城镇

总体规划修编工作，有力地指导了城镇建设与发展。完成了《兴海县住房建设规划》、《兴海县保障性住房改造规划》、《兴海县城污水管网建设规划》编制工作，明确坚持货币安置与实物安置相结合的原则，实行就地、就近、商品房和补偿安置等多元化安置自愿选择的拆迁安置方式。将安置工作与经济适用住房、廉租房等住房保障相结合，给予优惠政策。

1. 土地政策。土地出让收益封闭运作，土地出让金等土地收益作为政府投入用于保障性住房改造，拆迁地块招、拍、挂收益全部专项用于保障性住房拆迁、改造和商品房建设。县政府将保障性住房改造项目优先列入土地供应计划，在申报年度用地指标时单独列出。土地出让列入我局调度范围，简化出让手续。

2. 拆迁安置政策。一是对符合经济适用房、廉租房条件的拆迁户，优先适用经济适用房、廉租房予以安置。二是选择商品房安置的动迁户，实行就近、就地安置，享受商品房安置的优惠政策。三是选择货币安置且自行购买商品房的，在限定时间段内，按照 80、100 平方米不同标准给予补贴。

（二）改善条件，积极实施，高速度建设安居房

按照《兴海县保障性住房改造规划》和《兴海县保障性住房改造实施方案》，自 2008 年以来，已完成廉租房 3390 套、189511 平方米；棚改房 1224 套（包括国有工矿保障性住房改造项目），公共租赁房 8310 套。以增强聚集效应为目标，加强城镇基础设施建设。实施了总投资 1096 万元污水管网项目，总长 11.82 公里，子科滩镇污水管网全面改造；实施总投资 5787 万元保障性住房基础配套设施项目，配套的道路、亮化、集中供热、供排水等基础设施已基本完成。

（三）以人为本，严格规范，高效能开展拆迁

1. 实行公示制度。每一个拆迁项目许可前，在媒体进行公告，公开项目拆迁人、拆迁实施单位、拆迁范围、拆迁期限等事项；在拆迁现场设立统一的公示栏，将拆迁政策法规、相关文件、补偿标准、拆迁安置房源、拆迁实施单位和评估机构名称、电话等内容进行公示。并邀请被拆迁户群众代表全程参与保障性住房改造进程，切实保障群众的知情权和参与权。

2. 实行投诉制度。公布拆迁投诉举报电话，积极受理被拆迁人的投诉，及时处置被拆迁人的诉求。紧紧围绕实现平安动迁、和谐动迁的目标，耐心细致地做好群众工作，努力把各类矛盾和问题化解在萌芽状态。

3. 加大拆迁政策法规宣传力度。使被拆迁人进一步了解拆迁政策，便于维护自身合法权益，并监督拆迁工作的实施。

（四）多措并举，切实保障被拆迁居民权益

一是在严格执行县委、县政府政策前提下，积极协调县有关部门申请经适房安置房源，解决广大被拆迁居民的住房问题；二是对经济条件特别困难的群众，根据县领导指示精神予以统筹考虑、适当补贴，确保每户被拆迁居民都能够“居有其屋”；三是推行由县、乡镇、社区三级认证办法，解决部分被拆迁居民房屋产权认定问题。

（五）特事特办

在拆迁工作中要确保社会不同群体能够享受到政府制定的各种优惠政策，同时在不突破目前拆迁政策的前提下，针对保障性住房改造中部分低保户、特困户收入不高、经济条件较差的实际情况，尤其是有重大疾病丧失劳动能力的、残疾人、孤寡老人等，采取切实有效的措施实施救助，确保这部分人群能够有房住。由县拆迁办负责受理这部分特困户。

三、几点体会

（一）历届班子齐心励志是做好城镇化建设工作的重要保证

兴海县历届班子在县委、政府的正确领导下，统一思想认识，始终把城镇化建设放在党委、政府总体工作的重心，始终做到班子换届，城镇化建设工作力度不减，领导换人，城镇化建设目标不变，保持了城镇化工作的连续性，历届班子齐心励志是取得兴海县城镇化建设成果的重要保证。一是对城镇建设任务进行详细分解，明确责任单位、承包领导、进度计划和职责分工；二是建立拆迁协调机制和协调调度会制度；三是加大全程督察力度。建立健全问责制度，明确各级部门和相关人员的责任。按照任务时间节点，实现全程考核，全程督察，全程问责，并严格按考核工作办法兑现奖惩，真正做到赏罚分明。

（二）大力发展小城镇是建设社会主义新农村的关键

当前，由于信息、科技、人才、技术缺乏等原因，广大农（牧）民从事的还是那种单一的、低效的农（牧）业，祖祖辈辈守着几亩田土和草山、牲畜，年复一年地种些粮油作物、放养牲畜，养家糊口。随着时代发展步伐的不断加快，小城镇作为农牧村政治、经济和文化中心，无疑就成为建设新农村的关键所在，成为农牧区经济发展的龙头。要解决新农村建设，就应当从发展小城镇入手。只有把小城镇建设好了，才能更好地推进农业由单一低效向多元高效的转变，才能实现农牧村经济由发展缓慢向快速发展的转变，才能实现广大农牧民的生活由温饱型向富裕型的转变，最终实现农业现代化和建设社会主义新农村的宏伟目标。

（三）大力发展小城镇是吸纳农牧村剩余劳动力的重要渠道

农村产业结构的调整和经济的发展导致部分农牧业人口的非农业化，目前这部分人员正自发地向大中城镇涌进，但由于城镇户籍制度等因素的影响，这部分人员的子女得不到正常的教育，制约了全民素质的提高。另外，这部分人员的文化素质普遍较低，又没有一技之长，给大中城镇的就业造成了很大的压力，成为社会的一大难题。要解决这一难题，就只有通过大力发展小城镇建设，出台一系列配套的优惠政策，鼓励广大农民进城务工经商，参与城镇建设，才能使这部分农村剩余劳动力找到自己真正的归属地，缓解社会就业压力，最终达到提高广大农民生活水平的目的。截止目前，已有1635户农牧民搬迁入住镇区，进入镇区经商，因城镇化发展为农民提供了二、三产业就业机会，因城镇化发展使二、三产业收入在农民总收入中的比重显著提高，较2000年增加2135元，占到农牧民人均总收入的52%。

（四）大力发展小城镇是促进农村产业结构调整的基础

农村产业结构调整是个动态的过程，应当遵循市场运作。农业产业结构在市场经济条件下已不再是“种什么”或“怎么种”的问题。产业结构调整的主体首先应该是农民，要切实转变他们的观念，引导他们清楚地认识和正确地分析形势。通过大力发展小城镇建设，将各种为农业生产服务的行业尽可能地建立于农牧村，形成产销一条龙，实现工业农业商业三者的有机结合，使广大农民更直接地接近市场，熟悉市场，把握市场，从而能更及时地从主观上不断推进农业产品的改良，实现农牧村产业结构的调整优化和良性动态循环。

作者简介：

华角才让，男，藏族，1972年9月出生，中共党员，大学学历。现任青海省海南州兴海县住房和城乡建设局局长。

自1993年6月参加工作起，历任兴海县河卡镇副镇长；兴海县发展改革和经济商务局副局长。2011年1月至今，任兴海县住房和城乡建设局局长。

重民生 促发展 城乡建设成效显著

青海省都兰县建设和交通局 刘炳勤 卓玛杰 李向东 金小龙

2012年，在都兰县委、县政府的正确领导和上级部门的大力支持指导下，我局在各项工作中始终坚持以“保增长，推进经济持续发展；促协调，推进城乡统筹发展；重民生，推进社会和谐发展”为指导，按照“规划编制先导、基础设施配套、人居环境改善、城乡统筹发展”的建设工作思路，积极探索科学发展的管理理念，狠抓城乡规划编制、旧城改造和新区开发、行业安全生产管理，全县基础设施建设步伐加快，投资规模不断扩大，为广大群众生产、生活带来了极大便利，促进了全县经济的发展，各项工作取得了显著成效。

一、保障性安居工程

2011年我县新建保障性住房3800套，现已基本完工，正在进行室外配套工程的建设，计划年内分配入住；2011年新增保障性住房500套，现已全部开工建设；2012年上级部门下达我县廉租住房300套、公共租赁住房300套、农村奖励性住房2163套、农村危旧房改造500套的建设任务。廉租住房和公共租赁住房建设项目已完成选址、设计、征地等前期工作，已于6月中旬开工建设。其中，廉租住房在香日德镇建设195套，察苏镇75套，夏日哈镇30套；公共租赁住房在香日德镇建设150套，察苏镇150套。目前，廉租住房中央补助资金到位1200万元，公共租赁住房省级补助资金到位1427万元。农村奖励性住房和农村危房改造项目已分解到各乡镇村，并已陆续开工建设，其中，农村奖励性住房已完成1500户，农村危房改造项目已完成311户。

二、总体规划修编工作

2001年版的《都兰县城总体规划》和《都兰县香日德镇建设规划》在指导都兰县城和香日德镇的发展与建设中发挥了重要作用。然而，经过近10余年的建设，两镇发展的社会经济基础和区域背景发生了变化，城镇建设的区位功能也发生了根本性的转变，从而要求有适应城镇发展条件、立足于区域背景的城镇发展建设蓝图。为此，我局委托浙江嘉兴规划设计研究院有限公司对以上两个总体规划进行修编，现已完成编制工作正在报审，年底前经审批后即可交付使用。

三、村庄规划编制工作

2012 年，我县察苏镇上庄村等 33 个行政村确定为全州“党政军企共建示范村”。上半年委托浙江省嘉兴市规划设计院和北京中翰国际建筑设计有限公司在深入调研基础上，编制完成了 33 个“党政军企共建示范村”村庄规划，并已通过了海西州规划委员会评审。活动以“一村一规划、一村一风格、一村一特色”为原则，高起点、高标准、按程序开展“党政军企共建示范村”村庄建设。

四、详细规划编制工作

2012 年委托嘉兴市规划设计研究院有限公司编制了《都兰新区城市设计》，对县城东区锦绣大道两侧 130 公顷范围内用地进行了详细规划，拟将城东区打造成为集新的行政办公中心、商贸中心、休闲中心、大型生态社区于一体的综合功能区域。目前，该设计文本已完成初稿，待征求意见后进一步修改完善。

五、香日德镇 109 国道东西两侧路段节能保温及立面改造工程

建设内容包括香日德镇 109 国道东西两侧路段 17 段楼梯墙面色彩、女儿墙改造、屋面防水、保温修复。工程总投资为 12638697 元，由重庆建工第七建筑工程有限责任公司中标承建。该工程于 2012 年 9 月 1 日开工建设，现已完成总工程量的 50%，计划 2013 年 6 月 10 日完工。

六、察苏镇人民街两侧路段节能保温及立面改造工程

建设内容包括屋面返修、外墙保温 15363. 3 平方米、原窗户拆除更换 189 平方米、新做门头牌匾及钢架造型。项目总投资 550. 62 万元，现已完成总工程量的 50%，开工日期为 2012 年 9 月 15 日，工期为 87 天。施工单位为四川省兆仓建筑有限公司。

七、建筑市场管理工作

2012年我县新建和续建建筑项目共有63项，在建筑市场管理方面，一是对建筑市场管理中工作中存在的不履行法定程序规避招标、不执行工程建设强制性标准、建设工程主体各方面质量责任落实不到位等问题进行了严肃查处和整治，对查出的问题进行跟踪治理和限期整改，确保了我县建筑市场的持续健康发展。二是严格工程招投标管理，各项按规定必须招标的建设工程招投标率达到100%。三是加强工程的报建审批管理，质量监督覆盖率、验收备案率、《施工许可证》办理覆盖率、监理覆盖面均达到100%。

八、建筑业增加值

2012年我县续建和新建建筑项目共有63项，完成建筑业增加值51126万元。

九、切实加强纠风工作、从源头上预防和治理腐败

我局始终把纠正乱收费、乱罚款、乱摊派和“吃、拿、卡、要”等不良风气作为重点，加强了对职工的教育、管理、检查，强化依法行政的意识，严格按照法定权限和程序行使权力、履行职责，禁止一切“吃、拿、卡、要”行为。同时为提高工作的透明度，保障群众对我们工作的知情权、参与权、监督权，各科室职能分别制定了详细的服务流程图和办事指南，对每一项具体的业务，需提交的全部文件材料要求、收费的标准依据、办理时限等予以公示，增强了机关决策和业务工作的透明度，方便了群众办事。

作者简介：

刘炳勤，男，汉族，1975年2月出生，中共党员，研究生学历。现任青海省都兰县建设和交通局党组书记、局长。

自1997年参加工作起，历任都兰县劳动人事局科员、县委组织部副主任科员、县交通和建设局任副局长、县政府办公室副主任、县建设和交通局党组书记 局长、县统筹委办公室主任。2012年4月至今，任都兰县建设和交通局党组书记、局长。

卓玛杰，男，藏族，1975 年 4 月出生，中共党员。现任青海省都兰县建设和交通局副局长。

自 1996 年 7 月参加工作起，历任都兰县夏日哈镇人民政府科员、县建设和交通局科员、县交通和建设局任副局长。2012 年 4 月至今，任都兰县建设和交通局副局长。

李向东，男，藏族，1972 年 6 月出生，中共党员，大学学历。现任青海省都兰县建设和交通局办公室主任。

1995 年 7 月参加工作起，分别从事都兰县计划经济委员会会计、县城建科从事房地产管理、县交通和县建设和交通局从事房地产管理、建筑市场管理及保障性住房管理、文秘等工作。

金小龙，男，蒙族，1988 年 1 月出生，本科学历。现任青海省都兰县建设和交通局办公室副主任。

2010 年 7 月参加工作，分别从事黑龙江中铁建设监理有限责任公司从事建设工程试验检测工作、都兰县建设和交通局从事办公室副主任、建筑节能管理及城乡建设统计报表等工作。

因地制宜　创新模式
走具有地域特色的城镇化发展道路

新疆维吾尔自治区哈密地区住房和城乡建设局　肖　强

哈密地区位于新疆东部，是新疆通向内地的要道，自古就是丝绸之路的咽喉，有“西域襟喉，中华拱卫”和“新疆门户”之称，全地区总面积15.3万平方公里，2012年末，总人口59.24万人，有汉、维、哈、回、蒙等11个民族，少数民族人口占31.8%，城镇人口占61.97%。

哈密经济发展的优势是矿产资源丰富、种类多、储量大。依托丰富的矿产资源，大力推进“四大基地”（新型综合能源、新型装备制造、新型材料加工、现代物流）建设和“九大产业链”（煤炭、煤电冶材、煤化工、风光电机配套装备制造、矿山和电力机械设备、石油天然气下游产品开发、新型建材开发、盐化工精深加工、特色农产品和食品加工等产业链）发展，尽快把哈密建成新疆新的区域经济增长极和东联西出、西来东去、疆煤东运、疆电东运、疆气东输，东西双向开放的重要枢纽和现代化的商品物流集散地，是地区面临的新目标、新任务。

哈密经济发展的短板是水资源匮乏，全地区人均占有水资源量为全国的1/33，生态环境脆弱，水土流失面积占土地总面积的1.11%，次生盐渍化面积占0.044%，盐碱土地面积占0.49%，水资源匮乏和生态环境脆弱成为哈密发展的“瓶颈”。

得天独厚的矿产资源和脆弱的生态环境给哈密经济发展和城乡建设带来了机遇和严峻的挑战。区位条件、自然条件和环境条件决定了哈密城镇化必须走出一条具有地域特色的发展道路，经过多年实践和理论探讨，地区已形成了具有本地特色的城镇发展思路和发展模式。这就是紧贴矿业开发，坚持生态立区，建设“绿洲城镇”；坚持以人为本，建设“宜居城镇”；发挥区位优势，打造“交通枢纽城镇”；强化产业支撑，建设“综合服务型城镇”。

一、坚持生态立区，建设“生态哈密”、“绿洲城镇”

干旱、风沙、盐碱是导致哈密生态退化的主要因素。建设美丽哈密，必须把资源开发和生态环境保护、建设有机结合起来，以绿色为主调，建设“绿洲城镇”。我们把生态文明理念和原则融入城镇规划和建设，紧紧围绕地区地理环境、自然条件、文化积淀、城镇肌理、建筑风格，打造多样性、个性化、精致化城镇风貌，突出“绿洲城镇”、“生态园林城镇”个性。

按照整体性、合理性和精品化的要求，规划建设“精品城镇”，充分彰显城镇特色，使地区城镇“一草一木都是精品，一砖一瓦都是艺术”，实现“城在林中立，房在绿中现，人在花中行”的最佳效果。

本着“绿带绕城”的思路，全力推进城镇周边绿化和绿色通道、绿色走廊建设，高起点提升城镇重要路段、重点区域、重点项目的绿化档次。2005年以来，地区结合山北防护林建设工程，实施了绿色通道、绿色走廊工程建设，在312国道、S302、S303省道、罗中公路两侧构建绿色走廊205.4公里，绿化1.9万亩，栽植各种乔灌木126.3万株，仅此使地区绿化覆盖率提高了0.65个百分点。地区城镇通过拆墙透绿、拆房建绿、见缝插绿等有效措施，提升了绿化档次和品味。2012年末，地区城镇建城区绿化覆盖面积达到18.52公顷，建设公园10个，公园面积82公顷，人均公园面积10.23平方米。其中：地区中心城市——哈密市建成区绿地面积1356公顷，绿地率达到39.8%，绿化覆盖面积1499公顷，绿化覆盖率达到44.09%，人均公共绿地面积9.08平方米，哈密市已建成国家级园林城市，地区所辖伊吾县县城已被国家确定为“生态示范区”。

以水为基，实施“引水入城”工程，赋予城中灵气，哈密市实施了“引水增南工程”，将东天山积雪融水引入城镇，对哈密市东西河坝两条“绿肺”进行改造（东西河坝是天山雪水溢出带，是哈密各族人民赖以生存的生命线）。巴里坤县对县城城北湿地，伊吾县对伊吾河流域生态进行综合治理，改善城市小气候。

二、坚持以人为本，建设“宜居城镇”

绿洲是新疆各族人民群众共同生活的家园。长期以来各族人民在绿洲以林建屋、伴水而居，哈密的城镇和村长绝大部分建在绿洲上，绿洲发展和建设为我们建设“宜居城镇”提供了条件，在推进美丽哈密建设中，我们按照城镇建设既要见人，又要见房，要建得好、建得美，让市民满意，住得舒适的原则和要求，根据哈密城镇建设定位，把“宜居城镇”、“美丽城镇”建设放在突出位置，坚持挖掘古代建筑艺术，融入现代建筑新风格、新气息。科学规划、精心组织、有序实施，围绕地区“四大基地”、“九大产业链”的建设，为开发企业在城镇规划好生活住宅区，解除开发企业后顾之忧。上世纪末，哈密市在市规划区内无偿划出5平方公里建设用地，支持吐哈石油开发指挥部完成了生活基地建设，进入本世纪后，根据哈密矿业开发的需要，哈密市又为国投罗布泊钾盐有限责任公司、潞安新疆煤化工（集团）有限公司等多家入驻哈密、先行开发的大集团公司提供土地，支持其在市区内建设办公和生活基地。

坚持“两条腿”走路的方针，加快城镇住房建设，通过政府有形的手，抓好各类保障性住房建设，2012年末，全地区建设廉租住房、公共租赁住房15724套，面积96.2万平方米；实施棚户区改造建设安置房6486套，面积51.87万平方米，极大限度地缓解了地区城镇低保、低收入家庭和工矿企业、林牧场职工住房困难问题。通过市场无形的手，合理配置资源，加快、加大了商品房开发力度，2012年末地区城镇商品房开发面积达到790万平方米，增加了有效供给，满足了消费需要。

加强城镇硬件建设，提升城市内涵品质。按照“适度超前”和“地下与地上、点上与面上”相结合的原则，完善了城镇供排水、供气、供电、供热、环卫和路网等基础设施建设。2012年末，地区城镇道路建设总长度247.15公里，面积458.42万平方米，人均道路面积15.9平方米；城镇供水能力达到20.01万立方米/日，供水覆盖率99.38%，人均生活日用水量193升；污水处理能力达到10.6万立方米/日，污水处理率为84.58%；集中供热面积达到1329万平方米，集中供热覆盖率达到92%；液化天然气储气能力达到20万立方米，加气能力为4万立方米/日；生活垃圾处理率为98.75%。与此同时，把解决交通“瓶颈”问题作为重中之重来抓，在全面规划的基础上，加快了城市交通基础设施的有机更新和主次干道建设，推进了老城区交通结点及支路网完善改造，加快了各类公共停车场等设施建设力度，积极开发利用地下空间，适度提高建筑的地下配建停车的比例，不断完善市区慢行交通网络体系，鼓励市民绿色出行、安全出行，加强市区重点路段、重点区域、重点节点交通管理，解决城镇交通拥挤问题。地区小城镇结合“两居”工程建设，坚持统一规划、基础先行；产业支撑、就业扶持的建设原则，进一步加快户籍制度改革，提升城镇吸纳就业，人口聚集能力。

加强城镇软件建设，提升城镇外在形象，进一步挖掘历史、文化、民族、自然等资源。全力培育城镇建筑文化、灯光文化、绿色文化和民族特色文化，结合城镇新区开发和旧城改造，建设了多个具有民族特色和现代气息的居住小区，通过挖掘历史文脉，加强了历史遗存传承和保护，哈密市对市中心区和城乡结合部的盖斯墓、回王坟实施了修缮保护性建设，巴里坤县在获得自治区历史文化名城建设的基础上，对县城内文物古迹制定了更加科学的保护措施，提升了历史文化名城档次申报国家级历史文化名城。同时实施城市主要道路灯光亮化工程和重要区段夜景工程，从主体上描绘出城市主要建筑物，凸现城市亮点，哈密市区按照各种路灯、高杆灯、草坪灯、投光灯、庭院灯1.2余万盏，每到夜晚各种灯光编织成灯光辉煌的夜景将城市装扮的更加美丽。

三、发挥区位优势，打造“交通枢纽城镇”

哈密地区区位优势明显，是国家规划的中国西部重点发展的交通枢纽，哈密市是国家规划的全国179个国家公路运输城市之一，哈密也是新疆维吾尔自治区规划的新疆二级交通枢纽。根据国家自治区综合交通枢纽的总体部署，地区提出了以哈密为全地区交通组织的中心区域，以巴里坤县、伊吾县、三道岭区、黄田镇、老爷庙口岸、淖毛湖、三塘湖、星星峡为重要交通枢纽，以连通各大煤田与区域外部交通为主要目标，构建“两横一纵”的铁路网和航空以及“一环四横三纵双通道”干线路网系统战略构想，实现东联西出、西来东去、疆煤东运、疆电东运、疆气东输，东西双向开放的重要枢纽发展目标，为地区新型城镇化提供基础条件和外部支撑。中央新疆工作座谈会后，地区交通发展进入到了一个新的阶段，2012年末，地区已形成了铁路、航空、公路为一体的综合运输枢纽体系，兰新铁路复线工程和高铁建设相继开工，312国道高速道路建设、S302、S303省道改扩建工程的实施为地区经济腾飞插上了翅膀，地区内县（市）道路建设与国道、省道相连接，哈密市区已建成了四横四纵路网，地区小城镇路网建设已搭好骨架，地区城镇化步伐进一步加快。当前，地区和地区城市道路网专项规划已编制完成，正致力推动S332线、S328线、Z504线改造项目，红淖三铁路、大南湖——烟墩铁路专运线，CT京新高速公路项目和哈密新客站建设，哈密机场二期改扩建项目，东天山隧道和三塘湖机场建设，夯实基础，加速地区城镇发展和城镇化步伐。

四、强化产业支撑，建设“综合服务型城镇”

随着地区矿业开采力度的不断加大，成建制进入哈密开发的大公司和外来务工人员大量涌入，地区城镇作为矿业开发的生活、生产供应基地，压力不断增大，针对地区粮、油、肉、菜外调运距长、费用大的难题和加工业发展滞后的问题，地区提出了“南园北牧”和为矿业开发加工服务为一体的“综合服务型城镇”建设目标；通过实施“南园工程”，大力发展林果业和设施农业，扩大蔬菜种植面积，解决地区城镇菜价长期处于高位的问题；通过实施“北牧工程”，大力发展现代畜牧业，解决地区城镇肉食供应紧缺的问题；通过扶持地产食品加工业，满足城镇和矿区供应需求；通过发展高端商贸，科技服务、特色旅游、创意文化等生活型和生产性服务业，着力建设一批有特色的专业市场和精品街区，为市民和矿区生活区居民服务；通过建设专业化、配套化、特色化、规模化、集约化的城镇工业园区、延伸“九大产业链”，为“四大工业基地”做好配套加工服务；通过积极培育和发展具有一定规模，集运输、仓储、包装、流通加工、配送等功能为一体的物流中心，建设高速、便捷、顺畅、进出有序的物流体系。

党的十八大提出了推动城乡一体化发展的新目标，十二届人大提出要把人的城镇化、农民的市民化作为城镇化的核心。当前，我们按照党的十八大提出新目标和十二届人大提出的新任务，结合地区实际，已制定出哈密城镇新一轮跨越式发展的规划，稳步推进地区城镇转型提质，促进城镇朝着可持续的方向发展。

作者简介：

肖强，男，汉族，1959年11月出生，中共党员，大学学历。现任新疆维吾尔自治区哈密地区住房和城乡建设局局长、党组副书记。

1976年12月参加工作，历任乌市新疆旅游出租集团副总、乌市建委外环办工作处长、哈密地区建设局副局长、哈密地区建设局党组副书记、副局长。2009年4月至今，任哈密地区住房和城乡建设局局长、党组副书记。

用心打造“三小”精品小城镇

新疆维吾尔自治区柯坪县住房和城乡建设局　那依甫江·依沙

2012 年，柯坪县住房和城乡建设局认真贯彻落实地、县三干会各项工作部署，坚持“科学发展，民生为重”的原则，以着力解决建设行业民生问题为重点，用心、用情、用力打造“三小”精品小城镇，强化城乡规划管理，加大城乡基础设施建设，提高县城承载能力，加快住房保障、安居富民工程建设，改善城乡居民居住条件，保持房地产业和建筑业平稳较快发展，加强建设工程管理，工程质量安全管理水平进一步提高，城乡面貌发生了巨大的变化。

一、抓好规划编制、实施和监察，城乡规划管理进一步加强

城市规划是城市建设发展的重中之重，按照自治区副主席讲话精神以及我县与地区行政公署签订的规划编制工作目标责任书，确定我县 2012 年内须完成 1 个县城总规、2 个乡镇总规以及 50% 村庄规划编制的目标任务。通过我局努力，目前县城总体规划（纲要）已通过地区规委会评审，2 个乡镇、16 个村规划完成地区规委会的试点初审评审会，由所属乡镇政府开展最后评议审批工作，预计 2012 年 11 月底，全部既定规划审批工作。

为加强规划实施和监察工作重点做好了以下工作：

1. 按照地区两项规划制度，进一步完善我县规划批后管理工作。

2. 通过宣传版面、上街入户分发宣传资料等形式，宣传《城乡规划法》，使群众规划意识进一步加强。

3. 截至上半年，共拟定用地红线图 42 份，办理建设工程选址意见书 42 份，建设用地规划许可证 57 件，工程规划许可证 37 份。

4. 加强农村规划建设管理，依法管理村镇建设工作。共审批乡村规划许可证 86 件，配合乡镇查处农村违法建设行为。

5. 加强测绘管理，增加村庄及城市郊区 1∶1000、1∶2000 数字化地形图测绘面积 17 平方公里以上、总测绘面积已达 37 平方公里。

6. 完善了城乡规划委员会制度，并新组建了规划执法大队，相关制度、

编制正在进一步落实过程中，规划监察执法工作有所成效。

加大对城区违规建房查处力度，确保各项规划不变形、不走样，做到多留赞叹、少留遗憾。

二、巩固成果，高标准推进“三小”生态城镇建设

按照就近取材、节约投资、因势造景的原则，进一步打造和完善了人民公园、生态园、月光湖、白杨林、绿地广场、文化广场等城市旅游休闲景点，以文化广场、步行街、人民公园、生态园、绿地广场为主轴的生态休闲景观道更加美观。月光湖旁增加观光阁塔一座，公共澡堂、餐饮综合景观楼为月光湖景区增加了特色和生机。投资约1400万元的县城中心文化广场已全面投入使用，为柯坪县成功打造了标志性文化休闲景观区域。目前，全县新增绿地0.68公顷，县城建成区绿化面积达到66.671公顷，绿化覆盖面积达76公顷，绿地率42.3%，绿化覆盖率48.68%，人均绿地面积23.8平方米/人。

三、进一步完善城市功能，扎实推进城市配套设施重点工程项目建设

地区下达我县城市基础设施投资1000万元任务，目前已完成投资1407.7万元，完成任务的140.8%，村镇基础设施投资200万元，目前已完成投资228万元，完成任务的114%。县城垃圾处理厂已完工并投入试运营，在各新建小区配置垃圾桶、垃圾房32处，基本能够实现县城居民生活垃圾无害化处理，生活垃圾集中处理率达到98%。县城排水改扩建项目已完成一阶段工程，新增排水管道4公里，城市管网单向覆盖率预计能够达到98%。污水处理率达100%。为新城区新建标准化供水管线1.8公里，同时，2012年新建的武装部大楼、人社中心大楼、党校大楼、社区服务中心大楼等建筑完善了供排水、供热等管线设施1.3公里，使各新建建筑物具备使用功能，新建周边人行道设施4000余平方米，通讯光缆管道工程已实现县城建成区贯通，正在逐步实现县城街道上架空光缆线路全部转入地下管道，县通讯线路覆率为100%。县城东城区供热工程已完工并投入使用。通过县城内保障性住房的建设所产生的人口集聚效应，城镇化率经初步统计数据可达31.2%。天然气入户工程已接洽新捷公司，计划2013年初环塔天然气管线开通后开工建设县城入户管道。目前管线已修至县城以南12公里处，筹备建设天然气站。

四、大力实施保障性住房工程

随着住房保障工作力度的不断加大，全县的房地产价格得到了控制，基本解决了城市人口“住有所居”和“租有所居”的问题，而且极大的解决了流动人口尤其是农民工异地“安居”的困难。

1. 2011 年地区下达我县保障性住房建设任务 776 套，目前已竣工入住 353 套，其余工程主体全部完工，廉租房超额 97 套结转至 2012 年。

2. 2012 年，地区下达我县住房保障任务 703 套，我县将 2012 年廉租房、棚户区改造、公租房整合为柯坪县幸福佳园二期，建设地点位于县城民主东路以南，项目于 2012 年 4 月 18 日完成招投标，4 月 25 日开工建设，项目中标总价 7153.65 万元，建筑面积 39966.08 平方米。目前 1#、2#、3#、4#4 栋多层主体已封顶，7#、8#、9#、10#、12#5 栋高层主体已全部完工。

3. 完成 2013 年 348 套廉租房、20 套棚户区改造、405 套公共租赁房，共计 773 套保障性住房（其中：地方政府直接投资建设 140 套、乡镇干部周转房 180 套、教师周转房 85 套），建设任务申报工作，正在开展项目前期规划及设计工作。

4. 柯坪县驻阿克苏市干休所集资房（胡杨嘉园高层综合楼）总建筑面积 58532.18 平方米，28 层，另地下 2 层地下车库，框剪结构。1 至 3 层为办公商业综合用房，4 层至 28 层为住宅。工程于 2 月中旬完成招投标，5 月份开工建设，已进入主体二层施工阶段，选房及协议签订已全部办理完毕。

5. 按照地区行署下达的廉租房共有产权管理办法文件，我县按照县情实际制定了我县的廉租房共有产权制度并通过政府研究发文实施，为我县今后廉租房管理工作奠定了基础。

五、大力实施城乡重要建（构）筑物防震防灾及既有建筑供热计量和节能改造工程

坚持“预防为主，常抓不懈”的工作方针，将抗震防灾各项措施与安全生产、防灾减灾相结合。

1. 制定《柯坪县抗震防灾实施方案》，不断提高综合抗震防灾能力。2012 年，地区下达我县抗震加固改造（更新）任务 22840 平方米，其中，学校 18210 平方米，医院 4630 平方米。学校 18210 平方米任务已于 2011 年结合我县教育园区整合项目，多方筹集资金提前计划实施，并于 2011 年 9 月份竣

工投入使用。医院改造更新项目，目前3406.1平方米已开工建设，开工率达73.6%。

2.2012年我县既有居住建筑供热计量及节能改造项目任务为0.5万平方米，2012年我县根据实际情况计划对县热扎克住宅楼、安居4号楼、原图书管及畜牧局楼进行建筑外围护节能改造，共计建筑面积0.66万平方米。该工程已于7月7日完成招投标工作，总造价为31.61万元，已于7月底完成。

六、加大工程质量和安全生产监督管理力度

坚持“安全第一、预防为主、综合治理”的工作原则，严格落实企业安全生产主体责任，建立了以项目经理为第一责任人的安全生产责任体系，2012年初与项目部签订建筑施工质量安全责任书19份。健全安全管理机构，完善安全生产规章制度，确保安全投入、安全管理、技术装备、教育培训等措施落实到位。各项目工地配备专职安全生产管理人员，施工现场负责人、专职安全员、特种作业人员持证上岗率为100%。

1. 大力开展了安全生产领域“打非治违”及专项整治工作，深化隐患排查治理，严格落实建筑施工领域的安全管理措施，加大安全隐患排查力度，重点对深基坑、高支模、脚手架等易发群死群伤安全事故的重点部位环节进行监管，同时做好三宝、四口、五临边防护、临时用电、施工机械等可能发生安全事故的措施落实情况的监督检查，防止发生安全事故。在新开工建设的中心敬老院项目工地召开施工现场管理“最差”工地现场会，在幸福佳园二期工地开展模板支撑体系样板试点。强化施工现场隐患排查治理，截至目前，共计下发整改通知书60份，共计排查隐患18处，下发停工通知书8份。

2. 认真落实《阿克苏地区建筑起重机械安全监督管理规定》，加强塔式起重机械安装、拆卸资质和备案管理，强化日常监督检查，督促定期对起重机械设备检修维护，降低事故发生率。目前，在建工程使用塔吊8台，备案检测完毕6台。凡新开工项目强制推行施工现场安装视频监控系统，目前，新开工10个项目部已全部安装完毕。

七、多措并举，依法治理，提高城市管理水平

坚持“两手抓”的工作方针，即一手抓建设工作不放松，一手抓管理工作不放松，不断创新城市管理机制，实现由过去的被动管理向主动管理转变，

由突击管理向长效管理转变。

1. 加强城建监察。按照“建管并重，严格管理”的原则，把城建监察作为城市管理工作的突破口，建立健全各项规章制度，采取分片区管理，签订岗位责任书。加强夜市、摊贩监督管理，全面整治违法建设、广告招牌、规范空中管线等，让城市形体变得更优美。

2. 强化市容环境卫生整治。动员全民参与市容环境卫生管理工作，严格落实“门前五包”制度。对各景点、防护林、绿化带采取定人、定路段，城区道路实行全天保洁，生活垃圾及时清运、妥善处理，强化制度建设和督查机制，确保环境卫生工作形成长效管理机制。新增城市小品，加大市民爱护环境、保护公共基础设施的宣传教育力度。进一步完善垃圾收集清运体系，购置垃圾压缩车、洒水车、垃圾桶，对垃圾进行分类收集，开工建设柯坪县生活垃圾处理厂，提高生活垃圾处理能力。对全县水冲式公厕进行了维修维护保证正常使用，制定下发《柯坪县公厕管理制度》，垃圾处理及市容环卫管理水平全面提高。

八、稳步推进富民安居工程建设

采取“三个机制”（即领导主抓机制、定期例会机制、责任追究机制）和三项举措，抓宣传、抓进度、抓质量，确保安居富民工程建设有人抓，能抓好。

1. 在利用巴扎天进行广泛宣传动员的基础上，结合3月9日柯坪强烈震感，专门制作《拆除危房危墙建设安居房、享受新生活》专题片，深入宣传地震危害、地震多发的情况，动员农民拆除危房、危墙建设安居房。通过深入广泛宣传动员，营造了拆除危旧房建设安居房的良好氛围。目前，已有1298户提交拆除危旧房申请，已拆除1204户；有1350户主动申请建安居房。

2. 结合建房任务，我县对主要建材坚持及早联系、多方筹备。年初，水泥、红砖、钢筋分别签订4万吨、3000万块、600吨，占需求量200%、120%、80%。另外各乡在培训组建农民施工队同时从喀什联系施工人员，每个乡镇配备有5~10个施工队，参加施工人员达到2200余人。通过充足的备工备料，为安居工程顺利实施提供保障。

3. 为确保安居富民工程质量，我县制定了《安居工程质量责任追究制度》，县质检人员每周对每个施工点督察不少于2次，各乡（镇）组织质量监督每天到位。2012年以来，已对23个存在问题的施工点开具停工整改通知，并督促进行了整改。通过及时有力监督检查，工程队施工水平逐步达到规范要求，全县安居富民工程质量得到有效保障。

4. 强化档案管理，县安居办将档案管理纳入日常考核范围，每月对各乡镇档案管理情况进行督促检查，并将考核结果纳入年终目标考核。截止目前，全县安居工程建房档案规范建立1290户，建档率100%；网上电子档案规范录入1290户，填报率100%。强化资金管理，按照“公开、公正、透明”的原则，做好补助资金公示、公开、公正的发放，确保补助资金规范使用，发挥最大社会效益。

5. 为确保新建安居房百分百入住，我县在加快附属设施建设的同时，大力开展宣传动员工作，动员及时入住，并鼓励农户做好庭院绿化，有效改善农牧民居住环境，提高农牧民生活水平。目前，全县入住1290户，入住率达100%。

九、实施交通运输工作，推进城乡一体化

立足于“提升路网服务水平，解决群众行路难，保障公路安全畅通，改善城乡交通环境，提高运输服务保障能力”五个着力点，全面完成2012年的各项工作任务。

1. 2012年争取重点建设项目阿恰乡—喀拉坤原始生态胡杨林公路改建工程18公里，已通过地区交通运输局审核，待县配套资金到位后，地区交通运输局下达建设任务。

2. 新建11处招呼站，其中玉尔其乡5处，盖孜力克乡6处，现已全部完工投入使用。

3. 2012年32公里通村油路建设项目已按照地区交通运输局项目管理要求完成设计、施工、监理招投标工作，现已全部完工并投入使用，该建设项目的完工，可使柯坪县农村公路通油率达96.97%。

4. 积极做好服务协调工作，争取县人民政府解决2011年重要农村公路征地拆迁费用2.4万元，协调电信公司、电力公司及农户完成拆迁电信线杆27根、电线杆2根，树木200余棵，完成2012年通村油路建设项目电力线杆4根，树木180余棵拆迁工作。

5. 完成2011年25.9公里一般农村公路质量验收工作。

6. 完成2013年农村公路建设计划上报工作，其中18公里一般农村公路建设拟计划已下达。

7. 根据年初对全县农村公路普查结果：X366线、X367线、X368线、

Y536线、Y541线、Y530线、Y539线、Y540线、Y535线、Y542线、Y532线等路段有不同程度的损毁，完成农村公路小修养护面积8200平方米，超额完成地区养护任务7150平方米。

8. 根据地区开展文明样板路创建工作要求，我局确定玉尔其乡两条路线X366线、Y535线为文明样板路。路线总长度为7.266公里，我局及时制定创建计划，现已按照文明样板路创建标准完善了农村公路硬件设施，经县人民政府审批通过。

9. 以日常巡查和专项治理为主要内容，县交通局路政人员每月平均上路巡查3次，上路率达到90%，加大了公路日常巡查密度，做到了各类违法行为早发现、早处理、早结束，共查处路政违法案件1起，收缴罚款1250元，使路政管理工作成效显著。

10. 大力发展"城乡客运一体化"运输体系，现已开通以柯坪镇客运站为始发点分别开往玉尔其乡、盖孜力克乡4条公交班线，其中柯坪镇—玉尔其乡2条公交班线（路线一全长14.6公里，停靠站14个。路线二全长16.3公里，停靠站14个）。柯坪镇—盖孜力克乡2条公交班线（路线一全长8.9公里，停靠站12个，路线二全长12.8公里，停靠站17个）。

11. 积极充实客运市场运输机制，成立平安出租车公司，现已完成对平安出租车公司资质审核、办公场地确定、完善了新购进20辆出租车的各项手续、驾驶员岗前培训，完成办理临时上岗证20本，安装LED顶灯20盏，并投入市场运营。

12. 进一步完善城乡客运体系，根据柯坪县实际情况制定"城乡客运一体化"实施方案，此方案经县常委会研究已定案，正在按照方案要求，开展驾驶员、售票员招聘等实施成立柯坪县利民运输公司（国有性质公交公司）的前期准备工作。

十、加强精神文明建设，塑造建设行业新形象，为开创建设事业新局面提供思想和组织保证

思想是一切行动的保证。为进一步提高工作成效，我局以党风、行风和精神文明建设为抓手，以创建"文明服务示范窗口"为目标，不断加强干部队伍建设，开创了建设工作的新局面。

1. 加强行业文明建设，争创"文明服务示范窗口"。以党员争先创优活动为契机，建立健全激励机制，不断加大对创建"文明服务示范窗口"工作

的组织领导力度，组织学习《公民道德建设实施纲要》、《自治区民族团结教育条例》等内容，扎实开展干部思想政治教育、道德教育和民族团结教育，积极开展未成年人思想道德教育。通过采取一系列行之有效的工作措施，使行业管理逐步走上规范化、法制化轨道。

2. 狠抓党风廉政建设，增强拒腐防变能力。加强廉政教育，进一步增强党员干部特别是领导干部的廉洁意识、纪律观念，继续开展建设领域专项治理，强化建设、交通行业监管，坚持深入推进惩治和预防腐败体系，从源头上预防和制止腐败行为的发生。积极在施工现场开展廉政文化进工地活动，有效推进了工程领域廉政建设。

3. 扎实开展纠风、作风效能建设，树立建设行业良好形象。按照“创优作风、提升能力、提高效率、做出表率”的要求，加强制度建设，改进工作作风，强化服务水平。以创建自治区行风建设示范窗口为载体，努力做到“一站”、“二有”、“三牌”、“四制度”、“五上墙”，百姓满意度不断提高。

4. 提高干部职工整体素质，促进建设事业健康发展。坚持政治理论学习制度，采取多培训、严考核、重文化等措施积极拓宽干部职工学习途径，强化全员的发展意识、责任意识，不断提高服务能力，为我县建设事业又好又快发展提供了人才保障和智力支持。

5. 积极落实“干部赴基层转变作风服务群众活动”。按照全县统一部署，我局党组班子高度重视干部赴基层转变作风服务群众活动，扎实落实摸底调查、转变思想、帮扶贷款、制定一户一策等各项工作，通过活动的开展，集智、凝心、聚力，使干部作风得以转变、群众致富思路有所转变、基层稳定局面更加巩固。记录走访内容129户，发放张贴民情连心卡129户，走访宣传人数4000余人次，调查摸清了对口帮扶村启浪乡8大队（萨依巴格村）129户居民的生产、生活及团结稳定等社情；及时了解关心联系对象的基本情况和现实需要，同时签订帮扶承诺书120份，购买价值10000元砼涵管10根，用于修建田间排水渠道，共计捐款捐物5900余元人民币，保证在精神和物质上给予必要的扶助和支持。

柯坪县的城乡规划建设虽然与过去相比取得了明显成效，但横向与兄弟县市相比，我们还有很大的差距。我们将按照县委、政府关于“三小”工程的要求，继续保持自力更生、艰苦奋斗、自加压力、迎难而上的精神，为努力建设一个生态、文明、健康、宜居、和谐、幸福的精致柯坪而努力工作！

作者简介：

那依甫江·依沙，男，维吾尔族，1969年9月出生，中共党员，大学学历。现任新疆维吾尔自治区柯坪县住房和城乡建设局局长。

自1986年1月参加工作起，历任新疆和田武警支队战士、阿恰乡政府科员、党委委员、玉尔其乡政府乡长、柯坪县住房和城乡建设局局长。2011年6月至今，任柯坪县住房和城乡建设局局长。

第六篇
社会主义新农村建设与管理

第一章　新农村建设

第一节　新农村建设的意义及条件

一、新农村建设的历史意义

党的十六届五中全会通过的《中共中央关于制定国民经济和社会发展第十一个五年规划的建议》中明确了今后五年我国经济社会发展的奋斗目标和行动纲领，提出了建设“生产发展、生活宽裕、乡风文明、村容整洁、管理民主”的社会主义新农村的目标和要求，为做好当前和今后一个时期的“三农”工作指明了方向。

《中共中央国务院关于推进社会主义新农村建设的若干意见》（2006 年中央一号文件）和“十一五”规划又分别从统筹城乡经济社会发展，扎实推进社会主义新农村建设；推进现代农业建设和发展，强化社会主义新农村建设的产业支撑；增加农业和农村投入，促进农民持续增收，夯实社会主义新农村建设的经济基础；加强农村基础设施建设，改善社会主义新农村建设的物质条件和农村面貌；加快农村社会事业，培养社会主义新型农民；全面深化农村改革，健全社会主义新农村建设的体制保障；加强农村民主政治建设，完善社会主义新农村的乡村治理机制；加强领导，动员全党全社会关心、支持和参与社会主义新农村建设等 8 个方面对社会主义新农村建设作出了具体要求和部署，对建设社会主义新农村的历史任务具有重要的指导意义。

党的十七大报告中明确提出，“统筹城乡发展，推进社会主义新农村建设。解决好农业、农村、农民问题，事关全面建设小康社会大局，必须始终作为全党工作的重中之重”，对新时期“三农”工作作出了重大部署，特别是以“统筹城乡发展，推进社会主义新农村建设”为主题，对新时期“三农”工作的总体要求、目标道路、首要任务、重点工作等作了全面阐述。

加快社会主义新农村建设具有深远的历史意义和现实意义。社会主义新农村建设的内容丰富，是一个庞大的系统工程和一项艰巨而长期的任务。它体现了经济建设、政治建设、文化建设、社会建设的四位一体，是一个综合概念，不但涵盖了以往国家在处理城乡关系、解决“三农”问题等方面的政策内容，而且还赋予其新时期的建设内涵。

社会主义新农村建设既包括了农田、水利、科技等农业基础设施建设，也包括了路、电、水、气等生活设施及能源建设以及教育、卫生、文化等社会事业建设；既包括了村容村貌环境治理，也包括了以村民自治为主要内容的制度创新等。建设好社会主义新农村有利于提高农业综合生产能力，增加农民收入；有利于发展农村社会事业，缩小城乡差距；有利于改善农民生活环境。是建设现代农业的重要保障；是繁荣农村经济的根本途径；是构建和谐社会的主要内容和全面建设小康社会的重大举措。

建设社会主义新农村，是实现中国农业现代化，进而实现中国社会主义现代化的历史必然。实现现代化，实际上就是要实现农村生产力发展的社会化、市场化；实现农业的新型工业化、产业化、企业化；实现农村的城镇化，使农民成为与城市居民具有平等身份的社会成员；这些都包括在社会主义新农村建设的内涵中。

农业现代化的核心就是实现农业生产力的社会化，实现农业的社会化生产。而社会化大生产的突出特点是专业化、协作化，同时要求高新技术不断渗透到生产力中去，转化为现实生产力。农业现代化必然要走社会化生产的发展道路，实现农业产业化、专业化、协作化，用高科技武装农业，摆脱农村自给自足的、传统的、封闭的、落后的小农经济。生产力的社会化必然要求高度的市场化，农业市场化就是通过市场经济把整个农村、农业、农民联系在一起，把城乡、工农联系在一起，使农村、农业和农民融入整个市场体系。农业现代化要求不断提高农村的市场化程度，提高农产品的商品率，要求农民由传统的自给自足的个体劳动者变成从事企业化、规模化、集约化经营和劳动的现代农业的经营者和生产者。实行农业生产的社会化、市场化、工业化、企业化。最终结果是大大节约了农业生产的成本，节约了劳动力，这样就会产生大量农村富余劳动力，农村富余劳动力要靠工业化和城镇化来吸纳。因此，要大力发展城镇化，走城乡一体化的道路。当然，城镇化要讲

科学发展，农业现代化的结果是，传统农业和自然经济条件下的农业脱胎换骨，变成现代化的、社会化的、市场化的农业。一部分农民成为新型的现代农业的经营者、劳动者，一部分农民成为工业和其他产业的经营者、劳动者，越来越多的农民成为现代城镇居民，使农村成为现代化的社会主义新农村。

因此，要在深入调查研究、科学论证的基础上，结合各地实际、因地制宜地制定相应的科学的建设规划和实施方案，统筹谋划建设的内容、步骤和方法，扎实推进社会主义新农村建设。

二、新农村建设的重要性及基础条件

1. 新农村建设是经济、社会发展的需要

随着我国经济社会的迅速发展，农业、农村、农民问题逐渐成为政府和全社会共同关注的难题。解决好“三农”问题不仅关系到全面建设小康社会战略目标的实现，也关系到我国的整个现代化进程，中央提出建设社会主义新农村的重大历史任务，是要进一步提升“三农”工作在经济社会发展中的地位，加大各级政府和全社会解决“三农”问题的力度。同时，新农村建设作为“三农”工作的重要组成部分，是经济社会发展的需要，必将迎来一个新的发展阶段。

（1）新农村建设是城乡之间良性互动和构建农村和谐社会的需要。城市发展了，相对来讲农村却进入一个比较落后的相对衰败的状态，城市社会和乡村社会“断裂”并存，这是不适合农村发展要求的。如何用城市与农村之间的良性互动，来体现城乡之间的和谐？比如，农村用有机农业的方式进行生产，从而给城市提供安全食品，与此同时，农村可以实现生态和环境的可持续发展，不会造成短期内为了追求效益、追求收入，破坏生态环境的后果。类似这样的情况多了，就体现出我们将来要实现的新农村的一个特点，那就是城乡之间的良性互动。

现在的农村其实有很多方面不符合小康社会、科学发展观以及和谐社会的要求。进一步推进新农村建设，就“新”在改变以往简单化地加快城市化的倾向，更加关注农村的发展。进入新世纪之后，随着工业化、城市化的发展，通过“两个反哺”——城市对农村的反哺、工业对农业的反哺，使农业得到一个可持续发展的基础。促进农村和谐社会的构建。

（2）新农村建设是必须解决农村内需不足的经济发展需要。改革开放以来，外资拉动和农村富余劳动力的人口红利支撑了我国工业的快速发展和经济繁荣，制造业异军突起，迅速改变了计划经济时期商品短缺并实现高速国

际商品出口，使近1.2亿农村富余劳动力暂时有了就业机会。但由于制造业发展迅速，生产过剩，国内商品供大于求，约有67%～70%的制造企业已开工不足，产品出路寻求出口，使外贸依存度多年维持在近70%的高端，贸易顺差连年快速增加，引发西方国家对我国设置贸易壁垒导致贸易争端；而另一方面，13亿人口中有9亿农村人口，仍处于小农经济条件下的半自给自足或没有购买支付能力而过着维持在温饱阶段的生活。“大中国，小市场”的问题愈益严重，内需不足的生产过剩和消费萎缩，直接产生资本和劳动力双重过剩，将可能导致我国经济陷于恶性循环。因此，“三农”问题是困扰我国经济持续高速发展的瓶颈，没有农村的繁荣和农民的富裕，我国的经济维持高速增长则遭遇极大困难。没有作为载体的农村基础设施的进步，就不可能有农业的发展并增加农民的收入，拉动内需。因此，经济发展需要进行新农村建设。

（3）新农村建设是完善农村相关社会制度的需要。与以往强调的农业经济问题相比，农村社会问题日益严峻。比如很多家庭往往原来已经达到了一定水平，但只要有个病人，因病致贫；只要有个学生，因学致贫；这些问题都没有得到有效的解决。又比如农村社会保障的问题，老人养老的问题，五保户的救助问题，残疾人的问题等。这些问题都需要逐步建立起比较完善的社会保障体制来解决，逐渐把在城市中已经相对完善的社会保障制度在农村中也建立起来。与农村相关的社会制度的完善是新农村建设的重要特点。

（4）农村的人文、自然环境应该给人耳目一新的感觉。目前，中国人普遍的意识是：觉得留在农村就没有出息，农村就是一个相对落后的环境，人们不愿意留在农村。但在很多市场经济体制相对完善的国家，农村是一个田园风光秀美，人们生活很有幸福感的地方，因此很多城里人到了一定阶段后，有向农村回流的意愿，甚至出现了逆城市化趋向，城市人开始愿意到农村去。不仅在欧美等发达国家，在日韩、在我国台湾地区，都已经出现了类似的趋势。新农村应该拥有田园风光，应该是一种生活相对比较和缓，给人感觉比较和谐的农村。这样不仅是让生活在农村的人有一个比较好的生活环境和好的感觉，也应该让城里人对农村有一个新的认识。

2. 新农村建设是国家经济安全的基础

2003年，中央提出的宏观调控的战略，对国家健康、稳定地推动经济增长有着重大的作用。我们看到了宏观调控所取得的重大成就，但是很少有人去想宏观调控是从哪里来的。2004年宏观调控的政策，很大程度上是从对农业、农村形势的分析出发而得来的。2003年农业用地减少了几千万亩，突破

了2010年应该稳定的18.8亿亩的耕地指标，降到了18.51亿亩，从而导致粮食播种面积降到了15亿亩以下。粮食的短缺造成了基本农产品价格的上涨，粮食价格上涨带动其他商品价格的上涨，导致物价的上涨，2004年初物价指数突破5%，最高达到5.7%，这种情况下，中央适时地采取宏观调控的政策。

这个事实说明了对于像我们这样一个有着十几亿人口的大国，永远不能轻言完全靠市场来调节农业。新农村建设一个重要的战略意义，就是要保证农业作为国家经济的命脉、作为国家经济安全的战略产业。我们怎么保证呢？千家万户的小生产，两亿四千万农户，土地分割细碎，每家每户什么都搞一点，每户的农业剩余都很少，永远是这种状态，这样不符合国家可持续发展的战略需求；从粮食安全角度出发，我们也需要在农村开展新农村建设，以新农村建设来为国家的经济安全提供一个起码的基础。

3. 新农村建设是全面建设小康与和谐社会的根本

建设新农村是全面建设小康与和谐社会的战略举措和根本途径。有利于解决农村长期积累的突出矛盾和问题，突破发展的瓶颈制约和体制障碍，加快现代农业建设，促进农业增效、农民增收、农村稳定，推动农村经济社会全面进步；有利于启动农村市场，扩大内需，保持国民经济持续快速健康发展；有利于贯彻以人为本的科学发展观，改善农村生产生活条件，提高占人口绝大多数农民的生活质量，创造人与自然和谐发展的环境；有利于统筹城乡经济社会发展，落实工业反哺农业，城市支持农村和“多予、少取、放活”的方针，实现社会公平、共同富裕，从根本上改变城乡二元结构，促进城乡协调发展；有利于全面推进农村物质文明、精神文明和政治文明建设，保持经济社会平衡发展，促进农村全面繁荣。

4. 新农村建设是从根本上解决“三农”问题的战略决策

当前，“三农”工作还存在着一些突出的矛盾和问题，主要是：农民实际收入水平低，持续增收难度较大；农村社会保障水平较低，社会保障体系建设还处于初级阶段，难以满足农民日益增长的公共服务需求；公共财政面向农村投入不足，农业基础设施和农村公益设施建设滞后；农村资源环境持续恶化，村镇建设缺乏整体规划，脏乱差现象比较严重。农民素质总体上不高，小农意识较强，自我发展能力弱。要从根本上解决这些问题，必须大力推进新农村建设，凝聚全社会力量，统筹城乡资源，缩小城乡、工农、区域间差别，促进农村经济、政治、文化和社会事业全面发展。

5. 新农村建设是中央的积极政策

这几年，我国在农村基层搞了一批新农村建设的试点，在这些试点的过程中间，主要的困难就是认识上的问题—没有能够紧跟执政党提出的重大战略转变的思路。中国现在是13亿多人口，将来可能会达到15亿，甚至可能还要多一点。目前我国环境破坏的系数是我们经济发展系数的1.7倍。多年的工业建设，产值增长了10倍，而资源消耗增长了40倍，现在不得不依靠大量进口资源。认识不统一，可能是个人从某个局部利益出发，从个别地方的利益出发，对中央现在的这些战略调整会有不同意见，但如果我们从全局、从长远、从子孙后代的利益出发，应该理解中央提出的科学发展观与和谐社会的号召。新农村建设就是在农村贯彻科学发展观与和谐社会指导思想的重要部署，把认识统一到这个高度上来考虑现存的问题，这样可能会少一些阻力。

我们应该看到积极的一面，从2003年初，自党中央明确把“三农”问题强调为全党工作的重中之重以来，已经出台了一系列实惠的政策（惠民政策）。国家领导反复强调，已经给农民的实惠只能增加不能减少。中央层面上已经出台了一系列好政策。

其一，就是中央近几年不断增加对农村公共品的投入。不仅是加强对农村管理的投入，解决乡村基层的管理开支，而且开始增加对农村医疗和教育的投入，温家宝总理在2005年的两会上庄严地承诺，到2007年，所有农村贫困家庭的子女入学问题都要解决，不能再让贫困家庭掏钱上学；2005年教育部出台的文件，贫困家庭子女交不起学费的，先入学，后解决。这些已经在政策上极大地朝向了贫困人群，朝向了农村的开支。财政增大对农村的开支是一个非常有力的措施，这是第一个解决问题的办法。2006年已经是3300多亿，这是前所未有的。

其二，在财政开支的过程中间，中央特别强调的是要把财政增加，用于农村公共投入，主要放到县以下的基层，特别是教育、医疗、卫生、科技、文化。而以往我们尽管说是增加农村的财政开支，但往往是各个部门把财政盘子分了，真正县以下农村基层得到的很少。而现在中央的指导思想是明确的，财政开支投到县以下基层，这是一个非常重要的措施。另外和这个相配套的就是国家加大了国家资金对于农村基础设施的投入，以往这也是一个各部门来分盘子的事，从2003年开始就明确指出，要把国家资金用到村以下和农民的生产生活息息相关的小项目上，如农村的小型道路、小型电力、小型通讯，包括自来水、水利、小型沼气等，要让农民直接获利。中央的指导思想是非常清楚、非常明确的，就是把财政和国家资金用到县以下基层，用到和农民相关的这些项目上。这一点是非常有作用的。

其三，从2003年开始强调“三农”问题的中央文件上就明确提出要提高农民的组织化程度，进一步提出加强农村的专业合作组织建设，进一步提出加强农村基层党的组织建设，所有这些提法都针对的是面广、量大、高度分散、兼业化的、小规模的甚至是原子型的那种小农。要不断地提高农民组织化程度，加强基层的组织建设，加强农民的合作能力；农村有了组织载体，才能对接上国家的资金投入，对接上国家的政策投入，基础设施建设才能到位。这是新农村建设中的头等工作。

配合中央的这些政策，全国人大正在加紧《农民合作社组织法》、《农民合作社法》的立法进程。《农民合作社法》即将出台，这是保护农民组织起来扩大规模经营的一部法律，这部法律将会配以国家必要的优惠政策，比如国家会给农民组织起来的合作社以必要的减免税待遇，允许合作社进入的领域会比较宽；同时国家还会以一定的资金，用于合作社的发展，这些这几年正在开展的工作在以后会加强。

6. 新农村建设是紧跟时代契机

（1）第一个时机。首先应该看到，这是一个国家战略的具体体现。不光是我们提出新农村建设，在欧洲国家，只要是有小农场的，比如像法国、西班牙、意大利、德国等，这些欧洲国家的农场相对来讲规模较小，而且原来传统的村庄还存在，从而就有新农村建设的客观需要。而他们也都是在工业化、城市化发展到一定阶段的时候，以国家财政所带动的投资为主，来进行农村的基础设施改造，来进行农村的社会制度建设，来保持或还原农村秀美风光面貌的。

在工业、城市发展到一定阶段的时候，工业反哺农业、城市反哺农村，这个过程就是新农村建设的过程。对于东亚这些小农经济国家（或地区）来说，新农村建设更是一个普遍情况。日本、韩国以及我国台湾省，也同样都是针对工业化过程、城市化过程中农村出现的问题，以政府投资主导、以政府财政用于公共设施投入增加为主要的手段，带动农村的建设，实行山水田林路的综合投入、综合整治，以改变农村的面貌，保持农村山川秀美的特色。

在日、韩农村，感觉不出它跟城市在基础设施上有根本的差别，感觉到最大的差别是空气好，人们的生活质量不比城市差。现在，中国的工业发展到了中期阶段的时候，城市化加快到了一定的程度，国家主席胡锦涛提出两个反哺，强调工业反哺农业、城市反哺农村，相应的就提出了新农村建设，与时俱进地把新农村建设作为解决当前中国非常紧迫的“三农”问题的一个重要方向提出来，既符合我们国家的客观发展需要，也符合国际上通行的规律。因此，新农村建设在现在提出来，是一个合适的时机，也是国家在政策上实事求是的表现。

（2）第二个时机。一般的市场经济国家，当其税收占GDP的比重，或者国家财政占GDP比重达到一定程度的时候，反哺才有可能实现。20世纪90年代，尽管当时农村问题也比较复杂，但直到1997年之前，国家的财政占GDP的比重不到11%。在财政比例比较低的情况下，由财政来承担农村的公共品投入，显然是不现实的。2004年国家中央税收和地方税收加总，已经占到GDP的近20%，如果把预算外财政算进去的话，整个财政规模占GDP的比重已经有30%左右了。一般市场经济国家，在财政占GDP的30%的时候，就有条件由国家财政主导来提供农村的公共品的开支。

现在农民流动打工的总量已经非常大了，据农业部统计，到2006年年末全国农村劳动力外出就业人数达到11891万人。包括很多年轻人在内的农民外出打工，无非是想得到一些国家在城市财政支持下所建立的文化、医疗、教育等，如果农村在这些方面能有所改善了，农民就没有必要背井离乡了。

所以，第二个重要的提出新农村建设的时机，应该说政府把握得很好—是在财政相对增收、达到一定的比例、有一定的财政能力的情况下，开始推行新农村建设，化解农村公共品开支不足的问题。

（3）第三个时机。在新世纪之初中国加入世界贸易组织，入世之后，在世贸框架允许的范围内，我们如何加强农业，如何使中国的农业能够应对国际竞争，这也是我们必须考虑的一个方面。

中央提出新农村建设，既有战略的考虑，又有国际上（只要是小农经济国家）都有的这么一个普遍选择规律的作用，也有国家财政实力有所增强的原因，我们可以推行工业反哺农业，城市反哺农村的政策，也有在加入世贸组织以后，在国际农业竞争压力之下，如何进一步加强农业竞争力的考虑。

7. 新农村建设具有良好的发展环境和基础

目前，我国经济社会发展取得了巨大成就，总体上已经进入工业化中期，城镇化具有较好基础，公共财政实力明显增强，基本具备了工业反哺农业、城市支持农村的条件和能力，为全面推进新农村建设奠定了较好基础。中央财政不断加大对农村的支持力度，实施了一系列重大惠农政策，有力地带动了农村经济社会发展。

第二节 统筹城乡发展建设新农村

党的十七大报告明确指出："统筹城乡发展，推进社会主义新农村建设"。

一、城镇化与新农村建设

1. 城镇化是新农村建设的重要内容之一

党的十五届三中全会通过的《中共中央关于农业和农村工作若干重大问题的决定》中明确指出："发展小城镇，是带动农村经济和社会发展的一个大战略，有利于乡镇企业相对集中，更大规模地转移农业富余劳动力，避免向大中城市盲目流动，有利于提高农民素质，改善生活质量，也有利于扩大内需，推动国民经济更快增长。"改革开放以来，特别是20世纪90年代以来，我国的小城镇建设得到了快速的发展。实践也证明，发展小城镇，是国家经济发展、富民强国、缩小城乡差别和工农差别的重大举措，是解决"三农"问题的重要途径。

我国地域辽阔，小城镇量大而广，小城镇是"城之尾、乡之首"，是城乡结合部的社会综合体，发挥着上连城市、下接农村的社会和经济功能，与广大的农村水乳交融，密不可分。《中华人民共和国国民经济和社会发展第十一个五年规划纲要》提出："坚持统筹城乡经济社会发展的基本方略，在积极稳妥推进城镇化的同时，按照生产发展、生活宽裕、乡风文明、村容整洁、管理民主的要求，扎实稳步推进新农村建设。"这不仅为新农村建设作出了具体的指导性意见，也对我国城镇化及小城镇建设赋予了更新、更高的时代意义。推进农村发展，关键在于农村城市化，因此，小城镇建设既是社会主义新农村建设的一个重要内容，同时城镇化的进程又将为新农村建设的扎实稳步、顺利推进提供强有力的基础和保障。城镇化和新农村建设是相辅相成、密不可分和协调发展的两个方面，以工促农、以城带乡的机制顺应了经济社会发展的阶段性变化和建设社会主义新农村的要求，是推进现代农业建设、构建新型工农城乡关系和全面加速推进建设小康社会的举措。

2. 城镇化对新农村建设具有重大意义

新农村建设与统筹城乡发展是一脉相承的，是一个从战略决策思路演变到具体化的过程。小城镇从定义上讲是指介于（狭义）城市与农村居民点之间的过渡型居民点，从其功能上讲是我国的农村中心，社会稳定发展的平衡器。小城镇是城乡之间的桥梁，但其在功能上是我国农村的中心，即农村的政治中心、经济中心、文化中心和科技信息中心；从行政上讲，小城镇是我国行政等级的基层，国家的政策、法规等通过小城镇落实到农村。同时，小城镇物质文明和精神文明对农村有直接示范传递作用，这些对农村的稳定发展起到非常重要的平衡作用。因此，统筹城乡发展，是要把农村和城市作为一个有机统一的整体，把农业的发展放到整个国民经济发展中统筹考虑，把农村的繁荣放到全社会进步中统筹规划，把农民的增收创收放到国民收入分配的总格局中统筹安排，促进城乡经济社会协调发展，逐步改变城乡二元结构。

发展小城镇对于我国工业化进程和农村现代化进程具有重大意义。经济发展的普遍规律告诉我们，一个国家的工业化进程必然伴随国家城市化进程，城市化进程的滞后往往影响工业化进程的速度。目前，世界城市人口比重达45%，其中发达国家达75%，发展中国家为38%，而我国仅为30%，城市化水平还很低。因此，在今后一个时期内将是中国历史上人口结构变化最大、进程最快的时期，我国是一个有9亿农村人口的国家，几亿农业人口将在数十年内转向城市。相对而言，大中城市吸纳农业人口的潜力是有限的，如果大量人口涌入城市，势必会导致由于城市过度膨胀和城市规模过大而造成的，如供水紧张、市政基础设施紧张、环境污染等一系列社会、经济、环境问题，这些反过来会制约经济的发展。同时，农村富余劳动力都涌入大中城市，也不利于新农村建设发展。

小城镇作为连接大中城市和乡村的纽带，不仅具有巨大的吸纳农业人口的潜力，而且可以起到加快农村现代化、工业化的作用，是实现农村人口城市化的最佳途径。农村城镇化对新农村建设具有着重大的意义。

（1）发展小城镇可转移一部分农村剩余劳动力。目前我国农村剩余劳动力已达1.7亿人，而且每年还在以1千万人左右的速度增长。对农村剩余劳动力，如不能有效引导分流，就会影响经济发展和社会稳定。近年来乡镇工业吸收劳动力的能力减弱，发展小城镇增加第三产业对劳动力的吸收就成了客观需要。相对而言，大城市吸收外来人口的能力有限，大批农民进入城市，就会冲击大城市正常的生活和生产，不利于社会稳定。而小城镇具有与乡村广泛联系的优势，发展小城镇，吸引农村人口和经济活动向小城镇集中，对我国农村的经济发展、社会的稳定具有重要的意义。

（2）打破城乡二元结构。由于我国城乡二元结构的存在，农民长期禁锢

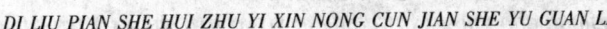

于土地上，造成农民收入低、素质不高。发展小城镇，吸引农民进城成为市民，农民生活方式明显改变、文明程度大大提高，素质也会大大提高。

（3）发展小城镇是乡镇企业进一步发展的需要。20 世纪 80 年代以来，中国乡镇企业走的是一条分散化的发展道路。乡镇企业布局分散，造成土地等资源巨大浪费，也使乡镇企业缺乏基础设施和服务体系的支持，集聚效益和规模效益差。分散的乡镇企业向小城镇转移和集中，有助于克服由于布局分散带来的信息不灵、交通不便、生产成本高、资本利用率低和环境污染严重等问题，使乡镇企业获得新的发展。

（4）发展小城镇有利于推动农村产业化进程和深化升级。我国农村市场发育程度仍处于低水平的封闭半封闭状态。小城镇连接城市和农村，是城市和农村的纽带。可有效将小生产和大市场连接起来，把农村市场纳入以城市为中心的统一开放的市场体系中，启动和开拓农村市场，促进农村产业化进程和深化升级。

（5）发展小城镇有利于扩大内需，拉动国民经济增长。农民进城成为市民，消费方式由自给自足的实物消费方式变成货币消费方式，这就扩大了新的市民消费群体。农民进城首先要建房买房，这将促进房地产市场长期繁荣。另外，小城镇作为发展农村二、三产业的载体，是先富起来的农民经商办厂的理想场所，是启动民间投资的切入点。

二、统筹城乡发展，加快新农村建设

城镇化和新农村建设是一个不可分割的系统工程，涉及方方面面，规划是一切工作的龙头。科学合理的城乡统筹发展规划是结合各地当前的实际情况和未来发展的需要，以区域为平台，协调整合县域城镇体系——镇（乡）域村镇体系空间的规划，明确空间规划与社会经济发展规划的关系，形成统一的空间规划体系。

我国“2000 年小康型城乡住宅科技产业工程”以及各地实施的“财政支持小康示范村建设工程”等工程，在全国不同地区建成了一大批小康示范村，探索出了一些典型先进的模式，促进农村向城镇化迈进了一大步。这些小康示范村基本实现了村居城镇化、村路标准化、村容整洁化、村规制度化、村风文明化，在农业产业上初步实现了种植产业化、养殖区域化、耕作机械化、加工专业化、经营规模化。这些小康示范村对新农村建设中起到了有益的启示和一定的示范作用：一是改善了农民起居环境，农村生活趋向城镇化；二是发展壮大了产业项目，增加了农民收入；三是调整了农业产业结构，促进了劳动力转移，使传统农业向现代农业转变；四是建立了农村各类合作组织，调整了农村生产关系；五是改变了农民精神面貌，提高了农民素质。

因此，城乡统筹发展，科学合理地编制新农村建设规划，是推进社会主义新农村建设的一项十分重要的基础性工作。其意义在于：一是确保新农村建设的有序性，使新农村建设有计划、有步骤、有重点循序渐进地开展，避免盲目建设；二是确保新农村建设的科学性，使规划区符合区域发展总体布局，符合各村镇实际情况，符合农民客观需要，符合中长期发展战略，避免脱离实际；三是确保新农村建设的规范性，避免杂乱无章、乱搭乱建；四是确保新农村建设的指导性，引导农民或业主按照规划进行建设，避免自作主张，各自为政，想当然建设；五是确保新农村建设的可操作性，使新农村建设落实到若干的具体建设项目上，便于实实在在地操作，避免新农村建设成为不能实现的空中楼阁；六是确保新农村建设的严肃性。

城乡规划应具有很强的操作性和控制性，必须严格遵循规划，避免随意建设。

1. 统筹城乡发展是一个基本方略

统筹城乡发展是一个基本方略，不走城乡统筹的道路，农村问题就解决不了。农业问题不能局限在农业内部解决、农村问题不能局限在农村内部解决、农民问题不能局限在农业内部解决，要通过工业、商业来统筹；很多问题矛盾表现在农村、农业，根子在城市。所以，今后解决“三农”问题应该协调整个社会力量，把贯彻统筹城乡发展方略作为解决“三农”问题的根本性指导方针，并出台相应的政策措施，即解决“三农”问题的具体途径：以工促农、以城带乡。要通过以工促农、以城带乡，形成一系列加强国民经济薄弱环节、加强农村经济社会发展的新途径，以实现建设社会主义新农村的目标。这三个方面既有联系又有区别，是一个有机的总体，它是最终解决“三农”问题的基本方针。

2. 建立改变城乡二元结构的体制与机制

（1）要有城乡统筹的规划。这不仅是简单的产业布局，还要有结构的调整，发展的目标，具体的措施。如省里提出一个目标增长12%，肯定有一个计划，第一、第二、第三产业的增长多少，投入多少。因此，首先就是发展规划的制定要城乡统筹。实行城乡统筹的规划所制定的政策和以前是不一样的，进入现阶段，就要自觉地调整我们的国民收入分配结构。一是财政支出，二是固定资产投资，三是信贷资金的投放，这三个方面都要按照城乡统筹的要求，做出必要的调整，体现向“三农”倾斜，中央政府这些年起了带头作

用，如2004年财政部公布的，财政全年支农资金的投入2626亿元，占2004年财政总收入的11%左右，增长比较快。当然这2626亿元的统计，也有很多值得探讨的地方，如大江大河治理、生态环境建设算在农业的头上不合理，受益的不仅是农民，有一些水利设施建设完成后还不让农民用水，这些都算到农业头上有点讲不过去，这个结构要认真分析。但不管怎么说，如果这三个方面体现不出向"三农"倾斜，制定的城乡统筹的规划就不科学。因此，统筹城乡首先要在规划中体现，要在实质性的方面体现。可喜的是，2006年作为实施"十一五"规划的开局之年，对农村和农业投资增幅继续回升，农村固定资产投资完成16397亿元，增长21.3%增幅比上年提高1.8个百分点。全年中央财政用于"三农"的支出达到3397亿元（不包括用石油特别收益金安排的对种粮农民综合直补120亿元），比2005年增加422亿元。

（2）要加快建立城乡统筹的市场体系。现在的市场体系很不完善，城乡分割极为严重。劳动力要素的流动，资金要素的流动，土地作为一个要素，其配置过程非常缺乏市场化。农民就业增加了很多不平等的条件，农民的土地受到很多限制，不能进入一级市场，资金大量流向沿海，流向大中城市和大型项目，其原因是什么？这里面有市场因素，但更多的是体制性问题。因此，下一步在要素市场方面要形成比较完善的体制；当然市场也不是万能的，也有缺陷。我们一方面要加快建立要素市场，促进其发育，形成城乡统一的公平竞争的要素市场环境；另一方面必须加快建立政府对农业的投入体制。这二者都是相辅相成的，任何一个发达国家一定要有完善的对农业投入的支持体制。

（3）统筹城乡基础设施和生态环境建设。这几年农村基础设施建设成就有目共睹，加快农村基础设施建设，对于改善农业的生产条件和农民的生活条件具有非常重要的作用，这是统筹城乡一个重要的方面。现在生态建设和环境保护问题为什么越来越突出？现在很多发达地区的社会矛盾突出，其中一大原因就是环境问题。有些专家曾经总结过一些规律性的东西，过去农村的矛盾主要是向农民要钱要粮要命引发的，现在很多发达地区引发农民群体性事件的矛盾已经转变为主要是征地问题、农民的劳资关系问题，还有就是环境污染问题。据了解，广东、福建、浙江、江苏很多地方出现农民群体事件是因为环境污染。因此，产业结构还要在空间上合理布局，避免将城里的污染转移到农村去，造成无法挽回的损失。

（4）统筹城乡教育、卫生、文化、体育等事业。过去总是强调农民的事情农民办，虽然现在有很大的改变，但从总体来看，城乡的差距太大了。

2002年的资料，义务教育阶段，新增的财政预算内经费，小学农村每个学生约3.2元，城市是95元，初中农村的是42元，城市的是146元，这个差距与城乡居民收入差距是一样的。本来城乡居民收入差距是3：1，公共财政分配应该倒过来给农村才能补齐，结果公共财政开支还是去扩大这个差距，所以国务院制定了以县为主的办学体制。2005年6月召开的全国农村税费改革工作会议上，明确地提出了要建立一个各级增加投入、管理以县为主的财政办学体制，必须明确农村义务教育以县为主的管理体制，不是投入体制。2005年中央1号文提出对92个国家级的贫困县实行“两免一补”，按照原来的计划，到2007年所有贫困地区贫困家庭的农民子弟义务教育阶段都要实行“两免一补”，大概有3200万个孩子受益。“十一五”规划要求到“十一五”期末农村实行真正的义务教育，义务教育就是一律不收杂费，这个任务很艰巨。

农村卫生与城市差距也非常大。卫生部曾经公布，我们平均每千人拥有的病床，城市是3.4张，农村是0.7张，但每张病床所拥有的医疗设备，城市是11.8万元，农村足1.8万元。农民看病难、看病贵是当前农民面临的大问题。正是因为这种情况，中央提出要大力推进建立农村合作医疗的试点，现在全国有600多个县在进行农村合作医疗的试点，到2005年6月底全国农村覆盖面是21.6%。但总体来说报销的面很窄很少，在现在医疗费用这么高的情况下，这点费用是不够的。2005年8月10日国务院召开了第101次会议，重点研究扩大农村合作医疗试点，一是提高财政投入，中央政府将从2006年开始，对每个承保农民，多拿出10元，地方政府也要多拿出10元，农民的10元不变，这样，如果2006年地方政府资金全部到位，那么每个参保农民就有50元，如果地方政府有困难。也有45元。二是覆盖面扩大，2005年是21.6%，按照中央的要求，2006年达到40%，2007年达到60%，到2008年要基本覆盖，也就是达到80%以上。所以这项工作任务也很重，中央政府20元，地方政府20元，以9亿农民计算，一年就是360亿，这也体现了中央确实要加强统筹城乡的决心。

中央有切实加强教育、卫生等农村社会事业发展的决心，我们有条件的地方应该更努力地推进城乡统筹发展。

（5）逐步统筹城乡社会保障。如果不给农民一个保障，农民就会有恐慌感。比如我们的土地制度说严很严，说松很松，如果农民的社会保障仅仅维系在这块土地上，他们的心里确实不能踏实，不知道土地什么时候被征走，这样对流转也不利。因此，即使征地制度改革了，流转制度建立了，但如果不妥善解决社会保障制度、保证农民生存的底线，农民的心里还是有很多不

踏实的地方。

以各地的经验来看，抓好上述五方面的统筹是很必要的。各地情况可以不同，水平可以有高有低，速度可以有快有慢，但是从目前的发展状况来说，都应该逐步地向前推进。

3. 城乡统筹加快新农村建设

推进社会主义新农村建设，有一个基本认识必须端正，就是中央这次提出的新农村建设，绝不是简单的村镇建设，而是农业农村经济深化改革全面发展的一个大的目标、大的概念。它不是简单的村貌整治，整治也需要有基础的。新农村建设首先包括产业、经济的发展，农民收入的提高，当然村庄建设规划脏乱差也要治，农民的文明程度、精神文明水平也需要提高，村一级组织也要得到加强，这些加在一起才叫新农村建设。新农村建设是一个涵盖整个农利深化改革、促进发展的宏伟目标，有四个非常重要的方面，要认真去抓。

（1）新农村建设要坚持发展农村生产力。在统筹城乡过程中，发展农村生产力是一个基本原则。千万不要以为新农村建设与生产没有关系，或者以为就是新农村建设带领农民只搞好脏、乱、差建设及进行思想教育提高思想水平。经济不发展，农民收入不提高，最后肯定搞不下去，所以一定要把坚持发展生产力、发展经济作为第一个原则。利用区域性中心城镇来促进区域的经济发展；发展县域经济非常重要，如果什么事情都要从省城跨出去做，财力一层一层下去，还不够养人，很多事情鞭长莫及。同时，发展县域经济也非常必要，县及县以下基本没有多少国有资本投入，必须努力地形成民营经济发展的良好氛围，提高农业农村的生产能力；只靠搞好农业农村经济还不行，还要解决怎么把人转移出来的问题、钱怎么进来的问题；要营造一个农民进城公平就业的机会。农民工自身也要改变，至少应该更多的掌握专业技能、技术知识，通过培训，出去以后能更多地获得工作机会，适应城镇化、工业化的需要。所以，首先新农村建设要以经济发展为中心，要坚持以发展农村生产力为基本原则。

（2）新农村建设要加快完善农村经济社会管理体制。推进以农村税费改革为主要内容的农村综合配套改革，政府机构改革、人员分流和精简，这是很重要的方面；事业机构的服务是农村需要的，这些部门到底怎么办，也在探索中。一方面要从实际出发去推进，另一方面要做深层次的思考。农村经济社会管理体制要与当前进行的一系列改革、今后目标相适应。

（3）新农村建设要通过城乡统筹的办法，加快农村社会事业发展。针对农民最关注又最无奈的突出困难，解决农民最关心的切身利益问题。在现阶段，实现城乡统筹，政府要尽的责任是帮农民解决那些农民自己最无奈、最没办法解决的突出问题，包括基础设施、教育、卫生、社会保障等。

（4）新农村建设，要让农村有个新的面貌。要在群众意愿基础上，有针对性地解决各地农村脏乱差问题，其实人的精神面貌与他所处的生产生活环境有着莫大的关系。当然环境不能完全替代精神文明教育。中国有句古话“温饱足而知廉耻”，基本生活问题解决了，再有一个好的环境，对于人的熏陶起着很大的作用。所以要从各地实际出发，进行统一的规划，逐步改变农村脏乱差的现象，这对于培育新一代农民也非常重要。新农民的培育要贯穿于以上四方面中，建设强有力的农村基层组织也要围绕这四件事去做。

三、城乡统筹规划的原则、方法和途径

1. 新农村建设规划的原则

新农村的规划设计没有现成的成熟规划设计理论，而它又涉及新农村建设的方方面面。因此，需要从多种角度来考虑、以多学科理论作为其理论支撑，如可持续发展理论、系统科学理论、地理学，生态学理论等。坚持以科学发展观统领农村社会发展全局是新农村规划设计的指导思想和最鲜明的特点，要结合城市与村镇规划的方法理论，运用新的信息技术手段，把农村作为一个系统、有机整体，充分综合考虑到整个系统的各个部分，城乡统筹安排，合理布局，使这个生态系统长期、有效地运转。科学规划是指导社会主义新农村建设的蓝图，要按照统筹城乡经济社会发展的要求，把新农村建设纳入当地经济社会发展的总体规划。

新农村的规划建设要考虑到多方面的要素，同时又要从总体上把握发展的方向，既要尊重自然，又要适应城市化发展的需要。因此，必须遵循以下基本原则。

（1）整体原则。从环境与城区空间的整体性出发，统筹布局建筑、道路、绿化等空间，塑造富于特色的农民新村整体形象。

（2）生态原则。以广义生态观为指导，协调建设与环境保护的关系，创造生态优良的新农村环境。

（3）人本原则。以人为本，处理好人与空间环境的关系，创造宜人的商业活动空间、休闲场所和聚居生活氛围。

（4）持续原则。力求经济、环境、社会的持续协调发展，以良好的开发效益创造可持续建设的条件，以优美、超前的环境建设奠定可持续开发的

基础。

（5）因借原则。因地制宜，借自然环境景观条件与景观要素，提升新农村开发的环境效益。

（6）弹性原则。规划适应农村市场经济弹性发展的特点，在商业与居住空间的组织上具有一定的灵活性与弹性。

（7）市场原则。充分利用社会契机、区位优势、环境品质与地缘条件，优化新农村土地资源利用，保障规划在市场条件下顺利实施。

2. 城乡统筹规划的若干原则

要尊重普通农民的利益，按照他们的愿望，引导和帮助他们去完善农村生活环境。把城乡统筹规划建设的着眼点放在改路、改水、改厕、改线等方面，达到道路硬化、村庄绿化、河道净化、环境美化的目标。要让城市的文明辐射农村，让农民享受城市现代的文明。

要尊重地方的历史文化，重在建立一种适应现阶段的农村和农民需要的工作机制。要顺从农民的意愿，尊重当地历史和文化传统来建立一种新的体制。新农村的建设，不需要花很多钱，而是重在建立一种机制。这种机制就是农民、农村和农业所必需的公共品提供的机制，像教育、卫生、环境保护以及科学知识传播、文化和必要的基础设施等。当然，这种机制有的是有形的，比如说整洁的村容村貌、受到良好保护的历史文化遗存等。这种机制的建立还有无形的，例如以一种以血缘关系为核心的邻里关系建立起来的制度支撑着农村的稳定。

尊重自然生态的环境。就是要走资源节约型或者环境友好型的道路，核心就是要尊重自然生态。农村规划建设不能像城市那样，对大自然进行无限的挑战。应该尊重和悉心呵护自然环境，继承村民们尊重周边生态环境、与之共存的传统思想。只有把现代的生态文明建在当地民众朴素的传统自然观之上，才能在新农村建设中遵循和落实构建环境友好型、资源节约型社会的要求。

3. 城乡统筹规划的基本要求

（1）规划的系统性。系统性是规划是否体现科学性的本质要求。

（2）规划的预警性。生态环境初期的变化是渐进性的，一旦超过了某个临界点，就会出现突变。

（3）规划的整合性。例如通过编制城乡供排水规划，统筹解决地表水、地下水、供水和污水处理的问题，只有这样才能把整个水系统综合起来考虑。

（4）规划的可操作性。一个规划如果是不可操作的，就不是政府规划。

规划的目的是针对市场失效的政府管制，以管制来提供资源的合理利用模式和可持续发展的路子。城乡统筹规划首先就要明确哪些是环境敏感的资源和地块，我们要加以保护；哪些是可再生的资源，需要进行引导性管制。各类允许开发或者是禁止开发的地域，都要区别清楚，规划才有可操作性。

4. 城乡统筹规划的方法和途径

科学的规划体系本身就是由各种规划相互补充而成。有的从上而下编制，有的从下而上编制，并从不同的角度和学科来编制，然后整合成一个合理的规划体系，从整体上来解决市场失效的问题，这样城乡统筹规划就应有不同的方法和途径，一般而论，应有以下几类。

（1）扩大管制区域的城市总体规划。有的地方就提出要扩大规划区的范围，如江苏省的昆山市、张家港市把城市总体规划扩大到整个市域，因为昆山市地域本来就很小；张家港市面积也才1000多平方公里，把总体规划范围一扩散，就可以对这个范围之内的所有空间资源进行管制，再加上土地利用规划的配合，就做得比较好。这种思路在经济非常发达的地方可以采取，但不适用于经济不发达的省份。

（2）深化市域的城镇体系规划。城镇体系规划已经比较成熟，在编制深度上要进一步提高，增强它的系统性，预警性、整合性和可操作性。比方说要明确由小城镇对村庄进行组合，以及由几个村庄围绕中心村构成村庄集群等。城镇体系规划也就可以延伸到村庄。这样，就可以对村镇及相关的基础设施和公共品进行更加合理的布局，再加上土地利用规划的配合，就可以基本上从区域的角度对村镇的整治和发展起到指导作用。

（3）把原有的区域规划空间化。原来的区域规划往往只局限于经济发展战略的研究和实施，如何把它空间化并增加相关的社会文化和生态保护内容，也是一种新的规划思路，对此应该在城乡统筹规划中来加以研究改进。

（4）城乡一体化的规划。思路就是城市和农村应该一起统筹规划以解决面临的问题。当然这一种方法比较适合于经济相对发达的地区。

（5）专项的城乡统筹规划。因为不同的地方，所面临的城乡关系和矛盾以及要解决的问题是不一样的，我们要抓住最主要的矛盾，来修编解决这些矛盾的专项区域规划，尤其是经济欠发达、人口较为稀少的地区。随着条件一步一步地成熟，再把种类专业规划整合，比较成熟的城乡统筹规划自然而然地就出来了。

总之，城乡统筹规划不能割断历史，要从历史教训和成功经验中汲取营养，并从我国的国情和变化的形势出发，切实遵循尊重当地历史文化、尊重

自然生态、尊重农民的意愿和利益，并尽量在现有的规划手段、制度的基础上进行创新，这样才能有效地指导新农村建设。

第三节　新农村建设方案

一、新农村建设方案理论依据和初步设想

1. 新农村建设指导思想和基本原则

（1）新农村建设的指导思想以邓小平理论、“三个代表”重要思想和党的十七大精神为指导，以全面推进农村小康社会建设为目标，以村镇规划建设和文明村镇创建为重点，以增加农民收入、提高农民素质和生活质量为根本，逐步把广大农村建设成为经济繁荣、设施配套、功能齐全、环境优美、生态协调、治安良好、社会稳定、文明进步的社会主义新农村。

（2）新农村建设的基本原则。政府引导，群众参与。加强领导，转变职能，切实履行农村公共事务管理和服务职能，组织和引导农民群众积极参与新农村建设；充分尊重群众意愿，调动群众积极性，以农民自愿、村民自治为主，不搞强迫命令，不搞大包大揽。

实事求是，量力而行。从实际出发，以求真务实的态度和真抓实干的工作作风推进新农村建设工作；制定新农村建设的目标、任务和措施时，既要按照新农村的标准严格要求，又要切合实际，切实可行，不增加农民负担，不搞强行摊派，不搞形象工程和脱离实际的政绩工程。

因地制宜，分类指导。要深入调查研究，因地制宜、因村制宜、因组制宜。在村镇规划上，要根据当地客观条件，区别不同情况，科学编制规划；在新农村建设模式上，力求以人为本，与自然和谐，格调新颖，形式多样；在方式方法上，先易后难，分类指导，分步实施。

循序渐进，务求实效。要尊重客观规律，因势利导，抓好典型引路，抓好示范带动，做到以点带面，点面结合，扎实推进，务求实效；不急功近利，不搞形式主义，切忌违背群众意愿和客观条件强行硬推。

2. 新农村建设发展模式

建设社会主义新农村是我国现代化进程中的重大历史任务。生产发展是建设新农村的物质基础，必须在科学发展观的统领下扎实推进。但由于各地

资源禀赋不一，发展经济、建设社会主义新农村不会也不应有一个统一的模式和统一的时间表，而应坚持从实际出发，因地制宜，分步实施，稳步推进。根据基层农村的实际情况，建设社会主义新农村可参照以下几种起步模式或发展路径，选择适合自身的发展道路，建设社会主义新农村。

（1）资源型新农村。所谓资源型，就是在具有丰富矿产、水力、电力等能源资源的农村，加强能源消费管理，搞好节能工作，提高能源利用率，建立资源集约型农村经济。长久以来，在一些具有丰富资源的农村，充足的能源有力支撑了整个地方经济的快速发展。但在能源生产和消费中也存在不少问题，表现为能源生产、利用、消费方式落后，技术水平低，设备陈旧，资源浪费严重。这种建立在能源大量消耗和浪费基础之上、以粗放经营为特征的农村经济，远远不能适应新形势发展的需要。对此，大力推广节煤炉、改造乡镇工业锅炉、改造砖瓦窑、开发利用新能源等措施有利于加快资源集约型农村经济建设。

（2）工业企业带动型。以发展乡村工业为导向，农村工业化是壮大农村经济总量的关键，也是推进农村城镇化的支撑点。以当地基础条件为出发点，以发展工业企业为契机，通过工业企业的发展壮大带动农村政治、经济、设施、教育、文化、卫生等事业的综合发展。同时，乡村在土地、劳动力等资源整合的基础上又进一步促进工业企业的发展，推进农村经济由农业主导型向工业型转变，使得工业企业与乡村融为一体、创建和谐发展的新农村建设模式。以工业经济实力为基础，整合农村的土地，人力等资源，实现共同发展。这是一个逐步扩大经营规模，发展农村经济的过程，也是一个增加农民收入、促进平衡发展的过程。这主要存在于经济发达地区，经济发达地区的新农村建设，是以城乡一体化为目标。建成了工业型的小城镇，关键在于发展乡村工业，走现代农业企业集团的道路。

被誉为“中华第一村”的华西村就是这样的典型。华西村隶属江苏省江阴市，通过艰苦奋斗，发展工业企业，现已形成钢铁、纺织、旅游三大支柱产业，2005 年销售收入达 307 亿元，拥有固定资产超过 70 亿元。在此基础上，又通过“一分五统”（村企分开、经济统一管理、干部统一使用、劳动力在同等条件统一安排就业、福利统一发放、村建统一规划）将周边 16 个村纳入华西村共同发展。现在新的大华西村面积 $30km^2$，人口 3 万人。

推广和发展该模式必须注意几个问题：首先不能忽视农业的发展，农业是工业发展的基础；其次要注意环境保护和可持续发展，一些村庄片面强调工业发展，造成了严重的环境污染，教训是深刻的；第三，要不断加强精神

文明建设，协调推进经济社会各项建设事业，既要生产发展，也要乡风文明、民主和谐。

（3）特色产业带动型。这是指在一个乡或村的范围内，依据所在地区独特的优势，围绕一个特色产品或产业链，实行专业化生产经营，一村一业发展壮大来带动乡村综合发展的一种新农村建设模式。专业村是这种模式的代表，需要三个基本条件：一是具有生产某种特色产品的历史传统和自然条件；二是有相应的产业带动，市场需求旺盛；三是需要“能人”通过产业集群形成规模。被誉为“全国鲜花第一村”的斗南位于云南省昆明市呈贡县，抗日战争时期就是云南省重要的蔬菜基地。20世纪80年代开始转向花卉养殖，从仅供昆明市消费到积极向外集结建立全国性市场，目前已成为亚洲最大的鲜花集散地之一，积聚了2000多家花卉产销企业，花卉市场份额占全国的1/3。富裕起来的村民开始规划乡村，分为种植区、工业区、文化区和生活区，逐步形成宁静祥和的新农村。

特色产业带动型新农村建设要注意：要定位准确，大而全就是没特色；政府不能越位、缺位和错位，要树立服务意识，避免过分干预市场；重视示范带头作用，分步实施；大力发展订单农业和产业一体化组织；重视农业技术推广和自主创新，以特色促品牌。

（4）畜牧养殖带动型。这是指在畜牧龙头企业的带动下，通过规模化拆建、产业化经营、循环化利用带动农村发展、农民增收的一种新农村建设模式。该模式的必需条件是规模化的畜牧龙头企业、特色的养殖品种和相应的市场需求。

其典型是“拆旧村建新村十公司带动农户十循环经济改造”的希森模式。山东希森三和集团通过整合山东梁锥村附近的130亩废弃地，置换出350亩老村宅基地。在废弃地上建设起有花园、池塘的欧式联排别墅新村；村民迁入新居后，在老村新建了养牛场、饲料厂和屠宰基地作为工业区。养殖场养牛的牛粪进入生活新村的沼气池，沼渣养蘑菇，培养基用来养蚯蚓，蚯蚓粪进入种植区形成有机肥种地。村民成工人、种地成副业；白天进场，下班种地；农闲进场，农忙种田。梁锥村现在村民的年收入是10000元，希森三和集团实现年产值1.5亿元。

畜牧养殖带动型新农村建设要把握几个关键：通过农民宅基地的空间置换，改造旧村建设新村，在改善居住区环境的同时，改善了农村资源特别是土地资源的配置状态，大大拓展了农村经济发展可能性边界，但要防止动用耕地，形成失地农民；新村要防止盲目建设，居所要适合中国国情和环境，有时最洋的可能是最土的；养殖小区要大力发展循环经济，防止粪便污染；发展规模化、产业化、一体化养殖，规避市场风险。

（5）休闲产业带动型。也可称为农庄型新农村，是指以农业和农村为载体，利用农业生产经营活动，农村自然环境和农村特有的乡土文化吸引游客，通过集观赏、娱乐、体验、知识教育于一体的新兴休闲产业带动新农村建设的一种模式。这种模式充分利用农户庭院空间以及周围的鱼塘、树林、菜地等农家资源，增设耕地种菜、现场采摘、自选自做等服务项目，让游客吃农家饭、享农家乐，大力发展农家休闲娱乐旅游经济。投资少、收益好、见效快是农庄型新农村建设最为显著的特点。全国各地的农庄型新农村建设开发，基本上依靠当地农村因地制宜，因势利导，充分利用了现有的自然与人文资源，加以开发和利用，也有效带动了“农家乐”经济的迅猛发展。“农家乐”作为中国农村革命与新经济的代表，其发展形态与模式，较为集中地体现了现代经济学中的新观念与先进成分。建立起农业生态园、养殖场、采摘园、农产品物流配送中心、学农教育基地、农艺园、民俗村等方式把乡村的发展与休闲产业的发展融为一体，对促进农村旅游、调整产业结构、建设区域经济、加快农业市场化进程产生了良好的经济效益。

采用这种模式应具有三个条件：交通便利，距离城市较近，近消费市场；有怡人的自然环境，有一定的农业发展基础；能满足城市游客食、住、行基本要求的基础设施。投资少、收益好、见效快是这种模式的特点，也最能体现新农村的目标要求。“农家乐”作为该模式的典型是中国农村革命与新经济的代表，集中地体现了现代经济学中的新观念与先进成分。休闲产业带动首先要以城镇社区建设的理念来改造传统的村落，建设整洁优美的农村社区；其次要大力发展基础公共服务，大力推进城乡一体化的公共交通、供水供电、垃圾和污水处理、通讯信息、连锁超市和劳动就业服务等体系的建设；第三是要形成富裕舒适的田园生活，积极推进农村改路、改水、改厕、改房，继承农村和睦亲近的邻里关系和优良纯朴的传统文化，保留山水交融的田园风光和安静舒适的居住环境，使现代、文明的生活方式与农村田园牧歌式的传统生活方式得到有机的融合。只有这样才能吸引都市人群的到来，也最能体现社会主义新农村的独特魅力。

休闲产业带动新农村建设，有几个需要特别注意的问题：注意整体规划，突出特色，因地制宜，避免盲目上项目；在开发自然资源的同时要特别重视生态保护；转变当地农民的思想，加强职业培训，使传统农民成长为有文化、懂技术、会生活、善经营的现代农民。

（6）商贸流通带动型。也可称为第三产业服务型新农村或城郊型新农村，就是按照“依托城市、服务城市、致富农民”的发展思路，充分利用城郊乡镇的区位优势、资源优势和产业优势，积极围绕休闲、生态、观光、旅游农业，以及名优农产品的项目包装，积极开展各类相关招商活动，发展第三产业，增加农民收入。建立起以发展现代农村商贸流通服务业和市场网络，进而形成以当地农村为中心的市场，以市场促产业、以产业带乡村，最终形成商贸发达、乡村繁荣的一种新农村建设模式。该模式要具备便利的交通、完善的基础设施及配套条件和相关产业发展的支持，普遍存在于靠近各大中小城市的农村，它们充分利用地处城郊结合部、交通四通八达等区位优势，生产为城市配套的蔬菜、花卉、畜禽等副食品类农副产品，建设特色农业生产基地。

地处上海市郊结合部的某村，独创了“合作形式、租赁性质、独资管理”的新模式，打响了发展三产商业、建立批发市场的战役，先后建成了一、二区五金市场和三区食品干货市场。3 年后，又建成了以建筑装饰装修材料为主体，集五金、干货、陶瓷、茶叶、电器、油漆、灯饰、不锈钢、防盗门、名贵木材等商品的综合性商业物流中心。现入住客商达 2600 多户，每天客流达 3 万多人次，日成交额达 600 万元，构筑了一个崭新的农村社区。

（7）旅游产业带动型。这是指以农村地区为特色、以农民为经营主体、以旅游资源为依托、以旅游活动为内容，通过农村旅游促进新农村建设的一种模式。发展旅游业首先需要有可以挖掘的旅游资源包括自然资源和人文资源，其次是要有便利的交通条件，另外也要有与旅游相配套的娱乐、住宿、餐饮等基础设施。

江南名镇周庄，不仅具有优美的自然景观，而且有悠久的历史，成功走出了一条旅游产业和高新技术产业两翼发展的新路子，卓有成效地开创了“江南水乡古镇游”和“传感器产业基地”两个著名品牌。优美的自然风光吸引着八方来客，同时也促进了当地经济的发展，具有“小桥、流水、人家”风格的江南古镇周庄焕发出新的风采。

旅游产业带动型的新农村建设一是要大力保护环境和当地历史文化资源，形成旅游产业品牌；二是要加大基础设施建设，尤其是与旅游相配套的交通、住宿等设施；三是逐步改变村民的观念，加强精神文明建设为旅游产业的发展创造一个良好的氛围。

（8）合作组织带动型。这是指以各种农民合作组织为依托，通过各种形式把农民组织起来，整合社会资源，促进农村各种生产要素的合理配置，突破原有一家一户分散经营的制约，提高农业资源的综合利用开发水平，通过壮大集体经济，改善公共设施，使农村的生产和生活条件不断提高，促进村容村貌不断改善进而建设新农村的模式。

山东省某村实行的是以股份制为主要形式的合作经济组织，对集体资产进行量化后，采取个人认购风险股与集体资产产权量化到个人相结合的办法，成立"商贸有限责任公司"，开始了股份制企业运作。农转非后的农民变成居民，又从居民变成了股东。如今居民基础设施完善，生活富裕，教育、卫生等社会事业发达。

在推行农村股份合作制的过程中首先面临的问题便是市场主体地位不明确。由于相关法律的缺失问题，尽管合作社承担着发展集体经济和公共管理的职能，但它既不是企业和事业法人，也不是社团法人，这些都为其进行市场竞争造成障碍。另外如管理负担沉重、管理机制缺陷、产权模糊的问题也都不容忽视，这些都是在推行农村股份合作制改革过程中需要注意的问题。

（9）劳务经济带动型。这是指通过转移大批的农村剩余劳动力进城，不仅加快了工业化、城镇化的进程，而且优化了农村劳动力资源的配置，提高了农村劳动生产率；转移就业后的农村劳动力将获得收益的一部分投入到农业生产和农村建设中，反哺家乡，反哺农村，从而直接或间接地推动了我国农村经济的发展，推进新农村建设。

河南省某村共有村民3253人，近些年来，村党支部带领全村群众大力发展劳务经济，外出务工1500多人，2004年全村劳务收入1500余万元。如今村庄的面貌发生了巨大变化，70%的农民住进了楼房，适龄儿童全部入学。

这一模式对于本地缺乏资源优势、区位优势的地区，无疑是一种值得考虑的方式，但同时也有一些问题需要注意：发展劳务经济要讲究规模经济，只有形成规模才能创造更大的效益；发展劳务经济需要政府的指导和培训，通过政府的力量促使初始规模的形成；政府要加强引导，把发展劳务经济与当地的村庄建设相结合，以劳务经济促进当地农村的发展。

二、新农村建设实施方案

1. "社会主义新农村"的内涵

"社会主义新农村"是指在社会主义制度下，反映一定时期农村社会以经济发展为基础，以社会全面进步为标志的社会状态。主要包括以下几个方面：一是发展经济、增加收入。这是建设社会主义新农村的首要前提。要通过高产高效、优质特色、规模经营等产业化手段，提高农业生产效益。二是建设村镇、改善环境。包括住房改造、垃圾处理、安全用水、道路整治、村屯绿化等内容。三是扩大公益、促进和谐。要办好义务教育，使适龄儿童都能入学并受到基本教育；要实施新型农村合作医疗，使农民享受基本的公共卫生服务；要加强农村养老和贫困户的社会保障；要统筹城乡就业，为农民进城提供方便。四是培育农民、提高素质。要加强精神文明建设，倡导健康文明的社会风尚；要发展农村文化设施，丰富农民精神文化生活；要加强村级自治组织建设，引导农民主动有序参与乡村建设事业。

具体而言，所谓“新农村”包括五个方面，即新房舍、新设施、新环境、新农民、新风尚。这五者缺一不可，共同构成“社会主义新农村”的范畴，而且房屋建设要符合“节约型社会”的要求；要完善基础设施建设，道路、水电、广播、通信、电信等配套设施要俱全，让现代农村共享信息文明；生态环境良好、生活环境优美。尤其是在环境卫生的处理能力上要体现出新的时代特征；使农民具备现代化素质，成为有理想、有文化、有道德、有纪律的“四有农民”；要移风易俗，提倡科学、文明、法治的生活观，加强农村的社会主义精神文明建设。

2. 新农村建设的目

在广大农村开展以村镇规划建设和文明村镇创建为主要内容的新村镇、新产业、新农民、新经济组织、新风貌和好班子新农村建设活动。

总体目标是：一年突破，三年见效，五年变样，充分调动广大干部群众的积极性和各方面的力量，力争在实现村村道路硬化、部分村组通自来水的基础上，再实现所有村镇全面完成规划编制，与城镇中心区整体发展规划接轨；使80%以上的村镇基本达到“经济社会发展，群众生活安康，环境整洁优美，思想道德良好，公共服务配套，人与自然和谐，治安秩序良好”的文明村镇标准。

3. 农村现状及存在的主要问题

（1）供水、饮水方面存在的问题。

1）水文环境条件较差，开成苦咸水、高氟水区。

2）气候变化导致河流、溪水减少，甚至断流，以及地下水减少造成居民饮水困难。

3）工程环境改变，人为因素污染等造成饮水不安全。给水水源的安全防护距离不符合相关规范要求，造成饮水不安全。

4）人口增长造成供水能力不足。

5）设施老化，缺乏维修，供水能力下降甚至丧失供水能力，不能保证正常的供水。

6）缺乏必要的水净化处理设备、消毒设施和除砂、防浑浊设施，没有定期对贮水设备进行清洗消毒造成饮水不安全。

（2）排水方面存在的问题。

1）大部分村庄没有下水道和村级生活污水处理系统。家庭生活污水、养殖污水基本就地排放，导致地表水、地下水和土壤被污染。

2）大部分村庄现有的明沟排水系统已经年久失修或者堵塞。大部分村庄厕所是简陋的旱厕，没有进行改造，即使有部分进行了改造，也只是加装三格式化粪池，不让粪便露天放置，污水仍然得不到处理。

3）大部分农村的生活污水排放基本上采取渗井方式。当院内没有渗井时，院外的排水沟便成为生活污水的主要排放渠道。在没有排水沟的地方，生活污水随意排放，大大影响了村民饮水的安全。

4）农村排水系统的不完善还表现在村庄竖向工程方面。很多村庄的住宅、庭院基地高度随意设置，没有与村内道路、排水沟渠统一考虑。

（3）道路交通方面存在的问题。目前，许多村庄道路交通设施建设、管理不符合相关的国家标准，道路交通设施建设与村镇建设缺乏统一协调，村民的出行存在重大的安全隐患。

1）多数村庄道路没有硬化，仍然存在大量的土路，村庄恶劣的交通条件给村民的出行带来严重不便。

2）村庄建设没有合理的规划，村民自发依路建设房屋，形成过境道路穿越村庄。主要道路穿越村庄时，又缺乏道路交通管理设施，缺少必要的交通标志、交通标线、隔离设施、路面缓冲设施和交通信号灯等，对村民的出行安全构成威胁。

3）有些过境道路路基远远高于村庄内部宅基地的标高，并且过境道路没有边沟，降雨时极易在村庄内部形成内涝。

4）交通情况和道路性质不明确，有的地方过分追求“宽马路”、“直马路”或者“过硬”，也或者道路工程质量不合格，道路情况良莠不齐。

5）路网规划没有做到因地制宜，多采取方格式的城市型路网结构。

6）无道路横断面设计；没有考虑道路交叉口设计；重视车行需要，忽视人行交通组织；道路绿化不够。

（4）住宅庭院方面存在的问题。

1）农村住宅建筑不统一，住房简陋，达不到住宅标准和节能标准的要求。

2）很多地方住宅庭院存在“人畜混杂”现象，卫生条件恶劣，容易引起疫情的发生，对农民的身体健康形成威胁。

3）农村住宅的电视、电话、暖气、煤气等综合管线布置不全或者混乱，存在安全隐患。

（5）生活垃圾方面存在的问题。

1）不科学的垃圾处理方式给农业的可持续发展留下了严重的后患，同时也威胁到城市和农村饮用水的安全。

2）许多村庄没有集中的生活垃圾堆放点，村集体也不负责填埋垃圾，由各户随意处理，造成对环境的污染。

3）经过处理的垃圾，也往往是在没有任何处理及分类的情况下，填埋在没有经过地质条件考虑的土坑里或者填埋在不适宜的地方，如水源地沿岸、泄洪道内、村庄内外的池塘里、村庄居民点的边缘等，有的甚至堆放在居民密集的居住区边缘。村庄中没有任何生活垃圾填埋场经过环境保护工程设计。

4）村庄不具备防渗设施和将雨水排出场外或进入蓄水池的导流坝和顺水沟。

5）因布局不合理和管理缺失，很多建设实际上没有发挥其应有的功能。例如集中规模养殖往往局限于几个村、组的部分养殖大户，更多的群众依然延续着分散的家庭养殖，导致生活垃圾随意堆放。

6）村庄往往缺乏集体经济来支撑生活垃圾的收集和处理。

（6）抗灾、防灾方面存在的问题。

1）消防方面。

①大部分村庄没有在村庄建立消防设施，在公共消防设施和装备上的投资基本为零。

②农村公共消防设施和消防装备以及家庭自备消防装备严重缺乏，有自来水的地方，自来水就是唯一的消防给水。如果没有自来水，水缸里的水应是消防给水。

③国家规定每个消防站责任区为 $10km^2$，而很多村庄距离消防站在 10～100km 甚至以上。

④许多小城镇的消防通道往往被随意搭建的建筑物、堆放的柴草和晚上停泊的机动车堵塞，导致救火工作不能及时展开。

⑤存在多种火灾隐患。例如，日用家电增加，户内电线长期超负荷运行导致线路老化；家庭内部供电设备破旧不堪或不规范；罐装煤气、煤炉、柴灶、火炕等多种燃烧器具同时使用；木结构住宅缺少必要的消防措施；粮食

储藏房上房下；户外柴草四处堆放。

2）防洪、防涝方面。

①农村避洪排渍的能力弱小，农村防涝设施薄弱，集体几乎没有能力组织村民消除涝、渍、滑坡或塌陷等灾害。

②部分乡村干部的防洪排涝意识相当薄弱，防洪排涝的长效机制没有建立，导致没有达到未雨绸缪的目的。

③农村河沟、河流受阻，不通畅极为普遍，严重影响防洪排涝。

(7）公共服务设施方面存在的问题。

1）配套项目不够全面，配套面积指标不能满足村民生产和文化生活进一步发展的需求。

2）村干部对公共服务设施的关注程度比较淡漠，难以形成比较完善的村庄管理机制。

3）由于集体经济拮据，村里难以建设和完善公共服务设施。

4）村集体没有具备能够消除蚊蝇、鼠害、蟑螂等病媒的设备和药物。没有任何针对可能存在病原体的环境、物品、动物、媒介昆虫等所采取的措施，或对可能受病原体威胁的村民所采取的措施。随处可见容易滋生蚊蝇和发生疫性的污物、垃圾等。村庄居民点内卫生防疫仍然是空白。

5）没有村庄范围内的人畜粪便、污物和无害化处理的公共设施。

6）文体和娱乐活动跟不上社会发展需要。

4. 新农村建设实施要点

基于以上农村现状，为了贯彻中央及各级政府建设新农村的指示精神，促进我国新农村建设的发展，建设社会主义新农村，是“十一五”期间全党工作的重点。建设社会主义新农村是党和国家从战略高度作出的正确决策，也是一次全面的改革，全面体现了新形势下农村经济、政治、文化和社会发展的要求，涉及农村物质文明建设、政治文明建设、精神文明建设和构建社会主义和谐农村四个大的方面，是一个系统工程，是对农村现有问题的系统解决。

建设社会主义新农村，必须以科学发展观为指导，积极推进城乡统筹发展，推进现代农业建设，全面深化农村改革，大力发展农村公共事业，千方百计增加农民收入，努力改善农村生产生活条件，提高农民生活质量，促使农村整体面貌出现较大改观。

(1）培育新型农民，提高农民整体素质，努力解决社会主义新农村建设的核心问题。农民是建设社会主义新农村的主体。农民素质的高低决定了农

村社会发展的速度和质量，是农村全面建设小康社会的最本质、最核心的内容。因此，实现农业和农村现代化，建设社会主义新农村，就必须培养出千千万万的“有文化、懂技术、会经营”的高素质的新型农民。

加快推进农村义务教育体制改革，全面推行九年义务教育，减轻农民负担的同时增加农民受教育的机会；加大对教育重要性的宣传力度，引导农民正确认识当前大学生的就业现状，加快教育行政管理体制改革，建立城乡教师的合理交流制度，精简教师队伍，提高教师素质。

加大对农民的免费技术培训力度，这是培养有技术的新型农民的关键。农民缺乏相应的技术，无论是搞种植、养殖，还是进城打工，他们的收入都低于有一技之长的人。农业科技人员要坚持走到田间地头，把先进的种植、养殖技术送到农民手里，手把手地教会他们；国家应该建立专项资金用于对农民的技术培训，让他们能掌握一项致富的技术，尤其要加大对青年农民科技培训的力度；加大对外出打工农民的职业技能培训，开发和充分利用农村劳动力资源的潜力，加快对农村剩余劳动力的转移速度。

（2）统筹城乡发展，促进生产发展、生活富裕，奠定社会主义新农村建设的物质基础。建设社会主义新农村，就必须满足农民衣食住行的需要。统筹城乡发展，是建设社会主义新农村的基本前提和基本保障。

建设社会主义新农村，就目前来看，首先要稳定并完善以家庭承包经营为基础、统分结合的双层经营体制，按照自愿、有偿的原则，建立土地使用权依法流转的机制，有条件的地方可发展多种形式的适度规模经营。其次要允许和鼓励农民组织起来，加大农村有组织化生产的力度，有效地克服一家一户分散经营的局限性，实现家庭经营和联合组织经营的优势互补，使农民享受到生产全过程中的各个环节的平均利润。

（3）继承与发扬并重，促进乡风文明、村容整洁，为社会主义新农村建设提供思想保证、精神动力和智力支持。中央这次把乡风文明、村容整洁作为建设社会主义新农村一项重要内容提出来，抓住了农村精神文明建设的核心问题。建设农村精神文明，是解决农村社会内部矛盾的重要途径。

乡风文明建设，首先要破除目前部分农村出现的不良风气，利用广播、电视、报纸、宣传队、文艺演出队、科技宣传队等各种形式，加强先进文化在农村的传播速度和覆盖范围，让中国特色社会主义先进文化占领农村阵地。

另外，我们所要建设的社会主义新农村，是生态良好的农村。在以经济建设为中心，大力推动农村物质文明建设的同时，要转变经济增长方式和经营模式，大力发展循环经济，加大环境保护力度，切实保护好农村自然生态，认真解决影响经济社会发展特别是严重危害人民健康的突出的环境问题，在农村形成资源节约的增长方式和健康文明的消费模式；加大对农村道路建设、环境绿化、美化建设的投资力度，在乡风文明的的前提下形成村容整洁的自律机制，建设社会主义新农村。

（4）提高民主素质，促进民主参与、管理民主，为社会主义新农村建设提供强有力的政治保障。通过教育提高农民的民主素质。一要开展文化教育，提高他们对民主的理解能力和接受能力；二要开展民主参与的权利意识教育，使农民明白自己是国家的主人，树立民主参与、当家做主的权利意识，使农民具有民主主体的首要人格素质；三要开展自由、平等的民主观念教育，使农民强烈认识到自己利益、权利的主体性和不可侵犯性，树立较强的民主责任感；四要开展民主知识和民主技能教育，使农民了解民主活动的基本规律和基本原则，懂得民主活动的规则、程序和技能，从而有效地行使自己的民主权利。为社会主义新农村建设提供强有力的政治保障。

（5）保持农村共产党员的先进性，充分发挥农村基层党组织的作用，是社会主义新农村建设的领导核心和战斗堡垒。建设社会主义新农村必须与保持共产党员先进性教育活动结合起来，充分发挥共产党员的先锋模范作用和农村基层党组织的战斗堡垒作用。要把开展农村共产党员先进性教育活动与如何推动农村社会物质文明建设、精神文明建设、政治文明建设结合起来，进一步坚定农村共产党员的理想信念和党性意识，不断增强其服务群众、带领群众致富的本领和能力，使农村共产党员始终代表广大农民群众的根本利益。

当然，建设社会主义新农村是一个动态过程，既要预备走艰苦的路，对未来可能遇到的困难有充分的心理准备，敢于迎难而上；更要看到前途的光明，增强战胜各种困难的信心。在党中央的领导下，通过全国各族人民的共同努力，建设社会主义新农村的目标一定能够实现。

三、新农村建设项目管理工作

1. 工程前期准备工作

组成专家论证小组和项目管理组织机构（即项目管理部或称监理事务所对工程实施检查和管理）；协助完成工程前期“三证”及各项报建手续。

2. 设计阶段工程项目管理

新农村建设规划设计方案批准；委托设计单位完成初步设计方案和投资估算；施工图设计和设计概算；经有审核资质的设计单位加盖公章后实施，

项目管理部对设计方案进行优化管理，对初步设计和设计概算进行审查，组织进行从施工工艺出发的设计优化。

（1）设计优化工作的要点。

1）提取工艺复杂的、材耗较高的部件。

2）进行试验或实验。

3）组织复核计算。

4）进行装饰材料性能价格比评估。

5）进行设备性能价格比评估。

6）从工艺可行性、方案经济性、工期合理性进行综合比较。

7）可行性研究替代工艺的可实现性、安全系数的合理性和材料、设备的可替换性。

（2）设计优化工作的组织。

1）项目管理部对初步设计文件和概算进行审查，评测优化指标。

2）项目管理部对工程总承包商参加技术投标的资格提出技术、能力条件；审查技术招标文件。

3）组织并参加设计专家、工艺专家、施工专家、设计单位对技术投标书的技术论证和经济评估。

4）编制论证结论和评价报告，报业主审查决策。

5）根据业主的决策，组织协调设计单位和承包商商定细节。

6）进行施工图和已确定部件预先加工的跟踪。

（3）变更动态管理。

1）被动的未知变更。当确定设计图纸、确定资金计划、施工开始后，出现来自任何一方提出的对工程只做技术变更不做经济变更或经济变更下降的内容，不附加主动变更措施。

确定设计图纸、确定资金计划、施工开始后，出现来自任何一方提出的对工程技术变更导致经济变更上升的内容，将附加主动变更措施。

2）主动的已知变更。当工程技术变更导致经济变更上升出现时，项目管理部根据上升额度，将对项目功能、主要效果以外的设计部分进一步评价，提出工程技术或材料变更附带经济变更下调的建议。

对于那些主动变更，由项目管理部向设计单位提出变更通知，由设计单位出具相应依据，由承包商执行。

3. 施工阶段项目管理

在现场达到“四通一平”以后，专家组审定有施工资质的施工单位并进场。项目管理部对工程实施全过程施工监督、检查和管理。

在施工阶段，项目经理部的主要职责是代表业主做好项目的进度、质量、投资，安全控制工作，主要包括：

（1）项目进度控制。

1）审查施工进度计划，并检查施工进度计划的实施情况，采取各种进度控制措施，确保项目建设总体进度目标的实现。施工进度计划审查要点见表6-1。

表6-1 施工进度计划审查要点

审查重点	具体内容
工期	1. 计划工期及阶段工期目标是否符合合同规定的要求 2. 计划工期完成的可靠性，计划是否留有余地
施工顺序	各施工过程的施工顺序是否符合施工技术与组织的要求
持续时间	施工过程的起始时间及持续时间安排是否正确合理
技术间歇	应有的技术和组织间歇时间是否安排，并且是否符合有关规定的要求
交叉作业	从施工工艺、质量与安全要求，审核组织平行搭接、立体交叉作业的施工项目安排是否合理
需提供的场地与交通	1. 业主提供的施工场地与进度计划所需的场地供需是否一致 2. 各承包商施工场地的利用是否相互干扰，影响进度 3. 运输路线的数量、距离及路况是否满足进度计划的要求
资源	劳动力、材料、机械及水、电等资源的需要量是否落实及均衡利用

2）及时掌握工程建设的实际进度，并利用项目管理信息系统与计划进度进行比较，找出进度偏差并分析产生偏差的原因及对工期目标的影响程度。

（2）项目投资控制

1）严格控制工程变更，了解工程款支出的动态变化情况，审查工程量清单和工程预算是否发生较大变化，实际工程量的变化值是否已超过规定范围，工程量清单中的单价是否应做调整，并就这些问题作出专题报告。

2）对承包单位工程量进行核实和计量；审核施工单位工程进度款报审表，对工程预算和项目投资进行控制；保证工程量及工程款的审核必须在建设工程施工合同所约定的时限内。

3）负责工程结算的审核工作和工程价款调整的控制工作，并就工程价款调整和工程结算审核工作作出专题报告。

(3) 工程质量控制

1) 组织设计交底和施工图纸会审。根据项目管理实施方案强调的同步性，将分步骤、按进程举行多次设计交底和施工图纸会审，施工图审核重点见表6-2。组织项目管理部专业人员、总承包方及其他相关方参加的设计交底会审，对施工图纸进行会审，做好组织协调工作，督促承包单位及时整理设计交底记录。

表6-2 施工图审核重点

审查项目	审查方法与内容
总体审核	1. 审核施工图纸总目录，检划图纸的完整件和完备性，及各级的签字盖章是否齐全有效 2. 审核总平面布置图，检查是否满足施工放线要求，室外工程内存是否齐全，尺寸是否满足施工要求
总说明审查	工程设计总说明和分项工程设计总说明的审核重点是：所采用的设计依据，参数、标准是否满足质量要求，各项工程做法是否合理，选用设备、仪器、材料等是否先进、合理，工程措施是否合适，所提技术标准是否满足工程需要
具体图纸审查	施工图是否符台现行规拖，规程、标准、规定的要求；是否符合国家现行的工程强制性标准的要求；图纸是否符合现场和施工的实际条件，深度是否达到施工和安装的要求，与预先加工的部件关系是否吻合；是否达到工程质量标准，各专业图纸之间是否存在矛盾，尺寸标注是否准确全面
其他及政策性要求	是否满足规划控制条件要求，是否满足勘察、试验等提供的建设条件；外部水、电、气等条件是否满足；是否满足和各相关部门签订的建设协议书，如水、电、能源、通信等；是否满足环境保护措施和环保标准；是否满足施工和安全、卫生、劳动保护的要求

2) 审查施工组织设计。根据项目管理实施方案强调的预备性，在工程总承包投标书评价时，项目管理部对施工部署，重点评审预备期详细方案和施工期施工组织设计大纲；承包商在中标后，要根据业主要求的、承包商承诺的、经认可的预备计划和设计深化进程，进一步编制详细的施工组织设计。项目管理部在工程开工前审查承包方编制的施工组织设计，重点对其中预备期与施工期工作接口、施工技术方案、施工进度计划、质量和安全保证措施、施工程序、工艺标准、人员配备、施工设备与机具选择。材料使用、现场文

明施工、环境保护等方面内容的合理性进行详细审查，并对重要的施工技术方案进行专门的可行性分析和技术经济比较论证，提出审查意见并上报总工程师审批后控制执行。施工组织设计一经审定，在施工过程中不得任意修改，如必须修改时，需经过项目管理部书面认可。

3）对承包商工作质量的控制管理。承包商的工作质量是保证项目实体质量的关键因素，而健全高效的质量体系是保证工作质量的前提。在管理过程中坚持以人为管理核心，严格检查控制总承包商、专业承包商，材料（设备）供货商的质量保证体系。在施工前，复查各单位资质是否符合合同规定，检查现场施工组织机构的质量体系是否健全，质量责任制度是否落实，质量保证措施是否可靠。在施工过程中，持续检查各方的质量体系运行效果，考察其是否真正按质量管理体系文件执行，管理体系的运行是否发挥良好的作用，有何不足和问题，如何达到质量目标的要求，采取相应的管理手段，控制各方对该体系运行进行改进和调整。

监理事务所对工程实施项目管理；按照监理规程要求以及监理程序对承包建设单位进行检查、监督和管理；对工程质量、工程进度、项目投资、安全管理四项进行控制；对合同、信息两项实施管理。上述工作必须统筹互动、协调统一地进行，才能保证全面、有效地实现工程总体目标。因此，力求应用先进的国际通用项目管理模式、管理技术、管理手段，来实现系统、综合的“四控、两管、一协调”工作。

4）工程技术档案及信息的管理。项目管理部将按照系统化、规范化、标准化的要求，做好各种技术文件资料和竣工图纸，以及政府规定办理的各种报批文件的管理。

①工程技术资料管理的总体要求：

a. 技术文档必须完整、准确、系统，并做到图面整洁、装订整齐、签字手续完备，图片、照片等要附情况说明。

b. 竣工图应反映实际情况，做到图物相符，加盖竣工图章。各类施工记录、检测记录，交接验收记录和变更签证应齐全。

c. 建设项目施工过程中的图片、照片、录音、录像等材料，以及建设项目施工过程中的重大事件、事故等，应有完整文字说明。同时要详细填写档案资料情况登记表。

②技术档案管理的内容：工程竣工时，应将工程往来批件、技术资料和施工图纸整理完好归档，其内容包括建设项目立项批复文件、工程技术资料、设备和材料的质量保证资料、项目竣工验收资料、项目投入使用的技术准备文件等。

③项目管理部做好工程技术档案的管理工作，按照工程技术资料管理的总体要求，检查工程技术档案是否规范、齐全、正确，档案组卷和装订是否符合归档要求，档案移交手续是否规范。

5）项目试运行和竣工验收的管理。

竣工验收分为验收准备、预验收和正式验收三个阶段，项目管理部将组织项目的竣工验收工作，工作内容包括。

①提供有关项目竣工验收工作程序的咨询。

②做好申报竣工验收的准备工作，主要有以下几种：

A. 整理技术资料。主要包括土建、工艺、安装、给排水、设备、暖通、电气、仪表、集成等方面的文件，设备调试记录和试运行情况报告等。

B. 查竣工图纸。竣工图必须准确、完整，符合归档要求，方能交工验收。

③审核竣工结算。

④依据国家颁布的有关技术规范和工程承包合同，对以下几方面进行检查或检验：

a. 检查、核实竣工项目准备移交档案管的所有技术资料的完整性、准确性。

b. 按照设计文件和合同，检查已完建工程是否有漏项。

c. 检查工程质量、隐蔽工程验收资料，关键部位的施工记录等，是否达到合同要求。

d. 查试车记录及试车中所发现的问题是否得到改正。

e. 交工验收中发现需返工、修补的工程，明确规定完成期限。

f. 其他涉及的有关问题。

⑤对项目竣工验收资料进行审查验收。

⑥组织项目初步验收和竣工验收。

（4）工程保修的管理。工程保修期内，项目管理部根据各类保修合同的约定，监督各承包商履行工程保修义务。定期检查回防项目运行情况，组织保修单位对使用过程中发现的质量问题进行保修并检查控制保修质量。根据承包合同约定，控制保修费用的使用。保修期结束后，项目总工程师签署工程保修尾款支付证书 。

（5）安全管理。

1）审查承包单位的安全保证计划。

①在工程开工前，由承包单位编制安全保证计划，经项目经理批准后报

项目监理部审查。

②安全保证计划内容应包括：工程概况、控制程序、控制目标、组织结构、职责权限，规章制度、资源配置、安全措施、检查评价、奖罚制度等。

③安全保证计划必须有可靠的措施，能够及时消除安全隐患，保证施工安全。

④结构复杂、专业性强、施工难度大的项目，应根据总体安全保证计划制定单位工程或分部、分项工程安全施工措施。

⑤对高空作业、深基础开挖、特种机械作业以及从事电气、起重机、金属焊接等特殊工种的作业，审查管理人员及作业人员的作业资格和身体状况。

2）督促安全保证计划的实施。

①督促承包单位按照安全生产责任制的要求，将安全生产责任分配到岗，落实到人，安全生产的责任人自上而下，应包括：项目经理、安全员、作业队长、班组长、操作工人。

②施工中发生安全事故时，协助事故责任单位按照国务院安全行政主管部门的规定及时报告，协助有关人员进行处理。

③督促承包单位对管理人员进行安全教育学习，学习安全生产法律法规、制度和安全纪律。

④督促承包单位对作业队及班组进行安全教育，了解施工任务特点，学习安全操作规程，正确使用安全防护设施，了解本工程或本班组的不安全因素及防范对策。

⑤工程开工前，对承包单位进行全面的工程交底（含安全交底）。

⑥工程开工前，督促承包单位技术负责人针对工程情况对作业队负责人、班组长及作业人员进行详细的安全交底，包括工程概况、施工方法、施工工艺、施工程序、安全技术措施等，保留具体的交底记录。

3）安全检查。

①督促承包单位定期对安全控制计划的执行情况进行检查和评价，对施工中存在的不安全行为和隐患，分析原因并制定相应的整改防范措施。

②对安全检查结果进行分析，找出安全隐患部位，确定危险程度。

③通过巡视、旁站等监理手段对现场人员的违章指挥和操作人员的违章作业及时下达监理制止令，予以纠正。

四、新农村建设具体实施方案

1. 新农村建设方案阶段重点控制要点

（1）规划设计方案初步设计方案。

（2）学校、培训中心、医院、住宅、养殖、种植和手工业加工基地及山区地区发展旅游事业，因地制宜开发建材加工基地，农村建设地点选择及建设方案。

（3）总平面布置方案。

（4）建设方案技术经济比较。

（5）公路、铁路建设方案。

（6）综合管线布置方案。

（7）绿化设计方案。

2. 新农村建设方案内容

新农村建设方案具体体现在精神文明和物质文明建设两个方面。

（1）精神文明建设主要表现形式：农村文化教育和专业技术的培训以及医疗卫生条件的改善。

（2）物质文明建设主要表现形式：养殖、种植业生产；手工业加工厂的建立和改扩建；学校、医院、住宅等建设项目。

新农村建设方案综合体现在初步设计方案上，主要表现为建设位置的选择和规划设计方案；建筑总平面布置方案；竖向布置方案；综合管线及公共设施布置方案；公路、铁路布置方案；绿化、美化布置方案；工程建设技术经济比较。

3. 新农村建设方案设计

（1）工程概况。

1）在平原及山区地区；根据当地农村特点，建立适合本地区的农村建设方案，建立手工业中小型加工企业，以及与农村发展建设相适宜的学校、专业技术培训基地、医院等公共设施建筑。

2）山区地区发展养殖、种植和旅游事业；因地制宜开发建材加工基地。

3）改善农村居住条件建设方案。

4）以一个村庄或几个村庄为基本建设单位，达到村民统一管理共同参与制定；因地制宜地建设社会主义新农村。

（2）建筑方案设计。

1）建设地点的选择基本原则。

①建设项目的选址，必须全面考虑建设地区的自然条件和社会环境，对选址地区的地形、地质、水文、气象、城乡规划、土地利用、工农业布局、交通运输条件、名胜古迹、自然保护区现状及其发展规划等因素进行调查研究，并在收集建设地区的经济、人文等基本资料的基础上进行综合分析论证，

选择最佳方案。

②重点建设项目的选址工作，应统筹安排，由国家和地方有关部门参加（包括建设单位、设计单位、城市规划和环境保护等部门），对工业交通等重点项目进行联合选址。

③各类建设项目的选址工作应同城市规划工作密切结合，保证城市的合理布局。

④选址工作应坚决贯彻国家的方针政策，节约用地，不占良田，因地制宜地合理利用荒地、坡地或低产地。

⑤充分利用已有或停建企业，以便加快建设速度，节约建设投资，但应避免盲目利用对工厂近期生产及远期发展的不良影响。对旧厂扩建项目要进行综合研究，对其新扩充农村建设地点的选定，应有利于充分利用新、老厂址以及新、老厂址的生产协作关系。

2）新农村建设地点选择的一般要求。

①新农村建设地点选址的外部运输条件应便利通畅，接线接轨方便，工程量小；应充分利用当地的已有运输设施，选用其既便利又廉价的运输方式。

②新农村建设地点选择必须妥善处理“三废”问题。

③新农村建设地点的选址应尽量靠近能源供应点，对水、电、热力有特殊要求的工厂更应注意能源供应的可靠性及企业发展对能源的需求量。

④新农村建设地点选址应尽量不占用现有铁路、道路、工程管线、居民点等设施的位置，以减少拆迁对建设的影响。

3）新农村建设总平面布置方案。

①一般规定：

a. 新农村建设要满足经济适用、安全可靠、布置合理和农村日益发展的需要，并符合城乡规划要求。

b. 新农村建设符合交通便利、四通八达和道路畅通的条件。

c. 建筑周围综合管网平面布置及节点位置的确定符合设计和市政规划设计要求。

d. 新农村建设工艺要求满足生产和使用要求。

e. 农村生产基地建设要求生产适用、物流线路短捷。

f. 充分利用自然条件和现有农村建筑，因地制宜地进行总平面布置或改扩建。

g. 新农村建设总平面布置方案，即要满足设计和施工规范要求，又要符合消防、安全、防火规程的要求。

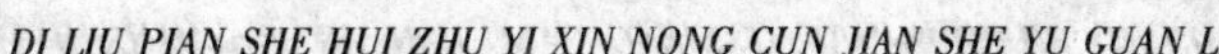

②特殊建设要求：

a. 养殖、种植基地的建设和手工制品加工厂建设方案：与新农村建设配套的公共设施建设，比如手工制品加工厂仓库面积和位置的选定，要符合消防安全规范规定；农村养殖，种植基地的建设达到建筑环境保护和质量标准要求。

b. 学校和培训基地建设方案：在相邻一个或几个村庄内根据人口数量，设置一所学校或专业培训基地；配备公交车和交通工具；保证学龄儿童和农民都有受教育的机会；达到各工种和专业技术培训适合农村发展的需要。中小学教育和专业技术培训机构设置，尽量集中布置、合理安排、统一管理；实行教育系统一体化。学校或培训基地尽量靠近农村居住区，尽量利用原有学校进行改扩建；尽量采用多层建筑和节约开支。教学楼和培训基地功能分区和布置方案符合设计和规范要求。专业技术培训采用计算机管理模式，建立适应农村建设发展的技术档案室和图书阅览室；形成新农村建设开发计算机软件系统和管理系统。

c. 医院建设方案：医疗卫生建设是新农村建设中必不可缺少的一个重要环节；医院的建设有它的特殊工艺要求和设计方案。医院要求洁净度高和精密的医疗设备。

医院应符合工艺流程和洁污分区的要求；敷料制作的粉尘不得影响其他用房；消毒室应贴邻贮存、分发室、并宜有传递窗相通；清洗室应分别设置通用和专用洗涤池。

建筑设备一般规定：设备管线的总平面设计应统一规划，全面考虑，合理安排层次、走向、坡度等，并应力求适应修建和改、扩建的需要；明设管道应排列整齐，并应根据不同用途以不同颜色分别标明。

d. 山区地区发展旅游事业，因地制宜开发建材加工基地建设方案：地理环境不适于农田种植的山区，可利用山景、泉水、绿林等天然旅游景观，创造养殖、果园、旅游建设方案。

河沙、石子加工后可成为很好的建筑材料；可利用自然资源，建立建材加工基地，同时还要采取一定的环保措施，保证粉尘不污染环境。建材加工厂总平面布置及选址应尽量远离居民区；并选择相应交通方便的地区建设。

建立对外营业门市部和商店；厂区内外应修建道路，并配备相应的运输机具。

e. 住宅建设方案：现有农村住宅平房布置不规则，危改房屋较多；为了改善农民的居住条件和生活水平，农村的危改房屋应统一改建或翻建。

总平面布置应尽量采用平房或多层建筑，达到合理布置和节约资金的目的。

居民住宅按照《住宅工程质量分户验收规定》执行并验收。

（3）道路建设方案设计。

1）新农村道路建设平面布置方案。在新农村建设领域，无论是哪种建筑，在总平面布置方案中和规划设计中，道路和市政建设都是不可缺少的部分。

城乡规划道路应符合总体规划方案要求，新农村村庄内主干道根据实际情况，路面型式各异；一般采用混凝土水泥路面的较多；水泥路面施工方便，养路费用少，经济效益高。

新农村建设村庄内的次干道和消防通道，满足消防和安全规范要求。

道路两侧的绿化布置，符合园林绿化规范和规定要求；开保证新农村建设住宅绿化指标和面积。

2）道路、铁路竖向布置方案。充分利用现有农村地形，选择与之相适用的竖向布置形式；合理地确定建、构筑物，铁路，道路的标高；恰当地利用适应改造自然地形条件，创造多种形式的竖向布置手法，减少建筑工程量，减少土方；创造稳定的场地和建筑地基及简化基础的条件。

选择适宜的平土方式，创造迅速完成土方施工的条件，应使场地排水畅通，并注意防洪排涝。对于湿陷黄土地区竖向布置要采取特殊的平整场地和填土方式以及排雨方式。

对于山区地区自然坡度大于3%或宽度较大时，采取阶梯竖向布置形式。

道路两侧的排水坡度的确定和道路交叉口的竖向布置的处理，是新农村建设道路必须考虑的问题，一般道路坡度在5%～20%之间，防止道路集水影响交通。

根据道路和住宅小区汇水面积的计算，确定道路排水方式和雨水井的数量。

3）道路、铁路设计方案中应注意的问题。

①穿过山区地区的铁路、公路交叉路口位置，为了保证安全运营和生产，在道口处要设有安全防护和保证措施，或者设置道房并派专人看守，保证道路通畅不出安全交通事故。

②城乡规划道路、步道、绿化隔离带等设计，以及道路、铁路两侧综合管线的布置，符合设计及施工规范和要求。

③汽车停车场位置的确定和总图运输工具的选取；确定养路设备类型、

数量，也是新农村建设方案中需要考虑的问题。

④新农村道路建设和铁路建设中的总平面设计、纵横断面设计及路基、路面设计均满足设计、施工和使用要求。同时，还需满足城乡和城市规划要求。

⑤铁路设计方案，包括大城市城铁贯通城乡市区的线路，对于各火车站始发站和贯穿山区地区铁路、道路隧道的建设，是新农村建设的关键项目及控制部位。

（4）综合管网建设方案设计。

1）管线综合布置的一般原则和要求。

①组织好各种管线，力求使管线间及管线与建、构筑物之间在平面和竖向上相互协调，应考虑生产安全、施工和检修方面以及节约用地等要求。应避免影响露天堆场及建、构筑物的发展，并适当考虑预留管线本身改、扩建的余地。

②全面考虑各种管线的性质、用途、相互联系及彼此间可能产生的影响；合理选择管线走向，尽量使管线短捷、均匀、适当集中。管线宜直线敷设，并与道路、建筑物轴线或相邻管线平行。干管宜布置在靠近主要用户及支管较多的一侧。

③管线的平面布置，力求顺直，尽量减少管线与交通运输线路的交叉，交叉时应尽量垂直交叉，在困难条件下，两者交角不宜小于45°，并应采取加固措施。

④为了节约用地，管线的附属构筑物应相互交错布置，避免冲突。

⑤地下管线较多、场地比较狭窄的困难地段，可采用综合地沟；地上管线较多时，尽可能共架（共杆）布置。

⑥可燃液体及气体的管道，若两者混合可能引起爆炸或火灾者，不允许共架敷设；在煤气管道或支架上，禁止敷设易燃及有腐蚀性液体的管道、临时的或永久性的电线（供煤气管道本身使用的电线除外）。同样，在电线下面禁止敷设煤气管道；通信架空明线线路不宜与供电线路合杆架设。通信电缆线路一般也不与供电线路合杆架设；在必要时允许和10kV及以下的供电线路合杆架设。

⑦尽可能将性质类似，埋设深度接近的管线排列在一起，有条件时可同沟敷设，一次开挖，采用最小水平净距，为机械化施工创造条件，并便于维修。

⑧管线尽量避开填挖较深和地质不良地段。沿山坡或高差较大的边坡布

置管线时，应注意边坡稳定和防止冲刷。

⑨在改、扩建工程中，要注意新建管线不要影响原有管线的使用，并尽量满足施工和交通运输的要求。当有可靠根据或措施，管线间距不能符合规定时，可适当缩小间距。

⑩充分发挥原由管架、杆塔的潜力，组织共架、共杆、对原有管架采取加固、加高、加宽、增加层数等办法增设架空管线，也可采用沿建筑物墙壁架设管线。

⑪埋地管线可采取重叠敷设，但应使重叠的管段最短。同时，应将检修量多的、埋设浅的、管径小的敷设在最上层，有污染的管道敷设在下层。重叠敷设的管道之间的垂直净距应考虑维护检修和埋设深度的要求。

⑫在用地紧张的地段，可将不经常检修的排水管布置在道路路肩，甚至行车路面的下面。地下管道（热力管道除外）可布置在绿化地带内（如草地、灌木从），但不允许布置在乔木下面。

2）管线综合布置中，当各种管线的位置发生矛盾时，在满足生产、安全条件下，应按下列原则处理：

①新设计的让已有的。

②压力流的让重力流的。

③管径小的让管径大的。

④可弯曲的让不可弯曲的或难弯曲的。

⑤临时的让永久的。

⑥一般的让特殊的。

⑦工程量小的让工程量大的。

⑧发生故障后影响小的让影响大的。

⑨施工、检修方便的让施工、检修不方便的。

（5）环境绿化和美化方案设计。

1）绿化布置方案。绿化设计是建筑总平面布置的组成部分之一。在进行新农村建设总平面布置时必须同时考虑绿化设计。进行绿化设计时一般应考虑以下要求：

①考虑性质、生产特点、污染情况等具体条件因地制宜的进行新农村建设绿化设计，以充分发挥绿化的环保功能和美化功能。

②合理的选择绿化种植。设计时应根据绿地功能、种植属性及环境条件等综合考虑。选择既有抗性又有经济价值的植物进行绿化；在污染较轻的场合，也可以选择果树、油料、药用植物等种植。这样，既可以起到绿化作用，

又能获得一定的经济效益。

③妥善处理绿化布置与交通运输线路和工程管线之间的关系。在交通运输线路一侧、两侧或分隔带进行绿化布置时，一定要考虑运输车辆的安全行驶。特别是在道路交叉口、转弯处及铁路与道路的平交处，要满足行车视距的要求，在视距范围之内不得种植高大乔木。在工程管线敷设的地段，对绿化布置的制约条件更多。如在地下管道的上面不应种植根深乔木，树木宜远离直埋电缆、煤气管道、热力管道、酸管、碱管等地下管道；下水管道附近宜种植根系趋水性不强的树木或植物；架空电线下面宜种植生长慢，耐修剪的树种，避免种植高大乔木等。因此，在工程管线敷设的地段进行绿化布置时一定要注意妥善处理工程管线与绿化之间的关系，既要保证工程管线的合理敷设、正常使用和便于维修，又要使绿化布置充分发挥效益。

④要注意节约用地。不能为绿化而盲目扩大新农村建设占地，以免造成浪费。为了在节约用地的条件下充分扩大绿化面积或绿地覆盖率，可以开拓空间发展垂直绿化、多层绿化和屋顶绿化，还可以充分利用零星场地见缝插针地进行绿化，以求得较少的绿化占地获得更好的绿化效益。

⑤绿化设计要满足城市道路规划与设计，城市绿化工程施工及验收规范，园林及绿化工程施工验收规范，居住区绿地设计规范、城市绿化植树工程施工验收规范等要求。

2）美化建设方案。

①美化设计条件。在进行建设美化用地上，虽不能像园林绿化用地那样进行多方案比较，选择最合适的地点。但建筑往往是一个既定的场地，新农村建设区域内有厂房、道路、铁路、各种地下管线，限定条件、限定因素相当多。所以要搞好美化，只有在熟悉环境的基础上，掌握对美的要求、功能的要求，善于利用建筑的地形地貌，因地制宜地进行艺术处理，创造美的环境。

主要是推敲绿色植物的配置，各种适宜的建筑小品的设计以及建设小游园的组合，所以园林绿化的一些美学手法和表现技巧值得我们在建设美化设计中借鉴。

②美化建设方案手法：

a. 对称在绿化美化中是经常使用的手法。

b. 对称方法在绿化中，可以是左右对称，也可以是纵深间断性的循环对称，使其突出树形，等距离的重复，给人以一种节奏感和韵律感。

c. 对比手法。无论在园林设计中或者是在建设绿化美化中都是一个不可放弃的重要手法。

d. 平衡的应用。平衡是借两种力量或两种力量以上处于相互平均的状态。

e. 协调和统一。绿化美化中应用协调和统一，会产生各种不同的格调和风格，规则式的花坛、花台，花境中的灌木、草坪、花卉最好有规律的栽植，这样可以增强平面几何图形和空间造景物的协调统一，造景的外轮廓线形将深深地印在观赏者的脑海里，美感更会得到充实。

f. 宽大。建设绿化美化的场地面积十分有限，特别是在改、扩建建筑，例如在设计自由式小游园时，道路要迂回曲折；两路交叉时交叉处不宜出现直角或锐角；路与路之间应充分利用分隔法，使其相互看不见，如用高过人们视线的树丛、灌木丛、牌坊将人们的视线分散；建筑小品之间可以用群植乔、灌木掩饰；建筑小品体量不亦过大；尽量以高度的艺术手法给人创造引人入胜的环境；园内景点要丰富多彩，不宜出现高大乔木，以至造成对观赏景点的压抑感。

g. 分隔。分隔是造园艺术方法之一，在建设小游园时，必定要应用分隔手法。

五、新农村建设工程进度计划和安排

1. 实施步骤

按照“规划先行、分步实施、因地制宜、分类指导、整体推进、全面发展”的思路和“一年突破、二年见效、五年变样”的目标，新农村建设具体分 3 个阶段有序推进。

（1）启动阶段。开展新农村建设宣传工作，动员群众积极参与；开展重点村庄的规划建设和文明村创建示范工作，做到因地制宜、一村一策、科学指导、重点突破；继续大力推进农村水、电、路、通信、广播电视等基础设施建设。

（2）实施阶段。大力推进示范村建设，建成一批“规划科学、布局合理、设施配套、功能齐全、环境优美”的新农村；大力推进农村公共服务体系建设；成立一批农村经济合作组织，做到主导产业均成立产业协会或专业合作社；实现 80% 以上的农村适龄劳动力基本掌握 1 ~ 2 门实用农业技术或职业技能，培育一批新型务工农民和产业农民。

（3）提高发展阶段。统筹推进农村物质文明、政治文明和精神文明建设，90% 以上的村庄完成新农村建设方案，基本达到“规划科学、布局合理，设施配套、功能齐全、环境优美”的要求；90% 以上的农村适龄劳动力掌握 1 ~

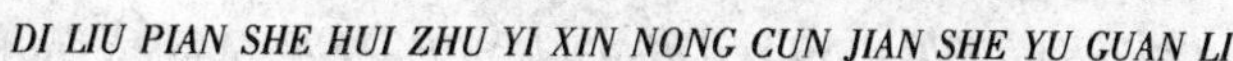

2门实用农业技术和务工职业技能；90%以上的农业主导产业成立了合作经济组织，形成90%以上的村镇有若干农业主导产业，主导产业市场优势突出，创建一批全面达标的文明村镇，实现农村经济和社会各项事业全面、协调、可持续发展。

2. 工作安排和具体要求

新农村建设是党中央一项重要战略部署，是牢固树立和落实科学发展观、统筹城乡经济社会发展、加快农村小康建设步伐的一个新举措，是从根本上解决农业、农村和农民问题的大胆探索和实践，更是一项功在当代、利在千秋的惠民、富民、民心工程。务必深刻认识活动意义，充分调动各方面力量，明确职责，分工合作，统筹协调，全面投入到新农村建设各项工作中来。具体工作安排如下。

（1）成立指导新农村建设各项工作领导和专家小组，具体工作职责是：①指导所联系村镇开展新农村建设调查研究工作，结合实际，确定重点村新农村建设工作思路；②指导所联系村镇制定新农村建设实施方案，明确工作步骤，督查工作进展情况，确保工作任务如期完成；③牵头协调有关职能部门、单位和镇、村、组关系，指导督促其发挥作用，支持服务新农村建设。

（2）实行村庄承包考核工作。新农村领导小组和专家小组定期指导所在镇、村开展新农村建设各项工作。具体工作职责是：①协助村镇开展新农村建设宣传发动、调查摸底工作，积极动员群众参与，指导帮助村庄成立村民理事会；②联系协调有关职能部门，指导帮助村镇做好村庄建设规划，提出并推动落实有关建设项目：③包村工作组要集中精力，帮助各村制定新农村建设实施方案，搜集整理有关基本情况，形成有当地特色的新农村建设工作思路；④筹集包村工作所要求投入的资金，集中用于新农村建设和发展建设等各项工作，资金的使用要相对集中在具体建设项目或某个重点村镇建设上，力争取得成效。

（3）各村镇成立领导班子。各镇领导班子成员必须联系若干个村，抓好新农村建设各项工作。具体工作职责是：①成立新农村建设领导小组，确定新农村建设工作重点村建设方案，明确责任；②制定操作性强的实施方案，围绕新农村建设总体目标，提出本村镇新农村建设五年规划和实施步骤，确保如期完成新农村建设各项工作任务；③开展形式多样的宣传发动工作，逐渐形成大规模新农村建设形态；④全面开展村镇规划工作，聘请有资质的规划设计人员，根据区域特色和人文环境进行规划设计，完成市郊规划设计方案设计；⑤全面开展对重点村实现无暴露垃圾、污泥和路障；⑥各镇要集中力量抓好重点村的新农村建设工作，主要领导要安排承包重点村，镇财政在筹集安排新农村建设专项资金时，要相对集中到重点村的建设项目上，帮助重点村完善公共配套设施和公共服务体系，初步达到村镇规划建设基本标准和文明村镇标准的要求。

（4）市区有关职能部门职责。要加大政策扶持力度，找准位置，明确责任，发挥优势，搞好服务。新农村建设领导小组成员单位要在选择一个重点村，集中单位力量对口援助、服务的同时，带头履行职能，支持服务新农村建设的优惠政策。区、镇两级财政每年预算安排一定比例的专项资金用于新农村建设，并积极向上争取扶持资金。实行或向上争取规费减免政策，规划建设部门为小城镇、重点村编制或审核规划时，只收规划设计成本费，且每年必须完成指定的设计任务，所需规划设计费用由区、镇财政统筹安排；交通部门要协助各镇搞好农村公路规划，并督促有关设计部门对勘察设计费用只收取成本费，且每年必须完成指定的勘察设计任务；国土、房产部门办理有关手续时本级规费减半收取；其他有关部门办理有关手续只收取工本费，房屋建设审批收费标准要向社会公布，接受群众监督；要加大对乱批土地、乱收费的查处力度，对违反规定乱批土地和在农民建房中乱收费的，发现一起依法查处一起。落实扶持鼓励政策，对路宽 3.5m、4.5m、6m 及以上的道路按项目管理标准进行补助。

（5）要加强村镇规划建设管理，把规划建设纳入规范化制度轨道。按照“科学规划、合理布局、因地制宜、分类指导、逐步到位”的原则，凡是已经有建设规划的村镇，国土部门要严格按土地利用总体规划和城镇建设规划要求审批农民宅基地，不得在规划区外批宅基地；未作出规划的村镇，必须按要求完成规划编制，未完成规划编制前，暂缓宅基地和建房审批。要引导鼓励建新拆旧，纠正一户多宅现象。凡到规划区内建新房的农户，必须拆除老宅基地上的旧房，其老宅基地由集体统一收回；凡不愿拆除旧房的不得批准其在新宅基地建房。严格执行新村镇“规划一张图、审批一支笔、建设一盘棋、管理一个法”的制度。各镇均要设立规划建设管理所，负责村镇规划建设的具体管理工作，为新农村建设提供及时、周到的服务，确保村镇规划的落实；鼓励制定村规民约，把政府管理与村民自治有效结合起来，建立科学、高效的村镇规划建设管理体系。要根据不同区域、不同条件编制不同的规划建设标准，条件好的要高起点规划建设，其他地方的规划也要适度超前。规划建设模式力求形式多样，既可生态庄园式，也可农村社区式；既可分散村落式，也可城郊集中式。要提高房屋设计水平，务求新颖别致，美观大方；

要提供各种房型供农民选用，尽量挖掘建设有风格的农家民宅。

（6）村级基层组织职责。各村要充分发挥村民自治组织的作用，召开村民代表大会，商议村庄规划建设新农村建设事项，成立村民理事会，牵头动员群众，具体组织实施村庄规划、拆旧建新等工作，强化村民自我管理、自我服务的功能，把阶段性集中整治与日常性管理结合起来，建立健全村规民约，建立健全门前“三包”责任制以及全体村民共同保护环境、爱护卫生的责任机制和约束机制，建立巡察制度，加强督促检查，经常性地开展“文明村庄”、“卫生村庄”等群众性评比活动，激励先进、鞭策后进，促进新农村建设走上规范化、制度化轨道。农村党组织要对党员带头参与支持新农村建设工作进行考核，结合党员设岗定责、保持先进性教育等活动，充分发挥党员在新农村建设中的先锋模范作用。

（7）组织领导和督查考核。

1）组织领导。成立区新农村建设工作领导小组，具体负责新农村建设工作的具体指导协调和督促工作。

2）建立科学的目标考核体系。各级、区政府将这项工作列入对乡镇和单位年度目标责任考评。由政府组织部负责、农办参与制定目标考评方案，征求各方意见后予以实施。定期通报各镇工作进展情况，各新农村建设领导小组不定期地对各镇开展工作情况、职能部门履行工作职责情况进行督促检查，对工作抓得紧，成效明显的，给予通报表扬；对工作不到位，进展慢，成效不明显的，责令限期整改，并给予通报批评。

3. 新农村建设方案工程进度计划安排（5年计划）

新农村建设方案工程进度计划（5年计划），见表6－3。

表6－3　新农村建设方案工程进度计划表

序号	年份 新农村建设达到的效果	×× ××年	×× ××年	×× ××年	×× ××年	×× ××年
1	1年完成：实施新农村建设动员工作，完成村镇公共设施建设，达到初见成效					
2	3年完成：大力推进实施示范村建设，达到80%以上村民掌握1～2门专业技术					

续表

序号	年份 / 新农村建设达到的效果	×× ××年	×× ××年	×× ××年	×× ××年	×× ××年
3	到××××年完成：90%以上的村庄完成新农村建设方案，形成90%以上的村镇有若干农业主导产业，达到90%以上村民掌握1~2门技术和专业技能					
4	××××年~××××年5年内完成；全面统筹推进新农村物质文明和精神文明建设，使90%以上的村庄完成新农村建设方案					

六、新农村建设投资估算和资金筹措方式

1. 项目投资估算内容

项目投资估算内容包括工程项目前期报建费用、拆迁费、设计费、土建工程、装饰工程、电气工程、水暖工程、通风空调工程、园林绿化工程、总图运输及市政工程等项目工程造价综合费用。

（1）土建、装饰、水、电、暖卫工程费用。

1）养殖，种植业房屋建设及附属设施建设费用和给排水、电气、暖卫、通风空调等设备安装费用。

2）第三产业生产基地房屋建设费用和给排水、电气、暖卫、通风空调等设备安装费用。

3）学校、专业技术培训基地、医院、旅游住宿用房及公园内房屋建筑、古建筑、庭院工程建筑等建设费用和给排水、电气、暖卫，通风空调等设备安装费用。

（2）总图运输布置、外线管道施工、市政道路和公共设施建设费用。

1）铁路、公路建设费用。

2）综合管网外线施工费用。

3）园林绿化费用。

4）市政管线节点位置报批、道路开口及绿化部门伐树报批费用。

5）建筑规划位置审批、消防审批、开工报建手续等工程前期费用。

（3）其他费用。农村原有建筑拆迁费、青苗补偿费、建筑设计费、工程

项目管理费等。

2. 投资估算控制原则

以上各项费用本着节约开支的原则，优化设计方案；为施工图预算作充分的准备工作，在以后的施工中要尽量减少设计变更和洽商费用、严格控制工程索赔费用的发生。

项目管理事务所对项目投资进行控制，达到设计概算不超投资估算；设计概算不超施工图预算。

3. 资金筹措方式

采取国家预算内财政拨款与自筹资金相结合的原则；因地制宜地建设新农村，发展手工艺制品和第三产业及农村旅游事业对外经营增加经济效益，并能逐渐收回建设成本。

4. 新农村建设方案技术经济比较

（1）新农村建设区域位置。面积及地形；地势与坡度；地质条件；土方工程量；建筑现有所有者拆迁；赔偿情况；铁路和公路交通条件；卫生条件；供水、供电、给排水条件。

（2）建设费与经营费的比较。建设费：土方工程及平整场地；建筑物拆迁及补偿；公共设施配套费；交通费用；土地使用开发费；建筑周围公路和绿化建设费；供水、排水、用电及管道设施费用；施工临设费用。经营费：原材料；加工制作及成品运输；动力设施的费用。

（3）环境影响比较。减少污染和噪声；设计采用环境保护措施，做好环境保护和投资估算。

根据现有农村现状和存在问题，贯彻党中央“十七大”指示精神，对新农村建设投资估算和技术方案进行比较，加快新农村建设的步伐使农村、村民生活水平达到小康；提出新农村建设方案。

七、经济效益和社会效益评价

（1）建设新农村是构建和谐社会的必然要求，新农村建设、构建和谐的农村社会应与农村建设的实际紧密结合起来，把农村建设成为经济繁荣、设施配套、功能齐全、环境优美、生态良好、文明进步的社会主义新农村。

（2）建设新农村是统筹城乡发展、实现共同富裕的根本途径。社会公平、共同富裕是社会主义的本质要求，也是社会主义新农村的基本特征。新农村建设要坚持以发展为重、发展为先，以经济建设为中心，通过加快农业产业化、农村城镇化和农业现代化的步伐，不断缩小城乡差距，从而实现农村社会由温饱到小康。

（3）建设新农村，提高了广大农民生活水平和文化教育水平，调动了广大农民群众努力工作的积极性。他们在各自的岗位上将创造出更多的经济效益和社会价值；提高社会经济效益。我国是一个农业大国，只有农村建设事业壮大了，才会推动我国整个国民经济事业的发展。

第二章　新农村规划建设管理

第一节　小城镇规划建设管理目标与特点

一、规划建设管理任务与目标

1. 小城镇规划建设管理的基本要求

城镇政府的主要职责是把城镇规划好、建设好、管理好。政府作为小城镇建设最重要的主体，担负着确定战略、科学决策、编制规划、组织实施、检查监督等一系列重要职责。

小城镇规划建设管理是行使政府基本职能之一的政府行为。小城镇规划建设管理是县人民政府和小城镇人民政府小城镇管理的主要组成部分。

2. 小城镇规划建设管理任务

小城镇规划建设管理任务是通过在国家宏观政策法规和上级城乡规划行政主管部门的业务指导下，由县（市）人民政府和小城镇人民政府组织编制小城镇规划并依据小城镇规划相关法规、标准和批准的小城镇规划，对小城镇规划区范围内土地的使用和各项建设活动的安排实施控制、引导、监督及违规查处等行政管理活动，实现小城镇持续健康发展。

从我国城镇管理的运作机制来看，小城镇的规划建设管理主要在宏观、中观、微观三个层面上展开：一是由国家规划建设行政主管部门主管全国范围内的小城镇规划建设管理工作；二是由县级以上地方人民政府规划建设行政主管部门负责本行政区域内的小城镇规划建设管理工作；三是由小城镇人民政府或政府规划建设行政主管机构负责小城镇规划建设管理工作。

3. 小城镇规划建设管理目标

小城镇规划建设管理目标是保证小城镇的持续发展和满足小城镇经济、社会持续发展的科学合理规划建设要求。具体来说，小城镇规划建设管理应保证以下目标实现：

（1）保证小城镇发展战略目标的实现。小城镇规划是小城镇未来发展的战略部署，是小城镇发展战略目标的具体体现。小城镇规划建设管理则是通过日常的管理保证规划目标的实现，从而保证小城镇发展战略目标的实现。要做到这一点，就要求小城镇规划建设管理过程中的所有决策和决定，都必须围绕着小城镇发展战略目标，依据目标—手段链的方式而作出，从而使每一项建设都是为了实现战略目标而进行。

（2）小城镇规划建设管理应保证小城镇政府公共政策的全面实施。小城镇规划建设管理是政府对小城镇规划、建设和发展进行干预的手段之一。城乡规划是政府实现城乡统筹和可持续发展的公共政策，小城镇规划是政府上述公共政策的组成部分。因此，小城镇规划建设管理就是在管理过程中保证各类公共政策在实施过程中的相互协调，为公共政策的实施作出保证。这要求小城镇规划建设管理，一方面要将政府的各项公共政策纳入到规划过程之小；使小城镇规划能够预先协调好各项政策与规划之间的相互关系，并在规划编制的成果中得到反映；另一方面要在小城镇建设和发展管理过程中，充分协调好各项政策在实施过程中可能出现的矛盾，避免为实施一项政策而使另一项政策受损而对社会整体利益造成损害，充分发挥小城镇规划的宏观调控和综合协调作用。

（3）小城镇规划建设管理应保证小城镇社会、经济、环境整体效益的统一和社会利益的实现。在市场经济体制下，对于小城镇建设的市场行为者而言，其行为的基础和决策的依据是对经济效益的追求，这种追求可以对小城镇发展起到积极的推动作用，但如果以此作为唯一的尺度或过度地片面追求经济利益，往往会对社会的公正、公平和环境等方面带来负面影响，小城镇规划建设管理应保证小城镇社会、经济、环境、效益的统一和社会整体利益的实现。基于社会的整体利益和经济、社会、环境整体效益，必须由政府对小城镇建设发展进行宏观调控和综合协调。小城镇规划是政府对小城镇经济建设宏观调控和综合协调的重要手段。规划是政府指导调控城市建设的重要手段。

二、规划建设管理的基本特点

小城镇规划建设管理要针对不同性质、不同规模小城镇的自然条件、社会经济发展和建设的现状、发展趋势和建设速度展开，同时还涉及政治、经济、社会、文化、教育、卫生以及人民生活等广泛领域。因此，其基本构成、运作等相当复杂。为了对小城镇规划建设管理的性质有比较确切的了解，必须进一步认识其基本特点，由此也可以把握小城镇规划建设管理的基本原则，小城镇规划建设管理的基本特点主要有以下几个方面：

1. 小城镇规划建设管理是一项政策性很强的工作

小城镇政府的基本职能之一，就是把小城镇规划好、建设好、管理好。小城镇规划建设管理是政府行为，必须遵循公共行政的基本目标和管理原则。我国社会主义国家行政机关的职能是建立和完善社会主义制度，促进经济、社会和环境的协调发展，不断改善和满足人民物质生活和文化生活日益增长的需要，是为人民服务，代表最广大人民的利益。小城镇规划建设管理的最终目的是为了促进经济、社会、环境的协调发展，保证小城镇有序、稳定、可持续发展。在规划建设管理中为了小城镇的公共利益和长远利益需要而采取的控制性措施，也是一种积极的制约，其目的是使各项建设活动纳入到小城镇发展整体的、根本的和长远的利益轨道。小城镇规划建设管理过程中的各项工作都可能会涉及小城镇建设的战略部署，会对小城镇生产、生活环境产生长远的影响，并且几乎涉及到小城镇经济、社会、文化等各个方面和小城镇政府的各个部门。小城镇规划建设管理必须以国家和地方的方针政策为依据，以法律法规为准绳，依法行政、依法行使管理的职能。因此，小城镇规划建设管理不单纯是技术问题，更是与国家和地方的方针、政策等紧密相关，是一项政策性很强的工作。

2. 小城镇规划建设管理是一项综合性的管理工作

小城镇是一个复杂的有机综合体。小城镇社会、经济、环境资源等系统，不仅具有各自的运行规律和特征，自成体系，而且相互关联有影响、有制约，并与外界环境密切相连，因此决定了小城镇规划建设管理具有综合性的特点。小城镇规划建设管理的任务首先是要保证小城镇内各项规划和建设正常运转，因而不能局限于对小城镇某一方面的运转管理，还应协调、控制小城镇各个方面的相互联系，使之各得其所、协调发展。小城镇规划建设管理的综合性，不仅体现在其内容的包罗万象（例如涉及气象、水文、工程地质、抗震、防汛、防灾等方面的内容；涉及经济、社会、环境、文物保护、卫生、绿化、建筑空间等方面的内容；涉及基础设施工程管线、交通、农田水利、公共设施等方面的内容；涉及法律法规、方针政策以及小城镇规划等的技术规定各方面的内容)，还体现在整个规划建设管理的过程中，不管是局部的还是整体的规划建设管理，都应从总体的规划和战略协调上进行综合性的管理、组织和协调好小城镇功能的发挥，保证小城镇的有序发展和整体发展目标的实现。在此过程中，小城镇规划建设管理中的所有决策都必须遵循以社会、经济、环境综合效益为核心的基本原则，促进小城镇的可持续发展。

3. 小城镇规划建设管理是一项区域性的管理工作

小城镇是一个开放的系统。每个小城镇都有自己的优势与不足，万事俱全的“孤立国”是根本不存在的。伴随着我国市场经济体制的建立和城市化水平的不断提高，区域内小城镇的发展越来越受到经济一体化、区域整体化、城乡融合等趋势的深刻影响。区域内外由于市场一体化所导致的经济一体化，不仅对各小城镇的产业结构、产品结构、技术结构、投资结构、劳动力结构等方面产生深刻的影响，而且还由于上述影响，导致各小城镇在区域内的竞争优势和不利因素发生变化。这些变化在不同程度上决定着小城镇发展的方向、目标和规模。为了适应经济结构的这一变化，要求各小城镇在土地利用和空间结构等方面作出相应调整，要求基础设施区域统筹规划、联合建设、资源共享，并使区域内基础设施（水利防汛、给排水、交通、通信、能源等）的布局最有利于区域的整体发展。这种在各小城镇间、各部门间、各行业间乃至各区域间通过相互协调，调剂余缺，使各小城镇的协作建设形成综合的整体效益，并从而保障真正意义上的可持续发展的实现，是小城镇政府及政府建设行政主管部门行使宏观与微观管理的基本职能之一。因此，小城镇规划建设管理是一项区域性的管理工作。

4. 小城镇规划建设管理是一项多样性的管理工作

由于小城镇发展的基础条件、经济条件不同，决定了小城镇不同建设阶段和建设阶段目标。同时不同地区、不同性质类别、不同规模小城镇规划建设本身也有许多不同，这一些体现在小城镇规划建设管理方面，就具有管理多样化的特性。一个小城镇的形成与发展，总是与其外部周边环境紧密相连。资源、交通、对外联系等条件的不同以及区位条件的不同，不仅使小城镇的内部管理结构存在差异，小城镇的发展方向、发展重点、发展水平亦不尽相同。近几年国内出现的几种发展类型，如工业型、市场型、农牧加工型、旅游服务型、三产服务型。交通枢纽型等就是最好的例证。正是由于小城镇的建设发展阶段性和发展模式、道路的不同，决定了小城镇规划建设管理的多样性。因此，必须坚持从实际出发，从小城镇的镇情出发，必须坚持实事求是、因地制宜的基本原则。

5. 小城镇规划建设管理是一项长期性的管理工作

搞好小城镇规划建设，大力发展小城镇，在国民经济和社会发展中具有重要地位和作用。因此，党中央、国务院历来十分重视这项工作，并在十五届三中全会上将小城镇的规划建设提到了战略高度。“小城镇，大战略”，我国推行中国特色城镇化道路是大中小城市与小城镇协调发展，小城镇在城镇化和城乡一体化中占有重要战略地位，起着十分重要的作用。城镇化和城乡一体化是一个长期的过程，这说明了小城镇的存在将是长期的，其规划建设管理也必定是长期的。这种长期性体现在规划方面，就是说小城镇的发展要杜绝改革开放之初底子薄时只顾眼前、不顾长远的旧模式，而应立足战略的高度，以长远思路、长远规划来指导小城镇的建设。体现在建设方面，就是说我国要想解决农村剩余劳动力，实现农村现代化这个长远目标，就必须通过不断加强小城镇的建设来实现，这种小城镇建设的长期性决定了管理的长期性。因此，小城镇规划建设管理必须坚持立足当前、放眼长远、远近结合、慎重决策的原则。

6. 小城镇规划建设管理是一项动态性的管理工作

现代小城镇作为一个有机体，无论是立足于单一城镇还是区域城镇群的角度，其局部或单体的运转都会影响到整体的运行。同时事物在不断变化，小城镇规划要素、规划建设条件和情况在不断变化，因此，必须以动态的、整体的理念进行小城镇规划，并在建设中坚持长远的、动态的管理原则，管理好小城镇局部的规划与建设，协调好小城镇总体的运行，最终保证小城镇各项发展战略目标的实施。

三、规划建设管理内容

依据《中华人民共和国城市规划法》、《建制镇规划建设管理办法》及《村庄和集镇规划建设管理条例》等的有关规定，小城镇规划建设管理的主要内容有以下几个方面。

1. 小城镇规划编制管理工作

小城镇规划编制管理是指县人民政府和小城镇人民政府为实现一定时期经济、社会发展目标，为居民创造良好的工作和生活环境，依据有关法律、法规和方针政策，明确规划组织编制的主体，规定规划编制的内容，设定规划编制和上报程序的行政管理行为。小城镇规划编制管理的内容主要有以下两项。

（1）由县人民政府或在县级以上地方人民政府城市规划行政主管部门指导下，由建制镇人民政府负责组织编制建制镇规划；建制镇在设市城市规划区内的，其规划应服从设市城市的总体规划；按城乡规划相关法规，编制建制镇规划按总体规划和详细规划两个阶段进行。

（2）集镇规划由乡级人民政府负责组织编制，并监督实施。集镇规划的编制，应当以县域规划、农业区划、土地利用总体规划为依据，并同有关部门的专业规划相协调。县级人民政府组织编制的县域规划，应当包括集镇建设体系规划。编制集镇规划，一般按照总体规划和建设规划两个阶段进行。

2. 小城镇规划审批管理工作

小城镇规划审批管理就是在规划编制完成后，由规划编制组织单位按照法定程序向法定的规划审批机关提出规划报批申请，法定的审批机关按照法定的程序审核并批准规划的行政管理行为。编制完成的规划，只有按照法定程序报经批准后，才具有法定约束力。也只有实行严格的分级审批制度，才能保证小城镇规划的严肃性和权威性。规划的审批不同于其他设计的审批，既要注重对规划图纸的审核，更要注重对规划文本的审核；既要注重对规划定性内容的审核，也要注重对规划定最性内容的审核。在审批过程中，需针对不同类型、规模的小城镇规划，在审批要点和深度上有所不同，其内容有以下两项。

（1）建制镇的总体规划报县级人民政府审批，详细规划报建制镇人民政府审批。建制镇人民政府在向县级人民政府报请审批总体规划前，须经建制镇人民代表大会审查同意。任何组织和个人不得擅自改变已经批准的建制镇规划；确需修改时，由建制镇人民政府根据当地经济和社会发展需要进行调整，并报原审批机关审批。

（2）集镇总体规划和建设规划，须经乡级人民代表大会审查同意，由乡级人民政府报县级人民政府批准。乡级人民政府可以对集镇规划进行局部调整，并报县级人民政府备案。涉及集镇的性质、规模、发展方向和总体布局重大变更的集镇总体规划和建设规划，应经乡级人民代表大会审查同意后，由乡级人民政府报县级人民政府批准。

3. 小城镇规划实施管理工作

（1）建设项目选址的规划管理。为了保证各类建设项目能与小城镇规划密切结合，使建设项目的建设按规划实施，也为了提高建设项目选址和布局的科学合理性，提高项目建设的综合效益，根据《城市规划法》、《建制镇规

划建设管理办法》和《村镇规划建设管理条例》的有关规定，小城镇政府或政府规划建高级行政主管机构对小城镇规划区范围内的新建、扩建，改建工程项目，首先实施建设项目选址的规划管理。《城市规划法》第 30 条规定："城市规划区内的建设，工程选址和布局必须符合城市规划。设计任务书报请审批时，必须附有城市规划行政主管部门的选址意见书"。《建制镇规划建设管理办法》第 13 条规定："建制镇规划区内的建设工程项目在报批计划部门审批时，必须附有县级以上规划行政主管部门的选址意见书"。根据原国家计委和建设部制定的《建设项目选址管理办法》，建设项目选址管理由两部分组成。

1）城市规划行政主管部门应当了解建设项目建议书（项目可行性研究报告）阶段的选址工作，各级人民政府计划行政主管部门在审批项目建议书（项目可行性研究报告）时，对拟安排在城市规划区内的建设项目，要征求同级人民政府城市规划行政主管部门的意见。

2）城市规划行政主管部门应当参加建设项目设计任务书（项目可行性研究报告）阶段的工作，对确定安排在城市规划区内的建设项目从城市规划方面提出选址意见书，设计任务书（项目可行性研究报告）报请批准时，必须附有城市规划行政主管部门的选址意见书。

（2）建设用地的规划管理。小城镇建设用地的规划管理是建设项目选址规划管理的继续，是小城镇规划实施管理的重要组成部分，对建设用地实行严格的规划控制是规划实施的基本保证。它的基本任务就是根据小城镇规划和建设工程的要求，按照实际现状和条件，确定建设工程可以使用哪些用地，在满足建设项目功能和使用要求的前提下如何经济合理地使用土地，既保证小城镇规划的实施，又促进建设的协调发展。小城镇建设用地规划管理的内容包括：

1）控制土地使用性质和土地使用强度；

2）确定建设用地范围；

3）调整小城镇用地布局；

4）核定土地使用其他管理要求。

（3）建设工程的规划管理。进行各项城镇建设，实质是小城镇规划逐步实施的过程。为了确保小城镇各项建设能够按照规划有序协调地发展，就要求各项建设工程必须符合小城镇规划，服从规划管理。因此，对建设工程实行统一的规划管理，是保证小城镇规划顺利实施的关键。建设工程规划管理是指小城镇规划行政主管部门根据规划及有关法律、法规和技术规范，对各类建设工程进行组织、控制、引导和协调，使其纳入规划的轨道，并核发建设工程规划许可证的行政管理。主要包括以下几个方面的内容。

1）建筑工程规划管理；

2）市政交通工程规划管理；

3）市政管线工程规划管理；

4）审定设计方案；

5）核发建设工程规划许可证；

6）放线、验线。

（4）小城镇规划实施监督检查管理。监督检查贯穿于小城镇规划实施的全过程，它是规划实施管理工作的重要组成部分。在《城市规划法》中，明确规定了实施城镇规划监督检查的具体内容。具体地说，它包括以下几个方面。

1）对土地使用情况的监督检查；

2）对建设活动的监督检查；

3）查处违法用地和违法建设；

4）对建设用地规划许可证和建设工程规划许可证的合法性进行监督检查；

5）对建筑物、构筑物使用性质的监督检查。

4. 小城镇土地管理工作

小城镇土地管理是指国家和地方政府对小城镇土地进行管理、监督和调控的过程。内容包括：土地的征用、划拨和出让；受理土地使用权的申报登记；进行土地清查、勘测，发放土地使用权证；制定土地使用费标准，向土地使用者收取土地使用费；调解土地使用纠纷；处理非法占用、出租和转让土地等。

5. 小城镇房地产管理工作

主要包括依据有关政策法规进行小城镇房地产管理，小城镇房地产开发管理，房地产市场管理，房地产产权产籍管理，小城镇房屋出售、出租和交换管理，小城镇房屋维修管理，小城镇物业管理等内容。

6. 小城镇建设工程质量管理工作

按国家现行的有关法律、法规、技术标准、文件、合同对工程安全、适用、经济、美观等特性的综合要求，对工程实体质量的管理。

7. 小城镇环境管理

就是指运用经济、法律、技术、行政、教育等手段，限制人类损害环境

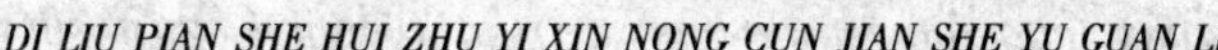

质量的活动，并通过全面规划使经济发展与环境相协调，达到既要发展经济、满足人类的基本需要，又不超出环境的允许极限。

8. 小城镇人口管理

主要包括小城镇人口规模和人口素质的管理，劳动力就业的管理以及人口管理制度的改革与创新等内容。

9. 小城镇规划建设管理体制创新

总结国内外的实践经验，建立与现代小城镇规划建设发展相适应的管理体制，包括健全小城镇规划建设管理组织，强化法制化、规范化、科学化的小城镇规划建设管理制度，完善小城镇规划建设管理机制，改革小城镇建设的领导体制，建立适合小城镇发展的政策保障机制等方面。

四、规划建设管理基本方法

正确处理小城镇社会经济的发展和生态环境的保护利用，是小城镇规划建设管理的核心问题。要实现不断获取最佳的经济效益、社会效益和环境效益，就需要实现社会、经济和环境三重管理目标的不断优化。实现三重管理目标的优化，最基本的一点是要求我们在认识上要将三个目标置于统一平等的位置上，在管理中要力争使三个目标都达到最优。实际操作中，经常通过采用以下方法来实现管理三重目标的优化。

1. 行政管理方法

行政管理方法是自有城镇管理机构以来最为古老的管理方法之一，它是指依靠行政组织，运用行政力量，按照行政方式来管理小城镇规划建设活动的方法。具体地说，就是依靠各级行政机关的权威，采用行政命令、指示、规定、指令性计划和确定规章制度、法规等方式，按照行政系统、行政区划，行政层次来管理规划建设的方法。它的主要特点是以鲜明的权威和服从作为前提，这种权威性源于国家是全体人民利益和意志的代表，它担负着组织、指挥、调控和监督小城镇规划建设活动的任务。因此，行政手段在规划建设管理中具有重要的作用，它是执行小城镇规划建设管理职能的必要手段。行政方法的强制性源于国家的权威，它的有效性更有赖于它的科学性。科学的行政管理手段，必须以客观规律为基础，使国家所采取的每一项行政干预措施和指令，尽可能符合和反映客观规律及经济规律的要求。

行政管理方法用于以下几方面的小城镇规划建设管理：

（1）研究和制定小城镇规划与建设的战略目标及发展目标，编制小城镇各类规划；

（2）研究拟订小城镇规划建设的各项条例和制度；

（3）进行行政管理的组织与协调；

（4）对小城镇规划建设活动进行监督，保证小城镇规划的实施和建设目标的实现。

2. 经济管理方法

随着社会主义市场经济体制的建立和小城镇文明的进步，小城镇规划建设管理的经济管理方法和手段日益突出，并适用于管理的方方面面。这一方法是指依靠经济组织，运用价格、税收、利息、工资、利润、奖金，罚款等经济杠杆和经济合同、经济责任制等，按照客观规律的要求对小城镇建设、发展实行管理与调控。其管理方法的实质是通过经济手段来协调政府、集体和个人之间的各种经济关系，以便为小城镇高效率运行提供经济上的动力和活力。运用经济方法来管理小城镇建设，具体地说，一是运用财政杠杆，对城镇不同设施的建设，实行财政补贴和扶持政策，实行“民办公助”，国家或地方财政给予一定的补助，以调动建设的积极性；二是运用税收杠杆，即通过征收土地使用税、乡镇建设维护税等，为小城镇公用设施筹集建设与维护资金；三是运用价格杠杆，实行公用设施“有偿使用”和“有偿服务”，从中积累一定的资金，促进和加快小城镇公用设施的发展；四是运用信贷杠杆，支持小城镇综合开发和配套建设；五是运用奖金、罚款杠杆，如运用奖金积极鼓励好的建设行为以调动广大群众的积极性或运用罚款制止违章者，以戒歪风。

3. 法律管理方法

法制化是衡量一个社会文明进步水平的重要标志。在社会主义市场经济建设中，依法治市不仅成为我国小城镇规划建设管理中越来越重要的管理方法，并且已构成小城镇现代化建设的重要目标，是保障小城镇规划建设在社会主义法制的轨道上顺利进行的有力工具。小城镇管理的法律方法就是通过制定一系列的规范性文件，规定人们在小城镇规划建设活动中的权利与义务，以及违反规定所要承担的法律责任来管理建设的方法。维护广大市民的根本利益是法律管理方法的出发点，它具有权威性、综合性、规范性和强制性等特点。

用法律方法管理小城镇建设，主要有以下几个方面：

（1）依法管理好小城镇规划的实施，保证小城镇建设目标的实现；

（2）依法管理好土地的利用，保证合理布局，节约用地；

（3）依法管理好建筑设计和施工，确保建设项目的工程质量；

（4）依法建设和管理好小城镇环境，建设一个环境优美、生态良好的社会主义新型城镇；

（5）依法处理和调解小城镇建设活动中的各种纠纷，保证小城镇建设的正常秩序和建设活动的协调发展。

4. 宣传教育方法

当今城镇特别是小城镇中所出现的生态与社会经济发展的不协调问题，主要是人们不正确的经济思想和经济行为造成的。因此，要解决这个问题，重要的就是要端正人们的经济思想和经济行为。所以，必须加强宣传教育，提高人们的生态环境意识和综合效益意识。宣传教育方法作为实现社会、经济和环境三大效益统一的基础管理方法，具有十分重要的作用。它是指在小城镇建设活动中采取各种形式，宣传小城镇建设的方针、政策、法规和小城镇规划、建设目标，以教育群众，实现预定的小城镇建设目标的一种方法。开展宣传教育工作的形式是多种多样的，一般有学习讨论、广播、板报、展览、示范、实例处理等形式，在运用时，应根据小城镇建设的实际进行选择。

5. 技术服务方法

技术服务方法是指小城镇规划建设管理部门，无偿或低收费解决居民在小城镇建设中所遇到的有关规划、建设、管理等方面问题的一种技术性方法。在小城镇建设中，技术服务的内容主要有：为建房户提供设计图纸，进行概预算、决算、房屋定位放线、找平、施工质量检查、房屋竣工验收以及管理小城镇房产、环境、建设档案等。通过这些技术服务，使小城镇建设达到高质量、高水平、高效益。

第二节　小城镇规划编制管理

一、小城镇规划编制阶段及编制管理

1. 小城镇规划编制阶段及编制管理

小城镇必须按规划建设。小城镇规划是指导小城镇合理发展、建设和管理小城镇的重要依据。

编制小城镇规划主要分总体规划和详细规划两个阶段进行。市域、县（市）域城镇体系规划指导小城镇总体规划的编制，小城镇总体规划指导小城

镇详细规划的编制。

2. 小城镇规划编制管理

小城镇规划编制管理是为保证高质量、高标准和科学合理编制小城镇规划，依据有关的法律、法规和方针政策，明确小城镇规划组织编制的主体，规定编制的内容要求，设定小城镇规划编制程序和上报程序，保证小城镇规划能够依照法规，标准规范编制的管理过程；也是县、镇人民政府城乡规划行政管理部门、管理机构对小城镇规划编制全过程进行政府行为的行政管理过程。小城镇规划编制管理环节主要包括规划编制的组织管理、协调管理和评议管理。

（1）小城镇规划编制的组织管理是县级或镇级人民政府及其城乡规划行政管理部门，根据县域城镇在一定时期内经济和社会发展目标，委托规划编制单位编制相应小城镇规划的编制组织工作。

（2）小城镇规划协调管理是县级或镇级人民政府及其城乡规划行政管理部门在小城镇规划编制过程中，为协调各方面利益关系和实现区域和小城镇空间资源的优化配置，对规划设计提出具体要求和具体规划设计条件的指导，以及进行相关部门的规划协调工作。

（3）小城镇规划评议管理是指县级或镇级人民政府及其城乡规划行政管理部门组织专家，根据小城镇规划编制要求，对规划方案的科学性、合理性、可操作性等进行综合评议，以确保规划编制质量和指导下一阶段规划编制。

二、小城镇规划编制任务和内容管理

小城镇规划一般分为总体规划和详细规划两个阶段进行，对于县级人民政府所在地镇（县城镇）来说，第一阶段为县域城镇体系规划和总体规划阶段，包括县域城镇体系规划、镇域规划和镇区总体规划；第二阶段为详细规划阶段，包括镇区控制性详细规划和修建性详细规划。对于县人民政府所在地以外的小城镇来说，第一阶段为镇域规划和镇区总体规划；第二阶段为镇区控制性详细规划和重要地段的修建性详细规划。

1. 县域城镇体系规划

县域城镇体系规划的任务是在省、市域（地区）城镇体系规划的指导下，综合评价县城小城镇发展条件；制定县域小城镇发展战略；预测县域人口增长和城镇化水平；拟订各相关小城镇的发展方向与规模；协调小城镇发展与产业配置的时空关系；统筹安排县域基础设施；引导和控制县域小城镇的合理发展与布局；指导镇区总体规划的编制。县（市）域城镇体系规划涉及的

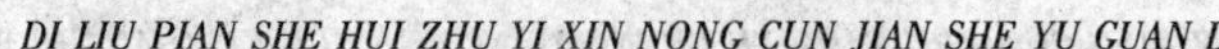

城镇应包括建制镇、独立工矿区和集镇。

县域城镇体系规划内容应包括：

（1）分析全县基本情况，综合评价县域与小城镇的发展和开发建设条件；

（2）明确产业发展的空间布局；

（3）预测县域人口增长，确定城镇化目标；

（4）确定县域小城镇发展战略，划分小城镇经济区；

（5）提出城镇体系的等级，规模结构和功能分工；

（6）确定城镇体系的空间布局；

（7）统筹安排县域基础设施、社会设施；

（8）确定保护县域生态环境、自然和人文景观以及历史文化遗产等的原则和措施；

（9）确定重点发展的小城镇，提出近期重点发展小城镇的规划建议；

（10）提出实施规划的政策和措施。

2. 镇域规划

镇域规划的任务是在县（市）域城镇体系规划的指导下，综合评价镇域发展条件；制定镇域村镇发展战略；预测镇域人口增长和城镇化水平；拟订村镇发展方向与规模，协调其产业配置的时空关系，安排镇域主要基础设施，引导和控制镇域村镇合理发展和布局。

镇域规划的主要内容应包括：

（1）分析镇域基本情况，综合评价村镇发展条件；

（2）预测镇域人口增长，确定城镇化目标；

（3）确定镇域村镇发展战略；

（4）提出村镇体系的等级，规模结构和产业功能分工；

（5）确定村镇体系（镇、中心村、基层村）的空间布局；

（6）统筹安排镇域基础设施；

（7）确定保护镇域耕地、生态环境、自然和人文景观以及历史文化遗产的原则和措施；

（8）提出重点发展镇区和中心村的规划建议和实施规划的政策措施。

3. 镇区总体规划

镇区总体规划的主要任务是在县（市）域城镇体系规划指导下，综合研究和确定小城镇性质、规模和空间发展形态，统筹安排小城镇各项建设用地，合理配置小城镇各项基础设施，处理好远期发展与近期建设的关系，指导小城镇合理发展。

镇区总体规划的内容应包括：

（1）确定小城镇性质和发展方向，划定规划区范围；

（2）提出镇区人口和用地发展规模，确定用地空间布局和镇区中心；

（3）确定小城镇对外交通系统（公路、铁路、水路）的布局，以及车站码头等主要交通设施的规模、位置；确定镇区主要道路系统的走向断面，主要交叉门形式；确定城镇、中心镇和大型一般镇的主要广场、停车场的位置、容量；

（4）综合协调镇区供水、排水、供电、通信、环卫、（燃气、供热）、防灾设施的发展目标和总体布局；

（5）确定小城镇生态建设和环境保护目标，提出防治污染措施；

（6）确定绿地系统的发展目标及总体布局；

（7）确定需要保护的风景名胜、文物古迹、传统街区，划定保护和控制范围，提出保护措施；

（8）确定旧镇改造的原则、方法和步骤；

（9）进行综合技术经济论证，提出规划实施步骤、措施和方法的建议；

（10）编制近期建设规划，确定近期建设目标、内容和实施部署。

4. 详细规划

详细规划的任务以镇区总体为依据，详细规定各项控制指标和其他规划管理要求，或者直接对建设作出具体的安排和规划设计。

（1）控制性详细规划的内容应包括：

1）详细规定规划范围内各类不同使用性质用地的界线，规定各类用地内适建、不适建或者有条件地允许建设的建筑类型；

2）规定各地块建筑高度，建筑密度、容积率、绿地率等控制指标；

3）规定交通出入口方位、停车泊位、建筑后退红线距离、建筑间距等要求；

4）提出各地块的建筑体量、体形、色彩等要求；

5）确定道路红线位置、控制点坐标和标高；

6）根据规划容量，确定工程管线的走向、管径和工程设施的用地界线；

7）制定相应的土地使用与建筑管理规定。

（2）修建性详细规划内容应包括：

1）建设条件分析及综合技术经济论证；

2）作出建筑、道路和绿地的空间布局和景观规划设计，布置总平面图；

3）道路交通规划设计；

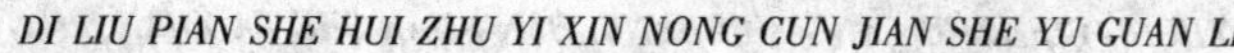

4）绿地系统规划设计；

5）工程管线规划设计；

6）竖向规划设计；

7）估算工程量，拆迁量和总造价，分析投资效益。

三、小城镇规划组织编制的主体及编制程序

1. 小城镇规划组织编制的主体

（1）涉及小城镇的城镇体系规划。

1）县（市）域城镇体系规划，由县（市）或自治县、旗、自治旗人民政府组织编制，涉及的城镇应包括建制镇，独立工矿区和集镇。

2）市域城镇体系规划，由城市人民政府或地区行署、自治州、盟人民政府组织编制，涉及的城镇应包括市、县城和其他重要的建制镇、独立工矿区（不带县的地级市为市、重要建制镇、独立工矿区）。

3）省域城镇体系规划，由省或自治区人民政府组织编制，涉及的城镇应包括市、县域和其他重要的建制镇、独立工矿区。

4）跨行政区域的城镇体系规划，由有关地区的共同上一级人民政府城市规划行政主管部门组织编制。

上述涉及小城镇城镇体系规划是小城镇规划的指导依据，其中县城城镇体系规划任务一般包含在县城镇总体规划中。

（2）镇区总体规划。

1）县（自治县、旗）人民政府所在地镇总体规划由县（自治县、旗）人民政府组织编制；

2）县域（县人民政府所在地之外的）其他建制镇的总体规划由镇人民政府组织编制。

（3）镇域规划。镇域规划编制的主体同其镇区总体规划编制的主体。

（4）小城镇详细规划。县（自治县、旗）人民政府所在地镇的详细规划由县（自治县、旗）人民政府城市规划行政主管部门组织编制；县域（县人民政府所在地镇之外的）其他建制镇的详细规划，由镇人民政府组织编制。

2. 小城镇规划编制程序及相关内容

（1）拟订规划编制计划任务书。小城镇规划编制任务委托前，首先根据小城镇规划编制的需要，由组织规划编制的人民政府规划管理部门，拟订规划编制计划任务书，内容包括。

1）规划编制理由；

2）规划编制依据；

3）规划编制内容、范围、基本要求；

4）经费来源等。

计划任务书报县、镇人民政府批准，总体规划编制应报上级主管部门批准。

（2）制订规划编制要求，挑选和确定规划设计单位。政府规划管理部门制订规划编制要求，明确委托任务的性质、规划内容、规划范围与基本要求；调查考察挑选规划设计单位，协商与委托有相应规划设计资质的规划设计单位承担规划编制任务（包括招标选择委托规划设计单位），委托方应提供较完善的任务书（总体规划应含上级主管部门的批准文件），被委托方应向委托方提供有效的资质证明。

（3）协商规划设计任务，签订规划合同书。委托方和被委托方根据相关法规，就委托规划设计项目的内容、深度、范围、适用的技术标准规范、工作进度、成果内容及相应技术审查、审批程序进行协商，协商结果作为委托方成果验收的依据。

在技术协商基础上，进行商务协商并签订正式合同书。

（4）协调规划编制中的重大问题。在小城镇总体规划方案阶段，应重视协调涉及各部门的规划编制中的重大问题。例如小城镇总体规划与土地利用规划、区域规划、城镇体系规划之间的衔接协调，社会经济发展战略协调，人口、资源、环境之间规划协调，用地布局、基础设施协调，近期建设与远期规划的协调等，在深入调查研究基础上可以采取相关部门座谈会、专题论证和政府组织各方面专家论证会，协调规划编制中的若干重大问题。

小城镇详细规划要协调处理好上一层次的规划关系，特别是处理好地段周围环境的关系协调，同时也要重视与文化、教育、文物保护、商业、园林、交通市政各部门的规划协调。

（5）评议规划中间成果。县（市）域城镇体系规划的纲要成果，上级主管部门组织有关部门和专家进行评议和协调。

小城镇总体规划纲要阶段在专题论证和方案比选基础上，纲要成果由当地人民政府组织召开专门的纲要审查会议，对规划方案和重大原则进行评议和审查，提出明确的审查意见及修改意见，形成正式的会议纪要。

小城镇详细规划中间成果规划方案评议由委托方组织方案汇报会。被委托方向委托方汇报方案，听取地方有关专业技术人员、建设单位和规划管理部门意见，并就一些规划原则问题作必要说明；委托方、规划管理部门对规划方案的技术性、科学性、可操作性以及其他各种因素进行分析评议，提小修改意见，规划方案经修改和意见反馈，再次交流，直至双方达成共识。

（6）验收规划成果。小城镇规划应根据规划编制正式合同和规划上报批审的要求，由政府规划管理部门验收规划成果。

（7）申报规划成果。经政府规划管理部门验收认可的规划成果可申报规划审批，小城镇总体规划成果先由上级主管部门组织召开专家评审会或成果审查会评审，小城镇详细规划一般先由申报委托方组织的成果汇报会审查，重要小城镇详细规划先申报专家评审会评审。

四、小城镇规划编制工作阶段划分与阶段成果评审

1. 小城镇规划编制工作阶段划分

（1）县（市）域城镇体系规划和镇区总体规划编制工作阶段划分，一般分为以下五个阶段。①项目准备；②现状（现场）调查；③纲要编制；④成果汇编；⑤上报审批。

（2）小城镇详细规划编制工作阶段划分，一般分为以下五个阶段：①项目准备；②现场踏勘与资料收集；③方案阶段；④成果编制；⑤上报审批。

2. 小城镇规划编制阶段成果评审

（1）县（市）域城镇体系规划和镇区总体规划的阶段成果评审。

1）纲要方案阶段成果评审。县（市）域城镇体系规划纳入县（市）级人民政府驻地镇的总体规划评审，镇域规划纳入其建制镇总体规划评审。

当地人民政府召开专门的纲要审查会议，对规划方案和重大原则进行审查，提出明确的审查意见及修改意见，形成正式的会议纪要。

根据会议纪要对审查会确定的方案进行修改，由委托方报请县人民政府或上级规划行政主管部门批复。审查批复后的纲要作为编制规划正式成果的依据。

2）正式成果阶段成果评审。总体规划成果一般由上级规划行政主管部门组织召开成果专家评审会和成果审查会后，再上报审批。成果审查会和专家评审会由委托方负责。

（2）小城镇详细规划阶段成果评议。

1）方案阶段成果汇报评议。由编制单位向委托方汇报规划方案构思，听取有关专业技术人员、建设单位和规划管理部门意见，并对按双方交流达成的修改意见修改后的方案再次交流、修改、直至双方达成共识，转入成果编制阶段。

2）正式成果阶段成果审查。一般由镇人民政府或政府规划行政主管采用成果汇报会审查，重要的小城镇详细规划一般要经专家评审再上报审批。成果汇报会和专家评审会由委托方负责。

五、公众参与、规划公布与信息反馈

1. 我国城镇规划编制公众参与、规划公布与信息反馈的现状

我国城镇规划编制实行公众参与、规划公布与信息反馈已经多年，取得了很好的效果，也积累了不少经验。不但相关规划理论探讨与规划实践得到规划界的日益重视，而且也越来越得到广大市民的共识，并得到广大民众的支持。

公众参与、规划公布与信息反馈贯穿规划编制的全过程。规划初期通过电视、报纸、信息网及时报道本市城市规划编制消息，规划设计单位向民众发放相关调查内容的抽样调查表，政府城市规划行政主管部门通过各行业渠道，征求对规划编制的要求；规划编制方案阶段、成果阶段除有关信息报导外，在适宜的时候，通过适宜的方式规划公布，征求各行业各部门与广大群众的意见，收集各方面的反馈信息。城镇社会经济发展、空间布局、基础设施、人居环境无不与社会各阶层、各部门，以及公众密切相关，规划公布往往激发不同社会阶层的公众参与规划的愿望与热情，而公众参与与信息反馈促进规划编制进一步完善与深化。

但是，就总体来说，我国城镇规划，特别是小城镇规划公众参与还是不足。据广东等地小城镇相关调查，现有小城镇规划编制和审批过程中普遍存在缺乏公众参与意识。一是政府其他部门参与不足，对小城镇规划了解和参与很少；二是社会各界和民众参与不足，公众对规划参与和支持不足，更不能发挥公众对规划编制、审批和实施的监督作用。由此，造成编制单位规划编制调研不深，成果过于理性化、套路化，使得规划成果的代表性与认同性不足，同时规划公众参与的不足也严重影响了通过规划编制宣传规划，普及规划知识，树立小城镇规划的权威。

公众参与、规划公布与信息反馈不仅是规划编制管理中促进公众对规划、对政府决策的理解和支持不可缺少的重要环节；也是进一步调动社会各界和公众建设城镇积极性和城镇建设适应市场经济的一项重要举措，同时也是进一步提高规划实效性和可操作性的重要保证。

2. 小城镇规划公众参与、规划公布与信息反馈的作用

我国小城镇总体规划，同样涉及社会经济发展、空间布局、基础设施、

生态环境等各个方面，小城镇建设以城乡互融，实行农村城镇化为社会发展目标，并在以小城镇为中心，发展经济的同时，创造优雅人居环境，实现人与自然和谐共处。这一切无不与小城镇社会各界、各部门、居民、农民息息相关；而且我国小城镇建设落后，底子薄弱，要适应当前小城镇快速健康的发展形势，必须在规划指导和政府政策引导下，招商引资，动员和鼓励各行各业、企业、个人等社会各个方面共同参与小城镇建设，通过小城镇规划编制中的公众参与、规划公布和信息反馈，激发不同社会阶层的公众参与，完善深化规划，共同建设小城镇，使社会各阶层民众，包括企业与个人看到参与编制的规划根本上体现广大民众与自己的长远利益和意愿。从这一层意义上讲小城镇规划编制中，推行公众参与、规划公布和信息反馈更有必要。

充分发挥公众参与规划，有利于小城镇建设招商、容商，有利于鼓励、吸引和刺激民间投资；通过独资、股份、租赁等多种形式发展乡镇企业和个体经济，有利于通过项目融资模式和多元投融资机制，加快小城镇基础设施和其他工程项目建设；有利于发挥市场机制作用，依靠社会力量搞好小城镇建设。吸收利益各方共同参与小城镇规划，通过公众参与、规划公布和信息反馈修改完善深化的小城镇规划。

在促进小城镇规划适应社会经济快速发展需要，引导包括乡镇企业和个体经济在内的小城镇各项建设纳入科学合理的小城镇规划轨道，以及在通过多方协商达成利益均衡，增加规划的实效性、可操作性中起到重要作用。

3. 公众参与、规划公布与信息反馈的建议

我国城镇规划编制的公众参与、规划公布与信息反馈虽然取得了可喜的成绩，但在推行的力度和深度上还是很不够。编制规划缺乏对社会各阶层、各团体、国有企业、集体企业和个体企业的不同利益及其对城镇建设发展的不同需求的深层次调查和综合分析，不能充分反映社会不同阶层、团体、个体等的公众的意见和利益要求。规划编制公众参与、规划公布与信息反馈工作的开展在各地很不平衡，而小城镇规划编制的公众参与，则尚属起步阶段。其关键问题在于现行规划编制办法和管理程序，尚没有把对公众参与的民意社会调查、征求有关社会各界意见、规划公布和信息反馈等纳入到法定程序上来，成为制度化。

上述方面我们与国外发达国家相比尚有较大差距，尽管我们尚未建立完善可作借鉴的诸如公众听证、公众咨询之类法定程序等管理组织机制，但一旦走上法制轨道，通过不断完善，我们完全能够做得更好。具体来说：

（1）中国共产党是中华人民共和国执政党，中国共产党代表中国先进生

产力的发展要求，代表中国先进文化的前进方向，代表中国最广大人民的根本利益。上述党的“三个代表”思想深入人心，深入我们的各项工作。我国城镇规划编制的公众参与本身也是体现代表中国最广大人民的根本利益。

(2) 我国城市和小城镇经济已由国有经济和集体经济扩展到个体经济、私营、联营、股份制外资、中外合资、港澳台投资经济等多种经济成分，城市与小城镇开发建设涉及融资、投资、招商、容商等各个方面。城镇规划的编制决策和实施必须考虑各方不同利益要求，并通过多方共同参与和协商达成城镇建设的各方利益均衡，这是新时期城镇规划编制公众参与的客观要求和社会基础。

(3) 改革开放以来，针对我国城镇社会、政治、经济发生的重大变化，我国社会经济政策作了重大调整，并以《中华人民共和国宪法修正案》先后确立城镇土地所有权和使用权分离的制度，规定“土地使用权可以依据法律的规定转让”；“国家实行社会主义市场经济”；“国家在社会主义初级阶段，坚持公有制为主体，各种所有制经济共同发展的基本经济制度，在法律规定范围内的个体经济、私营经济，是社会主义市场经济的重要组成部分”。这不仅是我国社会主义计划经济体制转型到社会主义市场经济体制的法律基础，同样也是新时期我国城镇规划编制公众参与的法律基础。

(4)《中华人民共和国宪法》规定：“中华人民共和国的一切权力属于人民”，“人民依照法律规定，通过各种途径和形式管理国家事务，管理经济和文化事业，管理社会事务……”。我国宪法的这些规定是我国城镇规划编制公众参与的社会民主政治法律基础。

(5) 公众参与、规划公布与信息反馈的建议措施。

1) 我国城镇规划编制的公众参与、规划公布和信息反馈应立足于我国的国情，因势利导，充分利用我国优越的社会主义制度有利条件，发挥与挖掘蕴藏在人民中的公众参与的巨大政治热情和潜在动力，使“人民当家做主”和“人民城市人民建”成为实际行动。

2) 在新的城乡规划编制办法和管理程序中把公众参与的民意社会调查等和规划公布、信息反馈正式纳入到法定程序，逐步规范化、制度化。

3) 总结并逐步推广地方公众参与城镇规划编制的好经验、好办法。

4) 借鉴国外公众参与规划编制的先进管理办法，对公众关系密切的用地和建设项目布局试行必要的公众听证制度，争取公众的更大理解和支持。

5) 规划方案阶段加强对城镇社会各阶层、各部门、团体、企业和个体对城市建设发展的不同需求的深层次民意调查和综合分析，并通过规划方案适宜公布和信息反馈，充分反映社会不同阶层、团体、个体等的公众意见和利益要求。

6）城镇规划公众参与的实施应包括总体规划和详细规划两个规划阶段，也应包括规划图则编制和城市设计等。

7）普及城镇规划知识提高全民的城镇规划意识，特别是应做好小城镇规划知识普及和民众参与试点工作。

8）因地制宜借助各种新闻媒体途径进行规划公布和信息反馈包括报刊、广播、展览、宣传栏并逐步建立政府政务电子信息系统网络为政府与公众“对话”创造更便利条件。

9）地方政府城乡规划主管部门宜结合当地实际把公众参与规划公布和信息反馈纳入到加强城镇规划建设管理的实施细则，加大公众参与城镇规划编制、决策和实施的力度和深度。

4. 小城镇规划编制改革

（1）小城镇规划编制项目与内容改革。小城镇规划编制要以全面、协调、可持续的科学发展观，从重确定开发建设布局设计转向重保护和合理利用各类资源，明确空间管制要求。从重空间构图的规划成果转向注重公共政策。实施良好管治的规划成果。

小城镇总体规划从重在确定小城镇性质、规模、功能定位转向重在控制合理的环境容量和确定科学的建设标准，促进人居环境改善和小城镇可持续发展。

小城镇规划宜酌情重点增加下列规划和规划内容。

1）小城镇生态环境规划。小城镇生态规划思想应贯穿于整个总体规划。依据小城镇“资源—环境—人口—经济分析”，确定保护和合理利用各类自然资源和人文资源，重点确定土地资源，水资源的保护和合理利用，明确相关空间管制要求，提出控制合理的环境容量，确定产业结构调整和主导特色产业的培育，确定科学的建设规模和建设标准。

2）县城镇、中心镇中心区城市设计和景观风貌规划。县城镇和中心镇是小城镇建设重点，县城镇、中心镇的中心区是小城镇建设重中之重。县城镇、中心镇中心区城市设计和景观风貌规划对于塑造小城镇特色，提高小城镇档次和环境质量，创造优美人居环境起着重要作用。

3）小城镇居住小区规划和工业园区规划。

小城镇居住小区规划和工业园区规划对于引导实施小城镇人口向居住小区集聚，乡镇企业向工业园区集聚起着重要作用，同时也是合理布局、节约用地、保护生态环境和改善人居环境不可缺少的。

4）历史文化名镇保护规划。历史文化名镇保护规划是历史文化名镇总体规划的重要专项规划。历史文化名镇保护规划要确定名镇保护的总体目标和名镇保护重点，划定历史文化保护区、文物保护单位、建设控制地区，提出规划分期实施和管理的措施。

5）县（市）域城镇体系规划和小城镇总体规划，要补充完善强制性内容，新编制的小城镇规划，特别是详细规划和近期建设规划，必须明确强制性内容，规划确定的强制性内容要向社会公布。

6）小城镇规划强制性内容涉及县（市）域协调发展、资源利用、环境保护、风景名胜资源保护、自然与文化遗产保护、公众利益和公共安全等方面。

①小城镇总体规划强制性内容包括：铁路、港口等基础设施位置，小城镇建设用地和用地布局；小城镇绿地系统、河湖水系、水厂或配水站规模和布局及水源保护区范围，小城镇或小城镇联建污水处理厂规模和布局，小城镇高压线走廊、微波通道保护范围，小城镇主、次干道的道路走向和宽度，公共交通枢纽和主要社会停车场用地布局，科技、文化、教育、卫生等公共服务设施的布局，历史文化名镇格局与风貌保护、建筑高度等控制指标，历史文化保护区和文物保护单位以及重要的地下文物埋藏区的具体位置、界线和保护准则，镇区防洪标准、防洪堤走向、防震疏散、救援通道和场地、消防站布局、地质等灾害防护。

②小城镇详细规划中的强制性内容包括：规划地段各个地块的土地使用性质、建设量控制指标、允许建设高度、绿地范围，停车设施、公共服务设施和基础设施的具体位置，历史保护区内及涉及文物保护单位附近建、构筑物控制指标，基础设施和公共服务设施建设的具体要求。

7）小城镇近期建设规划。依据国民经济和社会发展五年计划纲要，考虑本地区资源、环境和财力条件，编制与五年计划纲要起止年限相适应的近期建设规划。

小城镇近期建设规划应合理确定近期小城镇重点发展区域和用地布局，重点加强生态环境建设，安排镇区基础设施、公共服务设施、经济适用房、危旧房改造的用地，制定保障实施的相关措施。近期建设规划应注意与土地利用总体规划相衔接，严格控制占地规模，不得占用基本农田。各项建设用地必须控制在国家批准的用地标准和年度土地利用计划的范围内，严禁安排国家明令禁止项目的用地。

8）县城镇、中心镇总体规划编制内容改革。

①明确提出中心镇建设用地总量控制指标和环境容量控制指标。

②确定规划区域不准建设区（区域绿地）、非农建设区（城镇建设区）、控制发展区（发展备用地）三大类型地区的规模和范围，并提出相应的规划建设要求。

③建立中心镇拓展区规划控制黄线，道路交通设施规划控制红线、市政公用设施规划控制黑线，水域岸线规划控制蓝线、生态绿地规划控制绿线、历史文化保护规划控制紫线等“六线”规划控制体系，并提出具体控制要求。

④增加中心镇总体规划、详细规划中有关规划控制、综合协调和空间管制的政策、导则或导引、图则的法规内容。

（2）规划编制方法与程序的改革。规划编制方法与程序的改革主要考虑以下方面。

1）先确定规划区不准建设区，即先确定规划不能动的范围。

2）再确定规划可动地区，即规划非农建设区和控制发展区，研究可动地区如何规划建设，如何控制建设。

3）重视交通道路规划在小城镇空间布局中的规划引导作用。

4）不准建设区、非农建设区、控制发展区按以下规定确定。

①不准建设区：不准建设区（区域绿地）包括具有特殊生态价值的自然保护区、水源保护地、农田保护区、海岸保护带、湿地、山地、重要的防护绿地以及在重要交通干道和市政设施走廊两侧划定的禁止建设的控制区等。不准建设区也包括工程地质，地震地质条件不允许建设的控制地区。

②非农建设区：非农建设区（城镇建设区）包括镇中心区、工业区、乡村居民点等全部非农建设用地范围。

中心镇规划应根据土地总量控制要求和用地安排需要，确定中心镇非农建设区的范围。

③控制发展区：中心镇镇域范围内除不准建设区和非农建设区以外，规划期内原则上不用于非农建设的地域为控制发展区，一般为中心镇远景发展建设备用地。

5）“六线”规划控制体系按以下规定确定：

①中心镇拓展区规划控制黄线—“黄线”是用于界定中心镇新区、工业新区等新增非农建设用地范围的控制线。

②道路交通设施规划控制红线—“红线”是用于界定城镇主、次干道及重要交通设施用地范围的控制线。

③市政公用设施规划控制黑线—“黑线”是用于界定各类市政公用设施、

地面输送廊道用地范围的控制线。

④水域岸线规划控制蓝线—“蓝线”是用于界定较大面积的水域、水系、湿地及其岸线保护范围的控制线。

⑤生态绿地规划控制绿线—“绿线”是用于界定中心镇公共绿地和开敞空间范围的控制线。

中心镇建设区以外的区域绿地、环城绿带等必须同样进行严格控制和保护的开敞地区，绿地应一并纳入“绿线”管制范畴。

⑥历史文物保护规划控制紫线——“紫线”是用于界定文物古迹、传统街区及其他重要历史地段保护范围的控制线。

6）小城镇规划编制要符合城镇体系布局，规划建设指标必须符合国家规定，防止套用大城市的规划方法和标准。

第三节　小城镇规划实施管理

一、建设项目选址管理

1. 建设项目选址管理相关规定和依据

我国《城市规划法》第30条规定“城市规划区的建设工程的选址和布局必须符合城市规划。设计任务书报请批准时，必须附有城市规划行政主管部门的选址意见书”。

建设部和国家计委1991年8月23日发布的《建设项目选址规划管理办法》第3条规定“县级以上人民政府城市规划行政主管部门负责本行政区域内建设项目选址和布局的规划管理工作”。小城镇建设项目选址管理工作由县（市）人民政府城乡规划行政主管部门负责。

（1）下列建设项目应申请《建设项目选址意见书》。

1）新建，迁建建设项目需要用地的。

2）原址改建、扩建建设项目需要使用本单位以外土地的（申请须附送土地权属证件；需拆除基地内房屋的，附送房屋产权证件等材料；其中联建的，应附送协议书等文件）。

3）需要改变本单位土地使用性质的建设项目。

（2）建设项目规划选址的主要依据。

1）经批准的项目建议书。

2）建设项目与小城镇规划布局的协调。

3）建设项目与小城镇交通、通信、能源、市政、防灾规划的衔接与协调。

4）建设项目配套的生活设施与小城镇生活居住及公共设施规划的衔接与协调。

5）建设项目对于小城镇环境可能造成的污染影响，以及与小城镇环境保护规划和风景名胜，文物古迹保护规划的协调。

2. 建设项目选址意见书的核发程序

（1）选址申请。需选定项目建设地址，包括扩大原有用地的小城镇建设工程，建设单位应持上级主管部门批准立项的建设项目、建议书等有关文件，向县（市）城乡规划行政主管部门提出选址申请。

（2）选址意见书的拟定和核发。小城镇建设项目选址意见书的内容应包括建设项目选定的地址，用地范围的红线图。其拟定工作应和小城镇建设项目选址有关的县（市）人民政府环境保护行政主管部门、土地行政主管部门等协同进行。

对于未选址的小城镇建设项目，由县（市）人民政府城乡规划行政管理部门根据建设项目的基本情况和有关规划选址原则，确定项目的建设地址和用地范围，并负责拟定选址意见核发通知建设单位；对于已选址的小城镇建设项目，应由县（市）人民政府城乡规划行政主管部门依据建设项目的基本情况和有关规划选址原则予以确认或否认，重选新址，并负责拟定选址意见书，核发通知建设单位。

上述建设项目的基本情况，应包括项目名称、性质、用地和建设规模；生产项目还应包括供水与能源的需求量，运输方式与运输量，废水、废气、废渣的排放方式和排放量，建设项目对周边环境与小城镇设施的影响和要求，以及其他特殊情况。

当建设项目以国有土地使用权有偿方式取得土地使用权时，由土地行政主管部门书面征询城乡规划主管部门关于拟出让地块的规划意见和规划设计要求；由规划行政主管部门确认出让地块是否符合小城镇规划、核定土地使用规划要求和规划设计要求，审核同意，则将选址意见书函复土地行政主管部门，由土地行政主管部门将《选址意见书》纳入国有土地使用权有偿转让合同。

3. 小城镇与设在小城镇的建设项目的选址意见书审批权限

（1）县（市）人民政府计划行政主管部门审批的小城镇建设项目，由县

（市）人民政府城乡规划行政主管部门核发选址意见书。

（2）省、自治区人民政府计划行政主管部门审批的小城镇建设项目，由项目所在地县（市）人民政府城乡规划行政主管部门提出审查意见，报省、自治区人民政府城市规划行政主管部门核发选址意见书。

（3）中央各部门审批的小型和限额以下的设在小城镇建设项目，由项目所在地县（市）人民政府城乡规划行政主管部门核发选址意见书。

（4）国家审批的大中型和限额以上的设在小城镇建设项目，由项目所在地县（市）人民政府城乡规划行政主管部门提出审查意见，报省、自治区、直辖市、计划单列市人民政府城市规划行政主管部门核发选址意见书，并报国务院城市规划行政主管部门备案。

二、规划设计条件确定

1. 规划设计条件确定依据和原则

小城镇建设项目规划设计条件的确定，是县（市）、镇人民政府城乡规划行政主管部门（机构）依据《城市规划法》第29条："城市规划区内的土地利用和各项建设必须符合城市规划，服从规划管理"的规定，对小城镇规划区内的各项用地和建设提出限制性和指导性的规划设计条件，作为规划设计应遵循的准则。

拟定规划设计条件应遵循下列原则。

（1）符合小城镇总体规划和详细规划有关用地和建设的技术规定；

（2）经济效益、社会效益、环境效益的统一；

（3）合理利用土地，节约用地，保护耕地；

（4）保护生态环境、历史文化遗产和文物古迹；

（5）注重建筑和空间环境协调；

（6）注重小城镇自然景观，人文景观特色；

（7）强调小城镇基础设施统筹规划，联建共享；

（8）符合小城镇防灾、抗灾要求。

2. 规划设计条件的拟定内容和核发程序

（1）小城镇建设项目规划设计条件的拟定内容。

①明确用地面积、范围（包括代征道路绿地的面积和范围）和用地、建筑性质；②明确土地使用强度，包括建筑密度、建筑高度、建筑间距、容积率等要求；③明确绿地配置，包括绿地面积、绿地率、人均绿地、隔离绿地、保护古树名木等的要求；④明确市政设施配置，包括道路组织、交通出入口、

公交站点、停车场数量和布局等要求；⑤明确相关公共设施配置的要求；⑥满足保护古镇传统格局和风貌、历史文化地段、重要文物古迹以及风景名胜的要求；⑦满足建设项目用地和建筑与周围人文、自然环境协调的要求；⑧满足微波通道、高压线走廊以及各项防灾要求。

（2）小城镇建设项目规划设计条件核发程序。①项目建设单位向规划主管部门申报规划设计条件；②规划行政主管部门组织规划设计条件现场勘察；③规划行政主管部门征求消防、环保、市政、能源、通信、园林、道路交通、防灾等部门对规划设计条件的意见；④规划行政主管部门确定规划设计条件；⑤规划行政主管部门核发规划设计条件通知书。

三、建设用地规划管理

小城镇建设用地管理是小城镇建设项目选址规划管理的继续，是县（市）人民政府城乡规划行政主管部门及其派出机构根据小城镇规划及其有关法律、法规，确定建设用地面积和范围，提出土地使用规划要求，并核发建设用地规划许可证的行政管理。

1. 建设用地规划管理的主要内容

（1）通过审核修建性详细规划和设计方案，控制土地使用性质和使用强度。

（2）审核建设工程设计总平面图，确定建设用地范围。

（3）调整小城镇用地布局，特别是旧镇区不合理用地的调整。

（4）核定土地使用其他规划管理要求，如建设用地可能涉及的规划道路、绿化隔离带等。

2. 建设用地规划许可证核发程序

小城镇建设用地规划许可证是建设单位向县（市）人民政府土地管理部门申请土地使用权时必备的法律凭证，其核发过程包括以下程序。

（1）建设项目选址核发程序。

（2）规划设计条件核发程序。

（3）不涉及需要审查修建性详细规划的项目，由建设单位送审建设工程设计方案，规划行政主管部门重点审核土地使用性质、土地使用强度及其他规划指标是否与建设项目选址意见书的规划设计要求一致，对用地数量和具体范围予以确认后，核发建设用地规划许可证。

（4）涉及需要审查修建性详细规划的建设项目时，建设单位需按规划设计条件提出修建性详细规划成果，规划主管部门重点审核土地使用性质、使用强度及其他规划指标是否与建设项目选址意见书的规划设计要求一致，审定后核发建设用地规划许可证。

(5) 按出让、转让方式取得建设用地，首先由县（市）人民政府城乡规划行政主管部门提出出让、转让地块的位置、范围、使用性质和规划管理的有关技术指标要求，县（市）人民政府土地行政主管部门按照上述要求通过招标或其他方式和土地受让单位签订土地出让或转让合同。合同的内容必须包括按规划主管部门要求作出的严格规定，受让单位凭合同向规划行政主管部门申办建设用地规划许可证，规划行政主管部门审查后，核发建设用地规划许可证。

3. 建设用地规划许可证内容更改的规定

(1) 建设用地规划许可证局部错误问题更改。建设单位提出更改申请，规划行政主管部门审核确认，可对局部错误问题进行更改，并在证件修改处加盖校对章。

(2) 建设用地规划许可证建设单位名称变更。建设单位应持规划管理部门变更建设单位名称的规划文件，原建设单位同意变更建设用地规划许可证中建设单位名称的证明或双方的协议书、原审批文件向规划行政主管部门申请，经规划主管部门审查同意后，进行变更。

(3) 建设用地规划许可证申请范围及其用地或建筑性质变更。

1) 小城镇建设项目为下列情况之一，应按规定申请《建设用地规划许可证》。

①新建、迁建需要使用小城镇土地的；

②扩建需要使用本单位以外的土地的；

③改变土地使用性质

④建设临时使用土地或调整、置换土地的建设工程；

⑤国有土地使用权出让、转让地块的建设工程。

2) 小城镇规划建设用地性质或建筑性质变更，必须经过法定程序，根据小城镇建设和经济发展具体情况，在不违反小城镇规划用地布局基本原则的前提下，确需对局部地块使用性质或建筑性质调整改变的，必须经县（市）人民政府城乡规划行政主管部门核定并报请县（市）人民政府批准。核定用地性质或建筑性质变更原则。

①必须符合小城镇规划，包括总体规划和详细规划；

②遵循社会、经济、环境三效益统一的原则；

③遵循科学布局、合理用地、节约用地原则。

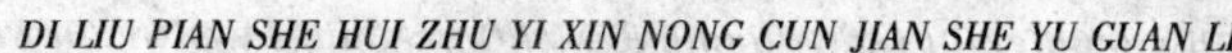

3）审批用地性质或建筑性质变更程序。

①用地使用单位或开发建设单位提出变更申请，报规划行政主管部门；

②规划行政主管部门根据小城镇规划和相关法律法规审查批准，报县（市）人民政府备案；

③重点地段的项目报县（市）人民政府审批；

④影响小城镇总体布局规划用地性质变更，需报规划审批部门审批。

四、建设工程规划管理

小城镇建设工程规划管理是县（市）人民政府城乡规划行政主管部门或其派出机构根据小城镇规划及其有关法律法规和技术规范，对各类建设工程进行组织、控制、引导和协调，使其纳入小城镇规划的轨道，并核发建设工程规划许可证的行政管理。

建设工程包括建筑工程、市政管线工程和市政交通工程。

1. 建设工程规划许可证的依据和核发程序

小城镇建设工程规划许可证是县（市）人民政府城乡规划行政主管部门实施小城镇规划，按照小城镇规划要求管理各项建设活动的重要法律凭证。根据《城市规划法》第32条规定："在城市规划区内新建、扩建和改建建筑物、构筑物、道路、管线和其他工程设施，必须持有关批准文件向城市规划行政主管部门提出申请，由城市规划行政主管部门根据城市规划提出的规划设计要求，核发建设工程规划许可证件。建设单位或者个人在取得建设工程规划许可证件和其他有关批准文件后，方可申请办理开工手续"。建设工程规划许可证核发程序如下。

（1）建设单位依法取得建设用地后，申请规划设计条件的要求，县人民政府城镇规划行政主管部门核定上述要求。

（2）建设单位送审设计方案，规划行政主管部门征求环保、消防、卫生等主管部门意见，审核设计方案。

（3）审查同意并组织放线、验线后，核发建设工程规划许可证。

2. 小城镇建筑工程规划管理内容

小城镇建筑工程规划管理，主要对各项建筑工程，着重从以下几个方面提出规划设计要求，并对其设计方案进行审核。

（1）建筑使用性质的控制。对建筑使用性质予以审定，保证建筑物使用性质符合土地使用性质相容的原则，确保土地使用符合小城镇规划合理布局的要求。建筑物使用性质的审核主要是审核建筑平面使用功能。

（2）建筑容积率的控制。根据不同类型建筑的占地或建筑面积比例和准许容积率值，审核建筑总面积是否超过准许的建筑总面积，区别单项建筑工程和地区开发建筑工程的不同，剔除基地公共部分用地不作计算容积率的基地面积，以控制开发总量，区别应计入和不计入容积率计算的建筑面积，对为社会公众服务提供开放空间实行容积率奖励方法，规范建筑基地面积、建筑面积计算。

（3）建筑密度控制。在确保建设基地内绿地率、消防通道、停车、回车场地和建筑间距的前提下予以审定。

（4）建筑高度的控制。按已批准的相关小城镇详细规划或相关小城镇中心区城市设计的要求控制，对未编制上述相关规划设计的应充分考虑下列制约因素：

1）视觉环境因素制约。一是沿小城镇中心区道路两侧面建造的建筑高度控制；二是文物保护或历史建筑保护单位周围地区的建筑高度控制。

2）机场、微波等无线通信对邻近小城镇建筑高度的制约。

3）其他相关要求如日照、消防、地质条件的制约。

（5）建筑间距的控制。重点考虑日照、消防安全、卫生防疫、施工安全、空间关系、工程管线等影响因素。

（6）建筑退让的控制。包括建筑退让地界距离、建筑退让道路规划红线距离、建筑退让铁路线距离、建筑退让高压电力架空线距离、建筑退让河道蓝线距离。

（7）建设基地绿地率控制。绿地率除应符合规定要求外，对于开发建设基地面积较大单项建筑工程基地，还应设置集中绿地。

（8）建设基地出入口、停车和交通组织的控制。以不干扰镇区交通为原则。

（9）建设基地标高控制。一般应高于相邻镇区道路中心线标高 0.3m 以上。

（10）建筑环境管理。按小城镇中心区城市设计要求，对建筑物高度、体量、造型、立面、色彩进行审核；在没有进行城市设计地区，对重要建筑的造型、上面、色彩应进行专家评审；对于较大建设工程或者居住区，还应审核其环境设计。

（11）各类公建用地指标和无障碍设施的控制。对地区开发应根据批准的相关小城镇详细规划和有关规定，对中小学、幼托及商业服务设施的用地指标进行审核，并留有发展余地，同时审核地区开发和公共建筑相关的无障碍设施要求。

（12）符合有关专业管理部门综合意见的审核。建筑工程审核阶段，同时征求消防、环保、卫生防疫、园林绿化等主管部门的意见，对设计方案是否符合有关专业主管部门的综合意见进行审核。

3. 小城镇市政管线工程规划管理的内容

小城镇市政管线工程规划管理主要控制市政管线工程平面布置及其水平、竖向间距，并处理好相关道路、建筑物、树木等关系，主要包括以下几个方面。

（1）管线的平面布置、竖向市置。所有管线位置均采用小城镇统一坐标系统和高程系统，沿道路红线平行敷设。管线平面布置和竖向布置各项要求应符合相关规范要求。

（2）管线敷设与行道树绿化的关系。架空线应充分考虑行道树的生长和修剪要求。

（3）管线敷设与市容景观的关系。各类电杆形式力求简洁，同类架空线尽可能同杆敷设，县城镇、中心镇中心区管线应尽量入地。

（4）综合协调相关管理部门意见。主要指市政管线工程穿越镇区道路、公路、铁路桥梁、河流、绿化地带及消防安全等方面要求的综合协调。

（5）其他管理。如雨水、污水管排水口的设置、管线施工、临时管线安排等的协调。

4. 小城镇市政交通工程规划管理的内容

（1）地面道路（公路）工程的规划控制。道路走向及坐标控制、道路横断面布置的控制、镇区道路标高的控制、道路交叉口的控制、路面结构类型的控制、道路附属设施的控制。

（2）镇区桥梁、隧道等交通工程规划控制。镇区桥梁、隧道断面宽度及形式应与其衔接的镇区道路相一致。镇区桥梁结构选型及外观设计应充分注意小城镇景观风貌的要求。

五、规划实施监督检查

小城镇规划实施监督检查是小城镇规划管理中的一项重要工作，直接关系到小城镇规划实施的最终结果，能否实现小城镇规划管理的预期目标。

1. 小城镇规划实施监督检查的任务

（1）小城镇土地使用的监督检查。包括对建设工程使用土地情况的监督检查和对规划建成地区和规划保留、控制地区的规划控制情况的监督检查。

前者主要对用地情况与建设用地规划许可证的规定是否符合进行监督检查；后者对小城镇居住小区、工业园区等规划控制情况进行监督检查，特别是对于文物和历史建筑保护范围和建筑控制地带，以及历史风貌地区的核心保护区和协调区的建设控制情况进行监督检查。

（2）对建设活动全过程的行政检查。包括建设工程开工前订立红线界桩、复验灰线和建设工程竣工后的规划验收。

（3）查处违法用地和违法建设。

（4）对建设用地规划许可证和建设工程规划许可证的合法性进行监督检查。

（5）对建筑物、构筑物使用性质的监督检查。建筑物、构筑物使用性质的改变，会对环境、交通、消防、安全产生不良后果，影响小城镇规划实施。对建筑物、构筑物随意改变应进行监督检查。

小城镇规划实施的监督检查主要有三种行政行为，即行政检查、行政处罚和行政强制措施。

2. 小城镇规划实施的行政检查

小城镇规划实施的行政检查是城乡规划行政主管部门对建设单位和个人遵守城乡规划行政法律规范或规划许可的事实，所作的强制性检查的具体行政行为。

（1）建设工程规划批后行政检查的内容。

1）道路规划红线订界检查。

2）复验灰线。

①检查实施现场是否悬挂建设工程规划许可证。

②检查建筑工程总平面放样是否符合建筑工程规划许可证核准的图纸。

③检查建筑工程基础的外沿与道路规划红线的距离，与相邻建筑物外墙的距离，与建设用地边界的距离。

④检查建筑工程外墙长、宽尺寸。

⑤查看基地周围环境及有无架空高压电力线对建筑施工的要求。

3）建设工程竣工规划验收。

（2）建筑工程。检查各项是否符合建设工程规划许可证及其核准图纸的要求。

1）总平面布局。检查建筑工程位置、占地范围、坐标、平面布置、建筑间距、出入口设置。

2）技术指标。检查建设工程的建筑面积、建筑层数、建筑密度、容积

率、建筑高度、绿地率、停车泊位等。

3）建筑立面、造型。检查建筑物或构筑物的形式、风格、色彩、立面处理等

4）室外检查。检查室外工程设施，如道路、踏步、绿化、围墙、大门、停车场、雕塑、水池等，并检查是否按期限拆除临时设施并清理现场。

（3）市政管线工程竣工规划验收。

1）中心线位置。

2）测绘部门跟测落实情况。

3）其他规划要求。

（4）市政交通工程竣工规划验收。

1）中心线位置。

2）横断面布置。

3）路面结构。

4）路面标高及桥梁净空高度。

5）其他规划要求。

（5）建设工程批准后行政检查的程序。

1）申请。包括涉及道路规划红线的建设工程申请订立道路规划灰红线界桩，申请复验灰线，申请建筑工程竣工规划验收。

2）检查。对应申请的行政检查。

3）核发。竣工并经小城镇规划验收合格，核发建设工程竣工规划验收合格证明。

3. 小城镇规划实施监督检查的行政处罚

（1）行政处罚的原则。

1）处罚法定原则。

2）处罚与教育相结合原则。

3）公开、公正的原则。

4）违法行为与处罚相适应的原则。

5）处罚救济原则。包括行政复议、行政诉讼和行政赔偿等法律救济途径。

6）受处罚不免除民事责任的原则。

（2）行政处罚的种类。

1）申诫罚，主要形式为警告、通报。

2）财产罚，罚金或没收违法建筑。

3）能力罚（行为罚），主要形式为吊销规划许可证。

（3）行政处罚的程序和制度。

1）行政处罚程序。

①简易处罚程序。适用于监督检查人员当场发现违法行为，当场作出行政处罚。简易处罚程序须符合违法事实确凿，应当给予处罚并有法定依据和对建设单位或个人的行政处罚较轻等三个条件。

②一般处罚程序。要求城乡规划行政主管部门必须全面、客观、公正地调查取证，必须有不少于两名执法人员进行调查取证，并应当出示执法证件，制作笔录，与案件有直接利害关系的监督检查人员应当回避。

③听证程序。凡责令吊销许可证或者数额较大的罚款的行政处罚适用听证程序。

2）行政处罚制度。

①事先告知制度。处罚决定前，将准备作出行政处罚决定的事实、理由和依据，以及当事人依法享有的权利告知当事人。

②陈述申辩制度。如果建设单位或个人对告知的内容有异议，有权进行陈述和申辩，包括依法要求听证，不得因此加重处罚。

③审查决定制度。

④政府监督制度。

⑤罚缴分离制度。

4. 小城镇规划实施监督检查的行政强制措施

行政强制措施是指行政机关采用强制手段，保障行政管理秩序、维护公共利益、迫使行政相对人履行法定义务的具体行政行为。行政强制措施的执行必须同时具备下列条件。

（1）被执行者负有行政法规定的义务。

（2）存在逾期不履行的事实。

（3）被执行人故意不履行。

（4）执行主体必须符合资格条件。

行政强制执行除了应当遵循行政法的合法性原则与合理性原则外，还应当遵循预先告诫、优选从轻、目的实现和有限执行等原则。

我国城乡规划实施监督检查的行政强制措施，特别是一些地方在房屋拆迁方面的行政强制措施宜在深入研究基础上加以完善，加强相关政策法规措施研究与配套建设势在必行。

5. 小城镇违法用地、违法建筑的查处

（1）违法用地查处：建设单位或个人未取得规划行政主管部门批准的建

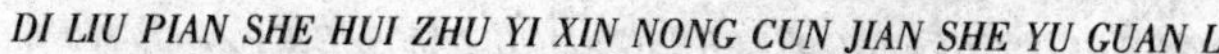

设用地规划许可证，或者没有按照建设用地许可证核准的用地范围和使用要求使用土地的，均属违法用地。查处违法用地相关规定。

1）对建设前期改变小城镇用地原有地形、地貌活动，城乡规划行政主管部门应会同土地行政主管部门责令恢复原有的地形、地貌、赔偿损失。

2）对违法用地上进行的建设按处理违法建筑的法律规定，视不同情况处理。

3）对于违法审批获准用地，应报告县人民政府，并由县人民政府责令收回土地。

（2）违法建设查处。查处违法建设，包括无证建设和越证建设的查处有以下几种情况：

1）在未取得建设用地规划许可证和经批准的临时用地上进行的建设。

2）未取得建设工程规划许可证的建设工程。

3）未经批准的临时建设工程。

4）违反建设工程许可证的规定或擅自变更批准的规划设计图纸的建设工程。

5）违反批准文件规定的临时建设工程。

6）超过规定期限拒不拆除的临时建设工程。

7）规划行政主管部门不按照法律规定批准建设的项目。

（3）查处违法建设的程序。

1）停止施工、立案登记。对于各类违法建设活动一经发现，规划行政主管部门就应及时下达停工通知书，责令停止施工，并对违法建设立案登记，记录违法建设的项目名称，建设位置、规模、违法建设发现时间、停工通知书送达时间，并采取包括法律、法规授权行使的强制性措施在内制止违法建设行为的相应措施。

2）作出处罚决定。

①做好现场勘察记录和对违法当事人的询问笔录；

②确定违法建设活动对小城镇规划的影响程度；

③依法告知当事人行政处罚的事实、理由及依据；及时作出行政处罚决定；同时告知当事人对行政处罚依法有陈述权、申辩权、申请行政复议权、提起行政诉讼权、申请听证权。

3）申请强制执行。行政处罚决定作出后，在法定期限内，当事人逾期不申请复议，也不向人民法院起诉，又不履行处罚决定的，县（市）人民政府城乡规划行政主管部门应当申请人民法院强制执行。

6. 小城镇规划实施管理改革

依据中央关于加强城乡规划监督管理的一系列方针政策，针对当前小城镇规划实施管理存在的问题和薄弱环节，小城镇规划实施管理改革应着重于以下几个方面：

（1）小城镇规划强制性内容是小城镇可持续发展的重要保证。规划明确的强制内容要向社会公布，不得随意调整。变更规划的强制性内容，组织论证必须就调整的必要性提出专题报告，进行公示，经上级政府认定后方可组织和调整方案，重新按规定程序审批。调整方案批准后应报上级城乡规划行政主管部门备案。

（2）严格建设项目选址与用地的审批程序。在项目可行性报告中，必须附有城乡规划行政主管部门核发的选址意见书。规划行政主管部门批准建设项目，建设地址必须符合选址意见书。不得以政府文件、会议纪要等形式取代选址程序。

（3）加强历史文化名镇的保护，重点做好对历史文化名镇整体格局、历史文化街区、文物古迹与历史性建筑及其周边环境的保护。建立和实施紫线管制制度，加强对历史文化遗产的保护，严厉查处破坏历史文化遗产的行为。

（4）认真贯彻“严格保护、统一管理、合理开发、永续利用”的原则，正确处理保护与开发利用的关系，严格保护风景名胜资源，按照“山上游，山下住”、“沟内游，沟外住”等原则，规划建设一批旅游型小城镇，逐步解决核心景区内人口迁移问题，带动小城镇经济发展。

（5）切实加强城乡结合部规划管理，县城镇、中心镇规划范围的城乡结合部应依据土地利用总体规划和小城镇总体规划，编制城乡结合部详细规划和近期建设规划，复核审定各地块的使用性质和使用条件。着重解决好集体土地使用权随意流转、使用性质任意变更以及管理权限不清、建设混乱等突出问题，尽快改变城乡结合部建设布局混乱、土地利用效率低、基础设施严重短缺、环境恶化的状况。县（市）人民政府城乡规划行政主管部门和国土资源行政主管部门要对城乡结合部规划建设和土地利用实施有效的监督管理，重点查处未经规划许可或违反规划许可条件进行建设的行为，防止以土地流转为名擅自改变用途。

（6）建立和完善规划实施的监督机制，提高小城镇规划建设管理水平。对于较大的小城镇公共设施项目必须符合小城镇规划，严格建设项目审批程序，乡镇政府投资建设项目应当公示资金来源，严查不切实际的“形象工程”。要严格按规划管理公路两侧的房屋建设，特别是商业服务用房建设。分

类指导不同地区、不同类型小城镇的建设，抓好试点及示范。

第四节　建制镇规划建设管理

一、建制镇规划管理的基本要求

1. 建制镇规划范围及要求

建制镇规划管理包括在建制镇规划区内进行建设和房地产、市政公用设施、镇容环境卫生等管理内容。建制镇规划区是指镇政府驻地的建成区和因建设及发展需要实行规划控制的区域。建制镇规划区的具体范围，在建制镇总体规划中划定。

建制镇规划建设要适应农村经济和社会发展的需要，为促进乡镇企业适当集中建设、农村富余劳动力向非农产业转移，加快农村城市化进程服务。

建制镇建设应当坚持合理布局、节约用地的原则，全面规划，正确引导、依靠群众、自力更生、因地制宜、逐步建设，实现经济效益、社会效益和环境效益的统一。

地处洪涝、地震、台风、滑坡等自然灾害容易发生地区的建制镇，应当按照国家和地方的有关规定，在建制镇总体规划中制定防灾措施。

2. 各级政府在建制镇规划中的职责

（1）国务院建设行政主管部门主管全国建制镇规划建设管理工作。

（2）县级以上地方人民政府建设行政主管部门主管本行政区域内建制镇规划建设管理工作。建制镇人民政府的建设行政主管部门负责建制镇的规划建设管理工作。

（3）建制镇建设行政主管部门主要职责是：

1）贯彻和执行国家及地方有关法律、行政法规、规章。

2）负责编制建制镇的规划，并负责组织和监督规划的实施。

3）负责县级建设行政主管部门授权的建设工程项目的设计管理与施工管理。

4）负责县级建设行政主管部门授权的房地产管理。

5）负责建制镇镇容和环境卫生、园林、绿化管理、市政公用设施的维护与管理。

6）负责建筑市场、建筑队伍和个体工匠的管理。

7）负责技术服务和技术咨询。

8）负责建设统计、建设档案管理及法律、法规规定的其他职责。

二、建制镇规划管理

1. 规划程序管理

（1）建制镇规划是在县级以上地方人民政府城市规划行政主管部门指导下，由建制镇人民政府负责组织编制。建制镇在设市城市规划区内的，其规划应服从设市城市的总体规划。编制建制镇规划应当依照《村镇规划标准》进行。

（2）建制镇的总体规划报县级人民政府审批，详细规划报建制镇人民政府审批。建制镇人民政府在向县级人民政府报请审批建制镇总体规划前，须经建制镇人民代表大会审查同意。

（3）任何组织和个人不得擅自改变已经批准的建制镇规划。如确需修改时，由建制镇人民政府根据当地经济和社会发展需要进行调整，并报原审批机关审批。

2. 规划区用地管理

（1）建制镇规划区内的土地利用和各项建设必须符合建制镇规则，服从规划管理，任何单位和个人必须服从建制镇人民政府根据建制镇规划作出的调整用地决定。

（2）建制镇规划区内的建设工程项目在报请计划部门批准时，必须附有县级以上建设行政主管部门的选址意见书。

（3）在建制镇规划区内进行建设需要申请用地的，必须持建设项目的批准文件，向建制镇建设行政主管部门申请定点，由建制镇建设行政主管部门根据规划核定其用地位置和界限，并提出规划设计条件的意见，报县级人民政府建设行政主管部门审批。县级人民政府建设行政主管部门审核批准的，发给建设用地规划许可证。建设单位和个人在取得建设用地规划许可证后，方可依法申请办理用地批准手续。

（4）建设规划用地批准后，任何单位和个人不得随意改变土地使用性质和范围。如需改变土地使用性质和范围，必须重新履行规划审批手续。

（5）在建制镇规划区内新建、扩建和改建建筑物、构筑物、道路、管线和其他工程设施，必须持有关批准文件向建制镇建设行政主管部门提出建设工程规划许可证的申请，由建制镇建设行政主管部门对工程项目施工图进行

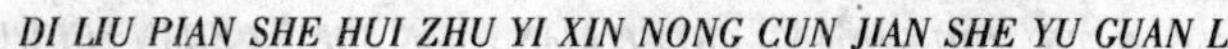

审查，并提出是否发给建设工程规划许可证的意见，报县级人民政府建设行政主管部门审批。县级人民政府建设行政主管部门审核批准的，发给建设工程规划许可证。建设单位和个人在取得建设工程规划许可证件和其他有关批准文件后，方可申请办理开工手续。

（6）在建制镇规划区内建临时建筑，必须经建制镇建设行政主管部门批准。临时建筑必须在批准的使用期限内拆除。

如国家或集体需要用地，必须在规定期限内拆除。禁止在批准临时使用的土地上建设永久性建筑物、构筑物和其他设施。

（7）建制镇建设行政主管部门有权对建制镇规划区内的建设工程是否符合规划要求进行检查。被检查者应当如实提供情况和资料，检查者有责任为被检查者保守技术秘密和业务秘密。

（8）在建制镇规划区内，未取得建设用地规划许可证而取得建设用地批准文件，占用土地的、批准文件无效，占用的土地由县级以上人民政府责令退回。

第五节　新农村规划建设管理

一、村镇规划建设管理的基本要求

1. 村庄、集镇规划建设管理要求

（1）村庄、集镇规划建设管理，应当坚持合理布局、节约用地的原则，全面规划，正确引导，依靠群众，自力更生，因地制宜，量力而行，逐步建设，实现经济效益、社会效益和环境效益的统一。

（2）对于地处洪涝、地震、台风、滑坡等自然灾害易发地区的村庄和集镇，应当按照国家和地方的有关规定，在村庄、集镇总体规划中制定相应的防灾措施。

（3）全国的村庄、集镇规划建设管理工作由国务院建设行政主管部门主管。县级以上地方人民政府建设行政主管部门主管本行政区域的村庄、集镇规划建设管理工作。乡级人民政府负责本行政区域的村庄、集镇规划建设管理工作。

（4）应积极推广村庄、集镇规划建设管理的科学研究和应用先进的技术。

提倡在村庄和集镇建设中，结合当地特点，采用新工艺、新材料、新结构。

2. 村庄和集镇规划的编制要求

（1）村庄、集镇规划由乡级人民政府负责组织编制，并监督实施。

（2）村庄、集镇规划的编制原则。

1）根据国民经济和社会发展计划，结合当地经济发展的现状和要求，以及自然环境、资源条件和历史情况等，统筹兼顾，综合部署村庄和集镇的各项建设。

2）处理好近期建设与远景发展、改造与新建的关系，使村庄，集镇的性质和建设的规模、速度和标准，同经济发展和农民生活水平相适应。

3）合理用地，节约用地，各项建设应当相对集中，充分利用原有建设用地，新建、扩建工程及住宅应当尽量不占用耕地和林地。

4）有利生产，方便生活，合理安排住宅、乡（镇）村企业、乡（镇）村公共设施和公益事业等的建设布局，促进农村各项事业协调发展，并适当留有发展余地。

5）保护和改善生态环境，防治污染和其他公害，加强绿化和村容镇貌、环境卫生建设。

（3）村庄、集镇规划的编制应当以县域规划、农业区划、土地利用总体规划为依据，并同有关部门的专业规划相协调。县级人民政府组织编制县域规划，应当包括村庄、集镇建设体系规划

（4）编制村庄、集镇规划一般分为村庄、集镇总体规划和村庄、集镇建设规划两个阶段进行。

（5）村庄、集镇总体规划是乡级行政区域内村庄和集镇布点规划及相应的各项建设的整体部署。

（6）村庄、集镇建设规划应当在村庄、集镇总体规划指导下，具体安排村庄、集镇的各项建设。

集镇建设规划的主要内容包括：住宅、乡（镇）村企业、乡（镇）村公共设施、公益事业等各项建设的用地布局、用地规模，有关的技术经济指标，近期建设工程以及重点地段建设具体安排。

村庄建设规划的主要内容可以根据本地区经济发展水平，参照集镇建设规划的编制内容，主要对住宅和供水、供电、道路、绿化、环境卫生以及生产配套设施作出具体安排。

（7）村庄、集镇总体规划和集镇建设规划，须经乡级人民代表大会审查同意，由乡级人民政府报县级人民政府批准。村庄建设规划，须经村民会议

讨论同意，由乡级人民政府报县级人民政府批准。

（8）根据社会经济发展需要，村庄、集镇规划需要进行局部调整时，须经乡级人民代表大会或者村民会议同意，乡级人民政府可以对村庄、集镇规划进行局部调整，并报县级人民政府备案。涉及村庄、集镇的性质。规模、发展方向和总体布局重大变更的，须经乡级人民代表大会审查同意，由乡级人民政府报县级人民政府批准或经村民会议讨论同意，由乡级人民政府报县级人民政府批准。

（9）村庄、集镇规划期限，由省、自治区、直辖市人民政府根本地区实际情况规定。

（10）村庄、集镇规划经批准后，由乡级人民政府公布。

3. 村庄和集镇规划的实施管理要求

（1）农村村民在村庄、集镇规划区内建住宅的，应当先向村集体经济组织或者村民委员会提出建房申请，经村民会议讨论通过后，按照下列审批程序办理：

1）需要使用耕地的，经乡镇人民政府审核、县级人民政府建设行政主管部门审查同意并出具选址意见书后，方可依照《土地管理法》向县级人民政府土地管理部门申请用地，经县级人民政府批准后，由县级人民政府土地管理部门划拨土地。

2）使用原有宅基地、村内空闲地和其他土地的，由乡级人民政府根据村庄、集镇规划和土地利用规划批准。

城镇非农业户口居民在村庄、集镇规划区内需要使用集体所有的土地建住宅的，应当经其所在单位或者居民委员会同意，报经乡镇人民政府审核、县级人民政府建设行政主管部门审查同意并出具选址意见书后，方可依照《土地管理法》向县级人民政府土地管理部门申请用地，经县级人民政府批准后，由县级人民政府土地管理部门划拨土地。

回原籍村庄、集镇落户的职工、退伍军人和离休、退休干部以及回乡定居的华侨、港澳台同胞，在村庄、集镇规划区内需要使用集体所有的土地建住宅的，经乡镇人民政府审核、县级人民政府建设行政主管部门审查同意并出具选址意见书后，方可依照《土地管理法》向县级人民政府土地管理部门申请用地，经县级人民政府批准后，由县级人民政府土地管理部门划拨土地。

（2）兴建乡（镇）村企业，必须持县级以上地方人民政府批准的设计任务书或者其他批准文件，向县级人民政府建设行政主管部门申请选址定点，县级人民政府建设行政主管部门审查同意并出具选址意见书后，建设单位方可依法向县级人民政府土地管理部门申请用地，经县级以上人民政府批准后，由土地管理部门划拨土地。

(3) 乡（镇）村公共设施、公益事业建设，须经乡级人民政府审核、县级人民政府建设行政主管部门审查同意并出具选址意见书后，建设单位方可依法向县级人民政府土地管理部门申请用地，经县级以上人民政府批准后，由土地管理部门划拨土地。

(4) 在村庄、集镇规划区内，未按规划审批程序批准而取得建设用地批准文件，占用土地的批准文件无效，占用的土地由乡级以上人民政府责令退回。

(5) 在村庄、集镇规划区内，未按规划审批程序批准或者违反规划的规定进行建设，严重影响村庄、集镇规划的，由县级人民政府建设行政主管部门责令停止建设，限期拆除或者没收违法建筑物、构筑物和其他设施；影响村庄、集镇规划，尚可采取改正措施的，由县级人民政府建设行政主管部门责令限期改正，处以罚款。

(6) 农村居民未经批准或者违反规划的规定建住宅的，由乡级人民政府责令停止建设，限期拆除或者没收违法建筑物、构筑物和其他设施并处以罚款。

4. 村庄和集镇建设的设计、施工管理要求

(1) 在村庄、集镇规划区内，凡建筑跨度、跨径或者高度超出规定范围的乡（镇）村企业、乡（镇）村公共设施和公益事业的建筑工程，以及二层（含二层）以上的住宅，必须由取得相应的设计资质证书的单位进行设计，或者选用通用设计、标准设计。跨度、跨径和高度，由省、自治区、直辖市人民政府或者其授权的部门限定。

未取得设计资质证书承担建筑跨度，跨径和高度超出规定范围的工程以及二层以上住宅的设计任务或者未按设计资质证书规定的经营范围承担设计任务的由县级人民政府建设行政主管部门责令停止设计或者施工、限期改正，并可处以罚款。

(2) 建设设计应当贯彻适用、经济、安全和美观的原则，符合国家和地方有关节约资源、抗御灾害的规定，保持地方特色和民族风格，并注意与周围环境相协调。

农村居民住宅设计应当符合紧凑、合理、卫生和安全的要求。

(3) 承担村庄、集镇规划区内建筑工程施工任务的单位，必须具有相应的施工资质等级证书或者资质审查证书，并按照规定的经营范围承担施工任

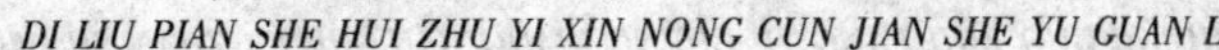

务。在村庄、集镇规划内从事建筑施工的个体工匠，除承担房屋修缮外，须按有关规定办理施工资质审批手续。

未取得施工资质等级证书或者资质审查证书及未按规定的经营范围，承担施工任务的由县级人民政府建设行政主管部门责令停止设计或者施工、限期改正，并可处以罚款。

取得设计或者施工资质证书的勘察设计、施工单位，为无证单位提供资质证书，超过规定的经营范围，承担设计、施工任务或者设计、施工的质量不符合要求，情节严重的，由原发证机关吊销设计或者施工的资质证书。

（4）施工单位应当按照设计图纸施工。任何单位和个人不得擅自修改设计图纸；确需修改的，须经原设计单位同意，并出具变更设计通知单或者图纸。

未按设计图纸施工或者擅自修改设计图纸的，由县级人民政府建设行政主管部门责令停止设计或者施工、限期改正，并可处以罚款。

（5）施工单位应当确保施工质量，按照有关的技术规定施工，不得使用不符合工程质量的建筑材料和建设构件。

不按有关技术规定施工或者使用不符合工程质量要求的建筑材料和建筑构件的，由县级人民政府建设行政主管部门责令停止设计或者施工、限期改正，并可处以罚款。

（6）乡（镇）村企业、乡（镇）村公共设施、公益事业等建设在开工前，建设单位和个人应当向县级以上人民政府建设行政主管部门提出开工申请，经县级以上人民政府建设行政主管部门对设计、施工条件予以审查批准后，方可开工。农村居民住宅建设开工的审批程序，按省、自治区、直辖市人民政府的规定执行。

（7）县级人民政府建设行政主管部门，应当对村庄、集镇建设的施工质量进行监督检查。村庄、集镇的建设工程竣工后，应当按照国家的有关规定，经有关部门竣工验收合格后，方可交付使用。

5. 房屋、公共设施、村容镇貌和环境卫生管理要求

（1）县级以上人民政府建设行政主管部门，应当加强对村庄、集镇房屋的产权、产籍的管理，依法保护房屋所有人对房屋的所有权。具体办法按国务院建设行政主管部门规定执行。

（2）任何单位和个人都应当遵守国家和地方有关村庄、集镇的房屋、公共设施的管理规定，保证房屋的作用安全和公共设施的正常使用，不得破坏或者损毁村庄、集镇的道路、桥梁、供水、排水、供电、邮电、绿化等设施。

（3）从集镇收取的城市维护建设税，应当用于集镇公共设施的维护和建设，不得挪作他用。

（4）乡级人民政府应当采取措施，保护村庄，集镇饮用水源；有条件的地方，可以集中供水，使水质逐步达到国家规定的生活饮用水卫生标准。

（5）未经乡镇人民政府批准，任何单位和个人不得擅自在村庄、集镇规划区的街道、广场、市场和车站等场所修建临时建筑物、构筑物和其他设施。违反规定的由乡级人民政府责令限期拆除，并可处以罚款。

（6）任何单位和个人都应当维护村容镇貌和环境卫生，妥善处理粪堆、垃圾堆、柴草堆，养护树木花草，美化环境。

（7）对损坏村庄和集镇的房屋、公共设施的以及乱堆粪便、垃圾、柴草，破坏村容镇貌和环境卫生的行为，由乡级人民政府责令停止侵害，可以处以罚款；造成损失的，应当赔偿。

（8）任何单位和个人都有义务保护村庄、集镇内的文物古迹、古树名木和风景名胜、军事设施、防汛设施，以及国家邮电、通信、输变电、输油管道等设施，不得损坏。违反规定的要依照有关法律、法规的规定处罚。

（9）乡级人民政府应当按照国家有关规定，对村庄、集镇建设中形成的具有保存价值的文件、图纸、资料等及时整理归档。

（10）村庄，集镇建设管理人员玩忽职守、滥用职权、徇私舞弊的，由所在单位或者上级主管部门给予行政处分；构成犯罪的，依法追究刑事责任。

二、新农村规划建设实施管理要求

1. 建立村庄民主管理制度

建设好社会主义新农村，充分发挥好农村基层党支部的战斗堡垒作用，坚持民主管理，科学决策。村庄民主管理制度以实现维护好最广大人民群众的根本利益为准则。它对于改变村庄面貌，提高农民群众的文明素质，改善农村人居环境，切实解决人民群众生产、生活中遇到的各种困难和问题，整体推进农村精神文明建设将起到积极的推动作用。在推进会主义新农村过程中，民主管理要突出体现在“建立自治组织，完善管理制度，落实责任目标，强化监督管理，严格奖惩措施”上。首先是要建立村民自治组织。村庄可成立由村民选举的“村民自治理事会”、“民主理财理事会”等群众自治组织，理事会设会长一人，副会长2～4人，成员若干人。负责处理村内村外的一切事务。其次是完善管理制度。村民自治组织要结合本村的实际情况，因地制宜地制定“村规民约”，“村庄建房管理制度”、“村庄环境卫生管理制度”

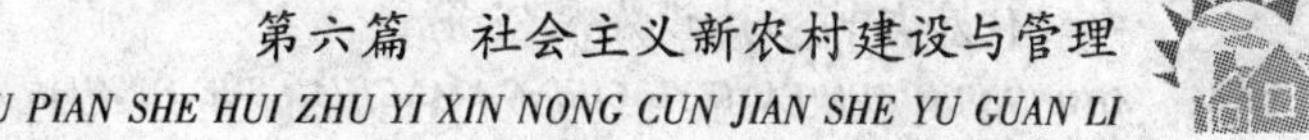

等，并经村民大会讨论通过。其三是要落实责任目标。有了制度，就要严格执行。村民自治理事会要分工负责，落实各项制度管理的责任人，切实做到各司其职，各负其责。其次是强化监督管理。根据村民自治理事会的分工，有关责任人要勇于担当起监督管理的责任，发现违规违章的要及时报告或妥善处理。五是严格奖惩措施。对在建设社会主义新农村中表现突出的人和事要进行表扬或给予适当的奖励，对违反村规民约及有关制度的，应严格按照规定进行处罚。

2. 村庄建设管理人员的任务

村庄建设管理，是指对村庄建设规划，新建工程的设计、审查、施工及原有公共设施的维护和管理，使村庄建设按规划健康有序地进行，适应村庄经济发展，物质和文化生活水平提高的需要。

管理人员的主要任务是：

（1）贯彻执行国家有关新农村建设的法规、方针、政策。

（2）组织本村区域建设规划的编制、报批与按规划实施。

（3）负责建筑管理，协助上级业务部门对建筑设计、施工质量等各项建设活动进行监督。

（4）组织和督促对村庄基础设施与村庄环境的维护管理。

（5）负责对村庄的环境保护工作，对各类污染进行防治，保护历史文化遗产。

（6）搞好村庄的环境绿化和环境卫生管理。

（7）负责本辖区违法、违章建筑管理。

3、新农村建设规划实施管理

村庄规划区内的各项建设必须服从规划管理。规划管理要严格把住“四关”：

（1）统一规划关。任何单位和个人建房，必须严格按批准的规划进行建设。

（2）审查批准关。任何单位和个人建房，必须办理村庄规划选址、土地使用、建筑设计、建筑施工许可等审批手续，坚决杜绝无审批程序的建设工程。

（3）实地放线关。按建设程序办理审批手续后，乡（镇）或县级村镇建设管理部门要到实地放线后，才能开工建设。沿公路一侧规划建设村庄的，其建筑物边缘与公路边沟外缘的间距为：国道不少于20m，省道不少于15m，县道不少于10m，乡道不少于5m。

（4）复查验收关。各类工程竣工后，县、乡两级建设主管部门都必须到实地按规划红线进行复查验线，经验收合格后才能交付使用。

4. 新农村建设建筑工程施工管理

承揽村庄建设工程施工任务的单位，必须持有相应的施工资质等级证书，并按规定的范围承揽施工任务。

（1）在村庄规划区内取得建设工程规划许可证的单位或个人，在建设工程开工前，应当告知批准机关，有关部门应派人到现场放样、验线。

（2）承揽村庄建设工程施工任务的单位，应当严格按照规划、设计图纸和有关技术规范、标准施工，禁止使用不符合工程质量要求的建筑材料和建筑构件。

县级建设行政主管部门或者其委托的乡（镇）人民政府应当对建设工程施工质量和施工安全进行监督检查。

（3）村庄公共设施、公益事业设施和生产经营性设施以及单位的其他建设工程竣工后，应当按照国家和省有关规定组织验收，并在验收合格 15 日内，将竣工验收报告报县级建设部门备案。

5. 新农村建设工程设计管理

（1）村庄建筑设计应当坚持适用、经济、安全、卫生、美观的原则，符合国家和地方有关节约土地、资源及抗御自然灾害等规定，保持地方特色，与周围环境相协调。

（2）村庄规划区内，跨度、跨径 6m 以上或者高度 4.5m 以上的公共设施、公益事业设施和生产经营性设施的建设工程，必须由具有相应资质证书的单位进行设计，或者选用通用设计、标准设计，并按照要求进行工程地质勘察。

禁止无证设计、超越资质等级设计和无设计施工。

6. 新农村建设道路与排水设施的管理

村庄规划区的道路与排水，是每个村庄必不可少的公共设施，是不可分割的两项建设工程，在修建道路的同时，必须建好排水沟。

（1）确定村庄道路骨架，新农村建设必须坚持按规划先修道路和排水沟，后建房屋。如无条件修建道路，必须先划好道路红线，将村庄内部道路及排水沟的位置按规划设计留出来后再建房。“空心村”或旧村内部改造，首先要打通村庄内部的道路，实行有计划的改造，截弯取直，拆除规划障碍。

（2）加强村庄内道路的管理，对已修建的道路不得以任何借口进行损坏，如有损坏的，应当从严处理；不得在道路上设置路障；不得侵占道路和堆放

杂物。

（3）村庄各类建设不得侵占道路红线及红线上空，已侵占的要让出，否则要按照当地政府和村规民约予以处理。

（4）排水沟要结合村庄道路修建时进行。要根据排水流量，确定排水流向、水沟坡度及桥涵建造，保证排水流畅。

（5）排水沟及检查井要落实人员管理，可采取分段包干的办法进行清理，对于损坏部位要及时进行修理，以保证水沟完好无损，发挥其应有的作用。

7. 新农村建设饮用水的管理

（1）保护饮用水用量。在确定村庄的所需用水量时，必须保证村民饮用水不少于 100L/（人·日）的用量，建小型水厂，还必须考虑村民生产用水、消防用水及其他不可预见的消耗用水。

（2）保证饮用水质量。按国家规定的“饮用水水质标准”规定，水质必须达到感观性状指标。化学指标、毒理学指标和细菌指标的要求。

（3）保证用水的压力。自来水能自动流水，是靠水的压力，解决水压的办法：一是高差压力，即水塔水池底部的标高至少应高于最高用水处 2m；二是机械压力，即用水泵加压或调频加压，保证最高用水处能用得上水。

8. 新农村建设环境卫生管理

环境卫生管理是新农村环境达到舒适、优美、清洁、卫生不可缺少的条件之一，它包括厕所、垃圾箱、垃圾处理场、沼气净化池、污水沟的清理等，直接影响到村民的身体健康和村庄的文明程度。因此，必须切实抓好村庄的环境卫生。

（1）健全村庄环境卫生管理制度。制定环境卫生管理标准、落实责任区的划分，坚持检查制度、奖罚制度以及家禽圈养、公共场所的管理等。制度经村民会议讨论通过后，必须坚决执行。

（2）要抓好垃圾坑、箱、粪坑等设施的建设。用沼气池处理粪便、垃圾，净化环境效果好，适用范围广，村民均可采用，同时要定期清圈、除粪、喷药、灭蚊、灭蝇等。

（3）坚持房前屋后实行三包（包清扫、包清运、包洁净）责任制，定期进行检查评比，奖惩兑现。同时村庄内可建立村民督导组，做好群众自已管理自己的工作。通过这些措施促进村民养成爱清洁、讲卫生的良好卫生习惯。

9. 新农村建设环境保护的管理

环境保护是我国的一项基本国策。加强村庄环境保护管理，首要的是组织和发动广大农村干部和群众自觉地保护和改善自己家园的生态环境，坚持

“以防为主，综合治理”的方针，以及“谁开发谁保护、谁污染谁治理”的原则，防治乡村企业、养殖业的污染。杜绝城市污染企业向农村转移是当务之急，积极发展生态农业，保护农村生态平衡。

（1）整合小型村办工业。第一，集中建立小型工业区（工业区应向城镇集中）或养殖区，这样既可节约土地，发挥规模效益，又便于“三废”的综合治理和资源的综合利用；第二，将排放大量烟尘和有毒有害气体的企业布置在村庄主导风向的下风向，并远离居民居住区；第三，将排放有毒有害废水的企业布置在村庄水源的下游及远离水源保护区；第四，将易燃易爆的生产企业布置在远离村庄、仓库的地方；第五，将产生噪声、振动较严重的企业布置在远离村庄居民区、卫生所、学校、幼儿园的地方。

（2）切实抓好老污染源的治理。对布局不合理，污染扰民严重而又难于治理的小型工业企业要坚决关、停、并、转、迁；要通过技术改造、改革工艺、更新设备、提高资源、能源综合利用率，减少“三废”排放量，达到增加效益，减少污染的目的；对污染企业，要作出规划，分期分批限期治理，决不能姑息迁就，任其发展。

（3）加强自然资源保护。一定要在推进农业经济发展的过程中，合理利用自然资源，搞好农业区域和村庄建设规划；保护好森林植被，防止水土流失；保护江河、水库和地下水源，防止水质污染；合理使用化肥、农药，推广生物防治；发展薪炭林、沼气、太阳能、小水电等无污染能源；合理饲养家禽家畜、水产鱼类，促进农林牧副渔全面发展和农业生产的良性循环。

（4）努力建成生态农业村。建设生态农业村可采取以下几种模式。

1）桑、蚕、猪、牛、沼气、鱼物质交换模式。即桑叶养蚕，蚕粪配合其他饲料养猪、牛，猪牛粪制造沼气用来发电照明或做饭，沼气肥投入鱼池养鱼或肥田，也可用来肥桑。

2）种、养、沼气家庭式良性循环模式。即用粮食配合其他成分加工成饲料用于喂养家禽，禽粪和其他饲料配合养猪，猪粪投入沼气池，沼气用来发电照明或做饭，沼气渣用来肥田。

3）种、养、加、贸工农型生态模式。即用粮食加工成食品供应市场，把加工后的米糠等制成饲料，饲料用于喂养家畜家禽。

4）建立棉、蔬菜、瓜、果、豆共生，稻、鱼共生以及利用生物防治的无公害蔬菜基地或粮、棉、油、鱼基地。

10. 新农村建设绿化美化管理

村庄绿地是村庄生态经济的重要组成部分，在改善村庄生态环境，美化

生活环境，促进农村生态经济协调发展方面起着重要作用。村庄绿化管理就是对村庄绿化规划及绿地建设实施管理。

（1）根据当地特点，利用原有的地形、地貌、水体、植被和历史文化遗址等自然、人文条件，以方便群众为原则，合理设置公共绿地、居住区绿地、防护绿地，重点抓好房前屋后、道路两旁、公共场地的绿化管理。

（2）抓好绿化分片分段包干责任区的管理，不允许任何人破坏公共绿地，新栽的花草树木要加强管理，确保成活率。

（3）指导农户庭院绿化美化，落实公共绿地树木花草的种植、修整、养护和更换，对村庄中的古树名木实行统一管理，分别养护。

11. 村庄历史文化资源的保护管理

具有历史价值的村庄和历史文化资源作为记载历史信息的载体，其古迹，必须重点保存并加以保护。主要措施有以下几项：

（1）明确保护要求。在旧村改造中，必须把规划改造与保护文化资源有机结合起来，尽可能发掘和弘扬传统文化、体现文化底蕴，特别是要保护村庄内县级以上保护的文化古迹、古建筑、古树名木和风景名胜等，为传承村庄文化资源提出了严格要求。

（2）开展资源调查。县、乡两级政府对各地村庄内的历史文化古迹要进行普查。对其所在地点、所处位置、特色风貌、价值和现状进行调查与评估。具有保护价值的重点院落和单体建筑等。要登记造册，由县级人民政府挂牌公布，列为重点保护文物。

（3）编制保护规划。在旧村改造之前，所在村庄都必须编制建设规划，并报县级政府批准实施。保护规划要在深入了解其历史，地理及民俗习惯的基础上进行编制，并准确把握其空间布局、建筑风貌及其内涵和特色，顺其自然，减少人为因素。保护规划在图纸上重点标注，在规划文本中突出体现。被列为国家、省、市重点保护的文物还要编制专项保护规划。

（4）严格保护措施。所有列入县级政府挂牌保护的文物，要制定保护范围和建筑控制地带，并作出相应的管理规定，落实人员进行管理。在旧村改造中，任何单位和个人不得进行拆除，新建房屋必须派专人现场勘察，确定不影响文物的空间布局和整体风貌后才能批准建设。否则，将按照有关法规进行处理，以保护村庄历史文化资源免遭破坏。

12. 新农村建设档案的管理

能源、材料、信息是人类文明的三大支柱。档案是一种信息，村庄建设档案不只是对村庄建设与管理活动的记载，更是村庄将来的规划、设计、施工、维护和管理的条件和依据。加强村庄档案管理是村庄建设管理中一项重要的基础性工作。

（1）建立健全建设档案管理制度，由乡镇人民政府村镇建设办公室负责收集，并严格按管理制度执行。

（2）健全归档制度。凡农产建房、公共设施、公共建筑、设计图纸、规划文本、审批表及其他资源必须进行整理，妥善保管，不得损坏丢失或据为己有。

（3）建立查阅建设专案制度，查阅档案，必须有批准手续。既要满足日常建设、管理的需要，也要保障档案材料的安全和完整。

13. 村委会在新农村建设管理中的责任

（1）宣传贯彻《土地管理法》、《环境保护法》、国务院《村庄和集镇规划建设管理条例》及国家、省、市、县有关村庄建设管理的方针政策和法规，制定和完善村庄建设管理的具体实施办法及村规民约。

（2）编制村庄规划。配合乡（镇）政府完成规划编制，提供村庄规划的资料分析，组织群众讨论、制定村庄规划。

（3）组织实施村庄建设规划，包括资金筹集，参与建设项目的选址定点，建设项目的施工管理及竣工验收。负责收集保管村庄建设资料。

（4）认真组织各项建设用地及农户宅基地用地的申报、查验工作，负责调解建房矛盾，配合查处违章建房、不合理使用宅基地，协助上级部门征用国家建设用地。

（5）加强环境保护管理。认真贯彻“全面规划，合理布局，综合利用，化害为利，依靠群众，大家动手，保护环境，造福人民”的方针。坚持执行村庄建设、经济建设和环境建设“三同步”的原则，切实保护好村庄环境。

（6）维护好公共设施（道路、桥涵、水沟、绿化、电力、电讯、环境卫生等）和公用事业设施（学校、医务室、活动室、公房等）。使公共设施和公用事业设施能充分发挥其应有的作用。

三、村镇建设工程质量安全管理

当前，我国村镇建设工程质量安全的总体水平在不断提高，但各地的状况不平衡。为此，建设部建质［2004］216 号文件明确提出，要加强村镇建设工程质量安全管理工作，切实提高村镇建设工程质量安全水平，具体要求如下。

1. 进一步提高认识，完善村镇建设工程管理体制

（1）村镇建设工程质量安全工作，直接关系到广大人民群众的切身利益。各级建设行政主管部门应充分认识做好村镇建设工程质量安全工作的重要意义，增强做好村镇建设工程质量安全工作的紧迫感和使命感。

（2）各地要统筹城市建设与村镇建设，并与现行的村镇行政管理体系结合起来，进一步健全和完善村镇建设工程管理服务机构，并充分发挥村民委员会等村民自治机构的作用，制定相关政策，促进村镇建设社会化服务体系的发展。

（3）各级建设行政主管部门应整合监管资源，特别是县级建设行政主管部门应建立对市场、质量、安全管理进行统一管理的工程管理机构。

2. 加强服务和指导力度，提高村镇工程质量安全水平

（1）各地建设行政主管部门应结合本地区实际情况，充分考虑当地的建材及习惯做法，因地制宜，并通过必要的试验，组织编制、修订本行政区域内建制镇、集镇规划区内的居民和村庄建设规划范围内的农民自建住宅标准、通用设计图或标准设计图集。住宅通用设计图或标准设计图集应符合国家现行技术标准中有关工程质量安全的规定，并向村庄建设规划范围内的建房农民无偿提供。建筑设计应注意对当地民居建筑风格的继承和保持，方案应多样化，以适应不同层次的需求。

（2）各地建设行政主管部门要有针对性地组织设计力量开展村镇工程设计竞赛，提倡推广新型住宅设计方案，逐步引导村庄建设规划范围内的农民自建住宅由传统结构型式向符合国家标准规范的结构型式转变。同时，结合本地情况，指导农民改革自建住宅的建造模式，通过样板村镇建设活动引导新的村镇工程建造和管理模式。

（3）各地建设行政主管部门要把大力扶持发展本地建筑劳务输出与提高村镇建设工程质量紧密结合起来，加强村镇建筑队伍的技术培训工作，并制定符合本地实际的农民自建住宅施工技术规程等地方标准以指导施工。县级建设行政主管部门对培训合格人员可发给培训合格证书。

（4）鉴于村镇建设规划范围内的居民和农民自建住宅一般规模较小的实际情况，可由县级建设行政主管部门在村镇规划选址勘察的基础上适当增加取土孔，并在地质报告中作出基础埋深及基础形式的初步建议。

3. 突出重点，分类指导，创新监督管理方式

（1）对于建制镇、集镇规划区内的所有公共建筑工程、居民自建两层（不含两层）以上以及其他建设工程投资额在30万元以上或者建筑面积在300

平方米以上的所有村镇建设工程、村庄建设规划范围内的学校、幼儿园、卫生院等公共建筑（以下称限额以上工程），应严格按照国家有关法律、法规和工程建设强制性标准实施监督管理。

建制镇、集镇规划区内所有加层的扩建工程必须委托有资质的设计单位进行设计，并由有资质的施工单位承建。

（2）对于建制镇、集镇规划区内建设工程投资额30万元以下且建筑面积300平方米以下的市政基础设施、生产性建筑，居民自建两层（含两层）以下住宅和村庄建设规划范围内的农民自建两层（不含两层）以上住宅的建设活动（以下简称限额以下工程）由各省、自治区、直辖市结合本地区的实际，依据第5款的要求对限额以下工程的指导原则制定相应的管理办法。

（3）对于村庄建设规划范围内的农民自建两层（含两层）以下住宅（以下简称农民自建低层住宅）的建设活动，县级建设行政主管部门的管理以为农民提供技术服务和指导作为主要工作方式。

4. 采取有效措施，强化监督管理力度

（1）县级建设行政主管部门要加强本行政区域内村镇建设工程的质量安全监督管理工作，重点加强对本行政区域内，特别是城关镇以外的限额以上工程执行基本建设程序情况的监督检查，并建立相应的巡查报告制度，明确巡查人员及其职责。

（2）巡查人员若发现建制镇、集镇规划区内和村庄建设规划范围内限额以上工程未经开工批准擅自施工的项目以及在以上规划区外擅自进行建设的，应立即责令其停止施工并报告县级建设行政主管部门进行处理。

（3）县级建设行政主管部门应建立相应的质量安全流动抽查与定点监督检查制度，监督重点应放在抓好工程的结构质量和施工安全上，加大对工程的地基验槽和主体结构施工过程以及预制构件等涉及结构安全的建材的监督检查力度；同时坚持监督与服务并举的原则，对工程的设计、施工提供必要的技术指导和服务。

（4）限额以上工程竣工后，建设方要组织竣工验收，并按有关规定向县级建设行政主管部门或委托的建制镇、集镇的村镇工程管理服务机构办理竣工验收备案。县级建设行政主管部门或其委托的村镇工程管理服务机构要做好工程竣工验收的监督工作。

5. 加强对限额以下工程和农民自建低层住宅的指导

（1）限额以下建设工程建设方必须取得规划批准文件方可开工，并应在动土施工前到村镇建设工程管理服务机构办理报建备案手续。

（2）建设方在申请建房基地时，应与村镇建设工程管理服务机构签订建房服务协议，协议要明确双方的权利与义务。村镇建设工程管理服务机构应指导建设方选用合适的设计通用图及其配套基础形式或联系有关技术人员提供基础设计有偿服务。建房协议可作为村镇建设工程管理服务机构对其工程进行管理的依据。

（3）建设方应选择具有设计、施工承包资质的设计、施工企业进行设计、施工，也可依照有资格的建筑师、结构工程师以个人名义设计的图纸和选择有资格的建造师、监理工程师组织的施工队伍或具有劳务资质的施工队伍进行施工，并由设计、施工单位或建筑师、建造师、监理工程师分别对设计、施工质量和安全负责。由建设方自行组织施工的，建设方对工程质量和施工安全负责。建设方应优先考虑选择具有工程技术职称的技术人员和经县级建设行政主管部门培训合格的建筑施工人员。

（4）县级建设行政主管部门应对村民自治机构有关人员提供培训服务，并通过发放挂图、基本知识读本等方式宣传推广识图、施工管理方法等基本常识。对限额以下工程和农民自建低层住宅建设方及承建方，在开挖地基、砌筑墙体，安装预制楼板、拌制混凝土、防水层施工、安装拆卸模板、搭拆脚手架等重要工序上进行必要的技术指导。

6. 加强村镇建设的抗灾、防灾工作

（1）地质环境条件是构成建设工程质量安全的重要因素之一。在村镇建设规划中的建设用地必须考虑工程建设质量安全因素。村镇建设规划中划定建设用地时，要考虑避开自然灾害易发地带，如山体滑坡隐患、地质条件不稳定、风口、有严重环境污染、不便于进行基础设施配套的地域。

（2）各地在对村镇规划，村镇建设的管理规定中，要根据本地实际增加有关抗震、抗风等防灾的要求，按照不同地区、区分不同结构形式，组织编制农房建设抗震、抗风等设防标准和标准图集；提出规模建设的村镇规划、建设中加强抗震抗风管理工作的指导意见。

（3）对基本完成的村庄规划，各地要组织专家对规划选址进行防灾评估；对存有重大安全隐患的选址，尽快进行合理调整，防患于未然。

（4）要充分利用各种手段加强对群众的抗震、抗风等防灾知识普及和安全教育，提高全民的工程质量安全意识，将灾害损失控制降低在最低限度。

第六节　小城镇建筑设计与施工管理

一、小城镇建筑设计管理

1. 小城镇建筑设计基本要求

（1）设计要符合小城镇规划对建设的要求。作为实现规划的重要手段，建筑设计必须符合规划对小城镇建设提出的要求。例如建设部提出建设试点镇要坚持高标准、高质量、高水平，因此在设计时，必须以此为依据，按照较高的设计标准进行设计。再如，不同性质的小城镇规划对小城镇建设也提出了不同的要求，旅游性质的小城镇和工矿业为主的小城镇，对小城镇建筑设计的要求是不同的，同一规划对不同规划小区（功能区）的建筑设计要求也是不同的。因此设计必须以规划为依据，通过设计方法展现规划要求的建筑风格和城镇风貌。

（2）设计要符合国家和地方有关节约资源、抗御灾害的规定。节约建设用地，提高土地利用率，是小城镇建设的基本方针。小城镇建筑设计必须遵循这条基本原则，通过合理布局、科学设计，提高土地利用率。对于建设项目，也要通过设计，采取新工艺、新材料、节约能源、燃料和原材料，提高小城镇的总体功能水平。国家制定了不同地区抗灾防灾的设计标准（如地震），设计时必须严格遵守。

（3）设计要适用、经济、安全和美观。设计要与当地的社会经济水平相适应，也要与适宜的小城镇规模相协调，不要一味追求大、洋、宽、高。应在现有技术条件下，通过精心设计，使城镇建筑做到安全、美观；改变过去千镇一面、造型单调的状况。

（4）设计要充分体现地方特色和民族风格。我国许多小城镇都有其明显的地方特色，设计时要充分采用当地的建筑材料，对富有乡土味的旧街道与民居，通过设计，恢复其原貌；对新建建筑，也应从传统的建筑中吸取精华，以保留地方特色；对于少数民族地区的小城镇或小城镇中少数民族集居地区的建筑，应保留并发扬只有民族风民俗习惯的建筑形式，反映出民族风格。

（5）设计要与周围环境相协调。小城镇是处在一定的自然环境中的。设

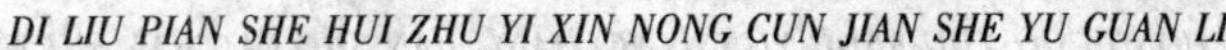

计要充分体现规划意图，使建筑与周围环境相协调。设计时应充分利用小城镇中的山、水、草、木，设计出和谐、美观的景区、景点。

2. 小城镇建筑设计管理的主要内容

建设工程勘察设计是小城镇开发建设项目得以实现的关键环节之一。为了加强对建设工程勘察、设计活动的管理，保证建设工程勘察、设计质量，保护人民生命和财产安全，国务院于2000年9月颁布了《建设工程勘察设计管理条例》，在小城镇建设中应遵照执行。

（1）建设工程勘察，是指根据建设工程的要求，查明、分析、评价建设场地的地质、地理环境特征和岩土工程条件，编制建设工程勘察文件的活动。

（2）建设工程设计，是指根据建设工程的要求，对建设工程所需的技术、经济、资源、环境等条件进行综合分析、论证，编制建设工程设计文件的活动。

3. 小城镇勘察设计市场的管理

为加强建设工程勘察设计市场管理，规范建设工程勘察设计市场行为，保证建设工程勘察设计质量，维护市场各方当事人的合法权益，建设部于1999年1月发布《建设工程勘察设计市场管理规定》。建设工程勘察设计市场活动，是指从事勘察设计业务的委托、承接及相关服务的行为。

（1）勘察设计业务的委托。

凡在国家建设工程设计资质分级标准规定范围内的建设工程项目，均应当委托勘察设计业务。勘察设计的委托应遵守如下规定：

1）委托方应当将工程勘察设计业务委托给具有相应工程勘察设计资质证书且与其证书规定的业务范围相符的承接方。

2）工程勘察设计业务的委托可以通过竞争委托或直接委托的方式进行。竞争委托可以采取公开竞争或邀请竞争的形式。

3）委托方原则上应将整个建设工程项目的设计业务委托给一个承接方，也可以在保证整个建设项目完整性和统一性的前提下，将设计业务按技术要求，分别委托给几个承接方。委托方将整个建设工程项目的设计业务分别委托给几个承接方时，必须选定其中一个承接方作为主体承接方，负责整个建设工程项目设计的总体协调。承接部分设计业务的承接方直接对委托方负责，并应当接受主体承接方的指导与协调。

4）委托方在委托业务中不得有下列行为：

①收受贿赂、索取回扣或者其他好处；

②指使承接方不按法律、法规、工程建设强制性标准和设计程序进行勘

察设计；

③不执行国家的勘察设计收费规定，以低于国家规定的最低收费标准支付勘察设计费或不按合同约定支付勘察设计费；

④未经承接方许可，擅自修改勘察设计文件，或将承接方专有技术和设计文件用于本工程以外的工程；

⑤法律、法规禁止的其他行为。

（2）勘察设计业务的承接。

1）承接方必须持有由建设行政主管部门颁发的工程勘察资质证书或工程设计资质证书，在证书规定的业务范围内承接勘察设计业务，并对其提供的勘察文件的质量负责。

2）从事勘察设计活动的专业技术人员不得私自挂靠承接勘察设计任务。严禁勘察设计专业技术人员和执业注册人员出借、转让、出卖执业资格证书、执业印章和职称证书。

3）承接方应当自行完成承接的勘察设计业务，不得接受无证组织和个人的挂靠。经委托方同意，承接方也可以将承接的勘察设计业务中的一部分委托给其他具有相应资质条件的分承接方，但须签订委托合同，并对分承接方所承担的业务负责。分承接方未经委托方同意，不得将所承接的业务再次分委托。

4）承接方在承接业务中不得有下列行为：

①不执行国家的勘察设计收费规定，以低于国家规定的最低收费标准进行不正当竞争；

②采用行贿、提供回扣或给予其他好处等手段进行不正当竞争；

③不按规定程序、修改变更勘察设计文件；

④使用或推荐使用不符合质量标准的材料或设备；

⑤未经委托方同意，擅自将勘察设计业务分委托给第二方，或者擅自向第三方扩散、转让委托方提交的产品图纸等技术经济资料；

⑥法律、法规禁止的其他行为。

5）外国勘察设计单位及其在中国境内的办事机构，不得单独承按中国境内建设项目的勘察设计业务。承接中国境内建设项目的勘察设计业务，必须与中方勘察设计单位进行合作勘察或设计，也可以成立合营单位，领取相应的勘察设计资质证书，按国家有关中外合作、合营勘察设计单位的管理规定开展勘察设计业务活动。

（3）小城镇建筑工程设计审查。

1）设计审查：按照小城镇工程建设的基本程序，应在进行施工图设计前，完成一些手续，取得施工图设计的条件，否则不能出施工图。

进行小城镇建筑工程施工图纸设计应具备的条件主要包括：项目建设计划任务书、初步设计、规划用地许可证（或选址定点意见书）、土地使用证、审批的年度建设计划、勘察设计资料等。

2）小城镇工程设计质量监督与施工图审查：小城镇建设管理部门具有对设计图纸审批的权力，负有对施工图进行审查监督的职责。小城镇工程设计质量监督与施工审查工作的主要内容如下。

①施工图是否满足规划要求。小城镇建设管理部门在核发《建设工程规划许可证》或准建证时，要审核工程用地界线、地面标高、建筑面积、层高、装修与环境的协调等要求是否在施工图中体现。

②审查设计是否体现"适用、安全、经济、美观"的原则。

a. 所谓适用，指建筑工程应该最大限度地满足小城镇居民生活、生产活动的要求，做到布置合理，面积适度，通风，有光，使用舒适。

b. 所谓安全，指建筑工程要保证建筑物结构安全可靠，有足够的安全系数并符合防火、抗震要求，

c. 所谓经济，指在保证建筑物适用，坚固的条件下充分考虑建筑物的经济性，不取华而不实的建筑形式。

d. 所谓美观，指建筑的形式既有地方传统风味，又有现代气息。

③审查图纸的规范性、准确件及图纸是否齐全。小城镇建筑工程设计文件与图纸必须严格执行国家有关规定，图纸必须完整，资料齐全，计算准确，说明清楚。

④施工图必须严格执行审批制度。施工图应经审查批准后使用。小城镇住宅及其构配件的通用图或标准图，须经省级主管部门审查批准。

4. 小城镇勘察设计的发包与承包

建设工程勘察设计应当依照《中华人民共和国招标投标法》的规定，实行招标发包。

（1）建设工程勘察、设计方案评标，应当以投标人的业绩、信誉和勘察、设计人员的能力以及勘察、设计方案的优劣为依据，进行综合评定。

（2）建设工程勘察、设计的招标人应当在评标委员会推荐的候选方案中确定中标方案。但是建设工程勘察、设计的招标人认为评标委员会推荐的候选方案不能最大限度满足招标文件规定的要求的，应当依法重新招标。

（3）经有关主管部门批准，可以对下列建设工程的勘察、设计直接发包。

1）采用特定的专利或者专有技术的；

2）建筑艺术造型有特殊要求的；

3）国务院规定的其他建设工程的勘察、设计。

（4）发包方可以将整个建设工程的勘察、设计发包给一个勘察、设计单位，也可以将建设工程的勘察、设计分别发包给几个勘察、设计单位。但不得将建设工程勘察、设计业务发包给不具有相应勘察、设计资质等级的建设工程勘察、设计单位。

（5）除建设工程主体部分的勘察、设计外，经发包方书面同意，承包方可以将建设工程其他部分的勘察，设计再分包给其他具有相应资质等级的建设工程勘察、设计单位。建设工程勘察、设计单位不得将所承揽的建设工程勘察、设计转包。承包方必须在建设工程勘察、设计资质证书规定的资质等级和业务范围内承揽建设工程的勘察、设计业务。

5. 小城镇建设工程勘察、设计的监督管理

国务院建设行政主管部门对全国的建设工程勘察、设计活动实施统一监督管理。县级以上地方人民政府建设行政主管部门对本行政区域内的建设工程勘察、设计活动实施监督管理。县级以上地方人民政府交通、水利等有关部门在各自的职责范围内，负责对本行政区域内的有关专业建设工程勘察，设计活动的监督管理。

建设工程勘察、设计单位在建设工程勘察、设计资质证书规定的业务范围内跨部门、跨地区承揽勘察、设计业务的，有关地方人民政府及其所属部门不得设置障碍，不得违反国家规定收取任何费用。

县级以上人民政府建设行政主管部门或者交通、水利等有关部门应当对施工图设计文件中涉及公共利益、公众安全、工程建设强制性标准的内容进行审查。施工图设计文件未经审查批准的，不得使用。

二、小城镇建筑施工管理

1. 小城镇工程建设施工队伍管理

小城镇建设施工队伍管理主要是指对施工单位资质证书的管理和建筑施工企业项目经理管理。

（1）建筑业企业的资质管理。2001 年 4 月建设部发布第 87 号令《建筑业企业资质管理规定》国家对建筑业企业实行资质管理制度。

1）建筑业企业分为施工总承包、专业承包和劳务分包三类。根据工程性质及技术特点，按企业的建设业绩、人员素质、管理水平、资金数量、技术

装备等，将施工总承包企业资质等级分为特级、一级、二级、三级；专业承包企业资质等级分为一级、二级、三级；劳务分包企业分为一级、二级和无等级。

2）企业资质等级实行分级审批。施工总承包序列特级和一级企业、专业承包序列一级企业（不含中央管理的企业）资质经省级建设行政主管部门审核同意后，由国务院建设行政主管部门审批；施工总承包序列和专业承包序列二级及二级以下企业资质，由企业注册所在地省、自治区、直辖市人民政府建设行政主管部门审批；劳务分包序列企业资质由企业所在地省、自治区、直辖市人民政府建设行政主管部门审批。经审查合格的企业由资质管理部门颁发《建筑业企业资质证书》。

3）国务院有关专业部门和县级以上人民政府建设行政主管部门，对持证单位的资质实行资质年检制度。施工企业有下列行为之一的，由颁发证书部门和建设行政主管部门依照有关法律、行政法规责令改正，处以罚款；情节严重的，责令停业整顿，降低资质等级或者吊销资质证书。

①施工中偷工减料的，使用不合格的建筑材料、建筑构配件和设备的，或者有不按照工程设计图纸或者施工技术标准施工等其他行为的；

②未对建筑材料、建筑构配件、设备和商品混凝土进行检验，或者未对涉及结构安全的试块、试件以及有关材料取样检测的；

③其他违法违规行为。

（2）建筑施工企业项目经理管理。随着小城镇建设的不断发展，为了保证建设项目的技术要求、质量要求、工期要求和投资额控制等。需要有一支过硬的小城镇建设队伍，不断改进施工的管理方法，以保证获得较好的经济效益，建设施工的项目经理负责制是一种较好的方式。

为培养一支懂技术、会管理、善经营的施工企业项目经理队伍，1995 年 1 月建设部发布了《建设施工企业项目经理资质管理办法》。全面规范、加强对施工企业项目经理的管理，以提高管理水平，保证高质量、高水平、高效益地搞好工程建设。

1）施工企业项目经理是指受企业法人委托对工程项目施工过程全面负责管理者，是施工企业法人在工程项目上的代表人。

2）项目经理实行持证上岗制度。应经过培训、考核和注册，获得《建筑施工企业项目经理资质证书》。项目经理资质分一至四级，其中一级项目经理须报建设部认可。

3）2003 年 7 月 4 日建设部发布了《关于建筑业企业项目经理资质管理制

度向建造师职业资格制度过渡有关问题的通知》，主要精神为：取消建筑施工企业项目经理资质核准，由注册建造师代替并设立过渡期，过渡期为五年，即从2003年2月27日起，至2008年2月27日止，在过渡期内，原项目经理资质证书仍然有效。

2. 小城镇建设工程的招标投标管理

为了规范招标投标活动，保护国家利益、社会公众利益和招标投标活动当事人的合法权益，提高经济效益，保证项目质量，小城镇建设工程也要依照《中华人民共和国招标投标法》的规定进行招标投标。

（1）建设工程招标投标的范围。在我国境内进行下列工程建设项目包括项目的勘察、设计、施工、监理以及与工程建设有关的重要设备、材料等的采购，必须进行招标。

1）大型基础设施、公用事业等关系社会公共利益、公众安全的项目。

2）全部或者部分使用国有资金投资或者国家融资的项目。

3）使用国际组织或者外国政府贷款、援助资金的项目。

4）法律或者国务院对必须进行招标的其他项目的范围有规定的，依照其规定。

（2）建设工程招标投标的原则。

1）招标投标活动应当遵循公开、公平、公正和诚实信用的原则。

2）任何单位和个人不得将依法必须进行招标的项目化整为零或者以其他任何方式规避招标。

3）依法必须进行招标的项目，其招标活动不受地区或者部门的限制。任何单位和个人不得违法限制或者排斥本地区、本系统以外的法人或者其他组织参加投标，不得以任何方式非法干涉招标投标活动。

（3）对建设工程招标的管理：

1）招标分为公开招标和邀请招标。公开招标是指招标人以招标公告的方式邀请不特定的法人或者其他组织投标；邀请招标是指招标人以投标邀请书的方式邀请特定的法人或者其他组织投标。国家和地方重点项目，如不适宜公开招标的，经批准可以进行邀请招标。

招标人采用公开招标方式的，应当发布招标公告。招标公告应当载明招标人的名称和地址、招标项目的性质、数量、实施地点和时间以及获取招标文件的办法等事项。

招标人采用邀请招标方式的，应当向三个以上具备承担招标项目的能力、资信良好的特定法人或者其他组织发出投标邀请书。

2）工程建设项目招标代理机构。工程招标代理机构是依法设立对工程的勘察、设计、施工、监理以及与工程建设有关的重要设备（进口机电设备除外）、材料采购等招标业务代理的社会中介组织。

国家对工程招标代理机构实行资格认定制度。国务院建设行政主管部门负责全国工程招标代理机构资格认定的管理，省、自治区、直辖市人民政府建设行政主管部门负责本行政区的工程招标代理机构资格认定的管理。

从事工程招标代理业务的机构，必须依法取得工程招标代理机构资格。工程招标代理机构资格分为甲、乙两级。

申请工程招标代理机构资格的单位应当具备下列条件：①是依法设立的中介组织；②与行政机关和其他国家机关没有行政隶属关系或者其他利益关系；③有固定的营业场所和开展工程招标代理业务所需设施及办公条件；④有健全的组织机构和内部管理的规章制度；⑤具备编制招标文件和组织评标的相应专业力量；⑥具有可以作为评标委员会成员人选的技术、经济等方面的专家库。

3）建设工程的招标文件。招标人应当根据招标项目的特点和需要编制招标文件。招标文件应当包括招标项目的技术要求、对投标人资格审查的标准、投标报价要求和评标标准等所有实质性要求和条件以及拟签订合同的主要条款。

国家对招标项目的技术、标准有规定的，招标人应当按照其规定在招标文件中提出相应的要求。招标项目需要划分标段、确定工期的，招标人应当合理划分标段、确定工期，并在招标文件中载明。

招标文件不得要求或者标明特定的生产供应者以及含有倾向或者排斥潜在投标人的其他内容。

招标人不得向他人透露已获取招标文件的潜在投标人的名称、数量以及可能影响公平竞争的有关招标投标的其他情况。招标人设有标底的，标底必须保密。

（4）对建设工程投标的管理。投标人是响应招标、参加投标竞争的法人或者其他组织；投标人应当具备承担招标项目的能力。对投标的管理内容主要有：

1）投标人应当按照招标文件的要求编制投标文件。投标文件应当对招标文件提出的实质性要求和条件作出响应。招标项目属于建筑施工的，投标文件的内容应当包括拟派出的项目负责人与主要技术人员的简历、业绩和拟用于完成招标项目的机械设备等。

2）两个以上法人或者其他组织可以组成一个联合体，以一个投标人的身份共同投标。联合体各方均应当具备承担招标项目的相应能力。由同一专业的单位组成的联合体，按照资质等级较低的单位确定资质等级。

联合体各方应当签订共同投标协议，明确约定各方拟承担的工作和责任，并将共同投标协议连同投标文件一并提交招标人。联合体中标的，联合体各方应当共同与招标人签订合同，就中标项目向招标人承担连带责任。招标人不得强制投标人组成联合体共同投标，不得限制投标人之间的竞争。

3）投标人不得相互串通投标报价，不得排挤其他投标人的公平竞争，损害招标人或者其他投标人的合法权益。

4）投标人不得与招标人串通投标，损害国家利益，社会公众利益或者他人的合法权益。

5）投标人不得以低于成本的报价竞标，也不得以他人名义投标或者以其他方式弄虚作假，骗取中标。

（5）对开标、评标和中标的管理。

1）开标由招标人主持，邀请所有投标人参加。开标时间应当在招标文件确定的提交投标文件截止时间之后的同一时间公开进行，开标地点应当为招标文件中预先确定的地点。开标时，由投标人或者其推选的代表检查投标文件的密封情况，经确认无误后，由工作人员当众拆封，宣读投标人名称、投标价格和投标文件的其他主要内容。

2）评标由招标人依法组成的评标委员会负责。评标委员会成员的名单在中标结果确定前应当保密。评标委员会应当按照招标文件确定的评标标准和方法，对投标文件进行评审和比较；设有标底的，应当参考标底。评标委员会完成评标后，应当向招标人提出书画评标报告，外推荐合格的中标候选人。

中标人的投标应当符合下列条件之一：能够最大限度地满足招标文件中规定的各项综合评价标准；能够满足招标文件的实质性要求，并且经评审的投标价格最低，但是投标价格低于成本的除外。

2）中标人确定后，招标人应当向中标人发出中标通知书，并同时将中标结果通知所有未中标的投标人。中标人应当按照合同约定履行义务，完成中标项目。中标人不得向他人转让中标项目，也不得将中标项目肢解后分别向他人转让。但中标人按照合同约定或者经招标人同意，可以将中标项目的部分非主体、非关键性工作分包给他人完成。接受分包的人应当具备相应的资格条件，并不得再次分包。

3. 小城镇建筑工程质量管理

（1）工程质量管理的内容。小城镇建筑工程质量管理的目标是贯彻“百

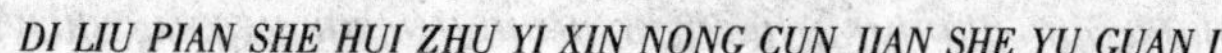

年大计，质量第一”和“预防为主”的方针，监督施工单位严格执行施工操作规程、工程质量验收规范和质量评优标准，预防和控制影响小城镇建筑工程质量的各种因素的出现，从而保证建筑产品的质量。

小城镇建筑工程质量监督管理主要应抓好以下几个方面工作：

1）施工质量监督。

①监督用于施工的材料、构配件、设备等物资是否合格。

②监督施工人员是否严格按操作规程和施工工艺标准进行施工。如混凝土、砂浆的材料配合比分量是否称量；钢筋配置、绑扎、焊接是否合乎规定标准；混凝土工程是否严格按操作规程施工等。

③监督是否做好分项工程的质量检查工作。分项工程质量是分部工程和单项工程质量的基础，必须及时进行检查，发现问题，查明原因，迅速纠正，以确保分项工程施工质量。

2）预制构件质量监督。

①审核预制厂（场）的生产能力和技术水平。

②审查预制厂（场）是否严格按照项目设计的构件生产图纸或经省级以上主管部门审查批准的构件标准图纸进行生产。

③检查预制厂（场）是否严格按照施工规范进行作业。

④检查预制构件厂（场）是否有切实可行的质量保证措施和检验制度。

3）建筑工程检查验收。

①隐蔽工程的检查验收：指对那些在施工过程中，上一工序的工作成果将被下道工序所掩盖的工程部位进行的检查或验收，这是防止质量隐患、保证工程项目质量的重要措施。例如，对基础工程的土质情况、基础的尺寸、配置位置、钢筋焊接接头的情况和各种埋地管道的标高、坡度、防腐、焊接情况等的检查和验收。这些工程部位在下一道工序施工前，应由施工单位邀请建设单位、设计单位、城镇建设主管部门共同进行检查验收，并及时办理鉴证手续。

②检验批质量验收：检验批是工程验收的最小单位，是分项工程乃至整个建筑工程质量验收的基础。检验批是施工过程中条件相同并有一定数量的材料、构配件或安装项目，由于其质量基本均匀一致，因此可以作为检验的基础单位，并按批验收。

检验批合格质量应符合下列规定：

a. 主控项目和一般项目的质量经抽样检验合格；

b. 具有完整的施工操作依据、质量检查记录。

为了使检验批质量符合安全和功能的基本要求，达到保证建筑工程质量的目的，各专业工程质量验收规范对各检验批的主控项目、一般项目的子项合格质量给予了明确的规定。

检验批的合格质量主要取决于对主控项目和一般项目的检验结果。主控项目是对检验批的基本质量起决定性影响的检验项目，因此必须全部符合有关专业工程验收规范的规定。这意味着主控项目不允许有不符合要求的检验结果，即这种项目的检查具有否决权。鉴于主控项目对基础质量的决定性影响，从严要求是必须的。

质量控制资料反映了检验批从原材料到最终验收的各施工工序的操作依据、检查情况以及保证质量所必需的管理制度等。对其完整性的检查，实际是对过程控制的确认，这是检验批合格的前提。

③分项工程质量验收：分项工程的验收在检验批的基础上进行。一般情况下，两者具有相同或相近的性质，只是批量的大小不同而已。因此，将有关的检验批汇集构成分项工程。分项工程合格质量的条件比较简单，只要构成分项工程的各检验批的验收资料文件完整，并且均已验收合格，则分项工程验收合格。

a. 分项工程所含的检验批均应符合合格质量的规定；

b. 分项工程所含的检验批的质量验收记录应完整。

④分部（子分部）工程质量验收：分部工程的验收在其所含各分项工程验收的基础上进行。分部（子分部）工程质量验收合格应符合下列规定。

a. 分部（子分部）工程所含分项工程的质量均应验收合格；

b. 质量控制资料应完整；

c. 地基与基础、主体结构和设备安装等分部工程有关安全及功能的检验和抽样检测结果应符合有关规定；

d. 观感质量验收应符合要求。

分部工程的各分项工程必须已验收合格且相应的质量控制资料文件必须完整，这是验收的基本条件。此外，由于各分项工程的性质不尽相同，因此作为分部工程不能简单的组合而加以验收，尚需增加以下两类检查：

涉及安全和使用功能的地基基础、主体结构、有关安全及重要使用功能的安装分部工程应进行有关见证取样送样试验或抽样检测。关于观感质量验收，这类检查往往难以定量，只能以观察、触摸或简单量测的方式进行，并由各个人的主观印象判断，检查结果并不给出“合格”或“不合格”的结论，而是综合给出质量评价。对于“差”的检查点应通过返修处理等补救。

⑤单位（子单位）工程质量验收：单位工程质量验收也称质量竣工验收，是建筑工程投入使用前的最后一次验收，也是最重要的一次验收。单位（子单位）工程质量验收合格应符合下列规定：

a. 单位（子单位）工程所含分部（子分部）工程的质量均应验收合格；

b. 质量控制资料应完整；

c. 单位（子单位）工程所含分部工程有关安全和功能的检测资料应完整；

d. 主要功能项目的抽查结果应符合相关专业质量验收规范的规定；

e. 观感质量验收应符合要求。

以上规定表明，验收合格的条件除构成单位工程的各分部工程应该合格，并且有关的资料文件应完整以外，还须进行以下三个方面的检查：

一是涉及安全和使用功能的分部工程应进行检验资料的复查。不仅要全面检查其完整性（不得有漏检缺项），而且对分部工程验收补充进行的见证抽样检验报告也要复核。这种强化验收的手段体现了对安全和主要使用功能的重视。

二是对主要使用功能还须进行抽查，使用功能的检查是对建筑工程和设备安装工程最终质量的综合检验，也是用户最为关心的内容。因此，在分项、分部工程验收合格的基础上，竣工验收时再做全面检查。抽查项目是在检查资料文件的基础上由参加验收的各方人员商定，并用计量、计数的抽样方法确定检查部位，检查要求按有关专业工程施工质量验收标准的要求进行。

最后，还必须由参加验收的各方人员共同进行观感质量检查。最后共同确定是否通过验收。

（2）建设工程施工与质量管理制度。建设部及有关部门为规范工程建设实施阶段的管理，保障工程施工的顺利进行，维护各方合法权益，先后颁布了一系列法规、规定，构成了我国现行的建设工程施工和施工企业的管理制度。其主要内容有：

1）项目报建制度。1994 年 8 月建设部发布了《工程建设项目报建管理办法》。根据该管理办法：

①凡在我国境内投资兴建的工程项目，包括外国独资、合资、合作的开发项目都必须实行报建制度，接受当地建设行政主管部门或其授权机构的监督管理。未报建的工程项目不得办理招投标和发放施工许可证，设计、施工单位不得承接该项工程的设计和施工。

②报建的程序为：开发项目立项批准列入年度投资计划后，须向当地建

设行政主管部门或其授权机构进行报建，交验有关批准文件。领取《工程建设项目报建表》，认真填写后报送，并按要求进行招标准备。

③报建内容主要包括：工程名称，建设地点，投资规模，资金来源，当年投资额，工程规模，开工、竣工日期，发包方式，工程筹建情况等共九项。

2）施工许可制度。为了加强对建筑活动的监督管理，维护建筑市场秩序，保证建筑工程的质量和安全，建设部于1999年10月发布《建筑工程施工许可管理办法》。

①建筑工程施工许可管理的原则。

第一，在中华人民共和国境内从事各类房屋建筑及其附属设施的建造、装修装饰和与其配套的线路、管道、设备的安装，以及城镇市政基础设施工程的施工，建设单位在开工前应当向工程所在地的县级以上人民政府建设行政主管部门（以下简称发证机关）中请领取施工许可证。

第二，工程投资额在30万元以下或者建筑面积在300平方米以下的建筑工程，可以不申请办理施工许可证。

第三，按照国务院规定的权限和程序批准开工报告的建筑工程，不再领取施工许可证。

第四，必须申请领取施工许可证的建筑工程未取得施工许可证的，一律不得开工。任何单位和个人不得将应该申请领取施工许可证的工程项目分解为若干限额以下的工程项目，规避申请领取施工许可证。

②申领施工许可证的条件：建设单位申请领取施工许可证，应当具备下列条件，并提交相应的证明文件。

a. 已经办理该建筑工程用地批准手续；

b. 在城市规划区的建筑工程，已经取得建设工程规划许可证；

c. 施工场地已经基本具备施工条件，需要拆迁的，其拆迁进度符合施工要求；

d. 已经确定施工企业；按照规定应该招标的工程没有招标，应该公开招标的工程没有公开招标，或者肢解发包工程，以及将工程发包给不具备相应资质条件的，所确定的施工企业无效；

e. 已有满足施工需要的施工图纸及技术资料，施工图设计文件已按规定进行了审查；

f. 有保证工程质量和安全的具体措施；施工企业编制的施工组织设计中有根据建筑工程特点制定的相应质量、安全技术措施，专业性较强的工程项目编制的专项质量、安全施工组织设计，并按照规定办理了工程质量，安全监督手续；

g. 按照规定应该委托监理的工程已委托监理；

h. 建设资金已经落实；建设工期不足一年的到位资金原则上不得少于工程合同价的50%；建设工期超过一年的，到位资金原则上不少于工程合同价的30%；建设单位应当提供银行出具的到位资金证明，有条件的可以实行银行付款保证函或者其他第三方担保；

i. 法律、行政法规规定的其他条件。

③建筑施工许可证的管理：申请办理施工许可证，应当按照下列程序进行。

a. 建设单位向发证机关领取《建筑工程施工许可证申请表》。

b. 建设单位持加盖单位及法定代表人印鉴的《建筑工程施工许可证申请表》，并按规定的证明文件，向发证机关提出申请。

c. 发证机关在收到建设单位报送的《建筑工程施工许可证申请表》和所附证明文件后，对于符合条件的，应当自收到申请之日起十五日内颁发施工许可证；对于证明文件不齐全或者失效的，应当限期要求建设单位补正，审批时间可以自证明文件补正齐全后作相应顺延；对于不符合条件的，应当自收到申请之日起十五日内书面通知建设单位，并说明理由。

建筑工程在施工过程中，建设单位或者施工单位发生变更的，应当重新申请领取施工许可证。

d. 建设单位申请领取施工许可证的工程名称、地点、规模，应当与依法签订的施工承包合同一致。施工许可证应当放置在施工现场备查。

c. 施工许可证不得伪造和涂改。

f. 建设单位应当自领取施工许可证之日起三个月内开工。因故不能按期开工的，应当在期满前向发证机关申请延期，并说明理由；延期以两次为限，每次不超过三个月。既不开工又不申请延期或者超过延期次数、时限的，施工许可证自行废止。

g. 对于未取得施工许可证或者为规避办理施工许可证将工程项目分解后擅自施工的，由有管辖权的发证机关责令改正；对于不符合开工条件的责令停止施工，并对建设单位和施工单位分别处以罚款。

3）建设工程质量监督管理制度。

①建设工程质量监督管理机构。

a. 国务院建设行政主管部门对全国的建设工程质量实施统一监督管理。县级以上地方人民政府建设行政主管部门对本行政区域内的建设工程质量实施监督管理。县级以上地方人民政府交通、水利等有关部门在各自的职责范围内，负责对本行政区域内的专业建设工程质量的监督管理。

b. 国务院建设行政主管部门和国务院铁路、交通、水利等有关部门加强对有关建设工程质量的法律、法规和强制性标准执行情况的监督检查。

②建设工程质量监督管理的实施。

a. 建设工程质量监督管理，可以由建设行政主管部门或者其他有关部门委托的建设工程质量监督机构具体实施。从事房屋建筑工程和市政基础设施工程质量监督的机构，必须按照国家有关规定经国务院建设行政主管部门或者省、自治区、直辖市人民政府建设行政主管部门考核；从事专业建设工程质量监督的机构，必须按照国家有关规定经国务院有关部门或者省、自治区、直辖市人民政府有关部门考核。经考核合格后，方可实施质量监督。

b. 县级以上地方人民政府建设行政主管部门和其他有关部门应当加强对有关建设工程质量的法律、法规和强制性标准执行情况的监督检查。在履行监督检查职责时，有权采取下列措施：要求被检查的单位提供有关工程质量的文件和资料；进入被检查单位的施工现场进行检查；发现有影响工程质量的问题时，责令改正。

c. 有关单位和个人对县级以上人民政府建设行政主管部门和其他有关部门进行的监督检查应当支持与配合，不得拒绝或者阻碍建设工程质量监督检查人员依法执行职务。

d. 供水、供电、供气、公安消防等部门或者单位不得明示或者暗示建设单位、施工单位购买其指定的生产供应单位的建筑材料、建筑构配件和设备。

e. 建设工程发生质量事故，有关单位应当在 24 小时内向当地建设行政主管部门和其他有关部门报告。对重大质量事故，事故发生地的建设行政主管部门和其他有关部门应当按照事故类别和等级向当地人民政府和上级建设行政主管部门和其他有关部门报告。任何单位和个人对建设工程的质量事故、质量缺陷都有权检举、控告、投诉。

4）建设工程质量保修办法。为保护建设单位、施工单位、房屋建筑所有人和使用人的合法权益，维护公共安全和公众利益，建设部于 2000 年 6 月发布了《房屋建筑工程质量保修办法》，适用于我国境内新建、扩建、改建各类房屋建筑工程（包括装修工程）的质量保修。

房屋建筑工程质量保修，是指对房屋建筑工程竣工验收后在保修期限内出现的质量缺陷予以修复。质量缺陷是指房屋建筑工程的质量不符合工程建设强制性标准以及合同的约定。房屋建筑工程在保修范围和保修期限内出现

质量缺陷，施工单位应当履行保修义务。

①房屋建筑工程质量保修期限：建设单位和施工单位应当在工程质量保修书中约定保修范围、保修期限和保修责任等，双方约定的保修范围、保修期限必须符合国家有关规定。

在正常使用下，房屋建筑工程的最低保修期限为：

a. 地基基础和主体结构工程，为设计文件规定的该工程的合理使用年限；

b. 屋面防水工程、有防水要求的卫生间、房间和外墙面的防渗漏，为5年；

c. 供热与供冷系统，为2个采暖期、供冷期；

d. 电气系统、给排水管道、设备安装为2年；

c. 装修工程为2年；

f. 其他项目的保修期限由建设单位和施工单位约定。

房屋建筑工程保修期从工程竣工验收合格之日起计算。

②房屋建筑工程质量保修责任。

第一，房屋建筑工程在保修期限内出现质量缺陷，建设单位或者房屋建筑所有人应当向施工单位发出保修通知。施工单位接到保修通知后，应当到现场核查情况，在保修书约定的时间内予以保修。发生涉及结构安全或者严重影响使用功能的紧急抢修事故，施工单位接到保修通知后，应当立即到达现场抢修。

第二，发生涉及结构安全的质量缺陷，建设单位或者房屋建筑所有人应当立即向当地建设行政主管部门报告，采取安全防范措施；由原设计单位或者具有相应资质等级的设计单位提出保修方案，施工单位实施保修，原工程质量监督机构负责监督。

第三，保修完后，由建设单位或者房屋建筑所有人组织验收。涉及结构安全的，应当报当地建设行政主管部门备案。

第四，施工单位不按工程质量保修书约定保修的，建设单位可以另行委托其他单位保修，由原施工单位承担相应责任。

第五，保修费用由质量缺陷的责任方承担。

第六，在保修期内，因房屋建筑工程质量缺陷造成房屋所有人、使用人或者第三方人身、财产损害的，房屋所有人、使用人或者第三方可以向建设单位提出赔偿要求。建设单位向造成房屋建筑工程质量缺陷的责任方追偿。因保修不及时造成新的人身、财产损害，由造成拖延的责任方承担赔偿责任。

（3）建设工程的竣工验收管理制度。竣工验收是建设工程施工和施工管理的最后环节，任何建设工程竣工后，都必须进行竣工验收。单项工程完工进行单项工程验收；分期建设的工程，进行分期验收；全面工程竣工，进行竣工综合验收。凡未经验收或验收不合格的建设工程和开发项目，不准交付使用。

建设部于2000年6月发布了《房屋建筑工程和市政基础设施工程竣工验收暂行规定》。凡在我国境内新建、扩建、改建的各类房屋建筑工程和市政基础设施工程的竣工验收（以下简称工程竣工验收），应当遵守《房屋建筑工程和市政基础设施工程竣工验收暂行规定》。

1）建设工程竣工验收的监督管理机构。图务院建设行政主管部门负责全国工程竣工验收的监督管理工作。县级以上地方人民政府建设行政主管部门负责本行政区域内工程竣工验收的监督管理工作。

工程竣工的验收工作，由建设单位负责组织实施。县级以上地方人民政府建设行政主管部门应当委托工程质量监督机构对工程竣工验收实施监督。

2）建设工程竣工验收的条件。建设工程符合下列要求方可进行竣工验收。

①完成工程设计和合同约定的各项内容，达到竣工标准。

②施工单位在工程完工后对工程质量进行了全面检查，确认工程质量符合有关法律、法规和工程建设强制性标准，符合设计文件及合同要求，并提出工程竣工报告。工程竣工报告应经项目经理和施工单位有关负责人审核签字。

③对于委托监理的工程项目，监理单位在施工单位自评合格的基础上，对工程进行质量评估，具有完整的监理资料，并提出工程质量评估报告。工程质量评估报告应经总监理工程师和监理单位有关负责人审核签字。

④勘察、设计单位对勘察、设计文件及施工过程中由设计单位参加签署的设计变更通知书进行检查，并做出质量检查报告。质量检查报告应经该项目勘察、设计负责人和勘察、设计单位有关负责人审核签字。

⑤有完整的技术档案和施工管理资料。

⑥有工程使用的主要建筑材料、建筑构配件和设备的进场试验报告。

⑦建设单位已按合同约定支付工程款。

⑧有施工单位签署的工程质量保修书。

⑨城乡规划行政主管部门对工程是否符合规划设计要求进行检查，并出具认可文件。

⑩有公安消防、环保等部门出具的认可文件或者准许使用文件。

⑪建设行政主管部门及其委托的工程质量监督机构等有关部门责令整改的问题全部整改完毕。

3）建设工程竣工验收的程序。

①工程完工后，施工单位向建设单位提交工程竣工报告，申请工程竣工验收。实行监理的工程，工程竣工报告须经总监理工程师签署意见。

②建设单位收到工程竣工报告后，对符合竣工验收要求的工程，组织勘察、设计、施工、监理等单位和其他有关方面的专家组成验收组，制定验收方案。

③建设单位应当在工程竣工验收 7 个工作日前，将验收的时间、地点及验收组名单书面通知负责监督该工程的工程质量监督机构。

④建设单位组织工程竣工验收

a. 建设、勘察、设计、施工、监理单位分别汇报工程合同履约情况和在工程建设各个环节执行法律、法规和工程建设强制性标准的情况；

b. 审阅建设、勘察、设计、施工、监理单位的工程档案资料；

c. 实地查验工程质量；

d. 对工程勘察、设计、施工、设备安装质量各管理环节等方面作出全面评价，形成经验收组人员签署的工程竣工验收意见。

工程竣工验收合格后，建设单位应当及时提出工程竣工验收报告。工程竣工验收报告主要包括工程概况，建设单位执行基本建设程序情况，对工程勘察、设计、施工、监理等方面的评价，工程竣工验收时间、程序、内容和组织形式，工程竣工验收意见等内容。

负责监督该工程的工程质量监督机构应当对工程竣工验收的组织形式、验收程序、执行验收标准等情况进行现场监督，发现有违反建设工程质量管理规定行为的，责令改正，并将对工程竣工验收的监督情况作为工程质量监督报告的重要内容。

（4）建设监理管理制度。

1）建设监理制度简介。建设工程项目监督管理简称建设监理，国外统称工程咨询，是建设工程项目实施过程中一种科学的管理方法。建设监理是对建设前期的工程咨询，建设实施阶段的招标投标、勘察设计、施工验收，直至建设后期的运转保修在内的各个阶段的管理与监督。建设监理机构，指符合规定条件而经批准成立、取得资格证书和营业执照的监理单位，受业主委托依据国家法律、法规、规范、批准的设计文件和合同条款，对工程建设实施的监理。社会监理是委托性的，业主可以委托一个单位监理，也可同时委托几个单位监理；监理范围可以是工程建设的全过程监理，也可以是阶段监理。即项目决策阶段的监理和项目实施阶段的监理。我国目前建设监理主要是项目实施阶段的监理。在业主，承包商和监理单位三方中，是以经济为纽带，会同为根据进行制约的，其中经济手段是达到控制建设工期、造价和质量三个目标的重要因素。

实施建设监理是有条件的。其必要条件是须有建设工程，有人委托；充分条件是具有监理组织机构、监理人才、监理法规、监理依据和明确的责、权、利保障。

2）建设监理委托合同的形式与内容。建设监理一般是项目法人通过招标投标方式择优选定监理单位。监理单位在接受业主的委托后，必须与业主签订建设监理委托合同，才能对工程项目进行监理。建设监理委托合同主要有四种形式。

第一种形式是根据法律要求制定，由适宜的管理机构签订并执行的正式合同。

第二种形式是信件式合同，较简单，通常是由监理单位制定，由委托方签署一份备案，退给监理单位执行。

第三种形式是由委托方发出的执行任务的委托通知单。这种方法是通过一份份的通知单，把监理单位在争取委托合同时提出的建议中所规定的工作内容委托给他们，成为监理单位所接受的协议。

第四种形式就是标准合同。现在世界上较为常见的一种标准委托合同格式是国际咨询工程师联合会（FIDIC）颁布的《业主、咨询工程师标准服务协议书》。

3）工程建设监理的主要工作任务和内容。监理的基本方法就是控制，基本工作是“三控”、“两管”、“一协调”。“三控”是指监理工程师在工程建设全过程中的工程进度控制、工程质量控制和工程投资控制；“两管”是指监理活动中的合同管理和信息管理；“一协调”是指全面的组织协调。

①工程进度控制是指项目实施阶段（包括设计准备、设计、施工、使用前准备各阶段）的进度控制。其控制的目的是通过采取控制措施。确保项目交付使用时间目标的实现。

②工程质量的控制。实际上是指监理工程师组织参加工程的承包商，按合同标准进行建设，并对影响质量的诸因素进行检测、核验，对差异提出调整、纠正措施的监督管理过程，这是监理工程师的一项重要职责。在履行这一职责的过程中，监理工程师不仅代表了建设单位的利益，同时也要对国家

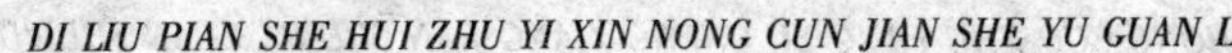

和社会负责。

③工程投资控制不是指投资越省越好，而是指在工程项目投资范围内得到合理控制。项目投资目标的控制是使该项目的实际投资小于或等于该项目的计划投资（业主所确定的投资目标值）。

总之，要在计划投资的范围内，通过控制的手段，以实现项目的功能、建筑的造型和质量的优化。

④合同管理。建设项目监理的合同管理贯穿于合同的签订、履行、变更或终止等活动的全过程，目的是保证合同得到全面认真地履行。

⑤信息管理。建设项目的监理工作是围绕着动态目标控制展开的，而信息则是目标控制的基础。信息管理就是以电子计算机为辅助手段对有关信息的收集、储存、处理等。

⑥协调是建设监理能否成功的关键。协调的范围可分为内部的协调和外部的协调。内部的协调主要是工程项目系统内部人员、组织关系、各种需求关系的协调。外部的协调包括与业主合同关系的城建单位，设计单位的协调和与业主没有合同关系的政府有关部门、社会团体及人员的协调。

4）建设工程的监理。实行监理的建设工程，建设单位应当委托具有相应资质等级的工程监理单位进行监理，也可以委托具有工程监理相应资质等级并与被监理工程的施工承包单位没有隶属关系或者其他利害关系的该工程的设计进行监理。

①建设工程监理范围，下列建设工程必须实行监理：

a. 国家重点建设工程；b. 大、中型公用事业工程；c. 成片开发建设的住宅小区工程；d. 利用外国政府或者国际组织贷款、援助资金的工程；e. 国家规定必须实行监理的其他工程。

②建设工程监理单位的质量责任和义务。

第一，工程监理单位应当依法取得相应等级的资质证书，并在其资质等级许可的范围内承担工程监理业务。禁止工程监理单位超越本单位资质等级许可的范围或者以其他工程监理单位的名义承担工程监理业务。禁止工程监理单位允许其他单位或者个人以本单位的名义承担工程监理业务。工程监理单位不得转让工程监理业务。

第二，工程监理单位与被监理工程的施工承包单位以及建筑材料，建筑构配件和设备供应单位有隶属关系或者其他利害关系的，不得承担该项建设工程的监理业务。

第三，工程监理单位应当依照法律、法规以及有关技术标准、设计文件和建设工程承包合同，代表建设单位对施工质量实施监理，并对施工质量承担监理责任。

第四，工程监理单位应当选派具备相应资格的总监理工程师和监理工程师进驻施工现场。未经监理工程师签字，建筑材料、建筑构配件和设备不得在工程上使用或者安装，施工单位不得进行下一道工序的施工，未经总监理工程师签字，建设单位不拨付工程款，不进行竣工验收。

第五，监理工程师应当按照工程监理规范的要求，采取旁站、巡视和平行检验等形式，对建设工程实施监理。

5）建设监理程序与管理。

①建设监理程序。监理单位应根据所承担的监理任务，组建工程建设监理机构。承担工程施工阶段的监理，监理机构应进驻施工现场。

工程建设监理一般按下列程序进行：a. 编制工程建设监理规划；b. 按工程建设进度、分专业编制工程建设监理细则；c. 按照建设监理细则进行建设监理；d. 参与工程竣工预验收，签署建设监理意见；c. 建设监理业务完成后，向项目法人提交工程建设监理档案资料。

②监理单位资质审查与管理。监理单位实行资质审批制度，《工程监理企业资质管理规定》对监理单位的资质审查、分级标准、申请程序、监理业务范围及管理机构与相应职责均做了详细的规定。扼要介绍如下：

监理单位的资质根据其人员素质、专业技能、管理水平、资金数量及实际业绩分为甲、乙、丙三级。

设立监理单位或申请承担监理业务的单位须向监理资质管理部门提出申请，经资质审查后取得《监理申请批准书》，再向工商行政管理机关注册登记，核准后才可从事监理活动。

③监理工程师的考试、注册与管理。监理工程师实行注册制度，《监理工程师资格考试和注册试行办法》规定监理工程师应先经资格考试，取得“监理工程师资格证书”，再经监理工程师注册机关注册，取得“监理工程师岗位证书”，并被监理单位聘用，方可从事工程建设监理业务。未取得两证或两证不全者不得从事监理业务；已注册的监理工程师不得以个人名义从事监理业务。

4. 小城镇建设工程合同管理

小城镇建设工程合同是发包方（建设单位）和承包方（施工单位）履行双方各自承担的责任和分工的经济契约，也是当事人按有关法令、条例签订的权利和义务的协议。

（1）工程合同的内容。小城镇建设工程合同的主要内容包括：签订合同所依据的有关文件、资料、工程名称；工程地点、签约时间。签约双方单位名称；承包范围、建设工期；建设单位的权限、施工图交付时间和责任、工程变更；明确变更工程设计权限以及当发生变更时向对方交付变更通知的时间及由此而承担的费用和工期上的责任；材料构配件、设备与供应的责任划分；交工验收的手续；工程造价、拨款和结算的方法、手续；保证金、保险金等规定；施工用地、发包单位提供水、电、道路以及房屋作为施工设施的规定；奖惩办法、奖惩范围、奖惩计算方法，包括有益于工程的发明创造和合理化建议的奖励规定以及违约赔偿；因发生特殊事件而中止和变更合同的规定与人力不可抗拒的灾祸责任的规定。

（2）工程合同的分类。

1）按合同的适用范围分。①工程勘察设计合同；②工程施工准备合同；③工程承包合同；④物资供应合同；⑤成品、半成品加上订货合同；⑥劳务及劳动合同。

2）合同按工程价格确定方式分。①固定总造价合同；②固定单位造价合同；③固定造价加酬金的合同。

3）合同按承包方式分。①工程总承包合同；②工程分包合同。通常有以下几种：机械施工工程分包合同、设备安装工程分包合同、分部（分项）工程分包合同、工程联合承包合同。此外，还有设计、施工一体承包合同等。

（3）工程合同管理。

1）合同的生效、失效和无效。建筑工程合同经双方签字盖章后即生效。工程合同在履行全部条款并结清项目工程款项后，自动失效。如果工程合同经合同管理机关和人民法院确认，有下列情况之一者属无效合同：违反法律和国家政策，采取欺骗或威胁手段所签订的合同；代理人超越其权限，或以被代理人的名义而未经被代理人允许所签订的合同；违反国家利益、社会公共利益的合同。

合同被确认无效后，原双方根据合同应承担相应的责任，如属一方的过错，那么有过错的一方应赔偿对方因此而蒙受的经济损失。

2）合同的变更和解除。工程合同签订后，不得因承办人或法定代表人的变更而变更或解除。

但属于下列情况之一者允许变更或解除，即：签约双方协商同意但并不损害国家利益和国家计划；签约合同所依据的国家计划被迫修改或取消；由于不可抗拒或签约一方虽无过失，但无法防止的外因致使合同无法履行；由于一方违约，使合同履行成为不必要。

因变更或解除合同使一方遭受损失的，除依法可以免除责任外，均应由责任方负责赌偿。

3）合同纠纷的调解与仲裁。工程合同在执行中发生纠纷时，约定双方应本着实事求是的原则加以协商解决。协商不成时，任何一方都可以向合同管理机关申请裁决。解决的办法有调解和仲裁两种方式。

调解是根据当事人的申请，由国家认定的合同管理机关依法主持，双方自愿协商达成协议的一种办法。当协商不成时，根据当事人一方的申请，由合同管理机关裁决处理称为仲裁。

4）工程索赔。工程索赔在施工过程中较多，由于发包方或其他方（非承包企业方面）的原因使承包企业在施工中付出了额外的费用，承包企业可通过合法的途径和程序要求发包方偿还损失。常见的索赔有：工程变动索赔；施工条件变化索赔；工程停建，缓建索赔，材料涨价补偿，灾害风险索赔等。

5. 小城镇工程建设施工安全生产管理

工程建设施工安全生产是保护建筑业职工在生产过程中的安全和健康，是我国的一项重要国策，是一项不可缺少和忽视的工作。建设部于1982年颁布的《关于加强集体所有制建筑企业安全生产的暂行规定》中提出了包括城镇在内的集体建筑企业应当建立和遵守的五项安全生产管理制度：

（1）建立安全生产责任制度。它要求企业的负责人要负责安全工作，生产班组要有不脱产的安全员，每个工人要自觉遵守规章制度，不违章作业。

（2）建立安全生产教育制度。如新工人要进行安全教育，机械、电气、焊按、司机等特殊工种要通过培训、考核，取得合格证后才准许上岗操作。

（3）建立安全生产技术措施制度。

（4）建立安全生产检查制度。

（5）建立职工伤亡报告制度。

6. 小城镇建筑工程造价管理

（1）工程造价管理的含义。工程造价管理有两种含义，一是工程投资费用管理，二是工程价格管理。工程造价确定依据的管理和工程造价专业队伍建设的管理则是为这两种管理服务的。

作为建设工程的投资费用管理，它属于工程建设投资管理范畴。工程建设投资管理，就是为了达到预期的效果（效益）对建设工程的投资行为进行计划、预测、组织、指挥和监控等系统活动。但是，工程造价第一种含义的管理侧重于投资费用的管理，而不是侧重工程建设的技术方面。建设工程投资费用管理，是指为了实现投资的预期目标，在拟定的规划、设计方案的条件下，预测、计算、确定和监控工程造价及其变动的系统活动。这一含义既涵盖了微观层次的项目投资费用的管理，也涵盖了宏观层次的投资费用的管理。

作为工程造价第二种含义的管理，即工程价格管理，属于价格管理范畴。在市场经济条件下，价格管理分两个层次。在微观层次上，是生产企业在掌握市场价格信息的基础上，为实现管理目标而进行的成本控制、计价、定价和竞价的系统活动。它反映了微观主体按支配价格运动的经济规律，对商品价格进行能动的计划、预测、监控和调整，并接受价格对生产的调节。在宏观层次，是政府根据社会经济发展的要求，利用法律手段、经济手段和行政手段对价格进行管理和调控，以及通过市场管理规范市场主体价格行为的系统活动。

（2）工程造价管理的目标和任务。

1）工程造价管理的目标：工程造价管理的目标是按照经济规律的要求，根据市场经济的发展形势，利用科学管理方法和先进管理手段，合理地确定造价和有效地控制造价，以提高投资效益和建筑安装企业经营效益。

2）工程造价管理的任务。是加强工程造价的全过程动态管理。强化工程造价的约束机制，维护有关各方的经济利益，规范价格行为，促进微观效益和宏观效益的统一。

（3）工程造价管理的基本内容，就是合理确定和有效地控制工程造价。

1）工程造价的合理确定。所谓工程造价的合理确定，就是在建设程序的各个阶段，合理确定投资估算、概算造价、预算造价、承包合同价、结算价、竣工决算价。

①在项目建议书阶段，按照有关规定，应编制初步投资估算。经有关部门批准，作为拟建项目列入国家中长期计划和开展前期工作的控制造价。

②在可行性研究阶段，按照有关规定编制的投资概算，经有关部门批准，即为该项目控制造价。

③在初步设计阶段，按照有关规定编制的初步设计总概算，经有关部门批准，即作为拟建项目工程造价的最高限额。对初步设计阶段，实行建设项目招标承包制签订承包合同协议的，其合同价也应在最高限价（总概算）相应的范围以内。

④在施工图设计阶段，按规定编制施工图预算，用以核实施工图阶段预算造价是否超过批准的初步设计概算。

⑤对施工图预算为基础招标投标的工程，承包合同价也是以经济合同形式确定的建筑安装工程造价。

⑥在工程实施阶段要按照承包方实际完成的工程量，以合同价为基础，同时考虑因物价上涨所引起的造价提高，考虑到设计中难以预计的而在实施阶段实际发生的工程和费用，合理确定结算价。

⑦在竣工验收阶段，全面汇集在工程建设过程中实际花费的全部费用，编制竣工决算，如实体现该建设工程的实际造价。

2）工程造价的有效控制。所谓工程造价的有效控制，就是在优化建设方案、设计方案的基础上，在建设程序的各个阶段，采用一定的方法和措施把工程造价的发生控制在合理的范围和核定的造价限额以内。具体说，要用投资估算价控制设计方案的选择和初步设计概算造价；用概算造价控制技术设计和修正概算造价；用概算造价或修正概算造价控制施工图设计和预算造价。以求合理使用人力、物力和财力，以取得较好的投资效益。控制造价在这里强调的是控制项目投资。有效控制工程造价应体现以下三项原则：

①以设计阶段为重点的建设全过程造价控制。工程造价控制贯穿于项目建设全过程，但工程造价控制的关键在于施工前的投资决策和设计阶段，而在项目作出投资决策后，控制工程造价的关键在于设计。建设工程全寿命费用包括工程造价和工程交付使用后的正常开支费用（含经营费用、日常维护修理费用、使用期内大修理和局部更新费用），以及该项目使用期满后的报废拆除费用等。

②主动控制，以取得令人满意的结果。传统决策系统是建立在绝对的逻辑基础上的一种封闭式决策模型，它把人看作具有绝对理性的“理性的人”或“经济人”，在决策时，会本能地遵循最优化原则（即取影响目标的各种因素的最有利的值）来选择实施方案。

人们将系统论和控制论研究成果用于项目管理后，将“控制”立足于事先主动地采取决策措施，以尽可能地避免目标值与实际值的偏离，这是主动的、积极的控制方法，因此被称为主动控制。

③技术与经济相结合是控制工程造价最有效的手段。要有效地控制工程造价，应从组织、技术、经济等多方面采取措施。从组织上采取的措施，包括明确项目组织结构、明确造价控制者及其任务、明确管理职能分工；从技术上采取措施，包括重视设计多方案选择，严格审查监督初步设计、技术设计、施工图设计、施工组织设计，深入技术领域研究节约投资的可能；从经济上采取措施，包括动态地比较造价的计划值和实际值、严格审核各项费用

支出、采取对节约投资的有力奖励措施等。

3）工程造价管理的工作要素。工程造价管理围绕合理确定和有效控制工程造价这个基本内容，采取全过程、全方位管理，其具体的工作要素大致归纳为以下几点：

①可行性研究阶段对建设方案认真优选，编好、定好投资估算，考虑风险，打足投资。

②从优选择建设项目的承建单位、咨询（监理）单位、设计单位，做好相应的招标。

③合理选定工程的建设标准、设计标准，贯彻国家的建设方针。

④按估算对初步设计（含应有的施工组织设计）推行量财设计，积极、合理地采用新技术、新工艺、新材料，优化设计方案，编好、定好概算，打足投资。

⑤对设备、主材进行择优采购，做好相应的招标工作。

⑥择优选定建筑安装施工单位、调试单位，做好相应的招标工作。

⑦认真控制施工图设计，推行“限额设计”。

⑧协调好与各有关方面的关系，合理处理配套工作（包括征地、拆迁、城建等）中的经济关系。

⑨严格按概算对造价实行静态控制、动态管理。

⑩用好、管好建设资金，保证资金合理、有效地使用，减少资金利息支出和损失。

⑪严格合同管理，做好工程索赔价款结算。

⑫强化项目法人责任制，落实项目法人对工程造价管理的主体地位，在法人组织内建立与造价紧密结合的经济责任制。

⑬社会咨询（监理）机构要为项目法人积极开展工程造价提供全过程、全方位的咨询服务，遵守职业道德，确保服务质量。

⑭各造价管理部门要强化服务意识，强化基础工作（定额、指标、价格、工程量、造价等信息资料）的建设，为建设工程造价的合理确定提供动态的可靠依据。

⑮各单位、各部门要组织造价工程师的选拔、培养、培训工作，促进人员素质和工作水平的提高。

三、小城镇统一组织、综合建设管理

近几年来，我国小城镇建设的方式从过去的自发、分散、零星的建设，迅速地发展成为统一组织、综合建设。这是建设方式上一次历史性突破，是一次大的飞跃，是小城镇建设事业的一项重大改革。

1. 统一组织、综合建设的作用

从我国城市建设的历史经验教训和小城镇建设的实践来看，统一组织、综合建设与分散建设相比具有不可比拟的优越性，更加适合现代小城镇建设的客观要求，越来越显示其重要作用。

（1）有利于实施小城镇规划，加快小城镇面貌的改变。分散建设的最大弱点是：其一，自成体系，见缝插针，东盖一栋楼，西建一座房，“遍地开花”，色彩杂乱，风格各异，很难改变小城镇杂乱无章的面貌；其二，点多面广，建设主管部门难以实施控制、监督、管理，小城镇规划难以完全落实。通过统一组织、综合建设，变点多为点少，变分散为集中，这样易于管理，为小城镇规划的顺利实施创造了便利条件。同时，通过统一组织、综合建设，就能统一规划、统一设计、统一施工，从而就能避免上述分散建设的种种弊端，保证了小城镇规划落实，加快了改变村貌的步伐。

（2）有利于小城镇各项设施配套建设，促进生产，方便生活。分散建设，各自投资，各单位只顾建自己的工厂，各家只顾建自己的住房。给水排水、电力电讯、道路交通、环境绿化、公共卫生等设施和相应配套设施，无人负责建设，结果不少房屋盖起来以后，路不通、水不来、灯不亮、环境差，生产无法搞，生活不方便。通过统一组织、综合建设，就可以有计划地、先急后缓地安排好给水排水，电力电讯，道路交通、环境绿化、公共卫生设施等配套工程和主体工程同步建设，工程竣工后就能使用，就能发挥工程应有的效益。

（3）有利于减轻建房户负担，方便用户。分散建设，农民就要自己跑建筑材料，跑委托施工，跑各种手续，还要自己监督施工，既麻烦又费劲。同时，由于房屋绝大多数是工匠或个体建筑包工头承建，农民除了付给人工费外，还要招待。俗话说：“吃喝大于工价”，农民往往要花相当一笔钱用于招待，增加了经济负担。而实行统一组织、综合建设，农民就省心多了，省力多了，就不必花气力跑材料、自己监督施工了，也不必花钱搞招待了。既省力又省钱，既减轻了农民的负担，又方便了用户。

（4）有利于提高工程质量，缩短工期。分散建设，房屋由工匠或个体建筑包工头承建。技术力量薄弱，往往工程质量得不到保证。绝大多数农民又缺乏建筑知识，质量好坏只看其表，结构部分无法检查监督，因而质量事故时有发生。加之工匠或个体建筑包工头施工设备差，往往工期较长。通过统

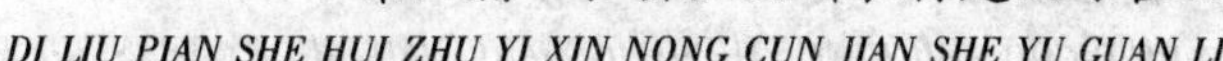

一组织、综合建设，就能统一规划、统一设计、统一施工，统一管理，确保工程质量。实行统一组织、综合建设，还可以统筹施工，组织大流水、立体交叉作业，加快建设速度，缩短工期。

2. 统一组织、综合建设的形式

小城镇统一组织、综合建设的主要目的是配套建设，协调发展。近几年来，各地都在不断地探索和尝试综合建设的形式，使综合建设的形式不断发展。目前综合建设的形式主要有以下几种。

（1）集资代建。集资代建就是由房屋开发公司向需要建房的单位或农户集资，以收得资金为本金，按照建房单位或住户提出的建筑式样与具体要求，在小城镇规划允许的范围内统一征地、统一设计、统一施工、配套建设。建设完工后收取一定的建筑管理费，房屋交建房单位或农民使用。

（2）土地开发。土地开发是以房地产经营为主，由房屋开发公司统一征地，按照小城镇建设规划，先进行基础设施和配套服务设施的开发建设。其内容包括清除地上、地下障碍物，平整场地；修通道路（包括开发区内的干道以及连接开发区的马路或公路），以便于人员、生活物资、建筑材料、机械设备等运进开发区；接通给水排水管道，以便于为生活和施工提供用水和排水设施。接通电力、电讯线路，为施工提供动力、照明用电或电讯线路。这就是通常所说的“三通一平”，即路通、水通、电通，平整场地。达到“三通一平”后，将经过开发的工地划拨或出售给建房单位或建房户，建房单位或建房户再按照建设规划要求进行自建。

（3）商品房开发。商品房开发，就是按照小城镇建设规划。由房屋开发公司对一个区域或一条街道进行统一征地、统一设计、统一施工，然后将建成的商品房出售给用房单位或用房户。这是在土地开发的基础上进一步开发的形式。土地开发出售地皮，需要用户自建，这对于自己组织施工有困难或不便利、怕麻烦的居民来说，显然不够理想。而农用商品房就能满足那些拿钱就能住房的单位或居民。

（4）小区开发。指对乡村或乡镇成片改造，或新建“农民街”和小区等，在改造或新建区内实行统一规划、统一设计、统一进行房屋和基础设施的建设。近几年来，我国沿海地区在小区开发建设上已取得了一些可喜的成果，证明小区开发这一形式可以推广。

3. 统一组织、综合建设的管理措施

统一组织、综合建设具有工程项目多、牵涉面广、投资量大的特点，针对这些特点，应采取如下管理措施。

（1）加强小城镇统一组织、综合建设的领导。各县、乡（镇）政府应建立以主管县长、乡（镇）长为首的由有关部门参加的建设领导小组，建立与之相适应的管理机构，负责领导、协调、监督小城镇综合建设工作。

（2）制定小城镇统一组织、综合建设的规章制度。小城镇综合建设的优点之一是加强小城镇各项基础设施的配套建设。要使配套建设顺利进行，有必要建立一些切实可行的规章制度，并制定实施性保护措施，减少工作中的扯皮现象。这些规章制度应该包括有关方针、政策、规划设计、征地拆迁、工程建设、竣工验收、房屋经营管理和综合造价等。

（3）统一组织、综合建设要根据经济与社会发展的需要，以及财力、物力的可能，有领导、有计划、有步骤地进行。综合建设的项目多，牵涉面广，工作内容千头万绪。如果没有详细的建设计划，综合建设的目的就难以实现。因此，综合建设应对房屋、给水、排水、道路、环卫、绿化等设施的项目、规模、开工时间、竣工交付使用日期等做出详细的安排，以便综合建设顺利完成。

（4）科学组织综合建设的全过程。科学地组织综合建设的全过程，能缩短工期，减少浪费，提高建设效益，综合建设包括的工程项目很多，必须按照建设程序，使规划设计、征地拆迁、土地开发、建筑施工、验收交付使用等主要环节，一环扣一环，紧密衔接，周而复始，形成良性循环，以便逐步实现综合建设的目标。这里应抓好以下3个环节：

1）规划设计。这是综合建设的前期工作。由于工程项目多，应统一规划、统一设计。应先对建设区域内及周围的基础设施现状进行调整研究，然后合理确定道路、给水、排水、电力、电汛、环卫、绿化等设施的规划设计，作为综合建设的总依据。

2）统筹施工。应根据统一规划设计方案，按先地下后地上、先深层后浅层的施工顺序，统筹安排，拟定施工计划，组织道路、给水、排水、电力、电汛等部门的施工单位，有计划地进入现场，分批进行施工，按期完成施工计划。

3）全面配套。综合建设的全过程应是全面配套、同步施工的过程。凡应该配套的工程项目，应同期完成，坚决避免配套不全，建设步调不一致，挖了填，填了挖，或配套项目没跟上，影响交付使用的现象。

（5）加强调度工作。为了保证计划的实施，必须加强调度工作，除按计划进行日常调度外，要定期召开工程调度会议，每月至少1次。调度会议应会同规划设计单位、施工单位、建设单位、公共事业、电力、电汛等有关单

位参加，以便检查季度计划的执行情况，研究解决工程建设中存在的问题，明确解决问题的措施、期限和责任承担者，及时排除建设过程中的障碍，确保计划的实现。

(6) 加强房地产开发企业资质管理工作。为了促进房地产开发经营的健康发展，保障房地产开发企业的合法权益，建设部颁发了《房地产开发企业资质管理规定》。《规定》指出房地产开发企业应当具备下列条件。

1）有明确的章程和固定的办公地点。

2）有独立健全的组织管理机构，有上级主管部门或董事会任命的专职经理，并配备有同企业等级相适应的专职技术、经济等管理人员。

3）有不少于等级规定的企业自由流动资金。

4）有符合国家规定的财务管理制度。

房地产开发企业按资质条件划分为一、二、三、四、五共五个等级。前四级企业必须按照《资质证书》确定的业务范围从事房地产开发业务，不得越级承担任务，各等级房地产开发企业可承但任务的范围，由各省、自治区。直辖市建设行政主管部门确定；五级企业只限于在本地区范围内的小城镇从事房地产经营。

第七节　小城镇环境保护与管理

一、加强小城镇环境规划和环境管理

1. 小城镇环境规划的重要性

小城镇环境规划，是在农村工业化和城镇化过程中防止环境污染和生态破坏的根本措施之一。通过环境规划，可以协调乡镇社会经济和生态环境保护的关系，强化乡镇环境的宏观控制和管理，解决好乡镇企业与城镇环境保护问题，防止城镇污染向农村蔓延、扩散，保护农业和自然生态环境，使自然资源得到合理开发和永续利用，实现城镇生态环境效率、经济效益和社会效益的统一。

城镇环境规划是城镇经济和社会发展规划的重要组成部分，是城镇环境管理的核心，是加强宏观调控的重要手段，应该引起高度重视。小城镇环境规划的重要性体现在以下几个方面。

（1）环境规划是加强政府环境保护职能的重要手段。我国正处于传统的计划经济向社会主义市场经济转变、经济增长方式从粗放型向集约型转变的时期，环境保护要依靠政府的宏观调控和管理，仅靠企业的自觉性和市场的自发性是不行的。有关发展的中长期规划是政府加强宏观调控的重要手段和综合体现。因此，在发展市场经济的背景下，环境规划工作是政府加强环境保护工作的重要手段。

（2）进行小城镇环境规划是小城镇发展的必要手段。小城镇发展规律一般是“工业立，商业兴，交通运输带城镇”。然而人们往往注意城镇化对经济发展的作用，却忽略了它对环境的作用。小城镇为妥善调整乡镇工业的结构和布局提供了可能，为乡镇工业环境管理提供了组建基层行政机构的依托。为保证小城镇应有的环境质量，防止城镇建设中出现环境保护工作“先天不足”和“疑难病症”、影响经济和社会的发展，客观上要求制订小城镇环境规划，使城镇建设在规划指导下进行，促进城镇的经济发展和城镇建设。

（3）环境规划对乡镇工业污染治理与结构调整，对小城镇和农村可持续发展有重大意义。全国乡镇企业分布于广大的农村环境之中，许多有污染的工业企业基本上没有设置在事先规划的区域之中，布局高度分散。乡镇企业高度分散不仅增加了环境管理的难度，也使污染防治陷入不治理不行、治理又得不偿失的进退两难的困境之中。因此，只是局部地、单个地解决污染问题是远远不够的，需要通过规划来规范乡镇工业的经济行为，通过规划从“面”上、从更高的层次上进行宏观调控和综合整治，调整工业布局和产业结构，控制乡镇工业带来的环境污染与生态破坏，协调农村经济发展和生态环境保护的关系，促使农村经济持续发展。

2. 合理的工业布局是小城镇环境规划的重要内容

小城镇环境规划的成功与否关键在于合理的功能布局，土地利用布局以及污染综合防治。其中，工业布局是否合理对小城镇环境的影响是决定性的，且影响是长期性的。

合理的工业布局，是城镇环境品质提高的基本前提。由于改革开放以后经济的高速增长，小城镇大都脱离了城乡混合的初级模式，无论从规模上，还是形态上都走入了现代小城镇的发展轨道。在这个背景下，更应该科学，合理地调整功能结构，为城镇进一步的整治打下良好基础，其中最为重要的是工业结构的调整。乡镇工业是小城镇建设的主要推动力量。但是，由于乡镇工业发展初期的诸多特性，如对环境问题认识不足、城镇规划的滞后和当时的城镇规模较小等，造成大量工业企业集中在城镇中心甚至传统街区的中

心。这些年代较为久远的企业由于厂房和用地条件的限制，技改工作难以进行，对周围环境带来了严重的影响。城镇外围的工业企业又表现小两种倾向：一是过于分散，基础设施难以配套，而且扩大了工业企业对城镇环境的影响范围。二是开发区的选址往往突破规划控制范围，在城镇整体结构中的位置不尽合理。如果说处在城镇中心地带混合于商业和住宅之间的厂房还可以通过土地置换实现迁移的话，对城镇外围分散的和所谓开发区的厂房进行归并和重新集聚就成了漫长而艰难的任务。

3. 编制小城镇环境规划

(1) 小城镇环境规划的原则。编制城镇环境规划，必须全面贯彻经济建设、城镇建设和环境建设同步规划、同步实施、同步发展的方针，强调工业布局、产业结构、技术改造和环境管理，抓住重点污染行业、重点污染源，因地制宜地在环境规划目标和技术经济条件之间寻求最佳的结合点。编制环境规划有下列一些原则：

1）坚持全面规划、合理布局、预防为主、防治结合的原则。

2）坚持以经济建设为中心，综合考虑人口、资源、发展和环境之间的关系，实现经济、社会与环境协调发展的原则。

3）遵循生态经济规律，坚持自然资源开发利用与保护并重，以提高经济效益，社会效益和环境效益为核心的原则。

4）坚持因地制宜、实事求是、突出重点、讲求实效的原则，充分考虑镇域的环境条件及特点，规划目标应切合实际，规划措施要有较强的可操作性，不能脱离当地的技术经济承受能力；

5）坚持与城镇社会经济发展规划、城镇总体规划相衔接和协调的原则；坚持强化环境管理的原则，为全面推行污染物排放总量控制等环境制度提供技术支持和保障。

(2) 编制城镇环境规划需注意的问题。

1）抓住主要问题或重点问题制订规划。环境问题往往是多方面的、综合性的，环境规划不可能涵盖或解决所有环境问题，同时规划需要资金和投入上的保证、技术上的支持，这就需要环境规划必须抓住主要问题和重要问题，集中有限的资金、技术，重点解决一些对生态和环境影响较大的问题，逐步、分阶段提高和改善生态环境质量。因此，要节约经费、缩短周期、明确主攻方向和重点，以求通过环境规划在主要问题和重点问题上取得实效。

2）注意外部影响小城镇环境规划的制定，需要了解较高层次经济发展规划的内容，尤其是一些重大的工程建设项目。根据较高层次经济发展规划带来的区域社会经济重大变化来确定环境规划的目标、内容，以免受到区域或地区经济发展方向和规划变化带来的冲击。

3）注意协调城镇建设规划和农村经济发展规划。城镇环境规划须适应于城镇建设规划和农村经济发展规划。要改变城镇环境规划滞后于城镇建设规划和农村经济发展规划的状况，须将环境保护的基础工作做在前面，主动对城镇建设规划和农村经济发展规划提出环境保护方面的要求，对于已制定的城镇建设规划和农村经济发展规划，应尽快把环境规划作为必须具备的内容加入进去。

4）注意提出落实规划的政策。规划需要采取一定的政策和手段加以落实。在制定环境规划的同时，要考虑规划的可行性和可操作性，并考虑有关的政策和方法保证，如资金渠道和资金保证、人员培训、环保执法保证等；同时也要考虑其他政策对环境规划的影响，如城镇发展涉及到的户籍政策、土地政策、城镇基础设施建设和公用设施配套的资金政策等，这些政策的变动与调整会影响环境规划的实施。在生态敏感区域等进行控制性规划时，必须考虑其经济发展和人们脱贫致富问题，否则规划将难以实现。因此，在制定环境规划时，一定要作系统考虑，提出多种解决途径和方案，提出支持性政策，提高规划的可行程度。

4. 加强小城镇环境管理

社会、经济的可持续发展和环境保护是相互联系的。经济发展不能以牺牲环境为代价，否则经济发展也不会长久持续。小城镇综合经济实力现在是处于逐年增长的态势，尽管现行的以个体经济为主的发展模式在产业结构、产品结构、规模、效益，机制方面都存在不尽合理的地方，但总体上小城镇以工业为主体的经济和农村人口城市化发展是在不断加速的。如果不及时改变目前暴露出的环境污染和生态破坏加剧的局面，不解决环境保护与经济发展和社会进步不相适应的矛盾，那么小城镇建设的目标是很难实现的。

协调小城镇环境和经济协调发展应建立协调管理的机制，消除经济发展和环境保护在一定时期、一定程度上的利害冲突，均衡经济发展和环境保护的要求，使决策满足多方因素的考虑而在总体上达到最优；要正确处理经济、社会和环境各方面的利益分配，加强对环境的投入，在实现小康和现代化中考虑环境要求；严格约束个体与集体的行为，增强其在社会经济活动中遵守有关法规、制度的自觉性。

(1) 建立健全环境与发展的综合决策机制。（乡）镇政府应努力转换职能，自觉提高决策的科学性，加强环境保护工作的计划性，避免走“先污染、

后治理”的老路。在制定城镇总体规划的同时，完成环境规划，并将其目标纳入城镇经济和社会发展计划体系，列入小康和现代化建设目标体系，保证规划目标中项目措施及资金的落实。要支持环保部门参与区域开发、生产力布局和资源优化配置等全局性工作，凡是对环境有影响的政策措施出台事先都要征求环保部门的意见。对布局不合理、污染严重的企业分期分批实行“关、停、转、迁”，将限期治理项目纳入经济和社会发展年度计划，并作为指令性任务下达。对新建项目实行“环保第一审批权”，凡是有污染的项目未经环保部门审查的，一律不得办理其他手续。建立党政一把手对环境保护负总责制度，确立和强化领导干部环境保护国策意识和可持续发展观念，使其意识到保护环境就是保护生产力。逐步建立“党委负责、政府落实、各部门分工、环保统一监督管理、舆论监督、公众参与”的新格局。

（2）环境保护参与两个文明建设和现代化城镇建设，将环境目标作为全面实现小康和基本现代化指标体系的一个重要内容。切实将环境保护纳入小康和现代化建设的指标体系，逐级实行责任制，实现与小康和基本现代化相适应的环境目标，形成一个自觉保护环境的新机制。各地在建设现代化和小康城镇过程中，要大力建设一批各种类型的环境与经济协调的示范区。

（3）环境保护参与经济工作和干部政绩考核，实行环保一票否决权。加强对镇（乡）领导班子环保工作实绩的考核，将执行和完成环保目标责任状的情况列为评价党委、政府工作和干部政绩的重要内容，并将考核结果作为干部任用和晋升的重要依据之一。对未完成环保目标责任，或因决策失误造成重大环境问题，或发生重大环境事故，或违反环保法律法规、不履行环保法定义务的单位和个人，不晋升职务，不授予任何先进称号等荣誉和奖励。推行环境管理制度，并在实践中不断完善和深化。要重点推行环保目标责任制、排污许可证制度、“三同时”制度、排污收费制度。要实施排放污染物总量控制，强化环境管理，严格环保执法。环境保护一靠法制，二靠管理，三靠科技。要普遍控制，对环境污染源实行目标控制、源头控制和集中控制。实施工业污染防治和农村环境保护并重的战略，全面推进环境综合整治。坚决关停小型制革、化工、印染、电镀、酿造、造纸等污染严重企业，加强对乡镇企业的监督管理，通过“禁、改、转”促进乡镇工业产业结构升级调整，提高乡镇经济发展质量。加强乡镇环保机构建设，充实和加强环境执法力量。乡镇要设立具有环保职能的办公室，配备专职环保助理或环保员。

（4）加强环境投入，建立健全环境保护财力保障机制。应把环境保护目标纳入中长期规划和年度计划，搞好综合平衡。镇政府应从政府财政、工业技改、城市维护、建设基金等方面给予政策倾斜，加强对环保项目的信贷投资。创建环境经济协调发展示范镇的小城镇，用于环境综合整治的年度预算不得低于全年财政收入的2%。用足用好按规定筹集的环保费用、城市维护费，工业技改中规定用于环境建设的部分应全部用于环保。

(5) 强化宣传教育，鼓励公众参与，建立公众监督机制。加强环境宣传教育，提高公众的环境意识，尤其是领导干部的环境意识，对落实环境保护国策地位、实施可持续发展战略有很大作用。应加强镇各级领导干部的环境教育和环境法制教育、可持续发展教育，分散分批培训镇、村、企业单位负责人，逐步提高党政领导实行环境与发展的综合决策水平。另外，应结合普法教育加强公众的环境宣传，让公众了解自己享有的环境权利和应承担的环境义务，逐步树立起环境保护公众监督机制。

二、小城镇污染控制与环境保护

1. 建立生态型小城镇

小城镇水污染状况严重影响小城镇的可持续发展。目前，我国已有78%的城镇河段不宜作饮用水源，50%的城镇地下水受到污染，工业较发达的城镇附近的水污染更加突出。这些都成为制约小城镇经济发展的重要因素。不能把经济不断增长和繁荣当作是小城镇社会经济进步的唯一标志。小城镇经济发展必须建立在生态环境不断改善的基础上，才能持续发展。

当前，有不少小城镇在规划建设之中，照抄照搬大城市的建设与发展模式，而这种规划与建设的出发点是以经济为导向的。在我国城市发展的进程中，由于一度奉行“变消费城市为生产城市”的政策，只重视发展生产，忽视了公共设施的建设和生活环境的保护和改善，城市基础设施与城市经济、社会的发展不相适应的状况比较严重。城市作为一个人工生态系统，人类在城市的所有活动，包括生产、生活等各种经济和社会活动，都在影响和改变城市生态系统的结构和功能，人口越密集，活动规模越大，影响也就越大。但人类在城市频繁的社会经济活动中，特别是经济活动小，常常违背生态规律，导致城市生态结构失调。从单纯的经济观点出发，完全出于工业发展需要，往往造成对资源、能源的不合理开发和利用；在城市经济发展水平不高的情况下，落后的工业生产工艺技术和设备，不能实现资源、能源充分利用，增加了污染物的产生量。这些因素加上城市的经济布局和产业结构不合理，城市基础设施不健全以及城市环境管理不善等原因，使城市生态结构改变，造成对生态环境的破坏。因此，解决城市环境问题必须遵循城市生态规律，

从城市的人口、经济、土地利用、生态适宜度、绿化、环境污染、社会环境和人群健康等方面，找出城市生态系统的制约因素和缺陷，采取综合对策，调控和保护城市环境，使城市生态系统实现良性发展。

我国小城镇大多数尚处于起步阶段，发展惯性小，要及时吸取大城市发展过程中的经验教训，结合自身特点，发挥与自然环境贴近的优势，高起点、长远见地在规划中引人生态观念，建设社会经济和环境协调发展的生态型小城镇，从根本上须防水污染和其他环境污染的发生。

生态型小城镇，是依据生态学和城市科学原理，结合小城镇特点，从城镇所属区域的自然资源和环境状况出发，以人与自然的和谐为核心，以生态环境为制约因素，综合规划小城镇的“社会—经济—自然”复合系统，并利用生态工程、社会工程、环境工程、系统工程等手段，因地制宜建设群众满意、经济高效、生态良性循环、城乡环境清洁、优美、舒适的可持续发展的人类聚落区。建设生态型小城镇，必须以经济社会与生态环境协调发展理论为基础，并在此基础上达到经济目标、社会目标和生态环境目标的统一，合理安排产业结构、生产布局和资源利用，实现经济、社会与生态环境效益的同步增长。

2. 控制乡镇企业的污染

鉴于乡镇企业的发展与小城镇建设的紧密联系以及乡镇工业污染的发展态势，解决小城镇环境污染问题必须控制乡镇企业，特别是乡镇工业的环境污染问题，应加紧乡镇工业污染源的治理。

（1）全面规划，合理布局，连片发展。通过对乡镇企业布局的合理集中，既避免了对周围环境和居住区的污染，又为乡镇企业污染由点源分散治理向区域集中转变提供可能。这样也可提高环境管理和监测工作的效率，更多地处理生产中出现的废物，还能在乡镇企业向工业小区集中的过程中，适当引导乡镇企业的结构性调控，充分利用环境治理的规模经济。

（2）调整产业结构。乡镇企业在发展中由于资源配置不合理，高消耗、重污染、低产出的行业门类多；工业技术构成低，资源能源利用率低，大量资源以污染物形式流失并危害环境的问题严重。大力改变乡镇企业经济增长方式、引导产业结构优化和生产力布局合理化、减轻和消除结构性污染，这不仅是减少污染物排放的根本措施，也是促进乡镇企业进一步发展的根本措施。

（3）推广废物最少化和清洁生产工艺。废物最少化包括消减废物源、废物循环利用和废物综合利用三个环节。要分阶段、量力而行地加大废物最少化的推广力度，尽快将乡镇企业的污染防治的重点从单纯治理型向以发展废物最少化工艺和产品为主要内容的生产全过程控制转变。

（4）积极开发推广适用于乡镇工业的污染治理技术并确定防治重点。乡镇企业在选择污染治理技术时应考虑的原则有：技术是成熟的，能控制污染物排放量和排放浓度，达到有关标准；治理设施一次性投资不高；运行费用低，设备运行操作简易；节约能源和原料，综合利用“三废”使企业从治理中获得经济效益；能适应污染负荷较大幅度变化的状况；设备运行可靠，不易发生事故，经常性维护工作少。

（5）强化乡镇企业环境管理。首先要改变乡镇领导的行为观念，把环境保护工作作为考核地方政府领导的重要内容；其次是要加强乡镇企业环境管理的地方性立法问题，使乡镇企业环境管理有法可依；第三是要加强污染源和建设项目的环境管理。

（6）加强环境教育，鼓励公众参与。环保宣传教育是乡镇企业污染防治的重要手段，其主要任务是强化公众的资源、环境和生态意识，提高节约能源、合理使用资源的自觉性，转变传统观念，建立公众参与机制。

3. 小城镇的污水处理

小城镇的经济实力单薄，不能简单套用大城市大工业的水污染控制办法，必须根据小城镇的实际情况，在以集中控制为主、以分散治理为辅、集中控制与分散治理有机结合的原则下，研究适合我国小城镇的经济可行的水污染控制措施。

（1）小城镇污水集中处理。小城镇污水包括工业废水和生活污水。对于工业废水，采取点源分散治理具有以下目前难以克服的缺点：工业废水化工、印染类废水可生化性差，处理难度大；分散处理投资大，运转费用高，人力消耗大；水量小造成水质变化大，加大处理难度，不能长久稳定达标排放。从长远来说，集中处理是解决工业废水污染的根本对策。对于日益增多的生活污水，解决其污染的根本出路也在于完善基础设施，建设污水集中处理设施。因此，小城镇污水治理要贯彻集中处理与分散处理相结合的原则，统筹规划，逐步建设集中式的污水处理没施，这是根本性措施。

城镇污水处理设施的规划、设计、建设，应尽可能考虑把工业废水（特别是小企业的废水）与生活污水合并处理，实行按排放废水量的污染负荷比分担建设投资和运行费用的政策，并按规定向排污者收取污水处理费用。在技术上，污水集中处理具有以下优点：一是集中处理解决了乡镇工业废水污染难以控制的问题；二是集中处理后，由于营养物质的相互补充，提高了工

业废水的可生化性；三是可较大程度地节约人力和财力，具有良好的经济效益和环境效益。

根据江苏无锡市、张家港市小城镇的经验，工业废水进入城镇污水处理管网的进网浓度标准一般为 COD＜70mg/L，BOD＜300mg/L，SS＜300mg/L。超过该标准的工业废水，应进行预处理，达到进网浓度标准后，方可进入城镇污水处理管网。城镇污水厂的处理规模一般在 1 万～3 万 t/d 为宜。

污水集中处理符合污染治理社会化服务的趋势，企业按"谁污染谁负担"的原则，支付合理费用，将其产生的污染物委托有专门技术的处理厂去处理，免去了单独处理所带来的一系列困扰。实践证明，符合规模效益原则，处理规模越大，单位基建投资就越省，单位运转费用越低，处理效果越好。符合市场经济运行规则，实现污水治理的企业化管理、让其取得独立经营的法人地位，有利于经营者采用先进的管理手段、降低治理成本，同时也可促使各排污企业强化管理减少排污。污水集中处理也可降低企业分散治理设施所需用的场地要求，有利于保护耕地和土地资源的充分利用。

污水集中处理项目属于投入大、回报慢的项目，在建设、营运过程中会受到行政、企业等多元化利益主体的影响，因此资金的筹措是其能顺利实施的基础，政府应加强信贷支持，安排年度集中处理专款计划，有偿使用，滚动发展。要形成多元化投资主体，可完全由企业投资，也可以政府部门参股，但必须走完全企业化管理的道路，贯彻"谁投资谁受益"的原则。要建立灵活的回收机制。污水集中处理基本上是以环境效益为主，兼顾经济效益的"微利保本"企业。因此，为加快资金的回收，除通过运转费用收取获得利润外，要根据"谁污染谁治理"的原则，分期分批向企业回收固定资产投资。应形成污水处理厂多种经营的滚动发展机制，如供水、排水一条龙服务，以及与环境保护有关的分散治理工程的有限专营权，热电联产、废物再生利用的优先权、标准厂房建设、出让出租经营权等。

（2）集中处理与分散处理相结合。污水集中处理具有环境和经济的双重益处，是小城镇解决水环境污染的根本出路，但各地一定要依据各地实际情况，因地制宜，不能盲目照搬污水处理厂模式。这是因为：

首先，污水处理厂属于资金密集型工程，它的基建和运行费用都很高。以江苏为例，目前二级污水处理厂的基建投资已超过 2000 万元/d · 万 t，处理每吨污水的运行费用在 0.7～1.2 元之间。过高的建设费用和运行能耗及费用限制了污水处理厂的发展。我国小城镇经济实力一般较弱，因此一定要量力而行。

其次，污水处理存在明显的规模效应，单位基建投资和运行费用一般与规模成反比。我国小城镇大多是人口在10万人以下的县城、建制镇和乡镇，生活污水和工废水总量本身不大，据对江苏南部太湖地区48个小城镇的调查表明，其生活污水和工业废水总量平均也仅在2.12万t/d左右，以如此的规模建设污水处理厂，那是很不经济的。

其三，污水处理厂对有毒难降解物质和引起水体富营养化的氮、磷去除效果不佳（仅30%~50%左右）。而兴建三级污水处理厂的基建费用和运行费用则会大幅度提高。

因此，小城镇要依当地经济发展状况量力而行，量实际情况而行。近期无力筹建集中式污水处理设施的城镇，以及因条件限制难以将生活污水汇集到污水处理厂的局部地段，应积极建设投资少、消耗低的小型污水处理设施，以削减污染负荷。

鉴于农村城市化的未来发展趋势是自然缩并，使农业人口逐步向自然村汇集，保留与发展较大的居民点。镇区是建制镇的政治、经济与文化中心，生活污水和工业废水的集中处理条件较好。基层村、中心村的人口规模多在1000~3000人，乡镇企业离居民点距离长远不一，污水集中处理并不一定经济。因此建议一厂一策、一村一策。工业企业采取点源治理与达标排放，生活污水可部分用于种植业，提供部分灌溉水源。有条件的中心村可采用诸多“埋地式无动力式”等小型净化与处理设施处理生活污水。

4. 小城镇大气污染控制

小城镇民用燃料结构和乡镇工业能源体系中煤仍占主导地位。燃煤会排放大量的二氧化硫、氮氧化物、烟尘和粉尘等大气污染物，这对大气环境质量虽构成严重威胁。

小城镇大气污染控制的基本对策是：加强城镇规划，搞好功能分区；利用多种气源，发展煤气化；实行集中供热，节约能源，减少污染；推广型煤，减少污染；消烟除尘，创建烟尘控制区。

5. 固体废物污染控制

固体废物包括工业废物和生活垃圾。有效控制固体废物的产生量和排放量的方法有过程控制技术（减量化）、处理处置技术（无害化）、回收利用技术（资源化）。

工业废弃物控制中，工业废物中某一物质组分一般较大，在处理后可以直接回收或资源化利用。我国工业废物回收利用较好，大多进行分类、回收可再生物质，余下的主要采用填埋、焚烧等方式处理。

小城镇生活垃圾的处理目前还仅限于简单的堆存或填埋，没有防渗衬垫及污水处理设施，必然造成地下水污染、农作物受害等潜在性环境问题。此外，利用城镇周围或镇乡结合部的闲置土地填埋垃圾不仅浪费土地资源，而且也很不经济。小城镇生活垃圾控制目前尚无针对性措施，可参照城市生活垃圾处理方法，进行卫生填埋和焚烧处理。此外，也可采用堆肥法。

卫生填埋法是一种非资源化利用的技术，但处理成本低、工艺较简单、维护和运行成本低。填埋场选址应远离生活区和水源地，避开上风口和水源地上游，选择不易飘浮扩散和渗漏的自然地理条件。对填埋场要进行严格的防渗漏处理，以免垃圾中的有害物质在雨水和地表径流的冲刷下渗漏，污染地下水和相邻土壤。填埋场表面要进行覆土绿化，并设置排气管网。

堆肥法是利用生活垃圾中的有机物进行发酵、降解，使之成为稳定的有机质，并利用发酵过程中产生的高温杀死有害微生物以达到无害化。堆肥技术可分为露天堆肥法、半快速堆肥法，快速堆肥法以及厌氧土法堆肥法、好氧露天堆肥法、好氧仓式堆肥法。堆肥的主要原料是生活垃圾和粪便的混合物，其工艺过程是：生活垃圾→分类→破碎→发酵→烘干→磨粉→配料→造粒→干燥→包装→出仓。

焚烧法就是利用焚烧炉及其附属设备，使垃圾在焚烧炉内经过高温分解和深度氧化，达到大量消减固体体积，并将垃圾焚烧产生的热量进行回收利用的垃圾处理技术。焚烧处理垃圾消减量可达95%上，其优点是可迅速、大幅度地减少可热解和可燃烧物质的容积，彻底消除有害细菌和病毒，破坏毒性有机物和回收热能。

有条件的小城镇，应对生活垃圾进行减量化和无害化处理后进行卫生填埋。

6. 小城镇噪声污染控制

小城镇噪声污染源包括工业企业生产噪声、建筑施工噪声、交通噪声和生活区噪声。工业企业噪声和建筑施工噪声不确定因素较多，可通过加强管理和噪声治理消除。交通噪声和生活区噪声点多面广，是小城镇环境噪声的主要声源，且人群对这些噪声最敏感。随城镇经济发展和人口进一步集中，交通噪声和生活区噪声呈上升趋势，应引起重视。

（1）进行声功能区划分，加强环境噪声达标建设。首先进行噪声功能区划分，按各功能区对环境噪声值的要求，制定噪声控制方案和管理办法，使各功能区达到相应环境噪声标准。城镇在规划和建设时，应合理布局。要严格控制新工业企业噪声源，要求其制定合理的噪声治理措施。高噪声设备应安放在厂区中央，厂界噪声要满足相应声功能区划分。

（2）控制各种噪声源。新、改、扩建项目须通过噪声防治设施验收合格，向周围环境排放工业噪声必须向环保部门申报登记。超标排放的单位，必须限期治理，拆除和闲置噪声处理设施须经环保部门同意。建筑施工噪声的管理必须符合《建筑施工场界噪声限值》（GB 12523—1990）的规定，建筑单位应尽量采用低振动、低噪声机械。车辆增加、道路拥挤、主干道通行不畅可引起严重的噪声污染，应尽快加强道路建设。在道路条件一时难以改变的情况下，建议加强交通管理。如实现主干道内机动车辆分流和禁鸣。在社会生活集中区、商业区、娱乐场所（包括“三厅”），禁止室外用高音喇叭宣传、推销、娱乐。室内高音响设备对外辐射声音的声级（室外 1m 处）必须达到相应声功能区标准。加强市场规范化建设和管理，控制自由市场噪声。

中国住房与城乡建设发展实务

中国管理科学研究院资源环境研究所 编

下

ZHONGGUO
ZHUFANG
YU CHENGXIANG
JIANSHE
FAZHAN
SHIWU

第三章　城镇化建设优秀成果

加快推进城镇化　建设美丽大县城

山西省娄烦县住房和城乡建设管理局　李贵书

2010年以来，娄烦县住建局广大干部职工在县委、县政府的正确领导下，在其他各部门的共同支持下，加快推进城市基础设施建设，着力优化改善人居环境，全面加强行业管理，高起点开局、高效率推进，全面掀起城镇建设新高潮。住房和城乡建设事业继续保持了健康、快速、协调发展的良好态势。

一、重点工程及项目扎实稳步推进

（一）2010年重点工程及实事项目

投资670万元完成县城北大街东段道路改造和十五条小巷硬化工程；投资1638万元完成县城排洪渠改造工程，该工程是县城集水利防洪、环卫保洁、污水治理、市政交通于一体的综合性工程；投资149万元完成自来水改造工程，工程设计为新打360米深层井一眼，铺设供水主管网2250米；争取上级资金970万元，完成1000户农村危房改造任务

（二）2011年重点工程及实事项目

1. 保障性安居住房建设全年共完成主体建设任务604套，建筑面积5.75万平方米，占目标任务的101%，超额完成市政府下达的年度目标任务。城镇化率提高0.81个百分点，由2010年的28.92%提高到29.73%。完成800户农村危房改造任务，验收率达到100%。

2. 城乡清洁全年共完成78个达标验收单元，达标率达52.7%，在全市

排名取得了较好成绩。

3. 全年处理城市污水160万吨，COD减排523吨，污染物消减量为1260吨，其中COD为523吨，氨氮38吨。各项运行指标较往年均有大幅提升。

4. 按照“重规划、建精品、造特色”的要求，加强了规划编制工作，完成了县城规划文本编制，并组织省市专家进行了评审。

5. 滨河北路综合拓宽改造工程。该工程是县委、县政府实施的头号重点工程。工程于7月22日正式启动，9月13日发布一号规划区管理公告。

6. 县城集中供热改扩建工程是县委、县政府实施的十件实事好事之一，总投资2236万元，其中政府投资1920万元，鸿业公司自筹316万元。热源改造部分总投资1150万元；管网改造部分总投资1086万元。

（三）2012年重点工程及实事项目

1. 城镇化率提高0.5个百分点，超额完成市级考核任务指标；保障性住房开工建设660套；农村危房改造完成2000户，年底全部完工；建筑工程重大质量安全零事故，所有在建工程竣工验收合格率100%；集中供热普及率提高2个百分点，达到88%；污水处理率提高1个百分点，达到84%；供热补水井建设项目，建设内容为新打两眼供热补水井，概算投资65万元；污水厂中水回用工程总投资612.18万元。

2. 南大街综合改造工程，全长3.6公里，改造范围从集贸市场门口分成东、西两个标段，概算投资4777.85万元；南大街片区综合整治工程，工程量包括对南大街及招待所片区、春园片区、汾源片区临街建筑进行亮化和美化，残垣断壁进行修整，空地进行绿化，路面进行翻修，概算投资1950万元。

3. 县城涧河2#桥装饰改造工程，桥长110m，桥梁装饰成双索面斜拉桥，新建独塔6座。投资概算420万元；县城涧河3#桥装饰亮化改造工程，桥长112m，两边各加宽3m，桥梁采用后连续预应力钢筋混凝土空心板桥，桥梁装饰成飞燕拱桥。概算投资620万元；娄家庄桥改建工程，桥长80m，宽20m，桥梁采用后连续预应力钢筋混凝土箱桥结构，装饰成自锚式悬索桥。概算投资1340万元。

4. 滨河北路拓宽改造工程，项目建设从无名路至涧河1#桥，目前已完成建设规划和项目可研，进入招商阶段，发布招商公告与指挥部第二号公告，征地拆迁已基本完成。

5. 南大街东延工程，改造长度814米，宽度32米，概算投资976.8万元，目前自来水管网铺设任务已完工，预计2013年6月份以前完工。

6. 保障性安居工程项目，610套保障性住房现已开工，已经有11栋楼进行基础开挖处理。50套廉租住房已开工建设。2000户危房改造已分解到乡镇，镇村组织实施。

7. 县城集中供气工程投资概算4800万元，与南大街改造同步完成供气管网铺设，目前完成投资95万元，进入门站选址阶段。

8. 娄烦县东城区（新良庄路以东、迎宾路以西）集中供热配套管网工程，工程包括东区一次输水管网8046米及东区新建换热站2座，设计供热面积63.77万平方米，供热负荷33.49MW，概算投资2757.03万元。目前，已铺设管网600多米，预计2013年6月份以前完工。

9. 2013年完成项目可研设计的项目有：童子崖桥建设工程，新良庄桥建设工程，垃圾无害化处理工程，东区集贸市场建设，滨河南路西延工程。

二、存在的不足

主要表现在以下几个方面：一是“资金难、用地难、协调难”仍然是制约和影响城镇化进程的主要因素，致使在城镇化推进方面存在力度不足的问题。二是由于娄烦市政基础设施历史欠账多，随着县城市化步伐加快，建管矛盾日益突出，城市管理服务压力加大。三是城建队伍专业技术人才相对缺乏，在建设水平方面明显存在观念落后的问题。

三、2013年住建局将紧紧围绕“大县城”建设，加快推进城镇化，突出东区门户、西区开发、市政建设三大板块，实施16项重点工程，努力开创城乡建设事业新局面

（一）打造东区门户，建设美丽县城

东区门户由南大街东延、迎宾大道、移民二期安置、长途客运站、滨河北路拓宽、新型商住小区、涧河湿地公园、涧河1#桥装饰亮化、新建新良庄大桥等项目组成。通过项目带动，打造精品，建设城市示范工程，增强县城辐射带动力，吸引更多人口向县城积聚。

（二）加快西区路网建设，推动储地开发，拓展县城发展空间

实施滨河南路西延、涧河童子崖桥新建、西区路网建设三大工程，构建滨河南路、外环路、滨河北路循环交通网络，通过路网建设带动西区储地整体开发。

（三）加快市政基础设施改造升级，增强县城综合承载能力

一是要筹建西区热源厂项目，解决西区储地开发供热问题，缓解现状供热压力；二是要加快实施县城集中供气工程，力争年内实现县城2000户以上的住户用气；三是要实施自来水消毒化验工程，进一步加强自来水水质监测化验，确保水质达标运行；四是实施垃圾无害化处理工程，尽快完成可研立项、地形测绘、土地收储、招投标等前期工作，有效解决我县垃圾收运处理问题；五是规划实施县城北大街和东区老旧片区综合整治工程，更新改造老旧市政设施，完成墙体立面装饰亮化，提升市民宜居度；六是实施北大街交警队至加油站道路改造工程，改造道路750米；七是完成1200户农村危房改造任务，开工建设600套保障性住房；八是强化市政监管，实施“数字城管”工程，构建市政设施网格化监管体系；九是实施县城排洪渠路面铺装工程，改善市政交通状况；十是有序推进小区物业管理，加大老旧小区供水、供暖及排污管道的维修改造力度，保障市民正常生活。

近年来，住建局的各项工作取得了很大进步，我们要不断总结经验，进一步创新工作思路，强化工作举措，提高城市承载能力，为促进全县经济又好又快发展，维护社会稳定作出积极贡献。

作者简介：

李贵书，现任山西省娄烦县住房和城乡建设局局长。

自1982年7月参加工作起，历任娄烦县杜交曲镇纪检书记、镇长，娄烦县米峪镇乡乡长、书记，娄烦县总工会主席。2009年7月至今，任娄烦县住房和城乡建设局局长。

实施“四大战略”　加快城镇化建设进程

山西省昔阳县住房保障和城乡建设管理局　马志军

近几年，晋城、吕梁、孝义市的城镇化发展水平已位居全省前列，好多经验值得我们学习。特别是孝义市，近年来，始终坚持把加快市域城镇化、统筹城乡一体发展作为推动经济转型跨越的重要战略，按照省、吕梁市推进市域城镇化得总体部署，紧紧围绕“在全省率先实现市域城镇化、城乡一体化”目标，大区域布局、大项目带动、大投入建设，城乡面貌日新月异，城镇化水平显著提升，有力的推动了经济社会转型跨越发展。孝义市城镇化的飞速发展，触发了笔者对昔阳县推进城镇化工作的思考。

一、昔阳县城镇化工作现状

截止目前，我县的城镇化率只有27.77%，位列全市末位。为了加快我县城镇化建设工作，近年来，昔阳县委、县政府以打造生态宜居县城为目标，坚持高起点规划、高标准建设、高效能管理，以“上城、下城、新城”三城同建为突破口，全方位推进城市建设与管理，主要采取了以下措施，取得了一定的成效。

（一）“四轮驱动”加快城市建设

近几年，昔阳以“拆迁、改造、新建、提质”四轮驱动为载体，大搞城市建设，夯基础，强功能，改面貌，提品味，城市建设空前高涨，环境面貌日新月异。

一是拆迁。在城市建设中最难的不是资金，不是项目，而是拆迁。为了最大限度地保障被拆迁户的利益，使广大老百姓理解拆迁、支持拆迁，配合拆迁，县政府出台了《昔阳县拆迁补偿安置办法》，统一的标准，优惠的条件充分调动了被拆迁户的积极性，确保了全县拆迁工作的顺利推进。三年来，我们先后拆除了粮食局大楼、昔阳宾馆及沿街门店、电影院、工商局大楼、计生指导站、教师进修校、财险办公楼等单位建筑，拆除了东关、南关、钟村、西大街、北关一大批居民住房，累计拆迁面积达60多万平米，拆迁为我们大搞城市建设腾出了空间、奠定了基础。

二是改造。为拓展城市发展空间，拉大城市框架，改变城市面貌，我们大规模进行城市道路和城中村改造，三年来，我们投资3个多亿，先后完成了新建路、江口街、新东新西街、旧207国道、红旗一条街5条城市道路主干道，2012年又铺开了厚庄路、小西外环、庄园路、下城街4条道路改造工程，到2012年年底，县城所有的城市主干道路要全部改造完成，电网、通讯等各类管线要全部入地。另外，还拓宽改造了水泥厂桥、东风桥两座百米大桥。通过改造，城市路网结构更加合理，基本形成了"三纵三横"的城市路网格局，市民出行更加便捷。全面铺开了钟村、南关、西大街、留庄、武家坪等城中村改造，已开工和计划开工的各类住宅面积已达200万平米。

三是新建。围绕完善城市功能，提高城市承载力，我们大搞城市公共基础设施建设，先后投资2亿元实施了集中供热、集中供气工程，在全市除榆次区，昔阳的集中供热面积最大，供热面积达到200万平米；煤层气最便宜，每方只收0.5元，每月每户仅20元就可以满足生活需求；投资2.5亿元新建了标准较高、功能一流的县人民医院、文体活动中心、昔阳中学；大规模推进新城建设，相继完成了工商大楼、财险大楼、城东家园、松溪公园、全周文化园等建设工程，2012又铺开了会展中心、公安局、检察院、人武部、煤销公司等单位办公大楼，大县城建设初具规模。

四是提质。我们以"绿化、亮化"为载体，全力实施"1020"工程，扮靓城市，提升品位，实现县城步行10分钟一个小游园、20分钟一个大公园的目标，居民生活更加舒适。在城市绿化方面，建成了新西街街心公园、新东街街心公园、原县医院公园、河东公园等30多个城市小绿园，各个小游园风格不一，错落有致。仅2012年全县就新增城市绿化面积22.7万平米，市民人均公共绿地面积达到16平米，超出全省平均值近6平米，城市绿化覆盖率达到38.9%；在美化、亮化上，投资6000多万元对县城的所有主街道进行立面改造和美化亮化，统一了沿街的标识和广告牌匾，实行标准化、制度化管理。

（二）"四化一体"加强城市管理

在加快城市建设的同时，我们不断探索和创新城市管理办法，提升城市管理水平。在城市管理上，我们主要突出"四化"，即"精细化抓环卫、数字化抓城管、多元化抓整治、特色化抓机制"。精细化抓环卫。环卫工作是城市管理工作的重点和难点。搞不好直接影响城市的面貌和城市形象。为此，我们把环卫工作作为城市管理的重中之重，精细化、常态化、制度化抓环卫，取得了一定的效果。在机制上，我们将垃圾清运和街道清扫保

洁工作整体承包给洁城清运有限公司，实现了市场化运作，社会化管理，形成了管干分家的工作机制，环卫工作步入了良性发展的轨道；在投入上，我们投资200多万元，配备了10余台垃圾清运车辆、5台洒水车，配足了环卫工人，主要街道实行岗位化管理，责任到人，增设了果皮箱、垃圾桶、垃圾地坑，每条街道新建了2~3个水冲式公共厕所；在制度上，我们制定出台了《昔阳县城乡环境卫生清洁管理制度》等十多个管理制度和办法，推行了“门前六包六严”责任制，分片分段划分卫生责任区，实行了严格管理。通过一系列举措，我县的环卫工作整体上提升到一个新的水平，县城更加整洁靓丽。

1. 数字化抓城管。我们借助网格化社会管理工作平台，全方位推进数字化城管工作，形成了沟通快捷、分工明确、责任到位、反应快速、处置及时、运转高效的城市管理长效机制。投资680万元，建设了规格较高的现代化监督指挥中心，完成了数字化平台建设，全县划分了398个网格，其中城市42个，农村356个，选聘了398名懂技术，有责任心的网格长。目前，数字化城管系统运行良好，全县累计处置城管问题1454件，办结率达到98.6%，涉及市容环境、抢修抢险、公益设施维修等多个方面，办结处理时间大大缩短，一大批人民群众关心的热点、难点问题得到了有效解决，受到了市民群众的广泛赞誉。

2. 多元化抓整治。在城市环境整治上，我们坚持抓住重点、突出特色的理念，多管齐下，多措并举，大刀阔斧地推进城市环境整治攻坚战，市容市貌得到了明显改观。为解决道路拥挤、秩序混乱的现象，我们对所有城市主干道进行了管理整治，规范了出租车、农村客车停车点，重点街道、重点区域新建了停车场，主要街道、路口安装了电子监控系统，设立了步行街、严管街，城市交通秩序明显好转；为了提升县城的对外形象、打造城市文化特色，我们兴建了200余座反映大寨红色文化的文化墙，形成了一道独具特色的靓丽风景线。

3. 特色化抓机制。围绕大县城建设战略，我们积极探索城市管理的新路径和新办法，成立了城区社区管理委员会，将东关、南关、西大街、钟村、留庄等十六个城中村和县城周边村纳入了社会管理。2012年我们重点进行户籍制度改革，目前钟村、南关、西大街2000余户的居民办理了转户手续，换发了城市户口本，留庄村315户已签定了转户申请，城中村户籍制度改革推进十分顺利。通过3~5年的努力，我们要把纳入社区管理的16个城中村近2万农民全部转为市民，配套解决其养老、医疗、就业等社会保障问题，加快城镇化进程。

二、新型城镇化建设发展中面临困难和问题

我县虽然在城镇化建设上作了一些积极探索，取得了一定成效，但由于历史和现实的原因，客观和主观的局限，城镇化整体推进不够快，城镇功能不健全，城镇体系不完善，城镇的集聚和辐射功能不明显。

一是城镇化整体水平较低。我县城镇化水平每年2个百分点的速度递增，整体水平远远低于全省城镇化水平，和全国发展快的地方更无法可比。

二是制约城镇发展的因素难以突破。中心镇城镇建设融资能力较弱，小城镇基础设施建设多元化多渠道投资体制尚未建立。城镇建设与用地的矛盾较突出，土地利用规划没有很好地与城市总体规划、城镇体系规划相衔接，土地流转较为困难、用地不足，建设用地调剂受到制约。农村集体土地拆迁缺乏相关法律、法规依据和政策措施。

三是建设管理机制不够健全，随着城镇化进程的加快对城镇建设管理提出更高要求。

三、加快我县城镇化建设的对策

城镇化建设是一项长期的历史任务，是一项稳步开展的过程。因此，我们应按照大县城和大大寨整体规划，以“一城两翼三镇十二中心村”为发展布局，实现“工业化、城镇化、农业现代化”三化一体统筹推进，加快城镇化建设进程。当前，应重点实施“四大战略”。

（一）实施“双轮驱动”战略，增强城镇发展带动力

所谓“双轮”就是县城和乡镇，县城方面，2012年，要完成昔阳县县城总体规划编制、三都乡、李家庄乡总体规划编制和大寨名仕家园、凤凰新城两个片区详细规划，控规覆盖率要达到100%，乡镇总规覆盖率达到50%。加快城中村和县城周边农村向大县城融合进程，对纳入社区管理的县城周边16个村进行户籍制度改革，近两万农民要全部转为市民，配套解决养老、医疗、住房、就业等社会保障问题。加大移民搬迁力度，创设优惠条件，引导农民进城。乡镇方面，要加快李家庄乡和三都乡县城“两翼”集镇建设，打造207经济带，建设一批以东冶头、皋落、沾尚三个乡镇为重点的中心集镇，形成“一轮明月，满天星斗”的城镇化发展布局。通过2～3年的努力，使县城区面积由原来的4平方公里扩大到8平方公里，人口达到8万人，城镇化率

达到50%以上。

（二）实施“三城同建”战略，增强城市发展承载力

以上城区、旧城区、新城区为重点，推进三城同建，完善城市功能，拉大城市框架，加快大县城建设步伐，增强城市发展承载力。具体来说：上城区要按照修旧如旧的原则，以独特的人文景点为依托，对现存各个景点要素进行修缮整合，带动特色旅游业的发展；下城要按照功能齐全、服务便捷的原则，拓宽县城主干道路，完善水、电、气、暖等公共设施建设，全面铺开钟村、南关、留庄等几个城中村改造，规划发展商业服务区，带动刺激城市消费；新城要按照设计前瞻、时尚大方的原则，在2011年完成工商大楼、财险大楼的基础上，加快推进石坡移民搬迁、城东家园建设工程，加快人武、公安、检察、煤销等一批单位办公大楼建设进度，开通新城朝阳大道，使新城框架初步形成。

（三）实施“四城联创”战略，增强城镇发展竞争力

在抓好建设的同时，我们更要注重生态美化，建设山川秀美新昔阳。继续深入推进“四城联创”，对城乡结合部、城乡环境卫生进行大刀阔斧地整治，打造一批以乐平镇巴洲村、李家庄王家山村为重点的省市级清洁示范村庄。城内的空地，原则上不再建设高楼大厦，全部绿化作公园、建广场。2012年，投资4300万元，对环城北河、西河进行综合治理，治理河道1700米，把县城的外围环境改造好、维护好；建设11处城市公园，新增绿地面积15.32万平米，力争使全县城市绿化覆盖率达到50%。投资4300万元，实施七大造林绿化工程。通过几年的努力，近10公里的环城河道全部进行治理，县城所有的平房居民住上楼房，县城所有的街道得到改造，城内居民达到千人一个小绿园，万人一个大公园，把我们昔阳县城打造成具有红色文化魅力、宜商宜居环境、时尚现代气息的东山一流城市。

（四）实施“一区三园”战略，增强经济发展实力

发挥优势上项目，围绕项目做产业，大力推进园区建设。总的设想是规划建设大寨开发区和界都化工园、李家庄高新技术园、大寨现代农业园“一区三园”。大寨开发区申报已由市政府发文报批省商务厅，前段时间已通过论证。界都化工园以阳煤100万吨电石、天圆化工50万吨硝酸为基础，上马一系列化工项目，把昔阳建设成全省的电石基地、化工大县。李家庄高新技术园以10万吨铁氧体项目为主体，争取成为北京航空航天大学的研发基地。大寨现代农业园充分发挥大寨的农业品牌优势，建成全省最大的现代农业科技示范观光区，争取成为中国农科院的研发基地。今天落地的是企业项目，明天收获的必将是经济实力，这将为我们加快推进城镇化建设奠定坚实的基础。

作者简介：

马志军，男，汉族，1970 年出生，中共党员。2011 年至今，任昔阳县住房保障和城乡建设管理局局长。

创优争先促发展
团结奋进开创忻府区城乡建设新进展

山西省忻州市忻府区住房和城乡建设局

忻府区城乡建设管理局是忻府区人民政府城乡建设和管理的职能单位，成立于2003年。现有职工61人，其中党员26人。内设办公室、法规股、建管股、党务办、招标办、安全办、档案室等十二个科室，下设区古城开发管理处、区环境卫生管理处、区市政管理处、区城管监察大队、区园林处、区古城广场管理处、区工程质量监督站和区房改办等8个单位。

2012年以来，忻府区城乡建设局按照区委区政府的工作部署，认真落实上级各项工作任务，以大干城建年为契机，以项目建设为主线，积极抢抓7451工程的历史机遇，重点突出惠民工程和项目，取得了新的进展和成效；同时按照科学发展观的要求，以保持党的纯洁性教育活动为引领，狠抓党建、宣传、安全、廉政、信息、通讯等各项工作的落实，特别是大力开展创优争先活动，调动全局的积极性和创造性，强化创优争先各项措施的落实，取得了较为显著的成绩，在今年的七一表彰活动中，被区直属机关委员会授予先进党支部，有力地推进了全局各项工作的开展。

一、提高认识，高度重视

创优争先是加强党的建设的一个重大举措，是落实科学发展观的重要行动，是完成全年工作的基本保障，为此忻府区城乡建设局着眼中央提出的“推动科学发展、促进社会和谐、服务人民群众、加强基层组织”的总要求，着眼市委提出的“3581”战略和我区提出的“五五”工作要求，着眼今年要完成的各项工作任务，特别是着眼要完成的各项惠民工程，按照区创先争优领导小组提出的工作要求，局领导班子多次组织专题会议，研究部署创先争优工作，确定专人，专门抓此项工作。局机关各科室、下属各法人单位，都按照时间要求和工作部署，启动实施了该项工作。通过开展党的纯洁性教育活动，整治吃拿卡要活动，“重点工程惠民生，7451当先锋活动”，窗口行业优质服务竞赛活动等各项活动的开展，进一步把创优争先活动引向深入。而创优争先活动的开展，又为开展上述活动提供了动力和支撑。全局提出，为完成今年的工作，必须继续发扬“白加黑、五加二”精神，继续发扬团结一致，攻坚克难的精神，这就是对创优争先工作的落实和缩写。

二、强化措施，扎实提高

为把创优争先工作落到实处，为保证创优争先工作的持续性，忻府区城乡建设局根据上级的安排部署，结合全局的工作实际，制定并采取了如下措施：

1. 出台制度，保证落实

创优争先工作是一项很复杂但又十分具体的工作，涉及到全局工作中的各个方面。为此全局首先从制度建设入手，逐步展开来做。从去年至今年以来，先后制定并完善了《社会承诺服务制度》、《政务公开制度》、《行政审批限时办结制度》、《建设执法程序化制度》、《责任追究制度》、《台账管理制度》、《党建工作制度》等一系列制度，提高了全局的公信力，提高了全局的行政效率，促进了政风行风的转变，保证了创优争先工作的深入开展。

2. 多管齐下，协调推进

今年以来，忻府区城乡建设局以党建工作为统领，以保持党的先进性活动为主线，从3月8日开始已先后完成了宣传发动、学习教育、查摆分析、巩固提高等几个重要阶段，通过学习，全局上下一心，达成了共识，鼓足了干劲，同时，按照上级的要求，还出台了《关于开展保持党的纯洁性学习教育活动的实施方案》的文件，《关于成立整治吃拿卡要问题创优发展环境领导组》文件，出台了《窗口行业优质服务竞赛活动实施方案》的文件；出台了《关于深入开展忻府区建设系统安全生产隐患排查治理暨安全生产月活动》的文件。通过这些文件的出台，保证了争先创优工作的有效性和连续性，使全局上下广大干部和职工的思想信念、理论水平、思想境界得到进一步提升，党员的模范带头作用得到进一步发挥，干部的整体素质得到显著改进，为民办事意识得到进一步加强。在具体工作中，突出表现在奋力完成重点工程的意识得到强化，如为保证古城公园能够按时完成，全局上下继续发扬“白加黑”、“五加二”精神，在时间紧，任务重的情况下，大家都任劳任怨战斗在第一线，通过争时间，抢速度，终于按时间要求，质量的要求，完成了全部修复改造工程，向全区人民交上了一个满意的答卷。

忻府区城乡建设管理局坚持全面创新的思维，重在科学发展，一年一个脚印，扎扎实实向前迈进。2010年4月15日开始进行古城部分老旧街的完善

和改造，先后完成了东大街道排工程、兴寺街道排工程、北城门楼环广场道路改造工程、城南新街道路改造工程、草市巷道路改造工程和六纸路道路遗留工程。2010 年 5 月至 10 月，投资 754 万元，完成农村解困任务 300 户，使全区危房得到改造，农村居民人均面积达到了 25.24 平方米。2010 年 4 月至 11 月，进行园林绿化建设，九龙岗城郊森林公园和蒙特卡洛园林得到绿化。2011 年先后完成了光明中街道路改造工程、北城门楼东、西广场改建工程、光明东街、光明西街人行道改建工程，同时还完成了光明西街亮化工程和光明街立面整治工程。还加强了环境整治，建成区绿化面积 75.42 公顷，绿化覆盖率达到 15.08%，绿地面积 30 公顷，绿地率 6%。六个建制镇新增绿化面积 6.93 公顷，建制镇绿化覆盖率达到 17.72%。

忻府区城乡建设管理局大力进行城乡建设注重质量的提升，争创一流。先后完成了四大精品工程。分别是：一、完成了光明中街道路改造工程。全长 1185 米，车行道 22 米，两侧人行路 4 米，投资 1908 万元。主要工程内容包括道路工程、人行道工程、排水工程、绿化工程、照明工程等。二、完成了北城门楼东、西广场改建工程。投资 450 万元，对区招待所西楼、光明电影院及 5 户居民约 6700 平方米拆迁的基础上分别新建了北城门楼东、西广场和休闲小广场。东广场东西 52 米，南北 91 至 106 米，面积 5068 平方米。西广场南北 120 米，东西 27.3 至 71.5 米，面积 6852 平方米。休闲小广场面积 685 平方米，其中人行道 180 平方米，中心广场面积 505 平方米。三、完成了光明东街、光明西街人行道改造工程。光明东街：东起光明街立交桥，西至胜利路，铺设花岗岩火烧板 5600 平方米，铺设大理石台阶 2000 平方米，修筑混凝土路面 850 平方米，浆砌花岗岩路沿石 130 米，投资 117 万元。光明西街：东起七一南路，西至建设南路，铺设吸水砖 15400 平方米，浆砌花岗沿石 3040 米，投资 185 万元。四、完成了道路亮化工程。在光明西街安装双臂灯 64 基，投资 12.7 万元；在光明街西侧所有的路灯杆上安装 LED 景观灯。其中安装希望之星 215 组，君子兰 26 组，红红火火 16 组。

3. 扎实开展，争做先进

为保证创优活动能够有声有色地开展下去，全局按照上级要求，大力开展了五争五讲活动，开展了“重点工程惠民生，7451 当先锋”活动。通过讲政治，争做忠诚可靠的模范，讲规矩，争做严谨规范的模范，讲效率，争做优质高效的模范，讲学习，争做业务精通的模范，讲奉献，争做敬业争先的模范，全局的思想信念得到进一步强化，工作作风得到进一步转变，服务人民群众的水平得到进一步提高，广大干部职工得到很好的锻炼。

4. 奉献真情，创优争先

创优争先是一项实实在在的活动，要求要带着感情、带着真情去做。今年区里确定忻府区城乡建设局的结对帮贫对象是庄磨镇的坡头村。这个村地薄人少，距城较远，经济比较落后。针对该村的实际情况，区城乡建设局大力开展了结对帮贫活动，通过干部职工个人集资献爱心，为该村集资数万元，用于打井。这是在全局开展创优争先活动中开展的一项重要的结对扶贫献爱心工作，通过工作的开展，密切了区城乡建设局和偏远农村的联系，为人民群众献上了爱心和真情。

三、开花结果，成效显著

忻府区城乡建设管理局多年来争创佳绩，成就非凡。于 2010 年 3 月区委、区政府授予重点工程先进单位；2010 年 4 月区政府授予提案办理先进单位；2010 年 4 月区综治委授予铁路护路先进单位；2010 年 5 月区委授予支持干部下乡工作先进单位；2010 年 6 月区政府授予环保责任制先进单位；2010 年 7 月区直工委授予先进基层党组织；2010 年 8 月市委、市政府授予忻州城区环境秩序集中整治百日行动先进单位；2010 年 12 月晋爱卫［2010］12 号授予山西省爱国卫生先进单位；2011 年 4 月市劳动竞赛委员会授予集体三等功；2011 年 4 月市人民政府授予 2010 年度全市城乡建设工作目标责任制考核先进单位；2011 年 4 月获忻州市劳动竞赛委员会全面建设小康社会集体三等功；2011 年 7 月获忻府区区直工委先进基层党支部；2011 年 12 月获忻府区区委、区政府古城系列改造先进集体；2012 年 3 月获“忻府区委、区政府二 0 一一年度红旗单位”；2012 年 3 月获“二 0 一一年度全市住房城乡建设工作目标责任考核先进单位”。

1. 以大干城建年为契机，全力配合“7451”工程的顺利推进。

“7451”重点工程是市委市政府、区委区政府今年所做的重点工作。忻府区城乡建设局责无旁贷，按照区委区政府要求，积极参与了这一工程建设。一是根据区委区政府安排，主要是完成道路红线内建筑物征迁评估和拆迁工作。邀请了忻州市德诚房地产估价事务所、忻州诚信房地产咨询评估有限公司、忻州立信房地产估价公司竞争参与了被征迁户的补偿估价工作，并成立了“7451”忻府区拆除保障领导组，组长由区城乡建设局局长局长张敏担任，副组长由城乡建设局城建监察大队长张煊碧担任。领导组成立后，即对征迁范围内的集体土地上的建筑物进行了调查摸底，清点，提出了六点征迁建议，供领导决策。整个拆迁过程中，共出动挖机、铲车 70 余次，其中解原乡 30

余次，卢野村40余次，大型车辆运输出动50余次，大型切割机出动10余次，技术员、民工专业拆迁出动200余次，爆破锤出动2次，芦芽山路拆迁4万多平方米，城北街、元遗山路拆迁4万多平方米 。二是忻府区城乡建设局原纪检书记杨乐全程参与了城北街、元遗山路的征地拆迁工作，并担任办公室主任。他夜以继日，放弃全部休息日，配合指挥部工作，一直奋战在工程第一线，终于完成了指挥部交付的任务，完成了预定的目标。

2. 以全心全意为人民服务为宗旨，区委区政府确定的二十件惠民实事取得重要进展。

根据忻府发［2012］4号文件的要求，涉及忻府区城乡建设局的惠民实事主要有4项，分别是古钟公园改造、飞虹桥至加油站道路照明、农村危旧房改造和棚户区改造，目前已基本完成。

古钟公园改造，占地面积76亩，主要建设内容为中央湖改造，走廊改造。山体改造，荷花池改造，地下管网改造以及硬化、绿化等，5月7日完成图纸设计，6月19日正式动工，8月19日已竣工剪彩。

飞虹桥至加油站道路照明工程，路段全长580米，工程内容为新装单臂灯32基及配电设施，投资32万元，4月10日完成发改局立项，目前已全部完成。

农村危房改造，我区共有土木结构D级危房2970户，“十一五”完成370户，2011年完成300户，2012年计划完成500户。已全面开工，有的结束，全部工程11月完成。

棚户区改造，全年任务320户，由东街村委负责实施，目前，胜利路预制厂小区（50户，建筑面积5000平方米）主体完工；胜利路紫薇苑西区（72户，建筑面积7000平方米）、东区（24户，建筑面积2600平方米）也已完工；东门外粮食加工小区（200户，建筑面积18000平方米）即将完工，建筑面积32600平方米。

此外，胜利路中转站公厕改建投资48万元，粮食局公厕改建投资20万元，目前已完成。奇村5座公厕建设投资100万元，其中，粮疗院公厕，建筑面积60平方米，；集贸市场公厕，建筑面积约30平方米，汽车站公厕，建筑面积约35平方米；工疗院公厕，建筑面积约50平方米，奇村镇电管站公厕，建筑面积约47平方米，都已完成。

3. 以创优争先为动力，各部门、各单位工作齐头并进。

今年以来，忻府区城乡建设局全面开展创优争先活动，下属各法人单位和局机关各科室，都在局领导班子的具体指导带动下，启动实施了各项工作。

市政管理所除正在完成区重点工程飞虹桥至加油站路灯安装外，还加强了防汛应急准备，对光明街、小东门外、胜利路立交桥的淤泥进行了全面清理，清掏淤泥130余方；对破损路面进行补修，共补修胜利路、南北大街、东大街破损路面530平方米。环卫处今年率先配备了电动保洁车，新增了电动清扫车，使我区街道清扫工作迈上了新台阶。园林处继续加强公园广场的日常管理工作，先后维修健身器材120台次、石面100余平方米，并对古楼广场和九龙岗广场内的音乐喷泉进行了维修。质监站认真开展质量监督工作，共办理质量安全监督注册项目5个，工程质量安全监督率100%，新建居住建筑节能专项验收合格率100%，新颁布建筑工程规范，强制性标准执行率100%。此外，忻府区城乡建设局的房改办、监察大队等法人单位以及办公室、招标办、法规科等机关科室工作也有了新的进展。

2012年以来，忻府区城乡建设局在创优争先方面下了很大的苦工，做了较多的工作，取得了明显的实效，推动了科学发展。今后，将在区委区政府的正确领导下，奋力进取，不断创优，为建设富裕文明的新忻府作出新的更大的贡献。

吕梁山上“小北京”　城乡如画气象新

山西省柳林县住房保障和城乡建设管理局　马星明　张　宇

柳林县东依吕梁山，西林黄河水，隔河与陕西吴堡县相望，交通发达，素有吕梁山上“小北京”的美称。

近年来，柳林进入了历史上发展最快、效益最好、人民群众得到实惠最多的时期。柳林县委、县政府带领全县人民以科学发展观为指导，紧紧把握综改试验和扩权强县的机遇，按照“打基础、利长远、惠民生”的总体要求，开展了重点工程“项目建设年”活动，为构建人民满意的富裕家园、绿色家园、幸福家园，进行了不懈的努力，创造出了远远高于全国、全省和全市水平的“柳林速度”。进入了“中国最具投资潜力的一百个中小城市”行列。一片蓬勃发展的热土，为转型跨越的三晋大地增添了无限春色。

在柳林县重点工程“项目建设年”的活动中，城市建设成为推动全县跨越发展的火车头。柳林县高起点规划，高标准建设，高水平管理，城市“硬件”越来越硬，“软件”越来越完善。与此同时，城乡建设管理工作也进入全国先进行列。2012年，县住房保障和城乡建设管理局被国家人社部和住建部评为“全国住建系统先进集体”，成为山西省唯一获此殊荣的县局。

一、规划先行，城建与经济同步发展

近些年来，柳林依靠独特的区位优势和丰富的煤炭资源实现了经济社会的繁荣，然而与此同时，人口集聚、交通不便、住房紧张等情况也成为制约经济社会发展的瓶颈。如何做大做强县中心城市，实现城市建设与经济、社会、环境的同步发展，成为摆在县委、县政府面前的重要课题。“城市建设，规划先行”，科学的规划是城市建设的“龙头”，是调控城市建设的重要依据和手段。柳林按照“做强大城市、做优中小城市、做特乡镇、做美农村”的总体思路，从拉大城市框架入手，确立了“一心、四点、一带、一轴、一线”的城镇空间格局，以“一心”为龙头，整体凸显“一城五组团”的空间架构：“一城”就是柳林县城。“五组团”，一是东山组团，在县城东北部山上开辟的新型城市发展片区，融“山水城林园”为一体，打造富有文化特色，自然生态，和谐宜居，可持续发展的北方黄土高原园林住区，快速实现与现状城区及吕梁乃至整个山西省现代服务业接轨；二是穆村组团，充分发挥柳林“煤焦基地”的优势，华晋焦煤有限公司沙曲煤矿和柳林电厂在此选址建成，山西同蒲铁路支线孝柳铁路在此设置终端站点，将打造成柳林县城的轻工业基地和规模化、现代化的建材交易市场；三是工业组团，包括薛村工业片区和高红工业片区，柳林于“十一五”期间上马兴建的新型工业集中区，现已建成联盛集团福龙煤化100万吨焦化配套、150万吨洗煤、10万吨甲醇厂、宏光2X300MW煤矸石发电厂等一批重点工程项目。“十二五”期间，将发展成为柳林循环经济的示范区，体制创新的试验区和转型跨越的先行区；四是城南组团，包括位于锄沟新区记起周边地带，将重点发展现代居住业，建设成城市绿色社区和低碳社区；五是李家湾组团，以现代居住业为主、兼以商贸物流、市场等功能的综合性组团，凸显柳林、离石、中阳交界三角地段的区位优势。其战略定位是黄土高原丘陵沟壑生态区宜居示范基地，晋西旅、民俗文化交流基地，特色农副产品生产加工交易基地，全省高新技术产业示范基地，全省建材新材料产业基地，全国煤系循环产业基地。

在城市建设规划中，柳林县以加强县城、乡镇、村庄规划（修）编制建设作为重点，委托中国城乡规划设计研究院编制了柳林县《县域城镇体系规划》及《县城总体规划》，已经通过了省、市专家的评审和县人大常委会审议，并委托山西容海城市规划设计院和吕梁宏伟市政工程有限公司编制了其余各项专业规划。其中《县域城镇体系规划》已成为全省城镇化建设的标杆项目，为“小北京”城市建设的转型跨越发展绘就了明确的前景。

二、项目建设，功能与品位同步提高

随着城乡发展建设规划的推进和完善，柳林在全县掀起了城市大建设、大发展的高潮。一项项城建重点工程的实施，不断完善着城市的服务功能，提升着城市的形象和品位。

2012年4月20日，柳林县城贺昌大街道路升级改造工程正式开工，工程采用人非共板设计，总投资2470万元。这项工程消除了城市上空的“蜘蛛网”，给广大居民提供了宽敞整洁的环境。同时，石家沟南路、双塔寺路、青龙示范小学路、田家沟南路、上背道等街区等升级改造项目也先后开展，全城区主要街巷彻底告别了破损的历史，方便了人民群众的生产生活。当人们兴高采烈地走在宽敞、平整、干净的马路上，热爱家乡、热爱柳林的感情更加浓烈。

园林绿化是城市建设必不可少的重要工程。2011年至今，柳林以创建省级卫生县城为契机，以打造省级园林城市为目标，实施了一项项园林绿化精品工程，完成新增绿化面积11000余平方米，栽植油松、银杏、合欢、栾树、桧柏、紫叶李、碧桃等各种乔灌木树种17389株，绿篱7500余平方米，总投资3900余万元对铁路护坡及罗侯沟沟口等实施了绿化美化，扩大了城区绿化面积，推动了全县的生态建设。通过园林绿化基础设施建设加大，到2013年末，县城城区的园林指标将达到国家级园林县城的要求。

在加大城建力度的同时，城市的管理的重要性也日益提高。为此，柳林县制定了城市管理工作“科学、严格、精细、长效”八字方针，全力推动数字化城市管理工作的深入开展。2012年，先后出台了数字化城管实施方案（试行）和监督管理办法（试行），并委托太原理工天成软件服务有限公司编制了数字化城管可研报告。与此同时，县住建局加大了对城区内的市政基础设施开发建设、管理力度。切实加强路灯的维护与管理，坚持每月对城区进行一次大型检修。并对城区所有沿街建筑物、构筑物进行了夜景亮化美化，同时对高速东口、新高中职中道路等地段的路灯进行了完善，实现了城区的亮化、美化全覆盖，将一座充满现代化气息的魅力城市展现在全市人民面前。

三、城乡共建，民生与服务同步提升

柳林县的城市建设把民生放在了发展的首位，注重城市、乡村的同步建设、同步发展，担负起了提升全县群众生活幸福指数的重任。

几年来，柳林县在城建工作中把解决与市民生活息息相关的工程放在突出位置，大力推进保障性住房、廉租房等各项民生工程建设。2011年全年新建、续建廉租房300余套，新建经济适用房164套，保障性住房建设在全市名列第一。城中村改造是实现城乡同步、协调发展的重要工程。2012年，锄沟城中村改造工作一期11栋楼已封顶8栋、其它3栋正在建设，二期拆迁正进入前期准备工作。青龙城中村改造主体已竣工，北大街拆迁工作已经完成90%，涵洞1、2、3标段已经完工，道路综合管沟已经完成85%，寨东安置楼正办理前期手续，庙湾至杜家湾段清河西路工程已经全面铺开。为了解决城镇居民住房难的问题，柳林县积极推进保障性住房建设。2012年，吕梁市委、市政府给柳林县下达了新建保障性廉租住房500套，经济适用房500套，限价商品房500套的任务。在此基础上，柳林县又新建公租房264套，建设面积1.584万平方米。目前这些工程已经全部开工。同时，县委、县政府始终把棚户区改造作为改善民生的重点工作来抓，坚定信心、攻艰克难、扎实推进，较好地完成了省市政府规定的任务目标。目前，共确定棚户区改造项目50个，其中小区改造项目48个，基础配套公建项目2个，共涉及改造面积346.97万平方米，概算总投资84.825亿元。目前，经省发改委核准已批准立项37项，2013年拟定改造项目21个。柳林县高度重视农村危房改造工作。2012年，根据党中央、国务院关于扩大农村危房改造工作的决策部署，柳林投资14000余万元，改造农村危房1000户。经过近一年的辛勤努力，目前改造工程已经全部完成，各村委、乡镇也已全部验收。

通过不断的艰苦努力，柳林县的城乡建设在大步迈进、取得累累硕果的同时，也受到了国家和省市部门的高度评价，住建工作先后被评为“全国住房城乡建设系统先进集体”、“山西省住房城乡建设系统‘五五’普法工作先进单位”、“山西省通联工作先进单位”、“山西省信息化建设先进单位”、“山西省劳动竞赛集体三等功”、“吕梁市住建工作一等奖”、“吕梁市‘三项整治’工作一等奖”、“吕梁市村镇建设管理先进单位”、“柳林县党风廉政建设先进单位”、“柳林县目标责任考核先进单位”、“柳林县争创全市一流先进单位”、“柳林县‘三大活动’工作先进单位”等12余项荣誉称号。

一座充满发展魅力的宜居城市正矗立在吕梁山上，实现人民满意的“富裕家园、绿色家园、幸福家园”、“三晋一流、全国百强”的建设目标已经指日可待。在2013年的春风开始吹拂到吕梁山头的时候，柳林县的城市建设已经又迈开了新的步伐。在新的一年里，柳林将按照调整修编后的县城总体规划和专项规划，进一步加快城镇化建设进程，坚持建新区与改旧城并举，拓空间与建生态并重，强力推进新区市政基础设施建设和老城片区改造提质，整体提升县城服务功能和辐射带动能力。

今天的柳林，城乡如画。伴随着城市建设的跨越步伐，吕梁山上的“小北京”将向世界展示出更加惊人的美貌。

作者简介：

马星明，男，汉族，1963年8月出生，中共党员，本科学历。现任山西省柳林县城交系统党委书记、住房保障和城乡建设管理局党总支书记、局长。

自1983年9月参加工作起，历任柳林县粮食局人事秘书股干事、县委老干局办公室主任，柳林县委组织部办公室主任，柳林县贾家垣乡党委副书记，柳林县李家湾乡党委副书记、人民政府乡长，柳林县贺家坡乡党委副书记、人民政府乡长，柳林县龙门垣乡党委

书记、人民政府乡长，柳林县贾家垣乡党委书记，柳林县三交镇党委书记，柳林县农业局副局长兼县农业综合执法大队大队长，柳林县住房保障和城乡建设管理局党总支书记、局长。2013 年 3 月至今，任柳林县城交系统党委书记、住房保障和城乡建设管理局党总支书记、局长。

张宇，男，汉族，1987 年 4 月出生，大专学历。现任山西省柳林县住房保障和城乡建设管理局综合办公室干事。

曾获得柳林县“三大活动”调研专题报告文稿征集三等奖。

加大建设力度 完善服务功能 提升城市品位

内蒙古自治区赤峰市林西县住房和城乡建设局 王文成 陈天勇

近几年，根据县委、县政府的工作部署，住建局按照“新区老区结合、集中改造、连片拆迁、总体推进”的城市建设发展战略和“两山、三线、十个点”的城市发展布局，以“提升城市品位、完善城市服务功能”为主题，以推进“公园式森林城市”建设为主线，继续加大城市建设力度，采取有力措施，加大资金投入力度，通过几年的不懈努力，我县的城市建设取得了显著的成绩。

一、加强规划管理，科学编制规划

（一）城市规划编制进程加快

2006年对我县的城市总体规划进行了修编，完成了《林西县林西镇城市总体规划（2006～2020）》。《林西县城市总体规划（2006～2020年）》规划城市建设用地面积25.5平方公里，远景规划区面积35平方公里，到2020年规划城镇总人口达到17万人。实事求是确定了“因地制宜，集中推进，中心极化，点轴拓展，内外结合，双轮驱动”的城镇发展战略，明确了“控制东西，完善北区，整体向南”的城市发展方向，确定了“三山、两水、四组团”的城市结构。

2008年县委、县政府提出了“建设公园式森林城市”特色发展定位，使城市发展规划更加适应我县的城市发展需求。2012年城南新区规划成功启动编制工作。委托北京清华城市规划设计研究院对城南新区约10平方公里的控制性详细规划和约5.7平方公里的城市设计进行编制，新区地形图测绘工作已经完成。规划成果经县委、人大、政府、政协和相关职能部门评审后，履行专家评审程序，县政府批准后报县人大常委会和市政府备案。

（二）城市规划管理工作力度明显加强

2008年，县委、县政府专门成立了林西县城市规划与建设项目审查管理委员会，并出台了《林西县城市规划与建设项目审查管理办法》，加强了城市建设项目的规划审查工作，健全了规划审查程序，建立了建设项目申报审批例会制度，强化了审批职能。从根本上解决了越权审批、随意变更规划、盲

目建设等问题，确保了规划编制的严肃性和权威性。

（三）乡镇规划编制力度进一步加大

按照推进城乡一体化，加快小城镇建设步伐的要求，县政府和相关部门努力做好城乡规划，统筹城乡发展。截止目前，全县6个建制镇，总体规划编制已完成4个，新城子镇和大井镇正在编制。2个乡总体规划完成1个，十二吐乡因乡址未确定，总体规划编制未启动。

（四）城建监察工作力度进一步加强

共查处违章建房36户，面积7745.46平方米。其中强制拆除14户，面积4445.8平方米。停止建房15户，面积3245.66平方米。自行拆除7户，面积54平方米。拆除围墙1户26米。通过开展集中清理整治违法用地违章建筑活动，在嘎斯汰河沿岸的城市重点规划区内拆除违章建筑4户，面积2980平方米。拆除围墙2户640米。

二、市政基础设施建设发生了巨大变化

（一）形成新的城市框架和城区道路网络

2008年以来投入城镇建设资金约10亿元。林西镇城区面积已经由过去的4.3平方公里扩大到现在的13.6平方公里。新建、改造街路32.87万平方米。宝林路、铜都大街、松漠大街等道路的建成使用，使我县城区道路由原来的一条十字街，发展形成“一环四纵七横”的城区道路网络体系；工业园区内也形成了“一纵三横”的道路网络。

（二）加强了公园广场建设

先后建设完成了松漠广场、网球公园、政府门前广场、带状公园、财税广场、滨河带状公园等，2012年我县重点实施儿童公园建设和启动老年公园建设。儿童公园总占地面积40000平方米，包括景观工程和少儿活动中心建设，计划总投资2306万元，已完成投资1090万元。其中，景观工程于10月27日完工，共栽植苗木811株，安装景观灯、草坪灯、地埋灯和投光灯119盏。完成投资640万元。少儿活动中心包括主楼、天文台和瞭望台三个部分。该工程于8月30日开工建设，目前完成了主体一层的建设，完成投资约450万元。老年公园规划用地面积约17927平方米，包括景观工程和老年活动中心建设，计划总投资2200万元。目前两个项目正在办理立项、环评、施工图设计等工作。这些公园广场的建设使用，将使我县的城市环境大为改观，使城市品位有较大提升，使市民的户外休闲生活越来越丰富。

（三）一街两区改造建设

根据市政府推进“一街两区”的建设要求，为打造一条示范街，改造两个老旧小区，2011 年我县确定重点实施金城街、新林花园小区和家园小区整治建设，计划投资 465.39 万元。该工程包括人行道铺装、砖墙砌筑、楼房立面粉刷工程、小区路面翻修、楼房立面粉刷、绿化、亮化及配套工程。

2012 年我县确定重点实施饶州大街、怡园小区节能改造和学府家园标准化小区建设。计划总投资 2430 万元。饶州大街改造包括绿化、街区改造、楼房立面粉刷和配套设施建设，该工程已于 10 月 15 日竣工并交付使用，完成投资 432 万元；怡园小区节能改造包括外墙保温、屋顶防水、楼道粉刷及单元门更换工程，改造面积约 6.47 万平方米，计划投资 897.98 万元。目前外墙保温和屋顶防水已施工完毕，正在进行楼道粉刷及单元门更换，完成投资约 700 万元；标准化学府花园小区完成投资 500 万元。

（四）集中供热建设

2012 年新改建集中供热管线 3500 米，其中新建管线 1500 米，旧管线改造 2000 米，投资约 2000 万元。新增供热锅炉 1 台 30 吨，投资 200 万元。同时我县城区集中供热项目启动建设，计划总投资约 2.7 亿元。目前项目发改立项、环评、能评等手续已办完，锅炉和部分附机设备的合同已签订，热源厂土建和安装工程已履行完招投标手续，锅炉基础建设已完成，完成投资约 5000 万元。

（五）天燃气工程建设

该项目包括建设厂房和管网 36.72 公里，年供气量 1877.45 立方米，供气 3.12 万户，计划总投资 7388 万元。目前厂区选址基本完成并开工建设，安装室内供气管网 2000 户，完成投资约 1000 万元。

三、优化城市布局，城市功能得到充分发挥

近几年来，县委、政府大力推进旧城改造和新区建设，有效地拓展了城市发展空间，同时注重功能区建设，为强化城市的整体服务功能创造了条件。

一是在镇区北部，以党政综合楼为中心，形成了行政办公区域，在此区域内，投资近 2 亿多元，将原来的 60 多个行政办公单位从中心城区迁出，让给商业与住宅，加快旧城区内的房地产开发建设。

二是实施了县客运站、冷山制糖公司、中蒙医院、县医院、白酒厂、油脂厂等项目的搬迁工作，通过土地置换和招商引资的方式，把这些企业从旧城区搬迁出来，原有土地进行招商引资，为房地产开发提供载体，促进林西县房地产开发建设。

三是抓住教育布局调整的有利契机，在城区西部，二中、三小、寄宿制小学、文化大厦全部搬迁入驻，初步形成教育、文化、娱乐功能区。将进一步优化环境，为学生学习生活创造良好的条件，不断巩固和拓展教育布局调整成果。

四是实施了城区防洪工程暨西旱河东调工程，为建设环路奠定了基础。

五是实施了国道303线和省道204线改道，形成了城镇四个方面每个出口有条道路。

六是对工业园区实施科学规划，完善政策措施，优化发展环境，打造支撑城镇建设的增长极。在金鼎园区北区着力建设以轻纺、服装加工、家具制作等为主的劳动密集型产业基地，承接发达地区产业转移；在金鼎园区西区，围绕制糖、酒类生产、粮油加工，乳制品加工等产业大力发展食品加工业；在金鼎园区南区，延伸有色冶金及化工等资源性产业链条，立足重点项目搞协作，提高企业间的集中度、关联度和影响力。

通过上述项目的实施，林西镇城市区域功能得到了完善，林西镇内的六个功能分区，目前已有五个初具规模，分别为东部行政办公区、西部文化、教育、娱乐区、南部工业园区、中部商业区和镇内居住区等。

四、以标准化小区建设为重点，加大房地产开发管理

2008年，我县对林西镇内住宅小区建设实施标准化管理。按着“新老结合、集中改造、连片拆迁、总体推进”的原则，在抓好开发、建筑、物业三大环节基础上，通过利用城区内的土地资源和有效的政策调控手段，加大城市房地产开发力度，积极开展招商引资，几年来先后吸引了北京、河北、沈阳、吉林等较强实力的开发企业进驻林西，进行住宅小区的开发建设，截止2011年末，全县房地产开发建设总面积约160万平方米，总投资将达到23亿多元，其中建设和完成20万平方米以上住宅小区两个，5万平方米以上小区7个；3万平方米以上小区9个。

2012年我县房地产开发面积约53.34万平方米，总投资约14.9亿元。2012年重点做了以下几方面工作：一是制定并下发了《关于进一步加强标准化住宅小区建设的通知》和《关于调整标准化住宅小区督查验收小组成员的通知》；二是加大了督查工作力度，在绿化期间，领导小组成员对主体竣工验收的标准化住宅小区进行了督查，并提出了整改意见；三是开发建设单位必须对小区绿化、硬化及地下管线进行施工图设计，施工图纸须经住建局审查批准后方可进行施工，并明确室外工程需报验事项，室外工程要有施工监理，

按照市政工程施工程序及标准进行管理；四是加大各部门之间的协作，把好验收关，对不符合建设标准和要求的，加大整治和处罚力度，确保所有新建住宅小区都达到标准化的要求。

五、以建筑施工安全和质量安全为核心，加强建筑业管理

建设工程管理工作严格执行《建设工程质量管理条例》、《建设工程安全生产管理条例》和强制性条文，全面推行了工程质量安全管理责任制、市场准入和清出制度、工程监理旁站制和施工图设计文件审查制度；全面推行工程招标代理制，建立招标投标评委库，应招标工程招标率达到100%。认真执行法定建设程序，严格把好勘察设计关、图纸审查关、工程监理关、招标投标关、质量监督关、安全监督关、施工许可关、竣工备案关，使工程质量安全管理覆盖到了工程建设的全过程。

六、以改善民生为重点，加大保障性住房建设

（一）廉租房和公租房等建设步伐进一步加快

完成了投资1598万元，216套，9979平方米的廉租房和投资1088万元，108套，7425平方米的公租房建设；2012年新建廉租房108套，建筑面积5040平方米，投资785.8万元。新建公租房216套，建筑面积14803平方米，投资2085万元。目前两个项目已完成主体建设，完成投资1300万元；对2010年度廉租房进行了两次分配，204户低保住房困难户通过公开摇号方式获得了廉租房；完成了2012年度城市棚户区改造项目（拆迁260户）的选址规划、可研、立项及相关手续的办理工作；完成了总投资1080万元2011～2012年廉租房、公租房、城市棚户区和林业棚户区供热管网基础配套设施建设项目的申请、可研编制及项目的审批，已争取中央预算内资金671万元。

（二）农村危房改造工作扎实推进

2012年，我县争取到农村危房改造任务为2000户，到目前完成1700户，改造面积约10.2万平方米，完成投资约6800万元。为把这项德政工程和惠民工程落到实处，在总结近两年成功经验的基础上，我们严格按照《农村危房评定技术导则》要求，组织技术人员进村入户调查摸底和技术鉴定，并公开扶助政策、咨询服务电话、申请条件、审批程序和结果。在实际操作中，我们采取原址翻建、房屋置换、修缮和加固等形式，确保危改工作落到实处，有效解决了人民群众居住安全问题。

迎接城镇化建设的新曙光

内蒙古自治区兴安盟扎赉特旗建设局

在连绵起伏的大兴安岭南麓，有一片秀丽的山水，群山环抱，绿水依依，犹如一颗璀璨的珍珠镶嵌在内蒙古大草原上，这就是美丽的扎赉特。

从兴安盟公署所在地自南向北，沿着蜿蜒宽敞的省际通道，越过十八公里不久，赫然出现的是一座风景秀丽的小城，一栋栋拨地而起的楼房，一条条宽敞明亮的街道，高耸入云的铁塔，巧夺天工的多兰湖公园，星罗棋布的景点，错落有致地排列在一块绿色的地毯上，穿城而过的阿敏河宛若一条洁白的哈达，飘在这座山水园林小城的胸前——这就是风景如画的音德尔。

这是一座年轻的城镇，10 年前，这里还是一个建成区只有 8 平方公里的小镇，街道泥泞，建筑低矮，绿地稀少，色彩单一。如今这是一个充满色彩、生机和活力的城镇，规划区面积达到 960 平方公里，镇区人口达到 8 万人。淳朴的民风，秀丽的山水，团结向上的进取精神，构成了扎赉特和谐发展的壮美图画。

一、从旗情出发、确定城镇建设与发展新思路

扎旗是被国家列为重点扶持的贫困县，针对全旗的贫困状况，旗委、政府组织开展了“总结贫困症结，寻找发展出路”的大学习大讨论活动。通过认真的总结分析和积极的学习、探索、实践，进一步深化了全旗干部和群众的认识。人们在思想观念上实现了“三个转变”：一是由政府直接投资发展的旧观念，转变为以创造良好的投资环境吸引资金推动发展的新观念；二是由就农牧业抓农牧业的旧观念，转变为提高小城镇城市化水平促进国贫旗加速发展的新观念；三是由就经济抓经济的旧观念，转变为两个文明相互促进、协调发展的新观念。在此基础上，旗委、政府经过反复的研究确定了“以音德尔镇为中心，以各苏木乡镇所在地为重点，以小城镇建设为突破，实施城乡整体推进、一体建设，拉动区域经济，促进国贫旗经济社会持续、快速、健康发展”的战略思路。自此，拉开了扎旗小城镇建设工作的序幕。

二、从小城镇建设入手，加快推进城镇化发展进程

几年来，扎旗坚持把小城镇建设作为旗委、政府的一项战略任务，纳入全旗国民经济和社会发展计划，在资金筹措上，除积极争取上级支持和补助资金外，主要靠市场运作盘活资产，走经营城市的路子，采取“政府引导、市场运作以城换路，以路兴市”的模式，以道路建设为突破，通过转让土地经营权等筹措资金投入城镇建设中，在具体运作上我们按照音德尔镇山水园林城市的发展定位，重点在改造基础设施建设上实施了六大工程：一是以道路改造为重点的街道网络建设工程。音德尔镇地区现有主次干道共17条，呈九纵八横格局，巷道290条，主次干道中有3条道路为沥青砼路面，其它道路改造均采用了水泥路面，道路铺装面积89.21万平方米。路灯安装上尽可能选择国内一流产品，城区现有照明灯1237杆、5108盏，其中路灯1119杆、2135盏，景观灯118杆、2973盏（含街路、公园、景点草坪灯、地灯、射灯），现有路灯均是2010年至2011年改造的LED－LTTS灯具，照明效果良好；提高了建设档次和水平。二是以城市自来水供应和城市排水为重点的给排水工程。结合城市给排水的长远需要，力求建设一步到位，避免“拉锁路”等现象发生，我们在道路改造过程中，预先铺设了给排水管线，共铺设污水管网61公里，铺设供水管道25公里。三是以城镇周边绿化为重点的绿化工程。以创建绿色城镇和山水园林城镇”为目标，通过“补植增绿、拆墙透绿、拓荒造绿和见缝插绿”的方式，构筑城镇整体绿化框架。完成种草14万平方米，镇内植树30万株，在树种、花草的选择和种植上一街一式，一处一景，在整体绿化的基础上强调各街路的特色，几年来音德尔镇周边造林逐年增加。四是以多兰湖、阿敏河建设为重点的引水入城工程。规划设计了占地74.4公顷，水面面积达20余公顷，以自然景观和人文景观相结合的山水园林公园——多兰湖公园。目前，公园东、南两部分景区及湖中游览区已初具规模。城市建设无水不活，为提高城市品位，我们进行了以阿敏河建设为重点的引水入城工程，修建护坡5172米，建桥11座，完成总土方量1.69万立方米，并对河两侧进行了绿化、美化和硬化。五是安居工程，随着城市环境逐步的改善，房地产开发如火如荼，为切实改善居民生活水平，我旗相应制定了一系列优惠政策，自2008年至2012年，全旗房地产开发项目共有112项，开发面积达到166.9万平方米，累计完成投资约17.73亿元。已建成廉租房、公租房2876套，总面积151981平方米，在工程管理中，严格履行报建、图纸审查、招投标等基本建设程序，对所有工程项目实行工程监理和持证上岗制度，

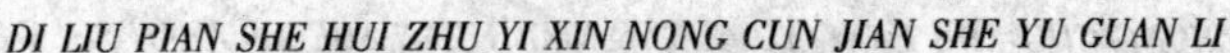

严格落实质量安全责任制，充分发挥建筑工程质量、安监部门的监督作用，从而保证了建筑工程质量和安全。六是以提高城市文化品位和改善环境为重点的美化、绿化工程。共建设占地7000平方米的文化广场1处，建设灯光隧道1条，镇内现有2处公园（多兰湖公园和西山森林公园），14处景点（七中南、医疗园区三角地、二完小东南、五中南、五四带状游园、原社保局南、拥抱未来、南出口崛起景点、植物油厂西三角地、北出口风景林地、神山街东侧高杆灯花坛、一中东南风景林地、白羊巷东北三角地、四完北），城区绿化覆盖率30.1%，绿地率27%，人均公园绿地15.3平方米。

三、从城镇建设突破，强化对城乡经济与社会进步的辐射和拉动作用

围绕推进城乡一体化，实现国贫旗经济协调发展和社会全面进步，扎旗在突出抓好音德尔镇基础设施建设的同时，重点实施了城乡经济辐射网络的建设，强化了小城镇对地区经济和社会进步的带动作用。一是建好辐射点。倾力打造以音德尔镇为中心，5个建制镇的镇容镇貌建设示范点，对主干道进行了硬化，对沿街建筑进行了改造，城镇面貌焕然一新。二是抓好辐射面。以音德尔镇为中心，以5个建制镇为重点，全旗14个苏木镇全部编制了建设规划及小康民居规划，各苏木乡镇所在地每年都改造一至两条砂石路面。三是发展辐射线，我们把111国道、音江公路、音巴公路等主干线两侧村屯的环境治理作为重点，利用农闲季节发动群众开展环境治理大会战。拓宽、修建村屯街巷道，建设文明一条街，结合新农村建设，几年来，完成树、路、沟、墙、院配套建设的村屯达总数的30%。

经过十几年的努力，我们以小城镇建设为突破口，促进了全旗经济社会全面发展和进步。截止2012年末，全旗地区生产总值达70.01亿元，城镇居民人均可支配收入达到14033元，农牧民人均收入达到4981元。在精神文明建设方面，我旗音德尔镇分别获得了小城镇建设示范镇、全国城镇环境综合整治优秀县城、国家级体育先进县、自治区双拥模范城、卫生城镇、十佳文明示范城镇、七星级文明旗县城等荣誉称号。

我们要在以后的工作中，不断加大建设力度，努力提升城市综合功能和建设品味，实现城市园林化、集镇城市化、城乡一体化、管理规范化，进而促进城镇化、工业化与农牧业产业化“三化”的联动协调发展。

高起点规划　高水平建设　高标准管理

辽宁省灯塔市住房和城乡建设局　马记鹏

灯塔市位于辽东半岛北部、辽宁省中部，被省会沈阳、化纤之城辽阳、钢都鞍山、煤铁山城本溪所环抱，市区北距沈阳桃仙机场25公里，南距营口鲅鱼圈125公里、大连港330公里，区位优势十分明显。境内交通便捷，哈大铁路、沈海高速公路、202国道和沈营公路纵贯南北，小小线横跨东西，县乡村三级公路纵横交错，四通八达。我市的区位优势为我市的城市建设发展提供了必要的条件。

近年来，灯塔市委市政府高度重视城市建设和管理工作，以创建国家级园林城市为契机，以完善城市生态功能、丰富城市文化内涵、彰显城市生机活力，增强城市竞争力为突破口，始终坚持高起点规划、高水平建设、高效能管理的原则，全面实施城市建设和管理工作，不仅推动了经济的发展，改善了城市环境，还提升了城市品位。

一、合理规划，科学布局

为给城市建设和管理工作提供科学依据，我市重新修编了灯塔市城市总体规划，并于2011年1月4日获得省政府批准；编制了产业发展规划；编制了水泥产业带规划；编制了中心城区城市设计及13.5平方公里居住区控制性详细规划，20平方公里铁西工业园区控制性详细规划；编制了灯塔新城、佟二堡新市镇、西马峰新市镇规划；编制了绿化系统、水系统专项规划；编制了葛西河生态景观带一二期规划；完成了沈营公路景观带等多条城市道路的绿化规划设计工作；编制了城市电力系统专项规划和市区内的高压线路改造规划；配合佟二堡新区管委会编制了小小线和小洋河景观等规划。

二、加强市政设施建设，不断完善城市功能

在城市建设过程中，我市积极探索新思路。充分运用有限的资源，避免了重复投资重复建设造成的社会资源浪费，达到了社会效益和经济效益双赢的目的，完善了城市功能。

我市先后完成了城区东外环、罕王大街、铁西工业街、兴隆街、红阳路、

华兴路等城市路网建设，启动了忠旺路、建设街南段、小小线改造等工程，基本形成了四横七纵的道路框架；完成兆麟东路桥、铁西工业街跨葛西河桥梁的建设；完成了沈营路排水工程、小小线排水工程、回迁楼排水工程、新城路网排水工程以及“大洋太”排水管网铺设等工程；实施了“燃气进万家”工程，并准备在“十二五”期间实现城区燃气供应全覆盖；实施自来水改造工程；城区排水管网工程全面完成，城区给排水效果得到明显改观；污水处理厂建成投入使用，中水回用率达到100%；电力迁改工作全面启动，城市规划区内五条高压线路将按规划全部进行迁移，为城市建设发展扫清障碍。

三、构筑精品，提升城市生态水平

在过去五年里，占地4万平方米群众娱乐中心（政府广场）建设完成添补了我市没有大型休闲广场的空白；北方化工、广州浪奇、忠旺集团等一批重点企业的引进，成为我市新的经济增长点；沈营公路城区段绿化工程、占地面积100公顷的葛西河生态景观一二期工程、幸福河景观改造工程、市政府广场南绿化工程、高速出口绿化工程、新城路网绿化工程、小小线城市段和城郊段等绿化工程的实施，改善了人居环境质量，提升了我市的城市品位；沈营公路城区段、小小线（铁西段）、兆麟路、新城路网、滨河路、葛西河景观亮化等亮化工程的实施以及兆麟路两侧办公楼、铧西新区住宅楼、光明路回迁楼沿沈营公路两侧、富强街两侧等楼体亮化工程的实施扮亮了城市夜景。五年里，我市实施了二道沟、万宝桥、蓝旗村、大路村、忠旺工业园区项目拆迁工作以及八栋楼南北侧、天福小区（商场）、筑韵公司开发小区、繁荣家园等征迁工作，为我们的城市发展和项目建设提供了必要保证；二道沟回迁楼、蓝旗社区回迁楼、幸福家园、大路回迁楼开工建设使我市保障房建设有了新的发展；一高中扩建工程、新建二高中，实验小学、实验中学的教育园区项目的开工建设，彰显了我市实施“文化立市”发展战略的决心。

四、建管并重，切实做好城市管理工作

城市形象是城市文明的重要标志，在城市建设中我们坚持规划、建设、管理“三手硬”的方针，按照“统一领导，分级负责，责权一致，讲求实效”的原则，努力提高经营城市和管理城市的水平，不断打造城市亮点和品牌，取得了明显效果。

（一）加强建筑质量监管

认真落实工程质量责任制，依法收取建筑工程质量保证金，加强建设工

程质量管理。建筑工程合格率100%，优良品率达到50%。

（二）强化建筑业安全生产的监管

认真贯彻执行《建设工程安全生产管理条例》和《安全生产法》。并对全市范围内在建工程项目进行了综合大检查，确保安全生产无事故。

（三）稳步推进房地产市场管理

产权产籍管理进一步规范，实现了由管理型向服务型的转变，体现人性化服务的宗旨，服务质量和业务水平有了新的提高；高度重视商品房预售管理工作，严把商品房预售审批关，维护房地产市场秩序，切实保障购房人的合法权益；产权产籍管理进一步规范，细化登记办证工作中责任人及其岗位责任，"章证分离"、"实名领证"，形成逐级把关，相互制约的审核、办证机制；交易管理工作充分调动三个中心所的积极性，摒弃以往"守株待兔"的工作模式，主动为企业和特殊群众登门服务，做到了应收尽收，实现了经济效益和社会效益的双赢；物业管理工作不断完善，为民便民服务受到好评。对物业管理用房、企业资质进行检查，对不合格单位限期整改。确保物业管理工作顺利开展。

多年来，通过我们的努力，我市的城市功能日趋完善，城市承载力日益增强，城乡面貌发生了翻天覆地的变化。城乡建设实现了合理规划、规模适度、逐步推进的有序发展。

今后我市将严格落实党的十八大精神，建设社会主义生态文明。我们要坚持把生态文明建设摆在突出位置，全力打造"实力灯塔、秀美灯塔、和谐灯塔"。坚持把青山碧水蓝天工程作为城市建设和发展的重要任务，要深入开展"国家园林城市"创建活动，以此为契机，大力实施各项工程建设，使城市面貌有一个跨越式发展。

作者简介：

马记鹏，男，汉族，1965年出生，中共党员。现任辽宁省灯塔市住房和城乡建设局局长。

打造辽蒙边界最具活力的现代城市

辽宁省建平县住房和城乡规划建设局　薛士友

辽西这片神奇的土地，有着深厚的文化底蕴。这里是红山文化的发祥地、红山女神的故乡。建平县就座落在红山女神的脚下。境内发现的牛河梁红山文化遗址，将中华文明史提前了1000多年，被誉为“东方文明的新曙光”。

建平县地处辽、冀、蒙三省交汇处，东临朝阳市，西临赤峰、宁城，南接凌源、喀左，北接内蒙古。全县辖31个乡镇场街，总人口58万人，县城人口14.6万人；全县总面积4865平方公里，城市规划区面积324平方公里，建成区面积18.72平方公里。

几年来，建平县委、县政府按照全省推进城镇化的战略要求，解放思想，更新观念，用市场经济理念谋划县城建设，坚持“高起点规划、高标准建设、高效能管理”，实现了城镇建设的跨越式发展，现城镇化水平达36.75%。县城被国家建设部评为“市容环境综合整治先进单位”；被国家环保总局命名为“全国第三批国家级生态城市先进县”；被辽宁省政府评为“绿叶杯”竞赛活动“先进县”。

一、高起点规划，绘就发展新蓝图

县城建设注重发挥规划的“龙头”作用，突出规划的前瞻性、控制性。县城总体规划于1978年首次编制，2006年在进行第4次修编和调整后，2011年，为进一步提高城市建设品位，完善城市综合服务功能，又投资1000多万元，聘请上海同济大学规划设计院进行了新一轮修编。修编后，城市建设按照“东进、中优、西扩”的发展战略，坚持“轴向发展、链状结合、功能联动、山城交融”原则，确定城市发展新框架，使“一体两翼、组团递进”的城市发展格局全面形成。到“十二五”期末，确定城市规划控制区面积为324平方公里，建成区面积达到30平方公里，人口30万人，实现城镇化水平60%的目标。同时，编制了县城公园、红山新城区、万寿组团控规等专项规划，为促进县城建设和经济社会全面进步规划了发展蓝图。

二、高标准建设，提升县城新形象

县城作为全县政治、经济、文化中心，为增强辐射能力，坚持建设高标准，努力把建平县城建成综合功能完备、空间布局合理、建筑特色鲜明、生态环境优越、适宜人居创业的魅力城市。采取“中心城区扩容提质、新城区加快拓展”方式，运用“土地置换、招商引资、资源整合”等市场化运作新思维，县城一大批建设项目迅速得到实施，10层以上中高层建筑达90多栋，使城市整体形象得到显著提升。以发展房地产业为重点，改善居民的住房条件，银鑫书苑、光明新村、富郡园小区等一批连片棚户区改造项目相继完成。城市保障性住房稳步实施，现已完成廉租房、公租房、经济适用房等保障性住房1100多套，建筑面积近6.5万平方米，使城市低收入群众住房条件得到了极大改善。实施的财富领域、柏枫紫域、龙脉人家等项目推进了旧城区改造和城中村改造，人均住房面积达到33.44平方米，人居环境明显改善。正在建设的红山新城，集文化娱乐、会议展示、商务接待和高档居住和旅游休闲于一体，规划面积16.45平方公里，核心区3平方公里。红山新城以牛河梁红山文化产业园区建设为契机，通过新老城区互动等有效途径，全力打造文化魅力新城、文明和谐新城、生态宜居新城、旅游休闲新城。

在抓好县城建设上，注重公益事业建设，完善城市服务功能。人民路改造、滨河路的建成，县城已形成“四横八纵”的道路网络格局，新城正在建设“五横十八纵”路网工程。火车站、客运站相继得到改造，进一步改善了出行条件；体育馆、文化大厦、世纪广场、万寿广场、政府广场为市民提供了休闲、娱乐、健身的良好环境。高度重视供水、供热、供气等涉及民生百姓关心的问题。投资6700万元的三水源工程，日新增城市供水能力1.2万吨；总投资1.4亿元县城新水源，通过远距离取水将为城市用水提供保障。大力发展城市集中供热事业，投资6000万元对热源进行增容、供热设施进行改造，提高供热能力，县城集中供热面积已达到400多万平方米。县城供气以推行天然气为主，采取天然气和液化气两种方式，居民气化率达70%以上。县城实现环网供电，年供电量达11.8亿千瓦时。网络信号全覆盖，移动电话渗透率达55%。城市综合服务功能有了明显改善。

三、高效能管理，改善人居新环境

坚持建设与管理并重，绿化、美化、净化、亮化城市。实施城区绿化工程，开展创建生态县城活动。围绕高速公路沿线绿化，建设环城绿化带，对城区道路、广场、单位、小区实施全方位绿化，推进县城绿化建设。建设占地面积12平方公里，集自然景观、人文景观为一体的天秀山森林公园，已被国家批准为3A级旅游景区，城市生态环境得到明显改善。以治理环境污染为重点，实施县城环境综合整治。投资8000多万元的污水处理厂，日处理污水3万吨；投资6000多万元，投入使用的城市生活垃圾处理场，日处理生活垃圾210吨，县城生活环境质量不断提高。建成兴税家园、岫笔名苑、华府天地等住宅小区配套设施齐全，实现智能化、数字化管理，城市管理水平不断提高，县城整体形象明显提升。

四、示范性带动，加快推进小城镇建设

加快小城镇建设，推动城镇建设发展，充分发挥重点镇的集聚效应与辐射效应，引导发展空间大、发展条件好、基础设施到位的小城镇，充分发挥资源优势、区位优势，促进重点乡镇向规模化、集约化方向发展，建设工业集聚区，形成规模效应，推动重点镇的发展。三家蒙古族乡按照“区域化布局，规模化经营，产业化发展”的要求，以发展优质、高效、生态农业为方向，以建设现代农业基地为重点，对重点小城镇进行规划建设。该乡以蔬菜批发市场为依托，发展农副产品流通业，实施现代生态农业园区建设。建设蔬菜加工、种猪繁育、驴肉加工、物流仓储等项目大型项目5个。

全县按照辽宁省农村环境治理的总要求，实施农村环境综合治理，确定55个行政村为农村环境治理试点村，主要从村屯规划编制、基础设施建设、村屯垃圾污水整治等方面着手，以处理农村垃圾、污水和养殖粪便为突破口，以村容镇貌整治和配套基础设施建设为重点，进一步解决村镇环境脏乱差问题，改善农村生产、生活环境，提高农村居民生活质量。通过典型示范，逐步向全县所有乡镇推广，在5年内完成260个行政村的环境治理，使农村道路、供水、路灯、环境卫生等基础设施进一步配套和完善，促进农村经济、社会、环境的协调和可持续发展，加速城乡一体化进程，建设和谐、文明、幸福、美丽建平。

当前，建平县委、县政府正按照“加快转型升级、构建中等城市、创建全国百强”的新目标，激励全县人民以扎实奋进的精神姿态，昂扬向上的崭新风貌，推进建设事业又好又快发展，向建设“辽蒙边界最具活力的现代中等城市”阔步迈进。

作者简介：

薛士友，男，1974 年 12 月出生，中共党员，大专学历。现任辽宁省建平县住房和城乡规划建设局办公室主任、团工委书记。

曾先后获得朝阳市“青年岗位能手”、“优秀团干部”，建平县“优秀共产党员”、“宣传思想先进个人”等荣誉称号。

着眼科学发展　推进强县步伐

黑龙江省木兰县住房和城乡建设局　张洪涛

木兰县位于黑龙江省中南部，松花江中游北岸，辖6镇2乡1个开发区，86个行政村，406个自然屯，幅员面积3600平方公里。几年来，我县在实现城镇跨越式发展，建设“强县”方面做了许多努力，城乡建设再现新高潮，有力地推进了县域经济和社会的发展。

一、注重自然，依地形地貌树旅游开发项目

木兰县山青水秀，景色宜人，全境三面环山，一面临水，旅游资源丰富，以蒙古山、鸡冠山、香磨山和松花江为依托，构成了“六点一线”的基本格局，域内底蕴丰厚的人文景观极具开发价值。香磨山以湖光旖丽和远近驰名的森林小铁路、慈航古寺著称，被定为国家AA级旅游景区；鸡冠峰层峦叠障，怪石林立，留有多处抗战遗址；白杨木水库山水相接，景色壮美；骆驼砬子山高林密，山峰壁立，被定为省级森林公园；蒙古山挺拔俊秀，气势磅礴，山上有现代化的风力发电场，山脚下有保存完整的明清时期蒙古尔王山寨遗址，展示了木兰灿烂的历史文化和现代文明。木兰城区内还有独具特色的仿古步行街，和享誉海内外的蓝艺地毯集团。鉴此，木兰县已被纳入黑龙江省“OKL”框架旅游热线和哈尔滨市“沿江旅游开发带”。已初步形成了山水、宗教、民俗等特色旅游。

近年来，木兰县依托资源优势，坚持“投资者开发成本的洼地、政府服务企业的高地、利益双赢的福地”的发展理念，按照“先开发、后规范，谁投资、谁受益”的原则，把招商引资作为资源开发的重要途径，变资源优势为经济优势，制定出台了招商引资优惠政策和优化招商引资环境的实施意见。经过几年的努力，招商引资取得了较好成果。先后引进了轩辕集团、昊伟集团等有实力的投资者，开发旅游、矿产、风电、循环农业等投资项目，促进了县域经济的跨越式发展。

木兰县认真落实科学发展观，紧紧抓住市委实施“北跃、南拓、中兴、强县”战略的有利机遇，主动将木兰的发展置于全市大格局中，立足县情，抓住关键，确定了“自我负重加压、戮力突破难题、小县勇拓强势、加快追

赶超越”的工作目标和打造“现代农业园区、特色工业强县、清洁能源基地、矿业开发重镇、生态宜居新城、山水旅游之乡”的发展战略，依托山水资源，开发集生态农业、休闲观光、餐饮娱乐为主要内容的特色旅游业。

二、注重民生，依民情民意走城乡发展道路

以人为本、造福群众是城镇改造建设的基本宗旨和首要责任，因此城镇改造建设要坚持以人为本、造福群众为核心展开各项工作，绝不能为了赶工程、赶进度而本末倒置，做没有实际意义的形象工程、面子工程。城镇改造建设要充分尊重群众意愿，项目确定和拆迁安置方案，要广泛征求群众意见，以群众满意不满意作为项目是否实施的依据。

几年来，为加强城乡生态环境建设，木兰县加快了城镇棚户区改造和住宅区开发建设，截至目前，共拆迁居民2696户，建设廉租住房210套，城镇楼房化率达37%，进一步改善了群众居住条件和生活环境。同时，不断整合项目资源，重点加大了示范村和试点村投入力度，实施了通乡、通畅、通达工程，县城至乡镇的路面全部实现硬化，86个行政村全部通上白色路面，乡村公路硬化率达到89%。水利基础设施、电力、通讯等生产生活条件明显改善。全力推进了农村泥草房改造工程，农村居住环境得到进一步改善，基础设施建设得到进一步加强。

近年来，木兰县抓住哈尔滨市构建“一区、一圈、六带”旅游布局的有利时机，充分发挥文化、生态、资源等优势，依靠政府推动、市场带动、信息支撑、政策保障，大力发展旅游业，吸引域外资本和民营企业投资开发建设。

三、注重引领，依风情风貌建文明特色村镇

木兰县木兰镇几年来面貌焕然一新，街区环境优美，建筑独特。以其独特的仿古一条街、欧式风情一条街、爱政别墅一条街和错落有致的现代建筑、花团锦簇的小区、宽敞平坦的道路共同组成了木兰亮丽的风景。城区南端的江畔公园经过升级改造，更为木兰镇增添了浓重的一笔，公园位于松花江北岸，始建于1992年，被称为哈东江北第一园，是集旅游、休闲、健身、娱乐为一体的好去处。2012年新建景观防浪墙2200延长米，建设5个景观广场、5个休闲分区和1个亲水平台，公园面积由改建前的6万平方米增加到9万平方米，园中杨柳依依，碧草如茵，景色秀美怡人。

此外，我县进一步加强了以柳河镇烧锅窝子村旅游名镇建设。坚持高起点规划、多方位布局、全社会助动、加速度推进，完成了新农村建设整屯改造工作任务。全部工程分为居住区、休闲健身区、文化活动区、产业示范区、别墅新区五个部分，完成了泥草房改造、道路硬化、供排水设施、广场等十二项工程建设任务。一个生产发展、村风文明、设施完善、环境优雅的城镇化居民小区已初见雏形。坚持以居住城镇化、设施配套化、发展多元化、能源节约化、管理民主化的“五化”为目标，力争打造江北第一村。

2013 年，为更好地推进木兰县城乡一体化建设，加快社会主义新农村建设步伐，更有效地促进农民增收，改善农村生产生活环境，按照“政府主导、乡镇负责、部门协助、村民参与”原则，计划在利东镇利鲜村建设民族风情浓郁的朝鲜民俗新村。将充分借鉴外地先进经验，结合利鲜村实际和多数村民意愿，结合民族特点规划朝鲜民族特色住宅一条街，小型朝鲜民族风情园及 2 万平方米休闲健身广场。预计 2013 年末竣工并投入使用，民族村建成后将形成集餐饮、娱乐、度假、产业示范等多功能于一体特色民族村庄。

经过我们的努力，木兰县镇容村貌在不断地改善，城乡品位在不断地提升，有效地促进了经济和社会公益事业的发展。

在今后的工作中，我们将继续强化规划引领功能，在现有基础上，认真听取专家和群众意见，按照城乡一体发展格局要求，坚持科学合理布局，突出特色，协调发展，高起点搞好城乡功能定位。强化产业支撑功能，增强城乡发展后劲，推进新型城镇化，把着力点放在发展城乡经济上，以产业聚集带动人口集中，以产业发展繁荣城乡经济。强化综合承载功能，夯实城镇发展基础，强化市场运作功能，提高城乡发展质量。举全县之力办社会事业，聚各方之财推进城镇化。积极发展我县旅游景区建设，促进发展方式的转变，扩大内需、拉动经济增长。尽快启动白杨木河口旅游景区工程，对香磨山、蒙古山、驼峰山、鸡冠砬子等处旅游景区要加强规划，加大投入力度，加快建设步伐，力求打造基础设施完善、服务功能齐全，内外交通顺畅、环境整洁优美、地域特色突出、社会和谐稳定的旅游景区，以带动城乡一体化的快速发展。加快城镇棚户区改造步伐，按总体规划有序建设，成片开发，统一规划，制定棚户区改造优惠政策，让群众买得起、住得起。

在县委、县政府的带领下，相信木兰县城乡建设将不断地以日新月异的前进脚步，向世人展示自己独特的风采和魅力。

作者简介：

张洪涛，男，汉族，1972 年 7 月出生，中共党员，研究生学历。现任黑龙江省木兰县住房和城乡建设局党委书记。

自 1995 年 5 月参加工作起，历任木兰县委办常委秘书、吉兴乡乡长、木兰镇镇长、吉兴乡党委书记、大贵镇党委书记。2011 年 11 月至今，任木兰县住房和城乡建设局党委书记。

推进新型城镇化　建设美好新盐都

江苏省盐城市盐都区住房和城乡建设局　王　勇

党的十八大明确提出，坚持走中国特色新型城镇化道路，推动城乡发展一体化，促进城乡共同繁荣。地处东部沿海、黄海之滨的盐都区，认真贯彻落实十八大精神，坚持城乡统筹发展，大力实施新型城镇化发展战略，着力通过政策引导、规划引领、组织推进和多元带动，推动城镇居住集中化、基础配套一体化、新特产业园区化、人居环境生态化和公共服务均等化，不断提升新型城镇化水平，把创业宜居新城区、富庶秀美新农村“双新”盐都愿景变为生动现实。

一、加快人口集聚，推进城镇居住集中化

新型城镇化，化人是核心。要逐步将农村人口转化为城镇人口，不断提高“市民化”率。推进新型城镇化，首先必须“化”人进城入镇，将全区30万农民，以新城区、新镇区、新社区为容纳空间，以居住小区为承载平台，实现居住集中化。

（一）向新城区集聚，发挥辐射作用

新区、高新区、潘黄街道是盐都新城区的核心板块，也是城市人口集聚的主要地域，更是推进城镇化发展的牵引龙头。新城区坚持高起点定位、高品位规划、高品质建设。在拆迁改造城中村、整治老小区的同时，大力开发规模型、宜居型居住小区，加快建设拆迁安置小区，配套建设公租房等保障性住房，逐步建设农民工公寓，不断提高进城人口集中居住水平。每年开发建设150万平方米以上，新增住房1.4万余套，容纳居住人口5万人以上，建成10个以上万人居住小区，推进新城区居住组团与大市区无缝对接，并发挥辐射带动作用。

（二）向新镇区集聚，发挥示范作用

小城镇是城市与农村的重要连接点，也是提高城镇化水平的最大潜力所在。在保留古镇特色风貌、改造老镇区的同时，根据集镇发展空间，推动新一轮新镇区规划建设。推进新镇区居住用地挂牌出让，引导品牌开发商以土地低成本、资金小投入和设施高配套，到小城镇开发千户以上规模小区，满

足进镇居民购房安居需求。大冈、郭猛、大纵湖等省级重点中心镇、市级城镇化重点镇和市级城乡统筹示范镇，每年新建1－2个规模居住小区，吸纳农民进镇入住，发挥示范引导作用。

（三）向新社区集聚，发挥引导作用

新社区是新农村建设的重要标志。按照全区城乡规划建设要求，需将现有的1142个自然村庄逐步向81个集中居住点集聚，建成规模型新社区。在推进“一村带三村”的基础上，整治自然村，撤并弱小村，拆除“空心村”，构建新农村。对农民新建房、迁建房，一律建到规划的集中居住点上，严格禁止零散建房。结合苏北里下河地区建筑特色，选用省住建厅设计的建筑样式，彰显新农村民居建筑风格。倾力打造一批村容整洁、生态优良、特色鲜明、配套齐全的“康居乡村”。对重点推进实施的21个农民集中居住点，每年新增百户以上，引导新型社区快速建设。力争每年增长3个百分点，到“十二五”末，全区城镇化率从2012年的57%提升到66%以上。

二、突出项目抓手，推进基础配套一体化

新型城镇化，项目是抓手。要将农村地貌转变为城镇景观，打造硬件，创树形象。推进新型城镇化，必须坚持基础设施先行，完善城镇配套服务功能。

（一）推进基础设施配套

在新城区，重点建设和完善城市路网桥梁、供水供电、排水排污、电力电信、供暖供气等基础设施工程，加快三院病房楼二期、文汇路、盐龙小学等医疗、教育、文化项目建设，配套建好大型超市、社区服务中心，全面提升城市综合服务功能。在新镇区，重点加强城镇供水供电、邮政通讯、道路绿化、环卫排污等基础设施建设，增强小城镇配套功能和集聚能力。在新社区，重点改造完善农村道路桥梁、电力通讯、给排水、环卫、水利等基础设施，加快新村环境建设

（二）推进公共交通配套

建设全面小康社会，公共交通必须先行。加快“双新大道”、青年路西延、振兴路延伸等道路工程建设，在全区形成204国道、229省道、231省道和双新大道、331省道、龙学线“三纵三横”大路网格局，与大市区全面接轨，与镇村全部通连，打造半小时交通圈。重点推进44公里的125省道拓宽改造工程、50公里的331省道改线工程、宁靖盐高速大冈出口接线改道工程等，加快镇村公路发展。优化交通网络布局，全面推进区与镇、镇与镇公交

线路建设，加快城镇公交一体化，两年实现区镇公交通达率100%。

（三）推进民生保障配套

区域供水、污水处理、垃圾清运是重点实施的民生工程。加快供水管网铺设，2013年底前实现全区全覆盖；完善垃圾四级处置体系，在全市率先实现城乡生活垃圾清运一体化；推广道路、绿化、河塘、垃圾清管“四位一体”保洁运作模式，提高长效管理水平；加快大冈、大纵湖等4个片区污水处理厂及管网铺设和提升泵站建设，推进农村村庄污水处理设施建设，建成一批生态镇、生态村，力争到2014年创成国家生态区。同时加强市貌村貌、背街里巷、沟河渠塘、建筑垃圾、扬尘污染等环境综合整治，全面提升生活环境质量。借鉴城市房屋征收办法，规范镇村房屋征收行为，按照民意兴建或调换安置房，实现拆迁“零过渡”，切实保障农民利益。

三、强化产业支撑，推进新特产业园区化

新型城镇化，产业是支撑。要将农村自然经济转化为社会化大生产，通过一二三产业协调发展，夯实社会经济基础，提供充裕的就业创业机会，提升城镇人气。推进新型城镇化，必须加快园区建设，加强产城融合，促进城镇与产业共同发展。

（一）推进产城融合，以产兴城

城与业只有有机融合，才能同生共兴。盐都高新区作为省级高新技术产业区，着力通过繁荣产业形态、打造产业链条、加强产业招商、瞄准产业高端，重点建设风电装备、通讯电子、新材料三大高新产业集中区，逐步建成“风电、电子、新材料、纺织、食品”等产业集群，通过三年努力，创成国家级高新区。新区重点发展商贸、物流、金融等现代服务业，着力打汽车名城，突出建好新城组团，逐步建成商贸集中区、特色市场带。到“十二五”末，建成70平方公里的高新产业之区和30平方公里的现代物流之区。

（二）做大集群产业，以特旺镇

特色就是优势，错位发展才能避免同质化。8个建制镇重点发展特色产业，推进一业做强，鼓励特色赶超，跻身高端产业。加大招商选资力度，加快“退二进三”进程，引导企业向工业集中区集聚。做大做强大纵湖涂装设备、大冈鞋业机械、张庄精密齿轮、尚庄石油阀门、学富医疗器械、龙冈输变电装备、郭猛节能环保装备等特色产业集群，增强城镇发展支撑能力，拓展进镇农民就业创业空间。

（三）发展现代农业，以效富民

城镇化与农业现代化必须双轮齐转，大力推进传统农业向现代农业转型。积极培育农业经营主体，重点发展省级高效农业示范园、农业龙头企业，快速推广七星现代化农场、家庭小农场和合作经济组织，倾力实施高效设施农业、规模化种养、万顷良田等项目，做大台湾农民创业园，做强农村经济开发区，推进农业增产增效，提高规模经营产出效益。同时注重加强教育，积极应用现代科技，大力培育职业化农民，为发展高效农业提供人才支撑。

四、建设生态文明，推进人居环境生态化

新型城镇化，生态是基础。要提高发展质量，走集约、循环、绿色和低碳发展之路，不断优化生态效率，将绿色建设、绿色施工、节能环保贯穿于城镇化建设的全过程。推进新型城镇化，必须坚持生态环保优先发展，突出增绿、治水、整乱和清脏，打造生态宜居环境。

（一）创建园林城镇

坚持以创建国家园林城市和省级园林小城镇为契机，尽显生态之美，打造宜居城镇。在城市区，加快大马沟生态公园、润都公园、丽都公园等重点项目建设，建好第一沟、小马沟、前进河等滨河绿带，做精节点游园和街头绿地，提升小区、校区、厂区、园区绿化层次，增加绿量，提升品质，打造湿地之都环境，塑造水绿盐都特色，建成区绿化覆盖率达到42%以上，2013年创成国家园林城市。在集镇区，重点实施精品公园、景观道路、滨河绿带等绿化工程，着力培植学富、楼王、郭猛、张庄等镇（街道），分批创建成省园林小城镇。

（二）打造旅游胜地

依托大纵湖湿地旅游度假经济区，加大基础设施、文化内涵、产品结构、服务水平等建设力度，形成旅游地产、餐饮酒店、文化休闲、旅游商业等多种业态融合。加快建设以“南宋风味、水乡情怀”为特色的东晋城旅游综合项目，精心打造里下河地区湖荡湿地旅游目的地，三年内把大纵湖景区创成国家级湿地公园和5A级景区。重点建设和提升世纪公园、大马沟生态公园、华都森林公园、三胡陈列馆、郝氏故居和“双新大道”生态观光农业示范区等景区，打造“生态盐都二日游”品牌。

（三）建设美丽乡村

建设美丽、生态、幸福盐都，是建设高水平小康社会的内在要求。按照“六整治六提升”、“三整治一保障”的要求，持续开展农村环境综合整治，

四年完成1142个自然村庄环境整治任务。坚持以整治生活垃圾、河道沟塘、乱堆乱放为重点内容，以“双新大道”、231省道、233省道、229省道、盐金线、洪学线等区内骨干道路沿线村庄为重点区域，以村口、主要道路、公共场所等为重要部位，加大投入，培植典型，以点带线，以线连片，做到远看有形象、近看有亮点，充分展现田园秀美新农村风貌。

五、整合资源要素，推进公共服务均等化

新型城镇化，资源是保障。要集聚规划、土地、资金、体制等各类资源，合理进行配置，达到综合利用最大化。推进新型城镇化，必须整合各方资源，创新管理手段，加强政策保障，实现公共服务均等化。

（一）统筹各类规划资源

规划是政府最大的行政资源，必须科学统筹、有效利用。科学编制城乡建设规划、产业发展规划、土地利用规划、节能环保规划及各类专业规划，推进多规合一，发挥引领作用。力求新编规划在人口、资源、环境制约等方面具有适应性，在城镇化、工业化、信息化和农业现代化“四化”发展方面具有协调性，在调整产业结构、优化空间布局方面具有合理性，在完善城镇功能、强化公共服务方面具有完整性，在加强社会管理、推进组织运行方面具有先进性。

（二）完善社会保障制度

坚持以人为本，推进公共服务向镇村延伸，加快社会保障体制一体化建设。构建适宜的劳动就业、计划生育、合作医疗、子女入学、住房保障、征收安置、养老保险、社会救助等社会保障制度，让进城进镇农民与城镇居民享有同等待遇。同时将临时就业人员、进城入镇务工人员以及城中村和城郊农民，纳入社会保障范围，竭力实现应保尽保，共享城镇发展成果。

（三）创新投入户改机制

资金投入导向及规模是推进公共服务均等化的重要杠杆。组建城镇开发建设投融资平台，加强城镇地产资产经营，积极创新融资方式，不断拓宽筹资渠道，为城镇化建设提供资金保障。农民进城入镇就业创业，改变的仅是职业身份，必须积极探索户籍制度改革，取消户口性质划分，以具有固定住所、稳定职业或生活来源为落户条件，降低入户门槛，推进农村人口合理向城镇流动，为加快城镇化发展增添活力。

作者简介：

王勇，男，1963年3月出生，本科学历。现任江苏省盐城市盐都区住房和城乡建设局局长。

自1981年12参加工作起，历任江苏省盐城市盐都区学富供销社会计、主任，盐都区供销总社副主任、主任，盐都区建设局党委书记，盐都区环保局局长。2012年1月至今，任盐城市盐都区住房和城乡建设局局长。

曾获得“盐城市千村百镇市场工程先进个人”、“盐城市饮用水源保护先进个人”、“盐城区2010年度先进工作者”、“盐城市环境保护工作先进个人”、“盐城市环保十大杰出人物”“盐都区2012年度先进个人”等荣誉称号。

生态宜居宝地　和谐美丽上栗

江西省上栗县住房和城乡建设局　彭北良

近年来，上栗县按照省、市加快实施新型城镇化战略部署，坚持把推进新型城镇化作为以城带乡、统筹发展的重要举措，紧扣“建设功能完善、品位高雅、内涵丰富、环境优美的宜居上栗”工作目标，始终坚持以城市基础设施建设为重点，突出重点项目的引擎作用，大力推进新型城镇化，实现了城市建设的全面协调发展。以打造休闲、宜居、旅游、生态的中心城区为目标，狠抓城乡规划、建设、管理和经营四个关键环节，全面打响城市建设攻坚战。到目前为止，城区规划控制区面积达到47平方公里，建成区面积10平方公里，城区“四纵四横”道路路网格局基本形成，绿地面积达150余公顷，绿化覆盖率36.5%，绿地率33%，城镇化率42.8%，城乡基础设施投入7.5亿元，新增道路面积3万平方米，新增绿地面积9万平方米。城市基础设施和服务功能日趋完善，城市面貌焕然一新。

一、以科学超前规划为引领，坚持规划先行，努力建设高雅祥和上栗

城市规划是一项动态、综合、科学的系统工程，规划水平的高低直接决定一个城市文化内涵的高低，决定城市外部环境的优劣，决定城市的形象。上栗历届县委县政府领导均高度重视城市规划工作，坚持规划先行，坚持按照“品味高雅，安定祥和”的总体思路，坚持高起点、高水平、高质量搞好城乡规划。一是完成了城区总体规划，2006年，县委县政府领导高瞻远瞩，在大量调查研究的基础上完成了《上栗县城市总体规划（2007～2020）》的编制工作，为我县城市建设工作指明了方向。2012年，县委县政府在广泛征求县人大代表、县政协委员、县直各部门、各乡镇、社会各界人士的基础上，完成了《上栗县城市总体规划（2012～2020）》的修编工作，将县城区规划控制区面积拓展到47平方公里，同时着力抓好控制性详细规划的编制工作，并对城市局部规划进行专项修编，力求使规划更合理、更完善，体现人民意愿，贴近群众生活。二是完成了《萍乡城区上栗组团概念性总体规划》的编制工作。按照“工业化和城市化互动，上栗组团和萍乡主城区共融”的理念，在县南46.6平方公里的范围内

规划建设游客集散区、高档生态居住区、企业总部服务区、新型产业集聚区、教育文化园区等五个片区。三是完成了乡镇小城镇和重点村的建设发展规划。按照村镇经济发展特色，由住建、国土、规划等相关部门完成了各县镇集镇规划和各乡27个重点村的规划编制，同时积极争取上级业务部门的支持，完成了全县所有新农村建设点和新农村社区的规划编制工作。

二、以城建项目建设为重点，坚持质量至上，努力建设现代繁荣上栗

项目建设是城市发展的内生动力，只有加大项目建设的力度，加快项目建设的进度，城市建设才有活力，才能具备现代繁荣的气息。我县按照“只争朝夕，扎实精细”的要求，统筹安排、科学组织、严格管理、精细实施，在保证工程质量的基础上促进工程进度，依托项目建设拉动经济发展，为县域经济的发展和城市建设注入了新的活力。一是统筹兼顾，明确重点项目。2012年，我县按照市政府2012年度目标考核工作要求，结合我县新型城镇化发展的实际，明确我县新型城镇化项目51个，其中有2011年的续建项目，如栗水河防洪景观工程、景观大道工程、栗都购物广场、花炮世贸中心等，有2012年新增项目，如栗锦花都小区、胜利北路、平安南路、公园西路、胜利南路等，都是对我县城市建设具有重大影响力的项目。二是明确时间节点，大力抓好落实。所有重点城建项目我们均列出了项目进度要求表，在确保工程质量的基础上，要求项目实施方按工程进度要求严格执行，并明确奖惩措施，对不能按时间节点完成工程的建设单位禁止进入上栗工程建设领域，对提前或按时完成工程进度的建设单位给予奖励。三是健全制度，强化监督指导。对全县所有重点城建项目我们均明确了县级挂点领导、责任人、牵头部门和实施单位，实行进度考核督查制，对一批城镇基础设施项目倒排工期，每月进行调度并定期通报，促进了各挂点责任单位在想实招办实事，求实效上下功夫，确保新型城镇化项目有序推进。2012年。我县实施的51个重点新型城镇化建设项目中，完成了竣工验收的有43个，完成了投资30多亿元，使我县城市面貌焕然一新。

三、以完善基础设施为核心，坚持一街一景，努力建设生态宜居上栗

市政基础设施是城市承载功能最主要的体现，对城市发展具有重要的基

础性、支撑性、引领性作用，可以体现出一个城市的综合发展能力和现代化水平，是城市安全高效运行的坚实基础和城市健康发展的有力保障。上栗县委县政府充分认识到市政基础设施建设的重要性，按照“一街一品，一街一景”的要求，围绕环境生态化、建筑特色化、功能现代化、设施配套化的目标，大力加强市政基础设施建设，努力将上栗建设成绿色环保的生态宜居宝地。一是重点加强建成区建设。对县城建成区的街道进行全面的硬化、美化、绿化、亮化，主次干道硬化率达100%，人行道铺设率达95%以上。对城区人行道、下水道、管线、园林绿化、路灯等一系列老百姓最关心的城市建设项目进行逐一梳理和全面改造升级。对李畋公园、大地红广场、浏万东路、滨河南北路等城市主干道、公园、休闲娱乐场所进行了绿化改造提升，对城区绿地缺株少兜现象进行全面补种补栽，对全城所有亮化工程都及时进行了维修改造，目前均已改装成灯光柔和的节能环保灯，并逐步安装了部分花炮文化灯、红鱼景观灯，融合了浓厚的文化气息和艺术特色。建成了垃圾处理场、污水处理场以及城市垃圾收集系统，城市生活垃圾、生活污水得到有效处理。二是全面启动老城区改造。置换老医药公司，打通胜利南路和平安南路，对萍栗路上栗城区段进行维修加宽加固，加强对小街小巷的维修改造，加强老城区供水、供电、通讯管网的维护升级。建成金苑花园、兴盛小区、新民小区等保障性住宅小区12万余平方米，使城市中低收入家庭的居住问题得到了保障。三是高标准建设新城区。上栗新城区建设已于2012年下半年正式开始启动，目前正按照县委县政府“一年成型、两年成城、三年成景”的步骤有序推进。2013年将重点建设迎宾大道、胜利南路、平安南路、防洪滞留区、市民广场、市民中心、教育园区、人防城投大厦、花炮博物馆，国际花炮经贸大厦等一批重点城建项目和市政基础设施项目。随着新城区的建设，一个现代、文明、生态、宜居的新上栗将以崭新的姿态展现在人们面前。

四、以创建文明县城为载体，坚持建管并重，努力建设和谐美丽上栗

围绕全面提高城市管理水平，全面改变城市环境面貌，上栗县不断加强城市管理，不断完善管理机制，市容市貌得到根本性改变。一是以创建全省文明县城为载体，进一步加大宣传力度。大力开展“同在一方热土，共建美好家园”等一系列省级文明卫生城市创建活动，引导市民树立“爱家园、促和谐”的意识，规范市民行为、提高市民素质、推动城市文明建设，使城市

管理由单一的卫生环境管理向综合素质管理转变。二是建立健全城市管理长效机制。积极推动城市管理法治化，把经常性管理与集中整治结合起来，建立落实管理长效机制，推进城市管理重心下移，严格依法办事，切实做到文明执法、公正执法。2012年集中对市容市貌、环境卫生、户外广告设置、建设工地管理和违法建筑查处五项工作进行重点整治，城市“脏、乱、差”现象得到有效缓解。三是切实提高管理水平。创新管理手段，全面提高市政设施、道路交通、市容环卫、社区治安的智能化管理水平。积极推行规范化、精细化管理，提高城市美化水平。从群众反映强烈的占道经营、乱倒垃圾、私搭乱建等突出问题入手，加大交通秩序、环境卫生等专项整治力度。对萍栗路、平安南路、栗江路等路段的车辆乱停乱放现象进行了重点整治，城市交通拥堵现象得到了全面缓解。

五、以乡镇集镇建设为依托，坚持城乡统筹，努力建设清洁文明上栗

按照国家统筹城乡发展，推进城乡一体化进程的要求。上栗县在重点抓好县城主城区建设的同时，大力加强乡镇小城镇建设和新农村建设，全面改善乡镇集镇面貌，促进农村经济繁荣发展。一是纵深推进乡镇集镇建设。通过统一规划、分步实施，使乡镇集镇各项建设协调发展，打造出一批环境优美、布局合理、功能完善、商业兴旺、康居宜业的新集镇。依托上栗组团，高标准建设福田、彭高、赤山集镇；依托新城区，打造好上栗镇中心城镇；依托花炮科技创新园，实现金山镇集镇建设与中心城区的科学对接；依托边界优势，优化桐木、鸡冠山小城镇建设、着力将湖塘村打造成湘赣边界第一村；依托旅游业发展，建设特色鲜明的杨岐南源和东源特色集镇；依托萍洪高速建设的优势，打造长平农业产业特色集镇。其中桐木镇，赤山镇被列为全省重点集镇。全县城镇化率由五年前的28.9%提高到2012年的42.8%。二是扎实推进新农村建设。坚持“政府主导、农民主体、干部服务、社会参与”的原则，大力实施农村清洁工程。2012年，县财政投入500余万元全面实施农村清洁工程，重点打造319线、上万线、福东公路三条清洁工程线，涌现了战山、边塘、麻田、豆田、大字等一批村容整洁，生态秀美的新农村和清洁工程示范村。三是积极推进农村房相改造。投资5000余万元，在战山村、南原街、孽龙洞景区周边、高山村等地打造江南特色民居村落。投资3900余万元对沪昆高速公路上栗段沿途9个行政村进行房相改造，努力打造一批房

前屋后花果园，村内道路林荫化，村庄周围风景林的生态文明村。

总的来说，在县委县政府的正确领导下，在各乡镇各有关部门单位的大力支持配合下，我县在新型城镇化建设方面进行了很多大胆的尝试，也取得了很多令人瞩目的成绩，在今后的工作中，我们将认真贯彻落实党的十八大会议精神、立足实际、开拓创新、扎实苦干，努力实现城乡建设新跨越，为建设生态宜居宝地、和谐美丽上栗作出新的贡献。

作者简介：

彭北良，男，汉族，1968 年 7 月出生，中共党员，大学学历，1988 年参加工作。现任江西省上栗县人防办主任、住房和城乡建设局副局长。

创新城乡建设思路　建设生态秀美井冈

江西省井冈山市城乡建设局　尹少志

近年来，在井冈山市委、市政府的正确领导和上级主管部门大力支持下，我们围绕打造最宜居城市的总目标，紧抓“重点项目建设”这条主线，牢固树立抓城市建设就是“抓经济工作，抓投资环境，抓凝聚人心”的理念，注重强化建设工程施工许可证核发、竣工验收备案、招投标监管、建设工程安全生产、燃气安全生产等行业管理，大大提升了建设行业规范管理水平。注重项目推动，大力推进城区路网、管网、园林市政基础设施等项目建设，有力推动了我市城建事业科学发展、跨越发展、和谐发展。

为进一步加快我市城乡建设步伐，提升城乡建设品位，增强城镇的承载辐射力，有效改善城乡人居环境。我们城乡建设管理工作思路以十八大精神为指导，坚持项目带动战略，以“功能提升、生态优美、文明有序”为目标，围绕加强城市建设、加强乡镇规范化建设，统筹推进城乡一体化进程，全面开创我市城乡建设和管理的新局面。2012 年全市城乡建设完成投入 13 亿元，开展 50 个市级重点工程项目，进一步加快基础工程和民心工程建设步伐；完成建筑业总产值 6.5 亿元，实现增长 10%，城镇化率提高 1.9 个百分点。为完成任务，我们主要从以下几方面着手：

一、全面推进城乡一体化进程精心建设，加快完善城乡基础设施

（一）努力将新城区打造成“宜居宜业城市”

不断满足人民群众日益增长的需求，加快推进市民中心、公办幼儿园、新体育馆等建设。继续完善城区各主干道建设，开通了火车站进出口公路，抓好八面山大道、黄洋界大道完善工程建设。大力推进城区绿化及灯光亮化工作，完成了红星广场建设。全面完成了中心公园竣工验收工作，全力做好中心公园申报省级文明公园工作，抓好城区街头绿地建设。大力推进城区管网建设，完善新城区 C 区供水管网建设，加快拿山、厦坪供水管网改造，确保安全、优质供水。按照排水（污）管网规划要求，分步完成排水管网系统建设，重点抓好污水管网改造建设，年内铺设管网 16.83 公里。

（二）努力将所有乡镇打造成“靓丽乡镇”

以乡镇规范化建设为抓手，突出特色，打造亮点，全力抓好乡镇建设。重点实施“五个一”工程，即每个乡镇规划建设好一条景观道路、一套供排水系统、一个文化休闲广场、一个综合农贸市场、一个乡土文化展示厅。抓好乡镇所在地街道硬化、亮化，公园广场、街路两侧、乡镇机关庭院和住宅小区绿化，建好垃圾处理场，设立垃圾箱，推进以庐陵和客家文化风格为主的街景改造，规范宣传栏、宣传牌匾、宣传标语等建设。配备管理人员和专业技术人员，路灯亮灯率达到98%，排水设施通畅，打造整洁优美的乡镇环境。

（三）厦坪示范镇建设

厦坪镇严格按造“一年打基础、二年见成效、三年大变样”的小城镇发展目标要求，从总体规划、基础公益设施改造、民生工程改造三方面下手，全力推进厦坪镇示范镇建设工程。完成编制《井冈山市厦坪镇市级示范镇建设三年规划》，已上报吉安市发改委、城建局，共上报道路、文化教育等基础设施70余项，总投资4亿多元；投资600万元的厦坪牌坊处至新城区污水管网改造工程正在进行；投资150万元的镇便民服务中心已完成规划和招投标工作，拟打造全省一流的便民服务中心；大市场改扩建规划已完成，目前正在做征地拆迁工作；投资150万元，完成了对主街道谐和大道1100米人行道吸水砖铺设工作；投资80万元完成了镇区出入口水泥路硬化工程，并对谐和大道两旁的树木进行补种；厦坪镇供水项目正在办理立项审批。在抓好城镇基础设施的同时，大力发展产业，加快产业化建设步伐，以产业化带动城镇化，以城镇化辐射产业结构升级调整。扩大特色产业种植规模，木槿花面积扩种了430余亩，形成了厦坪村枧上700亩木槿花产业园的规模。在菖蒲、沉塘、复兴建立了三个竹荪基地，面积达200余亩，产值100万余元。

（四）乡村示范点建设

一是渥田村建设。村部牌楼至云家主干道的水泥硬化已完成2.2公里；完成沟边四、五组1公里村道和云家1.2公里道村水泥硬化；村内主干道路基0.6公里已完成，正在铺设青石板；产业园到新建区廊桥正在施工；新建区已完成规划放线；猕猴桃基地主排水沟300米已完工，种植红心猕猴桃近300亩，高山油茶580亩，已完成150亩井冈蜜柚基地建设。

二是文水村建设。拆除猪牛栏、厕所、杂屋70多栋，共计3500多平方米，拆除正房三栋，清理垃圾近10吨。完成进村主干道的硬化拓宽500米，修建河道达350米，完成新旧样板房立面改造二栋，开挖45个卫生厕，已建池28个，完成改厨28户。修复鱼场2个，建成占地760平方米的三层楼的综合楼一栋，一个篮球场。完成葡萄种植近1000亩，已引进一位外商投资在村庄后山种植毛竹，山后270亩农田以养殖娃娃鱼、种植花卉苗木和食用菌为主。目前已和农户签订好了协议，农民以土地和劳力入股参与产业发展，正在筹建农民专业合作社。

三是茅坪村建设。1. 开展了茅坪拓展规划工作。打造“山地人家”、“云涧山庄”、“桃源溪谷”三个功能不同的旅游休闲观赏区。其中“山地人家”占地50余亩，主要结合新农村建设打造具有地方特色的“农家乐”居民房，由政府组织当地群众统一按规划实施建设；“云涧山庄”占地80余亩，规划设计为旅游休闲度假区；“桃源溪谷”占地300余亩，目前，茅坪新村建设规划已完成评审，并已报市政府审批。“山地人家”征地工作已完成，有30户具备条件的村民有意向在“山地人家”投资兴业。现已全面启动“山地人家”建设项目，正组织实施修建沿路河堤及“山地人家”环形道路。2. 完成了茅坪牌坊至金沟湾坡底的绿化工作，共栽种景观樟树50株，红叶石楠、杜鹃等小型花草2000余株，铺设草皮800余平方。下一步将完善该路段两侧400余米的游步道建设。3. 已将八角楼后侧三栋房屋及茅坪新村周边有碍观瞻的各种建筑顺利拆除，拆除面积达2000余平方米。4. 为改善茅坪村居民环境，做好了茅坪村的污水处理工作，共建造了1200平方米的人工湿地。

四是柏露村建设。全村8个村民小组6个村民小组的道路进行了硬化，两个村民小组通了机耕道；8个村民小组接上了干净的山泉水，家家户户用上了自来水。进行了“三清三改”，进行农村垃圾分类处理工作和村内绿化工作，改善群众的生活环境。不断完善基础设施建设，对街道进行了美化、亮化、绿化改造。

二、建管并重，进一步规范建筑行业

（一）加强建筑业安全生产管理

进一步开展建筑市场秩序整顿治理活动，健全完善监管机制，加大行业管理力度，不断优化行业发展环境。全面落实安全生产责任制，层层签订安全生产责任状，构建安全生产长效机制。积极开展安全生产大检查，彻底消除监管盲区，狠抓重点环节整治，确保年内不发生安全事故，实现建筑安全生产形势持续稳定。

（二）强化建筑工程质量监管

鼓励企业创先争优，年内争创省优质结构工程1个；省级文明样板工程1

个；吉安市结构优良工程1个。加强工程的全过程质量控制，保证工程监督覆盖率达100%，确保不出现劣质工程；继续加大对各责任主体质量行为监督，特别是加强对违反强制性标准行为的处罚力度；完善建设工程质量评价管理系统，全面落实住宅工程竣前验收和分户验收制度，切实提高质量监管效能。

（三）抓好建筑节能工作

严把施工图节能设计审查、节能施工专项检查、节能建筑评审、竣工验收备案等关口，推广新建建筑细部节能做法，进一步提高节能标准执行率。进一步加大新型墙材专项基金征管力度，积极推广新型墙体材料的使用。大力发展绿色建筑，鼓励新型可再生能源技术的应用。新建建筑节能达50%，设计标准执行率达100%。

三、今后城建工作的思路及建议

（一）放开市场准入，推行城市基础设施市场化经营

1. 优化增量资产，盘活存量资产，推进城市基础设施建设与经营。对投资收益比较稳定的城市基础设施和社会事业项目，均应吸纳社会资本和外资进入。除国家法律、法规明确规定外，城市道路、桥梁、停车场、供水、排水、供气、供热、公共客运交通、污水处理、垃圾处理等设施的建设经营，都要在科学评估的基础上，通过公开向社会招标选择投资和经营主体，中标者对项目的策划、资金筹措、建设实施、管理运营全过程负责，并享有一定期限的收益权。对出租车营运权、公交线路经营权、道路桥梁广场冠名权、城市公共空间广告经营权等各类无形资产，要采用拍卖、招标等方式，实行有偿使用，提高服务水平和质量。

2. 放宽城市基础设施建设和经营市场准入限制。按照“谁投资、谁经营、谁受益、谁承担风险”的原则，充分调动各方面的积极性，除关系国家安全和必须由国家垄断的领域外，鼓励法人和自然人利用社会资金、外地资本采取独资、合资、合作，产权转让、入股、拍卖，使用权出让、经营权转让等多种方式，跨地区、跨行业参与城市基础设施的建设与经营，形成多元化的投融资机制。

3. 放开市政公用事业经营市场。打破行业垄断和地区封锁，在全面规划、统一管理、特许经营、有序开放、提高服务水平和服务质量的前提下，培育有序竞争的市政公用事业市场体系，走专业化、企业化、社会化经营的路子。市政设施、园林绿化、环境、卫生等非经营性设施的日常养护、城市公共场所保洁等要逐步推向市场，通过招标发包方式，面向社会选择作业单位、承包单位或个人，建立和实施道路养护、绿化养护和环卫保洁的承包制度，增加市场透明度。

4. 改革市政公用事业经营管理体制。按照政企分开、政事分开和建管分离、管养分离的改革思路，引入竞争机制，分割垄断行业，变独家经营为多家经营，增强行业发展活力。

建立科学合理的市政公用事业价格形成机制。市政公用事业要按照保本微利的原则，制定合理价格，逐步实行价格听证制度。企业、个人及外商以独资、合资、合作等多种方式建设和运营的市政公用设施，其价格按收回投资并保本微利的原则制定。除国家政策规定外，由政府根据本地具体实际制定城市供水、排水、污水处理、垃圾处理、公交、出租车、供气等市政公用事业价格，报政府审核批准后实施。

（二）改革投融资体制，优化投资环境

1. 建立统一规范的政府投融资体制。政府经营城市的各种收入（含土地有偿使用收入、城市基础设施和公用设施及其他设施所有权、经营权、管理权的出让收入、特许经营权出让拍卖收入等）同地方财政安排的城市建设资金以及各种城市建设专项资金要纳入同级财政专项资金管理，集中用于城市建设和土地储备、开发整理。坚持“集中投入、有限使用”的原则，根据经济发展的情况上，逐步加大政府资金用于城市基础设施、公用设施投资的力度，充分发挥政府资金的导向作用。计划、财政部门要根据城市建设需要和财力状况确定投资计划，合理安排资金支出，建立有效的经营城市的成本控制机制和相关责任追究机制。严格控制盲目借贷，避免财政风险，实现资产负债动态平衡。

2. 拓宽城市基础设施融资渠道。抓住发展经济机遇，争取国家和省里的政策倾斜和支持，选好基础设施建设项目，建好项目库，用好的项目争取各级对我市城市基础设施建设的支持和投入。同时，积极争取和用好银行信贷资金投入，充分发挥政府投资在城市基础设施建设经营中的导向作用，对于不能市场化经营的公益性项目，要调整政府资金投向，集中力量加大投入，保证城市功能完善和居民需求。

3. 营造公开公正公平的投资环境。进一步清理规范与投资有关的法规和规章，减少和规范投资领域的各项规费，对一切投资经营主体实行国民待遇。严格实行民主、科学的投资决策、咨询制度，重大项目要实行专家评估制度和公示制度。严格政府项目审批和监督制度，建立政府项目代建制、稽查制

度和项目后续评价制度，实行投资、建设和运营管理“三分离”的管理。政府投资项目的建设必须采取招投标方式选择工程承包商和设计、施工、监理及材料设备供应商，运行管理必须通过公开招标选择相应的项目运行管理公司负责管理。加快制定和推行非政府投资项目实行登记备案制的办法，培育规范化的投资中介机构，加强对投资中介机构的监管，建立城市信用诚信体系，地方金融风险防范和化解机制，规范信用行为，整治信用环境，建立信用评价体系，等级制度及奖惩制度。

（三）加强组织领导，全面推进经营城市工作

1. 加强组织领导和统筹协调。市政府成立经营城市工作领导小组，负责对全市经营城市工作的领导及组织协调工作。切实加强对经营城市的领导力度，政府主要领导负总责，分管领导具体抓，切实落实好经营城市工作的配套政策和措施，打破一切体制性障碍，创造良好的经营环境。经营城市的主体虽说是政府，但政府不能直接运作，必须有一个代表政府经营的主体。建议由“市城市建设投资公司”具体实施运作。要进一步调动各方面经营城市的积极性，既要坚持因地制宜，大胆探索，勇于实践，又要正确处理改革发展稳定的关系，防止“一阵风”、“过度过热开发”和泡沫经济的产生，努力形成具有地方特色和优势的经营城市模式。经营城市工作涉及面广，各部门要密切协作、通力配合，确保经营城市工作有条不紊地开展。

2. 增强经营城市工作的法制观念。经营城市政策性、法律性强。全市上下都要增强法制观念，有关部门要加强城市资产经营的制度建设和监管审计，严肃查处越权批地、非法批地、低价出让土地、非法占地、非法转让土地等违法行为。各级领导干部一律不得利用行政手段或以打招呼、批条子等形式插手干预土地经营和其他城市资产经营，依法经营、规范运作、“阳光作业”，任何部门不得随意减免各项城建和土地税费，不得挤占挪用城市资产经营收益，坚决杜绝城市资产流失和腐败行为的发生，确保经营城市健康发展。

3. 加强经营城市的基础性工作。要抓紧对可以经营的资产评估、产权界定和清产核资。准确测算出城市国有资产的份额和规模。要加强经营城市的信息交流、培训、宣传、统计工作，认真研究新情况，总结新经验，积极探索经营城市的新路子，扎实有效地推进经营城市工作。

探索地方特色城镇化发展模式

山东省住房和城乡建设厅　陈岩松

城镇化是我国经济社会发展的重大战略。因地制宜，合理选择城镇化发展模式，是促进城镇化健康发展的关键。山东是中国城镇化发展起步较早的地区之一，区域资源条件、历史文化、经济基础和城镇化发展状况，在全国具有一定的典型性。本文以山东为例，探讨省域城镇化发展中如何选择地方特色发展路径问题。

一、山东城镇化的省情特色

地方特色的城镇化道路的选择，取决于一个区域的自然条件、人口分布、资源禀赋、历史文化、经济基础、城镇布局、体制机制和发展潜力等多种因素。

山东位于我国东部沿海地区，城镇化发展起步较早，建国以后，城镇化经历了曲折的发展过程。改革开放以来，随着经济社会的发展和政府的积极干预，城镇化逐步走上了健康发展的轨道。2012 年我省城镇化率达到 52.43%（户籍人口城镇化率 41.15%），比 2000 年提高 12.23 个百分点，年均提高 1.02 个百分点。目前，全省已经形成了由 7 个特大城市、9 个大城市、32 个中等城市、60 个小城市和 1094 个小城镇构成的城镇总体格局。

从山东城镇化发展的省情特色看，主要有六个特点：

（一）人口大省，城镇化任务重

山东省人口基数大，2012 年 9879.3 万，居全国第二位，城镇化率提高 1 个百分点的人口数，相当于有的省份如浙江提高 2 个百分点；省域人口密度大，居全国第二位，且人口分布与经济分布倒置；流动人口规模小，多数在省内流动，省际流动少；农民工数量多，约 2300 万，居全国前列；人口老龄化趋势明显，到 2015 年，60 岁以上人口将达到 1900 多万人，占总人口的 19.7%，而且将逐年提高。

（二）经济大省，但就业支撑不足

山东省经济总量居全国第三位，处于工业化中后期阶段，产业结构不够合理，工业结构偏重，服务业比重偏低；传统工业比重高，新兴产业比重低；

国有经济比重高，民营经济发展缓慢；传统服务业比重高，新兴服务业比重低；农业大省，农业产值比重高，现代农业技术较为先进；海岸线长，蓝色经济发展潜力大；消费水平不高，社会消费力不足。

（三）文化大省，特色彰显不够

山东历史文化底蕴深厚，传统文化资源丰富多彩，儒家文化对经济社会发展影响深远；文化创意、数字出版、移动多媒体、动漫游戏等新兴文化发展相对不足；文化资源越丰富、文化底蕴越深厚的地区，经济社会发展往往越相对落后；城市建设雷同问题突出，不能体现当地的文化特色和内涵。

（四）资源大省，发展约束明显

山东各种资源品种齐全；水资源、土地资源瓶颈约束日趋凸显；建设用地不够集约，土地城镇化快于人口城镇化；能源结构不合理，以煤炭为主，节能减排压力大。山东也是生态大省，省域地形地貌复杂多样，山、海、湖、河、平原交错分布，生态基底好，但生态保护要求高；城市、乡村生态景观界限明显。

（五）城镇格局显现，体系不完善

山东设市城市47个，数量全国较多；基本形成了济南、青岛两大省域中心城市，区域性中心城市均衡发展，县域中心城蓬勃发展的总体格局。但城市功能不强，城市间的竞争大于合作，联动协调发展不明显；大城市不强，小城镇偏弱，济南、青岛两大核心城市集聚能力和辐射能力不足，没有进入全国百强的小城镇；城市群总体实力显现，山东半岛城市群综合实力列全国第四位，逐步被国家和学术界认可。区域不平衡现象突出，东中西差距明显；城乡差距拉大，城乡一体化进程缓慢；滩区、矿区、边区、山区等发展较为落后。

（六）城镇化发展进入中期阶段，处于提质加速发展时期

近10年来，城镇化率快速提升，年均增长1.07个百分点，2011年达到50.95%，城镇人口总量历史性超过农村人口。截止2011年底，48个设市城市人口城镇化率均超过35%，其中有21个设市城市超过50%；在60个县中，有55个县人口城镇化率超过30%，其中有23个县超过40%。

二、城镇化发展模式选择的原则与策略

（一）确定城镇化发展模式的原则

选择山东特色的城镇化发展道路，既要遵循城镇化发展规律，又要立足于省情，因地制宜，充分体现省域人口、资源、环境、产业、空间、文化等

方面的特质；既要顺应国际国内城镇化发展趋势，着眼长远，科学制定城镇化发展目标，又要突出阶段性发展特征，处理好质量与速度的关系；既要重点解决好当前的突出问题，趋利避害，又要统筹兼顾，不断完善体制机制；既要尊重实践，总结历史经验，发挥优势，又要创新理念，转变城镇化发展模式。

因此，探索山东特色的城镇化发展路径，一是在发展理念上，要树立以人为本、生态优先、城乡一体、集约高效、创新驱动、多元发展的新理念，积极转变城镇发展方式。二是在发展模式上，遵循山东城镇化发展进入中期阶段的特点，坚持集约发展，“提质”与“加速”并重，大力推进城乡一体化。三是在发展策略上，对城镇密集区（城市群、都市圈）、大城市地区（济南、青岛、淄博、烟台、济宁、临沂等）、县城和小城镇、农村地区等不同类型的地区，因地制宜，实施多元化、差异化的城镇化发展策略。四是在城镇化格局上，以新型社区（居委会）为基本单元，构建城市群、区域中心城市、县域中心城市、小城镇、新型社区五个层次的城镇体系。加快培育山东半岛城市群和济南都市圈、青岛都市圈，发挥中等城市群峰效应，着力突破小城镇和新型社区。五是在发展动力上，大力推进新型工业化、信息化、城镇化、农业现代化的融合，提升就业支撑能力。充分发挥政府和市场双重作用，自上而下和自下而上相结合。六是在发展特色上，强化生态、文化特征，发挥东中西，滨海、山地丘陵与平原，城市与农村等不同地区自然人文优势，彰显生态特色和文化特色。

（二）山东城镇化发展策略

山东省城镇化发展策略是，以“提质加速、城乡一体”为目标，以“人的城镇化”为核心，以提升产业支撑力和城镇承载力为重点，以体制机制创新为动力，积极转变城镇发展方式，加快培育山东半岛城市群和济南都市圈、青岛都市圈，着力突破县城、小城镇和新型农村社区，加快推进城乡一体化进程，有序推进农业转移人口市民化，彰显资源环境和齐鲁文化特征，走大中小城市和小城镇、城市群协调发展的山东特色的城镇化道路。

三、山东城镇化发展模式特征

（一）以人口为核心，全域统筹，分区引导

城镇化核心问题是人口城镇化。通过产业发展和就业岗位增加，促进人口向城镇地区集聚，配套完善设施和服务，是城镇化的本质。在推进城镇化发展过程中，应改变传统的主要依靠城镇空间扩张的发展模式，以就业为支

撑，合理确定城镇规模和布局，以人口为核心配置资源、设施和公共服务。山东人口分布与经济布局倒置，经济发达的东部区域，人口密度不高，而经济欠发达的西部地区，人口密度较高，这对农村人口向城镇转移带来了严重挑战。同时，从区域经济格局上看，山东是一个相对独立的单元，人口省际迁移流动较少，人口城镇化主要依靠本省内解决。因此，必须立足于全域统筹，对全省人口转移和集聚进行政策分区，总体上分为人口重点集聚区、人口适度聚集区和人口适度迁出区三类区域，进行人口分区引导，合理布局。

（二）与区域经济发展相协调，优化城镇化格局

一个发育成熟的经济区域，其城镇化格局与经济格局是相互协调，相互适应的。山东确立了区域经济发展四个重点的发展战略，即山东半岛蓝色经济区、黄河三角洲高效生态经济区、省会城市群经济圈、鲁南经济带。与此相适应，应积极构建两圈两区（带）组成的四个城镇密集区，即济南都市圈、青岛都市圈和黄河三角洲城镇发展区、鲁南城镇带。以两圈两区为主体，依托大中小城市和小城镇，共同构成山东半岛城市群，带动山东区域经济协调发展。同时，坚持协作共赢、融合发展的原则，建立城市群综合协调机制，推动城市群内部市场体系、产业布局、基础设施、公共服务、环境保护一体化发展，加快城市群一体化发展进程。

（三）以新型社区为基本单元，完善公共服务

截止2012年，山东共建设新型社区5190个，其中分布在城中的1338个、城边的638个、乡镇驻地的993个、农村地区的2221个。这些社区聚集了1254万人口，创造了347万个就业岗位。实践证明，新型社区建设，是推进农业和农村现代化的有效模式，是破解城乡二元结构、促进农民就地就近城镇化的重要途径，是创新社会管理、统筹城乡发展、推进城乡一体化的必然选择。山东在近几年城镇化发展中，逐步探索形成了将新型社区作为城镇化发展的基本单元，城乡社区一体化的发展模式。在城市中心区，按照1万~2万人的规模，进行网格化布局发展。在农村地区，按照5~6个村庄，1500户左右，3000~5000人的基本规模，建设新型社区。通过城乡社区一体化布局，同时进行行政建制、公共服务、社会保障综合配套，完善基础设施和就业、教育、卫生、住房、社会保障等基本公共服务，推进城镇化发展。

（四）以县域为重点，推进城乡一体化

山东县域经济基础较好，以县域为重点，全面实施产城互动发展模式，即中心城产城融合（开发区与老城区、新城区）、小城镇镇园合一（镇区和产业园区）、农村地区两区同建（产业区与社区），可以从中心城——小城镇

——新型社区三个层面，推动工业化与城镇化协同发展，生产方式与生活方式同时转变，推进城乡一体化进程。

同时，立足于新型工业化、城镇化、农业现代化协调发展，推动各类开发区（园区）转型升级，积极倡导“数镇一园”和“多社区一园”等发展模式，实现产城联动发展。加强产业园区建设与城市建设的有机衔接，发展特色鲜明、功能完善、宜业宜居的城市新区，推进城市新区产业高端化，促进产业集聚，带动人口集聚，实现就地就近城镇化。

积极发展现代农业，深入推进农业产业化，以农业现代化筑牢新型城镇化的发展基础。农业产业化与城镇化互动发展，是推进城乡一体化有效模式。如农业产业化的“龙头＋基地＋农户”模式，可以将三次产业发展有机结合起来，其营销部门属于第三产业，一般集中在中心城市；其加工生产部门属于第二产业，一般布局在城镇；其生产养殖部门属于第一产业，一般安排在社区或农村。通过农业产业化的发展，可以与县域城镇化有机结合，形成城乡良性互动、一体化发展的有效模式。

（五）转变城镇化发展模式，突出生态和文化特征

山东自然条件优越，东部滨海，中部多山区，西部为平原，生态环境变化多样。城镇化发展模式选择，应尊重自然环境和自然规律，强化生态保护，促进资源和能源集约利用，鼓励绿色低碳发展，倡导绿色生产生活方式，实现城镇发展由外延扩张向集约高效转变。同时，山东地域文化内涵丰富，齐鲁文化底蕴深厚。儒家文化、运河文化、红色文化、海洋文化异彩纷呈，在城镇化发展过程中，应充分发掘地方文化内涵，弘扬传统文化，保护好文化名城、名镇、名村，同时吸取现代文化的精华，塑造文化特色突出的城镇形象。

（六）以城镇化发展规划为依托，实施提质加速行动

推进城镇化有序发展，必须制定城镇化发展规划，以人口城镇化为核心，以社区（居委会）为基本单元，以配套完善的公共政策为主要措施，落实近期和年度行动计划，推进城镇化有序发展。同时结合山东实际，实施“提质加速”行动，建立考核机制，促进城镇化健康发展。

城镇化发展，是一场深刻的经济社会变革，发展路径涉及经济、社会、文化、生态多重因素的博弈，需要因地制宜，因势利导，在实践中不断探索和完善。

作者简介：

陈岩松，男，1968年出生，博士学历。现任山东省住房和城乡建设厅城市化办公室副主任。

整体推进县域经济跨越式发展

山东省阳谷县住房和城乡建设局 刘洪森 赵 宁

县域经济是以行政县为区域范围，以县一级独立财政为标志，以县城为中心、集镇为纽带、农村为腹地的经济系统，是我国国民经济中基础层次的行政区域经济。发展壮大县域经济，对缩小城乡差距、夯实发展基础、促进协调发展、实现全面小康具有重大的现实意义。

一、阳谷县域经济发展现状

改革开放以来，阳谷县上下认真贯彻党的方针政策，以科学发展观为指导，正确应对发展环境的变化和国际金融危机的影响，推进农业产业化进程，加快工业强县步伐，大力发展服务业，加强城镇化建设，经济社会发展跃上了新的台阶，为更好更快发展奠定了良好基础。

（一）国民经济持续发展，综合实力明显增强

2012 年全县生产总值达到 223. 6 亿元，比上年增长 12. 5%。三次产业比例调整到 15∶61∶24。全县社会消费品零售总额完成 103 亿元，比上年增长 20%。实现公共财政预算收入达到 6. 07 亿元，比上年增长 18. 15%。规模以上企业固定资产投资 135. 5 亿元，比上年增长 25%。各项存款余额达到 222. 3 亿元，贷款余额达到 168. 2 亿元。农民人均纯收入达到 8816. 5 元，比上年增长 16%；城镇居民人均可支配收入达到 19531 元，比上年增长 15. 05%。全社会用电量 16. 23 亿度，比上年增长 14. 6%。

（二）农业基础地位进一步巩固，农业效益不断提高

2012 年，实现增加值 33. 5 亿元，比上年增长 3%。产业结构调整取得新突破，粮食总产量 14. 5 亿斤，实现“十连增”，被评为全省粮食生产先进县；蔬菜总产达 33. 8 亿斤，标准化现代养殖场发展到 175 处，新增无公害农产品、绿色食品、有机食品认证 15 个。产业化进程明显加快，凤祥集团、六和鲁信食品公司等一批农业产业化龙头企业规模迅速扩大，已形成 3 亿只鸡、5000 万只鸭、100 万只羊、100 万头猪、10 万头牛的年宰杀加工能力，把 20 万农民带入了农业产业化领域。不折不扣地落实各项惠农政策，发放粮食直补、良种补贴、农机购置补贴、农资综合补贴等惠农资金 1. 16 亿元。持续加

大农业公共投入，投资1.67亿元，实施了现代农业小麦产业项目、陶城铺灌区续建配套与节水改造、农业综合开发等重点工程。农业机械化水平达到76%，保护性耕作面积达到33万亩。

（三）产业集群发展壮大，工业强县步伐加快

铜及铜制品加工、机械制造、塑料化工、食品加工四大产业发展迅速，集聚效应初步显现，是全省新型工业化产业示范基地。2012年，规模以上工业企业达到210家，实现主营业务收入755亿元、利税81亿元，比上年分别增长20.57%和27%；利税过千万元的企业达到14家，纳税过亿元的企业1家。加大技术改造力度，全年实施技术改造项目53个，完成投资61亿元，其中电缆集团船用电缆、祥光铜业工艺设备改造等6个项目被列为省重点技术改造导向计划项目。精心培植战略新兴产业，太平洋光缆复合绝缘电缆、华泰化工高热稳定性不溶性硫黄、德海友利带业高强度专用硅胶等3个项目被列为省新兴产业重点行业发展专项资金项目。高新技术产业产值占规模以上工业比重比上年提高了2个百分点。以品牌拓市场、促发展，新增中国驰名商标1个、山东省著名商标1个、山东省名牌产品4个；祥光铜业荣获省长质量奖，凤祥集团、齐鲁电缆分别荣获市长质量奖。企业科技创新能力明显提高，新增市级企业技术中心和工程技术研究中心3个，祥光铜业由技术引进发展到技术输出，核心竞争力实现了质的飞跃。民营经济发展迅速，实现税收8亿元，增长23.3%，钎具、管材、板材、坐垫、橡胶软管等特色产业群体不断发展壮大；制定了全国首个汽车坐垫企业联盟标准，推动了这一新兴产业向规范化、标准化方向发展；县财政和企业共同出资建立了“助保金池”，有效缓解了中小企业融资难、担保难问题。

（四）服务业实现新突破，发展迈出新步伐

以旅游、商贸流通、房地产、金融保险为主的服务业发展迅速，2012年实现增加值54.3亿元，增长14%；提供税收占地方税收的比重达到42.98%；完成固定资产投资35亿元，增长34.6%。旅游业发展实现新突破。2012年接待国内外游客71.9万人次，实现旅游产业收入2.26亿元，分别增长21.6%和25.6%。我县被命名为山东省旅游强县。刘邓大军渡河指挥部旧址完成修复并对外开放，闫庄村被评为全省30个最美乡村之一，游客服务中心、景阳冈大酒店、狮子楼大酒店主体已竣工。商贸物流业日趋繁荣。以宝福邻购物中心、新辉时代广场、海天商厦、好乐家购物中心为龙头的核心商业区初步形成；新增标准化农家店70处，覆盖面达到78%；金路泰达物流中心投入运营，千千佳、京九货运等企业实力进一步增强。房地产业稳步发展。完成投资7.7亿元，新开发商品房40万平方米。金融保险业稳健运行。成立了鲁信小额贷款公司，引进了沪农商村镇银行，金融保险企业达到27家。

（五）园区建设加快推进

以祥光经济开发区为依托，人区企业达到143家。祥瑞铜材年产32万吨铜导体及铁路架空导线、祥光铜业稀贵金属回收利用、太平洋光缆复合绝缘电缆、华泰化工高热稳定性不溶性硫黄、东信塑胶检查井、中大矿用电缆、东灿光电LED等一批重点项目已竣工投产。完成投资2.39亿元，铺设园区道路7.6公里、管网19.4公里，新增绿化面积17.6万平方米，迁移电力线路3400米，建设了220千伏变电站。祥光经济开发区通过质量管理体系和环境管理体系认证。祥光生态工业园顺利通过国家级生态工业示范园区验收，成为全国第一个通过国家验收的县域工业园区和有色金属园区。

（六）统筹抓好城市建设，城市功能日臻完善

2012年完成城乡建设投资12.5亿元，城镇化水平达到40%。编制完成了《城区南部控制性详细规划》、《城区综合交通规划》。谷山路、西城路、宁津路南延和黄山路北延、金河路西延等道路全部通车。完成了县城出入口、景阳路、谷山路南段和黄山路、宁津路北段的绿化工程，升级改造了博济桥广场和火车站广场，新增绿地面积30万平方米，覆盖率达到39.5%。金水湖建设全面启动。北部新区完成建筑面积5万平方米。城区日保洁面积380万平方米，生活垃圾无害化处理率达到100%，污水集中处理率达到95%以上。城市规范化管理水平明显提升，市容市貌有了新的改观。依法公正和谐拆迁，完成城区拆迁面积12万平方米。农村新居建设与危房改造工作扎实推进，新建农村新居2860户，完成危房改造700户。德商高速阳谷段建设进展顺利。深入开展城乡环境和路域环境综合整治活动，群众生产生活环境得到初步改善。

（七）改革开放实现新突破

行政审批制度改革取得重大进展。政务服务中心投入使用，入驻单位35个，审批和服务事项203个。企业改革不断深化。启动重组了冷轧薄板公司，理顺了供热企业的管理体制；凤祥集团、东信塑胶等企业上市工作全面启动。医疗卫生体制改革稳步推进。在全市率先实行了“先诊疗、后付费”的服务模式，纳入省统一规划的217所村卫生室全部实施了基本药物制度。食品安全监管体制进一步理顺。城市管理体制改革取得新成效。坚持走出去、请进来，大力开展春、秋两季招商引资“百日会战”，成功举办了一系列招商推介活动，对外知名度进一步提高，吸引力明显增强。2012年引进项目238个，

实际到位资金55.06亿元，增长40.8%。法国耐克森、瑞典阿特拉斯、华能集团、武汉长飞等一批国内外知名企业相继来我县投资兴业。实际利用外资9485万美元，完成进出口总额29.7亿美元，均居全市首位。祥光铜业在境外取得10000平方公里的探矿权。

二、县域经济发展中存在的问题

在看到阳谷县县域经济发展的同时，还应看到诸多制约发展中存在的问题。主要有以下几点：

（一）县域发展潜力还没有全面激活，全域发展的格局还没有真正形成

产业结构升级缓慢，经济发展速度不快，农业与农村经济结构战略性调整虽然成效明显，但与市场要求还有差距。阳谷县仍属于农业县，县域经济互补性差，工业化进程相对迟缓。从产业内部结构看，种植业仍然占据主导地位，产业结构趋同化、农产品品质不高。农民收入缺少稳定的产业增长点的支持和有效保障机制的支撑。

（二）县域工业化、农业产业化、农村城镇化水平仍然较低，具有牵动力的大项目较少

工业经济规模较小，实力不强。以原材料加工为主的传统工业所占比重偏高，低产出、低效益对总体工业制约较大，新兴产业、支柱产业比较薄弱，产业集成度不高。

（三）县域经济做大做强所需的要素支撑更显不足

县域经济总量仍然较小，与全市各兄弟县市相比还存在较大差距，特别是工业经济发展上差距较大，县域经济做大做强所需的要素支撑更显不足。突出表现在为现代农业服务的社会化服务体系没有建立起来，科技、流通、金融等社会化服务体系不健全。统筹城乡发展的机制、以城带乡、以工促农的机制还没有建立起来。

三、整体推进县域经济跨越式发展的对策

以科学发展观统领全局，坚持好字优先、好中求快，转变发展方式，提升发展质量，统筹城乡发展，努力改善民生，加快形成城乡发展一体化的新格局和新跨越。

（一）以祥光铜业为龙头的千亿铜产业

为做大做强铜产业，我们聘请了国际知名咨询公司——德国罗兰贝格公

司整体规划了祥光生态工业园（千亿）。按照规划，园区以祥光铜业为龙头，计划利用5年的时间，创建一个具有国际领先水平的“铜加工研发中心”，开发矿山和再生铜相结合的“双重资源”，打造铜冶炼、铜精深加工和再生铜资源利用“三大基地”，建设以铜冶炼废气、废渣和阳极泥为主要原料的“三条循环经济链”，形成年产90万吨阴极铜、60万吨铜精深加工产品、20吨黄金、600吨白银、1000吨稀有金属、30万吨铁合金及35万吨再生铜的拆解能力，年主营收入超过千亿、利税过百亿，建设成为以生态高效、全产业链及循环经济为特色的我国北方最大的铜产业基地。目前，园区已形成了7平方公里的主体框架，总投资24.2亿元的5个铜精深加工项目相继开工建设。祥光生态工业园已被国家环保部、科技部、商务部联合批准建设国家生态工业示范园区，成为全国县域工业园区和有色金属园区中获准建设的第一家国家生态工业示范园区，为我县县域经济的发展奠定了良好基础。

（二）以电缆集团为龙头的百亿机械制造产业

在阳谷电缆集团的辐射带动下，我们发展了齐鲁电缆、绿灯行电缆、中通电缆等40余家电缆企业，形成从低压、中压到高压、超高压等品种、门类齐全的电缆生产基地。以山东凿岩钎具有限公司为龙头，全县钎具生产企业发展到60多家，“三山”牌钎具国内市场占有率达到60%以上。目前，我们正在全力推进电缆集团与世界五百强企业法国耐克森公司、三山集团与全球最大的钎具生产企业瑞典阿特拉斯公司的合作，打造全国知名的电缆生产基地和钎具生产基地。

（三）以华信塑胶为龙头的百亿塑料化工产业

在祥光经济开发区，我们规划了以华信塑胶公司为龙头的塑料管材工业园，目前塑料管材管件生产企业、塑料机械制造企业、塑料模具生产企业等已发展到20余家，成为长江以北最大的塑料管材加工基地。华泰化工股份有限公司防焦剂产销规模居世界第一，并拥有全国唯一一家国家级橡胶助剂工程技术研究中心，2012年在深交所成功上市。目前，我们正在推进华泰化工公司预分散母粒、华信塑胶公司年产10万吨管材管件、巨龙建材公司年产3万吨超高分子量聚乙烯管材、泰康建材公司聚乙烯护套材料和改性工程塑料等项目建设，努力提升产业发展水平。

（四）以凤祥集团为龙头的百亿绿色食品加工产业

阳谷县是全国食品工业百强县，被确定为山东省出口农产品质量安全示范区，产品出口10多个国家和地区。凤祥集团实现了从肉鸡原料加工到熟制品加工及生物科技产品的跨越式发展，形成了目前全国最完整的肉鸡产业链

条。六和集团、鲁信清真、新世纪清真、维尔康三阳、旭日食品、露易莎调味品等40余家肉食蔬菜加工企业不断发展壮大。围绕提升产业竞争力，凤祥集团投资6亿元，开工建设了高标准的食品加工中心，年可新增1亿只鸡的宰杀能力。

四、政策建议

虽然近年来阳谷县域经济得到了较快发展，但与沿海发达地区、省内其它县市相比，无论从综合实力，还是人均水平情况来看，县域经济发展还存在很大差距。针对我县实际情况，特提出几点建议：

（一）以县域扩权为突破口，增强县级发展的自主权

《中共中央关于推进农村改革发展若干重大问题的决定》提出，要扩大县域发展自主权，增加对县的一般性转移支持、促进财力与事权相匹配，增强县域经济活力和实力。推进省直接管理县财政体制改革，优先将阳谷县纳入改革范围。按照责权统一，重心下移，“能放都放”的总体原则，凡是县能办的事，都放手让县去办。不仅在经济领域下放更多管理权限，而且在社会事务、干部人事等领域给予县更大的自主权，使阳谷县享有地级市的经济、社会管理权限。

（二）以破解县域用地为手段，适当放宽土地使用权

目前县域中的土地性质大多是基本农田，按照国家土地政策的规定，是不允许改变基本农田的使用性质的，这无疑成为制约县域经济发展的最大政策性因素，在这种情况下，要促进阳谷县县域经济发展，就必须适当对土地政策进行调整，我们建议在保持耕地总面积不变的情况下，采取“占补平衡”的办法，给县域经济发展提供较为宽松的土地环境，以提供县域在经济发展中的竞争力。

（三）县域经济中的经济主体是中小企业，金融部门破解中小企业贷款难的问题，也就是解决县域经济的融资问题

针对中小企业财务不健全、缺乏有效抵押品的问题，金融部门应该积极推出和发展动产抵押业务，对于小微企业、个体工商户和从事经营活动的自然人，开展个人经营性贷款、个人展业循环贷款、个人小额担保贷款等，并不断提高贷款的上限。鼓励大型商业银行分支机构在县域积极开展针对中小企业的特色信贷服务，逐步满足中小企业多样化、个性化的融资需求。同时，要从县域经济发展的实际出发，放宽民间资本进入金融领域的限制，鼓励成立小型金融机构，并创新适应县域经济融资要求的金融产品体系。

（四）政策倾斜，为阳谷县发展提供机遇

阳谷县是欠发达县，过去政策对欠发达地区重视不够，欠发达地区和发达地区之间的差距拉大。现在，政策正在朝着重视欠发达地区的方向转变。希望上级在政策、资金等方面向阳谷县倾斜，以给阳谷县的快速发展提供机遇。

作者简介：

刘洪森，男，汉族，1964 年出生，中共党员，本科学历。现任山东省阳谷县住房和城乡建设局党委书记、局长。

自 1982 年参加工作起，历任阳谷县监察局监察科科长，阳谷县纪委常委，阳谷县纪委副书记，阳谷县监察局局长。2012 年 2 月至今，任阳谷县住房和城乡建设局党委书记、局长。

赵宁，汉族，1981 年 10 月出生，中共党员，本科学历。现任山东省阳谷县住房和城乡建设局办公室主任。

优化结构　产城融合
加快新型城镇化建设步伐

河南省柘城县住房和城乡规划建设管理局　陈　超　张艳林

柘城县位于商丘市西南部，总面积1048平方公里，耕地面积106万亩，辖22个乡镇办事处，总人口100.4万人。近年来，在上级党委、政府的正确领导下，柘城县四大班子团结带领全县人民，大力弘扬“自信、包容、拼搏、和谐”的柘城精神，按照“膨胀总量、优化结构、做强骨干、培育支柱、发展龙头、壮大实力”的发展战略和“持续求快、速效并举、务实发展”的总体要求，围绕打造“三区”（新型城镇化实验区、承接产业转移先行区、新型农业现代化示范区）“两基地”（金刚石产业基地、三樱椒产业基地）“一中心”（建设县域中心城市）的目标，努力探索以新型城镇化为引领、新型工业化为主导、新型农业现代化为基础的“三化”协调科学发展之路，全县经济社会呈现出又好又快的发展态势。2012年上半年，全县生产总值完成56.03亿元，增长13.4%。元月份至7月份，限额以上工业增加值14.3亿元，增长25.9%，增速居全市第1位；固定资产投资51.73亿元，增长28.4%，增速居全市第2位；财政一般预算收入2.14亿元，增长30.5%，其中税收收入完成1.4亿元，同比增长21.3%。我们在新型城镇化建设上的主要做法是：

一、坚持规划引领

我们始终把规划放在推进建设、加快发展的首要位置，坚持高点规划、分步实施，先规划后建设、不规划不建设、富规划穷建设，坚持把县城建设、产业集聚区建设、新型农村社区建设、村镇建设规划统筹考虑，实现“多规合一”、无缝对接。围绕突出超前性、科学性和创造性，完成了县城总体规划的修编；围绕拉大城市框架，高标准编制了长江新城建设规划、大北环建设规划；围绕生态城市建设，编制了县城绿地系统规划、水系系统规划、容湖生态公园和千树园建设规划；围绕旧城改造和新区开发，编制了城区房地产开发建设规划、旧城改造和新区组装重点区域项目建设发展规划；围绕建设精品街道，编制完成了县城主要道路园林景观设计规划；围绕推进城乡一体化，先后编制完成了县域村镇体系规划、村庄整治实施方案、村庄布局规划和八条省道控制概念规划。充分发挥规划的引领作用，强化规划的控制与管理，保障了城乡建设有序推进。

二、注重产城融合

（一）资源共享，完善基础设施

把产业集聚区建设与县城建设统筹推进，低成本完成了集聚区与城区的设施共享，实现了以产促城、以城促产、产城融合。围绕“七通一平”目标，通过政府投资、BT 融资、招商引资、贷款融资等多种渠道投入资金 20 多亿元用于基础设施建设，2012 年又实施了北海路、广州路、苏州路、学府路等道路的延伸工程，新修了双枫路。实施了集聚区内硬化、绿化、亮化、供排水、天然气、弱电入地等升级改造工程，规划建设了产业集聚区展示中心、污水处理厂、物流中心、职工公寓、垃圾处理厂等基础配套设施。在产业集聚区西北侧和南侧规划建设了经济适用住房和廉租住房，有效满足了产业集聚区内不同层次就业人员的住房需求。产业集聚区新修的学府路、工业路、北海路、广州路等 6 条道路与城区主干路网相通相连，实现了集聚区管网、供电、通信等与城区基础设施的资源共享，极大地节约了建设成本，完善了城市功能和产业集聚区功能，提升了承载能力。

（二）产业集聚，强化产业支撑

着力打造超硬材料产业，正在实现由金刚石微粉生产基地向超硬材料产业基地的转变。一是产业链条逐步完善，形成了从金刚石萃取到微粉加工再到系列制品生产完整的产业链条。二是产业规模迅速扩张，微粉年产量达到 45 亿～50 亿克拉，制品 700 万件套，占全国金刚石微粉市场份额的 80% 以上，成为“全国金刚石微粉生产基地县”；集聚区入驻金刚石企业 40 多家，全县金刚石制品生产达到 7 大系列 100 多个品种。三是技术含量不断提升，与郑州磨料磨具磨削研究所、河南工业大学建立产学研合作基地，建成了全省金刚石产品检测中心和 2 家省级工程技术中心，先后获得河南省高新技术特色产业基地、河南省特色装备制造产业示范园区称号。

（三）节约集约，注重内涵式发展

一是加快推进城中村改造和农村土地综合整治，落实城乡土地增减挂钩政策，强力开展“双违”治理工作，为推进新型城镇化和产业集聚区建设提供了用地保障。二是促进企业集中布局，推行多层标准化厂房，严格实行落后产能项目退出机制，保证了土地利用集约节约。三是大力发展高层化、高档次商住小区，向城市空间要效益。2011 年获得“全省国土资源集约节约模范县”称号。

三、做强县城龙头

按照“新旧统筹、基础配套、建管并重”的理念，着力抓好县城建设，切实发挥新型城镇化的龙头作用。县城建成区面积扩大到 20 平方公里，城区人口增加到 18 万人，城镇化率提高到 35%。

（一）实施旧城改造

传统农区推进新型城镇化，我们坚持“两手抓”，即一手抓旧城改造，一手抓新区建设。几年来，我们从旧城改造起步，先后实施旧城改造项目 46 个，房地产竣工面积 180 万平方米、在建面积 200 万平方米，改善了城市面貌、提高了城市品位。并通过房地产税收和土地出让收入，为县城建设提供了资金。围绕沿街建筑立面刷新、广告牌匾规范整治、人行道铺设、行道树栽植、道路铺设（修复）等 8 项内容，先后实施了县城 24 条主次干道和 200 条背街小巷的精细化改造，有效改善了人居环境，人民群众拍手称快。

（二）建设长江新城

按照“重心北移、两翼展开”的思路，在长江新城建设中重点实施“两区两带一环一城”，建设大北环和长江新城学苑大道建设工程，建设古黄河余河坡滨河景观带，以建业集团、华盛集团、开疆集团商务综合体等重大项目为支撑，正在加快长江新城组装。着力实施学苑路西伸、长江二路南伸、如意路、湖西路等路网加密工程，建设长江新城医院、新城完全中学、新城小学、妇幼保健院和就业培训中心，统筹发展商业、三产、房地产业和教育、文化、卫生等社会事业，加快实施 3 万人口聚集计划，城市框架不断拉大，城市品位不断提升，容湖生态公园、千树园成为柘城两张亮丽的城市名片。

（三）建设管理并重

以“三城”创建为载体，加强精细化管理，提高了城市管理科学化、信息化水平。组建了城乡管理监察大队，成立了县市容环卫中心、县市政设施养护中心、县园林绿化管理局，推行扁平化管理，在市容、市政、市场、绿化、广告等方面加大综合执法力度，严格查处私搭乱建和违章建筑；推行环卫作业、绿化管护体制市场化改革，形成了监督、管理、检查、奖罚“四位一体”的管理机制，提高了环卫作业、绿化管护水平；实行城市管理大联动，实行网格化管理，严格实行“门前八包”责任制和周三、周五义务劳动日制度，形成了“政府主导、市场推动、部门联动、全民参与”的城市管理长效机制。

四、推进城乡一体

按照县城、特色中心集镇、新型农村社区“三位一体”的新型城镇化体系，以新型农村社区建设为基点，加快农民向社区集中、向城镇转移，加快转变农民生产生活方式，加快推进城乡一体化。

（一）分类推进

根据社区村庄所处的具体区位、现状等综合因素，分为产业集聚区内社区、城乡结合部社区、中心集镇社区和普通农村社区，因地制宜分类推进。全县规划新型农村社区 98 个，其中产业集聚区内 2 个，城乡结合部 5 个，农村社区 91 个，现已开工建设 36 个。

（二）创新机制

一是市场运作。采取建设项目公开招商、引入开发商参与开发建设等方式融资，加快城乡社区建设步伐。二是整合资金。整合土地综合整治、新农村建设、农村危房改造、扶贫开发等项目资金，用于新型农村社区基础设施建设、编制规划设计、拆迁补偿等；同时县财政拿出 2000 万元实施以奖代补。三是边拆边建。坚持拆建结合、同步实施，妥善安置拆迁群众，实现了和谐拆迁；实行“六位一体”督查机制，强力督促新型农村社区建设。

（三）妥善安置

在坚持货币补偿安置政策的同时，重点做好回迁安置、异地安置，按时发放租房补助，并把困难居民纳入医疗保险和养老保险，切实解决他们的后顾之忧。同时采取市场拉动、政府推动、政策扶持“三策联动”，推进土地流转，实现规模化经营，发展高效农业，使农民“搬得来、住得起、稳得住、能致富”，助推新型农村社区建设。

作者简介：

陈超，男，1964 年出生，河南柘城远襄镇人，1980 年参加工作。现任河南省柘城县住房和城乡规划建设管理局党组书记、局长。

统筹城乡发展　加快城乡一体化建设

湖北省大冶市规划建设局　成国胜

大冶素有“百里黄金地、江南聚宝盆”之美誉，至今已有三千年的冶炼史、一百二十年的开放史、八十年的革命史，在中国冶炼史、开放史、革命史上占有重要的地位。1994 年 2 月 8 日，国务院批准大冶撤县设市，随着区域经济的重新定位和发展目标的调整，加快了城乡一体化进程，城乡面貌发生了深刻变化。2011 年，大冶 15 个乡镇（场）、街办、开发区共完成投资 137.99 亿元，占全市 66.07%；规模以上工业增加值 121.34 亿元，占全市 73.26%；全市财政收入过亿元的乡镇达 8 个，其中过 2 亿元的 3 个，过 3 亿元的 1 个。在 2011 年湖北省乡镇百强评比中，大冶市独占前三甲，并且有 6 个乡镇、街办跻身全省乡镇百强。我们的主要做法是：

一、实施城乡一体化战略，按城乡开放互通、互补互促、共同进步的思路构建市域城镇体系布局规划

建市之初，我们就针对大冶“大农村，小市区”的现状提出了建设小城镇、构建大市区的设想。1997 年，市委、市政府明确提出了“三大转变”，即从资源大县向经济强市转变、从矿冶之城向山水园林城市转变、从县级小市向现代化中等城市转变的发展思路。2003 年市委三届二次全会正式确立了城乡一体化发展战略，以市委决定的形式明确了指导思想、总体思路、发展目标和方法步骤。2010 年 5 月省委、省政府将大冶市列为全省城乡一体化试点县（市）。近年来，我市投资 2000 多万元，编制了市域城镇体系布局规划；确立了“一心、四带”的极核式市域城镇体系和“中心城区——片区中心镇——建制镇——集镇”四级城镇结构体系，“一心”即中心城区，“四带”即市域四条主交通动脉作为发展轴线；明确了市域城镇功能结构规划及发展时序；制定了促进城乡一体化发展的土地使用制度改革和户籍制度改革等相关配套政策，并且按照新型城镇化“提质扩容”的要求，对灵乡、陈贵、还地桥、保安、金牛等 5 个中心重点镇总体规划进行了调整，按小城市要求重新定位，并编制了镇域城镇体系规划、控制性详细规划和中心村建设规划，实现规划全覆盖。

二、超常规推进“四区”融合，构建推进城乡一体化建设的载体

依托中心城区和中心重点镇的辐射带动作用，城市功能向近郊和农村延伸，带动了城镇和集镇的兴起，使农村产业和人口梯次向集镇、中心镇和中心城区聚集。近年来，我们按照规划全面建设“新镇区、新社区、新片区、新园区”，把“四区”建设作为镇村联动的纽带，推进产业与城镇相互融合，既建产业园，又建城镇新区，不断推进镇社联建，园社共建，以建设园区促镇区发展，以建设片区发展园区。一是新镇区依托园区建设扩大规模。工业小区的规划建设和蓬勃发展，延伸了镇区毗邻地区的道路，路灯和给排水管网等基础设施，为镇区的区域拓展创造了条件。如陈贵镇引进江苏雨润集团肉禽屠宰、生猪屠宰、肉制品加工三大项目后，按照“一轴两心三区”的镇区总体规划要求，征收镇区东部山地面积2000余亩、平整荒山4000亩，纳入镇区统一规划，统一配备管网、路网、电网、林网等设施，使昔日连片的荒山变成推进镇域经济发展的重要工业用地，直接拉开了镇区骨架。二是新园区建设催生城镇新片区。随着新园区设施的不断完善和龙头企业入驻后的带动，物质流、资金流、信息流迅速向园区聚集，就业人员不断增加，入园企业在建成厂区的同时，集中兴建职工住宿小区，建成一批城镇新片区，与新镇区完全融为一体。三是新园区建设带动农村向社区转变。由于工业园区的建设与发展，周边村庄由此同步实现了供水、供电、道路、污水处理、垃圾处理等基础设施、公共设施资源共享。如灵乡镇谈桥社区紧邻灵成工业园，规划面积4.6平方公里，辖14个居民小区，1个集中居住点，总人口2600人。按照“土地集中经营、农民集中居住就业、公共设施集中配套”的思路，成为农民自主建设、自我管理的新社区。

大冶的“四个新区”建设，体现为新型工业化有力地推进了新型城镇化。同时，大冶的新型城镇化又有力地服务于新型工业化，实现了新型城镇化与新型工业化的良性互动，从而促进了大冶经济健康快速发展。

三、坚持优势优先发展，在资源型城市转型中培育特色产业支撑

坚持发挥优势，优势优先发展，力求形成彰显特色的发展路子。从依托资源的传统工业化发展阶段，到超越资源发展的新型工业化阶段，资源型镇

域经济始终是大冶市域经济的重要一环，没有镇域经济发展壮大的多点支撑，就没有市域经济的跨越式崛起，大冶市转型前，有部分资源型大镇依托资源创业，超越资源发展；也有因矿而生，矿竭镇衰的历史教训。近年来，大冶市以矿产资源枯竭城镇的产业转型为重点，加大对镇域经济发展的政策资金扶持力度，按照“一镇一园区，一园一特色”的思路，力促乡镇工业小区建设。如开发区着力培育劲牌公司，现已形成全国最大的保健酒生产基地，2011 年劲牌公司实现销售收入 40.35 亿元，上交税收 10.39 亿元；灵乡镇着力打造特钢模具产业，现已成为华中地区最大、最全面的特钢、模具钢生产基地，截止目前，生产特钢、模具钢的企业达到 18 家，形成年产 20 万吨特钢、模具钢的生产能力，2012 年可望达到 50 万吨；陈贵镇着力打造牛仔服装、畜禽养殖及农副产品加工，现已成为中部地区最大的牛仔服装生产基地；还地桥、保安镇着力打造建材基地，现已形成年产水泥 1000 万吨的生产规模；殷祖、刘仁八镇着力打造园林古建及配套产业，大冶园林古建队伍遍布全国各地，大冶已成为名副其实的中国古建之乡。

随着城乡一体化进程的加快和水、电、路等基础设施向农村的不断延伸拓展，我市市域工业化、城镇化明显加快，保健食品、冶金建材等传统的支柱产业得到了巩固和提高，同时也引进南京雨润、中粮集团、武汉重冶、台湾隆成等一大批国内外知名企业纷纷落户大冶，使大冶经济社会发展呈现出了良好的发展态势。

作者简介：

成国胜，男，1969 年 12 月出生，中共党员，本科学历。现任湖北省大冶市规划建设局局长。

自 1990 年 7 月参加工作起，历任大冶市政府科长、研究室主任、政府办副主任，大冶市城管局任党委书记、局长，大冶市城管局党委副书记、局长。2012 年 9 月至今，任大冶市规划建设局局长。

科学规划　统筹发展　加快推进城镇化进程

湖北省秭归县住房和城乡建设局　姜　焱　黄　平

实施城镇化战略，推进城镇化建设，是统筹城乡发展的有效途径，是保持经济平稳快速发展的持久动力，更是转变经济发展方式的必然要求。如何加快城镇化进程，推进城乡统筹发展，带旺一片土地，富活一方经济，已成为我县当前经济发展的重大课题。

秭归县位于湖北省西部，长江西陵峡两岸，三峡大坝库首，属长江三峡山地地貌。全县版图面积 2427 平方公里，其中耕地占 12.97%，园地占 10.64%，城镇及工矿用地占 3.43%，其他用地占 6%，属典型的农业大县。全县辖 12 个乡镇、7 个居委会、186 个行政村、1150 个村（居）民小组。茅坪镇为县城所在地。全县总人口 38.25 万人，其中农业人口 31.5 万人，非农业人口 6.75 万人。全县 2011 年完成生产总值 52.9 亿元，第一、二、三产业比重为 20.75∶35.35∶43.9，人均生产总值 1.38 万元。全年完成地域性财政收入 7.43 亿元。全县农民人均纯收入 3497 元，城镇居民人均可支配收入 1.15 万元。全县城镇化率 34%。

随着三项工程的兴建，我县一座县城、8 个乡集镇实现了整体搬迁，我县在移民迁建过程中，抢抓移民资金投入和对口支援的大好机遇，高起点规划、高标准建设，通过近 20 年的不懈努力，逐步构建了以县城茅坪为龙头、以归州、郭家坝、沙镇溪为中心镇、其他乡集镇为支撑的城镇化体系。全县的城镇化率也由移民搬迁前的 12% 提高到如今的 34%。

一、秭归县在推进城镇化建设过程中存在的问题

尽管通过三峡移民搬迁，秭归县的城镇化建设进程得到大力推进，城镇基础设施日趋配套完善，城镇规模日趋壮大，城镇管理日趋规范，城镇承载能力日趋增强，但与新型城镇化建设标准还存在较大差距，与我县的社会经济发展水平还不相适应，主要表现在以下几个方面：

（一）全县城镇化整体水平还较低，推进新型城镇化建设的任务艰巨

从国家、省、市、县城镇化率平均水平来看，全国平均城镇化率为 51.27%，湖北省平均城镇化率为 51.8%，宜昌市平均城镇化率为 48%，我县

目前的城镇化率远低于国家、省、市水平。从宜昌内临近市县来看，平原县市宜都市的城镇化率为50.8%，山区县兴山县的城镇化率为37.91%，均高于我县的城镇化水平。由此可见，我县的城镇规模小、集聚能力弱、辐射功能不强、产业发展水平低，城镇化建设还处在一个较低水平。宜昌市在国民经济“十二五”规划中明确提出到“十二五”全市平均城镇化率达到55%，与之相比，秭归县要达到宜昌市的平均城镇化水平，差距还很大，建设任务还十分艰巨。

（二）城镇规划编制滞后，城镇建设缺乏特色

新县城总体规划自编制以来，近20年未进行修编，原规划已严重制约了全县社会经济发展。7个移民迁建乡镇集镇自迁建以来，有两个集镇均未进行规划修编，4个非移民搬迁乡镇仅编制了城镇总体控制性规划，未编制修建性详规，规划对城镇建设的指导意义不大。与此同时，城镇规划管理力度不强，县城违规建设现象突出，小城镇建设更是无序，缺少地方特色。

（三）城镇产业支撑薄弱，城镇承载能力不足

秭归县属典型的农业大县，一、二、三产业结构极不合理。为了调整产业结构，移民搬迁后，县委政府及时提出了稳步发展第一产业，大力发展二、三产业发展思路，制定了较为优惠招商引资政策，抢抓三峡移民和对口支援的机遇，大力招商引资，产业结构逐步优化。县城茅坪逐步形成了以光电产业、服装加工及印染产业为龙头的产业集群，同时郭家坝、沙镇溪、杨林桥镇也都建立起以建材、矿产加工、水电为龙头的产业体系，茅坪、九畹溪镇也建立起以旅游业为支撑的三产体系。但其他乡镇均还停留在传统农业为主体的经济发展方式上。同时，我县的工业规模化、现代化水平还很低，旅游业服务水平、吸纳能力、拉动效应还不足。总之，我县经济社会发展还相对滞后，城镇缺乏大产业、支柱产业支撑，发展推动力不足，这是我县城镇化水平低的根本原因。

（四）城镇化建设资金不足，城镇建设改造力度不大

城镇化建设需要大量资金投入，但我县属国家级贫困县，经济实力弱，城镇建设资金筹措难度大，城镇基础设施建设落后。特别是移民迁建结束后，城镇建设缺乏后续资金投入，甚至部分乡镇在移民迁建结束后还欠债，导致集镇建设停滞不前，有甚者个别乡镇已建成的城镇基础设施项目，长期无资金维护，已不能正常发挥效能。非移民乡镇更是多年来城镇面貌变化不大，基础设施不配套，已建的基础设施项目由于缺乏维护，不能正常发挥功能。

（五）城镇管理滞后，公共服务不到位

城镇“脏、乱、闹、阻”现象严重，经济发展环境和人居环境差。全县仅有县城实施了较为完善的城市管理，乡镇城管体制、机制尚未得到根本解决，城镇管理严重滞后，管理无机构、缺人员、少经费。

二、秭归县推进新型城镇化进程的建议

（一）坚持城乡统筹，突出城乡一体化

一要鼓励农村人口向城镇转移，鼓励引导农民向城镇集聚，扩大劳务输出。二要改革土地制度和社会保障制度，消除农民进城后的后顾之忧，真正让农民进得来、留得住、过得好。三要广开就业门路，解决好进城农民就业难问题。进一步加强公共就业服务体制建设，推进城乡公共就业服务均等化。四要完善城乡户籍管理制度。加快解决长期在城镇就业和居住的农民落户问题。同时研究制定教育、医疗、就业、社会保障、住房等方面的配套政策，让农民享受与城市居民同等待遇，促进农民向城镇集中，向城镇居民和产业工人转换。五是要在城镇与农村基础设施配套、公共服务设施建设上同时规划、同步建设、同等服务、同等收费，真正体现城乡一体化。

（二）坚持科学发展，突出规划先行

要坚持高起点规划，以小城镇、大战略的思路谋划城镇发展，以科学发展观引领新型城镇化建设。要围绕县城茅坪，全县一盘棋，树立大交通、大工业、大旅游、大市场的理念。要突出规划的权威性，规划要突出地方特色。

（三）破解发展难题，突出城镇建设资金投入

我县作为国家级贫困县，建设资金短缺问题十分突出，解决这一难题的根本出路在于搞活城镇经营，广泛吸纳各类资本，特别是民营资本参与城镇建设。一是要抢抓三峡后续规划及武陵山区片区规划机遇，积极申报城镇建设项目，争取资金投入。二是要加强融资平台建设。要切实发挥政府投融资主体的引导和带动作用，通过整合政府资产、集体资产、土地资源等城市资源，做强做大融资平台。三是要抓好城镇资产经营。强化经营城市理念，通过市场化运作，盘活城市资源，特别是要推进土地市场化经营，实现以地生财、以地兴城的目标。四是要加大财政投入力度。城市基础设施配套费、城镇土地出让增值收入尽量用于城镇基础设施建设。

（四）坚持建管并重，突出城镇管理

科学的管理是城镇快速健康发展的关键环节。要坚持建管并重，把城镇管理放在与规划、建设同等重要的位置，创新管理体制，改革管理手段，加大管理力度，提高管理水平。要加强城市基础设施的日常维护，确保正常发挥效能。要加强市容市貌的综合整治和专项治理，落实长效管理措施。要深

入开展："城乡清洁工程"，重点抓好县城、乡镇所在地和公路沿线环境建设，确保城乡环境卫生经常化、制度化。要加强对城镇居民的城市意识和社会公德教育，规范城镇居民的行为，提高群众文明素质和自我管理能力，丰富城镇文化内涵，提升城镇文明程度。

江汉明珠耀荆楚

湖北省潜江市住房和城乡建设委员会

市民体育活动中心、游泳馆、曹禺公园、梅苑、火车站等标志性建筑项目相继建成；曹禺大剧院、世博湖北馆复建、318国道复线、市行政综合服务中心、规划展示馆等一批重大项目建设有序推进；踏上潜江大地，放眼望去，城镇化项目建设现场是一片如火如荼的景象。一阵阵推进新型城镇化和城市建设的热潮，正让潜江这颗荆楚明珠变得越发灿烂夺目。

近年来，潜江市以科学发展观为统领，紧紧围绕全面实施“一区两带三极”发展战略，坚持走以人为本、产城融合、城乡统筹的新型城镇化道路，城市规划建设管理取得重大成效，城乡面貌发生巨大变化，规模持续扩张，功能逐步完善，品位不断提升。2011年，潜江市城镇化率达到49.2%，比2006年提高5.5个百分点；城市建成区面积达到45.6平方公里，比2006年增加7.5平方公里；全市城市绿化覆盖率达到40.24%，绿地率达35.23%，人均公园绿地面积10.07平方米。潜江市先后荣获“全国绿化模范城市”、“中国人居环境范例奖”、“省级园林城市”、“省级文明城市”、“省级卫生城市”、“湖北省城镇规划建设楚天杯”等殊荣，2011年被评为“中国十大最具幸福感城市”之一。

一、坚持科学规划，让发展蓝图更加科学

百年大计，规划先行。市委、市政府着眼未来、着眼科学指导城市建设，坚持城市规划“领导意图、群众意愿、专家意见、法律意义”的统一，以规划指引项目、指导投资，做到科学规划、合理布局、分步实施、快速推进。

（一）加强城市总体规划控制

2007年，我市完成了新一轮的《潜江市城市总体规划》修编工作。城市发展战略规划和城市总体规划的制定对我市的区域定位、城乡协调发展、经济产业发展及城市性质、城市规模、城市发展方向等重大问题进行了明确。将潜江发展定位为湖北省重要的石油、化工基地；武汉城市圈内的农副生产加工基地、工业原材料基地、工业协作区；江汉平原中心城市之一，湖北中西部与武汉城市圈联结的纽带；具有水乡园林特色、历史人文特色的生态宜

居城市。提出了跳出广华城区与园林城区，在东荆河以西建设城市新区的构想，建设成为全市政治经济文化中心和现代服务业基地。赋予潜江未来城市发展空间“一轴联三区、两带串四园”的组合城市结构模式，即城市用地布局按照组团式结构形态，通过绿化、水系的分割，构成既相对独立又有机联系的三大城区：园林城区、新城区、广华城区和四个城市外围组团：杨市组团、后湖组团、王场组团、竹根滩组团。规划区总面积由311.25平方公里扩大到621.45平方公里。

（二）完善各类专项规划

在城市总规下，围绕城市新区建设，完成了《潜江市新城区控制性详细规划》，形成了“四核三轴、一带五区”的空间布局结构，“四核”即行政文化核、商业娱乐核、生态休闲核和生活服务核，“三轴”即沿老318国道和兴隆大道的两条交通轴和由行政文化核、商业娱乐核、生态休闲核构成的心城区南北空间主轴线，“一带”即滨河景观带，利用东荆河的景观优势，形成以东荆河堤内生态绿地为主体的滨河景观带，“五区”即新城区核心区、周矶居住区、产业发展区、产业储备区和远景拓展区。在《潜江市新城区控制性详细规划》下，近年来，先后完成了新区市政专项规划、城市防洪、排涝专项规划涉等专项规划。

围绕工业园区建设，完成了华中家具产业园5.72平方公里控制性详细规划以及园区内5条主要道路及排水施工设计；潜江经济开发区14平方公里范围内的排水系统规划，为完善园区功能奠定了基础；邀请湖北省规划设计研究院承担了我市大园区总体规划和分期建设规划的编制任务，完成了大园区产业发展策略、重大基础设施布局等专题研究，明确了以园林高新技术产业园、杨市办事处、泰丰办事处、华中家具产业园为载体，构建大园区产业平台，规划总面积60平方公里。配合武汉科技大学完成潜江市高新技术产业园和杨市食品产业园规划的初步方案；完成了杨市食品产业园5000亩及一期启动区1600亩规划范围的确定及控制性详细规划编制的前期工作，完成了工业园区各类市政基础设施施工设计。

围绕重点工程建设，完成了火车站场3.75平方公里的控制性详细规划以及各类道路、排水等市政施工设计；完成了金华润“4052”工程、江汉盐化工总厂扩规、永安药业环氧乙烷、华山水产甲壳素深加工、川田卫生用品、湖北富来地金润肥业、潜江同光面粉、江汉环保有限公司、巨源油业等一批重点项目的控制性详细规划和修建性详细规划；完成了梅苑57公顷的景观规划及施工设计，曹禺大剧院、中国戏剧家协会曹禺剧本奖创作基地、中国戏剧家协会梅花奖艺术交流中心和世博湖北馆的建筑方案及景观设计，体育活动中心规划及建筑设计；积极为大雄集团、中伦纺织、好迪、全友等项目落户潜江提供了规划和测绘保障服务。完成了润基建材市场、中纶国际纺织城、湖北潜江大雄·江汉城、全友、好迪等一批重点招商引资项目的控制性详细规划及修建性详细规划的规划审批、规划放线等相关工作。

围绕集镇建设，完成了全市364个行政村的村庄规划和60个管理区村庄规划编制工作，有力地促进了我市社会主义新农村建设。为加快新农村建设示范区建设，编制完成了襄岳公路沿线新农村建设景观整治规划，着力打造以襄岳线为主轴的沿线水利工程景观、生态农业和文化旅游带。

二、坚持高标准建设，让城市家园更加美丽

近年来，在科学发展观的指引下，潜江城市建设步入了快速持续发展时期，城市基础设施、环境配套设施不断完善，城市生活环境不断改善，城市凝聚力和吸引力不断增强，城市面貌发生了翻天覆地的变化，一座快速发展、环境优美、文明进步的魅力潜江绽放在荆楚大地。

（一）新城区建设全面启动

新城区规划面积35平方公里，是未来潜江政治、经济、文化中心，现代服务业基地。2011年11月3日，市政府与江苏中南控股集团有限公司签订《潜江新城区投资建设合作协议》，中南集团将在未来五年筹资48亿元助力潜江新城区建设，现已完成核心区迁村腾地，抓紧推进7处农民公寓、“5+2”主干道、供水、通讯、天然气工程、水系整治、园林绿化等基础设施建设。2012年9月26日市综合行政服务中心正式奠基，同时，启动了兴隆大道和规划展示馆建设，标志着新城区建设进入全面快速建设新阶段。目前新城区各项工程建设正全面抓紧推进，新城区崛起势不可挡。

（二）老城区建设统筹兼顾

五年来，累计投入30多亿元，实施50多项城建项目，加大城市基础设施建设。

1. 完成了东环大道、章华大道南延、北环路、红梅路、紫光路、紫月路、泰丰路等道路建设，抓紧推进高速公路出口改造、318国道复线建设、东环大道南延、兴盛路、湖滨路等建设，进一步完善了城区路网结构。

2. 完成了南浦路、喻王巷、共建巷等背街小巷改造，抓紧推进红军路（殷台路）改造、老石油公司门前街道积水改造等工程建设，进一步改善了市民出行环境。

3. 完成了潜江火车站场功能配套建设，2012 年 7 月 1 日火车正式开通，使潜江人民坐上了幸福列车。

4. 2010 年，在东、西城区各一座日处理 3 万吨污水处理厂的基础上，又启动了城北污水处理厂建设和市污水处理厂 2 万吨扩规工程，全市城镇污水集中处理率达到了 88. 8%。同时，完成了杨市垃圾处理厂二期扩规工程，城区垃圾日处理能力提高到 300 吨，无害化处理率 100%，有效解决了赖以生存的环境空间压力问题。

5. 高标准建成了市民体育活动中心、曹禺公园、曹禺纪念馆、梅苑、曹禺祖居等文化体育设施，抓紧推进世博湖北馆复建，启动了曹禺大剧院建设，进一步满足了市民文化需求，提升了城市文化品味。

6. 通过市场运作，引进社会资金 10 多亿元，完成了民主街集贸市场、西门农贸市场、南门集贸市场等专业市场建设，建成了江汉平原最大的多功能高端建材家居一站式服务市场润基装饰建材城，抓紧推进嘉业农机汽配大市场、天驰汽车大市场、东门木材市场、南荷集贸市场等市场建设以及园林路步行街改造和中心集贸市场改造，进一步改善了投资环境，促进经济发展。

7. 投资 8500 万元完成了老城区管网改造、城区管网扩建工程、新城区管网建设等重点工程，共新装和改装 ¢200mm 以上供水管网 20 多公里，日供水能力达 12 万吨。建成门站一座，LNG 储气站一座，CNG 加气站两座，敷设燃气管网 500 多公里，形成西至钟市、东至莫市、南至监利边界、北至泽口开发区覆盖全市主要工业园区、年供气能力达 2 亿立方米、总投资 2. 5 亿元的供气网络系统，拥有居民用户 8 万余户，工商业 400 多家，CNG 车用燃气客户 350 户。

（三）保障房建设快速发展

让居者有其屋，市政府连续 5 年把城镇居民住房保障工作列入十件实事之一。逐步建立起了以廉租住房、经济适用住房、公共租赁房、棚户区改造为主的住房保障体系，截止目前，我市园林城区已建成各类保障性住房 2885 套（其中经济适用房 1875 套，廉租房 1010 套），累计对 4232 户城镇低收入住房困难家庭发放了租赁补贴资金，有效的解决了部分城镇住房困难家庭的住房问题。

（四）房地产开发初具规模

从 2006 年至今，我市已立项商品房建设面积近 220. 1 万平方米，核准预售 116. 12 万平方米，完成投资近 23. 22 亿元，已投入市场的住房约 7000 余套，年实现税收突破 8000 万元以上，对社会经济发展的拉动作用明显凸现。

开发企业发展增速，理念不断提升。市市域范围内从事房地产开发具有开发资质的房地产开发企业共计27家，合计注册资本11.8亿元，其中二级开发资质2家，三级开发资质4家，四级开发资质7家。同2005年底相比，企业数量增加了10倍，注册资本增加了40倍，资质等级也实现了质的跨越。随着开发企业开发理念的提升，一批大规模、高品质的住宅小区的新建，我市居民的购房意向逐渐由刚性需求向居住舒适型转变，商品房开发实现了质变的转换。

（五）小城镇建设如火如荼

我市以襄岳线新农村建设为依托，以“百镇千村”示范工程为支撑，充分发挥张金镇、浩口镇2个全省重点乡镇，张金镇五里碑村、李家洲村，浩口镇文岭村、同心村等20个全省示范村的示范作用，以点带面，全线推进，村镇建设有了较大的发展。全市23个区镇处根据规划要求，结合区位特点、经济发展水平、资源优势等条件，实行区域定位，错位发展，实现了差异化、特色化发展。各集镇通过盘活土地存量，引进客商开发，大手笔作规划，大动作搞建设，大力度抓管理，镇容镇貌得到了大的改观，合理规划集贸市场、住宅小区、工业园区等功能区，同时投入资金修建休闲广场，对镇区进行美化、亮化、黑化，部分乡镇形成了一街一业、一路一品的格局。五年来，全市共完成集镇建设投资21.78亿元，镇区绿化覆盖率27%，自来水用水普及率达95%，主次道路路灯安装率达90%。园林办事处、张金镇入选湖北省2011年百强乡镇。熊口镇夺得全国历史文化名镇和全省小城镇规划建设管理“楚天杯”，高石碑镇进入省级生态镇行列。

（六）产城融合进一步加速

发展产业，吸引就业是新型城镇化道路的必然选择。近年来，我市围绕争创国家级开发区和省级高新技术开发区，加强园区整合，着力打造布局合理、产业集聚、功能齐全、生态良好的70平方公里大园区。推进与中珠集团合作，筹资30亿元，加快园区路网工程配套改造、电力增容、污水处理等基础设施建设；目前已完成投资5亿元，新增园区道路近40公里。制定和完善园区被征地农民养老保险、搬迁户购买还建房等政策措施，大力推进大园区拆迁安置，近两年共拆迁1100多户，建设还建房868户，新增园区用地10平方公里。

同时，按照“中国一流”的要求，加快3万亩华中家具产业园建设，努力打造中国家具产业第五极，形成新的经济增长点，现已引进全友、好迪、广大佳居乐等94家，签约投资150亿元。以潜江经济开发区、江汉盐化工业

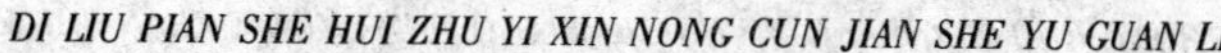

园、油田矿区为载体，打造“循环化工走廊”，努力争创国家新型工业化产业示范基地。依托杨市工业园，聚集创新要素，吸引一批科技型企业，建设省级高新技术产业园。大力推进5000亩食品产业园、1000亩龙虾美食城、润基建材城、大雄国际·江汉城等专业园区建设，形成了城区与产业园区互为支撑、共同发展的良好局面。城镇化带动工业化发展，为潜江经济社会发展注入强劲动力。

把江汉油田当作最大的企业，最大的园区来建设，按照“共建矿区、共建园区、共建城区、共抓转型、共同发展”的理念，坚持和完善江汉油田与地方合作共建机制，加强高层会晤、部门沟通，支持江汉油田勘探开发、产能建设和项目建设，支持中石化无机化工产业基地加快建设；支持油田经济适用房、棚户区改造以及基础设施建设，加强矿区农村生活用水秩序整治，为油田经济社会发展营造良好环境，增强其辐射周边的能力。

三、坚持高效能管理，让市民生活更加美好

“三分建设、七分管理”，近年来，市委、市政府高度重视城市管理工作，坚持按照城市管理标准化、精细化、数字化、长效化的要求，全面加强城市管理，推进城市管理不断上新的水平、新的台阶。尤其是2011年以来，按照省委、省政府关于“学株洲，见行动”的统一部署，我市积极推动“城管革命”，深入开展城乡环境综合整治，城市管理实行“全天候、全覆盖”，城市卫生环境、交通秩序得到改善，城市面貌大为改观。

（一）推行城市管理网格化

加大投入，整合部门资源，努力打造集公安、规划、交通、城管、应急、社会管理于一体的数字化平台。公开招聘100名网格管理员，全面落实“六进”（地方领导进网格、城管队员进网格、片区民警进网格、环卫工人进网格、社区干部进网格、辖区单位进网格）、“六定”（定人、定时、定岗、定责、定管理标准、定奖惩制度），提高精细化管理能力。

（二）推行城市管理市场化

按照“政企分开、政事分开、管干分离”的思路，进一步转变“政府包揽、垄断经营”的城市管理模式。实行了城市“牛皮癣”治理市场化改革，引进专业清洗公司参与“牛皮癣”治理；开展了环卫清扫保洁市场化运作，新纳入城区管理的道路环卫保洁一律采取“公开招标、路段承包”的方式进行。

（三）推行城市景观改造特色化

全市178家临街单位的临街立面进行了灯饰亮化；投入80万元对高速公路立交桥进行高标准亮化改造；投入100多万元为章华南路行道树安装流星雨灯饰；投入20多万元为虾街550棵行道树安装LED灯带、金箔包装，悬挂大红灯笼500盏；投入10万元对江汉路、江汉大市场、体育场、红星菜场、北门转盘民房等公共部分轮廓灯、地灯进行维修和改造，营造出流光溢彩、火树银花的美丽夜景。

（四）推行考核结账经常化

组建市城市综合管理委员会，建立"大城管"格局，构建了分工明确、配合密切、监督有力的城市综合管理体制。制定了《潜江市城市管理工作职责》、《潜江市城市管理考核办法（试行）》、《潜江城区"门前四包"管理工作实施方案》等文件，市城市综合管理委员会对各部门各地方实现"日巡查、周通报、月考评、月结账"，严格实行一月一检查、一月一通报、一月一结账，做到奖优罚劣，奖得眼红、罚得心疼。

四、以新型城镇化引领"四化"协调发展

省第十次党代会和省委省政府潜江现场办公会提出，支持潜江冲刺全国百强，建设"四化"协调发展先行区，打造"荆楚明珠"，为我市今后发展指明了方向。未来五年，我们要牢牢把握城镇化发展面临的历史机遇，凝聚共识、聚集力量，推动全市城镇化更好更快发展。

我市新型城镇化的指导思想和目标任务是，坚持以邓小平理论、"三个代表"重要思想和科学发展观为指导，以省第十次党代会和市第七次党代会精神为引领，紧紧抓住"黄金十年"重要战略机遇，深入实施"一区两带三极"发展战略，按照高标准规划、高水平建设、高效能管理的要求，推进新城区、老城区、重点镇、新型农村社区等四大区域建设，着力构建分工明确、梯度有序、开放互通、共生共荣的城乡一体化发展新格局，全面提升城镇化发展水平。力争到2016年，城市建成区面积达到58平方公里，城镇化水平达到57%，城市绿地率达到38%，绿化覆盖率达到45%。成功创建国家园林城市。

（一）加快推进城市新区建设

围绕基本建成11平方公里新城核心区的目标，积极推进与中南建设集团合作，全面完成核心区征地拆迁和城区主干道、农民公寓及配套基础设施建设，推进水系整治和滨河景观、中央公园、文化体育、教育等公共设施建设。

全面启动新城区市直单位机关、公共事业建设。大力推动新城区商业、住宅开发和服务业发展。出台政策措施鼓励引导人口向新城区转移。

（二）全面改造提升老城区

围绕东西城区连结，续建完成318国道复线续建工程。完成东荆河以东、东荆河以西、安远大道南段和318复线延长线的安远大道北段的黑化路面、绿化隔离带、中央分隔带、人行道、平交道口工程和沿线排水设施建设。围绕火车站点的建设，配套完成紫月路（城东河路至章华南路）、城东河路（潜阳路至紫月路）。围绕城南新区和工业园区发展，完成紫光路（紫月路至红梅路）、袁光大道（紫月路至红梅路）、东环大道（红梅路至紫月路）、红梅路西段的扩宽改造。续建完成西门农产品批发市场、棉原农贸市场、南门农贸市场、袁桥农机大市场、汽贸大市场等五个专业市场的建设工程，启动中心农贸市场改造工程；续建完成汉渝铁路火车站、站前广场相关配套设施建设，建成沿线地级市一流火车站；完成城北污水处理厂、市污水处理厂扩规及配套管网工程、市污泥处理处置中心工程，确保完成减排任务。继续推进天然气、自来水管网建设，新建LNG站、CNG加气站各2座，新建日产13万立方米水厂一座，新增铺设新城区自来水管网48公里。完成东城区排水设施配套建设，在百里长渠、城南河和县河沿线分别新建2座排涝提升泵站；改扩建马昌垸泵站、深河泵站；改造完善排水管网，不断增加城区排污和排涝功能。完成1～2个“城中村”改造，加快背街小巷、城乡结合部基础设施建设，完成318复线、紫光路、红军路等道路亮化工程。加快单位庭院和社区绿化、街道绿化、公共绿地、河渠防护绿地的保护、开发和建设，形成特色鲜明，布局合理的绿地系统，争创国家园林城市。

（三）加快园区经济带建设

完成园林、杨市、总口园区整合规划，打造70公里大园区，重点发展无污染的纺织、服装、家具、食品、饮料等产业。将潜江经济开发区向竹根滩方向拓展，突出化工特色，整合石油化工、盐化工、医药化工等化工资源，开发精细化工项目，形成科技含量高、产品关联度高、外向度高的综合化工园区。完善周矶高新技术园区规划，重点发展轻工业、电子信息等高新技术产业。把工业园区建设成为交通便利、设施完善、产业发达、市场繁荣、社会和谐，引领潜江经济社会发展的现代产业集群。

（四）大力培育中心镇和特色镇

坚持产业立镇、特色兴镇，集中力量打造一批经济强镇、特色名镇，努力构建梯次分明、协调发展的现代城镇体系。重点支持张金、浩口等中心镇和熊口、高石碑、龙湾、王场等特色镇建设，加强道路、供水、排水、燃气等基础设施建设，以适应农村人口转移和产业集聚的基本承载需要。强化小城镇宜居功能，以小城镇污水处理、区域性垃圾处理和园林绿化设施建设为重点，逐步建立小城镇减排责任体系，持续改善小城镇人居环境。支持张金镇作为镇级市试点，赋予县级管理权限，将其建设成为发展领先、功能齐全、环境优美、特色鲜明的县域小城市。

（五）全面建设生态秀美新农村

按照“生产发展、生活宽裕、乡风文明、村容整洁、管理民主”的要求，加快推进襄岳线新农村示范片和各乡镇新农村示范点建设，推动新农村建设向纵深发展。充分利用土地整理、建材下乡、农村环境整治、农村危房改造等政策，以中心村为重点，以新型农村社区为抓手，搞好村庄建设和农村住房建设。加快迁村腾地步伐，鼓励农民新建改建农房，积极引导农房建设向镇区和中心村、农村新社区集中，配套建设道路、沼气、供电、供水、广电通讯等设施，促进土地节约、资源共享；实现集中供水、生活垃圾定期清运、污水集中收集处理、家禽家畜圈养、雨水明渠排放、污水暗沟排放；建设文体活动设施和绿化小游园，清洁水系、美化环境，提高农村的基础设施和公共服务水平，实现“设施齐全、居住舒适、村容整洁、生态良好、管理科学、群众满意”的目标。

（六）提高城镇管理水平

优化完善城镇规划体系，实行全域规划，合理布局，彰显特色。严格城乡规划管理，严厉打击城乡违法占地和违法建设。严格用地红线、水体蓝线、绿地绿线、历史文化保护紫线、市政公用设施黄线、公共服务设施橙线等“六线”管理。全面推行城市管理精细化、科学化、社会化、市场化。按照权责对等、分级负责的原则，加快推进城市网格化管理，建成一流的数字化管理平台，形成全社会管理、全过程监管、全行业覆盖的城市管理网络，全方位提高城市管理水平。坚持城乡联动，推进城乡一体化管理进程，切实改善集镇面貌。

（七）多渠道筹集建设资金

树立经营城镇理念，充分挖掘闲置资产，利用市域内的土地、房产、空间、规划、概念等有形或无形资产资源，通过市场运作方式筹集建设资金。大力推进以城建城、成片开发、捆绑招商建设模式，引入市场资金参与城市和集中开发建设。

顺时施宜　戮力前行
积极推进新型城镇化建设

湖南省衡阳县建设局　段卫国

城镇化是指农村人口转化为城镇人口的过程。党的十八大将城镇化提高到前所未有的高度，提出城镇化是我国现代化的历史任务。2012 年 11 月的中央经济工作会议又将城镇化确定为调整经济结构、转变社会型态、扩大内需的重要战略和主要抓手。这是中央集中党内外智慧，在认真总结国内外城镇发展经验，分析我国城镇化进程和发展趋势作出的重大科学决策。

一、充分认识推进新型城镇化工作的重大意义

（一）推进新型城镇化是形势发展需要

根据 2013 年 2 月 22 日出台的 2012 年度国民经济与社会发展统计公报，我国城镇化率为 52.6%。这个数字表示，我国已实现城镇人口超过农村人口，彻底改变了几千年来的农业社会模式。聚居形态将从农村空间向城镇空间转变，实现农村文明向现代城镇文明转变。我国城镇化的发展顺应了社会生产力发展的要求，顺应了人类生产方式和生活方式发展变化的要求，是工业革命以来人类文明的大趋势，是实现现代化不可逾越的阶段。

（二）推进新型城镇化是经济社会发展的强大动力

城镇是财富增长、积累的发动机。据统计，目前全球 GDP 的 1/5 由 10 个经济发达的城市创造，韩国首尔聚集了全国 80% 的经济总量，日本东京和泰国曼谷分别撑起全国经济的 40% 和 38%。当前，我国已进入城镇化加速发展期，城镇空间规模的扩张、城镇数量的增多和城镇经济规模的扩大，有力地推动了经济社会的发展。据世界著名的麦肯锡管理咨询公司研究报告，到 2030 年，我国城镇创造的 GDP 占国家经济总量的比重将由现在的 70% 上升到 95%。根据中国社科院人口与劳动力经济研究所所长蔡昉的研究，全国每 1% 的乡村人口转移到城镇，新增投资 6.6 万亿元，能使居民消费总额提高 0.19 到 0.34 个百分点。按照湖南省的统计，城市化水平每提高一个百分点，拉动生产总值增长 0.6 个百分点，拉动消费增长 1.3 个百分点。所以说，加快城

镇化，可以增加城市人口，扩大消费；可以拉动工业和服务业发展；可以创造大量就业机会，增加居民收入；特别在当前经济增长的三驾马车之一出口已下降，投资又会扩大通胀的情况下，对增加消费有重要促进作用，所以也是实现我国经济平稳较快发展最大的内生动力和坚实支撑。

（三）推进新型城镇化是促进城乡一体化的必由之路

建设和谐社会，实现共同富裕是战略目标。根据国家统计局2012年《国民经济与社会发展统计公报》，第一产业总值占比10.1%，也就是说，全国48%的劳动力（农民）仅创造了10%的社会财富。这份公报还显示，2012年农村居民人均纯收入7917元，而城镇居民人均可支配收入2.2万元，城乡居民收入差距明显，并且呈扩大趋势。只有大力推进城镇化，减少农民，才能富裕农民。目前全国共有农民工2.4亿，其中有1.5亿外出务工农民工和近9000万本地农民工，他们大多数需要融入城镇，由农产品生产者变成农产品消费者。另一方面，在推进城镇化的过程中，大力发展现代农业，是发达国家的成功经验。在大量农民变成市民的过程中推进土地集约化经营和大规模机械化生产，从而实现以现代农业支撑新型城镇化，形成城乡经济社会发展一体化的新格局。因此，加快推进城镇化，既是推进农村农业现代化的当务之急，也是从根本上解决“三农”问题，全面建设小康社会，加快现代化的必由之路。

二、准确把握全县新型城镇化发展趋势

我省的城镇化发展在全国处于中等偏下程度，根据湖南省住建厅提供的数字，湖南省2011年城镇化率为45.1%、衡阳市与全省基本持平，2011年统计年鉴显示，衡阳市城镇化率为46.99%，我县是个农业大县，2011年城镇化率达32.63%。我县低于全省（市）、全国大约14~20个百分点，城镇化发展空间巨大，速度和质量还有待进一步提高。

（一）从历史发展规律来看，我县已进入城镇化加速发展期

城镇化发展有两条普遍规律，一是城市化有一个由慢到快再相对稳定的过程。城镇化率在10%到30%之间为缓慢发展期，30%到70%为高速发展期，70%以上为稳定发展期。二是城镇化与工业化存在明显的互动关系。在工业化初期，工业化对城镇化的带动作用明显，进入工业化中期后，城镇化开始加速，对工业化的作用更加明显。我县近几年来均以年均2.16个百分点的速度推进（十一五期间全国共增长4.5个百分点），同时，我县人均GDP已超过1万元，第二产业总量也已超过第一产业（2009年实现），这些表明，

我县已经进入城镇化加速发展期，并将出现城镇化引领工业化和农业产业化趋势，新型城镇化面临一个巨大的历史性机遇。

（二）从政策给予优势来看，我县新型城镇化工作面临巨大机遇

中央明确提出要积极稳妥推进城镇化，提升城镇发展质量和水平，并把重点放在加强中小城市和小城镇发展上。省委九届十中全会更是把“四化两型”（新型工业化、新型城镇化、农业现代化和信息化，资源节约型、环境友好型）作为富民强省的战略部署，省政府印发了《湖南省推进新型城镇化实施纲要》（湘政发［2012］37号），并把我县列入全省规划中40个重点建设的中等城市之列，“西南云大”经济圈也列入重点发展城市群。同时，我市列为国家级承接产业转移示范区，先进制造业基地和现代服务基地也逐步形成。市委、市政府提出要建设“西南云大”半小时经济圈，争当“四化两型”科学发展排头兵，在“十二五”规划中要求各县城按照30平方公里、30万人口规模建设，并要求每个县选择2～3个乡镇分别按5万人口规模编制城镇规划和建设。我县也将实施“3355”新型城镇化发展规划，即到2015年，县城西渡发展到30平方公里、30万人，最终成为50平方公里、50万人的中等城市规模，争取撤县建市，挤入中等城市之列。同时加大撤乡设镇力度，加速推进“一区三园三基地”建设，作为百万人口大县、我县的新型城镇化工作面临巨大机遇。

（三）从现实来看，我县城镇化已进入快车道

近三年来，全县城镇化率由25%提高到32.63%（预计2012年为35%左右），县城新建主次干道12公里，新建了污水处理厂，建成区面积由原来不足10平方公里增加到现在的15.3平方公里，县城常住人口增加近一倍，县城承载能力得到明显提升。各乡镇也变化明显，库宗、关市、岘山、石市完成撤乡设镇工作，乡集镇改变了一条街的现状，部分建制镇开始大规模出现上万平方米的建设项目，全县城镇建成区突破50平方公里，从县城到各乡镇房价呈现稳步上扬态势，这些都表明我县正在由原来的农业人口占多数开始向城镇人口发展快速转变。

三、要切实明确全县推进新型城镇化工作重点

（一）抓规划定位城镇发展

我们常说“规划是龙头”，这是因为规划是综合性、全局性、基础性的工作，因为它涉及到城镇发展的顶层设计，城镇模式一旦确定，就具有路径依赖特征，城镇形态、产业结构、发展方向，甚至是居住生活方式都很难改变。

规划上如果出现失误，形成固定的城镇化模式，想改也难，造成的损失难以挽回。我们经常可以看到，因规划失误，造成拆迁成本翻倍的例子有好多。等过了几年来看，大家都会后悔莫及。就是国际上所说的“我们现在正睁着眼睛犯错误，就是没有办法改变”。

（二）抓建设增强城镇承载力

完善的基础设施是城镇化的重要标志，也是城镇化的主要驱动力。要在三个方面下功夫：一是提升城镇交通的集散功能。二是要提升公共服务水平。三是要提升城镇环境承载能力。通俗地讲，就是要加大路、水、电、讯等基础设施和公园、学校、市场等公共项目建设。通过完善的配套建设，提升城镇的承载能力和聚集能力，引来企业、居民。县城近年来投入道路建设资金达3亿元，并建设了两座变电站，县城供水能力提高了一倍，新建了污水处理厂，完成了一大批的旧城道路、公园、广场等建设和改造，为县城规模企业的引进和生产提供了强有力的硬件和服务、极大地改善了县城市民的生活环境。

（三）抓管理提升城镇文明程度

建设是基础，管理是关键。一个脏乱差的城镇，以经济眼光来看，就意味着贬值。城镇管理的过程，就是出秩序、出效益的过程。县城西渡通过持续的创建活动，先后获得省级卫生县城、全国文明县城等殊荣，对于提升我县美誉度，为招商引资打造了良好的软硬件环境。更重要的是县城居民自己觉得舒适、安心。当前，我县城镇管理工作也还存在一些薄弱环节。如一些乡镇的镇容村貌脏乱差，特别是马路市场现象非常严重。已成为上级领导和过往群众对包括当地党委、政府工作能力在内的一个重要直观认识。

加快推进新型城镇化建设，正当其时，正逢其势。在这场宏大的战役中，让我们用尽心思、集中精力、群策群力，以势如破竹之势，谱写新型城镇化的崭新篇章！

作者简介：

段卫国，男，汉族，1964年4月出生，中共党员，本科学历。现任湖南省衡阳县建设局局长、党组副书记，湖南省衡阳县县委委员。

自1981年4月参加工作起，历任衡阳县经委干事，衡阳县城管大队大队长，衡阳县建工局党支部书记，衡阳县建工局局长，衡阳县建工局局长、建设局副局长。2008年12月至今，任衡阳县建设局局长、党组副书记。

因地制宜　发挥优势　加快城乡一体化建设

广西壮族自治区东兴市住房和城乡建设局　何恒廷

近年来东兴市以“城乡一体化”建设为核心，因地制宜，科学规划，加快城镇化建设步伐，促进农民增产致富，不断完善城镇基础设施，逐步承接城市扩散与产业辐射功能，合理建立城镇体系和现代服务体系，实现城镇集约发展和可持续发展，对当前加快“城乡一体化”建设都具有积极的现实意义。我市江平镇2004年2月被列为全国重点镇，2005年1月被列为第一批全国发展改革试点城镇，是国家批准实施的广西北部湾经济区发展规划重点建制镇，也是我国较少民族——京族的唯一聚居地，自治区级东兴江平工业园、京岛风景名胜区所在地。区位优势突出，资源物产丰富，对外交通便利，享受的优惠政策多。

一、推进城镇化相关政策措施制定和执行情况

（一）修改并完善城市总体规划

我市现行城市总体规划（2007～2020）修改（2011年）已于2011年经区人民政府批准实施，东兴镇作为我市的政府所在地，城镇建设管理按照城市总体规划要求执行。根据实际需要，修编《城市总体规划》，使之符合《广西北部湾经济区发展规划》及东兴重点开发开放试验区规划要求，形成“东扩北移”、“两心两轴三带六区”规划指导思想；马路镇总体规划也于2010年9月17日编制经市人民政府批准实施；江平镇总体规划也于2011年12月25日经东兴市人民政府常务会议审查通过；目前，东兴市城市总体规划(2012～2030)规划纲要方案已通过评审。

（二）加强城镇基础设施和公共服务设施建设

争取尽快完成北仑河中越二桥、一桥口岸三角区改造、中越二桥口岸新区（基础设施）、新边民互市贸易区、中国东兴－越南芒街跨境经济合作区等一系列重点项目规划设计任务；加快推进长湖路、沿河大道、罗浮西路南段、防东高速公路开工建设；实现新华路北段、天和路、丽景路、湖北路、湖南路中段、那超路等城市道路建成通车，不断完善城市公共服务设施的配套功能。

（三）大力发展城市景观建设

优先推选河堤路作为城市风貌改造试点道路，美化两边建筑立面，增加东南亚风情建筑风格元素，形成精品一条街，提升城镇化品位；以防东一级路、滨海大道作为城市景观道路，改造控制周边项目建设；推出东兴市精品小区、花园小区项目，完善罗浮广场、政府后广场项目景观建设，实现改善人居环境，提高城市品位的目标。

（四）以江平镇重点镇带动市域城镇化先行发展

加大对城镇群城镇带中具有较强经济实力、发展潜力的集聚带动效应的江平镇重点镇的扶持，统筹一定用地指标用于江平镇建设，探索建立城乡建设用地增减挂钩激励机制。完善江平工业园的生活服务配套设施建设。

（五）加强城市新区与产业园区同步建设

按照城市新区的要求规划建设江平产业园区、竹山产业园区、互市贸易区，推进产业发展规划与城市总体规划、土地利用总体规划的衔接，把产业园区作为城市新区进行规划建设，以产业园区的建设促进城市新区扩展，通过产业集聚促进人口集中，建立城市新区与产业园区各种公共设施和服务平台的有机联系，依托城市服务功能为产业园区发展创造条件，实现基础设施共建共享，产业园区发展与城市发展相互依托、同步建设。

二、项目建设中存在的问题

1. 建设规划内容不够系统全面，城镇空间发展不均衡。表现为：一是城镇建设规划特色不鲜明，缺乏标志性建筑或特色街道；二是建设规划不够全面；三是产业规划中，各乡镇的工业及第三产业非农产业比重还不是很高，所占比重不大，最终会制约特色城镇长远的发展速度。工业产业基础薄弱，支撑作用不明显。一批有代表性的农业循环经济项目还有待发展。

2. 城镇规模过小、力量分散、特色不突出，公共资源分配不均，城镇功能不完善，吸附能力差，导致小城镇吸引和带动能力不强。

3. 城镇财力单薄，政府建设资金筹集渠道过于单一，社会资金参与不积极，市场融资机制不健全。

4. 相关配套体制机制改革没有完全到位，引导性政策措施不足。当前小城镇建设中仍存在一些政策和体制性障碍制约了小城镇的发展，如农村土地流转制度、小城镇社会保障制度、城乡户籍制度等尚未完善。

5. 管理建设体制尚待理顺与完善。

三、抢抓机遇，解放思想，扎实推进城镇化建设

要善于抢抓东兴国家重点开发开放试验区这千载难逢、绝无仅有的发展良机，特别要围绕防城港市及东兴市的决策部署，利用好发挥好江平镇的区位优势，借助全国重点镇、第一批全国发展改革试点小城镇以及我国较少数民族——京族的唯一聚居地、自治区级工业园和风景名胜区所在地的诸多优势，敢于、勇于解放思想，积极打造亮点江平，扎实推进工业化、城镇化步伐。要进一步加大城镇基础建设力度，逐步扩大城区规模，完善城镇配套和服务功能，加快、率先推进城乡一体化建设。同时还要搞好所有与一级公路沿线的街道进出口的硬化、亮化、绿化工程，规划建设城北古街文化长廊，要逐步完善城区内的所有小街小巷硬化和亮化。在今后小城镇建设中，还要进一步强化城市经营和管理意识，不断提高科学规划水平，不断加大开发建设力度。重点通过整合利用好江平水厂这个投融资平台，尽快收购民生水厂，开工建设给水工程，组建江平水厂有限责任公司，解决城镇发展融资、专业人才储备等瓶颈问题。同时要创新工作机制，要邀请专业公司，聘请专家教授和法律顾问，认真解析研究全国重点镇、全国发展改革试点小城镇和新农村建设的相关条文，全力争取城镇发展的优惠政策、扶持资金和项目支撑。

作者简介：

何恒廷，男，壮族，中共党员，大学学历。现任广西壮族自治区东兴市住房和城乡建设局局长。

1985 年 7 月参加工作，历任东兴市委员会办公室秘书科科长；市委员会宣传部副部长、精神文明建设委员会办公室主任；东兴市文化和体育局副局长；东兴市文化和体育局局长；东兴市建设局局长；东兴市口岸管理办公室主任。2011 年 10 月至今，任东兴市住房和城乡建设局局长。

齐心协力　攻坚克难　稳步提升城镇化水平

广西壮族自治区来宾市兴宾区住房和城乡建设局　赵伟民　覃业斌　陈军佑

2012 年，在来宾市兴宾区委、区政府的正确领导以及上级主管部门的精心指导下，我局积极致力于住房和城乡建设事业，服务于经济社会发展，全局上下团结一心、顽强拼搏、攻坚克难，科学编制城乡发展规划，努力夯实城乡发展基础，加大基础设施与公共服务设施建设投入，使我区城镇体系逐步完善，城镇化水平稳步提高，城乡面貌日新月异，人居环境明显改善。这些成绩得到了上级领导部门及社会各界人士的充分肯定，嘉奖连连，主要有：获得“自治区和谐单位”、“第八届南珠杯竞赛优秀奖”等自治区级奖项 2 项；“来宾市住房和城乡建设系统先进集体”、“来宾市创业十年集体二等功”（来宾市住建系统最高级别荣誉）等市级奖项共 8 项；“来宾市兴宾区城建档案先进集体”“来宾市兴宾区优秀基层党组织”等区级奖项 7 项以及各级个人奖项共 243 人次。

一、村镇、乡镇规划编制与建设工程全部完成

我区 2012 年新农村规划编制任务共 200 个。制定完善工作方案，与设计单位签订合同，全部完成 200 个村屯地形图测量和基础资料收集及规划编制工作。

我局坚持严格“一书两证”制度，规范审批程序。2012 年，完成报建审批项目有：办理建设工程规划许可证 19 宗，总建筑面积 72065. 83 平方米，总投资 4177. 5113 万元；办理乡村规划许可证 206 宗，总面积 147847. 07 平方米；用地规划许可证 10 宗，用地面积为 33276. 61 平方米，工程投资 810 万元；办理选址意见书 3 宗；审批 56 宗项目红线图。在建项目 8 个，累计完成投资 4507. 5 万元。

完成了七洞乡、大湾乡及良塘乡 3 个乡镇规划编制；完成小平阳镇政府所在的小广场、公厕、垃圾中转站和绿化美化亮化工程，进一步加强完善街居风貌改造及排污系统等工程建设，投入建设资金 750 万元；平阳镇农（集）贸市场、新鑫商城及来宾商城农（集）贸市场改造工作，共投入改造资金 5200 万元。

二、切实办好实事工程

1. 保障性住房工程。2012 年，我区保障性安居工程任务为 820 套，项目主要有 500 套公租房和 320 套教师周转房。

“园中园”公租房项目。兴宾区公租房项目建设规模为 18 栋 2148 套约 8 万平方米，项目分三期施工。第一期即 2012 年计划建设的 4 栋（5#、6#、7#、8#）共 504 套（35 平方米/套），可解决 500 ~ 1500 城市低收入群众的住房问题。项目于 2012 年 5 月 21 日开工建设，由兴宾区第一建筑工程公司承建。用地、开工建设等各种证件办理完毕，台账建立完善，504 套主体楼房已全部封顶并进行室内装修，完成投资约 2125 万元，12 月底可投入使用。

乡镇中小学教师周转房项目。兴宾区石牙乡初级中学、兴宾区寺山乡第一初级中学、兴宾区小平阳镇第一初级中学等 3 个项目已办好项目《规划许可证》。兴宾区迁江中学、兴宾区迁江镇第一初级中学、兴宾区凤凰镇第一初级中学、来宾市八一中学等 4 个项目《规划许可证》相关材料已交到市住建委待审批。目前，除寺山一中公租房和凤凰一中公租房两个项目在建基础外，其余 5 个项目均在建主体，7 个项目工程预计 2013 年 3 月竣工。目前完成投资 505.23 万元。

2. 以农村危房改造工程为契机，办好农民“泥瓦匠”班培训及预防职务犯罪集体谈话暨廉政宣誓活动会，危改工作获得自治区肯定。为高标准、高质量、顺利地完成农村危改工作，我局举办了多期农村农民“泥瓦匠”班，共培训 1000 多人次，召开了农村危房改造工作预防职务犯罪集体谈话暨廉政宣誓活动会，邀请了区纪委副书记作党风廉政建设报告，邀请了区检察院预防职务犯罪科科长作预防职务犯罪讲课，对工作中出现的违法违纪现象起到非常好的预防作用，2012 年我局未发生一起干部职工违法违纪行为。我区 2012 年农村危房改造任务第一批（棚户区）0 户；第二批 4550 户；第三批 451 户；第三批 400 户，共计 5401 户。涉及 20 个乡镇、1484 个自然屯，开工率 100%，竣工率 100%。11 月 28 日全面完成竣工验收，12 月中旬向各有关危房改造户发放补助资金。由于成效显著，收到了社会各界广泛的肯定。

3. 城乡风貌改造工程。2012 年城乡风貌改造工程目标任务为良塘乡北合村（111 户）、迁江镇雷老村（120 户）、五山乡李村（40 户）、良江镇广龙村（60 户）以及为民办实事工程小平阳镇街道及青岭村委牛辽村（96 户）共 427 户的房屋外立面改造工程，完工 427 户，完工率 100%，工程总造价为 729.18 万元。完成垃圾池、篮球场、戏台、村屯巷道硬化、排水沟建设、公厕、综合楼、村屯远教站点、村级计生服务室等建设工作。我区财政局已根据工程进度情况拨付工程款200万元。

4. 城乡清洁工程。加大对市城区、城乡结合部以及乡（镇）公路沿线市容环境卫生整治管理，采取多时段和错时突击管理的办法，坚决取缔流动摊点与违章占道经营，清理卫生死角、“牛皮癣”，拆除乱搭乱盖等，全面整治“五乱”现象。一年来，累计清理乱摆摊点4460处次，取缔马路市场27处次，清理小广告10809处次，清理乱搭盖筑物55处次，教育、处罚乱扔行为3459处次，接到群众投拆件84件，下发限期整改63件，处理率100%，共投入专项整治经费23万元。

区委、区政府于2012年元月份开始在来宾市城区开展创建自治区文明城市“每月两清扫”活动。各牵头单位、责任单位及各工商企业全体干部职工（值班人员除外）每月第二周周五下午16:00～17:30和最后一周周五下午16:00～17:30（法定节假日顺延一周），在各责任区范围至少组织两次以上清扫活动；每次清扫结束后2天内各单位将参加清扫活动人员名单及活动图片、志愿服务活动登记表报区清洁办确认后报区创城办。我办积极协助创城办，与督考局一起对各牵头单位、责任单位及各工商企业的每次清扫活动进行督查。一年来，共累计督查24次。

在实施第八届“南珠杯”竞赛活动各项工作中取得了突出成效。我局及迁江镇、凤凰镇分别荣获自治区第八届市容“南珠杯”竞赛考评优秀奖。

5. 以“两延伸”工程建设为抓手，推进“三求”工程。重点打造迁江镇兴仁村委雷老村，结合土地平整新农村建设项目和民族团结示范村寨建设，累计投入资金300万元，完成巷道硬化、房屋外立面改造、文艺戏台建设、综合文化楼和公厕改建、休闲广场建设、安装太阳能路灯等十个基础设施的项目建设。如今，村容村貌焕然一新。村内房屋整齐，村道宽敞整洁，绿树萦绕，村风文明，人民安居乐业，彻底消除了“脏、乱、差”等不良现象。

三、强化安全生产监管

1. 燃气安全生产监管。做好燃气经营网点业主安全培训工作，开展燃气安全专项整治工作，对辖区内各燃气经营网点开展燃气安全检查，对存在安全防范意识不强、场地安全设施及消防措施不完善的经营网点，立即进行批评教育并提出整改意见。每个季度召开安全生产工作会议2次，把安全生产工作落实到每一个单位、班组、个人。2012年6月我局在相思园广场开展安全生产宣传咨询活动，活动期间，共发放安全生产宣传资料400份，悬挂条（横）幅2条，

整个活动搞得有声有色，效果较好。一年来，共发放安全生产宣传资料6000多份，共答疑群众400多人次。专题板报4期。全年累计组织了大大小小56次安全检查，发出整改通知书70多份，发放700余份宣传安全管理常识，受理燃气经营许可证111件，收取燃气综合治理服务费9万多元；对60家经营网点检查出的安全问题提出口头整改意见，并确定了整改期限；针对一些无证经营的网点下发了行政执法责任违法通知书，并责令其立即停止其违法行为；先后共查扣过期液化气钢瓶36个，无证经营网点的钢瓶27个，在督查方法上，我们做到“四结合”：一是月月例查与季度例查相结合。二是平时检查与突击检查相结合。除规定例查外，我们还进行突击检查，对非法储存运输、缺斤少两、乱抬气价等群众反映强烈的问题及时得到纠正，有效地维护了市场稳定。三是有重点检查与节假日检查相结合。2012年初就与3家燃气企业签订了行业安全责任状，并要求企业与各网点签订安全责任书。四是联合相关部门大检查相结合。我们不定时的联合质监、安全、公安、交通、消防、物价、工商等相关部门，通过协作检查，形成共管机制，相互建立了联席会议制度，研究决策，打击不法经营行为，极大地消除了燃气行业存在的安全隐患。

2. 施工安全监管。对全区工程建设新建项目进行滚动排查，累计开展施工安全排查32次，其中包括22次日常巡检、3次消防专项检查、3次文明施工专项检查、1次玻璃幕墙安全专项检查、4次雨季施工专项检查，累计提出整改意见149项，施工单位全部完成整改，整改率100%。2012年以来，我区无重大和特大事故发生。

四、加强城建监察力度

坚持做到着装整齐、持证上岗、文明执勤、依法行政。加强“五乱”的监察力度，采取集中整治与平时监控相结合的方法，分别制定专项整治方案，对摊点乱摆、广告乱贴等进行严管重罚。总计集中整治15余次，出动整治执法车辆75多台次，出动执法人员340人次，现场教育纠正各类违章行为5260起，下发限期整改102份，暂扣各类违章物品25件（起），清理小广告“牛皮癣”3.5万余处，进入简易程序25宗，罚款总额800元，收缴占道费140231元。在2012年1月完成“春节年货一条街”的设置、招标等工作。

五、加快重点项目建设

1. 完成巡回检查项目工程有：小平阳镇街道改造及整治工程；小平阳镇青岭村委牛辽村农民乐园建设；寺山乡石塘村委新村新貌建设；迁江镇兴仁

村委雷老村新村新貌建设。

2. 旧城改造工程：一是计划总投资 1.3 亿元，投入政府大院片区规模为 38 层小高层商住楼房建设，完成该片区旧城改造实施方案并报市人民政府审批。目前已提交招拍挂材料到市国土局，等待市国土局批准招拍挂，已完成片区内房屋现状调查。二是计划总投资 1.7 亿元，投入（旧）大礼堂片区数栋，规模为 38 层小高层商住楼房建设，并拟将区法院和区公安分局地块纳入范围。已完成片区房屋现状调查。

3. 城南新区（政府新区）项目工程

各种项目建设施工基本按要求完成。一是企业总部写字楼（含楼前广场）投资 2.7 亿元，2012 年已完成 2.4 亿元。二是路网工程项目投资 3 亿元，2012 年已完成 1.5 亿元。三是来宾奇石博物馆项目投资 1.5 亿元，2012 年完成了 3500 万元。四是来宾市奇石商贸城项目总投资 12 亿元，已投资额 700 万元（包括征地费）。五是区人民法院审判综合楼项目总投资 2520 万元，已完成投资 1845 万元。六是区人民检察院技术办案综合楼项目总投资 2120 万元，已完成投资 714 万元。七是区人民医院项目总投资 1.5 亿元，已完成投资 4600 万元。八是财税大院项目总投资 1.2 亿元，已完成投资 271 万元。九是公安大院项目总投资 1.58 亿元，已投资 50 万元。其余的高岭路项目及来华大桥项目为市级负责项目，城南新区 2012 年在项目建设上总投资近 28.944 亿元，2012 年已完成投资 5.068 亿元。

4. 完成招商引资工作 5000 万。我局坚持把招商引资作为一项重要工作来抓，要求分管领导带头。通过多方牵线搭桥，内引外联引进广东荣涛门窗厂进驻我市华侨投资区投资办厂，并协县其完成该项目的工商执照等手续的办理，11 月份该项目全部资金共 5000 万元已到位，现已投入经营。

六、组织各种宣传报道

组织完成国家级刊物上稿 1 篇，《广西日报》2 篇，《来宾日报》6 篇，《来宾日报·兴安新闻》11 篇，以及我局内部刊物《兴宾建设》2 期。上稿区 OA 信息办公网 17 篇、出版《兴宾区危房改造工作简报》5 期、出版各类板报 12 版，墙板 1 版。极大地向社会公众宣传住建方面的政策与法规极大地逆造了我区住建系统的良好形象。

七、存在的不是与今后努力的方向

近年来，全局上下克服各种困难，扎实推进城市建设，取得了明显进展，

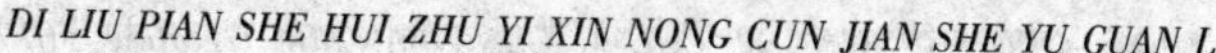

充分展示了建设者不畏艰苦、甘于奉献的精神，大胆开拓、勇于创新的精神，服从大局、团结协作的精神。成绩的取得极其不易，存在的问题不容忽视。在肯定成绩的同时，我们更应看到在建设工作推进过程中还存在的问题：首先是职权与职能的矛盾问题，需要进一步理顺。作为区级（半级政府）的科级行政机关单位，我局的许多职能是不全的（由于作为新设立不久的地级来宾市的市辖区，许多职能职权的调整），但承办的建设事项又是繁杂的、多方面的，有许多不属于职权范围的往往还要承办。其次是人员配置远远不足。我局为行政机关，但正式行政编制只有15人，还有事业编（还多是其他单位借调的）人员、临时招聘人员，而且专业技术人员奇缺。工作量大、面广，十分辛苦，工作起来往往很被动。其三是资金短缺，几乎没有收费项目，上级下拨的办公经费比较少。对这些问题和不足，我们要予以高度重视，争取扩大编制，积极筹措资金，联合其它各有关部门，采取有效措施，切实加以解决，齐心协办，统筹规划，克难攻坚，努力提高我区城镇化水平，为党的十八大建设再献上一份厚礼！

作者简介：

赵伟民，男，汉族，1959年1月出生，中共党员，大学学历，国家级高级教练。现任广西壮族自治区来宾市兴宾区住房和城乡建设局局长。

自1977年8月参加工作起，历任来宾县体育局副局长、局长；来宾市兴宾区村镇规划建设管理办公室主任；来宾市兴宾区建设局局长。2010年3月至今，任来宾市兴宾区住房和城乡建设局局长。

覃业斌，男，1980年5月出生，中共党员，本科学历，助理工程师。现任广西壮族自治区来宾市兴宾区住房和城乡建设局副局长。

自2005年10月参加工作起，历任来宾市兴宾区村镇规划建设管理办公室办事员，来宾市兴宾区建设局规划股副股长。2010年11月至今，任来宾市兴宾区住房和城乡建设局副局长。

陈军佑，男，汉族，1976年11月出生，中共党员，本科学历。现任广西壮族自治区来宾市兴宾区住建局人事宣传教育股副股长。

桃花源里建座城

重庆市酉阳土家族苗族自治县城乡建设委员会

酉阳自治县地处渝、鄂、湘、黔四省（市）结合部，幅员面积5173平方公里，辖38个乡镇，278个村（社区），是重庆市幅员面积最大的区县。酉阳红色文化底蕴深厚，孕育了我党早期无产阶级革命家、中国共产党创始人之一、中国工人运动杰出领袖赵世炎，以及赵君陶、赵世兰、刘仁、王剑虹等一大批革命前辈和仁人志士；贺龙、任弼时、关向应、萧克等老一辈无产阶级革命家在酉阳创建了南腰界革命根据地。酉阳是我市少数民族人口最多的区县，全县总人口84万，其中少数民族人口68万，约占全市少数民族总人口的1/3。酉阳人文生态环境优越，建县2200多年，是800年州府所在地，曾是武陵山区政治、经济和文化中心，是中国土家文化发祥地、中国土家摆手舞之乡、中国著名民歌之乡和中国著名原生态旅游胜地，成功创建桃花源国家五A级旅游景区，目前拥有龚滩古镇、金银山国家森林公园在内的12个国家级旅游品牌。

最近几年，酉阳县坚持以工业化为引擎、以城镇化为载体、以旅游产业化为依托、以城乡一体化为奋斗目标，加快推进县域经济社会快速发展，城乡面貌焕然一新，城镇化水平大幅提升。

一、超前规划，绘就桃源美梦

明代曾有人写诗这样描绘酉阳桃花源：“一自逃秦别有天，洞门紧锁白云边；春来歌声桃花水，莫道渔郎尽是仙。”

在国家五A级旅游景区、寄托世人梦想的“桃花源”内如何绘制建设蓝图？酉阳人给出了这样的回答：高起点规划！

“规划引领城镇未来，规划是城镇建设的灵魂，规划关系到城镇的形象和经济的发展，我们一定要科学编制好城镇建设总体规划，努力把酉阳建设成为一座具有民族特色的山水园林城市。”县委书记对四年前向规划部门提出的要求至今依然记忆犹新。

为了搞好规划工作，强化规划的引领作用，酉阳自治县于2008年新组建了规划局，成立了规划执法大队，专门负责全县的规划和管理工作，先后两次完成了城乡总体规划修改方案编制及报批工作，使城市空间从单一的钟多老城扩张为“一城四组团”发展格局，城市建设用地规模从5.5平方公里增加到30平方公里，为城市快速发展提供了重要支撑。

新成立的规划局认真开展中心城区四个组团的城市设计和控制性详细规划调整和编制工作，基本实现了中心城区控规全覆盖。同时还强力推进镇、乡、村规划编制，完成了全县38个乡镇和61个中心村规划编制工作和全县所有乡镇1:500现状地形图测量和地质灾害评估工作，为保障城乡规划实施，加强建设工程放线、验线和建设工程竣工测量奠定了坚实基础。

在规划编制中，酉阳始终坚持重大规划邀请市内外甲级资质设计单位担当，乡镇及重点项目规划设计邀请乙级以上资质设计单位编制。近年来，先后邀请重庆市规划设计院、重庆大学城市规划设计院、北京建筑设计研究院、北京土人景观与建筑规划设计研究院、上海同济城市规划设计研究院、广东建筑设计研究院、南京规划设计研究院、法国夏邦杰设计公司、美国KPF等设计单位参与全县规划编制设计工作。

在规划管理方面，酉阳坚持重心下移、关口前推，严格执行部门业务办公会预审、专家委员会评审及规划委员会审定“三级审查”和“一书两证”制度，全面运行与市规划局连网的电子政务平台，实现规划审批、监管一体化。

二、高标准建设，铸就桃源美景

酉阳地处渝鄂湘黔4省市9区县结合部，随着《武陵山片区区域发展和扶贫攻坚规划》的实施，酉阳迎来了加快发展的良机。钟渤快速通道的竣工，将酉阳旧城区与龙潭新城区的车行距离缩短至16公里，为县城多组团发展提供了可能。新旧城的互动共融，将形成近“20平方公里、20万人口”的中等城市构架。

围绕“科学发展、富民兴酉”的总体目标，酉阳通过科学分析、理性审视，制定了“东进、西扩、南延、北拓”城市发展战略，向东进军龙潭新城、向西扩张小坝组团、向南延伸建设板溪组团、向北拓展城北新区。

实施钟渤快速通道项目建设，正是加快推进龙潭新城区建设的开山力作。向西向南，大力实施园城互动，结合“四大工业园区”建设，成功实现了城市建设的突围，目前龙潭江丰、小坝、板溪、麻旺园区建成区面积已达8.6平方公里。城北投资35个亿，一座占地一平方公里的新城已悄然崛起。

“打造新区，改造老城，开发地产，建设乡镇。”酉阳就是这样推进城

镇化！

（一）重点项目建设快速推进

这几年，酉阳实施城镇重点项目130余个，计划投资128亿元，目前已完成投资82亿元。先后建成城北迎宾大道、城南大桥等项目，完成金银山大道改造和翠屏山大道建设，酉州花园至药厂横向通道、碧津桥等建设项目快速推进，基本建成"三纵十三横"城市路网体系。酉州古城、综合写字楼等一批文化行政项目加快建设，建成了综合文体中心、桃花源广场等标志性建筑，塑造了一座座城市新地标。

（二）旧城改造成效明显

坚持"阳光征收、和谐征收、为民征收、奖励征收、廉洁征收、依法征收"原则，先后完成烟厂片区、碧津广场、酉城河综合整治等60余个项目的房屋征收工作，拆除房屋建筑面积近100万平方米，同时还实现了零上访、零强拆、零重大安全事故的工作目标。

（三）房地产开发提档升级

全县开发房地产项目32个，建筑面积289.7万平方米，总投资66.5亿元；已完工项目达到14个，完工面积72万平方米；在建项目18个，在建面积217万平方米；目前共有时代山水嘉苑、华章财富国际、酉州翠屏水岸等130余幢在建高层建筑。

（四）村镇建设效果显著

以"十个一"工程建设为抓手，扎实推进集镇基础设施建设，自2009年以来，全县共建成巴渝新居5169户，改造农村危旧房11753户，实施农民新村建设31个。

三、科学管理，成就桃源美誉

"一座城市，建设三分，管理七分。"

酉阳强抓园林绿化建设。强力推行"拆墙透绿、拆违建绿、见缝插绿、大树进城、鲜花进城、引绿入城、森林围城"等绿化工程建设，累计投入园林绿化建设资金5.6亿元，新建城市主题公园21个，建成城周生态林5万余亩，全民义务植树286万余株，建成区城市绿化覆盖面积达360公顷、绿地面积达317公顷，城市建成区绿地率、绿化覆盖率和人均公园绿地面积分别为41.50%、46.25%和15.74平方米。

狠抓市政基础设施配套。新建城市桥梁4座，完成市政道路"白改黑"11条，新增道路黑化面积37万平方米，改造人行道6.2万平方米；新建照明线路66公里，安装城市路灯580余盏、背街小巷路灯1648盏，路灯亮灯率达98%以上；新安装路灯智能远程控制系统和节能控制系统54台94路，路灯用电量同比下降20%；新建污水二、三级管网18公里，新增雨水管网13公里。

只有建设上了档次，管理才能出水平。在酉阳，国家五A级旅游景区桃花源位于县城内，整座城市就是一座大桃花源，要达到五A景区的管理要求，酉阳也着实下了一番功夫。为了让工作落到实处，酉阳制定了“一个控制、两个清除、六个一样”的管理目标（即控制道路扬尘、清除零星垃圾、清除路面积水，实现白天晚上一个样、晴天雨天一个样、大街小巷一个样、新城旧城一个样、检查平时一个样，城市乡镇一个样），构筑起了“横向到边、纵向到底、管理到位、责任到人”的管理体系。

有志者事竟成。2010年酉阳实现了市级山水园林城市、市级文明县城和市级卫生县城“三城同创”，2011年又成功创建“全国文明县城”，目前正在着力争创“国家园林县城”和“国家卫生县城”，城市管理基本实现了系统化、网格化、信息化、精细化目标。

四、两大亮点，造就桃源美城

（一）创新体制机制，确保建设成效

酉阳在开展城镇化工作中取得的各项成果，离不开其建立健全的行之有效的体制机制。

成立了三个指挥部。成立了以县长为指挥长的城镇建设指挥部和以县政协主席为指挥长的森林工程指挥部、城区“四化”工程指挥部，负责从资金筹措、工作部署、工程调度等方面统一指挥，层层分解责任，细化目标任务，为城区绿化、美化、亮化和道路黑色化建设和管理提供了强有力的组织保障。

严格执行三项会议制度。县委常委会、县政府常务会每月听取一次城市管理工作专题汇报，研究解决城市管理工作中存在的重大问题。县城镇建设指挥部坚持定期召开例会，专题研究城市规划、建设、管理工作，确保各项工作有序开展。

健全三大督查机制。建立人民评议员评议制，强化效能督导和督查巡察工作机制，定期召开督查会、联席会、评议会，通报工作进展情况，及时问效追责。

（二）大道连钟渤，眼前变通途

钟渤快速通道是酉阳自治县有史以来实施的单项投资规模最大、施工难

度最高的项目，工程起于桃花源镇洞底村，终点在龙潭镇渤海农场，按城市一级主干道设计，洞底至龙潭水库段为双向四车道，龙潭水库至渤海农场段为双向6车道；总投资24.5亿元，线路总长16.642公里，包括8座桥梁5座隧道，其中桥隧总长10.15公里。

该工程于2009年9月1日开工建设，工期三年，通车后，将酉阳老县城与龙潭新县城连为一体，最大限度地缩短了城市组团之间的车行时间，使久困于“两山夹一沟”的酉阳老县城实现了的历史性突破，为把酉阳建设成为中等城市，加快城镇化进程产生了深远影响。

同时，钟渤快速通道还是渝怀铁路、渝湘高速公路、G65、G319以及其他四条出境干道在县域内实现换乘的最便捷通道。

创新举措加快推进新型城镇化建设

四川省郫县住房和城乡建设局　王华川　岳　鹰　唐　伟

近年来，郫县深入实施“两化”互动、统筹城乡总体战略，着力推动重点镇安德镇向小城市发展，推动友爱镇、三道堰镇等8个场镇向特色镇转型升级。截至2012年底，城镇建成区面积69.05平方公里，综合城镇化率60.6%，初步形成城乡融合、产城互动、可持续发展新型城镇化格局。

一、坚持规划引领，找准城镇发展定位

（一）高起点规划好城镇体系

按照“水润蜀都、绿满鹃城、花香郫县”要求和“四态合一”理念，进一步优化城乡空间布局，科学编制“十二五”城镇发展规划、县域新村总体规划等，加快构建“1个中等城市组团、1个小城市、8个特色镇、若干个农村新型社区”梯次衔接、以大带小、功能配套、用地集约的网络化、组团式城镇体系。

（二）注重培育城镇特色

立足“全域成都”视野和理念，找准城镇自身特色优势，科学确定发展定位。安德镇以川菜产业功能区为载体，坚持“一三互动、接二连三、特色活镇”，规划建设“县级副中心”和“四化同步小城市”。友爱镇以发展乡村旅游为特色，打造“国际乡村旅游度假目的地”。三道堰镇依托丰富的水资源，打造“西部最美水乡”。

（三）严格规划管控

出台《郫县城乡形态规划管理办法》等规范性文件，充分发挥乡村规划师作用，坚持“五线管控”，即“红线管居、蓝线管水、绿线管林、黄线管田、紫线管古”，确保“一张蓝图管到底”，全面加强城镇形态和风貌控制。

二、坚持产业活镇，实现可持续发展

（一）打造特色产业集聚区

产业发展突破镇域限制，以产业功能区为载体，加快推进中国川菜产业园区和“国家级乡村旅游示范区”建设。利用“郫县豆瓣”传统品牌优势，

发展特色川菜产业，初步构建以“生态农业——川菜原辅料加工——川菜文化传播及体验”为一体的产业体系，共引进聚集丹丹豆瓣、徽记豆匠等产业项目82个，2012年实现销售收入50.3亿元、税收1.3亿元；抓住“中国农家乐旅游发源地”品牌优势，坚持走“文旅融合”、精品化、组团化发展路子，打造友爱镇“国际乡村旅游目的地”、三道堰西部最美水乡等特色旅游镇，2012年友爱镇农科村成功创建为国家4A级景区。同时，以“饮用水源地”为品牌打造“高品质”生态农业，在60.8平方公里水源保护地筛选一批适合有机农业生产项目优先发展，建起唐元韭黄、榕珍菌业、泉水蔬菜等无公害、绿色、有机农产品基地。

（二）“一三互动”发展都市农业

以32个统筹城乡综合示范项目为载体，发展景观农业、休闲农业、创意农业，战旗第5季、北京欧阁、上海多利等一批观光体验型农业、有机农庄、特色乡村酒店项目建成投运。

（三）发展社区民生服务业

以保障民生为重点，改造提升传统民生服务业，以新建成的46个农民新型社区和154个村（涉农社区）为重点，发展社区服务业、涉农服务业。

三、坚持环境优镇，突出生态宜居

（一）高标准抓好示范镇村和公建配套设施建设

做好整镇示范建设和精品场镇改造工作，安德镇安龙村、花园镇筒春村和三道堰镇青杠树村“产村相融”新农村示范典型初见成效，体现“产村相融”和“三体现一方便”要求，探索农民就地就近城镇化模式。场镇基础设施和公建配套显著提升，2010年以来重点镇和一般场镇共改造道路及“小三线”下地120余公里、雨污管网埋设340余公里，完善中小学、卫生院、文化活动中心等公建设施配套，实现自来水、天然气、光纤通讯网络“满覆盖”。

（二）“亮水增绿”实施生态环境提升工程

以境内8条河流为重点，有序推进生态护岸、环河林带建设等工程，启动沱江河综合整治工程，实施一批水源保护项目，搬迁徐堰河、柏条河等饮用水源保护区居住农民，打造新民场云桥生态湿地，做好60.8平方公里生态涵养区保护工作。采取“见缝植绿”“拆旧补绿”“立体增绿”等方式，打造观赏型、游憩型绿地公园和街头小品，新增绿化10万余平方米，建成200余公里健康绿道。

（三）深入开展城乡环境综合治理

以全省农村环境连片整治试点县建设为契机，消除“脏、乱、差”现象，农村生活垃圾收运率达98%，14个镇全部建成“全国环境优美乡镇”，荣获“2012中国休闲小城”称号，成功创建“全省环境优美示范县城”和“国家生态县”。

四、坚持市场运作，破解发展瓶颈

（一）破解建设资金缺乏难题

坚持“政府引导、市场主体”原则，采取市场化手段，统筹城乡建设用地资源，引进社会资本参与场镇建设改造，3年来累计到位社会资金35亿元，完成重点镇建设项目75个、一般场镇改造项目148个。其中，花园镇采取“一段式”供地方式，引进北京建工集团总投资45亿元实施整镇改造，已到位资金1.7亿元。古城镇指路村按照“自我融资、自我整理、自我建设、自我开发、自我收益”的“五自模式”，实施土地整理和新村建设，一期共筹集建房资金1240万元。

（二）破解产业发展用地难题

围绕全市统筹城乡用地制度改革试点县建设，运用农村产权制度改革成果，推进用地制度改革，利用集体建设用地“换产业”。其中，唐昌镇战旗村利用集体建设用地入股，与社会投资企业共同建设“妈妈农庄”一三互动项目；花园镇白鸽村利用产改成果，将确权登记集体建设用地，通过招拍挂方式流转给企业，发展健康养生产业。

五、对未来工作的思考和建议

按照市委、市政府提出“全域成都”的理念和建设世界生态田园城市的长远目标，未来将以统筹城乡的方式，围绕构建田园城市新型城乡形态，科学推进城镇和村庄建设，实现城乡经济协调发展、社会和谐发展、人与自然和谐发展。主要是：大力推进新型城镇化建设，科学推进新农村建设，通过两大建设构建有特色的新型城乡形态。一是按照“城市裙带农村”的发展格局，积极推进新型城镇体系建设。二是统筹推进城乡一体化，破解“三农”问题。三是实现经济社会持续发展，积极保护生态环境和传统文化建设。

作者简介：

王华川，现任四川省郫县住房和城乡建设局党委书记、局长。

自1982年9月参加工作起，历任集贸税务所副所长，郫县税务局郫筒税务所所长、税务师，郫县地方税务局副局长、党组成员，郫县地方税务局稽查分局局长，郫县财政局局长，郫县审计局局长、党组书记。2012年5月至今，任郫县住房和城乡建设局党委书记、局长，兼郫县卫星城新城区开发建设管理委员会主任。

加快小城镇建设步伐
着力打造凉山西部经济高地

四川省盐源县城乡规划建设和住房保障局 李 华

盐源是一个有2000多年建制的文明古县，曾以“盐铁之利”而繁荣，以“南丝绸之路”而兴盛。全县幅员面积8398.6平方公里，辖34个乡（镇），总人口37.66万，有汉、彝、蒙、藏等14种常住民族。盐源资源丰富，素有“金盆宝地”之称，由于经济基础薄弱，交通条件差，县域城镇基础设施建设严重滞后，远远不能满足经济社会的发展和人民日益增长的物质文化需求。“十一五”期间，县委、县政府确立“农业立县，工业兴县，旅游强县”的战略部署，加快城镇化步伐，建设凉山西部经济高地。

2007年，委托清华大学城乡规划研究设计院对县城总体规划进行修编，遵循“协调县域发展，整合平坝地区，提升中心县城”发展策略，采取“集中与轴带”相结合的空间发展模式，在盐源县域内构建“一轴一区、一主两副多节点”的城镇空间格局，制定了具有高起点、高标准、超前性的县城总体规划。突出“润盐古都，摩梭家园”文化蕴含，将县城建设成为盐源旅游文化、商业文化、历史民族文化、自然生态文化的缩影，以地方产业支撑的凉山西部经济重镇和生态、宜居的山地高原明珠。

近年来，盐源县在加快县城基础设施建设的同时，也加快了工业园区的建设，提出了“一区三园”的工业园区建设思路，在县城东北部建设轻工业园区，下海建设重工业园区，两个工业园区的基础设施已基本形成，进一步增加了建城区面积，增加了劳动就业机会，促进了城镇化进程，第三个工业园区为正在计划的黄草岔秋重污染工业区。

“十二五”期间，盐源县围绕“润盐古都·摩梭家园”理念，明确“山水田园家居城市”定位，聘请清华大学、同济大学、四川省城乡规划设计院等规划团队，高起点完善县城和泸沽湖景区的总体规划和控制性详细规划，优化城市功能分区。同时扩大开放，加强合作，着力打造凉山西部经济高地，遵循“三个紧盯”（紧盯国内500强、紧盯上市公司、紧盯发达地区）、“三个优先”（优势资源优先开发、优秀企业优先引进、优势项目优先上马）工作思路，树立和强化开放招商、真情招商、以商招商、全民招商等理念，大力

推进主题招商、园区招商、项目招商、网络招商、会展招商等招商引资新模式，加快盐源工业园区建设步伐，逐步扩大园区规模，以工业化促进城镇化水平。

一、公共服务设施和市政基础设施方面的建设

近年来，我县小城镇建设在继续加强城镇基础设施建设、完善城镇服务功能的基础上，着力加强了农村生活垃圾集中处理，小城镇危旧房改造，推进农村卫生院、敬老院、文化中心等民生工程建设，加快农村社会事业发展。特别是2013年以来，我县以完善功能为目标、以发展经济为支撑、以实施民生工程为载体、以城乡一体化综合配套改革为契机，加大小城镇建设工作力度：

1. 投资3.4个亿的泸沽湖大道建设预计于2013年8月底完成建设（包括：路基、路面、地下管网、电力管沟、给排水等）。

2. 已完成了泸沽湖大道东延线3.6公里的拆迁、补偿、三通一平等前期工作任务；完成了润盐大道一期改造工程的建设任务。

3. 预计年底前启动建设污水处理厂、水厂、气象路、经六路等项目。

4. 泸沽湖镇垃圾填埋场已完成建设并投入使用。

5. 泸沽湖镇“摩梭家园建设和摩梭文化保护规划”，正在编制完善中。

6. 梅雨镇、卫城镇、树河镇、盐塘乡、博大乡、金河乡等乡镇的总体规划已编制完成，并完成梅雨镇、金河乡、博大乡的控制性详细规划，下一步几个镇的公共服务设施建设将严格按照规划实施，加大建设投入，强力推进城镇化进程。

二、小城镇建设取得的成就以及新时期面临的挑战

小城镇项目建设稳步推进，完善了城镇综合服务功能，改善了农村生活环境面貌，也为广大农民群众生活带来了便利。

新时期面临的挑战：

1. 城镇化进程中农村富余劳动力转移与市民化仍面临严重制度障碍的挑战。

2. 产业发展不能适应农村富余劳动力转移的就业挑战。

3. 城镇化进程中现行的土地制度面临巨大挑战。

4. 交通等基础设施和公共服务体系建设滞后的挑战。

5. 土地、资金、人才问题突出，要素瓶颈制约的挑战。
6. 生态环境保护的挑战。

三、小城镇在吸纳人口方面存在的问题和不足

造成小城镇尤其是市政基础设施建设滞后的原因有经济的、观念的、区位的以及机制等方面的因素。财政收入少，因此对市政基础设施长期投入不足，加之乡镇企业发展缓慢，农村经济振兴和农民增收艰难，对小城镇建设的推动力不足。

以农为本的观念，耕地保护“过重”的小农意识、以及对耕地的依赖和思想不解放、观念陈旧等，一定程度上使土地这个最大的资产没有盘活。建设开发用地储备很少，加之土地审批手续复杂，形成土地换资金没有条件。所以推动市政基础设施和公共服务设施建设很艰难而曲折。

小城镇建设工作任重而道远，我们要认真贯彻县委、县政府有关精神，结合实际，审时度势，解放思想，开拓进取，扎实工作，进一步推进盐源县小城镇建设步伐，加快建设凉山西部经济高地，促进盐源经济又好又快发展。

作者简介：

李华，1965 年出生，中共党员，本科学历。现任四川省盐源县城乡规划建设和住房保障局局长。

创新思路　科学规划　全面推动城镇化建设

贵州省镇宁布依族苗族自治县住房和城乡建设局　周明钢　温永忠

自2010年安顺市第一次城镇化推进大会在平坝县召开以后，按照会议精神，并结合镇宁县实际，镇宁县紧紧围绕“东西贯通、南北拓展、新区开发、旧城改造”的城市建设发展思路，立足于县城“五个一”和乡（镇）“六个一”工程全面展开城镇化建设工作。

一、启动并完成城乡规划编制工作

一是启动并完成了镇宁自治县第三轮县城总体规划修编工作，并在总体规划的指导下启动中心城区的控制性详细规划和近期建设规划编制工作；二是全面启动十五个乡（镇）的小城镇总体规划修编工作；三是全面完成344个行政村的村庄规划编制工作，基本实现城乡规划全覆盖目标任务。

二、主要基础设施及项目基本落实

一是完成总投资为3965万元的垃圾填埋场工程；二完成总投资为2800余万元污水处理厂工程和919万元的污水收集系统工程；三是共完成投资4690万元的第一、二、三期廉租住房600套，启动建设1192套、总投资8215.7万元的四期廉租住房工程，目前形象进度达65%，并启动200套经济适用住房建设、120套第五期廉租住房和70套乡镇教师周转房建设；四是完成投资6200万元、总长2.2公里的一期工业大道建设；五是启动建设总长1560米、投资约4000万元的沿河路棚户区道路改造工程和长800米、投资约2000万元的南北大街北段延伸工程；六是启动建设投资约1500万元的环翠公园和环翠路两侧大树种植工程；七是启动环城西路、安康路等旧城道路改造工程；八是启动建设投资约2.2亿元的环翠新区路网建设工程；九是启动规划建设县级体育中心、客运站、停车场、燃气管道等设施工程；十是完成部分主街道的亮化美化工程；十一是完成县城引水供水二期工程、县城污水厂扩建及再生水回用项目和中心城区排水（雨水）项目的前期申报工作；十二是积极配合市级做好贵安新区城市快速干道规划设计和实施前期的协调工作；十三是各乡（镇）“六个一”工程正在有序推进；十四是按计划完成教育、医疗、卫生、行政办公旅游服务等社会服务项目和推进房地产建设项目稳步健康有序发展。

三、城乡建设主要措施

（一）注重规划的科学性和超前性

在县城总体规划修编过程中，我县始终抓住县域区位及产业优势，将工业化、城镇化、农业现代化和旅游产业化有机结合，坚持“四化”同步的发展理念；并在近期建设规划当中结合工作实际明确建设时序，优先重点规划建设新城区，逐步改造旧城区，以新区开发带动旧城改造的建设理念。目前，我县已委托中南设计院完成环翠新区的控制性详细规划和修建性详细规划，并正在按照规划分区组织实施。

（二）项目实施情况

根据近期贵安城市快速干道的规划设计方案，结合我县城市规划路网情况，我县正在谋划实施规划路网建设，着力通过新区规划路网的实施不断拉大城市建设框架，并加快新区土地收储力度，既能有效控制违法建设，又确保规划的顺利实施。

（三）融资情况

在我县财力有限的情况下，城市建设融资主要采取以下三种渠道：一是积极与各金融系统打交道，搭建较为广阔的融资平台；二是积极对外招商引资，引进部分社会闲散资金投入建设，到目前为止，共通过 BT 模式引进资金约 2.4 亿元投入建设；另外我县已启动全县干部职工通过贷款集资，预计该项集资不小于 1.5 亿元；三是紧紧抓住国发 2 号文件和黔党发 15 号为契机，各级各部门在做好项目前期申报工作的同时，争取上级部门的支持。

（四）推进撤乡建镇工作

针对我县城镇化率偏低的实际，原因之一主要是“镇”的数量极少，城镇人口比例相对较低，因此申报撤乡建镇工作事在必行。2011 年以来，我县已按程序申报撤销大山乡、良田乡、马厂乡、六马乡和扁担山乡，规划建设大山镇、坝草镇、马厂镇、六马镇和扁担山镇，并依托民族文化、旅游观光、生态环境等，加快发展 6 个具有产业支撑、富有地域特色和交通枢纽型的中小城镇，构筑组合有序、优势互补、规模等级完善的小城镇体系，促进城镇化水平进一步提高。

（五）组织人员到外地进行考察

2010 年，县委、县政府组织乡（镇）和县直有关部门负责人到辽宁、吉林、内蒙等地进行考察学习。此次考察，开阔了眼界，学到了经验，提高了认识，理清了思路，起到了加油、充电的作用，对进一步加快全县城镇建设工作起到了一定的推进作用。

四、科学规划，合理经营，提高城镇品位

（一）坚持规划为龙头，严格规划管理

规划是龙头，规划是根本。在今后的城乡建设工作中，我们坚持把规划放在首位，“科学规划，合理布局，一步到位，分步实施”，使建设和管理步入可持续发展轨道。

（二）树立经营城市理念，坚持高效益经营城镇建设

把城镇建设作为一项产业来经营。坚持“政府策划，财政支持，市场运作”的办法，以政府投资拉动社会投资，积极拓宽城镇建设的投资渠道，开辟城镇资源，整合城镇资产，逐步建立以自筹为主，政府扶持为辅，企业和个人积极参与的多元化、多层次、多角度、多方位的投入机制。一是深化土地储备制度。城镇内所有经营性土地全部采取招拍挂方式进行出让，土地收益全部用于城市基础设施建设，形成投入——收益——再投入的良性发展局面。二是采取产权置换方式，让出黄金地段进行商业开发，建设中心商业区。三是财政拿出部分资金启动，承建方垫付部分资金，通过合作、合资、合伙方式进行城镇基础设施建设。四是筹借城镇基础设施信托资金用于城镇基础设施建设。五是通过“人民城市人民建”的方式，参与城镇建设。六是按“谁受益，谁投资”的原则，进行基础设施建设。七是制定具体的实施方案。出台优惠政策，对建设性行政收费予以减免，激发开发商的投资热情。八是对于有回收能力的项目实施特许经营权制度。九是降低进城门槛，进一步落实农民进城政策，促进城镇规模的扩大，使城镇建设形成政府调控、市场运作的良性管理机制。

（三）规范和完善房地产市场，逐步建立住房保障体系

进一步抓好经济适用房、廉租房建设，把房地产开发作为促进县域经济发展和改善县城环境的突破口，力争房地产开发相关税费收入占财政收入的比例有较大幅度的上升。

（四）构筑产业支撑，增强城镇的经济实力

产业发展和聚集是城镇建设与发展的物质基础。在加快城镇基础设施建设步伐，推进城镇化建设的同时，高度重视把产业体系建设与城镇化建设互联互动，充分发挥我县资源丰富的优势，积极稳妥地发展支柱产业，改变过

去的规模扩张式向产业支撑建设转型。

今后，我们将继续坚持以建设旅游示范县城为目标，紧紧抓住规划、建设、管理、经营四大环节，以规划为龙头，以基础设施建设为先导，进一步拓宽城镇建设投融资渠道，把城镇作为资源进行资本运营，以城养城、以商兴城。提高城镇品位，促进城镇建设水平的进一步提高。

围绕“城镇兴县”
加速推进全县城镇化进程

贵州省松桃苗族自治县住房和城乡规划建设局　田　辉

2012年初以来，松桃苗族自治县住建局深入贯彻落实全县十二次党代会“城镇兴县”及加速推进“城镇化”建设工作思路，围绕“城镇建设推进年”具体目标和任务，全力掀起新一轮城镇建设热潮，加速推进全县城镇化进程。

一、“城镇兴县”工作开展基本情况

（一）加强规划编制工作，以规划引领统筹城乡建设大局

2012年初以来，按照县委、县人民政府提出的着力推动工业化、城镇化和农业产业化“三化”同步发展工作新思路，县住建局坚持城乡统筹发展，进一步加大城乡规划编制力度，积极为全县城镇经济的发展绘制新的蓝图。一是完成了县城近期建设规划及平块、南门、农场、北部新城、外滩（乾洲坝）等片区控制性详细编制工作，县城近期建设项目实施可行性和可操作性进一步增强；二是启动了县城总体规划第四轮修编工作，委托国内知名设计院同济大学对我县县城总体规划进行修编，为县城总体规划的高起点、高标准、高品位和科学性、前瞻性提供了保障；三是启动了县城综合交通、综合防灾、绿地系统等各类专项规划的编制工作；四是完成了贵州松江工业园区（武陵山轻工业园）控制性详细规划、松桃炮竹厂地块控制性详细规划、县城南部新区方案设计的编制和初步评审工作；五是完成了松桃幸福里大厦、世纪桃园项目、华尔嘉—华苑、西部制鞋基地、松桃县民族中医院住院大楼、松桃消防大队办公楼和县党校、老干中心、老年大学、县城体育馆等规划设计方案的编制及评审工作。

（二）精心组织，城乡基础设施各项重点工程进展良好

根据全县第十二次党代会精神，县住建局以改善城市面貌、优化城市服务功能为出发点，以“城镇建设推进年”活动为平台，全力推进2012年初县城“123456”工程及城乡基础设施建设，各项重点工程进展良好。截止8月底，完成建设规模47910平方米、总投资1929.26万元的丹霞公园景观工程；

完成总投资2200万元的水塘河大桥至平块风光带景观工程和总投资1257.58万元的第二行政中心平场工程；总投资3.76亿元、长3.5公里、宽90米的梵净山大道建设工程得以顺利实施；总投资约7000万元，长1104米、宽32~50米的景山大道工程已开工建设。

（三）重点突出，打造城乡建设新亮点

一是以规划为龙头。对2011年确定的60个试点村庄和2012年省、市下达的150个村庄整治工作任务，按照高起点规划的要求开展规划编制工作。目前，2011年60个试点村规划已全部完成编制工作，150个村庄整治规划正在有序开展中。二是重点实施小城镇基础设施建设。投入近4000万元，完成了长2000米、宽18米的迓驾民族风情一条街，长1200米、宽30米的孟溪镇河滨大道和长1000米、宽14米的盘信镇百川大道；高标准、高起点启动了寨英镇小城镇二期仿古工程建设，对邓堡、落满两集市进行扩建和街道硬化；完成了乌罗镇小城镇道路硬化3000米。三是以产业园区建设、示范乡镇上报工作为载体，积极引导小城镇经济产业调整。主要完成了迓驾镇乌江实力集团20万吨电解锰石平场、松桃县大兴镇高等级石材加工项目产业园建设以及上报省级重点示范镇、市州示范镇相关工作。四是积极推进小城镇建设，要求各乡镇要制定城镇建设方案，切实推进小城镇建设。

（四）合理安排，统筹城乡保障性住房工作

一是完成廉租房一期300套、二期1187套、三期1000套建设工程并投入使用，累计发放廉租房对象户租赁补贴1113.1万元。二是2012年400套廉租住房建设陆续开工建设，进展顺利。其中：九龙中学24套、长兴镇小24套主体工程已完工；大坪镇48套、妙隘乡48套、盘信镇96套、长坪乡48套、永安乡48套、蓼皋镇48套已完成工程量的30%以上。三是农村教师公共租赁房1060套由教育局安排至全县各乡镇实施，2012年6月已全部开工建设；截止8月底，部分学校已完成公共租赁房主体工程。四是顺利启动国有工矿棚户区改造1420套，城市棚户区改造700套。其中：国有工矿棚户区改造县城614套，迓驾镇200套，木树乡150套，孟溪镇100套，平头乡156套，冷水溪乡100套，寨英镇100套；城市棚户区改造700套结合梵净山大道棚户区安置建设，选址在梵净山大道改造区内。五是根据市危改办工作安排，结合我县实际于4月底将2012年7553户危改指标安排至28个乡镇计划提前实施。目前已完工713户，预计10月底前可全面完成改造任务。六是结合湘渝大道、乾洲坝片区、城北新区、梵净山大道、景山大道等开发项目和基础设施建设工程的实施，启动了投资3700万元、建筑面积36000平方米的湘渝大道安置房建设工程，投资5800万元、建筑面积65000平方米的乾洲坝棚户区改造安置房建设工程，投资6000万元、建筑面积45000的梵净山大道安置房建设工程。启动了松中旁体育馆及经济适用住房的建设工作。

（五）房地产业朝气蓬勃，建筑业快速发展

2012年初以来，进一步规范房地产开发建设管理，完成房屋登记业务2389宗，是2011年登记业务量的1.5倍。引进投资近15个亿，启动了乾洲坝（外滩）片区、龙塘湾盐业公司地段、城北新城（湘渝大道两侧）、大十字金阳广场一期二批项目、金阳二期、北门原汽车站片区、幸福里小区、平块等开发项目和城南土地开发、城北产业聚集区建设，孟溪、盘信、长兴、迓驾等小城镇开发如火如荼。完成房地产开发投资总额86742万元，其中：完成住房投资52045万元，完成办公用房投资26022万元，完成营业用房投资8675万元。房地产开发施工面积658600平方米，竣工面积197580平方米，新开工面积329300平方米。批准预售面积128346.47平方米，实售面积83425.2平方米，其中普通商品住宅2680元/平方米，高层住宅3280元/平方米，营业用房12800元/平方米，办公及其他用房3800元/平方米，再次掀起我县新一轮房地产业开发建设高潮。同时，不断加大建筑业市场秩序整顿力度，营造建筑业良好的发展环境。建筑业企业积极应对市场变化，及时调整经营策略，转换经营模式，实现了建筑业的稳定快速发展。1～8月份全县建筑业总产值达6.8亿元，建筑面积20.8万平方米，创历史新高。

二、取得的成效

2012年初以来，县委、县政府坚持“城镇兴县”主战略，把推进新型城市化作为落实科学发展观的重要举措来抓，城乡建设步伐明显加快。截止8月底，全县共完成城镇建设投资250742万元，新开工项目23个，建筑面积14.83万平方米，投入资金34596万元；续建工程24项，建筑面积18.13万平方米，投入资金51893万元。完成基础设施建设投资164253万元。新增绿地面积4万平方米，栽植绿化树2300余株，城市绿化率达34%，铺人行道砖6350余平方米；新增路灯120盏、景观灯146盏、垃圾箱100个。县城建城区面积达到10.7平方公里，与2011年末相比新增0.4平方公里；县城常住人口（含常住半年以上流动人口）10.8万人，与2011年末相比新增0.7万人；各乡镇集镇建成区面积增至17.3平方公里，与2011年末相比新增3.1平方公里，集镇人口扩容至13.35万人；城镇化率达34.5%（按全县总人口70万人计算），与2011年末的32.7%相比增加了1.8%。

三、主要工作措施

自2012年初全县十二次党代会召开以来，为了高标准、高质量完成省、市下达给我县的城镇化工作任务，进一步推进我县城镇化进程，我们根据“发展县城、带动乡镇、辐射农村”的原则，早安排、早部署，采取了一系列切实可行的措施。

（一）加强领导，统一思想

为进一步加强组织领导，更好地推动城镇化工作的开展，县委、县人民政府重新研究调整了县城镇规划建设管理委员会和县城镇化领导小组班子，按照“分工明确、团结协作”的原则，明确了各成员单位的职责分工，强调部门之间的协调、配合能力和联合作战能力，加速推进全县城镇化进程的思想得到了进一步统一，增强并坚定了城乡建设提速扩容的信心和决心。

（二）明确目标，落实责任

按照省、市和全县十二次党代会提出的具体任务和目标，县委、县人民政府制定了2012年城镇化工作实施方案，明确了我县2012年城镇化工作的指导思想、工作思路、奋斗目标和工作措施，在县城重点实施“123456”工程。同时将全县28个乡镇和相关县直部门作为牵头单位，采取强有力的工作措施，分工协作，共同推进，一并检查考核。由县委督查室、县政府督查室对各牵头单位和乡镇进行定期不定期检查督促，通报各重点工程项目和各单位工作进展情况，确保了城镇化工作的顺利推进。

（三）“三个结合”推动城镇化

2012年初以来，在县委、县政府的正确领导下，多措并举、多方筹资、合力攻坚，全县经济社会继续呈快速发展态势，城镇化建设各项工作成效明显。在城镇化推进过程中，我们主要做到了“三个结合”。

一是把城镇化进程与重点项目建设相结合。主要实施了梵净山大道、景山大道、桃源大道、丹霞公园景观工程、平浪坝尾至彩虹桥景观工程、彩虹桥至平块景观工程和孟溪镇河滨大道、盘信镇百川大道、寨英镇小城镇二期仿古工程和乌罗镇及寨英镇邓堡、落满小城镇道路硬化工程、芭茅新农村等。

二是把转移农村富余人员与安居就业相结合。转移农村富余劳动力、增加城镇人口，是加快城镇化进程的内在要求。2012年我县把新进入城镇居民和农民工就业问题摆在了突出位置，并与保障性住房项目、工业园区建设结合起来，尽可能地解决其住房和就业问题，进一步增强了城市吸纳扩容能力和凝聚能力，为稳步推进城镇化进程打下了良好基础。

三是把城镇化工作与我县发展实际相结合。目前，我县还处于“县城带动建制镇、建制镇带动农村”，城乡二元结构明显、城镇化发展不平衡的时期，与周边发达县市相比还有一定距离。因此，只有制定符合我县实际发展的战略，才能有效推进我县的真正发展。工业强县及城镇化带动战略已成为我县发展的主要课题。只有推动城镇化、工业化同时反哺农业、城市带动农村的发展方式，才能统筹城乡发展，提升全县经济实力和综合竞争力，真正达到城乡一体化的城镇化发展目标。所以，在2012年的城镇化工作中，结合我县目前发展形式及特殊情况，及时调整了城镇化建设发展的中长期计划，使其与全县经济社会发展计划相统一。

四、存在的困难和问题

过去的8个月，我县城镇化工作取得了一定成绩，但离省、市的要求和自己的发展目标还有较大差距，在建设和发展过程中还存在一些问题，主要体现在以下几个方面：

（一）建设资金不足

虽然我县财政收入2005年以来增长幅度在不断加大，但仍远远小于财政支付量的增长幅度。目前我县正处于大开发、大发展时期，城市基础设施项目多、战线长、投资大，通过招商引资、银行融资、BT、BOT等方式筹集的资金不能完全解决重大基础设施建设资金的需要问题。因此，资金不足仍是我县城镇化工作中的一个突出问题。

（二）可控用地指标不够

近年来，随着我县基础设施不断完善，区位优势不断显现，市内外众多实力型房地产开发企业逐步涌入我县县城和各建制镇投资开发项目，用地指标非常紧张。同时，因国家、省、市下达的用地指标限制，我县县城和建制镇集镇规划区面积不小，但能够自行安排的建设用地很少，成为制约我县城镇化建设的又一重要问题。

（三）基础设施不配套

通过近8年的开发建设，我县城市路网结构不断趋于完善，交通条件有了较大改观，但其它城市公用基础设施、公益服务设施等仍然不配套。如体育馆、博物馆、科技馆、少年宫、大型影剧院、文化娱乐活动中心、主题公园、大型商业街、停车场、实质性旅游景观景点、免费公厕等，没有很好的配套建设。有些项目虽然列入了城市规划，但由于资金等条件的限制多年来没有列入发展和实施计划，成为了“墙上挂挂、纸上划划”的摆设。其中，对停车场、免费公厕、体育活动设施、老年活动中心等的需求较为迫切，人大代表、政协委员、基层干部和群众已多次呼吁质询，已成为我县城镇化进程中必须加以重视的民生工程建设问题。

（四）城市廉租住房需求量仍然较大

自2008年实施廉租房项目以来，得到了广大人民群众的积极拥护和大力支持，我县虽然完成了2009年至2011年的2487套廉租房建设任务，实施了四期廉租房400套，但仍未能满足城市住房困难群众需要。从目前报名的情况来看，我县城市廉租住房的需求量仍然较大，而正在实施的四期廉租房套数较少，无法满足人民群众需求。

（五）社会保障及户籍制度不健全

失地农民没有健全的社会保障机制，使得失地农民心理不踏实，导致征地难，拆迁难。

（六）城镇化遗留矛盾纠纷和问题亟待解决

2005年以来我县实施城镇建设大发展战略以来，城镇面貌日新月异，成效显著，但同时在城镇拆迁、农民自建房、两违执法等方面遗留了一大批至今未能妥善解决的矛盾纠纷和问题，制约我县城镇化发展的后顾之忧，亟需解决。

（七）城乡规划管理水平亟待提升

近年来，我县城市建设坚持高起点规划的原则，重新修编了县城总体规划和孟溪、大兴、寨英等重点城镇总体规划，不断完善基础设施和公共设施建设，为城市经济提供良好的发展空间，有效地促进了全县经济持续快速发展。但是，现有的规划还缺乏分类指导，急需进一步做好区域内功能布局、交通通信、供排水、供电等专业规划和控制性规划的制定工作；还缺乏科学的调查研究及区域规划的统筹协调，国土、水利、园林等相关规划衔接方面还不能完全适用经济迅速发展的需要。

（八）城乡二元化现象比较突出

近年来，我县城市建设飞速发展，特别是县城建设日新月异，但城乡分割在体制、思想根源上尚未分清，致使城乡差别从编制规划之时起就已经开始扩大。历次规划工作基本上仍是重城市、轻乡村，统筹考虑城乡互动不够，难以适应城市带动农村、城乡协调发展的需要。就县级层面上看，县域总体规划将注意力过多地集中在县城，一些对经济发展和公共服务起重要作用的功能布局长期弱化，不利于全县城镇体系的完善，造成全县城镇发展始终“一城独大”，中心县城的辐射带动功能难以有效发挥。

五、今后五年我县城镇建设工作思路和发展目标

根据2012年初全县十二次党代会和全县经济工作会精神，我县在今后一段时间内城镇建设工作思路和发展目标是：

（一）指导思想

以邓小平理论和“三个代表”重要思想为指导，深入贯彻科学发展观，全面落实省委、省政府“工业强省，城镇化带动”战略，以县城总体规划第四次修编为契机，以城镇建设项目为抓手，以新农村建设为载体，坚持城乡统筹、协调发展方针，突出以人为本、环境优先理念，实施市场运作、项目带动战略，进一步扩大全县城镇规模，提升城镇品位，完善城镇功能，发展城镇经济，全力推动城镇化跨越发展。

（二）工作思路和发展目标

1. 工作思路：依据县委、县政府“十二五”规划战略部署，以发展为主题，结构调整为主线，改革开放、科技进步和西部大开发为动力，提高人民生活水平为根本出发点，坚持以人为本的原则，提高城镇建设的发展水平和管理水平，着力改善城市功能和生态环境，坚持以县城为中心，各建制镇为重点，孟溪、大兴、长兴、寨英、乌罗、迓架等重点镇为支撑，努力在城镇化带动战略上取得新突破，并以规划为龙头，坚持旧城改造和新区建设并举，全力打造丹霞地貌民族文化旅游宜居山水城市和“中国最佳旅游目的地”。

2. 具体发展目标：力争到“十二五”期末，全县集镇建成区面积达28平方公里以上，城镇人口规模达30万人以上，城镇化水平达到43%以上。其中：县城城区人口规模达15万人以上，建成区面积达15平方公里以上。努力建设1~2个城镇人口达2万~3万人的建制镇。努力实现城区道路硬化率达100%，供水普及率达100%，排水设施覆盖率达90%以上，绿化覆盖率达35%以上，污水处理率达95%以上，垃圾处理率达95%以上，市政道路、电力、电讯、市场、停车场等设施基本配套。城镇规模等级结构、职能结构、空间布局趋向合理，形成以县城为龙头，以各乡镇为支撑，以中心集镇和边贸集镇为结点，以一大批中心村为基础的城镇体系。

六、下一步工作对策及建议

围绕“实施城镇化战略，促进城乡共同进步”这一目标要求，抓住“十二五”期间的良好发展机遇，发挥优势、扬长避短、抢抓机遇、加快发展，紧盯国家、省、市对城乡基础设施投资倾向，坚持“五化”同步互动，用足国发2号文件政策及武陵山区统筹发展规划优势，举全县之力，进一步加快推进全县城镇化发展步伐。

（一）进一步解放思想，更新观念，不断拓宽推动城镇化工作思路

思路决定出路，观念决定办法，思想的解放程度决定着城镇化进程。今后，全县广大干部应认真查找思想、工作、作风上存在的差距，进一步解决想不想干的精神状态问题、敢不敢干的思想观念问题、会不会干的发展思路问题、能不能干的工作作风问题，统一思想，形成合力。各级党委、政府、工作部门要树立危机意识和实实在在做事的思想，要破除在发展上的传统观念和思维定式，勇于创新，敢为人先；要破除封闭保守的落后意识，创造良好的发展环境，扩大开放，充分利用好县内外两个市场、两种资源；要破除盲目自满、固步自封的思想，学习新知识、接受新事物、总结新经验；要营造“有为才有位”的用人环境，力戒“不求有功，但求无过”的无为意识。要转变思路，在城市建设上，工业建设与城市建设相互支撑，相辅相成，形成产城互动，产城一体。要由被动城市建设转变为主动城市建设，在征地拆迁上，要有超前意识，对纳入城市建设范围提前进行土地收储，有利于项目推进及有效扼制违法违章建筑的产生，形成良性循环。

（二）加大投入力度，搞好城镇规划，维护规划严肃性

实践证明，城镇化发展，规划必须先行。一个全面、科学、合理、超前的规划，不仅有利于避免资源浪费和重复建设，也利于吸引城乡生产要素的优化集中，促进社会经济又好又快发展。在下一步城镇规划方面，应高度重视，同时维护规划的严肃性。规划审批应深入民心，公开公示，一经审批，任何人不得更改。要加大规划投入力度，不仅要修编县城总体规划，还要搞好控制性详规、修建性详规以及城市形象设计。要跳出就规划论规划的思维模式去谋划城镇，把工业化、产业化等有机纳入总体规划，用一张图去指导工作的开展。同时制定好发展定位，把松桃建设为西南地区以锰为重点的新材料产业示范基地、具有苗族文化特色山水宜居城市、全国最佳生态文化旅游目的地、武陵山片区区域发展和扶贫攻坚的重要示范区，贵州省生物质能源综合开发和页岩气开发利用试验区。

（三）加大投资力度，政府主导，招大商，引大资，拉动城市建设

城镇化的难点是缺乏资金的投入，没有投入上的保障，就难以取得较快的发展。而依赖等、靠、要，城镇建设也是发展不起来的。因此，我们一定要多想办法，多出点子，把城镇建设与招商引资、盘活土地资源等有效结合

起来，政府进行引导投入，依靠市场机制和优惠政策，招大商，引大资，拉动城市建设。在融资渠道方面，我们主要应从以下几个方面努力：一是争取上级的城建投资项目和资金；二是争取银行贷款和发行债券；三是经营城镇重点是搞好土地的收储和招拍挂；四是要将城镇建设各种规费大部分用于城镇建设。小城镇的发展过程，实际上是资源合理配置的过程，只有繁荣经济，小城镇才能持续发展。我县资源丰富，但产业化水平较低。我县应坚持“立足资源优势而不唯资源”的原则，采取走出去、请进来的办法，进一步加大招商引资力度。要制定相适应的政策，推动一些产业在城镇区域内集聚，形成产业聚集区，做强做大支柱产业，产城互动，拉动城市建设。

（四）制定优惠的政策措施，进一步强化政策的驱动力，以引导建筑企业投资和农民进城创业

我县属于少数民族欠发达地区，人口规模小，基础薄弱。要想推进城镇化建设没有一定的优惠政策显然是不行的。应对以前出台的有关优惠政策进行分析讨论，制定完善以下三个方面的优惠政策：一是要给建筑企业制定一定的优惠政策，特别是在税收和规费的收取上要给予一定的优惠，促使其开发更多的经济适用性住房和保障性住房，以满足进城农民的住房需求；二是要制定一定的优惠政策，按照统一规划、统一设计、分户建设的原则，在城镇规划区内相对不重要的范围划出一定的土地，先行征地，建好基础设施，统一规划设计，适当收回成本后可允许自建，以激发民间资本投资建设。吸纳农村人口往城镇人口集中转变，同时出台配套政策，让农村人口“来得了，住得下，居的乐”；三是要为外来人员及失地农民制定一定的优惠政策，劳动保障及社会保险等方面要出台具体的政策措施，解决好户籍（落户）、医疗保险、住房保障、养老保险等方面。

（五）城镇化建设为领引，文化旅游产业并进，提升城市品味及竞争力

抓城市建设的同时，应注重文化旅游产业发展，让城市有文化灵魂，以提高城市品味。充分挖掘苗族文化产业，营造特色的苗族文化氛围；充分深化建设一些如丹霞公园、月亮谷苗族风情园、云落屯、悬棺、文笔塔、松江水景画廊、苗王城、欧百川故居、寨英古镇、桃花源、潜龙洞、苗王湖等实物性景观景点，打造地方文化旅游产业的唯一性，以提升城市品味及竞争力。依托现有高速、机场、铁路、高档酒店等基础设施，让外来旅游人员能来、有看、有住、有乐。真正繁荣城市经济。

（六）全面进行城镇建设，将城镇建设纳入目标考核

要加快城镇建设，提高城镇化水平，对我县 28 个乡镇应全面铺开，按照编制完成的乡镇总体规划，组织实施总体规划。各乡镇政府要合理制定今后五年建设目标和任务，确定建设方案，纳入县人民政府年终目标考核，必要时纳入一票否决。强制性进行城镇建设，提高城镇化水平。

（七）严格管理，促进城镇健康和谐发展

一要严格规划管理。科学的规划一旦通过，大家都要按规划办事，坚决杜绝低水平建设和重复建设，保证规划的严肃性和连续性；二要严格城镇基础设施和公用设施管理，三分建，七分管，加强维护、保养，对破坏城市公共基础设施的要坚决打击；三要严格市容管理。要树立“人人都是市容环境”的理念，教育市民从门店形象，垃圾处理、草木种植、街道整治等方面营造良好的生产生活环境；四要搞好城乡社区服务工作，创造良好的投资环境和社会环境；五要搞好物业管理工作，按程序规范进行物业管理；六要依法行政，抓好城镇社会治安综合治理。

加快城镇化进程　促进经济快速发展

贵州省三都水族自治县住房和城乡建设局

城镇化是经济社会发展的必然趋势，是工业化、现代化的强大动力和载体。近年来，三都县委、县政府认真以党的“十七大”精神为指导，全面落实科学发展观，抢抓“两快”过境的发展机遇，加快城镇化进程和民族文化旅游发展，把城镇建设作为塑造三都新形象的一项重大战略任务，千方百计把城镇的综合竞争力做强，科学合理地把城镇规模做大，坚持不懈地把城镇功能做全，精心细致地把城镇环境做美，积极有效地推动了全县经济社会又好又快发展。

一、三都县基本现状

三都是全国唯一的水族自治县，位于贵州省黔南布依族苗族自治州东南部，全县总面积2400平方公里，全县辖10镇11个乡270个村委会4个居委会2413个村民小组，总人口34万多人，其中水族人口22.24万人，占总人口的65.4%，全国60%以上的水族人口居住在三都。国道321线、厦蓉高速公路、贵广快速铁路横贯县境内，是西南省区南下出海的重要通道之一。2010年，全县城镇建成区面积为22.76平方公里，城镇人口为9.83万人，城镇化率为29.26%。县城区面积5.35平方公里，县城人口4.2万人，道路硬化率98%，建成区绿化覆盖率32%，亮灯率98%。

二、取得的主要成效

经过长期建设，特别是“十一五”时期的建设发展，三都县的城镇规模扩大，城镇化水平大幅提高，城镇的聚集、辐射、带动功能增强，城镇建设取得了很大成绩。

（一）规划的龙头作用得以充分发挥

完成了《三都水族自治县县城总体规划（2007～2025）》修编和县城老城片区、中南片区及猴场片区的控制性详细规划编制评审工作，完成了县城修建性详细规划（风貌规划）编制并通过终期评审；完成县城城市路网规划编制；完成了周覃、九阡、中和、都江、合江、大河、普安、丰乐、恒丰、扬拱等乡（镇）的控制性详细规划和拉揽乡、羊福乡总体规划，为城乡建设提供了法律依据。有效指导城市公共服务设施、市政公用设施的配套建设，合理引导建设用地出让选址和农村私人建房，城区“一书两证”发放率达100%。同时，严格按照规划要求，强化规划管理，对规划区内新建、改建和扩建的个人住宅，严格办事程序，坚持抓好现场踏勘、公示、审批、放线验线、中间检查和竣工验收等工作环节，使全县城乡规划建设管理工作上了台阶。

（二）县城基础设施建设硕果累累

我县始终坚持科学规划城市，强化精品城市理念，十分注重各种元素资源有效利用，大力提倡“城市建筑民族化、城市景观个性化”，着力以大力发展独具民族特色的重点工程建设为突破口，凸显三都地域民族特色建筑。五年来，建成了水利大楼、行政中心大楼、文体广电大楼等标志性建筑；城市干道两侧建筑外立面民族特色改造、凤凰公园、赛马城休闲广场、同心桥风雨桥、建设东路风情楼、北出口水族迎宾大道等一批凝结了民族传统建筑文化元素、具有地方民族特色的建筑已建成；完成了县城区人行道青石道板的铺装建设4万多平方米、都柳江两岸防洪堤5公里、街道排水沟25公里；县城区内道路、桥梁、给排水、仓储、供电、环卫、绿化、通讯、防洪、消防、人防、教育、卫生、金融、市场等各项基础设施建设已具一定规模，适应了城市发展的需要，城市功能日益增强。河滨北路水族风情街、水族博物馆、北出口迎宾大道两侧建筑物外立面民族特色改造、日处理垃圾70吨县城垃圾卫生处理等重点工程正在实施之中。

（三）建筑业管理进一步规范

建筑市场秩序不断规范，招投标管理工作设立专门的监管机构，各主管部门按照职责分工负责全过程监管，启动了建筑市场诚信体系建设，制定了不良行为记录种类和办法。清理拖欠工程款和农民工工资问题取得实效，全县基本无拖欠发生。加强工程造价管理，健全市场价格机制，建立了建筑材料信息发布体系。建筑队伍不断壮大基本形成了以房屋建筑，市政工程和公路桥梁为总承包的建筑队伍。全县现有建筑业企业2家。加强质量监督和安全监管，对各个建设工程实施核发了建筑施工许可证，竣工验收合格率100%，备案率100%。建筑安全生产运行平稳，未发生重大质量安全事故。

（四）镇村建设步伐明显加快

乡（镇）集镇道路、桥梁、路灯、绿化、集贸市场、供水、环卫等基础设施建设逐步配套，全县城镇化水平由十五期末24.13%提高到十一五期末

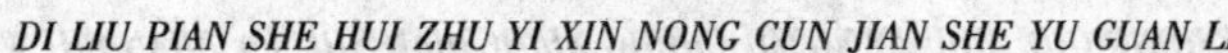

29.26%。重点建设了全县中心小城镇建设镇周覃镇、普安镇、都江镇，新农村建设试点村水各村、怎雷村、民茅村、姑鲁村、塘党村。随着贵广快速铁路和厦蓉高速公路过境我县，全县城镇化步伐明显加快，城乡一体化面貌逐步呈现，有力地带动了全县城镇化发展。

（五）房地产业稳步发展

盘活土地资源，吸引各方投资业主，多方争取建设资金，加快发展以住宅建设为重点的房地产业，完成房地产开发投资约1亿元，开发建成了帝都广场、水乡公寓、水岸都市、金谷市都等商住楼等楼盘。强化政府住房保障功能，投资2102万元，建成保障性住房2.5万平方米。房地产市场稳步健康好转，缓解了城乡居民住房难的问题。

（六）城市管理长效机制逐步建立

坚持建管并重，把城镇管理放在与规划、建设同等重要的位置，创新管理体制，改革管理手段，加大管理力度，提高管理水平。强化依法管城的意识，加强城镇管理法制建设，建立一整套系统、规范而又便于操作的城镇管理制度，促进城镇管理走上科学化、规范化轨道。加大日常管理力度，抓好"门前三包制度"的落实，切实解决"五乱"问题。切实加强市容市貌的综合整治和专项治理，落实长效管理措施，彻底改变城镇交通、环境、安全等方面脏乱差的现象。

三、主要经验做法

（一）科学规划，确定发展格局

规划是建设的龙头。为此，三都县紧紧抓住规划这一龙头，牢固树立规划的品牌意识、精品意识、生态意识和超前意识，规划编制工作具有前瞻性和操作性。首先是合理编制总体规划。近年来，三都县聘请了省内外规划设计院资深专家对县城区总体规划进行修编，达到了定位科学、布局合理的规划设计目标。其次是详细编制局部规划。把科学规划融入每个建设项目之中，做好每个项目的详细规划和局部规划。第三是科学编制远景规划。以做大做强中心城市为目标，将县城建设成为功能布局合理、服务体系完善、区域经济牵动力强的的中心城市。预计到"十二五"期末，三都县城区面积要达7.9平方公里，城区人口要达6万人。第四是认真编制村镇建设规划。重点是明确城镇的定位和方向。重点是将合江镇、都江镇建成集贸型城镇，将普安镇、周覃镇建成工矿型城镇，将九阡镇、三合镇、廷牌镇建成旅游服务型城镇。通过科学规划，力争形成设施齐全、品味高雅、特色鲜明、风格迥异的城镇体系，形成以中心城市为核心，以城带乡，城乡联动，互促互进，共同发展的城乡一体化发展格局。

（二）筹措资金，加大建设投入

建立了多元化、多形式、多渠道的投入体制，突破了城镇建设的资金“瓶颈”。首先树立经营城镇理念，盘活土地资本。土地是城镇最大的资源，三都县改变过去无偿划拨的供地方式，最大限度地挖掘土地资源，集聚资金用于城镇建设。在土地经营方面，重点抓了五个环节：一是制定科学的供地计划。做到有序开发，有序利用，确保土地资源不断增值。二是统一同类供地方式。在土地的出让中，严格按照《行政划拨供地目录》规定的行政划拨范围供地，取消了经营性用地的协议出让。三是加大宣传力度。通过新闻媒体向社会发布国有土地使用权招标公告，宣传挂牌出让地块的位置、土地使用条件、规划部门的要求、商用价值、长远效益以及有关的操作程序等。四是合理确定底价。委托具有资质的土地评估机构采取二种或二种以上的评估方法进行底价评估，经底价确定领导小组确认后挂牌公布。五是完善政策。先后制定和完善了国有土地使用权出让规则，实行了土地审批的内部会审制和挂牌底价由县底价领导小组确定制等一系列规范的文本模式和操作办法，进一步明确了供地方式、交易地点、审批程序和协议出让等几个方面的规定。其次是积极争取上级支持，发展公益事业。认真研究上级基建投资重点，科学论证本县的建设项目，积极与省、州建设计划挂靠，对收益可观、潜力巨大、前景广阔的优势项目，积极申报，最大限度地争取上级的政策倾斜和资金扶持。

（三）完善政策，规范实施拆迁

拆迁是建设的前提。城镇建设和棚户区改造是一对矛盾，把握不好就会造成城镇资源的巨大浪费。特别是对三都来说，全县城镇建成区人口不足9万，流动人口较少。因此，三都县把城镇建设的着力点放在了棚户区改造上，把支撑点放在了还利于民上。坚持以人为本，进一步优化拆迁政策，推动了拆迁安置工作的稳步进行。近年以来，三都县先后制定出台了《三都水族自治县城镇房屋拆迁管理暂行办法》、《三都水族自治县城镇房屋拆迁安置补偿标准》等政策文件，为拆迁工作的顺利进行奠定了坚实的政策基础。在城镇拆迁中，重点抓了以下几个环节。一是被拆迁户可以自主选择安置形式。选择货币安置的，按照市场评估价对拆迁户予以补偿；选择回迁安置的，按拆一补一的原则进行安置，不结算差价。二是对划定楼位。对每个小区的最好楼位都优先分配给拆迁户，最大限度地满足拆迁户改善住房条件的需求。三是确定户型。由于棚户区内居民经济条件有限，大户型楼房购置难度大，因

此在拆迁时就要求被拆迁人申报户型和面积，并综合被拆迁人意见进行统一设计。四是对极特困户和伤残户，确无能力回迁的，政府和开发企业给予了适当的照顾，或提供周转房，或让利回迁。所以，几年来的开发建设，拆迁户均得到了妥善安置，楼房也销售良好，没有滞压现象。

（四）规范建设，强化监督管理

在工程施工中，严格按工程“四制”进行规范运作，即项目招投标制、质量终身责任制、项目监理制和项目合同制。首先是严格进行招投标。对每一个建设项目都本着“公开、公平、公正”的原则，进行招投标，全面实行“阳光”操作，严格审查投标人的技术资质和资金能力，避免了“人情工程”和“面子工程”。其次是严把质量关口。在建设中严把材料关和施工关，对于政府投资的项目，严格执行政府集中采购制，对电照设备、装饰材料、钢窗等建筑材料的购置严格实行政府采购。第三是狠抓手续办理。对重点项目实行一站式办公制度，确保手续齐备，既达到了建设要求，又防止了各种税费跑冒滴漏现象的发生。

（五）突出重点，小城镇建设不断加快

三都县委、县政府充分认识到，发展小城镇要以现有的中心城市和有条件的建制镇为基础，科学规划，合理布局，消除不利于城镇化发展的体制和政策障碍，引导农村劳动力合理有序流动，为实现城乡一体化奠定坚实基础。结合三都县实际，科学确定了小城镇发展目标：

1. 以现有的县城和有条件的骨干建制镇为重点，适度扩大小城镇规模，力争经过5至10年的努力，将一部分基础较好的城镇建设成为规模适度、规划科学、功能健全、环境优美、各具特色、具有较强辐射能力的农村区域性经济文化中心。

2. 按照社会主义市场经济的要求，广泛开辟投融资渠道，走出一条在政府引导下，主要通过市场机制建设小城镇的路子。

3. 以大量吸纳农村剩余劳动力为途径，因势利导，引导农村劳动力合理有序流动。充分利用小城镇连接城乡的区位优势，将发展乡镇企业和农村服务业结合起来，促进农村劳动力、资金、技术等生产要素优化配置，推动一、二、三产业协调发展。

四、存在的主要问题

（一）城镇建设用地紧张

由于地形地貌和历史原因，我县城区的建设用地布局不合理，各类用地比例不协调。加上山脉、河流和其它因素对土地的分割，造成地块狭窄，支离破碎，工农业与市政居住用地相互交错，形成了较为复杂的用地格局。而且城区内尚有多处滑坡地段及都柳江洪水回水淹没区、汛期支流洪水冲击等隐患，对县城的规划和建设带来很多困难。

（二）城镇规划编制及管理有待加强

目前，总体规划现状尚有许多缺陷和不足，主要表现在城镇发展的总体战略的历史局限性和现实误差：一是战略意图单一，对如何进一步带动县域经济的发展没有深层次的考虑。二是战略重点只是偏重于城镇经济开发和建筑规模，而忽略了城镇建设应与自然山水和历史文化相结合，营造特色环境和地域文化特征。三是战略步骤只对城市面积、人口的发展规模提出了时空的概念，没有明确分阶段的主攻方向和主要措施，尤其是一些重要的城镇建设项目没有具体策划和充分论证。除此之外，总体规划现状中没有涉及城镇体系框架和村庄布局规划，没有县城总体定位和各个片区的功能定位；并且在城镇产业发展、防洪防灾、新区路网布置、建筑风格与色彩、主要区域和接点控制等方面还存在许多遗漏和误差。同时，自 2002 年拆销乡（镇）村管理所后，乡（镇）村镇建设规划管理出现缺位，县规划室（村管站）承担着全县城乡建设的规划放线验线、建设项目选址审查、城镇及村庄建设规划设计、“一书两证”核发等工作任务，而县规划室核定编制仅有 3 人，致使工作量大而人手少的矛盾较为突出，给规划管理工作带来较大困难。

（三）城镇规模小，辐射作用不明显，经营观念不强

一是城镇规模小，县城人口仅有 4.2 万人，县城区面积只有 5.35 平方公里，其他城镇人口均不足万人，城镇间人流、物流、资金流有限，发展要素聚合力太弱。二是城镇辐射带动作用弱，主要表现为城镇功能不配套，产业基础薄弱，对经济的推动作用不明显，吸引投资的能力不强，境内除了山青水秀的环境资源外，其余的各类资源都很贫乏，加之对外开放力度不够，没有什么可使外资、客商青睐的东西。三是经营观念不强，充分利用市场手段加快城镇建设、长久营造城镇形象和竞争力的理念和措施不突出。

（四）城镇产业支撑薄弱

三都是新阶段国家扶贫开发工作重点县，辖区内缺乏大产业支撑，工业主要以农产品加工和矿产加工为主，工业化水平低，产品结构以初级产品为主，且工业规模小，前向效应不足。服务业发展层次低，大都属于批发零售、个体运输业，对乡镇发展的带动力不强，城镇化发展的经济支撑薄弱，推动力量不足。

（五）城镇建设资金不足

城镇化建设需要大量的资金，但是三都县的可用财力有限，2010 年财政收入仅 8500 多万元，城镇建设资金筹措难度大，综合公共服务设施不足。全县多数小城镇的基础设施建设落后，环保设施、公共厕所、休闲体育活动场地、农贸市场、停车场等市政设施严重不足。运用市场化方式运作和争取国家项目资金的水平有待进一步提高。

（六）专业人才紧缺影响城镇化发展

农村城镇化建设过程中需要各类型的专业人才，但是由于农村城镇的生活条件、信息交流、交通、通讯等条件与城市存在一定差距，具有高学历和具备一定技能的人才不愿意到农村城镇就业。而农村劳动力素质普遍偏低，这就出现了城镇发展过程中需要大批高素质人才与农村现有劳动力素质普遍偏低之间的矛盾，从而影响着城镇化的发展。

（七）各乡（镇）集镇区域小，人口少

农村受自然、资源、市场、观念的约束，主导产业规模小，集约化、商品化水平低，依赖土地生存的人口多。"自我消费"仍占主导地位。集镇对农村没有吸引力，农民对集镇的依赖不强，人口聚集缓慢。

五、加快城镇化建设的对策和建议

三都是农业大县，农业人口多，城乡二元结构矛盾突出。今后城镇化进程的基本思路是：以提高居民生活质量为目的，以县城和重点镇建设为重点，科学规划、合理布局、完善配置、增强综合功能，以经济支撑壮大城镇规模，努力提高城镇建设质量和城镇发展水平，构建三都县又好又快、更好更快的城镇发展体系。

（一）统一规划，精心设计

首先，在完善《县城总体规划（2007～2025）》和《县城控制性详细规划》的基础上，优选规划设计单位，科学进行城市定位，按照"民族现代化和现代民族化"的规划理念，编制好县城修建性详细规划（风貌规划）。其次，切实做好分区规划和小区、街道、园林等建设详规，按照各自不同的客观条件和功能定位，突出重点，彰显特色，充分论证，精心布置。并且要对设计深度和可行性有具体要求，如平面布置、竖向处理、接点控制、市政设施、园林景观、亮化效果，以及建筑高度、密度、风格、色彩等方面都要有具体方案。其三，认真做好城镇防洪、供水、供电、通讯、排污等专项规划和城镇体系、村庄布局规划。精心做好城镇重点建设项目（主要景点、标志性工程）的施工设计。其四，要进一步扩大规划设计的公开性和透明度，重视社会各界和广大市民对规划设计的知情权和监督权。要进一步严格规划的审批程序，城镇总规、详规、重点建设项目设计要由县规划委员会组织评审并依法按规定程序审批，真正使我县城镇建设步入法制化、规范化、理性化轨道。

（二）统筹协调，分步实施

城镇建设要办的事很多，在一个阶段内不可能面面俱到、齐头并进。因此要认真研究“钱从何处来，劲往何处使”的问题。应当把人民群众要求强烈、突破发展关系重大、国家投资倾向明确、前期准备工作充分的项目先一步实施。当前就是要加快凤凰公园二期工程、都柳江名胜风景区、姑鲁产蛋崖景区、水族文化博物馆、北出口民族特色改造、河滨北路水族风情街、麻光新城区开发和一些在建项目的建设步伐。同时，做好旧城改造、县城绿化、植物油厂片区房地产开发等项目建设，尽力促其早日开工。另外要量力而行，循序跟进安排和实施城镇的市政设施更新配套，以及街道、广场、市场、酒店、商品住宅等项目建设。并且要加快经济适用房和廉租房建设步伐，逐步解决城镇低收入户和特困家庭的住房问题。

（三）抢抓机遇，项目带动

高速公路、快速铁路贯穿三都县境内，是三都县城镇建设的“天赐良机”。高速公路、快速铁路建设项目的实施，不仅使三都县优先承接南下大交通的带动，而且会进一步完善城镇的基础设施，拉大城镇骨架。为此，我们一定要支援好高速公路、快速铁路建设就像是把三都县城镇建设挂在“高速列车”上，缩短三都县城镇与经济发达地区的差距，赶上快速发展的步伐。同时我们还要不失时机的抢抓西部大开发政策机遇，加大三都县农村公路、旅游开发、新农村建设的力度，并在各类项目中采取适度倾斜、资金捆绑，集中力量打造最美丽的旅游休闲之都。

（四）扩大开放，招商引资

这是各地加快城镇建设最重要的一条经验，更应该成为三都县城镇建设的重要方略。凭借自身的努力和借助“外力”发展，好比“两条腿”走路，缺一不可。面对“入世”以后新的形势和贯彻“党的十七大”会议精神，以及三都县发展所处的新的机遇期，我们要进一步解放思想，重新审视三都县对外开放的水平和招商引资工作，关键是如何改善和优化投资环境，尤其是优化“软环境”的问题，弥补我们在法制环境、政策环境和人文环境方面的差距。政府部门要在依法行政的基础上对资源配置、市场准入、审批程序、

办事效率、税费征收等方面全方位制定优惠政策，并在招商、投资、建设、经营过程中讲诚信、重落实。司法部门要在社会治安、司法公正、法律服务、惩贪反腐等方面提供有力保障，着力打造“重商、亲商、爱商、安商”的社会环境，树立“诚信三都”、“平安三都”新形象。并且要继续广泛深入地开展普法宣传和道德教育，提高社会法治意识，增强“人人都是投资环境，事事关乎三都形象”的观念，树立三都人热情友好、乐于助人、朴实诚恳、宽厚包容的本质共性。

（五）城乡统筹，抓城带乡

城乡统筹就是城镇与农村、产业与农民、企业与基地统筹兼顾，协调互动。在互动中提高城镇自身的综合承载力，增强城镇对农村的辐射带动力。

1. 高标准建设县城

县城是城镇体系的中心，是行政、商贸、人居中心和城市品位提升的核心。为此，在下步工作中，要重点抓好规划布局、基础设施建设、美化、亮化、绿化、净化和品位提升工作，积极借鉴其他民族地区的城镇建设经验，及时将三都水族历史文化融合到规划和建筑设计中，大力提倡“城市建筑民族化、城市景观个性化”，建立一个以水族文化为支撑的可持续发展的旅游服务县城，努力将三都打造成为“中国水族文化之都，使三都县县城功能日趋完善，人居环境大为改观，综合服务水平和整体品位得到很大提高，生态民族文化旅游精品县城日益凸显。

（1）推进麻光新城区开发建设。坚持让利于民与统筹发展并重，通过综合商业运作和群众联建的办法进行优化开发建设方案。同时积极盘活开发资本，按照建设总规、控规、详细修规的要求进行整体开发，让麻光新区每一个建筑物的建筑风格设计都融入水族民族元素，使麻光新区成为三都水族文化旅游的核心区，全方位展示三都民族文化及民族风情，集旅游观光、休闲度假、商务购物为一体，具备吃、住、行、购、娱、游六大旅游功能要素。

（2）着力实施旧城区包装改造。根据县城城市设计要求，着力以大力发展独具民族特色的重点工程建设为突破口，认真抓好城市干道两侧建筑外立面民族特色改造、凤凰公园、赛马城休闲广场、同心桥民族风格包装、北出口水族迎宾大道、河滨北路水族风情街、水族文化博物馆等一批凝结了民族传统建筑文化元素、具有地方民族特色的建筑，逐步改变着三都县县城面貌。切实搞好县城四周可视范围的生态建设和厦蓉高速公路三都匝道口至县城、贵广快速铁路三都火车站场至县城道路两侧的绿化建设、稳步推进人与山水和谐相处、人与文化和谐相依、人与城市和相融的建设格局。同时，要紧紧围绕“中国水族文化旅游城市”的发展定位，加快推进“城建旅游活县”战略，加快城镇化建设进程，努力把县城区建设成为环境优美、商贸繁荣、文化昌盛、安定有序、设施完善、文明安居的民族文化旅游城市。

2. 着力加强乡镇小城镇建设

依托资源优势，加快以支柱产业为主导的典型式小城镇建设步伐，重点建设沿边沿路乡镇小城镇，特别是普安镇和周覃镇两个中心镇的城镇化建设。一是各乡镇要立足产业优势，按照打造民族文化一条街、农牧产品交易市场的做法，着力增强小城镇发展动力。二是把集镇建设与旅游开发紧密结合起来，扩大小城镇民族风格建筑规模，进一步打造民族风格建筑精品，提升品位，培育典型。三是组织民族民间文化进入集镇。各乡镇要充分挖掘、保护与开发民族民间文化，并积极创建平台引导民族民间文化进入集镇，丰富小城镇文化氛围。

3. 加快推进民族村寨建设

村寨的建设要充分融合自然景观和民族文化来打造，符合新农村建设标准，重点建设县城及乡镇集附近的村寨，要做到建设一个就出现一个亮点的目标要求，以拉长乡村旅游产业经济带，进一步促进城乡一体化发展进程。特别是要进一步抓好姑鲁、水各、怎雷、巴茅、塘党等水族文化村寨开发建设，让它们成为三都县发展乡村旅游一道亮丽的风景线，代表和反映水族农村民居建筑正在趋向回归的民族本色。

（六）以产业为支撑，不断增强城镇经济实力

要以产业为带动，确立城镇优先发展的主导产业、支柱产业、配套产业和服务产业，做大做强城镇经济。要突出二、三产业发展的主体地位和主导作用，尤其要与大力实施工业强县战略相结合，立足当地资源优势，突出地区特色，坚持以生态文明的理念引领城市工业经济发展，尽快打造一批发展潜力大、带动能力强的工业产业。同时大力发展现代新型服务业，着力改造商贸流通、交通运输等传统服务业，加快培育发展、积极推进以现代物流、旅游、金融、教育科技、房地产等重点的新兴服务业，使服务业尽快成为扩大就业容量、优化产业结构、活跃城镇流通、促进经济增长的重要产业，为城镇化发展提供持久的后续支撑力量。

（七）综合整治，强化城管

依法加强城镇规划管理，认真执行“一书两证”制度和公示制度，不符合城市规划的项目不批准立项，未编制控制性详规的地块不出让、转让和开发建设。加强规划执法检查，分期分批拆除一批违章建筑，留出足够的绿化

休闲空地，县城都柳江和交通主干道两侧，更要严格控制，未经批准一律不准修建。坚持建管并重，把城镇管理放在与规划、建设同等重要的位置，创新管理体制，改革管理手段，加大管理力度，提高管理水平。强化依法管城的意识，加强城镇管理法制建设，建立一整套系统、规范而又便于操作的城镇管理制度，促进城镇管理走上科学化、规范化轨道。加强市容市貌的综合整治和专项治理，落实长效管理措施，彻底改变城镇交通、环境、安全等方面脏乱差的现象，进一步美化亮化城镇。要加强对城镇居民的城市意识和社会公德教育，规范城镇居民的行为，提高群众文明素质和自我管理能力。

发挥区域优势　统筹城乡建设
竭力构建珠江源大城市

云南省沾益县住房和城乡建设局　尹光云

沾益县围绕建设珠江源大城市战略目标，立足于全县经济社会科学发展、和谐发展、跨越发展的大局，主动对接珠江源大城市总体规划和滇中城市经济圈规划，创新规划建设思路，保持与中心城区互促共进，资源共融共享，促进规划建设协调发展，全面推进沾益城镇化进程。

一、攻坚克难，真抓实干，增强城市发展后劲

沾益县在融入珠江源大城市建设中，进一步提高认识、发挥区域优势，凝聚力量，统筹城乡规划、建设，保持持续快速推进城镇化进程，城乡面貌日新月异，城市规模得到逐步扩大，城市功能得到进一步完善，城市环境显著改善，城市的辐射带动作用和竞争力日益增强。

近五年来，完成城乡建设固定资产投资 132 亿元，县城建成区面积从 5.48 平方公里发展到 9.12 平方公里，年均增长 0.72 平方公里。城镇化率从 30%增加到41%，年均增长 2.2 个百分点。县城绿化覆盖率从 13.71%增加到 35.78%，年均增长 4.4 个百分点。人均拥有公共绿地从 7.58 平方米增加到 11.53 平方米，年均增长 0.8 平方米。城市道路面积从 70 万平方米增加到 120 万平方米，人均拥有城市道路面积从 10.92 平方米增加到 13.96 平方米，年均增长 0.61 平方米。拥有城市路灯从 1672 盏增加到 6997 盏，年均增长 1065 盏。拥有公交线路 5 条公交车辆 26 辆。

主要表现在四个方面：一是完善城乡规划体系，推进城乡一体化发展。全面开展了城市总规、控规、专项规划、乡镇和村庄规划，初步形成全面系统的规划体系。开展了新一轮县城总体规划修编以及急需的专项规划，完成 670 平方公里的卫星影像图拍摄工作，控规覆盖率达 85.9%。二是突出项目建设，城镇综合承载能力明显增强。近年年均完成城乡固定资产投资 30 亿元以上，年均新增建筑面积近 40 万平方米。建设了水云华城北苑、汇宝东盛、宝鑫佳园、永丰吉座等住宅小区。启动建设了东风南路旧城改造、西河综合

治理工程、温州国际商城、盛大物流、云南省能源技师学院、太昌路、湖东路、龙泉路西段道路建设工程，各项配套设施也相应得到完善。三是注重精品建设，城市档次和品味全面提升。积极开展创建文明城市、园林城市、卫生城市等活动，已创建为省级园林县城，同时全面实施净化、亮化、绿化、美化“四化”工程，有效提升城市档次。四是着力改善民生，强化保障性安居工程建设。投资3.3亿元建成和在建廉租住房11.1万平方米2220套，公共租赁住房3900套，农村危房改造800余户，实施棚户区改造1416户。通过建设大量的保障性住房，有效地解决了城乡低收入家庭的住房困难问题。

二、求真务实，锐意进取，开创城乡建设工作新局面

今后几年，紧紧抓住云南省建设滇中城市群和曲靖市建设珠江源大城市的契机，确保城市建成区面积年均增长1.5平方公里，“十二五”末达16平方公里，城镇化率年均提高2个百分点达到50%。城镇人口增至18万。在重点推进西南片区新城公共服务设施建设的同时，集中力量建设一批拓展城市框架、提升城市功能、优化城市形象、推动沾益第三产业发展具有重大影响的大项目。投资140亿元在县城规划区内建设20层以上的高层建筑147幢、30层以上的高层建筑53幢，总体上突破200幢。实现城市形象和品质的大提升，全力把沾益打造成珠江源大城市北部中央商务区。

（一）构建现代城镇体系，全面提升城乡规划编制和执行水平

深入推进城乡规划全覆盖，配合做好《‘麒沾马’城市群总体规划》编制工作，着手开展城市综合交通体系、环卫设施、医疗卫生设施、中小学布局等专项规划编制。紧扣老城改造和新区建设两个重点，着力打造以老城区为重点的行政办公商业区和以西河片区为重点的商贸休闲区“两个核心区”。建设东风南路和铁路既有线“两条商业带”，打造以珠江源大道为轴心的东南片区、以西河公园为核心的南片区、以沪昆客运专线曲靖北站及太和山为重心的西片区、以九龙山为中心的北片区共“四个城市新区”。有效实现“东控南连、西进北延”的发展构架。同时，着力做好盘江、大坡、白水特色小城镇的规划编制。按照省政府“城镇上山、工业上山”的总体要求，开展山地城镇建设试点。强化规划管理，严格规划执法，确保规划实施。

（二）实施项目带动战略，强力推进项目建设

1. 加快西河公园建设，提高城市品位。西河综合治理工程（西河公园）用地1542.1亩（沾益境内1047.3亩，麒麟区范围494.8亩），总投资20.7亿元，建设工期为三年。项目建成后，总体上形成“一轴一带四园”空间结构，

一轴即西河水景观轴；一带即西河滨水绿带；四园即以观赏水景花卉为主的植物专题公园——五色海花园；以湖面为中心，以云堤、长岛、拱桥等为主要景观元素的人文休闲公园——秀湖公园；以童话城堡景区为中心、儿童游乐为主体的公园——微型迪斯尼儿童游乐公园；以滩林湿地为特征、富有野趣的适宜郊野拓展活动的公园——滩林湿地公园。全面打造一个具有活力、自然、开放、充满时代朝气和特色地域文化的城市滨水空间，建成为沾益又一个城市形象亮点。

2. 完善以太昌路为重点的配套路网建设，提升城市新区综合竞争力。太昌路是县城南片区东西向的城市主干道，该项目的建设将带动西南片区的路网形成。道路面积约240.57亩，工程总投资1.6亿元。采用BT模式建设，有效吸引民间资本和社会资金参与城市建设，减轻政府资金压力。目前已启动建设，正进行路基块石填筑。

同时，打造龙华东路东段（曲胜高速沾益联络线）城市景观大道。该道路是沾益县东部东西向的重要交通通道，项目范围西起沾益县医院，东至高速公路收费站，全长1551米，宽50米，建设面积8万平方米，工程估算1.2亿元。通过改扩建，提高该条道路的通行能力，满足日益增长的交通需求，并提高整条道路的绿化覆盖率，提升景观档次。

还将启动建设西南片区的西平路、经七路、金龙路等15条城市道路，总投资6.5亿元，从而完善城市路网，形成新区骨架。在此基础上，拟投资10亿元进一步建设环玉林山路、温州商城周边和小坡片区路网。

3. 加快曲靖火车北站建设，完善沪昆高铁片区交通枢纽功能。“交通是经济之母，铁路是交通之母。”沪昆高铁曲靖北站的建设，将强化我县在区位交通上的先天优势，由此带来的人流、物流、资金流、信息流必将助力我县在高铁时代大有作为。

国内已开通的几条高铁沿线的发展实践解答了一个问题，即高铁并非只是增加了一条铁路、增设了一个车站那么简单，它对当地经济社会发展的拉动、提升作用不可估量。规划在高铁核心区优先布局一批商务办公、酒店餐饮、娱乐休闲、城市综合体、会议会展等中高端服务业项目，同时，大力发展现代物流，充分利用高铁对原有贵昆线货运能力的释放，促进贵昆线周边物流业发展。高标准建设曲靖市汽车客运北站，实现铁路、公路、出租车、公交等多种运输方式的无缝衔接。特别要大力发展城市公交，增设由市区通往高铁站的公交线路，谋划连接新、老火车站和汽车站的快速公交，放大高铁效应，尽快聚集站区周边的人气和商机，在高铁曲靖北站周边形成一个集客运、居住、商贸物流于一体的城市副中心。

4. 加快温州国际商城等大型专业市场建设，拉动第三产业快速发展。以温州国际商城、盛大物流商贸城、红木家具交易市场等项目建设，形成办公、物流、居住为一体的多元化商业中心，该批项目可直接创造三万个就业岗位，间接拉动五到六万人的就业需求，强力推动第三产业的发展。

5. 推进东风南路旧城改造，改善人居环境。东风南路旧城改造项目位于沾益老城中心，占地189.2亩，建设规模17.7万平方米，总投资6.4亿元，涉及拆迁1065户，拆迁面积12.1万平方米。该项目的实施，将有效的改善旧城区的市容市貌，完善城市功能。主要是将现状县一中学生宿舍南侧地块拆除后、建设学校体育场和学生宿舍区，使之与校园教学区连为一体，便于完善县一中的功能设施。并将现状体育场、农贸市场位置建成一个服务老城区市民的小型公园，占地54.18亩（其中人工湖水面14.85亩），满足老城区居民健身、老年人活动、儿童游乐及小型集会需要，在老城区形成一个商业繁荣、环境宜居的新中央商务区。

该项目于2010年3月开始筹备建设，目前，完成拆迁963户，还剩102户未签订拆迁协议。计划对剩余的102户，全部走司法程序进行强制拆除，10月底完成全部拆迁任务。期间于2012年3月20日启动了道路建设，目前完成道路工程量的30%，完成投资600万元。

6. 建设学校、医院等公共服务设施，完善城市功能。建设县人民医院分院、云南省工业技师学院、庄家湾小学、望海小学等项目，合理配套城市新区公共服务设施，解决南片区居民就医就学问题。

（三）以保障民生为根本，着力抓好保障性安居工程建设

着力做好廉租房的续建、实物配租、租赁补贴发放，做好公租房、棚户区改造、危房改造等工作。积极完成市政府下达的公租房3300套任务。完成市下达的农村危房改造及地震安居工程任务。严格保障性住房资金管理，做到专项管理、专款专用，强化工程质量和安全监督管理，严把规划设计、招标投标、建筑用材、施工监理、竣工验收、分配入住等关口，推进保障性住房工程质量终身责任制，确保按时开工、精心施工、如期竣工，并做好保障性住房后续管理工作，形成有序的入住和退出机制。

三、立足群众满意，着力抓好城乡管理工作

按照条块结合、合理分工、重心下移、属地管理的原则，逐步建立起“统一领导，分工负责，社会监督，依法管理”的城乡管理新体制。组织协调

相关部门通力协作，尽快解决停车场、农贸市场、建材市场的合理布局问题。同时，加大城市管理政策法规的宣传力度和对违法建筑、乱停乱放、乱贴乱画等查处力度；并大力开展村庄整治工作，把村庄整治与新农村建设结合起来，打通乡村道路和硬化村内主要道路，配套建设村庄基础设施，有效改善村庄生产生活环境，真正做到整治一处，见效一处。

四、努力搞好城市经营

推进城市建设，最大的问题是资金短缺，为此必须加强城市经营。

（一）转变观念，大力推进市政公用事业市场化改革

打破垄断，引入竞争，对环卫、园林绿化、市政等部门进行体制改革，将管理与作业分离，通过公开招标拍卖推向市场，以体制创新和机制创新为动力，实现市政公用事业投资多元化、运作市场化、管理规范化。对有条件的公用设施（如城市污水处理、垃圾处理、城市公园的游乐设施等）建设项目，可按照“谁投资、谁管理，谁使用、谁收益”的原则，实行招商建设或营运。通过拍卖、竞售、转让冠名权、广告经营权等，对城市基础设施进行市场运作，筹措建设资金。

（二）大力提高城市土地流转效益，加强土地储备整理

政府高度垄断土地一级市场，放开二级、三级市场，采用出让、转让、拍卖、置换、综合开发等办法，经营好城市土地，使之最大限度地发挥效能。通过城市规划的调控，调整城市用地结构，置换出市中心土地，最大限度发挥土地效益。

（三）深化投融资体制改革，理顺土地储备中心、城投公司和财政的关系，建立更加宽广的融资平台

利用已成立的城市建设投资公司，采取多种方式，将城市基础设施各部门分散投资、分散管理的政府行为，转变为集融资、投资、建设和经营相结合集约管理的企业行为，彻底解决城市基础设施建设投资与经营责权不明、政企不分的问题。在城建资金运作的方式上，按照城建项目公益性、准公益性、非公益性不同性质来确定城建项目资金的不同来源，从而在资金运作上采取不同的方式。城建投资公司作为城建资产的运营主体，运用市场手段对国有资产进行优化组合，全面归集和盘活现有土地和基础设施存量，将不断投入使城建资金盘活变现，切实解决城建资金不足的问题，提高城市资产的运营效率，形成城市建设资产投入、产出良性循环发展。

加快城镇建设步伐　统筹城乡协调发展

云南省鲁甸县住房和城乡建设局　高爱国

鲁甸县位于云南省东北部，东北与昭通市政府所在地昭阳区接界，东南与贵州省威宁县毗邻，南部和西部与会泽、巧家两县隔牛栏江相望。全县辖10镇2乡，国土面积1489平方公里，居住着汉、回、彝、苗、壮、白等民族，总人口43万人。

我县城乡建设起步相对较晚。1986年，县城建成区面积仅0.65平方公里，城区人口8769人。1990年，县城建成区面积1.21平方公里，城区人口1.8万人。1993年，县城建成区面积1.56平方公里，城区人口2.2万人。2002年，县城建成区面积1.96平方公里，城区人口2.8万人，城镇化率7.3%。城市规模小，品位低，功能不健全，基础设施不配套，仅有的两条主街道“脏乱差”现象突出。鲁甸县委、政府紧紧抓住全国、全省、全市加快推进城镇化建设的机遇，以老城区改造为契机，加快了城镇建设的步伐。2006年，县城建成区为3.5平方公里，城市人口3.6万人；2010年，县城建成区面积为4.8平方公里，人口规模为4.5万人，城镇化率仅为16.1%。

统筹城乡发展，加快城镇化建设步伐，是贯彻落实科学发展观的具体体现，是统筹城乡发展破除城乡二元结构的必经途径，是减少农民、富裕农民、繁荣农村的举措。近年来，鲁甸县依托以推进昭鲁一体化建设为载体，以城市建设“二次创业”为龙头，以加快小集镇建设为抓手，以减少农民、富裕农民为目的，提出了“一年一变化，三年上台阶”的城镇发展目标。近年来，在市委市政府的高度重视下，鲁甸的城乡一体化建设坚持以“科学规划建设，统筹城乡发展”为切入点，紧紧围绕建设昭通中心城市后花园的发展目标，着力打造“文化鲁甸、和谐鲁甸、活力鲁甸、生态鲁甸、宜居鲁甸、魅力鲁甸”总体定位。切实加快城镇建设步伐，逐步完善城镇功能，提高管理水平，强化体现特色，美化环境，扎实推进城乡一体化进程，统筹城乡协调发展。

为促进城镇化进程的加快，我县加快推进县城建设，按照“昭鲁一体化”发展的战略部署，完成了昭通中心城市鲁甸城市组团板块的建设总体规划，加大了城市市政基础设施建设力度，累计完成城市建设投资32亿元，城市建成区面积从1.96平方公里扩大到5.2平方公里，有力地推进了我县城市建设水平的迅速提高，推动了鲁甸经济的快速发展。在加快城市建设的同时，率先在全市掀起了乡镇集镇建设新高潮，从2009年开始，先后启动了11个乡镇集镇建设，建成11个富有浓郁地方特色的乡集镇，建成区面积从7.8平方公里扩大到13.8平方公里，城镇化率从2007年的14.8%提高到30.99%，走出了一条“以建生财、以财建镇、以镇兴商、以商活镇、以镇转农”的城镇发展路子，初步构建了城乡一体发展的新格局。

全县坚持以科学发展观为指导，根据自身特点，加强了县城总体规划的科学性、前瞻性和可持续性，加大了生态建设投资。街道绿化、庭院绿化从无到有。1978年，我县的县城街道绿化、园林绿化几乎为零。至2009年全县建成区城市绿化面积50万平方米；城市公园数由1978年的1个（文屏山公园）上升至3个，公园面积增加至40余万平方米。崇文阁彰显鲁甸厚重的历史文化底蕴，碧波荡漾的太阳湖成为镶嵌在县城中的一颗璀璨的明珠，文屏公园郁郁葱葱，百鸟云集，江南特色的亭子掩映其中，成为市民登山游玩的最佳场所，民族特色浓厚的玄天观、清真寺更为其涂抹上浓墨重彩的一笔。对县城市容市貌和环境卫生形成管理与维护并重，县城人居环境明显改变，市民公共卫生意识明显增强，市民主动参与城市建设和管理的意识显著提高。通过努力，鲁甸县城改变了过去的“脏、乱、差”形象，于2008年评比为全省甲级卫生县城，2010年在巩固甲级卫生县城成果评比中，再次评比为甲级卫生县城。2011年、2012年卫生城镇巩固评比再获殊荣。

一、科学规划舞龙头

规划是城乡建设和发展的“蓝图”。始终坚持把科学规划作为城镇建设的基础性工程，先规划、后建设，切实维护规划的严肃性和权威性，强化规划的龙头引领作用，实现以规划引导、规范和促进城镇建设。按照“因地制宜、规模适度、特色突出、注重实效”的原则，高起点、高标准完成了全县所有乡镇集镇建设规划，做到总体规划求“实”、形象设计求“新”、单体建筑求“精”，形成“一乡一貌、一街一景”的风格特色，力求实现集镇发展定位准确、公共设施配套、功能结构合理、产业支撑有力、乡域特色鲜明。

二、加快建设筑载体

县城和集镇是城市之末、农村之首，是工业与农业有效对接的桥梁，也是农民转化为市民的平台。按照“政府引导、市场运作、群众主体”的原则，

采取六种模式加快建设。

一是政府引建。政府统一控制集镇土地一级市场，收储运营土地，把获得的收益全部投入集镇基础设施建设。

二是群众自建。优先、优惠出让地基给被征地农民按规划自行建设。

三是大户带建。支持和鼓励农村有一定经济基础的的到集镇建房。

四是能人返建。引导有条件的外出务工人员返乡到集镇建房。

五是招商参建。采取 BT 模式，吸引开发商出资建设。

三、培育产业强支撑

产业发展是破解城乡发展内生动力不足的根本途径。始终着眼产业这个根本支撑，强势推进产业结构调整、优化和升级。实施“农民三年增收”计划，围绕“原料生产基地化、优势产业特色化、产销经营一体化”的思路，结合鲁甸山地资源丰富的实际，大力发展特色经济林产业，核桃、花椒面积达 101.58 万亩，核桃仁产量达 3000 吨，花椒产量达 1500 吨，实现产值 3.5 亿元，农业主导产业快速壮大。牢固树立“无工不富”的理念，坚持工业强县战略不动摇，成立新型工业化领导组，组建工业园区管委会，设立工业发展专项资金，全力破解用电难、用工难、有地难、原料难、融资难、审批难等工业经济发展的瓶颈制约，全县工业企业总数发展到 100 余户，工业经济由铅锌一枝独秀演变为矿冶、化工、建材、食品、制造、电力等产业齐头并进，工业经济总量从低增长到快速增长，企业直接创造就业岗位 1.5 万个，带动就业 2.4 万人，为城镇建设积累了资金，为农民增收提供了支撑。以大山包国家公园开发为契机，以“樱桃文化旅游节”为载体，大力挖掘和弘扬鲁甸厚重的历史文化和丰富的民族民间文化，依托丰富的自然、人文景观资源和区位优势，积极发展文化旅游产业和商贸流通服务业，第三产业日益繁荣，实现增加值 10.8 亿元。

四、加强管理建机制

坚持“建管并重、重在管理”的理念，成立了全县城镇规划建设管理经营委员会，全权负责城镇规划、建设、管理和经营工作；建立了县财政每年安排 500 万元支持乡镇集镇建设，县四家班子每季度听取一次城镇建设工作汇报等制度。按照“管理范围全方位、管理内容全覆盖、管理时间全天候”的要求，完善了《鲁甸县小集镇管理办法》，招聘专业技术人员，在 11 个乡镇成立了集镇规划建设管理经营办公室，组建了街道保洁队伍，完善了各项规章制度，健全管理长效机制，竭力根除乡镇集镇脏、乱、差的顽症。安排财政资金55万元，每年组织开展一次集镇管理考评活动。深入开展“创建文明集镇、争当文明居民”系列活动，提升群众文明素质，营造群众热爱集镇、建设集镇、自觉维护集镇形象的和谐环境。

五、深化改革添活力

坚持以改革创新为动力，制定出台了《鲁甸县推进统筹城乡发展的意见》，深化统筹城乡各项制度改革。

一是深化户籍制度改革，放宽城镇落户条件，鼓励引导有条件的农民转化为城镇居民，并制定和完善就业、就学、保障、医疗等配套政策，使其与城镇居民享有同等待遇。

二是深化土地制度改革，在群众自愿的前提下，坚持“归属明晰、权责明确、保护严格、流转顺畅”的原则，成立农民专业合作社，以土地作价入股，由合作社统一规划、统一开发、统一经营、统一分红，壮大集体经济，实现持续增收。

三是深化产权制度改革，以明晰产权为核心，简化办证手续，快速确权发证，以房屋产权作抵押向银行贷款融资，把资产转化为资本，破解群众建房资金短缺的问题。

六、创新模式促转移

坚持把经营集镇、盘活集镇作为重中之重的任务，以产业支撑、市场繁荣和人居环境为切入点，结合各乡镇的区位条件和发展基础，着力打造一批工业型、商贸型、旅游型、宜居型特色小集镇。围绕进得来、留得住、有发展、能致富，多渠道、多形式转移农村富裕劳动力，破除城乡二元结构。

坚持“以工转农”。依托鲁甸工业园区，制定出台招商引资优惠政策，开展“全员招商引资”活动，大力引进一批技术新、投资少、周期短、见效快、人力资源得到充分利用的中小企业，壮大工业经济，夯实集镇发展产业支撑，提供更多就业机会，吸引农民到工厂务式就业，把他们从一产转移到二产。

坚持“以商转农”。按照“以镇兴商、以商活镇”的思路，建立完善繁荣市场、发展三产的配套政策和扶持措施，建设交易市场，大力发展个体工商户，吸引农民到集镇创业，把他们从一产转移到三产。

坚持“以镇转农”。加快户籍制度改革，完善集镇教育、文化、卫生等配套设施，优化、美化集镇环境，提升集镇品位和承载能力，吸引农村致富能手、农村经纪人、种养大户等到集镇居住生活，把他们从农民转变为市民。三年多来，通过各种形式，累计转移农村人口3.7万人。

创新思路 加快新型特色城镇化建设

云南省盐津县住房和城乡规划建设局 何仕华

近年来，盐津县特色城镇化建设迎来了千载难逢的历史发展机遇，城市规划管理不断加强，新型特色城镇化建设步伐不断加快，城乡面貌发生了巨大变化，经济和社会各项事业取得了长足的发展，在全面建设小康社会的进程中，实现特色城镇化建设已成为我县经济和社会发展的必然趋势。

一、我县特色城镇化发展的基本现状

（一）规划建设有序推进

盐津是中国面向西南开放桥头堡建设双向大走廊中的重要节点，南丝绸之路上的一颗璀璨明珠，国土面积2091.5平方公里，辖6镇4乡，总人口40万。2012年末，全县城镇化水平为22.27%，县城城区面积2.41平方公里，城市人口达到8.41万人。“十一五”期间，盐津根据城镇发展实际需求，委托云南省城乡规划设计院对县城总体规划进行修编，将水田坝纳入了县城规划范围，现基本完成人口与用地规模专题报告，并已转报省建设厅，完成了总体规划修编成果和县城近期建设规划。全县10个乡镇已完成集镇总体规划，县城总体规划正有序推进，全县395个村庄规划编制成果已全部完成。

（二）市政基础设施建设得到加强

县城区市政基础设施建设不断巩固提高，供水普及率达到98%；城镇燃气普及率达到60%，人均绿地面积达到9.93平方米。投资约4500万元，完成了老城区近4.1千米的街道硬化改造，实现了主城区线缆、管线下地埋设、生活垃圾、污水收集管网改造、路灯照明系统改造等工程。老县城、黄葛槽新区文化广场、公厕等基础设施配套服务功能进一步完善，人居环境进一步改善，有力提升了县城的整体形象，基本实现了“集镇功能齐全，基础设施配套，居民生活便利”的目标。县委、政府结合实际，大胆放开城建领域，积极采用BT、BOT等方式，广泛鼓励吸引外资、民资投向城市建设和经营。投资2761万元，完成了日处理生活垃圾70吨的县城生活垃圾处理设施项目；投资4435万元，即将完成日处理污水5000吨的县城污水处理厂及配套管网工程项目。2008年以来，实施完成了城镇保障性住房654套，公租房50套建

设任务，正在实施2013年1100套建设任务；2007年以来，实施完成了农村危房改造16254户，正在准备实施2013年第一批4000户建设任务。

（三）特色集镇及重点集镇建设稳步推进

特色集镇及重点集镇建设发展步伐不断加快，涌现出了各具特色的小集镇打造。

豆沙镇是纳入全省60个旅游型特色小镇之一，同时也是全市11个特色集镇建设之一，是以发展旅游业为龙头的县域重点城镇，不断彰显突出“古滇文化”积淀的旅游特色小集镇，实现了豆沙旅游特色小集镇省委省政府提出的“一年打基础、两年求发展、三年树品牌”的目标。

中和镇是以农副产品加工、白酒酿造业、旅游业、交通运输业及物流为主的县域“水乡风情”建设重点城镇。

普洱镇是纳入全省23个商贸型特色小镇之一，同时也是全市40个重点集镇建设之一。其城镇性质为盐津县重要的物资集散基地，是以交通、商贸、物流为主的县域重点城镇。目前正在实施规划，着力塑造“古渡普洱”，挖掘集镇“茶馆”、“码头”、“天主教发源地”等文化底蕴的特色重点集镇。目前已经完成了集镇街道亮化打造。

柿子乡是以发展物流集散、电石化工、硅产品等产业为主的县域“工业园区”重点城镇。

（四）重点工程项目有效落地

伴随着城市建设的强劲节奏，县委政府积极引进了一批集住房、商铺、停车场、农贸市场、道路、绿化等于一体的综合性重点工程建设项目。在“十二五”初期，全县经济社会得到了快速的发展，通过县、乡的倾情投入、有力扶持，民居保障、改造工程建设稳步推进，村组建设蒸蒸日上，全县城乡面貌发生了巨大的变化。面向未来发展，我县提出了全力打造集“实力、魅力、活力”三力并进幸福新盐津的发展目标！

二、实现特色城镇化的工作思路

特色城镇化建设是我县“十二五”期间乃至今后更长时间全面建设小康社会的重要内容，是寻求新的经济增长点，加快我县经济和社会发展，提高城镇化率的迫切要求。这是一个非常重要而艰巨的目标。为全面贯彻落实科学发展观，加快我县特色城镇化建设步伐，提高城镇化水平，结合我县实际，初步提出我县今后特色城镇化建设的工作思路。

（一）科学打造城市，完善提升城市功能

在加快特色城镇化建设中，集思广益、超前谋划，始终坚持规划先行的原则，把城市规划放在科学发展的首要位置，突出规划编制和建设实施的科学性、前瞻性、可行性。着力抓好一批事关城市长远发展的重要项目建设。

（二）拓展融资体系，提升城市特色品位

围绕推进城镇化进程的总体目标，县委、政府结合实际，大胆放开城建领域，积极采用 BT、BOT 等方式，积极鼓励外资、民资投向城市建设和经营，形成较为完善的招商引资、统筹城乡发展政策体系，有力推进盐津特色城镇化建设进程。

（三）做实城市管理，突出规范治理原则

坚持把教育治理作为城市管理的第一手段。集中开展城市环境秩序整治行动，专项治理行动，以制度规范城市管理，确保城市管理有规可依、有章可循，逐步走向制度化、规范化轨道。

（四）科学谋略，建设特色城镇化生态县城

一是在城市发展方向上——“一河两岸四组团”

“一河”：即贯穿规划区的关河。“两岸”：指盐津的城市发展因地形限制，城市建设用地沿关河两岸形成特色。“四组团”：指盐津城市由盐井组团、黄葛槽组团、黄毛坝组团和水田坝新区组团。

在水田坝新城建设上，按照全省保护坝区农田建设山城城镇工作会议精神，将水田新城建设成为影响川滇、依山傍水、错落有致、风格独特，集商贸、旅游、山水、园林、生态为一体的现代化生态宜居森林县城。让森林走进城市，让城市拥抱森林。

二是在发展思路上——注重实际、区别规划

按照“一个县作为一个景区来规划，一个乡镇作为一个景点来设计，一个村庄作为一个精品来打造”的思路，发展交通枢纽型、旅游型、绿色产业型、工矿资源型、商贸集散型和民族文化型等 6 大类城镇。

在“十二五”末，全县城镇化率达到30%以上，新增建筑面积50 万平方米。人均绿地面积为14.51 平方米，绿地率达 23.85%。

推进城乡建设，加快新型特色化城镇建设使命光荣，任务艰巨。我们一定要树立大局观念，增强紧迫感，强化责任心，创新机制，克难攻坚，不断开创我县特色化城镇建设新局面，为经济社会全面协调发展作出突出的贡献。

打造永善县新型城镇化
引擎县域经济跨越式发展

云南省永善县住房和城乡规划建设局　艾泽民

党的十八大报告明确提出：“坚持走中国特色新型工业化、信息化、城镇化、农业现代化道路，推动信息化和工业化深度融合、工业化和城镇化良性互动、城镇化和农业现代化相互协调，促进工业化、信息化、城镇化、农业现代化同步发展”。可以看出，新型城镇化将成为推进经济结构战略性调整的主要手段，将带动产业升级、内需增长和产业结构优化。永善县要与全市、全省乃至全国同步实现小康，必须加快新型城镇化发展步伐，引擎县域经济跨越式发展，让农民、市民共同富裕。笔者近日通过调研和思考，有几点浅议与大家分享。

一、新型城镇化与县域经济的诠释及重要意义

新型城镇化是以城乡统筹、城乡一体、产城互动、节约集约、生态宜居、和谐发展为基本特征的城镇化，是大中小城市、小城镇、新型农村、社区协调发展、互促共进的城镇化。新型城镇化首先要有新的发展模式，其次要因地制宜形成产业支撑，第三是更为“绿色环保”的城镇化，第四是更为“智慧”的城镇化。县域经济是以行政区划为地理空间，以市场为导向，优化配置资源，具有地域特色和功能完备的区域经济。发展县域经济是解决“三农”问题的新切入点，是稳定基层政权的物质基础，是全面建设小康社会的必由之路。新型城镇化是今后一个时期我们扩大内需的最大潜力，也是分配改革开放成果的红利，其实践过程将带来的长期投资机会，为基建、消费等传统产业带来一场新的战略机遇，对环保、科技的要求也将给众多新兴产业提供孕育、成长的土壤，从而促进经济社会全面快速和可持续发展，实现全民共同富裕奔小康。这是中国社会历史性发展的必然，是人民的希望和追求，是党的英明决策，是国家兴盛的辉煌大道。

二、永善县域经济的发展现状及原因分析

永善县位于云南省东北部，昭通市北部，总面积2778km^2，全县辖八镇七

乡，总人口45万人，2012年，生产总值40亿元，人均GDP不足0.9万元。因而只有发展县域经济，才能为建设小康社会提供扎实的物质和经济保障，新型工业化、城镇化在县域经济进程中担负着重任，特别是经济社会不断向纵深发展，永善县域经济面临的挑战日益严峻。

（一）平台搭建有限，城镇化、工业化推进迟缓

由于永善县经济发展中中小企业发展非常缓慢，到2012年，规模以上工业企业寥寥无几，仅此4家，且主要属于粗放、原材料型企业，全年累计实现工业总产值133060万元；乡镇企业长期处于萎缩状态，导致农村经济发展受阻，农民收入增长缓慢，影响了城镇化的发展。目前全县城镇化率仅为30.5%，与省、市相距20个以上的百分点，城镇建成区面积13.6km^2。城镇化、工业化进程缓慢，使水、电、路等基础设施建设滞后，城镇功能不全，无法谈及辐射带动，城镇化仍然是制约县域经济快速发展的重要瓶颈之一。

（二）经济意识落后，发展主动性、创新性不佳

地处乌蒙山脉的永善县，因科学知识和生产技术的社会化落后，县载经济的薄弱等影响，思想观念陈旧，长期处于对自然资源的低开发，市场经济意识谈薄，等、靠、要思想存在，自身优势与潜力凸现不出来，无法形成区域性特色产业群。当前，更受资金、人才、交通、电力和城镇化等瓶颈制约，短期无法突破，从而进一步拉大了城乡之间的经济差距。2012年，永善县城镇居民人均可支配收入15452元，农民人均纯收入3837元，两者之比为4.0∶1。

（三）产业失衡，经济转形方式、调结构较慢

2012年，永善县三次产业结构比为26.1∶41.2∶32.7，昭通市三次产业比为19.6∶46.1∶34.3，云南省三次产业比为16.1∶45.6∶38.3，一产分别比市、省高6.5、10.0个百分点，二产分别比市、省低4.9、4.4个百分点，三产比市、省低1.6、5.6个百分点。结合实际来看，一产业高附加值产品少，对经济增长贡献率低；二产业基础薄弱，总量太小；三产业比重大，但效益不高。可见，影响经济发展的的结构性矛盾仍突出，调整产业结构、转变发展方式的任务艰巨，实现经济增长任重道远。毕竟，县城经济依旧滞停在自然经济基础之上，未曾踏入工业经济社会，与市场竞争经济相差更远。

（四）财政基数小，自我发展、保增长能力不强

快速的投资增长和必要的投资总量规模对县域经济的发展显得尤为重要。投资主要来自上级财政、招商引资和本级财政，上级财政投资往往需要地方配套。而永善县财政财力有限，2012年财政总收入38948万元，人均可用财力仅为905元，仅是市、省人均可用财力的39.3%、15.9%，维持财政基本运转都存在困难。同时现行金融体制在支持县域经济发展的力度明显不够，2012年永善县存贷比仅为25.3%，与全省、全市平均水平相距甚远，县域经济的自我发展受到严重制约。

三、新型城镇化对县域经济发展的影响

（一）加快新型城镇化进程，促进县域经济的发展

加快新型城镇化，有利于统筹城乡区域协调发展，努力创建企业经济发展的平台，增强工业发展的竞争力，培养社会现代经济人才，铺垫一切市场关系，努力发展商业经济，从而实现全面小康的战略目标。发达与欠发达地区的差异，主要是工业化和城镇化水平的差距。由于工业化和城镇化水平低下，传统农业社会向现代工业社会转变的进程变得相对滞后，人口居住相对分散，二、三产业就业门路少，县域居民特别是农民的收入相对较低，这种状况严重影响着建设小康社会目标的实现。可以说，县域的小康是全面建设小康社会的基石。因此，最近省、市政府对城镇化建设提出：要守住红线、统筹城乡、城镇上山、农民进城，同时要求“做优县城、做特乡镇、做美农村”等一系列推进城镇化的重大战略举措。当前永善县正处于城镇化建设的战略机遇期，更应抓住云南实施桥头堡战略，推进乌蒙片区开发、溪洛渡电站等一批重大项目建设，扎实推进新型城镇化建设，努力壮大县域经济，逐步消除城乡二元结构，迅速推动经济社会的又好又快发展。

（二）加快新型城镇化，推进县域经济现代化进程

城镇化作为加快二、三、四产业发展的有效载体，可以推动县域经济产业结构、就业结构和所有制结构调整，加快县域经济产业升级。通过发展城镇，可以促使县域工业从分散到集中，形成聚集效应。第三产业要得到快速发展，必须以一定规模人口的集聚为前提，推进新型城镇化，必然会加快县域第三产业发展。永善县面对新的形势和机遇，发展二、三产业，要坚持城镇化与工业化同步推进，发挥城镇化与工业化的互动效应，增强城镇在资源、人才、技术、产业、商品、信息和旅游的集聚功能和带动作用，以县城为龙头，以乡镇为抓手，以村庄为承载点，推动工业和第三产业发展，县域经济不断走向现代化。进一步确定地方改革开放的科学文明而作出先进的决策，充分高效地使县城的经济资源和人力资源与外界的科技和投资相结合，推动经济发展。尽力培养地方乡镇企业生产和新型农民组织生产，以地方政府与民众互动共创经济发展的社会环境。

（三）加快新型城镇化，切实解决“三农”问题

研究表明，农民人均纯收入与城镇化水平密切相关，城镇化水平越高的地方，农民收入越高。因此，要提高农民收入必须提高城镇化水平，加快新型城镇化建设就成为了必然。永善县要从根本上解决“三农”问题，实现农民奔小康和农业农村现代化，关键是要减少农民，提高农业劳动生产率和农民收入，城镇化的本质是在维护农民权益的基础上把更多的农民转化为市民，充分利用好当前农转城和移民安置的相关政策，创优内外环境，吸纳农村人口城镇就业。同时，将城市文明向农村辐射，形成以城带乡、城乡互动共进的发展格局。城镇经济也就是在城镇和县域经济基础上发展起来的，将以乡镇、村庄经济的发展为支撑，使之成为县域经济的重要增长点，让农村快速走向城镇化、现代化，同时为城镇经济提供充足的原材料和广阔的市场，使城镇经济发展获得源源不断的动力与活力，农民、农村、农业问题也就得到根本解决。以便加强新型农民的培育，造树时代急需的新型科技农民，懂得农业企业化生产，努力扶持农业企业科技现代化发展，迅速提高农业经济跨越发展。

（四）加快县域经济发展，助推进新型城镇化建设

县域经济蒸蒸日上、蓬勃发展了，县域的 GDP 总量无疑会得到提高，这为新型城镇化建设积累了资金，从而也实现了 GEP 的增长。当前推进新型城镇化建设重点和难点，依旧是建设资金不足的问题，而要从根本上解决城建资金不足的问题，必须依靠县域经济的快速发展。只有经济发展了，城镇建设才能大张旗鼓的进行，也只有城镇建设的大力发展，城镇功能的不断完善，城镇居民良好的生活环境与招商引资的外部环境才能得到根本改善，发展与建设的良性互动才会真正形成。

四、新型城镇化建设的对策与思考

（一）面临机遇

党的十八大再次要求统筹城乡协调发展，强调“三农”工作的重中之重地位，指出城乡一体化是解决“三农”问题的根本途径。要求加快完善城乡发展一体化体制机制，着力在城乡规划、基础设施、公共服务等方面推进一体化，促进城乡要素平等交换和公共资源均衡配置，形成以工促农、以城带乡、工农互惠、城乡一体的新型工农、城乡关系。云南为切实解决“三农”问题，转变经济发展方式，实施“桥头堡”发展战略，推进“山地城镇”的发展理念，建设“美丽云南”，决心走出一条符合云南实际的城镇化科学发展

之路，这些都为永善加快推进新型城镇化指明了方向和路径。同时，国家实施20%二手房所得税政策；未来10年拟新增城镇人口4亿人左右，带动城镇化投资增长达40万亿。永善县在两站移民的推动下，仅2012年落实农转城人口就超过4万人，这也赋予永善县加快推进新型城镇化的良好机遇。特别是随着溪洛渡电站二级专用线、沿江油路、县域等级公路、航运等交通网络的完善，永善县融入到了成都、重庆、攀枝花、贵阳、昆明等大都市经济腹心圈，溪洛渡电站高峡出平湖的胜景和浓郁的山水田园自然风光将成为都市人修身养性的庄园。这为永善县新型城镇化发展提供了新的持续动力。

（二）发展思路

坚持以党的十八大精神为指导，以科学发展观为统领，以金沙江绿色经济长廊建设为依托，以打造绿色能源基地为契机，以建设“山城、水电、园林、湖滨、旅游”生态城镇为目标，以资源型城镇转型为路径，打好县域经济、城镇经济、园区经济、民营经济“四大战役”，突破交通、水利、电力和软环境的瓶颈制约，聚集人口和资源要素，实现基础设施、公共服务、城镇文明向农村延伸，走公平共享、集约高效、凸现特色、可持续发展的新型城镇道路，努力构建以县城为中心、建制镇为极点，特色重点城镇为支撑，中心村为着力点的城镇化发展新路径，逐步发展成具有乡村风貌的中小特色城镇群。在经济发展的思想上，立足县城，审视全省，放眼全国。

（三）总体目标

到2015年，县域总人口达到47万人，建成8个中心镇、重点在沿江沿路沿边合理布局45个1200人以上的中心村，城镇化水平达38%，生产总值年均增长15%，城镇居民人均可支配收入增长12%以上，农民人均纯收入增长15%以上。到2020年，创优城镇软、硬环境，争取撤县设市，县域总人口达50万人，城镇化率达到50%以上，生产总值年均增长16%以上，力争突破百亿大关。建成具有山区特点、沿江风格和产业支撑的特色城镇群，实现全面建成小康社会的目标。到2030年，大都市经济腹心圈区位凸现明显，县域总人口达到60万人，城镇化率达到60%以上。城乡居民生活质量更高，四个文明建设更加全面、协调，基本实现新型城镇化目标。

（四）主要对策和建议

打造经济“新引擎”，使城镇化转型升级释放活力，实现县域经济跨越式发展，达到农民、市民都富裕起来，共享改革开放红利。建议采取如下对策措施：

1. 推进新型城镇化，树立“四个理念”。一是公平共享理念。要坚持以人为本，统筹城乡，打破壁垒，消除不公，稳步推进农民向市民转变、城镇文明向农村辐射，促进城乡共享基本公共服务，使城乡居民同享城镇化发展的成果。二是高效集约理念。要坚持合理布局，适度规模，循序渐进，量力而行，使资源环境承载能力与城镇形态和布局相匹配。三是生态文明理念。要按“走集约、智能、绿色、低碳的新型城镇化道路”要求，把生态文明理念和原则全面融入城镇化全过程。在发展过程中，不仅重视“量”的扩大，更要重视“质”的提高，要由重数量的外延式扩张到重品质的内涵式发展，建设“幸福城镇”、“智慧城镇”、“和谐城镇”，实现城镇化与经济、社会和生态系统的平衡与协调。四是培育特色理念。要坚持将金沙江流域文化、溪洛渡文化、苗族文化和彝家毕摩文化等地方人文特色融入新型城镇化建设之中，加强传统文化村落保护与建设，增强历史人文内涵，提高市民归属感和幸福感，着力建设独具特色的“水电新城”、“明珠都市”。

2. 推进新型城镇化，发挥“四个作用”。一是发挥县城带动作用。县城是城市之尾、农村之头，是连接城乡的重要节点。永善县城要充分发挥“一肩挑两站”区位和资源环境优势，挖掘展示历史民俗文化，彰显山城湖滨特色，打造具有城在山中、城在林中、人在城中的水电“灵魂”新城，带动八镇七乡的迅速发展。二是发挥园区、特色经济长廊的集聚作用。永善县规划5个工业园区、现代农业特色园和沿江、沿路百里绿色经济走廊建设，进一步促进城镇与产业融合发展、引导产业与人口集聚的重要平台，乡镇根据自身功能定位，按照一乡（镇）一特色、一村一产业的发展理念，力促强势推进，增强城镇综合承载力。三是发挥特色城镇的“亮点”作用。把自然与历史文化遗产资源丰富、生态景观与传统风貌独特的古镇（如黄华镇、桧溪镇等）、传统文化村落（如大兴驿马沟、马楠村、溪洛渡玉笋村等）和特色产业突出的乡村（如桧溪强胜村、黄华镇黄葛村等），建成具有地域特色、传统风貌和田园风光的魅力景观，形成新的休闲旅游亮点。四是发挥新型农村、社区着力点作用。积极推广细沙大同、务基捏池等发展经验，不断提升基层服务管理水平，努力构建和谐宜居的优美村庄，推动人口、资源等生产要素集聚，深化农转城政策措施，加快农村危房改造、新农村、乡村公路硬化等基础设施建设步伐，促进农村城镇化。

3. 推进新型城镇化，抓好“四个重点”。一是科学规划指导新型城镇化。要围绕以山地城镇发展的蓝图，高起点对城镇和村庄进行规划与建设，按照统筹城乡、突出特色、科学发展的原则，进一步完善城乡一体化发展规划体系。二是建设宜居城镇带动新型城镇化。加快商品房开发、保障房、公租房、旧城

改造和各移民安置点建设，实现“居有其屋”。坚持新区抓开发、旧城抓改造，乡镇抓特色、村庄抓规范，全力拓展城镇发展空间。三是完善城镇功能助推新型城镇化。加快完善城镇道路、供水、防洪、排污、垃圾处理等配套设施，做优城乡人居环境。四是绿色生态建设提升新型城镇化。坚持实施生态立县战略，借助金沙江流域治理政策措施，抓好建筑、工业等重点领域节能减排，提升城乡绿化质量，建设低碳城镇，发展低碳经济，打造“水电灵魂新城”。

4. 推进新型城镇化，壮大“四大产业”。产业发展是推进新型城镇化的前提和基础。永善县要搞新型城镇化，必须增强城镇的产业功能，产业不强就不能支撑城镇的发展。当前永善县产业发展要以结构调整与布局优化为方向，加快传统产业改造升级，不断延伸特色农业、矿产、能源、生物资源、加工、新型建材等产业链条，提高附加值。同时，要以旅游水电灵魂新城为目标，着力发展四大产业。一是大力发展旅游产业。结合溪洛渡电站高峡平湖效应，加快文化旅游载体建设，做好旅游项目和旅游产品的开发，加强宣传、促销和招商引资工作，挖掘、包装、推介湖滨旅游和自然风光等特色文化项目建设，促进旅游城镇经济快速发展。二是提升优势特色农业。以现代农业园区为依托，以马铃薯、魔芋、花椒、核桃、脐橙、砂仁、竹笋、畜牧等为重点，加强提质增效，进一步扩大品牌的影响力，深入推进富民工程建设，培育一批实力强、品牌硬的龙头企业，带动永善现代农业快速发展，促进农业增产增收。三是实施工业强县战略。工业是转方式、调结构的主战场。结合永善县域优势资源的开发利用，以绿色能源基地建设为突破口，以工业园区建设为核心，加大电力、矿业、农特产品加工、建筑建材、装备制造业等开发建设，着力转方式调结构，加强技术研发，发展规模经济，打造和提升产业、产品、资产的管理能力、品牌支撑和垄断资源能力，力争工业年均增长40%以上，发展一批亿元工业企业，同时，带动现代物流业的发展，促进县域经济跃上新台阶。四是加快现代服务业发展。新型城镇化就是要由投资驱动转向消费驱动，这必然要选择发展现代服务业，选择消费方式的城镇化。因此要充分发挥永善大都市经济腹心圈的区位优势，大力发展民营经济，培育电子商务、连锁加盟、特色专卖、特许经营等一批新兴产业，实现第三产业快速增长。利用好多民族杂居和金沙江流域文化特点，积极开发特色餐饮和文化娱乐等服务业，培育地方小吃聚集区和特色休闲品牌，抓好星级酒店、特色旅游村和农家乐建设，完善行业功能，使其成为产业发展的重要平台和有力支撑，让来者在游览平湖风光、自然景观和民族风情的同时，又能领略永善民风民俗民味。

5. 推进新型城镇化，做好“四个突破”。一是户籍改革的新突破。逐步消除户籍制度上的不公平福利制度，落实好居住证制度，实现城镇基本公共服务覆盖所有人口，为人们自由迁徙、安居乐业创造公平的制度和环境。进一步规范和深化“农转城”工作，并将其作为推进城镇化的重要任务。出台政策措施，激励县外人口在永善落户，吸引各类人才到城镇创业，实现真正意义上的农业转移市民化。二是土地制度改革的新突破。积极落实农村土地、林地的确权，建立土地、林地股权流转制度，推动农民财产可股份化、可交易化，为农民持股进城置产置业打下基础。规范农村集体建设用地，在保持乡村特色风貌的基础上，加快村庄规划与建设，营造宜居环境，使城镇化和新型农村、社区建设良性互动。强化土地流转，让土地向农民专业合作社、家庭农场等主体集中，搞规模化经营，助推进现代农业发展。三是投融资体制改革的新突破。要完善投融资制度，特别要加强财税体制改革，大力发展县域经济，推动新型工业化、农业现代化带动新型城镇化的建设发展。发挥政府财政性资金的导向作用，鼓励各种社会资金投资建设和经营城镇基础设施，化解城镇化融资难题。四是行政管理体制改革的新突破。创新体制、机制，进一步推行行政管理权下移，增强管理活力，突破城乡界限、县乡分割的束缚。发挥县域区位优势，加强与周边城市、县区联系和交往，不断增强区域影响力和吸引力。

6. 推进新型城镇化，实现“四个均衡”。一是均衡发展城乡义务教育。加大对农村中小学的投入，优化城乡教育资源配置，实现资源共享，重点保障农民子女接受义务教育的权利。发挥县校合作、职校和人力资源办的职能作用，鼓励农民参加职业技能教育和各类技术培训，不断提高农村劳动者素质和就业能力。二是均衡发展城乡医疗卫生事业。增加财政对农村公共卫生体系建设的投入，着力要抓基础、引人才，不断完善新型农村合作医疗制度，保障农民享有卫生保健和基本医疗服务，使医疗卫生保障制度实现城乡一体化发展。三是均衡发展城乡文化娱乐服务。完善县、乡、村三级公共文化服务网络，加强村级活动场所、农家文化大院和农家书屋建设管理，推进文化资源共享，形成较为完备的公共文化娱乐服务体系。四是均衡发展城乡社保就业。积极完善城乡一体的社会保障体系，提升全民参保水平，建立统一开放、竞争有序、城乡一体的就业市场，营造城乡公平的社保和就业环境，切实解决农民进城的后顾之忧。努力培育进城农民居民在新时代新形式下的新生产能力，培养新的生活方式，树立自尊自立的观念，发奋做时代社会的主人，为建设家乡、发展经济再建功勋。

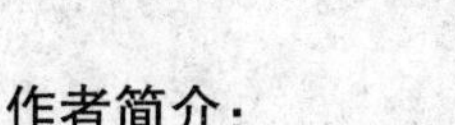

作者简介：

艾泽民，男，汉族，1972 年 7 月出生，本科学历，经济师，二级注册建造师。现在云南省昭通市永善县住房和城乡规划建设局工作。

自 1997 年参加工作起，历任桧溪镇政府办公室主任，永善县建设局办公室主任，永善县规划局办公室主任。曾多次荣获市、县先进个人、优秀共产党、优秀党务工作者和优秀新闻工作者称号。

加快推进城镇化建设　促进城乡一体化发展

云南省砚山县住房和城乡建设局

砚山县现有11个乡镇，其中建制镇4个，初步形成了以县城（江那镇所在地）为中心，其余3个建制镇为骨干，其它乡为支撑的城镇体系。近年来，我县按照“以工业化带动城镇化、以城镇化促进城乡一体化”的发展思路，加强城市规划、建设与管理，加快推进城镇化进程。目前，县城规模达7平方公里，实际居住人口6万人，城镇化率达35.5%；市政道路建设形成了三纵三横的道路网络；城市自来水普及率98%，污水、垃圾处理能力得到提升；县城绿化履盖率达35.94%，城市绿地率39.6%。力争到十二五末，县城面积达10平方公里、人口突破10万人，城市化率达42.5%以上，推进文山砚山同城化，使砚山成为全州的次中心城市，成为最宜居住、最宜创业、最具人气的城市之一。

一、坚持规划先行，城乡规划体系不断健全

按照“提高县城城市品位、完善城镇功能布局，加快平远特色小城镇建设步伐，促进全县城镇建设展新姿、提品位、上档次”的基本思路，坚持高起点、高标准的原则，不断健全完善城乡规划体系。坚持“政府组织、专家领衔、部门合作、公众参与、科学决策”的规划编制组织方式，累计投入城乡规划编制经费1250万元，先后完成了《新一轮城镇体系规划》、《十二五城乡统筹规划》、《县城市近期建设规划（2011～2015）》、《县城及平远总体规划修编》等规划编制。启动了《砚山县风景名胜区总体规划》、《砚山三七产业园区规划》、《砚山县城镇上山试点控制性详细规划》、《县城排水系统专项规划》等专项规划编制工作。新区控规覆盖率达90%以上。修编后的城市总体规划将砚山县城定位为文砚平城市群的副中心，文山州州域次中心，以生物资源加工业和商贸物流业为主的园林城市。按照“东控、南延、西进、北拓、中优”的城市空间布局，总规划控制区面积为90.98平方公里。严格规范审批制度，实行城乡规划一体化管理，做到了“规划一张图、审批一支笔、管理一条龙”，进一步推行“阳光规划”，强化了批前公示，加强了规划效能监察，狠抓了批后跟踪管理，树立了规划的权威性和严肃性，杜绝了城镇规

划设计的盲目性和不合理的现象，规范了开发单位和个人的建设行为。

二、围绕扩容提质，市政基础设施日臻完善

城镇化建设围绕“旧城改造出亮点出精品、新区建设出特色亮形象，不断完善城市功能，提升城市品位”的基本思路，创新城市建设融资模式，扎实推进城镇基础设施建设、旧城改造、公益项目等重点工程，城市综合承载能力明显增强。我们把加快城镇化发展作为推动全县经济社会发展的重要举措，大力实施中心城镇带动战略，完善城乡规划体系，强化基础设施支撑，创新体制机制，推进产城融合，走出一条符合我县县情的城镇化道路。采取BT模式开发、政府筹集资金对土地进行收储、政府引入业主合作开发等形式，累计投入12.7亿元，相继建成了广场、市政道路等一批城镇基础设施，城镇功能日趋完善。截止2012年底，投入资金近3亿元，积极筹备，重点策划，组团推进旧城改造工程，以国有资产招标确定开发业主，推进百货公司及大旅社片区拆迁改造工程；招商引资，以合作开发形式完成墨山片区开发；硬化改造县城旧城区泥土路23条，拓展道路10500米，安装照明路灯360盏，改造供排水管道21500米，新增绿化面积5万平方米，县城旧貌换新颜。投入资金7965万元对城区供水主管道进行维护改造，实施了县城排水管网工程和垃圾处理场工程，污水、垃圾处理率分别达86.5%、95%以上。目前，全县小城镇已拥有6米以上宽道路65条，总长达53.81公里，县城区三纵三横的道路网络基本形成，有城市路灯2400盏；小城镇供水主干管达50.7公里，城镇供水能力达25000吨/日。

三、注重民生保障，城乡住房条件明显改善

加大招商引资工作力度，推进房地产开发建设，加快保障性住房和农村危房改造工程建设，改善城乡住房条件。引进10家房地产开发公司投资5亿余元，建设了盛禾现代城、盛世兴城、平远山水鑫村等10个房地产项目，建成商品房45.3万平方米。目前，全县小城镇人均住房面积达49.14平方米。将保障性住房作为重要的民心工程、惠民工程切实抓好落实，积极大胆探索，创造性地开展工作，把廉租住房建设与华侨管理区、农垦企业和供销企业的改革改制相结合，切实解决困难职工住房难问题，采取政府集中新建和向房地产开发企业回购普通商品房为廉租住房两种方式进行建设，截止2012年底，上级累计下达我县的城镇保障性住房建设指标5087套，25.435万平方

米，已完工 2967 套，14.835 万平方米。争取中央廉租住房租赁补贴资金 4053.67 万元，根据上级要求，我县采取“集中办理、逐户核查、银行代发”的方式，累计对全县符合条件的最低收入住房困难家庭 3478 户发放廉租住房租赁补贴 1122.45 万元，节余资金已按规定用于新建、购买普通商品房或改造公房作为廉租住房，形成了以县城为中心、辐射平远、稼依等 5 个乡（镇）、管理区的住房保障格局。强化项目使用和管理，采取“半市场化运作的方式，通过政府补贴由物业管理公司与居民小组共同管理；直接由物业管理公司进行管理；委托使用单位进行管理”等三种模式加强廉租住房入住后的管理，较好地解决和处理了小区住户用水、用电、环境卫生及孤零住户病逝等问题。通过以上模式促进了我县廉租住房后续管理的良性循环，避免了廉租住房“建”与“管”的脱节的问题。

四、创新管理方式，城市宜居水平不断提升

以打造“洁、绿、亮、美、序”的城市环境为主题，深入推进“省级园林县城”创建工作。以开展行政执法队伍规范化建设活动为载体，全面加强建设系统行政执法队伍建设，服务管理能力明显提升。重点加强了城区主干道乱堆乱放、乱搭乱建专项执法检查，对城市“牛皮癣”、户外广告、流动摊贩等城管疑难问题进行了专项整治，城市“三乱”现象得到了有效遏制，县城管理一级路段达到了 95% 以上，消除了管理盲区。建立健全责权利相统一、条块点相结合的城镇管理体制，沿街商铺和机关单位认真落实门前“三包”责任制，以背街小巷、各类市场、城乡结合部为重点，加强环境卫生管理，净化城区环境，将环卫保洁工作向老城区、县城周边延伸，2011 年被省上评为“甲级卫生县城”；积极推行绿化管护市场化运作机制，加大县城绿化、美化工作力度，逐年加大城市管理经费投入，推进“城管进社区”工作开展，城市管理更加和谐有序。学习借鉴发达地区的管理模式，逐步将市政基础设施建设、环卫管理工作、垃圾污水处理引向市场化，撬动各方资金投入城市建设和管理，县城更加和谐、亮丽、舒适，城市居民的满意度日益提升。

坚持以人为本 创新经营理念 全力打造特色锦绣广南

云南省广南县住房和城乡建设局 张边贵

广南县位于云南省东南部，文山州东北部，滇、桂、黔三省（区）交界处，广昆高速公路、国道“323”线和正在建设的云桂铁路穿境而过，是云南通往广西、广东等沿海地区的交通要道。全县国土面积7810平方公里，总人口79.2万人。

近年来，广南县始终把城市建设作为全县的重点工作之一，不断加大投入力度，加强城建规划、建设、管理工作，全县城镇建设的档次和品位得到进一步提升，县容县貌大为改观，城镇功能日趋完善，人居环境和投资环境更为优化。截止2012年末，全县城镇建成区面积达17平方公里（其中县城建成区达10.8平方公里），城镇居住人口17万人（其中县城人口达10万人），城镇化率达到22.5%；城镇绿化面积达316万平方米（其中县城为80万平方米）；城镇建成区绿地率达27.5%（其中县城为13%）；绿化覆盖率达33%（其中县城为15.5%）。

一、城建主要工作成效

（一）新型城镇化稳步推进

围绕建好“一城”、突出“三镇”的目标，即以莲城为中心，以八宝、坝美、珠琳三镇为重点，加快推进城镇化进程。围绕壮民族文化旅游开发，以历史文化名城建设为主题，把莲城建设成为生态园林式的集商贸、旅游为一体的历史文化名城；围绕大通道建设，把八宝镇建成集物流集散、山水田园风光和最适宜居住城镇为一体的壮乡风情旅游小镇；以“世外桃源”坝美及其外延景点旅游资源开发为重点，把坝美镇建成独具特色的集岩溶景观、旅游休闲、壮乡风情为一体的旅游强镇；结合区位优势，把珠琳镇建成三县结合部的农副产品集散地。打造“一条经济走廊”，构建“四个经济区”，即以广昆高速公路和“323”国道线为轴线，形成五珠、那洒、篆角、珠街、曙光、黑支果、南屏、八宝经济大走廊，构建莲城、八宝、珠琳、坝美四个集镇经济区。切实加快县城市政基础设施建设和小城镇建设，农村商品流通体系建设，搞好地母历史文化旅游区、工业园区、城南火车站建设、商贸小区、行政办公区、文化娱乐小区等功能区的布局和详细规划，注重提升城市整体形象，突出城市个性和特色，合理布局城市空间，做大中心集镇，协调发展中小城镇，形成布局合理、梯次分明、功能完善的现代化城镇体系。

（二）市政建设提质增效

市政基础设施建设步伐加快，完成城区永安一、二小区、新村、南坛小区、董那菁、小南街、雷达路等城区巷道路面砼铺筑近2.6万平方米，完成南秀路、广南大道延伸段、环城东路砼路面、南桥路油路面、体育文化活动中心、雷达路路面改造、莲湖公园二期改扩建、莲湖路人行道改造、凯鑫路延长线道路、莲城北路路基、北坛路延伸段等工程建设，累计完成投资约4.3亿元。

（三）房地产管理全面加强

加强房地产行业管理，不断完善落实房地产开发企业、物业管理企业、房产中介机构的登记备案机制，着力规范市场行为，引导房地产开发企业根据市场需求，合理确定户型面积、优化户型结构设计，使户型设计更富人性化、更具特色化，改变户型上同质化竞争的状况，促进房地产业有序竞争、健康发展。目前铜鼓小区、南桥综合市场小区、宝宁花园小区、养护小区、鼎鑫苑等5个已交付使用，家和莲郡小区、校场路综合市场、综合市场二期、体育公园、阳顺小区、建材综合市场、莲城1号、园丁小区、福迎福购物中心、莲城新区等10个正在实施。累计建成廉租住房3222套、公共租赁住房956套、农村危房改造及地震安居工程10960户，发放廉租住房补贴892.5万元，有效解决城乡居民住房困难。

（四）质量安全监管平稳可控

以安全生产和工程质量为核心，扎实推进安全质量标准化、监督工作规范化、监管信息化和施工企业管理差别化，全面夯实质量安全基础，建筑施工安全实现“零”死亡率的既定目标，工程质量验收合格率、工程质量投诉处理率均达到100%。

（五）城市管理成效卓著

以组建城市综合管理执法局为契机，突出城市交通、卫生、市容和周边生态保护等重点，大力推行城市精细化管理机制。举全力对县城主次街道、广场和重要部位市容环境进行全面整治，加强了对小街小巷、非物业和无人管理住宅小区、建筑工地、城郊结合部等市容薄弱环节的整治，扎实开展了

对乱搭乱建、卫生死角、餐饮污染、杂乱广告、立面破旧、沿街为市、绿化缺失、渣土污染、市政设施、河道非法开采、工地文明施工等专项整治行动。规范了沿街经营、违法占道行为，加强了县城市政设施建设和管理，提高了城市基础功能。开展违法建设专项整治，有效遏制了违法建设蔓延势头。

二、主要工作经验

（一）坚持以基础建设和改造为切入点，全面提升城镇建设和管理水平，打造“满意工程”

以建设“功能齐全、生态良好、适宜人居、产业兴旺、特色突出”的绿色生态旅游城镇为目标，按照“改造开发、完善设施、提高品位”的思路，做到科学规划，建管并举，提高城镇发展水平。一是抓好城建规划。在总体规划的基础上，制定了控制性详规，将城市建设的理念、思路、工程规划规定下来并严格执行。尤其是在给排水、电力、网通、联通等管网建设，严格按照先地下、后地上的原则。二是抓好城镇建设。本着“量力而行，适度超前”的原则，以提升城市品位为目标，把广南大道、莲湖公园、鼓广场、北坛路、南北古街、体育公园及城区主要干道改造作为重点，全面进行硬化、美化、亮化、绿化、净化，集中力量搞好基础工程建设，努力打造城市景观。在建设定位上，广南始终遵循“展现历史的真实性、凸现风貌的完整性、体现生活的延续性”的原则，对街区内各类文物保护单位实行原址、原物、原状的保护，对街区内的河道水系和水乡风貌带实行原生态的恢复，对街区内的重要台门、院落等进行维护与重建，对街区主要道路两侧的部分新建建筑，按传统风格实施立面改造。三是搞好城镇管理。组建城市管理综合执法局，加强和完善城市管理，强化对城市秩序、卫生、文明行为的管制力度，注重解决好公共场所、小街小巷存在的卫生死角；加大对车辆乱停乱放整治力度，创造畅通安全交通环境。加强对小摊小贩管理，打击占道经营、随意摆摊和欺行霸市行为，通过高效能管理，建设有秩序城镇。

（二）坚持以文明建设为宗旨，发动全社会参与，建设“社会工程”

一是动员全社会参与。大力弘扬“人民城市人民建，人民城市人民管”的精神，广泛发动全民参与，发动沿街机关单位、学校、商铺门帘等，按照门前“三包”进行义务劳动，开展城镇便道硬化、亮化、净化、美化等工程。二是以创建省级文明县城为契机，广泛开展爱国卫生运动。认真贯彻“政府组织、部门协调、群众动手、科学治理、社会监督、分类指导”的爱国卫生工作方针，协调各部门齐抓共管，动员全社会积极参与，进一步加大城镇环境卫生的管理，完善“门前三包”责任制，做到责任到人，责任到位。依法查处乱搭建、乱张贴、乱倒垃圾等违章行为，规范广告牌匾的管理，切实解决人民群众关心的热点和难点问题，实现人文环境与物质环境的和谐。

（三）坚持以工程建设为中心，全力抢抓工程进度，建设“高效工程”

牢固树立“工期就是效益”的思想，坚持以工程建设为中心，千方百计抢抓工期，加快工程建设进度。一是科学安排工期。采取了统筹安排、规模施工、全线铺开的方案，项目成熟一个，开工一个。每项工程根据工程量大小分成若干个标段招标施工，使每个标段都有足够的人力和机械设备，确保施工进度；合理安排作业面，加大组织协调力度，倒排工期，注重施工进度计划的连续性和均衡性，使工程环环相扣、日夜兼程、分秒必争。二是严格招投标及合同管理。严格执行工程招投标及施工合同管理有关规定，所有工程必须进行招投标，签订合同，对不按合同工期完成工程任务、无正当理由严重超期的，坚决按合同有关条款处罚，以督促各施工单位全力以赴加快工程进度。

（四）坚持以质量建设为生命，严把工程质量关，建设“优质工程”

重点工程是城市建设的龙头工程，必须高起点、高标准、高质量建设。我们从以下三个方面入手，狠抓质量管理，确保建设优质工程。一是设计把关。根据适度超前的原则，按照高标准、高起点建设的要求，积极介入设计阶段。二是施工把关。每道工序都要严格按规范和设计要求施工，完工后经检验合格方可进入下一工序。否则，要进行返工整改，直到合格为止，以确保工程质量。同时，对监理和施工单位严把资质关，确保资金和技术力量雄厚、业绩和信誉优良的单位参与投标。三是监督把关。充分发挥工程监理的现场监督作用。严把材料质量关，不合格的坚决不予进场。组织每周一次的检查督促，深入现场，对每一个质量细节问题都进行调查核实，全程跟踪，有效地防止了工程质量问题的发生。

作者简介：

张边贵，男，汉族，1968年10月出生，中共党员，本科学历。现任云南省广南县住房和城乡建设局局长。

自1989年5月参加工作起，历任云南省广南县那洒镇党委副书记、纪委书记，珠琳镇党委副书记、副镇长、代理镇长、党委书记，广南县发展和改革局副局长、扶贫办主任。2011年8月至今，任广南县住房和城乡建设局局长。

因地制宜 多措并举 做好山地城镇建设

云南省云龙县住房和城乡建设局 张建雄

云龙县地处澜沧江纵谷区，地势北高南低，山高谷深，是典型的山区县，4400.95平方公里国土面积中98.6平方公里属山区面积，县内的城镇都是山地城镇，云南省保护坝区农田发展山地城镇会议召开后，云龙县结合实际，积极做好发展山地城镇的各项工作。

一、明确发展思路，构筑山地城镇发展战略

按照统筹城乡一体化的要求，坚定不移的推进城镇化进程，认真实施“1+3”的山地城镇发展战略，即以县城为中心，加快漕涧镇、功果桥镇和苗尾集镇的发展，做好省人民政府批准的三个特色小城镇诺邓镇（旅游型）、漕涧镇（工业型）、功果桥镇（现代农业型）和水电移民苗尾集镇各项基础设施建设，使诺邓镇千年白族村诺邓为主包括周边地区以旅游带动的各项产业不断推进，漕涧镇以工业园区为依托不断得到发展，功果桥镇和苗尾集镇以澜沧江水电站建设为契机，加快城镇基础设施建设，为县城经济的发展搭建平台。

二、加强规划工作，为山地城镇建设提供科学依据

不断推进城乡规划编制，完善规划体系。一是国土部门、林业部门和住建部门完成了县城土地规划、林业规划和建设规划的调整，使三个规划科学衔接并通过云南省国土厅、林业厅和住建厅的审查，保证了县域近期建设用地所需。二是投入80万元编制了云龙县城控制性详细规划，确定县城的控制面积6.38平方公里，规划面积5.3平方公里的县城区域的功能划分。三是指导县城外的10个乡镇先后开展了各乡（镇）区域及乡（镇）政府所在地集镇规划编制，全面完成了云龙县第一轮规划编制工作，为城乡建设初步奠定好建设依据。四是漕涧镇、功果桥镇已完成总体规划修编，从而满足漕涧镇、功果桥镇城镇化发展的需要。五是投入163万元开展果郎片区1.25平方公里的城市设计，达到高起点、高标准进行规划。六是在2013年前完成全县86个行政村总体规划和1173个自然村建设规划的编制，已完成22个行政村总

体规划和340自然村的建设规划编制，年内将完成64个行政村833个自然村的村庄规划编制工作，为社会主义新农村建设提供依据。七是完成自然地理奇观天然太极图的保护和利用规划的编制，使天然太极在发挥经济社会效益的同时得到保护。八是完成了云南省政府在“十二五”期间建设的特色小城镇诺邓、功果桥和漕涧的特色小镇规划编制并通过省住建厅的评审。九是完成了县城蟠龙片区1.5万平方米的修建性详细规划编制。

三、加强基础设施建设，完善山地城镇服务功能

紧紧抓住加快县城现代化和城乡建设步伐，改善城乡基础设施建设。一是做好县城基础设施建设。已基本完成建设投资3287万元日处理40吨垃圾处理填埋场和建设投资5111.5万元的日处理5000立方米污水处理厂的建设，目前县城生活垃圾填埋工程完成投资2404万元，污水处理厂及配套管网工程完成投资3143.5万元，土建工程基本完成，通过州县初验。先后完善县城南入口283米路面和老石检公路556米路面改造工程，投入1244万元完成县城跃龙二级公路500米大道（含强电、弱电、供排水管网入地），完成投资550万元的沿江路绿化、亮化、硬化工程，完成概算投资404万元的交林小区延长线540米和概算投资603万元的玉龙湾小区920米的市政道路建设，完成了投资1200万元的黄龙山公园一期工程建设，完成投资80万元的太极休闲园工程建设，完成了投资96万元的虎山灯光亮化工程。通过招商引资完善了县城人民路、文笔路的亮化工程，投入169万元完成沿江小区中央大道的绿化硬化和灯光亮化。投入96万元完善了虎山路及县城零星点位的绿化。投入约300万元实施“百棵大树进县城”活动，已在县城点位栽种71棵大树。正抓紧开展概算投资395万元的县城胜云街（260米）、新云路（256米）、交林路（222米）、黄金公路（60米）的恢复重建工作。启动投入189万元的县城两个入口2.76千米的灯光亮化工程，启动投资200万元的黄龙山公园二期工程建设。二是积极争取项目、资金，加大投入，加快乡镇完善基础设施建设。团结乡投入35万元实施1800米道路灯光亮化工程。关坪乡投入62万元完成绿化道路986米、实施灯光亮化工程1350米，白石镇先后投入18万元完成行道树400棵及简易垃圾处理设施建设，长新乡投入68万元完善新坝小区市政设施，检槽乡投入79万元完成了2公里道路照明、完善了500米市政道路的硬化及绿化，宝丰乡投入24万元实施1.2公里道路亮化、绿化1150米道路，漕涧镇投入319万元完成1660米老瓦贡公路路面改造。功果桥镇从2010年起开始中心集镇项目建设，计划整合各方面的资金1.71亿元加快集镇基础设施

建设，目前已完成投资1.09亿元，占计划的63%，年内将进一步整合资金，完成投资计划。目前还抓紧开展漕涧和功果桥镇治污项目前期工作。三是努力促进农村基础设施改善。先后实施了投资达1311万元的宝丰乡大栗树小康村建设，实施了投资1332.36万元的团结乡河南村社会主义新农村示范村工程，已全面完成2010年底投资达915万元的功果桥镇下坞村、汤涧中心村建设项目，实施完成投资达584.39万元的功果桥镇下坞回族村、汤涧大村及旧州梭罗甸示范村建设项目，2011年启动了投资达480.11万元的漕涧镇漕涧村张家冲一组、东巷一组中心村建设项目和投资达559.9万元的漕涧新寨四组、王环路二组、硝水塘组的示范村建设项目，漕涧镇动工建设概算投资699.84万元的文化健身中心广场建设。先后争取了2900万元的资金补助2900户农村困难群众改善住房条件。在推进我县城乡一体化进程中，突出县城的带动辐射作用，通过县城改造提升，创建省级园林县城活动和跃龙二级公路建设，对县城基础设施进行改造，不断完善市政设施。指导乡镇加强了乡镇政府所在地的建设，做好集镇基础建设项目，向省州主管部门反映，先后将18300平方米的廉租房建设项目安排到乡镇实施，改善了部分乡镇的集镇面貌。通过项目的争取和实施，逐步完善我县公共设施建设，促进城乡一体化进程。

四、培育发展房地产业，加快山地城镇化的发展

积极培育发展房地产业，指导和帮助房地产开发商开展建设，逐步改善城乡人居条件。一是建设县城大寨田龙泉小区、古道新居小区。项目业主为大理茶马古道房地产开发有限公司总占地面积：8097平方米，建筑占地面积：4490平方米，商铺：16间，跃层21套，住宅套数：284套，建筑楼层7层，小区容积率为3.2，绿化率30%，建筑高度21.7米。项目总投资3750万元（整个小区包括经济适用房92套，廉租房134套）共解决1200人住房。二是建设云龙县大寨田交林小区。项目业主为云龙佳禾房地产有限公司，总占地面积29亩，建筑占地面积12亩，跃层21套，住宅套数600套，建筑楼层6层，小区容积率3.0，绿化率30%，建筑高度20米，项目总投资3650万元（整个小区包括廉租房300套），共解决1800人住房。三是建设云龙县沿江综合小区沘江苑。项目业主为红河明丰房地产开发有限公司云龙分公司总占地面积：13.4亩，建筑占地面积：6212.06平方米，铺面57间，住宅套数182套，建筑楼层7层，小区容积率2.7，绿化率30.2%，建筑高度21.8米，地下停车库1924.95平方米，项目总投资5800万元，共解决670人住房。四是建设玉龙湾小区及酒店。项目业主为大理惠丰房地产开发有限公司，总占地

面积31886.3平方米，其中住宅小区占地面积为25178.8平方米，总建筑面积4.6万平方米，商铺20间，共1300平方米跃层20套，别墅22套，住宅套数为284套，建筑楼层7层，小区容积率1.84，绿化率35.049%，建筑高度23米，可解决1200人住房。玉龙湾大酒店占地面积为6707.5平方米，总建筑面积为1.3万平方米，客房数139间，容积率1.86，绿化率36.349%，建筑层数15层，建筑高度54.8米。五是结合旧城改造建设太极商住城。项目业主为云南鸿曦集团云龙鸿曦房地产开发经营有限公司，总占地面积：19785.92平方米，住宅小区占地面积7329.84平方米，商铺面积12969.9平方米，住宅套数684套，建筑楼层15层，小区容积率5.47，绿化率15.12%，建筑高度58.05米，停车位267个，拆除建筑面积2417万平方米，项目总投资2.4亿元，解决2700人住房。六是县城北山和红砖厂片区作为跃龙二级公路移民安置点，用于拆迁户搬迁建设，目前正加紧建设，努力拓宽县城建设用地。七是在漕涧引入钰都房地产公司开发概算投资1.3亿元的“嶲塘苑”房地产项目，规划用地面积55333平方米，总建筑面积54250平方米，其中住房面积48747平方米279套。

因势利导　加强建管　促进城乡建设协调发展

西藏自治区曲松县住房和城乡建设局　达 娃

曲松县位于青藏高原中南部，县城所在地海拔3987米，距泽当57公里。全县国土面积1967平方公里，现辖三乡两镇，21个行政村，全县现有人口16899人，县城常住人口2850人，规划区面积16.7平方公里，县城城区面积约3平方公里。经过多年的建设与发展，现已基本形成“五纵四横”（五纵：德吉路、其龙路、甘旦路、卓康路、罗林路；四横：宇拓路、格桑路、康桑路、学院路）道路骨架形成的城市格局，城市发展已具雏形。

曲松县拥有悠久的历史和文化，是松赞干布和文成公主后裔拉加里法王独立的自管区。现存的拉加里王宫于2001年被列为全国重点文物保护单位。拥有丰富的矿产资源，是全国最大的铬铁矿生产基地，为我县的主要经济来源。当前，县委、县政府紧紧抓住“跨越式发展、农牧民增收、长治久安”三件大事，以调整产业结构、转变经济发展方式、围绕项目谋发展、依托资源求转型、瞄准生态旅游创特色，大力实施农牧稳县、项目富县、工矿强县、科教兴县、旅游活县、转型新县、依法治县战略部署，加大项目建设力度，重点进行特色旅游产业发展和矿产资源深加工。2012年，全县生产总值4.1亿元，其中：第一产业2512万元、第二产业27650万、第三产业10984万。固定资产总投资3.8亿元，社会消费品零售总额2856万元。农牧民人均纯收入5895万元。

一、城乡建设发展

（一）城市建设发展

曲松县规划因势利导，充分结合现状及环境条件，规划形成东部以行政办公、居住为主，中部以商贸、金融、居住、办公为主，西部以产业、中学、部队为主的沿峡谷带状布局形态。曲松县城道路骨架“五纵四横”，道路总长13.05公里，总面积0.011平方公里，硬化率达90%。近年来，在县委县政府的高度重视和我县各界援藏干部的大力支持下，城市建设步伐明显加快，城镇功能日趋完善，城镇基础设施得到很大改善。一是市政基础设施日趋完善，基本满足县城发展需要。在供水方面：2012年，由国家投资的曲松县供水工程已立项，项目总投资1700万元，铺设给水管网11.6km，6km将有效满足县城东区居民的生产生活的用水需求。曲松县县城现状用水以山前地下水为水源，水源地有2处，分别在城市东侧和南侧，水量能够满足城市发展需求，城区管网已成环状布置，供水安全性较好，供水基础设施良好。县城给排水管网各7公里。在环境卫生方面：环卫工13人，环卫车辆5辆，道路清扫率达50%，其中机械化达5%。果皮箱、公共厕所、垃圾集装箱等环卫设施基本满足县城现有规模。2012年和2013年相继新建垃圾填埋场和垃圾转运站，垃圾清运量0.16万吨，基本上能够日产日清。二是县城整体功能得到进一步提升。2011年，由湖北第六批援藏投资1800万元，新建政府办公大楼及广场，新建格桑路和德吉西路，有效改善了政府办公条件，提升政府形象。三是城镇规划体系日趋完善。为进一步加快我县城市化进程，更好的为我县社会经济发展服务，2011年，在我县已有的2008版修建性详细规划的基础上，县政府投资25万元委托陕西中晟规划设计研究院为我县做县城总体规划设计工作，规划规模约为100公顷，使我县城镇规划体系进一步完善。规划设计要求规划中体现我县城地域特色，并结合县城经济发展、自然条件进行合理布局。四是保障性住房建设工程稳步推进。截止到2012年，批复保障性住房204套，其中，廉租住房132套，公共租赁住房48套，已建成廉租房84套，入住率达100%，正在建设廉租房48套。正在建设公租房72套。我县进一步建立全廉租住房制度，改进和规范公租房住房制度，廉租住房面向低收入住房困难家庭。从2010年开始对低收入家庭住房困难户实施廉租住房租赁补贴。五是实施棚户区改造项目，改善棚户区居民住房条件。随着国家住房保障政策力度不断加大，保障性住房建设事业在我县得到快速发展，2012年，投资240万元实施了曲松县德吉东路120户棚户居民的住房改造项目，并对棚户区道路进行硬化和亮化。六是狠抓城镇管理工作，县城主要街道生产生活秩序井井有条。长期以来，由于管理措施不到位，加上部分群众自觉遵守城市管理意识不强，在我县县城的主要街道存在脏、乱、差等现象。针对出现的问题，我局制定并完善了《曲松县县城管理实施办法》和《商业店铺门前“五包”责任制》等规章制度；在其他部门的配合下，对县城内存在的环境卫生问题及交通秩序混乱问题进行了专项集中整治；同时加大了城管和环卫工作力度，在人员和设施配备方面加大了资金投入；经过综合整治，我县城镇面貌得到很大改观，为人民群众创造了一个更加整洁有序的生产生活环境。

（二）乡镇建设发展

一是大力实施农村民居危旧房改造工程，改善农村居住条件。2009年到

2012年期间，投资11386.765万元累计完成安居工程建设任务3270户，完成任务户数的100%，使我县农牧区整体面貌焕然一新，缩小了城乡差距，推进了公共服务均等化，扭转了农牧民“等、靠、要”的旧思想、旧观念，加快了农牧民群众致富奔小康的步伐，带动了全县经济发展，更使广大农牧民群众真切感受到了党和政府的温暖，增强了党的凝聚力。二是建设小康示范村试点工程。2008年，投资250万元的曲松县下落小康示范村试点工程项目建设取得了顺利完成，改变了该村庄以往脏、乱、差的面貌，极大地改善了村民的生产生活条件，展现了我县新农村的全新风貌，也为今后我县新农村的建设打下了良好的基础。三是全面开展新农村建设工程。2012年，由第六批湖北援藏投资建设的曲松村新农村建设工程顺利完成，新建村委会办公大楼，道路硬化、亮化、绿化和给排水管道安装等，有效改善了居住环境，展现我县新农村的特色。

二、工程监管、行业管理方面

（一）狠抓工程质量管理，强化参建各方的质量责任意识

严格执行建设工程强制性标准，深入开展工程质量监督检查工作，严把建筑材料及影响房屋使用功能质量的水电构（配）件产品质量关，实施住宅工程分户验收制度有明显成效，严格工程竣工验收备案管理，继续保持新建住宅工程无质量通病治理纳入率达90%以上，工程质量总体验收合格率90%，工程竣工备案率达90%以上。

（二）强化安全生产管理

认真贯彻执行《安全生产法》、《建设工程安全生产管理条例》，与各施工单位签订了安全生产责任书，落实安全生产责任人。进一步加强建筑工程领域从业人员的安全生产意识和安全生产技能培训教育工作，提高作业人员安全生产职业素质，重点抓了规范三类人员考核、特种作业人员培训等基础工作。过去五年，与县劳动局联合开展了一次建筑特种作业工培训，共培训特种作业人员160人。五大员的继续教育及证件年审工作正在开展。认真开展“安全生产月”活动，制定了“安全生产月”活动实施方案，开展安全生产月活动5次。强化建筑工程施工现场的安全生产监管，严格执行《JGJ59－99》建筑施工安全检查标准，对施工现场的脚手架搭设、临边洞口防护、施工用电、施工机具、塔吊和物料提升机的安全防护措施是否到位，实施重点督办，集中巡查（检查），杜绝重大安全生产事故，减少一般事故。

（三）强化建设领域清欠工作

为切实维护我县广大农牧民工的切身利益，妥善解决我县建设领域“双拖欠”的问题，我局在相关部门的大力协助下，在“双清欠”工作中采取了有效措施，制定了各项制度，2007～2011年，在我局和相关部门的共同努力下，共追回资金55.8万元。农民工工资得到了基本保障。

（四）强化施工许可管理

窗口共受理办件142件，其中办理《建筑工程施工许可证》55件，《两证一书》87件，农民施工队资质申报6件。

总之，当前我县城乡建设取得巨大进步。城镇人口不断增多，城镇化水平不断提高。城市道路硬化率达100%，城区绿化面积达18882.2平方米。城镇布局得到进一步优化，城镇功能进一步完善，农村居住条件明显改善，有效推进了城乡建设协调发展步伐。

科学定位　转型发展　建设生态幸福新延川

陕西省延川县住房和城乡建设规划局　杨勇

延川县南距革命圣地延安82公里，北距塞上名城榆林176公里，总人口19.2万人，总土地面积1985平方公里，延川，一座有着1300多年悠久历史的古城。陕北的淳朴和豪放，给这个隋朝建县的千年古邑注入了年轻的活力。如今，这座城市的规划和建设者们，正在用勤劳和智慧，让美丽的家园焕发出勃勃的生机！

近年来，延川住建局紧紧围绕县委、县政府统筹城乡发展这一中心，坚持城镇带动、项目带动、大力实施“能源化工强县、特色产业富民、文化旅游兴业”三大工程。全面实施了一大批事关全县经济社会发展的重大项目，全面提升了延川城镇建设品位。认真落实党风廉政建设和反腐倡廉各项任务，特别是房屋征收、招投标交易平台建设等工作取得了创新，积极构建宣传教育、制度保障、监督惩治并重的惩防机制，为住建各项事业发展提供了坚强的政治保障。住建局先后荣获省、市、县各类荣誉34项，连续五年被县委、县政府评为争取资金先进单位，连续四年荣获小城镇建设先进单位。

一、科学规划，合理定位，绘就美好发展蓝图

为了全面提高规划的编制、审批和管理水平，充分发挥规划对城乡资源的调控作用，结合城乡统筹发展要求，2011年进行了县城第三轮总体规划修编工作，县城定位为全县政治、文化中心，县城规划区面积由8平方公里扩至12.74平方公里，现建成区面积8.26平方公里，城镇化率达到58%；先后完成了中湾、圪台沟等23个地段的控制性详细规划编制工作，规划覆盖率达到80%以上。相继完成了城乡一体化规划、乾坤湾旅游规划、贾家坪工业园区规划、文安驿文化园区规划、马家河农副产品加工业园区规划和7个新型农村社区建设规划编制工作；修编了永坪镇、文安驿镇和将杨家圪坮镇总体规划。将永坪省级重点镇确定为延川县域经济发展副中心，定性为能源化工、现代服务、现代农业为一体的新型综合性小城镇。将文安驿市级重点镇确定为黄河文化旅游的重要节点和延川文化艺术的集中展示区，努力打造成有全国影响力的历史文化名镇、特色旅游地。将杨家圪坮县级重点镇确定为延川、

延长两县交流的窗口，现代农业示范区，商贸发达的现代化城镇。梁家河、贺家崖等7个新型农村社区将按照“宜农则农、宜工则工、宜商则商、宜游则游”的原则，高品味建设特色鲜明、环境优美、和谐有序的新型农村社区。

二、加大建设，完善功能，城乡面貌变化明显

大力破解建设资金短缺瓶颈，加快城镇基础设施建设。通过多方争取资金、招商引资、企地共建和引导民间资本等措施，2006年以来累计投资16.8亿元，在道路体系、广场建设、供热供水、绿化亮化、环境整治、人居工程等六个方面取得了重大突破。延川县城已形成“两纵十横”的道路框架体系。建成了大禹广场、文化广场、张家湾河滨公园和黄河文化长廊工程，为广大居民提供了宽广舒适的休闲场所；建成集中供热站5个，集中供热面积60多万平方米；建成总库容116万方，有效库容98万方垃圾处理场，生活垃圾无害化处理率达86%；建成年COD消减量529吨污水厂，污水收集管网总长11.5公里，污水处理率达65%。截止2011年底累计完成农村危房改造3365户，建成保障性住房2436套，新增住房40万平方米，大大改善了城乡居民居住条件，逐步形成了多层次住房保障体系；整治实施了210国道拐峁和中湾入口段、张家湾段绿化亮化等环境工程，大力提升了城市对外形象，提高城市品味，创建了市级文明卫生城市。

三、加快发展，转型发展，着力打造宜居宜业的城乡风景

2012年，县委、县政府提出了全县加快发展、转型发展的战略要求，城镇体系建设围绕“一主三副七社区”的“137”发展战略，按照“规划先行、政府主导、市场运作、模块推进”的思路，加快推进城镇基础设施、公共服务设施建设，全面提升城镇承载能力和辐射带动效益。2012年初，县上把旧城改造项目列入重要议事日程，利用“3～5”年时间启动完成县城刘家湾、张家湾等七个主要区域的旧城改造项目，要实现“两年见成效，五年大变样”的总目标。县委、县政府主要领导、主管领导多次研究部署、督导调度，住建、国土等部门多次深入群众实地调研，结合实际，反复座谈讨论，制定出台了《延川县国有土地上房屋征收与补偿办法<讨论稿>》、《延川县旧城改造建设项目房屋征收补偿安置方案》等一系列切实可行的人性化方案。2013年，首先启动了刘家湾、中湾、圪坮沟和张家湾四个区域房屋征迁工作，目前，房屋征迁、补偿、安置等工作按计划在和谐平稳推进，并取得了首战告

捷，进一步规范和指了导全县房屋征收管理工作。实施的刘家湾、圪坮沟、中湾三个旧城改造项目，可拓展建设用地面积113231.9平方米。规划新建酒店、幼儿园、公厕、物业、保障房、医疗卫生、综合市场、休闲公园及地上、地下停车场等建筑物55个，总建筑面积394512.1平方米，解决约8000人的住房，新增约900个停车位。这些项目的完成对于进一步完善基础设施，提升城市品位，改善人居环境，提高城市的承载能力，发挥重要的作用，为实现奋进、生态、幸福新延川打下坚实的基础。

高点谋划 科学推进城镇化步伐

陕西省宁强县住房和城乡建设管理局 闫 亮

近年来，我县坚持“城乡统筹”战略，以科学发展观统领县域经济社会发展全局，以建设“陕甘川毗邻地区明星县”为目标，以“骨架拉大、功能完善、产业聚集、人气提升”为原则，牢牢抓住建设社会主义新农村、灾后重建、中央扩大内需、陕南扶贫移民搬迁等历史时机，快速推进城镇化建设步伐，初步形成了以县城为中心、重点镇为支撑、新农村为基础的城镇建设网络，城镇综合承载能力不断增强，城镇化建设迈上了新台阶。截止目前，县城规划控制区面积超过20平方公里，建成区面积扩大到8平方公里。乡镇建成区面积约24平方公里。全县城镇化率达45.8%，比上年增长2.3个百分点。

一、建设成效

作为陕西西南边陲的贫困山区县，我县把加快城乡一体化进程，推动人口向城镇聚集，提高群众生活水平，扮靓陕西、汉中“西大门”作为科学发展的突破口，准确定位、科学规划、凝聚活力，多措并举、强力推进，走出了一条在山区农业县发展城乡一体化的新路子。

（一）喜摘国家园林县城桂冠

2006年以来，我县在省级园林县城的基础上，按照“以水亮城、以绿美城、以城养城、以文兴城、以法治城”的建设思路，科学规划描绘城市发展蓝图，多渠道、多元化筹措绿化建设资金，不断改善城市面貌、提高城市品位、创造优美人居环境。大力实施“添绿、扩亮、增美、护净、保畅”工程，不断建设精品亮点工程。截止目前，我县建成3公顷以上公园2座，公园绿化面积占陆地总面积的70%以上。各类绿地等级清晰，布局合理，功能齐全，县城绿地面积达207公顷，全县的绿地率达39.6%，绿化覆盖面积达234余公顷，绿化覆盖率45%，人均公共绿地面积达9.98平方米。旧城区绿化覆盖率大于25%，新区绿化覆盖率大于30%。2012年2月，我县荣膺国家住建部授予的“国家园林县城”称号，成为全省获得“国家园林县城”称号的四个县城之一，也是陕南第一个获此殊荣的县城。

（二）规划引领城镇化进程

充分发挥城市规划的引领作用，坚持“高起点、严管理、广覆盖”原则，规划编制步伐加快。县城总体规划（2010～2025）修编方案于2012年11月初通过省住建厅评审，已报市政府待批。编制完成了县城七里坝新区、高家坪片区、循环产业园区、二道河片区、中心商业区、玉兴路等十多个详细规划，西城客专车站片区控制性规划初步完成。完成了巴山镇、庙坝镇修建性祥规和大鱼洞市级风景名胜区总体规划编制。全县建设用地控制性规划覆盖率达80%，修建性详细规划覆盖率达85%，城乡规划的统筹和调控作用日渐凸显。

（三）重点项目惠及民生福祉

一是保障性住房成效卓著。自2008年我县在全省率先启动保障性安居工程以来，我县把保障房建设工作作为改善民生的重大项目，通过完善政策、健全制度、规范管理、加大投入，全力加快保障性住房建设步伐，2012年市政府下达我县2012年保障性安居工程任务1200套，我县实际开工建设1314套，占下达任务的110%，已竣工（含封顶）759套，其中货币安置25户，已累计完成投资34810万元。2011年我县被省政府授予“全省保障性住房十佳县”称号。二是实施大规模拆迁改造。完成了南大街棚户区、兴宁路、西大街、玉兴路、中心商业区的拆迁改造，建成宁强华府、宁兴花园、永惠东区、御景苑、锦浩新居等商住小区及青竹砭集中安置点。三是实施县城畅通工程。建成了金家坪交通环岛、七里大街南段、向阳路、园艺路、大东街、康宁路道路拓宽改造工程及绿化、亮化、美化工程；拓宽改造了兴宁路、兴农街；开通了3条公交线路；对县城翠峰街等22条背街小巷进行了硬化，硬化面积3100平方米，解决了320户1280余人的“出行难”问题。四是实施生态环保项目。在县城玉带河段新建了四道水力自控翻板，形成30余万平方米人工湖水面。建成了县城垃圾填埋场、县城污水处理厂，县城垃圾填埋场渗漏液项目正在施工建设。天然气储配站扩建项目正在施工。投资1300万元的东山观山地公园成为人们休闲健身的好去处。五是以新扩城，拉大县城骨架。抓住灾后重建机遇，大气魄、大手笔地规划实施了七里坝新区开发，在新区建成了宁强县天津中学、县天津医院、中心敬老院、社保服务中心大楼，县城骨架进一步拉大，发展空间迅速拓展。

（四）特色城镇迅速崛起

以县城省级重点镇、陕南重点镇、市级示范镇建设为重点，辐射带动一般镇建设，形成了以县城为核心、以小城镇为纽带带动新农村，县城、城镇、新农村相互衔接、功能协调、服务基本完善的县域城镇化建设体系，重点镇实施了一条景观大道、一座标准化公厕、一套垃圾和污水收集处理设施、一个休闲广场、一个文化卫生服务站、一处规范化农贸市场等“六个一”工程。阳平关镇编制了子龙新区详细规划，完成征地208.5亩，实施了陕南移民搬迁安置点统建楼一期及子龙新区农贸市场工程。累计完成投资9825万元。青木川镇重点实施了“一河两岸”工程、旱船房、烟管、辅仁剧社内部布展、新修农贸市场一处等共11个项目，累计完成投资9790万元。青木川镇荣获“中国历史文化名镇”和“中国特色景观旅游名镇”荣誉称号。

二、主要措施

（一）科学规划，推进城乡资源配置一体化

为全力促进宁强县小城镇建设的新一轮腾飞，将小城镇尽快建成为辐射一片、拉动一方的区域中心，我县始终坚持规划先行。紧抓城乡统筹规划这个龙头，把全县城镇和农村作为有机整体，统筹安排城乡功能区划，强化主城区与周边区域的经济联系，改变城乡规划分割、建设分治的模式，合理安排城乡建设、基本农田、产业聚集、村庄分布、生态保护等空间布局，建立了城乡一体化的规划新体系，加强各专项规划和各级规划的相互衔接，实现县域范围内规划全覆盖，使城乡资源配置达到最优化利用。

（二）依托产业，推进城乡经济发展一体化

一是加快县循环产业园区建设，引导和支持工业企业向循环产业园区集中，天津宝迪公司等一批规模效益突出、市场竞争优势明显的知名企业入驻县循环产业园区。依托产业园区，大力开发农副土特产品生产、加工和销售产地。随着宝迪公司的开工建成，工业经济对县域发展的带动能力和贡献份额将逐步显现。二是推进农业产业化进程，着力发展特色经济，实施“一乡一业”、“一村一品”。大力发展生态旅游、休闲农业、休闲度假等服务业，打造出古镇青木川等一批颇具规模和影响的乡村旅游特色品牌。

（三）聚集资金，推进城乡建设一体化

一是加大财政投入力度。为激励先进，我县建立并实施了目标、责任、考核三位一体的小城镇奖惩激励机制。在财力十分紧张的情况下，坚持每年安排500万元用于小城镇建设，对工作积极性高、建设成效明显的乡镇予以奖补。二是多渠道吸引民间资金参与城镇建设，招商引资，借力发展。三是通过包装项目，争取国家对垃圾、污水处理等生态环保项目的建设资金。加

大向上争取力度。四是加大市场化运作力度。完善土地收储经营机制，建立城镇土地由县城投公司“统一规划、统一征用、统一储备、统一供应、统一监管”制度，城投公司作为融资平台，积极包装申报项目，争取银行信贷支持，提高资本运作能力。五是制定优惠政策，激活民间资金，对进入集镇规划区建房的，减免各项规费。

（四）携手共建，推进城乡发展体制一体化

着力破解束缚城乡一体化发展的各种障碍，建立健全统筹城乡发展新的领导体制和新的工作机制。坚持县、乡镇联手共建，充分调动各方面的力量，凝聚发展合力。成立了小城镇建设工作领导小组，分别由两名县级领导担任组长。制定了《省级重点镇建设实施方案》，每年签订《小城镇建设目标责任书》，将小城镇建设的各项任务逐一落实到责任部门和乡镇。按照“县上定规划，部门建项目，乡镇抓征迁”的原则，县委、县政府科学规划城建项目，将建设内容细化分解，由住建、交通、水利、扶贫、旅游、林业、电力、电信、环保、新农办等部门实施具体项目；乡镇负责征地、拆迁和环境保障工作。通过层级责任细分，狠抓责任落实，分头并进，齐抓共管，全面推进统筹城乡一体化发展各项工作。

（五）政策扶持，确保城乡一体化进程

在土地利用上，每年留出一定数量的用地指标，优先用于村镇建设。同时，充分利用山荒地、废弃地、废旧厂房、拆旧建新等解决新村镇建设用地问题。在资金奖补上，县上每年筹措奖补资金80万元，用于示范村的规划和建设；对陕南扶贫搬迁的农户在县城或者乡镇购买住宅的，每套住房补助给予补偿。在户籍改革上，制定出台了《宁强县人民政府关于推进有条件的农村居民进城落户的若干意见》，放宽城镇落户条件，对在县城区或城镇有合法固定住所、从事非农职业并实际居住的成年人，根据本人意愿在实际居住地登记为城镇居民户口，统计为非农业人口，保留其宅基地和责任田，享受当地城镇居民同等的权益。并立足服务于民、让利于民的角度，简化审批程序和办事环节，实行“一厅式”办理农民进城落户工作，实现在农民进城落户办理相关手续上的“零成本”、“零障碍”。继续推进县城保障房建设，积极开展重点镇、中心镇商品房建设工作，加快城镇基础设施建设，健全公共服务体系，解决好农村居民进城的后顾之忧。在奖惩考核上，把小城镇建设工作纳入县委、县政府年度综合考核目标，分值占目标考核总分的3%，将考核结果作为以奖代补和干部任用的重要依据。

在推进城乡一体化进程中，我县虽然取得了一定的成绩，但产业脆弱、融资困难、资金短缺、城乡二元化结构仍是制约城镇化进程的瓶颈。我县将以“城镇化建设提升年”为契机，以科学发展观为统领，高点谋划、强势推进、突出重点、示范带动，拓宽融资渠道，着力培育壮大产业群，提高城镇综合承载力，全面推进县域经济健康、快速发展。

作者简介：

闫亮，男，汉族，1973 年 5 月出生，中共党员，大学学历。现任陕西省宁强县住房和城乡建设管理局局长、县地震局局长。

大手笔规划　高标准建设　严要求管理
全力推进城镇化建设步伐

甘肃省甘谷县住房和城乡建设局

城镇是地方经济发展的火车头，加快城镇开发建设，是统筹城乡协调发展，促进经济社会全面进步的重要方面。近年来，甘谷县抢抓国家西部大开发、扩大内需、建设关中——天水经济区等诸多发展机遇，按照“东西扩展、向北延伸、中心建成区集中改造、配套、完善”的城建思路，坚持“以规划引领城市发展，以建设完善城市功能，以管理提升城市品位”的建设方针，不断加大城镇开发建设和管理力度，积极争取项目，加大资金投入，大力实施基础设施项目建设，城市面貌日新月异，城市服务功能逐步完善，城市居民生活环境得到明显提升。目前，我县城镇建成区面积 14.8 平方公里，其中县城建成区面积 10.3 平方公里，城镇人口达 20.03 万元，城镇化率 31.67%，城市主次干道总长 39.8 公里，城市日供水能力 2.3 万立方米，集中供热覆盖面积达 52.5 万平方米，城市绿地面积 127.38 公顷，绿化覆盖率达 19%。在城镇化建设推进过程中，主要抓了以下五个方面：

一、以规划为龙头，高起点绘制城市发展蓝图

始终把规划作为搞好城镇建设的基础性工作来抓，坚持立足实际、适度超前的原则，科学谋划城市布局和中长期发展方向。1985 年经省政府批准完成了第一版县城总体规划，后经 1993 年、1997 年两次修编审定，于 2001 年经市政府批准编制完成了第二版县城总体规划。国家将甘谷确定为关中——天水经济区三级城市之后，按照整个渭河川道区建设大城区的思路，于 2010 年启动了县城第三版县城总体规划，规划城区总面积 35 平方公里，比二版规划增加 19 平方公里，科学规划商贸经济、旅游开发、物流配送、工业发展、行政办公、居住小区、餐饮服务等七大功能区域，力争到 2020 年，将甘谷建成特色鲜明、功能完善、产业配套的三级城市，目前，该规划正在按程序报送天水市政府审批。在遵循总体规划的前提下，按照特色突出、个性鲜明，自然景观与人文景观相匹配的要求，不断完善各功能区、街景以及城市给排

水、环卫、绿化、亮化等专项规划，形成大规划套小规划，既着眼于长远发展，又满足近期建设需求的规划体系。加强城市规划管理，组建成立了县规划局，出台了《甘谷县城乡规划建设管理办法》，严格实施城市规划管理三级审查制度，做到了“三不”：即无规划部门核发的选址意见书的建设项目，发改部门不予立项；无建设用地许可证的项目，土地部门不予提供土地；无建设工程规划许可证的项目，施工单位不得开工建设。对批准建设的所有项目，在建设前期，就从建筑体系、造型、色调等方面提出具体要求。在建设过程中，实行放线定位到现场、建设中期监督到现场、验收复核到现场的“三到场”管理制度，确保工程严格按照规划建设。同时，加大违章建筑的查处力度，依法严厉打击未批先建、少批多建、抢修乱建等行为，维护了规划的权威性和严肃性。

二、积极探索创新，努力构建多元化融资机制

在不断加大财政投入、争取项目支持的基础上，树立经营城市的理念，走出了一条多元化融资，推进城镇化进程的新路子。

一是不断完善土地收购储备制度，将所有建设用地全部纳入政府土地储备库管理，通过公开拍卖、挂牌出让等市场化运作方法，盘活土地资源，走以城建城、以城养城的路子。对闲置的土地，依法收回，再进行挂牌出让，对以前低效利用的土地，根据城市规划，改变土地用途，使土地资产升值增效，获得更多的建设资金。

二是充分发挥县城投公司的融资平台作用，先用土地等城市有形资产作抵押向银行贷款，用贷款资金搞土地储备，再用盘活的土地资金偿还贷款，实现滚动发展。

三是按照“谁投资、谁所有、谁受益”的原则，积极吸引社会资金，参与城市建设，先后建成了康庄路集中供热、高达商贸城、嘉源商场、西关小吃城等一批基础配套设施。与此同时，推行“政府修建主街道，开发商或临街单位搞配套”的做法，主街道人行道铺装实行政府统一规划、统一建设，费用由开发商和临街户主分担，有效弥补了资金缺口。近五年来，全县共投入各类城市建设资金 23 亿元，其中，吸纳社会资金 9000 多万元，招商引资 16 亿多元。

三、加大建设力度，不断完善城市发展框架和功能配套

立足规模扩张，着眼功能完善，注重内涵提升，始终坚持统一规划、分

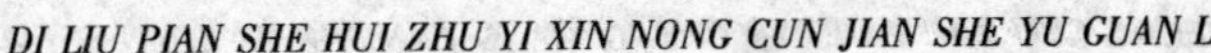

步实施、综合开发、配套建设的原则，全力推进城市开发建设。

一是着力在拓展城市规模上下功夫。坚持实施“东西扩展”战略，在县城东面规划建设了六峰工业园区，规划面积2300亩，分三期建设，目前，一期工程已基本完成，二期工程正在抓紧建设，已引进入园企业14户，总投资3.2亿元，带动了城区向东发展步伐。在县城西面规划实施了占地6平方公里的城西区综合开发工程，概算总投资约72亿元（含房地产开发投资），目前，该区域共完成征地1562亩，拆迁安置农户621户、迁坟344穴。区域内各项重点工程有序推进，316国道城区过境段、高速辅道、沙沟大桥和两个涵洞改造已建成通车；康庄中学已完成两栋教学楼主体工程；甘肃东部物流园、大像山文化主题公园已开工建设；仿古商贸城、四星级酒店已确定了投资客商，正在做开工前的各项准备工作。

二是着力在加快城市基础设施建设上下功夫。始终坚持改造和新建并举，以新建为主的原则，切实加快城区道路建设。“十一五”以来，先后新建、改造了冀城路、南北滨河路、新城路、新兴路、渭阳路等14条29.6公里城市主次干道，形成了“五纵九横”的城市道路网络，构筑了城市建设的主框架；相继建成了冀城广场、滨河公园、姜维广场、火车站广场，升级改造了大什字广场，为广大市民提供了休闲、健身、娱乐的理想场所；改造、新建了冀城大商场、山货畜禽市场、新兴综合市场、康庄路便民市场、木材市场等市场；实施了城市供水扩建、城西区集中供热、城区生活垃圾处理、城市生活污水处理等民生工程，有效改善了市民生产生活条件。

三是着力在配套完善城市功能上下功夫。牢固树立城市建设的人本理念，始终把解决与市民联系最为密切的购物、上学、就医等问题放在突出位置，不断加大便民设施建设力度，努力提升城市服务群众的能力和水平。围绕群众住房需求，相继开发建设了恒盛嘉园、颐年嘉园、滨河豪庭、叶茂花园、赤诚国际等大体量、高档次住宅小区；2008年以来，共开工建设杨场小区、金港小区、五里铺廉租住房小区三大片区保障性住房3733套，23.85万平方米，总占地面积148亩，总投资4.29亿元。2013年，全县规划新建各类保障性住房802套。围绕购物需求，建成了六峰商厦、万家福超市、三保时代购物广场、万家和超市等一批大型购物超市，促进了商贸流通的大繁荣、大发展。围绕上学需求，结合教育布局调整，对一中、二中进行了扩建，新办了两所民办高中，新建了模范初中、南街小学、柳湖小学等学校教学楼，城区学校的容量迅速扩大。围绕就医需求，新建了县医院住院大楼和中医院门诊大楼，方便了群众就医。与此同时，配套完善了公厕、交通信号灯、电子监控系统等公用设施，城市综合服务功能明显提升。

四是着力在提升城市品位上下功夫。始终以提升城市形象、增强城市魅力、创造宜居环境为目标，不断完善业主承包责任制，大力实施城区绿化、美化、亮化工程，城市绿地面积达到127.38公顷，绿化覆盖率达到19%。在城区主要街道布置了不同式样的亮化装饰灯及夜景灯，在沿街重点建筑上安装了亮化设施，共安装各类路灯2353盏，形成了交互辉映、高低错落、动静结合、色彩斑斓、具有现代气息的夜色景观，提升了城市的品位和档次。

四、强化整治管理，着力打造良好市容环境

在城市管理方面，针对城区环境“脏、乱、差”的现状，县委、县政府集中力量、集中时间，组织开展了城区环境秩序集中整治活动，取得了显著成效。

一是部门联动，集中攻坚。从综合执法局、工商局、交警大队等17个部门和单位抽调工作人员，组成四个工作组，在县级分管领导的带领下，部门联动，合力攻坚，对城区脏、乱、差的问题进行了集中整治，取缔了长期盘踞在大什字、菜市口、康庄路口、姚庄什字周围占路为市的各类摊点，彻底解决了占道为市、乱摆摊点、乱停车辆、乱倒垃圾等突出问题。

二是强化宣传，教育引导。通过县电视台和板报、墙报、横幅、专栏等多种形式，教育市民和经营户牢固树立“甘谷是我家，爱护靠大家”的意识，引导争做维护城市形象的文明市民。逐步形成了人人参与、人人维护城区环境秩序的良好局面。

三是疏堵结合，注重服务。坚持“先疏后堵”的原则，针对城区便民市场和停车场较少的实际，在广泛征求各方面意见的基础上，把康庄路花卉市场、高达商场、车场街和学巷改造为便民市场，对渭川路、像山西路实行划线管理，为经营户提供了必要的经营场所；在新城路两边划线增设了120个停车泊位和40个公交车停靠点，解决了停车难的问题。在做好服务的前提下，着力加大“堵”的力度，严禁在新城路、冀城路、像山中路、康庄路等4条主要街道摆摊设点，确保了道路安全畅通、车辆停放整齐。

四是设岗定责，严管重罚。从城市规模不断扩大，管理任务日益繁重的实际出发，2010年以来，利用公益性岗位，先后增加了300多名综合执法协管员、交通协管员和城市环卫工人，严格落实“一线工作法”，把工作岗位设在马路上，把工作责任靠实在人头上，对每条街道实行分段包干，责任到人，实行三班倒，全天守候。对不服从管理、不听劝导、屡教不改的摊贩，依法

从重处罚，起到了处罚一人、教育一片的效果。

五是完善制度，长效管理。制定了城镇管理人员考核管理办法，管理部门与经营门店签订了门前三包责任书，与固定摊贩签订了经营协议书。通过明确责任区域，有效防止了脏、乱、差问题的反弹，城区环境秩序管理步入日常化、规范化、精细化管理轨道。

五、坚持因地制宜，全面加快小城镇建设步伐

按照“小城镇、大战略”、“超前规划、合理布局、突出特色、整体推进”的发展思路，我县小城镇建设从各乡镇一条街道、一处市场、一栋商住楼起步，通过几年的建设，城镇基础设施逐步完善，城乡面貌焕然一新，以磐安镇为代表的一批小城镇脱颖而出，初步形成了以县城为核心，磐安、六峰和安远镇三个重点建制镇为次核心，大石、金山、礼辛和西坪乡四个重点小城镇和八里湾、武家河、大庄、谢家湾、白家湾和古坡乡六个中心村镇建设“四级统筹”的“1346”城镇体系结构。“十一五”以来，县上在小城镇建设方面共先后投入财政资金 9000 多万元，新建、改扩建新兴、磐安、六峰、安远、大石、金山、大庄、西坪、武家河等乡镇镇区道路 14 条 14. 2 公里，埋设改造镇区供排水管网 4 公里，安装路灯 367 盏；维修改造乡村综合市场 30 处，新建农产品产地市场 17 处；通过统一收购拍卖，开发建设镇区商铺住宅 14. 6 万平方米，硬化小巷道 115 条 6. 5 万平方米，镇区基础设施日趋完善，服务功能明显提升。小城镇的快速发展，使大批农民离开土地、走出农村，向小城镇和中心村聚集，从事餐饮、商贸、房地产开发等产业，为发展土地适度规模经营奠定了基础，有力地推动了农村城镇化进程。

以十八大精神为指引
加快推进城镇城乡一体化进程

青海省循化县住房建设和环境保护局　韩正茂

推进城乡一体化，是贯彻落实科学发展观的基本要求，是破解“三农”问题的根本途径，是实现经济社会又好又快发展的重大举措。近年来，我县牢固树立和落实科学发展观，充分发挥特色农牧业、工业和旅游以及独特的民族文化、全民创业等优势，紧紧围绕建成“全省城乡统筹发展先行区”的目标，以沿黄“十里经济带”为支撑，加大项目投入力度，加强城乡基础设施建设，积极培育特色产业，抓住户籍制度改革等契机，深化城乡二元体制改革创新，促进社会公共服务均等化，在加快推进城乡一体化方面进行了积极有效的探索和尝试，取得了一定成效。

循化撒拉族自治县位于青海省东部，黄河沿岸。东接甘肃省临夏回族自治州，北连本省化隆回族自治县及民和回族土族自治县，西与尖扎县、同仁县为邻，南与甘肃省夏河县接壤。县城所在地积石镇是全县政治、经济、文化中心，是全省 14 个、全国 1887 个重点建设镇之一。近年来，我县以创建全省优秀旅游城市、风景园林城市、卫生城市、环境保护模范城市、全省最佳人居环境城市和全面提升城镇品位为目标，始终坚持城镇建设与城镇管理并重，按照“人民城市人民建、人民城市人民管”的原则，抓机遇、跑项目、增投入，使城镇建设步入快速发展的轨道。“十一五”期间，全县完成城镇建设投资 5.5 亿元；使县城建成区面积从“十五”初的 1.2 平方公里扩大到目前 3.8 平方公里；城市道路从“十五”初的 0.9 公里延伸到 16.3 公里；城市日供水能力从“十五”初的 1500 吨提高到 7000 吨；供水管网从原先的不足 5 公里延长到 31 公里，排水管网增加到 15.61 公里；城镇非农业人口达到 3.4 万人；县城建成区绿化覆盖率从“十五”初的 11% 提高到目前的 35%，提高了 3 倍；到 2012 年底人均居住面积达 33.14 平方米；城镇化率到 2012 年底提高到 32%，城镇功能日臻完善，市容市貌有了较大的改观，2008 年，循化县被省建设厅命名为省级园林县城，2009 年初被国家环保联合会等部门命名为“中国绿色名县”。

根据海东地委、行署的安排要求，2011 年重新对我县《总规》进行调整

完善，调整后将控制面积从原来的13.8平方公里调整至141.6平方公里。并将清水、街子集镇纳入到本次规划控制区范围内。结合以西宁为中心的东部城镇群建设，以现状积石镇镇区和街子镇片区为依托，按照打造“山耸城中，城随山转，水穿城过，山水相映，融山、水、城于一体”的城市格局思路布局，以平大公路与黄河生态景观带为城市发展轴，规划建设形成“三轴、双城、一区；两心、多点、六组团”的整体结构。规划中将我县确定为“黄河上游生态环境优美，地域民族文化特色浓郁的现代商贸和国家级休闲度假旅游名城”。今后，我县要按照这一城市定位，高水平、高起点进行规划建设，实现“扩大城镇规模、完善城镇功能、增加经济总量、带动乡村发展”的目标，坚持实施“西延东伸，南改北扩”的发展战略，努力打造“小而精、小而特、小而美”的小城镇。为提高规划的编制水平，充分发挥规划编制建设的龙头作用，近期，我们又将7.4平方公里的积石镇控制性详规、街子集镇控制性详规及1.79平方公里的草滩坝片区建设性详规规划任务委托给国内有较高声誉的上海同济大学规划院进行规划编制，以使我县城市更有特色，更能体现“撒拉民族的唯一性”。

一、推进城镇化和城乡一体化发展方面的主要措施

（一）抓投入，以项目建设完善城镇基础设施

一是坚持道路先行的原则，把城市道路建设作为推进城镇化的先导，不断加大项目争取和资金筹措力度，先后投资6500万元建设了黄河路、广场路、农牧路、积石大街、驼泉路、天池路、迎宾路、丁江路、吊桥路等10条城市主干道路与排水工程及道路装饰工程，县城道路形成了“三纵五横”的网状格局，为城市建设及发展奠定了基础。

二是完善配套设施，投资近2.281亿元，相继完成了市政大桥、极限挑战赛观礼台、县城垃圾处理场、自来水厂、人民广场、民俗一条街商业楼、西出口综合整治一期、朝阳路建设、城北新区道路与排水、集镇环卫基础设施、县城积石大街文化步行街改造、县城污水处理配套管网及河北片区基础设施建设等工程。

三是大力实施美化亮化工程，按照“三年初见成效，五年见大成效”的思路，先后投资1000余万元对县城重点地段各类建筑实施了“穿衣戴帽”工程，把伊斯兰建筑和中国传统建筑相结合，重点突出青砖蓝瓦、穹顶砖雕、飞檐廊柱、雕梁花墩、园林礼塔，彰显撒拉族民族特色，有效提升了城市建设风格和品位。同时，投资近600万元，以人民广场、党政办公大楼和小广

场、市政大桥及南看台为重点，对沿街办公楼、宾馆、商场、居民住宅楼等安装 LED 管。2008 年底我县被省建设厅命名为省级园林县城，2009 年初被国家环保联合会等部门命名为“中国绿色名县”称号。

四是注重城镇统筹协调发展，累计筹措资金 1.7 亿元，建设和完善了街子、白庄、道帏、文都、公伯峡等五个集镇基础设施，风格各异、特色鲜明的小集镇已初具规模，为活跃和繁荣农村商贸，吸纳农村剩余劳动力，加快群众脱贫致富步伐搭建了良好的平台。

（二）抓融资，运用市场机制加强城镇建设

循化是一个国定贫困县，县财政无法保证大量市镇建设资金需求。为此，我县在城镇建设中积极探索和引进市场机制，努力拓宽筹资渠道，逐步建立起了多元化的投融资模式。

一是更新观念，盘活利用城镇资源。按照“以地生财、以地招商”的路子，对城镇国有土地使用权进行公开拍卖，拍卖后由竞买方按规划进行建设，并结合旧城改造，对县城范围内原有的国有家属院房地产使用权进行挂牌出让，近两年共盘活城市资产 1000 多万元。同时，按照“以城市经营城市”的理念，仅靠政府划拨的 3.6 亩土地完成了朝阳路征迁、安置及项目建设，以公开出售广场商铺的方式完成了人民广场建设。

二是优化措施，不断丰富投资主体。在房地产开发、公用基础设施和集镇建设上，我县始终坚持国家、集体、个人一齐上的原则，鼓励多元化投资，并通过支持自主开发、扩大招商引资、优化配套服务和建设环境等，广辟融资门路。

三是解放思想，适度负债加快建设。抢抓国家开发银行支持城镇基础设施建设方面的信贷政策机遇，先后从开发行、农发行贷款 6000 万元，完成了黄河极限挑战赛观礼台、县城西出口综合整治、积石大街文化步行街改造及“穿衣戴帽”等工程。

（三）抓示范，努力打造全省新农村建设示范县

为了切实取得实效，努力打造全省新农村建设示范县，我县探索出了一条示范引导先行、以点带面跟进的路子，自 2007 年起每年确定一批基础条件较好、村级班子强、群众积极性高的村为新农村建设示范村，加大投入力度，创新建设模式，精心打造示范样板村，初步形成了示范引领型、政策带动型、产业发展型、城镇辐射型、乡村旅游型等模式，有效带动了全县新农村建设。

一是示范引领型。按照海东地委、行署要求每年打造一个全区示范村的要求，四年来，县委、县政府结合国家扶持人口较少民族发展规划的实施，

有效整合各类项目资金，集中捆绑使用，先后投入4641万元（其中政府投入2293万元，群众自筹2348万元），打造了积石镇新建村、查汗都斯新建村、清水乡孟达木场村和文都乡麻日村四个示范村。如，积石镇新建村是07年地区级新农村建设示范村。近年来，紧紧抓住国家扶持人口较少民族发展政策机遇，投入1300多万元（政府投入905万元、群众自筹395万元）完善了水、电、路、村部、村卫生室等基础设施，群众积极整治村容村貌，大力发展特色种植业、劳务经济和庭院经济，在全县率先实现了“四通五有三达到”目标，成为全区、全省新农村建设的样板村，在2012年全国扶持人口较少民族发展经验交流会上，得到了与会人员的好评。

二是政策带动型。近年来，随着国家黄河上游梯级电站的开发，我县境内的苏志、黄丰、积石峡电站陆续开工建设，库区周边13个村群众得到征地补偿款近2亿元。我们通过强化宣传教育，引导群众将资金用于发展生产、庭院建设和村庄整治。结合新型扶贫开发整村推进项目的实施，创建了“村企共建”模式，催生了白庄镇下拉边村、民主村等6个政策带动型典型村。

三是产业发展型。我们把发展特色产业、增加农民收入作为新农村建设的首要任务。立足我县自然气候条件优势和群众经营习惯，不断做强“一核两椒”、牛羊育肥等传统农牧业，做大劳务经济，培育园区经济和绿色生态产业，涌现出了积石镇托坝村奶牛养殖、查汗都斯乡新建村线辣椒、苏志村核桃、街子镇尕别列村规模养殖、道帏乡“宁巴石匠”等11个特色产业发展典型村。如，查汗都斯乡新建村是2008年地区级示范村，该村立足耕种条件优越的实际，加大种植业结构调整力度，扩大“一核两椒”特色产业，培育农业专业合作组织，有效增加了群众收入。

四是城镇辐射型。按照地委、行署新农村建设“优先抓县城周边村、公路沿线村”的部署，我们立足城郊群众擅长商贸经营的特点，大力发展温棚蔬菜、奶牛养殖、商贸流通、农家乐等第三产业，服务城镇居民，实现了增收致富。近几年，发展了积石镇瓦匠庄村、西街村、草滩坝村、街子托隆都村等9个城镇辐射型典型村。

五是乡村旅游型。围绕县上“旅游活县”战略的实施，我们把旅游景点所在村作为示范村建设的重点，积极申报基础设施建设项目，不断完善旅游服务功能，鼓励和引导群众创建了一批“文化中心户”、“文化大院”，培育了黄河奇石、石画、撒拉族刺绣等旅游产品，极大地丰富了乡村旅游内容，共培育了6个乡村旅游型典型村。2009年我们抓住骆驼泉和十世班禅大师故居被定为全国扶持人口较少民族发展现场会观摩点的机遇，集中整治和改造了骆驼泉所在村街子镇三兰巴亥村和十世班禅故居文都乡麻日村村容村貌后，2011年又将文都乡麻日村确定为县级新农村建设示范村，通过2011年的整治和2012年的建设，有效提升了旅游品位，在景点所在村的带动下，培育发展了一批休闲茶园、“撒拉人家”、“农家乐”等乡村旅游项目，促进了全县乡村旅游快速发展。

（四）民生推镇，有效加大“四个力度”

认真贯彻落实中央和省地保障性住房建设相关部署要求，紧紧围绕“住有所居”目标，把进一步加大保障性住房建设作为改善民生的有力举措，努力提升广大市民的生活幸福指数。一是加大保障性建设力度。全面完成2011年保障性住房建设工程续建项目和2012年新建项目建设任务，年内计划投入2.8亿元建设3000套保障性住房，提高保障性住房供给能力，满足城镇低收入群众的住房需求。二是加大审核把关力度。突出公开、公平、公正原则，联合民政、纪检监察、社区（涉及乡镇）认真做好住房分配前的调查摸底工作，坚持三级公示制度，抓好保障性住房分配工作，切实把保障性住房真正分配到需要保障的对象上。三是加大分配透明力度。始终坚持公开公平公正原则，采取“依序候保、现场抽签、当场公布、张榜公示”方式分配住房，纪检部门全过程监察指导，邀请人大代表、政协委员以及新闻媒体全面监督，有效提高了分配工作的公信度和分配结果的社会认可度。四是加大跟踪管理力度。制定出台了《循化县廉租房动态管理办法》，对现有住房状况、家庭人口、家庭收入等相关资料进行一一审核，利用节假日或上班前下班后的时间，对已享受政策的住房户进行上门走访调查，并向住户的邻居和所在社区进行了解，重点掌握廉租房的使用情况及存在的问题，确保情况真实，杜绝冒租、转租等违规现象，有效促进廉租房后期管理工作动态化、规范化、制度化。

二、加快城镇建设的主要经验

（一）领导重视、抢抓机遇是促进城镇建设快速发展的关键

近年来，我县在创建风景园林化城镇、提升城镇品位过程中，始终从扩大城乡就业容量、辐射带动农村经济、促进城乡统筹发展的高度来认识和谋划城镇建设与管理工作，动员一切积极因素抢抓国家实施西部大开发政策机遇，不断加强组织领导，强化工作措施，确保了全县城建工作的突飞猛进。

（二）广泛动员、群众参与是城镇建设的必要条件

城镇建设离不开项目，项目实施涉及大量的征迁。拆迁工作往往因为关

乎群众的切身利益，成为项目实施乃至整个城建工作健康发展的决定性因素，我县在城镇征迁中始终把教育和引导作为征迁工作的切入点和突破口，采取张贴通告、座谈、听证、入门宣传等多种形式，深入细致地和群众进行沟通和交流，广泛动员群众支持参与城镇建设，努力推进和谐拆迁，确保了城镇项目建设的有序进行。

（三）积极争取、项目带动是确保城镇建设与管理工作持续推进的根本保障

没有项目，就没有资金，城镇发展如果离开了项目支撑，就会出现停滞不前的局面。近年来我县城建方面的“西延北扩”、绿化美化、“穿衣戴帽”等工作无不依靠项目建设加以推进。所以，只有深刻认识项目工作对城建工作的至关重要性，牢固树立“项目意识”，只有不断争项目、跑项目、上项目，才能为城镇建设提供持久的建设资金保障。

三、存在的问题

一年来，在全局干部职工团结奉献、全力攻坚的基础上，各项工作取得了一定成绩，但全面客观分析，也还存在一些困难和问题：

一是城乡基础设施薄弱，基础设施建设资金筹措难度大，投入少、建设资金不足的矛盾非常突出。由于我县县级财政困难，部分项目所需的配套资金不能按时足额到位，资金问题得不到根本的保障，影响和制约了保障性住房建设及相关项目工作的顺利实施。二是需土地征用和房屋征收的建设项目涉及拆迁户数多，所需补偿安置资金量大，《国有土地上房屋征收与补偿条例》颁布后工作要求高、难度越来越大，因而进展缓慢，严重影响城镇化建设项目进程。三是 2012 年城镇保障性住房选择集中建设项目的资金需求量大，县级配套资金无法保证足额配套，严重影响项目建设的有序推进。四是随着保障房建设量逐年加大，质检任务繁重，人员紧张，专业技术人员欠缺，保障办现有人员不能满足工作的需要，急需补充专业技术工作人员。五是 2012 年底人均居住面积达 33. 14 平方米；城镇化率到 2012 年底提高到 32%，城镇化率比其它县城较低。

四、完善制度，全面部署，促进城镇建设科学发展

（一）高起点规划，确保城镇建设规划管理的科学性和权威性

城镇规划建设方案和各专项规划要体现立意高远、节能、节地的规划设计理念，使各种要素布局合理、和谐，整体功能协调配套。任何人不得以任

何理由干扰、破坏规划的执行。对规划、建设中有法不依、有章不循、滥用职权、以权谋私和管理不力、失职渎职等，按照法律法规和党纪政纪的规定，严格追究相关人员的法律责任和党纪、政纪责任，确保规划的严肃性和稳定性。

（二）大力推进城镇化建设

一是提升城镇为旅游服务的水平。二是全力实施扩城战略，推进城镇化，提高城镇化水平。三是充分利用农村奖励性住房，危旧房改造的优惠政策，不断推进新农村建设步伐。

（三）加大招商引资力度，拓宽城镇开发建设投资融资渠道

一是盘活土地资源。政府高度垄断土地一级市场，合理配置土地资源，促使城镇土地增值，采取公开拍卖土地使用权，将土地拍卖收益作为城镇道路等基础设施建设资金。二是鼓励各种资本参与各类项目的开发建设。按照“谁投资、谁经营、谁受益”的原则，放宽社会资本投资领域，鼓励社会资本投资新区基础设施和生态、旅游、文化设施建设，推进项目社会化运行。三是积极争取上级专项资金。建设、交通、水利、发改、林业、文化等部门要以项目投入的形式向上级积极争取专项资金、国债资金用于城镇园林绿化、市政道路管网、消防等设施建设。

（四）打破城乡封锁，加强建立城乡平等的制度体系创新

一是建设有利于城乡一体化的制度体系，打破城乡分割的现状。要建立包括户籍管理、劳动力市场、资源配量、国民收入分配和金融体制、医疗卫生、文化教育、社会保障等国民待遇平等的政策。二是加大户籍管理制度改革，消除城乡人口流动的制度保障，促进农村人口向城镇转移，推进社会保障体系和相关制度改革，提高城乡向劳动、资金、技术等经济要素的流动的、自由度，实现资源的合理高效配置，带动城乡经济的发展。三是创新和改革城乡土地管理制度，要积极探索土地管理制度改革，制订符合规划的农村集体建设用地使用权流转制度，以及农村住宅登记交易制度，加快推进农村宅基地的流转、有偿调剂和有偿退出，制订符合实际的新型土地征用补偿办法。运用市场机制，促进土地交易市场的培育，引导城市土地集约配置，提高土地开发效益。

（五）以点带面，加快推进城乡一体化的发展

一要重视对农村的财政收入，建立新型的公共财政体制，加大对农村基础设施投入，加大教育、文化、卫生等社会事业的投入。以共建共享为重点，统筹城乡社会事业发展，逐步实现城乡文明一体化，让更多农村居民共享城

市文明，推进城乡文明互动。二要加强公共就业服务体系的建设和培训资源的整合，强化农民工的再就业技能培训，加快农民就业向非农产业转移。三要通过市场运作，加快城中村的改造。首先要制订完善合理的搬迁安置补偿办法，让居民在城中村改造过程中得到实惠。

作者简介：

韩正茂，男，撒拉族，1967 年 6 月出生，中共党员，本科学历。现任青海省循化县住房建设和环境保护局局长。

自 1986 年 7 月参加工作起，历任循化县建筑工程股份合作总公司总经理，查汗都斯乡党委书记，循化县委办公室主任、党支部书记。2011 年 11 月至今，任循化县住房建设和环境保护局局长。

强力推进城镇化建设　实现区域和谐发展

宁夏回族自治区中卫市沙坡头区城乡建设和环境保护局　刘德祥

沙坡头区位于宁夏中西部，属中卫市辖区，区域面积6619平方公里，总人口39.72万人。共辖12个乡镇，160个行政村。目前，6个乡镇小城镇建设已初具规模，126个村庄已进行了新农村建设，特别是一区（即中卫工业园区）四园（即镇罗以冶炼为主的金鑫工业园、常乐以陶瓷生产为主的工业园、宣和以高耗能生产为主的冶金工业园、宁夏红科技园）的建成，促进了农村剩余劳动力的转移，对所在乡镇的城镇化发展起到了推动作用。随着中卫工业化、城镇化步伐的加快，城乡面貌发生了根本性的变化，城市综合竞争力得到了进一步的提升，为推动全市经济社会又好又快发展奠定了良好的基础。

一、目前城镇化发展的主要特点

（一）科学论证，突出规划引领

规划决定未来发展的蓝图，在城镇化建设过程中，我们高度重视城镇总体规划工作，投入大量经费用于城镇规划。宣和镇在小城镇建设过程中，以可持续发展作为建设目标，以突出当地民族、地域特色为基础进行总体规划，并邀请自治区建设厅的领导及建筑设计院的专家进行规划论证，经过科学的规划和建设，打造出了一个具有当地民族特色的小城镇。

（二）因地制宜，突出产业支撑

近年来，沙坡头区城镇化速度加快，很重要的一个原因就是注重了产业的发展，强化了产业对城镇化发展的支撑作用。一是以工业化推动城镇化。在建设小城镇的过程中，重点落实镇罗、常乐、宣和三个工业园的建设，加快了产业集聚，巩固了产业基础，逐步把各园区建设成为产业升级的高地和城镇发展的新区。二是以农业产业化助推城镇化。镇罗、柔远等镇以促进农民增收为核心，大力发展现代农业，通过实施国土整治项目，为农业产业化创造条件；通过实施农业建设和规模化种植，提高农业产出，增加农民收入。三是以服务业发展促进城镇化。兴仁、宣和等镇按照科学引导、完善功能、突出重点、扩大规模的要求，以加快发展第三产业为基础，在城镇中心地带建立商业圈，加大对从业人员的业务技能培训，努力提高服务水平。兴仁镇

位于两省3县交界处，历来是南部山区经商的“旱码头”，特别是硒砂瓜销售季节，兴仁街车水马龙、商气旺盛。目前，兴仁小城镇建设总体规划已完成，小城镇建设项目正在积极争取中。

（三）以点带面，突出典型引路

地域的差异性，决定了城镇化的发展必然是有先有后，一般来说经济条件好、资源占有量大的地区城镇化水平就高、发展就快。因此，在推进城镇化过程中，我们始终坚持因地制宜、分类推进的办法。在有条件的宣和、兴仁、常乐、镇罗建设中心集镇，在城中心的文昌、滨河以城市建设为主，加快推进城镇一体化建设。

（四）整治环境，突出民生改善

近年来，沙坡头区抓住城镇化快速推进的历史机遇，从解决人民群众最关心、最直接、最现实的问题入手，把改善民生作为一切工作的出发点和落脚点，千方百计为民办实事、办好事。仅2012年，沙坡头区筹措农村环境整治项目资金5022万元，改造农村危房4112户，硬化道路20万平方米，铺设排水管网60公里，建设文化休闲广场14个，安装太阳能路灯790盏，绿化村庄40个；投资480万元建成保洁服务公司12个，全沙坡头区40个村庄环境面貌得到了极大地改善。

二、推进城镇化发展中遇到的困难和问题

（一）支柱产业相对薄弱

沙坡头区大多数乡镇以农业为主，缺少有规模的采掘业、制造业、加工业。支柱产业承载力、吸引力不高，转移的农村劳动力有限，给群众带来的经济收入少且不稳定，使人们无法在城镇安居乐业。因此，要想加快城镇化发展步伐，必须培育支柱产业和发展特色经济。

（二）城乡规划滞后

部分乡镇对城镇化认识不足，先建设后规划、边建设边规划、随意改动规划等情况时有发生，居民建房的自发性较为普遍，集镇建设的随意性较为突出。

（三）城镇化规模偏小

由于小城镇基本按行政管理权限和区划分布，空间布局不合理，加上投资分散和重复建设，导致小城镇规模偏小。沙坡头区12个建制镇的小城镇中，10个都是乡镇政府所在地，大多数小城镇人口不足30000人，由于规模小，各类要素的聚集能力差，市场发育不足，城镇功能难以完善，对周边农

村地区的辐射带动作用较弱，二三产业、个体私营经济不发达，经济基础薄弱导致小城镇的就业空间十分狭小，吸纳农村剩余劳动力的作用十分有限。

（四）城镇化建设资金投入不足

城镇建设资金投入滞后于城镇发展需求，由于沙坡头区2012年刚成立，财政投入资金不足，制约着城市规划、基础设施建设、城市管理及其他工作的顺利开展。特别是乡镇财力只能保证干部的工资，没有资金来源，难以筹集大量的资金用于小城镇基础设施建设，城镇基础设施建设水平跟不上经济发展的要求。

（五）土地制约建设的问题突出

在城镇化进程中，无论是基础设施建设，还是产业和人口等要素的集聚，都要通过土地配置来完成。但由于城市总体规划与土地利用总体规划不能有效衔接，加之国家实行最严格的耕地保护政策，建设用地指标无法满足城镇化建设需要，一些规划也难以付诸实施。

三、今后推进城镇化发展的总体思路及意见建议

（一）大力扶持特色小城镇建设

沙坡头区南部山区经济相对落后、农民居住分散、单靠中心城市来解决农民的转移问题是很有限的。区市应有重点地推进农村小城镇建设，在建制镇中，择优挑选，依靠产业发展和地理位置进行综合规划，加大项目支持力度，使之产业集中、功能配套、服务完善，成为城乡结合部新的商品集散地，农副产品加工基地和乡镇企业集中地。形成农村人口向重点镇集中，农业向产业化集中，产业向城镇周边和园区集中，实现城镇规划、产业发展、基础设施、社会保障、公共服务、管理体制一体化，拉动城乡经济共同繁荣。

（二）继续加强新农村建设

新农村建设使许多农民不离乡离土就地过上了和城里人一样的生活，对缩小城乡差别，提高农民群众的生活质量起到了很好的促进作用。不久的将来实现了城镇化，农村势必还要留有一定数量的农民群众，他们还要继续生产、生活、生存在农村。所以要用发展城市的理念发展农村，用城乡一体化的理念配置要素资源，把现代文明成果向农村辐射。今年，自治区只在每个县区建设4～6个幸福村庄环境整治示范点，建议区市扩大新农村建设的覆盖面，加大对农村基础设施建设的投入，不断改善农村的基本条件，提高农民群众的生活水平，使新农村建设真正成为利民惠民的民心工程。

（三）不断加大财政支持力度

城镇化建设是一个庞大而系统的工程，也是一项长期的工作任务。各级政府除建立稳定长效的财政支持机制外，还应在宏观调控下，充分利用市场手段，按照投资主体利益化的要求，形成资金渠道多样化、投资主体多元化、设施使用商品化和政府管理规范化的新机制。采取灵活多样的方式，鼓励企业、个人及外商参与重大基础设施项目建设，形成多元化投资机制，突破建设资金不足的瓶颈制约。

（四）营造良好的制度环境

一是制定相关政策鼓励农村人口向城镇转移，引导农民向城镇聚集。应允许农民进城后继续保留对农村土地的承包权利，鼓励他们对土地进行有偿转让，解除进城农民的后顾之忧。二是改革户籍管理制度。应实行以居住地确定落户地点，以现行职业确定身份的户籍管理制度。农民工在城镇有工作、有住房，就应承认是合法的城镇居民，并给予报注城镇居民户口。三是改革社会保障制度。农民工转为城镇居民并自愿放弃农村土地承包权的，在社会保障方面应和城镇居民同等对待，就业、养老、升学、就医和城镇居民一视同仁。总之，要靠制度搭建起农业人口在城镇的进出通道，为实现城镇化进而实现城乡一体化创造出良好的制度环境。

近几年我们明显地感到沙坡头区的城市变大了，变美了，经济实力变强了，城乡融合更紧了。站在更高层次看中卫，深感要办的事情很多。区党委、政府“两区”建设的宏伟蓝图，市委、政府“黄河水城、魅力沙都、休闲中卫”的城市定位，为沙坡头区城镇化建设创造了无限的发展空间。建设“宜居、休闲、生态美”的城市目标，既是希望，也是挑战，推进城乡一体化任重而道远。我们要在区市党委、政府的坚强领导下，在各方面的支持指导下，学习借鉴各地统筹城乡发展的先进经验，大胆开拓创新，积极探索实践，加快城乡一体化进程，为建设和谐富裕新中卫奠定更加坚实的基础。

作者简介：

刘德祥，男，汉族，1966 年 1 月出生，中共党员，大学学历。现任宁夏回族自治区中卫市沙坡头区城乡建设和环境保护局局长。

工任期间因工作突出，被宁夏回族自治区人民政府评为“全区户户通先进个人”。

以现代文化为引领　深入推进新型城镇化建设

新疆维吾尔自治区昌吉回族自治州住房和城乡建设局　白　新　刘广荣

“以现代文化为引领”是新时期新疆维吾尔自治区、自治州党委确立的重大战略，近年来，昌吉州住房和城乡建设局在大力推进和实施“新型城镇化”建设过程中，始终以现代文化为引领，融合民族区域文化元素，深入挖掘昌吉州历史和民族文化资源，将历史、地域、民族文化元素融入昌吉州城乡建设当中，并按照城市群战略和新型城镇化工作要求，大力提升城镇文化品味和文化内涵，把打造和建设特色城镇、宜居城镇、生态城市与建设行业住房保障工程、基础设施建设工程、“安居富民”工程、“抗震设防”工程、“统筹城乡一体化发展试点示范推进”活动有机结合起来，走出了一条具有昌吉州特色的“产业发展、资源节约、环境友好、城乡统筹、社会和谐”的新型城镇化道路，为自治州在全疆率先实现新型城镇化提供了强有力的保障。

一、以现代文化为引领，围绕城乡建设业务，确立行业文化定位

（一）确立了建设行业文化定位

在城乡建设中，如何以现代文化为引领，推进城乡建设事业发展，是新时期城乡建设工作的新课题。近两年来，州住房和城乡建设局紧紧抓住“以现代文化为引领”这一战略要求，将城乡建设与文化引领有机结合起来，并融入到新型城镇化建设当中，制定了《关于在全疆率先实现新型城镇化意见》，提出了建设行业“丝绸之路新庭州 宜居宜业美绿洲”的行业文化定位，其立意和意图是以现代文化为引领，融合民族区域文化元素，深入挖掘昌吉州历史和民族文化资源，将历史、地域、民族文化元素融入昌吉州城乡建设当中，并按照城市群战略和新型城镇化工作要求，大力提升城镇文化品味和文化内涵。

（二）提出了“一个中心、东西两翼和三个支点”的新型城镇化格局

主动接受乌鲁木齐大都市圈产业、技术、人流、物流的辐射带动，以提高城镇综合承载力和增加就业为重点，以产业为支撑，以现代文化为引领，以提升城市竞争力为核心，以体制机制创新为动力，加速构建以一个中心

(乌鲁木齐市)、东西两翼（西线昌吉市－呼图壁县－玛纳斯县；东线阜康市－吉木萨尔县－奇台县－木垒县)、三个支点（昌吉市、阜康市、奇台县）为体系的中小城镇集群发展的乌昌城市群，构建布局合理、特色鲜明、优势互补、支撑功能强大的新型城镇化格局。

（三）在推进新型城镇化进程中重点突出“文化引领”理念

各级住房和城乡建设部门在推进新型城镇化的进程中，更加重视加快经济发展方式转变和经济结构调整，更加重视资源节约和生态环境保护，更加重视城镇的文化内涵发展和质量品位的提升，更加重视经济社会协调发展和统筹城乡发展，充分体现了“文化引领”、“以人为本”和“科学跨越”的建设理念。

二、以现代文化为引领，围绕城市建设特色，打造城市文化主题

一个城市的文化是城市的灵魂，城市要彰显自己独特的魅力，就必须突出城市文化的主题，进而形成有别于其它城市的特色。州住房和城乡建设局在推进新型城镇化建设中，在深入挖掘城市历史和民族文化资源的基础上，将城市历史、地域、民族文化的传承和现代城市建设理念结合起来，融入到城市建设之中，形成新的城市文化主题，体现民族风格，延续历史文脉，打造城市建设知名品牌。近年来，我州在这方面进行了广泛的研讨，基本确立了昌吉市以回族文化和民俗文化为主题，打造“宜居之城，休闲之都，名吃之乡，花儿之地，观音故里”的城市品牌，体现现代化、民族化、生态化的州府形象；阜康市以旅游文化为主题，挖掘西王母瑶池文化，重点打造“梦幻天池、物阜民康”的品牌，建设生态旅游和服务于新型工业化基地的宜居城市；玛纳斯以玛河文化、碧玉文化和凤凰文化为主题，打造“天山凤凰、玛河碧玉”的品牌，通过引河入城工程全力营造塞外水乡的城市风格；呼图壁以建设“宜居生态城”的主题定位，重点打造“丹霞岩画地，春城呼图壁”的文化品牌，建设绿色、生态、宜居城市；吉木萨尔县以突出“北庭文化”主题，重点打造“北庭故城，煤化新都”的城市品牌，挖掘“汉唐文化”在新疆的历史价值，建设历史文化名城；奇台县以突出“古城商业文化”，打造“金奇台、旱码头”的城市品牌，努力建成乌昌东部中心城市；木垒县以挖掘哈萨克民族文化，打造“绿色山城，金色牧场”的特色品牌，建设哈萨克民族特色与现代文化相融合的宜居生态山城。这些城市文化主题和

特色品牌的确立，为我州以现代文化为引领，建设美好家园奠定了基础。

三、以现代文化为引领，围绕城市文化品牌，强化城市基础设施建设

（一）着力提升城镇化水平

“十一五”期间，全州累计投入城市基础设施建设资金74.4亿元，加大城市绿化、亮化、美化力度，合理布局绿地、游园、广场、休闲等场所，取得了较好的成效。截止目前，全州城镇化率达到46.9%，我州城镇人均道路面积14.39平方米，人均住房面积34平方米，用水普及率96.2%，污水集中处理率80%，年生活垃圾集中处理率75%，无害化处理率54%，集中供热普及率85%，燃气普及率94%，城市道路无障碍通行率81%，城市主次干道路灯亮化率85%，人均公园绿地面积8.84平方米，建成区绿地率35.24%。有国家级卫生城市1个（昌吉市），国家级园林城市1个（昌吉市），自治区级园林城市4个（昌吉市、阜康市、呼图壁县、吉木萨尔县），全国特色景观旅游名镇2个（吉木萨尔县北庭镇、奇台县半截沟镇）。

（二）城市文化公益性设施相继启动实施

近年来，州住房和城乡建设局在加大城市基础设施建设，提升城市综合承载能力的同时，注重突出城市的文化内涵和人文气息，大力推进自治州城市文化公益性设施建设，建成了一批各具特色、主题鲜明、文化底蕴深厚的文化公益性设施，为全州各族人民群众的休闲、娱乐提供了广泛的活动空间。昌吉市花儿大剧院、恐龙馆、回民小吃街、观音园、滨湖河文化景观带、头屯河生态景观带，阜康市蟠桃园、畅岁园，玛纳斯县凤鸣湖、国家湿地公园、国家森林公园，呼图壁县世纪园、呼图壁河景观带，吉木萨尔县北庭园、天地园、北庭古城仿真园、奇台县建设古城商业街、文化广场、木垒县赛马场、刺绣一条街等一大批文化公益性场所相继建成或已启动实施，并通过分析城市文化品牌的表现方式，突出特色，错位发展，把文化设施建设和文化事业、文化产业发展以及城市建设品牌结合起来，优势互补，使每座文化设施的建设都从不同的侧面体现城市文化主题，显现城市的特色。

（三）城市基础设施建设力度不断加大

2012年全州完成城市基础设施建设在建项目118个，累计完成投资18.44亿元，较2010年同比增长39.23%。同时，抢抓中央支持新疆经济社会跨越式发展的重大机遇，加大资金投入力度，启动城镇公益设施保障工程建设，

召开了全州城镇供热、供气、供排水现场观摩会，全州计划完成供水、排水、供热、供气、垃圾处理建设项目90个，计划完成投资12.43亿元。

四、以现代文化为引领，围绕宜居城镇建设，改善文化生态环境

（一）实施城市街景改造工程

近年来，州住房和城乡建设局积极学习借鉴内地城市建设的好经验、好做法，充分总结城市发展特征，从“宜居宜业”城市定位出发，对城市宏观特色定位至街道建筑改造，进行深入细致的分析研究，打造既能反映新疆民族特色，又能体现现代文化特点的昌吉独有的城市特色和建筑风格，并从资金、政策等方面，鼓励在城市一定区域建设高层建筑，起到城市亮点和标志性作用，达到丰富城市天际线的效果。

（二）全力打造地标性建筑和人文住宅小区

特别是立面造型新颖、时代感强的公共建筑，按照适度松散、高强度、低密度的要求进行建设，全力打造一批地标性建筑，带动提升城市建设现代化水平，并在旧城改造、新区建设中加强立面改造，规范其色彩、形制及外立面材料，改善城市视觉享受，提高品质和内涵，打造精品工程。对大型住宅区的设计，严格按照“城市规划－总体设计－建筑设计－景观设计”步骤进行，从住宅小区规划、院落布局，户型设计、设施配套、环境和谐以及小区建筑造型、色彩、布局和绿化等方面体现文化品牌理念，服从城市主题功能区和城市文化品牌建设的需要，并将住宅小区文化理念融入到保障性安居工程建设当中，努力打造绿色家园，营造优美的住宅小区建筑景观。

（三）深入实施建设领域“民生工程”

近年来，州住房和城乡建设局以强化“民生工程”建设为契机，把改善民生作为推进现代城乡建设文化理念的落脚点，受到了各族群众的普遍欢迎。通过近几年的努力，各族群众尤其是城乡困难群体的住房条件得到明显改善。全州累计完成安居房建设16.6万户、976万平米；新建保障性住房21177套，其中：廉租住房6346套，经济适用住房481套、公共租赁住房2091套、解危解困住房598套、城市危旧住房改造634套；完成城市和国有工矿棚户区改造11027户；完成学校、医院抗震加固改造103万平方米。同时，落实机关干部职工统建住房建设政策，州、县市开工建设统建房小区17个，新建统建房23613套。同时，积极利用城市建设“天山杯”竞赛和“园林城市”创建

活动，大力推进城市文明，改善城市生态面貌，目前，我州昌吉市创建为国家级卫生城市、国家级园林城市，阜康市为“自治区级园林城市”。2012 年计划完成安居房建设 14460 户，新建保障性住房 12350 套（户），其中：新建廉租住房 1715 套、公共租赁住房 3905 套；城市棚户区改造 6180 户，国有工矿棚户区改造 550 户；计划完成学校、医院抗震加固改造 9.75 万平方米。

五、以现代文化为引领，围绕统筹城乡发展，推进村镇文化建设

（一）城乡基础设施实现共建共享

2013 年以来，州建设局在抓好村镇建设工作中，立足城乡统筹，以现代文化为引领，加快城乡一体化，重点打造了一批带动性强的工业强镇、旅游名镇和文化大镇，积极引导城郊村向县城集中，偏远村向乡镇或中心村集中，小村并大村，突出建设了一批中心村、农村集中居住区和新型“集聚式”社区。同时，加快城乡文化配套功能和管理功能的对接延伸，实现了城乡基础设施的共建共享。

（二）启动实施“统筹城乡一体化发展试点示范推进活动”

为促进基础设施向农村延伸，公共服务向农村覆盖，现代文明向农村辐射，逐步实现城乡基本公共服务均等化，2011 年，全州首次启动实施了“统筹城乡一体化试点示范推进活动”，确定了榆树沟镇、大丰镇、九运街镇、玛纳斯镇、北庭镇、西北湾乡、新户乡等 7 个统筹城乡一体化试点示范乡镇，完成城乡一体化基础设施建设项目 63 项，累计完成投资 7.9 亿元。截至目前，全州有集中供水建制乡镇 61 个，水厂 21 个，供水普及率 93%；人均道路面积 22 平方米、公共绿地 3.42 平方米，燃气普及率 17.8%，卫生厕所改厕率 78%，年生活垃圾集中处理率 64%，农村人均住房使用面积 28.69 平方米。

（三）继续深入开展村庄环境综合整治活动

2011 年全州各县市确定环境整治基础设施建设项目 430 个，完成投资 7.1 亿元，新建各类道路 132 公里，安装路灯 1010 盏，新建卫生厕所 1015 座，新建和改建供水管网 66.3 公里，新建供热源 10 个，新建供热管网 35.75 公里，排水管网（沟）40.4 公里，新增村庄绿化 439.6 亩，新建文化中心 11 个，体育活动场所 9 个，新建小游园 16 个，购置垃圾箱 285 个。吉木萨尔县北庭镇、奇台县半截沟镇荣获全国特色景观旅游名镇称号，昌吉市六工镇获国家级园

林乡镇、二六工镇获自治区级园林村镇称号。

2012 年全州确定“民生建设年”重点乡镇 10 个，计划投资 3.07 亿元，完成供排水等基础设施建设项目 10 项，含续建项目 5 个，新建项目 5 个。2013 年截止目前已完成投资 2146 万元。

六、以现代文化为引领，加快推进新型城镇化建设的几点体会

自治区党委七届九次全委（扩大）会议提出了“以现代文化为引领”的重大战略后，通过近年来在自治州各级城乡和建设部门的实践，笔者有以下几点体会：

（一）加强以现代文化为引领，是科学推进我州新型城镇化建设的正确战略选择

今后，要继续坚持以现代文化为引领，进一步优化城镇发展格局，特别是进一步加快以“三个支点城市”为中心的城镇发展格局，着力抓好国家卫生城市、园林城市创建工作，加大各类基础设施配套，提升城区公共服务功能，把三个支点城市培育成为自治州新型城镇化发展的重要增长极，带动全州各城市均衡发展。

（二）加强以现代文化为引领，是科学指导新型城镇化建设，实现城乡住房和城乡建设事业实现跨越式发展的理论根基

继续加大以供水、供热、供气及排水、垃圾处理等市政公用设施建设力度，不断提升城镇抗震防灾能力，建立高效的城市管理体制和运行模式。加强城镇绿地系统、公园和开敞空间的建设工作力度，提高城镇绿化率。进一步提升自治州城市、县城和示范镇发展水平，促进城市和小城镇协调发展，打造布局合理，特色鲜明、优势互补、支撑功能强的城镇化节点，促进我州城镇综合承载力进一步提升。

（三）加强以现代文化为引领，是改善民生、提高城市承载力，提升城市竞争力的核心所在

加快保障性住房建设，推进安居富民工程，健全城镇住房和农村住房保障体系，实现住有所居。加强公益性基础设施建设，提升社区居住环境质量和城镇基本公共服务能力，构建覆盖城乡的基本公共服务体系。加强自治州历史文化名城、名镇、名村的申报和保防工作，切实加强历史街区和历史建筑的保障工作，弘扬自治州优秀历史文化，同时按照现代文化与民族特色、

地方特色相统一的要求，延续自治州城镇历史文脉，打造一批景观和生态环境优美、风貌特色鲜明的城镇。

（四）加强以现代文化为引领，是加快打造构建布局合理、特色鲜明、优势互补、支撑功能强大的城市建设格局的不竭动力

按照“产业向园区集中、生活向城镇集中、产业园区与中心城镇互动”的原则，加快城镇产业聚焦，全面提升城镇和产业园区服务功能，促进各类产业园区与城镇一体化发展，增强城镇人口和产业聚集能力，实现工业化与城镇化协调发展。

作者简介：

白新，现任新疆维吾尔自治区昌吉回族自治州住房和城乡建设局党组书记、副局长。

刘广荣，现任新疆维吾尔自治区昌吉回族自治州住房和城乡建设局办公室主任。

明确目标　全员参与
加快推进新型城镇化建设

新疆维吾尔自治区木垒哈萨克自治县住房和城乡建设局　魏明全

2013年是全面贯彻落实党的十八大精神的开局之年，也是自治县加快推进“三化”进程的重要一年，为加速城乡一体化建设步伐，统筹做好2013年新型城镇化各项工作，及早实现“田园小城、休闲小城、精致小城、幸福小城”的建设目标，努力建设美丽木垒，特制定如下方案。

一、总体任务

以提高人民群众幸福指数为落脚点，以城乡规划为依据，加强城市基础设施建设，进一步对城乡主干道、城市出入口和主要节点进行美化绿化亮化。坚持设施配套与监督管理相结合，不断提升城市管理水平。结合安居富民和保障住房建设，加快中心集镇建设和农村教育、医疗卫生等事业发展，加快城乡一体化推进步伐，全面改变城乡面貌。

二、工作目标

为贯彻落实好县委、县人民政府的决策部署，2013年着力完成好五大任务。

（一）城乡规划编制

2013年，要完成县城中心城区及新户新城10平方公里的控制性详细规划；完成供排水专项规划编制、完成迎宾路街景整治与改造、芦花河景观带规划设计等规划编制；继续做好老君庙园区、旅游总体规划等规划编制，编制概算约800万元。

下一步计划启动供热、供气、城市设计、自治县生态建设规划、陨击风暴地质公园等专项规划、配合开展美丽（特色）乡镇、村建设试点规划编制，对民生工业园总规进行修编。

（二）城市基础设施建设管理

1. 城市道路建设

（1）北一路建设项目：道路总长1010米、宽18米，路沿石2020米，路灯52盏，总投资486万元，计划4月1日开工建设。

（2）赛马场路新建工程：道路全长388米，道路红线宽度36米，路面宽度12米，总投资206.6万元，预计4月1日开工建设。

2. 第二饮水水源工程

新建输水管道7.85公里，水厂一座，1500立方米清水池一座，减压阀井2座，阀门井两座，排气、泥井11座，总投资1730万。

3. 基础设施配套建设

（1）园林东路配套工程：人行道铺装4000平方米，植树170棵，总投资100万元，预计4月1日开工建设。

（2）三明路配套工程：人行道铺装3000平方米，绿化喷灌5000平方米，总投资100万元，预计4月1日开工建设。

（3）人民路两侧红线内公共用地硬化及街景亮化工程：完成两侧红线内2.2千米、面积40000平方米硬化、绿化工程，总投资860万元，预计4月1日开工建设。

4. 县城排水二期、集中供热、热计量改造、物业管理、公厕建设

（1）县城排水二期改扩建项目：新建排水管网3.8公里，总投资400万元，预计4月1日开工建设。

（2）集中供热项目：新装一台65吨热水锅炉，完成续建供热管网建设2000m，换热站2座，总投资1200万元，预计4月1日开工建设。

（3）既有建筑节能和热计量改造：完成2万平方米既有建筑节能热计量改造，总投资440万元，预计5月20日开工建设。对既有建筑完成节能和热计量改造具备计量收费条件的、以及新建建筑，实行热计量收费。

（4）物业管理：完成两个老旧小区的改造任务，小区物业覆盖率达到60%。

（5）公厕建设：按照县城规划布局和建设标准，新建、改建公厕4个。

5. 天然气入户工程

完成天然气入户1000户，总投资300万元，预计4月1日开工建设。

（三）城市建设项目

1. 山城国际、步行街建设项目

（1）步行商业街项目：建筑面积3000平方米，总投资5500万元，预计4月1日开工建设。

（2）山城国际商务楼项目：完成土建及配套水电暖，2013年计划投资2500万元，预计4月1日复工。

2. 人民公园、街头绿地、绿谷慢道、休闲步道、亮化项目

（1）人民公园一期项目：公园占地面积约600亩，新建水溪、绿化、亮化、硬化、美化工程，一期投资1000万元，预计4月1日开工建设。

（2）街头绿地建设项目：对三粮店、武装部、党校、医院东桥头四个街角公共区域实施建设，绿化面积9000平方米，总投资100万元，预计4月1日开工建设。

（3）木垒河绿谷慢道项目：对芦花桥至梨花桥段实施绿化，增加景观小品，预计4月底开工建设。

（4）照壁山休闲步道项目：在照壁山坡道上新建休闲步道，总投资200万元，预计4月1日开工建设。

（5）芦花桥、梨花桥亮化工程：完成芦花桥、梨花桥亮化。

（四）特色乡镇及中心村建设

按照构建“支点城市、精品县城、特色乡镇、中心村”四位一体新型城镇化体系要求，2013年集中打造特色乡镇（文化旅游名镇）一个，中心村四个，城镇化率力争达到43%。“十二五”后三年，按照“示范、推广、普及”分步实施步骤，每年打造两个州级特色乡镇，培育2～3个县级示范乡镇，打造3～4个州级示范中心村、培育4～5个县级中心村作为下年度示范点。

1. 特色乡镇建设：完成大南沟乌孜别克族乡牧民定居20户，牧家乐5户，道路8公里，村级办公用房，集中垃圾处理点一处及配套设施。

2. 中心村建设

（1）新户乡新户村：新建300户村民住宅楼，铺设连接县城主管道7公里，完成集中供热站及道路硬化、绿化等配套设施建设。

（2）大石头乡大石头村：完成沿路经济门面房1000平方米，安居富民房50套，商贸服务区6670平方米及配套设施建设。

（3）西吉尔镇西吉尔村：完成文化广场、双语幼儿园、40栋安居富民房和村级办公楼、卫生室、信息服务大厅、文化活动室、垃圾焚烧炉池、公厕等配套建设。

（4）白杨河乡西泉村：新建牧道21公里，人畜饮水管道15公里，双语幼儿园，30栋安居富民房，配套完成巷道硬化及路灯安装。

（五）保障住房建设

1. 乡镇干部周转房项目

新建乡镇干部周转房1849平方米，总投资220万元，预计4月1日开工建设。

2. 安居富民工程

下达安居富民计划 1970 户，其中新建 730 户，改建 1240 户，总投资 10835 万元，申请中央补助资金 3940 万元，预计 4 月 1 日开工建设。

3. 廉租房、公租房、统建房、棚户区改造

（1）廉租住房建设：新建廉租住房 135 套，建筑面积 6750 平方米，总投资 1012 万元，申请中央补助资金 540 万元，预计 4 月 1 日开工建设。

（2）公共租赁房建设：新建公共租赁住房 126 套，建筑面积 4410 平方米，总投资 660 万元，申请中央补助资金 352.8 万元，预计 4 月 1 日开工建设。

（3）棚户区改造项目：实施蓝天家园、天山丽景、立人佳苑、芦花家园四项棚户区改造项目，总建筑面积 79831 平方米，总投资 11975 万元，申请中央补助资金 1600 万元，预计 4 月 1 日开工建设。

（4）统建房建设项目：新建干部职工统建房 1000 套，建筑面积 100000 平方米，总投资 15000 万元，预计 4 月 1 日开工建设。

三、保障措施

（一）加强组织领导，统筹推进各项工作

为切实加强对新型城镇化工作的领导，成立自治县新型城镇化建设工作领导小组，具体组织协调 2013 年的新型城镇化各项工作，及时研究解决工作中存在的困难与问题，督促责任单位加快推进工程建设与管理，统筹做好建设中的工程质量、进度及预防农民工工资拖欠等工作。

（二）突出重点难点，合力推进协调发展

县直各部门、各单位要以“花园式单位”建设为目标，将亮化、绿化、基础设施建设纳入业务工作目标考核。今后凡城市新建项目要同步完成亮化工程，并作为工程竣工验收的一项重要指标。

各乡镇（场）要加快启动实施新型城镇化建设，已列入 2013 年特色乡镇及中心村建设的乡镇，要按照既定目标抓紧落实，其它乡镇要立足资金筹措实际及发展定位，以绿化、道路等基础设施为主做好基础工作，制定上报实施方案。县住建局要安排固定人员 3 名，各乡镇要确定村镇助理员 1 名，协调做好城乡建设工作。规划、水利、环保、林业等部门要认真做好为特色乡镇及中心村建设的各项服务工作。

（三）严格项目督查，认真落实目标责任

建立新型城镇化建设项目督查组，按照“一月一督查、一月一通报、一

月一推进”督查工作机制，充分发挥老干部督查组作用，自4月至11月，每月对实施方案中确定的新型城镇化建设项目进行一次全面督查，重点督查工程质量、工程进度及具体工作开展情况。每月督查后，县督查室要及时根据收集汇总的督查情况，下发《督查通报》。要切实反应新型城镇化建设项目好的方面和不足方面，对项目建设管理中存在的问题和原因，提出合理化的解决方案。

作者简介：

魏明全，男，汉族，1964年12月出生，中共党员，大学学历，建筑工程师。现任新疆维吾尔自治区木垒哈萨克自治住房和城乡建设局党委副书记、局长。

2005年8月任木垒哈萨克自治县规划局副局长，2012年4月调入木垒哈萨克自治县住房和城乡建设局工作，任木垒哈萨克自治县住房和城乡建设局党委副书记、局长。

真抓实干　不断创新
开启住房和城乡建设事业新篇章

新疆维吾尔自治区阿瓦提县住房和城乡建设局　李志平

为适应社会主义市场经济的发展要求，促进社会经济的全面发展，阿瓦提县住建局坚持以深入开展“创先争优”、全面推进“跨越式发展”为契机，统筹安排，精心组织，把规划编制作为城市建设工作的重中之重，集中资金、集中技术力量，多渠道、全方位地进行规划建设工作。

一、负重奋进，真抓实干，全县住房和城乡建设事业实现大跃升

2012年，住建局在地区、县委、县政府的坚强领导下，以科学发展观为指导，抢抓政策机遇，坚持全域规划引领、统筹城乡协调发展，扎实开展建设工作，全县住房和城乡建设取得可喜成绩。

（一）统筹城乡发展，城乡规划编制实施取得大成果

1. 强化规划统筹，编制全域规划。成立县统筹城乡规划编制工作领导小组，2011年我县借助浙江绍兴市援建的有利时机，于2011年5月委托浙江华汇工程设计院和上海同济大学对我县城市总体规划进行编制，经反复修改和完善，目前总体规划方案已基本确定，9月5日已在地区对大纲进行评审，现正处于修改完善阶段。2012年1月我县委托浙江华汇工程设计院开展县城18平方公里的控制性详细规划和城市设计（制造沙盘）的编制工作，目前，已初步完成了新城区11平方公里设计方案。

2. 完善规划体系，延伸规划布点。为合理推进小城镇建设，2011年我县委托新疆城乡规划设计院对四乡、两镇、两个农业企业进行总体规划，规划方案已经过多次讨论，并与各乡（镇）进行对接。2012年6月地区建设局组织对村镇规划进行审查，我县上报了一镇一乡一村的规划，因2012年新出台《镇（乡）总体规划编制技术规程》，规划成果正在进一步的修改完善，计划于9月中旬完成修改稿送地区评审。我县于2009年开始启动村庄规划编制工作，截止2011年底，已完成55个村庄（我县共125个村庄）的规划编制。

2012年按照自治区新编制的《村庄规划编制技术规程》并结合富民安居工作提出的“一村一规划、一户一方案”的要求，计划完成剩余70个村庄的规划编制工作，已委托三家设计院进行村庄规划编制工作，目前地形测绘工作已全部完成。

（二）提升承载能力，基础设施建设取得大突破

1. 县城生活垃圾处理工程。项目于2012年3月开工建设，8月底该项目已完工。

2. 城区多浪河景观带项目。多浪河景观带城区段1.7公里的改造工程，建设用地面积15.04万平方米，建设主要以绿化、景观、亮化和雕塑为主。

3. 城区天然气利用工程。该项目于2010年开工建设，已新建天然气门站、加气站各一座，新建天然气管网18公里，县城居民天然气累计入户3500户。

4. 县城儿童公园改造工程。为填补我县儿童游乐场所的空白，将我县原博斯坦公园进行改造，建成以儿童休闲娱乐为主的儿童公园，项目总建设用地面积为14.67万平方米。

（三）惠民生保增长，民生工程建设取得大成效

1. 保障性住房建设稳步实施。2012年1152套廉租房建设任务，建筑面积5.76万平方米，项目总投资9851万元，项目选址在河滨二区（952套）、与河滨三区（200套）。

523套公租房建设任务，建筑面积2.1万平方米，计划总投资3154万元，结合我县情况实际新建公共租赁住房806套，建筑面积近3.4万平方米。

965套棚户区改造任务，建筑面积7.24万平方米，总投资23850万元，截至目前，965套已全部开工建设，改造面积达7.2万平方米。

2. 安居富民工程建设扎实推进。2012年我县建设总任务为4260户，其中新建任务2984户，改扩建1276户，建设面积共35.1万平方米。截至目前，我县安居富民工程已全部竣工，2998户居民入住，入住率达70%。

3. 征收与补偿工作奋力赶超。房屋征收与补偿是旧城改造、城市棚户区改造前期工作的重中之重，经过认真调查研究，我县采取先易后难的办法，克服种种困境，坚持以人为本有效发挥政府职能，注重对房屋拆迁中困难户、低收入户进行依法合理补偿妥善安置。2012年我县对物资公司、农机公司、棉麻公司等22个片区进行征收与补偿工作，征收与补偿土地面积达2138.5亩，房屋面积35.7万平方米。全县已签订征收与补偿协议1286份，拆迁房屋965户，征收土地面积952亩，房屋面积10.6万平方米，发放征收补偿费

10272.3 万元。

（四）求和谐促发展，建设管理水平得到大提升

1. 深入推进效能建设和政风建设。大力推进政风效能建设向全系统延伸，促进行政管理规范化、标准化。截至目前，房管所完成权属登记 350 件，抵押登记 145 件，抵押金额达 1200 万元；建管室办理建设工程施工许可证 18 个，建筑面积 18 万平方米，总投资 24008.5 万元，工程报建率、办结率和竣工备案率均达 100%。

2. 大力开展市容市貌环境综合整治工作。持续加大市容市貌整治力度。加强日常管理，重点在早、中、晚的违规行为高发期巡回检查、纠章，通过集中巡查、错时巡查和延时巡查等多种形式，突出整治违章建筑及乱搭乱建现象。目前，已责令拆除违章建筑 22 处，正在查处的违章建筑有 44 处，其中，已拆除 3 户违章建筑，共开展集中整治活动 4 次，清除违规垃圾场 2 个，取缔占道经营和露天烧烤摊点 27 处。

二、攻坚克难，不断创新，努力开启廉政建设和维稳工作新篇章

（一）扎实推进党风廉政建设工作

注重做到“三常”。一是警钟常鸣。将日常教育与集中培训相结合，组织党员干部观看警示教育专题片，举办预防职务犯罪讲座，使党员干部牢固树立正确的人生观和价值观，自觉筑牢拒腐防变的思想防线。二是活动常新。开展“遵守党章、执政为民”专题教育活动、“廉政文化进企业、进工地”宣传教育活动。在活动中创新求变，充分调动党员干部的积极性，起到寓教育于活动的良好效果。三是监督常在。加强对领导干部的监督，制定对领导干部监管基本规定，深入推进预防职务犯罪工作。加强对权力运行的监督，重点开展行政效能监察、建设领域专项治理工作，保证权力在阳光下运行。

（二）多角度多层次加强安全维稳工作

一是开展重大项目、重大事件风险评估。对可能引发的矛盾进行调查摸底，尤其是加大城镇房屋拆迁、工程款拖欠等方面矛盾隐患排查和调处的力度，认真分析评估，从源头上预防和减少信访突出问题，维护社会稳定。二是制定维稳工作预案。针对各方面可能出现的不稳定因素制定维稳工作预案，明确矛盾形成原因、应对措施等。三是畅通诉求渠道。做好信访和投诉处理工作，及时发现和排查各类矛盾，做到早发现、早掌握、早化解。四是发挥

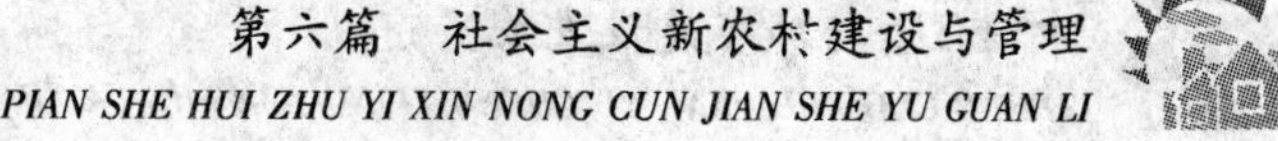

层级监督作用。认真做好行政复议和应诉工作，有效利用多种调解方式化解矛盾、平息争议。五是进一步加大建筑质量安全监管，配合实施教育系统、卫生系统抗震防灾工程，积极应对大风、冰雹、地震等自然灾害，应急管理水平和能力不断提高，至今未发生建筑安全事故和重大质量安全事故。

三、明确任务，大干快上，奋力开创建设事业跨越发展新局面

（一）健全规划体系，谋划全域发展新蓝图

树立“全域阿瓦提”理念，以县域为规划范围，打破城乡界限，优化区域空间布局，实现规划全域覆盖。通过规划进一步完善配套乡镇、村庄基础设施及公共服务设施，有序推进乡镇及村庄基础设施和公共服务设施建设。

（二）加快基础设施建设，提升综合承载能力

积极适应城镇化快速发展需要，按照“着眼全局、统筹规划、适度超前、提高水平”的要求，全力推进县城重点工程续建项目，加速推动县城开发建设，有序推进民生工程，着力完善市政基础设施配套，全面加快建设步伐。

（三）加大管理创新力度，提升服务保障能力

大力推行精细化城市管理模式，按照管理内容具体化、管理指标明确化、管理责任区域化的要求，实施县城市政基础设施网格化管理，做到横向到边、纵向到底、责任到人。注重改善民生，及时解决群众关注的热点、难点问题，全面提升服务保障能力。

今后我们将在县委、县政府和上级主管部门的正确领导下，进一步解放思想，奋力拼搏，攻坚克难，真抓实干，为实现全县住房和城乡建设事业科学发展，推进民生改善作出新的更大的贡献！

作者简介：

李志平，男，汉族，1973年9月出生，中共党员，本科学历。现任新疆维吾尔自治区阿瓦提县住房和城乡建设局局长。

1992年12月参加工作，2011年荣获县委、政府“黄牛”精神奖。2011年获地区级招商引资工作先进个人。2012年获自治区级抗震减灾工作先进个人。

抢抓机遇 加快发展
努力开创城乡建设事业新局面

新疆维吾尔自治区特克斯县住房和城乡建设局

在特克斯县委、政府的正确领导下，在有关部门的积极配合和广大建设系统职工的努力下，建设局以中共特克斯县第十一届二次（全委）扩大会议精神为指导，解放思想，提高认识，明确责任，发扬团结协作、奋力进取、开拓创新的优良作风，按照“攻坚克难、加快建设、科学规划、解放思想、创新实干”的建设方针，继续走文化旅游城建并举之路，不断加大住房保障、城市风貌、市政基础设施工作等建设和管理力度，紧紧抓住文化与自然特色这个主题，经过不懈努力，各项城乡建设工作取得丰硕成果。

一直以来我局始终坚持解放思想，敢想、敢试、敢为人先，变劣势为优势，以前不敢想的事情，现在付诸实施了；以前做不了的事情，现在干成了，通过理念、机制、举措的创新，实现了发展的新跨越。我们坚持科学发展、民生为本，殚精竭虑，想方设法解决群众关心的住房、养老、医疗、就业、子女入托等大事、急事、难事，让各族群众真真切切地感受到、享受到发展的成果，从而赢得了他们的真心拥护。

一、切实做好住房保障工作，改善和服务民生

狠抓保障性住房建设，做到精心组织，周密部署，扎实推进，圆满完成上级下达的工作任务，成效显著。为解决我县低收入人群住房问题，我县积极争取自治区民生住房项目，2012 年我县完成保障性住房 438 套（3 万平方米）续建工程和 678 套（4.1 万平方米）新建工程，发放租赁补贴 100 户。

（一）加强组织领导

县委、政府把保障性住房建设打造成民生工程、满意工程、幸福工程，始终将其摆在全县工作突出位置。成立住房保障工作领导小组，并落实专业机构和人员，具体负责保障性住房制度建设、资金测算、政策宣传、群众来信来访接待、对申请居民的入户核查、分户补贴资金的测算、项目招投标、施工现场管理和资金划拨、统计报表等工作，确保了这项工作有序运行、规

范操作。

（二）确保土地供应及时

为确保当年保障性住房能及早开工，我县在2010年底就已落实建设用地，并积极利用冬季停工期间，办理完成了地勘、图纸设计、招投标等工程前期手续。在2012年年初就开工建设，确保了当年开工建设，当年基本建成。

（三）确保配套资金到位

我县在积极争取上级补助资金的同时，积极加大配套资金的筹借力度，根据自治区相关政策成立特克斯县城市保障性住房投资建设管理有限公司，利用这个融资平台积极进行融资。

（四）强化工程质量管理

我县严格按照工程建设质量管理要求，严格执行工程建设法律法规及强制性标准。工程项目严格履行法定项目建设程序，规范招投标行为，落实项目法人责任制、合同管理制、工程监理制和建筑材料入场验核制度。项目法人对住房建设质量和安全责任，其他参建单位按照工程质量和安全管理规定负相应责任。实行勘察、设计、施工、监理单位负责人和项目责任人责任终身制。确保新建项目百分之百工程质量分户验收、百分之百设立工程质量责任永久性标示牌。

（五）加强部门之间的协调

为加快保障性住房建设，强化各级相关部门的密切配合，我县按照分工各司其职。发改部门做好项目申报，建设部门做好工程建设，财政部门做好资金筹借、管理，民政、社区做好审核、分配工作，国土部门做好土地供应工作。环保、物价、审计、监察等相关部门都能按照相关职责做好自己的相关工作。

在项目建设过程中，建立定期沟通、重大事件联席会议、突发事件快速处理三大协调机制，形成相互理解、互相支持、密切配合、通力协作的工作格局，确保了保障性住房建设优质高效推进。

二、加快市政基础设施建设，进一步改善人居环境

坚持“先地下后地上、适度超前”的原则，高标准完善城市功能的目标启动了一批与新型城镇化相配套、事关民生的重大基础设施、市政公共设施和公共服务设施建设。

三、城市管理成效显著，市容市貌明显改变

认真贯彻落实科学发展观，以解决群众最关心的热点和难点问题为重点，坚持“统一领导，分级管理；强化法治，规范管理；以人为本，全民参与；标本兼治，重在治本；因地制宜，注重实效”的原则，进一步优化城市管理程序，整合城市管理资源，创新城市管理体制和机制，扩大群众参与，不断提高城市管理效率和管理水平，努力创造良好的城市人文环境、生活环境和生态环境。

（一）城乡规划

认真落实新型城镇化任务目标，主抓县城整体规划、项目编制、申报，以及自治区制定的乡镇村规划编制工作，圆满地完成了2012年初确定的各项工作目标任务。按照高起点规划的要求完成了《特克斯县县城总体规划》和《特克斯城市设计》；完成县城和乡镇以及村庄的测量、放线等工作；完成了2镇6乡及30个村庄的规划编制任务；完成《阔步街街区改造详细设计》方案，并签订规划设计合同；完成特克斯县城市总体规划及九宫新城控制性详细规划编制任务；按照规划先行、顶层设计的理念，完成编制55个专项规划，目前已完成50%村镇规划编制。

（二）县城绿化和维护工作

按照特克斯县县城道路绿化规划书的要求，在周边县市，购入各类乔、灌木及花卉。完成一环内七大绿地里花灌木种植，县委门口街道两边花灌木种植，完成县城各街道及环路上树木的补栽、种植任务。完成中心广场，体育休闲广场和在主要街道沿街商铺门前摆放花盆和各环路节点上的花灌木和花卉的栽植。

（三）大力实施县城环境卫生整治工作

制定出台了《特克斯县环境卫生综合政治实施方案》并按照本方案要求在全县深入开展了环境卫生综合整治活动，着力改善城市面貌。为了加大城乡环境卫生经费投入，县财政多方筹资，加大环境卫生综合整治投入力度。

1. 抓环境卫生整治

实行全县每周五环境卫生大扫除制度，将全县各街道环境卫生整治工作分配给县直机关、企事业单位，组织机关干部参加义务劳动，对影响市容形象的围墙进行粉刷，林带树木刷白，开展责任区内种草浇水等工作。同时，各单位继续做好本单位、本部门办公场所的环境卫生整治工作，组织干部职工美化庭院，种花种草，确保办公场所干净整洁。

2. 做好市容秩序治理工作

（1）对辖区主、次干道、居民小区、城乡结合部等地，以集中治理为手段，分片落实责任，强化错时巡查，规范主干道、重点支干道的乱摆摊设点，清理破损或存在安全隐患的商店招牌，小广告（包括墙面广告）、“牛皮癣”、乱搭乱建等。针对城区乱建、抢建房屋、房屋占红线、建筑手续不全等违规行为进行巡查及宣传教育等。

（2）全面开展对城市上空乱架线路工作清理，对县城跨路电话线进行整治，对跨路较多的地段采用电缆方式进行跨路，对电话下户县进行整理绑扎，对一环至四环的配网线路和用户线进行改造、迁移和整治。

（3）加强城市环境基础设施建设，配备分类垃圾桶，垃圾车，每日对道路进行清扫，主次干道两侧和重点小区的垃圾每天清运 2～3 遍，做到垃圾日产日清，铺设排污管道。

（4）加强城市美化绿化能力。坚持抓好绿化管养、时花种养，严把苗源质量关，种植花草、灌木，摆放盆花，全面推进园林绿化升级改造，使全县整体绿化水平得到了进一步提高。

四、深入开展建筑市场综合整治工作，加强工程质量和安全生产管理工作

近以来，我局始终坚持加大对建筑市场的监管力度，严查各种扰乱建筑市场的违法行为，严格执行施工许可证审批和建筑工程竣工验收备案制度，切实把好工程开工和交付使用两道关口，确保了工程质量和安全生产。采用不定期与定期相结合的形式，组织相关部门对全县的在建项目建设现场质量安全生产进行监督检查，有效预防重大安全事故的发生，促进建设工程质量安全生产水平的提高，不断加大对建筑工程质量安全监督检查力度，在检查中发现的问题及时下达整改通知单，限期责令整改。

五、高度重视，做好喀拉峻申报世界自然遗产工作

为积极响应自治区、自治州“新疆天山”申遗号召，切实做好“喀拉峻草原申报世界自然遗产”工作，根据自治区、自治州制定的综合整治方案要求，特克斯县委、县人民政府对喀拉峻草原申报世界自然遗产工作高度重视，召开全县动员大会，对喀拉峻草原申遗各项工作做了周密细致的安排部署；在全县各部门及各族人民群众的全力配合下，于 7 月 20 日全面完成“新疆天

山”喀拉峻申报世界自然遗产各项前期工作。7 月 26 日 ~7 月 27 日联合国 IUCN 专家组皮埃尔、安德鲁一行对特克斯县喀拉峻遗产提名地进行实地考察评估，并对我县的展示、介绍以及接待等工作给予了高度评价。

六、建设系统近五年来获得的荣誉称号

（一）获得国家级荣誉称号

1. 2007 年 5 月，我县被国务院列为国家历史文化名城；

2. 2010 年 7 月，我县琼库什台村被住建部和国家文物局命名为“中国历史文化名村”。

（二）获得自治区级荣誉称号

1. 自 1994 年 5 月荣获自治区级文明单位至今已连续十九年保持此项荣誉；

2. 2007 年 3 月，获得自治区城市“天山杯”竞赛活动“单项杯”；

3. 自 2006 年至 2009 年 1 月荣获自治区抗震安居工程建设先进县，至今已连续四年保持此项荣誉；2008 年 7 月在我县召开全疆抗震安居工程现场会；

4. 2007 年 3 月，荣获自治区级园林县城；

5. 2006 年 12 月，荣获自治区最佳卫生县城（爱卫会）；

6. 2009 年 5 月，我县喀拉峻和科桑景区荣获自治区级风景名胜区。

（三）获得自治州级荣誉称号

1. 2007 年 9 月，被州绿委授予“花园式单位”；

2. 2007 年 3 月，荣获州直建设系统“双文明单位”；

3. 2011 年 2 月，荣获州直安居富民工程建设优秀单位；

4. 2009 年 10 月，获得州政府住房保障先进单位。

总之，各项城乡建设工作在全体职工的共同努力下，已取得突出成绩，新的一年里，我们将继续坚持县委、县政府的正确领导，结合县情，大胆实践，勇于创新，不断开拓，全力推进城乡建设事业稳步发展。

第七篇
绿色建筑与建筑节能科技

第一章　绿色建筑

第一节　绿色建筑的概述

建筑是人为了适应环境、改善环境而创造的介于人与自然之间的人工物，它是人类生存与行为的场所。建筑活动的根本目的是为人类生活和行为发展提供必要的物质环境。建筑学是研究建筑的设计、建造及使用的学科。

关于绿色建筑，大卫和鲁希尔·帕卡德基金会曾经给出过一个直白的定义：“任何一座建筑，如果其对周围环境所产生的负面影响要小于传统的建筑”，那么它就可以被称之为绿色建筑。这一概念昭示我们传统的“现代建筑”对于人类所生存的环境已经造成过多的负担。以欧洲为例，欧盟各国一半的能源消费都与建筑有关，同时还造成农业用地损失，污染及温室气体排放等相关问题。因而需要通过设计与建造的方式的改变，应对21世纪的环境问题。在《大且绿——走向21世纪的可持续性建筑》一书中，绿色建筑被定义为：通过节约资源和关注使用者的健康，把对环境的影响减少到最低程度的建筑，其特点是有舒适和优美的环境。

在我国原建设部颁布的《绿色建筑评价标准》中，对绿色建筑的定义是“在建筑的全寿命周期内，最大限度地节约资源（节能、节地、节水、节材）、保护环境和减少污染，为人们提供健康、适用和高效的使用空间，与自然和谐共生的建筑”。

“绿色”是自然界植物的颜色，是生命之色，象征着生机盎然的自然生态系统。在“建筑”前面冠以“绿色”，意在表示建筑应像自然界绿色植物一样，具有生态环保的特性。绿色建筑（Green Building）可以理解为在保证建筑物使用功能和室内外环境质量的前提下，在全生命周期内资源节约（节能、节地、节水、节材）、环境友好的建筑。

在各种报刊杂志和书籍上，常有“绿色建筑”（Green Building），“生态建筑”（Ecological Building），“可持续建筑”（Sustainable Building），和“低碳建筑”（Low－carbon Building）等看似相通的概念出现。大体上，我们可以认为“绿色建筑”、“生态建筑”、“可持续建筑”、“低碳建筑”表述的是同一个意思，那就是关注建筑的建造和使用对资源的消耗和给环境造成的影响，同时，也强调为使用者提供健康舒适的建成环境。但细致考察的话，这些概念间也有区别。“生态建筑”试图利用生态学的原理和方法解决建筑中的生态与环境问题。生态建筑的概念跟生态系统相关，可以认为是一种参考生态系统的规律来进行设计的建筑。生态系统中的核心观念就是一种自我循环的稳定状态，而生态建筑的理想状态，也就是能在小范围内达到自我循环，而不对环境造成负担。“绿色建筑”的概念较为宽泛，特别关注建筑的“环境”属性，利用一切可行措施来解决生态与环境问题（不局限于生态学的原理和方法），是一种更易为普通大众所理解和接受的概念。只要是有环保效益，对资源进行有效利用的建筑都可以称之为绿色建筑。各国现有的绿色建筑评估体系把绿色建筑分等级，也就是说，建筑有多“绿”，并不是固定的。“低碳建筑”是最近针对碳排放对气候变化的影响的背景下提出的，特别关注建筑的设计、建造和使用过程中碳的排放，以碳足迹为评价依据。“可持续发展建筑”是“可持续发展观”在建筑领域中的体现，可将其理解为在可持续发展理论和原则指导下设计和建造的建筑。“绿色建筑”、“生态建筑”与“低碳建筑”都强调对建筑的“环境—生态—资源”问题的关注。“可持续建筑”不仅关注“环境—生态—资源”问题，同时也强调“社会—经济—自然”的可持续发展，它涉及了社会、经济、技术、人文等方方面面。“可持续建筑”其内涵和外延较“生态建筑”、“低碳建筑”和“绿色建筑”要丰富深刻、宽广复杂得多。早期的生态建筑研究为可持续建筑奠定了理论基础，而“绿色建筑”的研究为可持续建筑实施提供了可操作性和适应性。可持续发展观念提出后，在其思想原则指导下，绿色建筑的内涵和外延又都在不断扩展。可以说，从“生态建筑”、“绿色建筑”、“低碳建筑”到“可持续建筑”是一个从局部到整体、从低层次向高层次的认识发展过程。也可以根据绿色的程度不同，把可持续建筑理解为绿色建筑的最高阶段。

绿色建筑并不是一种建筑的新风格，而是一种结合21世纪人类发展所面

对的环境问题，由建筑专业作出的回应。我们可以说勒·柯布西耶是现代建筑的代表人物，扎哈·哈迪德是解构主义的代表人物，但是，在绿色建筑领域，不会有某个代表，但却有越来越多的优秀建筑师，通过绿色设计，让他们的作品更好地与环境和谐共处。

荷兰代尔夫特大学图书馆由 Mecanoo Architecten 建筑师事务所设计。设计师以景观设计的处理手法将图书馆的屋顶处理成一道大的缓坡，坡上覆盖草皮。图书馆主要空间均匀掩藏在草坡底下，草坡上仅露出一个显眼的圆锥体，使人一眼就看见图书馆的所在，草坡与校园环境串成一片，人们可以轻松自由地漫步或躺在草坡上享受阳光。

图书馆的玻璃外墙及处于馆内中心位置的透明圆锥体中空设计，不但引入天然光，节省能源，圆锥体顶部的天窗更能造成空气对流，将馆内的热气带走。圆锥体的天窗成了空间的重心，藏书置于四周；独立式阅读座位有的传统向壁，有的却朝向透射柔和日光的圆锥体，让读者选择个人喜爱的景观。另外，有开放式的讨论区和提供信息的电脑使用区，除了实际功用，各区台凳形状、用色不一，各具视觉美感。空间整洁、灵圣和恬静。

第二节　绿色建筑的设计原则及方法

绿色建筑的兴起是与绿色设计观念在全世界范围内的广泛传播密不可分的，是绿色设计观念在建筑学领域的体现。绿色设计 GD（Green Design）这一概念最早出自 20 世纪 70 年代美国的一份环境污染法规中，它与现在的环保设计 DFE（Design for the Environment）含义相同，是指在产品整个生命周期内优先考虑产品环境属性，同时保证产品应有的基本性能、使用寿命和质量的设计。因此，与传统建筑设计相比，绿色建筑设计有两个特点：一是在保证建筑物的性能、质量、寿命、成本要求的同时，优先考虑建筑物的环境属性，从根本上防止污染，节约资源和能源；二是设计时所考虑的时间跨度大，涉及建筑物的整个生命周期，即从建筑的前期策划、设计概念形成、建造施工、建筑物使用直至建筑物报废后对废弃物处置的全生命周期环节。

一、绿色建筑的设计原则

绿色建筑的设计包含两个要点：一是针对建筑物本身，要求有效地利用资源，同时使用环境友好的建筑材料；二是要考虑建筑物周边的环境，要让建筑物适应本地的气候、自然地理条件。

有关绿色设计或绿色建筑的设计理念和设计原则的著述很多，比较有影响力的观点是1991年Brenda和Robert Vate在其合著的《绿色建筑：为可持续发展而设计》中提出的：

（1）节约能源；

（2）设计结合气候；

（3）材料与能源的循环利用；

（4）尊重用户；

（5）尊重基地环境；

（6）整体设计观。

另一有影响力的观点是1995年Sim Van der Ryn和Stuart Cowan在《生态设计》（Ecological Design）中提出的五种设计原则和方法：

（1）设计成果来自环境；

（2）生态开支应为评价标准；

（3）设计结合自然；

（4）公众参与设计；

（5）为自然增辉。

绿色建筑设计除满足传统建筑的一般设计原则外，尚应遵循可持续发展理念，即在满足当代人需求的同时，应不危及后代人的需求及选择生活方式的可能性。具体在规划设计时，应尊重设计区域内土地和环境的自然属性，全面考虑建筑内外环境及周围环境的各种关系。在参照有关绿色建筑的理论基础上，结合现代建筑的要求，我们综合归纳出绿色建筑设计三项原则：①资源利用的3R原则；②环境友好原则；③地域性原则。

1）资源利用的3R原则

建筑的建造和使用过程中涉及的资源主要包含能源、土地、材料、水。3R原则，即减量（Reducing）、重用（Reusing）和循环（Recycling），是绿色建筑中资源利用的基本原则，每一项都必不可少。

（1）减量：减量是指减少进入建筑物建设和使用过程的资源（能源、土地、材料、水）消耗量。通过减少物质使用量和能源消耗量，从而达到节约资源（节能、节地、节材、节水）和减少排放的目的。

（2）重用：重用即再利用，是指尽可能保证所选用的资源在整个生命周期中得到最大限度的利用。尽可能多次以及尽可能多种方式使用建筑材料或

建筑构件。设计时，注意使建筑构件容易拆解和更换。

（3）循环：选用资源时须考虑其再生能力，尽可能利用可再生资源；所消耗的能量、原料及废料能循环利用或自行消化分解。在规划设计中能使其各系统在能量利用、物质消耗、信息传递及分解污染物方面能形成一个卓有成效的相对闭合的循环网路，这样既对设计区域外部环境不产生污染，周围环境的有害干扰也不易入侵设计区域内部。

2）环境友好原则

在建筑领域的环境包含两层含义：其一，设计区域内的环境，即建筑空间的内部环境和外部环境，也可称为室内环境和室外环境；其二，设计区域的周围环境。

（1）室内环境品质：考虑建筑的功能要求及使用者的生理和心理需求，努力创造优美、和谐的，安全、健康、舒适的室内环境。

（2）室外环境品质：应努力营造出阳光充足、空气清新、无污染及噪声干扰，有绿地和户外活动场地，有良好的环境景观的健康安全的环境空间。

（3）周围环境影响：尽量使用清洁能源或二次能源，从而减少因能源使用而带来的环境污染；同时，规划设计时应充分考虑如何消除污染源，合理利用物质和能源，更多地回收利用废物，并以环境可接受的方式处置残余的废弃物。选用环境友好的材料和设备。采用环境无害化技术，包括预防污染的少废或无废的技术和产品技术，同时也包括治理污染的末端技术。要充分利用自然生态系统的服务，如：空气和水的净化，废弃物的降解和脱毒，局部调节气候等。

3）地域性原则

地域性原则包含三方面的含义：

（1）尊重传统文化和乡土经验，在绿色建筑的设计中应注意传承和发扬地方历史文化。

（2）注意与地域自然环境的结合，适应场地的自然过程：设计应以场地的自然过程为依据，充分利用场地中的天然地形、阳光、水、风及植物等，将这些带有场所特征的自然因素结合在设计之中，强调人与自然过程的共生和合作关系，从而维护场所的健康和舒适，唤起人与自然的天然的情感联系。

（3）当地材料的使用，包括植物和建材。乡土物种不但最适宜于在当地生长，管理和维护成本最低，还因为物种的消失已成为当代最主要的环境问题。所以保护和利用地方性物种也是对设计师的伦理要求。本土材料的使用，可以减少材料在运输过程中的能源消耗和环境污染。

二、绿色建筑的设计过程与设计方法

1）“集成设计”的过程

集成设计（lntegrated design）是一种强调不同学科专家的合作的设计方式，通过专家的集体工作，达到解决设计问题的目标。由于绿色建筑设计的综合性和复杂性，以及建筑师受到知识和技术的制约，因此在设计团队的构成上应由包括建筑、环境、能源、结构、经济等多专业的人士组成。设计团队应当遵循符合绿色建筑设计目标和特点的整体化设计过程，在项目的前期阶段就启用整体设计的过程。

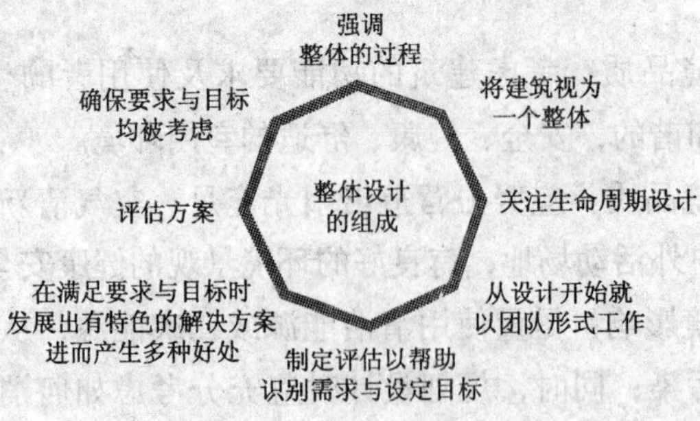

图 7－1　集成设计过程

绿色建筑的整体设计过程如下（图 7－1）：首先由使用者或者业主结合场地特征定义设计需求，并在适当时机邀请建筑专家及使用者，建筑师、景观设计师、土木工程师、环境工程师、能源工程师、造价工程师专业人员参与，组成集成设计团队。专业人员介入后，使用专业知识针对设计目标进行调查与图示分析，促进对设计的思考。这些前期的专业意见起到保证设计正确方向的作用。随着多方沟通的进行，初步的设计方案逐渐出现，业主与设计师需要考虑成本问题与细节问题。此时之前准备好的造价、许可与建造方面的设计相关文件开始发挥作用，设计方案成熟之后就可以根据这些要求选择建造商并开始施工。在施工过程中，设计师和团队的其他成员也应对项目保持持续的关注，并对建设中可能产生的问题，如合同纠纷、使用要求的改变等提出应对策略。在项目完成后，建筑的管理与维护十分重要，同时应该启动使用后评估（POE）的过程，检讨设计成果，为相关人员提供有价值的经验。

可见集成设计是一个贯穿项目始终的团队合作的设计方法。其完成需要保证三个要点：业主与专业人员清晰与连续的交流，建造过程中对细节的严格关注和团队成员间的积极合作。

2）生命周期设计方法

建筑的绿色度体现在建筑整个生命周期的各个阶段。建筑从最初的规划设计到随后的施工建设、使用及最终的拆除，形成了一个生命周期。关注建筑的全生命周期，意味着不仅在规划设计阶段充分考虑并利用环境因素，而且确保施工过程中对环境的影响最低，使用阶段能为人们提供健康、舒适、安全、低耗的空间，拆除后又对环境危害降到最低，并使拆除材料尽可能再循环利用。

目前生命周期设计的方法还不完善。由于生命周期分析针对的是建筑的整个生命周期，包括从原材料制备到建筑产品报废后的回收处理及再利用全过程，涉及的内容具有很大的时空跨度，另外，市场上的产品种类众多，产品的质量、性能程度不一，使得生命周期设计具有多样性和复杂性。因此，在设计实践中应用该项原则时，现阶段主要是吸纳生命周期设计的理念和处理问题的方法。

3）参与式设计方法

参与式设计，是指在绿色建筑的设计过程中，鼓励建筑的管理者、使用者、投资者及一些相关利益团体、周边邻里单位参加到设计的过程中，因为他们可以提供带有本地知识和需求的专业建议。

这一手段可以理解为公众参与（Public Participation）途径。公众参与源自美国，其参与模式与美国的政治体制模式密切相关，可以说是不同利益团体为争取自身利益而发展出的相互制衡的设计与管理模式。谢里·R·阿恩斯坦（Sherry R. Arnstein）将公众参与层次理论分为三大类（无参与、象征参与、完全参与）的8个层次（图7-2）。无论达到哪个层次，任何参与行为都会优于没有参与的行为；通过对参与质量的控制可以收到良好的效果。经常是一个有质量的良好小团体组织比一个低效率的大组织效果好。因而在实际操作中，不应把参与范围推行得过广，而应深入参与的层次。

在设计阶段，通过组织类似于社区参与环节的公众参与，达到鼓励使用者参与设计的目标。同时，日趋完善的网络技术也可被用来得到更广泛的公众参与。通过明确设计对象，清楚地了解使用者的需求，达到一定层次的公众参与会为设计提供帮助。针对传统的参与方式效率低下，双方缺乏良好的交流的问题，董靓等探讨了利用网络和CSCW（计算机支持的协同工作）技术来实现公众参与，以提高参与度，有效地达到公众参与的目的，也可更好地促进使用者与投资者参与到设计中。

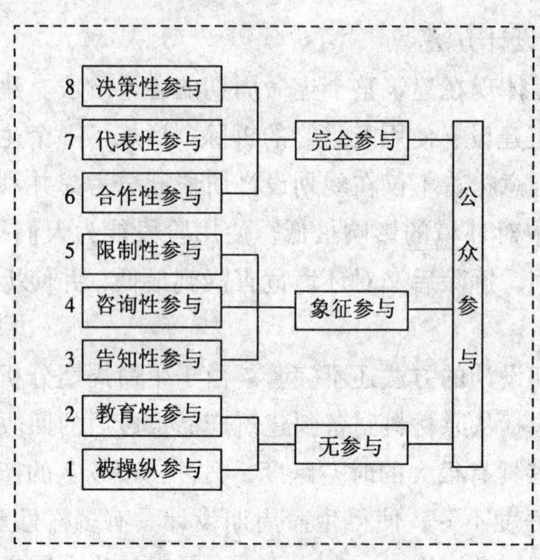

图 7-2　公众参与的层次

政府决策者、投资者和使用者的参与设计。通过对设计活动的参与，提高决策者的绿色意识，提高投资者和使用者的绿色价值观和伦理观，促进使用者在使用习惯中树立绿色意识。

第三节　绿色建筑的发展

从历史的角度看，建筑的功能和形态总是与一定历史时期人类的建筑观念相适应的。在原始社会，生产力水平低下，人类敬畏自然、依存自然，建筑仅是为遮风挡雨、获得安全而建造的庇护所，体现的只是其自然属性，属于自然的一部分；建筑对生态环境的影响也小。

在奴隶社会与封建社会时期，由于生产力发展，产品剩余导致商品经济，行业分工形成社会阶层，建筑逐渐被赋予了“权力”和“财富”的象征意义，或被单纯地奉为“艺术之母”，体现出其社会属性和艺术价值。这一时期，人口增加，农业生产和建筑活动增强，人类大量砍伐森林和开垦土地，对自然造成了一定程度的危害，但尚未超出自然的承载能力，建筑活动的破坏性并不为人们所重视。

工业革命以来，一方面科学技术不断进步，使社会生产力空前提高，人口急剧增加，创造了前所未有的人类文明；另一方面，这种文明以工业化密集型机器大生产为标志，以大量资源消耗和环境损失为代价，又危及到了人类自身的生存。

1933 年的《雅典宪章》中提出了城市的“四大功能”—居住、工作、游憩和交通，强调建筑活动的功能性；20 世纪 50～70 年代，由于经济、科技、信息、生活水平的进一步提高，人的需求成为建筑的重点，人文环境被提到了重要的地位，设计中注重人的特性、心理因素和行为模式等，注重新建筑与原有环境间的关系，出现了“整体设计”思想。

20 世纪 80 年代以后，人们希望能探索出一种在环境和自然资源可承受基础上的发展模式，提出了经济“协调发展”、“有机增长”、“同步发展”、“全面发展”等许多设想，为可持续发展观的提出作了理论准备。1980 年，世界自然保护联盟（IUCN）在《世界保护策略》中首次使用了“可持续发展”的概念，并呼吁全世界“必须研究自然的、社会的、生态的、经济的以及利用自然资源过程中的基本关系，确保全球的可持续发展”。

1981 年第 14 届国际建协《华沙宣言》关于“建筑学是人类建立生活环境的综合艺术和科学”的认识，将传统建筑学引入了“环境建筑学”阶段。它强调了环境的整体（自然环境、社会环境及人工环境）同建筑设计的关系。“建筑学是对环境特点的理解和洞察的产品”，地域性是建筑存在的前提，表现为建筑的“地方性”、“地区性”及“民族性”。

1983 年，21 个国家的环境与发展问题著名专家组成了联合国世界环境与发展委员会（WECD）研究经济增长和环境问题之间的相互关系。经过 4 年调查研究，于 1987 年发表了《我们共同的未来》的长篇调查报告。报告从环境与经济协调发展的角度，正式提出了“可持续发展”（Sustainable development）的观念，并指出走“可持续发展”道路是人类社会生存和发展的唯一选择。可持续发展观是人类经过长期探索，吸取了以往发展道路的经验教训，根据多年的理论和实际研究而提出的一种崭新的发展观和发展模式。它一经提出，即成为全世界不同社会制度、不同意识形态、不同文化群体人们的共识，成为解决环境问题的根本指导思想和原则。

1992 年 6 月，在巴西里约热内卢召开了联合国环境与发展会议。这次会议通过了《里约环境与发展宣言》（又名《地球宪章》）和《21 世纪议程》两个纲领性文件以及《关于森林问题的原则声明》，签署了《气候变化框架公约》和《生物多样性公约》。这次大会的召开及其所通过的纲领性文件，标志着可持续发展已经成为人类的共同行动纲领。

1998 年签订的《京都议定书》，和 2009 年的“哥本哈根国际气候变化峰会”把控制碳排放量作为处理地球环境恶化问题的解决方法。可持续发展的方式要求在发展过程中，既可以满足我们这一代人的需要，又不影响下一代发展的需要。保障下一代使用资源的权利的基础是合理地使用资源和减少对环境的影响。

“可持续发展”的核心内容是人类社会、经济文化、自然环境和谐共生及协同发展，是将资源、环境、生态三者进行综合整体考虑的新的观点。“可持续发展”观念成为建筑领域里的新观念。作为一种全新的建筑观，可持续发展观为建筑学观念的发展树立了新的里程碑，正在全球范围内引发一场新的建筑变革。

第二章　建筑节能与技术

第一节　建筑规划布局节能

建筑规划布局节能是建筑节能的一个重要方面，应从分析气候条件出发，将规划设计与节能技术和能源利用有效地结合，使采暖地区建筑在冬季最大限度地利用日照等自然能采暖，减少热损失；使炎热地区建筑夏季最大限度地减少得热和利用自然条件来防热。规划布局节能应全面综合考虑建筑布局、建筑朝向、间距、平面组合、建筑体型等几个方面因素。

一、布局节能

（一）建筑布局

建筑布局一般分为并列式、错列式、周边式、混合式、自由式等几种如图7－3所示，它们都有各自的特点。

行列式是指建筑物成排成行地布置，这种方式能够争取最好的建筑朝向，使大多种居住房间得到良好的日照，并有利于通风，是目前我国城乡中广泛采用的布局方式。错列式可以避免“风影效应”，更有利于夏季通风降温，同时可以利用山墙空间争取日照。

周边式是指建筑沿街道周边布置，这种布置方式虽然可以围合出开阔的庭院空间供绿化休憩之用，但有相当多的居住房间因朝向和相互遮挡而日照不佳，对自然通风也不利。所以这种布置仅适于北方寒冷地区。

混合式是指行列式和部分周边式等形式的组合。这种方式可较好地综合多种布局方式的优点，在某些场合是一种较好的建筑群布局方式。

自由式是指地形复杂时体现地形特点的灵活合理的一种布置形式。这种布置方式可以充分利用地形，便于采用多种平面形式和高低错落的体块组合，有利于避免互相遮挡阳光，对日照及自然通风有利，是最常见的一种布置形式。

另外，规划布局中还要注意点、条组合布置，其中的点式住宅应布置在好朝向，而条状住宅布置在其后，有利于利用空隙争取日照。建筑布局时，同时还要尽可能结合当地的夏季或冬季主导风向，这样有利于夏季争取建筑通风降温或避免冬季冷风渗透等不利影响。

（二）建筑的朝向与间距

严寒及寒冷地区的建筑为了提高室内温度，节约采暖供热，保持环境卫生与人体健康，充分利用清洁、可再生的太阳能，选择朝向要考虑在冬季获得尽可能多的日照，一般应以南北向为主。另外还应争取使大部分墙面避开冬季主导风向，以便减少外墙表面散热量和冷风渗透量；建筑的间距不宜过小，以防建筑之间相互遮挡，影响日照效果。而炎热地区建筑应急取自然通风好的朝向，防止西晒，建筑的间距宜稍大一些，既有利于通风，又可通过绿化和水体防热降温。

（三）建筑平面及组合方式

建筑平面形式对保温和防热效果影响很大。在保证使用功能的前提下，建筑平面组合应充分体现当地气候特点，炎热地区建筑平面宜舒展开敞，以利于加大通风量；而建筑平面曲折过多，将大大增加外墙表面积，对建筑保温十分不利，在采暖地区平面应集中布置，如几个单元组合形成的建筑可减少部分外墙面积，有利于节约采暖能耗。

（四）建筑立面造型与体形系数

面积相同的建筑，由于立面造型的需要，可能会处理成凸出凹进的体形，造成建筑四周外墙表面积增加，建筑传热耗热量也相应加大。如图 7－4 所示各平面均由 16 个相同单元组成，与（a）图相比，（b）、（c）、（d）平面的周长依次增加了 12.5%、25%、50%。在这方面，建筑体形系数 S 能够全面地反映建筑的节能状况。

在满足建筑物所需体积 V 的前提下（已知建筑面积 A 和高度 H 时 V＝A·H，A＝V/H），若想降低建筑的耗热量，就应使围护结构的外表面积 Fe 最小，使建筑单位体积所具有的外表面积，即建筑体形系数 S＝Fe/V 尽可能小。

我国《民用建筑节能设计标准》（采暖居住部分）JGJ 26—95 对我国采暖

地区住宅的朝向和体型节能的具体要求是建筑物朝向宜采用南北向或接近南北向，主要房间宜避开冬季主导风向；建筑物体形系数宜控制在0.30及0.30以下；若体形系数大于0.30，则屋顶和外墙应加强保温，其传热系数应符合节能标准的规定。

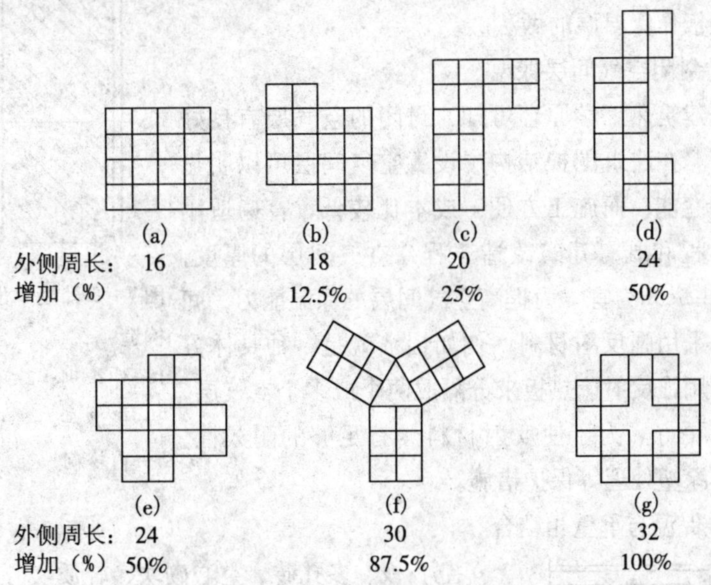

图7-4　等面积不同平面的外墙面积比较

二、围护结构节能设计

建筑围护结构节能技术主要是指通过加大各部分围护结构的热阻，提高其保温隔热能力，在保证应有的室内环境气候的前提下，冬季减少采暖期间建筑内的热量的散失，节约采暖能耗；夏季有效防止各种室外热湿作用造成室内气温过高，节约空调能耗。这一领域的节能技术发展历史较长，相对成熟，应用十分广泛，节能潜力较大。建筑围护结构的节能，主要是体现在保温、隔热性能方面，各类建筑围护结构的保温性能必须满足相应的建筑节能标准要求。

根据所应用的不同部位等特点，建筑围护结构节能技术可以分为以下几方面：

1）外墙保温节能技术

外墙可以采用的保温构造大致可分为以下几种类型：

（1）单设保温层

单设保温层的做法是保温构造最普遍的方式，这种方案是用导热系数很小的材料作保温层与受力墙体结合而起加强保温的作用。由于不要求保温层承重，所以选择的灵活性比较大，不论是板块状、纤维状的材料，都可以使用。图7-5是单设保温层的外墙构造图，这是在砖砌体内侧粘贴水泥珍珠岩板或加气混凝土板作保温层的做法。

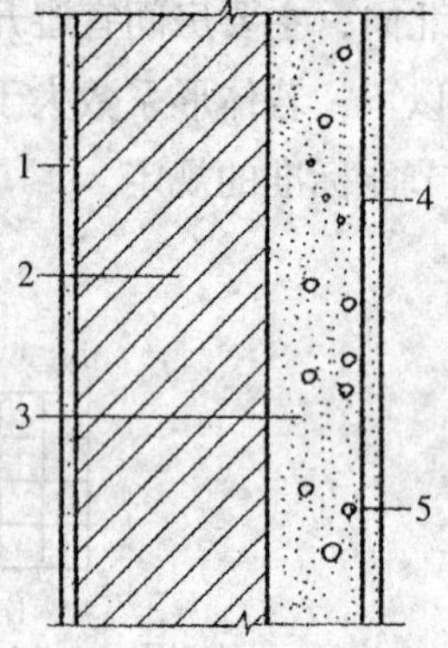

图7-5 外墙单设保温层构造

1—外粉刷；2—砖砌体；3—保温层；4—隔气层；5—内粉刷

（2）封闭空气间层保温

根据建筑热工学原理可知，封闭的空气层有良好绝热作用。在建筑围护结构中设置空气间层可以明显提高保温性能，而施工方便，成本比较低，普遍适用于新建工程和既有建筑改造工程，空气间层的厚度，一般以4～5cm为宜。为提高空气间层的保温能力，间层表面应采用强反射材料，例如铝箔就是一种具体方法。如果用强反射遮热板来分隔成两个或多个空气层，当然效果更好。为了使反射材料具有足够的耐久性，应当采取涂塑处理等保护措施。

（3）保温与承重相结合

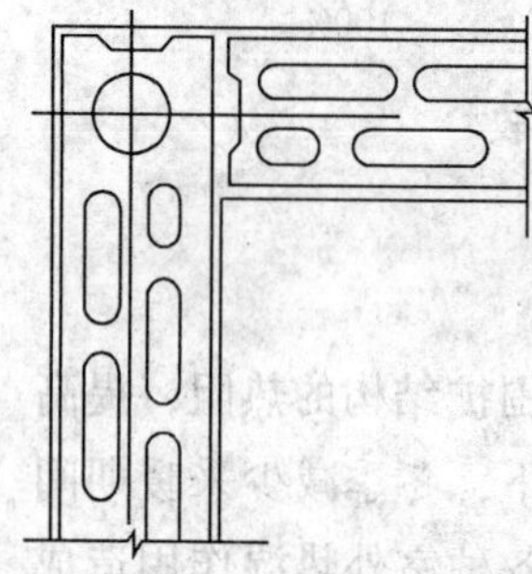
图7-6 混凝土空心砌块砌筑墙体构造

空心板、多孔砖、空心砌块、轻质实心砌块等，既能承重，又能保温。只要材料导热系数比较小，机械强度满足承重要求，又有足够的耐久性，那么采用保温与承重相结合的方案，在构造上比较简单，施工亦较方便，这种构造适用于钢筋混凝土框架等结构类型的外围护墙。图7-6所示为北京地区使用的双排孔混凝土空心砌块砌筑的保温与承重相结合的墙体。

（4）混合型构造

当单独采用某一种方式不能满足建筑保温要求，或为达到保温要求而造成技术经济上的不合理时，往往采用混合型保温构造。例如既有实体保温层，又有空气层和承重层的外墙或屋顶结构，如图7-7所示。其特点是混合型的构造比较复杂，但绝热性能好，尤其在节能要求比较高或者恒温室等热工要求较高的房间，是经常采用的。

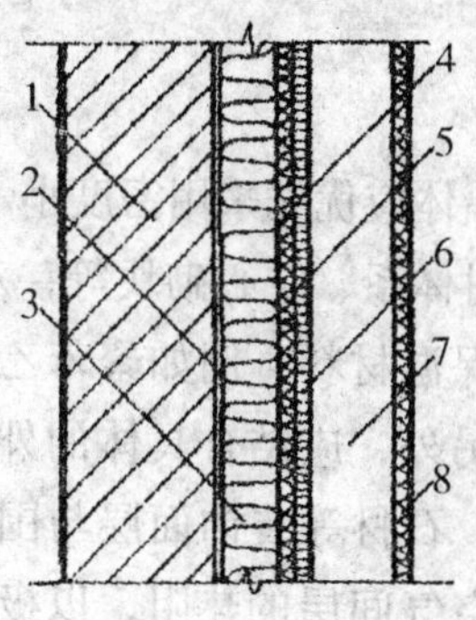

图 7－7　混合型保温层示例

1—混凝土；2—粘合剂；3—聚氨酯泡沫塑料；4—木纤维板；5—塑料膜；6—铝箔纸板；7—空气间层；8—胶合板涂油漆

当采用单设保温层的复合墙体时，保温层的位置对结构及房间的使用质量，结构造价、施工，维持费用等各方面都有很大影响。保温层设在承重结构的室内一侧，叫内保温，设在室外一侧，叫外保温；有时保温层可设置在两层密实结构层的中间，叫夹芯保温。

（5）外保温构造的特点

相比较而言，墙体采用外保温比内保温优点多一些，主要有以下几方面：

①外保温使墙或屋顶的主要部分受到保护，大大降低温度应力的起伏，提高结构的耐久性。如果将保温层放在外墙内侧，则外墙要常年经受冬夏季较大温差（可达 80℃ ~90℃）的反复作用。如将保温层放在承重层外侧则承重结构所受温差作用大幅度下降，温度变形明显减小。

②外保温对结构及房间的热稳定性有利。由于承重层材料的蓄热系数一般都远大于保温层，所以，外保温对结构及房间的热稳定性有利。

③外保温有利于防止或减少保温层内部产生水蒸气凝结。外保温对防止或减少保温层内部产生水蒸气凝结，是十分有利的，但具体效果则要看环境气候、材料及防水层位置等实际条件。

④外保温使热桥处的热损失减少，并能防止热桥内表面局部结露。

⑤建筑外保温施工基本不影响用户正常使用的情况下即可进行。另外，外保温不会占用室内的使用面积。

当然，墙体外保温也有一些不足，首先是在构造上比内保温复杂。因为保温层不能直接裸露在室外，必须有外保护层，而这种保护层不论在材料还是构造上的要求，都比做内保温时的内饰面层要求高。其次，高层建筑墙体采用外保温时，需要高空作业，施工难度比较大，还需要加强安全措施，所以施工成本较高。

（6）外墙保温的要求

在新建的节能建筑中，墙体应优先采用密度小（自重轻）、热阻大的新型生态、节能材料，如新型板材体系、空心砌块等；对于原有墙体的节能改造，应在其外侧或内侧贴装高效保温材料，例如聚苯乙烯泡沫塑料板等，以实现既有建筑的整体节能水平。另外，应结合具体的外装修设计，尽可能充分利用各种玻璃幕墙，金属饰面、石材等装饰面层与围护结构之间的空隙形成密闭的空气间层，利用密闭的空气间层的热阻，以极其经济的方式提高墙体保温能力。在保温层的一侧，还可以利用粘贴铝箔等强反射材料的方法，配合上述措施提高节能效益。通过以上技术处理，应使外墙的总传热系数达到相应建筑节能标准中总传热系数限值的要求。表 7－1 所示为公共建筑节能标准中严寒地区 A 区外墙总传热系数限值。

表 7－1　公共建筑节能标准中严寒地区 A 区外墙总传热系数限值

屋面		≤0.35	≤030
外墙《包括非透明幕墙）		≤0.45	≤0.40
底面接触室外空气的架空或外墙楼板		≤0.45	≤0.40
非采暖房间与采暖房间的隔墙或楼板		≤0.6	≤0.6
单一朝向外窗（包括透明幕墙）	窗墙面积比≤0.2	≤3.0	≤2.7
	0.2＜窗墙面积比≤0.3	≤2.8	≤2.5
	0.3＜窗墙面积比≤0.4	≤2.5	≤2.2
	0.4＜窗墙面积比≤0.5	≤2.0	≤1.7
	0.5＜窗墙面积比≤0.7	≤1.7	≤1.5
屋顶透明部分		≤2.5	

2）屋面节能技术

屋面作为建筑围护结构，对建筑顶层房间的室内气候影响不亚于外墙。在按照建筑节能设计标准要求确保其保温隔热水平的同时，还应该选择新型防水材料，改进其保温和防水构造，全面改善屋面的整体性能。常采用的具体方式有以下几种：

（1）加强保温层

这种方法是直接将屋面原有的保温层加厚，或者增加更高效的新型保温材料，使屋面的总传热系数达到相应的节能标准的要求。这是建筑保温节能工程经常采用的传统方法，优点是构造简单，施工方便。

（2）改进防水层及其保护层

屋面防水层不但要及时地排除屋面的雨水，还应该有效防止保温层受潮失效。屋面渗漏问题是建筑工程的质量通病，多年来困扰着用户并影响到屋面保温效果。有效的防治措施是彻底拆除原有沥青油毡卷材防水层，在确保施工质量的前提下，改用优质新型柔性卷材，比如改性沥青卷材或三元乙丙橡胶卷材等。防水层上必须设置强反射材料保护层，例如铝粉涂层或者铝箔。强反射材料保护层的作用不可忽视，它一方面可以防止太阳辐射造成的防水层破坏及其耐久性下降，防止保温层受潮；另一方面它还可以防止冬季建筑顶部房间向天空长波辐射造成的热损失而节约采暖能耗。

（3）采用坡屋面

建筑采用坡屋顶可以有效改善防水、保温等效果。由于坡屋面的排水坡度较大，不易积水，排水速度明显大于平屋面，这从根本上克服了平屋面渗漏的隐患；在坡屋顶与平屋面之间形成的空气间层增加热阻，也可同时增设保温层来进一步提高屋面的总热阻，利用这种构造上的优势可以用较少的投入取得显著的效果，其保温、隔热性能明显优于单独增加屋面保温层的平屋面。

（4）屋面的“平改坡”技术

屋面的“平改坡”是指将原来为平屋顶的既有建筑变为坡屋顶的改造，以此改善既有建筑屋面的防水、保温节能等问题。大约在2000年前后，我国北京、上海、广州等全国各大城市陆续开始在旧城改造中推行“平改坡”。1999年北京市开始做试点，随后逐渐开始大面积推广。2005年北京市建委“平改坡”办公室主管的“平改坡”一期工程将有185栋楼房实施改造，“平改坡”一期包括城区主要街道两侧和主要地区的北京市和区所属单位的楼房，将这些多层楼房的平顶屋面改为坡度不大于32°的四坡屋顶。项目总投资为1.6亿元，均由市政府、各区政府及产权单位筹资，居民不用自己出钱。

2003年9月原国家建设部批准颁发的国家建筑标准设计图集《平屋面改坡屋面建筑构造》（03J203）整合了国内最新技术成果，归纳总结了平屋面改坡屋面的各种类型和方法，对各种屋面瓦、支撑结构、屋面檐口、老虎窗和屋面太阳能热水器安装构造都绘制了详细的节点构造详图，为既有建筑屋面“平改坡”带来了极大的方便，提供了可靠的技术支持。图7－8、图7－9为该图集中屋面平改坡剖面示意图和块瓦屋面檐口构造示意图。

近几年哈尔滨市的建筑屋面“平改坡”工程主要集中在道里、南岗区的繁华地带，经过改造的住宅屋面在保温、隔热、排水和建筑造型等方面的改善受到住户和有关方面的好评。据测定，哈尔滨市哈表小区住宅通过屋面“平改坡”和墙体节能改造使采暖期间室内气温平均提高3℃～4℃。

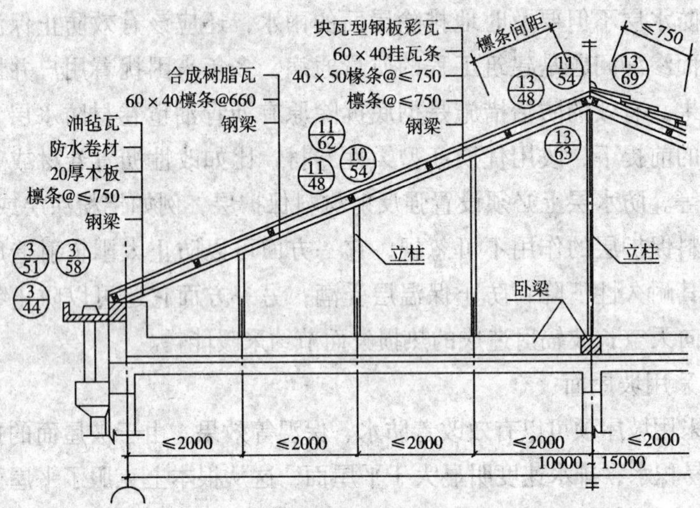

图7－8 屋面平改坡剖面示意图

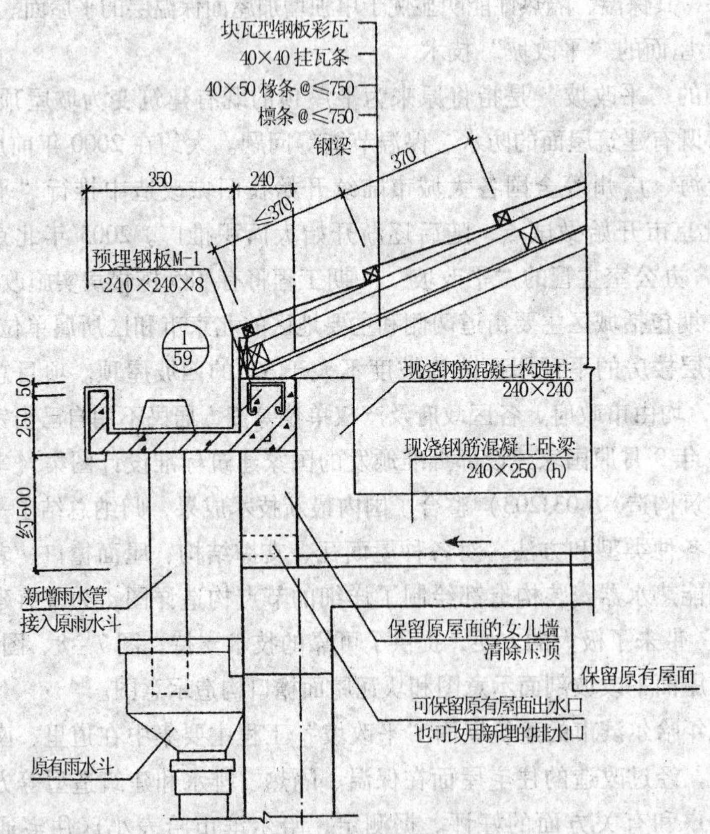

图7－9 块瓦屋面檐口构造示示意图

既有建筑屋面改造还应该与其他改造要求统筹考虑，如果遇到楼房太阳能设施安装时应加强各工种之间的协调与配合，全面实现改造一体化。

3）外门窗节能技术

一栋建筑物的外门、窗和地面在外围护结构总面积中占有相当的比例，一般在30%～60%之间。从对冬季人体热舒适的影响来说，由于外门、窗的内表面温度要明显低于外墙、屋面及地面的内表面温度，从热工设计方面上来说，由于它们的传热过程的不同，因而应采用不同的保温措施；从冬季失热量来看，外窗、外门及地面的失热量要大于外墙和屋顶的失热量。玻璃窗不仅传热量大，而且由于其热阻远小于其他围护结构，造成冬季窗户表面温度过低，对靠近窗口的人体进行冷辐射，形成“辐射吹风感”，严重地影响室内热环境的舒适，外门窗的改造将大大影响既有建筑改造的整体效果，对不同的建筑类型，应按照相应的建筑节能标准中外门窗传热系数限值合理选用节能外门窗。表7－2为公共建筑节能标准中严寒地区外门窗传热系数限值。

表7－2　公共建筑节能标准中严寒地区外门窗传热系数限值

严寒地区A区	窗墙面积比≤0.2	≤3.0	≤2.7
	0.2＜窗墙面积比≤0.3	≤2.8	≤2.5
	0.3＜窗墙面积比≤0.4	≤2.5	≤2.2
	0.4＜窗墙面积比≤0.5	≤2.0	≤1.7
	0.5＜窗墙面积比≤0.7	≤1.7	≤1.5
	屋顶透明部分	≤2.5	
严寒地区B区	窗墙面积比≤0.2	≤3.2	≤2.8
	0.2＜窗墙面积比≤0.3	≤2.9	≤2.5
	0.3＜窗墙面积比≤0.4	≤2.6	≤2.2
	0.4＜窗墙面积比≤0.5	≤2.1	≤1.8
	0.5＜窗墙面积比≤0.7	≤1.8	≤1.6
	屋顶透明部分	≤2.6	

外门包括住宅的户门（楼梯间不采暖时）、单元门（楼梯间采暖时）、阳台门下部以及公共建筑入口等与室外空气直接接触的各种门。通常门的热阻要比窗的热阻大，但是比外墙和屋顶的热阻小，所以外门也是建筑外围护结构保温的薄弱环节，表7－3是几种常见门的传热阻和传热系数。

表7-3　几种常见门的传热阻和传热系数

1	木夹板门	0.37	2.7	双面三夹板
2	金属阳台门	0.156	6.4	
3	铝合金玻璃门	0.164~0.156	6.1~6.4	3~7mm厚玻璃
4	不锈钢玻璃门	0.161~0.150	6.2~6.5	5~11mm厚玻璃
5	保温门	0.59	1.70	内夹30mm厚轻质保温材料
6	加强保温门	0 77	1.30	内夹40mm厚轻质保温材料

从表7-3可知，保温门和加强保温门可以满足公共建筑节能标准对严寒地区外门传热系数的要求。

外门的一个重要特征是空气渗透耗热量特别大。由于门的开启频率要高得多，造成门缝的空气渗透程度要比窗户缝大很多，特别是容易变形的木制门，为了使外门满足节能标准要求，建筑设计时不但可以设置传热系数满足要求的单层节能门，有条件的情况下也可考虑设置双层外门，其节能、防寒效果更好。同时可以增设防寒门斗和防寒门帘等辅助措施来减少空气渗透耗热量，也可以显著提高外门的整体保温效果。

(1) 控制窗墙面积比

建筑外窗（包括阳台门上部）既有引进太阳辐射热的有利方面，又有冬季传热损失和冷风渗透损失都比较大的不利方面。就其总效果而言，窗户仍是保温能力最低的构件。同时，由表7-5可知，通过窗户的热损失所占比例较大，因此我国建筑热工设计规范和节能设计标准中，对开窗面积作了相应的规定。按照我国的建筑热工设计规范，控制窗户的面积的指标是窗墙面积比，即：

窗墙面积比=窗户洞口面积/外墙表面积（开间×层高）

表7-4为《民用建筑节能设计标准》（采暖居住部分）JGJ 26—95规定的不同朝向窗墙面积比限值。

表7-4　窗墙面积比限值

北	0.25
东、西	0.30
南	0.35

(2) 提高气密性，减少冷风渗透

除少数建筑设置固定密闭窗外，一般窗户均有缝隙。由此形成的冷风渗透加剧了围护结构的热损失，影响室内热环境，应采取有效的密封措施。目前普遍采用密封胶条固定在门窗框和窗扇上，塑钢窗关闭时，窗框和窗扇将

胶条压紧，密闭效果很好。此外，门窗框与四周墙体之间的缝隙也应该用保温砂浆或泡沫塑料等充填密封。

（3）改善窗框保温性能

20 世纪 80 年代前建造的既有建筑绝大部分窗框是木制的，保温性能比较好。但由于种种原因，金属窗框越来越多。由于这些窗框传热系数很大，故其热损失在窗户总热损失中，所占比例不小，应采取保温措施。首先，将薄壁实腹型材改为空心型材，内部形成封闭空气层，提高保温能力。其次，开发推广塑料产品，目前已获得良好保温效果。最后，不论用什么材料做窗框，都应将窗框与墙之间的缝隙，用保温砂浆、泡沫塑料等填充密封。

（4）改善窗玻璃的保温能力

单层窗的热阻很小，因此，仅适用于较温暖地区。在采暖地区，应采用双层甚至三层窗。这不仅是室内正常气候条件所必需，也是节约能源的重要措施。双玻璃窗的空气间层厚度以 2～3cm 为最好，此时传热系数较小。当厚度小于 1cm 时，传热系数迅速变得很大；大于 3cm 时，则适价提高，而保温能力并不能提高很多。在有些建筑中，为提高窗的保温能力，也有用空心玻璃砖代替普通平板玻璃的。常见的窗户传热系数见表 7－5。

表 7－5　常见的窗户传热系数值

铜、铝	单层窗		20～30	6.4
	单框双玻窗	12	20～30	3.9
		16	20～30	3.7
		20～30	20～30	3.6
	双层窗	100～140	20～30	3.0
	单层＋单框双玻窗	100～140	20～30	2.5
木、塑料	单层窗		30～40	4.7
	单框双玻窗	12	30～40	2.7
		16	30～40	2.6
		20～30	30～40	2.5
	双层窗	100～140	30～40	2.3
	单层＋单框双玻窗	100～140	30～40	2.0

注：1. 本表中的窗户包括一般窗户、天窗和阳台门上部带玻璃部分。

2. 阳台门下部门肚板部分的传热系数，当下部不作保温处理时，应按表中值采用；当作保温处理时，应按计算确定。

3. 本表中未包括的新型窗户，其传热系数应拉测定值采用。

4）建筑地面节能技术

采暖房屋地板的热工性能对室内热环境的质量，对人体的热舒适有重要影响。对于底层地板，和屋顶、外墙一样，也应有必要的保温能力，以保证地面温度不致太低。由于人体足部与地板直接接触传热，地面保温性能对人的健康和舒适影响比其他围护结构更直接、更明显。

体现地面热工性能的物理量是吸热指数，用 B 表示。B 值越大的地面从人脚吸热就越多，也越快。地板面层材料的密度 ρ、比热容 c 和导热系数 λ 值的大小是决定地面的热工指标—吸热指数 B 的重要参数。以木地面和水磨石两种地面为例，木地面的 B = 10. 5，而水磨石的 B = 26. 8，即使它们的表面温度完全相同，但如赤脚站在水磨石地面上，就比站在木地面上凉得多，这是因为两者的吸热指数 B 值明显不同造成的。

根据 B 值，我国现行的《民用建筑热工设计规范》（GB 50176—93）将地面划分为三类（表 7 - 6）：木地面、塑料地面等属于Ⅰ类；水泥砂浆地面等属于Ⅱ类；水磨石地面则属于Ⅲ类。高级居住建筑、托儿所、幼儿园、医疗建筑等，宜采用Ⅰ类地面。一般居住建筑和公共建筑（包括中小学教室）宜采用不低于Ⅱ类的地面。至于仅供人们短时间逗留的房间，以及室温高于 23℃的采暖房间，则允许用Ⅲ类地面。

表 7 - 6　地面热工性能分类

Ⅰ	<17
Ⅱ	17 ~ 23
Ⅲ	>23

B 是与传热阻 R 不同的另一个热工指标。B 越大，则从人脚吸取的热量越多越快。试验研究证明，地面对人体舒适及健康影响最大的部分是厚度约为 3 ~ 4mm 面层材料。

《民用建筑节能设计标准》（采暖居住部分）JGJ 26—95 对地面的保温节能要求，以哈尔滨为例，建筑周边地面和非周边地面的传热系数限值均为 0. 30W/（平方米 · K）对于接触室外空气的地板，以及不采暖的地下室上部的地板等，应采取保温措施，使其传热系数小于或等于表中限值。

对于直接接触土壤的非周边地面，一般不需要保温处理，其传热系数即可满足要求；对于直接接触土壤的周边地面（即从外墙内侧算起 2. 0m 宽范围内的地面），应采取保温措施，使其传热系数小于或等于 0. 30W/（平方米 · K）。满足这一要求的地面保温构造见图 7 - 10。

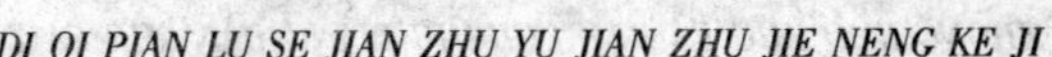

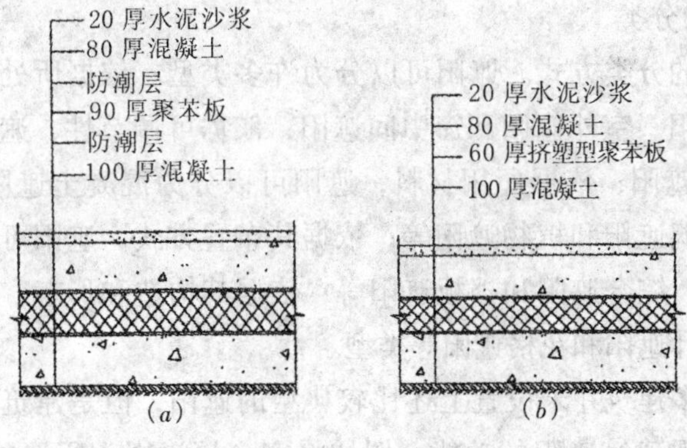

图 7－10　地面保温节能构造

(a) 普通聚苯板保温地面；(b) 挤塑型聚苯板保温地面

三、建筑遮阳

在夏季，阳光透过建筑窗口照射房间，会造成室内过热和眩光现象。当室温较高同时又受到窗口阳光的直接照射，将会使人感到炎热难受，以致影响工作和学习的正常进行。对空调建筑，窗口阳光的直接照射也会大大增加空调负荷，造成空调能耗过高。直射阳光照射到工作面上，会造成眩光，刺激人的眼睛，妨碍正常工作和学习。在某些房间，阳光中的紫外线往往使一些被照射的物品褪色、变质，以致损坏。为了避免上述情况、节约能源，建筑设计通常应采取必要的遮阳措施。虽然遮阳对整座建筑的防热都有效果，但是窗户遮阳则更显重要，因而应用的更为广泛。多年来，遮阳这种传统高效的防热措施常常被人们忽略，但是近几年来，世界能源短缺和绿色生态理念重新赋予了建筑遮阳以新的活力。

1）遮阳的主要功能

遮阳是防止过多直射阳光直接照射房间而设置的一种建筑构件。遮阳是历史最悠久的简便高效的建筑防热措施，无论是从古典的建筑，还是现代建筑均可以看到对遮阳的广泛应用。许多遮阳既用于建筑的室内防热，同时也为室外活动提供了阴凉的空间。古代希腊和罗马建筑的柱廊和柱式门廊明显的具有这种功能。我国古建筑屋顶巨大的挑檐也具有明显的遮阳作用。许多著名的建筑也表现出对遮阳的重视，并且运用它创造了强烈的视觉效果。许多世界著名现代建筑师如勒·柯布西耶和赖特在其多数建筑设计中都运用了遮阳的手法。建筑遮阳既为人创造了温暖的舒适感，同时也能够为建筑勾勒出独特的线条，从而营造出一种强烈的美学效果。

2）遮阳的分类

根据不同的分类方式。遮阳可以分为许多类型。依据所处位置，遮阳可以分为室内遮阳、室外遮阳和窗中间遮阳；依据可调节性，遮阳可以分为固定遮阳和活动遮阳；依据所用材料，遮阳可以分为混凝土遮阳、金属遮阳、织物遮阳、玻璃遮阳和植物遮阳等；依据其布置方式，遮阳可以分为水平遮阳、垂直遮阳、综合遮阳和挡板遮阳等；依据其构造和形态，遮阳可以分为实体遮阳、百叶遮阳和花格遮阳等类型。

有时，很多建筑并未设置上述比较典型的遮阳，但是建筑师经过某些构造处理也可实现建筑遮阳的功能。例如将窗户深深嵌入很厚的外墙墙体内，其效果即相当于设置了一个比较窄的遮阳。

3）遮阳的防热、节能原理

日照总共由三部分构成：太阳直射、太阳漫射和太阳反射辐射。当不需要太阳辐射采暖时，在窗户上可以安装遮阳以遮挡直射阳光，同样也可以遮挡漫射光和反射光。因此，遮阳装置的类型、大小和位置取决于所受阳光直射、漫射和反射影响部位的尺度。反射光往往最好控制的，可以通过减少反射面来实现，最好的调节方法常常是利用植物。但是漫射光却是很难控制的，因此常用附加室内遮阳或是采用玻璃窗内遮阳的方法。而控制直射光的有效方式是室外遮阳。

遮阳与采光有时是互相影响甚至是互相矛盾的。不过，通常可以采取恰当的方式利用遮阳设计将太阳能引入室内，这样既可以提供高质量的采光，同时又减少了辐射到室内的热量。理想的遮阳装置应该能够在保温良好的视野和微风吹入窗内时，最大限度地阻挡太阳辐射。

4）固定遮阳

表7－7列出了一些最为普通的固定遮阳装置，其中包括各种各样的横水平挑檐，垂直遮阳，或是二者结合成的花格格栅。百叶板和垂直遮阳可以随阳光控制而转动角度。

表7－7　固定遮阳示例

Ⅰ		挑檐水平板	南东西	阻挡热空气可以承载风雪
Ⅱ		挑檐水平平面中的水平百叶	南东西	空气可自由流过承载风或雪不多尺度小最好购买

续表

Ⅲ		挑檐竖直平面中的水平百叶	南东西	减小桃檐长度视线受限制也可与小型百叶合用
Ⅳ		挑檐竖直板	南东西	空气可自由流过无雪载视线受限制
Ⅴ		竖直鳍板	东西北	视线受限制只在炎热气候下用于北立面
Ⅵ		倾斜的竖直鳍板	东西	向北倾斜视线受很大限制
Ⅶ		花格格栅	东西	用于非常炎热气候视线受很大限制阻挡热空气
Ⅷ		带倾斜鳍板的花格格栅	东西	向北倾斜视线受很大限制阻挡热空气用于非常炎热气候

因为夏季的太阳位置较高，所以南向窗户上的水平挑檐非常有效。即便是遮阳效果不明显，在东、东南、西南以及西向的窗户上最好也安装水平挑檐。

由于早晨和下午太阳的高度角较小，所以东向及西向窗户的遮阳有一定困难。最好的解决方法是尽可能地避免开设东向，尤其是西向的窗户。或者令东向和西向的窗开向南方或北方。再者，可以使用水平挑檐或垂直遮阳，但是必须是在行之有效的情况下，而且不会严重遮挡视线。即使是后面所述的活动遮阳装置，尽管效果不错，仍然会在一天的某些时段限制了视野。

为了使固定遮阳装置更为有效，水平和竖直构件应该结合使用，当这些水平和竖直构件紧密结合时，该系统被称为花格格栅系统。这种遮阳装置最适合于炎热气候区建筑的东立面、西立面，以及极度炎热气候区建筑的东南立面和西北立面。

通常，建筑设计将视线问题放在窗户设计的首位。但是，窗户的遮阳往往会遮挡视线。因此，水平遮阳往往成为最佳选择。它仅仅对向上的视线仍有影响，而在获取水平视线及下方视线方面却没有影响。

在一年最糟糕的夏季，正午时分，因为天窗（水平玻璃窗系统）最直接的面对太阳，所以带来了遮阳的困难。因此天窗应该像东、西向窗户一样予以避免。获取光线和冬天屋顶阳光的最好解决方法是使用高侧窗。

固定式遮阳因为构造简单、造价低、维修少等特点比活动遮阳装置使用更为广泛。然而，固定遮阳装置的效果因不能调节而受到一定影响，在某些场合不如活动遮阳装置效率高。

5）活动遮阳

活动遮阳比固定遮阳在应对天气和时间的变化方面更为优越。建筑一方面需要在高温时段遮阳；另一方面需要在气温极低时争取阳光，我们就需要遮阳能够根据条件变化作出相应调整。使用固定遮阳装置时，阳光照射到窗户上的时间是随着太阳位置而变的。另外，太阳高度角和室外空气温度的变化不是完全协调一致的。首先，每天的气象图是变化多端的，尤其是春季和秋季，某天可能很热而次日则可能很冷。固定遮阳在4月末时，其宽度足以遮挡阳光，但却不能同时针对其寒冷的4月天气作相应的调整。

另外，在太阳高度角和温度两者之间不同步变化的另一个更重要的原因是由于地球体积巨大，地球在春季升温缓慢，直到夏至后的一两个月，夏季气温才达到最高点。冬天也同样，要滞后一至两个月的时间，地球的气温才会变冷。12月21日，太阳的热影响降至最低点，而最冷的日子是在1月或2月。

欲获得充分的遮阳效果可以用一种固定遮阳装置，它的遮阳效应能够持续高温期的始终。但在低温期的部分时间内，窗户也处于遮阳状态下，而活动遮阳装置能够克服这个问题。

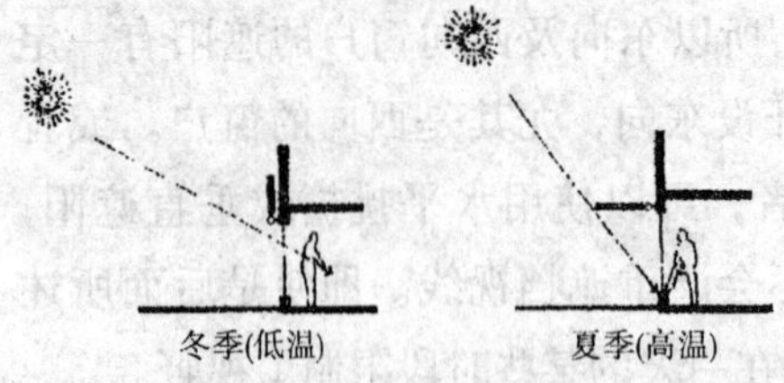

活动遮阳的控制方式可以非常简单或非常复杂。每年两次的遮阳调节方式是非常有效且又很便捷的。春季，温度逐步上升，遮阳装置以手动方式伸展打开。秋季高温期结束，遮阳装置被收回，使建筑完全暴露于阳光之下（图7－11）。

在空调设备流行之前，遮阳篷是夏季有效的活动遮阳，曾经被广泛运用于许多建筑上，特别是在那些豪华的建筑上更为普遍，例如一些重要的旅馆建筑。在冬天，遮阳篷被收起，以便使更多的阳光进入室内。现代遮阳篷是非常有效的遮阳装置。它们具有耐久性、漂亮迷人，甚至可以方便地按每日甚至每小时的要求进行调节。这种按每日太阳的运动而调节的活动遮阳装置往往是自动的，而那些在一年间仅需要调节两次的遮阳装置通常是用手工操作的。表7－8列出了多种类型的活动遮阳装置。

表7－8　活动遮阳示例

Ⅰ	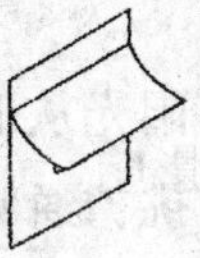	挑檐遮阳篷	南东西	全年全日或暴风雨状况均可调节阻挡热空气视野良好最好购买
Ⅱ	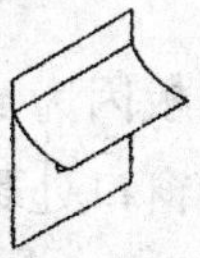	挑檐可转动水平百叶板	南东西	阻挡一些视野和冬季阳光
Ⅲ		鳍板可转动鳍板	东西	比固定遮阳装置有效得多比倾斜固定鳍板较少限制视野
Ⅳ		花格格栅可转动水平百叶板	东西	很挡住视野，但比固定蛋形格栅情况好些只用于非常炎热气候
Ⅴ	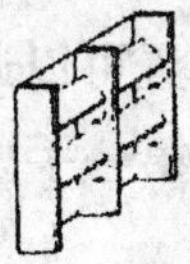	落叶植物树木蔓藤	东、西东南西南	视野受限制，但树冠低矮树木很吸引人空气降温
Ⅵ		室外卷帘遮阳器	东、西东南西南	全开到全关很灵活使用挡板时视野受限制

在诸多方法中，最佳的遮阳装置是落叶乔木，大多数乔木是与温度年协调一致地生长的，它们的树叶随气温的变化萌发生长和凋落。落叶乔木的另一优点是低费用，美观生态，克服眩光以及通过树叶的蒸发效应降低气温的能力。

利用树木遮阳的主要缺点是一些已落尽树叶的树木仍然产生一些遮挡（图7－12），另外还有有生长慢、高度有限和植物病害等缺点。

生长在格架上的蔓藤植物则能够克服这些问题。在炎热的季节，不仅使窗户，而且使墙体都掩蔽在阴影之中，是非常有益的。通常，建筑物的东面和西面是种植落叶乔木的最佳地方。另一种非常有效的活动遮阳装置是室外卷帘遮阳。这种遮阳装置特别适用于建筑中难以处理的东向

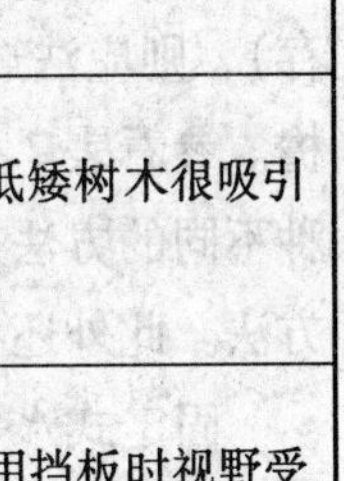

图7－12　树木遮阳

及西向墙面，这些墙有半天不需要遮阳，而另外半天则需要充分的遮阳。

6）水平挑檐

水平挑檐最适用于南向遮阳。因为它们可以在寒冷冬季使阳光从低空进入，而在夏日遮挡高空的阳光，同时保证了最大的视野。水平挑檐通常也是建筑东向、东南向、西南向和西向遮阳的最佳选择。

水平百叶板在某些方面比起实体挑檐更为优越。水平百叶板因为比较通透可以减小风雪带来的结构载荷。夏天，水平百叶板可使下方窗口处聚集的热空气流通。当遮阳板的悬挑距离受到限制时，竖向布置的百叶板非常适用。当建筑的外观需要以小尺度构件和丰富的花纹结构来表现时，百叶遮阳也非常有用。

由于单独的垂直遮阳不适合用于南立面，南窗遮阳设计首先要决定用固定式还是活动式水平挑檐。如果重点考虑遮阳而不需要日照采暖，则可以选用固定式挑檐；如果被动式采暖和遮阳同样重要（长高温期和长低温期共存），则应法选用活动式挑檐。下一步是选择或设计一种特别合适的水平挑檐。参看表 7 - 8 所示的基本类型。遮阳装置的尺寸、角度和位置可以通过几种不同的方法来确定。运用物理模型是最为有效、灵活和获取第一手资料的方法。此外还有一种最为快捷和简便的图表法。

固定式水平挑檐在不需要日照采暖时最为适用，其关键是找出大部分高温期水平挑檐可以遮挡住南向窗户的悬挑长度。

在夏季，活动式南向挑檐的设计与固定式挑檐的设计是相同的。然而，在冬季要有效地利用日照采暖，挑檐必须收起以避免窗户被阴影遮挡。要使窗户在冬天完全暴露在阳光下，首先要确定挑檐在一年的什么时段被收起，然后确定挑檐被收起的幅度。

最简单的方法是在春季及秋季过渡期伸展或收回遮阳装置。冬天的太阳角确定为“充分日照线”。由于太阳在冬季的其他时间内低于这一界线，因此任何比这条界线短的挑檐都不会遮挡住所需要的阳光。

7）玻璃遮阳

即使是最洁净且最薄的玻璃也不能百分之百地使入射的太阳辐射全部透过。未透过的辐射有一部分被吸收，另一部分被表面反射掉。其被吸收的量取决于玻璃的类型、添加剂以及玻璃的厚度。被反射的量则取决于玻璃表面的性质以及辐射的入射角。

图 7 - 13（a）表明从入射太阳辐射中所得到的总热量由透射和再辐射组成。对于透明玻璃，大约 90% 的入射太阳辐射作为热获得量被获取；图 7 -

13（b）表明因为使用了热吸收玻璃，大部分被吸收的太阳辐射又再辐射到室内，其获得的总热量是相当高的（80%）；图7－13（c）表明在没有颜色干扰时，反射玻璃有效地阻挡了太阳辐射。反射玻璃适合于各种各样的反射率情况，图中所示为50%。

玻璃还可以通过反射来阻挡太阳辐射。同时玻璃对于入射角在0°～45°范围内的透射率几乎是常数，但入射角超过70°时，透入玻璃的太阳辐射的透射率即发生明显的衰减现象。建筑师可以根据这一现象制定出遮阳的布置。

将玻璃上增加一层反射膜，可以明显提高玻璃反射的太阳辐射量。覆盖有金属镀层的玻璃表面仍足以使太阳辐射透入。反射率取决于镀层的厚度，镜面无法与镀层相提并论，因为镀层已经厚到无法令任何光线透入。反射玻璃可以在保证视线的同时充分、有效地阻挡太阳辐射（图7－13c）。反射玻璃也非常适用于东向和西向的窗户。

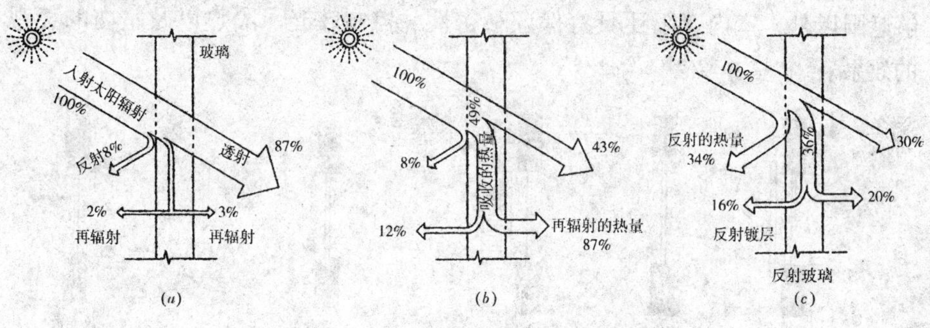

图7－13

反射玻璃在20世纪70年代逐步应用，由于种种原因它得到迅速普及，它在遮挡太阳辐射方面比吸热玻璃要好，而且不存在任何色彩干扰，可比较图7－13（a）、（b）和（c）中的阳光透射率。反射玻璃也能像镜子那样将其他的建筑、云彩等映照出戏剧化的映像。

尽管有色玻璃和反射玻璃系统可以成为有效的遮阳装置，但是透过它们无法辨别来自太阳的光和来自景色的光。无论是不是需要，昼光均被滤掉。在阻挡了不需要的夏季阳光时，也同时阻挡了等量的人们需要的冬季阳光。因此，无论是有色玻璃还是反射玻璃都不适用于需要日照和天然采光的场所，也不适用于需要避免阳光，而又需要视线的情况。当期望玻璃能够完全遮阳时，就必须采用透射率很低的材料。但即使是在阳光最明媚的时间，通过这种玻璃看到的景象也是昏暗、模糊不清的。相比之下，外部的水平挑檐、垂直遮阳等，可以使窗户更明亮．常常是最佳的遮阳方式。当然，在特别潮湿的地区，为了阻挡漫射辐射同时控制眩光，有色玻璃和反射玻璃还是适合的，可以作为挡板式遮阳的补充。

在特定的环境中，要控制外部遮阳装置的效果，可以通过选择玻璃自身性能而实现。可以将加入了不透明灰浆的玻璃砖视为一种花格格栅遮阳系统。一种混入光刻金属条的新型玻璃可以按指令调节出任意预设的角度。

当需要采光而不需要日照采暖时，可以使太阳辐射的可见光部分透入，而同时阻挡住热辐射，这时特定的“光谱选择型”玻璃系统可以实现上述要求。低 e 值的光谱选择型玻璃比起其他玻璃材料，可以透过较冷的昼光。

8）室内遮阳

从防热来看，外部遮阳装置是迄今最为有效的途径。但对于许多实际情况而言，室内遮阳，如窗帘、卷帘式遮阳、活动百叶帘和百叶窗等也是非常重要的（图 7－14a）。室内遮阳的优点是不涉及结构问题，常常比室外遮阳更经济，同时也很方便进行调节和移动，易于满足频繁变化的需要。除了能够遮阳以外，室内遮阳还具有保证私密性、控制眩光、隔熟以及室内的美观的效果。

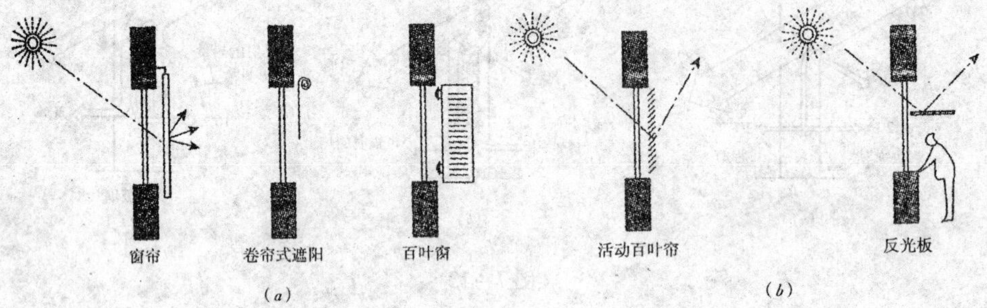

图 7－14　(a) 受阳光控制的室内庶阳装置；(b) 改善光照明的室内庶阳装置

通常，不论是否有室外遮阳，都安装有室内遮阳。在每年的过渡期或低温期中那些短暂的炎热天里，当室外遮阳不起作用时，室内遮阳是极有用的。运用活动百叶帘或遮光板的形式，也可带来良好的昼光。

在欧美等发达国家，户外遮阳已经广泛被用于大型公共建筑和家庭。例如法国里昂的 BIBLI 大学图书馆就采用了 150 幅外置式铝合金遮阳百叶窗。国内各类专业的遮阳窗饰公司在近几年纷纷涌现，而遮阳系统为了更好地完成它的使命，也正从户内走到了户外。据报道，深圳市某宾馆率先采用了户外遮阳系统，经过试验证明，这一系统能在高温下把室温降低 10 多摄氏度。这家宾馆在没有安装此遮阳系统之前，处于夏季时，靠近屋顶的两层房间室内温度高达到 40 多摄氏度，开着空调室内都有 35℃，根本无法入住宾客，两层房间只能空置。在安装户外智能遮阳系统后，室内的平均温度降低了 10%，

不仅节约了能耗，原来空着的房间可以运营了，而且经济效益得到了提高。

室内遮阳的一个主要缺点是不能在遮阳的同时又取得畅通的视线，而室外水平挑檐却能够有效地克服这一缺点。由于室内遮阳在玻璃窗内侧遮挡太阳辐射，因此许多热量被留在室内。所以遮阳装置面对玻璃那一面的色泽应该尽可能地浅（白色），以便使太阳辐射在转换成热量之前就从玻璃反射出去。

当室内遮阳与挑檐结合使用时，室内的遮阳应当从窗台向上移动而不是从窗顶向下移动。窗户的下部总要比其上部需要更多的遮阳。因此，部分视线、私密性和昼光可以在遮挡阳光时仍被保留下来。

9）遮阳设计原则

遮阳的尺寸和类型应依据建筑的类型、气候条件和建筑场地的纬度确定。遮阳设计应该将遮阳尽可能设计成建筑的一部分，建筑各个朝向应当选择适宜的遮阳类型，根据建筑节能设计标准的要求，不同朝向的开窗面积也应该有所区别，活动遮阳比固定装置使用更为方便，高效，应该优先选用植物遮阳，室外遮阳比室内遮阳和玻璃遮阳更为理想。

第二节　建筑设备系统节能

一、供热系统节能

1）概述

供暖系统的功能是在冬季为保持建筑室内适宜的气温，通过人工方法向室内供给热量。供暖系统是由热源、热媒输送和散热设备三个主要部分组成。其中热源、输送、利用三者为一体的供暖系统，称为局部供暖系统，如烟气供暖、电供暖和燃气供暖等。热源和散热设备分别设置，由热媒管道相连，即由热源通过热力管道向各个房间或各栋建筑物供给热量的供暖系统，称为集中式供暖系统。如图 7－15 所示，热水锅炉 1 和散热器 4 分别设置，通过热水管道（供水管与回水管）3 相连。循环水泵 2 使供暖系统的回水送入热水锅炉 1 中加热，并送到散热器，热水在散热器中冷却后，返回锅炉重新加热。膨胀水箱 5 用于容纳供暖系统升温后的膨胀水量，并使系统保持一定的压力。

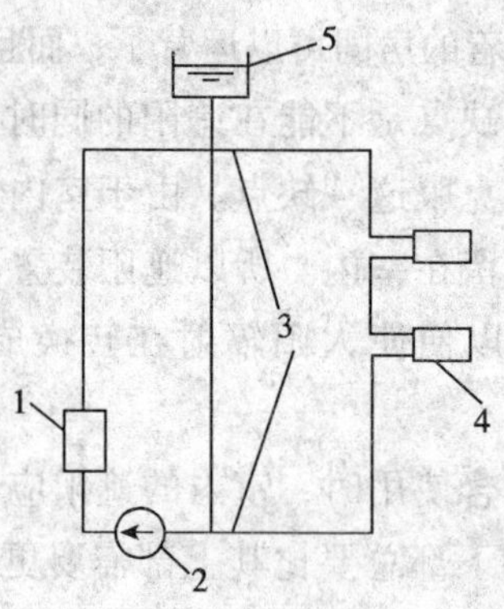

图 7－15　集中式供暖系统示意图

1—热水锅炉；2—循环水泵；3—热水管道；4—散热器；5—膨胀水箱

2）集中供热节能

集中供热系统由热源、管网和热用户三部分组成。供热系统中的热源系指供热热媒的来源，它是热能生产和供给的中心。一般有区域锅炉房、热电厂、工业余热和地热等。

（1）热电厂

热电厂供热主要是利用汽轮机中、后部做功后的低品位蒸汽的热能，这种既供电，又供暖的汽轮机组可以使汽轮机的冷源损失得到有效利用，从而显著提高热电联合生产的综合利用效率。典型的热电联产和分散供电供热系统及其热量平衡示意，如图 7－16 所示。

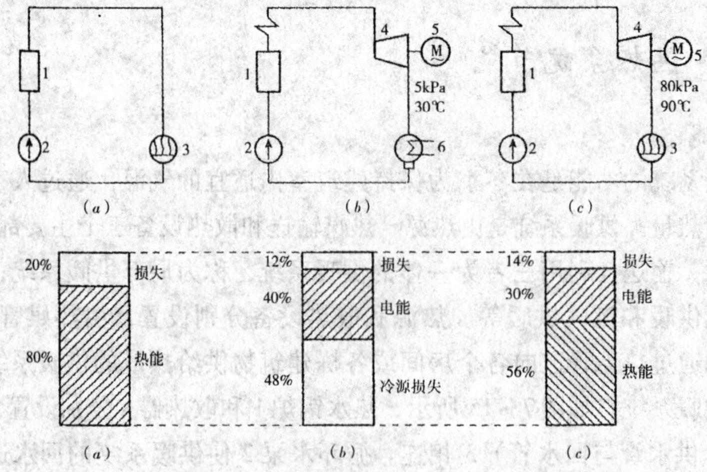

图 7－16　热电联产和分散供电供热系统及其热量平衡图

（a）区域锅炉房供暖，（b）凝汽发电；（c）热电联产

1—锅炉；2—给水泵；3—热用户；4—汽轮机；5—发电机；6—凝汽器

如果采用热电联产方式，获得相同数量电能和热量，理论上所耗燃料比分产方式（分别由锅炉房供热和凝汽电厂供电）可少1/3左右。热电厂的供热机主要有背压式汽轮机和抽气式汽轮机等形式。

（2）区域锅炉房

区域锅炉房一般都装置容量大、效率高的蒸汽锅炉或热水锅炉，向城市各类用户供应生产、生活用热。区域锅炉房的规模和场地选择比较灵活，投资比热电厂少，建设周期比较短，但热能利用率低于热电厂它是目前城市集中供热热源的一种主要形式。它既可单独向一些街区供热，形成独立的供热系统，也可以作为热电厂的辅助热源，在高峰负荷时与热电厂联合供热。

国内的热电厂和区域锅炉房大多数采用矿物燃料。有的国家发展以核裂变为热源的核电厂和核供热站，也有一些国家建设了垃圾焚烧厂以及燃烧麦秆、木材下脚料的热电厂或锅炉房，这些在我国也有应用实例。

（3）工业余热

工业余热主要包括：

①从冶金炉、加热炉、工业窑炉等各种工艺设备的燃料气化装置排出的高温烟气。将其引入余热锅炉，生产蒸汽直接或间接加热热水供热。

②各种工艺设备的冷却水。

③各种工艺设备，如蒸汽锤等做功后的蒸汽。

④熔渣物理热等。

工业余热一般用以满足本厂及住宅区的生产及生活用热，也可以并入热网和其他热源联合供热。

（4）地热

地热水供热是利用蕴藏在地下的热水资源，开采并抽出向用户供热。它具有节省燃料和无污染的优点。为了防止水位下降，一般将利用后的地热水经回灌井返回地下。

地热水供暖可分为直接系统和间接系统两种。直接系统是将地热直接引入热用户系统，它具有设施简单、基础建设投资少等优点，但地热中含有硫化氢等杂质会造成系统管道和设备腐蚀。间接系统是通过换热器加热热水以供给用户，它虽可以避免管道和设备的腐蚀，但是设施复杂、基建投资高。

地热水的温度较低，可在系统中装置高峰锅炉，或利用热泵等方法提高地热水温度，以扩大供热面积和降低成本。

（5）热网

热网是指由热源向热用户输送和分配供热介质的管线系统。由输热干线、配热干线、支线等组成。热网多采用枝状，少数采用环状，又可分为热水热网和蒸汽热网两种。

①热水管网还可分为单管、双管和多管系统。热水单管系统只有一条供水管，热水经供暖散热、生活使用后不再返回热源，只适用于生活用热量大，热源充足的情况，如上面提到的地热水供暖系统。热水双管系统，适用于热水沿供水管送到用户，散热降温后又经回水管返回热源的情况，应用最广泛。热水多管系统，适用于两种或两种以上具有不同参数要求或不同调节特性的用户。

②蒸汽热网一般常拥有凝结水管系统。蒸汽由热源经蒸汽管道输送到用户，在用热装置中放热并形成凝结水，再沿着凝结水管返回热源。当凝结水无回收价值时，可采用无凝结水管的蒸汽管网。

③供热管道的敷设方式有地下敷设和地上敷设两种。地下敷设方式，多用于市区供热管网，它可分为有沟敷设和无沟敷设。有沟敷设是指供热管道敷设在地沟内，管道不承受外界负载；无沟敷设是指管道直接埋于土壤中，无地沟管道直接承受外界负载，造价低廉，施工方便。

地上敷设方式多用于工业区、郊区、地下水位高、永久冻土区和湿陷性土壤等地质构造特殊的地区。供热管道一般采用钢管并有防腐保温措施。为防止供热介质温度变化而破坏管道，还应设置热补偿装置。

（6）热用户

热用户是指集中供热系统利用热能的用户。热用户按用途不同，可分为建筑采暖、通风空调、生活热水和工业生产等类型。

为适应用户的需要，热网在进入一批用户的地方应设立热力站。根据用户性质不同可分为民用热力站和工业热力站。民用热力站系统多数采用热水作为热媒，如图7－17所示。按连接方式，可分为直接连接和间接连接。直接连接时，热网的供热介质进入用户系统，有的采用水泵或喷射泵等混合装置，调节进入用户的压力、温度和流量等供热介质参数。

间接连接时，热网的供热介质通过表面式换热器进行热能交换，热网的供热介质不进入用户，进入用户的二次水靠水泵驱动循环。

工业热力站系统大多采用蒸汽作为热媒，工业蒸汽热力站示意，如图7－18所示。热网蒸汽首先进入分汽缸，然后再根据用汽设备要求的工作压力、温度等参数要求，经减压阀或减温阀调节后进入用户系统，其凝结水经凝结水箱、凝结水泵送回热源。

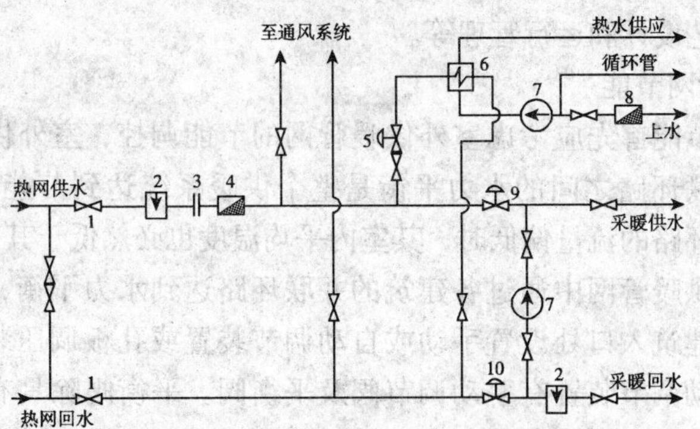

图 7－17　民用热水热力站示意图

1—阀门；2—除污器；3—调压装置；4—流量计（或热量表）；5—温度调节器；6—换热器；7—水泵；8—水表；9—流量调节器；10—压力调节器

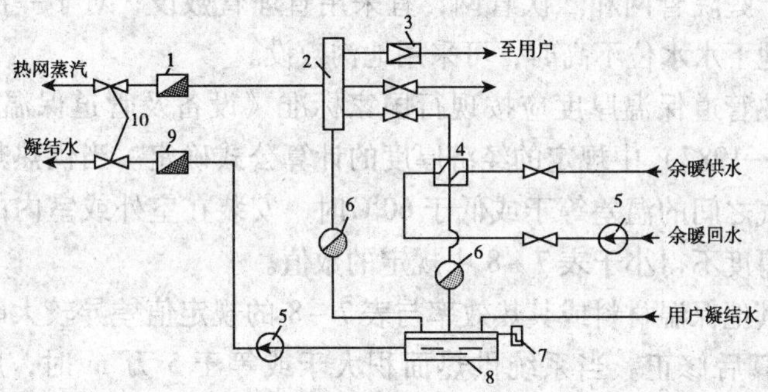

图 7－18　工业蒸汽热力站示意图

1—蒸汽量计；2—分汽缸；3—减压阀；4—换热器；5—水泵；6—疏水器；7—水封；8—凝结水箱；9—凝结水表；10—阀门

（7）集中供热系统的类型

集中供热系统的类型包括：①区域锅炉房集中供热系统，它是指以区域锅炉房为热源的供热系统；②热电厂集中供热系统：它是以热电厂作为热源的供热系统。由热电厂同时供应电能和热能的能源综合供应方式，称为热电联产，也称为“热化”。

3）供暖热源节能

如前所述，供暖热源节能的途径包括各种废热、余热利用，太阳能、地能供暖，另外还有提高锅炉系统的运行效率等环节。正常技术条件下，对于一般住宅建筑，供暖锅炉的每 1 吨蒸气可为 10000 平方米建筑供暖；至于供热锅炉的热效率，锅炉运行实践证明，在正常技术条件下，一些锅炉可长期稳定在 75% 以上热效率。目前锅炉房设计中锅炉容量配置过高，造成巨大浪费，故供热锅炉房节能潜力巨大。供热锅炉房节能技术包括锅炉及其辅机选型、锅炉房工艺设计和运行管理等。

4）供热管网节能

供热管网节能首先应考虑室外供暖管网的节能调控，室外供暖管网中通过各建筑的并联环路之间的水力平衡是整个供暖系统达到节能的必要条件，因为当某建筑环路的流量偏低时，其室内平均温度也必然低于其他建筑。

为使室外供暖管网中通过各建筑的并联环路达到水力平衡，其主要手段是在各环路的建筑入口处设置手动或自动调节装置或孔板调压装置，以消除环路余压。手动调节装置有手动调节阀及平衡阀。平衡阀除具有调压的功能外，还可用来测定通过的介质流量。

供热管网节能必须处理好管道的保温。为了减少管网输送过程的热能损失，必须做好管道保温处理。设计一二次热水管网时，应采用经济合理的敷设方式。对于庭院管网和二次管网，宜采用直埋管敷设；对于一次管网，当直径较大且地下水水位不高时，可采用地沟敷设。

采暖供热管道保温厚度应按现行国家标准《设备及管道保温设计导则》（GB/T B175—1987）中规定的经济厚度的计算公式确定。当供热热煤与采暖管道周围空气之间的温差等于或低于60℃时，安装在室外或室内的采暖供热管道的保温厚度不得小于表7－8中规定的数值。

当选用其他保温材料或其热效率与表7－8的规定值差异较大时，最小保温厚度应计算后修正。当系统供热面积大于或等于5万m时，应将200～300mm管径的保温厚度在表7－9最小保温厚度的基础上再增加10mm。

表7－9　采暖供热管道最小保温厚度表

岩棉或矿棉管壳			
$\lambda_m = 0.0314 + 0.0002t_m$ W/（m·K）	25～32	32～38	30
$t_m = 70$℃	40～200	48～219	35
$\lambda_m = 0.0452$W/（m·K）	250～300	273～325	45
玻璃棉管壳			
$\lambda_m = 0.024 + 0.00018t_m$ W/（m·K）	25～32	32～38	25
$t_m = 70$℃	40～200	45～219	30
$\lambda_m = 0.037$W/（m·k）	250～300	273～325	40
聚氨酯硬质泡沫保温管（直埋管）			
$\lambda_m = 0.02 + 000014t_m$ W/（m·K）	25～32	32～38	20
$t_m = 70$℃	40～200	45－2～9	25
$\lambda_m = 0.03$W/（m·K）	250～300	273～325	35

5）室内散热节能

供暖系统中室内散热供暖方式主要可分为对流供暖和辐射供暖两种。以散热器为散热设备采取对流换热的供暖方式，称为对流供暖，也称为散热器供暖系统；另一种对流供暖方式是利用热空气作为热媒，向室内供给热量的热风供暖系统。辐射供暖是以辐射传热为主的一种供暖方式。它的散热设备，主要采用金属辐射板或以建筑物顶棚、地面、墙壁作为辐射散热面。

（1）低温地板辐射采暖技术

低温地板辐射采暖技术是一种新兴的节能采暖技术，我国有些工程已采用，并取得良好效果。低温地板辐射采暖的工作原理是使加热的低温热水流经铺设在地板层中的管道，并通过管壁的热传导对其周围的混凝土地板加热后使地板以辐射方式向室内传热，达到舒适的采暖效果。

①辐射地板构造

辐射地板一般由供暖埋管和覆盖混凝土层构成，如图 7－19 所示。基层为钢筋混凝土楼板，上铺高效保温材料隔热层，隔热层上敷设塑铝复合管，塑铝复合管上铺钢筋加强网，其上为混凝土地面和装修层。

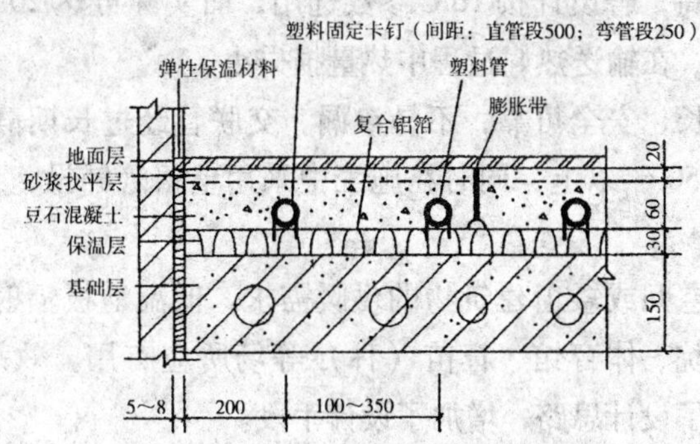

图 7－19　辐射采暖地板构造

②采暖系统

低温地板辐射采暖系统，如图 7－20 所示。该系统由 4 部分构成，包括：热源、分水器、采暖管道和集水器。

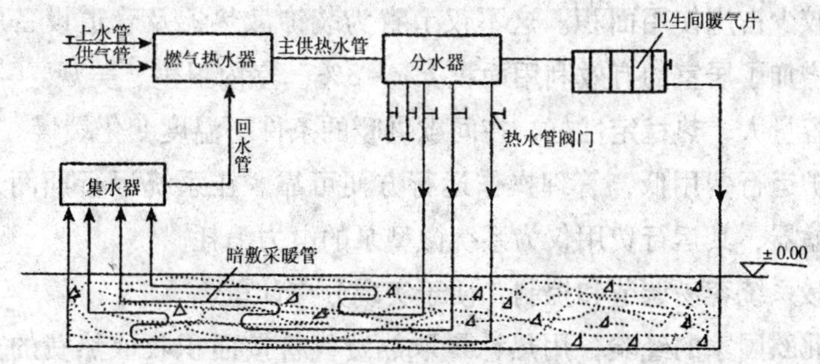

图 7－20　燃气热水低温地板辐射采暖系统

热源可以用天然气或电为燃料。也可以由城市热网提供不高于65℃的热水或者地热水。供暖回水、余热水等经主供水管进入分水器。分水器起到均匀分水作用。热水经供水主管进入分水器，再经过分水器进入各环路采暖管道。由采暖管道，热水经分水器进入环路采暖管道加热房间。热水从各环路采暖管道进入集水器，再由回水主管道回到燃气热水器或其他热源。供暖方式由低压微型泵将低于60℃的热水，通过交联管循环，加热地表面层以辐射的方式向室内传热，从而达到舒适的采暖效果。

由辐射地板构造和采暖系统图可知，影响采暖效果的主要因素有塑铝复合管在房间中单位平方米敷设的长度、覆盖在塑铝复合管上的混凝土层的厚度及其上的介质材料性能、塑铝复合管下的隔热介质材料性质和塑铝管的布置形式及管径的大小。

（2）低温地板辐射采暖的特点

①高效节能。其一，该系统可利用余热水；其二，辐射采暖方式较对流采暖方式热效率高，若设计按16℃参数选用，而实际可达20℃的供暖效果；其三，低温传送，在输送热媒过程中热量损失小。

②使用寿命长，安全可靠，不易渗漏。交联管经过长期静水压试验，连续使用寿命可达50年以上，同时在施工中采用整根管铺设，地下不留接口，消除渗漏隐患。

③解决了大空间或矮窗建筑物的供暖需求。低温地板辐射采暖系统如在宾馆大厅、影剧院、体育馆、育苗（种）等场所应有用，效果会十分理想，也为设计者开拓了设计思路，增加了设计手段。

④采暖十分舒适。室内地面温度均匀，梯度合理。由于室内温度由下而上逐渐递减，地面温度高于呼吸线温度，给人以脚暖头凉的良好感觉。

⑤室内卫生条件得以改善。由于采用辐射散热方式，不会像壁挂暖气那样使污浊空气对流。

⑥比较少占用使用面积。这不仅节省为装饰散热器及管道设备所花的费用，同时增加了居室的有效利用面积1%～3%。室内卫生、美观。

⑦热容量大，热稳定性好，在间歇供暖的条件下温度变化缓慢。

⑧维护运行费用低，管理操作运行方便可靠。在系统运行期间，只需定期检查过滤器，其运行费用仅为系统微型泵的电力消耗。

⑨供暖系统容易调节和控制，便于实现分户计量。

根据北欧国家的经验，用热计量取热费代替按面积收取热费的方法可以节约能源20%～30%。采用地板辐射采暖时，由于单户自成采暖系统，只要在分配器处加上热计量装置，即可实现单户计算。

我国20世纪50年代末已将低温地板辐射采暖技术应用于一些工程中，由于当时技术条件和材料工艺的限制，地板辐射采暖技术的应用受到了极大的限制。目前，我国引进国外技术和进口原料生产的XLPE管（交联聚乙烯管）、PPC（改性聚丙烯）、聚丁烯管，均符合有关国际标准，作为低温地板辐射采暖的加热管，完全符合要求，而且具有比一般金属管材耐腐蚀、阻力小、寿命长的优点，目前已广泛用于实际工程中。

（3）低温地板辐射采暖存在的问题

①目前地板采暖用管材，存在着国产原料供应断档、生产设备投资大等因素的限制，致使短期内通水管等关键部件尚需依赖进口，因此整体价位较高，应用范围受到一定限制。

②从技术角度看，地板采暖在住宅中应用需占最小60mm的构造高度，所以建筑物每层净高会相应有所降低。

③地板采暖属于隐蔽工程，试用期间不易维修，一旦通水渗漏维修难度较大，需要专业人员用专用设备查漏和修复。

（4）低温地板辐射采暖技术的应用

该采暖系统的布置多为单元独立的自采暖方式，可取消传统的小区锅炉供暖所需要的设施。低温地板采暖系统出水温度为65℃，回水温度为40～50℃，并可以由调温阀自调。温度控制的方法有：调节分水器上的热水管道阀门，控制热水流量或调节控制燃气热水器的火焰大小。低温地板辐射采暖的布管形式可有单回路、双回路和多回路等，如图7－21所示，地板采暖管道与分水器、集水器的连接示意见图7－22。

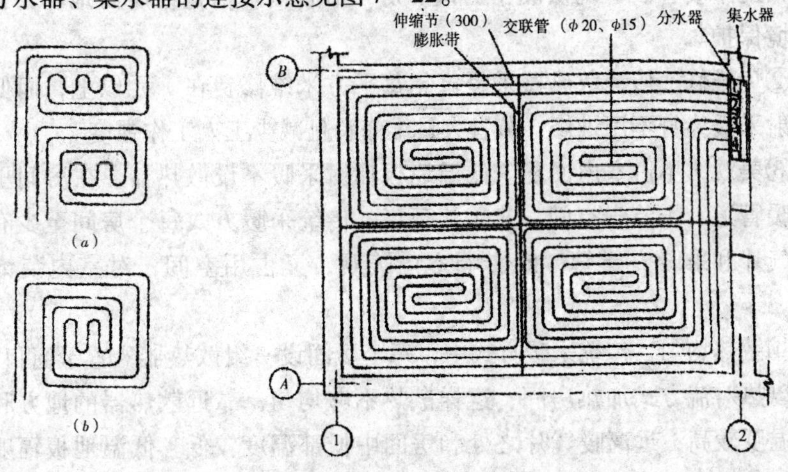

图7－21　低温地板采暖布管形式与平面布置

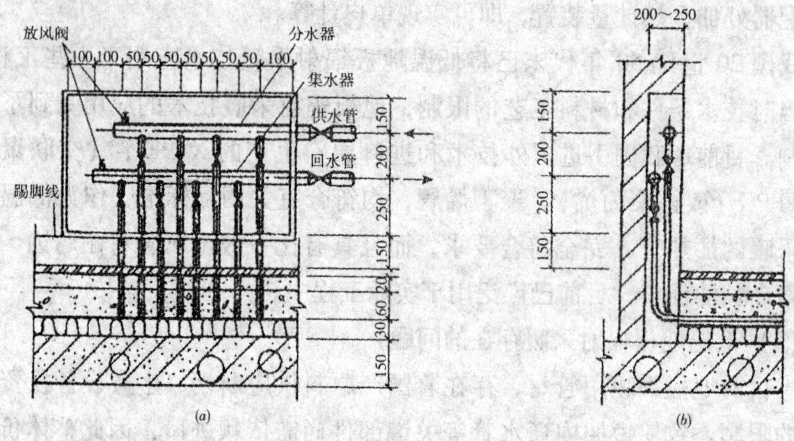

图 7-22　地板采暖管道与分水器、集水器的连接示意图

(a) 分水器、集水器正视图；(b) 分水器、集水器侧视图

目前新型聚乙烯平夹铝复合管具有通水能力强、永不结垢、机械强度高、耐腐蚀、可弯曲、寿命长等钢管无法比拟的优点；地板辐射采暖具有调节方便、热效果好、不占空间、美化居室、卫生性好等优点；两者的有机结合具有传统的对流供暖方式无法比拟的优势。逐步为越来越多的人所接受，在商厦宾馆、写字楼及住宅工程中都有着广阔的应用前景，对传统供暖方式是一个巨大的挑战。地板辐射采暖的优势是：

①造价比较低。低温地板辐射采暖每平方米造价一般在 140~160 元之间。辐射采暖系统使用寿命超过 50 年，而传统采暖系统使用寿命不超过 40 年。传统散热器采暖按 50 年折算显然不便宜。此外，以低温水为热源的低温地板辐射采暖省去传统供暖中的锅炉房，节省锅炉房建设所需地皮，且有利于环境保护。

②免维修。传统散热器采暖每年每平方米维修费在 1 元以上，而低温地板辐射采暖终身不用维修，节省大量维修费且减少工人工作强度。

③美观，不占室内面积。低温地板辐射采暖不设散热器，在房间里看不到采暖管道，既节省空间，又美化环境；传统采暖方式每个房间至少有一组散热气片和采暖立支管，既影响室内美观，又占用空间，对室内装饰极为不利。

④散热均匀。传统采暖方式中，每个房间设一组散热器，置于窗口下方，主要以热对流方式加热房间，这样散热不够均匀，靠近散热器的地方和房间上部温度较高，远离暖气片之处和房间中低部温度较低。低温地板辐射采暖无此弊病，因为是采用整个房间地面为散热源，散热均匀，而且低温地板辐

射采暖主要以热辐射和热对流方式加热房间，使脚下有舒适之感。

⑤调节方便。调节方便、灵活，各房间可根据自身情况利用控制装置设定供水温度，使房间达到自己满意的温度。对个别房间可采用调节分水器上的阀门以改变房间温度。如家人白天外出上班可将房间温度设为10℃，下班后可设为20℃，夜间又可变为15℃，并可方便地将厨房、客厅的供暖关闭。方便快捷的调节方法是传统集中供暖方式无法比拟的。此采暖系统升温快，在10分钟内可将室内温度提升7～10℃。相对传统采暖平均一年节省燃料20%。

⑥热效果好。暖气系统的功能是为用户提供舒适的室内环境，从而满足人们生理上的需求。通常情况下，人们认为下半身温度较高，上半身温度较低，即脚暖头凉的感觉较为舒适。现以当前不同种采暖方式，在相同客观条件下使房间达到不同舒适效果程度，来说明低温地板辐射采暖的优点，如图7－23所示。

按照符合人体生理学舒适原则编制的图7－23曲线1。根据不同种采暖方式编制了曲线2～4。从图7－23中看出，只有曲线2比较接近曲线1，即低温地板辐射采暖相对其他采暖方式是最为合理和科学的。

图7－23中曲线3为普通散热器采暖方式，因其主要以热对流方式加热房间，必然导致热空气上升，冷空气下降，从图中可以看出上部温度较高，而下部尤其脚部温度却非常低，这不是人们需要的理想采暖效果。

图7－23中曲线4为空调采暖，它虽可以解决脚部温度过低的问题，但头部温度偏高，给人以燥热之感，不是合理的采暖方式。图7－23中曲线2为低温地板辐射采暖，因其主要通过热辐射、热传导方式加热房间，能够保证房间下部温度高于上部，符合舒适原则，是较为合理的采暖方式。

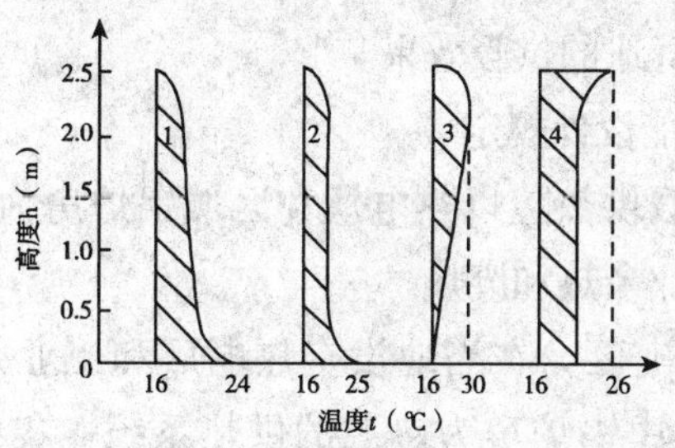

图7－23　不同采暖方式供热效果比较

1—理想采暖方式；2—低温地板辐射采暖方式；3—传统对流采暖方式；4—空调采暖方式

卫生性好：从图中可以看出，通过热对流方式采暖的房间，都会引起室内空气对流，而导致室内灰尘四处飘散，造成空气污染。低温地板辐射采暖主要通过热辐射方式温暖房间，能较好地避免室内空气流动扬起灰尘。

经过在一些建筑中实际运行后，低温地板辐射采暖系统的用户们反映低温地板辐射采暖调试方便灵活，室内温度在24h内维持18℃，地面温度在24℃左右，并有脚暖头凉的舒适感觉。混凝土地面无裂痕产生，始终保持平整，用户感到满意。

（5）电热采暖节能技术

辐射采暖使人体的辐射散热量减少，生理热平衡需要降低，因此，较低室温辐射采暖可取得与较高空对流采暖相同的热舒适感，这就是辐射采暖比对流采暖节能的原因。对于住宅而言，辐射采暖比对流采暖的节能幅度约为10%。

电热膜装在居室顶面或墙面，通过电加热半透明聚铝膜，以红外线低温辐射采暖，具有不占室内使用面积、自行调节室温、无污染、免维修和舒适温暖等特点，主要适用于楼房和节能型平房。

电热膜顶棚辐射采暖的主要优点还有前期投资少，耗电少，升温快；辐射传热可蓄热，可躲开高峰电而充分利用廉价的低谷电；节省传统暖气的水循环系统，无渗漏之忧和与建筑同寿命等。因此，电热膜顶棚辐射采暖在住宅中得到了较为广泛的应用。电热膜顶棚辐射采暖的主要不足在于为防止系统过热和人为损坏，建筑室内装修时会受到一定限制。

6）供暖设计节能

供暖设计节能是指依据相应的建筑节能设计标准中的采暖供热节能设计和采暖供热系统的各项规定，选择经济合理的热源和供暖系统，通过设计环节实现相应的节能、舒适的供暖效果。

（1）采暖供热节能设计规定

①居住建筑的采暖供热应以热电厂和区域锅炉房为主要热源。在工厂区附近，应充分利用工业余热和废热。

②城市新建的住宅区，在当地没有热电厂和工业余热、废热可资利用的情况下，应建以集中锅炉房为热源的供热系统。集中锅炉房的单台容量不宜小于7.0MW，供热面积不宜小于10万平方米。对于规模较小的住宅区，锅炉房的单台容量可适当降低，但不宜小于4.2MW。在新建锅炉房时，应考虑与城市热网连接的可能性。锅炉房宜建在靠近热负荷密度大的地区。

③新建居住建筑的采暖供热系统，应取热水连续采暖进行设计。住宅区内的商业、文化及其他公共建筑以及工厂生活区的采暖方式，可根据其使用性质、供热要求由技术经济比较确定。

（2）对采暖供热系统的规定

①在设计采暖供热系统时，应详细进行热负荷的调查和计算，确定系统的合理规模和供热半径。当系统的规模较大时，宜采用间接连接的一、二次水系统，从而提高热源的运行效率，减少输配电耗。一次水设计供水温度应取 115～130℃，回水温度应取 70～80℃。

②在进行室内采暖热系统设计时，设计人员应考虑按户热表计量和分室控制温度的可能性。房间的散热器面积应按设计热负荷合理选取。室内采暖系统宜南北朝向房间分开环路布置。采暖房间有不保温采暖干管时，干管散入房间的热量应予考虑。

③设计中应对采暖供热系统进行水力平衡计算，确保各环路水量符合设计要求。在室外各环路及建筑物入口处采暖供水管（或回水管）路上应安装平衡阀或其他水力平衡元件，并进行水力平衡调试。对同一热源有不同类型用户的系统应考虑分不同时间供热的可能性。

④在设计热力站时，间接连接的热力站应选用结构紧凑、传热系数高、使用寿命长的换热器。换热器的传热系数宜大于或等于 3000W/（平方米. K）。直接连接和间接连接的热力站均应设置必要的自动或手动调节装置。

⑤锅炉的选型应与当地长期供应的煤种相匹配。锅炉的额定效率不应低于规范规定的数值。

（3）供暖系统节能

供暖设计是供暖系统节能的重要环节，过去所采用的陈旧的供暖系统不但能耗高，而且供暖效果差，不能根据气候等条件进行必要的调节。如今，计量供热已成为供热系统的发展方向。它不仅能做到用热分户计量，而且能满足用户热舒适和取热自由的要求，并具备室温可调、分室控温的功能，这不但改善了室内舒适性，同时还实现了节能效益。计量供热系统的形式可分为新单管系统和新双管系统，如图 7－24 所示。

图 7－24（a）为传统的单管串联形式，其缺点是上下楼层间相互贯通，各户缺乏自主调节的手段，不宜实现按户计热的要求。图 7－24（b）为新单管系统，它是在已有单管串联式的每组散热器的供回水管之间加闭合管，这是已有系统的改造方案。图 7－24（c）为新双管系统，该系统用户可根据自己的要求设定室内温度，满足舒适度要求，增强系统水力稳定性。各用户双

管并联，入口处采用压差控制器，保证供回水压差恒定，可随意调节，互不影响。

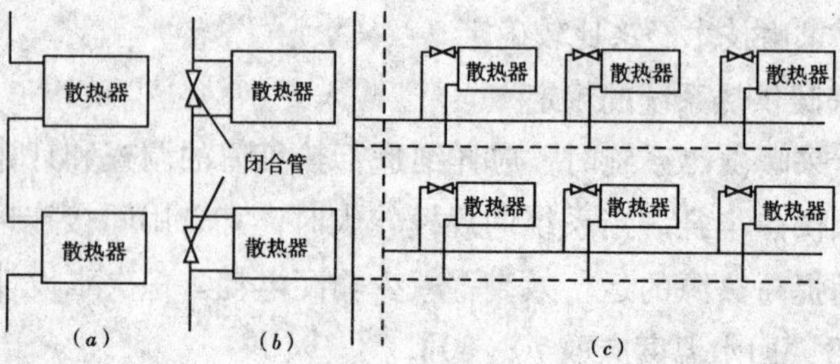

图 7－24　计量供热系统形式示意图

（a）传统单管串联式；

（b）新单管系统；

（c）新双管系统

目前较为可行的分户热计量方案有以下 3 种：

①对于新建居住建筑，采用在楼梯间设共用的供回水立管，并与分户独立系统相连接。分户独立系统，包含入户总阀门、过滤器、热量表以及较长的户内管道系统等环节，其阻力远大于单组散热器的阻力，而共同的供回水立管的阻力和自然作用压力值相对较小，基本可避免垂直失调问题。热表可安设在楼梯间专用管井内。

②对于既有居住建筑，可采用在每组散热器两端的管道之间，加设旁通跨越管与散热器并联。在散热器一侧安装散热器恒温阀，在散热器上安设热量分配计，形成新单管系统。此法可避免垂直失调，减少不同朝向房间的温差，并可实现室内温度的调节。

③采用低温地板辐射采暖技术。该技术将热水管埋设在混凝土地面内，热水管加热地面后，向上辐射散热。此方式的居住舒适性、热移定性较好，节约能源，较厚的地板及地板内敷设的铝箔聚苯板还可以改善楼板的隔声效果和控制上下楼层之间的传热量。

分户热计量对热源和系统的影响，表现在负荷和流量的多变特性，热源、室外系统、室内系统和户内系统均应与此适应。因此应考虑热源设备的燃烧调节、运行过程热媒的总体调节和变流量系统调节，应充分挖掘节能潜力，除采用自动调控装置外，还应采用手动调节。其次是实现计量供暖系统的水力平衡。静态平衡是动态平衡的基础，对于总体供暖不足的系统，应首先解决好静态平衡。为此，应做好室外区域管网的统筹设计，室内外系统须经严格的水力平衡计算，以及设置必要的调节构件作为补充手段。

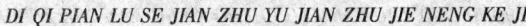

另外应考虑室外供热系统的控制，应按室外气温与回水温度自动调节供水水温；水泵宜采用适应室内外采暖系统流量变化的变频控制技术。为避免在每一分户入户口都设置自动调节装置，宜尽量增加末端系统阻力的比例。最后分室温度控制应依不同的调节方式，确定在散热器上采用恒温阀或手动阀实施分室温度调节。户用热量表的选择和管径的尺寸应认真进行水力平衡计算确定。

7）运行管理节能

为了使供热系统运行科学合理，必须在其中设置必要的计量与监测仪表和其他控制装置，还应根据建筑的具体功能要求选择经济合理的供热方式。

（1）锅炉房的主要仪表

锅炉房的主要仪表包括总耗水量水表、给水量仪表、动力仪表、照明电表、锅炉房总输出热量计、供回水自动记录仪和燃煤量记录仪等。

（2）采暖热量计量与调控设备

采暖热量计量与调控设备主要包括：

①热表：用于计量热量的仪表，能测出热水的流量与供回水的温差，并计量两者乘积进行累计。热表一般安装在楼梯间或户内。

②热量分配表：安装在每个散热器上用来测量每个散热器在系统中用热量的比例，即耗热量。

③散热器恒温阀：安装在散热器上自动控制室内温度的阀门，可按设定值自动调节散热器内的热水供应量。

④平衡阀及专用智能仪表：平衡阀是一种定量化的可调节流通能力的孔板装置。它所带的专用智能仪表是与平衡阀的配套软件技术。锅炉房及供暖系统，如图 7－25 所示。

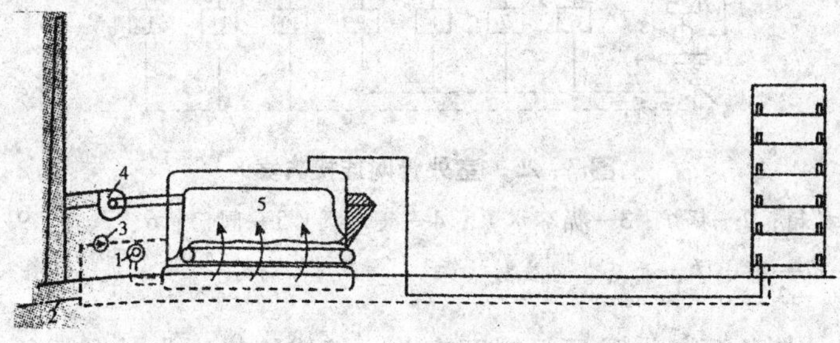

图 7－25　锅炉房及供暖系统

1—鼓风机；2—补给水；3—循环水泵；4—引风机；5—锅炉

⑤温控阀：目前，西欧发达国家已经普遍采用在散热器的供水支管上设置温控阀或在回水支管上设置回水温度限制器的办法，避免各项因表可能引起的室温过高或回水温度偏高的现象，有助于节能，值得国内借鉴，设计中采用温控阀时应注意系统布置的问题，目前安装温控阀的系统或目前尚无条件而今后准备增设温控阀的系统宜按双管系统布置管道。同时还要防堵塞，温控阀的通水阀孔断面狭小，系统水流中的污物极易在此处形成堵塞。为此，温控阀宜在室内管道通水冲洗之后安装。此外，宜在系统干管和立管的适当部位考虑设置过滤装置。

（3）供暖运行制度

依建筑物使用性质的不同，供暖运行制度基本上可以分为两类：连续供暖和间歇供暖。它们分别有着严格的规定。连续供暖是指建筑物的使用时间为24h，要求全天室温保持设计温度，如医院、三班制的工厂等。间歇供暖是指建筑物的使用时间并不是24h，因而只要求在使用时间内的室内平均温度保持设计室温，其他时间可以自然降温，如办公楼、商店等公共建筑，一班制的工厂等。

住宅、托幼等居住建筑属全天24h内要求维持一定舒适温度的建筑，虽然夜间允许室温适当下降，但不得超过一定幅度，此类建筑应采用连续供暖。住宅区内的公共建筑，如中小学、商店、办公楼等，在一天中的使用时间低于24h。只要在使用时间之前把室内气温提高到正常温度即可。这类建筑采用间歇供暖是经济、节能的。在连续供暖的住宅区内，公共建筑实行间歇供暖，如图7－26所示。

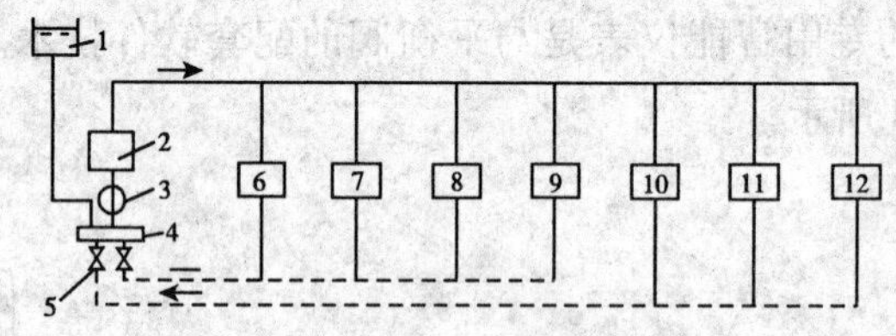

图7－26　室外管网连接方案

1—膨胀水箱；2—锅炉；3—循环水泵；4—集水器；5—阀门；6、7、8、9—住宅、托幼；10、11、12—中小学、商店、办公楼

供暖设计热负荷与供暖运行制度有关，接连续供暖设计和运行，可以减少锅炉的设计和运行台数（单台锅炉时可以减小锅炉容量）。

间歇供暖时，散热器放出的热量不仅要补充房间的耗热量，而且还要加热房间内所有已经冷却了的围护结构；而连续供暖时散热器放出的热量只要补充房间的耗热量就可以了。如按连续供暖设计，就可以不考虑间歇附加，因而可以节约建设初投资和占地面积，也可以减少锅炉运行台数，节约运行费用，锅炉的负荷率和效率也能提高。

不同类型锅炉运行时间与供暖运行制度有关，目前常用供暖锅炉最适合连续运行。近年来普遍采用的机械燃烧的链条炉排锅炉和往复炉排锅炉，固炉膛内有耐火砖砌件，需要较长的预热时间才能达到较好的燃烧条件，因此，最适合连续运行。

二、空调制冷系统节能

空调就是使用人工的手段，借助于各种设备创造适宜的人工室内气候环境来满足人类生产生活的各种需要。空调建筑系指一般夏季空调降温建筑，亦即室温允许波动范围为±2℃的舒适性空调建筑。空调的运转需要消耗大量的电能和热能，热能可通过用石油、煤等当作燃料经过燃烧而获得，但是这样不但污染空气，而且浪费了大量的能源。因此，空调系统的能源有效利用和节能就成为亟待解决的问题。

1）空调建筑节能基本原理

在夏季，太阳辐射热通过窗户进入建筑室内，构成太阳辐射得热，同时被外墙和屋面吸收，然后传入室内，再加上通过围护结构的室内外温差传热，构成传热得热，以及通过门窗的空气渗透换热，构成空气渗透得热，此外了还有建筑物内部的炊事、家电、照明、人体等散热，构成内部得热。太阳辐射得热、传热得热及空气渗透得热和内部得热三部分构成空调建筑得热。这些得热是随时间而变的，且部分得热被内部围护结构所吸收和暂时贮存，其余部分构成空调负荷。空调负荷有设计日冷负荷和运行负荷之分。设计日冷负荷系指在空调室内外设计条件下，空调逐时冷负荷的峰值，其目的在于确定空调设备的容量。运行负荷系指在夏季空调期间，空调设备在连续或间歇运行时，为将室温维持在允许的范围内，需由空调设备从室内除去的热量。

空调建筑节能除了应采取建筑措施，如窗户遮阳以减少太阳辐射得热，围护结构隔热以减少传热得热，加强门窗的气密性以减少空气渗透得热，采用重质内墙等以降低空调负荷的峰值等，降低空调运行能耗之外，还应采用高效的空调节能设备或系统，以及合理的运行方式来提高空调设备的运行效率。

2）影响空调负荷的主要因素

影响空调负荷的主要因素包括以下几方面：

（1）围护结构的热阻和热容量

对于非顶层房间，当窗墙面积比为30%时，各朝向外墙热阻值的增加，对空调设计日冷负荷和运行负荷的降低并不显著；但当热阻值（即热绝缘系数）从0.34平方米·K/W增至0.50平方米·K/W阶段，设计日冷负何和运行负荷的降低较为明显。对于顶层房间，当窗墙面积比为30%阶段，屋顶热阻值的增加，能使设计日冷负荷降低42%，运行负荷降低32%，效果显著。当外墙和屋顶的热容量较低时，增加热阻，降低空调负荷的效果较为明显；当外墙和屋顶的热容量较高时，增加热阻，降低空调负荷的效果较差。对降低空调负荷而言；热阻的作用要大于热容量，也就是说，采用热阻值较大、热容量较小的轻型围护结构，对空调建筑节能是有利的。

（2）窗墙面积比和窗户遮阳状况

空调设计日冷负荷和运行负荷是随着窗墙面积比的增大而增加的。窗墙面积比为50%的房间，与窗墙面积比为30%的房间相比，设计日冷负荷要增加25%～42%，运行负荷要增加17%～25%。大面积窗户，特别是东、西向大面积窗户，对空调建筑节能极为不利。提高窗户的遮阳性能，能较大幅度地降低空调负荷，特别是运行负荷。

（3）房间朝向

房间朝向对空调负荷的影响很大。顶层及东、西向房间的空调负荷都大于南、北向房间，在窗墙面积比为30%时，东、西向房间的设计日冷负荷和运行负荷，分别比南向房间要大37%～56%及24%～26%；顶层房间的设计负荷及运行负荷，分别比南向房间的要大14%～80%及25%～69%。因此，避免在顶层设置空调房间，以及减少东、西向空调房间是空间建筑节能的重要措施。

（4）通过门窗缝隙的空气渗透

通过门窗缝隙的空气渗透对空调负荷有一定的影响，当房间的换气量由0.5L/h增大至15L/h时，设计日冷负荷及运行负荷分别要增加41%及27%。因此，加强门窗的气密性，对空调建筑节能有一定意义。

（5）房间的热容量

对于室温允许波动范围较大的舒适性空调房间，增大房间的热容量，对降低空调能耗具有显著作用。例如，当室温允许波动范围为±2℃时，重质内围护结构的房间的运行能耗，仅为轻质内围护结构的房间的1/3。

3）空调系统能耗的影响因素

正常运行的一般空调系统，如图7－27所示。系统的耗能主要影响因素

如下：

（1）供给空气处理设备的大量冷（热）源耗能和风机与水泵克服流动阻力的动力耗能。

（2）空调系统耗能的其他影响因素。

空调系统耗能的影响因素有室外气象参数，包括气温和太阳辐射强度；室内设计标准；围护结构特性；室内的人、设备、照明等的热、湿负荷以及新风回风比等。同时，空调房间的冷负荷、新风冷负荷以及风机、水泵的耗电是空调系统必须消耗的能量。

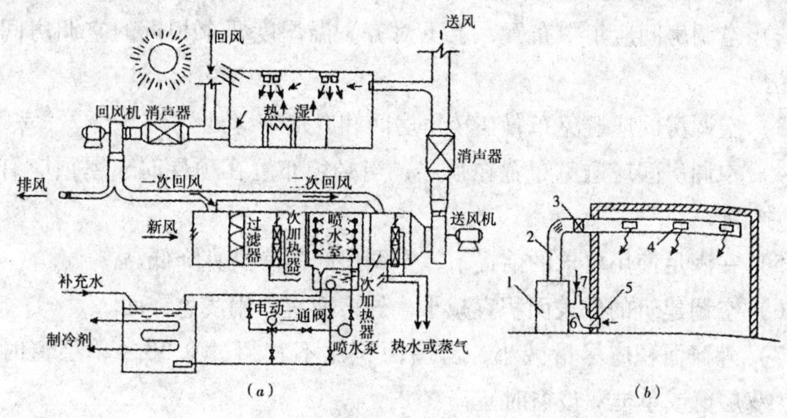

图 7－27　空调系统能耗的影响因素

(a) 集中式空调系统；(b) 分布式空调系统

1—空调机组；2—送风管道；3—电加热器；4—送风口；5—回风口；6—回风管道；7—新风入口

4）空调系统耗能的主要特点

（1）所需能源品位低，季节性强

空调系统所用冷源为 7～12℃的冷水，甚至高到 13～14℃的冷水。而且基本上是夏季使用。空调系统所需热源为 0.2～0.3MPa（表压）的蒸汽，或 70～80℃的热水，而且基本上是冬季使用。由于热源品位低，所以可以使用天然能源，如太阳能、地热水等，工业生产的废热也可作空调热源。

（2）冷（热、湿）量双向处理

夏季室外空气需经过冷却干燥处理，而排风则是低温较干燥的空气冬季室外空气需加热加湿处理，而排风是温湿度较高的空气。这样，夏季可以用排风对新风进行冷却干燥，冬季可用排风对新风进行加热加湿。充分考虑系统耗能的这一特点，使整个空调系统可以就地进行热回收，有效地利用了热源。

(3) 合理的设计和运行方案节能显著

空调系统的能耗包括供给设备冷（热）量和输送风、水而耗电，沿途冷（热）量损失和过多阻力损失，但空调系统的设计和运行方案不合理，会给系统带来大量的无效能耗损失。

5）空调建筑节能设计要点

我国《民用建筑节能设计标准》（采暖居住部分）（JGJ 26—95）对空调建筑节能设计作出了具体规定，可供各种民用空调建筑的节能设计时参考。

(1) 空调建筑或空调房间应尽量避免东向窗户。

(2) 空调房间应集中布置，上下对齐。温湿度要求相近的空调房间宜相邻布置。

(3) 空调房间应避免布置在转角房间和有伸缩缝处。

(4) 空调房间应避免布置在顶层；当必须布置在顶层时，屋顶应有良好的隔热措施。

(5) 在满足使用要求的前提下，空调房间的净高宜降低。

(6) 空调建筑的外表面积宜减小，外表面宜采用浅色饰面。

(7) 外窗面积应尽量减小，窗墙面积比不宜超过 0.30（单层窗时）和 0.40（双层窗或单框双玻窗时）。

(8) 向阳面，特别是东、西向窗户，应采取热反射玻璃、反射阳光镀膜以及各种固定或活动式遮阳等有效的遮阳措施。

(9) 外窗的部分窗扇应能开启。当有频繁开启的外门时，应设置门斗或空气幕等防渗透设施。

(10) 围护结构的传热系数应符合《采暖通风与空气调节设计规范》/GDJ19—87）规定的要求。

(11) 间歇使用的空调建筑，其外围护结构内侧和内围护结构宜采用轻质材料；连续使用的空调建筑，其外围护结构内侧和内围护结构宜采用重质材料。

6）空调系统节能技术

空调房间的冷负荷、室外空气的冷负荷、风机水泵能耗是空调系统必需的能耗，然而，在必需能耗中也有节能潜力，可以通过以下措施提高节能水平。

(1) 合理降低室内温、湿度标准

通常，如果夏季室内温度、相对湿度越低，冬季室内温度、相对湿度越高，则系统设备耗能越大。为了节约能耗，在满足生产要求和人体健康的情况下，夏季应尽可能提高，冬季应尽可能降低室内温、湿度标准。

（2）控制和正确利用室外新风量

控制和正确利用室外新风量是空调系统最有效的节能措施之一。新风应控制到卫生要求的最小值。冬季和过渡季，对于那些室内周边负荷影响小，而内区发热量较大的建筑，如大的商店、会堂、剧场等，室内需要供冷风时，要充分利用室外新风具有的冷量，可全部引入室外新风，推迟人工冷源使用的时间，节约人工冷源的能耗。

在全年运行过程中，何时全部采用室外新风，要根据室内、外干球温度和室内外热焓的差值来判断，使用一种叫热焓调节器的装置来控制。另外，吸烟和气味集中处应设局部排风，系统预冷、预热运行时新风阀门要关闭；新风阀门要选用线性特性好、便于调节的，避免关闭时漏风，这些都有助于节省新风能耗。

（3）减少输送系统的能耗

除减少空气和水在输送过程的局部阻力外，增大送风温差和供、回水温差，可减少流量，使系统输送能量大大下降。

另外，高阻力环路和低阻力环路分别设置水泵，可以防止低阻环路消耗多余的压力能。推广闭式水路循环，它与开式水路循环比，可以减少相当于建筑高度的静压头，而且防止管道腐蚀和结垢的效果很好。降低水和空气流速，减少阻力损失，还可节约输送能耗。

（4）选择节能的空调（空气、水）系统

系统形式的选择，直接影响冷、热源耗能和动力耗能。从当前发展趋势来看，国外在办公、商业等大型公共建筑里（主要是内区），比较多的是采用变风量（VAV）空调系统。

变风量和定风量空调系统相比，全年空气能耗可节约1/3，设备容量减少20%～30%，据多种资料介绍，变风量系统在一般情况下，节能可达50%左右。

另外，旅馆多采用风机盘管系统，采用变水量（VWV）的水系统，水泵可进行台数控制、转速控制，或二者同时控制，当系统负荷减少时，调小水量，冷水温度不变，和定水量系统相比，可避免冷、热抵消的能量损失，还可以减少水路输送的能耗。

（5）确保运行管理的自动控制

确保空调系统运行管理的自动控制，不仅可以保证空调房间温、湿度精度要求，节省人力，而且是防止空调系统能量损失、节约能耗的重要环节。

(6) 空调设计中，采用部分负荷分析

空调系统按设计负荷选择较大容量的设备，而设备经常在低于设计负荷下运行，这样一来，运行时需调小阀门，能耗加大，且设备常年在低效率下工作。为了解决这个问题，应对全年负荷进行统计和分析，作出全年负荷的时间频率图。选择多台不同容量的设备，运行时进行合理匹配，使设备在高效区运行，且节省能耗。此外，在空调系统的设计，施工、运行、设备制造等许多环节中都存在以节能为目标的优化问题，如接近实际的负荷计算；空调系统的合理分区；合理地划分全年最佳运行工况；设立蓄冷（热）系统；提高管道和设备的保温质量等方面都有节能潜力。

7) 空调蓄冷系统节能

蓄冷系统就是在不需冷量或需冷量少的时间（如夜间），利用制冷设备将蓄冷介质中的热量移出，进行蓄冷，并将此冷量用在空调用冷或工艺用冷高峰期。蓄冷介质可以是水、冰或共晶盐。蓄冷系统可以转移制冷设备的运行时间，利用夜间的廉价电，减少白天的峰值电负荷从而达到电力移峰填谷的目的。空调系统是现代公用建筑与商业用房不可缺少的设施，其耗电量很大，而且基本处于电负荷峰值期。因此，国家将空调蓄冷作为重点节能技术措施之一。

8) 空调方式的节能技术

(1) 概述

空气调节是将经过各种空气处理设备（空调设备）处理后的空气送入要求空调的建筑物内，并达到室内所要求的空气参数，即温度、湿度、速度和洁净度以及噪声控制等。空调系统概括起来可分为两大类：集中式和分散式（包括局部方式），见表7-10。

目前我国应用最多的空调方式，为集中的定风量全空气系统和新风加风机盘管机组系统两种。

(2) 集中式空调节能途径

集中式空调是由集中冷热源、空气处理机组（又称组合式空调机组）、末端设备和输送管道所组成。由于输送介质参数和方式不同，出现了各种不同的系统形式，见表7-10，不论何种形式，都必须有空气处理和末端设备，因此，空调设备的高效、节能是非常重要的。

表 7－10　主要空调方式

集中式	全空气系统	定风量方式 变风量方式（即 VAV 系统） 分区、分层空调方式 空气诱导方式 冰蓄冷低温送风方式
	空气—水系统	新风系统加风机盘管机组 诱导机组系统
分散式	全水系统 直接蒸发式	水源热泵系统 冷热水机组加末端装置 单元式空调机加末端设备（如风口） 分体式空调器即 VRV 系统 窗式空调器
	辐射板式	辐射板供冷加新风系统 辐射板供冷或供暖

①空调设备节能措施

组合式空调机组是集中式空调方式的主要设备，也是主要耗能设备。其技术性能指标较多，如果匹配不当，将导致耗能较大，而且达不到预期效果。

②空调系统和室内送风方式

空调系统和末端设备因建筑物特征和要求而不同。

9）多分区空调节能技术

多分区空调方式属于空调设计合理化的一种节能措施，特别适用于具有不同负荷变化特点的多个分区的空调系统中。以现代化开敞式办公楼为例，每个标准楼层可能划分为若干周边分区。各分区的空调负荷变化特点不同，如东区的最高冷负荷往往出现在上午，西区的最高冷负荷则往往出现于下午等。对于这类建筑来说，其空调设计应该能合理地解决不同分区的负荷变化所造成的室内温度偏差问题，避免某些分区的实际温度低于设计温度，而另一些分区又高于设计温度。节能的空调设计应能避免上述两类温度偏差超过允许的限值。

多分区空调方式的主要优点是：

①根据各个空调分区的负荷变化自动调节冷热风和旁通风的混合送风阀，以使空调房间达到设计的室内温度。其中不存在任何冷热能量抵消的问题。

②它是一种设备容量较小的全空气型空调器。

如同变风量空调方式一样，设备容量不必按全部空调空间的负荷峰值之和来确定，而根据建筑物的使用性质，可以乘以一个“同时使用系数”或“时间参差系数”确定。

③其各部分自动控制便于和楼宇自动化管理的电脑相连接，实现中央监控和调节。

④可以在过渡季充分利用新风冷却代替人工制冷，是优化节能的一种空调方式。

⑤在采用智能全自动控制装置后，可以实现非工作时间（夜间、节假日）的送、回风机（双速电机）的低速节电运行，并且可以按设定的时间表自动改变室内温度设定值，降低非工作时间的温度标准，有利于进一步节能。

⑥冷冻水管和凝水管不必进入建筑吊顶，从而避免管道渗漏、表面结露所造成的一系列检修问题。

多分区空调方式的初投资比风机盘管加新风空调方式高40%左右，而与变风量空调方式相比则低得多。它不存在变风量空调方式中部分负荷条件下新风量不足的问题和送风管道的静压波动问题，可以认为它是优点较多的一种节能型全空气空调方式。

10）大空间建筑空调节能

在高大空间建筑物中，空气的密度随着垂直方向的温度变化而呈自然分层的现象，利用合理的气流组织，可以做到仅对下部工作区进行空调，而对上部的大空间不予空调或夏季采用上部通风排热，通常将这种空调方式称为分层空调，如图7－28所示。只要空调气流组织得好，既能保持下部工作区所要求的环境条件，又能节省能耗，减少空调的初投资和运行费用，其效果是全室空调所无法比拟的。与全室空调相比，分层空调可节省冷负荷14%～50%。应用分层空调技术在我国得到了广泛应用，都取得了显著的节能效果，证明高大空间建筑采用分层空调的节能效果十分显著，值得推广。

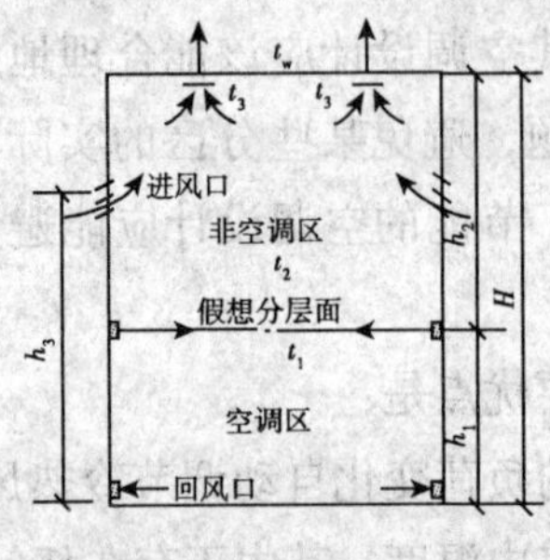

图7－28　分层空调示意图

11）热回收设备节能

热回收设备在空调节能工程中具有明显节能效果，通常，全热交换器、板式显热交换器、板翅式全热交换器、中间热媒式换热器、热管换热糟和热泵等设备应用比较广泛。

①转轮全热交换器

转轮全热交换器是一种空调节能设备。它是利用空调房间的排风，在夏季对新风进行预冷减湿；在冬季对新风进行预热加湿。它分金属制和非金属制两种不同形式。

②板式显热交换器

板式显热交换器可以由光滑板装配而成，形成平面通道引在光滑平板间通常构成三角形、U形、门形截面。在同样的设备体积 V = abc 的情况下，使空气与板之间的接触表面大为增加。从热交换特性来看，换热介质的逆流运动是效率最高的。但是逆流交换器的结构复杂和难以实现气密性，因而常常采用叉流结构方案。板式热交换器如图 7－29 所示。

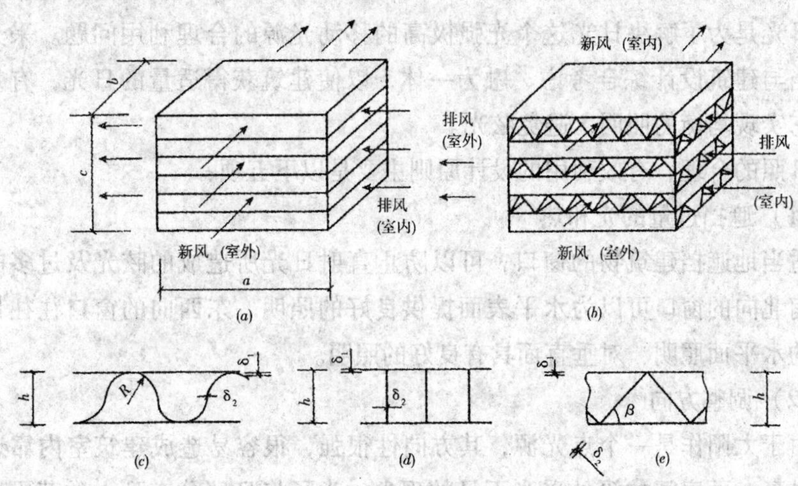

图 7－29 板式热交换器示意图

(a) 光滑平板通道式；(b) 三角形通道式；(c) 波形通道式；(d) 矩形通道式；(e) 折板形通道式

③热管换热器

热管是蒸发—冷凝器型的换热设备，中间热媒在自然对流或毛细压力作用下实现其中的循环。热管在投入运行之前，内部工作介质的状态取决于当时环境温度和介质在该温度下对应的饱和压力，这就是热工工作前介质的初始参数。

第三节　建筑采光系统节能

1）采光设计节能

太阳是一个巨大的能量来源，时时刻刻向地球辐射着无尽的光和热。在建筑设计中如果能够充分合理地利用日光作为天然光源，就可以营造舒适的视觉效果，并且有效节约人工照明能耗。反之，如果没有经过精心的设计，就可能会造成建筑室内过热，过亮或者是造成照明分布不均由于天然采光不当而造成过多的太阳辐射得热、夏季室内温度过高的现象在很多建筑中普遍存在，因为与 30 ~ 100lm/W 的荧光灯相比，大约 120 ~ 150lm/W 的日光功效要强得多。

建筑采光设计的主要目标是为日常活动和视觉享受提供合理的照明。对于日光的基本设计策略是不直接利用过强的日光，而是间接利用为宜。间接利用日光是为了解决日光这个光强极高的移动光源的合理利用问题。采光设计应当与建筑设计综合考虑、融为一体，以使建筑获得适量的日光，有效地利用它实现均衡的照明，避免眩光。

日照的合理、有效利用的设计原则主要是以下五项：

（1）遮挡过量的光和热

适当地遮挡建筑物的窗口，可以防止直射日光所造成的眩光及过多的热量。南北向的窗口可以为水平表面提供良好的照明。东西向的窗口往往带来较低的水平面照明，对垂直面具有良好的照明。

（2）调整方向

由于太阳作是一个点光源，其方向性很强，很容易造成建筑室内靠近窗口处过亮，而房间的深处采光不足的现象。为了将日照分布到大的范围，并且均匀分布，应设法调整日光照射方向和角度，将其投射到更适当的地方。

（3）控制采光量

控制进入室内空间的光的量，即在需要的时候提供所需要的光量。在设计中应防止过度地照亮一个空间，除非视觉要求可基本满足，而其余的太阳辐射能够满足建筑供热需求。

（4）高效利用

通过调整内部空间和使用高反射比的室内表面，来有效使用日光。这样可以更好地分配利用光线，减少所需要的采光量，尽量节约人工照明的能耗。

（5）整合设计

将日光照明的形式和整个建筑整合在一起。如果为日光照明所设的窗口不能提供景观，或者在建筑设计中不能起重要作用，那么最好就用窗帘或其他遮挡物把这个窗口遮住。

2）天然光利用原则

对于多云地区，一年中大部分时间没有充足的日照，采光设计策略应当做出相应调整。在这种情况下，光源就是整个天空，而不是太阳或被太阳照亮的表面。虽然某些日光照明的策略同样适用于天然采光，例如有效利用光线、控制光量以及与建筑整合，但是由于阴天或多云的天空是一个面光源而不是点光源，因而天然光的利用可采用以下原则：

（1）将视觉作业点靠近采光口布置

在实际设计和使用中要求视觉作业不能离窗口侧窗，天窗或有窗的墙壁太远。通常天然采光的窗口需要比日光照明的更大，对于侧面照明，房间的最大进深不应超过窗楣离地高度的2倍。

（2）防止眩光

由于天空是一个明亮的光源，有潜在的眩光，因此应避免能够直接看到天空。由于在阴天的情况下，建筑室内得热一般不会很严重，所以在建筑物的外部不需要遮挡，在采光窗内侧适当调整即可。

（3）防止遮挡窗口

不应使用实体的遮光格板和挑檐，因为在阴天的情况下光线不能再分布，并且实体的遮光格板和挑檐可能会减少到达视觉作业面的光量。

（4）提高窗口

窗口的位置应能看到天空最亮的部分。阴天的天空的顶端比其地平线处要明亮三倍，比较高的窗口位置或水平的天窗能够提供更理想的途径以接收更多全阴天空的光线。

（5）调整室内饰面，减少光线吸收

此时应该尽量使用高反射比的室内饰面，使靠近窗口的顶棚的高度达到最大，从而可允许设较高窗口，并且使顶棚朝房间后部向下倾斜，从而可以使空间内部表面积达到最小。

3）调整界面反射性能

房间各个界面反射比对光的分布影响极大。一般说来，顶棚是最重要的光反射表面。由于大多数视觉作业更需要自顶棚反射而来的光线，顶棚就成为一个重要的光源，尤其是在又深又广的侧面采光的房间中。在顶部采光的小房间中，侧面墙壁的重要性随之增加。

在图 7－30 中，各种平滑黑色表面与无光泽白色表面的组合，与一面带窗户的墙面相对。桌面上昼光的衰减显示了具有这个光源和比例的空间中每个表面的相对重要性。下面的百分比数据显示了相对于额定为 100% 的白色表面条件下的照度。

4）建筑平面布置对日照的影响

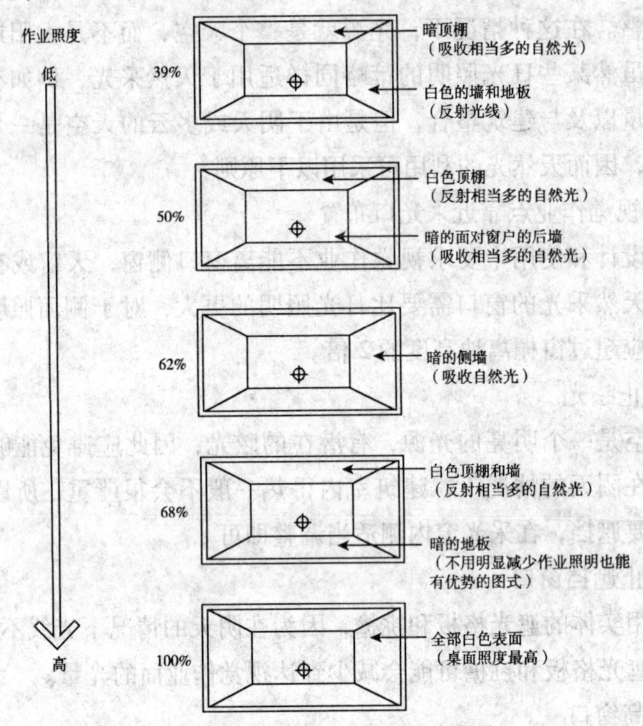

图 7－30　不同反射表面的房间照度比较

一座建筑的平面决定了其内部日光的分布。通常，进深比较小的建筑形式最容易通过窗口利用自然光进行照明。在人类无法使用人工照明之前，建筑物都是设计成窄长的，其进深比较小，以便房间最深处也能够依靠日光照明。对建筑物形式的这种限制常常形成 L、E 等形状的平面，从而使其周围外墙能最大程度地开窗接收自然光线。

通常天然采光有三种基本的形式：侧面采光、顶部采光或中庭采光。如图 7－31 所示，它们都具有其独自的特点。侧面采光时室内通过窗口的视线好，眩光的可能性大，有效照射深度受顶棚高度限制，不受建筑层数的影响；顶部采光时没有通过窗口向外的视线，但是眩光的可能性小，有效照射深度不受顶棚高度限制，采光均匀，只能为本层建筑采光；中庭采光时也没有通

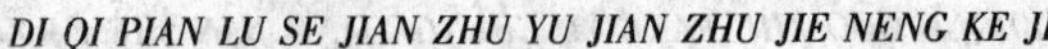

过窗口向外的视线，但是眩光的可能性小，在中庭空间比例合理的情况下，有效照射深度基本不受顶棚高度限制，采光均匀，可以为多层建筑采光。

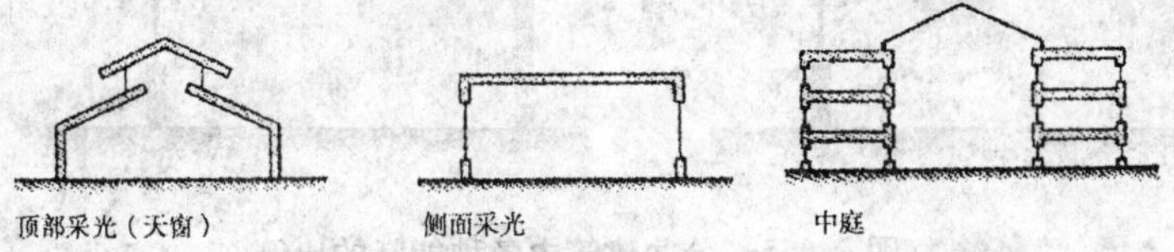

图 7－31　天然采光的基本形式

5）侧面采光原则

侧面采光是在外墙上设置窗口。为了避免眩光和过度的得热量，有效利用自然光需要考虑更多的因素，例如受光面和反光面。在大多数情况下，顶棚是接收反射光线的最佳表面。它不应被遮住，而应具有高反射比，并且能被一个空间里大部分视觉作业区域所利用。为了能够更好地利用顶棚反射，侧窗采光应做到以下几点：

①增加作业面与顶棚之间的距离，使视觉作业可以获得更多的顶棚反射光，如图 7－32 所示。

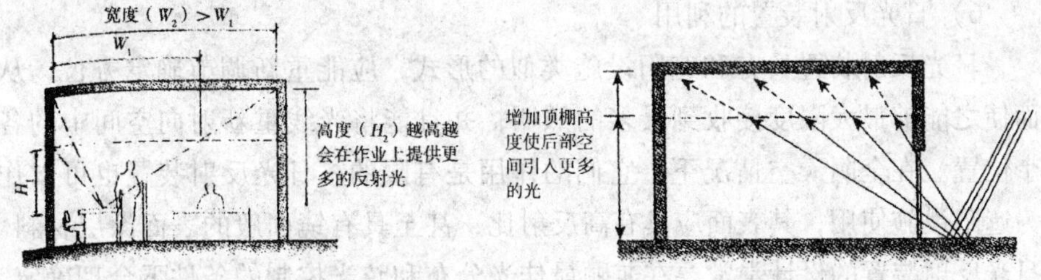

图 7－32　作业面与顶棚的距离变化　　图 7－33　光源和顶棚的距离变化

②增加光源和顶棚之间的距离，以使光线在顶棚上更加均匀地分布，如图 7－33 所示。

③利用低置的窗户以及地面反射光，但应注意避免视线水平上的眩光，如图 7－34 所示。

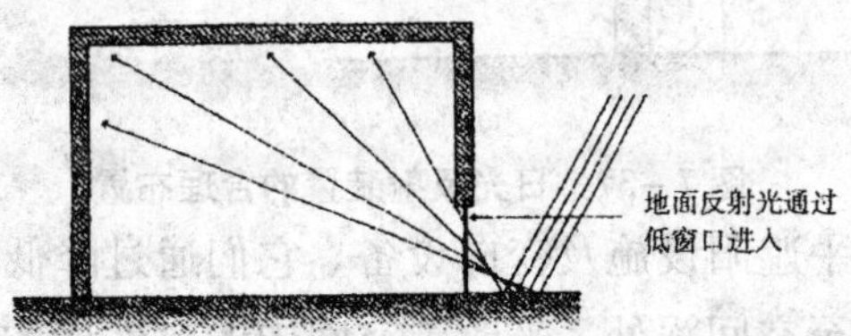

图 7－34　低置窗户以及地面反射光的利用

④使用高反射比的各种表面（顶棚，墙面、地面及高反射表面等），如图 7－35 所示。

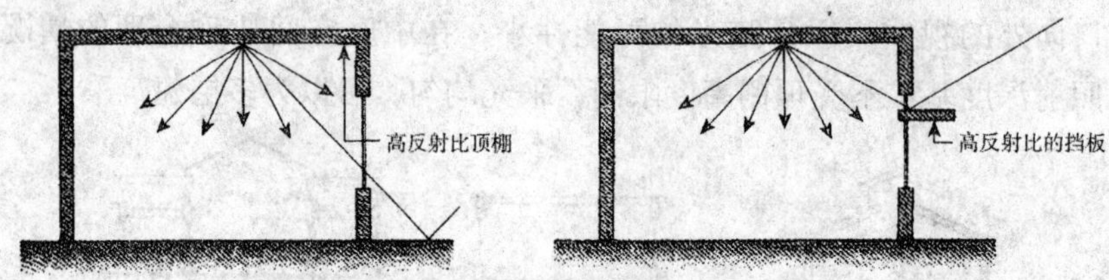

图 7－35　公共建筑中各种能耗的比例

⑤设计顶棚的形状，通过利用从窗口向上倾斜的平整顶棚，以获得最大的有效反射比和最佳的光分布，如图 7－36 所示。

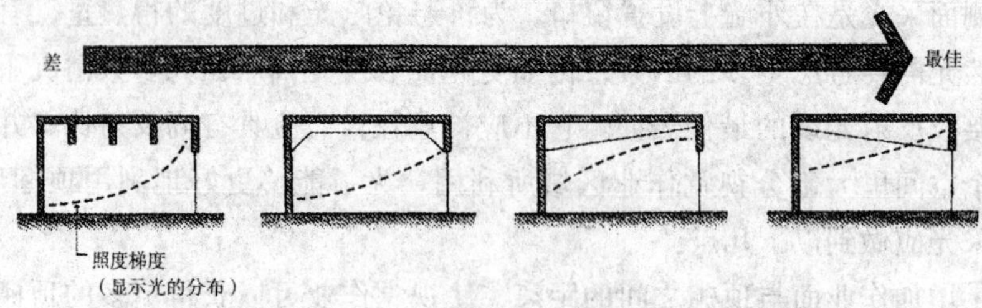

图 7－36　顶棚的形状对光的分布的影响

6）日光反射装置的利用

日光反射装置具有和遮阳设施类似的形式，应能重新调节确定方位，从而使之能够最大限度接收到最多的照明，并且能将光线重新射向空间中的各个位置。在全阴天空情况下，它们的作用是有限的。日光反射装置也可以作为遮阳设施使用，其表面应具有高反射比，甚至具有镜面般的表面涂层材料。日光反射装置的设计常常要在兼顾最佳光分布和眩光控制的条件下合理确定，如图 7－37 所示。

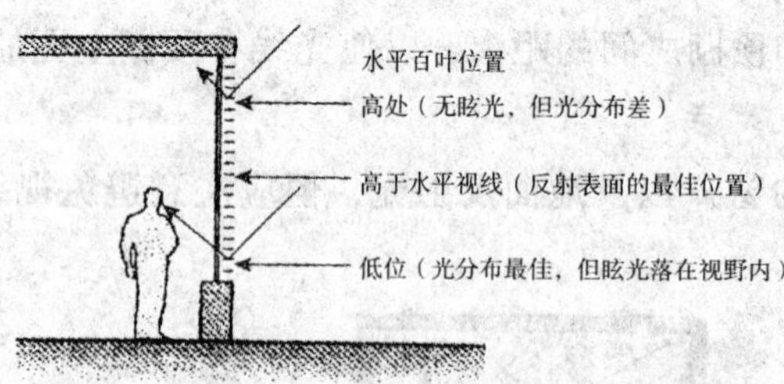

图 7－37　日光反射装置的合理布置

遮光格板是水平遮阳设施及变向设备。它们通过降低窗口附近的照明水平和将光线改向射至空间深处，来改善空间中的自然光的均匀度。一块遮光格板在带窗户的墙面上有效分成两个开口，上部窗口主要用作照明，下部的窗口用于观景。为了获得最佳的光分布，遮光格板在空间中的位置应在不导致眩光的情况下尽可能地放低，一般在站立者的视线水平之上，常见的高度

约为2.10m左右，在这个高度上，它们可与门楣及其他建筑结构元素齐平。另外，还可通过增加顶棚的高度来增强遮光格板的效能，如图7－38所示。

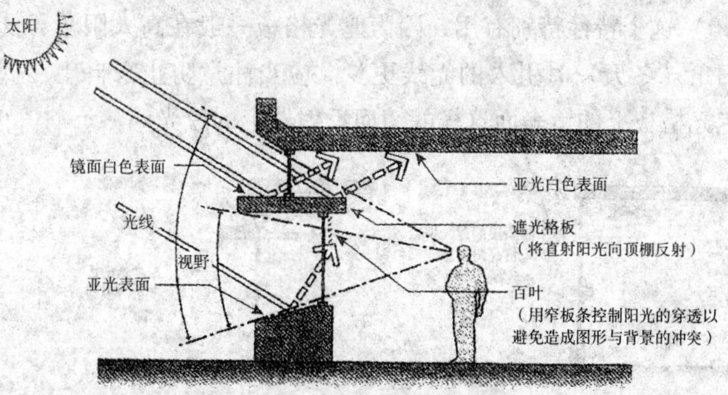

图7－38　遮光板及百叶的综合应用

从实际效果来看，一个遮光格板的最小宽度由具体的遮阳要求决定。为了防止眩光的情况，遮光格板的边缘应能挡住从上部窗户进入的直接光。通过延伸遮光格板的深度，光线分布的均匀度可得到改善。

当需要光线时，遮光格板应被充分地照明。在高太阳角时，这意味着遮光格板应凸出在建筑物表面之外。将遮光格板凸出在外也为下部的景观窗口提供了附带的遮挡。遮光格板一般是水平的；将其朝外侧向下倾斜将使其遮挡效率更高，但在光分布上效率较低。将遮光格板朝内侧倾斜则效果相反，其在光分布方面效率更高，而在遮挡方面则效率较低（图7－39）。

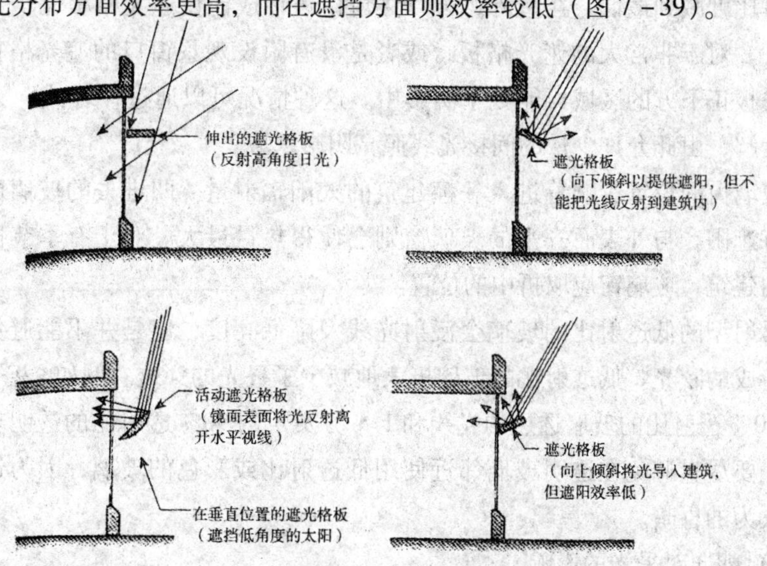

图7－39　水平遮阳角度的效果

将两种特性结合起来的方法是，在水平的遮光格板边缘增加一个向内倾斜的楔形。其产生的效果是，可将高太阳角的日光更深入地引入室内空间（图7－40）这个特性特别有用，因为遮光格板一般在高太阳角（夏天）时比在低太阳角（冬天）时引入的光线更少。应当注意防止来自用在低于眼睛水平线的遮光格板上的镜表面这样的镜面反射器上的眩光。

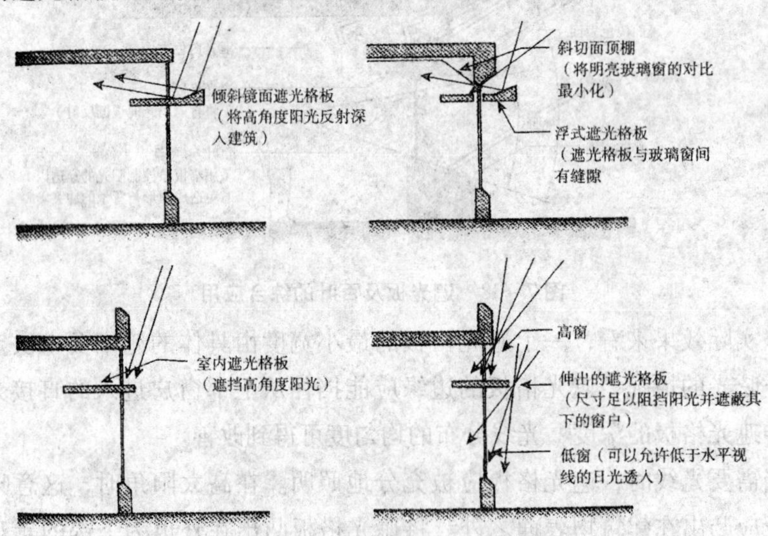

图7－40 遮光板形状和位置的调整

将顶棚朝窗楣方向倾侧，这样可以通过提供一个明亮的表面，而使窗户处的对比度减到最低。在室外，可以将窗口设计成能使遮光格板完全暴露在光照下。对于非常大的遮光格板，或者是没有附设观景窗口的遮光格板，在遮光格板正下方的区域可能处于阴影中。这种情况可以通过“浮式”遮光格板来缓解，由此允许少量的间接光线照亮阴影区域。

玻璃窗的位置影响着进入一幢建筑的太阳辐射量。凹进去的玻璃窗终年都具有遮阳。与外表面齐平的玻璃窗则会使得热量最大。对于有季节性供暖需求的建筑，玻璃窗应取折中的位置。

反射型的低透射比的玻璃会漫射光线及降低亮度，但是并不能避免直射日光造成的眩光。低透射比的玻璃极大地减少了昼光的穿透。例如，9平方英尺的10%透射比的玻璃透过的光线和1平方英尺的90%透射比的透明玻璃一样多。要尽量避免在透明玻璃邻近使用低透射比或彩色的玻璃，因为这样会造成人为的昏暗。

7）朝向对采光的影响

如图7－41所示，在各种气候条件下，遮光格板的效率在南侧最高。为

了获得有效的遮阳效果，在东、西两侧可以给垂直遮阳装置增加遮光格板，或者附加水平百叶。遮光格板对于北侧的光分布不太有用，但是也不会使照度大幅降低，反而可能通过阻隔天空眩光而使观景更加舒适。

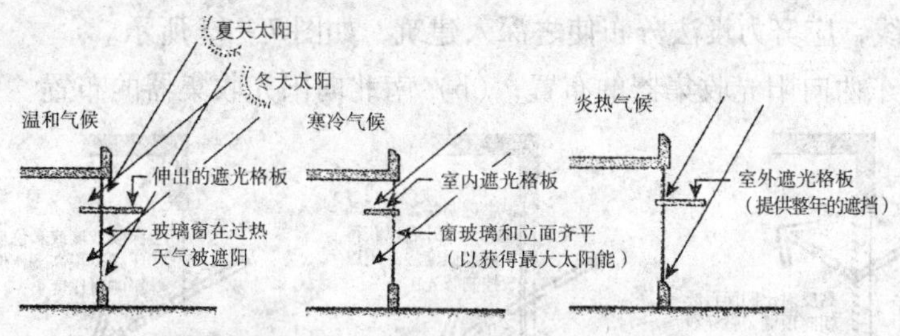

图7－41　不同气候下遮光板的布置

8）阳光收集器的应用

阳光收集器是指与建筑物表面平行的竖向的日光改向装置。作为竖向的装置，它们最适于在建筑物的东、西两侧截取低角度阳光。它们也可用在建筑物北侧来采集阳光，这样能够极大地增强照明。阳光收集器会遮挡低角度阳光，因而可能会阻挡视线。它们反射的日光趋于向下反射，这将会造成眩光。因而，它们应当用来使光线变向照到墙壁上，或者，与遮光格板同时使用，将光线改变方向射到顶棚上，如图7－42（a）、（b）所示。

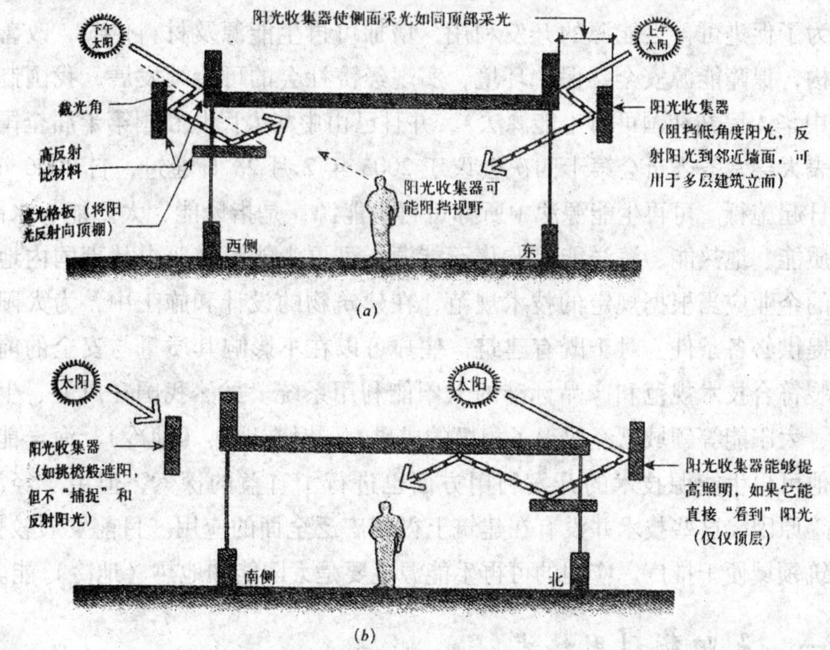

图7－42　阳光收集器的布置

各式各样活动的小型装备，包括遮帘、百叶窗、网帘和窗帘，可以与固定的遮阳装置和重新定向装置同时使用。这些装备不能改变光线方向，它们只能漫射或阻隔光线。由于是活动的，它们适用于控制短时内的眩光。进入室内的光线，应努力设法分布使之深入建筑，如图 7－43 所示。

（a）东西向阳光收集器的布置；（b）南北向阳光收集器的布置

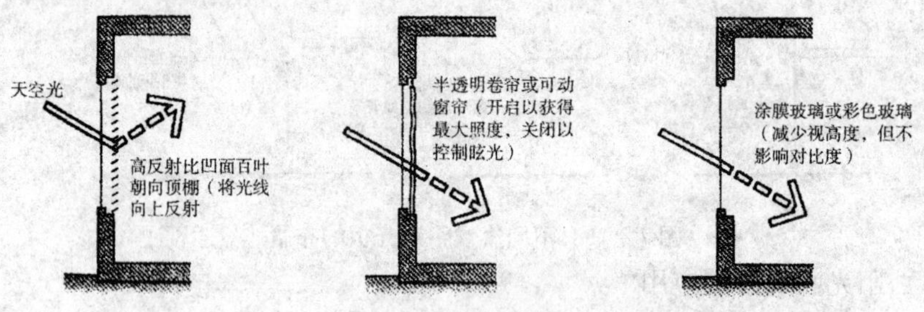

图 7－43　各式活动的小型遮阳的比较

第四节　可再生能源利用技术

为了促进可再生能源的开发利用，增加可再生能源及材料供应，改善能源结构，保障能源安全，保护环境，实现经济社会的可持续发展，我国制定了《中华人民共和国可再生能源法》，并且已由中华人民共和国第十届全国人民代表大会常务委员会第十四次会议于 2005 年 2 月 28 日通过，自 2006 年 1 月 1 日起施行。可再生能源法中所称可再生能源，是指风能、太阳能、水能、生物质能、地热能、海洋能等非化石能源。可再生能源法要求从事国内地产开发的企业应当根据规定的技术规范，在建筑物的设计和施工中，为太阳能利用提供必备条件。对于既有建筑，住户可以在不影响其质量与安全的前提下安装符合技术规范和产品标准的太阳能利用系统。虽然我国在风能、生物质能、太阳能等领域已经取得了积极的成果，同时在地热（地冷）、海洋能源和其他可再生能源技术的开发利用方面也进行了有益的探索，但由于经济、技术等原因，这些技术并没有在建筑上得到广泛全面的应用。目前发展较快、在建筑领域便于推广、应用的可再生能源主要是太阳能和地热（地冷）能。

一、太阳能利用技术

1）我国的太阳能资源

太阳能是取之不尽，用之不竭的天然能源，我国是太阳能能源丰富的国家（图 7－44 中国太阳能资源分布），全国总面积 2/3 以上地区年日照数大于 2000h，辐射总量在 3340～8360MJ/平方米，相当于 110～280kg 标准煤的热量。全国陆地面积每年接受的太阳辐射能约等于 2.4 万亿吨标准煤。如果将这些太阳能有效利用，对于减少二氧化碳排放，保护生态环境，保证经济发展过程中能源的持续稳定供应都将具有重大而深远的意义。

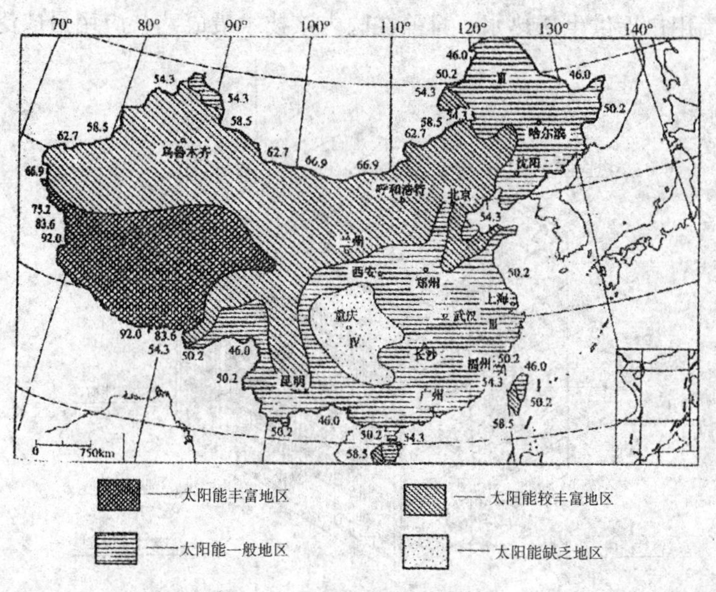

图 7－44　中国太阳能资源分布

我国政府十分重视太阳能、风能等可再生能源的发展，根据国家发改委的规划，到 2020 年，我国太阳能等可再生能源在一次能源消费结构中的比重将由目前的 7% 左右提高到 15% 左右，其中太阳能热水器集热面积由目前的 6500 万平方米到 2020 年将达到 3 亿平方米，年替代化石能源约 4000 万吨标准煤；太阳能光伏发电由目前的 6.5 万 kW，到 2020 年达 220 万 kW。届时，太阳能、风能、水电、沼气等可再生能源，将为缓解能源短缺和节能压力作出巨大贡献。

2）太阳能利用原理

太阳能建筑一般是指综合考虑社会进步、技术发展和经济能力等因素，在建筑物的策划、建造、设计、使用、维护以及改造等活动中，主动与被动地利用太阳能的建筑。

太阳能利用的基本形式分为被动式和主动式。被动式的工作机理主要是“温室效应”。它是一种完全通过建筑朝向和周围环境的合理布置、内部空间和外部形体的巧妙处理以及材料、结构的恰当选择、集取、蓄存、分配太阳热能的建筑，如被动式太阳房。主动式即全部或部分应用太阳能光电和光热新技术为建筑提供能源。如图 7－45 所示为太阳技术在建筑上综合利用示意图。

应用比较广泛的太阳能利用技术有以下几种：

(1) 太阳能热水系统。应用太阳能集热器可组成集中式或分户式太阳能热水系统为用户提供生活热水，目前在国内该技术最成熟，应用最广泛。

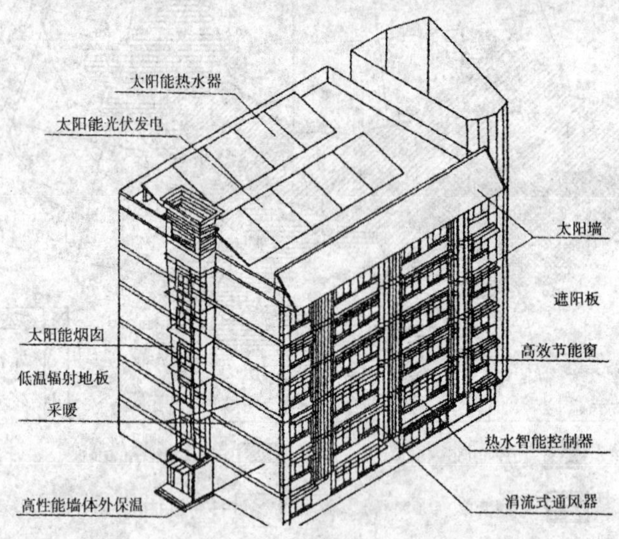

图 7－45　建筑中太阳技术综合利用示意图

(2) 太阳能光电系统。应用太阳能光伏电池、蓄电、逆变、控制、并网等设备构成太阳能光电系统。光电电池的主要优点是，可以与外装饰材料结合使用，运行时不产生噪声和废气。著名建筑师格雷姆肖在塞维利亚博览会大帐篷使用光电板来遮阳和发电；英国诺森伯兰大学一座教学楼在修缮时，外墙结合了光电池提供大楼夏天 40% 的用电量以及冬天所需用电量的 10%。光电池板的质量很轻，他们可以随时音照射的角度转动，英国考特公司开发了电动百叶和光伏电池结合的设备，能够在不同时刻、不同季节随太阳光线变化转动，建造出外部结构可以灵活移动的建筑，同时太阳能光电板优美的外观，具有特殊的装饰效果，更赋予建筑物鲜明的现代科技色彩。

目前，光电池和建筑围护结构一体化设计是光电利用技术的发展方向，它能使建筑物从单纯的耗能型转变为供能型，产生的电能可独立存储，也可以并网应用，并网式适合于已有电网供电的用户，当产生的电量大于用户需求时，多余的电量可以输送到电网，反之可以提供给用户。光电技术产品还

有太阳能室外照明灯、信息显示屏、信号灯等。目前光电池面临的一大难题是成本较高，但随着应用的增加，会大幅度降低生产成本。我国已经开展了晶硅高效电池、非晶硅和多晶硅薄膜电池等光电池以及光伏发电系统的研制，并建成了千瓦级的独立和并网的光伏示范电站。

(3) 太阳墙采暖通风技术。其原理是建筑将南向“多余”的太阳能收集起来加热空气，再由风机通过管道系统将加热的空气送至北向房间，达到采暖通风的效果，其原理见图 7－46。

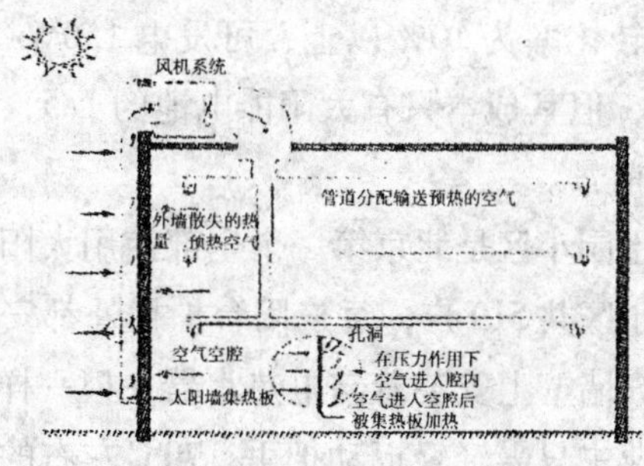

图 7－46　太阳墙系统工作原理

3）国内外太阳能利用现状

美国在大力开发利用太阳能光热发电、光伏发电，太阳能建材化、太阳能建筑一体化、产品化等方面均处于世界领先水平。太阳能住宅建筑一体化的设计思想是美国太阳能协会创始人史蒂文斯特朗在 20 年前倡导的。即不再采用屋顶安装一个笨重的装置来收集太阳能，而是将半导体太阳能电池直接嵌入墙壁和屋顶内。根据史蒂文斯特朗这一设计思想，后来，美国电力供应部和能源部合作推出太阳能建材化产品，如住宅屋顶太阳能屋面板、“窗帘式墙壁”等产品。美国建筑学家设计了一幢新颖的太阳能住宅。采用了现代化的光电技术和多种新型建筑材料。该住宅安装了 36 块非晶硅光电池板，每块可产生 50W 电能，电池板与 12 个 24V 的蓄电池相连接。这些电池板产生的电能可以满足厨房设备、照明和其他家用电器的用电需求。1997 年，美国实施“百万太阳能屋顶计划”。目标到 2010 年，要在全国的住宅、学校、商业建筑等屋顶上安装 100 万套太阳能发电装置，光伏组件累计用量将达到 3025MW，相当于新建 35 个燃煤发电厂的电力，每年可减少二氧化碳排放量约 351 万吨，通过大规模的应用，使光伏组件的价格可从 1997 年的 22 美分/kW · h 降到 2010 年的 7.7 美分/KW · h。

法国国家实用技术研究所最近发明了一种建筑外墙玻璃兼作太阳能热水器的产品，这种一体化产品是一种双层中空玻璃，其中 40% 面积是透明的，余下的部分被盘旋状的可以通水的铜管及银反射管所覆盖，覆盖物位于玻璃内层。这种双层中空玻璃可以吸收太阳能，并利用它把水加热。对于一个大楼来说，仅仅利用建筑外墙玻璃，就能把热水问题解决，每年可以节省大量的能源。

瑞士科学家发明了一种可利用太阳能发电的住宅用窗玻璃，其发电原理类似植物叶片的光合作用。这种玻璃的结构很像树叶，是夹心式的，含有捕捉光能的涂料及半导体物质。当光线激发涂料层中的电子，经过定向传递，便产生电流。其光电转化率为10%以上，可发电150W/平方米左右，虽与普通太阳能电池差不多，但其成本只有太阳能电池的1/5，因此，具有较高的使用价值和广阔的发展前景。

在国内，北京清上园小区是北京第一个全部使用太阳能热水器的板式小高层建筑住宅小区，全小区共519户，每户阳台护栏外都安装了阳台壁挂式太阳能热水器；阳台内分户墙壁上安装着与电热水器一模一样的分体式水箱，管道经地下直通卫生间，业主只需轻轻扳动把手，70℃左右的热水便顺畅流动，即可轻松洗浴。此系统还配有电辅助设施，无论在春夏秋冬，还是雨雪天气都可正常使用，实现了自动控制，恒温出水，达到了安全、舒适、节能的目的。据初步估算，通过利用太阳能采暖器，每年可节省近600kVV/平方米电能。

在上海莘庄工业区上海市建筑科学院科技发展园区内，新建成的“零能源”生态建筑示范工程为1幢生态办公示范楼（1994平方米，已于2004年6月竣工并投入使用）及2幢生态住宅示范楼（640平方米，于2005年8月竣工）。生态住宅示范楼实现了“零能耗建筑”、“资源高效循环利用”、“智能高品质居住环境”三大技术目标。集成应用了太阳能光伏发电（3kW）并网系统，太阳能景观灯、庭院灯、太阳能热水系统等太阳能技术，项目总体达到国际先进水平。

山东建筑工程学院梅园1号生态学生公寓工程采用了太阳墙、太阳能热水、太阳能烟囱通风降温、光伏发电等新技术。该工程是山东建筑大学与加拿大国际可持续发展中心合作开发的一个项目。该工程中采用了先进的能源利用技术、对太阳能多种途径的利用、结合绿色设计手法，建成一个示范性的低能耗生态建筑，建筑节能指标达到1980年标准的25%，同时也成为多学科的建筑技术实验平台。该项目得到加拿大政府资助，使本工程采用了加拿大专利技术的太阳墙系统，显著提高了北向房间冬季的舒适度，有效降低了采暖能耗，是我国第一个太阳墙工程。该工程位于山东建筑大学新校区西北部梅园1号学生公寓西翼，其总建筑面积2300平方米，砖混结构，共6层，72今宿舍。示范部分只占整个公寓楼的一部分，平面设计与其他学生公寓基本相同，便于对其节能效果和舒适度进行对比研究。

建筑太阳能热水技术在国内新建工程中的应用已经发展成熟，施工简便，造价适中。

4）太阳墙采暖通风技术

该技术最早由加拿大CONSERVAL公司与美国DOE合作开发，其原理是建筑将南向“多余”的太阳能收集起来加热空气，再由风机通过管道系统将加热的空气送至北向房间，达到采暖通风的效果。

太阳墙系统由集热和气流输送两部分系统组成，房间是蓄热器。集热系统包括垂直墙板、遮雨板和支撑框架。气流输送系统包括风机和管道。太阳墙板材覆于建筑外墙的外侧，上面开有大量密布的小孔，与墙体的间距由计算决定，一般在200mm左右，形成的空腔与建筑内部通风系统的管道相连，管道中设置风机，用于抽取空腔内的空气。图7－47为太阳墙系统构造示意图。这项技术由加拿大政府资助，应用于山东建筑大学新校区西北部梅园1号学生公寓西翼，这是我国第一个太阳墙工程。

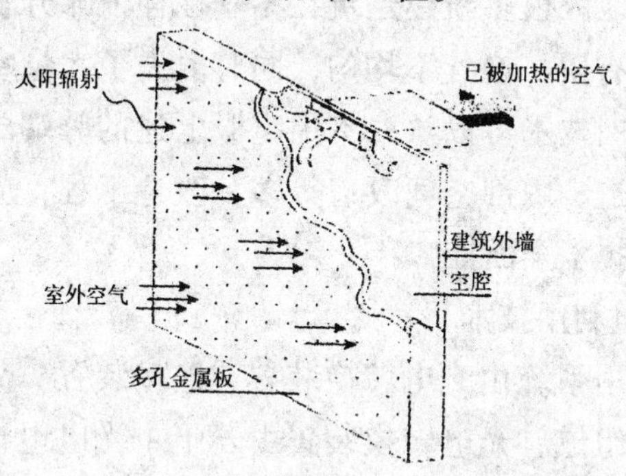

图7－47 太阳墙系统构造示意图

该技术适用于新建、扩建、装修改造、节能改造等改造工程，改造时在建筑南向的窗间外墙加装太阳板，墙面开洞与敷设在走廊的太阳墙风管相连，风管另一端将热风送到需要供暖的北向房间（图7－48），这个改造过程施工简单，成本较低。利用太阳墙系统，可以显著提高采暖地区既有建筑北向房间冬季的舒适度，明显改善北向房间比南向房间温度低的普遍现象，有效降低了建筑采暖总能耗，据介绍，由于运行期间维护费用极少，通常这项技术的既有建筑改造仅需要3~6年即可回收成本。

5）太阳能烟囱技术

太阳能烟囱的原理是利用热压差和风压差加强室内通风换气，属于被动式太阳能利用技术。该技术具有构造简单、施工方便、造价便宜，维护费用低、节省运行能耗等优点，可以有效改善室内空气质量，提高室内环境健康、舒适度。

太阳能烟囱可在外墙的适当位置扶墙设置，如图 7－49 所示，每层外墙开洞口与走廊内敷设的风管连接，风管另一端通到同一楼层的各个

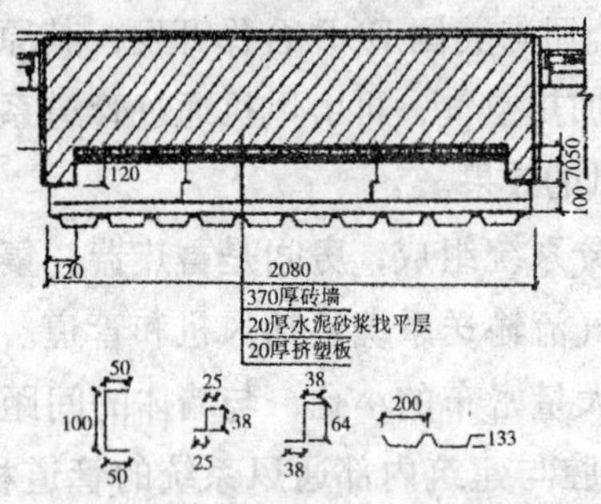

图 7－48　太阳墙板安装构造示意图

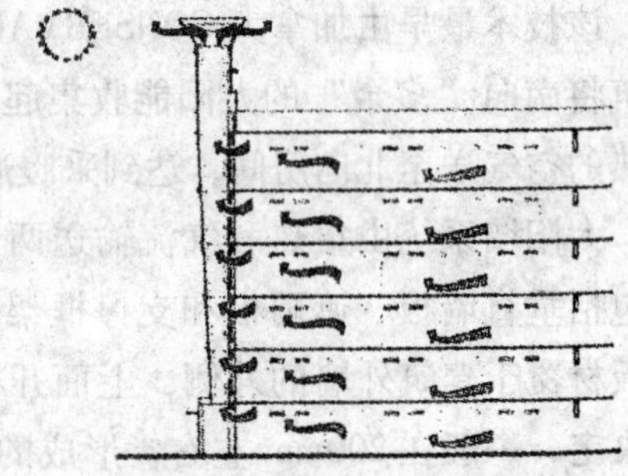

图 7－49　太阳烟囱通风示意图

房间，利用烟囱形成的热压差和风压差进行通风。

长期以来采暖地区很多新建建筑在冬季往往依靠开窗通风换气，结果是通风量、通风时间有限，换气不均匀，同时散失了大量室内采暖热能。既有建筑利用太阳能烟囱技术可以从根本上克服上述的弊端。该技术完全适用于建筑扩建、装修改造、内部空间改造等多种改造工程，应该在既有建筑改造中作为首选太阳能技术全面推广。

6）太阳能光电利用技术

太阳能光电利用系统由光电转换装置、连接装置、交直流转化器、电表和安装固定装置等组成。光电转换装置由若干个光电电池单元，整齐排布在模板上，按照设计要求安装到支架形成。

光电转换装置在建筑上的布置方式有坡顶式、平顶式、幕墙式、遮阳式等，其中坡顶式、平顶式光电转换装置即可以安装于建筑屋顶，也可安装于相邻的车棚、空地等处，幕墙式、遮阳式电转换装置可以根据用能需要、采光、遮阳要求和建筑立面情况选择整体或局部设置。

建筑中的光电利用应该与建筑立面和屋顶改造、通风、空调、采暖、遮阳等要求统筹考虑，密切配合。这样才能最大限度地体现建筑的生态环保性，同时还能够节约经费、改善室内环境。

建筑的太阳能光电利用属于高新技术，成本高，效益回收期长，这就使推广应用面临着巨大困难。但是建筑的太阳能光电利用同时也是国家生态建设的重要组成部分，是全社会共同的艰巨任务，应该由社会各界密切配合，共同完成。我国的建筑太阳能光电利用资金来源应包括政府和有关组织的可

再生能源利用基金、环保减排奖励基金、金融部门的优惠贷款、电力部门的回购电能收益和建设单位的自筹资金等组成。在这方面应该充分借鉴国外的先进经验，如瑞士的ABZ公寓住宅改造工程因为光电利用而得到瑞士能源利用联邦委员会给予的工程总成本25%的资助，在运行发电后又获得US＄0.58kW·h的税费补贴；加拿大的William Farrell大厦改造的光电利用成本由政府免收气体排放费支付；瑞士联邦科技研究所的学生宿舍改造光电利用的总成本为CHF160000，相当于CHF11000/kWp，其中欧共体资助了CHF4000/kWp，洛桑市资助CHF3500/kWp，洛桑能源委员会支付了CHF500/kWp，其余由瑞士联邦科研究所负责解决。

建筑的太阳能光电利用在充分利用太阳能的同时，改善了建筑室内环境和外部形象，节省了常规能源的消耗，同时还减少了CO_2等有害气体排放，对保护环境也有突出贡献。太阳能光电利用的效益评价决不能仅仅局限于眼前的经济效益，应该充分考虑这种改造对未来所产生的社会、环境效益，后者甚至比前者更重要。在我国各类既有建筑中，只要充分认识太阳能光电利用的战略意义，眼前太阳能光电利用高成本的困难就一定能够克服。

二、地能利用原理与技术

近年来的国内外科学研究揭示，土壤温度的变化随着深度的增加而减小，到地下15m时，这种变化可忽略，土壤温度一年四季相对恒定。地能利用技术就是利用地下土壤温度这种稳定的特性，以大地作为热源（也称地能，包括地下水、土壤或地表水），以土壤作为最直接最稳定的换热器，通过输入少量的高位能源（如电能），经过热泵机组的提升作用，将土壤中的低品位能源转换为可以直接利用的高品位能源。

1）地能利用原理

地能利用原理就是通过热泵机组将土壤中的低品位能源转换为可以直接利用的高品位能源，就可以在冬季把地能作为热泵供暖的热源，把高于环境温度的地能中的热能取出来供给室内采暖；在夏季把地能作为空调的冷源，把室内的热能取出来释放到低于环境温度的地能中，以实现冬季向建筑物供热、夏季提供制冷，并可根据用户的要求同时提供热水。

地源热泵空调是一种使用可再生能源的高效、节能、环保型的工程体系，通常地源热泵消耗1kW的电量，用户可以得到4kW左右的热量或冷量，以400%的高效率运行。

2）国内外地能利用情况

地能利用在国外已有数十年历史，地源热泵技术在北美和欧洲已非常成熟，已经是一种被广泛采用的空调系统。目前在欧美，地源热泵中央空调系统产品的市场占有率已经达到了30%。在瑞士50%新建建筑均采用地源热泵空调系统，美国目前已经投入使用了50万套地源热泵中央空调系统，在加拿大安大略省40%的建筑均采用地源热泵空调系统。在我国，自20世纪90年代，清华大学等科研机构开发出填补国内空白的节能冷暖机及地温中央空调后，这种环保型空调已经处在发展阶段。近年来，在国家科技部、国家环保总局、国家质监局等五部委的大力支持推荐下，地源热泵技术受到了广泛的关注和重视，地源热泵中央空调已经在一些国家机关、部分企业和建筑物上开始广泛推广使用，显示出了广阔巨大的应用前景。目前，我国的地源热泵市场日趋活跃，必将成为21世纪最有效、最有竞争力的空调技术。

我国从20世纪80年代开始进行这一领域的研究，最近几年来，这一技术成了我国建筑节能研究的热门课题，并开始大量应用于工程实践从1996年至今，已在北京、辽宁、山东、河北等地建成地源热泵应用工程2000万平方米，据测算，每推广1000万平方米的地源热泵技术，可以节约56万吨标准煤，减排烟气75亿标准m^3，减排颗粒物2.5万吨，减排二氧化硫1.34万吨，减排氮氧化合物143万吨，同时还可减少每年供暖用煤的存放量，大大缓解运输压力，经济、社会效益显著。

以前由于国内缺乏相应规范的约束，地源热泵系统的推广呈现出很大的盲目性，许多项目在没有对当地资源状况进行充分评估的条件下就匆匆上马，造成了地源热泵系统工作不正常，影响了地源热泵系统的进一步推广与应用。2005年7月27日，由建设部主持、作为发展节能省地型住宅和公用建筑以及推广建筑“四节”的标准规范的《地源热泵供热空调技术规程》通过专家委员会审查。该规程由中国建筑科学研究院主编，包括设计院、科研院所、地质勘察部门、专业公司、大专院校及生产厂家等13家单位参编，明确规范了地源热泵系统的施工及验收，确保地源热泵系统安全可靠地运行，更好地发挥其节能效益。

第五节　建筑节能法规制度建设

1. 法律法规框架体系建设

2006年1月1日开始实施的《中华人民共和国可再生能源法》鼓励可再

生能源尤其是太阳能、地热能与建筑结合应用，研究编制技术标准规范和经济激励政策，为推动可再生能源与建筑的规模化应用提供了法律基础；2007年10月修订通过了《中华人民共和国节约能源法》，对建筑节能的主管部门、建筑节能标准、节能材料的使用、室内温度控制、公共机构节能和推动建筑节能的经济激励政策明确了相应的规定。两部法律的实施为建筑节能的发展提供了坚实的法律基础，也对民用建筑领域开展相应的立法提出了要求和提供了依据。为此，住房和城乡建设部在《民用建筑节能管理规定》的基础上积极组织开展了《民用建筑节能条例》的预研、起草及调研工作，《民用建筑节能条例》于2008年10月1日开始实施。这样，形成了以《节约能源法》为上位法，《民用建筑节能条例》为主体，地方法律法规为配套的建筑节能法律法规体系。

2. 技术标准体系建设

建筑节能的技术标准体系实现了“三个全覆盖”：一是建筑类型的全覆盖，即以《民用建筑节能设计标准（采暖居住建筑部分)》JGJ26－86为起点的居住建筑节能设计标准，到《公共建筑节能设计标准》GB50189－2005的颁布实施，建筑节能标准体系涵盖了居住建筑和公共建筑两种类型；二是不同气候区域的全覆盖，已经形成了包括严寒和寒冷地区、夏热冬冷地区、夏热冬暖地区的建筑节能设计标准；三是建设过程的全覆盖，形成了包括建筑节能工程从规划、设计、施工、标识、运行管理的全过程的设计标准，实现了建筑节能全生命周期的监管。

3. 经济激励政策体系

随着建筑节能的发展，建筑节能各重点领域的资金瓶颈问题日益突出，住房和城乡建设部、财政部积极沟通，先后制订了多项推动建筑节能发展的经济激励政策。

（1）可再生能源建筑应用领域的经济激励政策。研究制定了《可再生能源建筑应用专项资金管理暂行办法》，设立了“可再生能源建筑应用专项资金”支持与建筑一体化的太阳能供应生活热水、供热制冷、光电转换、照明，利用土壤源热泵和浅层地下水源热泵技术供热制冷，地表水丰富地区利用淡水源热泵技术供热制冷，沿海地区利用海水源热泵技术供热制冷，利用污水源热泵技术供热制冷等领域。先期启动了200多个项目，推动了各地可再生能源建筑的规模化应用。

（2）北方采暖地区既有居住建筑供热计量及节能改造经济激励政策。研究制定了《北方采暖地区既有居住建筑供热计量及节能改造奖励资金管理暂行办法》，设立了“北方采暖地区既有居住建筑供热计量及节能改造奖励资金”专项用于奖励北方采暖地区既有居住建筑围护结构节能改造、室内供热系统计量及温度调控改造、热源及供热管网热平衡改造等。

（3）国家机关办公建筑和大型公共建筑节能改造及监管平台的经济激励政策。研究制定了《国家机关办公建筑和大型公共建筑节能专项资金管理暂行办法》，设立了“国家机关办公建筑和大型公共建筑节能专项资金”专项用于搭建建筑能耗监测平台、进行建筑能耗统计、建筑能源审计和建筑能效公示，建筑节能改造贴息支出。

4. 建筑节能科研体系建设

为了推动建筑节能相关技术产品的研发，中国积极推动建筑节能领域的科研立项，从多角度支持建筑节能相关科研项目的立项。

（1）国家科技支撑计划。在“十五”期间先后支持了“城市规划建设、管理与服务的数字化工程”、“居住区与小城镇建设关键技术研究”，以及“村镇小康住宅关键技术研究与示范”、“城镇化与村镇建设动态监控关键技术”、“新型乡村经济建筑材料研究与开发”、“农村新能源开发与节能关键技术”、“既有建筑综合改造关键技术研究与示范”、“环境友好型建筑构料与产品研究开发”、“城市基础设施建设与高效运行关键技术研究”、“现代建筑设计与施工关键技术研究”、“可再生能源与建筑集成技术研究与示范”、“生活垃圾综合处理与资源化利用技术研究示范”、“城市污水处理厂的节能降耗技术”、“城市综合节水技术开发与示范”等一系列建筑节能领域的关键技术研究。

（2）住房和城乡建设部每年定期组织建筑节能领域的软科学科研项目、技术开发项目、信启、技术研究与示范项目、科技示范工程、推广项目的立项，针对工作过程中存在的问题联合高等院校、科研院所开展研究，为制订工作方案提供研究基础。

5. 建筑节能服务体系建设

伴随着建筑节能的快速推进，初步形成了以下建筑节能服务体系。

（1）建筑节能统计、监测及考核评价体系。以《民用建筑节能条例》编制、国家机关办公建筑和大型公共建筑节能监管平台建立为契机，明确建筑节能领域政府的公共管理职责，促成各地人民政府把建筑节能纳入本地单位GDP能耗下降的总体目标，明确任务，建立目标责任制，每年定期开展建筑节能专项检查，对节能目标落实情况、贯彻管理制度和执行节能强制性标准等，进行考核评价，落实节能目标责任制和问责制。

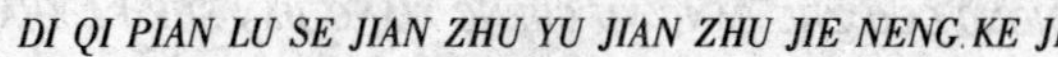

（2）建筑节能能效测评体系。依托中国东北、华北、西北、西南、华南、东南中南地区的建筑节能研究院，设立国家级能效测评机构，研究《民用建筑能效测评标识管理暂行办法》，并针对绿色建筑开展能效标识的专项工作。

（3）合同能源管理在建筑领域的应用。鼓励在国家机关办公建筑和大型公共建筑节能改造、可再生能源建筑应用领域中采用合同能源管理的新模式，并对改造项目给予贷款贴息的优惠，形成建筑节能领域新模式的发展。

第三章　建筑管理与维护

第一节　物业管理

一、物业管理相关概念

物业管理是绿色建筑运营管理的重要组成部分，这种工作模式在国际上已十分流行。近年来，我国一直在规范物业管理工作，采取各种措施，积极推进物业管理市场化的进程。但是，对绿色建筑的运营管理相对显得滞后。早期物业受其建筑功能低端的影响，对物业管理的目标、服务内容等处于低级水平。许多人认为物业管理是一种低技能、低水平的劳动密集型工作，重建设、轻管理的意识普遍存在，造成物业管理始终处于一种建造功能与实际使用功能相背离的不正常状态。物业管理不仅要提供公共性的专业服务，还要提供非公共性的社区服务，因此也需要有社会科学的基础知识。

1）绿色建筑物业管理

绿色建筑物业管理的内容，是在传统物业管理的服务内容基础上的提升，更需要体现出管理科学规范、服务优质高效的特点。绿色建筑的物业管理不但包括传统意义上的物业管理中的服务内容，还应包括对节能、节水、节材、保护环境与智能化系统的管理、维护和功能提升。

绿色建筑的物业管理需要很多现代科学技术支持，如生态技术、计算机技术、网络技术、信息技术、空调技术等，需要物业管理人员拥有相应的专业知识，能够科学地运行、维修、保养环境、房屋、设备和设施。

2）智能化物业管理

绿色建筑的物业管理应采用智能化物业管理。智能化物业管理与传统的物业管理在根本目的上没有区别，都是为建筑物的使用者提供高效优质的服务。它是在传统物业管理服务内容上的提升，主要表现在以下几个方面：

（1）对节能、节水、节材与保护环境的管理；

（2）安保，消防、停车管理采用智能技术；

（3）管理服务网络化、信息化；

（4）物业管理应用信息系统。采用定量化，达到设计目标值。

发挥绿色建筑的应有功能，应重视绿色建筑的物业管理，实现绿色建筑建设与绿色建筑物业管理两者同步发展。

3）ISO 14001 环境管理标准

ISO 14000 系列标准是国际标准化组织 ISO/TC 207 负责起草的一份国际标准。ISO 14000 是一个系列的环境管理标准，它包括了环境管理体系、环境审核、环境标志、生命周期分析等国际环境管理领域内的许多焦点问题，旨在指导各类组织（企业、公司）取得表现正确的环境行为。ISO 给 14000 系列标准共预留 100 个标准号。该系列标准共分七个系列，其编号为 ISO 14001—14100。

ISO 14001 标准是 ISO 14000 系列标准的龙头标准，也是唯一可供认证使用的标准。ISO 14001 中文名称是“环境管理体系—规范及使用指南”，于 1996 年 9 月正式颁布。IS0 14001 是组织规划、实施、检查、评审环境管理运作系统的规范性标准，该系统包含五大部分：环境方针、规划、实施与运行、检查与纠正措施、管理评审。

物业管理部门通过 IS0 14001 环境管理体系认证，是提高环境管理水平的需要。达到节约能源，降低消耗，减少环保支出，降低成本的目的，可以减少由于污染事故或违反法律、法规所造成的环境风险。

4）资源管理激励机制

具有并实施资源管理激励机制，管理业绩与节约资源、提高经济效益挂钩。管理是运行节能的重要手段，然而，在过去往往管理业绩不与节能、节约资源情况挂钩。绿色建筑的运行管理要求物业在保证建筑的使用性能要求以及投诉率低于规定值的前提下，实现物业的经济效益与建筑用能系统的耗能状况、用水和办公用品等的情况直接挂钩。

二、节能、节水与节材管理

随着全球经济一体化和世界经济迅猛发展，资源和环境越来越成为全人类共同关心的重要问题和面临的严峻挑战。而我国人口众多，占世界总人口的20%，人均资源相对不足。从能源资源情况来看，一方面能源占有量少，另一方面我国能源效率和能源利用效率较低，比世界先进水平低10%左右。我国在能源生产和消费过程中，引起的生态失衡和环境污染问题也日益严重。从水资源情况来看，我国人均水资源拥有量只有2200M^3，仅为世界平均水平的1/4。我们要从战略发展的高度，充分认识节能、节水与节材工作的重要性和紧迫性。我们要进一步转变观念，牢牢树立起“资源意识”、“节约意识”和“环境意识”，采取有效措施，切实做好节能、节水、节材和环保工作，要做到节能、节水、节材计划到位，目标到位，措施到位，激励机制和管理制度到位。

1）制定节能、节水与节材的管理方案

物业管理公司应提交节能、节水与节材管理制度，并说明实施效果。节能管理制度主要包括：业主和物业共同制定节能管理模式；分户、分类的计量与收费；建立物业内部的节能管理机制；节能指标达到设计要求。节水管理制度主要包括：按照高质高用、低质低用的梯级用水原则，制定节水方案；采用分户、分类的计量与收费；建立物业内部的节水管理机制；节水指标达到设计要求。节材管理制度主要包括：建立建筑、设备、系统的维护制度；建立物业耗材管理制度；选用绿色材料，减少因维修带来的材料消耗。

2）节能的智能技术

目前节能已较为广泛地采用智能技术，且效果明显。主要的节能技术如下：

（1）采用能源管理系统，特别是公共建筑；主要的技术为：利用能源消耗动态图，形成操作信息；控制负荷轨迹，预测负荷能力，优化系统实时响应，确定负荷上升或下降；通过周期性负荷变化的时间表，减少负荷峰值和谷值，在峰值时尽量减少使用电器设备。

（2）供热、通风和空调设备节能技术；确定峰值负载的产生原因和开发相应的管理策略；从需要出发设置供热、通风和空调，利用控制系统进行操作；限制在能耗高峰时间对电的需求；根据设计图、运行日程安排和室外气温、季节等情况建立温度和湿度的设置点；设置的传感器，具有根据室内人数变化调整通风率的能力，确定传感器的位置；提供合适的可编程的调节器，具有根据记录的需求图自动调节温度的能力；防止过热或过冷，节约能源10%～20%；根据居住空间，提供空气温度重新设置控制系统。

（3）采用楼宇能源自动管理系统；主要的技术为：通过对建筑物的设计

参数、运行参数和监测参数的设定，建立相应的建筑物节能模型，用它指导建筑设计、智能化系统控制、信息交互和优化运行等，有效地实现建筑节能管理。其中能源信息系统 EIS（Energy Information System）是信息平台，集成建筑设计、设备运行、系统优化、节能物业管理和节能教育等信息；利用节能仿真分析 ESA（Energy Simulation Analyses），给出设计节能和运行节能评估报告，并对建筑的精确模型描述提供定量评估结果和优化控制；能源管理系统 EMS（Energy Management System）集中管理楼宇设备的运行能耗状况，由计算机系统管理、检查设备。系统控制设备由网关和组态软件、组件等组成，通过嵌入式系统或 ISP 方式实现远程管理和监控；能源服务管理 ESM（Energy Service Management）负责协调各子系统之间的信息流、分配资源给各子系统、调度日志、系统维护和气象资料管理等。

3）节水管理

在中国，水资源是比较匮乏的资源之一，且存在分布不均匀的现象。南水北调工程是一项倾全国之力的水利工程，为的就是调节我国水资源不足的现象，节水工程已成为我国节约社会的一个重要部分。居民用水是政府首要保障的部分，因此，住宅小区的节水意义重大。目前小区的用水主要分为居民用水、园林绿化灌溉用水、景观用水三大部分。

（1）绿化灌溉用水节约措施

绿化率是衡量一个小区适宜居住程度的重要指标。目前大部分小区都有一定数量的绿化面积，园林绿化灌溉用水已成为小区第一用水大户。此部分节水的成功与否将较大地影响小区节水成功与否。

①尽量利用小区周围的多余水资源

当前多数开发商为营造适宜的居住环境，常将物业选址于河流湖泊等自然水源附近，这种情况下，园林绿化灌溉用水应合理利用这部分水资源。物业管理公司在设计阶段，即可建议开发商在已完成土建工程的小区内增设少量地下管网，从紧邻该小区的河流中提取园林绿化灌溉用水。这样既能满足该小区的绿化用水的需求，又避免了直接使用自来水灌溉带来的高额成本。由于紧邻河水的水质能够满足绿化要求，并优于自来水直接浇灌，能对小区内植物产生良好作用，同时也可降低物业管理成本，减轻业主负担。

②合理利用季节、天气状况

根据季节变化及实际的天气情况合理安排园林绿化的灌溉时间、方式及用水量。

（2）景观用水节约措施

随着小区内人造景观的不断采用，景观用水已成为小区内仅次于园林绿化灌溉用水的第二用水大户。开展节约型物业管理服务，使其既能充分展示现有景观，又能满足人工水体自然蒸发用水的需求，除在景观设计阶段必须考虑的雨污分流和雨水回收系统外，还必须考虑之后使用景观用水的再循环过滤系统和相关水泵的设计、安装，控制景观用水费。

如能将景观的循环水系统与小区内园林绿化喷灌用水需求有机地结合起来，就既能符合景观用水的环保要求，又能满足园林绿化植被对灌溉用水中有机成分的需求。

除了关注园林绿化灌溉用水和景观用水之外，节约居民用水也值得重视。在加强节约用水宣传的力度的同时，对小区内给水系统的“跑、冒、滴、漏”现象，小区物业必须加强日常的检查，发现有此类现象存在要及时维修保养，以杜绝不必要的浪费。

4）建筑设备自动监控系统

公共建筑的空调、通风和照明系统是建筑运行中主要能耗设备。为此，对绿色建筑内的空调通风系统冷热源、风机、水泵等设备应进行有效监测，对关键数据进行实时采集并记录，对上述设备系统按照设计要求进行可靠的自动化控制。对照明系统，除了在保证照明质量的前提下尽量减小照明功率密度外，可采用感应式或延时的自动控制方式实现建筑的照明节能运行。

5）办公、商场类建筑耗电、冷热量等实行计量收费

以往在公建中按面积收取水、电、天然气、热等的费用，往往容易导致用户不注意节能，长明灯、长流水现象处处可见，造成大量浪费。因此，应作为考查重点内容。要求在硬件方面，应该能够做到耗电和冷热量的分项、分级记录与计量，分析公共建筑各项能耗大小、发现问题所在和提出节能措施。同时，能实现按能量计量收费，这样有利于业主和用户重视节能。

三、绿化管理

绿化管理贯穿于规划、施工及养护等整个过程，它是保证工程质量、维护建设成果的关键所在。科学规划和设计是提高绿化管理水平的前提。园林绿化设计除考虑美观、实用、经济等原则外，还须了解植物的生长习性，种植地的土壤、气候、水源水质状况等。根据实际情况进行植物配置，以减少管理成本，提高苗木成活率。在具体施工过程中，要以乡土树种为主，乔、灌、花、草合理搭配。

为使居住与工作环境的树木、花园及园林配套设施保持完好，让人们生

活在一个优美、舒适的环境中，必须加强绿化管理。区内所有树木、花坛、绿地、草坪及相关各种设施，均属管理范围。

1）制定绿化管理制度并认真执行

绿化管理制度主要包括：对绿化用水进行计量，建立并完善节水型灌溉系统；规范杀虫剂、除草剂、化肥、农药等化学药品的使用，有效避免对土壤和地下水环境的损害。

2）采用无公害病虫害防治技术

病虫害的发生和蔓延，将直接导致树木生长质量下降，破坏生态环境和生物多样性，应加强预测预报，严格控制病虫害的传播和蔓延。增强病虫害防治工作的科学性，要坚持生物防治和化学防治相结合的方法，科学使用化学农药，大力推行生物制剂、仿生制剂等无公害防治技术，提高生物防治和无公害防治比例，保证人畜安全，保护有益生物，防止环境污染，促进生态可持续发展。

对行道树、花灌木、绿篱定期修剪，对草坪及时修剪。及时做好树木病虫害预测、防治工作，做到树木无暴发性病虫害，保持草坪、地被的完整，保证树木较高的成活率，老树成活率达98%，新栽树木成活率达85%以上。发现危树、枯死树木，及时处理。

四、垃圾管理

城市垃圾的减量化、资源化和无害化，是发展循环经济的一个重要内容。发展循环经济应将城市生活垃圾的减量化、回收和处理放在重要位置。近年来，我国城市垃圾迅速增加，城市生活垃圾中可回收再生利用的物质多，如有机质已占50%左右，废纸含量在3%～12%，废塑料制品约5%～14%。循环经济的核心是资源综合利用，而不光是原来所说的废旧物资回收。过去我们讲废旧物资回收，主要是通过废旧物资回收利用来缓解供应短缺，强调的是生产资料，如废钢铁、废玻璃、废橡胶等的回收利用。而循环经济中要实现减量化、资源化和无害化的废弃物，重点是城市的生活垃圾。

1）制定科学合理的垃圾收集，运输与处理规划

首先要考虑建筑物垃圾收集、运输与处理整体系统的合理规划。如果设置小型有机厨余垃圾处理设施，应考虑其布置的合理性及下水管道的承载能力。其次则是物业管理公司应提交垃圾管理制度，并说明实施效果。垃圾管理制度包括垃圾管理运行操作手册、管理设施、管理经费、人员配备及机构分工、监督机制、定期的岗位业务培训和突发事件的应急反应处理系统等。

2）垃圾容器

垃圾容器一般设在居住单元出入口附近隐蔽的位置，其外观色彩及标志应符合垃圾分类收集的要求。垃圾容器分为固定式和移动式两种，其规格应符合国家有关标准。垃圾容器应选择美观与功能兼备，并且与周围景观相协调的产品，要求坚固耐用，不易倾倒。一般可采用不锈钢、木材、石材、混凝土、GRC、陶瓷材料制作。

3）垃圾站（间）的景观美化及环境卫生

重视垃圾站（间）的景观美化及环境卫生问题，用以提升生活环境的品质。垃圾站（间）设冲洗和排水设施，存放垃圾能及时清运，不污染环境、不散发臭味。

4）分类收集

在建筑运行过程中会产生大量的垃圾，包括建筑装修、维护过程中出现的土、渣土、散落的砂浆和混凝土、剔凿产生的砖石和混凝土碎块，还包括金属、竹木材、装饰装修产生的废料、各种包装材料、废旧纸张等。对于宾馆类建筑还包括其餐厅产生的厨房垃圾等，这些众多种类的垃圾，如果弃之不用或不合理处理将会对城市环境产生极大的影响。为此，在建筑运行过程中需要根据建筑垃圾的来源、可否回用性质、处理难易度等进行分类，将其中可再利用或可再生的材料进行有效回收处理，重新用于生产。

垃圾分类收集就是在源头将垃圾分类投放，并通过分类的清运和回收使之分类处理或重新变成资源。垃圾分类收集有利于资源回收利用，同时便于处理有毒有害的物质，减少垃圾的处理量，减少运输和处理过程中的成本。在许多发达国家，垃圾资源回收产业在产业结构中占有重要的位置，甚至利用法律来约束人们必须分类放置垃圾。对小区来讲，要求实行垃圾分类收集的住户占总住户数的比例达90%。

5）垃圾处理

处理生活垃圾的方法很多，主要有卫生填埋、焚烧、生物处理等。由于生物处理对有机厨房垃圾具有减量化、资源化效果等特点，因而得到一定的推广应用。有机厨房垃圾生物降解是多种微生物共同协同作用的结果，将筛选到的有效微生物菌群，接种到有机厨房垃圾中，通过好氧与厌氧联合处理工艺降解生活垃圾，是垃圾生物处理的发展趋势之一。但其前提条件是实行垃圾分类，以提高生物处理垃圾中有机物的含量。

五、智能化系统管理

当前，以计算机为代表的信息产业标志着人类社会已进入了知识经济时代。回顾建筑业信息与智能技术应用的历史和展望未来，可以看出建筑业的各个领域现已不同程度地应用了信息与智能技术，并向集成化、网络化与智能化方向发展。绿色建筑是指在建筑的全寿命周期内，最大限度地保护环境、节约资源（节能、节水、节地、节材）和减少污染，为人们提供健康、适用和高效的使用空间，最终实现与自然共生的建筑物。发展绿色建筑，改变传统建筑的高消耗、高污染模式，必须依赖高新技术，特别是信息与智能技术。

目前工程项目的建设与管理，从总体上看是处于一个保守状态。这是由于工程项目涉及业主、设计、施工、监理、智能化、物业管理等，还与建材、建筑产品、部品等供应系统有关。建筑物又是一个复杂的且使用周期非常长（达50年或更长）的产品。与其他行业相比，消费者对工程项目，特别是住宅的期望并不高。由于住宅的价格高，一般也不去追求时尚前卫性。从这个意义上讲抑制了建筑业在采用高新技术方面的发展。然而，世界正在经历着一场绿色或者说可持续发展的革命，要求以更持久的方式使用资源，包括能源、水、材料与土地。这必然对建筑物的规划、设计与建造产生非常重要的深远影响。随着信息革命的兴起和深化，家庭正在或已经成为信息网络中的一个基本节点，使人们可以享受到通信、多媒体、安全防范、娱乐和数据等方面的种种便利。智能化和绿色革命正在改变着建筑物，特别是家居的设计、建造和运作方式克服建筑业在采用高新技术方面存在的惰性和阻力，才能真正促进绿色建筑的发展。

1）我国智能化居住小区的现状

我国居住小区智能化系统的建设总体上是以需求为导向，而且带动和培育了一个产业的发展。1999年，只有少量房地产开发商在建设楼盘时规划设计了智能化系统。2000年，大部分商品楼盘都不同程度地开始建设了智能化系统，甚至于存在某些“炒作”或“广告不实”的现象。不少开发商往往十分看重智能化系统对楼盘销售带来的好处，而对居住小区建成后，智能化系统的运行与维护，以及所需的运行费用则很少考虑，存在着盲目建设的现象。到2001年这种具有“盲目性”的建设逐渐“冷”下来，而开始转为“理性”。

目前，全国新建的居住区几乎都不同程度地建设了智能化系统，特别受到青睐的是安防装置与宽带接入网。在直辖市、省会城市以及经济较为发达的沿海城市，已建设了不少高水平的智能化系统。随着时间推移，对智能化系统运营与维护、物业管理公司运作等方面全社会都给予了高度重视，也暴露了不少管理、运行机制方面一些深层次问题，它涉及建设、公安、电信、广电、供水、燃气、电业行业管理，也涉及开发商、业主，甚至于政府等，但总的发展趋势是健康的。随着人们生活水平的提高，智能化居住小区的建设将会逐渐扩展，甚至将智能化小区扩大为社区或城市。智能化居住小区正是信息化社会，人们改变生活方式的一个重要体现。

2002 年，建设部制定并发布《居住区智能化系统建设要求与技术导则》(以下简称《导则》)。其目的是规范居住小区智能化系统的建设，提高居住小区的性能，使其适应高科技，特别是信息技术的发展，满足住户较长期的需求。《导则》的实施，规范了智能化系统的功能，促进了土建设计与智能化系统建设的紧密结合，规范了居住小区智能化系统总体规划设计和施工图设计。今后应将这部分内容作为设计单位的一个专业，全面提高智能化系统的水平，还可以引导国内智能化系统产品的研发。近几年来，国内围绕小区智能化系统的产品开发迅速增加，特别是 IP 家庭智能终端、家庭智能化布线箱、数字硬盘录像、物业管理网站等。不少大公司也进入这个市场。由于智能建筑对系统与产品技术要求较高、国外系统与产品相对成熟，而居住小区智能化系统的产品，如可视对讲、多表远程计量、家庭智能终端等，国外产品价位太高。因此，绝大部分智能化系统有采用国内或合资企业生产的产品的需求。《导则》的实施可促进国内产品开发向实用、先进方面发展。

居住小区智能化系统的建设对物业管理队伍提出了更高的要求，盲目建设、物业管理人员素质跟不上将会造成浪费。如何使居住小区配置的智能化系统科学合理，既能满足住户需求，又能使物业管理公司掌握，且运行维护费用合理，这是《导则》的内容之一。另外，居住小区智能化系统的建设使物业管理在 Internet 网上展开已成为可能，探索新的物业管理模式也是《导则》的一个内容。

2）当前智能化居住小区建设中的一些问题

(1）盲目追求先进

有些业主贪多求全，过分强调智能化系统的作用，忽视了中国的现实、文化背景和人们的实际生活水平等，超出了业主的功能需求，需求分析不够造成浪费，致使投资效果很不理想，投入使用后发现问题太多。对小区智能化系统的正确定位，科学合理地选择功能及产品是建设成功的关键因素。

智能化系统是高新技术的高度综合，这些高新技术本身也在迅速地发展

和更新换代。智能化系统的建成只是一切的开始，在投入运行的几十年时间里，除了需要正确地管理和有效地维护外，还要不断通过实际使用来发现各类系统存在的问题和不足，从而对系统内的部分硬件和软件进行更新与升级，使其达到最佳运行状态。一般来说，智能化系统产品与设备的生命周期为10～15年，综合布线与现场总线等的使用寿命在15～20年。这涉及业主利益与维修基金的使用等方面的问题。当前有关部门应研究这方面的体制与政策措施，以便能适时地提升技术与更新设备。

（2）重建设、轻管理

许多方案在总体规划阶段，就没有考虑系统建成以后所需要的物业管理人员、运行费用等问题。甚至于有的只为楼盘促销而建，也就是说重建设、轻管理。由于物业管理费偏低或物业管理人员素质差，造成某些系统关闭、停机现象。

（3）多表远程计量系统运行管理问题

多表远程计量系统计费没有与有关部门沟通，会造成许多管理问题。有的建成后无法工作，造成浪费。个别小区还将公共环境的浇花清洁用水、路灯照明和办公用电等摊到住户身上，常常由此引发纠纷。

（4）系统配置与控制室建设不合理

这一误区会造成系统运行效果不佳。如有部分小区，安装安防系统只是为了门面，实际上不起多大作用；也有些小区安防系统设计过多，不切合实际。另外，根据众多物业管理公司和系统集成商反映，许多小区的中心控制室非常狭小并且偏隅一方，甚至在地下二层，致使智能化系统投入运行后效果不甚理想。考虑到物业管理人员能及时出警响应，迅速赶到现场，中心控制室位置应首选在小区中间。为便于系统维护和检修，机房面积应恰当。开发商应选择有系统设计和施工经验，并能规范施工的集成商来完成智能化系统项目。应严格按规范要求进行施工，否则待隐蔽工程结束后便无法更改了，由此造成的损失将是很大的。智能化系统中涉及的弱电系统较多，应尽量将弱电系统管线统一到综合管道（井）中。每个子系统对接地都有一定的要求，应根据不同的子系统确定不同接地与防雷方案，统一施工。

3）住宅小区智能化系统

住宅小区智能化系统的概念是从智能建筑发展而来的。随着科学技术的发展，特别是信息技术、计算机技术、自动控制技术及Internet网等的迅速发展，把这些领域中技术、产品、应用环境引入到住宅小区中已成为住宅小区建设的发展趋势。随着人们生活水平的不断提高，人们追求一个安全、舒适、便利的居住环境，同时可以享受数字化生活的乐趣。这对住宅小区的建设提出了更高的要求。因此，可以说住宅小区智能化系统建设是现代高科技的结晶，也是建筑与信息技术完美结合的产物。

（1）系统介绍

①安全防范子系统

安全防范子系统对小区周边、出入口、小区内设施及住宅等进行防护，并由物业管理中心统一控制与管理。

②管理与监控子系统

管理与监控子系统应包括以下功能模块：

（a）远程抄收与管理；

（b）车辆出入、停放管理；

（c）公共设备监控；

（d）紧急广播与背景音乐；

（e）小区物业管理计算机系统。

③信息网络子系统

信息网络子系统是目前住宅小区智能化系统建设中的热门话题，也是技术方案上变化较大的一个系统。对住户来讲，主要是提供电话、CATV、上网等使用功能。

应根据小区实际情况，按《居住区智能化系统配置与技术要求）CJ/T174中所列举的基本配置，进行安全防范子系统、管理与设备监控子系统和信息网络子系统的建设。为实现上述功能科学合理布线，每户不少于两对电话线、两个电视插座和一个高速数据插座。

（2）智能技术应用

应推广应用以智能技术为支撑的、提高绿色建筑性能的系统与技术，主要包括：集中空调节能控制、建筑室内环境综合控制、空调新风量与热量交换控制、高效的防噪声系统、水循环再生系统、给水排水集成控制系统等；采用高技术的智能新产品，如太阳能发电产品、智能采光照明产品、隐蔽式外窗遮阳百叶等。

（3）智能化系统的技术要求

①功能效益方面：定位正确，满足用户功能性、舒适性和高效率的需求；采用的技术先进、系统可扩充性强，具有前瞻性，能满足较长时间的应用需求。

②公共建筑功能质量方面：智能化系统中子系统，如：通信网络子系统、

信息网络子系统、建筑设备监控子系统、火灾自动报警及消防联动子系统、安全防范子系统、综合布线子系统、智能化系统集成等的功能质量满足设计要求，且先进、可靠与实用。

③住宅小区功能质量方面：智能化系统中子系统，如：安全防范子系统、管理与设备监控子系统、信息网络子系统、智能化系统集成等的功能质量满足设计要求，且先进、可靠与实用。

④智能化系统施工与产品质量方面：产品与设备等的安装规范、质量合格；机房、电源、管线、防雷与接地等的工程质量合格，且满足设计要求；产品质量，采用有品牌、质量好、维护有保障的材料、产品与设备。

第三节　建筑合同能源管理

20 世纪 70 年代中期以来，一种基于市场的、全新的节能项目投资机制—合同能源管理在市场经济国家中逐步发展起来，而基于合同能源管理这种节能投资新体制运作的专业化能源管理公司发展十分迅速，尤其是在美国、加拿大，已发展成为一种新兴的节能产业。1997 年，这一新机制引进中国，中国在北京市、辽宁省、山东省成立了 3 个试点公司，现在已经发展到 10 多家公司。一种新兴的节能投资新模式正在中国迅猛发展。在传统的建筑节能投资方式下节能项目的所有风险和盈利都由实施节能投资的建筑投资方（业主）承担；在合同能源管理方式中，原则上不要求建筑投资方（业主）对节能项目进行大笔投资，一般情况下，建筑投资方（业主）不用投资即可获得节能项目和节能效益，从而实现零风险。

一、建筑合同能源定义与分类

建筑合同能源管理（CEM）是一种以减少的能源费用来支付节能项目全部成本的节能投资方式。能源管理合同在实施节能项目的建筑投资方（业主）与专门的节能服务公司（所谓节能服务公司（EMC），是一种基于合同能源管理机制、以赢利为直接目的的专业化公司。EMC 与愿意进行节能改造的用户签订节能服务合同，为用户的节能项目进行投资或融资，向用户提供节能技术服务，通过与用户分享项目实施后产生的节能效益来赢利，实现滚动发展。）之间签订。传统的节能投资方式表现为节能项目的所有风险和赢利都由实施节能投资的建筑投资方（业主）承担；而采用合同能源管理方式投资，通常不需要建筑投资方（业主）自身对节能项目进行大笔投资。建筑合同能源管理根据合同双方的合作方式的不同，可以分为三种类型，具体如下：

（1）确保节能效益型。这种合同的实质内容是 EMC 向建筑投资方（业主）保证一定的节能量，或者是保证将用户能源费用降低或维持在某一水平上。其特点是节能量超过保证值的部分，其分配情况要根据合同的具体规定，要么用于偿清 EMC 的投资，要么属建筑投资方（业主）所有。

（2）效益共享型。效益共享合同的核心内容是 EMC 与建筑投资方（业主）按合同规定的分成方式分享节能效益。特点是在合同执行的头几年，大部分节能效益属 EMC，从而补偿其投资及其他成本。

（3）设备租赁型。设备租赁合同采用租赁方式购买设备，在一定时期（租赁期）内，设备的所有权属于 EMC，收回项目改造的投资及利息后，设备再属建筑投资方（业主）所有，设备维护和运行时间可以根据合同延长到租赁期以后。其特点是设备生产商也通过 EMC 这种租赁购买设备的方式，促进其设备获得广泛应用。

一般讲，确保节能效益型相对最安全可靠，效益共享型是相对最常使用的一种合同，设备租赁型在设备贬值并不十分突出的情况获得广泛应用。建筑投资方（业主）选择哪类合同要依据自身的情况而定。

二、建筑合同能源管理的内容

建筑合同能源管理内容包括两部分，一部分为其实施条件，另一部分为运行模式。

1）实施条件

实施条件一方面是管理基础，另一方面是合作空间。管理基础通常有较系统、完整的能源基础管理数据和管理体系，能源计量的检测率、配备率和器具完好率较高；有良好的能源计量管理基础，能源计量标准器具和能源计量器具的周检合格率高；有多年的内部动力（能源）产品的经济核算的市场运作基础，通过较小的投资可以满足各种动力与能源的核算与审计工作要求，能够取得较准确的合同能源管理需求数据，对节能措施项目进行综合评价。合作空间则是企业供能与用能的效率要有较大的提高空间，形成 EMC 实施节能项目的内在动力。具体可在以下几个方面合作。

（1）供、用电方面。低压系统的节电、电机节电、滤波节电，低效风机更新、水泵更新改造，低压功率因素补偿等。

（2）生产设备方面。主要生产工艺设备采用微机控制；开展天然气熔炼炉、还原炉、干燥箱等高效能、低成本的加热设备研发与合作。

（3）制氢系统。采用天然气制氢项目，同比目前的电解水制氢可大幅降低制氢生产成本。

（4）空调制冷系统。蓄冰制冷设备和模块化水冷冷水机组的技术更新改造，提高用冷系统运行效率、降低制冷运行成本。

（5）供热与采暖。实施目前燃煤集中供蒸汽为分散天然气小锅炉供汽。以满足工艺加热温度的灵活选择，提高生产效率；实现蒸汽使用闭路循环节能技术；合理控制生产岗位采暖温度、澡堂水箱加温，提高用能效率。

（6）供水系统。应用新型全封闭式水循环复用装置，防水箱溢流的自动控制与恒压供水装置，有效节水与节电。与监测机构合作开展用水审计，提高水费回收率来偿还管网改造费用，减少跑、冒、滴、漏；采用微阻缓闭止回阀减少能源损耗。

2）运行模式

节能服务公司（EMC）是一种比较特殊的产业，其特殊性在于它销售的不是某一种具体的产品或技术，而是一系列的节能“服务”，也就是为客户提供节能项目，这种项目的实质是EMC为客户提供节能量。EMC的业务活动主要包括以下内容。

（1）能源审计。EMC针对客户的具体情况，对各种节能措施进行评价。测定建筑当前用能量，并对各种可供选择的节能措施的节能量进行预测。

（2）节能项目设计。根据能源审计的结果，EMC向客户提出如何利用成熟的技术来改进能源利用效率、降低能源成本的方案和建议。如果客户有意向接受EMC提出的方案和建议，EMC就为客户进行项目设计。

（3）节能服务合同的谈判与签署。EMC与客户协商，就准备实施的节能项目签订“节能服务合同”。在某些情况下，如果客户不同意与EMC签订节能服务合同，EMC将向客户收取能源审计和节能项目设计费用。

（4）节能项目融资。EMC向客户的节能项目投资或提供融资服务，EMC用于节能项目的资金来源有资金、银行商业贷款或者其他融资渠道。

（5）原材料和设备采购、施工、安装及调试。由EMC负责节能项目的原材料和设备采购，以及施工、安装和调试工作，实行“交钥匙工程”。

（6）运行、保养和维护。EMC为客户培训设备运行人员，并负责所安装的设备/系统的保养和维护。

（7）节能效益保证。EMC 为客户提供节能项目的节能量保证，并与客户共同监测和确认节能项目在项目合同期内的节能效果。

（8）EMC 与客户分享节能效益。在项目合同期内，EMC 对与项有关的投入（包括土建、原材料、设备、技术等）拥有所有权，并与客户分享项目产生的节能效益。在 EMC 的项目资金、运行成本、所承担的风险及合理的利润得到补偿之后（合同期结束），设备的所有权一般将转让给客户。客户最终将获得高能效设备和节约能源成本，并享受全部节能效益。

三、发展建筑合同能源管理所面临的困难及其解决对策

尽管示范性 EMCO 公司和其他以相同模式运营的节能服务公司在全国许多省市推广，并取得了初步成效，但要在我国全面推进建筑合同能源管理，还需要全社会携手 EMCO 发展的外部环境，包括提高认识。培育业主的节能观念、调整国家政策等等。只有当全社会清晰地认识节能市场化的意义时，EMCO 这一产业才可能在我国迅速发展壮大。目前 EMCO 产业发展面临 5 大瓶颈的制约：

（1）缺乏强有力的法律支持。我国现行节能法律约束力较弱，对能源利用效率低的建筑或行为并没有明显的惩罚措施，对节能行为也缺乏明显的激励政策，特别是没有与节能的环保效益挂钩。

（2）一些正处于起步阶段的 EMCO 缺乏运营能力。EMCO 的运营机制是全新的，又比较复杂，潜在的 EMCO 或者是按 EMCO 模式运营却没有受过专业培训的节能服务公司，大多数缺乏综合技术能力、市场开拓能力、商务计划制订能力、财务管理与风险防范能力、后期管理能力等，降低了向用户提供服务的水平。

（3）建筑合同能源管理这一先进的市场节能新机制的运作，与现行企业财务管理制度存在矛盾。“先投资后回收”这一模式按现行企业财务运行模式根本无法做财务核算，目前多是进行变通处理。例如将一台节能锅炉放在企业使用，在合同期内所有权仍属于节能公司，企业支付节能费既难进成本，又无法提折旧，让双方都很为难。

（4）资金短缺且缺乏融资能力。多数以 EMCO 模式运营的节能服务公司经济实力较弱，无力提供保证其贷款安全性的担保或抵押，又缺乏财务资信的历史记录等，获得银行支持力度较小。因资金不足，大量好的节能技改项目无法实施。

（5）部分业主缺乏诚信。阻碍了 EMCO 模式的推广。节能服务公司因为

承担了绝大部分的风险，在获利时就需要将资金占用、人员费用等一系列因素都考虑进去。一些业主对此十分眼红，经常发生一次性合作，后面不再合作的事情，甚至故意不支付节能分享利润，使节能服务公司在谈判项目和实施过程中，把大量精力用在了风险控制方面。

为此，根据节能专家建议，针对出现的问题，提出了下面四种解决方法：修改现行节能法律，出台带有强制执行的措施，并与环保政策相衔接，从政策法规上引导全社会，特别是建筑投资者真正重视节能工作；建立政府节能减排基金，通过贴息、补贴、担保等方式支持企业、节能公司利用新型节能模式进行节能改造；对建筑进行能源监测，对能源消耗达不到行业标准或产品标准的建筑提出节能整改建议，限期整改；改革财务管理相关规则，允许 EMCO 中的费用进入当期产品成本，确保 EMCO 模式的正常运转。

四、建筑合同能源管理合作样板及能效分析实例

(1) 建筑合同能源管理合作样板

双方合作模式（以某单位年能耗 1000 万人民币为例）：

甲方直接买断模式；

双方共同投资模式；

EMC 合同能源模式；

产品租赁模式。

①甲方直接买断模式

●甲方直接支付我公司节能设备款及施工设计费用。

●甲方总共需支付货款：¥480 万

●甲方享受全部节能收益：1000 万 ×20% =200 万元每年。

●甲方回收期：480 万 ÷200 万/年 =2.4 年

●我方共收益 ¥480 万

②双方共同投资模式

●甲方与我公司在该项目共同出资，双方共同分享节能收益。

●甲方总共需出资：¥240 万（即总投资款的 50%）

●甲方享受 5 成节能收益：每年 100 万元

●双方合作期限：5 年

静态回收期：240 万 ÷100 万/年 =2.4 年

●动态回收期：5 年 +（500 万 −240 万） +200 万/年 =6.3 年

●我方共收益：240 万 + 100 万 ×5 = 740 万

③EMC 合同能源模式

●由我公司为甲方该项目全权出资，双方共同分享节能收益。

●甲方前期无需出任何资金！

●甲方享受 1 成节能收益：每年约 20 万元

●双方合作期限：5 年

●甲方 5 年内收益：20 万 ×5 年 = 100 万元

●我方实际收益：180 万 ×5 − 480 万 = 420 万

④产品租赁模式

●由我公司为甲方项目上出资，甲方定期付给我公司租金。

●甲方前期无需出任何资金！

●甲方享受全部节能收益：每年约 200 万元

●双方合作期限：2.5 年

●甲方月付租金：480 万 ÷30 月 = 16 万/月

●甲方 2.5 年内收益：500 万 − 480 万 = 20 万

●我方共收益：480 万

四种合作方式的比较如表 7 − 11：

表 7 − 11　合作模式比较

合作模式	甲方最终出资	甲方回收年限	甲方 15 年收益	甲方收益率
买断模式	480 万	2.4 年	2520 万	☆☆☆☆
共同投资	740 万	6.3 年	2260 万	☆☆☆☆
EMC 模式	900 万	9 年	2100 万	☆☆
租赁模式	480 万	4.3 年	2520 万	☆☆☆☆☆

从以上表格可看出：

●直接买断模式，甲方可获得最大的节能收益，且回收期限较短。我方资金回笼快。

●共同投资模式，甲方可获得较高的节能收益，回收期较长。我方资金回笼较慢。

●EMC 模式，甲方获得的节能收益最低，回收期最长。我方可取得最大的收益，资金回笼慢，有一定风险。

●产品租赁模式，甲方可获得最大的节能收益，回收期短。我方资金回收慢，有一定风险。

通过对比分析，建议甲方与我公司采取：产品租赁方式；实现各方面多赢的商业合作。

备注：

●甲方每年能耗基数以1000万为基础

●节能精算以每年节省原能耗总量的20%为空间

●节能设备的选型、当地人员成本、渠道费用的支出、合同的条款等诸多因素直接影响合作模式的选择

（2）合同能源管理能效分析实例（大厦空调系统）

某大厦安装有三台离心冷水机组，每台冷机冷水出口均安装有阀门，在冷机不开启时关闭对应阀门；冷机开启时打开对应阀门。冷水泵为4台37kW立式泵，使用情况为3用一备，每台冷水泵出口分别装有蝶阀。由于中央空调系统时间较早，因此实际运行中存在一些问题。主要表现在4台冷水泵的电机和设计流量不匹配，水泵出口阀门开度非常小，稍微开大，电机电流就过载，每台水泵的流量很小，为保证冷机能正常开启，整个供冷季必须同时开启3台水泵。针对这种情况，提出了将其中两台水泵电机更换为45kW、并采取变频控制的解决方案。经组织实施后，进行了系统调试和试运行，完全达到预期效果。在只开启2台水泵的情况下，不仅水泵出口阀门可以全部开启，减少了1台水泵的使用，而且整个制冷季都可以在较低的频率下运行，表7－12给出了改造水泵的阀门开度与电机电流的关系。

表7－12　改造后水泵阀门开度与电机电流的关系

序号	电机设定	阀门开度，%		电机实测电流，A	
	频率 HZ	2号水泵	3号水泵	2号水泵	3号水泵
1	50	25	25	68	68
2	50	33	33	75	75
3	45	33	33	52 5	55.7
4	45	50	50	70	70
5	40	50	5Q	49	49
6	40	100	100	52	50
7	38	100	100	45	44
8	35	100	100	35	35

根据原电机运行参数（额定功率37kW，额定电压380V，功率因数0.87）和新电机（额定功率45kW，额定电压380V，功率因数0.88，额定电流84.2A）实际运行参数（工作频率35Hz，工作电流35A），以及大厦供冷时

间 200d，24h 连续运行，可得原水泵耗电 536160kW · h，现水泵耗电 194400kW · h，改造后可节省电耗 341760kW · h。

和改造前相比，项目节能效果非常显著，节省了大约 65% 的运行费用，并且降低了噪声，改善了工作环境。作为典型的合同能源管理，节能收益分享按 70% 计算。如以平均电价 0.7 元/kW · h 计，合同能源管理公司获得其中的 70%，共计 117 万元。对业主而言：合同能源管理项目期内，获得收益 50 万元；系统使用寿命为 15 年左右，共节约电耗 241 万元。

第四节　建筑节能监测与调试

一、节能检测

目前，全国范围内建筑节能检测都执行《采暖居住建筑节能检验标准》JGJ132—2001，它是最具权威性的检测方法，它的发布实施，为建筑节能政策的执行提供了一个科学的依据，使得建筑节能由传统的间接计算、目测定性评判到现在的直接测量，从此这项工作进入了由定性到定量、由间接到直接、由感性判断到科学检测的新阶段。

根据对建筑节能影响因素和现场检测的可实施性的分析，我们认为，能够在试验室检测的宜在试验室检测（如门窗等作为产品在工程使用前后它的性状不会发生改变）；除此之外，只有围护结构是在建造过程中形成的，对它的检测只能在现场进行。因此建筑节能现场检测最主要的项目是围护结构的传热系数，这也是最重要的项目。如何准确测量墙体传热系数是建筑节能现场检测验收的关键。目前对建筑节能现场检测围护结构（一般测外墙和屋顶、架空地板）的传热系数的方法，主要有以下四种方法：

（1）热流计法。热流计是建筑能耗测定中常用仪表，该方法采用热流计及温度传感器测量通过构件的热流值和表面温度，通过计算得出其热阻和传热系数。其示意图 7 - 50 如下：

其检测基本原理为：在被测部位布置热流计，在热流计周围的内外表面布置热电偶，通过导线把所测试的各部分连接起来，将测试信号直接输入微机，通过计算机数据处理，可打印出热流值及温度读数。当传热过程稳定后，开始计量。为使测试结果准确，测试时应在连续采暖（人为制造室内外温差

亦可）稳定至少 7d 的房间中进行。一般来讲，室内外温差愈大（要求必须大于 20℃），其测量误差相对愈小，所得结果亦较为精确，其缺点是受季节限制。该方法是目前国内外常用的现场测试方法，国际标准和美国 ASTM 标准都对热流计法作了较为详细的规定。

（2）热箱法。热箱法是测定热箱内电加热器所发出的全部通过围护结构的热量及围护结构冷热表面温度。它分为实验室标定热箱法和试验室防护热箱法两种，其原理如图 7－51、图 7－52 所示。

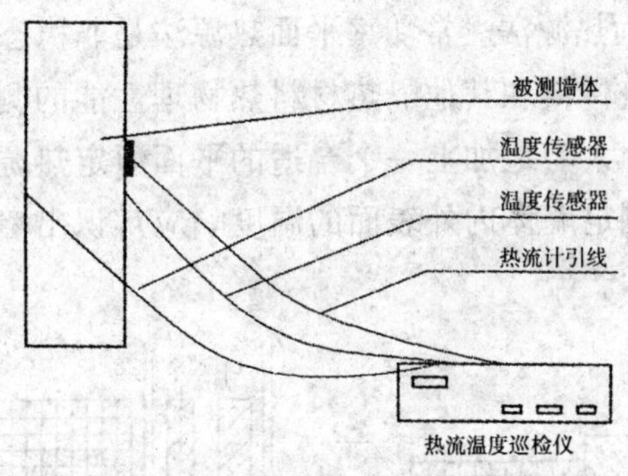

图 7－50　热流计法检测示意图

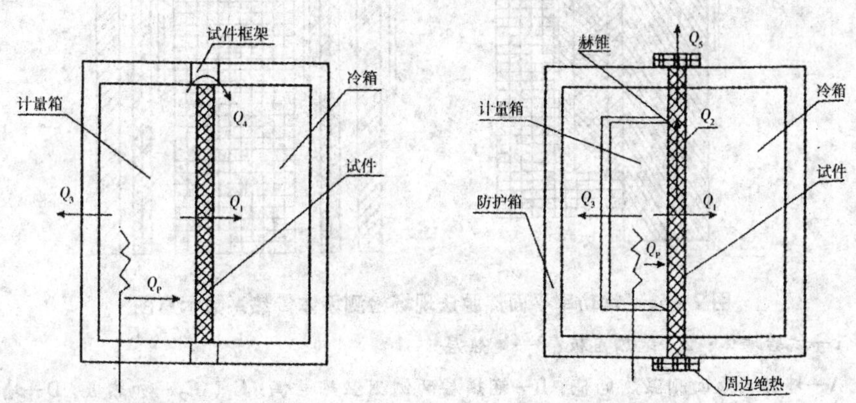

图 7－51　试验室标定热箱法原理示意图　图 7－52　试验室防护热箱法检测原理示意图

其基本检测原理是用人工制造一个一维传热环境，被测部位的内侧用热箱模拟采暖建筑室内条件并使热箱内和室内空气温度保持一致，另一侧为室外自然条件，维持热箱内温度高于室外温度 8℃以上，这样被测部位的热流总是从室内向室外传递，当热箱内加热量与通过被测部位的传递热量达平衡时，通过测量热箱的加热量得到被测部位的传热量，经计算得到被测部位的传热系数。该方法的主要特点：基本不受温度的限制，只要室外平均空气温度在 25℃以下，相对湿度在 60% 以下，热箱内温度大于室外最高温度 8℃以上就可以测试。据业内技术专家通过交流认为：该方法在国内尚属研究阶段，其局限性亦是显而易见的，热桥部位无法测试，况且尚未发现有关热箱法的国际标准或国内权威机构的标准。

（3）红外热像仪法。红外热像仪法目前还在研究改进阶段，它通过摄像仪可远距离测定建筑物围护结构的热工缺陷，通过测得的各种热像图表征有热工缺陷和无热工缺陷的各种建筑构造，用于在分析检测结果时作对比参考，因此只能定性分析而不能量化指标。

（4）常功率平面热源法。常功率平面热源法是非稳态法中一种比较常用的方法，适用于建筑材料和其他隔热材料热物理性能的测试。其现场检测的方法是在墙体内表面人为地加上一个合适的平面恒定热源，对墙体进行一定时间的加热，通过测定墙体内外表面的温度响应辨识出墙体的传热系数。其原理如图7－53所示。

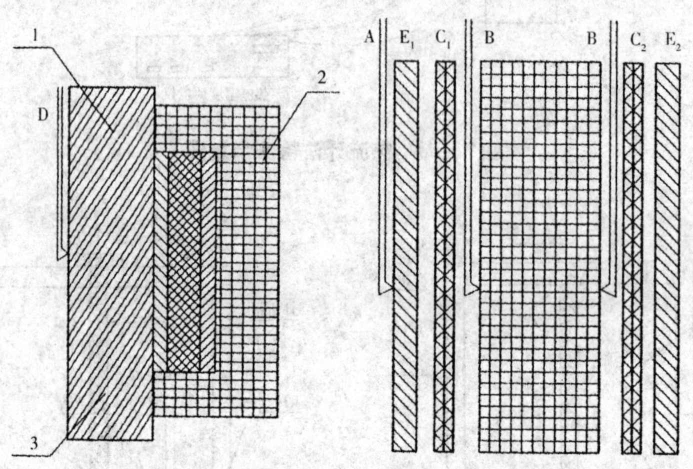

图7－53　常功率平面热源法现场检测墙体传热系数示意图

1—试验墙体；2—绝热盖板；3—绝热层

A—墙体内表面测温热电偶；B—绝热层两侧测温热电偶；C_1、C_2—加热板，D—墙体外表而测温热电偶；E_1、E_2—金属板

二、节能计量

据有关资料显示，早在1986年，我国就开始试行第一部建筑节能设计标准。但是，建设部2000年对北方地区的检查结果表明，真正的节能建筑只占到同期建筑总量的6.4%。不仅单位建筑面积采暖能耗为发达国家新建建筑的3倍以上，而且空调系统的能耗也居高不下。事实上，造成大量能

源浪费的，不仅是由于缺乏法制和监督，还在于传统的按面积缴纳热费或冷气费的做法大大的纵容了“高能耗”的行为。如果不采用市场化的“按需消费”的先进模式却沿袭“大锅饭”的陋习，寄希望于普通百姓的“高尚觉悟”来节能则注定成为“乌托邦”。要想解决该问题，建议我国在供热系统和空调系统同时推广冷/热计量，不仅鼓励用户的行为节能，而且可以为公用建筑的能源审计提供便捷有效的途径。所以，要实现建筑节能，计量问题是保障。

1）冷热计量的方式

要实现冷热计量，通常使用的方式如下：①方公用建筑：可以在热力入口出安装楼栋总表；②北方已有民用建筑（未达到节能标准的）：可以在热力入口处安装楼栋总表，每户安装热分配表；③北方新的民用建筑（达到节能标准的）：可以在热力入口处安装楼栋总表，每户安装户用热能表；采用中央空调系统的公用建筑：按楼层、区域安装冷/热表；采用中央空调系统的民用建筑：按户安装冷/热表。

2）采暖的计费计量

“人走灯关”是最好的收费实例，同样也是用多少电交多少费的有力佐证。分户供暖达到计量收费这一制约条件后，市民首先考虑的就是自己的经济利益，现有供热体制就是大锅饭，热了开窗放将热量一放再放。如果分户供暖进而计量收费，居民就会合理设计自家的供热温度，比如，卧室休息时可以调到20摄氏度，平时只需15摄氏度即可。厨房和储藏室不用时保持在零上温度即可，客厅只需16摄氏度就可安全越冬，长期坚持，自然就养成了行为节能的好习惯。分户热计量、分室温控采暖系统的好处是水平支路长度限于一个住户之内；能够分户计量和调节热供量；可分室改变供热量，满足不同的室温要求。

3）分户热量表

（1）分室温度控制系统装置。锁闭阀：分两通式锁闭阀及三通式锁闭阀，具有调节、锁闭两种功能，内置外用弹子锁，根据使用要求，可为单开锁或互开锁。锁闭阀既可在供热计量系统中作为强制收费的管理手段，又可在常规采暖系统中利用其调节功能。当系统调试完毕即锁闭阀门，避免用户随意调节，维持系统正常运行，防止失调发生。散热器温控阀：散热器温控阀是一种自动控制散热器散热量的设备，它由两部分组成，一部分为阀体部分，另一部分为感温元件控制部分。由于散热器温控阀具有恒定室温的功能，因此主要用在需要分室温度控制的系统中。自动恒温头中装有自动调节装置和自力式温度传感器，不需任何电源长期自动工作。它的温度设定范围很宽，连续可调。

(2) 热量计装置。热量表（又称热表）是由多部件组成的机电一体化仪表，主要由流量计、温度传感器和积算仪构成。户用热量表宜安装在供水管上，此时流经热表的水温较高，流量计量准确。如果热量表本身不带过滤器，表前要安装过滤器。热量表用于需要热计量系统中。热量分配表不是直接测量用户的实际用热量，而是测量每个用户的用热比例，由设于楼入口的热量总表测算总热量，采暖季结束后，由专业人员读表，通过计算得出每户的实际用热量。热量分配表有蒸发式和电子式两种。

4）空调的计费计量

能量“商品化”，按量收费是市场经济的基本要求。中央空调要实现按量收费，必须有相应的计量器具和计量方法，按计量方法的不同，目前中央空调的收费计量器具可分为直接计量和间接计量两种形式。

(1) 直接计量形式。直接计量形式的中央空调计量器具主要是能量表。能量表由带信号输出的流量计、两只温度传感器和能量积算仪三部分组成，它通过计量中央空调介质（水）的某系统内瞬时流量、温差，由能量积算仪按时间积分计算出该系统热交换量。在能量表应用方面，根据流量计的选型不同，主要有三大类型，为机械式、超声波式、电磁式。

(2) 间接计量形式。间接计费方法有电表计费，热水表计费等。电表计费就是通过电表计量用户的空调末端的用电量作为用户的空调用量依据来进行收费的；热水表计费就是通过热水表计量用户的空调末端用水量作为用户的空调用量依据来进行收费的。但这两种间接计费方法虽简单、便宜；但都不能真正反应空调“量”的实质，中央空调的要计的“量”是消耗的能量（热交换量）的多少。按这几种间接计费方法，中央空调系统能量中心的空调主机即使不运行或干脆没有空调主机，只要用户空调末端打开，都有计费，这显然是不合情理的。

(3) 当量能量计量法。CFP系列中央空调计费系统（有效果计时型）根据中央空调的应用实际情况，首先检测中央空调的供水温度，只有在供水温度大于40℃（采暖）或小于12℃（制冷）情况下才计时（确保中央空调“有效果”），然后检测风机盘管的电动阀状态（无阀认为常开）和电机状态（确保用户在“使用”）进行计时（计量的是用户风机盘管的“有效果”使用时间），但这仅仅是一个初步数据，还得利用计算机技术、微电子技术、通讯技术和网络技术等，通过计费管理软件以这些数据为基础进行合理的计算得出“当量能量”的付费比例，才能作为收费依据。

综上所述，值得推荐的两种计量方式为直接能量计量（能量表）和 CFP 当量能量计量，又根据它们的特点不同，前者适用于分层、分区等大面积计量，后者适用于办公楼、写字楼、酒店、住宅楼等小面积计量。

三、建筑系统的调试

系统的调试是重要但容易被忽视的问题。只有调试良好的系统才能够满足要求，并且实现运行节能。如果系统调试不合理，往往采用加大系统容量才能达到设计要求，不仅浪费能量，而且造成设备磨损和过载，必须加以重视。例如，有的办公楼未调试好就投入使用，结果由于裙房的水管路流量大大超过应有的流量，致使主楼的高层空调水量不够，不得不在运行一台主机时开启两台水泵供水，以满足高层办公室的正常需求，造成能量浪费。并且最近几年，新建建筑的供热、通风、和空调系统照明系统、节能设备等系统与设备都依赖智能控制。然而，在很多建筑中这些系统并没有按期望运行。这样就造成了能源的浪费。这些问题的存在使建筑调试得到发展。

调试包括检查和验收建筑系统、验证建筑设计的各个方面、确保建筑是按照承包文件建造的，并验证建筑及系统是否具有预期功能。建筑调试的好处：在建筑调试过程中，对建筑系统进行测试和验证，以确保它们按设计运行并且达到节能和经济的效果；建筑调试过程有助于确保建筑的室内空气品质的良好；施工阶段和居住后的建筑调试可以提高建筑系统在真实环境中的性能，减少用户的不满程度；施工承包者的调试工作和记录保证系统按照设计安装，减少了在项目完成之后和建筑整个寿命周期问题的发生，也就意味着减少了维护与改造的费用；在建筑的整个寿命周期内进行定期、每年或者每两年的再调试能保证系统连续地正常运行。因此也保持了室内空气品质，建筑再调试还能减少工作人员的抱怨并提高他们的效率，也减少了建筑业主潜在的责任。

1）需要调试的建筑系统

在大型复杂的建筑中，大多数系统都是综合的。根据美国供热、通风和空调工程师学会（ASHRAE）出版的暖通空调系统调试指南，具体如表 7－13 所示：

表 7－13　需要调试的系统实例

热水系统	服务热水器	紧急发电装置	空气处理设备	VAV 和定风量末端设置	空气处理设备	风机	VAV 和定风量末端设置	立管和淋系统
泵	泵	灾管理系统	气流测量装置		空气处理装置	防火防烟阀		
电子蒸汽加湿器	水槽		—水冷式房间空调机组		火灾管理系统			
冷却塔	增压机		火灾管理系统					
制冷设备			建筑管理系统					
空气处建设备 风机								
空气处建设备 VAV 和定风量末端设置								
空气处理装置 风阀								
空气处理装置 防火阀								
空气处理装置 平衡阀								
空气处理装置 防火防烟阀								
气流测量装置								
水槽								
水冷式房间空调机组								
控制系统								
火灾管理系统								

2）建筑调试的策略

美国供热、通风和空调工程师学会（ASHRAE）指南提供了一个很好的模式，图 7－54 为一个三步的调试过程，表示了建议项目成员在每一步中的工作和责任。确保调试策略包含了调试过程的每一个所有必须的工作。

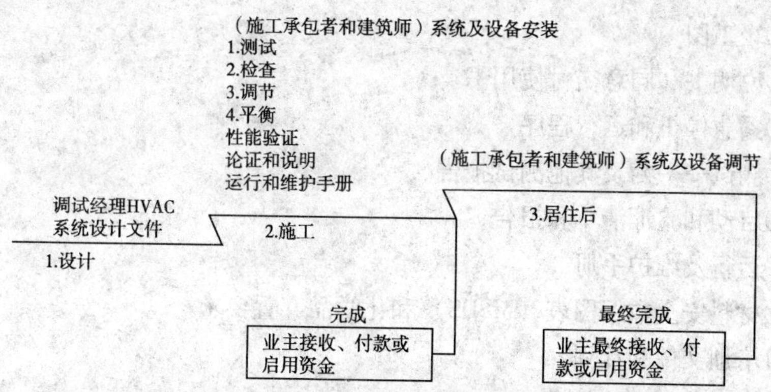

图 7－54 三步调试过程

建筑设备系统的调试设计记录表格范本，如下表 7－14 所示：

表 7－14 建筑设备系统的调试设计记录

数量	名称	预计	规范	计算机	复印机	总风量	最小新风量

3）建筑调试报告

调试过程完成之后，调试代理应交一份调试报告给业主，具体内容如下：

（1）建筑说明，包括大小、位置和用途；

（2）调试组的成员和责任；

（3）最终的项目设计文件和调试计划及说明；

（4）该项目包含的建筑、机械和电气等每个系统的书面和（或）系统描述；

（5）与设计意图有关的系统性能总结；

（6）完成的试运行核对清单；

（7）完成的运行核对清单；

（8）所有的一致意见、不一致意见和费用跟踪表；

（9）每个系统的手册，具体包括以下内容：

①系统实际意图

②系统说明

③竣工图

④说明书和同意交付使用书

⑤紧急停机和运行程序

⑥测试—平衡及其他测试报告

⑦启动和验证清单和报告

⑧运行及维护手册

⑨材料安全数据图表（MSDS）和化学品弃置要求

⑩培训文件和计划

四、设备的故障诊断

建筑设备要具有较高的性能，除了在设计和制造阶段加强技术研究外，在运行过程中时刻保持在正常状态并实现最优化运行也是必不可少的。近来也有研究表明，商业建筑中的暖通空调系统经过故障检测和诊断调试后，能达到20%~30%的节能效果。因此，加强暖通空调系统的故障预测，快速诊断故障发生的地点和部位，查找故障发生的原因能减少故障发生的概率。一旦故障诊断系统能自动地辨识暖通空调设备及其系统的故障，并及时地通知设备的操作者，系统能得到立即的修复，就能缩减设备“带病”运行的时间，也就能缩减维修成本和不可预知的设备停机时间。因此，加强对故障的预测与监控，能够减少故障的发生，延长设备的使用寿命，同时也能够给业主提供持续的、舒适的室内环境，这对提高用户的舒适性、提高建筑的能源效率、增加暖通空调系统的可靠性、减少经济损失将有重要的意义。

1）故障检测与诊断的定义与分类

故障检测和故障诊断是两个不同的步骤，故障检测是确定故障发生的确切地点，而故障诊断是详细描述故障是什么，确定故障的范围和大小，即故障辨识，按习惯统称为故障检测与诊断（FDD）。故障检测与诊断的分类方法很多，如按诊断的性质分，可分为调试诊断和监视诊断；如果按诊断推理的方法分，又可以分为从上到下的诊断方法和从下到上的方法；如果按故障的搜索类型来分，又可以分为拓扑学诊断方法和症状诊断方法。

2）常用的故障检测与诊断方法

目前开发出来的用于建筑设备系统故障检测与诊断的方法（工具）主要有以下几种（表7-15）。

表 7－15　常用的故障诊断方法

故障诊断方法	常见故障现象	缺点
基于规则的故障诊断专家系统	诊断知识库便于维护，可以综合存储和推广各类规则	如果系统复杂，则知识库过于复杂，对没有定义的规则不能辨识故障
基于模型的故障诊断方法	各个层次的诊断比较精确，数据可通用	计算复杂，诊断效率低下，每个部件或层次都需要单独律模
基于故障树的故障诊断方法	故障搜索比较完全	故障树比较复杂，依赖大型的计算机或软件
基于案例推理的故障诊断方法	静态的故障推理比较容易	需要大量的案例
基于模糊推理的故障诊断方法	发展快，建模简单	准确度依赖于统计资料和样本
基于模式识别的故障诊断方法	不需要解析模型，计算量小	对新故障没有诊断能力，需要大量的先验知识
基于小波分析的故障诊断方法	适合作信号处理	只能将时域波形转换成频域波形表示
基于神经网络的故障诊断方法	能够自适应样本数据，很容易继承现有领域的知识	有振荡，收敛慢甚至不收敛
基于遗传算法的故障诊断方法	有利于全局优化，可以消除专家系统难以克服的困难	运行速度有待改进

3）故障检测与诊断技术在暖通空调领域的应用

目前，关于暖通空调的故障检测和诊断以研究对象来分，主要集中在空调机组和空调末端，其中又以屋顶式空调最多，主要原因是国外这种空调应用最多，另外，这个机型容量较小，比较容易插入人工设定的故障，便于实际测量和模拟故障。表 7－16 列出了暖通空调系统常见的故障及其相应的诊断技术。说明：并不是表中规定的故障检测与诊断方法不能用于其他的设备，或某个设备只能用表中所示的故障检测与诊断方法，表中所列的只是常用的方法而已。

表 7-16　暖通空调常见故障及诊断工具

设备类型	常见故障现象	诊断模型或方法
单元式空调机组	热交换器脏污、阀门泄漏	比较模型和实测参数的差异，用模糊方法进行比较
变风量空调机组	送、回风风机损坏、冷冻水泵损坏、冷冻水泵阀门堵塞、温度传感器损坏、压力传感器损坏	留存式建模与参数识别方法，人工神经网络方法
往复式制冷机组	制冷剂泄漏、管路阻增大、冷冻水量和冷却水量减少	建模，模式识别，专家系统
吸收式制冷机组	COP 下降	基于案例的拓扑学监测
整体式空调机	制冷剂泄漏、压缩机进气阀泄露、制冷剂管路阻力大、冷凝器和蒸发器脏污	实际运行参数与统计数据分析
暖通空调系统灯光照明等	建筑运行参数变化建筑运行费用飙升	整个建筑系统进行诊断

4）暖通空调故障检测与诊断的现状与发展方向

目前开发出来的主要故障诊断工具有：用于整个建筑系统的诊断工具；用于冷水机组的诊断工具；用于屋顶单元故障的诊断工具；用于空调单元故障的诊断工具；变风量箱诊断工具。但上述诊断工具都是相互独立的，一个诊断工具的数据并不能用于另一个诊断工具中。

可以预见，将来的故障诊断工具将是建筑的一个标准的操作部件。诊断学将嵌入到建筑的控制系统中去，甚至故障诊断工具将成为 EMCS 的一个模块。这些诊断工具可能是由控制系统生产商开发提供，也可能是由第三方的服务提供商来完成。换句话说，各个诊断工具的数据和协议将是开放的和兼容的，是符合工业标准体系的，具有极大的方便性和实用性。

第五节　既有建筑的节能改造

2000 年中国建筑耗能量已达 1.8 亿吨标准煤，约占全国能源消费总量的 14%，而且呈上升趋势。建筑物空调（采暖、供冷）耗能量约占建筑耗能量的 60%，所以，建筑节能潜力主要在建筑物的采暖与供冷方面。由于多种原

因，中国建筑物单位面积采暖能耗是气候相近的发达国家的3倍左右，说明中国建筑节能的潜力很大。当前中国正在民用建筑领域按照JGJ 26—95号行业标准，推进民用建筑节能工作，要求自2000年开始，新建建筑必须按节能50%的标准设计与建设，原有建筑物要按该标准进行节能改造。完成这一节能改造目标，粗略测算节能潜力有3000多万吨标准煤。

一、既有建筑节能改造的措施

针对浪费能源的主要问题，可采取以下6项技术改造措施，大致包括的内容如下：

1）改善建筑物的外围护结构

中国建筑物的外围护结构耗能量很大，与发达国家相比，外墙耗能量是他们的4~5倍，屋面耗能量是他们的2.5~5.5倍，外窗耗能量是1.5~2.2倍，门、窗空气渗漏是他们的3~6倍。节能改造的措施是：

（1）外挂式外保温。主要介绍的是聚苯乙烯泡沫板（简称聚苯板，EPS），由于具有优良的物理性能和廉价的成本，已经在外墙外挂式技术中广泛的应用。该技术采用的是用粘结砂浆或者是专用的固定件将保温材料贴、挂在外墙上，然后抹抗裂砂浆，压入玻璃纤维网格布形成保护层，最后加做装饰面。在施工外保温的同时，还可以利用聚苯板做成凹进或凸出墙面的线条，及其他各种形状的装饰物，不仅施工简单。而且丰富了建筑物外立面。特别是对既有建筑进行节能改造时，不仅使建筑物获得更好的保温隔热效果，而且可以同时进行立面改造，使既有建筑焕然一新。

（2）聚苯颗粒保温料浆外墙保温。将聚苯乙烯塑料（简称EPS）加工破碎成0.5~4mm的颗粒，作为轻集料来配制保温砂浆。包含保温层，抗裂防护层和抗渗保护面层（或是面层防渗抗裂二合一砂浆层）。但此种保温材料吸水率较其他材料为高，使用时必须加做抗裂防水层。抗裂防水保护层材料由抗裂水泥砂浆复合玻纤网组成，可长期有效控制防护层裂缝的产生。该施工技术简便，可以减少劳动强度，提高工作效率，不受结构质量差异的影响，对有缺陷的墙体施工时墙面不需修补找平，直接用保温料浆找补即可，同时解决了外墙保温工程中因使用条件恶劣造成界面层易脱粘空鼓，面层易开裂等问题，同时实现了外墙外保温技术的重要突破。

（3）平改坡及加层改造技术方案。首先要先进行屋面和承重墙结构核算，在荷载允许的条件下，可以在屋面上对应下层承重墙位置砌墙，最后铺轻型保温屋面板。一般采用彩钢夹心板，保温材料可采用泡沫聚苯，聚氨酯，岩棉或玻璃棉。结构也可采用钢结构加层，在加层中除注意荷载允许外，保温隔热（尤其是隔热）其保温厚度须经热工计算确定，同时还应注意加高后其高度应符合结构规范和建筑物的日照间距。

（4）屋面干铺保温材料改造技术方案。先进行屋顶防水层改造后，再在改善后的防水层做保温处理。具体的做法一种是在原屋面上铺满一层经过憎水处理的岩棉板，其厚度应根据热工计算而定，再在保温层上做水泥砂浆保护层，并做防水层。另一种是留出排水通道，干铺保温材料。

（5）架空平屋面改造技术方案。方案分两种，一种是在横墙部位砌筑120～180mm 高度导墙，在墙上铺设配筋加气混凝土面板，再在上部设防水层，形成一个封闭空间保温层，这种做法使用于下层防水层破坏，保温失效的屋面，加气板的厚度视当地的气候条件计算确定，排水系统原则上保留原有系统，即在墙内侧留出适当宽度做排水沟。第二种是在屋面荷载条件允许下，在屋面上砌筑 115mm × 115mm × 180mm 左右方垛，在上铺设 500mm × 500mm 水泥薄板，一般上面不做防水层，主要解决隔热问题，节约顶层空调能耗，改善居民舒适度，同时对屋面防水层也起到一定的保护作用。

（6）节能窗。窗是建筑节能的重要部位，其热损失是墙体的 5～6 倍。窗户能耗包括窗户传热和空气渗透耗热，约占建筑采暖、空调能耗的 50% 左右，窗的节能重点是控制窗的传热系数，增加窗的气密性，限制窗墙面积比。具体做法有：采用塑钢或塑料窗，并设置密封条或采用中空玻璃节能窗；设置活动遮阳构件，夏季遮阳，冬季不影响日照；设置节能窗帘。

（7）其他。南方地区的居住住宅在夏季太阳辐射和室外气温的综合作用下，从屋顶传入室内的热量要比从墙体传入室内的热量多得多，因此，建筑屋面的隔热节能尤为重要。可使用倒置式屋面、屋面绿化、蓄水屋面、平改坡等几种屋面节能技术。其中倒置式屋面就是将传统屋面构造中的保温层与防水层颠倒，把保温层放在防水层的上面。倒置式屋面的定义中，特别强调了“憎水性”保温材料。

2）改福利供暖为按户计量收费

长期以来，中国职工享受着免费取暖的福利待遇，采暖费由职工所在单位按地方统一标准和居住面积向供暖部门支付，用户的用热量既不能按需调节，也无法计量，结果是舒适度较差，能源耗费却很多。中国政府已经决定，最迟 2010 年全国采暖地区要普遍实施按户计量收费制度，实施这项改革是鼓励广大用户参与节能的有力措施，实现这项改革的先决条件是实现用热量可以按需调节与按数计量。实施这项改革，EMC 可做的工作是创造上述先决条

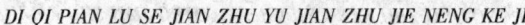

件，即对现有大量顶层输入单管串联系统的各层散热器处加装跨越管，并在散热器前端加装温控阀，在散热器上加装热量计。改造投资须20元/平方米左右，可获得20%左右的节能量。

3）采暖热源节能改造

中国采暖地区的城镇采暖方式有三类，一是主要由热电厂提供热源的城市集中供热，二是区域锅炉房供热，三是分户小煤炉取暖，以上三类均为燃煤取暖。各自的改造措施简述如下。

（1）城市集中供热。除热电厂和输热管网的节能改造措施以外，用热方主要是区域（或单位）换热站提高换热效率，减少换热损失和能源消耗，使用按负荷变化（包括室外温度变化）实时调节供热量的自控系统。

（2）区域锅炉房供热。由于热源是工业锅炉，节能改造内容已在前面章节中论及。

（3）分户小煤炉取暖。小煤炉能源效率极低，低空污染严重，环境舒适性很差。出于节能、环保和提高生活质量的需要，应予改造。示范EMC已经示范成功用高效电暖器和蓄热式高效电暖器取暖取代小煤炉，在供电部门的支持下，得到很好的效果，现正在大面积推广。

（4）蓄热式电采暖。蓄热式电采暖系统分集中、户用与分室3种，它的应用既可以对电力负荷移峰填谷、削减冬夏季负荷差，为电力企业节约能源、缓解基建投资，也可使用户节省建设投资，节约能源，减少采暖费用。示范EMC正在实施用蓄热式电锅炉取代燃煤、燃油锅炉区域采暖的示范项目。

4）空调冷源节能改造

中国民用建筑大量使用集中供冷，始于20世纪80年代初期，均为常规送风，90年代集中供冷领域引入了先进设备和先进的系统设计方案，既可节约能源，增加建筑物的使用价值，又能改善环境的舒适性，为老旧供冷系统的改造升级，提供了物质、技术基础。空调冷源节能改造首先是制冷设备节能改造。在用的制冷设备有不少效率较低，能耗较高，甚至使用不合理，须要进行改造。如新型溴化锂制冷机组的耗热量比旧型机组少10%～20%，使用低品位余热，节能效果更加显著；新型热泵机组的效能系数比旧型机组增大15%左右，这些都是可供选择的。改造投资需20元/平方米左右，可获10%～20%左右的节能量。其次是供冷系统节能改造。常规供冷系统主、辅机的装机容量是按照能满足最大冷负荷的需要设计的，导致供冷系统大部分时间处于低负荷、低效率的运行状态，造成系统建设投资和长期运行能耗的浪费。其次，蓄冷空调系统的应用，既可以对电力负荷移峰填谷，为电力企业节约能源，缓解建设投资的增长，也可以为用户节省建设投资，节约能源，减少供冷费用，还可为业主增大建筑物的使用价值。原因是由于装设了蓄冷装置，制冷机组的装机容量减小了许多，减少了投资；由于它可以经常运行在满负荷高效状态，而且1/3以上运行时间是低价电时段，所以，既节能又节运行费。第三是使用低温大温差蓄冷空调系统，除了以上优点之外，由于供冷辅机和管道容量也都缩小了，所以，减少了占地面积和空间，因而，提高了业主建筑物的使用价值。低温大温差系统由于送风温度低，环境的舒适度因而提高。这种系统更适合新建工程。再次，盘管蓄冷技术是90年代中期引入中国的，比起冰球蓄冷，既能降低空调系统整体的建设费用，又能减少系统的运行能耗与供冷成本。还能增加建筑物的使用价值，所以，近几年盘管蓄冷空调系统的应用增长速度比冰球蓄冷快。当前，中国企业开发、生产的造价更低、可靠性更高的盘管蓄冷空调系统已成功地运行。示范EMC已开始涉足这个领域。

5）楼宇设备系统空调节能优化控制

表7－17　楼宇设备系统优化的基本出发点、优化原则及技术措施

出	优化原则	技术措施
变风量系统与楼宇设备系统联网	优化变风量系统送风静压和新风量，节约能耗，改善室内空气品质	在温度控制，新风量控制，送风压力控制及变风量末端装置温度控制基础上，优化送风静压和新风量的设定
变风量系统智能控制	运用智能化对系统进行全局控制，不需系统建模，解决控制回路耦合带来的诸多控制问题	神经网络控制，模糊控制，专家系统
空调水系统变流量控制	冷热媒水供回水温度保持不变，根据冷热负荷调节冷热媒水的流量，提高系统的运行效率	根据冷热媒水回水温度参数，及时调节水泵工作特性曲线，使冷热媒水的回水温度趋于恒定
智能照明控制系统电梯蓄水池进出水	定时和实时灯光自控及故障指示，自动实现合理的能源管理防止交通阻塞，节约能源，扩大楼宇有效使用空间，远程监控与智能故障报警诊断，提高运行与维修效率利用数据处理，网络功能推进新的工程目标	模块化结构，分步式网络计算机控制综合控制计算机预测交通需求，阻塞形式，在群控系统中采用模糊理沦，神经网络，专家系统。基于时变隶属度计算的模糊推理用电动阀门与水池内的液位装置取代浮球阀，实现程序控制。利用程序控制来管理，使池内水位降至某一定值时生活泵自动停止，防止消防水量平时被动用

6）供暖管网节能改造

供暖管网的能源损失有压力损失和散漏损失两种，散漏损失占输送热量的5%～10%，对管网实施良好、完善的保温，加强维修与管理，可以清除散漏损失的大部分。而压力失衡，导致水力失衡，即热力失衡，造成系统远端供暖不足，近端过剩。解决压力损失的办法是使用平衡阀使系统分区分段达到水力基本平衡。节能效果很好，有的一个采暖季即可收回节能技改投资。

7）使用新热源

地温水源热泵空调系统既能供暖，也能供冷，与一般空调系统相比，只是热（冷）源与转换设备不同，热（冷）源不再是各种燃料而是地温，转换设备是水源热泵机组取代了锅炉（制冷机组）。使用这种系统供暖在中国自1997年冬季开始，次年夏用于供冷，至今在宾馆、办公楼、商务楼、医院、居民住宅等建筑中已有几十个成功案例，示范EMC于2000年开始实施此类示范项目，已成功复制了一批。这类系统的特点是1套设备3种用途，所以节省建设投资，同时由于热泵的效能系数较大，所以，节能效果也不错。建筑物节能改造所节省的能源是煤炭和石油制品，所以，具有很好的环境效益，可以少排大量的温室气体CO_2，有益于缓解全球气候变暖，同时可以减少酸雨气体SO_2和总悬浮颗粒物的排放量，有利于改善地区的生态环境。

建筑节能与改善人们的工作与生活环境密切相关，随着经济的发展，近5年来更受各方重视，将成为节能服务的新热点。

二、节能改造应注意的事项

（1）当空气温度及墙面温度低于5℃或高于30℃时，不应进行粘结保温层及抹灰面层的施工。施工前、应认真检查墙面和调查了解有关的情况，如：保温层基底的表面是否需要清理或修补，门窗洞周边及屋檐处构造、防潮层与变形缝的位置等（要避免某些局部产生热桥）。

（2）保温板的粘贴，宜从外墙底部边角处开始，依次粘贴，相邻板材互相靠紧，对齐。上下板材之间要错缝排列，墙角处板材之间要咬口错位。门窗角部的保温板，均应切成刀把状，不得在角部接板。门窗口周边侧面，也应按尺寸塞入保温板避免产生热桥。墙体防潮层以下贴保温板前，要作防潮处理。基底墙体有变形缝处，保温层也应相应留出变形缝，以适应建筑物位移的要求。

（3）保温板上抹灰层厚度以将网格布（或钢丝网）埋入不外露为准。此抹灰层一般分两遍抹成，第一遍直接抹在保温板表面，然后将网格布平整地压入涂层中，干硬后抹第二遍，这遍要将网格布完全覆盖。抹第二遍时，切忌拍浆，因拍浆后表面缺少骨料，容易裂缝。如外表面要作装修，宜抓挠出划痕，以便更好粘结。为避免干燥脱水过快，不宜在高温和日光曝晒下进行面层抹灰，否则会造成粉状表面。面层抹灰后应不断喷雾、浇水养护，保持表面保湿 3 天以上。

（4）外保温做法，即在墙体外侧（室外一侧）增加保温措施。保温材料可选用聚苯板或岩棉板，采取粘结及锚固件与墙体连接，面层做聚合物砂浆，用玻纤网格布增强；对现浇钢筋混凝土外墙，可采取模板内置保温板的复合浇筑方法，使结构与保温同时完成；也可采取聚苯颗粒胶粉在现场喷、抹成保温层的方法；还可以在工厂制成带饰面层的复合保温板，到现场安装，用锚固件固定在外墙上。与内保温做法比较，外墙外保温系统复合墙体能消除热桥，保温效率高，节能效果显著；能减轻墙体自重，增大使用面积 2% ~ 5%；构造层次合理，热稳定性能好，室内冬暖夏凉；可改善建筑物外立面观感，保护主体结构；既可适用于新建工业、民用建筑的保温节能，又可用于既有建筑的节能改造。

第四章　安居工程建设实例

以人为本　改善民生
扎实推进农村危房改造工作

河北省临城县住房和城乡建设局　陈会连

临城县地处太行山东麓，位于河北省西南部，为邢台市所辖，总面积797平方公里，辖4乡4镇220个行政村，总人口20.2万人，其中农村人口达18.4万。临城县属山区县，山区、丘陵、平原分别占总面积的35%、50%和15%，素有“七山二水一分田”之称。

临城县是山区县，地质结构复杂，地形地貌多样，受地质灾害威胁范围较大。山区丘陵有部分房屋处于泥石流威胁区、滑坡威胁区和崩塌威胁区。中部丘陵地带，自清朝开始采煤到现在，经过长期的采掘，已造成地下大面积的煤矿采空区，致使一部分房屋受到塌陷威胁。泜河河道两侧房屋受到河道行洪的威胁，安全性差，故临城县农村危房面积较大。2009年通过调查摸底，我县共有9210户农村危房需要实施改造。通过连续四年实施农村危房改造工程，已解决部分贫困农户住房安全问题，在2012年底新一轮农村危房调查摸底中，我县仍有农村危房户数1560户。

四年来，我县坚持以人为本、改善民生，按照优先帮助住房最危险、经济最贫困农户解决最基本安全住房的要求，扎实推进农村危房改造工作，取得了一定成绩，积累了一些工作经验。2011年5月上旬，住房和城乡建设部电教中心、村镇司到我县进行农村危房改造公益片拍摄，同时对我县的工作给予了高度评价。2011年5月中旬，邢台市农村危房改造试点工作现场会在临城召开，来自全市 17 个县（市）的建设局长、村镇科长参加会议。2011 年年底，我县代表邢台市接受省住建厅的考核验收，验收组对我县的农村危房改造工作给予了充分肯定。

一、主要做法

（一）健全组织，强化领导

我县成立了以县长任组长的“临城县农村危房改造试点工作领导小组”，抽调建设、发改、财政、民政等有关单位人员组成办公室具体负责，所需经费由县财政拨付。各乡镇也成立了相应机构，主要负责同志亲自抓。各级各部门责任分工明确，协调联动，齐抓共管，为切实抓好我县农村危房改造工作提供保障。

（二）出台政策，完善措施

为整体推进农村危房改造工作，县政府出台了《临城县关于农村危房改造工作的实施意见》、《临城县农村危房改造三年规划及年度计划》、《临城县农村危房改造试点工作实施方案》等专件。县危改办制定出台了《农村危房改造工作指导意见》、《关于农村危房改造资金管理办法》等文件。县政府与各乡镇签订了《临城县农村危房改造工作目标管理责任书》，确保了我县农村危房改造工作顺利开展。

（三）严格程序，规范运作

在农村危房改造工作中坚持“农民自主自愿、政府支持指导”的原则，严格按照“农户申请、村级初审、乡级审查、县级核准、上级备案”的程序和步骤进行，并进行了公示。在农村危房改造实施工程中，严格改造标准，落实“政府补贴资金超过工程总造价 50% 的，翻建、新建住房面积原则上控制在 60 平方米以下”的标准。

（四）多措并举，扎实推进

在农村危房改造实施中，我县积极探索、勇于创新，采取灵活多样的改造方式。一是组织乡镇统一进行招投标。按照“以农民为危房改造实施主体，政府给予适当补助，提供政策支持及工作指导”的原则，住建局聘请建筑设计公司为乡镇提供农村危房各类改造方式的指导价，由乡镇统一组织招投标，确定有资质的队伍进行施工。招投标过程由住建、纪检、审计、发改等部门全程监督。二是高标准建设建筑节能示范工程。四年来，我县坚持高标准设计、高质量建设、高效率协调，完成 216 户建筑节能示范户建设任务。在建设模式上，采取集中统建的方式，共安排 8 个乡镇、18 个示范点。首先，委

托具有资质的设计公司高标准进行施工图设计。其次，在施工过程中，住建局从质监站、安监站抽调人员组成技术服务队，现场巡回指导服务，并在外墙保温、中空玻璃窗、屋顶保温等重要环节严格把关，认真执行建筑节能标准，确保了工程质量和施工安全。三是统建周转房。由乡镇政府委托建筑设计公司完成施工图设计，施工企业按照施工图纸进行集中建设周转房，分配给散养五保户、低保户及贫困户使用，所有权归集体所有。四是统一维修加固。施工企业按照建筑设计公司出具的修缮方案，对危房户进行集中维修加固。对层面维修统一进行油膏三油二布屋面防水。这样既维修改造了危房，保证了质量，又避免了因补助资金分配不均引发矛盾。

（五）加强调度，严格考核

县主要领导多次召开专题会，研究部署农村危房改造工作，将农村危房改造工作作为考核乡镇工作实绩的一个重要内容，严格落实目标责任考核机制。主管领导多次调度乡镇和相关部门主要领导，现场办公，现场督导。县危改办根据农村危房改造实施进度时时跟踪，时时通报，倒排工期，挂图作战，三天一报进度，像钉子一样钉在这项工作上，有力地促进了工作落实。

（六）严格验收，保证标准

农户危房改造工程责任主体在乡镇政府。农户危房改造工程首先由乡镇政府组织人员对其进行自查自验，验收合格后向县危改办提交验收申请。县危改办按照乡镇提交的验收申请，组织发改、住建、财政、监察、审计、民政等相关部门，从贫困程度、改造方式、改造标准、工程质量等方面进行逐户验收核实。验收合格的由财政部门拨付补助资金，验收不合格的工程暂不予拨付，责令其改正后拨付。对贫困程度不符或改造面积严重超标的（建筑面积超过 90 ㎡）不予补助，从而保证了危房改造标准。

（七）跟踪审计，加强资金监管

为保证农村危房改造补助资金专项用于农村贫困农户危房的翻建、新建和修缮加固，实行了对资金专项管理、专账管理、专款专用，严禁截留、挤占和挪用。为加强对农村危房改造补助资金使用情况的监督，县审计部门每年抽调专人对上年度农村危房改造补助资金使用情况进行跟踪审计，对发现的问题及时纠正，确保了农村危房改造补助资金专款专用。

自 2009 年开始，通过连续四年实施农村危房改造工程，已累计完成农村贫困户危房改造 7650 户，受益群众达 2.3 万余人，使部分农村贫困农户住房条件得到了有效改善。

二、农村危房改造工作存在的问题

一困难家庭自筹资金比较困难。临城县是国家级贫困县，又是山区县，困难户多，收入低，基础差，县财政力量薄弱，居住在危房的贫困农户经济实力差，自筹建房资金非常困难；二是在危房改造中，改造户对控制在60平方米以内的标准不理解，大部分农户宁愿负债也希望一步到位，个别户存在超标准改造现象；三是县财力有限，临城县是国家级贫困县，县级危房改造配套资金落实有困难。

三、加快农村危房改造的建议和对策

（一）积极筹措资金

农村危房改造的主体是农民，要坚持改造资金以农户自筹为主、政府补贴为辅的原则，正确引导群众积极筹措资金、投工投劳、亲邻相帮、自力更生建设自己的家园，防止产生依赖思想。同时也要看到，这部分群众生活贫困，筹资能力较弱，一定要加大财政投入。县政府可为农村贫困户改造贷款提供政策支持。各级政府要整合部门资源、统筹规划，将新民居建设、贫困残疾人危房改造等工作与农村危房改造有机结合，提高政策效应和资金使用效益，要把有限的资金用在刀刃上，避免资源浪费。各级政府要把农村危房改造配套资金及工作经费列入本级财政预算，并及时落实，确保此项工作扎实开展。

（二）严格资金管理

进一步完善农村危房改造资金专户管理制度，加大监察、审计、财政部门的行政监督和社会舆论监督，严防挤占、挪用、浪费等现象的发生，确保专户储存、专款专用，让有限的资金发挥最大的效益。

（三）加强技术指导

农村危房加固要采用地方工艺、地方工匠，要就地取材。地方住房城乡建设部门要组织技术人员深入农村了解情况，编制安全、经济、安全使用的农房设计图集和施工方案，免费发给农户参考。建设部门要为农村危房鉴定改造提供技术支持，有针对性地开展农村个体建筑工匠培训、技术服务和指导工作，并加强施工管理，组织技术力量，对危房改造施工现场开展质量安全巡查与指导监管要组织协调主要建筑材料的生产、采购与运输，免费为农民提供建筑材料质量检测服务，确保把农村危房改造建成人民满意工程和质

量放心工程。

（四）严格控制建设标准

实施农村危房改造解决的是最困难农民最基本的居住安全问题，而不应理解为帮助困难农户全面改善居住条件。在农村危房改造中，地方住房城乡建设部门要积极向危房改造户解释危房改造的标准，按照最基本的原则引导贫困户改造危房，避免贫困户借高利贷盖房子，使贫困村民进一步陷入贫困的漩涡。

（五）探索科学合理的农村危房改造方式

农村危房改造要与新民居建设、移民搬迁相结合，整合资金，互相衔接，实现整体目标最优的结果。积极探索有效地结合方式，科学合理地解决危房户的居住安全问题，避免重复建设。

作者简介：

陈会连，男，汉族，中共党员，本科学历。现任河北省临城县住房和城乡建设局局长、工程师。

曾获得“邢台市城镇面貌三年大变样先进个人”“邢台市优秀共产党员”、“河北省建设工作先进个人”等荣誉称号。

同心同德　克难攻坚
全面加快城乡转型跨越发展

山西省隰县住房保障和城乡建设管理局

2012年是隰县深入开展“五个年”活动的重要一年。一年来，隰县住建局在县委、县政府的正确领导下，在上级部门的指导和监督下，我们以转型跨越发展为主导思想，以加强我县城乡规划、建设、管理为主线，以推进新区建设、旧城改造为取向，以改善城乡人居生活环境质量为目标，以“服务社会发展、服务经济发展、提升城市品味”为主题，全体干部职工齐心协力、真抓实干、同心同德、克难攻坚，较好的完成了省、市、县下达的各项工作任务。

一、提高思想，强化学习，全面落实“一岗双责”

2012年以来，我局一直把全体干部职工的思想提高和素质提升放在各项工作的首位来抓。

（1）2012年初，我们根据县委、县政府的统一安排部署，积极开展各种思想教育活动。一是进一步深入开展开放转型“四问四治”活动，开展阶段性“回头看”巩固工作，建立活动的延续性和长效性；二是在“基层组织建设年”活动的引领下，广泛开展“保持党的纯洁性”学习教育活动。为把活动落实到位，全局干部职工在局领导班子的带领下，认真学习了党建、政治、法律等方面的知识，做到了人人有笔记、个个有心得，并将承诺书上墙公示。通过制作宣传版面、悬挂红色宣传条幅、健全党员活动室、完善工作制度加强了党建工作；三是通过开展各种谈话活动、民主公开承诺活动、基层慰问活动、对党忠诚活动以及学雷锋活动，多次掀起了党员干部的学习热潮，充分发挥基层党组织推动发展、服务群众、凝聚人心、促进和谐的作用，从而进一步提升我局的基层组织建设水平。

（2）为进一步创优工作环境，解决影响转型跨越发展的突出问题，我局积极组织开展了“整治吃拿卡要问题，创优发展环境”活动，制定了《实施方案》，成立了整治工作领导小组，专门对干部职工中可能存在的，利用决策

权、审批权、执法权对“吃拿卡要”、谋取私利的行为进行重点整治，通过加强三道防线，构建“事前预防、事中监督、事后管理”的工作机制，整治工作取得了明显成效。

（3）通过开展“政风行风评议”活动，严格确立了住建局廉政风险点，坚持以队伍建设为重点，以民主评议为载体，及时修改、完善了《2012 年政风行风评议活动的实施方案》，开辟电话热线，设立了意见箱，面向广大社会各界发放了《政风行风评议征求意见表》，梳理总结出了有关城市建设、规划、管理、城市供水、供暖、供气、排水、房屋拆迁和业务宣传等近 20 条应重点听取和整改的意见和好的建议，组织开展了“政风行风评议活动听证会”，聘请了10 位人大代表、政协委员、退休干部和社会服务对象现场听证。得到社会各界对我们工作的谅解和支持，群众满意度明显提高。

（4）根据省、市要求，按照县人民检察院、纪委监察局的安排部署，我局积极组织开展了“预防职务犯罪”工作，成立了领导组，召开了预防职务犯罪培训学习会，在全体党员干部、职工中开展了“预防职务犯罪”培训学习活动，起到了很好的提高和警示作用。同时建立行政审批制度，工作过错责任追究制，首问负责制、公示制、限时办结制等各项制度，简化办事程序，使我局预防职务犯罪工作取得有效进展和实质性突破。

（5）坚持全面落实“一岗双责”目标任务，把机关党风廉政建设始终作为工作重点。一是加强党风廉政建设工作的组织领导。形成一级抓一级、层层抓落实的工作格局；二是结合住建系统的工作性质、业务特点、年度工作目标，认真细化落实党风廉政建设责任制的具体措施，把任务逐步分解到相关股室及下属单位；三是坚持中心理论学习制度，坚持周一早会制度和学习笔记检查制度，积极开展警示教育，开展示范教育活动，落实党风廉政建设责任制；四是努力构建党风廉政建设网络体系。把学习教育活动作为推动和促进党风廉政建设的重要措施和手段；五是进一步完善了局党组议事规则、“三会一课”、交心谈心、廉政谈话、廉政承诺、廉政考核等一系列党内民主和组织生活制度。在宣传教育、建章立制、加强监督、强化责任、狠抓落实上下功夫，把党风廉政建设进一步推向深入。

二、明确任务，统筹兼顾，加大重点工程建设力度

2012 年是我县大力实施“城市建设年”活动重要的一年，也是推进我县城镇化建设的关键之年，我局班子成员统一思想，加强各项工程建设的统领，强化管理力度，使各项重点工程建设稳步推进。

（一）保障性安居工程建设情况

2012 年，省市目标责任给我县下达的保障性住房建设任务是：新开工建设 490 套。其中，廉租住房 200 套、城市棚户区改造 100 套、城镇保障性住房 130 套，廉租住房续建项目 60 套。在此基础上，我县又新增建设 530 套保障性住房。

1. 廉租住房共开工建设 314 套，其中：紫川苑 120 套（含续建 60 套）。总投资 594 万元，目前，该项目正在进行装饰、装修，12 月份可交付使用。凤凰苑棚户区改造项目配建廉租住房 60 套。总投资 400 万元。该项目主体工程全部完成；接官街经济适用房配建廉租住房 20 套。总投资 180 万元，该工程主体建设全部完成；堆银苑廉租住房项目 200 套。总投资 3000 万元。目前，该工程 7#、8#、9#三栋楼共 108 套住房正在进行主体施工，2012 年完成基础工程。

2. 2012 年，我县实施建设的凤凰苑棚户区改造项目，建设规模为 340 套，总投资 1 亿元。目前，3 栋 11～16 层高层主体全部完成，共完成套数 156 套，其余 9 栋楼正在基础施工，2013 年全部竣工完成。

3. 接官街保障性住房建设规模为 280 套，总投资 7000 万元，目前，该工程 6 栋六层建筑全部在建，其中，3 栋六层已封顶，3 栋五层正在施工，完成市下达任务的 215%。

4. 制度方面，我局制定了《隰县保障性住房建设管理办法（试行）的通知》，正在进一步完善与保障性住房有关的其他政策措施。

（二）城镇化率提升工作

2012 年，我县城镇化率为 39.24%，比市定计划提高了 1.8 个百分点。

（三）城乡清洁工程

为使我县 2012 年城乡清洁工程建设再上一个新台阶，圆满完成省、市下达的目标任务，我局详细制定了目标责任分解方案，确保任务到人，分工明确。2012 年，我们分别在堆金山公园、青年路、隰州广场、小西天景区新建了 5 座四星级公厕；在堆金山森林公园新建星级公园 1 座；在隰县敬老院创建园林式单位 1 个；在凤凰苑小区创建园林式小区 1 个；在梨花街创建园林式道路 1 个；完成绿化任务 6.15 万平方米，建制镇绿化覆盖率在 2011 年的基础上增长了 4 个百分点，达到 34.88%；集中供热普及率达到 48%；供水普及率达到 97%，生活饮用水水质完全符合《生活饮用水卫生标准》，城市公共供水运营考核达到合格标准，通过引进新的水质化验仪器和检测仪器，使水质化验能力达到了 25 项；创建节水型企业（单位、校园、小区）覆盖率达到

35%；城市道路总长达到59.58公里，总面积67.05万平方米，人均面积达到14.9平方米；污水处理率达到81%，新敷设污水管网14.95千米，并且经省、市验收检查，污水处理厂岗位持证上岗率达到99%，实现24小时运行，污水负荷率由原来的32%提高到54%，城市污水处理运营考核达到优良。

（四）市政基础设施重点工程建设情况

2012年，我县全面加快市政基础设施重点工程建设步伐，共实施了十二项重点工程。一是县城集中供气建设工程：总投资1.4亿元，在县城区内安装日供气能力30万 Nm^3 的集中供气项目，完成城区总管道的安装铺设；二是梨花街建设项目：投资1000万元，新建一条连接滨河路至东循环路长1000米、宽36米的街道，目前，梨花西街已竣工通车；三是街心公园：总投资650万元，占地12亩，在西街口南新建集小型广场、地下超市、健身设施及绿化为一体的街心公园。目前，该项目规划、设计等前期工作已完成，2013年开工建设；四是东金路建设项目：总投资2.5亿元，从污水处理厂至五里后新建一条全长10公里的道路。目前，摸底调查、规划定线和工程勘验等前期准备工作已完成，正在申请报批立项工作；五是隰州北大街拓宽改造项目：投资5000万元，完成古城桥至五里后的人行道拓宽铺设及亮化工程。工程规划、设计、勘验前期工作已全部完成，正在报批立项。六是城区巷道硬化工程：总投资260万元。完成城区巷道硬化2000米，硬化面积20000平方米。该工程规划、设计、工程预算等工作已全部完成，正在组织实施；七是耀泽公路有限公司办公大楼建设项目，该项目投资2400万元，总建筑面积4600平方米的9层框架结构办公大楼。目前，项目规划、设计等前期工作已全部完成，正在进行基础施工；八是混凝土搅拌站建设项目工程，已投入使用。

新增加项目有四项：一是天天街东段工程建设项目，总投资750万元，总长352.8米，宽50米。总面积17640㎡，目前正在实施回填土工程；二是北门小区回迁楼建设项目建筑总面积9195.32㎡，新建两栋18层的框架结构楼房，该工程勘验、设计、规划及三通一平工作已完成，施工单位正在进行基础施工；三是堆金桥加宽改造工程，总投资约400万元，将原堆金桥扩宽成桥长60米，桥面宽25米、人行道左右宽各6米的桥梁，目前，该工程正在进行基础施工；四是怡泽街道路建设工程，该工程东起新建路、西至滨河东路，道路全长280米，宽40米，总投资300万元，目前已全部竣工通车。

三、惩防并举，严格管理，加强建筑市场整治工作

为营造我县建筑市场规范有序、健康发展，创建良好的建设环境，我局

于2012年5月份对全县违法乱建行为进行了多次拉网式的排查，共排查出169户违法违规建设单位和个人。并上报县人大、县政府，县政府高度重视，于7月21日召开了全县城区建筑市场集中整治动员大会，成立了建筑市场集中整治领导组。下发了《城区建筑市场集中整治实施方案》，对全县169户违法违规建设行为进行了为期四个月的集中整治，截止2012年底，已审批并办理手续的52户，建筑面积为8989.94平米；无土地证的22户，建筑面积4353.9平米；强制拆除的6户，建筑面积642.85平方米。对未缴纳相关费用和未按规定办理相关手续的建设单位和个人，一律采取停水、停电、停暖、停气，确保工地停工。极大的遏制了违法乱建的现象，严厉打击了各种破坏和扰乱建筑市场秩序的违法违规行为，逐步完善了市场监管的长效和机制，规范了市场主体，从机制、体制和制度上解决了影响建筑市场秩序的问题，切实维护我县正常的建筑市场秩序。

四、提升品味，建管并举，建立城市管理长效机制

2012年，我们按照县委、县政府开展城乡环境整治活动要求，狠抓城市管理工作落实，包区域负责责任到人、坚持跟踪落实工作到位情况，确保了市容环境整治任务长效化管理。

（一）我们在县城四条大街路灯杆安装空中花盆130个，栽植花卉2000多株。新增绿化带护栏1万多米，维修路灯140个，悬挂灯笼300余个，增设垃圾桶50个，维护了200米的人行道，修剪了四条大街和主要道路的花草树木，清除了死树和杂草，并加大了管理力度。

（二）我们在原有的基础上继续推行“精细化”市容环境管理，坚决拆除了没有进行正规审批程序并影响市容市貌的户外广告26块，并规划设置一批具有我县特色、整齐靓丽的户外广告栏，要求内容健康、造型美观、用字规范、安全牢固，定期清洗或油饰真正为市民提供方便实用的信息交流平台。

（三）按照市容环境整治的整体规划，集中力量拆除楼体、绿化带、灯杆、广场等不符合规划的广告牌匾，确保无破损、陈旧现象，统一规格置换了21块临街牌匾，所有临街商户严格执行一店一牌，严禁店外摆放广告牌。

（四）从源头上杜绝乱贴乱画、乱写乱抹等“牛皮癣”广告，对现有各类乱贴乱画的小广告要进行全面清除、涂刷，涂刷颜色要与建筑物本色相一致。对新涂写的各类小广告必须在每天上午及时清理干净，涂刷颜色要与建筑物本色相一致。

（五）加大整治城区临街所有影响市容的新旧建筑物、构筑物（包括墙

体)，对外立面破损、陈旧的统一进行粉刷、装修或装饰；断壁全部按要求进行拆除，或修补后进行粉刷或美化。刷新4处广告美容墙，约16000平方米；维修道路两侧的破损墙体19处，约3900平方米；更新油饰公用设施5处；整改美化临街工地围栏12处，2600平方米，使临街市容市貌焕然一新。

（六）为切实加强城市管理，加大执法力度，规范城市管理秩序，2012年，我局“城市公用事业服务管理大队”和“市容环境监察执法大队”两个大队紧密配合，对我县城区进行了多次市容环境整治大排查。

1. 取缔并清理了对影响市容环境、交通秩序的占道摊点、沿街流动摊点、游商小贩等违规摊点65个。严格规范了城区范围内早市、夜市每日的出收摊时间，认真排查早市夜市摊点，共清理早市3处，规范3处；清理夜市摊点2处，规范1处。

2. 在环境卫生方面，我们对沿街商铺的生活垃圾、餐厨垃圾实行了定点、定时收集。城市公用事业服务管理大队每日出动垃圾收集、转运车由过去的8车次增加到现在的10车次以上，两辆洒水车坚持每日循环对城区各主次干道、城乡结合部实施洒水作业，有效的达到了除尘降温、冲洗马路、净化空气的作用，确保了大环境干净整洁，城区环境卫生状况得到明显改善。

3. 组织城市监察执法大队对乱停车、占道停车行为进行了严查重处，截至目前，已查处占道经营行为200余件，占用公共场地进行宣传、娱乐行为100余件，处理非机动车辆乱停乱放5000余辆，有效解决了道路拥挤、混乱的现象。在此基础上，我们启动了对城区沿街洗车、修车点的清理整顿，对不合规的洗车、修车点已经全部下达了整改通知书，并限期整改停业或搬离，县城交通秩序明显改观。

五、加强领导，严治安全，促进安全生产无事故

为全面贯彻落实省、市、县安全生产的有关精神，一年来，我们对全县建筑施工、市政设施等方面进行了多次排查和整治。阶段性的频繁召开面对各股室、下属单位、所辖市政企业的安全工作会议，组织成立安全生产领导机构，制定解决预防重、特大事故的各项措施和方案。根据“管生产必须管安全，谁主管、谁负责”的原则，进行有计划、有组织的监督检查和考核，大力促进我县安全生产无事故。

（1）燃气安全方面，燃气安全管理工作任务重、责任大，按照建设“平安隰县”“平安燃气”的目标要求，我局以安全管理为核心，以消除隐患为重点，多次召开安全会议，对现有的一个气站和销售网点由专人进行监管。

①对储气罐、气瓶等压力容器管道、阀门等安全设施、设备和安全附件进行定期检查。

②不存在占用燃气管线通道问题。

③加大了安全运营宣传警示力度，建立完善了岗位安全制度，签定了安全运营责任书。

④成立了应急抢险队伍，配齐了抢险设施设备。确保城市燃气行业平稳发展。

（2）城市供水、排水设施安全方面，我县城市供水公司担负城区约5万人和260多个单位（企业）的供水需求，日供水量平均达到了2500吨，为了确保广大市民的饮用水安全，加强城区供水、排水正常运营，我局制定了隰县城区集中饮用水水源地环境保护规划，设立了水源地一、二级保护范围，加强巩固了各水池、配水站的防护设施，制定了生活饮用水水质事故应急处理预案。同时，每日进行水质常规化验。在抓好水质监测和设施设备安全工作的同时，建立和完善了各项规章制度，组织成立了隰县供水公司安全应急抢险分队，配套了应急所需的物资。我局在汛期前对县城排水设施进行了全程排查，及时消除了存在的各类隐患，并制定了防汛应急抢险预案，成立了抢险领导组，备齐了抢险物资、设备，建立了汛期安全抢险抢修队伍，也确保了2012年夏季城区安全渡汛。

（3）城市集中供热设施方面，我县城区集中供热公司是我县唯一的一家大型供热企业，经我局专人排查，并未发现安全隐患。2012年7月，该公司就开始了2012年的供热用煤储备工作，与矿区签订供煤合同，目前原煤储备达3万吨，基本满足了今冬用煤需求。建起一支高效的安全应急抢险抢修队，配备全面的检测维修装备，10月开始对整个热源厂的生产、运行设备进行了全面检修和维护工作，并将于10月底进行热力站及管网系统的试运行，及时发现问题，解决问题，确保今冬供热的顺利进行。

新的一年，我局领导班子将站在新的起点，谋划新发展，在县委、县政府的领导下，扎实工作，埋头苦干，团结拼搏，充分发挥住建局党政领导班子的集体智慧，把我县城乡建设工作做的更好。

立足边疆　推进民生工程

内蒙古自治区呼伦贝尔市海拉尔区住房和城乡建设局　段绍刚

近几年，我国城镇化建设进程在逐步加快，城乡基础设施建设投入也在逐步加大，对小城镇建设提出了更高要求，同时也加快了边远地区城镇化建设进程的步伐。这对于远处边陲之地的海拉尔来说，是发展建设的契机。几年来，在海拉尔区各级领导的支持和帮助下，在海拉尔人民的努力下，海拉尔区在发展建设方面积累了一些经验，在此与城乡建设的参与者们共同探讨。

一、统筹规划，立足长远

海拉尔区以“三山环抱，二水中流”，形成了北疆独特而又充满魅力的城市风格，自北向南地势逐渐平缓，结合海拉尔区地形特点、海拉尔区城市发展定位，海拉尔城镇建设始终履行规划先行，城镇建设发展结合城市发展实际，制定了海拉尔区城镇建设五十年发展规划，海拉尔区国民经济和社会发展第十一个五年规划纲要，城镇建设十二五规划，以长远规划立足建设基础。

海拉尔区由于城市建设基础薄弱，城市发展时间较短，城区基础设施相对落后，致使在大力发展基础设施建设的近几年，基础设施遗留的问题逐渐暴露，成为建设发展的最大障碍，针对此种情况，对老城区的管网、街巷道路的改造工作也成为重中之重。为了解决雨污水畅排问题，近年来铺设雨水管网 33023 米。为进一步优化城市路网，改善城市基础设施，建设道路环境，使海拉尔居民出行顺畅，提升居民人居环境质量，2008 年至今共改造背街巷道 85 条。

为了保护草原生态，可持续发展，区政府从环境保护建设上也投入了大量资金，截至 2012 年末管网完成 32 公里，完成投资 5131 万元，2004 年～2012 年污水处理水量 137422547 吨，COD 排放量 6339.1 吨，COD 削减量：69731.7 吨，氨氮排放量：1383.92 吨，氨氮削减量：3690.97 吨。

二、大力推进民生工程

从国家推行民生工程以来，海拉尔区结合本区实际，制定了棚户区建设规划，廉租房建设规划，危房改造规划及经济适用房建设规划等民生工程规划，近几年建设了棚户区650546.28平方米，6557户，建设廉租房38622.9平方米，1018户，危房改造3244平方米，46户，经济适用房699427.44平米，8818户，公租房42669.14平方米，727户。共投入资金378063.88万元，解决17166户居民的居住条件。

三、着力提升生活环境

随着城镇居民生活水平的提高，人们对居住、休闲环境的要求也随之提高，对于海拉尔这样一个多民族旅游城市来说，改善、提升人们的生活环境，提高生活质量也尤为重要。

近年来，按照海拉尔区委、区政府创建生态园林城、国家森林城市总体要求，因地制宜建设了房产办公园、哈萨尔公园、东升路广场、伊敏河沿河公园（伊敏桥至中央桥河西段）、双拥广场。在一定程度上改变了海拉尔区绿地总量偏少的状况，改善了城市生态环境，提升了海拉尔城市美誉度。

“十二五”时期，是呼伦贝尔市抓住本世纪头二十年重要战略机遇期，实现全面协调可持续发展、推进全面建设小康社会的关键时期，也是海拉尔区树立和落实科学发展观，全力打造呼伦贝尔经济发展核心区，构建和谐社会的重要时期。立足海拉尔由市改区后的基本区情，把握时代特征，突出战略抉择，坚持发展主题，促进经济更加发展、社会更加进步、文化更加繁荣、民主更加健全、人民生活更加殷实，把我区经济社会全面发展推向新阶段。

突出重点　全面部署
扎实推进暖房子工程建设

吉林省农安县住房和城乡建设局　林凤生　尹富春

吉林省农安县暖房子工程自2011年启动以来，严格按照省市工作要求，全面规划、配套建设、突出重点、整体推进，取得了阶段性成绩。

一、高度重视，全力推进暖房子改造工程建设

县委、县政府始终将保障和改善民生作为重要的工作内容，将暖房子工程列为民生建设的“一号工程”，出人力、投巨资、抓安全、重质量，全力推进工程建设。截至目前，我县共完成“暖房子”改造工程209栋，96.9万平方米，撤并小锅炉39座，改造供热管网57.69公里，同时实施了老旧小区环境综合整治，逐步完善了供热管理体制建设。

在暖房子工程深入推进、供热管网改造同步实施的基础上，积极开展集中供暖并网工作。截至目前，全县共有五家大型供热企业，集中供热面积达443.5万平方米，集中供热覆盖率达78%，城区集中供热管线长度达90公里。通过暖房在改造工程的逐步推进，基本解决了影响县城区供热效果的管网问题、建筑保温效果差和分散锅炉房不达标问题，改造效果明显，体现为“一升、一降、一美、一近”。“一升”即改造后居民室内温度普遍提高3至5摄氏度；“一降”即能耗下降，据供热企业讲节约能耗30%左右；“一美”即美化了市容环境，城市面貌发生重大变化；“一近”即拉近了党委政府与群众的距离，“暖房子”改造后老百姓对供暖的投诉基本没有了，但未实施暖房子改造工程的投诉多了。

二、强化领导、落实责任，形成合力抓促落实

“暖房子”工程自全面开展以来，得到了县委、县政府主要领导的高度重视，多次视察“暖房子”工程和精品街路建设，并针对工程提出指导性意见，及时解决施工过程中存在的问题，确保工程的顺利推进。

为将“暖房子”这一惠民工程做好做实，做出成效，成立了以县长为组

长的暖房子工程领导小组，制定了相关建设实施方案和工作计划，建立了目标责任管理体系，明确了牵头领导、责任部门、配合单位、工作任务、建设时限、奖惩考核办法。并多次召开专题会议，安排部署“暖房子”改造工程，协调解决困难，督促工作落实，有力推进了“暖房子”改造工程的顺利实施。

三、打造精品、凸显特色，营造良好人居环境

精品工程打造方面：为提高城市品位，改善百姓居住条件，打造绿色宜居城市，我县以“暖房子”改造工程为契机，树立精品意识，倡导建要体现地域内涵、建出精品，改应体现时代气息、改出特色的理念，把“暖房子”改造工程与城市景观建设、造精品街路建设、旧城改造、小区综合整治同步推进，对每一栋楼体的立面设计力求做精、做细、做美。四个区域一街一景，外墙为质感漆；对黄龙路进行仿古建设，打造具有黄龙府特色、高品位的仿古一条街。

老旧小区综合整治方面：在全面推进小区环境综合整治过程中，始终坚持不仅要“暖房子”，还要“美房子”的改造原则，以示范工程为突破口，着力打造精品样板工程，发挥其示范带动作用。根据省暖房办对小区环境综合整治的要求，结合各小区实际和居民提出的亟待解决的问题，对其进行综合整治。我们对小区楼内外排水系统进行更新维修，安装楼宇防盗对讲门，同时对改造小区内及街路两旁的路面进行全面绿化、硬化、亮化，特别是将城市上空纵横交错的电缆，全部挖沟下地。目前，重点精品小区综合整治各项工作已初见成效，小区楼体焕然一新，小区环境整体改观，得到居民住户的一定认可，带动了周围小区居民参与“暖房子”改造的热情。

深化供热体制机制建设方面：实施“暖房子”工程以来，结合农安县供热实际，我们积极推动供热管理机构改革，按照“经济调节、市场监管、社会管理、公共服务”的要求，实行分级管理，使管理重心下移，有效提高了管理效能，转变了管理方式，由原来的管企业转变为现在的管市场。同时，进一步完善供热计量收费政策，出台了新的供热管理体制机制改革方案、供热计量收费实施办法等系列政策性文件，逐步推进供热计量收费。现已对10个换热站安装了热能表、气候补偿器、压差阀等。管网平衡安装平衡阀、压力表296套。133栋楼安装了栋表、阀门、压力表、远传箱等。安装了6335套通断阀、过滤器。出台了《农安县供热计量收费办法》，实行两部制热价，居民基础热价为60%，每平方米15.6元，计量热价是0.695元每千瓦时。通过这些措施，充分调动了供热企业的积极性和主动性，激发了供热市场活力，

促进了供热市场的健康发展。

四、健全机制、细化监督，为工程建设保驾护航

“暖房子”工程质量优劣直接关系到百姓的切身利益，在工程推进过程中，狠抓安全关，严把质量关，将内部监管与外部监督相结合，从根本上保证工程安全、高质推进，取得了良好的成效。

一是严格招标过程中，我们严格执行暖房子工程的招标要求和建筑工程招标程序，采用厅里要求的“两阶段评标法”进行评标，认真履行了程序，避免了围标、窜标、分包等违规操作现象的发生。同时加强工程造价指导，切实保证了工程有序开展。

二是严格工程管理。暖房办与各施工单位签订质量保证书，安全施工、文明施工承诺书，要求承建企业加强自检与工程监理、质量监督形成三位一体的质量保障体系，要求严格把好勘察设计、优选施工队伍、使用材料、质量检查、工程验收五个环节，确保提高工程质量。

三是强化监督检查。暖房办、质监站、安监站狠抓施工人员持证上岗、安全施工教育、工程设备安全检查等工作，组织专人定期到施工现场检查安全作业和文明施工问题，发现问题责成施工单位立即停工整改。

四是确保工程质量和安全。建立四级质量监管体系：由质检站全面负责暖房子工程质量，对所有暖房子工程进行实时动态监管，发现问题及时解决；暖房子办公室职工包保施工标段，负责现场施工中出现质量问题的协调上报；住建局抽调40名职工，每个标段固定两名质量监督员进行全程监管；每栋楼房聘请1~2名居民质量监督员，由质监站进行基本质量监督培训后，深入施工现场，配合质量监督单位的包保人员进行工程质量监督，为保证工程质量及安全施工、文明施工作出了重要贡献。

五是规范材料使用标准。在全面强化安全措施的同时突出抓好建筑外保温材料的规范使用，为避免火灾事故发生，本着安全、可靠、经济的原则，积极推广使用阻燃效果更好的保温材料。对购进的苯板、胶、网格布等材料，全部进行质检技术鉴定，所有材料须经抽检合格后方可投入使用，材料的规范使用为高质量建设“暖房子”工程提供了有力保障。

六是严格的惩罚措施。建立五位一体工程质量责任制，建设单位、质检机构、施工单位、监理机构、检测机构五位一体严格对工程质量进行把关，并明确了各自的目标责任，切实加强质量监管工作，做到“发现一点，扒掉一面；发现一面，扒掉整栋”，为工程质量保驾护航。

七是创新验收方法。在严把“四关”的基础上，我们又制定了“十步验收法”。对暖房子施工的工序逐一进行验收，前一道工序验收合格，留有影像资料后，方可进入下一道工序施工。（十步验收内容包括：1. 换窗。2. 基层处理。3. 抹灰。4. 粘贴苯板。5. 打钉。6. 网格布。7. 抹面胶。8. 刷涂料连接层。9. 刮黑砂。10. 刮面砂。）

八是加强舆论监督。在每个标段悬挂、张贴宣传标语和施工安全操作规程，同时邀请新闻媒体对暖房子工程进行跟踪报道，为此项重大民生工程提供质量保障，有效发挥了舆论监督作用。

五、大力宣传、集思广益，营造良好舆论环境

以“点线面”相结合的方式全力做好宣传动员工作，充分利用电视、广播、网络等媒体，多措并举，为“暖房子”工程顺利推进营造良好的舆论环境。

在暖房子实施的第一年，对于部分不理解“暖房子”工程且抵触情绪较强烈的住户，暖房办及社区工作人员入户面对面动员，反复讲解“暖房子”工程的好处，消除了居民对工程的顾虑，确保工程顺利推进。

在全面推进“暖房子”工程改造时，我们深入群众，问需于民，采纳改造区域居民的合理建议，调动了居民参与工程的积极性，获得了居民对工程的支持，部门居民还自愿担任义务监督员，减少了阻力，增加了动力，形成了合力。

六、超前谋划、统筹安排，科学布局后续改造工作

按照省委、省政府为广大人民群众特别是困难群众解决住有所居、住得温暖的总体要求，站在讲大局、讲政治、保民生的高度，力争2013年完成剩余147万平方米的老旧楼房改造工程，真正把“暖房子工程”建成惠及万家的民生工程，早日兑现让城乡群众特别是困难群众住有所居、住得温暖的承诺。

作者简介：

林凤生，男，汉族，中共党员。现任吉林省农安县住房和城乡建设局局长。

自1988年10月参加工作起，历任新农乡规划所所长，新农乡财税所所长，新农乡武装部部长，新农乡副乡长，新农乡党委副书记、纪委书记；黄鱼圈乡党委副书记、人大副主席，黄鱼圈乡党委副书记、人大主席；哈拉海镇党委副书记、人大主席；永安乡党委书记、乡长；农安县政府办公室主任。2012年9月至今，任农安县住房和城乡建设局局长。

尹富春，男，汉族，1960年5月出生，中共党员。现任吉林省农安县住房和城乡建设局党委副书记。

自1983年7月参加工作起，历任农安二中团委书记，农安团县委、学校青工部长，中共农安县委宣传部、新闻宣传科科长，农安县文体局党委副书记。2011年9月至今，任农安县住房和城乡建设局党委副书记。

暖房暖民心

吉林省通榆县住房和城乡建设局

通榆县地处北方严寒地区，冬季气温较低，年平均最低气温在-20℃至-30℃之间，极端低温在-38.9℃，平均采暖期为165天左右。冬季供暖一直成为老百姓关心的话题。由于多种原因，冬季里“供而不暖”的问题十分突出。实施既有居住建筑节能改造，成为各级政府最有效最直接的解决办法。通榆县自2011年开始实施“暖房子”工程。暖房子工程体现的既是“雪中送炭”的理念，又是科学决策的智慧，更是对实现百姓心中温暖梦想的最好诠释。

一、通榆县“暖房子”工程，荣获全省县级奖励第一名

通榆县既有居住建筑需进行节能改造的总建筑面积为116.4万平方米（经省财政厅核实），住宅楼280栋，居民14213户。2011年，是通榆县实施“暖房子”工程的第一年，计划完成改造任务20万平方米，实际完成改造面积21.35万平方米，超出计划7%。改造了4个居住小区，住宅楼47栋，受益住户达2382户。2012年，吉林省下达给通榆县既有居住建筑节能改造任务是50万平方米。为了加快改造步伐，五年任务三年完成，尽早把温暖传递给千家万户，通榆县“暖房子”工程领导小组积极向省争取资金，全力组织并抓好“暖房子”工程施工。2012年实际完成了183栋住宅楼外保温粘贴及防水工程，改造总面积78.36万平方米，完成改造任务总量的67%，并获全省县级奖励资金排名第一。

2013年计划改造25万平方米，将符合条件的既有居住建筑全部纳入改造范围。计划改造楼房63栋，受益居民2835户。为了保证“暖房子”工程质量，目前通榆县正在开展“暖房子”改造工程“回头看”活动，对存在的问题进行梳理，找准原因、严格施工程序和保温防水材料的应用。“暖房子”工程是改善老旧住宅楼供热保温状况的综合性工程，涉及面广，政策性强，事关广大百姓的切身利益。在工程实施过程中，通榆县委、县政府高度重视，始终把这项工程作为一项重点民生工程来抓，坚持政府主导、多方联动、公开透明的原则，采取多种行之有效的措施，确保“暖房子”工程各项工作顺

利推进。

二、强化领导，多方联动

按照吉林省委、省政府的会议精神和省住建厅统一部署，通榆县成立了以县长为组长，分管副县长为副组长，相关单位为成员的通榆县“暖房子”工程领导小组，全面负责“暖房子”改造工程的各项工作。同时，在住建局成立暖房办，并组建了精干的工作队伍，负责全县暖房子改造工程的具体工作。2011 年在暖房子改造工程实施之初，为鼓励广大居民住户更换塑钢窗，使改造住宅楼节能窗更换率达到 95% 的标准，在县财政非常困难的情况下，仅 2011 年就拿出 130 万元对居民进行了换窗补助，为暖房子改造工程的顺利实施奠定了良好的基础。

三、广泛宣传，积极动员

自确定实施“暖房子”改造工程以来，通榆县每年都组织专业人员，开展入户走访调查工作，对改造住宅楼现状进行详细的普查和登记，鼓励和动员改造住户积极更换节能塑钢窗。同时，通过在改造小区粘贴通知，在鹤城广场等主要街路的显著位置发布滚动电子公告，在县电视台连续播放专题报道等形式对“暖房子”改造工程进行广泛宣传，使“暖房子”工程人人皆知、家喻户晓。

四、严格程序，注重质量

在“暖房子”工程实施过程中，该县委托通榆县建筑设计院设计施工图纸，对每栋改造楼房进行节能诊断。通过阳光操作，采取招标的形式，确定了“白城市天诚建筑工程招标造价咨询有限责任公司”作为招标代理机构、“通榆县诚信建设工程材料质量检测有限责任公司”作为检测单位、通榆县诚信工程建设监理咨询有限公司作为监理单位，对改造工程的全过程进行严格把关。为保证材料质量，通榆县印发了《建筑节能产品认定目录》，要求工程主要材料（苯板、胶、网格布、钢钉）必须在认定目录中的厂家中选购。同时，要求施工方严格按照《吉林省暖房子工程技术导则》的要求进行施工，确保了工程质量。暖房子工程开工后，该县还组织专门人员每天深入到施工现场进行巡视和检查，对工程实施过程中出现的问题做到及时发现、及时解决。

五、严格要求，确保安全

在工程施工过程中，该县要求施工方要制定安全施工方案，为从事危险作业人员办理人身意外伤害保险，以确保施工人员及改造住户的生命财产安全。同时，要求施工人员严格遵守各项施工操作规程，施工现场要设立警示牌，并组织流动安全员进行巡回检查，杜绝了安全事故的发生。此外，该县还要求中标企业按照相关规定，到人社部门存储农民工工资保证金，确保农民工的切身利益不受损害。

六、加大投入，强化供热能力建设

为加强供热工作管理，提高该县城市供热能力，保障居民用热需求，该县结合“暖房子”改造工程，对供热基础设施等进行了全面改造升级。供热企业投资2300万元，更换3台65吨节能锅炉，新增供热能力160兆瓦，供热面积由原来的220万平方米增加到300万平方米。投资1551万元，撤并改造小锅炉28个（改建换热站4个），区域供热能力得到大幅提高。投资1600万元，改造供热管网27.3公里，实现了供热管网的良性循环，提高了居民的室内温度。为提高供热工作科学化、规范化管理水平，县政府投资260万元，完成了供热信息监管平台建设。同时，为全面贯彻落实省住建厅《关于进一步加强供热计量改革工作的指导意见》（吉建发〔2012〕25号）文件精神，进一步推进该县供热计量改革工作，该县制定了《通榆县供热计量改革实施方案》，出台了《通榆县城区实施供热计量收费试行办法》。截至目前，已完成既有居住建筑热计量改造面积99.71万平方米，实施收费面积65万平方米，数据采集器安装工作已经基本完成。

七、实施“暖房子”工程的效果

暖房子工程是一项复杂的系统工程。在“暖房子”工程改造过程中，该县始终将街路建设、文明小区建设与提升城市形象结合在一起，让通榆县城的环境更加宜人、和谐、宜居，让老百姓更具幸福感。“暖房子”工程，饱含着浓浓的民生情怀，让百姓真正感受到了党和政府的温暖，在严寒袭来之时源源不断地把温暖传递给千家万户。冬季室内温度平均提高了3～5摄氏度，百姓家里暖和了，心情舒畅了，工作干劲更足了。“暖房子”工程的实施，改善了居住环境，提高了供热保障能力和人民群众的生活质量。

“暖房子”工程不仅成功地解决了通榆县冬季居民室内温度不高的问题，还有效地推进了城市节能减排，推动了城市景观建设和宜居环境建设，深受广大人民群众的欢迎和赞誉，为把通榆县打造成“绿色能源名城、生态旅游名城、书法文化名城”起到积极的推动作用。

加快城市建设发展 推动城市面貌焕然一新

吉林省洮南市住房和城乡建设局 徐德福

洮南是一座具有百年历史的古城，多种原因所致，过去的洮南城市基础设施薄弱，功能低下，城区内土路多，而且十分狭窄，每到雨季泥泞难行，城内房屋破旧，而且密度之大，城市建设和改造任务十分艰巨。城市排水能力低下，基本都是土明渠排水，雨季期间水患成灾，与人民群众生产生活息息相关的行路难、排水难、住房难的问题相当突出。如此落后的城市建设状况、市民百姓苦不堪言，经济社会发展也受到了严重制约。改革开放以来，我市的历届市委、政府都把城市建设摆上了重要位置，采取措施、加快发展。特别是近些年来，市委、市政府高度重视城市建设工作，把它作为促进经济发展、建设和谐洮南的大事来抓，紧紧围绕建设“五城”（新型工业城、特色农业城、区域商贸城、绿色生态城、和谐文明城）和中等城市目标定位，在财力紧张、建设资金短缺的情况下，通过采取“向上争取、以地生财、招商引资、社会筹资、政府投资、启动民资”等多元化的筹资办法，积极筹措城市建设资金，加大投入，加快建设，大打城市建设翻身仗，使城市基础设施进一步完善，城市功能显著增强，城市品位大幅度提升，人居环境明显改善，城市面貌发生了很大变化，中等城市的品牌形象基本确定。概括近些年我市城市建设工作成果，主要有以下几个方面：

一、以解决城市行路难为重点，加快了城市基础设施建设

近些年先后建成了广昌路、团结路、富文路、建设路、育英路、长白过境路、泰州街、兴安街、光明街、铁西街10条主要街路。修建了育英西路、双河西路、临洮西路、民强西路、清真路、繁荣路、永康路、兴隆路、宏声路、松辽街、古树街、泰州北街、光明北街、兴安北街、府城街、东二环、西二环、北出口18条次干道。建成了以泰州街、兴安街、建设路、育英路为框架的内环路，环路内的主次干道已全部硬化；以“脱靴子”工程为重点，突出了市区巷道建设，红砖硬化巷道637条，面积47.4万平方米，人行道彩砖铺装硬化18.5公里，面积8.4万平方米。由市交通部门组织建设的公铁立交桥将在2010年竣工投入使用，有效解决了市内铁路与公路交叉处的行路难问题。在抓好道路建

设的同时，还突出了市区排水设施、供热设施、供水设施、燃气设施建设。在排水设施建设上，新建排水泵站4座，铺设地下排水管道长78公里，2010年建成了污水处理厂，日处理污水能力为1.5万吨，铺设污水排放管道长9.17公里，污水处理厂的建成，可使城市污水的无公害处理直接控制在在线监测系统之内，对改善洮南市周围水质、保护松花江水域的生态环境，提高城市居民生存空间质量、促进我市经济发展起到了极其重要的作用。在供热设施上，新建换热站5座，新铺供热管道长105公里，同时，还对原有供热能力进行了扩能增容改造。市区现有市热电有限责任公司、昌盛供热有限责任公司（归属热电有限责任公司业务管理）、铁东供热有限责任公司（私营企业）三家供热企业，负责全市25000多户供热用户的供热业务。在给水设施建设上，建成了第二自来水厂，对原有的第一自来水厂进行了改造，新铺供水主管线43.5公里，日供水能力由原来的1万吨提高到现在的1.5万吨。市区还建成了2个液化石油气站，年供燃气能力1500吨。深为市民百姓关心的城市行路难、排水难、供热难、吃水难等问题得到了有效解决。

二、以提升城市品位为重点，开展了城市园林绿化精品工程建设

本着“因地制宜、注重实效、提高档次、突出特色”的原则，对市区内10条主要街路、18条次干道、4个出口、8个广场及路旁空地进行了全方位、高质量的精品绿化，特别是2005年，对街路两侧近45公里、面积9万平方米的绿化带栽植了多年生的灌木和草本花卉，而且一街一景、效果良好，每到夏季绿树成荫，花卉绽放，城市的生态环境明显改善。2005年，洮南市被吉林省命名为省级园林城市。与此同时，还大力开展了创建“花园式机关、单位”活动，现有敖东药业、马应龙药业、市政府机关等15个单位成为了花园式机关、单位。（园林管理处原隶属住房和城乡建设局基层单位，2009年改由林业局所属基层单位）。

三、以塑造城市形象为重点，加快了广场建设和亮化建设

市区先后建成了百姓休闲广场、火车站灯光广场、迎宾广场、森林广场、百姓健身广场、招商广场、双拥广场、北出口休闲广场8个广场，还对西郊公园进行了园内设施改建。这些广场和公园建设，不仅为市民百姓提供了休闲娱乐场所，同时也大大提高了城市品位，增强了城市魅力。特别是火车站

灯光广场、森林广场特色突出，已成为市区的一道靓丽风景线。在亮化建设上，新安装路灯2350基（杆），4660盏，基本满足了城市照明需求。

四、以注重城市特色为重点，有效实施了商业网点、旅游景点和城市新区建设

百年古城洮南，积淀了丰厚的文化底蕴，有着悠久的“洮商”传统，又是一座工业城市。立足这些特点，把握现代气息，近些年相继建成了广昌批发商城、关东农贸商城、农产品加工贸易园区、温州购物一条街、古树步行街、蔬菜批发市场、建材批发市场等一批商业网点，为满足人民群众的生产经营需求，促进城市经济发展提供了必需的基础设施及场所。2005年以来，维修改造了帅府楼、天恩地局、德安禅寺等一些具有旅游观光价值的古老建筑，增强了城市旅游景点魅力。2006年启动了6平方公里的城市新区（工业园区）建设，区内新建了3条主干道、1条次干道，总长6.3公里，面积17.5万平方米，砌筑了马路边石，铺装彩砖人行道9.8公里，面积2.9万平方米；新铺地下排水管道长6.3公里，供水管道6.45公里，安装路灯285基（杆）、570盏，为城市新区（工业园区）建设奠定了良好基础。

五、以旧城改造为重点，加快了棚户区改造步伐

从2007年开始，我市全面启动实施了棚户区改造建设。在这项庞大的工程建设中，严格按照省委、省政府的部署，以解决民生需求、改善城市环境、促进社会和谐发展为目的，强力度地实施了棚户区改造建设。由于市委、市政府的高度重视，社会各界的鼎力相助，相关部门的努力工作，我市的棚户区改造取得了令人振奋的“棚改速度”和“棚改效应”。截止2012年底，全市新建棚改楼房面积95.15万平方米，有1.3万户居民改善了住房条件。我市棚改的显著成果，赢得了洮南市民的广泛赞誉，也得到了省政府的表彰奖励，洮南市连续三年被省政府评为全省棚户区改造工作先进单位。

六、节约能源为重点、全面实施“暖房子”工程建设

“暖房子”工程建设是省委、省政府确定的重点民生民利工程的一项重要举措。从2011年开始，我市全面启动实施了“暖房子”工程建设。截止2012年年底，共完成既有居住建筑供热计量及节能改造面积123.06万平方米；对11个小区进行了环境综合整治，共维修硬化道路面积6.8万平方米，铺彩砖

面积0.29万平方米，新增小区绿化面积0.15万平方米，粉刷楼道10万平方米，维修物业用房121个，面积0.74万平方米，新建自行车棚10个，新建和维修花坛27个，新增体育器材健身区7处，休闲活动室1座。硬化、绿化、美化效果良好，小区环境得到了明显改善，小区群众十分满意；小锅炉撤并共计55座，新建调峰锅炉房一座；改造供热管网19公里，撤并改造效果良好，热用户十分满意。这项工程完成后，一方面，可节能40～45%，大大减少了能源消耗，节能效果显著；另一方面，通过改造，达到了“旧楼变新楼”，“旧城变新貌”的效果，推进了城市建设的大突破、大发展，社会效益、经济效益和环境效益也实现了大提升。

七、以解决低收入家庭住房问题为重点，大力实施保障性住房建设

保障性住房建设不仅仅是一项普通的住房建设工程，更是一项万众瞩目的民生工程，一项党和国家极为重视、各级政府严格问责的德政工程和政治任务。我市是从2008年开始启动住房保障工作的，截止2012年底，我市共争取国家和省财政资金9811.7万元；累计发放租赁补贴32509户，发放金额3610.89万元；累计购置政府完全产权廉租房605套，共投入资金4811.36万元；建设共有产权廉租房743套3.64万平方米，累计投资3184万元；建设公共租赁住房1.6万平方米，共投资4181万元。目前全市90%以上低收入住房困难家庭享受到住房租赁补贴，5%的住房特别困难户享受到政府完全产权廉租房，3%的低收入住房困难家庭购置了共有产权廉租房。有效的缓解了我市低收入家庭家庭住房困难问题，对社会和谐稳定发展起到了积极的推动作用。

八、以增强城市辐射力为重点，启动城市北部新区建设

围绕“古城新区、生态新城、人文中心、宜居乐园”的特色定位，规划实施建设了市区北部，经过努力，已按规划要求完成了公安、司法等4个公建项目的主体建设。基本完成了锦湖公园的基础设施建设。共植树48个品种，5234株，铺设甬道30条，面积1.3万平方米，新建公园内小广场20个，面积3万平方米，休闲娱乐场所5个，面积2000万平方米，安装图腾柱18个及张拉膜2处，安装草坪灯及特色灯、庭院灯等286盏。建设完成了新区新发路和明渠街道路地下排水管道总长3137米，路基土方工程建设总长1.79千米，面积7.3万平方米。

作者简介：

徐德福，男，现任吉林省洮南市住房和城乡建设局党委书记、局长。

自1981年3月参加工作起，历任洮南市政协办公室科员、提案办副主任、办公室副主任，洮南市福顺乡党委副书记、乡长，洮南市福顺镇党委书记、人大主席，洮南市福顺镇党委书记、镇长。2011年7月至今，任洮南市住房和城乡建设局党委书记、局长。

加强庭院改造　调整物业管理
打造温馨舒适的人居环境

黑龙江省哈尔滨市南岗区城乡建设局　周立海

居民庭院是居民群众日常生活居住、休闲活动的重要场所，居民庭院改造和居民群众生活密切相关，是重要的民生工程之一。一直以来，南岗区在市委、市政府的正确领导下，深入开展城区居民庭院改造，同时，采取有效措施，加强庭院管理，努力打造整洁干净、温馨舒适的人居环境。

一、南岗区庭院改造和管理现状

（一）改造现状

经调查和统计，我区共有居民庭院 2166 个。截至 2012 年末，共计改造居民庭院 1432 个，新建小区和状况良好暂不需改造的居民庭院有 235 个，需改造和维修的居民庭院有 499 个。

（二）管理现状

街道办事处管理庭院情况：庭院的环境卫生和环境秩序由辖区街道办事处负责，费用从收取的居民卫生费支付，不足部分由街道办事处承担。庭院设施的管护无任何费用，少部分庭院的维护费由街道办事处自筹资金组织维护。

物业管理庭院情况。在我们已改造的庭院基本上都是由街道办事处自管或弃管的居民庭院，有物业管理的居民庭院由于限于以前基础设施不高，收费标准较低，基本上都是按最低收费标准收取物业费。

二、近年来庭院改造和管理情况

近年来，南岗区从创新工作出发，积极探索让居民群众满意的庭院改造建设途径。

（一）从构建和谐社会入手，建设群众满意工程

群众是城市公共设施的使用者，小区庭院更是居民群众赖以生存的栖息之地，理应全程参与改造建设。为此，南岗区坚持把确立群众的主体地位作为实施拆违还建的突破口，在计划确立之初，就采取积极有效措施，征求群众意见，对大多数群众同意的立即实施拆违还建，对半数同意半数不同意的

则暂缓操作，并通过组织群众参观样板小区、示范庭院的方式，引导群众自发实施拆违，使工作能够体现绝大多数群众的根本意愿。

（二）从创新运作机制入手，增强庭院改造活力

本着“以人为本，服务群众”的工作宗旨，不断加大居民庭院改造力度，探索庭院改造建设的新思路，全面实施申报制度，由街道办事处根据辖区庭院改造的实际情况和院内居民群众的具体意愿，提出庭院改造建设计划，报区政府审核后，下发庭院改造建设计划，进一步促进了庭院改造建设工程的科学化、合理化、规范化。

（三）从坚持施工标准入手，狠抓庭院改造工程质量

在近几年的庭院改造中，南岗区坚持标准，严把质量，加大居民庭院改造力度，使居住区环境面貌得到大幅改观。在工程推进中，不仅通过招投标确定了施工能力强的施工队伍参与庭院改造建设，而且确定了具有专业资质的监理公司全程监督施工质量，跟踪问效，严格把关。

（四）从巩固整治成果入手，打造良好人居环境

为进一步提升人居环境质量，巩固城市裸土地面硬化绿化整治成果，南岗区切实加强居民庭院管理，积极发动居民自发参与，收到了较好的效果。奋斗街道办事处光芒街45号院，自市委宣传部援建后，为保持庭院环境，居民选出了自己的大院“院长”，每天组织院内居民，自发地维护院内设施，清理垃圾，保持了庭院环境。革新街道办事处第二方圆里6～8号院，社区干部组织院内居民成立了“院委会”，居民自己选出了主任和副主任，与院内志愿者一起进行居民庭院自管，较好地维护院内环境。

（五）通过“三个一批”，加强庭院改造和物业管理有序衔接

为进一步提升人居环境质量，切实强化物业管理工作，积极探索，多措并举，通过“三个一批”，加强庭院改造和物业管理有序衔接，努力营造环境优美、温馨舒适的人居环境。

1. “过渡一批”。对已被产权单位弃管的老旧住宅小区庭院实施改造，由社区物业服务站接管，使物业管理服务不出现空档，逐步进行过渡。

2. “救活一批”。对面临弃管的老旧住宅小区庭院实施改造，改善环境，提高收费标准，促使物业服务企业提高服务质量，形成物业管理与服务良性循环。

3. “建立一批”。对老旧住宅小区庭院实施改造，使物业收费标准和收缴率得以大幅提升，老旧住宅小区物业管理服务存有利润空间，并通过招投标的方式选聘物业服务企业再进入，为业主提供“质价相符”的物业管理服务。

三、物业管理存在的问题

庭院改造完成后，是居民生活、休闲、娱乐的“公共区域”，属物业管理

范畴，应由业主成立业主大会和业主委员会，根据新出台的的收费标准划分等级、收取物业管理费用，选择适合业主需求的物业服务企业进行物业管理。目前主要存在以下问题：

（一）旧有庭院物业管理收费标准无法满足日常运行

当前旧有庭院物业收费标准低、低收入群体和弱势群体多等因素，导致收取的物业费无法进行正常管护，尚不能满足物业成本运行。

（二）庭院管理无专项管理经费

由于物业服务企业弃管，造成居民庭院有相当一部分处于无人管理状态，不得以，街道办事处代表政府承担了庭院的日常管护维修，由于没有设施维护经费，部分庭院得不到及时维修，造成了改造后的庭院破损。

四、相关建议

（一）建议设立庭院管理专项资金

目前公共街路道路、绿化、环卫都有专项养护资金和养护队伍，而社区庭院内的道路、绿化、景观设施等设施却根本没有管护经费，建议加大社区庭院管理方面的资金投入。建议市里在城维费内增加一项庭院设施管护资金，由市政府组织测算，拨付给各区庭院管护费用；区政府设立庭院管理奖励资金。以此，调动街道办事处庭院设施维修管理的积极性，保持庭院环境设施长时完好。

（二）建议提高旧有小区物业收费标准

建议对全市旧有小区物业实行市场化管理，全市制定统一的最低管理标准，同时，按此标准制定相应的收费价格，建议借鉴供热“六种人”热费补贴方式，明确减免费用人群范围，减免费用由市政府补贴。建议全市按照建筑面积不低于每平方米0.6元收费，同时设立对应管理标准，对旧有小区居民缴费能力进行统一评估，可采取承受能力范围内的，由居民缴纳，承受能力范围外的，由市政府补贴，为物业管理形成产业化管理奠定基础。

（三）建议规范缴费行为

市政府出台对不缴费行为实施强制缴费的手段，规范缴费行为，推动庭院管理改造顺利开展。

作者简介：

周立海，中共党员，现任黑龙江省哈尔滨市南岗区城乡建设局办公室主任。

2005 年参加工作，一直从事文字综合工作，坚持一线调研，紧密联系群众，注重从民生角度挖掘素材，体现基层工作成果。

夯实物业管理基础　促进惠民工作提档

黑龙江省哈尔滨市香坊区城乡建设局　裴　飞

近年来，随着城市建设步伐的加快，物业管理在城市管理中的地位和作用日益突出，成为备受百姓和社会各界关注的民生工程，如何实现规范的物业管理、有序的物业市场、完善的物业体制，已然成为改善民生，建设和谐社会的重要内容。本文通过阐述我区现行物业发展现状，总结基本经验、分析存在问题并提出建议与措施，为区委、区政府谋划惠民工作提供了切实可靠的依据。

一、香坊区物业工作基本概况

2009 年，香坊区物业办成立以来，我区物业管理工作取得了快速发展。

（一）基本情况

作为具有百年历史的老城区，香坊区人口众多，住宅密集，住宅项目总建筑面积达 3500 余万平方米，驻区服务的物业企业近 200 家，一级资质企业 5 家，二级资质企业 8 家，从业人员近万，而取得从业岗位证书的人员不足千人，总体上，物业企业资质等级较低，专业技术人员较少，综合实力低于发达地区。按照市委、市政府组建社区物业服务机构，实现物业服务全覆盖的工作要求，截至 2012 年末，我区共组建社区物业服务机构 74 个，接管老旧、弃管住宅建筑面积近 200 万平方米，我区物业服务覆盖率达到 95%。按现行政策，物业服务分为四个等级（以建筑面积每平方米计取）：四级 0. 37 元，仅提供基本保洁与综合服务，服务对象多为 2003 年以前建设的商品房，服务质量一般；三级 0. 62 元、二级 0. 98 元，基础性服务周期较短，服务更为广泛，秩序维护更为严密，服务对象多为 2006 年以后新建商品房，服务质量良好；一级 1. 38 元，多为高档小区，其服务质量较高，但覆盖面积较小；社区物业服务机构的收费标准与收费率处于“双低”局面。在业主自治监管方面，截至目前，我区共成立业主委员会 138 个，逐步夯实了基层物业监管基础。

（二）运行情况

按照市政府《关于强化物业属地区域管理推进管理重心下移的意见》的要求，2012 年，市主管部门进一步下放物业管理工作权限，我区物业管理工作以条块结合、事权统一的原则，建立了“市、区、街道、社区”四级网格化监督管理体系，同时制定了《香坊区物业及供热管理暂行办法》，进一步明确了区物业办统筹协调、全面监管的牵头作用，街道办事处物业管理的实施主体地位以及社区居委会协助配合的职能，全面理顺了区物业办企业招投标、资质初审、保证金缴存等新增工作职能，街道办事处属地企业监管、矛盾纠纷化解等日常物业管理工作以及社区居委会组织召开业主大会、选举产生业主委员会的具体职能，我区物业企业市场秩序进出有序。目前，共完成新建住宅小区物业企业招投标3个，物业企业资质年检初审28家，归集物业服务信用保证金130余万元。

二、基本经验

我区物业行业发展起步较晚，但区物业办成立两年以来，物业行业发展速度较快，取得了较好的成绩，同时也积累了一些宝贵的经验。

（一）辟建“一站式”服务中心，物业管理工作向集约化、专业化发展

2012年，全省首家“一站式”物业供热服务中心正式投入使用，通过窗口式服务大厅、24小时热线服务平台、应急抢险队伍的建立，可及时有效地应对物业管理中的突发事件，解决了物业管理反应慢、无人管的难题，物业管理工作效率显著提高。

（二）构建物业服务全覆盖体系，物业管理向规范化、优质化发展

结合我区新建住宅、老旧弃管住宅多的实际，严把新建小区物业管理准入关，加强既有小区物业服务监管力度。特别是加快推进社区物业服务机构宣传、组建力度，仅用两年时间，组建了社区物业服务站74个，实现了物业服务全覆盖，并纳入统一物业监管体系。

（三）建立长效考核机制，物业管理加速提档升级

2012年，进一步将监管权限下放至街道办事处，形成了联动管理、考核机制，并建立了以街道办事处和社区居委会为实施主体，以“楼道要干净、饮水要卫生、庭院要亮灯、维修要到位、管理要有序”为标准的长效考核机制，在制度上促使物业企业不断提升服务水平，进而不断改善人居环境质量。

（四）多渠道筹措资金，老旧住宅维修改造力度加大

老旧住宅问题，关系民生。为妥善解决我区老旧住宅下水不畅、供水设施老化、屋面漏雨、配套设施不健全等严重影响居民正常生活的问题，2011年以来，积极争取市、区配比补贴资金222万元，专项维修改造资金累计近300万元，维修改造27个项目，直接受益居民27089户，同时利用有些国有

物业集团的优势，将部分小区列入市政节能改造范围，解决了部门老旧住宅屋面漏雨问题。

（五）组建物业学雷锋志愿服务站，展现物业行业新形象

2012年，在我市创建全国文明城市，弘扬雷锋精神，开展志愿者活动的过程中，我区举物业行业之力，依托物业服务企业，组建25个物业学雷锋志愿服务站，开展各项志愿服务活动近百次，突出展现了我区物业行业的新形象。

三、存在的主要问题

两年来，我区物业管理工作取得了一些成绩，但在前进道路上还存在很多问题和困难。

（一）物业企业自身发展存在的问题

我区物业服务企业整体上发展参差不齐，小、弱、散突出，经营管理不规范，企业内部建设薄弱，从业人员素质有待提高。由于管理规模小，综合实力差，专业化水平低，造成物业服务社会资源浪费，效率低、效益差，运行难，出现收费低、服务差、欠费重的恶性循环。

（二）物业管理体制存在的主要问题

一是物业管理体制不完善。物业管理工作涉及开发建设单位、供水、供电、物业企业等多个部门，法律的滞后性使职能部门之间的职责分工模糊；区物业主管部门人员编制不足，街道办事处的人员编制始终未落实到位，致使物业管理的主体综合协调作用尚未能有效发挥，导致各种矛盾交织在一起，没有形成合力。二是物业企业缺乏市场竞争。由于物业企业和市场需求的规模、数量及物业管理理念均不成熟，物业市场未真正形成竞争机制，造成部分企业缺乏竞争意识和责任意识。三是司法程序不健全、立案难。目前，由于司法机关对物业纠纷问题很难立案，而区物业办又无执法权，致使部分小区陷入物业企业拒不退出、业主拒不交费的恶性循环，物业服务处于瘫痪状态。

（三）物业管理中遇到的其他问题

1. 开发建设单位遗留问题阻碍物业管理工作的开展。房地产促销中的虚假广告，开发建筑单位遗留的房屋质量以及保修期内不履行保修责任等问题，导致业主将怨气直接转嫁给物业企业，并以此为由拒交物业费，双方矛盾越积越深，物业管理工作深陷困境。

2. 老旧住宅基础设施老化严重，弃管现象严重，社区物业服务结构运行困难。我区老旧住宅本体及设施老化严重，专项住房维修资金匮乏，多数小区面临弃管，居民为此频繁上访。而社区物业服务机构接管后，资金来源依然单一，群众认知度低，收费低，直接导致社区服务机构运行困难。

3. 居住区二次加压供水体制不顺。因我市居住区供水服务多头管理，干线由市供排水集团负责，支线分别由产权单位、物业企业或居民自行负责，管理混乱，出现问题时推诿扯皮。另外，物业企业和产权单位还要分担居民分水表与居民供水表之间的费用差，一定程度上增加了服务成本。

四、未来五年发展的总体目标

纵观社会建设逐步向社会管理转变大势，未来五年，我区物业行业发展将以改善人居环境为主线，以改革创新为行业发展动力，科学谋划、加速推进物业行业改革、调整与升级，全面提高物业管理服务层次和水平，为进一步改善民生、全面建成小康社会、推动我区经济更好更快发展作出新的贡献。我区物业管理行业未来的发展目标是：力争通过五年的努力，严格把关新建住宅小区前期物业服务招投标工作，实现新增驻区服务一级资质企业 10 家、二级资质企业 30 家，全面规范物业市场秩序，努力培育一批产值过亿元的大型领军企业；紧抓示范项目评定工作，实现国家级物业管理示范项目 2 个、省级物业管理示范项目 5 个、市级物业管理示范项目 30 家；狠抓社区物业服务机构运行，加大政府扶持力度，使 74 个服务机构全部达到星级标准；进一步提高从业人员专业化水平，实现注册物业师达 200 人，持证上岗率达到 80%；引导物业管理从传统住宅房产管理向写字楼、商场、景区等全面现代化物业管理转变，实现覆盖我区不动产领域达 60%，每年新增物业行业就业岗位 1000 个，物业行业创造年末产值达 2 亿元，不断提高物业产值占我区第三产业的比重，使物业行业迅速成为适应发展需求，具有良好社会效益、环境效益和一定经济效益的新型服务行业。

五、对策及措施

（一）加大物业行业法制建设和普法宣传力度

加强法制建设是物业行业发展的基础、前提和保障。一是加大已有法律法规的实施力度，特别是《物权法》、《哈尔滨市物业管理条例》等法律的实施力度，依法引导和规范物业管理主体行为。二是做好物业法规的普及宣传工作。通过物业企业交流会、培训、社区公示宣传等形式，使全行业从业人员熟知物业法规要求，自觉做好服务工作，让广大业主和社会各界、各部门正确认识物业行业，了解工作内容及其重要性，支持、配合物业管理工作，引导业主建立物业管理市场化思想观念。

（二）创新物业监管部门工作模式

一是完善我区物业市场准入机制，针对我区新建住宅小区的实际情况，区物业办要从源头把好准入关，新建住宅小区招标的物业企业资质等级应不低于二级，确保新建住宅服务优质化，加速物业企业提档升级。二是街道办事处要充分发挥属地监管主体和驻寨员的基层作用，尽快落实专职人员负责物业工作，细化分工，将网格化管理模式扩充为点对点的监管模式，与城管、执法部门的驻寨员形成合力，切实做好物业监管工作。三是创新社区居委会工作模式，将社区工作和业主委员会工作有机结合，提倡业主委员会中的党员到社区党委工作，在社区党委的统一领导下开展工作，形成社区居委会、业主委员会、物业企业“三位一体”管理模式，既各司其职又相互配合，有效的推动基层物业管理工作。

（三）加大市场培育营造公平竞争环境

要适应物业行业改革发展新形势的要求，重视和培育物业行业市场。一是加强物业行业的诚信建设。倡导诚信则赢、违规必败的经营理念和行业风气，积极组织物业企业参与诚信评选工作，对诚信企业，在招投标、信用保证金缴存等方面给予一定政策支持。二是开展争创国家、省级、市级“示范项目”等多种形式的争先创优活动，树立和宣传先进典型，发挥其示范带动作用，加快培育和扶持一批物业行业的“龙头”企业，带动行业整体水平提升。三是搭建动态物业市场运行平台。将我区物业企业资质、服务等级、从业人员等基本情况建档立册，开发软件，建立数字化服务平台，为企业交流、项目承接等提供依据。

（四）全面提升物业企业服务层次和水平

物业企业能否在激烈的市场竞争中立足并取得良好效益，政府的支持和扶持固然重要，但关键在于提高自身的管理和服务水平。一是企业要坚持以人为本的发展理念，实行人性化物业管理。物业管理的对象是“物”，但核心是“人”。物业企业应正确处理好社会、环境、经济三者之间的关系，坚持把社会责任放到第一位，把改善民生作为物业管理的出发点和落脚点，紧紧围绕人的需求制定企业的发展策略和工作安排。二是坚持物业服务高标准，创新运营模式，施行精细化物业管理。物业企业应改变目前管理粗放，服务不到位，满足于清扫保洁等低标准工作现状，根据服务项目消费需求，做好不同群体的物业服务。同时，积极应用现在科技手段，探索代缴、托管等新的服务模式，推行物业服务向精细化发展。三是加强行业基础建设，实行规范化物业管理。加强企业内部建设，扩充物业管理专业技术人才的比重，全面提高从业人员的综合素质和专业能力，规范服务行为，更新企业形象，提高业主对物业服务的满意度。

作者简介：

裴飞，男，汉族，1963年4月出生，中共党员，研究生学历。现任黑龙江省哈尔滨市香坊区区委候补委员、香坊区城乡建设局局长。

自1984年8月参加工作起，历任哈尔滨蓄电池厂工人、团委副书记；动力区工业局团委书记、区委组织部干部科副科级组织员、副科长、办公室主任等；动力区哈平路街道办事处主任；香坊区哈平路街工委副书记、办事处主任；香坊区房屋拆迁管理办公室主任；区人民政府房屋征收办公室主任。2011年10月至今，任哈尔滨市香坊区区委候补委员、香坊区城乡建设局局长。

多年来，曾被授予省泥草房改造先进个人、市保障性安居工程工作先进个人标兵、市城市供热先进个人等称号，因工作业绩突出，区政府给予记三等功奖励一次。

科学谋划　奋力拼搏
全面提高城乡建设管理科学化水平

黑龙江省密山市住房和城乡建设局　于朝臣

2012年，密山市城乡建设工作在市委的高度重视、市政府的坚强领导下，在有关部门的大力支持和通力协作下，经过住建系统干部职工的积极工作，奋力拼搏，全面完成了城乡建设的各项工作任务。

一、全市城乡建设管理工作进展顺利

（一）街路综合改造市政工程建设完成情况

我们坚持“统一规划、综合改造、配套建设、提档升级”的原则，加快推进街路综合改造，进一步增强了城市综合承载能力和社会服务水平。2012年市政府投资2890万元，完成了民主街中段、团结路、盛荣路、平安路、房山路、延寿路、福庆路、裕民路、晨光街、学府街、长明街、光复路北段等19条街路综合改造、提档升级工程。街路综合改造总长度7.093公里，沥青罩面67905平方米，铺装彩色人行道板56690平方米，铺装花岗岩广场板2850平方米，新建路边石14576延长米，新建下排水管线436延长米，新安、改造路灯162盏。市政府还投资850万元，完成了平安路（兴亚步行街）通车改造工程、安定街改造工程和长青三路等巷道改造工程，完成了站前广场和政府广场综合改造工程，铁西转盘改造及东安街东段排水改造及路灯外移改造工程。

（二）“两供两治”城市基础设施建设工程完成情况

城市供热工程以加快同心路两侧及以东地区主管网通道建设和铁西新区供热设施配套建设为重点，以满足新区发展建设和老城区开发建设的供热需求。城市供热基础设施建设改造总投资5390万元，新建一级、二级管网5.73公里，改造旧管网3.8公里，新建换热站9座，完成11座换热站自动控制系统改造，还完成26栋楼10万平方米的分户供热节能改造，新增加供热能力70万平方米。奥德燃气工程企业投入资金6840万元，新铺设主管网24公里，户内安装5680户。储气站等配套设施建设及设备安装已全部完成，11月末投入运营。污水治理工程投资573万元，完成管道铺设4456米和厂区道路建设，11月末开始试水调试，运行良好。垃圾治理工程前期工作已完成，土地补偿已发放，进场道路全部铺装完成。9月下旬开工建设，年末前完成场区部分土建工程、填埋区土方工程、道路基础工程及用电安装等工作，完成投资960万元。

（三）城市棚户区改造、新区建设工程完成情况

我们坚持“全面规划、合理布局、综合开发、配套建设”的原则，稳步推进老城区改造和新城区建设，全年棚户区改造和铁西新区开发住宅建设新开工程15项，建设总面积45.6万平方米。

棚户区改造情况。2012年，城市棚户区改造计划总投资2.8亿元，改造棚户区14.61万平方米，拆迁1840户，回迁安置17.09万平方米。其中，老城区棚户区改造有皇都国际广场、学府名居、金平家园、学府锦秀、天福家园、莲花新城、南园景态等7个项目，拆迁面积13.01万平方米，拆迁户数1640户，建设面积58.26万平方米，总投资106900万元；其中，回迁安置建设面积15.19万平方米，投资25081万元。已完成拆迁1568户，尚有72户正在拆迁之中。棚户区改造7个项目全部开工建设，已竣工面积10.48万平方米，1376户，完成投资19960万元。2012年，我市黑台镇列入城市棚户区改造，计划改造1.6万平方米，拆迁200户，桃园福地项目建设1.9万平方米，完成投资2919万元。项目已竣工。

铁西新区、城东新区建设情况。铁西新区规划审批了长安一号、农民公寓、文化广场、府佑家园及公安局办公楼、重汽旺达车厢厂、4S店等建设项目，皮革城、万达国际花园、珍铭一品、金碧辉煌等项目部分标段年末竣工交付使用，长安一号、铁西农民公寓等项目开工建设。城东新区龙广庭院、馨林花苑小区、公路小区等工程年末竣工。莲花新城项目已开工建设1.6万平方米，总投资1712万元；359公园项目10万平方米征地基本完成，广场建设已开工，公园道路基础年末前完成。

房屋征收与补偿情况。制定出台了《密山市国有土地上房屋征收与补偿暂行办法》及《密山市国有土地上房屋征收社会稳定风险评估暂行办法》，并通过电视公告、悬挂条幅、印发宣传单等形式进行广泛宣传。从5月1日起停止了房屋协议拆迁，全面启动了政府征收程序，铁路立交桥及光复街西段改造工程项目、文化产业园及航空公园工程项目、内陆港建设工程项目、莲花新城及“359”解放公园工程项目、明珠家园棚户区改造工程项目等5个项目总计征收151户，对新旧《条例》交替期间遗留的一些项目，根据不同情

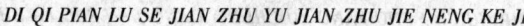

况采取一事一议方式制定具体解决方案。

工程建设安全、质量监督情况。切实强化了工程质量、施工安全和建筑节能的管理，全面落实了建设、施工、监理各方面的主体责任。组织开展了质量、安全生产专项检查，加大整改监督力度，杜绝了工程质量和安全生产重大事故的发生。建筑节能比例达80%，新型墙材生产比例达到65%，墙改专项基金收缴率达到90%。

（四）保障性住房建设工程完成情况

保障性住房建设情况。我们把保障性安居工程建设作为重大民生工程摆在工作首位，按照保开工、保竣工、保质量、保公平的要求，聚精会神抓建设，全力以赴抓推进，确保全面完成任务。2012年，经济适用房计划投资6000万元，建设面积3万平方米，住房500户；5月28日开工建设，主体工程已完成，完成投资3000万元，2012年10月末竣工。廉租房配建投资2400万元，建设面积1.2万平方米，240户，10月末竣工。上年结转的经济适用房5.2万平方米，770户，配建廉租房0.6万平方米，120户，10月末竣工。

楼体立面节能改造情况。楼体立面和节能改造工程完成18栋楼房，改造面积10.3万平方米，工程总投资1000万元。10月中旬楼体立面节能改造任务全部完成。

（五）“三优”文明城市创建工程完成情况

2012年以来，我们按照省政府办公厅转发省住建厅《关于提高城市管理效能的指导意见》要求，以提高城市管理效能为目标，以构建城市现代化管理格局为方向，以完善城市管理体系为重点，以提高城市管理科技水平为手段，以强化城市管理监督和加大资金投入为保障，努力建立现代、快捷、高效、协调、便民的城市管理体制机制，大幅度提升城市管理效能和现代化管理水平，并取得了明显的成效。

全面开展城市秩序、市容市貌综合整治。城管会同交警部门集中时间、集中力量抓好以整治“八乱”为重点的综合整治，清理整治占道经营，清除各类破损牌匾，清理粉刷各类小广告，整治室外烧烤，签订“门前五包”责任状697份。积极构建城市综合执法的运行机制，将城管、规划、环卫、市政、园林的行政执法职能进行整合，切实加大了对城市规划、秩序、环境的执法监察力度，进一步提高了科学化、规范化、精细化、法制化管理水平。

强化环卫“三清”作业规范化、标准化、制度化建设，推进环卫保洁长效机制，全力提高了保洁水平和档次。街路清扫严格执行“一日两扫，全天保洁”和“五净”的作业规范和质量标准，街路保洁质量标准明显提高。垃圾清运严格执行“日产日清”的作业规范，公厕实行包管到人。加快环卫基础设施的更新改造，投资336.9万元，购置了垃圾压缩车、大型清扫车、叉车和人行道清扫车等5台。垃圾箱制作、垃圾桶、果皮箱购置及公厕维护已完成。总投资300万元，新建翻建水冲公厕12座，建筑面积1010平方米，总蹲位115个（其中，市区6座，旅游公路和小城镇6座）。10月末11座水冲公厕建设已全部完成，火车站前广场移动公厕年末交付使用。

绿化美化以创建生态园林城市为目标，进一步提高了标准和品位。2012年，城市绿化美化财政投资170万元，完成光复街北段、东安街、晨光街、长明街、站前广场等绿化，栽植各种绿化树木7609株，其中乔木3109株，东安街摆放木盆云杉60盆，光复路北段摆放木盆云杉36盆，在广场、转盘、公园栽植草本花卉1259平方米3.7万株，铺草坪4600平方米，完成城市义务植树11万株。6月末街路绿化、美化工作已全部完成。完成冬季植树1348株，12月末前完成。

楼体亮化工程投资565万元，完成55栋楼体亮化。产权单位自行安装亮化38栋，投入资金360万元，无产权单位政府负责安装，完成17栋，投入资金205万元。11月中旬亮化工程全部完成。

节日亮化营造欢乐祥和的气氛。元旦、春节期间投资109万元，以“三街两路两转盘两广场”为重点，悬挂大红灯笼480盏，树挂小灯笼5400盏，披挂满天星9100串，安装彩灯树465盏，悬挂流星雨9500根，安装彩色射灯56盏。

（六）农村小城镇建设和危房、泥草房改造建设工程完成情况

2012年，农村城镇化建设计划投资2.5亿元，建设高标准农民住宅小区4个，住宅楼22栋，14.35万平方米，全部交付使用，可入住农户1630户。已完成投资1.36亿元，完成拆迁177户，年末可入住220户。我市农村计划完成危房改造1800户，实际完成3348户，改造总面积20.08万平方米，国家危房改造补助资金2953万元。农村泥草房改造计划600户已全部完成，省补助泥草房改造资金300万元。

二、全市城乡建设管理下一步工作思路

2013年全市城乡建设管理工作要全面贯彻落实党的十八大精神，以科学发展观为统领，以保障和改善民生为重点，以改善城乡面貌、提升建设品质、优化人居环境为目标，以加强和创新行业管理为保障，科学谋划，开拓创新，履职尽责，攻坚克难，奋力拼搏，强力推进，全面提高全市城乡建设管理科

学化水平，推进全市城乡建设管理上水平、创一流、争排头，为全市经济社会又好又快发展作出新贡献。

（一）着力抓好城市基础设施建设，在街路综合改造、提档升级上狠下功夫

1. 城市基础设施重点抓好“两供两治”建设工程。供热工程以打通同心路两侧及以东地区主管网通道为重点，保证供热需求。计划投资5800万元，新建一级管网11.57公里，新建二级管网38公里，改造旧管网7.8公里，新建换热站8座，新增供热面积60万平方米。积极做好投资2.2亿元热电联产二期工程前期工作，争取早日开工建设。污水治理工程重点抓好调试运行后期建设管理工作。奥德燃气工程投资6500万元，完成中、底管线铺设5000米，户内安装5000户，新建加气站一座，完成汽车改装。垃圾治理工程计划投资5743万元，完成场区土建工程、渗滤液处理工程、填埋区防渗工程及场区道路、洪沟防护网建设，力争年底投入使用。

2. 市政工程重点抓好街路综合改造、提档升级。计划投资2124万元，对站前广场、同心路北段、同心路南段、六中石头路、邮电路等五条街路进行综合改造，提档升级，新建混凝土路30582平方米，新建石头路5600平方米，罩沥青路面6641平方米，铺装彩色人行道板21251平方米，新安路灯96盏，翻新路灯10盏，新建检查井94座、雨水井99座。投资2226万元，组织实施内涝治理工程，砌筑排水明渠1121延长米，新建排水管线2100米，新建泵站二处。

3. 南环路工程加大推进力度。南环路起点星光大道，终点为建鸡高速路兴光村出口，长12公里，沿途经密档路、红霞路、永固路、同心路。加快推进南环路建设前期的勘察、规划、设计、土地征用、房屋征收及工程招投标等项工作，保证4月15日前开工建设。

（二）着力抓好城市建设开发，在加快推进棚户区改造上狠下功夫

棚户区改造计划完成征收拆迁350户。着重抓好2012年开工建设的棚户区改造7项工程，保证工程质量和进度，争取年末竣工交付使用。

铁西新区建设重点抓好长安一号、农民公寓、文化广场、府佑家园等项工程建设，努力建设一批精品工程，打造地标性建筑。

强化房屋征收拆迁工作，加大征收拆迁力度，规范程序，创新举措，落实政策，推进依法拆迁、和谐拆迁、惠民拆迁，依法对13个项目的70多个“钉子户”加大力度征收，确保房地产市场的稳定健康发展。

切实加强建筑工程的质量、安全监督管理，杜绝重大安全事故和人身伤亡事故的发生。

（三）着力抓好惠民工程建设，在推进保障性住房建设上狠下功夫

我们把保障性住房建设作为重要的民生工程，完成配建廉租房2万平方米，400套，建设租赁住房200户。着重抓好2012年结转的3.6万平方米经济适用房建设，保证年末竣工。按照公平、公开、公正的原则，抓好保障性住房运营管理，实行阳光操作。

（四）着力抓好“三优”文明城市创建工程，在提高城市管理效能上狠下功夫

1. 大力抓好环境综合整治工程，实现城市形象大提升。采取坚决有效的措施，加大工作力度，建立城市环境管理长效机制，全面提高科学化、规范化、精细化、法制化管理水平，从根本上扭转城市环境“脏、乱、差”的状况，突出抓好三项整治。一是依法整治乱贴乱画、乱摆乱设、乱停乱占、乱堆乱放等影响市容市貌和环境秩序的“顽症”。二是依法治理违章建筑，采取坚决有效措施，严厉查处私搭乱建等违章建筑。三是依法治理建筑与运输污染。加强建筑工地环境管理，建筑环境卫生达标率95%，出入口硬铺装率90%，建筑残土排放合格率100%。

2. 大力抓好环境洁净工程，实现保洁水平大提升。强化环卫“三清”作业的规范化、标准化、制度化建设，推进现代、科学的环卫保洁长效机制。完善环卫作业管理措施，街路清扫保洁、公厕清掏达标，垃圾日产日清，主要街路全天候保洁，全面提高保洁水平和档次。加强对垃圾投放、收运、处理全过程的控制和管理，提高城市生活垃圾无害化处理水平。增加对环卫基础设施的投入，加快推进清扫、清雪机械化作业。计划投资537万元，新增垃圾运输车辆、垃圾箱、果皮箱等保洁设施；加强现有公厕维修，投资120万元，新建翻建水冲厕所4座。对重点公共区域、城市出入口、城乡结合部的环卫保洁要重点投放力量，消灭卫生死角。

3. 大力抓好绿化美化工程，实现人居环境质量大提升。城市绿化要以增加绿化总量，提升绿化质量，创建生态园林城市为目标，以改善人居环境和城市面貌为目的，按照建特色、保质量、出精品、树形象的要求，结合城市基础设施建设、道路拓宽改造，城区绿化要同步进行，进一步提高城市绿化的标准和品位。城区完成同心路、光复路、红霞路、向阳路、长青三路的绿化，栽植各种树木11674株，其中乔木582株。进一步加强荷香园基础设施建设和庭院建设。

4. 大力抓好城市亮化工程，实现城市品位大提升。结合市区既有建筑节能改造，采取政府投资和单位筹资，组织楼体亮化工程。城市亮化要坚持高

标准设计，高质量施工，形成特色突出、绚丽高雅、节能环保的夜色走廊。

（五）着力抓好农村城镇化建设，在推进危房、泥草房改造上狠下功夫

我们要充分抓住国家和省扶持危房、泥草房改造的有利机遇，积极争取国家和省补助资金，加快危房和泥草房改造，全面完成省下达的改造任务，农村住房砖瓦化率达到92.5%。

（六）着力抓好招商引资，在加快推进项目建设上狠下功夫

1. 抓好管道燃气项目工程推进。2013年计划投资6500万元，完成中、底管线铺设5000米，户内安装5000户，新建加气站一座，完成汽车改装。

2. 抓好热电联产二期项目推进。投资2.2亿元的第二热源站项目正在进行审核报批阶段，开工建设前准备工作正在进行中。

3. 抓好城区南环路建设项目推进，力争4月15日前完成开工建设前的各项前期工作，同时抓好项目的招商引资工作。

4. 抓好垃圾治理项目工程的推进，2013年顺利完成垃圾厂的建设，争取年底运行，通过招商引资吸引有实力、有资质的企业参加经营管理。

5. 抓好向上争取资金工作，重点争取棚户区改造、保障性住房建设、农村危房、泥草房改造的国家投资和省投资。

今后，我们将进一步创新工作思路，突出工作重点，做到思想再统一，力度再加大，措施再强化，领导再加强，持之以恒，抓紧、抓细、抓实，努力实现城乡环境上档次、上水平，加快全市经济社会又好又快发展。

作者简介：

于朝臣，男，汉族，1969年11月出生，中共党员，研究生学历。现任黑龙江省密山市住房和城乡建设局局长。

自1991年7月参加工作起，历任密山市二建公司技术员，密山市工程质量监督站副站长，密山市房产管理处副主任，密山市城管监察大队大队长，密山市公路管理站党支部书记、站长，密山市交通运输局副局长兼公路管理站党支部书记、站长。2012年9月至今，任密山市住房和城乡建设局局长。

多措并举实施危房改造
务实惠民促进城乡发展

黑龙江省黑河市爱辉区住房和城乡建设局 张 辉

黑河市爱辉区位于黑龙江省东北部，是黑河市委、市政府所在地，总面积14446平方公里，总人口19.2万，辖11个乡镇89个行政村，农业人口5.6万，农村低收入以下2802户6564人，占农业总人口的11.7%。实施危房改造工程以来，爱辉区按照国家住建部和省委、省政府的统一部署和要求，站在改善民生、促进发展的高度，充分发挥政策引导作用，尊重群众主体地位，努力破解资金短缺难题，优先帮助住房最危险、经济最贫困农户解决最基本的安全住房，重点改造居住在危房中的农村分散供养五保户、低保户、残疾人、单亲母亲、优抚军人和其他贫困户，探索出一条经济欠发达地区危房改造工作路子，对黑龙江省加快危房改造步伐有积极借鉴意义。

一、政府主导，宣传发动，全方位调动危房改造工作参与积极性

（一）明晰责任，提高包扶单位积极性

爱辉区把全区农村危房改造任务指标细化分解，严格督办检查和科学考核制度，一层抓一层，层层领导有包点分工，区直各涉建和保障部门都有包点任务，包扶单位主要领导有责任，帮助农民发展经济、筹措资金和建筑材料等任务有落点。按照方案规定，在牵头单位住建局的协调下，财政、发改、农委等部门和单位分工负责，合力推进，从各自职能出发，积极筹集资金。

（二）典型引路，激发农户主体积极性

爱辉区用事实说话，用农民身边的例子去影响和引导农民，在推广节能型住房过程中，在西峰山乡、四嘉子乡、张地营子乡、上马厂乡4个乡镇先期试点取得预期效果的基础上，组织全区农村两委成员和部分农户代表实地考察，通过新型墙体材料价格、适应性、保温抗震特性的展示，使2013年节

能、省地、环保、抗震型住房达到新建住宅70%以上，其中仅单位工程造价每平方米就节省200元以上。

（三）注重宣传，转变农户思想观念

爱辉区把宣传发动工作贯穿危房改造的始终，把握正确的舆论导向，依托农村文化大院、小广场文艺演出等载体，有针对性地采取扭秧歌、送文艺下乡等形式，讲清目的，讲明政策，讲解经验和做法，通过宣传赢得理解，获得支持。特别是及时了解危住户动态，针对一些农户妇女当家、掌握家庭经济决定权的情况，通过组织召开村屯妇代会的形式，从道理说服、实事讲解上引导，使农户转变思想，主动进行危房改造。

二、政策引导，积极争取，确保村容改善、农户得到实惠

爱辉区立足区情实际，克服边境县区经济总量小、自有财力不足的困难，努力用足用好国家和省相关政策，落靠上级政策，争取对口支持，逐步加大本级投入，多措并举，切实做好危房改造工程建设，推动村容村貌根本改善，农民人居条件大幅提升。

（一）政策落实到位

客观把握国家、省、市政策取向，在深入研究、吃透精神的基础上，各部门和乡镇牢固树立大局意识，严格按照区里制定的方案要求规范操作，做到落实政策不走样，执行政策不变通，对省下达的资金全部按要求和匹配标准拨付。

（二）扶持办法到位

克服财力紧张困难，在严格执行省级补贴政策的基础上，区财政拿出匹配资金，分对象、分类别、分层次地支持危房改造，尤其加大了对低保户、残疾户等困难群体的补助力度。

（三）资金争取到位

重点从国家、省对新农村建设的优惠政策和土地、建设、房产、财政、银行和民政等各相关部门对农村建设出台一些相关优惠政策争得扶持的份额。吃透和利用政策多方争取资金补助，尤其深入做好对口争取工作。

（四）规划编制到位

坚持规划先行的原则，强化规划严肃性，按照《爱辉区农村危房改造实施方案》和新农村建设的标准，对省、市在我区的试点村进行规划修编，并按照“新颖美观大方、平面布局合理、使用功能齐全、结构安全可靠、成房节能省地”的要求，对全区农村危房改造进行总体规划，力求一村一景。住

建部门还切实履行职责，免费为农民建房提供20多种类型的施工图纸，在改造选址、审批放线方面统筹协调，确保了规划布局的科学性。

（五）优惠措施到位

一方面，打捆集中使用政策、项目和资金，最大限度地实现资源优化配置，采取“农民筹、银行贷、政府补、专项帮”的投融资运行方式，千方百计筹集改造资金，仅贷款贴息一项，政府就为农户解决了一大难题。一方面，创建危房改造绿色通道，简化农房建设审批程序免收一切行政事业性收费，通过市场竞标确定2户定点砖厂和4户定点苯板、彩钢板销售企业，比市场销售价分别下浮15%和6%，并以乡镇为单位集中招标建筑单位，通过这些措施，有效降低了建房成本。

三、科学谋划，加强监管，全面提升危房工程建设整体水平

（一）找准切入点，统筹新农村和小城镇建设

将农村危房改造和节能房建设融入新农村建设的整体行动中去，与新农村建设、扶贫开发、社会救助、防灾减灾等紧密结合起来，明确重点，统抓统建，统一规划，统一推进。

（二）制定新机制，确保危房改造经济社会效益

把水利、交通、林业、教育、卫生等扶农支农资金统一整合使用，同步搞好道路、边沟、杖墙、厕所修建和乡镇绿化、污水处理、垃圾清除，以及村镇环境的综合治理，危房居住人口人居环境得到彻底改善。

（三）监督早介入，确保资金项目安全

一方面强化资金管理，纪检监察和审计部门提前介入，全程监督、跟踪审计、封闭运行，按照公开透明的原则，明确补助范围与时限，实行公示制办法，使专项补助资金严格按要求由区财政部门直接补到项目、补到村屯、补到农户，保证专款专用，有效防止补助资金被挤占挪用。一方面强化质量安全管理，由区、乡（镇）建设主管部门规范宅基地和建房审批手续，注重发挥群众监督作用，建立民建、民管、民享的危房改造运行监督机制，确保危房改造整体效果和质量安全。同时，强化对危房改造工作的服务和指导，组织技术人员深入村屯进行技术指导、免费提供建房图纸、帮助联系节能建筑材料生产厂家，提高农房建设的科技含量。

作者简介：

张辉，男，汉族，1984年10月出生，中共党员，研究生学历。现任黑龙江省黑河市爱辉区住房和城乡建设局村镇建设股副股长。

开拓创新　狠抓关键
努力开创建筑业发展新局面

黑龙江省兰西县建设环境保护局　吴晓峰

兰西县是国家级扶贫开发重点县。由于受经济条件制约，建筑业发展一度滞后。近几年来，我们结合县情，大胆实践，勇于创新，不断开拓，连续四年建安总量超过20万平方米，2012年达到50万平方米，实现利税5910万元，创历史最高，建筑业进入了快速发展阶段。建筑市场管理工作、招投标管理工作、建筑工程安全管理工作分别被省市评为先进。具体主要做了以下三个方面的工作：

一、创新服务，营造宽松优良的市场环境

我们牢固树立服务即是管理意识，精心构筑服务平台，创造性地深化服务层次，全面提升服务效能，具体做到“三个优化”。

一是优化政策环境。根据我县房地产开发市场现状，结合兰西实际，在充分调查研究的基础上，我们适时建议县政府制定出台了房地产开发服务政策、棚户区改造优惠政策。同时，对重点项目实行一事一议的办法给于更大优惠。这一新举措极大地调动了开发商积极性，促进了房地产业健康有序发展。

二是优化服务环境。局里制定出台了主管部门工作人员、管理人员五条禁令和建筑企业服务责任制等利企制度，明确了为企业服务内容及责任，杜绝勒卡行为。县主管领导率先垂范，带头实行为企业服务随叫随到制度，只要企业需要，随时办公，不论是节假日或是八小时以外，随时为企业提供服务。一年来，由主管县长召集相关部门为开发商和企业解决实际问题的协调会议达8次之多，共解决困难和问题50余件。在32个在建项目中有5项是利用早晚或节假日为企业办理的相关手续。积极推行流程卡和一站式办公模式，简化办事程序，方便服务对象。改变以往的收费方式，实行了收费项目、收费标准、收费依据三公开制度，由局分管领导牵头组织相关部门实行集体、公开收费，不仅保证了收费的公开、公平和公正，而且大大提高办事效率。

据统计，每个项目办理手续时间平均缩短了 3 天，有的项目当天即可办结。针对拆迁难问题，我们主动上门向企业讲解有关法律法规，提供相关服务，严格按照国家有关拆迁工作的法律法规，认真履行测绘、评估、公示、调解、裁决等法律程序，做好当事人思想工作，切实保护拆迁双方的合法利益，2012 年共完成房屋拆迁达 2.5 万平方米，无一例信访案件发生，保证了项目建设的顺利进行。

三是优化帮扶环境。为了全力推进建筑业快速发展，我们想企业之所想，急企业之所急，积极为企业发展壮大出谋献策。帮助解决实际问题，制定了关于扶持企业发展的实施意见，积极帮助企业延伸发展空间。2012 年我们积极协调省市建设主管部门，帮助两家企业申办了市政建设资质。在培训工程技术人员上，为减轻企业负担，我们积极协调市局，到兰西培训办班，得到了市局的大力支持。2012 年，我县共召开招投标管理、安全质量等方面大型培训会议 4 次，共开展技术人员培训 10 次，培训达 1900 余人次，降低企业培训费达 5 万余元。扶持方式的创新激发了企业自身建设的积极性，有多家建筑公司对在岗职工参加培训、资格证书考试等费用一律予以报销，对通过考试的给予一定金额的奖励，对引进的人才提供住房，从而在最大程度上调动了职工提高自身素质积极性。同时，全县各企业增加先进设施达 1000 万元，有三家企业实现了办公自动化。

二、创新管理，构建公平有序的市场秩序

我们制定出台了《关于进一步规范项目经理执业行为的通知》、《关于规范建筑市场秩序和强化建设工程项目管理的有关规定》，本着公开、公平、公正的原则，依法管理，规范管理，做到了“三个强化”。

一是强化施工企业信用评价工作。共投资 5 万元，配齐配全各项设施设备，购置档案柜及相关软件，对信用评价工作实行微机化管理。对所有的房屋开发企业和建筑施工企业建立企业资质和信用评价档案。根据施工企业在施工现场的行为，记录在案，作为今后考核的依据，这一措施的实施，有效地约束了企业违规行为。

二是强化对建筑业各类执业人员的管理。破除以往的管理模式，强制推行了持证上岗、挂牌上岗制度，对所有工程施工项目经理部成员，都要求必须持证上岗和佩带岗位标志牌。将执业人员所在单位、从业类别等情况统一报建设行政主管部门备案，设专人管理，统一建立执业人员档案，从根本上保证一个项目经理部人员只能承担一个工程项目工作。2012 年我县共有项目

32个，无一人重复兼职情况的发生。按省市要求，严格按工程面积比例配备技术工人，对工程项目经理部职能分工、技术要求实行规范管理，对技术工人实行了硬性指标管理，对施工项目技术人员执证不足的不准参与工程投标。全年共办理技术证件1900个，在建工程操作人员持证上岗率达到了100%。

三是强化对施工许可证发放的管理。对不具备开发资质条件的开发企业不准进行房地产开发，对上年度未履行竣工验收备案的、擅自交付使用的、工程项目经理及管理人员不参加上级部门组织培训的、上年度拖欠农民工工资的、未取得安全生产许可证的企业等不准参与投标。对施工企业和专业分包公司未在建设主管部门备案的一律不发施工许可证。采取硬性措施，坚决杜绝未履行报建手续擅自开工的问题。我们顶住各种压力，不论是什么关系，不论是找谁说话，无一特例。亚麻大市场是我县的重点招商引资项目，为了赶工期，曾一度想先开工后办手续。对此，主管县长亲自带领相关人员，深入现场做思想工作，讲政策摆道理，从而制止了这种违规行为。2012年，我县建设项目招标率、报建率均达到100%，全部实现了持施工许可证开工。

三、创新实践，提升工程安全质量监管水平

2012年针对只建设不验收、不办房产手续等问题我们大胆创新，采取了一系列行之有效的措施，尤其是果断实行安全、质量、竣工备案保证金制度，按工程规模收取一定数量的保证金。虽然这一行动引起了社会强烈反响，但我们还是顶住各种压力，坚持实施了这一做法，收到了良好的效果。2012年工程验收率达到100%，各企业增加安全投入达500万元之多，有效地保证了安全质量。

在工程质量上，我们努力做到“三个结合”。

一是将政府监督、社会监督与企业内控相结合。积极推进监督巡查制。采取日常巡查、突击检查及综合执法检查的方式加强对施工现场检查，对于发现的问题跟踪复查，确保整改到位。严格执行见证取样制度，严把原材料施工试化验关；加强企业对通病消除和提高使用功能质量的自我控制能力，监督施工企业做到分项工程检查到位，问题明确、解决彻底。强化企业质量内控体系的建设，促进质量体系的完善，对于质量内控体系不完善和落实不到位的，责令停工整改。规范监理单位的质量行为，充分发挥监理作用，加大对监理工程中的旁站监理，巡视检查，工序质量交接检查，隐蔽验收检查、工序预检等方面的监督。

二是将施工图审查与实体质量监督相结合。严格设计审查管理，采取不

定期抽查、建设单位意见反馈等形式加大对施工图审查力度。对于通过审查的项目，我们跟踪问效，在质量监督上严格把关，决不允许不按图施工问题的发生，对于出现问题的项目，随时发现、随时责令停工整改。

三是实行重点监管与一般监管相结合。在工作中确定重点监管和一般监管对象，分别实施不同程度的监管。把企业业绩差、社会信誉不佳、工程质量保证体系不健全的作为重点监管对象。同时，对政府财政投资工程和非政府财政投资工程实施差别化监管，保证公共设施的建设质量，使有效的投入发挥最大的使用效能。

在安全生产上，我们积极争取县政府和安监局的大力支持和帮助，结合安全生产保证金制度，严格执行安全生产许可证制度和安全生产条件认证制度。对于未取得安全生产许可证的企业，不准进行建筑施工活动。对于未能通过安全生产审核，安全生产技术措施不到位的工程坚决不准开工。同时创新监管模式，规范监管行为。既加强对施工现场的管理，实行安全生产标准化，创建文明工地，又实行建筑市场与施工现场联动监管，监督企业安全法规的执行落实情况和工程施工过程的实体安全，将外网防护和安全用电作为安全工作重点突出出来，严格执行密目网的挂设及质量标准，凡不按要求设置密目网防护的工程，一律严格整顿和处罚。同时取缔架杆接电现象，一律采用地下电缆供电。

2012 年，我们共对各在建工程进行集中检查 18 次，其中由主管县长带队进行的检查达 6 次，共下发整改通知书 26 份，对 9 个建筑项目进行了 17 次处罚，处罚金额达 10 万元。在全省建筑施工安全检查工作中，省建设厅安全监察局领导对我县建筑施工安全管理的各项措施给予了高度评价。

作者简介：

吴晓峰，现任黑龙江省兰西县建设环境保护局局长。

自 1981 年 8 月参加工作起，历任兰西县医药管理局局长助理，兰西县社监事会副主任，兰西县生产资料公司经理、县社理事会副主任，兰西县社副主任（主持工作）兼生资公司经理，兰西县供销联社党委书记、主任，兰西县亚麻产业发展中心主任，兰西县政府党组成员、县亚麻产业发展中心主任，兰西县委办公室主任。2012 年 12 月至今，任兰西县建设环境保护局局长。

强化管理　完善制度
推进漠河建设不断发展

黑龙江省大兴安岭地区漠河县住房和城乡建设局　高洪旻

漠河县位于“金鸡之冠，中国最北”。独特的地理位置造就了“中国北极”的特色风景，但是同时，其特殊的冻土和寒冷的气候为基本建设工作增加了巨大的难度。随着旅游产业的开发建设、保障性安居工程的推进、三供两治等国、省重点项目的全面落实，使得在恶劣的施工环境又增加了繁重的建设任务。正是在这种环境下，磨练出了漠河县住建局不怕苦、不服输的工作作风。在局长高洪旻的带领下，漠河县住建局牢牢把握国家大战略、大方针，廉洁自律，狠抓工程质量，确保施工安全，严格执行项目法人制、招标制、监理制、合同制等制度，结合具体实际，总结出一套适合当地基本建设情况的管理办法。

一、保障性安居工程的管理

为满足漠河县百姓居住需要，改造百姓生活质量，依据国家保障性住房政策，在设计伊始，便按照居住人群需求情况人性化高标准设计。为保证建设质量，由局长带队常态化的巡查工地。并将保障性住房的建设质量列人工程监督站的重点工作，保证每日一查，检查结果每日上报。同时，返聘从事数十年基本建设的老技术人员协助监督，并邀请人大、电视台、纪检委等单位的工作人员一同监督。我县的棚户区配套均按标准化小区建设，硬化、绿化、监控、健身器材一应俱全，并配物业公司管理，在2012年我县棚改小区被评为大兴安岭地区十大标准化小区。自2009年开始至2012年为止，建设的保障性住房总面积为69.45万平方米，为更好的落实保障性住房政策，2013年计划开工12.8万平方米，其中在河东新城区建设2000套13万平方米公租房。

二、旅游名镇建设的管理

坚持贯彻省委省政府提出的高度重视，规划先行的部署。我局一直执行

先规划，后建设，不为眼前的成绩影响总体建设效果的政策。在旅游名镇的建设上，采用专人专管的方式，由我局经验丰富的工程师依照总体规划在预算、施工、结算上全程把关，杜绝交叉式的管理方式带来的拖延工期、意见不一致等情况，有效的推进了建设进度。同时，由局长、质监站骨干等对施工质量进行不定期的抽查，发现问题及时整改。

在县政府的投资外，采取招商引资的方式加快建设，引入多个大型开发企业，为我县旅游事业的发展锦上添花。我县的七星山湿地公园、跑马场等项目都是招商引资的成果。

三、“三供两治”项目的管理

我局紧紧围绕抓关键、抓难点、搞突破，确保取得成效的战略思想，配合县领导的高度重视，提高漠河县人民的生活质量。在施工上，由于我县冻土及气候所造成的水位高、挖掘难等问题，导致管网铺设非常困难。我局依据多年经验，预先谋划，倒排工期，在冬季前后与无霜期相交叉的时间段进行重点施工，将施工难度降到最低，工作效率提至最高。目前，我县供水、供热、排水均达到百姓满意水平；污水及雨水排放支管网工程正在进行，预计在5月末水位上涨前竣工，这项工程覆盖我县老城区、新城区等所有居住区，在雨水期到来时配合已建成的污水处理厂及主管网为我县人民提供服务。

四、市政实施建设

在本地流行市政设施建设行业里流行这样一句话“只有兴安人，才能修兴安路”。冻土不仅仅给建筑上带来威胁，在道路、广场等项目上，同样困扰着施工人员。为方便施工企业，保证工程质量，我局特意成立了路桥办公室，由多年公路施工管理的工程师组成，不仅是施工的管理者，同时也是施工单位的服务者。通过以往的经验结合现在的施工技术，完美的解决了我县市政施工中存在的技术难题。例如我县北极星广场扩建工程，仅用53天就完全竣工，受到游客及居民的一致好评。我县硬化公路网已覆盖全县，高速公路可通达任何村镇，真正做到了交通便利，出行顺畅。

五、常规基本建设项目的管理

在常规的建设项目上，无论是教育、医疗建设，还是装饰、维修工程均严格按照各项政策文件、法律法规执行。在管理上采取每人管理一个项目的办法，对项目的预决算、工程质量、文明施工、安全生产进行管理，避免出现施工管理盲区，不漏掉任何一个工程，保证每个建设项目做到最好。

六、廉政建设，加强绩效管理工作

我局奉行真抓实干、务求实效、廉洁奉公的工作作风。坚持只要施工建设不停就没有节假日、只要当天工作没完成就不下班的工作态度。以局长带头，步行上下班，除必要的工作外，不坐公车。不吃请、不收礼，一切按照规章制度办事。注重绩效管理，组织绩效学习，每月一次绩效考评。

漠河县住建局将继续秉承多年的优良传统，不断强化建筑市场的管理力度，努力提高工作质量，加强完善基本建设规章制度的建设，积极进取，开拓创新，为漠河县的又好又快建设持续发光发热。

作者简介：

高洪旻，男，汉，1971年出生，中共党员，在读研究生。现任黑龙江省大兴安岭地区漠河县住房和城乡建设局局长。

推行阳光和谐征迁　打造满意安居工程

福建省莆田市涵江区住房和城乡建设局　凌文东

房屋征收和安置房建设涉及群众切身利益，关系城市建设发展。我区政府历年来都高度重视房屋征迁安置工作，严格按照省、市关于拆迁安置工作要求部署，围绕城市建设目标，扎实推进旧城拆迁改造和安置房建设工作。2012年，我区在国有土地上房屋征迁改造和安置房建设上力度之大，前所未有，提出了“项目为纲、投资为要、征迁第一”的口号，按照国务院《国有土地上房屋征收与补偿条例》和《福建省人民政府办公厅关于贯彻落实〈国有土地上房屋征收与补偿条例〉的通知》，积极推进国有土地上房屋征收和安置房建设工作。2012年全区已启动国有土地上房屋征收项目8个，用地总面积1031.57亩，涉迁总户数3922户，拟拆旧房总建筑面积95万平方米。目前实施签约拆房项目2个，已签约1509户，拆除旧房面积20万平方米；实施丈量评估项目3个，完成丈量评估1156户；实施征收前期工作项目3个。5个片区安置房建设同步推进，已开工建设安置房1943套，其中主体封顶、室内外装修479套，桩基、地下室施工1464套，年内预计新开工420套。全区目前未出现重大的群体性上访事件。

为积极维护被征迁人合法权益，实现我区国有土地上房屋和谐征收，保障安置户按时回迁，取信于民，我们的主要措施如下：

一、“五加二白加黑”，上下齐心合力抓项目

（一）领导重视组织到位

2012年我区把国有土地上征迁安置工作作为推进城市建设的重中之重，区五套班子领导及党群、政府部门单位全部挂钩项目建设，年初一开始就制定安排项目建设时间节点，并细化到每个月每一周，年中根据项目建设实际情况几次提速项目节点安排，按照“目标倒逼进度，时间倒逼程序”的方式，倒计工期进行挂图作战。党政主要领导经常召集各个职能部门亲临征迁现场，跟踪项目进度，对遇到拖而不决的重大问题，及时召开现场办公会议协调解决，一周（每周日）召开一次党政联席会议，针对项目存在问题，碰头研究工作方案，协调督促各职能部门分工合作，限时完成任务；区五套班子挂钩

领导适时掌握项目工作进度，召开工作协调会，一月一次通报各自挂钩负责项目工作情况，一个项目一个项目抓进度，抓落实。

（二）机构配置人员到位

机构建设是工作开展的前提，人员配备是工作顺利开展的关键，为促进我区国有土地征迁安置工作顺利进展，我区确定区住建局作为房屋征收部门，具体实施全区范围内国有土地上房屋征收补偿工作，专门成立区房屋征收办公室，负责具体工作，同时明确涵东街道办事处、涵西街道办事处作为各自项目的征收实施单位。推行一线工作法，从区机关抽调大批优秀干部下到征收一线，协助各指挥部深入细致做好群众思想工作，出台调整不胜任现职（现岗位）干部暂行办法，在征迁一线锻炼、考核、提拔干部。实行“周一、二、四”夜学夜访夜议制度，发扬“五加二”、“白加黑”精神，各项目指挥部在开展征收工作前，都利用晚上时间召开全体工作人员动员会，组织业务培训，熟悉征收补偿方案、实施细则，掌握做好群众工作的方式方法。

二、“四坚持四到位”，力促阳光和谐征迁

（一）坚持一线工作，宣传发动解释到位

拆迁工作人员主动上门做好规划用途、征收意义、补偿方案等相关内容的宣传解释，帮助群众算好经济账，取得群众的理解和支持，消除群众误解。征收补偿方案批准后，各指挥部还把征收补偿方案、征收补偿实施细则、安置区建设平面图、效果图、户型图汇编成小册子，分发到每户拆迁户手中，加强拆迁宣传发动和群众思想工作，充分保障群众的知情权、参与权和选择权。

（二）坚持公开运作，依法征收程序到位

区政府在作出房屋征收决定前，都在征收范围内公开张贴告知书，组织工作人员分组进居入户进行实地走访调查，征求公众意见，征求意见期限不少于30日；组织有关部门认真分析拆迁地段特点，制定群众最关心、最关注的征迁安置补偿方案，并对方案反复研究、论证。在征收中严格征收程序，按照《国有土地上房屋征收与补偿条例》、《莆田市人民政府关于莆田市国有土地上房屋征收与补偿的实施意见（试行）》等文件规定，认真履行公告、告知、听证等程序，全程公开征收实施过程，及时公布征收补偿政策、征收补偿方案论证听证及意见修改情况、房屋调查登记情况、分户征收补偿结果情况，依法选定评估机构，客观公正进行评估，并按规定订立补偿协议，进行先补偿、后搬迁，依法依规进行征拆；在房屋征收工作中做到“四不”，即未

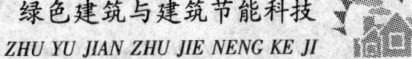

经人民法院裁定，不组织强制征收；不采取停水、停电、阻断交通等方式逼迫搬迁；不采取暴力、威胁手段或“株连式征收”和“突击征收”等方式违法强制征收；不随意动用警力参与房屋征收，坚持阳光运作，诚信拆迁与和谐拆迁并举，杜绝暗箱操作，接受社会舆论监督。

（三）坚持让利于民，征迁安置补偿到位

在旧城改造房屋拆迁中，区委、区政府一直都以群众利益为出发点，积极落实各项法规政策，不与民争利，相应出台了一些相对优惠的政策，使群众在拆迁后普遍感受到生活的改善和利益的增加，如制订了住房等面积安置，除土木结构需补交小额差价外，砖混结构以上房屋，基本不补差价，成新高的补偿价超过安置价，同时还可享受拆迁面积20%的优惠价；对按时丈量评估、签约、交房的，按照被征收房屋产权面积给予群众住宅410元/平方米的奖励，并可按照被征收房屋建筑占地面积的30%优先、优惠购买二三层商场等较为优惠的鼓励政策；对商业用房基本上是等面积等地段安置，基本不补差价，造成租金损失也据实补偿，按时签约解房还给予650元/平方米左右的奖励。同时，在安置方案设计初期不断听取群众的意见，根据实际情况每个小区都设计了三种以上的户型，让群众自主选择；对拆迁中的困难户，更注重人性化操作，尽量解决好他们的实际困难，充分体现了“以人为本，让利于民”的原则。

（四）坚持排查化解，消除隐患维稳到位

为全力消除房屋征迁矛盾纠纷隐患，维护社会安定稳定，我区建立了拆迁投诉举报、信访排查跟踪及房屋征收矛盾纠纷调处机制，定期跟踪排查，及时了解每一户涉迁户情况，尤其是钉子户、上访户情况，对征收过程中出现的苗头性、倾向性问题，逐一分析原因，研究处理对策，及时做好沟通协调和化解工作，逐个加以解决，做到早发现、早处理，从源头上防止矛盾激化，避免因房屋征收与补偿引发非正常上访事件。针对拆迁安置工作信访量大的特点，实行每月15日书记或区长信访接待日制度，主动接访下访，热心接待群众咨询，耐心听取群众意见，细心调查核实情况，公心对待处理解决，对拆迁户提出的补偿安置要求符合政策规定的，不管难度有多大都设法尽快予以解决；不符合规定的，耐心细致地做好解释工作，缓解拆迁户的不满情绪，防止激化矛盾，扩大事态；对集体上访或个体上访的各类历史遗留拆迁问题，逐一研究分析，分别提出具体处理方案，妥善予以解决，切实落实对被拆迁群众的承诺，勤政为民，打造诚信政府形象。同时实行信访分工包户包案制和信访责任追究制度，对因处理不及时，引发群体或越级上访，造成不良社会影响和严重后果的，要依法追究当事人和负责人的责任，切实维护社会和谐稳定。

三、"三举措三创新"，打造满意安居工程

（一）开通绿色通道，创新审批服务模式

为了加快安置房项目前期工作，我区专门成立项目前期工作办公室，专门负责安置房建设项目前期工作指导、督促和协调；同时研究开通了项目建设审批绿色通道，实行容缺审批，提速办理，全区已确定第一批取消前置条件27个，容缺96个，21个承诺件改为即办件，减少项目前期工作时间。各安置房项目建设指挥部及时梳理汇总安置房建设过程中需要市国土局、规划局协调解决的问题，区主要领导亲自出面与市相关部门协调沟通，及时解决卡壳问题，加快前期手续办理和安置房建设速度。

（二）探索融资方式，创新建设模式

针对安置房建设资金压力问题，2012年我区积极探索安置房建设新的融资方式，即采取BT（建设—移交）方式，通过工程决算下浮、支付建设期利息及投资回报等优厚条件，吸引社会资金参与安置房等项目建设，目前已有5个安置房建设项目（投资额近10亿元），顺利完成BT招标，并有序开工建设，同时着手探索实行"产品订单式"建设方式对部分安置房进行投资建设，确保实现当年度拆迁当年度安置房开工建设，保障安置户按时回迁。

（三）邀请住户参与，创新质量管理模式

安置房工程质量，关系到安置户的切身利益和人民生命财产安全，也关系到党委、政府的形象，我区始终把安置房质量管理贯穿于建设始终没有丝毫麻痹和松懈，在严把安置房建设规划选址、建筑设计关，进行安置房建设统一放样，安置房立面统一控制，提高规划和建设品位的同时，严把安置房建设质量关，认真执行国务院《工程质量管理条例》，严格实行项目法人制，工程招投标制、建设监理、监督制和工程质量终身制，严格落实施工企业质量自控、监理机构监督、政府职能部门监管，并出台了《关于安置房代表全程参与安置房工程质量监督的通知》，邀请安置户代表全过程参与安置房施工建设质量监督，为安置房工程质量增加了一道"保险锁"，确保每一幢安置建筑都经得起时间的检验，同时督促安置房小区配套设施建设一步到位，让人民群众住上放心，安心、舒适的满意房。

四、“周督办月督查”，严格落实考评奖惩

实行征迁安置项目表格化、动态化管理，研究出台《全区重点拆迁项目督查考评方案》、《2012年全区安置区建设督查考评方案》等一系列考评方案和奖惩措施，由区住建局牵头，会同区重点项目督查办、区财政局，对2012年在建的15个安置区，按照安置房主体封顶、室内外装修、配套设施完善、交付使用时间4个节点，对拆迁协议签订后交地年内开工的26个安置区，按照BT时间节点、用地交付时间、开工时间、主体施工时间等进行周督办、月督查。区监察、效能以及区委、区政府督查办，全过程介入所有拆迁安置项目建设，共同督促各责任乡镇、责任部门履职情况及拆迁安置工作开展情况，定时监督检查和通报，及时收集拆迁安置项目建设中问题，在每周日下午的党政联席会上进行讨论研究、解决问题，力促拆迁安置工作进度。区人大、政协也把安置区的建设列入年度视察的重点，充分发挥其监督职能，提出了许多建设性意见，共同推进征迁安置建设工作进度。

拆迁安置涉及千家万户，社会影响面大，只有全区一盘棋，上下一条心，以维护群众利益为核心，以保障群众安居为重点，坚持公开、公平、公正原则，推行“依法拆迁”、“阳光拆迁”，注重“诚信安置”、“和谐安置”，才能不断推进城市发展，维护社会稳定。

全力改造提升度假区　积极打造一流旅游城市

福建省武夷山市建设局　刘建斌

武夷山作为世界双遗产，国际旅游度假城市，海峡两岸“茶博会”落户地。武夷山市委、政府决定投入3.4亿元资金，按照“五宜五不宜”原则，启动度假区改造提升工程。此次改造提升建设主要包括度假区主街大王峰路和玉女峰路改造，主街两边建筑物立面改造，大王峰路北段西侧的武夷广场（欢乐茶城）建设等。武夷山市委、政府希望通过改造提升，将度假区打造成一个集文化特色鲜明、服务功能完善、人居环境优美、街道宽敞整洁、夜市炫丽繁华于一体的高品位、高档次的全国一流旅游综合服务区，也将度假区内全长5.81公里的大王峰路打造成具有全国影响力的“大红袍十里茶铺”；使度假区整体更加整洁、美观、和谐、统一；使度假区的整体气质、形象都将与武夷山的山水园林城市定位更加吻合。

一、大王峰路和玉女峰路改造情况

（一）主要目标

大王峰路改造工程，自武夷大桥至公馆大桥，全长5.8公里，总投资2.6亿。改造工程共分为3个施工标段，其中A标段从武夷大桥至高尔夫路口，长2.0公里；B标段从高尔夫路口至中华武夷茶博园，长约2.6公里；C标段从中华武夷茶博园至公馆大桥，长1.2公里。大王峰路、玉女峰路改造按城市二级主干道标准建设，内容包括园林绿化调整，拓宽机动车道，拆除违法建筑，增加地下管网、消防设施、污水排放等公共工程，重建人行道并铺设青石板，安放休闲椅、休闲凳，使人行道成为具有商业气息的休闲街。实现五个统一：统一路面铺设、统一景观绿化、统一灯光夜景、统一广告标识、统一管线埋设。是一条双向四车道融文化、景观、通行、休闲为一体的迎宾大道。

（二）工程改造重点

完善交通功能，构建有序车行系统、连续的慢行交通等。构建基础设施，架空线缆入地，雨污分流；打造特色文化景观。

（三）工程改造具体内容

大王峰路A、B、标段工程包括：路面工程改造、地下综合管网改造、景观提升、附属设施完善、绿化改造等项目。一是路面改造主要是将机动车道路面“白”改“黑”，即在原有路基上罩10厘米的改性沥青，并在有条件的地段将主车道拓宽3米。非机动车道铺设彩色沥青，人行道铺设花岗岩为主。二是地下综合管网改造包括：雨水、污水、给水、弱电、通信、交通信号、高压电缆等管网，还在A、B段设置了40多处过街公共管沟，确保20年不需要破路。三是景观提升包括沿路小品、景观灯、路灯等。四是附属设施主要有公交站点、公厕、垃圾箱、指示牌、休闲桌椅等。五是绿化改造主要在中间2米宽的分车带上种植五针松、罗汉松盆景等高档次的植物，并按自然式的种植方式种植色彩丰富的植被，与背景的自然风光相协调，并在人行道上配上大量花池加以点缀。

二、主街两边建筑物立面改造情况

（一）主要目标

工程全长5807米，投入资金8000万元，涉及商户427户，拆除各类广告牌727面，面积约1.44万平方米，拆除乱搭乱建彩钢瓦、砖混结构物、雨披等77处，拆除面积约3120平方米，拆除各类违章建筑140余幢2647平方米，空调外挂718个。

对大王峰路（高尔夫路口至兰亭饭店）和玉女峰路（兰汤桥头至苏闽酒店）两侧沿街陈旧破损的建筑垂直立面进行清洗、粉刷、翻新或改造，规范附着在建筑物上的广告招牌和防盗设施，合理迁移或遮挡外露空调，拆除不协调建筑，科学配备夜景灯光等。立面改造中，整个建筑物风格主要用武夷文化元素精心包装，并尽可能考虑到其他多元文化的融合。恢复度假区建筑物传统民居建筑风格，增设夜景亮化设施，形成绚丽多彩的夜景廊带。

（二）项目改造原则

以恢复和构建武夷山传统民居建筑风格，形成地域特色鲜明的旅游街景为目标。建设原则一是参照武夷山景区建筑“宜低不宜高、宜土不宜洋、宜淡不宜艳”，突出建筑立面的传统风貌特色。二是遵循“经济与美观相结合”的原则，以尽量少的工程投资达到较好的景观效果。三是遵循“统一与变化相结合”的原则，做到立面总体风格统一协调，建筑单体装饰形式及材料又有所变化。

（三）项目建设的具体要求

武夷山传统民居风格最显著的特征是多为悬山坡屋面、木构架形式墙体及悬梁吊柱等。本次立面改造重点从以下几方面进行实施：一是拆除违章搭建，恢复建筑原貌。个别大型公建为平屋顶的，采取“平改坡”的形式进行处理，与周边坡屋面建筑相协调。二是整治户外广告。对二楼以上的广告牌一律拆除，恢复建筑原有立面效果。三是对建筑外墙采用涂料进行重新粉刷，并协调外墙色彩，统一中有变化。四是隐藏外露空调，采用铝合金格栅罩进行装饰掩藏，并规整墙面外挂管线。五是更换或增加部分建筑外立面构件。对建筑原有的损坏构件进行更换；对立面需要体现传统建筑特色的部分适当增加构件。六是规范沿街店招设置。对现状杂乱的店招重新设计，采用牌匾的形式与店头挑檐、垂柱的装饰风格相协调。七是完善夜景工程。对全线立面夜景的改造遵循“宜面不宜点、宜暖不宜冷、宜静不宜动、宜藏不宜露”的原则，打造高品味的夜景观。

三、武夷山度假区改造提升主要措施

武夷山度假区改造提升工程任务重、时间紧、难度大，为此武夷山市委、政府采取了一系列有效措施来强力推进，发扬“白加黑”、“五加二”奉献精神，攻坚克难，创造性地开展工作。各项目施工队都加班加点赶工期。目前，一个容光焕发，美丽迷人的度假区已初步呈现在我们面前。

（一）加强领导，组织措施到位

千难万难，领导重视就不难。这次度假区改造提升工程进展顺利，最根本原因就是领导重视。一是建立工程指挥部。除市委书记、市长总体指挥，每个指挥部都由市领导牵头担任总指挥、副总指挥。还抽调了近200名优秀干部充实到各指挥部，并把工作列入他们年度考核内容。各指挥部负责各工程建设的策划、组织、协调和推动。市委书记、市长基本上每周一次专程到度假区调研检查，召开会议，现场办公，就各项目建设提出要求，并解决实际问题。分管领导则长驻度假区，深入一线，随时指导、协调、解决问题。每天还有指挥部一位领导带队，带领监理单位、指挥部成员到现场指挥施工。二是建立例会制度。每周一次召开工作例会，施工单位、监理单位、指挥部领导、各小组组长参加会议，汇报每周工作进展情况，布置下一阶段工作任务。三是加强管理，人员到位。加大管理层力量，要求施工单位一位副总经理和一位总工程师到工地指挥，加大施工队伍现场人员投人，24小时施工，确保工期按时完成。各项目抽调人员，及时全部到岗到位，迅速转换角色，

抓好各项工作落实。

（二）突出宣传，舆论导向到位

武夷山度假区改造提升工程一启动，市里就把宣传工作做在了前面，大张旗鼓地进行宣传发动，营造氛围。市委宣传部对市级各媒体提出了具体要求。各项目抽调人员不分昼夜，纷纷进店入户开展调查摸底，宣传发动，在政府网站设立了征求意见专栏，取得了较为显著的成效。无论游客、市民，还是商家、业主，对度假区改造提升普遍都持赞同态度，赢得了广大群众的理解，得到了众多单位的支持。

（三）科学统筹，推进工程到位

这次武夷山度假区改造提升，主要涉及路面、立面项目。项目指挥部之间科学安排，加强沟通，协同施工，交叉推进，确保各项工程无缝交接，使有限的时间得到充分利用。特别是大王峰路路面与立面改造之间施工时间交错，为不误工时，两者做到统筹协调、交叉推进，目前项目之间均按序时进度推动。指挥部还科学统筹，倒排进度。制定施工组织计划，明确时限要求，倒计时安排工作，将每周的施工进度细化实化，千方百计加快工程进度。

（四）严格管理，保障质量到位

一是监理公司严格监督。为保障工程质量，监理公司认真履职，每天到现场巡查，发现问题及时纠正整改，并下发通知书，同时反馈业主方报备，确保工程按设计标准规范施工。对一时难以解决的问题，由业主方、监理方及设计方协调解决。二是业主方现场监督。各工作组每天安排工作人员在A、B标段巡查工程进度、质量、上场劳力及“五大员”到位情况，强化工程监管，确保大王峰路改造工程建设成为优质工程。

（五）突出特色，设计施工到位

在推进度假区立面改造过程中，聘请了有着丰富古建设计经验的设计公司对度假区沿街整治的立面和广告牌匾方案进行整体设计。注重规划设计的科学性和实用性，讲求因地制宜，突出特色。坚持五宜五不宜的原则，按照统一设计，统一布局，统一风格，统一施工的要求，针对不同区域、房屋结构特点进行规划设计，着力提高主街立面改造的规划设计水平。同时为保证施工质量，聘请了专业的工程监理公司为工程质量把关。还依照程序对立项、设计、招投标、预算、施工、结算等环节组织招投标，确保立面改造工程规范运作。

（六）强化督查，确保推进到位

本次立面改造工程分6个标段进行，为切实推进主街立面改造工程实施，指挥部要求施工单位制定工程进度计划，定期收集工程进度情况，由监理单位督促项目推进。市政府督查室还组织相关单位，对主街立面改造工作实施情况进行了多次全面督查。督查通过听取汇报，查阅资料、现场查看等形式，全面了解主街立面改造工程情况，通过强化督查，确保主街立面改造工作推进“安全、质量、有序、实效”。

度假区改造提升建设，不仅立面整洁了，空中干净了，道路宽敞了，环境美观了，尤其是多年来难“啃”的违章广告、违法建筑也一并拆除了，改造后的度假区焕然一新，基本回到了度假区原先定位的风格、风貌。

奏响第一曲凯歌

河南省开封市禹王台区住房和城乡建设局

2012年5月13日，禹王台区住建局召开古城墙环境综合整治五期工程房屋征收动员大会，会议要求，各部门人员统一思想、明确目标、落实责任、齐心协力打一场古城墙五期房屋征收工作攻坚战，确保圆满完成市委、市政府2012年部署的46万平方米的房屋征收任务。古城墙环境综合整治五期项目是市委、市政府确定的“两改一建”重点建设项目。该项目的征收是禹王台区乃至开封市2012年“两改一建”战役的第一仗。

开弓没有回头箭，在市委、市政府的坚强领导下，在市有关部门的鼎力支持下，我区按照市委、市政府的决策部署，切实把古城墙五期建设项目房屋征收工作作为区委、区政府的中心工作、“一号工程”来抓，举全区之力，发扬勇干、快干、实干精神，克难攻坚，主动作为，强力推进古城墙五期建设项目房屋征收工作，在时间紧、任务重、问题多的情况下，按既定时间要求全面完成了古城墙五期建设项目的房屋征收工作，为我区“两改一建”工作全面快速推进奠定了坚实的基础。

古城墙五期建设项目征收范围东至羊市桥，西至大南门，南至滨河路，北至古城墙，共涉及被征收户数为286户（其中产权人户数209户、村集体房屋承租户77户），土地面积约为100亩，征收房屋总建筑面积约7万平方米。

截止6月21日，古城墙环境综合整治五期工程建设项目286户被征收户全部签订房屋征收与补偿协议书，签订协议比例为100%。7月中旬，全部完成房屋拆除和下房土的清运工作。

古城墙五期建设项目之所以能够在较短时间内快速顺利推进，并全面完成房屋征收任务，是市委、市政府正确领导和全区党员干部和群众勇于担当、艰苦努力的结果。

一、政策保障是前提

工作的开展，要有周全的政策做保障。禹王台区作为老城区，棚户区面积约为220多万平方米，占全市的50%。快速推进“两改一建”工作就显得更为迫切和适时。禹王台区依据我市“两改一建”的决策，根据我市制定的新的房屋征收办法，通过古城墙五期建设项目房屋征收工作的实践证明，证实新的房屋征收办法符合开封实际，可操作性强，既为房屋征收工作提供了强有力的政策法规支持，又能最大程度维护被征收户的切身利益。

古城墙五期建设项目房屋征收工作得到了市委、市政府领导的高度重视和大力支持。自项目启动以来，市委书记、市长、市纪委书记、常务副市长、副市长、公安局长等市领导多次听取该项目进展情况汇报，就该项目房屋征收工作进行实地调研、指导，帮助解决推进过程中遇到的实际问题。整个工作得到了全市各相关部门的鼎力支持和密切配合。市“两改一建”指挥部办公室、市住建局、市规划局、市国土局、市财政局、市中院、市城管局、市征收办等部门在征收过程中积极配合，并全程跟踪指导工作。市财政局及时保证征收资金足额到位，为征收工作顺利实施提供了资金保障。市住建局、市征收办派出熟悉业务的领导和工作人员深入到古城墙五期建设项目房屋征收现场，帮助研究具体问题，对区征收工作进行业务培训和指导，切实保证了征收工作的有序、公开、透明，有效提高了房屋征收工作的效率和进度。

二、强化组织领导，建立高效指挥机构

禹王台区委、区政府高度重视古城墙五期建设项目房屋征收工作，成立了高规格的项目指挥部。指挥部下设征收、确权、评估、审核、集体资产处置、旧房拆除、综合后勤等多个工作组，从全区各部门抽调业务能力强、综合素质高的干部投入到一线征收队伍，明确规定，古城墙五期建设项目房屋征收工作需要哪个部门人员就从哪个部门抽人，凡抽调到指挥部工作的人员，必须立即放下手中工作到指挥部报到，全脱产参与征收工作，任务未完成，抽调人员不准回原单位上班，举全区之力推进征收工作。

2012 年 2 月份开始，该区就及早动手，提前安排布署房屋征收的各项前期准备工作，专门抽调一批长期在征收一线工作，具有丰富实践经验的业务骨干组成调查测量组，对征收范围的房屋进行入户调查测量，掌握了详实的房屋基础资料。在确定征收概算过程中，多次邀请市征收办专业人员进行推算，最终拿出了切实可行的房屋征收方案。

群众的支持和配合是做好房屋征收的重要前提。2013 年是我市新的房屋征收补偿办法颁布实行的第一年，为让群众清楚地了解新的房屋征收政策，配合、支持房屋征收工作，我区加大宣传力度，按照要求及时召开了房屋征收动员大会，区主要领导面对全体被征收户作了房屋征收动员讲话，有关领

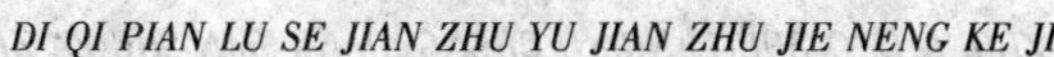

导和征收工作人员现场解答了群众的疑问。区指挥部办公室统一印制了《开封市国有土地上房屋征收补偿安置及补助、奖励标准的暂行规定》宣传册，并将宣传册逐家逐户进行发放，通过耐心细致的政策宣传，使被征收群众真正明白了实施古城墙五期建设项目的重要意义，进一步了解了新的房屋征收办法，从而为房屋征收工作的顺利推进营造了良好的氛围。

禹王台区指挥部将房屋征收工作任务量化分解到指挥部各位县级领导、各个具体工作组。各工作组直接将工作任务分解到参与房屋征收工作的具体人员。区直、乡、公安、工商、税务等有关部门，按照各自职责，切实发挥优势，全力保障、配合、服务于征收工作。在征收工作中形成了主要领导亲自抓、分管领导具体抓，一级抓一级、层层抓落实，纵向到底、横向到边的工作机制，为征收工作的快速推进打下了坚实基础。

古城墙综合整治五期建设项目是我市新的征收补偿办法出台后实施的第一个项目，能借鉴的经验方法不多。为提高一线征收人员的政策水平和工作能力，我们除了组织参加全市的统一培训外，还多次邀请市住建局、市征收办等有关部门领导到我区进行培训讲课，对新出台的房屋征收补偿办法进行仔细讲解，区指挥部还多次组织房屋征收政策研讨活动，针对房屋征收过程中遇到的具体问题进行案例剖析，举一反三，统一思想。通过多种行之有效的措施，使参与征收一线的同志，很快掌握了征收政策和操作规程，把握了政策尺度和工作原则，成为讲解政策、入户动员的行家里手，从而真正形成一支政策水平高、业务能力强的征收工作队伍，为征收工作提供强有力的保障。

为确保古城墙五期建设项目房屋征收工作按市委、市政府要求如期完成，所有征收工作人员放弃节假日，发扬“敢于担当、甘于吃苦、连续奋战”的精神，采取“5 +2”、“白 + 黑”、“满负荷”的超常规工作制，全天候、全身心扑在征收一线。指挥部主要领导亲力亲为、靠前指挥，每天坚持在指挥部现场办公，同工作人员一同加班加点，各项工作坚持一天一分析，一天一调度、一天一总结、一天一部署，并将工作情况及时反馈和报告项目指挥部。每天晚上召开指挥部例会，对当天工作中遇到的复杂疑难问题进行分类研究、具体指导，绝不让当天存在的问题过夜。同时，每天将协议签订、交房、房屋拆除情况采取进度日报形式，报送市、区有关领导、有关单位负责人，使领导能及时掌握工作进度，使各征收组之间形成了“学、比、拼、超”的良性竞争局面，大大加快了征收工作的推进速度，切实提高了工作效率。

三、规范征收程序，确保社会大局稳定

在征收过程中，从前期的入户调查、补偿方案征求意见、社会稳定风险评估到正式下达房屋征收决定、房屋评估等等，所有程序都严格按照有关国家房屋征收条例进行，并对征收全过程实行影像资料保存，始终做到征收工作依法进行。禹王台区在项目指挥部设置公示栏，将相关征收政策、征收补偿、补助标准、安置房源、评估结果等内容予以公示。既对被征收人进行了征收法规、政策宣传，又统一了思想认识，消除了被征收人的疑虑，营造了公开、公正、公平的征收环境，切实维护了被征收人合法权益。

在政策许可的范围内，尽可能照顾被征收户的合法利益和合理要求。在合情合理的前提下尽力照顾、倾力帮助，切实通过房屋征收解决他们的实际困难。为解决群众搬迁过程中租房难问题，积极帮助联系房屋中介公司，帮助群众寻找合适的过渡房源。另一方面我们积极受理群众来信来访，不回避问题和矛盾，对反映的情况进行一一核实处理，有效化解了大量信访矛盾，维护了社会大局稳定。

禹王台区以创先争优活动为契机，围绕“两改一建”工作，结合辖区棚户区改造实际，要求党员发挥先锋作用，努力在棚户区改造上走在前头，在旧城改造中创先争优。全体党员干部，在工作中发挥创先争优精神，认真研究大环境，积极依法推进、有针对性地做好工作。坚持科学发展观，勇于探索、实践一切行之有效的办法，加快旧城改造步伐，提升城市品位、改善居民居住环境、构建和谐社会。各责任领导和各责任部门都要迅速行动起来，各负其责。

四、辛勤工作换来胜利成果

2012 年 6 月 25 日，禹王台区古城墙环境综合整治五期工程项目建设指挥部办公楼里人来人往、紧张有序。虽然城墙五期建设房屋征收工作已经于 6 月 21 日晚完成，但不到工程完美收官的最后一刻，指挥部的每个工作人员都不敢有丝毫的懈怠，因为大家清楚地知道，古城墙环境综合整治五期工程项目对于加快我市改革开放、提升城市品位、美化城市环境、提高人民幸福指数有着重要意义。

在指挥部临时租赁的三层办公楼前，每层楼的走廊上都有工作人员来回走动的身影，指挥部下设各工作小组的综合组办公室内，还有一张仅够一人

躺下休息的简陋板床。据该组工作人员说，这张床是给工作人员值夜班用的，原因是综合组有很多重要材料需要专人看守，白天实在累得不行了，才会有人躺在这里休息一会儿。因为征收工作时间紧、任务重，很多工作人员都没有午睡的机会。从项目征收工作开始之日起，各小组组长带领工作人员深入居民家中，听取居民的意见和建议，饿了就在街上随便买些吃的，渴了就买瓶矿泉水解渴。为了让居民能够主动配合征收工作，工作人员每天晚上 12 点以前很少能够回到家中，睡上一个囫囵觉则更是奢望。两个星期前，由于长时间的辛苦劳累，征收四组组长心脏病发作，不得不入院接受治疗。在医院观察治疗一个星期后，又第一时间回到了工地，继续带领组员战斗在征收一线，最终，征收四组承包的被征收户全部同意签订征收协议。就是在这样艰苦的工作条件下，指挥部全体工作人员夜以继日、齐心协力，劲往一处使，心往一处想，力往一处用，最终换来了城墙五期建设房屋征收工作的圆满完成。

在建设项目系统人员的努力下，城墙五期建设房屋征收工作终于圆满完成，打响了开封市 2012 年“两改一建”战役的第一仗。今后我们将继续明晰责任、注重宣传、再接再厉，使禹王台区城市面貌焕然一新，更上一层楼!

持续创新　科学发展
建设绿色　低碳　生态　宜居新济源

河南省济源市住房和城乡建设局　王四战

济源市位于河南省西北部，因济水发源地而得名，是黄河小浪底水利枢纽工程所在地、传说中愚公的家乡。市域面积1931平方公里，总人口68万，是河南省18个省辖市之一，是中原经济区充满活力的新兴中心城市，先后被列入中原城市群、河南省城乡一体化试点城市。近年来，济源市紧紧围绕“产业支撑有力、山水园林宜居、文化历史厚重、城市特色鲜明”的城市发展定位，坚持“绿色、低碳、生态、宜居”的建设理念，大力实施冬春绿化工程，积极探索可再生能源利用，广泛推广绿色建筑应用，城市建设保持了快速、健康、可持续地良好态势，先后荣获了“国家卫生城市、国家园林城市、国家节水型城市、中国优秀旅游城市、全国人居环境范例奖”等荣誉称号；被住建部确定为“全国可再生能源示范市”、“中美低碳生态试点示范城市”；连续三年被评为“全省精细化管理优秀城市”，获得首批“河南省宜居城市”。

一、绿化，提升城市环境

济源市委、市政府对城市生态环境高度重视，并把城市绿化作为净化城市空气、改善城市环境，提高城市美感的重要抓手，从2005年开始，将实施冬春绿化工程列入全市“3+1”工程，作为每年的重点工作连续8年坚持实施。按照“多树兼花少草”的理念，城市绿化实施大树进城、果树进城、石头进城，采取见缝插绿、拆墙透绿、立体植绿等方式，突出大规格苗木、景观树木、市树、市花的栽植，注重乔灌木搭配，树木花草搭配，植物与雕塑搭配，启动和建成了世纪广场、溴河绿化带、龙潭生态园、济渎片区公园、古轵生态园等集绿化、水系、景观为一体，具有地方文化氛围的综合性城市公园，成为城市的氧吧空间和生态“绿肺”。以溴、蟒两河为主线实施沿河布绿，建设大型带状绿地，溴河两岸建成了50米宽的带状公园和36个小广场，栽植50万株乔灌木，提升改造蟒河沿线12处公园，两条河流成为贯穿城市

的绿色景观带。坚持留地建园、腾地造园，开展示范居委会绿化建设，完善了街旁绿地及单位、居住区绿化。累计建成街头游园22个，社区游园65个，实现了居民出门能见绿，散步5分钟能进入一处游园。不断丰富城市绿化内涵，提升绿化品位，拓展延伸城市绿化空间，面向社会，公开征求意见，评选出了市树为国槐、市花为紫薇。城市绿化覆盖率达40.88%，绿地率达38.31%，人均公共绿地达10.26平方米。"绿"成为济源城市的一张闪亮"名片"。

二、可再生能源，促进持续发展

近几年，济源市在加快城市建设步伐的同时，更为广泛地探索城市健康和谐发展的未来方向，以项目建设为支撑，以改善建筑功能为目标，积极推广应用可再生能源，不断加强建设领域节能减排和科技创新力度，促进了城市建设的可持续发展。市委、市政府将可再生能源建筑应用工作纳入全市节能减排、经济转型、跨越发展的总体布局，邀请河南省建筑科学研究院为我市编制可再生能源建筑应用"十二五"规划，加大对可再生能源项目的扶持，在太阳能和浅层地能的推广示范工作，市财政坚持按照不低于1：1的比例拨付我市申报可再生能源项目配套资金，对采用可再生能源技术的示范工程，给予城市配套费适当减免的政策优惠，并在税收、信贷方面给予最大限度的支持；采暖、制冷等利用可再生能源的工程项目，享受城市集中供热收费和补贴政策；利用中水回用、污水处理的建设工程项目给予相应资金补助。

在项目实施上，建立了可再生能源利用项目库，对工程项目进行有序的培育和管理。目前项目库已有项目58项，建筑面积128万平方米，已投入运行的可再生能源建筑应用示范项目33个，总建筑面积33.2195万平方米，折合应用面积32.93万平方米，有力推动了我市可再生能源建筑应用项目逐步向大规模区域性建筑发展。在节能设计、施工图审查、施工、监理、验收等环节严格执行建筑节能标准，层层把关，实行闭合式管理，保证每个工程节能施工不漏点、不降标。其中与济源贝迪制冷集团合作推广水源热泵技术。完成地下水源热泵技术应用项目32项326515平方米。2007年国家住建部、财政部共同批准的第可再生能源应用示范项目——国际时代广场项目采用水源热泵技术夏季制冷冬季采暖，每年节能量825吨标准煤。

三、绿色建筑，引领城市未来

绿色建筑是最大限度节能节地节水节材、保护环境和减少污染、与自然和谐共生的建筑，是未来建筑发展的大势所趋。为促进城乡建设模式转型升级，缓解城镇化进程中资源环境约束，我市不断学习总结，积极加大可再生能源应用、绿色生态城建设，助推绿色建筑发展，2012 年成功获批国家可再生能源示范城市，中美低碳生态试点示范城市、济东新区通过了国家绿色生态示范城区初步审查，沁园春天项目获得二星级绿色建筑设计评价标识。

我市以此为契机，全面加快绿色建筑的推广应用，出台了《济源市绿色建筑管理办法》，将绿色建筑指标体系纳入城乡总体规划、控制性详细规划及专项规划中，提出我市发展绿色建筑在城乡规划、工程建设、运行管理等方面的具体要求，为绿色建筑的发展提供了强有力的政策支持。同时，坚持示范带动，以九大片区建设为重点，大力实施绿色建筑样板工程，对济东新区安置房和公共建筑建设按绿色建筑标准先行先试，对和景花园等项目申报二星级绿色建筑。深入推广沁园春天 A 区二星级绿色评价标识项目经验，挖掘贝迪制冷集团的优势技术资源，以点带面，示范带动，规模化发展绿色建筑。按照“普及一星、推广二星、重点示范三星”的原则，优先发展保障性住房绿色建筑，积极引导商业房地产开发项目执行绿色建筑标准，鼓励房地产开发企业建设绿色住宅小区。在政府投资的公益性建筑、保障性住房以及建筑面积超过 10 万平方米的住宅小区上，率先执行绿色建筑标准。特别是在济东新区绿色生态示范城建设，要按照高标准、高品位、科学性、超前性的原则，借鉴外地市先进规划经验，加强国内外技术交流，提高低碳产业技术水平和创新能力，新建建筑全面执行《绿色建筑评价标准》中的一星级及以上的评价标准，其中二星级及以上绿色建筑要达到 30% 以上，倾力打造低碳国际化社区和现代化示范新城区。

王屋山下宜居城，济水河畔唱新歌！济源市正在积极行动，推动城乡建设迈向绿色、循环、低碳的科学发展轨道，努力建设中原经济区新兴的地区性中心城市和绿色低碳、生态宜居的美丽新济源！

作者简介：

王四战，男，汉族，1968 年 10 月出生，中共党员，本科学历。现任河南省济源市住房和城乡建设局局长。

自 1988 年 7 月参加工作起，历任济源市山区开发办公室科员、人事秘书科副科长；济源市委组织部组织科科长；济源市坡头镇党委副书记、镇长、书记；济源市旅游局党

组副书记、局长。2012 年 6 月至今，任济源市住房和城乡建设局党组副书记、局长。

工作期间，被全国敬老爱老助老教育活动组委会评为“全国孝亲敬老先进个人”；国务院第二次全国经济普查领导小组评为“全国统计系统先进个人”；“河南省基层电教建设先进个人”、“河南省优秀乡镇长”、“河南省敬老之星”、“河南省新型农村合作医疗优秀乡镇干部”、“河南省建设劳动奖章”。

凝心聚力 振奋精神 力推住建工作上档进位

广西壮族自治区凤山县住房和城乡建设局 肖福师

2013年以来，在县委县人民政府的领导下，凤山县住建局积极践行科学发展观，以实施“五大工程”为抓手，以创建“长寿源山水园林城”为目标，凝心聚力，锐意进取，力推住建各项工作上档进位，基本实现年初预定目标。

一、2012年1~12月工作亮点回顾

（一）村镇规划集中行动全面启动

截至12月，砦牙、长洲等2个乡及全县30个行政村的规划编制已完成编制工作，正呈报上级审批实施；2012年以前已有7个乡镇及60个村庄完成规划成果编制，乡、村一级的规划基本实现全覆盖。

1. 城乡建设统筹推进。在我局的大力配合支持下，城市功能性设施建设16个实体项目，投资近3亿元，已有金洲大酒店、医院门诊综合楼、水电综合楼、地灾评估中心、县体育活动中心、世界地质公园主碑等6个项目相继主体完工；城区污水管网、一小搬迁工程、那马农贸市场、凤凰大酒店、朝阳大道地阶砖铺设、南进城大道、迎“两节”基础设施建设、观音河亮化工程改造等10个在建项目强力推进，合计完成项目投资2.3亿元，占年度投资任务3亿元的77%；在此带动下，1~12月，全县住房和城乡建设行业完成全社会固定资产投资约4.5亿元。

2. 特色风貌塑造城乡并进。围绕“城区—乡镇—村屯—主要交通沿线”四个层面，在全县范围启动实施风貌特色塑造工程，推动城乡风貌改造取得新的成效。全年共实施农村民居风貌改造23个点800户，取得了良好的社会及经济效应。

（二）安居惠民工程成效明显

1. 城镇保障性住房建设任务超额完成新开工建设廉租住房28套，其它保障性住房开工建设740套，开工率达100%；新增廉租补贴任务28户已全部

发放到位；廉租住房续建项目200套顺利竣工投入使用，占任务的110%；其它保障性住房竣工278套，占单项任务的95%；总共竣工城镇保障性住房457套，竣工率为95%。

2. 农村危房改造全力推进。全县第一批1842户农村茅草树皮房改造已于5月底全部通过竣工验收，农村茅草树皮房改造经验得到自治区充分肯定。自治区下达我县第二批2400户农村危房改造任务已全面开工，截止12月底已竣工1300户，竣工率为100%，完成投资2400万元；余下1100户已分解落实到各乡镇，开工1100户，开工率为100%；第三批农村危房改造任务5000户已制定方案报自治区政府审批。

3. 建筑节能稳步推进。我县住建领域以环境倒逼机制推动产业转型升级行动扎实开展，组织开展了2次建材企业污染及安全隐患排查，存在问题基本整改完毕；关停淘汰落后砖瓦企业10家，正在关停淘汰8家。严把“设计、施工、验收”3大关口，全县报监受控新建筑在设计和图审阶段建筑节能强制性标准执行率达100%，全县施工阶段建筑节能强制性标准执行率达到90%以上，彻底消灭实心粘土砖的使用。

（三）行业管理上档进位

1. 规划建设管理迈出一大步。狠抓“两违”综合整治，现场制止违法建设行为56起，发出整改通知书22份；6个乡完成村镇规划建设管理站挂牌组建，落实规划管理机构人员编制26个，完成人员招录6人。

2. 建筑市场管理更为规范。资质动态监管不断加强，对外来建筑企业实行资质信息登记管理，建筑市场、施工现场两场联动执法更为有力，深入开展“打非治违”专项行动等执法活动扎实开展，共下达整改或停工通知书、建议书17份，约谈险情较大的建设单位负责人共3次，督促施工企业进行应急抢险3处。建筑施工安全文明标准化建设取得实效，建筑工地场容场貌整治有效开展；住建领域质量兴县创建行动深入开展，荣获自治区文明工地2个。国有投资房屋建筑和市政基设施工程预选承包商管理、招标投标评标专家和评标专家库管理稳步推进。

3. 房地产市场管理措施有力。认真贯彻房地产宏观调控政策，严格商品房预售管理，强化房地产市场各行业企业和交易环节监管，商品房价格总体稳定。加强产权管理，县本级个人住房信息系统建设正式启动，物业管理、房地产中介服务规范运行，全年共办理各种房屋登记1245件，发放产权证223本，办理商品房预售合同备案登记116件，较好地完成目标任务。白蚁防治和房屋安全鉴定有序开展，住房安全保障能力不断提升。

（四）生态优化成效显著

1. 城镇污水生活垃圾处理设施建设。2012 年河池市人民政府下达我县 COD 减排任务 285.4 吨、氨氮 35.6 吨，截止 12 月底，已经完成 COD 减排任务 290.02 吨、氨氮 36.2 吨，圆满完成上级下达的各项减排任务。

2. 城乡清洁工程开展情况。我县城乡清洁工程机构健全，经费保障。3 月份前已完成全县城乡清洁工程部署，落实清洁责任区，召开全县城乡清洁工作会议 1 次。至 12 月底共召开片区乡镇城乡清洁工作会议 12 次，督促检查 36 次，现场整改 21 次，书面督促整改 4 次，季度排名 4 次；组织多部门联合开展声势浩大的环境综合整治行动 1 次，投入经费 10 万余元，城区主要街道实现全天候保洁，认真落实“三项制度”、“门前四包”等措施，成功完成“两节”环境卫生及市容秩序整治行动，基本杜绝街道“五乱”现象，城乡清洁行动取得阶段性胜利。

（五）争取到位上级补助资金再创新高

2012 年共争取并落实到位城乡规划、村镇建设、风貌改造、保障房、污垃项目等各类项目的中央及自治区扶持资金近 1.3 亿元，同比增长 35%。

（六）履职服务能力明显提升

以实施干部执行力提升工程为核心，深入开展具有住建行业特色的解放思想大讨论和创先争优活动，切实抓好机关效能建设，促使履职服务能力明显提升，“两无、三不、四先”庸政误政现象明显遏制。党风廉政建设水平不断提高，党风廉政建设责任制全面落实，廉政风险防控、民主评议政风行风等活动扎实开展；依法行政能力明显增强，住建系统扩权强县任务基本完成，88 项行政审批事项接收工作按时完成，并及时公布。

二、存在的问题

过去的一年全局上下团结一致，务实担当，措施得力，思路创新，取的成就有目共睹，但在一些具体工作中，还存在一些不容忽视的问题，主要体现在以下几个方面：

（一）办公室工作不尽人意

主要体现为办公室经常出现空无一人现象，人员去向不明，电话无人接听，造成文件传达渠道不畅，信息沟通延迟；办公室文件、报刊、稿纸、垃圾以及其它杂物堆放零乱；桌子、凳子灰尘密布；办公用品五花八门，采购混乱；县四办转发文没有人主动要文交领导传阅。

（二）质安站

建筑工程质量安全监管存在盲点，对县域内的在建建筑质量安全监管存在不报监不管、不报建不管，缺乏主动介入监管责任态度，全年没有组织系统性安全大检查。

（三）规划股

对县委政府要求出具的规划文件证明，一定要按时间节点拿出，不得推诿拖延，对发放的规划证等行政审批手续，要跟踪监督，对违反规划设定条件的户主，要及时向局领导汇报。

（四）施工股、招标办

建筑市场环境亟待规范，主要体现在对县域内的建筑施工企业情况不明，底子不清，亟待进一步规范。

（五）燃气管理站、墙改办

对全县的燃气安全隐患排查工作需进一步细化，做到不留安全监管盲点；对落后产能的砖瓦生产小作坊坚决依法依规处理。

（六）设计室

对县委政府交办的各项设计任务，力争在最短的时间内，高质量完成任务。

（七）城管队

市政监管工作机制有待完善，主要体现在对市政设施数量、内容、现状、安全隐患、分布等基本情况不熟悉，缺乏深入调查核实，登记备案的工作制度，对市政道路的开挖、施工占道等没有建立报批手续，特别是对侵占道路进行施工、污染道路等违章现象缺乏有效查处措施。

（八）规划监察队

“两违”查处有待进一步加强，城乡结合部“两违”建设发展迅速，停工措施不力。

（九）清洁办

工作缺乏经常性巡查机制，没有主动介入意识。

（十）园林所、路灯所

园林建设没有一个目标工作方案，绿化品位不高，没有创新意识，老套路、老方法，缺少标志性园林绿化建设；路灯亮化率有待进一步提升。

（十一）环卫站

城郊结合部的环卫工作需进一步加强，仍有卫生死角存在，环卫人员的安全生产意识有待进一步加强，特别是夜间作业人员，全年没有进行有组织、系统性的安全培训。

（十二）房管所

房地产市场监管力度不够，私自开发房地产现象严重，全年没有一起涉及房地产监管执法案件；对辖区小区物业管理的督查指导有待加强，对县域内房地产小区的物业管理没有一个明确的目标和工作方案，对物业管理缺乏有效监管措施。

（十三）房改办

全县公共租赁住房建设要加强指导，信息没有及时向局办公室反馈。

（十四）廉租办

审核把关不严，保障对象资料有待进一步规范管理，退出制度不完善。

三、下一步住房和城乡建设工作的主要任务

2013 年，是我国实施“十二五”规划承上启下关键一年，同时也是党的十八大胜利召开的开局之年，如何抓住时机，趁早谋划好 2014 年的工作，是 2014 年全县住建工作能否上档进位的关键。根据 11 月 15 日上午县委扩大会议精神，结合住建实际，2013 年将着重抓好以下几项工作：

（一）城乡规划编制工作

城乡规划，计划完成供水、排水、节水、园林绿化、照明、市政、燃气、管网等八项专项规划编制，同时启动巴烈新区的控制性详细规划修编工作；完成 5 条特色街专项规划（长寿饮食一条街、地方特色产品一条街、休闲养生一条街、民族特色一条街、商业购物步行街）。配合旅游主管部门对穿龙岩景区、鸳鸯湖景区、三门海景区、江洲仙人桥景区等纳入专项规划项目申报。2013 年计划对地处出县通道线上的乡、镇、村、屯，筛选出 100 个具有代表性的村屯作为特色村镇建设试点，按照生产发展、生活宽裕、乡风文明、村容整洁、管理民主的要求，对试点村屯进行全方位规划设计，增添本土文化气息，打造具有地方特色村容村貌。

（二）深入开展城乡市容市貌综合整治

1. 整治机关单位大院、楼房顶乱搭乱建。有针对性地对县直各单位大院、楼顶等部位用于家畜养殖、柴房、围墙等乱搭乱建进行调查统计，集中清理拆除。

2. 修缮居民区排污管道。对城区范围内的排污管道进行修缮处理，切实解决居民区脏水四溢现象。

3. 继续根据凤办法〔2012〕51 号文要求，对城区的占道经营、环境卫

生、车辆秩序、工地乱象、户外广告等进行规范管理，加大宣传工作，广泛发动群众，让市民在市容市貌方面形成自觉遵守的良好习惯。

（三）项目建设

1. 启动全县6000套干部职工住宅安居工程。实现全县干部职工每人拥有一套住房目标，逐步解决全县干部职工住房难问题。

2. 加快新区建设步伐（巴旁、巴烈新区）。以巴烈新区的详细规划修编为依托，指导规范新区建设开展，加快新区功能性配套设施建设步伐，强化宗地开发秩序管理，把巴烈新区打造成规划起点高、建筑有特色、功能齐全、环境优美的标志性新区。

3. 实施三河六岸亮化美化绿化工程。抓好观音河、九曲河、巴旁河沿岸房屋立面改造及亮化、美化、绿化等工程。

4. 计划投资800万元建设四座市政桥梁。即建设古寺桥、巴烈桥、农机厂桥、一小桥（实验小学）。

5. 规划建设5条特色街道。结合城市功能规划布局，筹措资金，拟在建成区内建设5条街道。即：长寿饮食一条街、地方特色产品一条街、休闲养生一条街、民族特色一条街、商业购物步行街；每条特色街计划投资200万元，共计1000万元。

6. 硬化城区八条道路。即朝阳新都至行政中心路段、县法院至发改局路段、巴烈河两岸道路、县旅游局至县三小、京甲桥至公安局、凤巴油路至工业园区、巴烈小区两条路段。每条道路平均投资200万，共计1600万元。

7. 推进9个乡镇新貌新风试点建设。每个乡镇财政每年投入400万元的改造资金，分三年实施；每个乡镇筛选2个村屯作为新貌新风试点建设，重点是公路沿线、出县通道、旅游风景和农村危房连片改造的重点村屯。

8. 抓好8个乡和三门海景区的污水、垃圾等项目的立项申报，进一步完善各乡镇及三门海景区污水垃圾处理基础设施。

9. 抓好廉租住房、公共租赁住房、城市棚户区改造。2013年向上级争取新增廉租住房352套、共需项目资金约2000万元；公共租赁住房666套（其中500套教师公租房3.8万元/套、166套政府投资3.45万元/套，共计2472.7万元）、城市棚户区改造348套（15万元/套，需资金5220万元）工程建设指标，共需投入资金8000万元。

10. 全力推进农村危房改造。2013年争取5000户农村危房改造指标，计划投入资金3亿元，其中申请中央补助资金6750万元（1.35万/户），农民自筹2.325亿元。并认真总结过来实施农村危房改造的成功经验，重点突破，整体推进，结合打造旅游名县、实施城乡风貌改造，重点加强对出县通道、旅游景区、公路沿线和重点村屯示范户建设，努力把我县农村危房改造工程提升到一个新的档次，做到亮点更亮，特色更显，效果更佳。

另外，继续加强与区住建厅、市住建局请示和汇报，争取上级部门对我县大力支持，联系得到项目，特别是廉租住房、农村危房改造、公租房等项目，在土地能落实的基础上，争取的资金扶持越多越好。

（四）继续在全县范围内深入开展“两违”整治

1. 城区“两违”整治。对历年来的建筑进行重新梳理，发现违法建设线索，并对违法建设进行评估，对规划发展确实存在影响的，坚决拆除；重点遏制新的违法建筑产生，对建设做到提前介入、全程监管、扫尾控制，力争把违法建设消灭在萌芽状态；对各出城道路两旁的临时建筑进行仔细排查，对外观破、旧、乱的，收集整理材料强制拆除；对外观整洁、样式大方，没有影响市容景观的，责令登记，补办手续，纳入规范化管理；

加大对无证建设的打击力度，主要有城乡结合部的农民无证自建、宗地开发中的建房手续不全者、擅自加层扩建等行为，这部分要视建筑对规划建设发展的影响程度决定处罚方式。

2. 乡镇“两违”查处。加大对出县通道线上村屯的建筑管理力度，对与城乡风貌建设统一规划不符的，要坚决制止，已影响风貌建设的，文化活动收集证据，予以拆除；加大对景区周围建筑的规范管理，对有可能影响到景区规划发展的建设，要做到早发现、早制止、早消除，对已建成的要坚决拆除；加大乡镇政府所在地的建筑监察措施，在乡政府规划区内的建筑一律坚持先申请后建设，强力阻止无证建设行为，对无证建设发现一起打击一起，切实维护城乡规划秩序的严肃性。

（五）推动建筑节能

提升“禁实”成效，继续推进落后砖瓦企业关停淘汰整改，遏制反弹复产现象，扩大新型墙体材料使用覆盖面，积极争取专项扶持项目和资金，发挥好墙改基金杠杆作用，鼓励企业技改转型，推动建筑节能示范项目。

（六）加强建筑市场监管

对外来检测机构要规范登记备案管理制度；狠抓招投标源头监管，严格资质管理和施工许可，强化建筑市场管理与工程现场管理联动，深入持续开展建筑施工领域“打非治违”专项行动，安全生产大检查实现巡查常态化；提升房地产市场监管水平。全面加强物业管理、商品房预售、产权管理等重点环节的监管，抓紧完成市县两级个人住房信息系统建设任务，尽快实现联网查询。

（七）加强机关效能建设

1. 狠抓执行力提升。切实抓好内部管理及行业管理配套制度建设，年内局各股室全部实行岗位责任制，各股室制定出年度目标任务结合局中心工作，与局党组签订目标责任状，实行工作项目化，目标承诺化，责任任务化（三化）和定岗、定人、定责、定项、定时、定绩“六定”的绩效考评常态化机制，推动工作的规范化管理。

2. 狠抓队伍作风建设。深入开展学习型、服务型、创新型“三型”党组织和为民勤政、为民清廉、为事务实“三为”好队伍创建活动，以及“庸、懒散”整治活动，进一步加强系统精神文明建设，彻查“两无、三不、四先”现象，通过良好的队伍作风，带动政风行风建设，营造风清气正的环境。

3. 狠抓党风廉政建设。一是深入推进惩治和预防腐败体系建设，严格落实党风廉政建设责任制；二是坚决贯彻落实“八项规定”及习近平总书记关于厉行节约反对铺张浪费的重要批示精神；三是深化反腐倡廉教育和廉政文化建设；四是深入推进单位、岗位廉政风险防控；五是切实抓好工程建设领域突出问题专项整治。

（八）努力完成农村中心工作任务

2013 年我局农村中心工作重点将放在产业扶持开展上，主打核桃产业开发，要全面完成县里下达的 550 亩核桃种植任务。

我县城乡建设管理工作任务艰巨，我们一定要在重视程度、认识高度、工作力度上做到思想再统一、认识再提高、措施再加大，全面贯彻落实县委、县府的工作部署，以“科学发展、和谐发展”为第一要务，振奋精神、埋头苦干，为建设和谐繁荣的新凤山作出应有的贡献。

作者简介：

肖福师，男，汉族，1965 年出生，中共党员，研究生学历。现任广西壮族自治区凤山县住房和城乡建设局党组书记、局长。

1986 年参加工作，历任凤山县第一小学班主任、教研组长；凤山县人民政府办公室秘书、县长办公室秘书等；凤山县司法局党组书记、局长；凤山县住房和城乡建设局党组书记、局长。

工作期间 2009 年被凤山县委评为“凤山县 2008 ~ 2009 年度优秀党务工作者”；2011 年被凤山县委评为“2010 年全县抗灾救灾优秀共产党员”。

务实推进农村危房改造工作

云南省福贡县住房和城乡建设局

农村危房改造工作是改善民生的一件好事，是福贡县党委、政府和广大人民群众高度关注、关心的要事，是惠及百姓、恩泽子孙、促进县域经济发展的实事，也是一件刻不容缓、当前迫切需要解决的急事。实施农村危房改造工作，我们采取了一系列行之有效的措施来稳步推进这项工作。

一、成立工作机构，制定实施方案

农村民居危房改造及地震安全工程是一项支农惠农的民心工程，县委、政府高度重视，成立了以分管副县长为组长，县住建局局长为副组长，六乡一镇人民政府及县相关单位为成员的工程建设领导小组及办公室，并根据工作变动进行实时调整。在省州下达后，认真结合我县实际，研究制定实施方案，明确责任，扎实开展各项工作。同时，各乡（镇）也成立了相应的领导机构和办事机构。制定实施方案，明确责任目标。

二、重视宣传发动，营造良好氛围

为营造农村危房改造及地震安全工程建设的良好环境，县人民政府积极协调组织各相关部门抽调工作人员组成工作组，深入到各乡（镇）、各村委会，召开不同层次的有关农村危房改造及地震安全工程建设政策的宣传活动。让群众了解农村危房改造的目的、意义和实施范围以及建设中需注意的事项。动员人民群众积极支持项目建设，把实施农村危房改造及地震安全工程建设变成人民群众自觉、自愿的行动。同时，对个别意识不高的群众，积极主动上门，耐心对他们进行说服解释和教育引导，消除他们的思想顾虑，从而提高广大农户参与工程建设的积极性。

三、开展民居调查，尊重农民意愿

为全面掌握全县农村民居安全现状，深入了解农村民居抗震性能，在项目实施前，县人民政府召集县直有关部门组成工作组深入全县六乡一镇，对

全县实施的农户进行详细普查核实，并做好建设户信息采集、登记造册和网络信息采集工作，为项目的有效实施提供了重要依据。在项目实施过程中，我县发挥群众主体作用，引导农民自己的家园自己建、自己的房子自己盖，尽力调动农民参与建设的积极性。在房屋外观造型设计上，坚持统一政府引导、农民自愿的原则。为体现项目建设公平、公正和高效原则，我县采取农民提出拆除重建申请，经过召开村民会议进行审核，初步确定后由村委会对实施项目的农户名单及补助标准和补助金额进行张榜公示，经公示无异议后再按组织实施的程序进行。同时，针对农村贫困残疾人家庭，由村委会负责组织群众投工投劳，帮助贫困残疾人建好房屋。

四、工程的监督管理

由住建局安排技术人员，负责各乡镇技术指导和质量监督工作，认真把好建设工程质量关，做到建成一户、验收一户、签定一户。

五、开展农村劳动力转移“砌筑工”工种技能培训

为工程顺利开工打下坚实基础，我县高度重视民居建设技术培训工作，深入到各乡镇建设点，在各乡镇分管副乡长及项目负责人带领下，一同进村窜户，不辞辛劳、顶着烈日，挨家挨户讲解建设中的一些关键技术问题，希望每个村每一户在建设中有梁有柱，做到户户监督，确保房屋质量达到抗震设防技术要求。

六、严格把关，做好验收工作

在项目竣工验收工作中，严格按照政策标准，实行层层把关、责任到人，保证工程质量和工期，切实做到“五签字”：县项目实施单位负责人、乡（镇）人民政府项目负责人、村委会项目负责人、项目实施农户户主、验收小组签字。

七、安居工程建设中存在的问题

（一）规划难度大，农村民居建设规划滞后

由于我县地理环境特殊，山高坡陡，平地少，很多地方路途遥远，涉及面广，实施对象分散，建设资金需求较大，各乡镇实际情况差异大，致使规划难度大，建设标准很难得到保障。

（二）农村民居特色不突出，房屋质量略显粗糙

由于规划力度不够，资金不足，致使我县农村民居危房改造及地震安居房屋建设缺乏民族特色。同时，由于农民施工技术有限，部分群众存在不同程度的等、靠、要思想，致使房屋质量达不到建筑标准。

八、具体建议

（一）整合资金，有序推进农村危房改造工作

建议上级相关职能部门，针对当地出现的各种问题，调查研究，结合当地实际妥善安排项目。加强相关涉农部门之间联系，加大项目资金整合力度，共同做好支农惠农工作。

（二）积极向上反映，提高资金扶持力度，扩大扶持面

我县是国家级贫困县，贫困基数大，且大部分群众都居住在半山腰及沿江一带，居住分散，很多地方都存在二次搬运，这在无形当中增加了项目的支出。在补助标准不变的情况下，加重了农民的负担，很难达到预期效果。建议提高扶持标准，不断扩大扶持面。

总之，农村民居危房改造工程建设任务重，压力大，存在着各种困难和问题，但我们相信，在县委、政府的正确领导下，在各部门的关心支持下，我们要进一步增强做好我县农村危房改造工作的责任感和使命感，迎难而上，群策群力，努力克服各种困难和问题，把农村危房改造工程建设作为践行科学发展观、建设社会主义新农村的重要举措，全力抓好抓出成效来。

严格建筑市场管理　提高安居工程质量

西藏自治区丁青县建设局　邓士均

在丁青县委、县政府的领导下，在地区住房和城乡建设局的指导下，按照2012年初的工作思路和总体部署，丁青县城建局认真开展“创先争优”、“一坚定三忠于”、“双模双建”“一管四联三结”活动，紧紧围绕维护稳定、加快发展与农牧民安居工程建设这一首要任务和中心工作，认真贯彻落实地区住房和城乡建设工作会议精神，狠抓各项措施的具体落实。切实加强建筑工程质量和安全生产管理，进一步加大了建设领域“双拖欠”工作的清欠力度，房屋权属登记及住房公积金管理等各项工作顺利推进，县城环境卫生管理工作进一步加强，农牧民安居工程及“两房”建设任务顺利开展。

一、基础设施建设稳步推进，建筑工程质量有效提高

（一）房屋及市政基础设施项目建设情况

县城在建项目37项，其中新建项目32项，续建项目5项。总建设规模148143.7平方米，总投资36522.73万元，其中国家投资19512.73万元，县财政投资5200万元，天津援建资金3250万元，企业自筹3200万元，私人自筹资金5360万元。

总投资为3300万元的2012年县直机关周转房工程，建筑总面积13800平方米，共建设198套。于2012年4月中旬开工建设，截至目前已基本具备竣工验收条件。

人居环境建设综合整治和安居工程稳步推进。2012年我县建设任务为1072户，其中农房改造968户，贫困户104户。截止7月底，已全部完成592户安居工程建设任务，农牧民群众自筹资金5328万元，人居环境建设综合整治14个点，现已全部完成并投付使用。

丁青县21座寺庙管理委员会业务及生活用房，建筑总面积16570平方米，投资4637.25万元。于2012年6月份开工建设，截止目前，该工程已完成主体施工，部分寺庙已具备竣工验收条件。

丁青县乡镇业务用房，建筑总面积15585平方米，投资3020万元（含整合资金：11个乡邮政办公点、9个乡文化室、3个乡镇办公点），于2012年6

月份开工建设，该工程其中9个乡（镇）已完成主体建设，其余4个乡（镇）完成一层结构浇筑。

（二）严格基建程序，加强建筑市场管理

进一步严格基本建设程序，严格执行国家相关法律法规和自治区、地区的有关规定，加强对市场准入的监管、招投标监督以及规划、施工许可等的管理。全面推行工程监理和质量监督制度，按照地区住建局统一要求，全面取消驻昌分公司资质建筑业企业的市场准入资格。2012年我县已由招标中介机构代理完成了干部职工周转房工程；丁青福利院；干部活动中心；丁青宾馆工程；民政、水利、卫生综合楼工程；文化综合楼工程；新区“道路工程”工程；丁青县21座寺庙寺管会业务用房工程；丁青县乡镇业务用房工程等以上项目的公开招标。办理“一书两证”17件，施工许可证17件。全面对县城37项在建项目实施质量监督检查，办理质量监督书37件。

（三）房改与房产工作

2012年上半年全县1090名在职干部职工，归集6691007.18元，下半年全县1365名在职干部职工，归集8303622.8元，本年度总归集14994629.98元。我县2012年上半年支取住房公积金1263114.67元、机构内转移756268.38元、跨区转移750021.58元。

2012年办理房屋所有权证45件，登记建筑面积为12000平方米，累计办理房屋所有权证542件；办理房屋他项权证35件，抵押建筑面积为10900平方米，他项权利价值1100万元，累计办理房屋他项权证309件；办理房屋所有权变更登记11件，变更登记建筑面积3600平方米。

上半年完成了我县2012年第三批廉租房13户39人入住对象的调查、住房分配工作。截止目前，我县建设的80套廉租房已全部入住。

（四）民工工资保障方面

协助人社局严格要求施工企业与民工签订劳务合同，对没有签订劳务合同的项目不予办理施工许可手续。针对以往民间投资项目“双拖欠”现象时有发生，尤其是拖欠民工工资较为突出的情况，我局严格实行履约保证金缴存制度，2012年上半年工程履约保证金缴存达到136万元。针对拖欠民工工资问题我局做出以下措施：

1. 严格规范新建项目的审批手续。对建设资金不到位的建设项目不办理报建手续和施工许可、不予开工建设，做到新账不欠，老账限期付清。

2. 建立企业信用档案制度。对存在拖欠农民工资问题的施工建筑单位，记入企业信用档案，通过媒体向社会公布，对清欠不力，没有及时完成清欠

任务的建筑单位，向社会公布进行曝光。

3. 建立日常工作机制和监督机制。通过设立拖欠举报投诉电话，每月定期到施工现场实地了解民工工资发放情况，加强对施工单位和建设单位监管，督促施工单位依法支付农民工工资，落实清欠责任，及时兑现农民工工资。

4. 提高农牧民工的法律维权意识。加强对国家有关法律法规的宣传力度，进一步提高广大农牧民的法律法规保护意识，设立了农牧民工工资清欠举报电话。

5. 继续控制固定资产投资规模，加强对投资项目的监管力度，抑制不合理的投资行为发生，以切实防止新的拖欠现象发生。

（五）不断提高城市管理水平，加大环卫经费的投入力度

县城的不断发展和繁荣、县城规模的不断扩大，对县城管理提出了更高的要求。在县委、县政府的高度重视和大力支持下，在全体环卫工人和城市管理执法大队的共同努力下，竭力做好县城环境卫生的保洁和垃圾清运工作，并对露天垃圾堆放场地采取了填埋、围护、消毒等措施，减小了垃圾露天堆放的二次污染。进一步规范地摊管理，加强县城环境卫生工作，努力营造一个清洁舒适的环境，同时积极探索城镇管理和市政公用事业管理新模式。

2012 年县财政安排环卫专用经费 100 万元，购买压缩式垃圾车，在县城适当地段设置摩托车停车位、机动车停车位及果皮箱，提高了环卫工人的工资标准，进一步激发了环卫工人的积极性，这些措施对改善县城环境卫生起到了积极作用。

（六）存在的主要问题

1. 对基本建设程序重视不够

部分建设单位对履行基本建设程序不重视，工程未报建即招标、未取得施工许可便开工建设、质量监督及竣工验收备案等手续的办理不够及时、完善。

2. 施工单位管理、技术力量薄弱

施工现场安全生产措施不能完全到位，施工企业专业人员配备不全，人证不统一，工程履约保证金不能及时到位。

3. 专技和管理人员匮乏

随着中央第五次西藏工作座谈会的召开，中央及援藏省市对西藏的各项投入逐年递增，增幅超过内地平均水平，对专技和管理人员的要求也随之提高，然而西藏特殊的地理环境等自然因素的影响，使得内地技术人员和管理人员很难在丁青“扎根”，加之维护稳定任务繁重，很大部分人力需投入到

“维稳”工作中，因此人员不足（技术力量不够）对我县城乡建设和经济发展造成了一定程度的制约。

二、强化监管，完善措施，提高建筑工程质量

我局将在认真总结以前工作经验和不足的基础上，今后将着重做好以下几方面工作：

（一）进一步整顿和规范建筑市场秩序

1. 根据《关于进一步规范建筑市场秩序提高质量安全水平的通知》等文件精神和上级相关要求，认真组织开展整顿规范建筑市场秩序执法检查，分赴各乡（镇）开展综合执法检查。加强与地区住房和城乡建设局各科室的联系与沟通，及时掌握与了解我区建筑业企业的具体情况，严把市场准入关，杜绝利用虚假资质、过期资质、出借资质在我县承接工程。

2. 加强对勘察、设计、施工、监理、招标代理、造价咨询市场的全面监管，强化各方责任主体行为，加大整顿规范力度。并根据所掌握的信息，建立我县建筑业企业诚信档案，对出现质量问题和安全事故以及恶意欠薪的企业记入不良记录档案，必要时进行通报甚至清除出我县建筑市场。2011 年我县已清除 3 家有不良记录建筑业企业出我县建筑市场，并对 2 家监理企业进行了通报。

3. 加强工程质量、规划监督管理，强化质量监督手段和行为，完善建设工程质量监督手续。重点加强对市政基础设施、大中型工程及农牧民安居工程的质量监管，强化工程选址规划的科学性和严肃性，坚绝杜绝领导随意更改规划而造成工程质量缺陷。同时在编制城乡和新农村发展规划时，特别要处理好当前与长远的关系，避免出现重复建设或“短命建筑”。

4. 加强建设领域安全生产管理，强化安全生产责任制。加强对建筑施工企业安全生产管理人员从业资格的审查、培训力度，与建筑施工企业签订安全生产目标责任书，会同县安监局、消防等相关单位定期对建筑施工现场进行安全生产执法检查，从源头上杜绝安全事故的发生。

5. 认真做好建设领域“双拖欠”的清欠工作，加大清欠力度，进一步完善相关制度和建立长效机制，坚决防止产生新的双拖欠。要把工程履约保证金缴存制度作为防止拖欠民工工资的一种有效措施抓紧抓实并形成长效机制，会同劳动保障部门定期对施工企业工资发放进行督促检查，切实保障农民工的合法权益。

6. 进一步加强工程建设报建制度和竣工验收备案制度的实施。

（二）加强住宅与房地产管理

1. 认真做好我县房屋权属登记工作，不断提高服务质量和办事效率。

2. 加强住房公积金的归集管理并及时上划到地区住房公积金管理中心。

3. 加强廉租住房入住对象和住房租赁补贴对象的调查、登记与审核工作，作好后续管理工作。

4. 加强对现有公有周转房的管理，做好日常维护工作。

（三）加强城镇管理工作

加大《城市规划法》等相关法律法规的宣传力度，维护城镇规划的权威性，杜绝“乱圈滥建”现象的发生。集中力量做好县城东扩的各项基础性工作和县城总体规划修编工作。

（四）加大城管执法和环卫工作

加大城管工作综合管理的宣传力度，学习借鉴各地先进的城镇管理方法和经验，结合我县的实际情况，制定切实有效的管理办法，加大城镇管理执法检查力度和县城卫生的清洁、保洁工作，进一步改善城乡居民居住环境，提高城乡居民综合素质。

（五）转变工作作风，增强服务意识

进一步完善内部管理体制，加强政治理论和专业知识的学习，努力提高自身素质，建立健全相应的规章制度，制定切实有效的管理措施，按照党风廉政建设、精神文明建设、社会治安综合治理、安全生产管理责任书、地区建设工作目标负责书的要求，不断创新思维、完善措施、转变作风，增强服务意识、提高服务质量。

在今后的工作中，我局将紧紧围绕县委、县府中心工作，结合“创先争优、强基惠民”、“一坚定三忠于”、“双模双建”主题活动，采取切实有效的措施，努力营造一个更加公平有序的建筑市场环境，当好县委、县政府的参谋助手，为我县的进一步发展贡献力量。

作者简介：

邓士均，男，汉族，现任西藏自治区丁青县建设局局长。

自 1997 年 7 月参加工作起，历任丁青县计委办事员、丁青县建设局副局长。2010 年 4 月至今，任丁青县建设局局长。

加强管理 狠抓落实
推动城镇建设迈上新台阶

西藏自治区洛隆县住房和城乡建设局 任青次仁

2012年洛隆县住房和城乡建设局在上级业务主管部门的大力支持下，以科学发展观统领全局，坚持以“三个代表”重要思想为指导，全面贯彻胡锦涛总书记在省部级主要领导干部专题研讨班子上的重要讲话精神，紧紧围绕县委（扩大）会议，积极开展各项工作，充分发挥住建局各项职能，努力实现管理制度化、服务优质化和参谋有效化，扎实工作，狠抓落实，有力地推动了我县小城镇建设和保障性住房建设，为我县经济建设发展注入新活力。

一、基本建设

为使我县可持续发展，科学化发展，我局积极同自治区设计院联系，正紧锣密鼓地对我县未来规划（2012～2030年）方案提供基础资料，目前该规划在设计和修改中，并与11月底交由自治区相关部门审核。

（一）保障性住房建设

2009年以来我县保障性住房建设规模不断加大，建成廉租房80套，用地面积为4800平方米；各乡镇共建周转房119套，总用地面为7140平方米；县周转房建设144套，总用地面积为10080平方米；截止目前所有房屋已投入使用，入住率达100%；2012上半年我县在原有的基础上再建第一批36套干部职工周转房，用地面积为2520平方米；在“十二五”规划中为了让我县更好更快发展，我局在认真做好每项工作的同时，对我县下半年保障性住房修建积极准备，现2012年第二批周转房56套，用地面积为3100平方米，投资金额为864.9万元（含二类费用，县财政配套20%），于10月份开工，并完成基础设施；2013年廉租房72套，用地面积为3600平方米，投资金额为838.8万元及2013年公租房88套，用地面积为3520平方米，积极与上级有关部门协商洽谈。

（二）四项项目建设

1. 洛隆县供水工程，建设内容为新建供水管网13.4公里，以及附属设

施。藏国土资预审发［2011］15号《关于洛隆县县城给水工程建设项目用地的预审意见》，该项目目前施工图已上报自治区住建厅进行图纸审查，待审查后预计在2012年11月完成招投标并开工建设。

2. 洛隆县排水工程，该项目位于洛隆县县城境内，卓玛朗措河东侧及其支流南端，工程建设内容主要包括新建d800、d600和d500雨污合流排水主管道，d400过街污水管道900米，d300过街雨水管道1200米道路排水检查井220座，跌水检查井20座，雨水口240个及出水口1个。建设内容为新建排水管网5.3公里，以及附属设施。昌住建［2012］82号《关于对洛隆县排水项目初步设计审查的批复》、藏环审［2011］162号《关于洛隆县排水工程的环境影响报告表的批复》和藏发改投资［2012］116号《关于下达昌都地区边坝县、洛隆县排水工程建设投资的通知》及藏国土资预审发［2011］21号《关于洛隆县县城排水工程建设项目用地的预审意见》，目前该项目施工图上报自治区住建厅进行图纸审查，待审查后预计在2012年11月完成招投标并开工建设。

3. 洛隆县绕城路（东环路），建设内容为：道路3.1公里，以及排水、电照绿化等附属设施。2012年1月底前完成项目所有前期工作，该项目目前正在自治区发改委修改资料。

4. 洛隆县生活垃圾卫生填埋场，该项目根据藏国土资预审发［2011］89号《关于昌都洛隆县城市生活垃圾填埋场建设项目用地的预审意见》和藏环审［2010］79号《关于昌都地区洛隆县县城垃圾填埋场工程环境影响报告书的批复》，位于洛隆县孜托镇仁达村境内，距离县城西北约2.5公里，踞省道303线约240米，距离卓玛朗措湖约300米。工程总占地面积20557.8平方米，主要分为填埋区、厂前区和渗滤液处理区三个功能分区。填埋区占地17932.8平方米，填埋场库容为7.8万立方米，服务期内处理规模为每天9.29吨，服务年限为13年，日处理能力15吨/日。该项目建成后，加强运营期和封场后的管理，做到垃圾密封运输，按规范做好垃圾进场计量和分区分层填埋工作，规范处理作业流程，及时做好填埋场垃圾压实，避免垃圾随风飘洒对景观造成不良影响；及时将渗滤液循环回喷回灌，避免渗滤液溢流；定期检查导气管，保证垃圾填埋气体安全到处，避免填埋气体爆炸引起火灾。服务期满后采用人工材料覆盖结构进行封场，阻断雨水进入填埋场，并进行植被覆盖恢复。该项目开工日期为2011年，拟建成日期为2013年，目前该项目计划在本周五将施工图报送住建厅审图办进行审查。

二、我县建筑行业管理

（一）加强对本行政区域建筑业管理

按照建设行政法规政策和地区有关规定，切实做好在我县从事建筑施工、勘察设计、招标代理、监理等业务的建筑企业的备案登记工作，严把市场准入关；认真落实项目招投标制、合同制、法人制、监理制、质量责任终身制等“五制”。

（二）加大对建筑市场的专项整治力度，严格落实法定建设程序

规范建设工程的报建、施工图审查、施工许可证、工程质量监督、工程竣工验收备案等环节的监管。

（三）做好“双清欠”工作

按照自治区的要求和地区清欠办的安排部署，我县清欠办采取了有力措施。加强了对清欠工作的领导，建立并落实清欠工作督办制度，要求全县所建项目竣工验收时，必须提交“双拖欠”情况证明，经过县清欠办核实无“双拖欠”问题后，有关部门方办理工程决算、工程竣工备案手续。我县今年上半年未发生农民工工资拖欠问题。

（四）培训工作

根据县委扩大会议精神和《洛隆县2012年农牧民区富余劳动力转移就业培训工程实施方案》的文件要求，我局组织县农牧民群众集中培训，举办了焊接、脚手架、泥工等各种建筑技能培训，培训方式以理论培训和实际操作相结合，全面系统的传授。同时我局为25名农民工提供学习就业机会，将农民工分配至县城各工地，结合实际，学习操作，通过培训，让农牧民群众较快掌握了基本的操作技能。

（五）严格“一书两证”和施工许可证办理

按照“规划先行”的原则，“一书两证”的办理工作均由县多个部门审定，主管县长审批通过后给予办理，上半年核发“一书两证”3件，实现规划区内建设项目办理“一书两证”达100%。

严格核发《施工许可证》，做好房屋建筑和市政项目的合同备案和报建管理。

三、城市管理工作

我局高度重视城市建设和管理工作，于2010年5月成立了城管大队。在

城管大队成立以来，我县脏、乱、差现象得到了有效的整治，现城管大队有7人，环卫队有26人。但仍有不足之处，还需投入更大人员和资金扶持，争取为广大市民营造一个良好的工作和生活环境。

2012年度我局在各项工作中取得了一些成绩，但也存在着一些问题，主要表现在：一是建设项目点多面广，缺乏专业技术人员，以致部分不能得到有效全程的督促，从而导致少数项目管理和建设单位在项目中还存在着或多或少的问题。二是市政管理力度有待提高，在市政方面要加大对县城道路的修建。目前我县道路狭窄，道路网不成熟严重制约了县城各项经济的发展，道路不成熟导致县城房屋修建凌乱，严重影响城市总体美观，对未来县城发展带来制约因素；我县县城绿化率严重滞后，与国家城镇绿化率标准相差甚远；在市政管网铺设中我县存在管网埋设深度不足，管径不达标等一系列问题，导致冬季我县管网出现爆裂，冻结等现象，严重影响了居民正常生活。今后，我们一定要培养技术人员，提高专业素质，严格落实责任，加强市政管理力度，为全面推进社会经济建设发展作出重要贡献。

作者简介：

任青次仁，男，藏族，1983年2月出生，中共党员。现在西藏自治区洛隆县住房和城乡建设局工作。

曾先后多次获得“昌都地区建设先进个人”，“昌都地区优秀公务员”等荣誉称号。

因地制宜　不断创新　为工程建设保驾护航

西藏自治区革吉县住房和城乡建设局　李成山

革吉县位于阿里地区东部，地理位置为东经80°43″至83°13″，北纬30°33″至30°45″之间，全县南以普兰县和仲巴县为邻，西北与日土县相连，东与改则县相连，西与噶尔县接壤，全县土地总面积5万平方公里，占阿里地区土地总面积的13%。县城驻地那布距拉萨1676公里，距地区112公里，全县平均海拔4700米，年平均气温为-0.2℃~0.4℃之间，干旱少雨，年降雨量130~136毫米之间，且集中在6~9月份；冬季寒冷而漫长，昼夜温差大，太阳辐射强。截止2012年度，革吉县全县农牧民人口16445人。人均收入为3835.5元。

革吉县下辖四乡一镇（雄巴乡、亚热乡、文布当桑乡、盐湖乡、革吉镇），目前全县拥有干部职工800多人，根据西藏自治区机构改革相关文件精神，革吉县住建局成立于2010年12月，目前拥有干部职工7人；截止2012年底全县在国家住建部和各级业务部门的关心支持下新疆职工周转房为507套，廉租房96套，全县干部职工和低收入家庭居住环境得到较大改善，同时“十一五”期间积极向国家争取城镇基础设施项目100多个，项目的实施进一步提升了我县城镇化水平。

一、加强对城乡基础设施建设项目的监督管理

自我局成立以来，部门工作人员认真履行职能，各司其职，各负其责，严格遵守法律法规，严格执行基本建设管理程序，严把工程建设和安全生产的各个环节，加强监管力度，强化监管手段，严厉查处各种违法违规行为，确保工程建设项目不出质量事故和安全生产事故，把城乡基础设施建设项目建设好、管到位、出成效。

二、进一步强化城乡管理工作

我们在巩固成绩的基础上，毫不松懈，不断强化城乡综合治理的力度，保证公用设施的安全运行，使城乡管理工作再迈上一个新台阶。我们在学习和借鉴其他城市城乡管理先进经验的基础上，紧密结合我县实际，积极探索

城乡管理工作的新模式，走出一条符合我县实际的新路子。

三、加强学习，提高业务技能

县住建局为全面提升党员干部素质，坚持开展“周五课堂”、“主要负责人谈思路”等活动，加强对党员干部的教育培训，着力提高党员干部的业务能力和综合素质，引导干部职工认清面临的发展形势和良好机遇，对照先进找差距，切实解决思想观念、精神状态和业务素质上存在的突出问题，真正把思想、作风、行动统一到中心工作上来。截止目前已累计组织政治理论学习、专业技能学习20余次，受教育人数达到100余人。

四、加强建筑市场管理，维护建筑市场秩序

按照《建筑法》、《西藏自治区建筑市场管理条例》等相关文件精神，认真贯彻执行建筑工程施工许可管理制度，依据建筑市场行政管理精简、统一、效能的原则，落实发放的具体工作部门和工作人员，提高工作效率和工作质量，安排专人加强对施工许可证发放的登记、备案、归档和统计汇总上报工作，严格执行统一的施工许可证编号，杜绝未领取施工许可证就开工、不具备施工条件的工程颁发施工许可证、先施工建设后补发施工许可证等问题，全面做好建筑市场管理工作。

五、严格进行竣工验收

根据我县实际，我局在提高工程监督监管力度的同时，明确规定整改内容和期限，凡是要求整改的施工单位，在整改期限内，不得参与工程项目的投标活动，整改完毕后，我局对该工程不定期进行跟踪监督。对于违法行为，进行严格处理，制定责任制度，使责任层层落实，完善管理制度系统化，使我县所有建筑工程能够保质保量完成，对我县经济发展发挥应有的作用，为我县所有施工顺利完成奠定基础。

六、规范行政审批事项

对行政管理服务和执法流程进行梳理，在本部门安排专人负责审批工作，对现有的审批项目进一步削减环节，简化手续，压缩时限，建立起科学、合理、公开、高效的行政审批机制，规定服务窗口收到项目报件后，必须在4个小时内转到相关业务部门；业务部门在2日内踏勘现场，出具初审意见；

符合办理要求的，2日内完成局内审批，不符合要求的形成书面材料当日向主管局长汇报，使办事效率大幅度提升，工程竣工验收备案由原来的15天缩短至7天办结，钢筋、试块检测由原来的5天缩减为3天办结、混凝土临时配合比由原来的15天缩减为7天办结。

虽然我县住建局成立不久，但工作上在县委、政府的正确领导下，在全局工作人员的共同努力下，开局良好，成效明显，取得了一定得成绩，组织工作逐步规范，以组织凝聚思想、凝聚工作得到突出的体现，有力地促进了城市建设事业的发展。但是对照上级部门的要求，与先进单位相比较，扔存在许多不足之处。一是组织工作创新项目的特色不够鲜明，活动形式不够鲜活；二是个别党员作风不硬、学风不正，存在着学习主动性不高，对科学发展的理解不透彻的问题。

针对上述问题，我局将认真加以整改，努力实现新形势下组织工作的发展和创新，为建设系统各项工作的开展提供强有力的政治、思想和组织保证。一是继续围绕党员干部素质提升抓创新，加强党员干部的学风、政风建设，提高我局党员干部的整体素质；二是围绕推动工作实绩抓创新，强化党员干部干事创业、无私奉献的责任意识，提高我局各项工作效率、质量，确保组织工作创新项目取得明显成效；三是建议内地建设部门每年安排技术人员到我县进行经验交流，以进一步提高我县住建部门专业技术水平。

总之，下一步我局将在县委、县政府的正确领导下，在上级部门的具体指导下，对照县委的要求，对照兄弟单位的做法，充分学习借鉴兄弟单位的先进经验，真抓实干，力求突破、务求实效，为把我县建设得更加美好而不懈努力。

作者简介：

李成山，男，土族，1977年出生，中共党员，本科学历。现任西藏自治区革吉县住房和城乡建设局局长。

自2002年参加工作起，历任革吉县安全生产监督管理局局长，革吉镇党委书记、人大主席团主席。2012年6月至今，任革吉县住房和城乡建设局局长。

以和谐拆迁　惠民生　促发展

青海省西宁市城东区建设局

拆迁是一个倍受社会关注的话题，以至有“拆迁难，难于上青天”、“天下第一难事”之说。2012 年，在西宁市委、市政府的坚强领导下，城东区迎来了大拆迁、大建设、大发展的历史性机遇，焕发出朝气蓬勃的活力和生机。全区上下以着力改变东区面貌为己任，面对艰难繁重的拆迁任务，积极探索和谐拆迁的新思路、新举措，迎难而上，负重加压，扎实推进，以超常规的工作思路、超常规的工作措施、超常规的工作劲头完成了一项又一项在东区落户建设的国家、省、市重点建设项目的拆迁任务。不仅成功破解了困扰东区多年的拆迁难题，而且实现了平稳拆迁、文明拆迁、和谐拆迁，赢得了社会各界和广大市民的认可和称赞。

一、主要做法和成效

在具体的拆迁过程中，市委、市政府高度重视，从政策、资金等各方面对城东区拆迁工作给予全力支持，并多次组织拆迁工作专题会议，千方百计帮助我区协调省、市国土部门破解拆迁难题。在实施房屋拆迁工作中，我区按照市委、市政府“以安置保拆迁，以安置促拆迁”的工作思路，以保障国家、省、市重点项目建设，统筹城市建设发展，维护国家、集体、群众利益为目标，以保障涉迁群众居住生活和涉迁企事业单位后续生产为前提，按照“统一组织、辖区负责、部门联动、全面推进、依法行政、和谐有序”的工作要求，发扬“人一之、我十之”的奋斗精神，以“非常之态度，非常之作风，非常之能力，非常之办法”，集中时间，集中力量，强力、有序、公平、和谐地推进房屋拆迁工作，解决了拆迁工作中出现的各种矛盾和问题，为国家、省、市重点建设项目在东区的顺利实施营造了良好的外部环境，为促进省、市、区经济快速发展奠定了坚实的基础，实现了市委领导关于拆迁工作坚持公平原则、保证进度、和谐拆迁、维护群众利益的总要求。

（一）加强领导，科学决策，为拆迁工作提供坚强后盾

为确保城东区拆迁工作快速、顺利实施，市委、市政府高度重视，将拆迁作为工程建设的基础性和保障性关键节点来抓，多次听取拆迁工作汇报，

市委、市政府主要领导多次亲临动迁一线检查指导工作，看望慰问工作人员，现场研究解决问题。同时，市委、市政府协调省市国土、规划、建设等部门解决项目拆迁资金和安置用地规划等问题，帮助制定企事业单位安置方案，强力突破拆迁难点。为有效解决客车车辆段项目部分被拆迁群众租房过渡问题，市政府协调相关部门为该项目困难群众提供了200套公租房作为临时过渡用房，确保困难群众安稳过渡。正是有了市委、市政府的坚强领导和科学决策，在拆迁工作遇到困难时及时给予鼓力打气，在动迁关键时期、棘手问题上为我区政府解决困难和问题，爱护关心基层拆迁干部，承担责任，化解矛盾，从而为我区拆迁工作攻坚克难源源不断地注入了无穷的力量。

（二）明确责任，众志成城，为拆迁工作提供不竭动力

坚持“满负荷、高效率、快节奏、求实效”的工作要求，全区先后多次召开各个层面的拆迁工作动员会、座谈会、协调会，统一思想认识，凝聚向心力。区重点项目房屋征收工作领导小组定期召开拆迁工作调度会，专题听取各项目拆迁进展汇报，研究解决拆迁工作中的重大问题，安排部署下一步工作任务，使参与项目拆迁工作的全体县级领导和工作人员全面了解掌握项目拆迁的基本情况，认真分析存在的问题，并且针对其中的重点、难点和关键问题提出切实可行的工作措施，确保了项目拆迁工作目标的实现。各拆迁组每日将工作进展情况向各拆迁责任单位汇报，各责任单位及时审核、登记、备案，并以简报形式及时向区委、区政府和各有关部门进行通报，使区委、区政府主要领导能在第一时间掌握第一手情况。区委、区政府主要领导亲自挂帅、一线指挥，分管领导认真组织、周密安排，全体县级领导干部联点包片、协调督导，全区上下认识统一到拆迁工作上，心思凝聚到拆迁工作上，行动落实到拆迁工作上，全面推进了项目拆迁工作的快速开展。尤其在客车车辆段项目林家崖片区拆迁中，区委、区政府抽调全区200多名干部，分成50个工作小组，由县级干部带队，按照包户到组的原则，全天候入户做动员工作，以完成林家崖片区拆迁工作为压倒一切的首要任务和不完成任务不收兵的精神，在最后的拆迁决战冲刺中全力推进拆迁工作，充分体现了全区上下视拆迁为己任，敢于面对，勇于担当，增强了拆迁工作的凝聚力。

（三）广泛动员，强化宣传，为拆迁工作提供舆论氛围

坚持把宣传引导工作作为助推拆迁的重要手段，大造舆论声势。各镇、办及村（居）委深入沿线单位和群众中，通过召开村民大会、居民座谈会和逐户走访等方式，大力宣传国家实施重点工程建设拆迁改造的重要意义，宣讲政策，解释拆迁法规、规章，使沿线单位和群众拆的明白，走的主动；各

拆迁工作组深入细致地做好拆迁群众思想工作，化解矛盾，防止发生群体上访事件，切实维护社会和谐稳定；在对各行政村涉迁村民拆迁动员过程中，涉迁村“两委”班子在拆迁中不等不靠，充分发挥党组织的战斗堡垒作用，以身作则，带头学习并宣传政策，带头评估及签订补偿协议，配合拆迁工作人员先对自家的房屋进行评估、签订补偿协议，带头拆迁，深入被拆迁亲戚、朋友、邻居家中与他们促膝长谈，面对面耐心讲政策，深入细致算得失，促进了拆迁工作的稳步推进。宣传部门充分发挥舆论导向作用，在《西宁晚报》等媒体开辟专栏，广泛报道铁路建设工程的重大意义，跟踪报道铁路征地及房屋拆迁工作进展情况，及时宣传好经验、好做法。

（四）公开透明，阳光操作，为拆迁工作提供政策保障

西宁火车站综合改造和西宁站改造及相关工程、南绕城高速公路城东段工程等城市基础设施建设项目拆迁区域房屋情况极为复杂，既有独立成院的自建房，也有居民的成套房；既有集体土地，也有国有土地；既有产权房，也有无产权房；既有办公用房，也有临街商业用房。为使拆迁工作始终在公开透明的环境中推进，在《西宁晚报》等媒体开辟专栏，公开拆迁区域规划建设方案；公开房屋拆迁政策，把补偿安置办法和其他配套政策，在村（居）委和居民楼院进行公示，并送至每个拆迁户手中；公开被拆迁房屋细况，将拆迁户姓名、被拆房屋性质、房屋面积、评估结果、协议签订等情况进行公示；公开补偿安置方式及操作过程，将相关操作程序、拆迁户自愿选择补偿安置的形式以及按政策规定的安置补偿的详细情况进行公示；认真做好拆迁工作人员的业务培训，准确理解和把握相关法律政策，做到依法行政，照章办事。在工作中坚持一把尺子量到底，保证拆迁公平公正，有序进行；公开接受监督，在《西宁晚报》、政府网站刊登《关于对城东区房屋征收工作进行社会监督的公示》，公布举报电话和电子信箱，加强对房屋征收、拆迁工作人员作风、纪律和业务办理情况的监督。整个拆迁过程自始至终都在阳光下进行，赢得了拆迁户的充分信任、积极配合和大力支持，也树立了政府公平公正、透明高效的良好形象。

（五）稳字当头，化解矛盾，为拆迁工作提供和谐环境

针对拆迁补偿安置、违法建设查处等容易引发社会矛盾的重点工作，我区建立了社会稳定风险评估机制，及时处理群众投诉，将各类苗头性问题解决在基层，消灭于萌芽状态之中。尤其在拆迁工作中，为了把可能出现的不稳定因素发现和控制在萌芽状态，各项目拆迁办公室专门设立了“拆迁信访稳定工作组”，当场释疑解惑，回答、解决群众提出的问题，针对重点部位、焦点问题制定相应的突发应急预案，并与镇（办）、社区、村委等部门建立联动机制，快速反应，确保第一时间将集体、越级上访事件，包括带有苗头性和倾向性的问题控制在区内，积极化解因拆迁引起的各类纠纷和矛盾，共同做好集体上访的疏导工作，有效维护社会稳定。我区拆迁工作中没有发生有影响的群体性事件，达到了项目推进、社会稳定的效果，实现了市委、市政府要求的和谐拆迁。

（六）有情拆迁，扶危济困，为拆迁工作提供民生保障

全体拆迁工作人员始终坚持依法拆迁、有情拆迁、和谐拆迁的原则，坚持“换位思考”，主动与拆迁户交朋友，把拆迁户当成亲人，耐心细致地为拆迁户释疑解惑。特别是对于拆迁户一时不能理解和接受的问题，尤其是外来流动人口融入城市后对拆迁工作抵触情绪比较大，工作人员几次、几十次反复上门做工作，始终把微笑带在脸上，把委屈藏在心里。充分体现了“不畏艰难、不辞辛劳、不厌其烦、不甘落后、顾全大局”的拆迁精神。在工作中，将“情”字贯穿整个拆迁过程，充分理解拆迁户做出的牺牲和贡献，理解他们对老房子的感情和眷恋。想拆迁户所想，急拆迁户所急，视拆迁户的困难为自己的困难。主动为拆迁户算补偿面积账、算补偿价格账、算环境改善账、算生活质量账；主动为拆迁户联系评估、办证、寻找临时安置用房、搬家等，提供全方位的人性化服务。即使是一些与拆迁无关的其他问题，也想法设法帮助拆迁户给予解决，使拆迁工作充满了温情。为将市委、市政府“以安置保拆迁、以安置促拆迁”的要求真正落到实处，通过市政府统建、区政府筹建（傅家寨廉租房安置小区11个标段主体全部封顶，工程建设进展顺利；建筑面积约50万平方米的韵家口安置小区计划年初开工建设）、村委自建（林家崖、路家庄、王家庄、褚家营、中庄、小寨、韵家口、友谊8个新村住宅小区主体全部竣工，部分新村群众已经入住；傅家寨、曹家寨、联合、团结、泮子山村5个村新住宅小区村已陆续开工建设）等多层面建设，提供安置房源，解决了被拆迁户最关心、最迫切的一大问题，为拆迁的顺利推进提供了重要保障。坚持房屋拆迁与关注民生相结合，组织区民政、社保、残联、工会等部门及镇办进一步扩大社会救助和保障范围，扎实做好拆迁弱势群体的救助工作，让群众在拆迁中真正享受到实惠。同时，本着“政府解决一些、社会捐助一些、群众自筹一些”的原则，于2011年8月初组织全区机关干部职工、志愿者集中开展了为火车站拆迁片区困难群众爱心捐款活动，共募集捐款现金5万余元，2011年12月6日，中石化青海分公司捐赠26万元，为低保户、子女处于就学阶段、家庭有残疾或重病人员的拆迁困难户进行帮扶

救助，充分体现了区委、区政府科学化拆迁、人性化管理的执政理念，发挥了政府的职责所在，切实做到无一户因拆迁而返贫，无一户因拆迁而致贫。

（七）依法行政，监管有力，为拆迁工作提供司法保障

行政执法部门加大违法建设监管力度，对借重点项目建设之际，乘机新建、加盖、扩建房屋以期套取政府拆迁补偿的违法建设重拳出击，对在重点项目区域内形成事实的违法建筑及时依法进行强制拆除，使违法建设势头得到有效遏制，为重点项目的顺利实施起到保驾护航作用。通过拆违，有效震慑和遏制了违法建设行为，拆出了形象、拆出了士气、拆出了信心，拆出了保障重点项目顺利建设的良好氛围。在“大干六十天”工作中，区建设局城建监察大队及各镇、办事处对林家崖、火车站、韵家口等国家重点项目地段实行滚轴式管理、“节日不休息”模式，加大巡查力度，及时发现问题，不留违建空间，减少和杜绝节假日抢建事件。在巡查工作中，对查处的违法建设实施现场勘测、现场拍照，一律锁定现状，建立档案，对巡查中发现有违建苗头的住户，及时制止并告知其违法性，查扣涉嫌为违建户运送建筑材料的车辆、暂扣施工工具等多种措施进行制止，对不听劝告的立即组织人员进行强制拆除，起到震慑作用。全区先后组织大规模整治行动30余次，累计拆除重点项目拆迁范围内各类违法建筑48.3余万平方米。

二、基本经验

2012年，城东区拆迁工作量之大，牵涉面之广，情况之复杂，工作之艰巨，非亲历者难以深刻体会。然而，在市委、市政府的坚强领导和全区上下的共同努力下，其进展之顺利，社会之认可，群众之满意，都超出预期，对东区经济社会发展带来深刻影响，打通了国家和省重点建设项目的瓶颈，提升了党委政府的公信力，其经验可用五个字来概括。

“责”。一个“责”字催生了干劲，凝聚了人心。拆迁是一项全局性工作，涉及经济社会发展的许多方面，事关广大群众的生产和生活，事关城东区的长远发展。全区上下以“敢于担当”为责任，“激情干事”为动力，全身心投入到拆迁工作中。区委、区政府高度重视，合理安排，重点部署，在深入调查研究的基础上，经缜密细致谋划作出科学决策，并层层动员，使全区各级干部对拆迁的意义有了深刻认识。进一步强化县级领导联点制度，及时组织全区县级领导干部召开拆迁工作会议，进一步统一思想认识，组织全员参与，形成了一级抓一级、层层抓落实、拆迁工作齐抓共管的工作格局，营造了拆迁工作全民参与的良好氛围。在拆迁工作中，区委、区人大、区政府、区政协领导形成了合力，各单位、各部门拆迁工作人员做了大量艰苦细致的群众工作。

“宣”。宣传工作是解开群众思想疙瘩的“润滑剂”，其目的在于让群众明白拆迁的意义、了解相关政策，让群众对拆迁工作由不理解变为理解，由抵触观望变为支持配合。在拆迁过程中，区委、区政府及时调整工作思路，加强政策宣传，通过张贴宣传标语、发放宣传册等形式，全面深入地宣传国家和省重点建设项目的基本情况以及项目建设对拉动地方经济社会发展的重大意义，使群众明晰政策，消除认识误区，营造了良好的舆论氛围和政策氛围，为拆迁工作打下了坚实的基础。与此同时，始终坚持依法拆迁、阳光拆迁、和谐拆迁，公开、透明、公正、公平地执行拆迁政策，使拆迁工作得了拆迁户的大力支持。

“诚”。干部重诚，说话必灵；以诚换诚，办事必成。只有坚持以人为本，最大限度地保护群众的合法利益，真心为困难群众排忧解难，拆迁工作才能得到广大群众的拥护。在拆迁工作中，全体县级干部分片包干、亲临一线、靠前指挥，对联点的征地拆迁片区进行全程跟踪督查和协调服务，发挥集体领导作用，集中集体智慧，遇到矛盾问题敢于负责，果断决策，帮助解决房屋拆迁工作中的实际困难和问题，全面推进房屋拆迁工作。在拆迁过程中，工作人员付出了极大的真诚，主动为符合低保条件的家庭办理低保手续，慰问贫困拆迁户，为下岗待业人员联系就业岗位，帮助群众找过渡房，使被拆迁户看到了拆迁带来的变化和好处，赢得了被拆迁户的理解和支持，使党和政府的主张转化为群众的自觉行动，有力地促进了民族团结与和谐稳定。

“法”。必须依法办事。现在群众依法维权意识明显增强，关系群众切身利益的工作，只有法理上讲得通，才能获得群众认同，才能形成干群良性互动，才能顺利开展，取得预期结果。在拆迁过程中，城东区始终坚持“公开、公平、公正”原则，认真落实拆迁公示、信访接待、投诉举报、拆迁承诺、拆迁监管和责任追究等“六项制度”，严格拆迁程序，实行阳光操作，以相关法律法规和政策为依据，坚持统一标准，将拆迁工作全程公开，在拆迁过程中，对房屋的拆迁政策做到了公开张榜，分类科学，体现差异，整个补偿政策的执行得到了群众的理解与支持。进一步取消动迁人员的自由裁量权，坚决杜绝乱开口子的现象；进一步规范拆迁行为，对少数无理滞留、漫天要价的，及时依法采取听证、裁决及强制措施，坚决杜绝以闹取胜的现象，打消先搬吃亏、后搬赢利的认识误区，既提高群众对拆迁工作的信任度，又实现了和谐拆迁。加强职能部门的协调配合，区纪委、政法、公安、司法、城管、

信访等部门依法维护动迁秩序，积极做好法律政策咨询、民事调解等服务工作，确保拆迁工作全力推进。

“活”。在拆迁过程中，既坚持原则，严格依法办事，又注意工作方式方法，做到疏堵结合，正确处理好依法行政与维护稳定的关系，充分运用经济、行政、法律等手段，对每个拆迁片区拆迁中存在的问题分别进行研究，针对不同情况分门别类采取不同措施，坚持做到“一户一策，分别施策”，防止因工作方法简单粗暴而激化社会矛盾，做到抑制苗头在先，强制拆除在后，确保了社会稳定。一是宽严相济，有理有节。为稳妥推进整治违法建设工作，在实际工作中坚持人性化拆违，对于需要拆除的违法建筑物，先是给予书面告知违法建房户，然后准予其在规定的期限内自行拆除，对超过规定限期未能自行拆除的，予以强制拆除。区消防、工商、税务、卫生等职能部门联合对拒签拆迁协议的经营户的违规行为进行了严厉查处，促进拆迁工作顺利进行。二是预案在先，防患未然。对违法建设查处和拆除可能引发群体性事件的不稳定因素，做到了早计划、早准备、早落实，超前思考制定预案，防患未然，保证了拆除行动的顺利进行。

三、几点启示

城东区国家、省、市重点项目建设拆迁工作顺利推进、圆满完成，得益于市委、市政府科学决策，坚强领导；得益于区委、区政府及四套班子敢于担当、齐抓共管；得益于参与拆迁的各部门、各单位群策群力，积极配合协调，扎实开展工作；得益于广大一线拆迁干部奋勇拼搏，攻坚克难，苦干实干；得益于拆迁区域广大人民群众顾大局舍小利、理解支持。拆迁工作的顺利推进，给我们带来了如下六点启示：

（一）领导重视是和谐拆迁的根本

在实施重点项目房屋拆迁工作中，省、市政府非常关心我区的进展情况和遇到的困难，专题召开会议研究解决东区拆迁问题，主要领导多次到我区检查指导拆迁工作，并给予大力支持，要求区委、区政府将坚持依法拆迁与和谐拆迁相结合，坚定信心，勇于担当，攻坚克难，全面加快推进拆迁工作，保证国家重点项目的及时落地和实施。同时提出要严厉打击私搭乱建行为，确保重点项目的进展。充分体现了省委省政府、市委市政府对东区政府寄予的厚望，给我们的工作以极大鼓舞和巨大支持，成为我们在拆迁工作中攻坚克难、赢得成效的坚强后盾。

（二）群众参与是和谐拆迁的基础

城东区重点建设项目拆迁充分尊重人民群众主体地位，每一次拆迁动员阶段，政府主要领导都要组织辖区居民代表、村民代表召开座谈会，讲拆迁政策，听取群众的心声。坚持问政于民，让群众参与决策，让群众参与监督，实现了政府和百姓的良性互动，成功破解了拆迁难题。实践表明，各级党委政府在社会管理中只有充分发扬民主，体现人民群众的愿望和意志，充分依靠人民群众的广泛参与，不断拓宽参与渠道，才能真正做到科学决策，达到和谐共赢的目的。

（三）惠民利民是和谐拆迁的核心

科学发展观的核心是以民为本，强调要把实现好、维护好、发展好最广大人民群众的根本利益作为党和国家一切工作的出发点和落脚点，做到发展为了人民、发展依靠人民、发展成果让人民共享，这也是我们加强和创新社会管理的出发点和落脚点。拆迁的矛盾，主要表现在政府和群众两方面利益的博弈，集中表现为群众利益如何得到维护，怎样让他们共享发展成果。城东区委、区政府把重点建设项目拆迁作为造福百姓的解困工程和民心工程，始终坚持把群众利益放在首位，坚持利民惠民的原则。从政策措施的制定、具体拆迁的实施，到被拆迁群众的安置，处处为群众考虑、让群众满意，使人民群众充分享受发展成果。拆迁不仅没有使群众受到损失，而且让群众得到了更多的实惠。正是这种以民为本的理念和举措，化逆为顺、变难为易，收到了和谐拆迁的良好效果。实践表明，只要我们站在最大限度维护人民群众利益的立场去想问题、办事情，切实保障他们的合法权益，再棘手的难题也能破解，再复杂的矛盾也能解决，再困难的事情也能办好。

（四）依法行政是和谐拆迁的保证

拆迁是一项政策性、社会性、群众性很强的系统工程，要保证其顺利进行，不仅取决于人民群众的支持，也取决于我们能否依法行政，规范拆迁行为，做到公开公平公正。城东区重点建设项目从拆迁决策、政策制定及建章立制到工作落实，始终做到依法依规、阳光透明、合理规范，确保了被拆迁群众的合法权益。实践表明，只有坚持依法行政，强化规则意识，才能保障社会公平公正，进一步维护好、实现好、发展好最广大人民群众的根本利益。

（五）立足稳定是和谐拆迁的前提

拆迁工作涉及不同方面的利益，问题复杂，矛盾集中，一直以来，拆迁与上访往往相伴而生。拆迁工作不仅事关社会稳定大局，也事关经济社会发展。城东区重点建设项目拆迁高度重视维护社会稳定，坚持依法拆迁与注重

人文关怀、运用经济手段与加强思想政治工作相结合。既算经济账，也算政治账。注意把握好拆迁工作力度、推进速度与拆迁户的承受程度，坚持既不回避矛盾，也不激化矛盾，努力把各种矛盾降低到最小程度，化解在萌芽状态，把拆迁带来的不稳定因素减到最低限度，切实履行好维护稳定的社会责任。实践表明，只要我们创新工作方法，不断增强协调社会关系、化解社会矛盾的能力，就能够妥善处理好改革、发展与稳定的关系，平稳渡过社会矛盾凸现期。

（六）转变作风是和谐拆迁的关键

抓拆迁工作，说到底就是各级领导干部如何做好群众工作，否则再好的政策也无法落到实处。城东区重点项目拆迁工作中，区委、区政府主要领导率先垂范，亲赴一线，蹲点现场，指导督促拆迁工作。各级领导以身作则，身先士卒，与工作人员一起干在现场，冲在前面。全体工作组成员坚持“5+2”、“白加黑”，从2012年春节至2013年元旦期间没有上下班之分，放弃一切周末、节假日，特别是在客车车辆段拆迁工作中，全体工作人员每天下午六点以后开始入户做工作，八点半回到区政府开汇总分析会，晚上十一点多才能回家休息，全区干部勤勤恳恳、无私奉献，将心比心，以心换心，保证了拆迁工作顺利推进。实践表明，只要各级领导切实转变工作作风，贴近群众，深入群众，真心实意地与他们交朋友，千方百计地为他们谋利益，就能够得到广大人民群众的拥护和支持。

“鉴往知来，激流勇进”。城东区重点建设项目拆迁工作顺利推进、圆满完成，进一步提振和坚定了城东区加快发展、奋力追赶的信心和决心，特别是对城东区今后破解类似的经济社会发展难题有着重要的启发和借鉴意义。

当前，城东区正处在加快发展、实现奋力追赶的关键时期，一些历史遗留问题还没有得到很好地彻底地解决，发展中的新情况、新问题层出不穷。面对这些问题和矛盾，只要我们拿出破釜沉舟、背水一战的勇气，只要我们下定不达目的誓不罢休的决心，把工作做深、做细、做实，就没有化解不了的矛盾，就没有破解不了的难题。我们坚信，有党的十八大精神的正确指引，有省市委、政府的坚强领导，有全区上下的同心同德、顽强拼搏，一个富裕文明、和谐幸福的新东区在不久的未来将展现在我们的面前。

打造生态文明城市　启动新型城镇化建设

新疆维吾尔自治区阜康市住房和城乡建设局　张斌

2013年，阜康市确定了100个重点项目，总投资480亿元，年内完成投资115亿元。2012年年底，阜康市就成立了新型工业化、新型城镇化、农牧业现代化、现代服务业、民生和社会事业、援疆等7个项目推进和谋划专项工作组，将所有重点项目分解到7个项目组，一项项抓落实、促进度。自治区开展“新春好开局 实干促落实”系列活动后，阜康市抓项目促落实的步子更加快了，各项目组对项目建设存在的问题进行集中解决，并切实做好重大项目的谋划、跑办和招商引资，力争让项目尽快落实、开工。

忙，是阜康人的普遍感觉。100个项目涉及的部门、人员都像上紧了发条，紧张地忙碌着。阜康市一些仍在生产的企业也处在忙碌之中。在新疆神火碳素制品有限公司车间，机器轰鸣，人来人往。该公司一期项目正处在试生产阶段，春节期间，生产管理人员都没有放假。而阜康市泰华煤焦化工有限公司焦化厂的工人在春节也自愿放弃了休息——2013年，该厂计划生产焦炭70万吨、生产焦油4万吨……为了实现这些目标，他们在争分夺秒。

目前，阜康市正在开展“新春好开局 实干促落实”系列活动，已经安排了抓项目、强基础活动，学先进、谋发展活动，民生工程建设活动，生态文明建设推进活动，转变作风、弘扬现代文化、创新社会管理活动，创新体制机制，优化投资环境活动等7项活动。

一、阜康市住建局“五化”工作见成效

2012年，市建设局承担19项城市建设重点工程，涉及资金近23亿元，征收66万平方米，这些项目的实施对完善城市功能，提升城市形象，改善人居环境，推进我市新型城镇化建设具有十分重要的作用。其中“五化”建设工作成效显著。

一是城市“绿化”。投入2000万实施瑶池路、民主路、特纳格尔街、法制广场游园建设，绿化面积46283平方米。投入1500万实施瑶池公园3期建设，占地100公顷，绿地面积76公顷以上。投入9000万实施水磨滨河景观带一期建设，面积约17万平方米。投入5744.3万元，实施迎宾路、博峰路、

准噶尔路景观绿化改造。拆墙透绿工作中沿街拆墙透绿共 37 家，拆除围墙、围栏杆 1679. 7 米，增加绿地面积 4929. 1 平米。

二是城市“亮化”。投入 3000 万完成沿街建筑物及主要十字路口的亮化工作，目前，该项目土建部分已完工，安装工程正在进行。

三是城市“净化”。投入 256. 5 万元，购买除雪车、洒水车、洗扫车各一辆。清扫面积 116 万平方米，机械化清扫率 33. 2%。生活垃圾填埋场年处置生活垃圾 3. 8 万余吨，无害化处理率 84%。

四是城市“美化”。总投入 1822. 6 万元完成准噶尔路隔离栏安装和花篮摆放。对全市 1200 家商铺牌匾进行规范。对市区 98 栋建筑物进行粉刷清洗，粉刷面积 150194 平方米。对博峰街人行道砖进行更换，换成花岗岩砖。

五是城市“规范化”管理。规范市区内的户外广告、门头牌匾、整治城市“牛皮癣”、机动车占道停放等方面问题，达到“干净、整齐、文明”的城市环境，对城市“牛皮癣”和小广告进行一月一次清除，对市区街道户外广告牌匾进行更换、美化、亮化，完善市政设施功能，提升综合执法服务质量，全面提高行政执法人员的依法行政能力，持续开展城管行政执法队伍规范化建设等活动。

二、阜康市住建局“八一”前赴玛纳斯慰问驻训部队官兵

近日，阜康市住建局同志带领慰问组一行 5 人，赴玛纳斯深入驻我市某部驻训指挥连进行慰问。慰问组人员详细了解了部队训练和生活情况。经过前期的沟通局领导得之部队训练辛苦，特意送去肉羊 4 只，西瓜 500 余公斤。并向部队官兵表示节日祝贺。

随后举行热烈的座谈会，共叙军民鱼水情谊。公司同志代表我局介绍了近年来我市城市建设所取得的成就，对部队长期以来的支持表示感谢，并表示市住建局将一如既往的支持部队建设，继续开展拥军优属、拥政爱民活动，不断巩固军民团结的大好局面，广泛深入地开展军地共建活动，把双拥工作提高到一个新的水平。

三、住建局会计核算中心“三加强”落实文件精神

近日，市住房和城乡建设局会计核算中心主任吕香文组织全体财务人员学习关于《阜康市关于开展违规发放津贴补贴自查自纠工作情况的通报》（阜规办［2012］2 号）文件精神。

一是加强领导，落实责任。积极组织学习有关文件规定，形成会计人员具体负责自查、核算中心主任审查落实的工作机制。

二是加强自查，不走过场。严格按照文件要求，认真对照中央和自治区规范津贴补贴有关政策规定的内容对建设系统2012年4月前所有发放的津补贴进行了全面自查，并将自查结果制定整改措施加以整改。

三是加强教育，严明纪律。全体财务工作人员要拿出相应的财务监管工作措施，统一思想，严格执行津、补贴发放的标准和范围，切实履行好会计核算监督职责。通过学习，进一步增强了财务人员当好家、理好财的责任心和使命感。

四、住建局四措并举确保房屋拆迁补偿资金发放到位

随着阜康市经济社会的快速发展和新型城镇化步伐的不断加快，城市现有建设用地已不能满足当前城市发展的需求，征地拆迁安置工作显得尤为重要。为了提高居民生活质量，提升城市品位，2012年，我市计划实施拆迁的区域包括迎宾路、水磨河、瑶池园等13个区域，涉及拆迁的住户和企业共有704户。目前，城市房屋拆迁工作正在有序进行，房屋征收安置和补偿款正在顺利发放，截至目前共发放拆迁补偿费5280万元。

为确保拆迁补偿资金安全、及时、足额发放，局会计核算中心采取四措并举发放拆迁补偿金。一是及时将资金组织到位。拆迁办协调申请资金，财务人员充分发挥职能作用，确保了资金支付无障碍。二是确保资金有序安全发放。建立拆迁补偿专户，有专人具体负责资金拨款及发放工作，确保了资金的安全发放。三是规范拆迁资金发放程序。拆迁办工作人员对拆迁补偿住户进行核查并列支付清单，由拆迁办主任审核、局长审核签字，财务人员根据拆迁补偿协议进行复审，确保了资金发放数额准确无误。四是实行一户一票制。由被拆迁户从财务室领取转账支票，直接到银行现场转存，确保资金运转过程的安全。

五、住建局对预拌商品砼企业产品质量进行检查

为进一步整顿和规范我市商品砼施工企业市场经营行为，促进商品砼生产和销售管理水平，保证商品砼产品质量，提高工程建设质量，我局成立检查组于近日对全市范围内从事商品砼企业开展专项检查。

经检查，具备预拌商品混凝土专业承包资质有四家，即：阜康市西部建

设有限公司、新疆基业混凝土有限公司、阜康市金昇商品混凝土有限公司、阜康市强联混凝土有限责任公司，登记备案的分公司有两家，即：新疆鑫磊鑫商品混凝土有限公司阜康分公司、新疆新轴混凝土有限公司阜康分公司。正在申请办理预拌商品混凝土专业承包资质的企业有五家，即：新疆冠阜建材有限公司、新疆强神商品混凝土有限公司、阜康市阜东混凝土有限公司、阜康市诚磊混凝土设备服务有限公司、阜康市天山筑友混凝土有限责任公司。

检查中，做得好的商品混凝土生产企业有阜康市西部建设有限公司、新疆基业混凝土有限公司。这两家试验室整体布局合理、适宜操作、试验设备及仪器齐全，能有效确保商品混凝土生产各环节的质量。

六、奋力拼搏，倾力打造15万人城市生活圈

5月28日，在阜康市与准东石油基地连接处，一个投资6亿元的棚户区改造项目开工建设，年底将有500户居民入住新楼房。该项目建设将给阜康市与准东石油基地融合发展发挥重要作用，这也是阜康加快新型城镇化建设步伐的一个缩影。

3年前，阜康城区面积仅有12平方公里，城区人口8万人。阜康的地理位置是向西距离准东石油基地有8公里，向东距离九运街镇7公里。向南是天池景区，向北则是兵团六师所属团场。随着昌吉州确定把阜康打造成为全州三个支点城市之一，阜康市委提出将阜康打造成为“新疆客厅”“乌鲁木齐后花园的”的目标，阜康市于2012年提出“西联东扩南接”的发展思路。按照阜康城市规划，到2015年阜康市建成区面积将达到30平方公里，城市人口15万人，到2030年，城市建成区面积将达到60平方公里，城市人口达到30万人的规模。

自2011年开始，阜康市摒弃了一般城市“摊煎饼”式辐射发展的旧思路，先后完成了市域空间布局、城市绿地系统、城市道路等专项规划，明确提出以拉开城市框架为重点，以城市交通路网建设为抓手，采用“带型组团”的布局方式，既强调东西方向发展的带型空间状态，同时也强调各个片区之间的主要功能相对独立和协调，推动城市以组团的方式向外发展。

5月15日，阜康市大北环已经开工建设。阜康市大北环道路建设项目在市区外围修建6条城市道路，全长近80公里，道路建设完工后将形成阜康市区“大三环”的格局，拉开了城市框架。

为着力提升城市服务功能和承载能力，满足城市人口增加的需求。2013年，阜康市确定重大城市建设项目及重大公益性建设项目79个，总投资154

亿元。通过实施供水二期、供排水管网改扩建、供热管网建设、垃圾分类收集处理等项目，提升城市公共服务能力。

2012年阜康市还投资4亿元的4万平方米房地产开发，与市区联网的供热、天然气工程全部动工，年底可全部竣工。为使城区与九运街镇距离，阜康市还投资6000万元，在阜康主城区与九运街之间修建了一座市民休闲、健身、娱乐、餐饮的瑶池公园，新城区建设得到快速扩张，瑶池明珠、阳光水岸、华源阜华景园等高档次住宅小区相继开工建设，投资达30亿元，开发总面积150万平方米。随着小区居民入住后，新城区与石油准东生活基地的距离将由现在的8公里变为2公里，九运街镇距离市区由过去的7公里变为3公里，为阜康与准东石油基地及九运街镇城市融合奠定基础。

阜康产业园目前入驻已达107家，聚集着近2万名产业工人，为给企业工人提供良好的生活环境，凝聚阜康人气。康市早动手，高起点的在新建城区规划出3平方公里的建设用地。如今为中泰化学、神火碳素、宝舜化工、优派能源等10家企业划分了生活后勤基地，一期的3000套楼房今年即将竣工投入使用。

阜康市委书记李成辉表示，阜康市今后将着力打造乌鲁木齐市重要功能区、后花园和乌昌地区重要支点城市，加快推进“景城一体、景城共享”。力争在2015年，把阜康市打造成为城区面积为30平方公里、人口达15万人的城市生活圈。

实施开都河生态整治工程建设
加快博湖县生态宜居建设步伐

新疆维吾尔自治区博湖县住房和城乡建设局　夏政明　刘雪源

2013年来，博湖县以十八大精神为统领，把博湖县生态文明建设放在突出地位，牢固树立“生态立县”理念，强化“既要金山银山，又要碧水蓝天”。在县城建设上围绕建设生态宜居“大”公园战略，以生态宜居县为目标，按照《博湖县城镇总体规划》和“东融、南延、西扩、北连”的城镇发展思路，完善城市综合服务功能，将县城建设成西部名镇，加大商业开发力度，在开都河两岸积极实施了开都河生态整治工程。

开都河生态整治工程位于博湖县城开都河两岸，北至团结路大桥、西临滨河西路、南到喇嘛庙大门、东达光华路，总用地面积约52.77万平方米，含水面及原宝浪休闲园面积）。该工程由开都河城区段应急防洪工程、风光带景观工程、绿化工程、亮化工程四部分组成，于2010年3月动工建设，2010年10月基本完成。其设计主题“浩淼烟云多情会”，根据主题立意与功能分区将开都河风光带规划为三大景区：浩淼西海、丝路北道、塞北江南。三大景区包含12个景点。该工程景观空间结构由一个中心（宝浪屿休闲园），五个转接点（开都牧歌、天堂故乡、西出阳关、西部情广场、庙前广场），多个承接点共同组成，共同形成起、承、转、合、延的空间序列。该工程由长沙市规划设计院有限责任公司设计，新疆七星建工集团等相关单位承建，投资约1亿元。

工程建成后对进一步优化人居环境，改善城镇面貌，构建博湖县城旅游景观带，提升城市发展功能和活力，带动沿河两岸商业、旅游等第三产业，实现扩城聚人将起到积极的推动作用。

该工程分五个部分分阶段公开招标，包括：博湖县开都河东区生态整治工程（下称一期工程，包括景观、防洪工程）、博湖县开都河西区、南区生态整治工程（下称二期工程，包括景观、防洪工程）、照明工程、雕塑工程、绿化工程等。

博湖县开都河生态整治一期工程，中标单位新疆七星建工集团有限责任公司，2010年3月28日开工。防洪一期工程中标合同价706.1万元，内容为宝浪苏木闸上游右岸 1 公里护坡。2010 年 9 月工程完工；景观一期工程中标合同价 1427.9 万元，施工范围为浩淼西海景区，于 2011 年 10 月竣工。

浩淼西海景区位于河东片区，占地面积约 17.36 万平方米，该景区包括 8 个景点：

1. “西海韵”（原宝浪休闲园）：景点以“西海韵”主题雕塑展示地域民族文化主题。景点位于文化公园东入口，对接主城区，景点面积约 1000 平方米。

2. “东归魂”雕塑景点：位于文化公园东区景观轴线上。

3. “萨吾尔登”群雕景点：位于文化公园南入口，面对博斯腾湖大酒店，景点以展示非物质民族文化遗产为主。

4. 开都牧歌景点：开都河畔的广袤原野养育了草原英雄民族，伴随着悠扬的牧歌，展现一幅幅牧歌生活画卷。景点面积约 15000 平方米。

5. 远山的呼唤景点：远处，隐现的大山在呼唤，山的那边有另一个繁华的世界。

6. 敦薨水景点：景点以展示开都河及博斯腾湖微缩景观为主题。开都河《山海经》称敦薨之水，《西游记》中的通天河即指开都河，景点面积约 8000 平方米。

7. 天堂故乡景点：景点以展示博斯腾湖周边富饶的土地、宜人的人居环境为主题。鱼跃欢腾，树木成荫，博斯腾湖就是天堂的故乡，景点面积约 6000 平方米。

8. 休闲园景点：位于景观大道，濒临开都河，为市民提供一个观赏开都河河道景观的一个绝佳视点，景点面积约 3000 平方米。

博湖县开都河生态整治二期工程中标单位新疆七星建工集团有限责任公司。防洪二期工程中标合同价 1216.78 万元，施工内容包括宝浪苏木闸以南东支左右岸各 800 米，西支左右岸各 300 米，于 2010 年 5 月 20 日开工，2011 年 9 月竣工。景观二期工程中标合同价 2370.58 万元，施工范围为丝路北道、塞北江南景区等内容，2010 年 5 月 20 日开工，2011 年 10 月基本完工。

丝路北道景区位于河西片区，占地面积 15.57 万平方米，该景区包括以下景点：

1. 西游记主题群雕：位于河西片区，通过挖掘开都河的历史传说，丰富开都河滨河景观带的文化内涵，给景区赋予神话色彩。景点面积约 4200 平方米。

2. 丝路烽燧：连绵的烽燧，护卫着丝绸之路。景点面积约 4500 平方米。

3. “双鱼”雕塑：通过博斯腾湖盛产鱼类来展现地域特色。博斯腾湖古称西海，唐谓鱼海，盛产纯天然有机生态鱼类，是富饶的塞北水乡。

4. 西部情广场：河西景区内重要的承接广场，主要的活动空间。景点面积约5000平方米。

塞北江南景区位于西南片，占地面积15.57万平方米，该景区包括以下景点：

1. 芦苇荡：景点以展示博斯腾湖自然风光特色中的芦苇为主题，大片的芦苇在波光粼粼的水面映衬之下，更是一道迷人的风景。景点面积约6000平方米。

2. 雕梁画栋：景点位于开都河南亭处，展示开都河特有的塞外风光融合了江南水乡的特征，南北景观在此自然相溶。景点面积约1200平方米。

3. 庙前广场：结合文化公园建设，设计优化喇嘛庙前空间场地，为民众举行节庆、庙会等活动提供活动场所，面积约4000平方米。

4. 观景台：结合滨河防洪堤建设，为游人提供一个观赏气势壮观的宝浪苏木闸水利枢纽及风光逦逦的芦苇荡的独特场所，面积约500平方米。

景观照明工程，中标单位新疆佳耀工贸有限责任公司，中标合同价1873.13万元，2010年5月15日开工，施工内容包括浩淼西海、丝路北道、塞北江南所有景区的灯具采购安装、led大屏采购安装、老城区路灯采购安装、博斯腾湖大酒店亮化，中华路、人民路、振兴路、幸福路路灯改造及亮化等，目前基本完工。

雕塑工程，中标单位曲阳县宏达雕刻厂，中标合同价657万元。工程内容包括双鱼、西游记、萨吾尔登、西海韵雕塑。目前已全部完工。

绿化工程，2010年9月26日开标，中标单位新疆七星建工集团有限责任公司，中标合同价708万元，工程内容：包括开都河宝浪苏木闸至新大桥以北两岸各1000米及宝浪苏木闸东支两岸各800米景观大道及东区改造部分绿化工程的施工图设计及施工。绿化种植养护期为2年，苗木成活率达到100%后交付发包人。目前绿化工程已基本完工。

2010年我县申请农发行贷款项目，用于博湖县开都河生态整治工程建设项目。博湖县西海国有资产经营投资有限责任公司为承贷主体，在农发行设项目专户直接支付资金，同时负责生态整治工程项目建设期的资金管理。无挪用资金使用情况。

该工程是一项民心工程、民生工程，为确保项目顺利实施，指挥部严格按照项目批准的内容和规模进行建设，严格执行招投标制和合同管理制度等有关规定，切实加强项目管理，加快工程建设进度，主要做法：

一、领导重视、责任明确

县委、县人民政府高度重视，2013 年初成立了开都河生态整治工程建设指挥部，下设办公室，明确责任分工，责任落实到人。建立健全各项制度，确定例会日，每周一上午 10:00 业主方、监理方、施工方按时召开三方联席会议，听取项目实施情况汇报，采取切实可行的措施，及时协调解决项目建设中存在的问题，并对施工单位、监理提出有关要求，加大对外协调力度，召开工程建设协调会，形成了认识统一、领导重视、部门配合、工作有序的可喜局面。

二、规范运作、稳步推进

按照“程序不减、时间缩短、特事特办”的原则，优化项目工作流程，缩短工作时间，提高办事效率。为确保工程顺利开工，指挥部认真做好各类工程招投标计划安排，加快招投标工作，顺利完成了生态整治工程一期、二期工程、绿化工程、雕塑工程、照明工程等项目的招投标工作。严格按照“补偿标准统一、补偿依据统一、操作程序统一”的工作准则，对开都河城区段左右岸及景区所涉及的房屋进行拆迁、树木进行采伐，为工程建设争取了主动。

三、狠抓落实、确保质量安全

指挥部始终坚持“质量第一，安全至上”的原则，施工项目一旦条件成熟，马上进场动工。要求施工单位工程分标段以日为单位，倒排工期，合理组织作业面，指挥部所有工作人员与监理一起不定期到施工现场督促检查，严格要求对施工材料存在问题的一律不准进场，对施工完成未进行中期验收的一律不准进行下步施工，对施工过程中抽验不合格的重新施工；同时采取现场办公与定期例会相结合的方式，及时协调解决施工过程中出现的问题，使工程进度质量全部处于受控状态。

为确保工程安全生产，与施工单位签订安全生产责任书和冬季施工安全生产责任书，组织安监、质量监督等有关部门检查，确保施工单位人员、车辆运输、临时用电、深基坑施工、高空作业、防暑降温、防洪、防煤烟等安全生产工作。通过广播电视播放施工封路通知，在施工现场设立警示牌、提

示语，确保工程安全施工。实行专帐专户管理，专款专用，单独核算，建立完善了财务管理制度和资金管理制度，确保资金使用安全。

今后，博湖县将继续深化“生态宜居、富民强县、水陆畅通、造福利民”四大工程，把“生态宜居”作为首要发展任务，在开都河两岸、县城和沿湖景区，开发建设高档住宅和综合商业区，以高端地产带动其它产业发展，让各族群众宜居、宜业、宜游，将开都河城区段生态整治工程打造成集生态文化、旅游观光、城市景观、民生事业等项目建设为一体，推进生态宜居县这一项德政工程、惠民工程和民心工程，使县城成为居住者自豪、旅游者羡慕、投资者向往的生态宜居旅游城市。

凝心聚力　务实创新
全面推进青河县建设事业持续健康协调发展

新疆维吾尔自治区青河县住房和城乡建设局　陈军利

2012年，在青河县县委、县政府的正确领导下，在地区住建局的帮助指导下，全县建设事业呈现出持续、健康、协调发展的良好态势，为县域经济社会的发展作出了突出的贡献。

一、多措并举，推动各项工作有序发展

（一）完善规划编制工作，指导城乡建设

2012年我县抓住自治区大力开展完善城乡规划体系，并给予资金支持的大好时机，按照高水平、高标准、高品位的要求，紧紧围绕我县整体定位，进一步优化城乡建设规划，争取自治区补助资金259万元，黑龙江援建资金20万元，地方配套资金391.5万元，完成县城《总规》修编工作，并通过自治区住建厅组织的专家评审，完成四乡两镇50个行政村的规划，完成地区下达任务的116%。

（二）重点民生工程健康、快速发展

2012年始终把民生工程摆在首要位置，切实加强组织领导、落实目标责任、多渠道筹措资金、保证工程质量安全，安居富民、住房保障、抗震防灾等重点民生工程均圆满完成年度建设任务，取得了较好的成绩。

一是保障性住房建设。新建廉租住房120套，6000平方米，投入建设资金1080万元，完成主体6层；新建经济适用住房103套，6180平方米，投入建设资金1112.4万元；棚户区改造工程110套，9900平方米，投入建设资金1200万元；新建公共租赁住房180套，5625平方米，投入建设资金1012万元。2012年青河县被地区评为保障性住房先进县。

二是“两居”工程。2012年我县安居富民工程高质量、高标准地完成了地区下达的930户建设任务，其中，青河镇109户，塔克什肯镇80户，阿热勒乡267户，阿热勒托别乡122户，查干郭勒乡147户，萨尔托海乡119户，

阿尕什敖包乡 86 户。建成阿尕什敖包乡“两居”新村、查干郭勒乡萨尔布拉克村、塔克什肯镇依西根村、阿热勒乡达巴特新村等集中点。完成投资 9300 万元，其中，国家及自治区补助资金 1720.5 万元，黑龙江省援建资金 930 万元，县财政补助资金 930 万元，农民自筹资金 5719.5 万元，在全地区年终考核中取得了排名第二的成绩。定居兴牧工程完成总投资 2200 万元，国家及自治区补助资金 600 万元，黑龙江省援建资金 150 万元，县财政补助资金 1450 万元，2012 年完成了 225 户定居兴牧工程的主体建设，在全地区年终考核中取得了排名第二的成绩。

三是抗震加固改造项目。2012 年教育系统抗震加固项目 4690 平方米，投入建设资金 556.2 万元。其中，完成萨尔托海乡、阿尕什敖包乡、阿热勒乡牧业寄宿学校抗震加固项目 970 平方米，已交付使用；完成改造更新项目青河县中学实验楼 3720 平方米的主体建设，计划于 2013 年 10 月竣工并交付使用。

四是城市基础设施建设大幅度提速提质发展。2012 年我县城市基础设施共投入建设资金 4478.6 万元。其中，投入 264.6 万元完成 2457 米的排污管网建设；投入 22 万元完成 320 米供水管网建设；投入 244 万元完成 785 米供热管网建设；投入 665 万元完成 3.23 万平方米的建筑物节能改造工程；投入 300 万元新安装 160 盏路灯；投入 1937 万元完成青河县博物馆主体工程；投入 300 万元完成文化广场改扩建工程；投入 446 万元完成占地面积 19336 平方米的胡尔曼别克广场建设；投入 300 万元完成县城基础设施、路灯、道路、人行道等维护维修工作。

（三）加快重点乡（镇）、村集中整治建设步伐，乡村环境明显改善

结合当前村镇发展水平和建设实际，突出重点村镇，确定建设重点、以点带面、稳步推进，确保村镇建设活动取得实效。一是重点整治镇建设，塔克什肯镇镇区 2012 年投入资金 740.6 万元，完成住房、公厕、镇区绿化和管网建设；二是重点整治村建设，阿热勒托别乡哈里恒村投入资金 138 万元，完成绿化、墙面粉刷、道路铺设；萨尔托海乡萨尔托海村投入资金 131 万元，对萨尔托海村进行基础设施修整和亮化、美化建设。

（四）建筑业快速发展，人居环境得到改善

严把招标关和规划关，严格按照建设基本程序进行房地产开发建设。2012 年我县建筑施工面积 24.56 万平方米，实现产值 3.12 亿元，其中，新建项目 14.55 万平方米，续建项目 10.01 万平方米，全年未出现重大的质量安全事故。青河县培训中心综合楼工程被评为自治区级文明工地、青河县博物馆工程和中学教学楼工程被评为地区级文明工地。2012年自治区建筑工程质量监督总站对全疆建筑工程质量监督站进行考核，阿勒泰地区“六县一市”只有三家监督站通过考核，我局质量监督站顺利通过考核。

回顾一年来的工作，在取得成绩的同时，我们必须清醒地认识到，住房城乡建设事业发展仍然面临着诸多矛盾和问题，与新形势、新要求还不相适应，主要表现在：城镇化发展水平不高，城乡区域发展差距较大，城镇体系不完善、布局不均衡、特色不鲜明、综合承载能力弱，城乡规划编制与管理水平亟待提高；受资金、人才短缺等因素影响，安居富民、住房保障、抗震防灾等民生工程建设力度需进一步加大，与各族群众改善生活的新期盼还存在一定差距；建筑业企业整体实力和核心竞争力有待增强，工程质量和安全生产管理还存在薄弱环节；建筑行业有法不依、执法不严等问题还不同程度地存在，依法行政意识需进一步强化。

二、解放思想、开拓创新，加快推进新型城镇化建设

2013年是全面落实“十二五”规划的承上启下之年，是加快推进青河县跨越式发展和长治久安的关键之年。我县住房城乡建设工作的总体要求是：坚持以科学发展观统领全局，按照“保护生态、放大优势、突出民生、形成特色、创先争优”的工作要求，抢抓机遇、解放思想、开拓创新、真抓实干，加快推进新型城镇化，完善城乡规划体系，着力提高城镇发展质量，努力改善城乡人居环境，持之以恒地抓好建设领域重点民生工程建设，营造建筑业发展良好环境，保证工程质量安全，不断优化行业发展环境，开创住房城乡建设事业新局面。

（一）按照高水平、高标准、高品位的要求完成规划工作，扎实推进新型城镇化进程

一是完善规划体系，统领城乡建设。2013年我局将进一步严格规章制度，明确城乡规划编制、调整、审批程序、权限、责任和时限，对涉及规划强制性内容做出明确具体的规定，依法加强和规范对实施城乡规划的管理和监督。并根据自治区《关于做好自治区城乡规划编制成果验收工作的通知》要求，按照地区验收组提出意见，完成我县四乡两镇50个行政村规划编制的修改，迎接自治区验收。积极争取规划编制专项资金，在2012年规划的基础上，投入资金200万元完成县城近期规划、详细规划和县城绿地专项规划。

二是统筹城乡协调发展，推动重点镇建设。2013年计划在塔克什肯镇实施供水、排水、道路工程，提升城镇建设质量和水平，积极完善功能，营造

加快发展的良好环境；按照我县“三个集中”的原则统筹城乡发展，计划投资1000万元建设阿魏灌区中心镇区综合服务中心，并结合“两居”工程的实施全力推动阿魏灌区的镇区建设。

（二）以着力保障和改善民生为重点，全力抓好民生工程建设

按照县委、政府继续把保障和改善民生作为一切工作的出发点和落脚点，把中央支持、自治区投入和黑龙江省援助更好的利用到“两居工程”、保障性住房、基础设施建设等民生工程，集中力量把各族群众看得见、摸得着的民生大事、实事办好，真正让发展成果惠及群众。

一是加强住房保障体系建设。2013年计划投入资金750万元，新建廉租住房100套，5000平方米；投入资金1047万元，完成棚户区改造工程100套，9000平方米；投入资金858万元，新建公共租赁住房112套，5720平方米；拨付集资建房补助款200万元。

二是扎实推进“两居”工程建设。2013年实施安居富民730户，目前，已分解到各乡镇，以补贴自建的形式建设，不再进行招投标。其中：阿热勒乡185户，阿热勒托别镇120户，阿尕什敖包乡70户，查干郭勒乡105户，萨尔托海乡65户，塔克什肯镇60户，青河镇125户。投入资金约7300万元，中央财政专项预算766.5万元、自治区财政专项预算584万元、县财政配套730万元、农牧民自筹4489.5万元。定居兴牧工程970户，计划分别在阿魏灌区中心建设530户，各乡镇建设440户，以补贴自建的形式建设，不再进行招投标，其中：阿热勒乡90户，阿热勒托别镇90户，阿尕什敖包乡50户，查干郭勒乡50户，萨尔托海乡90户，塔克什肯镇65户。三是继续深入开展村镇建设和村庄整治工作。把村庄环境卫生治理与村镇建设有机结合起来，以“清洁美化家园”为主题，集中开展村容村貌治理活动。2013年我县确定的重点整治乡为萨尔托海乡，重点整治村为塔克什肯镇阿哈仁村、查干郭勒乡科克玉依村。

（三）加强基础设施建设，完善城镇综合服务功能

一是依托项目完善城市综合服务功能。2013年我县立足新型城镇化发展需要，以亚行贷款项目和中央预算内项目建设为依托，启动并分年度建设6000立方米/日规模净水厂1座，4000立方米/日规模污水处理厂1座，30吨/日规模垃圾处理站1座，新建及改造供水管网14公里，进一步完善城市供暖、供排水和垃圾处理建设。目前，争取到位中央预算内资金5120万元。通过项目实施，力争城镇供水普及率达到95%、集中供热普及率达到80%、污水处理率达到85%、垃圾处理率达到90%。

二是积极争取奖励资金，实施建筑节能工程。自2009年以来，我县共对

22栋老旧楼房4.4万平方米实施了节能改造工程，不仅提高了建筑物的节能标准，而且使城市面貌得到了改善。2013年计划争取项目专项资金200万元，地方配套400万元，对13栋老旧建筑4.3万平方米实施节能改造工程。

三是加强城市绿地建设、完善绿地系统综合功能。为创建“自治区园林县城”做好前期准备工作，2013年计划投入100万元对城市街道、庭院进行绿化，计划投资800万元实施大青河桥头、熊猫山区域生态保护工程，对该区域进行绿化、亮化工程。争取2013年底县城的人均公园绿地面积达到16.7平方米，绿化覆盖率达到33%。

四是大力加强城市基础设施建设。计划城市基础设施建设投入建设资金3427.92万元，其中，城市道路计划投资300万元，完成环城东路、南一巷道路建设；城市亮化工程计划投入建设资金307.34万元，完成9条路的路灯改造安装、团结路沿街15栋已完成建筑节能改造的楼体进行LED灯亮化工作和县城入口处山头亮化；青龙湖棚户区小区内硬化、绿化工程计划投资200万元对小区内的各项设施进行建设，争取把该小区建成我县居住人口最多、设施较全、物业管理规范的一流小区；河滨路建设工程总投资1470万元，2013年计划投入资金418万元对青龙湖至强盛拌合站小青河两岸进行道路、人行道、绿化进行建设；拆迁工作计划投入资金1000余万元，完成住房拆迁76户、耕地赔偿52亩、草场赔偿34亩、林地赔偿14亩；市政维修计划投入资金150万元。

（四）建筑市场综合管理

一是进一步加强工程质量监督管理。完善政府工程质量监督、社会监理、企业自控管理机制，明确工程质量监督责任和工程建设各方主体质量责任，贯彻落实工程建设强制性标准，从源头上加强工程质量控制。以保障性住房、“两居”和抗震防灾工程为重点，加强工程质量执法检查，全面落实住宅质量分户验收制度，规范工程质量检测行为，深入开展争创优质工程和工程质量通病专项治理活动，确保新开工工程质量监督覆盖率和竣工验收合格率均达到100%。

二是成立青河县建筑综合学会，引导企业行业自律。2013年成立青河县建筑综合学会，会员由政府主管副县长、建设行政主管部、建筑企业、监理企业和房地产企业人员等组成。学会要充分发挥在维护建筑市场秩序和行业经济利益、应对目前激烈竞争和市场需求、形成社会管理和社会服务合力中的积极作用，搭建好政府与企业沟通互动平台。与此同时，学会要充分发挥内部管理机制，建立健全从业人员的诚信档案，主要包括工程质量、安全诚信和农民工工资发放诚信档案。

三是实施《青河县工程建设领域各类保证金财务管理暂行办法》，规范建筑企业工资支付行为。目前，已由住建、劳动、财政等部门联合制定了《青河县工程建设领域各类保证金财务管理暂行办法》。该办法可以有效地维护农民工的合法权益，进一步规范各建筑企业的农民工工资支付行为。今后，我们还将加大对各施工企业支付农民工工资的监控力度，建立健全建筑企业的用人信用制度，并把监督施工企业缴纳农民工工资保障金作为一项重要工作去做。

四是从源头把关，规范招投标工作。在招投标工作上坚持“统一进场、管办分离、规则主导、全程监督”的工作思路，凡是符合进场的项目，必须无条件的进场招标，与纪检、发改、财政、审计等部门协调配合，严厉打击故意规避进场招标行为，进场招标率达到100%，营造招标投标活动的公开、公平、公正的良好环境。

五是提高监理工作人员业务素质，规范监理行为。目前，我县监理人员业务素质普遍较低，责任心不强，在项目的监理上达不到“三控、三管、一协调”的工作要求，工程存在不同程度的质量安全隐患。在行业竞争上存在压低价格恶性竞争的现象，导致监理人员工资待遇较低，监理企业留不住业务素质高、责任心强的技术人员。在今后的工作中，我局将加强对工程监理机构的管理，完善监理机构及其工作人员行为规范和法定职责，促使工程监理机构切实发挥独立专业监督作用；结合实情统一规范监理价格，避免恶性竞争现象的发生；积极组织监理企业工作人员，参加自治区、地区的业务培训和职业道德培训，提高监理工作人员的业务素质，增强工作责任心；由建筑学会对监理工作人员分季度进行业务评价，并将评价结果报送建设行政主管部门。

（五）转变机关作风、促进党风廉政建设水平的全面提高

2013年把转变机关作风与党风廉政建设紧密结合，通过转变机关作风推动勤政廉政工作。一是结合实际建立健全各项规章制度，完善岗位职责和文明服务行为规范，建立人员流动去向牌。二是健全内部督察机构，建立岗位考评、考核奖惩制度，切实做到以制度管人、管事，确保内部监督的制度化、经常化，使服务工作更规范、更透明。

住房和城乡建设是经济社会发展的基础工作，更是惠及群众的重点民生工程。我们坚信，在县委、政府的正确领导下，在上级主管部门的大力支持下，我们一定会克服各种困难，以更加坚定的信心、更加扎实的工作、更加有力的举措，全面完成2013年的各项建设任务，努力开创住房城乡建设事业发展新局面！

作者简介：

陈军利，中共党员，大学学历。现任新疆维吾尔自治区青河县住房和城级建设局党组成员、局长。

自1983年9月参加工作起，历任青河县阿热勒托别乡政府干部；青河县阿热勒托别乡党委委员、纪检委书记；青河县阿热勒托别乡党委委员、副书记、纪检委书记；青河县塔克什肯镇党委委员、书记；青河县交通局党委委员、副书记、局长。2009年9月至今，任青河县住房和城乡建设局党组成员、局长。

第八篇
工程质量管理与建设法规

建筑工程质量与广大人民群众的生活息息相关，为了加强对建筑工程质量的管理，保证建筑工程质量，保护人民生命财产安全，1997 年 11 月 1 日我国第一部《建筑法》颁布实施，2000 年 1 月 30 日国务院又颁布了《建设工程质量管理条例》。随着国民经济迅猛发展，建筑业也得到了空前发展，现代工程项目建设规模不断扩大，建设项目工程更加复杂。虽然目前建筑工程管理和建筑技术有了很大进步，工程质量有明显提高，但是工程质量通病还普遍存在，工程质量事故时有发生。了解工程质量通病及事故的发生原因，掌握处理方法及预防措施，对建筑工程技术人员显得尤为重要。建筑工程质量指在国家现行的有关法律、法规、技术标准、设计勘察文件及合同中，对工程的安全、使用、耐久及经济美观、环境保护等方面有明显和隐含能力的特性综合，即工程实体的质量。由建筑产品的特点可以知道，其质量蕴涵于整个工程产品的形成过程中，要经过规划、勘察设计、建设实施、投入生产或使用几个阶段，每一个阶段都有国家标准的严格要求。“百年大计，质量第一”是建筑工程行业的一贯方针。然而，由于管理制度、管理者水平、技术人员素质等各方面原因，建筑工程质量缺陷司空见惯，质量事故时有发生。

第一章　建设工程质量体系

第一节　建设工程质量概述

一、质量概述

2000 版 GB/T 19000—ISO 9000 族标准中质量的定义是：一组固有特性满足要求的程度。上述定义可以从以下几方面去理解。

(1) 质量不仅是指产品质量，也可以是某项活动或过程的工作质量，还可以是质量管理体系运行的质量。质量是由一组固有特性组成的，这些固有特性是指满足顾客和其他相关方面的要求的特性，并由其满足要求的程度加以表征。

(2) 特性是指区分的特征。特性可以是固有的或赋予的，可以是定性的或定量的。特性有各种类型，如一般有物质特性（如：机械的、电的、化学的或生物的特性）、感官特性（如嗅觉、触觉、味觉，视觉及感觉控测的特性）、行为特性（如：礼貌、诚实、正直）、人体工效特性（如：语言或生理特性、人身安全特性）、功能特性（如：飞机的航程、速度）。质量特性是固有的特性，并通过产品、过程或体系设计和开发及其后之实现过程形成的属性。固有的意思是指在某事或某物中本来就有的，尤其是那种永久的特性。赋予的特性（如：某一产品的价格）并非是产品、过程或体系的固有特性，不是它们的质量特性。

(3) 满足要求就是应满足明示的（如合同、规范、标准、技术、文件、图纸中明确规定的）、通常隐含的（如组织的惯例、一般习惯）或必须履行的（如法律、法规、行业规则）的需要和期望。与要求相比较，满足要求的程度才反映为质量的好坏。对质量的要求除考虑满足顾客的需要外，还应考虑其他相关方，即组织自身利益、提供原材料和零部件等的供方的利益和社会的利益等多种需求。例如需考虑安全性、环境保护、节约能源等外部的强制要求。只有全面满足这些要求，才能评定为好的质量或优秀的质量。

(4) 顾客和其他相关方对产品、过程或体系的质量要求是动态的、发展的和相对的。质量要求随着时间、地点、环境的变化而变化。如随着技术的发展、生活水平的提高，人们对产品、过程或体系会提出新的质量要求。因此应定期评定质量要求、修订规范标准，不断开发新产品、改进老产品，以满足已变化的质量要求。另外，不同国家不同地区因自然环境条件不同，技术发达程度不同、消费水平不同和民俗习惯等的不同会对产品提出不同的要求，产品应具有这种环境的适应性，对不同地区应提供不同性能的产品，以满足该地区用户的明示或隐含的要求。

二、建设工程质量概述

建设工程质量简称工程质量。工程质量是指工程满足业主需要的，符合国家法律、法规、技术规范标准、设计文件及合同规定的特性综合。

建设工程作为一种特殊的产品，除具有一般产品共有的质量特性，如性

能、寿命、可靠性、安全性、经济性等满足社会需要的使用价值及其属性外，还具有特定的内涵。

建设工程质量的特性主要表现在以下6个方面。

（1）适用性：即功能，是指工程满足使用目的的各种性能，包括：理化性能，如尺寸、规格、保温、隔热、隔音等物理性能，耐酸、耐碱、耐腐蚀、防火、防风化、防尘等化学性能；结构性能，指地基基础牢固程度，结构的足够强度、刚度和稳定性：使用性能，如民用住宅工程要能使居住者安居，工业厂房要能满足生产活动需要，道路、桥梁、铁路、航道要能通达便捷等。建设工程的组成部件、配件、水、暖、电、卫器具、设备也要能满足其使用功能；外观性能指建筑物的造型、布置、室内装饰效果、色彩等美观大方、协调等。

（2）耐久性：即寿命，是指工程在规定的条件下，满足规定功能要求使用的年限，也就是工程竣工后的合理使用寿命周期。由于建筑物本身结构类型不同、质量要求不同、施工方法不同、使用性能不同的个性特点，如民用建筑主体结构耐用年限分为4级（15～30年、30～50年、50～100年、100年以上），公路工程设计年限一般按等级控制在10～20年，城市道路工程设计年限视不同道路构成和所用的材料，设计的使用年限也有所不同。

（3）安全性：是指工程建成后在使用过程中保证结构安全、保证人身和环境免受危害的程度。建设工程产品的结构安全度、抗震、耐火及防火能力，人民防空的抗辐射、抗核污染、抗爆炸波等能力，是否能达到特定的要求，都是安全性的重要标志。工程交付使用之后，必须保证人身财产、工程整体都有能免遭工程结构破坏及外来危害的伤害。工程组成部件，如阳台栏杆、楼梯扶手、电器产品漏电保护、电梯及各类设备等，也要保证使用者的安全。

（4）可靠性：是指工程在规定的时间和规定的条件下完成规定功能的能力。工程不仅要求在交工验收时要达到规定的指标，而且在一定的使用时期内要保持应有的正常功能。如工程上的防洪与抗震能力、防水隔热、恒温恒湿措施、工业生产用的管道防“跑、冒、滴、漏”等；都属可靠性的质量范畴。

（5）经济性：是指工程从规划、勘察、设计、施工到整个产品使用寿命周期内的成本和消耗的费用。工程经济性具体表现为设计成本、施工成本、使用成本三者之和，包括从征地、拆迁、勘察、设计、采购（材料、设备）、施工、配套设施等建设全过程的总投资和工程使用阶段的能耗、水耗、维护、保养乃至改建更新的使用维修费用。

（6）与环境的协调性：是指工程与其周围生态环境协调，与所在地区经济环境协调以及与周围已建工程相协调，以适应可持续发展的要求。

上述6个方面的质量特性彼此之间是相互依存的，总体而言，适用、耐久、安全、可靠、经济、与环境适应性都是必须达到的基本要求，缺一不可。

三、影响工程质量的因素

影响建设工程项目质量的因素很多，通常可以归纳为5个方面，即4M1E，指：人（Man）、材料（Material）、机械（Machine）、方法（Method）和环境（Environment）。事前对这5方面的因素严加控制是保证施工项目质量的关键。

（1）人。人是生产经营活动的主体，也是直接参与施工的组织者、指挥者及直接参与施工作业活动的具体操作者。人员素质，即人的文化、技术、决策、组织、管理等能力的高低直接或间按影响工程质量。此外，人，作为控制的对象，是要避免产生失误的；作为控制的动力，是要充分调动人的积极性，发挥人的主导作用的。

为此，要根据工程特点，从确保质量出发，在人的技术水平、人的生理缺陷、人的心理行为、人的错误行为等方面来控制人的使用。因此，建筑行业实行经营资质管理和各类行业从业人员持证上岗制度是保证人员素质的重要措施。

（2）材料。材料包括原材料、成品、半成品、构配件等，它是工程建设的物质基础，也是工程质量的基础。要通过严格检查验收，正确合理地使用，建立管理台账，进行收、发、储、运等各环节的技术管理，避免混料和将不合格的原材料使用到工程上。

（3）机械。机械包括施工机械设备、工具等，是施工生产的手段。要根据不同工艺特点和技术要求选用合适的机械设备；正确使用、管理和保养好机械设备。工程机械的质量与性能直接影响到工程项目的质量。为此要健全“人机固定”制度、“操作证”制度、岗位责任制度、交接班制度、“技术保养”制度、“安全使用”制度、机械设备检查制度等确保机械设备处于最佳使用状态。

（4）方法。方法包含施工方案、施工工艺、施工组织设计、施工技术措施等。在工程中，方法是否合理，工艺是否先进，操作是否得当，都会对施工质量产生重大影响。应通过分析、研究、对比，正确认可行的基础上，切合工程实际，选择能解决施工难题、技术可行、经济合理，有利于保证质量、加快进度、降低成本的方法。

（5）环境。影响工程质量的环境因素较多，有工程技术环境，如工程地质、水文、气象等；工程管理环境，如质量保证体系、质量管理制度等；劳动环境，如劳动组合、作业场所、工作面等；法律环境，如建设法律法规等；社会环境，如建筑市场规范程度、政府工程质量监督和行业监督成熟度等。环境因素对工程质量的影响具有复杂而多变的特点，如气象条件就变化万千，温度、湿度、大风、暴雨、酷暑、严寒都直接影响工程质量。又如前一工序往往就是后一工序的环境，前一分项、分部工程也就是后一分项，分部工程的环境。因此，加强环境管理，改进作业条件，把握好环境，是控制环境对质量影响的重要保证。

第二节　质量管理与控制

一、质量管理与质量控制的关系

质量是建设工程项目管理的重要任务目标。建设工程项目质量目标的确定和实现过程需要系统有效地应用质量管理和质量控制的基本原理和方法，通过建设工程项目各参与方的质量责任和职能活动的实施来达到。

1. 质量管理

《GB/T 19000—ISO 9000（2008）质量管理体系标准》中质量管理的定义为“质量管理是指确定质量方针及实施质量方针的全部职能及工作内容，并对其工作效果进行评价和改进的一系列工作”。

作为组织，应当建立质量管理体系实施质量管理。具体来说，组织首先应当制定能够反映组织最高管理者的质量宗旨、经营理念和价值观的质量方针，然后在该方针的指导下，通过组织的质量手册、程序性管理文件和质量记录的制定，组织制度的落实、管理人员与资源的配置、质量活动的责任分工与权限界定等，最终形成组织质量管理体系的运行机制。

2. 质量控制

《GB/T 19000—ISO 9000（2000）质量管理体系标准》中质量控制的定义为“质量控制是质量管理的一部分，致力于满足质量要求的一系列相关活动”。

建设工程项目的质量要求是由业主（或投资者、项目法人）提出来的，是业主的建设意图通过项目策划，包括项目的定义及建设规模、系统构成、使用功能和价值、规格档次标准等的定位策划和目标决策来确定的。它主要表现为工程合同、设计文件、技术规范规定和质量标准等。因此，在建设项目实施的各个阶段的活动和各阶段质量控制均是围绕着致力于业主要求的质量总目标展开的。

质量控制所致力的活动是为达到质量要求所采取的作业技术活动和管理活动。这些活动包括：确定控制对象，例如一道工序、设计过程、制造过程等；规定控制标准，即详细说明控制对象应达到的质量要求；制定具体的控制方法，例如工艺规程；明确所采用的检验方法，包括检验手段；实际进行检验；说明实际与标准之间有差异的原因；为了解决差异而采取的行动。质量控制贯穿于质量形成的全过程、各环节，要排除这些环节的技术、活动偏离有关规范的现象，使其恢复正常，达到控制的目的。

质量控制是质量管理的一部分而不是全部。两者的区别在于概念不同、职能范围不同和作用不同。质量控制是在明确的质量目标和具体的条件下，通过行动方案和资源配置的计划、实施、检查和监督，进行质量目标的事前预控、事中控制和事后纠偏控制，实现预期质量目标的系统过程。

二、质量管理

质量管理是指为了实现质量目标而进行的所有管理性质的活动。在质量方面的指挥和控制活动通常包括制定质量方针和质量目标以及质量策划、质量控制、质量保证和质量改进。

1. *质量管理的发展*

质量管理的发展大致经历了 3 个阶段。

1）质量检验阶段

20 世纪前，产品质量主要依靠操作者本人的技艺水平和经验来保证，属于“操作者的质量管理”。20 世纪初，以 F. W. 泰勒为代表的科学管理理论的产生促使产品的质量检验从加工制造中分离出来，质量管理的职能由操作者转移给工长，是“工长的质量管理”。随着企业生产规模的扩大和产品复杂程度的提高，产品有了技术标准（技术条件），公差制度也日趋完善，各种检验工具和检验技术也随之发展，大多数企业开始设置检验部门，有的直属于厂长领导，这时是“检验员的质量管理”。上述几种做法都属于事后检验的质量管理方式。

2）统计质量控制阶段

1924年，美国数理统计学家W. A. 休哈特提出控制和预防缺陷的概念。他运用数理统计的原理提出在生产过程中控制产品质量的“6σ”法，绘制出第一张控制合并建立了一套统计卡片。与此同时，美国贝尔研究所提出关于抽样检验的概念及其实施方案，成为运用数理统计理论解决质量问题的先驱，但当时并未被普遍接受。以数理统计理论为基础的统计质量控制的推广应用始自第二次世界大战。由于事后检验无法控制武器弹药的质量，美国国防部决定将数理统计法用于质量管理，并由标准协会制定有关数理统计方法应用于质量管理方面的规划，成立专门委员会，并于1941～1942年先后公布一批美国战时的质量管理标准。

3）全面质量管理阶段

20世纪50年代以来，随着生产力的迅速发展和科学技术的日新月异，人们对产品的质量从注重产品的一般性能发展为注重产品的耐用性、可靠性、安全性、维修性和经济性等。在生产技术和企业管理中要求运用系统的观点来研究质量问题。在管理理论上也有新的发展，突出重视人的因素，强调依靠企业全体人员的努力来保证质量。此外，还有“保护消费者利益”运动的兴起，企业之间市场竞争越来越激烈。在这种情况下，美国A. V. 费根鲍姆于20世纪60年代初提出全面质量管理的概念。他提出，全面质量管理是“为了能够在最经济的水平上、并考虑到充分满足顾客要求的条件下进行生产和提供服务，并把企业各部门在研制质量、维持质量和提高质量方面的活动构成为一体的一种有效体系”。

中国自1978年开始推行全面质量管理，并取得了一定成效。

2. 质量管理相关特性

质量管理的发展与工业生产技术和管理科学的发展密切相关。现代关于质量的概念包括对社会性、经济性和系统性3方面的认识。

（1）质量的社会性。质量的好坏不仅从直接的用户，而是从整个社会的角度来评价，尤其关系到生产安全、环境污染、生态平衡等问题时更是如此。

（2）质量的经济性。质量不仅从某些技术指标来考虑，还从制造成本、价格、使用价值和消耗等几方面来综合评价。在确定质量水平或目标时，不能脱离社会的条件和需要，不能单纯追求技术上的先进性，还应考虑使用上的经济合理性，使质量和价格达到合理的平衡。

（3）质量的系统性。质量是一个受到设计、制造、使用等因素影响的复杂系统。例如，汽车是一个复杂的机械系统，同时又是涉及道路、司机、乘客、货物、交通制度等特点的使用系统。产品的质量应该达到多维评价的目标。费根鲍姆认为，质量系统是指具有确定质量标准的产品和为交付使用所必需的管理上和技术上的步骤的网络。

质量管理发展到全面质量管理是质量管理工作的又一个大的进步，统计质量管理着重于应用统计方法控制生产过程质量，发挥预防性管理作用，从而保证产品质量。然而，产品质量的形成过程不仅与生产过程有关，还与其他许多过程、许多环节和因素相关联，这不是单纯依靠统计质量管理所能解决的。全面质量管理相对更加适应现代化大生产对质量管理整体性、综合性的客观要求，从过去限于局部性的管理进一步走向全面性、系统性的管理。

3. *质量管理发展原因*

统计质量管理向全面质量管理过渡的原因主要有3个方面。

（1）它是生产和科学技术发展的产物。20世纪50年代以来，随着社会生产力的迅速发展，科学技术日新月异，工业生产技术手段越来越现代化，工业产品更新换代日益频繁，出现了许多大型产品和复杂的系统工程，如美国曼哈顿计划研制的原子弹（早在20世纪40年代就已开始），海军研制的“北极星导弹潜艇”，火箭发射，人造卫星，以至阿波罗宇宙飞船等。对这些大型产品和系统工程的质量要求大大提高了，特别对安全性、可靠性提出的要求是空前的。安全性、可靠性在产品质量概念中占有越来越重要的地位。如，宇航工业产品的可靠性和完善率要求达到99.9999%，即这项极为复杂的系统工程在100万次动作中只允许有一次失灵。它们所用的电子元件、器件、机械零件等持续安全运转工作时间要在1亿小时以至10亿小时。以“阿波罗”飞船和“水星五号”运载火箭为例，它共有零件560万个，它们的完善率假如只在99.9%，则飞行中就将有5600个机件要发生故障，后果不堪设想。又如美国某项航天工程，仅仅由于高频电压测量不准，一连发射4次都没有成功。对于产品质量如此高标准、高精度的要求，单纯依靠统计质量控制显然已越来越不适应，无法满足要求。因为，即使制造过程的质量控制得再好，每道工序都符合工艺要求，而试验研究、产品设计、试制鉴定、准备过程、辅助过程、使用过程等方面工作不纳入质量管理轨道，没有很好地衔接配合、协调无序，则仍然无法确保产品质量，也不能有效地降低质量成本，提高产品在市场上的竞争力。这就从客观上提出了向全面质量管理发展的新的要求。而电子计算机这个管理现代化工具的出现及在管理中的广泛应用，又为综合系统地研究质量管理提供了有效的物质技术基础，进一步促进了它的实现。

（2）随着资本主义固有矛盾的加深与发展，随着工人文化知识和技术水平的提高，以及工会运动的兴起等，为了缓和日益尖锐的阶级矛盾，资本家对工人的态度和管理办法也有新的变化，资产阶级管理理论又有了新的发展，在管理科学中引进了行为科学的概念和理论，进入了“现代管理”阶段。“现代管理”的主要特点就是为了实现更巧妙的剥削，必须首先要管好人，必须更加注意人的因素和发挥人的作用。认为过去的“科学管理”理论是将人作为机器的一个环节发挥作用，将工人只看成一个有意识的器官，如同机器附件一样，放在某个位置上来研究管理，忽视了人的主观能动作用。现在则要将人作为一个独立的能动者在生产中发挥作用，要求从人的行为的本质中激发出动力，从人的本性出发来研究如何调动人的积极性。而人是受心理因素、生理因素、社会环境等方面影响的，因而必须从社会学、心理学的角度研究社会环境、人的相互关系以及个人利益对提高工效和产品质量的影响，尽量采取能够调动人的积极性的管理办法。在这个理论基础上，提出了形形色色的所谓“工业民主”、“参与管理”、“刺激规划”、“共同决策”、“目标管理”等新办法。这种管理理论的发展对企业各方面管理工作都带来了重大影响，在质量管理中相应出现了组织工人“自我控制”的无缺陷运动、质量管理小组活动、质量提案制度、“自主管理活动”的质量管理运动等，使质量管理从过去限于技术、检验等少数人的管理逐步走向多数人参加的管理活动。

（3）在资本主义市场激烈竞争下，广大消费者为了保护自己的利益，买到质量可靠、价廉物美的产品，抵制资本家不负责任的广告战和推销的滑头货，成立了各种消费者组织，出现了“保护消费者利益”的运动，迫使政府制定法律，制止企业生产和销售质量低劣、影响安全、危害健康等劣等品，要企业对提供的产品质量承担法律责任和经济责任。制造者提供的产品不仅要求性能符合质量标准规定，而且要保证在产品售后的正常使用期限中，使用效果良好，可靠、安全、经济，不出质量问题。这就是在质量管理中提出了质量保证和质量责任的问题，要求制造厂建立贯穿全过程的质量保证体系，将质量管理工作转到质量保证的目标上来。

质量管理百年历程：

工业革命前产品质量由各个工匠或手艺人自己控制。

1875 年，泰勒制诞生——科学管理的开端。

最初的质量管理——检验活动与其他职能分离，出现了专职的检验员和独立的检验部门。

1925 年，休哈特提出统计过程控制（SPC）理论——应用统计技术对生产过程进行监控，以减少对检验的依赖。

20 世纪 30 年代，道奇和罗明提出统计抽样检验方法。

20 世纪 40 年代，美国贝尔电话公司应用统计质量控制技术取得成效；美国军方资供应商在军需物中推进统计质量控制技术的应用；美国军方制定了战时标准 Zl. l. Zl. 2、Zl. 3—最初的质量管理标准。3 个标准以休哈特、道奇、罗明的理论为基础。

20 世纪 50 年代，戴明提出质量改进的观点—在休哈特之后系统和科学地提出用统计学的方法进行质量和生产力的持续改进；强调大多数质量问题是生产和经营系统的问题；强调最高管理层对质量管理的责任。此后，戴明不断完善他的理论，最终形成了对质量管理产生重大影响的“戴明十四法”。开始开发提高可靠性的专门方法—可靠性工程开始形成。

1958 年，美国军方制定了 MIL—Q—8958A 等系列军用质量管理标准—在 MIL－Q－9858A 中提出了“质量保证”的概念，并在西方工业社会产生影响。

20 世纪 60 年代初，朱兰、费根鲍姆提出全面质量管理的概念，他们提出，为了生产具有合理成本和较高质量的产品，以适应市场的要求，只注意个别部门的活动是不够的，需要对覆盖所有职能部门的质量活动策划。

戴明、朱兰、费根鲍姆的全面质量管理理论在日本被普遍接受。日本企业创造了全面质量控制（TQC）的质量管理方法。统计技术，特别是“因果图”、“流程图”、“直方图”、“检查单”、“散点图”、“排列图”、“控制图”等被称为“老七种”工具的方法，被普遍用于质量改进。

20 世纪 60 年代，中北大西洋公约组织（NATO）制定了 AQAP 质量管理系列标准—AQAP 标准以 MIL－Q－9858A 等质量管理标准为蓝本。所不同的是，AQAP 引入了设计质量控制的要求。

20 世纪 70 年代，TQC 使日本企业的竞争力极大地提高，其中，轿车、家用电器、手表、电子产品等占领了国际市场。因此促进了日本经济的极大发展。日本企业的成功使全面质量管理的理论在世界范围内产生了巨大影响。

日本质量管理学家对质量管理的理论和方法的发展作出了巨大贡献。这一时期产生了石川馨、田口玄一等世界著名质量管理专家。

1979 年，英国制定了国家质量管理标准 BS5750—将军方合同环境下使用的质量保证方法引入市场环境。这标志着质量保证标准不仅对军用物资装备的生产，而且对整个工业界产生影响。

20 世纪 80 年代，菲利浦·克劳士比提出“零缺陷”的概念。他指出，

“质量是免费的”。突破了传统上认为高质量是以高成本为代价的观念。他提出高质量将给企业带来高的经济回报。

质量运动在许多国家展开，包括中国、美国、欧洲等许多国家设立了国家质量管理奖，以激励企业通过质量管理提高生产力和竞争力。质量管理不仅被引入生产企业，而且被引入服务业，甚至医院、机关和学校。许多企业的高层领导开始关注质量管理。全面质量管理作为一种战略管理模式进入企业。

1987 年，ISO 9000 系列国际质量管理标准问世—质量管理和质量保证对全世界 1987 年版的 ISO 9000 标准很大程度上基于 BS5750。质量管理与质量保证开始在世界范围内对经济和贸易活动产生影响。

1994 年，ISO 9000 系列标准改版—新的 ISO 9000 标准更加完善，为世界绝大多数国家所采用。第三方质量认证普遍开展，有力地促进了质量管理的普及和管理水平的提高。米兰博士提出：即将到来的世纪是质量的世纪”。

20 世纪 90 年代末，全面质量管理（TQM）成为许多“世界级”企业的成功经验证明是一种使企业获得核心竞争力的管理战略。质量的概念也从狭义的符合规范发展到以“顾客满意”为目标。全面质量管理不仅提高了产品与服务的质量，而且在企业文化改造与重组的层面上对企业产生深刻的影响，使企业获得持久的竞争能力。

在围绕提高质量、降低成本、缩短开发和生产周期方面，新的管理方法层出不穷。其中包括：并行工程（CE）、企业流程再造（BPR）等。

21 世纪，随着知识经济的到来，知识创新与管理创新必将极大地促进质量的迅速提高—包括生产和服务的质量、工作质量、学习质量、直至人们的生活质量。质量管理的理论和方法将更加丰富，并将不断突破旧的范畴而获得极大的发展。

三、质量控制

质量控制是质量管理的一部分。质量控制是在明确的质量目标条件下通过行动方案和资源配置的计划，实施、检查和监督来实现预期目标的过程。在质量控制的过程中，运用全过程质量管理的思想和动态控制的原理，主要可以将其分为 3 个阶段，即质量的事前预制、事中控制和事后纠偏控制。

施工阶段质量控制的任务目标：

施工质量控制的总体目标是贯彻执行我国现行建设工程质量法规和标准，正确配置生产要素和采用科学管理的方法，实现由建设工程项目决策，设计文件和施工合同所决定的工程项目预期的使用功能和质量标准。不同管理主体的施工质量控制目标不同，但都是致力于实现项目质量总目标的。

（1）建设单位的质量控制目标是通过施工过程的全面质量监督管理、协调和决策，保证竣工项目达到投资决策所确定的质量标准。

（2）设计单位在施工阶段的质量控制目标是通过设计变更控制及纠正施工中所发现的设计问题等，保证竣工项目的各项施工结果与设计文件所规定的标准相一致。

（3）施工单位的质量控制目标是通过施工过程的全面质量自控，保证交付满足施工合同及设计文件所规定的质量标准（含建设工程质量创优要求）的建设工程产品。

（4）监理单位在施工阶段的质量控制目标是通过审核施工质量文件，采取现场旁站、巡视等形式，应用施工指令和结算支付控制等手段，履行监理职能，监控施工承包单位的质量活动行为，以保证工程质量达到施工合同和设计文件所规定的质量标准。

（5）供货单位的质量控制目标是严格按照合同约定的质量标准提供货物及相关单据，对产品质量负责。

1. 事前质量预控

事前质量预控利用前馈信息实施控制，重点放在事前的质量计划与决策上，即在生产活动开始以前根据对影响系统行为的扰动因素做种种预测，制定出控制方案。这种控制方式是十分有效的。例如，在产品设计和工艺设计阶段，对影响质量或成本的因素做出充分的估计，采取必要的措施可以控制质量或成本要素的60%。有人称它为储蓄投资管理，意为抽出今天的余裕为明天的收获所做的投资管理。

对于建设工程项目，尤其是施工阶段的质量预控，就是通过施工质量计划或施工组织设计或施工项目管理实施规划的制订过程，运用目标管理的手段，实施工程质量的计划预控。在实施质量预控时，要求对生产系统的未来行为有充分的认识，依据反馈信息制订计划和控制方案，找出薄弱环节，制定有效的控制措施和对策；同时必须充分发挥组织的技术和管理方面的整体优势，将长期形成的先进管理技术、管理方法和经验智慧，创造性地应用于工程项目。

施工项目事前质量控制重点是做好施工准备工作，并且施工准备工作要贯穿于施工全过程中。

（1）技术准备：包括熟悉和审查项目的施工图纸；施工条件的调查分析；

工程项目设计交底；工程项目质量监督交底；重点、难点部位施工技术交底；编制项目施工组织设计等。

（2）物质准备：包括建筑材料准备、构配件、施工机具准备等。

（3）组织准备：包括建立项目管理组织机构，建立以项目经理为核心、技术负责人为主、专职质量检查员、工长、施工队班组长组成的质量管理网络，对施工现场的质量管理职能进行合理分配，健全和落实各项管理制度，形成分工明确、责任清楚的执行机制；对施工队伍进行入场教育等。

（4）施工现场准备：包括工程测量定位和标高基准点的控制；“四通一平”，生产、生活临时设施等的准备；组织机具、材料进场；制定施工现场各项管理制度等。

施工质量控制点的设置：

质量控制点是施工质量控制的重点，一般是指为了保证工序质量而需要进行控制的重点、关键部位或薄弱环节。它是保证达到工程质量要求的一个必要前提。通过对工程重要质量特性、关键部位和薄弱环节采取管理措施，实施严格控制，保持工序处于一个良好的受控状态，使工程质量特性符合设计要求和施工验收规范。

（1）质量控制点的设置原则。在什么地方设置质量控制点，需要对建筑产品的质量特性要求和施工过程中各个工序进行全面分析来确定。设置质量控制点一般应考虑以下因素。

①对产品的适用性有严重影响的关键质量特性、关键部位或重要影响因素应设置质量控制点，如高层建筑物的垂直度。

②对工艺上有严格要求，对下道工序有严重影响的关键质量特性、部位应设置质量控制点，如钢筋混凝土结构中的钢筋质量、模板的支撑与固定等。

③对施工中的薄弱环节，质量不稳定的工序、部位或对象应设置质量控制点，如卫生间防水等。

④采用新工艺、新材料、新技术的部位和环节应设置质量控制点。

⑤施工中无足够把握的、施工条件困难的或技术难度大的工序或环节，如复杂曲线模板的放样工作。

（2）质量控制点的设置方法。承包单位在工程施工前应根据工程项目施工管理的基本程序，结合项目特点，列出各基本施工过程时局部和总体质量水平有影响的项目，作为具体实施的质量控制点，提交监理工程师审查批准后，在此基础上实拖质量预控。如：高层建筑施工质量管理中，可列出地基处理、工程测量、设备采购、大体积混凝土施工及有关分部分项工程中必须进行重点控制的专题等，作为质量控制重点。

（3）质量控制点的重点控制对象。

①人为因素，包括人的身体素质、心理素质、技术水平等均有相应的较高要求，如高空作业。

②物的因素，物的质量与性能，如预应力钢筋的性能和质量等。

③施工技术参数，如填土含水量，混凝土受冻临界强度等。

④施工顺序，如对于冷拉钢筋应当先对焊、后冷拉，否则会失去冷强等。

⑤技术间歇，如砖砌筑与抹灰之间，应保证有足够的间歇时间。

⑥施工方法，如滑模施工中的支承杆失稳问题，极可能引起重大质量事故。

⑦新工艺、新技术、新材料的应用等。

2. 事中质量控制

事中质量控制也称作业活动过程质量控制，是指质量活动主体的自我控制和他人监控的控制方式。自我控制是第一位的，即作业者在作业过程中对自己质量活动行为的约束和技术能力的发挥，以完成预定质量目标的作业任务；他人监控是指作业者的质量活动和结果，接受来自企业内部管理者和来自企业外部有关方面的检查检验，如工程监理机构、政府质量监督部门等的监控。事中质量控制的目标是确保工序质量合格，杜绝质量事故发生。

施工项目事中质量控制要全面控制施工过程，重点控制工序质量。

（1）施工作业技术复核与计量管理。凡涉及施工作业技术活动基准和依据的技术工作，都应由专人负责复核性检查，复核结果报送监理工程师复验确认后才能进行后续相关的施工，以避免基准失误给整个工程质量带来难以补救的或全局性的危害。例如工程的定位、轴线、标高，预留空洞的位置和尺寸等。

施工过程中的计量工作包括投料计量、检测计量等，其正确性与可靠性直接关系到工程质量的形成和客观的效果评价，必须在施工过程中严格计量程序、计量器具的使用操作。

（2）见证取样、送检工作的监控。见证取样指对工程项目使用的材料、构配件的现场取样，工序活动效果的检查实施见证。承包单位在对进场材料、试块、钢筋接头等实施见证取样前要通知监理工程师，在工程师现场监督下完成取样过程，送往具有相应资质的实验室，实验室出具的报告一式两份，分别由承包单位和项目监理机构保存，并作为归档材料，以及工序产品质量评定的重要依据。实行见证取样绝不代替承包单位应对材料、构配件进场时

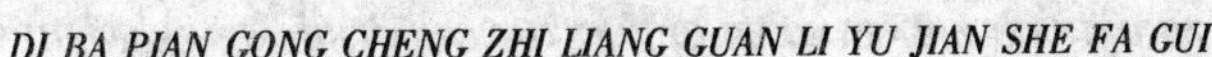

必须进行的自检。

（3）工程变更的监控。施工过程中，由于种种原因会涉及工程变更，工程变更的要求可能来自建设单位、设计单位或施工承包单位，无论是哪一方提出工程变更或图纸修改，都应通过监理工程师审查并经有关方面研究，确认其必要性后，由监理工程师发布变更指令方能生效予以实施。

（4）隐蔽工程验收的监控。将被其后续工程施工所隐蔽的分部分项工程，在隐蔽前所进行的检查验收是对一些已完分部分项工程质量的最后一道检查。由于检查对象就要被其他工程覆盖，会给以后的检查整改造成障碍，故是施工质量控制的重要环节。

通常，隐蔽工程施工完毕，承包单位按有关技术规程、规范、施工图纸先进行自检且合格后，填写《报验申请表》，并附上相应的隐蔽工程检查记录及有关材料证明、试验报告、复试报告等，报送项目监理机构。监理工程师收到报验申请并对质量证明资料进行审查认可后，在约定的时间和承包单位的专职质检员及相关施工人员一起进行现场验收。如符合质量要求，监理工程师在《报验申请表》及隐蔽工程检查记录上签字确认，准予承包单位隐蔽、覆盖，进入下一道工序施工；如经现场检查发现不合格，监理工程师指令承包单位整改，整改后自检合格再报监理工程师复查。

（5）其他措施。批量施工先行样板示范、现场施工技术质量例会、QC小组活动等也是长期施工管理实践过程中形成的质量控制途径。

施工生产要素的质量控制：

（1）劳动主体的控制。要做到全面控制，必须要以人为核心，加强质量意识，这是质量控制的首要工作。施工企业首先应当成立以项目经理的管理目标和管理职责为中心的管理架构，配备称职管理人员，各司其职。其次，提高施工人员的素质，加强专业技术和操作技能培训。近年来，有关部门对技术人员和管理人员进行了一些培训，而对劳务层的民工培训很少，很难做到施工人员同步进行素质提高，目前重点应对劳务层民工进行分类、分工种的培训，特别是完善上岗证制度；最后，还应完善奖励和处罚机制，充分发挥全体人员的最大工作潜能。

（2）劳动对象的控制。材料（包括原材料、成品、半成品、构件）是工程施工的物质条件，是建筑产品的构成因素，它们的质量好坏直接影响工程产品的质量。加强材料的质量控制是提高施工项目质量的重要保证。

对原材料、半成品及构件进行质量控制应做好以下工作：所有的材料都要满足设计和规范的要求，并提供产品合格证明；要建立完善的验收及送检制度，杜绝不合格材料进入现场，更不允许不合格材料用于施工；实行材料供应“四验”（即验规格、验品种、验质量、验数量）、“三把关”（材料人员把关、技术人员把关、施工操作者把关）制度；确保只有检验合格的原材料才能进入下一道工序，为提高工程质量打下一个良好的基础；建立现场监督抽检制度，按有关规定比例进行监督抽检；建立物资验证台账制度等。

（3）施工工艺的控制。施工工艺的先进合理是直接影响工程质量、进度、造价以及安全的关键因素。施工工艺的控制主要包括施工技术方案、施工工艺、施工组织设计、施工技术措施等方面的控制，主要应注意以下几点：编制详细的施工组织设计与分项施工方案，对工程施工中容易发生质量事故的原因、防治、控制措施等做出详细的说明，选定的施工工艺和施工顺序应能确保工序质量；设立质量控制点，针对隐蔽工程，重要部位，关键工序和难度较大的项目等设置；建立三检制度，通过自检、互检、交接检，尽量减少质量失误；工程开工前编制详细的项目质量计划，明确本标段工程的质量目标，制定创优工程的各项保证措施等。

（4）施工设备的控制。施工设备的控制主要做好两个方面的工作：一是机械选择与储备，在选择机械设备时，应该根据工程项目特点、工程量、施工技术要求等，合理配置技术性能与工作质量良好、工作效率高、适合工程特点和要求的机械设备，并考虑机械的可靠性、维修难易程度、能源消耗，以及安全、灵活等方面对施工质量的影响与保证条件，同时做好足够的机械储备，以防机械发生故障影响工程进度。二是计划地保养与维护，对进入施工现场的施工机械设备进行定期维修；应在规章制度前提下加强机械设备管理，做到人机固定，定期保养和及时修理；建立强制性技术保养和检查制度，没达到完好度的设备严禁使用。

（5）施工环境的控制。施工环境主要包括工程技术环境、工程管理环境和劳动环境等。

①工程技术环境的控制。工程技术环境包括工程地质、水文地质、气象等。根据工程技术环境的特点，合理安排施工工艺、进度计划，尽量避免由于环境给工程带来的不利影响。

②工程管理环境的控制。认真贯彻执行 ISO 9000 标准，建立完善的质量管理体系和质量控制自检系统，落实质量责任制。

③劳动环境的控制。劳动组合、作业场所、工作面等都是控制的对象。要做到各工种和不同等级工人之间互相匹配，避免停工窝工，尽量获得最高的劳动生产率；施工现场要干净整洁，真正做到工完场清，材料堆放整齐有

序，材料的标识牌清晰明确，道路通畅等。

施工作业质量自控：

施工方是工程施工质量的自控主体，通过具体项目质量计划的编制与实施，有效地实现施工质量的自控目标。我国《建筑法》和《建设工程质量管理条例》规定：建筑施工企业对工程的施工质量负责；建筑施工企业必须按照工程设计要求、施工技术标准和合同的约定对建筑材料、建筑构配件和设备进行检验，不合格的不得使用。

施工作业质量的自控过程是由施工作业组织的成员进行的，一般按“施工作业技术的交底—施工作业活动的实施—作业质量的自检自查、互检互查、专职检查”的基本程序进行。

工序作业质量是直接形成工程质量的基础，为了有效控制工序质量，工序控制应该坚持以下要求。

（1）持证上岗，严格施工作业制度。施工作业人员必须按规定考核后持证上岗，施工管理人员及作业人员应严格按施工工艺、操作规程、作业指导书和技术交底文件进行施工。

（2）预防为主，主动控制施工工序活动条件的质量。按照质量计划的要求，对人员、材料、机械、施工方法、施工环境等预先进行认真分析，严格控制；同时，对不利因素的影响及时采取措施纠偏，始终使工序质量处于受控状态。

（3）重点控制，合理设置工序质量控制点。要根据作业活动的实际需要，进一步建立工序作业控制点，深化工序作业的重点控制。

（4）坚持标准，及时检查施工工序作业效果质量。工序作业人员在工序作业过程中应严格坚持质量标准，通过自检、互检不断完善作业质量，一旦发现问题及时处理，使工序活动效果的质量始终满足有关质量规范规定。

（5）制度创新，形成质量自控的有效方法。施工企业应该积极学习先进的项目管理理念，形成质量例会制度，质量会诊制度、每月质量讲评制度、样板制度、挂牌制度等，促进企业质量自控。

（6）记录完整，做好有效施工质量管理资料。在整个施工作业过程中，对工序作业质量的记录，检验数据等资料应该完整无误地记录下来，并且应按照施工管理规范的要求进行填写记载，作为质量保证的依据以及质量控制的资料。

施工作业质量的监控：

建设单位、监理单位、设计单位及政府的工程质量监督部门，需在施工阶段依照法律法规和工程施工合同对施工单位的质量行为和质量状况实施监督控制。

建设单位和质量监督部门要在工程项目施工全过程中对每个分项工程和每道工序进行质量检查监督，尤其要加强对重点部位的质量监督评定，负责对质量控制点的监督把关，同时检查督促单位工程质量控制的实施情况，检查质量保证资料和有关施工记录、试验记录，建设单位负责组织主体工程验收和单位工程完工验收，指导验收技术资料的整理归档。

在开工前建设单位要主动向质量监督机构办理质量监督手续，在工程建设过程中，质量监督机构按照质量监督方案对项目施工情况进行不定期的检查，主要检查工程各个参建单位的质量行为、质量责任制的履行情况、工程实体质量和质量保证资料。

设计单位应当就审查合格的施工图纸设计文件向施工单位做出详细说明，参与质量事故分析并提出相应的技术处理方案。

作为监控主体之一的项目监理机构，在施工作业过程中，通过旁站监理、测量、试验、指令文件等一系列控制手段，对施工作业进行监督检查，实现其项目监理规划。

3. 事后质量控制

事后质量控制也称为事后质量把关，以使不合格的工序或产品不流入后道工序、不流入市场。事后控制的任务是对质量活动结果进行评价、认定，对工序质量偏差进行纠偏，对不合格产品进行整改和处理。

从理论上讲，对于建设工程项目，如果计划预控过程所制定的行动方案考虑得越周密，事中自控能力越强、监控越严格，实现质量预期目标的可能性就越大。但是，由于在作业过程中不可避免地会存在一些计划时难以预料的因素，包括系统因素和偶然因素的影响，质量难免会出现偏差。因此当出现质量实际值与目标值之间超出允许偏差时，必须分析原因，采取措施纠正偏差，保持质量受控状态。建设工程项目质量的事后控制，具体体现在施工质量验收各个环节的控制方面。

施工项目事后质量控制具体工作内容是进行已完施工成品保护、质量验收和不合格品的处理等。

（1）成品保护。在施工过程中，有些分项分部工程已经完成，而其他部位尚在施工，如果不对成品进行保护就会造成其损伤、污染而影响质量，因此承包单位必须负责对成品采取妥善措施予以保护。对成品进行保护的最有效手段是合理安排施工顺序，通过合理安排不同工作间的施工顺序以防止后

道工序损坏或污染已完施工的成品。此外，也可以采取一般措施来进行成品保护。

①防护：是对成品提前保护，以防止成品可能发生的污染和损伤。如对于进出口台阶可垫砖或方木，搭脚手板供人通过的方法来保护台阶。

②包裹：是将被保护物包裹起来，以防损伤或污染。如大理石或高级柱子贴面完工后可用立板包裹捆扎保护；管道、电器开关可用塑料布、纸等包扎保护。

③覆盖：是对成品进行表面覆盖，防止堵塞或损伤。如落水口、排水管安装后可以将其覆盖，以防止异物落入而被堵塞；散水完工后可覆盖一层砂子或土有利于散水养护并防止磕碰等。

④封闭：是对成品进行局部封闭，以防破坏的办法进行保护。如屋面防水层做好后，应封闭上屋顶的楼梯门或出入口等。

（2）不合格品的处理。上道工序不合格，不准进入下道工序施工，不合格的材料、构配件、半成品不准进入施工现场且不允许使用，已经进场的不合格品应及时做出标识、记录，指定专人看管，避免用错，并限期清除出现场；不合格的工序或工程产品不予计价。

（3）施工质量检查验收。按照施工质量验收统一标准规定的质量验收划分，从施工作业工序开始，通过多层次的设防把关，依次做好检验批、分项工程、分部工程及单位工程的施工质量验收。

以上3个系统控制的三大环节，它们之间构成了有机的系统过程，其实质就是PDCA循环原理的具体运用。

现场质量检查的方法：

对于现场所用原材料、半成品、工序过程或工程产品质量进行检验的方法，一般可分为3类，即：目测法、量测法以及试验法。

（1）目测法：即凭借感官进行检查，也可以叫做观感检验。这类方法主要是根据质量要求，采用看、摸、敲、照等手法对检查对象进行检查。

“看”就是根据质量标准要求进行外观目测，如清水墙面是否洁净，内墙抹灰大面及口角是否平直，混凝土拆模后是否有蜂窝、麻面、露筋现象，施工顺序是否合理，工人操作是否正确等。“摸”就是通过触摸手感进行检查、鉴别，主要用于装饰工程的某些检查项目，如油漆的光滑度，浆活是否牢固、不掉粉，地面有无起砂等。“敲”就是运用敲击方法进行观感检查，通过声音的虚实确定有无空鼓，还可根据声音的清脆和沉闷，判定属于面层空鼓或底层空鼓，如对墙面瓷砖、大理石镶贴、地砖销砌等的质量均可通过敲击检查，根据声音虚实、脆闷来判断有无空鼓等质量问题。“照”就是对于难以看到或光线较暗的部位，通过人工光源或反射光照射进行检查。

（2）量测法：就是利用量测工具或计量仪表，通过实际量测结果与规定的质量标准或规范的要求相对照，从而判断质量是否符合要求。量测的手法可归纳为靠、吊、量、套。

“靠”就是用直尺检查诸如地面、墙面的平整度等。“吊”就是指用线锤检查垂直度。“量”就是用测量工具和计量仪表等检查断面尺寸、轴线、标高等的偏差，如大理石板拼缝尺寸与超差数量，摊铺沥青拌和料的温度等。“套”是指以方尺套方，辅以塞尺，检查诸如踏角线的垂直度、预制构件的方正，门窗口及构件的对角线等。

（3）试验法：是利用理化试验或借助专门仪器判断检验对象质量是否符合要求。

①理化试验。常用的理化试验包括物理力学性能方面的检验和化学成分及含量的测定两个方面。力学性能检验如抗拉强度、抗压强度的测定等。物理性能方面的测定如密度、含水量、凝结时间等。化学试验如钢筋中的磷、硫含量，以及抗腐蚀等。

②无损测试或检验。借助专门的仪器、仪表等手段在不损伤被探测物的情况下了解被探测物的质量情况，如超声波探伤仪、磁粉探伤仪等。

第三节　工程质量责任的结构

建设工程项目的实施是业主、设计、施工、监理等多方主体活动的结果。在工程项目建设中，参与工程建设的各方应根据国家颁布的《建设工程质量管理条例》以及合同、协议及有关文件的规定承担相应的质量责任。

1. 建设单位的质量责任

（1）建设单位要根据工程特点和技术要求，按有关规定选择相应资质等级的勘察、设计单位和施工单位，在合同中必须有质量条款，明确质量责任，并真实、准确、齐全地提供与建设工程有关的原始资料。凡建设工程项目的勘察、设计、施工、监理以及工程建设有关重要设备材料等的采购均实行招标，依法确定程序和方法，择优选定中标者。不得将应由一个承包单位完成的建设工程项目肢解成若干部分发包给几个承包单位；不得迫使承包方以低

于成本的价格竞标；不得任意压缩合理工期；不得明示或暗示设计单位或施工单位违反建设强制性标准，降低建设工程质量。建设单位对其自行选择的设计、施工单位发生的质量问题承担相应责任。

（2）建设单位应根据工程特点配备相应的质量管理人员。对国家规定强制实行监理的工程项目必须委托有相应资质等级的工程监理单位进行监理。

（3）建设单位在工程开工前，负责办理有关施工图设计文件审查、工程施工许可证和工程质量监督手续，组织设计和施工单位认真进行设计交底；在工程施工中，应按国家现行有关工程建设法规、技术标准及合同规定，对工程质量进行检查，涉及建筑主体和承重结构变动的装修工程，建设单位应在施工前委托原设计单位或者相应资质等级的设计单位提出设计方案，经原审查机构审批后方可施工。工程项目竣工后，应及时组织设计、施工、工程监理等有关单位进行施工验收，未经验收备案或验收备案不合格的，不得交付使用。

（4）建设单位按合同的约定负责采购供应的建筑材料、建筑构配件和设备应符合设计文件和合同要求，对发生的质量问题应承担相应的责任。

2. 勘察、设计单位的质量责任

（1）勘察、设计单位必须在其资质等级许可的范围内承揽相应的勘察设计任务，不许承揽超越其资质等级许可范围的任务，不得将承揽工程转包或违法分包，也不得以任何形式用其他单位的名义承揽业务或允许其他单位或个人以本单位的名义承揽业务。

（2）勘察、设计单位必须按照国家现行的有关规定、工程建设强制性技术标准和合同要求进行勘察、设计工作，并对所编制的勘察、设计文件的质量负责。勘察单位提供的地质、测量、水文等勘察成果文件必须真实、准确。设计单位提供的设计文件应当符合国家规定的设计深度要求，注明工程合理使用年限。设计文件中选用的材料、构配件和设备，应当注明规格、型号、性能等技术指标，其质量必须符合国家规定的标准。除有特殊要求的建筑材料、专用设备、工艺生产线外，不得指定生产厂、供应商。设计单位应就审查合格的施工图文件向施工单位作出详细说明，解决施工中对设计提出的问题，负责设计变更。参与工程质量事故分析，并对因设计造成的质量事故提出相应的技术处理方案。

3. 施工单位的质量责任

（1）施工单位必须在其资质等级许可的范围内承揽相应的施工任务，不许承揽超越其资质等级业务范围的任务，不得将承接的工程转包或违法分包，也不得以任何形式用其他施工单位的名义承揽工程或允许其他单位或个人以本单位的名义承揽工程。

（2）施工单位对所承包的工程项目的施工质量负责。应当建立健全质量管理体系，落实质量责任制，确定工程项目的项目经理、技术负责人和施工管理负责人。实行总承包的工程，总承包单位应对全部建设工程质量负责。建设工程勘察、设计、施工、设备采购的一项或多项实行总承包的，总承包单位应对具承包的建设工程或采购的设备的质量负责；实行总分包的工程，分包应按照分包合同约定对其分包工程的质量向总承包单位负责，总承包单位与分包单位对分包工程的质量承担连带责任。

（3）施工单位必须按照工程设计图纸和施工技术规范标准组织施工。未经设计单位同意，不得擅自修改工程设计。在施工中，必须按照工程设计要求、施工技术规范标准和合同约定，对建筑材料、构配件、设备和商品混凝土进行检验，不得偷工减料，不使用不符合设计和强制性技术标准要求的产品，不使用未经检验和试验、检验或试验不合格的产品。

4. 建筑材料、构配件及设备生产或供应单位的质量责任

建筑材料、构配件及设备生产或供应单位对其生产或供应的产品质量负责。生产厂或供应商必须具备相应的生产条件、技术装备和质量管理体系，所生产或供应的建筑材料、构配件及设备的质量应符合国家和行业现行的技术规定的合格标准和设计要求，并与说明书和包装上的质量标准相符，且应有相应的产品检验合格证，设备应有详细的使用说明等。

5. 工程监理单位的质量责任

（1）工程监理单位应按其资质等级许可的范围承担工程监理业务，不许超越本单位资质等级许可的范围或以其他工程监理单位的名义承担工程监理业务，不得转让工程监理业务，不许其他单位或个人以本单位的名义承担工程监理业务。

（2）工程监理单位应依照法律、法规以及有关技术标准、设计文件和建设工程承包合同与建设单位签订监理合同，代表建设单位对工程质量实施监理，并对工程质量承担监理责任。如果工程监理单位故意弄虚作假，降低工程质量标准，造成质量事故的，要承担法律责任。若工程监理单位与承包单位串通，谋取非法利益，给建设单位造成损失的，应当与承包单位承担连带赔偿责任。如果监理单位在责任期内不按照监理合同约定履行监理职责，给建设单位或其他单位造成损失的，属违约责任，应当向建设单位赔偿。

6. 工程质量检测单位的质量责任

（1）建设工程质量检测单位必须经省技术监督部门计量认证和省建设行

政管理部门资质审查，方可接受委托对建设工程所用建筑材料、构配件及设备进行检测。

（2）建筑材料、构配件检测所需试样由建设单位和施工单位共同取样送试或者由建设工程质量检测单位现场抽样。

（3）建设工程质量检测单位应当对出具的检测数据和鉴定报告负责。

（4）工程使用的建筑材料、构配件及设备质量必须有检验机构或者检验人员签字的产品检验合格证明。

（5）在工程保修期内因建筑材料、构配件不合格出现质量问题，属于建设工程质量检测单位提供错误检测数据的，由建设工程质量检测单位承担质量责任。

7. 工程质量监督单位的质量责任

（1）根据政府主管部门的委托，受理建设工程项目的质量监督。

（2）制定质量监督工作方案。确定负责该项工程的质量监督工程师和助理质量监督师。根据有关法律、法规和工程建设强制性标准，针对工程特点，明确监督的具体内容、监督方式。在方案中对地基基础、主体结构和其他涉及结构安全的重要部位和关键过程作出实施监督的详细计划安排，并将质量监督工作方案通知建设、勘察、设计、施工、监理单位。

（3）检查施工现场工程建设各方主体的质量行为。检查施工现场工程建设各方主体及有关人员的资质或资格；检查勘察、设计、施工、监理单位的质量管理体系和质量责任制落实情况；检查有关质量文件、技术资料是否齐全并符合规定。

（4）检查建设工程实体质量。按照质量监督工作方案，对建设工程地基基础、主体结构和其他涉及安全的关键部位进行现场实地抽查，对用于工程的主要建筑材料、构配件的质量进行抽查。对地基基础分部、主体结构分部和其他涉及安全的分部工程的质量验收进行监督。

（5）监督工程质量验收。监督建设单位组织的工程竣工验收的组织形式、验收程序以及在验收过程中提供的有关资料和形成的质量评定文件是否符合有关规定，实体质量是否存在严重缺陷，工程质量验收是否符合国家标准。

（6）向委托部门报送工程质量监督报告。报告的内容应包括对地基基础和主体结构质量检查的结论，工程施工验收的程序、内容和质量检验评定是否符合有关规定，及历次抽查该工程的质量问题和处理情况等。

（7）对预制建筑构件和商品混凝土的质量进行监督。

第四节　工程质量管理制度的内容

近年来，我国建设行政主管部门先后颁发了多项建设工程质量管理制度，主要有以下几方面内容。

一、施工图设计文件审查制度

施工图审查是指国务院建设行政主管部门和省、自治区、直辖市人民政府建设行政主管部门委托依法认定的设计审查机构，根据国家法律、法规、技术标准与规范，对施工图进行结构安全和强制性标准、规范执行情况等进行的独立审查。

1. 施工图审查的范围

建筑工程设计等级分级标准中的各类新建、改建、扩建的建筑工程项目均属审查范围。省、自治区、直辖市人民政府建设行政主管部门，可结合本地的实际，确定具体的审查范围。建设单位应当将施工图报送建设行政主管部门，由建设行政主管部门委托有关审查机构，进行结构安全和强制性标准、规范执行情况等内容的审查。建设单位将施工图报请审查时，应同时提供下列资料：批准的立项文件或初步设计批准文件；主要的初步设计文件；工程勘察成果报告；结构计算书及计算软件名称等。

2. 施工图审查的主要内容

（1）建筑物的稳定性、安全性审查，包括地基基础和主体结构是否安全、可靠。

（2）是否符合消防、节能、环保、抗震、卫生、人防等有关强制性标准、规范。

（3）施工图是否达到规定的深度要求。

（4）是否损害公众利益。

3. 施工图审查有关各方的职责

（1）国务院建设行政主管部门负责全国施工图审查管理工作。省、自治区、直辖市人民政府建设行政主管部门负责组织本行政区域内的施工图审查工作的具体实施和监督管理工作。

建设行政主管部门在施工图审查工作中主要负责制定审查程序、审查范

围、审查内容、审查标准并颁发审查批准书；负责制定审查机构和审查人员条件，批准审查机构，认定审查人员；对审查机构和审查工作进行监督并对违规行为进行查处；对施工图设计审查负依法监督管理的行政责任。

（2）勘察、设计单位必须按照工程建设强制性标准进行勘察和设计，并对勘察、设计质量负责。审查机构按照有关规定对勘察成果、施工图设计文件进行审查，但并不改变勘察、设计单位的质量责任。

（3）审查机构接受建设行政主管部门的委托对施工图设计文件涉及安全和强制性标准执行情况进行技术审查。建设工程经施工图设计文件审查后因勘察设计原因发生工程质量问题，审查机构承担审查失职的责任。

4. 施工图审查程序

施工图审查的各个环节可按以下步骤办理。

（1）建设单位向建设行政主管部门报送施工图，并作书面登录。

（2）建设行政主管部门委托审查机构进行审查，同时发出委托审查通知书。

（3）审查机构完成审查，向建设行政主管部门提交技术性审查报告。

（4）审查结束，建设行政主管部门向建设单位发出施工图审查批准书。

（5）报审施工图设计文件和有关资料应存档备查。

5. 施工图审查管理

审查机构应当在收到审查材料后20个工作日内完成审查工作，并提出审查报告；特级和一级项目应当在30个工作日内完成审查工作，并提出审查报告，其中重大及技术复杂项目的审查时间可适当延长。审查合格的项目，审查机构向建设行政主管部门提交项目施工图审查报告，由建设行政主管部门向建设单位通报审查结果；并颁发施工图审查批准书。对审查不合格的项目，提出书面意见后，由审查机构将施工图退回建设单位，并由原设计单位修改，重新送审。

施工图一经审查批准，不得擅自进行修改。如遇特殊情况需要进行涉及审查主要内容的修改时，必须重新报请原审批部门，由原审批部门委托审查机构审查后再批准实施。

建设单位或者设计单位对审查机构做出的审查报告如有重大分歧时，可由建设单位或者设计单位向所在省、自治区、直辖市人民政府建设行政主管部门提出复查申请，由后者组织专家论证并做出复查结果。

施工图审查工作所需经费，由施工图审查机构按有关收费标准向建设单位收取。建筑工程竣工验收时，有关部门应按照审查批准的施工图进行验收。建设单位要对报送的审查材料的真实性负责；勘察、设计单位对提交的勘察报告、设计文件的真实性负责，并积极配合审查工作。

二、工程质量监督制度

国家实行建设工程质量监督管理制度。工程质量监督管理的主体是各级政府建设行政主管部门和其他有关部门。

工程质量监督机构是经省级以上建设行政主管部门或有关专业部门考核认定，具有独立法人资格的单位。它受县级以上地方人民政府建设行政主管部门或有关专业部门的委托，依法对工程质量进行强制性监督，并对委托部门负责。

三、工程质量检测制度

工程质量检测工作是对工程质量进行监督管理的重要手段之一。工程质量检测机构是对建设工程、建筑构件、制品及现场所用的有关建筑材料、设备质量进行检测的法定单位。在建设行政主管部门领导和标准化管理部门指导下开展检测工作，其出具的检测报告具有法定效力。法定的国家级检测机构出具的检测报告在国内为最终裁定，在国外具有代表国家的性质。

检测机构的主要任务如下。

（1）对正在施工的建设工程所用的材料、混凝上、砂浆和建筑构件等进行随机抽样检测，向本地建设工程质量主管部门和质量监督部门提出抽样报告和建议。

（2）受建设行政主管部门委托，对建筑构件、制品进行抽样检测。对违反技术标准、失去质量控制的产品，检测单位有权提供主管部门停止其生产的证明，不合格产品不准出厂，已出厂的产品不得使用。

四、工程质量保修制度

建设工程质量保修制度是指建设工程在办理交工验收手续后，在规定的保修期限内，因勘察、设计、施工、材料等原因造成的质量问题要由施工单位负责维修、更换，由责任单位负责赔偿损失。质量问题是指工程不符合国家工程建设强制性标准、设计文件以及合同中对质量的要求。

建设工程承包单位在向建设单位提交工程竣工验收报告时，应向建设单位出具工程质量保修书，质量保修书中应明确建设工程保修范围、保修期限和保修责任等。

在正常使用条件下，建设工程的最低保修期限如下。

（1）基础设施工程、房屋建筑工程的地基基础和主体结构工程，为设计

文件规定的该工程的合理使用年限。

(2) 屋面防水工程、有防水要求的卫生间、房间和外墙面的防渗漏，为5年。

(3) 供热与供冷系统，为2个采暖期、供冷期。

(4) 电气管线、给排水管道、设备安装和装修工程，为2年。

其他项目的保修期由发包方与承包方约定。保修期自竣工验收合格之日起计算。

建设工程在保修范围和保修期限内发生质量问题的施工单位应当履行保修义务，保修义务的承担和经济责任的承担应按下列原则处理。

(1) 施工单位未按国家有关标准、规范和设计要求施工造成的质量问题，由施工单位负责返修并承担经济责任。

(2) 由于设计方面的原因造成的质量问题，先由施工单位负责维修，其经济责任按有关规定通过建设单位向设计单位索赔。

(3) 因建筑材料、构配件和设备质量不合格引起的质量问题，先由施工单位负责维修，其经济责任属于施工单位采购的，由施工单位承担经济责任；属于建设单位采购的，由建设单位承担经济责任。

(4) 因建设单位（含监理单位）错误管理造成的质量问题，先由施工单位负责维修，其经济责任由建设单位承担，如属监理单位责任，则由建设单位向监理单位索赔。

(5) 因使用单位使用不当造成的损坏问题，先由施工单位负责维修，其经济责任由使用单位自行负责。

(6) 因地震、洪水、台风等不可抗拒原因造成的损坏问题，先由施工单位负责维修，建设参与各方根据国家具体政策分担经济责任。

第五节　全面质量管理的方法与原则

一、全面质量管理的概念

全面质量管理是以组织全员参与为基础的质量管理形式。全面质量管理代表了质量管理发展的最新阶段，起源于美国，后来在其他一些工业发达国家开始推行，并且在实践运用中各有所长。特别是日本，在20世纪60年代以后推行全面质量管理并取得了丰硕的成果，引起世界各国的瞩目。20 世纪 80 年代后期以来，全面质量管理得到了进一步的扩展和深化，逐渐由早期的 TQC（Total Quality Control）演化成为 TQM（Total Quailty Management），其含义远远超出一般意义上的质量管理的领域，而成为一种综合的、全面的经营管理方式和理念。我国从 1978 年推行全面质量管理以来，在理论和实践上都有一定的发展，并取得了成效，这为在我国贯彻实施 ISO 9000 族国际标准奠定了基础，反之 ISO 9000 族国际标准的贯彻和实施又为全面质量管理的深入发展创造了条件。应该在推行全面质量管理和贯彻实施 ISO 9000 族国际标准的实践中进一步探索、总结和提高，为形成有中国特色的全面质量管理而努力。

如前所述，全面质量管理在早期称为 TQC，以后随着进一步发展而演化成为 TQM。A. V. 费根鲍姆于 1961 年在其《全面质量管理》一书中首先提出了全面质量管理的概念："全面质量管理是为了能够在最经济的水平上，并考虑到充分满足用户要求的条件下进行市场研究、设计、生产和服务，把企业内各部门研制质量、维持质量和提高质量的活动构成为一体的一种有效体系"。这个定义强调了以下 3 个方面。首先，这里的"全面"一词是相对于统计质量控制中的"统计"而言的。也就是说要生产出满足顾客要求的产品，提供顾客满意的服务，单靠统计方法控制生产过程是很不够的，必须综合运用各种管理方法和手段，充分发挥组织中的每一个成员的作用，从而更全面地上解决质量问题。其次，"全面"还相对于制造过程而言。产品质量有个产生、形成和实现的过程，这一过程包括市场研究、研制、设计、制定标准、制订工艺、采购、配备设备与工装、加工制造、工序控制、检验、销售、售后服务等多个环节；它们相互制约、共同作用的结果决定了最终的质量水准。仅仅局限于只对制造过程实行控制是远远不够的。再次，质量应当是"最经济的水平"与"充分满足顾客要求"的完美统一，离开经济效益和质量成本去谈质量是没有实际意义的。

A. V. 费根鲍姆的全面质量管理观点在世界范围内得到广泛地接受。但各个国家在实践中都结合自己的实际进行了创新。特别是 20 世纪 80 年代后期以来，全面质量管理得到了进一步的扩展和深化，其含义远远超出了一般意义上的质量管理的领域，而成为一种综合的、全面的经营管理方式和理念。在这一过程中，全面质量管理的概念也得到了进一步的发展。2000 版 ISO 9000 族标准中对全面质量管理的定义：一个组织以质量为中心，以全员参与为基础，目的在于通过让顾客满意和本组织所有成员及社会受益而达到长期成功的管理途径。这一定义上反映了全面质量管理概念的最新发展，也得到

了质量管理界的广泛共识。

二、全面质量管理 PDCA 循环

PDCA 循环又称戴明环，是美国质量管理专家戴明博士首先提出的，它反映了质量管理活动的规律。质量管理活动的全部过程是质量计划的制订和组织实现的过程，这个过程就是按照 PDCA 循环不停顿地周而复始地运转的。每一循环都围绕着实现预期的目标进行计划、实施、检查和处置活动，随着对存在问题的克服、解决和改进，不断增强质量能力，提高质量水平。

PDCA 循环主要包括 4 个阶段：计划（Plan）、实施（Do）、检查（Check）和处置（Action）。

（1）计划。质量管理的计划职能包括确定或明确质量目标和制定实现质量目标的行动方案两个方面。建设工程项目的质量计划一般由项目干系人根据其在项目实施中所承担的任务、责任范围和质量目标分别进行质量计划而形成的质量计划体系。实践表明，质量计划的严谨周密、经济合理和切实可行是保证工作质量、产品质量和服务质量的前提条件。

（2）实施。实施职能在于将质量的目标值通过生产要素的投入、作业技术活动和产出过程转换为质量的实际值。在各项质量活动实施前，根据质量计划进行行动方案的部署和交底；在实施过程中，严格执行计划的行动方案，将质量计划的各项规定和安排落实到具体的资源配置和作业技术活动中去。

（3）检查。指对计划实施过程进行各种检查，包括作业者的自检、互检和专职管理者专检。

（4）处置。对于质量检查所发现的质量问题或质量不合格及时进行原因分析，采取必要的措施，予以纠正，保持工程质量形成过程的受控状态。

PDCA 循环如图 8－1 所示。

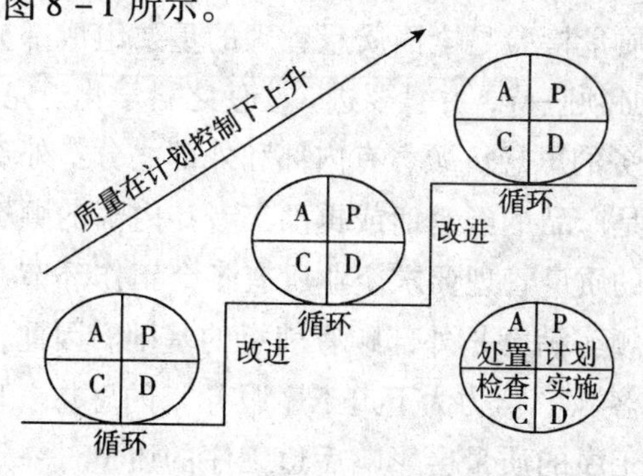

图 8－1　PDCA 循环示意图

三、全面质量管理的基本要求

全面质量管理在我国也得到一定的发展。我国专家总结实践中经验，提出了“三全一多样”的观点。即推行全面质量管理必须要满足“三全一多样”的基本要求。

1. 全过程的质量管理

任何产品或服务的质量都有一个产生、形成和实现的过程。从全过程的角度来看，质量产生、形成和实现的整个过程是由多个相互联系、相互影响的环节所组成的，每一个环节都或轻或重地影响看最终的质量状况。为了保证和提高质量就必须将影响质量的所有环节和因素都控制起来。为此，全过程的质量管理包括了从市场调研、产品的设计开发、生产（作业），到销售、服务等全部有关过程的质量管理。换句话说，要保证产品或服务的质量，不仅要搞好生产或作业过程的质量管理，还要搞好设计过程和使用过程的质量管理。要将质量形成全过程的各个环节或有关因素控制起来，形成一个综合性的质量管理体系，做到以预防为主，防检结合，重在提高。为此，全面质量管理强调必须体现如下两个思想。

（1）预防为主、不断改进的思想。优良的产品质量是设计和生产制造出来的而不是靠事后的检验决定的。事后的检验面对的是已经既成事实的产品质量。根据这一基本道理，全面质量管理要求将管理工作的重点从“事后把关”转移到“事前预防”上来；从管结果转变为管因素，实行“预防为主”的方针，将不合格品消灭在它的形成过程之中，做到“防患于未然”。当然，为了保证产品质量，防止不合格品出厂或流入下道工序，并将发现的问题及时反馈，防止再出现、再发生，加强质量检验在任何情况下都是必不可少的。强调预防为主、不断改进的思想不仅不排斥质量检验，而且甚至要求其更加完善、更加科学。质量检验是全面质量管理的重要组成部分，企业内行之有效的质量检验制度必须坚持，并且要进一步使之科学化、完善化、规范化。

（2）为顾客服务的思想。顾客有内部和外部之分：外部的顾客可以是最终的顾客，也可以是产品的经销商或再加工者；内部的顾客是企业的部门和人员。实行全过程的质量管理要求企业所有各个工作环节都必须树立为顾客服务的思想。内部顾客满意是外部顾客满意的基础。因此，在企业内部要树立“下道工序是顾客”、“努力为下道工序服务”的思想。现代工业生产是一环扣一环的，前道工序的质量会影响后道工序的质量，一道工序出了质量问题就会影响整个过程以至产品质量。因此，要求每道工序的工序质量都要经

得起下道工序，即“顾客”的检验，满足下道工序的要求。有些企业开展的“三工序”活动即复查上道工序的质量；保证本道工序的质量；坚持优质、准时为下道工序服务是为顾客服务思想的具体体现。只有每道工序在质量上都坚持高标准，都为下道工序着想，为下道工序提供最大的便利，企业才能目标一致地、协调地生产出符合规定要求，满足用户期望的产品。

可见，全过程的质量管理就意味着全面质量管理要“始于识别顾客的需要，终于满足顾客的需要”。

2. 全员的质量管理

产品和服务质量是企业各方面、各部门、各环节工作质量的综合反映。企业中任何一个环节、任何一个人的工作质量都会不同程度地直接或间接地影响着产品质量或服务质量。因此，产品质量人人有责，人人关心产品质量和服务质量，人人做好本职工作，全体参加质量管理才能生产出顾客满意的产品。要实现全员的质量管理，应当做好3个方面的工作。

（1）必须抓好全员的质量教育和培训。教育和培训的目的有两个方面：①加强职工的质量意识，牢固树立“质量第一”的思想；②提高员工的技术能力和管理能力，增强参与意识。在教育和培训过程中，要分析不同层次员工的需求，有针对性地开展教育和培训。

（2）要制定各部门、各级各类人员的质量责任制，明确任务和职权，各司其职，密切配合，以形成一个高效、协调、严密的质量管理工作的系统。这就要求企业的管理者要勇于授权、敢于放权。授权是现代质量管理的基本要求之一。原因在于：①顾客和其他相关方能否满意、企业能否对市场变化做出迅速反应决定了企业能否生存，而提高反应速度的重要和有效的方式就是授权；②企业的职工有强烈的参与意识，同时也有很高的聪明才智，赋予他们权力和相应的责任比能够激发他们的积极性和创造性。其次，在明确职权和职责的同时，还应该要求各部门和相关人员对于质量做出相应的承诺。当然，为了激发他们的积极性和责任心，企业应该将质量责任同奖惩机制挂起钩来。只有这样，才能够确保责、权、利三者的统一。

（3）要开展多种形式的群众性质量管理活动，充分发挥广大职工的聪明才智和当家做主的进取精神。群众性质量管理活动的重要形式之一是质量管理小组。除了质量管理小组之外，还有很多群众性质量管理活动，如合理化建议制度、和质量相关的劳动竞赛等。总之，企业应该发挥创造性，采取多种形式激发全员参与的积极性。

3. 全企业的质量管理

全企业的质量管理可以从纵、横两个方面来加以理解。从纵向的组织管理角度来看，质量目标的实现有赖于企业的上层、中层、基层管理乃至一线员工的通力协作，其中尤以高层管理能否全力以赴起着决定性的作用。从企业职能间的横向配合来看，要保证和提高产品质量必须使企业研制、维持和改进质量的所有活动构成为一个有效的整体。全企业的质量管理可以从两个角度来理解。

（1）从组织管理的角度来看，每个企业都可以划分成上层管理、中层管理和基层管理。“全企业的质量管理”就是要求企业各管理层次都有明确的质量管理活动内容。当然，各层次活动的侧重点不同。上层管理侧重于质量决策，制订出企业的质量方针、质量目标、质量政策和质量计划，并统一组织、协调企业各部门、各环节、各类人员的质量管理活动，保证实现企业经营管理的最终目的；中层管理则要贯彻落实领导层的质量决策，运用一定的方法找到各部门的关键、薄弱环节或必须解决的重要事项，确定出本部门的目标和对策，更好地执行各自的质量职能，并对基层工作进行具体的业务管理；基层管理则要求每个职工都要严格地按标准、按规范进行生产，相互间进行分工合作，互相支持协助，并结合岗位工作，开展群众合理化建议和质量管理小组活动，不断进行作业改善。

（2）从质量职能角度看，产品质量职能是分散在全企业的有关部门中的，要保证和提高产品质量，就必须将分散在企业各部门的质量职能充分发挥出来。

但由于各部门的职责和作用不同，其质量管理的内容也是不一样的。为了有效地进行全面质量管理，就必须加强各部门之间的组织协调，并且为了从组织上、制度上保证企业长期稳定地生产出符合规定要求、满足顾客期望的产品，最终必须要建立起全企业的质量管理体系，使企业的所有研制、维持和改进质量的活动构成为一个有效的整体。建立和健全全企业质量管理体系，是全面质量管理深化发展的重要标志。

可见，全企业的质量管理就是要“以质量为中心，领导重视、组织落实、体系完善”。

4. 多方法的质量管理

影响产品质量和服务质量的因素也越来越复杂：既有物质的因素，又有人的因素；既有技术的因素，又有管理的因素；既有企业内部的因素，又有随着现代科学技术的发展，对产品质量和服务质量提出了越来越高要求的企业外部的因素。要将这一系列的因素系统地控制起来，全面管好，就必须根据不同情况，区别不同的影响因素，广泛、灵活地运用多种多样的现代化管

理办法来解决当代质量问题。

目前，质量管理中广泛使用各种方法，统计方法是重要的组成部分。除此之外，还有很多非统计方法。常用的质量管理方法有所谓的“老七种”工具，具体包括因果图、排列图、直方图、控制图、散布图、分层图、调查表；还有“新七种”工具，具体包括：关联图法、KJ 法、系统图法、矩阵图法、矩阵数据分析法、PDPC 法、矢线图法。除了以上方法外还有很多方法，尤其是一些新方法近年来得到了广泛的关注，具体包括：质量功能展开（QFD）、故障模式和影响分析（FMEA）、头脑风暴法（Brainstorming）、六西格玛法（6σ）、水平对比法（BenchmarKing）、业务流程再造（BPR）等。

总之，为了实现质量目标，必须综合应用各种先进的管理方法和技术手段，必须善于学习和引进国内外先进企业的经验，不断改进本组织的业务流程和工作方法，不断提高组织成员的质量意识和质量技能。“多方法的质量管理”要求的是“程序科学、方法灵活、实事求是、讲求实效”。

上述“三全一多样”都是围绕着“有效地利用人力、物力、财力、信息等资源，以最经济的手段生产出顾客满意的产品”这一企业目标的，这是我国企业推行全面质量管理的出发点和落脚点，也是全面质量管理的基本要求。坚持质量第一，将顾客的需要放在第一位，树立为顾客服务、对顾客负责的思想是我国企业推行全面质量管理惯彻始终的指导思想。

四、全面质量管理的有关原则

如前所述，20 世纪 80 年代后期以来，全面质量管理得到了进一步的扩展和深化，逐渐由早期的 TQC 演化成为 TQM，其含义远远超出了一般意义上的质量管理的领域，而成为一种综合的、全面的经营管理方式和理念。质量不再仅仅被认为是产品或服务的质量，而是整个组织经营管理的质量。因此，全面质量管理已经成为组织实现战略目标的最有力武器。在此情况下，全面质量管理的理念和原则相对于 TQC 阶段而言都发生了很大的变化。

ISO 9000 族国际标准是各国质量管理和质量保证经验的总结，是各国质量管理专家智慧的结晶。可以说，ISO 9000 族国际标准是一本很好的质量管理教科书。在 2000 版 ISO 9000 标准中提出了质量管理八项原则。这八项原则反映了全面质量管理的基本思想。这八项原则分别如下。

1. *以顾客为关注焦点*

“组织依存于顾客，因此，组织应当理解顾客当前和未来的需求，满足顾客要求并争取超越顾客期望。”顾客是决定企业生存和发展的最重要因素，服务于顾客并满足他们的需要应该成为企业存在的前提和决策的基础。为了赢得顾客，组织必须首先深入了解和掌握顾客当前的和未来的需求，在此基础上才能满足顾客要求并争取超越顾客期望。为了确保企业的经营以顾客为中心，企业必须将顾客要求放在第一位。

2. 领导作用

“领导者确立组织统一的宗旨及方向。他们应当创造并保持使员工能充分参与实现组织目标的内部环境”。企业领导能够将组织的宗旨、方向和内部环境统一起来，并创造使员工能够充分参与实现组织目标的环境，从而带领全体员工一道去实现目标。

3. 全员参与

“各级人员都是组织之本，只有让他们充分参与，才能使他们的才干为组织带来收益”。产品和服务的质量是企业中所有部门和人员工作质量的直接或间接的反映。因此，组织的质量管理不仅需要最高管理者的正确领导，更重要的是全员参与。只有他们的充分参与，才能使他们的才干为组织带来最大的收益。为了激发全体员工参与的积极性，管理者应该对职工进行质量意识、职业道德、以顾客为中心的意识和敬业精神的教育，还要通过制度化的方式激发他们的积极性和责任感。在全员参与过程中，团队合作是一种重要的方式，特别是跨部门的团队合作。

4. 过程方法

“将活动和相关的资源作为过程进行管理可以更高效地得到期望的结果”。质量管理理论认为：任何活动都是通过“过程”实现的。通过分析过程、控制过程和改进过程就能够将影响质量的所有活动和所有环节控制住，确保产品和服务的高质量。因此，在开展质量管理活动时，必须要着眼于过程，要将活动和相关的资源都作为过程进行管理，以更高效地得到期望的结果。

5. 管理的系统方法

“将相互关联的过程作为系统加以识别、理解和管理，有助于组织提高实现目标的有效性和效率”。开展质量管理要用系统的思路。这种思路应该体现在质量管理工作的方方面面。在建立和实施质量管理体系时尤其如此。一般其系统思路和方法应该遵循以下步骤：确定顾客的需求和期望；建立组织的质量方针和目标；确定过程和职责；确定过程有效性的测量方法并用来测定现行过程的有效性；寻找改进机会，确定改进方向；实施改进；监控改进效果，评价结果；评审改进措施和确定后续措施等。

6. 持续改进

“持续改进总体业绩应当是组织的一个永恒目标”。质量管理的目标是顾客满意。顾客需要在不断地提高，因此，企业必须要持续改进才能持续获得顾客的支持。另一方面，竞争的加剧使得企业的经营处于一种“逆水行舟，不进则退”的局面，要求企业必须不断改进才能生存。

7. 以事实为基础进行决策

“有效决策是建立在数据和信息分析的基础上的”。为了防止决策失误，必须要以事实为基础。为此必须要广泛收集信息，用科学的方法处理和分析数据和信息。不能够“凭经验，靠运气”。为了确保信息的充分性，应该建立企业内外部的信息系统。坚持以事实为基础进行决策就是要克服“情况不明决心大，心中无数点子多”的不良决策作风。

8. 与供方互利的关系

“组织与供方是相互依存的，互利的关系可增强双方创造价值的能力”。在目前的经营环境中，企业与企业已经形成了“共生共荣”的企业生态系统。企业之间的合作关系不再是短期的、甚至一次性的合作，而是要致力于双方共同发展的长期合作关系。

ISO 9000 族标准的八项原则反映了全面质量管理的基本思想和原则，但是，全面质量管理的原则还不仅限于此。原因在于，ISO 9000 族标准是世界性的通用标准，因此它并不能代表质量管理的最高水平。企业在达到 ISO 9000 族标准的要求之后，还需要进一步地发展。这就需要更高的标准和更高的要求来指导企业的工作。在国际范围内享有很高声誉的美国马尔克姆·波多里奇国际质量奖代表了质量管理的世界水平。波奖中体现的核心价值观也反映了全面质量管理的基本原则和思想，其中很多与 ISO 9000 标准的八项质量管理原则一致。除此之外，作为代表质量管理世界级水平的质量管理标准，波奖的核心价值观还有一些超越了八项基本原则的范畴，体现了达到世界级质量水平，实现了卓越经营的指导思想。

五、全面质量管理的实施

根据前述全面质量管理的定义，也可以将 TQM 看成是一种系统化、综合化的管理方法或思路，企业要实施全面质量管理，除了注意满足“三全一多样”的要求外，还必须遵循一定的原则并且按照一定的工作程序运作。

1. 实施全面质量管理应遵循的原则

1）领导重视并参与

企业领导应对企业的产品（服务）质量负完全责任，因此，质量决策和质量管理应是企业领导的重要职责。国内外实践已证明，开展全面质量管理，企业领导首先必须在思想上重视，必须首先强化自身的质量意识，必须带头学习、理解全面质量管理，必须亲身参与全面质量管理，必须亲自抓，一抓到底。这样才能对企业开展全面质量管理形成强有力的支持，促进企业的全面质量管理工作深入扎实、持久地开展下去。

2）抓住思想、目标、体系、技术4个要领

全面质量管理是一种科学的管理思想。它体现了与现代科学技术和现代生产相适应的现代管理思想。因此，在推行全面质量管理过程中，必须在思想上摆脱旧体制下长期形成的各种固定观念和小生产习惯势力的影响，树立起质量第一、提高社会效益和经济效益为中心的指导思想，树立起市场的观念、竞争的观念、以顾客为中心的观念，以及不断改进质量等其他一系列适应市场经济和知识经济时代的新观念。在此基础上，不断强化质量意识，综合地、系统地不断改进产品和服务的质量，持续满足顾客的要求。

全面质量管理必须围绕一定的质量目标来进行。通过明确的目标，引导企业方方面面的活动，激发企业全体职工的积极性和创造性，进而衡量和监控各方面质量活动的绩效。没有目标的行动是盲目的行动，也很难深入持久，很难取得实效，甚至可能造成内耗和浪费。只有确立明确的质量目标，才有可能针对这个目标综合地、系统地推进全面质量管理工作。

企业的质量目标是通过一个健全而有效的体系来实现的。质量管理的核心是质量管理体系的建立和运行。通过建立和运行质量管理体系可以使影响产品和服务质量的所有因素，包括人、财、物、管理等，以及所有环节，涉及企业中的所有部门和人员都处于控制状态。在此基础上就可以确保质量目标的实现。其次，通过建立和运行质量管理体系可以使企业所有部门围绕质量目标形成一个网络系统，相互协调地为实现质量目标努力。

全面质量管理是一套能够控制质量、提高质量的管理技术和科学技术。它要求综合、灵活地运用各种有效的管理方法和手段，从而有效地利用企业资源，生产出满足顾客需要的产品。目前，全面质量管理的很多方法和技术都引起了广泛的重视，并且在实践中发挥了重要的作用，包括统计质量控制技术和方法、水平对比法、质量功能展开（QFD）、六西格玛法等。

3）切实做好各项基础工作

如前所述，全面质量管理是全过程的质量管理，是从市场调研一直到售后服务的系统的管理。全面质量管理要切实取得实效，必须首先做好各项基础工作。所谓全面质量管理的基础工作，是指开展全面质量管理的一些前提性、先行性的工作。基础工作搞好了，全面质量管理就能收到事半功倍的效

果，就有利于取得成效。反之，基础工作搞得不好，不管表面工作如何有声有色，如同建立在沙洲上的大厦，随时都有坍塌的危险。

4）做好各方面的组织协调工作

开展全面质量管理必须进行组织协调，综合治理。首先必须明确各部门的质量职能，并建立健全严格的质量责任制。全面质量管理不是哪个部门的事情，也不是哪几个人的事情，而是同产品质量有关的各个工作环节的质量管理的总和。同时，这个总和也不是各个环节活动的简单相加，而是一个围绕着共同目标协调作用的统一体。因此，为了使顾客对产品质量满意，就必须明确各有关部门在质量管理方面的职能并规定其职责，以及围绕一定的质量目标所承担的具体工作任务。如果各部门所各自承担的质量职责没有得到明确的规定，全面质量管理的各项工作就不可能得到有效的执行。

此外，还必须建立一个综合性的质量管理机构，从总体上协调和控制上述各方面的职能。这一综合性机构的任务就是要将各方面的活动纳入质量管理体系的框架中，使质量管理体系有效地运转起来，从而以最少的人员摩擦、最少的职能重叠和最少的意见分歧来获得最大的成果。

质量管理体系开始运行之后，还要通过一系列的工作对质量管理体系进行监控，保证使之按照规定的目标持续、稳定地运行。这方面的工作包括质量成本的分析、报告，质量管理体系审核，以及对顾客满意程度的调查等。宏观的质量认证制度、质量监督制度也是促进企业全面质量管理工作的有效手段。

5）讲求经济效益，将技术和经济统一起来

提高质量能带来企业和全社会的经济效益。在企业中推行全面质量管理能够减少整个生产过程及各个工序的无效劳动和材料消耗，降低生产成本，生产出顾客满意的产品，增强企业竞争能力，实现优质、高产、低耗、盈利，提高企业的经济效益，促进企业发展壮大。从宏观的角度讲，这又可以节约资源，减少浪费，增加社会财富，为全社会带来效益。

另一个方面，质量和成本之间到底是什么关系？有的人认为质量越高，成本也越高，因此，质量水平达到顾客可以接受的程度就行了。有的人认为质量达到一定水平之后，再提高质量就会导致成本的大幅上升，因此，无条件地、不计成本追求“高质量”是不可取的。需要说明的是，目前人们对于这个问题已经逐步达成了共识：质量水平越高，成本越低。正如克劳斯比所说的：生产有质量问题的产品本身才是最昂贵的。因此，我们必须正确认识质量和成本之间的关系，通过系统分析顾客的需求，采用科学的工作方法，在不断满足顾客要求和市场需要的情况下，获得企业的持续发展。

2. 实施全面质量管理的五步法

在具体实施全面质量管理时可以遵循五步法进行。这 5 步分别是决策、准备、开始、扩展和综合。

（1）决策。这是一个决定做还是不做决策的过程。对于很多企业来说，由于存在各种各样的驱动力，因此它们有实施全面质量管理的愿望，常见的动因：企业有成为世界级企业的远景构想；企业希望能够保持领导地位和满足顾客需求；也有的企业是由于面临不利的局面，如顾客不满意、丧失了市场份额、竞争的压力、成本的压力等。全面质量管理的实施能够帮助企业摆脱困境，解决问题，因此，全面质量管理越来越受到世界范围内企业的关注。当然，为了能够做出正确的决策，企业的高层领导者必须全面评估企业的质量状况，了解所有可能的解决问题的方案，在此基础上进行决策：是否实施全面质量管理。

（2）准备。一旦做出决策后，企业就应该开始准备。①高层管理者需要学习和研究全面质量管理，对于质量和质量管理形成正确的认识；②建立组织，具体包括：组成质量委员会，任命质量主管和成员，培训选中的管理者；③确立远景构想和质量目标，并制订为实现质量目标所必需的长期计划和短期计划；④选择合适的项目，成立团队，准备作为试点开始实施全面质量管理。

（3）开始。这是具体的实施阶段。在这一阶段需要进行项目的试点，在试点中逐渐总结经验教训。根据试点中总结的经验来着手评估试点单位的质量状况，主要从 4 个方面进行：顾客忠诚度、不良质量成本、质量管理体系以及质量文化。在评价的基础上发现问题和改进机会，然后进行有针对性的改进，包括人力资源、信息等。

（4）扩展。在试点取得成功的情况下，企业就可以向所有部门和团队扩展。①每个重要的部门和领域都应该设立质量委员会、确定改进项目并建立相应的过程团队；②还要对团队运作的情况进行评估，为了确保团队工作的效果，应该对团队成员进行培训，还要为团队建设以及团队运作等方面提供指导；③管理层还需要对每个团队的工作情况进行全面的测评，从而确认所取得的效果。扩展过程需要有一定的时间，这项活动的顺利进行要求高层领导强有力的领导和全员的参与。

（5）综合。在经过试点和扩展之后，企业就基本具备了实施全面质量管理的能力。为此，需要对于整个质量管理体系进行综合。通常需要从目标、

人员、关键业务流程以及评审和审核这4个方面进行整合和规划。

①目标。企业需要建立各个层次的完整的目标体系，包括战略（这是实现目标的总体现）、部门的目标、跨职能团队的目标以及个人的目标。

②人员。企业应该对于所有的人员进行培训，并且授权给他们使其进行自我控制和自我管理，同时要鼓励团队协作。

③关键业务流程。企业需要明确主要的成功因素，在成功因素基础上确定关键业务流程。通常来讲，每个企业都有4～5个关键业务流程，这些流程往往会涉及几个部门。为了确保这些流程的顺畅运作和不断完善，应该建立团队负责每个关键业务流程，并且要指派负责人。团队运作的情况也应该进行测评。

④评审和审核。除了对于团队和流程的运作情况进行测评外，企业还需要对于整个组织的质量管理状况进行定期的审核，从而明确企业在市场竞争中的地位，及时发现问题，寻找改进机会。在评审时通常要关注4个方面：市场地位、不良质量成本、质量管理体系和质量文化。

第六节　ISO质量保证体系认证

一、质量管理、质量控制、质量保证概念

1. 与质量有关的术语

产品指活动或过程的结果。

过程是将输入转化为输出的一组彼此相关的资源和活动。

质量体系是指为实施质量管理所需的组织结构、程序、过程和资源。

质量控制是指为达到质量要求所采取的作业技术和活动。

质量保证是为了提供足够的信任表明实体能够满足质量要求而在质量体系中实施并根据需要进行证实的全部有计划、有系统的活动。

质量管理是指确定质量方针、目标和职责并在质量体系中通过诸如质量策划、质量控制、质量保证和质量改进使其实施的全部管理职能的所有活动。

所谓全面质量管理，是指一个组织以质量为中心，以全员参与为基础，目的在于通过让顾客满意和本组织所有成员及社会受益而达到长期成功的管理途径。

2. 质量管理、质量体系、质量控制、质量保证之间的关系

质量管理（QM）、质量控制（QC）、质量保证（QA），在理解和应用中都存在不同程度的混乱状态。3个概念两两之间（QM与QC、QC与QA，以及QM与QA）也往往混淆不清，如图8-2所示。下面进行简单地介绍。

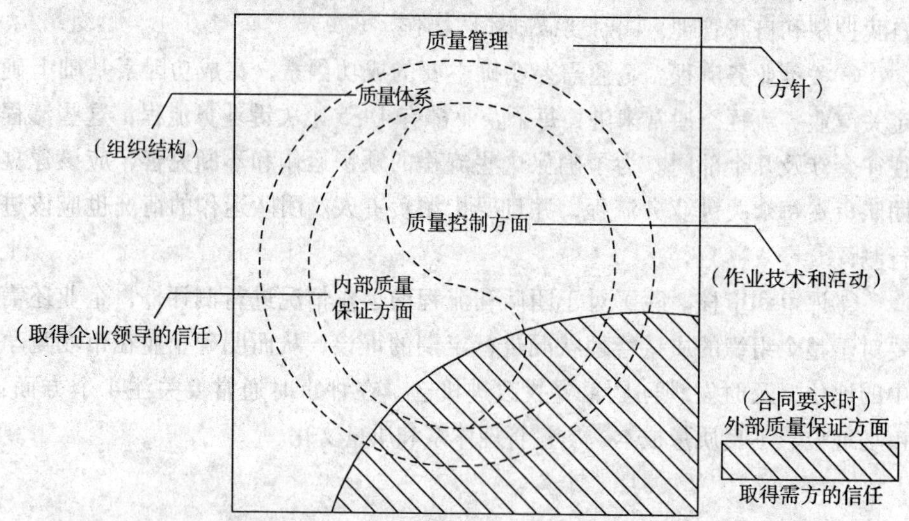

图8-2　质量管理、质量体系、质量控制、质量保证之间的关系

从图8-2中可看出，质量管理是指企业的全部质量工作，即质量方针的制定和实施。为了实施质量方针和实现质量目标，必须建立质量体系。在建立质量体系时，首先要建立有关的组织机构，明确各质量职能部门的责任和权限，配备所需的各种资源，制定工作程序，然后才能运用管理和专业技术进行质量控制，并开展质量保证活动。

图8-2中的整个正方形代表了质量管理工作。在质量管理中首先要制定质量方针，然后建立质量体系，所以将质量方针（由大圆外的面积代表）画在质量体系这个大圆之外。在质量体系中又要首先确定组织结构，建立有关机构和其职责，然后才能开展质量控制和质量保证活动，所以将组织结构画在小圆之外。小圆部分包括了质量控制和质量保证两类活动，它们中间用“S”形分开，其用意是表示两者之间的界限有时不易划分。有活动两者都归属，相互不能分离，如对某项过程的评价、监督和验证，既可说是质量控制，也是质量保证的内容。质量保证就要求实施质量控制，两者只是目的不同而已，前者是为了预防不符合或缺陷，后者则要向某一方进行“证实”（提供证据）。一般说来，质量保证总是和信任结合在一起的。在对图的理解上，不能简单地、错误地认为质量管理就是质量方针，质量体系就是组织结构，应该理解为质量管理除了制定质量方针外还需建立质

量体系，而质量体系则除了建立组织结构外还包括质量控制和质量保证两项内容，其间用虚线划分，表示是一个整体，只是为了便于理解其间的关系才将虚线画上去的。

图中的斜线部分是外部质量保证的内容，即合同环境中企业为满足需方要求而建立的质量保证体系。质量保证体系也包括了质量方针、组织结构、质量控制和质量保证的要求。

对一个企业来讲，质量保证体系（合同环境中）是其整个质量管理体系中的一个部分，二者并不矛盾，不可分割，你中有我，我中有你，质量保证体系是建立在质量管理体系的基础之上的。因此，外国大公司在选择其供应厂商时，首先要看对方的质量手册，也就是看看其质量管理体系是否基本上能满足质量保证方面的要求，然后才能确定是否与之签订合同进行合作。当然，供方的质量体系往往不能满足其全部要求，此时，应在合同中补充某些要求，即增加某些质量体系要素，如质量计划、质量审核计划等。

图中的斜线部分只是另一个图形的一个部分，这里没有画出来。这第二个图形就是需方的质量管理体系，如画出来，应如图 8 -3 所示。

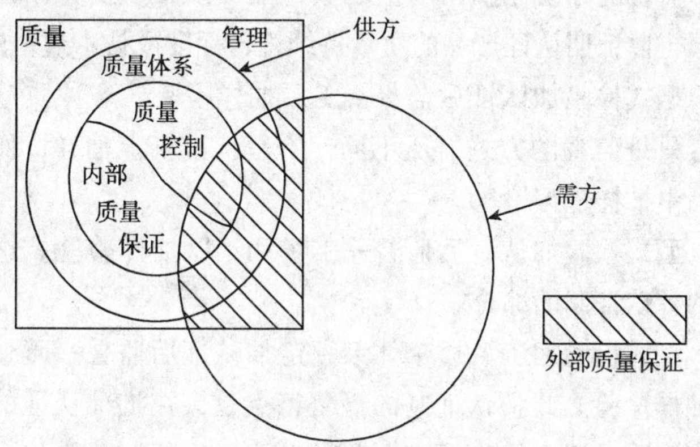

图 8 -3　需方质量管理体系

从图 8 -3 中也可说明，一个企业往往同时处在两种环境之中，它的某些产品在一般市场中出售，另一部分产品则按合同出售给需方，同样，它在采购某些材料或零部件，搞技术合作时，有些可以在市场上购买，有的则要与协作厂签订合同，并附上质量保证要求。

综上所述，对一个企业，在非合同环境中，其质量管理工作包括了质量控制和内部的质量保证。在合同环境下，作为供方，其质量保证体系又包括质量管理、质量控制和内部、外部的质量保证活动。

二、质量认证

1. 质量认证的基本形式

质量认证也叫合格评定，是国际上通行的管理产品质量的有效方法。质量认证按认证的对象分为产品质量认证和质量体系认证两类；按认证的作用可分为安全认证和合格认证。

世界各国现行的质量认证制度主要有 8 种，其中各国标准机构通常采用的是型式检验加工厂质量体系评定加认证后监督—质量体系复查加工厂和市场抽样调查的质量认证制度，我国采用的是工厂质量体系评审（质量体系认证）的质量认证制度。

八种质量认证制度：

第一种，型式检验。按规定的检验方法对产品的样品进行检验，以证明样品符合标准或技术规范的全部要求。

第二种，型式检验加认证后监督—市场抽样检验。这是一种带监督措施的型式检验。监督的办法是从市场上购买样品或从批发商、零售商的仓库中抽样进行检验，以证明认证产品的质量持续符合标准或枝术规范的要求。

第三种，型式检验加认证后监督—工厂抽样检验。这种质量认证制和第二种相类似，只是监督的方式有所不同，不是从市场上抽样，而是从生产厂发货前的产品中抽样进行检验。

第四种，型式检验加认证后监督—市场和工厂抽样检验。这种认证制是第二、第三两种认证制的综合。

第五种，型式检验加工厂质量体系评定加认证后监督—质量体系复查加工厂和市场抽样检验。此种认证制的显著特点是，在批准认证的条件中增加了对产品生产厂质量体系检查评定，在批准认证后的监督措施中也增加了对生产厂质量体系的复查。

第六种，工厂质量体系评定。这种认证制是对生产厂按所要求的技术规范生产产品的质量体系进检查评定，批准认证后对该体系的保证性进行监督复查，此种认证制常称之为质量体系认证。

第七种，批验。根据规定的抽样方案，对一批产品进行抽样检验，并据此作出该批产品是否符合标准或技术规范的判断。

第八种，百分之百检验。对每一件产品在出厂前都要依据标准经认可的独立检验机构进行检验。

上述 8 种类型的质量认证制度所提供的信任程度不同，第五种、第六种

是各国普遍采用的，也是ISO向各国推荐的认证制，ISO和IEC联合发布的所有有关认证工作的国际指南都是以这两种认证制为基础的。

2. 产品质量认证与质量体系认证

1）产品质量认证

产品质量认证按认证性质划分可分为安全认证和合格认证。

①安全认证。对于关系国计民生的重大产品，有关人身安全、健康的产品，必须实施安全认证。此外，实行安全认证的产品必须符合《标准化法》中有关强制性标准的要求。

②合格认证。凡实行合格认证的产品，必须符合《标准化法》规定的国家标准或行业标准要求。

2）质量认证的表示方法

质量认证有两种表示方法，即认证证书和认证合格标志。

（1）认证证书（合格证书）。它是由认证机构颁发给企业的一种证明文件，它证明某项产品或服务符合特定标准或技术规范。

（2）认证标志（合格标志）。由认证机构设计并公布的一种专用标志，用以证明某项产品或服务符合特定标准或规范。经认证机构批准，使用在每台（件）合格出厂的认证产品上。认证标志是质量标志，通过标志可以向购买者传递正确可靠的质量信息，帮助购买者识别认证的商品与非认证的商品，指导购买者购买自己满意的产品。

认证标志为合格认证（方圆）标志、中国强制认证（3C）标志、长城标志和PRC标志，如图8-4所示。

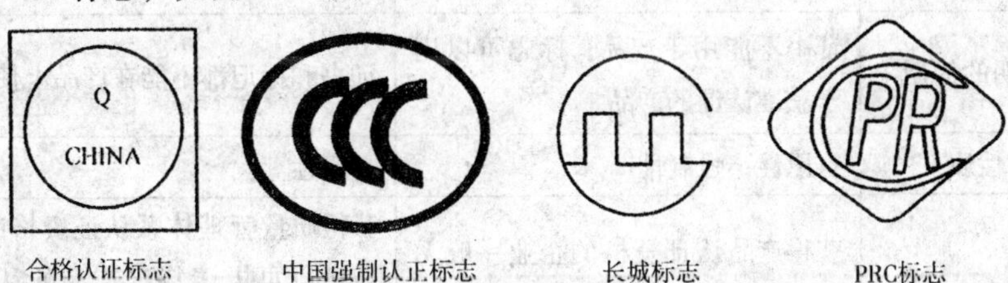

图8-4　认证标志

3）质量管理体系认证

质量管理体系认证始于机电产品，由于产品类型由硬件拓宽到软件、流程性材料和服务领域，使得各行各业都可以按标准实施质量管理体系认证。从目前的情况来看，除涉及安全和健康的领域产品认证必不可少之外，在其他领域内，质量管理体系认证的作用要比产品认证的作用大得多，并从质量管理体系认证具有以下特征。

（1）由具有第三方公正地位的认证机构进行客观的评价，做出结论，若通过则颁发认证证书。审核人员要具有独立性和公正性，以确保认证工作客观公正地进行。

（2）认证的依据是质量管理体系的要求标准，即 GB/T 19001，而不能依据质量管理体系的业绩改进指南标准（即 GB/T 19004）来进行，更不能依据具体的产品质量标准。

（3）认证过程中的审核是围绕企业的质量管理体系要求的符合性和满足质量要求和目标方面的有效性来进行的。

（4）认证的结论不是证明具体的产品是否符合相关的技术标准，而是质量管理体系是否符合 ISO 9001，即质量管理体系要求标准，是否具有按规范要求，保证产品质量的能力。

（5）认证合格标志只能用于宣传，不能将其用于具体的产品上。

产品认证和质量管理体系认证的比较见表 8－1。

表 8－1　产品认证和质量管理体系认证的比较

项目	产品认证	质量管理体系认证
对象	特定产品	企业的质量管理体系
获准认证条件	（1）产品质量符合指定标准要求 （2）质量管理体系符合 ISO 9001 标准的要求	质量管理体系符合 ISO 9001 标准的要求
证明方式	产品认证证书；认证标志	质量管理体系认证（注册）证书；认证标记
证明的使用	证书不能用于产品；标志可以用于获准认证的产品	证书和标记都不能在产品上使用
性质	自愿性；强制性	自愿性
两者的关系	获得产品认证资格的企业一般无需再申请质量管理体系认证（除非不断有新产品问世）	获得质量管理体系认证资格的企业可以再申请特定产品的认证，但免除对质量管理体系通用要求的检查

3. GB/T 19000—ISO 9000 族标准

随着市场经济的不断发展，产品质量已成为市场竞争的焦点。为了更好地推动企业建立更加完善的质量管理体系，实施充分的质量保证，建立国际贸易所需要的关于质量的共同语言和规则，国际标准化组织（ISO）于 1976 年成立了 TC176（质量管理和质量保证技术委员会），着手研究制定国际间遵

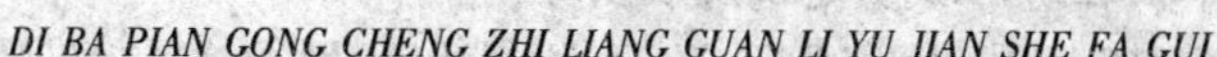

循的质量管理和质量保证标准。1987 年，ISO/TC 176 发布了举世瞩目的 ISO 9000 系列标准，我国于 1988 年发布了与之相应的 GB/T 10300 系列标准，并“等效采用”。为了更好地与国际接轨，又于 1992 年 10 月发布了 GB/T 19000 系列标准，并“等同采用 ISO 9000 族标准”。2008 年国际标准化组织发布了修订后的 ISO 9000 族标准后，我国及时将其等同转化为国家标准。《质量管理体系 基础和术语》（GB/T 19000－2008）、《质量管理体系 要求》（GB/T 19001－2008）、《质量管理体系质量计划指南》（GB/T 19015－2008）等三项修订后的国家标准已于 2009 年 1 月 1 日实施。

4. ISO 质量管理体系的建立与实施

按照 GB/T 19000—2008 族标准建立或更新完善质量管理体系的程序通常包括质量管理体系的策划与总体设计、质量管理体系的文件编制、质量管理体系认证的实施运行等 3 个阶段。

1）质量管理体系的策划与总体设计

最高管理者应确保对质量管理体系进行策划，满足组织确定的质量目标的要求及质量管理体系的总体要求，在对质量管理体系的变更进行策划和实施时，应保持管理体系的完整性。通过对质量管理体系的策划，确定建立质量管理体系要采用的过程方法模式，从组织的实际出发进行体系的策划和实施，明确是否有剪裁的需求并确保其合理性。ISO 9001 标准引言中指出“一个组织质量管理体系的设计和实施受各种需求、具体目标、所提供产品、所采用的过程以及该组织的规模和结构的影响，统一质量管理体系的结构或文件不是本标准的目的”。

2）质量管理体系文件的编制

质量管理体系文件的编制应在满足标准要求、确保控制质量、提高组织全面管理水平的情况下，建立一套高效、简单、实用的质量管理体系文件。质量管理体系文件包括质量手册、质量管理体系程序文件、质量计划、质量记录等部分。

（1）质量手册。

①质量手册的性质和作用。质量手册是组织质量工作的“基本法”，是组织最重要的质量法规性文件，它具有强制性质。质量手册应阐述组织的质量方针，概述质量管理体系的文件结构并能反映组织质量管理体系的总貌，起到总体规划和加强各职能部门间协调的作用。对组织内部，质量手册起着确立各项质量活动及其指导方针和原则的重要作用，一切质量活动都应遵循质量手册；对组织外部，它既能证实符合标准要求的质量管理体系的存在，又

能向顾客或认证机构描述清楚质量管理体系的状况。同时质量手册是使员工明确各类人员职责的良好管理工具和培训教材。质量手册便于克服由于员工流动对工作连续性的影响。质量手册对外提供了质量保证能力的说明，是销售广告有益的补充，也是许多招标项目所要求的投标必备文件。

②质量手册的编制要求。质量手册的编制应遵循 ISO/TR 10013 - 2008 “质量管理体系文件指南”的要求进行，质量手册应说明质量管理体系覆盖哪些过程和条款，每个过程和条款应开展哪些控制活动，对每个活动需要控制到什么程度，能提供什么样的质量保证等，都应做出明确交待。

③质量手册的构成。质量手册一般由以下几个部分构成，各组织可以根据实际需要，对质量手册的下述部分作必要的删减。

目次

批准页

前言

1 范围

2 引用标准

3 术语和定义

4 质量管理体系

5 管理职责

6 资源管理

7 产品实现

8 测量、分析和改进

（2）质量管理体系程序文件。

①概述。质量管理体系程序文件是质量管理体系的重要组成部分，是质量手册的具体展开和有力支撑。质量管理体系程序可以是质量管理手册的一部分，也可以是质量手册的具体展开。质量管理体系程序文件的范围和详略程度取决于组织的规模、产品类型、过程的复杂程度、方法和相互作用以及人员素质等因素。对每个质量管理程序来说，都应视需要明确何时、何地、何人、做什么、为什么、怎么做（即 5WlH）来确定应保留什么记录。

②质量管理体系程序的内容。按 ISO 9001—2008 标准的规定，质量管理程序应至少包括下列 6 个程序：文件控制程序；质量记录控制程序；内部质量审核程序；不合格控制程序；纠正措施程序；预防措施程序。

③质量计划。质量计划是对特定的项目、产品、过程或合同，规定由谁及何时应使用哪些程序相关资源的文件。质量手册和质量管理体系程序所规

定的是各种产品都适用的通用要求和方法。但各种特定产品都有其特殊性，质量计划是一种工具，它将某产品、项目或合同的特定要求与现行的通用的质量管理体系程序相连接。

质量计划在企业内部作为一种管理方法，使产品的特殊质量要求能通过有效的措施得以满足。在合同情况下，组织使用质量计划向顾客证明其如何满足特定合同的特殊质量要求，并作为顾客实施质量监督的依据。产品（或项目）的质量计划是针对具体产品（或项目）的特殊要求，以及应重点控制的环节所编制的对设计、采购、制造、检验、包装、运输等的质量控制方案。

④质量记录。质量记录是“阐明所取得的结果或提供所完成活动的证据文件”。它是产品质量水平和企业质量管理体系中各项质量活动结果的客观反映，应如实加以记录，用以证明达到了合同所要求的产品质量，并证明对合同中提出的质量保证要求予以满足的程度。如果出现偏差，则质量记录应反映出针对不足之处采取了哪些纠正措施。

质量记录应字迹清晰、内容完整，并按所记录的产品和项目进行标识，记录应注明日期并经授权人员签字、盖章或作其他审定后方能生效。

质量体系文件编写流程如图 8 -5 所示。

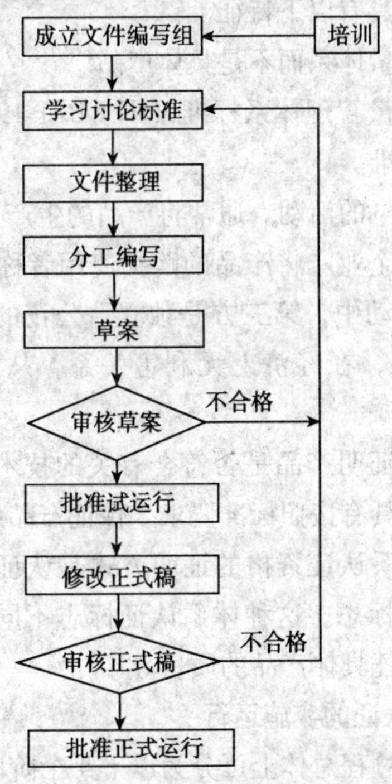

图 8 -5　质量体系文件编写流程

(3) ISO质量管理体系认证。质量管理体系认证是指根据有关的质量管理体系标准，由第三方机构对供方（承包方）的质量管理体系进行评定和注册的活动。图8－6 所示为ISO认证标记。

图8－6　ISO认证标记

质量管理体系认证具有以下特征。

①认证的对象是质量体系而不是具体产品。

②认证的依据是质量管理体系标准（即GB/T 19001，Idt ISO 9001），而不是具体的产品质量标准。

③认证是第三方从事的活动。通常将产品的生产企业称作“第一方”，如施工、建筑材料等生产企业。将产品的购买使用者称为“第二方”，如业主、顾客等。在质量认证活动中，第三方是独立、公正的机构，与第一方、第二方在行政上无隶属关系，在经济上无利害关系，从而可确保认证工作的公正性。

④认证的结论不是证明产品是否符合有关的技术标准，而是证明质量体系是否符合标准，是否具有按照标准要求、保证产品质量的能力。

⑤取得质量管理体系认证资格的证明方式是认证机构向企业颁发质量管理体系认证证书和认证标志。这种体系认证标志不同于产品认证标志，不能用于具体产品上，不保证具体产品的质量。

3）质量管理体系认证的实施运行

质量管理体系认证过程总体上可分为以下4个阶段。

(1) 认证申请。组织向其资源选择的某个体系认证机构提出申请，并按该机构要求提交申请文件，包括企业质量手册等。体系认证机构根据企业提

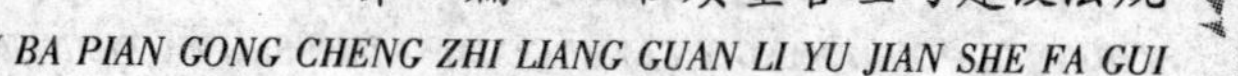

交的申请文件决定是否受理申请，并通知企业。

（2）体系审核。体系认证机构指派数名国家注册审核人员实施审核工作，包括审查企业的质量手册，到企业现场查证实际执行情况，并提交审核报告。

（3）审批与注册发证。体系认证机构根据审核报告，经审查决定是否批准认证。对批准认证的企业颁发体系认证证书，并将企业的有关情况注册公布，准予企业以一定方式使用体系认证标志。

（4）监督。在证书有效期内，体系认证机构每年对企业进行至少一次的监督与检查，查证企业有关质量管理体系的保持情况。一旦发现企业有违反有关规定的事实证据，即对该企业采取措施，暂停或撤销该企业的体系认证。

ISO 14001 认证：

环境管理体系（EMS）是组织整个管理体系中的一部分，用来制定和实施其环境方针，并管理其环境因素，包括为制定、实施、实现、评审和保持环境方针所需的组织机构、计划活动、职责、惯例、程序、过程和资源。ISO 14001—1996 环境管理体系—规范及使用指南是国际标准化组织（ISO）于 1996 年正式颁布的可用于认证目的的国际标准，是 ISO 14000 系列标准的核心，它要求组织通过建立环境管理体系来达到支持环境保护、预防污染和持续改进的目标，并可通过取得第三方认证机构认证的形式向外界证明其环境管理体系的符合性和环境管理水平。由于 ISO 14001 环境管理体系可以带来节能降耗、增强企业竞争力、赢得客户、取信于政府和公众等诸多好处，所以自发布之日起即得到了广大企业的积极响应，被视为进入国际市场的“绿色通行证”。同时，由于 ISO 14001 的推广和普及在宏观上可以起到协调经济发展与环境保护的关系、提高全民环保意识，促进节约和推动技术进步等作用，因此也受到了各国政府和民众越来越多的关注。为了更加清晰和明确 ISO 14001 标准的要求，ISO 对该标准进行了修订，并于 2004 年 11 月 15 日颁布了新版标准 ISO 14001—2004 环境管理体系要求及使用指南。图 8－7 所示为 ISO 14001 认证标记。

图 8－7　ISO 14001 认证标记

OHSAS 18000 认证：

OHSAS 18000 是由英国标准协会（BSI）、挪威船级社（DNV）等13个组织提出的职业安全卫生系列标准旨在帮助组织控制其职业安全卫生风险，改进其职业安全卫生绩效。

职业安全与健康是20世纪80年代后期在国际上兴起的现代安全生产管理模式，它与ISO 9000和ISO 14000等一样被称为后工业化时代的管理方法，其产生的一个主要原因是企业自身发展的要求。随着企业的发展壮大，企业必须采取更为现代化的管理模式，将包括质量管理、职业健康安全管理等管理在内的所有生产经营活动科学化、标准化和法律化。职业健康安全管理体系产生的另一个重要原因是国际一体化进程的加速进行，由于与生产过程密切相关的职业健康安全问题正日益受到国际社会的关注和重视，与此相关的立法更加严格，相关的经济政策和措施也不断出台和完善。

CB/T 28001—2011《职业健康安全管理体系要求》等同采用 OHSAS 18001—2007《职业健康安全管理体系要求》。

第七节 质量保证管理体系

一、质量管理组织机构

建筑工程项目一般建立由公司总部宏观控制，项目经理领导，项目总工程师策划、实施，现场经理和安装经理中间控制，专业责任工程师检查的管理系统，形成从项目经理部到各分承包方、各专业化公司和作业班组的质量管理网络，如图8－8所示。

对各个目标进行分解，以加强施工过程中的质量控制，确保分部分项工程优良率、合格率的目标，从而顺利实现工程的质量目标。以先进的技术，程序化、规范化、标准化的管理，严谨的工作作风，精心组织、精心施工，以ISO 9001质量标准体系为管理依托，按照《建筑工程质量验收统一标准》（CB 50300）系列标准达标。

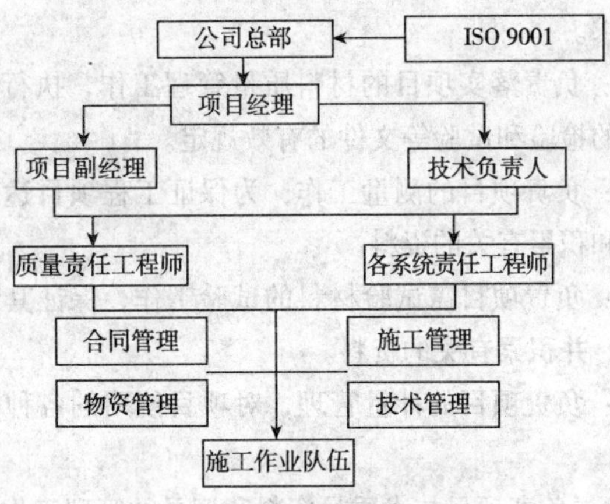

图 8－8　质量管理体系框架图

二、施工项目质量管理人员职责

建立健全技术质量责任制，将质量管理全过程中的每项具体任务落实到每个管理部门和个人身上，使质量工作事事有人管，人人有岗位，办事有标准，工作有考核，形成一个完整质量保证体系，保证工程质量达到预期目标。

工程项目部现场质量管理班子由项目部经理、副经理、项目总工程师、施工员、技术员、质量员、材料员、测量员、试验员、计量员、资料员等组成，现场质量管理班子主要管理人员职责如下。

（1）项目经理：项目经理受企业法人委托，全面免责履行施工合同，是项目质量的第一负责人。负责组织项目管理部全体人员、保证企业质量体系在本项目中的有效运行；协调各项质量活动；组织项目质量计划的编制，确保质量体系进行时资源的落实；保证项目质量达到企业规定的目标。

（2）项目总工程师：全面负责项目技术工作，组织图样会审，组织编制施工组织设计，审定现场质量，安全措施，以及对设计变更等的交底工作。

（3）施工员：落实项目经理布置的质量职能，有效地对施工过程的质量进行控制，按公司质量文件的有关规定来组织指挥生产。

（4）技术员：协助项目经理进行项目质量管理，参加质量计划和施工组织设计的编制，做好设计变更和技术核定工作，负责技术复核工作，解决施工中出现的技术问题，负责隐蔽工程验收的自检和申请工作等。督促施工员、质量员及时做好自检和复检工作，　负责工程质量资料的积累和汇总工作。

（5）质量员：组织各项质量活动，参与施工过程的质量管理工作，在授权范围内对产品进行检验，控制不合格品的产生。采取各种措施确保项目质量达到规定的要求。

（6）材料员：负责落实项目的材料质量管理工作，执行物资采购，顾客提供产品、物资的检验和试验等文件的有效规定。

（7）测量员：负责项目的测量工作，为保证工程项目达到预期质量目标提供有效的服务和积累有关的资料。

（8）试验员：负责项目需试验材料的试验工作，保证其结果能满足工程质量管理的需要，并积累有关的资料。

（9）计量员：负责项目的计量管理，对项目使用的各种检测试报告的有效性进行控制。

（10）资料员：负责项目技术质量资料和记录的管理工作，执行公司有关文件的规定，保证项目技术质量资料的完整性和有效性。

（11）机械管理员：执行公司机械设备管理和保养的有关规定，保证施工项目使用合格的机械设备，以满足生产的需要。

第二章　工程质量评定与验收

第一节　工程质量验收基本内容

工程施工质量验收是工程建设质量控制的一个重要环节，它包括工程施工质量的中间验收和工程的竣工验收两个方面。通过对工程建设中间产品和最终产品的质量验收，从过程控制和终端把关两个方面进行工程项目的质量控制，以确保达到业主所要求的功能和使用价值，实现建设投资的经济效益和社会效益。

工程项目的竣工验收，是项目建设程序的最后一个环节，是全面考核项目建设成果、检查设计与施工质量、确认项目能否投入使用的重要步骤。竣工验收的顺利完成，标志着项目建设阶段的结束和使用阶段的开始。

一、建筑工程施工质量验收规范体系

为了加强建筑工程质量管理，统一建筑工程施工质量的验收，保证工程质量，2001 年建设部发布了《建筑工程施工质量验收统一标准》（GB 50300），并从2002 年1 月1 日开始实施，这个标准连同15 个施工质量验收规范，组成了一个技术标准体系，统一了房屋工程质量的验收方法、程序和质量标准。这个技术标准体系是将以前的施工及验收规范和工程质量检验评定标准合并，组成了新的工程质量验收规范体系。

建筑工程质量验收规范系列标准框架体系各规范名称如下。

(1)《建筑工程施工质量验收统一标准》(GB 50300)。

(2)《建筑地基基础工程施工质量验收规范》(GB 50202)。

(3)《砌体工程施工质量验收规范》(GB 50203)。

(4)《混凝土结构工程施工质量验收规范》(GB 50204)。

(5)《钢结构工程施工质量验收规范》(GB 50205)。

(6)《木结构工程施工质量验收规范》(CB 50206)。

(7)《屋面工程质量验收规范》(GB 50207)。

(8)《地下防水工程质量验收规范》(GB 50208)。

(9)《建筑地面工程施工质量验收规范》(GB 50209)。

(10)《建筑装饰装修工程质量验收规范》(GB 50210)。

(11)《建筑给水排水及采暖工程施工质量验收规范》(GB 50242)。

(12)《通风与空调工程施工质量验收规范》(GB 50243)。

(13)《建筑电气工程施工质量验收规范》(GB 50303)。

(14)《电梯工程施工质量验收规范》(GB 50310)。

(15)《智能建筑工程施工质量验收规范》(GB 50339)。

(16)《建筑节能工程施工质量验收规范》(GB 50411)。

该技术标准体系总结了我国建筑施工质量验收的实践经验，坚持了“验评分离、强化验收、完善手段、过程控制”的指导思想。

验评分离：是将以前验评标准中的质量检验与质量评定的内容分开，将以前施工及验收规范中的施工工艺和质量验收的内容分开，将验评标准中的质量检验与施工规范中的质量验收衔接，形成工程质量验收规范。施工及验收规范中的施工工艺部分作为企业标准或行业推荐性标准；验评标准中的评定部分，主要是为企业操作工艺水平进行评价，可作为行业推荐性标准为社会及企业的创优评价提供依据。

强化验收：是将施工规范中的验收部分与验评标准中的质量检验内容合并起来，形成一个完整的工程质量验收规范，作为强制性标准，是建设工程必须完成的最低质量标准，是施工单位必须达到的施工质量标准，也是建设单位验收工程质量所必须遵守的规定。

强化验收体现在：①强制性标准；②只设合格一个质量等级；③强化质量指标都必须达到规定的指标；④增加检测项目。

完善手段：一是完善材料、设备的检测；二是改进施工阶段的施工试验；三是开发竣工工程的抽测项目，减少或避免人为因素的干扰和主观评价的影响。

工程质量检测，可分为基本试验、施工试验和竣工工程有关安全、使用

功能抽样检测 3 个部分。基本试验具有法定性，其质量指标、检测方法都有相应的国家或行业标准，其方法、程序、设备仪器以及人员素质都应符合有关标准的规定，其试验一定要符合相应标准方法的程序及要求，要有复演性，其数据要有可比性。

施工试验是施工单位进行质量控制，判定质量时，要注意的技术条件，试验程序需要第三方见证，保证其统一性和公正性。

竣工抽杆试验是确认施工检测的程序、方法、数据的规范性和有效性，统一施工检测及竣工抽样检测的程序、方法、仪器设备等。

过程控制：一是体现在建立过程控制的各项制度；二是在基本规定中，设置控制的要求，强化中间控制和合格控制，强调施工必须有操作依据，并提出了综合施工质量水平的考核，作为质量验收的要求；三是验收规范的本身，检验批、分项、分部、单位工程的验收，就是过程控制。

施工质量验收系列规范 16 字方针：验评分离，强化验收，完善手段，过程控制，如图 8－9 所示。

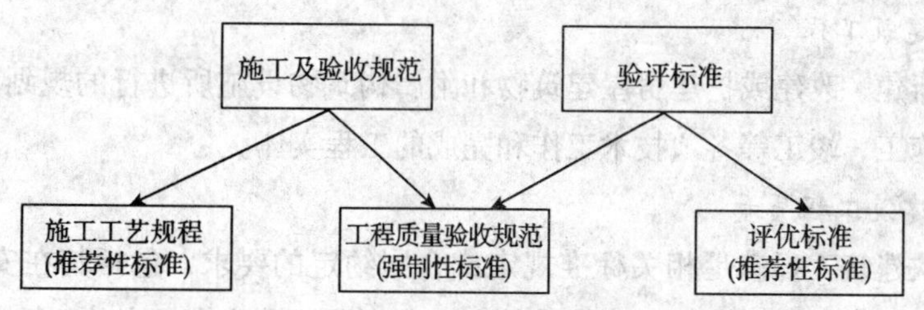

图 8－9　验评分离、强化验收示意图

《建筑工程施工验收规范》的支撑工程施工质量验收支持体系如图 8－10 所示。

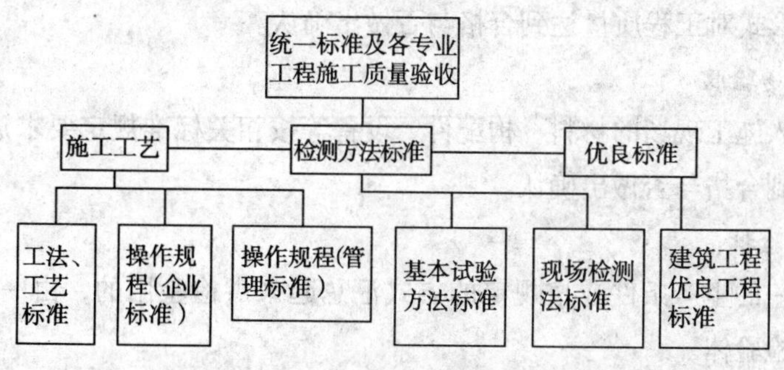

图 8－10 工程施工质量验收支持体系示意图

（1）施工工艺（做某个工程的具体规范）：质量验收规范必须有企业的

企业标准作为施工操作、上岗培训、质量控制和质量验收的基础，来保证质量验收规范的落实。

（2）检测方法标准：要达到有效控制和科学管理，使质量验收的指标数据化，必须有完善的检测试验手段、试验方法和规定的设备等，才有可比性和规范性。

（3）优良标准：国家强制性要求是质量合格标准，优良标准采用是推荐性的，而这些检测方法、规程是多种多样的，在一个规范中是规定不了的，必须依靠专门的国家标准及行业标准。

二、建筑工程施工质量验收术语

《建筑工程施工质量验收统一标准》（GB 50300）中共给出17个术语，这些术语对规范有关建筑工程施工质量验收活动中的用语，加深对标准条文的理解，特别是更好地贯彻执行标准是十分必要的。

1. 建筑工程

为新建、改建或扩建房屋建筑物和附属构筑物设施所进行的规划、勘察、设计和施工、竣工等各项技术工作和完成的工程实体。

2. 建筑工程质量

反映建筑工程满足相关标准规定或合同约定的要求，包括其在安全、使用功能及其在耐久性能、环境保护等方面所有明显和隐含能力的特性总和。

3. 验收

建筑工程在施工单位自行质量检查评定的基础上参与建设活动的有关单位共同对检验批、分项、分部、单位工程的质量进行抽样复验，根据相关标准以书面形式对工程质量达到合格与否做出确认。

4. 进场验收

对进入施工现场的材料、构配件、设备等按相关标准规定要求进行检验，对产品达到合格与否做出确认。

5. 检验批

按同一的生产条件或按规定的方式汇总起来供检验用的，由一定数量样本组成的检验体。

6. 检验

对检验项目中的性能进行量测、检查、试验等，并将结果与标准规定要求进行比较，以确定每项性能是否合格所进行的活动。

7. 见证取样检测

在监理单位或建设单位监督下，由施工单位有关人员现场取样，并送至具备相应资质的检测单位所进行的检测。

8. 交接检验

由施工的承接方与完成方经双方检查并对可否继续施工做出确认的活动。

9. 主控项目

建筑工程中的对安全、卫生、环境保护和公众利益起决定性作用的检验项目。

10. 一般项目

除主控项目以外的检验项目。

11. 抽样检验

按照规定的抽样方案，随机地从进场的材料、构配件、设备或建筑工程检验项目中，按检验批抽取一定数量的样本所进行的检验。

12. 抽样方案

根据检验项目的特性所确定的抽样数量和方法。

13. 计数检验

在抽样的样本中，记录每一个体有某种属性或计算每一个体中的缺陷数目的检查方法。

14. 计量检验

在抽样检验的样本中，对每一个体测量其某个定量特性的检查方法。

15. 观感质量

通过观察和必要的量测所反映的工程外在质量。

16. 返修

对工程不符合标准规定的部位采取整修等措施。

17. 返工

对不合格的工程部位采取的重新制作、重新施工等措施。

第二节　施工质量验收的基本规定

在建筑工程施工质量验收的过程中，一些基本的规定如下。

（1）施工现场质量管理应有相应的施工技术标准、健全的质量管理体系、施工质量检验制度和综合施工质量水平评定考核制度。

施工现场质量管理检查记录应由施工单位按表8－2填写，总监理工程师（建设单位项目负责人）进行检查，并做出检查结论。

表8－2　施工现场质量管理检查记录　　开工时间：

<table>
<tr><td colspan="2">工程名称</td><td colspan="2"></td><td colspan="2">施工许可证（开工证）</td><td></td></tr>
<tr><td colspan="2">建设单位</td><td colspan="2"></td><td colspan="2">项目负责人</td><td></td></tr>
<tr><td colspan="2">设计单位</td><td colspan="2"></td><td colspan="2">项目负责人</td><td></td></tr>
<tr><td colspan="2">监理单位</td><td colspan="2"></td><td colspan="2">总监理工程师</td><td></td></tr>
<tr><td colspan="2">施工单位</td><td></td><td>项目经理</td><td></td><td>项目技术负责人</td><td></td></tr>
<tr><td>序号</td><td colspan="3">项目</td><td colspan="3">内容</td></tr>
<tr><td>1</td><td colspan="3">现场质量管理制度</td><td colspan="3"></td></tr>
<tr><td>2</td><td colspan="3">质量责任制</td><td colspan="3"></td></tr>
<tr><td>3</td><td colspan="3">主要专业工种操作上岗证书</td><td colspan="3"></td></tr>
<tr><td>4</td><td colspan="3">分包方资质与对分包单位的管理制度</td><td colspan="3"></td></tr>
<tr><td>5</td><td colspan="3">施工图审查情况</td><td colspan="3"></td></tr>
<tr><td>6</td><td colspan="3">地质勘察资料</td><td colspan="3"></td></tr>
<tr><td>7</td><td>施工组织</td><td colspan="2">设计、施工方案及审批</td><td colspan="3"></td></tr>
<tr><td>8</td><td colspan="3">施工技术标准</td><td colspan="3"></td></tr>
<tr><td>9</td><td colspan="3">工程质量检验制度</td><td colspan="3"></td></tr>
<tr><td>10</td><td colspan="3">搅拌站及计量设置</td><td colspan="3"></td></tr>
<tr><td>11</td><td colspan="3">现场材料、设备存放与管理</td><td colspan="3"></td></tr>
<tr><td>12</td><td colspan="3"></td><td colspan="3"></td></tr>
<tr><td colspan="7">检查结论：
总监理工程师
（建设单位项目负责人）　　年　　月　　日</td></tr>
</table>

（2）建筑工程应按下列规定进行施工质量控制。

①建筑工程采用的主要材料、半成品、成品、建筑构配件、器具和设备应进行现场验收。凡涉及安全、功能的有关产品，应按各专业工程质量验收规范规定进行复验，并应经监理工程师（建设单位技术负责人）检查认可。②各工序应按施工技术标准进行质量控制，每道工序完成后，应进行检查。③相关各专业工种之间，应进行交接检验，并形成记录。未经监理工程师

(建设单位技术负责人）检查认可，不得进行下道工序施工。

(3）建设工程施工质量应按下列要求进行验收。

①建筑工程施工质量应符合本标准和相关专业验收规范的规定。

②建筑工程施工应符合工程勘察、设计文件的要求。

③参加工程施工质量验收的各方人员应具备规定的资格。

④工程质量的验收均应在施工单位自行检查评定的基础上进行。

⑤隐蔽工程在隐蔽前应由施工单位通知有关单位进行验收，并应形成验收文件。

⑥涉及结构安全的试块、试件以及有关材料，应按规定进行见证取样检测。

⑦检验批的质量应按主控项目和一般项目验收。

⑧对涉及结构安全和使用功能的重要分部工程应进行抽样检测。

⑨承担见证取样检测及有关结构安全检测的单位应具有相应资质。

⑩工程的观感质量应由验收人员通过现场检查，并应共同确认。

(4）检验批的质量检验，应根据检验项目的特点在下列抽样方案中进行选择。

①计量、计数或计量－计数等抽样方案。

②一次、两次或多次抽样方案。

③根据生产连续性和生产控制稳定性情况，尚可采用调整型抽样方案。

④对重要的检验项目当可采用简易快速的检验方法时，可选用全数检验方案。

⑤经实践检验有效的抽样方案。

(5）在制定检验批的抽样方案时，对生产方风险（或错判概率 α）和使用方风险（或漏判概率 β）可按下列规定采取。

①主控项目：对应于合格质量水平的 α 的 β 均不宜超过 5%。

②一般项目：对应于合格质量水平的 α 不宜超过 5%，β 不宜超过 10%。

第三节　合理划分工程质量验收层次

建筑工程施工质量验收涉及建筑工程施工过程控制和竣工验收控制，合理划分建筑工程施工质量验收层次是非常必要的。特别是不同专业工程的验

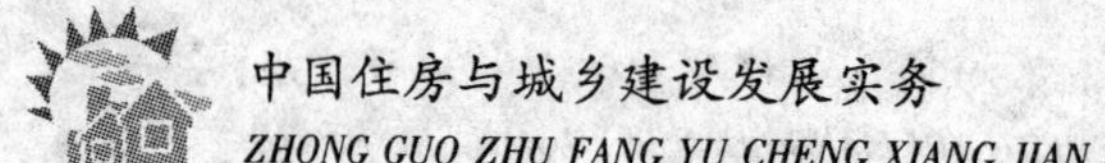

收批如何确定，将直接影响到质量验收工作的科学性、经济性、实用性及可操作性，通过验收批和中间验收层次及最终验收单位的确定，实施对工程施工质量的过程控制和终端把握，确保工程施工质量达到工程项目决策阶段所确定的质量目标和水平。

（1）建筑工程质量验收应划分为单位（子单位）工程、分部（子分部）工程、分项工程和检验批。

（2）单位工程的划分应按下列原则确定。

①具备独立施工条件并能形成独立使用功能的建筑物及构筑物为一个单位工程。②建筑规模较大的单位工程，可将其能形成独立使用功能的部分作为一个子单位工程。

（3）分部工程的划分应按下列原则确定。

①分部工程的划分应按专业性质、建筑部位确定。②当分部工程较大或较复杂时，可按材料种类、施工特点、施工程序、专业系统及类别等划分为若干子部分工程。

（4）分项工程应按主要工种、材料、施工工艺、设备类别等进行划分。

（5）分项工程可由一个或若干检验批组成，检验批可根据施工及质量控制和专业验收需要按楼层、施工段、变形缝等进行划分。

建筑工程的分部（子分部）、分项工程可按表8－3采用。

表8－3　建筑工程分部工程、分项工程划分

分部工程	子分部工程	分项工程
序号	无支护土方	土方开挖、土方回填
	有支护土方	排桩，降水、排水、地下连续墙、锚杆、土钉墙、水泥土桩、沉井与沉箱，钢及混凝土支撑
地基与	地基及基础处理	灰土地基、砂和砂石地基、碎砖三合土地基，土工合成材料地基，粉煤灰地基，重锤夯实地基，强夯地基，振冲地基，砂桩地基，预压地基，高压喷射注浆地基，土和灰土挤密桩地基，注浆地基，水泥粉煤灰碎石桩地基，夯实水泥土桩地基
	桩基	锚杆静压桩及静力压桩，预应力离心管桩，钢筋混凝土预制桩，钢桩，混凝土灌注桩（成孔、钢筋笼、清孔、水下混凝土灌注）

续表

分部工程		子分部工程	分项工程
1	基础	地下防水	防水混凝土，水泥砂浆防水层，卷材防水层，涂料防水层，金属板防水层，塑料板防水层，细部构造，喷锚支护，复合式衬砌，地下连续墙，盾构法隧道：渗排水、盲沟排水，隧道、坑道排水；预注浆、后注浆，衬砌裂缝注浆
		混凝土基础	模板、钢筋、混凝土，后浇带混凝土，混凝土结构缝处理
		砌体基础	砖砌体，混凝土砌块砌体，配筋砌体，石砌体
		劲钢（管）混凝土	劲钢（管）焊接、劲钢（管）与钢筋的连接，混凝土
		钢结构	焊接钢结构、栓接钢结构，钢结构制作，钢结构安装，钢结构涂装
		混凝土结构	模板、钢筋，混凝土，预应力、现浇结构，装配式结构
		劲钢（管）混凝土结构	劲钢（管）焊接、螺栓连续、劲钢（管）与钢筋的连续，劲钢（管）制作、安装，混凝
	主体	砌体结构	砖砌体，混凝土小型空心砌块砌体，石砌体，填充墙砌体，配筋砖
2	结构	钢结构	钢结构焊接，紧固件连接，钢零部件加工，单层钢结构安装，多层及高层钢结构安装，钢结构涂装、钢构件组装，钢构件预拼装，钢网架结构安装，压型金属板
		木结构	方木和原木结构、胶合木结构、轻型木结构，木构件防护
		网架和索膜结构	网架制作、网架安装、索膜安装、网架防火、防腐涂料
		地面	整体面层：基层、水泥混凝土面层、水泥砂浆面层、水磨石面层、防油渗面层、水泥钢（铁）屑面层、不发火（防爆的）面层；板块面层：基层、砖面层（陶瓷锦砖、缸砖、陶瓷地砖和水泥花砖面层）、大理石面层和花岗岩面层，预制板块面层（预制水泥混凝土、水磨石板块面层）、料石面层（条石、块石面层）、塑料板面层、活动地板面层、地毯面层；木竹面层：基层、实木地板面层（条材、块材面层）、实木复合地板面层（条材、块材面层）、中密度（强化）复合地板面层（条材面层）、竹地板面层
	建筑装	抹灰	一般抹灰，装饰抹灰，清水砌体勾缝

续表

分部工程		子分部工程	分项工程
3	饰装修	门窗	木门窗制作与安装、金属门窗安装、塑料门窗安装、特种门安装、门窗玻璃安装
		吊顶	暗龙骨吊顶、明龙骨吊顶
		轻质隔墙	板材隔墙、骨架隔墙、活动隔墙、玻璃隔墙
		饰面板（砖）	饰面板安装、饰面砖粘贴
		幕墙	玻璃幕墙、金属幕墙、石材幕墙
		涂饰	水性涂料涂饰、溶剂 型涂料涂饰、美术涂饰
		裱糊与软包	裱糊、软包
		细部	橱柜制作与安装，窗帘盒、窗台板和暖气罩制作与安装，门窗套制作与安装，护栏和扶手制作与安装，花饰制作与安装
		卷材防水屋面	保温层，找平层，卷材防水层，细部构造
	建筑	涂膜防水屋面	保温层，找平层，涂膜防水层，细部构造
4	屋面	钢性防水屋面	细石混凝土防水层，密封材料嵌缝，细部构造
		瓦屋面	平瓦屋面，油毡瓦屋面，金属板屋面，细部构造
		隔热屋面	架空尾面，蓄水屋面，种植屋面
		室内给水系统	给水管道及配件安装、室内消火栓系统安装、给水设备安装、管道防腐、绝热
		室内排水系统	排水管道及配件安装、雨水管道及配件安装
		室内热水供应系统	管道及配件安装、辅助设备安装、防腐、绝热
	建筑	卫生器具安装	卫生器具安装、卫生器具给水配件安装、卫生器具排水管道安装
5	给排水及	室内采暖系统	管道及配件安装、辅助设备及散热器安装、金属辐射板安装、低温热水地板辐射采暖系统安装、系统水压试验及调试、防腐、绝热
	采暖	室外给水管网	给水管道安装、消防水泵接合器及室外消火栓安装、管沟及井室
		室外排水管网	排水管道安装、排水管沟与井池

续表

分部工程		子分部工程	分项工程
		室外供热管网	管道及配件安装、系统水压试验及调试、防腐、绝热
		建筑中水系统及游泳池系统	建筑中水系统管道及辅助设备安装、游泳池水系统安装
		供热锅炉及辅助设备安装	锅炉安装、辅助设备及管道安装、安全附件安装、烘炉、煮炉和试运行、换热站安装、防腐、绝热
6	建筑电气	室外电气	架空线路及杆上电气设备安装，变压器、箱式变电所安装，成套配电柜、控制柜（屏、台）和动力、照明配电箱（盘）及控制柜安装，电线、电缆导管和线槽敷设，电线、电缆穿管和线槽敷设，电缆头制作、导线连接和线路电气试验，建筑物外部装饰灯具、航空障碍标志灯和庭院路灯安装，建筑照明通电试运行，接地装置安装
		变配电室	变压器、箱式变电所安装，成套配电柜、控制柜（屏、台）和动力、照明配电箱（盘）安装，裸母线、封闭母线、插接式母线安装，电缆沟内和电缆竖井内电缆敷设，电缆头制作、导线连接和线路电气试验，接地装置安装，避雷引下线和变配电室接地干线敷设
		供电干线	裸母线、封闭母线、插接式母线安装，桥架安装和桥架内电缆敷设，电缆沟内和电缆竖井内电缆敷设，电线、电缆导管和线槽敷设，电线、电缆穿管和线槽敷线，电缆头制作、导线连接和线路电气试验
		电气动力	成套配电柜、控制柜（屏、台）和动力、照明配电箱（盘）及安装，低压电动机、电加热器及电动执行机构检查、接线，低压电气动力设备检测、试验和空载试运行，桥架安装和桥架内电缆敷设，电线、电缆导管和线槽敷设，电线、电缆穿管和线槽敷线，电缆头制作、导线连接和线路电气试验，插座、开关、风扇安装
		电气照明安装	成套配电柜、控制柜（屏、台）和动力、照明配电箱（盘）安装，电线、电缆导管和线槽敷设，电线、电缆导管和线槽敷线，槽板配线，钢索配线，电缆头制作、导线连接和线路电气试验，普通灯具安装，专用灯具安装，插座、开关、风扇安装，建筑照明通电试运行

续表

分部工程		子分部工程	分项工程
		备用和不间断电源安装	成套配电柜、控制柜（屏、台）和动力、照明配电箱（盘）安装，柴油发电机组安装，不间断电源的其他功能单元安装，裸母线、封闭母线、插接式母线安装，电线、电缆导管和线槽敷设，电线、电缆导管和线槽敷线，电缆头制作、导线连接利线路电气试验，接地装置安装
		防雷及接地安装	接地装置安装，避雷引下线和变配电室接地干线敷设，建筑物等电位连接，接闪器安装
		通信网络系统	通信系统、卫星及有线电视系统、公共广播系统
		办公自动化系统	计算机网络系统、信息平台及办公自动化应用软件、网络安全系统
		建筑设备监控 系统	空调与通风系统、变配电系统、照明系统、给排水系统、热源和热交换系统、冷冻和冷却系统、电梯和自动扶梯系统、中央管理工作站与操作分站、子系统通信接口
		火灾报警及消防联动系统	火灾和可燃气体探测系统、火灾报警控制系统、消防联动系统
	智能	安全防范系统	电视监控系统、入侵报警系统、巡更系统、出入口控制（门禁）系统、停车管理系统
7	建筑	综合布线系统	缆线敷设和终接、机柜、机架、配线架的安装、信息插座和光缆芯线终端的安装
		智能化集成系统	集成系统网络、实时数据库、信息安全、功能接口
		电源与接地	智能建筑电源、防雷及接地
		环境	空间环境、室内空调环境、视觉照明环境、电磁环境
		住宅（小区）智能化系统	火灾自动报警及消防联动系统、安全防范系统（含电视监控系统、入侵报警系统、巡更系统、门禁系统、楼宇对讲系统、住户对讲呼救系统、停车管理系统）、物业管理系统（多表现场计量及与远程传输系统、建筑设备监控系统、公共广播系统、小区网络及信息服务系统、物业办公自动化系统）、智能家庭信息平台

续表

分部工程		子分部工程	分项工程
8	通风与空调	送排风系统	风管与配件制作；部件制作；风管系统安装；空气处理设备安装；消声设备制作与安装，风管与设备防腐；风机安装；系统调试
		防排烟系统	风管与配件制作；部件制作；风管系统安装；防排烟风口、常闭正压风口与设备安装；风管与设备防腐；风机安装；系统调试
		除尘系统	风管与配件制作：部件制作；风管系统安装；除尘器与排污设备安装；风管与设备防腐；风机安装；系统调试
		空调风系统	风管与配件制作；部件制作；风管系统安装；空气处理设备安装；消声设备制作与安装；风管与设备防腐；风机安装：风管与设备绝热；系统调试
		净化空调系统	风管与配件制作；部件制作；风管系统安装；空气处理设备安装；消声设备制作与安装；风管与设备防腐；风机安装：风管与设备绝热；高效过滤器安装；系统调试
		制冷设备系统	制冷机组安装；制冷剂管道及配件安装；制冷附属设备安装；管道及设备的防腐与绝热；系统调试
		空调水系统	管道冷热（媒）水系统安装；冷却水系统安装；冷凝水系统安装；阀门及部件安装；冷却塔安装；水泵及附属设备安装；管道与设备的防腐与绝热；系统调试
9	电梯	电力驱动的曳引式或强制式电梯安装工程	设备进场验收，土建交接检验，驱动主机，导轨，门系统，轿厢，对重（平衡重），安全部件，悬挂装置，随行电缆，补偿装置，电气装置，整机安装验收
		液压电梯安装工程	设备进场验收，土建交接检验，液压系统，导轨，门系统，轿厢，平衡重，安全部件，悬挂装置，随行电缆，电气装置，整机安装验收
		自动扶梯、自动人行道安装工程	设备进场验收，土建交接检验，整机安装验收

第四节　工程质量验收项目

一、主控项目和一般项目的检验

1）主控项目

主控项目的条文是必须达到的要求，是保证工程安全和使用功能的重要检验项目，是对安全、卫生、环境保护和公众利益起决定性作用的检验项目，是确定该检验批主要性能的。如果达不到规定的质量指标，降低要求就相当于降低该工程项目的性能指标，就会严重影响工程的安全性能。

主控项目包括的内容主要如下。

（1）重要材料、构件及配件、成品及半成品、设备性能及附件的材质、技术性能等。检查出厂证明及试验数据，如水泥、钢材的质量；预制楼板、墙板、门窗等构配件的质量；风机等设备的质量。检查出厂证明，其技术数据、项目符合有关技术标准规定。

（2）结构的强度、刚度和稳定性等检验数据、工程性能的检测。如混凝土、砂浆的强度；钢结构的焊缝强度；管道的压力试验；风管的系统测定与调整；电气的绝缘、接地测试；电梯的安全保护、试运转结果等。检查测试记录，其数据及项目要符合设计要求和本验收规范规定。

（3）一些重要的允许偏差项目，必须控制在允许偏差限值之内。

对一些有龄期的检测项目，在其龄期不到，不能提供数据时，可先将其他评价项目先评价，并根据施工现场的质量保证和控制情况，暂时验收该项目，待检测数据出来后，再填入数据。如果数据达不到规定数值，以及对一些材料、构配件质量及工程性能的测试数据有疑问时，应进行复试、鉴定及实地检验。

2）一般项目

一般项目是除主控项目以外的检验项目，其质量要求也是应该达到的，只不对不影响工程安全和使用功能的少数规定可以适当放宽一些，这些规定虽不像主控项目那样重要，但对工程安全、使用功能，重点的美观都是有较大影响的。这些项目在验收时，绝大多数抽查的处（件），其质量指标都必须达到要求，有的专业质量验收规范规定有20%，虽可以超过一定的指标，也是有限的，与原“验评标准”比，通常不得超过规定值的150%。

一般项目包括的内容主要如下。

（1）允许有一定偏差的项目，用数据规定的标准，可以有个别偏差范围，最多不超过 20% 的检查点可以超过允许偏差值，但也不能超过允许值的150%。

（2）对不能确定偏差值而又允许出现一定缺陷的项目，则以缺陷的数量来区分。如砖砌体预埋拉结筋，其留置间距偏差；混凝土钢筋露筋，露出一定长度等。

（3）一些无法定量的而采用定性的项目。如碎拼大理石地面颜色协调，无明显裂缝和坑洼；油漆工程中，中级油漆的光亮和光滑项目，卫生器具给水配件安装项目，接口严密，启闭部分灵活；管道接口项目，无外露油麻等。这些就要靠监理工程师来掌握了。

二、分项工程质量验收

分项工程验收程序如图 8－11 所示。

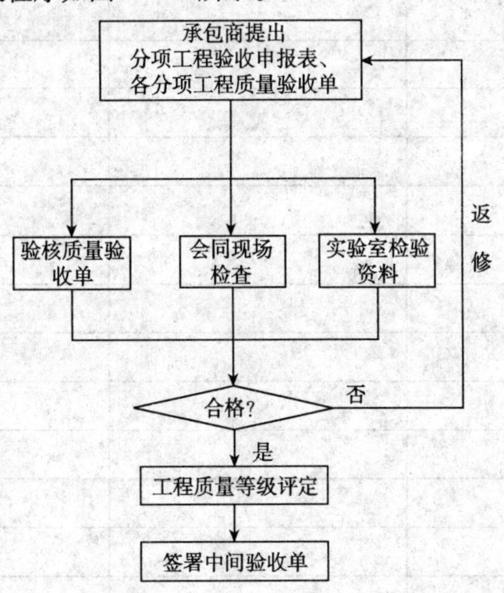

图 8－11　分项工程验收程序

1. 分项工程质量验收合格规定

分项工程质量验收合格应符合下列规定。

（1）分项工程所含的检验批均应符合合格质量的规定。

（2）分项工程所含的检验批的质量验收记录应完整。

分项工程质量验收可按表 8－4 进行。

表 8－4 ________分项工程质量验收记录

工程名称		结构类型		检验批数	
施工单位		项目经理		项目技术负责人	
		分包单位			
分包单位				分包项目经理	
		负责人			
序号	检验批部位、区段	施工单位检查评定结果		监理（建设）单位验收结论	
1					
2					
3					
4					
5					
6					
7					
8					
9					
10					
11					
12					
13					
14					
15					
16					
17					
检查结论	项目专业 技术负责人 年　月　日	验收 结论		监理工程师 （建设单位项目专业技术负责人） 年　月　日	

2. 分项工程质量的验收应注意的问题

分项工程质量的验收是在检验批验收的基础上进行的，是一个统计过程，有时也有一些直接的验收内容，所以在验收分项工程时应注意以下方面。

(1) 核对检验批的部位、区段是否全部覆盖分项工程的范围，有没有缺漏的部位。

(2) 一些在检验批中无法检验的项目，在分项工程中直接验收，如砖砌体工程中的全局垂直度、砂浆强度的评定等。

(3) 检验批验收记录的内容及签字人是否正确、齐全。

三、分部（子分部）工程质量验收

分部工程验收程序如图 8－12 所示。

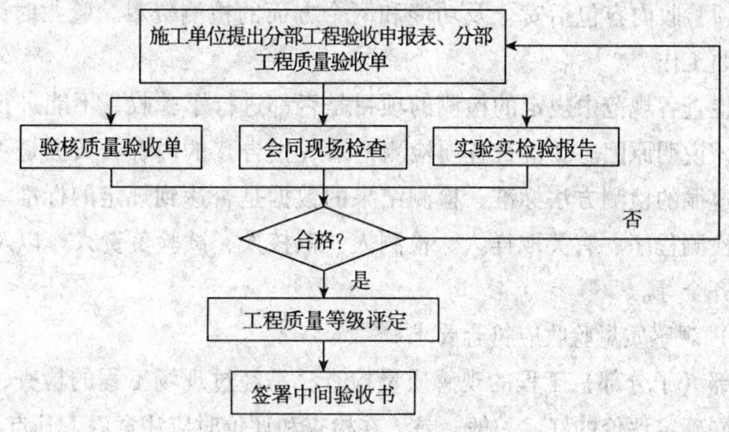

图 8－12　分部工程验收程序

分部、子分部工程的验收内容、程序都是一样的，应将各子分部的质量控制资料进行核查；对地基与基础、主体结构和设备安装工程等分部工程中的有关安全及功能的检验和抽样检测结果的资料核查；观感质量评价等。

分部（子分部）工程质量验收合格应符合下列规定。

(1) 分部（子分部）工程所含分项工程的质量均应验收合格。实际验收中，这项内容也是项统计工作，在做这项工作时应注意 3 点。

①检查每个分项工程验收是否正确；②注意查对所含分项工程，有没有漏、缺的分项工程没有归纳进来，或是没有进行验收；③注意检查分项工程的资料完整不完整，每个验收资料的内容是否有缺漏项，以及分项验收人员的签字是否齐全及符合规定。

(2) 质量控制资料应完整。

这项验收内容，实际也是统计、归纳和核查，主要包括3个方面的资料。

①核查和归纳各检验批的验收记录资料，查对其是否完整。②检验批验收时，应具备的资料应准确完整才能验收。③注意核对各种资料的内容、数据及验收人员的签字是否规范等。

在分部、子分部工程验收时，主要是核查和归纳各检验批的施工操作依据、质量检查记录，查对其是否配套完整，包括有关施工工艺（企业标准）、原材料、构配件出厂合格证及按规定进行的试验资料的完整程度。一个分部、子分部工程能否具有数量和内容完整的质量控制资料，是验收规范指标能否通过验收的关键。

（3）地基与基础、主体结构和设备安装等分部工程有关安全及功能的检验和抽样检测结果应符合有关规定。

这项验收内容包括安全及功能和两个方面的检测资料。验收时应注意3个方面的工作。

①检查各规范中规定的检测的项目是否都进行了验收，不能进行检测的项目应该说明原因。②检查各项检测记录（报告）的内容、数据是否符合要求，所遵循的检测方法标准、检测结果的数据是否达到规定的标准。③核查资料的检测程序、有关取样人、检测人、审核人、试验负责人，以及公章签字是否齐全等。

（4）观感质量验收应符合要求。

分部（子分部）工程的观感质量检查，是经过现场工程的检查，由检查人员共同确定评价的好、一般、差，在检查和评价时应注意以下几点。

①分部（子分部）工程观感质量评价目的有两个。一是现在的工程体量越来越大，越来越复杂，待单位工程全部完工后再检查，有的项目要看的看不见了，看了还应修的修不了，只能是既成事实。另一方面竣工后一并检查，由于工程的专业多，而检查人员中又不能太多，专业不全，不能将专业工程中的问题看出来。有些项目完工以后，工地上项目少了，各工种人员分批撤出去，即使检查出问题来，再让各工种人员来修理，用的时间也长。二是对专业承包企业分包承包的工程，完工以后也应该有个评价，也便于对这些企业的监管。

②在进行检查时，要注意一定要在现场，将工程的各个部位全部看到，能操作的应操作，观察其方便性、灵活性或有效性等；能打开观看的应打开观看，不能只看“外观”，应全面了解分部（子分部）的实物质量。

③观感质量没有放在重要位置，只是一个辅助项目，其评价内容只列出

了项目，其具体标准没有具体化，多数在一般项目内。检查评价人员宏观掌握，如果没有较明显达不到要求的，就可以评一般；如果某些部位质量较好，细部处理到位，就可评好；如果有的部位达不到要求，或有明显的缺陷，但不影响安全或使用功能的，则评为差。评为差的项目能进行返修的应进行返修，不能返修只要不影响结构安全和使用功能的可通过验收。有影响安全或使用功能的项目，不能评价，应修理后再评价。

分部（子分部）工程质量验收应按表8－5进行。

表8－5　________分部（子分部）工程验收记录

<table>
<tr><td colspan="2">工程名称</td><td colspan="2"></td><td colspan="2">结构类型</td><td></td><td>层数</td><td></td></tr>
<tr><td colspan="2">施工单位</td><td colspan="2"></td><td colspan="2">技术部门负责人</td><td></td><td>质量部门负责人</td><td></td></tr>
<tr><td colspan="2">分包单位</td><td colspan="2"></td><td colspan="2">分包单位负责人</td><td></td><td>分包技术负责人</td><td></td></tr>
<tr><td>序号</td><td colspan="2">分项工程名称</td><td>检验批数</td><td colspan="3">施工单位检查评定</td><td colspan="2">验收意见</td></tr>
<tr><td>1</td><td colspan="2"></td><td></td><td colspan="3"></td><td colspan="2" rowspan="7"></td></tr>
<tr><td>2</td><td colspan="2"></td><td></td><td colspan="3"></td></tr>
<tr><td>3</td><td colspan="2"></td><td></td><td colspan="3"></td></tr>
<tr><td>4</td><td colspan="2"></td><td></td><td colspan="3"></td></tr>
<tr><td>5</td><td colspan="2"></td><td></td><td colspan="3"></td></tr>
<tr><td>6</td><td colspan="2"></td><td></td><td colspan="3"></td></tr>
<tr><td></td><td colspan="2"></td><td></td><td colspan="3"></td></tr>
<tr><td colspan="3">质量控制资料</td><td colspan="4"></td><td colspan="2"></td></tr>
<tr><td colspan="3">安全和功能检验（检测）报告</td><td colspan="4"></td><td colspan="2"></td></tr>
<tr><td colspan="3">观感质量验收</td><td colspan="4"></td><td colspan="2"></td></tr>
<tr><td rowspan="5">验收单位</td><td colspan="3">分包单位</td><td colspan="5">项目经理　年　月　日</td></tr>
<tr><td colspan="3">施工单位</td><td colspan="5">项目经理　年　月　日</td></tr>
<tr><td colspan="3">勘察单位</td><td colspan="5">项目经理　年　月　日</td></tr>
<tr><td colspan="3">设计单位</td><td colspan="5">项目经理　年　月　日</td></tr>
<tr><td colspan="3">监理（建设）单位</td><td colspan="5">总监理工程师
（建设单位项目专业负责人）　年　月　日</td></tr>
</table>

四、单位（子单位）工程质量验收

单位工程竣工验收工作流程如图 8－13 所示。

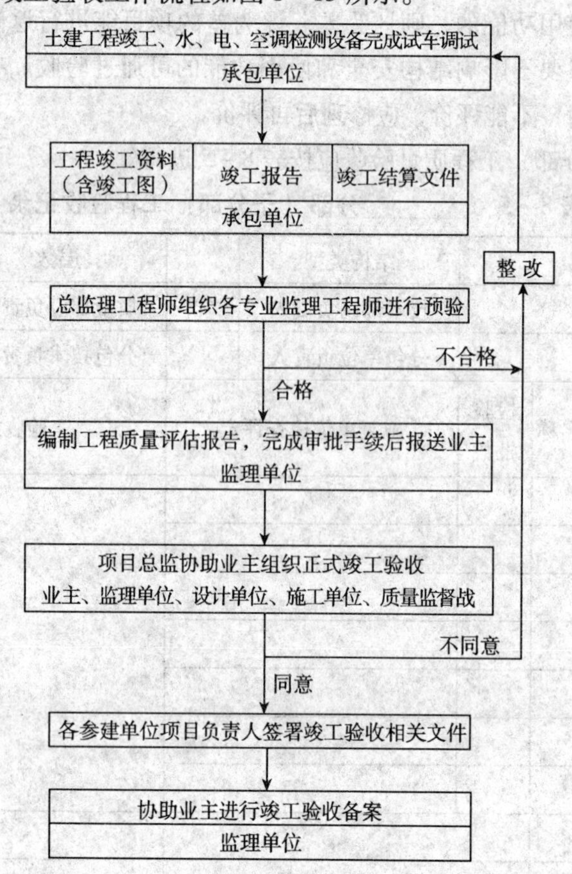

图 8－13　单位工程竣工验收工作流程

单位工程质量验收是对工程交付使用前的最后一道工序把好关，是对工程质量的一次总体综合评价，是工程质量管理的一道重要程序。

单位（子单位）工程质量验收合格应符合下列规定。

(1) 单位（子单位）工程所含分部（子分部）工程的质量均应验收合格。

总承包单位应事前进行认真准备，将所有分部、子分部工程质量验收的记录表，及时进行收集整理，并列出目次表，依序将其装订成册。在核查及整理过程中，应注意以下 3 点。

①核查各分部工程中所含的子分部工程是否齐全。

②核查各分部、子部分工程质量验收记录表的质量评价是否完善，有分

部、子分部工程质量的综合评价、有质量控制资料的评价、地基与基础、主体结构和设备安装分部、子分部工程规定的有关安全及功能的检测和抽测项目的检测记录，以及分部、子分部观感质量的评价等。

③核查分部、子分部工程质量验收记录表的验收人员是否是规定的有相应资质的技术人员，并进行了评价和签认。

（2）质量控制资料应完整。

总承包单位应将各分部、子分部工程应有的质量控制资料进行核查，图纸会审及变更记录，定位测量放线记录、施工操作依据、原材料、构配件等质量证书、按规定进行检验的检测报告、隐蔽工程验收记录、施工中有关施工试验、测试、检验等，以及抽样检测项目的检测报告等。

总监理工程师进行核查确认时，可按单位工程所包含的分部、子分部工程分别核查，也可综合抽查。其目的是强调建筑结构、设备性能、使用功能方面主要技术性能的检验。每个检验批规定了“主控项目”，并提出了主要技术性能的要求，但检查单位工程的质量控制资料，对主要技术性能进行系统的核查。

质量控制资料将是整个技术资料的核心。从工程质量管理出发可将技术资料分为：工程质量验收资料、工程质量记录资料、施工技术管理资料和竣工图等。

建筑工程质量控制资料是反映建筑工程施工过程中，各个环节工程质量状况的基本数据和原始记录；反映完工项目的测试结果和记录。这些资料是反映工程质量的客观见证，是评价工程质量的主要依据。

工程质量资料是工程的“合格证”和技术证明书。由于工程的安全性能要求高，所以工程质量资料比产品的合格证更重要。从广义质量来说，工程质量资料就是工程质量的一部分，同时，工程质量资料是工程技术资料的核心，是企业经营管理的重要组成部分，更是质量管理的重要方面，是反映一个企业管理水平高低的重要见证。

在验收一个分部、子分部工程的质量时，为了系统核查工程的结构安全和重要使用功能，虽然在分项工程验收时，已核查了规定提供的技术资料，但仍有必要再进行复核，只是不再像验收检验批、分项工程质量那样进行微观检查，而是从总体上通过核查质量控制资料来评价分部、子分部工程的结构安全与使用功能控制情况和质量水平。

（3）单位（子单位）工程所含分部工程有关安全和功能的检测资料应完整。

在分部、子分部工程检查和验收时，应进行检测来保证和验证工程的综合质量和最终质量。该检测（检验）应由施工单位来检测，检测过程中可请监理工程师或建设单位有关负责人参加监督检测工作，达到要求后，并形成检测记录签字认可。在单位工程、子单位工程验收时，监理工程师应对各分部、子分部工程应检测的项目进行核对，对检测资料的数量、数据及使用的检测方法标准、检测程序进行核查，以及核查有关人员的签认情况等。

（4）主要功能项目的抽查结果应符合相关专业质量验收规范的规定。

主要功能抽查目的主要是综合检验工程质量能否保证工程的功能，满足使用要求。这项抽查检测多数还是复查性的和验证性的。

主要功能抽测项目已在各分部、子分部工程中列出，有的是在分部、子分部工程完成后进行检测，有的还要待相关分部、子分部工程完成后才能检测，有的则需要待单位工程全部完成后进行检测。这些检测项目应在单位工程完工，施工单位向建设单位提交工程验收报告之前，全部进行完毕，并将检测报告写好。

（5）观感质量验收应符合要求。

观感质量的验收方法和内容与分部、子分部工程的观感质量评价一样，只是分部、子分部工程的范围小一些而已，一些分部、子分部工程的观感质量，可能在单位工程检查时已经看不到了。所以单位工程的观感质量更宏观一些。

观感质量检查应按表8－6进行。

表8－6　单位（子单位）工程质量竣工验收记录

工程名称		结构类型		层数/建筑面积	
施工单位		技术负责人		开工时间	
项目经理		项目技术负责人		竣工时间	
序号	项目				
1	分部工程	共　分部，经查　分部符合标准及设计要求　分部			
2	质量控制资料核查	共　项，经审查符合要求　项，符合标准及设计要求　分部			
3	安全和主要使用功能核查及抽查结果	共核查　项，符合要求　项，共抽查　项，符合要求　项，经返工处理符合要求　项			

续表

4	观感质量验收	共抽查　项，符合要求　项，不符合要求　项		
5	综合验收结论			
参加验收单位	建设单位	监理单位	施工单位	设计
	（公章） 单位(项目)负责人 年　月　日	（公章） 单位(项目)负责人 年　月　日	（公章） 单位(项目)负责人 年　月　日	（公章） 单位(项目)负责人 年　月　日

五、验收不合格的处理

一般情况下，不合格现象在检验批的验收时就应发现并及时处理，所有质量隐患必须尽快消灭在萌芽状态，否则将影响后续检验批和相关的分项工程、分部工程的验收。非正常情况的处理分以下5种情况。

（1）经返工重做或更换器具、设备的检验批，应重新进行验收。

重新验收质量时，要对该项目工程按规定重新抽样、选点、检查和验收，重新填检验批质量验收记录表。

（2）经有资质的检测单位检测鉴定能够达到设计要求的检验批，应予以验收。

这种情况是指个别检验批发现试块强度等不满足要求等问题，难以确定是否足够验收时，应请有资质的法定检测单位检测。当鉴定结果能够达到设计要求时，该检验批应允许通过验收。

（3）经有资质的检测单位检测鉴定达不到设计要求，但经原设计单位核算认可能够满足结构安全和使用功能的检验批，可予以验收。

这种情况与第（2）种情况一样，多是某项质量指标达不到设计的要求，多数也是指留置的试块失去代表性或是因故缺少试块的情况，以及试块试验报告有缺陷，不能有效证明该项工程的质量情况，或是对该试验报告有怀疑时，要求对工程实体质量进行检测。经有资质的检测单位检测鉴定达不到设计要求，但这种数据距达到设计要求的差距有限，不是差距太大。经过原设计单位进行验算，认为仍可满足结构安全和使用功能，可不进行加固补强。

如规范中规定的能够满足结构安全和使用功能的混凝土强度最低为27MPa，而设计时选用了C30级混凝土，经检测的结果是29 MPa，虽未达到设计的C30级的要求，但仍能大于27 MPa是安全的。又如某五层砖混结构，一、二、三层用M10砂浆砌筑，四、五层为M5砂浆砌筑。在施工过程中，由于管理不善等，其三层砂浆强度仅达到7.4MPa，没达到设计要求，按规定应不能验收，但经过原设计单位验算，砌体强度尚可满足结构安全和使用功能，可不返工和加固。

由设计单位出具正式的认可证明，由注册结构工程师签字，并加盖单位公章。由设计单位承担质量责任。

以上3种情况都应视为是符合规范规定质量合格的工程。只是管理上出现了一些不正常的情况，使资料证明不了工程实体质量，经过补办一定的检测手续，证明质量是达到了设计要求，给予通过验收是符合规范规定的。

（4）经返修或加固处理的分项、分部工程，虽然改变外形尺寸但仍能满足安全使用要求，可按技术处理方案和协商文件进行验收。

这种情况是指更为严重的缺陷或者范围超过检验批的更大范围内的缺陷可能影响结构的安全性和使用功能。

如经法定检测单位检测鉴定后认为达不到规范标准的相应要求，即不能满足最低限度的安全性要求，则必须按照一定的技术方案进行加固处理，使之能保证其满足安全使用的基本要求。这样会造成一些永久性的缺陷，如改变结构的外形尺寸，影响一些次要的使用功能等。为了避免社会财富更大的损失，在不影响安全和主要使用功能条件下可以按处理技术方案和协定文件进行验收，但不能作为轻视质量而回避责任的一种出路，这是应该特别注意的。

（5）通过返修或加固处理仍不能满足安全使用要求的分部工程、单位（子单位）工程，严禁验收。

这种情况通常是在制定加固技术方案之前，就知道加固补强措施效果不会太好，或是加固费用太高不值得加固处理，或是加固后仍达不到保证安全、功能的情况。这种情况就应该坚决拆掉，不要再花大的代价来加固补强。这条是规范中的强制性条文，必须贯彻执行。

第五节　工程质量验收程序与组织

一、检验批及分项工程的验收程序与组织

检验批及分项工程应由监理工程师（建设单位项目技术负责人）组织施工单位项目专业质量（技术）负责人等进行验收。

验收前，施工单位先填好检验批和分项工程的验收记录表（有关监理记录和结论不填），并由项目专业质量检验员和项目专业技术负责人分别在检验批和分项工程质量检验记录中相关栏目中签字，然后由监理工程师组织严格按规定程序进行验收。

二、分部工程的验收程序与组织

分部工程应由总监理工程师（建设单位项目负责人）组织施工单位项目负责人和技术、质量负责人等进行验收。由于地基基础、主体结构技术性能要求严格，技术性强，关系到整个工程的安全，因此，地基与基础、主体结构分部工程的验收由勘察、设计单位工程项目负责人和施工单位技术、质量部门负责人参加相关分部工程验收。

三、单位（子单位）工程的验收程序与组织

1. 竣工初验收的程序

竣工初验收的程序如图 8 - 14 所示。

当单位工程达到竣工验收条件后，施工单位应在自查、自评工作完成后，填写工程竣工报验单，并将全部竣工资料报送项目监理机构，申请竣工验收。

总监理工程师应组织各专业监理工程师对竣工资料及各专业工程的质量情况进行全面检查，对检查出的问题，应督促施工单位及时整改。对需要进行功能试验的项目（包括单机试车和无负荷试车），监理工程师应督促施工单位进行试验，并对重要项目进行监督、检查必要时请建设单位和设计单位参加，并应认真审查试验报告单并督促施工单位搞好成品保护和现场清理。

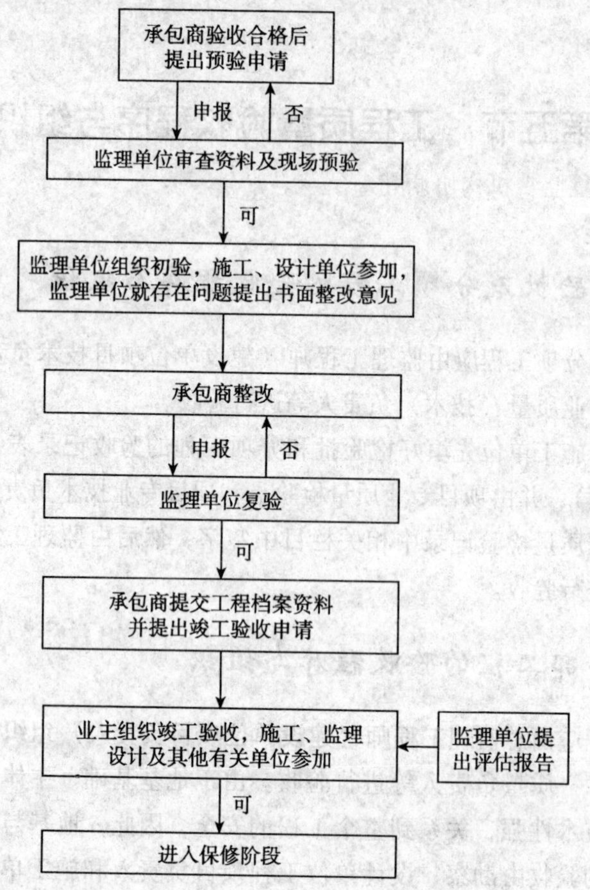

图 8－14　竣工初验收的程序

经项目监理机构对竣工资料及实物全面检查、验收合格后，由总监理工程师签署工程竣工报验单，并向建设单位提出质量评估报告。

2. 正式验收

建设单位收到工程验收报告后，应由建设单位（项目）负责人组织施工（含分包单位）、设计、监理等，单位（项目）负责人进行单位（子单位）工程验收。

单位工程有分包单位施工时，分包单位对所承包的工程项目应按规定的程序检查评定，总包单位应派人参加。分包工程完成后，应将工程有关资料交总包单位。

《建设工程质量管理条例》第十六条规定，建设工程竣工验收应当具备下列条件。

①完成建设工程设计和合同约定的各项内容；②有完整的技术档案和施

工管理资料；③有工程使用的主要建筑材料、构配件和设备的进场试验报告；④有勘察、设计、施工、工程监理等单位分别签署的质量合格文件；⑤有施工单位签署的工程保修书。

当参加验收各方对工程质量验收意见不一致时，可请当地建设行政主管部门或工程质量监督机构协调处理。

3、单位工程竣工验收备案

单位工程质量验收合格后，建设单位应在规定的时间内将工程竣工验收报告和有关文件报建设行政管理部门备案。

（1）房屋建筑工程竣工验收备案的范围

凡在我国境内新建、扩建、改建各类房屋建筑工程和市政基础设施工程，都应按照有关规定进行备案。抢险救灾工程、临时性房屋建筑工程和农民自建底层住宅工程，不适用此规定。军用房屋建筑工程竣工验收备案，按照中央军委有关规定执行。

（2）房屋建筑工程竣工验收备案的期限

建设单位应当自工程竣工验收合格之日起15日内，依照规定，向工程所在地的县级以上地方人民政府建设行政主管部门备案。

备案机关收到建设单位报送的竣工验收备案文件，验证文件齐全后，应当在工程竣工验收备案表上签署文件收讫。工程竣工验收备案表一式两份，一份由建设单位保存，一份留备案机关存档。

工程质量监督机构应当在工程竣工验收之日起5日内，向备案机关提交工程质量监督报告。备案机关发现建设单位在竣工验收过程中有违犯国家有关建设工程质量管理规定行为的，应当在收讫竣工验收备案文件15日内，责令停止使用，重新组织竣工验收。

（3）房屋建筑工程竣工验收备案时应提交的文件

建设单位办理工程竣工验收备案时应提交下列文件。

①工程竣工验收备案表。

②工程竣工验收报告。竣工验收报告应当包括工程报建日期，施工许可证号，施工图设计文件审查意见，勘察、设计、施工、工程监理等单位分别签署的质量合格文件及验收人员签署的竣工验收原始文件，市政基础设施的有关质量检测和功能性试验资料以及备案机关认为需要提供的有关资料。

③法律、行政法规规定应当由规划、公安消防、环保等部门出具的认可文件或者准许使用的文件

④施工单位签署的工程质量保修书。

⑤法规、规章规定必须提供的其他文件。

商品住宅还应当提交《住宅质量保证书》和《住宅使用说明书》。

第六节　工程质量事故处理程序及措施

一、工程质量事故处理程序

工程监理人员应熟悉各级政府建设行政主管部门处理工程质量事故的基本程序，特别是应把握在质量事故处理过程中如何履行自己的职责。工程质量事故发生后，监理人员可按以下程序进行处理，如图 8－15 所示。

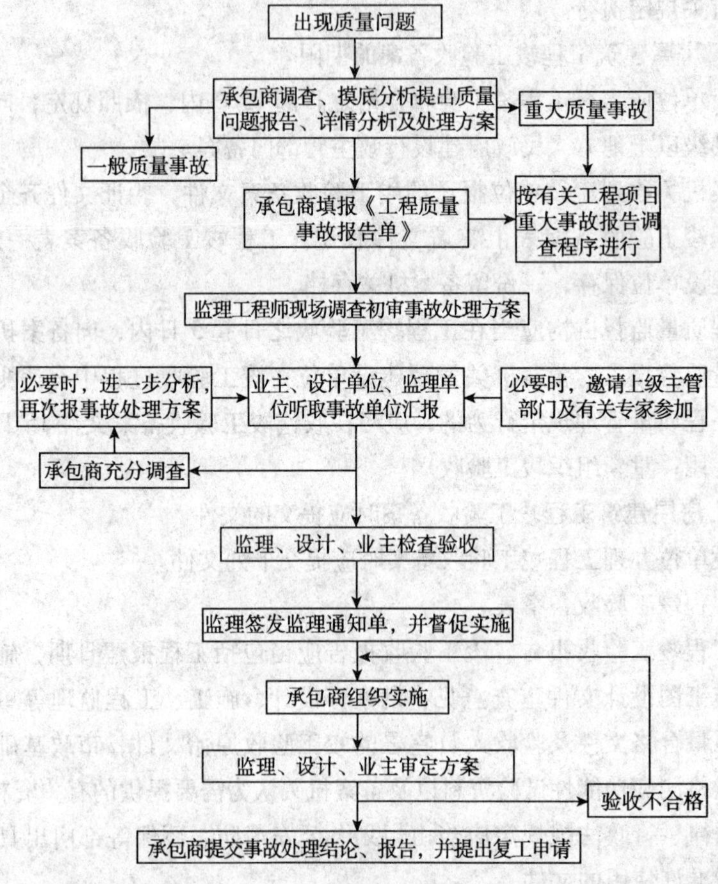

图 8－15　工程质量事故处理程序框图

（1）工程质量事故发生后，总监理工程师应签发《工程暂停令》，并要求停止进行质量缺陷部位和与其有关联部位及下道工序施工，应要求施工单位采取必要的措施，防止事故扩大并保护好现场。同时，要求质量事故发生单位迅速按类别和等级向相应的主管部门上报，并于24h内写出书面报告。

质量事故报告应包括以下内容。

①事故发生的单位名称、工程产品名称、部位、时间、地点。

②事故的概况和初步估计的直接损失。

③事故发生后采取的措施。

④相关各种资料（有条件时）。

各级主管部门处理权限及组成调查组权限如下。

特别重大质量事故出国务院按有关程序和规定处理；重大质量事故由国家建设行政主管部门归口管理；严重质量事故由省、自治区、直辖市建设行政主管部门归口管理；一般质量事故由市、县级建设行政主管部门归口管理。

工程质量事故调查组由事故发生地的市、县以上建设行政主管部门或国务院有关主管部门组织成立。特别重大质量事故调查组组成由国务院批准；一、二级重大质量事故调查组由省、自治区、直辖市建设行政主管部门提出组成意见，人民政府批准；三、四级重大质量事故调查组由市、县级行政主管部门提出组成意见，相应级别人民政府批准；严重质量事故调查组由省、自治区、直辖市建设行政主管部门组织；一般质量事故调查组由市、县级建设行政主管部门组织；事故发生单位属国务院部委的，由国务院有关主管部门或其县级建设行政主管部门会同当地建设行政主管部门组织调查组。

（2）监理工程师在事故调查组展开工作后，应积极协助，客观地提供相应证据，若监理方无责任，监理工程师可应邀参加调查组，参与事故调查；若监理方有责任，则应予以回避，但应配合调查组工作。质量事故调查组的职责如下。

①查明事故发生的原因、过程、事故的严重程度和经济损失情况。

②查明事故的性质、责任单位和主要责任人。

③组织技术鉴定。

④明确事故主要责任单位和次要责任单位，承担经济损失的划分原则。

⑤提出技术处理意见及防止类似事故再次发生应采取的措施。

⑥提出对事故责任单位和责任人的处理建议。

⑦写出事故调查报告。

（3）当监理工程师接到质量事故调查组提出的技术处理意见后，可组织相关单位研究，并责成相关单位完成技术处理方案，并予以审核签认。质量事故技术处理方案一般应委托原设计单位提出，由其他单位提供的技术处理方案应经原设计单位同意签认。技术处理方案的制订应征求建设单位意见。技术处理方案必须依据充分，应在质量事故的部位、原因全部查清的基础上，必要时，应委托法定工程质量检测单位进行质量鉴定或请专家论证，以确保技术处理方案可靠、可行、保证结构安全和使用功能。

(4) 技术处理方案核签后，监理工程师应要求施工单位制定详细的施工方案，必要时应编制监理实施细则，对工程质量事故技术处理施工质量进行监理，技术处理过程中的关键部位和关键工序应进行旁站。

(5) 对施工单位完工自检后报验的结果，组织有关各方进行检查验收，必要时应进行处理结果鉴定。要求事故单位整理编写质量事故处理报告，并审核签认，组织将有关技术资料归档。

工程质量事故处理报告主要内容如下。

①工程质量事故情况、调查情况、原因分析（选自质量事故调查报告）。

②质量事故处理的依据。

③质量事故技术处理方案。

④实施技术处理施工中有关问题和资料。

⑤对处理结果的检查鉴定和验收。

⑥质量事故处理结论。

(6) 签发《工程复工令》，恢复正常施工。

第七节 工程质量通病及防治措施

一、工程质量事故处理方案的确定

工程质量事故处理的目的是消除质量隐患，以达到建筑物的安全可靠和正常使用要求，并保证施工的正常进行，其方案属技术处理方案。

1. 质量事故处理方案的基本要求

(1) 处理应达到安全可靠，不留隐患，满足生产、使用要求，施工方便，经济合理的目的。

(2) 正确确定事故性质，重视消除事故的原因。这不仅是一种处理方向，

也是防止事故重演的重要措施。

(3) 注意综合治理。既要防止原有事故的处理引发新的事故，又要注意处理方法的综合应用。

(4) 正确确定处理范围。除了直接处理事故发生的部位外，还应检查事故对相邻区域及整个结构的影响，以正确确定处理范围。

(5) 正确选择处理时间和方法。发现质量问题后，一般均应及时分析处理；但并非所有质量问题的处理都是越早越好，如裂缝、沉降，变形尚未稳定就匆忙处理往往不能达到预期的效果，而常会进行重复处理。处理方法的选择应根据质量问题的特点，综合考虑安全可靠、技术可行、经济合理、施工方便等因素，经分析比较，择优选定。

(6) 加强事故处理的检查验收工作。从施工准备到竣工均应根据有关规范的规定和设计要求的质量标准进行检查验收。

(7) 认真复查事故的实际情况。在事故处理中若发现事故情况与调查报告中所述的内容差异较大时，应停止施工，待查清问题的实质，采取相应的措施后再继续施工。

(8) 确保事故处理期的安全。事故现场中不安全因素较多，应事先采取可靠的安全技术措施和防护措施，并严格检查、执行。

监理工程师在审核质量事故处理方案时，应以分析事故原因为基础，结合实地勘查成果，正确掌握事故的性质和变化规律，并应尽量满足建设单位的要求。

2. 工程质量事故处理方案类型

(1) 不进行处理

某些工程质量问题虽然不符合规定的要求和标准构成质量事故，但视其严重情况，经过分析、论证、法定检测单位鉴定和设计等有关单位认可，对工程或结构使用及安全影响不大，也不可进行专门处理。通常不用专门处理的情况有以下几种。

①不影响结构安全和正常使用。例如：有的工业建筑物出现放线定位偏差，且严重超过规范标准规定，若要纠正会造成重大经济损失，经过分析、论证其偏差不影响生产工艺和正常使用，在外观上也无明显影响，可不做处理。又如：某些隐蔽部位结构混凝土表面裂缝，经检查分析，属于表面养护不够的干缩微裂，不影响使用及外观，也可不进行处理。

②有些质量问题，经过后续工序可以弥补；例如：混凝土墙表面轻微麻面可通过后续的抹灰、喷涂或刷白等工序弥补，也可不做专门处理。

③经法定检测单位鉴定合格。例如，某检验批混凝土试块强度值不满足规范要求，强度不足，在法定检测单位，对混凝土实体采用非破损检验等方法测定其实际强度已达规范允许和设计要求值时，可不做处理。对经检测未达要求值，但相差不多，经分析论证，只要使用前经再次检测达设计强度，也可不做处理，但应严格控制施工荷载。

④出现的质量问题经检测鉴定达不到设计要求，但经原设计单位核算，仍能满足结构安全和使用功能。

例如，某一结构构件截面尺寸不足或材料强度不足，影响结构承载力，但经按实际检测所得截面尺寸和材料强度复核验算，仍能满足设计的承载力，可不进行专门处理。

(2) 修补处理

这是最常用的一类处理方案。通常当工程的某个检验批、分项或分部的质量虽未达到规范、标准或设计要求，存在一定缺陷，但通过修补或更换器具、设备后还可达到要求的标准，又不影响使用功能和外观要求，在此情况下，可以进行修补处理。某些事故造成的结构混凝土表面裂缝，可根据其受力情况，仅作表面封闭保护。某些混凝土结构表面的蜂窝、麻面，经调查分析，可进行剔凿、抹灰等表面处理，一般不会影响其使用和外观。

(3) 返工处理

当工程质量未达到规定的标准和要求，对结构的使用和安全构成重大影响，且又无法通过修补处理时，可对检验批、分项、分部甚至整个工程返工处理。

例如，某项目回填土填筑压实后，其压实土的干密度未达到规定值，经核算将影响土体的稳定且不能满足抗渗能力要求时，可挖除不合格土，重新填筑。又如某公路桥梁工程预应力按规定张力系数为1.3，实际仅为0.8，属于严重的质量缺陷，也无法修补，只有返工处理。对某些存在严重质量缺陷，且无法采用加固补强等修补处理或修补处理费用比原工程造价还高的工程，应进行整体拆除，全面返工。

监理工程师应牢记，不论哪种情况，特别是不做处理的质量问题，均要备好必要的书面文件，对技术处理方案，不做处理结论和各方协商文件等有关档案资料认真组织签认。对责任方应承担的经济责任和合同中约定的法则应正确判定。

3. 工程质量事故处理方案决策的辅助方法

选择工程质量事故处理方案是复杂而重要的工作，它直接关系到工程的

质量、费用和工期，处理方案选择不合理，不仅劳民伤财，严重的会留有隐患，危及人身安全，特别是对需要返工或不做处理的方案，更应慎重对待。对于某些复杂的质量问题作出处理决定前，可采取以下辅助决策方法。

1）实验验证

即对某些有严重质量缺陷的项目，可采取合同规定的常规试验以外的试验方法进一步进行验证，以便确定缺陷的严重程度。例如，混凝土构件的试件强度低于要求的标准不太大（例如10%以下）时，可进行加载试验，以证明其是否满足使用要求。又如，公路工程的沥青面层厚度误差超过了规范允许的范围，可采用弯沉试验，检查路面的整体强度等。监理工程师可根据对试验验证结果的分析、论证，再研究选择最佳的处理方案。

2）定期观测

有些工程，在发现其质量缺陷时其状态可能尚未达到稳定仍会继续发展，在这种情况下一般不宜过早做出决定，可以对其进行一段时间的观测，然后再根据情况做出决定。属于这类的质量问题如桥墩或其他工程的基础在施工期间发生沉降超过预计的或规定的标准；混凝土表面发生裂缝，并处于发展状态等。有些有缺陷的工程，短期内其影响可能不十分明显，需要较长时间的观测才能得出结论。对此，监理工程师应与建设单位及施工单位协商，看是否可以留待责任期解决或采取修改合同、延长责任期的办法。

3）专家论证

对于某些工程质量问题，可能涉及的技术领域比较广泛，或问题很复杂，有时仅根据合同规定难以决策，这时可提请专家论证。而采用这种办法时，应事先做好充分准备，尽早为专家提供尽可能详尽的情况和资料，以便使专家能够进行充分、全面和细致的分析与研究，提出切实可行的意见与建议。实践证明，采取这种方法，对于监理工程师正确选择重大工程质量缺陷的处理方案十分有益。

4）方案比较

这是比较常用的一种方法。同类型和同一性质的事故可先设计多种处理方案，然后结合当地的资源情况、施工条件等逐项给出权重，可将其每一方案按经济、工期、效果等指标列项并分配相应权重值，进行对比，辅助决策，从而选择具有较高处理效果又便于施工的处理方案。

4. 质量事故处理的应急措施

工程中的质量问题往往随时间、环境、施工情况等而发展变化，有的细微裂缝可能逐步发展成构件断裂，有的局部沉降、变形可能致使房屋倒塌。

为此，在处理质量问题前，以及时对问题的性质进行分析，做出判断，对那些随着时间、温度、湿度、荷载条件变化的变形、裂缝要认真观测记录，寻找变化规律及可能产生的恶果；对那些可能发展成为构件断裂、房屋倒塌的恶性事故，更要及时采取应急补救措施。

在拟定应急措施时，一般应注意以下事项。

(1) 对危险性较大的质量事故，首先应予以封闭或设立警戒区，只有在确认不可能倒塌或进行可靠支护后，方准许进入现场处理，以免人员伤亡。

(2) 对需要进行部分拆除的事故，应充分考虑事故对相邻区域结构的影响，以免事故进一步扩大，且应制定可靠的安全措施和拆除方案，要严防对原有事故的处理引发新的事故，如托梁柱，稍有疏忽将会引起整幢房屋的倒塌。

(3) 凡涉及结构安全的情况，都应对处理阶段的结构强度、刚度和稳定性进行验算，提出可靠的防护措施，并在处理中严密监视结构的稳定性。

(4) 在不卸荷条件下进行结构加固时，要注意加固方法和施工荷载对结构承载力的影响。

(5) 要充分考虑对事故处理中所产生的附加内力对结构的作用，以及由此引起的不安全因素。

二、工程质量事故处理方案的鉴定验收

监理工程师应通过组织检查和必要的鉴定，确定质量事故的技术处理是否达到了预期目的，进行验收并予以最终确认。

1. 检查验收

工程质量事故处理完成后，监理工程师在施工单位自检合格报验的基础上应严格按施工验收标准及有关规范的规定进行，结合监理人员的旁站、巡视和平行检验结果，依据质量事故技术处理方案设计要求，通过实际量测，检查各种资料数据进行验收，并应办理交工验收文件，组织各有关单位会签。

2. 必要的鉴定

为确保工程质量事故的处理效果，凡涉及结构承载力等使用安全和其他重要性能的处理工作，常需做必要的试验和检验鉴定工作。或质量事故处理施工过程中建筑材料及构配件保证资料严重缺乏，或对检查验收结果各参与单位有争议时，常见的检验工作有：混凝土钻芯取样，用于检查密实性和裂缝修补效果，或检测实际强度；结构荷载试验，确定其实际承载力；超声波检测焊接或结构内部质量；池、罐、箱柜工程的渗漏检验等。检测鉴定必须

委托政府批准的有资质的法定检测单位进行。

3. 验收结论

对所有质量事故无论经过技术处理，通过检查鉴定验收还是不需专门处理的，均应有明确的书面结论。若对后续工程施工有特定要求，或对建筑物使用有一定限制条件，应在结论中提出。验收结论通常有以下几种。

（1）事故已排除，可以继续施工。

（2）隐患已消除，结构安全有保证。

（3）经修补处理后，完全能满足使用要求。

（4）基本上满足使用要求，但使用时应有附加限制条件，例如限制荷载等。

（5）对耐久性的结论。

（6）对建筑物外观影响的结论。

（7）对短期内难以作出结论的，可进一步观测检验意见。

对于处理后符合《建筑工程施工质量统一标准》的规定，监理工程师应予验收、确认，并应注明责任方主要承担的经济责任。对经加固补强或返工处理仍不能满足安全使用要求的分部工程、单位（子单位）工程，应拒绝验收。

三、常见质量通病

工程质量事故的表现形式千差万别，类型多种多样，例如结构倒塌、倾斜、错位、不均匀或超量沉陷、变形、开裂、渗漏、破坏、强度不足、尺寸偏差过大等，但究其原因，归纳起来主要有以下几方面。

1. 违背基本建设法规

1）违背基本建设程序

基本建设程序是工程项目建设过程及其客观规律的反映，但有些工程不按基建程序办事，例如未做好调查分析就拍板定案；未搞清地质情况就仓促开工；边设计、边施工；无图施工，不经竣工验收就交付使用等，它常是导致重大工程质量事故的重要原因。

2）违反有关法规和工程合同的规定

例如，无证设计；无证施工；越级设计；越级施工；工程招、投标中的不公平竞争；超常的低价中标；擅自转包或分包；多次转包；擅自修改设计等。

2. 地质勘察原因

诸如未认真进行地质勘察或勘探时钻孔深度、间距、范围不符合规定要求，地质勘察报告不详细、不准确、不能全面反映实际的地基情况等，从而使得地下情况不清，或对基岩起伏、土层分布误判，或未能查清地下软土层、墓穴、孔洞等，它们均会导致采用不恰当或错误的基础方案，造成地基不均匀沉降、失稳使上部结构或墙体开裂、破坏，或引发建筑物倾斜、倒塌等质量事故。

3. 对不均匀地基处理不当

对软弱土、杂填土、冲填土、大孔性土或湿陷性黄土、膨胀土、红粘土、熔岩、土洞、岩层出露等不均匀地基未进行处理或处理不当也是导致重大事故的原因。必须根据不同地基的特点，从地基处理、结构措施、防水措施、施工措施等方面综合考虑，加以治理。

4. 设计计算问题

诸如盲目套用图纸，采用不正确的结构方案，计算简图与实际受力情况不符，荷载取值过小，内力分析有误，沉降缝或变形缝设置不当，悬挑结构未进行抗倾覆验算以及计算错误等，都是引发质量事故的隐患。

5. 建筑材料及制品不合格

诸如钢筋物理力学性能不良会导致钢筋棍凝土结构产生裂缝或脆性破坏；骨料中活性氧化硅会导致碱骨料反应使混凝土产生裂缝；水泥安定性不良会造成混凝土爆裂；水泥受潮、过期、结块，砂石含泥量及有害物含量超标，外加剂掺量不符合要求，会影响混凝土强度、和易性、密实性、抗渗性，从而导致混凝土结构强度不足、裂缝、渗漏、蜂窝等质量事故。此外，预制构件断面尺寸不足，支承锚固长度不足，未可靠地建立预应力值，漏放或少放钢筋，板面开裂等均可能出现断裂、坍塌事故。

6. 施工与管理问题

（1）未经设计部门同意擅自修改设计，或不按图施工。例如将铰接做成刚接，将简支梁做成连续梁；用光圆钢筋代替异形钢筋等，导致结构破坏。挡土墙不按图设滤水层、拌水孔，导致压力增大，墙体破坏或倾覆。

（2）图纸未经会审即仓促施工；或不熟悉图纸，盲目施工。

（3）不按有关的施工规范和操作规程施工。例如浇筑混凝土时振捣不良造成薄弱部位。

（4）不懂装懂，蛮干施工，例如将钢筋混凝土预制梁倒置吊装，将悬挑结构钢筋放在受压区等均将导致结构破坏，造成严重后果。

（5）管理紊乱，施工方案考虑不周，施工顺序错误，技术交底不清，违章作业，疏于检查、验收等，均可能导致质量事故。

（6）自然条件影响：空气温度、湿度、暴雨、风、浪、洪水、雷电、日晒等均可能成为质量事故的诱因，施工中应特别注意并采取有效的措施预防。

7. 建筑结构或设施的使用不当

对建筑物或设施使用不当也易造成质量事故。例如未经校核验算就任意对建筑物加层、任意拆除承重结构部位、任意在结构物上开槽、打洞、削弱承重结构截面等。

四、工程质量通病防治措施

（1）制订消除工程质量通病的规划。通过分析质量通病，一是列出哪些质量通病是本地区（部门）最普遍的，且危害性是比较大的；二是初步分析这些质量通病产生的原因；三是采取什么措施去治理较适宜；四是要不要外部给予协助。

（2）消除因设计欠周密而出现的工程质量通病，属于设计方面原因的，通过改进设计方案来治理。

（3）提高施工人员素质，改进操作工艺和施工工艺，认真按规范、规程及设计要求组织施工，对易形成的质量通病部位或工艺增设质量控制点。

（4）对一些治理技术难度大的质量通病，要组织科研力量攻关。

（5）技术不配套、不成熟的材料、工艺等应制止大面积推广。如合成高分子防水片材自身的质量很好，既耐久，又具有良好的防水性能，但其粘结剂的质量不能相应配套，致使做成防水层后，仍然出现翘边等质量通病。

（6）要择优选购建筑材料、部件和设备。严禁购置生产情况不清、质量不摸底的建筑材料、部件和设备；购入的材料、部件及设备在使用前不仅检查有无出厂合格证，还要进行质量检验，经复验合格后方准予使用；对已进场的材料发现有少数不符合标准的，一定要经过挑选使用。对一些性能尚未完全过关的新材料慎重使用；建筑材料、部件及设备不仅要实施生产许可证制度，还要实施质量认证制度。

（7）因工程造价控制过低而易发生影响安全或使用功能的质量通病的部位，不仅不能再降低工程造价，有些还应适当提高工程造价。

第三章　建设工程安全生产法律法规

第一节　安全生产法律法规体系

我国的安全生产法律法规体系主要有安全生产法律、安全生产行政法规、安全生产地方性法规规章、安全生产标准等。改革开放以来，我国安全生产法制建设有了很大进展，先后制定并颁布了《劳动法》、《建筑法》、《消防法》、《安全生产法》、《职业病防治法》等法律法规。国家有关部门根据安全生产的法律法规先后制定了相关规章、安全技术标准、安全技术规范及规程等。各省、自治区、直辖市也根据有关法律的授权和本地区实际工作需要，相继制定了一些地方性的安全生产法规规章。这些法律、法规、规章构成了我国安全生产法律法规体系的重要内容，对提高安全生产管理水平，减少伤亡事故，促进安全生产起到了重要作用。特别是《安全生产法》的公布实施，是我国安全生产领域影响深远的一件大事，填补了我国安全生产立法的空白，是安全生产法规体系建设的里程碑，它标志着我国安全生产工作进入了一个新阶段。

我国政府历来都很重视安全生产工作，2004 年 1 月 9 日颁布的《国务院关于进一步加强安全生产工作的决定》明确指出：搞好安全生产，保障人民群众的生命和财产安全，体现了最广大人民群众的根本利益，反映了先进生产力的发展要求和先进文化的发展方向，是全面建设小康社会、统筹经济社会全面发展的重要内容，是实施可持续发展战略的组成部分，是政府履行社会管理和市场监管职能的基本任务，是企业生存发展的基本要求。

在“安全第一、预防为主、综合治理”的总体方针指导下，我国的安全生产法律法规体系的建立得到了长足的发展。目前我国的安全法规遵循“三级立法”的原则，即在国家法规、政策的统一指导下，充分发挥地方立法的积极性，形成全国人民代表大会、国务院及其部门、地方立法部门的“三级立法”体系。我国的安全生产法规体系已初步完善，至少覆盖如下 8 个方面的法律法规：综合性安全生产法律、法规和规章，矿山安全法规子体系，危险物品安全法规子体系，建筑业安全法规子体系，交通运输安全法规子体系，公众聚集场所及消防安全法规子体系，其他安全生产法规子体系和我国已批准的国际劳工安全卫生公约，从而初步建立健全安全生产法律法规体系。

安全生产法律法规体系是一个包含多种法律形式和法律层次的综合性系统，从法律规范的形式和特点来讲，既包括作为整个安全生产法律法规基础的宪法，也包括行政法规、技术性法规、程序性法规等。按地位及效力同等原则，安全生产法律法规体系分为以下 7 个类别。

1. 宪法

《中华人民共和国宪法》是由我国最高权力机关—全国人民代表大会制定的法律，是安全生产法律体系中的最高层次，“加强劳动保护，改善劳动条件”是《宪法》对安全生产方面最高法律效力的规定。

2. 安全生产方面的法律

1）基础法

我国有关安全生产的基础法律包括《安全生产法》和与其平行的专门法律和相关法律。《安全生产法》是安全生产领域的综合性基本法，它是我国第一部全面规范安全生产的专门法律，是我国安全生产法律体系的主体法，是各类生产经营单位及其从业人员实现安全生产所必须遵循的行为准则，是各级人民政府及其有关部门进行监督管理和行政执法的法律依据，是制裁各种安全生产违法犯罪的有力武器。

2）专门法律

安全生产专门法律是指规范某一专业领域安全生产法律制度的法律。我国在专业领域的安全生产法律有《中华人民共和国矿山安全法》、《中华人民共和国海上交通安全法》、《中华人民共和国消防法》、《中华人民共和国道路交通安全法》等。

3）相关法律

与安全生产相关的法律是指安全生产基础法律和专门法律以外的其他法律中涵盖安全生产内容的法律，如《中华人民共和国劳动法》、《中华人民共和国建筑法》、《中华人民共和国煤炭法》、《中华人民共和国铁路法》、《中华人民共和国民用航空法》、《中华人民共和国工会法》、《中华人民共和国全民所有制企业法》、《中华人民共和国乡镇企业法》、《中华人民共和国矿产资源法》等。还有一些与安全生产监督执法工作有关的法律，如《中华人民共和国刑法》、《中华人民共和国刑事诉讼法》、《中华人民共和国行政处罚法》、《中华人民共和国行政复议法》《中华人民共和国国家赔偿法》和《中华人民共和国标准化法》等。《中华人民共和国建筑法》是我国第一部规范建筑活动的部门法律，它的颁布施行强化了建筑工程质量和安全的法律保障，该法总计85条，通篇贯穿了质量安全问题，具有很强的针对性，对影响建筑工程质量和安全的各方面因素作出了较为全面的规范。

3. 安全生产行政法规

安全生产行政法规是指由国务院组织制定并批准公布的，为实施安全生产法律或规范安全生产监督管理制度，而制定并颁布的一系列具体规定，是实施安全生产监督、管理和监察工作的重要依据。我国已经颁布了多部安全生产的行政法规，如《安全生产许可证条例》、《建设工程安全生产管理条例》等。

《安全生产许可证条例》和《建设工程安全生产管理条例》是目前调整建设工程安全生产行为的两个主要行政法规。涉及建设工程安全生产的其他主要行政法规有：《生产安全事故报告和调查处理条例》（国务院令第493号）、《特种设备安全监察条例》（国务院令第373号）、《国务院关于特大安全事故行政责任追究的规定》（国务院令302号）、《国务院关于进一步加强企业安全生产工作的通知》（国发［2010］23号）等。

2004年1月13日国务院第397号令公布了《安全生产许可证条例》，并自公布之日起施行，这对建筑企业来说是一件大事。《安全生产许可证条例》对于严格规范安全生产条件，进一步加强安全生产监督管理，防止和减少生产安全事故，发挥了保障作用。

2004年2月1日开始正式实施的《建设工程安全生产管理条例》是我国真正意义上第一部针对建设工程安全生产的法规，使建设工程安全生产做到了有法可依，建设工程各方责任主体也有了明确的指导和规范。

4. 地方性安全生产法规

地方性安全生产法规是指由省、自治区、直辖市以及省、自治区人民政府所在地的市和经国务院批准的较大的市的人民代表大会及其常委会，在其法定权限内制定的安全方面的法律规范性文件。如目前我国有27个省、自治

区和直辖市人民代表大会制定了《劳动保护条例》和《劳动安全卫生条例》等。

如《浙扛省安全生产条例》是浙江省第一部全面规范安全生产的综合性地方性法规，该法突出以人为本，贯彻“安全第一、预防为主、综合治理”方针，进一步明确了各级人民政府、各有关部门、特别是基层的安全生产监督职责，较完整地构建了浙江省安全生产工作体系。

5. 安全生产行政规章

安全生产行政规章是指由国家行政机关制定的在安全生产方面的法律规范性文件，包括部门规章和地方政府规章。

部门规章是由国务院相关部委制定的安全生产的法律规范性文件。从行业角度可划分为；建筑业、交通运输业、化学工业、石油工业、机械工业、建材工业、电子工业、冶金工业、航空航天业、船舶工业、轻纺工业、煤炭工业、地质勘探业等。

部门安全生产规章和地力性政府安全生产规章作为安全生产法律法规的重要补充，在我国安全生产监督管理工作中起着十分重要的作用。如建设部2004年2月3日发布的《房屋建筑和市政基础设施工程分包管理办法》、2004年7月5日发布的《建筑施工企业安全生产许可证管理规定》等。部门规章的效力低于法律和行政法规。

地方政府规章是由省、自治区、直辖市以及省、自治区人民政府所在地的市和国务院批准的较大的市的人民政府所制定的安全生产的法律规范性文件。地方政府规章的效力低于法律、行政法规，也低于同级或上级地方性法规。如《浙扛省落实生产经营单位安全生产主体责任暂行规定》（浙安委[2009] 12号）等。

6. 安全生产标准

安全生产标准是安全生产法律体系中的一个重要组成部分，也是安全生产管理的基础和监督执法工作的技术依据。安全生产标准大致分为设计规范类，安全生产设备、工具类、安全健康类、防护用品类等4类标准。与建设工程安全生产有关的主要标准规范有：《建筑施工安全检查标准》（JGJ 59）、《施工企业安全生产评价标准》（JGJ/T 77）、《施工现场临时用电安全技术规范》（JGJ 46）、《建筑施工高处作业安全技术规范》（JGJ 80）、《龙门架及井架物料提升机安全技术规范》（JGJ 88）、《建筑施工门式钢管脚手架安全技术规范》（JGJ 128）、《建筑施工扣件式钢管脚手架安全技术规范》（JGJ 130）、《建筑机械使用安全技术规程》（JGJ 33）、《建筑施工扣件式钢管模板支架技术规程》（DB 33/1035）等。

7. 已批准的国际劳动安全公约

国际公约是指我国作为国际法主体同外国缔结的双边、多边协议和其他具有条约、协定性质的文件。国际劳工组织自1919年创立以来，一共通过了185个国际公约和为数较多的建议书，这些公约和建议书统称为国际劳工标准，其中70%的国际劳工标准涉及职业健康安全问题。我国政府为国际性安全生产工作已签订了国际性公约，当我国安全生产法规与国际公约不同时，应优先采用国际公约的规定（除保留条件的条款外）。目前我国政府已批准的国际公约有23个，其中4个是与职业健康安全相关的。

第二节　国家安全生产法律内容

《安全生产法》和《建筑法》是规范建设工程领域安全生产行为的两个基础法律；在其他法律中也有许多涉及建设工程安全生产的行为，这些法律主要是《刑法》、《劳动法)、《消防法》、《环境保护法》等；此外，在调整建设行政主管部门与建设工程各方当事人的关系时，还必须遵守《行政处罚法》、《行政复议法》、《行政诉讼法》中的有关规定。

1. 《安全生产法》的主要内容

《中华人民共和国安全生产法》（以下简称《安全生产法》）于2002年6月29日由第九届全国人民代表大会常务委员会第28次会议通过，2002年6月29日中华人民共和国主席令第70号公布，自2002年11月1日起施行。

（1）《安全生产法》中明确规定生产经营单位必须做好安全生产的保证工作，既要在安全生产条件上、技术上符合生产经营的要求，也要在组织管理上建立健全安全生产责任并进行有效落实。

（2）《安全生产法》明确规定从业人员为保证安全生产所应尽的义务及从业人员进行安全生产所享有的权利。国家《安全生产法》规定从业人员的基本权利主要有以下几点。

①知情权，即有了解作业场所和工作岗位存在的危险因素、防范措施及事故应急措施的权利。

②建议权，即有对本单位的安全生产工作提出建议的权利。

③批评、检举、控告权，即有权对本单位的安全生产管理工作存在的问

题提出建议、批评、检举、控告，生产单位不得因此作出对从业人员不利的处分。

④拒绝权，即有权拒绝违章指挥和强令冒险作业，并不得因此受到对自己不利的处分。

⑤紧急避险权，从业人员发现直接危及人身安全的紧急情况时，有权停止作业或者在采取紧急措施后撤离作业场所，并不得因此受到对自己不利的处分。

⑥赔偿权，依法向本单位提出要求赔偿的权利。

⑦教育权，获得安全生产教育和培训的权利。

⑧劳保权，获得国家标准或者行业标准劳动防护用品的权利。

国家《安全生产法》规定从业人员的基本义务有以下几点。

①自律遵规的义务，即从业人员在作业过程中，必须遵守本单位的安全生产规章制度和操作规程，服从管理，正确佩戴和使用劳动防护用品，不得违章作业。

②自觉学习安全生产知识的义务，要求从业人员掌握本职工作所需的安全生产知识，提高安全生产技能，增强事故预防和应急处理能力。

③危险报告义务，发现事故隐患或者其他不安全因素时，应当及时向本单位安全生产管理人员或主要负责人报告。

(3)《安全生产法》明确规定了生产经营单位负责人的安全生产责任。

(4)《安全生产法》中明确了对违法单位和个人的法律责任追究制度。

(5)《安全生产法》明确了要建立事故应急救援制度，制定应急救援预案，形成应急救援预案体系。

2.《建筑法》的主要内容

《中华人民共和国建筑法》（以下简称《建筑法》）于1997年11月1日第八届全国人民代表大会常务委员会第28次会议通过，1997年11月1日中华人民共和国主席令第91号发布，自1998年3月1日起施行。

《建筑法》主要规定了建筑许可、建筑工程发包承包，建筑工程监理、建筑安全生产管理、建筑工程质量管理及相应法律责任等方面的内容。

(1)《建筑法》确立了安全生产责任制度。这一制度是“安全第一、预防为主、综合治理”方针的具体体现，是建筑安全生产管理的基本制度。

(2)《建筑法》确立了群防群治制度。群防群治制度是职工群众进行预防和治理安全的一种制度。这一制度也是“安全第一、预防为主”的具体体现，它要求建筑企业职工在施工中遵守有关生产的法律、法规的规定和建筑行业安全规章、规程，不得违章作业，同时对于危及生命安全和身体健康的行为有权提出批评、检举和控告。

(3)《建筑法》确立了安全生产教育培训制度。

(4)《建筑法》确立了安全生产检查制度。通过检查可以发现问题，查出隐患，从而采取有效措施，堵塞漏洞，把事故消除在发生之前，做到防患于未然，是“预防为主”的具体体现。

(5)《建筑法》确立了伤亡事故处理报告制度。

(6)《建筑法》确立了安全责任追究制度，规定建设单位、设计单位、施工单位、监理单位，由于没有履行职责造成人员伤亡和事故损失的，视情节给予相应处理；情节严重的，责令停业整顿，降低资质等级或吊销资质证书；构成犯罪的，依法追究刑事责任。

3.《劳动法》中与建设工程安全生产相关的主要内容

《中华人民共和国劳动法》（以下简称《劳动法》）于1994年7月5日中华人民共和国第八届全国人民代表大会常务委员会第8次会议通过，1994年7月5日中华人民共和国主席令第28号发布，自1995年1月1日起施行。《劳动法》与建设工程安全生产密切相关的规定主要包括以下内容。

(1) 劳动安全卫生设施必须符合国家规定的标准。

(2) 新建、改建、扩建工程的劳动安全卫生设施必须与主体工程同时设计，同时施工、同时投入生产和使用。

(3) 用人单位必须为劳动者提供符合国家规定的劳动安全卫生条件和必要的劳动防护用品，对从事有职业危害作业的劳动者应当定期进行健康检查。

(4) 从事特种作业的劳动者必须经过专门培训并取得特种作业资格。

(5) 劳动者在劳动过程中必须严格遵守安全操作规程。

(6) 劳动者对用人单位管理人员违章指挥、强令冒险作业，有权拒绝执行。

(7) 对危害生命安全和身体健康的行为，劳动者有权提出批评、检举和控告。

(8) 国家建立伤亡事故和职业病统计报告和处理制度。

4.《消防法》中与建设工程安全生产相关的主要内容

《中华人民共和国消防法》（以下简称《消防法》）于1998年4月29日第九届全国人民代表大会常务委员会第二次会议通过，自1998年9月1日起实施。《消防法》中与建设工程安全生产相关的主要内容有以下几个方面。

(1) 按照国家工程建筑消防技术标准需要进行消防设计的建筑工程，设

计单位应当按照国家工程建筑消防技术标准进行设计，建设单位应当将建筑工程的消防设计图纸及有关资料报送公安消防机构审核；未经审核或者经审核不合格的，建设行政主管部门不得发给施工许可证，建设单位不得施工。经公安消防机构审核的建筑工程消防设计需要变更的，应当报经原审核的公安消防机构核准，未经核准的，任何单位、个人不得变更。按照国家工程建筑消防技术标准进行消防设计的建筑工程竣工时，必须经公安消防机构进行消防验收；未经验收或者经验收不合格的，不得投入使用。

（2）建筑构件和建筑材料的防火性能必须符合国家标准或者行业标准。公共场所室内装修、装饰根据国家工程建筑消防技术标准的规定，应当使用不燃、难燃材料的，必须选用依照产品质量法的规定确定的检验机构检验合格的材料。

（3）进入生产、储存易燃易爆危险物品的场所，必须执行国家有关消防安全的规定。禁止携带火种进入生产、储存易燃易爆危险物品的场所。

（4）禁止在具有火灾、爆炸危险的场所使用明火；因特殊情况需要使用明火作业的，应当按照规定事先办理审批手续。作业人员应当遵守消防安全规定，并采取相应的消防安全措施。进行电焊等具有火灾危险的作业的人员和自动消防系统的操作人员，必须持证上岗，并严格遵守消防安全操作规程。

（5）任何单位、个人不得损坏或者擅自挪用、拆除、停用消防设施、器材，不得埋压、圈占消火栓，不得占用防火间距，不得堵塞消防通道。

（6）违反本法的规定，有下列行为之一的，责令限期改正；逾期不改正的，责令停止施工、停止使用或者停产停业，可以并处罚款。

①建筑工程的消防设计未经公安消防机构审核或者经审核不合格，擅自施工的。

②依法应当进行消防设计的建筑工程竣工时未经消防验收或者经验收不合格，擅自使用的。

（7）违反本法的规定，擅自降低消防技术标准施工，使用防火性能不符合国家标准或者行业标准的建筑构件和建筑材料或者不合格的装修、装饰材料施工的，责令限期改正，逾期不改正的。责令停止施工，可以并处罚款。

5.《中华人民共和国环境保护法》中与建设工程安全生产相关的主要内容

《中华人民共和国环境保护法》于 1989 年 12 月 26 日第七届全国人民代表大会常务委员会第 11 次会议通过并公布施行。《中华人民共和国环境保护法》中与建设工程安全生产相关的主要内容有以下几条。

（1）建设项目中防治污染的设施，必须与主体工程同时设计、同时施工、同时投产使用。防治污染的设施必须经原审批环境影响报告书的环境保护行政主管部门验收合格后，该建设项目方可投入生产或者使用。

（2）防治污染的设施不得擅自拆除或者闲置，确有必要拆除或者闲置的，必须征得所在地的环境保护行政主管部门同意。

（3）排放污染物的企业、事业单位，必须依照国务院环境保护行政主管部门的规定申报登记。

（4）排放污染物超过国家或者地方规定的污染物排放标准的企业、事业单位，依照国家规定缴纳超标准排污费，并负责治理。征收的超标准排污费必须用于污染的防治，不得挪作他用。

6.《刑法》中与建设工程安全生产相关的主要内容

《中华人民共和国刑法》（以下简称《刑法》）于1979年7月1日第五届全国人民代表大会第2次会议通过，1997年3月14日第八届全国人民代表大会第5次会议修订。《刑法》中有关建设工程安全生产的规定主要包括以下几项。

（1）工厂、矿山、林场、建筑企业或者其他企业、事业单位的职工，由于不服管理、违反规章制度，或者强令工人违章冒险作业，因而发生重大伤亡事故或者造成其他严重后果的，处3年以下有期徒刑或者拘役；情节特别恶劣的，处3年以上7年以下有期徒刑。

（2）工厂、矿山、林场、建筑企业或者其他企业、事业单位的劳动安全设施不符合国家规定，经有关部门或者单位职工提出后，对事故隐患仍不采取措施，因而发生重大伤亡事故或者造成其他严重后果的，对直接责任人员，处3年以下有期徒刑或者拘役；情节特别恶劣的，处3年以上7年以下有期徒刑。

（3）违反爆炸性、易燃性、放射性、毒害性、腐蚀性物品的管理规定，在生产、储存、运输、使用中发生重大事故，造成严重后果的，处3年以下有期徒刑或者拘役；后果特别严重的，处3年以上7年以下有期徒刑。

（4）建设单位、设计单位、施工单位、工程监理单位违反国家规定，降低工程质量标准，造成重大安全事故的，对直接责任人员，处5年以下有期徒刑或者拘役，并处罚金；后果特别严重的，处5年以上10年以下有期徒刑，并处罚金。

第三节　建设安全生产行政法规

《建设工程安全生产管理条例》和《安全生产许可证条例》是目前调整建设工程安全生产行为的两个主要行政法规。

1.《建设工程安全生产管理条例》的主要内容

《建设工程安全生产管理条例》（以下简称《安全条例》）于2003年11月12日国务院第28次常务会议通过，自2004年2月1日起施行。

该条例的颁布，是我国工程建设领域安全生产工作发展历史上具有里程碑意义的一件大事，也是工程建设领域贯彻落实《建筑法》和《安全生产法》的具体表现，标志着我国建设工程安全生产管理进入法制化、规范化发展的新时期。该条例详细地规定了建设单位、勘察、设计、工程监理、其他有关单位的安全责任和施工单位的安全责任，以及政府部门对建设工程安全生产实施监督管理的责任等。

《安全条例》对政府部门、有关企业及相关人员的建设工程安全生产和管理行为进行了全面规范，确立了十多项主要制度。其中，涉及政府部门的安全生产监管制度有8项：依法批准开工报告的建设工程和拆除工程备案制度，建筑施工企业安全生产许可制度，“三类人员”考核任职制度，特种作业人员持证上岗制度，施工起重机械使用登记制度，政府安全监督检查制度，危及施工安全工艺、设备、材料淘汰制度，生产安全事故报告制度。

《安全条例》还进一步明确了施工企业的7项安全生产制度，即安全生产责任制度、安全生产教育培训制度、专项施工方案专家论证审查制度、施工起重机械使用登记制度、施工现场消防安全责任制度、意外伤害保险制度和生产安全事故应急救援制度。

《安全条例》明确了施工单位相关法律责任。

（1）施工起重机械和整体提升脚手架、模板等自升式架设设施安装、拆卸单位有下列行为之一的，责令限期改正，处5万元以上10万元以下的罚款；情节严重的，责令停业整顿，降低资质等级，直至吊销资质证书；造成损失的，依法承担赔偿责任。

①未编制拆装方案、制定安全施工措施的。

②未由专业技术人员现场监督的。

③未出具自检合格证明或者出具虚假证明的。

④未向施工单位进行安全使用说明，办理移交手续的。

施工起重机械和整体提升脚手架、模板等自升式架设设施的安装、拆卸单位有前款规定的第1、3项行为，经有关部门或者单位职工提出后，对事故隐患仍不采取措施，因而发生重大伤亡事故或者造成其他严重后果，构成犯罪的，对直接责任人员，依照刑法有关规定追究刑事责任。

（2）施工单位有下列行为之一的，责令限期改正；逾期未改正的，责令停业整顿，依照《中华人民共和国安全生产法》的有关规定处以罚款；造成重大安全事故，构成犯罪的，对直接责任人员，依照刑法有关规定追究刑事责任。

①未设立安全生产管理机构、配备专职安全生产管理人员或者分部分项工程施工时无专职安全生产管理人员现场监督的。

②施工单位的主要负责人、项目负责人，专职安全生产管理人员、作业人员或者特种作业人员，未经安全教育培训或者经考核不合格即从事相关工作的。

③未在施工现场的危险部位设置明显的安全警示标志，或者未按照国家有关规定在施工现场设置消防通道、消防水源、配备消防设施和灭火器材的。

④未向作业人员提供安全防护用具和安全防护服装的。

⑤未按照规定在施工起重机械和整体提升脚手架、模板等自升式架设设施验收合格后登记的。

⑥使用国家明令淘汰、禁止使用的危及施工安全的工艺、设备、材料的。

（3）施工单位挪用列入建设工程概算的安全生产作业环境及安全施工措施所需费用的，责令限期改正，处挪用费用20%以上50%以下的罚款；造成损失的，依法承担赔偿责任。

（4）施工单位有下列行为之一的，责令限期改正；逾期未改正的，责令停业整顿，并处5万元以上10万元以下的罚款；造成重大安全事故，构成犯罪的，对直接责任人员，依照刑法有关规定追究刑事责任。

①施工前未对有关安全施工的技术要求作出详细说明的。

②未根据不同施工阶段和周围环境及季节、气候的变化，在施工现场采取相应的安全施工措施，或者在城市市区内的建设工程的施工现场未实行封闭围挡的。

③在尚未竣工的建筑物内设置员工集体宿舍的。

④施工现场临时搭建的建筑物不符合安全使用要求的。

⑤未对因建设工程施工可能造成损害的毗邻建筑物、构筑物和地下管线等采取专项防护措施的。

施工单位有前款规定第4、5项行为，造成损失的，依法承担赔偿责任。

（5）施工单位有下列行为之一的，责令限期改正；逾期未改正的，责令停业整顿，并处10万元以上30万元以下的罚款；情节严重的，降低资质等级，直至吊销资质证书；造成重大安全事故，构成犯罪的，对直接责任人员，依照刑法有关规定追究刑事责任；造成损失的，依法承担赔偿责任。

①安全防护用具、机械设备、施工机具及配件在进入施工现场前未经查验或者查验不合格即投入使用的。

②使用未经验收或者验收不合格的施工起重机械和整体提升脚手架、模板等自升式架设设施的。

③委托不具有相应资质的单位承担施工现场安装、拆卸施工起重机械和整体提升脚手架、模板等自升式架设设施的。

④在施工组织设计中未编制安全技术措施、施工现场临时用电方案或者专项施工方案的。

⑤施工单位取得资质证书后，降低安全生产条件的，责令限期改正；经整改仍未达到与其资质等级相适应的安全生产条件的，责令停业整顿，降低其资质等级直至吊销资质证书。

第四章　中国建筑市场

十年来，中国建筑市场取得了辉煌的成就，建筑市场产业规模不断扩大，国际市场的开发迈上了新台阶，建筑市场法律法规体系逐步完善。建设工程质量与安全体系建设突飞猛进。

第一节　中国建筑市场发展现状

一、工程建设成就

2003 年以来，中国建筑业完成了一系列全球瞩目的重大工程，在部分工程领域的建造能力达到国际领先水平，具有代表性的工程有：北京奥运会工程、上海世博会工程、上海虹桥综合交通枢纽、青藏铁路、京津城际铁路、京沪高铁、胶州湾大桥、胶州湾海底隧道工程等。这些项目无论是工程规模、工程质量还是技术难度，都代表着当今世界的先进水平。可以说，中国建筑业的技术水平已经达到了相当的高度。超高层、大跨度房屋建筑设计、施工技术，大跨度预应力、大跨径桥梁设计及施工技术，地下工程盾构施工技术，大体积混凝土浇筑技术，大型结构与设备整体吊装，大型复杂成套设备安装技术，综合爆破等方面不仅具有中国特色且普遍达到或接近国际水平。目前，无论超高层建筑、铁路工程、高速公路工程还是大型公用设施，中国都能依靠自己的技术力量独立完成，中国建筑业已经具有国际一流的建造能力。

1. 北京奥运会工程

北京奥运工程主要包括 12 个新建场馆、11 个改扩建场馆、8 个临时场馆和10余项重要配套项目。奥运工程结构形式多样，造型复杂，施工难度大，为了达到实际的要求，保证施工质量，所有参建的施工单位，通过与科研院校、高等院校及专业公司的协作，积极进行科研立项、攻关，利用技术积累，并引进国外技术，大胆创新，研发出了一大批急需的技术成果。

奥运工程施工技术方面的创新，最有代表性的就是钢结构施工技术，在五个方面已经达到了国际领先水平，填补了国内外的空白；15个以上方面达到了国内领先和国际先进水平，填补了国内空白。如国家体育场（俗称“鸟巢”）厚钢板的焊接技术、箱型弯扭构件及微扭节点制作技术等，国家游泳中心（俗称“水立方”）的新型多面体空间钢架结构施工技术，国家体育馆的大跨度双向张弦钢屋架及带索累积滑移工技术，北京工业大学体育馆的93米直径预应力弦支穹顶技术施工技术等。经过专家论证，奥运工程中的钢结构施工技术整体达到了国际先进水平。

另外，“水立方”的新型膜结构施工技术，“水立方”的气枕膜设计及施工，北京大学体育馆的空间辐射弦支网壳屋盖结构体系施工技术，T3航站楼的钢管柱内虹吸雨水管道安装技术，国家会议中心的楼面行走大型塔式起重机安装大跨度钢屋盖施工技术，都达到了国际先进水平。

据不完全统计，奥运工程建设过程中新材料和产品的应用多达几百种，典型的有钢材、耐久性达100年的混凝土、ETFE膜结构和PTFE膜、LED照明、砂基透水砖、铝镁锰金属板等。又如，自主研发的Q460高强钢板是首次在国内成功使用，填补了中国该项技术领域的空白，满足了“鸟巢”的设计使用要求。国家体育场和国家游泳中心采用了大量的膜材料，这种材料重量轻、透光度高、抗污染性强，可以经受冰雹等自然灾害的打击。“水立方”的膜结构为气枕式ETFE膜结构，主要起到建筑屋面及外围护结构的作用，是目前世界上最大的用膜结构封闭的单体建筑。“鸟巢”的膜结构为单层ETFE外层膜加PTFE声学吊顶膜结构，这些材料的使用使钢结构本身过于透明的棱角在其遮蔽下显得更加优美朦胧。

2. 上海世博会工程

上海世博工程中，主要的场馆建设为“一轴四馆”，即世博轴、中国国家馆、演艺中心、世博中心和主题馆。在上述场馆建设中，始终贯彻“绿色”、“环保”、“低碳”的理念。世博中心和主题馆获得了上海市建设工程“白玉兰”奖和国家建设工程“鲁班奖”。世博中心同时获得中国绿色建筑三星级和美国LEED金奖标准双重认证。主题馆是由中国自行设计和建造的具有完全自主知识产权的国际一流标准场馆，创造了三项“国内之最”：屋面一体化

2.8 兆瓦太阳能发电；6000 平方米东西立面垂直植物墙；西展厅为国内最大双向大跨度无柱展厅。主题馆建筑材料和设备的国产化率达 95% 以上，主题馆的建成标志着中国在大型展览场馆设计和建造方面已达到国际先进水平。世博轴的设计和建造采用了国际领先的数字化仿真技术，世博轴的阳光谷钢结构和巨型索膜结构是当今世界之最。

世博及配套工程中大量运用了太阳能建筑一体化、半导体照明、江水源热泵、阳光引入、自然通风、雨水收集利用和墙体垂直绿化等当今最先进的建筑节能和环保技术。世博园区主要场馆的太阳能利用规模达 4.6 兆瓦，其中主题馆为整个亚洲单体太阳能使用之最；节能 LED 灯具总量达到 8 万盏，占所有景观照明灯具的 60% 以上；江水源热泵机组总装机容量为 7.5 万千瓦，与空气源热泵相比可节省 30% 到 40% 的运行费用；城市最佳实践区“沪上生态家”综合节能 60% 以上，全年二氧化碳减排 140 吨。

二、建筑产业规模

十年来，中国建筑业产业规模持续保持高速增长。2011 年，全国具有资质等级的总承包和专业承包建筑业企业完成建筑业总产值 117734.16 亿元（表 1－7、图 1－16 所示）；全社会建筑业实现增加值 32020 亿元，占国内生产总值的比重达 6.8%（表 1－8、图 8－17 所示）；全国建筑业从业人员达 4311.07 万人。

表 8－7　2002～2011 年建筑业总产值

年份	建筑业总产值（亿元）
2002 年	18527.18
2003 年	23083.87
2004 年	29021.45
2005 年	34552.10
2006 年	41557.16
2007 年	51043.71
2008 年	62036.81
2009 年	76807.74
2010 年	96031.13
2011 年	117734.16

注：2002～2010 年数据引自《中国统计年鉴》（2011），2011 年数据引自国家统计局

《2011 年建筑业企业生产情况统计快报》。

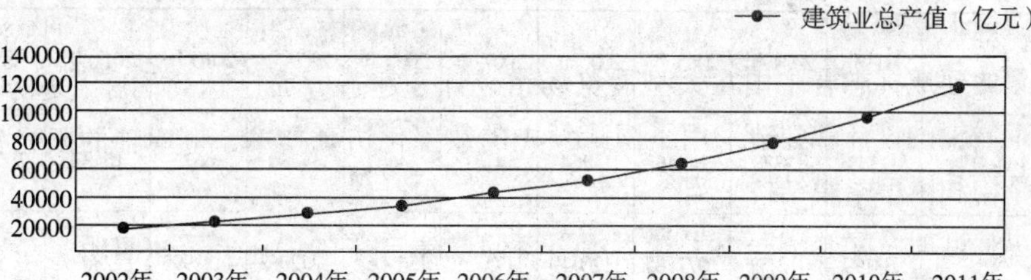

图 8 - 16　2002 ~ 2011 年建筑业总产值增长示意图

表 8 - 8　2002 ~ 2011 年建筑业增加值占国内生产总值的比重（%）

年份	建筑业增加值占国内生产总值比重（%）
2002 年	5.4
2003 年	5.5
2004 年	5.4
2005 年	5.6
2006 年	5.7
2007 年	5.8
2008 年	6.0
2009 年	6.6
2010 年	6.7
2011 年	6.8

注：2002 ~ 2010 年数据引自《中国统计年鉴》（2011），2011 年数据根据《2011 年国民经济和社会发展统计公报》相关数据计算得出。

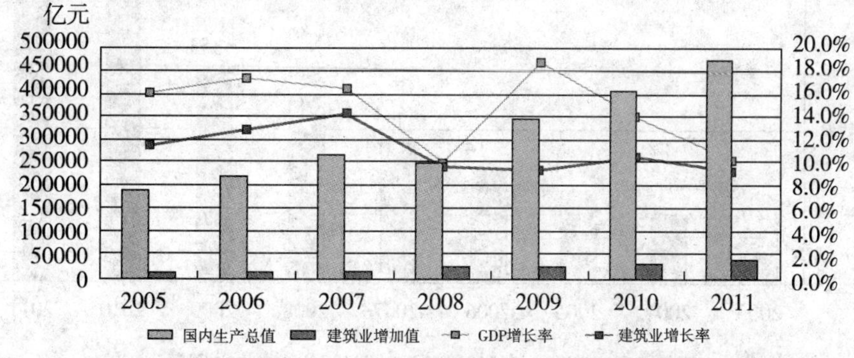

图 8 - 17　2005 ~ 2011 年国内生产总值、建筑业增加值及增长速度（亿元）

表8－9　2003～2011年全国工程勘察设计企业统计汇总

	2003年	2004年	2005年	2006年	2007年	2008年	2009年	2010年	2011年	年均增长率（%）
企业总数	12375	13328	14245	14264	14151	14667	14264	14622	16482	3.65
从业人员总数	833199	912171	1077785	1120719	1175258	1249062	1272963	1422995	1728497	9.55
专业技术人员总数	680972	740599	797323	852250	844535	878570	865868	926031	1037032	5.40
合同总额（万元）	14347940	18609549	24380983	34749590	46264588	58736755	67515223	91948169	130997458	31.84
营业收入（万元）	14762604	22143437	29726384	37144204	46843328	59683310	68528840	95467626	129147304	31.14
利润（万元）	1491942	2194392	2163557	2910295	4368264	3129248	5567963	7752329	10205425	27.17
专利、专有技术总数（项）	2878	3183	14315	16650	18463	21901	28309	39512	49512	42.71

2003年以来，勘察设计行业企业数量、从业人员数量、完成合同额、以及营业收入均呈现大幅增长态势（表8－9、图8－18、图8－19所示）。

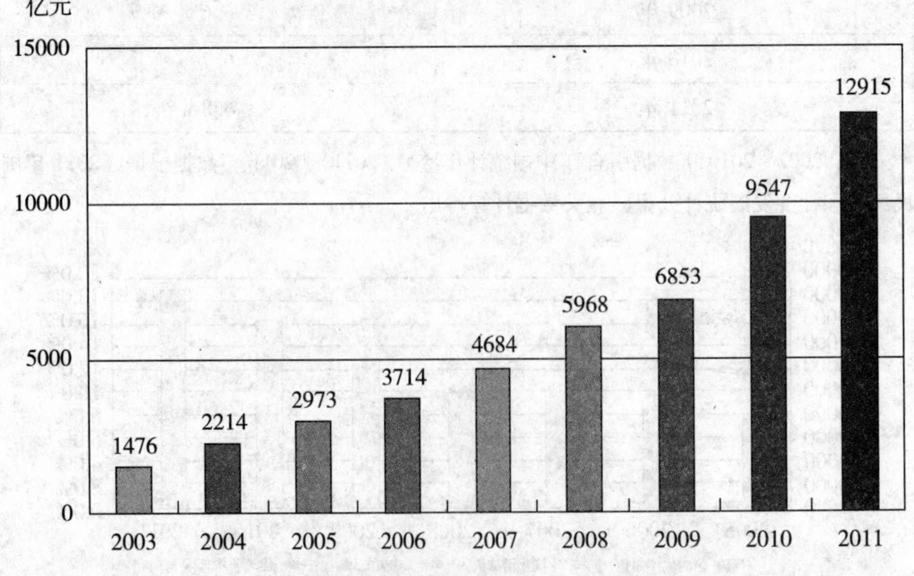

图8－18　2003～2011年工程勘察设计企业收入图示

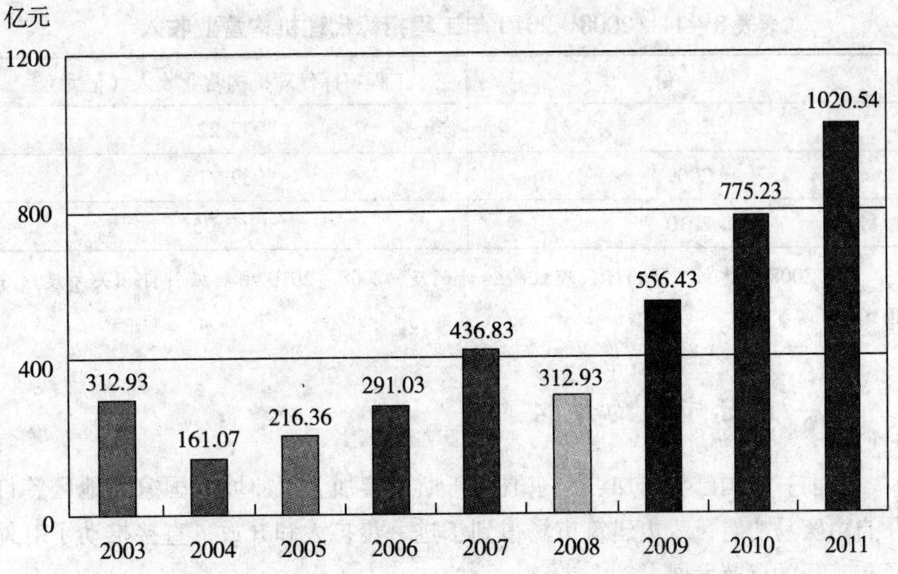

图 8－19　2003～2011 年工程勘察设计企业利润总额图示

十年来，中国工程监理行业不断发展壮大。据统计，2005 年至 2011 年的 7 年间，全国具有资质的工程监理企业由 5927 个增长到 6512 个；从业人员由 43 万人增长到 76 万人，增长 76.7%；营业收入由 280 亿元增长到 1493 亿元，增长 433.2%，其中工程监理收入由 193 亿元增长到 666 亿元，增长 245%（表 8－10）。

表 8－10　2005～2011 年建设工程监理营业收入

年　份	建设工程监理营业收入（亿元）
2005	279.67
2006	376.54
2007	526.73
2008	657.44
2009	854.55
2010	1196.14
2011	1492.54

注：2005 年建立建设工程监理统计报表制度，2005～2010 年数据引自相关年度《中国统计年鉴》。

2008 年以来，工程招标代理机构总体规模持续增长（表 8－11）。

表 8-11　2008~2010 年工程招标代理机构营业收入

年　份	工程招标代理机构营业收入（亿元）
2008	977.22
2009	969.71
2010	1267.75

注：2008 年建立工程招标代理机构统计制度，2008~2010 年数据引自相关年度《中国统计年鉴》

三、国际市场的开拓

目前，中国已与新加坡、东盟、哥斯达黎加、新加坡等国家或地区签订了自由贸易协定，双边建筑市场得到了进一步扩大和开放，直接推动了对外承包工程的迅速发展。

"十一五"期间，中国对外承包工程完成营业总额是"十五"期间的 4 倍，年均增长 32.5%；新签合同额是"十五"期间的 5 倍，年均增长 20%。2011 年，中国对外承包工程业务完成营业额 1034 亿美元，同比增长 12.2%，新签合同额 1423 亿美元，同比增长 5.9%。截至 2011 年底，对外承包工程累计完成营业额 5390 亿美元，签订合同额 8417 亿美元。2010 年，中国有 54 家企业人选"ENR 国际承包商 225 强"，共完成海外工程承包额达 505.91 亿美元，占 225 家承包商业绩总额的 13.2%，列国家排名第 1 位。

目前，中国对外承包工程企业已达 3238 家，对外承包工程已形成以房屋建筑、电力工业、交通运输为重点，石油化工、电子通讯等新兴领域不断扩展的产业布局。对外承包工程的地域格局也日趋均衡，在维持亚洲和非洲地区传统主要市场地位的基础上，拉美、欧洲市场份额不断扩大，北美市场也取得了新的突破，对外承包工程业务已拓展到全球 180 多个国家和地区。

四、建筑市场监管制度建设

1. 企业资质管理制度建设

2003 年，《行政许可法》颁布之后，为了贯彻落实《行政许可法》，建设部遵循公平、公正和便民的原则，组织开展了《建设工程勘察设计资质管理规定》、《建筑业企业资质管理规定》、《工程监理企业资质管理规定》、《工程建设项目招标代理机构资格认定办法》四个部门规章修订工作，并于 2007 年先后出台于新的企业资质管理规定。

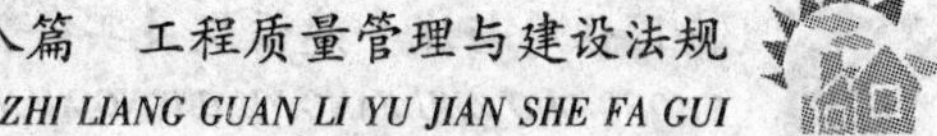

2006 年，建设部组织制定了建筑装饰、建筑智能化、建筑幕墙、轻型钢结构等四个设计与施工专项资质标准。2007 年建设部对工程设计资质标准、施工总承包特级资质标准和工程监理资质标准进行了修订。

2. 工程技术人员执业资格制度建设

2003 年，建设部和人事部联合发布了注册公用设备、电气、化工、土木（港口与航道）四个专业工程师执业资格管理制度。2004 年，组织开展了四个专业工程师执业资格考核认定工作。2005 年，建设部组织制定了《勘察设计注册工程师管理规定》。2007 年，启动了注册土木（道路工程）工程师制度；采矿/矿物、机械、冶金、石油天然气等四个专业实施了首次全国统一考试，正式实施了执业资格考试制度。2008 年，颁布了修订后的《注册建筑师条例实施细则》。2009 年，印发了《注册土木工程师（岩土）执业及管理工作暂行规定》，正式实施了注册土木工程师（岩土）的执业签字制度。2010 年，启动注册电气、化工和公用设备工程师等三个专业工程师的注册工作。截止 2011 年底，全国一级注册建筑师有 2. 48 万人，二级注册建筑师有 2. 23 万人，勘察设计注册工程师有 8. 57 万人。

2006 年建设部修订出台了《注册监理工程师管理规定》（建设部令第 147 号）和《注册监理工程师注册管理工作规程》、《关于换发注册监理工程师注册执业证书工作的通知》、《注册监理工程师继续教育暂行办法》等一系列政策文件，组织了注册监理工程师换证工作，启动了继续教育制度；截至 2011 年底，全国注册监理工程师有 11. 2 万人。

2002 年 12 月，人事部、建设部联合颁布了《建造师执业资格制度暂行规定》，正式建立了建造师执业资格制度。2004 年，建设部和人事部启动了全国一级建造师执业资格考试工作。2006 年建设部颁布了《注册建造师管理规定》《建设部令第 153 号）并于 2007 年制定出台了《一级建造师注册实施办法》和《注册建造师执业工程规模标准》，2008 年出台了《注册建造师执业管理办法》，开展了建造师注册工作。2010 年住房城乡建设部出台了《注册建造师继续教育管理暂行办法》，正式启动了注册建造师继续教育制度。截至 2011 年底，全国一级建造师注册人数达 25. 56 万人二级建造师注册人数近 70 万人。

3. 建设工程招投标管理工作

2008 年，建设部出台了《建筑工程方案设计招标投标管理办法》，适应了大型公共建筑工程项目管理监管的需要，明确了境外设计机构投标方案设计深度，加强了知识产权保护以及投标补偿，促进了建筑设计繁荣和重视建筑节能的问题，强化评标过程监督。

2005年建设部出台了《关于加强房屋建筑和市政基础设施工程项目施工招标投标行政监督工作的若干意见》。2010年6月，住房城乡建设部和监察部共同组织召开了全国房屋建筑和市政工程招投标监管工作暨专项治理工作会议。2011年，住房和城乡建设部印发了《房屋建筑和市政工程标准施工招标文件》和《房屋建筑和市政工程标准施工招标资格预审文件》，统一了房屋建筑和市政工程招投标规则和做法，对施工招标文件中废标条款集中设置、投标人投标成本判定等问题作出了规定。

4. 建筑市场监管机制

为进一步推进工程担保，转变建筑市场监管方式，建立科学合理的建筑市场运行机制，2004年8月，建设部印发了《关于在房地产开发项目中推行工程建设合同担保的若干规定（试行）》，对工程担保的种类、担保形式、有效期、担保金额、担保责任做出了详细规定，初步建立了工程担保制度体系。为推进建设领域担保制度建设，2005年，建设部又出台了《工程担保合同示范文本》，（试行），并确定天津市、深圳市、厦门市、青岛市、成都市、杭州市、常州市为工程担保七个试点城市，开启了工程担保试点工作。2006年，出台了《关于在建设工程项目中进一步推行工程担保制度的意见》，提出了建立对专业担保机构从事工程担保业务的登记和定期考核管理制度、保函集中管理制度、工程担保活动信用管理制度等，进一步完善了工程担保制度。

2002年至2005年，建设部先后印发了《关于加快建立建筑市场有关企业和专业技术人员信用档案的通知》、《关于抓紧建立并充实建筑市场有关企业和专业技术人员数据库的通知》、《建设工程质量责任主体和有关机构不良记录管理办法》、《关于加快推进建筑市场信用体系建设工作的意见》等一系列文件，大力推进建筑市场诚信体系建设。

2007年，建设部又相继出台《关于启用全国建筑市场诚信信息平台的通知》、《建筑市场诚信行为信息管理办法》、《全国建筑市场各方主体不良行为记录认定标准》等一系列政策性文件。

2008年1月，正式开通启用全国建筑市场诚信信息平台，同时启动各地违法违规企业上报制度。2011年6月，住房和城乡建设部印发了《全国建筑市场注册执业人员不良行为记录认定标准》（试行），企业和人员不良行为信息同步上报，并在全国平台上统一公布。

2004年，建设部印发了《房屋建筑和市政基础设施工程施工分包管理办法》（建设部令124号），明确房屋建筑和市政基础设施工程施工分包分为专

业分包和劳务分包，并对分包合同备案、发承包企业对分包工程施工现场组织管理、违法违规行为认定等做出了具体的规定，为施工分包管理提供了政策依据；同时，进一步印发了《建设工程施工专业分包合同》，为施工专业分包行为提供指导。

5. 外商投资企业的管理工作

为进一步提高建筑业对外开放水平，建立建筑市场准入的统一监管机制，2002年，建设部和对外贸易经济合作部联合颁布了《外商投资建筑业企业管理规定》、《外商投资建设工程设计企业管理规定》，并相应配套出台了相关的实施细则。2007年，建设部和商务部又颁布了《外商投资建设工程服务企业管理规定》。这些规章、政策性文件的出台，进一步开放了中国建筑市场，健全和完善了外商投资建设工程企业管理，将外商投资企业的管理纳入了统一的建筑市场资质管理体系，对外商投资建筑业、工程设计、招标代理、监理企业与内地企业适用同等的资质标准和程序，实施统一的市场监管制度。截至2011年底，已有来自全球30多个国家和地区的投资者在中国境内设立了1300余家建筑业企业、工程设计企业和工程监理企业，业务范围涵盖了石油、化工、水利、电力、市政和房屋建筑等众多领域。

2004年，建设部印发了《关于外国企业在中华人民共和国境内从事建设工程设计活动的管理暂行规定》，允许外国服务提供者以跨境交付形式在中国境内从事建设工程设计业务。因此，许多外国服务提供者直接通过跨境交付方式来开展工程设计业务，他们设计或参与设计了一大批著名建筑如国家体育场、国家大剧院、上海环球金融中心等，这对繁荣中国建筑设计创作起到了积极作用。

第二节　工程质量安全制度建设及目标

一、工程质量安全制度建设

1. 工程质量安全制度体系建设

2003年以来，建设部及住房城乡建设部陆续出台了有关勘察质量管理、施工图设计文件审查、竣工验收备案、质量检测、质量保修、质量监督、安全生产许可、建筑起重机械登记、城市抗震防灾规划管理、超限高层建筑工程抗震设防、市政公用设施抗灾设防等方面的部门规章二十余部，建立完善了住宅工程质量分户验收、质量事故查处督办，施工安全生产标准化建设、安全管理人员配备、安全投入，危险性较大的分部分项工程管理、特种作业人员持证上岗、生产安全事故查处督办、企业负责人及项目负责人施工现场带班、生产安全重大隐患排查治理挂牌督办，城市轨道交通工程风险评估、安全监测、周边环境调查，绿色施工、房屋建筑和市政公用设施抗灾设防专项论证等制度几十项，为全国工程质量安全管理工作步入法制化、规范化的轨道奠定了坚实的基础。

2. 监督管理和执法检查措施建设

全国各级住房城乡建设部门不断加大执法检查力度，把“三个严肃认真”深刻融入质量安全监管工作，作为开展监督管理和执法检查工作的基本要求，即严肃认真查处建筑市场违法违规行为、严肃认真开展监督检查、严肃认真查处工程质量安全事故。

工程质量方面，全国各级住房城乡建设部门科学有效地发挥有限监管资源的作用，在质量监管和执法检查中，注意突出重点，提高监管效能，基本形成了覆盖全面专业配套、科学公正的工程质量监督体系，除农民自建低层住宅和临时性建筑外，绝大部分限额以上建设工程都纳入了工程质量监督范围。除对一些重点工程、重点单位进行严格监督外，近些年持续组织开展了以保障性安居工程为重点的全国建设工程质量监督执法检查，督促地方主管部门和有关企业充分认识保障性安居工程质量的重要性，努力加强保障性安居工程建设管理，严格执行工程质量管理法律法规全面落实保障性安居工程质量责任。

各地区严格实施施工图设计文件审查制度，截至2011年底，全国共有316个地级以上城市设有各类施工图审查机构共计871家，审查人员达23343人，2011年审查项目总数411938个，有效保证了勘察设计质量，特别是在建筑节能、抗震等工作中发挥了不可替代的重要作用。加强勘察设计质量保证的基础性工作，如开展城镇住宅合理使用年限有关设计问题、工程设计技术转移制度、绿色施工技术、技术政策监督执行问题、BIM技术、计算机审图、建筑工业化对现有建设管理的影响等研究，制定了勘察设计文件编制深度、勘察设计文件编制指南、勘察设计技术措施、勘察设计企业质量管理规范、建筑节能工程施工技术要点、施工图设计文件审查要点、公共租赁住房优秀设计方案汇编等相关基础性资料，有效规范了企业质量行为。

3. 工程质量技术体系建设

通过评优评奖、新技术示范发挥好大型企业在自主创新工作中的引领作

用，通过推广应用、培训交流维护好中小企业在行业基础技术能力上的基石作用。十年来，共审定国家级工法1577项和全国建筑业新技术应用示范工程250项，这些工法和新技术来源于工程实践，又推广应用到工程实践，促进了行业整体技术水平的提高。

编制执行建筑技术政策，探索技术政策监督执行和评估制度，以及相关激励措施改善技术政策的落实环境，研究培育工程技术转移制度营造市场环境，进一步推动工程技术进步。强调企业在科技创新中的作用，重视面向市场的应用型研发，紧密围绕建筑工程施工中的难点，在建筑节能与绿色建筑、计算机辅助设计与信息化管理软件、高性能混凝土与商品混凝土、高层钢结构与混合结构、钢筋机械连接、高强钢筋应用与预应力技术、大跨度空间钢结构与索膜结构、复合地基与深基坑、化学建材等领域取得了突出成就。

十年来，全国各级住房城乡建设部门吸收借鉴国内外工程实践经验和技术成果，制修订了一大批相关标准规范和工程建设标准设计，形成了比较完备的技术支撑。发布实施了《施工企业安全生产评价标准》、《建筑拆除工程安全技术规范》、《建筑施工现场环境与卫生标准》、《施工现场临时用电安全技术规范》、《建筑施工模板安全技术规范》、《建筑施工碗扣式钢管脚手架安全技术规范》等一系列行业标准。编制推广了工程建设标准设计，十年来全国共编制、修订国家建筑标准设计679项，在贯彻落实国家建设方针及政策、提高设计效率、保证工程质量、推动资源节约和新技术应用方面发挥了积极作用。出台了《绿色施工导则》、《建筑工程绿色施工评价标准》等文件，积极推动绿色施工技术，最大限度地节约资源，减少对环境负面影响，实现建筑施工活动的节能、节地、节水、节材和环境保护。

积极加强国际国内交流，探索产学研结合机制。积极引导工程参建单位与业内科研院所、高等院校紧密合作，合作解决工程建设中重大技术难题。例如，在城市轨道交通工程中，有关单位根据大量工程实践积累和专题研究，掌握了多种制式轨道交通的设计与施工技术，突破了地质条件复杂地区地下施工等难点，同时利用国家“十一五”科技支撑计划支持，组织了城市轨道交通关键技术研究。先后承办了第十四届世界地震工程大会、2007年国际减灾会议、第五届中日美生命线地震工程三边研讨会、东北亚城市防灾技术发展与人才培养国际研讨会等国际学术会议，与月本国际合作机构联合开展了抗震技术培训项目，加强了城乡建设防灾减灾的国际交流。

4. 抗震设防和抢险救灾工作

通过实施抗震安居工程、加强农村工匠技术培训、提供农居抗灾图集等形式，促进村镇房屋抗灾能力的提高。如新疆2003年至2010年，新建农村抗震安居房194.9万户，累计投入262.5亿元；云南2007年至2010年，完成农村民居地震安全工程85.5万户；四川汶川地震灾区完成了360万户震损农房的修复加固和145.91万户农房重建任务。各级住房城乡建设部门建立了以《建设系统破坏性地震应急预案》、《国家处置城市地铁事故应急预案》、《城市供水系统重大事故应急预案》、《建设工程重大质量安全事故应急预案》为核心的住房建设系统应急预案体系。及时开展了抗灾救灾工作，积极做好应对防范工作并建立了受灾及应对情况报告制度。汶川、玉树地震灾后，协助灾区制定了城镇受损房屋安全鉴定及修复加固、过渡安置房质量验收、农牧区居住房屋抗震节能设计、灾区危房拆除及建筑垃圾清理利用等方面的技术文件。舟曲泥石流灾害发生后，研究制订了受损建筑物安全性应急鉴定等方面的技术性文件。汶川、玉树地震以及舟曲泥石流灾害发生后，组织房屋建筑应急评估专家组赶赴灾区，对公共建筑和居民住宅受损情况进行应急评估，协调各地推荐有关技术单位，支持灾后房屋建筑安全鉴定工作。四川、陕西、甘肃、青海、云南、新疆、西藏、江西等地积极应对灾害，有效地开展了地震、洪水灾后应急评估和安全鉴定工作。积极支持汶川地震灾区的恢复重建，组织开展了对恢复重建工程的质量督查，组织国家建筑工程质量监督检验中心等单位在灾区成立灾后重建实验室，为灾区培训工程质量检测人员，切实提高重建工程质量，让灾区人民群众住上放心房子。

5. 质量安全监管队伍和人才建设

十年来，监督机构人员数量和素质不断提升。全国工程质量安全监督管理队伍稳定发展，目前共有工程质量监督机构2900多个，人员47000多人，其中中高级以上专业技术人员占监督人员总数的60%以上，大部分地区尤其是大中城市的人均监督面积已从90年代初的3万平方米增加到当前的50万至100万平方米。全国共有县级以上建筑安全生产监督机构2590个，建筑安全监督人员21678人，其中81.6%的建筑安全监督人员拥有初级以上技术职称。北京、重庆、广州、成都、南京、宁波等地陆续成立了专门的城市轨道交通工程质量安全监督机构。

全系统高度重视并不断加强对从业人员的培训工作。住房城乡建设部组织编写了建筑施工作业人员安全操作知识读本。住房城乡建设部和有关地区有计划、分步骤地开展了地铁工程专业技术和管理人员质量安全培训，其中2009年至2011年培训在建地铁工程监理人员1万多人次，引导和帮助相关单位提高人员素质，满足城市轨道交通工程建设的需要，缓解建设力量紧缺，

同时，鼓励适应市场需求的风险评估、工程监测安全技术服务机构积极发展，为工程质量安全管理提供专业服务。

二、工程质量安全监管的发展目标

1. 建筑业技术创新体系发展目标

在主要工程技术领域达到国际先进水平，部分关键核心技术达到国际领先水平，工程科技含量不断提高，企业科技研发投入和技术创新能力大幅度增强，形成有利于企业技术创新的政策环境。

建立健全建筑业技术政策体系，逐步实施重大工程和住宅技术创新工程，建立工程关键技术目录，及时总结、推广先进技术成果。继续加大“建筑业10项新技术”等先进适用技术的推广力度。充分发挥工程技术专家库在技术创新研究、技术成果审定、质量安全事故调查鉴定中的重要作用。加快推进鼓励建筑业企业技术创新的相关政策和激励机制，建立以企业为主体，市场为导向，产学研相结合的建筑业技术创新体系。

通过技术政策有效实施，鼓励企业加大技术研发投入，加快技术改造，形成专利、专有技术、工法的技术储备，在工程建设中积极应用先进技术，提高工程科技含量和质量。完善技术成果评价奖励制度，通过技术成果评优、审定，鼓励优秀技术成果和人才涌现，推动行业技术进步。组织重点领域专项技术研究，如建筑耐久技术、节能环保技术、既有建筑的改造技术、建筑智能化技术、地下工程技术等方面，开展绿色施工示范工程等节能减排技术集成项目试点，以适应国家节能减排战略和产业优化升级的要求。鼓励发展应用先进、经济、节能、高效的环保型安全技术、材料、工艺和装备（产品）。加强安全监控技术的研发和应用。积极推动建筑工业化，在更大范围内研究和推动结构件、部品、部件、门窗的标准化，在扩大统一标准范围的基础上丰富标准件的种类、通用性、可置换性，以标准化推动建筑工业化。鼓励建设工程的制造、装配技术发展，鼓励有能力的企业在一些适用工程上采用制造、装配方式，进一步提高施工机械化水平。鼓励和推动新建保障性住房和商品住宅菜单式全装修交房。提高建筑构配件的工业化制造水平，促进结构构件集成化、模块化生产。

2. 防灾减灾和应急抢险能力的发展目标

建立城乡建设防灾减灾重点防控机制和绩效评估制度，及时公布防御相关自然灾害的重点地区和薄弱环节。将防灾规划作为城市、镇总体规划的专项规划，与总体规划同时编制实施。基本完成地震高烈度地区和地震重点监视防御区城市抗震防灾规划编制或修编工作；针对城镇灾害类型，组织编制应对台风、雨雪冰冻、暴雨等自然灾害和工业灾害的城镇综合防灾规划；加快城市绿地系统防灾避险规划编制；研究利用先进信息技术，提高防灾规划的编制和管理水平。积极推进防灾避难场所建设。建立城镇人均防灾避难场所有效疏散面积评价体系，确保各类防灾避难场所的规划布局、服务范围、用地规模和道路、给水、电力、排水等配套基础设施满足城镇应急避难需要。

提高应急抢险和恢复重建水平。建立健全住房城乡建设系统灾害信息收集、上报渠道。加强部际协调与联系，建立数字化信息系统和信息报送制度。做好应急抢险物资的调配工作。加强对灾后恢复重建的指导，加强对农村房屋灾后重建的技术指导，积极推广应用农房抗灾实用技术。进一步贯彻超高层建筑工程抗震设防管理制度和技术政策，全面推动市政公用设施抗震设防论证。

第五章　安全工程建设之先进经验

精细化管理　全面过程控制
努力降低施工成本　提升项目创效水平

中铁十八局集团

责任成本管理是现代企业管理中把“责任”和“成本”这两个主题有机结合起来的一种科学的管理模式，是目前企业降低成本、提高经济效益的最有效的管理手段。为了突出责任成本管理在项目管理中的突出地位，在2005年中铁十八局集团公司就将责任成本管理纳入了第一责任者年度经营责任考核指标范畴。通过近几年的不断探索与实践，目前我集团公司所属单位从上到下都深刻认识到开展责任成本管理的必要性和重要性，充分体会到通过开展责任成本管理真真切切地给我们企业和个人都带来了巨大的荣誉和好处。现结合具体项目对如何开展责任成本管理，通过全过程、全方面的控制，在保证质量、安全的前提下，达到降低成本提高经济效益的最终目的。

一、项目概况

（一）项目基本情况

苏州友新高架桥匝道工程位于苏州市沧浪新城内，桥长977米，标准宽度为7米，设计行车速度40km/h，主要工程量为：钻孔灌注桩144根，承台、桥墩各35个，现浇箱梁10联（共33跨），工程总投资5720万元。2011年5月21日正式开工，合同工期为245日历天。

（二）宏观控制举措

该项目自上场以来，面临着施工难度大、城市既有交通通行干扰大、工期紧等诸多难题。该项目作为集团公司所属第二工程有限公司路外自揽项目的典型，通过会议研究决定该项目作为专项课题进行研究、分析和论证，并组织了以该公司职能部门（经济管理部）为核心的专业骨干力量，成立了责任成本工作督导小组。坚持“精细化管理、全面过程控制”的管理方针，从完善项目责任成本管理体系入手，对项目实行责任目标管理，该公司配合项目部完成了前期施工组织方案优化、劳务队伍选择、材料供货商招标、以及“二次经营”策划等工作，并在项目施工过程中进行全程跟踪、指导。

（三）项目展现成果

该项目截止2011年底，项目累计完成投资4446万元，累计发生成本费用3980万元，实现责任目标利润466万元，责任目标利润率达到了10.48%，超责任预算指标2.48个百分点。

二、基本做法

（一）夯实基础，为成本管理精细化创造良好的环境

苏州友新匝道桥工程是典型的市政工程，该工程上匝道起于宝带西路公交首末站，穿过友新养护处，接京杭大运河旁的太湖西路，下匝道横穿吴中西路、九曲港河、杨素路，接宝带西路。由于运营中的道路、河流不能废止，施工干扰很大，工程措施要求严、高投入，箱梁施工所需模板、钢筋、混凝土的二次转移，增加了二次倒运费，另外，环保及现场安全管理、文明施工等方面的硬性规定也比一般项目要苛刻得多，这些现状的存在无形当中都加大了该项目成本支出。

通过认真分析种种不利因素，该公司的责任成本督导组精选项目部各科室业务骨干，组成项目部责任成本控制小组，协助项目部建立、健全责任成本管理体系，从项目施工方案的制定、优化，对外与各方关系的接触协调，现场的调度等等入手，同时，着重培养和提升所有参建人员的成本管理意识和责任意识，对成本控制的各个环节层层分解，落实到人，明确职责、奖罚兑现，切实做到了项目部一切日常生产经营活动都能落实到责任成本管理的每一个细节，为项目的责任成本精细化管理打下坚实的基础。

（二）施工全过程的精细化管理和全面责任成本控制

项目施工生产全过程其实就是实行全面责任成本管理、精细核算的过程。工程上场伊始，该公司的责任成本督导组就对该工程进行了详实的测算，最终确定了八个点的责任预算指标，这对于本身就降造十个点的友新匝道项目部来说，是一个较高的目标。如何让友新匝道工程能够继续发扬该公司在苏

州市场优势，并想方设法确保完成八个点的预算指标，确实是摆在所有参建人员面前的一道难题。这就要求所有参建人员必须从点点滴滴入手，开源节流，努力降低工程成本使责任成本管理工作能够得到全面落实：

1. 依托项目区域滚动发展优势，降低成本创效。苏州友新匝道桥梁项目的取得，是该公司区域滚动发展策略的很好体现。之前承建的苏州北环快速路、友新立交不但取得了良好的经济效益，而且取得了较好的社会效益。该公司在苏州建筑市场已累计参与了8个项目的施工，充分利用了以前完工项目的废旧物资，例如钢模板、脚手架、方木以及一些小型机具，给项目节约了大量资金。

项目部所用钢模板全部都是以前项目调入的废旧模板，组织架子队加工改制，每吨成本支出约950元，按照新购钢模板6200元每吨计算，再考虑新旧模板残值差异1500元，整个项目所需160吨钢模板一项就节约成本60万元，同时，还有效地缓解了项目资金紧张的状况。

2. 优化施工方案，科学合理地控制成本。施工方案的优化选择是施工企业降低工程成本的主要途径。该公司责任成本督导组配合项目部深入分析了友新匝道项目的实际情况，制定了先进、合理的施工方案，并在施工过程中不断优化，努力寻求各种降低消耗、提高工效的新工艺、新技术、新材料，以达到缩短工期、提高质量、降低成本的目的。例如：桥梁施工中将部分连接钢筋改为正反丝连接，节约了钢筋近16吨，每吨5100元，节约资金8.2万元。在临时设施工程投入中，利用既有高架桥下建成两层活动板房5栋，作为项目部办公区和生活区，节省了城市高额的地皮租金，通过科学设计和合理布局，在体现企业和项目部良好精神面貌同时，又为文明施工创造了条件。

3. 强力落实项目责任成本预算的二、三次分解。根据工程的具体情况，该公司责任成本督导组按照项目部现有人员的配置结合各自专业特长，确立了主体工程由内部架子队施工，附属工程进行劳务分包的管理模式。队伍上场后，在优化施工方案的同时，本着“方案在前，预算同步，过程调整，考核兑现”的原则，在以该公司确定的责任成本测算指标的前提下，对工程成本进行认真分析，进行责任成本二次分解，分解到各成本中心（部室），明确责任到人，责任人根据责任大小缴纳金额不等的风险抵押金，权利责任明晰。并与各责任中心签订责任合同，明确奖罚的力度，进行季度考核与年度考核并行的奖罚机制。这大大的提高了项目全体人员的工作积极性和责任成本管理的参与热情。同时，也对责任成本进行三次分解，落实到每个参建施工班组。最终的效果就是人人参与责任成本管理，人人都与责任成本管理工作有着千丝万缕的关系。

4. 加强分包管理合同评审程序和架子队成本控制。项目部根据该公司经济管理有关规定及指导单价与内部架子队签订责任合同书，明确安全、质量、数量控制、材料控制、单价控制等标准，实行队伍独立核算。

在劳务分包管理中，对分包单位的选择遵循公开竞价、信誉评定、择优录用的标准进行。小到项目部院内地板砖铺贴、工程实体中驳岸恢复，大到声屏障、电缆通道及通信管道等专业工程分包，均是在招标竞价后否定其他不合理单价的基础上挑选的队伍。在对分包单位的评审过程中，首先保证硬性条件符合，如“三证一书”，也关注软实力，如施工信誉和施工能力等。对于分包中劳务单价的确定，在分包单位自主报价后，项目部以该公司指导价为基础，以集团公司出台的《企业定额》进行单价分析，并结合苏州本地以往类似工程单价，对每一个分包单价进行评审，项目部责任成本控制小组内部评审通过后上报该公司经济管理部、法律事务部及该公司分管领导分别进行评审，待该公司评审通过后，再与其签订劳务分包合同，项目累计已通过该公司评审责任合同及分包合同共 12 份。合同签订后，对各部门进行分包合同交底，明确各部门控制的成本内容。同时严格执行先签合同后上场、先计量后拨款的原则。正是因为严格遵循着这些既定的原则才保证了项目管理始终处于可控制状态。

5. 设备、物资管理做到求精求细。物资采购及管理是项目责任成本管理工作的重中之重。项目部在物资采购过程中先参考网上实时报价，再进行实地考查，真正做到货比三家，实施阳光采购。项目部钢材最终采购价比同期市场价低 120 ~ 150 元/吨，仅钢材一项就节约采购成本约 21 万元。同时，项目部的物资部在采购钢材时一改以“吨”为单位的常规做法，与工程部一起认真复核设计图纸，精打细算，结合工程进度计划，把采购数量精确到“根”，不但有效杜绝了浪费，还避免了大量的材料库存占用项目资金现象。

通过现场论证，在钢筋损耗定量上，确定基础、承台损耗率为 0.5%，墩身损耗率为 1%，上部结构损耗率为 2%。钢筋下料时技术人员与施工人员一起认真研究，按照设计图纸，制定最节约的下料方案，采用正反螺纹连接，既保证了质量又杜绝了浪费。施工完毕后，综合损耗率控制在 0.8% 以内。

该项目砼业主要求采用商品砼，经调查只有一家的商品砼厂家运距较小，质量符合要求，在这种情况下，项目先由物资部出面询价，谈判，再由项目领导出面谈判，最终确定的采购价格比报价低 6%，节约成本约 26 万元。

根据项目工期和施工组织的具体要求，项目部大部分机械设备采用了经

营租赁的方式，租赁单价都在该公司指导价基础上下浮8%左右，均低于苏州市场平均价格。租赁合同先经项目部责任成本控制小组进行评审，并上报该公司设备部、法律事务部进行评审通过。所有租赁设备统一由项目部调度，对每台机械专人专责指挥，考核出勤，物资部统一供油料，现场加油登记签字，按周根据施工完成量考核设备耗油量，杜绝了各种管理漏洞。通过全面控制，既保证了设备利用率又提高了工作效率。

6. 加强计量管理控制，是项目资金流的有力保障。每个月的25号是对业主计量的基准日，由于合同中约定资金支付比例为计量款的70%，为满足施工需求，避免出现资金紧张的状况，项目部主动与监理和业主沟通、协调，适当地超计工程量或措施费。同时，项目严格执行对下计量程序，要求各施工队每月25日上报本月完成工程任务量，由项目责任成本控制小组现场确认其实际完成合格工程量，同时对现场材料进行盘点，作为责任成本核算及奖惩的依据。对上计量积极进行稳妥沟通、适当超计，对下层层把关、据实计量、以计量量差弥补了工程款拨付的资金缺口，为保障项目施工生产提供了充足的资金储备。

对于已履行完合同的分包单位结算时，由项目部的计划部门牵头汇同工程部、安质部、物资部、设备部等对工程量、工程质量、材料设备使用情况等进行重新复核，保证结算时有理有据，合法合规，有效地避免了由于管理漏洞造成的效益流失和不必要的经济纠纷。

7. 责任成本分析会制度常抓不懈。项目部严格执行该公司的责任成本分析会制度，每月末由各责任部门将数据汇总到计划部，按照该公司的要求上报责任成本核算报表，根据报表反映数据，由项目经理组织责任成本控制小组召开成本分析专题会，针对实际计量工程量、实际耗用材料、间接费、机械使用情况与责任量之间的差异，进行成本节超分析，各部门必须对责任范围内发生的节超较大成本费用在会议上提出来，并分析原因、提出整改意见，以便下月改进。同时，将成本分析结果反馈到该公司的责任成本督导组，由督导组动态监测项目的责任成本控制情况和效果，全面系统掌握了项目施工生产活动现状，为进一步挖掘潜力、提升项目创效水平起到了积极作用。

根据成本分析会反映的各项指标节超情况，项目部按月对各责任部门进行考核兑现，节约的进行奖励，超耗的进行处罚。通过成本分析会的有效开展和奖惩兑现，进一步提高了责任成本管理的全员参与热情，不断提高了项目管理水平，使项目成本一直处于可控状态，有力的保证了责任预算指标的实现。

8. 理顺对上关系，为项目创效营造良好的外部环境。苏州建筑市场相对全国来说是一个比较成熟、规范的市场，多年来在苏州市场的滚动发展，对业主、监理单位的管理方式和各种核算模式都比较了解和适应。例如：进度款每月支付比例为70%，变更签证价款支付比例为50%，变更签证套用现行计价表定额计算综合单价的要做相应下浮，下浮率为10.65%，获得市优、省优和国优奖励分别为结算价的0.5%、1%和2%，工期每延误一天罚款20000元等等。项目部各项工作的开展都有非常的针对性，要求所有管理人员必须熟读安全、质量、进度、计量支付等合同条款，只有摸透了这些合同条款，工作才能更加有的放矢，收放自如。在施工过程中，对于监理提出的任何整改措施项目人员都虚心接受，及时改正，对于业主下达的指令，更是迅速反应，绝不拖延。监理、业主多次在内部例会和上级领导工作汇报会上表扬友新匝道项目部，肯定友新匝道的工作成效，这为项目部的日常计量工作和“二次经营”创效都打下了良好的外部基础。

（三）集思广益，开拓思路，强化“二次经营”创效

变更索赔工作涉及的内容是方方面面，它贯穿了友新匝道工程建设的全过程，对项目的创效、达标起着至关重要的作用。苏州友新匝道工程作为市政工程，施工区域内建筑物、构筑物密集，各种电缆通道、通信管道等埋于地下，地下管线很多，虽然给施工带来很多不便，但也为项目的变更索赔创造了条件。工程一上场，该公司的责任成本督导组就配合项目制定了有针对性的“二次经营”筹划，在施工过程中，不放过任何一个可以做变更签证的角落，工程技术人员每遇到变更内容第一时间联系监理、业主、审计单位，准备好所需数据和影像资料，并及时到苏州建设局各部门做好变更备案工作，做到工作不被动。目前，该项目已上报监理、业主、审计、设计单位并批复的变更项目有四项，分别是：①公交首末站改造28.63万元；②养护处处理工程40.24万元；③下匝道高压线转移工程20.26万元；④道路平侧石材料变更44.83万元。此外，还有二十多个较小的变更正在报审签证当中，考虑相关内容的成本费用支出，这些变更累计创效应在100万元以上。在该项目上的“二次经营”筹划中主要在以下几个方面得以体现：

1. 勘察设计和事前交底中未提出的。比如在桩基施工过程中，X4号桩基位于吴中西路路幅中间，正好穿越路面下的排水管道，而在项目开工前和X4桩基施工前的相关部门交底会议中并没有提出，造成施工时临时对管道进行处理，因此而耗费的人工，机械台班的闲置都成为项目索赔签证的内容。

2. 设计图纸与实地不符的。如路基施工中，多次出现的暗塘处理和混凝

土老路破除，又如设计中对原土的利用与现场实际不同，这些也是项目索赔签证的内容所在。

3. 设计图纸中未确定具体量，要求施工过程中实地确定的。比如匝道桥桩基承台施工中需对驳岸进行拆除，完工后进行恢复，设计图纸中就说明了驳岸拆除和恢复的量需根据现场施工需要进行确定，进行现场签证。

综上所述，工程项目责任成本管理是一项系统工程，在执行过程中纵向需要集团公司、所属单位以及所属项目部通力合作，目标一致。横向需要项目部各部室之间密切配合、团结协作，将责任成本管理各项工作的具体要求落实到施工生产的每一个环节，努力降低工程的各项成本费用支出，一定能为企业带来良好的经济效益和社会效益。无论是哪个项目，只要所有参建人员始终本着“精细化管理、全面过程控制”的成本管控理念，全身心地投入到责任成本管理的各个环节，靠制度出成绩，向管理要效益，伴随着每个项目在全国各地的不断发展壮大，我们中铁十八局的整个企业明天会更好。

追求卓越品质打造一流施工企业

天津住宅集团总承包公司

天津住宅集团建设工程总承包有限公司（以下简称天津住总）是天津城建系统经济规模、社会影响、综合实力最大的国有综合建筑施工企业，也是天津住宅集团住宅产业化四大产业板块中建筑施工板块的龙头企业，具有国家房屋建筑总承包一级资质和多项专业承包资质，经营范围包括建筑工程施工、钢结构、地基基础、机电设备安装、园林、古建筑、室内外装饰、装饰材料生产、销售。承建了津湾广场、海河天安大厦、和平路金街、食品街、鼓楼商业街等大型商业街区改造工程等全市重大形象工程；天津工业大学、天津交通学院、55 中、南市模范小学等多项教育资源重组建设项目；大港客运枢纽、停车修保中心、公交运调指挥中心等本市现代化交通体系建设项目；公安特警指挥中心、滨海公安局、检察院等政法系统重点工程建设；整修过大道街区、利顺德酒店等一大批历史风貌建筑。

天津住总以追求卓越，锐意进取的精神在经营管理、企业发展、用户服务、工程分包控制以及履行社会责任等方面取得了不凡的业绩。

一、重视诚信体系建设，打造品牌企业

市场经济的实质是信用经济，良好的诚信体系是建立和规范市场经济秩序的重要保证，是促进经济持续健康发展的先决条件，是培养和谐社会文明道德风尚的重要一环，也是社会不断进步的重要标志。众所周知，个别建筑企业为了追求经济利益最大化，不讲诚信，盲目压缩建筑成本，这就不可能选择性价比最好的施工材料，不可能选择最好的技术工人，从而难以保证项目的质量，给国家和人民造成了损失，教训深刻。

天津住总从创建起就高度重视诚信体系建设，根据国家有关建筑施工诚信企业的标准，按照打造“品牌企业”的发展战略，贯彻服务社会、合理赢利的原则，切实履行自身的责任和义务，确保质量、工期、现场管理三个一流和安全无事故，以在施的重点工程和民心工程为切入点，通过与社会各界建立良好的合作关系，按期提供优质精品工程、样板工程、社会诚信工程，实现工程项目的持续开拓和滚动发展，提高经济运行的质量与核心竞争力，

提升企业的社会知名度和信誉度。

二、培育高素质管理团队，提高专业水平

高素质的管理团队是企业取得优异成绩的前提保障。天津住总以800多人的规模，完成一般2000人规模的建筑企业完成的工作任务量，靠的就是一支业务能力强、技术水平高、工艺精湛、经验丰富、特别能吃苦、特别能战斗的管理团队。

我们根据人才强企的战略目标，加强对管理人员的培训，引导管理人员树立终身学习的理念，大力培养和选拔掌握新知识、新技术、新本领的综合型、复合型人才，要求管理人员以“超越自我，挑战每一天”的精神，面对工作中遇到的困难和挑战，用创新的思路和方法解决工程中的问题，让建设方满意；不管什么急难险重、高大难深的工程，都要按合同要求保质保量按工期要求完成。我们提出的口号是：为社会服务责无旁贷，绝不向社会交出一平米不合格产品。

三、严格合同签订和履约，践行依法经营

合同是企业生产经营的法律，能否严格遵守合同、按合同办事是衡量企业信誉度和公信力的标尺。天津住总高度重视合同管理工作，针对目前建筑业市场鱼龙混杂的情况，主要选择承揽政府重点工程、重大财政项目、为百姓排忧解难的民心工程、政府承诺的社会保障房项目、大中学校示范校园建设，同时积极参与天津滨海新区以及天津生态城合作开发建设，并与社会上知名度高、信誉好的房地产开发企业和大型工矿企业开展合作，避免承揽社会公信力差、信誉度低的企业项目，以此减少企业风险。

坚持合同会签制度，通过编制人互审、部门领导审核后再报主管领导审批的三级审核，确保合同文本约定明确，条款齐全；成立领导小组，严格细致审核分包工程合同造价、承包范围、施工项目、工程款的支付、结算方式及合同价款调整的依据，防范价格欺诈，避免损失和纠纷。合同一旦签订，天津住总就不折不扣地严格按合同履约，加强项目核算、监督和控制，克服一切困难，保质保量按期完成施工任务。

四、优选施工队伍和材料，确保生产高效运行

坚持公开公平公正的原则，在与公司签订战略合作分包合格名录中，选

择劳务分包和专业分包；劳务分包和专业分包必须是有信誉、有资质、有能力、与我们有长期合作关系、熟悉我们的管理要求和程序、市场评价各方面均为优秀的强队，杜绝恶意低价中标、中途停工要求提价调价种种不良后果，最大限度地提高施工工艺和质量。

有效控制材料设备采购，按照天津住宅集团住宅产业化的要求，通过广泛筛选，建立合格材料设备分供名录，制定入门评审、定期考核的管理办法，与合格分供方保持长期战略合作关系，确保所采购的材料设备都是天津市和国家的名牌产品。参照预算造价，进行市场招投标，做到材料设备源头采购、规模采购、阳光采购，减少中间环节，在确保材料设备质量优质、满足施工要求的前提下，压低材料设备采购成本。

五、强化安全管理和质量保障，促进项目建设上水平

加强现场组织，采取方案在先、样板引路、科学安排、过程控制的方针，提前与建设方、设计方沟通，协调解决施工过程中存在或可能发生的问题。根据协调结果，按照合同要求组织施工，确保工程各方面进度得到有效控制。

提高安全管理水平，安全管理工作要求做到“六个到位”，即“高度重视，思想认识到位；加强管理，制度规范到位；明确目标，责任落实到位；严格把关，监督检查到位；舍得投入，资金落实到位；提高素质，教育培训到位”，施工现场安全达标率实现100%。施工现场实施“四化”管理，即“企业市场行为规范化；安全管理流程程序化；场容场貌秩序化；安全防护标准化”。我们的准则是：如果安全生产的标准超出预计的施工成本，宁可加大投入，也要保证安全不出一点纰漏。

狠抓质量保障，针对项目的关键技术，优化图纸方案设计，优化施工组织设计与专项施工方案，将规范、标准的执行贯穿到施工生产的每个环节、每个流程中，保证工程质量整体处于受控状态。同时，以工程创优为目标，加大科技创新投入力度，加强工艺和工程技术研发，重视引进技术的消化、吸收与改造，施工多采用新技术、新工艺，推行定型防护标准化，开发具有自主知识产权的专利和专有技术，提高施工技术的科技含量，带动项目整体质量上水平。实践证明，只有走“质量兴业”之路，才能有“品牌企业”立足于市场不败之实。

由于措施得力，天津住总一直保持无重大安全责任事故、所有项目文明施工达标、工程质量合格率100%的记录。南头窑4#地项目得到以国家住房

和城乡建设部郭允冲副部长为首的国务院安委会督导组充分肯定和高度评价。瑞翔家园、公交运调指挥中心两个项目代表天津市接受了国家建设部节能专项检查组的检查，也获得高度评价。

六、合理筹集资金，规范资金运行程序，满足正常财务收支需要

借助集团的优势，打通融资渠道，适度贷款，支持重点工程的建设，为承揽及完成生产任务提供了资金保障，有力地支持了公司各项工程的顺利进展，也为企业向社会提供优质服务创造了条件。

引入银行管理运行模式与财务风险防范机制，建立资金收支稽核制度，确保资金收支的合理与安全；发挥工程款的杠杆调节作用，平衡资金周转，有效应对开工面大、公建项目比例多、资金回收相对滞后、垫付资金压力大的问题，保证了重点工程和特殊项目的资金需求，保证了施工顺利运行。

七、稳步提高职工收入，落实农民工实名制管理办法，维护职工权益和生产经营秩序稳定

建立并完善员工工资集体协商制度和企业职工工资正常增长机制，结合天津知名施工企业的特点和公司的实际情况，在满足企业国有资产保值增值的前提下，不断改善和提高职工的工资待遇和福利水平，确保公司职工工资总额与公司发展同步增长，让员工充分享受企业改革发展的成果。

做好农民工劳务分包合同、全员劳动合同的签订工作，落实项目专职民管员制度，按期检查各项目农民工工资支付情况，确保农民工工资发放到位，没有发生一起因工资拖欠而发生的上访事件，生产经营秩序稳定。2010 年 2 月 10 日，国务院督导组到南头窑四号地项目现场考察督导农民工工资发放情况，对天津住总落实农民工实名制的做法给予了表扬。国务院副总理张德江看到汇报材料后做出批示，充分肯定了这一做法。《中国劳动保障报》记者到天津采访，发表通讯《让农民工生活更有尊严》，对天津住总的成功经验进行宣传。

八、承担国企社会责任，参与保障房建设任务

天津住总本着“为政府做劲，为百姓造福”的宗旨，积极承担国有企

业的社会责任，充分发挥国有骨干大型施工企业的优势，参与社会保障房的建设任务。“十一五”期间先后承接了包括双港新家园、大寺、舒畅园、舒畅欣园、民畅园等项目500万平方米的社会保障房施工任务；获得22项海河杯，占全市保障房获奖总数的30%，荣获12个市级文明工地荣誉称号，社会保障房施工面积在全市同行业中名列第一。2013年，公司承接了红旗农场、华城秋苑、滨海欣嘉园经济适用房、双青新家园公租房、朗庭园公租房、刘房子城中村改造、渤海天易园、宝坻河景园等400万平方米的社会保障房施工任务，成为天津市保障房建设的主力军和排头兵。公司结合“创先争优”活动、“五比一创”劳动竞赛和“安康杯”竞赛等活动，开展了“我为保障房做贡献”主题竞赛活动，把安全生产、文明施工、质量创优等考核目标，都纳入竞赛活动中，激发干部职工的积极性和创造力，争创工程质量、工期进度、文明施工、安全生产四个一流。一些预购了该公司承建的保障房的群众到现场参观后，连称“三个没想到”：一是没想到工程质量这么优，超过了周边的商品房；二是没想到内部施工这么细，房主只须简单装修就可入住；三是没想到房子的材料这么好，连墙里的每一根电线都是名牌产品。

由于公司坚持诚信至上、质量第一的经营方针，干事创业，奋力拼搏，取得了骄人的业绩。先后荣获全国优秀施工企业、全国工程建设质量管理优秀企业、2011年中国建筑业综合实力百强企业、中国建筑业竞争力百强企业、全国建筑业AAA级信用企业、全国建筑业先进企业等荣誉称号，我们承建的天津市国土交易大厦工程获得了国家建筑业的最高奖项“鲁班奖”；华厦津典项目荣获詹天佑大奖住宅小区优秀科技奖；津湾广场C标段、中科院天津生物技术研发基地项目荣获国优奖；梅江畅水园被评为全国AAA级安全文明标准化诚信工地；多项QC成果获得全国奖项；连续三年获海河杯总数名列天津市建筑企业前三名，2010年名列全市第一。总经理也以卓越出众的经营管理能力，荣获2010年度中国工程建设优秀高级职业经理人称号，2011年度中国建筑业十大杰出职业经理人称号，全国建筑业优秀企业家称号。

各级领导对天津住总在城市建设中做出的贡献给予了充分的肯定。天津市委书记、市长把天津住总承建的满江东道项目、朗庭园项目列为联系点，多次深入项目工地进行调研，检查指导工作；全国人大副委员长、国家消防总局局长等领导也到天津住总承建的项目视察，称赞工程建设质量达到很高水平；2012年12月2日，国务院副总理李克强到天津住总承建的朗庭园公租

房项目视察，高度评价天津住总的工作，殷切叮嘱天津住总要打出自己的品牌。

天津住宅集团总承包公司将进一步提升企业经营管理水平，更加自觉地履行企业的社会责任，结合诚信建设工作，不断提升运行水平，促进企业和谐、长远发展，一如既往地开拓创新，以一流的工程进度、一流的工程质量、一流的文明施工和一流的现场管理，打造精品工程，奉献社会，造福百姓。

加强项目过程管理　深化项目成本控制

天津城建集团有限公司工程总承包公司

工程项目管理是现代工程技术、管理理论和项目建设与实践相结合的产物，是现代企业制度的重要组成部分。项目管理是市场化的管理，市场是施工项目管理的环境和条件；企业是市场的主体，又是市场的基本经济细胞，施工企业只有把管理的基点放在项目管理上，通过加强项目过程管理，实现项目合同目标，进行项目成本控制，提高工程投资效益，才能达到最终提高企业综合经济效益的目的，求得全方位的社会信誉，从而获得更为广阔的企业自身生存、发展的空间。

企业必须对整个工程施工过程中所消耗的人力资源、物质资源和费用开支，统一进行指导、监督、调节和限制，及时纠正施工项目实施中发生的偏差，把各项生产费用控制在计划成本的范围之内，才能有效的对工程项目进行成本控制，保证成本目标的实现。在新形势新环境下，企业若想在激烈的市场竞争中谋求到生存、发展的机会，就必须在提高施工项目的成本控制水平上下功夫，从而达到降低项目成本，提高企业的经济效益的最终目标。

一、降低项目成本，提高经济效益的措施

提高项目经济效益的途径，应该是既开源又节流，或者说既增收又节支。只开源不节流，或者只节流不开源，都不可能达到提高经济效益的目的。降低项目成本，提高经济效益的措施归纳起来有三大方面：组织措施、技术措施、经济措施。

（一）组织措施

如何进行项目成本控制，怎样达到成本控制目标，这是一个系统的问题，不是一个人或一个部门能够解决的，它需要公司各部门及项目部人员精心组织、通力协作才能完成。首先，项目经理是项目成本管理的第一责任人，全面组织项目部的成本管理工作，项目经理应及时掌握和分析盈亏状况，并迅速采取有效措施；同时公司各部门，特别是与工程项目成本控制存在直接关系的工程、经营、物资、财务、技术等部门应该各尽其责，协同项目部完成好项目的成本控制目标，最终达到实现项目盈利的目的。

（二）技术措施

1. 施工方案是一项新建工程的建造基准和依据，先进的、经济合理的施工方案可以为工程项目实现缩短工期、提高质量、降低成本提供良好地技术基础，因此，正确选择施工方案是降低成本的关键所在。

2. 在施工过程中，企业应严把质量关，坚决杜绝任何因质量问题而出现的返工现象，节省费用开支；同时应努力寻求各种降低消耗，提高工效的新工艺、新技术、新材料等降低成本的技术措施，通过技术导向实现项目降低成本目标。

（三）经济措施

1. 人工费控制管理。改善劳动组织，减少窝工浪费；实行合理的奖惩制度；加强技术教育和培训工作；加强劳动纪律，压缩非生产用工和辅助用工，严格控制非生产人员比例，尽量选择多面手的生产人员，提高生产效率

2. 材料费控制管理。改进材料的采购、运输、收发、保管等方面的工作，减少各个环节的损耗，节约采购费用；合理堆置现场材料，避免和减少二次搬运；严格材料进场验收和限额领料制度；制订并贯彻节约材料的技术措施，合理使用材料，综合利用一切资源。实践证明，施工所用的原材料费用占整个项目成本中的比重最大，一般可达 60% ~70%，所以，材料成本的节约，也是降低项目成本的关键。在施工准备阶段按预算工程量及配合比先做出各种材料的用料计划，并把原材料的消耗率降到最低点。进料时选派可靠并富有经验的收料人进行把关，收料人不仅严把质量关，而且还严把进料数量关。为了降低材料价格，首先在进料前安排专人到有关料源场地调查了解行情，然后对料源价格、质量、道路进行综合分析对比，在保证质量的前提下，用价格最低、运距最短，道路及场地最好的定为用料的料源，以节约材料的成本。另外，为提高模板及零部件利用率，我们定时发动管理人员利用休息时间开展义务大回收活动，把工程所用的料物根据工程进展顺序分类搬运并摆放整齐，以提高料物的使用和周转率；不用的料物回收到指定地点，避免影响场地的整洁，这样为降低材料的成本起到积极的作用。

3. 机械费控制管理。正确选配和合理利用机械设备，搞好机械设备的保养修理，提高机械的完好率、利用率和使用效率，从而加快施工进度、增加产量、降低机械使用费。在施工中对工程所用的机械，我们采用了以下方法：一是机械进场根据工程施工的计划安排及施工项目的先后顺序，用时提前 3 天进场，最大限度地发挥机械效能，增加机械的运转率，减少机械的闲置，这样对施工场地也好安排。二是根据实际工程进展情况尽量减少机械的台数，

提高机械的利用率，以节约机械调迁费和使用费。三是对各种机械的操作人员在开工前进行短期的培训，使之更加熟练、规范的操作，防止降低机械的利用率。同时在施工准备阶段要求各种施工机械的操作人员维修并保养好机械，易损件提前备好，施工中能始终保持机械的完好状态，最大限度地发挥机械的效能。

4. 加强质量管理，控制质量成本。质量成本主要包括控制成本和故障成本。控制成本属于质量保证费用，与质量水平成正比关系；故障成本属于损失性费用，与质量水平成反比关系，是工程质量无缺陷时就会消失的成本，因此企业应将如何降低故障成本作为控制质量成本的首要问题加以关注和重视，故障成本的合理控制，不但可以降低企业的质量成本，同时工程质量水平的提升更能树立良好的企业形象，为企业的长远发展奠定基础。

5. 组织连续、均衡有节奏的施工，合理使用资源，降低工期成本。在合理工期下，项目成本支出较低。工期比合理工期提前或拖后都意味着工程成本的提高。因此，在安排工期时，要注意处理工期与成本的辩证统一关系，均衡有节奏地进行施工，以求在合理使用资源的前提下，保证工期，降低成本。

6. 间接费及其它直接费控制。主要是精减管理机构，合理确定管理幅度与管理层次，节约施工管理费等等。

项目成本控制的组织措施、技术措施、经济措施，三者是融为一体、相互作用的。项目经理部是项目成本控制中心，要以投标报价为依据，制定项目成本控制目标，各部门和各班组通力合作，形成以市场投标报价为基础的施工方案经济优化、物资采购经济优化、劳动力配备经济优化的项目成本控制体系。

二、实现项目成本控制的有效做法：

（一）建立成本管理流程

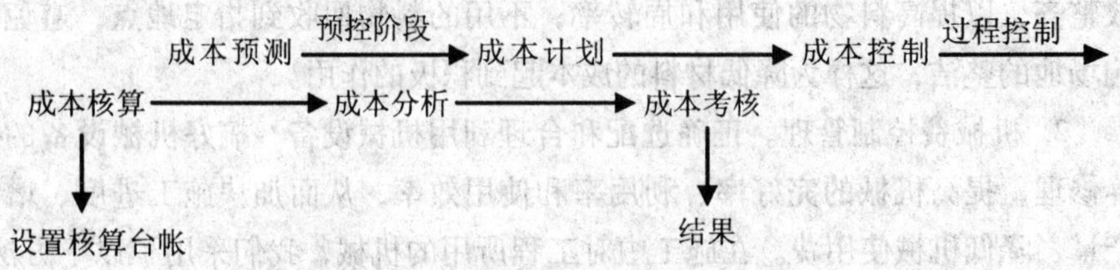

（二）确定责任人，制定和实施奖惩办法

为了更好的实现工程项目成本的控制目标，实现项目最终创效，项目经

理作为项目成本管理的第一责任人，在工程项目开工伊始必须与公司签订项目承包责任书，在责任书中，对工程项目的成本、成本降低率、质量、工期、安全、文明施工等指标进行了翔实约定。通过合同的签订，确保项目部和公司责、权、利分明，双方按合同中的责任，自觉地履行各自的职责，以保证项目施工顺利完成。

（三）项目成本控制与核算

从领导到员工、从部门到项目、从工程总造价到逐个部位的单价，都经过认真的核算，每项工程都能做到：一是决策者先算后干，二是项目上边算边干，把整个工程项目，按部位、工序进行分解，合理精确的安排各施工成本节点，充分利用材料、设备提高工作效率，降低沉淀成本，逐个单项测算出所需的费用和应得的利润，做到不乱花一分钱，不少赚一分利；三是加强合同管理意识，充分理解合同内容，将合同内合理的收入都拿到，对施工过程中的增量工程和不可预见的工程项目，通过正常渠道，合理变更、可靠洽商做到边干边算，每个施工现场的管理人员都能做到对施工过程中发生的增量工程和不可预见的工程量算一项干一项，干一项记一项，做到计量准确申报及时、结算有据，把项外工程消化在计量过程中，避免了将变更、洽商、增量等都累积到竣工后，该拿到的收入也被砍掉的风险。强化实行“工序成本核算”和项目经济责任管理承包制，使项目施工在人、机、材上得到合理的使用，进行有效控制，提高效能，增加了效益。加强以抓好项目核算为中心，通过分解单价，分项考核，责权到人，严肃奖惩，采取按部位与定期相结合的方式，由主管经理带队到项目部进行成本核算，进一步提高各个项目优化生产要素配置，完成工程成本计划的主动性、积极性和工作质量，使分公司和各项目经济管理水平进一步提高。

（四）项目成本分析和考核

项目成本管理是一个系统工程，而成本考核是系统的最后一个环节，如果不抓紧成本考核工作，或不按正常的工作要求进行考核，前面对成本预测、成本控制、成本核算、成本分析都将得不到及时正确的评价，因此我们抓好两个层次，即分公司对项目经理，项目经理对班组的考核，实现项目成本目标的层层保证体系，使项目管理向更好、更强的目标前进。

对于施工企业来讲，企业的生存和发展需要工程项目作为依托，工程项目建设是否创效直接关乎企业未来的发展和规划，而项目成本控制情况则直接影响工程的利润指标，因此，项目成本控制是企业健康、平稳、持续发展的关键因素，只有做好项目成本控制这门功课，企业才能更加稳步前行、有序发展。

树立“大监管”理念 提升监管效益

天津市建设工程招标监督管理站 韩明华

招标法实施十三年来，工程招投标活动取得了瞩目的成绩，以上位法为总依据，各地招投标监管工作创造了许多宝贵经验。但是从历史走来的工程招投标，也还存在着一些问题，特别是存在虚假招标的问题。总观各地的经验，大都是程序监管方面的经验；存在的虚假招标问题，则是市场存在的问题。这里，程序监管的结果与市场活动的结果不能完全重叠，监管与结果不是一因一果的关系。因此，就出现了监管成果与群众感觉不一样、监管的成绩群众往往不买账的情况。监管工作有声有色，但监管的总体效益不高。为了解决这个问题，天津市近几年来，积极树立“大监管”的理念，针对提升监管效益的问题，作了一些有益的探索和尝试。

一、坚持“大监管”理念，要积极进行综合性监管

综合性监管，就是要运用行政、纪检监察、审计、市场管理、群众监督、社会大环境营造等多种手段，从硬件、软件建设、投资方、建设方、中介机构以及建设过程各方面所进行的综合性监督管理。招投标监管部门通过协调工作，取得上级领导支持，调动各方面力量，营造一种全面治理的状态。从天津十几年的经验看，全面抓，综合管，是一条很有用的经验。

（一）着力于交易市场的规范建设

从1990年开始就下力气，连年系统地全面建设，建成了“大市场、多功能、全方位、深层次”特色的，“公平公开公正”统一的、阳光的有型交易市场。有两个平台：公开招标平台、邀请招标服务平台。实现三个分离：开标与评标、专家评委与甲方评委、评委与本系统的工程招标活动分离。

（二）建立多方监管机制

市纪委监察局进驻市场，建立了投诉举报系统，社会监督员监督系统、资深专家抽查制度、项目审计制度等，加之封闭的先进的技术监督硬件，形成了较为完善的综合监管模式。

（三）完善法规制度

招标法实施以来，天津市相继出台了《天津市建筑市场管理条例》、《天

津市建设工程施工招标投标监督管理规定》等十几部法律规定。在招投标监管上，推出了“招标五公开制度、资格审查制度、评标和评标专家管理制度、投诉举报受理制度、现场踏勘制度、合同管理制度”六项严格招投标监督管理制度，以及市和区县“统一在市信息网发布公告、统一在有形市场投标报名、统一备案审查标准、统一程序和评标标准、统一在市库抽取专家、统一在市信息网发布公告”等“六统一”制度。法规制度的完善，促进了规范化监管。

（四）加强技术监管

从2008年开始，建成了网络化、数字化、信息化的网上有形建筑市场，即“天津市建筑市场监管信息平台”。从发布公告、投标报名、招标文件到中标结果备案全部实行网络动态监管，实现了建设行政主管部门、纪检监察部门对建设项目的“一控四监督”，即：建筑市场动态网络平台监控，对建设工程交易监督、对企业信用信息监督、对企业及从业人员监督、对企业动态信息监督。

（五）加强市场在建工程检查

由招投标、市场监察、定额造价等建设管理部门、纪检监察部门和审计部门组成联合检查组，对在建工程招投标、安全质量管理、合同履约、财务制度等不定期进行检查，依法对违规行为进行处理和曝光。同时，按属地管理建起市场监察责任体系，实现了所有项目受控管理状态。

（六）寓管理和教育于服务之中，大力开展重点工程前期服务，大力搞好培训

抽调业务骨干成立“重点工程前期服务组”，对全市计划内重大项目早介入、早计划、早协调。在服务中搞好相关法律法规的宣传教育；了解项目计划；帮助梳理和预审招标前期要件；帮助作好招标计划；最终确定招标时间。每年坚持按投资方、施工企业、中介服务和合同管理分门别类进行法律业务培训，大力开展诚信教育，引导依法合规经营的理念，营造“三公”氛围。通过多年来基层服务和法纪、诚信教育的开展，收到了多重效果。

（七）与纪检监察部门建立经常性的联系制度

天津市建交委与天津市纪检监察局共同订立了联席会议制度、联合检查制度、查处案件和移送制度等三项制度。近年来，还制定了《关于开展对工程建设招标投标执法活动监督检查的实施方案》，依照方案按各自职能从不同角度加强对建筑市场招标活动的监督管理。

二、坚持“大监管”理念，要突出短板治理

“铁路警察，各管一段”，场内监管的主要形式是程序监管。近几年在探索改革场内监管时，一个重要问题是在场内如何近可能多的解决“虚假招标”等久治不愈的问题，提高效益。把场内监管做到极致，形成场内监管与场外监管的联动，实现综合治理，才能落实“大监管”理念。

（一）在备案和开、评标监管中，突出了对规避招标、虚假招标的治理，发布和落实了五项新制度规范

1. 《建设工程资信标评审补充规定》，用以防止招标单位因人设定加分条件，操纵招标。

2. 《建设工程投标资格审查补充规定》，主要解决招标人利用资格预审环节，排斥潜在投标人问题。

3. 《建设工程评标管理补充规定》，取消标底，设立控标线，防止人为泄露标底。

4. 《建设工程招标投标规范》，对招标人、投标人和监督人在从事招投标活动中的行为规范作出具体规定。

5. 《招标投标违法违规曝光办法》，设立曝光台，对在招投标中有违法违规的招标人、投标人、评标专家和代理公司进行曝光，加大打击威慑力度。

（二）在评标管理中，采取了一系列举措

1. 坚持工程量清单招标，推行无标底合理低价中标、复合标底等评标办法。淡化招标人标底作用，杜绝泄露标底的发生，减少了人为因素影响。

2. 计算机辅助评标，用计算机对数据分析、比较。有效防止了过高或恶意压低报价的行为。

3. 通过计算机随机抽取专家。控制同一评标专家出场频率。

4. 专家评委与业主评委实行分离封闭评标。建立两步评标程序，使评标全过程在有效监管下进行，防止评标泄露和受到干扰。

5. 对于重大项目技术标实行暗标。防止优标低评、劣标高评的现象发生。

（三）采取复合监督的形式

1. 实行资深专家对重点工程项目评标结果不定期抽查的制度。组建资深专家组，随时可以对重点工程项目和有争议的评标结果进行复核、复查，发现问题认真处理。

2. 聘请人大、政协、有影响的公众人物作为监管代表，组织列席开评标活动，及时征求他们对招投标监管工作的意见建议，倾听社会对城市建设和管理的呼声。

三、坚持“大监管”理念，要注重基础建设

基础建设是“内功”，是过硬的自身素质。实际中我们都有体会，千百条“要我做好”的管束，不如一条“我要做好”的愿望。为什么在一些欧美国家和我国历史上的“晋商”“徽商”做得那么好，一个重要的原因，就是内在的“优秀”使然。抓好基础建设，是实现“大监管”一个极其重要方面。

（一）大力抓好诚信建设

建设以诚信为立身发展之本的市场自律机制，营造“诚信受誉、失信受损”的环境，是最重要的基础建设。古人言，“无信不立”，“人而无信，不知其可”，是说诚实守信在成就事业中的极端重要性。当前各地都认识到了诚信建设的重要性，都在进行诚信建设，但诚信建设是一个系统工程，非有大手笔不可。当前特别需要在信用信息归集、信用归类标准、全国信用信息通用网络等方面进行统一。打破行业地区垄断，打破“报喜不报忧”潜规则，使诚信建设上升到全国层面。

（二）大力抓好队伍建设

队伍建设是综合基础建设的重要一环。一个地区工程建设上总出问题，不用说，他的队伍是有问题的，他的工作大部分忙于“补漏”，落实不好法规制度。队伍建设首先是执法队伍自身建设，要在以廉政建设为主要内容的政治建设；以进取创新为主要方向的作风建设；以精熟深透为主要标准的业务建设上狠下功夫，培训老中青骨干力量。对地区内大的投资单位、大的施工企业的工程管理人员、评标专家、中介代理从业者进行培训也是重要的一环。

（三）积极搞好风险防控、治理商业贿赂、工程建设突出问题专项治理等教育整顿活动

近年来开展的治理商业贿赂和工程建设突出问题专项治理活动，是对腐败乱象的反击，是对大家的教育，意义很大。2011 年 2 月起，天津市开展了“工程建设廉政风险防控”工作，它以工程项目建设流程为主线，把权力运行程序公开透明作为重点，对可能产生的廉政风险点进行梳理排查，对每个风险点提出防控措施到单位到人。从工程立项到竣工验收，大体确定了 93 个环节，212 个风险点。其中高级风险点占 53 个，分布在投资方、建设方、管理方各方面。市建设交通委积极配合，认真做好评估落实等工作。工程廉政风险防控针对权力运行，组织起了党委、纪委、审计、财务、重要岗位的力量分关把口，齐抓共管，同时协调城市建设管理行政部门，把力量使到一处，形成了“大监管”的纵深背景，有深度有力度。

作者简介：

韩明华，男，汉族，1955年9月出生，中共党员，本科学历，高级工程师。现任天津市建设工程招标监督管理站站长兼天津市建设工程合同管理站站长。

自1975年参加工作起，历任天津市建委监察站副站长，建委质量安全总队副总队长。2011年2月至今，任天津市建设工程招标监督管理站站长兼天津市建设工程合同管理站站长。

“六项措施”抓好安全生产

内蒙古自治区准格尔旗住房和城乡建设局　马广清

准格尔旗住建局在区政府的领导下，在市委、市政府的指导和旗相关部门的支持配合下，坚持“安全第一，预防为主，综合治理”的方针，继续深入开展“安全生产年”活动，全面加强安全生产工作，狠抓责任制落实，针对建设系统安全生产工作的重点和薄弱环节，采取各种措施，切实加强安全事故防范工作，促进安全生产平稳发展。

一、强化责任落实

进一步加强对安全生产的组织领导，及时分解落实安全生产指标，签订责任状，强化项目建设单位、施工单位、监理单位的安全主体责任，将责任明确到岗、落实到人，做到一级抓一级，一级对一级负责，形成逐级抓落实、全员保安全的工作态势，确保职责明确、责任细化，达到安全压力逐级传递，实现责任全覆盖。

二、强化示范带动

以重点项目和房地产开发项目为重点，全面推进安全质量标准化工作。严格按照安全质量标准化要求，继续实施“示范工地”工程，不定期召开由建设单位、施工企业、监理企业参加的标准化工地现场会。通过典型示范，逐步扩大标准化范围，促进建筑施工安全质量标准化工作水平整体提升。

三、强化检查监管

加强日常监管和定期检查，检查的着眼点放在排查事故隐患上，对查出的问题和隐患要限期整改，跟踪落实到位，切实做到自查与抽查相结合，检查与整改相结合，检查与追究责任相结合，发现一处，整改一处，落实一处，坚决把安全事故隐患消除在萌芽状态。

四、强化制度建设

进一步建立健全节假日和重要时期安全生产预警制度、安全生产信用监督制度和应急救援制度等建筑安全生产管理制度。认真落实有关安全生产管理的各项规章制度，使建筑施工的每一个环节、每一道工序都有章可循、有章必遵、遵章必严，真正形成企业安全生产自我约束的体制和机制。

五、强化教育培训

不断加大建筑施工安全教育培训的投入力度，切实加强全体从业人员尤其是一线施工人员基本安全知识培训。重点做好对“三类人员”（建筑施工企业主要负责人、建筑施工企业项目负责人、建筑施工企业专职安全生产管理人员）及塔吊司机、电工、焊工、架子工等特种作业人员的培训教育，不断提高从业人员的安全意识和操作技能，减少因缺乏安全知识造成的安全事故。

六、强化舆论宣传

根据各级安全生产工作会议精神，充分利用电视台、广场大屏幕、报纸等媒体，采取讲座、现场咨询、发放宣传材料等多种方式和手段，广泛、深入的宣传《安全生产法》、《建设工程安全生产管理条例》以及安全生产防护、急救知识，营造安全生产舆论氛围，增强从业人员安全生产意识，积极培育、树立安全生产典型和样板工地，引导带动建筑行业安全生产整体水平的提高。

突出重点　加快建设
努力创建“三优”城市

黑龙江省依兰县住房和城乡建设局　姜　莹

2012 年，在各级领导、各界人士的关怀帮助下，依兰县住建局围绕城市五大精品工程建设，各项工作均取得了实质性进展，尤以城市规划、道路建设、绿化亮化、泥草房改造方面推进较快。

一、城市建设各项工作具体情况

（一）城市规划

为了加强全县城乡规划的统筹管理，合理安置城乡空间资源，2012 年 4 月成立了依兰县城乡规划委员会。并先后完成了《依兰县城市总体规划》等 9 项规划，有力推进了城乡一体化进程。

1. 已完成《依兰县城市总体规划》修编后期工作，已呈报省规划委员会，待专家评审。

2. 按照省住建厅文件要求，编制完成《依兰县城镇村居民点空间布局规划》，于 6 月中旬通过省厅专家组评审，现已上报省厅村镇处备案。

3. 已完成依兰镇收储土地项目计划布局规划的编制工作，为土地收储报批提供了详实的数据。

4. 已完成招商引资项目修建性详细规划 3 项，其中：哈尔滨市呼兰水泥依兰有限公司年产 60 万吨水泥粉磨站项目，哈尔滨龙鹏 180 万吨商砼项目，龙鹏物流基地项目。

5. 已完成农机市场、建材市场及大型机动车场的选址及初步规划方案设计。

6. 规划完成镇内主干道两侧小型停车场 13 处，设置停车位 360 个。

7. 完成城南出城口周边整体改造项目规划初步方案设计。

8. 初步完成粮食加工园区规划布局方案设计。

9. 已完成依兰镇污水治理工程专项建设规划（2011 ~ 2015），并报省住建厅评审。

10. 委托黑龙江省规划勘测设计院编制“牡丹江水源西调达连河引水工程”可研及施工方案设计，目前尚在设计中。

（二）道路建设

历经几年建设，目前城镇共有砼路面和沥青路面道路230条（段）127万平方米，人均12.7平方米，红砖路265条12.5万平方米。沙石路30条路（纺织厂厂区附近）5万平方米，共计525条段，全长187公里。城镇“四纵五横二环”道路框架已经完成。2012年城镇道路建设情况如下：新建、改建道路8条10726米（不含三姓路南段）。

1. 五国城路南段道路新建工程，全长1400米，宽22米，双向6车道，沥青砼道路面，工程造价1923万元。目前，丁字坝以北880米道路已完工，坝南路段待明年拆迁后实施。

2. 通江路南段道路改造工程，全长530米，宽31米，双向8车道，沥青砼罩面。工程造价400万元，现已完工。

3. 东顺城路道路改造工程，全长1600米，宽15米，双向4车道，沥青砼罩面，铺设Φ800排水管线350延长米，工程造价900万元，现已完工。

以上三条新建、改建道路存在的困难或问题有两点：一是五国城路南段，丁字坝以南520米由于拆迁未完成，不具备施工条件；丁字坝以北至新荣冷库拆迁也未完成，所以局部没有施工，这是整个五国城路南段不能如期完工的主要原因。二是道路新建和改造工程总造价为3223万元，前期工程预付款500万，尚欠工程款2723万元未拨付到位。

4. 越里吉路东段建设工程（2011年结转项目），通江路至三姓路，全长836米，宽18米，双向4车道，沥青砼路面，铺设Φ800排水管线836延长米，工程造价1603万元，现已完工。

5. 三姓路南段道路及排水建设项目，中央大街至学府路，全长1200米，宽35米，双向8车道，沥青砼路面，铺设Φ1000排水管线1200延长米。待征地、拆迁。

6. 越里吉路西段（北侧）建设项目，通江路至五国城路，全长810米，宽8米，双向2车道，砼路面，铺设Φ600排水管线810延长米，工程造价510万元。目前，给排水工程完成610米，11月中旬完成路基土方工程，其余200米待拆迁完成后施工。

7. 古迹路改造项目，慈云寺至越里吉路，全长350米，路宽从原来7米扩建至10.5米，砼路面，铺设Φ600排水管线350延长米，工程造价120万元。目前，给排水工作已完成，路基土方工程计划11月中旬完成。

8. 高级中学周边道路改造项目，学府路西段与坝东路三角地，改造成直径30米的转盘道，道路建设120米，现已完工。

9. 倭肯河堤坝路改造项目，全长5280米，宽6米，工程造价395万元，现已完工。

10. 人行步道板、路缘石改造升级项目，完成中医院对过、双城巷西段（海的梦门前）、向阳巷西段（先歌歌厅南北）、健康街中段两侧、通乡路、东顺城路北段西侧等处步道板铺设11600平方米，工程造价116万元。修补破损路面1500平方米、大理石步道板700平方米，修补扶正路缘石1500延米、树池140个（池围长5米），工程造价82万元。

11. 小型停车场建设项目，为缓解主次干道停车难的问题，在通江路、通河街、中央大街上，利用人行道改建、新建小型停车场共13处1.6万平方米，设置停车位360个，工程造价180万元。目前所有新建、改建停车场均已完工。

（三）棚户区改造

2012年棚户区改造项目规划3个26.5万平方米，2011年结转4个16.9万平方米，共计7个43.4万平方米。

（四）绿化、亮化

1. 绿化工程情况。目前，我县城市规划区域内园林绿地面积为303公顷，绿化覆盖率为23.3%，是“省级绿化文明先进县”。全年绿化面积2.9万平方米，栽植乔灌木2.5万株（丛），大树进城380棵，草花33万株，五色草20万株，草坪1万平方米，工程造价130万元。

目前，存在的主要困难是大量机械费、材料、人工、油耗费等无钱支付，县政府已拨付60万元，尚欠70万元。

2. 亮化工程情况。目前，城区内共有路灯3042基杆21162盏，其中：单臂路灯1202基杆，双臂路灯736基杆，景观灯1022组，高杆灯13基杆，地埋灯69组，路灯接线井410个，控制路灯变压器12个，楼体亮化116处。年用电总容量1977400KW，电费支出270万左右。

2012年，安装路灯236基杆，工程造价293万元。其中：三姓路欧式六火组合路灯118基杆，中央大街中段景观灯56基杆，高级中学46基杆，倭肯河大桥16基杆。

全年维修路灯、景观灯1555基杆，工程造价50余万元。其中：更换灯泡3700支，镇流器580个，触发器390个，路灯输电线路2200余米；维修接线井60处，电缆断点45处，变压器10处，控制台区46处，楼体亮化

110处。

为节能降耗，我们对照明时间做出了进一步调整，每15天调节一次台区，双侧路灯照明自22点调整为单侧路灯照明，熄灯延长1小时，比如通江路全路段、建设路西段、五国城路全路段、健康路西段等，此举年节省电费30余万元。

（五）重点工程

1. 南大坑改造建设项目，该工程规划总占地6.3万平方米，其中：广场占地8000平方米，建设占地5.5万平方米。建筑面积约9.8万平方米，其中4栋回迁楼为2.1万平方米。目前，已完成规划初步方案，下步由规划设计院继续完善，房屋征收工作已经开始。

2. 城市中心花园广场项目，该工程位于通江路中段西侧、健康街西段南侧（原养路段），规划占地4.4万平方米，其中广场占地4000平方米。结合养路段西侧棚户区改造，规划建设大型综合商场4万平方米，商住楼9万平方米。目前已完成规划初步方案，进入房屋征收阶段。

3. 夹信子仿古一条街建设项目，该工程是依兰镇历史文化名城保护规划中的重点“保护街区”。夹信子步行街长700米、宽10米。本着修旧如旧、开发与保护相结合的原则，对夹信子步行街进行改造。目前已完成规划初步方案，进入房屋征收阶段。

4. 清真寺广场建设项目，该工程于2009年6月开工建设，占地11000平方米，工程造价600万元。截至目前，已完成景观设计、施工图纸设计和70%工程量，清真寺西、南两侧房屋征收工作仍在进行。

5. 城南出城口周边整体改造项目。

建设范围：该项目规划为两个地块。地块一：东起菜地，西至县标广场，南起高速哈同公路依兰管理所，北至牡丹江路（环城南路）围合区域，占地2.7万平方米。地块二：东起哈同公路引道，西至通坝路，南起菜地，北至牡丹江路围合区域，占地7.6万平方米。

建设规模：以上两地块为商住混合用地，容积率1.7，为低、高层及多层建筑，临县标广场为低层，小区内部为多层、高层。

整体规划设计以沿县标广场天际线错落起伏为重点，注重城市轮廓，小区建成后将成为依兰的标志性工程。目前，已完成该项目的改造规划初步方案，准备实施房屋征收。

6. 农机大市场项目，位于航空路西侧，学府路路北，占地1.1万平方米，规划建设商服楼约4000平方米，硬化面积约5000平方米，目前已完成选址

及规划设计方案。

7. 建材大市场项目，位于航空路西侧、学府路道南。占地 2.37 万平方米，规划建设商服楼约 5000 平方米，仓库约 8000 平方米。现已完成选址，征地，计划 2013 年开工建设，7 月初交付使用。

8. 大型停车场建设项目，该工程位于财神庙南侧，占地 3200 平方米。目前，正在拆迁中。

（六）三供两治

1. 污水处理厂工程，该厂位于健康路东段北侧，占地面积为 3 公顷，建筑面积 1 万平方米。污水处理能力近期 1 万米 3/日，远期 2 万米 3/日，采用 CWSBR 活性污泥处理工艺。目前，该厂已正常运行，达标排放。随道路建设铺设排水管线 3026 米。

存在的困难或问题有三点：一是污水处理成本较高，日处理费用在一万元左右；二是维修量大，年费用在四十万元左右；三是职工工资较低，职工身份未确定，缺乏专业技术人员。

2. 牡丹江供水工程，筹建于 2009 年 6 月，设计规模日供水能力近期为 2 万吨/日，远期为 4 万吨/日。新建净水厂一座，占地 2.8 公顷；蘑菇型取水头 2 座；铺设供水管网 22.35 公里，取水头、净水厂、管网铺设均已完成，现已具备供水能力。2012 年，在飞机场附近打深水井 6 眼，铺设管网 2 条 2220 米以及设备安装、泵房建设总投入近 400 万元。

3. 垃圾处理厂工程，垃圾处理厂位于依兰镇东部，距城市规划区边界 5 公里处张坤沟，占地 8.99 万平方米，日处理能力 120 吨，工程总概算 3948.53 万元。处理工艺为卫生填埋法，底层进行人工防渗，渗沥液采用膜过滤及生物化学反应器工艺处理后，达到国家有关污染物排放标准后排放，设计使用年限为 10 年。2012 年 6 月 28 日开工建设，目前土方工程量已完成 90%，功能区土建部分已完工，整体工程已完成 40%，已完成投资 1600 万元，预计 2013 年 6 月前竣工。

4. 集中供热工程，我县城镇集中供热工程于 2007 年 6 月动工兴建，历经 5 年建设，圆满完成集中供热五期工程建设，累计完成投资 2 亿元，由昊城金源热力公司负责承建。2012 年新增供热面积 40 万平方米，铺设管网 2 公里，工程投资 2000 万元。截至 2012 年 10 月末，城区集中供热覆盖率达到 85%，城区供热总面积 260 万平方米。

存在的困难或问题有五点：一是加水困难；二是配套资金不到位，2011 年前，资金缺口 2010 万元；三是 2012 年新增供热面积 40 万平方米，配套费缺口1600万元；四是供热企业由于资金缺口较大，无法按时进行热煤储备；五是供热企业申请进行热费价格调整。

5. 燃气工程，依兰县达连河镇煤层气开发是省级重点项目，由中泰公司负责承建，2010年7月开工建设至今。工程总投资3亿元。截至2012年10月末，已完成25口煤层气地面抽采井并压裂采气，管网铺设20.5公里，入户安装3000户，依兰镇内已建成临时燃气供应站一座。存在的困难或问题是燃气企业整个工程推进速度较慢，由于前期审批手续不全，相关部门无法跟进检查验收。

（七）农村泥草房、危房改造

2012年共拆除泥草房、危房1200户6.7万平方米，开工率达100%，竣工1200户10.8万平方米，完成投资1.2亿元。

二、下一步工作计划

以“十八大”精神为统领，深入贯彻落实科学发展观，紧紧围绕县委、县政府确定的城市建设发展工作理念，以创建“三优”城市为目标，以市政基础设施和“三供两治”建设为工作重点，全面提升城市绿化、美化、亮化、净化、硬化水平，全力打造精品工程、人民满意工程、安全优质工程，为营造和谐、富裕、文明、宜居的精彩依兰作出新的贡献。

（一）城市规划

1. 编制江畔公园三期修建性详细规划及景观设计，编制三江岛修建性详细规划及景观设计。

2. 编制朝阳新区路网规划及哈佳铁路依兰站前规划。

3. 深化哈同入城口改造项目修建性详细规划和城市景观设计。

4. 编制东入城口改造规划（高级中学东）。

5. 编制历史文化长廊南侧仿古建筑群详细规划，准备建一批三合院、四合院及仿古建筑，恢复依兰古城风韵。

6. 规划设计博物馆、吕厚民摄影展馆广场景观规划。

7. 修编达连河镇城市总体规划。

（二）道路建设

以城市道路“四纵五横二环”框架为依托，全力打造道路畅通工程。拟新建道路7条3428米，改建道路4条2726米。

1. 打通三姓路中段（中央大街至建设街），长304米，宽35米，双向8车道，沥青路面。

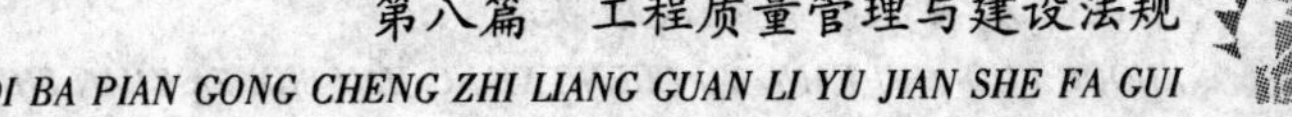

2. 新建松花江大桥江南道两侧副道建设，长440米，规划宽7米，双向2车道，砼路面。

3. 打通建设路东段（华润路至东顺城路）。长884米，宽16米，双向4车道，沥青路面。

4. 打通建设街西段（清真寺至城西路），长240米，宽16米，双向4车道，沥青路面，同步完成排水管线铺设（Φ800）。

5. 新建学府北路（高级中学北侧）。长340米，宽10.5米，双向2车道，砼路面。

6. 打通牡丹江路东段（县标广场至学府路），长910米，宽16米，双向4车道，沥青路面，同步完成排水管线铺设（Φ1000）。

7. 新建松江路（古迹路至松花江大桥辅道）。长310米，宽14米，双向4车道，砼路面。

8. 改造建设街中段（五国城路至东顺城路），长970米，宽15米，规划拓宽20米，双向4车道，沥青路面。

9. 改造牡丹江路西段（西牌楼至县标广场），长896米，宽12米，规划拓宽22米，双向6车道，沥青路面。

10. 改造坝东路（通江路至学府路），长510米，宽7米，规划拓宽15米，双向4车道，砼路面，同步完成排水管线铺设（Φ1000）。

11. 改造东顺城路（东南门）节点以及堤下道路硬化。节点改造3500平方米，道路硬化390米。

（三）亮化建设

随道路、广场建设，计划安装路灯、景观灯共计372组。

1. 越里吉路830米，安装双臂路灯42基杆。

2. 五国城路延伸1400米，安装新型双臂路灯70基杆。

3. 东顺城路改造，安装双臂路灯72基杆。

4. 新建环卫路5600米，安装路灯124基杆。

5. 清真寺广场，安装庭院灯29基杆，草坪灯20组，射树灯15组。

（四）绿化建设

计划栽植乔灌木47万株（丛），草花30万株，铺设草坪3.6万平方米，绿化面积总计7.5万平方米。

1. 东牌楼至倭肯河桥头处绿化，面积18550平方米（全长530米，北侧宽17米、南侧宽18米、堤坡深度4.5米、需拉残土518米长）。栽植乔木1400株，草坪16100平方米，拉黑土5565立方米，拉残土29088立方米。

2. 通河路（行政审批中心至东牌楼中间绿化带）更换草坪 10685 平方米。

3. 防洪纪念塔以东至纺织厂跨线桥回水堤绿化，全长 5884 米，栽植行道树 1960 株，主要以柳树、糖槭、樟子松为主。堤间栽植小榆树篱或小叶丁香篱 176520 丛，拉黑土 1960 立方米。

4. 三姓路全长 2341 米，栽植行道树 780 株（水曲柳），目前有树坑能栽植的 125 株，待拆迁后栽植 655 株，拉黑土 780 立方米。

5. 东顺城路（三中至园林处门前）全长 1600 米，栽植行道树金叶榆或垂榆 534 株，目前有树坑能栽植的 39 株，待铺设人行道后栽植 495 株，拉黑土 534 立方米。

6. 越里吉路延伸段绿化（通江路至三姓路），全长 830 米，栽植行道树 277 株柳树，拉黑土 277 立方米。

7. 中央大街绿化，栽植行道树 278 株，水曲柳或金叶榆球，水泥仿木质花盆 278 个，拉黑土 278 立方米。

8. 五国城路南段绿化（公安局至宾馆路），全长 1400 米，栽植行道树糖槭 350 株，拉黑土 350 立方米。

9. 清真寺绿化面积 500 平方米，栽植乔灌木 88 株（丛），草坪 500 平方米，草花 1380 株，水泥仿木质花盆 16 个，拉黑土 250 立方米。

10. 体育场绿化面积 6295 平方米，栽植乔灌木 22174 株（丛），草花 2500 株，草坪 6295 平方米，拉黑土 1697 立方米。

11. 环城堤绿化（丁字坝至祥龙屯，防洪纪念塔以西至西牌楼），全长 8484 米，堤坡两侧栽植花灌木 8484 丛，堤间两侧栽植小榆树篱或小叶丁香篱 254520 丛。

12. 倭肯河桥头四个角及祥龙屯转盘三角地裸露地治理 1425 平方米，栽植乔灌木 2308 株，铺设草坪 1425 平方米，拉黑土 2795 立方米。

13. 主次干道 24 条补栽行道树 912 株（不含以上道路）。

（五）三供两治

1. 为提升城市集中供热辐射力，解决供热盲区，规划铺设 5 条供热主管线。包括：五国城路南段（建设街—五国城宾馆路），三姓路北段（泵五巷—行政办公区），三姓路中段（中央大街—东顺城路），环城南路（东顺城路—朝阳广场区域），越里吉路西段（通江路—五国城路）。

2. 随道路建设，铺设供水管线 10536 延长米。为满足城镇供水需求，计划打深水井 10 眼，工程造价 500 万元。

3. 城市燃气计划2013年完成15~20口煤层气地面抽采井，铺设低压管道4~6公里，入户安装3000户，投资1.1亿元。

4. 垃圾处理厂，计划2013年6月正式投入使用。

5. 达连河镇污水处理工程，位于达连河镇建成区西北方向，距规划区400米，距松花江1000米，占地2公顷。日处理污水能力为近期1万吨、远期2万吨，管网铺设总长度33.98公里，工程总造价8847万元。目前，按照省发改委的可研批复，现正对环评和土地进行修整，同时测量、勘探、征收、初步设计等项工作全力推进，力争在12月28日前完成项目招投标工作，施工单位进场。

6. 拟建达连河镇供水厂一处，日供水能力为1.5万吨。

（六）农村“两房”改造

1. 农村泥草房改造在完成省市下达的任务基础上，加大推进整村改造力度，争取扩大试点村范围，集约利用土地建设农村住宅楼，让更多的农户享受到国家和政府的优惠政策。

2. 按照我县近年来农村房屋自然翻建情况，平均每年大约在1100户左右，根据这个指标2013年计划改造农村泥草房、危房1500户8.7万平方米，拟投资9570万元。

三、具体措施

为高质量完成各项建设任务，抓好项目工期和工程质量，有效规范建筑市场行为，我们采取措施如下：

（一）高度重视规划在城市建设中的主导地位

按照县委、县政府一贯强调的规划在城市建设中的重大意义，坚持先规划、后建设，优规划、精建设的基本原则，我们将积极聘请省、市有资质的单位对《依兰县城市总体规划》及各类专项规划进行修编和编制。一是坚持民主决策机制。实行领导干部、专家学者和广大群众相结合的规划决策机制，实现集体决策、民主决策、及时决策、科学决策，努力寻找和提高公众对县域发展规划的共同点和满意度。二是完善城市规划体系。在城市总体规划的引领指导下，不断加快城市建设远近期规划编制。做到市政基础设施建设都有专项规划，重点工程项目都有修建性详细规划。大到城市功能分区“一区四园”建设，小到公园广场街头巷尾，尤其是主要街道两侧，严格按照竖向规划办事，坚决制止想盖什么就盖什么、想建多高就建多高的房屋开发违建行为。三是强化规划跟踪监管。严格落实“六公示一监督”制度，即：城市规划批前公示、城市规划批后公示、近期和年度规划项目公示、建设项目批前公示、建设项目批后公示，城市规划社会监督员制度。促进城市规划的公开、民主、高效、规范、廉洁。进一步完善听证、公告、检验、监管、督查程序，面向社会公开办事指南、办事程序，建立网上监督举报机制。

（二）规范管理招投标程序

为加强政府投资项目招投标风险点防控，强化对项目招投标的监督管理，规范项目招投标行为，确保招投标公开、公平、公正实施，我们将严格按照《中共哈尔滨市纪委、哈尔滨市监察局关于加强政府投资项目跟进监督工作的意见》，切实抓好招投标程序的监管工作。一是贯彻执行招投标代理机构备选库制度和招投标利害关系人回避制度，有效阻止招标人、代理机构、投标人三者之间的利益关系，对重大项目的招投标程序则邀请人大代表、政协委员参与现场监督。二是严格实行中标后监管机制、中标后听证复核机制、工程建设领域信用体系和失信退出机制。来解决招投标代理机构虚假招标、评标专家违规评标以及中标企业违反投标承诺的一些问题。三是严格监督项目建设单位、招标代理机构、投标企业、评标专家履行承诺，杜绝发生违纪违法行为。

（三）狠抓建筑工程质量安全

无论工程大小、工期长短，我们永远把安全生产和工程质量摆在第一位，确保政府投资项目成为传世精品工程。所以，在城市建设精品工程推进上，我们将严格按照国家和省、市的有关规定，抓好安全生产和工程质量监督管理工作。一是实行工程质量安全监管承诺制，严格履行质量和安全监督管理机构承诺。二是严格落实工程质量安全责任制，加强勘察、设计、施工、监理、预拌混凝土生产企业和质量检测、施工图审查等单位履职的监督检查。三是建立质量安全风险评估机制，针对重大风险编制专项方案和应急预案，加大风险管理，制定安全防护措施，确保工程项目顺利完成。

作者简介：

姜莹，男，汉族，1964年4月出生，中共党员，本科学历。现任黑龙江省依兰县住房和城乡建设局党委书记、局长。

自1985年7月参加工作起，历任依兰县教育局团委书记，依兰县监察局举报中心主任、县纪检委信访室主任，依兰县纪检委党风室主任，依兰县愚

公乡党委副书记、乡长，依兰县愚公乡党委书记，哈尔滨达连河经济开发区常务副主任，依兰县委办公室主任，依兰县达连河镇党委书记，哈尔滨达连河经济开发区管委会副主任。2010 年 8 月至今，任依兰县住房和城乡建设局党委书记、局长。

坚持六位一体
筑牢鄱阳建筑施工安全的安全带

江西省鄱阳县建设局　余新华

2012年，鄱阳县建设局建筑工程安全监管工作，在县委、县政府和上级业务部门的正确领导下，贯彻“以人为本、安全第一”的发展理念，认真落实建设工程安全生产法律法规、标准、规范以及上级部门的有关安全工作的部署，坚持“安全第一，预防为主，综合治理”的方针，做到学习、宣传、培训、检查、处罚、创建六位一体，筑牢鄱阳建筑施工安全的安全带。

一、抓学习，强化责任意识

局分管安全生产工作的领导每月至少要召集安监站工作人员集中学习一次。在政治思想教育方面长抓不懈，在政策法规业务上认真钻研，使全体工作人员对《建筑法》、《安全生产法》、《建设工程安全生产管理条例》等有关法律、法规及相关标准，尤其是其中的法律责任熟记于心，从而强化依法行政意识，做到有法可依、有法必依、执法必严、违法必究，不断提高执法能力和执法水平。

二、抓宣传，营造浓厚氛围

2012年初，我局制定了“安全生产月”活动实施方案，并以此为契机开展形式多样的宣传活动。一是组织县城内施工企业、项目部在施工现场悬挂安全横幅50余条，张贴宣传标语800余条；二是在沿街施工现场悬挂安全标语横幅，达到旷日持久的宣传目的；三是印发各类宣传安全生产资料、画册2000余份；四是适时在电视台、报刊上刊登安全施工内容，为安全生产活动创造舆论氛围，营造人人要安全、人人懂安全、人人讲安全的社会气氛。

三、抓培训，提高从业人员素质

我局开展了多种形式的安全生产培训工作。一是对项目负责人、项目技术、安全责任人进行短期培训，面对面落实工作责任，强化安全意识；二是

按照省市有关建筑特种作业人员发证的有关文件要求，摸清特种作业类别、人数，举办了特种作业人员培训班，对全县建筑施工企业260余人进行了为期四天的安全知识培训，经考试合格率达到98%以上。

四、抓检查，及时排除安全事故隐患

2012年我局共组织了七次大检查。一是开展以重大危险源隐患排查为重点的“两会”及春节期间安全生产专项检查；二是3月份结合春季复工大检查，开展预防建筑起重机械及脚手架等坍塌事故专项整治工作，消除施工现场存在的隐患，全面启动“安全年”活动；三是5月份以“两房”为主要对象的重大危险源专项安全大检查；四是结合以“科学发展、安全发展”为主题的“安全生产月”活动及扎实开展“安全生产年”活动，集中开展建筑施工安全生产“打非治违”专项行动为内容的检查；五是积极响应县委县政府省级卫生城复审工作，全面加大“创卫”检查工作力度；六是认真吸取湖北武汉“9·13”事故教训，开展以建筑起重机械为重点的建筑安全专项检查以及汇报工作；七是贯彻落实住房城乡建设部、省、市、县安全生产委员会有关做好“十八大”期间安全生产工作的部署，积极推进建筑安全生产标准化工作，加强对建筑起重机械设备的安全监管。七次检查共检查企业16家，施工项目21个，查出各类安全隐患累计193条，已整改隐患189条，隐患消除率达到了98%。

五、抓处罚，严格落实安全生产法律责任

我局在每个工程开工前、起重机械安装前、主体结构完工前必须去监督检查，检查有记录。谁检查、谁签字、谁负责，使监管项目基本处于受控状态，对检查中发现的问题及隐患，及时督促整改，对整改不力的，加大处罚力度，现场处罚11个在建工程，共处罚金额44万元。

六、抓创建，争创安全文明施工工地

根据法律、法规规定和省、市、县有关工作要求，我局积极指导企业创建安全标准化工地，2012年我县分别有2个施工现场荣获省级安全标准化工地和市政安全标准化工地，另外还申报了2个省级安全文明工地，有望获得批准。通过广泛深入开展争创标化工地活动和以点带面相结合，较快地改善了施工现场脏、乱、差的问题。全县建筑施工现场安全防护水平明显提高、

文明施工管理水平明显提高、职工综合素质明显提高的“三高”可喜局面。

安全无小事，尤其是建设工程质量安全更是社会关注的热点、焦点问题。我局从领导到从事安全生产监督管理的工作人员都怀着一颗如履薄冰的心，时刻绷紧安全生产这根弦，从学习、宣传、培训、检查、处罚、创优等六个方面加大工作力度，尤其是严把检查关，做到“全面检查不留死角，隐患不清楚不放过，整改不落实不放过”，工作中勤奋、敬业，得到施工企业、建设单位以及社会各界的一致好评，取得了较好的社会效益，创建了一个人民群众满意的建设工程安全生产年。

作者简介：

余新华，男，1968年2月出生，现任江西省鄱阳县建设局人武部部长。

狠抓质量安全　强化管理规范
确保建筑市场健康有序发展

湖北省宜昌市猇亭区住房和城乡建设局　倪锦林

猇亭区住房和城乡建设局（挂“猇亭区人民防空办公室”、“猇亭区规划建设协调管理办公室”牌子）为区政府工作部门，内设4个科室，分别为办公室、建筑业管理科、项目管理科、人防管理科。

猇亭区住房和城乡建设局主要负责全区范围内住房和城乡建设的行业管理、人防管理及城区园林绿化管理工作；监督管理辖区建设工程质量、施工安全；指导和监督建设工程项目的招标投标；承担指导村镇建设、农村住房建设和农村危房改造的责任；受区政府委托，负责协调区内城乡规划、建设、管理工作。

我区目前在建单位工程241个，建筑面积达234.2万平方米，监督覆盖率达100%。2012年共办理新开工工程工程监督注册手续75项，建筑面积93.19万平方米，总投资11.1亿元；核发建筑工程施工许可证94件，总建筑面积120.5万平方米，建筑业呈现快速、健康、有序发展的良好态势。主要突出抓好了以下七个方面的工作：

一是把握法规宣传主线，提高依法建设意识。通过在施工现场和主要街道悬挂标语横幅、举行座谈、发放宣传资料等形式大力宣传《建筑法》及相关法律法规，提高建筑法规知晓率。为加强招商引资项目建设管理及服务工作，编制了《项目建设流程及施工管理重点环节宣传手册》，提前发放，提前介入。

二是整顿建筑市场秩序，促进建筑业健康发展。集中开展了建筑市场行为专项治理行动，对2011年1月以后开工的政府投资和使用国有资金的项目进行了挂靠借用资质投标、违规出借资质专项检查。同时，加大违法行为处罚力度，依法查处了相关违法违规企业。

三是严格质量监管程序，全力保障工程实体质量。重点加强保障性住房实体监管，加大巡查频次及力度，严格控制重点部位和关键环节施工质量。全面推进住宅项目分户验收工作，严格制定安置房、商品房监督方案，强化参建各方的分户验收意识，督促参建各方在分户验收中履行责任，确保老百姓住上放心房、满意房。

四是强化安全监管责任，构筑安全防控体系。全面落实安全生产责任制，在办理施工许可手续前全面与项目施工、监理单位分别签订安全生产责任状，将安全生产责任制逐级延伸，逐级落实。深入开展“打非治违”行动，在企业自查自纠基础上，督查督办了诸如无证施工、不按规定戴安全帽、安全带、特种工无证上岗等违法违规行为，增强了工人安全意识，消除了工地安全隐患。

五是创新评标管理办法，优化工程招投标环境。对招投标项目进行工程施工方案、投标人诚信评价和投标报价综合评审，改革了以前的低价中标方式。2012 年我区招投标项目 31 个，项目投资额 6.43 亿元，建筑面积 41 万平方米，通过招投标累计节约投资 5100 万元，工程造价同比下浮 7.9%。

六是加强清欠治理工作，有效维护社会稳定。2012 年共受理联邦电缆、东都国际、三峡全通、桐岭公社等农民工工资及工程款拖欠纠纷投诉 20 余件，接待及现场受理来访人员 300 余人次，涉及拖欠工程款及民工工资 8700 余万元，妥善处理了各项经济纠纷和矛盾，确保了我区的社会稳定。

七是推崇精品工程引领，开创建筑业工作新篇章。加大培优抚优力度，着力打造示范工程。桐岭公社公租房项目被市住建委推荐为“楚天工程质量论坛”会议观摩工程，公租房、保障房“民众家园”（A 区）等 8 个太阳能热水工程被列为宜昌市可再生能源节能技术示范项目。

2013 年，我局将以招投标为龙头，以质量安全为核心，以市场规范为主线，以诚信体系为抓手重点做好以下工作：一是深化诚信体系建设，健全市场管理体系，大力推进我区工程建设领域建设项目信息公开；二是围绕构筑精品工程的目标，力争五医院住院楼、民众家园保障性住房等 5 项工程获得“夷陵杯”；三是切实加大保障性安全住房及安置房质量监管，严格执行分户验收制度；四是严格执行安全生产许可制度及施工现场监督，确保全区建筑安全整体受控；五是力争城建档案室达到省一级档案馆标准；六是利用省住建厅专项补助，组织完成重要路段 460 户民居立面改造。

完善城市功能　提升城市品位
统筹城乡协调发展

广东省雷州市住房和城乡规划建设局　陈和明　李堪轩

2012年，在雷州市委、市政府的正确领导下，在市人大的监督、市政协的支持和上级主管部门的指导下，我局认真贯彻落实市委、市政府“规划领先”的发展战略，坚持以科学发展观总揽全局，以推动城乡建设发展为主线，以强化城乡规划为抓手，以整顿和规范城乡建设秩序为突破口，以确保工程质量安全为目标，以“三打两建”和“机关作风整治年”活动为契机，全面提升我市城乡规划建设管理水平，促进了雷州建设事业健康有序发展。

一、加强城乡规划建设，不断提升管理水平

（一）抓城乡规划编制，提高城镇规划管理水平

1. 全力做好城乡规划编制工作。我局根据市委、市政府工作要求，2012年重新聘请高资质规划设计单位，高标准、高起点编制完成《雷州市城市总体规划2010～2020》、《产业发展规划》、《城镇体系规划》和《近期建设规划》等四项规划成果，并送湛江市政府审核后报省政府审批。先后完成了中央商务区、奋勇高新工业园区、雷州一中（体育中心）、火车站等四个片区控制性详细规划编制；完成环市路、厦广路、文化路等20多公里城市道路勘测、规划设计方案及夏广路施工设计方案；完成迁建汽车总站、人民医院及5所新建学校等16个规划建设项目的规划选址、方案征集、规划评审及编制等工作；完成纳海大厦、教师公寓等23个建设项目修建性详细规划方案的审查与报批。积极推动建制镇加快规划编制步伐，东里、雷高等镇完成了总规修编，乌石、客路两个中心镇总规调整工作全面铺开；组织开展“送规划技术下乡”活动，编制完成141条新农村建设规划，为社会主义新农村建设提供技术支持。

2. 强化规划管理，提升城市品位。为切实做好城市规划管理工作，我市先后颁发《关于严格控制207国道雷州市区段中心线两侧150米范围内用地和建设的通告》、《关于207国道雷州市区段控制区域及城区主要大道两侧规

划管理暂行规定》、《雷州市城镇规划区建设项目增加容积率补交土地出让金管理暂行规定》、《关于禁止买卖“小产权房”的通告》等一系列规范性文件，促使我市城乡规划建设管理进一步规范化、制度化。我局严格履行规划报批程序，按照建筑面积和建设规模将符合规定建设项目的规划设计方案逐级按程序报市规划委员会评审、市政府审批或市委常委扩大（四套班子）会议批准。在规划审批时，按照规划设定条件从严把关，认真做好现场勘察、按坐标定点放线、验线，并指定专人复核，确保规划审批的严肃性和准确性。一年来，核发《建设用地规划许可证》840 宗，用地面积 315000 平方米（其中，城区 350 份，用地面积 24 万平方米；镇区 490 份，用地面积 75000 平方米）；核发《建设工程规划许可证》337 宗，建筑面积 559338 平方米（其中，城区 122 份，建筑面积 483088 平方米；镇区 215 份，建筑面积 76250 平方米）。同时，采取有效措施，积极推进城市基础设施及配套建设，确保项目建设顺利进行。2012 年我市建设西八路、文化路、官茂大道、夏广路等市政道路，阳光尚景、美好华庭、永达广场、博雅园 B 幢、金樟豪庭、鸿泰华庭、世贸 B 幢、金城豪庭、纳海大厦、富华大厦等一批房地产项目按期上马，东里风电场、南雷公路、武装部综合楼、客运中心、教师公寓、雷州二中、三中、附城中学教学楼等公共建筑工程项目如期开工，超源大厦、樟树湾大酒店、国际广场、中华广场等项目相继建成或投入使用，有力地促进了我市城市功能的不断完善，进一步提升了城市品位。

（二）抓城乡规划建设秩序整顿，促使我市规划建设秩序明显好转

针对近年来城乡规划建设程序相对混乱，未报先建、少报多建、违章挑阳台及压占道路红线，特别是城中村建设小产权房和不具备房地产资质建设“单体楼”时有出现的状况，我局在 2012 年以“三打两建”为契机，铁手腕整治城乡规划建设秩序，依法严厉打击违法违章建设行为，收效较为显著。

1. 加强城监执法队伍建设，提高依法办案水平。2012 年初，我局根据工作需要，调整城监大队主要负责人和 4 个片区工作组正副组长及组员，强化内部管理规章制度，落实工作责任制，促使城监执法队伍凝聚力和战斗力明显增强。通过组织有关业务骨干到外地学习培训、从局行政股室抽调有关人员配合指导、严格按照有关规范性要求进行操作等多种有效措施认真，抓好查处违法违章建设案件的查办工作，有效提高依法执法、文明执法和规范办案的水平，查处违法违章建设执法办案案卷工作取得了长足进步。

2. 巡查监管到位，清查清理彻底。我局城监执法队伍注意加强日常巡查监管工作，坚持做到节假日不休息，保证节假日执法不缺位，认真全面落实

"勤、严、快、硬"，即勤巡查，严管理，从快查处，该停即停，该改即改，硬手腕拆除违法违章建筑，做到违法建设发现一宗，查处一宗，制止一宗，从严从快整治违法违章建设行为。

3. 开展联合执法和专项突击行动，铁手腕拆除违法违章建设。针对城区严重违法城市规划、违章挑阳台、压占道路红线，特别是城中村建设小产权房和不具备房地产资质建设"单体楼"的违法建设行为，我局城监执法人员依法采取强硬措施，及时组织开展专项突击行动，该停即停，该拆即拆。我局多次提请市政府组织相关镇（街）及住建、公安、司法、法制、房产、税务、供电等部门开展联合执法行动，坚决拆除城中村违法建设，有力地打击违法建设业主的嚣张气焰，维护了城乡建设秩序和城市规划的严肃性、权威性。据统计，全年发出责令停工通知书350份，查处违法违章建设行为174宗，其中强制拆除21宗，拆除违建面积2080平方米，立案184宗，罚款上缴市财政500多万元。通过整治城乡规划建设秩序，我市城市违法违章建设势头得到有效遏制，建设市场秩序明显好转，未报先建、少报多建、压占道路红线等违法违章行为明显减少。

（三）抓工程质量安全监管，推动建筑市场健康有序发展

1. 强化工程质量与安全监管。一是我局认真吸收2011年乌石塘东、调风南天宫文化楼坍塌事故的教训，全面落实整改措施，强化规范化管理，全面清理排查在建工程项目，突出重点部位和薄弱环节排查安全隐患，特别是对农村文化楼、寺庙等公共建筑，要求建设单位委托具有相应资质的设计单位进行设计，又具有相应资质的施工队伍进行施工，对高支模工程一律禁止使用竹木搭设支撑系统，采用安全系数较高的钢管支撑系统。二是加大工程质量与安全生产监管力度。我市颁发《雷州市建筑市场管理暂行规定》，按照"安全第一、预防为主、综合治理"的方针，严格执行国家建设工程强制性标准，加强施工现场安全监管，落实安全生产责任制，做到任务、责任落实到人，全年开展了质量安全生产大检查、建筑施工安全检查等专项检查共7次；采取"日督查、周排查、月抽查"的工作方法，针对检查中存在的质量与安全隐患，及时发出《事故隐患整改通知书》106份、《建筑工程安全监督暂停施工通知书》18份，并督促施工单位整改到位，有效地制止和消除工程质量与安全隐患；结合安全生产月活动的要求，认真开展"质量月"、"安全生产月"专项督查活动；开展了起重机械安全隐患专项整治活动，对在建工程使用的提升设备全面进行安全检测，有效地减少了提升设备倒塌、坠落等事故的发生。三是实行蹲点管理制度。对大型建设项目，我局派出专业技术人员，对其建筑施工质量安全进行蹲点管理，做到人员到位，指导到位，服务到位，发现安全隐患及时消除。四是实行建设工程安全生产动态管理。对不履行安全文明施工的企业进行量化扣分，录入省住建厅网点进行动态管理，遏制建筑企业违章操作现象。五是深化建筑施工领域“打非治违”专项行动，有效防范和遏止重特大事故发生。我局组织检查施工企业 12 个，发出警告 202 次，责令改正、限期整改、停止违法行为 323 起，查封（停业）违章 1 幢，强制拆除 4 幢，封存不合格防护用品 2 批，打击非法违法、治理纠正违规违章行为 116 起。六是认真开展了民用建筑节能的宣传与建筑节能推广工作。

2. 健全与完善有形建筑市场监管体系。进一步规范招投标集中交易制度，严格实行了招标代理机构和监理机构准入制度；强化了项目的建设与安全、质量控制、信用度及民工工资兑现等情况与招投标挂钩管理体制；从严审查投标建筑企业的资格和业绩；严厉开展了打击招投标领域的弄虚作假行为，基本杜绝了干预招投标行为。全年有 63 项工程进行招投标，工程交易额为 4.96 亿元，工程招投标率达 100%。

（四）抓机关作风整治，强化内部管理，确保完成各项工作任务

1. 切实转变机关作风，提高工作效能。根据市委、市政府工作部署，我局主要领导在 2012 年初参加市电视台行风热线节目时，就加强服务、提高效能等有关工作向社会作出郑重承诺。为切实提高工作效能和服务质量，取信于民，我局主要采取五项措施认真落实整改：一是成立行政效能监督小组，负责监督业务股室及下属事业单位办事效率，协助审核规范性文件和执法文书，协助审批行政许可，一方面杜绝业务股室及下属单位在行政审批中弄虚作假、乱作为现象，另一方面解决业务股室及下属单位办事拖拉问题。二是重新修订《市住建局行政许可审批流程和办事程序》，修订印发《办证指南》，简化审批程序，减少审批环节和办事流程，缩短办证时间。三是加强行政服务窗口硬件建设，实行行政服务窗口主要业务股长或业务骨干轮值制度，由用地股、工程规划股和建筑管理股股长或业务骨干到窗口轮流值班，审查各类许可的申办资料，一次性告知业主，有效减少因资料不齐而退件或反复补齐补正的现象，避免业主走弯路。四是实行证件审批业主回避制度，所有行政审批统一集中由窗口受理，由专人当日将受理资料送业务股室，经审批的证件再由专人送到窗口发给业主，避免业主跟踪审批环节，杜绝“吃、拿、卡、要”腐败现象的发生。五是深入开展机关作风整治年活动，动员全局人人参与，局领导班子成员、各股室及广大职工认真剖析存在问题，广泛向社会各界征集意见与建议，采取措施落实整改，掀起人人讲效能、处处抓效能、

事事创效能的局面，激发全局上下工作积极性、主动性和创造性，提高了雷州住建人的凝聚力和战斗力。

2. 强化内部管理，确保机关正常运转。一是贯彻落实党风廉政建设。我局认真执行《中国共产党党员干部廉政从政若干准则》及其他相关规定，积极推行党务政务公开，建立健全惩治和预防腐败体系各项制度，深化反腐倡廉教育，坚持标本兼治、综合治理、惩防并举、注重预防的方针，深入开展示范教育、警示教育、岗位廉政教育，增强反腐倡廉教育的针对性和有效性。二是统筹协调，积极做好综治信访维稳工作和应急管理工作，有效防范和及时制止各类事故发生，确保住建系统不出现越级上访行为和治安状况稳定，全年不发生一宗安全生产事故。三是继续抓好人口和计生服务工作，顺利通过市组织的年度考核验收。四是城建档案和文秘档案管理得到进一步规范。

3. 齐心协力，圆满完成市委、市政府布置的工作任务。一是推进“三旧”项目改造工作成效显著。我局积极配合市“三旧”办，不断创新工作思路，全力抓紧做好“三旧”改造项目规划报批工作，掀起全市“三旧”改造工作高潮。全年完成拟“三旧”改造项目 22 个，涉及用地面积 1621. 59 亩，如期完成市委、市政府下达回收市财政专项资金 1 亿多元任务。二是“城乡清洁工程”受到上级充分肯定。我局作为“城乡清洁工程”牵头单位，坚持实行集中整治和长效管理相结合，加大检查督促力度，深入实施城乡清洁工程和开展城乡环境卫生整治行动，促使城乡清洁工程工作阶段性治理转入制度化、规范化的长效管理轨道，取得显著成效，受到湛江市考核工作组的充分肯定和高度评价，考核得分在湛江市所有县（市、区）中排名第一位。三是驻点扶贫开发“双到”工作成绩斐然。我局高度重视驻点山尾村扶贫开发“双到”对口帮扶工作，继续加大资金投入，通过举办技术培训班、建设村道、整治村容环境卫生、规划建设北运菜市场，建设自来水塔与铺设管网，打水井与修建沟道、改造农村电网、建立健全各项规章管理制度等措施，积极推进扶贫开发“双到”工作，较好完成对口帮扶三年工作目标，取得显著成绩，得到上级有关部门的肯定和广大干部群众的支持与拥护。

二、进一步加快规划建设速度，强化管理力度，促进建设事业稳步发展

我局在 2013 年将深入贯彻落实“十八大”精神和科学发展观，继续实施“规划领先”发展战略，以“加速拉大城市框架，完善城市功能，提升城市品

位，统筹城乡协调发展”为重点，落实违法建设查处及责任追究制度，进一步加快规划编制步伐和强化规划管理力度，继续深化建筑工程质量安全监管，促进我市建设事业健康稳步有序发展。

（一）全力以赴，攻坚克难，为全面推进“十大”重点项目建设保驾护航

按照市委、市政府的工作部署，2013 年我市将全力推进大唐火力发电厂、环城路、一中（体育中心）、职业中学、雷湖文化广场、中央商务区、人民医院迁建、西湖水库和白水沟水库环湖道路、市区饮水工程、雷文化主体公园等“十大”项目建设。我局必须认真配合做好“十大”建设项目的规划、设计和相关服务工作，全力以赴，为“十大”项目建设保驾护航，坚决完成市委、市政府的重点项目推进工作任务。同时，努力加快推进城区管道天然气建设、城区生活垃圾无害化处理场改造、污水收集管网规划设计工作，着力完善市政设施及配套建设。

（二）进一步加快城乡规划编制工作

抓紧完成城市总体规划评审报批工作，下大力气抓紧编制工业大道、207 国道雷州市区路段、西湖水库、白水沟水库、沈塘镇靠近粤海铁路工业园等 5 个片区控制性详细规划，组织开展城中村和城市部分建成区修建性详细规划编制工作，抓紧完成新城大道、厦广路、雷南大道等城区主要路段街景立面和城市景观设计以及统一规范新农村建设住房建筑设计；全力开展绿道网规划编制及实施工作；统筹协调，进一步推动建制镇加快总体规划修编工作，继续抓紧新农村建设规划编制工作，确保完成年度任务，全面铺开农村生活垃圾处理设施建设。

（三）认真落实违法违章建设工程查处责任追究和开展镇（街）规划建设管理考核工作

要坚决贯彻落实市委、市政府《关于雷州市城镇规划区违法建设处理及责任追究暂行办法》和《雷州市城乡规划建设管理考核奖惩暂行办法》，加大对违法建设行为查处力度，切实开展全市城镇规划建设管理考核工作，提高我市城乡规划建设的综合管理水平。

（四）加大工作力度，继续整顿和规范城乡规划建设秩序

要严格执行《雷州市城乡规划建设管理暂行规定》，加大执法力度，坚决遏制未报先建、少报多建等违法建设行为，特别是对城中村违法建设、不具备房地产资质开发建设单体楼的行为、严重违反规划的违法建设加大打击力度，促使规划建设管理科学化、规范化、制度化。

（五）进一步落实责任制，深化建筑工程监督管理，严把工程质量安全关

要突出抓好农村公共建筑的施工监管，确保人民群众生命财产安全。积

极推进建筑节能工作，开展现场搅拌混凝土、袋装水泥、实心粘土砖整治行动，提高商品混凝土、散装水泥、新型墙体材料使用率。打造公开、公平、公正的建设工程交易平台，严格审查招标文件、投标企业资质，坚决杜绝招投标过程中的暗箱操作行为。

（六）深入贯彻落实“十八大”精神，继续整顿机关作风，进一步提高行政效能

我局要组织全体干部职工，继续深入开展学习贯彻“十八大”精神，将“十八大”精神落实到各项工作中去。要继续整顿机关作风，全力加强内部管理，进一步完善内部管理各项规章制度，真正做到用制度管人管事，依法行政，奖惩分明，切实提高干部职工的综合素质和服务水平，提高机关整体工作效能和办事效率，树立良好的集体形象。要切实加强党风廉政建设，坚决杜绝“吃、拿、卡、要”等腐败行为。要积极组织开展各类学习培训活动，切实提高干部职工工作能力和业务水平，为推动我市建设事业发展建功立业。

以人为本强化安全监督与管理
戮力同心促进城市建设与发展

广东省信宜市住房和城乡建设局

信宜市住建局在市委市政府的正确领导下，上下一心、团结合作，紧紧围绕我市的经济中心工作，坚持以人为本、贯彻落实科学发展观，全力推进我市城市建设管理工作。

一、进一步推进规划编制工作

（一）建立健全一批城乡规划管理制度

一是建立健全了规划委员会的相关文件和制度。草拟了调整城市规划委员会文件，成立了市发展策略与控制性详细规划专业委员会，修订了《信宜市城市规划委员会章程（审议稿）》，草拟了《信宜市城市规划委员会议事规则》和《信宜市城市规划委员会办公室工作规程》等制度，草拟了授权发展策略与控制性详细规划专业委员会审议事项。上述制度和事项全部通过了城市规划委员会审议，现已批准执行。二是进一步规范对建设项目增加容积率的管理办法。起草了《信宜市城市规划区建设项目增加容积率补交土地差价管理暂行规定》等相关文件，对规划区建设项目开发容积率大于基准容积率的，超出部分建筑面积按规划补交土地差价，目前，市政府已发文实施。三是完善一批规划管理制度。完善了《信宜市建设工程规划放线验线暂行规定》和《信宜市建设工程规划条件核实暂行规定》等规划管理制度。通过建立健全一批管理制度，进一步规范了我市城乡规划管理工作，为依法行政创造了更好的环境。

（二）组织完成各项规划编制

按照2012年工作目标和任务，我局紧抓重点，科学编制各项规划，规划编制工作正在有序进行。

1. 已通过政府采购公开招标确定了站前大道片区、城西片区、尚文片区（行政中心片区）控制性详细规划和北界、朱砂、水口镇区总体规划修编5个规划项目的规划，编制单位为广东省建筑设计研究院。其中，行政中心征区

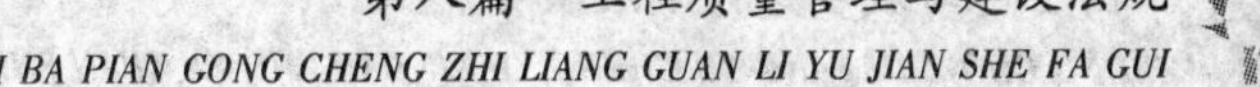

已完成初步方案，其他5个项目的规划编制正在进行中。

2. 已组织编制完成控制性规划25项，总面积约24.7公顷。主要完成项目有：城北客货运站场拟拍卖地块规划条件调整（14218平方米）；东镇城郊新塘村地块控制性规划（37518平方米）；东镇罗伞顶城中村改造地块（35890平方米）；市区南环岛开发小区地块（4472平方米）；市区新里开发区二区十三单元地块（4884平方米）；市区新里开发区二区十一单元地块（3016平方米）；东镇文昌开发小区地块（9587平方米）；信宜市新里开发区二区二单位地块（3434.8平方米）等。完成了50个省级村庄规划试点村的编制。

3. 组织编制钱排镇双合村名村规划；组织蒙村、山口、新塘、陂头、良花坡等6项三旧控制性详细规划；组织编制市区绿道、铭桂旅游服务中心52米购物街道路设计、红旗路改造规划等市政及其他规划8项。

（三）建立健全规划审查制度，严格审核规划许可资料

1. 建立健全规划审查制度。为进一步规范规划审查制度，我局制定了《信宜市建设工程规划放线验线暂行规定》和《信宜市建设工程规划条件核实暂行规定》等规划管理制度。

2. 严格审查规划许可事项。审核平塘镇灾后重建总体规划（2010～2030）等规划7项；审查519份建设用地规划红线图和建设用地规划许可资料、310个项目的建设工程设计方案、71个项目的规划放线和17个项目的验线工作，核实了230个项目的规划条件。

（四）抓好规划建设的监管工作

1. 在城监大队积极巡查管理下，我局2012年共向各类违章建筑发出《停工通知书》160多份，《限期拆除通知书》11份，同时，查处了一批“三乱”现象，使城建工作有序地进行，有效地遏制了各种违章建筑的建设。

2. 在违建案件审理工作方面，我局2012年共立案21宗违建案，已办结20宗，行政处罚金额763508.44元。

二、大力推进市政重点项目工程规划建设

2012年以来，我市大力谋划和推进一批重点市政工程项目建设，其中，主要市政工程项目进展情况如下。

（一）市人民公园改造项目

新人民公园由旧人民公园、旧烈士陵园、锦江桥西端引桥合并改建而成，共建二层（含－1层），公园占地面积为8057.5平方米，总建筑面积为

16743.88平方米，公共车库面积为11857.5平方米，商铺面积为3900平方米（共40间），建设公共车位473个，其中小车位273个，摩托车位200个。该项目于9月份开始施工，完成了60多间商铺的搬迁和场地平整等前期工作；完成了242支护壁桩和242支高压旋喷桩捣制，深基坑支护工程已100%完成；工程桩已完成320支，占工程桩总工程量的60%。

（二）锦江桥拆建项目

该项目包括旧桥拆除、建设新桥、铺设金湖东路等工程。锦江旧桥拆除工程已经完成；锦江新桥原规划建设22米桥面，经市委市政府同意，锦江新桥桥面扩建到60米宽，由信宜市江东房地产开发有限公司全额投资建设，目前已完成16支桩浇制。

（三）火车站站前大道建设工程

火车站站前大道从旺同路口至南环桥全长5.903公里，路面控制宽度为60米，现道路施工设计宽度为34米。目前已经完成立项审批、设计方案等工作。市公路局正在向上级部门争取该项目建设扶持资金（180万元/公里），上级部门已批复道路用地指标860多亩，该道路建设方案已呈报市政府审批。

（四）城区生活垃圾填埋场无害化改造及扩容工程

该填埋场位于我市东镇街道樟坡天堂坪，其占地面积191亩，库容80万立方米，现按国家生活垃圾卫生填埋技术规范和建设标准进行无害化改造建设，设计日处理生活垃圾240吨，一期工程计划总投资4000多万元。工程内容包括：安装工程、综合楼、综合车间、一体化池、渗沥液处理厂区、办公区道路、计量渠、计量间、地磅基坑、围墙、独立基础、土方及厂坪平整、在线监测房等。目前已完成项目立项审批、地形测量、地质勘探、设计方案论证、初步方案设计和施工图设计招标、施工图设计、工程造价预算编制等大量前期工作，现正在进行工程造价财政投资审核，BT招标方案已呈报市政府审批。下一步，将进行工程招标工作，力争在2013年1月底前动工。

三、进一步加强市容市貌综合管理

（一）加强城区路灯维护管理，亮化城市

在资金严重紧缺，维修工具、设备落后的情况下，市区路灯管理所尽职尽责把各项维修、抢修工作做好，做到城市路灯照明率达98%以上。截止2012年年底，市区路灯管理所移装、整改市府新址的中华灯和配电箱一批；安装市区内的迎春灯饰，以及新装了玉都公园、梅岗公园、淘金湾广场的烟花灯共20柱，安装玉都公园、新尚路、市区内部分街道和宝湖西路的路灯

100 多个；安装市府新址、市民广场和迎宾大道的灯柱 LED 中国结灯饰 120 多个；更换银湖东路和淘金湾大桥的 LED 路灯 40 套；整改、更换玉都公园的路灯 70 柱和南环大桥江堤路段的路灯柱 36 柱和市区内比较残旧的路灯及线路一大批；清拆市区内安装在灯柱上的广告牌；维修市区内的路灯 5000 多盏次；抢修自然烧坏的路灯地埋电缆、被盗的路灯线路、被恶意破坏的时控装置等 90 多宗；协助旧人民公园改造的路灯安装规划、多个乡镇规划路灯安装和市应急办处理交通事故和维修因交通事故撞坏的路灯柱和路灯设施多处；完成了钱排双合河岸的 75 柱路灯安装工作以及部分 2013 年迎春灯饰的安装。配合锦江桥的拆建工程、旧人民公园改造工程做好路灯设施的移装、改建、规划工作。

（二）完成一批市政道路的改造建设和维修

一是完成新村路改造工程（建筑公司路口至侨中），工程内容包括：征地拆迁、下水道铺设、管线埋设、砌筑围墙、混凝路基铺设、沥青路面铺设、路灯等工程。二是推进南环桥到尚青污水处理厂河堤路建设，主要工程内容包括：铺设机动车道、非机动车道、人行道、下水道、绿化带和堤围、路基、路灯等工程。三是完成银湖西路（南环桥至新医院南面路段）改造工程。工程内容包括：绿化改造、人行道改造、扶栏改造、路灯、机动车道等工程。四是对玉湖东路南玉城路段、梅岗路人民银行路段、迎宾大道至城北大桥路段、中兴六路赖氏书院路段、迎宾大道与城北华侨新村交接路口、迎宾大道与人民北路交接路口等路段进行维修。五是完成对淘金湾“双龙戏珠”喷泉的修复工作。六是完成临时农产品批发市场、烧烤场的建设工程，总面积 3000 多平方米，设在市民广场南侧。

（三）优化规划，不断提升主要区域绿化建设的档次

为提升主要区域绿化建设的档次，我局积极争取市委、市政府的重视，加大投入，优化规划，先后对 5 公里的迎宾大道绿化进行了“绿色雕塑”造型的改造，对人民路、中兴路、新尚路等部分地段按照“一街一品，四季常绿”的理念进行了绿化改造。对一河两岸沿线高压线底的大王椰树进行了改种，种植了海南红豆、凤凰树等优质绿化树 1000 多棵。同时，加强了玉都、梅岗两大公园的绿化美化工作，进一步提高了我市城区的绿化美化水平。

四、加强质量安全监督工作，规范基本建设程序

深入整顿和规范建筑市场秩序，依法抓落实安全生产许可证制度、施工许可证制度、竣工验收备案等制度，抓落实建设工程招投标工作，进一步规

范建设市场，营造有序的市场环境，促进我市建设市场健康发展。

（一）制定相关管理方案，认真开展建设工程质量安全检查

制定了《信宜市2012年房屋市政工程高大模板支撑体系专项整治工作实施方案》、《2012年信宜市住房城乡建设系统建筑施工“安全生产月”活动方案》、《2012年信宜市房屋市政工程深基坑、建筑起重机械专项整治工作方案》、《信宜市住房城乡建设系统继续深入扎实开展建筑施工“安全生产年”活动工作方案》、《关于印发信宜市住建局迎接党的十八大建筑工地消防安全保卫战工作方案的通知》、《关于迅速开展全市房屋市政工程安全生产“百日行动”的通知》，并组织企业认真按方案及通知要求开展各专项行动和专项检查。

按建筑施工安全管理工作的需要以及市安委办、茂名住建局有关文件会议的精神，我局组织了五一、中秋、国庆节前安全生产在检查以及“打非治违”专项检查、防范重特大安全事故隐患排查等安全生产大检查；按我局制定的“三打两建”工作要求，组织对建设工地使用的安全帽、安全网、安全带及钢管所用扣件等用品开展打假专项行动，清退了一批不合格的安全帽、安全网、安全带及钢管所用扣件；按《信宜市建筑施工安全领域“打非治违”专项行动实施方案》部署，我局共出动执法人员415人次，检查建筑工地180多个，发出停工通知书39份（全部是私人建房）、限期整改通知书61份；依法强制拆除违章建筑11宗；查扣吊机2台；责令停止生产企业1家（无资质生产商品混凝土）；实施行政处罚3宗，处罚金额共3.78万元。对存在非法违法施工行为的企业及人员，责令其停止该行为，并在限期内整改。

为了确保“百日防护期”工作取得实效，根据我局制定的《信宜市住建局“百日防护期”维稳工作方案》部署，及结合结合行业实际，根据广东省住建厅、茂名市住建局及我局关于房屋市政工程安全生产“百日行动”文件精神，认真组织建筑施工、监理企业、质（安）监站主要负责人召开专题会议，及时传达信宜市委、市政府关于“百日防护期”文件及会议精神。2012年9月6日至12日，在各在建工程项目部自查自纠的基础上，与质（安）监站相关技术人员分成两个检查组，认真开展迎接党的十八大“百日防护期”暨中秋国庆前建设工程安全（质量）检查，抽查了我市在建的27项房屋市政工程，对检查中发现存在安全隐患的工程项目下发了24份隐患整改通知书。目前，大部分存在安全隐患的项目已按要求对限期整改的项目作了整改，其余项目也正在积极整改中。

（二）依法办理三证审查、备案登记等

2012年我局共办理建设工程三证审查项目40个。其中房屋建筑工程38

项，总建筑建筑面积约803595.4万平方米，工程造价约9.8亿元；市政工程2项，工程造价约751.8万元，审查从业人员200多人次。办理竣工验收备案的工程34个，建筑面积约30万平方米。办理施工起重机械（含物料提升机和塔吊）初次登记20台。

（三）加强安全生产培训

截止2012年年底，我局组织股室及质安监站、施工、监理企业相关人员22人参加《建筑施工安全检查标准》宣贯培训班，27人参加《高大模板支撑体系安全技术》讲座培训。

（四）加强对建设工程招投标的监督管理

2012年，进入交易中心招标的工程有66项，工程预算总造价12.7亿元，中标价11.5亿元，通过招标降低建设资金约1.2亿元。其中房屋建筑工程38项，建筑面积166万平方米。由于严格把关，目前在招标投标活动中没有出现违规违法现象。

（五）施工许可证核发情况

2012年，我局共核发公建施工许可证38项，总造价5.11亿元，其中：房屋建筑35项，总面积43.6万平方米，造价5.02亿元；市政工程3项，造价860万元。从2012年下半年起，根据我局文件要求，开始实行私人房屋施工许可证核发，从而完善施工许可证核发制度，现已经核发私建施工许可证12项，总面积1万平方米。

五、稳步推进商品房开发建设

2012年以来我局共计核发房地产企业资质证3个、商品房预售证16个、商品房现售证1个，协助申报物业管理企业资质1家、房地产评估公司1家。

目前，我市现有房地产开发企业58家，其中三级资质3家，四级资质企业41家，临时资质企业14家，并严格要求每个企业都必需配备有统计负责人，按月报送本企业的商品房预（销）售情况，及时公布及时更新。

针对我市房地产企业面对的形势，2012年2月中旬，我局组织有关人员到房地产开发企业进行调研，研究如何使房地产业走出困境，怎样防止烂尾楼的发生，减少产生新的社会矛盾。

六、建立和完善信访维稳工作机制

信访维稳工作在市委、市政府的正确领导下，结合我局实际，制定措施，强化管理，积极开展信访排查和矛盾纠纷调处工作，为维护社会稳定、保一方平安做出了不懈努力，取得了明显成效。

七、努力推进城乡清洁工程工作

我局在资金紧缺、人员严重不足的条件下，创新思想，突出重点，扎实推进城乡清洁工程工作，美化城市。

（一）加强“城乡清洁工程”宣传

1. 组织多种形式宣传活动。召开了研讨会，对全市的清洁工作进行通报、督促各有关单位及乡镇积极响应市委市政府的号召，组织开辟广播电视专栏20多期、发出“城乡清洁工程”通报12期、开展“城乡清洁”志愿者活动5次，组织980多人次上街宣传，使“城乡清洁工程”家喻户晓，其中，春节期间开展“城市管理志愿者”活动，组织190多人上街开展志愿活动，维护城市秩序，有效地解决城区春节交通堵塞、乱停乱放等现象。在主要街道及显眼位置制作“城乡清洁工程”宣传牌及悬挂横幅一大批。如位于金湖拦河坝上的“讲卫生，爱清洁，不乱丢垃圾，美丽信宜从我们做起”LED宣传牌，使过往路人无不知晓，营造了浓厚的宣传氛围。

2. 开展“实施城乡清洁工程”公益广告语有奖征集活动。由市文明办和城乡清洁办共同组织活动，共征集到包括北京市、黑龙江省、广州市、深圳市等60多个省、市，650位参赛者寄来广告语3100条，经过整理和评选，评出一等奖1名，二等奖5名，三等奖10名，鼓励奖17名。

3. 开通城乡清洁工程集团彩铃。首期开通了住建系统固定电话和全体干部职工手机的集团彩铃。内容为“住建局提醒你：讲卫生，爱清洁，丢垃圾好像到市场买菜一样，送到垃圾收集点；爱护公共设施，不乱搭乱建，不乱停乱放。共同打造干净、美丽、文明的新信宜。美丽的信宜从我们开始！”下一步计划在全市机关单位和各镇政府（街道）中推广开通使用，以更灵活的方式宣传城乡清洁工程。

（二）制订方案措施

根据省人民政府和茂名市的工作方案，草拟了《信宜市全面推进城乡生活垃圾无害化处理设施建设工作方案》，已上报市政府审批。制定《信宜市“实施城乡清洁工程”考核暂行办法》草案报市政府审批。组织各相关单位及乡镇同市政府签订《实施“城乡清洁工程”目标管理责任书》。

（三）开展“大清洁，乡村美”农村清洁工程专项活动

根据全省的统一部署，我市6~9月开展了全市各乡镇“大清洁，乡村

美”农村清洁工程专项活动。全市共召开各级动员会574场，共投入清洁劳动力量共172680人次，清理路边1437公里、河边662公里、池塘3695个、公共区域3221点，清理垃圾6776吨。

（四）积极申报广东省农村生活垃圾处理设施建设专项资金

根据《广东省农村生活垃圾处理设施建设省财政资金方案的通知》的文件精神，组织市区生活垃圾填埋场及各乡镇开展专项资金申报工作。市区生活垃圾填埋场申报专项补助资金300万，19个乡镇申报19个生活垃圾转运站专项补助资金950万，全市382个行政村共申报生活垃圾收集点专项补助资金382万。

（五）推进乡镇垃圾处理设施及环卫队伍建设

全市已建成自然村的垃圾收集池1256个。已有122个自然村建立专业环卫队伍，其余自然村的环卫专业队伍正在组建中。已有12个镇的垃圾填埋场投入使用，16个镇的垃圾转运站已投入使用，其余各镇已完成垃圾转运站或垃圾填埋场的前期工作。此外，推进了最美乡村建设，钱排镇的双合村已完成了2.5公里河堤路的路灯安装工程，山口村、旺垌村、达垌村及部分贫困村通过扶持单位的资助实现了路灯的安装。

八、认真执行上级部署，积极深入开展“三打两建”工作

根据市委、市政府的部署和要求，我局高度重视，迅速行动，扎实推进“三打两建”工作。

（一）做好宣传发动工作，召开动员大会

3月7日，由我局牵头，组织经信、质监、公安、工商、交通、水利等相关部门的相关人员及本系统相关人员、局机关全体干部职工，召开了“三打两建”动员大会，明确了“三打两建”的目的、意义和具体做法、步骤，确保取得实效。通过在局大门口、市区出入口显眼处、在建工地悬挂横幅标语，先后悬挂横幅宣传标语160条，派发茂名市印制的《给市民的一封信》近2000份，在局大院张贴“三打两建”宣传画进行宣传，在一楼大厅设置宣传专栏，在局门口外面摆放“三打两建”举报箱和电子邮箱，并设定24小时举报电话等一系列宣传攻势，达到了良好的宣传效果。

（二）举办“三打两建”专项行动宣传咨询活动

6月29日，我局在淘金湾广场举办“三打两建”专项行动宣传咨询活动，通过问题解答、派发宣传单、现场演示辨别建材真伪方法等互动方式，向广大市民宣传有关建设领域打击欺行霸市、制假售假、商业贿赂工作行动、

做法、典型案例和阶段成果等情况，并现场接受市民的咨询和举报投诉。

（三）编发“三打两建”工作简报

及时总结、分析和宣传“三打”工作，到目前止共编辑“信宜市住建局三打两建工作简报”21期。

（四）切实组织开展“三打两建”专项行动

1. 组织专项排查行动。我局先后五次抽调局机关股室、市城监大队、市质监站、市散装水泥办的人员对我市的重点单位和区域进行检查，检查摸排大中型楼盘30多个，学校工程等公共建筑19项，保障性安居工程2项，建材销售单位136个，行动采取随机抽取现场水泥、钢筋、建筑用砖等建筑材料。目前止，我局共出动执法人员1226多人次，检查使用、销售单位187个。

2. 开展联合检查打击行动。开展“三打两建”行动以来，我局重视与其他职能部门联合检查打击的作用，截至目前，共出动排查工作人员近900人次，开展“三打两建”工作，累计检查工地、商铺150多个。

3. 开展“三宝”及钢管所用扣件打假行动。按照省住建厅、茂名市住建局有关文件的要求，我局制定了《关于对建设工地使用的安全帽、安全网、安全带及钢管扣件等用品开展打假专项行动的通知》。我市组织建筑施工企业、监理企业对在建的39个工程项目所使用的“三宝”及钢管扣件均进行了自查。另外，开展打击假冒伪劣“三宝”和钢管所用扣件打假专项行动。截至目前，我局共摸排“制假售假”线索11条，立案8宗，已结案7宗，罚款4.285万元。其中大案要案1宗，该案已移交公安局处理，涉案案值金额130万元。

4. 开展打击商业贿赂摸排工作。一是在本系统重点部门进行自查。制订了信宜市建设系统商业贿赂情况及举报情况表，发放到各股室及服务对象，对各股室人员进行自查，全体工作人员接受举报并对他人进行举报；二是召开情况排查工作会议，开展明查暗访等方式进行摸排；三是规范管理线索，打击商业贿赂领导小组每月召开一次督查组工作人员会议了解进展情况，进行线索排查，明确检查的重点，确保了专项工作落实到位；四是重视群众监督作用，发动群众举报商业贿赂行为。目前未发现有商业贿赂案件。

5. 开展打击欺行霸市专项工作。开展打击欺行霸市专项工作以来，我局组织开展了综合整治大行动，打击霸占道路经营行为，先后出动500多人次，依法取缔非法占道摊档和违章建筑，铲除城市“毒瘤”一批：没收乱设乱放广告牌1600多个，没收乱设乱放太阳伞500多把，拆除违章搭建铁皮屋58个，拆除违章建筑36宗，查处市区烧烤档强占城市道路摆卖行为42起，没

收烧烤车22架。目前，我局联合国土部门正在摸查、打击村霸路霸等黑恶势力进行违章建筑的行为，已清拆市区红线图内东镇六谢村在建违章建筑两栋，总建筑面积达300多平方米。

另外，我局正联合公安机关加强摸排黑恶势力在建材领域的欺行霸市行为，现阶段跟踪摸排建筑用石灰油方面欺行霸市的现象线索一个。到目前止，我局摸排的欺行霸市线索20条，立案12宗，已结案11宗，其中大案要案1宗，已由公安局立案。

九、在以往的工作实践中，我们有以下几点体会

1. 加强城市管理工作必须要人力、财力到位；

2. 要使房地产业持续稳定发展，政府必须解决建房用地问题；

3. 在房地产开发方面，要从户型、面积等方面适应广大工薪阶层的住房需求；坚持“适用，经济，美观”的建筑方针；

4. 在城市快速发展的过程中，要注重城市生态环境建设，加强对历史文化的保护。

5. 关注乡村建设和区域协调发展，认真做好和实施城镇体系规划。

积极探索城中村回建区改造实施模式

广西壮族自治区北海市银海区住房和城乡建设局　唐　平

城中村改造的回建区建设由于习惯习俗原因，绝大部分搬迁户要求的是见天见地的小住宅。就是说现有的城中村改造项目中，道路建设和项目征地等建设需要对私人房屋进行搬迁，搬迁的补偿方式主要是以宅基地补偿为主。面对集约用地压力，又随着城市建设的快速发展，基础设施和城中村改造加快推进，提高城中村回建区建设水平和档次势在必行。政府推进这些工作迫切需要得到政策方面的支持。目前，从土地、规划、建设所设定的报批程序，基本都无法满足进度需要。而上级会议往往要确定建成的时间节点，一出现纠纷，政府工作由于报批程序不尽完善，很是被动。

迄今为止，所有的回建区都要按要求由辖区政府或搬迁项目业主单位统一进行规划。但宅基地分到回建户后，补偿工作已经结束，回建区的建设由回建区搬迁户个人负责实施，以个人名义申报"建设规划许可证"。这种形式存在以下问题：

1. 搬迁户经济状况不同，每户建设时序不统一，无法统一建设，回建区常年都是工地，造成群众生活环境较差。

2. 回建区宅基地大多办理国有出让手续，可以进入市场进行买卖，部分回建地已经多次买卖但仍未建设。

3. 大部分回建区房屋都存在违法建设，甚至存在无证建设行为（曾有一个近2000户的回建区，只有一户是按原设计图施工），即使建设完工，但风貌凌乱，质量参差不齐，基础设施无法保证，严重影响城市形象，新建回建区又变成一个新农村，这绝不是政府改造的初衷。再投入资金统一风格风貌吧，由于许多已经建成的房屋标准很高，推动工作成了吃力不讨好。

笔者认为城中村改造项目中的回建区，应该让辖区政府在下列三种方式中进行选择，以加快推动工作进度，其中尤以第三种方式最快。

第一种方式：仿造过去改造模式。先办理土地分户手续，后组织统一建设。辖区政府或项目搬迁业主负责组织回建区的统一规划；由市规划局给回建户办理分户规划手续，市国土资源局办理回建户划拨土地手续；由回建户同统一建设的业主签订协议，委托建设业主进行统一建设，统一验收后再交

付回建户，土地先分户方案要求回建户自觉遵守协议内容，杜绝出现宅基地私自买卖现象，部分缺少建设资金的回建户可通过借、贷款等融资，保证统一建设。（土地划拨、先分户、办理手续、再通过协议让全体回建户确定建设。这种方式很正规，由于签订协议纠纷较多，这种方式时间可能无限期推长，所以不推荐。）

第二种方式：由项目业主负责回建区统一建设，建设过程中由于实施三统一，较原有运作模式增加整体规划报建的税费给予返还。辖区政府或项目业主负责组织回建区的统一规划，制定项目业主统一建设并按程序办理土地、规划、施工许可手续。项目业主办理手续及建设过程中涉及的税费给予返还。项目建设统一验收后，再按照安置补偿协议，由市国土资源局、市规划局分别给予办理回建户的建设用地规划许可证、土地使用权证和建设工程规划许可证及验收合格单。（土地划拨、先三统一、由业主统一按原已经有的程序建设、再分户签订协议、办理手续。这种方式比较正规，但由于签订协议纠纷，时间也可能无限期推长，所以谨慎推荐。）

第三种方式：流程是先确定回建区选址；辖区政府指定建设甲方（一般是国资单位），辖区政府或项目搬迁业主将统一建设方案（明确统一建设业主及资金来源等事项）报市政府批复；国土资源局、规划局出具“同意在该地块建设回建区意见”后组织统一建设；住建局根据前两局意见同意招投标、备案质监、出施工许可证；建成后再办理土地分户手续、规划手续。细分一下就是，辖区政府或项目搬迁业主负责组织回建区的统一规划；辖区政府或项目搬迁业主将统一建设方案（明确统一建设业主及资金来源等事项）报市政府批复，由市国土局出具土地证明文件后，市规划局给予办理统一建设的建设工程规划手续；住建局办理建设手续，待项目建成后，市规划局办理每户的手续。（这样好处是：风貌统一，建设速度快。如果再出现少数不愿签订搬迁协议的回建户，对不起，12 个月后（这是假设，具体时段政府设定），政府将已经建好的空置房屋交市场运作。就可以最大限度避免改造前大家盼改造，但政府一改造，个个争当不愿签订搬迁协议的回建户。即使零户签订协议，投入资金也可以在预定时间收回。将政府改造意愿同市场有效结合，操作性强。）

仔细看，第三种方式与第二种方式稍有不同，也就是土地性质问题，第一种、第二种方式必须先行确定土地是划拨，第三种方式是回建区建成后，再在一个合理时间，确定土地是划拨还是出让：签订协议搬迁的回建户，房屋所用土地是划拨性质；不签订协议搬迁的空置房屋及土地，按出让并挂牌的市场处理。

虽然第三种方式建设速度快，完全可以按时间节点运作，后遗症少，利于政府操作，资金可预期收回，但由于是先建设、后确定土地性质，同房屋建设的正规程序相左，所以只有政策支持才能让干实事的人，不会先流了汗，后还流泪。而这些政策问题，不是一县一市问题，笔者认为，对民生、公益项目完全可以放开。

当然，还需要政策制衡，才能避免政府借建回建区之名，行房地产开发充实土地财政之实。这些制衡措施并不复杂，比如不愿签订搬迁协议的回建户不能超过30%（最好是内部顶层掌握的规定）。

还有，将搬迁区划片，公示期限，每片区中只要一户不签协议，该片所有户都不得搬迁。这样，同意搬迁的片区土地就可以成规模收储，进入市场。

作者简介：

唐平，男，汉族，1966年3月出生，九三学社成员，本科学历，高级工程师、国家一级注册结构工程师。现任广西壮族自治区北海市银海区住房和城乡建设局副局长。

自1987年7月参加工作起，历任贵州省煤矿设计院工程师，北海市城市规划建筑设计院建筑设计室工程师、结构主任工程师、建筑二室工程师、结构室主任、副总工程师、总工室主任，北海市城市银海区银滩镇副镇长，北海市城市银海区城管局副局长。2011年12月至今，任北海市银海区住房和城乡建设局副局长。

曾先后获得贵州省煤矿设计院"先进工作者"，北海市规划局、规划设计院"先进个人"，九三学社北海市"优秀社员"等荣誉称号。

注重规划强监管　狠抓建设促发展

四川省蓬安县住房和城乡规划建设局　唐　华

汉代大辞赋家司马相如故里的蓬安县，近年来，该县住建局党政一班人在城市规划和建设中始终坚持“重规划、抓建设、强监管、促发展”的工作思路，创新工作举措，狠抓工作落实，紧围城市建设总体部署和县委、政府确定的城建重点，坚持以规划为龙头、狠抓城乡规划管理，以建设为主线、快速推进城市开发；以管理为抓手、规范建筑市场秩序，以监管为重点、确保建筑工程质量安全，以执法为手段、严厉打击违法建设，以维稳为要务、促进住建系统稳定和谐，卓有成效地开展了各项工作，五年来完成投资5.95亿元实施完成了城乡规划项目19个、城乡建设项目77个，城乡规划建设管理工作取得了显著成效。

一、重规划抓建设，城乡规划建设成效显著

（一）强化规划龙头地位，超前编制城乡规划

蓬安县住建局党政一班人在蓬安县委、政府的领导下，科学决策，超前规划，五年来投资2500万元完成了县城区30平方公里控制性详细规划，做到了县城区控规全履盖；完成了县城中心片区城东新区3.85平方公里、绕城西路两侧区2平方公里、河舒片区1.5平方公里、锦屏漫滩湿地公园约1平方公里修建性详细规划；完成了城东小区、马电社区棚户区、丝绸社区棚户区、城南村四社棚户区、迎宾大道物流园区、城东安置区、城西安置区7个重要区段的修建性详细规划和历史文化名城保护规划，填补了县城区无控规、重要区段无详规的空白；完成了徐家、金溪、兴旺、罗家、巨龙等20个乡镇的控制性详细规划，全县已编制控制性详细规划的乡镇占全县乡镇数的51.28%；完成了金溪镇沈家坝村、长梁乡中坝村新村规划和县域新村建设总体规划；蓬安县城乡规划的超前编制为蓬安城乡建设描绘了美好蓝图，确定了发展方向和目标，为该县城乡建设的近远期发展奠定了坚实基础。

（二）严格执行规划，维护了规划的严肃性

该局重视规划，严格执行规划，在各建设项目的选址和建筑设计方案的审查上严格把关，严格按照控规确定的开发强度指标和修详审查各类建设项

目，近五年来，严格按标准评审了紫苑枫丹白露、紫苑阳光丽都三期、江枫国际等12个约120万平方米商住小区建筑设计方案；严把旧城改造关，从根本上保证了城区新建商住小区和旧城改造品质，为城市形象的树立和城市品位的提升奠定了基础；加强规划批后管理，严肃查处违反规划的人和事，较好地维护了规划的严肃性。

（三）抓住建设重点，快速推进了城乡建设

该局按照“纵深推进新区开发、快速构建道路框架、有序进行旧城改造”的城市建设思路，以完善城市功能、改善城市环境为目标，突出人居、市政设施、城区道路等建设重点，构建了道路网络，配套了基础设施，城区面积不断拓展，蓬安县城中等城市道路框架已基本形成；五年来完成投资5.7亿元（其中争取国家补助资金2.32亿元、县级财政投资3.38亿元）实施城乡规划建设项目96个，快速推进了城市发展。

1. 向上争取资金2.32亿元，完成了6公里城镇给水管网改扩建、20公里城镇污水处理设施配套管网改造和污水处理厂建设，完成了1085套58075平方米保障性安居工程、5193户农村危房改造和垃圾处理场等6个城乡环境综合治理项目。

2. 投资2.93亿元完成了相如文化公园、桑梓文化广场、历史文化景观墙、交通小品花园、清溪河景观工程等8个城市公园节点建设项目；新建了南二街、钢南路、北一街、电力路、文化路、琴台路、相如支街、小东二街、抚琴支街、营蓬大道等17条24.59万平方米城市道路；改造抚琴大道、相如大道、政府街等8条18.62万平方米旧城区道路；整治邮政支街、人行银行支街、法院后街等5条人行道0.306万平方米；完成了龙蚕至相如公路沿线578户、嘉陵江大道至营山公路沿线201户农房风貌打造和相如大道店招、蓬安广场市政绿化改造、县城区小区环境整治等21个环境治理工程项目；实施完成了城东小区一期拆迁还房土石方工程、小东横街路基工程、城东小区场平及河道整治工程、8号商品房及植物油厂防洪隐患整治工程，下河街污水排放，新华街及周子古镇23座房屋和滨江路轮船公司房屋的风貌打造，滨江路水沟整治，红军街、画圣广场、廉溪池、桑梓鱼庄、滨河路5座公厕改造以及周口粮站至夫妻树段污水处理、古建筑保护、下河街景点等17个市政建设项目；新安装路灯380盏，新栽行道树339株，补植补栽各类树苗5500余株，补植草坪3000余平方米；整治维修损毁管网700米，清理疏通排污水沟900米，更换雨水盖板126个，整治排水沟（清淤）22条999米，整治化粪池（清淤）7口535立方米；新建安置房工程1处面积15.7万平方米。

3. 招商引资运用BT模式融资4.5亿元启动了清溪河堤景路桥综合工程建设项目，该项目的实施将快速推进3.85平方公里凤凰新城建设。

4. 高品质建好了紫苑阳光丽都三期、公园一号、东风未来城、一品兰庭、金色东华等9个商住小区约95万平方米商品房建设，销售商品房屋7723套79.5469万平方米。

二、依法行政严格执法，规范建筑市场秩序成效明显

五年来，该县住建局严格依法依规查处各类违法建筑75处，面积26.5万平方米，其中房产开发项目49处、13.22万平方米，合伙建房8处、11.97万平方米，个人建房18处、1.31万平方米，共处罚没款1243.17万元；发出停工整顿通知书234份，整治不规范施工现场36余处，实行强制性停水停电67次；纠正超规划占红线11起，强制拆除违法建筑19处面积1.2万平方米，特别是在2008年12月底组织人员对城东新区12处违法建筑和2009年10月对外贸雅居第7、8层进行强制拆除，起到了较好的社会效果；在加大对违法建设查处和打击的同时，他们还采取措施加强了对工程建设各参与方不良行为记录公告处理力度，五年来共对3个房地产开发企业、5个建筑施工企业、3个监理单位和9名从事规划建设监管的工作人员和从业人员进行了处罚，并将其不良行为上网记入了档案；加强建筑市场监管，强化建设工程施工单位项目经理、主要技术负责人，监理单位总监等相关关键岗位人员的监督管理，进一步规范了该县房地产和建筑市场秩序。

三、理顺体制规范程序，规划建设管理工作进一步规范

针对城乡规划无具体规定、规划建设行政审批及行政许可程序不规范、报建审批不及时的问题，住建局组织研究报县人民政府审定出台了《蓬安县城乡规划管理技术规定》，印发《规划和建设行政许可行政服务指南》，将规划建设行政许可事项办理依据、程序、应提交的资料、收费标准、办结时限、办理应取得的证书向社会公开，较好的规范了规划建设行政许可行为；针对质量和安全两块牌子，在工作中出现管质量不管安全、管安全不管质量的状况，将质安站和安监站合并成立蓬安县建设工程质量安全监督管理站，较好的解决了全县建设工程质量安全工作有机统一管理的问题；针对市政管理机构较多、职能交叉、难以有效管理的状况，将市政所、绿化所、广场所合并组建了“蓬安县城市公用事业管理所”，较好的解决了城市公用事业统一管理

的问题；针对住建局实施的工程建设项目较多，由施工单位随意编制决算报审计局审计，造成审计审减金额严重超过国家规定标准的问题，抽调人员成立了局审计组，专门负责建设工程工程量增减的认定和工程竣工结算的初审，较好的解决了工程建设项目中工程量增减、工程竣工决算内部审计的问题，从而较好的控制了工程造价，确保了建设资金的有效使用；针对局机关、部门职责不明，机关工作人员工作执行力不强的问题，研究制定出台《蓬安县规划设计建设管理不作为责任追究办法》、《建设系统安全生产不作为责任追究办法》、《规划和建设行业"十不准"规定》、《规划建设系统工作人员行政过错责任追究办法》和《职工奖惩考核办法》等规章制度，从而进一步规范了局机关工作人员的依法行政行为，促进了住建系统行风的进一步好转。

该局通过内部体制的理顺、人员的调整和各种规章制度的建立、完善和实施，通过抓管理促进了规范运行、抓规划强化了龙头地位、抓建设促进了城市发展、抓查处规范了市场秩序、抓监管确保了质量安全，使全局各项工作都能及时顺利开展并取得了较好成效，其主要措施：

（一）健全制度，规范行为

工作中，该局始终倡导优质高效，反对假、大、空，办事拖拉，吃、拿、卡、要等机关衙门作风。为了从根本上解决这些问题，他们坚持从制度入手，一是强化制度建设。出台了《党委会议事规则》、《局长办公会议事规则》、《考勤制度》、《财务管理制度》、《廉洁制度》、《职工奖惩考核办法》等有关规章制度，使各项工作做到了有规可依，有章可循。二是规范办事程序。研究制定出台《蓬安县城乡规划管理技术规定》、《蓬安县城乡管理委员会工作规程》，编印《规划和建设行政许可行政服务指南》，印发《关于进一步规范建设项目行政许可程序等有关事项的通知》和《蓬安县违法建设查处办法》，较好地规范了该县城乡规划建设行政审批和行政执法行为。三是实行目标承诺。制定《职工奖惩考核办法》，实行局班子成员和局机关中层干部年度工作目标承诺制，进一步明确了职责，将局领导、各股室负责人及各股室的职责以文件的形式明确到了人头，使各项工作做到了有人抓，有人负责，有人落实。

（二）理顺体制，强化监管

该局把强化责任、提高效能、方便群众作为加强机关效能建设的重头戏，狠抓内部管理，按照规范程序、理顺体制的思路，将质安站和安监站合二为一，成立蓬安县建设工程质量安全监督管理站，较好地解决了全县建设工程质量和安全监管工作有机统一管理的问题；将市政所、绿化所、广场所合并组建了“蓬安县城市公用事业管理所”，较好的解决了城市公用事业统一管理的问题；将局中层各股室及有关部门的主要负责人定期轮换，较好的解决了局中层机构合理设置和有关人员整合的问题；特别是将规划建设行政审批和管理分开，杜绝人为操作，较好的解决了过去规划建设手续难办和一人说了算的问题。

（三）坚持公开，接受监督

建立蓬安规划和建设网，与县广电局联合开办栏目，定期在电视台和局政务公开栏将规划建设行政审批许可事项、商品房预（销）售许可证办证情况、合法房产项目开发情况、房地产开发企业和建筑施工企业资质年检情况、违法建设情况、建筑市场活动中相关单位及个人不良行为记录情况以及违法建设查处情况及时向社会公示，同时还聘请规划建设行风监督员，广泛接受社会监督，有力地促进了住建系统行风的根本好转。

（四）严格问责，奖惩促后

为确保各项工作落到实处，该局对局领导和局各职能股室及下属单位实行以岗定人，以岗定责，把每个人及每个部门的职权职责，完成工作目标任务的时限以及工作失误、失职应承担的责任和后果以文件的形式细化到个人，使责任追究制度化，同时对按时高质量完成任务的单位和个人从经济上给予奖励，从精神上给予鼓励，充分调动了广大干部职工的工作积极性和主动性，提升了机关效能，在确保工作落实上，他们主要采取了工作报告制、目标考核制和责任追究制三项措施来确保各项工作落到实处，2008 年以来，该局对在城建监察工作中未认真履行职责的大队长和有关工作人员进行了问责，其中 3 名大队长被免职，2 名工作人员被责令检讨和处罚责任金，该局坚持工作问责制，五年来共有 4 名中层干部、2 名下属单位主要负责人被免职，4 人被责令书面检讨，其中一名局领导干部因工作失误也被局党委责令写出书面检查，工作的问责在一定程度上促进了工作的落实。

1. 严格实行工作报告制。实行工作人员定期向股室负责人报告工作、股室负责人向局分管领导报告工作、分管领导向局党委集体报告工作制度。

实行领导干部报告制，该局规定局领导干部除负责其分管职责范围内的工作外，每一名局领导干部还必须承担一项重点工程建设项目，从而确保了全局日常性工作和县委政府安排的重点工作能快速、协调整体推进。为确保工作落到实处，规定局领导干部所分管的工作实行每季度向全系统职工报告一次工作开展情况，对安排的重点工作实行每半个月向局党委集体汇报一次工作开展情况，同时年终在全系统干部职工、服务对象和社会各界人士代表大会上作年度工作述职并接受质询和测评；对在年度民主测评中得满意票在85%及以下，不满意票在15%及以上的，在下年度工作安排中做分工调整或不安排分管工作。

实行中层干部否决制，对局各职能股室中层干部和局下属单位负责人安排工作落实不力，年度目标完成不好或本单位有三分之一工作人员对其工作不满意或所服务对象有较多人员反映其工作不负责任，有吃拿卡要行为和违反机关效能建设有关规定的，经查证属实，由纪委负责谈话并诫勉三个月；对在一年中出现两次类似情况的，中层干部予以免职；实行工作人员下岗制，对组织纪律较差、不遵守作息时间和值班制度或不能按时按要求完成目标任务的工作人员，一次黄牌警告，二次诫勉，三次下岗学习或调离现工作岗位。

2. 严格实行目标考核制。对局领导及职能股室和下属单位，通过目标考核奖惩办法的形式明确其年度工作目标，制定具体的细化考核标准，按目标考核情况确定领导干部的分工、中层干部的任用和发放奖金及补贴，实行重奖重惩，奖惩分明，从而充分调动了工作人员的积极性。

3. 严格实行责任追究制。研究制定出台《蓬安县规划设计建设管理不作为责任追究办法》、《建设系统安全生产不作为责任追究办法》、《建设行业“十不准”规定》、《规划建设系统工作人员行政过错责任追究办法》，进一步规范了机关办事人员行为；通过健全规章制度，确保各项工作做到有章可循；通过规范办事程序，确保了规划建设行政许可规范运作；通过实行工作否决，确保了各项工作落到实处。对局领导和局各职能股室及下属单位实行以岗定人、以岗定责，把每个人的职权、职责、完成工作目标任务的时限以及工作失误、失职应承担的责任和后果以文件的形式细化到每个人，使责任追究制度化，从而进一步规范了局机关职能股室及下属单位的行政行为，加强机关干部职工和下属单位主要负责人法律法规及相关专业应知应会知识的学习和考试，进一步增强了工作人员依法行政能力和为民服务水平，较好地树立起了住建系统的权威和良好的社会形象。

蓬安县住建局超前规划、严格执法、理顺体制、强化监管，围绕加快城市发展这一中心卓有成效的开展了各项工作，确保了县委、县政府交予的各项任务圆满完成，为该县城乡规划建设事业发展作出了突出贡献；目前该局正按照蓬安县委、县人民政府确定的“一河一新城、一江一故城”城市发展战略和把蓬安建设成为“川东北区域新型工业强县、嘉陵江流域文化旅游圣地”的奋斗目标，快速推进城乡建设。

作者简介：

唐华，男，汉族，1964 年 5 月出生，中共党员，大学学历。现任四川省蓬安县住房和城乡规划建设局党委书记、局长。

1982 年 10 月参加工作起，历任蓬安县徐家镇水电管理站副站长、站长、助理工程师；县黄坪乡党委委员、副乡长；县黄坪乡党委副书记、纪委书记；县徐家镇党委副书记、纪委书记、镇长；县河舒镇党委书记；县金溪镇党委书记、人大主席；县规划和建设局党委书记、局长。2010 年 12 月至今，任蓬安县住房和城乡规划建设局党委书记、局长。

科学规划　建管并重
加快创建“中国佛光之城”

贵州省江口县住房和城乡规划建设局　杨　平

2012年，在江口县委、政府的坚强领导下，在上级业务主管部门的指导下，扎实开展“环境建设年”活动，认真贯彻国发［2012］2号文件精神，深入实施“一业带三化”、“产城一体化”、“城景一体化”发展战略，加快了创建“中国佛光之城”的建设进程。

一、高标准、高起点编制科学发展的城乡规划

一是江口县主城区控制性详细规划：2011年委托同济大学编制，合同经费435万元，2012年通过铜仁市城市规划委员会专家咨询会审查通过，现已报铜仁市城规委将于2012年11月18日审查，该规划范围10.7平方千米，其中建设用地8.69平方千米。二是江口县凯德特色产业园控制性详细规划扩编：为响应贵州省委省政府“小城镇带动”战略和“工业强省”战略，我县于2012年委托贵州省城乡规划设计院编制的2011年凯德特色产业园区控制性详细规划进行了修编，规划编制费70万元，已于2012年11月13日通过市城规委专家咨询会审查，并将于2012年11月18日报市城规委审查。该规划范围11.3平方千米，其中建设用地7.2平方千米。上述两个控规通过后，控规已100%覆盖县城总体规划建设用地范围。三是江口县城近期建设规划和江口县城综合防灾减灾体系规划，已委托贵州省城乡规划设计研究院编制，将于2012年11月底完成方案汇报稿，12月底前完成市县规划评审。四是编制了县邮政局、净山展望小学、公安局行政办公区、江口县公共服务中心、江口县体育中心5个公建项目的修建性详细规划和三星路老地税书片区改造、鑫晟国际、窍湾安置区3个居住项目的修建性详细规划的编制，修规面积6.07公顷；启动老城区改造项目，已委托重庆展图公司和北京维拓设计院编制概念方案，将于12月完成修建性详细规划，该项目总占地400亩，拆迁住户2200户，启动凤田小区修规编制工作，该小区占地165亩。五是在旅游景区编制了太平乡集镇规划及云舍历史文化名村保护规划，完成了寨抱、曾家巷的村庄整治规划以及环线公路沿线梭家寨，铜致—

云信—太平，小溪沟三个村庄的规划编制工作。六是全年共投入216万元，委托铜仁市设计院完成了全县36个村庄整治规划。

二、以“旅发大会”为契机，举全县之力，扎实推进城乡一体化建设进程，再创江口建设新突破

（一）大力实施以城市道路交通为主体的市政基础设施建设

年内已启动完成了金马冲大道的可研、初设、施工图设计、征地工作等；盐柳路、滨河路、小磨王隧道、沙子坳道路拓宽等项目的初设工作；综合防灾减灾通道可研工作；管道天然气项目可研工作；公共服务中心项目可研及初设工作。年内已开工建设了总投资14198万元，长3168米、宽32米的省级重点项目梵净山北路二期；总投资1800万元，长910米、宽30米的象狮大道西段；总投资9514万元，长2950米、宽21米的北门大道；总投资1500万元，三条道路总长1135.34米的磨湾坝路网工程；总投资6513万元，长1000米、宽16米的铜岩河沿江大道；总投资2631万元，长848.5米、宽15米的江口大桥至幸福桥沿江道路工程；总投资1700万元，全长1095米，宽14.5米的江口县沿江大道；总投资400万元，总长2200米的凯德特色产业园区1、7、8号公路；续建了总投资2400万元，长1135.3米，宽30~35米的环城西路二期；架通了投资750万元的北门河大桥。9条主次干道共计总投资40656万元，年内实际投资33851万元，完成投资率83%；新增城市道路长13.54公里，新增城市道路面积396862.5平方米。使我县的城市路网总长度达25.59km，道路总面积达687400平方米。城市路网的形成，为全县固定资产投资快速增长及拉动内需奠定了坚实的基础。

（二）实施园林绿化工程，改善城市生态环境

以创建“中国佛光之城”为目标，加快城市园林绿化建设，对三星路、商业街等3条道路绿带进行了绿化补植加密，并新增树池300余个，共栽植花灌木3万株。目前，城市园林绿化基本形成了步步见绿，步移景异，三季有花，四季常青的新格局。

（三）打造城市亮化美化工程

节日期间对大转盘四周、商业街、三星路、梵净山公园、市政广场等进行了亮化美化，县城新增路46盏，县城亮化率达96％以上，提升了江口的城市形象，使县城更加靓丽。

（四）致力景区建设，改善景区旅游环境，提升景区旅游形象

在政府投入方面：打造了总投资约为920万元、总长352米、平均宽8

米、绿化面积1200平方米的坝干旅游商品一条街及安置区至坝干踏步102步的旅游商品踏步工程一条街；完成了总投资883万元的景区景观亮化工程，安装路灯161盏、灯带20000米、亮化桥4座；投入资金430万元，完成了黑湾河安置房的二期工程及总投资100万元、长290米的安置区道路工程；翻新了总投资31.8万元的风雨桥工程；硬化平整了总投资60万元、面积10000多平方米的临时停车场；投资8万元维修了景区旅游公厕；完成了总投资12万元、总长80米、道宽1.5米、绿化面积400平方米的花杆至莲花广场桥头绿化及人行道鹅卵石贴面铺装工程；完成了总投资22万元全长65米、宽2米的人大培训山庄步行道工程；完成了梵净山生态旅游产业园小河安置区规划，目前已投入1200万元，完成基础设施建设。

在企业投入方面：杭瑞高速沿线的太平集镇建设项目（并寨安置区）总投资1600万元，建设规模13200平方米，目前一期主体基本完工；高尔夫球场建设已投入8000万元，目前已完成工程进度的60%；亚木沟景区已完成基础设施、景区景点建设，投入资金700万元；江口休闲农业创意产业园完成修规，正在报市评审，已投入资金600万元；伐木场至熊家坝整体打造已完成规划，正在送审；梵净印象茶园已完成规划，正在送审。

（五）村镇建设步伐加快

全年完成改造扩建桃映乡、德旺乡、民和乡等乡镇道路3.2公里；闵孝镇等公共场地绿化1028平方米；建成排污管道4.1公里，共完成市政投资865万元，其他投入106万元；实施了双江镇艾门坳至太平乡云信的村庄整治规划，共完成木房13栋（双江镇5栋、太平乡8栋）、砖房39栋（双江镇10栋、太平乡29栋）民居立面改造，总投资共150万元。6个乡镇撤乡建镇调研上报；8个乡镇建设志编纂；组织旅游、民政、民宗、文产等部门对全县7个乡镇10个传统村落进行调查上报等上级交办的其他工作。协助政府制定和出台了《江口县集镇及公路两侧建房管理办法》、完成《江口县农村村民集中建房管理办法》、《江口县加快推进农村村民集中建房管理工作实施方案》、《江口县加快推进农村村民集中建房工作的意见》、《江口县加快推进小城镇建设工作实施方案》、《江口县加快推进小城镇建设工作的意见》、《江口县2012~2013年小城镇建设工作实施方案》等各类规章和方案的起草。

（六）关注民生工程建设

特别关注低收入家庭的实际困难，2012年向全县低收入家庭发放房屋租赁补贴187.4603万元，截至目前，累计发放房屋租赁补贴621.78535万元。

廉租住房建设：总投资3400万元的第三期廉租住房512套已完成销售及

分房工作；总投资1500万元的第四期廉租住房共300套已完成主体工程，完成投资1050万元。总投资950万元第五期廉租住房180套选址在双江镇后坝，现已开工建设，正在进行孔桩开挖。

公共租赁住房建设：总投资1470万元的300套公共租赁住房，已落实到民和、官和、坝盘、桃映、怒溪五个乡镇作中小学建设教师公共租赁住房，把教师周转宿舍建设资金和公租房建设资金“打捆”使用。目前已开工建设，工程整体进度70%。

城市棚户区改造：总投资1920万元，200套共16000平方米。项目选址在双江镇坝上片区，现已完成协商房屋征收补偿安置事宜，签定征收补偿协议并开工建设，正在实施主体二层，工程整体进度40%。

垃圾填埋场项目建设：总投资2262万元，超概3674.16万元，超概资料已委托省建院编写，拟报发改委，具体建成库区42万m^3，垃圾中转站4个。现已具备运营条件。

（七）房地产开发建设

完成房地产开发投资总额4.9亿元。其中完成住房投资3.46亿元，完成营业用房投资1.44亿元；商品房批准预售面积16322.77平方米，实际销售28032.58平方米；商品房销售平均价格为普通商品房住宅2500元/平方米，高层住宅2800元/平方米，营业用房19000元/平方米；办理房屋产权登记共1325个（商品房转移登记1030个，变更登记295个）；办理抵押登记1426个；收取房屋维修基金15.32万元。

三、城镇化进程

新增城镇建成区面积58公顷，城市建成区面积扩大到4.96平方公里；新增城镇人口2620人，城镇化率由2011年年底的33.26%提高到现在的34.88%。

四、各项管理工作上新台阶

为巩固城市建设成果，我局按照建设与管理并重的原则，努力在各项管理工作上狠下功夫。

（一）加大城乡规划管理力度

一是严把规划编制单位入口关，制定和完善了评审规则。二是健全城市规划公示制度，广泛征求社会各界的意见。三是严格“一书三证”办证制度，对建设规划项目严格放线，对建设工程坚决实行事前、事中、事后全程跟踪管理。2012 年城区共办理选址意见书 38 份，建设用地规划许可证 77 份，规划设计条件通知书 20 份，建设工程规划许可证 128 份；草拟了《江口县县城规划区内私人建房审批管理办法》，已经局务会审查通过，并报县政府待研究通过后实施，为更好地实施新编制的江口县城控制性详细规划，实行了严格的私人建房控制措施；配合城管局，加大了违法建设的处罚力度，下发停工通知书 12 份，限期拆除通知书 4 份，强拆违法建筑 6 幢，建筑面积 1215 平方米。配合做好县城维稳工作，抽调一人到县磨调组协助处理 95 年以来建设遗留问题，补办了嫩寨住户建设工程规划许可证 17 份，其中上访户 2 户。2012 年乡镇共核发建设用地规划许可证 10 份，用地面积 1325 平方米，建设工程规划许可证 10 份，建筑面积 2685 平方米，乡村建设规划许可证 237 份，用地面积 28445 平方米，建筑面积 61626 平方米。查处违法违章建筑 5 起。进行《城乡规划法》宣传 8 次，共发放宣传资料千余册，增加集镇建成面积 45212 平方米。完成各乡镇国家投资项目的选址、审核、放验线和验收工作。2012 年景区共办理了选址意见书 6 份、建设用地规划许可证 16 份、建设工程规划许可证 12 份，建设竣工许可证 2 份，用地面积约 32000 平方米。四是认真开展了“三项清理”容积率工作。完成 2007 ~ 2011 年房地产项目共 19 个项目容积率清理工作，收缴规费 126. 37 万元，罚款 20 万元；加大了《城市规划区建设用地规划管理办法》宣传培训，对在江的 20 个房地产开发公司进行了培训；派出 6 人参加了住建部教育培训中心在吉林延吉举办的容积率管理培训班的学习。

（二）狠抓安全生产各项决策部署的落实

以科学发展观统领安全生产工作全局，时刻铭记安全生产工作的紧迫感、责任感和使命感，以对党和人民高度负责的精神，自觉坚持“安全第一、预防为主、综合治理”的方针，把生命高于一切的理念落实到生产、经营、管理的全过程，强化领导班子成员安全生产“一岗双责”制度。2012 年共办理建设工程施工许可证 25 项，建筑面积 172849. 4 平方米，达到节能标准比例 100% 。全县在建工程质量、安全监管项目共计 37 项。全年工程项目总建筑面积 239268. 12 平方米，总投资 185412. 32 万元，完成劳保费收入 18 万元。除常规工作外，扎实开展了安全生产专项整治工作及建筑施工安全生产“打非治违”专项行动。全年共签发建设工程质量安全整改通知书 11 份，下发责令停止违法行为通知书 6 份；巡查记录 31 份。通过检查及日常巡查，要求各责任单位在规定的期限内整改到位，并及时回查落实。通过强有力的综合监管，保证了全年无重特大安全事故发生，创造了全省连续十年无重大安全生产事故的最高记录。

（三）积极开展政风行风建设、党风廉政建设和反腐败工作

一是加强组织领导。主要领导亲自抓党风廉政建设工作，建立健全领导机制和工作机制，落实责任分解，开展责任追究。二是进一步加强机关作风和效能建设，建立切实可行的工作方案。2012 年，严格按照纪检监察部门的要求，对建设系统各项行政许可事项进行了彻底清理，将每个行政许可事项的办理流程、收费标准、办结时限及办事人员等信息全部公开，并全部纳入县政务中心集中办理，把我们的工作置于群众的监督之中。三是进一步加大执法纠风工作力度。认真开展执法监察工作，特别是加强对招投标、项目资金、容积率调整等建设领域的突出和敏感问题进行规范与整治，主动接受监督部门与社会各界的监督与监察。认真开展纠正部门行业不正之风，对“门难进、脸难看、事难办”行为进行坚决纠正和严肃处理，特别针对政府门户网站上群众反映的问题，我局都会及时作出处理，受到了广大群众的普遍好评。四是严格贯彻执行公车专项治理工作。五是认真开展《中国共产党党员领导干部廉洁从政若干准则》的集中学习，认真抓《建立健全教育、制度、监督并重的惩治和预防腐败体系实施刚要》的贯彻落实，规范了全系统干部职工特别是领导干部的行政行为，从源头上堵截违法犯罪的滋生。

（四）加强社会治安综合治理工作

一是加强领导。明确专人抓住建系统的社会治安综合治理和平安创建工作，把该项工作纳入我局的重要议事日程，列入年终目标考核。二是加强宣传教育工作。以“六五”普法工作为契机，结合住建系统工作实际，组织干部集体学习建设法律法规 2 次，同时以五月宣传月活动为契机，积极参与县政法委、县法制办等单位组织的宣传活动，发放宣传资料 678 份。三是进一步加强治安防范工作。设立了值班室，实行单位 24 小时有专人值班，加强对局档案室、财务室等要害部位的防范措施，确保单位财物安全。四是加强社会监管。对住建系统的流动人口进行了登记，做到底数清、情况明，并在住建系统全体干部职工及流动人口范围内积极开展禁毒防毒工作宣传，严防干部职工及从业人员参与贩毒吸毒活动，同时积极开展反邪教警示教育活动，严防“法轮功”等邪教组织的破坏活动。

（五）党建工作

按照党建办的要求，我局单位出资 10000 万元，党员同志个人捐款 8000 元，开展了对党建扶贫联系点——槐丰村支部的帮扶工作，帮助解决了该村人行便桥的修建问题及部分党员的生活困难问题，并对 19 户党员贫困户进行了结对子帮扶；同时与龙井社区支部开展了联建活动，老年节送油、米、钱上门对 12 户贫困党员家庭进行了慰问。

（六）信访接待及议提案办理工作

本着矛盾大化小、小化了和把矛盾化解在萌芽状态的原则，积极处理群众来信来访案件。2012 年，共办理信访件 57 件，接待来访群众 368 人次，其中：省长信箱 1 件，县委、县府及信访局批示件 4 件，历史遗留信访件 2 件，各部门和县委、领导交办（信息互动平台）2 件，来信 1 件，群众来访 47 件。按时办结率和满意率都达到了 100%。全国“两会”和省第十一次党代会期间，实现了进省赴京“零上访”目标。同时，我们还认真办理人大议案、政协提案。2012 年我局收到人大议案 7 份，政协提案 8 份，主要涉及老百姓关心的城乡规划、建设与管理工作，局领导高度重视，明确专人办理议案提案工作。从办理的结果看，人大代表、政协委员都比较满意。

（七）人口与计划生育工作

2013 年，我局对全系统干部职工及建设行业的从业人员进行了计划生育排查摸底工作，层层签订责任状，特别对流动从业人员实行动态管理。一年来，全系统无违反计划生育政策的现象发生。

五、存在的问题

一是征地拆迁难，这是制约我县城市发展的“瓶颈”，部分市民对城市开发建设甚至是基础设施建设都持抵制态度，导致许多项目无法顺利实施。二是城镇建设功能不全，城市布局缺乏格调，建设品味不高，难以提升城市形象。三是城镇建设资金严重不足，融资渠道不多，严重影响了城市建设的进度及效果。四是建设队伍人手不足、技术力量薄弱。五是工作任务重、时间紧，参观学习或继续教育不够，大多数人是吃老本，难以更新观念适应现代社会城市建设与发展的需要。

六、下一步工作打算

2013 年，我局将以党的“十八大”精神为指导，紧紧围绕省、市、县党委、政府的工作部署，积极做好如下工作：

1. 继续加大规划编制工作。完成县城各类专项规划；完成梵净山——太平河风景名胜区总体规划；指导各乡镇完成集镇控制性详细规划编制工作。

2. 继续致力城镇基础设施建设。开工建设小磨王隧道、沙子坳道路拓宽工程、金马冲大道工程、交警大队、渝江农贸市场扩建、凯德农贸市场、公共服务中心等项目；完成殡仪馆的新选址；启动管网入地、管道天然气等项目。完成凯德特色产业园区1号路，隧道至五里桥段等项目的前期工作。

3. 加大新区开发力度。开工建设龙家寨片区、老城区、凤田小区、鑫晟国际、梵净山民族文体城等房地产项目。

4. 继续致力民生工程建设。完成四期廉租房的销售及分房工作，启动太平乡1000套廉租房的建设，完成第五期廉租住房180套的建设任务，完成300套公租房（教师周转房）建设任务，完成200套城市棚户区改造任务，力争完成高速公路沿线的村庄整治工作。

5. 努力打造景区旅游环境，完成黑湾河小河生态移民安置项目建设及梵净山山水田园生态产业项目建设，启动黑湾河国际旅游度假区项目建设，进一步完善景区旅游基础建设。

6. 继续加大规划执法力度及安全生产监管力度。有效遏制违法违章建筑的再生及重特大安全事故的发生。继续加大容积率清理工作力度，进一步规范容积率管理制度化、规范化。继续加大“整脏治乱”工作力度，力促我县的整脏治乱工作效果挤进全区乃至全省的前列。

7. 加强在职干部职工管理人员及专业技术人员的学习培训，拟外出参观学习全国优秀的、先进的城乡规划、建设及管理经验。

8. 积极配合相关部门开展工作，建立房产登记矛盾纠纷排查机制，着力解决开发企业历史遗留矛盾。

9. 加大招商引资力度，为城市建设提供强有力的财力保障。

10. 继续加强机关作风及效能建设、党风廉政建设及反腐败工作，提高全局干部职工的办事效率，树立良好的窗口行业形象。

总之，我县的城镇规划建设与管理工作，在县委、政府的正确领导下，在全县人民的关心支持下，2012取得了可喜的成绩，但离广大人民群众的要求还有很大的差距。在今后的工作中，我局将带领全系统广大干部职工，以饱满的热情、昂扬的斗志，励精图治、与时俱进，充分依靠全县人民的力量，不断推动我县城乡建设又好又快向前发展。

创新思路　锐意进取　促进城市建设跨越发展

陕西省西安市临潼区建设和住房保障局　韩信锋

2012 年，西安市临潼区建住局在区委、区政府的正确领导下，在市建委的大力支持和指导下，以“十七大”会议精神为指针，按照把临潼建成西安国际化大都市最具活力副中心城市的发展定位，积极落实“国际级景区，五星级服务”理念，以“创中国旅游名城，建西部经济强区”区域发展目标总揽城乡建设工作全局，以营造纪律严明、风清气正的工作环境；奉行严谨务实、快捷高效的工作作风；提升精准管理、秉公办事的执法本领；树立热情周到、以人为本的服务理念“四项要求”为保障，紧紧围绕区委、区政府的总体工作部署，大力实施项目带动战略，完善城市功能，优化城市空间，提速村镇建设，统筹城乡发展，团结带领系统干部职工创新思路，强化措施，扎实苦干，锐意进取，努力实现着城市建设的跨越式发展。

一、发挥行业监管作用，促进建设管理和建筑市场平稳发展

（一）提高招标投标工作质量

组织区招标办全部从业人员和局机关全体人员、局属各单位中层领导干部学习了《中华人民共和国招标投标实施办法》。为提高工程招标投标透明度，2012 年 1 月份以来，与西安建设工程信息网联网，将所有监管工程项目的招投标公告、中标结果公示在除规定的网络和新闻媒体外，均在西安建设工程信息网发布，在一定程度上加大了招标投标监管力度。

（二）提高建设工程质量

在认真贯彻执行《陕西省建设工程质量和安全生产管理条例》、《陕西省建设工程质量和安全生产监督管理规定》的基础上，下发了《西安市建设工程质量安全监督站关于开展建设工程质量检测领域突出问题专项整治工作的通知》和《西安市建设工程质量安全监督站临潼分站关于开展 2012 年“质量月”活动的通知》。让各方责任主体自觉遵守法律法规和工程建设强制性标准，避免因某环节失控而造成质量事故。

（三）房地产市场管理方面

相关数据显示，2012 年全区共办理商品房、二手房及房改交易过户 2800 户，交易面积 26.03 万平方米，交易金额 6.11 亿元；合同网签备案 1412 户，合同备案金额 3.98 亿元；办理发放《商品房预售许可证》20 个，总预售审批面积 40.25 万平方米。认真做好房屋使用安全状况排查工作，对 25 个单位和 1905 户个人 41.48 万平方米的房产进行了评估，评估总值 14.1 亿元；为 41 个单位和 1226 户个人 113.8 万平方米的房屋进行了测绘；对 15 个单位和 286 户个人 47823 平方米的房屋进行了安全鉴定，签发鉴定报告 306 份。为规范全区物业管理行业发展，组织在临物业公司召开了物业服务行业座谈会，研究分析我区物业管理工作中存在的新问题、新情况。加强对全区房地产开发项目的现场检查，查处违规收取购房定金、违背“一价清”政策、无《商品房预（销）售许可证》和《商品房预（销）售许可证》等行为 7 起。启动了商品房预销售资金监管机制，与建设银行、西安银行等银行和 16 家房地产开发企业签订了资金监管协议，建立资金出入台账和资金拨付流水账。预计 2012 年 12 月底可累计审核拨付各种建设资金 16256 万元。认真开展住宅房屋普查工作，对全区 228 个住宅小区的 1465 幢住宅楼、65599 套、总建筑面积 664 万余平方米的住宅房屋进行了全面普查。其中，已建成住宅楼 1303 栋、52628 套、总建筑面积 512 万余平方米；在建住宅楼 162 栋、12971 套、总建筑面积 152 万余平方米。全年归集维修资金 3500 户共计 1500 万元，整理维修资金资料 1500 余户。

认真做好保障性住房销售工作，2012 年 1 月份，全区 1885 户具有经济适用住房购房资格的家庭，通过公开电脑摇号的方式，确定 504 户经济适用住房。现 504 套经济适用住房除六楼部分住房外，其他住房已销售完毕。出台了《临潼区一线在职工作人员住房销售实施方案》，近期将全面启动一线在职工作人员住房销售工作。

（四）建筑行业管理方面

2012 年我局成立了 5 个综合执法检查小组，对全区 60 家，总建筑面积 185.98 万平方米，总造价 30.28 亿元的在建工地实施全程监管，重点对在建项目法定手续不完善、文化墙不健全、现场施工环境混乱、夜间施工和车辆冲洗设施、出入口道路硬化、防尘措施落实等情况进行整治，严格查处未办理施工许可证擅自开工和安全措施不到位等情况，截至目前，共下发行政处罚告知书 42 份、行政处罚决定书 40 份、限期整改通知书 40 份、停工通知书 32 份、复工审批 4 份，现场整改 40 处，新建、修补文化墙 8400 余米，覆盖裸露黄土5000余平方米，依法办理建设工程施工许可证22家，补办施工许可证15家，施工许可证办证率达95%。

积极推进建筑节能工作开展，配合市散办对我区混凝土企业、砂浆搅办站进行定级评分，5家企业获得四星评定，3家企业获得三星评定。2012年9月组织开展建筑节能检查工作，市节能办对我区2项建设工程的建筑节能工作进行了专项检查，对存在的问题进行了整改。建住局办公楼、金典大酒店、417医院和908分公司综合办公楼完成节能改造，改造面积20130平方米。同时，我局大力做好建筑节能宣传和公示工作，开展了“实施建筑节能，改善人居环境”节能宣传活动，发放宣传资料1000余份；在施工现场醒目位置制作、安装节能公示牌18个，接受社会各界监督。

认真组织落实《2011～2015年西安市城乡建设行业教育培训规划》，全年举办各类培训18期次，培训人员5513人次。其中，培训一线从业人员3552人，班组长以上管理人员211人，监理员72人，评标人员130人，举办安全生产、消防安全和安全质量标准化知识等培训4期1492人次，目前我区从业人员持证上岗率已达100%，特殊工种持证率达到80%以上。并积极组织局属单位监理人员参加再教育培训和执业培训以及省、市监理协会举办的监理合同示范文本培训会，不断提高工作人员的业务水平和执业道德操守。

积极做好农民工工资普查工作。2012年以来，我局共组织了4次建筑工地普查活动，详细检查农民工工资保证金制度和施工企业诚信审查制度落实情况，截至目前协调解决农民工工资4600余万元。

（五）城市公用事业管理方面

进一步加强对城市管理的检查工作，并做好城区道路、人行道、排水等设施的管护工作。截至目前，共办理开挖占道手续25件，查处破坏市政设施行为78起，规范基建占道140起，清理建筑垃圾600余方，纠正车上人行道300余辆；全区绿化修剪绿篱18.5万平方米，除草5.2万平方米，护树1800余棵，病虫害防治10次，安设防晒网700余平方米，树木刷白1100余棵，苗木浇灌1680车，清理枯枝干叶650方；道路修补铺设沥青路面880平方米、人行道940平方米，修补检查井48座，更换道牙286处；维修各类灯具2510盏，更换灯具配件4893件，安装光控20个；配合区政府开展的国卫复审，加强城市环境强化维护工作，开展市容市貌专项集中整治6次，清理野广告2850条、破损条幅700条，维修护栏5200米，更换井篦83套，迎接国卫复审。

积极推进“大树进城”工作，投资105万元栽植大树300株，建设绿地

小广场6个3000平方米；完成屋顶绿化0.5万平方米、垂直绿化1.0万平方米，拆墙透绿1000米。在今年的全市性表彰大会上，西安市人民政府授予区建住局西安市创建“国家园林城市”暨开展“三年植绿大行动”工作先进基层单位。

扎实做好“缓堵保畅”工作，完成了城区人民东西路、陕鼓大道等城市主干道隔离护栏设置，全长约4公里，并购置护栏清洗车进行日常保洁。

继续做好城区节日装点工作，将市民的期盼点与社会的关注点紧密结合，完成了春节、五一、十一、元旦城区装点扮靓、西牌楼刷新和区纪委廉政教育宣传栏设置工作。

扎实稳妥开展城区防汛工作，下发了《清淤清障工作安排意见》，对城区所有道路逐条“拉网式”清淤和进行积水点改造，共计清理淤泥1500余方，更换雨水井篦117个，排除险情十余次，确保了城区安全度汛。

（六）城建档案管理方面

截止2012年10月底，接收进馆档案30余单体工程、整理工程档案3000余卷，拍摄制作专题片3部，录制新闻80余篇，接待查档人员165人次，查阅利用档案4000余卷。同时，我局通过“走出去送经，请进来传道”的方式，开展调研活动，形成了《临潼城建档案工作现状及对策调研报告》；对现有馆藏的35章管线图、地形图进行了拼接扫描，形成了较为系统的《临潼区路网示意图》；实现了城建档案信息化管理。

做好装饰装修市场管理，认真贯彻落实《建筑施工文明工地管理规定》和《建筑施工安全检查标准》，加强了对我区建筑装饰施工现场安全生产的监督检查和建筑装饰工程各方责任主体安全生产行为的检查力度，下发装饰装修催办通知书37份，停工通知书16份。同时，组织开展了《西安市建筑装饰装修管理条例》（征求意见稿）宣讲活动；5月份组织召开了在临装饰企业、建筑市场负责人及部分建材企业座谈会，通过督导，为临潼装饰装修市场健康有序发展进一步打下良好基础。

二、抓好建设系统安全生产工作，助推“平安临潼”建设

我局建筑安全生产工作，在2011年的基础上又进一步取得了好成绩，重特大安全事故继续保持为“零”，保证了我区建筑施工安全生产形势的持续稳定。在2012年的全市性表彰大会上，区质安站被西安市建设工程质量安全监督站授予“先进单位”。区建住局也被区委、区政府授予平安建设先进单位。我局分别组织了2012年春节前和春节后建筑施工安全生产检查、建筑安全防

护用品检查及现场防火专项治理、临潼区春季施工安全大检查、安全生产打非治违大排查、2012年“安全生产月”建筑施工安全生产检查和脚手架、吊篮及其中机械“三项行动”专项检查、冬季施工安全专项治理等7次安全生产大检查工作，对全区的在建工程项目进行抽查，重点检查大型机械、脚手架、物料提升机、深基坑支护、高支模、施工临时用电、临边支护、宿舍卫生消防等专项工作，共抽查了32家在建工程项目，根据工地现场存在的隐患签发了55份整改通知书，对存在较严重安全隐患和违反基本建设程序的工程发出停工整改通知书13份；积极开展“安全生产月”活动，广泛深入贯彻《安全生产法》、《建设工程安全生产管理条例》等法律法规和安全知识，在6月28日成功举办了建设工程生产安全事故应急救援预案实战演练暨2011年度“区级文明工地”授牌大会。2012年全区共有7个项目获得“区级文明工地”称号，5个项目获得“市级文明工地”称号，2个项目获得“省级文明工地”称号。

城市公用事业安全管理方面，2012年，我局对全区液化气市场进行了5次全面的安全生产大检查，查处非法液化气供应站点5家并予取缔；查处过期钢瓶400余只，已全部没收；并与取得《燃气经营许可证》的50家经营户签订了《安全责任书》，有力地遏制了不安全因素的发生。我局还积极抓好燃气器具管理及安全服务普查工作。由我局组织，区燃气办牵头，区燃气公司和具有燃气器具安装维修资质的企业组成燃气器具检查小组，认真落实分区上门安全普查工作。截止目前，入户检查17000余户，入户验收燃气壁挂炉和热水器600余户；检查发现隐患695起，整改695起，并检查整改城区用气餐厅165家，确保了我区至今燃气安全生产无事故。同时，积极发展天然气洁净能源用户，全年共发展天然气用户6825户，大灶63台，锅炉7台，供应天然气3800万立方米，销售液化石油气2200吨。扎实做好今冬明春供暖工作，区机关供热中心从10月份就着手对3个热源站，10台锅炉进行了检修；对一号热源站锅炉脱硫系统进行了改造，改造完成的脱硫在线工程设备脱硫率达到90%以上。目前，三个热源站的煤炭储备量已达2.2万吨，占全年用煤量的55%。2012年签订供热合同15家单位，发展供热面积61.5万平方米。

三、做好新农村建设指导工作，推进建设宜居城乡和城乡一体化

以推进新农村建设工作和农村居民住宅建设为切入点，积极推进宜居城

乡建设和城乡一体化建设。2012 年我局负责的马额、铁炉、小金、栎阳等街办的小城镇提升改造工程已全面竣工。其中，铺设人行道 3288 平方米，改造道路 1300 米，安装路灯 14 盏，栽植树木 168 棵，制作商户门头牌匾 1400 米；完成了小金、栎阳街办政府大院的改造工程。

以代王街办代南村为“美丽清洁村庄”建设的示范点，完成修建入村牌楼一座，安装标志牌一块，村民住宅立面外墙抹灰 6400 平方米，贴墙面砖 1600 平方米，新修村道 600 米，对村内原有绿化进行了修剪、补栽。

指导铁炉街办下咀组做好新农村整治样板工作，新修村道 700 米，砌筑排水沟 1500 米，铺设地砖 1500 平方米，栽植路牙石 860 块，粉刷外墙防水涂料 2900 平方米，安装路灯 20 盏，栽植行道树 200 棵，绿篱 2100 平方米。

加强对农村危房改造建设的指导工作，推动我区农村危房改造顺利开展。目前，全区 1163 户危房改造任务全部完成，正在进行档案录入工作。在我局的组织和推动下，秦陵街办垃圾压缩站、垃圾车和零口街办垃圾车项目成功通过验收，补助资金即将划拨到位；为相桥、任留街办成功申请并安装了 98 盏太阳能路灯，进一步改善了村容村貌和农民居住环境，提高农民居住水平，推动全区村长整治工作上一个新台阶。

四、积极开展创新创优工作，努力提高建住系统行政效率

抓好机关自身建设。认真组织开展全局的学习实践科学发展活动和民主评议政风行风活动，分别制定了工作方案开展自查工作，局领导班子多次走访局属单位、施工一线进行调研，召开座谈会 10 余场；并严格按照方案的要求认真进行整改。结合 2012 年开展的民主评议政风行风活动和作风纪律暨工作效能教育活动，继续抓紧抓好机关效能建设，开展模范遵守“十禁规定”，努力践行建住人的“四项要求”活动，进一步转变机关作风，使机关效能建设水平有新的提高。在作风纪律暨工作效能教育活动期间，深入开展了以房地产开发、招标投标活动、工程建设实施和工程质量管理为重点的工程建设领域突出问题专项治理工作。确保了无转包、违法分包等现象发生。邀请市人民检察院法律政策研究室主任、西安市预防职务犯罪宣讲团副团长举办预防职务犯罪专题讲座；组织观看《燃烧的石榴》、《忠诚与背叛》、《雨中的树》《扬善洲》、《飞天》、《信仰》等影片，切实增强了党性修养，筑牢了反腐防线；继续签订《党风廉政责任书》的相关工作；10 月参加了由区政法委举办的“平安临潼”录播，分别围绕“两率一度”和“增强责任心，提高执行力，落实五星级服务”等主题与市民分享城乡建设成果。严格按照规定，

认真做好选举工作。以提高广大党员干部职工素质为重点，广泛、深入、持久的开展“学习型组织”创建活动，开设“临潼建设大讲堂”5期。另外，还在全系统积极开展法律法规学习年活动，提高干部职工责任意识、法制意识，树立正确执法理念，规范行政执法行为。较好的完成了局属事业单位提拔干部的考察任免工作，做好新党员的发展工作，全年新接收党员21名，转正党员24名。组织机关全体干部和离退休干部参加年度体检。三大传统节日前，还对机关离退休干部进行慰问。继续开展“临潼建设，党员先行”争先创优活动，重点推动“听民声 访民情 解民忧”活动深入开展。2012年，区建住局按照区委的统一安排，与交口街办的四个自然村结成帮扶对子，26名包抓干部通过多次召开座谈会，走村入户，深入摸排，了解村情民情及群众所需所愿，完成了18户危房改造任务，硬化村道7000米，向交口街办提供了10万元的物资，并为帮扶村捐赠了4万元的办公室设施和10台空调，慰问了26名贫困户，为每人送去300元慰问金，积极支持“三夏”工作，为街办提供了4万元三夏帮扶资金，让党建和精神文明建设工作迈上了一个新的高度。

2012年我局的各项工作在系统广大干部职工的强力推进中取得了较好的成绩，但是从一年的工作来看，依然存在不容忽视的问题。一是街办征地拆迁难度不断增大，一些工程实施相对比较缓慢；二是片区相对独立，规划建设配套不能达到有机统一；三是权责不一，工作对接困难。城市绿化管理工作在我区目前仍由建住局负责，存在与上级主管部门西安市市容园林局接洽不畅的问题，影响城市绿化维护专项资金的争取，直接影响该项工作的全面开展。

五、下一步继续加强重点工程建设，加快城市建设步伐

2013年，我局拟计划投资68870万元，计划建设秦汉大道临潼段、东三环及延伸道路工程、保障性住房建设等8项工程。其中：

（一）秦汉大道临潼段建设工程

2013年拟计划投资21500万元，完成道路征地拆迁工作（8500万元）；完成2公里道路建设工程；完成3处穿越铁路方案设计及施工前期手续；完成1处高速公路横跨方案设计及施工前期手续。

（二）保障性住房建设项目

2013年拟计划投资30030万元。

1. 拟计划投资350万元，完成新增廉租住房租金补贴280户。

2. 拟计划投资3580万元，建设经济适用住房350套，并达到主体竣工验收；100套经济适用住房年底具备动工条件，开工建设（以市下达任务为准）。

3. 拟计划投资18000万元，建设一线职工住房1700套，主体竣工验收。

4. 拟计划投资1600万元，建设廉租住房200套，达到主体竣工验收。

5. 拟计划投资6500万元，建设限价商品房住宅楼4栋，达到主体封顶；另新建限价商品房100套，年底具备动工条件，开工建设（以市下达任务为准）。

（三）东三环及延伸段道路建设工程

2013年拟计划投资2965万元，完成东三环南段和秦陵南路延伸段道路的建设工程；完成东三环北段前期准备工作，力争年内开工建设。

（四）小城镇基础设施建设工程

2013年拟计划投资8625万元，实施零口、代王、新丰、西泉、栎阳等重点镇的道路、排水、照明等基础设施建设。硬化道路13027米，埋设排水管道14700米，铺设人行道13000平方米，安装路灯300盏。

（五）西安渭北工业区临潼现代工业组团天然气利用项目

2013年拟计划投资2500万元，计划完成门站征地、建设相关手续，设备订购、安装调试到位；完成8公里次高压管网铺设工程。

（六）临潼城区天然气门站扩容改造工程

2013年拟计划投资1900万元，计划完成门站的征地、建设相关手续；完成设备订购、安装、调试到位投入使用。

（七）胡王天然气汽车加气站项目

2013年拟计划投资700万元，计划完成建站征地、建设相关手续；完成站房、加气罩棚、站区道路、地面工程；完成设备订购、安装到位，达到试运行。

（八）二号热源站扩建项目

2013年拟计划投资600万元，计划完成锅炉房土建工程。

统筹城乡发展　关注民生事业
严格工程监管　谱写城市新篇

宁夏回族自治区青铜峡市住房和城乡建设局　任贵生　段文定

2012年，青铜峡市市住房和城乡建设工作坚持以黄河金岸精品区建设为目标，以项目建设为重点，以统筹城乡发展为主线，以解决好民生事业为着力点，以建筑领域监管服务为突破，全体城建工作者开拓进取，创先争优，较好完成了城乡建设十大重点工程、沿黄城市带项目建设、城乡环境综合整治、"两大任务"及"两大活动"工作，住房和城乡建设工作持续、健康发展。2012年开工建设各类项目76项，新建续建各类建筑面积239万平方米，完成城市建设总投资53.3亿元，城镇化率达到50.8%。

一、全面完成市政基础设施建设任务，城市基础设施更加完善，承载能力进一步增强

（一）市政道路桥梁建设顺利完成

新建改建城市道路16条13.53公里，翻建了汉坝街跨汉延渠桥，新建了污水厂南路跨惠农渠桥，完成总投资1.07亿元；投资630万元，实施了2.2公里东环路人行道改造建设工程；投资1800万元完成了城市东区电缆沟建设任务；为8个小区2780户安装了天然气，配合了技术监督局回收销毁钢瓶2万只。城市路网建设和桥梁翻建新建，不仅解决了东区和旧城区的交通"肠梗阻"问题，完善了城市道路，也为嘉宝园区的招商引资工作提供了良好的基础设施条件。

（二）城市供水、供热服务质量进一步提升

建设配水管网20公里，供热管网22公里，换热站18座，对老城区2255户18.8万平方米住宅进行了分户供暖改造，完成投资6163万元；对10台深井潜水泵进行了全面维修，补充更换了滤池滤料；新建了14个换热站，使换热站增加至59个，并实施了供热自动化改造项目，增设了水费收缴服务窗口，实行了供煤公开招投标机制，通过这些措施的落实，实现了冬季提前供暖和平稳优质供暖的目标。2012年实现新增供水用户5600户，水费收入875

万元，较上年增长6%；实现供热面积350万平方米，暖费收入5796万元，较上年增长11%；实现工程收入762万元，较上年增长12%。

（三）排污集污管网日趋完备

投资7284万元完成城市东区12.49公里集污管网一期工程建设、第二污水处理厂及集污工程建设。结合环境整治和有毒有害气体的监测监管，先后完成了纬一路、团结巷、黄河楼、佳旺家私城等有毒有害气体检测，对张岗市场、紫薇小区、物流中心、光明小区等进行了维修作业，完善了我市排污管网建设，确保了排污设施维修的安全，提高了排污服务能力。

二、全面完成城市配套服务项目建设，城市服务功能更加健全，服务能力进一步提高

（一）城市地标性建设项目进展顺利

为了提升城市品位，突显我市作为沿黄经济区亮点城市的功能定位、地域特点和文化特色，规划建设了黄河楼、上陵外滩五星级大酒店、黄河文化体育会展中心及黄河外滩生态湿地治理工程，年内共计完成投资5亿元，这些项目的实施，拉动了城市内需，提升了城市东区配套服务能力，金岸明珠城市品牌日趋显现。

（二）城市商业服务项目开工建设，城市服务能力进一步提升

投资5.4亿元开工建设了青铜峡宾馆、龙海花园住宅小区、天景美邸住宅小区、塞上江南住宅小区、龙海地下商场、龙海商业街、南市场改造及汽车运输调度中心等一批城市商业服务项目，形成了城市的带动效应，进一步完善老城区的服务功能，增加我市交通运输业及物流产业的发展后劲。

（三）文化旅游项目规划建设，精品旅游线路初步形成

为了打造我区中部旅游精品区品牌，2012年我们配合市文化旅游部门，建设了大禹文化园、塔林博物馆、黄河游乐园及游艇码头建设工程，完成投资1.7亿元。这些项目的实施，为我市文化旅游工作增添了活力，精品旅游线路初步形成。

三、超额完成保障房建设任务，中低收入家庭的住房保障问题得到缓解，惠民政策得到进一步落实

（一）保障房及安置楼建设任务全面完成

2012年，我们按照中央和自治区关于继续贯彻落实“保增长、保稳定、

保民生”的决策部署，把解决低收入家庭住房困难问题和失地农民安置房建设列入重点工作，分别完成了廉租住房450套2.25万平方米、完成了经济适用住房240套1.80万平方米、公共租赁住房616套2.96万平方米，建设失地农民安置房1140套12.58万平方米，完成生态移民住宅981户5.3万平方米。保障性住房的建设，使中低收入家庭的住房问题得到有效缓解。

（二）保障性住房分配和使用管理更加规范和公开透明

2012年房屋产权产籍管理部门严格按照自治区及我市廉租住房和经济适用住房保障办法等相关政策要求，对198套廉租住房依照工作制度和程序，进行了配租，及时纠正和制止选房工程中的徇私舞弊行为，确保了廉租住房配租工作的公平、公正、公开和透明。在保障性住房管理工作中，对历年来已享受住房保障的家庭进行了一次集中的资格审查，共计清理取消没有保障资格户369户，收回的廉租住房已及时安排符合条件的保障家庭入住。同时积极实施廉租住房和公共租赁住房并轨管理，确保保障性住房的科学保障、合理保障、有效保障。

四、全面完成特色小城镇和塞上新居、旧村整治、危房改造建设任务，镇村人居环境明显改善，城乡环境整治工作持续深入

（一）特色小城镇建设初具规模

2012年我们共完成了叶升三期、青铜峡镇二期、峡口一期和陈袁滩小城镇建设工程，共完成投资2.03亿元，主要实施了民生服务项目、景观水道建设、旅游大道、城镇道路、沿街商贸房改造及文化广场等建设工程。特色小城镇项目的实施，使城镇特色更加明显，基础设施明显改造，城乡居民生活环境进一步提高。

（二）塞上农民新居、旧村整治及危房改造亮点凸显

按照《沿黄城市带发展规划》要求，结合农村环境综合整治和危房改造，高品位规划建设沿黄特色村镇。2012年新建“塞上农民新居”新建点5个550户，旧村整治29个4526户，道路硬化91公里，明排水67公里，拆除危旧农房912户，危房改造1960户。

（三）城乡环境综合整治工作扎实有效

农村环境综合整治，我们坚持与镇村建设、农村公路建设、农村环境集中连片整治、农村改水改厕、农田水利基本建设“五项工程”相结合。通过

向上争取、政府奖补、部门（单位）筹集和群众投劳等多种方式，筹措资金6.7亿元，对城乡环境进行集中整治。在吴忠市组织的城乡环境综合整治工作考核验收中，我市取得5个县市区第1名，8个镇进入吴忠市45个乡镇前20名的好成绩。城乡环境综合整治工作的扎实开展，极大地改善群众生产生活条件，成为引领全区环境整治的示范点。

五、建筑领域质量安全监管工作力度进一步加大，建筑市场管理更加规范，服务能力进一步增强

（一）加大建筑业管理力度

2012年共组织各项检查5次，共涉及全市房屋建筑和市政工程建设项目49项，建设单位52家、监理公司15家、施工企业76家。共下发行政处罚决定书16份，告知书10份，下达安全隐患整改通知书61份，对4家施工企业记入不良行为记录。2012年共完成网上安全报监审批185项，受监工程面积达680.39万平方米，监督覆盖率达99%以上。扎实开展“打非治违”和“百日专项整治”治理活动，共打击现场各类违规违章行为12起，排查各类安全隐患268项，2012年未发生一起建筑安全生产事故，强有力的措施使在建工程水平稳中有升，促进了我市建设事业的健康发展。

（二）加大工程质量监督管理力度

2012年质量监督管理部门牢固树立“百年大计，质量第一”的思想，扎实履行工程质量管理的监督职责，2012年共监督工程891项，建筑面积422万平方米。工程质量监督覆盖率达99%；备案工程合格率100%。在具体监督工作中，除了采取严格工程质量监督和竣工验收备案，严把竣工验收关，完善监督手段，实行差别化管理外，同时加大对重点工程、民生工程及新农村建设质量监管，开展了30余次工程质量大检查，2012年未发生一起工程质量生产事故。

（三）加大“一书两证”办理程序的规范管理

2012年结合进一步营造风清气正的发展环境活动及勤政教育活动，我们对部分工作人员进行了轮岗，选配了政治素质高、工作能力强的人员充实到重要岗位，要求大厅受理人员在“一书两证”办理工作中严谨认真、规范程序。2012年共办理选址意见书90件，规划设计条件书102件，用地规划许可证51件，建设工程规划许可证108件、施工许可证113项，共收缴各类规费989万元，为住房和城乡建设工作的良性发展奠定了基础。

六、城市规划审核审批工作程序进一步规范，规划设计执行更加严格，城市建设品位明显提高

2012 年共召开规划委员会 8 次，完成工业园区、农业产业化、城市基础设施、房地产开发、保障房小区、校安工程、龙海商业街、龙海西区、塞上农民新居、第三敬老院及立新转盘改造等 80 多个项目的规划审定。先后规划编制完成了邵岗镇等 6 个镇区乡镇规划，完成了立新转盘改造、黄河生态园及滨河休闲度假村等 8 个城乡建设项目的规划方案；配合山东人文设计院完成了城市东区行政中心的规划设计工作。这些规划方案的完成，为我市城市重点项目开工建设奠定了基础。

为保障审批项目严格按照审定的规划实施，我们严格执行项目放验线制度，完成了 140 栋商住楼 80 万平方米的房地产项目的放线工作，完成了 16 条城市道路、17 家工业项目和广武生态移民工程、滨河湿地治理项目、第七中学教学楼、青铜峡客运中心、第三敬老院及青铜峡宾馆等工程的放验线工作。加大规划监察执法力度，对城市东区 4 家不按审批规划进行建设的房地产开发企业进行了处罚，确保了城市规划工作的严肃性，使城市规划审核审批工作程序进一步规范，规划设计执行更加严格，城市建设品位明显提高。

七、市政和环卫工作有序推进，设施装备进一步改善，城市美化亮化新景观进一步优化

（一）市政环卫设施投入加大，城市保洁工作有序推进

新建改造公厕 18 座、建设 2 座日处理生活垃圾 50 吨的收集压缩转运站，完成投资 1600 万元。安装路灯 1563 基盏，完成投资 2022 万元。投资 18.7 万元对城区 18 座公厕进行了全面维修改造；投资 11.2 万元对城区内 86 个地坑式垃圾收集箱外部墙体进行了砌护，使地坑墙体结实耐用；投资 7.6 万元对城区 469 个果皮箱进行了打磨、喷漆和维修；争取资金 650 万元，计划建设 700 个新型太阳能环保果皮箱。对全市 22 条城市主要街路，164 万平方米清扫保洁面积实行 24 小时“全方位、无盲区、全覆盖、无间隙”管理。在城市大街小巷，无论是工作日还是节假日，环卫工人顶风冒雪清扫保洁。无论是节庆日还是重大活动，环卫工人夜以继日悬挂彩旗彩带，展拉宣传条幅，保洁现场环境；为抢时间赶进度，市政职工不顾疲劳通宵达旦坚守在城市街道工作现场，渴了喝瓶水，饿了吃盒饭，困了累了蜷在车上片刻小歇，不叫苦不叫累，展现了市政队伍过硬

的工作作风，得到了各级领导和社会各界的一致好评。

（二）城市管理工作不断强化，城市新景观不断闪现

2012 年共查处各类违法违章行为 37 起。治理主要街道店外延伸占道经营、乱摆摊设点 800 余处，店外延伸摊点 780 余处，清理夜间占道烧烤 460 余人次；对不符合城市容貌标准、超高、超大、陈旧、破损的 360 块广告牌进行了拆除，督促沿街商户自行更换牌匾 180 余块，审批新装修门头牌匾 62 块。同时对城区楼顶设置的 24 块大型户外广告牌匾进行安全隐患排查，雇佣吊车拆除存在安全隐患的牌匾 6 块，对 5 处大型广告牌匾责令相关单位进行拆除并按标准重新设置，达到了美化亮化效果；同时，按照户外广告牌匾亮化标准，鼓励商家制作高标准的亮化牌匾 120 余块，进一步提升了城市品味。为了提升城建监察执法水平，投资 35 万元购置了 4 城管执法车辆，装备的改善为城市管理提供了有力的后勤保障，城市新景观不断闪现。

八、房地产开发平稳发展，市场监管规范，服务到位

2012 年我们强力推进房地产业的开发力度，各类住房项目开工面积 220 万平方米，其中续建 140 万平方米，新开工 80 万平方米。在加大建设力度的同时，针对近年来全国房地产市场不景气的现状，实现 2012 年房屋销售 3139 套总面积 33.12 万平方米。在具体工作中，我们优化环境，增强服务主动性，大力推广“提前介入，主动参与，无偿服务”的工作理念，落实专门科室、人员，对企业实行紧盯跟牢，随时联系沟通，了解企业需求，切实帮助企业解决实际困难和问题，成功举办了 2012 年城乡十大重点工程启动仪式、上陵黄河外滩居家养老入住仪式及组织召开 23 家房地产开发企业座谈会 3 次，机关各职能部门明确责任、形成合力，全体住建人员把主要精力放在指导服务、信息沟通等具体工作上，出台我市房地产优惠扶持政策，搞好共同开发。坚持协调并进，推动全面发展。在加大协调服务的同时，积极采取有效措施，扶植已有开发企业的发展，特别是那些潜力大、科技含金量高、市场竞争力强的企业，引导鼓励企业深化服务内涵，创新服务手段，不断拓宽自身经营空间。市场规范有序、服务到位，房地产市场健康、平稳、有序发展。

九、机关效能建设得到进一步强化，创先争优活动扎实推进

2012 年按照市委政府“两大活动”责任制限时制的工作要求，我局狠抓

落实，扎实工作，“两大活动”工作引领城乡建设业务工作，活动开展情况亮点凸显，干部职工精神饱满，工作干劲倍增。为了使机关效能建设得到进一步强化，做到以制度管人，以制度约束人，用好的机制激励人的工作目标，修定完善了《机关工作学习制度》《绩效考核考勤制度》《重点工作情况通报交流制度》及《项目建设周例会制度》等制度。同时，在机关和下属单位推行开展了干部职工轮岗交流、班子成员述职评议、项目建设督导巡查、“一书两证”限期办结和每月开展一次文体活动制度。2012 年举办了篮球比赛、健美操比赛、拔河比赛、广播体操比赛、趣味运动会、拓展训练等各项文体活动，凝聚了干部职工干事创业的决心与信心，超强的凝聚力有效治理了“慵、懒、散、软”的工作作风，住建系统全体干部职工努力在工作中创先争优，在实践中和谐发展。通过这些制度的完善、执行和形式各样的文体活动的广泛开展，既规范了干部职工的履职行为，也极大地增强和调动了干部职工的工作积极性，既推进了营造风清气正发展环境活动的深入开展，也在机关效能建设和干部职工作风建设上取得了明显成效，形成了政令畅通和积极工作，激情干事的良好工作局面。

十、“两大任务”全面完成，精神文明建设扎实推进，干部职工素质进一步提高

2012 年，市委、政府下达我局招商引资任务 2 亿元、争取项目资金 1.4 亿元，截止目前，完成招商引资任务 2.2 亿元，占年度任务 116%，完成项目资金争取 1.4 亿元，占年度任务的 100%，超额完成目标任务。在超额完成“两大任务”的同时，我们创新工作方法，提高办事效果，认真办理人大代表意见建议和政协委员提案，2012 年共办理市人大代表意见建议和政协委员提案 39 件，于 7 月 15 日组织召开了代表和委员见面会，向人大代表和委员汇报意见建议和提案的办理情况，办理工作做到了件件有答复，事事有回音，答复率 100%。被市委、政府、政协评为“承办先进单位”。

加强干部理论教育，充分利用《吴忠日报》、青铜峡电视台、广播电台等新闻媒体，通过专题片、新闻等形式，进一步加强新闻宣传，较好地完成了党报党刊的征订任务。开展了演讲比赛、文艺演出、扶贫献爱心等活动，群众性精神文明创建活动丰富多彩，年内共向市委、政府上报建设信息 65 篇。坚持重点防范，信访工作机制全面创新。我们坚持把城市房屋拆迁、分户供暖改造、暖气不热、农民工工资等影响稳定的信访苗头和群体性事件及时纳

入视野，以遏制集体访与重复访为重点，集中力量进行重点解决，2012 年共办理信访案件 5 件，基本做到了件件有答复，事事有交待。

十一、营造风清气正发展环境活动有效开展，廉政勤政建设工作不断深入

深入开展了进一步营造风清气正住房和城乡建设发展环境活动，紧紧围绕活动的主题和城乡建设工作的实际，精心组织，周密部署，边学边改，扎实推进，较好地完成了活动的各项任务，广大党员和干部职工特别是领导干部贯彻落实科学发展观的自觉性明显提高，制约我市城乡建设事业科学发展的一些突出问题切实得到了解决，推进科学发展的体制机制和管理制度有了创新，收到了良好的效果。认真贯彻《建立健全惩治和预防腐败体系 2008 ~ 2012 年规划》，严格履行"一岗三责"制度，层层签订了目标责任书，廉政勤正建设工作不断深入，认真开展廉政宣传教育，继续开展廉政文化建设，积极开展反面警示教育，有效开展廉政风险防范管理，按时召开了民主生活会，局系统 24 名科级领导干部认真填报了《领导干部个人有关事项报告表》、《收入申报表》和《礼品登记表》，并进行了述职述廉述德。2012 年对所有在建工程签订了廉政合同，警示在先，行动在后，在重点工程建设中，按照"能干事、会干事、干成事"的要求，领导带头，率先垂范，深入一线，靠前指挥；广大干部职工以只争朝夕、大干快上的工作劲头，敢为人先、争创一流的精神状态，冬战严寒，夏战酷暑，干群合力，整体推进，焕发了建设人的工作热情，彰显了建设人的精神风貌，实现了各项工作的全面提速。

十二、完成 2012 年工作的几点启示

在完成年度工作任务中，我们始终离不开市委、政府的关心指导、始终离不开各相关单位的相互协调、始终离不开住建系统广大干部职工的辛勤努力，一年的工作中我们感触颇深，受益匪浅。五点启示为下一年工作奠定基础：

（一）只有抓早、抓实，把规划报审抓在前，才不会延误工期，为项目按时工建和竣工使用打下基础

规划审批、勘察设计、立项报审、公开招投标是所有项目建设不可或缺的程序，也是项目"四制"管理、规范项目建设、依法管理的必经环节，是杜绝违规违纪的有效手段。因此，工程建设中只有早规划、早审批，才能早

立项、早报审，才能及时公开招投标和依程序开工建设，为项目顺利实施和交付使用打下基础。

（二）只有把质量、安全、进度抓实盯紧，才不会发生质量、安全问题和责任事故，确保项目顺利完成

承担任务和城乡建设重点项目建设、监督管理建筑领域的项目建设规范进行，是住房和城乡建设系统的重要职责。一年来，我们严格坚持“进度服从质量、进度服从安全”的项目监管理念，以“质量第一，安全至上”为工作原则，采取不符合质量规定不放过，安全保障措施不落实不放过，进度跟不上竣工计划不放松的工作措施，才确保2012年十大城乡建设工程和承担的建设任务的如期完成。

（三）只有干部职工凝心聚力，团结务实，严格标准，忍辱负重，才能够攻坚克难，提高效率，让群众满意

城市管理和市政基础设施建设和维护使用，是和千家万户息息相关、紧密相连的民生事业，是广大人民群众关心、关注、企盼解决好的难点、热点和焦点问题。无论是供水、供热还是供气，无论是街道建设硬化、亮化还是停车出行，无论是街道清扫保洁、垃圾清运处理，还是楼道小区的卫生环境，无论是有毒有害气体作业的有限空间管道还是冒着严寒抢修供暖管线等等，只要是有人生活工作的地方就能看到住建人默默无闻、吃苦耐劳、奉献岗位的身影。忍辱负重、团结苦干，不畏艰险，长期以来已成为住建人的工作作风和攻坚克难的优良品行。

（四）只有规范办事程序，公开办事结果，严肃办事纪律，才能赢得广大群众的信任和配合支持

无论是“一书两证”的办理还是公租房、廉租、经济适用房的分配，无论是建筑质量、施工安全和招投标的监管管理，还是水费、暖费的收缴和大修基金、物业费的使用，无论是房地产开发企业和建筑企业各种费用、基金的征缴，还是房产交易等，只要践行办事规程，优化进行公开办事结果、严肃办事纪律，就会减少和杜绝违规违纪问题的发生，群众对我们信任度就会进一步提高，满意率就会逐步提升。

（五）只有领导以身作则，带头示范，吃苦在前，干部职工才会心往一处想，劲往一处使，才能营造积极工作、激情干事的良好工作氛围

无论是局领导班子成员，还是科室主任及局属各单位领导，无论是工作日还是节假日，无论是艳阳高照还是风雨雷雪，无论是父母生病还是孩子住院，只要领导以身作则，率先垂范，工作在第一线，嘘寒问暖在工作中，干

部职工就会形成强大的工作合力，良好的工作氛围就会最终形成。

一年来，住房和城乡建设工作虽然取得了一定成绩，但仍然存在着一些亟待解决的问题：一是个别工程因招商、施工队伍原因，未能按期开工建设；二是城市东区新挂牌土地开发项目受全国房地产大气候影响，部分房地产开发项目未能开工建设；三是项目管理与工程进度还需要紧盯不放。

成绩属于过去，未来任重道远。万里征程风正劲，千钧重任再奋蹄。2013 年，我们将以十八大精神为指引，按照自治区打造沿黄城市带的战略构想和吴忠市“一城两冀、西移东扩”的总体要求，以黄河金岸建设为重点，大力实施项目带动战略，继续加大基础设施建设力度，全面加快农民新居建设、危房改造及旧村整治步伐，坚定不移地推进城乡一体化进程，不断开创我市住房和城乡建设工作新局面。

作者简介：

任贵生，男，汉族，1963 年 12 月出生，中共党员，本科学历。现任宁夏回族自治区青铜峡市住房和城乡建设局局长。

自 1988 年 7 月参加工作起，历任青铜峡市物资管理局政工干部，青铜峡市纪检委秘书、办公室主任，青铜峡市叶升镇镇长，青铜峡市瞿靖镇镇长、党委书记兼镇长，青铜峡市教育局局长，青铜峡市教育体育局局长。2011 年 11 月至今，任青铜峡市住房和城乡建设局局长。

求真务实抓建设　以民为本促发展

新疆维吾尔自治区且末县住房和城乡建设局　辛建国

2013年，且末县住房和城乡建设局各项工作在县委、县政府的高度重视和正确领导下，在上级业务主管部门的关心指导下，认真贯彻落实县委、政府的决策部署，以科学发展观统领住房和城乡建设工作，立足高水平规划、高质量建设、高标准管理、高速度推进，按照县委、政府对住房和城乡建设工作的总体要求，加快基础设施建设，全局上下真抓实干，推动了各项工作的协调发展。

一、2013年安居富民工程建设安排部署情况

2013年自治州给我县下达的安居富民建设任务是3050套（其中150套自建户），2030套拆除危旧房。

（一）领导责任落实情况

县委、县人民政府高度重视安居富民工程建设，将其摆上重要议事日程，多次召开会议研究部署安居富民工作，制定并下发了2013年安居富民工程建设实施方案。严格执行安居富民工程责任制，2月份与各乡（镇）场签订责任书，明确职责任务，形成“一把手负总责、分管领导具体负责、其他领导协调配合”一级抓一级、层层抓落实的工作格局。

（二）资金拨付情况

中央和自治区预付的备料款，每户7500元，合计2175万元在春节前已按计划任务分配拨付到全县各乡场。目前正在协调办理建房户贷款事宜。

（三）备工备料和工程进展情况

备工备料情况：截止3月22日，已拉运多孔砖753.5万块、水泥1070吨、钢筋119.7吨、门窗316套、沙石料1481方、苇板1295平方、苇草81吨，参与建设的施工队107个。

开工情况：截止目前，全县已开工59套（具体为：琼库勒乡开工14套、托格拉克勒克乡开工14套、巴格艾日克乡开工13套、英吾斯塘乡开工3套、塔提让乡开工15套）。

二、城镇保障性住房及棚户区改造建设情况

根据且末县城镇《"十二五"住房保障专项规划》，2013年我县计划建设保障性住房及棚户区改造安置住房1576套，建筑面积109647平方米，总投资18640万元，其中：廉租住房新建420套，建筑面积21000平方米；公共租赁住房新建418套，建筑面积25080平方米；城市棚户区改造738户，建筑面积67667平方米，计划发放租赁补贴1200户。

（一）2013年保障性住房及棚户区改造建设进展及资金情况

1. 廉租住房。2013年我县计划建设廉租住房420套，建筑面积21000平方米，总投资3570万元，建设地点位于且末县埃塔南路西侧，目前已完成规划选址，已进入施工图设计，计划4月底开工。

2. 公共租赁住房。2013年我县计划建设公租房418套（其中：政府直接投资建设公共租赁住房114套；乡镇干部周转房94套；教育系统干部周转房150套；卫生系统干部周转房60套），总建筑面积25080平方米，总投资4264万元，建设地点位于且末县埃塔南路西侧，目前已完成规划选址，现已进入施工图设计，计划4月底开工。

3. 城市棚户区改造。2013年我县建设棚户区改造安置住房738套，建筑面积67667平方米，总投资10806万元。目前已完成房屋征收工作、前期手续办理及招投标工作，计划4月底开工。

4. 建设资金筹集情况。2013年我县保障性住房及棚户区改造建设资金计划筹集18640万元。具体如下：

一是计划筹集廉租住房建设资金3570万元，其中：争取中央补助资金1462万元，自治区廉租住房补助资金825万元，县财政自筹1283万元。

二是计划筹集公共租赁住房建设资金4264万元，其中：争取中央补助资金1238万元，自治区补助251万元，县财政自筹2775万元。

三是计划筹集棚户区改造建设资金10806万元，其中：争取中央专项补助资金1575万元，自治区补助资金361万元，县财政自筹8870万元。

（二）2012年续建项目进展情况

1. 廉租住房。2012年我县建设廉租住房4栋520套，总建筑面积29019平方米，总投资4742万元，续建520套廉租住房位于滨河小区和玉城花苑内，目前主体已完工，计划7月底竣工。

2. 公共租赁住房。2012年我县建设公共租赁住房6栋499套（包括安居安心工程79套），建筑面积28639平方米（安居安心工程3307平方米），总投资4764万元（安居安心工程504万元），续建499套公共租赁住房位于滨河小区、玉城花苑、塔提让乡、奥依亚依拉克乡、阿羌乡、和库拉木勒克乡，目前主体已完工，计划7月底竣工。

3. 棚户区改造住房。2012年我县棚户区改造住房16栋823套，建筑面积84257平方米，总投资13445万元，目前昆仑小区300套已竣工入住，续建项目位于滨河小区、玉城花苑、埃塔北路，共523套，计划7月底竣工。

（三）规划编制情况

我县《“十二五”城镇住房发展规划》编制已委托库尔勒开拓规划设计院进行编制，规划编制初稿已完成，现正在进行修订。

（四）保障性住房建设管理方面

一是工程建设方面。我县保障性住房建设严格按照“两个工作方案、两个建设标准、四项工作制度”要求，委托有资质设计单位严格按照廉租住房套型建筑面积控制在50平方米以内，公共租赁住房套型建筑面积控制在35～60平方米之间，经济适用住房套型建筑面积控制在60平方米左右的标准进行立项、设计、招投标、施工等所有前期手续，工程施工、监理公开招标率达到100%；工程中实施严格落实“四制”管理，项目法人、设计、施工、监理等参建单位按照合同约定认真履行职责。

二是管理方面。为加强保障性住房运营管理，我县先后出台了《且末县经济适用住房管理办法》、《且末县城镇最低收入家庭廉租住房申请、审核及退出管理办法》、《棚户区改造实施方案》等管理办法。对于不同性质住房，分配和管理也不尽相同。

1. 廉租住房租赁补贴发放方面。按照我县出台《且末县廉租住房租赁补贴实施办法》，以自愿申请、逐级申报的方法，严格按照程序对住房困难家庭发放租赁补贴，并建立城镇低收入家庭详细住房档案。住房补贴标准也由原来的每月每户70元增加到现在每月每户100元，2012年累计发放租赁补贴32万元，缓解了困难家庭的住房问题。为了便于管理，我县为城镇低收入住房困难家庭建立了电子和纸质档案，在管理期间住房保障部门对低收入家庭定期进行摸底调查，对经济收入好转等不再符合发放租赁补贴条件的居民停止发放租赁补贴。

2. 实物配租。我县廉租住房实物配租实行“三级审核，三级公示”制度，城镇低收入家庭申请廉租住房时必须向社区提交书面申请及相关证明，社区进行初步筛选审核、公示并上报镇政府、住房保障等部门逐级审核公示，对符合实物配租的城镇低收入家庭给予实物配租，2012年截至目前共收取廉

租住房租金5.95万元。

三、工程质量安全监督情况

2013年我县跨年度保障性住房工程24项，建筑面积1.48万平方米，无新开工建设项目。到目前为止，安全事故0起，质量事故0起。

（一）严格按照法定基本建设程序办理建设工程手续

为加强建筑工程质量、安全的监督管理，进一步做好建筑工程质量，安全生产工作，保护从事建筑工程各方和工程用户的合法权益，根据《中华人民共和国建筑法》、《建筑工程质量管理条例》等法律、法规，进一步规范各建设单位严格按照法律程序办理建设工程前期手续，实现了全县内建筑工程质量、安全监督工作覆盖率达到100%。

（二）抓好安全生产目标责任书的签订

2013年年初，我局召开了《工程质量和安全生产》工作专题会议，在全面总结2012年工程质量、安全生产工作的基础上，对2013年工程质量、安全监督工作进行了安排。3月初，住建局与昆龙建筑安装有限公司、驻且各施工单位、各监理单位在住建局签订了《2013年建筑施工安全生产目标责任书》。

（三）严格落实工程质量和安全生产各项措施

我局按照相关法律法规，建立健全了工程质量保障金、工程质量监督巡查制度，采用定期和不定期两种监督模式对工程质量、安全进行巡查；完善了工程质量监督例会制度以及推行每月一次的综合执法大检查。

（四）全面开展隐患排查和“打非治违”工作

我局高度重视建筑施工安全生产隐患排查治理工作，结合“打非治违”工作方案，早部署、定期检查，及时消除建筑施工现场安全生产隐患点起、限时整改、现场整改，不能整改的、按照“三定”原则予以限期整改。

（五）工程复工情况

我局于3月11日下发《且末县建设工程跨年度工程复工前的检查通知》。建设工程复工前，由住建局领导带队组织建管科、质监站、巴州智诚监理中心、新疆建工监理公司监理人员对全县在建跨年度工程进行了施工现场安全生产条件、管理人员到位情况等综合大检查，复工率达到85%。

四、城乡规划管理工作情况

（一）目标责任书落实情况

一是县城总体规划已编制完成，目前正处于技术审查阶段；县城规划建成区控制性详细规划编制率已达到100%。二是《且末县抗震防震防灾专项规划》、《城镇住房发展规划》、《城镇节水中长期规划》、《城市特色风貌专项规划》、《城镇燃气发展规划》、《自行车或慢速交通示范项目规划》目前处于前期准备阶段，计划上半年完成合同签订工作。

（二）城乡规划编制及管理效能情况

2012年完成10个乡的总体规划；根据新政函［2013］8号关于同意且末县奥依亚依拉克乡建镇和政府驻地搬迁的批复，奥依亚依拉克镇总体规划预计2013年4月初完成编制；2013年将完成20个行政村村庄规划。

我局紧紧围绕城乡规划依法编制、审批；城乡规划行政许可的清理、实施、监督；城乡规划政务公开；城乡规划廉政、勤政等方面开展我县的城乡规划效能工作，先后编制完成了《且末县总体规划（2010～2030年）》、《且末县城控制性详细规划》、《且末县近期建设规划（2010～2015年）》、《且末城镇抗震防灾规划》、《且末县绿地系统规划》、《且末县城集中供热工程专项规划》、《且末县城集中供热工程专项规划》、《且末县县城供水工程专项规划》、《且末县县城排水工程专项规划》、33个行政村村庄规划、各小区修建性详细规划、城市景观设计等，在城市规划区内的所有建设项目都能够执行先规划后建设，在城市重点和中心地段依法批准的控制性详细规划和修建性详细规划作为建设项目审批的依据，对未做规划的地段依据大院和项目的庭院规划为审批依据，对规划区外项目的建设根据城乡规划法的要求，编制了规划选址论证报告，并严格进行审批管理。

（三）重点项目、城镇基础设施项目建设进展情况

1. 重点项目进展情况：一是且末县城排水改扩建二期工程进展情况：目前处于厂区场地的平整阶段。新厂址选建在车尔臣河以东的且末县治沙站辖区内。先后完成了项目的选址、地质勘探、环评报告的编制、招投标等工作。目前施工单位已进驻现场开始施工。二是且末县城二区集中供热站工程：已完成项目选址、环评和土地预审的申报和审批工作，项目可研已上报自治区住建厅和自治区发改委，待项目评审通过后，将申报项目建设资金。目前完成了供热站主体施工及2号、3号换热站的施工建设。三是且末县玉泉河二期工程：已完成房屋征收评估、现场调查和基础资料收集。

2. 城镇基础设施项目建设进展情况：一是城镇集中供热二期工程进展情况。已完成项目选址、环评和土地预审的申报和审批工作，完成了供热站主体的施工及2号、3号换热站的施工建设。项目可研已上报自治区住建厅和自治区发改委，待项目评审通过后，申报项目建设资金。二是玉泉河二期工程

进展情况。完成了房屋征收前现场调查、房屋规划鉴定、房屋征收评估，评估工作已完成，待房屋征收资金到位后开展房屋征收补偿工作；2013 年 3 月 2 日邀请乌鲁木齐园林设计院到我县完成现场勘查调查工作，2013 年 3 月 6 日完成玉泉河二期项目设计资料的收集工作。待项目设计合同确定后开展项目设计工作。三是排水改扩建工程进展情况。目前为止完成了项目的选址、地质勘探、环评报告的编制、招投标等等。按照项目季度工作节点安排正在做厂区场地平整阶段，2013 年 3 月 18 日施工单位工作人员已进驻并开始厂区场地放线工作。四是天然气利用工程进展情况。目前该项目已完成主管网、办公区及门站建设。2013 年根据楼房的建设情况进行输配气管网及配套设施的建设。五是垃圾处理厂工程进展情况。项目主体已完工，正在进行厂区外围的绿化带建设。

（四）市政公用行业安全生产监管及应急预案相关情况

1. 严格落实上级部门决策部署。为认真贯彻落实自治区、自治州和县委、县人民政府安全生产工作会议的决策部署，进一步加强市政公用事业安全生产的监督管理工作，结合本单位实际成立了且末县住建系统市政行业安全生产领导小组，制定了安全生产目标管理责任书并与所属市政公用企（事）业单位进行签订。

2. 严格落实重要时期领导带班工作制度。按照巴州住房和城乡建设局《关于做好 2013 年元旦、春节和“两会”期间安全生产工作的通知》要求，严格执行元旦、春节和“两会”期间 24 小时值班和领导干部带班制度。

3. 完善应急预案。为了切实提高应对突发公共事件的能力，有效预防和妥善处理各类突发事件，及时调整了领导小组，结合本单位实际特制定且末县住建系统突发重大事故应急总体预案并上报审核备案。按照 2013 年年初签订目标管理责任书的要求进行每个月一次对市政公用行业安全生产工作大检查，及时发现解决安全生产隐患。强化安全生产管理和监督，促进社会和谐，推动安全生产状况持续稳定好转。

五、建设领域节能减排工作情况

（一）2013 年改造总体实施情况及计划

我县既有居住建筑总面积为 24 万平方米，总栋数 101 栋。目前，室内温度调控、热计量、热源和供热管网已改造 45 栋，建筑面积为 12 万平方米。还需进行室内温度调控、热计量、热源和供热管网改造面积 12 万平方米。

2012 年我县实施改造的 2 号小区 12 栋住宅楼，建筑面积 2.7 万平方米，现已完成工程总量的80%，预计2013年5月底，改造完成。2013年我县计划开工既有建筑节能改造1号小区12栋住宅楼，改造面积2.3万平方米；目前正在积极准备前期招投标工作。

（二）可再生能源建筑示范

认真贯彻落实建设部《218技术公告》，开展建筑新技术推广应用。2012年，阿羌乡基层政权项目地源热泵技术应用，示范面积0.7万平方米。2013年计划且末县文化活动中心、影剧院应用地源热泵新技术，示范面积1.6万平方米，将于2013年年底前完工。

（三）强制性规范要求执行情况

1. 明确责任和措施。明确各方主体的责任和相关规定及措施，依法加强对建设节能的立项、规划、设计、施工、监理、检测、节能验收、竣工备案、销售使用和维护管理等环节的监督管理。

2. 加强监督管理。重点是加强新建、改建、扩建工程节能标准实施情况的监查，确保建筑全部达到节能65%设计标准要求。凡是达不到建筑节能设计标准要求的，不准施工、验收备案、销售和使用。

3. 抓好技术质量。重点以加强设计、施工两方面的技术措施入手，抓好既有居住建筑节能改造。一是设计方面，把原住宅楼竣工图交给原设计单位进行节能专项设计；改变原住宅窗户多、大且异型不利于节能的现象；采用节能采暖产品。二是施工方面，选择有资质的施工单位，严格按照节能施工技术标准施工，确保节能改造工程达标50%。

4. 加大宣传力度。利用广播、电视宣传片和上街发放宣传单等方式普及建筑节能知识，让社会公众更多地了解建筑节能，让建筑节能从一种行政行为逐渐转变各建设主体的自觉遵守和共同行动。

六、存在的困难和问题

（一）安居富民工程建设方面

1. 通过2011～2012年安居富民工程建设的实施，余下的农牧民建房户大多属于贫困家庭，自筹资金、银行贷款均遇到较大的困难。

2. 2012年安居富民建设任务河北援疆资金还有1360万元没有到位；2013年自治区下达我县建设任务为2900套，河北援疆资金应该补助2900万，总计4260万元，这些资金是否按期到位，也是广大建房户的最大顾虑。

3. 2010～2012年安居富民工程实施以来，各乡场建房户贷款按比例还贷情况很不乐观，银行资金周转困难，故银行给2013年建房户放贷困难较大，

建房户贷不了款，2013 年安居富民建设任务就无法完成。

（二）保障性住房建设方面

1. 建设资金缺口较大。虽然国家在廉租住房建设资金方面给予了极大地补助，但是我县距库尔勒市 700 多公里，建筑材料价格的运差大，加大了保障性住房建设成本。

2. 我县“十二五”期间保障性住房和棚户区改造任务重，新开工项目多，县财政困难，棚户区改造没有建设储备用地，必须拆迁一片，改造一片，加之拆迁难度大，成本高，为棚户区改造工作带来了极大困难。

（三）城乡规划建设管理方面

各乡（镇、场）未成立相应的管理办公室和配备 3 ~ 5 名专业技术管理工作人员，给我局开展相应的日常业务工作带来了很大的难度。在加大对城乡规划编制经费投入的同时，应落实城乡规划管理机构及其人员和编制的问题，以适应和满足城市建设和经济发展的速度，积极稳妥的推进社会主义新农村的建设步伐和农村人居环境治理的管理工作。

回顾三个月的工作，全局上下克服各种困难，扎实推进城市建设，取得了明显进展，成绩的取得极其不易，存在的问题不容忽视。对上述困难和问题，我们要予以高度重视，采取有效措施，多渠道筹集资金，不断深化规划编制，强化规划的指导地位，坚持以人为本，抓好便民工程建设，提升基础设施水平，促进且末县建设事业又好又快发展。

作者简介：

辛建国，男，汉族，1969 年 6 月出生，中共党员，大学学历。现任新疆维吾尔自治区且末县住房和城乡建设局局长。

自 1991 年 1 月参加工作起，历任且末县建筑公司经理、县建筑总公司副总经理、县房地产开发公司经理、县建设局建筑业管理科科长、且末镇党委副书记、县建设局局长。2011 年 10 月至今，任且末县住房和城乡建设局局长。

加强工程进度款管理

新疆维吾尔自治区温宿县住房和城乡建设局　牛　东　王寿山

工程进度款是项目建设单位（业主）按工程承包合同有关条款规定的工程合格产品的价格，依据监理工程师签署的工程量签单和产品质量检验合格证，支付给施工单位的项目工程进度款，并按合同约定的时间和比例在工程款支付时逐次扣回，它是工程项目竣工结算前业主工程投资支付的最主要方式。一般来说，在工程的初步设计阶段确定了工程的工期，也就确定了工程应有的进度，但在实际施工过程中，工程进度决定工程进度付款，工程进度付款与工程投资、质量、进度和工期互相制约、互相影响。

一、造成工程进度款欠款的原因

造成工程欠款的原因多种多样，其中甚至夹杂行政干预、项目主管的私心。但就通常而言，主要有以下几个方面的原因造成。

（一）监理工程师方面的问题

施工单位要想得到业主的工程进度款，必须先得到监理工程师对工程质量和进度的肯定。但是有些监理工程师素质不高，将业主赋予的权力看作是获取私利的工具，只有施工单位满足了监理工程师的私欲后，才能得到本该得到的工程进度款。

（二）施工单位的问题

施工单位项目经理责任心不强，对工程进度的统计工作不够重视，少报、漏报的现象时有发生，造成报表不准确。

（三）业主方面的问题

1. 有些工程的业主是由政府或集体单位，该项目的主管将手中的权利看作是谋取私利的工具，当施工企业没有满足主管的不合理要求时，就无法得到本该得到的工程进度款。

2. 当前的建筑市场是工程少，而施工企业多的“僧多粥少”的局面，有些建设单位利用施工单位急于承揽工程的心理，在建设资金不完全到位，甚至只有很少建设资金的情况下，许下许多美言并与施工单位签定合同，在合同实施过程中，建设单位筹不到足够的资金而拖欠工程进度款。

二、工程欠款产生的后果

根据目前的工程实际情况看，工程欠款后将产生以下不良后果。

（一）工程工期得不到保证

工程工期与工程付款是相互制约、相互影响的（由不可抗拒的自然灾害除外）。由于工程付款跟不上，施工企业的合法利益得不到保证，只好采取拖延工期来迫使业主支付工程进度款，若施工企业短期的拖延工期不能解决问题，只能终止施工，甚至撤离施工现场，造成烂尾楼现象。

（二）业主的信用程度下降

企业要想发展必须有良好的信用，由于业主不能按合同要求支付工程进度款，业主的信用程度将受到影响，若业主是私企或集体单位将对企业发展不利，严重的将导致企业无立足之地。

（三）施工企业运作不正常，三角债现象严重，严重的将导致企业破产，产生一系列社会问题

施工企业一般都是根据工程进度跟材料供应商签定材料供货合同，由于业主没有及时支付工程进度款，就一般情况而言，施工单位也将拖欠材料供应商的材料款，若欠款严重，施工单位资金周转不灵，将导致企业破产，员工失业等社会问题。

三、对策

要管理好工程进度款，大致有以下对策。

（一）提高监理工程师的素质

监理工程师要有高度的责任心，严格地按照有关法律、法规公正地进行监理，杜绝一切不正之风。同时，国家有关部门应加强对监理单位的资质审查和日常管理，加大处罚力度；监理单位也要加强对现场监理工程师的监督和管理，坚决撤换不称职的监理人员。

（二）施工企业应加强对工程项目的管理

施工企业在加强对工程管理人员管理的同时还应将所有在建工程建立工程台账，每个工程每月根据仓库和工地实际使用材料，按照与建设单位签定合同时商定的材料价格和计价方式作出中间结算，对照工程合同，及时了解工程的实际进度，以便向业主催收工程进度款。

（三）政府有关部门严格国家有关法律程序办事，加强对建设工程的管理

对建设资金不到位的工程不予办理工程开工，使那些有不良居心的开发商无机可乘。

（四）加强对工程合同的管理，及时调解和化解矛盾

工程合同一经签署，就具有法律效力，双方就受合同的约束，应该自觉遵守。当双方由于对合同条文的不同理解而产生争执时，为了保证双方的利益，双方和有关主管部门应及时调解，化解矛盾，以利于工程的顺利进行。

（五）建立信用制度

应该将信用制度引入建筑市场，建设主管部门对拖欠工程进度款的业主，特别是房地产开发商的不良行为作记录，并给予一定的处罚，直至取消其资格。

作者简介：

牛东，男，汉族，1972年3月出生，中共党员，本科学历。现任新疆维吾尔自治区温宿县住房和城乡建设局局长。

1995年6月参加工作，历任温宿县农机公司干部、副局长；温宿县发改委副主任；温宿县招商局局长。2012年2月至今，任温宿县住房和城乡建设局局长。

王寿山，男，汉族，1983年8月出生，中共党员，本科学历。现任新疆维吾尔自治区温宿县住房和城乡建设局办公室主任。

2004年8参加工作，从事甘肃兰州市东西法律事务所办公室文秘；新疆阿克苏地区旭日中学教师；托普鲁克乡汉族学校教师。2009年12月至今，任温宿县住房和城乡建设局办公室主任。

突出重点　科学统筹推进城乡建设

新疆维吾尔自治区尼勒克县住房和城乡建设局　权建文　刘新华

2012年，尼勒克县建设局在县委、县人民政府的正确领导下，在县直各部门的大力支持下，全体干部职工以科学发展观为统领，认真贯彻落实州党委工作会议和县委十二届二次全委（扩大）会议精神，突出重点，狠抓落实，较好地完成了年初确定的各项任务，城建各项工作取得了长足进步，有力促进了全县经济社会的发展。

一、统筹城乡发展，高起点定位城市规划

坚持以规划指导发展，按照顶尖设计的原则，高起点、高水平、高效益编制各类规划，确保规划的科学性、针对性和前瞻性。

（一）城乡规划

按照县委提出的“规划建设年”的具体要求，投入495万元委托江苏省常州市规划设计院编制了《尼勒克县县域村镇体系规划2012～2030》、《尼勒克县城市总体规划2012～2030》、尼勒克县城区控制性详细规划（面积为20平方公里）、新城区城市设计（面积为15平方公里）、喀什河滨河景观带（城区段）概念规划及重点地段详细规划。

（二）村镇规划

投入400万元委托江苏省交通科学研究院编制了喀拉托别乡、克令乡、胡吉尔台乡等10个乡（镇）场的总体规划和尼勒克镇艾米热买里村等17个行政村的社会主义新农村规划工作。目前已完成自治区重点乡村（喀拉托别乡和艾米热买里村）的初审工作。协助新疆测绘局完成科蒙乡等3个乡和32个村庄的地形图测量工作。

（三）选址意见及“一书两证”办理情况

完成了尼勒克县第三中学、尼勒克县润和家园（棚户区改造）、尼勒克县检察院业务用房等24个项目选址请示和预审意见。完成了环保局办公楼、幸福佳苑廉租房等9个项目的供排水、供热及道路的放线工作。办理私人住宅的建设用地规划许可证和建设工程规划许可证137宗。发放县委党校综合楼项目、县人民医院急救中心业务用房项目等11个建设项目的项目选址意见

书。发放尼勒克镇客运站、溪水佳园住宅小区一期、社会福利园区（一期）老年公寓9个建设项目的建设项目选址意见书。完成了6个乡（镇）场670户牧民定居的测量放线和规划设计工作。完成各乡（镇）场25所学校的办公楼和教师周转房测量放线工作。

二、提档改造城区绿地，创建国家级园林县城

2012年我县以创建“国家级园林县城”为契机，高品位实施城市绿化工程，打造城市绿化新特色，严格坚持“生态、绿地、水、花果”理念，增加绿量，提高绿化档次，完善配套设施和服务功能。通过“规划扩绿”、“见缝插绿”、“治脏补绿”、“拆墙透绿”等多种绿化手段，投入250万元在城区道路两侧、街头绿地综合大楼周边及综合公园内新栽、补栽树木19种，共计8000余株，种植花卉35万株、花灌木约150多万株（紫穗槐、金叶女贞、红叶小檗）。在主要道路交叉口和步行街摆放铁树88盆、橡皮树10盆、鸭掌木10盆、三角梅20株。初步形成了以广场（庭院）绿化为点、道路绿化为线的多层次、多品种、多色彩的城市绿化格局。目前，全县城区绿化面积达到282公顷，绿地率达到35.7%；绿化覆盖面积达到320公顷，绿化覆盖率达到40.5%；公共绿地面积达到37.9公顷；人均公共绿地达到人均10.7平方米。目前共创建“花园式单位”34个，占城区单位总数39.54%；创建“绿化合格单位”59个（包括“花园式单位”），占城区单位总数68.61%。

三、扎实推进重点项目建设，稳步提升人居环境

新城区道路建设：正在实施新城区2公里主干道建设（健康路南北段900米、新华路、新城路1100米）。目前已完成投资1300万元，完成路基、水稳层、道路桥涵建设。

人行道改造：投入800万元，完成文化路东段、幸福路南北段、健康路中段、团结路东段等21800平方米人行道彩砖铺设。投入97万元，完成政府大楼前硬化工作。

供水工程：投入194万元，完成1.5公里供水管网铺设，新增水源井两座。

排水工程：投入1800万元，完成污水厂改扩建土建部分，铺设排水管网5公里。

燃气工程：计划投入730万元，完成县城燃气加气站建设，铺设燃气管

道2公里，完成燃气入户1000户；目前已投入394万元，完成主管道2.8公里的铺设，燃气入户1192户。

唐布拉路建设：采用BT等融资新模式，多渠道筹集资金，对唐布拉路进行建设。更换唐布拉路路灯86盏，目前正在实施唐布拉路线路埋地建设。

亮化工程：2012年我县加大了县城亮化建设，更换路灯152盏，新装路灯48盏；新装中杆灯10盏，树影灯100盏，完成了县城90栋楼房的亮化工作，提高了亮化档次。

迎宾亭建设：投入300万元，完成迎宾亭道路430米，木栈道1200米、铺设彩砖400平方米建设；新增休闲椅50个。

四、加大保障性住房建设，全力推进棚户区改造

廉租住房：2012年我县计划建设廉租住房300套，建筑面积15000平方米。目前已开工建设廉租住房339套，建筑面积16950平方米，目前工程主体已完工，正在室内装修及基础设施安装。

公共租赁房：2012年我县计划建设公共租赁住房474套，实际开工建设475套。其中建设（住房保障）部门建设（筹集）公共租赁住房60套（新建48套，收购12套），教育部门组织实施乡镇干部、教师、卫生周转房366套，喀拉苏乡政府实施乡镇干部周转房49套。目前部分已完成主体施工正在室内装修及基础设施安装。

集资房：2012年开工建设集资房300套，其中：人才干部周转房36套，目前正在主体施工。

城市棚户区改造和公益性房屋拆迁：2012年我县计划完成城市棚户区50户居民危旧房的征收改造工作。在政府鼓励引导下，有三家外地房地产开发企业、一家本地企业参与我县的城市棚户区改造工作，目前已完成60户居民的房屋征收工作，其中：喀什路棚户区改造项目已主体完工，正在室内装修及基础设施安装阶段，幸福路棚户区改造正在主体施工阶段，其余棚户区改造工作正在土地招牌挂和工程招投标阶段。另外完成健康路、宾馆、喀什路5户的房屋拆迁工作。

房屋产权产籍管理方面：正常开展房屋产权登记、发证工作，依法办理房屋所有权登记、他项权利登记、商品房预告登记、抵押预告登记、注销登记等工作。累计办理房屋产权证书492宗，办理房屋他项权利证书358宗，商品房预售许可3宗，商品房买卖备案合同58份，开具首次购房证明165份。

廉租住房的管理、审核及廉租房租赁补贴发放工作：完成城镇125户保

障对象的入户调查、审核、公示工作。完成城镇202户保障对象的廉租房租赁补贴发放工作。

五、大力推进富民安居建设

2012年我县共整合各类资金约3.5亿元，建设安居富民房4370户（其中：改扩建960户，灾后重建1770户，新建1640户），“6·30”地震灾后重建870户。截至目前已竣工5221户，竣工率达99.6%，入住率达73%，完成州直计划的100%，全县安居富民工程工作呈现良好局面。

六、城乡重要建（构）筑物抗震防灾工作

教育系统：2012年教育系统下达校舍加固面积2761平方米；校舍新建面积16559平方米，下达资金2202万元。2012年实施项目学校5所，总面积为19320平方米，投入资金2202.39万元。其中加固2所学校8栋校舍2761平方米，投入资金115.96万元；改造（更新）项目3个，面积16559平方米，投入资金2086.43万元。

抗震加固项目分别是加哈乌拉斯台乡中心校教室及苏布台乡中心校教室，目前两所学校加固项目均已完工。改造更新项目为胡吉尔台乡中心校食堂、加哈乌拉斯台乡中心校食堂及第四中学综合教学楼，目前各学校改造更新项目均已完工。

卫生系统：2012年下达尼勒克县原人民医院内儿科楼抗震加固项目面积2028平方米，总投资85.2万元，该工程2012年8月20日开工建设，工程计划2012年10月30日完工。

七、加强建筑行业管理，做好施工安全和工程质量监督

（一）建筑市场监管

严格工程招投标管理，各类建设工程项目均进行招投标发包，工程招投标率达到100%。2012年共有37项房屋建筑及基础设施建设工程进行了招投标发包，总建筑面积7.09万平方米，所有项目均为公开招标。加强市场监管，全年共发放建筑施工许可证19项。

（二）施工安全和工程质量监督

全年共监督工程项目51项，其中跨年度35项，新开工16项；建筑总面积26.5万平方米；工程质量监督率100%，竣工工程验收合格率100%，竣工

验收备案率达到90%，2012年共开展了两项质量安全执法大检查，共下发工程质量整改通知书8份，安全整改通知书15份，停工整改通知书3份，查处一般隐患121条。对于排查出隐患的施工单位，要求按时整改，整改完毕经检查组验收合格后方可复工。切实开展好“安全生产月”活动，共发放《建筑施工安全宣传手册》1000本、《安全生产宣传单》10000份、悬挂安全标语横幅32幅。

（三）建筑行业从业人员培训

对全县13个乡（镇）场的300余名建筑工匠进行了岗前培训，采取县乡两级培训的方式，2012年累计培训农村工匠和建房户4000余人，为提高安居富民工程的质量和顺利施工奠定了坚实基础。

（四）建筑企业劳动保障

全年依法足额收取建筑行业劳保统筹费466万元。

八、城建执法力度不断加大、城镇面貌逐步改善

（一）城市管理

以创建自治区级“最佳卫生县城”和国家“园林县城”为目标，积极做好市容市貌和环境卫生管理工作。通过合理安排，周密部署，扎实工作，市容市貌明显改观。全年共签定“门前五包”责任书、补发市容市貌“明白卡”200余份；清洗“牛皮癣”等小广告3000余处；清理违章摊点200余次；共查处各类案件30余起，立案25起，结案18起；下达限期责令整改通知书67份，下达违章建筑拆除通知书40份，拆除违章建筑78处。为进一步优化城乡环境，提升我县整体形象，2012年我县对县城主要街道两侧建筑物进行了亮化、外墙粉刷、广告牌匾整治。完成楼房外墙粉刷45栋，粉刷面积4万平方米；完成了唐布拉路、幸福路、团结路、文化路中段沿街3500米的门面牌匾整治工作。

（二）环境卫生管理

继续完善环卫基础设施建设，制作生活垃圾箱40个，目前已有15个投放到县城各个街道上，安装果皮箱80个，维修垃圾箱8个，全年清理生活垃圾1.6万吨。

九、机关效能建设成效显著

积极践行科学发展观，不断加强干部职工队伍建设，努力创新工作思路、

完善长效机制、拓展创建领域，为我局各项工作的完成提供有力保证。切实解决好广大人民群众关心的热点问题。组织全体干部职工为贫困妇女儿童捐钱、捐物共计1.6万余元。为喀拉托别乡塔斯卓勒村3户结对帮扶户捐助9万元建设抗震房。

十、明确目标，突出重点，推动城乡建设再上新台阶

（一）城乡规划

完成《尼勒克县县域村镇体系规划2012~2030》、《尼勒克县城市总体规划2012~2030》、尼勒克县城区控制性详细规划（面积为20平方公里）和新城区城市设计（面积为15平方公里）、喀什河滨河景观带（城区段）概念规划及重点地段详细规划等规划的评审、公示及报批工作；完成修建性详细规划（武进高级中学、三中、马场周围、民政局福利院区、新区新搬迁部分单位、东环路中段以东一公里）的规划设计和施工设计工作；在县域村镇体系规划和县城总体规划修编报批完成的基础上，启动消防工程规划、道路交通工程规划、环卫设施工程、抗震防灾工程、集中供热、绿地系统规划工程、供排水工程规划等专项规划的编制工作。

（二）村镇规划

完成剩余32个行政村村庄建设规划；完成10个乡（镇）场和17个行政村上报、审批工作；完成各乡（镇）场安居富民和牧民定居点测量、放线工作；协助各重点乡（镇）场完成绿化，美化，亮化及硬化建设。

（三）基础设施建设

完成县城新城区景观大道、迎宾路、西环路建设；完成滨河景观带、县城综合公园建设；完成迎宾路与各交叉口景观节点建设，做好民生路与东环路交叉口拆迁安置工作；完成新城区供排水管网铺设；启动文化广场提升改造，做好乌赞河大桥周边建设；开工建设集中供热二期工程；继续完善县城健康路、新城路、新华路主车道建设及人行道建设；完善综合公园建设；完善县城主要街道两侧附属设施建设（交通标志牌、消防设施、果皮箱、休闲椅、隔离带、铁栅栏的安装）。

（四）园林绿化

在完成国家级园林县城初审的基础上，做好向国家住房和城乡建设部申报验收工作；继续深入开展“花园式单位”和“绿化合格单位”创建活动。继续完成综合办公大楼周边、新城区、街头绿地、主要道路绿化建设；做好拆墙透绿和绿地认养工作。

（五）住房保障

计划投入 2100 万元，建设廉租房 300 套，建筑面积 15000 平方米；计划投入 3178 万元，建设（筹集）公共租赁住房 454 套，建筑面积 22700 平方米，（其中：组织部门 100 套，教育部门 250 套，建设部门 80 套，卫生部门 24 套）；完成棚户区改造 60 户，建设安置住房 60 套；做好幸福佳苑三期集资房工程验收及交房工作，引导物业企业做好已交付使用小区的物业服务工作，组织协调成立集资建房小区业主委员会，完善小区后期管理工作；做好符合条件家庭的廉租住房租赁补贴的发放工作；开展廉租住房、公共租赁住房申请家庭资格审核工作；继续做好房屋产权登记工作；继续做好房地产开发和物业管理的监管工作。

（六）安居富民建设

按照社会主义新农村建设需要，2013 年我县计划实施安居富民工程 3416 户。同时加大对集中连片安居富民工程在水、电、路等基础设施的规划和建设力度，切实保证贫困农牧民的生产生活条件得到改善。

今后我们将继续认真总结经验，克服困难，科学、统筹推进城市建设，为促进尼勒克县经济社会跨越式发展作出新的贡献。

作者简介：

权建文，男，汉族，1967 年 12 月出生，中共党员，本科学历。现任新疆维吾尔自治区尼勒克县住房和城乡建设局局长。

自 1990 年 7 月参加工作起，历任尼勒克县建设局房产管理所所长、尼勒克县建设局副局长。2009 年 9 月至今，任尼勒克县住房和城乡建设局局长。

后　记

经过六个月的准备、筹划，《中国住房与城乡建设发展实务》一书将于2013年7月正式出版发行，我们由衷地感到欣慰。

在本书的编撰过程中，部分章节的内容参考了已公开的学术成果和研究资料。希望各界从事住房和城乡建设管理方面的专家、学者能对此书的出版给予关注和支持，并提出宝贵意见。

最后，我们要感谢本书编委会的所有成员，是他们对住房保障和城乡建设工作的支持与踊跃来稿，才使此书能够圆满完成并如期出版。

中国管理科学研究院资源环境研究所

2013年6月

中国住房与城乡建设发展实务

上

ZHONGGUO
ZHUFANG
YU CHENGXIANG
JIANSHE
FAZHAN
SHIWU

中国管理科学研究院资源环境研究所 编

图书在版编目（CIP）数据

中国住房与城乡建设发展实务 / 中国管理科学研究院资源环境研究所主编.-- 北京：经济日报出版社，2013.8

ISBN 978-7-80257-538-7

Ⅰ.①中… Ⅱ.①中… Ⅲ.①住宅建设 - 经济发展 - 研究 - 中国②城乡建设 - 经济发展 - 研究 - 中国 Ⅳ.①F299.2

中国版本图书馆CIP数据核字（2013）第165439号

中国住房与城乡建设发展实务

作　　者：中国管理科学研究院资源环境研究所编
责任编辑：肖小琴
责任校对：董在仁
出版发行：经济日报出版社
社　　址：北京市宣武区白纸坊东街2号　（邮政编码：100054）
电　　话：010-63567690　63567691（编辑部）　63567683（发行部）
网　　址：www.edpbook.com.cn
E-mail：jjrb58@sina.com
经　　销：全国新华书店
印　　刷：北京亿联盛彩印刷厂
开　　本：787×1092mm　1/16
印　　张：127
字　　数：1500千字
版　　次：2013年7月修订版
印　　次：2013年7月第二次印刷
书　　号：ISBN 978-7-80257-538-7
定　　价：978.00元（精装三卷）

ZHONGGUO ZHUFANG YU CHENGXIANG JIANSHE FAZHAN SHIWU

《中国住房与城乡建设发展实务》编 委 会

何恒廷　广西壮族自治区东兴市住房和城乡建设局局长

张边贵　云南省广南县住房和城乡建设局局长

张晓德　新疆生产建设兵团第十二师建设局局长

张继春　黑龙江省宝清县城乡规划局局长

杨水平　江西省湖口县规划建设局局长

肖福师　广西壮族自治区凤山县住房和城乡建设局党组书记、局长

陈军利　新疆维吾尔自治区青河县住房和城乡建设局局长

陈和明　广东省雷州市住房和城乡规划建设局局长

陈岩松　山东省住房和城乡建设厅城市化办公室副主任

周怀志　湖南省中方县住房和城乡建设局局长

赵长喜　湖北省宜昌市点军区住房和城乡建设局局长

赵伟民　广西壮族自治区来宾市兴宾区住房和城乡建设局局长

唐少华　湖北省五峰土家族自治县住房和城乡建设局党组书记、局长

唐　华　四川省蓬安县住房和城乡规划建设局党委书记、局长

徐郁文	江苏省苏州市住房和城乡建设局住房保障处处长
徐选朝	陕西省黄龙县住房和城乡建设规划局局长
敖志明	江西省分宜县住房和城乡建设局副书记
高锦袍	福建省龙海市城乡规划建设局局长
崔士柏	江苏省淮安市清河区住房和城乡建设局局长
曹国伟	山西省永济市住房保障和城乡建设管理局局长
黄国威	河南省长垣县住房和城乡建设局党委书记、局长
韩信锋	陕西省西安市临潼区建设和住房保障局局长
潘东海	甘肃省礼县住房和城乡建设局党组书记、局长
薛士友	辽宁省建平县住房和城乡规划建设局办公室主任
戴君耀	湖南省常德市住房和城乡建设局局长
魏明全	新疆维吾尔自治区木垒哈萨克自治县住房和城乡建设局局长

ZHONGGUO
ZHUFANG
YU CHENGXIANG
JIANSHE
FAZHAN
SHIWU

张　宇	张成俊	张国材	张建敏	张建雄	张经伟
张洪涛	张艳林	张　斌	张　辉	李占顺	李成山
李　华	李向东	李志平	李定兵	李　昆	李明昌
李茂金	李柏松	李贵书	李　健	李堪轩	李耀光
杜乾余	杨　平	杨　凯	杨国欣	杨俊杰	杨　勇
杨　辉	肖　强	苏　玮	苏晓学	苏淼龙	辛建国
邱小平	陈天勇	陈会连	陈军佑	陈宇清	陈启红
陈　英	陈振荣	陈　超	卓玛杰	周立海	周国贤
周明钢	周　勇	周　爽	和春红	屈宝臣	岳　鹰
林凤生	罗伙强	罗成兵	罗昭兵	金小龙	姚志新
姜　莹	姜　焱	段卫国	段文定	段江鸿	段绍刚
胡树华	胡荣鑫	胡香红	贺　飞	贺　平	赵　宁
赵岳毅	郝树利	郝洪岩	饶以政	倪锦林	凌文东

唐　平　唐　伟　唐凉霜　夏政明　徐延贞　徐忠媛

徐德福　殷　勇　秦觅春　袁　钢　袁瑞奇　贾自云

郭凤元　郭海军　高洪旻　高爱国　崔卫兵　崔　利

符晓军　黄　平　黄绍鹍　黄剑洲　黄　峰　黄祥福

黄善才　彭北良　曾海瑞　曾智海　温永忠　董有华

董爱国　蒋振华　覃业斌　韩　平　韩正茂　韩明华

韩静宇　詹雄志　雷广群　雷牛俊　翟云丰　裴　飞

编审人员（以姓氏笔画为序）

马士涛　王中州　王　峰　王　淼　卢　凡　石　文

李艳萍　陈　永　郑　言　郑　雨

前言

住房问题作为关系亿万群众切身利益的重大民生问题，倍受关注。“住有所居”是建设社会主义和谐社会的重要目标，是让人民群众共享改革发展成果的重要体现。同时随着改革开放的发展，中国城市迅速发展，小城镇也开始蓬勃发展，中国的城市化速度不断加快。城乡规划建设在调整城乡的布局、完善城市的功能、节约和合理的利用土地，改善城乡居住环境和投资环境，促进城乡经济、社会协调、健康发展等方面能够发挥重要的作用。因此，聚焦中国的住房与城乡发展新貌，对新时期的城乡建设具有非常重要的意义。

党的十八大为全国城乡建设工作，推进新型城镇化建设、保障和改善民生、统筹推进社会保障体系建设、保障生态文明建设和改革创新等与住房城乡建设事业密切相关的工作，提出了一系列新目标、新任务，为我们加强和改进新形势下住房城乡建设工作指明了方向、理清了思路。

为加强中国住房保障和城乡建设管理工作，我们特组织住房和城乡建设管理方面的专家、学者编写了《中国住房与城乡建设发展实务》一书。本书内容翔实、覆盖面广、与时俱进、数字具体，科技含量较高，对中国住房发展现状、房地产市场、城市规划、城市基础设施建设、乡镇规划与建设发展情况、工程质量安全以及建筑节能科技，进行详细而系统的论述，推进住房保障和城乡建设发展发挥应有的作用，将成为全国住房和城乡建设管理工作人员全面了解基层住房和城乡建设工作的一部有益的参考书，对社会各界大有裨益。

本书的编辑出版工作得到了中国住房和城乡建设部有关领导的大力支持，在此表示衷心的感谢！

编　者

2013 年 6 月于北京

目　录

第一篇　中国住房建设与住房保障制度

第二篇　房地产市场监管与发展

第三篇　城市规划

第四篇　宜居城市与低碳城市建设

第五篇　村镇规划

第六篇　社会主义新农村建设与管理

第七篇　绿色建筑与建筑节能科技

第八篇　工程质量管理与建设法规

第一篇
中国住房建设与住房保障制度

第一章　中国的住房政策改革与成果

第一节　中国住房制度演变趋势

一、中国城市住房制度的演变

自1978年经济改革以来的30多年间，中国的住房政策发生了翻天覆地的变化。与20世纪90年代末的社会主义住房分配制度相比，实现了公共住房市场化以及对住房供应市场的依赖，从而导致中国城市的住房分配和消费发生了深刻的变化，对中国社会和经济生活产生了重大影响。1998年的住房改革完全废弃了原有的制度，住房分配不再与工作单位挂钩，这使得中国的住房市场进入了迅速发展期，住房部门成为经济活动的重要部分以及中国政府的课税基础。城市居民的住房条件得到显著改善，人均建筑面积从1978年的6.7平方米增加到2007年的28.3平方米。尽管住房改革取得了成功，但是众多城市房价飙升，以及随之而来的住房可支付性问题，给中国中央和地方政府带来了巨大的挑战。为了应对与中国住房市场和住房政策相关的政策问题，本章简单对中国城市住房制度的演变和土地市场发展作一概述。

自1949年以来的60年间，中国城市住房政策发生了巨大变化。1978年以前，中国政府推行私有住房国有化政策，并通过中央计划制度管理下的工作单位建立起作为福利的公共住房分配制度。大部分的城市土地归国家所有，各级政府垄断了所有的土地交易。中国政府通过职工的工作单位直接控制城市住房的建造、融资、配置、运营和定价。住房主要根据资历、业绩和需求进行分配，职工仅需支付得到大量补贴的低额租金，在大多数情况下这些租金都不足以弥补维护费用，更不必说住房的建筑费用。在1978年启动经济改革之前，房屋所有权和私有产权实际上已消失。这一社会主义住房政策的结果导致住房部门投资少、城市住房长期短缺、住房质量达不到标准以及大部分城市居民的生活条件差。

自1978年中央计划经济开始向以市场为主导机制过渡以来，住房改革一直是中国中央政府议程事项的重中之重。起初，政府开始恢复私有产权，将没收的或国有化的私有住房返还给房主。然后，开始鼓励城市居民分摊住房费用，逐步提高城市居民为城市地区的公共住房支付的租金。20世纪80年代以来，住房改革经历了三个发展阶段：1992年之前属于改革初始阶段，在不同领域和地区试行了大量的试验和试点项目，为1993～1997年第二阶段的全面改革打下了基础。从1988年开始，中国政府着手对城市公共住房进行商业化或市场化，鼓励自己拥有住房。因此，大量的公共租赁住房以极低的价格出售给工作单位的职工，还允许私营部门参与住房开发。自1998年开始，第三阶段的住房改革结束了福利住房分配，同时建立起市场主导的住房供应制度。通过工作单位直接进行住房分配的制度被废弃，城市居民依赖市场获得住房供应。2005年以来，随着城市房价飞涨，住房可支付性成为大众关注的问题。社会呼吁中国各级政府向中低收入家庭供应更多的经济适用房。政府还尝试稳定城市房价、打击购房者的投机行为，同时减少国有银行过度和不良房贷业务以及与住房部门相关的潜在财务风险。

二、中国住房市场发展趋势

中国住房市场的发展与1999～2007年的中国快速经济增长相伴而行，当时的国内生产总值（GDP）和城市家庭可支配收入都实现了平均10%左右的年增长率。城市化进程快速发展，城市化比率从20世纪80年代初期的20%左右一升至2007年的将近45%，这也成为中国城市地区住房市场快速增长的推动力。我们将从住房供应、住房交易和房价的角度分析住房市场的发展趋势。

1. 土地市场和土地供应

在过去的10年，中央和地方政府大幅度增加土地供应量，这为中国住房市场的发展提供了动力。中央政府决定通过发展房地产市场和建筑业的方式刺激经济增长。中国政府将自有住房作为一项国家经济增长战略予以鼓励，并在邓小平“致富光荣”口号的感召下改变思路，开始欢迎和促进中国中产

阶级的形成和发展，允许更多的土地用于住宅和商品房的建设。

此外，1994 年税制改革之后，大部分地方政府的收支分配之间存在巨大的财政缺口，迫使地方政府寻求其他的收入来源。20 世纪 90 年代末期，按照中央政府要求，地方政府开始向用作城市用途而进行的土地出让收取费用，通常称为土地转让费。

预计到可以从住房领域获取丰厚的利润，涌入房地产市场的国有和私有公司数量快速增加。结果，使得中国的土地政策重新进行定位，土地市场随之蓬勃发展，从而推动了中国房地产市场的惊人发展。根据《中国国土资源年鉴》(2008)，转为城市用地的土地数量在 1999 ~ 2007 年实现了 22.8% 的年平均增长率。不足为奇的是，中国地方政府向土地租赁收取的费用在这一期间实现了 31.29% 的年平均增长率。在 2000 ~ 2007 年（2004 年除外），土地开发投资每年实现两位数增长。土地供应量的增加带来住房供应量的快速增长。

2. 住房供应

1999 ~ 2007 年，房地产开发投资平均每年增长 21.5%，居民住房开发投资每年增长 22.9%。新建工程的建筑面积也随之水涨船高。比如，新建工程的建筑面积在 1999 年只有 1.88 亿平方米，此后每年持续增加，达到 7.88 亿平方米，实现了 320% 的增长。

3. 住房销售和价格

土地供应和房地产投资高涨以及随之而来的新建工程建筑面积的增加，无不显示出供应方的力量和政策。但是，住房需求则反映在住房交易和住房消费量中。已售出的住房面积从 1999 年的 1.30 亿平方米上升至 2007 年的 7.01 亿平方米，在这两个时间段之间实现了 439% 的增长，表明中国住房需求强劲，房地产市场发展迅速。

虽然住房交易总价值在 1999 ~ 2007 年大幅增加，但是每平方米住房价格在 1999 ~ 2004 年并未呈现大幅上升态势。从 2004 年开始，住房价格实现两位数增长，增长率为 18.7%。在 1999 ~ 2007 年，每平方米住房价格几近翻倍。

三、城市住房消费模式

1. 自有住房率

自有住房率是衡量一个国家住房市场情况的重要指标。我们根据国际标准，将自有住房率定义为房主自住的住房单元与总住房单元的比率。基于 2007 年大样本家庭调查数据，我们发现，2007 年中国的自用型自有住房率达

82.3%。如表1－1所示，这一数据在不同城市之间存在显著差异。在我们调查的256个地级市样本中，自用型自有住房率介于34.8%～97.8%。但在绝大部分的样本城市（约69.1%）中，自用型自有住房率超出国家水平82.3%。

表1－1　按城市和地区分列的户主自用自有住房的比例

地　区	户主自用率（%）	地　区	户主自用率（%）
直辖市	72.9	东部地区	72.9
省会城市	76.9	西部地区	76.9
地级市	85.9	中部地区	85.9
全国平均	82.3	东北地区	72.9

表1－1显示，中国四大直辖市的平均自用型自有住房率为72.9%，低于省会城市（76.9%）和其他地级市（85.9%）。东部和东北地区的自用型自有住房率较西部和中部地区为低。这很有可能是大城市和东部沿海的住房费用影响了各个地区的自用型自有住房率。

像很多其他国家一样，中国的自用型自有住房率与家庭收入高度相关，这点不足为奇。表1－2显示，在中国国家统计局定义的七个收入阶层中，收入最低群体的自用型自有住房率为72.9%，而收入最高群体为87.4%，高出14.5个万分点。中等收入群体的自用型自有住房率为83.5%，较国家平均水平高出大约1.2个百分点。相比之下，根据美国人口普查局数据，2000年美国自有住房率为66.2%。这意味着，1998年启动的中国住房改革提高了自用型自有住房率，这是推动中国房屋自有权取得积极成果和巨大成功的标志。

表1－2　按收入群体分列的户主自用自有住房的比例

收入群体	户主自用的自有住房比例（%）	每户家庭住宅的平均建筑面积（平方米）
最低的10%	72.9	67.8
第二组10%	77.6	72.2
第三组20%	80.5	77.5
第四组20%	83.5	83.6
第五组20%	86.0	89.6
第六组10%	86.2	96.3
最高的10%	87.4	107.3
全国平均	82.3	84.5

2. 住房消费量

除了自有住房率之外，家庭住房消费的质量和数量也能够反映出住房市场的情况。根据2007年大样本家庭调查，单个套型的平均工程建筑面积是每户家庭84.5平方米，相当于每户家庭拥有63.4平方米实用居住面积。基于2007年平均每户家庭拥有2.98个人的数据，计算出人均工程建筑面积和可使用的建筑面积分别为28.3平方米和21.3平方米。这与《2007年中国统计摘要》报道的数据——人均居住工程建筑面积在2005年和2006年分别为26.1和27.1平方米大体一致。

表1－2显示，收入最低的10%的群体平均每个家庭单元占用67.8平方米的工程建筑面积，但是收入最高的10%的家庭平均消费量为每个家庭单元占用107.3平方米，这表明家庭收入和住房消费量存在较强的相关性。

通过国际对比发现，收入最低的10%群体的住房消费量为67.8平方米工程建筑面积或50.9平方米实用居住面积，超出新加坡中低收入群体的住房消费量——每个家庭单元拥有45平方米的实用建筑面积。这表明过去30年的住房改革成功缓解了中国城市地区正式住房市场存在的过度拥挤的长期问题。正如中国的实际情况所表明的那样，这无疑证明了与中央计划制度相比，在向城市居民增加住房生产和住房服务方面，市场主导型方法实用有效。但由于数据所限，它并不能反映农民工和低收入流动人口的非正式住房市场的住房消费及情况。

3. 住房权属结构

表1－3显示的是2007年大样本住房调查得出的存量住房的房产类型和权属结构。市场主导型商业提供的商品房和租赁房占总存量住房的40.1%。市场化的国有住房约占总存量住房的34.2%，由政府提供补贴的经济适用房和国有公共租赁房分别占3.9%和7.0%，表明政府在住房消费领域向低收入家庭提供的资助不足。

表1－3　产权类型和保有结构

市场化住房	以市场为导向的住房		补贴型住房				
保有结构	拥有	租赁	拥有			租赁	其他
产权类型	商品房	私有租赁住房	原有私房	房改房	经济适用房	公共租赁住房	
占总住房存量的比（%）	32.1	8.0	12.0	34.2	3.9	7.0	2.8
合计（%）	40.1	57.1	2.8				

4. 住房市场价值

2007年大样本家庭调查报道了每户家庭的自估住房价值。基于该数据，我们估计出所有类型的居民住房平均市场价值为281000元（41000美元）。按平均建筑面积计算，估计价值为每平方米3325元。住房市场价值因地区和司法管辖区不同而各异。不出意料，四大直辖市的平均市场价值为466900元（68660美元），省会城市和地级市次之，分别为270500元（39700美元）和201700元（29550美元）。但是，中国东部地区的估计住房市场价值超出了中部和东北部地区的两倍，这就为大城市地区和东部地区的城市贫困人口提供基本住房消费援助带来了政治难题。

表1－4　按城市和地区类型分列的住房市场价值

地　区	住房价值（万元）	地　区	住房价值（万元）
直辖市	46.69	东部地区	30.22
省会城市	27.05	西部地区	20.17
地级市	20.17	中部地区	15.34
全国平均	28.10	东北地区	13.30

除了住房价值的地区差异外，不同收入群体之间的住宅市场价值也存在极大的差异。表1－5显示，收入较高的阶层估计的住房价值也较高，这表明在中国城市收入和住房消费量显著正相关。10%收入最高的群体平均拥有住房市场价值644000元（95000美元），比全国平均水平281000元（41000美元）高出130%左右。与收入最低的10%群体相比，中国最富有和最贫困的10%城市家庭之间的住房市场价值存在约400%的差异。这一结果表明，中国城市居民贫富差距悬殊，问题重重，很可能是在其他方面取得成功的城市住房改革带来的负面效应，同时也很可能是过去10年内住房价格快速攀升的后果。

表1－5　按收入群体分列的住房价值

收入群体	住宅建筑的市场价值（万元）
最低的10%	13.0
第二组10%	15.0
第三组20%	18.6
第四组20%	22.7
第五组20%	32.1
第六组10%	41.4
最高的10%	64.4
全国平均	28.1

然而，住房价值也随着产权类型和住房权属的不同而不同。商品房价格最高，均价为400000元（58800美元），经济适用房和原有私房次之，分别为304000元（44700美元）和250000元（36700美元）。公共资助的租赁房估计价值最低，为193000元（27900美元）。价格差异可以很好地反映房龄、建筑面积、质量和其他住房属性等住房特征、住宅区的特征（比如门禁社区和服务）以及市场需求之间的差异。

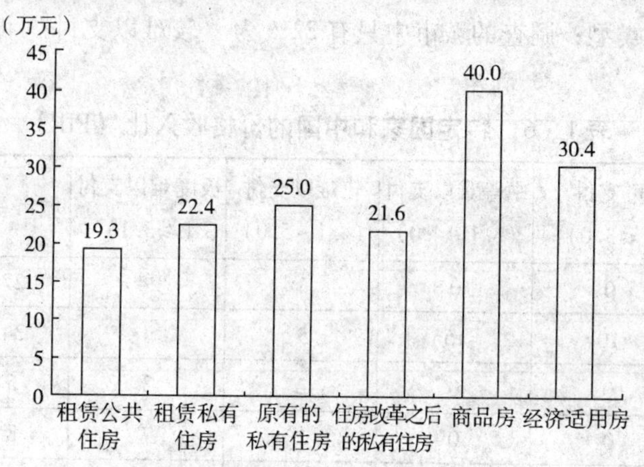

图1－1　按住房类型分列的住房价值

四、中国城市的住房可支付性

近几年来，大部分中国城市的房价都出现了不同程度的上涨，住房可支付性因而成为政策主要关注的问题，根据国家统计局在2007年进行的大样本城市家庭调查，我们使用房价收入比（PIR）和住房可支付性指数（HAI）评价中国256个地级市的住房可支付性。

1. 房价收入比

房价收入比是衡量特定地区的住房可支付性的基本指标。一般是中等房价与中等家庭收入之间的比率。在联合国人居署（UN－HABITAT）全球城市观测站（GUO），房价收入比是城市指标之一。联合国人居署认为RIR在3～5是“正常”或“满意”。

市场调查公司Demographia（2009）每年都进行住房可支付性调查，涵盖澳大利亚、加拿大、爱尔兰、新西兰、英国和美国的200多个市场。房价收入比是评价不同城市或国家住房可支付性的重要指标。住房可支付性基于房价收入比归为四大类：如果房价收入比等于或大于5.1，则评级为“极度难以支付”；如果房价收入比介于4.1～5.0，则为“较难以支付”；如果房价收入比介于3.1～4.0，则为“中等难以支付”；如果房价收入比等于或低于3.0，则为“可支付”。

表1－6显示了Demographia公司（2009）在2008年第三季度得出的最新调查结果。在接受调查的特定国家265个城市中，房价收入比的最大值是9.6，最小值是1.8。其中有64个城市的住房可支付性被评为“极度难以支付”。根据接受调查的175个城市样本得出美国的房价收入比是3.2，归入“可支付”的类型；调查的城市中只有22%为“较难以支付”和“极度难以支付”。

表1－6　特定国家和中国的价格收入比（PIR）

国家	可支付（≤3.0）	中等难以支付（3.1～4.0）	较难以支付（4.1～5.0）	极度难以支付（≥5.1）	城市总数	价格收入比中值
澳大利亚	0	0	3	24	27	6.0
加拿大	10	15	5	4	34	3.5
爱尔兰	0	0	2	3	5	5.4
新西兰	0	0	1	7	8	5.7
英国	0	0	6	10	16	5.2
美国	77	59	23	16	175	3.2
中国	16（10.2%）	43（16.8%）	54（21.1%）	133（51.9%）	256	5.21

资料来源：国际人口统计组织（Demographia，2009）针对特定国家进行的统计；中国的数据是根据国家统计局数据集计算所得。基于国家统计局在2007年进行的大样本城市家庭调查，我们分别计算了中国整体以及256个地级市的房价收入比。结果显示，2007年全国中等房价收入比为5.56，中国所有城市的平均房价收入比为6.46。两个数字都超出了联合国人居署界定的“正常”或“满意”水平。它们被归为“极度难以支付”类型。

中国256个地级市的房价收入比表明，中等房价收入比是5.21，样本城市的平均房价收入比是5.54。如表1－6所示，在中国256个地级市中，只有10%的城市的房价收入比低于3.0，归为“可支付”类型。在中国所有的地级市中，受“极度难以支付”问题困扰的有近52%，约21%的城市属于“较难以支付”类型。Demographia公司（2009）调查显示，相比之下，美国175个城市中，只有9%的评级为“极度难以支付”，13%的评级为“较难以支付”，但44%左右的城市为“可支付”。

2. 住房可支付性指数

1981年以来，美国房地产经纪人协会每月发布住房可支付性指数。住房

可支付性指数假定借款人支付20%的首期付款，抵押贷款的最高还款额为家庭每月总收入的25%。在中等收入家庭的收入足以购买现有的中等价格的房屋时，住房可支付性指数的值为100。指数值越高表明越多家庭有购房支付能力。

基于国家统计局在2007年进行的大样本城市家庭调查，我们计算出中国256个地级市的住房可支付性指数。在住房可支付性指数公式中使用的参数设定如下：首期付款为30%，抵押贷款的还款额为家庭每月总收入的25%，贷款利率为6.84%，贷款期限为30年。我们计算了2007年256个地级市的住房可支付性指数，该值为81.8，远低于100，表明生活在地级市的家庭面临着"极度难以支付"的问题。在256个地级市中，只有94个城市的住房可支付性指数大于100。63.3%的地级市住房可支付性指数小于100，这说明这些城市的中等收入家庭的收入不足以在他们居住的城市购买现有的中等价格的房屋。

第二节　近期中国城市住房制度改革政策

在过去的60年中，中国城市住房的供应体系经历了许多变化。1949～1978年，建立在私人住房所有权和租赁之上的共产主义住房制度逐渐演变成了社会主义的福利住房供应体系。截至20世纪70年代，大约有80%的城市居民居住在公有住房里。这种住房供应体系遵循社会主义的基本原则，但也存在很多问题，包括严重的供应短缺、缺少投资、住房分配不平等以及管理和维护的无效率等。为了解决这些问题，政府从20世纪80年代初期开始推动了一系列城市住房供应体系的改革政策。经过30年的持续改革以后，城市住房市场基本得以建立。现今大多数城市居民依赖于住房市场本身来解决住房问题，而非依靠政府或工作单位。大多数公共住房（Public Housing Units）以优惠价格出售给原有租户（Sitting Tenants），包括住房体系的发展、分配和分发、交换和维护在内的步骤和程序也都已经被商业化了，同时也建立了新的住房投资金融体系。改革之前，住房体系的发展一直是政府的重要负担，同时也是公共财政体制的负担。现今，住房制度及其相关的房地产发展已经成为了城市化进程中非常重要的一部分，同时也是国家和地方经济的支柱产业之一。

但是，城市住房制度的改革并没有解决所有的问题。一方面，住房市场的建立的确为改善人民生活水平作出了重要的贡献，特别是对富人阶层和新兴中产阶级而言；另一方面，城市住房价格的膨胀使人们面临巨大的支付能力问题，特别是对于那些低收入人群和贫困家庭而言。1998～2006 年的住房制度改革政策将重点过多地放在了住房市场上，这就使得住房消费方式和消费程度与中国的发展阶段以及大多数城市人口的收入水平并不完全匹配。住房的过度浪费（比如那些被富人当做第二居所并在多数时候处于闲置状态的大型豪华别墅和大量的新住房）也为环境带来了很大的负担。住房支付能力不足以及住房体系中的不公正也为城市发展带来了不安定因素。政府已经意识到这个问题，逐渐采取了一些重要的政策调整来改善城市住房体系中存在的不平衡问题，并将更多的注意力和资源投放在针对低收入人群的住房保障体系的发展上。

已经有大量的著作对早期中国城市住房制度的改革进行了阐述，但是还没有文章对近期住房制度改革政策及其社会和空间效应进行系统性的评述。住房制度改革一直被视为社会主义城市体系（Socialist Urban System）中的一个重要变革，但是关注此问题的许多讨论和评述依然停留在表面，并没有特别关注住房分配方式的利弊以及该体系对中国城市空间格局的影响。本节更新了我们对于中国城市住房制度改革的理解，并着眼于近期改革政策的本质。同时，鉴别了这些改革政策中的受益者（Winners）和损失者（Losers），并且评估这些政策在快速扩张的城市区域空间分层（Spatial Stratification）上所做的贡献。

一、中国住房制度改革政策的发展

中国住房制度改革采取务实的方法，从 20 世纪 80 年代开始，在许多地区实施了一系列的改革项目，并对其进行了测试。这些试验包括以下几个阶段：

（1）将新住房以建设成本价格销售给城市居民的试验阶段（1979～1981 年）。

（2）对新住房的销售进行补贴的试验阶段（1982～1985 年）。在这个阶段，个体买家只需支付住房成本价格的 1/3 即能获得该住房，其余 2/3 由雇主（通常是公共企业或机构）和市政府平均给予补贴。但是，这些住房的成本较之以前要高，包含了更多的成本，包括征用土地、补偿和地方公共设施供应的成本。

（3）全面住房制度改革的试验阶段（1986～1988年）。这个阶段的试验有两个主要特征：①在公共部门调整（提高）公有住房的租金，并引入了对所有公共部门雇员进行住房补贴的方案。②将现有的公共住房出售给其现有租户（Sitting Tenants）。

中央政府于1988年发布了《关于在全国城镇分批推行住房制度改革实施方案》（国务院，1988；世界银行，1992），标志着住房制度改革从试点城市逐渐推广到所有城市地区。该方案的目标是“根据社会主义市场经济的原则，实现住房商品化”，具体的政策包括：提高租金，并引入住房补贴来抵消租金增加的部分；可以出售公有住房（仅限住房的使用权）。

进入20世纪90年代后，中国逐步发展社会主义市场经济。1991年10月，北京举办了一个有关国家住房制度改革的重要会议，同年11月国务院住房制度改革领导小组发布了会议决议《关于全面推进城镇住房制度改革的意见》。这份文件强化了上述1988年的住房制度改革，要求各地方政府都着手实施住房制度改革。虽然这项决议对于住房制度改革的总目标并没有重要的变化，但引起了大规模存量公共住房的销售潮。这些住房以非常低的价格出售给其现有租户。1993年末，出于对公共住房以低价出售的忧虑，政府暂时中止了住房制度的改革项目。

1994年，国务院发布了住房制度改革历程中另一个具有重要意义的政策性文件——国务院住房制度改革领导小组《关于深化城镇住房制度改革的决定》，颁布了新的住房制度改革策略，包括：

（1）改革住房的投资、管理和分配体系。

（2）建立以下四项制度：①建立住房供应的双轨制，即为中低收入家庭提供以经济适用住房为代表的保障性住房，为高收入家庭提供商品住房。②建立公共和私人的住房储蓄制度。③建立住房保险、融资和贷款制度，使政策性住房和商业住房都能受益。④建立健康、标准和规范的市场体制用于房地产交易、维修和管理。

上述政策措施逐渐在所有城市地区得到实施。除了租金的变化（Rent Changes）和公共住房的销售以外，1994年的这份文件还有一些特殊的制度安排，以帮助城市家庭参与到新兴的住房市场中。首先，基于新加坡模式，建立住房公积金制度。通过这个制度雇主和雇员分别为雇员的住房储蓄基金进行投资，这些储蓄基金只能用于购买住房或对住房进行维修。只有当雇员退休以后，储蓄金才能另作他用。其次，为低收入和中等收入家庭提供商品房补贴。中央政府发放的贷款和土地免费供应是经济适用房发展的主要机制。

总的来说，上述政策对城市住房的建设、分配和管理产生了重要的影响，并显著改善了居民的居住条件。与住房制度改革初期相比，个人分担的住房成本价格大大提升，例如公有住房的租金就上涨了好几倍。但是，这些改革措施并没有成功地将住房制度从单位的框架中剥离出来，住房销售、提高租金以及建立住房基金等都是通过居民所在的单位来完成的。一方面，单位以补贴价格将存量公房出售给其雇员；另一方面，单位继续实施自己的住房建设项目，或以全价从商品房开发商处购买新的住房，然后将这些住房出租或出售给其雇员。实际上，20 世纪 90 年代建造的大多数商品房通过以上方式最后都进入了旧的福利住房体系。

1998 年 7 月，国务院发布了《关于进一步深化城镇住房制度改革加快住房建设的通知》，这是住房制度改革过程中最重要的政策文件。中央政府提出了三个主要目标：

（1）终止单位直接分配住房的制度，引入住房现金补贴制度。

（2）建立多样化的住房供应体系，以政府支持的经济适用房（低收入住房）为主要形式。

（3）建立新的住房金融体系，以贷款和按揭的形式帮助房地产开发商和家庭，从而促进城市住房市场的发展。

1998 年的政策建立了基于住房自有化的城市住房体系的基本模型。公共部门（单位）雇员的住房需求将会直接通过住房市场得到满足。单位可以为其新员工或住房困难的员工提供住房补贴，但不能直接牵涉住房的建设、分配和管理的过程。为了降低商品房价格并为公共部门雇员提供帮助，由政府支持的“经济适用房”制度得以建立。政府计划使大多数城市居民（70% ~ 80%）都有条件获得经济适用房。一方面政府鼓励城市地区的高收入人群（10% ~15%）通过住房市场购买高标准的商品房，另一方面单位或市政府会为城市的贫困家庭（大约 10% ~15%）提供带有补贴的廉租房。

廉租房旨在为人均月收入低于城市贫困线且人均住房面积小于最低标准的家庭提供住房。住房的商品化和私有化并不能满足每一位城市居民的需要。20 世纪 90 年代，城市贫困人群和低收入家庭的住房问题逐渐浮出水面。1998 年住房政策的制定者认为，有 10% ~15% 的城市低收入家庭没有能力拥有自己的住房，需要政府的支持。这种廉租房观念的再次出台反映了政府对城市住房市场有了更好的理解，也了解到不同收入阶层的家庭对住房有不同的需求。

1998年，由政府资助的经济适用房被视为城市住房供应的一个重要渠道。经济适用房制度的前身是安居（在北京也称作“康居”）工程，该工程主要针对中低收入的城市家庭（包括大部分传统公共部门的员工）。经济适用房和商品房的关键区别在于其获取土地方式的差异。对于地方政府批准的经济适用房项目，政府经由行政手段为项目分配土地，不征收土地使用费。同时，开发商的投资收益被限定在3%以内，其他建筑过程中的政府收费项目也会被缩减。国有银行和市政住房基金管理中心在一定的指导之下为经济适用房向开发商分配基金并发放贷款。在经济适用房项目中，不仅户型大小和设计标准有一定的限制，而且对潜在购买者也设置了一定的申请标准。

住房市场的顶部是商品房，主要针对高收入家庭（大约占人口的10%～15%）。建造商品房所占用的土地必须以市场价格从市政府处购买，但是政府对房屋标准、销售价格和开发商所得收益则没有控制力。

针对中国的发展阶段以及大多数城市人口的收入水平，1998年的住房政策旨在构建一个更加平等、稳健的住房消费水平，同时政府也承诺在城市住房供应中担任重要和积极的角色。但其后几年的发展导致了住房政策的方向改变。第一，城市人口数量大幅上升。1997年中国城市人口为3.945亿（占总人口的31.9%），截至2002年底，城市人口已经达到了5.021亿（占总人口的39.1%）（国家统计局，1997），超过一亿的迁移人口对城市地区的住房体系产生了重大影响，为保障性住房的供给带来了巨大的压力。第二，城市主流家庭的收入大幅增加。1997年，城市地区的人均年收入仅为6440元，2002年翻了将近一倍，达12373元，收入差距也逐渐扩大，高收入家庭的收入增加更快。大部分城市家庭都有条件购置商品房，高收入家庭开始投资购买更大的住房，或购置第二居所。

个人收入上涨的幅度以及家庭对商品房的巨大需求远远超出了1998年住房政策制定者的预期。居民对商品房的需求抬高了大城市的房价水平。2003年9月，北京举办了一个关于住房和房地产产业的国际会议。会议之后，国务院发布了一份有关住房制度改革的文件，这份文件实际上改变了1998年规定的住房制度的改革方向。它将“普通商品房”的发展视为城市住房供应体系的主要部分。但是，在国家层面上并没有给出一个关于“普通商品房”的明确定义，由地方政府对此进行各自的解释，并就如何支持这一战略来制定各自的政策。这项政策调整了之前对于经济适用房的期盼，并尝试限制大型奢华住房的快速扩张。鉴于各种各样的原因，许多地方政府没有对“普通商品房”与其他商品房区别对待，它们制定的一些针对“普通商品房”的特殊政策也同样适用于其他商品房。一些开发商和投资商人为哄抬房价，以赚取暴利。因此普通居民，特别是中低收入家庭越来越难通过住房市场来解决住房问题。

二、1998 年以来城市住房制度改革的问题

1998 年的住房改革政策一方面总结了早期的改革经验，另一方面也对当时的全球经济和国家经济状况作出了回应。从 1997 年开始，东亚国家就处在一场严重的金融危机之中，这场危机也对中国的经济发展产生了巨大的冲击。中国的出口和国际需求（20 世纪 90 年代是国家经济发展的主要推动力）大幅降低，GDP 增长率自 20 世纪 90 年代以来第一次显现出下降的趋势。中央政府尝试通过拉动内需和国内消费来减少金融危机对中国经济产生的负面影响。同时，政府采取预算和货币政策来创造和推动新的增长。住房产业的发展和房地产开发被视为一个新的经济部门，政策制定者们认为其可以带动许多其他产业部门的消费需求，包括建筑材料业、金属业、化工业和制造业等。人们期待住房产业的发展可以创造更多的就业机会、增加投资以及促进消费。它能够创建具有快速投入产出循环的大型国内市场，对整体经济发展具有巨大的贡献。

表 1－7　城市住房制度的变化及改革政策

年　份	重大政策文件	政策与定位
社会主义福利住房的供应：1949～1977 年		
1949～1957	各种各样	规范私人租赁市场、租金管制，并没收军阀拥有的房产
1958～1977	各种各样	大地主拥有的房产国有化；开发和分配公共住房，作为政府通过工作单位提供的福利服务
进行商业化的改革试验：1978～1993 年		
1978～1987	各种各样	公共住房尤其是工作单位住房扩张的重要时期。在特定的城市进行城市住房试点的试验，旨在通过恢复私人财产权实现福利住房供应的多样化，并鼓励个人分担住房成本
1988	国务院第 11 号文件	住房改革从试点试验转向所有城市地区的全面执行，目的是“根据社会主义有计划的市场经济原则实现住房的商品化”。改革政策包括增加公共部门的租金，以及住房补贴和公共住房的出售
1991	国务院文件	与 1988 年的计划类似，旨在提高不同渠道的住房投资；以公共部门的租金改革为重点；鼓励出售公共住房；增加住房建设

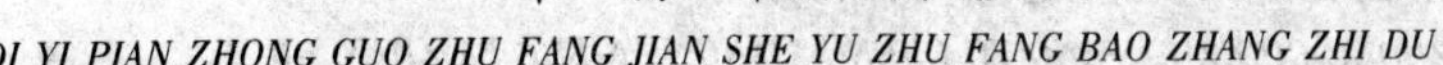

续表

年　份	重大政策文件	政策与定位
1993	国务院文件	修改 1991 年的战略，通过租金改革给予公共住房出售优先权。这导致以极低的价格大规模出售现有的公共住房
从福利供应转向住房市场：1994～1998 年		
1994	国务院第 43 号文件	政策首次以建立城市住房市场为目标，变革住房投资、管理和分配制度，并建立住房供应制度双轨制，即向中低收入家庭提供社会公共住房，向高收入家庭提供商品房
1998	国务院第 23 号文件	结束了工作单位直接分配住房的制度，向新员工和主要员工推行住房现金补贴；以国家支持的能负担得起的（低成本）住房为主要形式建立多样化的住房供应体系
住房市场的形成：1999～2006 年		
2003	国务院第 18 号文件	调整经济适用房的措施，以所谓普通商品房为基础，推行极端的市场体系（其中绝大多数城市人口将会依赖市场）
2005～2006	各种各样	住房的可支付性问题出现，尤其是在低收入群体中；住房问题开始引起城市中社会经济不稳定；各种政策主要关注通过税收、土地和规划政策稳定城市住房价格
实现多种方式的住房供应体系：自 2007 年以来		
2007	国务院第 24 号文件	调整极端的市场措施，重新强调社会公共住房供应的必要性

之前的城市住房体系以社会主义的福利体系为模型，单位扮演主要的角色。住房投资主要来自于公共资源。许多城市居民不愿意花钱来购买住房，严重抑制了城市住房产业的发展和消费。1998 年的住房政策是一个巨大的突破，彻底废止了福利住房分配制度，为住房商品化起到了立竿见影的效果。例如，1998 年以前，北京超过 3/4 的商品房是出售给单位的，而 1998 年之后出售给个体家庭的商品房数量迅速上升。截至 2000 年大约 90% 的新建商品房都出售给了个体家庭。除了上述的正面效应，这项过度强调城市住房体系发展和改革的经济需求的政策，也为后来出现的许多住房问题埋下了隐患。

1. 住房补贴中的不平等问题

单位公房自 20 世纪 90 年代以来已经逐渐被私有化（房改房），而且也不允许建造新的单位公房，因此住房补贴成为单位能提供给员工的最重要的直接利益。但是这项政策的实施过程非常缓慢。许多城市仅为政府直接拨款的行政部门制定了详细的实施计划，同时鼓励私有部门及企业（包括国有企业）

遵循计划。然而实际上，只有少数部门真正遵守这些政策，主要是收益比较大的部门，比如和石油有关的公司、金融公司和保险公司。甚至是在公共部门中，特别是对公务员来说，地方政府都发现很难找到住房补贴的资金来源。中央政府可以通过调整中央预算来为部级单位员工的住房补贴提供资金，然而许多地方政府却无力为其大量雇员支付住房补贴。

单位提供住房补贴是引起城市住房体系不平等问题的重要因素。效益好的机构和企业能够发给其员工相当多的现金补贴，而效益差的组织和企业则很难为其员工提供任何住房上的支持。在同一家机构中，高级职员和骨干员工可以享有住房补贴，而基层职员和临时工作人员则被排除在外。住房补贴主要针对没有从公共住房体系中获益或获益较少的人，为同一单位的每一位员工都提供了相同的住房权利。在住房短缺的时期，一些雇员能够住进工作单位分配的住房里，而其他人则需要排队等候分房。理论上讲，现金补贴避免了由此引发的不平等问题。但是，补贴金额主要是依据每个人的工作岗位而定。住房补贴变相成为高级管理人员和专业人才的一项额外收入。

虽然住房补贴加剧了最初在住房消费过程中出现的不平等问题，但它在推动城市住房市场化发展的过程中的确扮演着重要的角色。住房补贴在员工购置住房的花费中占据了相当大的比例，改善了许多专业人才家庭的购买力。

2. 廉租房的缓慢发展

由于缺少实行廉租房政策的资金来源，廉租房的发展一直非常缓慢。中央政府将廉租房供给视为社会保障体系中非常重要的一部分，然而许多地方政府却认为廉租房是解决短期问题的临时办法，没有收益而且缺乏资源，因此这项政策的实施非常缓慢。几年来，地方住房部门的官员一直讨论有关廉租房本质以及区分特权人士和非特权人士标准的问题，他们花费了不少时间对地方贫困群众和低收入家庭进行调研。

北京投入到这项工作上的时间比较早，1998 年的住房政策出台之后，北京市政府即刻制定了相应的政策。政府将指定的廉租房提供给居住在北京城内的极度贫困家庭。2001 年，住房部门针对 32097 户注册的低收入和贫困家庭进行的一项调查显示，其中 21876 户家庭需要政府在住房上的帮助来改善其生活状况。2001 ~2005 年，4391 户家庭向政府递交了住房支持的申请，其中 3032 户家庭得到了租金补贴，319 户家庭搬到了政府提供的廉租房。2005 年的又一次调查显示，其中 38300 户家庭的居住环境过度拥挤（每户每人拥有的住房占地面积少于 7.5 平方米）。截至 2007 年 10 月，仍然有 5831 户家庭向政府申请住房援助，仅占调查中贫困家庭总数的

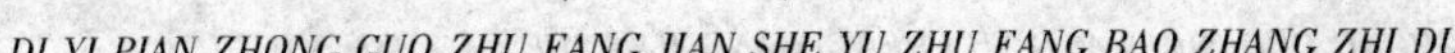

15%。显然，这远远低于之前提出的占总人口10%～15%的最初目标，这个人数远远超过了1000万。

中央政府宣布这项政策后，其后几年许多其他城市并没有对此采取任何措施。很多住房部门的官员并不认为这项政策真的能照顾城市中10%～15%那么多的人口。在大多数实施廉租房政策的城市中，只有少于2%的家庭真正从中受益。这项政策本身蕴涵的援助本质逐渐偏离了为城市家庭直接提供租金低廉的公共住房的初衷。大多数城市住房部门倾向于向低收入家庭提供现金补助，然后让他们自己在住房市场中寻找租房。

3. 经济适用房制度未达到目标

经济适用房一直被认为是1998年的住房政策中规定的城市住房的主要形式。人们期待经济适用房中80%的新住房能够提供给中低收入家庭，主要是大多数城市中公共部门的员工，特别是普通薪水的职业，比如教师、医生、护士、警察、公务员等。人们认为这项政策不仅太过雄心勃勃，而且不切实际。后来个人收入的快速提高以及分配不均促使这项政策迅速做出调整。

首先，“中低收入”的概念很难界定。在一些早期开始实施经济适用房政策的城市，只要购房者不是非常明显的高收入家庭，那么他就有资格购买经济适用房。其他一些城市则有政府官员对经济适用房政策的巨大阻力，因为经济适用房政策减少了市政府来自土地供应及其他收费项目的收入。这些城市只建成了数量极少的经济适用房。上海直到最近才开始实施第一个经济适用房项目；广东省建立了相当良好、流动性强的城市住房市场，也几乎没有建造经济适用房（仅占2006年建设项目的0.5%）。另外，西部以及内陆省份和地区经济适用房的比例却较高。例如，西藏自治区的经济适用房占新建住房的84%，新疆地区则为36%。

许多城市将经济适用房的受众群体分为两类：一类是符合经济适用房购买标准的低收入群体（在城市贫困线之下的大约30%的城市人口）；另一类是中等收入群体，这类人群不符合购买经济适用房的标准，但是他们能够获得另一种形式的住房—普通商品房。经济适用房的发展依然会受到政府一如既往的支持（比如免费获得土地供应、发展收益受到控制和政府收费项目减少），普通商品房也受到政府的支持，如减少其土地使用费和其他收费项目等。在北京，另外一种受到限制的商品房也得到了推广，即两限房。政府通过向开发商提供一些对其有利的条件（包括土地价格）来限制住房的价格和大小。这种形式的住房旨在填充经济适用房及普通商品房之间的缺口。

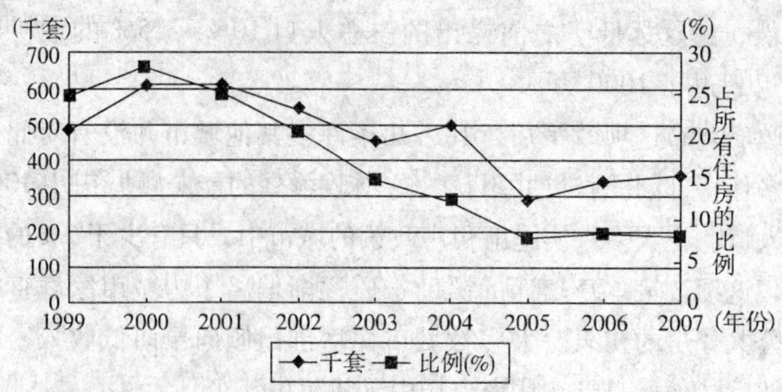

图 1－2　已建经济适用房及其占所有新建住房的比例

资料来源：NBSC，2007 年和 2008 年。

4. 住房公积金体系的不平等问题

住房公积金体系在 20 世纪 90 年代首先被引入上海，随后于 1994 年成为一项全国性的政策，成为城市住房改革的重要部分。雇主和工作单位在管理个人住房公积金上扮演非常重要的角色，代表个人对资金进行存储。最初，住房公积金主要被用于提供给工作单位、住房合作社以及建造经济适用房的开发商的短期贷款。随后，住房公积金更多被用于其最初的目的，即帮助个人通过取回公积金或贷款来购买、租用和建造住房。截至 2001 年，超过 6700 万的城市雇员（大约占全体雇员的一半）加入公积金的存储体系。截至 2007 年底，积累住房公积金达 16230 亿元，全国大约有 7200 万的城市雇员参加了公积金储蓄。大约 40% 的住房公积金被家庭提取用于住房需要，53% 被用作公积金贷款发放给约 830 万人，其余的钱则用于投资国债或公司建设。虽然公积金贷款刚开始起步非常缓慢，但发展迅速。2007 年的按揭贷款比 2006 年增加了将近 35%。

虽然住房公积金体系是针对城市小的全体雇员的，但是从中受益最多的是公共部门的员工，特别是政府官员、公务员、学者和专业人才。公共部门的雇主是由政府为其提供资金的。相反，私营部门及其他部门的雇主却发现为其员工进行公积金的融资非常困难。私营部门的大多数雇员，特别是从事体力或非技术性劳动的工人（包括大多数农民工），被排除在住房公积金体系之外。

5. 按揭及住房贷款使高收入家庭受益

在 20 世纪 80～90 年代住房私有化的过程中，公房被以非常优惠的折扣价格出售给其现有租户，大多数公共部门的员工用家庭存款就能够付清房价（最初仅仅是住房使用权）。从 90 年代中期开始，住房价格特别是商品房价格

飙升，超出了普通城市居民的住房支付能力。按揭贷款作为一种重要的财务安排在城市住房市场中逐渐兴起。三种住房贷款形式得到推广，分别是住房公积金贷款、商业银行贷款以及两者的结合。

住房公积金贷款的数额与积累的公积金数额有关，而且利息较低。1997年之前，只有小部分银行允许发行贷款，因此20世纪90年代初期的住房贷款规模非常小，中国人民银行1997年发布了《个人住房担保贷款管理试行办法》，允许所有商业银行开展贷款业务。为了鼓励借贷，中国人民银行在1996～1999年七次下调基本利率，并从1999年开始对存款利息征收20%的收入税。同时，贷款利率六次下调，从1997年的10.53%下降到2002年的5.76%。国有银行对借贷业务进行调整，从1999年11月起将普通贷款期限从20年扩大到30年，贷款最大限额从购买价的70%提高到80%。

像许多其他国家一样，按揭贷款只能帮助拥有稳定收入和工作的家庭。中国城市新兴的中产阶级包括公务员以及所有公有机构的专业人士是最主要的受益群体。对于大多数低收入家庭包括农村移民而言，向银行借款用来购置住房不在其选择范围内。更重要的是，大多数能够获得银行贷款的人，恰恰也是那些可以从单位获得住房现金补贴以及可以积累大量住房公积金的人。

6. 住房价格上涨及支付能力的问题

大多数城市住房改革政策鼓励城市家庭增加住房消费，改善其生活状况。这些政策连同城市家庭收入的增加，共同导致城市住房供应的稳定增长。城市人均住房面积从1997年的17.8平方米增加到2002年的22.8平方米。2000～2002年，中国城市每年新建住房超过200万套。迄今为止，城市住房的发展成功帮助中国渡过了亚洲金融危机，同时房地产也成为关键的国家经济部门。一些城市的房地产业对地方GDP的贡献超过一半。

但是，2004年起在大多数城市出现的住房价格膨胀成为城市住房发展面临的重要问题。由于住房和房地产市场过热，中低收入城市居民对房价过高的抱怨越来越多，2005年政府开始加强微观经济调控的力度。国务院办公厅于2005年3月发布了《关于切实稳定住房价格的通知》；一个月后，国务院办公厅又发布了由建设部和少数其他部门共同起草的更加细节化的政策性文件，这个文件被称作“国八条”。具体的调整政策包括：优先发展低价位的普通商品房及经济适用房；引入金融和税收措施来抑制住房市场的投机性投资；限制开发商的开发贷款以及个人的按揭贷款；通过规划、土地政策、财务和税收政策等，鼓励高密度、小户型、低价位普通商品房的发展；加强经济适用房的发展等。

这些政策虽然非常全面，但是稳定房价的效果却非常有限。2005 年年末和 2006 年年初，大多数城市的房价依然继续向上攀升（见图 1－3）。同时，一些其他的问题也引起了政府的关注。商品房的比例尤其是高价位商品房的比例依然非常高，而为中低收入人群提供的经济适用房的数量还远远不够。城市低收入家庭难以进入住房市场，特别是收入略微超出贫困线的家庭。他们没有达到申请廉租房的标准，但也无力在住房市场中购买或租赁住房。一些城市的经济适用房政策没有达到其预定目标。对于低收入家庭而言，经济适用房的面积太大，因此较为富裕的家庭能够从中获益。对于新的廉租房制度，许多地方政府选择给员工分发住房现金补贴，而非建造公有的廉租房。一些家庭获得了现金补贴，但依旧没有找到合适的住房。

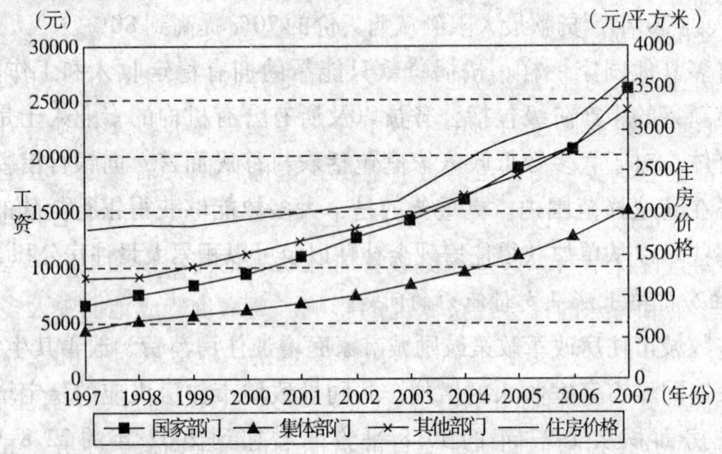

图 1－3　1997～2007 年城市地区平均工资及住房价格

资料来源：NBSC，2007 年和 2008 年。

2006 年 5 月，政府发布了另一项重要的政策性文件。除了重申 2005 年文件中的政策以外，这份被称为“国六条”的文件限制了按揭贷款的首付和住房交易。政策内容包括：从 2006 年 6 月 1 日开始，购买超过 90 平方米的新住房所需的最低首付从房价的 20% 提升到 30%；支付销售交易税的时期从两年延长到五年；所有新审批、新开工的商品房开发项目，户型面积在 90 平方米以下的住房必须占到总住房建筑面积的 70%；银行只能给在申请项目中投资超过 35% 的开发商提供贷款；不能给持有大量存量住房的开发商提供贷款进行住房建设；地方政府应该保证为中小户型和中低价位的普通商品房项目、经济适用房项目以及廉租房项目提供足够的土地，上述三种住房所占比例应超过每年住房建设用地的 70%；对于经济适用房项目，开发商不仅应该考虑土地价格，还需要考虑最终的住房价格；加重对于土地闲置和土地持有的惩

罚，建设工程应该自项目批准后的一年内开始动工；收取土地闲置费的年限从一年上调到两年，两年之后，土地直接收回；所有城市要制定廉租房建设计划，土地开发的部分收入可以作为廉租房建设的资金来源。

尽管政府颁布了这些政策，但随后的2006年和2007年，房价依然持续攀升。沿海地区的房价远远高于内陆地区。北京和上海的平均房价最高，2006年分别达每平方米7375元和7039元，是国家平均水平（每平方米3119元）的两倍多。2007年前四个月的房价增幅与2006年同期相似，同比增长5%～6%。其后，房价攀升的速度更快了。10月平均房价比2006年同期增长了10.6%。大型城市房价的增速高于其他城市，深圳的增长速度是19.5%，北京为15.1%，宁波为14.9%，北海为10.1%。这些城市对中国整体房价水平有着重要的影响。

房价快速增长为业主、房地产开发商和地方政府带来了很多好处，但给尚未购房者造成很大的压力。由于城市住房市场存在的历史相对较短，不是所有家庭都已经购买住房。虽然拥有住房家庭的比例大幅增长，但是其中大多数居住在所谓的“房改房”（又称为“已购公房”）中。由于老旧的公房单元比较小而且设计不当，这些家庭改善居住状况的需求很强烈。这些家庭的收入受到年龄和特殊的社会经济状况的影响，高房价造成他们中大多数家庭购房困难。另一群对购买新商品房有浓厚兴趣的人是公共部门和专业服务领域的年轻新雇员。尽管他们的收入高于平均收入水平，而且也享有住房补贴，但房价膨胀过快使得他们即使在父母的帮助下也很难购买到住房。虽然城市住房价格的变化对于贫困和低收入人群的影响有限，但是高房价确实已经影响到了城市社会的中流砥柱，这可能会造成社会动荡。

7. 土地和其他资源的浪费

除了以上提到的问题以外，发展不平衡以及大户型、价格高昂的商品房交易造成了土地及其他资源的严重浪费。1998年之后的许多年，很多城市都出现了大量新建房地产未售出的现象。开发商不愿意降低房价，而大多数城市居民又发现自己无力购买这些价格高昂的新住房。高收入家庭将房价上涨视作一个投资机会，甚至集体购买房地产作为一种投资手段，有些则购买其他城市的房产。在这些投机者等待房价上涨的同时，这些住房中的大多数都被闲置了数年。一些新兴的中产阶级家庭在郊区购买二手房，只在周末小住，这些豪华房产在工作日则是处于闲置状态。在一些繁华的地区，拥有第二居所的人数大约占城市人口比例的20%。珍贵的农业用地转变成了建筑用地，大量的建设材料遭到废弃，同时很大比例的低收入家庭和农民工的居住状况却依然十分恶劣。

三、社会和空间含义

1. 受益者及受损者

以上的分析点明了每一次改革政策的主要受益群体。2000 年的研究发现：

（1）中国的住房制度改革对农村社会的影响力非常有限。

（2）住房制度改革与城市地区的大量农村移民也几乎无关。

（3）住房制度改革对传统住房所有者以及非公共部门雇员的影响有限。

（4）住房制度改革对公共部门的雇主和雇员的影响最大。

（5）虽然住房制度改革的目标是改善整体住房状况，但是核心是在公共部门内部对社会和经济分配进行更加根本的调整。这些政策旨在通过个人成本的逐渐增加，在公共部门内部由国家、工作单位和个人共同承担住房供应的成本。但是，住房制度改革的具体影响取决于个人的目前状况。在原有的福利住房体系下，公共部门的员工排队等候住房分配，逐步改善居住状况。随着住房私有化的发展，改革期间家庭拥有的住房形式非常关键。居住在优质住房里的家庭一般继续住在原有住房里，并获得住房补贴，以优惠价格购买其住房的使用权，成为住房拥有者。首次进入住房体系的家庭，无论有没有补贴，都必须通过住房市场获得住房。

（6）在工作单位工作表现欠佳或没有大量住房投资的家庭，更有可能居住在劣质住房中。原有福利住房体系中住房条件不好的家庭，其境况在新的住房体系中也没有得到改善。从这种意义上来说，住房制度改革将会加重中国现存的不平等问题。经济改革可能造成更严重的收入不平等问题。对于经济条件较好的家庭而言，无论以市场价格还是补贴价格，都是在住房市场中购买新建商品。

2004 年对国企住房制度改革的后续研究证实了上述论断。效益较好的企业更好地实施了住房改革政策，为其员工提供多种形式的住房补贴；对效益欠佳的企业而言，其住房改革也乏善可陈（见表 1－8）。

表 1－8　不同的国有企业住房改革实践

住房改革政策	国有企业（SOES）			
	濒临破产的国有企业	表现不佳的国有企业	表现较好的国有企业	表现良好且盈利的国有企业

续表

住房改革政策	国有企业（SOES）			
出售现有住房	住房存量不足和延迟销售项目	较好的住房条件并较早、廉价出售住房给占用人		
住房公积金	出自水平极低并不规则	根据市政府规定的标准价格出资		远远高于地方推荐的水平大方出资
建造用于出售的新住房		住房用于出售，工人承担全部成本	住房用于出售，员工部分出资	为重要和高级的员工购买高标准的商品房，然后廉价地实现“私有化”
住房合作			建立住房合作机制，为员工建造住房	
住房现金补贴			依照适用于公务员的相似规则，向员工提供住房补贴	

虽然所有上述现象依然存在，但是中国城市的社会及经济组织仍然产生很大变化（见表1－9）。私有部门雇佣了更大比例的城市劳动力，逐渐成为了一个更加重要的部门。许多私营企业是私有化之后的国有企业或组织。私营企业的所有者和高级管理人员，连同政府官员和专业人才，共同构成了城市精英团体。国有企业和机构所雇佣的传统工人阶级日益边缘化。住房政策（包括主要的住房改革政策）仅仅涉及传统国有部门中的主流员工，以及新型私营企业的所有者和管理者。这些人是中国城市中兴起的中产阶级，他们拥有稳定的工作，而且收入超过了平均收入水平。

表1－9　城市中不断变化的社会经济群体及阶层划分

改革前城市中主要的社会群体及阶层	改革后新兴的社会群体及阶层	社会阶层
党政要员	大型私营企业所有人以及党政要员	新兴的中产阶级
国有企业和机构的董事/管理人	合资企业/私营公司及重大国有企业的管理人	
国有单位雇佣的中低阶层官员、专业人士及大学教师	中低阶层的政府领导人和公务员、大学教师以及公共和私营部门的专业人士	

续表

改革前城市中主要的社会群体及阶层	改革后新兴的社会群体及阶层	社会阶层
集体企业管理人	小型家庭企业所有人	新的工人阶层
国有企业工人	国有企业和私营公司聘用的工人及一般工作人员	
集体企业工人	小型私营企业的员工	
其他普通的或失业的城市居民	低薪的农村流动人口；失业和下岗工人	城市贫民

住房改革政策十分强调廉租房和可支付性住房（Affordable Housing）的供给。这些政策的合理实施，将对半技能或无技能产业工人（新的工人阶级）的居住状况产生很大的影响。但是，1998年以后的实践偏离了原本的政策取向，允许由市场来为绝大多数家庭提供住房。由于缺少购买新住房的资金，没有渠道获取条件更好的新住房，而且资产很少，上述产业工人的居住状况依然十分恶劣。房价膨胀扩大了这些人与中产阶级之间的裂缝。他们成为近期住房制度发展和改革中的受损者。作为一个巨大的工业社会，中国工人阶层所占的比例依然很大。如果住房制度改革政策没有解决他们的住房问题，那么这些政策的效果将会受到质疑（见表1-9）。

另一个在住房供应市场化过程中获益有限的群体是新兴和传统的城市贫困家庭。尽管中央政府为城市贫困人群制定了廉租房的政策，但是政策的实施过程非常缓慢。只有非常小比例的城市贫困人群获得了住房的实物补贴，其他人仍被留在住房市场上，自己解决住房问题。传统的城市贫困人群包括失业人口、下岗工人以及大多数农村移民，他们没有在原有的福利住房体系中获得条件较好的公共住房，因此在公共住房私有化的过程中受益有限。大多数农村移民没有从政府获得任何形式的住房支持，集中居住在城中村的劣质出租房里。

2. 空间影响

20世纪90年代中期对于中国城市空间格局的研究表明，中国城市存在三种不同的分区：

（1）传统中心城区，新中国成立前已经存在，大量的私有房屋中居住着比较贫困的居民。这个地区经历了快速的再发展和升级阶段。

（2）单位大院构成的中间地区。不同的大院改革前的特征比较类似；在改革过程中，由于所在部门不同，产生巨大的差异。

（3）最外层则是建立于经济改革时期的城郊商品房小区，以及城市化过程中形成的“城中村”。

这种分区为分析中国城市空间格局提供了一个有用的框架。但是，近年来中国城市发生了重要的变化，需要更多详细的分析框架。日益增加的经济和社会差异造成了城市中不同地区之间更加明显的对比。原本同质和同心的城区（Homogeneous and Concentric Zones）被分成许多不同的区域。首先，城市土地有两种使用方式，一种是设计精美的现代城市区域；另一种是同期还处于发展中的城中村。城中村代表一种非正式的发展。那些官方规划和正式建造的区域在过去几年中发生着不同的变化。中心区域的老社区得以重新发展，低收入家庭或贫困居民被重新安置到郊区。单位大院被用作多种用途，大部分大型公共部门机构通过各自的发展项目巩固了自己的地位，而传统工业厂房被重新安置。城市的扩张使得大多数农村土地转而被用作发展各种高科技区域、购物中心、科技园区、大学城和针对各种不同社会地位和经济水平家庭的商品房。一般居住小区可以分为以下几类：封闭式的高收入社区；为低收入和中产阶级准备的半封闭式普通商品房社区；经过改良的老式单位住房社区，以及剩余的传统居民区。下文列出了城市中的主要居住区域：

（1）现代封闭式小区：豪华别墅住宅区；别墅住宅区；豪华公寓社区。

（2）现代半封闭式小区：普通商品房社区；经济适用房社区（可支付性住房社区）；市区重建异地安置社区。

（3）改良的单位住房社区：住房合作社及工作单位建造的包含个人投资的新住房；私有化之后的老式单位住房社区；专业和行政管理部门；国企部门。

（4）保留下来的原有内城居民区。

（5）城中村：原有村民聚集的宿舍区（封闭式定居地）（Gated Landlord Settlements）；现代私人租房社区；传统农村住房区。

住房制度改革政策对每一种社区的影响如表 1 - 10 所示。非常明显，大多数改革政策（特别是对应的配套政策）仅仅涉及公共部门主流雇员所居住的地区。支持住房市场的政策更加关注政府官员、专业人员、公共及私有部门的管理人员居住的地区。保障性住房政策比较关注单位住房社区和剩余的内城老居民区。农民和农村移民居住的城中村则与住房制度改革毫无关联。

关键词：

H—政策与该地区/房屋（社区）高度相关，并对生活在其中的居民有重要影响；

L—政策与该地区/房屋（社区）有一些相关，并对生活在其中的居民影响不大；

O—政策与该地区/房屋（社区）十分不相关，并对生活在其中的大多数居民没有影响。

表 1－10　住房改革政策的社会和空间效应

社区类别	住房类型	位置	居住群体	重大住房改革政策的相关性和影响							
				社会租金支持和补贴	能负担得起的住房	住房的现金补贴	住房公积金	抵押贷款支持	降低住房价格的政策	鼓励建造小型住房单元的政策	新员工的过渡房
现代门禁社区	豪华别墅	郊区	超级富豪	O	O	O	L	L	L	O	O
	其它别墅	郊区	富人、专业人士（第二套房）	O	O	L	L	H	L	O	O
	豪华公寓住房	老城区/市中心	新型的中产阶级（第二套房）	O	O	L	H	H	H	L	O
现代半门禁社区	普通商品房	周边	中高收入者	O	L	H	H	H	H	H	O
	能支付得起的住房	周边	公共部门的雇员	O	H	H	H	H	H	H	L
	市区重建搬迁家庭住房	周边	传统的私人房屋所有人	H	H	H	H	H	H	H	L
经修建的工作单位住房	合建住房和工作单位利用个人缴款兴建的新房	老城区	公共部门的工人、公务员、专业人士	H	H	H	H	H	H	H	H
	老单位住房区的私有化住房	老城区	干部和工人，包括退休人员	H	H	H	H	H	H	H	H
遗留下来的老城住宅区		市中心	传统的房屋所有人，集体部门的工人	H	H	O	L	L	L	H	O
城中村	原村民住宅（有大门）	周边/郊区	土地所有者、原村民及其家人	O	O	O	O	L	O	O	O
	重建的租赁房住宅	周边/郊区	有稳定工作的流动人口	L	L	L	L	O	O	L	L
	传统的劣质住宅区	周边/郊区	贫困的农村流动人口	O	O	O	O	O	O	O	O

四、改革方向的重新调整

1998年以后，住房制度改革的政策及实践开始强调政府在廉租房和可支付住房供给中的作用和责任。由于受到经济状况的影响，住房政策及实践逐渐从上述政府导向的改革方式转变为市场导向，更加关注于商品房的发展。这种转变导致了住房价格的巨大膨胀，大多数城市居民出现住房支付能力不足的问题。从政策层面而言，定义几种不同形式的住房在理论上可以涵盖从极度贫困到极度富有的所有城市人口的范围；但是实际上，每一政策的受益人群都很少，特别是在政策实施的最初阶段。因此，这些住房政策并没有涵盖到所有人口，不同政策之间存在一定的缺口。例如，由于缺少资金，廉租房的供应主要针对极度贫困的一小部分家庭；所谓的保障性住房也不能覆盖70%～80%的人口，只是针对拥有稳定收入但无力全价购买商品房的家庭（见图1－4）。

<table>
<tr><td colspan="20">按照收入划分的城市家庭的比例</td></tr>
<tr><td>5</td><td>10</td><td>15</td><td>20</td><td>25</td><td>30</td><td>35</td><td>40</td><td>45</td><td>50</td><td>55</td><td>60</td><td>65</td><td>70</td><td>75</td><td>80</td><td>85</td><td>90</td><td>95</td><td>100</td></tr>
<tr><td colspan="5">低收入群体
高收入群体</td><td colspan="15">（人口比例）</td></tr>
<tr><td colspan="20">1998年政策</td></tr>
<tr><td colspan="5">社会住房或租赁补贴</td><td colspan="12">可承担得起的住房（经济适用房）</td><td colspan="3">商品房</td></tr>
<tr><td colspan="20">2003年调整</td></tr>
<tr><td colspan="5">社会住房</td><td colspan="8">可承担得起的住房（经济适用房）</td><td colspan="4">普通商品房</td><td colspan="3">豪华商品房</td></tr>
<tr><td colspan="20">实际的覆盖面缺口和2007年调整</td></tr>
<tr><td colspan="2">社会住房</td><td colspan="3">租赁补贴</td><td colspan="3">可承担得起的住房（经济适用房）</td><td colspan="3">受到限制的商品房（两限房）</td><td colspan="3">普通的小型商品房（中小户型房）</td><td colspan="3">鼓励适度的住房消费</td><td colspan="3">豪华商品房</td></tr>
</table>

图1－4　城市住房供应体系：1998年模型及当前的做法

自从2004年房价膨胀开始以后，人们对住房政策的实施和政策方向改变的效果进行了热烈的讨论。这场争论以及2005～2007年出现的房地产泡沫最终导致了另一项重要文件的出台，国务院在2007年发布了《关于解决城市低收入家庭住房困难的若干意见》。这份文件一方面肯定了城市住房发展以及城市居住状况改善的成就，另一方面也指出了城市住房体系中存在的几个主要问题：

（1）廉租房供应发展缓慢。

（2）保障性住房政策体系不完善。

（3）一些城市低收入家庭的居住状况依然恶劣。

这些评价以及新推出的政策被视作住房制度改革方向的重大转变，调整了2003年以来市场导向的改革方式，要求政府在住房供应中承担更多的责任、提供更多的资源。2007年的政策为地方政府提供了许多精确的指导，用于解决低收入家庭的住房问题。

政策强调优先建立并完善保障性住房供应体系：截至2007年年底，所有城市都应该向全部符合标准的贫困家庭提供廉租房或现金补贴；所有县应该在2008年年底之前完成这一目标。较为富裕的城市应该将保障性住房体系扩展到低收入家庭。租金补贴是社会住房的主要补助形式；同时政策也鼓励地方政府建造新的社会住房（Social Housing），每户住房的占地面积不得大于50平方米。新的社会住房应该被置于保障性住房或低价商品房项目之中。此外，政策第一次正式明确了社会住房建造的资金来源：

（1）地方年度预算分配。

（2）地方住房公积金储蓄的净收入（扣除各种收费）。

（3）不少于10%的所有土地出让的净收入。

（4）廉租房的租金收入（仅用于管理和维修）。

（5）中央政府的社会住房资金分配（对于贫困的内陆省份）。

这些政策起到了立竿见影的效果。建设部的数据表明，2007年廉租房的总投资额达77亿元，超过了前八年的投资总和，可以帮助68.1万户的低收入家庭。但是，中国目前仍有约1000万城市低收入家庭的人均居住面积少于10平方米，约占所有城市家庭中的5.5%。

2007年文件的第二个重要领域是经济适用房体系，其明确了许多之前文件中未明确定义的领域：

（1）经济适用房针对的目标是城市低收入家庭，应该覆盖除廉租房覆盖的极低收入家庭之外的所有低收入居民。经济适用房的申请条件包括家庭收入状况和目前的居住状况，没有固定的国家标准，由地方政府根据需要决定并发布各自的申请标准。

（2）过去从福利住房分配体制中受益的家庭不符合申请标准；对于购买经济适用房之后又购置了其他住房的家庭，应由政府回购其经济适用房。

（3）经济适用房的建筑面积约为每户60平方米；地方政府每年应该建造足够数量的经济适用房。

（4）经济适用房是一种政策性住房；购买者仅拥有有限的产权。经济适用房在购买后的五年内不能在市场上交易。如果购买者不再需要，经济适用房应该在考虑损耗状况和价格膨胀的基础上，由政府回购。五年之后，经济适用房可以在市场上公开出售，但是房屋所有者应该支付一定比例的经济适用房和该地区普通商品房之间的房价差，比如土地使用费和土地收入。

除上述两个重要领域外，2007 年的文件还对合作建房（包括雇员投资的由工作单位组织的住房建筑）、旧城改造、改善农村移民居住状况等做出了相关规定。这份文件也重申了 2006 年的政策，该文件旨在规范商品房市场，并且鼓励建设建筑面积低于 90 平方米的小户型。地方政府需要提供至少 70% 的土地用于小户型住房，而且每一个新建住房项目都应该包含至少 70% 的小户型。2008 年，地方政府在中央政府指导下制定了住房发展计划，并特别要求说明廉租房、经济适用房、两限房的比例、位置和地点。

为了实施新政策，促进政策重点的转移，国家和地方政府的住房部门都进行了重组。建设部改组为住房与城乡建设部，住房工作被提升到了部级地位。在旧的体制下，仅有一名住房和房地产部门的副领导负责管理住房业务，而具体工作则仅由一名员工负责。2007 年 12 月，社会住房与公积金管理部门成立，主要负责加强住房体系中不同职责的管理。2008 年，该部门进一步被细分成三个部门：一个负责住房改革政策及其研究；一个负责社会住房政策及供给；一个负责住房公积金的规定和管理。北京成立了一个住房保障办公室（在建设部产生变动之前），该机构有 19 个地区或县级的办事处以及 311 个乡镇或街道委员会的办事处（窗口）。这项新的机构安排标志着政府住房制度改革重点的变化，从推动住房发展和建设管理转为确保满足低收入群体的住房需求和保障性住房的管理。它也标志着保障性住房的建设和供应进入大规模实施阶段。

截至 2008 年末，全球金融危机开始对中国的房地产市场产生明显的影响，许多城市房价下跌。由于出口下降速度很快，政府必须再次通过刺激内需来保持经济增长。住房再一次被视为最大的内部消费市场，而房地产则被视为能够为整个市场带来稳定发展的关键经济部门。2008 年 12 月 20 日，国务院办公厅发布了另一项重要的住房政策文件。这些新的政策主要有以下几项目标：

（1）实施国家有关增加内需和保证经济平稳增长的战略。

（2）推动保障性住房的发展，改善人们的居住状况。

（3）推动房地产业的健康发展。

这份文件的政策主要关注由政府支持的保障性住房的发展与供给。作为维持今后三年经济增长的大规模资本投资的一部分，住房投资大幅增加。中央政府承诺增加保障性住房和贫困区改造的投资，特别是在中西部地区的投资。地方政府需要遵循中央政府的建议，并且在本地区增加保障性住房的供应，并保证保障性住房项目的土地供应。政府还鼓励商业银行增加保障性住房项目的贷款。

为了支持住房市场的发展，政策降低了住房购买者的首付要求，并且为改善型住房需求提供最优贷款利率，以帮助其购买第二居所，改善生活状况。这项政策也将2009年的住房交易税免征期减少为一年。

住房与城乡建设部部长姜伟新在2008年的中国发展高层论坛上发表了题为《建立和完善中国住房政策体系的思考》的演讲，总结了1998年开始的住房制度改革的主要成就：

(1) 取缔给公共部门雇员住房实物分配的制度。

(2) 城市住房供应体系实现商品化。

(3) 近期引进新的保障性住房体系，保证为低收入人群和贫困人口提供合适的住房。

他也概括了一些突出的问题：

(1) 廉租房和经济适用房的发展和供应较落后。

(2) 住房市场结构调整缓慢，中小户型住房所占比例较小。

(3) 中低收入家庭住房支付能力相对不足的问题比较突出。

(4) 房地产市场机制还不完善，商品住房价格上涨过快，住房供应结构不合理。

(5) 住宅建设还不适应人口、资源、环境状况，科技贡献率低，资源消耗高。

政府认为，经过多年的试验和改革后，中国已经建立了合适的城市住房政策框架，政府和市场都在其中扮演积极的角色。目前，中国城市住房的发展、分配和消费与20世纪90年代末已经有很大的不同，单位在住房体系中的作用逐渐减小。从1998年开始，中国城市每年的新建住房约为200万~400万套，大多数由开发商建造，并通过住房市场直接销售给个人和家庭。单位可以为其雇员提供补贴或其他形式的资助，以帮助他们购买商品房，这与过去由单位安排住房供应的方式完全不同。新建商品住房及其相关的基础设施使城市景观现代化，并且改善了数百万家庭的居住状况。

我们的早期研究强调中国住房改革计划性的本质以及政策发展和实践在

延续和变化中的动态性本质：

“经济和住房改革导致了中国城市社会和空间的重组，而且造成贫富差距的扩大，虽然住房制度改革为住房供应体系带来了显著的变化，并且改善了城市居民的居住状况，但它仍然没有打破旧的制度框架，没有全面发展独立于单位的商品住房市场。尽管如此，住房改革对不同的社会和经济团体产生了不同的影响，公共部门的领导、管理者和专业人才获益最大，而产业工人获益较少。由此而言，中国的住房制度改革一直延续上述的受益模式。”

这些早期发现中的一些现象仍然存在。贫富差距在过去10年中大幅扩大。城市住房市场和制度框架也发生了重要的变化，单位（特别是公共部门工作单位）依然在住房供应中扮演重要角色，但不是通过直接分配来发挥作用，而是通过对其高级员工和管理人员提供现金补贴、利用合格员工的投资建造由自己规划的房屋，以及对廉租房和经济适用房的分配施加影响来发挥自己的作用。单位在住房上的特权依然存在。这项特权不再反映在一套住房上，而是反映在几个与住房相关的利益上，比如现金补贴、住房公积金和申请经济适用房的机会上。这些改革政策的受益者依然是主流的城市人口，主要包括政府官员、公务员以及各种公共机构雇用的专业人才。受益群体中私有部门和其他非公有部门员工的数量有所增加。相比起住房制度改革政策，他们从那些支持城市住房市场发展的政策中获益更大。

住房制度改革和住房市场的扩大逐渐切断了就业与居住之间的联系，并依据居民的社会和经济地位对居住区进行区分。贫困人口、低收入人群开始集中居住在条件较差的城市边缘区域，比如城中村、老旧失修的内城居民区和维修不善的房改房社区。这些低利润的住房价格比较低廉，旨在帮助困难家庭的发展项目也在这些地区得以集中。高收入家庭则开始聚集在价格较贵以及较为高级的居民区中。住房制度改革中的重要变化不仅仅是市场的出现和建立，更多体现为空间模式的变化，这种变化与住房供应体系的商品化密切相关，打破了公共部门将生产和消费联系在一起的历史角色。

在过去，传统产业工人及其家庭没能得到足够的住房支持，且这个群体在不断衰退和边缘化，他们的地位以及对于城市经济的贡献逐渐被农村移民所取代。住房市场化改革之后，忽视了低收入人群和贫困人口的住房供应，工人群体的居住状况日益恶劣。因此，在过去两年中，为城市贫困及低收入人群提供住房成为首要的政策议程。

住房制度作为重要的社会政策，与中国经济发展的政策息息相关。设计良好的住房制度改革方向可以较好地满足国家及地方经济发展的需求。1998

年后的实践就是一个很好的例证。住房体系被当作一个重要的经济部门，用来处理亚洲金融危机带来的负面影响，收益较低的经济适用房为商品房让道。当低收入人群和贫困人口无力购买经济适用房时，收入相对较好的家庭就可以购买经济适用房。现在我们又处在一次国际金融危机之中，城市住房体系再次被视为增加内需、补偿出口的关键经济部门，增加公共支出被看作是摆脱金融危机的有效途径。中国积累了大量储蓄和外汇储备，这使得中央政府可以推广和谐社会的观念，对保障性住房建设进行大规模投资，从而帮助低收入家庭获得合适的住房，促进社会和经济和谐。

第二章　中国住房保障制度概述

本章从解决住房问题入手，探讨住房保障的概念和特征、住房保障制度的内涵和外延、中外住房保障制度的产生和发展路径、住房保障制度和其他社会保障制度之间的关系等最基本的理论问题。在此基础上，探讨了住房保障法律制度的相关内容，为后文的展开研究打下基础。

第一节　住房与住房保障概述

一、住房的特征与实质

(一) 住房的特征

住房，亦称住宅用房（简称“住宅”），即供人居住的房屋，或主要用于人类居住用途的房屋。从建筑学的角度来看，房屋是用各种材料建造而成的、用于特定目的的人类劳动产品。房屋包括住宅，厂房，仓库和商业、服务、文化、教育、卫生、体育以及办公用房等。相对而言，房屋具有体积大、投资多、生产周期长、凝聚的劳动量、价值量大、不能移动等特点，它为人类提供了最基本的生存和发展空间。

与其他用途的房屋相比，住房具有以下显著特征：

1. 商品性和福利性

住房的商品性指住房凝聚着人类的劳动，无论是销售还是租赁，均具有可交易性，相应地形成住房买卖市场或住房租赁市场。人们可以通过住房市场来解决和改善居住条件，而住房市场的兴起推动了住房建设和住房消费。

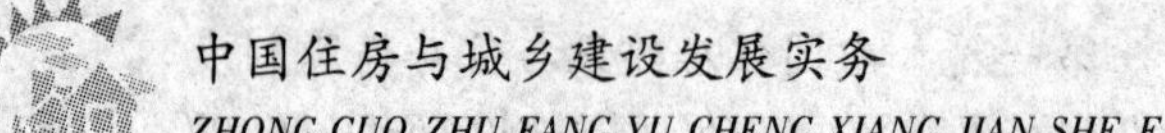

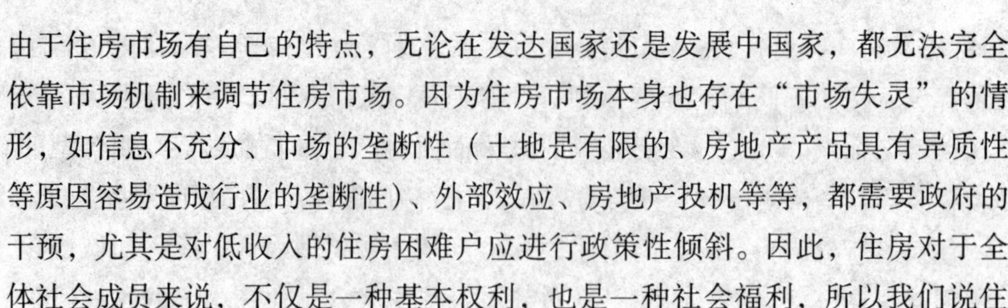

由于住房市场有自己的特点，无论在发达国家还是发展中国家，都无法完全依靠市场机制来调节住房市场。因为住房市场本身也存在“市场失灵”的情形，如信息不充分、市场的垄断性（土地是有限的、房地产产品具有异质性等原因容易造成行业的垄断性）、外部效应、房地产投机等等，都需要政府的干预，尤其是对低收入的住房困难户应进行政策性倾斜。因此，住房对于全体社会成员来说，不仅是一种基本权利，也是一种社会福利，所以我们说住房有福利性。

与商业用房和工业用房相比，住宅用房的福利性较突出，商品性较弱；而与公用事业用房相比，住宅用房的商品性又较强，福利性又比不上前者。

2. 消费性和投资性

“衣食住行”，住房与吃饭穿衣一样，属于人类的最基本消费。单从消费者的角度来考察，即使是最低收入家庭，也需要消费住房服务。住房属于生活必需品，这是它与一般消费品最大的区别。另一方面，随着社会生产力的发展，人口的不断增加，生活水平的不断提高和产业的兴旺，人们对房地产的需求与日俱增，而由于土地的不可再生性，面积基本恒定，特别是位于良好位置上的土地资源永远是稀缺的。因此，房地产的价格总会不断上升。住房的保值、增值性，引发了人们对住房的投资，大至发展商，小到居民个人，都乐于投资房地产，在经济发展的初期尤其如此。

在商业用房、工业用房、住宅用房和公用事业用房这几种类型当中，商业用房的投资性最强，而公用事业用房主要以消费性为其特征。住宅用房兼具消费性和投资性，居于中间。

3. 自然性（自然属性）和人文性（社会属性）

住房的自然性指住房由地板、墙体、屋顶、门窗等主要部分构成，形成一个相对独立的私人空间，主要为人类提供居住的场所。也有人认为，住房的自然属性表现为：区域性、耐用性以及高价值性等等。更有学者认为，随着人类对客观世界认识的提高及改造能力的增强，住宅的自然属性也发生着明显的变化：从最初简单的遮阳避雨，到现在人类对居住环境的极高需求，如要满足人类居住的通风、采光、噪声控制、隔热保暖、隐私保护等要求。早期住宅的社会属性主要体现的是血统，比如罗马帝国时期，城市的住宅以贵族、平民和奴隶来划分；中国封建社会城市中的住宅布局等级森严。时至今日，此种社会属性的住宅不见减少的趋势，相反，随着新的社会分层和社会群体的出现，反映在社区之间的社会属性差异有不断增长的趋势。例如，按照职业收入、生活方式和生活质量划分，可以有中产阶级社区、自由职业

者社区、拆迁户社区；按照国籍、人种、肤色划分，可以有移民社区、有色人种社区；按照不同的社会群体划分，有退休老年人社区、单身族社区、同性恋社区。社区的分化对现代社会的方方面面将产生重要的影响，如典型的歧视现象、社会治安问题、社会弱势群体与保障问题以及贫民窟问题等。

住房之所以成为备受人们关注的社会问题，主要是因为工业化和城市化的进程。早在一百多年以前，恩格斯针对资本主义大工业在德国的发展所引起的住宅短缺问题，在其《论住宅问题》一文中便指出："当一个古老的文明国家像这样从工场手工业和小生产向大工业过渡，并且这个过渡还由于情况极其顺利而加速的时期，多半也就是'住房短缺'的时期。一方面，大批农村工人突然被吸引到发展为工业中心的大城市里来；另一方面，这些老城市的布局已经不适合新的大工业的条件和与此相应的交通。街道的加宽，新的街道在开辟，铁路穿过市内。正当工人成群涌入城市的时候，工人住宅却在大批拆除。于是突然出现了以工人以及工人为主顾的小商人和小手工业者的住宅短缺现象。"从经典作家的论断可以看出，住房问题与"住房短缺"密切相连，而"住房短缺"的根源在于工业化、城市化等因素。

根据联合国的统计，在过去30年间，世界城市人口的迅速增长和乡村人口的缓慢增长引起了极大的人口分布地域格局的变化。到2007年，预计有一半的世界人口居住在城市，1950～2050年将由65%的人口居住在乡村转变为65%的人口居住在城市。联合国预计，到2020年，发展中国家的城市人口比例将达到50%，最不发达国家的城市人口将从19亿增加到2030年的39亿；发达国家达到84%，城市人口达到5.5亿；亚洲和太平洋地区上升到46%，城市人口近20亿；非洲城市化率将达到46%，达到4.4亿人口。到2030年，世界城市人口接近50亿，约占世界总人口的60%。还预计，1950～2030年，发达国家的城市人口将由4.46亿增加到10.15亿，而发展中国家的城市人口将由3.04亿增加到40.2亿，分别增加2.28倍和13.49倍。

然而，城市化在让人类享受物质文明的同时，也使人类受到"城市病"的困扰，全球城市化的迅猛发展更加重了"城市病"的流行，使即将跨入新世纪的人类深受其害。据世界观察研究所2006年6月发表的题为《改造城市为了人们和地球》的调查报告表明：虽然城市面积只占陆地面积的2%，但是生活在城市里的人进行活动所排放出的二氧化碳却占总排放量的78%。城市人口消耗了工业木材总使用量的76%、生活用水总量的60%。目前世界城市人口的2/3以上居住在发展中国家，他们中的贫困人口约有15亿，至少有6亿人没有足够的住房，11亿人呼吸不到新鲜的空气，仅因饮水不洁每年就有

1000 万人死亡。此外，日益恶化的基础设施及交通拥挤、污染严重、资源浪费、疾病、失业、犯罪、城市治理资金匮乏和管理者决策水平低下等问题，不仅威胁着城市的经济发展潜力，而且威胁着社会凝聚力和政治稳定。

还有研究者认为，广义的住房问题涉及的领域很多，从城市学看，它关系到城市的总体规划；从政治学看，它关系到国家住房政策以及由此引发的一系列人口分布、就业机会和交通管理等等；从社会学看，它关系到由住房的产生、分配、消费等所引发的系列社会问题。社会学对住房问题的研究可以追溯到 20 世纪初叶，美国芝加哥学派就提出了人类生态学的观点，指出人群居住空间区位是分化与竞争的结果。之后的城市学派，从城市区位特征所形成的人口高密度和人际关系疏离感出发，研究了由此引发的大量城市病和社会问题，其中包括孤独、精神疾病、自杀和犯罪等。20 世纪 70 年代有的学者在芝加哥学派和冲突理论基础上，提出房屋资源对社会分层的意义，指出地理区域意味着不同的生存机会，居住的地理区位与个体其他社会资源的拥有之间具有密切的关系。一般意义上的住房问题，特指住房缺乏或不足。

世人对住房问题的关注不仅仅停留在理论探讨方面，自 20 世纪初开始，许多国家，乃至国际社会已为解决住房问题做出了不懈的努力。1933 年，雅典宪章就将城市赋予居住、工作和游憩三大功能，其中居住被列为“城市的主要功能”。1948 年 12 月 10 日联合国大会通过的《世界人权宣言》第 25 条第 1 项明确规定：“人人有权享受为维持他本人和家属的健康和福利所需的生活水准，包括食物、衣着、住房、医疗和必要的社会服务；在遭到失业、疾病、残废、寡居、衰老或在其他不能控制的情况下丧失谋生能力时，有享受保障之权利。”联合国大会 1966 年通过的《经济、社会、文化权利国际公约》也提出：“本公约缔约各国承认人人有权为他自己和家庭获得相当的生活水准，包括足够的食物、衣着和住房，并能不断改进生活条件。各缔约国将采取适当的步骤保证实现这一权利，并承认为此而实现基于自愿同意的国际合作的重要性。”

1981 年 4 月在伦敦召开的“城市住宅问题国际研讨会”上通过的《住宅人权宣言》指出，拥有一个环境良好、适宜于人的住所是所有居民的基本人权。1982 年联合国大会通过决议，将 1987 年定为“为无家可归者提供住所”国际年。而 1985 年 12 月 17 日联合国一致决定 1990 年 10 月 1 日为世界住房日。之后，在 1996 年 6 月在伊斯坦布尔举行的第二次联合国人类居住会议上，把“人人享有适当的住房”和“城市化世界中的人类居住区可持续发展”作为“具有全球重要意义的主题”。这次大会通过的《伊斯坦布尔宣言》

指出，人类居住面临的挑战是全球性的，为解决世界住房问题和改善人类的社会环境，国家和地方政府之间应建立良好的合作关系，国际社会应加强国际的资金援助和技术转移。

（二）住房问题的实质

由上文可以得知，住房是人类的最基本需要，也是劳动力再生产的必要条件。在工业化和城市化的进程中各国都不同程度地出现了“住房问题”。住房问题首先表现为住房短缺、住房有效需求不足等经济问题，然后还会引起“贫民窟”、社会治安、精神疾病等一系列社会问题。

有研究者指出，从本质意义上说，住房问题从数量和质量两方面反映着居住这一人类基本需要的满足状况。在以住房市场为基础的分配体系中，即住房在被作为商品租、售的条件下，人们对住房质量和数量的要求取决于其对住房的支付能力。住房的价格和住户的支付能力始终是住房问题的核心。上述观点隐含着一个不可回避的严重问题是，大量的中低收入者的支付能力与具有适宜的住房标准的住房价格之间存在着巨大的鸿沟，这也是各国政府干预住房市场的主要原因。

还有学者认为，中国现有住房问题主要有：（1）公民私有住宅所有权缺乏法律保障问题；（2）弱势群体住房权法律与社会保障问题；（3）住房消费者权益保护法律问题；（4）住宅建设与质量法律保护问题；（5）住宅物业管理法律问题。

从中国的住房问题产生的原因和现状来分析，住房问题有共性，也有个性，并且在不同的发展时期存在相应的住房问题。具体分析如下：

1. 计划分配、福利性住房阶段的住房问题

1949 年新中国成立以后至 1978 年改革开放以前，我国实行的是严格的计划经济，甚至是国家管制型的经济模式。这不仅否认住房的商品属性，而且将其作为生活资料划入社会主义公有制的范畴。因此，在城镇不仅对原有的私人住房进行社会主义改造，而且国家新建的住房也全部定性为全民所有，所有的城市房屋由政府和单位统一分配、统一使用。在农村，则由集体提供免费的宅基地，农民自行建房，孤寡老人则由集体采取“五保户”的方式进行保障。所以，农民的住房保障至今还被认为是建立在宅基地之上的社会保障体制。据统计，从 1949 ~ 1979 年这三十年间，全国住房竣工面积仅为 1 亿平方米，建造住宅单位 167 万套。而全国总人口从新中国成立初期的 5 亿人增加到 1979 年的 9.7 亿人，城镇居民的每人平均居住面积却从 1949 年 5.4 平方米下降到 1978 年 3.6 平方米。住房建设和人口增长水平极其不相适应。这

一阶段的住房问题主要表现为住房供应严重不足，居民住房消费萎缩，住房条件差，但贫富差距小，住房平均主义严重。

2. 住房改革阶段的住房问题

改革开放以后，我国开始实行有计划的商品经济，住房的商品属性开始受到重视。1980 年开始启动城市住房制度改革，即在部分城市进行全价出售公有住房的试点。1988 年，国务院成立了住房改革领导小组，发布了《关于在全国城镇分期分批推行住房制度改革的实施方案》。其他有关房改的规范性文件主要有：国务院 1991 年发布的《关于积极稳妥地开展城镇住房制度改革的通知》、1994 年发布的《关于深化住房制度改革的决定》和 1998 年发布的《进一步深化城镇住房制度改革加快住房建设的通知》等。促进房地产行业发展的法律、法规主要有：1990 年的《城镇国有土地使用权出让和转让暂行条例》和《外商投资开发经营成片土地暂行管理办法》、1992 年《国务院关于发展房地产业若干问题的通知》、1995 年《城市房地产管理法》等。在积极的房改政策和促进房地产业法律的引导下，住房市场化程度不断提高，建立并开放房地产市场，引入外资，中国的房地产市场得到长足的发展。1998 年，全国新建住宅面积 12.76 亿平方米，建造经济适用住房 3466.4 万平方米，外商投资房地产企业的资金高达 258 亿元，城镇居民人均居住面积为 18.7 平方米。这一阶段的住房问题主要表现在：积极推进住房市场化，住房供应严重不足的现象得到一定缓解；城市化进程加快，居民住房需求旺盛，但贫富分化加剧，部分低收入居民、入城务工农民和大学毕业生等住房支付能力不足，影响到经济的协调发展和社会的稳定。

3. 1998 年以后的住房问题

国务院 1998 年 7 月 3 日发布的《进一步深化城镇住房制度改革加快住房建设的通知》（国发［1998］23 号，下面简称［1998］23 号文）提出，1998 年下半年开始停止住房实物分配，逐步实现住房分配货币化，建立和完善以经济适用房为主的多层次城镇住房供应体系，并提出对不同收入家庭实行不同的住房供应政策：最低收入家庭租赁由政府或单位提供的廉租住房；中低收入家庭购买经济适用住房；其他高收入的家庭购买、租赁市场价商品房。此外，为了消除 1997 年亚洲金融危机的负面影响，［1998］23 号文还提出，“加快住房建设，促使住宅业成为新的经济增长点”，将其作为国家“扩大内需、拉动国民经济增长”的重要手段。但 2004 年以后，针对部分城市房价过高、房地产投机炒作严重等现象，国务院又连续在 2005 年和 2006 年发布《关于做好稳定住房价格工作意见的通知》（简称“国八条”）和《关于促进

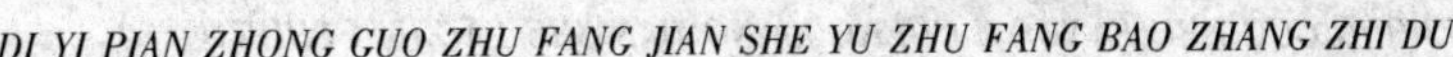

房地产市场健康发展的若干意见》（简称“国六条”），加强房地产宏观调控和促进保障型住房的建设。这一阶段的住房问题主要表现在住房结构不合理（例如，大面积、高价位的住房闲置，小面积、低价位的住房供应不足；住房消费以买为主，住房租赁市场不发达等）、住房投机过度、保障型住房建设滞后、房地产宏观调控不力等。

从我国住房制度的变迁可以看出，在不同的发展阶段，随着政府介入的不同，住房问题呈现出不同的特点。有时是住房供应方面出现问题，例如在房改前，住房短缺，住房供应明显不足。有时则是住房消费方面的问题，甚至还会因为住房结构的不合理而出现整体性的问题。当住房问题得不到妥善解决时，还会从经济问题转变为严重的社会问题。住房问题虽然从表面上看，是住房供应和消费的均衡问题，但仍取决于经济增长、人口增加、收入分配等社会经济的协调发展，最终表现为人们不断增长的住房消费需要和落后住房建设之间的矛盾。因此，住房问题的实质在于同贫困作斗争、减少贫富差距、实现国民经济的可持续发展和社会的公平正义。

（三）解决住房问题的途径

与国外的住房问题相比，我国尚未因住房问题而导致诸如“贫民窟”、高犯罪率、孤独自杀、精神疾病等严重问题，但住房问题仍应引起全社会的高度重视。

诸如前文的分析，住房问题往往表现在住房的供应问题、住户的支付能力问题和住房市场的总量平衡问题等方面。各国针对其所存在的问题，采取不同的对策。例如，针对住房供应的不足，瑞典、新加坡、英国等国家由政府的住宅公司直接投资建造公共住房，或对公共住房建设的建设商提供住房建设补贴（俗称“砖头补贴”）。针对住户的支付能力不足问题，美国、德国、日本等采取提供住房抵押担保、建立专门性机构、实行税收优惠政策，或对居民购房或租房进行补贴（俗称“人头补贴”）等措施，提高居民消费能力，刺激住房消费。

此外，在不同的发展阶段，各国的住房政策也会有所侧重。一般说来，在工业化、城市化开始加速时期，住房政策主要以供给促进型为主；而在住房供应得到较大改善时，又以需求促进型为主。

总之，由于住房所具有的特性及住房市场所存在的缺陷，大量中低收入家庭的支付能力与具有适宜标准的住房价格之间存在着差距，以中低收入者为主体的特殊阶层难以仅仅依赖市场机制来解决自身的住房问题。各国政府几乎都在不同程度上为中低收入阶层解决住房问题提供帮助，构建适合本国国情的住房保障制度，并承担起重要的社会与经济责任。住房保障制度是一项重要的社会政策，政府担负着促进社会全面发展和保障全体居民基本权利实现的职责，理应成为构建住房保障制度的主体。世界大多数国家制定了针对中低收入阶层的专门的住房发展计划，通过对住房供应和住房需求的补贴及住房生产的直接干预，来满足中低收入阶层不断增长的住房需要。

二、住房保障的概念和特征

（一）住房保障的概念

“住房保障”是在住房领域实行的社会保障制度，是指由政府作为责任主体，以实现中低收入阶层居民的基本居住权为目的，具有经济福利性的国民居住保障系统。

亦有研究者认为，住房保障是由国家或政府负担起给所有社会成员提供最基本的居住条件的责任而举办的社会保障项目，是由政府作为责任主体，以解决国民住房困难和改善住房条件为目的，具有经济福利性的国民居住保障系统。

以上概念的表述虽有某些差异，但都抓住了住房保障的核心内容：即它属于国家在住房领域实施的社会保障；它以政府为责任主体；它以解决中低收入国民的住房困难为目的等。

所以说，住房保障实质上是政府利用国家和社会的力量，通过国民收入再分配，为中低收入家庭提供适当住房，保障居民的基本居住水平。严格地说来，“住房保障”区别于“保障型住房”。目前，我国的住房可大致分为“商品住房”和“保障型住房”两大类。其中商品住房又细分为政府调控的中小户型、中低价位商品住房和其他商品住房（其他商品住房还可以细分为单套套型建筑面积小于或等于90平方米和大于90平方米两类）。“保障型住房”是指由政府直接出资建造或收购，或者由政府以一定方式对建房机构提供补助、由建房机构建设，并以较低价格或租金向中低收入家庭进行出售或出租的住房。它涵盖经济适用房、廉租房以及用于社会保障的各种可出售、出租的住房（包括拆迁安置住房和单位自建经济适用房等）。在美国，通常把用于可出售的低成本住宅称为可支付产权住宅。在我国现阶段“保障型住房”主要指经济适用房和廉租住房。

（二）住房保障的特征

住房保障具有以下五个方面的特征：

1. 政府的干预性和住房保障措施的强制性

在市场经济条件下，政府干预市场的理论依据在于弥补市场机制的失效。住房具有商品性和福利性、消费性和投资性等双重属性，政府从社会保障的角度，以政府投资为主，由政府或其委托的机构兴建公共住房，向中低收入家庭出租或出售，或者对中低收入家庭租房、购房采取给予补贴、贷款担保等优惠措施，是政府以实物或货币形式进行社会再分配的一种方式。在现阶段，我国房地产市场还不是很成熟，因此，政府对住房市场进行适度的干预尤为必要。干预的重点在于抑制高收入者通过垄断稀缺性的土地资源获取超额投资收益，防止高收入者超额无偿占有公共投资的外部收益，同时保障低收入者的基本住房需求。

保障措施的强制性表现在很多住房保障措施是针对政府或用人单位的法律义务，义务人无法选择，也不能与权利人进行协商，而必须按照法律的规定来执行。比如，建设和提供廉租住房是市、县一级人民政府的责任，依法代缴住房公积金是用人单位的责任等等。

2. 价格的低廉性

在住房保障中，政府所提供的公共住房主要面对低收入或最低收入家庭，是低于市场价格租售的住房，其差价主要源于政府在土地供应、房租和税收等方面的政策性优惠和财政补贴。

3. 需求对象的有限性

住房保障的主要目的是解决低收入家庭的居住问题，从住房需求者的角度看，主要是政府给中低收入阶层供应住房。与其他社会保障制度相类似，按照“效率优先、兼顾公平”的基本原则，对中低收入阶层的住房保障只能是低标准的，往往是确定中低收入者的衡量标准后，向符合标准的中低收入者出售、出租已有的低标准住房，或向中低收入者提供低标准住房补贴。

4. 保障对象的动态性

随着经济社会的发展，居民收入水平也会发生相应的变动。当居民收入超过一定水平，不再属于住房保障对象时，必须退出住房保障领域，进入商品住房市场，通过“卖小买大，卖旧买新”的住房市场，实现住房的梯度消费。

5. 保障水平的层次性

由于保障对象的住房支付能力千差万别，因此住房保障的水平要区分层次，应不仅有完全产权的商品住房的供应，更应该重视不完全产权（例如我国的经济适用住房）住房的保障，而提供廉租住房则是住房保障的最重要的措施。住房公积金则是为改善住房条件提供资金支持。我国作为一个发展中国家，要建立严格的收入划分标准和资格审查制度，坚持有步骤、分层次地解决中低收入家庭的住房问题。

三、住房保障制度的内涵与外延

著名制度经济学家诺斯（North）认为，制度是一系列被制定出来的规则、守法秩序和行为道德、伦理规范。

新制度经济学家一般认为制度有以下两方面的含义：其一，制度是行为规则，决定着人们在经济活动中作为或不作为。其二，制度是人们结成的各种经济、社会、政治等组织或体制，决定着一切经济发展活动和各种经济关系展开的框架。制度是约束人们行为的一系列规范，它既包括法律法规等成文的规则（正式制度），还包括存在于人的观念、能够实现人的自我约束及社会舆论约束的道德、风俗、习惯（非正式制度）等。

依此类推，住房保障制度无疑包括国家为了解决居民的住房问题而制定的规则、政策和行为规范等。学界对住房保障制度的定义和内涵进行过一些有益的探索。

学者认为，住房保障制度是社会保障制度的重要组成部分，是随着经济与社会的发展而产生的，其实质是政府利用国家和社会的力量解决中低收入家庭的住房问题。

也有学者认为，住房保障制度是政府依据法律的规定，在住房领域内实现的社会保障制度，是通过国民收入再分配保障居民基本居住水平的一种制度。

亦有研究者认为，“住房制度”是国家为了解决居民住房问题实行的基本政策和方式方法，是政府在一定的社会、经济和政治形势下为了改善住宅的数量、质量、价格以及所有权和使用权状况，为适应不同时期的住房需求和住房供应模式而设计的基本政策安排和干预措施，是政府解决全体国民住房问题的手段和方法的总称。住房保障具有以下内涵：（1）住房保障的责任主体是政府；（2）住房保障的目标是满足特殊阶层基本居住需要；（3）住房保障实施的保证和依据是保障立法。

也有研究者认为，住房保障制度是国家或政府在住房领域实施社会保障职能，对城镇居民中住房困难的中低收入家庭进行扶持和救助的一系列住房政策措施的总和。这个定义包含以下要点：（1）住房保障制度的责任主体是国家或政府；（2）住房保障的目标是满足中低收入家庭的基本居住要求；

(3) 住房保障得以实施的保证和依据是相应的社会立法；(4) 住房保障是社会保障的重要内容。

总而言之，住房保障制度是住房领域中实行的社会保障制度，是政府（包括中央和地方政府）为了保护居民的居住权而制定的法令、政策及其运行机制。

1. 住房保障制度的基础和根据是住房保障法律

根据制度经济学的基本理论，行为规则是制度的最主要组成部分。而法律是最具权威和最有效的行为规范，它可以规范社会关系、减少冲突和降低交易成本。对于像住房保障这样的正式制度，需要法律的确认和维护。住房保障是社会收入的再分配，在一定程度上属于“劫富济贫”的制度，唯有法律方能保证制度的公平和有效。

2. 政府是住房保障制度的责任主体

政府应该是公共利益的代表，唯有政府才能合法地动用国家和社会的力量，通过国民收入再分配，为中低收入家庭提供适当住房，从而保障居民的居住权。另一方面，住房市场失灵的主要表现在于出现高度垄断、贫富差距、负外部效应、总量失衡等等危害市场机制的结果，政府通过依法对住房市场的干预，可以减少贫富差距、实现住房市场的健康发展和社会的公平正义。

3. 住房保障制度以保护居民的居住权为目的

居住权是一个公民的最基本权利，受到国际公约和各国宪法的保护，住房保障制度更是以保护居住权为己任。从常理来看，唯有“安居”，方能“乐业”。“安居乐业”和“成家立业”都是我国人民由来已久的传统心理和人生追求。所以，居住是除了“温饱”以外最为迫切的人类需要。在某种意义上，住房保障制度的目的是实行“居者有其屋”的目标，即保障居民“住有所居”，但并非保证人人都能够拥有住房。所以，居住权并不能等同于房屋所有权。

4. 住房保障制度是社会保障制度的一个组成部分

衣食住行，当人们满足了最基本的食物和衣物的需要以后，居住问题马上摆到人们的面前。住房保障制度与其他社会保障制度存在千丝万缕的联系，收入标准既是居民领取最低生活保障的前提，也是申请廉租住房、经济适用住房等的一个重要条件。收入与住房是成正比的，低收入一般就意味着缺少必要的居住条件。现代社会，住房保障制度和社会保障制度之间的关系是如此之紧密，可以这样说，缺少住房保障制度的社会保障制度是不完备的社会保障制度。

学界对住房保障制度的内涵已进行了研究，但鲜有对其外延的探讨。对于住房保障制度的外延，有学者认为，各个国家为了保证经济转型过程中不发生大的动荡，以最小的代价取得最大的发展，都尽可能地完善社会保障体系。尤其是低收入者的福利性住房保障体系，其在社会保障体系中占有举足轻重的地位。为此，各国都采取各种政策和措施，如公共房屋、房屋津贴、土地供应政策、房屋金融政策、租金管制、建房标准的管制、房地产市场规范等措施。以上学者的论述可能仅是针对国外的情形，我国目前的住房保障制度主要包括经济适用住房制度、住房公积金制度和廉租住房制度这三种形式。各种制度都根据相应的法律规定而设立。

总而言之，为了提高人民福利，缓解住房矛盾和社会矛盾，维护社会安定，各国政府都对住房问题进行了积极的干预。特别是在二战以后，住房保障法律制度得到了空前的发展和完善。许多国家认为，通过立法的手段，解决中低收入家庭的住房问题，实现“居者有其屋”的社会目标，既是维护社会安定的重要手段，也是社会收入再分配的重要方式。有关住房保障的法律规定既包含在各国宪法、民法中，而且绝大多数国家颁行了有关住房保障的专门性法律，如英国1919年出台的《住宅法》、美国1949年的《住房法》以及加拿大的《加拿大联邦住宅法》等。这些法律虽然各有不同，但大都从立法上确立了住房保障的目标、适用对象以及住房保障的融资手段，使住房保障法律制度逐步成为各国社会法律体系和社会保障制度的重要组成部分。作为住房保障制度主要内容的公共住房在许多国家有不同提法，如英国的合作住房，美国联邦政府的公共住房，日本的公营住房和公共住房，新加坡住房发展局建造的公共组屋，以及香港的公屋（包括廉租屋）等。

我国从1998年开始停止了住房的实物分配，住房分配体制发生了根本性的转变，由过去社会福利性分房转变为由市场决定的货币购房，这就使得获取住房的使用价值必须付出相应的住房市场价格。同时由于我国城市化进程加速，土地价格和住房价格迅速上涨，使得部分居民的住房支付能力不足，这就要求有一种制度即住房保障制度来保障这一部分人的住房，体现社会的公平性原则。目前我国各地已逐步建立起以经济适用住房制度、廉租房制度和住房公积金制度为主要内容的住房保障制度基本框架，这种住房保障制度的发展进程与国外住房保障制度的演变迥然不同。事实证明，我国的住房保障体系并没有达到理想效果，很值得我们反思。

第二节　住房保障制度的演进

一、国外住房保障制度的产生和发展路径

自19世纪末20世纪初，各国纷纷建立起各自的住房保障制度，研究主要国家的住房保障制度的演变过程对完善我国住房保障制度具有重要的借鉴意义。

（一）美国的住房保障制度演进

具体来讲，美国住房保障制度的演变过程可以分为四个阶段。

1. 20世纪30年代

这一时期美国住房政策的创举是1934年建立了联邦住房局（Federal Housing Administration，FHA），1938年建立了联邦全国抵押协会（Federal National Mortgage Association，FNMA），这两者成为美国住房市场的两大支柱。FHA负责增加和巩固住房生产和消费的资金，主要是为住房初级市场的抵押放贷者提供担保，消除针对中低收入阶层贷款的风险。FNMA则在住房贷款的二级市场为初级放贷者提供贴现，从而使长期的、流动性差的住房抵押贷款具有流动的二级抵押市场。这两者使得金融机构的住房贷款首先可以获得FHA的担保，然后可以在适当的时候出手给FNMA。

这一时期，在租户选择、项目区位、工程设计和建筑质量等方面都存在问题。

2. 20世纪40～60年代

在第二次世界大战期间，美国的公共住房政策首次涉足特殊需要的住房领域，开始为低收入阶层提供抵押担保的长期计划。

1949年《住房法》在美国城市政策的演变过程中占有十分重要的地位，它首次强调联邦政府在住房领域负有不可推卸的责任。该法案第3款规定，联邦政府和地方政府在法案颁布之后的6年之内新建81万套公共住房。这一数量相当于当时全美评估的住房量的10%。1965年美国国会通过了《住房与城市发展法》，在此基础上成立了《住房与城市发展部》（Department of Housing and Urban Development，简称HUD）。1965年《住房与城市发展法》一方面授权联邦政府兴建24万套公共住房，另一方面退出了新的租房补贴计划，这一计划完全不依赖公共住房和相关建设。该计划授权联邦政府住房管理署向租用非公共住房的低收入家庭提供房租补贴，补贴的额度为住房租金与租户收入的25%之间的差额。1965年《住房与城市发展法》为低收入住户提供了更多的住房选择，同时也为地方住房管理部门提供了更多的选择，他们既可以利用增加的联邦拨款兴建公共住房，也可以采取其他的方式获取已经兴建的住房，这样在一定程度上避免了以往公共住房建设周期长、对社区破坏大的不利之处，具有很大的灵活性。

3. 20世纪60年代后期到70年代早期

1968年《住房和城市发展法》增加了购房补贴计划（235条）和租房补贴计划（236条）。

购房补贴计划是指中等收入者购房时可以获得补贴，补贴的范围是固定利率和1%利率之间抵押贷款还款额的差额，或者是购房者收入的20%以上的部分。236条款规定，对于租赁住房采取利息补贴的方式，由FHA为来自非营利的机构和营利的开发商的抵押贷款提供担保。236条对非营利机构、住房合作社和营利性私营投资者的投资回报率限定为6%，租户家庭所付房租至少为收入的25%，房租标准由FHA确定。

4. 20世纪70年代中期至今

约翰逊总统在20世纪70年代中期建议暂停公共住房建设，美国住房政策也跟着进行了战略性调整，即由补贴住房供应商转为向住房需求者提供补贴。1974年通过《住房与社区发展法》，保障的重点放在直接补贴需求者，提高其支付租金的能力上。

很显然，美国住房保障制度随着立法的进程不断变化和完善，美国也鲜有其他法律能够像住房法一样经常围绕着政府的住房政策的变化而修订。根据国内一些学者归纳，美国自1932年至1990年的主要住房法如下：

表1-11 美国主要住房法（1932~1990年）

颁布时间	住房法名称	主要内容
1934年	《国家住房法》（National Housing Act）	成立“联邦住宅管理局”（FHA），同时成立“联邦储蓄贷款保险公司”（FSLIC），FSLIC在《国家住房法》规定的条款内，实施其抵押贷款保险职能
1937年	《公共住宅法案》（Public Housing Act）	成立“联邦平民建设总处”，负责对公共住房的建设提供长期的补贴
1940年	《兰汉姆法》（Lanham Act）	规定建设85.3万套国防住宅

续表

颁布时间	住房法名称	主要内容
1944 年	《士兵福利法案》(GL Bill)	成立退伍军人管理局（VA），建立了 VA 住房担保计划，符合条件的退役军人可获得一笔低息、高杠杆贷款用于购房，特殊情况下可不必支付首付款。1946 年国会将该计划有效期确定为 10 年
1949 年	修订原有《国家住宅法》，颁布新《国家住宅法》(National Housing Act)	把城市更新、城市再开发计划和 FHA 针对特殊需要的抵押担保计划、公共住房计划相结合，制定了住房发展计划，计划在今后的 6 年内每年兴建 1350000 个公共住宅单元，建设总计 81 万套公共住房，FHA 开始涉足公共住房领域
1954 年	《住房法案》(Housing Act)	继续实行城市更新计划，以补助、津贴或者降低房地产税收的方式，刺激和鼓励投资者和开发商承担城市更新费用
1968 年	《住房和城市发展法》(Housing and City Development Act)	为发展商提供低于正常水平的贷款利率，使其为中低收入者提供低于市场租金的住房，FHA 为中低收入购房者提供低息贷款
1971 年	《布鲁克修正案》(Brooke Amendment)	公共住房的租户支付的房租只能以家庭收入的 25% 作为上限，地方政府住房管理机构提供住房管理和维修补贴。HUD 用直接支出计划参与可支付住宅的建设
1974 年	《住房和社区发展法》(Housing and-Community Development Act of 1974)	主要包括两项新计划：一项是用于社区发展的一篮子拨款计划；另一项是租金援助第 8 条款（Seetlon 8 OfRent Supplement Programme），该条款计划的房租补贴由 HUD 实施发放，用于补贴市场租金和租房户收入 25% 之间的差额。住房保障重点改为直接补贴需要者
1986 年	《税收改司法案》(Tax Reform Act of 1986)	中止 1981 年经济复苏税收法案，对房地产方面加速不动产折旧、缩短维修寿命、建设期内免除利息和税赋的措施。法案授权对混合收入和低收入住宅的投资实行 10 年期联邦所得税优惠
1987 年	《无家可归者资助法》(Housing Assistance Act)	建立基金来支持建造过渡的或永久的面向无家可归者或者面向特殊群体需求的房屋代理管理者
1990 年	《全国可支付住宅法》(National Aftordable Housing Act)	减少联邦政府住房支出预算，采用税收支付计划，州和地方政府计划和私营部门参与等措施来解决可支付住宅（affordable housing）问题

（二）英国的住房保障制度演进

英国早在1909年以前，由医疗官主管住房问题，有关医疗健康报告指出，拥挤、贫穷和不健康的居住环境是导致身体不健康的主要原因。报告引起了人们对住房问题的重视。1885年《工人阶级住房法》是第一个对住房具有重要影响的法令。

1909年的《住房及城镇计划法案》则是首次将住房与都市计划相结合。由于第一次世界大战导致住房减少，租金提高，因此在1915年制定《租金及购房贷款利率限制法》（Rent and Mortgage Interest Restriction Act 1915），对房屋租金进行管制。1923年保守党政府提出《住房法》（Housing Act 1923），鼓励民间兴建住宅出租或出售，1927～1928年住房生产达到高峰。

二战期间，不仅停止新建住房，而且大量原有住房遭战火摧毁，住房短缺问题严重。1946年英国政府为此提出新市镇法案（New Town Act 1946），政府大量兴建住房。

1956年《住房补贴法》（Housing Subsidies 1956），减少政府直接干预住房，而提供补贴给一般住房需要者。1957年《租金法》首次修改40年来未变的租金管制法令，对1919年以来的租金管制予以放松，使得房屋出租市场活跃。1959年《住房购买和住房法》（House Purchase and Housing Act 1959）引入政府的住房计划，继续鼓励自有住房和改善旧有房屋。

1964年《住房法》（Housing Act 1964）设立了住房公司（Housing Corporation）以便资助住房协会（Housing Association）兴建住房。1965年《租金法》（Rent Act 1965）首次引入“公平租金（Fair Rent）”的理念。1967年《住房补贴法》（Housing Subsidies Act 1967）规定购房者向建筑协会贷款较低利率的差额，由政府补贴并减税。

20世纪70年代开始，英国政府不但健全住房相关法律，更要活跃并稳定住房市场。尤其是面对高失业率，为了扩张经济，政府更加重视住房市场。1974年《住房法》（Housing Act 1974）规定已注册的住房协会才予以补助。

1980年《住房法》（Housing Act 1980）确定出售出租公团住房，以低于市价50%的价格出售给原承租人，全面推进住房私有化政策，减少地方政府直接干预出租公共住房，转由半国营的住房公司和民间的住房协会参与出租公共住房。同时，通过住房金融与租税减免政策，鼓励人们自购住房。

近年来，英国公共住房兴建及维修支出虽然减少，但从整体住房支出来看其资源并未减少，只是改变方式，从传统住宅补贴转移到自有住房及所得协助（Income Support）的补贴上，即英国的住房补贴发展趋势是逐渐减少供

给方的住房补贴（如地方政府出租公共住房大幅减少），而将资源转向需求方的住房补贴（如整合住房津贴制度，鼓励自有住房等）；另一方面，同时逐渐减少公共支出的政府直接补贴，鼓励民间提供住房间补贴。

也有研究者指出，英国自1890年到1996年共制定或修订了48部住宅法，是世界各国中最为频繁修订住宅法的国家。由此也反映出英国住房保障制度逐渐完善的过程。英国住房制度的发展大体经历了四个阶段：

1. 市场自由调节阶段（产业革命至1913年）

英国产业革命以后，大批农民涌入城里，住房出租的需求量很大。据统计，1890～1914年，英国城市住房出租率高达90%。但政府对房屋租赁市场并没有干预，任由出租者高租剥夺，也出现不少无家可归者，引发工人的抗议运动。工人运动的兴起和舆论压力迫使英国政府在1890年颁布《工人阶级住宅法》，为地方政府建设公共住房提供了法律依据。在这一阶段，英国公共住房建设发展缓慢、规模很小，住房的供给和需求完全由市场调节。

2. 政府直接介入住房问题阶段（1914～1938年）

第一次世界大战是英国住房政策的分水岭，战争导致住房建设停滞，住房短缺加剧，政府不得不关注工人阶级的住房问题。从这一时期住宅法的内容来看，英国政府对住房问题的干预主要表现在：（1）实施房租管制政策；（2）地方政府市郡直接进行住房建设；（3）发放住房补贴。

1914～1938年，英国公共住房政策的基本特征是：依据中央政府确立的政策目标框架，地方政府在住房数量、质量和价格政策的实施方面起关键性作用；政策目标随时间而变化，20年代以普通的工人阶级住房为目标；30年代则以解决城市贫困阶层的住房为主，而社会普通住房则主要由私营机构提供。英国住房政策在这个阶段的重要发展是政府干预已成为一项长久之策，公共住房也成为继自有住房和私有出租住房之后的重要住房产权类型。

3. 进行重要改革阶段（1939～1979年）

二战后英国政府的住房政策目标主要是增加住房供应，对贫困户实施住房补贴，后期又逐步强化私有住房政策。这一阶段住房政策的主要特点是：（1）工党和保守党的住房政策趋于一致；（2）改进公共住房供应政策和补贴政策；（3）实施公平租金和“真实租金”政策；（4）住房协会（Housing Association）的兴起；（5）住房自有化率提高。

从整体上说，从产业革命到20世纪70年代末这一时期，英国政府的住房政策主要以增加住房供给、缓解住房短缺为主。这一时期，英国保障住房占全部住房的30%。但是，政府直接兴建大量住房、实行低租金的住宅体制也显示出它的弊端：公共支出大幅上升，政府财政负担日趋沉重；由于忽视市场机制在解决住房问题方面的作用，降低了住房市场运作的效率等。

4. 进行全面改革阶段（1979 年以后）

1979 年是英国住房保障政策的重要转折点，以一系列的住房法的出台为标志。这个时期的住房政策焦点是减少住房税收补贴和保障住房开支，鼓励住房私有化，扩大私有部门在住房供应和管理中的作用。主要表现在这几方面：（1）推行住房私有化政策；（2）削减住房公共支出，转变支出方向和方式；（3）补助无家可归者；（4）确定租户特权和选择权。

（三）新加坡的住房保障制度演进

新加坡组屋建设的发展过程主要经历了解决住房困难、增加住房面积、提高住房质量三个不同的发展阶段。20 世纪 60 年代新加坡建屋发展局为居民提供了 35.6 万套住房，到 1970 年，超过 1/3 的人口住进了组屋，基本解决了屋荒。1970 年后，随着房屋短缺问题的逐渐解决以及居民收入水平的提高，建屋发展局开始兴建更宽敞舒适的组屋（三房式和四房式），主要是以购买组屋为主，租赁组屋则主要供给月收入 800 元以下的低收入者。1978 ~ 1988 年，建设综合性社区，提供全面的、高质量的居住环境。1989 年至今，提升组屋档次和服务，实行“组屋更新计划”，开展老城改造。1989 年以后，政府根据居民改善居住环境、扩大住房面积的要求，并且为了改造旧组屋区、提高住房价值，开始实行大规模的组屋区翻新计划。

自 1819 年到 1926 年，新加坡的人口由数万人增加到五十万人，政府对人民的居住问题采取完全不干预的放任态度。19 世纪下半叶，新加坡商业化与贫民窟违建急剧增加。此时新加坡成为东南亚的主要商业中心，吸引大量移民，他们聚居城市中心的便宜住房，使得市中心区成为当时世界上最拥挤的贫民窟之一。由于高度依赖港口的零售经济，低收入的苦力（Coolies）居住条件恶劣：拥挤、卫生设施缺乏、光线和通风条件较差。这样的情形促成了住房委员会（Housing Commission）在 1918 年设立，其主要职责在于调查中心区住房状况。1927 年，新加坡殖民政府开始改变这一状况，成立了“新加坡改善信托局”（Singapore Improvement Trust，SIT）。新加坡改善信托局有权规划都市道路，管制建筑物的卫生条件，并提供土地买回方案。1941 年，新加坡改善信托局建造了容纳 6000 人的第一个公共住房的卫星市镇（Public Hoasin Satellite Town）。到第二次世界大战为止，该局兴建公共住房的进度相当缓慢。1947 年新加坡人口为 93.8 万人，其中 68 万（约 72.48%）的人口居住在市中心地区，高度集中的人口导致住房

严重短缺和房租暴涨，迫使新加坡政府在1953年制定《房租控制法》（Control of Rent Ordinance）。二战后住房短缺时代，新加坡政府通过房租控制来限制那些出租的房地产所有者随意加租，并使其不能任意强迫租户搬迁，起到了保护租户的利益的作用。

总体来说，早期的新加坡改良信托局主要任务是扩建道路与开放空间，在解决住房短缺问题上效率较低。从1929年至1959年，只完成23000个单位的住房，占当时国家住房总需求的20%。其原因在于：（1）最初政府并没有把住房政策放在优先发展的位置上，该局缺乏充足的资金及官方对住房计划的支持；（2）该局缺乏有经验的专业技术人员来处理公共住房政策的复杂性。但是，该局奠定了新加坡公共住房未来发展的蓝图，引进卫星城的理念，为中心区人口去集中化（Decentralization）打下了基础。1959年新加坡大选时，主要议题是住房。人民行动党重新认识了社会住房的双重作用：既是大规模的社会运动，也是拉动经济的组成部分。因此提出了全新的住房政策，此政策伴随着一个更有效率的住房机构来取代新加坡改良信托局，建造低成本租屋以确保有充足的住房。行动党因此赢得大选，大选后面临两项主要问题：严重住房短缺和高失业率。为解决这一问题，行动党政府于1960年2月成立建屋发展局，以解决房屋短缺问题，同时在1961年8月成立“经济发展委员会”（Economic Development），实施工业化计划以减少失业问题。随着新加坡公共住宅计划的推进，房租控制的做法已逐渐失去实用价值。1970年实施受管制法令，允许那些受房租控制的住房所有者，事先向租户赔偿局提出申请，通过赔偿租户和住房的损失，来收回房地产，以便改建和装修，政府也可为租户提供替代选择。两个法定局没有受到严格法令规章和缺乏弹性作业程序的阻碍，所以能够推动公共住房和经济计划。

1960年，政府新组建了“住房发展局”，开始了“组屋”的建设，着手处理严重的住房短缺问题，改善生活环境。采取的措施包括：中央公积金制度和可支付性的基本原则，以及建筑质量控制。政府赋予建屋发展局兴建、重新规划与管理住房等重任，积极解决住房短缺问题。1964年，新加坡政府推出“居者有其屋计划”Home Ownership Scheme，鼓励新加坡人购买组屋。作为展现其创造财产自有的民主已扩至低收入者的成果，居者有其屋计划主要是用补贴价格方式来出售房屋给申请者，但是低收入者的购买能力相当有限。

另外，1953年12月11日通过的《公积金法》与1955年设立的中央公积金局（Central Provident Fund，CPE）表明公积金设立之初的主要目标在于协助会员自力更生、确保会员退休后的生活，性质是社会福利基金。1968 年的“居者有其屋”计划，通过中央公积金的公共住房计划及住房发展计划，中央公积金协会购买政府建造的组屋或私人住房产业，使得参与强制储蓄者可以低利率贷款购房，并使大多数人拥有住房，避免积蓄因通货膨胀而遭受损失。此后，中央公积金成为住房金融体系的主要来源，而新加坡也因住房体系与金融市场合二为一的住房金融系统，不同于英美和其他国家。

1970 年后，建屋局组屋政策着重于空间更大、设计更佳与地点区位更吸引人的组屋，配建有高效率的交通运输、充足的零售店面与休闲设备等公共设施，同时因建筑多样化概念被引入组屋的设计而创造更多具有吸引力的外部设计。20 世界 70 年代末期，提供有品质的住房环境理念，意味着通过居民委员会（Residents Committees）的成立来提升邻里环境与居民良善互动，并持续支持社区中心的活动。1974 年创建“住房与都市发展公司”（Housing and Urban Development Corporation，HUDC）以支援建屋局，适应逐渐增加的中产阶级住房需求。住房与都市发展公司主要提供“公寓式”（Condominiums）组屋。

1980 年，强调新市镇的特色在于创造强烈的社区意识、认同感和归属感。组屋划分以 600～1000 个住房单位组成管理区，视为促进居民与社区互动的方式。同时，为了管理和控制新旧组屋的社会差异的危险，对老旧房屋进行翻新。

1990 年，品质与服务称为建屋局公共住房政策的重点目标，例如较大型组屋的供应、舒适新颖的自然环境，推出了组屋翻新计划、共管公寓及 HUDC 组屋私有化等计划。

（四）日本的住房保障制度演进

有学者指出，第二次世界大战后，随着日本经济的发展，日本政府逐渐认识到需确立长期住宅供给体制的必要性。经过几十年的不断实践和发展完善，日本逐渐形成了符合其基本国情、重视中低收入家庭的住房改善及住房保障和完善的住房发展规划。在解决中低收入阶层的居住需求方面取得了显著成绩，积累了宝贵的经验。

1950 年，为向建造或购买住宅家庭提供长期低利资金贷款，设立了住宅金融公库。1951 年，制定了由接受国家补助的地方公共团体来建设面向低收入家庭的低租金公共住宅的《公营住宅法》。1955 年，为解决城市区域人口集中引起的住宅不足，设立面向大城市区域低收入家庭提供住宅的日本住宅公团，确立了日本的以公共资金提供住宅体制的三大支柱。

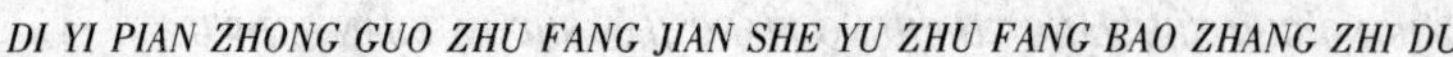

1966 年，基于长期综合计划，国家和地方公共团体制定了《住宅建设规划法》，将每五年作为一期来实施住宅建设计划。政府将全国分为 10 个区域并制定各区域的地方住宅建造五年计划，各都道府县基于该计划分别制定本地区的住宅建造五年计划。住宅建造五年计划中，制定了居住水平目标及包括民间建设住宅在内的 5 年内应建成的住宅建造户数目标。特别是对面向低收入家庭的公营住宅、公团住宅及公库贷款住宅等“公共资金住宅”分别规定了各业务数量。

也有些学者认为，日本经济发达，但人多地少，这使得日本长期以来一直处于房地产开发和住房供应紧张的境地，土地价格一涨再涨。对于普通工薪家庭来说，拥有一套属于自己的住房是一生中追求的最大消费目标。为了缓和住房紧张状况，日本政府加强对住房的干预，其住房政策经历了以下 3 个阶段：

1）在战后住房严重短缺时期，日本政府采取了重点资助各种住房机构和团体建造和出租住房的政策。为了使住房建造、管理纳入法制化轨道，日本的立法机构和政府部门在第二次世界大战后，制定了大量与住房建设有关的法律和法规，主要有：《住宅建设计划法》《公营住宅法》《地价房租管制令》等。其中《公营住宅法》是为了促进国家以及公共团体共同协作建设符合健康要求和文化生活的住房，并把它以较低的房租租给住房困难户和低收入户而制定的法律。公营住宅是指地方公共团体依法获得国家援助建设的、出租给居民的住宅以及附带设施。公营住宅分两种：第一种是向法定低收入户出租的公营住宅，其住宅不能超过政令所规定的规格；第二种是向不能负担第一种公营住宅房租的更低收入户，以及因自然灾害失去住房的低收入户出租的、政令所规定的规格范围内的公营住宅。政府对第一种公营住宅补助工程造价的 1/2，对第二种公营住宅补助工程造价的 2/3。公营住宅的房租由政府统一规定，其房租限额为建设费、修理费、管理费、保险费之和的 1/12。公营住宅除有特别的转让理由外一般不能自由转让，转让的住宅还必须超过 1/4 的耐用年限。转让的对象限于住户、住房组织的团体和不以盈利为目的的法人。转让收入必须用于公营住宅以及公共设施的建设、维修和改造。

（2）进入 20 世纪 70 年代，由于居民收入水平的不断提高，住房供求趋于平衡，日本政府的住房政策由出租公营住宅向促进居民购买住房方面转变。政府采取政策性措施促进居民买房，其规定，租用公营住宅的居民，如连续居住 5 年，其收入超过享受公营住宅的标准时，住户须买下所用住房。住宅都市整备公团建造的住房，大部分用于出售。为了适应住房发展的变化，政府加强了对住房信贷的引导工作。1971 年建立了住宅金融公司，专门从事住房贷款业务，进一步完善住房储蓄制度。居民住房储蓄到一定额度，可以优先购买公团住宅或公营住宅，并可以从住宅金融公库获得贷款。

（3）20 世纪 90 年代，日本政府的住房政策已从支持住房直接投资向支持直接投资和间接投资并重的方向转化。政策既对公库、公团、住宅建设投资给予资助，同时又大力支持住房信贷，促进居民个人自建自购住房。

（五）德国的住房保障制度演进

国内有的省市建设主管部门对德国住房保障和住房金融制度进行实地考察后认为，德国《民法》是住房制度的基础，它规定了居住权是公民权利的重要组成部分，保障公民的基本居住条件是国家、政府职能的基本体现，也明确了德国联邦与各州政府在住房建设与住房保障方面的职责，还确定了住房财税金融政策、房屋租赁双方的权利义务等。此外，《建筑法》《住宅促进法》《节能法》以及各州政府制定的住房建设法规，对德国住房制度进行了拓展和补充。德国的住房建设大体经历了三个阶段：

（1）工业革命到二战前。随着工业化的进程，大量农村劳动力转移到城市成为产业工人，工业化带动城市化，也形成房屋租凭市场。1847 年住房合作社开始出现，合作社依靠社员入社资金，并从国家和银行获取一定的贷款建房出租给社员居住。

（2）二战后到 20 世纪 90 年代末。因战争的破坏，造成住房严重短缺。东德地区国家建造大量公房提供给国民居住。西德地区通过国家提供免息贷款促进住房合作社建造大量住房；同时运用金融财税手段，鼓励私人购建房，推动私人投资商、企业主、机构投资者、房地产开发商建造房屋出租出售；政府还为投资商提供一定数量的免息贷款，建造社会福利房，低租金出租给低收入者居住。两德统一以后，政府一方面将原东德地区的原有公房优惠出售给居民，另一方面鼓励投资商在原东德地区建房租售，缓解住房紧张的矛盾。这个时期德国抵押银行、互助储蓄银行等住房金融机构迅速发展，在推动住房建设中起到积极的作用。

（3）21 世纪初以来，随着人口增长缓慢，住房市场饱和，政府住房政策导向是在继续实行福利房政策的基础上，运用金融财税杠杆促进适应老年化、混合型、节能环保型住宅建设；同时，为多子女家庭购建房提供帮助，鼓励居民购建房向中心市区回归，支持旧房改造。德国几种有效的住房保障和促进模式包括：社会福利房、住房合作社、住房互助储蓄信贷银行等。

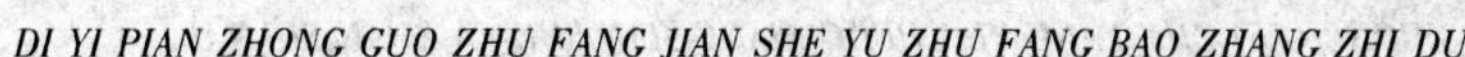

二、中国住房保障制度的演变和发展路径

与国外的住房保障制度相比，我国的住房保障制度走出一条截然不同的发展道路。对我国住房保障制度的演变状况和发展路径，学者们见仁见智，学术界有不同的划分标准。例如，有学者认为，我国的住房制度分传统住房制度和新型住房制度（住房制度改革）两大阶段，其中后者大致可分为四个阶段：（1）理论准备与出售公房的试点期（1980～1985年）；（2）提租发补贴，以租促售的配套改革期（1986～1993年）；（3）综合配套，全面推进期（1993～1998年）；（4）实行住房分配货币化，进一步深化住房制度改革的阶段（1998年至今）。

也有论者认为，我国的住房保障制度大体上可分为传统城镇住房保障制度和现行住房保障制度改革两个阶段，而后者又可细分为四个阶段：（1）理论准备和以公房出售试点为内容的住房保障制度改革的初始阶段（1978～1986年）；（2）提租补贴的单项改革阶段（1987～1991年）；（3）住房保障制度改革全面推进，综合配套改革阶段（1992～1997年）；（4）以住房分配货币化为中心内容的深化改革阶段（1998年至今）。

亦有研究者将我国的住房保障制度分为计划经济体制时期和经济体制转轨时期两大阶段，后者还可以分为：（1）探索和试点阶段（1978～1990年）；（2）全面推进和配套改革阶段（1991～1993年）；（3）住房保障政策的完善阶段（1994年至今）。

还有研究者认为，我国住房制度改革可以分以下几个典型阶段：（1）试点售房阶段（1979～1985年）；（2）提租补贴阶段（1986～1990年）；（3）以售代租阶段（1991～1993年）；（4）全面推进阶段（1994～1998年6月）；（5）住房分配货币化阶段（1998年7月至今）。

以上研究成果大同小异，都有一定的合理性。我们在总结已有研究成果的基础上，根据“宜粗不宜细”的原则，对我国住房保障制度的发展阶段进行如下粗略的划分：

（一）计划分配、福利性住房制度阶段（1949～1978年）

1949年新中国成立以后，我国实行的是严格的计划经济，甚至国家管制型的经济模式。在大环境的影响下，住房领域不可避免地否认住房的商品性、投资性，过度强调住房的福利性和分配性。这种制度存在一定的连贯性和稳定性，所以暂将这近三十年的发展历程划为一个独立的阶段。

这时期的住房保障制度的特点为：（1）高福利，低水平。城市居民可以无偿地使用公有房屋，或只要象征性地交点租金便可以取得对住房的永久使用权。但这种高福利是建立在低水平之上的。由于缺少后续资金，无法对现有住房进行维护和修缮，也不能兴建更多、更好的住房。到 1978 年，全国城镇居民的人均居住面积仅为 6.7 平方米，而农村居民的人均居住面积也仅有 8.1 平方米。（2）体制僵硬，无法可持续发展。由于新中国成立以来，我国对住房一直实行“一大二公”的社会主义公有制，排斥住房的商品性质，所以，城市住房建设只有政府投资这个唯一的途径，缺乏市场机制，无视经济效益，导致政府对住房的财政补贴只有投入而没有产出，造成财政不堪重负，而且也无法可持续发展，其后果是进一步造成住房的短缺。（3）分配的不公开、不透明，极易造成腐败。在这种“统分统配”的体制下，分配的过程不公开、不透明，行政长官的随意性很强。住房需求者为了得到这种“免费的午餐”而不惜一切代价，极易造成腐败和不公。（4）缺少法律规定，主要依靠行政手段。这一时期的住房保障不重视法律制度的作用，而主要以行政命令，甚至是党的政策为依托。

有学者称这段时期的住房制度为“产权扭曲的住房制度”。从我国住房体制的形成过程中可以看到这一点。20 世纪 50 年代中期国家将旧中国城镇私有房产收归国有，这些房产成为我国住房制度启动时赖以分配的存量基础。伴随着这种“纯粹国有资产”无偿的行政分配，我国住房制度的另一个要素“住房低租消费制度”亦同时启动。20 世纪 50 年代以“纯粹国有资产”为对象的存量住房分配完毕后，一直到 20 世纪 70 年代末，国家基建拨款是城镇住房投资的唯一来源。城市政府住房建设部门和国有单位的基建部门接受国家基建拨款后开始筹建住房，从投资到建房形成了我国传统的住房供给制度。这种制度的根本特征是：以纯计划的行政方式运作，以资金定供给，以供给定需求。国有房产形成以后，再以行政手段、条块分割方式在国有单位之间、国有单位职工之间，主要以非经济因素为标准进行分配。住房供给制度的下一个层面是住房消费制度。这种消费制度的典型特征是低租制，这种制度形成的经济根源在于“低工资”。低工资形成了公共积累，并作为基建拨款的重要组成部分进行住房投资，故基建拨款中含有职工工资预扣的积累。因此，住房消费制度以低工资、低租金为外在表现形式，其实质是通过职工对自己工资中住房消费部分扭曲的“非商品性消费”，索回本应属于自己的住房产权。但是，我们也不同意那种把国家的住房拨款全部看作来自职工工资扣除的观点。我国的住房建设投资的终极来源除了职工工资除外，还有纯财政拨款。当今世界上任何一个国家的政府为解决部分低收入阶层的住房问题，一

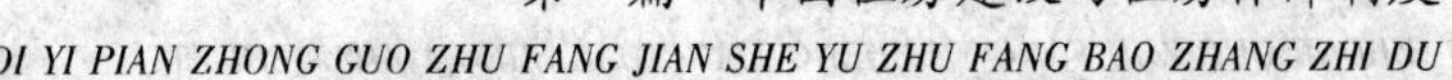

般都实行财政性补贴，我国政府更是如此。显然这部分纯财政拨款所建造的住房，其终极产权应属于国家。在国外一般是通过对低收入阶层实行低房价来实现这种财政性住房福利补贴的，在我国实际上是将政府财政住房福利补贴与职工工资扣除混在一起，统一建造住房，然后国家将全部新建住房作为"福利"，以低租金实物形式按"官本位"优先分配给有官位的和工资收入较高的职工，使他们获得丰厚的"暗补"；而无官位的和工资收入较低的职工由于少分房，或根本分不到房，不但很少或根本得不到政府纯财政性住房福利补贴，反而通过国家对工资中住房消费的统一扣除，将本属于自己工资一部分的住房消费无偿转让给多分房、分好房的职工身上。

（二）住房制度改革阶段（1979～1998年）

改革开放以后，我国开始实行有计划的商品经济，住房的商品属性受到重视。1980年开始城市住房制度改革，我国的房改过程明显地表现出政府积极推进型，并且主要以政策的形式出现。例如，1988年，国务院成立了住房改革领导小组，发布了《关于在全国城镇分期分批推行住房制度改革的实施方案》。再如，国务院1991年发布的《关于继续积极稳妥地开展城镇住房制度改革的通知》、1994年《关于深化城镇住房制度改革的决定》和1998年《进一步深化城镇住房制度改革、加快住房建设的通知》等。1994年《关于深化城镇住房制度改革的决定》首次指出，改变住房福利性实物分配的体制为工资性货币分配的体制；建立以一般收入家庭为对象、具有社会保障性质的经济适用房供应体系和以高收入家庭为对象的商品房供应体系；建立住房公积金制度；发展住房信贷和住房保险，建立政策性和商业性并存的住房信贷体系等。[1998] 23号文更是中国住房制度改革和住房保障制度的里程碑，它全面终止了住房实物分配制度并实行住房分配货币化，提出对不同收入家庭实行不同的住房供应政策等，尤其是明确提出构建廉租住房保障制度。虽然当时未能将廉租住房提到应有的高度，仍认为经济适用住房是我国住房保障的主要形式。在积极的房改政策引导下，住房市场化水平不断提高，建立并开放房地产市场、引入外资，中国的房地产市场得到长足的发展。1998年，全国新建住宅面积12.76亿平方米，建造经济适用住房3466.4万平方米，外商投资房地产企业的资金高达258亿元，城镇居民人均居住面积为18.7平方米。这一阶段呈现出以下特点：住房市场化程度较高、房地产业迅速发展、外资大量涌入、人民的住房条件得到较大改善。

（三）社会主义市场经济条件下住房保障制度初步建立阶段（1999年至今）

1993年我国决定建立社会主义市场经济体制以后，市场机制的作用得到尊重，“市场失灵”的问题也纳入人们的视野。房地产市场也不例外，因其“市场失灵”而需要政府的介入，但根据经济法的基本理论，政府干预市场亦会存在“政府失灵”，因此，需要法律来确认和规范政府的干预行为。有关房地产市场的宏观调控法和市场监管法便应运而生，住房保障法可大致归入房地产市场的市场监管的范畴。我国目前涉及住房保障的法规、规章主要有：住房公积金方面的规定主要有1999年4月3日国务院颁布的《住房公积金管理条例》（2002年3月24日修订）；经济适用住房方面的规定主要有国家发展计划委员会和建设部于2002年11月17日发布的《经济适用住房价格管理办法》以及国家改革委、建设部、监察部、财政部、税务总局、国土资源部和中国人民银行等七部委于2007年11月19日发布的《经济适用住房管理办法》等等；廉租住房方面的规定主要有建设部1999年4月22日发布的《城镇廉租住房管理办法》（已废止），建设部、财政部、民政部、国土资源部和国家税务总局于2003年12月31日联合发布的《城镇最低收入家庭廉租住房管理办法》（后来为2007年11月8日建设部、国家发改委、监察部、民政部、财政部、国土资源部、人民银行、税务总局、统计局联合发布的《廉租住房保障办法》所取代），2005年7月7日建设部、民政部颁布的《城镇最低收入家庭廉租住房申请、审核及退出管理办法》，建设部2006年8月19日发布的《城镇廉租住房档案管理办法》，民政部、国家发改委等11部委2008年10月22日联合发布的《城市低收入家庭认定办法》，财政部2007年10月30日印发的《廉租住房保障资金管理办法》和国务院2007年发布的《关于解决城市低收入家庭住房困难的若干意见》等。尤其是《关于解决城市低收入家庭住房困难的若干意见》堪称我国住房保障制度的另一个里程碑，因为它明确提出“城市廉租住房制度是解决低收入家庭住房困难的主要途径”的现阶段住房保障形式和“2007年底前所有设区的城市要对符合规定住房困难条件、申请廉租住房租赁补贴的城市低保家庭基本做到应保尽保；2008年底前所有县城要基本做到应保尽保。‘十一五’期末，全国廉租住房制度保障范围要由城市最低收入住房困难家庭扩大到低收入住房困难家庭”的住房保障目标。据有关部门统计，截至2006年年底，全国累计已有54.7万户低收入家庭通过廉租住房制度改善了住房条件，其中，领取租赁住房补贴的家庭16.7万户，实物配租的家庭7.7刀户，租金核减的家庭27.9万户，其他方式改善居住条件的家庭2.4万户。全国共投入廉租住房建设资金70.8亿元，兴建廉租住房5.3万套。

第三节　住房保障制度的基本内容

住房保障制度是指政府或单位在住房领域实施社会保障职能，对住房弱势群体进行扶持和救助的各种住房政策措施的总和。建立住房保障制度，解决中低收入家庭尤其是最低收入家庭的住房问题，是社会保障制度的不可缺少的有机组成部分。住房保障即公共住房问题是绝大多数国家在经济发展、城市化进程中不可回避的一个现实问题。住房保障不但具有现实的政治意义，而且有很强的社会意义和经济意义。实行住房保障不仅是为了保护社会低收入阶层的利益，也是促进社会公平、和谐发展的关键。

一、建立住房保障制度应遵循的原则

建立住房保障制度，是对住房市场机制的必要补充，也是国家社会政策与社会保障制度的重要组成部分。住房保障问题将随着住房市场化进程的加快而日益突出。在现代住房保障制度建立以前，各国均把住房作为单纯的私人产品看待，居民的住房问题主要靠自身解决。随着工业化与城市化的发展，城市居民中中等收入者和低收入者的住房问题凸现，直接影响到了社会稳定与和谐，这使得对住房属性的认识发生了变化：住房不单是商品，也具有福利性。住房的福利性体现在政府出租公房、政府出售低价住房、政府对居民购买和建造住房提供各种优惠政策，以及政府控制房价等政策上。因此，住房保障是政府为公民居住提供的不同程度上的福利，它应当遵循以下几项原则：

（一）商品性与福利性相结合的原则

住房既具有商品性，又具有福利性。如何把二者结合起来，是住房保障制度发展与完善的关键。政府作为国民经济的宏观调控者，肩负着促进社会全面发展和保障人民基本权利实现的职责，是构建住房保障体制的主体。因此，政府必须处理好市场与保障的关系，才能保证住房商品性和福利性的有机结合。市场机制仍然是供应与配置住房资源最有效率的经济制度，也对住房资源配置起基础性的作用。政府的对住房市场的干预不是破坏或取代市场机制，而是在市场机制无法充分发挥作用的情况下引导市场，对市场机制的补充与修正。具体体现在：一是对于市场环境来说，政府对部分中低收入和最低收入居民解决住房问题的帮助，也是市场供求关系的一个重要影响因素；二是在住房保障制度的设计中，也要尽可能利用市场机制，发挥市场配置资源的效率性。近些年来，许多发达国家对原有的直接建房提供保障的做法，进行了较大的改革，逐步转向提供居民房租补贴的方式，目的也是在于帮助居民在政府福利政策的支持下通过市场解决住房问题。

（二）公平性与效率性相结合的原则

住房保障的实质，是政府承担住房市场价格与居民支付能力的差距，以解决部分居民住房支付能力不足的问题。由于保障对象的住房支付能力是千差万别的，因此住房保障必须保证公平性，必须建立严格的收入划分标准和资格审查制度，合理划分不同收入标准所能享受到的保障待遇。当居民家庭收入变化后，保障待遇也要随之改变，建立相应的退出机制，以避免其过度享受福利待遇。这样也有利于节约财政支出，减轻政府住房保障负担，从而使更多的居民按照其所应享受的待遇，享受到政府相应程度的保障。与之相适应，也要确保住房保障的效率性，提供不同的保障手段，适应不同保障对象的具体需求和保障待遇。这些不同的保障手段，对政府财力的要求、对市场机制的影响都是各不相同的，分别适应于不同的经济政策安排、不同住房发展阶段和不同的居民保障需求。

（三）可持续发展的原则

建立住房保障制度，必须充分考虑到本国、本地区居民的住房供求关系状况、住房保障需求及财政支持能力。在认真分析国情的基础上，确定住房保障制度的总体目标，明确界定住房保障的对象，量力而行，保证住房保障制度具有可持续发展性。从本质上说，住房保障和其他社会保障一样，是政府向居民提供的公共产品之一，是通过转移支付的方式实现社会收入的再分配，以保持社会公平和社会稳定，使广大中低收入和最低收入家庭居民也能够享受社会经济发展的成果。为保证住房保障制度的可持续性，必须在这项制度设计之初，就充分考虑财政的支付能力，使这项制度的实施在财政的可承受范围之内。只有如此，才能保证住房保障制度能够长期稳定地发展。因此，财政支付能力是确定一个地区社会保障方式最重要的基础性因素。此外，住房保障还需要从长期发展和长期需要的角度出发，将人口年龄结构、人口数量发展趋势、城市发展规划、城乡发展规划等因素综合考虑进来，以确保国家住房保障制度的可持续发展。

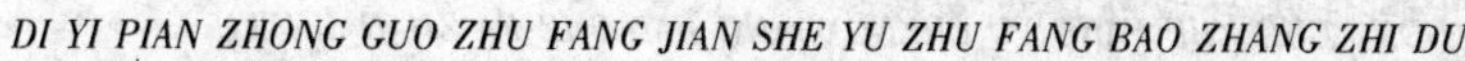

二、住房保障制度的内容

住房保障制度的内容可从不同的角度分析，参照西方国家的做法，住房保障制度划分成两个层次：住房保障的法律、法规和规章体系及住房保障的实施机构体系。住房保障的法律、法规和规章体系提供住房保障的制度保障，住房保障的实施机构体系提供住房保障的实施保障。

（一）住房保障的法律、法规和规章体系

目前，所有发达国家都有住房法，尽管名称不一致。荷兰早在1901年就颁布了《住房法》，明确规定政府应为公共住房建设提供补贴。英国早在1919年就颁布了《住房和城镇规划法》，明确规定政府应对公共住房建设提供支持。美国联邦政府在1937年出台了《住房法案》，授权地方政府成立公共住房委员会，负责低收入家庭的公共住房建设，各州也可以制定本州的《住房法》。许多发展中国家也早就在制定住房法。墨西哥在1984年就制定了《住房法》，越南在1991年就实施了《越南住房法》。中国的住房法尚未出台，目前还缺乏专门的住房社会保障法律，应尽快加快立法工作。在我国《宪法》、《民法》等一般性综合性法律中包含有住房保障的相关法律条文，国务院、住房和城乡建设部等多次颁布有关住房制度改革的法规和规章，对住房保障问题作出了规定。这些法律、法规和规章在住房保障制度中发挥着重要的作用。

1. 提供建立住房保障制度的依据

住房保障的相关法律和专门法律对居民拥有适当住房的这一权利加以规定和保护，明确规定居住权是公民权利的重要组成部分，保障居民的基本居住条件是政府职能的基本体现，从而不仅为建立住房保障制度以及相关政策措施的采用提供了法律依据，而且也对居民享受有关住房保障待遇以及由此形成的其他财产权利与非财产权利给予了法律保障与支持。

2. 明确住房保障制度的目标

依据法律对公民居住权的规定，根据不同历史阶段的国情和地区的实际情况，有针对性地通过法律明确住房保障制度的目标，并随着社会经济的发展和宏观政策的变更而适时调整，从而逐步实现全体居民的居住权。美国1949年《住房法》正式承认“为全美的每一个家庭提供舒适的家和适宜的居住环境”是国家的目标。瑞典政府于1967年的法案中提出“使全体人民能够以合理的价格住进宽敞、舒适和设备齐全的高质量的房屋”。新加坡在独立之初，以住房绝对短缺问题的解决为目标，而当住房数量问题基本解决后，则

于1964年将“居者有其屋”作为目标，推行住房自由化。中国的住房保障制度的目标是适应社会主义市场经济的要求，满足居民的基本住房需求，在此基础上改善居住环境和居住条件。

3. 规定住房保障的实现方式

目前，住房保障一般有以下几种方式：

第一，住房公积金制度。1994年国务院在《国务院关于深化城镇住房制度改革的决定》（国发［1994］43号）中提出了这个制度。这是一种强制性的个人自我保障制度，类似于新加坡的公积金。

第二，面对中低收入家庭的经济适用房政策。这项政策是国家在1995年在实行安居工程之后开始的。经济适用房的保障主要体现在政府的优惠政策上，如土地的划拨、税费的缩减。

第三，廉租房政策。按照政策设计，廉租房政策是真正针对城镇困难家庭住房的，而日是政府介入最深的一项制度。它最早是在1998年的23号文件《国务院关于进一步深化城镇住房制度改革加快住房建设的通知》中提出来的，当时提出的主要设想是由地方政府来保障困难家庭的住房。

第四，公共租赁住房政策。2010年6月12日，由住房和城乡建设部等七部门联合制定的《关于加快发展公共租赁住房的指导意见》（建保［2010］87号）正式对外发布，旨在解决城市中等偏低收入家庭住房困难。现阶段，其供应对象确定为中低收入住房困难家庭，包括已通过经济适用房、限价房资格审核，尚在轮候的家庭以及其他住房困难家庭，还有刚毕业的大学生和外来务工人员。

第五，两限房。两限房全称为限房价、限套型普通商品住房，也被称为“两限”商品住房，是指经城市人民政府批准，在限制套型比例、限定销售价格的基础上，以竞地价、竟房价的方式，招标确定住宅项目开发建设单位，由小标单位按照约定标准建设，按照约定价位面向符合条件的居民销售的中低价位、中小套型普通商品住房。两限房是在2006年房价飞涨时出台的，国家出台两限房的目的在于抑制房价和指导房价的发展方向。

4. 确定住房保障的对象、保障水平以及资金来源

为保证住房保障目标的实现，通过制定相应的政策法规，从微观上详细地规定住房保障的对象、保障标准、保障水平、保障资金的来源以及对骗取保障行为的惩罚等，从而使政策法规更具有可操作性。

（二）住房保障的实施机构体系

住房保障的实施机构体系可以分为决策协调机构、具体执行机构和住房

金融机构三个层次：

1. 决策协调机构

住房保障体制的落实是一个极其复杂的系统工程，涉及计划、财政、金融、税务、土地、规划、司法等许多部门。为了能有效地协调各部门的工作，保证有关政策法令的正确执行，首先应设立层次较高的决策协调机构，负责制定解决住房问题的政策和计划，运筹物资、资金、劳动力等资源的分配，协调住房保障体制的运行。例如，美国 1965 年颁布《住房和城市发展法》，成立了一个内阁级的住房和都市发展部，全面负责实施住房发展计划。该部下设公众住房局专门负责解决低收入家庭的住房问题。

2. 具体执行机构

由于政府决策协调机构负责制定政策和计划、分配资源，若其直接参与住房市场，容易造成“政企不分”，影响市场机制的运作和自身职能的发挥。因此，政府决策协调机构一般不应直接参与住房市场，而是由专门的机构来具体执行有关政策和计划，以解决中低收入阶层的住房问题。具体执行机构以国有房地产公司为主，适当包括有关非营利组织、中介机构以及私有企业等。

3. 住房金融机构

住房是价格高昂的生活必需品，住房价格一般相当于家庭收入的 3～6 倍。中低收入阶层很难在短时间内完全有自有资金来购置住房，于是住房信贷的住房金融机构便成为解决居民购置住房资金缺口的重要条件。一方面，多数国家采取税收、利率优惠政策鼓励个人储蓄和利用抵押贷款建、购房，由金融机构将量小分散、期限短暂的资金转化为数量较大、期限较长的资金；另一方面，政府给予中低收入家庭建、购房的预算拨款与经济补助等资助性资金，也需要金融机构进行营运管理。住房金融机构可以分为政策性住房金融机构和商业性住房金融机构。根据西方国家的经验以及中国此前的住房改革实践，介入住房保障的金融机构应该是政策性住房金融机构。这些机构的资金来源是政府财政拨款、中央银行贷款、专项住房基金、法定强制储蓄等，一般不直接吸收普通储蓄。在资金运用上，以优惠条件对中低收入阶层的住房建设给予金融资助，包括为中低收入阶层提供建、购房贷款，对向其售、出租住房而建房的机构提供建房贷款，以及为贷款提供担保。

三、住房保障对象

个人支出主要包括衣、食、住、行等各方面，住房是人类生存、生活的基本需求。根据国际经验，一般25% ~30%的家庭收入用于住房方面的开支，即其他开支占家庭收入的70%左右。住房在生活中占有重要地位，住房保障是社会保障的重要组成部分。如何完善住房保障制度，许多专家学者都在探讨这一问题，目前争论的焦点就是怎样界定住房保障的对象。

（一）确定住房保障对象群体的必要性

确定住房保障对象，是住房保障制度的重要组成部分，也是顺利开展住房保障工作的基本前提。确定住房保障对象群体的必要性主要体现在如下几个方面：

1. 国家财力的限制

各个国家的经济发展水平不同，财政对住房保障的支持力度就不同。中国是一个发展中国家，整体经济发展水平还不够发达，国家财政收入有限。由于住房的社会保障性质决定了它是一项在经济上只有投入没有产出的公益行为。而在中国目前经济发展水平不平衡，近年来收入差距愈来愈大的情况下，解决中低收入家庭的住房，保证居者有其屋，是中国政府的工作职责之一。因此建立和完善住房保障制度，解决最低生活保障线以下的住房困难户的居住问题，必须以财政投资作保证，资金来源主要应该是以公共财政为主。资金不足是日前制约住房保障制度实施的关键因素。由于政府所能筹建到的房源与申请户数量之间有一定的差距，存在“僧多粥少”的矛盾，所以还不可能完全解决全部家庭的住房问题。在这种情况下，只能科学合理地确定住房保障对象群体，解决一部分人的住房问题。

2. 保障性住房供求矛盾的限制

从需求方面看，在经济市场化进程中，弱势群体的数量在增加，既包括那些无依无靠的老、弱、病、残、孤者，又包括那些无经济来源的人，还包括城市中大量所谓“流动”但驻城镇的“农业人口”。保障性住房需求量随之增加，符合申请保障性住房条件的人越来越多。从供应方面看，由于资金来源不足以支持保障性住房的建设，房源缺乏已经成为制约推广住房保障体系的一个瓶颈。政府实施住房保障政策的本意是要解决大约70%城镇中低收入居民的住房问题，也就是要让大多数人有房住、住得起房。但现实矛盾使得我们必须科学地界定保障对象。

3. 资源配置公平性与效率性统一的要求

建立住房社会保障体系还要从政府经济职能的高度来认识。资源配置是政府最重要的经济职能。住房保障制度本身是一种公共品，个人生存发展权利维护的实现程度并不受他人介入的影响，个体与个体之间是非竞争关系。

而每一个人都有可能成为弱者，每一个人维护自己生存发展的权利都是平等的。就社会整体发展来看，市场是讲竞争讲效率的，但它必须拉大贫富差距，造成一部分社会群体在资源配置上的弱势和不利地位及基本生活的无助和窘迫。所以需要通过二次分配实现“兼顾公平”，缓解社会矛盾，维护社会安定，而社会保障制度就是二次分配的重要组成部分，因此，社会保障制度应以“公平”优先。而社会保障要讲效率是指社会保障制度对社会效率的影响和社会保障制度本身效率问题，而不是指望社会保障本身产生多少直接的经济效益。没有公平，市场经济则无法有序进行；而没有效率，就失去了社会保障的经济基础。对于社会保障本身，就是“公平优先，兼顾效率”。

住房保障体系应是廉价、高效、灵活、多样的。一个国家的住房政策是否完善，考虑的不是部分高收入者，而是普通老百姓的收入情况，特别是中低收入者。大多数国家不论是发达国家或发展中国家，都对社会保障体系中的住房供应有严格的限制条件。既保护国家的财力资源，又起到调节社会分配的作用，同时解决住房的最低保障，并将这种政府优惠的住房列入社会保障体系。如果对住房保障对象把关不严，有相当部分高收入者进入住房保障范围，就会出现住房保障体系的混乱与失灵。保障对象应该经过个人申请、统计调查、财产申请、群众评议等形式确定贫困者，使有限的救助基金真正用于救济生活困难的人，以逐步提高救助水平，体现公平与效率相结合。

（二）住房保障对象的确定

住房保障对象的认定，是一个相当复杂的问题。从理论上来说，住房保障对象是无力进入市场购房或租房的低收入家庭。如何来界定低收入家庭，目前中国还没有一个统一科学的认定标准。若保障对象界定模糊，将导致住房保障的泛社会化，结果会造成需要政府提供住房保障的家庭得不到住房保障。应该如何界定住房保障对象，有关专家从理论上进行了研究，主要论点有：

1. 住房保障对象是社会弱者

住房保障对象是社会弱者，关于社会弱者又有几个不同的口径：

（1）低收入群体论。这是一种把低收入群体作为社会弱者的观点。目前城镇低收入居民大致可分为两类：一类是社会弱者，这是在世界上任何国家和地区都普遍存在的，主要原因是个人及家庭因素，包括各种病、残及意外灾害和意外事故所导致的个人生存和劳动能力障碍、过高赡养系数以及市场竞争中的失败者。另一类是中国现阶段所特有的，这是以经济效益不好的国有、集体企业在职职工和离退休职工为主体的群体。

（2）贫困群体论。这是一种把社会弱者等同或部分等同贫困群体的观点。脆弱群体是由于各种外在或内在原因，使其抵御自然灾害和市场风险的能力受到很大限制，在生产和生活上有困难。一部分已经是贫困者，另一部分是潜在贫困者。包括：饮水困难人群、残疾人、隐性失业人口、贫困妇女、儿童、老人及因长期贫困或终年疾病缠身而接受救济的人等。

（3）民政对象论。这是一种把社会弱者等同于民政对象的观点。民政对象主要是“三无”对象，即无劳动能力、无收入来源、无法定抚养人的社会救济对象。他们的生活水平在当前的社会上处于最低的层次，他们的生活状况恶劣，如果不进行有效的救助，他们在社会分化中的地位将越来越低。

（4）竞争弱者论。这是一种把社会弱者等同于不利竞争地位者的观点。在市场经济体制下，即使建立了一整套有关公平竞争的法规和政策，也会有部分社会成员由于受本身各类条件的限制，经常处于不利的竞争地位，比如有些妇女、未成年人、老年人、残疾人等，尽管有了专门保护这类人的权利法规，但凭其本身的能力去实现其权利的手段却不具备。因此，除了有法可依以外，对社会上处于不利竞争地位者的权利保护还需要有一套实现其权利的有效机制。

（5）综合特征论。这是认为社会弱者是具有多种综合特征的社会群体的观点。第一，经济收入低于社会人均收入水平。第二，支出结构中的绝大部分或全部用于食品，即恩格尔系数高达80%～100%。第三，生活质量较低，用廉价商品，穿破旧衣服，没有文化、娱乐消费。第四，除经济生活压力大之外，心理压力也比一般人大，没有职业安全感，对前途悲观。第五，这种经济上的贫困和社会中的劣势地位，将持续一段时间甚至永久。

2. 住房保障对象是住房弱势群体

住房弱势群体在中国至少有以下几层的含义：

（1）他们在现实生活中的居住水平处于社会平均水平以下。在一定的条件下，住房弱势群体的概念与“最低收入”家庭是高度关联的，他们在购房的现实支付能力上与其他群体有很大的差距，无法依靠其自身的力量在房地产市场购买住房。反过来，由于中国是在经济转型中，“最低收入”家庭不一定是住房弱势群体，如原国有企业有房的下岗职工。

（2）他们在未来的一定时间内存在无法改变自己住房现状的可能。由于其就业技能、知识水平等劳动力素质在社会中处于一种相对不利的地位，未来收益预期不明，因而很难增加自己的未来收入，其未来的住房购买意愿也难以通过其收入水平的提高而得到实现。

（3）在社会、政治、经济生活中，他们也往往处于弱势的地位。如果缺乏一种公正的社会对待，他们的声音和利益很难被国家的管理者所重视。他们不像强势群体那样可以动用自己所掌握的资源去影响公众舆论，影响政府的决策，影响社会的发展进程。他们处于社会的底层，这不仅仅是物质上的一种状态，而且是在经济上、政治上、社会上等也抽象存在的一种社会情况。

3. 住房保障对象是收入与住房的“双困户”

住房具有固定性、长期性、多样性和普遍性的特征。住房上的弱势群体是和低收入人群高度联系在一起，但不完全一致。住房上的弱势群体主要是指他们在现实生活中的居住水平处于社会平均水平以下，在未来的一定时间内存在无法改变自己住房现状的可能；在社会、政治、经济生活中，他们也往往处于收入弱势和社会弱势的地位。这对以家庭收入和家庭住房面积两项标准为依据而确保供应对象的准确性，就是“双标准”控制。要实行“双标准”控制，必须明确具体的条件和公示、审批制度。

“双标准”结合起来，重要的是家庭住房的支付能力。住房政策中的“中低收入”和“最低收入”家庭，只能以家庭住房支付能力为确定依据。应该从房价和收入一般关系的角度，对居民住房支付能力做进一步的细分。具体划分思路如下：首先，确定房价收入比指标临界值。临界值的确定依据两个因素，一是住房开支支出占家庭可支配收入的比率。基于居民家庭支出结构包括衣、食、住、行、用、医疗、子女教育等一系列支出，结合中国的人均GDP水平、恩格尔系数、对未来的预期，测算合理的住房支出占可支配收入比率的上限。二是分摊年限。关于住房支出分摊的年限，考虑人生命周期中的工作年限和中国目前住房抵押贷款的平均年数，确定合理的分摊年限。综合考虑上述因素，测算出符合中国实际情况的居民住房支付能力指标——房价收入比指标的临界值。家庭收入在此倍数以上为住房保障的对象。中国目前住房支出占可支配收入比率的一般水平为20%，最高不能超过30%。年限的一般水平为20年，最高不能超过30年，测算出相对较低的负担水平的房价收入比为4倍，一般负担水平为6倍，最高负担水平为8倍。与此同时，要考虑工资剔除物价上涨因素影响后的涨幅和利率变动情况，以及薪酬外收入状况、土地供应的松紧、人口密度、房地产行业发展阶段等因素对这一指标进行修正。

（三）保障对象的多层次性

建立中国住房保障制度的关键是，要明确谁是政府具体调节的对象，谁是政府具体保障的对象，谁是要扩大、要稳定的对象。中国住房保障的目标之一是建立多层次的住房保障体系，与此相适应，住房保障的对象也应该是多层次的。从狭义上讲，住房保障对象应该是最低生活保障制度的对象——低保户、贫困人口；从广义上讲，它应包括所有无法从市场获得住房的中低收入居民家庭。从目前中国的住房供应体系来看，主要有廉租房、经济适用房、两限房、普通商品房四种。现在政府的调控方法为：第一，坚持“公平共享、解困扶弱”的原则，不断扩大廉租住房保障范围，实现对城市最低收入住房困难家庭“应保尽保”。第二，加大经济适用房建设，改进和规范管理，加快解决城市低收入家庭的住房困难。第三，发展中小户型、中低价位限价商品房，调整住房供应结构，满足中等收入家庭的首次置业需求，以解决“夹心层”群众的住房问题。第四，加大、加快住房供应，积极发展住房二级市场，缓解供需矛盾。

因此，根据这个情况，应该确定清晰廉租住房、经济适用房与两限房的购买标准，分别为最低收入家庭、低收入家庭和中低收入家庭提供不同保障水平的、分层次的住房保障。这些标准线的制定必须结合中国的实际情况，考虑各地区居民的住房供求关系状况、住房保障需求及财政支持能力。

明确廉租房租住标准后，才能进行廉租对象的确认工作。对居民提出的申请，政府部门进行审批时，首先需要核实居民家庭收入，对符合廉租房的租住标准的家庭，还应根据其收入水平确定相应的租金水平。对于无房或住房困难的家庭，政府可以新建一批廉租房或者回收部门旧房作为廉租房，供其租住，根据其收入水平收取相应的租金；也可以通过房租补贴的形式，由符合标准的廉租对象在市场上直接找房。经济适用房、两限房的保障对象，也是根据经济收入和住房困难两方面的情况。如2007年11月5日，北京市建委、市统计局、市财政局等部门联合下发通知，对2007年北京市城市居民申请廉租房、经济适用房的相关准入标准做出明确的规定。北京市北京城八区申请廉租住房的1人户家庭年收入须在6960元及以下，人均住房使用面积须在7.5平方米及以下，家庭总资产净值须在15万元及以下；2人户家庭年收入须在13920元及以下，人均住房使用面积须在7.5平方米及以下，家庭总资产净值须在23万元及以下；3人户家庭年收入须在20880元及以下，人均住房使用面积须在7.5平方米及以下，家庭总资产净值须在30万元及以下；4人户家庭年收入须在27840元及以下，人均住房使用面积须在7.5平方米及以下，家庭总资产净值须在38万元及以下：5人户家庭年收入须在34800元及以下，人均住房使用面积须在7.5平方米及以下，家庭总资产净值须在40万元及以下。北京城八区申请购买经济适用房的1人户家庭年收入须在22700

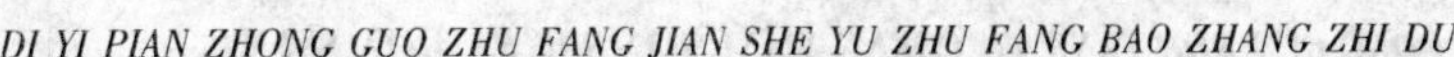

元及以下，人均住房使用面积须在10平方米及以下，家庭总资产净值须在24万元及以下：2人户家庭年收入须在36300元及以下，人均住房使用面积须在10平方米及以下，家庭总资产净值须在27万元及以下；3人户家庭年收入须在45300元及以下，人均住房使用面积须在10平方米及以下，家庭总资产净值须在36万元及以下；4人户家庭年收入须在52900元及以下，人均住房使用面积须在10平方米及以下，家庭总资产净值须在45万元及以下；5人户家庭年收入须在60000元及以下，人均住房使用面积须在10平方米及以下，家庭总资产净值须在48万元及以下。

要完善住房保障制度，除了明确住房保障对象的划分，还必须建立保障性住房的申请和审批制度。标准线在一定时期内应该是稳定的，但随着居民收入和住房水平的变化，必须灵活调整，可升可降。在当前通过单位或有关机构证明的方式下，应实行公示制度接受社会监督，确保保障性住房的申请、审批公平、公正。例如，有的城市对廉租住房的对象要求严格按照以下程序办理手续；街道办事处证明低保资格——廉租住房管理部门审核——户口所在地公告——廉租住房管理部门登记——轮候配租——发放房租补贴（或分配廉租住房）——家庭人口与收入状况定期审核——停发、增减补贴（或腾退廉租住房）。对于经济适用房与两限房来说，也只有认真进行居民收入审核，严格执行标准线，才能控制销售对象，真正体现经济适用房与两限房的保障性质。

四、住房保障水平

住房保障水平指一定时期内一国（地区）社区成员享受住房社会保障福利的高低程度，其主要衡量指标是住房保障支出占国内生产总值的比率。对于这个定义，应当注意三点：第一，一定时期一般指一年。第二，社会成员，这只是平均而言，不是每个社会成员都能享受到住房保障福利。第三，享受的福利，一般指由规范的社会保障制度提供的收益，而不包括由非规范的社会保障行为和无法直接用货币衡量的行为，如自发的慈善行为、社会服务、志愿者服务等。住房保障水平客观上存在一个“适度”区域，过高和过低的保障水平都会对住房保障制度自身运行机制和社会经济发展产生不良影响。因此，科学测量和界定适度的住房保障水平，对于住房保障制度的建立和运行具有重要意义。

（一）住房保障水平的衡量指标

住房保障水平是通过支出水平、总体覆盖率、人均享受水平、人均居住面积和人均使用面积等几个方面的指标来衡量的。

1. 住房保障支出水平

住房保障支出水平＝住房保障支出额÷国内生产总值（GDP）×100%

在此公式中，住房保障支出额是指国家的支出额。国内生产总值（GDP）也可以用国民生产总值（GNP）代替。对于这个公式，应注意到两点：第一，不同国家的住房保障支出计算的口径往往不同，导致国家之间往往缺乏可比性。第二，这个计算公式掩盖了不同人口群体之间的住房保障水平的差异。

2. 住房保障覆盖率

住房保障覆盖率＝住房保障覆盖人口÷总人口×100%

3. 人均住房保障水平

人均住房保障水平有绝对额和微观相对比率两个指标。

绝对额即指人均住房保障待遇水平，用住房社会保障开支总额除以总人口得出的数值来表示。

微观相对比率是指个人保障收益额占个人收入的比率。

4. 宏观相对比率

宏观相对比率为财政对住房的各项补贴占财政支出的比率。

5. 住房保障开支总额年增长率与经济增长率比较

将住房保障开支总额或者某主要分项指标年均增长率与经济主要指标增长率进行比较，如果住房保障指标增长率超过经济指标增长率，就可能意味着住房保障水平提高过快；反之，就可能意味着住房保障水平提高过慢。如果住房保障指标增长率与经济指标增长率提高幅度基本一致，就可能意味着二者之间的关系比较协调。

6. 人均住房面积

人均住房面积有多种具体的指标，如人均居住面积、人均使用面积、人均建筑面积。

居住面积是指住宅建筑各层平面中直接供住户生活使用的居室净面积之和。当分户门内的厅和过道的面积超过6平方米时，可按其面积的1/2计算在居住面积内。所谓净面积就是要除去墙、柱等建筑构件所占有的水平面积。使用面积，指住宅各层平面中直接供住户生活使用的净面积之和，住房使用面积按住房的内墙线计算。建筑面积亦称建筑展开面积，它是指住宅建筑外墙外围线测定的各层平面面积之和，包括阳台、挑廊、地下室、室外楼梯等，且是具备上盖，结构牢固，层高2.20m以上（含2.20m）的永久性建筑的面积。它是表示一个建筑物建筑规模大小的经济指标。

目前，衡量人均住房面积的主要指标是人均建筑面积。从节约土地资源等角度考虑，不管是用哪个指标衡量，都应当把人均住房面积维持在一个相对舒适和稳定的范围内，而不能认为住房面积越大越好。现阶段，中国许多城市规定，人均建筑面积少于10平方米的住户为住房困难户。

（二）住房保障水平的制约因素

住房保障水平的确立，离不开现实的国情和条件。决定住房保障水平的条件，一是住房保障的需求条件，二是住房保障的供给条件。住房保障水平的“适度”，就是保持住房保障需求和供给在适度水平上的平衡发展。具体分析，住房保障水平的制约因素主要包括以下几个方面：

1. 经济发展水平

实证研究表明，与住房保障水平相关程度最高的经济因素是人均国内生产总值。只有人均国内生产总值的增长，才一会有资金支撑住房保障的各项支出。

2. 人口结构

（1）人口年龄结构。人口年龄结构是制约住房发展的重要因素。一般情况下，年轻人比率高，市场上购买住房的需求就大；反之，老年人比率高，市场上购买住房的需求就小。在一些发达国家，老年人不仅不买房，反而把大房换成小房。

（2）制度覆盖人口数量与年龄结构。制度覆盖人口这里是指被住房保障制度覆盖的人口，或者说，是能够享受住房社会保障福利的人口数量。这里的年龄结构是指制度覆盖人口的年龄结构。被住房保障制度覆盖的人口越多，住房的市场需求就越大，制度覆盖的人口的年龄越年轻，市场住房需求就越大。

（3）城乡人口结构。城乡人口各自在总人口中的比率是影响住房保障的重要因素。人口城市化是各国发展的趋势。在城市化进程中，农村人口不断流向城市，城市承载人口的压力就不断增加，就需要不断建造住房，城市住房保障制度也需要不断扩展。

（4）人口密度。人口密度是指每平方千米的人口数。人口密度越高，单位面积住房的价格就越高，人均居住面积就越小。

3. 住房保障制度的发展状况

一个国家的住房保障制度是制约住房保障水平的重要因素，它体现了国家对住房保障工作的重视与投入程度，如住房贷款优惠程度、财政对居民购买住房的补助程度等。随着城市化进程的发展与国家经济的实力，各国在各个阶段的住房保障政策有着各自的特点。

4. 历史和人文等特殊因素

不同国家、不同民族对住房的要求是不同的，包括住房面积、装修等，住房在其文化中的地位也不一样，这些都会影响到住房保障。不同国家和民族，对无住房者、对无家可归者的忍耐程度也是不同的。

第四节　住房保障的基本形式

政府提供住房保障的基本形式有四种：一是政府直接建造保障性住房；二是政府提供补贴，由开发商建造保障性住房：三是政府对住房租金和价格实行管制；四是政府对住房需求进行干预。这四种方式的保障形式会产生不同的市场效应与社会效应。

一、政府直接建造保障性住房

政府直接从事住房的建造，按特定的价格（低于市场价格）销售或出租给低收入的人群，不仅解决了这一群体的住房问题，也对住房市场产生了一定影响。英国阿瑟·奥萨利文教授分析了政府供给所引起的住房短期和长期效应。由于住房建造有一个周期，短期内来自私人部门的住房供给无弹性，不管价格如何变化，私人部门住房供给不发生变化。由于政府部门提供了部分住房，一部分人群将离开市场去购买或承租政府提供的住房。由于市场需求量减少，住房价格下降。短期内，所有住房需求者都因为政府的介入引起住房价格的下降而从中获益，一部分人群住进政府补贴的住房，另一些家庭为购买或承租私人住房支付的价格降低。反之，如果没有政府住房的供应，短期内市场需求增加，从而导致价格上涨，所有住房需求者在享受同样住房的情况下，将会支出更多，私人住房供应者将会因涨价而获益。

长期看，随着时间推移，由于政府介入引起的住房价格下降，降低了私人住房的获利能力，将会导致私人住房供给的减少。这种减少将会引起市场价格的上升，政府和私人双重供应，引起了市场的互动，长期效应是由于政府住房供应的增加，导致私人住房供给减少，价格有所下降，最后均衡在一个中间水平。

（一）政府直接供应所引起的市场过滤效应

政府直接介入，更多引起的是低端私人住房市场供应的减少，并引起一系列市场过滤。根据住房市场的过滤理论，由于存在穷人、中低收入人群和富人，可将住房市场分为低端住房市场、中端住房市场和高端住房市场。政府介入低端市场，分流了部分低端需求，引起私人住房市场上需求的减少，租金（或售价）下降，进而引起中端市场的连带效应。正常情况下，随着时间变化，一部分中端住房因折旧、房型过时、维护不善等原因，质量下降，租金水平也相应下调。当租金水平接近低端住房市场的租金水平时，一部分中端住房就会过滤到低端住房市场。这相当于低端住房市场供给的增加。同时，中等收入人群由于找不到下家（穷人）转让自己的旧房，无法回笼资金，购租住房能力减弱，供给和需求共同作用下，中端市场租金下降。同理，由于中端市场下降，也会引起高端市场的租金下降，加快了整个住房市场的过滤过程。

从以上分析可以看出，政府直接介入住房供应，会引起一系列连锁反应：一是一部分低收入家庭能直接入住政府住房。二是由于低端住房市场价格降低，低收入人群可以从降价中获益。三是引起中端住房市场价格下降，从而使一部分低收入家庭住进中等住房，减轻了政策期望压力，从而提高了居住质量。四是从长期看，由于政府直接供应，在总量平衡情况下，由于价格下降，会有一部分私人供应退出市场，从而达到新的均衡。

（二）政府直接供应住房所适应的条件分析

政府直接建造住房，能快速弥补市场供应不足，但其条件是住房市场呈现严重短缺状况。在一个国家工业化、城市化过程中，或者由于战争造成的破坏，住房供应严重短缺，使用这种干预方式效果很好。如新加坡的“居者有其屋”计划、我国香港政府的公屋计划等，都属于政府直接介入住房供应的模式。政府直接供应住房所要具备的第二个条件，是政府要有一定的财力作保证。直接供应与补贴政策相比，在同样时段形成同等数量供应，前者所需要的资金量往往是后者的好多倍。政府直接供应住房所要具备的第三个条件，是必须有相应的组织机构，负责住房规划、设计、组织建设、销售或出租。如日本中央政府组建负责中心城市住房供应的住房都市整备公团，地方政府属下的住房供应公社，新加坡的建屋发展局，我国香港政府的房屋署等都是负责政府直接供应低收入等特殊人群住房的专设机构。

（三）政府直接供应住房的价格形式及水平

政府直接提供住房供应，分为出售或出租两种形式。对无力购买住房的家庭采取低租金租赁的方式，对有一定购买能力但无力购买市场价住房的家庭采取出售方式。

政府直接组织的住房供应，其价格水平不是由供求关系决定，而是根据特定人群的收入状况采取政府定价，价格低于市场价。为降低住房开发成本，开发用地由政府提供，价格构成中不含利润和相关的税款。用于出租的住房，租金水平一般按低收入家庭收入的一定比例来确定。如北京市廉租家庭承租的实物住房租金水平一般按家庭收入的5%来确定，我国香港地区的公屋则基本按折旧额来确定。出售价格低于市场价，但同时又能保证售房款能保证实现简单再生产并略有盈利。如我国香港房屋署和香港房屋协会开发销售的居者有其屋，价格水平只相当于市场价的一半，但能保证投资的回收，并能做到有一定的盈利。

一般来说，由于租金水平按家庭收入水平来确定，往往低于成本租金，政府投入越多，负担越大，并且还要支付日常的维修管理等相关费用。出售价格由于高于成本价，能够保证投资的基本循环，政府只需投入启动资金，损失的只是地价款和相关税款。根据低收入人群分布情况，如果收入分布跨度大，政府会同时采取出租和出售的方式，如果主要是低收入群体，则主要采取出租方式，且随着住房供应状况的改善和低收入群体的减少，政策性住房的供应也会相应地减少。

二、政府提供补贴，由开发商建造保障性住房

由政府为开发商提供一定补贴，由开发商开发建设，按政府规定的价格出售给政府指定的人群。政府为开发商提供的补贴主要有减免地价款、提供低利率贷款、减免部分税款、减收政府收费等形式。政府规定的价格由成本加微利构成，低于市场价格。

（一）政府补贴开发商的市场效应

政府补贴开发商开发建设保障性住房与政府直接建造保障性住房存在相同点。由于价格低于市场水平，这种供给对住房市场的短期、长期及过滤影响与政府直接供给相同，会带来市场价格水平的下降，有利于破除垄断。不同点在于，后者由企业组织，价格中含有一定水平的利润，在监管不利的情况下，企业可能违背政府的意图。在企业供应的情况下，由于占用资金周期长，以及政府规定的租金水平，既要考虑企业盈利又要考虑承租人的负担能力，有可能无法找到合理的平衡点，从而使企业不愿承担政策性租赁业务。

（二）政府补贴开发商所适应的条件

政府补贴由开发商供应政策性住房，与政府直接供应相比，由于企业要获取一部分利润，在租金或价格保持同等水平的情况下，则需要政府更多的资金，因此这种方式所适应的首要条件是政府要有一定的财力。其次，保证这种方式正常运行需要良好的法制环境，否则容易出现企业拿政府补贴，却不按政府要求进行开发建造、出售或出租的情况。再次是私人市场呈现充分竞争，利润趋于市场化，否则在市场存在高额利润的前提下，如果政府只是按平均利润或低于平均利润进行补贴，则企业不会参与保障性住房的开发建设。

三、政府对住房租金和价格实行管制

按保罗 A. 萨缪尔森（Paul A. Samuelson）、威廉 D. 诺德豪斯（William D. Nordhaus）所著《经济学》（第 16 版）的定义，管制是政府对企业无节制的市场权利的一种限制，其基本内容是政府制定条例和设计市场激励机制，以控制企业的价格（租金）、销售或生产等方面的决策。

（一）管制的类型与原由

管制一般分为两类：一是经济管制，指的是对价格、市场准入和退出条件、特殊行业的服务标准的控制。例如对电信、电力、天然气、供水等公用设施运行的管制，对运输、金融、电台、电视台等产业运营的管制。二是社会管制，这类管制用于保护环境、劳工和消费者的健康和安全，用来矫正经济活动所引起的派生后果和外部性问题，如净化空气、净化水源、保证药物安全等。

传统的经济学解释政府实施管制的原由主要有三个：一是防止垄断或寡头垄断滥用市场权利。如住房的需求价格弹性呈现两阶段特点，在人们的基本居住需求层面价格弹性小，如果开发商形成垄断，合谋抬高阶段，将会严重损害需求者利益，获得垄断利润，使得一部分中低收入需求者无法通过市场解决基本居住条件，一旦实现了基本居住需求，向改善性需求过渡，需求的价格弹性变大，住房市场自由竞争得以发挥。二是矫正信息的不完全倾向。如政府实施金融管制，要求企业发行债券或股票时，必须提供大量的关于该公司的财务现状和前景的材料，以防止投资者错误地估价该公司的股票或债券。三是纠正外部性造成的负面影响。外部性是市场失灵的一种体现，这是市场自身运行机制所不能根本克服的。外部性现象引发人际冲突与社会矛盾，常常导致一种非最优的资源配置，政府采取管制的目的就是矫正和弥补市场外部性带来的负面影响。

（二）西方政府对住房领域的管制

政府对住房领域的管制主要有租金管制、价格管制、企业进入房地产领域的准入管制等形式。在西方市场经济国家发展过程中，政府没有对开发商出售住房的价格直接采取过管制的方式，但对业主出租住房的租金曾经实行过管控。

针对工业化、城市化造成的城市低收入人群的住房问题，英国政府自1915年开始首次对企业及房东出租住房实行租金控制，以免租金上涨对承租私人房屋的劳工阶级产生冲击。大萧条和第二次世界大战期间，美国联邦政府设计了一套租金管制的国家系统，战后纽约市是唯一一座保留租金管制的城市。20世纪70年代租金管制在美国许多城市重新出现，包括波士顿、洛杉矶、华盛顿特区、奥尔巴克、伯克莱和圣莫尼卡，根据美国住房和城市发展部的报告，1991年，200多个地区实施了租金管制，美国10%以上的私人出租住房受到管制。

租金管制也带来了两个负面影响，一是由于政府控制租金水平，住房出租收益下降，投资人寻找其他投资机会，从而导致出租业萎缩；二是房东提供服务质量会变差，房屋得不到良好的维修，房东与租户之间的冲突急剧增加并不断升级。

面对租金管制造成的负面影响，英国保守党在1987年的竞选宣言中提出有必要扩大私营住房租赁市场，他们认为租金控制固然是用意良好，但已造成了私营租赁市场的显著萎缩。1988年的《住房法》实现了保守党竞选时许下的诺言，该法规定从1989年1月15日起，所有的新出租住房业务可以与租户自由洽商租金，法律保护租户在租用期内的居住权利，业主与租户中的任何一方可以要求进行租金登记，接受住房当局的调节。

（三）中国政府对住房领域的管制

新中国成立后，政府也一度对住房的价格实行过管制。20世纪50年代初期，中国政府曾经对私人出租房屋采取了租金管制（私人拥有房屋超过15间，要进行社会主义改造，低于15间，自用外可以出租）。如北京市曾经有2万多户的家庭承租历史上遗留下来的私人出租房，一般称为标准租私房，租金水平与市场租金相差巨大。北京市1992年一起标准租私房租金为每月每平方米使用面积0.33元，1994元提高到了0.62元，1996年提高到1.80元，2000年提高到了3.17元，只相当于同期市场租金的1/10。这种租金管制造成了房东和房客的尖锐对立，房东无力修房或拒绝修房，造成房屋破损严重。

2003 年北京市市委、市政府决定由财政和房客所在单位出资，将剩余 1.9 万户房客从标准租私房中腾退出来，从而结束了实施达 40 多年的租金管制历史，但由此带来的维修纠纷至今未解决。

20 世纪 90 年代中期，房地产开发逐步兴起，在向市场化转轨过程中，当时的国家计划委员会曾于 1996 年颁布了《城市房地产交易价格管理暂行办法》，规定政府根据不同商品房分别实行政府定价、政府指导价和市场调节价。2006 年，国务院 37 号文件（即《国务院办公厅转发建设部等部门关于调整住房供应结构稳定住房价格意见的通知》）要求各地推出的限价商品房供应，实质上就是实行价格管制，这是政府对住房最直接的一种管制。

从理论上分析，房租和房价管制政策都是特定历史时期的产物，近 200 年来，在城市化加速过程中欧美等发达国家曾面临人口过分聚集，住房短缺，在第二次世界大战中由于战争造成住房大量破坏，在住房极度短缺情况下，为了保护居民的基本住房权益，这些国家在一些城市实施了租金管制，这种行政性的干预在特定历史条件下为解决住房问题发挥了有效作用。但管制本身抑制了住房市场的竞争，使供给不断萎缩，或者降低了服务的质量。最近 20 年来，美英等国普遍放松了管制，租金管理已成为历史。

四、政府对住房需求进行干预

政府从需求方着手，对住房问题进行干预，就是对特殊群体发放补贴，由其自行到市场租房或买房。

（一）对需求方发放利、贴的市场效应

图 1－5 展示了需求方的补贴计划对住房市场的短期和长期效应。部分家庭领取补贴后，要去市场租房或买房，使需求曲线 D_1 向外移动到 D_2，在供给暂时不变的情况下，市场价格从 PB 上涨到 PE。由于租金或价格上升，在补贴标准不变的情况下，领取补贴的家庭租或买房的数量减少，没有领到补贴而要租房或购房的家庭为此要支付更多的资金。住房供给方在涨价过程获得了更多的收益。从长期看，由于价格或租金上涨，刺激了住房供给的增加，从而引起租金或价格段从 PE 下跌到 PF。

（二）补贴政策的适应条件

补贴政策相对于直接供给政策来说，首先是启动占用资金少；其次是选择性好，领取补贴的家庭可自行到市场租房或买房；再次是容易实施退出管理，对发放补贴的家庭，如收入提高，不符合领取补贴条件，可随时停止发放补贴，比从腾退实物住房容易得多。补贴政策实施需要市场有足够的房源

供应，否则难以实施。

几乎所有发达国家和越来越多的发展中国家都不同程度地发放住房补贴，以帮助住房支付能力有限的低收入家庭能在住房市场上租到合适的住房。补贴数额是按以上一定的住房标准（依据家庭规模）的住房租金与家庭可支付租金的差额确定。发放租赁住房补贴，由最低收入居民到市场租赁住房，可以把保障机制融于市场机制之中，最大限度地减少对市场配置资源效率的干扰。

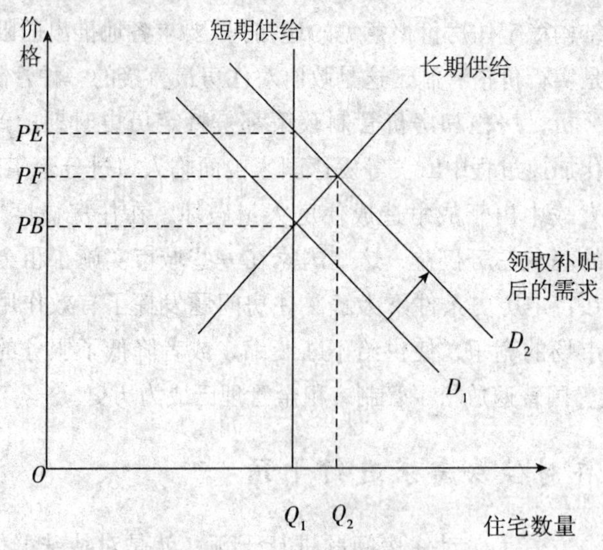

图 1－5　资金补贴政策的短期和长期效应

（三）政府干预力度的确定

政府干预住房的力度即合理度是对政府解决住房问题有效性的评判。对多数发达市场经济国家和地区，政府早期都奉行不干预政策。但面对日益严重的住房问题，政府不得不干预，有时甚至矫枉过正，出现了干预过度。总的来看，政府干预比不干预好，关键是如何避免过度，避免政府行为越位。对政府干预合理度的确定可以从两个方面分析和度量：一是轮候。政府干预住房问题的实质，是解决低收入人群的住房问题，但同时要兼顾政府的财力。从量上考察，如果一个政府能在 5～10 年内对符合轮候条件的家庭提供或是助其获得基本需求的住房，则这种干预就量的方面看是合理的。二是户均住房水平。在符合 5～10 年轮候原则的情况下，是选择供应方政策还是需求方政策，也决定干预方式的合理性。在住房总套数超过家庭户数的情况下，运用需求方政策，基本上是合理的；反之，则应该以供给方政策为主。

第五节　住房保障体系及工作机制

中国共产党“十六大”以来，中国房地产市场迅速发展，市场规模不断扩大，市场规则不断完善，市场秩序不断规范，在改善城镇群众居住条件、促进经济社会发展等方面发挥了重要作用。

一、住房保障应关注民生，和谐发展

党的“十六大”后，中国坚持深化住房制度市场化改革，在不断完善房地产市场体系、满足不同收入家庭的住房需要的同时，加快建立和完善适合中国国情的住房保障制度。党的“十七大”提出“要努力实现全体人民住有所居”的目标以来，各地区、各部门深入贯彻落实科学发展观，强化责任落实，完善政策体系，加大投入力度，加强监督管理，持续加大保障性安居工程建设力度，住房保障工作进入了加快发展时期，一大批中低收入家庭住房条件得以改善。

（一）市场供应和政府保障结合

进入21世纪后，随着工业化、城镇化的快速发展，中国城镇住房矛盾呈现出新的特征。受多种因素影响，中国商品住房价格上涨较快，部分城市的涨幅高于城镇居民收入增幅，中低收入家庭的住房支付能力降低，住房困难问题开始显现。

面对低收入家庭住房支付能力不足、新就业职工和外来务工人员住房困难等问题，国家不断完善住房政策体系，健全体制机制，力求形成市场供应和政府保障相结合的住房供应体系。一方面，加强房地产市场调控，稳定住房价格，发挥市场对解决居民住房问题的主渠道作用；另一方面，强化政府住房保障责任，对依靠自身努力无法解决住房困难的群体给予支持和帮助。

2003年，国务院提出调整住房供应结构，逐步实现多数家庭购买或承租普通商品住房；加快建立和完善适合中国国情的住房保障制度，廉租补贴、实物配租相结合。

2007年，加快建立健全以廉租住房制度为重点、多渠道解决城市低收入家庭住房困难的政策体系，成为国务院关于住房问题文件的主题。此后，廉租住房制度逐步发展为解决城市低收入家庭住房困难的主要途径。

2008年，为应对国际金融危机冲击，中央决定大规模实施保障性安居工程。主要包括加快实施国有林区、垦区、中西部地区、中央下放地方煤矿棚户区和采煤沉陷区民房搬迁维修改造工程，加大廉租住房建设力度。

2009年12月，住房和城乡建设部提出用5年左右时间基本完成集中成片城市和国有工矿棚户区改造。

2010年，经国务院同意，住房和城乡建设部指出要大力发展公共租赁住房，主要面向城市中等偏下收入住房困难家庭供应，有条件的地区，可以将新就业职工和有稳定职业并在城市居住一定年限的外来务工人员纳入供应范围。

2011年，国务院办公厅发文进一步明确，大力推进以公共租赁住房为重点的保障性安居工程建设，根据实际情况继续安排经济适用住房和限价商品住房建设，加快实施各类棚户区改造。同时，还明确中国住房保障覆盖对象范围除了城镇低收入家庭外，还涵盖中等偏下收入住房困难家庭、新就业无房职工、在城镇有稳定就业的外来务工人员等群体（图1－6）。

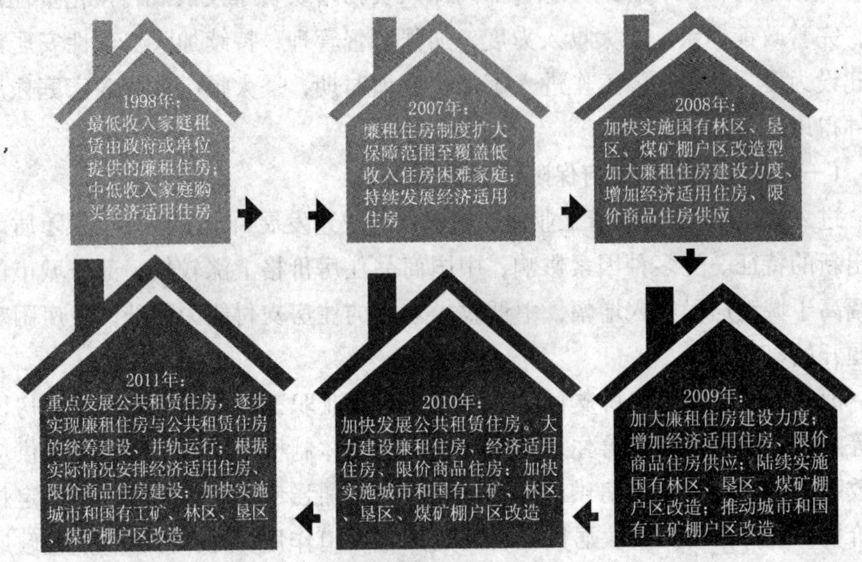

图1－6　中国城镇住房保障体系演进历程

至此，中国基本形成了以廉租住房（含发放租赁补贴）为基础，以公共租赁住房为重点，包括适当发展经济适用住房、限价商品住房，加快棚户区改造等在内的城镇住房保障制度。

（二）住房保障体系

1. 住房保障方式

中国的住房保障方式采用世界各国普遍的做法。一种是实物保障，即向符合条件的家庭提供实物保障性住房，包括廉租住房、公共租赁住房、经济适应住房、棚改安置住房，以及部分地方建设的限价商品住房。各类保障性住房建设和棚户区改造，均已纳入了保障性安居工程范围（图 1 – 7）。另一种是发放货币补贴，即向符合条件的家庭发放住房租赁补贴，支持其在市场上租赁适当的住房。现阶段中国小户型租赁住房短缺、住房供求矛盾还比较突出，尚不具备以货币补贴为主的条件，还需大规模建设保障性住房。当住房供求关系缓和以及住房租赁市场有了一定发展后，可以逐步转为以货币补贴为主。实践中，由各地区结合本地实际情况，因地制宜地确定住房保障方式和保障房类型。

对应城乡不同家庭的情况，各地分别采取提供保障性住房、实施棚户区（危房）改造等方式解决他们的住房困难

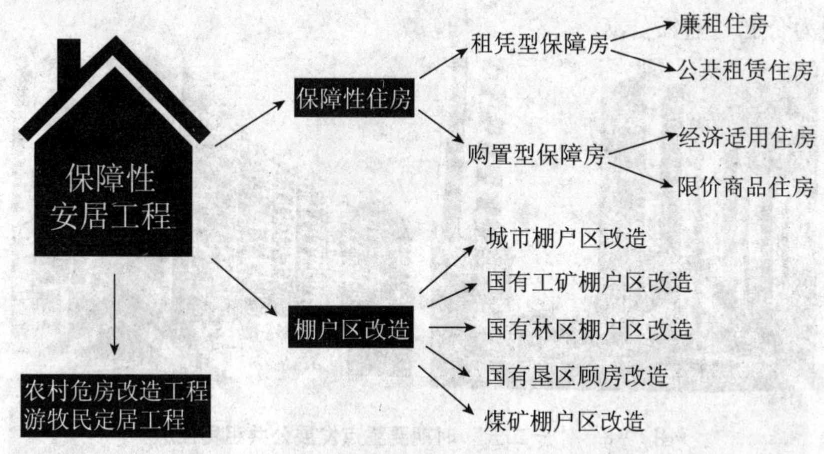

图 1 – 7　保障性安居工程类型构成

2. 多层次住房保障模式

在多项政策的综合作用下，中国住房保障制度日益完善，形成了以住房困难为首要依据确定住房保障对象，再依家庭收入不同核定具体保障方式和政策支持强度的实施机制。

对住房支付能力较低的城市低收入家庭，通过配租廉租住房、发放租赁补贴的方式来解决其住房困难。向这些家庭配租的廉租住房房源通过新建，对政府持有的存量住房进行改建，以及在市场上收购、长期租赁存量住房等

方式多渠道筹集。新建廉租住房由财政投资建设，以低租金面向城镇低收入住房困难家庭出租。廉租住房保障的另一种方式是发放租赁补贴，由低收入家庭在市场上自行承租住房。单套建筑面积控制在50平方米以内、人均建筑面积13平方米左右，保证基本居住功能。

对有一定住房支付能力的低收入和中等偏下收入家庭，通过配租公共租赁住房，以及提供经济适用住房、限价商品住房等方式来解决这些家庭的住房困难。公共租赁住房由政府组织、政策支持、社会投资或政府投资建设，以适当价格出租，主要解决城镇中等偏下收入家庭、新就业职工、进城务工人员等群体的住房困难（图1－8）。一些地方，如重庆、上海等地，将公共租赁住房保障对象范围扩大至各类住房困难家庭，不设收入和户籍限制。单套建筑面积以40平方米左右的小户型为主。经济适用住房由政府组织、社会投资建设，按照保本微利原则向有一定支付能力的城镇低收入住房困难家庭出售。

公共租赁住房有单元型和宿舍型两种，左图为上海“新江湾城”公租房。右图为合肥”蓝领公寓”

图1－8　“十二五”时期要重点发展公共租赁住房

新建经济适用住房，实行土地划拨、税费减免、信贷支持，按照保本微利原则，面向城镇低收入住房困难家庭配售。单套建筑面积控制在60平方米以内；购房人拥有有限产权，购房满5年可转让，但应按照规定交纳土地收益等价款；政府具有优先回购权。经济适用住房建设规模由各地自行确定，操作上允许各地因地制宜，如采取租售并举以及分期购买、与政府共有产权等办法。此外，部分房价较高、上涨较快的城市为调整住房供应结构、控制房价过快上涨，发展了限价商品住房，面向本地中等及以下收入住房困难家庭出售。房单套建筑面积一般控制在90平方米以下。开发建设限价商品住房，应在限套型、限房价的基础上，采取竞地价、竞房价的办法，以招标方式确定开发建设单位。

对居住在城市、国有工矿、国有林区（场）、国有垦区和中央下放地方煤矿等各类棚户区内的居民，通过实施棚户区改造，改善其住房条件。各类棚户区改造主要通过市场化运作，资金来源多渠道，通过政府补助一点、企业出一点、住户拿一点的方式，用有限的财力解决不同群体的住房困难。

城市和国有工矿棚户区改造和建设，由各地按照政府主导、市场运作、群众参与的原则开展，居民补偿安置采取实物安置房和货币补偿等方式。城市和国有工矿棚户区改造工作由住房和城乡建设部门牵头负责，其他部门在资金、税费等方面给予支持。国有林区（场）棚户区（危旧房）改造，由林业部门牵头负责，具体实施中在统一规划基础上由林场和职工自主修建，发改、建设等部门在资金、建设等方面给予支持。垦区危房改造，由农业部门牵头负责，发改、建设等部门在资金等政策等方面给予支持。中央下放的矿煤矿棚户区改造，由发改部门牵头负责，计划任务、资金补助等每年根据情况测算、下达。

对其他较高收入家庭，通过税收、信贷等政策，引导购买或者租赁商品住房来解决。支持发展中低价位、中小套型普通商品住房。

3. 土地、财政、税收和信贷优惠政策

在深入推进城镇保障性安居工程建设的同时，也逐步完善了土地供应、财政投入、信贷优惠、税费减免等支持政策。

在土地供应方面，采取计划单列、优先安排、应保尽保，部分建设用地采用行政划拨方式供应，允许商品住房价格较高、建设用地紧缺的直辖市和少数省会城市开展集体建设用地建设公共租赁住房试点。廉租住房、经济适用住房建设用地，采用行政划拨方式供应；公共租赁住房项目采取划拨、出让等方式供应土地，事先要规定建设要求、套型结构等，作为土地供应的前置条件。城市和国有工矿棚户区改造安置住房用地纳入当地土地供应计划优先安排。林区棚户区改造，原则上实行原地改建，不扩大占地规模，人均建设用地不得突破当地规定。确需异地改建的，经过充分论证，在土地供应计划中优先安排。2010 年至 2012 年间，全国保障性安居工程土地供应总量逐年增长。2010 年为 2.51 万顷，2011 年为 4.36 万公顷，2012 年为 5 万公顷，满足了大规模建设城镇保障性安居工程的用地需要。

在财政收入方面，中央财政对地方保障性住房建设给予补助，从 2012 年开始，对城镇保障性安居工程直接相关的基础设施配套建设投资也安排了补助资金。省级政府在财政预算中安排资金，市（县）政府按照规定渠道筹集资金。地方各级人民政府财政性资金投入除了一般预算资金外，还包括住房公积金增值收益在提取贷款风险准备金和管理费用后，剩余部分土地出让收益，廉租住房租金收入全部用于廉租住房建设，政府投资的公共租赁住房租金收入专项用于偿还公共租赁住房贷款，以及公共租赁住房的建设、维护和管理。

在信贷优惠方面，鼓励银行业金融机构发放建设贷款。城镇保障性安居工程建设项目在贷款利率、项目资本金等方面有相关的优惠政策。开展利用住房公积金贷款支持保障住房建设试点工作，在重点支持公共租赁住房建设的同时，还可用于经济适用住房、列入保障性住房规划的城市棚户区改造项目安置用房。

各类保障性住房在建设、买卖、经营等环节，实行减免税收政策，免征或减征所涉及的城镇土地使用税、契税、印花税、营业税，以及免收城市基础设施配套费等各项行政事业性收费、政策性基金的政策。

符合规定的地方政府融资平台公司可发行企业债券或中期票据，专项用于公共租赁住房等保障性安居工程建设。承担保障性安居工程建设项目的其他企业，也可以在政府核定的保障性安居工程建设投资额度内，通过发行企业债券进行项目融资。对发行企业债券用于保障性安居工程建设的，优先办理核准手续。

鼓励民间资本参与保障性安居工程建设，享受相应的政策性住房建设政策。对民间资本参与保障性安居工程建设给予信贷支持、贷款贴息、税费减免、土地供应等支持政策。

（三）保障性安居工程

“十六大”以来，中国住房保障工作进入快速发展期。特别是“十七大”后，成为中国历史上政府投入最多、建设规模最大、工作成效最为明显的时期。2007 年至 2011 年，中央财政安排的年度补助资金由 72 亿元增加至 11713 亿元，年均增长 121%（图 1－9）。同时，对各类保障性安居工程建设项目的补助力度也逐步加大。

各地区、各部门认真贯彻落实党中央的决策部署，积极大规模推进保障性安居工程建设（图 1－9）。特别是“十七大”以后，2008 年至 2011 年间全国累计开工建设城镇保障性住房和棚户区改造住房超过 2300 万套，基本建成 1200 万套以上，新增发放租赁补贴超过 400 万户（图 1－10）。

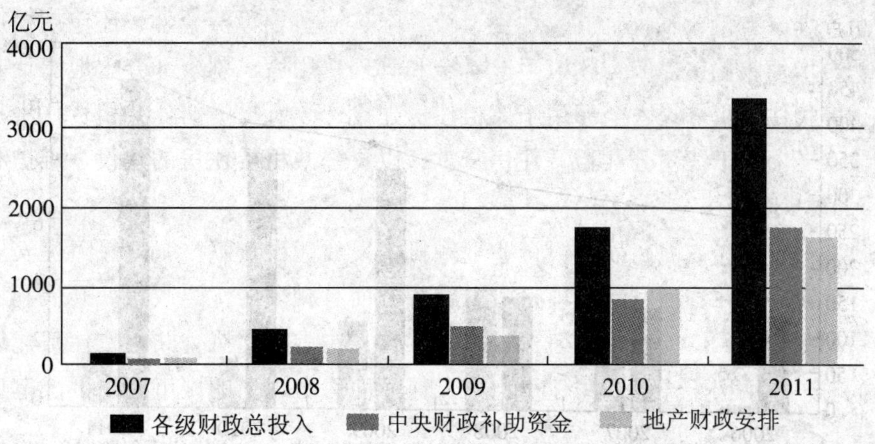

图 1－9　2007 年至 2011 年各级财政保障性安居工程建设资金投入

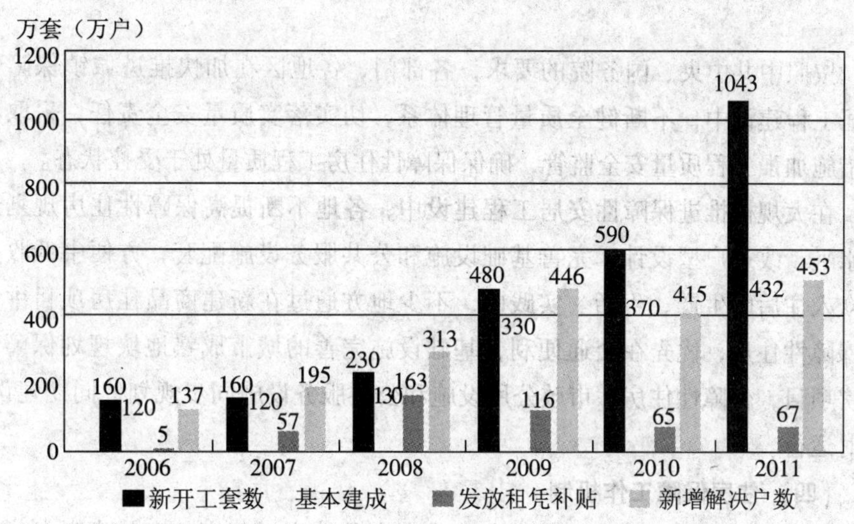

图 1－10　2006 年至 2011 年住房保障发展情况

初步统计，到 2011 年底，全国累计用实物方式解决了 2650 万户城镇低收入和中等偏下收入家庭的住房困难，实物住房保障受益户数占城镇家庭总户数的比例达到 11%（图 1－11）。全国还有近 450 万户城镇低收入住房困难家庭享受廉租住房租赁补贴。2012 年，全国计划开工建设保障性住房、各类棚户区改造住房 700 多万套，加上之前年度开工需继续建设的项目，在建规模将达到 1700 万套左右。此外，当年还计划基本建成 500 万套。

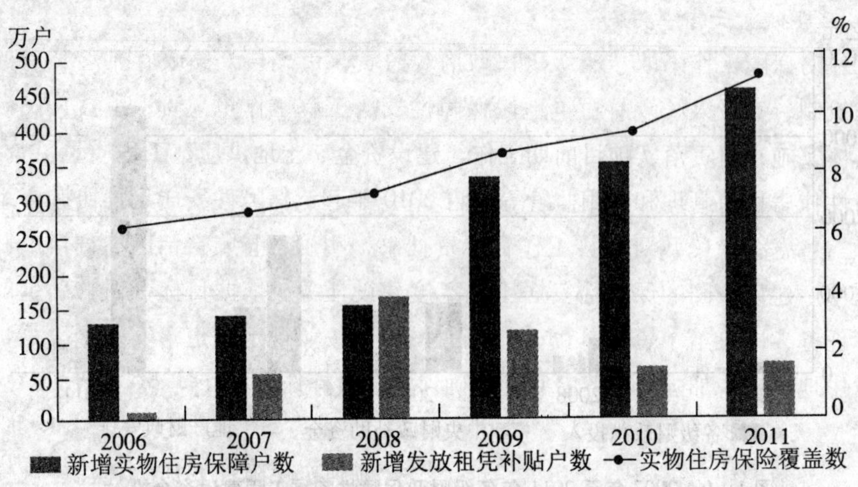

图1－11　2006年至2011年住房保障事业的发展

按照中共中央、国务院的要求，各部门、各地区在加快推进城镇保障性安居工程建设中，不断健全质量管理体系，切实落实质量安全责任，采取积极措施加强工程质量安全监管，确保保障性住房工程质量处于受控状态。

在大规模推进保障性安居工程建设中，各地不断提高保障性住房规划选址水平，改进户型设计，完善基础设施和公共服务设施配套，方便中低收入群众入住后的生产、生活。实践中，不少地方通过在新建商品住房项目中配建保障性住房，优先在交通便利、基础设施完善的城市成熟地块规划保障性住房项目，保障性住房、市政公用设施和公共服务设施同步规划、同期建设、同时运行。

（四）住房保障工作机制

中国住房保障实行省级政府负总责、市县政府抓落实的工作责任制。中央政府拟订财政、金融、土地等相关政策并指导实施，提供资金支持，监督地方组织实施住房保障。适应大规模推进保障性安居工程建设需要，中央及地方均相应建立了住房保障组织协调机制、目标责任管理机制和监督检查机制等七项机制。

1．组织协调机制

中央政府主要负责政策的研究制定、指导实施、监督考核，省级政府负总责、市县政府抓落实。成立以住房和城乡建设部牵头的多部门参加的保障性安居工程协调小组，省级、市（县）级住房保障工作组织协调领导小组，共同构成保障性安居工程的组织领导力量。

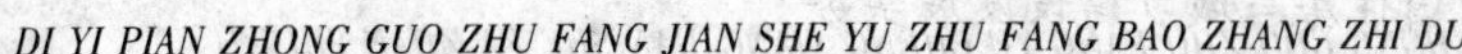

2. 目标责任管理机制

住房保障工作采取“省级人民政府负总责，市、县人民政府抓落实”的责任机制。省级人民政府对本地区保障性安居工程工作负总责，市县人民政府具体实施，负责落实项目前期工作、建设资金、土地供应、工程质量监督、保障性住房租售管理和使用监管等。自2010年起，保障性安居工程协调小组每年与各省级人民政府签订工作目标责任书，明确各省、自治区、直辖市和新疆生产建设兵团的保障性安居工程年度建设任务。依据目标责任书确定的目标任务，中央给予资金补助，省级人民政府按照规定渠道落实资金，落实建设用地供应，加强工程监督管理，确保完成目标任务。

3. 规划计划管理机制

统筹考虑住房保障需求和供给能力，合理确定保障性安居工程建设规模和力度，是规划计划管理的目标。建立起了由各地从实际需要出发，综合考量当地经济社会发展水平、财政能力、居民收入和住房状况等因素，自下而上地确定本地区住房保障工作目标、中长期规划及各年度建设计划，并报国家批准后实施的工作机制。

4. 监督检查机制

几年来，全国人大、全国政协、中央纪委及监察部、审计署等国务院有关部门，通过开展询问、调研、检查和督查等，加强了对保障性安居工程的监督检查，形成了中央层面督促地方加快建设进度、加强项目管理、确保工程质量的工作机制。

5. 信息公开机制

按照国务院要求，住房和城乡建设部逐步建立了城镇保障性安居工程信息公开机制，各级住房城乡建设（住房保障）部门及时公开年度计划和建设进度信息，市、县及时公开住房保障政策和保障性住房申请分配环节的各类信息。

6. 考核问责机制

在做好中央及相关部门监督考核配合工作的同时，各地加强了对本行政区域内保障性安居工程的考核问责。不少市、县把保障性安居工程作为“一把手工程”、“一号工程”，列入地方政府目标责任考核内容，明确了工作责任机制，制定了考核问责办法。

7. 公平分配机制

几年来，住房和城乡建设部加强建章立制，及时制定修订规范性文件，不断完善公平分配和运行管理机制。

各地方在实际工作过程中，逐步建立了明确、公开、可量化的住房保障供应对象准入标准，并实行动态管理。建立住房保障准入审核机制，明确了申请、受理、审核、公示、复核等环节的工作程序、工作标准。不少地方由财政安排专项资金，加快住房保障个人信息系统平台建设，确立住房保障与住房公积金、民政等系统数据的信息比对机制，提高了审核效率。各地普遍建立了住房保障轮候和保障性住房使用情况日常审查机制，及时发现、纠正问题，同时严厉查处住房保障工作机构内部人员失职渎职、贪腐违法行为。多个地方探索创新，积极完善经济适用住房、限价商品住房等购置型保障性住房的上市交易和收益调节机制，明确界定政府与购买人的资产份额，消除牟利空间，促进社会公平。综合运用经济手段、行政手段、司法手段，逐步建立了住房保障退出机制。

（五）保障性住房小区运营管理和社区服务

1. 探索可持续运营机制

廉租住房由政府投资建设并长期持有，各类棚户区改造由政府主导并安排部分财政性资金给予补助，政府对于经济适用住房和限价商品房小区给予相应的优惠政策。

作为解决中低收入家庭住房困难的保障性住房，既要适应低收入家庭收入水平低、住房支付能力不足等特点，又要符合市场经济发展的方向，实现自身建设和运营的可持续。

公共租赁住房的建设运营模式主要有三种：一是由政府无偿划拨土地、直接融资建设并运营管理；二是政府划拨土地，社会机构组织建设并运营管理；三是政府落实具体地块，企业通过市场化方式取得土地、组织建设并拥有产权，也包括符合条件的企业利用自有土地投资建设。企业投资建设和运营公共租赁住房，资金投入规模大、盈利周期长、投资收益率低，甚至难以自我实现资金平衡。从福建厦门、江苏苏州、广东深圳、云南昆明等地的实践来看，主要通过调动企业和其他社会机构投资建设和运营的积极性，来实现公共租赁住房的可持续运营。

2. 完善小区管理和物业服务

对于保障性住房小区的物业管理，各地主要采取政府住房保障部门直接管理、物业企业管理以及小区住户自我管理三种模式。各地集中建设的保障性住房小区通过选聘物业服务专业企业，提供规范化、标准化的服务。不少地方把对保障性住房管理和为保障性对象服务结合起来，不仅帮助保障对象实现了安居，还帮助一部分保障对象解决了就业问题。

3. 加强保障性住房社区服务

各地在统筹推进保障性住房小区建设及社区服务的同时，不断强化政府社会管理和公共服务职能，切实加强对鳏寡孤独及残疾人家庭的服务管理，促进不同收入阶层居民和不同职业、文化背景群体的和谐相处。

各地逐步建立了多部门联动的保障性住房小区社区服务机制。整合人口、就业、社保、民政、房管、卫生、文化等社会管理职能和服务资源，集中到社区开展公共服务，形成了各部门之间以及各部门与社区群众自治组织之间的有效衔接和良性互动。

（六）住房保障的发展

1. 新形势与新任务

"十二五"时期，中国正处于全面建设小康社会关键期和深化改革开放、加快转变经济发展方式攻坚期，工业化、信息化、城镇化、市场化、国际化深入发展，人口资源环境约束继续加大，以外来人员为代表的新移民大量进入城市对城市社会结构、家庭结构的深刻影响，既对住房保障工作产生深刻影响，又提出了新的任务。

中国城镇住房供需矛盾依然存在。"十二五"时期，从维护社会公平正义与和谐稳定的大局出发，必须持续加大住房保障工作力度。城镇新就业职工和常住外来人口的住房困难问题也比较突出。在中国城镇化进程中，人口随产业结构调整和转移大规模快速流动，区域住房需求数量和结构随之变化，这也是住房保障工作必须面对的现实条件。

2. 完善住房保障体系

建立符合中国国情的住房保障制度体系。进一步完善住房保障顶层设计，加强法规建设，抓紧起草《基本住房保障条例》。坚持促进公平、提高效率的原则，避免将政府的资金投入、税费减免等优惠，直接转化为保障对象财产性收入。国家层面、省市县各级政府分别编制住房发展规划，明确住房建设目标、思路、实现途径和措施等。

建立可持续的保障性住房建设和运营机制。完善保障性住房建设的土地、税收、财政、金融、信贷等支持政策，完善建设资金筹措机制，加快保障性安居工程建设。同时，还要处理好政企关系，调动企业及其他社会力量参与积极性。

建立科学可靠的保障性住房建设技术支撑体系。优化规划布局和户型设计，推广建筑节能技术，完善质量监管体系，确保建成的保障性住房经济适用、环保节能、质量可靠。

建立公开透明、进退有序的住房保障分配和运营监管机制。健全住房保障运营管理制度，完善准入审核、纠错和退出机制，确保公开透明、规范有序、方便群众。

建立运转高效的住房保障管理体制。完善权责明晰的各级住房保障管理机构和具体实施机构，实现住房保障从业人员素质优良，行业组织管理高效。

3. 住房保障建设目标

加大保障性安居工程建设力度，增加保障性住房供应，加快解决城镇居民基本住房问题，建立健全基本住房保障制度。新时期做好住房保障工作，必须妥善处理政府提供住房保障与市场供应的关系（图 1－12）。

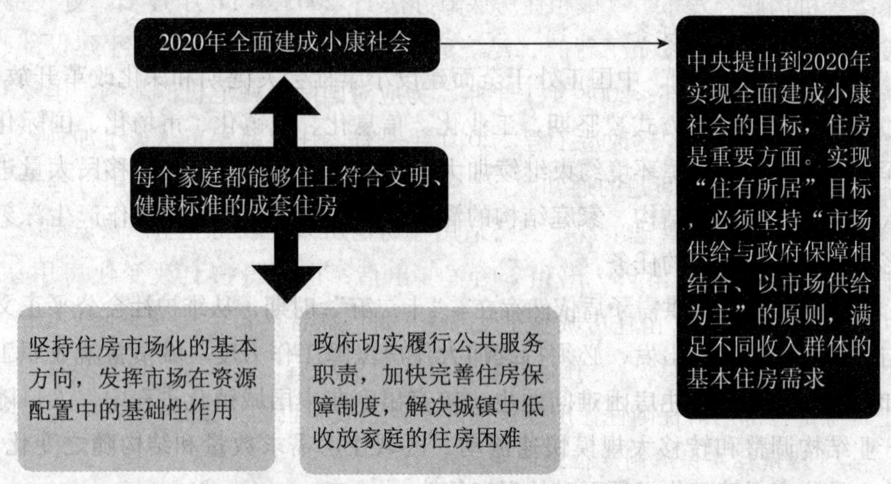

图 1－12　中国城镇住房及住房保障发展目标

住房水平是社会发展的重要指标。从城镇住房的突出矛盾及住房保障实际需求出发，中共中央、国务院决定“十二五”时期建设城镇保障性住房和棚户区改造住房 3600 万套（户），到“十二五”末，全国保障性住房覆盖面达到 20% 左右，力争使城镇低收入和部分中等偏下收入家庭住房困难问题得到基本解决，新就业职工住房困难问题得到有效缓解，外来务工人员居住条件得到改善。

第六节　我国城镇住房保障的发展与完善

2007 年以来，城镇住房保障发展获得了中央和各级政府的高度重视，保障性住房建设量快速增加，住房保障制度建设也逐步完善。

一、我国城镇住房保障现状

（一）近年城镇住房保障建设成效

1. 一系列规范住房保障建设的政策相继发布

2007 年 8 月，国务院发布《关于解决城市低收入家庭住房困难的若干意见》（国发［2007］24 号），明确指出要加快解决城市低收入家庭的住房困难，该文件成为城镇住房保障制度加快发展里程碑式的标志。此后，一系列规范城镇住房保障建设的政策相继发布。2007 年 11 月 8 日，建设部、发展改革委等机构联合发布了《廉租住房保障办法》；2007 年 11 月 19 日，建设部、发展改革委等联合发布了新的《经济适用住房管理办法》。2008 年建设部改为住房和城乡建设部；2008 年下半年，为应对国际金融危机的影响，国家开始大力加快各类棚户区改造工程。2010 年 4 月，住建部发布《关于加强经济适用住房管理有关问题的通知》，严格建设和准入管理，强化使用过程的监督，加强上市交易管理。规定经济适用住房购房人在取得完全产权以前，只能用于自住，不得出售、出租、闲置、出借，也不得擅自改变住房用途。2010 年 6 月 12 日，由住房城乡建设部等 7 部门联合发布了《关于加快发展公共租赁住房的指导意见》。在这些政策逐步出台之后，财政部、税务总局、国土资源部等部门对保障性住房建设的配套优惠政策也逐步公布。

2. 城镇住房保障制度框架逐步清晰

2007 年加快保障性住房建设以来，住房保障对象范围逐步清晰。2010 年 1 月国务院办公厅《关于促进房地产市场平稳健康发展的通知》指出，力争到 2012 年末，基本解决 1540 万户低收入住房困难家庭的住房问题。不仅城镇低收入家庭的住房困难者优先获得住房保障，针对城市居民“夹心层”的公共租赁住房也从各地实践逐步走上规范发展的轨道，一些地区已将新就业职工、长期在城镇居住工作的外来务工人员包括农民工纳入住房保障范围。同时，农村危房改造也列入城乡一体化的住房保障建设任务中。

在住房保障标准方面，住房和城乡建设部部长姜伟新指出，从 2009 年算起的三五年内，要把困难群体的住房问题解决掉，包括三个方面：一是面积，人均建筑面积应该达到 10 平方米以上；二是功能、条件，比如上下水、煤气等，这些硬件必须保证；三是居住环境要比原来大大改善。2011 年初住建部提出住房困难的标准为人均 13 平方米以下。

关于保障性住房的资金来源，2009 年 10 月，住房和城乡建设部、财政部、发改委、人民银行、监察部、审计署、银监会等七部门联合印发《关于利用住房公积金贷款支持保障性住房建设试点工作的实施意见》，利用住房公积金闲置资金支持保障性住房建设的试点工作正式启动。《实施意见》提出，利用住房公积金闲置资金发放的保障性住房建设贷款，必须定向用于经济适用住房、列入保障性住房规划的城市棚户区改造项目安置用房、特大城市政府投资的公共租赁住房建设，禁止用于商品住房开发和城市基础设施建设。2010 年 6 月由住房城乡建设部等 7 部门联合制定的《关于加快发展公共租赁住房的指导意见》中指出，公共租赁住房将实行“谁投资谁拥有”政策。

3. 保障性住房建设进程明显加快

近几年，城镇保障性安居工程包括：廉租住房保障（含租赁补贴）、经济适用住房、公共租赁住房、限价商品住房、城市棚户区改造、国有工矿棚户区改造、国有林区棚户区和林场危旧房改造、中央下放地方煤矿棚户区改造。“十一五”期末，累计获得城镇住房保障的家庭户数达到大约 1500 万户，占城镇家庭总数的比例约为 8%。分地区来看，棚户区改造、廉租房建设量中部地区数量最大，经济适用房建设量东中西各地区相近，公共租赁房和限价房的建设量主要集中在东部地区。

2008 年下半年，加快保障性安居工程建设成为应对国际金融危机、扩大内需、促进经济稳定、持续增长的重要措施，在随后出台的 2009 ~ 2010 年的 4 万亿元政府投资计划中，投向包括廉租房建设和各类棚户区改造的投资规模达到 4000 亿元以上，保障性住房安居工程建设量明显增加。2008 年年底全国累计新建廉租房和经济适用房 533 万套，2009 年全国各类保障性住房建设量大约 440 万套，2010 年全国各类保障性住房建设量大约 590 万套，远远高于 2008 年及以前年份的保障住房建设数量。

加快保障性住房建设对城镇住房供给结构调整、城镇固定资产投资增加、经济增长都产生积极影响。2009 年城镇住宅竣工面积为 8.2 亿平方米，城镇住宅竣工套数大约为 924 万套。其中，保障性住房竣工大约 250 万套，大约占当年城镇住宅竣工套数的 28%；按每套平均 60 平方米计算，城镇保障性住房竣工面积大约为 1.5 亿平方米，大约占当年城镇住宅竣工面积的 20%。

2010 年，城镇住宅竣工面积约为 8.7 亿平方米，城镇住宅竣工套数大约为 1000 万套。其中，新开工建设 590 万套保障性住房，年末新增 370 万套城镇保障性住房，大约占当年城镇住宅竣工套数的 35%；按每套平均 60 平方米计算，将新增保障性住房竣工面积约 2 亿平方米，大约占当年城镇住宅竣工面积的 25%。2010 年，全年保障性住房完成投资大约为 8400 亿元，拉动房地产开发投资增幅增加约 5 个百分点。

（二）　中低收入家庭住房状况和住房消费特征

根据住房支付能力分析，我国城镇住户中无住房租买能力的家庭包括城镇最低收入家庭、低收入家庭和中等偏下收入家庭。基于2005年全国1%人口抽样调查数据，城镇无租买住房能力家庭的住房状况和住房消费方面具有五个方面的特征。

1. 居住空间相对拥挤，城市范围内的家庭更为突出

城镇最低收入家庭、低收入家庭和中等偏下收入家庭的人均住房间数为0.91～0.93间，其中，镇域范围内家庭的人均住房间数已超过1间，而城市家庭的人均住房间数只有0.87间，与“人均一间房”的标准尚有较大差距。35个大中城市中，只有石家庄、深圳、成都和福州四个城市无租买能力家庭总体达到了“人均一间房”的标准；而另有11个城市无租买能力家庭的人均住房间数不足0.8间，处于较低水平。

城镇最低收入家庭、低收入家庭和中等偏下收入家庭的人均住房建筑面积为26.6～28.4平方米，城市范围内家庭的人均住房建筑面积比其低4平方米左右。35个大中城市中，包括沈阳、天津、哈尔滨在内的21个城市无租买能力家庭的人均住房建筑面积不足25平方米。

2. 住房中近1/3为平房，住房条件尚有较大的改善空间

无租买能力的家庭住房总量中，平房所占比重达到32.9%，高于全国平均水平（近20%）。但住房总量中的平房比例随着城市经济水平的提高而逐步改善，35个大中城市无租买能力家庭住房中的平房比例为12.5%～20.3%。无论从土地利用效率的角度还是从住房质量提升的角度，居住在平房中的家庭都应作为住房条件改善的目标群体。

3. 住房环境与设施条件相对较差，住房成套率仅为77%

无租买能力家庭的住房建成时间整体上偏早，2000年以后建成的住房在住房总量中所占比重为11.8%～14.8%，住房折旧较为严重。这从一定程度上反映出无租买能力家庭的住房在工程质量、功能品质、环境条件等方面均处于劣势。

此外，住房成套率的统计结果表明，无租买能力家庭的住房成套率为72%～82%，与“功能配套、设备齐全”的居住标准相比尚有较大差距，我国城镇住房质量急需提升。35个大中城市中，城市无租买能力家庭的住房成套率为86%～92%，明显高于全国同收入组家庭的住房成套率水平。

4. 住房总量中半数以上通过购买原公有住房和自建住房的方式获取

受我国特殊住房体制的影响，近1/3的城镇家庭住房是通过购买原公有

住房的途径获取的。其中，无租买能力家庭的住房总量中，近30%的住房通过购买原公有住房的方式获取，另有25%左右的住房通过自建方式获取；而购买商品房的比例相对较低，在15%左右。但对35个大中城市而言，城市无租买能力家庭住房总量中，购买原公有住房、租赁公有住房和购买商品房所占比重列于前三位，分别为42.0%、15.4%和13.6%。可见，无租买能力家庭难以跻身于住房市场，市场化住房（购买商品房和租赁商品住房）在其住房总量所占比重仍然较低。

5. 住房自有化率为77.1%，住房市场化程度为18.9%，处于较低水平

2005年我国城镇户籍家庭的住房自有化率为80.5%；其中，最低收入家庭、低收入家庭和中等偏下收入家庭的住房自有化率分别为76.9%、76.2%和78.2%，35个大中城市中城市无租买能力家庭的住房自有化率为73.2%～80.4%。需要指出的是，城市住房自有化水平与其收入水平之间并没有表现出很强的相关性。

无租买能力家庭的住房市场化总体程度和自有住房的市场化程度分别为18.9%和19.4%，低于全国平均水平；而租赁住房的市场化程度为23.0%，高于全国平均水平。35个大中城市无租买能力家庭的住房市场化总体程度为13.2%～17.8%。较低的住房市场化程度一方面说明中低收入家庭难以通过住房市场满足自身的住房需求，但同时也与城市住房存量中非市场化住房所占比重较高有关。

（三） 新职工住房状况

在我国现行住房政策体系下，多数新职工家庭必须通过市场途径自行解决住房问题。但随着近几年我国住房价格的较快上涨，部分大中城市特别是人口流入较多的城市，新职工住房支付能力不足的问题日益凸显，出现了“蜗居”、“蚁族”等住房条件简陋现象。分析新职工住房问题所在，对住房政策的制定具有重要参考价值。

基于对2005年1%人口抽样调查中家庭户主年龄的分组，将户主年龄在30岁以下的家庭定义为新职工家庭，通过比较不同年龄组的住房状况，分析新职工家庭面临的主要住房问题。

从不同年龄组家庭的住房状况来看，新职工家庭的住房状况表现为以下特点：

（1）新职工家庭人均住房面积相对较小，比全部家庭人均住房面积平均水平低5.8平方米；其中，户主年龄在26岁以下的家庭人均住房面积相对最小；

（2）新职工家庭住房成套率明显偏低，比全部家庭住房成套率平均水平低20个百分点；特别是户主年龄在26岁以下的家庭，其住房成套率不足50%。可见，与住房面积相比，新职工家庭住房不成套问题更为突出。

（3）新职工家庭住房成本负担相对较高，其月租房费用支出比全部家庭的平均水平高出40%，而其收入水平比全部家庭的平均水平高30%，因此，总体上看，新职工家庭的住房成本负担较高。

进一步分析35个大中城市新职工家庭的住房状况。综合比较35个大中城市新职工家庭与全部家庭总体的住房状况（见表1－12），可以看出，新职工家庭住房问题较为突出的城市主要分为以下几类：

（1）住房成套率明显低于平均水平。如宁波、昆明、西安、南京、青岛、西宁、石家庄、杭州，新职工家庭住房成套率比全部城市家庭平均水平低30个百分点以上；海口、北京、济南、太原、合肥、天津、武汉、长沙、上海、厦门、长春、深圳，新职工家庭住房成套率比全部城市家庭平均水平低20个百分点以上。

（2）人均住房面积明显低于平均水平。如昆明、青岛、杭州，新职工家庭人均住房面积比全部城市家庭平均水平低10平方米以上；石家庄、宁波、厦门、南京、重庆、合肥、深圳，新职工家庭人均住房面积比全部城市家庭平均水平低7平方米以上；海口、西安、西宁、太原、武汉、南昌、北京、上海新职工家庭人均住房面积比全部城市家庭平均水平低5平方米左右。

（3）租房费用支出明显高于平均水平。如天津、深圳、昆明、成都、厦门、大连新职工家庭租房费用支出比全部城市家庭平均水平高1倍以上；长春、沈阳、哈尔滨、海口、太原新职工家庭租房费用支出比全部城市家庭平均水平高50%以上。

表1－12　35个大中城市新职工家庭的住房状况

城市	20岁以下					21～25岁					26～30岁				
	家庭人均月收入（元）	人均住房面积（平方米）	月租房费用（元）	合住比例（%）	成套率（%）	家庭人均月收入（元）	人均住房面积（平方米）	月租房费用（元）	合住比例（%）	成套率（%）	家庭人均月收入（元）	人均住房面积（平方米）	月租房费用（元）	合住比例（%）	成套率（%）
北京	908.5	18.2	517.6	9.0	33.0	1311.5	20.1	662－6	9.0	44.0	1567.6	25.5	626.4	6.0	59.0
天津	851.4	14.9	480.7	11.0	32.0	885.3	21.2	370.2	13.0	56.0	947.8	27.8	268.0	7.0	80.0

续表

	20岁以下					21~25岁					26~30岁				
石家庄	301.4	13.6	236.7	17.0	27.0	516.9	20.4	234.0	22.0	60.0	734.3	27.9	265.2	13.0	89.0
太原	293.9	10.0	229.8	40.0	26.0	657.0	24.7	224.8	10.0	67.0	654.0	25.4	197.2	40	77.0
呼和浩特	568.6	21.5	431.0	29.0	65.0	704.3	28.8	408.0	12.0	66.0	856.8	35.9	412.0	4.0	91.0
沈阳	882.7	35.3	521.4	9.0	92.0	846.6	30.4	423.7	8.0	93.0	731.7	27.2	384.0	5.0	95.0
大连	752.6	18.3	557.7	17.0	53.0	980.6	27.7	568.7	19.0	88.0	902.8	31.1	444.4	9.0	98.0
长春	410.7	15.1	368.1	26.0	36.0	558.0	23.4	464.4	15.0	61.0	600.1	26.8	297.7	9.0	81.0
哈尔滨	728.9	34.0	353.8	15.0	93.0	718.0	33.4	407.7	13.0	87.0	585.3	27.4	265.9	9,0	86.0
上海	1025.1	15.9	381.7	13.0	34.0	1384.9	20.5	572.9	11.0	52.0	1585.3	24.1	567.5	7.0	62.0
南京	637.6	11.8	437.6	9.0	20.0	1034.5	20.1	477.5	13.0	49.0	78.1	25.6	389.0	9.0	65.0
杭州	700.0	13.4	414.2	17.0	22.0	1224.5	23.2	496.9	21.0	56.0	1353.5	27.2	455.4	13.0	72.0
宁波	877.4	15.1	195.1	23.0	27.0	1038.6	21.7	256.4	23.0	39.0	1103.1	22.0	220.9	13.0	48.0
合肥	433.2	14.7	214.7	55.0	25.0	731.5	29.2	335.5	19.0	64.0	774.0	33.0	325.8	3.0	88.0
福州	774.5	22.5	347.4	49.0	58.0	1090,3	30.5	408.9	43.0	74.0	938.9	32.8	363.3	17.0	78.0
厦门	923.3	14.9	356.2	21.0	52.0	1148.5	18.3	379.8	20.0	62.0	1134.0	22.8	380.2	13.0	70.0
南昌	507.1	13.6	249.8	17.0	40.0	1095.2	28.1	214.8	42.0	81.0	827.3	31.0	198.7	12.0	86.0

续表

	20岁以下					21~25岁					26~30岁				
济南	776.0	16.6	346.0	5.0	27.0	846.5	25.7	488.4	11.0	56.0	901.3	31.8	358.9	6.0	80.0
青岛	786.7	14.0	223.4	22.0	30.0	887.8	24.8	330.0	15.0	62.0	863.3	28.1	353.3	8.0	81.0
郑州	625.4	27.1	198.4	25.0	71.0	774.8	33.4	260.7	15.0	82.0	776.0	38.7	292。3	8.0	92.0
武汉	489.0	13.1	235.7	19.0	32 0	797.5	28.7	338.4	16.0	66。0	728.4	30。2	294.2	9.0	77.0
长沙	584.1	17.9	533.4	13.0	38.0	1069.7	27.8	450.1	15.0	70.0	959.4	31.2	398.2	11.0	78.0
广州	785.3	18.2	357.7	18.0	60.0	1078.5	22.6	413.0	14.0	76.0	1140.5	16.3	397.8	11.0	87.0
深圳	980.0	13.4	713.9	11.0	42.0	1367.2	20.8	769.2	11.0	69.0	1740.7	25.7	738.5	9.0	83.0
南宁	592.3	21.3	337.3	38.0	64.0	681.3	25.0	374.9	26.0	62.0	808.1	31.3	319.8	16.0	75.0
海口	350.1	17.1	350.9	8.0	39.0	705.5	18.9	347.0	18.0	66.0	723.8	30.7	311.8	13.0	79.0
重庆	547.4	22.5	320.2	13,0	49.0	309.1	30.6	333.6	16.0	79.0	718 5	33 3	304.1	8.0	92.0
成都	694.1	16.8	393.3	18.0	37.0	1041,8	36.1	530.6	27.0	91.0	909.5	34.9	437.7	16.0	91.0
贵阳	496.9	19.7	244.1	29.0	32.0	793.6	26.9	283.6	13.0	58.0	595.6	26.1	238.1	8.0	68.0
昆明	406.3	14.1	506.5	10.0	11 0	660.4	18.7	418,7	11.0	29.0	602.5	25.7	350.0	6.0	43.0
西安	709.7	17.3	156.5	13 0	29.0	777.0	20.9	248.2	12.0	42.0	706.1	24.4	247.5	5.0	62.0
兰州	531.4	23.0	289.9	28.0	57.0	707.1	26.4	274.9	23.0	78.0	674.6	27.8	262,9	8.0	83.0
西宁	440.3	15.7	573.3	26.0	34.0	576 3	27.8	454.8	8.0	54.0	611.0	28.0	347.7	4.0	71.0
银川	524.7	38 8	347 5	22.0	84.0	772.3	40.5	209.0	7.0	88.0	674.3	35.0	206.2	4.0	89.0
乌鲁木齐	735.5	38.7	379.4	23.0	81.0	S29.4	32.7	429.1	21.0	82.0	760.0	36.0	311.0	6.0	86.0

（四） 农民工住房状况

国家统计局于2008年年底建立了农民工统计监测调查制度，对全国农民工数量、流向、结构、就业、收支、居住、社会保障等情况进行了较为全面的分析。按照国家统计局对外出农民工住所类型的统计，由雇主或单位提供宿舍的占33.9%，在工地或工棚居住的占10.3%，在生产经营场所居住的占7.6%，与人合租住房的占17.5%，独立租赁住房的占17.1%，有9.3%的外出农民工在乡镇以外从业但每天回家居住，仅有0.8%的外出农民工在务工地自购房。如图1－13所示。

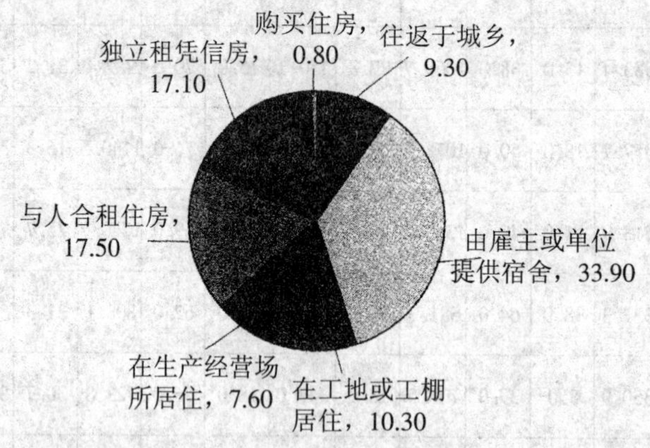

图1－13 农民工城镇住房来源结构（%）

资料来源：国家统计局，2009年农民工监测调查报告。

由于目前尚没有在全国层面上对农民工住房状况进行系统调研，我们在已有研究基础上，从住房面积、住房设施配套、居住区特点和住房成本支出四个方面对农民工城镇住房状况进行分析之后，得出当前农民工城镇居住状况主要表现出以下特征：

（1）由雇主或单位提供宿舍与自行租赁市场出租房屋是农民工城镇住房的两个主要来源渠道，农民工住房类型与其行业特点紧密相关。建筑业农民工多居住于项目周边的简易临时建筑；制造业农民工多居住于集体宿舍；服务业农民工的住房类型比较多样化，大部分是自行租住市场出租房，特别是“城中村”住房。

（2）农民工住房条件普遍较差，住房设施简陋与配套不齐全问题最为突出。据已有调查研究结果，农民工人均住房使用面积在5～10平方米之间，多数低于城镇家庭住房困难的标准（人均住房建筑面积低于13平方米，折合使用面积约为9.75平方米）；但与住房面积相比，其住房设施简陋、卫生条件差等问题更为突出，不利于农民工的身体健康。

（3）农民工在城市中的居住分布特点是“大分散、小集中”，不利于与城市生活的融合。除建筑工棚和单位宿舍外，农民工居住聚居区主要零星分布在与城区结合紧密、交通比较发达的城乡结合部，无论从社区关系上还是空间分布上，均与城市居民的生活社区相隔离。

（4）农民工居住成本支出在其收入中所占比例不足20%，具有提升住房消费的潜力。较差的住房条件与农民工低工资收入有关，但很大程度上更取决于农民工的住房消费意识。农民工仅仅把不到其收入的1/5投在了住房上面，相对于普通住宅市场中月还贷额占收入50%的警戒线，表明农民工实际上拥有较高的住房支付能力。但由于他们自认为是城市过客，没有融入城市生活的打算或能力，这影响着他们的住房选择和住房消费行为。

二、城镇居民住房保障的对象范围

（一）　住房保障定义

住房是居民生活的必需品之一。任何国家都对居民住房问题采取一定的保障措施。受不同社会保障理念的影响，高福利国家存在着“住房保障泛化”，市场经济为主的国家则是“有选择的住房保障”。2002年，党的十六大报告提出“建立健全同经济发展水平相适应的社会保障体系”，一直以来，中央关于社会保障体系的论述强调我国的社会保障体系以基本保障为基础。我们认为，同我国现存的基本生活保障、基本医疗保障、基本教育保障等社会保障体系的基本保障原则相同，住房保障也应该遵循与我国经济发展水平相适应的基本住房保障的思路。据此，我们对住房保障所下的定义如下：

住房保障是政府对社会成员中不具备基本住房支付能力者进行的居所帮助，是社会保障体系的一个组成部分。住房保障最基本的层次是救助。

该定义当中，需要明确界定基本住房、救助的概念。

1. 基本住房的标准

所谓“基本住房”，应是满足居住条件的最低标准住房。2007年8月，《国务院关于解决城市低收入家庭住房困难的若干意见》（国发［2007］24号）指出：“城市廉租住房制度是解决低收入家庭住房困难的主要途径”，“新建廉租住房套型建筑面积控制在50平方米以内”。

基本住房的设计应该是各项基本使用功能齐全，1999年6月1日起施行的中华人民共和国国家标准《住宅设计规范》（GB 50096—1999），从保障城市居民基本的住房条件出发，对全国城市新建、扩建的住宅设计提出了具体要求：住宅应按套型设计，每套住宅应设卧室、起居室、厨房、卫生间等基本空间。其中最小设计标准如下：

卧室之间不应穿越，卧室应有直接采光、自然通风，其使用面积不应小于下列规定：双人卧室为10平方米，单人卧室为6平方米，兼起居的卧室为12平方米。

起居室应有直接采光、自然通风，其使用面积不应小于12平方米；无直接采光的起居室，其使用面积不应小于10平方米。

厨房的使用面积最小为4平方米。

每套住宅至少应配置三件卫生洁具（便器、洗浴、洗面盆），其卫生间不应小于3平方米。

根据上述规定，可以组合我国住房最低的面积设计标准（见表1－13），不同规模家庭住房建筑面积不同，大约为人均13平方米左右。

因此，基本住房标准为：

人均住房建筑面积为13平方米，住房建筑面积控制在50平方米左右，根据家庭人口规模进行调整。

该标准高于香港地区的公租房标准，但低于英国和日本的”最低住房标准。本研究将该标准作为基本住房标准用于相关问题的分析。

表1－13　根据《住宅设计规范》计算的基本住房面积设计标准

项目	1~2人	3~4人	4~5人	5~6人
	1居室	2居室	3居室	4居室
卧室兼起居室	12	12+单人卧室6	12+10+6	12+10+6+6
厨房	4	4	4	4
卫生间	3	3	3	3
必要的过道面积	2	3	3	4
使用面积	21	28	38	45
建筑面积	28	38	50	60

注：使用面积＝建筑面积×0.75。

2. 救助的概念

住房保障最基本的层次是救助，救助的对象应该是社会成员中的最低收入者，他们是无力参与市场竞争者以及竞争者中的失败者，政府必须保证“没有人流离失所”，每个人都拥有居住的权利，这是个基本人权，对此任何政府也不能漠视。

救助的对象是住房保障制度必须首先考虑并解决的人群。以美国为例，

美国政府住房资助对象范围是收入低于地区中位数收入80%的家庭，但优先权给予收入低于地区中位数收入30%的极度贫困家庭。1998年起，至少75%的住房优惠券必须被分配给极低收入家庭。

现阶段甚至未来一段时期，按照人均住房建筑面积13平方米的标准，我国城镇最低收入家庭中住房状况不满足该标准的家庭均可以认定为救助的对象。

3. 各收入家庭的相对收入水平

35个大中城市各收入家庭的中位数收入与全部家庭的中位数收入的比较关系基本一致（见表1－14）：10%最低收入家庭的平均收入是全部家庭平均收入的20%以下，10%低收入家庭的平均收入是全部家庭平均收入的20%～40%，20%中低收入家庭的平均收入是全部家庭平均收入的40%～60%，20%中等收入家庭的平均收入是全部家庭平均收入的60%～80%。

表1－14　各收入家庭的相对收入水平

类别	该阶层平均收入/全部家庭平均收入（平均收入）	该阶层平均收入/全部家庭平均收入（中位数收入）
最低收入家庭10%	20%以下	30%以下
低收入家庭10%	20%～40%	30%～50%
中低收入家庭20%	40%～60%	50%～80%
中等收入家庭20%	60%～80%	80%～110%

资料来源：国家统计局2005年1%人口调查数据库。

（二）　城镇居民住房保障范围界定

1. 住房保障范围包括“租不起基本住房”群体和“租得起但买不起基本住房”群体两个层次

从住房保障的含义来说，住房保障是帮助穷人“保持和满足基本的生活条件”，即保障“人人有房住”（即可以满足其享受社会基本的、最低标准的住房需求），而不是保障“人人有住房”（即拥有住房资产并享受资产升值效益）。在此意义上，“租不起基本住房”的群体分析应是确定住房保障对象范围的主要依据。但从各国实践来看，公共住房实行租售并举是普遍施行的政策。例如，韩国针对租住在公租房里的家庭，在租期结束时鼓励其依靠住房储蓄和其他政府的金融支持购买公租房的产权。德国对收入较低的购建房家庭提供优惠的长期低息贷款或补助；对购建自用住房者，8年之内按月减免个人所得税；对减免税后还本付息尚有困难的低收入家庭，政府另给债务补助费等。

各国公共住房实行租售并举的主要目的：一是销售回款有助于减少政府的财政压力；二是在住房短缺不再是住房问题的矛盾核心所在时，通过公共租赁住房的出售有利于提高住房自有化率。

从我国城镇住房保障的发展进程来看，目前公共住房包括廉租房、经济适用房、公共租赁房等几种主要形式，其中经济适用房实行出售、公共租赁房实行出租，廉租房在部分地区实行了共有产权形式的租售并举。廉租房的租售并举与各国公共住房的租售并举本质上是相同的，目的也大致相同。

住房保障家庭可以购买基本住房，意味着另外一部分有能力租赁基本住房但购买基本住房支付能力不足的"夹心层"群体，也必须成为住房公共政策帮助的对象。2004年以来，我国房价上涨持续快过住房租金的上涨，这部分"夹心层"群体数量不断增加，成为我国城镇住房问题的主要体现。

因此，我们认为城镇住房保障对象范围应该包括"租不起基本住房"和"买不起基本住房"两个层次。其中，"租不起基本住房"群体应被列入住房基本保障对象范围，"买不起基本住房"群体可作为政策帮助对象。

2. 住房基本保障对象范围

基本住房采用50平方米建筑面积标准，收入采用各收入阶层中位数收入，以市场中位数房租水平为衡量标准。为避免不同地域之间的平均值掩盖收入与房价、租金的关系，分析采用35个大中城市数据。数据来源为国家统计局城镇居民家庭调查数据库。

基本住房租金采用市场中位数平方米租金乘以50平方米得到，计算其在各收入家庭的中位数收入中的占比；该比例若超过各收入家庭住房租金支出占收入的最大比例，则认为该类家庭租赁基本住房的支付能力不足。

计算结果表明（见表1－15）：

（1）35个大中城市中，所有城市10%的最低收入家庭租赁基本住房的支付能力不足。

（2）2008年，35个大中城市中有60%的城市租赁基本住房支付能力不足的家庭涵盖20%的低收入家庭。

（3）近几年租赁基本住房支付能力不足的家庭范围有所扩大。2005～2008年，35个大中城市中，租赁基本住房支付能力不足的家庭仅为最低收入家庭的城市数量由24个减少到13个，租赁基本住房支付能力不足的家庭涵盖低收入家庭的城市数量由10个增加到21个。

（4）多数城市低收入家庭收入的增加慢于住房租金的上涨。2005～2008

年，35 个大中城市中，只有 9 个城市低收入家庭收入的增加快于住房租金的上涨，这些城市包括石家庄、沈阳、合肥、厦门、南昌、青岛、长沙、深圳、银川。

表 1－15　2005 年和 2008 年 35 个大中城市中
租赁基本住房支付能力不足的家庭状况

	最低收入家庭（10%）	低收入及以下家庭（20%）
2005	天津、石家庄、太原、呼和浩特、大连、哈尔滨、南京、宁波、杭州、合肥、厦门、济南、郑州、武汉、长沙、广州、海口、重庆、贵阳、昆明、西安、兰州、银川、乌鲁木齐（24）	北京、沈阳、长春、上海、南昌、青岛、深圳、南宁、成都、西宁（10）
2008	天津、石家庄、合肥、福州、厦门、济南、南昌、武汉、深圳、海口、重庆、贵阳、西安（13）	北京、太原、呼和浩特、沈阳、大连、长春、哈尔滨、上海、南京、杭州、宁波、青岛、郑州、长沙、广州、成都、昆明、兰州、西宁、银川、乌鲁木齐（21）

注：2005 年福州数据缺失；2008 年南宁数据缺失。

根据上述分析，城镇住房基本保障对象范围如下：

人均住房面积不足 13 平方米、收入不及平均收入 40% 的低收入家庭，应全部纳入城镇住房保障范围。其中，人均住房面积不足 13 平方米、收入不及平均收入 20% 的最低收入家庭应列为住房救助的对象。

城镇住房保障对象涵盖外来常住人口，各地可以根据实际情况设定外来人口纳入住房保障的条件。

城镇住房基本保障方式以租赁为主，解决“租不起基本住房”群体的住房困难，保障形式包含廉租房和公共租赁住房。

3. 住房政策帮助群体范围

基本住房价格采用市场中位数平方米房价乘以 50 平方米得到计算其在各收入家庭的中位数收入中的占比；该比例若超过各收入家庭住房月供支出占收入的最大比例，则认为该类家庭购买基本住房的支付能力不足。

基本住房采用 50 平方米建筑面积标准，收入采用各收入阶层中位数收入，以市场中位数房价水平为衡量标准。计算采用 20 年贷款期限，按月等额还款，利率为当年市场房贷优惠利率水平。分析采用 35 个大中城市数据。数据来源为国家统计局城镇居民家庭调查数据库。

计算结果表明（见表 1－16）：

表 1－16　2005 年和 2008 年 35 个大中城市中购买基本住房支付能力不足的家庭状况

年份	最低收入家庭（10%）	低收入及以下家庭（20%）	中低收入及以下家庭（40%）	中等收入及以下家庭（60%）
2005	呼和浩特、郑州、海口（3）	天津、石家庄、太原、大连、长春、哈尔滨、合肥、福州、厦门、南昌、济南、武汉、长沙、广州、南宁、重庆、贵阳、昆明、西安、兰州、西宁、银川、乌鲁木齐（23）	北京、沈阳、青岛、杭州、宁波、深圳、成都（7）	上海、南京（2）
2008	海口（1）	石家庄、太原、呼和浩特、沈阳、长春、哈尔滨、合肥、福州、厦门、南昌、济南、郑州、武汉、长沙、广州、南宁、重庆、贵阳、昆明、西安、兰州、西宁、银川、乌鲁木齐（24）	天津、大连、宁波、青岛、深圳、成都（6）	北京、上海、南京、杭州（4）

（1）多数城市购买基本住房支付能力不足的家庭集中在 20% 的低收入及以下家庭。2005 年和 2008 年，35 个大中城市中购买基本住房支付能力不足的家庭为低收入及以下家庭的城市数量分别为 23 个和 24 个，占 35 个大中城市总量的 2/3。

（2）部分城市购买基本住房支付能力不足的家庭范围扩展到中低收入阶层甚至中等收入阶层。2008 年，北京、上海、南京、杭州四个城市 60% 的中等收入及以下家庭购买基本住房支付能力不足；天津、大连、宁波、青岛、深圳、成都六个城市购买基本住房支付能力不足的家庭范围达到 40% 的中低收入阶层。这些城市多数为环渤海、长三角和珠三角的核心城市，近年城市人口流入量大，房价上涨较快。

一些城市的低收入群体无力购买经济适用房。对经济适用房的购买能力分析表明：2008 年，北京、青岛、深圳、成都、哈尔滨、兰州、西宁、乌鲁木齐的低收入群体购买经济适用房折支付能力不足，杭州、上海、贵阳、昆明、银川低收入群体的收入水平刚刚能够购买经济适用房。可以推断，在这些城市中购买经济适用房群体的收入应在低收入水平以上。

对比租/买基本住房支付能力分析，可以得到 2008 年 35 个大中城市“租

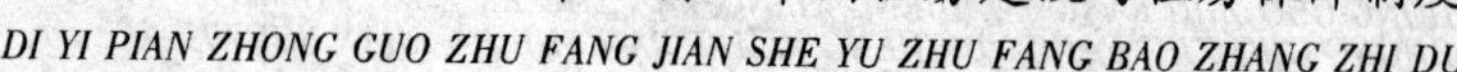

得起但买不起基本住房”的“夹心层”群体分布（见图1-14）：

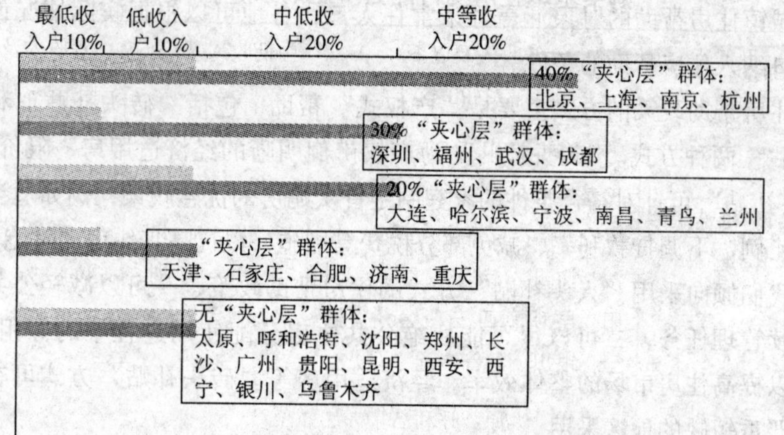

图1-14　2008年35个大中城市“夹心层”群体分布

（1）北京、上海、南京、杭州仅靠收入有能力租赁基本住房但购买基本住房支付能力不足的家庭为中低收入家庭和中等收入家庭；

（2）深圳、福州、武汉、成都仅靠收入有能力租赁基本住房但购买基本住房的支付能力不足的家庭为低收入家庭和中低收入家庭；

（3）大连、哈尔滨、宁波、南昌、青岛、兰州仅靠收入有能力租赁基本住房但购买基本住房支付能力不足的家庭为中低收入家庭；

（4）天津、石家庄、合肥、济南、重庆仅靠收入有能力租赁基本住房但购买基本住房支付能力不足的家庭为低收入家庭；

（5）太原、呼和浩特、沈阳、郑州、长沙、广州、贵阳、昆明、西安、西宁、银川、乌鲁木齐等十二个城市不存在有能力租赁基本住房但购买基本住房支付能力不足的“夹心层”群体。

综上分析，近年房价上涨越快城市的“夹心层”群体越大，2005年和2008年35个大中城市中均有半数以上的城市存在有能力租赁基本住房但购买基本住房支付能力不足的“夹心层”群体。因此，除城镇住房保障政策外，还有必要出台帮助购买基本住房支付能力不足群体的公共住房政策。

从各地的实践看，近年针对该部分群体主要以经济适用房方式来解决，个别城市推出限价房，本质都是“产权式”帮助。

住房帮助政策的对象可以确定为没有房产的收入水平在平均收入40%～60%的中低收入家庭。在北京、上海、南京、杭州等房价持续上涨较快的城市，住房帮助政策的对象应扩展到没有房产的收入水平在平均收入60%～

80%的中等收入家庭。

城镇住房帮助的对象涵盖外来常住人口，各地可以根据实际情况设定外来人口纳入住房帮助的条件。

住房帮助政策的方式主要是“产权式”帮助，包括“砖头补贴”和“人头补贴”两种方式。“砖头补贴”为产权份额明晰的经济适用房、限价房等；“人头补贴”可针对符合条件的家庭制定首次购房的优惠政策，例如适当下调首付比例、下调贷款利率、减免部分税费等措施，以提高其住房支付能力。

我们倾向采用“人头补贴”方式的住房帮助政策，一可以减轻公共住房的后续管理任务，二可以尽可能杜绝公共住房分配使用过程中的寻租行为，三可以提高住房市场的整体效率。经济适用房等“砖头补贴”方式可在住房存量严重短缺的地区采用。

三、城镇住房保障制度的发展和完善

（一） 我国城镇住房保障制度特征

1. 初步形成城镇住房保障制度的基本框架

目前，我国已经建立起了比较完善的公积金提取和使用管理制度，公积金制度覆盖范围已经遍及在城镇长期居住的绝大部分就业人群。在廉租房和经济适用房供应和保障方面，已经初步建立起了相对比较规范的投入、准入和审核管理制度；公共租赁房建设也已经在全国部分城市和部分地区进行试点和推广。因此，从整体看，目前我国住房保障的基本框架已经初步形成，这为今后住房保障的发展提供了坚实的制度基础和体制支撑。

2. 初步建立起了包括中央和地方政府投入、城镇居民个人投入和企业投入相结合的新型投资主体多元化、社会化的住房保障投融资体制和机制构架

在廉租房建设和供应保障方面，初步建立起了中央政府补助和地方政府投入相结合的政府投融资机制；在经济适用房建设和供应方面，建立起了由政府减收土地出让金、减免税费和城镇居民低收入居民个人出资购买的、政府和居民投入相结合的投融资体制和机制；在公共租赁房建设和供应保障方面，也开始尝试建立通过政府减免相关税费支持、以社会资本和民间资本投入为主体的社会化、市场化的投融资新体制和运行机制等。这种促进投资主体多元化、资金来源渠道多元化的新型投融资体制和机制，为今后继续解决城镇住房保障建设资金不足和短缺问题提供了新思路，有利于增强住房保障投融资建设和供应的活力，进一步提高住房保障投融资建设和供应保障的质量、效益和效率。

3. 住房保障领域的法律法规建设也取得初步成效

近年来，在促进城镇住房保障发展方面，各级政府住房保障管理部门除了高度重视发挥各类政策性文件的推进作用之外，非常重视住房保障领域的法律法规建设。在国家层面，先后制订出台了《住房公积金管理办法》、《经济适用房管理办法》、《城镇廉租住房管理办法》等多项行政管理法规，积极推进《住宅法》的立法进程等，使得住房保障领域的规范化、法制化水平获得了明显提高。

（二）　完善我国城镇住房保障制度的建议

近几年城镇住房保障建设取得了重大进展，但仍缺乏对住房保障长期制度内容的明确。

1. 明确住房保障基本范围

在住房保障范围上，建议中央明确低收入群体纳入住房基本保障范围，这部分群体的住房困难要逐步做到“应保尽保”；针对中偏下收入阶层、新就业职工、外来务工人员的住房困难，可以制定相应的住房帮助政策，解决方式除建设公共租赁房外，可以通过一定的优惠措施，鼓励他们到市场中解决住房问题；对中等收入及以上收入的家庭则完全通过市场解决自身的住房(见图1－15)。

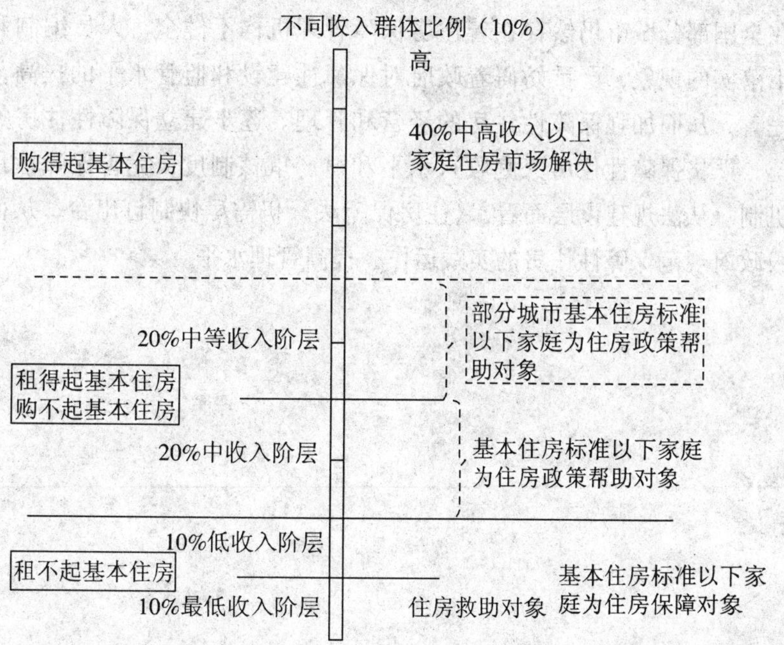

图1－15　城镇住房政策框架

在统一住房保障基本范围的基础上，不同地区住房保障需求会有很大不同，其中住房拥挤问题在大中城市的表现更为突出。根据2005年1%人口调查数据库，全国城市范围内，中低收入群体人均住房建筑面积13平方米以下的家庭所占比例为23.0%，全国镇范围内，该比例为12.4%。从地区来看，上海、北京、海南、福建的城市中低收入家庭中人均住房建筑面积13平方米以下的家庭所占比例最高，超过30%。35个大中城市中有25个城市的中低收入家庭中人均住房建筑面积13平方米以下的家庭所占比例超过20%；厦门、深圳、上海、海口、北京、昆明、广州、宁波、贵阳9个城市中该比例超过30%。

2. 完善保障性住房建设和供应的长效投融资体制和机制

一是建立起中央和地方对保障性住房建设和供应的财政性资金投入增长的长效机制。二是建立起从中央到地方各级政府推动保障性住房建设和供应的政策性投融资机制和投融资平台，加强利用国内居民储蓄资金、商业银行信贷资金、信托基金、投资基金、债券资金等建设保障性住房。三是进一步加大财税优惠政策力度。

3. 完善保障性住房的经营管理和退出机制

随着保障性住房的大规模建设，保障性住房的经营管理问题逐步凸显。目前在全国部分城市仍然存在着住房保障管理机构不健全，人员编制和各种经费不落实的现象，严重妨碍着政府对保障性建设和监管水平的提高，需要尽快完善，从而加强保障性住房的经营和管理。逐步建立保障性住房家庭信息系统，严格保障性住房家庭收入水平和财产审核制度，完善保障性住房的退出机制。从法规建设层面看，《住房保障法》仍需尽快制订出台，从而有利于各级政府规范保障性住房的实践运作、提高管理水平。

第三章　中国住房公积金制度

住房公积金属于政策性住房金融，它与廉租房、经济适用房、公租房、两限房共同构成了中国现阶段的住房保障体系。住房公积金直接通过金融手段支持广大城镇居民购买住房，成为中国中低收入家庭解决住房问题的有效手段之一。同时，住房公积金的增值收益成为廉租房资金来源的主要渠道，有力地支持了中国廉租房的制度建设。本章主要从中国住房公积金制度入手，详细介绍住房公积金相关政策、具体实施情况、监督管理等问题，在此基础上探讨住房公积金制度的发展方向。

第一节　住房公积金制度的特点与发展

住房公积金制度是国家法律规定的重要的住房社会保障制度，是中国城镇住房制度化改革的一项基本内容，建立住房公积金制度对促进城镇住房建设、加快城镇住房制度改革、提高城镇居民的居住水平具有十分重要的作用。住房公积金制度是实现职工住房社会化、品质化的重要方式。实行住房公积金制度有利于转变住房分配体制，有利于住房资金的积累、周转，有利于政策性住房贷款制度的建立，有利于提高职工购买住房的支付能力，促进中国住房建设的发展。

一、住房公积金的内涵

根据1999年颁布、2002年修订的《住房公积金管理条例》第二条的规定，住房公积金是指国家机关、国有企业、城镇集体企业、外商投资企业、城镇私营企业及其他城镇企业、事业单位、民办非企业单位、社会团体及其在职职工缴存的长期住房储金。第三条规定，职工个人缴存的住房公积金和职工所在单位为职工缴存的住房公积金，属于职工个人所有。

正如2002年修订后的《住房公积金管理条例》规定的那样，住房公积金用于职工购买、建造、翻建、大修自住住房，这表明了住房公积金的用途是定向的。住房公积金是用于职工住房的基本需求和住房建设的融通资金，在职工离退休时一次付偿，退还给职工本人。

从住房公积金的概念可以看出，住房公积金由两部分构成：一部分是职工个人每月按照规定从工资中扣除缴存的部分，这部分属于职工工资，归职工个人所有；另一部分是单位每月按照规定为职工个人缴存的部分，这部分实际上是住房实物福利分配向工资货币分配转换的部分，视同为职工的工资，同样也归职工个人所有。值得说明的是，职工个人缴存部分后，连同单位缴存部分一并缴存到住房公积金个人账户中。

住房公积金属于职工个人所有，体现了住房公积金的本质属性，即工资性。单位按照职工工资的一定比例为职工缴存住房公积金，实质上是以住房公积金的形式向职工发放了一定数额的住房工资，从而达到促进住房分配机制由住房实物福利分配向工资货币分配转换的目的。

将住房实物分配转换为按劳分配为主的货币工资分配，可以有很多种方式，例如直接提高工资或者增发住房补贴等。但是在中国现阶段的社会经济发展、住房建设发展以及住房改革发展等条件的制约下，采取发放住房公积金转换住房分配方式，相比于直接提高工资或者增发住房补贴，具有更加明显的好处。这是因为，直接提高工资或者增发住房补贴，容易出现资金分散、沉淀的情况，职工往往会将这部分收入挪作他用。而以住房公积金形式提高职工住房工资可以化零为整，有利于住房资金的积累、周转和政策性住房信贷制度的建立，职工可以通过申请住房公积金贷款得到改善住房条件的优惠政策支持；采取发放住房公积金转换住房分配方式的另一个优势在于，住房公积金有利于引导职工家庭消费结构合理化，增强职工购建住房的能力。相比于直接提高工资或者增发住房补贴，住房公积金的表现形式比较特殊，但是它仍然是国家和单位支付给职工的劳动报酬，与其他合法所得一样，应为职工个人所有。

对住房公积金的概念还要作如下理解；第一，住房公积金制度只在城镇建立，农村不建立住房公积金制度。第二，只有在职职工才享受住房公积金制度，没有工作的城镇居民和离退休职工不实行住房公积金制度。第三，住

房公积金的缴存具有长期性。住房公积金制度一经建立，职工在职期间必须不间断地按照规定进行缴存，除职工离退休或者发生了《住房公积金管理条例》规定的其他情形外，不得中止或中断。

二、住房公积金的性质和特点

（一）住房公积金的性质

住房公积金是职工按照规定存储起来的专项用于住房支出的住房基金，归职工个人所有，体现了住房公积金的工资性；住房公积金制度一经建立，职工在职期间必须不间断地按照规定进行缴存，不得中止和中断，体现了住房公积金的稳定性、统一性和规范性。归纳起来，住房公积金具有以下的性质：

1. 保障性

建立住房公积金制度，为中国城镇的职工较好、较快地解决住房问题提供了保障，这体现了住房公积金制度实际上是一种住房保障制度，它与廉租房、经济适用房、两限房共同构成了中国现阶段的住房保障体系。

住房公积金属于政策性住房金融，它直接通过金融手段支持广大城镇居民购买住房，成为中国中低收入家庭解决住房问题的有效手段之一。长期以来，中国一直实行的是住房实物分配制度，无论是机关还是企事业单位，都是先由单位建房，然后再分配给职工个人，职工的住房完全依赖于单位，职工的工资并不包括住房资金这一块。随着中国市场经济体制逐步建立和完善，特别是1998年国家实行住房货币化改革，不再向职工分配福利住房以后，职工要解决住房问题就必须依靠自身积累筹集一大笔资金。这不管对于个人还是一个家庭来讲，都是相当大的一笔开支。住房公积金制度向职工提供住房公积金贷款，解决了职工购房、建房资金不足的问题，在一定程度上缓解了这一矛盾。同时，住房公积金的增值收益成为廉租房资金来源的主要渠道，有力地支持了中国廉租房的建设，也体现出住房公积金保障性的特点。

2. 互助性

建立住房公积金制度，充分体现了城镇职工在住房保障方面全员参与、相互帮助的特点。首先，无论是有房的职工还是无房的职工，无论现有住房好与坏，都必须按照国家的相关规定缴存个人住房公积金。暂不买房的职工所缴存的住房公积金实际上是为现阶段买房的职工提供了资金上的支持和帮助，体现了住房公积金的互助性。对于那些现阶段已经拥有住房的职工，即使现在没有购买住房的需求，但是随着生活水平和收入水平的提高，将来也许会有改善自己住房条件的需求。到那时候，无论他们是购买更大面积的住房，还是对房屋进行大修，同样可以通过申请住房公积金得到资金上的支持。这就是说现在帮助别人，将来同样也可以得到别人的帮助；其次，职工申请住房公积金贷款，由于贷款利率要低于同期商业银行的贷款利率，资金的使用成本较低，实际上也就是得到了其他缴存住房公积金职工的支援与帮助。这种政策性的储蓄和贷款从根本上体现了住房公积金的互助性。

3. 长期性

住房公积金是一种长期的住房储蓄金，住房公积金的缴存具有长期性。根据2002年修订后的《住房公积金管理条例》的规定，每一个城镇职工自参加工作之日起至离退休或者终止劳动关系的这一段时间内，都必须缴存个人住房公积金。住房是一种总价高、耐用时间长的商品，这样的商品要职工在很短的时间内筹集足够的资金购买是相当困难的，住房公积金正好提供了一种解决问题的办法：通过职工长期低水平的住房储蓄积累，积少成多、化零为整，利用长期积累的小钱办大事，促进职工及家庭形成购买力。一般来说，职工个人缴存住房公积金占其工资额的比例并不高，按规定一般控制在5%～10%，这对于职工来讲是一个可以接受的范围。通过长时间的缴纳，到一定年限以后积累起来的资金数量是相当可观的。因此，住房公积金缴存的长期性较好地解决了职工在住房支出方面面临的购房资金数额巨大的问题，为广大职工购房提供了有力的保障。

（二）住房公积金的特点

住房公积金的特点主要体现在以下六个方面：

1. 普遍性

国务院在1994年的《国务院关于深化城镇住房制度改革的决定》（国发［1994］43号）中指出，所有行政和企事业单位及其职工均应按照“个人存储、单位资助、统一管理、专项使用”的原则缴纳住房公积金，建立住房公积金制度。2002年修订后的《住房公积金管理条例》在第二条规定，所有“国家机关、国有企业、城镇集体企业、外商投资企业、城镇私营企业及其他城镇企业、事业单位、民办非企业单位、社会团体（以下统称单位）及其在职职工都必须缴存住房公积金”。住房公积金的普遍性表明，住房公积金政策涵盖了城镇所有在职职工，无论其工作性质如何、工资收入多少，是否已经拥有住房，都必须按照国家规定缴存住房公积金。

2. 福利性

福利性和保障性在本质上都体现了住房公积金制度是住房保障体系的重要内容。住房公积金具有明显的职工福利性。这主要体现在职工个人住房公积金除了职工个人缴存一定金额外，职工所在单位也必须缴存一定金额，这二者均归职工个人所有，换句话说，单位为职工提供了住房方面的福利补贴：另一方面，职工申请的住房公积金贷款利率要低于银行的贷款利率，在一定程度上减轻了职工的经济负担，具有明显的福利性。

3. 强制性

职工的住房公积金是每个单位和在职职工都必须缴存的住房建设基金，具有强制性。由于住房公积金具有互助性，在利率上实行低存低贷，也就区别于其他投资性基金和储蓄资金。在这样的情况下，很多职工会因为觉得把钱存在住房公积金账户里面不划算而不愿意缴纳，而且住房公积金要求长期缴纳，很多职工也不愿意坚持；一些制度不健全、操作不规范的单位，认为给职工缴存住房公积金会影响到单位的收益，是一种负担，因此也不愿意为职工缴存住房公积金。

为此，就必须通过相关政策法规强制执行。2002 年修订后的《住房公积金管理条例》的规定，单位应当按时、足额缴存住房公积金，不得逾期缴存或者少缴。单位不办理住房公积金缴存登记或者不为本单位职工办理住房公积金账户设立手续的，由住房公积金管理中心责令限期办理；逾期不办理的，处 1 万元以上 5 万元以下的罚款。单位逾期不缴或者少缴住房公积金的，由住房公积金管理中心责令限期缴存；逾期仍不缴存的，可以申请人民法院强制执行。这些条款的规定都体现了住房公积金的缴存具有强制性。

4. 专用性

住房公积金实行专款专用，缴存期间职工只能按照规定使用。除了购买、建造、翻建、大修自住住房以外，职工只能在离退休、死亡、完全丧失劳动能力并与单位终止劳动关系或出境定居时，才可以提取本人账户内的住房公积金。根据 2002 年修订后的《住房公积金管理条例》第五条的规定，“住房公积金应当用于职工购买、建造、翻建、大修自住住房，任何单位和个人不得挪作他用”。这既体现了住房公积金对于职工个人限定了用途，对于单位也不能挪作他用。具体来讲，职工的住房公积金及其增值收益只能围绕解决职工住房问题，用于以下三个方面：（1）向职工提供住房公积金贷款，为职工购买、建造、翻建、大修自住住房提供资金来源。

（2）住房公积金的增值收益应当存入住房公积金管理中心在受委托银行开立的住房公积金增值收益专户，可以用于建立住房公积金贷款风险准备金、住房公积金管理中心的管理费用和建设城市廉租房的补充资金，解决城市廉租房的建设问题。（3）住房公积金管理中心在保证住房公积金提取和贷款的前提下，经住房公积金管理委员会批准，可以将住房公积金用于购买国债，为住房公积金保值增值。

5. 返还性

根据2002年修订后的《住房公积金管理条例》第三条的规定，“职工个人缴存的住房公积金和职工所在单位为职工缴存的住房公积金，属于职工个人所有”。第二十四条规定，“职工有下列情形之一的，可以提取职工住房公积金账户内的存储余额：（1）购买、建造、翻建、大修自住住房的；（2）离休、退休的；（3）完全丧失劳动能力，并与单位终止劳动关系的；（4）出境定居的；（5）偿还购房贷款本息的；（6）房租超出家庭工资收入的规定比例的……职工死亡或者被宣告死亡的，职工的继承人、受遗赠人可以提取职工住房公积金账户内的存储余额”。这些情况表明，职工长期缴存的住房公积金在一定条件下将返还给职工个人。

6. 积累性

从住房公积金长期性的本质可以看出，住房公积金虽然是职工工资的组成部分，但并不是以现金的形式直接按月发放，必须存入住房公积金管理中心在受委托银行专门开设账户内，实行专户管理。住房公积金的积累性是通过长期缴存得以实现的。

三、建立住房公积金制度的目的和意义

住房公积金制度实质上是一种住房保障制度，是住房分配货币化的一种形式。建立住房公积金制度的根本目的，在于充分发挥住房公积金低存低贷的政策优势，加快解决城市中低收入居民家庭的住房问题。因此，建立住房公积金制度，无论对单位还是个人来讲，都具有重要意义。

建立住房公积金制度，能起到积聚融通建房资金作用，用按劳分配为主的货币工资支配方式逐步取代住房的实物分配，促进了住房分配机制的转变。

建立住房公积金制度，通过职工和单位长期缴存积累住房公积金，提高了职工家庭的购房能力，构筑了一条实现住房商品化的有效途径。

建立住房公积金制度，促进了职工家庭住房潜在需求向现实需求的转化，

大大推动了城镇的住房建设，加快了广大城镇职工改善住房条件、解决住房问题的步伐。

建立住房公积金制度，培育和发展了政策性住房金融体系，通过向职工提供较普通商业银行贷款利率更为优惠的住房公积金贷款，降低了职工解决自住住房的成本，减轻了政府住房建设负担。

建立住房公积金制度，增强了职工的住房商品意识和住房金融观念，加快了住房商品化和货币化进程。

总之，住房公积金制度为职工建立了一种住房方面的自我保障机制，增强了职工解决住房问题的能力，有利于职工提高住房居住水平。对于调整职工消费结构，确保职工住房支出，增加住房的有效需求，加快住房商品化进程，加快城镇住房建设都具有十分重要的意义。

四、住房公积金制度在中国的发展

中国的住房公积金制度是在借鉴国外先进经验，结合本国实际的基础上逐步建立发展起来的。

（一）1991～1993年，上海率先试行

1991年2月8日，上海市第九届人民代表大会常务委员会第24次会议原则通过批准了《上海市住房制度改革实施方案》。实施方案一并出台了五项措施，具体包括“推行公积金、提租发补贴、配房买债券、买房给优惠、建立房委会”。其中，“（一）推行公积金”中，阐明了公积金的性质为“一种义务性的长期储金”，同时就“对象和范围”、“公积金缴交额”、“公积金的利率”、“公积金的来源”、“公积金的使用和提取（分个人的使用和提取、单位的使用两种）”、“公积金的管理”六部分作出规定。《上海市住房制度改革实施方案》还明确了上海市房委会下设办公室和上海市公积金管理中心，负责处理日常工作。

随后，《〈上海市住房制度改革实施方案〉实施细则》（沪府发［1991］8号）公布实施。细则中包含了《上海市公积金暂行办法》、《上海市公积金管理中心章程》和《上海市房改资金金融管理暂行办法》等规范性文件。1991年5月，上海市在借鉴新加坡公积金制度的基础上，在全国范围内率先试行住房公积金政策，迈出了实践层面上具有标志性意义的一步。当年，上海市就有七个区县成立了住房委员会，参加“公积金制度”的单位达到5206个，职工达65.48万人，每月共缴交公积金约850万元。

1991年10月8日，李鹏总理在接见全国房改工作会议部分代表时，对上海市试行公积金制度给予了充分肯定："上海给我们提供了一个很好的经验，也就是通过多种方法筹集建房资金。首先是公积金制度，从个人的工资中拿出5%，从企业的工资基金中也拿出5%，两个5%构成了公积金……多种方式同时并举，形成制度，形成新的筹集资金机制。现在每年可以拿到10个亿，今后，生产发展了，公积金也随之增加，这叫水涨船高，从而建立起稳定的建房基金。"同年11月23日，国务院办公厅在《转发国务院住房制度改革领导小组关于全面推进城镇住房制度改革意见的通知》（国办发［1991］73号）中提出："公积金是建立个人住房基金的有效方式，各地区要紧密联系各地区的特点和经济能力，正确引导，逐步推行。"

1992年3月1日，国务院房改领导小组、财政部、建设部颁发《关于住房资金的筹集、使用和管理的暂行规定的通知》（财综字［92］31号）。提出住房资金的来源包括：建立公积金制度筹集的资金。职工个人缴纳的公积金由职工个人负担。国营企业缴纳的公积金，由企业公有住房提取的折旧和其他划转的资金解决；不足部分经各级财政部门核定，可在成本中列支，本地区在成本中列支的公积金暂定不得超过企业缴纳公积金总额的20%。行政事业单位缴纳的公积金，原则上由其自有资金和其他划转的资金来解决，不足部分经各级财政部门核定后，可由国家预算适当安排，在预算中列支的公积金不得超过单位缴纳公积金总额的50%。公积金的缴存比例，由房改、财政、房地产行政主管部门共同测算和确定，报经当地人民政府批准后执行。

1993年11月30日至12月3日，第三次全国房改工作会议在北京召开。国务委员、国务院房改领导小组组长李铁映作了题为《加快城镇住房制度改革，促进住房商品化和住房建设的发展》的工作报告。会议提出了房改的指导思想和城镇住房新制度的基本框架，概括起来为：三方合理负担，社会方式运行，货币形式分配，两种供应体系，普建公积金制，发展住房金融，规范市场交易。其中，上海市的《我们是怎样推行公积金制度的》一文作为经验材料在会上交流。

（二）1994～1997年，在全国全面推行

1994年7月18日，《国务院关于深化城镇住房制度改革的决定》（国发［1994］43号）（本章简称《决定》）出台，"住房公积金制度"被正式写进了该文件中，住房公积金制度的建立成为当时房改的首要任务。

《决定》明确了城镇住房制度改革的基本内容之一就是"建立住房公积

金制度”；《决定》指出，实行住房公积金制度有利于转变住房分配体制，有利于住房资金的积累、周转和政策性抵押贷款制度的建立，有利于提高职工购、建住房能力，促进住房建设。所有行政和企事业单位及其职工均应按照“个人存储、单位资助、统一管理、专项使用”的原则缴纳公积金，建立住房公积金制度。《决定》规定了单位和个人的住房公积金缴交率分别掌握在5%，已超过这个比例的可以不变；明确了企业、行政事业单位为职工缴纳住房公积金的资金来源；并确定职工的住房公积金本息免征个人所得税。按照责权利一致的原则，各市（县）人民政府负责制定住房公积金的归集、使用、管理等有关具体规定，允许各市（县）政府设立专门的住房公积金管理机构，负责住房公积金的归集、支付、核算和编制使用计划等管理工作，住房公积金的存贷款等金融业务一律由当地人民政府委托指定的专业银行办理。

同年8月20日，国务院住房制度改革领导小组（本章简称“国务院房改领导小组”）以房改字［1994］4号文下发了《关于认真贯彻国发［1994］43号〈决定〉的通知》，要求：“全面推行住房公积金制度。尚未建立住房公积金制度的城市和地区，要抓紧做好各项基础性准备工作，尽快把住房公积金制度建立起来；已经建立的城市和地区要进一步完善住房公积金制度，加强公积金的管理，按照取之于民用之于民的原则，管好用好这笔资金，保证专款专用。”

同年11月23日，财政部、国务院房改领导小组、中国人民银行出台了《建立住房公积金制度的暂行规定》（财综字［1994］126号），这是全国住房公积金制度的第一个专门规定。

1995年12月13日，全国住房制度改革经验交流会在上海召开，会议要求尚未建立住房公积金制度的城市、地区和中央各部门，都要在1996年一季度内全面建立起来。

1996年8月8日，国务院办公厅转发了国务院房改领导小组《关于加强住房公积金管理意见的通知》（国办发［1996］35号）（本章简称《通知》）以规范和指导各地的住房公积金制度建设。《通知》将住房公积金定位于：实行住房公积金制度是城镇住房制度改革的重要内容和中心环节，直接关系到城镇住房制度改革工作的成败，要进一步全面推进。至此，公积金制度在全国得到了推广。

（三）1998～2001年，不断规范完善

1998年7月3日，国务院出台了《关于进一步深化城镇住房制度改革加快住房建设的通知》（国发［1998］23号），提出要全面推行和不断完善住房公积金制度。

1999年4月3日，国务院发布并施行《住房公积金管理条例》（第262号令），提出“房委会决策、中心运作、银行专户、财政监督”的原则，标志着中国住房公积金管理步入规范化、法制化发展的新时期，对于进一步规范住房公积金的管理、保障住房公积金的安全、提高住房公积金的使用效益具有重要的现实意义。

（四）2002年至今，继续改革与发展

2002年3月24日，国务院对《住房公积金管理条例》进行了修订，以国务院令第350号公布实施。同年5月13日，国务院印发了《关于进一步加强住房公积金管理的通知》（国发［2002］12号），从“调整和完善住房公积金决策体系”、“规范住房公积金管理机构设置”、“规范住房公积金银行专户和个人账户管理”、“强化住房公积金归集，加大个人贷款发放力度”、“健全和完善住房公积金监督体系”、“加强组织领导，严肃法纪，切实维护住房公积金缴存人的合法权益”等六个方面作了要求和规定。

2003年8月12日，国务院印发了《关于促进房地产市场持续健康发展的通知》（国发［2003］18号）。其中提出：“（十二）加大住房公积金归集和贷款发放力度。要加强住房公积金归集工作，大力发展住房公积金委托贷款，简化手续，取消不合理收费，改进服务，方便职工贷款。（十三）完善个人住房贷款担保机制。……”

2005年1月10日，建设部、财政部、中国人民银行联合出台了《关于住房公积金管理若干具体问题的指导意见》（建金管［2005］5号）（本章简称《指导意见》)。《指导意见》一是扩大了住房公积金的缴存范围，即有条件的地方，城镇单位聘用进城务工人员，单位和职工可缴存住房公积金；城镇个体工商户、自由职业人员可申请缴存住房公积金。二是对住房公积金缴存基数、缴存比例作出限制，即缴交基数原则上不超过工作地所在城市统计部门公布的上一年度职工月平均工资的2倍或3倍，单位和职工缴存比例不低于5%，原则上不高于12%。三是允许享受城镇最低生活保障的职工，与单位终止劳动关系未再就业、部分或者全部丧失劳动能力以及遇到其他突发事件，造成家庭生活严重困难的，提供有效证明材料，经管理中心审核，可以提取本人住房公积金账户内的存储余额。四是对单位发生合并、分立、撤销、破产、解散或者改制等情形的，应当为职工补缴以前欠缴（包括未缴和少缴）的住房公积金。五是从维护职工利益出发，对按规定提取或转移本人的公积

金，单位不配合的，公积金中心应予办理。六是强调公积金贷款要实行面谈制。七是对异地贷款作出有关规定。

2007 年 8 月 7 日，国务院出台的《关于解决城市低收入家庭住房困难的若干意见》（国发［2007］24 号）规定，住房公积金增值收益在提取贷款风险准备金和管理费用之后全部用于廉租房建设。同年 12 月 25 日，建设部住房保障与住房公积金监管司（住房制度改革办公室）正式成立。

2008 年 12 月 20 日，国务院办公厅发布了《关于促进房地产市场健康发展的若干意见》（国办发［2008］131 号）提出，为拓宽保障性住房建设资金来源，充分发挥住房公积金的使用效益，选择部分有条件的地区进行试点，在确保资金安全的前提下，将本地区部分住房公积金闲置资金补充用于经济适用房等住房建设。

截至 2008 年年末，全国住房公积金缴存总额为 20 700 亿元，提取总额为 8 584 亿元，占住房公积金缴存总额的 41.47%，累计为 961 万户职工家庭发放个人住房贷款 10 600 亿元，同比增长 23.77%，个人贷款余额为 6094 亿元，新增余额 1 020 亿元，增幅为 20.10%，个人贷款余额与商业性个人住房贷款余额比例由 2007 年末的 18.77% 上升为 2008 年末的 20.43%。住房公积金制度在中国经过 20 多年的发展，取得了举世瞩目的成绩。

第二节　住房公积金的具体政策

从 1991 年上海市率先试行住房公积金政策，到 1994 年《国务院关于深化城镇住房制度改革的决定》（国发［1994］43 号）正式提出要“建立住房公积金制度”，再到 2010 年 10 月出台《中国人民银行关于上调金融机构人民币存贷款基准利率的通知》（银发［2010］294 号）对住房公积金存贷款利率进行调整，中国的住房公积金制度已经经历了近 20 年的发展和完善，逐步走向了规范化和法制化。

一、住房公积金的相关政策

归纳总结起来，住房公积金制度中最重要的政策主要如表 1－17 所示。

表 1－17　住房公积金制度中的重要政策

制度	时　间	出台的文件
住房公积金制度	1994 年	国务院房改领导小组将“全面推行住房公积金制度”，写进《国务院关于深化城镇住房制度改革的决定》（国发［1994］43 号）
	1994 年	国务院房改领导小组下发《关于认真贯彻国发［1994］43 号〈决定〉的通知》（发房改字［1994］4 号）
	1994 年	财政部、国务院房改领导小组、中国人民银行出台《建立住房公积金制度的暂行规定》（财综字［1994］126 号）
	1996 年	国务院办公厅转发了国务院房改领导小组《关于加强住房公积金管理意见》的通知（国办发［1996］35 号）
	1999 年	国务院发布并施行《住房公积金管理条例》（第 262 号令）
	2002 年	国务院发布修订的《住房公积金管理条例》（第 350 号令）
	2002 年	国务院印发《关于进一步加强住房公积金管理的通知》（国发［2002］12 号）
	2005 年	建设部、财政部、中国人民银行联合出台《关于住房公积金管理若干具体问题的指导意见》（建金管［2005］5 号）

二、住房公积金的缴存、提取与使用

住房公积金的管理工作主要表现在缴存、提取与使用三个方面。

（一）住房公积金的缴存

1. 住房公积金缴存登记

缴存单位应当到住房公积金管理中心办理住房公积金缴存登记，经住房公积金管理中心审核后，到受委托银行为本单位职工办理住房公积金账户设立手续。住房公积金管理中心、受委托银行负责办理对单位住房公积金的缴存登记和职工住房公积金账户设立工作。为了保障职工住房公积金的核算准确和资金安全，单位在办理职工个人住房公积金账户前，应当填报《住房公积金缴存登记表》和《住房公积金职工缴存清册》，如实地反映建立住房公积金职工的基本情况。住房公积金管理中心、受委托银行应根据单位填报的《住房公积金缴存登记表》和《住房公积金职工缴存清册》上的有关信息，及时、完整、准确地审核和管理单位和个人存缴的住房公积金。表 1－18 举例说明了《住房公积金缴存登记表》的具体填写内容。

表1－18　某市实行住房公积金单位缴存登记表

单位全称		所在区县		街道镇	
单位地址				邮政编码	
主管区、县、局全称		主管区、县、局代码			
组织机构代码					
法人资格	经济类型	隶属关系		企事业机关	
10. 具备法人资格 20. 不具备法人资格	10. 国有 20. 集体 30. 私营 70. 三资企业 80. 其他	10. 中央　20. 市局 40. 区 50. 县 61. 街道　62. 镇 63. 乡 71. 居委会 72. 村 80. 部队 91. 其他　92. 外省市 93. 无主管		10. 企业 21. 全额预算事业 22. 差额预算事业 23. 自收自支事业 30. 机关 40. 社会团体 50. 其他单位（包括居委会村委会）	
发薪开户银行		发薪户账号			
参加公积金人数	休息日			发薪日	
经办部门	负责人			电话	
	联系人			电话	
填表单位盖章 年　月　日	主管区县局运用中心（公积金管理部门）盖 市公积金管理中心　盖章 年　月　日年　月　日			建行区县支行盖章 年　月　日	

填表说明：

1. 本表由本市机关、企业、事业单位和社会团体填写。

2. 根据《某市住房公积金条例》规定，新建立的单位应当自建立之日起30日内，向市公积金管理中心办理住房公积金缴存登记，并且在办妥缴存登记之日起20日内，向受托银行办理职工住房公积金账户的设立。

3. 本表一式四份，单位盖章后，送主管区县局运用中心审核盖章后留存一份，市公积金管理中心审核盖章后留存一份，三份送建行审核盖章后一份退单位，一份转送市公积金管理中心，一份建行各支行留存。

根据规定，新设立的单位应当自设立之日起30日内到住房公积金管理中心办理住房公积金缴存登记，并自登记之日起20日内持住房公积金管理中心的审核文件，到受委托银行为本单位职工办理住房公积金账户设立手续。

单位合并、分立、撤销、解散或者破产的，应当自发生上述情况之日起30

日内由原单位或者清算组织到住房公积金管理中心办理变更登记或者注销登记，并自办妥变更登记或者注销登记之日起20日内持住房公积金管理中心的审核文件，到受委托银行为本单位职工办理住房公积金账户转移或者封存手续。

2. 住房公积金专户的设立

住房公积金管理中心应当在受委托银行设立住房公积金专户。单位应当到住房公积金管理中心办理住房公积金缴存登记，经住房公积金管理中心审核后，到受委托银行为本单位职工办理住房公积金账户设立手续。每个职工只能有一个住房公积金账户。住房公积金管理中心应当建立职工住房公积金明细账，记载职工个人住房公积金的缴存、提取等情况。

3. 住房公积金转移管理

单位录用职工的，应当自录用之日起30日内到住房公积金管理中心办理缴存登记，并持住房公积金管理中心的审核文件，到受委托银行办理职工住房公积金账户的设立或者转移手续。

单位与职工终止劳动关系的，单位应当自劳动关系终止之日起30日内到住房公积金管理中心办理变更登记，并持住房公积金管理中心的审核文件，到受委托银行办理职工住房公积金账户转移或者封存手续。

职工调动工作，原工作单位不按规定为职工办理住房公积金变更登记和账户转移手续的，职工可以向管理中心投诉，或者凭有效证明材料，直接向管理中心申请办理账户转移手续。

职工调动工作到另一设区城市的，调入单位为职工办理住房公积金账户设立手续后，新工作地的管理中心应当向原工作地管理中心出具新账户证明及个人要求转账的申请。原工作地管理中心向调出单位核实后，办理变更登记和账户转移手续：原账户已经封存的，可直接办理转移手续。账户转移原则上采取转账方式，不能转账的，也可以电汇或者信汇到新工作地的管理中心。调入单位未建立住房公积金制度的，原工作地管理中心可将职工账户暂时封存。

4. 住房公积金月缴存款的确定

职工住房公积金的月缴存额为职工本人上一年度月平均工资乘以职工住房公积金缴存比例。单位为职工缴存的住房公积金的月缴存额为职工本人上一年度月平均工资乘以单位住房公积金缴存比例。

新参加工作的职工从参加工作的第二个月开始缴存住房公积金，月缴存额为职工本人当月工资乘以职工住房公积金缴存比例。

单位新调入的职工从调入单位发放工资之日起缴存住房公积金，月缴存额为职工本人当月工资乘以职工住房公积金缴存比例。

5. 住房公积金缴存比例的确定

职工和单位住房公积金的缴存比例均不得低于职工上一年度月平均工资的5%；有条件的城市，可以适当提高缴存比例。具体缴存比例由住房公积金管理委员会拟订，经本级人民政府审核后，报省、自治区、直辖市人民政府批准。

设区城市（含地、州、盟，下同）应当结合当地经济、社会发展情况，统筹兼顾各方面承受能力，严格按照《住房公积金管理条例》规定程序，合理确定住房公积金缴存比例。地位和职工缴存比例不应低于5%，原则上不高于12%。

6. 住房公积金的代扣代缴

职工个人缴存的住房公积金，由所在单位每月从其工资中代扣代缴。单位应当于每月发放职工工资之日起5日内将单位缴存的和为职工代缴的住房公积金汇缴到住房公积金专户内，由受委托银行计入职工住房公积金账户。

单位应当按时、足额缴存住房公积金，不得逾期缴存或者少缴。对缴存住房公积金确实困难的单位，经本单位职工代表大会或者工会讨论通过，并经住房公积金管理中心审核，经住房公积金管理委员会批准后，可以降低缴存比例或者缓缴；待单位经济效益好转后，提高缴存比例或者补缴缓缴。

单位发生合并、分立、撤销、破产、解散或者改制等情形的，应当为职工补缴以前欠缴（包括未缴和少缴）的住房公积金。单位合并、分立和改制时无力补缴住房公积金的，应当明确住房公积金缴存责任主体，才能办理合并、分立和改制等有关事项。新设立的单位应当按照规定及时办理住房公积金缴存手续。

单位补缴住房公积金（包括单位自行补缴和人民法院强制补缴）的数额，可根据实际采取不同方式确定：单位从未缴存住房公积金的，原则上应当补缴自《住房公积金管理条例》发布之月起欠缴职工的住房公积金。单位未按照规定的职工范围和标准缴存住房公积金的，应当为职工补缴。单位不提供职工工资情况或者职工对提供的工资情况有异议的，管理中心可依据当地劳动部门、司法部门核定的工资，或所在设区城市统计部门公布的上年职工平均工资计算。

7. 公积金的计息时间及标准

住房公积金自存入职工住房公积金账户之日起按照国家规定的利率计息。根据1999年中国人民银行关于印发《人民币利率管理规定》的通知（银发［1999］77号）规定，职工个人住房公积金存款，当年归集的按结息日挂牌公告的活期存款利率计息，结息后转入上年结转户；上年结转的按结息日挂牌公告的3个月定期整存整取存款利率计息。公积金存款的结息日为每年的6月30日。

根据1999年财政部、国家税务总局下发的《关于住房公积金、医疗保险金、基本养老保险金个人账户存款利息所得税免征个人所得税的通知》（财税字［1999］267号），对按照国家或省级地方政府规定的比例缴付的住房公积金个人账户所取得的利息收入免征个人所得税。

8. 住房公积金的有效凭证

住房公积金管理中心应当为缴存住房公积金的职工发放缴存住房公积金的有效凭证。职工住房公积金有效凭证是指由公积金中心出具的全面反映职工个人住房公积金账户内住房公积金资金的增减、变动及结存情况的证明。职工在办理住房公积金转移、提取、贷款手续，以及查询、打印本人住房公积金缴存、账户余额情况时，均需出示此证。

9. 单位缴存住房公积金的列支渠道

单位为职工缴存的住房公积金，按照下列规定列支：（1）机关在预算中列支。（2）事业单位由财政部门核定收支后，在预算或者费用中列支。（3）企业在成本中列支。

（二）住房公积金的提取与使用

1. 住房公积金的提取条件

职工有下列情形之一的，可以提取职工住房公积金账户内的存储余额：（1）购买、建造、翻建、大修自住住房的。（2）离休、退休的。（3）完全丧失劳动能力，并与单位终止劳动关系的。（4）出境定居的。（5）偿还购房贷款本息的。（6）房租超出家庭工资收入的规定比例的。对第（2）、（3）、（4）项提取职工住房公积金的，应当同时注销职工住房公积金账户。

职工死亡或者被宣告死亡的，职工的继承人、受遗赠人可以提取职工住房公积金账户内的存储余额；无继承人也无受遗赠人的，职工住房公积金账户内的存储余额纳入住房公积金的增值收益。

职工购买、建造、翻建、大修自住住房，未申请个人住房公积金贷款的，原则上职工本人及其配偶在购建和大修住房一年内，可以凭有效证明材料，一次或者分次提取住房公积金账户内的存储余额。夫妻双方累计提取总额不能超过实际发生的住房支出。

进城务工人员、城镇个体工商户、自由职业人员购买自住住房或者在户口所在地购建自住住房的，可以凭购房合同、用地证明及其他有效证明材料，提取本人及其配偶住房公积金账户内的存款余额。

职工享受城镇最低生活保障：与单位终止劳动关系的未再就业、部分或者全部丧失劳动能力以及遇到其他突发事件，造成家庭生活严重困难的，提供有效证明材料，经管理中心审核，可以提取本人住房公积金账户内的存款余额。

2. 住房公积金的提取程序

职工符合住房公积金提取规定的情形，申请提取本人住房公积金账户内存储余额的，所在单位应当予以核实，并出具提取证明。

职工应当持提取证明向住房公积金管理中心申请提取住房公积金。住房公积金管理中心应当自受理申请之日起 3 日内作出准予提取或者不准提取的决定，并通知申请人；准予提取的，由受委托银行办理支付手续。

单位不为职工出具住房公积金提取证明的，职工可以凭规定的有效证明材料，直接到管理中心或者受委托银行申请提取住房公积金。

3. 住房公积金的专有使用范围

住房公积金应当用于职工购买、建造、翻建、大修自住住房，任何单位和个人不得挪作他用。作为专门用于职工个人住房建设的基金，住房公积金只能是“取之于民、用之于民、专款专用”。

具体来讲，职工的住房公积金及其增值收益只能围绕解决职工住房问题，用于以下三个方面：（1）向职工提供住房公积金贷款，为职工购买、建造、翻建、大修自住住房提供资金来源。（2）住房公积金的增值收益应当存入住房公积金管理中心在受委托银行开立的住房公积金增值收益专户，可以用于建立住房公积金贷款风险准备金、住房公积金管理中心的管理费用和建设城市廉租房的补充资金，解决城市廉租房的建设问题。（3）住房公积金管理中心在保证住房公积金提取和贷款的前提下，经住房公积金管理委员会批准，可以将住房公积金用于购买国债，为住房公积金保值增值。

4. 住房公积金的保值管理

住房公积金管理中心履行的职责之一就是负责住房公积金的保值和归还。根据规定，住房公积金管理中心在保证住房公积金提取和贷款的前提下，经住房公积金管理体制委员会批准，可以将住房公积金用于购买国债。

国债是政府通过发行有价证券筹集财政资金所形成的一种债权债务关系，是以政府信用为担保的国家债券，是风险最小的投资形式之一。住房公积金用于购买国债，就是在保证其安全性的前提下对住房公积金进行保值和增值。

根据规定，禁止住房公积金管理中心向他人提供担保。这是因为，住房公积金管理中心不以营利为目的，对住房公积金只有管理权而没有所有权。如果住房公积金管理中心违反规定向他人提供担保，有关部门可依法对直接负责的主管人员和其他直接责任人员给予行政处分。

5. 住房公积金的增值管理

住房公积金增值收益专指住房公积金管理运作过程中所形成的业务收入与业务支出的差额。住房公积金的增值收益应当存入住房公积金管理中心在受委托银行开立的住房公积金增值收益专户。

除国家另有规定外，住房公积金增值收益应按下列顺序进行分配：（1）住房公积金贷款风险准备金。（2）上缴财政的公积金中心管理费用。（3）城市廉租房建设补充资金。2009 年 6 月 2 日建设部公布的《2009 ~ 2011 年廉租住房保障规划》规定，住房公积金增值净收益要全部用于廉租房建设，即住房公积金增值收益扣除计提贷款风险准备金和管理费用后的全部余额，将由财政支配。

三、住房公积金贷款与担保

（一）住房公积金贷款

1. 住房公积金存、贷利率的确定

住房公积金的存、贷利率由中国人民银行提出，经征求国务院建设行政主管部门的意见后，报国务院批准。建设部根据中国人民银行对存、贷利率的相关规定，对个人住房公积金存贷款利率作出调整。

表 1 - 19　个人住房公积金存、贷款利率调整情况

时间	文件	主要内容
2005 年	建设部办公厅《关于住房公积金有关利率政策调整的通知》（建办金管［2005］18 号）	根据《中国人民银行关于调整商业银行住房信贷政策和超额准备金存款利率的通知》（银发［2005］61 号），决定从 2005 年 3 月 17 日起对住房公积金有关利率政策进行调整：1. 住房公积金管理中心在受托银行专户内的沉淀资金改按单位存款相应期限档次利率计息（即住房公积金沉淀资金可以在受托银行专户内存为一年期、半年期和 3 个月的定期或活期存款）。2.《中国人民银行关于调整商业银行住房信贷政策和超额准备金存款利率的通知》规定，上调各档次个人住房公积金贷款利率 0.18 个百分点。其中，5 年（含）以下贷款由现行年利率 3.78% 调整为 3.96%；5 年以上贷款由现行年利率 4.23% 调整为 4.41%。"住房公积金中心当年归集的职工个人住房公积金按活期存款利率计息，上年结转的职工个人住房公积金本息按 3 个月整存整取存款利率计息。住房公积金个人住房贷款的罚息利率，由现行按日 0.21‰计收利息改为在借款合同载明的贷款利率水平上加收 30% ~ 50%

续表

时间	文件	主要内容
2006 年	建设部办公厅《关于调整个人住房公积金贷款利率的通知》（建办金管［2006］29 号）	根据《中国人民银行关于调整金融机构人民币贷款利率的通知》（银发［2006］134 号），决定从 2006 年 5 月 8 日起，上调各档次个人住房公积金贷款利率 0.18%，即 5 年（含）以下贷款由现行年利率 3.96% 调整为 4.14%；5 年以上贷款由现行年利率 4.41% 调整为 4.59%。住房公积金存款利率保持不变
2006 年	建设部《关于调整个人住房公积金存贷款利率的通知》（建金管［2006］201 号）	根据《中国人民银行关于调整金融机构人民币存贷款基准利率的通知》（银发［2006］289 号）决定：从 2006 年 8 月 19 日起，上年结转的个人住房公积金存款利率由现行的 1.71% 调整为 1.80%。当年归集的个人住房公积金存款利率不变。个人住房公积金贷款利率保持不变
2007 年	建设部《关于调整个人住房公积金存贷款利率的通知》（建金管［2007］76 号）	根据《中国人民银行关于调整金融机构人民币存贷款基准利率的通知》（银发［2007］79 号）决定： 1. 上年结转的个人住房公积金存款利率由现行的 1.80% 调整为 1.98%，当年归集的个人住房公积金存款利率不变 2. 上调个人住房公积金贷款利率。5 年期以下（含 5 年）及 5 年期以上个人住房公积金贷款利率均上调 0.18%。5 年期以下（含 5 年）从 4.14% 调整为 4.32%，5 年期以上从 4.59% 调整为 4.77%
2007 年	建设部《关于调整个人住房公积金存贷款利率的通知》（建金管［2007］123 号）	根据《中国人民银行关于调整金融机构人民币存贷款基准利率的通知》（银发［2007］157 号），就个人住房公积金存贷款利率作出调整：一、从 2007 年 5 月 19 日起，是年结转的个人住房公积金存款利率由现行的 1.98% 调整为 2.07%，当年归集的个人住房公积金存款利率不变 二、从 2007 年 5 月 19 日起，上调个人住房公积金贷款利率。5 年期以下（含 5 年）及 5 年期以上个人住房公积金贷款利率均上调 0.09%。五年期以下（含 5 年）从 4.32% 调整为 4.41%，5 年期以上从 4.77% 调整为 4.86%

续表

时间	文件	主要内容
2007 年	建设部《关于调整个人住房公积金存贷款利率的通知》（建金管［2007］177 号）	根据《中国人民银行关于调整金融机构人民币存贷款基准利率的通知》（银发［2007］240 号），就个人住房公积金存贷款利率作出调整： 1. 从 2007 年 7 月 21 日起，当年归集的个人住房公积金存款利率由现行的 0.72% 调整为 0.81%，上年结转的个人住房公积金存款利率由现行的 2.07% 调整为 2.34% 2. 从 2007 年 7 月 21 日起，上调个人住房公积金贷款利率。5 年期以下（含 5 年）及 5 年期以上个人住房公积金贷款利率均上调 0.09%。5 年期以下（含 5 年）从 4.41% 调整为 4.50%，5 年期以上从 4.86% 调整为 4.95%
2007 年	建设部《关于调整个人住房公积金存贷款利率的通知》（建金管［2007］199 号）	根据《中国人民银行关于调整金融机构人民币存贷款基准利率的通知》（银发［2007］296 号）就个人住房公积金存贷款利率作出调整： 1. 从 2007 年 8 月 22 日起，上年结转的个人住房公积金存款利率由现行的 2.34% 调整为 2.61%。当年归集的个人住房公积金存款利率不变 2. 从 2007 年 8 月 22 日起，上调个人住房公积金贷款利率。5 年期以下（含 5 年）及 5 年期以上个人住房公积金贷款利率均上调 0.09%。5 年期以下（含 5 年）从 4.50% 调整为 4.59%，5 年期以上从 495% 调整为 5.04%
2007 年	建设部《关于调整个人住房公积金存贷款利率的通知》（建金管［2007］225 号）	根据《中国人民银行关于调整金融机构人民币存贷款基准利率的通知》（银发［2007］338 号）决定： 1. 从 2007 年 9 月 15 日起，上年结转的个人住房公积金存款利率上调 0.27%，由现行的 2.61% 调整为 2.88%。当年归集的个人住房公积金存款利率不变 2. 从 2007 年 9 月 15 日起，上调个人住房公积金贷款利率。5 年期以下（含 5 年）及 5 年期以上个人住房公积金贷款利率均上调 0.18%。5 年期以下（含 5 年）从 4.59% 调整为 4.77%，5 年期以上从 5.04% 调整为 5.22%

续表

时间	文件	主要内容
2007 年	建设部《关于调整个人住房公积金存贷款利率的通知》（建金管［2007］285 号）	根据《中国人民银行关于调整金融机构人民币存贷款基准利率及上调人民银行对金融机构再贷款（再贴现）浮息水平的通知》（银发［2007］467 号）决定，对个人住房公积金存款利率进行调整，当年归集的住房公积金存款利率由 0.81% 调整为 0.72%；上年结转的公积金存款利率由 2.88%，调整为 3.33% 5 个人住房公积金贷款利率保持不变
2008 年	住建部《关于调整 个人住房公积金存贷款利率的通知》（建金［2008］217 号）	根据 2008 年 11 月 26 日《中国人民银行关于下调金融机构人民币存贷款基准利率和人民银行对金融机构存贷款利率的通知》（银发［2008］339 号），现就调整个人住房公积金存贷款利率的有关事项通知如下： 1. 从 2008 年 11 月 27 日起，当年归集的个人住房公积金存款利率从 0.72% 调整为 0.36%，上年结转的个人住房公积金存款利率从 2.88% 调整为 1.98% 2. 从 2008 年 11 月 27 日起，下调个人住房公积金贷款各档次利率 0.54%。5 年期以下（含 5 年）从 4.05% 调整为 3.51%，5 年期以上从 4.59% 调整为 4.05%
2008 年	住建部《关于调整个人住房公积金存贷款利率的通知》（建金［2008］219 号）	根据 2008 年 12 月 22 日《中国人民银行关于下调金融机构人民币存贷款基准利率和人民银行对金融机构再贷款（再贴现）利率的通知》（银发［2008］372 号），现就个人住房公积金存贷款利率的有关事项作出调整： 1. 从 2008 年 12 月 23 日起，上年结转的个人住房公积金存款利率下调 0.27 个百分点，由现行的 1.98% 调整为 1.71%。当年归集的个人住房公积金存款利率保持不变 2. 从 2008 年 12 月 23 日起，下调个人住房公积金贷款各档次利率 0.18%。5 年期以下（含 5 年）从 3.51% 调整为 3.33%，5 年期以上从 4.05% 调整为 3.87%

续表

时间	文件	主要内容
2010 年	住建部《关于调整个人住房公积金存贷款利率的通知》（建金［2010］169 号）	根据 2010 年 10 月 19 日《中国人民银行关于上调金融机构人民币存贷款基准利率的通知》（银发［2010］294 号），对住房公积金存贷款利率调整如下： 一、从 2010 年 10 月 20 日起，上年结转的个人公积金存款利率上调 0.2 个百分点，由现行的 1.71% 调整为 1.91%。当年归集的个人住房公积金存款利率保持不变 二、从 2010 年 10 月 20 日起，上调个人住房公积金贷款利率。5 年期以下（含 5 年）及 5 年期以上个人住房公积金贷款利率分别上调 0.17% 和 0.18%。5 年期以下（含 5 年）从 3.33% 调整为 3.50%，5 年期以上从 3.87% 调整为 4.05% 三、从 2012 年 10 月 20 日起，开展住房公积金支持保障性住房建设项目贷款试点的城市，贷款利率按 5 年期以上个人住房公积金贷款利率上浮 10% 执行，并随个人住房公积金贷款利率变动作相应调整

2. 住房公积金贷款的办理

缴存住房公积金的职工，在购买、建造、翻建、大修自住住房时，可以向住房公积金管理中心申请住房公积金贷款。进城务工人员、城镇个体工商户和自由职业人员购买自住房时，可按规定申请住房公积金贷款。住房公积金管理中心应当自受理申请之日起 15 日作出准予贷款或者不准贷款的决定，并通知申请人；准于贷款的，由受委托银行办理贷款手续。

职工购买、建造、翻建和大修自住住房需申请个人住房贷款的，受委托银行应当首先提供住房公积金贷款。住房公积金管理中心或者受委托银行要一次性告知职工需要提交的文件和资料，职工按要求提交文件资料后，应当在 15 个工作日内办完贷款手续。15 日内办完手续的，经住房公积金管理中心负责人批准，可以延长 5 个工作日，并应当将延长的理由告知申请人。职工没有还清贷款前，不得再次申请住房公积金贷款。

住房公积金管理中心和受委托银行应按照委托贷款协议的规定，严格审核借款人身份、能力和个人信用，以及购建住房的合法性和真实性，加强对抵押物和保证人担保能力河查。要逐笔审批贷款，逐笔委托银行办理贷款手续。住房公积金贷款的风险，由住房公积金管理中心承担。

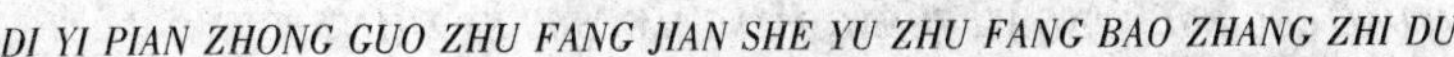

贷款资金应当划入售房单位（售房人）或者建房、修房承担方在银行开设的账户内，或是直接划入借款人账户或者支付现金给借款人。

借款人委托他人或者中介机构代办手续的，应当签订书面委托书。住房公积金管理中心须建立借款人面谈制度，核实有关情况，指导借款人在借款合同、担保合同等有关文件上面签字。

职工在缴存住房公积金所在地以外的设区城市购买自住住房的，可以向住房所在地管理中心申请住房公积金贷款，缴存住房公积金所在地管理中心要积极协助提供职工缴存住房公积金证明，协助调查还款能力和个人信用等情况。

3. 住房公积金贷款的申请程序

一般来讲，申请住房公积金贷款有以下六个步骤：（1）借款人到贷款银行办理借款申请。（2）贷款银行审核合格后出具贷款意向书，借款人领取贷款所需的表格。（3）借款人凭贷款意向书与售、建单位签订购建房合同或协议。（4）借款人与贷款银行签订抵押合同，将自筹资金存入贷款银行。（5）借款人办理担保手续：用房产抵押的借款人到产权部门办理“房屋他项权证”和“房地产抵押确认书”。用有价证券质押的，将有价证券交贷款银行收押，签订借款合同。（6）用于购房的贷款，由贷款银行将贷款连同借款人存款一并划转到售房单位账户，用于建修房的贷款，借款人按借款合同支付。

4. 住房公积金贷款与商业贷款的差异

个人住房公积金贷款，是国家为职工提供的政策性低息住房贷款，是指按《住房公积金管理条例》的规定，按时足额缴存住房公积金的借款人，在购买、建造、大修自住住房时，以其所购（建）住房或其他具有所有权的财产作为抵押物或质押物，或由第三人为其贷款提供保证并承担偿还本息连带责任，向住房公积金管理中心申请的以住房公积金为资金来源的住房贷款。该贷款可由住房公积金管理中心委托银行发放。和商业贷款相比，住房公积金贷款主要有以下几点不同：

（1）贷款对象有所不同

住房公积金管理机构发放的住房抵押贷款的对象主要是缴存住房公积金的在职职工，其贷款的对象必须具备下列条件：

①持续缴存6个月住房公积金或已累计缴存24个月以上且目前还在继续缴存。

②具有稳定的职业和收入，有偿还贷款本息的能力。

③具有购买住房的合同或有关证明文件。

④提供住房资金管理中心及所属分中心、管理部门同意的担保方式。

⑤符合住房资金管理中心规定的其他条件。

以上条件每个地方的住房公积金管理中心不尽相同，应以当地的政策规定为准。

一般的金融机构发放的住房抵押贷款对象应是具有完全民事行为能力的自然人，其对象的范围大于住房公积金的贷款对象范围。

（2）对贷款人年龄的限制不同

一般来讲商业银行个人住房贷款有年龄上限，而公积金住房贷款没有年龄的限制。

（3）贷款额度有所不同

一般的金融机构发放的住房抵押贷款的最高贷款额不得超过总房价的80%，根据所购住房性质不同，住房公积金贷款可以贷到房屋总价的95%或90%。

（4）贷款手续不同

住房公积金贷款必须先到住房资金管理中心进行申请，接受住房公积金管理中心的初审，初审合格后由住房公积金管理中心出具证明，才可以办理公积金贷款。因此公积金贷款的手续较一般住房贷款的手续更为复杂。商业贷款在借款人签订购房合同后，直接到相关银行经办机构或与银行签订合作协议的开发商处提供有关材料即可办理。

（5）贷款利率不同

住房公积金贷款的利率由中国人民银行规定，区别于商业银行贷款基准利率，要比商业银行住房贷款的利率低。

（6）贷款的担保方式不同

商业银行贷款一般是在房产证抵押登记前采用开发商阶段性连带责任保证担保方式，是抵押登记后采用抵押的担保方式。公积金贷款担保方式主要是住房贷款担保中心所提供的连带责任担保。

（7）对单笔贷款最高额度规定不同

一般来讲，商业银行住房贷款对单笔贷款最高额度没有规定，住房公积金贷款目前最高能够贷80万元。

（8）其他不同

商业银行住房贷款一般发生律师费用、保险费用，而住房公积金住房贷款一般发生担保费和评估费。

5. 住房公积金贷款额度和期限的规定

根据规定，各地应根据当地经济适用房或者普通商品房平均价格和居民

家庭平均住房水平，拟订住房公积金贷款最高额度。职工个人贷款具体额度的确定，要综合考虑购建住房价格、借款人还款能力及其住房公积金账户存储余额等因素。

6. 住房公积金贷款的期限

个人住房公积金贷款期限为1～30年（其中购买二手住房贷款期限为1～10年），并不得长于借款人距法定退休年龄的时间；临近退休年龄的职工，在考虑其贷款偿还能力的基础上，可适当放宽贷款年限1～3年。

7. 住房公积金贷款的还款方式与提前还贷

申请了住房公积金贷款的借款人应与承办银行制定公积金贷款还本付息计划，目前住房公积金贷款可以提供等额本息和等额本金两种还款方式。

等额本息还款方式，是指借款人在国家利率政策未作调整的情况下，每月以相等的金额偿还贷款本息。等额本息还款法的特点是每个月还一样的本息和，容易作出预算。

等额本金还款方式，是指借款人每月等额偿还本金，贷款利息随本金逐月递减，还款额逐月递减，首期的月还款额最大。等额本金还款法的特点是每月归还的本金一样，利息额按贷款及本金余额逐日计算，前期偿还款项较大，每月还款额在逐渐减少。

借款人可以结合自身的实际情况，选择合适的还款方式。两种还款方式不存在划算不划算的问题，而是要看是否适合自己的经济状况和未来收入趋势。借款人使用个人住房贷款（包括商业性贷款和住房公积金贷款）的，借款人本人及其配偶可按规定提取住房公积金账户内的余额，用于偿还贷款本息。每次提取额不得超过当期应还款付息额，提前还款的提取额不得超过住房公积金贷款余额。

在还清当月的本息后，可提前偿还部分或全部贷款。提前偿还的部分或全部贷款的本金在偿还后不再计收利息。如果不是提前全部还清贷款，那么提前偿还的部分贷款额必须是1万元的整数倍，最少是1万元。剩下的贷款额可根据自己的实际情况重新确定贷款期限。例如，在每月还款额不变的前提下适当缩短贷款期限，也可以选择在贷款期限不变的条件下重新计算每月还款额。提前还款必须提前一个月书面通知市住房公积金管理中心和承办银行并征得同意。

由于涉及跨自然年度问题，按中国人民银行规定，每年1月1日按当时最新利率调整利息。所以借款人不能跨自然年度预还。

8. 办理个人住房组合贷款的程序

目前，按中国政策允许用于贷款的资金性质，个人住房贷款主要有个人住房公积金贷款、个人住房商业性贷款和个人住房组合贷款三种形式。

前文已经介绍，个人住房公积金贷款也称个人住房担保委托贷款，是由住房公积金管理部门利用住房公积金，委托银行向购买、建造、翻建、大修自住住房的住房公积金缴存人发放的政策性个人住房贷款。

个人住房商业性贷款是银行使用信贷资金所发放的自营贷款，指具有完全民事行为能力的自然人购买城镇自住住房时，以其所购产权住房为抵押物，作为偿还贷款的保证而向银行申请的住房贷款。

个人住房组合贷款是指由住房资金发放的公积金个人住房贷款与商业性信贷资金发放的个人住房贷款相结合，向同一借款人发放用于购买自用住房的贷款。凡符合公积金个人住房贷款条件的职工，因购买自用住房使用自有资金和住房公积金贷款额度不足，均可向住房资金管理中心指定的贷款银行申请组合贷款。其办理程序如下：（1）职工先到承办银行提出住房公积金个人住房抵押贷款（组合贷款）申请，填写借款申请书，并提交有关证明材料。（2）市住房公积金管理中心作出准予贷款决定通知借款人后，借款人在规定的时间内与承办银行签订借款抵押合同的同时办理房屋抵押、保险及相关手续，并与承办银行签订借款合同。

政策性和商业性两部分贷款均由住房资金管理机构指定的银行统一发放。

（二）住房公积金贷款担保

为了防范住房公积金贷款风险，根据中国有关法律、制度的规定，申请住房公积金贷款，借款人必须提供担保。这既是贷款人的权利，也是申请贷款的前提条件。

贷款人发放贷款面临的主要风险是信用风险，即由于借款人不能如期偿还贷款本息，将给贷款人带来损失的可能性。贷款人发放贷款时必须考虑贷款的安全性，严格审查借款人的资信，同时要求借款人提供担保。

担保是指促使债务人履行债务，保障债权人的债权得以实现的法律措施。具体到贷款担保，是指为保证贷款债务履行，提高贷款偿还的可能性，降低贷款资金损失的风险，由借款人或第三人对贷款本息的偿还提供人或物的保障的一种法律措施。当借款人违反借款合同或因财务状况恶化无法偿还贷款本息时，贷款人可以通过担保债权的实现来收回贷款本息。

由于住房公积金属于职工个人所有，在职工离休、退休或有其他情况时必须返还给职工本人。为确保缴存住房公积金的职工利益不受侵害，在住房公积金使用中，安全性原则成为应遵循的首要原则。在发放住房公积金贷款时，要求借款人提供担保，作为防范住房公积金贷款风险，保障贷款资金安

全的一项重要措施，对于住房公积金的安全运作具有重要意义。

要求贷款申请人提供贷款担保有以下两方面的积极作用：第一，贷款担保为贷款人提供了一个可以影响或控制的潜在还款来源。当借款人违约不履行还款义务时，担保就会变为现实的还款来源，增加了贷款最终偿还的可能性。第二，贷款担保的存在，使借款人在整个贷款期内一直有履行借款合同的压力，能够提示和督促借款人积极履行还款义务。但应注意，债务的担保对于债权人来说是除主债权外的一种从债权，贷款担保并不一定能够确保贷款得以偿还。因此，贷款担保不能取代对借款人的信用状况的审查。

根据《中华人民共和国担保法》和《个人住房贷款管理办法》，住房公积金贷款主要有抵押、质押、保证三种担保形式。

第三节　住房公积金的管理与监督

住房公积金制度是解决城镇居民基本住房问题的重要制度，在改善职工住房条件、促进房地产市场健康发展等方面发挥了重要作用。但是，一些城市违反住房公积金法规和政策、挤占挪用和骗提骗贷等问题时有发生，损害了缴存职工的合法权益，所以加强对住房公积金的管理与监督尤为重要。

一、住房公积金的管理

住房公积金制度政策性很强，涉及每位缴存职工的切身利益，因此，需要建立住房公积金管理体制，按照一定的管理原则加强对住房公积金运作的管理。

（一）住房公积金的管理原则

根据《住房公积金管理条例》的规定，住房公积金的管理实行“住房公积金管理委员会决策、住房公积金管理中心运作、银行专户存储、财政监督”的原则。

“住房公积金管理委员会决策”是指住房公积金管理委员会作为住房公积金管理的决策机构，对有关住房公积金管理的重大问题行使决策权，包括有关住房公积金制度的政策规定和运作管理等重要事项，如拟订住房公积金的缴存比例，审批住房公积金的归集、使用计划，确定住房公积金贷款的最高额度。按《住房公积金管理条例》的规定，住房公积金管理委员会由人民政府负责人和财政、建设等有关部门负责人以及工会代表、有关专家组成。这对在住房委员会的统一决策下，维护住房公积金所有人的合法权益，实现住房公积金保值，保证住房公积金专款专用都具有重要意义。

“住房公积金管理中心运作”是指在住房公积金管理委员会的领导下，各城市依法成立住房公积金管理中心，履行住房公积金的管理运作职责。住房公积金管理中心作为住房公积金归集、使用和管理的执行机构，具体负责编制住房公积金归集、使用计划，记载职工住房公积金缴存、提取、使用等情况，住房公积金的核算，审批住房公积金的提取和使用，住房公积金保值和归还，承办住房委员会决定的其他事项等工作。住房公积金管理中心作为独立的事业法人，不以营利为目的。

“银行专户存储”是指住房公积金管理中心在住房公积金管理委员会指定的受委托银行设立住房公积金专用账户，专项存储住房公积金。设立住房公积金专户是落实住房公积金安全运作和专项使用的基本措施。若由各单位随意存入银行或其他金融机构，对住房公积金的统一管理就无从谈起，专款专用也无法保证。

“财政监督”是指财政部门对住房公积金的运作管理进行检查监督。财政监督的根本目的是防止住房公积金的挤占和挪用，控制住房公积金管理中心费用支出，严格执行住房公积金财务和会计核算办法，使住房公积金的运作管理规范、高效，确保住房公积金的安全、完整。

（二）住房公积金的管理体制

加强对住房公积金的组织领导是建立健全住房公积金制度的重要环节。这是因为，住房公积金制度政策性很强，涉及每个职工的切身利益，在实施过程中不可避免地会产生这样那样的问题，这就需要有一个统一的组织领导机构制定政策，加强领导，保证住房公积金制度的顺利实施。

2002 年修订后的《住房公积金管理条例》对住房公积金管理体制作了明确的规定：“国务院建设行政主管部门会同国务院财政部门、中国人民银行拟定住房公积金政策，并监督执行。省、自治区人民政府建设行政主管部门会同同级财政部门以及中国人民银行分支机构，负责本行政区域内住房公积金管理法规、政策执行情况的监督。”从这一规定可以看出，中国住房公积金管理体制包括两个层次：

第一个层次是全国性的领导机构，由国务院建设行政主管部门、财政部门和中国人民银行等单位组成，其主要职责是制定全国性的住房公积金制度发展规划和具体政策，对省自治区、直辖市的住房公积金制度的建立及日常工作进行领导和监督。

第二个层次是省级领导机构，由省、自治区、直辖市人民政府建设行政主管部门会同同级财政部门以及中国人民银行分支机构组成，其职责是贯彻执行国家住房公积金管理的有关政策和条例，根据本行政区内的实际情况，对住房公积金管理工作进行指导。

这样的机制既保证了住房公积金制度建设的全国统一性、同步性和相对集中性，又能充分发挥地方政府的积极性，在国务院的统一领导下，根据本省、市、自治区的实际情况，制定相应的具体操作制度，解决了地区发展不平衡的矛盾，从而使得住房公积金制度在全国范围内能够顺利推行和健康发展。

（三）住房公积金管理委员会的设置和职责

根据规定，直辖市和省、自治区人民政府所在地的市以及其他设区的市（地、州、盟），应当设立住房公积金管理委员会，作为住房公积金管理的决策机构。住房公积金管理委员会的成员中，人民政府负责人和建设、财政、人民银行等有关部门负责人以及有关专家占1/3，工会代表和职工代表占1/3，单位代表占1/3。住房公积金管理委员会主任应当由具有社会公信力的人士担任。

住房公积金管理委员会在住房公积金管理方面履行下列职责：（1）依据有关法律、法规和政策，制定和调整住房公积金的具体管理措施，并监督实施。（2）根据本条例第十八条的规定，拟订住房公积金的具体缴存比例。（3）确定住房公积金的最高贷款额度。（4）审批住房公积金归集、使用计划。（5）审议住房公积金增值收益分配方案。（6）审批住房公积金归集、使用计划执行情况的报告。

（四）住房公积金管理中心的设置和职责

根据规定，直辖市和省、自治区人民政府所在地的市以及其他设区的市（地、州、盟）应当按照精简、效能的原则，设立一个住房公积金管理中心，负责住房公积金的管理运作。住房公积金管理中心是直属城市人民政府的不以营利为目的的独立的事业单位。县（市）不设立住房公积金管理中心，但是有条件的县（市）可以设立住房公积金管理中心分支机构。住房公积金管理中心与其分支机构应当实行统一的规章制度，进行统一核算。

住房公积金管理中心履行下列职责：（1）编制、执行住房公积金的归集、使用计划。（2）负责记载职工住房公积金的缴存、提取、使用等情况。（3）负责住房公积金的核算。（4）审批住房公积金的提取、使用。（5）负责住房公积金的保值和归还。(6) 编制住房公积金归集、使用计划执行情况的报告。(7) 承办住房公积金管理委员会决定的其他事项。

(五) 住房公积金管理费用的来源及标准

住房公积金管理中心的管理费用，由住房公积金管理中心按照规定的标准编制全年预算支出总额，报本级人民政府财政部门批准后，从住房公积金增值收益中上缴本级财政，由本级财政拨付。

住房公积金管理中心的管理费用标准，由省、自治区、直辖市人民政府建设行政主管部门会同同级财政部门按照略高于国家规定的事业单位费用标准制定。

二、住房公积金的监督

加强住房公积金监督，规范监督行为，对于保证住房公积金规范管理和安全运作，具有十分重要的意义。

(一) 住房公积金的财政监督

根据规定，地方有关人民政府财政部门应当加强对本行政区域内住房公积金归集、提取和使用情况的监督，并向本级人民政府的住房公积金管理委员会通报。住房公积金管理中心在编制住房公积金归集、使用计划时，应当征求财政部门的意见。住房公积金管理委员会在审批住房公积金归集、使用计划和计划执行情况的报告时，必须有财政部门参加。

(二) 住房公积金的年度预算编制、决算和财务报告审核、审议及公布

根据规定，住房公积金管理中心编制的住房公积金年度预算、决算，应当经财政部门审核后，提交住房公积金管理委员会审议。住房公积金管理中心应当每年定期向财政部门和住房公积金管理委员会报送财务报告，并将财务报告向社会公布。

(三) 住房公积金的审计监督

根据规定，住房公积金管理中心应当依法接受审计部门的审计监督。

(四) 对存缴单位的监督

住房公积金管理中心和职工有权督促单位按时履行下列义务：(1) 住房公积金的缴存登记或者变更、注销登记。(2) 住房公积金账户的设立、转移或者封存。(3) 足额缴存住房公积金。

(五) 对受托银行的监督

住房公积金管理中心应当督促受委托银行及时办理委托合同约定的业务。受委托银行应当按照委托合同的约定，定期向住房公积金管理中心提供有关的业务资料。

（六）职工个人在住房公积金监督中的权利

职工、单位有权查询本人、本单位住房公积金的缴存、提取情况，住房公积金管理中心、受委托银行不得拒绝。职工、单位对住房公积金账户内的存储余额有异议的，可以申请受委托银行复核；对复核结果有异议的，可以申请住房公积金管理中心重新复核。受委托银行、住房公积金管理中心应当自收到申请之日起5日内给予书面答复。职工有权揭发、检举、控告挪用住房公积金的行为。

三、相关法律责任

根据《住房公积金管理条例》的规定，单位不办理住房公积金缴存登记或者不为本单位职工办理住房公积金账户设立手续的，由住房公积金管理中心责令限期办理；逾期不办理的，处1万元以上5万元以下的罚款。

根据《住房公积金管理条例》的规定，单位逾期不缴或者少缴住房公积金的，由住房公积金管理中心责令限期缴存；逾期仍不缴存的，可以申请人民法院强制执行。

住房公积金管理委员会违反规定审批住房公积金使用计划的，由国务院建设行政主管部门会同国务院财政部门或者由省、自治区人民政府建设行政主管部门会同同级财政部门，依据管理职权责令限期改正。

根据《住房公积金管理条例》的规定，住房公积金管理中心有下列行为之一的，由国务院建设行政主管部门或者省、自治区人民政府建设行政主管部门依据管理职权，责令限期改正；对负有责任的主管人员和其他直接责任人员，依法给予行政处分：（1）未按照规定设立住房公积金专户的。（2）未按照规定审批职工提取、使用住房公积金的。（3）未按照规定使用住房公积金增值收益的。（4）委托住房公积金管理委员会指定的银行以外的机构办理住房公积金金融业务的。（5）未建立职工住房公积金明细账的。（6）未为缴存住房公积金的职工发放缴存住房公积金的有效凭证的。（7）未按照规定用住房公积金购买国债的。

根据《住房公积金管理条例》的规定，住房公积金管理中心违反财政法规的，由财政部门依法给予行政处罚。

根据《住房公积金管理条例》的规定，挪用住房公积金的，由国务院建设行政主管部门或者省、自治区人民政府建设行政主管部门依据管理职权，追回挪用的住房公积金，没收违法所得；对挪用或者批准挪用住房公积金的人民政府负责人和政府有关部门负责人以及住房公积金管理中心负有责任的主管人员和其他直接责任人员，依照刑法关于挪用公款罪或者其他罪的规定，依法追究刑事责任；尚不够刑事处罚的，给予降级或者撤职的行政处分。

根据《住房公积金管理条例》的规定，住房公积金管理中心向他人提供担保的，对直接负责的主管人员和其他直接责任人员依法给予行政处分。

根据《住房公积金管理条例》的规定，国家机关工作人员在住房公积金监督管理工作中滥用职权、玩忽职守、徇私舞弊，构成犯罪的，依法追究刑事责任；尚不构成犯罪的，依法给予行政处分。

第四节　住房公积金制度的发展趋势

中国的住房公积金制度发端于20世纪90年代初期，它在推进住房市场化配置、培育住房金融、提升居民住房支付能力等方面，发挥了积极作用。但同时，随着住房体制和经济改革的全面深入发展，围绕《住房公积金管理条例》所形成的整个住房公积金制度，也不断暴露出种种问题和弊端，需要进行改进和完善。

一、住房公积金制度的现状

住房公积金制度自推行以来，在近20年的时间里得到了迅猛发展，主要体现在以下六个方面：

（一）管理体制基本理顺

2002年，国务院修订了《住房公积金管理条例》，印发了《关于进一步加强住房公积金管理的通知》，召开了全国住房公积金工作会议。同年3月，经国务院批准，建设部住房公积金监督管理司成立（和住宅与房地产业司合署办公），此后各省市也陆续成立了住房公积金监督管理办公室，明确了监管职能，完善了监管制度。国家建立了由建设部、财政部、中国人民银行等11个部门组成的住房公积金工作联席会议制度，就有关住房公积金重大问题进行研究和协调。

经过几年的努力，到2010年10月29日，随着深圳市住房公积金管理中心正式揭牌成立，全国287个设区城市全部成立了住房公积金管理机构，住房公积金制度管理体制基本理顺。

（二）管理制度基本建立

国务院有关部门和各级地方政府，加快制定有关住房公积金制度的配套政策。国务院住房公积金工作联席会议成员单位制定并印发了十多个贯彻落实《住房公积金管理条例》和《关于进一步加强住房公积金管理的通知》的配套办法，以及《关于住房公积金管理若干具体问题的指导意见》、《关于住房公积金管理几个具体问题的通知》等业务指导性文件。各级地方政府以地方性法规、政府规章、政府文件等形式，明确了住房公积金缴存、提取、使用各环节的管理制度，制定了业务操作流程。目前，全国已经基本建立了以《住房公积金管理条例》为主导、以地方性法规和政府规章为依据、以业务操作规范为基础的多层次的制度体系，初步实现了住房公积金依法管理、规范管理。

（三）监管体系基本形成

各级地方政府积极完善住房公积金监管制度，建立了自上而下的监管体系和同级监督机制。建设部、财政部、人民银行、银监会等部门先后印发了《住房公积金行政监督办法》、《住房公积金管理中心业务管理工作考核办法（试行）》等制度。建设部会同财政部、中国人民银行负责全国住房公积金监管，对四个直辖市和新疆生产建设兵团住房公积金实施直接监督。各省（区）建设厅会同财政、中国人民银行分支机构，负责本区域内住房公积金管理法规、政策执行情况的监督：建立了联合执法检查、重大事项报告、定期通报、业务考核等多项监督制度。财政、审计部门加强了对住房公积金管理中心的监督。住房公积金管理中心按年度将财务报告向社会公布，接受社会监督。2002 年以来，建设部会同国务院有关部门先后对 20 多个省（区、市）进行了联合督查。各省（区）建设厅会同相关部门定期开展执法检查，或者通过委托审计等形式加强监管。

（四）风险管理不断强化

各住房公积金管理中心加强了对住房公积金的风险管理工作。通过严格贷款对象审核，抓好贷后资产管理，建立健全逾期贷款催收机制等方式，有效提高了住房公积金贷款资产质量。各地不断完善公积金管理信息系统、服务信息系统和监管信息系统，为保证资金安全提供了技术保障。

（五）各项业务快速发展

2002 年以来，全国住房公积金贷款发放增长速度持续高于归集增长速度，住房公积金提取、个人贷款和购买国债金额之和，占归集总额的比例不断增加，公积金的使用率有了较大幅度的提高。

2004 年底，全国 32 个省（自治区、直辖市）基本建立了住房公积金制度，实际缴存人数达到 6140 万人，全国住房公积金缴存总额达到 7400 亿元，累计运用住房公积金发放个人住房贷款 3400 亿元。

2007 年 5 月底，全国住房公积金累计缴存人数已超过 1 亿人，实际缴存人数 6245 万人；公积金缴存总额、缴存余额分别达到 10 831 亿元、6 864 亿元，分别是 2001 年底的 3. 26 和 2. 85 倍；公积金提取总额、贷款总额分别为 3967 亿元、5194 亿元，分别是 2001 年底的 4. 5 和 5. 35 倍；个人住房贷款余额为 3125 亿元，是 2001 年底的 3. 77 倍；住房公积金使用率达到 69. 8%，比 2001 年底增加 14%。

2008 年末，全国住房公积金缴存总额为 20700 亿元，提取总额为 8 584 亿元，占住房公积金缴存总额的 41. 47%，累计为 961 万户职工家庭发放个人住房贷款 10600 亿元，同比增长 23. 77%。

截至 2010 年 7 月，各地住房公积金缴存人数、公积金缴存总额有了进一步的增长。以北京为例，根据北京住房公积金管理中心发布 2009 住房公积金年度（2009 年 7 月 1 日 ~ 2010 年 6 月 30 日）结息报告显示，报告期内北京缴存单位共 7. 3 万个，公积金缴存职工共 515 万多名，结息金额超过 15 亿元，本息合计达 1 200 余亿元。

（六）社会效益日益体现

随着住房公积金归集、贷款业务的快速发展，住房公积金制度的社会效益也逐步显现。住房公积金制度的实施，提高了职工工资中的住房支出含量，增强了职工住房支付能力，改善了全国城镇居民的住房条件。在住房公积金制度建立以前的 1990 年，全国城镇居民的人均居住面积仅为 7. 1 平方米，到 2008 年底已达到 28 平方米，增长近 4 倍。

同时，住房公积金制度的实施，也为停止住房实物分配、逐步实行住房分配货币化创造了条件。截至 2007 年 10 月底，全国缴存住房公积金的职工累计超过 1. 1 亿人，累计支持了 4200 多万职工改善住房条件。

随着住房公积金积累规模及增值收益的增长，住房公积金越来越成为各城市廉租房建设资金的重要来源。截至 2007 年 10 月底，住房公积金为廉租房制度建设提供了 100 多亿元资金；截至 2009 年，全国廉租住房投入资金绝大部分来自住房公积金的增值收益，住房公积金制度对住房保障体系的建立和完善起到了不可替代的作用。

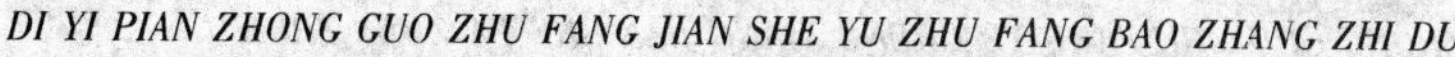

二、住房公积金制度存在的问题

总体而言，住房公积金制度稳定、持续地提高了职工的购房资金积累，并为购房职工提供了低成本的政策性贷款资金支持，切实提高了职工解决自身住房问题的能力，转变了传统的由国家或集体一手包揽住房建设和管理的局面。然而，目前中国住房公积金还存在很多问题，住房公积金制度对普通城镇居民购房的帮助力度非常有限，而且覆盖面也受限制，难以体现社会公平性。具体体现在以下几个方面：

（一）住房公积金覆盖面存在较大的缺失

建立住房公积金制度的初衷是通过长期、稳定的住房储蓄的建立与积累，发挥资金互助性功能，解决广大中低收入职工的住房问题。然而，尽管政府很早就颁布了相关的法令、法规，但住房公积金账户至今仍然没有普遍建立，一些企业以种种借口抵制、逃避建立住房公积金制度。而且，目前大量下岗职工、小型私营企业雇员等中低收入职工，由于就业状况不能参与住房公积金缴存，他们的工资构成中也就缺少了应有的住房支出部分，同时也失去了申请住房公积金贷款的基本条件，这就使得最需要政策支持的人群反而处于政府覆盖面之外。换句话说，住房公积金事实是主要帮助了那些单位效益好、收入高且稳定的非低收入需求者；而真正需要扶持的低收入居民却被排斥在住房公积金的受益对象之外。

（二）住房公积金缴交模式拉大了贫富差距

按照《住房公积金管理条例》的规定，目前住房公积金实行的是个人账户积累模式，公积金由个人和单位依照工资一定比例同时缴存同样的份额，纳入个人账户，归个人所有。由于企业单位负担的住房公积金是作为成本费用在所得税前列支，个人获得的住房公积金收入也不计入个人应缴所得税基数。因而，一些效益好的单位提高缴存比例很高，企业通过这样的方式避税；一些单位效益不好，职工的工资尚不能如期全额发放，按比例缴存住房公积金更无法实现。换句话说，收入多者个人缴得多，单位也补得多；收入低者个人缴得少，单位补得也少。从数额上看，多者更多，少者更少，具有明显的“马太效应”；从使用环节看，购房者除按规定提取账户资金支付房款以外，还可以优惠利率得到贷款——即借用其他人账户上的基金。但实际上，购房人较非购房人应当是更为富裕，结果是收入低者接济了收入高者，“劫贫济富”显然是有悖政策初衷的。

（三）住房公积金的监管还不到位

近年来，由于相关制度的缺失，监管机制不完善，住房公积金管理较为混乱，挤占、挪用甚至贪污住房公积金的案件时有发生，存在很多安全隐患。在1999~2004年间，湖南省郴州市住房公积金管理中心原主任李树彪等人贪污、挪用住房公积金达1.2亿元，其涉案数额之巨大、作案时间持续之长，令人瞠目，这是近年来各地住房公积金犯罪中的一个典型案件，凸显了中国在住房公积金的管理方面的缺失：一是一些地区住房委员会制度没有真正建立，“房委会决策”流于形式。二是住房公积金管理中心未能真正作为“不以营利为目的的独立的事业单位”运行，个别地方资金管理分散。三是一些地方住房公积金监督机制不健全。根据《住房公积金管理条例》，住房公积金监管属于同级监管，由建设部门牵头，会同财政、审计、银行进行监督，但是这种同级别的监督在现实中效果不大。从中央到省级的管理部门除了进行某些业务指导外，在监督管理上几乎没有任何实际意义。至于银行监督，在无序“揽储”竞争的影响下，反而容易为住房公积金犯罪提供方便。

三、住房公积金制度的发展方向

在住房公积金制度的发展过程中，国内和国际经验都表明，住房公积金对提高中低收入家庭的住房支出能力和住房水平效果明显。中国住房公积金制度经过近20年的探索，已经走出了一条适合本国国情的发展道路。对于中国住房公积金制度未来的发展，应该在坚持住房公积金制度的前提下，进一步发挥公积金制度在帮助中低收入家庭解决住房困难中的作用。

（一）继续强化住房公积金归集工作，扩大公积金制度覆盖范围

在保证现有覆盖范围内职工的权益保护的同时，积极向非公企业、再就业职工和农民倾斜，重点做好非公有制经济组织建立住房公积金制度工作，做到应建尽建，应缴尽缴。逐步将住房公积金归集面由现行的在职职工覆盖到包括在城市中有固定工作的农民工在内的城镇各类就业群体。结合农民工流动的特点，探索《住房公积金管理条例》中关于农民工的有关规定的实施意见。

（二）提高住房公积金的使用效率，合理扩大提取和使用范围

首先，应在住房公积金的利用上更多地体现设立目的，向中低收入职工倾斜可适当放宽个人购房贷款的政策条件，扩大贷款政策额度，让更多的职工通过享受住房公积金低息贷款购房以改善住房条件。例如，可以对中低收入家庭利用公积金购买两限房、经济适用房等政策性住房，在利率、期限上

给予优惠；进一步简化公积金贷款手续，制定符合当地情况的政策措施，允许低收入家庭提取公积金用于房租、物业管理费、物业维修资金等相关基本住房支出；增加住房公积金增值收益中用于购买或建造廉租房的比例，保证对低收入家庭的住房供应等。

其次，对住房公积金贷款审批进行改革。现行的住房公积金贷款程序过于冗长、复杂，而一些商业银行的贷款甚至可以在购房的现场办理，而且优惠颇多。住房公积金贷款应在合理的范围内缩短其办理程序，以期提高公积金的利用率。

（三）规范住房公积金管理中心的机构设置，建立风险管理体系

新加坡的住房公积金管理机构住房发展局既是政府机构，又是房地产经营企业，在解决住房方面起着决定性的作用。中国的住房公积金管理中心可仿效新加坡的设置，进一步明确机构性质和责任机制，通过建立各级、各地方的住房公积金管理机构横向和纵向的完整的责任体系，形成有效的全国管理网络体系。

要在住房公积金资金流转和业务运作的各个环节加强风险防范意识，通过风险关键点查找和诊断，建立完善的监督和制衡机制，形成严密完整的风险内控体系。

要研究建立住房公积金跨区域流动机制，提高资金的整体使用效益，逐步构筑跨地区的住房信贷风险分散、转移和防范控制体系，促进中国住房金融业的持续健康发展。

（四）逐步向政策性住房金融发展

目前，中国现有的住房公积金制度既不同于新加坡的综合性社会保障，也不同于其他市场经济国家的政策性住房金融制度。从住房公积金制度的未来发展趋势看，目前主要有两种观点：

一是以住房公积金制度为基础向政策性住房金融发展。首先可把公积金账户发展为住房储蓄账户。公积金账户与住房储蓄账户的共同点是，其账户金额都只能用于住房支出；其不同点是，公积金账户的缴存额是有政策限制的，住房储蓄账户可实行在公积金提取比例之上、个人工资水平之内自愿缴存的政策。由于按政策存入这种账户的收入可免征个人所得税，这实际上等于财政通过减免税的方式对缴存人提供购房补贴。这将极大提高“夹心层”人群购房能力，并促使他们更多依靠自己的力量来满足住房需求。

二是整合养老金与住房公积金个人账户，建立广义的公积金制度。可以借鉴新加坡的做法，建立住房和养老相统一的公积金制度，把基本养老保险中的个人账户分离出来与住房公积金账户合并，由一个机构统一管理。账户之间可以融通，但不能占用或挪用资金。由于住房公积金和养老金个人账户的缴费基数相同，而且都是税前列支，因而具备统一征缴的条件。这样就可以由一个机构统一征缴、统一管理，减少征缴和管理的成本，职工支取两项资金所需的审批审查程序可以大大减少。这样做的前提是首先需将社保资金的个人账户做实，目前来看条件尚不具备，但未来也可作为备选路径之一。

比较以上两种途径，结合中国国情，建议住房公积金制度逐步向政策性住房金融发展，突出政策性住房金融制度的本质和功能，与已经比较成熟的商业性住房金融一起共同形成完善的住房金融体系。

住房公积金属于政策性住房金融，直接通过金融手段支持广大城镇居民购买住房，成为中国中低收入家庭解决住房问题的有效手段之一。要不断加强住房公积金的归集，提高住房在哪个公积金的使用效率，扩大住房公积金的提取使用范围，让住房公积金更好地服务于中国的住房保障事业。

第四章　保障性住房建设实例

建设城镇低收入家庭的“幸福苑”

河北省临漳县规划建设局　李耀光　郭海军

在新型城镇化加速推进的新形势下，如何解决好城镇低收入困难群众住房问题，已成为各级面临的一个重大课题。临漳县坚持把国家政策与县情紧密结合，把保障性安居工程建设作为打造民生城建的“一号工程”来抓，探索出了一条实现城镇低收入家庭住房“幸福梦”的新路子。

一、打破常规，集中建设，探索特色保障房

考虑到开发小区配套建设保障性住房工作难操作、速度慢、不易管理的实际难题，该县打破配套建设常规思维定式，从四个方面大胆尝试：

（一）科学决策

坚持完成省市目标不变，逐项开展入户调查摸底，按照全县人口规模、需求状况进行科学论证，确定了保障性住房规模，做到了供给与需求平衡，真正实现了低收入家庭的应保尽保。

（二）集中建设

通过综合考察，在县城玄武路中段南侧集中规划建设了保障性廉租住房——“幸福苑”小区，建筑面积3.7万平方米（含配套），一次性解决了城镇低收入家庭住房困难问题。

（三）打造特色

结合历史文化，聘请中国美院设计院同步规划、设计小区配套项目，完

善了小区绿化、商业、广场游园等配套建设，在小区门楼、广场、游园等景观节点增加了文化雕塑和景观石等，从一草一木上提升了小区品位，打造了温馨、舒适的居住环境。

（四）长效机制

为使小区后续管理有保障，对其配套商业门市和余留廉租住房租金严格实行“收支两条线”管理，设立资金专户，专项用于该小区的维护和管理，使廉租住房后续管理实现了持续化、制度化、规范化。

二、突破瓶颈，化解难题，确保各项要素有效落实

（一）优先供应土地

结合县城土地利用总体规划、城市总体规划，将保障性住房用地指标优先列入年度国有建设用地供应计划，优先向保障性住房项目倾斜，无偿划拨土地用于保障性住房建设，在用地上得到了保障。

（二）多元筹集资金

坚持政府投入为主，多渠道融资，做到了“土地出让收益及时足额提取、上级安排补助资金专款专用、不足部分县财政兜底”的融资机制，保证了项目建设的资金需求。

（三）落实优惠政策

对“幸福苑”小区建设免收城市基础设施配套费等各种行政事业性收费和政府性基金。

（四）强化工程质量

建设工程网上公开发布招标信息，并由县招标办、住建、纪检、发改、财政、检察院等部门联合监督、全过程监管，确保了工程质量和安全。

三、强化责任，快速推进，做到项目建设无障碍

（一）专门机构推进

建立了保障性住房管理中心，具体负责保障性住房的建设管理工作，为住房保障长远发展奠定了坚实基础。

（二）绿色通道优先

实行“简化手续、并联审批、限时办结、优质便捷”的工作方法，组织审批部门集中办公地点、集中办事人员、集中审批办理，一次性完成保障性安居工程项目办理审批手续，保证了工程早启动、快推进、见实效。

改善城市低收入居民的居住条件，是重要的民生问题，加快建设保障性安居工程，对于改善民生、促进社会和谐稳定具有重要意义。新时期，住房保障工作面临更加艰巨的任务，我们将进一步端正工作态度，扎实工作，尽职尽责把民生工程这项惠及群众的工作做得更好更实，切实满足广大低收入家庭住房需求，为加快临漳经济发展作出积极贡献！

大力实施保障房建设　努力实现百姓安居梦

河北省献县住房和城乡建设局　郝树利

保障性住房建设是一项重要的民生工程和德政工程。自2008年以来，献县认真按照中央和省委、省政府的要求和部署，在省住建厅、市住建局的指导下，坚持与时俱进，积极探索，勇于创新，科学发展，建立健全保障性住房工作机构，大力推进保障性住房制度建设，强化保障性住房管理工作，多渠道筹集房源，积极落实建设资金，扎实推进经济适用住房、廉租住房建设，加快发展公共租赁住房建设及城市棚户区改造，逐步缓解我县中低收入家庭的住房困难，为实现“住有所居”目标奠定了良好的基础。

一、献县保障性住房建设基本情况

截至目前，全县累计建设各类保障性住房2722套。其中，廉租住房368套，经济适用住房100套；限价房150套，公租房930套，发放廉租补贴703户，发放金额236.33万元；完成城市棚户区改造1039户，垦区棚户区改造135户，形成了金鱼胡同、绿洲雅苑、香榭名筑、金域华庭、昌盛家园等保障性住房小区。每年均能按照要求，全面完成省里下达的建设任务。我县保障性住房政策正逐步向城镇低收入家庭延伸，人均住房面积15平方米以下的低收入住房困难家庭基本实现应保尽保。

二、献县保障性住房建设工作主要做法

我县保障性住房工作在认真贯彻落实省委、省政府要求的基础上，结合实际，因地制宜，不断创新，走出了一条具有当地特色的住房保障之路。

（一）领导重视，认识到位

近年来，县政府把保障性住房建设摆上了重要的议事日程，相继成立了住房保障建设领导小组，由县长任组长，分管社区、乡镇、各相关单位领导任副组长，并多次召开会议，研究保障性住房建设工作。县政府把保障性住房建设的任务写进政府工作报告，作为政府承诺要为民办好的十件实事之一来抓，确定了目标任务，指定了责任人，在县财政困难的情况下，想方设法，多方筹集资金，切实落实优惠政策，认真推动保障性住房建设工作。

坚持“三个优先”的原则来抓。即：对保障性住房建设工作优先部署，对保障性住房建设配套资金优先安排，对保障性住房建设中遇到的问题优先解决，成立了县经济适用住房发展中心，明确了编制和人员，为全县保障性住房建设顺利推进提供了有力保障。

（二）工作扎实，措施到位

县政府及有关部门为推进保障性住房建设，制定了工作方案，明确了工作责任，结合献县实际，先后制定和完善了《献县廉租房管理办法（试行）》、《献县经济适用住房管理办法（试行）》、《献县公共租赁住房管理办法（试行）》和《献县保障性住房后期管理办法（暂行）》等一批政策文件。同时，坚持早谋划、早部署、早行动，于每年初将目标任务层层分解并签订了目标责任书，建立了县政府负总责，各社区、乡镇、相关单位抓落实的目标责任制，明确了相关部门职责，形成了推进保障性住房建设的强大合力。

（三）规划科学，布局合理

在目标规划上，我县在对住房现状、资金需求、建设用地等多方面进行综合分析和研究的基础上，按照“十二五”期末基本解决中低收入家庭住房的工作目标，科学编制了保障性住房发展规划，并根据献县的实际情况制定了年度工作计划，确保逐年落实到位。在选址规划上，尽可能在交通便利、基础设施齐全的地段建设保障性住房，以尽量降低低收入群众的生活成本。

（四）多方配合，快速推进

建立了由政府主导、住房和城乡建设局牵头、有关部门协作配合的保障性住房建设快速推进机制，为保障性住房建设建立了立项、供地、规划、报建等绿色通道，同时实行联审联批，快速审批。

（五）强化督查，严把工程质量关

县委、县政府有关部门切实加强了工作督查，既力推工作进度，更严把工程质量。大力推行工程质量管理“三个百分之百”，即百分之百推行工程质量分户验收，百分之百设立工程质量责任永久性标识牌，百分之百推行工程质量安全远程视频在线即时监控。加大质量监管力度，强化监理单位责任，强化施工程序管理，确保工程质量和施工安全。

（六）信息透明、公开、规范有序，实现阳光分配

公平分配是关系保障性住房建设成败的“生命线”，也是对党委、政府公信力和执行力的一个重要考验。我县在保障性住房分配上始终坚持“三公开”，实行阳光分配，即：公开分配的范围和条件，公开分配的房源和户型，公开分配的程序和过程。在资格审查过程中，严格执行“三级审核，三榜公示”的资格准入机制，分别通过社区居委会、街道办事处和县住房保障部门逐级审核以及民政、监察等部门的联合审查，公示申请家庭的收入、住房、财产、申请资格等情况，在分配环节中，坚持“统一摇号、公开分配、电视直播、全程公证”制度，确保分配环节的公开、公平、公正。

此外，设立了咨询电话和举报投诉信箱，接受社会各界监督，一旦发现有隐瞒事实，骗购骗租行为的，一律取消分配资格，让真正符合条件的中低收入群体享受到政府的住房保障政策。到目前为止，我县在分配保障性住房工作中，没有因不公不实而引起群众投诉和上访，得到了上级部门的肯定和人民的充分信任。

（七）高效管理监督、贴心服务

县政府坚持把保障性住房工程质量作为工作的出发点和落脚点，建立以“政府部门监督、建设单位负责、监督单位控制、施工单位保证”的管理体系，确保工程质量和安全管理。几年来，我县保障性住房工程在省、市组织的工程质量督查中未发现质量、安全问题。县政府、检察院、公证处等，派出工作人员对保障性住房建设和分配全程进行跟踪监督，确保公平、公开、公正。县住房和城乡建设局为做到科学管理、贴心服务，提出保障性住房“五有”，即有入住教育、有入住档案、有物业管理、有造血功能、有配套服务等，使入住户住得放心和舒心。

（八）严格管理与动态管理，确保保障性住房合理使用

完善动态管理制度。依据住房保障家庭的收入、人口及住房等状况，加强保障性住房信息化建设，建立保障性住房和保障对象档案，全面掌握个人住房的基础信息及动态变化情况。进一步研究退出机制，通过控制保障性住房户型面积，引导保障对象当收入条件改善、具备了一定经济能力后自然退出。同时，研究制订合适的、动态的、有利于退出的租金标准，确保保障性住房公平配置、合理使用。

成立“专业”物业公司。根据保障性住房小区人群的特殊性，专门成立了物业服务公司，其特点有：一方面强化服务的人性化。聘请低保、低收入家庭成员为小区保安、保洁员等，帮助他们解决了就近就业问题，还对特殊的“三无”人员建立每日定时探视制度，给予关怀。另一方面完善配租家庭基本信息。目前，我县享受配租家庭全部为残疾人家庭与低保家庭，其抗风险能力和生活水平较低，为此，建立了相应的信息档案，提供帮扶依据，对有可能出现的问题，做好预案，防患于未然。

（九）勇于探索新思路，积极创建新方法

县政府在大力推进保障性住房建设的同时，创新工作思路和方法，积极

探索总结有益经验。省政府提出实行经济适用住房、廉租住房、公共租赁住房“三房合一”，并轨建设、租售并举的举措，县政府按照上级的指示，结合我县实际，正在制定《献县加快推进经济适用房、廉租住房、公共租赁住房三房合一的实施方案》。

另外，建立健全保障性住房供应新机制，创新保障性住房管理新举措。实施保障对象“一卡通”，建立小区救助平台，开展扶点帮困工作，实行小区和谐管理。

三、对进一步推进城镇保障性住房建设与管理的建议

保障性住房建设是一项关系民生的重大工程。为使保障性住房建设管理切实落到实处，提出以下建议：

（一）进一步提高认识，加强宣传引导

各级政府和各职能部门要把保障性住房建设工作作为重要政治任务抓紧抓好，切实增强责任心，务必要把思想进一步统一到政府的决策上来，提高认识，加强领导，精心组织，加大投入，按计划积极稳妥地推进。组织开展形式新颖、内容丰富的宣传活动，引导广大人民理解与支持保障性住房建设，引导社会各方面正确认识保障性住房建设中存在的问题和面临的困难，以更大的热情鼓励和支持此项工作。各级政府和有关部门要进一步认真研究新情况，解决新问题，切实把这项顺民心、合民意的好事办好。

（二）进一步完善科学规划布局

将保障性住房建设用地纳入城乡规划和土地利用总体规划，与企业改制、旧城改造、防洪工程建设、城镇化建设等有机结合起来，合理布局，科学规划，形成若干大规模、成片区，功能完善、配套齐全的保障性住房小区。同时，逐步推广在商品住房小区中配建保障性住房的做法，促进不同收入群体混合居住、和谐发展。在生活配套上，不论是已建成的小区还是将要建成的小区，都要尽可能做到小区幼儿园、公共用房等设施齐全，道路、绿化完善，水、气、电配备到位，更好地满足人民群众的基本生活需求。

（三）拓宽融资渠道，加大筹措项目配套资金力度

政府应进一步加大对保障性住房建设的工作力度，为保障性住房建设配套好项目资金，按照规定，财政部门应将保障性住房建设资金纳入年度预算安排，并根据经济发展水平和住房价格水平逐年递增；住房公积金增值收益在提取管理费用及风险准备金后全部用于保障性住房建设；土地出让净收益用于住房保障资金的比例不得低于10%。此外，政府及有关部门要借鉴外地

的成功经验，广泛动员并吸引有实力、社会责任感强、信誉好的企业家，投身于保障性住房的开发建设。同时，应创建性地开展工作，用好用活上级专项资金，积极开展配售与产权出让的试点工作，完善相关政策措施，用配售与出让产权的收入，滚动发展，实现良性循环。

（四）强化责任管理，健全住房保障工作机制

一要在保证稳定的前提下做好征地拆迁工作，尤其要注重抓好改造区的违章建筑拆迁工作，协调解决工作实施中的重点难点问题。要重视项目储备，提前筹划2014、2015年的项目。

二要尽快搭建科学的保障性住房信息平台，并采取联合审查制，实现个人住房信息与公安（车辆管理）、公积金、街道（社区）、社保、民政和就业单位的共享，同时联网银行，保证保障性住房分配的公平、公正。

三要进一步理顺管理体制，按照中央、省有关文件精神，借鉴其它兄弟地市县机构设置的做法，增加住房保障机构人员数量，核定编制，对人员详细分工，吸纳优秀人才加入保障性住房建设队伍，保障办公经费，建设高效有力的住房保障工作组织机构。

四要根据当地实际情况，积极探索“三房合一”保障模式，不断完善保障性住房分配工作流程、准入退出机制、日常动态管理，同时尽快出台相关文件，规范完善廉租住房和公共租赁住房后续管理工作。要重视保障对象集中居住后带来的社会管理问题，加强相关政策措施的前瞻性研究，着力营造和谐的社会氛围。

（五）要进一步加强检查监督工作，确保住房保障各项任务的落实

政府要加强对住房保障工作检查和指导，应按照有关政策规定出台保障性住房规费减免的专门文件，进一步明确各有关部门在保障性住房建设工作中的职责，政府及相关职能局要进一步加强对社区、乡镇保障性住房建设工作督促和指导，切实解决土地、资金等保障性住房建设工作中的问题。

在工程建设上，严格管理，实行全过程、全方位招标与监督，确保“百年大计，质量第一”。政府要将保障性住房建设情况列入对社区、乡镇等相关单位政绩考核的范围，对工作不力、未能完成任务的相关责任人实行问责，促进住房保障工作。

同时建议县人大常委会将保障性住房建设工作列为重点监督的工作内容，通过听取汇报、视察检查等方式开展监督工作，以推动保障性住房建设各项工作任务的圆满完成。

（六）努力实现长效管理

加快建立健全保障性住房科学管理制度，特别是要处理好房产、规费、

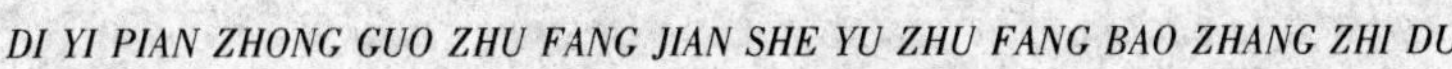

物业管理等问题，确保规范有序健康发展。加强保障性住房管理机构和队伍建设，完善保障性住房档案归集、整理和利用等相关制度。

2013 年，我县将认真贯彻党中央、国务院的战略部署，按照省委、省政府的统一要求，加快保障性住房建设，全面完成保障性住房建设任务，继续高举改革创新的旗帜，在实现“住有所居”目标的道路上走的更快，走的更远。

统筹城乡发展　切实关注民生
加大保障性住房建设工作力度

山西省闻喜县住房保障和城乡建设管理局　屈宝臣

民生问题是关系千家万户切身利益的重大问题。近年来，闻喜县住房保障和城乡建设管理局，在县委、县政府的正确领导下，坚持把加快保障性住房和解决城市中低收入家庭住房困难问题作为一项重要的民生工程来抓，不断强化工作职能，抓项目、强管理、建机制、求创新，全力推进保障性住房制度建设，努力实现中低收入家庭“住有所居”，为建设美丽闻喜、和谐闻喜、生态闻喜作出了突出的贡献。

一、全面完成目标任务

（一）完成保障性住房建设任务

2012 年启动实施的涑水花园经济适用住房和廉租住房建设工程和三五三一小区经济适用住房建设工程，经过一年的努力，40 余栋经济适用住房和廉租住房拔地而起，主体工程全部完成，达到入住条件，申购、申核、抓号、选房工作正在有条不紊地进行中。

2013 年，启动实施的保障性住房建设项目为龙海南苑工程。主要建设 150000 平方米的经济适用房，5980 平方米的廉租房，4800 平方米的公租房等内容。目前完成了前期立项、可研等工作，设计、勘察、监理招投标正在进行中，计划在 5 月中旬启动建设，2015 年年底交付使用。

（二）完成农村危房改造任务

几年来，我们把农村危房改造工作当作一项重要的民生工程来抓，加大农村危房改造工作力度，先后投资 21200 万元，完成了 26500 户 216000 余平方米的农村危房改造任务，为建设社会主义新农村发挥了重要作用。

二、工作中的主要做法

（一）加强组织领导，完善工作机制

为加强保障性住房建设工作的组织领导，我县成立了以分管副县长为组

长，有关部门为成员的工作领导小组，召开专题工作会议，研究解决存在的问题和困难，实行“双考”责任制，层层签订目标责任书，明确工作责任，由县保障性住房建设工作领导小组对安居工程进行年度双考核，并将考核结果纳入年度目标管理考核，对工作不利、完不成任务的给予通报批评。同时，完善管理机制，加大工作推进力度，出台了一系列规范的政策性文件，有效规范和促进了各项工程的实施。

（二）拓宽筹资渠道，有效解决资金瓶颈难题

在国家、省、市的大力支持下，我们不等不靠，积极引项目、争资金，以地方财政预算安排、银行贷款、企业自筹等形式互为补充筹集资金为主，创新融资方式，广泛发挥企业融资平台作用参与建设，筹资机制不断完善，有力保证了工作的顺利推进。聘请社区、社会群众、监督员，设立监督电话，广泛接受群众监督，定期组织安监、质监等股室，对工程进行专项检查，确保了各项工程管理规范、安全健康发展。

（三）创新工作模式，营造良好的管理氛围

我们在实施保障性住房建设工程中，积极探索保障性住房和公共租赁住房并轨管理机制，按照统筹房源、并轨管理、租补分离等原则对廉租住房发放租赁补贴，由廉租住房保障对象自主选择租赁公共住房，实现廉租住房和公共租赁住房的统筹管理，逐步建立保障性住房开发、建设、租赁、管理一体化机制。同时，针对保障性住房前期投资量大、形成资产多、管理难度大、资产分布广泛的特点，充分发挥物业管理中心作用，有效解决保障性住房退出难问题，实现政府对保障性住房的良性管理。

（四）发挥规划龙头作用，建设优质百年工程

一是坚持规划先行，按照《闻喜县地市总体规划》和统筹城乡规划，全面推行“规划许可证”和“开工许可证”制度，合理布局建设保障性安居工程，严格执行“五统一”原则，即：统一规划设计，统一建设监理，统一选择施工队伍，统一管理材料，统一竣工验收。严把质量关，严格执行“先审批、后建设”原则，有效落实项目建设各项制度和“政府监督、法人管理、社会监督、企业自检”四级质量保证体系，规范工程建设安全。二是严格执行工程建设标准规范，加强施工组织、现场管理和原材料质量控制，定期对工程项目实施情况进行检查，实行分户验收制度，确保工程质量。加强全程管理，根据自愿申请、逐级审核、公开透明、定期复核、动态监管和一个家庭限定一套保障性住房的原则，按照社区公示住房管理部门层层审核的工作程序，对保障性住房分配对象、分配过程、后期管理方面严格把关，确保安居工程温暖民心。

三、工作经验及下一步工作展望

（一）加大保障性住房建设力度，满足困难家庭住房需求

我们在几年的工作实践中，以加快推进我县城中村改造步伐和棚户区安置工程配建为重点，积极建设公共租赁住房和农民工周转房，切实提高政府住房保障能力，力争在今后3~5年内实现低收入家庭住有所居、安居乐业。

（二）创新工作思路，探索有效的住房保障机制

通过专题培训、外出学习等方式，总结经验，查找不足，借鉴外地县市好做法，结合我县实际，谋划长远建设规划，整合各方资源，解决资金短缺等问题，使我县保障性住房安居工程路子更宽、质量更高、保障能力更强。

（三）依据法律法规，健全退出机制

依据保障对象自行申报、信息监测、群众举报等途径，对住房保障对象、经济状况发生变化、不再符合保障条件、或购置、租赁、继承、受赠其它住房的要按规定退出，对拒不退出的可依据相关法律进行处理。对以骗购、骗租保障性住房的，一经查实，立即责令退还或退出，并取消其在5年内再次申请购买或租赁保障性住房的资格。

（四）加快保障性住房建设步伐，不断提升城市品位

通过几年来的不懈努力，我县在保障性住房建设工作中取得了突出的成绩，但我们感到保障性住房工作任重道远。我们将在近几年内完成龙海南苑、城中村改造任务，完成20余万平方米的经济适用住房和廉租住房任务，为实现市委、市政府提出的“大美运城、美丽河东”作出更大贡献。

作者简介：

屈宝臣，男，1963年12月出生，中共党员。现任山西省闻喜县住房保障和城乡建设管理局党总支书记、局长。

自1982年9月参加工作起，历任乡（镇）长、书记，闻喜县水务局局长等职。

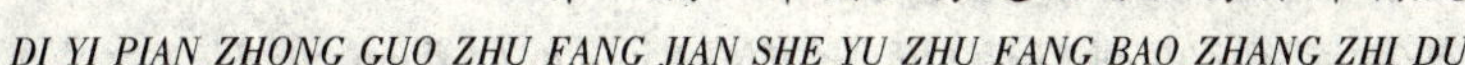

加快发展公共租赁住房
不断完善住房保障体系

江苏省苏州市住房和城乡建设局　徐郁文　殷　勇

加快发展公共租赁住房，是当前和今后一个时期改善民生、完善住房保障体系的重点。积极探索加快建设公共租赁住房的新路径，让更多城镇住房困难群体得到实惠，对实现“住有所居”目标具有重要意义。苏州市在发展公共租赁住房方面进行了实践和探索。

一、苏州市在发展公共租赁住房方面的实践经验

近年来，苏州社会经济持续快速发展，城市化进程不断加快，新就业人员和外来务工人员急剧增加，目前苏州市户籍人口648万，已登记的外来人员655万。为优化投资环境、创建和谐社会，苏州市委、市政府非常重视外来人员居住问题，积极采用建设公共租赁住房、规范管理私有住房出租、实行外来人员住房公积金同等待遇等多项措施，着力解决城市新就业人员、进城务工人员和城市中等偏低收入住房困难家庭的居住问题。截至2012年底，苏州市已建设、改建、租用并纳入集宿管理的房屋有2.9万多处、70万套(间)，安置215万多外来人员居住，外来人员的居住问题已得到了明显改善。

（一）创新发展理念，在发展思路上进行探索，历经“三个阶段”，实现“三个转变”

1. 苏州是在全省、全国最早探索和实践公共租赁住房保障的地区，主要经历了“三个阶段”

（1）探索起步阶段。1992年前后，随着各类开发区的建设，外来人员急剧增加，开发区周边的村镇集体探索建设出租“集体宿舍”，解决外来务工人员的临时居住问题。

（2）规范推进阶段。2005年，市委、市政府出台了《关于加快推进全市外来人员集宿化管理的意见》，在住房建设规划和住房保障规划中，将支持和规范集宿楼建设作为改善外来人员居住条件的一项重要内容。苏州所辖各市、区政府有组织的积极建设“集宿楼”、“人才公寓”。

（3）提升扩面阶段。2010 年，市政府出台了《苏州市公共租赁住房保障办法》，进一步落实国发 24 号文件关于“使其他城市住房困难群体的居住条件得到逐步改善”的要求，把建设公共租赁住房作为加快实现党的十七大提出的“住有所居”目标的重要举措。

2. 苏州公共租赁住房在发展理念上实现了“三个转变”

（1）由无序发展向政府主导转变。探索起步阶段，苏州工业园区建设的“唯亭便利中心”，昆山建设的“千叶公寓”等，是企业的自发行为，居住和管理都处于分散无序状态。从 2005 年开始，苏州工业园区的“青年公社”、昆山的“永馨家园”等项目由政府主导，基本做到了有序建设、规范管理。

（2）由保障“蓝领”向保障“白领”转变。为适应产业转型升级的要求，吸引更多的创新创业和管理人才，主要保障对象由“蓝领”向“白领”转变，形态上也由建设“集宿楼”向建设“人才公寓”转变。苏州工业园区的“菁华铭地”、昆山的“绿地人才公寓”等都是为科技创业园量身订制的公共租赁住房项目。

（3）由解决外来人员居住向实现“住有所居”转变。随着城市居民住房保障做到“应保尽保”的同时，我们将符合住房保障条件，但买不起经济适用住房的城市居民家庭，纳入公共租赁住房的保障范围，出台了《苏州市区城市居民公共租赁住房实施细则》。苏州城区的晋源桥公租房“福运公寓”，政府一期投资 5 亿多元、建设住房 1489 套，就是专门为城市居民量身订制的保障性住房建设项目。

（二）创新建设机制，在建设方式和标准上进行探索，采用“三个模式”，强化“三个意识”

1. 苏州在发展公共租赁住房过程中，对建设公共租赁住房主要采用“三个模式”

（1）政府和政府机构投资建设。主要解决科技人才和城市居民的居住问题。如，苏州工业园区专门成立优租房管理中心，通过收购改造、合作经营、直接投资建设等多种方式大力建设“优租房”，到 2012 年底，已形成近 6000 套、50 万平方米规模，可供 15000 人租住的“优租房”。

（2）企业自身投资建设。主要解决本企业外来员工的居住问题。如，苏州工业园区的和舰科技、吴江的中达电子、昆山的南亚电子、张家港市的沙钢集团等大型企业，利用政府的政策支持，自筹资金解决本企业外来员工的居住问题。

（3）社会组织投资建设。主要解决经济开发区内各类企业的员工居住问

题，但不得向市场销售、不得改变用途。如太仓“菁英公社”，由用工企业与所在街道、村民委员会合资建设；苏州高新区枫桥街道“景山公寓”，由失地农民以拆迁补偿款作价入股投资建设。

2. 在管理中坚持“以人为本”的原则，强化“三个意识”

(1) 就近集约意识。为便利入住人员居住，人才公寓型、职工宿舍型公共租赁住房一般都建在新城区、开发区，方便入住人员就近上班。城市居民型公共租赁住房一般都建在各老城区周边，或利用腾退的老公房，方便入住的城市居民的生活。按照“集中开发、合理布局”的规划要求，坚持以小套型为主，注重集约建设，设计多种住房套型，满足城市居民和高端人才一户一套房、新就业人员一人一间房、一般人员一人一张床的不同住房需求。

(2) 配套服务意识。在建设中注重完善配套建设，同步建设各类公共服务配套设施，如公交车站、银行、超市、饭店、健身室、图书室、网吧、话吧、咖啡厅、浴室、理发室、医务室等。尽可能做到环境优美、设施完善、生活方便。如昆山市在建设时提出构建“三大空间、六大功能”的要求，即为居住者提供合理的居住空间、交往空间、休闲空间，具备交通、商业、文化、餐饮、通讯、娱乐功能。

(3) 便捷低廉意识。公共租赁住房一般能达到“拎包入住”的要求。每个房间都配置了家具和基本家用电器；4 人以下的房间内都配置厨卫设施；4 人以上的一般在楼层配置公共卫浴间；集体宿舍型都设有洗衣房、电视室、阅览室、活动室公用场所。我市公共租赁住房租金实行“参照市场价格、体现保障功能”的原则。政府投资的租金为市场租金的 70% 左右，低收入家庭的租金为市场租金的 50% 左右。如供应给技术、管理人员居住的优租房、人才公寓等，以 1 人间和 2 人间为主，每人月租金在 300 至 800 元不等。一线操作工居住的集体宿舍，以 8 人间和 4 人间为主，每人月租金在 100 至 200 元不等。社会组织投资建设向企业出租的，承租企业给予补贴，个人实际支出很少。在工业园区，优租房的租金可从承租人的公积金中直接抵扣，更加减轻了个人支付租金的压力。

（三）创新政策体系，在保障范围和组织管理上进行探索，保障“三个对象”，加大“三个力度”

为加快实现党的十七大提出的“住有所居”保障目标，我们探索建立住房保障制度的政策体系，逐步扩大保障范围。市政府颁布实施《苏州市公共租赁住房保障办法》，并将发展公共租赁住房的目标任务纳入了苏州市区住房保障的三年实施计划和“十二五”发展规划。这标志着我市公共租赁住房制度进入一个新的发展阶段，基本实现了廉租住房、经济适用住房、公共租赁住房三大保障制度的无缝对接，初步实现了中等偏低收入住房困难家庭、新就业人员、进城务工人员三类保障对象的全面覆盖。

发展公共租赁住房的关键在提高政策效应，解决建得起、租得到、住得好的实际问题。我市在公共租赁住房的建设和管理中，加大“三个力度”。

1. 加大政策扶持力度。公共租赁住房的房源建设、筹集、租赁管理等，可参照执行廉租住房、经济适用住房的各项优惠政策。同时政策明确规定，开发区的公共租赁住房建设按工业用房标准收费；水、电、气、有线电视、电信、环卫等公共服务配套项目的收费，均按为居民提供服务的收费标准下限收取；符合“按政府规定价格出租的公有住房和廉租住房，包括企业向职工出租的单位自有住房”条件的，暂免征收房产税、营业税。

2. 加大组织推进力度。市政府把建设公共租赁住房列入政府年度工作目标任务和实事工程项目，确保按时完成。省政府要求苏州市 2011 年度、2012 年度开工建设公共租赁住房分别为 17000 套、15100 套，苏州市实际开工建设 24549 套、19903 套，完成目标任务分别为 144%、131.81%。

3. 加大规范管理力度。集中建设的公共租赁住房小区，建设面积较大，入住人员复杂，必须建立完善管理制度，实施规范管理，使入住人员住得满意、住得舒心、住得安心，有家的归属感。在每个项目建成使用之初，就聘请物业管理公司，对室外卫生、小区环境、安全设施和房屋建筑等进行日常管理和运营维护，保持良好的租住秩序和居住环境，使外来从业人员生活环境质量得到明显提升。企业承租的集体宿舍，企业必须参与管理。相关职能部门根据要求指导建立相应的管理制度。通过加大服务管理力度，使外来人员的居住问题从自发的无序的市场行为，提升为规范的有序的政府行为，从解决外来人口的居住问题上升为实行全方位的管理与服务，从而有效促进社会的平安、稳定、和谐和发展。

二、进一步加快公共租赁住房发展的探索思考

苏州市探索发展公共租赁住房已走过了近二十个年头，各市各区都探索积累了许多经验和做法。但这些经验和做法都带有明显的地域特征，普遍适用性不强；虽有很强的操作性，但尚未形成政策体系。要进一步发展公共租赁住房，使之成为住房保障体系的重要组成部分，就必须继续开拓创新，建立完善“三个机制”，探索融通“三个政策”。

（一）建立完善“三个机制”

1. 健全完善住房建设机制。要制定建设规划和计划。市、县级市（区）人民政府应当依据国民经济和社会发展规划，根据城市中等偏低收入以下住房困难家庭、新就业人员、外来务工人员的规模、基本居住需求、当地居住水平及发展趋势，制定本辖区公共租赁住房规划，纳入住房保障规划体系，并确定年度实施计划。要落实资金筹集渠道。公共租赁住房的资金需求量大，可采用多主体投资多渠道筹集的方式。政府必须将公共租赁住房建设纳入财政预算安排，政府筹集的公共租赁住房保障资金实行专款专用，专项用于政府投资的公共租赁住房保障开支，包括新建、改建、收购、租用、装修公共租赁住房和租赁管理。另外，住房保障机构应该充分利用现有房源，建立使现有公共租赁住房房源有效、合理、充分利用的制度，对富余房源组织调剂安置。

2. 健全完善监督管理机制。各部门要协同加强监督管理。住房保障主管部门应当加强公共租赁住房的监督管理，公安机关应当加强新就业人员暂住证和治安管理，计划生育部门应当加强计生指导，卫生防疫和食品卫生部门应当定期检查公共卫生和食品卫生状况。公共租赁住房小区，建设面积较大，入住人员复杂，必须建立完善日常管理制度。管理方式上要制度规范、操作有序。向企业出租的集体宿舍，企业应当派员参与管理。在生活设施的配置上要做到设施齐备、简约实用，满足入住人员的基本生活需要；在环境的营造上要做到环境舒适、生活方便。

3. 健全完善住房退出机制。申请政府提供的公共租赁住房，住房保障实施机构应当按照相关程序进行严格审查。新就业人员、外来务工人员承租政府提供的公共租赁住房的初次承租期一般为1～3年。初次承租期满后，符合相关规定的可以继续承租。新就业人员承租期限最多不超过5年，应当根据合同约定提高续租期内的租金标准。城市居民家庭租赁公共租赁住房实行年度复审制度，经复审不再符合租赁条件的，应当退出已承租的公共租赁住房。对仅因经济收入原因不再符合租赁条件且退房确有困难的，经申请核准，可按调整租金标准的方式继续承租。承租人不再符合承租条件的必须按合同约定退租。承租人和用人单位拒绝履行合同义务的，由出租人依法向人民法院提起诉讼，申请强制执行。

（二）探索融通“三个政策”

公共租赁住房的最大特点是覆盖人群广泛，仅解决“有房住”问题，根据市场平均租赁价格确定租金标准，可对不同对象灵活调整租金减免标准，适于建立退出机制。根据公共租赁住房的优点，我们可以在住房保障体系上进一步的探索研究，充分发挥公共租赁住房政策优势，逐步融通廉租住房、经济适用住房、公有住房政策。

1. 探索融通廉租住房政策。住房保障体系可分为救助性、援助性、互助性三个层次。廉租住房政策属救助性政策，主要是以实物配租形式解决“有房住”问题。随着住房保障政策的全面落实，廉租住房政策中保障对象单一、政策灵活性差的特点愈来愈明显，申请实物配租的人数愈来愈少，发放的租赁补贴也很难真正解决居住问题。可以研究探索用公共租赁住房政策融通廉租住房政策，进一步发挥公共租赁住房的政策效应。首先将廉租住房保障对象纳入公共租赁住房保障范畴；其次合理确定廉租住房保障对象承租公共租赁住房的租金减免幅度；再次合理调整廉租住房租赁补贴方法和标准。

2. 探索融通经济适用住房政策。经济适用住房属援助性政策，主要是以“补砖头”形式解决“有住房”问题。在当前人多地少的矛盾冲突下，城市新增建设用地受到严格控制、房价不断上涨、保障性住房的房源供应与需求存在较大偏差。加大公共租赁住房供应比重将是解决保障性住房房源短缺问题的有效途径之一。可以研究用公共租赁住房政策融通经济适用住房政策，进一步发挥住房保障的政策效应。首先可对有能力购买经济适用住房的对象，变“补砖头”为“补人头”，放开购买“二手房”的补贴限制，提高购房补贴的标准，加强经济适用住房的援助性功能。其次对购买经济适用住房能力不强的对象，保障政策由援助性提升为救助性，保障目标由“有住房”调整为“有房住”，直接实物配租公共租赁住房，以解决保障对象的中短期住房困难。

3. 探索融通公有住房政策。公有住房政策是计划经济体制下以实物分配住房形式解决职工居住问题的产物，1993 年实行公有住房房改售房政策，1998 年停止公有住房实物分配。苏州市城区现有直管公房约 226 万平方米、3.7 万户，还存在部分单位居住公房，实行的是福利租金。目前在对直管公房的管理和养护中，以租不能养房的矛盾十分突出。国务院国发［1994］43 号文件要求，到 2000 年公有住房租金按成本租金或市场租金计租。但因各种因素，按成本租金计租难度很大，按市场租金计租难度更大。

公共租赁住房与公有住房的产权性质基本相同，可以进一步发挥公共租赁住房的政策优势，研究探索用公共租赁住房政策逐步融通公有住房政策。首先可进行公有住房普查，摸清公有住房基本状况、使用现状和承租人基本状况，理顺公房产权人与承租人的关系，推进规范化管理。其次要研究制定政策。根据住房是否可以进行房改售房、地段、结构、等级等客观情况，同时根据承租家庭是否可以参加房改售房、是否可以享受住房保障政策、是否是公有住房租金优惠对象、家庭收入等家庭情况，参考公共租赁住房的租金减免政策，按照“参照市场、体现保障，对象不同、标准不同”的原则，科学合理地探索制定差别化的租金减免标准。其三要稳步推进。在保持稳定、不激化矛盾的前提下，分期分批逐步实施差别化的租金。尽快解决已不符合参加房改售房或住房保障的家庭还继续享受福利租金的主要矛盾，使公有住房政策与时俱进逐步趋于合理。

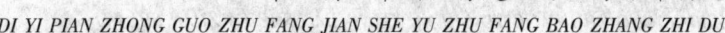

作者简介：

徐郁文，男，汉族，1955 年 3 月出生，中共党员，大学学历。现任江苏省苏州市住房和城乡建设局副调研员、房改办主任、住房保障处处长。

殷勇，男，汉族，1974 年 8 月出生，中共党员，本科学历。现任江苏省苏州市住房和城乡建设局住房保障处副处长。

全力抢抓工程进度　加快保障性住房建设

福建省莆田市城厢区住房和城乡建设局　詹雄志

保障性住房建设是一项重要的民生工程，关系到群众的切身利益及社会的安定稳定。2012 年省委、省政府决定从 8 月 16 日起至 11 月 15 日止，集中时间、集中资源、集中精力，大干 90 天，提前完成上级下达的保障性住房建设任务，迎接党的十八大胜利召开。区委、区政府高度重视住房保障工作，立即进行动员部署，按照大干 90 天，提前完成年度目标任务的要求，切实推进保障性安居工程建设。2012 年我区分配到 500 套公共租赁住房和 200 套经济适用住房建设任务，其中 200 套经济适用住房任务区政府正商请市保障性安居工程协调小组调整为公共租赁住房任务，目前共实施保障性住房项目 7 个，其中新建坂头 10#楼经济适用房（拟列入 2013 年保障性住房任务）和祥和水岸 5#、6#公租房 2 个项目，续建西沙员工社区（2#、3#楼廉租房）、祥和水岸经济适用房、公租房、限价房等 5 个项目，年度计划完成投资 5700 万元，1～8 月份完成投资 5000 万元，完成年度计划 87.7%。截止 8 月 30 日，已开工公共租赁住房 778 套，开工率达 111%，已配租 256 套，配租率达 64%。

一、保障性住房任务落实情况

（一）祥和水岸 5#、6#公租房

700 套公租房任务落实在祥和水岸公租房项目地块，因 2011 年结转 259 套，2012 年实际任务剩 441 套，我区将任务安排在该地块 5#、6#楼，5#楼共新建公共租赁住房 519 套，目前已完成项目立项，防雷、人防、消防等前期手续正在办理。我区已同莆田市祥和房地产公司就建设祥和水岸 5#、6#楼公租房达成初步协议，目前正在桩基施工，实现 2012 年项目全部开工建设，开工率达 111%。

（二）坂头 10#楼经济适用房（拟列入 2013 年保障性住房任务）

占地约 8 亩，建筑面积 2.7 万平方米，拟新建 280 套经济适用房，目前已完成土地征迁、地质勘察等手续，建筑方案及施工图设计正在进行。因我区近年来保障房建设项目多、任务重，资金需求量大，区财政资金紧张，我区

研究决定采用项目法人招投标的方式进行融资，请市政府予以支持，争取9月上市招投标平台，10月中旬完成法人单位招投标，11月底进场施工。

二、续建保障性住房项目进展情况

（一）祥和水岸1#、2#、3#公租房

建筑面积52165平方米，新建859套公租房，2012年计划完成投资1500万，1～8月份完成投资1300万，该项目于2011年8月动工建设，目前已完成2#楼1层，3#楼主体7层施工。

（二）祥和水岸9#、11#经济适用房

建筑面积35000平方米，新建500套经济适用房，2012年计划完成投资1500万，1～8月份完成投资1900万，该项目于2011年8月动工建设，目前已完成主体14层施工。

（三）祥和水岸10#限价房

建筑面积11250平方米，新建125套限价房，2012年计划完成投资1200万，1～8月份完成投资1050万，该项目于2011年8月动工建设，目前已完成主体12层施工。

（四）西沙员工社区（2#、3#楼廉租房）

建筑面积16556平方米，新建240套廉租房，2012年计划完成投资500万，1～8月份完成投资750万，该项目于2011年8月动工建设，目前已完成主体11层施工。

（五）坂头9#楼

建筑面积11200平方米，新建100套廉租房，34套限价房，19套公租房。于2012年3月竣工验收，目前正协调电业局、水务集团进行水、电立户。

三、配租配售情况

根据福建省人民政府《关于保障性安居工程建设和管理的意见》等相关文件规定，我区针对已竣工即将交付使用的坂头9#楼廉租房、延寿山庄二期公租房，正在制定配租方案及资格审查，确保配租过程“公开、公平、公正”阳光操作，配租到最需要的住房困难户。目前已完成对延寿山庄二期256套公租房的配租工作，配租率达到64%。同时，对2011年度336户廉租住房家庭进行复核，经初步审核有150户不符合保障资格家庭，准备按相关程序进行退出处理，对剩余符合条件的家庭根据需要配租在坂头9#楼100套廉租房，争取10月份配租到户。

四、主要措施

（一）定计划

认真对照2012年住房保障责任书的要求。狠抓工作落实，倒计时安排项目及下一步推进计划，明确时间节点，对存在的问题进行梳理，倒排时间进行整改，确保目标任务完成。

（二）抢开工

区政府高度重视，由分管领导协调项目推进中存在的主要问题；相关部门靠前服务，建立绿色审批通道，简化审批手续；各部门齐心协力，通力合作，集中力量突破困难。截止目前2012年项目已开工778套，实现开工率111%。

（三）抓进度

加大资金、设备、人员投入，强化施工组织和现场管理，在保障施工安全和工程质量基础上，加快施工进度提高基本建成率，争取通过大干90天基本建成率达到46.5%。

（四）求质量

时刻绷紧质量、安全这根弦，严格基本建设程序，加强项目监管，把关施工监督程序、竣工验收等环节，把保障房建成放心工程、安全工程。

（五）促分配

对已竣工的尽快配租配售到户，未竣工的落实预配租制度。加快坂头100套廉租房及44套限价房的配租进度，争取大幅提高我区配租率。

（六）保公平

尽快建立由民政牵头，公安、工商、税务、人行、金融、公积金、社保等部门组成的联动审核机制，理清各部门职责，规范审批流程，将保障对象收入、资产、住房状况全面纳入审核范围，同时健全退出机制，及时做好条件不符合清退工作，确保配租配售的公正公平。

五、存在问题

（一）目前我区保障性住房项目多，需求资金量大，区财政压力较大，请市里予以资金倾斜，建立统一融资平台，争取债券贷款。

（二）市里限价房管理规定未出台，造成已建限价房无法出售。

（三）民政部门只对城市低收入家庭进行认定，建议民政部门要成立专门的保障房准入审核部门，明确人员和经费，并按照配租配售流程图把好审核关。

六、下一步计划

（一）持续加温造势

定期召开保障性住房项目推进会，进一步落实责任分工及推进措施，不断推进建设任务有序开展，并及时协调解决项目推进中的困难和问题，保证进度，增强实效。针对项目建设中的规划选址、设计审查、预算决算、资金落实等问题，想方设法加以解决，确保2012年的保障性住房建设任务于9月份动工建设。

（二）强化质量监管

落实保障房项目质量安全责任，明确各方职责，紧抓施工各关键环节，对发现的质量问题，做到发现一起，立即整改一起，确保此项工作真正成为效率高、质量好的优质工程、民心工程。

（三）细化政策措施

依法加强管理，在原先制定的申请、审核、公示、配租、住用、监管等规定的基础上，再进一步细化和完善，增强可操作性，尽快出台新的管理办法，依法规范保障性住房的建设与管理。

加强保障性住房建设，是一项民生工程、民心工程，对加快推进城镇化和全面建设小康社会具有十分重大的意义。我区将以党的十八大胜利召开为契机，进一步创新工作举措，集中时间、集中资源、集中精力，大干90天，努力构建更为完善的住房保障体系，为加快推进经济社会转型跨越发展作出更大的贡献。

健全住房保障体系合理统筹城乡发展

福建省仙游县住房和城乡规划建设局　吕清水

2012年以来，仙游县住建局按照县委、县政府的工作部署，进一步深化完善城乡建设管理思路，扎实推进各项工作稳步进展，较好地完成各项工作任务。

一、推进项目建设，提升建设品位

（一）全力服务项目建设

切实履行城市建设战役指挥部办公室职责，加强协调、强化服务，促进项目建设超时序进展。22个省、市城市建设战役项目，年度计划投资4亿元，已完成投资4.8亿元，占计划的120%；100个城建固投项目，年度计划投资45.69亿元，已完成64亿元，占计划140%。城建固投项目和城市建设战役项目的顺利推进，使城乡面貌发生了较大的改观，城市建设各项指标均有明显提高，城镇聚集、带动和辐射作用明显增强。

（二）完善市政园林设施配套

一是完成投资1150万元，加固维修仙游大桥、扩改解放中路（西门兜至拱桥头段）、改造解放东路人行道和城墙顶路（仙游宾馆至其祥酒家段）、及时修缮损坏道路、完善安全交通标志标线，进一步完善旧城区市政道路设施。

二是完成投资约260万元（财政投入160万元），建设城西大桥、霞苑大桥、解放大桥、玉田大桥等4座桥梁夜景和11个路口高杆灯建设，指导督促城建花园、建豪花园、海亭嘉苑、龙翔新城、兰溪新天地等高层楼盘夜景建设，提高城区亮化水平。

三是完成投资1460万元，完成北一环路示范段绿化建设、提升改造仙港大道和仙港桥下互通岛绿化，极大的提升绿化水平。

（三）污水处理设施建设基本按时序推进

2012年市政府下达的污水处理设施建设的任务为：仙游县第二污水处理厂和钟山镇污水处理工程完成前期工作并动工建设，计划完成投资3727万元，建设配套污水管网32.9公里。至目前已完成32.4公里，完成投资3750万元。

二、强化城区管理，营造良好环境

（一）加强市容市貌管理

坚持疏导与治理相结合、集中整治与分工负责相结合的原则，实行分片分段、定点定岗、联动配合、责任到人的管理模式，加强督促巡查，坚决取缔店外店、摊外摊、流动摊点，及时制止乱倒垃圾、乱贴广告的行为，整治人力客运三轮车违规运营行为。共拆除各类违规设置户外广告1560多块，没收移动广告牌420多块，取缔夜宵摊、烧烤摊23个。

（二）狠抓“两违”整治

按照“两违整治”工作的统一部署，建立城区规划日常联合巡查、互通信息和属地政府牵头组织联合执法、强制拆除违法建设的机制，组织拆除违规建设地基、模板、钢筋、水泥板等800多户次15000多平方米，较大程度地遏制了违法建设的不正之风。

（三）加强市场化运作监管

在实行环卫保洁、绿化养护、户外广告设置、夜景维修、路灯（含电费）、“牛皮癣”清理等市政设施管理市场化运作的基础上，建立“日巡、周督查、月评、季考核”和“三级督查”制度，不断完善市场化管理考评机制，对养管不到位的坚决予以扣款。至目前，对各方面养管不到位的共扣款近25多万元，进一步规范市政设施维护维修、环卫保洁管理。

（四）开展渣土车专项整治

制订《开展城区渣土运输“滴洒漏”专项整治工作方案》，要求渣土车安装GPS系统，联合公安交警、交通、农机等相关单位，开展建筑渣土运输“滴、洒、漏”管理专项整治行动，对造成“滴、洒、漏”的施工单位和车辆由国土、建设、公安、交通、公路、属地政府等职能部门依法按照处罚标准的上限从重打击、从严惩处。

三、加快村镇建设，推进城乡一体化

（一）加快村镇规划编制步伐

组织编制了县委、县政府安排的6个村镇规划、149个新村规划编制任务。至目前，枫亭镇控规、钟山镇和大济镇总规划完成论证；榜头镇控规已完成方案设计，龙华镇、度尾镇总体规划正在编制；149个新村规划已全部完成规划编制，其中77个村已完成规划论证，19个村庄规划已完成报批。

（二）加快新农村试点建设

按照“新村建设与高速公路拆迁安置、造福工程、危房改造相结合”的原则，加快推进新农村试点建设。2012 年高速公路拆迁安置区建设共有 16 片涉及 473 户。至目前，各安置区已完成前期征地、用地报批、“三通一平”等工作，榜头桃源后山、上昆山坪、大济西南、红星安置区已一层封顶。

（三）深化农村家园清洁行动

扎实开展 286 个行政村农村垃圾整治工作，已有 7 座垃圾焚烧炉和 6 座压缩站投入使用，平原乡镇投入 14 部大型垃圾压缩车进行垃圾收集，垃圾压缩站投入 9 部配套车辆；所有乡镇均实行市场化承包运作的方式，将垃圾清运到寨岭垃圾处理场或焚烧处理，共有 11 个乡镇（街道）、208 个村将垃圾统一清运到寨岭垃圾处理场进行无害化处理，全县农村垃圾无害化处理率达 80% 以上，农村环境卫生进一步改观。

（四）实施农村环境综合整治试点工作

着重抓好坝下、紫泽两个农村社区综合整治及仙榜公路沿线村庄整治。至目前，两个片区已完成控制性详细规划编制。坝下蔡厝片区 40 户裸房装修及周边沿街立面改造正在施工；紫泽村已建成农民休闲公园，并完成干道两侧的行道树绿化；前溪自然村裸房装修与鹅头片区旧村改造工作正在启动。

四、构建住房保障体系，着力改善民生

（一）加快房源建设

2012 年共完成投资 4839 万元，新建鲤北玉井廉租住房 170 套、县再生资源回收公司配套公共租赁住房 96 套、仙游师范新校区配建公共租赁住房 160 套和鲤南 68#、69#地块中兴保障房小区建设 265 套公共租赁住房等保障性住房项目。举行 3 批廉租住房选房活动，2012 年安排廉租住房 504 套。至目前，我县廉租住房已配租配售 833 套，公共租赁住房出租 244 套，限价商品住房出售 50 套，配租配售率为 84.2%。

（二）完善管理制度

一是健全规章制度。进一步完善住房保障配租配售流程，在社区街道办事处、镇人民政府建立住房保障中心，负责受理辖区居民住房保障调查、初审及公示工作。二是严格审批把关。加强各部门联动审核、信息共享，并严格执行“二审二公示”制度，切实让城市中低收入家庭享受到住房保障。三是加强租售后管理。对交付使用的廉租住房实行年度复核，对已分配保障性住房 454 户家庭进行核查。其中名下排查有问题的家庭为 27 户，发出责令退

房告知书27份。

（三）指导督促安置房建设、回迁

我县政府投资建设安置房主要分布在鲤南、鲤北、鲤中、枫亭、县工艺产业园五个片区，总拆迁户2568户，总拆迁建筑面积53.7万平方米。共规划安置房313幢，建筑面积174.1万平方米，已建安置房115幢，建筑面积66.6万平方米，竣工安置房83幢，建筑面积51.5万平方米，已回迁安置1524户。

五、监管与扶持并重，培育房地产、建筑业

（一）房地产业稳步发展

新增房地产开发企业2家，共有房地产开发企业有48家；在建的项目有39个，完成土地开发面积31.52万平方米；完成投资28亿元；商品房销售总面积43万平方米，比2011年增长5.9%；创税3.4亿，比2011年增长30.7%。

（二）建筑业进一步做大做强

新增施工企业11家，共有建筑施工企业28家，建筑业总产值达27.8亿元（其中外省完成的产值17.4亿元），创税9000万元。

六、组建建工集团，搭建融资平台

先后成立了县建工投资有限公司和县建工贸易有限公司；完成县城市建设投资有限公司和县中兴房地产开发有限公司的股权转让工作；建工投资集团已取得房屋、市政三级施工资质和安全生产许可证，即将开展实质性工作。

加快城市发展步伐
推进凤泉城乡建设工作快速发展

河南省新乡市凤泉区城乡建设局　冯世民

2010年新乡市凤泉区组建区城乡建设局，撤销凤泉区建设局，将职能并入区城乡建设局。2010以来年，领导班子认真履行职责，加快城市基础设施建设，完善城市功能，加大绿化建设投资力度，改善城区环境，开展城市改造，发展房地产业，各项工作取得了优异成绩，为区域经济社会发展作出了积极贡献。

一、城市基础设施进一步完善建设工作

2010年以来，积极破解资金瓶颈，进一步完善城市基础设施。一是加快路网建设，新修了站前路东段、新中大道北延、牧野路北段、站前路东段等4条道路4000余米，大修改造了区府路、宝山路道路4条道路6000余米，城区路网进一步完善，城区道路总长达到31.21公里，人均道路23.4平方米；二是重点解决城区排水系统缺失的问题，完成污雨水管网建设23公里，排水管网总长38公里，从根本上解决了城区部分区域污水无法排放的困难；三是城区路灯亮化效果明显。三年来安装路灯400余盏，路灯总数达到1500盏，城区道路路灯设置率达到95 %。同时实施了夜景亮化工程，城区主要建筑物实施亮化，特别是区府路等处设置树状景观灯155盏，亮化效果十分明显。

二、大力开展城市园林绿化

三年来，注重改善城区绿化建设，提升了城市品位，为居民营造了良好的娱乐休闲环境。一是为提道路景观效果，先后高标准实施了站前路、大北环、宝山路、新中大道北延等道路绿化工程，绿化面积222602平方米。二是注重民生工程，开展游园绿地建设，先后建设了绿水园、杨九屯游园、宝山路游园、火车站游园等11处20000余平方米。基本满足了居民休闲需求；三是实施了二道堤等防护林带建设，城区生态环境得到了改善。建成区绿化覆盖率41.5%，绿地率38.6%，人均绿地10.2平方米。

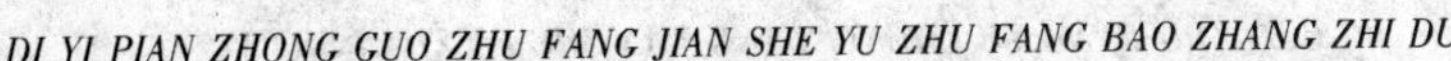

三、城市公用事业快速发展

三年来，积极发展城市公用事业，城市功能进一步完善。一是实施了36.24千米城市供水管网扩改建工程，解决了宝山东路及沿途单位、居民用水问题，扩大了城市集中用水覆盖面；二是在城市燃气和集中供热方面，积极协调开发公司、公用行业企业和驻区区属单位，燃气和集中供热管网进一步延伸，特别是新建小区双气配套完善。到2012年底，星湖花园、绿茵河畔等新建小区均开通燃气和集中供热。白鹭化纤集团、新乡监狱、平原监狱等主要企业和城区集中住宅区均开通了城市燃气。城市燃气用户增加到9500户，集中供热用户增加到1872户。

四、建筑工程管理得到规范

三年来，加强了建筑工程的管理和质量监督，进一步规范了建筑市场秩序。一是在建筑工程管理方面，认真执行《行政许可法》，严格建设工程审批；认真落实安全生产、消防安全责任制，严格工程现场施工检查，按照文明工地标准各项条件督促工地整改，确保了这三年内不出现重大火灾和安全事故。二是在建筑工程质量监督方面。严格质量监督登记制度，落实工程质量责任制，建立项目相关责任人资料档案。同时积极推广建筑新技术，推广建筑节能材料。三年来监督工程20余项，建筑面积40余万平方米，工程监督覆盖率100%，建筑工程主体结构合格率100%，竣工验收合格率100%。四是积极拓宽建设工程管理范围，将乡镇范围内的企业、公用民用建筑和园区建筑全部列入监管范围，全区建筑工程质量普遍提高。

五、实施保障性住房建设

保障性住房建设，是政府以人为本，服务人民群众的重要举措。三年以来，我们立足凤泉区实际，积极解决低收入家庭的住房问题。一是2010年开始实施了白鹭化纤集团棚户区改造项目，计划投资1.5亿元，改造旧房3.3万平方米，拆迁630户，建设多层建筑27栋，总建筑面积9.8万平方米，安置1000余户。到2012年底，项目基本完成已完成拆迁450户，18550平方米，新建房屋19栋，建面积75208平方米。二是实施了平原监狱棚户区改造项目。拆迁居民210户，拆迁面积20500平方米，计划新建住宅20340平方米，192套。到2012年底，项目改造基本完成。三是开展了廉租房建设工作，投资 4063 万元实施小黄屯 30000 平方米廉租房建设，目前全面竣工，建设房屋 600 套；2011 年、2012 年投资 4363 万元分别实施了宝山西路廉租房一期、二期工程，建筑面积 33000 余平方米 712 套，目前房屋建设全面竣工，正在开展道路等基础设施建设。四是 2011 年投资 1150 万元开展了卫北园区 10000 平方米公租房建设，目前工程全面竣工，建设住宅 167 套

六、行政文化商贸区核心区改造成效显著

为改善环境，改善行政办公条件，促进商业发展，2009 年开始实施了行政文化商贸区核心区改造项目。该项目占地 270 亩，计划总投资 10 亿元，由新乡宏铭房地产开发有限公司实施，总拆迁面积 17 万平方米。项目建设包括：全国 500 强企业“大商百货”进驻的 4.5 万平方米的大型购物中心，原机关用房拆迁改造的 2 万平方米商务办公中心，4.5 万平方米商业步行街及特色商业服务区，以及建筑面积 20 万平方米的拆迁安置房及商住楼项目。目前，该项目已完成 8 万平方米的拆迁任务，拆迁安置楼及商务中心也已开工建设。时代广场项目购物中心面积 1.5 万平方米建设投入使用。6 栋商务、写字楼主体竣工；安置区 2012 年开工时代华府项目，4 栋住宅楼正在施工。新玛特百货 2012 年年初开业以来，日均营业额达到 30 余万元，最高日营业额达到 300 万元。

七、城中村改造全面启动

城中村改造是改善环境，加快城镇化进程的重要内容。三年来我们加大了城中村改造工作力度，六个城中村改造全面启动。一是小黄屯城中村改造项目。该项目已完成拆迁面积 5.1 万平方米，开工建设 23 万平方米，建成 19.9 万平方米，完成总投资 23800 万元；二是耿庄城中村改造项目。2012 年 8 月份开工建设。已完成拆迁 2 万平方米，9.58 万平方米安置房，目前进度为主体施工。2013 年新开工建设 4 栋楼，建筑面积 1.3 万平方米；三是何屯城中村改造项目。该项目已完成拆迁面积 0.6 万平方米，开工建设 1.9324 万平方米，目前建有何屯城中村改造项目 1#、2#楼。现有进度主体六层施工；四是杨九屯城中村改造项目。该项目已完成拆迁面积 1.57 万平方米，开工建设 2.6 万平方米，建成 1.9 万平方米，完成总投资 3940 万元。原有续建工程凤泉新城 1#楼全面竣工；五是大黄屯城中村改造项目。该项目已完成拆迁面积 2.5 万平方米，开工建设 2.8 万平方米，建成 2.8 万平方米，完成总投资

4500 万元。目前正在进行和谐花园一期工程基础设施建设；六是尚介城中村改造项目。该项目已完成拆迁面积 0.6 万平方米，开工建设 1 万平方米，建成 0.8 万平方米，完成总投资 960 万元。目前正在完善城中村改造相关手续。

八、房地产开发有序推进

我们一直将房地产开发作为拉动城市建设，拉动区域经济社会发展的重要工作来抓。一是绿茵河畔房地产开发项目，目前在建项目绿茵河畔 9 个单体工程，建筑面积 5.58 万平方米主体施工。二是宏铭时代广场项目按期推进，原机关用房拆迁改造的 1.4 万平方米商务办公中心已主体封顶。1.5 万平方米购物中心投入使用。6 栋商务、写字楼主体竣工；安置区 2012 年开工时代华府项目，4 栋住宅楼正在施工。时代华庭 4 栋住宅开发已奠基施工。三是世纪公馆 4 栋 2.23 万平方米商住楼已于 2012 年开工，正在开展主体施工。房地产开发成为我区重要产业，同时开发建设的宏铭时代广场、沿街开发提供了大量商铺，极大满足了我区商业需求，住宅开发为城乡居民提供了充足的购房房源。

以规划为引领　以资金为保障
不断加快安置房建设　提升居民生活质量

湖北省宜昌市点军区住房和城乡建设局　赵长喜　陈启红

住房是百姓安身立命之所。加快安置房建设不仅是一项十分紧迫的民生工程，更是事关百姓安居乐业的大事。

一、宜昌市点军区安置房建设基本情况

按照市委、市政府“四个先行”的要求，我区安置房建设的目标是：安置房建设全面覆盖当年所有城建项目，年底其它安置点红线全部落地，三年45平方公里内安置房全面建成。

根据45平方公里新区全覆盖的要求，点军新区范围内初步规划拟建安置小区共27个，386万平方米，安置房源近3万套，总投资100亿元，计划安置搬迁户14000余户。

（一）已建安置小区2个

小杨家湾与西边冲村民集中安置小区共6万平方米，650套，总投资1.1亿元，主要用于维多利亚、五龙路、翻坝连接线、移民后扶中心等项目搬迁安置，2012年底交付入住，现已入住450余户。

（二）在建安置小区6个

五龙阳光、塘上龙悦、李家河佳和家园、艾家桥河佳苑、联棚大雁坝与桥边滨河6个安置小区共80万平方米，约7000套，计划投资20亿元，主要用于磨基山旅游综合体、东岳二路、垃圾填埋场、磁电与1.5产业园、五龙大道和东方超市等项目搬迁安置。目前五龙阳光一期6.7万平方米已完成招标，5月正式动工。桥边滨河一期0.5万平方米工程形象进度达四层。其余4处正在搬迁和办理前期手续，计划6月动工。

（三）规划拟建安置小区共19个

1. 计划动工6个。偏岩、太平、韩家坝村、六里河村、黄家棚、朱市街6个安置小区共86万平米，总投资22.3亿元，主要用于东岳二路、奥体中心、市一中、郭家岭湿地公园、磨基山公园等项目的搬迁安置。

2. 启动建设13个。李家湾、巴王店村、范家湖村、谭家河村、双溪村、福安村、刘家村、艾家村、紫阳、牛扎坪、白马溪、五龙红光安置房、桥边工业园共13个安置小区共214万平方米，总投资55.6亿元，主要用于江南一路、将军路、桥边工业园等城建项目征地搬迁安置。

二、安置房建设模式

（一）与开发商共建

小杨家湾、西边冲与桥边滨河安置小区主要采用与开发商合作共建模式。根据项目搬迁房屋协议面积，开发商与政府相关单位按所需同等规模安置房各自出资共同建设。

（二）城投借资，政府主建

2012年土地招拍挂要求净地交付后，与开发商共建模式已不现实。目前我区安置房建设主要依赖城投垫资，区安置办（宜昌市点军城乡建设开发投资公司）为业主建设。

（三）BT代建

为解决安置房建设模式单一，融资渠道单一现状，我区拟对联棚大雁坝安置房实行BT模式试点，目前正准备公开招标项目投资人。

三、安置房建设成本

安置房建设成本包括：安置小区征地搬迁费、杆线迁移费、“三通一平”费、工程报建费、主体工程建设费、配套工程建设费、工程管理费、办证费及税金等。以五龙阳光安置房为例，五龙阳光建筑面积15.7万平方米，产权面积13.9万平方米，经测算，我区安置房按产权面积约为2800元/平方米。

四、安置房建设资金使用情况

目前，全区安置房建设到位资金17632万元，其中开发商合作约1.1亿元，城投借资5012万元，区财政垫资1620万元。

资金使用情况为：小杨家湾、西边冲约1.1亿元、五龙阳光4522万元、联棚大雁坝350万元、桥河佳苑560万元、塘上龙悦600万元、李家河庙嘴600万元。

2013年，拟开工80万平方米安置房建设，其中建成20万平方米，计划总投资9亿元。其中：

五龙阳光建筑面积15.7万平方米，计划总投资3.5亿元，一期6.7万平方米，2013年需投资1.4亿元，已投资3522万，还需1.05亿元。

联棚大雁坝建筑面积8.3万平方米，计划总投资2.1亿元，2013年需投资1亿元，已投资350万，还需9600万元，其中搬迁资金600万元，建设资金9000万元。

桥河佳苑建筑面积9万平方米，计划总投资2.3亿元，一期计划4万平方米，2013年需投资8000万元，已投资560万。还需7440万元，其中搬迁资金1200万元，建设资金6240万元。

塘上龙悦建筑面积22万平方米，计划总投资5.7亿元，一期计划9万平方米，2013年需投资1.5亿元，已投资600万。还需1.44亿元，其中搬迁资金1800万元，建设资金1.26亿元。

李家河佳和家园建筑面积21万平方米，计划总投资5.46亿元，2013年需投资1.5亿元，一期计划10万平方米，已投资600万。还需1.44亿元，其中搬迁资金2000万元，建设资金1.24亿元。

桥边滨河总建筑面积7.9万平方米。计划投资2亿元。一期0.5万平方米为开发企业代建。

偏岩、太平、黄家棚、朱市街6个拟动工安置小区总建筑面积86万平方米，总用地面积586亩，2013年计划动工41万平方米，需资金1.9亿元，其中搬迁资金1.2亿元，工程建设资金0.7亿元。

13个计划2013年启动的安置小区的选址与拆迁约需资金1.5亿元。

五、存在的突出问题

（一）安置房规划定点难

一是点军分区规划、城市设计、部分道路线形未完全确定，影响安置房选址。二是部分安置点没有完整的1:500地形图（如桥边镇除偏岩村外，其他各村均没有1:500地形图），因此，急需的大多数选址不能按规划要求提交资料。三是规划定点所需时间长，定点难以决策。一方面选址需搬迁户乐意接受，确保搬得动，另一方要考虑城市开发建设成本与规划要求。市、区、乡、村、户多方意见难以统筹平衡。

（二）规费减免时间较长

按照《市人民政府办公室关于加强住房保障促进房地产市场健康发展的实施意见》（宜府办发［2010］105号）精神，安置房建设规费减免参照经济适用房优惠政策执行。但在实际操作中，安置房规费减免需相关部门提出意

见后报市政府会议审批。各部门提出意见时间较长，会期难以确定，办理减免时间较长。

（三）资金压力大，资金拨付程序复杂

点军安置房建设资金来源主要依靠项目业主和市城投。土地招拍挂改为净地交付后，项目业主垫付安置房建设资金难以实现。市城投因资金平衡及融资要求，本身资金压力巨大，资金到位较慢（需9人审签），难以满足工程建设需要。

六、建议

（一）建议市规划局尽快落实我区安置房选址，实现无缝对接，零距离服务

4月底，完成我区偏岩等6个安置房选址。6月底落实李家湾等13个安置房选址，确保三年完成安置房建设的总体目标。

（二）建议市政府以文件形式明确安置房规费减免

开辟安置房建设规费减免与办证绿色通道，凭文件直接在行政服务中心窗口办理规费减免，办理施工许可证，加快报建进程（包括已建成的分户产权证）。

（三）建议进一步明确我区安置房建设资金来源，多渠道筹措安置房建设资金

一是建议明确划定为城投匹配的土地，按照全年7.7个亿的安置房建设资金（其中安置房搬迁资金计划2个亿），由城投根据合同与进度确定月拨付额度，简化资金支付程序，确保搬迁、报建及工程建设需要。二是建议能否为点军匹配相应的土地，解决1亿元安置房建设资金。三是市财政在我区安置房搬迁资金不足的情况下，能否考虑借资5000万元，解决当前安置房建设资金不足。多渠道筹措安置房建设资金，为“一年见成效、三年出形象、五年成规模”的新区建设总体目标奠定搬迁安置基础。

在今后一段时期，点军区在安置房项目建设中，将以规划为引领，通过规范程序、落实责任、紧扣节点，积极筹措资金，保质保量推进基础设施和配套设施建设，不断完善新区综合功能，改善新区生活环境，提升居民生活质量，让安置房成为百姓的幸福家园。

作者简介：

赵长喜，男，汉族，1971年11月出生，中共党员，本科学历。现任湖北省宜昌市点军区住房和城乡建设局局长。

自1991年8月参加工作起，历任桥边镇经管站经管员，桥边镇党委委员、副镇长、党委副书记、常务副镇长，点军区商务局局长，点军区政府办副主任、区搬迁办主任。2011年11月至今，任宜昌市点军区住房和城乡建设局局长。

陈启红，男，汉族，1975年3月出生，中共党员，本科学历。现任湖北省宜昌市点军区住房和城乡建设局搬迁安置办副主任。

自1994年7月参加工作起，历任桥边小学副校长、校长，点军小学校长。2012年8月至今，任宜昌市点军区住房和城乡建设局搬迁安置办副主任。

阳光建设铸新城真诚服务暖民心

湖南省常德市住房和城乡建设局戴君耀　佘剑球

近几年来，湖南省常德市住房和城乡建设局在常德市委、市政府的正确领导下，围绕“建设现代常德、美丽家园”的总体目标，加快城市扩容提质，坚持城乡统筹发展。先后获得了国家“节水型城市”、“全国无障碍设施建设城市”，住建部“十一五建筑节能与科技创新先进单位”，全省建筑业管理工作、城市建设管理、保障性安居工程工作先进单位和全市十佳人民满意机关”等荣誉，陶渊明笔下的世外桃源正在成为这座被誉为“桃花源里城市”的真实写照。

一、力推保障安居　稳房产市场　让百姓安居

（一）小住房凸显大保障

至2012年底，全市累计投入78.5亿元（含争取中央、省投资补助20.2亿元），筹建保障性住房3.82万套、发放货币补贴2.71万户、改造各类棚户区4.34万户，解决了10.87万户中低收入家庭的住房困难，保障覆盖率为12.5%。市本级筹集保障性住房10941套、发放货币补贴9813户、改造各类棚户区27456户，解决了4.82万户家庭的住房困难，保障覆盖率为17%。改造农村危旧房23590户。目前，全市初步建立了廉租房租赁补贴、廉租房实物配租、廉租房共有产权、公租房配租、公租房租赁补贴梯度保障模式，明确了廉租房、公租房、城市棚改“三架马车齐驱”的思路，将保障性安居工程纳入城市发展总体规划。采取廉租房共有产权、廉租房购房补贴、建立保障性住房融资平台、引导民间资本参与等方式，有效解决建设资金不足的“瓶颈”问题。

（二）完善配套制度体系

多年来，市住建局一直着力推进以廉租房、公租房、城市棚改为重点的保障性住房制度体系建设，深入实践和不断完善，积极创新保障方式，先后出台了《常德市廉租住房共有产权管理实施办法》、《关于推进城市和国有工矿棚户区改造工作的实施意见》等政策，起草制定了《常德市城区公共租赁住房管理实施细则》、《常德市商品住房配建保障性住房管理暂行办法》等操

作性办法，指导、规范全市住房保障工作。如配异地建费收取政策，提出按应配建商品房的销售均价与建设成本的差价收取，统筹用于保障性住房建设；开展“政企共建”，通过“政府补贴、企业自建”在工业园区引导企业建设公租房，实行生产区和生活区的分离；统筹社会房源作为保障性住房，避免重复投资，启动保障性住房市场租赁工作，最大限度的满足了低收入家庭的实际居住需求。

（三）科学分配应保尽保

为了实现公平分配，市住建局从准入标准、审核程序、动态管理、退出机制等方面入手，加强保障性住房分配的动态监管。对廉租房入住对象严格实行“三审两公示”制度，由社区干部和居民代表依据家庭困难程度共同筛选，在社区宣传栏内张榜公示接受居民监督，由街道办事处复审，区住房保障部门终审并网上公示，市住保办按20%的比例进行抽查。在公平分配措施上，统一采用现场公开摇号方式，让每一个轮候家庭都能享有同等的机会。同时，本着优先保障孤老病残等特殊群体的原则，对肢体残疾家庭、重病号家庭、年龄在60岁以上的老年人家庭优先考虑，直接实行低楼层摇号安置；建设方在交房前，都会根据即将入住特殊家庭的实际困难，对廉租房小区厨房、炕台、厕所蹲位、入户台阶等进行针对性改造，充分体现以人为本。

（四）有效调控房地产业

1. 力保房价稳定：2010年底至2011年初，城区房价曾出现过陡涨，对此，按照国家的一系列调控政策，从2012年4月份起，市住建局采取了一系列的控价措施稳定房价。落实差别化税收和信贷政策、加大保障房建设和普通商品房供应，在市城区实行商品房预售价格临时干预制度，实行房价涨幅控制，适当的进行限价销售，对定价过高的楼盘不予批准预售。同时，近年来，严格执行“明码标价”、“一房一价”制度，通过网签系统控制，对已经预售许可的房屋禁止随意涨价，出台了《常德市预售商品房合同注销及信息变更管理暂行办法》，加强了对预售商品房退房管理。通过这一系列行之有效的措施，使市城区房价涨幅得到了有效控制，房价总体保持稳定，房价水平和经济增长速度、居民收入水平基本匹配。

2. 强化市场规范：为促进房地产市场持续健康发展，先后制定和完善了房地产市场30多个规范性文件和管理制度，有效地解决了商品房预售及时备案问题，防止了“一房多卖”等违法行为的发生，保障了消费者的权益。同时，抓好土地出让建设条件和预售把关、项目资金监管、住宅项目及公共用房设施管理、交房标准承诺及项目联合竣工验收，对全市272家房地地产开

发企业进行了清理，对违规企业实行注销或降低资质等级处罚，加强对房企动态监管，定期清理排查市城区问题楼盘。完善企业诚信信用信息，加大对房地产开发遗留问题的处理，有效维护了购房人的合法利益和社会稳定。

3. 促进品质提升：通过抓管理促进、树典型带动和外地优势企业引进，常德市房地产开发水平和产品品质得到明显提升，许多楼盘在规划布局、环境打造、业主公共空间保障、配套设施完善及建设用材和施工质量等方面都有新的提高。这些高品质楼盘的开发，对促进城市建设升级、带动市民生活品质提升、增强常德楼市的吸引力具有明显的作用，同时也得到了消费者的高度认同。

二、加快两型发展 促城乡一体 让百姓舒心

几年间，按照建设“生态宜居城市”要求和“一江两岸”、“一城四区”发展格局，中心城区城建项目相继投入200亿，拉开了160平方公里的路网框架，建成了“十纵十横”道路内网和外环为主框架的城市道路体系，城市发展空间进一步拓展。

（一）北部新城展望城市发展理念

为了贯彻落实省委、省政府“四化两型”建设方针，大力推进我市新型城镇化建设，打造生态宜居城市，省住建厅和市政府签订了框架合作协议，建立了厅市合作联席会工作统筹协调机制，现已完成北部新城总体策划方案等11项规划，多项工程已先后建成和正在实施；大力推进国家可再生能源建筑应用示范市建设，打造出具有湖南特色的新型城镇化示范区。目前，该区域开发建设正在抓紧整体推进，一批标志性工程进展顺利，骨干路网建设已全面铺开，堤防、水利、北部新城环形水系等环境整治工程正重点推进。

（二）城市水系治理彰显城市特色

为综合治理好江北区域内的内外环水系，通过引进德国汉诺威水协治水的先进技术和理念，按照先内环，再外环；先截污（泵站—污水厂—管网）；再补水（降低泵站来水浓度，清洁河流）；再活水联通、建设生态景观的实施程序，保障治理后整个江北水环境达到“干净水、数字水、流动水、生态水、低碳水、文化水”的全新理念，实现我市“碧水蓝天”生态建设目标。而且，在治理工程实践中，广场、绿地、停车场、泵站、堤岸、步道等都将具备生态、景观等综合功能，实现市政设施全面生态化。目前，12000平方米的船码头机埠生态滤池项目已即将建成，该项目将实现可持续性的雨水收集管理。通过建设水敏性（海绵体）城市，通过调蓄、渗滤、净化，从源头降低排水

流量，减少管线投资，建立开放式排水系统，生态化的泵站、优化的排水系统，增强历史文化品味（独特性）。引水入城后，水系将重新回归城市，流动的水将诠释出现代城市的活力与发展轨迹，讲述大西门、老城墙等古城故事，恢复旧时的河流及街巷的记忆，凸显水的历史文化主题。

（三）村镇示范建设推进城乡一体

在加强中心城区建设的同时，以基础设施建设配套为重点，加快改善村镇生态环境。通过大力实施新农村宜居示范建设，重点打造了13个省市级新型示范镇、特色镇和村镇村同治示范片；加强了对县市区污水处理厂管网配套建设以及运营管理的督促检查，指导抓好各县市区城乡规划修编，坚持“宜居”建设理念，通过上引下联，抓住国家政策机遇，启动了一大批县市重大基础设施建设和民生改善工程，明显改善了居民生产生活环境。

三、规范建筑市场　保质量安全　让百姓放心

（一）“三化”标准提升现场管理

全面推行工程质量安全标准化、规范化、信息化“三化”管理。通过出台办法，制定现场“三化”标准规范，强化了对施工现场工地围墙、安全网、渣土外运和起重设备安全等方面的监管，加强阶段性动态检查，严格工程从开工到竣工验收的层层把关；加大对现场关键岗位人员到岗和履职情况的核查力度，建立打卡、挂牌上岗制度；通过落实“飞行检查制度”，执行新的检测标准，开展监理整顿专项行动，确保检测和监理等中介服务机构的诚信公正；定期开展企业资质动态核查，进一步强化了中介机构特别是监理和检测企业履责监管。

（二）强化监管规范招投标行为

先后制定了《关于防治房屋建筑和市政工程项目招标投标活动中串通投标现象的实施意见》、《关于进一步规范招标代理机构从业行为的通知》、《关于优化房屋建筑和市政工程非国有资金投资建设项目施工和监理招标工作的实施意见》等多个规范性文件，大力推行电子评标系统，实行网上发售招标文件、网上提问答疑，取消投标报名和资格预审，启用新的评标办法，同时，严格流程化管理，强化代理机构管理，严厉查处围标串标行为，招投标工作质量和效率有了大幅度提高。

（三）严把质量关口消除隐患

坚持开展各种形式的建设工程专项治理，通过严把材料进场准入关，强化建筑材料管理，严厉打击“钢筋瘦身风”，确保工程质量安全；开展经常性

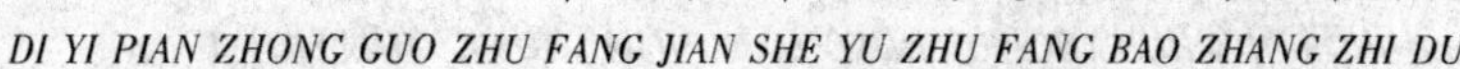

的质量安全隐患大排查活动和“打非治违”行动，加强建筑执法专项检查，严厉重点查处建设工程中违法分包转包、挂靠等违法行为，多措并举，针对保障性安居工程和安置房质量安全进行集中大排查；对检查中问题突出的企业和项目，实施差别化管理，5 年来，市城区未发生一起重大安全事故。

四、公用园林并进　造宜居环境　让百姓怡心

（一）公用事业保障运行

加快基础配套设施完善。几年间，通过新建四水厂，城区给水能力达 43 万吨；增加一批排水机埠，达到了日降雨 110 毫米当日排干标准；建成 9 座污水厂，日处理能力达 42 万吨；实施了天然气入常，城区气化率达到 93. 4%；推广城区路灯节能光源，开展城市饮用水应急备用水源调研；持续推进街巷整治。近几年来，集中力量实施街巷整治年行动计划，市城区 300 多个街巷得到整治，组织完成了全市 40 多个敞开式小区整治并制定了物业管理方案，出台了《敞开式小区整治与规范管理工作指导手册》。对设施配套和规范管理的标准予以统一，设施配套建设将按照路面硬化、排水通畅、照明无盲区、绿化美观标准，实现“六有”，即：卫生有人清扫、秩序有人管理、安保有人把守、设施有人维护、绿化有人养管、维修有人服务。

（二）城市绿化彰显特色

“常德城区处处绿树环绕，空气清新，让人心旷神怡，不愧为桃花源里城市”。很多外地来的朋友都对我市城市建设由衷表示赞许，宜居的环境正吸引越来越多的外地人远道而来，定居常德。近几年，市城区投入 10 多亿元，新增城市绿地面积 980 万平方米，2012 年，市城区绿地率、绿化覆盖率、人均公园绿地面积分别达到 39. 01%、43. 45% 和 14. 21 平方米，城市道路绿化、滨湖水乡绿化等方面形成自己独有特色。坚持以市城区“三山三水”、“五大出城口”、城市广场等为重点，建设了一批如柳叶湖环湖绿化带、穿紫河风光带等公共绿化工程，改制企业、开放式社区绿化改造取得明显实效，成为了市民休闲、出游的好去处，城区每年摆花 100 万盆以上。

加大保障性住房建设力度　构建幸福博罗

广东省博罗县住房和城乡规划建设局

近年来，博罗县按照“以人为本、生态优先、文化引领”的发展思路，把保障性住房建设作为建设幸福博罗的重要内容，加大投入和建设力度，较好地落实了市下达的工作任务。

一、博罗县2011年及2012年保障房建设工作任务

根据博罗县政府与惠州市政府签订的目标责任书，2011年博罗县需落实新增廉租住房租赁补贴100户，落实廉租住房100套，落实经济适用房160套，落实公共租赁房1000套，共1360户；2012年需落实新增廉租住房租赁补贴50户，落实经济适用房150套，落实公共租赁住房200套，筹集公共租赁房200套，共600户。

二、保障性住房建设情况

(一) 经济适用房和廉租住房建设情况

根据博罗县政府常务会议关于住房保障建设决议，县政府在罗阳镇浪头村委第一村民小组蒲芙夫（土名）地段划拨2万平方米土地作为博罗县经济适用房和廉租住房（以下简称“两房”）建设用地，并按照“政府主导、企业代建”的模式，与惠州市碧华达发展有限公司签订了《博罗县经济适用房廉租住房代建合同》，由碧华达公司全额出资代建经济适用房和廉租住房。“两房”规划总建筑面积77829平方米，总投资约16182万元，其中建设4栋19层高层经济适用房，4栋6层低层经济适用房，3栋6层低层廉租住房。2011年已建成廉租住房100套，经济适用房160套，100%完成了2011年惠州市下达的工作任务。截至2012年3月底，“两房”建设累计投资约8000万元，高层经济适用房A、B栋完成了主体封顶，进行内外墙批荡，C、D栋主体施工至6层楼板；低层经济适用房H、I、J、K栋主体施工至4层楼板、砌砖；廉租住房E、F、G栋外墙完成，主体完工。

在抓好“两房”建设的同时，我县还注重规范“两房”申请审核程序，严格做好保障性住房申请家庭的资格审查。我县坚持“对象明确、程序公正、

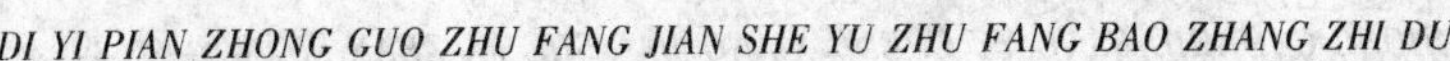

机会均等、公开透明”的原则，严格“三级审核、二级公示”把好公平分配关（申请对象到户口所在地居委会进行申报，居委会将申报人的家庭基本情况进行审核，民政部门将申报人的家庭收入情况进行审核，各居委会将申报住房保障对象进行公示7天，没有异议的报送县房改办，县房改办组织人员对申报材料进行复核审查，并将符合申报条件对象在县政府网、电视台和各居委会进行公示，公示无异议的报县政府审批，发住房保障资格证书）。据统计，截至2011年底，我县申报经适房住房数为880户，申报廉租房住房数为62户，经严格审核，符合经济适用房申报条件820户，符合廉租房申报条件62户。鉴于目前“两房”还在建设中，待房源建好通过验收，再按照公平、公正、公开透明的方式进行配售配租。

（二）公共租赁房建设情况

为解决好龙溪镇富士康及周边企业员工住宿困难问题，博罗县政府经过实地调查研究，决定在富士康项目旁规划19.6万平方米土地用于建设公共租赁房。经研究决定采取“政府主导，企业自建”的模式进行建设，即项目由博罗县政府负责，龙溪镇政府具体实施，采取社会化方式，通过向社会公开招商，由企业进行投资建设。通过招商，确定由惠州信兴房地产开发有限公司（以下简称“信兴公司”）投资建设。为支持项目建设，县政府根据建设公共租赁房的相关优惠政策，同意将生活配套区土地挂牌的县、镇收益部分全额返还镇政府用于配套区内的基础设施和公益项目的建设。同时，通过降低土地挂牌出让起拍价、减免城市配套费等相关税费规费的方式给予投资商最大优惠，有效降低了公租房的建设成本，从而降低了租户租金。

龙溪公共租赁房一期总投资1.2亿，包含建筑主体、装修工程、家具及市政配套工程。规划用地面积为36435平方米，规划建筑面积为70067平方米，除宿舍区外，还规划了运动场、游泳池、街心公园、休闲绿地、商业广场和酒店等。2011年已建成投入使用的三栋宿舍楼总建筑面积约为35500平方米，共有687间宿舍，可供4770人住宿。其中，八人间宿舍521间，四人间宿舍102间，二人间宿舍39间，夫妻房25间，每间宿舍的租金都统一在600元/月。另有二栋宿舍已封顶，目前正在装修，可提供约430间宿舍、3000人住宿，总建筑面积约为26000平方米。还有一栋宿舍将根据富士康及周边企业的住宿需求适时开发建设。

龙溪公共租赁房有三大特点：一是为保障性住房政策提供了新思路。该项目采取“政府主导，企业自建”的政企合作模式进行建设，由企业投资建设，减轻了政府负担。同时，项目建设的都是大型标准公寓楼，有较高的容积率，最大程度地实现了土地的集约利用。二是公共配套设施和服务完善。门卫保安系统采取进小区和进单元门刷卡；每层楼设置公共电视间，并免费配置电视机和生活直饮水设施；公租房内配有完整的家具组合，设有独立卫生间；并根据住宿人员依班次上下班时间分时段集中供热水；还预留配置晾衣区及设施等等；公租房管理则由具有国家二级资质的物业管理公司进行管理，并为入住公租房的人员提供安全、优质、专业的人性化服务。三是租金实惠且广泛面向社会。以八人间 600 元/月租金计算，每人每月只需支付 75 元，真正实现了廉租的目的，较好地实现了公共租赁房的建设目标。该项目除了满足富士康员工的住宿需求，同时也面向周边企业的外来务工人员的住宿需求，为周边企业实现住宿社会化提供了有效出路。

（三）保障房资金管理情况

为保证保障房建设顺利，我县加强了对经济适用房和廉租住房资金的筹集与监管，坚持资金专项专用，由财政部门专项管理，审计部门强化监督。据统计，至 2011 年底经济适用房和廉租房收到中央、省、市、县专项资金共 2577 万元，支出 1019 万元。

三、推进保障房建设的主要做法

我县保障房建设工作能扎实有效推进，一方面是得益于省市上级的大力支持指导，另一方是得益于县委县政府狠抓工作落实，从组织保障、机制保障、工作保障等方面入手，做了大量的工作。我们的主要做法是：

（一）着力抓好组织领导

一直以来，我县高度重视民生住房保障工作，将住房保障职能纳入县房管局职责，并由县房管局与挂靠县房管局的县住房制度改革领导小组办公室专门负责管理。2009 年为加快经适房廉租房建设，县成立了由县长为组长各职能单位为成员的博罗县经济适用房、廉租房领导小组，负责实施经适房廉租房建设；博罗县经济适用房、廉租房领导小组各成员单位也相应成立了领导小组。2011 年为进一步强化保障房建设管理职能，机构改革时，将住房保障职能划入新组建的博罗县住房和城乡规划建设局，县住房制度改革领导小组办公室也一并划归县住房和城乡规划建设局管理。

（二）着力抓好机制建设

为加强管理，形成长效的制度监督管理机制，我县加强了保障房制度保障建设，先后制定了《博罗县城镇住房保障档案管理办法》、《博罗县经济适用房管理办法》（博府［2009］147 号）、《博罗县城镇廉租房管理实行办法》

（博府［2009］148号）、《博罗县城低收入家庭申购经济适用住房和申租廉租住房实施方案》（博府办［2010］118号）、《保障性住房建设监督检查工作方案》（博监审发［2011］1号）、《博罗县住房保障制度改革创新实施方案》（博府办［2013］56号）、《博罗县关于印发〈博罗县公共租赁住房建设管理办法〉、〈博罗县公共租赁住房租金补助实施办法〉和〈博罗县公共租赁住房租赁市场管理规定〉的通知》（博府办［2013］65号）等管理制度，对保障房的建设和分配作了明确的规定，形成了有效的制度保障。

为进一步完善住房保障基础管理，我县还建立了住房保障管理信息系统，实现了网上建档、审核、公示、动态管理，并按上级档案管理要求，采取一户一档形式，形成档案专人专柜专项管理机制。

（三）着力抓好建设工作

一是抓好计划和工作方案制定。为贯彻落实国家住房保障政策，统筹安排保障性住房的建设的规模和空间布局，有计划有步骤地满足符合条件不同人群的住房需求，我县编制了《博罗县"十二五"住房保障规划》。每年年初还根据省市上级的工作安排，结合我县实际，制定年度工作实施方案，并把工作任务分解落实到职能单位。二是抓好施工安全和工程质量。我县牢牢抓住施工安全和工程质量两个重点不放松，成立了项目监督小组对施工现场安全生产、文明施工、工程质量和采用新结构新材料新工艺情况采取全程严格监督检查，确保保障房成为优质安居工程。

（四）着力抓好监督管理工作

为更好地将保障性住房建设工作落到实处，博罗县政府每年把保障房建设情况列入政府工作报告，向县人大报告，接受县人大的监督；为确保保障性住房建设用地、资金使用、工程质量和分配使用等政策措施落实到位，推进保障项目建设，我县成立了保障性住房建设督查领导小组，加大督查力度，对不落实职责的部门和个人进行责任追究。同时，我们也及时将保障房建设管理情况在政府网站公布，接受广大群众监督。

务实创新　有序推进保障性住房建设

四川省攀枝花市西区住房和城乡建设局　罗成兵

近年来，西区把保障性住房建设作为最大的民生工程来抓，按照“三个集中”发展战略，结合城市空间布局，采取“政府主导实施一块、企业主体实施一块”的思路，分阶段、分步骤，有序推进保障性住房建设。在市委、市政府的正确领导下，自2007年建设首个廉租住房项目以来，西区通过建设廉租住房、经济适用房、棚户区安置房及公租房等保障性住房，极大地改善了城镇低收入群众住房条件，特别是在解决辖区改制企业、江南片区沉陷区及棚户区居民住房问题上取得了积极成效，初步缓解了“矿区发展”时期积累的住房困难问题。

一、工作措施

（一）坚持科学规划

把保障性住房建设作为推进城市空间布局优化调整的重大契机，纳入“十一五”和“十二五”规划，坚持保障性住房和商品房协调推进，科学合理规划安置房建设点，盘活了存量土地资源，促进保障性住房建设与城市经济发展的紧密契合。2009年以来，先后编制了《城市棚户区改造工程实施方案》、《煤炭采空沉陷区城镇居民住房及附属设施补偿和搬迁安置实施方案》，进一步明确我区任务最重的棚户区改造和采空区治理总体安排。同时，对宝鼎片区等棚户区、沉陷区移民搬迁后土地，积极开展土地复垦、生态治理和植被恢复规划编制。

（二）阳光规范运作

保障性住房建设是一项事关政府信誉和形象的重要工作，不仅要建、还要建好，更要保证群众住得安全，住得放心。遵从“占地不多环境好、户型不大功能全、价格不高质量好”的原则，严格履行基本建设程序，严格执行招投标制、项目合同制、法人负责制、工程监理制、财务管理制度，实行工程质量责任制和责任终身追究制。工程建设中，实行六大部门严格把关，通过定期检查、不定期巡查等方式严格控制工程质量，对项目建设资金严格实行“四专”管理，即专款、专户、专用、专账，确保资金正确使用，努力使保障性安居工程真正成为安全工程、廉洁工程、责任工程，成为群众的安心之家。同时，充分发挥人大、政协的监督作用，努力把保障性住房做成全区头号民生工程、廉政工程。

（三）多方筹措资金

西区主动作为，创新举措，通过引入市场开发、倡导企业自建和争取商业贷款等方式逐步解决保障性住房建设资金不足问题，同时，切实做好住房公积金贷款申请工作，为保障性住房建设提供支撑。

（四）完善配套服务

为确保实现群众“搬得进来、住得下去、过得舒心”的目标，全力抓好保障性住房基础设施及配套服务设施建设。提前谋划解决保障性住房建成后，大量居民向江北集中造成的基础设施配套不足的问题，先后进行部分学校、市场、卫生院等服务性设施的改造、扩建工作，已完成十二中搬迁重建，积极推进三十六中小、西区一幼搬迁重建，目前重建规划已编制完成，相关用地调规工作正加快推进。同时，在格里坪棚户区安置小区配套建设格里坪幼儿园并积极推动格里坪镇卫生院异地重建工作。积极推进保障性住房配套道路等基础设施建设，西贵金沙东西向连接线均已建成通车。结合“文化岛”新城建设，将进一步完善清香坪片区农贸市场、社区卫生服务中心等配套服务设施，实现配套设施从零星到系统的持续升级，确保保障性住房“规划好、建设好、管理好”。

（五）保证分配公平

保障性安居工程建设是重点，分配是关键。只有坚持公平、公开、公正的原则将保障性住房分配好才能将保障性安居工程建设为民心工程、德政工程。根据城市承载力和保障情况及时调整准入门槛，放宽限制条件，让更多的低收入家庭受惠。从最低收入住房困难家庭放宽到部分低收入家庭，再放宽到城市中低收入家庭，使更多低收入住房困难家庭受惠；将孤、老、病、残等特殊困难家庭及其他急需救助的家庭优先纳入廉租住房保障。严格执行申请、审核、公示、审批、再公示、轮候等程序，对各审批环节区纪委监察局进行随机抽查，严肃处理分配过程中以权谋私、失职渎职等行为的相关责任人。同时，建立了西区低收入家庭项目库，指导西区保障性住房建设分配工作。

二、存在的困难

（一）困难群体多，保障房需求大

西区是全市棚户区、沉陷区居民最集中的地区，约有 2.1 万户、6.3 万余人，占全市总量的85%左右，这部分群体多属矿区快速建设时期的建设者及随迁家属，曾经为攀枝花的开发建设做出巨大贡献和牺牲，现在却仍居住在低矮潮湿的棚户区内。

（二）居住环境差，安全隐患突出

西区沉陷区和棚户区主要分布在辖区金沙江以南片区的煤炭采空沉陷区和交通设施极不配套的二半山区，居住环境恶劣，居住条件简陋，无完善的水网、路网和电网，火灾等安全隐患十分严重，随着煤炭资源的不断开采，地基不断沉陷，受雨季雨水集中和点暴雨的影响，棚户区住房存在很大的泥石流、滑坡、崩塌等灾害安全隐患，给棚户区和沉陷区居民造成重大的生命财产安全威胁。

（三）改造任务重，资金压力巨大

在进行住房建设的同时，还面临着城市基础设施配套问题，随着江南片区棚户区改造及沉陷区治理，将有6万余人搬迁至江北片区，造成江北片区人口高度集聚，使本已严重滞后的城市基础设施和公共服务设施严重不足。2012年至2015年西区在保障性住房以及配套设施建设计划总投入8.7亿元，对于只能“保工资、保运转”的典型“吃饭财政”的西区来说，资金压力巨大，任务异常艰巨。

三、攻坚克难，确保任务圆满完成

下一步，我们将以深入贯彻落实省第十次党代会精神为契机，紧紧围绕市委“三个加快建设”、“三个走在全省前列”的战略部署，不等不靠、攻坚克难、开拓进取，坚决确保各项目标任务的圆满完成，以实实在在的工作成效让辖区群众生活的更加幸福。

（一）进一步拓宽融资渠道

西区将继续鼓励社会力量参与保障性住房建设，将保障性住房项目纳入招商引资范畴，扩大对保障性安居工程融资力度，通过商业贷款、住房公积金贷款加快推进保障性安居工程建设，特别是要积极争取省财政厅的保障性住房专项转移支付补助。

（二）进一步改善居住环境

在2012年底以前对凉风坳以西、格里坪以东的所有堆混煤场全部取缔，引导主城区污染企业搬迁进入格里坪工业园区，并加快推进管道、皮带运输资源论证和可行性研究，努力实现汽车运输、管道运输和皮带运输相结合的多种资源运输方式，最大限度地减轻汽车运输抛洒、尾气排放等对周边环境的影响。

（三）进一步完善服务配套设施建设

“十二五”时期，西区将进一步完善教育、卫生、医疗、环卫等配套设施建设，同时，着力优化安置小区环境打造。

（四）加强保障性住房小区后续管理工作

结合社区管理、专业公司管理和自治管理三种模式，有差别推进辖区保障性住房小区物业管理工作。

（五）提高安置后土地利用率，加快实施生态治理

抓住争取西区纳入国家振兴老工业基地改造盘子的机遇，结合“五创联动”中心工作，积极争取上级政策、资金、项目支持，加快实施对搬迁安置后土地的综合利用、生态治理。

作者简介：

罗成兵，男，汉族，1986年12月出生，中共党员，本科学历。现任四川省攀枝花市西区住房和城乡建设局办公室主任。

狠抓落实　攻坚克难　加快推进保障性住房建设

四川省色达县住房和城乡规划建设局　周　勇　苏森龙

色达县地处青藏高原东南缘，平均海拔4127米，气候寒冷，自然环境恶劣，生活条件艰苦。为适应当前社会经济发展需要，越来越多的干部正聚集在这里建设古老神秘的金马草原。他们辛勤工作，建言献策，是推进我县跨越发展、和谐稳定、长治久安的中坚力量；但是艰苦的工作环境，恶劣的自然条件和相对滞后的基础设施建设是全县广大干部职工不得不面对的客观现实。正是因为这些原因，房改政策在我县难以推进实施，我县是甘孜州仅剩的三个未参加房改的县份之一，干部职工的住房只能靠政府投资修建逐年解决，因此干部职工的住房困难问题十分突出。目前仍有许多干部住在20世纪七八十年代修建的房屋中，这些住房都比较陈旧，“冬天害怕火灾、夏天担心屋漏”，甚至还有大批新分来的干部无房可住，不得不靠租住或借住以解决住的问题，这种情况严重影响了干部职工干事创业的积极性，也是我县留不住干部人才的主要原因之一。

为改变这种局面，体现党和政府对干部职工的关心关爱，解除干部职工的后顾之忧，稳定干部职工队伍，县委、县政府急干部职工所急，想干部职工所想，按照“要安心，先暖心”的工作思路，在地方财政十分拮据的情况下，积极向上级相关部门汇报、反应、争取，多方筹措资金全力解决干部职工住房困难的问题。自2007年以来，我县先后实施了一、二、三、四号干部公寓建设项目，建成住房246套，解决了部分干部职工住房困难。

自2008年以来，我局严格按照国家、省、州相关要求，深入贯彻落实县委、政府关于住房保障的决策部署，强化措施、狠抓落实、攻坚克难，不断加快推进保障性住房建设，基本形成了廉租租赁住房、公共租赁住房和城市棚户区改造住房保障体系，切实解决了我县城镇低收入家庭住房困难问题，为我县经济社会跨越式发展和长治久安提供了有力保障。

一、建立健全保障机制

为推进保障性住房建设科学、有效、持续开展，县委、政府高度重视，强化措施，建立了以县长为组长、分管县长为副组长，监察局、住建局、民政局、发改局、财政局、审计局等相关单位负责人为成员的保障性住房建设领导小组。同时及时建立了保障性住房建设、分配、管理等各项制度，并由我局承担建设和管理工作，具体负责项目建设监督、后续管理。但由于我县财政拮据，工作经费保障难度较大，并且人员缺乏，监督管理难度较大。

二、规范项目建设程序

我局严格按照项目建设相关规定，按程序执行工程招投标。在工程建设过程中，严格监管，实行一对一项目建设管理制度，局长统抓，副局长亲自抓，派遣专人深入抓，各保障性住房建设工程有序开展。目前，已完成一、二期廉租房建设任务，第三期廉租房已于2012年4月动工建设，年内有望完成主体工程建设；第四期廉租房将于7月开工建设；55套公租房将于2013年7月完成建设任务。现在，已建成的一、二期的廉租房入住户普遍反映质量较好，非常适用。

三、强化管理建设资金

廉租租赁住房资金来源为中央配套600元/平方米、省配套200元/平方米、州配套200元/平方米，全县共需建设4期廉租房，建设资金共需2300余万元，中央、省、州补助建设资金仅到位973万，其余资金均由县财政配套，中央、省、州补助建设资金全部用于廉租房工程建设。公共租赁住房建设由中央补助每套4万元，其余由县财政自行配套。我县土地出让净收益10%用于保障性住房建设。由于我县财政拮据，地方配套资金筹措难度较大。

四、合理使用建设用地

我县保障性住房建设用地均为政府储备用地，由政府统一划拨。在建设初期科学规划、合理布局、有序建设，廉租租赁住房小区建设初具规模。

五、住房建设成效明显

由于保障性住房建设时间不同，物价浮动造价略有波动，廉租住房、公共租赁住房造价平均2200元/平方米。目前，已完成廉租住房建设88套，总建筑面积7620平方米；已完成公共租赁住房建设55套，总建筑面积3300平方米；在建保障性住房廉租住房78套，建筑面积3892平方米。2012年将启动第四期48套廉租住房建设，建筑面积2381平方米。由于我县气候恶劣，建设工期短，房屋建成期较长，房建工程均为跨年工程。

六、严格规范分配管理

在廉租房分配上，我局与民政局配合，由民政局提供城市最低收入（城市低保）人员名单。经需住户本人申请后，我局与县民政局及时组织力量对其住房条件进行核查，最后确定覆盖对象。目前，我县已入住的廉租房住户，无一不符条件人员入住。为确保分配公平公正、公开透明，文明严把“三关”。一是严把入口关，我们严格核查两个条件，首先核查是否属于城市低收入人群，再核查是否住房困难。二是严把入住关，我们严格核查入住人员，建立住户档案，并研究制定了《色达县廉租住房管理办法》等规定严格分配及管理；日常不断加强巡查力度，确保人、档、房相符，严防冒名申请入住、出租出借他人等现象发生。三是严把透明关，在廉租房建设和分配入住等环节，采取电视媒体、橱窗海报等方式进行公示，同时设立举报电话，确保廉租房在分配、入住上的公开透明，监督有力。保障性住房分配公平、合理，目前已分配的廉租房无不良反映，80%城镇低收入家庭住房困难现已解决。

作者简介：

周勇，汉族，1980年9月出生，中共党员，大学学历。现任四川省色达县住房和城乡规划建设局局长。

自1998年8月参加工作起，历任色达县霍西乡党委副书记、县委组织部机关党委副书记、县委组织部机关党委书记、党建办主任、副部长。2011年11月至今，任色达县住房和城乡规划建设局局长。

苏森龙，男，彝族，1988年4月出生，大学学历。现任四川省色达县住房和城乡规划建设局办公室主任。

强化城乡规划建设管理
加快保障性安居工程建设

云南省峨山县住房和城乡建设局　张文达

峨山彝族自治县成立于1951年5月12日，是新中国诞生后的第一个彝族自治县，也是云南省第一个实行民族区域自治的县份。峨山位于东经101度52分102度37分、北纬24度21分至24度32分之间，东连玉溪市红塔区、通海县，南接红河州石屏县，西南毗连新平县，西北与楚雄州双柏县隔绿汁江相望，北连易门县和昆明市晋宁县。全县幅员面积1972平方公里，土地面积295.8万亩，耕地面积175977亩。县辖五镇三乡，76个村（居）委员会，568个村（居）民小组。在这块古老神奇的土地上，居住着彝、汉、哈尼、回、傣、白、蒙古等25个勤劳、勇敢、智慧、纯朴的各族人民，少数民族占64%。全县总人口151923人。

2012年，县城建成区面积达5.36平方公里；城镇化率达到35.1%；县城区道路总长46公里；绿地总面积达117.23万平方米，公共绿地面积56万平方米，绿地率24.07%，绿化覆盖率为26.65%，人均公共绿地12.44平方米；固定资产投资年度目标为2.55亿元，现已完成2.55亿元，占年度目标的100%。

一、加强规划编制管理，城乡规划进一步完善

（一）完成县城总体规划修编

《峨山县县城总体规划修编》已通过县第十五届人大常委会第三十二次会议审议，后由于省政府“城镇上山”政策出台，需要对县城总体规划进行修改，目前县城总体规划已上报市政府，待市政府审查批准后实施。

（二）完成城市近期建设规划编制

根据云南省城镇上山政策，我县编制了《城市近期建设规划（2011～2015）》，该规划已通过省住建厅“三规”调整完善审查专家组的复核审查。

（三）开展锦屏山风景名胜区规划修编

1993年省政府批复锦屏山风景名胜区范围为120平方公里，县政府决定修编控制范围为90平方公里，现在总体规划初稿已编制完成，正在准备向县

领导汇报。

（四）开展县城控制性规划编制

柏锦新区控制性规划已编制完成；老城区控制性规划正在编制中；并积极配合县文化旅游广电和体育局做好彝人谷、梁子一路情、彝家山寨规划编制工作。

（五）完成乡镇规划修编

完成了全县565个村庄规划编制任务，全县村庄规划覆盖率达到100%；省级特色小镇、市级重点镇化念镇总体规划和市级重点镇甸中镇规划正开展上报审批工作。通过科学规划，全面铺开了县城及乡镇、村庄今后的发展蓝图。

二、加快城市建设，基础设施进一步改善

（一）加快推进城市生活垃圾处理工程及污水处理厂及配套管网工程后续建设

投资2800.05万元建设城市生活垃圾处理工程，目前已完成厂区建设，正在进行垃圾中转站施工，新垃圾填埋场于2012年10月1日启用，截止2012年12月底，完成投资2598万元；投资5611万元建设污水处理厂及配套管网工程，目前各池子工艺管道、污水处理工艺设备和主管网与厂区完成连通，主厂区通过验收，污水及雨水管道安装完成8.322公里，现在正在进行支管网设计变更等工作，截止2012年12月底，完成投资3492万元。

（二）继续推进双小片区供水工程及九龙片区开发建设

投资4994.82万元建设双小片区供水工程，截止2012年12月底，到位资金1625万元，工程完成投资2000万元；投资8331万元实施九龙片区开发，主要建设双桥路延长线、双小路及滨河绿化带、瑞竹路和“三管五线”入地工程，截止2012年12月底，完成投资1405万元。

（三）启动坤泉路建设

投资362万元建设坤泉路工程，目前工程已开工建设，截止12月底，完成投资284万元。

三、推进保障性安居工程建设，房地产市场健康发展

（一）完成2011年保障性住房建设

2011年建设保障性住房720套4.58万平方米，总投资7900.7万元，其中：廉租住房216套、1.08万平方米，投资1847.1万元；公租房504套、

3.5万平方米，投资6053.6万元。目前到位资金3172.1万元，缺口资金4728.6万元。截至12月底，完成投资7689万元，占总投资额的97.3%。

（二）完成2011年配建商品房建设

2011年配套建设商品房156套、商铺54间，建筑面积2.47万平方米，计划投资4334.48万元，截止12月底，工程完成投资4204.3万元，占总投资额度的97%。配套商品房于9月23日开盘销售，目前售出商品房96套、商铺9间。

（三）启动2012年保障性住房建设

2012年建设保障性住房1200套、5.99万平方米，投资15320万元，其中：廉租住房1000套、4.99万平方米，计划投资1.2692亿元；公共租赁住房200套、1万平方米，计划投资2538万元。目前到位各级补助资金5618万元，缺口资金7520万元。工程于2012年7月28日开工建设，县政府于9月25日正式与云南省城乡建设投资有限公司签订合作建设协议，现在正在进行基础工程施工。截至2013年12月底，完成投资9688万元，占总投资额的63.24%，圆满完成年度目标任务。

（四）完成农村危房改造工程建设

2012年市级下达的农村危房改造任务是2300户，预算总投资1.02亿元，其中中央、省、市补助1359.5万元，县级配套96万元，拉动民间投资8744.5万元。截止12月底，工程完成投资1.02万元，竣工率达到100%。

（五）加强房地产开发、销售管理

2012年全县共完成房地产开发投资计14171万元；施工面积完成10.47万平方米；新开工面积完成10.11万平方米；竣工面积完成5.38万平方米；共批准商品房预售面积7.24万平方米。共销售商品住房207套，面积2.76万平方米，成交金额7673.69万元；二手房交易共计241户，面积1.81万平方米，成交金额2463.92万元。截止12月底，完成确权发证846件，面积22.41万平方米；完成产权转移登记363宗，涉及交易金额7314万元，建筑面积4.5万平方米；完成房产抵押登记业务688件，抵押权面积22.38万平方米，抵押金额3.38亿元；完成房地产测绘业务402宗，测绘面积10.31万平方米；核发《商品房预售许可证》3件，核准预售面积7.24万平方米，涉及房地产开发金额2.62亿元；完成产权产籍归档1534卷。

总之，在县委、县政府的正确领导下，县住建局积极围绕城乡发展，完善城乡规划，加强基础设施建设，落实保障性住房，城乡工作取得了一定的成绩。今后，我们将继续贯彻县委、县政府有关城乡建设的各项决策部署，积极思维，扎实工作，推动我县建设事业又好又快发展。

全力提升人居环境水平　推动城市持续发展

云南省丽江市古城区住房和城乡建设局　和春红

党的十六大以来的10年，是我国社会主义现代化事业全面推进的10年，也是古城区经济社会迅猛发展，城镇化规模不断扩大的10年。10年来，作为古城区城市建设发展重要职能部门的古城区住房和城乡建设局，在各级党委政府的坚强领导下，深入贯彻落实科学发展观，牢牢抓住“可持续发展”这一思路，紧紧围绕“全力提升人居环境水平，推动城市建设持续发展”这一工作目标，以“创建国家园林城市”和“四创两申”为抓手，切实履行职能职责，积极开展各项工作，使古城区城乡建设管理取得新进展，保障性住房建设稳步推进，城市人居环境质量进一步提高，为全面推动古城区“科学发展、和谐发展、跨越发展”作出了重要贡献。

一、保障性住房建设开创新局面

保障性住房建设作为落实中央大政方针、惠民利民的重点工程，同时也与一个城市人居环境水平有着密不可分的联系，古城区自2008年开始建设保障性住房以来，在各级党委政府和上级部门的关心支持下，作为承建单位的古城区住房和城乡建设局始终站在“关注民生、改善民生”的高度，充分结合区情实际，按照“廉租保底、公租解困、农村改危、抗震安居”的四大目标，科学、合理、有序地推进了全区保障性安居工程建设工作，在圆满完成各项保障性住房建设任务的同时，逐步形成了分层次、多渠道的住房保障体系，切实改善了古城区城市低收入住房困难家庭的居住条件。

（一）城镇保障性住房建设稳步推进

自2008年我区着手建设城镇廉租住房以来，在各级党委政府的关心支持和相关部门的积极配合下，通过集中新建的方式已建成“双福楼、厚德居、仁德居、贴心苑”共4个廉租住房小区，累计新建廉租住房850套共43000平米，城镇廉租住房建设任务完成率达100%。在每一期工程建设完成后，住房困难户申请资料经居委会、街道办事处、民政部门逐级审核后上报至区住建局，并在纪委监察部门、人民群众的监督下进行分配，同时通过报纸、电视进行公示，确保廉租住房分配阳光公平、应保尽保。

公共租赁住房作为实现“居者有其屋”和调控房地产市场的有效措施，惠及人群广，资金投入大。丽江市古城区首批公共租赁住房建设任务为63000平方米共1192套，计划投资约1.5亿元。在需要地方财政配套大量资金的情况下，根据住房和城乡建设部等七部委《关于加快发展公共租赁住房的指导意见》等中央关于保障性住房建设的政策法规，区住建局依据中央政策法规的指导，严格按照政府组织、社会参与的原则，经区人民政府批准，采取了政企合作的方式，有效解决了资金问题，使古城区公共租赁住房于2011年正式投入建设。截至目前，该项目主体工程已全面完工，正在进行附属工程建设，预计在2013年4月可全面组织安排入住。

目前，古城区范围内共有635户符合住房保障条件的城镇低收入家庭入住廉租住房，另有315户住房困难家庭领取住房租赁补贴，通过廉租住房实物配租和发放住房租赁补贴，极大改善和解决了我区近3000人的住房困难问题，使我区住房困难家庭保障率达到了100%。同时，公共租赁住房正式建成投入使用后，古城区城镇低收入住房困难家庭住房条件在得到了极大改善的同时，将为城市人居环境质量的提升和促进社会和谐稳定作出更大贡献。

（二）农村住房条件改善落到实处

改善农村的住房条件作为保障性住房建设的重要内容，是党中央、国务院统揽全局、落实科学发展观，为构建社会主义和谐社会作出的重大决策，是建设社会主义新农村，造福人民的德政工程。我区农村经济发展水平不高，并且大多数农村的房屋都经历过1996年的“2·3”地震，房屋抗震性能较差，通过2008年的全面普查，古城区范围内共有农村民居20395户，房屋面积6580076平方米，经专家鉴定，需要加固改造的房屋有17177户，需要拆除重建的房屋2135户，特别危险急需加固改造的有395户，农村居民住房条件亟待改善。

自2008年起，我区相继开展了农村民居地震安全工程和农村危房改造工程，以因地制宜、分类指导、经济实用、抗震安全、政府引导、农民自愿的方式，无偿提供技术服务、送技术资料上门、送服务上门的方式，着手开展了农村住房条件改善相关工作，按照加固改造户每户补助2000元，拆除重建户每户补助10000元的补助标准，坚持“一户一折（卡）”直接对户的补助资金兑付方式，保障了项目的顺利实施、资金安全和农户利益。通过工作组的不懈努力，目前古城区范围内的村民已充分认识农村民居建筑抗震防灾的重要性和必要性，掌握了农村民居防震建设和抗震加固知识，施工队伍、工程技术人员充分掌握了农村民居地震安全工程建设的技术规范、施工要求和质量标准，农户参与的积极性大大提高，农村危改工程和地震安全工程进展顺利，农村住房居住条件得到了极大改善，截至2012年，我区危房改造已完成5800户，地安工程已完成5525户，累计投入资金6000多万。2011年，由于我区农村危房改造工作措施扎实、成绩突出，在极大改善农村居民住房条件的同时，荣获全省农村危房改造工作先进单位，受到省人民政府表彰奖励。

随着我区保障性住房覆盖面的不断扩大，到目前为止，保障范围涉及农村住房困难户、城镇中低收入家庭、新就业人员和进城务工人员等住房困难群体，已初步形成了层次合理、分配科学的住房保障体系。

二、建筑生产领域取得新发展

市容市貌是一个城市环境和形象的重要组成部分，近年来，古城区住房和城乡建设局牢牢抓住“建筑材料加工销售市场整治、施工工地规范化管理”这两个工作重点，紧紧围绕打造“国际精品旅游胜地”和宜居乐居城市的目标，在市容市貌治理、城市建设行为管理等方面积极探索新的方式方法，使城市建设行为更加规范，城区环境更加亮丽。

（一）加大建筑材料和砂石加工厂的监管力度

结合我市城市精细化管理的要求，近年来制定并与区内的施工企业及古城内民居修缮施工方签订了共计680余份《丽江市古城区建筑材料拉运及建筑垃圾清运协议书》，督促各施工企业的车辆在拉运建筑材料及建筑垃圾的过程中做到依法、文明、规范运输。进一步强化了建筑垃圾的管理力度，有力地促进了建筑领域的文明生产，有效地杜绝了安全事故和不文明现象的发生。

（二）大力推行使用预拌商品混凝土

目前我区范围内已批准建设的商品混凝土搅拌站共有3家，其中一家已正式投产运营，商品混凝土在生产过程中采用了先进的设备和方式，环境影响小，可以最大程度的减少原材料浪费，节约资源，实现可持续发展，并且商品混凝土在运输过程中采取的是密闭式车辆运输，不存在沿途撒漏的现象，有效保护了市区的道路和环境，通过预拌商品混凝土的广泛应用，也极大促进了我区建筑业整体水平的提高。

（三）进一步强化建设行为管理

近年来，区住建局始终把“安全第一、预防为主、综合治理”的方针贯穿于城市建设行为管理的全过程中，通过每年年初与辖区内建筑企业签订“安全生产责任状”，严把《建筑工程施工许可证》发放程序，狠抓“农民工工资保证金”、“建筑施工安全规范”落实情况，并结合平时常抓不懈的管理，

以及在每年“安全生产宣传月”、“综治维稳宣传月”、“法制宣传周”等期间开展的宣传系列活动，有效地向全区普及了建筑安全生产知识，取得了连续11年建筑生产领域未出现重大事故的和谐局面，在促进古城区建筑生产领域又好又快发展的同时，区住建局会同其他职能部门，共协调处理了26起农民工工资拖欠，协调追回470余万元农民工工资，切实保障了农民工的合法权益，有效地维护了建筑生产领域的和谐稳定。

三、人居环境水平迈上新台阶

近年来，古城区在各级党委政府的坚强领导下，相继获得了“中国最令人向往的10个小城市之首”、“地球上最值得光顾的100个小城市之一”、“全国文明风景旅游区”、“中国优秀旅游城市”、“欧洲人最喜爱的旅游城市”、“全球人居环境优秀城市”、“云南十大名片”、“CCTV2006年度中国魅力城市”、“2006年中国十大最佳品牌建设案例”、“中国青年最喜爱的旅游城市和旅游目的地”等一系列世界级和国家级的殊荣。古城区住房和城乡建设局以全面提高城市人居环境质量为目标，继续为我市我区的核心竞争力和可持续发展能力的不断增强作出贡献。

（一）房产管理工作实现现代化、规范化

房地产交易与权属管理事关群众切身利益，丽江市古城区住建局房产管理所于2007年开始着手推进房地产交易与权属登记规范化管理单位的创建工作。几年来，根据建设部发布的《房地产交易与权属登记规范化管理单位考核标准》，通过不断完善工作流程，基本达到了相关要求。在2008年获得“云南省房地产交易与权属登记规范化管理先进单位”殊荣后，认真按照省住房和城乡建设厅提出的改进意见，扎实开展自查自检工作，经过几年的努力，2011年3月，报经省住房和城乡建设厅的同意，区住建局向国家住房和城乡建设部申报“国家级房地产交易与权属登记规范化管理单位”。2012年1月，经国家住建部专家组考核并公示后，区住建局房产管理所荣获“全国房地产交易与登记规范化管理先进单位”的殊荣，成为云南省第一家受此殊荣的区县级房管单位，我区房产管理工作的不断规范，在方便群众生产生活的同时，通过对违规建筑不予发放房屋产权证书，形成了以房管人、以房管建的机制，有效防范了城区内不规范、不协调、不合法的建筑行为。

（二）圆满完成创园工作

创建国家园林城市的目的就是改善生态环境，使绿色成为城市的主色调，在我区创建国家园林城市期间，区住建局紧紧依托创园这一契机，为城市建

设添资增绿，通过以城市绿化小客厅、小广场建设，居民小区实施“拆墙透绿”工程，义务植树等方式，使我区新增绿化5872平米，在新增绿化的基础上，加大不协调建筑治理力度，拆迁、拆除6000多平米不协调建筑，进一步提升城市形象，为丽江市创建国家级园林城市作出了突出贡献。

（三）积极推动“四创两申”工作

创建全国文明城市、国家卫生城市、国家环境保护模范城市、国家节水型城市，申报中国人居环境奖和联合国人居环境奖是落实我省“两强一堡”战略的有力举措，是丽江市委、市人民政府的重大决策，是进一步提高我区人居环境、增强城市综合实力的重大举措。在古城区委、区政府的领导下，我局于2012年初积极开展了“四创两申”相关工作，通过以创建国家节水型城市为载体，升级完善了城区范围内供、排水管网，完成了节水器具普查及升级改造工作，后续相应工作也在有序开展中，在创建国家节水城市的同时完善了公共设施，进一步提升了城市居民居住环境。

作为城市建设管理的重要职能部门，近年来，古城区住房和城乡建设局在城市建设管理和履行部门职能的同时，始终牢牢抓住“可持续发展”这一思路，坚定不移走“可持续发展”的城镇化模式，在城市不断发展的同时，使城市的天更蓝、树更绿、花更艳，在满足广大市民日益增长的物质文化需求的同时，创造了宜居、宜游、宜商、宜学、宜业的城市环境。

政府主导　部门联动　阳光操作　攻坚克难　奋力推进泸水住房保障工作

云南省泸水县住房和城乡建设局　李明昌

泸水地处云南西北部，怒江峡谷南端，2012年末全县总人口20.6万，地方财政收入17177万元，是一个典型的山高、坡陡、谷深、边疆、民族、贫困为一体的国家级贫困县。住房保障事关民生和发展，是促进科学发展、社会公平、构建和谐社会的客观要求和扩内需、稳增长、促跨越的重要举措。在州委、州政府的正确领导下，我县高度重视住房保障工作，加强领导，依法管理，整体推进，基本建立了以廉租住房为主的住房保障工作体系。我县自2007年开始实施保障性住房项目以来，目前已完成廉租房建设1400套，为2471户住房困难家庭发放补贴493.91万元；落实实物配租228户，切实解决了部分低收入困难家庭的住房问题。

一、领导重视，政府主导，健全长效机制

始终将住房保障作为保民生、促发展、惠民利的民心工程，将其列入政府向群众承诺的“十件实事”之一来抓。

（一）建立了强有力的领导机制

每年在政府全会，县政府主要领导办公专题研究住房保障工作；成立了由政府牵头的住房保障工作领导小组和办公室，建立了“政府统一领导、部门各负其责、统一部署、统一协调”的工作机制。

（二）完善了规范化的制度体系

通过对我县城镇低收入居民住房状况进行摸底调查，先后出台了《泸水县公共租赁住房建设管理办法》、《泸水县廉租住房管理办法》一系列制度，完善了廉租住房保障资格审批流程及工作规程，促进了廉租住房工作的规范化、常态化和长效化。

（三）开展了全方位的政策宣传

通过制作电视专题、开辟电话热线、发放政策宣传册、召开座谈会等形式，使住房保障政策深入人心。印制《城镇居民住房保障文件汇编》、《办理

廉租住房保障有关程序》200 册，通过电话热线解答住房保障问题 80 多条，为推进住房保障工作创造了良好的舆论环境。

二、突出重点，项目推动，落实目标责任

始终把落实中央、省、州相关政策精神作为推进住房保障工作的根本保证，严格按照怒江州下达的住房保障工作目标任务，明确责任，逐项落实。

（一）扩大廉租房惠及面

我县廉租房建设任务 2007 年为 3000 平方米，48 套，已全部入住。2008 年我县的廉租住房建设任务为 3000 平方米，42 套，已全部入住。由于地方财政困难，无法落实地方配套资金，我县采取同教师周转房项目合并实施。2009 年我县廉租房建设任务为 80000 平方米，1600 套，由于我县土地资源稀缺，2009 年我县廉租房项目分多个项目点进行建设，以条件成熟一个项目点启动一个点的方式推进。截止目前，已完成竣工套数 1112 套，预计 6 月底可全部完工，下半年可入住。2010 年，我县的廉租房建设任务为 20000 平方米，400 套，为加快推进项目建设，2010 年我县召开项目建设方案专题会，由县住建局在小沙坝州政府划拨土地上建设 10000 平方米，由州交通运输集团公司在小沙坝实施 10000 平方米。目前，两个项目主体工程已完工，预计 2012 年底可竣工，2013 年可入住。2011 年我县未安排建设任务。2012 年上级下达给我县的保障性住房建设任务是廉租房 5000 平方米，套数 100 套，概算投资 800 万元；公租房 5000 平方米，套数 100 套，概算投资 800 万元。2012 年城镇保障性住房项目，具体分为三个项目点进行建设，截止 2013 年 5 月底，廉租房中央及省补资金 503.20 万元已全部落实到位，公租房中央及省补资金 465.6 万元已全部到位，地方配套资金暂时未到位。

1. 廉租房公租房（新城小区一期）两房并轨实施项目。已封顶，完成投资约 1100 万元。

2. 公租房（县公安局协警公租房）项目。主体工程已封顶，已完成投资 160 万元。

3. 廉租房（洛本卓乡政府职工旧住宿楼改造）项目。工程已竣工验收，完成投资 73 万元。我县 2013 年的建设任务是廉租房 50 套，公租房 100 套，建筑面积 7500 平方米，概算投资 1300 万元。项目建设推进情况为：一是 2012 年我县已提前安排 2013 年的保障房项目建设用地，目前建设用地已落实；二是已进入施工图纸设计阶段；三是相关项目前期开工手续正在办理中，力争 6 月底在全州率先开工建设。

（二）积极实施农村危房改造项目

我县农村危房改造项目指标主要以“大分散，小集中”的分配方式，分散安排在全县各个乡镇。2010 年完成农村危房改造户数 2000 户，2011 年完成农村危房改造项目 4100 户，2012 年完成农村危房改造 1200 户；2010 至 2012 年农村危房改造项目指标完成比例 100%，并顺利通过州、县联合验收组的检查验收，项目遍及全县 71 个村委会，7200 户，惠及农民约 3.5 万人。目前，2013 年项目建设指标尚未下达，已督促各实施乡镇做好项目前期工作和项目储备工作。

三、部门联动，齐抓共管，确保政策到位

我县人民政府高度重视，全力支持廉租住房建设，多次召开专题会议，协调相关部门在资金、规划、土地和施工建设等方面给予政策优惠，始终把廉租房建设列入全县重点项目管理，对保障性住房优先安排开标，简化工作流程，确保按期开工。千方百计筹集配套资金，落实土地供应，有力推动了住房保障工作的顺利进行。

（一）落实配套资金

2007 年我县的廉租住房项目除中央、省级下达补助资金 150 万元以外，我县 2009 年底按云政发［2009］145 号文件精神，对 24 套住房实行先租后售，出售收入用于解决地方配套的缺口资金。2008 年，由于我县地方财政困难，无法落实地方配套资金，我县积极调整实施方案，将廉租住房项目同教师周转房项目合并实施，由受益单位筹集地方配套资金。2009 年、2010 年我县廉租建设任务分别为 80000 平方米、20000 平方米，共计 2000 套。我县多方筹集配套资金 900 万元，其中 2009 年 500 万元，2010 年 400 万元。2012 年我县廉租房建设任务为 5000 平方米，100 套，公租住房项目 5000 平方米，100 套，为落实地方配套资金，我县将依据相关文件精神，将从房地产开发税收中提取 10% 和土地出让收益金中提取 5% 资金用于我县保障性住房建设。目前，政府已下达 2012 年保障性住房地方配套建设资金 300 万元。

（二）落实土地供应

省、州政府明确要求，在土地供应计划中，优先安排保障性住房用地。同时，建立了用地审批“绿色通道”。我县地处怒江峡谷南端，可利用土地少，但我县始终把最好的地块用于廉租住房项目，确保保障性住房建设用地及时到位，方便弱势群体生活、生产和子女就学。近 5 年来，我县用于保障性住房用地面积近 40 亩，其中 2012 年 15.7 亩，保障性住房用地供应做到了

依法、有序、充足。

四、依法管理，规范操作，打造优质工程

住房保障工作政策性强、涉及面广，影响面大，必须始终坚持依法管理、规范操作，确保项目建设成廉政工程、民心工程、样板工程。

（一）规范操作程序

对住房保障申请对象进行调查核实，落实“三级审核、两次公示”。对工程建设实行全过程监督管理。县政府主要领导及发改局，审计、财政等部门定期督办检查；县纪委、监察局作为廉租房项目联系单位，提前介入、关口前移，从源头上把好关，尽好责。同时，紧持“问计于民”，主动接受群众监督，定期公布廉租住房有关情况，让群众及时了解工作进展；廉租住房分配实行公开抽签摇号，做到公开、透明。

（二）规范资金管理

严格把好资金拨付关，做到专款、专户、专用，工程进度款严格按照《建筑工程施工合同》和依据施工，监理和建设单位驻场代表核实的工程量清单，工程结算清单给予专款拨付。同时积极向财政部门汇报工程进度情况，保证资金到位速度，减少资金在途时间，简化中间环节，有效杜绝了挪用、截留现象发生，做到准确、及时、足额并及时公布，确保廉租房建设成为廉政工程。

（三）规范工程管理

在强化工程进度的同时，严把工程质量关。认真落实项目法人负责制，招投标制，工程建设监理制和合同管理制“四制”，狠抓施工现场管理，完善质量安全保证体系和施工现场监督体系；强化工序验收，严禁随意更换项目经理；加强水泥、钢材筹建材进场复检工作，有效杜绝了工程质量和安全生产事故的发生。同时建立巡视制度，定期对工程项目进行全面检查，确保工程质量合格率达到100%。

（四）全力打造样板工程

我县位于六库新区龙竹坝点的廉租住房可谓是我县所有廉租住房项目中的样板。该点属我县2007年、2009年的廉租住房项目，工程除严格按照国家有关保障性住房政策要求建盖外，在规划、设计上充分结合怒江实际。首先，选址选在怒江边最好的地块，交通、环境都是无与伦比的；在绿化方面，我们选用怒江本土树种，花台用怒江鹅卵石镶嵌，在通风设计、景观方面充分结合六库气候设计。目前，该点所有住房已全部分配入住，从未接到有住房

户投诉、有意见的电话，得到了市民和相关部门的一致好评。

泸水住房保障工作虽然起步早、力度大，取得了明显成效，但也存在一些薄弱环节和不足之处。加之，泸水县地处怒江峡谷，山高坡陡，可利用土地少，财政十分困难，在建设中必定困难重重。但我们坚信，在上级党委、政府和相关部门的大力关心支持下，泸水的住房保障工作明天会更好。下一步，我们将认真学习借鉴兄弟县市经验，创新思路、强化举措，努力将好事做好、实事办实。

作者简介：

李明昌，男，汉族，1969 年 4 月出生，中共党员，本科学历。现任云南省泸水县住房和城乡建设局局长。

自 1990 年 7 月参加工作起，历任泸水县县委办公室副主任，泸水县劳动人事局副局长，泸水县大兴地乡党委副书记、纪委书记，泸水县六库镇镇党委副书记，纪委书记，泸水县纪委副书记，泸水县市政局局长。2010 年 11 月至今，任泸水县住房和城乡建设局局长。

齐心协力　强化措施 积极应对保障性住房的建设

西藏自治区边坝县发展和改革委员会　李茂金

一、保障性住房

保障性住房建设作为一项重要的民生工程越来越受到人们的关注，随着国家大规模实施保障性住房建设，在建设过程中各种问题也随之凸显。

（一）资金问题

保障性住房建设资金来源单一，尤其是廉租房，基本上是国家投资，在住房保障任务繁重、建设规模庞大的现实情况下必然造成建设资金短缺，尤其在偏远贫困地区，县级财力有限，配套不到位。在目前各地住房用地紧张和以后的发展方向来说，廉租房才是我国保障性住房的重点发展对象。作为我国住房保障制度改革的一种过渡性措施，随着廉租房保障功能的增强，各级政府应将资金转向廉租房建设，多渠道加快廉租住房的建设。

（二）建设标准

保障性住房在选址、户型、配套存在缺陷，保障不到位。尤其是廉租房的建设，选址地位置不佳，往往距主城区远、交通不便，配套设施不齐全。保障性住房户型单一，面积小，设计不合理。当然，保障性住房是一种带有福利性质的住房措施，建设在城市主要生活区，成本过高。但如果建设到离城市较远的郊区，又不能真正方便人民群众的生活和工作。因此，把握好成本与便民之间的度是非常重要的，需要结合实际情况制定科学的选址方案，完善社会保障性住房的公共服务设施与周围环境。这不仅仅包括环境的绿化，更重要的是文化环境的营造，要为该区居民提供更好的交通、教育、医疗保证，方便百姓的生活，提高居民的生活居住质量。

二、城乡规划

一是城镇控制性详规工作处于空白阶段，我地区小城镇发展水平低，经

济落后，没有达到开展控制性详规的能力，只能采用总体规划作为假设依据。二是偏远地区建设发展基本来自国家计划投资，由于经济落后自身发展能力差，国家计划内投资建设方向与地域总体规划不匹配，总体规划的指导意义不突出，甚至会出现规划给建设让步，建设打乱规划的情况。

三、建筑市场管理

一是近年来，单位经济社会持续稳定，国家对我地区保障性住房、市政基础设施建设的投入加大，通过各级各部门的共同努力和积极配合，我县在整顿规范建筑秩序方面取得了积极成效，工程质量及安全生产水平不断提高。由于部分国家投资工程项目建设资金到位慢，但任务急，为了按时完成建设任务，导致部分工程项目的建设不履行基本建设程序，部分施工、监理企业内部管理混乱，不能认真履职等不容忽视的问题，整顿规范建筑市场的任务还十分艰巨。

二是国家投资工程项目在指标、资金等分配不合理，采取单价一刀切方式。偏远落后地区公路里程远，道路艰险，工程单方造价相对高，而上级单位在任务分解时从发达地区的发展水平和地材价格考虑，采取工程单方造价一刀切，造成偏远地区对国家投资工程项目建设的设计、施工标准降低，甚至不履行一些基本建设程序，以节省资金来达到完成建设任务的目的。

另外，我地区建筑市场最大的难点在于投资环境差，由于康巴地区特殊地理位置，人文环境等各种特殊因素，存在着强买强卖、垄断行业、哄抬物价等各种影响投资建设的违法违规行为。

四、工程质量安全监督管理

我地区国家投资工程项目质量监督管理一般由地级质量安全监督站来负责，但是上级质量安全监督部门人员少、特殊的地理条件带来的交通不方便，不能兼顾整个地区的工程质量监督管理，县级以下的质量安全监督管理有县住建局代办，而县住建局没有质量安全监督岗位编制和质量安全监督专业人员，缺乏与质量安全监督工作相匹配的设备、经费。无法形成成熟的质量安全监督管理体系及制度，工作不能程序化、规范化。

作者简介：

李茂金，男，汉族，1973年8月出生，中共党员。现在西藏自治区边坝县发展和改革委员会工作。

关注民生　明确职责　创先争优 全面加快住房建设与城区改造步伐

西藏自治区吉隆县住房和城乡建设局　丹巴杨培

自吉隆县住建局组建以来，全局认真贯彻落实党的十七届五中全会和西藏第五次西藏工作座谈会精神，深入落实科学发展观，按照制定的工作思路，着力理清职责职能、理顺各方关系，健全基础制度，不断在工作中探索住建工作的新理念、新思路、新举措，推进住建工作上一个新台阶。经过努力，全局较好地实现了制定的各项工作目标。

一、健全制度，明确职责

为切实加强管理，严肃工作纪律，明确责任，提高办事效率，保证住建局良好的工作秩序和工作形象，我局在2012年初制定了《吉隆县住建局管理制度》、《吉隆县住建局人员职责分工》等规章制度，明确了工作制度、学习制度、请销假制度及单位的财务管理制度，明确了单位职责和个人工作职责。

二、加强学习，提高素质

只有不断学习，整体素质才能提高。我局四名干部职工充分利用时间学习住建相关业务知识，尤其是对保障性住房的建设和管理知识、工程建设质量、标准体系等方面的知识，共同学习，共同讨论，不断提高业务素质，做到每个人在工作中都能独挡一面。

三、履行职责，开展工作

住建局工作关系到每个干部职工、每位群众的切身利益，这更需要我局在工作中狠抓落实，把各项政策落实到位。

（一）保障性住房工作

保障性住房包括干部职工周转房、城镇低收入家庭享受的廉租房等。

1. 干部职工周围房方面，主要做了以下工作：调查全县干部职工住房情况，发放《吉隆县干部职工住房情况调查表》，并统计。全县共有乡镇干部职工周转房95套、县干部职工周转房280套，全县仍有46名干部职工（包括三支一扶、公益性岗位和2012年新分来的）没有享受到干部职工周转房，在宗嘎镇群众家租房、或住朋友家中、办公室里。根据调查情况，向上级业务部门反映，2012年积极争取了吉隆县干部职工周转房工程项目。目前该项目已得到上级审批批准，共批复我县116套干部职工周转房，将于2013年开工建设，将大大缓解我县干部职工住房困难的问题。

2. 廉租房方面：首批廉租房30套已按规定配租给符合条件的城镇低收入家庭，并已经入住一年。按照《吉隆县城镇廉租住房保障管理暂行办法》及上级业务部门要求，3月份对首批入住廉租房的城镇低收入家庭进行自查，自查中没有发现不符合入住条件的家庭入住：入住家庭年收入有所增加，但仍未达到全县最低生活保障水平，没有发现改变廉租房用途和其他从事非法活动的行为。

第二批廉租房已于2012年10月份竣工，为提前做好第二批廉租住房配租工作，通知需要租住廉租房的城镇低收入家庭提出申请，现已经收到申请50个家庭。对申请家庭，我局初步进行了家庭情况摸底调查。将于工程验收交付使用后，经过调查筛选，于2013年对符合入住条件的家庭进行分配。

3. 城镇低收入家庭租赁住房补贴的发放工作：2010年的城镇低收入家庭租赁住房补贴资金313200元，涉及发放对象88户134人。为核实发放对象是否符合发放条件，我局下到三乡两镇对所发放家庭进行调查，将于2012年底前发放完毕。

（二）住房公积金管理工作

住房公积金的管理工作由专人管理，专人负责。2012年上半年兑现了2010年离退休干部职工住房公积金和转移已调离的干部职工住房公积金；做好2011年住房公积金的收缴管理工作，登记全县干部职工身份证号码；2011年住房公积金为每半年收缴一次，现已经完成上半年每个干部职工应缴金额，并填写公积金手册清册。第二次收缴工作于7月份开始；根据新的住房公积金贷款政策，做好了全县干部职工住房公积金贷款手续办理工作和部分干部职工提前支取住房公积金的手续办理工作，同时也希望我县贷款人员按时归还公积金贷款，使我县广大干部职工能及时贷款解决问题。

（三）规划工作及吉隆镇老城区改造

1. 协助第四批援藏工作领导小组做好吉隆县城驻地的规划（原规划补充修改）工作。目前该规划经上级部门评审后在修编阶段。

2. 为加快吉隆县小城镇建设，依据《吉隆县县城总体规划》及小城镇建

设要求，成立了吉隆县小城镇规划领导小组，对全县加快小城镇建设工作进行详细讨论，明确全县小城镇建设工作的目标任务：将县城、吉隆镇建设为日喀则明星小城镇；扎实推进折巴、差那、贡当三个乡政府驻地小城镇建设工作。确定了在十二五期间加快城镇基础设施规划项目。

3. 根据吉隆镇整体规划，完成了吉隆镇口岸规划四大功能区的地形图测量工作。

4. 吉隆镇老城区拆迁改造工作取得进展，经过反复做思想工作，协商群众拆迁补偿问题，讲解规划后未来新城区的新面貌，老城区群众服从大局，同意旧房拆迁。目前，绝大多数群众房屋已经拆迁，按规划设计要求，在老城区内已经开始对主要道路进行毛路开挖。

（四）加强全县建筑工程质量安全监管

2012年初要求复工工地注重工程质量，并对相关的9个工程进行了检查，对于县第二批廉租房建设中存在的钢筋水泥质量问题，要求限期整改。与县发改委、安监局等单位共同对全县的建筑工程不定期进行质量安全监管。

（五）其他工作

1. 严格按照县委“创先争优”活动的工作部署，抓好争创工作的落实，以创建“五个好”先进基层党组和争当“五带头”优秀共产党为主要内容，全面开展争创工作，扎实推进“创先争优”活动的各项工作，通过争创活动，在局里形成了“讲党性、重品行、作表率”的良好风气，改进了机关作风，提高了机关效能，促进了党建工作。

2. 积极做好我县深入开展创先争优强基础惠民生活动，要求本单位驻村人员认真按照县活动的实施方案开展工作，真正为民办实事。

回顾我们所做的工作，在取得成绩的同时，也清醒地看到工作中存在的问题，主要表现在：

一是业务素质还有待提高。县住建局工作人员在调到本单位以前都不具备专业的业务水平，履好职尽好责要靠自身的素质和技能，只有不断地提升自己的理论水平和履职尽责的技能，才能更好地为我县的住建事业多做事。要不断提高自身发现问题、分析问题、处理问题、解决问题的本领，提高自身指导和服务工作的本领，成为一名合格的住建行业的管理人员。

二是创新思维不够。对于重点难点问题的突破上还有差距。上半年我局对尤其是在拆迁、住房保障方面有所突破，做了大量工作，但离要求还有些差距，还属于刚起步。对不断出现的新情况、新问题还没有做到及时摸清，及时调研，及时建议，预见性和超前指导上还不够。

四、下一步工作安排

1. 完成第二批廉租房的配租、廉租房的管理工作、第三批廉租房的建设任务和我县周转房建设任务，2012 年廉租房验收交付后，我们将认真审查上报的申请材料，让真正困难的家庭入住，解决他们的住房困难问题，并积极协调办理第三批廉租住房的项目工作，使之尽早开工建设。抓好周转房建设任务，争取 2013 年竣工验收入住，缓解我县干部职工住房难问题。

2. 做好吉隆镇历史文化名镇申报的前期准备工作。历史文化名镇对于提升吉隆知名度、发展旅游乃至通过旅游的发展带动外来资本和民间资本的投入将起到很明显的直接作用，也可以激发吉隆人的历史文化保护意识，积极参与历史文化资源的开发和利用。同时这块“名镇”牌子也可以促进全民提高文化素质和文明素质，对吸引外来投资、创设更好的人居环境都将有积极意义。

3. 按照上级部门要求，做好全县公有房屋建筑物上的标识栋号牌的悬挂工作。2012 年我县按照上级部门的要求，做好了全县公有房屋统计调查工作，为切实给每栋公有房屋建立档案打下了坚实基础，下步我们将按照报表的内容，严格规范，建立我县公有房屋档案资料的工作。

4. 继续做好小城镇建设和吉隆镇老城区改造工作，按规划实施项目计划。把吉隆镇建设成为市政设施完善、建筑风格特色突出、口岸服务功能齐全的明星城镇。按照总体规划要求，加大市政基础项目争取力度，不断完善吉隆镇的路网、给排水、电照等市政基本条件；做好城市绿化工作，组建环卫机构，加大公共环卫设施建设力度，建设口岸污水处理厂，利用好垃圾填埋场，确保城市清洁；积极协调功能部门进驻，不断完善城市功能；狠抓建筑布局和风格控制，做好老城区改造，保持城镇特有的风格特色。

5. 继续加强对建筑工程质量的监管工作。切实加强建筑市场管理。一是确保工程实体质量合格。抓好工程质量创优工作，不断提高工程品质。二是抓好建筑施工安全。全面落实安全责任制，严格执行安全监督管理程序，加强关键节点和关键环节的巡查，特别是深基坑、脚手架、垂直运输机械、高大模板等重大危险源管理，督促整改安全隐患，安全监督率达到 100%，确保建筑施工不出事故。坚决杜绝建设领域拖欠工程款的现象，协助有关部门抓好农民工工资清欠工作。

6. 继续做好全县干部职工住房公积金收缴工作。

7. 认真抓好创先争优工作，做好基层建设年活动的各项工作。把强基础惠民生工作做的更加深入，切实解决群众最关心、最直接、最现实的利益问题。

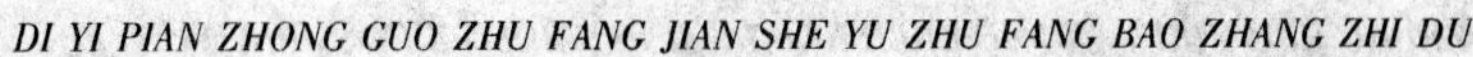

作者简介：

丹巴杨培，男，藏族，1980年8月出生，中共党员，本科学历。现任西藏自治区吉隆县住房和城乡建设局局长。

自2002年9月参加工作起，从事吉隆县发改委科员、县水利局科员、县水利局副局长。2011年11月至今，任吉隆县住房和城乡建设局局长。

阳光操作　公开执行
推进保障性安居工程建设

陕西省黄龙县住房和城乡建设规划局　徐选朝

近年来，黄龙县认真贯彻落实省、市住房保障工作部署和相关文件精神，不断加快保障性安居工程建设，完善保障性住房制度，建立公开、透明的监督运行机制，着力解决老百姓的住房困难问题。

一、近年来保障性住房建设基本情况

大力推进保障性住房建设，是贯彻落实党中央、国务院关于扩大内需、促进经济平稳较快发展决策部署的一项重要措施。黄龙县委、县政府十分重视保障性住房建设，要求把保障性住房建设作为民生工程的一项重要内容抓紧抓好，多次召开会议专题部署，研究具体实施办法和措施。各有关部门密切配合，调度有力，我县保障性住房建设总体进展顺利，在县财政比较困难的情况下，较好地完成了省市下达我县的保障性住房建设和廉租住房租赁补贴发放任务。2009 年以来，先后投入一个多亿元，完成和正在建设保障性住房 1000 套，总面积 65000 平方米，其中廉租房 500 套 25000 平方米。2011 年我们计划建设 1460 套保障性住房，其中 500 套廉租房、300 套公租房，目前正在进行勘探设计，预计 6 月底全面开工，逐步解决低收入家庭和进城务工人员住房问题，达到“居者有其屋”的目标。累计发放廉租住房租赁补贴家庭 1426 户，发放廉租住房补贴 144 万元。

二、主要做法

（一）加强领导，落实责任

县政府成立了由政府县长担任组长的保障性住房建设工作领导小组，定期召开建设项目联席会议和现场办公会，研究部署保障性住房具体工作和建设进度，及时解决制约项目进展的问题。各相关部门也成立了相应机构，层级负责，落实责任，扎实推进。

（二）完善考核机制，确保政策落实

为切实加大保障性住房的领导力度和实施力度，强化工作举措，高标准、

严要求抓好落实，2013 年初县政府分别与各相关部门签订保障性住房建设责任状，年底对推进保障性住房建设的成效进行考核验收，并形成一套行之有效的考核督导机制，为保障性住房建设提供强有力的领导和组织保证。

（三）科学编制规划，完善政策体系

编制发展规划。在住房现状、资金需求、建设用地等多方面进行综合分析和研究的基础上，按照五年基本解决中低收入家庭基本住房的工作目标，科学编制了保障住房发展规划。为完善以经济适用住房为主、廉租住房、公租住房、限价商品房为辅的住房保障体系，我县先后研究制定了《黄龙县城镇最低收入家庭廉租住房管理办法》、《黄龙县廉租住房制度建设工作实施意见》、《黄龙县廉租住房管理办法（试行）》、《黄龙县经济适用住房管理暂行办法》、《黄龙县加快保障性住房建设实施意见》和《黄龙县限价商品住房建设管理实施细则》等文件。

（四）严格建设程序，规范施工管理

在保障性住房建设项目管理方面，重点抓了以下方面：一是严格国家建设标准和技术规范，严格控制建设面积和标准，严格控制开发成本，积极落实节能保温等国家强制性标准；二是严格项目建设程序，实行建设项目公开招投标。加强工程施工、进度、成本、质量、安全管理，切实抓好项目建设进度，及时进行现场督导，及时解决制约项目进展的问题；三是注重施工质量监督管理。对各分部工程都严格按技术操作规范进行，对工程建筑材料进行现场二次抽检，并安排工程监理和专职技术人员进行现场监管。在全市工程安全、质量检查中，得到了市有关部门的认可和好评。

（五）落实优惠政策，严格资金管理

全面落实保障性住房建设项目的各项优惠政策，保障性住房建设用地实行行政划拨方式供应，相关税费按照国家有关规定给予一定优惠，小区外的基础设施建设费用由政府负担。县政府多次召开项目建设调度协调会议，积极落实优惠政策，切实保证新建保障性安居工程项目健康顺利实施。在资金管理上，我县严格按照财政部《廉租住房保障资金管理办法》，切实做好廉租住房保障资金的筹集、拨付和管理工作。同时，按照国家、省、市廉租住房保障资金管理相关规定，严格管理，规范运作，促进住房保障工作健康协调发展。

（六）实行阳光操作，严格准入审批

在公开、公平、公正的前提下，我们对申购保障性住房和廉租住房配租的家庭采取社区、乡镇政府、县级相关部门“三级审核、三榜公示”的方式进行资格审查。一是保障性住房销售和廉租住房配租采用抓号制度，所有获得保障性住房购买资格和廉租住房配租的人都参加统一抓号中签。我们在组织过程中，一是严格政策标准。不符合条件的，不予以准入。二是工作责任到位。每一环节都有专人负责，坚持做到责任到人，阳光操作。三是工作程序到位。按照个人如实申请，社区、乡镇政府、县级相关部门联合审查的三级审查制度，纪检监察和社会进行监督。

（七）加强动态管理，实行全面监督

建立健全低收入住房困难家庭住房档案，加强保障性住房动态管理，住建、民政等部门对住房保障家庭的收入、人口及住房等状况进行复核，引进退出机制。加强社会监督，充分发挥行政监督、社会监督和舆论监督的作用，对保障性住房计划、建设、销售等环节进行全过程监督。

（八）动员社会力量，积极探索建设模式

为解决资金筹措难、土地供应紧张等问题，除了政府直接组织新建和改建的方式外，县政府及其有关部门探索出了一些行之有效的办法，一是与企业共建，如 2013 年与县建筑公司、黄龙县供电分公司共建保障性住房；二是与普通商品房配建、租售并举等模式，为保障性住房建设的顺利实施拓展了空间，为政府节省了投资。

（九）强化廉政建设，阳光规范运作

在保障性住房廉政建设方面，我们重点抓好以下方面：一是要求纪检监察人员对保障性住房建设进行全程监察，对工作不力、工作进展缓慢、有渎职行为的部门或责任人实行“三问”；二是严格建设工程招投标管理规定，签订了《建设项目廉政责任书》；三是工程建设项目工程验收和建设资金使用，均严格按程序按规范进行阳光操作。

（十）多措并举，提高分配入住

在继续加大保障性住房建设力度的同时，千方百计把提高保障性住房入住率，制定“四渠道、两措施”工作方案，以让困难群众受益为原则，不断拓宽保障范围，降低群众投入成本，确保此项工作扎实开展。

“四渠道”。一是在继续保障城镇低收入住房困难家庭的基础上，逐步向城镇中等、中等偏低收入住房困难家庭开放申报渠道，另外，对于无力负担保障性住房缴纳费用的特困人群，我们积极协调财政、民政等部门，多方筹集资金，全力帮助他们住进保障房；二是将保障性安居工程建设与农民进城落户政策进行捆绑，将其作为进城务工人员，向他们开放申报渠道；三是对于外来务工人员，在县城务工满一年，经户籍管理部门、用工企业出具证明

后，便可按照程序进行保障性住房申报；四是与各驻黄市直单位协调沟通，向其外地户籍住房困难职工开放保障房申报渠道，解决他们的住房困难问题。

“两措施”。一是加大宣传力度。在县城主要街道设立宣传点向群众发放保障性住房宣传单，利用流动宣传车、广播、电视等媒体平台向群众宣传我县保障性住房政策信息，不断提高群众知晓率，并专门设立保障性住房服务中心，服务中心不设节假日，“全天候”为群众提供保障性住房政策咨询、公开保障性住房房源信息以及进行保障性住房申报、配租配售“一条龙”服务，让群众“报的放心、住的满意”；二是降低保障房租金。我们克服县财政资金极度匮乏等困难，由县政府积极协调，最终经政府常务会研究通过，下调公租房、廉租房租金，努力减轻住房困难群众的经济负担。

三、存在的主要问题

当前，我县保障性住房建设中最大的困难和问题是资金问题。县财政困难，资金配套压力很大。中央、省级、市级补助标准偏低，县级资金配套能力弱，是导致这一问题的根本原因。一种是配套资金不到位，工程不能按期开工，任务难以按期完成；另一种是为了如期开工，完成目标任务，或者为了争取项目，让困难群体享受到党和政府的关怀，政府可能会出于无奈拖欠施工方或开发商的工程款，或向企业和银行举债，形成新的政府债务，增加财政风险。建议上级能充分考虑贫困县区的实际困难，在政策和资金上多给予扶持和帮助。

在今后工作中，我们将克服重重困难，不断完善体制机制，积极筹措建设资金，进一步加快保障性住房建设步伐，为实现人民群众“住有所居”、共享经济社会发展成果的目标作出应有的贡献。

作者简介：

徐选朝，男，1968年5月出生，中共党员，大学学历。现任陕西省黄龙县住房和城乡建设规划局局长。

先后在黄龙县发展计划委员会任科员、县基础设施重大规划项目办副主任、县计划局副局长、柏峪乡委员会党委书记、石堡镇委员会党委书记。2013年1月至今，任黄龙县住房和城乡建设规划局局长。

重视规划与建设　加强保障与管理
促进城市形象全面升级

甘肃省卓尼县住房和城乡建设局　马金诚

近年来，卓尼县住建局的工作在县委、县政府的正确领导和州建设局的大力支持下，坚持以邓小平理论和“三个代表”重要思想为指导，牢固树立和认真落实科学发展观，紧紧围绕县委、县政府“24643”发展战略，转变思路，开拓创新，知难而进，扎实工作，使城市功能进一步完善，城市品位进一步提升，城市意识进一步增强，城市管理水平进一步提高。具体表现在以下几个方面：

一、重规划，指导城乡建设

城乡规划是城乡建设的龙头，是城乡建设管理的依据，事关建设的全局。因此，城乡建设必须牢固树立规划先行的思想。截止目前，我局已编制完成了卓尼县城市总体规划，卓尼县城市控制性详细规划，卓尼县城市修建性详细规划，卓尼县城市形象设计方案，卓尼县城乡一体化规划，卓尼县新城区建设性详规，扎古录镇和木耳镇完成了总体规划和控制性详细规划，完成了除柳林镇外的14个乡镇的总体规划，完成了柳林镇聂日村、多洛村和畜盖村等16个行政村总体规划。

二、重建设，创建雪域名城

以“七化”（即城镇民族特色化、硬化、美化、亮化、绿化、净化、秩序化）建设为重点，全力打造雪域名城。

（一）城镇民族特色化建设

按照州委、州政府提出的对全州城区建筑进行藏式风格改造（俗称“穿衣戴帽”工程）的总体要求，对县城区67栋临街建筑进行了民族特色化改造，改造总面积达4万多平方米，完成投资850万元。在设计和改造时，结合我县历史人文特点，图案和色彩重点彰显了藏民族文化和藏传佛教建筑艺术风格，较好地解决了“我是谁”的问题。2013年，根据甘南州成立60周

年州庆活动要求，计划对城区已完成民族特色化改造的建筑进行进一步修善，目前正在进行墙面清理等工作，粉刷工作计划于7月20日前完成。

（二）硬化建设

一是硬化了柳林镇道路及配套排水管网工程，该项目改造城区道路总长3.774公里，新增排水管道3.708公里，沿排水管设检查井130口，完成投资1727万元。二是硬化了县城排洪渠，该项目主要在排洪渠内修建了排污暗渠，使排洪渠两边居民的生活污水进入暗渠的管道后进行排放，硬化规模长约300米，完成投资154.5万元。三是硬化完成了桥南道路及给排水工程，该工程主要内容包括改造桥南道路总长2.88公里：其中木耳路长1.42公里、路幅宽22米，叶儿路长1.46公里、路幅宽30米。沿路埋设直径300~500毫米的污水管、直径300~400毫米的雨水管、直径110毫米的给水管各长2.88公里，完成投资2816万元。四是完成了卓尼县滨河西路步行街建设项目，项目设计在原有滨河路的基础上向西延伸宽10米的步行街662米，完成投资585万元。五是完成了卓尼县滨河路东段道路工程，项目设计从党校门口至马占那大桥北端硬化道路1.518公里，涵洞5个，路下铺设有城市供排水、电力、通信等管网附属设施，并安装路灯104盏，完成投资2280万元。六是开工建设了木耳镇道路、给排水及桥梁改扩建工程，项目设计硬化道路3684米及地下给排水管网工程，安装路灯116盏；修建浆砌护坡1040米，设置花岗岩栏杆1040米。新建桥梁1座，项目总投资3253.34万元。项目2012年7上旬开工建设，目前正在进行管道敷设和路基开挖，完成投资1500多万元，计划2013年年底竣工并投入使用。七是开工建设了卓尼县新城区滨河路及给排水建设项目，项目设计硬化新城区滨河路3公里及路下给排水管网等附属工程，项目总投资3300万元。项目投资计划已下达，目前正在进行征地等项目前期工作，计划于5月份开工建设，争取年底竣工。八是开工建设了卓尼县桥南滨河东路步行街建设项目，项目设计铺设步行街2.23公里及路下给排水管网等附属工程，项目总投资2500万元。项目投资计划已下达。该项目涉及拆迁户24户，目前正在入户动员签订拆迁协议，计划于2013年5月份开工建设，争取年底竣工。九是开工建设了卓尼县城区道路及给排水改扩建项目，项目设计改扩建城区道路4.2公里及路下给排水管网工程，项目总投资5000万元。项目投资计划已下达。该项目涉及拆迁户85户，目前正在入户动员签订拆迁协议，计划于2013年5月份开工建设，争取年底完成总工程量的70%以上。

（三）美化建设

一是完成了县城洮砚文化活动中心建设项目，该项目在县政府院内修建了一个洮砚池雕塑。洮砚池中心设三支毛笔形状高杆景观灯，分别代表卓尼县洮砚、土司、藏王三大文化，洮砚池两边雕有戏水双龙。除此之外，沿人民路修建了观光赏景廊台，廊台下设洮砚工艺博览中心等商铺。另外，在活动中心配建亮化和绿化工程，完成投资880万元。二是完成了滨河路商贸楼建设项目，该项目修建商铺158间17579.6平方米，完成投资1206万元。三是完成了县城段洮河北岸防洪河堤1583米，完成投资611万元。四是完成了卓尼县风情休闲广场建设项目，主要完成了广场地面铺设、广场东、西、北三面行车道、广场正南面的花岗岩台阶、绿化等，完成投资118万元。五是完成了风情广场B区商铺门前小广场建设项目，该项目主要铺设吸水砖3320平方米，完成投资180万元。六是2013年计划对城区街道两边乱搭建、乱摆卖、乱停放、乱粘贴现象进行综合整治，目前已完成了城区街道两边影响市容市貌的破损广告牌匾、非法小广告、路灯杆与电线杆悬挂横幅后遗留的废弃绳索等城市“牛皮癣”的清理工作，共拆除破损广告牌匾300多个，清洗街道两边的非法小广告500多平方米。同时，城区商铺广告牌匾的统一更换工作正在进行当中，计划于7月20日前全面完成。

（四）亮化建设

一是安装了县城洮砚文化活动中心、人民路、民主路、拥军街、一中路、滨河路以及休闲广场、桥南木耳路的照明灯，完成投资200多万元。二是在完成桥南道路改造及给排水的基础上，安装路灯158盏，景观灯75盏，完成投资78万元。三是更换南北滨河路路灯128盏，完成投资30多万元。同时，从省建设厅争取到高空作业车一辆，极大的方便了路灯的维护管理。四是2013年计划对城区已损坏路灯进行更换，并完成滨河路东段道路路灯安装和城区临街建筑的亮化包装，目前主要完成了对城区原有破损路灯与景观灯的更换维修工作，更换路灯50盏，景观灯20盏，完成投资20多万元。滨河路东段道路路灯正在安装，城区临街建筑亮化包装工程也已开工建设，计划于2013年7月20日前竣工。

（五）绿化建设

按照建设生态绿化园林县城目标，从2010年开始，我局与西安市周至县哑柏五联苗圃签订了总投资达128万元的县城区绿化合同，重点对县城北滨河路、人民路、洮砚文化广场等重点区域进行了绿化，新植或补栽青松、国槐、垂柳、冬青、玉兰花等各类苗木1500多株，绿化面积达4200平方米。同时，为了加强对城区绿化的管理，提高绿化成活率，在签订绿化合同时，合同约定从绿化之年起3年内，其绿化管理和成活率由绿化公司负责管护和

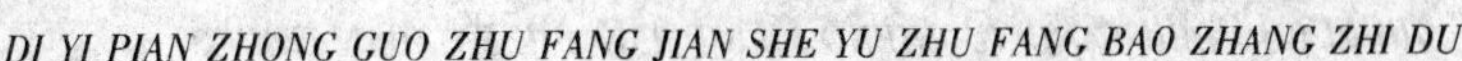

补栽。2011 年，我局继续与西安市周至县哑柏五联苗圃签订了县城绿化合同，在对县城绿化工程补充和完善的基础上，完成了桥南滨河路的绿化和风情广场 B 区商铺门前的绿化，绿化面积达 3600 平方米。2013 年，主要是对城区原有 7800 多平方米绿化进行养护补栽，共补栽各类树木 500 多株，修剪花坛 3000 多平方米，完成投资 30 多万元。同时，滨河路东段道的绿化工程已基本完工，完成花坛绿化 4320 平方米，新植塔柏、红叶李、垂柳等 700 多棵，完成投资 242 万元。

（六）净化建设

一是本着“群众满意”是我们的服务宗旨的原则，通过健全制度，强化管理，建立环卫监察制度，做好城区 20 多万平方米清扫保洁和日产 25 吨垃圾清运工作。二是每年集中 2 ~3 个月开展环境卫生综合整治活动，彻底加强县城各个区域的卫生清扫和保洁工作。重点对城乡结合部、街巷结合部、市场与街巷结合部进行集中整顿治理，有效清除了卫生死角，使我县的环卫工作走在了全州的前列。并通过努力争取，购置垃圾封闭式清运车辆 2 辆，从省建设厅争取到洒水车一辆，确保了城区环境的净化。

（七）秩序化建设

近年来，我局主要针对无证经营、占道经营、乱摆乱放等违法现象进行了清理整顿。对市场内外不符合市容标准的临时建筑和帐篷进行了拆除，杜绝市场外溢现象。对各类店外洗车点，摩托车、自行车维修点，修（擦）鞋点，饮食加工点进行规范管理，最大限度减少城市环境污染，提高城市管理水平；同时，在不影响市容和交通秩序的前提下，合理设置了蔬菜等自产自销农产品临时交易点，引导农民到指定地点销售，并加强对临时交易点的规范管理，确保了市场经营的秩序化。

三、重民生，促进社会和谐

民生工作是新时期我们面临的一项光荣而艰巨的任务。党的十七大报告中明确提出要实施住房保障制度，实现人人“住有所居”的目的。自 2008 年实施保障性安居工程建设以来，保障性安居工程得到我县高度重视，将保障性安居工程列入县政府为民办实事项目，纳入年度工作目标考核责任制。期间，我局始终把解决好城市中低收入家庭住房困难作为全局的中心工作和政治任务，建立健全廉租住房制度，改进和规范经济适用住房制度，推进危旧房改造、公共租赁住房建设，不断完善住房保障体系，逐步建立了分层分类、梯度推进的具有地方特色的的住房保障体系。

（一）历年保障性住房建设情况

2008～2011年省州共下达我县保障性安居工程建设目标任务3468套，分别在桥南古雅川保障性住房小区、上城门保障性住房小区、下所藏上川保障性住房小区进行了集中建设，在柳林家园商品房开发小区、洮河祥苑商品房开发小区、宏顺家园商品房开发小区进行了配建。截止2012年底，3468套保障性安居工程已全面完成了建设任务，完成投资约3亿多元。

（二）2012年保障性住房建设情况

2012年省州下达我县廉租住房建设目标任务为1800套9万平方米。根据《卓尼县2012年廉租住房建设实施方案》，在洮河祥苑商品房开发小区配建124套6200平方米，柳林家园商品房开发小区配建290套14500平方米，在宏顺佳苑商品房开发小区配建300套15000平方米，配建的714套35700平方米廉租住房于2012年4月份开工建设，目前主体已完工，正在砌墙，完成投资4500多万元；其余1086套54300平方米的廉租住房结合柳林镇“城中村”改造在上城门和唐尕川保障性住房小区进行了集中修建。目前已正在进行主体施工，完成投资9000多万元，计划年底竣工入住。

（三）2013年保障性住房建设进展情况

2013年省、州下达我县保障性住房建设任务3900套，总投资约4亿元。其中：廉租住房2900套，城市棚户区改造500套，公共租赁住房500套。目前项目已全面开工建设，计划年底主体完工率达到60%以上，完成投资2.5亿元。

（四）廉租住房租赁补贴发放情况

按照个人提出申请、上门入户调查、社区居委会初次张榜公示、我局进一步复核并再次张榜公示的工作程序，我县从2007年至2009年，三年来对人均居住建筑面积13平方米以下的238户728人发放租赁补贴337360元；2010年对人均居住建筑面积15平方米以下的181户507人发放廉租住房租赁补贴482328元；2011年我局对人均居住面积15平方米以下的450户1575人按每人每月每平方米补助6元，人均保障面积不少于12平方米的标准发放廉租住房租赁补贴136.08万元。2012年对人均居住面积15平方米以下的600户2850人按每人每月每平方米补助6元，人均保障面积不少于12平方米的标准发放廉租住房租赁补贴195万元；2013年计划完成1200户住房困难家庭租赁补贴发放工作。

（五）农牧村危旧房屋改造情况

我县农牧村危旧房改造自2009年实施以来，2009～2012年共改造农牧村

危旧房7700户。2013年第一批危旧房改造计划1200户，目前已将指标分解到各乡镇并已开始改造，计划于7月底完成改造，完成投资3600多万元。

四、完善城市功能，保护生态环境

（一）供水工程

为了解决因遇到旱季，洮河水位下降，导致县城居民用水困难的问题，2010年开工建设了桥南新区供水工程，该工程总投资1060万元，国家补助700万元，修建水源地和1000立方米的蓄水池等基础设施，埋设直径110～300毫米的供水管道及附属设施，项目建设成后日供水量可达3000立方米。桥南新区供水工程选择了木耳沟清泉水为水源，采用常压方式供水，不仅水源充足，而且水质优美。目前，该项目已竣工投入使用。2013年又开工建设了县城区供水管网改扩建工程，该项目设计改造城区原供水管网dn110－dn315d的配水管道29026米，使配水管网供水能力达到8000m^3/d，项目总投资约2455.64万元。目前，正在埋设给水管网，完成投资1000多万元，计划年底竣工并投入使用。

（二）县城集中供暖

为了节约资源，保护环境，解决锅炉容量小、热效率低，除尘设备简陋、除尘效率低、不能脱硫，造成大气的严重污染等问题，我县通过招商引资于2009年修建了县城集中供暖工程并投入营运。该项目供热负荷可达40兆瓦，供热面积近两年内预计为40万平方米，远期预计为65万平方米。2010年对供热管网进行了进一步完善和延伸，累计完成投资5200万元。2013年，又开工建设了县城集中供暖二期工程，计划在柳林镇贡葆次那修建热源厂1座，安装14MW燃煤链条炉热水锅炉3台，换热站9座，敷设一级供热管网2x3.97km，新增供热面积60万平方米，项目总投资4535万元。目前，正在主体施工，完成投资1500多万元，计划年底竣工并投入使用。

（三）城区生活垃圾处理

县城生活垃圾处理项目于2007年立项，项目计划在木耳镇博峪村小沟处修建总库容为30万立方米，有效库容26万立方米的垃圾填埋场一处，主要包括垃圾填埋区、辅助工程、道路工程，项目总投资852万元，争取国家投资495万元。由于当地群众的阻挠等原因，项目于2010年9月底全面开工建设，于2012年6月底竣工并投入使用。

（四）城区生活污水处理

城区生活污水处理工程于2009年立项批复，设计在柳林镇贡葆次那修建日处理污水0.35万吨的污水处理厂一处，主要包括污水处理厂和排水管网等工程，项目总投资3166万元，以争取到位国家投资1800万元。项目于2010年底开工建设，目前项目已基本竣工，正在进行设备安装与调试，计划年底竣工并投入使用。

五、加强城市管理，改善城市面貌

加强城市管理，是城市发展和进步的保证，严格按照《卓尼县城市总体规划》、《乡镇总体规划》和《新城区建设性详规》，切实加强对城区建设行为的管理，不断提高城市管理水平，改善城市面貌，提升城市形象。

（一）城市市政管理工作进一步完善

根据建设项目选址、建设用地规划、建设工程规划以及城市规划管理等相关要求，严把"一书两证"办理的各个环节，坚持按原则办事。在办理《房屋所有权证》时，严格按照上级有关政策规定执行，杜绝了违法违规操作行为，通过加强管理，有效促进了我县城市建设工作不断规范化、科学化。

（二）招投标工作进一步规范

我局专门成立招投标工作站和工作领导小组，严格按照招投标程序对投资在100万元之内的所有项目进行了公开招投标，确保了招投标工作的正常运转和工作质量。

（三）工程质量安全监察力度进一步加强

我局从项目规划审批、施工图审查、工程招投标管理、工程监理以及施工许可入手，严格按照国家相关质量安全法规和标准，全面加强项目管理，保证工程质量，降低安全事故的发生。对国有资金占主导地位的项目全部实行工程量清单计价法，进行公开招标，为国有资金的安全运行提供保证。每年多次组织单位职工配合州建设局到全县所有在建项目施工现场，对工程质量安全进行地毯式检查，组织召开全县建筑施工安全工作会议，确保我县建筑工程的质量安全。

（四）建筑市场管理工作逐步规范

对建筑市场各方主体行为存在的问题进行了有针对性的检查，重点对项目报建、图纸审查、规避政府监管、违法违规操作项目、规避招标、监理单位人员不到位，班子不全、一人多监，施工单位随意更换项目经理，工地现场管理人员不到位等现象进行了专项整顿，做到资料齐全、现场管理到位，为项目的顺利实施提供了保证。

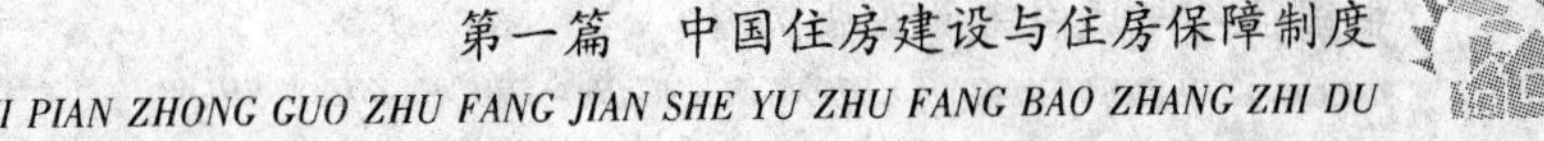

（五）建筑节能工作进一步加强

按照省建设厅和州建设局关于建筑节能工作的有关要求，全面实施了墙体保温，并逐步推行窗改和暖改工作。同时加强了图纸审查力度，对无节能设施的项目图纸不予审查。对审查通过的图纸加大跟踪检查力度，对随意取消节能设施的项目严管重罚，确保了建筑节能工作的顺利开展。

（六）建筑工地管理进一步完善

对在建项目工地实施全封闭式管理，按规定要求设置围墙，场内各种标牌警示明显。做好建筑垃圾弃土的调剂消运，严禁建筑材料滴、洒、漏行为和尘土飞扬现象，确保安全文明施工。

作者简介：

马金诚，男，藏族，1969 年 8 月出生，中共党员。现任甘肃省卓尼县住房和城乡建设局党支部书记、局长兼卓尼县柳砚城镇经济发展有限责任公司总经理。

自 1989 年 8 月参加工作起，历任卓尼县木耳乡兽医站站长，卓尼县大峪种畜场副厂长，卓尼县大峪种畜场厂长兼任卓尼县畜牧业服务站副站长，卓尼县畜牧站站长，卓尼县住房和城乡建设局副局长兼卓尼县市容环卫监察大队大队长。2012 年 1 月至今，任卓尼县住房和城乡建设局党支部书记、局长兼卓尼县柳砚城镇经济发展有限责任公司总经理。

曾先后获得“全国农业科学技术推广先进个人”，卓尼县“首届优秀青年”，卓尼县、甘南州“优秀共产党员”等荣誉称号。

落实科学发展观
促进住房保障和建设事业快速健康发展

青海省湟中县住房保障和建设局　丁启贵

改革开放以来，湟中县住建局深入贯彻落实科学发展观，紧紧围绕县委、县政府总体部署，创新工作理念，完善工作机制，按照高起点规划、高标准建设、高效能管理的工作要求，咬定目标不放松，不断提升建设管理水平，各项工作实现了新的发展并取得了好的成绩，呈现出发展步伐进一步加快、各项目标超额完成、工作亮点逐年增多的良好局面。

一、城乡规划体系日益完善

（一）强化领导，提升规划管理职能

规划是城镇发展的蓝图，小城镇建设的依据，要使规划更好地服务于社会经济的发展，必须强化规划管理，提高管理水平。为此，专门成立了湟中县城乡规划委员会，对各类城乡建设重大规划事项，均交由县城乡规划委员会审议，规划管理决策更加科学民主，规划管理审批程序更加规范；针对《中华人民共和国城乡规划法》的颁布实施，适时制定出台了《湟中县城乡规划管理暂行办法》；强化规划宣传，群众的规划参与意识显著增强。通过对城乡规划管理决策和制度的不断探索完善，保证了规划实施的严肃性和权威性，城乡规划的引导和调控作用明显增强，有力地促进了全县小城镇建设健康持续快速发展。

（二）科学规划，发挥规划的综合调控作用

1. 为加快社会主义新农村建设，我县自 2006 年起，着手加强村庄规划编制工作，已先后编制完成 220 个村的新农村村庄规划。截止目前，我县镇和乡的规划覆盖率均达到 100%，村庄规划覆盖率达到 27%。按规划建设的新村有甘河滩镇黄一新村、多巴康川新城等，其中黄一新村将成为我县首个真正意义上的新农村建设样板村，康川新城建成全省农村人口向小城镇集中转移安置的样板工程。

结合新农村建设，以及国家重点项目、扶贫开发等政策资金的带动，我县先后在多巴、上新庄等 14 个镇实施“千村整治、百村示范”、“百企联百

村”、“党政军企共建示范村”等项目，通过村庄绿化、美化、道路硬化、人饮、环境整治等基础设施建设，农村基础设施不断完善，改善了农民生产生活条件，村庄面貌明显改善，促进了农村脱贫致富奔小康步伐。

2. 在编制完成上述城乡规划的基础上，我县又先后编制完成《塔尔寺“八瓣莲花”文化旅游产业园规划纲要》、《塔尔寺文物保护专项规划》、《多巴和上新庄县级工业园区规划》、《县城佛光路旅游文化步行街修建性详细规划》、《多巴康川新城修建性详细规划》等分区、专项规划和详细规划，城乡规划体系不断完善，现已形成以县城（鲁沙尔镇）为主核心、多巴镇为次中心，其它建制镇为骨架的“两心两翼，扇形辐射县域南北，环状拱卫西宁市区”的城镇空间布局结构。另《湟中县城市总体规划 2011～2030》修编、评审、上报工作已经结束，预计年底批复执行。

二、保障性住房建设稳步推进

（一）城镇保障性住房建设步伐加快

1. 廉租住房建设有序推进。2008 年～2012 年新建廉租住房 400 套，2 万平方米，建设总投资 2600 万元，其中，中央及省财政补助 1820 万元、县财政配套 780 万元。截至目前，已交付使用 350 套，在建 50 套；城镇低保家庭租赁补贴足额发放，2007 年以来，已为符合廉租住房保障条件的 875 户城镇低保家庭累计发放租赁补贴 356.36 万元。

2. 公共租赁住房建设如期完成。我县自 2011 年建设公共租赁房以来，已累计建设 850 套，总建筑面积 3.5 万平方米，建设总投资 6192 万元，其中专项补助 4060 万元，县自筹 2132 万元。截至目前，400 套公共租赁住房建设项目主体已完工，正在进行后期收尾工程，将于 2012 年 10 月全部交付使用；其余 450 套正在建设当中，将于 2013 年 10 月全部交付使用。

（二）农村奖励性住房建设成果喜人

自 2010 年以来，我县累计完成农村奖励性住房建设 14491 户，建设面积 111 万平方米，完成投资 9.3 亿元。其中：2010 年，完成农村奖励性住房建设 6991 户，建设面积 55 万平方米，完成投资 4.2 亿元（其中：省市补助 3495.5 万元、县级配套 699.1 万元、农户自筹 3.78 亿元）；2011 年，完成农村奖励性住房建设 7500 户，建设面积 56 万平方米，完成投资 5.1 亿元（其中：省市补助 4500 万元、县级配套 750 万元、农户自筹 4.48 亿元）；2012 年实施农村奖励性住房建设 7150 户，计划投资 5.04 亿元（其中，省市补助 9100 万元、县级配套 700 万元、农户自筹 4.06 亿元）。至目前 7150 户农村奖励性住房建设农户建房开工率达95%以上，预计年底全面竣工入住。

三、房地产开发不断提升

“十一五”期间全县集中实施房地产项目15项，总投资达29亿元，建筑面积达169.25万平方米。先后实施了顺宁家园、县城庄隆和平苑、圣山国际小区和多巴邯海家园小区等，“十一五”期末，全区城区人均建筑面积达到25平方米，较“十五”期间人均建筑面积增加5平方米；2013年多巴镇要上的重点商业开发项目有占地约2000亩的甘河工业园区多巴生活服务基地、新华联多巴城市综合体项目，以及金色年华社会养老福利基地项目。还有占地300亩的多巴职教城和占地2200亩的双寨货运中心等新建公建项目。

四、城镇基础设施配套建设不断完善

截止目前，我县共计实施小城镇基础设施建设、塔尔寺景区等重点项目20余项，完成总投资2.5亿元，先后实施建成县城街道整治、县城临街建筑外立面装饰、塔尔寺周边环境整治、县城佛光路“和谐苑”“吉祥八宝亭”“卡约遗韵”景观工程、塔尔寺广场维修、多巴镇区垃圾处理场、多巴镇区道路维修、田家寨镇道路与排水改扩建、上新庄至多巴天然气输配等一批城镇基础设施重点项目。通过这些项目的实施，县城及中心镇的综合服务功能不断完善，市政基础设施水平明显上档次，市容市貌显著改善，城镇的集聚效应和辐射功能进一步增强。

县城庄隆扩展区开发建设和旧城改造工作全面启动，县城规模不断扩大，县城建成区面积由1981年的1.53平方公里增加到现在的4.55平方公里。县城建成主街道9条，道路网建设总长度达9.93公里，在建的北环路项目，为县城增加了一条城市外围的过境绕行通道，县城路网结构不断完善。

塔尔寺景区开发建设正式拉开序幕，旧城改造步伐加快，县城建设由过去单纯的完善城镇服务功能向突出城镇特色和提升城镇品味转变，特别是佛光路旅游文化步行街项目的实施，大大提升了县城作为旅游城镇的形象。积极投身城市创建活动，大力整治小城镇环境脏乱差，城镇市容市貌显著改善。先后实施了藏文化馆、莲湖观景平台、景区大门等景观工程建设。

五、房地产市场管理日趋规范

（一）房屋评估工作进一步拓展

参与完成了黄南州市场改造建设拆迁评估；进行了日月变电所750KV输

电线路湟中县境内的房屋及附着物拆迁项目评估；受青海送变电工程公司日月山一鑫恒330KV输电线路工程项目部委托，完成了日月山一鑫恒330KV输电线路工程沿线大才乡拉欠村、上后沟村、马场村房屋及附着物拆迁评估；进行了县城团结北路道路改扩建工程拆迁项目评估；进行了县城庄隆路迎丰家园及夏都家园拆迁项目评估；受甘河工业园区管理委员会的委托，进行甘河工业园区下中沟村整体搬迁项目评估；完成了青海省玉树州结古镇LNG接收（气化）项目、西宁加气站及槽车停车场工程和佐署村房屋拆迁项目评估；完成了湟贵公路二期工程沿路农户的房屋拆迁评估工作。三年来共出具拆迁评估报告1012份，评估面积达25.1万平方米，评估金额达1.1亿元。特别是甘河工业园区西区房屋拆迁工作进展顺利。完成甘河工业园区西区16个行政村房屋拆迁评估3895户，签订拆迁补偿安置协议3677户，协议金额达4亿元，已拆除房屋2344户，面积达60万平方米，累计发放过渡费1000多万元。

（二）着力房地产市场建设，房产交易繁荣活跃

办理各类房屋产权登记6794宗（其中抵押登记1818宗，转移登记1092宗），共测绘房屋总面积51.81万平方米；整理初始和转移房产档案3200宗，注销登记抵押档案1450宗，预售档案209宗，接待查阅档案1280人次，同时为公、检、法、司提供服务，为维护产权人合法权益提供保障。

（三）立足服务狠抓城市建设的测绘工作

完成19个农村危房改造测量任务，共计9.5平方公里；全县25个新农村建设规划地形图测量，共计18.5平方公里；8个村级文化站建设现状图测量；县城清泉路、塔尔寺2处防洪渠道纵横面测量，为全县经济的发展提供了第一手资料。

（四）加强协调，多方配合，使拆迁工作实现突破

1. 甘河西区拆迁项目。该项目共涉及拆迁农户为4076户，累计发放过渡费3600万元。

2. 南绕高速公路工程拆迁项目。该项目共涉及湟中县境内西堡和多巴两个乡镇7个村246户，预计总拆迁建筑面积为13万平方米。

3. 华能西宁热电拆迁项目。该项目涉及湟中县西堡乡堡子村37户农户房屋拆迁。

4. 佛光路停车场拆迁项目。该项目为我县第一例国有土地上房屋征收与补偿项目，涉及征收范围9户，被征收房屋建筑总面积0.15万平方米。

5. 甘河滩镇下中沟整村搬迁拆迁项目。下中沟村房屋搬迁共涉及108户农户。

6. 新华联·西宁多巴欧洲小镇建设拆迁项目。该项目涉及湟中县境内多巴镇的3个村，具体涉及搬迁农户约22户。

7. 甘河滩镇隆寺干村整村搬迁拆迁项目。隆寺干村房屋搬迁共涉及194户农户。

8. 汉东乡前窑村搬迁拆迁项目。前窑村房屋搬迁共涉及297户农户。

9. 团结北路拆迁项目。涉及团结北路38户搬迁户。

（五）优化人居环境，物业管理取得了新进展

截止目前，全县共有10个住宅小区（组团），建筑面积25万平方米；其中3个物业管理小区，物业管理面积达20万平方米。

六、建筑市场管理有条不紊

（一）加大力度，推动工程质量水平的提高

完成了实验室计量认证相关工作，对县域内建筑工地送检原材料进行严格的检测工作，保证了在建工程的质量。截止目前，受监工程施工总面积472.1万平方米，总投资约65.6亿元，确保了受监工程全面覆盖，重点地基与基础、主体工程、竣工验收到位率达100%。同时，积极配合甘河管委会加强康川新城房屋工程质量监管工作力度，强制性标准执行情况，每周向甘河管委会报送康川新城房屋建设项目质量问题、施工质量缺陷整改施工进展情况。

（二）开展专项检查，规范建筑市场行为

配合有关部门对全县建筑工地开展质量、安全、节能检查达145次，共检查建筑面积410多万平方米，受检企业18家，建设单位17家，监理企业6家，签发质量安全整改通知书74份，对未按法定建设程序办理手续擅自开工的7个项目责令停工建设，出现质量、安全投诉案件1起，处理1起，处理率100%，三年来未发生重大质量安全责任事故。

（三）加强监管，招投标市场行为进一步规范

通过备案管理、过程监督等手段，加大了对招投标活动全过程的监督检查，完成招投标201项（公开招标147项，邀请招标67项），完成总投资203884.38万元，应招标工程招标率和应公开招标工程招标率均达100%。

七、城镇管理工作不断推进

（一）明确责任，突出重点，全面加强城市管理工作力度

按照县委、县政府及会议精神，结合实际成立工作领导小组，制定

“灯节”期间城管执法安全工作预案，强化监督管理，确保了每年节日期间各项活动的顺利进行；加大主要街道违章违规不文明行为的督查整治。积极配合鲁沙尔镇、公安、工商等部门，对塔尔寺周边环境卫生进行了专项整治，将西山门40余户摆摊设点的铁架子经营户合理安排在塔尔寺广场内，划分区域，让其规范经营；积极推行环境卫生“门前三包”责任制管理，督促、检查280余户沿街个体商户按照“门前三包”的规定，自行清理、清除责任区内的乱涂乱帖、乱写乱画的“牛皮癣”1140余处，同时与沿街企事业单位、个体商户签订“门前三包”责任书2745份，签订率达98%以上。

加强重点乡镇城镇管理工作，截止目前，全县除大才、土门关、海子沟、群加等四个乡没有派驻城管监察队员外，其它乡镇均已派驻城管监察队员。加大对县城及重点集镇规划区域内违法建设、违章建筑的监管力度，迅速查处违法建设行为，截止目前查出18处违章建设，其中多巴镇11起，鲁沙尔镇7起，并依法下达了停工通知书，限期拆除。

（二）以户外广告为切入点，加强市容管理

为使我县城户外广告设置进一步走向正规化、规范化，我局城管队员清查摸底户外广告牌156块，面积10200余平方米。对不符合标准的广告进行了清理整治，其中对18家单位户外广告牌匾进行了强制拆除。

（三）形成联控联管机制，确保工地安全文明施工

严格落实《西宁市建筑垃圾和工程渣土管理办法》，加强对运输散装货物、渣土拉运等“抛洒滴漏”等违法行为的管理，要求建筑工地对进出口道路进行硬化，拉运渣土和货物车辆密闭运输，防止建筑渣土运输抛洒造成路面污染；与县城各建筑工地签订了责任书，对各建筑工地实行押金管理，改变了以往建筑工地混乱、无序的现象，并要求审批建筑施工单位占道开挖手续，有效遏制乱挖乱建行为；督促建筑工地进行围墙彩化、美化，彩化率达100%。

（四）督促检查环境卫生清扫保洁工作

为改善县城及重点集镇人居环境，及时督促重点集镇镇政府定期不定期对各责任区环境卫生进行彻底清扫，并建立长效机制。

（五）开展城镇餐厨垃圾统一收运处置工作

为推进县城及多巴餐厨垃圾资源化利用和无害化处理工作规范运行，加强县城和多巴餐厨垃圾收运处置管理工作，制定印发《关于进一步加强餐厨垃圾管理工作的通告》400份，《西宁市餐厨垃圾管理条例》宣传材料3000

份，通过广播电视台等新闻媒体广泛开展宣传动员，让各餐饮企业及广大群众充分认识到开展餐厨垃圾统一收运处置的重要性。

作者简介：

丁启贵，男，1969 年出生，本科学历。现任青海省湟中县住房保障和建设局局长。

建设保障性安居工程
促进社会和谐稳定发展

新疆生产建设兵团建筑工程师建设环境保护局　白益民

大规模实施保障性安居工程建设是党中央、国务院做出的重大决策，是促发展、转方式、惠民生的重大举措。加快建设保障性安居工程，改善城市低收入居民的居住条件，对于改善民生、促进社会和谐稳定具有重要意义。

建工师作为一个师部驻新疆首府乌鲁木齐市，集勘察设计、建筑科研、工程施工、建设咨询服务、建材生产、设备安装、房地产开发等为一体的建筑工程师。受各方面条件制约，其保障性安居工程的建设有其特殊性。下面就2008年至今我师保障性安居工程建设的实际情况和做法介绍如下。

一、做好基础调研工作，攻克拆迁难题

保障性安居工程是一项艰巨、复杂的工作，对于具体实施单位更是要求做到事无巨细。为使其切实做到惠民利民，我们针对我师具体情况作了一系列基础性工作。认真对我师低收入家庭住房状况进行了调查，建立住房档案，并根据居民生活水平确定了住房保障标准及其具体实施办法等。

特别是由于我师土地资源有限，保障性安居工程的建设多为拆后在原址重建。保障性安居工程实施之初，因拆迁问题无法开工，使得我师保障房建设开工率落后于兵团其他师，严重制约了职工住房条件的改善。为此在师党委的高度重视下成立了由师领导牵头的相关工作小组，投入时间、投入精力、投入感情，坚持践行以民为本，以诚心换真心，以关爱换信任，真正做到思想认识到位，资金调度到位，工作落实到位，安置保障到位。在具体工作过程中，我们统筹考虑并妥善解决拆迁群众的生产、生活和长远发展的问题，致力保护拆迁户的基本生存权，将拆迁工作与解决住户实际困难和保持社会和谐稳定相结合，保证了拆迁的顺利进行，又最大限度地让拆迁户从中得到了实惠。随着拆迁困难的攻克，保障性安居工程建设得以顺利进行。

二、根据实际情况合理布局规划，使其顺应城市发展要求

为合理规划用地布局，增强土地资源的使用率，提高职工群众的生活品

质和环境质量，我师各企业单位在建设保障性住房小区的同时，以各单位自身的具体情况为出发点进行小区的规划设计。

目前，我师各实施单位保障性住房主要以多层为主，以小户型住房为主。在户型的选择上，各单位广泛征求职工群众的意见，以职工的实际需求确定户型及面积。在小区规划设计中，各单位根据自身的具体情况，更加注重住宅的统一性，并在统一性中寻求变化，以达到建筑形态优美，人居环境优质的目的。

按照兵团实现跨越式发展和长治久安的目标和乌鲁木齐市发展进程的要求，各单位的保障性住房小区规划设计也在不断地进行着适时的调整。如一些单位总体规划在几年前已完成，但随着近两年乌鲁木齐城市建设的变化和土地资源的稀缺，2011 年又对原规划进行了调整，原规划住宅全部是多层，根据乌鲁木齐对该地区的总体规划，多层住宅已不适应当前城市发展和企业发展的要求，因此将多层调整为高层和小高层。

三、做好保障性安居工程的监督检查工作，完善共基础配套设施建设工作

建立健全保障性安居工程的责任机制，制定了保障性安居工程的月报制度。为督促保障性安居工程的顺利开展，及时掌握保障性安居工程的建设情况，我师内实施了保障性安居工程“一月三报”（上旬、中旬、下旬）制度。并在每月的下旬（25 号左右）根据我师的保障性安居工程实际建设及棚户区实际拆迁情况，向上级报送专项报表。

不定期协助召开保障性安居工程专题会议。根据我师保障性安居工程的实际建设情况及所遇到的问题，及时召开保障性安居工程专题工作会议，对以往保障性安居工程工作进行梳理总结，探讨下步工作的方向及着重点。其强力促进了我师保障性安居工程的顺利实施。

多部门联合，强化保障性安居工程的监督检查工作。我师各部门相互配合，多次对保障性安居工程建设及完成情况进行了全面的检查。其覆盖了全部师属责任单位，掌握了我师保障性安居工程的历年实施情况，规范了一些行为，明确了一些概念，整改了一些问题，获得了较好的效果。

另外，师作为兵团唯一以建筑行业为主的建制师，主要以市场化运作，完全依赖市场生存与发展。老企业多，弱势困难群体多，历史欠账较多，社会负担过重，缺少可持续发展的经济基础。原有的小区基础配套设施已远远

不能满足近年来不断实施的保障性安居工程需要。为此，我师积极整合各方面资源，多渠道筹措资金，对涉及保障性住房小区的给排水管网、供热管网、换热站等工程进行了改扩建、新建等。

四、切实解决好低保特困家庭的住房保障问题

保障性住房工程是针对我国住房困难人群所出台的一项惠民政策，但由于国家出台的保障性住房政策有时间限定，且各级补助资金有限。随着住房建设成本价的高涨，不仅给保障性工程的顺利实施带来了巨大压力，更是给低收入家庭保障性住房政策的实施带来了很大难度。

为此，对低保特困家庭的住房保障问题，我师在“十二五”期间制定了相应规划和解决方案。“十二五”期间主要以廉租住房的形式，给低保家庭提供住房保障。具体方案有：根据国家、自治区和兵团关于住房保障的有关要求，结合我师的实际情况，首先对低保户实行应保尽保，实行廉租住房进行保障。对低收入、住房困难家庭，通过廉租房、公共租赁住房、经济适用（集资建房）住房等多种形式实施住房保障。通过多方面的努力，切实改善低保特困家庭住房保障问题。

保障性安居工程一项惠民利民的重大工程。通过保障性安居住房的建设，明显改善了我师中低收入职工家庭的住房条件，增强了我师职工群众生活和奋斗的信心，对于逐步实现我师跨越式发展和长治久安有着重大意义。

作者简介：

白益民，男，汉族，1963 年 9 月出生，中共党员，本科学历。现任新疆生产建设兵团建工师建设局党组书记、副局长。

1983 年 9 月参加工作，从事工民建、铁路、公路、水利等专业，参与过水渠、水闸、大型火电厂、大跨度厂房、住宅楼的施工技术和管理工作，90 年代后期转入施工质量和安全生产管理工作，历任施工员、技术员、主任工程师、主任科员。

积极探索　完善政策　加快保障性住房建设

新疆生产建设兵团第十二师建设局　张晓德

保障性住房建设项目是一项关系广大职工群众幸福和谐的重大民生工程、德政工程。师党委提出加速连队整合撤并、推进保障性住房建设，全力推进城市化，使连队人口向中心连队和场部集中，从而改善团场居民的生产、生活条件，使十二师广大职工群众共享改革发展的成果和现代城市文明生活，将保障性安居工程作为师党委认真贯彻十七届五中全会和中央新疆工作座谈会精神，加快经济社会发展的重要战略举措。我们本着对十二师广大职工群众高度负责的态度，加强组织协调，加快项目进度，着力将保障性住房项目打造成优质工程、满意工程，让广大职工群众住上满意舒心的住房。同时，为确保我师保障性安居工程全年目标任务圆满完成，师制定印发了《十二师保障性安居工程工作目标考核方案》，在2013年初的工作会议上与各团场、有关单位签订了《十二师保障性安居工程目标责任书》。

由于国家、兵团的各类保障性住房政策也是在不断的完善过程中，各单位都在探索、积累经验，为进一步落实责任、完善政策，师团形成合力，共同把这项利国利民的大事切实抓紧抓好。我们主要做了以下几项工作：

一、明确目标，规划先行

2011年3月副师长先后2次召集各团场、师建设、发改、土地、财务部门以及设计院就保障性安居工程规划设计工作进行统一安排部署，限时征求民意、组织专家论证、提交成果，缩短了规划设计时间。与此同时安排规划选址、土地以及项目选址地的“三通一平”等前期工作相互交叉，有机衔接进行，缩短项目前期时间。2013年承接我师保障性安居工程的设计单位有上海济景设计院、北方—汉沙杨建筑工程设计院、兵团建工设计研究院、新疆建筑科学研究院、新疆广维现代建筑设计研究院、新疆西域建筑勘察设计研究院。规划设计方案分别征求了职工、连队、团场的意见后修改上报师建设局，组织专家论证，修改后定稿。保障性安居工程的规划设计不但满足三坪新区分区规划各项控制性指标，还兼顾了职工、团场的意见，具有前瞻性和实用性。

二、与城镇化、连队整合紧密衔接

新建保障性安居工程从选址上符合三坪新区分区规划；从规划设计品位上，力争打造高水平的城市化居住环境；从工程质量上确保职工满意，从小区配套设施建设上按照最大限度让职工共享改革开放，经济社会大发展带来的物质文明和精神文明成果；从规模上实现连队居民全部迁入城镇，从生活上最大限度方便职工搬迁新居。居住区配套有社区、物业、卫生、文化、教育等公建部分，职工入住后可实现从连队管理专向社会化管理。

三、工程项目管理上水平

2013 年的保障性安居工程项目从规划设计到施工管理全部由师建设项目管理中心建设管理。该中心由资深的施工现场管理专业技术人员、造价咨询专家、财务专职人员、施工现场派驻甲方代表。通过一年的不懈努力，在保障性安居工程项目的实施过程中摸索出了一套成熟的项目管理经验，施工现场管理井然有序、工程质量合格、安全生产未出现重大事故、工程进度如期完成、工程成本控制合理。从规模上、进度上、造价成本控制上均在十二师建筑史上创造了奇迹。

四、听民意惠民生

从规划设计到搬迁入住，我们的保障性安居工程始终接受职工的监督、听取职工的心声、汇集职工的意愿，最大限度的满足职工的需求。规划设计阶段先后三次征求职工的意见，直接在农场召集职工代表向基层职工做规划设计汇报，听取职工的意见。工程竣工后，为使职工搬的进、住得起，一是统一设计装修标准，征求职工意见、通过竞争性谈判，压低装修材料价格，统一进行室内简装。二是在职工采暖费、物业费、燃气初装费等方面，师团通过自有财力补助职工，尽量让职工少交或者不交。三是考虑到职工入住后菜、粮油、肉等副食品市场尚未形成，购物不方便的因素，农场着手建市场，设公益岗位，为职工减负的同时增加职工的就业渠道。

五、以保障性安居工程建设为契机，拉开城镇化建设序幕

师在保障性安居工程的实施过程中，引进外来施工企业，采用 BT 模式建设，提高本师建筑施工水平，同时缓解资金压力，配套成立建材公司、天然气公司、网络公司、电梯公司，培育钢材物流公司等，拉动形成相关产业链。

作者简介：

张晓德，男，1959 年 11 月出生，中共党员，研究生学历。1979 年 12 月参加工作。现任新疆第十二师建设局局长。

加快建设保障性住房 努力实现“住有所居”

新疆维吾尔自治区巴里坤哈萨克自治县住房和城乡建设局 米选让

巴里坤县认真贯彻落实自治区人民政府《贯彻国务院关于解决城市低收入家庭住房困难若干意见的实施意见》和中央新疆工作座谈会等会议精神，将城镇保障住房建设作为重要的公共服务职责和改善民生、构建和谐社会的重要内容，连续将其列为为民办实事的重要工作，结合实际，着力完善住房保障制度体系，加快保障性住房建设，切实解决低收入家庭住房困难，促进“住有所居”目标的实现。

一、2008 年至今城镇保障住房建设基本情况

（一）廉租住房建设项目

2008 年至今，我县共建设廉租住房 840 套。其中：

1. 2008 年在县广场南巷原政府小区内建设 100 套廉租房，建筑面积 5000 平方米。

2. 2009 年在县原广电局后建设 100 套廉租房，建筑面积 5000 平方米。

3. 2010 年在县水利局后院新建廉租住房 80 套，建筑面积 4000 平方米，项目于 2010 年 5 月中旬动工，10 月底通过竣工验收并交付使用，完成投资 576. 99 元。

4. 2011 年我县在城东新区建设廉租住房建设 500 套，户型 50 平方米/套，总建筑面积为 2. 5 万平方米。该项目计划总投资 3500 万元，其中：中央到位资金 2000 万元；自治区到位资金 500 万元；地区 188 万元；县配套资金 812 万元。

5. 2012 年在城东新区建设廉租住房 80 套，户均 50 平方米，总建筑面积 4000 平方米，为一梯三户型。项目投资 600 万元，其中：中央投资 320 万元、自治区投资 80 万元、地区配套 30 万元，县财政配套 170 万元。

6. 2013 年在城东新区建设廉租住房 80 套，户均 50 平方米，总建筑面积 4000 平方米，为一梯三户型。目前处于基础施工阶段。

（二）公共租赁住房项目

1. 2011 年在城东新区建设公共租赁住房 667 套，建筑面积 53300 平方米，

总投资约7671万元，其中：中央到位资金2656万元；自治区到位资金341万元；地区到位资金250万元；县配套资金4424万元。

2. 2012年建设公共租赁住房229套，建筑面积1.074万平方米（其中：教育系统120套、组织部86套、卫生系统23套），投资2267万元，其中：中央补助916万元、自治区补助114.5万元、地区补助87.02万元、县财政配套493.48万元。目前项目已全部开工。

3. 2013年计划建设100套，其中建设局负责建设50套（城东新区）、组织部门20套、卫生系统30套。

（三）棚户区改造项目

1. 2011年，我县棚户区改造200户，总建设面积22500平方米，计划总投

资2000万元。项目于2011年6月中旬动工，计划2012年底竣工验收并交付使用。

2. 2012年，总投资1728万元（其中：中央补助120万元、自治区补助60万元、河南省援助资金120万元、县财政配套1428万元），改造棚户区120户，改造面积9600平方米，建设地点在广场南巷。

3. 2013年计划投资1728万元（其中：河南省援助资金120万元、国家补助资金120万元，自治区补助60万元，企业自筹1428万元），完成120套棚户区改造项目。项目建设地点在县广场南巷，建筑面积为9600平方米。目前处于基础施工阶段。

二、采取的措施

（一）成立组织，落实任务

我县成立了由县委、县人民政府领导任组长，县建设局、县发改委、县国土资源局、县民政局、县财政局、县统计局为成员的住房保障领导小组。加强组织领导，明确相关部门职责。认真做好住房保障工作重大问题的决策和重大事项的协调等工作，确保发展规划和年度计划目标的全面完成。县人民政府与县建设局等相关部门签订了《巴里坤县城住房保障工作目标责任书》，依职责对住房保障工作进行了分解，并纳入年度目标考核。建立住房保障工作联系会议制度和社会公开监督机制，使各部门各司其职，增强工作中相互协调、配合关系，认真履行职责，确保目标顺利完成。

（二）完善制度，健全运行机制

一是我县根据《廉租住房管理办法》和《经济适用住房管理办法》，及

时制定下发了《巴里坤县最低收入家庭廉租住房管理办法》和《巴里坤廉租住房保障

实施细则》，有效推动了廉租住房的管理制度化、规范化和公开化。二是强化廉租住房的年度复核工作，健全退出机制，完善轮候制度，规范廉租住房保障的管理，建立健全申请、审核和公示办法，确保各项政策公开、公平、公正实施。三是加大廉租住房的资金配套力度，通过实物配租、发放租赁补贴等形式，解决城镇低保住房困难家庭住房问题。四是加强对廉租住房的档案管理，建立健全廉租住房档案，并有专人负责管理，使档案随廉租住房使用情况的变化进行变动。五是建立了项目工作会议通报制度和定期监查制度。通过每月定期召开项目专题工作会议，来分析通报总结项目进展情况，及时研究和协调解决项目实施过程中存在的困难和问题，确保项目建设工作的顺利进行。

（三）加强管理，确保工程质量

一是切实抓好项目招标投标、工程进度、竣工验收等环节的协调、监督和管理工作，项目建设单位建立了专人负责制，做好项目进展情况报告工作。二是建立保障性住房建设项目进度档案，按进度要求和控制目标，科学制定工程进度计划，倒排工期，专人负责，建立完整的项目资料档案，并实行一周一检查、一周一通报、一月一问责制度，保证项目建设按进度顺利实施。三是保障性住房建设项目依法履行立项、规划、土地、施工、环评等手续，严格按照项目法人制、招投标制、工程监理制、合同管理制，健全事前控制、事中检查、事后验收的全程监管模式，有效保证了工程质量。

三、发挥的效益

廉租房项目的建设是推动建设和谐社会的一项重要举措，是关心和维护人民群众切身利益的实际行动，是政府为弱势群体办实事、办好事的一项民心工程，事关经济社会稳定和谐发展、事关各族人民生活生产的重大民生问题。通过廉租住房建设，我县切实解决了部分低收入家庭的住房困难，改善住房条件和环境，提升了居民的生活水平，对促进社会和谐稳定发展具有重要的意义。项目的实施对城市基础设施进一步完备，城市整体功能进一步完善，城市品位进一步提高，城市土地利用实现了集约、高效，为吸引外来投资，促进经济发展有重大意义。

四、存在的问题

由于我县属国家扶贫开发工作重点县，地方财政困难，保障性住房建设资金筹集难度大。建议上级进一步加大对我县保障性住房配套资金的投入力度。

五、今后工作重点

一是通过新建、回购等方式，多渠道筹集廉租住房房源。充分发挥城市规调用，落实在普通商品房、经济适用住房小区中配建廉租住房的要求，合理布局廉租住房建设项目，方便保障低收入家庭生活。二是进一步健全退出机制完善轮候制度，规范廉租住房管理。三是进一步加强对廉租住房建设管理的指导与监督。严格执行定期督查通报制度、倒排工期管理等制度，及时研究、协调、解决工程中存在的问题。四是积极筹集资金，加大对廉租住房配套设施的建设力度，创造功能完善、设施齐全、环境优美的居住环境。

加大保障性住房建设力度 改善人民群众居住条件

新疆维吾尔自治区和田县住房和城乡建设局　冯　斌　张　伟

近几年以来，和田县住建局按照县委、县政府工作要求，认真贯彻落实党的十八大会议精神，抢抓国家及对口援助的机遇，以科学发展观为指导，紧紧围绕地委、县委扩大会议提出的奋斗目标，统筹城乡发展和建设，较好地完成了阶段性工作任务。

一、保障性住房建设项目实施情况

（一）和田县保障性住房基本情况

和田县自2008年以来截止目前共建设保障性住房10281套，建设面积约53万平方米。其中：廉租房建设8212套，公共租赁住房建设900套，棚户区改造1169套。为进一步解决和田县城镇低收入家庭住房困难问题，和田县保障性住房基本建成5993套，建设面积31.99万平方米；计划建设4288套，建设面积21.01万元。截止到2013年上半年和田县保障性住房投入使用2202套，建筑面积11.01万平方米。由于和田县有县无城，县财力非常不足，全部靠国家给予投资。从2008年开始，和田县保障性住房总投资约6.02亿，完成投资3.22亿元。

（二）和田县保障性住房实施情况

一是根据国家解决城镇低收入群体住房困难实施意见的文件精神，结合和田县开展保障性住房建设实际，地区下达和田县建设廉租房计划1004套，2012年廉租房建设完成投资5020万元。计划建设公租房70套，面积3500平方米。

廉租房配套基础设施建设项目计划在和田县肖尔巴格乡廉租住房小区进行配套实施，并完善小区内的供排水、供热、供气等廉租房基础设施建设，总投资740万元。

二是2013年保障性住房项目计划及执行情况。根据地区下达我县2013年住房保障廉租房建设4000套的建设任务，我局与相关部门配合精心选址确定保障性住房用地。项目分中央投资 16000 万元，地方债券投资 12000 万元。我县积极开展项目前期工作，截至目前，保障性住房工作已经完成项目的图纸设计、地堪等相关前期工作，确保廉租房建设项目有效落实。

二、保障性住房建设工作管理情况

一是和田县根据自治区、地委关于保障性住房一系列管理举措，在建设保障性住房的同时，积极组织开展建成后保障性住房管理工作。和田县住建局结合各项政策措施先后制定了《和田县廉租住房管理办法（试行）》、和田县廉租房分配方案以及各县直部门组成的领导小组及廉租房分配管理职责，针对入住廉租房的城镇低收入群体进行有效的管理，通过对申请保障性住房的人员入住条件进行审核、公示、复核、确定住房，管理实行“一站式”审核，确保每个符合条件的城镇低收入群体可享受保障房。二是我县采取物业公司管理的模式，在建成的保障性住房小区进行招标的形式确定保障房小区物业管理公司，形成第三方介入统一管理模式，切实将小区物业与住户挂钩，将管理模式推向企业化运作，从而发挥保障房新的管理模式，不断落实城镇低收入群体入住情况，改善低收入群众住房环境，从而进一步提高民生质量。

三、存在的问题

近几年，和田县虽然在保障性住房建设上取得了显著成绩，但由于保障性住房建设任务重、时间紧、标准高、要求严，因此，在一些方面还存在不同程度的困难和问题。

（一）地方配套资金难到位，征地拆迁难度大

随着我县保障性住房建设任务的加重，建设资金筹措难度较大，配套资金的瓶颈日益显现，部分项目建设资金缺口较大。如 2012 年和田县廉租房建设，每年中央及省级补助资金 1000 元/平方米，而随着建材价格的提高和人工费的逐年提升，引起工程建设成本增加。和田县 2012 年廉租房建设 1008 套，建筑面积 50400 平方米，而招标控制价 1300 元/平方米，我县需地方配套 2500 多万元，由于和田县有县无城，县财力严重不足，导致保障性住房建设所需资金缺口较大。在用地方面，普遍存在着建设用地缺乏、征地拆迁难等问题，尤其是 2011 年和田县因建设用地不足，在和田市购买了一块建设用地，几乎花费了县一年的财政收入，用近 3000 万元购买建设用地，建设保障性住房，由于属地原则，在和田市的地盘上搞拆迁，难度非常大，要处理拆

迁户前期的征地拆迁支出问题，政策处理难度进一步加大，严重影响了工程建设进度。

（二）保障性住房管理机制有待完善

随着工作的深入，对经济、住房双困家庭实施住房保障工作已成为政府的长期职能。我县具体承担住房保障管理职能的仅为住建局内设的保障性住房管理中心，人员力量严重不足，大量基础性工作要依靠主要县直部门来协助承担。而保障性住房特别是廉租、公租住房的后期管理，如租赁管理、物业管理及公共服务等，随着我县住房保障竣工数量增大及覆盖面的增加，工作量会越来越大，急需专门机构进行系统、规范、长期、科学的管理。

四、政策建议

（一）建立专业的住房保障工作机构

住房保障问题专业性较强，涉及被保障人员的资格审查、补贴资金的测算、房屋的维修、物业管理、被保障人员收入提高后的退出等诸多方面，同时，住房保障制度的落实也涉及到建设、民政、财政、劳动、土地等多个部门，是一个极其复杂的系统工程，需要专门机构管理。《国务院关于解决城市低收入家庭住房困难的若干意见》中指出，县（市）人民政府要把解决城市低收入家庭住房困难摆上重要议事日程，加强领导，落实相应的管理工作机构和具体实施机构，切实抓好各项工作。鉴于此，建议自治区与各方协调，解决住房保障部门编制、人员问题，使县市成立更加专业的住房保障管理机构，保证经费支出，配备专职管理人员，并做好人员培训工作，使住房保障机构发挥积极作用。

（二）多措并举，多渠道筹集建设资金

申请国家给予我县在资金方面的大力扶持，增加对保障性住房建设资金的投资额度，切实解决保障性住房资金缺口问题。积极申报国家投资项目，尽可能的吸引国家投资项目。同时多渠道整合项目资金，将同类的建设项目进行捆绑使用，切实利用国家政策，将有限资金不断整合，确保保障性住房资金足额使用。

第二篇
房地产市场监管与发展

第一章　房地产市场概述

第一节　房地产的内涵与特征

一、房地产的内涵

对于房地产（Real Estate）的内涵，目前理论界流行的表述大致有以下几种：

（1）房产和地产统一论。房地产是房产与地产的总称，“房地产是房产和土地两种财产的合称”。“房地产是全国范围内的存量建筑物、用于建造这些建筑物的土地和其他所有空置的土地”。“房地产是指土地及其在土地之上的建筑物、构筑物和其他附属物的总称”。

（2）房地产的广义论和狭义论。狭义的房地产是指房、地、产三者的有机结合，即实物形态的地产和房地连为一体的房产，以及它们各自的法定财产的社会经济运动形式的集合体。其中它不仅包括狭义的以商品经营为目的的城市房地产，而且也包括乡村房地产和城市中非商品或非市场经营性质的“社会房屋”、房改房中部分产权房屋、“安居工程”。

从自然形态上看，房地产是指以交换为目的的土地和房地连为一体的房屋构成；从实体上看，房地产是以市场交换为目的包含土地及定着于土地之物业两大部分。从社会经济形态上看，房地产是指通过交换来体现地产和房地连为一体的房产构成，以及地产与房产的各项财产权利，主要包括所有权、占有权和他物权的社会运行形式。

广义的房地产是指土地、土地上的建筑物、基础设施，以及诸如水和矿藏等自然资源，还包括与土地、房屋权属有关的权利或利益，与分析房地产有关的知识，以及经营房地产买卖的商业界。房地产是指“全部土地和房屋及固着于土地和房屋上不可分离的部分”。

(3) 房地产即不动产论。房地产（Real Estate）又称不动产，它包括土地和土地上的定着物，即土地和土地上永久性建筑物及其衍生的权利和义务关系的总和。由于房屋及其占用的土地是不动产的主体和基本组成部分，于是将不动产认为是房地产的理论化概念。

二、房地产的特征

房地产同其他物质形式的生产资料和消费资料相比，有显著不同之处，体现在：

1. 空间位置的固定性

房地产最重要的特性是其位置不可移动性或固定性，它是房地产商品区别于其他商品最显著的特点。这就决定了房地产商品不能像其他资源和商品一样可以跨国界或地域流动。房地产的质量差异是普遍存在的，由于地形、地势及位置固定等因素，使得每一宗房地产皆是独一无二的物品。可以说，没有价值完全相同的两座以上的建筑物，甚至在同一个住宅区的相同住宅，几乎每一平方米的价值都是不同的。

这一特点对其差异性有以下影响：第一，造成了差异性的绝对存在。就是说，房地产绝对没有完全相同的产品，即使其地面以上的房屋设施可能完全相同，但由于所处位置不同，诸如环境、交通、购物、文化教育设施等条件也不同，因此必然会产生产品之间的差异。第二，使房地产产品供给带有区域性。

2. 产品不完全商品性

房地产是由土地及其土地上的房屋两部分组成。房地产的不完全商品性主要是由土地引起的。首先，房地产中的土地具有相对稀缺性，这种稀缺性主要是由土地的有限性和不可再生性决定的。一方面，现代社会经济的发展和城市化，城市人口增长对土地的需求量日益增加；另一方面，土地作为不可再生资源，其供给量基本上是个恒定的常量。由于这两个方面的矛盾运动，就造成了地产市场的供给呈日趋稀缺的定势。而房产供给的稀缺性，除受制于土地供给的稀缺性外，社会生产发展、城市人口增加和生活消费水平提高对房屋需求急剧扩大也是一个极为重要的原因。我国城市人均占有土地面积较少，房屋建设资金亦较缺乏，因此房地产市场供给的稀缺性更加突出。其次是国家对土地的垄断性，我国实行的是土地所有权公有制，城市土地的所有权属于国家，在房地产交易市场中交易的只是土地使用权，而各级政府是土地使用权的唯一供给者，因而土地市场的供给具有垄断性。土地的价值具有不可交易的一面。房地产中的土地作为国土资源，决定了房地产是无法通过交易完全定价的商品，因此房地产商品具有不完全商品性。

3. 技术的稳定性（使用价值上的必备性和耐久性）

从技术角度讲，房地产企业偏重于一种资源整合的角色，房屋的建设由整体上处于过度竞争的建筑施工企业来竞争完成，项目定位与销售有专门的房地产策划顾问公司和营销代理公司来承担，后期的物业管理又有专门的物业管理公司来接盘，因而开发商只要提供资金和项目前期与政府的关系就可以使项目顺利运作。开发商只要不是太外行，会整合大量的相关资源，项目一般不会运作不下去。相比电子、汽车、信息等产业，在房地产开发施行大规模工厂化、标准化生产之前，行业技术壁垒是很低的，这使新企业的进入显得非常容易。同时对于开发商而言，由于房地产开发不需要专用的厂房和设备，其退出该行业相对也比较容易。

4. 资金的密集性

房地产商品的生产包括征地、投资、开发、建设、装饰、销售以及有关售后服务等若干阶段，一个项目，从征地、规划、拆迁到建设、销售，周期短则 1 ~ 3 年，长则 5 ~ 8 年。在这一过程中均需要大量的资金，且资金回收周期长，而且资金回收主要集中在后期，在最初的征地、建设期间，需要投入大量资金，但没有任何资金收入。因此，房地产企业是否获得足够的资金支持，是否拥有畅通的融资渠道，决定了一个企业能否健康发展。

由于房地产具有投资规模大，投资回收期长等特点，使得房地产业的发展要求走规模经济的道路。作为资金密集型产业，房地产业的规模经济效应较其他行业更为明显。规模小，开发商的单位成本居高不下，在广告策划、营销推广、环境改造、配套设施、物业管理等方面与规模较大的公司相比明显处于劣势。另外，规模大，尤其是具有较强现金实力的开发商在选择项目最佳开发时间上也具有主动权。这在客观上要求造就一些规模较大、实力较强的房地产企业，这要通过房地产业内部适度的资本集中来实现。房地产业内部适度的资本集中，能有效地节约房地产开发和经营成本，资本的适度集中还有利于节约房地产市场的交易费用，这可以通过企业间的合并、兼并等经济机制来实现。由此可见，通过房地产企业的资本集中，可以优化房地产市场组织，提高市场运行效率，并优化房地产企业的规模结构。

第二节　房地产市场的内涵与特征

一、房地产市场的内涵

房地产市场，又称不动产市场，从经济学角度看，狭义的理解是指房地产交换的场所，广义的理解是指房地产交换关系的总和，是房地产开发、建设、经营、管理、服务和消费的内在运行机制。它将房地产的开发、建设、流通与消费等各个环节联系在一起，从而实现房地产的价值。房地产市场具有市场的一般特征，而作为市场的子系统，它是由房地产经济系统的存在所决定的，并且在房地产经济活动中起着媒介作用。也就是说，房地产市场是房地产商品交换过程的统一，是连接房地产开发、建设、经营、管理、服务和消费的桥梁，是实现房地产商品价值和使用价值的经济过程，按照交易对象，房地产市场可以划分为地产市场、房产市场和房地产服务市场，这里我们的主要研究对象为房地产市场中的商品房市场（主要为住宅市场，不包括写字楼）。

二、房地产市场的特征

房地产空间位置的固定性、产品不完全商品性、技术的稳定性及资金的密集性等特征使其不同于一般商品而成为具有要素作用的高位商品，使其在交换关系和市场行为中呈现出一种多层次、多样化、多方位的态势，从而在社会主义市场体系中构成一个具有相对独立性的市场系统。这个市场系统的竞争既具有其他行业市场结构的某些普遍性特点，又因房地产产品的独有特征显示出一些与其他行业不同的特点；既具有世界房地产行业竞争的某些普遍性特点，又因特殊国情显示出一些与众不同的特点。

1. 竞争的层次性

房地产市场是一种环形竞争市场。在圆形城市上，一个企业实际上只有两个真正的竞争对手，即两个位于其左右的企业。因此，圆形城市企业间的竞争为邻近企业间的竞争，也即“环形竞争”。因此环形竞争比垄断竞争更缺

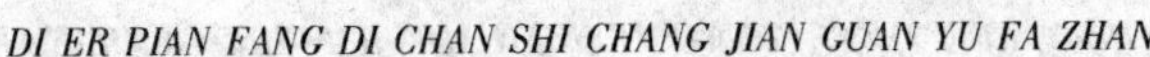

乏竞争性。对一个城市而言，无论城市的布局是否是环形的，房地产开发商的竞争总是一种环形竞争。这是因为房地产是位置不能移动的产品，它只能和相邻的房地产存在竞争。而对其他产业来说，其产品是可移动的，这样厂商就能在更大范围内展开竞争。在环形竞争条件下，因为只有少数房地产开发商进行竞争，所以房地产市场结构具有寡头垄断市场的明显特征。对于消费者来说，由于房地产空间位置固定且具有唯一性，由位置因素所派生出来的一系列属性与消费者的偏好的匹配，使某一宗房地产对特定的消费者具有唯一的吸引力，这就使房地产开发商具有强大的垄断力量。

但是，这种垄断力量不可能在大范围形成，竞争具有一定的层次性和区域性。房地产开发的中低技术含量属性和政府出让土地的招挂拍体制，决定了资金是房地产开发企业的第一竞争力要素。在房屋总需求（包括正常需求即自住性、自用性需求，非正常需求即投机性、投资性需求）旺盛的情况下，房地产开发企业的主要竞争领域是土地使用权。近几年来，拍卖是全国绝大部分土地的出让模式。拍卖最突出的特点是出价高者胜出，在这种情况下资金几乎成为中国房地产开发企业唯一的竞争力。一般来说，城市经济发展水平越高，城市规模越大，那么地价越高，对房地产开发企业的资金要求越高。尽管房地产开发企业的资金60%以上来自银行，但企业的注册资金数量、现有抵押品价值决定着其信贷额度。因此，开发企业主要根据资金实力的大小，进入不同层次、不同规模的房地产市场。

目前，我国有5万多个房地产开发企业，其中5千多个大型房地产开发企业拥有雄厚的资金，控制着所有大城市、多数中等城市中高档房地产市场的供给；少数资金比较充足、机遇较好的中型房地产开发企业有可能挤入大城市中高档房地产市场，多数中型房地产开发企业共同占有中等城市中高档房地产市场的部分份额，甚至还有少数中型房地产开发企业因资金周转不灵而被迫转入利润率较低的低档房地产市场及小城市房地产市场；大量小型房地产开发企业因资金少，主要在低档房地产市场及小城镇房地产市场开展业务，它们很少有幸挤入中等城市中高档房地产市场，基本上不可能挤入大城市房地产市场。当然，少数与政府部门、银行有“特殊关系”的房地产开发企业，能够通过违规滚动授信、高估抵押品价值等方式获得大量资金，增强自身争取土地出让权的能力。

由于业务定位存在差异，大型房地产开发企业与小型房地产开发企业之间根本不发生竞争，大型房地产开发企业与中型房地产开发企业之间、中型房地产开发企业与小型房地产开发企业之间在多数情况下也只发生有限的竞争。

2. 供给缺乏弹性

房地产市场供给是指在一定时期内，房地产开发商在某一价格水平上愿意并且能够提供的房地产商品数量。房地产产品与其他商品不同，短期供给缺乏弹性。首先是由城市土地资源的经济属性——不可再生性和稀缺性造成的。土地的自然供给是固定的、缺乏弹性的。这是由于作为房地产生产中主要的生产要素，土地的供给总量基本上是恒定的，在一个城市中，为适应经济发展和城市建设而进行的土地供给则代表了土地的经济供给。土地的经济供给受城市发展的阶段性与土地自然条件的优劣的影响，表现为土地的供不应求，从而决定了房地产商品供给缺乏弹性。其次是国家对土地的垄断性，我国实行的是土地所有权公有制，城市土地的所有权属于国家，在房地产交易市场中交易的只是土地使用权，而各级政府是土地使用权的唯一供给者，因而市场土地市场的供给具有垄断性。

由于土地的有限性、不可再生性及其经济供给的稀缺性和土地所有权的垄断性，使得房地产市场的土地供给在一定的地域和时限内数量有限，从而导致房地产市场的垄断性增强，使市场供给主体间的竞争不充分、不广泛。

3. 区域的分割性

在经济全球化时代，在市场经济体制下，衣服、粮食等普通商品可以在一国内部不同地区之间、不同国家之间比较自由地快速流动。但房地产空间位置的固定性决定了房屋不能在交易中发生位移。如果一个国家或地区的普通商品供不应求而价格飞涨，那么高利润会吸引其他国家或地区的同类商品大量涌入，结果该国或该地区普通商品的价格迅速得到平抑。然而，当一个国家或地区的住房供不应求而价格飞涨时，类似的情形在房地产市场根本不能发生。此外，一个国家或地区房地产的自住性、自用性需求通常是占主导地位的，而这种正常交易（非投机性交易）主要是在该国或该地区居民内部进行的。由此可见，房地产市场具有很强的区域分割性，这是其他商品市场所不可比拟的。

当然，资本也可以在一国内部不同地区之间、不同国家之间的房地产市场转移，进而增加受资地区、国家的住房供给。但在房地产行业，资本流动替代商品流动的局限性表现得非常突出。房地产开发投资对一国内部一个地区、一个国家住房供给数量和价格的影响，在速度和效率上远远低于普通商品流动对一国内部一个地区、一个国家该类商品供给数量和价格的影响。前者需要几年（多数房地产开发项目从开工到竣工的时间长达 2 ~ 3 年），而后者只需要几天。此外，由于外资大举进入房地产开发行业的影响是很不确定的，各国出于金融安全的考虑，会在房地产开发行业执行比一般行业更严格的外资准入标准。如果外资是生产性的，就会增加住房的供给而降低房价；如果外资是投机性的，就会吹大房地产泡沫而抬高房价，甚至引发金融危机。因此，与其他许多行业市场相比，外资在房地产开发市场受到的制约更为明显。这对房地产市场的区域分割性具有强化作用。

4. 区域内的垄断性

由于房地产区位的固定性和不可移动性，客户在选择购买时只会将其与本区域范围内的房地产产品相比较，不能实现产品区域间自由的流通，土地空间位置的固定性决定了房地产市场产品供给的区域性，因此房地产商品具有不完全替代性。如果一样商品具有不完全替代性，则意味着其在市场竞争中可能构成价格垄断，因此部分开发商的区域性垄断是客观存在的。作为一种特殊的要素市场，土地市场与微观经济理论中一般商品的不完全竞争市场有所不同。因为它是一种稀缺的、总供给有限的要素，土地市场的开放显然会使得更多的竞争主体进入市场，引起土地价格更强的增长态势。此时，对土地租金的竞争更直接地表现为对由之可能带来的垄断利润的竞争。垄断利润的分配比例不仅取决于土地市场化程度和价格竞争的激烈强度，还与政府的相关土地增值收益的税收分配政策及一些投机因素有关。由于土地的有限性、不可再生性及其经济供给的稀缺性和土地所有权的垄断性，使得房地产市场的土地供给在一定的地域和时限内数量有限，从而导致房地产市场在一定区域内垄断力量增强，市场主体间的竞争不充分、不广泛。

区域性垄断提高了房地产开发商的定价自由度，他们为了获得更多的超额利润，将推动区域内房价出现大幅度上涨。一个区域内房价的高涨，会刺激相邻区域的房地产开发商大幅度提高房价。各个实行区域性垄断的房地产开发商群体相互影响，于是全局性的房价高涨就出现了。

在现实中，大型房地产开发企业通常结成垄断联盟，控制进入地区的房价。房地产巨头经常集会，他们采取的联合行动对房价产生了直接影响。例如，中城联盟在郑州的开发项目亮出了当地的天价，由此带动周边项目涨价，是郑州房价在 2005 年前 4 个月上涨 14% 的重要原因之一。又如，2005 年广州市十大地产大亨峰会对外宣称由于政府出让的商品房用地严重不足，房价将上涨 10% 以上，制造房市紧张气氛。

第三节　我国房地产市场的发展历程

随着市场化改革的不断推进，市场经济体制的日益完善，传统体制下的产业结构关系迅速变化。我国房地产业逐渐从其他行业中分离出来，在国民经济中成长为支柱行业。

一、改革开放前中国房地产市场的发展

我国房地产市场最早产生于19世纪末、20世纪初。1840年的鸦片战争使广州、宁波等沿海城市成为“通商口岸”，房地产市场首先在这些城市萌芽。

从萌芽到1949年，我国房地产市场具有浓厚的半殖民地、半封建特征，房地产业主要被帝国主义、殖民统治者、官僚资本和封建势力所占有和控制，民族资本的发展比较弱小。由于当时政局动荡，再加上通货膨胀的影响，房地产市场投机猖獗，市场波动的频率和幅度都很大。此外，房地产市场的发展也具有区域不平衡性，主要集中在几个沿海城市。

从1949年到1978年，由于政策、体制、经济三方面的原因，中国房地产业基本处于停滞阶段。新中国成立以来，由于实行国有土地无偿划拨和房屋非商品化的政策，政府通过对房地产市场实行接管、没收和整顿，并建立房地产管理机构，形成新中国房地产经济的基础。从1956年起，随着对农业、手工业和资本主义工商业的改造，开始了对城市私有房屋的社会主义改造，在保留私有房屋业主少量自住房的基础上，通过公私合营，利用定息赎买的办法将私有房产转变成公有房产。随着城市房地产公有化的推进，以公有制为主体的城市房地产经济模式和管理体制初步建立。

“文化大革命”的爆发，经济发展停滞不前，原本就曲折、缓慢发展的房地产经济遭到了严重破坏。在极“左”思潮影响下，城市房地产管理的各项政策被否定，各种规章制度被批判，各项管理工作都陷入停滞和瘫痪状态；许多私有房产得不到法律的保护，被迫充公；许多公有房产缺少管理，年久失修。

二、改革开放后中国房地产市场的发展

改革开放以来，随着社会主义商品经济理论的确立，土地使用制度和住房制度的改革，住房商品化、市场化、货币化的观念逐渐深入人心，中国房地产市场逐步恢复和兴起。

1. 复苏阶段（1978～1986年）

十一届三中全会以后我国开始了以市场为取向的经济体制改革，房地产市场在理论和实践方面进行了探索。一方面，邓小平同志首先提出了住房商品化的思路，其后，全国开始了对住房制度改革的理论探索，肯定了住房的商品属性，并在实践上开始推行住房商品化政策。先在常州、四平、沙市、郑州四个城市实行全价售房试点，后逐步扩大。1982年，国务院在四个城市进行“三三制”售房试点，即房价由政府、企业、个人三者分担。1984年，政府决定扩大住房补贴出售的试点范围，到1985年年底，全国有160个城市和300个县镇实行了补贴出售公房。从1986年开始，进行以提租增资为指导思想的公房租金改革，在部分城市先后进行了试点。

另一方面，根据“全国城市规划会议”提出的征收土地使用费的设想，1982年深圳、广州、抚顺等城市率先开始改革，进行收取城市土地使用费的试点。同年，《宪法》正式明确了城市土地归国家所有，解决了各种所有制并存的局面。1984年六届全国人大指出土地有偿使用的原则，确立了土地为资源的观念，使土地纳入了有偿使用的轨道。

这一时期，房地产交易日趋活跃，但总体规模较小，房地产市场处于复苏和探索阶段，为市场化发展奠定了基础。

2. 市场化起步阶段（1987～1991年）

1987年以来，我国的土地使用制度和住房制度改革不断深化，开始了市场化的起步阶段。

深圳经济特区依据城市土地所有权和使用权分离的思路，借鉴香港土地使用制度的经验，在坚持城市土地国家所有的前提下，实行土地所有权和使用权分离的原则，将城市国有土地使用权按照一定的年限出让给土地使用者，一次收取使用年限内的全部租金。1987年9月深圳市政府首次公开招标出让一幅住宅用地，同年底又首次以拍卖方式出让一幅国有土地，由此在全国开创了城市土地市场的新局面。随后福州、厦门、广州、上海等城市也相继进行了出让城市土地使用权的试点，城市土地使用权逐步纳入了市场经济运行的轨道。

房地产管理体制改革也在实践中不断深入发展。1988 年七届全国人大一次会议修改了《宪法》的有关条款，使土地使用权可以依照法律的规定转让。同年底，《土地管理法》依据《宪法》的精神，作出相应的修改：规定土地使用权经过允许可以买卖。这有力地推动了城市土地使用制度改革和城市土地市场的发展，为房地产市场的发展提供了法律上的保障。

3. 快速发展阶段（1992～1993 年）

在邓小平同志南方讲话和中国共产党第十四次代表大会的指导下，中国经济得到了极其迅速的发展，尤其是房地产经济成为这个时期投资和经济发展的重点。

这一时期，全国房地产开发的主要指标都有较大幅度的提高，不少投机资本也流入房地产业，炒、卖房地产现象突出，推动价格的非正常上涨，加剧市场的投机性。在高利润的诱惑下，银行、企业、个人的大量资金涌向房地产市场，导致房地产经济发展的速度远远超过国民经济的增长。

与此同时，房地产市场内部结构很不合理，投资结构失衡，普通住房供给不足。而高档商品住房、别墅的建设远远超过需求。1993 年年底中央政府开始进行宏观经济调控，控制投资规模，调整投资结构，整顿房地产开发经营企业，规范房地产市场行为。

4. 理性发展阶段（1994～1997 年）

房地产开发投资是固定资产投资的重要部分，是国家压缩固定资产投资规模、优化投资结构的一个重要方面。1994 年年初，为抑制固定资产投资增长过快的势头，防止经济发生大起大落，中央政府加强了宏观调控。在宏观调控的作用下，房地产开发过热现象得到一定的纠正，房地产市场经过短暂的低迷后，又进入复苏、升温阶段。

与 1992 年的超常增长不同，这一阶段的房地产业在国家宏观调控的约束下健康平稳地发展。到 1997 年，房地产业无论投资结构、投资规模，还是增长速度，都表现出良好的发展态势。

5. 平稳发展阶段（1998～2002 年）

1998 年开始，我国住房制度改革进入了一个全新的历史阶段。1998 年 7 月 3 日，国务院颁布《关于进一步深化城镇住房制度改革加快住房建设的通知》，作出停止住房实物福利分配的突破性决定，主要内容包括：（1）停止住房实物分配，实行住房制度分配货币化；（2）建立完善以经济适用房为主的多层次城镇住房分类供应体系。《通知》明确指出，自 1998 年下半年开始停止住房实物分配，逐步实行住房分配货币化。在住房制度改革的推动下，我

国住房建设获得突飞猛进的发展，住房需求迅速增加，供给和需求同时扩张推动房地产业的发展，使其进入新一轮的繁荣期。1998 年我国个人购买商品房的比例超过 70%，到了 2002 年，个人购买商品房的比例高达 96% 以上，这说明我国房地产市场全面进入个人购房时代，房地产业成为国民经济的一个独立产业，也带动了其他产业的发展。

6. 高速发展阶段（2003 年至今）

这一阶段，随着国民经济持续良好的发展、城市化进程的加快以及居民投资需求的增长等多种原因形成需求叠加，而住房供给却由于城市建设用地的限制而日趋紧缺、开发成本日趋增加、住房供需的不平衡造成了房价上升。大量的社会资金涌入房地产市场，国内不少居民投资和投机性炒房，境外资金参与国内房地产市场开发和炒作，一些地方政府行为不规范，市场秩序混乱，不同利益主体相互影响，在这些多重因素作用下，房价过快上涨态势进一步加剧。

第二章　房地产市场监管

第一节　房地产市场监管的目标及原则

市场监管是现代政府的重要职能。中国共产党十六大报告指出，要“完善政府的经济调节、市场监管、社会管理和公共服务的职能”。政府职能是政府本身具有的功能或应起的作用。

一、房地产市场监管的目标

目标是指行动和努力最终要达到的地点或境界，是指行为主体根据自身的需要，借助意识、观念的中介作用，预先设想的行为结果。作为观念形态，目标反映了人对客观事物的实践关系。人的实践活动以目标为依据，贯穿实践过程的始终。“只有将监管目标明确定义，并且准确无误地将实现监管目标的责任委托给监管机构，监管才有可能有效进行”。

对任何市场进行监管，其目的都是通过监管使市场功能得以充分实现。具体到某一个方面或问题，不同的监管目标决定了不同的监管措施及实施力度，监管的难易程度决定监管目标的高低，监管难度大则不易设定过高的监管目标。

随着经济社会的快速发展和改革的深入推进，社会财富分配不均、收入差距拉大等问题的出现，在一定程度上反映了社会不公平的存在。这些问题极易激化社会矛盾，引发社会冲突与动荡，成为威胁社会稳定的最大隐患。能否保障在全社会实现公平公正，直接关系到人民群众根本利益的保障和安

居乐业，关系到社会的长治久安与和谐稳定。房地产行业关联性强，带动作用大，与民生问题息息相关，不断攀升的高房价、大量的房地产投机，产生了一批暴富者，也使普通百姓买不起房，社会因房而加剧两极分化，成为社会不公平、不和谐的因素。房地产市场的不公平问题将会严重影响整个社会的不公平，没有社会公平，就没有社会的稳定，也就谈不上社会的和谐。公平是社会主义和谐社会建设的核心。因而，维护公平、公正也是现在阶段监管的目标之一。

总体来说：配合调控政策，实现房价合理浮动，保证房屋安全、质量可靠，维护交易公平，保证交易双方的利益是房地产市场监管的目标所在。房地产监管目标的实现，需要分解为一系列的分目标，需要对从开发到物业，从银行到中介进行全面、全程监管，各项监管目标的确定都应有利于房地产监管的总目标。

二、房地产市场监管的原则

原则是行事所依据的法则或标准。为了实现房地产市场监管的目标，在监管实践中要坚持以下原则。

（一）政府监管应服务于政策目标

国家启动对房地产经济的宏观调控和引导，源于规范房地产市场运行、推动房地产业良性发展的迫切要求，同时也是其重要内容。房地产宏观调控政策是房地产市场监管的依据，监管是实现目标的手段，政府监管必须服务于明确的政策目标，并有助于这些目标的实现。即使是有的放矢的调控政策，要落到实处，切实发挥作用，也必须要有行之有效的监管措施保障实施，这样才能达到预期的目标。例如，在营销环节，政策目标是维护正常的营销秩序，遏制房价的过快上涨，监管的内容和任务是采取措施打击商业欺诈，严禁捂盘惜售、恶意炒作。再如，在供地环节上，政策目标是公平、公正对待每个开发商，政府监管上除了对用地竞争者的资质等进行严格审核，一视同仁对待外，还应加强自身的监管，不能成为一个特殊的利益集团。又如，开发中的监管目标是所有的监管活动应服务于控制成本、确保质量达标和规划的严格执行；而在资金融通环节，重点是监管开发商的假按揭等扰乱市场的行为。

具有先天缺陷的调控政策，无论监管多么到位，政策的效果都是偏离应然目标的。如果政策是火上浇油型的，其执行中监管越到位，产生的问题越严重。要处理好政策的连续性与监管执行标准的关系，确保监管的严肃性。

宏观调控的原则是逆经济风向而动，经济过热时抑制，萧条时刺激。以房贷为例，为抑制高房价，政府会收紧贷款条件，同时严格要求加强监管；而在房地产市场低迷时，房贷政策放宽，这种情况下的监管往往随之而放松。这是需要纠正的意识，因为监管作为一种行政执法活动，任何时候依法行政的标准都不能变。

（二）监管需遵循法治原则

现代民主国家遵循法治原则，确立了法律在整个社会中的最高权威地位。法治原则要求政府行为必须被限制在法律许可的范围内，政府监管管制作为政府行为的一种，也必须遵循法治原则。

房地产政府监管是政府制定具有普遍效力的规则并付诸实施的行为过程，其本身就可视为一种特殊的立法与执法行为。监管必须有良好的法律基础，因为，良好的法律基础为房地产监管权力的合法性提供保障，并为监管权限的界定提供依据，也为监管权力的行使提供法定的程序。房地产监管的所有监管权及其执行都必须立足于严格的法律界定。根据政府监管的合理性、严格界定之职能范围及行事方式，监管也要有明确的界限，这是依法行政对行政行为权限合法性的要求。政府监管不得超出法律许可的范围，更不能有违法的行为；政府监管必须遵循法定之程序，尊重公民的保留权利，不可滥用权利。应通过新的立法或修改现有实体法，对缺乏经济合理性的二级监管制度予以废除，同时保留和完善合理的监管制度，通过制定行政程序法，建立政府监管的合理程序和监管者的监管机构。

（三）监管应遵循有效性原则

按照公共利益理论，房地产市场监管需求源于纠正市场失灵的需要。按照利益集团理论，监管制度的需求是利益集团为了得到或维持某种便利或优惠而要求政府监管，市场失灵越严重，监管能带给利益集团的价值越大，监管的需求越大；而政府监管的供给则是监管者为了维护公共利益或监管者利益而提供的制度，属于公共物品，监管供给的大小取决于利益集团的压力，包括公众对社会正义、秩序的要求和特殊利益集团的压力。监管制度的均衡是监管者、被监管者和受监管政策影响的消费者对既定的监管制度安排的一种表面上的满足状态，因而满意状态无意也无力改变现行监管安排。监管不足或过度监管都是非均衡状态，监管制度作为内生变量，在监管机构、被监管者、消费者的博弈中演化形成的制度不足以解决问题或者监管过度时，强制性的制度创设或者废除也是必要的。监管的范围应适度，因为政府监管是对市场失灵的一种有效补救，但它并不能解决所有市场失灵问题。政府活动也存在一定的失灵，有时政府失灵比市场失灵更可怕。因此，监管手段的设立必须在监管的经济理由所建立的标准上，重新加以审定，并在制定监管政策时积极引入成本—收益分析手段，尽量取消和缩小对微观解决活动的过度干预。成本—收益分析就是将管制所造成的损失及其所带来的收益结合起来进行分析比较，对于判断是否及应该怎样实行政府管制具有重要意义。施蒂格勒认为，将总消费者剩余和生产者剩余的变化量相加，减去管制成本，如果管制成本小于消费者剩余增量与生产者剩余增量之和，则管制增加了福利。这样，可以通过计量实行政府管制后消费者支出减少的数量和生产者因效率提高而增加收益的数量的加总数，来衡量政府管制收益。如果政府监管的社会成本高于社会收益，监管则造成了更大的浪费，使社会福利遭受更大损失，就不应监管。只有当监管效益大于监管成本时，监管才具有可行性和有效性。这里的成本—效益不仅要考虑监管者和被监管者可计量的直接成本，更要考虑监管活动对社会经济发展的影响，评估监管政策所引发的效率损失。尽管对监管成本和收益的准确计量有一定的难度，但仍然可以借助于成本—效益分析模型来寻找政府监管的合理区间和监管强度。

1. 监管的成本

监管成本可从不同角度分类。从是否可以纳入预算分，政府监管的成本可分为两类：一是可以直接反映在政府预算中的会计成本，即预算支出；二是隐性成本，即由政府实施管制引致的但没有或难以反映在政府预算之中的成本。从与监管活动的相关性程度分，监管成本可分为直接成本与间接成本。直接成本是指监管者和被监管者因监管活动而发生的一切合理支出；间接成本是指监管活动所引起的效率损失，如监管者监管不当和被监管者改变了原来的行为方式而造成的社会福利损失、监管活动对市场竞争或市场创新的影响等。会计成本是直接成本的一部分，隐形成本中被监管者用于监管活动的支出为直接成本，其他的属于间接成本。从成本承担者的角度看，监管成本又可分为监管者的实施成本、被监管者的遵从成本和社会福利损失等，其中实施成本和遵从成本一般属于直接成本的范畴，而社会福利损失属于间接成本的内容。这里我们从成本承担者的角度谈监管成本。

（1）监管者的实施成本。监管者的实施成本指监管者进行监管而发生的一切合理费用，包括监管规则的制定成本和监管规则实施成本，其中规则制定的成本又由信息搜集成本和与规则制定的其他直接支出构成。一项监管规则的出台，需要经过提议、草案、征求意见、修改、通过、颁布等多个环节，其制定成本一般是比较高的。监管实施的执行成本包括监管部门和监管人员为贯彻监管规则而付出的监督成本，也包括监管规则的宣传、解释、指导、培训等成本。规则的制定与执行是一脉相承的，在制定过程中要考虑其可行性和执行的难易程度，过高的执行成本可能难以实现规则的目标。房地产监管规则的制定和执行都是建立在一定的信息基础上，充分的信息是确保监管规则制定合理、有效运行的前提，而信息的搜集、整理、分析、反馈等活动需要耗费大量的资源，监管者为此付出的信息成本是高昂的。例如，对闲置土地的监管，要确定哪些地块应该被无偿收回，要看每一个土地项目的合同，看合同确定的开工时间。这需要耗费大量的人力物力。国土资源部要求，县级耕保、规划部门根据《“批而未用”土地核实情况记录表》提供的“批而未用”图斑相关信息，收集、查找批地原始文件材料，认真审查“批而未用”土地批地文件的真实性和有效性，判定批地文件是否真实、是否依法依规批准用地，逐一核对批准建设地块的位置、面积、范围等，并将核实结果填写在《“批而未用”土地核实情况记录表》上。此外，这类的监管执行工作量是非常大的。监管的实施成本不可忽略。

（2）被监管者的遵从成本。遵从成本是指被监管者因遵守、执行监管规则而付出的代价，也称为合规成本，主要包括机构运行成本、信息成本、制度转换成本等。房地产市场中的被监管者按照监管规则的要求，及时、有效、高质量地对外提供信息，需要设置相应的机构和配备专业人员来搜集、整理、编制、发布信息，并接受独立第三者的鉴证，这不仅需要耗费一定的资源以确保这些机构的正常运行，更需要支付高额的信息鉴证成本和额外的信息搜集成本。尤其是在披露管制导致了额外的信息披露要求，而这些信息对内部决策没有太大的价值时，信息的生成成本是巨大的。当一项新的监管规则替代旧规则时，被管制者为此还要付出一定的制度转换成本，即学习成本、新旧制度的衔接成本和契约重拟成本等。例如，价格公示、价格备案制度。服从成本可能会使企业不堪重负，或加重消费者的负担，这都有悖于监管的初衷。

（3）监管活动引起的效率损失。监管活动引发的效率损失主要表现在以下两点。一是监管可能弱化市场竞争。新制度经济学在分析集体行动与制度选择的关系时认为，在大多数场合，政府的管制排除或阻碍了潜在竞争者，增加了市场参与者的服从成本，限制了缔约自由。因为监管是对自由选择的人为干预，监管缩小了人们的选择空间，这是监管的题中之意，监管带来的效率损失在于面对规则约束，人们由于谨小慎微失去了正当的获利机会。另外，监管规则的制定是多方利益博弈的结果。在整个监管活动中，必然存在

着受益者和受损者，如果受损的是弱势的大多数，那么监管对社会资源的再分配的作用就体现为劫贫济富，降低社会福利。这一点在房地产市场上体现得最充分。房地产行业组织凭借雄厚的资金，网罗专家学者、买通地方高官，通过高层论坛、峰会、访谈等很专业的表现形式，按照房地产商的价值导向，向社会传达有利于房地产商的不全面、不客观的信息，影响政府决策。二是监管引发寻租进而导致社会资源的浪费。监管是一种权利分配，是部分人借助权力对他人实施限制，是政治权力对经济市场的介入。政府的垄断性管制权易于产生政府官员设租、被管制者寻租和避租现象。所谓“租”是指某种生产要素的供给由于自然存量、政府管制等种种因素造成在市场上难以满足需求时而产生的差价。这种差价为寻租行为提供了机遇，寻租者通过游说、行贿等手段来获得拥有生产要素价差的机会，而拥有资源监管权的政府官员除了被动地接受寻租者的回报或贿赂外，还可能直接利用手中的权力进行政治“创租”和“抽租”，以谋取私利。房地产市场寻租活动存在于规划、预售、协议出让、公司注册等各个监管环节，寻租行为的存在使得大量的稀缺资源用在了非生产性领域，降低了生产性资源的配置效率，造成社会资源的浪费，同时，也腐蚀了政府的一些官员，危害社会集体的健康发展。这启示我们，应不断增加消费者的选择空间，加大违规成本，缩小监管范围，提高资源配置效率。

2. 房地产市场监管收益

房地产市场监管的必要性在于，它是解决信息不对称问题、负外部性，打破垄断，维护社会公平，弥补法律不足，实现调控政策目标的需要。显然，房地产市场监管的收益就是在上述方面的所得，这些所得多是难以量化的社会效益。

3. 政府监管规模的选择

政府监管是对市场失灵的一种有效补救，但它并不能解决所有市场失灵问题，政府活动也存在一定的失灵，有时政府失灵比市场失灵更可怕。因此，政府对房地产市场监管规则的出台应谨慎行事，应进行充分的成本—效益分析，只有当监管效益大于监管成本时，监管政策才具有可行性和有效性。这里的成本—效益不仅要考虑监管者和被监管者可计量的直接成本，更要考虑监管活动对社会经济发展的影响，评估监管政策所引发的效率损失。尽管对监管成本和收益的准确计量有一定的难度，但仍然可以借助于成本—效益分析模型来寻找政府监管的合理区间和监管强度。

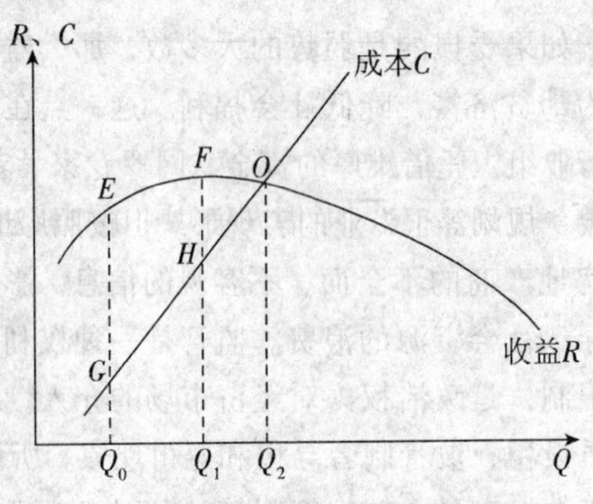

图 2－1　有效监管区间

图2－1中R＝F（Q）为监管的收益曲线，符合收益递减规律；C＝F（Q）为监管的成本曲线，由固定成本和变动成本两部分组成，变动成本决定了直线的斜率。当监管程度 $Q > Q_2$ 时，监管成本大于监管效益，监管活动给经济发展带来了净损失，属于监管过度。当 $Q < Q_2$ 时，监管收益大于监管成本，监管有效益。其中包含监管最佳点 Q_0。设Y＝R（Q）－C（Q），（dY/dQ）＝0时的Q为最佳监管点 Q_0，在最佳点，监管净收益最大（Q_0 有时会与对应监管收益线最高点的 Q_1 重合，为不失一般性，以两者不重合的情况做示意），当 $Q < Q_0$ 时，监管不足，随着监管程度的提高，监管净收益递增，监管不断完善；当 $Q_0 < Q < Q_2$ 时，监管净收益递减，$Q = Q_2$ 时，监管的净收益为零。由于政府的监管程度不可能是一个精确的点，而是一个动态的变量，因此政府监管的合意区间为［$Q_0 - \Delta$，$Q_0 + \Delta$］，有效监管区间为 $Q < Q_2$，即监管收益大于监管成本的监管程度。

政府监管的区间应是市场失灵的区域，或市场调节成本较高的地方，而对于能够通过市场机制实现有效调节的领域，政府完全没有必要介入。即使在市场失灵的区域，如果监管的成本（经济、社会）大于收益（经济、社会），也不应监管，市场失灵的解决，可通过法律途径。

上述分析更多的是理论上的探讨，在现实中政府监管的成本—收益是难以确定的。首先，监管的收益表现为社会公共利益，而公共利益涉及内容广泛，难以量化。其次，监管成本的确定存在困难。政府部门不希望行政支出被公众了解，因而使公众很难了解监管的真实成本。即使能了解会计成本也无法了解间接成本。这使得行政机构在证明监管的效果时，可能夸大净效益。最后，政府监管在成本—收益方面存在着长期与短期的矛盾。例如，放松监管后，在短期内虽然会带来巨大经济效益，但从长期来看，却可能大大伤害

社会公众的利益，社会将为之付出巨大的代价。目前的高房价就是这种监管不利的结果，几代人倾囊买房子，是提前高消费，已经抑制了其他消费，还将抑制今后一段时间的消费，包括房地产消费。虽然监管的成本—收益分析很艰难，但是仍然应该创造条件进行，没有这样的意识，难以约束政府监管的随意性。对监管规模的控制不仅是给监管部门安置一个规范其权力运用的笼套，更为重要的是促使政府科学有效地进行监管，以实现公共福利的宗旨，最终实现监管的真正目标。

四、监管应增强激励性

目前的监管内容通过通知、条例、规定、办法等形式呈现，如《关于加强房地产用地供应和监管有关问题的通知》、《城市房地产税暂行条例》、《房地产广告发行暂行规定》、《城市房地产抵押管理办法》等。这些决策内容一般是约束性的规定，如严禁、必须、禁止及直接提出具体要求，制度设计缺乏激励性。陈富良利用委托—代理理论对政府规制问题作了探讨，认为：政府规制合同是一个多重委托代理合同，存在代理人的道德风险，因此政府在制定规制政策时应对此予以重视，对监管者的激励是防范合谋的有效手段。

激励性机制是指具有使当事人有内在需求想要努力执行好该制度的方法或原理。相对于激励性制度，约束性制度的执行成本偏高，而效率偏低。房地产监管的制度设计应不断加强激励性，通过激励机制促进目标的实现。中国农村联产承包责任制设计就具有很好的激励性，其完全剩余索取权的激励机制，使得力求个人最大利益的私人目标与提高农产品产量的社会目标很好地结合，并实现共赢。这样的政策执行成本低，效率高。房地产监管的制度设计应尽量通过激励机制达到监管的目的，如考虑到目前保障性住房建设动力不足的问题，应设计出提高开发商建造保障房的积极性和提高地方政府执行中央政府政策积极性的机制。

五、监管政策间的协调性

达到制度均衡的条件之一，是设计出的制度要与其他正式的、非正式的制度相协调。房地产行业是国民经济的重要组成部分，其运行处于社会经济的大环境中，因此房地产市场运行除了直接约束的监管规则外，还受制于有关宏观经济运行调控政策及其他相关政策、规范。房地产监管要求监管体系内部、监管制体系与现行法律、政策体系间相兼容与协调。新的监管规则必须与现行的其他管制规则相协调，不得相互矛盾；应与不同行业或领域中的监管规则力求相互兼容，不得与现行的法律与政策内容相冲突；必须与通行的国际规则相一致。监管机构之间尽量避免功能重叠，力求权限职责相互协调，监管执行机构在实施管制政策过程中应防止多头执法、避免权力冲突，保证各执行机构之间的协调合作关系。

专门针对房地产市场的规制措施，应符合国家的法律法规及各项政策。例如，房地产信贷监管措施应与金融监管政策一致；房地产广告发布条例应在符合广告法的前提下，针对房地产品及其广告的特点制定；对于房价的监管，要符合价格法，对于一般的商品房定价，不能用行政命令，强行打压，但对于一天一个价，甚至一天之内多个价的异常行为，以及销售中的欺诈造成的价格非理性上涨，可以采取行政措施监管；对于保障性住房的建设，依据社会保障的一般政策，规定面积，规定政府回购价格；对于经济适用房，可以规定价格上限。

此外，政府监管措施作为公共部门的决策应遵循公共利益至上、社会价值优先的原则。政府监管是公共权力的运用过程，因此监管的目的只能是实现公共利益。政府监管是应公共利益的要求，削减市场力量带来的风险的一种方式。首先，良好的政府监管的目的不是实现监管者个人的私利，也并非如俘获理论所断言的那样为被监管者的利益服务，政府监管只能服务于公共利益；政府监管规则的制定与执行过程需要综合权衡各方利益，但绝不能被某一个利益集团左右。其次，良好的政府监管必须保障公民的基本权利，对公民合法权益施以平等的保护。如果监管损害了公民的基本权利，妨碍了公民基本自由权的实现，便偏离了公共利益原则。再次，政府监管并非为少数人服务，而旨在提升整个社会的福利水平。因此监管的结果必须符合帕累托改进的原则，既不损害任何一社会群体的合法权益，又有利于社会总福利的提高。最后，监管必须坚守责任性之理念，监管行为必须向公众负责，凡对公共利益造成损害的监管行为，均要追究其责任。

稳定房价是体现社会公平，符合大多数人利益，有利于社会稳定、和谐社会建设的政策。在中国，近期内放开房价经济效率会更高，但不加监管的结果可能是最终泡沫破裂，部分人的资产缩水，大量的房屋闲置，一些烂尾楼形成，银行呆账产生，土地资源浪费。

六、监管应具有可操作性

首先，监管的目标必须清晰。监管规则必须容易理解。目标明确是制定有针对性监管措施的前提，又是衡量监管政策和执行的标准。现阶段房地产市场监管的目标应是稳定房价，维护公平。当房地产市场运行出现哄抬价格，为提高利润，在有限的土地上想尽办法变更规划，提供极尽奢华的天价住房，而对中低端产品尽量少供、不供，为降低成本而降低质量等问题时，政府必须采取积极措施，用硬约束控制房型比例，强化监管，确保房屋质量。

其次，监管规则必须简明，容易理解。监管规则是政府监管行为的依据。西方政府改革的实践表明，政府监管往往会陷入“繁文缛节”的泥淖，最终不得不选择放松监管的改革方式，其原因通常在于监管规则数量的过度膨胀。良好的政府监管必须遵循简明的原则，力求达到既有利于监管的实施，又方便公众与被监管者的理解。政府监管规则的数量并非越多越好、越细越好，过多过细的监管规则只能给公民带来痛苦和对政策执行造成不便；良好的政府监管规则不宜过多，应避免规则重复，并尽量做到条文简洁，具体规则力求表述准确、意义明晰，防止规则出现漏洞或产生歧义，规则之间应相互协调，避免出现矛盾。政府监管规则的文字表达应尽量做到浅易直白、通俗易懂，便于最大多数公民和被监管者理解。

再次，监管必须是可以付诸实施的。房地产监管需满足可行性要求，包括政策上可行，即符合国家方针政策；经济上可行，即基于成本—收益分析是有效的；技术上可行，是指现行技术水平下，可以实现。真正可以实施的是现有技术、经济条件下可行的方案。现阶段，政府监管规则必须适应当前的社会经济状况和政府能力，监管规则的条文必须具有可操作性，政府监管者必须具备足以执行监管政策的知识存量和技术能力，监管效果必须可以用现实的技术手段进行测评，政府监管的可预见性后果应该是社会足以承受的。各国的政府监管实践表明，可行性原则的对立面往往是过于超前，政府监管通常因为缺乏必要的实施条件而最终失败。因此，良好的政府监管必须遵从可行性原则。在法律体系不完善的条件下，试图借鉴法律完善国家的一些监管措施是不现实的，只能立足现状，设计并执行监管。

七、政府监管应补偿利益受损者

政府监管的目的在于实现公共利益，提高全社会的福利总量，但在监管过程中不可避免地要损害部分公民的权益。英国研究者提出补偿最受损失者原则，旨在最小化监管带来的社会成本，这与罗尔斯的正义原理相切合，也是良好监管应该坚守的价值选择。

房地产市场监管的一个目标是维护社会公平。为了保护弱势群体，政府会制定一些倾斜政策，如增加保障性住房供地、为最低收入者提供廉租房、为低收入者提供经济适用房等，这些都会造成短期经济效率的损失。对于房地产商来说，提供的低端房地产品越多，利润损失越大（社会效益越大）。目前房地产开发中高档商品房开发的限制，对于开发商来说，与不加监管的情况相比，利益是受损的。但房地产开发商也是公民，他们的利益也是公共利益，当监管增加了大多数人的利益，而损害了他们的利益时，按照正义的原理，也应对他们进行一定的补偿。

八、独立性和公正性原则

监管部门相对独立是保证监管公平性的基本要求。目前房地产市场监管机构政监不分的状况，使监管机构很难摆脱部门偏好，从而难以在中立的立场上公正执法，或者难以有效利用有限的行政资源，也难以从源头上遏制寻租和腐败的机会主义倾向。坚持独立性原则并不一定要求所有的监管机构都得独立于传统的部门制行政机构，但为了保持它的独立性，必须通过修改专门的法律，明确监管机构的职能及其与其他行政机构的关系。

仅有独立性原则并不能完全保证监管行为的公正性。监管机构在缺乏有效制衡和监督的条件下，很容易产生不作为、滥用权力、歧视性执法和违背程序等行政违法行为。为防止这些行为的产生，应建立完善的行政程序制度和外部监督机制，还应最大限度地强制监管机构公开其内部信息，并加大行政违法行为者的法律责任。

除了上述八个方面，监管还应注意的是，作为正式约束的监管制度的设计应充分考虑非正式约束的作用。非正式约束是人们在市场交易与交换中所共同遵守的约定俗成的准则，当人们诉诸法律程序来解决其纠纷时，非正式约束就成为法庭仲裁的基础或依据，从习俗到惯例、从惯例到法律制度，或从非正式约束到正式约束，构成了人类社会历史上任何文明中都发生过的社会内部的制度化过程。

第二节 中国房地产市场监管的法律依据

一、中国房地产市场监管政策法规的演变

自20世纪90年代中国房地产行业发端起，中国陆续制定了一系列房地产监管的法律依据。按照这些依据的效力等级和制定单位，可以分为以下几类。①全国人民代表大会通过、国家主席命令公布的法律，如《中华人民共和国城市房地产管理法》《土地管理法》、《中华人民共和国城乡规划法》、《中华人民共和国物权法》和《中华人民共和国建筑法》等。②国务院为领导和管理国家各项行政工作，根据宪法和法律，并且按照《行政法规制定程序暂行条例》的规定而制定的法规，如《城市房屋拆迁管理条例》、《建设工程安全生产管理条例》、《建设工程质量管理条例》、《中华人民共和国城镇国有土地使用权出让和转让暂行条例》、《国务院关于出让国有土地使用权批准权限的通知》等；国家土地及建设行政主管部门根据法律和国务院的行政法规、决定、命令，在本部门的权限内发布的命令、指示和规章，如《已购公有住房和经济适用住房上市出售管理暂行办法》、《房屋建筑工程质量保修办法》、《城市房屋权属登记管理办法》、《城市房地产抵押管理办法》、《城市房屋租赁管理办法》、《城市商品房预售管理办法》、《物业管理企业资质管理试行办法》、《商品房销售管理办法》、《关于加强房地产市场宏观管理促进房地产业健康持续发展的意见》、《建设部实施国家安居工程的意见》、《关于加强房地产市场宏观调控促进房地产市场健康发展的若干意见》、《协议出让国有土地使用权规定》、《房地产开发企业资质管理规定》、《城市房地产转让管理规定》、《招标拍卖挂牌出让国有建设用地使用权规定》、《房地产广告发布暂行规定》、《中国人民银行关于规范住房金融业务的通知》及《国土资源部关于加强征地管理工作的通知》等。③地方立法机关制定或认可、在地方区域内发生法律效力的规范性法律文件，包括一般地方性法规与特殊地方性法规。例如，《宁夏回族自治区土地增值税征收管理办法》、《山东省城市国有土地使用权出让转让规划管理办法》、《四川省城市房地产交易管理办法》、《长沙市人民政府办公厅关于促进节约集约用地的通知》、《湖南省实施〈中华人民共和国土地管理法〉办法》、《武汉市城市房屋拆迁管理实施办法》、《深圳市房

地产市场监管办法》等。④监管机关所制定的具有普遍约束力的决定命令及行政措施，主要是针对某些问题形成的会议纪要、通知以及以监管机关名义发布实施的相关管理规定。各时期的监管依据如下所示。

（一）1990～1994 年，房地产市场发展的初期

由于历史的原因，中国对于土地制度的改革一直受制于意识形态，土地属国家所有，一直由国家统一分配，无偿使用。1978 年开始的改革开放虽然是以农村土地制度改革为号角，但直到 1981 年 11 月，深圳才率先开始对部分土地使用征收费用。又过了六年，即 1987 年 7 月 1 日，深圳市政府又提出以土地所有权与使用权分离为指导思想的改革方针，确定可以将土地使用权作为商品转让、租赁、买卖。同年 9 月 8 日，深圳以协商议标形式出让有偿使用的第一块国有土地；9 月 11 日以招标形式出让第二块国有土地；12 月 1 日又以拍卖形式出让第三块国有土地使用权，这是新中国成立后的首次土地拍卖活动，引起了国内外人士的重视。几个月后，即 1988 年 7 月 9 日，上海第一次以国际招标方式出让虹桥开发区内 26 号地铁共 1.29 万平方米土地 50 年的使用权，日本孙臣氏企业有限公司一举中标，并支付了 1.0416 亿元人民币。此后，有偿使用土地逐渐成为中国人的常识。后来，买地、卖地、盖房、卖房一度成为经济热点，并引发一系列不大不小的社会问题，这些都发端于土地有偿使用这一思想。

这一阶段房地产市场监管内容主要涉及市场准入和市场运行的基本要求，监管依据涉及对房地产企业的审批，对房屋拆迁、住宅建设质量、价格管理、验收、预售、契税征收等问题的管理，同时对房地产业的可持续发展问题也有基本指导性意见，对房地产市场运行各环节的主要问题制定了监管的依据。也就是说，逐步建立一些房地产市场有效运作的基本制度。这一阶段主要的监管依据主要有：1990 年，《建设部关于贯彻国务院［1990］31 号文件精神，加强城市规划、房改和房地产业行业管理的通知》，《国务院办公厅转发建设部关于进一步清理整顿房地产开发公司意见的通知》；1991 年，《建设部、国家工商行政管理局关于严格控制审批新成立房地产开发公司的通知》，《国家计委关于印发〈城市房产交易价格管理暂行办法〉的通知》，《建设部关于加强住宅小区建设管理提高住宅建设质量的通知》；1992 年，《国务院关于发展房地产业若干问题的通知》，《国家物价局、建设部、财政部、中国人民建设银行关于印发商品住宅价格管理暂行办法的通知》，《建设部、国家工商行政管理局关于房地产开发企业管理的通知》，《关于购买商品房征收契税的复函》；1993 年，《关于加强房地产市场宏观管理促进房地产业健康持续发展的

意见》,《关于印发〈城市住宅小区竣工综合验收管理办法〉的通知》,《建设部城市住宅小区竣工综合验收管理办法》,《关于发布城市房屋拆迁管理费的通知》；同年海南、广西北海等地的房地产泡沫破裂，为了加快处置积压房地产，盘活金融资产质量，改善经济环境，财政部出台了《关于中央财政补助海南省处置积压普通住宅专项资金审核拨付办法》，财政部、国家税务总局作出了《关于处置海南省积压房地产有关税收优惠政策问题的通知》；1994 年，《国务院批准的国家土地管理局职能配置、内设机构和人员编制方案》,《建设部、国务院住房制度改革领导小组、财政部关于印发〈城镇经济适用住房建设管理办法〉的通知》,《国家计委关于印发〈城市房产交易价格管理暂行办法〉的通知》,《城市商品房预售管理办法》。

（二）1995 ~ 2000 年，监管初步完善阶段

1998 年爆发的东南亚金融危机使中国的经济发展遇到了一定的障碍，政府急需确立一些支柱行业，拉动经济的稳步增长。房地产行业因其众多的关联行业，首次被正式定位成“促使住宅业成为新的经济增长点”。同年的住房制度改革取消福利房分配，标志着中国房地产行业的正式形成。其后，随着违法用地及城市土地闲置问题的出现，政府出台了相应的闲置土地的处理办法。这一阶段房地产市场有了一定的发展，并出现了一些新变化，购房已不限于自住，为适应房地产交易需要，政府对房屋转让、广告和中介服务的问题作出了相关的规定。基于海南、广西北海等地房地产泡沫的教训，政府开始制定相应的政策，监管房地产市场，同时继续出台一些确立房地产市场基本制度的法律法规。此外，保障性住房问题逐步引起政府的关注，政府作出了限制高档房地产开发项目开发、建设经济适用房的决定，对经济适用房的建设、分配、出售都作了具体的规定。

这一时期主要的监管依据：1995 年，《国务院关于严格控制高档房地产开发项目的通知》,《国家计委、建设部关于房地产中介服务收费的通知》,《建设部关于印发〈商品房销售面积计算及公用建筑面积分摊规则〉（试行）的通知》,《城市房地产转让管理规定》,《城市房屋租赁管理办法》,《建设部关于加强城市房屋拆迁管理工作的通知》,《建设部实施国家安居工程的意见》；1996 年，《关于土地增值税征收管理有关问题的通知》，《建设部关于加强房地产开发管理提高商品房质量的通知》，《建设部关于城市规划区房地产行政管理问题的复函》，《建设部办公厅关于完善与加强房地产行政管理机构的函》,《城市房地产中介服务管理规定》，《房地产广告发布暂行规定》；1997 年，《建设部印发〈关于继续做好 1997 年国家安居工程实施工作的意见〉的通知》,《城市房屋权属登记管理办法》,《城市房地产抵押管理办法》;1998年,《关于继续做好1998年国家安居工程(经济适用房)实施工作的通知》,《城市房地产开发经营管理条例》,《监察部、建设部、财政部关于制止和纠正城镇住房制度改革中违纪违法行为的通知》,《教育部、建设部关于进一步深化学校住房制度改革,加快解决教职工住房问题的若干意见》,《国务院关于进一步深化城镇住房制度改革加快住房建设的通知》,《国家计委、建设部、国土资源部、中国人民银行关于进一步加快经济适用住房(安居工程)建设有关问题的通知》,《建设部、国家计委、国土资源部关于印发〈关于大力发展经济适用住房的若干意见〉的通知》,《国务院办公厅转发建设部等部门关于支持科研院所、大专院校、文化团体和卫生机构利用单位自用土地建设经济适用住房若干意见的通知》,《国务院办公厅转发教育部等部门关于加快普通高等学校筒子楼改造改善青年教师住房条件意见的通知》,《中国工商银行商品房开发贷款管理暂行办法》,《中国人民银行关于加大住房信贷投入支持住房建设与消费的通知》,《中国人民银行关于颁布〈个人住房贷款管理办法〉的通知》;1999年,《财政部、国家税务总局关于调整房地产市场若干税收政策的通知》,《已购公有住房和经济适用住房上市出售管理暂行办法》,《国土资源部关于已购公有住房和经济适用住房上市出售中有关土地问题的通知》,《财政部、国家税务总局、建设部关于个人出售住房所得征收个人所有税有关问题的通知》,《财政部关于中央财政补助海南省处置积压普通住宅专项资金审核拨付办法的通知》,《关于进一步推行招标拍卖出让国有土地使用权的通知》,《关于加强土地违法案件查处工作的通知》,《中国建设银行个人住房贷款办法》,《物业管理企业资质管理试行办法》,《闲置土地处置办法》;2000年,《关于贯彻〈房地产开发企业资质管理规定〉全面清理房地产开发企业、规范企业经营行为的通知》,《关于印发〈商品房买卖合同示范文本〉的通知》,2000年3月监察部、国土资源部联合发布《关于违反土地管理规定行为行政处分暂行办法》,《关于进一步规范经济适用住房建设和销售行为的通知》,《房地产开发企业资质管理规定》,《房屋建筑工程质量保修办法》,《财政部、国家税务总局关于处置海南省积压房地产有关税收优惠政策问题的通知》,《财政部关于海南省处置积压房地产中央专项补助使用范围问题的复函》,《关于调整住房租赁市场税收政策的通知》,《中华人民共和国国家标准房产测量规范》。

(三)2001~2006年,房地产市场逐步规范阶段

这一阶段,国际和国内宏观经济逐步好转,房价开始上升,同时政府尤其是地方政府意识到房地产行业的重要性，逐步强化监管法律法规，房地产中介和住房质量问题开始引起人们的注意。虽然有SARS等危机的出现，但总的来说，这是一个稳步发展的阶段。

这一阶段，确定了《商品房销售管理办法》；颁布了《中华人民共和国城市房地产管理法》；对房地产抵押、中介服务、预售转让办法作了全面修正；在维护市场秩序方面，从规范住房金融业务到规范土地市场、房地产交易秩序等都作了规定；在供地方式上明确协议出让国有土地使用权的条件、程序，对招拍挂问题出台了招标、拍卖、挂牌出让国有土地使用权规定。

这一阶段的主要监管依据：2001年《商品房销售管理办法》，《城市房屋拆迁管理条例》，《中国人民银行关于规范住房金融业务的通知》，《关于整顿和规范土地市场秩序的通知》，《建设部关于修改〈城市房屋权属登记管理办法〉的决定》，《建设部关于修改〈城市房地产抵押管理办法〉的决定》，《关于对消化空置商品房有关税费政策的通知》，《住房置业担保管理试行办法》，《建设部关于修改〈城市房地产中介服务管理规定〉的决定》，《建设部关于修改〈城市房地产转让管理规定〉的决定》，《建设部关于修改〈城市商品房预售管理办法〉的决定》，《建设部关于修改〈城市异产毗连房屋管理规定〉的决定》；2002年，《建设部国家计委财政部国土资源部中国人民银行国家税务总局关于加强房地产市场宏观调控促进房地产市场健康发展的若干意见》，《关于闲置土地处置有关问题的复函》，《国家计委、建设部关于印发经济适用住房价格管理办法的通知》，《招标拍卖挂牌出让国有土地使用权规定》；2003年，《城镇最低收入家庭廉租住房管理办法》，《关于加强土地供应管理促进房地产市场持续健康发展的通知》，《国土资源部关于印发〈进一步治理整顿土地市场秩序工作方案〉的通知》，《关于进一步加强房地产信贷业务管理的通知》，《关于暂停审批各类开发区的紧急通知》，《关于清理整顿各类开发区加强建设用地管理的通知》，《协议出让国有土地使用权规定》，《国土资源部关于进一步治理整顿土地市场秩序情况的通报》，《国务院关于促进房地产市场持续健康发展的通知》；2004年，《物业管理企业资质管理办法》，《关于继续开展经营性土地使用权招标拍卖挂牌出让情况执法监察工作的通知》（即71号令），《经济适用住房管理办法》；2005年，《国务院办公厅关于切实稳定住房价格的通知》，《国务院办公厅关于印发2005年全国整顿和规范市场经济秩序工作要点的通知》，《国务院办公厅关于做好稳定住房价格工作的意见》《国务院办公厅转发建设部等部门关于做好稳定住房价格工作意见的通知》，《房地产估价机构管理办法》；2006年，《建设部、中国人民银行、中国银行业监督管理委员会关于规范与银行信贷业务相关的房地产抵押估价管理有关问题的通知》,《关于调整住房供应结构稳定住房价格的意见》,《国务院办公厅转发建设部等部门关于调整住房供应结构稳定住房价格意见的通知》,《关于进一步整顿规范房地产交易秩序的通知》,《关于加强住房营业税征收管理有关问题的通知》,《关于规范房地产市场外资准入和管理的意见》,《关于制止违规集资合作建房的通知》,《关于印发〈房地产交易秩序专项整治工作方案〉的通知》。

(四)2007以后,监管思路转变阶段

2007年,房价上涨达到惊人的速度,同时由于美国次贷危机的爆发,保持宏观经济的增长速度与抑制房地产过快发展的矛盾愈发突出。北京、上海、深圳作为中国房价的第一梯队,城区房价突破3万元/平方米,远远超出了普通民众的承受能力。因此,加快建设保障性住房逐步成为政策制定的重点,主要形成了以经济适用房、两限房、公租房、廉租房构成的、分层次的住房保障体系。这一阶段,对房地产市场的监管已经涉及国土规划、土地出让、建筑安全、房地产销售、物业管理、中介等全方位、全过程,政策的可执行性也得到一定程度的提高。这一阶段,政府监管房地产行业的思路发生转变,政策不断完善,政策的覆盖面扩大,针对性增强,调控力度加大,更加侧重于解决中低收入者的住房保障问题。

这一阶段公布、实施和修订的法律法规:2007年,修订了《中华人民共和国城市房地产管理法》,国务院发出《关于解决城市低收入家庭住房困难的若干意见》,国土资源部出台《招标拍卖挂牌出让国有建设用地使用权规定》、《关于进一步加强土地供应调控的通知》,商务部、国家外汇管理局发出《关于进一步加强、规范外商直接投资房地产业审批和监管的通知》,中国人民银行下发《关于加强商业性房地产信贷管理的通知》,建设部通过《廉租住房保障办法》、《关于加强商业性房地产信贷管理的补充通知》,国务院发布《关于解决城市低收入家庭住房困难的若干意见》,《物权法》正式施行;这一年,中华人民共和国住房和城乡建设部,发布了《关于开展房地产市场秩序专项整治的通知》(建稽[2007]87号)。通知阐述了开展房地产市场秩序专项整治重要意义,对专项整治的内容作了具体规定:“对在建并已进入商品房预售环节的房地产开发项目进行全面清理,检查房地产领域涉及的有关部门及工作人员在项目立项、土地取得、规划审批、预售许可等环节违规审批、滥用权力等行为和房地产税收政策执行情况;检查房地产企业发布违法广告、囤房惜售、哄抬房价、合同欺诈、偷税漏税以及违规强制拆迁等行为。对在检

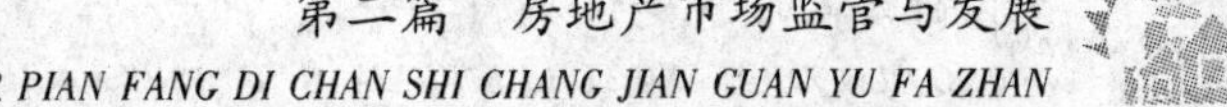

查中发现问题的房地产开发企业依法进行审计和检查"，制定了具体的工作方案：以房地产开发项目为切入点组织全面检查，选择典型案例开展警示教育，专项整治的方法步骤，明确了专项整治中各部门职责分工。这是对房地产监管主要工作内容较为全面的阐释，此后的监管工作基本围绕这些方面展开。2008 年，中国人民银行、银监会联合下发《关于金融促进节约集约用地的通知》，国务院办公厅出台《关于促进房地产市场健康发展的若干意见》、《房屋登记办法》，监察部、人力资源与社会保障部、国土资源部联合下发《违反土地管理规定行为处分办法》、《民用建筑节能条例》，国务院办公厅下发《国务院关于促进节约集约用地的通知》；2009 年，监察部、住房和城乡建设部联合发出《关于加强建设用地容积率管理和监督检查的通知》，国土资源部土地利用管理司发布《关于切实落实保障性安居工程用地的通知》，废止《城市房地产税暂行条例》，国土资源部土地利用管理司发布《关于切实落实保障性安居工程用地的通知》，住房和城乡建设部、发展改革委、财政部颁布《2009～2011 年廉租住房保障规划》，国土资源部印发《关于为扩大内需促进经济平稳较快发展做好服务和监管工作的通知》，最高人民法院公布《关于审理建筑物区分所有权纠纷案件具体应用法律若干问题的解释》和《关于审理物业服务纠纷案件具体应用法律若干问题的解释》；2010 年，国务院办公厅下发《关于促进房地产市场平稳健康发展的通知》，住房和城乡建设部发布《关于加强经济适用住房管理有关问题的通知》、《关于进一步加强房地产市场监管完善商品住房预售制度有关问题的通知》，财政部、国土部等五部委出台《进一步加强土地出让收支管理的通知》、《国务院关于坚决遏制部分城市房价过快上涨的通知》（"新国十条"）、《关于规范商业性个人住房贷款中第二套住房认定标准的通知》，银监会下发《关于加强信托公司房地产信托业务监管有关问题的通知》，国土资源部下发《关于加强房地产用地供应和监管有关问题的通知》，住房和城乡建设部、民政部、财政部下发《关于加强廉租住房管理有关问题的通知》。

二、现阶段中国房地产市场监管的主要依据

以 1998 年的中国住房制度改革为标志，房地产业开始全面市场化，同时房地产市场监管全面展开。中国房地产发展的政策法规随着房地产市场发展的状况和房地产市场监管的环境在不断变化，政府监管能力不断提高，监管政策依据不断完善。了解房地产市场监管的现实依据，对于指导监管实践十分必要。

（一）房地产开发前期监管的依据

对房地产开发前期的监管，主要是对开发主体、土地取得、开发期限（包括囤地）等的监管，是房地产市场监管的起点。

1. 房地产开发企业监管依据

房地产企业是房地产开发的主体，对房地产企业本身的规定十分重要。对房地产企业的设立条件、性质、资质等级等的相关规定主要来自《中华人民共和国城市房地产管理法》第三十条、第三十一条，《城市房地产开发管理暂行办法》第二十七条、第二十八条、第三十条，《城市房地产开发经营管理条例》第五条。此外，2010 年 3 月，按照国务院国有资产监督管理委员会的要求，除已确定的 16 家以房地产为主业的央企外，78 家不以房地产为主业的央企正在加快调整重组，在完成自有土地开发和已实施项目后要退出房地产业务。

2. 土地出让监管依据

房地产企业取得国有土地使用权是其开展房地产开发业务的基础。中国的法律法规从土地所有制到土地使用权的取得与转让都作了详细规定。

土地所有制方面，现行《中华人民共和国宪法》第十条规定："城市的土地属于国家所有"。现行《中华人民共和国土地管理法》第二条规定："中华人民共和国实行土地的社会主义公有制，即全民所有制和劳动群众集体所有制"。第八条规定："城市市区的土地属于国家所有"。也就是说，城市的土地属于国家所有，由国务院代表国家行使所有权。关于房地产开发商取得土地使用权的监管依据来自宪法第十条、土地管理法第九条、城市房地产管理法第十二条。

2007 年 9 月 21 日，国土资源部第三次部务会议修订后的《招标拍卖挂牌出让国有建设用地使用权规定》对国有土地使用权的出让作了详细的规定，各地也相继出台了适用本地的实施细则。最新的《招标拍卖挂牌出让国有建设用地使用权规定》第四条规定："工业、商业、旅游、娱乐和商品住宅等经营性用地以及同一宗地有两个以上意向用地者的，应当以招标、拍卖或者挂牌方式出让"。"工业用地包括仓储用地，但不包括采矿用地"。第二十三条规定："受让人依照国有建设用地使用权出让合同的约定付清全部土地出让价款后，方可申请办理土地登记，领取国有建设用地使用权证书。未按出让合同约定缴清全部土地出让价款的，不得发放国有建设用地使用权证书，也不得按出让价款缴纳比例分割发放国有建设用地使用权证书"。并且对招标、拍卖、挂牌出让国有建设用地使用权的原则和具体程序等也作了详细规定。

关于取得国有土地使用权出让后的闲置问题，《中华人民共和国房地产管理法》第二十六条规定："以出让方式取得土地使用权进行房地产开发的，必须按照土地使用权出让合同约定的土地用途、动工开发期限开发土地。超过出让合同约定的动工开发日期满一年未动工开发的，可以征收相当于土地使用权出让金百分之二十以下的土地闲置费；满二年未动工开发的，可以无偿收回土地使用权；但是，因不可抗力或者政府、政府有关部门的行为或者动工开发必需的前期工作造成动工开发迟延的除外"。《城市房地产开发管理暂行办法》中也有相应规定。1999 年《闲置土地处置办法》特别对闲置土地的认定、处置方式等作了具体规定。2008 年国务院《关于促进节约集约用地的通知》再次重申了土地闲置的处理规定，要求"严格执行闲置土地处置政策。土地闲置满两年、依法应当无偿收回的，坚决无偿收回，重新安排使用；不符合法定收回条件的，也应采取改变用途、等价置换、安排临时使用、纳入政府储备等途径及时处置、充分利用。土地闲置满一年不满两年的，按出让或划拨土地价款的20%征收土地闲置费"。

2010 年 3 月国土资源部发出的《关于加强房地产用地供应和监管有关问题的通知》，要求市、县国土资源管理部门编制保障性住房用地供应计划，确保保障性住房、棚户改造和自住性中小套型商品房建房用地，确保上述用地不低于住房建设用地供应总量的 70%。此通知最关键的第四条对商品房用地出让行为作了具体规定，基本明确了土地出让条件、合同签订、出让底价、违规行为处理等细节性内容，同时，文件鼓励探索房地产用地出让预申请制度。

2010 年 4 月发布的《国务院关于坚决遏制部分城市房价过快上涨的通知》第八条规定："加强对房地产开发企业购地和融资的监管。国土资源部门要加大专项整治和清理力度，严格依法查处土地闲置及炒地行为，并限制有违法违规行为的企业新购置土地。房地产开发企业在参与土地竞拍和开发建设过程中，其股东不得违规对其提供借款、转贷、担保或其他相关融资便利"。

（二）建造生产阶段监管的依据

《中华人民共和国城市房地产管理法》对房地产建造生产阶段的监管作了基础性的规定，其第二十七条明确规定："房地产开发项目的设计、施工，必须符合国家的有关标准和规范。房地产开发项目竣工，经验收合格后，方可交付使用"。

建造生产阶段监管的具体依据主要是《城市房地产开发经营管理条例》

第十四条、第十六条、第十七条、第十八条、第二十一条、第二十二条、第三十一条、第三十二条规定以及《建设工程质量管理条例》和《建设工程安全生产管理条例》。2000 年，国务院颁布的《建筑工程质量规范》详细规定了建筑工程的质量要求及违反规范的处罚措施。

《中华人民共和国城市房地产管理法》对房地产转让、抵押、租赁作了一般性的规定。《城市房地产开发管理暂行办法》对合同签订、房屋销售价格确定和合同备案作了类似的规定。

2001 年 8 月，为了促进房地产市场的发展，建设部修改了《城市商品房预售管理办法》，在第五条详细列举了商品房预售应当符合的条件："（一）已交付全部土地使用权出让金，取得土地使用权证书；（二）持有建设工程规划许可证和施工许可证；（三）按提供预售的商品房计算，投入开发建设的资金达到工程建设总投资的 25% 以上，并已经确定施工进度和竣工交付日期"。第六条规定："商品房预售实行许可证制度。开发企业进行商品房预售，应当向城市、县房地产管理部门办理预售登记，取得《商品房预售许可证》"。第九条规定："开发企业进行商品房预售，应当向承购人出示《商品房预售许可证》。售楼广告和说明书必须载明《商品房预售许可证》的批准文号。未取得《商品房预售许可证》的，不得进行商品房预售"。

2009 年 12 月 22 日，财政部和国家税务总局出台《关于调整个人住房转让营业税政策的通知》，规定自 2010 年 1 月 1 日起，个人将购买不足五年的非普通住房对外销售的，全额征收营业税；个人将购买超过五年（含五年）的非普通住房或者不足五年的普通住房对外销售的，按照其销售收入减去购买房屋的价款后的差额征收营业税；个人将购买超过五年（含五年）的普通住房对外销售的，免征营业税。

随着房地产市场的发展，房地产销售过程出现了未取得预售许可证非法预售、捂盘惜售等诸多问题。2010 年 1 月发布的《国务院办公厅关于促进房地产市场平稳健康发展的通知》再次强调了对商品房销售的管理，第六条规定："继续整顿房地产市场秩序。住房和城乡建设部门要会同有关部门，加大对捂盘惜售、囤积房源、散布虚假信息、扰乱市场秩序等违法违规行为的查处力度，加强对住房特别是保障性住房的工程质量安全监管。国土资源部门要严格土地出让价款的收缴，深化合同执行监管，加强对闲置土地的调查处理，严厉查处违法违规用地和囤地、炒地行为。价格等有关部门要强化商品住房价格监管，依法查处在房地产开发、销售和中介服务中的价格欺诈、哄抬房价以及违反明码标价规定等行为。税务部门要进一步加大对房地产开发企业偷漏税行为的查处力度。国有资产监管部门要进一步规范国有大企业的房地产投资行为”。第七条规定：“各地要综合考虑土地价格、价款缴纳、合同约定开发时限及企业闲置地情况等因素，合理确定土地供应方式和内容，探索土地出让综合评标方法。对拖欠土地价款、违反合同约定的单位和个人，要限制其参与土地出让活动。从严控制商品住房项目单宗土地出让面积。要结合当地实际，合理确定商品住房项目预售许可的最低规模，不得分层、分单元办理预售许可。已取得预售许可的房地产开发企业，要在规定时间内一次性公开全部房源，严格按照申报价格，明码标价对外销售。进一步建立健全新建商品房、存量房交易合同网上备案制度，加大交易资金监管力度”。在2010 年 4 月发布的《国务院关于坚决遏制部分城市房价过快上涨的通知》第九条规定：“对取得预售许可或者办理现房销售备案的房地产开发项目，要在规定时间内一次性公开全部销售房源，并严格按照申报价格明码标价对外销售。住房城乡建设部门要对已发放预售许可证的商品住房项目进行清理，对存在捂盘惜售、囤积房源、哄抬房价等行为的房地产开发企业，要加大曝光和处罚力度，问题严重的要取消经营资格，对存在违法违规行为的要追究相关人员的责任。住房城乡建设部门要会同有关部门抓紧制定房屋租赁管理办法，规范发展租赁市场”。2010 年 4 月 20 日住房和城乡建设部发布了《关于进一步加强房地产市场监管完善商品住房预售制度有关问题的通知》，强调要加强对预售行为、捂盘惜售、房地产销售代理和房地产经纪的监管。此通知全文都是围绕房地产商品住房预售制度展开的。

（三）二手房市场监管的依据

二手房市场监管可以分为市场准入监管、价格监管，主要表现在对已购公有住房和经济适用住房上市和中介的监管。

1. 已购公有住房和经济适用住房上市的监管依据

在已购公有住房和经济适用住房上市方面，1999 年 4 月建设部颁发《已购公有住房和经济适用住房上市出售管理暂行办法》，其第四条对开放二手房市场的条件规定如下：“经省、自治区、直辖市人民政府批准，具备下列条件的市、县可以开放已购公有住房和经济适用住房上市出售的交易市场：（一）已按照个人申张、单位审核、登记立档的方式对城镇职工家庭住房状况进行了普查，并对申报人在住房制度改革中有违法、违纪行为的进行了处理；（二）已制定了已购公有住房和经济适用住房上市出售收益分配管理办法；（三）已制定了已购公有住房和经济适用住房上市出售的具体实施办法；（四）法律、法规规定的其他条件”。

对于已购公有住房和经济适用住房的入市标准，其第五条规定："已取得合法产权证书的已购公有住房和经济适用住房可以上市出售，但有下列情形之一的已购公有住房和经济适用住房不得上市出售：（一）以低于房改政策规定的价格购买且没有按照规定补足房价款的；（二）住房面积超过省、自治区、直辖市人民政府规定的控制标准，或者违反规定利用公款超标准装修，且超标部分未按照规定退回或者补足房价款及装修费用的；（三）处于户籍冻结地区并已列入拆迁公告范围内的；（四）产权共有的房屋，其他共有人不同意出售的；（五）已抵押且未经抵押权人书面同意转让的；（六）上市出售后形成新的住房困难的；（七）擅自改变房屋使用性质的；（八）法律、法规以及县级以上人民政府规定其他不宜出售的"。同时，第十三条规定："已购公有住房和经济适用住房上市出售后，该户家庭不得再按照成本价或者标准价购买公有住房，也不得再购买经济适用住房等政府提供优惠政策建设的住房"。

2. 中介监管依据

1996 通过的《城市房地产中介服务管理规定》和 2005 年制定的《房地产估价机构管理办法》对房地产经纪和房地产估价机构的准入资格作了规定，对房地产中介服务机构、人员、业务等制定了详细的规定。《房地产估价机构管理办法》第七条、第二十四条对估价机构资质、对房地产估价机构的业务范围作了规定。

二手房的价格规制，是指国家按照经济规律的客观要求，制定二手房市场流通价格方针、政策和法规，对房地产价格进行制定、指导、调整和监督的一种职能。物价管理部门负责二手房市场的价格规制，包括对房屋价格的规制和对相关行业收费的规制。

《城市房地产管理法》规定了三项房地产交易基本制度，即房地产价格申报制度、房地产价格评估制度、房地产价格评估人员资格认证制度。

三、中国房地产市场监管依据评价

基于房地产业在国民经济中的重要地位和作用，自其诞生起，一直是国家重点监管的对象。这些监管的政策依据包括法律、行政等硬性强制监管依据和税收、信贷等软性监管依据。同时，基于房地产市场的复杂性，国家对房地产市场的监管政策，往往采取"组合拳"的形式，即同时采取行政、法律、信贷、税收等多项政策，以期达到预期目的。

走过 20 多年的历程，中国房地产市场监管的法规政策依据，已经逐步完

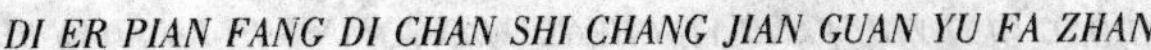

善，监管取得了很大的成效。如果从1998年的城镇居民住房制度改革开始算起，房地产行业的历史只有12年。在这段短短的时间里，中国政府依据宪法和《中华人民共和国土地管理法》、《中华人民共和国城市房地产管理法》、《中华人民共和国城乡规划法》、《中华人民共和国物权法》等，建立了较为完善的房地产市场监管的依据体系，但同时，这些依据本身也存在一些问题，归纳起来有以下几点。

（一）供给不足与过度供给并存

在近20年间，中国颁布了数十部法律法规条例规章，这其中有全国人大颁布的法律，有国务院颁布的法规，还有各地地方政府的法规和实施细则以及最高法院的司法解释等。这些法律法规、条例规章为中国房地产的市场监管提供了全方位的监管依据。同时，随着房地产发展中不断出现的新问题，监管依据不断完善。例如，最早的"二套房"贷款方面的政策只是规定了二套房的贷款要较首套房高，但具体是以个人还是家庭为二套房的标准并未具体界定。之后有关部门在2010年5月26日发布的《个人房贷二套房认定标准》中明确规定："商业性个人住房贷款中居民家庭住房套数，应依据拟购房家庭（包括借款人、配偶及未成年子女，下同）成员名下实际拥有的成套住房数量进行认定。"经过这些年的修正、完善，中国房地产市场监管的内容已经相当全面。从横向上看，从土地使用权、商业地产、工业地产、住宅地产，到住宅地产内部的廉租房、公共租赁房、经济适用房、两限房、普通商品房和高档住宅与别墅等，都有相应的监管依据；从纵向上看，从土地的征收、旧城改造、土地使用权的取得、房地产开发、建筑工程安全、房地产的预售及销售一直到物业管理都有相应的法律法规。房地产市场监管所需要的整个市场环境也得到很好的改善，相关的法律法规和技术规定也在逐步完善中，如《合同法》、《合伙企业法》、《外资企业法》以及房地产的测量、估价、登记技术规范等都已制定。

总体来说，房地产市场运行的各方面都有相关的监管依据，但仍然存在缺位与过度供给并存的问题。以二手房资金监管为例，在中国，中介公司参与房屋交易时，一般都是要求购房者将首期款打入指定银行账户，以进行资金监管。等到国土房管部门登记、合同生效后，中介公司才会把房款付给卖方。由于没有严格的法律规范，购房款在中介公司账户上都会停留一段时间，这就导致客户购房资金事实上处于中介公司的独立控制状态。由于缺乏可操作性的监管措施，使房款在中介手中滞留时间过长，在股市火热的情况下，中介公司常常利用房产交易办理手续的时间差，擅自动用客户资金。一旦股市失利，有的中介无力归还房款，就会关门潜逃。再如在对中介行业监管的问题上，原建设部《城市房地产中介服务管理规定》第十二条规定：设立房地产中介服务机构，应当向当地的工商行政管理部门申请设立登记。房地产中介服务机构在领取营业执照后的一个月内，应当到登记机关所在地的县级以上人民政府房地产管理部门备案。第十三条规定：房地产管理部门应当每年对房地产中介服务机构的专业人员条件进行一次检查，并于每年年初公布检查合格的房地产中介服务机构名单。检查不合格的，不得从事房地产中介业务。然而，没有国家强制性规定，许多房产中介公司没有在房管部门备案就营业，也没有受到应有的处罚，导致房地产市场中介的整体状况日趋下降。以深圳为例，深圳2010年已取得营业许可但未取得备案证书的经纪机构（含分支机构）总数约为3400家，但近四年合法经营的具有法人资格的经纪机构数量分别为；2006年312家、2007年261家、2008年239家、2009年222家，总体呈逐年减少趋势。在监管缺位的同时，房地产监管也存在“过度”监管的问题。例如，深圳查处开发商“变相捂盘”的做法，如果不加以特别限定（如仅限于在房价涨幅过快时），就有公权越位的嫌疑。因为《价格法》赋予商品房的市场定价权，而“备案价格”，就是在实际上剥夺商品房的市场定价权。备案本应该是一种知会，而不是核准，更不是审批。所以，政府部门无权要求企业的备案价格一定要定在某一个水平，更不能要求价格备案之后就不能提价和降价，甚至对于分批降价，也不应该在没有法律依据的情况下进行干预。在国内，曾经有一个省把普通商品房价列入政府定价目录，结果，房价的几番起落导致政府根本无法执行政府指导价，买卖双方都对政府的“不作为”有很大的怨气。最后，这个省不得不在2008年年底从定价目录中删除了商品房。再如，价格备案制要求开发商在交易中的价格不得超过备案价，这一制度制定的本意是为了遏制房价过快上涨，但从效果上看，既是过度监管，又是监管缺位。缺位是因为这一制度没有进行成交价下限控制，因而无效；过度是因为如前所说的“备案价格”，实际上是剥夺了商品房的市场定价权。

（二）操作性不强

很多调控政策本身可以成为监管依据，但监管措施不具体，仍然存在一些漏洞，或者规定本身的可操作性较差。法律法规对于捂盘惜售、土地闲置、违规及变相预售、房价上涨过快等市场行为作出了监管的定性规定，但这些规定对于违规经济行为的界定、处罚的力度、执行的机关等没有说明，使得这些规定并未收到如期的效果。下面是几个典型的例子。

（1）土地闲置的监管。虽然在《中华人民共和国房地产管理法》、《城市房地产开发管理暂行办法》、《闲置土地处置办法》、《关于促进节约集约用地的通知》等法律法规中都规定，取得土地使用权之后必须进行土地开发，出让合同约定的动工开发期限满 1 年未动工开发的，可以征收相当于土地使用权出让金 20% 以下的土地闲置费；满 2 年未动工开发的，可以无偿收回土地使用权。但是，对于该宗地的开发程度，并未具体规定。有的企业取得数千亩的国有建设用地使用权，但只开发其中的几十亩甚至几亩，依然闲置大量的土地。而现有的法律法规对这种行为并未作明确的界定，在实际中也不易操作。还有的企业在地上打几个桩以应对监管部门的检查。

（2）违规预售及变相预售的规定。《中华人民共和国城市房地产管理法》、《城市房地产开发经营管理条例》、《城市房地产开发管理办法》、《城市商品房预售管理办法》、《关于进一步加强房地产市场监管完善商品住房预售制度有关问题的通知》等法律法规对房地产预售申请的条件和材料、预售资金的使用、预售双方的权利义务等作了明确的规定，并指出"未取得预售许可的商品住房项目，房地产开发企业不得进行预售"，禁止变相预售行为。然而现实中，房地产企业通过 VIP、优先购买权等形式开展预售，实际上查处的违规企业并不多。在对商品房预售款进行监管规定的问题上，也存在问题。消费者的购房资金一般由自有资金和银行按揭构成，按揭贷款部分本来就在银行，好控制；而现金房款入账则全凭开发商和银行之间的诚信。对于销售款进入监管账户之前的事情，银行是起不到监管作用的，银行只对资金到账后存有监管责任。购房款不入账，开发商就可以随心所欲调配预售资金。此外，资金到账后，银行也很难保证预售资金不挪作他用。因为虽然银行与开发商有监管协议，但这种监管协议一般都极其简单，既不约定银行的权利，也没有约定银行的义务以及违反条款的罚则。有的监管协议甚至干脆申明：如果开发商没有把购房款打入银行指定账户，一切后果由开发商自负。同时，对于没有按协议履行监管责任的银行，从协议上也找不到"银行该负什么责任"。所以许多时候，监管都形同虚设。

（3）公租房的问题。国家将公共租赁房列为住房保障政策里面的"国家战略"，也出台了《关于加快发展公共租赁住房的指导意见》，重庆、上海等地也先后出台地方公租房建设意见。根据七部委最新发布的《关于加快发展公共租赁住房的指导意见》，公共租赁房的资金投入、土地供应、建设标准、配租条件、供应范围、供应对象等的决策权属于各地政府。但是，在具体的政策支持方面，规定非常模糊，可操作性不强。以资金来源为例，中央的要求是各地方通过直接投资、资本金注入、投资补助、贷款贴息等方式，支持公共租赁房的建设。但是，地方政府如何获得这些资金，并未明确说明。如果不能解决资金问题，公共租赁房的建设就无从谈起。在公共租赁房的建设方面，中央也并未规定开发用地的土地供应与公共租赁房的土地供应的主次，只是要求“公租房建设用地纳入年度土地供应计划、予以重点保障”，至于重点到什么程度，并未说明。公租房的准入条件、“进出”程序、租金标准、公共租赁房与经济适用房及廉租房的关系等方面，也并未有具体规定。

（4）房地产税收问题。房地产项目纳税主要有两大类：一是5.5%的营业税；二是33%的企业所得税。而开发商可通过多种手法避税漏税。一是利用房屋预售收入定义不准确避税。中国税收在测算预售收入环节，中央与地方的规定存在脱节。开发商在汇总预售收入时，只计算购房者所付定金，将购房者首付款排除在纳税范围以外，这样企业预售收入缩小了。有的开发商等到房子基本上卖出去后，迅速将购房者支付的房款用于银行还贷。而相关税法规定，银行贷款不能算进销售收入，因此不用纳税。开发商在“一贷一还”间，逃避了营业税。二是应纳税所得额计算方式存在缺陷。所得税是房地产项目需要缴纳的最大税款，也是避税的最大黑洞。不少地方的地税部门规定，“经过有关部门验收合格”，项目才算完工。因此，房地产企业的项目决算要等到整个工程项目通过验收后才能进行。因为一个项目需要建委、人防、消防、交管、技监、供水供电等10多个部门出具验收报告后才算完工，漫长的验收过程为开发商提供了偷税便利，有些开发商利用滚动开发项目，有意无意地将项目决算期推后。在滚动开发中，开发商又会把前一项目中赚来的钱投入下一个项目，使其成本无法清算，最终造成企业所得税应纳税部分难以确定。还有的开发商在住宅项目接近尾声时，再投资建设商业项目，把住宅部分所赚利润全部投入商业项目，避免交纳巨额所得税。三是对于项目销售环节交纳的所得税，不少开发商采取“拖”的办法。最常见的操作手法是在一个项目内留下几套房子不销售，项目因此无法结算。一些开发商在交纳预收企业所得税后，一拖就是好几年，造成税收黑洞。这种手法也同样被用于土地增值税的清算中。四是税务部门和国土、规划部门缺乏有效配合。目前对房地产企业征收的土地增值税在实际征管中的有效办法，应当按“规定预征率”预征，项目完工决算应进行土地增值税清算，但在现实操作中，能清算的房地产企业很少。通过这些手段，造就了房地产暴利。

（三）可问责性差

中国的房地产市场监管依据，存在的一个很大的问题是对监管不到位的

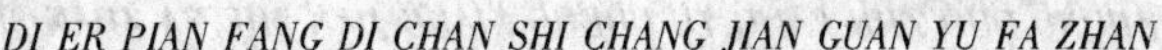

问责性差。20世纪90年代初期发布的很多法律和行政法规甚至都没有法律责任的部分，只是规定房地产行政管理部门应该如何做、不应该如何做，对于违反规定的问责没有规定。之后的法律和行政法规逐步增加了法律责任的部分，但问责部分的规定仍然不甚详细。在今后的法律法规制定中，监管不力的问责是需要着重补充完善的部分。具体来说，现有的监管依据在对谁问责、如何问责以及问责到什么程度规定得不甚明确。

首先，现有监管依据对向谁问责的问题没有规定清楚。例如，在《商品房销售管理办法》中规定，县级人民政府应当对未取得营业执照、擅自预售商品方的行为进行查处，但是如果县级人民政府没有查处违法预售，县级人民政府有什么责任，应当追究谁的责任，该办法并未说明。其次，现有监管依据并未涉及如何问责的问题。以《闲置土地处置办法》为例，该办法中规定了市县土地行政主管部门对闲置土地的认定及处理办法。但是，该办法并未说明市县土地行政主管部门如果没有查处闲置土地，应当对市县土地行政主管部门以及相关负责人如何问责。最后，现有监管依据缺乏对监管不力的处理力度。以建设部颁发的《城市商品房预售管理办法》为例，该办法对开发企业违规预售的处理力度有规定：开发企业未按本办法办理预售登记，取得商品房预售许可证明预售商品房的，责令停止预售、补办手续，没收违法所得，并可处以已收取的预付款1%以下的罚款；开发企业不按规定使用商品房预售款项的，由房地产管理部门责令限期纠正，并可处以违法所得3倍以下但不超过3万元的罚款。但是，对于房地产监管部门没有查处违规预售的问责却没有规定。

再如2010年4月发布的《国务院关于坚决遏制部分城市房价过快上涨的通知》，该通知对商品房贷款利率、土地供应和保障房建设数量等大众关注的问题以数字的形式作了详细的规定。这相较以前的诸多监管依据已有很多进步，却仍然缺乏对房地产行政主管部门未完成任务的问责。

迄今为止对土地行政问责规定较好的是2008年由监察部、人力资源与社会保障部、国土资源部联合下发的《违反土地管理规定行为处分办法》。该办法新增了“行政首长问责制”的规定，将对“造成用地秩序混乱”或“不执行土地调控政策”的领导实行“问责”。如果县级以上地方人民政府主要领导人员和其他负有责任的领导人员出现以下四种行为：①土地管理秩序混乱，致使一年度内本行政区域违法占用耕地面积占新增建设用地占用耕地总面积的比例达到15%以上或者虽然未达到15%，但造成恶劣影响或者其他严重后果的；②发生土地违法案件造成严重后果的；③对违反土地管理规定行为不制止、不组织查处的；④对违反土地管理规定行为隐瞒不报、压案不查的，将给予自警告到撤职的处分，问责矛头直指“党政领导”。对于不执行中央有关土地调控政策的行为，也要给予相应的最高为行政“开除”的处分。这些行为，一般只能由地方首长作出，因此该办法的矛头实际上还是指向了地方党政领导。

另外，《违反土地管理规定行为处分办法》对违规处理力度的规定相对细化。除了突出“行政首长问责制”，该办法对新出现的、带有普遍性的土地违法行为，明确了处分依据。对土地征用、审批、出让等各环节的典型、突出的违法行为，对行政机关及其公务员批准以“以租代征”等方式擅自占用农用地进行非农业建设的行为，以及对在国有建设用地使用权招拍挂出让中“量身定做”竞买条件等行为，该办法以规章的形式明确其违法性，并规定要给予处分，都有更加详细和具体的处分规定。以征地审批为例，该办法第六条针对目前最常见的违法行为作出如下规定：地方政府审批土地，如果“不按土地利用总体规划用途”，或“擅自改变基本农田位置，规避建设占用基本农田由国务院审批规定”，或“没有土地利用计划指标”、“没有新增建设占用农用地计划指标”、“以租代征占用农地”，都在处分之列。最低是行政“记大过”，而最高则为“开除”。在土地出让环节，第九条明确：对“应有偿出让而无偿划拨土地的”，或“应招拍挂出让而协议出让的”，或“减免或变相减免土地出让金的”，或“在招拍挂中恶意串通、操纵确定中标人、竞得人或者出让结果的”，或“土地出让合同签订后，擅自批准调整土地用途、容积率等”行为，可对负有责任的“行政机关及其公务员”给予警告、记过、记大过、降级处分，直至撤职。为了确保被征地农民的权利，第十三条规定，凡是“批准低于法定标准的征地补偿方案的”，或“未按规定落实社会保障费用而批准征地的”，或“未按期足额支付征地补偿费用的”行为责任人，视情节轻重可给予警告、记过、记大过、降级、撤职等处分。这是房地产监管制度设计应该借鉴的。

第三节　房地产市场监管评估的意义及内容

监管评估是指对现行或拟采取的监管政策将来可能产生或已经产生的正面影响和负面影响进行系统分析和评估的政策工具（或监管工具）。通过监管

评估，可以为决策者提供有关监管方案潜在收益和成本的更多的重要信息，有助于监管机构对是否监管以及怎样监管做出理性决策。因此，监管评估是提高监管质量、加强监管制度建设的重要手段与方法，是构成监管决策过程的有机组成部分，日益受到各国的重视。本节主要分析监管评估的内涵、意义及内容。

一、房地产市场监管评估的内涵

所谓房地产市场监管评估，顾名思义就是专门瞄向房地产市场，旨在提高监管质量而对政府监管行为的潜在影响所施行的系统估计，包括监管评鉴和监管评估。监管评鉴是监管方案出台前对监管提案或监管变动的预期影响进行的评价，是一种事前评价。目前人们所探讨的房产税征收、取消预售制和经济适用房等就属于监管评鉴。而在监管方案出台后对现行监管的实际影响进行的评价，是一种事后评价，则称为监管评估，如对限购令、房价明示制度的评估，就属于此类评估。监管评估既强调监管目标的实现即监管的“效果”，又强调“效率”—以最小的成本实现监管目标。监管评估通过系统分析政府行为所带来的潜在的正面和负面影响以及这些影响对不同群体的影响程度，把这些信息传递给决策者，使之全面考虑监管方案能够产生的所有可能影响，从而促进监管决策质量的提高。

二、房地产市场监管评估的意义

就国内外实践来看，房地产市场监管评估对于房地产市场的健康有序发展的作用和意义不容小觑，具体表现在以下三个方面。

（1）监管评鉴有利于改善监管政策制定的信息基础。监管评鉴是在监管政策制定前，对拟实施政策的可能的总成本、总收益、不同利益集团的得失、制度环境约束等进行的大致估算和分析，预测政策方案的可行性，为政策制定者提供更为丰富的决策信息，减少决策失误，增强决策的科学性。现行的房地产机构政策中，有些就是因为缺乏充分的事前评估，导致政策效率低，没有达成预期的政策目标。

（2）事后的监管评估有助于监管政策的完善。事后的监管评估主要看政策实施的效果，比较政策实施后的状况与实施前或者预期目标之间的差异，如若差异不大，可总结经验，为后续政策制定提供参考，若差异大则需查找原因，进而提出继续实施或改进的方案，以及时纠错，避免造成更大的资源浪费。《加强房地产市场引导和调控的八条措施》的预期目标是通过限制投机性购房遏制房价，其措施具体且严厉，问责明确，取得了一定成效，但各地情况不一。例如，北京房价涨幅下降，房贷增幅下降；《加强房地产市场引导和调控的八条措施》出台两个月，昆明房价仍未出现动摇。房价控制大限将至，多数城市仍未公布控制目标，只有银川、太原等22个二、三线城市公布了控制目标，在需要控制房价的600多城市中的比重仅为5%，北京、上海、广州、深圳等大城市均未公布。对此，我们作了初步的评估，认为：此次比以往严厉得多的政策措施，其效果仍不明显。究其原因，主要是政策执行不力（有问题）。根据《加强房地产市场引导和调控的八条措施》规定，各地确定本地区年度新建住房价格控制目标时，应结合“当地经济发展目标、人均可支配收入增长速度和居民住房支付能力”，各地选择性地执行了这一政策要求，都回避了“居民住房支付能力”，而选择与GDP或人均可支配收入增幅挂钩，并且大多选择房价增幅控制在10%左右。“10%的上涨空间”这一含义模糊，既可理解为“限价标准”，也可理解为“涨价标准”。鉴于此，下一步的监管重点就应有的放矢，纠正政策执行的随意性，细致地分析地方政府与中央政府博弈中地方政府的策略，制定出相机抉择策略，强化问责机制。

（3）监管评估政策程序的启动有助于公众参与监管决策。监管评估的内容之一是向公众公布信息，并从公众搜集资料，向公众征求意见，向专家咨询以及对公众意见作出反应等。由此可见，公众参与贯穿于监管评估的全过程，为分析和评价监管方案的潜在影响提供重要依据，提高了决策的科学性。在网络时代，信息传递方式多种多样且传递迅速，增强了公众参与政策评估的可行性，新的监管政策出台之前的公众的分析、评论可以反映各方的态度和意见，公众对于房地产监管政策实施效果的自发评价对媒体的报道而言显然是一个有益的补充。制度的制定本身就是各方博弈的结果，能达到纳什均衡的制度才是可自动实施的制度。所以，制定监管政策时应事先充分了解各方意愿，兼顾各方利益方可顺利实施。反之，抱有良好愿望，脱离实际的政策，则在执行中很容易被“下有对策”化解，如价格公示制度，是一个不利于开发商自主定价决策并影响其利润最大化的约束性制度，开发商本身就不愿意执行，加之制度本身存在的漏洞—只要求备案后不能提价，没要求不能降价，这样开发商通过抬高备案价格就能轻松加以应对，从而使其仅仅成为一种无效的摆设。

三、监管政策问题的确定

监管是政府对市场参与者的行为的规范，如前所述，政府监管的范围应严格限制。对监管问题的确定是监管政策制定的第一个环节。政府监管政策就是制定公共规则，属于公共部门决策范畴。确定公共部门决策问题时应注意：公共部门决策要解决的问题是公共领域内的现实与预想之间的能够通过监管弥补的差距。例如，2009 年 12 月 18 日财政部、国土资源部、中国人民银行、监察部、审计署（简称五部委）签发了《关于进一步加强土地出让收支管理的通知》。该通知强调，市县国土资源管理部门与土地受让人在土地出让合同中依法约定的分期缴纳全部土地出让价款的期限原则上不超过一年。经当地土地出让协调决策机构集体认定，特殊项目可以约定在两年内全部缴清。首次缴纳比重不得低于全部土地出让价款的 50%。土地租赁合同约定的当期应缴土地价款（租金）应当一次全部缴清，不得分期缴纳。此次国土资源部等五部委联合发文，进一步加强土地出让收支管理，将土地出让价款首次缴纳额提至 50%、有关拖欠和违约信息计入诚信档案，并限制其参加土地"招拍挂"活动等这些规定是贯彻中央经济工作会议和国务院常务会议精神的重要举措，对于稳定市场预期、保持房地产市场平稳健康发展将产生深远的影响。开发商在拿地方面门槛提高，对开发商的资金实力要求也就提高了。防止囤地，督促开发商尽快开发上市，这一政策问题的确定就是因为开发商囤地现象屡禁不止，如不加强监管将无法遏制，必然阻碍房地产市场的良性发展。显然这一规定的意义重大。

四、房地产监管政策的目标的设定

政策目标的设定的基本要求如下。①目标的标准化，即确定目标时，必须同时规定一个衡量目标达到程度的标准，以便评估目标的实现程度。例如，国家对房价的调控政策是监管的依据，调控的目标是遏制房价的过高、过快提高，并不是打压房价。②目标的时效性。任何决策都必须确定具体的实现期限。例如，《关于进一步加强房地产用地和建设管理调控的通知》规定，禁止闲置竞买人及其控股股东参加土地竞买活动；明确各类住房建设项目应当在划拨决定书和出让合同中约定土地交付之日起一年内开工建设，自开工之日起三年内竣工。不按期开工的要收回土地使用权，这会促使闲置的土地尽快变成房子，让社会资源都充分利用起来，这些政策都是治理房地产最根本的政策，执行力度到位，效果就会十分明显。③目标的可行性。目标的实现存在着现实可能性，这种现实可能性取决于决策目标实现条件的具备程度。决策问题的难易程度决定目标的高低程度，难度大，目标不能太高。例如，对于房价的监管，中央的目标是遏制房价的不合理上涨，而不是让价格达到什么水平。

五、监管方案的可行性分析

监管决策方案的可行性是指决策方案具有可以实施的性质。方案的可行性分析内容包括以下六方面。①条件分析。任何方案的实施，都要依赖一定的条件。一个方案即使从其他各方面来看都比较好，但就是缺乏实施的条件，这样的方案必须放弃，如物业税空转几年至今还没进入实转就是这种情况。决策方案实施的条件包括自然条件、技术条件、社会条件、经济条件、政治条件。经济条件、政治条件中包含制度、体制等重要内容，社会条件包括文化、环境、国民素质等重要内容。②成本收益分析。③利益分配的限制性分析。任何一项决策的实施都会产生利益分配的问题，决策中对社会利益的分配和调节必须控制在一定的范围内，如果超过了一定的限度，那些得利较少的或失去利益较多的个人和团体就可能会对决策的实施进行抵制或降低对决策的支持程度，因而决策应将利益分配的调节控制在一定的限度内，以减少决策执行的阻力。一般来说，在帕累托改进状态下的决策是可行的，因为增加了一部分人的利益的同时并没减少另一部分人的利益，这也符合公共利益至上的原则。对于帕累托最优状态下的决策，如果新方案的实施可以大幅度提高一部分人的福利，在弥补了一部分人的效用损失后，另一部分人的福利还会提高也是可行的，如政府财政用于廉租房建设，并没影响其他人的住房购买，所以公众是拥护的。但公积金用于廉租房建设就损害了公积金缴纳者的利益，如果没经过公积金缴纳者的同意就使用就是不可行的。④制度限制性分析。方案的实施与组织的各种制度紧密相连，这里的制度包括法律制度、经济制度、政治制度、组织制度、人事制度、领导制度以及公共管理制度。决策实施必须符合上述制度安排。住房限购令因为有悖《中华人民共和国物权法》中物权登记制度而遭诟病。⑤政治资源的限制性分析。政治资源是监管决策在政治上获得的支持的程度、拥护者的多少及实施决策所必要的政治策略与行政组织能力等因素的总和。公共决策的实施以一定的政治资源为前提。当这些资源具备时，才是可行的。⑥坚持公共利益至上、政治价值优先的原则。房地产市场政府监管最重要的意义在于，通过维护市场秩序，维持社会稳定。政府行为应以体现公共利益为原则，另外，在经济价值与政治价值不一致时，政府的选择应是政治价值优先。因为政治价值是社会公共利益的总的反映，是社会的经济利益、社会利益、伦理利益的综合体现。相对于经济利益来说，政治利益不得不占首位。如捂盘惜售，从经济学角度来说，由于同样的房子卖出了更好的价，实现了更大的总剩余，因而效率更高，但这样下去的结果是两极分化加剧，贫富对立更严重，进而影响社会的和谐与安定，从政治利益出发必须对其加以遏制。

第四节　房地产市场监管评估的标准及方法

一、房地产市场监管评估的标准

监管评估是一种价值判断，要进行判断，首先需明确评判标准，以此来衡量政策质量高低。房地产监管评判标准具体表现为以下五个方面。

1. 监管投入

监管投入是对监管成本的评估。在一般情况下，监管者为达到监管目标而采取的行动和投入是实现政策目标的必要条件。没有必要的投入，要完成监管规定的目标和任务是不可能的。无论是对闲置用地的查处、规划的执行、建筑质量的监控，还是捂盘惜售的监管，都需要耗费大量的人力资源和物力资源。监管投入的评估要考核的是投入的合理性，包括投入与监管工作的相关性，投入水平的合理性。

2. 监管效益

监管效益表现为达到监管目标的程度。确定监管效益标准的目的在于，衡量监管投入之后的所得成果，比较监管执行的实际效益与原先预期的理想水平，分析监管目标的实现程度。监管投入之后的所得成果，既包括经济成果也包括非经济成果。房地产市场监管的成果一般并不直接表现为经济成果。例如，通过监管使违法用地的状况得到改善，假按揭的情况有所好转，虚假广告误导消费者的现象得到遏制等，都是对市场秩序的规范，表现为非经济成果。

3. 监管效率及效益

监管效率是监管效益与监管投入的比率。如果监管的效益小于监管的成本，超出了监管的有效区间，不宜监管。在监管的有效区间内，监管效率的高低既反映了监管政策本身的优劣，也反映了执行机构的管理能力和水平。监管效率与监管效益之间既有联系又有区别：效率标准侧重于政策执行的方法或途径，效益标准侧重于政策实施后的结果和成就。一种有效率的监管执行途径，不一定能获得高成就的监管效益；反之，一种效益很高的监管政策，不一定能达到效率的高水准。监管评估的一个重要目的，就是探寻既有高效率又有高效益的途径。因此，在房地产市场监管评估时，要将监管效率与监管效益两个指标结合起来使用。

4. 监管政策回应程度

政策回应程度是政策实施后满足特定社会团体需求的程度。房地产市场监管评估的回应性标准属于指向性标准，主要用以考察某项房地产市场监管政策活动对其特定受益目标群体需求的满足情况。当前，地方政府对廉租房建设的投入严重不足，导致低收入群体的住房保障问题解决不力，反映监管政策回应程度较低，应加大监管力度。

5. 可问责性

可问责性是确保监管政策有效实施的前提条件之一，对于缺乏激励的监管政策来说，没有强的可问责性，政策效果难以保证。目前房地产市场监管政策基本上不是激励性的，而是行政部门依法对市场主体行为的约束与限制，是与市场主体的意愿相反的，不仅缺乏对市场主体执行政策的激励，而且市场主体有较强的对抗动力，在土地财政的条件下，地方政府就有对中央的一些政策消极抵制的内在动力，事实也是如此。因此，监管评鉴应对可问责性进行评价。具备可问责性的政策才有可能是高效的。

另外，监管政策制定前，政策研究的透明性、政策风险、政策的一致性都是衡量监管政策的标准。

二、房地产市场监管评判方法

房地产监管评判包括单项监管手段效果的评判和监管体系综合效果的评判两类。

（一）单项监管手段的效果评判方法

单项监管评估一般用对比分析法。对比分析法是一种通过客观事物比较，认识事物的本质和规律并作出评价的评判方法。用对比分析法对房地产单项监管效果进行评判，就是比较监管政策实施前后的差异，判定政策的价值。对比分析法可分为以下四类。

1. 简单对比分析法。这种方法是将该监管实施前后的水平的高低进行比较，将差异值作为监管的价值，如对反囤地查处效果的分析。据统计，2004年11月至2006年8月，反囤地查处中，中部某省各级国土部门向纪检监察部门提出党纪政纪处分建议96人，实际落实不到一半；向司法机关移送追究刑事责任32人，实际仅追究7人。沿海某市国土部门2005年、2006年向法院申请强制执行囤地案件937件，仅执行了1件。违法处理不到位，违法者反而得到重用或升迁，刺激了一些政府和部门违法用地。2008年全国因土地违法受到党纪政纪处分的有3094人，有501人被追究刑事责任。

2. 试验对比分析法。简单对比分析法无法分离其他因素的影响，只能进行粗略地评判。试验对比分析法原理是将政策执行前处于同一水平、环境条件相当的评估对象分为两组：一组为试验组，即对其施加政策；另一组也施加政策，但需保持其他环境因素不变。两组对象在政策实施后的差异，为环境效应。用简单对比分析法得出的政策的价值减去环境效应即剔除了其他影响因素作用后的政策效果。在中国有些政策实施在不同地区有时差，可将后期实施其他措施的地区作为对照组，如在实施限购令与不实施限购令的地区，对房价和交易量变化的比较。

3. 成本—收益分析法。这种方法既可用做监管评鉴也可用于监管评估。基本思路是将监管的预期或实际成本和收益进行比较，如果收益大于成本是可行的；反之，如得不偿失，如果是备选方案，就应放弃。例如，价格公示制度，需一定的执行成本，但基本上没什么效果，可以考虑取消；如若继续执行，应对制度本身进行完善，如增加成交价降低幅度限制的条款。

4. 经济影响分析法。经济分析法是指具体分析每个监管备选方案对公平和再分配的影响、对地方政府的影响、对企业的影响、对消费者的影响。这一方法很适合房地产市场监管评价。这些年来，中央历次调控效果不佳，很重要的原因在于在打击了开发商牟取暴利行为的同时也动了地方政府的“奶酪”，地方政府联手开发商消解中央监管政策。多年的监管实践表明，监管方案的制订必须让各利益集团充分博弈，协调好各方面利益。

（二）房地产市场监管体系综合效果的评判方法

房地产监管综合效果评判有多种方法，这里只介绍一种方法，即运用相似度法原理进行评判的方法。

1. 相似度法基本原理

相似度法是以若干有代表性的房地产监管效果评判指标为尺度，给定各指标的评价标准值，运用模糊综合评判原理，得出某一阶段的监管指标与标准的相似度，据以评判该阶段监管效果优劣的一种方法，基本计算步骤如下。

（1）确定评判指标。反映房地产市场监管效果的指标有很多，采用该方法进行评判时一般选择 8～10 个基本指标。需要注意的是，评判指标选择好之后，就应固定下来，以便各阶段的调控效果评判具有可比性。

（2）建立评判指标集。评判指标集可表示为如下形式：$u=\{u_1, u_2, \cdots, u_n\}$。

（3）确定评判等级。将评价等级分为五级，分别是很好、好、一般、较差、差，用集合表示为：$v=\{v_1, v_2, v_3, v_4, v_5\}$。

（4）确定各评价指标 u_i（$i=1, 2, \cdots, n$）的隶属度。

以国际惯例、行业标准或调控目标值作为评价标准值，依据模糊集的隶属原则，建立隶属函数表达式，用来确定各因素 u_i 的隶属度，隶属函数为

$$\mu(x)=\begin{cases}\dfrac{1}{1+[a(x-c)]^b}, & x<c,\ a>0,\ b>0\\ 1, & x\geqslant c\end{cases}$$

式中，$\mu(x)$ 为隶属度；c 为评价指标的标准值；x 为评价指标的计算值；a，b 分别为经验系数。

（5）建立模糊关系单因素组合矩阵。该组合矩阵可用 $R(n\times m)$ 表示。

$v=\{v_1, v_2, \cdots, v_m\}$，$u=\{u_1, u_2, \cdots, u_n\}$。

$$R=u\times v=\begin{bmatrix} y_{11}, & y_{12}, & \cdots, & y_{1m}\\ y_{21}, & y_{22}, & \cdots, & y_{2m}\\ & \vdots & & \\ y_{n1}, & y_{n2}, & \cdots, & y_{nm}\end{bmatrix}$$

（6）确认每个指标的权重 A，将单因素矩阵变换为综合评价的复合矩阵 B。

$B=A\times R=[B_1, B_2, \cdots, B_m]$

（7）计算相似度 k：

$$k=\frac{\sum_{i=1}^{l}B_i}{\sum_{i=1}^{m}B_i},\ l=1, 2, 3$$

（8）评判结果。当 k 值较大时，表明监管的效果好。

2. 房地产市场监管体系效果评判指标体系

运用相似度法进行体系综合效果评判，需要建立相应的评判指标体系。由于监管涉及商品房预售条件，预售信息公示、合同签订、商品房预售款专

款专用、销售广告的监管、合同、售楼书、样板房问题监管、土地闲置处置、房地产销售、价格实现、不正当竞争的监管、房地产经纪机构、估价机构、中介从业人员监管、房地产行业组织监管及监管者的监管等内容，其监管效果评估的指标分别是这些工作的落实情况的指标，如房地产开发企业资格合格率、违法用地比重、中介从业人员的资格合格率等概率。

房地产市场监管评估已成为各国关注的焦点和热点。但在中国，它还没有引起中央及地方政府的高度重视，此方面的研究与实践十分欠缺。为此，政府应着力从以下三个方面加强房地产市场监管评估的研究与实践。一是转变观念，这是进行房地产市场监管评估的前提条件。只有加深对房地产市场监管评估的理解，对之形成规范、正确的认识，并将其视为政府监管决策的重要组成部分，才能有效地推进房地产市场监管评估，发挥其应有的作用。二是建立机构与法律法规，这是开展房地产市场监管评估的重要保障。发达国家的成功实践已证明，如果没有相应的房地产市场监管评估常设机构，监管评估很难取得实质性和长期的效果；同时，法律法规的制定也是至关重要的，房地产市场监管评估要有相应的法律依据，当然可以是为监管评估颁布统一的法律法规，而不必单单为房地产市场来制定专门的法律法规。三是提高技术分析水平，这是实施房地产市场监管评估的必要手段，需要政府在提高房地产市场监管评估数据的质量和具体的评价技术方面下功夫。总之，房地产市场监管评估的成功应用与规范化发展不是一蹴而就的，需要政府、公众以及研究机构长期的共同努力，在借鉴国外成功经验的基础上加以创造性的应用。

第五节　中国房地产的宏观调控政策

迅速成长中的中国房地产业逐步成为国民经济的先导性、基础性和支柱性的产业，对经济增长的贡献越来越大。然而，目前我国房地产业却存在着产业集中度低、结构不合理；企业重视价格竞争行为，技术创新能力和动力有待进一步提高；企业经济绩效较高，市场绩效低；产业内部企业规模不经济、竞争力不强等问题。为保障我国房地产业健康、可持续发展，国家实行了一系列的宏观调控政策，但并没有达到预想的效果，城市土地价格持续攀升，房价持续快速上涨，房地产行业一些深层次的结构性问题更加突出。

在房地产市场不同的发展阶段、不同地区，我们应根据实际情况，采取不同的房地产业发展调控对策，促使房地产市场结构合理化，提高房地产市场绩效，最终实现房地产市场健康、稳定、可持续发展。

一、房地产宏观调控政策

（一）房地产宏观调控的含义

宏观调控是现代市场经济中一个重要的调节手段，它是在市场配置资源基础上，由政府所进行的第二次调节。房地产业与宏观经济密切相关，被称为国民经济的“风向标”与“晴雨表”。为了保证国民经济安全运行。各国政府都对房地产市场进行宏观调控与管理。房地产市场宏观调控是指以政府为主体，按照房地产经济的客观规律，通过经济、法律、并辅之以行政手段，对整个房地产行业和房地产经济运行所进行的宏观指导、监督、调节和控制，以发挥房地产经济在国民经济中的作用，保证其健康发展。

（二）房地产宏观调控政策的目标

现阶段，我国房地产市场宏观调控的主要目标和任务应该是：保持市场供求总量的基本平衡，促进市场结构的优化，保持房地产价格的基本稳定，从而促进房地产市场持续、快速、健康发展。这一目标可具体化为最高目标、中期目标和短期目标三个层次。

1. 我国房地产市场调控的最高目标

最高目标是向社会提供有效的房地产产品，更有效地满足社会主义经济和社会发展的要求，尽快地提高全体劳动者的居住水平和环境质量。具体说就是解决产业发展的深层次的矛盾，重构房地产市场的价值体系和基本框架。

2. 房地产市场宏观调控的中期目标

房地产市场宏观调控的中期目标是调整房地产总量及结构平衡，实现房地产业的可持续发展。中期目标主要包括：实现房地产市场结构平衡，使房地产市场达到适度的集中度，保持房地产企业的规模经济性；防范发生房地产金融风险，实现社会、经济的安全。

3. 房地产宏观调控的短期目标

房地产宏观调控的短期目标主要是尽快解决市场供求的结构性矛盾，保持市场供求的总体平衡，抑制房价的过快上涨。

（三）房地产宏观调控政策的手段

房地产市场宏观调控手段主要有行政手段、经济手段和法律手段。

1. 行政手段

行政调控手段是指政府在职权范围内颁布行政命令、指令、条例、规定和采用其他行政措施，对房地产经济活动进行组织、指挥和调节。行政手段具有以下特点：（1）权威性。行政手段依据的是组织的权威，其实施效果主要取决于上级行政领导机构的等级和权力大小。一般来说，组织层级越高，权威也就越大。（2）垂直性。行政手段主要是通过自上而下的命令传达，即垂直领导和被领导的关系传递信息。（3）强制性。由于行政手段是通过上级向下级颁布命令的方式传达，因此，下级对上级下达、颁布的命令必须坚决服从、贯彻执行。

2. 经济手段

经济手段是政府运用经济杠杆，即税收、金融、价格等经济机制调节各市场主体的物质利益关系，进而调控房地产市场的一系列措施。

（1）税收手段

税收手段是指政府通过设置税种、调整税率、税收优惠和减免等措施参与房地产收益的初次分配和再分配过程，进而影响房地产经济的各项活动。目前，我国与房地产有关的税种包括契税、土地增值税、营业税、房地产税等。随着我国对房地产税费体系的改革，税收调控手段在房地产宏观调控中的作用会日益增强。

（2）金融手段

房地产业是资金密集型产业，其供给和需求都离不开银行贷款，具有第二金融的“美称”。因此，政府可以通过信贷限制及利率调整，调节资金投放房地产业的数量和结构，从而影响房地产活动。我国对房地产宏观调控的金融手段主要包括法定存款准备金、再贴现率、公开市场业务等方式。另外还有一些特殊的金融方式，如调节个贷利率、进行直接的信贷控制及调节首付比例，等等。

（3）价格手段

房地产价格反映供需情况，因此，发挥价格杠杆作用，是对房地产市场进行调控的关键。房地产价格调控手段主要包括：建立完善的房地产成交价格和申报制度；建立完善的房地产价格评估制度；建立城市基准地价的公示制度。

3. 法律手段

法律调控手段是指政府依照一定的立法程序，建立房地产市场经济运行的准则，并通过司法、执法活动对特定社会经济现象进行管理的一种手段。

立法手段的特点是：（1）严肃性。法律一旦制定，不允许任何人以任何方式加以更改、违背和触犯，违法者要受到法律的制裁。（2）普遍适应性。法律、法规的使用期限长，使用范围广，它适用于反复出现的社会经济现象。（3）稳定性。法律、法规将在较长时间内发挥作用。

二、现阶段中国房地产业宏观调控政策的评析

（一）房地产调控概述

中国房地产开发市场兴起于20世纪80年代初期，当时中国还处于计划经济体制时期，市场经济处于萌芽阶段，政府缺乏管理房地产开发市场的经验，房地产开发从一般规定到具体操作和管理都处于典型的尝试阶段。在土地市场方面，土地所有权的绝对公有制（所有权和使用权不能分离），使得土地的利用和管理人为化，土地资源无法得到有效利用，严重影响了经济发展。之后，相继出台了一些管理条例，如1988年修改后的《中华人民共和国宪法》、1990年《中华人民共和国城镇国有土地使用权出让和转让暂行条例》及《外商投资开发成片土地暂行管理办法》等规定了土地的有偿使用，使得长期困扰房地产开发的土地资源市场配置问题得到彻底解决。1990年，国家开始全面推行住房公积金制度。1991年上半年，国务院住房制度改革领导小组颁布了《关于深化住房制度改革的决定》，确定了住房制度改革的大方向。同年5月，上海正式实施以公积金制度为核心的房改，取得极大成效。这些法规和政策为房地产业的快速发展创造了条件。

1992年邓小平同志的南方讲话和中国共产党第十四次代表大会的召开，有力地推动了社会主义市场经济体制的建立和国民经济发展，房地产业也迅速发展，1992、1993年以东南沿海为首的房地产业成为社会经济热点，房地产进入了发展高潮期。同时由于房地产投资的超常规、超高速发展，引起了国民经济发展的不协调，通货膨胀加剧，给国民经济发展造成了一定的不良影响。建设部对这次房地产业泡沫带来的破坏作用高度重视，以至于把它同20世纪90年代日本房地产“泡沫”以及东南亚金融危机中房地产“泡沫”的破坏作用相提并论。

针对上述问题，1993年下半年，国家对国民经济实行宏观经济调控政策，房地产业是国家宏观经济调控的重点，房地产发展速度开始回落，经过1994年的调整，到1995年基本进入平稳发展时期，这种状态持续到1997年年底，房地产业基本上完成了一个发展周期。现在看来，1993年开始的对房地产开发施行的以限制为主的宏观调控手段基本上是适合实际情况的，它对防止地

方政府和开发企业非理性化的盲目投资开发行为起到了制约作用，房地产业的平稳发展有利于国民经济的平衡、健康发展，对房地产业的长期稳定发展也有利。

从1998年开始，由于启动内需政策的需要，国家开始运用财政政策和货币政策扩大信贷投放规模，尤其是个人住房抵押贷款规模、减免部分交易税种等措施，促进房地产业发展，房地产开发又进入快速扩张阶段。随着2000年住房福利分配制度的终结，房地产开发进入全面繁荣时期。房地产是否可能再次产生泡沫，成为业内一个广泛关注的问题。

2002年及2003年上半年，中国房地产开发和房地产信贷业务出现明显高涨势头，为此国家出台了一系列政策，对房地产市场进行调控。

2003年6月5日中国人民银行发布《关于进一步加强房地产信贷业务管理的通知》，通知明确指出："各商业银行应规范对政府土地储备机构贷款的管理，在《土地储备机构贷款管理办法》颁布前，审慎发放此类贷款。对土地储备机构发放的贷款为抵押贷款，贷款额度不得超过所收购土地评估价值的70%，贷款期限最长不得超过2年。"通知同时规定："房地产开发企业申请银行贷款，其自有资金（指所有者权益）应不低于开发项目总投资的30%"。许多房地产公司因缺乏银行贷款的支持，资金链紧张，经营陷入困境。

2003年8月12日，国务院颁布了《国务院关于促进房地产市场持续健康发展的通知》（国发［2003］18号），通知指出：当前我国房地产市场发展还不平衡，一些地区住房供求的结构性矛盾较为突出，房地产市场服务体系尚不健全，房地产价格和投资增长过快，房地产开发和交易行为不够规范，对房地产市场的监管和调控有待完善。通知从提高认识、明确指导思想出发，分六大方面就全国如何调控房地产市场提出了框架性方案，为各地、各部门开展的行业调控提供了政策依据。

2004年4月11日，中国人民银行宣布银行存款准备金率再提高0.5%，冻结银行可贷资金1 100亿元，这意味着可能投向房地产开发贷款的资金必然减少。4月30日又发文规定，将房地产开发企业的自由资金比率从原来的30%提高到35%。这是国家为控制投资过热、保护银行利益、避免不良资产大量产生的必要举措，也是规范房地产市场、促进房地产业有序健康发展的重要战略。

同年，国家动用土地政策加强对房地产市场的管理。2004年4月29日，国务院办公厅下发通知，要求全国暂停审批农业用地转为建设用地，至此，房地产开发的两大命脉—土地和资金均受到政府的严格监管。

从调控目标和重点看，2004年年初，为抑制房地产投资过快增长，中央政府采取了“管严土地、看紧信贷”的宏观调控政策。一方面，加大了对房地产用地的治理整顿力度，清理整顿建设用地，从紧土地供应，严格审批管理，逐步推行经营性用地的“招、拍、挂”制度，从源头控制土地供给；另一方面，中国人民银行上调银行存款准备金率，将房地产开发项目（不含经济适用房项目）资本金比例提高到35%以上，上调金融机构存贷款基准利率，收紧银根，减少房地产开发的资金支持。

2005年，在上一年调控的基础上，根据房地产市场出现的新情况和新问题，政府继续出台了一系列调控政策。

2005年3月17日，央行调整房贷利率，个人住房贷款利率从2005年3月17日起再次上调，同时宣布取消住房贷款优惠利率。2005年3月26日，国务院下发了《关于切实稳定住房价格的通知》，要求地方政府切实负起稳定住房价格的责任，坚决制止城镇建设和房屋拆迁中存在的急功近利、盲目攀比行为，大力调整和改善住房供应结构，努力增加普通商品住房、经济适用住房和廉租住房供给，提高其在市场供应中的比例。

从调控目标和重点看，2005年的调控目标由控制房地产投资规模过大的单一目标向既控制投资速度又要抑制商品住房价格上涨过快的双重目标转换。调控重点相应调整为三个方面：（1）有效调整房地产市场的供求关系。从增加供给和减少需求两方面入手来调整房地产市场，实现稳定房价的目的。（2）在规划审批、土地供应以及信贷、税收等方面，对中小套型、中低价位普通住房给予优惠政策支持，改善住房供给结构。（3）整顿房地产市场秩序。出台了不准预售房再转让、实行购房实名制、上网交易等措施，并依法严肃查处违法违规销售行为。加快建立健全房地产市场信息系统，加强对房地产市场运行情况的动态监测，创造良好的市场环境。

2006年5月17日，国务院总理温家宝主持召开国务院常务会议，会上提出了促进房地产业健康发展的六项措施，业内称之为“国六条”。随后，建设部、国家发改委、税务总局等9部委出台了国六条实施细则，其核心内容是：自2006年6月1日起，各城市（包括县城）新审批、新开工的商品住房总面积中，套型建筑面积90平方米以下住房（含经济适用住房）面积所占比重必须达到70%以上；个人住房按揭贷款首付款比例不得低于30%，考虑到中低收入群众的住房需求，对购买自住住房且套型建筑面积90平方米以下的仍执行首付款比例20%的规定；对购买住房不足5年转手交易的，销售时按其取

得的售房收入全额征收营业税，个人购买非普通住房超过5年（含5年）转手交易的，销售时按其售房收入减去购买房屋的价款后的差额征收营业税。

2006年5月末住宅和城乡建设部、发改委等九部委联合出台了《关于调整住房供应结构稳定住房价格的意见》，各部委和地方政府陆续出台相关配套措施。

2006年5月30日，国土资源部下发了《关于目前进一步从严土地管理的紧急通知》，坚决执行停止别墅类房地产开发项目土地供应的规定。国土资源部副部长王土元在新闻发布会上表示，从即日起，一律停止别墅类房地产项目的供地和办理相关用地手续，并对其进行全面清理。

2006年的调控目标是满足居民自住性需求的中低价位、中小套型普通商品住房的发展，有步骤地解决低收入家庭的住房困难。调控的重点是通过限套型、限房价以及竞地价、竞房价的办法，保证中低价位和普通住房的供给，利用廉租房和经济适用房真正解决低收入人群的住房问题；运用经济手段，包括强化住宅转让环节的税收管理和外资购房的管理，抑制投机炒作；同时将落实房地产调控政策纳入到对地方政府目标责任考核制度中，保证调控措施的有效落实，促进房地产市场的有序运行和健康发展。

2007年宏观调控重点放在进一步调整结构，规范市场，均衡供求关系上，而加快保障性住房建设也是2007年房地产调控中重要的政策之一。因此调控从以下几个方面展开：一是从金融信贷政策上控制房地产资金来源，通过加息、提高存款准备金率、提高住房贷款首付比例和贷款利率等手段，抑制过热投资；二是规范土地市场，促进土地集约利用。出台一系列法规加强土地审批、清理和流转等方面的监督和管理工作，以稳定地价；三是从税收方面对房地产供求产生影响。清理和调整房地产开发企业相关税费；四是努力完善住房保障制度，出台住房保障政策和管理办法，解决低收入家庭的住房需求。

2008年是戏剧性的一年。年初货币政策将从“适度从紧”改为“从紧”，而财政政策继续保持稳健。下半年随着世界金融危机的影响扩大，央行宣布“双率”齐降，货币政策再度从“从紧”向“适度宽松”转变。本来在前期调控政策和金融危机的影响下，房地产投资迅速减少，国际热钱纷纷撤出，房地产市场进入观望状态，成交量日减，房价也有所下降。然而，在调控效果刚刚显现时，政策再次松动，最终导致前功尽弃。

2009年，中国房地产市场从年初的“试探性抄底”，到年中的“放量大涨”，再到年底的“恐慌性抢购”，短短一年间，中国楼市迅速地由低迷转变为亢奋，由萧条转变为繁荣，调控由“去库存”转变为“挤泡沫”。2010 年第一季度，房市神话继续上演，房价持续攀高。2009 年 12 月，为遏制部分城市房价过快上涨，中央政府决定不再延长 2008 年年底出台的二手房营业税减免优惠政策，将个人住房转让营业税免征时限由 2 年恢复至 5 年，遏制炒房现象。随后提出了“增加普通商品住房的有效供给；继续支持居民自住和改善型住房消费，抑制投资投机性购房；加强市场监管；继续大规模推进保障性安居工程建设“四条具体措施”（简称“国四条”），以完善促进房地产市场健康发展为目标。国务院各部委陆续出台调控细节，逐渐废除了 2008 年的刺激房市政策，再次转向稳定房价。

2010 年，以稳定房价为主的房地产调控到了关键时刻。4 月 27 日，国务院发布了《国务院关于坚决遏制部分城市房价过快上涨的通知》（简称“国十条”），被称为“史上最严厉的调控政策”。虽然期间中央领导人不断发言说“房价第四季度会下降”，但由于前几次调控政府政策摇摆不定，购房者对此次房地产调控信心不足，以至于在房地产市场经过一段时间的观望僵持后又现回暖迹象，房地产迷局仍在变化之中。

（二）对现行房地产宏观调控政策的评析

从中央这几年出台的调控政策看，有以下几个特点。一是调控的目标：规范房地产市场的发展，控制房地产业的泡沫，化解可能带来的金融风险，稳定房价，保障居民的住房需要。二是调控的手段：其一主要运用利率、税收、土地供给控制等市场手段；其二采用行政性手段，如规定项目开发的房型比例，要求地方政府承担房价稳定的责任等。三是调控的对象：前期主要是开发商，如提高开发商项目开发的门槛，后期则转移到购房者和地方政府，如提高个人贷款利率，打压对住房的投机性需求，要求地方政府控制土地的供给及用途，稳定住房价格。

从中央政府的调控目标看，宏观调控政策多是短期政策，既想防范金融风险，又要控制土地供应，同时努力稳定房价。但这 3 个目标存在一定的冲突，如控制土地供给，势必会减少住房供给，在需求不变时，房价就会升高，从而与稳定房价目标相冲突。因此宏观调控政策目标应向中长期目标转移，而且在调控过程中采取多方面的制度变革措施，使房地产土地、金融政策在调控中系统化、体制化，达到房地产市场结构逐渐平衡，市场集中度逐步提高，保持房地产企业的规模经济性，从而逐步稳定房地产房价，降低金融风险。

从调控的手段看，宏观政策主要依靠土地政策、金融政策和行政政策：

一是严把土地关。二是严把信贷关，一方面，土地管理部门持续开展土地市场的清理整顿，强化对土地供应的管理，严格对耕地占用的审批，执行经营性土地的“招拍挂”制度；另一方面，银行严格控制对房地产的信贷投放，提高门槛，强化审核，对个人住房按揭也加大了审核管理的力度。房地产企业普遍感受到了“地根”严控、“银根”紧缩的压力。土地政策和信贷政策的实施迫使得那些企业规模较小、融资渠道单一的中小开发商逐步退出房地产市场，房地产市场集中度逐步提高，有利于房地产市场结构的优化，但短期内对房价的调控作用并不明显，所以调控手段逐渐侧重于使用行政手段。主要是因为市场化手段调控效果不佳，这几年房价在调控中不断上涨，住房问题已越来越成为一个影响社会稳定的大问题，因而中央政府只好动用行政手段。从短期来讲，行政性手段确实有效，可以在一定程度上收到立竿见影的效果，但从长期来说，非但不能控制房价，而且会使房价进一步上涨。

从调控对象看，先是调控开发商，希望以规范开发商来防范金融风险，后逐渐转向购房者和地方政府，希望通过抑制购房需求，特别是投机性需求来稳定房价。这一政策具有双重效果，既打压了投机性需求，有稳定房价的作用，但同时也打压了正常的购房需求，使真正的购房者的成本增加，不利于解决居民的住房问题。近来出台的调控政策强化了地方政府的责任，要求地方政府对本地区房价稳定负责，并切实改善居民的住房需要。这些看似力度很大的调控政策，在强大的地方政府自身利益面前，其执行力被大打折扣，难以取得预期的效果。

国家的宏观调控是市场经济不完善状况下的必然选择，是维护“最广大群众利益”的重要手段。反思20多年来我国房地产业的发展历程，房地产业发展政策在促进房地产健康发展方面取得了很大的成绩，也存在着很多问题，一系列的宏观调控政策并没有达到预想的效果，城市土地价格持续攀升，房价持续快速上涨，房地产行业一些深层次的结构性问题更加突出。因此，房地产业宏观政策调控将使未来房价涨幅受限，价格贡献度将趋于下降，开发商的业绩将越来越取决于企业规模，经济实力和创新力量较强的大开发商将在市场竞争中拥有越来越明显的优势。宏观调控的目标逐步由满足短期目标向长远目标过渡，使房地产业能与我国经济发展水平相适应的持续、健康地发展。这也是房地产宏观调控符合房地产经济发展规律的必然选择。

三、我国房地产市场发展的组织政策建议

（一）制定科学合理的房地产产业政策，实现房地产产业组织的合理化

1. 实施规划调控制，实现房地产业与社会经济的全面、协调、可持续发展

人口众多与城市土地资源匮乏是我国的基本国情。中国有13亿人，占世界总人口的1/5，然而，由于土地资源的不可再生性、房地产的不可移动性，导致城市建设用地匮乏所带来的居民住房问题显得尤为突出。土地资源和环境的制约要求必须调整经济结构，转变经济增长模式，首当其冲就是要实施城市规划对房地产开发的调控，调整土地规划政策。所有的城市土地开发都必须符合规划要求。规划调控应通过协议契约和行政职能相结合，对环境保护、开发用途、开发强度、形体景观等方面进行干预，而不能只顾眼前利益，迁就投资者的不合理要求，造成规划不合理，布局混乱。

必须认真反思20年来的产业发展政策，以资源和环境制约为前提，研究中国究竟应该保持怎样的城市化速度和城市化的发展水平，科学、合理地量化城市土地规划和控制指标体系，调整经济布局和产业结构，重新定位未来城市建设模式和居民的住房消费模式，保持房地产业和相关行业的协调发展，实现社会经济的全面、协调、可持续发展。

2. 要始终坚持住房市场化的发展方向，重构住宅市场价值体系

在目前的经济发展阶段，要在短时间内解决大部分人的住房问题不现实，大部分人的住房问题还是需要通过市场的方式，用商品化的手段加以解决。只有通过市场化运作，才能实现土地和房屋资源的优化配置，实现集约化和节约化配置，提高有限的资源的效率。

解决当前的住房矛盾，逐步从根本上形成供需平衡的格局，必须从供给和需求两个方面双启动。首先，在供给方面，坚持多渠道住宅供给体系，让高收入阶层购买商品房，中低收入阶层购买或租用经济适用房，特别困难家庭租用廉租房；其次，在需求方面，应该制订政策引导科学的消费理念，通过经济的手段和政策的引导，重构住宅市场价值体系，通过税收等经济手段增加住宅物业持有阶段的成本，使中低收入阶层主要通过租赁市场，而高收入阶层主要通过购买住房来实现住宅消费。

在宏观政策的制定上，房地产市场价格控制的重点应在经济适用房，而不是商品房。商品房市场中市场交易的效率越高，越容易形成自由竞争

的价格，一个完全自由竞争的市场所形成的价格，才是最合理的价格。加大经济适用房的建设，保持经济适用房的价格稳定甚至下降，而放开商品房的市场，形成经济适用房市场和商品房市场合理科学的价值重构，形成各自独立的市场体系，形成各自的价格形成和波动的机制。通过实施不同的开发建设计划和管理政策，不同的消费和转让流通的政策，不同的银行金融支持政策，不同的税收政策，不同的物业管理和收费政策，真正体现二者之间的本质差异，降低经济适用房的转让和使用维护成本、物业管理成本，鼓励租用经济适用房，使其形成科学合理的市场结构，保持市场供需的总体平衡，维护市场的公平、透明、高效、规范，实现价格的整体平稳。

3. 提倡科学消费、适度消费、绿色消费，促进住宅消费方式的转变

目前我国大部分地区整体上住房自有率偏高，超过了应有的经济水平和经济发展阶段。住房消费本来应遵循梯度变化规律，但是这个规律在我国受到了严峻的挑战。一方面是一些地方政府提出在短期内解决老百姓住房问题的口号，导致“十一五”期间的固定资产投资和住房建设总量相对于国民经济的协调发展偏高，速度偏快，已经引发了宏观经济发展的失衡，房地产市场的需求似乎仍然异常旺盛，在短期内将形成对城市用地的需求加大，对固定资产投资的拉动，对其他行业尤其是钢材、水泥、建材等高能耗产业的拉动，势必进一步加剧宏观经济的过热，加剧环境的恶化和资源的紧张；另一方面，住房购买普遍讲求“一步到位”或“尽快到位”。许多年轻人本该租房子，却在买房子，导致过度消费和超前消费，过度消费和超前消费导致需求的膨胀，引起价格的上涨，而价格的上涨和房地产信贷的支持又刺激了投资性需求的膨胀，形成“财富效应”，形成“迟买不如早买”、“买小不如买大”的消费预期，并加剧了住房购买市场和租赁市场的价值关系背离，造成“租房不如买房”的现实。过度消费进一步加剧了住房需求膨胀，加重了居民的经济压力，同时积聚了金融风险。

我们认为，房地产宏观调控的政策首先要从根本上促进住宅消费方式的转变，要综合运用经济、行政和法律的手段，综合运用金融、税收等杠杆切实转变消费模式，摈弃片面和单一追求面积指标和装修标准的消费观念，提倡科学消费、适度消费、绿色消费。

4. 优化市场结构，不断提高房地产业的市场集中度

不断提高市场集中度是实现中国房地产业市场结构优化的重要途径，但是现阶段的主要任务是尽快将它提高到一个适度的水平。第一，引导和支持

具有资信和品牌优势的房地产企业通过并购、重组、参股、控股来形成实力雄厚、竞争力强的大型企业和企业集团，以实现产业的规模化经营，逐步实现其规模经济和范围经济。第二，鼓励区域扩张，使房地产企业通过跨区域或全国范围的开发而壮大企业规模。第三，鼓励房地产企业创新，通过产业链纵向做强，多元化经营，走房地产研发一体化之路，从而使研发领域成为企业新的利润增长点。第四，在提高房地产业的进入门槛的同时降低行业的退出门槛，强制性要求一部分资质差、严重违规的房地产开发企业退出市场，以提高行业市场集中度。

（二）有效地实施政府规制，保证房地产业组织政策得到有效贯彻执行

1. 减少行政性垄断、充分发挥市场机制的作用，强化政府对房地产市场的监管职能

要减少行政性垄断、重新界定政府在土地市场的角色，充分发挥政府的公共服务职能，要求政府改革现行土地征管制度，提高政府调控土地的能力和驾驭土地市场的水平，变市场管理为市场服务，真正成为规则的制定者和维护者，通过规范土地市场秩序以提高土地的市场化程度。政府应该在房地产企业进行充分竞争方面给予鼓励支持和引导，在市场垄断、土地投机、土地闲置与浪费、房屋质量控制等问题上进行管制，促进市场竞争机制作用的正常发挥。针对价格垄断现象，必须进一步强化政府对房地产市场的监管职能，在健全政府对房地产市场的监管体系的基础上加大监管力度，扩大监管范围，通过联合惩罚增大违规成本等方法来保证政府对整个房地产市场的监管切实到位而且行之有效。

2. 提高房地产业规制政策的透明度和强化对房地产业规制机构的规制

要实现有效的房地产业政府规制，政府首先要调整房地产业政策，适当降低房地产业在国民经济中的地位，将其还原为民生性产业；其次需要提高房地产业规制政策的透明度，使制定出的房地产业政策能够得到较好的贯彻执行并收到较好的执行效果，从而有效地提高房地产业市场运行绩效和效率。同时要强化对房地产业规制机构的规制，主要通过法律加强对房地产业规制机构的监督和约束，使其依法行政，规制房地产业，政府必须做到规制有据、规制适度、执法有力和裁决有方，防止规制过度，避免出现“越位”、“错位”、“缺位”现象。通过多方监督和约束使规制机构保持客观公正性，避免过度规制或滥用规制。只有这样才能有效地实施政府规制，并保证房地产业组织政策得到有效执行，从而逐步实现房地产业发展的市场集中度与市场绩效的有效统一。

3. 完善房地产金融体系的建设和监管

资本市场的不健全，严重阻碍了优质房地产企业做大做强。房地产业是资金密集型行业，充足的资金是开发优秀产品的前提保证。然而由于中国房地产企业的规模一直偏小，资金实力有限，抑制了优质企业的成长。逐步健全产业投资基金、银行信贷及房地产信托等多元化的房地产融资体系，降低房地产业的融资成本，提高融资市场的效率，满足企业日益多元化的融资需求。通过房地产业金融政策的调控使得那些融资渠道单一、依靠银行贷款生存的中小开发商逐步退出房地产市场。同时鼓励房地产金融产品的创新，推进资产证券化，实现房地产金融资产的流通和交易，有效地分散市场风险和信用风险；加强房地产信贷管理，严控房地产贷款发放条件，及时调整贷款结构，建立各类信贷问责制度，加大对商业银行房地产贷款的检查和监管力度，有效地防止和控制金融风险。

4. 引导企业从价格竞争转向非价格竞争

企业的竞争包括价格竞争和非价格竞争。在当前的房地产市场中，价格与企业品牌、户型创新、楼盘质量、营销策划以及物业管理等各层次的竞争齐头并进，共同成就房地产业的竞争格局。

要用建设宜居城市的理念和标准，建设节能、节地型住宅，建设资源节约型和环境友好型社区，要通过技术创新，提高住宅科技含量，提高住宅的使用效率，提高功能和寿命，降低住宅使用成本。

房地产企业由于产品的特殊性，在买方市场的今天，越来越多的消费者在购买住房时已经将眼光投向企业品牌，据统计，房地产产品的销售30%以上是因为消费者看中其品牌。所以，有人说中国房地产业的竞争已经跨入了品牌竞争的时代。同时，越来越多的消费者在购买住房时将物业管理放在重要位置。所以，在竞争日益激烈的房地产市场上，物业管理水平的提高是占领市场的必备工具。当然，有效减少成本，降低售价也是占领市场的重要砝码。

随着政府宏观调控和房地产市场的不断成熟和完善，目前的房地产市场格局将渐进地完成由无序竞争向合意集中的演进。在此过程中，市场结构将发生明显变化，市场集中度将大幅度提高，土地和资金等重要资源将向强势大企业转移和集中，以往房地产企业群雄割据的局面将被以少数大开发商为主导的垄断竞争市场所取代。一方面，无序竞争引起的各类问题会通过市场力量自发得到解决；另一方面，房地产市场集中度上升并不必然地导致一批房地产企业退出，较发达地区的房地产企业在竞争作用下逐渐朝欠发达地区扩散，在此过程中，渐进地推进我国房地产业整体的成熟。在新的市场格局中，房地产企业之间的竞争将越来越聚焦于资金、土地、人才、技术、信息、品牌等方面，竞争手段和竞争行为将更加规范和透明，市场将在合理配置资源、协调供求关系、满足各阶层居民居住需要等方面发挥应有的作用。

第三章　房地产交易管理制度

第一节　房地产交易

一、房地产交易的内涵和特征

（一）房地产交易的内涵

房地产交易一词，有广义、狭义之分。从广义上说，房地产交易是指一切房地产权属的流通。从狭义上说，房地产交易仅指房地产转让。在《城市房地产管理法》中，房地产交易包括房地产转让、房地产抵押和房屋租赁。

房地产转让，是指房地产权利人通过买卖、赠与或者其他合法方式将其房地产转移给他人的行为。

房地产抵押，是指抵押人以其合法的房地产以不转移占有的方式向抵押权人提供债务履行担保的行为。债务人不履行债务时，抵押权人有权依法以抵押的房地产拍卖所得的价款优先受偿。

房屋租赁，是指房屋所有权人作为出租人将其房屋出租给承租人使用、收益，由承租人向出租人支付租金的行为。

（二）房地产交易的特征

1. 交易主体的平等性

这是民法平等原则在房地产交易活动中的体现。由于房地产交易能够实现房地产的价值，为房地产所有人、使用人带来收益，进而以经济形式表现了所有人、使用人的所有权和使用权，因此它必须首先要肯定交易人的独立的主体地位。由于交易中的利益，即权利和义务是对等的，因此法律必须平等地保护交易主体双方的利益，因此形成了交易主体的平等性。

2. 交易行为的要式性

房地产交易首先是一种法律行为，即它是交易主体依法对房地产的占有、使用、收益和处分等各项权利，基于自己的主观意愿而作出的获得某项权利或放弃某项权利的行为。因而这种行为能够直接引起各交易主体之间权利和义务关系的产生、变更或终止。另一方面，房地产本身具有投资大、风险高、使用周期长等特点，导致了交易主体间权利，义务内容的复杂性和已经确定即具有的相对稳定性，以及权利义务的实现需要经过一定的时间等特点。这就要求房地产双方必须以合法的法律形式将其权利义务完整地固定下来，根据不同的交易内容，形成不同的交易合同，以利双方互相遵守，切实履行。

3. 交易的合法性

从宏观上讲，实施任何行为都必须符合国家法律。但是由于房地产经济活动在国家经济生活中起着重要的作用，是国家加强经济管理的一项重要内容，因而国家对房地产交易活动还规定了较为细腻的管理性法规。

（1）房地产交易主体必须合法。这一方面表现为主体资格的合法，即交易主体必须具有相应的权利能力和行为能力；另一方面表现为代理人、经纪人在进行房地产交易时也必须具有合法的依据。

（2）交易的对象必须合法。一方面，交易主体对进行交易的房地产必须合法地拥有所有权和使用权；另一方面，进行交易的房地产必须是法律允许交易的房地产。法律禁止交易的房地产不得进行交易，否则将要受到法律的处罚。

（3）交易的目的和结果必须合法。禁止利用房地产交易活动侵犯他人利益、国家利益和妨碍社会公共利益，否则将要承担相应的法律责任。

（4）交易的场所必须合法，即房地产交易必须在房地产市场内进行，既要接受市场的商业风险，又要接受市场的管理。禁止进行任何的场外交易。

4. 交易形式的多样性

从法律角度讲，房地产交易方式表现在两个方面：

（1）物权的转移，如房屋买卖、赠与、交换、土地使用权的转让、交换等等。

（2）设定他项物权。如房地产租赁、抵押、典当、出借等等。

从房地产交易的对象讲，可分为房产交易和地产交易等。由于每一种交易方式成交对象都要形成一种特殊的法律关系，并产生其特殊的权利义务内

容，因此房地产交易中涉及的法律规范也呈现出了多样性。

二、房地产市场交易的主体和客体

（一）房地产市场交易的主体

房地产市场交易的主体，是指直接或间接参与房地产商品交易的各方及在交易关系中所起作用的中间媒体等。交易主体包括国家、集体和个人，具体可以分为：

1. 供给方

供给方是向市场投放房地产商品的一方，亦称卖方。主要有国家、房地产开发经营业、以及出售或出租的私有房屋的个人。

2. 需求方

需求方是从市场取得房地产商品的一方，亦称买方。主要指房地产商品的购买者或承租者。

3. 融资方

融资方是用资金投入保证房地产市场交易成功的一方。主要包括银行、国家金融机构、企事业单位、社会团体和个人。

（二）房地产交易的客体

房地产交易的客体，主要是指作为房地产交易对象的地产和房产。

对于地产来说，根据《中华人民共和国土地管理法》的规定："城市市区的土地属于全民所有，即国家所有；农村和城市郊区的土地，除法律规定属于国家所有的以外，属于集体所有"。由于城市土地所有权属于国有，进入市场交易的只能是土地使用权。因而，在土地出让市场上只能由国家垄断经营，通过将土地使用权出让的方式投放市场，或者采取行政划拨方式出让。在地产转让市场是土地使用权的转让、出租、抵押等方式让渡。

对于房产来说，交易的客体为房产的所有权和使用权，连同房屋所占用土地的使用权。由于房产商品在其物质内容的构成上包含着地产，因此，任何一笔房产交易都必然是房地产合一的交易，也就是房产市场和地产市场的融合性。所以说单纯的地产市场是存在的，单纯的房产市场是不存在的。

三、房地产交易的基本制度

（一）房地产成交价格申报制度

房地产成交价格不仅关系着当事人之间的财产权益，也关系着国家的税费收益。因此，加强房地产交易价格管理，对于保护当事人合法权益和保障国家的税费收益，促进房地产市场健康有序的发展，有着极其重要的作用。

（二）房地产价格评估制度

《城市房地产管理法》规定：“国家实行房地产价格评估制度。房地产价格评估，应当遵循公平、公正、公开的原则，按照国家规定的技术标准和评估程序，以基准地价、标定地价、各类房屋的重置价格为基础，参照当地的市场价格进行评估”。“基准地价、标定地价、各类房屋的重置价格应当定期确定并公布。具体办法由国务院规定”。

（三）房地产价格评估人员资格认证制度

《城市房地产管理法》规定：“国家实行房地产价格评估人员资格认证制度”。《城市房地产中介服务管理规定》进一步明确：“国家实行房地产价格评估人员资格认证制度。房地产价格评估人员分为房地产估价师和房地产估计员”。“房地产估计师必须是经国家统一考试、执业资格认证，取得《房地产估计师执业资格证书》，并经注册登记取得《房地产估计师注册证》的人员。未取得《房地产估计师注册证》的人员，不得以房地产估计师的名义从事房地产估计业务”。

第二节　房地产转让

一、房地产转让的内涵和特征

（一）房地产转让的内涵

《城市房地产管理法》规定：“房地产转让是指房地产权利人通过买卖、赠与或者其他合法方式将其房地产转移给他人的行为。”《城市房地产转让国力规定》对此概念中的其他合法方式做了进一步的深化，《房屋登记办法》进一步明确，有以下情形之一的，当事人应当申请房屋所有权转移登记：1. 买卖；2. 互换；3. 赠与；4. 继承、受遗赠；5. 房屋分割、合并，导致所有权发生转移的；6. 以房屋出资入股；7. 法人或者其他组织的分立、合并，导致房屋所有权发生转移的；8. 法律、法规规定的其他情形。

（二）房地产转让的法律特征

房地产转让这一法律概念，从法律上讲，具有以下特征：

1. 房地产转让人必须是房地产权利人

房地产转让法律关系的双方主体，一方为转让人，另一方为受转让人。转让人即房地产的卖方、赠与方等，受转让人是房地产的买方、受赠方等。房地产转让人必须拥有合法处分房地产的权利，不享有房地产处分权者不能将某项房地产转让给他人。

2. 地产转让的权利内容是特定的房地产权属发生转移

房地产转让的权利内容包括：（1）国有土地使用权；（2）国有土地上的房屋所有权。《城市房地产管理法》规定，房地产转让时，房屋所有权和该房屋所占用范围内的土地使用权同时转让。但在尚无房屋建筑的情况下，房地产转让的权利内容就是有地无房的“房地产”，即已完成规定比例投资额但未建成房屋的土地和已形成用地条件的土地的使用权。

二、房地产转让的方式

房地产转让的方式包括买卖、赠与和其他合法方式

（一）房地产买卖

房地产买卖，是指房地产权利人将自己享有的国有土地使用权和房屋所有权转移给他人并由他人支付房地产价款的行为。

（二）房地产赠与

房地产赠与，是指房地产权利人自愿、无偿地将自己享有的国有土地使用权和房屋所有权转移给他人的行为。

（三）房地产转让的其他合法方式

1. 以房地产作价入股、与他人成立企业法人，房地产权属发生变更的；

2. 一方提供土地使用权，另一方或者多方提供资金，合资、合作开发经营房地产，而使房地产权属发生变更的；

3. 因企业被收购、兼并或合并，房地产权属随之转移的；

4. 以房地产抵债的；

5. 法律、法规规定的其他情形。

房地产继承不属于房地产转让行为，因为它是指公民（被继承人）死亡后，其遗留的个人合法房地产转移给他人所有。这里虽然也存在房地产权利的转移，但与房地产转让性质不同，所以，不属于房地产转让方式之一。

（四）房地产转让属于要式民事法律行为

房地产转让的双方主体，应当签订书面房地产转让合同（房地产买卖合同、房地产赠与合同、房地产互换合同等）。房地产转让合同是房地产交易中

最重要的合同。

三、房地产转让的条件

从价值量的角度分类，房地产转让可分为有偿和无偿两种方式，有偿转让主要包括：房地产买卖、房地产抵债、房地产作价入股等，无偿转让主要包括房地产赠与、房地产继承等行为。

《城市房地产管理法》及《城市房地产转让管理规定》都明确规定了房地产转让应当符合的条件，可以分为禁止条件和必备条件。

（一）房地产转让的禁止条件

1. 达不到下列条件的房地产不得转让

以出让方式取得土地使用权的，不符合以下规定条件的：一是按照出让合同约定已经支付全部土地使用权出让金，并取得土地使用权证书；二是按照出让合同约定进行投资开发，属于房屋建设工程的，完成开发投资总额的25%以上，属于成片开发土地的，形成工业用地或者其他建设用地条件。转让已经建成的房地产房屋，还应当持有房屋所有权证书。

2. 司法机关和行政机关依法裁定、决定查封或者以其他形式限制房地产权利的。

3. 依法收回土地使用权的

用地单位或个人依法被收回土地使用权，就不再是原土地使用权的主体，也就无权转让该土地使用权了。否则，就构成非法转让。

依法收回土地使用权的情况包括：（1）出让年限届满而未续期；（2）根据社会公共利益的需要而提前收回；（3）因逾期开发而被无偿收回等等。

4. 共有房地产，未经其他共有人书面同意的

共有房地产是指两个以上的权利主体共同享有房屋所有权和土地使用权。无论是共同共有还是按份共有，如果部分共有人要转让房地产，则须征得其他共有人的书面同意。否则，就是对其他共有人权利的侵犯。

5. 权属有争议的

权属有争议的房地产，表明该房地产的权利主体不确定。房地产在权利主体不确定的情况下转让，难免会出现房地产权利瑕疵现象。为此，有必要予以禁止。

6. 未依法登记领取权属证书的。当事人依法到房地产管理部门办理登记手续并领取权属证书是法律规定的一项义务。当事人依法登记领取的房地产权属证书是房地产权属的法律凭证。凡未依法取得房地产权属证书的，不得

转让相应的房地产。

7. 法律、行政法规规定禁止转让的其他情形

法律、行政法规规定禁止转让的其他情形，是一种灵活性安排，既包括现行法律、行政法规规定的其他情形，也包括将来法律、行政法规就新的情况作出的规定。必须指出的是，这里不包括一般部门规章、地方立法和地方规章规定的情形。

以法律的形式规定房地产不得转让的情形，有着重要的实践意义。它不仅有利于加强对房地产市场的管理，维护房地产市场的正常秩序，而且对保障房地产权利人的合法权益，促进社会安定团结，也都有着积极作用。

（二）允许房地产转让的条件

法律规定，房地产转让必须达到一定的条件。以出让方式取得土地使用权的房地产转让与以划拨方式取得土地使用权的房地产转让具有不同的条件要求。

1. 以出让方式取得土地使用权的房地产的转让应当具备的条件：

以出让方式取得建设用地使用权的房地产转让时，受让人所取得的建设用地使用权的权利、义务范围应当与转让人所原有的权利和承担的义务范围相一致。

（1）按照出让合同约定已经支付全部土地使用权出让金，并取得土地使用权证书。

（2）按照出让合同约定进行投资开发，属于房屋建设工程的，应完成开发投资总额的25%以上；属于成片开发土地的，依照规划对土地进行开发建设，完成供水、排水、供电、供热、道路交通、通信等市政基础设施、公用设施的建设，达到场地平整，形成工业用地或者其他建设用地条件。

（3）转让房地产时房屋已经建成的，还应当持有房屋所有权证书。

（4）无论转让房地产几次，原建设用地使用权出让合同约定的使用年限不变。转让后的实际使用年限是出让合同约定的年限减去该宗土地使用权已经使用年限后的剩余年限。

2. 以划拨方式取得土地使用权的房地产转让应当具备的条件

以划拨方式取得的土地使用权，一般是无偿的或者是仅缴纳补偿安置等费用后而取得的。因此，原则上不允许进入房地产市场。但是，考虑到目前以划拨方式取得的土地使用权进入房地产市场的现实，同时也考虑到土地的利用效能和经济价值，《城市房地产管理法》、《城镇国有土地使用权出让和转让暂行条例》、《划拨土地使用权管理暂行办法》以及《城市房地产转让管理规定》等对划拨土地使用权的转让管理规定了两种不同的处理方式：一种是需办理出让手续，变划拨土地使用权为出让土地使用权，由受让方交纳土地出让金；另一种是不改变原有土地的划拨性质由转让方上缴土地收益或做其他处理。

以划拨方式取得土地使用权的房地产转让条件和程序作了规定，认为凡符合下列条件的，经市、县人民政府土地管理部门和房产管理部门批准，其划拨土地使用权和地上建筑物、其他附着物可以转让、出租、抵押：

(1) 土地使用者为企业、公司、其他经济组织和个人；

(2) 领有国有土地使用证；

(3) 具有地上建筑物、其他附着物合法产权证明；

(4) 依照规定签订土地使用权出让合同，向当地市、县人民政府补交土地使用权出让金或者以转让、出租、抵押所获收益抵交土地使用权出让金。

3.《城市房地产转让管理规定》规定以下几种情况可以不办理出让手续：

(1) 经城市规划行政主管部门批准，转让的土地用于《城市房地产管理法》第二十三条规定的项目，即：国家机关用地和军事用地；城市基础设施用地和公益事业用地；国家重点扶持的能源、交通、水利等项目用地；法律、法规规定的其他用地。

(2) 转让后仍然用于居住的用地；

(3) 按照国务院住房制度改革有关规定出售公有住宅的；

(4) 同一宗土地上部分房屋转让而土地使用权不可分割转让的；

(5) 转让的房地产暂时难以确定土地使用权出让年限、土地用途和其他条件的；

(6) 根据城市规划土地使用权不宜出让的；

(7) 县级以上地方人民政府规定暂时无法或不需要采取土地使用权出让方式的其他情况。

四、房地产转让的程序

房地产转让应当按照一定的程序，经房地产管理部门办理有关手续后，方可交易过户。《城市房地产转让管理规定》对房地产转让的程序做了如下规定：

1. 签约。房地产转让当事人签订书面转让合同，明确相互间权利义务关系。

2. 申报。房地产转让当事人在房地产转让合同签订后 90 日内持房地产权

属证书、当事人的合法证明、转让合同等有关文件向房地产所在地的房地产管理部门提出申请，并申报成交价格。

3. 审查。房地产管理部门对当事人提供的有关文件进行审查，并在7日内作出是否受理申请的书面答复，7日内未做书面答复的，视为同意受理。

4. 查勘与评估。房地产管理部门核实申报的成交价格，并根据需要对转让的房地产进行现场查勘与评估。

5. 交纳税费。经过房地产管理部门审查、查勘与评估之后，房地产转让当事人按照规定缴纳有关税费。

6. 核发房地产权属证书。房地产转让当事人交纳有关税费之后，房地产管理部门办理房屋权属登记手续，核发核发房地产权属证书。

此外，凡房地产转让的，必须按照规定的程序先到房地产管理部门办理交易手续和申请转移登记，然后凭变更后的房屋所有权证书向同级人民政府土地管理部门申请土地使用权变更登记。

五、房地产转让合同

（一）房地产转让合同的概念

房地产转让合同，是指房地产原受让人与新受让人之间签订的转让房地产的协议。房地产转让合同依照平等、自愿、等价有偿的原则，由原受让人与新的受让人签订。合同双方若违背转让合同规定的权利义务，则需承担相应的违约责任。

（二）房地产转让合同分类

房地产转让具有多种形式，房地产转让合同也具有相应的种类，主要有：

1. 房地产买卖合同

房地产买卖合同，是指房地产买方与卖方就转移房屋所有权、土地使用权和支付房地产价款等房地产买卖事宜所达成的书面协议。交付房屋所有权和土地使用权并接受房地产价款的一方是卖方，支付房地产价款并接受房屋所有权和土地使用权的一方是买方。

2. 房地产赠与合同

房地产赠与合同，是指房地产赠与人自愿将自己拥有的房屋所有权和土地使用权无偿转移给受赠人，受赠人表示接受赠与的协议。

3. 房地产产权互换合同

房地产产权互换合同，也称房地产互易合同，是指不同产权人交换房屋所有权和国有土地使用权的合同。

（三）商品房买卖合同示范文本

2000 年 9 月 13 日，建设部、国家工商行政管理局发出《关于印发〈商品房买卖合同示范文本〉的通知》，对 1995 年印发的《商品房购销合同示范文本》进行修订并按照《合同法》规定进行更名。

《商品房买卖合同示范文本》（GF－2000－0171）的主要内容包括：

1. 合同双方当事人；

2. 项目建设依据，包括土地使用权依据、建设工程规划许可证、施工许可证等；

3. 商品房销售依据；

4. 买受人所购商品房基本情况；

5. 计价方式与价款；

6. 面积确认及面积差异处理；

7. 付款方式及期限；

8. 买受人逾期付款的违约责任；

9. 交付期限；

10. 出卖人逾期交房的违约责任；

11. 规划、设计变更的约定；

12. 交接；

13. 出卖人的产权保证；

14. 出卖人关于装饰、设备标准承诺的违约责任；

15. 出卖人关于基础设施、公共配套建筑正常运行的承诺；

16. 关于产权登记的约定；

17. 保修责任；

18. 关于公共部位和设施的约定；

19. 纠纷解决方式（仲裁或者诉讼）；

20. 四个附件，即房屋平面图，公共部位与公用房屋分摊建筑面积构成说明，装饰、设备标准，以及合同补充协议。

六、房地产转让中的特殊问题

（一）出租房买卖问题

出租房屋可以买卖，但须注意以下三点：

1. 买卖不破租赁。

最高人民法院《关于贯彻执行（中华人民共和国民法通则）若干问题的

意见》中规定："私有房屋在租赁期内，因买卖、赠与或者继承发生房屋产权转移的，原租赁合同对承租人和新房主继续有效。"

2. 出租人出卖出租房屋，应当在出卖之前的合理期限内（一般为3个月）通知承租人。提前通知承租人，是让承租人有考虑是否购买承租房屋和另行承租房屋的时间。

3. 承租人享有以同等条件优先购买的权利。

（二）抵押房地产买卖问题

根据《担保法》的有关规定，抵押期间，抵押人转让已办理登记的抵押房地产的，应当通知抵押权人并告知受让人转让物已经抵押的情况；抵押人未通知抵押权人或者未告知受让人的，转让行为无效。

（三）优先购买权问题

从有关法律、法规和规章的规定看，对房地产的优先购买权存在以下四种情形：

1. 按份共有人的优先购买权。《民法通则》第七十八条第三款规定，按份共有财产的每个共有人有权要求将自己的份额分出或者转让。但在出售时，其他共有人在同等条件下，有优先购买权。如果共有人和承租人均要求优先购买时，应按物权对抗债权的原则，由共有人优先购买。

2. 承租人的优先购买权（已如前述）。

3. 住户对公有住房的优先购买权。根据国务院有关房改政策规定，出售公有住房时，原住户有优先购买权。

4. 原公房出售单位的优先购买权。根据国务院发布的《关于深化城镇住房制度改革的决定》规定，职工以标准价购买的住房，依法进入市场时，在同等条件下，原售房单位有优先购买、租用权，售房单位已撤销的，当地人民政府房产管理部门有优先购买、租用权。

（四）以房地产赠与形式规避法律问题

以房地产赠与形式规避法律，主要存在以下两种情形；

1. 以房地产赠与形式掩盖房地产买卖事实；

2. 以房地产赠与形式逃避其应履行的义务（如债务、税收、抚养、扶养、赡养义务等）。

根据《民法通则》的规定，以合法形式掩盖非法目的的民事行为是无效的。最高人民法院《关于贯彻执行（中华人民共和国民法通则）若干问题的意见》中也规定："赠与人为了逃避应履行的法定义务，将自己的财产赠与他人，如果利害关系人主张权利的，应当认定赠与无效。"

（五）已购公有住房和经济适用房上市的有关规定

经济适用房的土地使用权全部是划拨供给，已购公有住房的土地使用权绝大部分也是划拨的，原先的政策对这两类住房的上市有较严格的限制性规定。1999年4月《已购公有住房和经济适用住房上市出售管理暂行办法》（原建设部令第69号）颁布实施，对这两类住房上市进行了规范。为鼓励住房消费，国家对已购公有住房和经济适用住房的上市从营业税、土地增值税、契税、个人所得税、土地收益以及上市条件等方面均给予了减、免优惠政策。各地又在此基础上出台了一些地方优惠政策，并对交易手续费进行了减免，大大活跃了存量房市场。

第三节　商品房销售管理制度

一、商品房销售

（一）商品房销售的概念

商品房销售，是指房地产开发企业将竣工验收合格的商品房出售给买受人，并由买受人支付房价款的行为。

（二）商品房销售的形式

商品房销售包括商品房现售和商品房预售。

所谓商品房现售是指房地产开发企业将已经竣工验收合格的商品房出售给买受人，并由买受人支付房价款的行为。

商品房预售，是指房地产开发企业将正在建设中的商品房预先出售给买受人，并由买受人支付定金或者房价款的行为。

房地产开发企业可以自行销售商品房，也可以委托房地产中介服务机构销售商品房。

二、商品房预售条件

（一）商品房预售条件

由于从预售到竣工交付的时间一般较长，具有较大的风险性，且涉及广大购房者的切身利益。为规范商品房预售行为，加强商品房预售管理，保障购房人的合法权益，《城市房地产管理法》明确了商品房预售实行预售许可制度。《城市商品房预售管理办法》（原建设部令第131号）对商品房预售管理的有关问题做了进一步的细化。

《城市房地产管理法》第45条规定，商品房预售应当符合下列条件：

（1）已交付全部土地使用权出让金，取得土地使用权证书；

（2）持有建设工程规划许可证；

（3）按提供预售的商品房计算，投入开发建设的资金达到工程建设总投资额的25%以上，并已经确定施工进度和竣工交付日期；

（4）房屋预售实行许可证制度。开发企业应该向县级以上人民政府房产管理部门办理预售登记，取得"商品房预售许可证"后，方可进行房屋预售。

（二）商品房预售许可及商品房预售合同登记备案

1. 商品房预售许可

《城市房地产管理法》规定商品房预售实行许可制度，房地产开发企业取得《商品房预售许可》方能预售商品房。

《城市商品房预售管理办法》规定，房地产开发企业申请办理"商品房预售许可证"，应当向市、县人民政府房地产管理部门提交下列证件及资料：

（1）商品房预售许可申请；

（2）开发企业的《营业执照》和资质证书；

（3）土地使用权证书，建设工程规划许可证和施工许可证；

（4）投入资金开发建设达到工程建设总投资的25%以上的证明；

（5）工程施工合同及关于施工进度的说明；

（6）商品房预售方案。预售方案应当说明商品房的位置、装修标准、竣工交付日期、预售总面积、交付使用后的物业管理等内容，并应当附商品房预售总平面图，分层平面图等；

（7）其他有关资料。

2. 商品房预售合同登记备案

房地产开发企业取得了商品房预售许可证后，就可以向社会预售其商品房，开发商应当与承购人签订书面预售合同。商品房预售人应当在签约之日起30日内持商品房预售合同到县级人民政府房地产管理部门和土地管理部门办理登记备案手续。

房地产管理部门应当积极利用网络信息技术，逐步推行商品房预售合同网上登记备案，商品房预售合同登记等手续可以委托代理人办理。委托代理人办理的，应当有书面委托书。

三、商品房现售条件

（一）商品房现售条件

《商品房销售管理办法》（原建设部令第88号）规定，商品房现售应当符合以下条件：

1. 现售商品房的房地产开发企业应当具有企业法人营业执照和房地产开发企业资质证书；

2. 取得土地使用权证书或者使用土地的批准文件；

3. 持有建设工程规划许可证和施工许可证；

4. 已通过竣工验收；

5. 拆迁安置已经落实；

6. 供水、供电、供热、燃气、通讯等基础设施具备交付使用条件，其他配套基础设施和公共设施具备交付条件或者已确定施工进度和交付日期；

7. 物业管理方案已经落实。

（二）商品房销售代理

房地产销售代理是指房地产开发企业或其他房地产拥有者将物业销售业务委托给依法设立并取得工商营业执照的房地产中介服务机构代为销售的经营方式。

1. 实行销售代理必须签订委托合同。房地产权利人应当与受托房地产中介服务机构订立书面委托合同，委托合同应当载明委托期限、委托人的权利、被委托人的权利、义务。中介机构销售商品房时，应当向商品房购买人出示商品房的有关证明文件和商品房销售委托书。

2. 房地产中介服务机构的收费。受托房地产中介服务机构在代理销售商品房时，不得收取佣金以外的其他费用。

3. 房地产销售人员的资格条件。房地产专业性强，涉及的法律多，因此对房地产销售人员的资格有一定的要求，必须经过专业培训取得相应的资格后，才能从事商品房销售业务。

（三）禁止性规定

1. 不符合商品房预售条件的，房地产开发企业不得销售商品房，不得向买受人收取任何预订款性质的费用。

2. 房地产开发企业不得在未解除商品房买卖合同前，将作为合同标的物的商品房再行销售给他人。

3. 房地产开发企业不得采取返本销售或者变相返本销售的方式销售商

品房。

4. 房地产开发企业不得采取售后包租或者变相售后包租的方式销售未竣工的商品房。

5. 商品住宅按套销售，不得分割拆零销售。

四、商品房销售中途变更规划、设计及保修责任

1. 中途变更规划、设计

房地产开发企业应当按照批准的规划、设计建设商品房。商品房销售后，房地产开发企业不得擅自变更规划、设计。经规划部门批准的规划、设计单位同意的设计变更导致商品房的结构形式、户型、空间尺寸、朝向变化、以及出现合同当事人约定的其他影响商品房质量或使用功能情形的，房地产开发企业应当在变更确立之日起 10 日内，书面通知买受人。

买受人有权在通知到达之日起 15 日内作出是否退房的书面答复。买受人在通知到达之日起 15 日内未作出书面答复的，视为接受规划、设计变更以及由此引起的房价款的变更。房地产开发企业未在规定时限内通知买受人的，买受人有权退房，买受人退房的，由房地产开发企业承担违约责任。

2. 保修责任

当事人应当在合同中就保修范围、保修期限、保修责任等内容作出约定。保修期从交付之日起计算。

五、预售商品房再行转让问题

预售商品房再行转让问题，也就是炒“楼花”问题。“楼花”一词最早是从香港传进的。香港的房地产开发公司在预售房屋时，通常将房屋分间分室地出售给购房者。此时购房人须支付价款的 10%（称首期）；待到房屋建至约一半时，须再支付价款的 10%。这样，到房屋建成时只需支付剩下的 80% 便可得到自己应得的一份。由于房屋被分期分批地预售给投资大众，就像飘落的花一样，故称“卖楼花”。所以，“卖楼花”是筹集商品房建设资金的一种方式。

在我国，对“卖楼花”一直存在争议。我国《房地产法》第四十五条作了较为灵活的规定：“商品房预售的，商品房预购人将购买的未竣工的预售商品房再行转让的问题，由国务院规定。”而国务院至今未作相关规定。但是，我国一些大城市根据自己的实际对“卖楼花”作了相应的规定，如《上海市

房地产转让办法》第四十条中对此作了明确规定，预售合同登记备案后，预购人需转让预售的商品房的，应当按照下列规定办理：

（1）尚未付清预售商品房总价款的，预购人应当在征得房地产开发企业同意后，与受让人订立预售商品房转让的合同。

（2）已经付清预售商品房总价款的，预购人可以与受让人订立预售商品房转让的合同，并书面通知房地产开发企业。

预售的商品房转让时，预售合同载明的权利、义务随之转移。

司法实践中，1995 年最高人民法院发布的《关于审理（房地产管理法）施行前房地产开发经营案件若干问题的解答》指出，实践中发生的预售商品房转让纠纷，应按下列原则处理：商品房预售合同无效的，预售商品房的转让合同，一般也应认定无效。尚未实际交付前，预购方将购买的未竣工的预售商品房转让他人，办理了转让手续的，可认定转让合同有效；没有办理转让手续的，在一审诉讼期间补办了转让手续，也可认定转让合同有效。

2005 年之后，我国很多地方都将预售商品房再转移视为二手房出售来对待，在税费等方面也与二手房的税费一样。所以，从我国有关立法和司法实践来看，对于适度的“炒楼花”是允许的，但对“炒楼花”的相关法律、法规，仍需进一步明确和完善。

六、商品房计价方式与面积误差处理

商品房销售可以按套（单元）计价，也可以按套内建筑面积或者建筑面积计价。

（一）按套（单元）计价

按套（单元）计价的，商品房买卖合同中应当注明建筑面积分摊的共有建筑面积。

按套（单元）计价的现售房屋，当事人对现售房屋实地勘察，可以在合同中直接约定总价款。

按套（单元）计价的预售房屋，房地产开发企业应当在合同中附所售房屋的平面图。平面图应当标明详细尺寸，并约定误差范围。房屋交付时，套型与设计图纸一致，相关尺寸也在约定的范围内，维持总价款不变；套型与设计图纸不一致或者相关尺寸超出约定的误差范围，合同中未约定处理方式的，买受人可以退房或者与房地产开发企业重新约定总款。买受人退房的，由房地产开发企业承担违约责任。

（二）按套内建筑面积或者建筑面积计价

按套内建筑面积或者建筑面积计价的，当事人应当在合同中载明合同约定面积与产权登记面积发生误差的处理方式。合同未作约定的，按以下原则处理：

1. 面积误差比绝对值在3%以内（含3%）的，据实结算房价款。买受人请求解除合同的，不予支持。

2. 面积误差比绝对值超出3%时，买受人有权退房。买受人退房的，房地产开发企业应当在买受人提出退房之日起30日内将买受人已付房价款退还给买受人，同时支付已付房价款利息。买受人不退房的，产权登记面积大于合同约定面积时，面积误差比在3%以内（含3%）部分的房价款由买受人补足；超出3%部分的房价款由房地产开发企业承担，产权归买受人。产权登记面积小于合同约定面积时，面积误差比绝对值在3%以内（含3%）部分的房价款由房地产开发企业退还买受人；绝对值超出3%部分的房价款由房地产开发企业双倍返还买受人。

七、商品房交付

（一）按合同约定交付

房地产开发企业应当按照合同约定，将符合交付使用条件的商品房按期交付给买受人。未能按期交付的房地产开发企业应当承担违约责任。因不可抗力或者当事人在合同中约定的其他原因，需延期交付的，房地产开发企业应当及时告知买受人。

房地产开发企业销售商品房时设置样板房的，应当说明实际交付的商品房质量、设备与样板房是否一致，未作说明的，实际交付的商品房应当与样板房一致。

（二）提供《住宅质量保证书》和《住宅使用说明书》销售商品住宅时，房地产开发企业应当根据《商品住宅实行质量保证书和住宅使用说明书制度的规定》，向买受人提供《住宅质量保证书》和《住宅使用说明书》。

（三）承担保修责任

房地产开发企业应当对所售商品房承担质量保修责任。当事人应当在合同中就保修范围、保修期限、保修责任等作出约定。保修期从交付之日起计算。

商品住宅的保修期限不得低于建设工程承包单位向建设单位出具的质量保修书约定的保修期的存续期；存续期少于《商品住宅实行质量保证书和住

宅使用说明书制度的规定》中确定的最低保修期限的，保修期不得低于该最低保修期限。非商品住宅的保修期限不得低于建设工程承包单位向建设单位出具的质量保修书约定的保修期的存续期。

在保修期限内发生的属于保修范围的质量问题，房地产开发企业应当履行保修义务，并对造成的损失承担赔偿责任。因不可抗力或者使用不当造成的损失，房地产开发企业不承担责任。

（四）协助办理房地产权属登记

房地产开发企业应当在商品房交付使用前按项目委托具有房产测绘资格的单位实施测绘，测绘成果报房地产行政主管部门审核后用于房屋权属登记。

房地产开发企业应当在商品房交付使用之日起60日内，将需要由其提供的办理权属登记的资料报送房屋所在地房地产行政主管部门，并协助商品房买受人办理土地使用权变更和房屋所有权登记手续。

（五）商品房主体结构质量核验

商品房交付使用后，买受人认为主体结构质量不合格的，可以委托工程质量检测机构重新核验。经核验，确属主体结构不合格的，买受人可以退房；给买受人造成损失的，房地产开发企业应当依法承担赔偿责任。

第四节　房地产抵押

一、房地产抵押的内涵和特征

（一）房地产抵押的内涵

房地产抵押，是指抵押人以其合法的房地产以不转移占有的方式向抵押权人提供债务履行担保的行为。当债务人不履行债务时，抵押权人有权依法以抵押的房地产折价或者拍卖，从变卖该房地产所得的价款中优先受偿。

（二）房地产抵押的特征

房地产抵押，从权利的角度讲，就是房地产抵押权，它具有如下特征：

1. 抵押权是一种从属权利

抵押权是为了担保债权的实现而成立的一种权利，它不是债权本身，而是债权人在债权之外于抵押人提供的财产上享有的一种物权。其目的在于保证债权顺利受偿，减少主债权不能受偿的危险性。抵押权在债权期限届满不

被清偿时行使。抵押权随主债权的消失而消失。

2. 抵押权是一种价值支配权

抵押权作为一种物权，它同所有权一样，都是一种对物的支配权，以物的交换价值为内容。抵押权人设定抵押权的目的不是为了取得抵押物的使用价值，而是以取得物的价值清偿为目的。抵押权人有权在债务人不履行债务时，将用作担保的物加以处分，但无权对物加以使用和收益。

3. 抵押权是一种优先受偿权

抵押权的实质即担保的目的在于，抵押权人得以通过实现抵押物的价值，优先受偿。

4. 房地产抵押权的物上代位性

所谓物上代位性，是指能以一物代替另一物的特征。房地产抵押权的物上代位性，是指在抵押房地产发生原有形态变化时，抵押权的效力及于该抵押房地产的转换物上的特征。

5. 房地产抵押权的追及性

在抵押人将抵押房地产转让于他人时，抵押权人仍可对抵押房地产行使抵押权，这就是房地产抵押权的追及性。简言之，在设定房地产抵押权的情形下，认房不认人。不论抵押房地产由谁所有或占有，抵押权人均可行使追及权，以确保债权得到清偿。新的房地产权利人不得以其不是债务人为由而提出异议。

为了加强房地产抵押管理，维护房地产市场秩序，保障房地产抵押当事人的合法权益，《担保法》、《房地产法》和《城市房地产抵押管理办法》（1997 年）等作出了一系列法律规定。

二、房地产抵押的条件

（一）可以抵押的房地产

房地产抵押随抵押物土地使用权的取得方式不同，对抵押物要求也不同。根据我国《担保法》和《城市房地产管理法》的规定：“国有土地上依法取得的房屋、以出让方式取得的土地使用权可以设定抵押。”从上述规定可以看出，房地产抵押中可以作为抵押物的条件包括两个基本方面：

1. 依法取得的房屋所有权连同该房屋占用范围内的土地使用权同时设定抵押权。对于这类抵押，无论土地使用权来源于出让还是划拨，只要房地产权属合法，即可将房地产作为统一的抵押物同时设定抵押权；

2. 以单纯的土地使用权抵押的，也就是在地面上尚未建成建筑物或其他地上定着物时，可以取得的土地使用权设定抵押权。对于这类抵押，设定抵押的前提条件是，要求土地必须是以出让方式取得的。

（二）不得抵押的房地产

根据《担保法》、《城市房屋抵押管理办法》和最高人民法院《关于适用（中华人民共和国担保法）若干问题的解释》，下列房地产不得抵押：

1. 土地所有权。

2. 耕地、宅基地、自留地、自留山等集体所有的土地使用权。

3. 学校、幼儿园、医院等以公益为目的的事业单位、社会团体的教育设施、医疗卫生设施和其他社会公益设施的房地产。

4. 所有权、使用权不明或者有争议的房地产。

5. 依法被查封、扣押、监管的房地产。

6. 列入文物保护的建筑物和有重要纪念意义的其他建筑物。

7. 已依法公告列入拆迁范围的房地产。

8. 以法定程序认定为违法、违章的建筑物抵押的，抵押无效。

9. 依法不得抵押的其他房地产。

（三）不得重复抵押

抵押人所担保的债权不得超出其抵押房地产的价值，抵押人所担保的债权超出其抵押房地产价值的，超出的部分不具有优先受偿的效力。房地产抵押后，该房地产的价值大于所担保债权的余额部分，可以再次抵押，但不得超出其余额部分。

（四）房、地不得分别抵押

以依法取得的国有土地上的房屋抵押的，该房屋占用范围内的国有土地使用权同时抵押。以出让方式取得的国有土地使用权抵押的，应当将抵押时该国有土地上的房屋同时抵押。

三、房地产抵押的程序

房地产抵押的程序主要分签约和登记两个阶段。

（一）签约

房地产签约，应先有抵押人持土地使用权证书、房屋所有权证书或房屋预售合同与抵押权人签订书面房地产抵押合同。抵押合同不得违背国家法律、法规和土地使用权出让合同的规定。

（二）登记

房地产抵押，应当依照规定办理抵押登记。登记的程序包括：

1. 申请抵押人和抵押权人共同到房地产管理部门，填交房地产他项权利登记申请书和其他文件。

2. 受理。房地产登记部门根据申请验阅文件，在收件簿上载明名称、页数、件数，并给申请者开具收据。

3. 审查、发证。房地产登记部门对申请文件逐项全面审核，填写审批表，对房地产抵押人填发《房地产他项权证》。

房地产抵押以登记为要件。抵押合同自登记之日起生效，具有法律约束力。

四、房地产抵押权的效力

（一）房地产抵押担保的范围

房地产抵押担保的范围包括主债权及利息、违约金、损害赔偿金、实现抵押权的费用等。抵押合同另有约定的，按照约定。

债务人不履行到期债务或者发生当事人约定的实现抵押权的情形，致使抵押物被人民法院依法扣押的，自扣押之日起抵押权人有权收取该抵押物的天然孳息。但抵押权人未通知应当清偿法定孳息的义务人除外。

（二）房地产抵押权的效力

1. 《物权法》规定，抵押期间抵押人经抵押权人同意转让抵押财产的，应当将转让所得的价款向抵押权人提前清偿债务或者提存。转让的价款超过债权数额的部分归抵押人所有，不足部分由债务人清偿。抵押期间，抵押人未经抵押权人同意，不得转让抵押财产，但受让人代为清偿债务消灭抵押权的除外。

2. 《物权法》规定抵押权不得与债权分离而单独转让或者作为其他债权的担保。债权转让的，担保该债权的抵押权一并转让，但法律另有规定或者当事人另有约定的除外。

3. 《物权法》规定抵押人的行为足以使抵押财产价值减少的，抵押权人有权要求抵押人停止其行为。抵押财产价值减少的抵押权人有权要求恢复抵押财产的价值，或者提供与减少的价值相应的担保。抵押人不恢复抵押财产的价值也不提供担保的，抵押权人有权要求债务人提前清偿债务。

4. 《物权法》规定抵押权人可以放弃抵押权或者抵押权的顺位。抵押权人与抵押人可以协议变更抵押权顺位以及被担保的债权数额等内容，但抵押权的变更，未经其他抵押权人书面同意，不得对其他抵押权人产生不利影响。债务人以自己的财产设定抵押，抵押权人放弃该抵押权、抵押权顺位或者变更抵押权的，其他担保人在抵押权丧失优先受偿权益的范围内免除担保责任，但其他担保人承诺仍然提供担保的除外。

（三）实现房地产抵押权的方式

1. 拍卖

抵押权人可以申请人民法院拍卖抵押房地产，但不应自行变卖抵押房地产，否则将有可能损害抵押人的利益。受委托的拍卖机构应当按照《拍卖法》的规定进行拍卖。

抵押的房地产拍卖所得价款，尚不足清偿债务时，抵押权人有权在以拍卖价款受偿后，从债务人的其他财产中得到不足的部分。但对这部分财产，如债务人还有其他债务的，抵押权人无权优先受偿。如果抵押人系第三人，在其抵押房地产被拍卖清偿债务后尚有不足时，抵押权人不能向抵押人继续要求清偿债务，而只能向债务人要求清偿剩余债务。

2. 折价

债务履行期届满后，房地产抵押权人未受清偿时，可与抵押人订立合同，对抵押房地产进行折价，取得抵押房地产。但这一做法不得损害其他权利人的合法权益。如损害顺序在后的担保物权人和其他债权人的利益的，人民法院可以适用《合同法》第七十四条、第七十五条的规定，撤销上述抵押人的行为。

3. 变卖

在债权清偿期届满后，房地产抵押人可以将抵押房地产作价变卖给第三人，所得价款由房地产抵押权人优先受偿。

五、房地产抵押的一般规定

房地产抵押的一般规定如下：

1. 以享受国家优惠政策购买的房地产抵押的，其抵押额以房地产权利人可以处分和收益的份额为限。

2. 国有企业、事业单位法人以国家授予其经营管理的房地产抵押的，应当符合国有资产管理的有关规定。

3. 以集体所有制企业的房地产抵押的，必须经集体所有制企业职工代表大会通过，并报其上级主管机关备案。

4. 以中外合资企业、合作经营企业和外商独资企业的房地产抵押的，必须经董事会通过，但企业章程另有约定的除外。

5. 以股份有限公司、有限责任公司的房地产抵押的，必须经董事会或者

股东大会通过，但企业章程另有约定的除外。

6. 有经营期限的企业以其所有的房地产抵押的，所担保债务的履行期限不应当超过企业的经营期限。

7. 以具有土地使用年限的房地产抵押的，所担保债务的履行期限不得超过土地使用权出让合同规定的使用年限减去已经使用年限后的剩余年限。

8. 以共有的房地产抵押的，抵押人应当事先征得其他共有人的书面同意。

9. 预购商品房贷款抵押的，商品房开发项目必须符合房地产转让条件并取得商品房预售许可证。

10. 以已经出租的房地产抵押的，抵押人应当将租赁情况告知抵押权人，并将抵押情况告知承租人。原租赁合同继续有效。

11. 企、事业单位法人分立或合并后，原抵押合同继续有效。其权利与义务由拥有抵押物的企业享有和承担。

抵押人死亡、依法被宣告死亡或者被宣告失踪时，其房地产合法继承人或者代管人应当继续履行原抵押合同。

12. 《物权法》规定：抵押权人在债务履行期届满前，不得与抵押人约定债务人不履行到期债务时抵押财产归债权人所有。

13. 《物权法》规定：担保期间，担保财产毁损、灭失或者被征收等，担保物权人可以就获得的保险金、赔偿金或者补偿金等优先受偿。被担保债权的履行期未届满的，也可以提存该保险金、赔偿金或者补偿金等。

14. 学校、幼儿园、医院等以公益为目的的事业单位、社会团体，可以其教育设施、医疗卫生设施和其他社会公益设施以外的房地产为自身债务设定抵押。

15. 《物权法》规定订立抵押合同前抵押财产已经出租的，原租赁关系不受该抵押权的影响。抵押权设立后抵押财产出租的，该租赁关系不得对抗已登记的抵押权。

16. 抵押人未经抵押权人同意将已抵押的房屋出租的，抵押权实现后，租赁合同对受让人不具有约束力。抵押人将已抵押的房屋出租时，如果抵押人未书面告知承租人该房屋已抵押时的，抵押人对出租抵押物造成承租人的损失承担赔偿责任；如果抵押人已书面告知承租人该房屋已抵押的，抵押权实现造成承租人的损失，由承租人自己承担。

17. 《物权法》规定以正在建造的建筑物抵押的，应当办理抵押登记。抵押权自登记时设立。

18. 《物权法》规定被担保的债权既有物的担保又有人的担保，债务人不履行到期债务或者发生当事人约定的实现担保物权的情形，债权人应当按照约定实现债权，没有约定或者约定不明确，债务人自己提供物的担保的，债权人应当先就该物的担保实现债权；第三人提供物的担保的，债权人可以就物的担保实现债权，也可以要求保证人承担保证责任。提供担保的第三人承担担保责任后，有权向债务人追偿。

19.《物权法》规定有下列情形之一的，担保物权消灭：①主债权消灭；②担保物权实现；③债权人放弃担保物权；④法律规定担保物权消灭的其他情形。

第五节　房屋租赁

一、房屋租赁的内涵和特征

（一）房屋租赁的内涵

房屋租赁，是指房屋所有权人作为出租人将其房屋出租给承租人使用、收益，由承租人向出租人支付租金的行为。交出房屋供他人使用并收取租金的一方，是出租人；得到定期或不定期房屋使用权并支付租金的一方，是承租人。《城市房屋租赁管理办法》（原建设部令第42号）对此概念作了细化：将房屋出租给他人居住、将房屋出租给他人从事经营活动、将房屋以合作方式与他人从事经营活动的，均应遵守本办法。

（二）房屋租赁的法律特征

房屋租赁作为一种民事法律行为，具有以下主要法律特征：

1. 房屋租赁的标的物是特定的房屋

作为不动产的房屋，不同于其他财产，它是特定物，不是种类物。出租人只能向承租人提供租赁合同约定的房屋，而不能是其他同类的房屋。租赁合同终止后，承租人应将原房屋交还给出租人，而不能以同类房屋来替代。这是房屋租赁与借贷的重要区别所在。

2. 房屋租赁只转移房屋的占有、使用和收益权，而不转移所有权

在房屋租赁关系中，出租人只是转移出租房屋租赁期间的占有、使用的收益权，出租房屋的所有权始终属于出租人。在租赁期间因占有、使用租赁房屋获得的收益，归承租人所有。这是房屋租赁与房屋买卖的根本区别所在。

3. 房屋租赁是双务、有偿的

在房屋租赁关系中，出租人和承租人都享有权利和承担义务。出租人有义务将房屋交付给承租人使用，同时享有向承租人收取租金的权利；承租人有权请求出租人提供房屋给自己使用，同时有按期支付租金的义务，不能无偿使用。

4. 房屋租赁不受出租房屋产权转移的影响

在房屋租赁期间，即使出租房屋的所有权发生转移，原租赁合同确立起来的租赁关系也仍然有效，房屋新所有权人必须尊重承租人的合法权益。《合同法》第二百二十九条规定，租赁物在租赁期间发生所有权变动的，不影响租赁合同的效力。

5. 房屋租赁属于要式行为

按照《房地产法》的规定，房屋租赁，出租人和承租人应当签订书面租赁合同，约定租赁期限、租赁用途、租赁价格、修缮责任等条款，以及双方的其他权利和义务，并向房产管理部门登记备案。

二、房屋租赁的条件

（一）出租人必须是房屋所有权人或者国家授权管理经营者

出租人有权将房屋所有权中的占有权、使用权转移给他人，同时享有收益权（即收取租金的权利），只有所有权人才具备这一资格。国家授权管理经营的单位，有权出租国有房屋。

（二）承租人必须是不受法律限制者

首先，承租人应当具有民事行为能力，具有签订《房屋租赁合同》的行为能力。其次，承租人不具有限制承租私房的情形。《城市私有房屋管理条例》第二十二条规定："机关、团体、部队、企业事业单位不得租用或变相租用城市私有房屋。如因特殊需要必须租用，须经县以上地方人民政府批准。

（三）出租房屋必须是不受法律限制的房屋

公民、法人或其他组织对享有所有权的房屋和国家授权管理和经营的房屋可以依法出租。根据我国有关房屋租赁管理的规定，有下列情形之一的房屋不得出租：

1. 未依法取得房屋所有权证的；

2. 司法机关和行政机关依法裁定、决定查封或者以其他形式限制房地产权利的；

3. 共有房屋未取得共有人同意的；

4. 权属有争议的；

5. 属于违法建筑的；

6. 不符合安全标准的；

7. 已抵押，未经抵押权人同意的；

8. 不符合公安、环保、卫生等主管部门有关规定的；

9. 有关法律、法规规定禁止出租的其他情形。

（四）租赁期限不得超过20年

按照《合同法》第二百一十四条规定，租赁期限不得超过20年。超过20年的，超过部分无效。租赁期间届满，当事人可以续订租赁合同，但约定的租赁期限自续订之日起不得超过20年。

三、房屋租赁合同

（一）房屋租赁合同的概念

房屋租赁合同，是指出租人与承租人就房屋租赁事宜明确相互权利和义务关系的协议。租赁是一种民事法律关系，在租赁关系中，出租人和承租人之间所发生的民事关系主要是通过租赁合同确定的。为保证租赁双方合法权益的实现，便于发生纠纷时易于解决，房屋租赁合同应当采用书面形式。对此，建设部制定有《房屋租赁契约》规范文本。

（二）房屋租赁合同的主要内容

1. 当事人姓名或名称及住所；

2. 房屋的坐落、面积、装修及设施状况；

3. 租赁用途；

4. 租赁期限；

5. 租金及支付方式；

6. 房屋修缮责任；

7. 转租的约定；

8. 变更和解除合同的条件；

9. 违约责任；

10. 当事人约定的其他条款。

上述条款中，租赁期限、租赁用途、租金及交付方式、房屋及修缮责任是《城市房地产管理法》规定的必备条款。

（三）租赁合同的变更、解除和终止

1. 房屋租赁合同的变更

房屋租赁合同的变更，是指对已经成立的房屋租赁合同，在承认其法律约束力的前提下，发生当事人变更或对有关当事人权利义务的条款进行修改或者补充部分有关当事人权利、义务的条款。房屋租赁合同的变更包括以下情形：

（1）当事人变更。如出租人和承租人更名，房屋产权发生转移而出现新的出租人，承租人家庭成员分户或承租人死亡、迁移等都可能导致当事人变更。

（2）标的物变更。如出租房屋面积增减、附着物增减等。

（3）租赁用途变更。双方可以约定改变原合同规定的租赁用途，或增减租赁用途。

（4）租金及支付方式变更。如租金增减或支付期限和方式改变。

（5）租赁期限变更。如改不定期租赁为定期租赁，或者租费期限延长或缩短。

根据法律规定，凡发生下列情况之一者，房屋租赁当事人可以变更房屋租赁合同：

（1）符合法律规定或者合同约定可以变更或解除合同条款的；

（2）因不可抗力致使合同不能继续履行的；

（3）当事人双方协商一致的。

2. 房屋租赁合同的终止

房屋租赁合同的终止，是指房屋租赁合同所确立的当事人之间的权利、义务关系因一定的法律事实出现而归于消灭，导致房屋租赁合同终止的法律事实，主要有以下几种：

（1）租赁期满

这是房屋租赁合同终止的主要原因。定期房屋租赁合同，期限届满，合同规定的当事人的权利义务即告结束。期限届满后，承租人继续承租原房屋，这已不是原来的租赁合同关系，而是另一租赁合同关系。《合同法》第二百三十六条规定，租赁期间届满，承租人继续使用租赁物，出租人没有提出异议的，原租赁合同继续有效，但租赁期限为不定期。

（2）出租房屋灭失

在租赁期限内，房屋因不可抗拒的自然灾害（如地震、洪水）或人为原因（如失火、爆炸等）使房屋遭受毁损，合同标的物不复存在，合同也就终止。

(3) 合同解除

3. 房屋租赁合同的解除

租赁合同一经签订，租赁双方必须严格遵守。合法租赁合同的终止一般有两种情况：一是合同的自然终止；二是人为终止。

自然终止主要包括以下三种情形：

(1) 租赁合同到期，合同自行终止。承租人需继续租用的，应在租赁期限届满前3个月提出，并经出租人同意，重新签订租赁合同；

(2) 当发生法定或约定可以解除合同的情形时（如《合同法》、《城市私有房屋管理条例》等法律、法规规定的情形），合同一方当事人有权单方解除合同，同时通知对方；

(3) 因不可抗力致使合同的全部义务不能履行的。

因上述原因终止租赁合同的，使一方当事人遭受损失的，除依法可以免除责任的外，应当由责任方负责赔偿。

人为终止主要是指由于租赁双方人为的因素而使租赁合同终止。一般包括无效合同的终止和由于租赁双方在租赁过程中的人为因素而使合同终止。对于无效合同的终止，《合同法》中有明确的规定，不再赘述。

《城市房屋租赁管理办法》第二十四条规定，由于租赁双方的原因而使合同终止的情形主要有以下几种：

(1) 将承租的房屋擅自转租的；

(2) 将承租的房屋擅自转让、转借他人或擅自调换使用的；

(3) 将承租的房屋擅自拆改结构或改变用途的；

(4) 无正当理由，拖欠租金累计6个月以上的；

(5) 公有住宅无正当理由闲置6个月以上的；

(6) 利用承租房屋进行违法活动的；

(7) 故意损坏承租房屋的；

(8) 法律、法规规定其他可以收回的。

发生上述行为，出租人可以终止租赁合同收回房屋外，还可以索赔由此而造成的损失。

四、房屋租赁关系

房屋租赁关系就是租赁双方当事人之间的权利与义务关系。出租人与承租人之间的权利与义务关系如下：

（一）房屋出租人的权利与义务

1. 出租人的权利：

（1）有按租约规定向承租人收取租金的权利；

（2）有经常检查房屋及其附属设施、指导承租人合理使用房屋的权利；

（3）有禁止承租人私拆乱改、乱搭乱建的权利；

（4）有向承租人宣传贯彻执行房管政策的权利，对承租人在租用期间违反国家和地方政府有关房屋管理规定的作法有权制止。

承租人有下列情况的，出租人有权终止租赁、收回全部或部分房屋：

（1）长期无故拖欠房租的；

（2）擅自改变租约规定的房屋用途的；

（3）损坏房屋结构、擅自搭、盖、隔断房屋的；

（4）利用所租用房屋进行非法活动的；

（5）长期空关房屋不用的；

（6）承租人死亡或外迁，同住亲属不具备继续承租条件的；

（7）承租人把租用房屋擅自转租、转借、转让或私自交换的；

（8）因城市建设或特殊需要必须腾让房屋的。

2. 出租人的义务

（1）有保证承租人在租约规定的期间内使用房屋的义务。

（2）对出租房屋及其附属设备进行正常的维修，保证承租人的居住和使用安全。如因出租人检查维修不及时，致使承租人生命财产遭受损失时，出租人应承担相应责任。

（3）出租人不得向承租人非法索取押金或其他财物，不得借故赶撵承租人搬家，有接受承租人监督，倾听承租人意见的义务。

（4）有接受当地房地产行政管理部门指导与监督的义务。

（二）承租人的权利与义务

1. 承租人的权利：

（1）承租人在租赁合同规定的期限内，有合法使用所租房屋的权利。

（2）有要求出租人及时维修房屋的权利。

（3）对出租人出租房屋行为有监督和建议的权利。

（4）租赁合同期满，在同等条件下，有优先承租权。承租人无法另找房屋，有适当延长租赁期限或续租的权利。

2. 承租人的义务：

（1）有按租约确定的金额，按时交纳房屋租金的义务；

（2）有爱护和合理使用房屋的义务，如因承租人使用不当造成房屋及附属设施损坏时，承租人有修复和照价赔偿的义务。

（3）出租人因维修房屋，需要承租人暂时搬出，承租人有给予支持和配合的义务，待维修竣工后，再搬回使用。

（4）有遵守国家房管政策、法令、接受出租人指导和监督的义务。

五、房屋租金

房屋租金是承租人为取得一定期限内房屋的使用权而给付房屋所有权人的经济补偿。房屋租金可分为成本租金、商品租金、市场租金。成本租金是由折旧费、维修费、管理费、融资利息和税金五项构成的；商品租金是由成本租金加上保险费、地租和利润等八项因素构成的；市场租金是在商品租金的基础上，根据供求关系而形成的。目前，我国未售公有住房的租金标准是由人民政府根据当地政治、经济发展的需要和职工的承受能力等因素确定的，仍具有较浓的福利色彩。其他经营性的房屋和私有房屋的租金标准则由租赁双方协商议定。

《城市房地产管理法》规定：以营利为目的，房屋所有权人将以划拨方式取得土地使用权的国有土地上建成的房屋出租的，应当将租金中所含土地收益上缴国家。具体办法由国务院规定。《城市房屋租赁管理办法》中规定：土地收益的上缴办法，应当按照财政部《关于国有土地使用权有偿使用征收管理的暂行办法》和《关于国有土地使用权有偿使用收入若干财政问题的暂行办法规定》的规定，由市、县人民政府房地产管理部门代收代缴。国务院颁布新的规定时，从其规定。

六、转租和转让承租权

（一）转租

转租，是指房屋承租人在租赁期限内，征得出租人同意，将其承租的房屋的部分或全部再租给他人（即次承租人）的行为。原承租人被称为“二房东”。

转租具有以下特征：

1. 在转租的情形下，租赁权仍属于原承租人，原承租人与出租人并不解除租赁关系；

2. 次承租人因原承租人（转租人）的转租而取得了一个新的租赁权；

3. 转租可以是承租房屋的部分或全部；

4. 转租应签订转租合同，并经原出租人书面同意，转租合同确定的租期不能超出原租赁合同确定的租期，但出租人与转租方另有约定的除外。

转租只有在出租人同意的前提下才是有效的，擅自转租，是承租人的严重违约行为。出租人可以据此解除租赁合同。但是，出租人可以在《房屋租赁合同》中或合同签订之后同意承租人转租。转租期间，原租赁合同变更、解除或者终止，转租合同也随之相应地变更、解除或者终止。

（二）转让承租权

转让承租权，是指承租人自愿退出租赁关系，将原来的租赁权让与第三人的行为。

转让承租权与转租不同，其特征是：

1. 承租人与出租人解除租赁关系；

2. 承租人的租赁权让与第三人，第三人（即新的承租人）与出租人订立租赁合同；

3. 转让租赁权，必须给予承租房屋的全部；

4. 第三人（新的承租人）与出租人可以再行商定租期。

转让租赁权之后，一个新的租赁关系就出现了。但是，转让租赁权，只有在出租人同意的前提下才是有效的。承租人同样不得擅自将租赁权转让给第三人，否则就构成严重违约，出租人有权据此解除租赁合同。

第六节　房屋典当与房屋赠与

一、房屋典当的内涵和特征

（一）房屋典当的内涵

房屋典当也称房屋典权。是指房屋所有人将已有房屋交付他人占有、使用、收益，占有人向所有人支付货币，并在期限届满时完好返还房屋，收回货币的民事活动。在房屋典当关系中，房屋所有人称为出典人，房屋占有人称为典权人。占有人因占有房屋而向出典人支付的货币称为典金，双方约定的房屋占有期限称为典期。在典期终了时，出典人清还典价，可以回赎出典的房屋，出典人如不清还典价，典当就变成了绝卖。

（二）房屋典当的主要特征

1. 房屋典当具有借贷性质。

出典人典当房屋的目的是为了换取货币，但他并不是出卖房屋，在典期届满时，出典人交还货币即可收回房屋。在典当关系存续期间，出典人仍对房屋享有所有权。

2. 房屋典当具有流通性质。

从房产权利分析，房屋典当又属于房产交易的一种。房产典当是典权人在典期内典价利息与出典人同期的房产折旧价值进行等价交换的行为。房屋典权是设立于他人所有的房屋之上，以使用和收益为目的的用益物权。房屋出典关系成立后，出典人仍然享有该房物的所有权。

3. 房屋出典是一种双务、有偿的民事法律关系。房屋承典人必须支付典价才能取得房屋典权；出典人必须向承典人转移房屋的占有、使用、收益权，才能收取典价。

4. 房屋出典是一种要式法律行为。房屋出典关系必须以书面形式确立，并且要在房屋所在地房产管理部门办理他项权利登记。

5. 出典人对出典房屋，必须经过一定期间才能回赎。这个期间称为“典期”。典期一般由双方当事人约定。约定典期的，出典人在典期届满时有权以原价回赎出典的房屋。未约定典期的，出典人可以随时要求回赎。超过约定典期，或未约定典期但已超过一定年限（一般为 30 年为限），出典人不回赎的，出典房屋可作绝卖或转典为卖处理。

6. 在出典人和承典人约定的房屋出典关系存续期间，承典人不支付承典房屋的租金，出典人也不支付所收典金的利息。民间所说“房不计租，钱不计息”，就是这一特征的形象说明。

（三）房屋出典与房屋抵押的区别

1. 设立的目的不同。房屋出典对出典人而言是为了取得典价，对承典人而言是为了取得用益物权；设立房屋抵押则是为了担保债务人履行债务和债权人实现债权，债权人取得的是担保物权（房屋抵押权）。

2. 房屋是否转移占有不同。房屋出典中出典人须将房屋转移给承典人占有、使用；房屋抵押则无须转移占有。

3. 法律后果不同。房屋出典人于典期届满时仍然有权回赎房屋，仅在其不回赎时房屋所有权才转向承典人；房屋抵押中仅在债务人不依约履行债务时，抵押权人才能处分抵押房屋，从变卖所得价款中优先受偿。

（四）房屋出典与房屋出租的区别

1. 设立的目的不同。房屋出典对出典人来讲是为了取得典价；房屋出租

对出租人来讲是为了收取租金。

2. 法律后果不同。房屋出典在典期届满时，如果出典人不回赎，房屋所有权就会转移给承典人；房屋出租中在租期届满时，出租人可以收回出租房屋，即使出租人没有主动要求收回出租房屋亦不会转移给承租人。

3. 取得房屋占有权、使用权的代价不同。出典人出典房屋，在出典期间收取典价，不能收取租金；出租人出租房屋在租赁期间收取租金，不能收取典价。

二、典权的设定和实现

（一）典权的设立

房屋典权的设立，是指出典人和承典人通过房屋出典达成书面协议并履行登记手续的法律行为。

1. 签约。房屋出典应由出典人和承典人签订书面合同，明确双方的权利义务。出典人应持房屋所有权证及身份证明，承典人应持身份证明，协商订立房屋出典合同（典契）。

2. 登记。双方当事人应当向房屋所在地的房产管理部门办理登记，登记时须提交双方身份证明、房屋产权证明、房屋出典合同及登记部门要求的其他文件。房屋典权登记属房屋他项权利登记，须载明：权利人（即典权人）；权利种类（即典权）；权利范围（即典权所及房屋范围）；权利价值（即典价）；权利存续期间（即典期）；注销日期等。

（二）典权的实现，

典权的实现，是指在出典人未依约履行义务或其他法定条件下，典权人依法处分出典；房屋从而获得清偿的行为。房屋典权因实现而归于消失；典权人在典权消失的同时获得出典房屋的所有权或其变卖价款。

出典人“未依约履行义务”是指，出典人未在约定的典期内回赎房屋。双方当事人关于典期的约定一般分两种情况：一是约定有典期并写明逾期不赎即视为绝卖，出典人因此而丧失回赎权，承典人因此取得房屋所有权；二是约定有典期但未注明绝卖，出典房屋如何处置不明确。典契约定的典期届满，出典人不回赎作绝卖处理的，出典人不回赎即丧失房屋所有权，承典人取得房屋所有权。典契未约定逾期不赎即作绝卖处理的，如出典人超过 10 年回赎期限没有回赎，原则上作绝卖处理，不得赎回房屋。

“其他法定条件下”是指典契没有约定典期的情况。典契没有约定典期的，若出典人超过 30 年回赎期限，原则上作绝卖处理，不得赎回房屋。

三、房屋典当关系的消灭

（一）房屋典当关系的消灭可基于三种情况：

1. 典期届满，出典人回赎房屋，或双方商议结束典当关系，典当关系也就不复存在了。

2. 在典当关系存续期间，房屋毁灭，典当关系消失。

3. 典期回赎期限届满，出典人不回赎的，房屋成为绝卖而归典权人所有，典当关系消灭。

（二）房屋典当关系

房屋典当关系是指出典人因典当已有房屋而与典权人之间建立的法律关系。

1. 房屋典当关系的有效条件

（1）出典人必须对房屋享有处分权。他可以是房屋的所有人，也可以是房屋所有人授权的处分人。

（2）出典人和典权人必须具有行为能力，且建立典当关系必须出于双方平等自愿。

（3）房屋典当必须符合国家法律、社会公益，不得侵犯他人的合法权益。

（4）房屋典当必须以书面合同形式进行。该书面合同称为典契。

2. 房屋典当关系的变更

房屋典当关系的变更是指典当的主体、内容和客体所发生的变更。主体变更是指出典人和典权人死亡后，其继承人因继承而成为新的出典人和典权人。内容变更是双方经协商延长或缩短典期、增加或减少典金等。客体变更是指经商定增加或减少典当房屋。

四、房屋赠与的内涵

房屋赠与，是指房屋所有权人将自己的房屋无偿移交给他人的行为。准确地说，房屋赠与不属于交易行为。

自愿将自己的房屋所有权无偿移交给他人的人是房屋赠与人。在我国，房屋赠与人主要是公民。只有在特殊情况下，国家或集体组织才可作为赠与人。如，对国内发生的自然灾害，国家机关或集体组织可用本组织的房屋及其他财产支援灾区，或者赞助给某种社会福利机构。接受他人自愿、无偿移交房屋的公民或组织是房屋受赠人。在我国，房屋受赠人可以是公民，也可以是国家、企业、事业组织和社会团体。

五、房屋赠与合同

房屋赠与合同是指赠与人与受赠人就无偿转移房屋所有权而达成的协议。公民作为房屋赠与人，必须是房屋的所有人，同时必须具有完全民事行为能力。

房屋赠与是无偿的，即没有任何代价。有的房屋赠与合同是附条件的，但这并不意味着这些附条件的赠与合同是有偿的，附条件的民事法律行为所附条件不是对价的，或报偿的，而是一种客观情况。

房屋赠与要求双方当事人的意思表示必须一致。即一个愿赠与，一个愿接受，否则，赠与关系不能成立。赠与合同是双方的法律行为，这一点使它与遗赠、捐助行为或债务免除等单方法律行为相区别。

房屋赠与合同是实践合同，除了当事人意思表示一致并签订书面合同外，还要交付标的物合同才能成立。房屋赠与使不动产所有权发生转移，法律对此要求非常严格，双方必须到房管部门办理所有权过户登记手续，方为有效。

赠与房屋过户登记时，应根据 1997 年 7 月 7 日国务院发布的（契税暂行条例）规定，受赠人须缴纳按税值价格的 3% ~5% 的契税。

第四章　房地产市场监管实例

求真务实　强化监管
推进房地产业健康有序发展

河北省定州市住房和城乡建设局　杨国欣

近年来，在市委、市政府的正确领导下，在全市百万民众的共同努力下，定州市经济快速增长。尤其是2012年，面对宏观形势复杂多变、经济下行压力较大的挑战，全市完成生产总值239.6亿元，同比增长12.5%，高于省、保定市平均水平。这其中，房地产业发展不断加快，对经济社会发展发挥了重大的推进作用。目前，我市有房地产企业72家（其中外地注册企业8家），这些企业锐意进取、苦心经营，塑造精品，形成了一批具有定州特色和一定品牌形象的房地产企业。近年来，群众对定州的住房保障供应、城市建管水平和人居环境的评价越来越高，城市品位和形象不断改善，民生满意度不断提升，都离不开房地产业作出的积极贡献。

房地产业的健康稳步发展，直接关系地方经济发展和民生改善，因此政府高度重视、社会密切关注、群众十分关心。我们要进一步提高认识，正确研判形势，切实增强推进房地产业科学有序发展、尽快做大做强的责任感和紧迫感，努力营造良好的、高品质的发展环境。

一、认真查摆，进一步查找制约市场健康发展的因素和短板

在正视成绩的同时，我们也应该清醒的认识到，当前房地产业和房地产

市场还存在着许多问题，大部分企业实力还不够雄厚，综合素质有待进一步加强，市场秩序有待进一步规范。

（一）市场监管方面

我市房地产市场主要存在着以下几个方面的问题：一是房地产开发存在着一定的盲目性，部分小区规模较小，档次较低；个别在建项目资金链断失，难以为继。二是房地产开发企业整体实力较弱，三级以下企业较多，技术人员缺失，资金不足，企业规模不大，整体素质不高。三是开发企业发展不均衡。由于房地产企业经营策略不同，取得土地的方式不同，再加上制度建设和管理水平高低不同，企业之间在盈利水平上差距较大，致使部分项目进展缓慢，尤其是配建保障性住房的项目不能顺利实施。四是房地产市场秩序需进一步规范。目前，我市房地产市场仍存在施工手续不全擅自开工、预售许可证未办理擅自预售现象，虚假违法广告现象较为严重，合同违法、违约行为时有发生，暴力拆迁现象比较严重，侵害消费者合法权益现象呈上升趋势；在商品房销售中存在面积变相“缩水”、公共设施达不到预先承诺、不按约定办理房屋产权证等诸多侵害消费者权益的问题。商品房违规预售的表现形式主要有：收取“诚意金”、定金（订金）或预付款；以“排队放号”、“内部认购”、“VIP 贵宾卡”等方式变相收取房款等，此类行为严重扰乱了房地产市场秩序，破坏了房地产业公平竞争，危害了购房人的合法权益，带来了重大稳定隐患；还有就是暴力拆迁问题，这已经触犯了刑法，必须坚决制止。尤其是新闻媒体、小报记者的介入，直接给市委、市政府和我们监管部门带来了不良影响，追根结底还是违法违规预售、暴力拆迁带来的问题。

（二）住房保障方面

自 2011 年以来，保定市政府和各县市均签订了目标责任状，对任务目标进行了分解。我市确定的保障性住房项目已全部报保定、省，并经两级审批。当前阶段我市的住房保障工作存在的最大问题就是建设进度问题和开发项目手续问题。截止目前，2011 ~ 2012 年确定的保障房项目进展缓慢，严重影响了全市的保障性住房整体进度。

（三）物业管理方面

物业管理行业在我国诞生了 30 年，在我市发展约 10 年，截至目前，我市已交付使用的住宅小区 38 个，有资质的物业服务公司 13 家。总体来看，物业企业机构设置、人员配备较为齐全，规章制度遵循较好，但也有部分企业存在这样和那样的一些问题。一是个别小区物业无资质违规运营，部分物业公司与业主没有签订《物业服务合同》；二是部分小区物业服务用房不规范，小区内保安着装不统一，规章制度没有上墙；三是业主公约不明确，接到报修电话反馈不及时、部分电梯内故障报警系统未接通；四是车库用途改变未经申报，另作他用，小区内没有明确的停车位标识，车辆停放杂乱无章；五是小区绿化斑秃现象严重，补栽不及时；存在卫生死角，白色垃圾处理不及时；六是小区内照明率较低，个别小区只有几盏庭院灯；七是物业公司和业主关系紧张，门难进、脸难看，甚至个别企业存在“生、冷、硬”现象，服务态度极为恶劣；八是个别企业存在挪用业主缴纳的住宅专项维修资金现象；九是部分物业公司认识不到位。物业公司主要是为业主服务的，不是只为开发商服务的，必须要摆正位置和心态，与业主搞好关系，以便推进工作。

二、强化监管，进一步推进建筑业和房地产业健康稳步发展

2013年是贯彻落实党的十八大会议精神的开局年，是实施“十二五”规划的关键年，做好这样特殊重要年份的工作，关系全局，意义重大。我局将深入贯彻落实省委八届五次全会精神和市委六届三次全会精神，解放思想，改革开放，创新驱动，科学发展，以省直管县为契机，以构建区域中心城市为目标，深入推进城区北拓、东跨、西延战略，以大型公共建筑、重大基础设施、重点园林和中心广场、主要街道景观建设为重点，着力打造一批标志性精品工程，加快推进已签约的重点项目建设，重点实施城市路网、绿网工程，切实做好保障性住房、农村危房改造等民生工程，深入推进城乡垃圾一体化，努力提升城市美化、亮化、绿化、净化、序化水平。这些项目的实施，离不开市委、市政府的正确领导，离不开上级有关部门的大力支持，更离不开住建部门精诚团结，务实奋进和稳步推进实施。在下步工作中，笔者认为要着重做好以下几点：

（一）严格程序，一板一眼抓监管

进一步规范房地产市场秩序，优化市场发展环境，维护工程建设各主体方的合法权益，深入整改工程领域突出问题，建立预防长效机制。

1. 强化工程报建和施工许可审查。开工前，未取得施工许可证，施工单位不得进行施工。建设单位应当自领取施工许可证之日起三个月内开工，因故不能按期开工的，应当申请延期；延期以两次为限，每次不超过三个月。既不开工又不申请延期或者超过延期时限的，施工许可证自行废止。

2. 进一步规范招投标活动。结合工程特点与专业要求，大力治理规避招

标、虚假招标和围标串标等违法违规行为，加强政府投资项目招投标全过程监督执法，加强对“标前”和“标后”行为的监督，强化交易市场和施工现场的监管联动，严肃查处肢解发包、违法转包和违法分包行为，净化市场环境。

3. 建立防范工程款和民工工资拖欠的长效机制，严格实行履约保证金制度。建设单位有拖欠工程款行为的，质监、安监、监理等单位不得为其组织竣工验收，市场科不予办理竣工验收备案。对有拖欠行为的建设单位和施工企业录入不良信用档案并向社会公布；对有拖欠记录的建设单位取消其招标资格，有拖欠工程款和民工工资记录的施工企业取消其投标资格。对恶意拖欠的，经多方协调仍不解决的开发企业、施工企业，将报经省厅降低该企业资质等级，直至吊销其资质证书；外地开发企业上报其业务主管部门降低其开发资质，并清理出我市。

4. 加大建设工程稽查力度。要大力开展市场秩序专项整治工程，重点查处房地产企业无资质开发、超越资质等级开发、发布虚假广告、合同欺诈、未取得预售许可证擅自预售商品房等行为，对有以上不良行为的企业记入信用档案，严格按标准进行处罚，不再进行开发资质年审、升级，情况严重的吊销其资质证书。对项目报建、工程招投标、施工许可、委托监理、质量、安全监管、建筑节能监管、工程竣工验收备案和工程技术档案移交等各项程序要严格把关，杜绝以任何借口不履行法定程序现象的发生。同时，要加强商品房交易知识的普法宣传力度，通过电视台、报社等公共媒体提醒广大市民购买无预售许可证的商品房的危害，并定期发布已取得预售许可证的项目名单，为群众理性购房提供基础和保障。

（二）综合整治，一步到位抓安全

安全生产连着政治、连着经济，抓安全生产就是抓民生、就是抓稳定、就是抓发展，安全是部门最大的成绩、是企业最大的效益、是百姓最大的福祉，对安全生产怎么强调都不过分，怎么严格都不过头，做好建筑施工安全生产的各项工作都非常重要、也非常关键。从全局看，个别单位和企业思想上还没有重视到位、措施上还没有落实到位、制度上还没有执行到位，安全检查工作只是走马观花，不扎实，安全隐患整治不彻底。对建筑施工安全生产工作而言，思想上的隐患是最大的隐患，细节上的疏忽是最大的疏忽。因此，大家要牢固树立人民至上、生命至上、安全至上的理念，在思想上更加重视安全生产，在行动上更加自觉地抓好安全生产，在工作上更加扎实地落实好安全措施，要严格实行安全生产动态管理，继续落实“三定一表”、“一会一卡”、安全监督交底、项目建设安全承诺、深基坑及高支模专家论证、塔机安拆备案等制度，对全市在建工程施工企业、监理单位和相关责任人实行量化记分，加大工程建设相关单位、人员安全生产履职情况及现场安全生产条件的动态监管力度。要突出重点，将保障房项目作为日常督导和执法检查的重点，充分认识安居工程工期紧、任务重的特点，对工程单独设立台账，定期统计分析，重点监督检查，打造市级以上安全文明工地。

（三）突出重点，一如既往抓质量

“百年大计，质量第一”。近年来，我市工程质量水平呈现明显上升趋势，未发生过较大的工程质量事故，但质量保证体系不健全、监督人员素质水平参差不齐等现象仍然存在。各相关单位要牢记“质量就是生命，质量就是效益，质量就是尊严”的理念，坚持“规范程序、明确分工、全程介入、依法监督”的监管原则，重点督查大体量、新技术、新材料、高风险工程的质量控制，以大型住宅建设项目为重点，特别要加强对校舍工程、保障性住房工程的质量监督，有重点的开展住宅工程质量通病的专项治理，突出抓好现浇板裂缝、屋面和卫生间渗漏、外墙外保温施工不符合设计要求、外墙保温材料与墙体基层粘贴不牢脱落等“新增通病”的整治。进一步规范住宅工程质量分户验收工作，力争实现监督覆盖率 100%，建筑结构工程合格率 100%，竣工验收工程一次交验合格率 100%，用户质量投诉处理率 100%。各监理企业要实行 24 小时旁站式监理，必须保证总监、各专业监理工程师在岗在位，并针对工程特点，制定切实可行的监理工作细则，确保将工程的每一个施工环节和细部监理到位，全面杜绝工程隐患。

（四）强化举措，一丝不苟抓保障

1. 提高认识，认真抓好工程进度。按照上级要求，我市 2011 年开工建设的保障性住房项目 2013 年 10 月底要达到竣工入住条件。各开发、建设企业一定要提高认识、强化举措、抢抓进度，确保按时间节点要求完成建设任务。同时各企业要积极与有关部门联系，尽快完善相关手续。

2. 严格标准，确保保障房工程质量。各开发企业和施工单位在抢抓进度的同时更不能忽略质量问题，一定要认真安排、强化责任、层层落实，我局已经转发了《河北省保障性住房室内装修导则》，希望可以对各企业予以帮助，从基础施工到房屋装修，要严格标准，强化监督，确保质量，让群众住上放心、满意的住房。

3. 积极运作，认真做好 2013 年住房保障工作。2013 年下达我市的任务指标为 3196 套，竣工 1039 套。围绕任务目标，我局进行了任务分解，共计

廉租住房120套、公租房430套、限价商品房1200套、经济适用房400套、城市棚户区改造1046套、竣工项目1073套。住房保障工作是一项政治任务，硬性指标，各相关企业要围绕配建任务，高度重视，积极运作、强化举措、认真落实，确保完成全年任务目标。

（五）提升素质，一以贯之抓学习

企业要发展，事业要进步，离不开政治理论水平和专业业务素质的提升，严谨的政治理论体系和丰富多彩的企业文化能推进企业又好又快又大发展。目前，一些企业干部职工政治业务素质不高，说功硬，做功差，思路窄，办法少，其根本原因就是不注重学习。所以，必须要大兴学习之风，如饥似渴地学，持之以恒地学，既要学政治理论、文化知识，又要结合自己的工作需要，有针对性地学习专业知识和法律法规，要通过学习，进一步提高素质，增强能力，坚定信心，牢固树立敢于争先、事争一流的雄心，以严谨的学风，饱满的热情，稳步推进房地产业健康有序发展。

房地产业是国民经济的重要产业，是改善和保障民生的重要平台，是打造区域中心城市的重要载体。2013年机遇与挑战并存，我们要在市委、市政府的正确领导下，在上级业务部门的关心帮助下，在广大干部和职工的共同努力下，以奋发有为的精神、求真务实的作风和斗志昂扬的激情，开拓进取、拼搏实干，推进房地产业健康稳步长期发展，推动住建事业实现新提升、新跨越，为打造区域中心城市、构建和谐定州作出新的更大贡献。

统一规划　综合开发　建设宜居宜业生态坡头

广东省湛江市坡头区建设局　周国贤　曾海瑞

坡头区位于湛江市海湾东岸，是湛江“一湾两岸”城市新格局的重要组成部分。下辖4个镇和2个街道（南三镇已分割出去），总人口30多万人，总面积613平方公里，海岸线长达192公里。

一、坡头区第三产业（重点房地产项目）发展情况

（一）仁海花园

位于湛江市坡头区坡头镇鸡咀山路北侧，海湾大道168号，属“三旧”改造项目，权利人为湛江市俊丞贸易有限公司，改造设计的房屋、土地已经确权，本项目规划用地总面积37.26公顷，已征用地面积约23.13公顷，规划建设商品房43栋，总建筑面积172万平方米，其中首期建设14栋，建筑面积约为32万平方米，计划投入资金8亿元。首期14幢均已动工，4幢正在进行主体施工，10幢已封顶，其中首期A、B两幢已出售80%，业绩喜人。第二期2幢正在基础打桩，已投入资金约5亿元。该项目的基础设施建设也正在加快推进，金龙西路已完成规划设计编制工作；110KV高压线改迁线路已完成规划，迁移资金已上缴至市供电局，已建成4个高压线支架底座；仁海学校选址方案已出台，正处于征求意见阶段。

（二）海港新城

位于坡头区麻坡路1号海港新城内（沟尾村南），属“三旧”改造项目，用地面积600多亩。其中首期开发面积280亩，建筑面积约31万平方米，计划投入资金5亿元。目前，该项目第一期别墅区约5万平方米已完成主体建设，计划12月份开始预售；第二期高层已完成报建手续和打桩，进入基础施工阶段。我局已完成了该项目修建性详细规划的第二次修编和评审，完成了项目出入口广场的规划修编。

（三）御品蓝湾

位于灯塔路东侧，用地面积41.6亩，规划建设商品房8幢（包括1幢商业配套设施），总建筑面积约为12万平方米，计划投入资金2.8亿元。该项目6栋已封顶，2栋主体即将封顶。其中2栋在10月1日已开盘销售。该项

目周边的垃圾处理站已搬迁，出入口道路已完成扩建。

（四）南油北苑小区住宅（一期）

项目规划建设用地30亩，拟建3栋高层住宅，分别为25层、22层、19层，共654套住房，总建筑面积约10万平方米（其中地上建筑面积82660平方米，地下室面积16260平方米），预计总投资2.7亿元。目前该项目3栋均已完成主体施工，并进入预售阶段。

（五）近期我区可动工建设的项目为南油北苑小区住宅二期

项目规划2栋32层商品房，四个单元，共720套住房，这两栋的建成，基本完善了整个北苑小区建设。详见以下指标：规划用地面积：30441.9平方米，总建筑面积：117123.56平方米。其中：住宅面积：83872.70平方米，幼儿园面积：2600平方米，拟建会所面积：1200平方米，地下室面积：29450.86平方米（局部二层），地下室车位：877个。根据市“三旧”办初审的意见，修改完善的北苑二期商品房单元规划方案已经在11月5日经区政府签字盖章后报送到市“三旧”办和市规划局审查。计划于2012年11月18日举行奠基仪式。

二、坡头科技产业园区发展情况

2003年建成的官渡工业园，逐步发展成为拥有官渡、龙头两个园区的坡头科技产业园，过去的十年尤其是“十一五”发展，园区取得了令人瞩目的成就。过去10年中，共投入8000多万元，开发建设面积2500亩，力抓基础设施建设，完成了园区“五通一平”，即通路、通水、通电、通排污、通讯和土地平整，产业园平台功能不断完善。截止到2011年末，园区共引进签约项目70多个，其中建成投产企业46个，在建和筹建项目25个。在引进的项目当中，投资额在5000万以上的企业超过20家，1000万元以上的企业超过30家，年产值超亿元的企业有20多家。2011年园区产值达到了37.2亿元，比2006年增长275%，实现外贸出口5865万美元，比2006年增长427%，累计创造就业岗位8200多个，比2006年增长282%，成为全区工业发展的支柱。

2007年6月，我区完成了官渡工业规划编制，报经湛江市人民政府批准，并编制了官渡工业规划环评。2007年6月，还编制了湛江市官渡化工基地总体规划和官渡化工基地环评，化工基地环评于2008年6月经省环保局批复通过。

2012年8月30日，坡头区科技产业园龙头园区建设正式动工，坡头区科技产业园龙头园区位于坡头区龙头镇的廉坡线碰田岭路段，规划总面积1万亩，首期开发3000亩。园区距离市中心只有15公里，区位优势明显，交通便利。园区设计承载项目超过200个，年产值200亿元，年税收8亿元，计划2015年再开发2000亩左右，届时实现工业总产值50亿元。园区当前正实施“拆烟囱引五新”行动，将整合49家实心粘土砖厂，让4300亩土地连片，“腾笼换鸟”引进“五特五新”产业，规划建设家电机械、钢铁配套和新材料三大基地。龙头园区目前正抓紧开展几项工作：一是做好园区规划和环评；二是抓紧园区项目土地平整，在3月份启动恒光电器等一批入园项目土地的平整；三是改建入园道路和规划新建园区道路和排污排水等基础设施。龙头园区招商引资形势喜人。园区现已有3家企业落户，包括广东安佳电子集团公司、广东华源电器有限公司、湛江市恒光电器有限公司等，还有一批项目正在洽谈，包括圣华玻璃容器有限公司、广西平铝集团、深圳美玲集团等。

下一步我们将大力推进官渡园区三期和龙头园区土地平整、污水处理以及道路、供水、供电等基础设施建设，加快建设园区生活服务区等服务配套设施；力争2013年开工建设官渡园区污水处理厂；重点跟踪服务好2013年2月签约落户园区的总投资额20.1亿元的11个项目的落地建设；加快推进园区扩建增容工作，力争近年将园区面积再扩大5000亩，确保项目建设用地。

三、积极做好我区乡镇规划建设工作

近年来，坡头区5个建制镇规划建设均取得了长足发展，镇区建设资金投入逐年增加，基础设施、环境卫生等方面都有较大改观，镇容镇貌发生了可喜的变化。2010年以来，我区完成了龙头镇、坡头镇控制性详细规划的编制，完成全区390条村庄规划编制，完成了镇区重点建设项目“海港新城”修建性详细规划的第二次修编和评审。

下一步要加快修编各镇规划，争取2013年完成乾塘镇、官渡镇总体规划的编制。发挥镇级规划主动权，加快完成镇区发展规划修编，实现各镇与城区同步发展，“星月同辉”，要高起点编制坡头镇控制性详细规划，使坡头镇的规划与海东新区规划“无缝对接”。

一是做好金龙大道及金龙区约56平方公里功能小镇的规划工作。该规划区经乾塘、坡头两个镇及麻斜一个街道，区政府已成立了工作领导小组，计划投入2个亿资金，委托国内著名的高权威性的规划设计院，高起点、高质量、高水平规划建设一条长约28公里的麻乾沿海观光大道，通过观光大道对周边的经济辐射，进而打造一个纵深约2公里，总面积约56平方公里的集商住、休闲、旅游于一体的金龙区。

二是通过“三旧”改造，在南油一区规划建设一栋63层的行政办公大楼，未来南油西部石油公司的行政办公总部将在此办公；由湛江市宝盛投资有限公司投资的南海明珠游艇俱乐部将建设一栋60层以上的高级酒店，它集旅游观光、会议和商务于一体，并填补湛江市无大型综合旅游五星级临海酒店的空白，进一步促进湛江市旅游业、会议经济、对外招商引资工作及满足以大项目为龙头的新一轮大发展的需要。

四、做好坡头区小产权房查处清理工作

根据《中华人民共和国城乡规划法》、《中华人民共和国土地管理法》和《中华人民共和国税收征管办法》等有关法律法规，结合我区实际，制订了《湛江市坡头区小产权房及其它违法建设处理工作方案》，并严格按照《方案》做好我区小产权房查处清理工作。对六层及六层以下的违法建设，按《中华人民共和国城乡规划法》第六十四条规定，处以建设工程造价5%的罚款；对七层及七层以上的违法建设，如自觉接受处罚并于2012年12月10日前交清罚款的，按建筑工程造价处以7%的罚款。如2012年12月10日以后再接受缴交罚款的，按建筑工程造价处以10%的罚款。

已出售的小产权房，出售者应于2012年11月20日前向区地方税务局申报缴纳税款，向区建设局或市城管执法局坡头分局缴纳罚款。对不按要求交纳税款和罚款的，将由有关单位追缴并给予处罚，情节严重构成犯罪的，移交司法机关追究刑事责任。

通过治理小产权房及其它违法建设，有效治理违法建设行为，提升我区城乡规划和建设管理水平，全力打造宜居城乡；防止税费流失，确保城乡建设税费应收尽收。

五、加快推进官渡工业园企业完善历史用地手续工作

完善历史用地手续工作是我区“三旧”改造工作中的一项重要工作。2012年6月底市“三旧”办领导与市国土局领导亲自到我区专门指导官渡工业园完善历史用地手续工作问题，进一步明确工作思路和时间界定的要求，制定出报批目录清单，我区对清单进行具体分工，并立即组织编制单元规划和改造方案。

2012年10月22日我区收到上报资料后立即安排10月24日召开乡镇建设管理联审会（15宗完善历史用地手续的项目单元规划），15个项目的单元

规划基本符合相关“三旧”改造文件规定及指标要求，联审会原则上通过该15个项目的单元规划。同时，我区已组织人员编制完善历史用地手续项目的改造方案，并已拟好初稿，送国土分局审查中。2012年11月初，区“三旧”办及官渡工业园派专人根据市国土局、市“三旧”办及报批材料清单相关要求，整理了5家工业园企业的完善历史用地手续报批材料（一式十八份），并已送市国土局审核。目前我区正积极做好余下11家企业报批材料整理工作，力争11月底通过市政府、市国土局的审核报省国土厅审批。

六、发展蓝图：“五年再造一个坡头”

2012年初，湛江市委市政府提出做大做优经济“蛋糕”，五年崛起看湛江的奋斗目标。为了实现这个目标，在坡头区第八次代表大会上，坡头区委书记提出了“五年再造一个坡头”的宏伟蓝图。并指出，未来五年坡头区经济社会发展的总体目标是：构建“一城一园一岛一湾一河”发展格局，实现“三年打基础，五年大提速，十年大跨越”。“一城”即建成一个可居住人口超过10万的海东新城；“一园”即建成一个产值超过100亿元的科技产业园；“一岛”即加快建设4A级南三滨海旅游岛；“一湾”即建设集五星酒店群、高雅住宅、高档商服、高端旅游于一体的龙王湾；“一河”即建设两岸风景如画的南三河。“三年打基础”，即借助省运会主场馆建设，实现重大基础设施建设加快推进，城市功能基本完备，大批项目落户建设，园区产业聚集，市场机制进一步完善；“五年大提速”，即到2015年，全面完成“十二五”规划目标，各项经济指标增速高于全省、全市平均水平，部分经济指标增速居全市、全省前列，全区GDP比“十一五”期末翻一番，地方财政一般预算收入翻一番，实现“五年再造一个坡头”；“十年大跨越”，基本建成湛江东海岸经济中心、大型体育中心、新兴商住中心、文化艺术中心和全国著名滨海休闲旅游目的地。全力以赴把坡头建设成为人居创业俱佳的生态型海湾新城区，打造湛江最亮丽的城市新名片。

七、建设目标：打造城市亮丽新名片

如何建设海东新区，打造城市新名片，坡头区区长在政府工作报告中强调要抓好“五个建设”：一是做大做优经济“蛋糕”，建设富裕坡头。把科学发展、加快转变的新要求贯穿于“十二五”的全过程，始终坚持发展第一要务，坚持以经济建设为中心，深化项目带动战略，全面优化产业结构，做大

做优经济“蛋糕”，不断增强综合实力。二是加快城乡建设，建设宜居坡头。以“全域坡头”的理念谋划城乡发展，坚持规划先行和建管并重，加快海东新区开发建设，拉大城市框架，规划开发建设南三岛，引入大房地产商进行成片开发，全力打造生态型海湾新城区。三是优化发展环境，建设宜业坡头。抢抓海东新区大开发大发展战略机遇，着力推进重要载体建设和关键环节改革，不断完善基础设施，提升招商选资水平，优化公共服务，强化区域合作，加强与南油、麻斜部队的沟通联系，从更高站位、更宽领域推动经济社会发展。四是整合滨海资源，建设宜游坡头。全面整合南三、乾塘滨海旅游资源，以南海明珠游艇俱乐部、广东炭世界度假村等项目为推手，大力发展滨海休闲观光、农家乐、渔家乐等旅游产业。五是以民为本，建设和谐坡头。把保障和改善民生贯穿于经济社会发展的始终，推动公共资源、新增财力、工作力量向民生倾斜，优化就业环境，拓宽增收渠道，发展社会事业，深入实施“教育优先、民生保障、文化惠民、医疗健康”等民生工程，着力解决好事关群众切身利益的问题，确保发展成果更多地惠及全区人民。

未来五年，坡头区将进一步加快城乡一体化建设。把坡头建设成为经济持续发展、文化更加繁荣、生态环境良好、人民安居乐业的生态型海湾新城区。

一是统筹城乡规划布局，坚持高标准、高起点搞好城市规划。规划将以海东新区为重点，以海东大道、南三大桥和东海岛至南三岛海底隧道建设为依托，规划建设坡头交通“生命线”，拓展城市空间，促进城市的可持续发展。

二是加快海东新区开发建设。要以海湾大桥实行年票制和第 14 届省运会场馆建设为契机，重点推进路网、电网、供水、生活污水和垃圾处理等市政设施建设，推动东海岸观海长廊、桥东公园等项目建设，规划一批教育、居住、商贸和公共服务设施项目。以更高的标准、更远的眼光谋划建设文化创意产业园、科技馆、博物馆、影剧院、图书馆、综合文化活动中心等，打响“文化”、“体育”品牌，加快建设“一湾两岸”城市副中心。

三是完善基础设施建设。配合做好海东大桥（调顺岛跨海大桥）和东海岛至南三岛海底隧道的筹建工作。海江公路等一批道路建设进度，推动南三贯岛公路、麻乾沿海观光大道、海进公路尽快立项和开展前期筹建工作。加快茂湛铁路官渡段建设步伐。抓好官渡、南三镇客运站建设，全力推进农村客运公交化，构建农村客运交通网络。规划建设海东新区 110 千伏变电站和供电调度大楼，继续实施城乡电网改造工程。加快建设南三岛风力发电场。

积极支持鉴江供水枢纽工程建设，大力推进南三自来水厂建设。

四是加强环境综合治理。要坚持“建管并重”的理念，以湛江创建国家卫生城市、环保模范城市为抓手，全面加强城市依法管理、提升精细化管理水平，提高市民的城市意识、文明意识和法制意识。大力发展循环经济，严格落实节能减排责任制，抓好重点行业和重点企业的节能降耗。节约利用能源资源，依法严厉打击乱砍滥伐、乱挖乱采行为。建成城区污水处理厂，规划建设龙头污水处理厂，建设龙头和南三垃圾集中处理场，鼓励工业废水集中处理。加大林业生态建设力度，提高全区绿化水平，打造良好的人居环境。

作者简介：

周国贤，男，汉族，1968年6月出生，中共党员，研究生学历。现任广东省湛江市坡头区建设局局长。

自1989年2月参加工作起，历任坡头镇团委副书记，坡头镇人大秘书，坡头镇政府副镇长，中共官渡镇委副书记，官渡镇委镇长，中共乾塘镇委书记、人大主席。2011年3月至今，任湛江市坡头区建设局局长。

2011年8月8日，中共坡头区委、区人民政府在广东省第十四届运动会主场馆建设征地拆迁工作中授予他“先进工作队员”荣誉称号。

加快富民强县　建设幸福德庆

广东省德庆县住房和城乡建设局　罗伙强

2012 年，在德庆县委、县政府的正确领导下，在上级主管部门的精心指导下，在县人大、政协及社会各界的监督支持下，德庆县住建局坚持以科学发展观为指导，认真贯彻实施《珠三角改革发展规划纲要》，深刻学习领会省、市、县党代会及“十八大”精神，进一步解放思想，开拓进取，创新工作机制，坚持高起点规划、高标准建设、高效能管理的发展理念，按照“扩容提质、转型升级”的要求，以科学发展观统揽城乡建设，真抓实干，住房和城乡规划建设事业取得了显著成效，城乡面貌日新月异。

一、住建事业成效显著

（一）强化监督管理，推动“两大市场”健康发展

1. 建筑业稳步健康发展。2012 年 1 至 11 月份，全县完成建筑总产值约 26450 万元；建筑施工面积 228200 平方米；新开工项目共 15 宗，面积 269834 平方米，投资 36850 万元；全县共完成招标投标项目 34 项（段），全部进入县交易中心，招标率达百分之一百，预算工程造价约 25446. 48 万元，中标价 21494. 37 万元，节约工程造价 3952. 11 万元。

2. 房地产业发展态势良好。作为支柱产业之一的房地产业 2012 年逆势飘红。2012 年 1 月至 11 月份，全县房地产累计完成投资 40220 万元，同比增长 137. 4%；房地产施工面积 265900 平方米，同比增长 117. 8%；销售面积 113600 平方米，其中办结房地产证 364 宗，面积 42933. 67 平方米；二手楼交易 310 宗，交易面积 34420. 36 平方米，交易金额 6289. 24 万元。

此外，聚龙湖畔、滨江豪庭、清华花园四期等一批中高档楼盘销售畅旺，2012 年已完成房地产施工面积 33. 5 万平方米，商品房销售面积 21. 3 万平方米，为我县 GDP 稳步增长提供强大支撑。

（二）突出重点，关注民生，各项工作成效显著

1. 保障性住房建设顺利完成。筹措资金 230 万元，顺利完成香山中路 20 套廉租房的建设任务。新建公共租赁住房 200 套，对新增 30 户廉租住房发放补贴 2. 3 万元。

2. 各类帮扶活动蓬勃开展。一是开展“规划到户、责任到人”帮扶活动。局班子成员经常深入驻点镇、村（马圩镇东昇村）开展调研，了解情况，并与该村贫困党员、低保户、优抚对象结成帮扶对子22对，走访慰问困难群众14户。累计三年来，我局共发放慰问款物108000元，使扶贫对象（14户）全部实现脱贫。此外，我局还支持该村村委会15000元，用作基础设施建设，大大改善村民生产生活条件。二是开展“扶贫济困”活动。2012年，我局积极配合扶贫济困日等慈善救助活动，共捐资8200元。三是支持马圩镇垃圾清洁费6000元，用作文明村创建；支持莫村镇计生经费5000元。

3. 人大建议和政协提案办理工作圆满完成。我局始终把办理人大议案和政协提案、建议，处理好群众反映的意见和问题作为关注民生、维护社会稳定、为民办实事的一项重要工作来抓。受理的人大议案和政协提案、建议，由局主要领导挂帅，分管领导具体抓落实，按照“梳理分类—落实任务—分析研究—成稿复函—回头检查”五个步骤，经过认真审阅分类，把议案和建议分解落实到各职能股室办理，答复件由局主要领导审阅后上报。对能够解决的问题及时解决，对客观条件限制暂时不能解决的，则要求主办干部亲自上门向代表委员作细致的解释，寻求理解和支持，并按时答复代表委员。2012年来，我局按时按质办结人大代表建议4件，政协提案11件，群众来信来访39件，为全县社会和谐稳定作了不懈的努力。

4. “三旧”改造工作纵深推进。2010年1月至今，我县已动工的“三旧”改造项目主要有7个，项目总面积644.6亩，累计投入金额约11.5亿元。其中包括：①德庆县碧桂园商住区建设改造面积257亩，已投入资金5亿元，完成建筑面积19.6万平方米；②悦城“一河两岸”改造项目面积119.3亩，已投入资金9800万元，完成土地平整、地质勘察工作；③青云山教育配套区改造项目面积200亩，已投入资金3亿元，完成新教学楼、图书馆、学生食堂及体育场等工程建设；④百福明珠商住小区改造项目33亩，已投入资金7400万元，已完成土地平整工作，目前着手项目前期设计工作；⑤解放南路东侧改造项目面积11.6亩，已投入资金9500万元，完成桩基础工程及市政设施建设工作；⑥雅怡花园三期面积10.9亩，已投入3850万元，正进行主体工程建设；⑦滨江豪庭商住小区改造项目面积为12.8亩，已投入资金4600万元，基本完成主体工程建设，并开始预售。

5. 绿道网建设成熟完善。2012年规划建设总里程66.7公里，包括三元塔－堤路－西湾－环城路泳池旁10公里、行政区绿道－财政局－登云小学－农信大楼－广场－行政区绿道3公里、回龙镇大塘村委会至华表石10.2公

里、回龙镇政府－陈村9公里、悦城罗洪－九市镇16.5公里、新圩大同－官圩18公里。目前已完成绿道建设66.7公里。并建设了一批与绿道无缝衔接的人性化公共活动场所：一是利用德庆县文化广场升级改造的契机，建设机动车停车场、公厕、露天剧场、市民广场、电子LED大屏幕、历史雕塑、科普宣传栏等活动场所；二是在县莲花公园建设休憩点、休息亭、长椅、石凳等休闲游憩设施；三是在龙湖公园健身广场建设体育健身点，完善篮球场、羽毛球、乒乓球场、群众健身等体育设施；四是在龙湖渡假村建设垂钓点、烧烤点等餐饮娱乐场所；五是在城雕公园建设市民活动中心、休憩点、休息亭、长椅、石凳等活动设施；六是在香山公园建设机动车停车场、安全防护设施等设施。

6. “六个一批”项目建设工作卓有成效。一是抓悦城名镇建设项目。现正委托城市规划设计院进行规划设计方案。主要规划建设项目有：①悦城镇人力资源和社会保障服务中心建设项目，总投资82万元；②龙母祖庙停车场升级改造项目，总投资200万元；③文博馆升级改造项目，总投资2500万元。二是抓德庆城区管道燃气建设项目。完成了站场项目征地、招拍挂、地质勘探工作及施工图纸设计，目前将做好站场建设预算等招标前期工作；已完成了龙母大街、康城大道的管线规划报建工作，目前正在安装地下燃气主管道。三是抓“三旧”招商项目落实。通过“三旧”项目与招商引资相结合，拓宽“三旧”改造资金来源。①新城区开发项目（3000亩）完成控制性详细规划编制、县城新城概念城市设计、西区道路竖向及排水专项规划初步设计；②通津北路步行街项目（50亩）已完成回迁楼建设，并安排部分拆迁户入住；③山头仓项目（30亩）总投资约8000万元，回迁房已于近期动工建设；④朝阳中路旧城区改造项目（43亩）总投资3.5亿元，现正加紧推介招商。四是抓幸福导向型产业项目建设。锦江商住小区项目完成92%工程量，聚龙湖畔小区项目完成80%工程量，均开始预售。

7. “创卫”工作取得阶段性成果。2012年来，我局加大了市政设施建设力度，扎实推进“创卫”工作。

一是抓好主要街道、公园、广场升级改造。①莲花公园（总80多万元）、城雕公园（总投资180多万元）已全面完成工程建设；②德庆大道路面“白加黑”及排水系统升级改造工程（总投资1684万元）已完成建设；③文化广场升级改造工程（总投资1886万元）将于近日全面完成。

二是抓好县城排水排污网络建设（共有8个项目，总投资380多万元）。①投入7.75万元已完成对国土局、房管局、住建局、新时代酒店等4个水浸黑点改造；②解放路西北段下水道路整治工程（总投资94.31万元）已完成；③龙母大街东北段下水道路整治工程（总投资133.8万元）现已完成85%工程量；④大街小巷升级改造项目，（共有9个点总投资约470万元）。目前余家巷（投资16万元）、凯旋门西侧（投资24万元）、凯旋门南侧（投资17万元）、莲花村一、二巷道路改造工程（投资16万元）、朝阳西路二巷道路下水道改造工程（投资38.32万元）、木埌新村道路硬底化（投资190万元）工程已完成；另外，文兰南路（投资82万元）、教师村门前（投资20万元）、社保局东侧（投资5.97万元）改造项目，根据县创卫办的工作安排，调整到2013年施工。

8. 加快推进新型城市化工作。2012年，我局围绕市第十一次党代会提出的“两区引领两化”的目标，按照新型城市化建设的工作要求，坚持以规划为引领，以项目为带动，以加快市政建设和完善管理为抓手，全面推进新型城市化各项工作。一是抓县城西区开发建设。这是我县实施“东进、南控、西联、北拓”发展战略的重要举措，总开发面积3000亩，总投资约7.2亿元。2012年计划征地1500亩，现完成750亩。目前西区路网、排水管网规划设计已完成初步成果。二是抓悦城一河两岸建设。开发面积119.28亩，总投资2.8亿元。目前完成了平整土地、地质勘察等工作。三是抓龙母文化创意产业园建设。占地规模约425亩，总投资8亿元，已签订合作协议，举行动工仪式。四是抓国道321线德庆段亮化美化绿化项目。①亮化工程已完成全程69.1公里管道铺设、1414个灯杆基础建设工作。9月17日进入灯杆安装工作，9月20日首批LED灯具到位安装，九市至回龙段工程已于9月底前完成，其余路段10月15日前已完工。总投资约3600万元。②美化绿化工程完成全路段8.8公里清表、除杂、回填工作，苗木种植已完成。主体工程已于9月底前完成，其他附属工程10月15日前完成。总投资600万元。五是抓市场、公厕、学校设施升级改造。总投资300多万元。①城东市场改造总投资8万元，完成熟食档、公厕改造，正加快三鸟屠宰档、排污系统改造。总计完成工程量60%。康达市场改造总投资53.42万元，完成车棚改造、三鸟屠宰档改造，筹备公厕、排污系统改造。总计完成工程量60%。②孔子中学、实验小学、教育幼儿园卫生设施改造总投资253万元，完成总工程量85%。③康城大道、龙母大街餐饮单位卫生设施改造超过90%。④龙湖公园（7.86万元）、实验小学校外（9.01万元）2座公厕改造9月底前完成。

（三）扎实推进宜居城乡工作，切实改善人居环境

4月初，我县金林水乡生态保护及城市绿化建设项目荣获广东省住房和城

乡建设厅授予的2011年“广东省宜居环境范例奖”光荣称号，这是肇庆市首个获此殊荣的山区县，这是省对我县宜居城乡建设工作的充分肯定。此前，我县德城街道、武垄镇武垄村、德城街道城南社区分别获得第一批广东省宜居示范城镇、宜居示范村庄和2010年度广东省宜居社区光荣称号。按照上级主管部门的工作部署，由我局牵头开展传统村落调查，初步确定推荐上报官圩金林村和永丰古蓬村为我县的首批传统村落。

（四）着力推进生活垃圾处理设施建设

县委、县政府高度重视城乡生活垃圾处理工作，做到提前谋划，抓得紧、见效快。一是继续加快县生活垃圾卫生填埋场的收尾工程建设。县生活垃圾填埋场总投资2352.77万元，已完成投资1400多万元，扫尾工程11月份全面完成并投入使用。二期铺膜工程已于10月中旬动工。目前正分别按照自主运营、向外承包2种方式，制定项目运营方案报县政府审定，使其尽快竣工投入使用，发挥社会综合效益。二是建设县城区规划建设垃圾中转站4座，总造价约63万元，其中2012年、2013年分别建设2座，现已完成项目选址、设计方案及预算工作。三是根据省、市的工作部署，大力开展“大清洁、乡村美”工程。2012年5至9月份对农村“三边”（路边、河边、池边）积存垃圾进行全面清理，并建立健全机制，按照“一县一场、一镇一站、一村一点”的垃圾无害化处理模式，解决“垃圾围村”问题，切实优化农村生活环境，改善生活质量、提高幸福指数。四是我县的“户集村收镇运转县处理”的城乡垃圾无害化处理模式得到省、市有关部门充分肯定和推广，4月份肇庆市城乡生活垃圾处理工作现场会在我县胜利召开，省、市媒体记者在9月份对我县垃圾无害化处理模式进行了采访报道。

（五）向上争取资金工作取得新突破

我局上报的德庆县城区污水处理厂配套管网建设项目在5月初获得国家发改委下达2012年中央预算内投资计划1400万元。

（六）成功举办2012广东·德庆龙母文化节房地产展销会

12月13日，我局承办的2012广东·德庆龙母文化节房地产展销会隆重开幕，以房地产展示、服务展示、城乡建设成果展示、保障性住房建设成果展示和“三旧”改造成果展示为重点，全方位宣传德庆近年来城乡规划、建设取得的重要成果，并组织全县12家房地产开发企业的12个楼盘参展，展厅面积2000平方米，参展房源达到50多万平方米，吸引众多客商和市民前往参观洽谈，全方位地展示了我县房地产经济发展情况。

（七）切实加强城市管理，理顺执法职能

为切实加强我县城市管理工作，加快建设省级卫生县城的进程，根据县委、县政府的部署，将县城市建设监察大队更名为县城市管理监察大队，划转为县城市管理局的内设机构。创新管理方式，走社会化、市场化发展之路，逐步制订完善园林、环卫、公厕、户外广告、占道经营、道路挖掘等各类市政管理规章制度，现已开始深入调查研究，草拟文稿。

（八）深入开展专项活动，全面加强党风政风建设

1. 扎实开展创先争优活动。自2010年深入开展创先争优活动以来，我局紧紧围绕“加快富民强县、建设幸福德庆”和争当全省山区城乡协调发展示范县，积极开展该项活动，激发干部队伍展现了新风貌，推动科学发展作出了新贡献，为民服务作风有了新改进，加强基层组织取得新进展，有力推动了建设事业中心工作及机关党的建设。

2. 全面开展党务公开工作。我局自开展党务公开工作以来，搭建和完善了公开信息平台，包括公示牌、电子显示屏、电子触摸屏、党务公开栏等，并能按照县党务公开办的统一要求，对有关党务公开的内容按规定进行公开，设置党务公开意见箱，公布党务公开电子邮箱和电话，聘请党务公开监督员等。目前，我局正积极制定和完善有关配套制度，逐步使党务公开工作制度化、规范化。

3. 深入开展“三打两建”专项行动。开展“三打两建”专项行动，是2012年省、市、县重点工作之一。我局积极贯彻落实省、市、县的工作部署，在加强建筑市场监管的同时，深入开展打击建设工程使用伪劣建材违法行为，主要抽查安全网、安全帽以及施工现场所使用的钢筋、水泥、铝型材、电线电缆、防火材料、建筑涂料、幕墙玻璃等材料，同时对有关购买、检测、进场报验凭证、实体质量和经销生产许可证等进行检查。在5月23日执法检查中，我局牵头组织工商、技监等部门，对县内建材市场进行联合执法检查。检查中，执法人员发现泷庆灰砂砖厂生产及销售的蒸压灰砂砖涉嫌不合格，经过进一步的抽样检测和鉴定后，发现其所生产销售的蒸压灰砂砖尺寸偏差不符合《GB11945～1999》（《蒸压灰砂砖》国家标准）要求，属于不合格产品。后经县工商局进一步调查发现当事人在2012年1月至6月的销售记录达到250.3万元，当事人的行为已构成涉嫌生产、销售假冒伪劣产品罪。因为涉案金额较大，我局与工商局已于7月中旬将案件移送县公安机关立案，现由公安机关依法作进一步查处。该案件的成功查处是多部门联合执法的成功案例，也使我县建材打假案件移送公安机关实现零的突破，广东省住建厅第33期“三打两建”简报、肇庆市住建局网站、肇庆西江日报（7月31日）刊登了专题文章，全面报道了我局在该案中取得的成功经验，并充分肯定了我

局在建材打假工作方面的成绩在全省、全市住建系统得到较大反响。2012年来，我局共出动执法人员910人次，全面检查了295个建材市场及在建工程等重点单位，牵头会同县质监、工商等部门开展建材打假联合行动共6次，出动执法人员共63人次。截止到目前，我局建材打假立案10宗，结案数为10宗，结案率为100%。

此外，我局还积极开展打击欺行霸市行动，重点加强建筑行业的监督管理，整顿和规范建筑市场秩序，到目前为止，共出动执法人员227人次，检查80个单位。同时，严肃查处严重破坏建筑市场秩序、损害人民群众切身利益、影响住建部门形象声誉的欺行霸市、制假售假问题背后的商业贿赂案件。到目前为止，没有发现在我县住房和城乡规划建设领域存在商业贿赂行为。今后一时期内，我局在持续深化“三打”的基础上，切实做好在住房和城乡规划建设领域建立社会诚信体系、建立市场监管体系的工作，进一步优化市场环境。

4. 全面开展“承诺、践诺、评诺”活动。我局根据党委、政府的部署分工和本部门的业务职能，紧紧围绕“审批办事服务、推进重点项目、办好惠民实事”三大内容以及体现依法行政、廉洁高效的要求，提出年度承诺的具体事项、工作目标、办理时限和廉政措施，并通过电视、电台、报刊、网络等形式向社会公开，并在单位政务公开栏和办事服务窗口公开栏张贴公布，主动接受群众监督，增强公开性和透明度。

2012年来，我局精神文明建设硕果累累，先后获“2011年度肇庆市建设工程安全管理工作达标单位”、“2011年度肇庆市建设工程质量管理工作先进单位”、“德庆县2011年度人口与计划生育先进单位”、“2011～2012学年度德庆县教育先进单位”等称号，6月份，我局党支部与冯岩分别荣获“德庆县2010－2012年创先争优先进基层党组和优秀共产党员”光荣称号。德庆锦江花园酒店获“2011年度肇庆市建设工程安全生产文明施工优良样板工地”称号，在参加第十五届广东（肇庆）城乡建设成果展中，我局再度取得好成绩，荣获“优秀组织奖”奖项。

此外，党建、党风廉政、政务公开、纠风、工青妇、档案、保密、计生、普法、信访等工作也取得了明显成效。

二、加强监管，健全制度，推进住建工作有条不紊快速发展

2013年，我局的主要工作在县委、县政府的正确领导下，在各部门的支

持配合下，各项工作有条不紊快速推进，取得了显著成效，2013 年将继续抓好以下几项工作的落实：

（一）抓好房地产建筑业的规范管理

一是严格执法，强化监管，促进建筑市场秩序日趋规范。严把招投标关、质量安全监督关，建立健全批后监管制度，严厉查处未经许可擅自施工行为。完善招投标程序，强化市场关键环节监管。推广使用电子标书和工程量清单计算机辅助评标系统，建立评标专家定期培训、考核和动态管理机制，完善中标后合同履行跟踪监督、综合考评制度。二是进一步规范房地产市场，集中开展房地产交易市场检查，在贯彻国务院房地产市场调控政策的同时，扎实推进我县房地产业健康发展。针对目前开发商对住宅小区基础设施和配套设施建设不落实等问题，全面执行新建住宅小区综合验收备案制度。三是做好服务工作，加强指导，全力促进房地产业健康平稳发展。

（二）抓好房地产业的促建促销

主要是加快对现有在建项目的促建促销，尽快竣工投入使用，另外对合富花园、百福明珠等新项目加快动工建设，促进我县房地产业可持续发展。

（三）抓好县城西区的开发建设

重点是加快西区路网规划设计建设，督促项目上马，对人民医院、粮食储备中心、香山国际新城等项目要有新的突破性进展。

（四）抓好市政管理规范化

借鉴先进城市经营理念，结合我县实际，出台市政管理一体化方案，提高街道、门前“三包”、户外广告、市政设施管理水平。

（五）抓好大街小巷和水浸黑点的整治

在 2013 年完成余家巷、教师村门前、文兰南路、凯旋门西侧等大街小巷升级改造项目和德庆大道、康城大道水浸黑点的基础上，2013 年重点抓好朝辉一、二巷，光明路等大街小巷的路面整治，加大对县城区下水道的清淤疏通工作，全面解决“出行难、水浸街”现象。

（六）抓好保障性住房建设

保障性住房建设是十大民生工程之一，做好保障性住房建设、管理、轮候入住工作，保障中低收入家庭住有所居，具有重大的政治和现实意义，确保按时完成年度建设任务，顺利通过上级的考核。

（七）进一步加强干部队伍建设

认真贯彻落实“十八大”精神，做好局党建工作，坚持用党的路线、方针、政策和科学发展观重要思想武装干部职工，坚持理论培训和实践锻炼相

结合，切实提高干部队伍的政治文化素质、职业素质和创新意识。加强领导班子和中层干部队伍建设，进一步强化中层干部的管理权责，充分发挥中层干部潜能和工作积极性。进一步加强人才的管理和培养，努力造就一支善于学习、乐业奉献、敢于拼搏、勇于创新的建设人才队伍，为推进我县建设事业发展提供强大保障。

我们相信，有县委、县政府的正确领导，有各部门各单位的通力合作，有广大人民群众的支持配合，我们建设西江中游宜居、宜业、宜游的现代滨江新城的宏伟目标一定会早日实现。

作者简介：

罗伙强，男，汉族，1963 年 9 月出生，中共党员，大学学历。现任广东省德庆县住房和城乡建设局局长。

自 1991 年 8 月参加工作起，历任德庆县委组织部组织科科长；德城镇、播植镇先后担任副镇长、副书记职务；回龙镇委副书记、镇长。2007 年 9 月至今，任德庆县住房和城乡建设局局长。

有序开展城乡建设工作　积极促进经济社会发展

云南省耿马傣族佤族自治县住房和城乡建设局　张经伟

云南省耿马县于1982年6月15日正式设置耿马傣族佤族自治县城乡建设管理局。1983年12月至1984年9月机构改革中合并县计经委城乡办。1984年9月3日再次设置耿马县城乡建设环境保护局。1987年7月22日土地管理局设在县城乡建设环境保护局内，对外挂土地管理局，对内在城建局内设土地管理股，内部实行统一领导管理，相互协作。1988年8月，城建土地分设。2011年2月6日，耿马自治县城乡建设环境保护局更名为耿马自治县城乡建设局。县城乡建设局与环境保护局分设。2002年1月17日，城乡建设局更名为建设局。

2011年7月20日，根据耿马傣族佤族自治人民政府办公室关于印发《耿马傣族佤族自治县住房和城乡建设局主要职责 内设机构和人员编制规定》的通知，设立耿马傣族佤族自治县住房和城乡建设局。内设办公室、住房保障股、城市建设股、村镇建设股、建筑市场监管股、城乡建设稽查执法队、城乡规划局等7个行政股室。6个事业站所，是集规划、市容市貌、建筑市场工程质量监督、规范房地产市场等内容为一体的、具有行政综合管理执法的政府组成部门。截止2012年底，共有干部职工63名，其中国家公务员18人，机关工（勤）人员9人，事业人员36人，其中：工程师13人、助理工程师19人。共有在职党员19名，工、青、妇等其他群团组织健全。

2012年，完成固定资产投资17.46亿元，完成招商引资项目投资15.1亿元，争取上级补助资金到位2.6亿元。县城建成区面积达4.6平方公里，城镇化率35.45%，全县城镇市政道路总里程39.95公里，总面积71.2万平方米，其中人行道面积33.45万平方米，路网密度5.6公里/平方公里，人均道路面积13.14平方米，建成区绿化覆盖率36.04%，绿地率30.09%。人均公共绿地3.73平方米，市政基础设施的日益完善促进了城镇经济社会发展。

一、城乡规划

一是完成《耿马县城城市近期建设规划》、《耿马县城旧城区及南部新区控制性详细规划》、《耿马县城芒片河两岸滨河修建性详细规划》和《耿马县城行政中心修建性详细规划》四项规划编制。二是指导完成孟定城市总体规

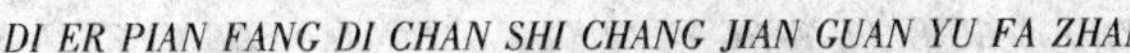

划（含特色专项规划和5个专题研究）编制工作，成果已获市人民政府批准实施。组织完成城市道路、排水、水系三个专项规划评审并已批复实施。组织编制孟定城市近期建设规划和孟定镇主城区控制性详细规划并通过县城规委评审，勐撒、勐永和贺派三个乡镇总体规划编制工作已经完成，目前正在开展规划成果报批工作；勐简乡总体规划编制工作正在开展。三是以规划为先导，强化规划源头监管。《耿马傣族佤族自治县人民政府关于规范人民防空行政审批工作的规定》经县人民政府2011年11月22日第六次常务会审议通过，自2012年1月1日起将人民防空工程行政审批纳入规划前置审批程序。严格“一书两证”审批发放，坚持规划方案行政评审和技术审查相结合，加强建设项目规划选址、批后跟踪和竣工验收管理，确保规划依法、准确实施。全年共办理建设项目选址意见书34件，选址用地面积47.44万平方米；办理建设用地规划许可证129件，用地面积69.19万平方米；办理建设工程规划许可证129件，建筑面积107.71万平方米；办理乡村建设规划许可证15件，建筑面积6900平方米；办理村镇房屋建设准建证19件，建筑面积0.49万平方米。严格建设项目规划设计方案审查，出示规划审核意见。严格批后管理，对15项建设工程进行四线（道路红线、河道蓝线、绿地绿线、公用设施黄线）控制，高程定位。进一步规范市政综合管线管理工作。加强市政综合管线设计图纸审核、放线、竣工验收工作，协调联系相关部门，规范管线埋设。四是加大执法力度，坚决遏制“两违”建设。在抓好规划源头管理的同时，突出规划批后管理执法重点，根据《云南省住房和城乡建设厅关于进一步规范行政执法案卷工作的通知》要求，通过开展督查检查，查处违反法定程序、擅自改变规划，增减建筑面积等违法违规建设问题，树立规划执法的权威性。建立完善城镇规划政务公开制度，让广大市民积极参与到城镇规划建设中，更有效的预防和制止各类违法违规建设行为。五是孟定核心园区规划建设情况：根据《孟定城市总体规划（2011~2030)》，对核心园区2012年新建项目开展规划选址工作，审批完成建设项目选址意见书项目14项、建设用地规划许可证项目15项、建设工程规划许可证项目13项、建筑工程施工许可证项目10项，审批办理规划“两证一书”及建筑工程施工许可证的项目82个。建设项目主要包括：市政道路基础设施项目、居住开发项目、工业项目（孟定糖厂、化肥厂）等。办理完善项目行政许可手续，共办理建设项目选址意见书8件、建设用地规划许可证7件、建设工程规划许可证7件。依据《孟定城市主城区控制性详细规划》对已选址的16个项目出示建设用地规划设计通知单。依据项目建设用地规划设计条件以及修建性详细规划方案审查要求，对已完成规划方案的5个项目进行项目初步审核，严格按照相关要求对项目各个指标进行严格控制，充分发挥控规在城市建设中的作用。配合孟定镇拆迁办拟定《孟定核心园区》项目征收拆迁方案，完成《孟定核心园区》项目征收入户调查，搬迁户数为96户，拆迁建筑总面积为31635.35平方米，土地征用总面积为65.469亩。

二、城市管理

在城市管理工作中，结合“市容市貌百日整治”活动的开展，着力解决城区垃圾乱堆乱倒、车辆乱停乱放、摊点乱摆乱设、户外广告牌匾乱张贴等突出问题，着力提高“四化”水平（绿化亮化美化净化）。清理违章占道经营280余次，查处经营性占道摊贩46户，规范早晚摊点11户，办理占道施工手续12起。制定了《耿马傣族佤族自治县城市防洪排涝应急预案》，及时组建“城市防洪排涝应急抢险队伍，保证汛期期间县城防洪排涝抢险救灾工作高效有序进行。完成修剪草坪8万平方米，修剪花灌木及绿篱4万平方米，修剪街道行道树5000株，病虫害防治面积约5万平方米，栽植绿篱色带苗木10万株。加强对白马、团结两个广场进行绿化养护管理和清扫。对县城街道进行一日两扫保洁制，日清扫面积47.17万平方米，日清运垃圾垃60吨，更换街道破损垃圾桶130只，清掏堵塞下水道360余次，更换损坏及被盗下水道盖板和漏水闭子180套；对县城区内7个水冲式公厕进行常规管理；亮化方面对全县各街道路灯进行维护和更换，购置1辆高空作业车，更换路灯450盏。积极参与孟定沿边开放现场会筹备工作，抽调工作人员30余人次，出动洒水车5次，配合边合办做好各项目参观点的路灯电路安装调试、活动公厕摆置、环境卫生等工作。

三、工程质量监督

在工程质量、安全生产监督管理中始终坚持“百年大计，质量第一”的宗旨，根据《建设工程质量管理条例》，对全县在建、新建等工程进行严格的质量跟踪监督。重点对县城滨河家园、馨安小区、孟定艾叶小区等保障性住房、校安工程进行质量监督，安排工程技术人员进驻施工现场监管，实行全过程质量跟踪管理，为确保工程质量奠定了坚实基础。全年共审核办理工程项目95项，建设面积94.9万平方米，建设资金达19.49亿元。完成防雷检测8个项目，共编制报告8份。

四、建设市场管理

严格执行《中华人民共和国建筑法》、《中华人民共和国招标投标法》、

《安全生产法》，加强对建筑活动的管理，结合开展“安全生产年”、“打非治违”等专项行动，加大安全生产管理力度，牢固树立“安全第一、预防为主、综合治理”的方针，常备安全生产长抓不懈的思想，从源头上预防安全事故的发生。2013 年内，我局组织召开了 1 次全县建设系统安全生产工作会，共 55 个单位，96 人参加会议，签订了《安全生产责任书》55 份。组织全县施工现场安全生产执法检查 8 次，下发安全隐患整改通知书 52 份，停工通知书 5 份，提出整改意见 45 条，办理意外伤害保险 25 宗。通过行之有效的管理，一定程度上遏制了生产安全事故的发生，施工安全、工程质量得到了保证。按照“公平、公正、公开”原则组织开展招投标工作，全年在办理报建手续的建设项目中，进行招投标的项目有 22 个，其中：公开招标 6 个，简易招标（竞争性谈判）16 个，招标率为 100%。2012 年市政府下达我县农村危房改造工程项目任务数为拆除重建 2000 户，项目涉及 9 个乡（镇）1 个华侨管理区，2 个农场管委会 81 个村（社区）392 自然村。已全部完工，完成投资 2. 78 亿元，完成建筑面积 24. 84 万平方米，完成农户危房改造信息档案录入 2000 户。

五、规范房地产市场秩序

严格执行《中华人民共和国城市房地产管理法》、《城市商品房预售管理办法》，加强对房地产市场的引导和调控，规范房地产市场秩序。严格商品房预售许可证审批，加大违法案件查处力度，严肃查处内部认购、违规促销等违法销售行为，规范商品房市场秩序，严厉打击房地产开发企业捂盘惜售、囤积房源、恶意炒作和哄抬房价等侵害消费者权益行为，加强对预售款的全程监控。截止目前，我县辖区内共有房地产开发企业 10 个，开发项目 13 个，房地产企业从业人员 96 名。开发项目为：“景戈商业城”三期、“吉龙花园”三期、“勐撒商业城”三期，孟洲印象、清水河中缅边境贸易互市城、傣丽豪庭、东森新天地、恒基花园、允相花园广场、景象花园、凯雄财富中心、荣升花园等。计划总投资 21. 27 亿元，累计完成投资 9. 37 亿元，其中年内完成投资 8. 22 亿元。共办理登记房屋 756 套，总面积：20. 96 万平方米；办理抵押登记 567 套，抵押面积 26. 47 万平方米，抵押金额 42519. 58 万元。全年共办理辖区内商品房销售 213 套，销售面积 2. 636 万平方米，成交金额 6958. 41 万元。办理二手房交易 135 套，成交面积 3. 1 万平方米，成交金额 5459. 94 万元。完成档案录入 9800 套。发放城市最低收入住房困难家庭租赁补贴户数 1288 户，发放城市最低收入住房困难家庭租赁补贴 162. 12 万元。健全完善住房保障机制，确保农业转移人口住有所居，制定《耿马傣族佤族自治县住房和城乡建设局加大城乡统筹力度促进农业转移人口转变为城镇居民意见的实施方案》，建立进城务工农民住房保障相关优惠政策，配合相关部门做好农业人口有序向城镇转移工作。我局城乡统筹工作挂钩联系勐永镇，2012 年县上下达农转非人口目标任务数为 866 户，截止 2012 年 12 月 2 日，完成了 914 户，完成任务数的 105.5%。

六、重点工程

按照“抓重点，重点抓，重中之重求突破”的要求，加大力度，加快进度，不断完善基础设施配套功能。一是启动建设旧城改造项目 15 个，完成旧房屋拆除面积 14.6 万平方米，完成房屋新建面积 12.98 万平方米，完成投资 5.1 亿元。二是实施县城市政道路人行道小板改造，完成震新路、公园路人行道艺术地坪铺设，建设规模 36 万平方米，完成投资 665 万元。三是完成大树移植 3520 棵，完成投资 1762 万元。四是完成市政路灯改造 450 盏，投入资金 378 万元。五是县城“两污”项目投入使用。城镇污水处理厂及配套截污管网工程：完成管网铺设 21.3 公里，累计完成投资 5206 万元，根据《临沧市环保局关于耿马县污水处理厂试运行的批复》，该项目于 2012 年 10 月 1 日转入试运行阶段，争取 12 月 15 日前达到环评验收。生活垃圾处理工程于 2011 年 10 月 18 日竣工验收，现已投入试运行，累计完成投资 3590 万元。六是县城环山西路建设项目启动实施，道路全长 1832 米，计划投资 2200 万元，工程于 2012 年 3 月 26 日开工，土方开挖、挡墙砌筑、路基换填等工作正在进行中，完成土地征用 173 亩，完成投资 1200 万元。七是扎实推进保障性安居工程建设。2011 年我县建设城镇保障性住房建设任务 4300 套（户），完成投资 6.69 亿元，占计划总投资 5.53 亿元的 120.9%。2012 年市人民政府下达我县保障性住房建设任务 5000 套，统一安排在孟定核心园区进行建设。县人民政府与云南省城乡投资有限责任公司正式签订集投、融、建、管、营为一体的建设合作协议。该项目为《孟定允相花园广场》城市综合体，建设保障性住房 5000 套 23.287 万平方米（其中廉租住房 2500 套 10.39 万平方米，公共租赁住房 2504 套 12.897 万平方米），建设用地面积为 264.5 亩，总建筑面积 29.537 万平方米，计划总投资 7.69 亿元。2012 年 12 月止完成投资 5.33 亿元，占计划总投资的 69.3%。八是孟定核心园区五条市政道路建设：艾叶大道、南目算大道、傣乡大道、新城大道和滨河路等 5 条市政道路于 2012 年 3 月 3 日至 3 月 7 日相继正式开工建设。采用 BT 代建模式，由中国太平洋建设投资集团承建。项目占地 1211 亩，拟建道路总长 22 公里，计划总投资 12.5

亿元。2012 年完成投资 5.3 亿元，完成总投资的 43%。一期项目包括艾叶大道（长 2173m 宽 60m）、南目算大道（长 3205m 宽 60m）、新城大道（长 1873m 宽 42m）、傣乡大道（长 2000m 宽 42m）、滨河路（长 1780m 宽 30m）。九是孟定“两污”工程：孟定城市污水处理厂建设项目，厂址位于孟定镇建成区西侧，南袜河南岸，下城村弄养组北 900 米处。建设内容及规模：新建污水处理厂一座，近期一期（2015 年）规模 1.0 万 m^3/d，近期二期（2020 年）规模 2.0 万 m^3/d；远期（2030 年）规模 5.0 万 m^3/d。近期新建配套污水管网 83.82km、远期增建 73.06km。项目估算总投资 14679.79 万元。完成环评、用地预审、可研、水保方案、地灾、矿压；完成工程的初步设计及施工图设计招投标工作；完成进场道路及场区征地工作，正在开展项目初步设计、施工图设计等前期工作，污水处理厂区场地平整工程已于 2012 年 11 月 29 日正式开工建设。孟定城市生活垃圾处理场建设项目，项目规模为日处理垃圾填埋场近期 100 吨/日，远期 270 吨/日，转运站规模暂定为 50 吨/日；总投资 5200 万元。目前已确定可研编制单位，并签订编制合同，正在开展勘察选址工作。

七、“四群”工作扎实有效开展

根据县委安排部署，我局“四群”教育工作挂钩帮扶点为勐永镇芒糯村，该村共 5 个村民小组 317 户，干部职工结对挂钩联系户 606 户。在大春生产时节，积极开展“千名干部助春耕活动”，全局干部职工筹资购买 634 包，共计人民币 66570 元，解决了春耕生产燃眉之急。在旱情较为严重期间，组织力量为耿马镇芒蚌、芒片组送水 45 车，为勐永镇芒糯村送 42 车，确保了农业灌溉用水及烤烟保苗用水，为抗旱保苗促生产作出了积极贡献。自开展“四群”教育工作以来，我局组织召开全局干部职工动员会 2 次，专题会议 4 次；深入村组召开群众会 8 次，参会群众 360 人次，走访群众 300 余户；开展民情恳谈 6 次，参加群众 196 人，收集群众反映的问题 10 条。发放群众联系卡 317 个，建立《挂村包组联户台账薄》1 套，制作结对干部民情联系卡 62 张，制作“四群”教育宣传栏一幅，为群众办实事 6 件。支持全县新农村建设资金 16.96 万元，其中，帮扶勐永芒糯村 8.3 万元，协调解决困难问题 6 件，有效促进了新农村建设的和谐发展。

八、加强党风廉政建设

一是结合我县实际，紧紧抓住国家实施“两强一堡”和全市实施新家园行动计划的机遇，科学谋划耿马发展，加大城乡建设力度，全力推进保障性住房建设，切实解决好群众最关心、最直接、最现实的利益问题，有效缓解我县低收入家庭住房困难问题。二是以“转变工作作风”为重点，进一步提高服务水平，制定了《机关工作管理制度》、《内部安全保卫制度》、《学习会议制度》、《耿马县住建局优化软环境增强软实力电视公开承诺书》等，做到以制度管人，以制度管事，以制度管权，对干部职工行为实行规范管理。采取集中学习、个人自学、召开会议等形式，进一步将全局干部职工的思想统一到“求真务实谋发展，一心一意搞建设”的认识上来，在全局干部职工中牢固树立服务意识、宗旨意识、大局意识，切实转变干部作风。三是结合第五轮行政许可审批事项清理工作对我局行政许可审批等事项进行了再次梳理，行政审批由原来的12项调整为6项，缩减了办事审批时限和手续，极大的方便了群众和市民。四是2012年7月24日，我局作为临沧市人民广播电台上线政风行风热线节目单位之一，局领导和相关股室人员围绕群众关注的热点、难点、焦点等问题进行现场上线宣传，并与听众交流互动，接受群众咨询。五是严格执行党风廉政责任制，树立廉洁高效优质服务部门窗口形象。与各股室站所队签订《党风廉政责任书》11份；2012年11月22日组织干部职工到“耿马县反腐倡廉教育基地”参加由县纪委和县检察院联合举办的反腐倡廉警示教育活动，通过活动的开展，进一步增强了干部职工的廉洁自律意识，提高了拒腐防变的能力。六是加强社会管理综合治理工作，严格落实社会管理综合治理目标责任制，与各股室站所队、家庭签订《社会治安综合治理责任书》50份，进一步加强单位内部管理，加大城市公共基础设施安全安全检查工作，营造健康和谐的社会发展环境。七是创先争优活动全面总结，基层党组织晋位升级工作取得成效。

作者简介：

张经伟，男，汉族，1965年7月出生，中共党员。现任云南省耿马傣族佤族自治县住房和城乡建设局局长。

自1985年7月参加工作起，历任耿马县城乡建设局副局长、耿马县城乡建设投资有限责任公司总经理。2012年12月至今，任耿马傣族佤族自治县住房和城乡建设局局长。

加大保障性住房建设力度
促进房地产市场健康发展

陕西省安塞县住房和城乡建设规划局

安塞县辖8镇1乡，211个村，总土地面积2950平方公里，总人口17.16万。2012年全县完成生产总值108亿元，较上年增长15%；完成社会固定资产投资82.99亿元，增长37.17%；农民人均现金收入达到8185元，增长18%；城镇居民可支配收入达到26430元，增长16.4%；完成财政总收入23.75亿元，一般预算收入10.73亿元，分别增长31.85%和19.09%。目前我县城镇化率达到46.69%。

近年来，在省、市住建主管部门正确领导和支持下，我县积极落实党和国家住房政策，制定住房建设规划，加大保障性住房建设力度，解决城镇低收入家庭住房困难。加强房地产市场管理，积极创新住房物业管理模式，规范房产交易市场。

一、住房建设规划编制情况

随着城镇化进程不断加快和居民收入水平的不断提高，按照统一规划、分布实施的原则，我县将在“十二五”期间完成40万平方米的商品房建设和15万平方米的保障性住房建设，解决2万余人的住房需求。力争在“十二五”末实现物业管理全覆盖。

二、保障房建设管理情况

（一）近年来保障性住房建设情况

我县自2006年启动实施保障性住房建设工作以来，累计投资10亿多元，建成和在建保障性住房4707套，总建筑面积达42.05万平方米，其中经济适用住房项目3个、752套；廉租住房项目3个、498套；公共租赁房项目2个、1158套；限价房2个、2199套；棚户区改造1个、100套；共发放租金补贴369户、915人、67.7万元。逐步建立了以廉租房、公共租赁房、经济适用房、限价商品房、棚户区改造为主的住房保障体系。

1.2011年保障房建设情况。2011年，市政府下达我县保障性住房建设任务是新建1500套，新增住房租赁补贴160户。其中新建经济适用房100套、公共租赁房800套、限价商品房600套。按照任务要求，我县及时启动了两项建设项目：一是保障房建设项目。建设经济适用住房108套、7096平方米，建设公共租赁房804套、46082平方米，投资8683万元。二是限价商品房项目。投资1.5亿元，新建限价房732套。2011年，我县新建保障性住房1644套，新增住房租赁补贴168户，超额完成了市下达的任务。

2. 2012年目标任务。市下达我县的保障性住房建设任务是新建1150套、新增租赁补贴150户，其中新建廉租房200套、公租房350套、限价商品房500套、城市棚户区改造100套。根据市下达的目标任务，我县在认真调研的基础上，及时启动了保障房建设项目。一是拐峁惠园小区保障房建设项目。该项目占地53亩，总投资1.1亿多元。新建204套廉租房，建筑面积10447平方米；新建354套公共租赁房，建筑面积21350.46平方米；新建144套限价房。二是城南朝阳小区限价房建设项目。该项目总投资7亿多元，计划建设限价房2055套，27万平方米。三是砖窑湾镇街道棚户区改造项目，实施棚户区改造100户，建筑面积23000平方米。2012年，我县共启动保障性住房建设2757套，新增廉租住房租赁补贴190户，超前实施了保障房建设任务。同时，我们积极规划白坪新区和候沟门社区的保障性住房建设，已完成了土地勘测丈量和附着物清点工作，为保障房建设奠定坚实的基础。

（二）认真落实“三项政策”，确保把保障性安居工程建设落到实处

一是落实土地供应政策。实施保障性住房建设以来，我县高度重视保障性安居工程建设用地供应工作，将保障性住房建设用地纳入土地利用总体规划、城市规划和住房建设规划，单独编制保障性住房用地计划，保障性住房建设用地总体上落实比较好。高度重视保障性住房的选址问题，尽可能将保障性住房安排在交通相对便利、基础设施和配套公共服务设施较为完善的区域，既方便低收入群体的日常生活，又降低了生活成本，群众满意度较高。

二是落实资金支持政策。近年来，县财政逐步加大对保障性住房建设的支持力度，优先安排保障性住房建设资金，并严格实行专户管理、专款专用。在增加政府财政投入的同时，我县不断推进体制机制创新，充分调动社会各方面力量，通过多种方式引导社会资金参与保障性住房建设。目前为止，中央、省、市累计补助我县保障性住房专项资金4830万元，其中中央配套资金2383万元，省级补助资金1690万元，市级配套资金757万元。2011年的公租房项目和陕西省保障性住房建设工程公司签署了协议，通过融资来解决。

三是落实税费优惠政策。认真落实保障性安居工程建设的各项优惠政策，

对保障性住房免收各项行政事业性收费、政府性基金以及有关税费，大大地减少了保障性住房的建设成本。同时，为推进工作，县政府多次召开专题会议进行研究，各相关部门密切配合，建立了保障性安居工程建设项目绿色审批通道，进一步提高了办事效率。

（三）强化工作措施，有力推动保障性安居工程深入开展

一是加强组织领导。县成立了保障性住房建设工作领导小组，领导小组在县房管局下设办公室，具体负责保障性住房建设、管理和实施工作，形成了政府负总责，相关部门各负其责，各司其职，积极配合，齐抓共管的工作格局，确保了保障性住房建设工作有序推进。

二是加强工程质量监管。我们以建设人民群众的放心房为宗旨，严格实行工程建设监理责任制，从材料进场到建设的各个环节，严格管理，确保了建设工程的高标准、高质量、快速度推进。

三是严格分配管理。为了保证保障性住房分配的公平公正，我县先后制定了《安塞县城镇廉租住房保障管理办法》、《安塞县城镇廉租住房工作规范化管理实施办法》、《安塞县廉租住房租售实施方案》等相关文件，在具体实施过程中，严格按照保障性住房分配的相关政策规定，对租赁、购买保障性住房对象从报名、资格预审、走访调查、公示确认等各个环节进行严格审查，实行相关部门审查签字和责任追究制度，杜绝了关系房、人情房，受到了干部群众的一致认可。

（四）公积金支持保障房建设

截止 2012 年底，我县累计归集公积金 3. 66 亿元，归集余额 2. 17 亿元，贷款余额 1. 15 亿元，个贷率 58%。从 1993 年住房公积金制度建立以来，全县已累计提取住房公积金约 1. 6 万人次，金额 1. 49 亿元，全县累计发放公人住房公积金贷款 2737 人（次），金额 1. 98 亿元。累计提取住房公积金贷款风险准备金 122 万元。

市级的住房公积金管理中心可以用公积金支持保障房建设项目，县区管理部都没有这些权限，县区管理部只有从住房公积金个人贷款支持购买保障住房个人购房者，在形式上我们坚持“为民、便民”的服务理念，简化贷款手续，改善窗口服务质量等措施，重点向中低收入家庭及保障房购买者倾斜。为了让这部分职工享受公积金制度的优惠政策，还采取了低门槛进入的政策。

三、住房市场管理情况

（一）房地产市场运行现状

我县严格贯彻执行国家房地产调控政策，严格监管市场秩序，我县境内共有11家房地产开发企业，房地产服务业逐步规范，住房信息系统已经建成，房地产市场运行平稳，房价增长速度低于全国平均水平。

（二）住房市场交易情况

截止2012年末，共办理权属登记1762宗，建筑面积413413.76平方米。办理房屋交易843宗，建筑面积106536.82平方米，成交额13933.82万元；抵押登记1641宗，建筑面积320058.07平方米，抵押金额37899.9万元；预抵押登记1014宗，建筑面积142405.97平方米，金额14957.09万元；抵押登记注销1656宗。

（三）住房物业管理情况

1. 我县物业管理企业基本情况：房产管理局作为物业管理企业的行业主管部门，根据《物业管理条例》及有关文件精神，从2007年8月开始，经过认真的宣传和引导，陆续上报批准核发资质成立了国盛物业公司、永宁物业公司、延源物业公司、佳兴物业公司、永平物业公司等8家符合条件的物业管理企业。现有8家物业公司托管小区总面积为193385.56平方米，企业从业总人数为70人，托管小区总规模达到了1444户，4394人。

2. 我县物业管理工作的基本做法：一是加强物业管理机构建设，使物业管理工作正常化。为了使我县的物业管理工作规范运行，配备专门人员对全县的物业管理工作进行指导和协调。同时强化了物业公司资质管理和从业人员的培训工作；二是建立完善小区物业管理制度建设。为了提高物业管理服务水平，明确人员责任，我们要求各物业管理企业根据各自小区的实际情况，制定了符合各自实际的《经理岗位职责》《会计岗位职责》《电工岗位职责》《管理工岗位职责》《电梯、监控维修人员职责》《保洁人员职责》《保安人员职责》以及各项应急预案等项制度，明确了岗位责任，确保了高效服务；三是积极营造物业管理工作的良好环境。为了以细微化的服务赢取业主信任，从而使物业管理工作顺利开展，要求物业管理企业在各自服务的住宅小区设立24小时值班电话，接受业主报修、求助、投诉等信息的反馈，要求在15分钟内到达现场，并做出及时处理。同时，要求在小区内开辟宣传栏，宣传告知业主的权利和义务，公布收费标准和服务标准。真正将“想业主之所想，急业主之所急”的服务理念贯穿服务工作始终，向业主提供人性化、细微化的服务。得到了广大业主的认可，自物业管理工作开展以来，无一起因业主矛盾引发的投诉，达到了“零投诉”；四是开展创建“平安小区”活动。为了加强小区的安全管理，使小区成为业主和谐的家园，我们开展了创建“平安小区”活动，首先是要求物业管理企业对小区业主进行入户摸底调查，建

立起小区业主档案，详细掌握每户业主的家庭人口、从业情况、经济状况、联系方式等资料，做到心中有数。在人防方面，要求物业管理企业在发挥现有的监控报警装备作用下，配备相应的专职保安和巡逻人员，严格值班和巡逻制度，坚持来客车辆进入登记制度，进一步提高小区安全工作，为小区业主提供一个安全舒适的居住环境。

（四）住房建设消费模式

我县贯彻国家节能减排政策，扎实推进墙改工作，积极倡导节能环保型住宅，截止2012年底，新建住宅全面实施节能标准的比率达到100%。

四、住房建设和管理存在的问题及建议

（一）在住房建设管理取得一定成绩的同时，也存在着以下问题

一是由于土地审批等前期工作程序多、周期长，导致部分工程不能按期开工。

二是我县保障性住房建设任务重，投资大，中央、省补助资金到位慢，工程建设资金严重不足。

三是公众对物业管理认识不足，旧观念转变难。不少单位和业主没有充分认识到推行物业管理的重要性和紧迫性，习惯于按过去行政性管理的模式运作，使物业公司难以正常运行。

（二）加强我县保障性住房建设管理的具体建议

一是在制定住房政策时，应遵循“保障+市场”的模式。保障性住房由政府提供和管理；而商品房市场由市场机制来进行资源配置，政府通过制定政策来进行宏观调控。

二是切实加大廉租住房、经济适用住房和中低价位、中小套型普通商品住房建设用地的土地有效供应，发挥好税收和信贷政策调节作用，加大住房需求调节力度，引导合理的住房消费。

三是科学规划，确保保障性住房住用方便。要合理申报项目、科学规划、完善基础配套设施。

四是强化管理，促进保障性住房持续发展。要加强保障性住房小区的规范管理，对保障性住房新建项目，小区在规划阶段要按要求配套一定比例的公共服务用房和经营用房；要加强物业管理，努力提升物业管理的服务水平。

加快房地产市场开发 促进城市经济发展

新疆维吾尔自治区塔城市住房和城乡建设局 王建东 苏晓学

住房问题是重要的民生问题。为进一步贯彻落实国家、自治区关于房地产宏观调控政策，有效解决城市低收入家庭住房困难问题，加强房地产市场秩序专项整治工作及物业管理工作，塔城市委、市政府在上级地委、行署的正确领导和行业部门的指导下，始终把城市人民住房问题作为一项重点工作，并列到为民办实事项目之首，通过加强领导、完善制度、落实资金、规范管理等措施，把塔城市的房地产管理工作作为核心工作。

一、塔城市基本情况

塔城市位于祖国西北边缘，地处塔额盆地西北部，西北与哈萨克斯坦共和国接壤，边境线长150公里。东至锡伯图河与额敏县交界，南到额敏河与裕民县相连，东距乌鲁木齐市580公里，市区距国家一类口岸—巴克图口岸12公里，是国内距口岸最近的开放城市之一。

塔城市是塔城地委、行署所在地。1984年撤县建市，1992年被国务院列为沿边进一步对外开放城市，同年6月设立了边境经济合作区。全市总人口16万人，由汉、哈萨克、回、维吾尔、达斡尔、俄罗斯等25个民族组成，少数民族人口占36%。全市辖5乡1镇3个农牧场，3个街道办事处，1个边境经济合作区。

近年来，塔城市通过巧借外力，对有形无形资产的市场化运作，吸纳了大量外资，使房地产业蓬勃发展。目前，有引进的新疆北辰房地产开发公司、中邦房地产开发公司、阿克苏房地产开发有限责任公司、新疆沙雅丰茂房地产开发公司和新能房地产开发公司等5家企业到我市进行开发建设，开发建设了新农步行街小区、闻琴雅园和塔南新天地等多个项目，打造了一批精品、亮点和特色小区。2009年以来共完成投资4.3亿多元，房地产开发面积36.34万平方米。经过近年来的开发建设，塔城市中心城区形成了以楼房为主的格局，居民住房由生存型转向舒适型。过去建筑以单调分散、“火柴盒”式建筑为主，如今形成以整体开发，更注重人性化、环保、功能配套设施齐备的综合开发小区，体现了以人为本的建设理念。

二、商品房套型控制情况

为了落实宏观调控政策，我市建设行政主管部门在施工图审查时，增加了住房政策性审查内容，成立了新建项目规划评审小组，要求城市套型建筑面积90平方米以下建筑面积必须达到年度开发建设规模的70%以上，强化了宏观调控政策的力度。同时，在施工许可证发放前，要求提供地区审图中心关于套型面积符合要求的书面证明材料，工程竣工总体验收时，对不符合套型比例要求的不予验收。宏观调控政策不断落实，住房结构比例趋于合理。

三、新建住房价格控制情况

根据国务院《关于进一步做好房地产市场调控工作有关问题的通知》（国办发）[2011] 1号）的文件精神，市城乡建设局牵头组织市发改委及驻市各房地产开发企业进行了文件集中传达学习，并要求驻市各房地产开发企业到价格管理部门对所开发的项目进行一房一价的备案，并且市政府于2011年3月23日下发《关于塔城市2011年商品房住宅价格控制目标的函》（塔市政函[2011] 31号），对我市商品房住宅价格进行政府控制。

房产管理部门在发放商品房预售许可证时，也将一房一价的备案作为重要的检查资料，从而为做好稳定我市住房价格工作打好基础。

四、房地产市场专项整治情况

2011年度我们将对塔城市房地产市场秩序专项整治工作继续深化，对房地产开发公司、中介公司中较隐蔽的违规行为进一步加大查处力度。

根据《关于开展塔城地区房地产市场秩序专项整治工作的通知》塔地建发[2009] 92号文件的精神，为使我市房地产开发、交易环境得到净化，房地产开发交易环节违法违规行为得到有效遏制，房地产市场秩序进一步规范，我市将进一步开展房地产市场秩序专项整治工作活动，并制定了《塔城市房地产市场交易秩序专项整治工作方案》。

整治工作重点查处的不法行为有：

1. 未取得开发资质从事房地产开发或在集体土地进行房地产开发的；

2. 未取得城镇房屋拆迁许可或违反拆迁许可规定实施暴力拆迁，引起群体性事件的；

3. 未取得商品房预售许可，擅自进行商品房销售的；

4. 一房多售、假按揭的；

5. 签订售房人免责条款侵害购房人利益的；

6. 采取“售后包租、返本销售”等方式出售商品房，涉嫌非法集资的；

7. 将未经竣工验收或验收不合格的房屋擅自交付使用的；

8. 房地产开发企业与房地产测绘机构相互勾结，在面积计算中弄虚作假，商品房销售面积“短斤缺两”的；

9. 未取得房地产中介服务资格，擅自从事房地产中介业务服务的；

10. 中介机构发布不实信息、出具不实房地产估价报告的。

针对我市各房地产开发企业新建的住宅小区不同程度的存在未完成竣工规划验收，业主就进行室内装修，甚至有的住宅小区业主入住长达几年未办证的情况作为重点进行查处，根据《城乡规划法》及《新疆维吾尔自治区房地产市场秩序专项治理工作方案》中相关规定，现要求我市各房地产开发企业在住宅小区房屋竣工后，规划主管部门进行竣工规划验收完，发放《建设工程竣工规划认可书》后方可将钥匙交给业主，并且严格按照《房屋登记办法》的相关规定办理房屋登记手续，否则，塔城市城乡建设局将根据房地产市场秩序专项治理工作的相关规定予以处罚。

《新疆维吾尔自治区房地产市场秩序专项治理工作方案》中规定：重点查处将未经竣工验收或验收不合格的房屋擅自交付使用。

并根据《商品房销售明码标价规定》的相关要求，对全市房地产开发企业提出一房一价制度，并进行售房现场公示，针对没有进行一房一价制度公示的企业不予办理商品房预售许可。

塔城市城乡建设局每年都要求各驻市房地产开发企业、物业服务企业、中介服务机构进行自查、自纠，并接受社会各阶层的举报，目前，受理内容较多的为举报物业服务企业服务质量的投诉，塔城市城乡建设局已对此类举报案件及时进行了核查处理。近期又对全市专项整治工作方案进行了大规模的多部门联合执法行动，对全市开发项目进行了全面检查，通过检查，查处了部分违规企业，并对违规企业进行了相应的处罚。通过 2011 年的检查使我市房地产市场不断规范，住房投资和消费环境明显改善。

整顿规范房地产市场秩序要建立长效机制，并且对房地产市场要进行定期与不定期相结合的检查机制，从而改善我市房地产市场环境，促进我市房地产市场持续健康发展。

五、商品房预售管理情况

市城乡建设局按照法定程序和许可条件，严把商品房预售许可关。未取得商品房预售许可证的项目，房地产开发企业不得非法预售商品房，也不得以认购（包括认订、登记、选号等）、收取预定款性质费用等各种形式变相预售商品房。房地产开发企业在申报预售方案时应当明确在取得预售许可证后10日内开始销售全部商品房，同时出具已报物价行政主管部门价格备案的证明。对房地产开发企业未取得预售许可证而非法预售或变相预售的，责令其限期整改；对拒不整改的，依据《城市房地产开发经营管理条例》以及建设部《城市商品房预售管理办法》等法律法规进行查处，未取得商品房预售许可证的房地产项目，不得发布商品房预售广告。广告发布单位要对房地产广告内容的真实性进行必要的审查，杜绝虚假广告和其他违法违规广告。对未取得预售许可证发布预售广告的，承诺售后包租、返本销售的，或广告中有关房地产项目名称、面积、价格、用途、位置、周边环境、配套设施等内容虚假违法的，工商、物价、建设行政主管部门责令其限期改正；逾期不改的，由工商、物价、建设行政主管部门依法预以严肃处理。2009年审批发放商品房预售许可14个，预售建筑面积60529.34平方米；2010年审批发放商品房预售许可26个，预售建筑面积133265平方米；2011年已审批发放商品房预售许可16个，预售建筑面积87165.85平方米。

六、房地产市场信息月报及信用档案情况

为了及时掌握房地产市场运行中的新情况、新问题，切实加强对房地产市场的监测分析，根据自治区住房和城乡建设厅关于加强房地产市场信息月报工作通知要求，塔城市城乡建设局建立了房地产市场信息月报制度。

房地产市场信息月报以反映房地产市场情况的主要数据及其变化情况为主，并简要分析市场运行情况，依托房地产市场信息系统平台，加强房地产市场监测分析，注重把握市场运行的规律性，分析房地产形势，统一市场监测，全面、客观、及时反映我市房地产市场运行情况，满足分类、分区域、分结构、分析市场供求的房地产市场信息系统，促进我市房地产市场健康有序发展。

七、物业管理情况

近几年来，随着房地产业的发展，我市物业服务随之兴起，目前塔城市

有物业服务企业4家，纳入物业管理的有46个住宅小区4289户。目前，我市物业服务总建筑面积74.25万平方米（住宅小区60.85万平方米，非住宅13.40万平方米），企业已基本落实物业服务等级收费标准，新建住宅小区100%按照物业服务等级收费，住宅小区物业服务收费日趋规范。

为提高物业管理工作水平，我局采取了如下措施和方法：1. 规划评审小组对新建住宅项目严格把关，要求新建住宅小区必须按照开发面积的比例建设物业管理用房及社区管理用房，完善住宅小区的基础设施。2. 房产管理部门发放房屋所有权证时由财务部门统一归集收缴维修基金，便于今后共用部位共用设施设备的维修。3. 对已建成的住宅小区但基础设施不完善的要求原建设单位予以补建。

八、住宅专项维修资金归集、使用和管理情况

住宅专项维修资金的收缴一直是物业管理工作中棘手的问题，2004年市城乡建设局开始在办理房屋所有权时归集住宅专项维修资金，但2004年之前办理房屋所有权的业主的住宅专项维修资金仍无法归集，根据该情况我市出台了《塔城市住宅专项维修资金归集、使用和管理实施细则》，该管理细则的出台更好的指导了维修资金的使用行为。

作者简介：

王建东，男，汉族，大学学历。现任新疆维吾尔自治区塔城市住房和城乡建设局党委副书记、局长。

历任塔城市环保局副局长、塔城市合作区管委会副主任。荣获“塔城地区劳动模范”等荣誉。

第三篇
城市规划

第一章　城市总体规划

城市规划，是处理城市及其邻近区域的工程建设、经济、社会、土地利用布局以及对未来发展预测的学科。它的对象偏重于城市物质形态的部分，涉及城市中产业的区域布局、建筑物的区域布局、道路及运输设施的设置、城市工程的安排，主要内容有空间规划、道路交通规划、绿化植被和水体规划等内容。城市规划是城市建设和管理的依据，位于城市管理之规划、建设、运行三个阶段之首，是城市管理的龙头。

历史上除了少部分都市外，大部分的都市发展大多杂乱无章自由发展，到了十九世纪，都市计划借着建筑与工程学的进步成为了能以理性以及型态分析的方法透过物理设计来解决都市问题。1960 年代之后都市设计模型理论如雨后春笋般的出现，帮助拓展了都市发展的论域，如经济发展计划、社群社会计划以及环境计划。20 世纪，部分都市计划的课题演变为都市再生，或是透过都市计划的方法将某些历史悠久的城市进行都市再生。

由于城市的地价相对较高，所以容积率要好好利用。但在另一方面，若过份提高容积率，一方面可能会对周遭环境构成影响，另一方面亦会对附近的交通造成压力。而对于都市再生，历史因素及古迹的保留亦是一个考虑因素。

第一节　中国城市规划的发展历程

（一）中国古代的城市规划

中国最早的具有一定规划格局的城市雏形大约出现在 4000 多年前。进入夏代后，史料已有建城的记述。商代是中国古代城市规划体系的萌芽阶段，这一时期的城市建设和规划出现了一次空前的繁荣，从目前掌握的考古资料可以看出，商西亳的规划布局采取了以宫城为中心的分区布局模式，而殷则开创了开敞性布局的先河，并且强调了与周边区域的统一规划。周朝是中国奴隶社会的鼎盛时期，也是中国古代城市规划思想最早形成的时期。周人在总结前人建城经验的基础上，制定了一套营国制度，包括都邑建设理论、建设体制、礼制营建制度、都邑规划制度和井田方格网系统。如《周礼·考工记》记载“匠人营国，方九里，旁三门，国中九经九纬，经涂九轨，左祖右社，画朝后市，市朝一夫”，充分体现了周朝都城形制中的社会等级和宗法礼制。

秦汉时期，严格的功能分区体制达到新的高度，这一时期城市数量也有很大的增长。秦始皇统一中国后，将全国划为四大经济区，强调了区域规划，同时在咸阳附近大搞城市建设，在渭水北岸修建宫殿群。统一六国后，在渭水南岸兴建著名的阿房宫。阿房宫规模宏大，与渭水北岸宫殿群及咸阳城有大桥联系，尚有架空栈道连接各个宫殿。从阿房宫直至南面的终南山均为皇帝专用禁苑，其中尚分布有不少离宫。西汉则进一步强化了区域内城镇网络的作用。

隋唐时期十分注重城市规划。唐代城市总体布局严整划一，都城规模宏大，衙署布置在宫前，居民区与宫殿严格分开，城市布局中的政治色彩极浓。首都大兴城（唐长安城）是一座平地新建的都城，事先制定规划，然后筑城墙，开辟道路，后逐步建坊里，有严密的计划。因而，唐长安城是中国古代最为严整的都城，主要特点是中轴线对称格局，方格式路网，城市核心是皇城，三面为居住里坊所包围。隋唐时期城市在建筑技术和艺术方面也有较大的发展，其特点有：（1）强调了规模的宏大、城郭的方整、街道格局的严谨和坊里制度；（2）建筑群处理愈趋成熟，不仅加强了城市总体规划，宫殿、陵墓等建筑也加强了突出主体建筑的空间组合，强调了纵轴方向的陪衬手法；（3）木建筑解决了大面积、大体量的技术问题，砖石建筑也有了一定发展；（4）设计与施工水平提高，掌握设计与施工的技术人员职业化。

宋元时期，城市建设中突破了旧的坊里体制约束，城市的功能从奴隶社会的政治职能为主变成了经济职能占主导地位。这一探索在北宋的东京、南宋的临安得以充分实现。东京在城市建设中突出了经济职能和军事防御两方面的作用。道路系统或成井字形方格网，路边分布很多商铺、作坊、酒楼，街道的等级色彩已被淡化。临安的城市布局更加灵活、紧凑，其宫室建筑规模趋小，简单朴素。总体上说，两宋城市布局已能反映商业城市规划特点：按经济活动来布置城市建筑，经济区及商业街市越来越密集发达，罗城（即外城）面积大大超过皇城、宫城（或行政机关地），反映出城市经济职能与政治职能间的彼长此消。元大都继承了《考工记》的传统，汲取了魏晋唐宋以来都城规划的经验。元大都选址地势平坦，布局规矩齐整，外城、皇城、宫城重重相套，皇城居于全城中心偏南，中轴线南起丽正门，穿过皇城、宫城的重重大门。

封建社会晚期，中国历代都城的规划从不同的侧面继承了业已形成的规划传统，结合当时的政治、经济形势加以变革和调整，城市化的进程加速，城市的防御功能提高到一个新的水平。城市布局的整体性进一步突出，关注环境、道路水系等的改善以及市政设施的完善等。明清时期北京城秉承了元大都的布局结构。

从以上简单的回顾可以看出，中国早在大约3100年前就已经形成了一套较为完备的城市规划体系，其中包括城市规划的基本理论、建设体制、规划制度和规划方法。在漫长的封建社会，这一体系得到不断的补充、变革和发展，由此而造就了中华大地上一批历史名城，如商都"殷"、西周涪邑、汉长安、隋唐长安，宋东京和临安、元大都、明清北京城等，这些都是当时闻名于世的大城市，它们宏大的规模、先进的规划、壮观的建筑都为世人称道。中国古代的城市规划体系在相当长的一段时期内都走在世界前列，有些成就甚至领先于西方数百年的时间。概括起来，中国古代城市规划体系最核心的内容，就是"辨方正位"、"体国经野"和"天人合一"，亦即三个基本观念—整体观念、区域观念以及自然观念。

（二）中国近现代的城市规划

中国的近现代历史与西方发达国家有很大的不同，由于没有发生工业革命，因而城市缺乏发展与变革的原动力，再加上中国近代内战与外侵的影响，中国近代城市的发展是被动的、局部的和畸形的。从近代城市产生的原因及其变化程度来看，中国近代城市可以分为新兴城市和既有的传统封建城市。近代的城市规划发端于殖民侵略者直接对其控制的殖民地城市或租界所进行的规划，在此过程中及以后，国外城市规划思想、理念、技术逐渐传播。此后，中国政府主导、留学人员参与的城市规划开始出现。

早期规划包括上海、天津、武汉等地租界的规划，其中上海是早期租界规划的典型。1845年，清政府在上海首开租界先河，70年后上海的租界总面积达4663公顷。英、美、法殖民者进行了拓宽道路、建设给排水和煤气设施、疏浚河道、修建铁路等一系列城市基础设施建设。上海租界中的城市规划明显带有同时代西方工业化国家的特征，如各类基础设施规划、1855 年颁布的《上海洋泾浜以北外国居留地（租界）平面图》、1879 年荷兰工程师编制的黄浦江整治规划方案、1926 年公共租界的《上海地区发展规划》、1938 年的《法租界市容管理图》等。其中，《上海地区发展规划》包括功能分区布局、道路系统规划与道路交通改善措施、区划条例与建筑法规、交通管理与公共交通线路规划等。

早期的城市规划也有一些是某一帝国主义国家独占城市的规划，如青岛、大连、长春、哈尔滨等。以青岛为例，该地于 1898 年为德国强行租用，期限是 90 年，并有了德国编制的完整的城市规划。最早的城市规划编制于 1900 年，1910 年再次编制“城乡扩张规划”并大幅度扩展了规划范围。德国所编制的城市规划一方面体现出对华人居住地区的歧视，如规划中分别划出德国区和中国区，并采用不同的道路、绿化和基础设施标准等。但在另一方面，德国对青岛的规划体现了当时的先进规划技术和方法，在港口及其与其他路网的关系、教堂等标志性建筑与城市景观的结合等处都有合理的设计。1914 年与 1937 年日本曾两度占领过青岛，也编制过一些规划。

20 世纪 20 年代以后，出现了由政府主导的城市规划。其中，“大上海计划”、“上海都市计划一、二、三稿”、南京的“首都计划”以及汕头的“市政改造计划”等是这一类城市规划的代表。1929～1931 年间，国民政府编制了《大上海计划图》及其相关的专项规划图及其说明，规划包括市中心区的道路系统规划、详细分区规划、政治区规划与建设，以及包含租界地区在内的全市分区规划（含商业区、工业区、商港区、住宅区）、交通规划（含水道航运、铁路运输、干道系统规划）等。其中，中心区规划使西方巴洛克式的城市设计手法与中国传统讲究对称的传统布局形态有机结合在一起。抗战胜利后，一些从欧美留学归来的建筑师、工程师和在华外籍学者参与了规划的编制工作，将“区域规划”、“有机疏散”、“快速干道”等当时较为先进的城市规划理论运用到规划中。

（三）中华人民共和国成立后的城市规划

大致说来，新中国的城市规划工作可分为 20 世纪 50 年代的引进、创建时期，60～70 年代的混乱时期以及 80 年代以来的改革、发展时期。

20 世纪 50 年代，城市规划工作是在配合重点工程建设中得到发展的。城市规划的编制原则、技术分析、构图的手法，乃至编制的程序，基本上是照搬苏联的做法，以配合苏联援建的 156 个重点建设项目。1953 年 3 月，建工部城市建设局设立了城市规划处，从沿海大城市和大专院校的毕业生中调集规划技术人员，并聘请苏联城市规划专家来华指导。随后，北京和全国省会一级的城市也逐步建立了城市规划机构，参照重点城市的做法开展城市规划工作。这一时期，全国有150多个城市先后编制了城市总体规划，国家建委、城市建设部分别审批了太原、兰州、西安、洛阳、包头等重点工业项目集中的15个城市的总体规划。“一五”末期，全国从事城市规划工作的人员达5000余人。

“大跃进”时期和“文化大革命”十年是城市建设和城市规划工作陷入混乱、徘徊停滞的时期。为适应经济的“大跃进”，城市建设也出现“大跃进”，城市规划出现大大超越实际可能的人口规模和用地规模的估算。“大跃进”之后，城市规划步入徘徊停滞期，在1960年11月的全国计划工作会议上提出了“三年不搞城市规划”，导致各地城市规划机构被撤销，使城市建设失去规划的指导，造成了难以弥补的损失。1964年，在大小“三线”建设中，先是实行“靠山、分散、隐蔽”的方针，后来又改为“靠山、分散、进洞”，形成了“不建集中城市”的思想，其影响不仅在“三线”建设，而且波及到全国城市。1966年开始的“文化大革命”十年，是城市规划和建设遭受破坏最严重的时期。各地城市规划机构被撤销，规划队伍被解散，全国城市规划工作被严重废弃，导致乱拆乱建成风，园林文物遭破坏，城市建设陷入混乱状态。1973年，全国城市规划工作人员仅有700人左右，而且几乎不能正常开展工作。

1976年粉碎“四人帮”之后的十几年，中国的城市规划事业步入了发展和改革的新阶段。1978年3月，国家召开第二次城市工作会议，强调要“认真抓好城市规划工作”。要求全国各城市，要根据国民经济发展计划和各地区具体条件，认真编制和修订城市总体规划、近期规划和详细规划。1980年10月，国务院重申了城市规划的重要地位与作用，并首次提出城市的综合开发和土地有偿使用。1984年1月，中国第一部城市规划法规《城市规划条例》颁布实施，使城市规划和管理开始走向法制化的轨道。1989年末，全国人大常委会通过了《中华人民共和国城市规划法》，完整地提出了城市发展方针、城市规划的基本原则、城市规划制定和实施的体制，以及法律责任等。这一时期，中国开展了新一轮城市总体规划，开展了全国城镇布局规划和上海经济区、长江流域沿岸、陇海兰新沿线地区等跨省区的城镇布局规划，还编写了一大批城市规划教材，城市规划逐步成为一个独立学科和工作体系。

20世纪90年代至今是中国城市规划的快速发展期。1992～1993年间，为解决城市“房地产热”和“开发区热”等问题，在全国推行了控制性详细规划的编制与实践，对城市房地产开发发挥了一定调控作用。1996 年 5 月，《国务院关于加强城市规划工作的通知》发布，指出“城市规划工作的基本任务，是统筹安排城市各类用地及空间资源，综合部署各项建设，实现经济和社会的可持续发展”。这是在社会主义市场经济条件下国家给城市规划的新的定位。随着市场经济的发展，国有土地使用权出让转让制度实施，中国开始第二轮总体规划编制，省区、市域、县域城镇体系规划全面展开。城市规划开始注重控制性详细规划对土地开发的引导和规划控制，计算机、网络、遥感等新技术在城市规划编制和管理中得到普遍应用，自然科学与社会科学结合、国内与国外理念融合、城市与区域发展协调等观念在城市规划实践中均有体现，城市规划被作为法定文件贯彻实施以指导城市发展。1999 年 12 月，建设部召开全国城乡规划工作会议，强调“城乡规划要围绕经济和社会发展规划，科学地确定城乡建设的布局和发展规模、合理配置资源”。这一时期代表性的城市规划有北京、上海、深圳、苏州、南京、西安等各大城市的总体与详细规划。

21 世纪是城市规划向社会经济事业逐步深入、城市规划日益成熟的时期。2000 年通过的《国民经济和社会发展第十个五年计划纲要》明确提出“实施城镇化战略，促进城乡共同进步”、“加强城镇规划、设计、建设及综合管理”。2006 年通过的《国民经济和社会发展第十一个五年规划纲要》提出“必须促进城乡区域协调发展”、“做好乡村建设规划”、“要加强城市规划建设管理，规划城市规模与布局，要符合当地水土资源、环境容量、地质构造等自然承载力，并与当地经济发展、就业空间、基础设施和公共服务供给能力相适应”。这一时期的一个重大事件是 2007 年《中华人民共和国城乡规划法》颁布，城市规划与村镇规划的协调、城市规划的体系性得到重视。2011 年通过的“十二五”规划再次强调了中小城市、小城镇、生态城市发展理念。这一时期，国务院批复了一批大城市的总体规划，如武汉、西安等。

50 年来，中国城市规划走过了一条不平凡的道路，早期我们借鉴苏联经验，取得了计划经济体制下的城市规划经验。在改革开放后，随着经济增长和城市化的迅速发展，城市建设的规模和速度都是空前的，在建设新城市和改造老城市以至村镇建设都取得了很大的成绩，从实践中看，取得了规划设计的新经验。这些经验也推动着城市规划学科在中国的传播与发展，未来中国的城市规划工作将更加注重资源与环境问题、更加注重城乡的协调发展问题。

第二节　城市性质的划分

城市总体规划主要研究确定城市发展目标、原则、战略部署等重大问题，是制定详细规划的依据。详细规划对具体有关问题进行研究，也可以对总体规划进行调整和补充。

城市总体规划的任务是根据城市规划纲要，综合研究和确定城市性质、规模、容量和发展形态，统筹安排城乡各项建设用地，合理配置城市各项基础工程设施，并保证城市每个阶段发展目标、发展途径、发展程序的优化和布局结构的科学性，引导城市合理发展。

一、城市性质的内涵

城市性质是对城市发展战略的高度概括，是城市发展的总纲，对城市发展方向起到重要的导向作用。具体来看，城市性质是指各城市在国家经济和社会发展中所处的地位和所起到的作用，以及城市在全国城市网络中的分工和职能。一个城市往往有多个职能，而城市性质是城市主要职能的体现。

首先，城市性质包含了现状描述和未来设想的双重特征。城市性质既是对当前城市发展优势职能的概括，但又不囿于现状的描述，还需结合未来发展环境的变化，尽可能地激发城市的潜力，最大限度地发挥其优势职能。

其次，城市的性质兼具稳定性和动态性的特点。稳定性表现为在特定的时期城市的性质是相对固定的；另一方面，从长期来看，城市的性质又随着发展环境的变化而相应调整。因此，城市的性质是相对的，是城市在特定时期、特定条件下发展战略和发展设想的精炼和浓缩。

准确确定城市性质是中国城市规划建设必须明确的重大问题，也是城市规划编制工作的首要任务。这是因为：城市性质决定着城市规划的某些重要特征，如城市大小、城市用地组成特点以及市政公用设施的标准等。此外，城市性质也决定着城市规划方案所采取的技术经济措施和技术经济指标。只有准确地确定城市发展的性质，才能为城市建设提供明确的发展方向，为合理组织城市用地和功能布局提供依据。

新中国成立以来，中国城市规划建设的实践充分表明：凡是重视并准确确定城市发展性质的，则规划设计方向明确，建设依据充分，城市规模和功能结构比较合理，城市面貌得以较快形成，从而取得城市建设的良好经济效果。反之，城市性质界定不够合理，则城市发展方向不明，规划建设项目安排不当，发展规模难以控制，城市用地安排和功能布局混乱，给城市的生产、生活带来极为不利的影响，造成国家经济建设的重大损失。

二、城市性质的确定

城市性质的确定需要从两个方面来着手。一方面是从城市在国民经济发展中的职能方面去认识，即一个城市在国家或者地区的政治、经济、社会、文化生活中的地位和作用。城市的国民经济和社会发展计划对其城市性质的确定起着决定性的作用，另外，与国民经济发展计划密切相关的区域规划规定了区域内城镇的合理分布以及城市的职能分工，这也是分析城市性质的重要依据。另一方面，城市性质之确定可以从城市形成和发展的基本因素中去认识。城市所在区域的历史情况、地理环境、资源条件、现状特点以及建设方针等要素都在很大程度上影响着城市的性质。

城市性质是由城市形成和发展的主导影响因素以及主要产业和职能来体现，更多地体现某城市相对于其他城市的个性与差异性。例如，鞍山市的主要职能是全国的钢铁基地之一，钢都就是它的城市性质之一。北京市是中国首都，是全国的政治、经济和文化中心，这就是北京的城市性质；尽管北京市的总体现划在城市性质上并没提到经济中心，但客观上，北京已经成为国内经济活动的中心。再如青岛，其主要职能是外贸海港，兼有纺织机械、国防、疗养、海洋科学研究等多项职能，但因其主要职能是前者，所以青岛的城市性质被确定为港口城市。可见，城市性质侧重表现的是城市的主导职能和个性，而相对弱化其普遍的、共性的职能。

在确定城市性质时，要避免两种倾向：一是以城市的共性作为某城市的性质；二是未对城市的主次职能加以区分，或者片面强调生产而忽视其他职能，从而失去指导和规划建设的意义。

三、城市性质的划分

中国的城市性质，大体有以下几类。

（一）工业城市

以工矿业为主，工业用地及对外交通运输用地占有较大的比重。这类城市又可分为两类：

1. 多种工业的城市：如株洲、常州、沈阳、常州、黄石。

2. 单一工业为主的城市：

（1）石油化工城市，如大庆、东营、玉门、茂名市。

（2）森林工业城市，如伊春市、牙克石市等。

（3）矿业城市（采掘工业城市），如抚顺、淮南、六枝等。

（4）钢铁工业城市，如鞍山、攀枝花等。

（二）交通港口城市

这类城市往往是由于对外交通运输发展起来的，交通运输用地在城市中占有很大的比重。

1. 铁路枢纽城市：如徐州、鹰潭、襄樊市。

2. 海港：如塘沽、湛江、大连、秦皇岛市。

3. 内河港埠城市：如宜昌、九江市。

4. 水陆交通枢纽城市：如上海、武汉。

（三）各级中心城市

一般都是省城及专区所在地，是省和地区的政治、经济、文教、科研中心。全国性的中心城市有北京、上海、天津等，地区性的中心城市主要是省会、自治区首府等。

（四）县城

这类城市是联系广大农村的纽带，是工农业物资的集散地，其工业多为利用农副产品加工和为农业服务的工业。这类城市在中国城市之中数量最多，是全县的政治、经济和文化中心。

（五）特殊职能的城市

其特殊性表现在其职能具有与众不同的特征，具体可以划分为：

1. 革命纪念性城市：如延安、遵义、井冈山茨坪镇等；

2. 风景游览、休疗养为主的城市：如青岛、桂林、苏州、敦煌、北戴河、黄山、泰安等；

3. 边防城市：如二连、黑河、凭祥等；

4. 经济特区城市：如深圳、珠海、厦门等。

当然，与城市的类型相对应，城市的性质并非一成不变，而是随着国家社会、政治、经济发展环境等外部条件的变化而相应调整，不断适应新形势的需要。而且，城市的性质并非表示该城市的职能高度单一，只是反映出在城市的诸多职能当中，那些优势相对突出的主导职能，或者具有较大发展潜力、有待于进一步培育的职能。总之，城市的性质点明了城市未来发展的总体方向。

四、城市性质的演变——以上海为例

新中国成立以来，上海市一直作为全国性工业生产基地之一，对新中国迅速恢复发展起到重要的作用。“七五”、“八五”期间，上海市仍然作为国家重要的工业生产基地而加以强调，1986 年国务院对当时城市总体规划的批复指出：“上海是我国最重要的工业基地之一，也是我国最大的港口和重要的经济、科技、贸易、金融、信息、文化中心，应当更好为全国现代化建设服务。同时，还应当把上海建设成为太平洋西岸最大的经济、贸易中心之一”。

进入 20 世纪 90 年代，中央把促进上海崛起为国际经济中心城市作为国家整体战略的重要组成部分。中共十四大报告明确要求要“以上海浦东开发、开放为龙头，进一步开放长江沿岸城市，尽快把上海建成国际经济、贸易、金融中心之一，带动长江三角洲和整个长江流域地区经济的新飞跃”。

当前新一轮总体规划将上海的城市性质表述为：中国最大的经济中心和航运中心，国家历史文化名城，并逐步建成国际经济、金融、贸易中心城市之一和国家航运中心之一。体现了中央对上海的要求和上海新时期城市发展的需要。

新一轮总体规划对上海城市性质的改变，第一次没有把工业作为城市的主导职能，表明上海城市发展战略将会发生重大调整，城市发展的重心将由第二产业工业转向第三产业国际经济、金融、贸易中心与国际航运中心。

第三节　城市规模的等级

一、城市规模的内涵

城市规模一般包括城市的人口规模和用地规模，是指在一定规划期内城市人口和用地所达到（或需要控制）的数量。由于用地规模取决于人口规模，所以城市规划中需要估计远景及近期的城市人口规模。

一般来说，中国城市规模的确定主要参考人口规模指标（市区和近郊区非农业人口），依据人口规模多少可以大致分为以下几类：

（1）特大城市：100 万人以上；

（2）大城市：50 万～100 万人；

（3）中等城市：20 万～50 万人；

（4）小城市：20 万人以下。

按照《城市规划法》第一章第四条关于城市规模之规定：大城市是指市区和近郊区非农业人口 50 万以上的城市；中等城市是指市区和近郊区非农业人口 20 万以上，但不满 50 万的城市；小城市是指市区和近郊区非农业人口不满 20 万的城市。

二、合理确定城市规模的意义

首先，正确确定城市规模是建立科学中国社会主义居民点体系的核心问题，也是合理分布生产力的主要内容和具体途径之一。只有正确确定城市的性质和各级城市的发展规模，才能使区域生产力布局得到合理落实。

其次，准确确定城市规模也是城市规划建设本身的前提和依据之一。城市的用地规模、设施配置、道路走向乃至整个城市的空间结构形态，均需要在明确规模的条件下才能够进一步确定。

准确预测（或控制）城市的规模，是城市规划的重要前提之一，有助于城市规划各项工作的开展和顺利实施。如果关于城市规模的确定与现实不符，城市规划工作将会非常被动。例如，在中国关于“（严格）控制大城市规模，合理发展中等城市，积极发展小城镇”城市发展方针的指导下，20 世纪 70、80 年代各地做的城市规划和规划审批普遍出现了脱离实际、人为压低规划人口规模的情况。例如，郑州 1981 年编制城市总体规划时人口 86 万，为了控制它不成为特大城市，规划远期（一般为 20 年）人口定在 100 万，1984 年此规划被批准，第二年人口就达到了 100.3 万。广州 1983 年做规划时人口为 193 万，已经非常接近 200 万，为了执行“方针”，规划远期人口 200 万左右。规划被批准的第二年，即 1985 年就达到了 257 万。

三、城市的规模等级

把一个国家或区域中许多大小不等的城市，按人口规模大小分成不同等级，就有一种普遍存在的规律性现象，即城市规模等级越大，城市的数量越少，而规模等级越小，城市数量越多。把这种城市数量随着规模等级而变动的关系用图表示出来，就形成城市等级规模金字塔（见图 3－1）。

金字塔的基础是大量的小城市，塔的顶端是一个或少数几个大城市。城市金字塔为我们提供了一种分析城市规模分布的简便方法。采用同样的等级划分标准，就可以对不同国家、不同省区或不同时段的城市规模等级体系进行对比分析，能够从中发现它们的特点、变化趋势和存在问题。

如图 3 - 1 所示，对照 1980 年和 1990 年中国 10 万人以上城市的城市金字塔，可以发现：（1）20 世纪六七十年代中国市镇建制工作一度停顿，导致当时小城镇数量相对萎缩。80 年代以来恢复了正常，小城市数量增加非常快；（2）小城市因人口增长较快，向中等城市的晋级很明显；（3）50 万 ~ 100 万规模级的城市向特大城市的晋升也很明显，相对来说，20 万 ~ 50 万城市向 50 万 ~ 100 万的递补较慢；（4）在中国最大城市上海，人口"下降—徘徊—低速增长"的过程已经扭转。20 世纪 80 年代，上海人口增长速度逐渐接近北京，非农业人口突破了 700 万大关。

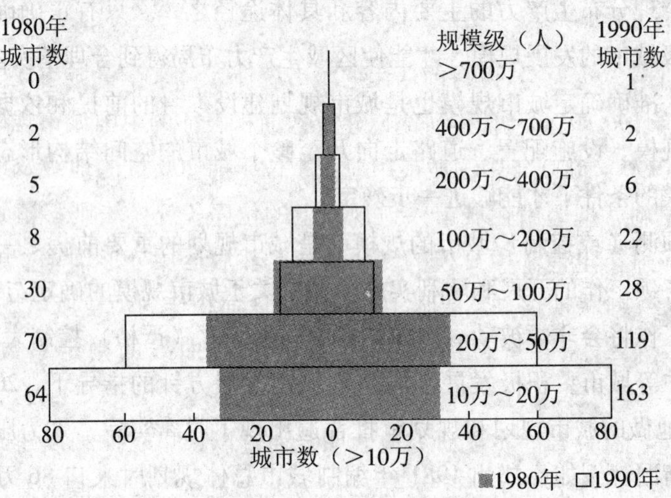

图 3 - 1　中国 1980 年和 1990 年的城市金字塔

四、位序—规模法则

位序—规模法则（Rank - size Rule）可以从城市的规模及其与规模位序的关系来考察一个城市体系的规模分布情况。1949 年，哲夫（G. K. Zipf）提出，在经济发达国家里，一体化城市体系的城市规模分布可以用简单的公式进行表达：

$$P_r = \frac{P_1}{R} \qquad (3-1)$$

其中，P_r，是规模第 R 位城市的人口，P_1 是最大规模城市的人口，R 则

是 P_r 城市的位序。这样，一个国家的第二位城市的人口是最大规模城市人口的1/2，第三位城市是最大城市人口的1/3，以此类推。

需要说明的是，哲夫的模式并不具备普遍意义，但是作为对一种理想状态的简化描述形式，已经被许多学者接受，其他还有一些更为复杂的变形公式，这里不再赘述。

经验研究表明，位序—规模法则能够较好地刻画国家和区域城市规模分布的规律，对于判断城市的发展状况和发展前景具有重要的参考价值位序—规模法则一般以人口为衡量指标，特别是采用较为稳定的非农业人口，能够较好地反映城市的规模和增长速度。但是考虑到城市存在大量外来人口，采用城市人口来表征城市规模，也有其不足之处。

在城市规模分布的研究中，大多数学者以人口来表征城市规模，但也有学者把位序—规模法则运用在城市用地的研究上，用以刻画城市土地利用的变化规律。

谈明洪等人认为，“以目前通用的城市统计人口来衡量城市规模，具有一定的不准确性”。因此，他们研究以建成区面积表征的中国城市规模分布。他们选择了1990～2000年中国城市用地面积位于前200位的地级及地级以上的城市用地资料，把运用在城市人口规模上的位序—规模法则移植到城市用地上，分析了城市土地利用规模的变化规律。然后运用分形理论，解释了城市用地的位序—规模曲线。结果显示，以建成区面积作为衡量城市规模的指标，中国城市规模分布符合位序—规模法则，拟合曲线的判定系数都在0.95以上。

闫永涛、冯长春的实证研究也表明，通过以人口表征和以建成区面积表征的中国城市规模分布的研究分析，认为无论是从人口规模来看，还是从用地规模来看，中国城市规模分布都符合位序—规模法则，其中，以非农业人口表征的城市规模分布最能反映中国城市体系的规模结构特征。

国外学者Schweitzer等用位序—规模法则解释个体城市用地的发展，取得了较为理想的效果。他们在研究德国柏林市建成区的发展时认为，城市建成区是由许多规模不等的城市丛构成的，这些城市丛的面积及其面积在丛中所占的位序符合位序——规模法则。

总之，相关研究表明，以人口表征和以建成区面积表征的城市规模分布都是研究城市规模分布的重要方面，可以揭示不同方面的规律。因此可以对比两种形式的城市规模分布格局来研究中国城市规模分布的特征和规律。

第四节　城市的总体布局

城市的总体布局是城市规划工作中的一个重要环节，是一项有助于城市长远、合理发展的基础性、全局性的工作，是城市总体规划的中心任务。

编制城市总体规划时，在确定城市性质、规模及城市用地评定的基础上，最主要的任务就是要做好城市的总体布局。实践证明，凡是制定了城市规划并按规划总体布局进行建设的城市，就能达到统筹兼顾，全面安排，促讲生产、生活发展的效果；反之，没有城市规划，缺乏合理的规划布局，盲目进行建设，必然导致城市混乱，不利于生产生活，浪费大量资金和土地。

所谓城市总体布局，就是综合考虑城市各组成要素，如工业用地、居住用地及对外交通运输用地，并对其进行统筹安排。城市总体布局反映了城市各项用地之间的内在联系和合理组织，是在城市性质、规模已经确定，规划期间主要建设项目、有关总体规划经济技术指标，以及城市发展用地选择等总体规划布局的经济技术依据均确定的情况下，从城市布局现状出发，按照国民经济发展的需要和城市用地功能组织与城市艺术的要求，在城市规划区范围内，对规划期内的城市各项建设用地和设施进行统筹安排以及合理布局，即对城市各项建设做出总的战略部署，作为城市建设发展的依据。

具体来看，城市总体布局包含两层意思：一是从区域范围研究城市布局，即城镇体系布局；二是从一个城巾内部研究各功能区之间的关系和空间布局。

一、城市布局形式

城市布局形式是城市总体布局带有原则性的重大问题。城市用地是集中布置还是分散布置及其组合的形式和规模，都将直接关系到城市用地的功能组织，包括对原有城市功能的调整。所以，城市布局形式的确定是城市用地功能组织的前提，是城市总体布局的重要环节。

城市布局主要有集中和分散两种基本形式。

（一）集中形式

即城市各项建设用地基本集中连片布置。按照城市规模大小及其内部差异，又有两种不同情况：

1. 简单集中形式（见图3-2）

城市（镇）只有一个生活居住区，有一到几个工业区（片），两者基本上是连片布置，即使由于少量规模不大、污染严重的工厂企业布置在近郊，而相应布置了一些居住建筑，但职工生活仍然主要依托城市（镇）生活居住区，其本身并不构成一个独立的行政单位。这种形式多见于那些地形平坦的平原地区的中等城市和小城市（镇）。

2. 复杂集中形式（见图3-3）

这种形式的特点是，城市有一个较大的中心区，作为城市的主要生活居住区，而城市其他主要建设用地，如工业生产用地或其他非生产性用地，则基本连片布置在城市中心区外围，并相应配置相对独立的生活居住设施。

图3-2　简单集中形式的城市布局

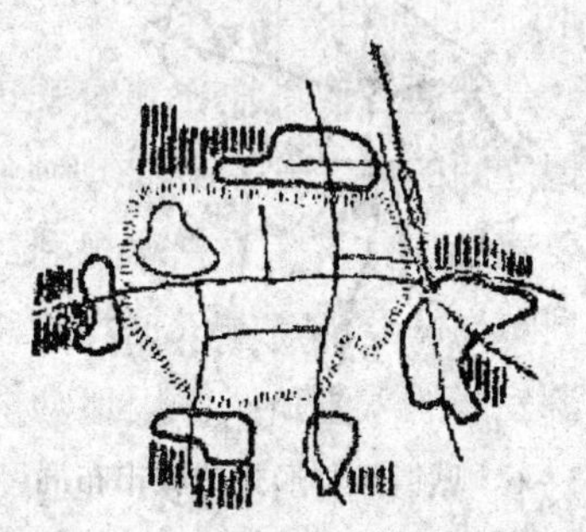

图3-3　复杂集中形式的城市布局

（二）分散形式

分散形式，即城市各组成部分分散布置在城市用地范围内。根据布局的分散程度和外部形态的差异，也有几种不同的情况：

1. 分散成组形式（见图3-4）

城市由几片组成，外围部分的几片与中心区以及各片之间互不连属，而是相距一定距离（一般1~3公里），各片相应成组配置生活居住设施。

2. 一城一区形式（见图3-5）

这类城市由一城和一区组成，城区之间有一定距离，一般可达5公里以上，但生产、生活联系密切，且行政上也统一管理。

3. 城镇组群形式（见图3-6）

在城市区域内，分布有若干城镇和居民点，规模不一，性质各异，共同构成一个城镇居民点体系；每个城镇、居民点的工业等生产性设施与生活性设施成组配置；城镇居民点间保持一定距离，由农田、山体或水体等分隔；

各城镇相对独立，但保持密切联系。这种城市布局形式多见于一些区域范围较大的工矿类城市。

4. 城镇群形式（见图3-7）

一般来说，大城市和特大城市属于此类布局形式。城市由中心城市（中心区和近郊工业区）和周围一定数量的卫星城镇组成。

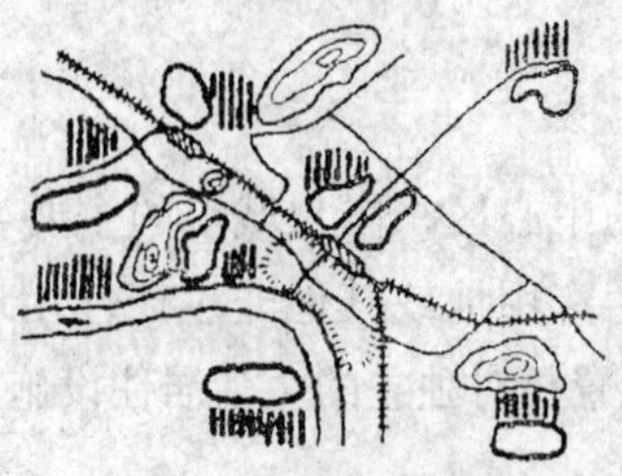

图3-4 分散成组形式的城市布局

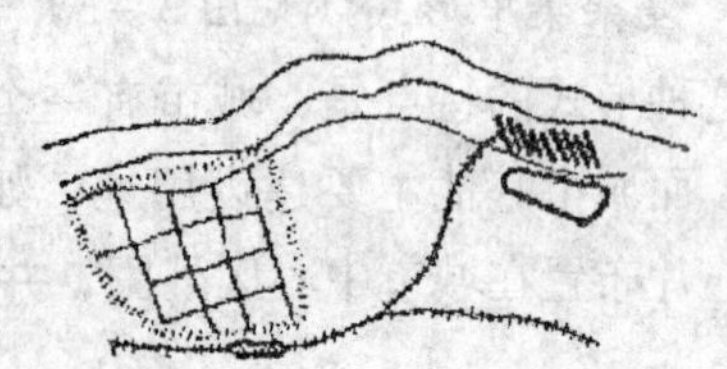

图3-5 一城一区形式的城市布局

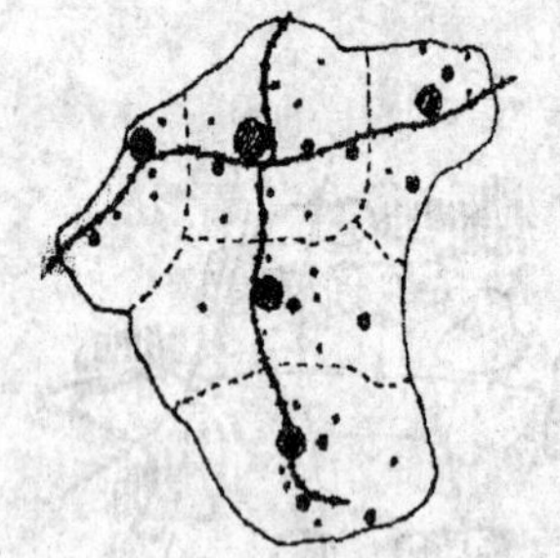

图3-6 城镇组群形式的城市布局

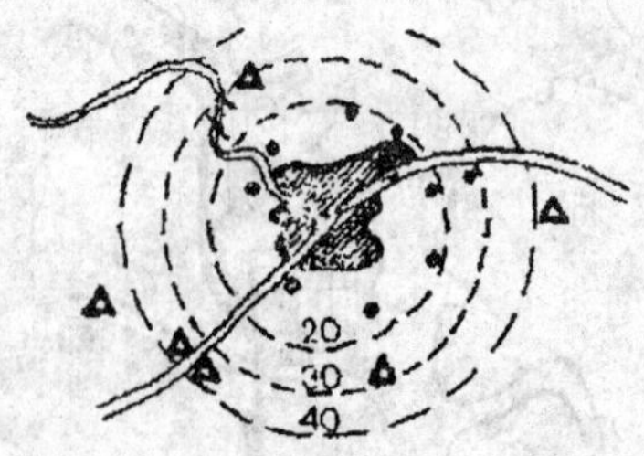

图3-7 城镇群形式的城市布局

综上所述，集中式布局与分散式布局各有优势。集中形式的城市布局，其形态相对紧凑，便于生活设施配套建设，市政建设投资也比较节省。而分散形式布局比较灵活，能够适应不同地形、规模城市的需要，城市环境质量也比较容易得到保证。此外，城市布局形式还可以按照几何形态划分为团状城市、星状城市、组团状城市、带状城市、环状城市等。

随着城市化的推进，城市规模不断扩大，城市职能日趋复杂，城市经济和生活活动日趋频繁，城市内部用地功能组织由简单变为复杂，现代城市的空间结构有逐步由集中布局到分散布局、由单中心结构向多中心结构发展演变的趋势，带状、组团状格局成为一些城市尤其是大城市的选择。

当然，一个城市的布局形式究竟采取何种为好，应从城市发展规模、用地条件、布局现状以及建设项目特点等多因素出发，具体情况具体分析，灵活掌握。不适当的集中必然导致连片发展，规模越来越大，城市布局和功能相对混乱，造成用地、供水、交通紧张以及近郊农地的大量占用；反之，不适当的分散也势必造成生产与生活脱节，城市骨架拉得过大。

二、城市用地功能组织

所谓城市用地功能组织，就是按照城市各项建设用地的要求以及城市自身条件，本着相互协调、各得其所的原则，对城市各项用地进行统筹兼顾、合理安排，尽量减少和避免互相干扰，最大限度地方便生产和生活。

城市用地功能组织中的中心问题是城市用地功能的合理划分。由于城市各项建设用地各自特点和要求的不同，有必要按照协调发展和各功能的不同要求，将城市用地划分成若干不同的功能地带。城市用地功能组织的基本要求和内容是：正确处理城市各项用地间的相互关系；在城市各功能用地之间建立便捷的交通联系，同时保持城市用地的弹性与灵活性。

其中，城市工业用地与生活居住用地之间的关系是城市总体布局和用地功能组织中最普遍和带有关键性的问题。两者既要保证一定的联系，又要保持适度的隔离。一方面，为了方便生产和生活，工业用地和居住用地需要就近配置，以保证职工上下班出行和日常生活的需要。具体来看：

（1）城市的生产性设施和生活性设施需要配套规划和建设，做到就近平衡。特别对于大中城市，需要从城市工业用地和生活居住用地布局现状出发，按照分片平衡的原则，逐步改善和调整城市工业用地与生活用地的布局（见图3－8）。

（2）应当针对自身特点，保持工业区的适度规模。一般来说，居住区的规模以4万~6万人为宜，如果工业区规模过小，将会难以达到特定服务设施配置的最低服务人口门槛，居住区的生活设施难以配套建设，给居民带来不便；反之，工业区规模过大，势必拉大工业区与居住区之间的空间距离，不仅造成职工通勤距离过长、出行时间过多，还容易导致交通高峰现象的出现。

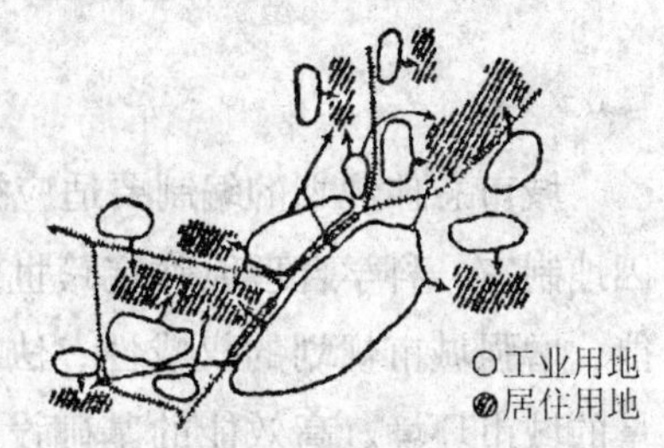

图3－8 大城市工业用地与生活居住用地的相互布置

（3）通勤距离应合理。城市的交通出行方式主要有步行、自行车、摩托车、公共交通、私人小汽车等。一般来说，绝大多数城市居民能够忍受的最大单程工作出行时间大约在30分钟，对于北京、上海这一类特大城市来说，最大单程工作出行时间最好能够控制在1小时以内。随着城市人口的增加和城市空间规模的扩大，城市的交通问题十分严峻，构建一个覆盖中心城区的快速交通体系显得十分必要和迫切。

另一方面，为了避免工业用地对居住用地的污染和干扰，两者又需要保持一定的空间防护距离。特别要做到以下几点：

(1) 避免工业用地与居住用地犬牙交错的布局方式，甚至工业用地包围城市的布局方式。

(2) 三废污染严重的冶金、石油化工等工业企业，应当布置在远离城市和居住区的地带，并且注意居住区的盛行风向和河流流向（见图3－9）。

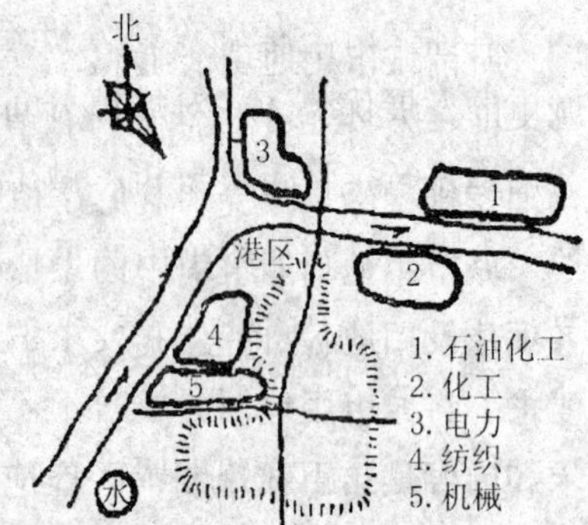

图3－9　考虑盛行风向和河流流向的工业布置

(3) 根据工业生产性质和生产规模，确定和安排工业生产用地和生活居住用地之间的防护距离。

(4) 对现有城市和生活居住用地中有碍于居住环境的大气污染、噪声、震动比较严重以及易燃易爆的工厂（车间），应结合城市用地功能组织重新调整和搬迁。

第五节　城市总体规划的编制程序及成果

城市总体规划的编制要适应社会主义市场经济发展的要求，从实际出发、因地制宜、科学合理地确定跨世纪的城市发展目标，突出城市规划的政府职能，增强城市规划的权威性、法律性、可操作性和弹性，逐步建成具有高质量的城市环境、高效能的基础设施、高水平的城市管理和社会服务、高度发达的社会主义的物质文明和精神文明，各具特色的现代化城市。

总体规划编制采用勘测资料，必须根据审批权限，由相应的规划行政主管部门认可。城市总体规划的编制工作，一般按如下步骤进行。

一、收集基础资料，总结上一轮城市总体规划实施情况及存在的突出问题

该阶段属于前期准备阶段，既要对城市发展的现状基础有一个较为准确的把握，又需要对上一轮城市总体规划的实施情况进行评价，总结不足，发

现问题，提出相应的调整方案和对策。

所需收集的资料主要涉及自然、历史、文化、经济社会现状与发展等方面。具体来看，基础资料分析工作主要有：分析研究城市在区域中的地位、城市的发展优势，并对城镇分布、城市化水平现状进行分析评价；对城市发展用地进行定性定量分析，做出用地实用性评价；分析研究城市经济社会现状与发展；评价城市环境质量；分析城市建设特点及存在的主要问题等。

二、编制城市总体规划纲要

编制城市总体规划前一般应编制城市总体规划纲要。编制城市总体规划纲要的目的是为了研究确定城市总体规划的重大原则性问题，初步确定城市发展的总体框架。

城市总体规划纲要的成果包括文字说明和图纸两大部分。

（一）文字说明

（1）简述城市自然、历史及现状特点。

（2）分析论证城市的区域发展地位和作用，原则确定市域城镇发展目标和城镇体系布局。

（3）论证城市发展的技术经济依据和发展条件，原则确定城市性质规模和城市发展战略目标。

（4）初步划定城市规划区范围。

（5）提出城市用地发展方向和总体布局结构。

（6）提出城市基础设施规划设想。

（二）图纸

（1）区位分析图

（2）城市现状示意图

（3）城市用地评价图

（4）远期规划示意图

（5）基础设施规划示意图

（6）远景规划示意图

（7）其他分析与说明性图纸

三、编制市域城镇体系规划

市域城镇体系规划的主要内容包括：分析研究市域社会经济发展战略；

预测市域人口增长及城市化水平；确定市域城镇体系等级结构、规模结构、空间结构和职能结构；提出市域基础设施的规划意见；提出市域环境保护、文物保护和风景旅游规划设想；确定各时期重点发展的城镇，提出近期重点发展城镇的规划建议；对中心城市性质、规模及发展方向提出指导性意见；提出实施规划的政策和措施。

四、编制城市总体规划

城市总体规划的任务是综合确定城市性质、规模、城市发展目标和城市发展形态，优化城市布局，综合安排各项基础设施，保证城市合理有序地发展。

总体规划的主要内容如下：

（1）对市的县辖行政区范围内的城镇体系、交通系统、基础设施、生态环境、风景旅游资源开发进行合理布置和综合安排。

（2）确定规划期内城市人口及用地规模、划定城市规划区范围。

（3）确定城市用地发展方向和布局结构，确定市、区中心区位置。

（4）确定城市对外交通系统的结构和布局，编制城市交通运输和道路系统规划，确定城市道路等级和干道系统、主要广场、停车场及主要交叉路口形式。

（5）确定城市供水、排水、防洪、供电、通信、燃气、供热、消防、环保、环卫等设施的发展目标和总体布局，并进行综合协调。

（6）确定城市河湖水系和绿化系统的治理、发展目标和总体布局。

（7）根据城市防灾要求，做出人防建设、抗震防灾规划。

（8）确定需要保护的自然保护地带、风景名胜、文物古迹、传统街区，划定保护和控制范围，提出保护措施。

（9）各级历史文化名城要编制专门的保护规划。

（10）确定旧城改造、用地调整的原则、方法和步骤，提出控制旧城人口密度的要求和措施。

（11）对规划区内农村居民点、乡镇企业等建设用地和蔬菜、牧场、林木花果、副食品基地做出统筹安排，划定保留的绿化地带和隔离地带。

（12）进行综合技术经济论证，提出规划实施步骤和方法的建议。

（13）编制近期建设规划，确定近期建设目标、内容和实施部署。

五、城市总体规划的审批

根据《中华人民共和国城市规划法》第 21 条规定，城市规划实行分级审批。

（一）国务院审批的城市

下列四类城市的总体规划由国务院审批，分别是：

（1）直辖市。

（2）省会城市和自治区人民政府所在地城市。

（3）城市人口在 100 万以上的城市。

（4）国务院指定的其他城市。

具体来看，直辖市的城市总体规划，由直辖市人民政府报国务院审批；省和自治区人民政府所在地城市、城市人口在 100 万以上的城市及国务院指定的其他城市的总体规划，由省、自治区人民政府审查同意后，报国务院审批。其中，国务院指定的城市包括 4 个特区城市以及人口在 50 万以上的城市和其他特别指定的城市。合计国务院审批的城市有 80 多个，约占全国设市城市的 12%。

（二）省、自治区、直辖市政府审批的城市

城市总体规划由省、自治区、直辖市政府审批的城市如下：

（1）除上述规定以外的设市城市。

（2）县政府所在地镇的总体规划（其中市管辖的县级人民政府所在地镇的总体规划报市政府审批）。

（三）县政府审批的城市

上述规定以外的其他建制镇的总体规划，报县级人民政府审批。

城市人民政府和县级人民政府在向上级人民政府报请审批城市总体规划前，须经同级人民代表大会或者其常务委员会审查同意。城市总体规划文件和图件经批准后即成为城市建设和管理的依据，必须严格执行，任何组织和个人不得擅自改变。在规划实施过程中如认为确需修改时，必须提交该城市人民代表大会或其常务委员会审议后，报经批准机关同意。

一般来说，城市总体规划设计成果由城市总体规划文本、城市总体规划图纸以及附件三部分组成。

城市总体规划图纸就是用图像表达现状和规划设计内容。规划图纸须绘制在地形图上，应采用独立的坐标系。规划图上须明确标注图名、比例尺、图例、绘制时间、规划设计单位名称和技术负责人签字等，增加图纸的信息量。规划图纸所表述的内容和要求要与规划文本一致。

一、城市总体规划文本

城市总体规划文本是城市总体规划的法规法律文件，对规划意图、目标和有关内容提出规划性要求，应运用法律语言，文字要规范、准确，操作性要强。

城市总体规划文本的主要内容如下：

（1）总则：规划编制依据、原则、使用范围等。

（2）市域城镇体系规划。

（3）城市性质、规模与发展目标、规划期限、城市规划区范围。

（4）城市建设用地布局：人均用地指标，城市总体布局结构，规划建设用地范围及用地性质。

（5）对外交通、道路系统、公共设施用地、居住用地、园林绿化用地指标及布局。

（6）城市总体艺术布局：城市景观分区、高度分区与标志性地段，城市特色的继承与发展。

（7）城市规划建设用地分等定级，土地出让原则与规划。

（8）市政工程设施规划：城市水源、电源、热源、气源、水厂、污水处理厂位置与规模、管网布置及管径，其他设施的布置。

（9）城市防灾规划：城市防洪、抗震、消防、人防标准及设施布置。

（10）环境保护规划。

（11）历史文化名称保护规划。

（12）郊区规划。

（13）城市开发建设程序。

（14）近期建设规划。

（15）远景规划。

（16）实施规划的政策措施。

二、城市总体规划图纸

图纸主要包括城市现状图、市域城镇体系规划图、城市总体规划图、道路交通规划图、各项专业规划图及近期建设规划图。图纸比例：大中城市为1/10000～1/25000，小城市1/5000～1/10000，其中市域城镇体系规划图为1/

50000～1/100000。

三、城市总体规划附件

城市总体规划附件包括规划说明书、规划专题报告和基础资料汇编三部分内容。

规划说明书是对规划文本的解释和补充，其内容有：

（1）城镇体系规划：城市区位条件分析，市域人口发展计算方法与结果，城市化水平预测与依据，城镇体系布局规划；

（2）规划依据、原则；

（3）城市性质规模与发展目标；

（4）城市总体布局：城市用地发展方向分析，城市布局结构，对外交通规划、工业和仓储用地规划、道路交通规划、居住和公共设施用地规划、绿化景观规划、城市保护规划、土地分等定级、郊区规划；

（5）专项工程规划：给水排水规划、电力电讯规划、热力燃气规划、抗震防震规划、消防规划、环境保护规划、环卫规划；

（6）近期建设规划；

（7）远景规划；

（8）规划实施措施。

规划专题报告是根据需要，对大中城市交通、环境等制约发展的重大问题及历史名城保护进行专题研究所形成的报告。

基础资料汇编即是将城市总体规划基础资料整理完善后，汇编成册，以作为城市总体规划的依据之一。

第二章　城市详细规划

第一节　城市详细规划的发展

城市详细规划是指为实施城市总体规划而提出具体规划要求的地区性规划。城市详细规划是中国规划体系中的一个重要组成部分。城市详细规划包括控制性详细规划和修建性详细规划两个层次。

一、中国城市详细规划的发展

城市详细规划最早出现在1952年《中华人民共和国编制城市规划设计程序（初稿）》中，并一直为后来的城市规划体系所沿用。

新中国成立初期，中国为了医治战争创伤，建设社会主义工业基地，进行了大规模的城市规划工作。由于当时百废待兴，大批生产生活和城市基础设施项目亟须建设，因而城市详细规划主要侧重于修建性详细规划，用以对各种城市用地和各建设项目进行定性、定量和定位。这种规划措施在当时的历史条件下，无疑是正确的和必要的。然而，20世纪80年代以来，随着改革开放的不断深入和社会主义市场经济的建立，城市建设与开发的主体已经从计划经济时代的一元（国家）转变为多元，这就要求各级政府必须站在广大市民和国家的立场上，通过城市规划调整城市建设中经济利益、社会利益和环境利益之间的相互关系，引导和控制城市开发，保障城市的可持续发展。单纯的修建性详细规划已经无法适应市场经济条件下城市规划管理的要求，在这种客观条件下，控制性详细规划应运而生，成为了城市规划管理和实施中最主要的技术平台和管理手段之一。

控制性详细规划首次出现在1991年《城市规划编制办法》中，之前的城市规划体系中，修建性详细规划与城市总体规划相对应，主要承担描绘城市局部地区具体开发建设蓝图的职责，修建性详细规划就是详细规划的代指。1983年上海在编制虹桥开发区规划时，首先采用了城市详细规划的技术。1991年《城市规划编制办法》之后，城市详细规划形成两个层次：第一个层次是控制性详细规划，重点是确定用地功能的组织、制定各项规划控制条件；第二个层次是修建性详细规划，重点是进行建筑与设施的具体布局。

二、城市详细规划的编制原则

城市详细规划是对城市总体规划及分区规划的实施，它必须在城市总体规划或者分区规划的指导下进行，编制详细规划主要遵循总体规划或者分区规划中所确定的城市职能、布局和发展方略。

首先，城市详细规划要满足城市职能的要求。不同的城市具有不同的职能性质，它在城市规划中已经确定，不同性质的城市在建筑风格、色彩、层数、密度等方面有不同的要求及表现形式，详细规划要反映和体现这些要求。

其次，城市详细规划要满足城市布局的要求。详细规划在用地结构、开发强度、交通组织等方面应与总体布局相协调，并充分体现城市总体规划所能提供的各种规定条件。

最后，详细规划应反映城市发展的要求。城市详细规划不但要以满足人的需要为规划目标，还要反映城市特色。

第二节 控制性详细规划

控制性详细规划是指市和区、县人民政府根据城市各层次总体规划和地区经济、社会发展以及环境建设的目标，对土地使用性质、土地使用强度、空间环境、市政基础设施、公共服务设施以及历史文化遗产保护等作出具体控制性规定的规划。

一、控制性详细规划的产生与发展

（一）控制性详细规划的产生

控制性详细规划的产生与中国经济体制转型密不可分。改革开放以来，中国计划经济体制逐渐向市场经济体制过渡，投资主体由国家主导转向多元利益主体主导，城市土地使用制度由无偿、无限期使用转向有偿、有限期使用，城市土地使用权可以在市场中流转。在城市发展和变化中，如何对城市土地进行合理有效的利用和分配，是中国城市建设开发管理面临的挑战。因此，需要引进新的规划手段—控制性详细规划—来解决城市建设面临的问题。控制性详细规划产生的背景可以分为以下三个方面：

1. 土地使用制度改革

从新中国成立开始，中国城市土地使用制度实行无偿、无期限的行政划拨制度，土地的经济效益得不到发挥，土地资源浪费严重。随着中国经济体制的转型，经济利益主体多元化，对城市土地的需求竞争加剧，城市土地的稀缺性逐渐显现，1982 年深圳市率先实行“土地有偿使用”，标志着中国城市土地使用逐步由无偿划拨向有偿使用过渡，从计划模式向市场模式过渡。在市场经济的原则下，“价高者得”有效提高了城市土地的利用效率，但这种竞争不应当是盲目的，应当在规划的控制下使土地利用结构、城市布局趋于合理，这就直接促使了控制性详细规划的引入与产生。

2. 城市建设投资主体多元化

改革开放之前和之初，城市建设以国有单位为建设主体，小规模、零散的见缝插针式的建设不利于城市整体的协调发展。经济体制转型后，土地的有偿使用使城市建设的投资主体由单一的城市逐渐变为国家、集体、个人及企业等，计划经济体制下以国有单位为主的相对单一的投资渠道被作为商业活动的房地产开发和工业开发所取代。

3. 对规划管理及规划设计工作提出的要求

随着城市管理工作的手段从依靠行政指令为主转向依靠法治与经济调控为主，以及以建设为导向转向以管理控制为导向的观念改变，作为城市规划管理重要依据的规划形式与内容必然要发生根本性的变化。这种变化主要体现在：首先，必须适应规划管理工作的需求，能够为规划管理与控制提供具有权威性的依据；其次，规划的内容不必是终极蓝图，但要对开发建设提出明确的要求和指导性意见，并在执行过程中具有一定的灵活性（即规划要有弹性）；再次，这种要求不但要符合城市总体规划的方针、政策和原则，同时还要体现城市整体设计的思想和构造。

（二）控制性详细规划的发展

1983 年，上海编制虹桥开发区规划时首先采用了控制性详细规划的技术。1986 年 8 月，建设部在兰州召开了全国城市规划设计经验交流会，会上上海市城市规划设计院介绍了虹桥开发区规划，规划将整个地区分为若干地块，对每个地块提出了八项指标，本次规划已初具控制性详细规划的雏形。此后，清华大学与同济大学分别在对桂林、厦门的规划工作中进行了通过建立指标体系来引导规划建设的探索。而广州市在街区规划中通过了《广州市城市规划管理办法》和《实施细则》两个地方性城市法规，通过立法程序确立了街区规划的权威性。这些都对当时中国的城市规划界产生了广泛的影响，使控制性详细规划和传统的详细规划有了本质上的区别。1988 年，《城市规划》编辑部和唐山市建委联合举办了控制性详细规划专题研讨班，广泛交流了国内的实践经验，系统介绍了国外的理论与实践，中国的控制性详细规划理论体系正式建立，并在此后的应用中不断完善。“控制性详细规划”的概念也被建设部在 1989 ~ 1993 年的城市规划工作纲要中明确提出，并列入 1991 年 10 月 1 日施行的《城市规划编制办法》中。接下来的几年中，江苏、上海、浙江、广东等省市的重要城市纷纷开展了控制性详细规划的编制实践。1995 年，建设部制定了《城市规划编制办法实施细则》进一步明确了控制性详细规划的地位、内容与要求，使其逐渐走上了规范化的轨道。1998 年，深圳人大通过了《深圳市城市规划条例》，把城市控制性详细规划的内容转化为法定图则，为中国控制性详细规划的立法提供了有益的探索。编制控制性详细规划在中国已经有 20 余年的历史，但 1989 年的《城市规划法》并不包含控制性详细规划的内容。

二、控制性详细规划的作用和特点

（一）控制性详细规划的作用

控制性详细规划是城市总体规划和修建性详细规划的有效衔接，是在借鉴国外土地分区管制原理的基础之上，根据中国城市的实际情况，对城市建设项目具体的定位、定量、定性和定环境的引导和控制。控制性详细规划在城市规划与管理中的作用主要体现在：

1. 通过抽象的表达方式落实城市总体规划的意图

中国城市规划界倾向将控制性详细规划看作是一个规划层次，起到连接粗线条的作为框架规划的总体规划与作为小范围建设活动总平面的修建性详细规划的作用。即上承总体规划所表达的方针、政策，将城市总体规划的宏观、平面、定性的规划内容体现为微观、立体、定量的控制指标；下启修建性详细规划，作为其编制的依据。

2. 提供管理依据，引导开发建设

一部分城市通过地方性立法等努力，试图将控制性详细规划作为按照法定程序审议的、事先确定的、公开的、较为公平合理的规划，使之成为城市规划管理的主要依据。因此比较重视控制性详细规划的可操作性，力图使城市规划管理工作做到有章可循。另一方面，控制性详细规划的内容如果能做到公开，并保持相对的稳定性在事实上就起到了开发建设指南的作用，使城市中开发建设活动的盈损具有了相当程度的可预测性，从而降低了具体开发建设活动的风险。

3. 体现城市设计的构想

由于中国现行的城市规划体系中，城市设计并不是法定城市规划的内容，因此各个空间层次上的城市设计构想与意图，必须通过一定的途径才能得到体现。控制性详细规划可部分起到这种作用，将具体的城市设计内容转换为相对抽象的控制指标和引导性需求。

（二）控制性详细规划的特点

1. 承上启下

控制性详细规划上承总体规划、分区规划的意图，并进一步将其深化、完善，为修建性规划作指导。

2. 定性和定量相结合

在控制性详细规划中，不仅要确定每块土地的使用性质，还要确定每类土地的规划面积。此外建筑密度、建筑高度、容积率和绿地率等指标均须确定其大小，在控制性详细规划中如何确定这些指标的数量将影响土地利用、居民的居住环境和城市环境质量。

3. 规定性和弹性

控制性详细规划必须具备规定性才能为日常的规划管理服务；面对快速发展的经济和瞬息万变的社会，灵活性或弹性又是必不可少的。

4. 复杂性

城市功能多样，土地级差收益差异较大，城市土地利用类型多样，决定了控制性城市规划的复杂性。因此，控制性详细规划的控制性要求及控制方式必然是多样的。

三、控制性详细规划的控制体系和控制指标

（一）控制性详细规划的控制体系

控制性详细规划的重点在于确定控制体系，控制体系是影响控制性详细规划控制功能的最主要的内部因素，包括控制内容和控制方法。控制内容是指控制性详细规划所控制的要素，它对控制性详细规划功能作用的影响主要在功能作用发挥的广度上。控制方法是为事项规划意图选取控制的手段，它对控制性详细规划功能作用发挥的深度有决定性影响。控制性详细规划的控制内容和控制方法是控制体系中互为联系、互为影响的两个层面。

规划控制体系的内在构成是规划控制体系建立的基础。从城市规划控制体系包括六个方面：土地使用、环境容量、建筑建造、城市设计引导、配套设施和行为，城市规划对城市建设是从这六个方面进行控制的。

1. 土地使用控制

土地使用控制是对建设用地上的建设内容、位置、面积和边界范围等方面做出规定。其具体控制内容包括用地性质、用地使用相容性、用地边界和用地面积等。用地使用性质按照《城市用地分类与规划建设用地标准》规定建设用地上的建设内容进行标注。用地使用相容性通过土地使用性质兼容范围的规定或适建性要求，给规划管理提供一定程度的灵活性。

2. 环境容量控制

环境容量控制即是为了保证良好的城市环境质量，对建设用地能够容纳的建设量和人口聚集量做出合理规定，其控制指标一般包括容积率、建筑密度、人口密度、人口容量、绿地率和空地率等。人口容量是规划地块内部每公顷用地的居住人口数，以上限控制；建筑面积是指建筑总面积与建筑基地总面积之比，通常以上限控制；建筑物红线后退指建筑线距离道路红线的距离，通常以下限控制；容积率是建筑面积与地块占地面积之比，容积率可以根据需要制定上限和下限，下限是防止土地低效利用，上限是防止土地过度开发；绿地率是绿地面积与地块占地面积之比，通常以下限控制。

容积率和建筑密度分别从空间和平面上规定了建设用地的建设量；人口密度规定了建设用地上的人口聚集量；绿地率和空地率表示出公共绿地和开放空间在建设用地里所占的比例。这几项控制指标分别从建筑、环境和人口三个方面综合、全面地控制了环境容量。

3. 建筑建造控制

建筑建造控制即是为了满足生产、生活的良好环境条件，对建设用地上

的建筑物布置和建筑物之间的群体关系做出必要的技术规定。其主要控制内容有建筑高度、建筑间距、建筑后退、沿路建筑高度、相邻地段的建筑规定等，同时还包括消防、抗震、卫生防疫、安全防护、防洪以及其他专业的规定。

4. 城市设计引导

城市设计引导多用于城市中重要景观地带和历史文化保护地带，即为了创造美好的城市环境，依照空间艺术处理和美学原则，从城市空间环境对建筑单体和建筑群体之间的空间关系提出指导性综合实际要求和建议，用具体的方案进行引导。

建筑单体环境的控制引导，一般包括建筑风格形式、建筑色彩、建筑高度等内容，另外还包括绿化布置要求及对广告、霓虹灯等建筑小品的规定和建议。建筑色彩一般从色调、明度和彩度上提出控制引导要求，建筑体量一般从建筑竖向尺度、建筑横向尺度和建筑形体三方面提出控制引导要求。对商业广告、标志等建筑小品的控制则规定其布置内容、位置、形式和净空限界等。

建筑全体环境的控制引导，对建筑实体围合成的城市空间环境及周边其他环境要求提出控制引导原则，一般通过规定建筑组群空间组合形式、开场空间的长宽比、街道空间的高宽比和建筑轮廓线示意等达到控制城市空间环境的目的。

5. 配套设施控制

配套设施是生产生活正常进行的保证，配套设施控制是对居住、商业、工业、仓储等用地上的公共设施和配套设施建设提供定量配置要求。包括公共设施配套和市政公用设施配套。公共设施配套一般包括文化、教育、体育、公共卫生等公共设施和商业服务业等生活服务设施的配置要求，市政设施配套包括给水、排水、电力、通信及机动车和非机动车停车场以及基础设施容量规定等。配套设施控制应按照国家和地方规范作出规定。

6. 行为活动控制

行为活动控制是从外部环境的要求，对建设项目就交通活动和环境保护两方面提出控制要求。

交通活动的控制在于维护交通秩序，其规定一般包括允许出入口方向和数量、交通运行组织、地块内允许通过的车辆类型，以及地块内停车泊位数量和交通组织、装卸场地规定、装卸场地位置和面积等。

环境保护的控制则通过限定污染物排放最高标准，来防治在生产建设或者其他活动中产生的废气、废水、废渣、粉尘、有毒有害气体、放射性物质以及噪声、震动、电磁波辐射等对环境的污染和危害，达到环境保护的目的，这方面控制应与当地环境保护部门的相关要求结合。

（二）控制性详细规划控制指标

根据控制性详细规划控制内容，按照各个指标不同的控制力度，将各指标分为规定性和指导性两类。

规定性指标是必须严格遵照的指标，包括：用地性质、用地面积、建筑密度、建筑控制高度、建筑红线后退距离、容积率、绿地率、交通出入口方位、机动车出入口方位、禁止机动车开口地段、主要人流出入口方位、停车泊位等。

指导性指标是参照执行的指标，包括：人口容量、建筑形式、建筑体量、建筑色彩、建筑风格、其他环境要求（视具体情况确定）。

四、城市控制性详细规划的内容和编制方法

（一）城市控制性详细规划的内容

按照《城市规划编制办法》第二十三条的要求，控制性详细规划应当包括下列内容：

（1）详细规定所规划范围内各类不同使用性质用地的界限，规定各类用地内适建、不适建或者有条件地允许建设的建筑类型；

（2）规定各地块建筑高度、建筑密度、容积率、绿地率等控制指标；规定交通出入口方位、停车泊位、建筑后退红线距离、建筑间距等要求；

（3）提出各地块的建筑体量、体型、色彩等要求；

（4）确定各级支路的红线位置、控制点坐标和标高；

（5）根据规划容量，确定工程管线的走向、管径和工程设施的用地界限；

（6）制定相应的土地使用与建筑管理规定。

（二）城市控制性详细规划的编制程序

城市控制性详细规划的编制工作分为基础资料收集、地块划分与用地分类、确定控制内容以及成果制作四个阶段。每个工作阶段工作内容如下：

1. 基础资料收集

与其他层次的规划相同，控制性详细规划的编制工作首先从基础资料的收集整理入手。编制控制性详细规划需要收集的基础资料有：

（1）总体规划或分区规划对本规划地段的规划要求，相邻地段已批准的规划资料；

(2) 土地利用现状，用地分类至小类；

(3) 人口分布现状；

(4) 建筑物现状，包括房屋用途、产权、建筑面积、层数、建筑质量、保留建筑等；

(5) 公共设施规模、分布；

(6) 工程设施及管网现状；

(7) 土地经济分析资料，包括地价等级、土地级差效益、有偿使用状况、开发方式等；

(8) 所在城市及地区历史文化传统、建筑特色等资料；

(9) 地块划分及用地分类。

控制性详细规划中的地块划分通常遵照以下原则：应当保证地块性质单一，避免不相容使用性质用地之间的干扰；严格遵守城市总体规划或分区规划及其他专业规划的要求；尊重现有用地产权或使用权边界；考虑土地价值的区位级差；兼顾基层行政管辖界线，便于现状资料的收集及统计。地块规模除根据不同性质的用地有所变化外，一般新区的地块规模较大，在0.5公顷和3公顷之间，旧城等现状建成区内的地块规模较小，在0.05公顷和1公顷之间。

用地性质的分类，一般按照《城市用地分类与规划建设用地标准》分至小类，或依据实际情况，在小类中适当增加一些更为细致的分类。但过细的分类不易发挥控制性详细规划的特点和应起到的作用。

2. 根据规划设计构思确定控制内容

控制性详细规划中的控制内容可以分为以下几种类型：

(1) 用地控制指标。

土地使用性质细分及兼容范围的控制是较为重要的内容，对城市用地控制、土地出让转让提出标的条件及指导修建性详细规划编制具有重要内容，对城市土地使用性质的细分，必须进行“定性定量定位”的具体控制。

定性即确定城市土地具体地块性质，必须将其划分至小类以下，才能达到编制深度要求。

定量即确定每片、块建设用地面积及建设用地上所设定项目的用地面积和可开发建筑量。

定位即确定大、中、小类城市用地，特别小类以下建设用地或建设项目（如中小学、幼儿园等）的规划范围或规划的具体位置、界线。

控制性详细规划在对各类建设用地使用性质细分的同时，必须规定其合理的土地使用兼容范围。

（2）建筑形态控制指标。

（3）环境容量控制指标。

（4）交通控制内容指标。

（5）城市设计引导及控制指标。

（6）配套设施指标。

3. 编制规划成果

控制性详细规划的成果主要包括规划文本、规划图纸以及附件（含规划说明及基础资料）。

（1）规划文本

控制性详细规划文件包括土地使用与建设管理细则，以条文形式重点反映规划范围内各类用地控制和管理的原则以及技术规定，经批准后可纳入规划管理法规体系。规划文本应包含以下内容：

①总则。规定规划的目的、依据和原则，主管部门和管理权限。

②土地使用和建筑规划管理通则：各种使用性质用地的适建要求（适建，不适建，有条件适建的建筑类型），建筑间距的规定，建筑物后退道路红线距离的规定，相邻地段的建筑规定，容积率奖励和补偿规定，市政公用设施、交通设施的配置和管理要求，有关名词解释，其他有关通用的规定。

③地块划分以及各地块的使用性质、规划控制原则、规划设计要点。

④各地块控制指标一览表（控制指标分为规定性和指导性两类。前者是必须遵照执行的，后者是参照执行的）。

（2）规划图纸

控制性详细规划图纸的内容要求：

①位置图的图纸比例不限。

②用地现状图的图纸比例为 1/1000～1/2000，分类画出各类用地范围（分至小类），标绘建筑物现状、人口分布现状和市政公共设施观状，必要时可分别绘制。

③土地使用规划图。图纸比例同现状图，画出规划各类使用性质用地的范围。

④地块划分编号图。图纸比例 1/5000，标明地块划分界线及编号（和文本中控制指标相对应）。

⑤各地块控制性详细规划图。图纸比例为 1/1000～1/2000，图纸标绘以下内容：规划各地块的界线，标注主要指标；规划保留建筑；公共设施位置；

道路（包括主、次干道、支路）走向、线型、断面，主要控制点坐标、标高；停车场和其他交通设施用地界线；必要时后两项可单独绘制。

⑥各项工程管线规划图。绘各类工程管网平面位置、管径、控制点坐标和标高。

4. 规划审批

城市控制性详细规划由城市人民政府审批，一般分两步：

（1）成果审查

控制性详细规划项目在提交成果时一般要先开成果汇报会后再上报审批，重要的控制性详细规划项目要经过专家评审委员会审查再上报审批，成果汇报会和专家评审会由委托方负责召开。

（2）上报审批

已编制并批准分区规划的城市控制性详细规划，除重要的控制性详细规划由城市人民政府审批外，可由城市人民政府授权城市规划管理部门审批。一般上报审批工作由委托方负责，规划编制单位负责提供规划技术文件，遇重大修改，由双方协商解决。

（三）控制性详细规划编制深度要求

控制性详细规划的编制深度既应深化、补充、完善总体规划和分区规划意图，又应将其全面具体地落实到相应的建设用地上加以控制，以满足为规划管理提供实施规划的技术性管理文件和土地出租出让标的条件的要求，并为修建性详细规划提供依据，控制性详细规划编制深度应满足以下要求：

1. 控制性详细规划应满足规划管理工作的要求

控制性详细规划要点应明确、简练、具体，同时便于为城市每片、块土地出租出让提供招议标底条件与管理准则。

2. 控制性详细规划应当有一定弹性

每一项规划的实施都须经历一个相当阶段的建设过程，城市建设的条件与要求将随城市经济发展的不同阶段、国家相关政策的不断完善而发展变化，所以要求控制性详细规划的指标体系具有适度的弹性，以满足城市建设的可变性、多样性的发展。

3. 符合总体规划意图

控制性详细规划应将城市总体规划、分区规划的意图落实到具体的地块上进行控制，变成可操作性的文件。

4. 作为编制修建性详细规划的依据

通过对地块控制指标体系的科学、合理的确定，可作为修建性详细规划

编制的依据，即对修建性详细规划的编制具有一定的指导控制作用。

五、中国城市控制性详细规划中存在的问题及对策

控制性详细规划是中国规划体系中的重要组成部分，是规划行政主管部门审批建设项目最直接的依据，也是土地出让的前提条件，控制性详细规划在具体实践中面临诸多问题。

（一）编制技术落后导致成果可操作性较弱，与规划管理脱节

现行控制性详细规划编制技术是计划经济下的产物，控制内容强求统一，面面俱到，缺乏弹性。而市场经济条件下城市发展的复杂性和多变性则要求控制性详细规划的控制内容更具弹性，要求研究控制指标的弹性和应变范围，使之控而不死，变而不乱。此外，现有控制性详细规划的编制技术要求主要侧重于对控制性详细规划成果的终极要求，一般都要求包括哪些内容、哪些图纸等，但对如何分析、如何确定控制指标等编制方法方面的指引不够。这种成果框架型的编制技术要求往往导致控规成果对城市建设中可能遇到问题的研究深度不够，导致对各地块控制指标数值的确定缺乏科学性，规划成果与管理脱节。

（二）管理实施程序不完善，法制不健全

现行控制性详细规划在规划编制方式上偏重于“技术”上的合理，不够重视法律程序，缺乏必要的法律保障。控制性详细规划制定后，如何管理、依法实施等环节无章可循。特别是控规成果的实施性、操作性不够强，面对现实不得不进行经常性的调整。其主要原因除了自身依据不足形同虚设外，更重要的是没有真正把控制性详细规划提升到法律文件的高度来看待。

（三）编制与实施缺乏公众参与，随意变更现象严重

公众对控制性详细规划编制和实施管理的参与程度不够，缺乏“自下而上”的规划编制过程。大多数现行控制性详细规划都是由当地政府或城市规划行政主管部门组织编制和审批，公众缺乏有效的参与途径，规划实施过程缺乏应有的监督保障，以至于在规划管理中变更规划、越权审批、迁就开发商利益等现象时有发生。

六、法定图则

法定图则是在已经批准的全市总体规划、次区域规划和分区规划的指导下，对分区内各片区的土地利用性质、开发强度、公共配套设施、道路交通、

市政设施及城市设计等方面做出详细控制规定。法定图则是借鉴国外的“分区法”，中国香港的“法定图则”经验，结合本地实际情况而实施的一项规划编制、审批的管理制度。

中国的法定图则由控制性详细规划演化而来，是中国控制性详细规划的一种形式。随着中国城市化的加速和城市的迅猛发展，在深圳首先出现了在规划层次上与中国香港和台湾以及美国的区划法相当的法定图则。这一重大举措标志着中国城市规划特别是详细规划，从单纯的技术规划开始转向公众参与的、依法行政的城市规划。深圳市法定图则是中国法定图则实践的代表，这不仅是由于深圳市是中国最早开展法定图则实践的城市，同时也是由于深圳市的法定图则实践开展得最为全面和深入。在法定图则的编制中，深圳市注重法规体系的完善、科学决策机制的建立、公众参与的强化以及技术准备的加强，法定图则的形式日趋成熟，编制过程逐渐规范。

1998 年深圳市颁布《深圳市城市规划条例》，该条例规定：“城市规划编制分为全市总体规划、次区域规划、分区规划、法定图则、详细蓝图五个阶段”。深圳“三层次五阶段”城市规划编制体系（如图 3 - 10 示）确立了以法定图则为核心的新型的城市规划体系，法定图则以地方立法的形式正式成为深圳市城市规划依法行政的重要依据。1999 年深圳市城市规划委员会颁布《深圳市法定图则编制技术规定》，使法定图则的编制工作进一步走上了规范化的道路。

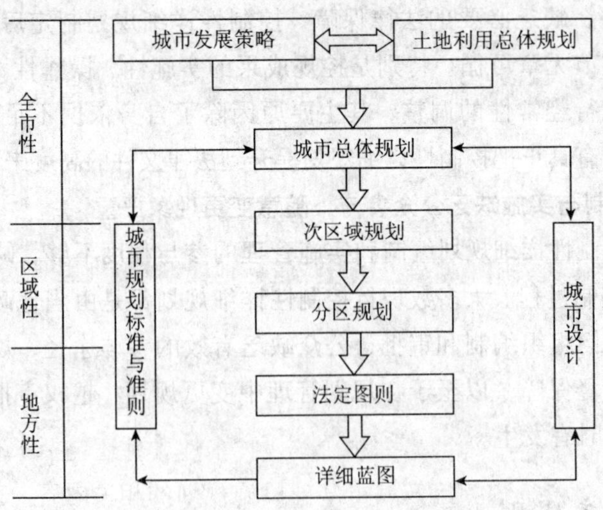

图 3 - 10　深圳“三层次五阶段”城市规划编制体系

（一）法定图则的内容

《深圳市城市规划条例》规定，法定图则由市规划主管部门根据全市总体规划、次区域规划和分区规划的要求组织编制，由城市规划委员会在公开展示征询公众意见后审批。

法定图则的内容包括文本和图表两部分。《深圳市法定图则编制技术规定》中定义“文本是指经法定程序批准具有法律效力的规划控制条文”，主要包括以下内容：

（1）总则。包括规划依据、适用范围、生效日期、特别说明、解释权所属部门。

（2）土地利用性质。土地利用相容性及各类性质土地的用途规定。其中，土地利用性质分为三类：第一类是规划确定的土地利用性质；第二类是须经规划主管部门批准方可变更的土地利用性质；第三类是须经市规划委员会批准方可变更的土地利用性质。地块控制指标必须包含的有：用地性质、用地面积、容积率、绿地率、配套设施项目及其规模以及土地利用相容性规定。

（3）土地开发强度。其控制指标为容积率。

（4）配套设施。配套设施包括公共设施和市政设施。规划必须明确其分市、用地规模、建设方式、大型市政设施需占用的地下、地面与上空的控制范围以及对环境有影响设施的卫生与安全防护距离和范围。

（5）道路交通。包括地区对外交通联系的主要出入口、道路系统的等级、交叉口等形式以及对社会停车场、公交站场、商业步行街系统的控制原则。

（6）城市设计要求及其他有关规定。

《深圳市法定图则编制技术规定》同时还规定“图表是指经法定程序批准并由深圳市城市规划委员会主任签署生效的具有法律效力的规划控制总图及附表”，要求在1/2000的最新实测地形图上表达用地性质、布局、地块编号及其他控制内容，并以插图的方式表达本图则所在区域位置以及主要规划控制指标，其中包括：用地性质、区域位置、地区编号、地块划分、地块边界、配套设施、交通控制、市政控制。

在编制上述作为法定文件的文本和图表之前，先编制与法定图则相关的技术性文件（包括规划研究报告和规划图），作为制定法定文件的技术支撑和解释性说明。与法定文件的内容相比较，技术性文件还包括了有关现状的概况与分析、道路交通规划以及城市基础设施规划的相关内容。在有关现状的概况与分析中还涉及到表达各块土地权属的用地地籍现状图。

（二）法定图则中的公众参与

由城市规划行政主管部门组织法定图则的编制工作，报城市规划委员会审批。深圳城市规划委员会由29名成员组成，设主任委员1名，副主任委员2名，其他委员包括公务人员、有关专家及社会人士，其中公务人员不超过14人，主任委员由市长担任，其他委员由市政府聘任，每届任期三年。深圳城市规划委员会负责对全市总体规划、次区域规划和分区规划草案进行审议，并负责法定图则的审批和监督实施。城市规划委员会的决议必须获2/3以上多数通过。这样就使得过去由某些部门和个人进行的规划决策扩大为多部门、较多人的决策。除了由多方组成的市规划委员会负责法定图则的审批和监督实施外，深圳市法定图则的公众参与措施还包括：市规划委员会组织法定图则公开展示30日，并在城市主要新闻媒体上公布；任何单位和个人都有权向市规划委员会提出对法定图则草案的意见和建议，市规划委员会对公众意见进行审议后将其结果书面通知提议人；市规划委员会审批通过的法定图则应予以公布。

由上述对城市规划委员会的运行机制可以看出，在法定图则的编制中公众参与力度大大加强。公众参与规划包括三个层次的工作：一是在城市规划委员会中广泛吸纳社会各界人士参与，使公众能直接参与法定图则的决策；二是通过新闻媒体的宣传和设立规划展览场所增加公众的接触规划、理解规划的途径和机会，也培养了公众参与规划的意识；三是在法定图则实施前的群众意见反馈机制使城市规划工作法制化和民主化相结合。

（三）深圳法定图则实践中出现的问题

自深圳市开展法定图则实践以来，在社会上引起了强烈的反响，取得了明显的成效。但另一方面，随着工作的深入，各种矛盾和问题也逐渐暴露出来，引起了规划界的重视和讨论。

1. 法定图则中的公众参与问题

开展城市规划公众参与是推进规划决策民主化的一个重要措施，长期以来，由于种种原因，中国的城市规划公众参与处于较低的发展层次。深圳市试图通过法定图则的实施在该领域取得实质性进展，但收效并不显著。这首先表现在公众参与的热情和深度都显不足，特别是缺乏参与的广泛性。能够利用自身的优势对规划决策施加较多影响的多是拥有较强经济和社会实力的开发商和开发企业，而普通市民和社会弱势群体则往往没有足够的发言权，这就影响了公众参与的公平性。其次，城市规划的专业技术性较强，涉及的领域比较广，普通市民在参与城市规划时，由于专业知识的缺乏以及信息获取存在严重的不对称性，其往往只关注于与自身利益相关的本单位或本社区的规划问题，这就在一定程度上造成了参与意见的片面性。再次，由于尚未制定出有关公众参与的操作细则，公众参与在方式上还停留于个人意见表达而缺乏利益集团和专业团体的参与，在程序上缺乏前期“送达”环节和“听证会”的具体规定，甚至在机构设置上也没有公众不接受规划委员会决定的申诉和仲裁机构。

2. 法定图则的法律地位问题

法定图则的审批权在市规委而不是在市人民代表大会。市规委的委员是市政府依据《深圳市城市规划条例》聘任的，其工作性质可以理解为代政府实施特定的审批职能，所批准的法定图则是“政府规章”而不是“法”，既然不是“法”，就不能设定违反法定图则行为的具体处罚措施。因此，法定图则作为行政依据，法律效力不强。此外，中国的法制体系对于市民参与城市规划编制缺乏法律支持。根据《中华人民共和国行政复议法》，只有当市民对政府部门的具体行政行为产生异议时，才能寻求行政复议的渠道。也就是说，市民无权对法定图则所规定的有关内容（如各项规划控制指标等）提出异议和提出上诉。

3. 法定图则的技术方法问题

法定图则的技术方法仍以控制性详细规划的编制技术和方法作为基础，没有形成一套相对以往的规划更严谨、更成熟的技术体系。在法定图则的编制过程中，对于一些与经济利益紧密相关的指标（如容积率等），仍由规划师根据经验或现有案例加以确定，缺乏明确的技术标准指导和统一的原则、尺度，使得最后确定的指标缺乏足够的依据和说服力。尽管法定图则设置了比较繁复的审批程序，但由于缺乏明确统一的审批指导原则和审批依据，规划审批中“人治”的弊病仍然大量存在。

4. 法定图则的技术深度问题

《深圳市法定图则编制技术规定》中明确提出：法定图则“技术文件”的内容和深度原则上至少达到建设部颁发的《城市规划编制办法实施细则》中控制性详细规划的编制要求。实践证明，在法定图则制度实施的初期阶段，在规划难以对城市快速成长进行细部层面的全面准确把握的情况下，以近似控制性详细规划的深度进行规范化和标准化，确实不能适应城市多样性发展的趋势。

综上所述，深圳法定图则的实践在解决了一部分原有控制性详细规划问题的同时，仍然没有从根本上克服原有控规的弊端。但是，法定图则的实施已经在城市规划法制化的探索进程中迈出了至关重要的一步，上述问题的出现为法定图则的进一步优化和完善提供了方向。

第三节　修建性详细规划

修建性详细规划是指市和区、县人民政府根据控制性详细规划，对实施开发地区的各类用地、建筑空间、绿化配置、交通组织、市政基础设施、公共服务设施以及建筑保护等作出具体安排的规划。对于当前或近期要进行开发建设的地区，应当编制修建性详细规划。

城市重点项目或重点地区的建设规划、居住区规划城市公共活动中心的建筑群规划、旧城改造规划等均可以看作是修建性详细规划。在控制性详细规划出现以后，修建性详细规划的基本职责并未发生太大的变化，依然以描绘城市局部的建设蓝图为主。但相对于控制性详细规划侧重于对城市开发建设活动的管理与控制，修建性详细规划则侧重于具体开发建设项目的安排和直观表达，同时也受控制性详细规划的控制和指导。

一、修建性详细规划的任务和特点

（一）修建性详细规划的任务

《城市规划编制办法》第二十五条中要求："对于当前要进行建设的地区，应当编制修建性详细规划，用以指导各项建筑和工程的设计和施工"。因此，修建性详细规划的根本任务是按照城市总体规划、分区规划以及控制性详细规划的指导、控制和要求，以城市中准备实施开发建设的待建地区为对象，对其中的各项物质要素，如建筑物的用途、面积、体形、外观形象、各级道路、广场、公园绿化以及市政基础设施等进行统一的空间布局。编制修建性详细规划的依据主要来自于两个方面：一个是城市总体规划、控制性规划对该地区的规划要求以及控制指标，另一个是来自开发项目本身的要求。修建性详细规划要综合考虑这两方面的要求，在不违反上级规划的前提下尽量满足开发项目的要求。

（二）修建性详细规划的特点

相对于控制性详细规划，修建性详细规划具有以下特点。

1. 以具体、详细的建设项目为依据，计划性较强

修建性详细规划通常以具体详细的开发建设项目策划及可行性研究为依据，按照拟定的各种功能的建筑为要求，将其落实到具体的城市空间中。修

建性详细规划以落实建设项目为主要目的，是进行城市建设项目的前期准备阶段。规划要对基本落实的拟建项目重点落实用地的布局，协调包括建筑、道路、绿化、工程管线等建筑与各工程设施之间的关系。在实际工作中，一些意向中的项目也可以制定修建性详细规划，特别是招投标的建设项目，目的是为了吸引投资，促成建设项目的落实。

2. 城市空间、形象与环境的形象表达

与控制性详细规划相比，修建性详细规划的表现形式更为直观，它主要是用规划图纸来说明问题，表现规划意图。修建性详细规划一般采用模型、透视图等形象的表达手段将规划范围内的道路、广场、建筑物、绿地、小品等物质空间构成要素综合地体现出来，具有直观、形象、易懂的特点。例如，工业小区的修建性详细规划，就要把工业小区规划范围内的厂房、厂区道路、绿化、工程管线、道路和场地的坐标、标高等都要在图纸上表现出来。再如，居住小区的修建性详细规划中，道路、住宅的形势以及小区绿地、学校、商店、幼儿园、物业管理中心等，在图上需要精确定位。

3. 多元化的编制主体

与控制性详细规划代表政府意志，对城市土地利用与开发建设活动实施统一控制与管理不同，修建性详细规划本身并不具备法律效力，且其内容同样受到控制性详细规划的制约。因此，修建性详细规划的编制主体并不限于政府机构，根据开发建设主体的不同而异。例如，政府主导的旧城改造项目的修建性详细规划应由政府负责编制，但开发商进行的商品化住宅区开发的居住区规划就可以由开发商负责编制，当然前提是在政府编制的控制性详细规划的控制之下，或由政府对规划进行审批。

4. 建筑设计的重要依据

修建性详细规划是城市规划编制体系中的最后一个环节，它与建筑设计和工程设计联系最为紧密，是建筑设计的直接依据，有些内容甚至可能与建筑设计互相交叉。规划范围越小，交叉越有可能发生。修建性详细规划是规划层面的工作，它的设计深度不必要达到建筑设计的深度，它的主要目的是研究和确定建筑、道路以及环境之间的相互关系，计算开发量，其作用是具体指导各项建设和工程设施的设计。

二、修建性详细规划的编制与审批

（一）修建性详细规划的内容

按照《城市规划编制办法》的要求，修建性详细规划应当包括以下内容：

（1）建设条件分析及综合技术经济论证；

（2）作出建筑、道路和绿地等的空间布局和景观规划设计，布置总平面图；

（3）道路交通规划设计；

（4）绿地系统规划设计；

（5）工程管线规划设计；

（6）竖向规划设计；

（7）估算工程量、拆迁量和总造价，分析投资效益。

（二）修建性详细规划的编制程序

修建性详细规划的编制通常分为以下几个阶段：

（1）基础资料收集；

（2）方案构思比较；

（3）规划设计成果制作。

（三）修建性详细规划成果组成

修建性详细规划成果主要由规划说明书和规划图纸组成。

1. 规划说明书

规划说明书由以下部分组成：

（1）现状条件分析；

（2）规划原则和总体构思；

（3）用地布局；

（4）空间组织和景观特色要求；

（5）道路和绿地系统规划；

（6）各项专业工程规划及管网综合；

（7）竖向规划；

（8）主要技术经济指标，一般应包括总用地面积、总建筑面积、住宅建筑总面积、平均层数、容积率、建筑密度、住宅建筑容积率、建筑密度、绿地率；

（9）工程量及投资估算。

2. 图纸

（1）规划地段位置图。标明规划地段在城市的位置以及周围地区的关系。

（2）规划地段现状图。图纸比例为1/500～1/2000，标明自然地形地貌、道路、绿化、工程管线及各类用地和建筑的范围、性质、层数、质量等。

（3）规划总平面图。比例尺同上，图上应标明规划建筑、绿地、道路、广场、停车场、河湖水面的位置和范围。

（4）道路交通规划图。比例尺同上，图上应标明道路的红线位置、横断面，道路交叉点坐标、标高、停车场用地界线。

（5）竖向规划图。比例尺同上，图上标明道路交叉点、变坡点控制高程，室外地坪规划标高。

（6）单项或综合工程管网规划图。比例尺同上，图上应标明各类市政公用设施管线的平面位置、管径、主要控制点标高，以及有关设施和构筑物位置。

3. 修建性详细规划设计成果内容深度要求

（1）修建性详细规划设计说明书。要含技术经济指标表。

（2）区位图。一般应采用两张图表述，一张表示行政区范围内的项目位置与周边现状关系图，另一张表示以一定范围内能清楚反映项目周边地块性质、道路系统、建筑配套设施等情况的控规图中的项目地块位置，同时附现场照片；制作区位图所需的控规资料按程序要求在网上公布。

（3）规划总平面图。设计内容应符合《选址意见书》及规划的有关强制性要求。总平面图应在批准对话红线范围内设计布置，不能擅自改变红线外用地和道路现状，并准确清楚表达规划红线中控制内容。图中应准确反映建筑层数、建筑正负零标高、场地设计标高、建筑间距（含与用地边界的半间距及与建筑间的全距离）、建筑与道路坐标、与道路环境的关系，做好各类人行、车行出入口的交通组织；坡地建筑应完整表达竖向设计即反映设计堡坎的位置。

总平面图中地形图应清晰，与新设计的内容在线条深度上应明确区分，图纸比例准确。

总平面图上的建筑、道路及环境的各种设计线条应粗细有别、层次分明。

需要分期实施建设的建设工程项目，在总图中应标明分期范围线并列出各期建筑面积等技术经济指标。

地块内须保留的建筑应注明，其规模应计入项目总规模。

总平面图须与平、立、剖面图相吻合。

符合现行的修建性详细规划综合技术经济指标表。

设计单位资质应符合有关要求并盖章、签字齐全。

电子文档与纸质文件内容一致。

（4）竖向规划图。场地设计应与周边规划道路相衔接，并结合现状高差合理确定建筑正负零标高，避免深挖高砌。

（5）道路交通规则。用地内的设计与周边城市道路合理连接，车型道路开口的数量与位置应符合道路设计规范，车道变坡线不应超越道路红线。

（6）绿地系统规划图。有公共绿地的应在总图上标明其面积与位置，建（构）筑物不得侵占公共绿地，同时还应符合园林部门的有关规定。

（7）综合管网规划图。用地内综合管网不得超越城市道路红线，污水处理装置（生化池）不得占用公共绿地，其与建筑的间距应满足有关规划要求，建筑物不得占压各类管网保护范围，须改线的应在审查时提交有关部门的相应意见。

（四）修建性详细规划的审批

《城市规划法》规定，详细规划由城市人民政府审批；一般而言，除重要的详细规划由城市人民政府审批外，其余由城市人民政府城市规划行政主管部门审批。

城市详细规划的组织编制单位在规划设计方案初步形成后，应当组织审批机关、有关单位和有关专家对初步规划设计方案进行评议。在评议通过的基础上，组织有关材料报批。

城市详细规划在报批时，一般应提供下列材料：编制报告及其说明，规划文本，规划图纸，其他有关附件。

因城市详细规划所涉及的区域重要性的不同，城市详细规划的审批权限也可能会有所差异。例如，在上海，重要地区、重要道路两侧以及对城市布局有重大影响的建设项目的城市详细规划，由上海市人民政府审批；浦东新区除中央商务区和世纪大道两侧外的城市详细规划，由浦东新区管理委员会审批，并报市规划局备案；中心城一般地区的城市详细规划，由市规划局审批；宝山、嘉定、闵行、金山、松江区和各县人民政府所在地的镇、历史文化名镇、独立工业城镇以及市级工业区的城市详细规划，由市规划局审批；其他建制镇的城市详细规划，由区、县人民政府审批，并报市规划局备案，其中毗邻中心城的建制镇的城市详细规划，如镇域规划或者镇的总体规划正在编制或者调整而直接编制的，由所在地的区、县人民政府征求市规划局的意见后审批。

各审批机关在收到城市详细规划申报材料后，应当征求有关专业管理部门的意见，并且组织有关专家进行论证。参加城市详细规划论证的专家，应当在经规划局认可的专家库中进行选择。

市批机关在受理城市详细规划的报批文件后，一般应当在法定工作日 50 日内予以审批。经审批通过的，审批机关应当制发批复文件，并在批复文件所附的规划文本和规划图纸上加盖证章。审批机关认为报批的城市详细规划文件需要修改的，应当向申报单位提出书面修改意见，规划文件的修改期不计入审批期限。

对于已经批准的城市详细规划，组织编制单位应当在城市详细规划批准后60日内向社会公布。

城市详细规划一旦审批通过，不得擅自进行修改或者调整。如果因地区经济社会发展目标和建设条件发生变化，需要对城市详细规划进行修改或者调整的，应当向原审批机关提出申请，经批准后方可修改或者调整，并且按规定程序重新报批。

对违法编制或者未按照本办法规定的程序编制的城市详细规划，审批机关不予审批。

违法审批、审批不当或者违法变更城市详细规划的，由市人民政府或者市规划局予以撤销。对直接责任人，由所在单位予以行政处分。

第四节 城市规划实施的作用

城市规划的实施是各级城市规划行政主管部门法定的职能工作。《中华人民共和国城市规划法》第四章“城市规划的实施”对城市规划实施管理工作范畴、内容、方法和程序作了明确的规定，主要包括建设用地规划管理、建设工程规划管理、规划实施的监督检查管理，并且明确规定了“一书两证”制度，即由城市规划行政主管部门签署选址意见书和核发建设用地规划许可证及建设工程规划许可证，同时强调城市规划区内的土地利用和各项建设必须符合城市规划，服从城市规划管理。可见，城市规划实施的目的就是要把城市规划的各个相关科目通过具体明确的管理体制得以落实。强化城市规划实施的作用体现在以下四个方面。

一、强化城市规划实施是落实城市规划的必要保障

加强城市规划实施管理才能将纸上规划向下落实。《国务院关于加强城市建设工作通知》强调：要大力加强城市规划的实施管理。城市规划的实施是要通过城市规划实施管理工作来完成的，如果离开了城市规划管理或者是“重规划，轻管理”，城市规划就得不到顺利实施，或者只能是“规划规划，

纸上画画，墙上挂挂”而已。由于过去“重规划，轻管理”，城市规划管理的体制、机构、人员素质水平、管理制度和方法等，还不能有效地适应和保证城市规划实施，甚至于不按规划办事、违反规划实施然后再改规划的事情时有发生。时至今日，各级政府部门越来越深刻地认识到科学地规划并能真正的落实已是城市管理的重中之重。

二、强化城市规划实施管理有利于满足城市发展的需要

城市是经济发展的载体，城市的集聚效应是经济繁荣与发展的动力之一。城市规划为城市这一载体的未来建设提供了蓝图，城市规划必须体现经济发展的内在需要，为经济建设的开展提供强大的动力支持。加强城市规划实施的管理对发展经济有着促进和制约的双重作用，城市规划得当、落实到位会促进经济的发展，反之则制约经济发展。因此，必须把加强城市规划管理与各行各业的经济发展有机地结合起来，为经济发展提供高质量的综合服务。

同时，城市规划实施情况及时反馈才能保证规划持续有效地执行。这是因为：城市集政治、经济、社会、文化等功能于一身，多种功能相互交叠，随着城市建设的高速发展，城市规划管理面临着许多新的情况、新的问题。从城市规划管理的任务、内容、范围到方法，都需要不断调整与完善。城市发展中出现的矛盾和混乱现象也需要通过加强规划的实施管理来得以纠正。如大量农村人口拥进市区，新的集体企业和商业网点大量出现，可能造成市容不整、交通堵塞、环境污染和流动人口剧增等问题；城市新旧建设混杂，带来城市开发与管理后遗症，这些城市问题在建设之初可能没有发现，建设实施后逐渐显现出来；再如，高架道路的建设可能会随着时间的流逝、交通规划的改变、承载车辆的增加而出现交叉路口设计不合理，或者在使用过程中才发现原有规划设计存在的缺陷等，这都要求城市规划实施部门进行不断地跟踪管理与反馈，然后去修正以往的错误，并为今后的规划积累经验。

三、城市规划实施的监督管理有利于维护城市建设成果

城市规划的实施要做好两方面的工作：一是严格推进城市规划，二是要按照法规制度和程序来进行。当建设任务完成后，城市规划管理的任务并没有终止，城市规划管理的任务是长期的，将继续发挥监督、检查作用。如前所述，通过使用实践检验规划建设合理与否，把信息及时反馈给城市规划行政主管部门外，其目的主要是为了避免城市建设成果遭受破坏、损坏和随意

改变。这部分工作的核心内容是要制止违章占地和违章建设，以及各种私自改变土地使用性质的行为。如果城市规划管理跟不上建设的步伐，建设成果不能保持或者不能充分发挥其功能与作用，必然给城市建设带来巨大的浪费。

四、加强城市规划实施管理有利于更好地维护公共利益

城市规划的最终目标是积极创造一个舒适、优美、方便的工作和生活环境。这就要求规划管理工作从公共利益的要求出发，指导、协调和安排当前的建设与未来建设的关系，解决好大多数群众的实际问题和处理好建设中各种各样的矛盾，合理设计近期与远期、局部与全局、重点与一般、永久与临时的关系。同时，要提高城市规划管理工作的透明度，了解群众的呼声和实际要求，提高城市规划水平，真正体现出公共利益的所在。

第三章　城市居住用地规划

第一节　城市居住用地规划的内涵及发展

一、城市居住用地的内涵和分类

（一）城市居住用地的内涵

城市是人类的定居地之一。早在1933年，国际现代建筑学会拟订的《城市计划大纲》中，将城市用地归纳为居住、工作、游憩、交通四大用地，并确定“居住是城市的第一活动”。而承担居住功能和居住活动的场所，称为居住用地。

城市居住用地，泛指城市中不同居住人口规模的居住生活聚集地，是由建筑群、道路网、绿化系统，对外交通系统以及其他公共设施所组成的复杂综合体。它在城市中往往集聚而呈地区性分布。

2008年，全国地级及以上城市居住用地占城市建设用地总面积的27.35%。近年来中国新建的居住小区多层单元或住宅的人均居住用地约为17～26平方米，合每公顷500～600人，国外人均居住用地一般约150平方米，合每公顷70～150人。

（二）城市居住用地的分类

1. 按照用地组成划分，居住用地包括住宅用地、公共服务设施用地、道路用地和公共绿地

居住用地是城市用地的主要组成部分，在城市中往往集聚而呈地区性分

布。居住用地一般包括住宅用地以及与居住生活密切相关的各项公共设施、市政设施等用地。由于城市的规模、自然条件、建设水平以及居民生活方式等因素的差异，不同地区的各种用地功能项目和占有比例上会有所不同，但基本上可以归结为以下四类：

住宅用地，指住宅建筑基底占有的用地及其四周的一些空地，其中包括通向住宅入口的小路、宅旁绿地和家务院。

公共服务设施用地，指居住区级、小区级或组团内各类公共服务设施建筑物基底占有的用地及其四周的用地，包括道路、场地和绿化用地。

道路用地，指居住区内各级道路的用地，包括道路、回车场和停车场用地。居住区级道路是划分小区或组团的道路，组团级道路是组团内部干路，住宅组团道路是连接一群住宅的道路。

公共绿地，指居住区级、小区级及其组团内的公共使用绿地，包括居住区级公园、小区级小游园、小面积和带状绿地，其中包括儿童游戏场地、青少年和成年老年人的活动和休息场地。

为了便于城市用地的统计，并与总体规划图上保持一致，《城市用地分类与规划建设用地标准》（GBJ137－90）规定，居住用地是指住宅用地和居住小区及居住小区级以下的公共服务设施用地、道路用地和公共绿地。

2. 按照用地质量划分，居住用地可分为一至四类居住用地

城市居住用地按照所具有的住宅质量、用地标准、各项关联设施的设置水平和完善程度，以及所处的环境条件等，可以划分呈若干用地类型，以便在城市中能各得其所地进行规划布置。我国的《城市用地分类与规划建设用地标准》（GBJ137－90），将居住用地分成四类（详见表3－1）。

表3－1　中国居住用地分类

类　别	说　明
一类居住用地	市政公用设施齐全，布局完善，环境良好，以低层住宅为主的用地
二类居住用地	市政公用设施齐全，布局完善，环境良好，以多、中、高层住宅为主的用地
三类居住用地	市政公用设施比较齐全，布局不完整，环境一般，或住宅与工业等用地有混合交叉的用地
四类居住用地	以简陋住宅为主的用地

3. 按照人口规模划分，居住用地可分为居住区、居住小区和居住组团

居住区指被城市干道或自然界线所围合，并由若干个居住小区和住宅组

团组成，其中大城市居住区规模为3万~5万居民。

居住小区是由城市道路或城市道路和自然界线划分的、具有一定规模的并不为城市交通干道所穿越的完整地段。居住小区一般由若干个居住组团组成，应配备有日常生活所需要的公共服务设施，如中学、小学、幼儿园、托儿所、居民委员会及商业服务设施，能够形成一个安全、安静、优美的居住环境。

居住组团相当于一个居民委员会的规模，一般应设有居委会办公室、卫生站、青少年和老年活动室、服务站、小商店、托儿所、儿童或成年人活动休息场地、小块公共绿地、停车场库等，这些项目和内容基本为本居委会居民服务。其他的一些基层公共服务设施则根据不同的特点按服务半径在居住区范围内统一考虑，均衡灵活布置。

居住区、居住小区、居住组团的居住规模人口参考数据如表3－2所示。

表3－2　居住规模人口参考数据

	居住区	居住小区	居住组团
户数	10000~15000户	2000~4000户	300~700户
人口	30000~50000人	7000~15000人	1000~3000人

以不同规模的居住用地作为规划基本单位加以组织，居住用地规划有三种基本形式，如图3－11所示。

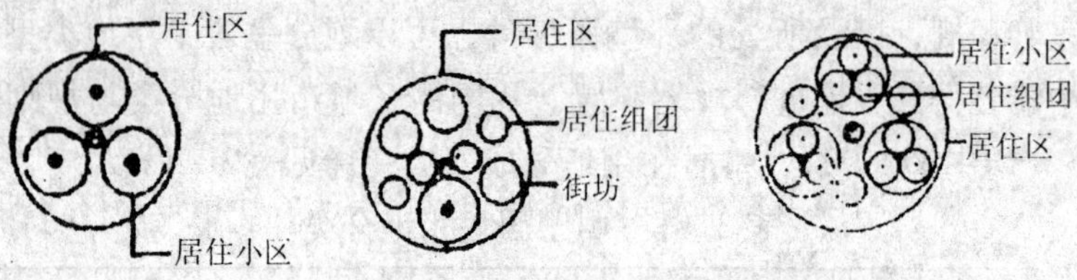

(a) 居住区-居住小　(b) 居住区-居住组团　(C) 居住区-居住小区-居住组团

图3－11　居住用地的组成结构

二、城市居住用地规划的内涵

居住用地规划是满足居民的居住、工作、文教、生活等方面要求的综合性建设规划，是城市详细规划的主要内容之一，主要对居住用地的布局结构、住宅群体布置、道路交通、公共服务设施、绿地和活动场地、市政公共设施和市政管网等各个系统进行综合、具体的安排。

居住用地规划是指在一定的区域范围内，对居住用地进行总体宏观分析，确定其性质、规模、发展方向和布局等项目，以满足人们日常的居住、休憩、教育、健身等生活需求。

随着城市发展日益加速，城市居住用地规划也愈显重要，良好的居住区用地规划可为居民提供环境优美、交通方便、教育发达、市场繁荣的生活居住条件，也反映了一个城市较高的社会经济和科学文化水平。

三、城市居住用地规划的发展和展望

（一）从花园城市到邻里单位—西方学者的探索

1. 花园城市理想

工业化和城市化对城市环境造成了诸多负面影响，早期空想社会主义者曾经力图建设他们认为理想化的“模范村”。19 世纪空想社会主义者英国的 R. 欧文提出了“合作新村”的设想。新村由 800～1200 个居民组成，每人占耕地 0.4 公顷。布局呈正方形，沿周边布置 4 幢条形住宅，围合成一个中央大院。院中央设有食堂、幼儿园和学校。绿化种于院内，耕地种于院外。住宅的客厅面朝院内，卧室朝向田野，以保证居民生活的私密性。欧文在美国购买了 3 万英亩土地，贯彻社会财产公有、生产与消费自给自足和劳动成果平均分配的理想，建立了“新和谐公社”，但以失败告终。

19 世纪末，英国社会活动家 E. 霍华德在他的著作《明天，一条引向真正改革的和平道路》中提出了“花园城市”的设想。他把花园城市构想成一个四周有农业用地围绕的城乡结合体，城市结构为同心圆放射状结构。霍华德认为在这样的城市中，“积极的城市生活的优美能同乡村的美丽和福利结合在一起”。花园城市的平面呈圆形，半径约 1.1 公里，中心部分是面积约 60 公顷的公园。由此引申出 6 条放射的道路将城市分为 6 块扇形地区（见图 3－12）。内环宽 500 米的范围内为住宅区，可居住 32000 人；外环设各类工厂、仓库和市场；内外环之间是宽广的绿化带。

霍华德还设想由若干个花园城市围绕着中心城市，形成城市组群，中心城市可居住 58000 人。

花园城市的理论构想对以后的城市规划和居住区规划起到了启蒙的作用，被后世视作改善居住环境的理想蓝图。

1917 年，T. 戛涅发表了工业城的规划方案。他设想 20 世纪的城市结构必须适应社会和技术的进步，建议将一个不大的城市通过铁路枢纽与一大群工业设施结合在一起。居住区的中心位置设有各种项目的公共建筑，以满足居民的生活需要。居住区分为若干个小区，各设一所小学校，生活服务设施组合在居住用地之内，道路按性质分类，绿地占居住用地的一半，绿地中间

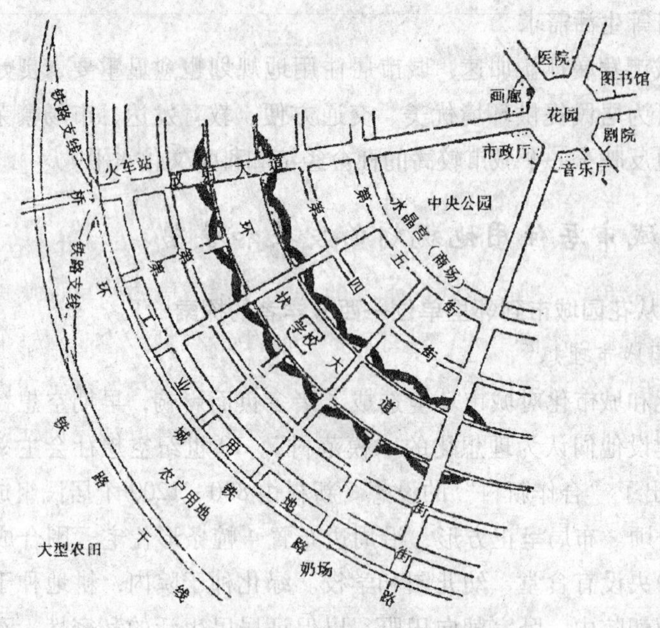

图 3－12　霍华德的“花园城市”

贯穿着步行路网。住宅为二层独立式。布局不从形式出发，注意了日照通风等功能要求，该理论抛弃了周边式的规划框框，开创性地进行功能单元的划分。

1922 年法国建筑师勒柯布西埃在他的名作《明日的城市》中提出了一个 3000 万人口“现代城市”的设想方案。他主张城市按功能分区，用简单的几何图形的方格网加放射形道路系统代替传统的同心圆式布局，用高层建筑和多层交通等现代设施来取代霍华德的水平式花园城市，以便留出空间和绿地使居民获得阳光和空气。

2. 邻里单位的理论与实践

1926 年开始，一些美国学者开始根据花园城市的设想研究新的居住形态。1929 年美国建筑师 C. A. 佩里提出了邻里单位的理论构想。他认为由于汽车的迅速增长，城市交通对居住环境带来了严重的干扰。由此，控制居住区内部的车辆通行以保证居民的安全和环境的安宁是邻里单位理论的基础和出发点。同时，区内应拥有足够的生活服务设施，以活跃居民的公共生活，密切邻里关系。由此，他制定了邻里单位的 6 条基本原则：

（1）邻里单位的四周为城市道路包围，城市道路不穿过邻里单位内部；

（2）邻里单位内部道路系统应限制外部车辆穿越；

（3）以小学的合理规模为基础，控制邻里单位的人口规模，使小学生上学不用穿过城市道路；

（4）邻里单位的中心建筑是小学，并与其他的邻里服务设施一起置于中心的公共广场或者绿地上；

（5）邻里单位占地约160英亩（合65公顷），每英亩10户，保证儿童上学距离不超过半英里（合0.8公里）；

（6）邻里单位内小学附近设有商店、教堂、图书馆和公共活动中心。

佩里的邻里单位理论原则同雷德朋的人车分流措施较早地从理论上将居住地域作为基本的构成单元，对日后的居住用地规划产生了深远的影响。以后的几十年内，邻里单位的理论被许多国家地区所引用，尽管在内容与规模上有所差别，但基本上都沿袭了以完备的基本生活环境和强调社区生活为主旨的居住用地组织方式。

（二）从邻里单位到小区规划—居住用地规划在中国的实践

20世纪40年代后期，在上海等城市的总体规划中，已从西方引进了邻里单位的规划概念，例如上海1950年后建设的曹杨新村，以及50年代初北京复兴门外修建的“复外邻里”，其规划原则和手法也类似于邻里单位。

新中国成立初期，为了解决广大人民的基本居住问题，中国兴建了大量的工人新村。当时的居住用地规划主要借鉴苏联的规划模式，形成了居住区、居住小区、居住组团的三级规划结构。

改革开放之初至20世纪80年代末，中国居住用地建设迎来新的高潮。城市居住用地规划进入全面复苏、提升的新阶段，其设计理念及设计手法也渐渐成熟。这一时期国外独特的居住区环境构建理念传入中国，虽然在国内受到经济条件、气候条件以及固有规划模式等因素的限制和影响，但中国城市设计者也做出了可贵的探索。其中，深圳白沙岭居住区是中国内地规划建设的第一个高层居住区。

其规划突破了传统居住区的结构模式，将小区作为整体进行空间环境塑造。5组相互联系的高层住宅围绕小区中心呈放射形布置，15幢高层S型曲板式住宅底层作架空处理，可作为停车场、公建配套设施用地及休闲场地。同时将景观引入建筑内部。小区道路系统呈菱形布局，与夏季主导风向平行，有利于夏季凉风的导入。景观设计充分利用基地内原有的水面塑造灵动的小区景观。两层步行平台实现了人车分流的道路交通系统。白沙岭居住区独特的空间形态和建筑布局与当地气候、居民出行、使用功能及景观塑造紧密结合，达到了形态功能的内在统一。

该项目规划所体现出的大胆突破、锐意创新和探索精神值得当前居住区规划设计人员学习和借鉴。

1990 年以来，随着市场经济体制的制度改革，特别是福利分房制度的取消，房地产已成为中国支柱产业之一。城市居住区建设迎来了空前的繁荣。居住用地规划呈现出多元化的局面，各种理念、手法层出不穷，百花齐放。

回顾新中国成立至今中国居住区规划设计的演变历程，可以归纳出两条脉络；一是在 1990 年以前我们主要吸取苏联的居住区规划模式，并在此基础上力求创新，结合中国实际情况形成了比较成熟的居住区规划设计的理论与方法。但居住区规划还是以物质空间规划为主，手法的探讨和变化也多从形态操作的角度去考虑；二是 1990 年以后一方面空间操作手法更加丰富多样，另一方面迫于市场营销的压力，加入了大量的概念主义，甚至对概念形式的追求超出了住宅作为居住建筑的本意。

（三）中国城市居住用地规划中存在的问题

1. 弹性规划成“随意”规划

居住用地规划是城市规划中的一个组成部分，一旦确定便具有法律的严肃性。为了保证规划的可实施性和前瞻性，所以引入了弹性规划的理念。但在实际操作中，受规划水平的限制和利益驱动的影响，弹性规划陷入“边建设边规划、规划服从建设”的误区，随意修改规划的现象屡屡出现，以致规划失调，主要表现在：

（1）随意改变用地性质：变工业用地为居住用地，变公共建设用地为商住用地，变居住用地为商住用地，变公共绿地为建设用地，追求利益的同时却破坏了住区环境。

（2）随意增加开发强度：变低密度、低强度开发为高密度、高强度开发，加大建筑进深，缩小建筑间距，大大降低了住区环境质量，减少了阳光和空气。

2. 商住混合泛滥

城市商住混合建筑泛滥。由于趋利性，一些住宅项目不顾区位地段的实际情况，集商铺、办公、住宅于一身，反而造成了城市商业资金分散和顾客分流，不利于中小城市中心商务区的培育和建设，也破坏了居住用地的道路交通组织，引入了不必要的人流、车流和物流，将居住区置于敞开的空间环境中，不利于小区物业管理。

与此同时，由于社会福利型公益服务业盈利性不佳，往往让位于小商业，在城市中形成了社会福利性行业的短缺。

3. 城市特色危机

针对住区环境普遍存在单调、呆板等缺陷，人们开始注重加强住区环境设计，注重自然要素与人类环境结合，构筑景观轴线和空间序列，创造有特色的空间结构和形象。但在环境设计实践中，忽视整体环境的设计，造成视觉污染，出现城市特色危机，表现为：

（1）过多模仿外国建筑风格（特别是欧式风格），忽视了中国传统民族建筑风格，造成城市特色模糊，居住区景观陷入混沌；

（2）由于土地二级市场分割转让小块土地，造成分头建设，装饰材料五花八门，建筑风格千差万别，居住区生活环境混乱。

以上的种种问题都是在城市居住用地规划理论在实际应用中出现的偏颇和漏洞，需要广大的城市规划设计者结合中国国情，从景观规划、人居环境等各方面完善城市居住用地理论，使居住区规划有更高的前瞻性和约束性，创造出舒适良好的人居环境，实现城市的可持续更新。

第二节　城市居住用地规划的原则及内容

一、城市居住用地规划的任务

中国幅员辽阔，不同地区在气候、地理环境、民族文化、风俗习惯方面都有较大的差别。居住用地规划应当充分利用这种差别，从平面布局、建筑造型以及建筑结构上继承传统民居的特点，加以创新，充分体现当地的地域特色。同时，居住用地规划也应当注重住区文化氛围的创造，发扬优秀的历史文化资源，创造出富有地方特色的人文景观和居住区环境，为居民创造充实的精神家园。

居住用地规划的任务简而言之就是为居民经济合理地创造一个能满足日常物质和文化生活所需要的安全、卫生、方便、舒适、优美的居住生活环境。其中：

安全——对防火、防震及交通安全有周密的考虑，创造安全的居住环境。

卫生——居住用地内有完善的给排水、煤气、供暖等系统，空气清新，无有害气体与烟尘污染，日照充足，通风良好，无噪声，公共绿地面积较大。

方便——居住用地的布局要合理，公共建筑与住宅之间应联系便捷。各项公共服务设施的规模和布点恰当，方便居民实用。道路系统和道路断面形式合理，人车分流，互不干扰，有足够的停车场地。

舒适——要有完善的住宅、公共服务设施、道路及公共绿地。服务设施项目齐全，设备先进，并且有宜人的居住环境。

优美——居住用地应布置有赏心悦目、富有特色的景观，建筑空间富有变化，建筑物与绿地交织，色调和谐统一。

二、城市居住用地规划的主要原则

居住用地规划是一项综合性很强的工作，它不仅涉及到工程技术问题，还广泛涉及社会、经济、生态、文化、心理、行为以及美学等领域。居住用地的规划设计是为居民营造适于安居的居住环境，所以必须坚持“以人为本”的原则，贯彻可持续发展的理念，注重人与自然的和谐。

城市居住用地规划的主要原则可归纳为：

（一）整体性原则

整体性原则包括两个方面。首先，居住用地规划必须服从于城市总体规划，符合相关法律法规对于用地规模、用地性质、用地限制等方面的规定，保持城市的总体功能、空间组合等各方面整体协调。其次，居住用地内部必须保持整体性，对环境的空间轮廓、群体组合、单体造型、道路骨架、绿化种植、地面铺砌、环境小品、整体色彩等一系列环境设计要素应从整体的角度统筹考虑。

（二）生态性原则

居住用地的生态环境质量对改善整个城市的生态环境具有重要的作用，所以，在进行居住用地规划时，应当以可持续发展的理念，充分注重人与自然的协调关系，从居住用地的景观、用材、耗能、节能、循环利用等多个方面加以研究设计，优化居住用地的生态环境及其环保效能。

（三）经济性原则

作为一项昂贵的商品，房地产的经济性是规划设计者考虑的重要方面。居住用地规划应从用地、用材、用料、日常维护等各方面尽可能地做到节地、节能、节材、节约维护费用等。

（四）地方性原则

居住用地规划要结合当地的气候、地理条件、人文习俗、生活习惯等多方面的因素，注重当地的历史文化传统，并加以继承和发展，取其精华，去其糟粕，使居住区用地反映当地文化的同时，也具有时代性和创新性。

（五）科学性原则

居住用地规划应利用适宜的规划理论，遵循相关的用地和环境等的规范和标准，依靠科技和理论的发展进步，不断改善居住用地的功能，完善居住用地的质量，增加经济与环境效益。总之，科技进步对住宅产业的现代化起到了举足轻重的作用。

三、居住用地规划的主要内容

(一) 住宅建筑规划

住宅建筑规划是居住用地规划最重要的部分。确定了住宅建筑的类型、密度、布局形式等内容后，相应地配以公共服务设施、道路和绿地规划。住宅建筑规划的原则如下：

(1) 住宅建筑的规划设计应综合考虑用地条件、选型、朝向、间距、绿地、层数与密度、布置方式、群体组合和空间环境等因素确定。

(2) 住宅间距应以满足日照要求为基础，综合考虑采光、通风、消防、防震、管线埋设、避免视线干扰等要求确定。

(3) 环境条件优越的地段布置住宅，其布置应合理紧凑；面街布置的住宅，其出入口应避免直接开向城市道路和居住区级道路；在丘陵和山区，除考虑住宅布置与主导风向的关系外，尚应重视因地形变化而产生的地方风对住宅建筑防寒、保温或自然通风的影响；利于组织居民生活、治安保卫和管理。

(4) 住宅的面积指标和设计标准应符合现行国家标准《住宅建筑设计规范》的规定，宜采用多种户型和多种面积标准，并以一般面积标准为主，并应利于住宅商品化。

(二) 居住用地中公共服务设施用地规划

居住用地中的公共服务设施主要是满足居民基本的物质和精神生活方面的需要，并主要为本区居民服务，因此公共服务设施规划设计是否合理对居民的日常生活至关重要。

居住用地公共服务设施配套的规划布局，应符合下列规定：

(1) 根据不同项目的使用性质和居住区的规划组织结构类型，应采用相对集中与适当分散相结合的方式合理布局，并应利于发挥设施效益，方便经营管理、使用和减少干扰。

(2) 商业服务与金融、邮电、文体等有关项目宜集中布置，形成居住区各级公共活动中心。在使用方便、综合经营、互不干扰的前提下，可采用综合楼或组合体。

(3) 基层服务设施的设置应方便居民，满足服务半径的要求。

（三）道路用地规划

居住用地应当居民提供方便、安全、舒适和优美的居住环境，道路规划设计就直接影响着居民出行的方便和安全。

道路用地规划设计原则如下：

（1）根据居住用地的地形、气候、用地规模、人口规划、规划布局、用地周围的交通条件、居民出行方式以及交通设施的发展水平等因素，规划设计经济、便捷的道路系统和断面形式。

（2）居住区的内外联系道路应当通而不畅，一方面避免外部车辆的穿行，另一方面降低车辆行驶速度。

（3）道路的布置应分级设置，以满足不同的交通功能要求，形成安全、安静的交通系统和居住环境。

（4）道路规划设计应满足居民日常出行以及进出居住用地的货车、垃圾车、救护车、市政工程车辆等车辆的通行要求，并考虑居民私家车的通行需要。

（5）道路规划设计应满足地下工程管线的埋设要求。

（6）在旧城改造地区，应综合考虑有地上地下建筑及市政条件和原有道路的特点。

（7）居住用地内的道路规划设计应有利于其他各种设施的合理安排，有利于命名、识别和编号。

（四）公共绿地规划

公共绿地绿化可改善小气候、净化空气、减少污染、防止噪声、挡风遮阳，为居民创造一个优美、舒适、整洁、方便的大园林环境，创造良好的环境效益，促进人们的身心健康，提高居民生活质量。

公共绿地规划设计原则如下：

（1）可持续原则。生态绿地规划应协同居住区的功能空间要求，绿地的规划应遵循人居环境“可持续发展”的原则。

（2）生态功能优先原则。绿地规划应首先满足居民生态环境的需求，再讲究景观效益。生态环境在以下四个指标中应满足一定的质量要求：①住宅区碳氧环境指数；②环境噪声指标；③空气清洁度指标；④有害气体浓度控制指标。

（3）区域性原则。生态绿地为生态系统中的子系统，绿地应满足地域的变化，区域的规划、气候、人文地理、社会经济变异的要求。

（4）科学性原则。绿地植物应顺应植物生长的客观规律。坚持因地制宜、适地适树是住宅区园林绿化设计应遵循的基本原则。它主要包含两层意思：一是对立地条件的合理利用，二是对园林植物的选择。所谓合理利用就是要最大限度地利用原有的地形地貌，少动土方。这样不仅可以减少资金投入，降低维护成本，而且显得朴实无华，真切自然。在园林植物的选择上倡导以乡土植物为主，还可适当选取用一些适应性强、观赏价值高的外地植物，改善住宅区的植物种植结构。设计施工应模拟自然生态进行布置，讲求乔木、灌木、花草的科学搭配，创造“春花、夏荫、秋实、冬青”的四季景观。

第三节　城市居住用地规划的程序及方法

一、居住用地的选择与布置

（一）居住用地的选择

居住用地的选择关系到城市的功能布局、居民的生活质量与环境质量、建设经济与开发效益等多个方面，一般从以下几个方面加以考虑：

（1）居住用地应选择自然环境优良的地区，具有适于建筑的地形与工程地质条件，避免不利于建设和居住的地区。

（2）居住用地的选择应与城市总体布局结构及其功能分区相协调，以减少居住—工作、居住—消费的出行距离与时间。

（3）居住用地的选择要因地制宜地注意其环境污染的影响。接近工业区时，要选择在常年主导风的上风口布置居住用地，并且按照相关的法律规范严格规定间隔，作为必需的防护措施，为营造卫生、安宁的居住生活空间提供保证。

（4）居住用地选择应有适宜的规模与用地形状，合理组织居住生活，有效地配置公共服务设施等。

（5）在城市外围选择居住用地时，要考虑与现有城区的功能结构关系，利用旧城区公共设施、就业设施，密切新旧城区的联系。

（6）居住用地的选择应结合房地产市场的需求趋向，符合购房者的喜好，并考虑其建设的可行性和效益。

（7）居住用地的选择应留有余地，便于日后增加功能或者扩建。

（二）居住用地的布置

1. 居住用地集中布置

当城市规模不大，自然条件较好，并且有足够的城市用地用以成片紧凑地组织用地时，居住用地往往采用集中布置的方式。

其优点在于：能够节约市政基础设施和公共服务设施的投资费用，充分发挥其效能，可以密切各部分在空间上的联系；其缺点在于：当城市规模较大时，集中布置居住用地会导致居民上下班出行距离增加，造成交通拥堵，疏远居住与自然的联系，影响居住生态质量问题。

2. 居住用地分散布置

当城市规模较大，或者城市用地受到地形、产业分布等空间条件的限制时，居住用地可采用分散布置的方式。

其优点在于：能够方便居民上下班出行，使组团内的居住与就业基本平衡，缓解城市交通；其缺点在于：疏远了居住用地之间的联系，加大了市政设施和公共设施的投资费用，空间组织受到产业分布的影响，具有一定的随意性。

3. 居住用地轴向布置

当城市用地以中心地区为核心，可将居住用地沿着多条由中心向外围放射的交通干线布置。

其优点在于；能够有序地疏散城市中心的居住人口，带动市郊房地产业的发展，密切居住与自然的联系，提高居住生态质量；其缺点在于：必须依靠发达的城市轨道交通，初期的市政设施建设投资较大，市郊的治安管理力度须加大。

二、确定居住用地规模

居住用地的规模和居住用地的性质、地位、类型及布局形式有关，并受所在地区的自然社会经济条件、人口密度等因素的影响。居住用地的规模主要包括人口规模和用地规模两方面的内容。人口规模往往影响到居住用地的面积、建筑层数、公共建筑项目的组成与数量、交通运输、基础设施建设等一系列问题。

确定居住用地的规模包括确定人口数量和用地面积两方面。首先应对人口规模进行预测，并调查居民的生活方式、出行方式等，明确居住用地的各项功能用地的规模，以便确定总的居住用地规模。

居住用地面积概算的方法有：

1. 按平均占地面积计算

按每户平均占地或者每人平均占地估算住宅用地、公共设施用地、绿地的面积。其选用的平均系数应根据有关的规范条文，结合实际情况、居住用地品质等多方面内容加以选择。

2. 用地累加法

即逐项计算居住用地内各种用地面积之和。如 P_1 为住宅建筑用地，P_2 为公共服务设施用地，P_3 为道路用地，P_4 为绿地用地，S 为居住用地。

$$S = P_1 + P_2 + P_3 + P_4 \tag{3-2}$$

三、拟订住宅建筑类型、数量、层数、布置方式

住宅及其用地的规划布置是居住用地规划设计的主要内容。住宅的面积约占整个居住区总建筑面积的80%以上，用地则占居住区总用地面积的50%左右。住宅建筑通常是成片成组地规划和修建的，从而形成住宅组群。住宅组群用地是住宅建筑用地的主要组成部分，住宅建筑用地规划实质上是住宅组群用地规划。

（一）住宅的类型

住宅选型是一个非常重要的环节，恰当与否直接影响居民的使用、住宅建设成本和城市用地的多少，同时也影响到城市面貌。因此，为了合理选择住宅类型，就必须从城市规划的角度来研究和分析住宅的类型和特点，见表3－3。

根据中国民用建筑设计规范的规定，1～3层为低层，4～9层为多层，10层以上为高层，并提倡小集镇以2～3层为主，小城市以4～5层为主，大中城市以5～6层为主，特大城市适当发展高层。建筑高层住宅有利于节约市政设施投资，对于多层住宅小区，市政工程的一次性投资为建筑造价的25%～30%。对于高层建筑，同样的面积可以节约一次性投资约1/4。

表3－3　住宅类型表（以套为基本组成单位）

编号	住宅类型	用地特点
1	独院式	每户一般都有独立院落，层数1～3层，占地较多
2	并联式	
3	连排式	

续表

编号	住宅类型	用地特点
4	梯间式	一般都用于多层和高层，特别是梯间式用得较多
5	内廊式	
6	外廊式	
7	内天井式	是第4、5类型住宅的变化形式，由于增加了内天井，住宅的进深加大，对节约用地有利，一般多见于层数较低的住宅
8	点　式	是第4类型住宅独立式单元的变化形式，适用于多层和高层住宅，由于形体短而活络，进深大，故具有布置灵活和丰富群体空间的特点
9	跃廊式	是第5、6类型的变化形式，一般用于高层住宅

（二）住宅的布置

1. 影响住宅布置的因素

（1）朝向。地理纬度、局部气候特征和建筑用地条件等因素均影响住宅的朝向。中国大部分地区处于亚热带和北温带，房屋“坐北朝南”，可以保证东暖夏凉。良好的朝向能保证冬季的日照，在炎热的夏季减少阳光的直射。实践证明，冬季以南向、东南和西南居室内接受紫外线较多，而东、西向较少，大约为南向的1/2，东北、西北和北向居室内最小，为南向的1/3。朝向还与通风有关，为了满足通风的要求，住宅成单幢布置时，应将居室朝着夏季的主导风向，采取迎风面的布置形式，尽量使风向投射角（指风向与有窗墙面的法线）小一些，倘若不能迎风面布置，其风向投射角也不宜大于45°。群体建筑的风向投射角60°比30°有利。在冬季寒冷地区，住宅建筑的布置朝向应该保证居室避开冬季的主导风方向。

（2）间距。住宅建筑之间的距离应保证良好的日照和通风条件。中国地处北半球亚热带、温带地区，一般来说，中纬度地区房屋间距以2倍屋高为宜，南纬度地区房屋间距以1.5倍屋高为宜。良好的间距能保证夏季自然通风，以降低室内温度。从自然通风的要求来看，一般住宅的长轴与主风向呈45°左右，防火间距与房屋结构的耐火性能有关，防火间距一般在6～12m之间。

（3）地形。住宅建筑布置应考虑对地形的利用，以便尽量减少填挖的土方量和避免过分加深基础。表3-4是不同地面坡度情况下住宅建筑的布置方式。

表3－4　按地面坡度布置住宅建筑的几种情况

地面坡度	住宅建筑布置方式	备　注
小于1%	可不按等高线方向布置	
1%～2.5%	应平行于等高线方向布置	长度小于50m不受限制
2.5%～4%	应平行于等高线方向布置	长度小于30m不受限制
4%～8%	所有建筑一律平行于等高线方向	也可采用阶梯式底层
8%及以上	全部建筑采取阶梯式平面布置	

2. 住宅的布置形式

（1）住宅布置的行列式

这是住宅群体的基本组成形式，即条式单元住宅或联排式住宅按一定朝向和合理间距成排布置的方式。这种布置方式可使每户都能获得良好的日照和通风条件，便于布置道路、管网、方便工业化施工。但如果处理不好形成的空间往往会有单调、呆板的感觉，并且产生穿越交通的干扰。如果能在住宅排列组合中，注意避免"兵营式"的布置，多考虑住宅群体空间的变化，如采用山墙错落、单元错落拼接以及用矮墙分隔等手法仍可达到良好的景观效果。

具体的布置手法有：平行排列（如图3－13（a））、交错排列（如图3－13（b））、变化间距（如图3－13（c））、单元错接（如图3－13（d））、成组改变朝向（如图3－13（e））、扇形排列（如图3－13（f））等。

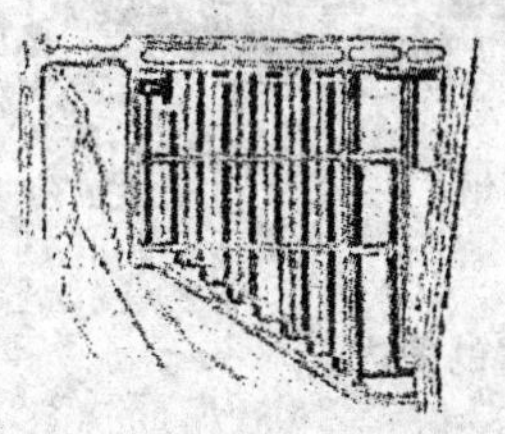

（a）德国达玛斯克住宅群

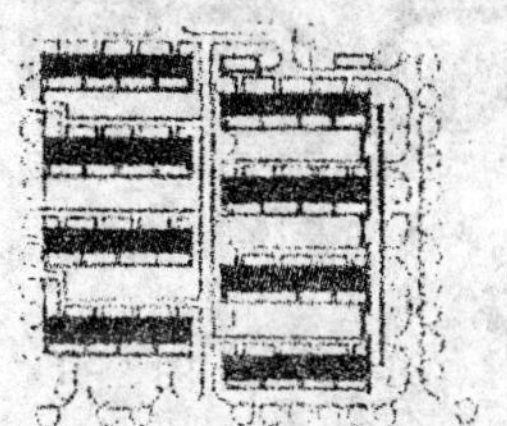

（b）北京翠微小区住宅组

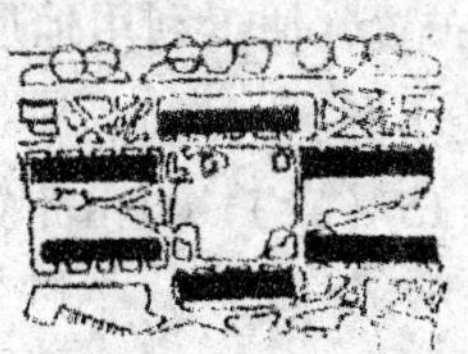

（c）莫斯科齐辽莫斯卡九号街坊

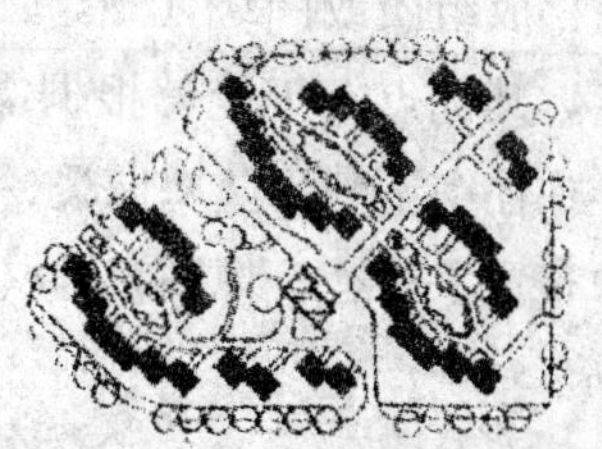

（d）天津川府新村田川里

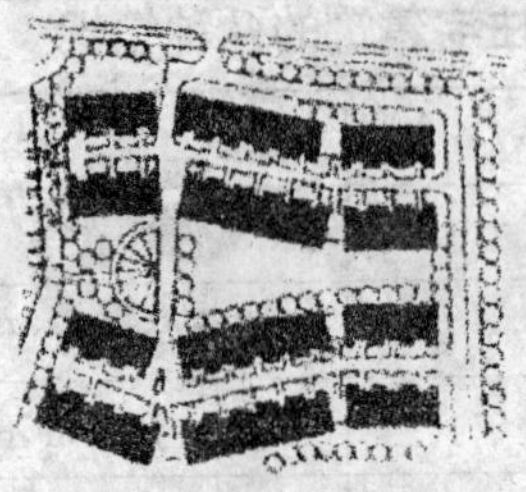
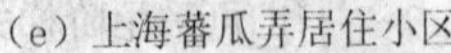
（e）上海蕃瓜弄居住小区

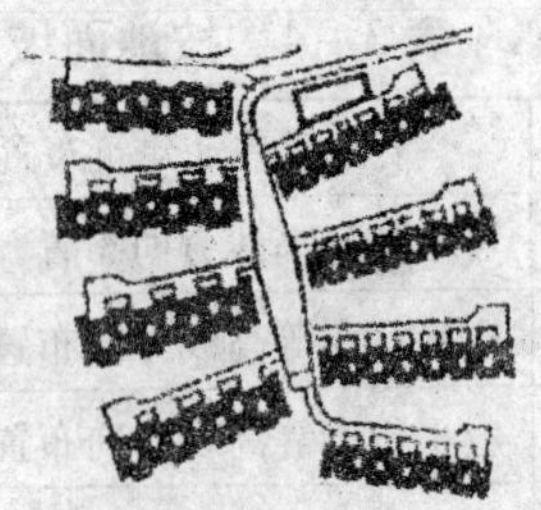
（f）上海凉城新村居住区住宅组

图 3－13　住宅布置的行列式

（2）住宅布置的周边式

这是住宅建筑沿街坊或院落周边布置的形式，这种布置形式形成封闭或半封闭的内院空间，院内较安静、安全，利于布置室外活动场地、小块公共绿地和小型公建等居民交往场所。这种形式组成的院落较完整，一般较适用于寒冷多风沙地区，可阻挡风沙及减少院内积雪。周边布置的形式有利于节约用地，提高居住建筑面积密度。但这种布置方式部分住宅朝向较差，对于炎热地区较难适应。另外对地形起伏较大的地区会造成较大的土石方工程。

具体的布置手法有：单周边（如图 3－14（a））、双周边（如图 3－14（b））等。

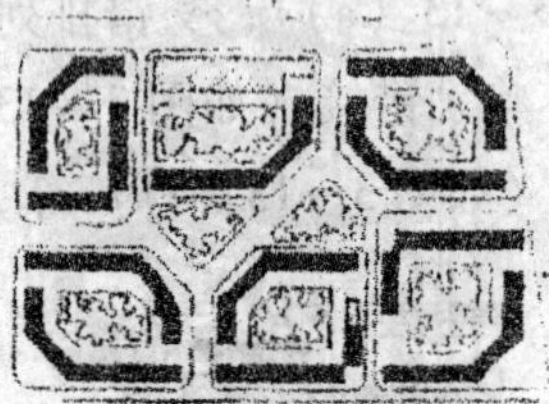
（a）天津子牙里住宅组

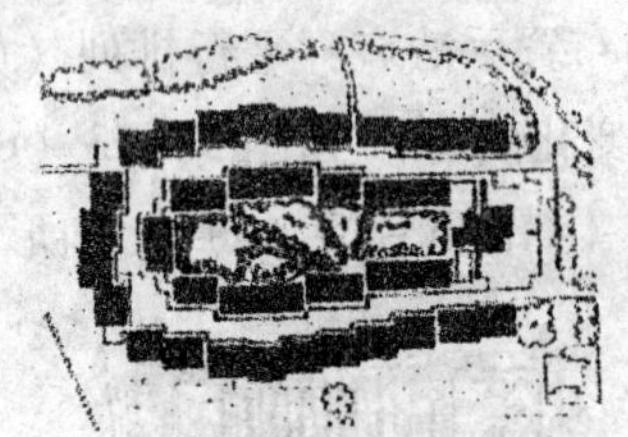
（b）丹麦赫立勃-比克勃尔西诺尔住宅组

图 3－14　住宅布置的周边式

（3）住宅布置的点群式

点群式住宅布局包括低层独院式住宅、多层点式及高层塔式住宅布局。点群式住宅自成组团或围绕住宅组团中心的建筑、公共绿地、水面有规律地或自由布置。其优点在于能够根据需要灵活布置，便于利用地形，但在寒冷地区，点群式住宅不利于防寒保暖，且对节能不利。

具体的布置手法有：规则布置（如图 3－15（a））、自由布置（如图 3－15（b））等。

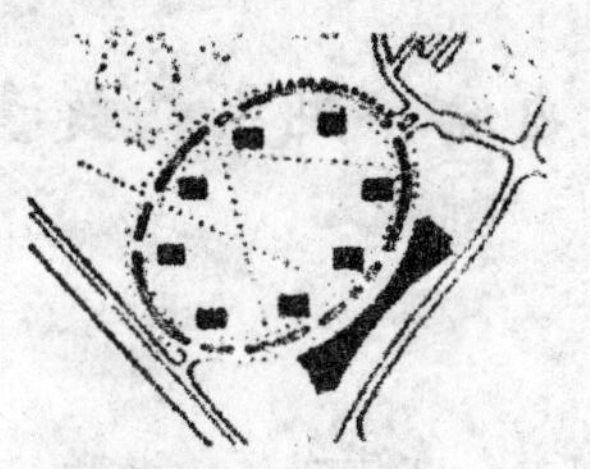

(a) 瑞典斯德哥尔摩坦勃居住小区住宅组

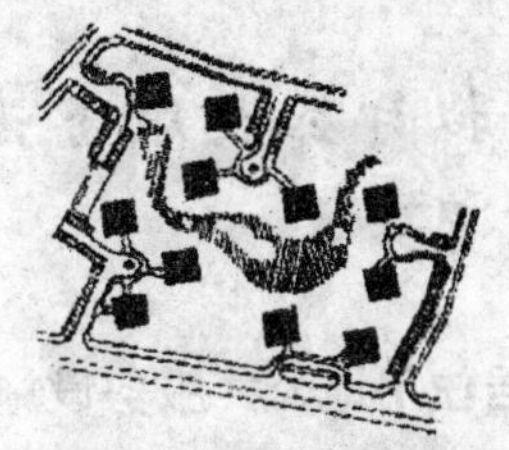

(b) 瑞典斯德哥尔摩维支斯克潘住宅群

图 3-15 住宅布置的点群式

(4) 住宅布置的混合式

所谓混合式住宅布局就是将以上三种布置手法结合或者变形的组织形式，常见的往往以行列式为主，结合周边式布置，搭配良好的混合式住宅群，能够良好地利用地形，提高土地利用效率，使居住空间具有层次感和生动性。关键在于必须充分利用地形和空间特征，做到混而不乱、杂而不浊。此外也须兼顾混合式住宅的建造成本和物业管理成本。

住宅混合式布置的具体手法有：行列式结合点群式（如图 3-16 (a)）、行列式结合周边式（如图 3-16 (b)）、周边式结合点群式（如图 3-16 (c)），以及行列式、周边式、点群式三者结合（如图 3-16 (d)）。

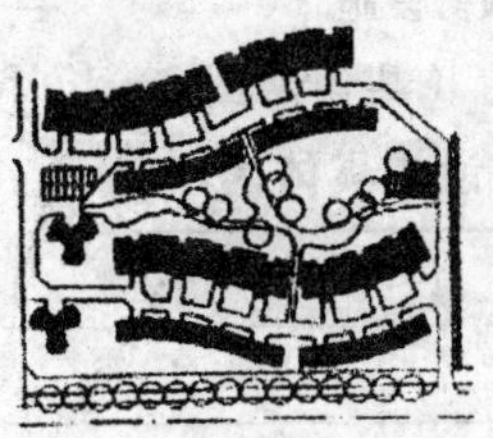

(a) 深圳莲花居住区住宅组

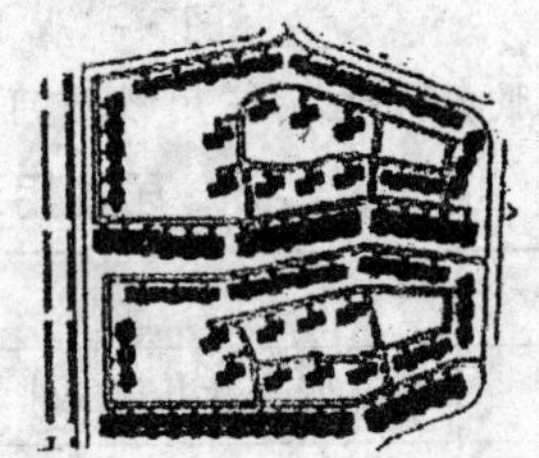

(b) 天津经济技术开发区居住区住宅组

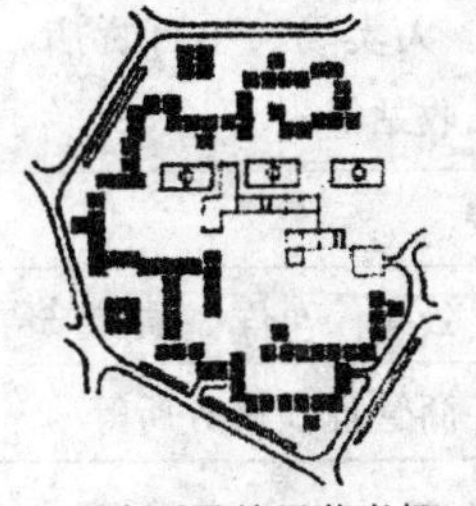

(c) 西班牙马德里萨考娜·德希萨小区住宅组

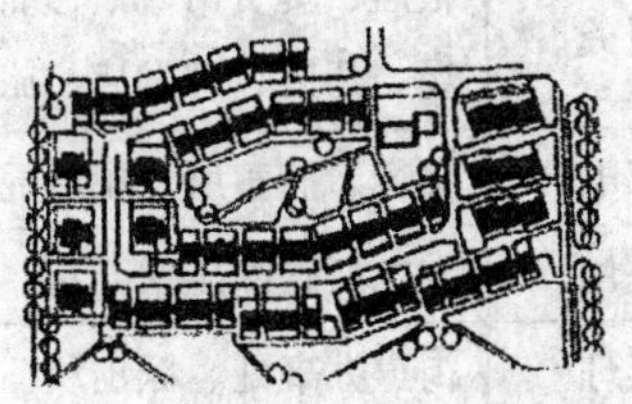

(d) 山东胜利油田孤岛新镇中华村

图 3-16 住宅布置的混合式

四、拟订公共服务设施的内容、规模、数量、标准、分布和布置方式

（一）居住用地公共服务设施的分类

为满足城市居民日常生活、购物、教育、文化娱乐、游憩、社交活动等需要，居住用地内必须相应设置各种公共服务设施，其内容、项目设置必须根据居住用地的规模综合考虑居民的生活方式、生活水平以及年龄特征等因素。

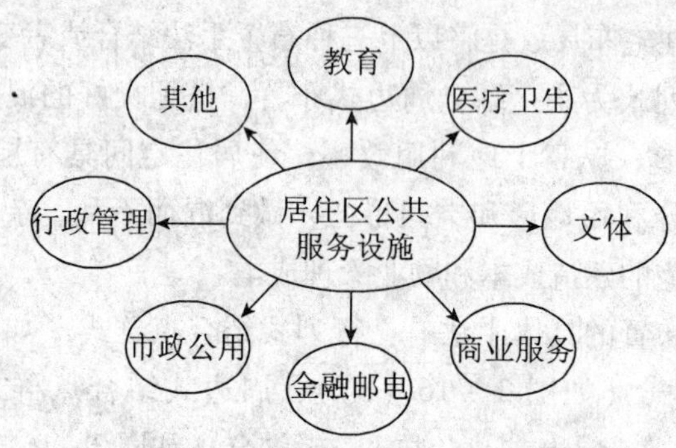

图3－17　居住区公共服务设施

1. 公共服务设施按使用性质可以分为8类（具体见图3－17和表3－5）

表3－5　居住用地公共服务设施具体内容

类　别	项　目
教育	托儿所、幼儿园、小学、普通中学
医疗卫生	门诊所、卫生站、医院
文化体育	文化活动中心、文化活动站、居民运动场等
商业服务	粮店、集贸市场、食品店、饭馆、大卖场、小百货店、综合百货商场、药店、理发店、旅店、物资回收站等
金融邮电	银行、储蓄所、邮电局、邮政所等
市政公用	变电所、高压水泵房、公共厕所、公共停车库、消防站等
行政管理	街道办事处、派出所、房管所、工商管理及税务所等

2. 居住用地公共服务设施按居民使用频率可分为2类

经常性使用项目—幼托、小学、中学、文化活动站、粮油店、供气站、理发店、居委会等，这些公共服务设施都属于居住小区和居住组团级公共建筑。

非经常使用项目—门诊所、文化活动中心、菜市场、大卖场、房管所、市政管理机构、工商管理机构、派出所、街道办事处等，这些公共服务设施属于居住区级公共建筑。

（二）公共设施用地面积概算

1. 千人指标和千户指标

千人指标是指每千居民拥有的各项公共服务设施的建筑面积和用地面积。千人指标根据公共建筑的不同性质而采用不同的计算单位来计算建筑面积和用地面积的。例如幼托、中小学、饭店等以每千人多少座位来计算，商业则按每千人售货员岗位为计算，门诊所按每千人每日就诊次数为定额单位，然后折算成每千人建筑面积和用地面积。采用千人指标的计算方法便于规划定点、定面积和分级配套；不足之处在于按人口定量，弹性较小，且以此计算的总面积受到每户平均人口增减的影响较大。

千户指标是指每千户居民家庭拥有的各项服务设施网点的建筑面积。采用千户指标的优点是：家庭是组成城市最基本的单位，家庭的经济水平、消费能力和消费需求是商业部门进行预测的依据。使用千户指标能避免家庭人口增减对公共设施用地影响弹性较大的问题，并且与住宅用地规划设计中“户”的概念保持一致。

2. 占地比重

公共服务设施用地的面积也可以根据它占住宅建筑面积的比重来计算。公共服务设施用地占住宅建设用地的比重是商业部门采用的控制商业服务设施规模的重要依据。但这种计算方法无法对具体的项目和指标进行有效的控制，弹性太大，不利于规划、配套和单体设计。特别是根据各地的经济、居民消费习惯、购买力等条件的不同，缺乏统一的指标标准。

3. 居住用地公共设施用地的规划配置

公共设施用地配置应考虑其功能，并按照居民的使用频率进行分级，与居住用地规划结构和人口规模相对应。

表 3－6　各级公共服务设施的合理服务半径

级别	服务半径
居住区级	800～1 000m
居住小区级	400～500m
居住组团级	150～200m

（1）机关办公建筑用地一般应置于居住用地的中心地段，以方便联系和往来。

（2）商业服务业建筑用地可以采取既集中又分散的方式统一布置。等级较高的商业服务建筑集中不置于居住用地中心地段主干道两侧；等级较低的商业服务建筑宜分散于居住用地中，以方便居民购物。

（3）医疗卫生建筑用地应配置在距离中心区附近的地方，既要方便群众，又要远离水源，且位于居住用地的下风位，以防传播流行性疾病。

（4）学校建筑用地宜配置于环境安静、安全，远离交通站点，阳光充足的地段。

（5）集市用地的配置应视其污染状况分布于居住用地适当地点和边缘地段。

五、拟订各级道路宽度、断面形式、布置方式，对外出入口位置，泊车量和停泊方式

（一）居住区道路的类型

居住区道路可以按不同的方式进行分类：

（1）按组织交通的方式可分为人车分流型和人车混流型。人车分流型的道路系统中，车行道和步行道都自成体系，互不干扰，步行道往往具有交通和休闲双重功能，道路剖面一般为"机动车道＋人行道"，有的道路为"两块板"，中间以绿化隔离带对称布置，还有的道路人行道单侧布置；人车混流型的交通系统中，车行道承担了大部分的交通功能。

（2）按道路材质可分为混凝土道路、沥青路、卵石块路等，有的居住区将人行交通与休闲广场结合。

在道路设计上，很多设计师在道路线型、铺装、路灯上做文章，使得道路起到了联系绿化、公共服务设施等用地的作用，成为居住区的景观之一。

（二）居住区道路的分级

居住用地中的道路通常可分为4级，即居住区级道路、居住小区级道路、组团级道路和宅间小路。各级道路宜分级衔接，以形成良好的交通组织系统。

1. 第一级——居住区级道路

居住区内外联系的主要道路。道路红线宽度一般为20～30m，山地城市不小于15m，车行道宽度不应小于9m，如需通行公共交通时，应增至10～14m。道路断面多采用一块板形式，在规模较大的居住区中的部分道路亦可采

用三块板形式。人行道宽2～4m。

2. 第二级——居住小区级道路

居住小区内外联系的主要道路，是居住区的次级道路。道路红线宽度一般为10～14m，车行道宽度5～8m，多采用一块板的断面形式。人行道宽1.5～2m。

3. 第三级——组团级道路

居住小区内的支路。道路红线宽度小于10m，车行道宽度为5～7m。

4. 第四级——宅间小路

通向各户或各住宅单元入口的道路，宽度不宜小于2.5m。

六、拟订绿地、活动、休憩等室外场地的数量、分布和布置形式

居住用地公共绿地的功能有两种：一种功能是构建居民户外活动空间，满足各种游憩活动的需要，包括儿童游戏、运动、健身锻炼、散步、休息、游览、文化、娱乐等；另一种功能是创造自然环境，利用各种树木、花卉、水体、草地等营造美好的户外环境。

（一）居住区公共绿地分类分级

具体见表3－7：

表3－7　居住区各类公共绿地的规划设计要求

分　类	居住区级	居住小区级	住宅组团级
类型	居住区公园	小游园、儿童公园	儿童和老人游戏、休息场
使用对象	居住区居民	居住小区居民	住宅组团居民
用地（公顷）	大于1.0	大于0.4	大于0.04
步行距离（分钟）	8～15	5～8	3～4
布局要求	园内有明确的功能划分	园内有一定的功能划分	灵活布置

（二）居住区公共绿地的布置

居住用地内公共绿地设计在内容设置上要健全，同时应充分考虑各级绿地的服务区域。除中心绿地，其他绿地应尽可能的均衡布置，点、线、面有机结合。另一方面还应注意方便居民前往，并尽可能和公共活动场所和商业中心结合。

1. 居住区公园

居住区公园是指在城市规划中按居住区规模建设的、具有一定活动内容和设施的配套公共绿地。主要设置应包括树木、草地、花卉、水体、雕塑、小卖部、座椅、儿童游乐场、运动场地、老人成年人活动休息场地等。园内布局应有明确的功能分区和清晰的浏览路线。具体的规划要点有：

（1）满足功能要求。应根据居民各种活动的要求布置休憩、文化娱乐、体育锻炼、儿童游戏及人际交往等各种活动的场所与设施。

（2）满足风景审美的要求。注意塑造优美宜人的景观，充分利用地形、水体、人工建筑等组成富有魅力的景色。

（3）满足游览的需要。公园空间构造要考虑沿线的景观设置，游园线路清晰，具有观赏性。

（4）满足净化环境的需要。集中布置各类绿化的公园能够净化空气，改善居住区的自然景观和小气候。

2. 小游园

小游园是指具有一定活动内容和设施的集中绿地，一般是为居住小区配套建设的。主要设置应包括儿童游戏设施、老年成年人活动休息场地、运动场地、座椅、树木、草地、花卉、凉亭等。具体的规划要点有：

（1）特点鲜明突出，布局简洁明快。小游园的平面布局不宜复杂，应当用简洁的几何图形。以美学理论来看，明确的几何图形要素之间具有严格的制约关系，最能引起人的美感。同时也有利于形成整体效果和远距离或运动过程中的观赏效果，具有较强的时代感。

（2）因地制宜，力求变化。如果小游园规划地段面积较小，地形变化不大，周围是规则式建筑，则游园内部道路系统以规则式为佳。如果地段面积较大，又有地形起伏，则可以自然式布置。城市中的小游园贵在自然，使人仿佛从嘈杂的城市环境中脱离出来。同时，园景也宜充满生活气息，有利于逗留休息。

（3）小中见大，充分发挥绿地的作用。小游园的布局应紧凑，尽量提高土地利用率，将园林中的死角转化为活角等；空间层次丰富，利用地形道路、植物小品分割空间；建筑小品以小取胜，道路、铺地、坐凳、栏杆的数量与体量要控制在满足游人活动的基本尺度要求之内，使游人产生亲切感，同时扩大空间感。

3. 住宅组团绿地

住宅组团绿地是指直接靠近住宅建筑，结合居住建筑组群布置的绿地。

具有一定的休憩功能。主要应设置游戏设施、座椅、树木、草地、花卉等。

住宅组团绿地规划设计重点如下：

（1）住宅组团绿地应满足邻里居民交往和户外活动的需要，布置幼儿游戏场和老年人休息场地，设置小沙场、游戏器具、座椅及凉亭等。

（2）利用植物种植围合空间，树种包括灌木、常绿和落叶乔木，地面除硬地外铺草种花以美化环境。但要注意靠近住宅处不宜种树过密，否则会造成通风不良及底层房间阴暗。

（3）组团绿地结合成年人休息和儿童活动场，青少年活动场布置时，应注意不同的使用要求，避免相互干扰。

居住用地的公共绿地受到的影响因素较多。在操作过程中应灵活掌握，对上述原则和要点不可机械照搬。同时，应充分考虑到绿地的社会效益与生态效益，使居住小区真正成为居民生活、休息的良好场所。

七、拟订有关市政工程设施的规划方案

居住用地中的市政工程设施主要是指一些管线工程，其任务在于分析现状和规划的各类管线工程资料，发现并解决它们相互之间以及与道路、铁路、建筑设施之间在平面、立面位置与相互交叉布置时存在的矛盾，做出综合调整规划设计，使它们各得其所，以指导和修正各类工程管线的设计。

八、拟订各项技术经济指标和造价估算

评价居住用地质量的好坏，主要根据其综合效果的优劣。综合效果中包括社会效益、经济效益和生态效益。对于居住用地来说，其经济效益是前提。居住用地规划和设计的目的就在于解决迫切的居住问题，让“居者有其屋”。

因此，研究和分析居住用地规划和建设的经济性对充分发挥投资效果、提高城市土地的利用效益都具有十分重要的意义。居住用地规划的技术经济分析一般包括用地分析、技术经济指标的比较以及造价的估算等几个方面。

（一）用地平衡表

1. 用地平衡表的作用

居住区技术经济指标的第一部分是用地平衡表（见表 3－8）。用地平衡表的作用为：

（1）对土地使用现状进行分析，作为制定规划和调整用地的依据之一；

（2）各个方案进行比较的依据之一，并用于检验设计方案的经济性和合

理性；

（3）审批居住用地规划设计方案的重要依据之一。

构成居住用地的四项用地具有一定的比例关系。这一比例关系的合理性及每一居民平均占有居住用地面积的数量（人均用地水平），是衡量居住用地规划设计是否科学、合理和经济的重要标志。

表3－8　居住用地平衡表

名称 用地构成	居住区			居住小区		
	面积（hm^2）	比重（%）	每人平均（平方米/人）	面积（hm^2）	比重（%）	每人平均（平方米/人）
1. 居住区总用地						
（1）住宅用地						
（2）公建用地						
（3）道路用地						
（4）绿化用地						
2. 其他用地						

注：其他用地根据需要可以分项列出，不参与居住区、居住小区用地平衡。

2. 各项用地界限划分的技术性规定

根据2002年国家标准《城市居住区规划设计规范（GB50180—93）》，各项指标的计算应符合下列规定：

（1）确定规划总用地范围。当规划总用地周界为城市道路、居住区（级）道路、小区路或自然分界线时，用地范围划至道路中心线或自然分界线；当规划总用地与其他用地相邻，用地范围划至双方用地的交界处。

（2）确定底层公建住宅或住宅公建综合楼用地面积。按住宅和公建各占该幢建筑总面积的比例分摊用地，并分别计入住宅用地和公建用地；底层公建突出于上部住宅或占有专用场院或因公建需要后退红线的用地，均应计入公建用地。

（3）确定底层架空建筑用地面积。应按底层及上部建筑的使用性质及其各占该幢建筑总建筑面积的比例分摊用地面积，并分别计入有关用地内。

（4）确定道路用地面积。按与居住人口规模相对应的同级道路及其以下各级道路计算用地面积，外围道路不计入；居住区级道路，按红线宽度计算；小区路、组团路，按路面宽度计算；当小区路设有人行便道时，人行便道计入道路用地面积；非公建配建的居民小汽车和单位通勤车停放场地，按实际占地面积计算；宅间小路不计入道路用地面积。

（5）确定绿地面积。

①宅间路、组团路和小区路的绿地边界算到路边，当小区路设有人行便道时算到便道边，沿居住区路、城市道路则算到红线；距房屋墙脚 1.5m；对其他围墙、院墙算到墙脚。

②道路绿地面积以道路红线内规划的绿地面积为准进行计算；院落式组团绿地面积计算起止界为绿地边界距宅间路、组团路和小区路路边 1m。

③当小区路有人行便道时，算到人行便道边；临城市道路、居住区级道路时算到道路红线；距房屋墙脚 1.5m。

④其他块状、带状公共绿地面积计算的起止界同院落式组团绿地。沿居住区（级）道路、城市道路的公共绿地算到红线。

（6）确定其他用地面积。规划用地外围的道路算至外围道路的中心线；规划用地范围内的其他用地按实际占有面积计算。

3. 用地平衡表的影响因素

影响居住用地平衡指标的因素很多，它与居住用地的居住人口规模、所在城市的城市规模、城市经济发展水平以及城市用地紧张状况等有密切关系，表现在：

（1）居住用地人口规模是决定各项用地指标的关键因素，不同规模的居住人口必须配置以不同等级的公共服务设施、道路和公共绿地，所以，对于居住区、居住小区、居住组团有其各自的控制指标标准。

（2）城市规模、经济发展水平和用地状况也是影响居住用地各项用地指标的主要因素。如大城市和一些经济发展水平较高的中小城市要求居住用地公共服务设施的标准较高，该项占地的比例相应就高一些，某些中小城市用地条件较好，居住用地公共绿地的指标也相应高一些等。此外，同一城市中也因各类居住所处区位和内外环境条件的不同，各项用地比例也有一定差距。

（3）居住用地平衡表仅考虑了在一般情况下影响控制指标的因素。对某些特殊情况，如因相邻地段缺中小学，需由本区增设，或相邻地段的学校有富余，本小区可不另设学校等，这对本小区（或居住区、或组团）的用地平衡指标影响很大。

（二）技术经济指标

居住用地的综合效益可以通过技术经济指标加以评价。通过多年的实践，可以归纳为表 3－9 中的各项指标内容，部分指标计算见表 3－9。

表 3-9　综合技术经济指标

项　目	计量单位	数值	所占比重（%）	人均面积（平方米/人）
居住区规划总用地	hm^2	▲	-	-
1. 居住区用地（R）	hm^2	▲	100	▲
（1）住宅用地（R01）	hm^2	▲	▲	▲
（2）公建用地（R02）	hm^2	▲	▲	▲
（3）道路用地（R03）	hm^2	▲	▲	▲
（4）公共绿地（R04）	hm^2	▲	▲	▲
2. 其他用地（E）	hm^2	▲	-	-
居住户（套）数	户（套）	▲	-	-
居住人数	人	▲	-	-
户均人口	人/户	△	-	-
总建筑面积	万平方米	▲	-	-
1. 居住区用地内建筑总面积	万平方米	▲	100	▲
（1）住宅建筑面积	万平方米	▲	▲	▲
（2）公建面积	万平方米	▲	▲	▲
2. 其他建筑面积	万平方米	△	-	-
住宅平均层数	层	▲	-	-
高层住宅比例	%	▲	-	-
中高层住宅比例	%	▲	-	-
人口毛密度	人/hm^2	▲	-	-
人口净密度	人/hm^2	△	-	-
住宅建筑套密度（毛）	套/hm^2	△	-	-
住宅面积毛密度	万平方米/hm^2	▲	-	-
住宅面积净密度	万平方米/hm^2	▲	-	-
（住宅容积率）	-	▲	-	-
居住区建筑面积（毛）密度	万平方米/ha	△	-	-
（容积率）	-	△	-	-
住宅建筑净密度	%	▲	-	-
总建筑密度	%	△	-	-

续表

项　目	计量单位	数值	所占比重（%）	人均面积（平方米/人）
绿地率	%	▲	–	–
拆建比	–	△	–	–
土地开发费	万元/hm^2	△	–	–
住宅单方综合造价	元/hm^2	△	–	–

注：▲必要指标，△选用指标。

1. 住宅平均层数

指各种住宅层数的平均值，一般按各种住宅层数建筑面积与基地面积之比进行计算。

住宅平均层数 = 住宅总建筑面积/住宅基地总面积　　(3 – 3)

2. 人口密度

分为人口毛密度与人口净密度两种，人口毛密度通常作为计算城市规划用地的控制指标，人口净密度通常用以衡量居住密集程度和居住水平。

人口毛密度 = 规划总人口/居住用地面积　　(3 – 4)

人口净密度 = 规划总人口/住宅用地面积　　(3 – 5)

3. 住宅建筑套密度

包括住宅建筑套数毛密度及净密度，前者指每公顷居住用地上拥有的住宅建筑套数（套/hm^2），后者指每公顷住宅用地上拥有的住宅建筑套数（套/hm^2）。住宅建筑套密度反映在用地单位面积上的住宅密集度和居住环境质量。

4. 住宅面积毛密度和住宅面积净密度

两者都是反映建筑布置、平面设计与用地之间关系的重要指标。影响居住面积密度的主要因素是房屋的层数，增加层数其数值就增大，有利于节约土地和管线费用。

住宅面积毛密度 = 住宅总建筑面积/居住用地面积　　(3 – 6)

住宅面积净密度 = 住宅总建筑面积/住宅用地面积　　(3 – 7)

5. 容积率

又称建筑面积密度，指每公顷居住区用地上拥有的各类建筑面积。它反映城市土地利用的程度，容积率越高，土地开发强度越高。容积率是城市土地开发强度控制的重要技术经济指标。

6. 住宅建筑净密度

这是衡量用地经济性和保证居住区必要卫生条件的主要技术经济指标。

其数值的大小与建筑层数、房屋间距、层高、房屋排列方式等因素有关。适当提高建筑密度，可节省用地，但应保证日照、通风、防火、交通安全的基本需要。

住宅建筑净密度＝住宅建筑基地总面积/居住用地面积　　(3－8)

7. 拆建比

新建的建筑总面积与拆除的原有建筑总面积的比值。

8. 土地开发费

每公顷居住区用地开发所需的前期工程的测算投资，包括征地、拆迁、各种补偿、平整土地、敷设外部市政管线设施和道路工程等各项费用。

土地开发费＝土地开发总费用/居住用地面积　　(3－9)

9. 住宅单方综合造价

每平方米住宅建筑面积所需的工程建设的测算综合投资，应包括土地开发费用和居住区用地内的建筑道路、市政管线、绿化等各项工程建设投资及必要的管理费用。

（三）居住用地造价估算项目

1. 居住用地造价估算

居住用地的造价包括居住建筑（住宅和单身宿舍）、公共建筑和室外市政工程设施的造价，此外还包括土地使用准备费用（如土地征用费、青苗补偿费、房屋拆迁费、围海造地费等），以及其他费用（如为工程建设中未能预见到的后备费用，一般预留总造价的5%）。

居住用地总造价概算的内容包括6个部分的项目，以及各个项目的数量、单价（元）、造价（元）、占总造价的比重及必要的备注等。其中6个大项目分别为：

（1）土地使用准备费，包括土地征用费，房屋拆迁费、迁坟费。

（2）居住建筑造价，包括住宅及单身宿舍。

（3）公共建筑。

（4）室外市政工程设施包括土石方工程、车行和人行道、水暖电外线等。

（5）绿化。

（6）其他。

此外总造价概算表中，还包括根据以上6个项目的内容可计算出的居住区总造价（万元）、平均每居民占造价（元/人）、平均海产造价（元/户）、平均每公顷居住用地造价（元/hm^2），平均每平方米住宅建筑面积造价（元/平方米）等。

2. 影响居住用地造价的主要因素

影响居住用地造价的主要因素是住宅建筑和土地两项费用。

住宅建筑费用主要取决于住宅的面积标准和质量标准，特别是平均每户的建筑面积标准。住宅建筑面积标准的提高不仅增加住宅本身的造价，而且还相应增加了城市用地，增加了土地费用，因此必须根据国家有关规定控制住宅建筑面积标准。住宅建筑的投资还与住宅层数密切相关，一般说来，在相同标准的情况下，虽然高层住宅的造价要高于多层住宅，但是，由于高层住宅能节约用地，提高土地的利用效益，减少室外市政工程设施投资及征地拆迁费用，故在土地费用达到一定数量时，高层住宅或高、多层结合的居住区综合造价可等于和接近一般多层住宅的居住区造价。

土地费用在居住用地总造价中也是十分重要的。不同城市、不同地段征地与拆迁的费用大不相同。由此可见，城市用地的投资有时远比住宅建筑要高，从而对居住用地的总造价起着决定性的作用，在进行城市旧区改建时，土地费用对居住用地造价的影响更为突出。

第四节　城市居住用地规划的各项指标

一、居住用地规划必须满足相关规定制定的定额指标

(一) 居住用地规划的定额指标

1. 居住区内各项用地所占比例的平衡控制指标

居住区内各项用地所占比例的平衡控制指标应符合表3－10的规定。

表3－10　居住区用地平衡控制指标　单位:%

用地构成	居住区	居住小区	住宅组团
1. 住宅用地（R01）	45～60	55～65	60～75
2. 公建用地（R02）	20～32	18～27	6～18
3. 道路用地（R03）	8～15	7～13	5～12
4. 公共绿地（R04）	7.5～15	5～12	3～8
居住区用地（R）	100	100	100

2. 人均居住区用地控制指标

人均居住区用地控制指标应符合表3－11的规定。

表3－11　人均居住区用地控制指标　单位：平方米/人

居住规模	层数	大城市	中等城市	小城市
居住区	多层	16～21	16～22	16～25
	多层、中高层	14～18	15～20	15～20
	多、中高、高层	12.5～17	13～17	13～17
	多层、高层	12.5～16	13～16	13～16
小　区	低层	20～25	20～25	20～30
	多层	15～19	15～20	15～22
	多层、中高层	14～18	14～20	14～20
	中高层	13～14	13～15	13～15
	多层、高层	11～14	12.5～15	——
	高层	10～12	10～13	——
组　团	低层	18～20	20～23	20～25
	多层	14～15	14～16	14～20
	多层、中高层	12.5～15	12.5～15	12.5～15
	中高层	12.5～14	12.5～14	12.5～15
	多层、高层	10～13	10～13	——
	高层	7～10	8～10	——

注：本表各项指标按每户3.5人计算。

（二）住宅建筑规划的定额指标

1. 住宅间距控制指标

住宅间距控制指标应符合表3－12、3－13的规定。

表3－12　住宅建筑日照标准

<table>
<tr><td rowspan="2">建筑气候区划</td><td colspan="2">Ⅰ、Ⅱ、Ⅲ、Ⅳ气候区</td><td colspan="2">Ⅳ气候区</td><td rowspan="2">Ⅴ、Ⅵ气候区</td></tr>
<tr><td>大城市</td><td>中小城市</td><td>大城市</td><td>中小城市</td></tr>
<tr><td>日照标准日</td><td colspan="3">大寒日</td><td colspan="2">冬至日</td></tr>
<tr><td>日照时数（h）</td><td>≥2</td><td colspan="2">≥3</td><td colspan="2">日照时数（h）</td></tr>
<tr><td>有效日照时间带（h）</td><td colspan="3">8～16</td><td colspan="2">9～15</td></tr>
<tr><td>计算起点</td><td colspan="5">底层窗台面</td></tr>
</table>

表 3－13　住宅正面间距不同方位间距折减系数

方位	0°～15°	15°～30°	30°～45°	45°～60°	>60°
折减系数	1.0L	0.9L	0.8L	0.9L	0.95L

注：①表中方位为正南向（0°）偏东、偏西的方位角。②L 为当地正南向住宅的标准日照间距（m）。

2. 住宅净密度控制指标

（1）住宅建筑净密度的最大值不得超过表 3－14 的规定。

表 3－14　住宅建筑净密度最大值控制指标　单位：%

住宅层数	建筑气候区划		
	Ⅰ、Ⅱ、Ⅵ	Ⅶ、Ⅲ	Ⅴ、Ⅳ
低层	35	40	43
多层	28	30	32
中高层	25	28	30
高层	20	20	22

注：混合层取两者的指标值作为控制指标的上、下限值。

（2）住宅面积净密度的最大值应符合表 3－15 的规定。

表 3－15　住宅面积净密度最大值控制指标　单位：万平方米/hm^2

住宅层数	建筑气候区划		
	Ⅰ、Ⅱ、Ⅵ	Ⅶ、Ⅲ	Ⅴ、Ⅳ
低层	1.10	1.20	1.30
多层	1.70	1.80	1.90
中高层	2.00	2.20	2.40
高层	3.50	3.50	3.50

注：①混合层取两者的指标值作为控制指标的上、下限值；②本表不计入地下层面积。

（三）公共服务设施规划的定额指标（见表3－16、表3－17）

表3－16　公共服务设施控制指标　单位：平方米/千人

居住规模	居住区		小　区		组　团	
类别	建筑面积	用地面积	建筑面积	用地面积	建筑面积	用地面积
总指标	1605～2700（2165～3620）	2065～4680（2655～5450）	1176～2102（1546～2682）	1282～3334（1682～4084）	363～854（704～1345）	502～1070（882～1590）
教育	600～1200	1000～2400	600～1200	1000～2400	160～409	300～500
医疗卫生（含医院）	60～80（160～280）	100～190（260～360）	20～80	40～190	6～20	12～40
文体	100～200	200～600	20～30	40～60	18～24	40～60
商业服务	700～910	600～940	450～570	100～600	150～370	100～400
金融邮电（含银行、邮电局）	20～30（60～80）	25～50	16～22	22～24	—	—
市政公用（含自行车存车处）	40～130（460～800）	70～300（500～900）	30～120（400～700）	50～80（450～700）	9～10（350～510）	20～30（400～550）
行政管理	85～150	70～200	40～80	30～100	20～30	30～40
其他	—	—	—	—		—

表 3－17 配建公共停车场（库）停车位控制指标

名 称	单 位	自行车	机动车
公共中心	车位/100 平方米建筑面积	7.5	0.3
商业中心	车位/100 平方米营业面积	7.5	0.3
集贸市场	车位/100 平方米营业面积	7.5	——
饮食店	车位/100 平方米营业面积	3.6	1.7
医院、门诊所	车位/100 平方米建筑面积	1.5	0.2

注：①本表机动车停车位以小型汽车为标准当量表示；②其他各型车辆停车位的换算办法，应符合本规范第 11 章中有关规定。

（四）道路用地规划的定额指标

居住区内道路设置，应符合下列规定：

（1）小区内主要道路至少应有两个出入口；居住区内主要道路至少应有两个方向与外围道路相连；机动车道对外出入口数应控制，其出入口间距不应小于 150m。沿街建筑物长度超过 160m 时，应设不小于 4m × 4m 消防车通道。人行出口间距不宜超过 80m，当建筑物长度超过 80m 时，应在底层加设人行通道。

（2）居住区内道路与城市道路相接时，其交角不宜小于 75°；当居住区内道路坡度较大时，应设缓冲段与城市道路相接。

（3）进入组团的道路，既应方便居民出行和利于消防车、救护车的通行，又应维护院落的完整性和利于治安保卫。

（4）在居住区内公共活动中心，应设置为残疾人通行的无障碍通道。通行轮椅车的坡道宽度不应小于 2.5m，纵坡不应大于 2.5%。

（5）居住区内尽端式道路的长度不宜大于 120m，并应设不小于 12m × 12m 的回车场地。

（6）当居住区内用地坡度大于 8% 时，应辅以梯步解决竖向交通，并宜在梯步旁附设推行自行车的坡道。

（7）在多雪严寒的山坡地区，居住区内道路路面应考虑防滑措施；在地震设防地区，居住区内的主要道路宜采用柔性路面。

（8）居住区内宜考虑居民小汽车和单位通勤车的停放。

（9）居住区内道路边缘至建筑物、构筑物的最小距离，应符合表 3－18 的规定。

表 3－18　道路边缘至建、构筑物最小距离　单位：m

与建、构筑物关系		居住区道路	小区路	组团路及宅间小路
建筑物面向道路	无出入口	高层 5 多层 3	3 3	2 2
	有出入口	—	5	2.5
建筑物山墙面向道路		高层 4 多层 2	2 2	1.5 1.5
围墙面向道路		1.5	1.5	1.5

注：居住区道路的边缘指红线；小区路、组团路及宅间小路的边缘指路面边线；当小区路设有人行便道时，其道路边缘指便道边线。

（五）公共绿地规划的定额指标

（1）中心公共绿地的设置应以表 3－19 的规定为准。

表 3－19　各级中心公共绿地设置规定

中心绿地名称	设置内容	要　求	最小规模（hm^2）
居住区公园	花木草坪、花坛水面、凉亭雕塑、小卖茶座、老幼设施、停车场地和铺装地面等	园内布局应有明确的功能划分	1.0
小游园	花木草坪、花坛水面、雕塑、儿童设施和铺装地面等	园内布局应有一定的功能划分	0.4
组园绿地	花木草坪、桌椅、简易儿童设施等	灵活布局	0.04

注：表内"设置内容"可视具体条件选用。

（2）至少应有一个边与相应级别的道路相邻；

（3）绿化面积（含水面）不宜小于 70%；

（4）便于居民休憩、散步和交往之用，宜采用开敞式，以绿篱或其他通透式院墙栏杆作分隔；

（5）组团绿地的设置应满足有不少于 1/3 的绿地面积标准的建筑日照阴影线范围之外的要求，并便于设置儿童游戏设施和适于成人游憩活动。

二、居住用地规划相关图纸文本要求

由于《城市居住区规划设计规范））（GB50180—93）中对居住用地规划

设计成果的图纸文本等方面没有明文的规定，所以在实际应用中，往往是按照具体项目的设计任务说明书中所要求的成果来进行提交的。不同地区、不同项目、不同规模、不同的开发商等可能会对居住用地规划设计的图纸成果有不同的要求，但是一般来说，以下文字和图纸材料是必备的：

（1）总体构思。设计理念的表达不只是图纸，还有很多其他的手段，其中，文字是最常见的必要手段。运用文字来阐述设计方案的基本构思、设计理念、设计手法等，往往应结合居住用地的区位条件、气候环境、历史文化、居民生活方式等进行描述，突出设计方案的特色及亮点，一般包括对基地的分析和理解、规划设计理念、主要的理论工具和规划设计的特点。总之，总体构思对整个居住用地规划设计方案起到概括和说明的作用。

（2）总平面图。是居住用地详细规划总平面图的简称。图纸应标明方位、比例、建筑层数、建筑使用的性质以及室外场地内容安排等。比例一般有1∶2 000或1∶1 000两种模式，具体视用地规模或设计任务书的要求而定。植物应区别乔木、灌木、草地和花卉等。

（3）结构分析图。从居住用地各类用地构成的角度分别进行系统分析，包括住宅结构分析、公建布置分析、道路系统分析、绿化系统分析和景观空间分析等图。

其中，住宅结构分析图应当体现出组团特征和布置方式；公建布置分析图应当区别各级公建设施，并对居民的可及性进行分析；道路系统分析图应当对居住区级、小区级、组团级道路加以明确的区分，体现出人行道路系统和车行道路系统，并标识居住用地的主要出入口，对车流及人流走向进行必要的分析；绿化系统分析图应当区别居住区级、小区级、组团级和宅间绿地，并体现出各种景观植物花卉的种类和分布；景观空间分析图应当体现出居住用地不同角度的景观特色、小品、雕塑等内容，力求营造出一步一景的效果。

（4）整体鸟瞰图或透视图。

（5）局部空间鸟瞰图或透视图。

（6）主要技术经济指标表。不仅仅体现了居住用地规划设计的相关用地特点和造价因素，也是甲方评审居住用地规划项目的重要依据。一般根据上文表3－9所示的要求来进行统计和计算。

三、居住用地规划设计质量评价

居住用地规划设计质量需要通过评价，恰当的评价不仅能鉴别设计方案的质量水准，而且由此能促进设计水平的提高。规划设计评价具有综合性、预测性和多样性的特点，居住用地的规划设计是以其成果的综合效益来予以评价的，而效益的综合性是由评价主体的多元性所决定的。设计方案评价最基本的特征是预测性，预测中应包括对未来的变化做一定的估计。

（一）居住用地规划设计质量评价的阶段

一般分两个阶段，一是方案预测评价，二是实效评价。以目前国内的一般情况看，设计评价活动基本上有两种方式：设计方案由行政或专业管理系统内部评定，或是进行公开的设计竞赛，邀集专家评选。评价活动的技术方法也可分为两种：一是按照方案的综合效果进行抉择，二是对方案进行分解评定。居住区建成后就成为一个实体环境，它的物质内容可概括为人工设施、自然环境与人的活动三部分，对环境的总体评价应以三者是否统一协调为其目标。

（二）居住用地规划设计质量评价的主体

居住用地规划设计质量评价的主体一般有使用者即居民、设施经营管理单位；管理者，即建设、房产、市政、城建、园林以及消防、人防、环保等管理单位；任务委托者，即建设单位；施工者，即建筑、道路、管线等施工单位。

作为各评价主体，居民方面的基本要求主要包括住宅的适用性、道路的通顺便捷程度、设施的方便与可靠程度、生活安全和健康的保障、邻里来往与互助、环境安静卫生、景观亲切悦目等；管理者方面的基本要求包括便于居民组织管理，符合建设管理规章，符合城市规划要求，利于房屋分配管理及维护，符合人防规定、环保规定及利于防灾救灾；来自建设单位方面的基本要求包括合理利用基地、达到计划容量、投资能够收回效益、工程质量达到优良、竣工时间适宜；来自施工者方面的基本要求包括技术与设备应当适用，能够收回经济效益，施工场地合用，交通运输便利，水、电供应近便，建材易于筹集，施工期限适宜；再有设施经营者方面的基本要求包括设计适用、位置及环境适宜、便于养护管理、经营能收效益、交通运输方便。根据上述评价主体及其相应的基本要求可以制定出相应的评价项目，主要包括功能效用、经济效益、环境景观等几个方面的项目，通过对各评价项目定量或定性的分析，再根据不同项目的重要程度次序及其不同的权值，可以对方案做出较为定量化的评价。

第四章　历史文化遗产保护与城市更新

第一节　历史文化遗产保护

一、历史文化遗产的内涵

历史文化遗产的内涵目前在学术界尚无权威的、统一的界定。《国际古迹保护与修复宪章》（1964 年 5 月，简称《威尼斯宪章》）认为"历史古迹的要领不仅包括单个建筑物，而且包括能从中找出一种独特的文明、一种有意义的发展或一个历史事件见证的城市或乡村环境。这不仅适用于伟大的艺术作品，而且亦适用于随时光流逝而获得文化意义的过去一些较为朴实的艺术品"。

根据《保护世界文化和自然遗产公约》（1972）和《保护非物质文化遗产公约》（2002）中对文化遗产的一些规定，可以将文化遗产分为物质文化遗产和非物质文化遗产两大类型。所谓物质文化遗产，是指"（1）文物：从历史、艺术或科学角度看，具有突出、普遍价值的建筑物、雕刻和绘画，具有考古意义的成分或结构，铭文、洞穴、住区及各类文物的综合体；（2）建筑群：从历史、艺术或科学角度看，因其建筑的形式、同一性及其在景观中的地位，具有突出、普遍价值的单独或相互联系的建筑群；（3）遗址：从历史、美学、人种学或人类学角度看，具有突出、普遍价值的人造工程或人与自然的共同杰作以及考古遗址地带"。非物质文化遗产是指"被各群体、团体，有时为个人视为其文化遗产的各种实践、表演、表现形式、知识和技能及其有关的工具、实物、工艺品和文化场所"。

国家历史文化名城研究中心主任阮仪三教授在《珍视上海的城市遗产》一文中指出："城市遗产是指城市中建成的历史文化遗产，即能够体现一个城市历史、科学、艺术价值的具有传统和地方特色的历史街区、历史环境和历史建筑物等。它是城市肌体的重要组成部分，往往曾是城市中最活跃、最具有生气的部分。"这里强调的主要是物质文化遗产。

二、城市历史文化遗产保护相关国际宪章

20 世纪 60～70 年代间，世界范围内形成了一个保护文物古迹及其环境的高潮，保护历史文化遗产的国际组织在此期间通过了一系列宪章和建议，确定保护的原则，推广先进方法，协调各国的历史文化遗产保护工作。通过的主要文件有《威尼斯宪章》，《保护世界文化和自然遗产公约》（1972 年 11 月）、《关于历史地区的保护及其当代作用的建议》（1976 年 11 月，简称《内罗毕建议》）、《保护历史城镇和地区的国际宪章》（1987 年 10 月，简称《华盛顿宪章》）、《关于真实性的奈良文件））（1994 年 11 月）。

（一）《威尼斯宪章》关于文物古迹保护的规定

《威尼斯宪章》是关于古迹保护的第一个国际宪章，意义重大，影响深远。它阐述了对文物古迹的保护原则和方法，概括地说有以下几点：

（1）保护遗迹要连同环境一体保护，除非有特殊的情况，一般不得迁移。为社会公用而使用古迹要永远有利于古迹的保护。

（2）修复要以历史真实性和可靠文献为依据，不可臆测。任何不可避免的添加都必须与该建筑的构成有所区别，并且必须要有现代标记。

（3）要保护文物古迹在各个时期的叠加物，保护其现存实物原状和历史信息。只有在特殊情况下，在被去掉的东西价值甚微，而被显示的东西具有很高的历史、考古或美学价值并且保存完好时，才能揭示古迹底层。

（4）遗址必须予以保存，并且必须采取必要措施，永久地保存和保护建筑风貌及其所发现的物品。对任何重建都应事先予以制止，只允许重修，也就是说，把现存但已解体的部分重新组合。

（二）《内罗毕建议》和《华盛顿宪章》关于文物古迹保护的规定

《内罗毕建议》和《华盛顿宪章》是针对历史地段保护的，它们的制定有其历史背景。第二次世界大战之后，各国经济逐渐复苏，大量人口开始涌向城市，城市面临着大规模的复建和扩建。当时很多城市都采取了拆除旧城区、扩宽道路、新建住宅的方式。这种方式虽然带来了城市的快速发展和扩张，但是城市历史环境被破坏，历史文脉被割断，城市的特色消失了。人们

开始意识到旧城区不可一律成片拆除，因为这些历史建筑所组成的历史街区保留着城市古老的生活气息和文化底蕴，能直观地反映这座城市的历史风貌，也承载着延续城市历史的责任。

1987 年通过的《华盛顿宪章》总结了各国的做法与经验，归纳了保护历史地段共同性的问题。文件列举了历史地段应该保护的内容：

（1）地段和街道的格局和空间形式；

（2）建筑物和绿化、旷地的空间关系；

（3）历史性建筑的内外面貌，包括体量、形式、建筑风格、材料、色彩、建筑装饰等；

（4）地段与周围环境的关系，包括与自然和人工环境的关系；

（5）该地段历史上的功能和作用。

从这些内容看，历史地段保护更关心的是外部的环境，强调保护延续这里人的生活。所以，关于保护的原则和方法，文件强调要鼓励居民积极参与；要精心建设和改善地段内的基础设施，改善居民住房条件，适应现代化生活的需要；要控制汽车交通，在城市中拓宽汽车干道时，不得穿越历史地段；要有计划地建设停车场，并注意不得破坏历史建筑和其周边环境；在历史地段安排新建筑的功能要符合传统的特色，不否定建造现代建筑，但新的建筑在布局、体量、尺度、色彩等方面要与传统特色相协调。

三、外国历史文化遗产保护的立法进程

在国际上，现代意义上的文物保护并通过国家立法大约始于 19 世纪中叶。各个国家在长期的保护历史文化遗产的过程中，都不断加深和更新着保护理念，制定了一系列的法律法规，在保护与更新中追求平衡。

（一）法国历史文化遗产保护的立法进程

从 19 世纪中期到 20 世纪初，法国颁布了一系列法律保护历史建筑，明确了政府在历史建筑保护中的责任和具体的保护方法。

1840 年，法国公布了首批保护建筑 567 栋。1887 年通过了第一部历史建筑保护法，首次规定了保护文物建筑是公共事业，政府应该干预。1913 年，法国颁布了新的历史建筑保护法，规定列入保护名录的建筑不得拆毁，并且维修要在“国家建筑师”的指导下进行，由政府资助一部分维修费用。

1962 年法国制定了保护历史性街区的法令《马尔罗法》，由此确立了保护历史街区的新概念。《马尔罗法》规定将有价值的历史街区划定为“历史保护区”，制定保护和继续使用的规划，纳入城市规划的范畴严格管理。现在全

法国有国家级的保护区 92 处，地方各级保护区几百处。

1983 年，法国又立法设立“风景、城市、建筑遗产保护区”，将保护范围扩大到文化遗产与自然景观相关的地区。现有此类保护区 300 处，另有 600 处正在调查准备之中。

（二）英国历史文化遗产保护的立法进程

19 世纪末，英国民众对于政府对私有财产所有权的干涉有了新的认识，开始意识到制定保护文物的法律对于保护公共利益是必要的，而且不是对私有产权的未经授权的侵犯。现在的基本法很明确地声明：存在于私人财产中的公共利益必须得到保护。

1882 年，英国颁布了《古迹保护法》，并于 1900 年对其进行了修订，将保护范围由最初的古迹遗迹扩大至宅邸、农舍、桥梁等有历史意义的普通建（构）筑物。

1967 年，英国颁布《城市文明法》确定保护历史街区，并于 1974 年修正法案，将保护区纳入城市规划的控制之下。《城市文明法》规定，要保护“有特殊建筑艺术和历史特征”的地区。首先考虑的是地区的“群体价值”，包括建筑群体、户外空间、街道形式以至古树。保护区的规模大小不等，有古城中心区、广场，还有传统居住区、街道及村庄等。这个法令要求城市规划部门制定保护规划，提出保护规定。保护区内的建筑不能任意拆除，新建改建要事先报送详细方案，其设计要符合该地区的风貌特点。法令还规定不鼓励在这类地区搞各种形式的再开发。由于有这些特殊的保护要求，所以对于其他法规规定的日照、防火、建筑密度等要求，在保护区内可以适当灵活掌握。现在全英国有保护区约 9000 个，许多历史古城有相当多的保护区。如伦敦的威斯敏斯特区就有 51 个保护区，占了该区面积的 76%。爱丁堡有 18 个保护区，占了老城面积的 90%。

（三）日本历史文化遗产保护的立法进程

日本 1897 年制定《古社寺保存法》。1919 年制定《史迹、名胜、天然纪念物保存法》，将保护范围扩大到古坟、古城址、古园林及风景地。1929 年制定《国宝保存法》。1952 年综合以上三个法令为《文物保存法》。

日本在 1975 年对《文物保存法》进行了修订，增加了保护“传统建筑群”的内容。这里的“传统建筑群”大致相当于欧洲的历史街区，包括传统商业街、传统住宅区、手工业作坊区、近代外国风格的“洋馆”区等。法律规定“传统建筑集中，与周围环境一体形成了历史风貌的地区”应定为“传统建筑群保护地区”加以保护，先由地方城市规划部门通过城市规划确定保护范围，然后制定地方的保存条例；国家择其价值较高者定为“重要的传统建筑群保存地区”。

由此不难看出，国外城市历史文化遗产保护大致都经历了三个阶段。第一阶段是立法保护单个的历史建筑，第二阶段是立法保护成片的历史街区或建筑群，第三阶段则是立法保护历史城市。这正说明人们对于城市历史文化遗产的认识是逐步加深的，保护的意识也是越来越强，才能使得前人智慧的结晶得以保留并发展延续。另外，我们也可以看出，国外文物建筑的改动和利用，方式灵活巧妙，并且对不同建筑进行分级区别保护，从最大限度上方便现代居民的生活。他们对文物建筑的保护利用方案有严格的审查制度，如法国要经为数不多的国家建筑师审查同意，英国要经专门的学会、协会审查，这样的措施能兼顾城市历史文化遗产的保护和利用。

四、中国历史文化遗产保护的立法进程

中国历史文化遗产保护经历了普遍植树绿化、文物个体保护、历史文化名城与历史文化地段的保护四个阶段，是一个从单纯的保护到需要与社会、经济发展相联系和满足居民生活现代化要求的实践过程。

中国保护文物古迹的活动可追溯到20世纪20年代。1929年中国营造学社成立，系统地用现代科学的方法研究古代建筑。1930年当时的国民政府公布《古物保存法》共17条，1931年公布的《实施细则》中有了保护古建筑的内容。1948年，清华大学梁思成主持编写了《全国重要文物建筑简目》，共450条，它是以后公布全国第一批重点文物保护单位的基础。

中国历史文化遗产保护体系由文物保护单位、历史文化保护区（历史街区）和历史文化名城三个部分组成。三个部分出现的顺序依次是文物保护单位、历史文化名城和历史文化保护区（历史街区）。

（一）中国文物古迹保护的立法进程

1961年11月，国务院颁布了《文物保护管理条例》，公布首批全国重点文物保护单位，实施了以命名“文物保护单位”来保护文物古迹的制度。截止到2003年，全国重点文物保护单位共计有1271个。

1982年11月颁布的《文物保护法》标志着中国文化保护制度的形成。从此，中国的文物保护有了一部专门法律来调整相关的各种关系。各级文物行政管理部门和基层文物工作者可以依照这部法律的各项规定，将文物保护行为纳入依法行政、规范管理的轨道上来。

1984年1月，国务院颁布《城市规划条例》，规定城市规划应当切实保

护文物古迹，保护和发扬民族风格和地方特色。1989 年 12 月，国家颁布《城市规划法》，其中规定编制城市规划应当保护历史文化遗产、城市传统风貌、地方特色和自然景观。城市新区开发应当避开地下文物古迹。

1985 年 1 月，中国政府加入《保护世界文化和自然遗产公约》。1987 年，中国有了首批“世界文化遗产”长城、故宫等；1987 年和 1990 年，泰山、黄山先后列入“世界文化和自然遗产”；1992 年，九寨沟、黄龙和武陵源首批列入“世界自然遗产”；1997 年，中国首次有平遥和丽江古城列入“世界文化遗产”。截至 2007 年 6 月，中国共有“世界遗产”35 处。

2000 年 10 月，参照以《威尼斯宪章》为代表的国际原则，中国制定了《中国文物古迹保护准则》，将其作为对文物古迹保护工作进行指导的行业规则和评价工作成果的主要标准，也是对保护法规相关条款的专业性阐释，同时也作为处理有关文物古迹事务时的专业依据。

（二）中国历史文化街区保护的立法进程

1986 年，国务院确定将文物古迹比较集中，或较完整地保存某一历中时期的传统风貌与民族地方特色的街区、建筑群、小镇、村落，根据它们的历史科学艺术价值划定为历史文化保护区加以保护。

2002 年，中国对《文物保护法》进行了修订，将历史文化街区、历史文化村镇的保护纳入法律保护中，标志着中国单体文物、历史地段、历史文化名城多层次保护体系的建立。

（三）中国历史文化名城保护的立法进程

“历史文化名城”的概念于 1982 年 2 月首次提出，至 2007 年底，中国已有 109 座国家历史文化名城，157 个历史文化名村、名镇。但关于历史文化名城保护的法律法规长期以来一直处于空白状态。

2008 年 4 月 2 日，国务院第 3 次常务会议通过《历史文化名城名镇名村保护条例》，自 2008 年 7 月 1 日起施行。

第二节　中国历史文化遗产保护的措施

一、中国历史文化遗产保护的分类

按中国现行的法律政策，可以把中国历史文化遗产保护分为三个层次，即保护文物保护单位、保护历史文化街区、保护历史文化名城。这种分层次的保护方法是历史文化遗产保护工作多年来的经验总结，是解决保护与城市发展矛盾的有效途径。

温家宝2001年在中国市长协会第三次代表大会的讲话中指出："历史文化遗产的保护，要根据不同特点采取不同方式。对于'文物保护单位'要遵循不改变文物原状的原则，保存历史的原貌和真迹；对于代表城市传统风貌的典型地段，要保存历史的真实性和完整性；对于历史文化名城，不仅要保护城市中的文物古迹和历史地段，还要保护和延续古城的格局和历史风貌。"

（一）文物古迹保护

城市历史文化遗产保护的第一个层次是保护文物古迹，包括古文化遗址、古墓葬、古建筑、石窟寺、石刻、壁画、近现代重要史迹和代表性建筑等。文物保护应遵循"保护为主，抢救第一，合理利用，加强管理"的方针，要根据它们的历史、科学、艺术价值分别定级保护。保护的目的是真实全面地保护并延续其历史信息和全部价值。所有的保护措施都应该遵守不改变文物原状的原则。

《文物保护法》规定要在文物的保护范围之外，再划定一个"建设控制地带"，通过城市规划对这个地带的建设加以控制，包括控制新建筑的功能、建筑高度、体量、形式、色彩等。保护文物古迹的历史环境不但可以突出文物建筑，还有多方面的意义。它可以完整体现文物建筑历史上的功能作用，可以让人们认识文物建筑原来的设计匠心和艺术效果，还可以让人们全面准确地理解当时的历史事件。古人在处理建筑与自然关系方面有着独特的理论与手法。此外，中国的建筑与诗文有着密切的联系，建筑因诗文而名噪，诗文因建筑而流传，为了欣赏诗文的艺术意境也必须保存文物的历史环境景物。

（二）历史文化街区保护

城市历史文化遗产保护的第二个层次是保护历史街区。《文物保护法》规定："保存文物特别丰富，具有重大历史价值和革命意义的街区（村、镇）定为历史文化街区（村、镇）"。针对大量历史街区被破坏的状况，2003年11月建设部公布了《城市紫线管理办法》，将国家历史文化名城中的历史文化街区、省级人民政府公布的历史文化街区以及历史文化街区以外、经县以上人民政府公布的历史建筑划出保护界线，称为"紫线"。《城市紫线管理办法》规定了紫线包括保护的核心地段和外围建设控制区，紫线范围内确定的保护建筑不得拆除，建筑物的新建和改建不得影响该区的传统格局和风貌，不得破坏规划保留的园林绿地、河湖水系、道路和古树名木等。

（三）历史文化名城保护

城市历史文化遗产保护的第三个层次是保护历史文化名城。《文物保护法》规定，对“保存文物特别丰富并且具有重大历史价值或者革命纪念意义的城市，由国务院核定公布为国家历史文化名城”。

保护历史文化名城有四方面重要意义：第一，具有重要的文化价值。城市是历史文化的载体，是国家民族之根本。第二，具有科学价值。它体现了前人的智慧，给后人以启迪。第三，具有教育价值。包括对社会经济、科学技术和政治思想教育的作用。第四，具有美学价值。从形式美到心灵美，广义的美学是人类精神生活的最高境界。

历史文化名城保护的内容可以分为三个方面。第一，保护文物古迹和历史地段。第二，保护和延续古城的格局和风貌特色，对现状完好的应予保护，新建设则要求延续格局和风貌特色，新建筑的形象要考虑与传统建筑的对话与联系，做到既有时代感，又与历史相呼应。第三，继承和发扬优秀历史文化传统。在历史文化名城中除有形的文物古迹之外，还都拥有丰富的传统文化内容，如传统工艺、民间艺术、民俗精华、名人轶事、传统产业等，它们和有形文物相互依存，相互烘托，共同反映着城市的历史文化积淀，共同构成城市珍贵的历史文化遗产。

二、城市历史文化遗产的保护措施及方法

（一）文物古迹的保护措施及方法

不可移动的文物是城市历史文化遗产最重要的组成部分。在中国，文物按等级可以分为三类，分别是由国家文物局确定的“全国重点文物保护单位”、由省一级确定的“省级文物保护单位”和由市、县确定的“市级文物保护单位”或“县级文物保护单位”。

对于文物保护单位本身应该采用保存的保护方式，即在将保护对象原封不动地保护起来的基础上，做必要的维护性的修缮、加固和恢复性的修复。修缮、加固和修复必须以不改变原貌为前提，特别强调对其进行全面的考古研究，特别要尊重原始资料和确凿的考古学证据，不应有丝毫的臆测。

城市是一个有机整体，文物保护单位位于城市之中，是城市的有机组成部分。对文物保护单位的利用，必须以保护为基础，不仅要保护好文物保护单位本身，还要带动其周围地区的发展，甚至影响整个城市。文物保护单位应该得到合理的城市功能和景观方面的地位，继续成为城市生活中的重要组成部分。文物保护单位的利用方式一般有以下三种：

1. 继续原有用途

这是最有利于文物保护的利用方式。保持其原有的用途，不仅可以在保护其物理形态上的特征，更能保留城市文化的风貌。国外的绝大多数宗教建筑、部分政府行政办公建筑和中国的古典园林都属于这一类型。

2. 改变原有用途

对于某些具有很高观赏和纪念价值的文物保护单位，可以将其作为博物馆或陈列馆使用。这既可以充分发挥其历史文化价值，增加城市的文化内涵，又有利于它们的保护。某些文物保护单位也可以用作各类文化、行政等公共设施，例如北京图书馆等。

3. 留作城市的空间标志

有些文物保护单位在今天已经不能或不宜再发挥其效用，但是却能代表城市的形象或具有鲜明的历史意义。这类文物保护单位可以保留下来，作为城市的空间标志，成为人们观光、纪念的场所。例如德国柏林市中心的大教堂、西安的钟楼、鼓楼等。

（二）历史街区的保护措施及方法

历史街区的保护要在对现状建筑类型和特征充分调查研究的基础上，从街区风貌总体保护、街区物质环境改善及社会经济发展、保护规划的可操作性等方面综合判定，提出针对每一幢建筑的适宜的保护与整治措施。根据建筑性质、价值（与建筑年代和风貌完好度相关）、保存状况，可分别采取保存、保护、更新、修景、控制等保护和整治措施。

1. 保存

即保持原貌，绝对保护，如实反映真实的历史遗存。“保存”建筑必须严格按照文物保护的要求实施保护，遵守《文物保护法》及国际文物保护法规的有关规定。“保存”建筑的数量不宜划定过多，以免造成保护规划难以落实。一般来说，“保存”建筑占街区总建筑量的15%左右。

一般说来，这种方式通常用在保护历史遗产文化价值方面作用非常突出，对原有城市风貌破坏不是非常严重的历史街区，主要是本着尊重历史的原则，以最大限度恢复历史原貌为保护目标。近年来比较成功的历史街区保护案例如平遥南大街、黄山市屯溪老街、江苏周庄等的保护工作。保护工作结束后，这些地区原有的历史风貌不仅得到了保护与重现，而且由于其独特的城市文化特色，吸引了大批游客观光游览，旅游事业得到了飞速的发展，取得了明显的经济效益。

2. 保护

即保存建筑的传统风貌，局部（主要是立面、屋顶等建筑外观）保存真实的历史遗存，内部更新改造。“保护”是针对风貌较好、质量较好，位于主要空间界面（如临街、临河、临街区边缘、处于街区主要节点），对构成街区风貌特色具有重要作用的历史建筑所采取的保护措施。从中国历史街区现存状况及街区保护的目标来看，历史街区中的大部分建筑都属于“保护”的对象，一般占到街区总建筑数量的50%左右。

3. 更新

即按传统风貌改造或重建。“更新”是针对风貌一般、质量一般或较差，以及已完全毁损的历史建筑所采取的整治措施。

“更新”可以分为改造和重建两种方式。改造是对那些建筑结构尚完好、空间经改造后能够满足新的使用功能要求的建筑，按其原有风貌特征进行修缮、更换、改造。重建是对那些质量较差或已完全毁损、内部空间难以满足功能要求的建筑，按照历史街区的建筑形态特征进行新建。“更新”建筑的用地应控制在原有院落边界或建筑边界范围之内，并保持格局、体量、形态、色彩等与街区整体风貌协调统一，严禁使用铝合金、瓷砖、卷闸门等与传统风貌格格不入的建筑材料。一般“更新”建筑的数量应控制在街区建筑总量的20%左右。

这方面最著名的要数上海的“新天地”改造工程了，它保留了石库门的老式外壳，内部运用现代化的装修、装饰手段改造成咖啡屋、烤肉餐厅和画廊。这种“旧瓶装新酒”的改造方式，虽然改造成本高达每平方米2000美元，但开发商获得了实际的经济效益，历史街区得到了保护意义上的内部功能的更新，此地段重新获得了生机与活力，不能不说是一个成功的历史街区的保护范例。

4. 修景

即对建筑外观进行改建或修饰，以保持街区风貌的协调统一。“修景”是针对影响历史街区整体风貌的新建筑而采取的整治措施。“修景”的主要目的是取得外观的协调，可保持建筑内部空间和使用功能不变。

“修景”的手段有三种，第一是做“加法”，即对体量较协调的新建筑采取加坡屋顶、增加屋檐装饰构件、增加立面装饰等措施，使其与传统建筑取得风貌上的统一；第二是做“减法”，即对体量庞大的新建筑采取降低层数，拆除部分建筑单元并加以装饰等手段以使其与街区传统建筑相协调；第三是拆除，即对于功能不符、视觉障碍较大且又无法进行改建或修饰的新建筑采取拆除的方法，拆除后可以在原址上新建传统风貌的建筑，也可以根据街区的总体功能要求，将空地开辟为公共空间和绿化场所。

5. 控制

即对建筑控制区、环境协调区内的新建建筑进行风貌控制，使其在体量、形式、色彩等方面与核心保护区的传统建筑相协调，维持区域的历史氛围。建设控制区对核心保护区的景观影响较大，因而对其建筑的控制相对于风貌协调区要严格一些。

（三）历史文化名城的保护措施及方法

城市是历史建筑、历史街区和城市历史文化承载的基础。只有对城市进行合理的保护和开发，才能使城市特征和风貌得以延续。对历史文化名城的保护大致可以从以下这些不同的角度来进行研究。

1. 区域的角度

研究区域是开展城市文化研究的合理途径。区域视野着眼于具有大致相同的文化特征的区域以及文化生成、发展的历史空间，以动态发展的概念取代传统的简单的适应和演化的概念。通过建立空间—时间坐标体系，人们可以把握城市文化在空间发展上的层次性、多样性和差异性，对整个区域的城市文化也就有了较为具体、综合的认识。

2. 生态学的角度

城市是一个生态系统，历史建筑是潜在的资源和储存着的能源，进行保护和利用不仅具有社会、经济、环境方面的效益，还有生态环境、生态文化方面的意义。

3. 美学的角度

典雅、崇高、凝重、深厚及与现代文明的整体和谐是历史文化名城基本的美学品格，历史文化名城的开发建设应遵循基本美学原则。

4. 心理学的角度

历史文化名城的保护与特定经济制度下的社会文化心理存在一定的联系，历史上古代建筑的难以长期保留及文物古迹的破坏，都可以从深层次的社会文化心理上寻找原因。

历史文化名城的保护侧重于进行城市空间环境的保护，主要包括空间格局的保护、城市布局的调整和城市外围环境控制等。

1. 城市空间格局的保护

城市空间格局保护是城市整体景观环境保护的重点。城市空间格局一方面是城市在特定的自然环境条件下发展的结果，另一方面也反映出城市社会文化氛围的差异和特点。城市的地理环境、空间轮廓、城市轴线、街道骨架、街巷尺度、河网水系、山体林地等都是构成空间格局的要素。在进行城市开发的过程中，应充分研究城市既定的空间格局，避免对城市整体风貌的破坏。

2. 城市布局的调整

在城市空间布局层面处理城市发展与城市历史文化遗产保护关系的方式有两种，即开辟新区和新旧融合。开辟新区通常是在历史城区外围，避免城市人口膨胀、城市扩张对历史城区的影响。新旧融合则是在充分考虑城市历史发展的延续性的前提下，在历史城区引入现代元素，发展城市。这两种方式都必须在严格的规划控制下进行，不得对历史文化名城的文化价值和特色造成任何的破坏和减损。

3. 城市外围环境的控制

某一城市的形成和发展离不开自然环境的影响。保护城市外围环境，尤其是自然环境，对保护城市历史文化遗产具有重要的意义。如何在城市的发展中，恰当地保持其原有的外围环境是十分重要也是相当困难的。在进行历史文化名城的保护和发展规划时，应充分协调城市和自然之间的关系，维持城市历史风貌特征，同时保证城市居民良好的生存环境和条件。

三、中国城市历史文化遗产保护存在的问题及对策

近几年来，随着城市化和现代化的进程，不少城市和地区单纯地看到经济开发和规模扩张，忽视了对历史文化遗产、城市特色的保护，破坏十分严重。一些历史文化名城屡遭破坏的事件在全国各地时有发生，其中不少惨痛案件已达到了令人触目惊心的程度。如福建三坊七街传统民居被拆、舟山定海古城被推土机夷为平地等。这些都不同程度地反映出中国历史文化遗产的保护工作存在着很多问题。

（一）中国城市历史文化遗产保护存在的问题

1. 历史文化遗产保护的脚步没有跟上城市经济发展的脚步，建设性破坏严重

许多城市在旧城改造中全盘否定历史，对有特色的街区建筑一律推倒重建，导致有些历史文化名城面目全非，失去原有的文化韵味。一些历史城市穿城式交通道路的建设改变了旧城道路格局，破坏了旧城空间形态及街巷肌理。

2. 法制不健全、执法力度不够

历史遗留的资产是难以用金钱来估量的，历史文化遗产必须要有严格的法律和监督机制来加强对遗产的保护。在这方面，中国正在加紧制定相关法律法规，以平衡各方利益，规范人们的行为。

3. 片面理解城市规划编制思路，历史文化保护没有真正融入城市整体规划当中去

历史文物分布在城市的多个角落，未得到科学合理的整合，文物本身的经济效用没有得到发挥。历史街区的“建筑躯壳”得到保护与恢复，但街区所依附的环境已不复存在，支撑街区的固有活力丧失殆尽。历史性城市的总体规划往往仍然沿用单一中心的规划布局和传统的城市扩张模式，使城市中心区功能过分聚集，城区的扩展出现“摊大饼”趋势。

4. “千城一面”的问题比较突出

目前，“特色危机”成为城市建设中的共性问题。不少城市规划设计手法趋同，追求大体量的建筑物、大规模的建筑群，导致城市面貌千篇一律，一些独具特色的历史性城市和历史文化街区被单调的新建筑群所淹没。

（二）完善中国城市历史文化遗产保护的对策

面对存在的这些问题，我们可以从以下几方面来进行改善：

1. 加强文化保护的思考与实践，创新保护思路，努力寻找城市建设与历史文化遗产保护的平衡点

文化遗产不应是城市发展的包袱，而应是城市发展的根基和动力，应将文化遗产保护的要求融入城市规划之中。例如，南京图书馆新馆的建设就和文物古迹的保护结合起来，形成了独一无二的“馆中藏遗”之景，观众可以踩着玻璃罩向下参观六朝台城遗址陈列。这为我们提供了很好的开拓思路的例子。

2. 积极探索区域协调发展战略

历史性城市通过区域整体协调发展战略的实施可以缓解城市规模、布局方面过于集中的压力，通过整合资源、功能互补、提升质量来促进文化遗产的保护和合理利用。

3. 尊重城市原有路网肌理，加强维护传统建筑，实施旧城保护

旧城内的传统建筑应加强日常维护，这样既有利于保护传统特色，也有利于维持原有社区结构和城市风貌。旧城内要防止城市快速路的穿越，同时大力发展公共交通特别是轨道交通，形成对市民出行和未来交通的有力支撑。

4. 扩大文化遗产保护领域，注重保持和发扬城市特色

无形的历史文化遗产往往为人们所忽视。但恰恰是这部分文化中蕴含了城市的个性和传统。城市化的发展往往带来文化的趋同，因此要重视城市化的历史渊源，重视区域文化的差异，重视多元文化的保护。保护好独具特色的文化才能留住构筑城市精神世界的灵魂。

5. 遵守文化遗产保护原则，加强城市考古研究工作

城市考古研究与历史保护非常重要，每一个历史朝代的建筑虽然有所变化，但是城市历史形态和街道布局很难改变。文化遗产的保护是长期的文化活动，对文化遗产的保护要坚持真实性和完整性的原则，对文化遗产的维修要坚持可识别和可逆性原则。

第三节　城市更新概述

一、城市更新的内涵

城市更新是对城市中某一衰落的区域进行拆迁、改造、投资和建设，使之重新发展和繁荣。它包括两方面的内容：一方面是客观存在实体（建筑物等硬件）的改造；另一方面为各种生态环境、空间环境、文化环境、视觉环境、游憩环境等的改造与延续，包括邻里的社会网络结构、心理定势、情感依恋等软件的延续与更新。

第二次世界大战以后，西方国家为解决郊区化带来的经济衰退、交通拥挤、环境恶化、住宅紧张、失业、贫困等一系列城市问题，掀起了一场大规模的城市更新运动，试图通过对老城的更新改造重新焕发城市的活力，从而带动经济的复兴。整个更新过程经历了大规模推倒重建与清理贫民窟、城市中心区土地的强化利用、中产阶级回迁与邻里复苏、公共参与和社区规划四个过程。

城市更新最初被理解为大规模简单的推倒重建和清理贫民窟。这种做法破坏了城市原有的结构和特点，也产生了新的城市问题。人们在认真审视城市更新的经验和教训后，认识到城市更新不仅是为了物质环境的改善和经济的增长，更重要的是协调社会、经济、文化和环境各方面的均衡发展，使城市得到协调、快速、长远的可持续发展。

城市更新观念转变的一个核心价值取向就是“以人为本”：城市更新的最终目标是满足人的需要，更新后的城市必须能够体现人文关怀，维系而不是铲除社区交流的纽带和平台，引导而不是阻碍社区的发展和自我更新。而实现这些目标的一个重要机制就是鼓励公众参与，创造公平、民主的决策环境，让公众在城市更新过程中能发挥重要的作用。

二、国外城市更新的发展历程及趋势

西方国家城市更新兴起于第二次世界大战后欧美各城市的重建运动，至20世纪60年代止，这一时期的模式可称之为“激进式”的城市更新方式。第二次世界大战后到50年代，城市更新活动主要集中于大规模的战后重建。规划整齐的现代街区和宽阔笔直的马路取代了过去的传统街区，也使得原有的备有亲切感的邻里社区渐渐消失。而另外一些战后城市如波兰华沙、德国慕尼黑却采用了完全不同的重建模式，按历史面貌来恢复古城并取得了巨大的成效。20世纪50年代到60年代，新的城市更新倾向导致历史街区再一次被破坏。这一阶段人们完全在商业经济利益驱动下对旧城区中心进行复兴，通过强化良好区位的旧城市中心的土地利用，将原有的住宅和中小商业的用地置换成大型商业和其他公共设施用地。结果，旧城区社会结构的混乱和地价上扬加剧了城市郊区化和旧城区的“空心化”，大规模的商业中心和巨大的停车场瓦解了旧城的空间结构系统和街区的尺度肌理，“钟摆式”交通亦加重了旧区基础设施的负担，从而使旧城更新陷入更深层次的恶性循环。

20世纪70年代以后，欧美城市的更新运动转向小规模“渐进式”的开发模式。这一时期城市更新运动尊重和完善旧城区的社会结构体系和空间形态肌理，恢复街区的规模尺度和完善街道广场等公共活动空间；重新确立人在城市中的主导地位，强调公众参与的社区环境综合治理和“自主更新”；建立有效的保护城市文化风貌的政策法规和管理体系等。城市更新运动开始对城市的发展产生正面作用。

到了20世纪80年代，西方城市空间的巨大扩张几乎停止。而面对20世纪90年代后城市产业结构的调整、全球化的竞争和日益多元化的社会构成，城市更新已成为西方城市当前最迫切需要解决的问题。可持续发展的思想已经成为大家的共识，城市更新不仅要改善城市居民的物质环境，更重要的是遵循城市发展的规律，延续城市的历史脉络，重视人在城市中的感受。

从霍华德的田园城市到柯布西埃的光辉城市，从简·雅各布的城市不同功能、不同阶层与种族的融合到凯文林奇的城市意象，西方城市更新进行着“全方位多角度的试错”，不断地吸取经验和教训，努力使人和城市得到完美的融合。

三、国外城市更新的几种模式及其借鉴意义

（一）城市发展基金模式（Urban Development Fund）

英国城市发展基金于1982年由中央政府环境部设置，资金来源于中央财

政拨款，是仅用于城市更新的专项资金。城市发展基金以吸引个人投资为目的，将私人资金吸引到对投资缺乏吸引力的城市内城，从而推动城市更新运动，抑制日益严重的城市衰退。政府运用杠杆原理，通过少量公共资金的投入吸引大量私人资本，建立公共和私人伙伴关系。投资行为以取得最佳投资回报率为宗旨。城市发展基金作为最后的补偿金，弥补私人投资回报与期望回报的差距。

这种模式增加了内城区域的资金投入，改善了城市设施状况和就业情况，但是投资更多的投向具有投资效益的经济工程，对于关注社会、环境效益的工程投资不足。投资的主要受益者是开发商，其他利益相关者获益较少。

（二）MUT 模型（Mixed Used Theory）

针对大规模的、多功能的城市更新项目，由于单一开发商单次难以直接完成，因此产生了 MUT 模式，如图 3－18 所示。利用模块划分思路，保证模块的相对独立和完整性，保证单模块开发的资金收回，同时利用规划组与开发商的互动保证整个项目目标的实现。MUT 的适用环境是大型的，需要进行全面功能改变，且必须是开发目标明确的多功能配套地区的开发。

这一模式适用于大型城市项目的分割，可以将多种功能的开发整合，并且能保证分割后的项目合成满足初始要求。整个更新的过程需要政府的全程监督，并由城市规划师、建筑师、景观规划师和设计小组同时工作，总体规划小组负责协调。开发商则就生产计划和成本核算与承包商进行协调改进，以达到预期的收益。

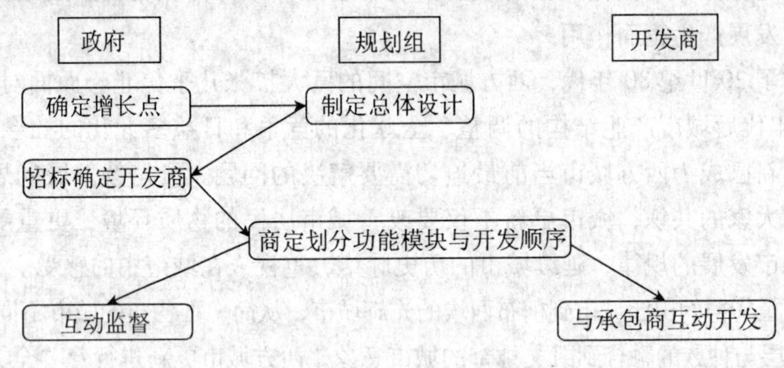

图 3－18　MUT 模型

（三）SUR 模式（Soft Urban Renewal）

SUR 模式是软性城市更新模式的缩写，强调在更新过程中考虑原住民利益，强调广泛的公众参与，并通过政府的监督作用保证不动产价格的稳定，避免因为城市更新造成不动产价格的上升，而使原住民无力继续购买房屋，同时根据更新前房屋的具体情况提供数额不等的补助。在目前的应用中，这一模式主要用于小规模住宅区的改造。

（四）国外城市更新模式对中国的借鉴意义

城市更新需要大量的资金投入，政府在这方面的能力有限，而开发商往往因为改造旧城收益率较低而不愿进行投资。设立基金则可以吸收社会闲散投资，将其专项用于城市更新建设，改善人们的居住生活水平。中国的规划部门可以将大型的城市更新项目进行分解，并成立专门的项目小组来把握建设的目标和方向，沟通协调各方。在一个总体有序的框架下，有计划、有步骤地实施城市更新。另外，旧城中的居民拆迁问题也一直是中国关注的热点。在近几年房地产市场不断升温的情况下，拆迁居民难买房的呼声越来越高。在这一问题上，SUR 模式也许能给我们提供一些启示。

四、中国城市更新发展现状及存在的问题

（一）中国城市更新发展现状

与西方发达国家相比，中国的城市更新有着自身的复杂性和特殊性。

新中国成立初期至 20 世纪 70 年代，为了摆脱旧中国遗留的贫困落后的局面，中国一直以生产性建设为主，工业项目在城市新区中建设较为集中。由于国家经济发展水平有限，还没有能力进行大面积的新建工作，只能“充分利用，逐步改造”已有的城区。城市更新主要是对棚户区和简易房屋进行一定的改造，并且补充新建少量的市政设施。旧城基本保持着原来的面貌，城市更新的进程十分缓慢。

20 世纪 70 年代后期到 80 年代末，国家开始新建城市职工住房。这些项目大多在城市新区建设，旧城居民区主要实行“填空补实”，仍然很少进行改造。在这一时期，旧城内新建了很多街道工厂、仓库等，一定程度上使得旧城的建筑密度进一步增加，居住环境有所恶化，为之后的更新改造埋下了隐患。旧城的开发采用“拆一建多”的方式，一定程度上破坏了原来城市的肌理，使城市失去了历史特色。

20 世纪 90 年代以后，随着经济的蓬勃发展，城市更新以前所未有的速度与规模展开。之前的旧城由于经历了较长的年代，人口密集，市政基础设施稀少，大多已不能适应当下人民的生活要求。而随着土地有偿使用和住房商品化，城市新建住宅也开始向旧城转移，旧城中具有良好区位的土地得到了集约利用。第三产业兴起、多渠道融资等内外部因素的驱动使得旧城改造获

得了新的动力和契机，推动了中国城市更新的发展。城市空间职能结构、居住环境等问题得到了一些改善，但也产生了很多问题，比如城市中心开发过度、社区失去多样性、各类保护建筑遭到破坏、城市的文脉被割断等。这和第二次世界大战后前期大规模推倒重建的城市更新有着相似之处。

近年来，随着全球化、城市化进程的加快，中国市场经济体制日益成熟，经济发展和人民生活水平有了显著提高，同时政府管理体制改革进一步深化，城市更新思路和方式方面作了大量建设性的探索，运用一定的市场经济手段经营城市，优化提升城市的社会、经济、文化环境，在城市新陈代谢中逐步实现综合竞争力的增强。

（二）中国城市更新中存在的问题

虽然中国的城市更新工作取得了很多成绩，但是不可否认的是，中国在城市更新的进程中也走了不少弯路，存在着一些问题。

1. 城市更新的手段单一、规模过大、速度过快

城市发展是一个连续不间断的过程，城市更新是城市在发展过程中的一种自我调节和完善的功能。城市更新的内涵应不仅包括物质要素（如建筑、道路等）的更新，还应包括非物质要素（如社会、经济功能等）的更新。城市更新的手段包括维护、修复、拆建等多种，并常常综合在一起使用。在中国目前的城市更新改造中，城市更新被片面地理解为拆旧建新，在急功近利的思想指导下，大拆大建，规模过大，速度过快，而导致相应的政策和法规的制定以及规划的编制无法跟上，从而带来一系列问题，如在建设上粗制滥造等。一些城市在短短几年内就将旧城基本拆迁改造完毕。

2. 旧城区开发强度过大，导致新的环境恶化

随着房地产业的兴起，中国的城市旧城区逐渐成为房地产开发的热点。中国的城市旧城区通常是城市的中心区，人口密集，商业发达，具有很高的区位价值。在经济利益的驱动下，房地产开发商在旧城区更新改造中，常常不惜损害城市的整体社会效益和环境质量，进行高强度开发，导致旧城区建筑容量过大，建筑密度过高，从而带来新的环境恶化，城市的整体环境质量严重下降。近几年频频发生“侵犯阳光权”、“光污染”的案件就是这一问题的真实写照。

3. 城市旧城区基础设施建设滞后

中国的城市旧城区的基础设施一直存在着不足的问题，由于资金短缺，许多基础设施年久失修。在旧城区更新改造中，房地产开发商热衷于建设办公和商业建筑物，不愿建设投资大但收益低的基础设施，而政府部门由于资

金有限无法及时投资修建基础设施。此外，由于房地产开发商为获得高额利润而在旧城区更新改造中不遗余力地提高开发强度，给城市基础设施带来巨大压力，导致旧城区基础设施不足的问题更加突出。

4. 城市历史文化风貌和景观特色严重丧失

中国的城市大多有着悠久的历史和璀璨的文化，有着独特的历史文化风貌和景观特色。但从目前来看，中国的城市更新改造大多缺乏对城市的历史文脉的尊重，缺乏对城市的历史文化内涵、地方特色以及地方风情的深入研究。许多历史文化古迹和风貌在城市更新中被破坏甚至被完全摧毁，而新建的建筑又毫无地方特色和风貌，造成千城一貌的局面。

5. 城市旧城区社区大量解体

在中国的城市旧城区更新改造中，许多城市在经济利益至上的不正确的价值观引导下，从地价的级差效应出发，将旧城区中原来的居住用地大量地置换为办公和商业用地，从而导致城市旧城区中的大量社区解体，传统的社区居住文化圈被打破。为追求高额的利润，在旧城区中新建的居住建筑大多数是高档商品住宅，价格昂贵，是大多数拆迁居民所不能承受的。在这种情况下，大多数原有居民只能被迫搬迁到城市郊区，随之而来的是就业难、上学难、购物难、上下班路程过远等一系列问题，从而导致旧城区居民由过去的“盼改造”转而“怕改造”，严重危害了社会的和谐与稳定。而且在拆迁中严重损害居民利益的事件时有发生，屡禁不止。

五、城市更新存在问题的解决措施

（一）树立全面系统的城市更新理念

从以上总结的问题可以看出，城市更新之所以会存在着这些不足，最主要的原因在于某些理念的不科学。城市更新不应再被认为仅仅是一种本地化的、常规的城市开发和重建活动，而要被当成一种城市形象塑造和城市经营的手段，以物质环境的改善来提升城市形象，改善投资环境，从而提升本地竞争力，吸引更多外来投资和资源。城市更新应从城市整体的利益出发，全面调整城市的整体功能和布局，不仅应注意物质环境的更新和优化，还应考虑非物质环境的更新和优化。最重要的是，不能一味建设，忽视了对历史的传承和发展。

清华大学吴良镛教授在一系列的历史文化遗产保护实践中提出了“有机更新”思路。他指出：“所谓‘有机更新’即采用适当规模、合适尺度、依据改造的内容与要求，妥善处理目前与将来的关系”。“有机更新”的核心思想是主张按照历史城区内在的发展规律，顺应城市肌理，在保护历史城区整体环境和文化遗存的前提下，满足当代居民的生活需求而进行必要的调整与改变。

（二）建立和完善相关法规体系

城市更新涉及到政府、开发商和普通民众等多方面利益，完善的法律与法规体系是城市更新改造顺利进行的重要保障。在借鉴国外先进经验的基础上，应根据中国国情制定城市更新改造专门法规，并建立和健全配套的法律与法规体系，从而为城市更新改造的进行提供明确的法规依据。在城市更新改造的拆迁中，要切实立法保护被拆迁人的利益，规范政府和企业的行为。对于任何有损害环境的行为也要予以坚决的制止和处罚。

（三）完善城市更新改造规划编制体系

城市更新规划编制应由传统的纯物质规划向全面的、系统的、综合性的规划方向转变。城市更新规划不仅要考虑物质要素的规划设计，还要研究城市更新改造的社会、经济、文化等方面的要素。在借鉴国外先进经验的基础上，广泛吸收社会、经济、文化、法律等多学科参与，积极探索适合中国城市更新特点的规划编制方法。

六、城市更新的几个相关问题

（一）城市更新中的土地利用问题

过去的城市更新往往在新的土地上进行建设，盲目扩大城市用地不仅造成土地的极大浪费，而且由于土地使用没有得到科学合理的规划带来了一系列的交通、环境等问题。在城市更新过程中的土地利用问题，应该注意以下三点：

第一，施行城市土地置换工程，优化城市空间结构。施行城市土地置换工程，是依据城市区位理论中关于城市各产业在城市中的区位分布原理，对城市中各业用地进行空间调整。具体地说，就是通过地租、地价、税收等一系列手段，促使地租支付能力高的行业分布在城市中心区，地租支付能力低的行业分布在城市边缘，形成城市土地利用方式同心圆分布。同时在城市土地利用过程中要盘活城市中存在的闲置土地，在充分消化吸收存量土地的基础上再开发闲置土地。这样有助于克服城市化发展的盲目扩张，充分利用城市中的每一寸土地。

第二，旧城区的改造规划不能以破坏城市生态环境为代价，要坚持经济、社会和生态效益相统一的原则。旧城的更新改造过程应采取谨慎的渐进式过程，大规模地推倒重建将会导致拆迁户的安置困难，土地闲置不仅浪费巨大的物力和财力，同时也会破坏原有城市空间结构和原有的社会网络，导致新的社会问题。

第三，实行功能分区，注重城市个性发展。城市按照一般的功能特点可分为商业区、工业区、住宅区等，通过分区管理，把工作、居住、购物、休闲等各类活动放在同一或毗邻空间，这样既可以大大节约用地、降低基础设施的投入，又能满足城市生活的需要。

（二）城市更新中的公众参与问题

英国启蒙思想家洛克认为国家的政治权力源于个人的权利，每个社会成员的权利通过社会契约转让给国家，形成国家权力。权力只有为公共的福利行使才是正当的。城市更新中的事实显示：普通居民在城市更新改造中被处于边缘化的位置。这说明我们缺乏民主参与的渠道，没有提供给普通居民真正的利益表达渠道。城市的发展以及城市里的多样性，不管是什么样的，都与一个事实有关，即城市拥有的居民是产生城市需求的条件，居民在城市更新中的参与作用应该受到足够的重视。在缺乏公共参与渠道、政府直接介入城市更新利益关系的情况下，不仅会产生"补课式"的改造，还会产生另一种弊端，即政府中一些部门的利益与社会中某个利益主体的利益直接联系起来。这种迹象在中国已经日益严重化。

目前中国在城市规划更新方面的公众参与还处于初级阶段，刚刚起步。公众的参与范围有限，对方案也仅有参议权，没有决策权。市民对城市规划不了解、不熟悉，可以提出的问题和见解也较少。很多人由于不熟悉而对公众参与表现出漠不关心的态度。作为表达民意、平衡各方利益的良好方式，我们还应对公众参与做更广更深的推动。

（三）城市更新中的利益分配问题

目前在监督机制不健全的情况下，政府过多地介入了市场领域，政府职能亟待转变和调整。政府必须能够提供有效的制度供给，明确自己的权力边界，专注于公共产品和服务的提供，在确保市场交易安全和秩序的前提下，针对市场自身运行中不可避免的失衡现象进行规制，最终促成资源的合理有效分配，这是实现公平的基础保障。

城市更新实际上是经济利益的再分配。目前，旧城区被改造的土地在用途转换过程中，具有土地控制权的政府和开发商进行交易后，所有的这些增值收益都归属于开发商，动迁居民对此却得不到应有的利益补偿。因此，要改变目前利益分配失衡的局面，必须考虑以下几个方面：首先，经济利益分配机制重构的基础是规范政府行为，通过市场化方式拍卖拆迁地块，将土地增值收益掌握在政府手中，用于旧城改造和城市建设；其次，经济利益分配机制重构的保障是完善的财税制度，以构建对不同利益主体的约束与激励、补偿和保护机制；最后，经济利益分配机制重构的条件是完善有效的城市规划，以保障城市改造区与城市其他地区的用途密切相关，因为城市改造区的用途对城市其他地方有着直接影响。规划可以直接或间接促进城市多样性用途的成长，只有这些用途结合起来，才具备刺激经济发展的作用。

（四）城市更新中的历史文化遗产保护问题

过去，人们对于旧的事物采取片面的否定态度，致使大量珍贵的历史文化遗产被破坏，尤其是非物质性的遗产更容易为人们所忽视。近年来，这种状况有所好转。各地在进行城市更新的过程中，都有意地保留历史留下来的痕迹，保护古老的街区、商铺，弘扬传统文化和地方特色，重视规划，使这些街区开始焕发新的生机。如果说保护是基础，是对城市文化的尊重，那么合理的更新就是保护的延伸，是城市文脉的延续。

在近几年的迅速城市化过程中，由于城市经济实力增强了，加上旅游事业的需要，历史城市、历史街区和历史景观得到了较好的保护，但仍是局部性的。我们仍要注意的是，保护城市的历史文化遗产，不仅仅是保护几个区、几条街、几幢房的问题，它实质上是对“名城”整体的保护，它涉及到城市规划建设、管理的方方面面，最终体现的是城市整体的素质、品位和文化。正是由于这一认识高度，许多专家提出当前必须制止对旧城进行大拆大迁，要重视对历史文化名城和所有有历史价值的旧城区的保护规划。

城市保护与城市更新不断转化，交替进行，共同构成城市持续的生长活动。历史性城市往往表现为各个历史时期的“拼贴”，应着重选取典型历史风貌地段进行保护。而历史风貌地段不能切断自身的发展，应是顺应城市新陈代谢的“有机更新”。只有这样，我们的城市才能得到持续发展。

（五）城市更新与发展创意产业相结合的问题

“创意产业”概念源自英国，其定义为“源自个人创意、技巧及才华，通过知识产权的开发和运用”，具有创造财富和就业潜力的行业。该产业发展迅猛。据统计，2005 全球创意产业每天创造的产值高达 220 亿美元，并正以每年 5% 左右的速度递增。在一些发达国家，创意产业增长速度更快，如美国达到 14%，英国达到 12%。创意产业是知识产业，具有智能化和高附加值的特点，传统制造业与创意产业结合，可以大幅度提高产品的文化和知识含量，以几十倍、几百倍的增幅升值产品价值。创意产业的发展可以促进城市产业结构的高级化，展现城市魅力，提升城市竞争力。创意产业是现代科技飞速发展的结果，也是新技术和与知识产权有关的创意与传统产业的融合。创意产业的发展体现了产业融合的产业发展新趋势。创意产业最大的投入是人的创造力，这是它作为知识密集型的产业的最大特点，体现了现代产业发展的一种新趋势。它的工具是互联网和电脑技术，是一种典型的节能环保产业，可以为产业的发展提供一条可持续发展的道路。

中国工业发展需要创意产业的推动。由于中国现在正处于快速工业化阶段，各类产业升级的空间还比较大，但工业发展面临着巨大的资源环境压力。而且中国现阶段许多制造业不掌握核心技术，在工业设计方面和发达国家也有着不小的差距，仅靠劳动力优势赚取微薄的利润，这严重阻碍中国工业的发展。为了实现在本世纪中叶达到中等发达国家水平的目标，中国经济的发展必须以高附加值的制造业和现代服务业为主要方向。发达国家和地区的经验表明：创意产业的高附加值可以推动传统制造业向高增值产业升级，大力发展创意产业，能够加快现代城市服务业发展，改变目前传统服务业在第三产业中“唱主角”的局面，迅速推动第三产业的优化与升级。

在城市更新过程中，市区留下了大量的旧厂房、老建筑，这些地方在现代派艺术家和创意人士的眼中，正是他们的灵感来源地。经过加固装修，这些老旧建筑就可以作为创意产业的发展地点。比如北京 798 工厂在 2003 年，画廊、酒吧、服饰店、杂志社等艺术或时尚的商业机构增加到了约 40 个，艺术家工作室 30 多个。艺术家工作室以及相继进入的机构已经基本改变了这个厂区的环境气质，厂区内走动的人群越来越杂，时尚小资、前卫青年、外国文化掮客使这个多少让人有陌生感的工厂变成了北京最时髦的活跃地带，仍然保留着部分生产的工人们或视若无睹地忙着自己的事照旧地上下班，或恍然地打量着这些突然多起来的“外人”。他们或兴奋或听之任之的神色都在提醒着这个环境，它的现实正在改变着它的过去，不仅是情调的改变，甚至是 798 所代表的工业城市的整个逻辑就要被完全改变。

第五章　城市规划先进实例

彰显文化特色　提升城市品位 尽显生态永济无限魅力

山西省永济市住房保障和城乡建设管理局　曹国伟

近年来，永济市以科学理念规划城市，以生态理念建设城市，以重点项目建设为抓手，积极探索城镇化精细化管理模式，城市文化得到大力弘扬，城市功能不断完善，城市承载能力不断增强，城市环境明显改善，城市魅力大幅提高。

一、城市文化，将文化之魂融入城市形态

永济的历史非常悠久，史为舜都。先秦时称“蒲”，公元前215年秦始皇将“蒲”更名为蒲坂；公元370年置雍州，后改为泰州、蒲州；唐代时，曾两建中都，为当时全国“六大雄城”之一，号称“河中府”，为四大畿辅重镇之“上辅”；明代时蒲州与我省的并州、平阳并列为全国工商业最发达的33个都市之一；清雍正六年（1728年）置永济县，“永济”称谓一直沿用至今。城市的灵魂和吸引力主要来源于城市文化。永济始终坚持把彰显文化个性作为城市建设的核心理念，以此拓展城市张力，形成发展动力。

（一）在城市规划上突出文化

编制城市规划体系时，永济以强烈的文化意识指导城市建设，高度重视文化内涵和文化元素的注入，使历史文化在城市规划和建设中上升为发展战

略、城市的灵魂和内涵。

（二）在城市色彩中突出文化

城市色彩是城市品位的重要体现，一座城市需要个性鲜明、和谐自然的色彩来装扮。永济在大唐时期是历史上最为辉煌的时期。为凸显盛唐文化，永济将青砖、红柱、灰瓦、白墙四大盛唐建筑色彩作为城市建设主色调，加强对建筑色彩和景观的引导，将盛唐风格体现在城市街道的建筑物改造上，初步塑造出独特的城市“色彩印象”。

（三）在城市单体建筑中突出文化

永济将城市文化内涵作为城建重点工程设计的重要内容，强化单体建筑控制，构建城市建筑的旋律美、整体美、和谐美。比如舜帝广场、舜帝山森林公园、舜都大道体现源远流长的舜帝文化；蒲园、滨河公园体现风格鲜明的盛唐文化；河东大道反映底蕴深厚的河东文化；柳园体现柳宗元文化；中山街体现永济蒸蒸日上的企业文化。同时，在城市重要节点、公共场所增设了舜耕历山、舜都蒲坂、舜渔雷泽等十余组城市雕塑，保存城市记忆，提升城市品质，塑造城市精神。历史文化与城建工程的有机融合，使城市特色更加明显，城市魅力进一步增强。

二、城市绿化，用绿色生命提升宜居水平

永济市在已经取得“中国优秀旅游城市”、“全国双拥模范城”、“全国基础教育先进市”、“全国职业教育先进市”、“全国科技进步先进市”、“全国粮食生产先进市”、“全国食品工业先进市”等十余项荣誉的基础上，近年来又以创建“省级园林城市”、“省级环保模范城市”为抓手，坚持以生态理念建设城市，自觉遵循和运用生态学原理，坚持不懈推进城市园林化进程。

（一）在“点”上做文章，大手笔建设城市公园

因地制宜，建设大小不等的休闲广场 12 个。其中，城市主题公园 5 个，包括 80 亩的樱花园、130 亩的蒲园、300 余亩的柳园、500 亩的涑水河滨河公园、1500 亩舜帝山森林公园。所建成的休闲广场集花草、树木、喷泉、游乐于一体，市民无论身处城市哪个角落，步行 10 分钟即可到达一处休闲广场娱乐健身。

（二）在“线”上下功夫，大力度提升街道绿化

按照城市发展思路，着力实施城市“两翼提升”工程，2010 年投资 4909 万元实施了电机大街西延提升工程，使城市与西部旅游景区连成一个有机整体；2011 年投资 8714 万元实施中山街东延提升工程，使城市与东部工业园区

连成一个有机整体，两项工程总长10.15公里，建成后新增绿地面积23.7万平方米，形成了两条亮丽风景线，城市形象得到明显提升。

（三）在“面”上着重彩，大范围实施园林绿化

坚持政府组织、社会参与、专群结合、属地负责的原则，深入推进街巷绿化、社区绿化、单位绿化，建成了一批个性突出、布局合理、艺术性强的公共绿地。先后建设城市街景十余处、单位庭院绿化85个、社区游园32个，并完成了荒山绿化、通道绿化、环城林带建设等一大批造林绿化工程。目前，该市建成区绿化覆盖面积达923万平方米，绿地面积达772万平方米，绿化覆盖率达40.06%，绿地率达33.5%，城市绿化呈现出春花灿烂、夏荫浓郁、秋色似锦、冬绿不凋的悦人景象。

三、城市项目，让城市活力全面迸发

推进城市建设，必须以项目为载体。该市坚持把重点项目建设作为完善城市功能、提升市民幸福指数的有效抓手，以城建项目的强力推进激发城市的发展活力。

（一）大项目带动城市品位提升

近年来，根据城市规划和完善城市功能需要，永济每年都要在广泛征求市民意见的基础上，在城建方面确定十余项重点工程，年年都有新亮点、年年都有新突破。先后实施了中山街东延、电机大街西延、舜帝山森林公园等一批城市建设重点工程。在重点工程建设上坚持大投入、高标准，努力将每一处工程都建成永济的标志性工程。比如当前正在实施的核心区改造工程，概算投资1.5亿元，建筑面积达5.2万平方米。为确保建设效果，永济聘请国内一流的陕西建筑设计研究院进行了高标准设计，建筑采取舒展大气的唐代风格，充分彰显永济市深厚的历史文化底蕴；舜帝山森林公园建设工程概算总投资1.2亿元，占地1500亩，工程设计充分体现出大手笔、大气魄，增强了市民的幸福感和自豪感。

（二）大项目带动城市功能完善

近年来，立足城市功能完善，永济先后实施了一批路、电、水、暖、气等基础设施建设工程。目前，永济城市控制区面积达到282平方公里，建成区面积23.04平方公里；市政道路总长110公里，形成了“九路八街”的城市道路框架和“四横六纵”的公路网络体系。城区供水主干管线长68公里，供水能力达2.1万吨/日；天然气管线总长40公里，供气总量达40万立方米/月；集中供热管线总长75公里，供热总面积达263万平方米；建成垃圾填埋处理场1座，日处理垃圾230吨；建成4万吨和5000吨污水处理厂两个。

（三）大项目带动商贸蓬勃发展

借助城市基础设施建设的快速推进，城区商圈活力再度激发，商贸、文化、娱乐等传统服务业，金融保险、电子商务等现代服务业，带来了大量的人流、物流、资金流，有效拉动了群众就业。目前，市内基本形成了两大商贸综合体，一个是以舜都市场、百大、鑫大、供销大楼、千秋时代广场、西厢国际商城为代表的舜都商贸综合体，总营业面积达42.8万平方米；另一个是以蒲津世贸广场、华联购物中心为代表的电机商贸综合体，总营业面积达11.2万平方米。2012年，永济社会消费品零售总额达到38.62亿元，在运城仅排在中心城市之后。

四、城市管理，靠科学管理打造幸福指数

现代城市"三分建设，七分管理"，城市管理的水平如何，直接关系着城市的形象，关系着城市品位的提升。永济以创建"国家卫生城市"为统领，积极探索科学、精细、长效的城镇管理新路子。

（一）围绕重点，开展城建质量提升综合整治

近年来，永济以"一拆四化"（"一拆"即拆除占道建筑物；"四化"即硬化、绿化、净化、美化）为重点，采取"四定一销"（"四定"即定区段、定标准、定进度、定责任；"一销"即销号制）管理模式，大力推进城建质量提升工程，先后拆除破旧房屋5.6万平方米，完成人行道硬化铺装6.7万平方米，更换路牙石两万余米，浇筑人行道树坑2000余个，整治市场8个，城市秩序明显好转，城市环境明显改善。

（二）优化服务，加速推进城市秩序化

坚持教育为主的原则，变管理为服务，不断提高城市精细化管理水平。城管部门从强化自身素质入手，在狠抓管理业务知识学习和执法技巧培训的基础上，推行人性化管理模式，采取堵疏结合的办法，调整工作时间，从早7点到晚8点采取无空档执勤，定人、定时、定点、定车辆盯守，对流动摊贩、占道经营、垃圾乱倒等行为进行不间断的劝阻和教育，并根据居民区分布情况和季节变化，合理设置摊位摆放点、垃圾投放点和垃圾投放时间，改变了居民陋习，达到了标本兼治的效果。

（三）倡导文明，着力提升市民素质

永济以创建"省级文明和谐城市"为载体，以构建"社会主义核心价值体系"为主导，深入开展"文明礼仪知识进万家"、"餐桌文明大行动"、"星

级服务文明出租车”等多种形式的主题活动，并在有关媒体开辟“文明创建在行动”、“不文明行为曝光台”等专栏，制作“友情提示牌”、发放《致市民朋友的一封信》等方式，大兴文明之风，特别是组织编撰了《永济走向文明——公民思想道德建设简明读本》一书，从文明礼仪、社会公德、职业道德、家庭美德、个人品德和文明创建六个方面，诠释了做一名“文明永济人”所必须具备的条件，各种文明行为蔚然成风。

经过不懈的努力，如今的永济以崭新的面貌、秀美的形象、靓丽的姿态令人瞩目、震撼、赞叹，我们要吸取经验，进一步开拓创新，积极进取，继续谱写永济建设发展新的篇章！

作者简介：

曹国伟，男，汉族，1962 年 1 月出生，中共党员，大专学历。现任山西省永济市住房保障和城乡建设管理局局长。

建设现代化区域中心城市 实现城区跨越式发展

内蒙古自治区包头市昆都仑区城乡建设局　秦觅春

“十一五”规划实施以来，昆区始终以邓小平理论和“三个代表”重要思想为指导，认真贯彻落实科学发展观，坚持城乡统筹发展，把“以人为本”、可持续发展和建设“资源节约型、环境友好型”社会作为城建工作的立足点和出发点，紧紧抓住自治区成立60周年和建国60年大庆这个发展的有利契机，大气魄、大手笔构筑和实施了一批城市建设项目，提升了城市承载能力，改善了人居环境，充分发挥了中心城区的示范带头引领作用，加快了构建自治区科学发展先行区的整体步伐。

一、昆区城区建设发展现状

（一）城市建设实现新突破

1. 加速推进城市化进程，实施“南拓北延”战略

按照“开发建设南部区、整治完善中心区、规划控制北部区”的总体思路，加速推进城市化，拓展发展空间。昆区南部区东起阿尔丁大街，西至昆都仑河东岸，南临包兰铁路线，北至友谊大街，总占地面积约12000亩。目前，昆区南部区建设已初具规模，建成区域约9.9平方公里，成为我市推进城市化建设，拓展城区空间和城中村、城边村改造的示范工程。同时，昆区还编制了《昆都仑区北部区控制性详细规划》等规划并分步实施，建立了统筹城乡一体化发展的规划体系。目前，已完成包钢尾矿坝周边五村及卜尔汉图村6个村的村民安置住房建设，65栋总建筑面积25万平方米、容量10～12万人的安置住房目前已全部竣工，水、电、路、气、热等基础设施基本完善，学校、幼儿园、养老院、农贸市场等公共服务设施建设正在全面推进。

2. 大力推进生态环境工程，打造生态和谐宜居城区

通过不断探索和研究加快推进城市化工作的新思路，按照“统一规划、分步实施”的原则，我区从2006年开始，大力加快基础设施建设，推进各类城建重点项目的实施，增加城区建设的新亮点，以功能日趋完备的城市建设

促进经济发展，打造具有现代化特色的中心城区。我区陆续实施了昆河综合治理工程、黄河湿地道路建设工程、大青山南坡绿化工程、昆都仑召庙周边改造工程、水库景观道路建设工程，总计投资近5.76亿元。

昆河综合治理一期工程的建成已经彻底使这条古老河流焕发出新的光彩，栽植地被植物24万平方米，硬化铺装5.28万平方米，新建景点30个，防洪能力大大提高，扬沙和暴雨的危害也将最大限度地减轻；同时昆河东路、昆河西路和滨河东路有效缓解了昆区西部的交通压力，周边空气质量和生态环境明显好转，成为深受市民喜爱的休闲场所。大青山南坡绿化工程，超额完成了人工造林18600亩的任务，不仅改善了生态环境，同时也创建了良好的人居和投资发展环境。水库景观路已于2010年6月底竣工，从110国道起至水库入口大门处，总长度为5500米，实现了上下行双向通车，使水库旅游更为畅达、便捷、安全，也为打造石门景区提供了良好的交通条件。黄河湿地道路建设工程已完成总工程量的89%。昆都仑召庙周边改造工程按照规划要求，完成了违章建筑拆除、绿化美化、道路硬化等配套工程，栽植树木1300余株，铺设青砖2000平方米。这几项重点城建项目的实施，是昆区改善生态环境、建设生态、和谐、文明城区迈出的坚实一步，既提升了昆区外围面貌和整体形象，也为推进城乡一体化、创造更好的投资环境、促进经济可持续发展做好准备。

（二）城市基础设施日臻完善

近年来，我区陆续实施了城区道路建设工程，亮化工程，环卫设施建设，园林绿化建设以及城中村改造等一大批城市基础设施建设，城市服务功能和综合承载能力实现新提升。

1. 城市道路交通网络不断完善。陆续实施了团结大街、友谊大街、林荫路、青年路、莫尼路、白云路等40条道路的新建、改造工程，建设面积共39.73平方米，安装路灯1600多盏，并对32个旧小区治理、18处“夹心房”改造。仅2009年，新增道路面积12.47万平方米，新增硬化面积4.1万平方米，目前人均道路面积已达19.43平方米；基本形成了完善的道路交通网络，为广大市民创造了更为方便的出行环境。

2. 城区环境进一步改善。实施了苏雅拉游园、网球公园、团结游园、青松小区景点等游园和景点的建设工程；完成了雪鹿啤酒文化生态公园一期、二期工程建设，荣获“首届中国环境艺术奖”；对白云路、青年路、友谊大街、团结大街等30条道路新植、补植树木3.2万余株，栽植草坪63万平方米，累计布设花坛100多个，城区绿化覆盖率达到38.6%，人均公共绿地面积达到12平方米；改建压缩式垃圾转运站12座，新增环卫专用车21辆，显著提高了公共服务的能力和水平；同时还加强了城区长效化和精细化管理，实施了市容秩序、环境卫生、户外广告、退路进场等综合整治工程，市容市貌得到了极大地改善。

二、城市建设中存在的问题

（一）在城市规划方面仍然存在布局不合理的现状

如城市生活区、工业区、商业区、文化区和行政区彼此交织，生活区服务性建设配套设施不规范，城市公共交通覆盖面小。此外，城市规划还处于参与阶段，城市规划的公众参与度不高，一定程度上影响了规划的完整执行和社会监督。

（二）城市建设方面相对滞后，存在多方面不足

1. 城市道路系统尚未完全形成。总体来看，昆河东西区的道路联系极其缺乏，且道路建设情况差异极大。昆河东区道路的等级体系完善、路网密度适中、交通组织规整，而昆河西区却是“有路无系统”，道路等级无序、路网密度不合理，交通组织混乱，与昆区道路建设等级相差较大。很多主干道不畅通，尤其是上下班、上学放学等同性高峰时段；很多干道交叉口的通行能力低；部分道路断面未按规划形成，造成道路功能不清晰，各种车辆混合行驶。另外，我区的停车需求矛盾明显，社会停车场严重缺乏，在城市商业集中区尤为突出。

2. 配套实施建设相对滞后，服务功能有待完善。在城市管网、环卫设施、停车供需、公共交通上与实际需求尚有差距，如在新的建设施工中未能统一进行，造成公共管网（电信、电力、供水、供热、供气等）各自建设，市政路面挖开刚填完又挖的现象频繁出现。城市的快速发展导致大型公共服务设施（如体育、文化、科技场馆）和市政公共设施的配套建设相对滞后，不能为城市发展和空间拓展提供足够支持。另外城乡结合部和“城中村”各项基础设施缺乏、不配套，生活环境质量较差。

3. 城市绿地建设尚未形成完整的绿化体系。主要是绿地分布不均的问题没有得到彻底解决，存在南北不均衡，东西不均衡；由于城市土地越来越珍贵，存在商业建筑与公共绿地和公用设施建设的用地矛盾，这种矛盾在城市中心区的黄金地带表现明显。旧居住区、老城区和城乡结合部绿地少的现象显得尤为突出；绿地景观内容趋同，特色不明显，绿地中的生物多样性明显不足；同时，苗圃等生产绿地的缺乏也是制约城市绿化系建设的重要因素。

（三）建设与管理机制还相对落后

一是在体制上，部分职能部门存在职能交叉、多头管理的现象，管理体制不顺畅，影响了城市建设的健康发展。目前存在机制不统一，职能上下不对应，沟通协调难的现状，严重制约着城建工作的开展。二是城市基础设施管理缺乏市场竞争机制，大量的基础设施运营还处在高投入、低产出、服务差的模式之下，管理方式不能适应市场经济的需要，缺乏市场竞争机制。三是城市建设中，依然存在重建设、轻管理的问题，城市综合防灾长效机制和管理机制有待健全。

（四）城市经营上还处于起步阶段，尚未完全树立经营城市理念

一是一直把城市投资视为非生产性投资，城市公用设施改善缺乏资金来源，造成城市资源流失和浪费。二是融资模式单一，主要依靠政府投资建设，社会和个人的积极性未得到充分发挥，跟不上城市经济及社会发展对城市建设的需求。三是经营城市涉及的城市规划、建设、管理、土地、供电、供水、财政、金融等相关部门未形成一个有序协调的联动机制。

（五）城市建设信息化发展有待进一步完善

电子信息技术在城市建设和管理中的应用不够广泛，网上办公、网上服务尚处起步阶段，基础数据库不够完善，城市基础设施信息管理系统尚未开发、应用。

三、今后城市建设发展思路

（一）合理利用现有城市资源，为可持续发展奠定基础

近年来，我区经济迅速增长，为城市建设提供了有力保障，同时，城市建设也为经济增长作出了有益补充。目前，城区人口密集度逐年上升，城区规模不断扩大，城市建设出现新的机遇，也面临新的挑战，如何合理利用好现有资源十分关键，这是实现城区可持续发展的重要基础。

一是高效利用好城区土地、水、能源等自然资源。城区发展规模应严格控制在土地和水资源的合理承载能力之内，同时加强污水处理、节能减排、环境保护、生态恢复等方面的规划建设，这是保障我区可持续发展的前提条件。二是有效利用城区的空间资源，推动城乡一体化进程，引导人口合理分布，促进城区整体有序发展。三是大力保护本土人文资源，提升城区的个性魅力。我区本土有阴山文化、鹿城文化、草原文化之说，城市建设就要以科技馆、图书馆、博物馆、雕塑、游乐场、公园等建筑和公共设施为载体，彰显本土悠久的文化特色，满足人们日益增长的文化、生活、娱乐需求，也推动全区的经济发展和文明进步。

（二）加强全域统筹规划，实现城区多方位发展

1. 根据城市发展定位，因地制宜建立规划蓝图。为了使我区城市建设走上有序化道路，必须坚持统一规划、分步实施，先规划后建设、不规划不实施的原则，发挥规划在城区建设中纲领和管理的作用，保障经济、社会和环境可持续发展。

我区地处呼包鄂金三角地区的商贸金融中心，在《包头市城市总体规划》（2008～2020）中，对昆青城区的定位是：市级的行政办公、金融商贸服务、文化体育、科研文教、商业服务等综合服务城区和城市新型工业区。过去十年中，随着我区经济的快速增长，城市空间急剧扩大，城区建设用地平均增长约为每年2.4平方公里。2008年行政区划调整后，我区的行政范围从119平方公里扩大到301平方公里，空间管辖范围扩展了近3倍，但是根据现状建设用地的实际情况来分析，可直接开发的土地面积只有24～30平方公里，其中河东地区6～8平方公里，河西地区18～22平方公里。显然，新增的用地空间也很难满足城市的长期持续发展需求，因此我区的空间增长模式需要重新审视，未来一定要走内涵化的发展，不能完全靠土地的粗放式扩张。

发展现状和趋势要求决定了我区“西扩东聚、两翼齐飞”的发展构想。“西扩”：昆河西区产业带，沿着110国道系统打造特色产业与生活集镇结合的新兴城区，建立与包钢紧密发展的工业园区体系，为未来产业发展奠基。“东聚”：昆河东区主城区，主要为居住用地和公共设施用地，在现状基础上完善生活和服务的功能，加强中心区商业辐射力。“两翼齐飞”：昆河西区以包钢和西部工业园、生产性物流为主，昆河东区以居住、商贸金融、公共配套、科教、生活为主。

按照我市2005年实施新一轮城市总体规划部署以来，我区从2008年开始实施“三带三区”战略布局，正是按照“西扩东聚、两翼齐飞”的发展构想全力探索符合我区实际的新型工业化、现代服务业和城镇化发展之路，这也是我们今后继续坚持推进城区发展、合理进行产业空间布局和城市空间拓展的主线。

2. 加快城乡一体化进程，实现城乡建设全面提升。现阶段昆河东西区的发展存在较大差异，昆河西区基本处于自然发展状态。如昆河西区的产业实质上出于分散的发展状态，土地利用效率不高；昆河东西区的整体发展协调性较差，在交通、市政、资源利用等方面缺乏整体考虑。目前存在的发展不平衡、资源利用等多种矛盾，决定了我区今后必须实施战略转型，整合城市综合交通、基础设施、产业布局及生态体系，逐步实现由“分散城市”向“集约城市”转变。

昆河东西区的统一发展，建立东西区协调统一的空间构架，促进城区空间的合理利用及协调发展，搭建产业一体化、整体区域与空间一体化建设平台，实现一体化融合管理，以达到提升昆都仑区整体实力和核心竞争力的最终目标。今后的规划建设要继续坚持“立足全局、体现内涵、展示个性、着眼未来”的原则，全力推进我区“南延北扩西进”的总体建设部署，加快城乡一体化进程。

我区的城乡二元经济社会结构特征以昆都仑河为界，昆河以西城乡基础设施相对薄弱，城乡差别非常突出，而昆河以东城乡差别较小，积极条件较为优越。因此在推进我区城乡一体化进程中，按照昆河以西以工业化带动城镇化、昆河以东以开发建设带动城市化发展的总体思路稳步推进。昆河以西通过实施现代高效农业、钢铁深加工园区、哈业脑包中心集镇建设、包头汽贸城等一大批重点项目的建设，昆河以东科学、有序地推进“村改居”工程，加快民族东路北段两侧的开发建设，引进知名品牌企业，逐步实施约 3 平方公里的开发改造建设，改善周边的环境质量和道路景观，提升昆区的对外形象。

同时按照《昆都仑区北部区控制性详细规划》，加快以北沙梁为主的北部区近 10 平方公里的“城中村”、“城边村”全面开发。还要继续南部区基础配套设施的建设，完善市政服务功能，加快南部区的开发建设。全面推进城乡建设与区域布局、基础设施、产业发展、市场体系、社会发展的“六个一体化”进程。

（三）加强城市基础设施建设，建设现代化和谐城区

城市基础建设水平的高低，反映着一个地区城市综合承载能力的高低。完善现有居住区配套设施，改善居住环境，提高居住质量，高质量和强功能将是我区建设的两大原则。

1. 完善路网建设及市政配套设施，实现建设与服务及时到位。城区快速开发的同时，部分配套设施不能及时跟上，就不能为城市发展和空间拓展提供足够支持，不仅影响城市的环境质量，而且关系到区域经济增长。

一是按照全市城市建设的整体规划和我区发展实际，打造中心城区快速、便捷的半小时交通圈，打通主干道与城区边缘道路的衔接，形成南通北达的道路网络。近期内要加快推进昆河西路、包钢西路、七号桥道路、站前路、青山路等重点道路建设工程，实施好民族西路等 14 条城区道路的综合改造工程和白云路等主干道的基础设施配套工程，为全市实现“四横四纵”道路建设总体规划打好基础；二是加快对旧街坊、旧小区的改造和环境治理，对其硬化、亮化、绿化、美化水平进行全面升级，不断优化社区群众生活环境；三是加强生产绿地的建设，保障本土园林品种的应用和园林建设良性循环。生产绿地是实现园林绿化可持续发展的重要保证，只有充足的苗圃才能保证苗木需求量和园林科研的顺利进行；四是加强排水和污水回用建设。完善建设高标准的城市雨污水收集、排放、处理系统，统一布置城区雨水系统以及河道排沥系统，完善雨水排水系统布局，同时加强污水处理回用工程；五是加强环卫设施建设。生活垃圾处理遵循减量化、资源化、无害化原则，大力提倡垃圾源头分类，实行生活垃圾分类收集、袋装压缩和无害化综合处理，统一规划生活垃圾处理设施；六是加强防灾及地下空间利用。城市的防灾、避难场地应结合城市绿地以及城市广场建设，并保证城市中心避难通道畅通。一方面加强避震疏散体系建设，提高城市生命线工程的防震能力，提高城市综合抗震能力。另一方面人防建设要与城市建设相结合，开发利用地下空间，解决城市中有特殊要求的交通、居住、物资储备、生产等需要，建设地下指挥、广播通讯、医疗保护、物资保障、车库等配套工程设施，各类建筑均应按规定建设地下人防设施，形成健全的民防建设与经济建设相结合的城市地下空间体系；七是进一步加大停车泊位建设力度。在换乘枢纽配备相应规模的停车场（库），提高停车设施的使用效率，进一步完善停车管理系统，吸取大城市经验，积极建立集收费管理、停车诱导服务等功能于一体的智能化停车管理系统。

2. 继续抓好重点城区环境、景观和生态建设工程，打造和谐、宜居的新型城区。生态建设是城区长远发展的重要保障，是一项长期的战略任务。今后的建设中，要紧紧抓住大青山生态应急水源工程建设契机，全面推进昆河综合治理二期工程，黄河湿地景观建设，昆都仑召复原建设工程和石门景区建设，在各个景区建设相应的配套服务区建设，为我区旅游业增添新亮点。同时要推进石门文化产业发展，进一步完善相关配套设施，大力发展旅游产业，建设昆都仑水库节点、大青山旅游度假村旅游节点、昆都仑召文化休闲旅游节点、城区绿化生态节点、包钢绿化节点、南部文化休闲绿化节点，打造特色旅游景观带；在北部形成较为完整的交通框架体系、生态环境保护体系、旅游服务体系，增加城市韵味，改善城市环境。城区中心的生态建设要以绿、美、精为重点，真正做到城市绿化与城市建设同步规划、同步建设，通过路、景、轴线等渠道将绿色贯通至城市各个角落，注重向城市周边辐射，与城区生态旅游带相互呼应，打造和谐、充满生机的生态园林城区。

（四）以经营的理念加快城区发展步伐，拓宽发展空间

1. 拓宽融资渠道，积极筹措资金，为城市建设提供资金保障。资金是城市建设的“血液”，进一步强化现代管理理念，充分利用政府的资源优势，善于市场化运作，善于运用多种融资平台，广泛吸引各类资金投入城市建设。一是面向金融机构，加强与国家开发银行等金融机构的联系，争取更大的信贷支持。同时加大与国家和省市有关部门的协调沟通力度，抓住国家政策机遇，积极争取建设资金。二是引进先进的经营理念、管理经验，推动经营观念的转变和经营机制的转换，提升管理水平。借鉴其他城市经验，改变由市政府单一投资搞基础设施建设的局面，按照“谁投资、谁经营、谁受益、谁承担风险”的原则，充分调动各方面的积极性，面向社会制定切实可行的方案和措施，鼓励和倡导国内外及社会资金参与我区城市基础设施的建设、经营和管理，形成多元化的城市基础设施投融资机制。

2. 完善城市建设管理机制，理顺各项职能，提升工作效率。一是加大对城市基础设施的建设力度，增加这部分投入资金，解决有规划难实施、实施起来又捉襟见肘的局面；二是理顺职能，建议上级部门按区财力部署任务，如拆迁、征地等大型项目由市里牵头出资，协调和实施起来都会更有力度、更加顺畅；三是完善基础设施的建设和管理的衔接，加快立项、土地等审批手续的办理，提高工作效率。

（五）坚持建设与文化理念并行，提升城区的整体品位与文明形象

文化是城市的灵魂，是城市发展水平的重要标尺，城市的建筑、道路、生态建设、园林建设、旅游开发无不体现一座城市与市民的文化理念，因此我们在建设中必须体现我们的文化特色。一是要加强文化基础设施建设，做好图书馆、博物馆、展览馆、影剧院、文化广场等公众文化场所的建设、维修、保护及开发利用，打造城市建设的多功能文化品牌；二是要重点保护历史文物和历史建筑风貌，尽可能保持原址原貌，并做好修缮保护工作，这对于弘扬中华民族优秀传统文化，提高城市文化品位，具有十分重要的意义。

（六）推进城市信息化建设，加速城市化发展，增强城市竞争能力

信息化融入城市建设、管理、经济和社会发展的各个领域是城市化发展的趋势，因此做好信息基础设施建设是推进城市化建设的重要举措。一是在城市道路建设时充分满足信息化管线布置的要求，做到统一规划、统一施工，满足电讯、通信等管线综合布线的要求；二是立足应用，推进城市信息化建设进程。例如在城市建设、管理中，广泛的信息化应用将有效地整合建设资料、加快信息传递，使手续审批、部门沟通、建设资源共享更为迅速、高效；还可以及时发现和处置在市镇工程、园林绿化、市容环卫等领域的一些问题，并通过广播、电视、互联网、路边诱导标志等发布交通信息，为出行者提供便利。

新一轮的城市建设热潮即将到来，我们面临的是新的重点和趋势，规划与建设不仅要关注“量”的增加，更要注重“质”的提升。我们要齐心协力、奋力拼搏，为建设全方位、多功能的现代化区域中心城市，提升城市的凝聚力、吸引力和竞争力，实现城区跨越式发展做出不懈的努力。

高起点开局　高效率推进
促进城建工作上档升级

内蒙古自治区古翁牛特旗住房和城乡建设局

2012 年以来，翁牛特旗住建局按照旗政府确定的城镇建设“三年上水平”总体目标要求，紧紧围绕旗经济会议制定的工作重点，全面落实县第九次党代会精神，高起点开局、高效率推进，全面掀起城镇建设新高潮。在旗政府的正确指导下，通过全体干部职工的共同努力，圆满的完成了全年工作任务。

一、整合职能和资源，有效监督管理全旗住房和城乡建设工作

及时更新单位公章和各业务用章，抓紧编制三定方案，有条不紊的推动各项工作的开展，并以此为契机，结合各自的工作岗位和年度工作任务进一步加强机关效能建设，使大家心往一处想、劲往一处使，共同推动全县保障性住房和城乡建设工作的全面发展。

二、以规划为先导，突出重点，进一步优化全县发展空间布局

在县城总体规划（2009～2020）的基础上，完成了经济开发区总体规划的编制，及时与省厅沟通，全力配合完成了经济开发区的申报工作，工业聚集区总规、控规基本完成。少狼河景观带整治规划初稿已经完成，与水务局密切配合，加强沟通，完成了少狼河两岸基本情况的调查摸底、统计登记工作。为了确保完成各专项规划的编制工作，我们确定了分工负责、倒排工期等措施，聘请高资质、高水平的规划设计单位进行规划编制，在搜集资料、摸底调查的基础上，分阶段完成了城市景观风貌、给水、排水、住房、人防等 8 项专项规划的编制工作。

三、以项目为抓手、强化支撑，进一步增强城镇发展的源动力

2011 年以来，住建局积极谋划项目建设、加大基础设施投资力度。

1. 完成了育才街供水工程，完成投资 631776 元；完成了新开西街 2880 米的排水管道铺设工作，完成投资 240 万元；完成新开西街便道砖铺设工作，完成投资 986262 元；滏西路便道、路沿石、现浇边混凝土工程已经全部完成，完成投资 428197 元；兴隆街底槽灰土、铺砖灌封工程已全部完成，完成投资 103365 元；商业街引水井、引水道改造维修工程已完成，完成投资 64630 元；完成新开东街饮水井、引水道工程，完成投资 189174 元。

2. 吉祥文化公园完成竣工验收工作。吉祥文化公园由天津北方园林设计院规划设计，总投资 2800 万元，总占地 155 亩，堤内占地 73 亩，堤外占地 82 亩。工程内容包括：园林绿化工程、园林土建（廊架广场、园林踏步）、景观工程及给排水工程。完成情况如下：（1）堤内部分：土建（园路、基础设施）投资 80. 2 万元；电气投资 35. 8 万元；给排水 10 万元；合计投资 126 万元。（2）堤外部分：土建（园路、基础设施）投资 452 万元；电气投资 32 万元；给排水 16 万元；合计投资 500 万元。（3）公园土方及 V 地形整理，投资 500 万元。（4）公园绿化：乔木种植雪松直径 120cm 以内 72 颗、直径 100cm 以内新疆杨、法桐、白蜡、栾树、垂柳 922 颗、油松、白皮松等 504 株，其它共计 381 株，投资 166 万元；种植草木绿化投资 103 万元；种植灌木花卉，投资 350 万元；合计投资 619 万元。（5）园内小品及石材投资 500 万元。

3. 城东新建水厂一座。总投资 816 万元，其中自筹 116 万元，县财政配套 200 万元，争取上级资金支持 500 万元。建设内容包括：深井 6 眼、深井泵房、输水管道、动力线路及其他配套设施，建设规模为 0. 8 万 t/d。省拨付资金 200 万已经到位，征地、围墙等前期准备工作全部完工，招投标工作已经结束，确定了打井和基础配套设施两个标段的施工单位。

四、加强保障性住房建设

按照省市统一部署，2012 年我县保障性住房建设任务是廉租房年底前竣工 196 套，其中 2010 年 146 套 2011 年 50 套，公租房新建 50 套，经济适用房新建 86 套。

目前府南佳苑小区 4 栋保障性住房正在进行主体施工，其中廉租房 2 栋

196 套 9800 平方米，公租房 0.5 栋 50 套 2500 平方米，经济适用房 1.5 栋 86 套 688 平方米。建设模式为廉租房和公租房户型 50 平方米，经济适用房户型 60 ~ 80 平方米。以上 4 栋楼为“6 + 1”式多层，计划 2012 年年底前完工，2013 年 5 月份达到入住条件。项目选址在金音家园南侧，占地 21 亩，总投资 2100 万元。

五、加强农村危房改造工作力度

2011 年我县农村危房改造任务为 800 户，其中含建筑节能示范户 50 户，目前完成 853 户，完成计划目标 106.6%。

在 2012 年的农村危房改造中，我们同各乡镇积极配合，认真进行了调查摸底和筛选改造对象工作，根据上级的要求，我们严格按照实施标准和条件，对筛查后的危房户逐一进行核实，在确定危房改造对象上，实行“阳光”操作，始终把调查摸底和对象确定置于广大群众的监督之下。

科学规划，突出地方特色。本着“先规划、后建设”的原则。把农村危房改造与新农村建设相结合，与整合资源、扶持群众发展生产相结合。

加强督促，确保改造工程质量和进度。始终把加强工程质量监督检查作为重点工作来抓，我局定期不定期对危改工作进行督查，了解改造工程中存在的问题。向建房户传授建房知识，深入建房点查看建房工程质量，对施工中发现的质量不符合设计标准的建房点，要求建房户限期改正，确保了工程进度和质量。

六、加强房地产业务办理工作和租赁住房补贴发放工作的管理力度

1. 发挥部门职能为全县经济工作服务，为县域经济发展作贡献。截止到 2012 年 10 月份，产权登记办理 390 件，登记面积 5.2 万平方米；房产交易办理过户手续 56 件，成交面积 4100 平方米，交易金额 740 万元；房产抵押办理 90 件，抵押面积 2.1 万平方米，抵押金额 3500 万元；商品房预售许可办理 5 起，批准预售 22 栋楼，预售面积 12.3 万平方米，预计销售金额 3 亿元；小区专项维修资金交存 260 户，交存金额 760 万元。同时简化业务办理流程、减少收费项目，特别针对县重点企业开通绿色通道，实行立即办、马上办，并减免手续费。

2. 2012 年我局调整了住房保障工作的重心，把工作重点放在廉租住房项

目建设上，并严格了租赁住房补贴发放程序，将申请租赁住房补贴的基本条件限制在县民政局确定的城镇低保家庭范围和住房确实困难的低收入家庭，同时加大对符合条件的住房困难户补贴力度，目前已完成了前三季度租赁住房补贴发放，共发放补贴款24万元，受保障家庭316户，其中低保家庭137户，保障标准每平方米每月2.8元，低收入家庭179户，保障标准每平方米每月1元。尽最大努力做到我县住房困难户的应保尽保。

七、为迎接小城镇建设现场会的召开，旗政府确定了九项工程

面对时间紧迫、任务繁重的工作，住建局多方面组织协调，抽调人员、机械，安排精兵强将到施工一线，工作上倒排工期，质量上严格要求，按照工作计划圆满的完成了任务。

1. 为完善吉祥文化公园建设，投资修建了迎宾街、武小路以东道路、垫土、铺设油面、便道路沿石工程，迎宾街东头路面总长200米，完成投资111万元。

2. 为进一步完善县城路网结构，提升县城承载能力，对新建路南段体育东街至迎宾街路段进行了翻修，解决了该路段附近人们出行困难的问题。该工程投资57万元利用冷再生技术对全长449.3米、宽度12米的路段进行了铺设，投资53万元完成了1000米路沿石和2250平方米便道的铺设工程。

3. 为进一步提高吉祥文化公园的整体景观效果，在公园西侧完成了花栏杆安装工程。该工程北起沧南排干，南至迎宾街，全长443.6米，完成投资28万元。

4. 新开街中段油面挖补、便道路沿石找补修建工程。该工程对平安路至振兴路段和朝阳路与新开街十字路口部门路面进行了挖补，修补油面7700平方米，找补路沿石1100米，找补便道砖5225平方米，完成投资144万元。

5. 振兴路北段路沿石新砌更换及便道垫土铺砖工程。该工程由桥西街至307国道，全长840米，完成安砌路沿石1050米、垫土3360立方米、铺设便道砖1680平方米，共完成工程投资31万元。

6. 平安路北段路沿石新砌更换及便道垫土铺砖工程。该工程由新开街至307国道，全长940米，完成砌筑路沿石1140米、垫土7520立方米、铺设便道砖1880平方米、清运草皮3760平方米，共完成工程投资43万元。

7. 平安路、迎宾街、新开街、振兴路、朝阳路、小街小巷路口硬化工程。

该工程对五条街道25个小街小巷路口进行了硬化，硬化面积4800平方米，完成投资47万元。

8. 新开西街、新开东街便道砖铺设、绿化工程。该工程完成西街便道12000平方米、植树500棵，完成东街便道2200平方米。

9. 振兴路绿化带整治工程。该工程由迎宾街至桥西街全长1600米，对原有的98个绿化池进行了拆除，清理建筑垃圾花草460立方米，完成基础和挖方400立方米，绿化补栽1200平方米，完成投资39万元。

八、加强建筑市场秩序监管

1. 进一步加强建筑工程质量安全管理。2011年新办理质量监督备案11项，监督面积96934.69平方米，工程造价11534.9691万元，对全旗在建工程巡查6次，下发整改通知书36份，完成监督验收工程13项。为配合全县安全生产大检查活动的开展，制定了《住建局安全生产月实施方案》，并下发到各施工单位和监理单位。5月对全县在建工程进行了安全及文明施工大检查，出动车辆50车次，人员120人次，下达整改通知书9份，整改完成率100%。

2. 加强招投标管理工作，全年工程招标率达到100%。我局重点开展了以招投标工作为重点的工程建设领域突出问题排查工作，对2010年以来招投标报建登记的所有工程进行了全面排查，未发现重大违纪问题。

3. 推进建筑节能工作向纵深发展，加强对施工过程的管理，对进场保温材料和设备进行严格把关，实行建筑节能专项验收。加强对新型建筑墙体材料专项资金的征收和管理工作，新建建筑节能强制标准执行率达到100%。

九、城市管理服务再上新水平

深入推进省级园林县城和省级文明县城创建工作，坚持建管并重，综合治理。

1. 针对去冬今春的严重干旱，我们及早动手对县城主干道两侧的树木进行了修剪管护和绿化补植，共施用各种化肥24吨、有机肥1025方，动用车次369次，投入人工3900人次，完成绿化补植47160平方米，铺设给水管道260多米，建疏水井9个。完成吉祥公园等处绿化草坪4次大规模修剪、整形、病虫害防治。高速出口东侧V地形绿化、土地整形、土方、苗木种植及植后管理共完成投资148万元；高速出口、武强宾馆门前种植卫矛，土地整形、施肥、浇水完成投资314330元。

2. 为确保旗容县貌的"净、绿、美"，我局坚持方便群众、统筹安排、美化环境、规范设置、强化管理的原则，对道路环境、广告牌匾、街道秩序分别进行了集中整治，先后出动350余人次，对县城主要街道的路沿石、树木进行3次粉刷，对店外经营、摊点占道、乱贴乱挂、露天烧烤等影响县城环境问题进行了严格的监管。清理占道摊点67个，规范店外店经营278次，规范广告牌匾150余块，查处乱贴乱画小广告行为6起。清理"牛皮癣"小广告1.2万多平方米。

3. 下大力抓好城市环境卫生管理工作，进一步加大县城区内的街道清扫保洁力度，实行全天候保洁，定人、定岗、定责清扫。保洁路段增至29段，清扫保洁面积54万平方米。垃圾清运实行日产日清，基本保证了县城内无明显垃圾积存。公厕管理采取定期清掏、专人管理，粪便清掏共完成3000余吨，清理卫生死角3处，实现了县城环境卫生管理的全方位，圆满完成了中央、省、市领导来武强调研等多项接待任务，得到了各级领导的充分肯定。

十、进一步抓建设、强管理，提升城建工作水平

在2013年的工作中，我们将以旗九次党代会精神为指引，紧紧围绕旗政府的中心工作，进一步强化城市建设理念、经营管理理念和服务理念，坚持高标准建设、高效能管理、高水平经营，立足于创新提高，好中求快，实现城建工作的上档升级和整体提高。

1. 抓好基础设施建设。继续实施道路改造建设，优化城区交通网络，加强公用设施建设，提升服务质量。进一步细化任务，提升标准，确保优质高效完成全部建设任务。2013年的重点市政工程为：（1）迎宾街土方工程。完成迎宾街便道砖以外40米范围内的垫土工程，预计完成土石方量10万平方米。（2）完成两街一路建设。完成府南街振兴路至富民路1360米、完成迎宾街西延调直1200米、完成育才路府南街至迎宾街520米的建设任务。（3）完成体育场升级改造和滏阳河景观改造。（4）完成高速出口以东、公园北门大坑、迎宾街的绿化工作，加强绿化树木草坪的养护工作。（5）完善旗城排水管网建设，管网建设总计划38公里，2013年计划完成10公里，计划投资4500万元。

2. 加强保障性住房建设力度，力争2013年5月达到入住条件。继续扩大廉租房、公租房、经济适用房建设规模，以政策性房屋销售，平稳我县房价。

3. 注册成立住建局下属的房地产估价公司和房屋测绘机构，即可消除与

客户潜在的矛盾隐患，又可以为全局提供资金支援。

4. 进一步监督指导住宅小区的物业管理，组织有条件的小区和家属院选举成立业主委员会，提升县城软件水准，减少社会不稳定隐患。

5. 加强城市管理。重点加大对市场经营秩序和道路交通秩序的管理工作。

强化项目建设　奋力攻坚克难

内蒙古自治区科尔沁右翼中旗住房和城乡建设局　丁　柱

科尔沁右翼中旗位于兴安盟南部、北与科尔沁右翼前旗、突泉县接壤，东与吉林省通榆县、洮南市相连，西与通辽市扎鲁特旗、霍林郭勒市以及锡林郭勒盟的东乌珠穆沁旗毗邻，南与通辽市科尔沁左翼中旗相接，地处北纬44°14′~46°41′，东经119°34′~122°18′之间，总土地面积15613平方公里。

近年来，在旗委、政府的正确指导下，在各部门的大力支持下，住建局坚持以科学发展观统领工作全局，紧紧围绕各项工作目标，加强重点工程建设，突出重点，扎实推进，各项工作开展良好，进展顺利。

一、城镇建设情况

（一）基础设施建设情况

2004年至2012年，完成城镇建设总投资30.32亿元，其中：基础设施建设完成总投资6.74亿元，先后新建和改造了十六条主次干道、三个休闲娱乐广场、高力板景观大道、霍林河大桥等一批亮点工程，推动城市基础设施不断配套完善，加快城镇化进程。

1. 路网改造建设工程：2004年至今道路建设总长度为33.5公里，铺设排水管道27公里。于2007年投资1000万元，对原有霍林河大桥进行了拓宽改造，大桥总长263.97米，宽28米。

2. 广场建设工程：总投资3030万元，陆续建成图什业图广场、九八抗洪纪念广场、阿斯纳广场三处休闲娱乐广场，总面积达12万平方米。于2004年投资213万元，改造了滨河广场，总长达到3690延长米，总面积2.2万平方米。

3. 供水管网建设工程：为改善人居环境质量和居民用水条件，2004年至今总投资3955万元进行供水改扩建工程。目前共有供水厂3座，供水井8眼，1000吨清水池2座，500吨高位水池2座，供水能力达到1.8万吨/日，主管道总长30公里，支管道总长80公里，建成区供水普及率达到85.4%。

4. 污水设施建设工程：总投资1.3亿元，建设了污水处理中心及其配套设施。其中投资7963万元，建设了南鼎乌苏污水处理中心及其配套设施建设，实现了巴镇污水的集中收集和统一排放。投资5117.7万元，铺设污水管网76公里，使污水处理率达到79.66%。

5. 供热管网建设工程：总投资2.5亿元，铺设供热管网47.8公里，改造22公里，供热能力达到345万平方米。

6. 绿化工程：强力推进“绿色家园”工程，2004年至2012年绿化总投资4547.42万元。截止到2012年底，建成区绿化覆盖面积达到298公顷，公共绿地面积236.07公顷，人均公共绿地面积46平方米。建成区绿地率19.35，绿化覆盖率达到24.59%，主要街道绿化普及率100%。

7. 亮化工程：为打造草原城镇新亮点，展示地域风貌，根据一路一特的设计原则，2004年至今总投资4515万元，安装风格各异的路灯、景观灯共1434套，并对全部临街建筑采用新型环保节能材料进行了美化亮化。

8. 巴彦呼舒镇生活垃圾无害化处理工程：总投资2065.19万元，规模为日处理垃圾90吨，年处理垃圾3.28万吨，总库容55万立方米。目前已完成项目选址、可研批复、环境评价报告、初步设计、施工图设计、地质易灾害评估和矿产压覆评估、土地批复等工作。目前正在征地补偿，由于征地困难未能开工。

（二）公共建筑建设情况

2004年至今各类公共建筑和校安工程建设完成总投资7.9亿元，建设总面积55.24万平方米，先后建设了图什业图赛马场、客运站、历史博物馆、二中教学楼、蒙医病房楼、国土局办公楼、网球馆等一大批融入了民族文化和地域特色的公共建筑，彰显了我旗城镇建设的文化品位。

（三）保障性安居工程建设情况

1. 廉租住房和公共租赁住房建设：完成总投资1.79亿元，建设廉租住房和公共租赁住房。建设廉租住房一期至五期，总面积9.56万平方米，共1913套；建设公共租赁住房一期至三期，总面积1.01万平方米，共168套，逐步提高了低收入群体的住房条件和生活质量。

2. 棚户区改造：完成投资共4.19亿元，改造总面积达30.7万平方米，共3414户，改造了原水利局地段、原旗委地段、原科尔沁商场地段、原地税局地段等旧城区，切实改善了旧城区居民的住房条件。

3. 低收入家庭住房补贴：共发放住房补贴688.7万元，共4365户，惠及12243人，缓解了城镇最低收入家庭住房经济困难问题。

4. 农村牧区危旧房改造工程：为改善农村牧区困难群众的住房条件，本着农牧民自主、自愿的原则，从2009年起实施了全旗农村牧区危旧房改造工程，完成投资1.71亿元（其中国家补助资金9210.6万元），完成各苏木镇危旧房改造共6500户，户均面积60平方米。

（四）城市开发改造建设情况

将旧城开发改造作为改善城市面貌的重要手段，按照招商、亲商、安商的开发政策，以“科尔沁文化”为底蕴，使旧城开发改造成为激发城镇建设新活力的重点。2004年至2012年，棚户区改造项目完成总投资共4.19亿元，改造总面积达30.7万平方米，共3414户，改造了原水利局地段、原旗委地段、原科尔沁商场地段、原地税局地段等旧城区；房地产开发累计完成总投资9.35亿元，完成开发总面积93.8万平方米，开发了美好时光、科尔沁明珠、枫景家园、消防家园等高质量的居住小区，使我旗房地产市场发展取得了长足进步，巴镇居民的居住环境也得到了明显改善。

二、城镇建设中存在的问题

尽管近年来我旗城镇建设工作取得了一些成绩，但由于受经济实力、发展条件、区位环境等因素的影响，小城镇建设起点低、起步晚，城镇基础设施较为薄弱、城镇化水平不是很高，城镇化率为30.5%，具体表现在以下几方面：

（一）城镇化水平比较低

目前，全旗农村人口比重大，城镇规模小，吸纳转移农村人口的能力不强。

（二）基础设施较薄弱，市场体系还不健全

污水处理和垃圾清运处理等基础设施配套还不到位，功能布局不合理，旧城区基础设施差，改造难度大，市政公用设施服务覆盖面不足；部分设施陈旧，如地下管线建设滞后，供水、排水、供气等地下管线配套不到位，道路时常开膛破肚，给城市管理造成一定难度。

（三）城镇建设融资渠道单一，建设资金缺乏

主要是由于财政困难，用于城市建设的资金有限；其次是建设投资主体单一，融资渠道不畅通，资金短缺成为当前制约城镇发展的重要因素。

（四）旧城改造过程中房屋征收难度大

旧城区拆迁空间很大，镇区内所有平房区都可拆迁，但是由于拆迁密度大，征收费用高，造成我旗拆迁成本很高，对商品房价的上涨有较大影响。

今后，我们要继续认真学习“十八大”精神，积极贯彻落实城乡发展政策，不断加强城乡基础设施建设，完善城乡建设功能，积极筹措资金，解放思想，实事求是，攻坚克难，为加快城乡建设步伐作出突出贡献！

作者简介：

丁柱，男，蒙古族，1970 年 4 月出生，中国党员，研究生学历。现任内蒙古自治区科尔沁右翼中旗住房和城乡建设局局长。

自 1992 年 7 月参加工作起，历任科右中旗旗委机要局科员，科右中旗旗委组织部科员、副主任科员，科右中旗扎木钦管理区党委副书记，科右中旗扎木钦工作部党工委书记兼旗委党校党委书记，科右中旗扎木钦工作部党工委书记兼人大督导员，科右中旗旗委办公室副主任，科右中旗经济和信息化局局长。2013 年 1 月至今，任科尔沁右翼中旗住房和城乡建设局党委书记、局长。

努力打造富庶文明　和谐发展新城区

辽宁省绥中县住房和城乡建设委员会　王玉常　郭凤元

被誉为“关外第一县”的绥中是一座南临渤海、北靠燕山余脉的滨海县城。这里碧海蓝天，空气清新，冬无严寒，夏无酷暑。在辽宁省绥中县委、县政府的正确领导下，绥中县住房和城乡建设委员会的干部职工以“三个代表”重要思想为指导，坚持高起点规划、高标准建设、高效能管理的原则，以经济建设为中心，以城市管理为重点，以改革创新为动力，以强化服务为宗旨，埋头苦干，扎实工作，经过近年来的艰苦奋斗，硬是把一个建县百余年的脏、乱、差的旧县城改造成了一个风光秀美、街道整洁、楼房林立的现代化新县城。为此，先后被辽宁省委、省政府评为文明城市建设先进县，被国家建设部表彰为优秀县城，2001 年 10 月被中央宣传部、建设部、文明办、农业部、环保局定为全国创建文明小城镇示范点以后在省市“绿叶杯”竞赛和环境卫生工作检查中多次获先进。主管城建工作的绥中县住房和城乡建设委员会由于城建工作上成绩显著，战功累累，因此从 2001 年起至 2005 年末局机关连续被县委、县政府评为最佳机关，多次被省市县委政府及有关部门评为先进党委、文明单位、纠风工作先进单位、安全生产先进单位、市容市貌整治工作先进单位、信访工作先进单位、优秀服务单位，以及老干部、计划生育、体育、妇联、工会、关心下一代等工作的先进集体等。

一、城乡面貌换新颜，繁荣和谐新绥中

绥中县城乡规划建设局下属环卫处、市政管理处、房产管理处、自来水公司等 8 个事业单位。全系统共有干部职工总人数 2014 人。其中中共党员 388 人。局机关建立党委，下属 1 个总支，7 个党支部。

（一）认真抓好城乡建设和管理工作，迎接新时期新挑战

近几年以党委书记、主任为首的领导班子带领全系统干部职工进一步加快城市的基础设施建设步伐，搞好广大群众关心的民心工程。为了使文明城市锦上添花，建设繁荣和谐新绥中，该委以城市道路建设、绿化工程、排水建设、路灯建设为重点，真抓实干，大力加强城市的基础设施建设，圆满完成了县委县政府交给的各项任务。2012 年基础设施建设投资多达 7783.1 万

元，比上年增长36%。其中在道路桥涵建设中完成了6条道路改造和建设，完成了老马路、绥建路、肖家服装市场、和平街、中央路等步道方砖改造工程，园林绿化、亮化工程，供水设施改造等。

（二）大力抓好城区开发改造工程，改善居民的人居环境

继续抓好城区的开发改造这一宏伟工程，是一个地区经济发展、百姓安居乐业的重要标志。为此，在2012年中，绥中县住建委依靠合理的规划做指导，有序地对绥中城区内的开发改造工程进行了施工，完成房地产投资17.5亿元，同比增长19.27%；房地产开工面积50万平方米，同比增加14.94%；房地产竣工面积56万平方米，同比增长5.31%；商品房销售面积43万平方米，同比增长325.48%；商品房销售额19.35亿元，同比增长314.64%。全年完成保障性住房建设730套。其中，新增廉租住房300套，新增公租房300套，发放廉租住房租赁补贴130户，使城市面貌再换新颜。

（三）加强农村环境卫生整治，改善农民的生产生活环境

2012年，绥中县住建委以县开展的“三项工程”活动为契机，大力开展村镇环境卫生整治活动，主要目的是根治脏、乱、差顽疾，清除卫生死角。截至目前，绥中县乡镇村屯共建设垃圾排放点491个，总投资143.8万元。各乡镇按每50~100户配备1名专职保洁人员的标准配备了保洁员，负责本乡（镇）范围内道路及两侧的环境卫生清扫保洁，做到道路及两侧卫生干净整洁，做到垃圾日产日清。一年来，各乡镇共安装路灯1345盏，绿化树木10万余株（棵），修建健身广场85个，总投资1623.6万元。

二、连续夺得绿叶杯，全国城建先进县

加强环境卫生管理，保持一个城市的清洁是一个城市的脸面。为了保持全国城建先进县、省级优秀县城和“绿叶杯”先进县的荣誉称号，绥中住建委及其环卫处发挥“宁愿一人脏，换来万人洁”的精神，下大力气整治全城卫生环境，使全城长期保持清洁状态，受到上级和居民好评。环卫处肩负着城内15条大街和13条小巷共计93万平方米硬化路面的清扫、保洁、监管和617个公共厕所的起掏、维护，以及城区居民480个生活垃圾点，各机关、企事业单位日产120吨生活垃圾的清运任务，在整治环境活动中，他们提出“治理城市环境，创建清洁家园”的口号，从处长到职工人人上阵，在努力圆满完成本处工作之外，他们还主动清除、清运三不管以及城乡结合部的生活垃圾、建筑垃圾3000余吨，出动车辆300多次，500多个职工。在“爱国卫生清洁月”活动中，县环卫处共清理越冬垃圾9561立方米，其中，清理农村

越冬垃圾 4850 立方米，城内和城乡结合部共清理越冬垃圾 4711 立方米。绥中县环卫处为清除卫生死角，净化城市作出了较大贡献，这一行动受到了县里主要领导的表扬，并收到社会各界送来的锦旗 11 面，表扬信 7 封。

为加大城区市容市貌、环境卫生和市政基础设施的管理力度，该委环卫处，市政管理处分别在城区内加强巡查。对有损市容市貌、破坏环境卫生及损坏、偷盗基础设施的行为严厉打击，严肃处理，使城市管理上升到法制轨道。

为了确保综合整治效果，巩固文明城市建设成果，该委下属的拆迁办、房产管理处、自来水公司等都努力发挥自己的作用，在做好本职工作的同时，也都为城建工作作出了积极贡献。

三、班子建设是基础，城建要靠带头人

绥中县的城乡建设事业、城市的综合整治、环境卫生近年来得到了迅猛发展，取得了骄人成绩。这些成绩的取得离不开上级党委政府的正确领导和大力支持，离不开广大人民群众的积极参与和艰苦奋斗，更离不开住建系统全体干部职工的努力工作。但是火车跑的快全靠车头带，群雁飞的高得有头雁领。绥中县城乡建设事业之所以能迅猛发展与历届有个好班子和好的城建带头人分不开。

现任绥中县住建委主任在农村工作多年，当过镇长、党委书记，既有基层工作经验又有一定的文化知识。多年来的基层工作造就了他对工作热情，踏实肯干，不尚空谈。他说："党把我安排在住建委主任这个岗位，说明把绥中县住建事业交给我了，我没有理由不干好"。他上任后努力抓好领导班子和干部队伍建设，积极打造一支素质过硬、作风扎实的城建队伍。坚持两手抓，两手都要硬，努力抓机关和全系统的精神文明建设和党建工作机关廉政建设。同时，他与班子成员研究制定了周五例会制度、考勤制度、报告行踪制度、诫勉谈话制度等 12 项规章制度，工作效率明显提高。此外，还大力加强党风和廉政建设，住建委党委成立了党风廉政建设和纠风工作领导小组，制定实施方案，层层签定责任状，并组织学习党中央和省市县委有关廉政建设和纠风工作条例、纲要和法规。通过学习教育整顿整改，全体党员干部职工都自觉地增强了遵纪守法的使命感、责任感和紧迫感，使全系统没有发生一起违法违纪案件，促进了机关工作的有效开展。2012 年又获得了县委、县政府创先争优先进党委、综治、维稳工作先进单位升级文明县城创建活动先进单位、目标责任制考核优秀单位、法制教育先进单位、宣传思想文化工作"三争三

创”活动先进单位等荣誉称号。住建委机关支部被评为先进党支部。

绥中县城乡建设事业的发展，造福了绥中县人民，使城市更美了，更靓了，人民生活更加幸福，社会发展更加和谐。虽然城建工作取得了一定的成绩，但我们深知，城市建设是一项艰巨而持久的任务，我们要珍视过去、总结经验，把握现在、积极进取，开创未来、再谱新篇，为绥中县的城建事业再上新台阶做出更大的努力。

作者简介：

王玉常，现任辽宁省绥中县万家镇党委书记。

自1983年12月参加工作起，历任绥中县永安乡人民政府团委书记、人大秘书，绥中县永安乡党委宣传委员、人民政府副乡长，绥中县农办综合股股长，绥中县葛家乡党委副书记，绥中县范家满族乡党委副书记、乡长，绥中县范家满族乡党委书记。2009年12月至今，任绥中县万家镇党委书记。

郭凤元，现任辽宁省绥中县住房和城乡建设委员会副书记、副主任。

自1980年12月参加工作起，历任绥中县环卫所所长，绥中县爱卫会主任。2000年3月至今，任绥中县住房和城乡建设委员会副书记、副主任。

加快城乡建设　促推“吉北中心城”升位崛起

吉林省榆树市住房和城乡建设局　宋兴旺

榆树市位于吉林省中北部，地处长、吉、哈三市构成的三角区域中心，幅员面积4722平方公里，人口130万。城市建成区面积22.5平方公里，城市规划区面积109平方公里，城区人口30万人。

2008年以来，在市委、市政府新一届班子的高度重视和直接指导下，我市城市建设紧紧围绕“建设吉林省北部区域中心城市”战略和“服务榆树百万民生”目标，以启动西部新城建设为引擎，坚持规划、建设、管理并进，城市建设步入了高速、大气、宜居发展的新阶段。

截止2012年底，榆树市城市建成区面积22.5平方公里，人口30万。各类楼房1876栋、908万平方米；柏油路42条、面积83万平方米，硬铺装巷路119条；市区二次供水设施46处、覆盖居民55500余户，占市区楼房用水户的91%。运营水厂两处、深水井36眼、日供水能力2.5万吨；供热单位50家，供热站86座、供热锅炉108台，住宅供热面积为734万平方米；燃气瓶组供气站16座，区域性外管线13公里，日供气能力510立方米，覆盖住宅楼66栋、5000余户。民用压缩天然气总站1座，管线26公里，覆盖小区19个、用户22000余户；开放式休闲广场6处、11.2万平方米。公园2个、25.9万平方米，市区绿化总面积492.1公顷，绿化覆盖率24.6%，绿地面积482.1公顷，绿地率24.1%，人均占有公共绿地面积6.5平方米；垃圾处理场1处、13万平方米；污水处理场1处、4.5万平方米。2009年以来，我市楼房开发、廉租房、园林绿化、农村危房、“暖房子”等项目的建设和投资规模在长春地区外县（市）均居于首位。我们的主要做法就是着力抓好“三高、两多、一重视”。

一、“三高”

（一）高标准规划

规划是城市建设发展的遵循方向和先决条件。我们紧紧围绕建设吉林省北部区域性中心城市战略和2020年达到中等城市、2050年达到大城市的远景目标，把高标准编制城市规划置于这个大的定位下首先来做，聘请国内外知名设计单位，完善城市规划体系。2004 年 6 月，委托吉林省城乡规划设计院，组织启动了《榆树市城市总体规划（2006～2020）》修编工作。2006 年，委托同济大学、清华大学两所高校编制了城市新区规划。同年 12 月，委托长春市园林规划研究设计院编制了《榆树市城市绿地系统规划》。2007 年，委托吉林省城乡规划设计院编制完成了旧城 7 平方公里控制性详细规划。2010 年以来，我们又委托德国 ECS 公司、上海易城公司完成了 10 平方公里西部新城城市设计及 1.28 平方公里启动区、3.79 平方公里核心区规划设计工作。2012 年委托吉林省城乡规划设计院，启动了城市地下空间规划编制工作。总体上讲，城市规划达到了既有总体规划、又有控制性详细规划，既有新城规划、又有旧城规划，既有地上规划、又有地下空间规划，既有总体规划、又有专项规划，实现了由面到线及点的全覆盖，为城市建设提供了科学的遵循。在规划的执行上，我们始终坚持“一张图、一支笔，几届班子绘到底”，突出规划的权威性和严肃性，规划就是高压线，城市各项建设必须绝对服从规划，任何人不得干涉。调整和完善规划时，必须严格依照法定程序进行。重大规划设计，市长办公会、市委常委会专题研究敲定。

（二）高质量建设

围绕“提升城市功能、改善人居环境”这一核心，突出建设品位和风格特色，提升城市建设的整体质量和效果。一是严格执行规划。始终以规划统领建设，不折不扣执行规划要求。在规划城市建设项目时，由规划管理单位、主管局和市基本建设审批委员会三级层层把关，重大项目市委常委会多次开会研究，使规划的项目达到楼房建筑风格各异，道路“一街一品”，小区“一院一景”，公园广场集休闲、健身、娱乐功能于一体，绿化、亮化、人文景观和谐统一，有效杜绝了“一、二十年一个样，边建边落伍”的现象。在实施城市建设项目上，要求规划设计单位同时提供平面、立面、剖面图和 2 个效果图，增加对比和选择的余地，做到优中选精。二是推广高科技。遵从低碳、节能、生态、环保的理念，加强新型墙体保温材料、砌块、节水型器具等新材料、新技术的推广应用，提高建设工程科技含量。严格市场准入，强化企业质量主体责任，建立并实行了信誉平台监管机制，加强工程质量监督，对参建的建设、勘察、设计、施工、监理单位的质量行为要实行有效的监管，认真落实工程质量各方领导责任制，着力打造精品工程；三是坚持大手笔。立足于建设区域性中心城市这个定位，2008 年以来，连续五年实施了民生工程行动计划。投资 8.3 亿元，拆迁平房 63.6 万平方米，新建回迁安置房 68.6 万平方米，回迁居民 7511 户。投资 7900 万元，改造农村危房 5252 座。投资

1.4 亿元，建设廉租房 2338 套、11.2 万平方米。投资 2.3 亿元，改造暖房子 100 万平方米。投资 7370 万元，建设污水处理厂一座。投资 6867 万元，建设垃圾处理场一座。投资 7000 万元，实施了新民大街道路和绿化建设工程，总绿化面积 9 公顷。投资 3000 余万元，完成了西部新城区域集中供热站项目。投资 1800 万元，在西部新城建设 12.8 公顷公园一座。

（三）高效能管理

城市管理是城市发展的永恒主题，也是我们必须面对和亟待破解的一大难题。为彻底解决市容市貌不好管、管不好的问题，我们以创新为突破口，全力提升城市管理效能。

一是理顺管理职能。借鉴外地的成功经验，结合我市城市管理实际，我市于 2008 年以来，相继成立了行政审批办公室、公用事业管理处、城乡建设档案馆、物业管理办公室、污水垃圾管理办公室、房屋征收经办中心、无害垃圾处理中心、乡镇建设管理总站等机构，整合城市管理资源，建立“权责明确，行为规范，监督有效，保障有力”的城市管理新体制。

二是建立长效机制。相继出台和完善了物业、供热、公用设施、行政审批许可等管理办法和规章规定。实行门前“四包”责任制，由临街单位、各类经营业户等包保自家门前的绿化、卫生、秩序和公用设施。落实定区定点经营管理机制，对修车、洗车等各业经营场所，统一规划经营区域，实行定区定点经营，规范市容秩序。特别是 2012 年，为进一步规范建设审批行为，更好服务城乡建设和百万民生，我们对局机关 12 个科室和局属 20 家基层单位职责进行了重新梳理，重新规范审批许可项目 40 项，订立制度 20 项，编印成册。通过试行取得良好效果，相对以前涉建审批发生 5 个根本转变：即受理和出件一个窗口，办理时限大幅压缩（40 项中 23 项减半、3 项即办），申请材料一套到底，手续内设专人转接，出现问题涉及环节最后签字人负责。

三是强化建设执法。加大联合执法力度。由市政府牵头，建立由住建、国土、环保、行政执法、监察等多部门联动，法制局、街道及乡镇支持配合的常态化联动机制。各部门各司其职，各负其责，相互配合，有效提升了对违法违规案件的打击力度。比如在一些民生工程项目上，对个别手续不齐全的项目，我们主动邀请开发企业负责人与他们面对面交流，帮助解决问题，关键环节分管领导、局主要领导直接出面协调解决，解决不了的及时向市领导汇报，取得市政府的支持和帮助。再如，在处理城乡违法建筑上，对无任何审批手续擅自建设、且经多次下发责令停止施工通知书后仍继续施工的，我们采取多部门联动的方式，依法果断予以强拆。

四是加强市民素质教育，通过新闻媒体宣传、搭建“创城”载体等形式，加强社会公德和诚实守信教育，尤其是注重从源头上抓起，每年学生开学上的第一堂课就是市民教育课，培养和增强市民的文明卫生意识，使他们自觉参与到城市管理工作中来。

二、“两多”

（一）多部门联动

机关、企事业单位发挥自身优势，各显所长，把建设和参与管理城市作为自己的份内事来办。企业出资建广场，部门投资搞亮化，形成了共同参与、合力建设的良好氛围。比如农电部门出资进行市区地上电网改造，企业出资建设公共绿地、老百姓搬迁腾出土地建设道路。此外，城市的建设和管理也得到了广大市民的理解和支持。城市人居环境的改善促进了市民素质的提高，与此同时，市民素质的提高也促进了城市人居环境的改善，保护环境、共同管理已经成为市民的一种自觉行动。

（二）多渠道融资

城市建设，首要的问题就是资金问题，在政府主导公共基础设施投入的同时，我们挖掘各方面潜力，广辟资金渠道，多方筹措资金，加快城市建设步伐，采取财政预算安排一点、立项向上争取一点、利用政策银行贷一点、经营城市筹集一点、开发企业注入一点、老百姓自筹一点“六个一点”的办法，有效解决了城市建设资金紧张的问题。比如，我们按照“334”分期付款方式，投资1870万元，实施了新区北部公园项目，绿化面积13公顷。近几年，政府每年投入到城市基础设施建设上的资金都在1亿元以上，占财政总收入的10%以上。再如，采取BOT、BT等形式，对适合市场化运作的城市基础设施建设项目，包括水、路、热、气等，由政府组织，通过拍卖和出让其开发、建设、经营和管理权，引进各方资金建设城市。

三、“一重视”

“领导重视程度决定城市发展速度”。几届领导班子始终把城市建设摆在与经济建设同等重要的位置，一张蓝图绘到底。从制定年度计划、确定资金投入到项目建设的具体工作，市政府办公会、市委常委会每年年初的时候都专门例会研究，大到“吉北中心城”战略实施、西部新城建设，小到水路热气等单个城市基础设施建设项目，市委、市政府主要领导亲自召开调度会部署指导，多次下到工地一线，亲自过问，现场办公，市人大和政协领导多次带队视察，副市级领导分片包保等，为城市建设提供了坚强有力的组织保证。

统筹城乡一体化发展 加快推进城市化进程

江苏省淮安市清河区住房和城乡建设局 崔士柏 韩静宇 陈宇清

城乡统筹发展、推进城市化进程是落实科学发展观、缩小城乡差别、提高区域竞争力的重要内容，是提高人民幸福指数的客观需要。作为淮安市中心城区，清河区始终认真贯彻落实市委、市政府的决策部署，围绕城乡规划、基础设施建设、产业发展、公共服务、社会保障、社会管理一体化目标，以推进清河新区建设为切入点，充分发挥“四个作用”，积极推动城市化进程，取得了显著成绩，至2010年底，我区城市化率已达100%。

一、精心新区规划，为推进城市化进程发挥先导作用

清河新区位于淮安市清河区的东北部，与淮安市经济开发区一路之隔。四址范围东起贵阳路，西至南昌路，北临古黄河，南到深圳路，总规划面积13.5324平方公里，常住人口1万余人。清河新区以宁连路为界，分为东、西两个片区，其中东片区面积8.7318平方公里，于2006年2月28日启动建设，由南至北分为工业区、生活区、生态区三大功能板块；西片区面积4.8006平方公里，原为民营工业集中区，于2009年10月划入新区，现正按照生态工业园区建设规划进行大规模改造建设，规划以商业、居住及生态景观功能为主。

（一）理念先行

清河新区启动之初，区委、区政府明确提出建设“人本新城”的目标，以国外新城建设中“精明增长”和“新城市主义”理念为指导，借鉴苏州新加坡等外地开发区的成功经验，注重提前布局，用生态新城建设规划引领新区发展，规避普通开发区先污染后治理、单纯发展经济忽视生态建设的老路，而是紧紧瞄准生态新城的建设标准，走“生态环保、可持续发展”的新区发展之路。

清河新区确立了新城、新园、新产业的发展定位，强调混合功能以及符合人性尺度的设计和宽敞空间，工业与商业、居住环境相融合，吸取了美国城市规划建设中功能单一带来的交通拥挤的潮汐现象和环境污染、资源浪费、公共设施浪费等诸多“城市病”的教训，为新区可持续发展提供全新的思想

理念。

（二）规划先行

在充分借鉴欧美城市建设的先进理念和国内苏州、东莞等地成功实践的基础上，聘请南京大学规划设计院，高起点、高标准编制完成了新区控制性详规和部分地段修建性规划，注重将工业、商业与居住相融合，实现生产、生活、生态各占约三分之一，为新区可持续发展提供了保障。

八年来，围绕着将新区建设成为以高新技术产业为主体的高端产业密集区，以古黄河为依托的原生态居住区，以先进制造业和现代服务业以及生产生活生态协调发展为标志的现代化新城区的目标和“一年打基础，两年见成效，五年基本建成”的要求，清河新区在理念先行、规划先行的同时，实行组织机构先行、政策先行、拆迁安置先行、征地先行、招商先行、基础设施先行、资金筹措先行、运作制度先行，举全区之力、集全区之智推进新区建设。

（三）生态先行

清河新区自启动建设以来，充分吸纳国外新城建设思想，在推进产业发展的同时，坚持以生态为特色。注重结合地域特征，吸收霍华德田园城市模式优点，体现溶解城市的理念，充分凸显古淮河自然风光带精华，精心打造“水新区、绿新区、夜新区、景新区”，古淮河生态园成功创成国家AAAA级风景旅游区，并获得江苏人居环境范例奖，同时2013年有望创成中国人居环境范例奖。

二、加大环境改造，为推进城市化进程发挥引领作用

八年来，我们不断完善基础设施建设，实现雨水、污水、给水、强电、弱电、供气、供热、路灯、道路等“九通一平”，增强新区的环境承载能力。

1. 总投资2.6亿元，建设14条总长26.27公里、面积75.04万平方米道路。

2. 大力实施污水收集工程。按照“雨污分流、污水入网、集中处理、达标排放”的要求，高标准建设新区污水收集系统，铺设污水管网62公里，并按市统一规划与淮安市经济开发区污水处理厂和淮安市第二污水处理厂相接，实现了污水集中处理。

3. 大力实施固废收集工程。建立了2座大型压缩式垃圾中转站，确保固体废物得到妥善转移；工业固体废物基本实现综合利用，危险废物按规定进行安全处置。目前新区固体废物处置率和综合利用率均为100%，危险废物处

理处置率为100%。

4. 大力实施清洁能源工程。新区投资5800多万元，引进了市经济开发区热电厂的工业蒸汽，铺设了“西气东输”天然气管道，使园区企业都能够使用蒸汽、天然气清洁能源。

5. 大力实施生态景观工程。充分利用新区周边古黄河、青龙湖、白鹭湖等自然生态环境，实施新区活水工程，形成整个区域的水循环体系，强化了新区生态修复和保护功能，建设了古淮河文化生态景区，白鹭湖公园、青龙湖公园等一批生态景观，清涟湖公园、七星岛等一批生态景观项目也在加紧建设，区域绿化覆盖率达到了42.67%。

三、加快经济发展，为推进城市化进程发挥支撑作用

（一）严把招商选资项目质量关

清河新区在招商引资过程中，突出现代服务业与都市型工业“双轮驱动”，严把环境准入门槛。注重从投资规模（工业项目必须超亿元）、投资密度（不得低于180万/亩）、对地方财力贡献（不得少于5万元/亩）、环境影响（有污染的项目坚决不要）等方面综合优择项目，着力引进体量大、环保型、科技含量高、税收贡献大的项目，大力发展与新区定位和生态环境相协调的产业，污染总量大的项目一律不批。

目前，由台湾旺旺集团、香港百隆集团、江苏金象集团等龙头企业投资的一批超亿元的都市型工业项目相继建成。淮通物流、九州通医药物流、红星美凯龙、淮安国际汽车博览城、奥特莱斯购物公园、精品灯具城等一批超亿元的现代服务业项目也先后落户新区，一个新的都市工业和现代服务业中心正在形成。

（二）积极构建生态产业体系

在东片区建设过程中，我们立足“生态新城”理念，高污染、高能耗企业一律不得入住，在西片区建设过程中将一批不符合产业定位的工业企业陆续搬迁。这样促进园区行业的产业共生和物质循环，构建了生态产业循环体系。从而形成了“金象减速机—船用机械—远航机械—三益电器—百隆色纺—顺泰包装—汽车配件物流”的机械制造产业链、“清江药业—麦得森化学—安洁医疗—华龙医药—九州通医药物流”的医药生产、配送产业链、“动漫城—西游记博览馆—清河城市馆—智港大厦—科技创业园”的文化创意产业链等三大产业链条，充分优化了产品结构，初步构建了产业循环体系，促进行业的产业共生和物质循环。

四、持续实施惠民工程，为推进城市化进程发挥辐射作用

（一）推动义务教育优质均衡发展

区委、区政府高度重视教育事业的发展，不断加大教育投入，先后完成了北京路中学、新区教育文化体育社区、清河开明的改扩新建，清江浦中学、白鹭湖学校、清河实验学校的改扩新建正在进行中。为使新区失地农民子女都能享受到优质的教育，我区在清河新区投资近3亿元高标准建设了幼儿园、小学、中学系列优质学校。新区现有清河开明中学、师院附小新区实验学校、附小新区实验幼儿园、淮小新区实验幼儿园等学校。附小、淮小是区内名校，清河开明是淮中托管学校。目前在园幼儿七百多人，在校小学生六百五十多人，在校初中生近九百人，总计在校学生约二千三百人。

（二）推进社区卫生服务中心建设

钵池山社区卫生服务中心是由原水渡口卫生所、长东卫生所、京沪路卫生所整合而来。辖区现有医疗卫生机构6家，其中社区卫生服务中心1个，社区卫生服务站5个。现有卫生技术人员69人，其中执业医师（包括执业助理医师）22人，护士20人，其他卫生技术人员27人，中级以上职称15人（其中4名副主任医师）。

（三）做好社会保障工作

区社保中心在水渡口街道、新区白鹭湖街道开展入户调查，为每一户零保障家庭建立一套动态档案。安排专人，对辖区内“零保障”家庭逐户走访，通过深入调查，摸清辖区零保障家庭的基本情况，建立完整的台账和专门数据库，实施动态管理。通过调查摸底，水渡口街道共有595户，办理养老保险395户，白鹭湖街道共有684户为零保障家庭，其中老坝村434户、三坝村250户，办理养老保险278户。

（四）推动基层文化建设

近年来，区委、区政府高度重视基层文化建设，特别是在清河新区，各项文化设施一应俱全，老百姓精神文化生活丰富多彩。

1. 加强基层文化设施建设。白鹭湖、水渡口街道均兴建了面积超过500平方米的文化活动中心，每个社区均建有100平方米以上的社区文化活动室，老百姓可以在家门口参加各项文化娱乐活动。在新区各行政村，实现了农家书屋全覆盖，每个农家书屋均藏有图书上千种，报纸、杂志及音像制品百余

种。街道、社区以农家书屋为平台，组织辖区内老百姓开展一系列阅读活动。

2. 文化惠民活动精彩纷呈。每年元旦、春节，邀请演出团队开展进社区文艺演出，为新区的父老乡亲送上浓浓的节日问候；另外还组织文化馆数名书法家到现场为大家书写春联，并在现场发放文化、文物、文化市场相关法律宣传手册等，该活动成效显著，受到了广大群众的赞誉。

作者简介：

崔士柏，男，汉族，1965 年 12 月出生，中共党员，本科学历。现任江苏省淮安市清河区住房和城乡建设局局长、党委副书记。

自 1984 年 11 月参加工作起，历任连云港军分区战士班长，连云港警备区排长、副连职教员、连指导员，淮阴军分区正连职参谋、副营职参谋，清河区长东街道党委助理秘书兼清河化工厂副厂长、副书记，清河区城北乡人武部副部长，乡党委委员、部长、副乡长，清河区国土局党组书记兼区地产公司总经理，区建设局党委书记兼区地产公司总经理，清河区纪委副书记，清河区水渡口街道办事处党工委书记、人大工委主任，清河区房产管理局局长兼清河区人民政府办公室副主任。2010 年 6 月至今，任淮安市清河区住房和城乡建设局局长。

韩静宇，男，汉族，1968 年 11 月出生，中共党员，本科学历。现任江苏省淮安市清河区住房和城乡建设局党委书记。

自 1988 年 7 月参加工作起，历任淮安市清河区政府办秘书，淮安市清河区委宣传部副部长、文联主席，淮安市清河区淮海街道办人大工委主任。2012 年 2 月至今，任淮安市清河区住房和城乡建设局党委书记。

陈宇清，男，汉族，1987 年 12 月出生，共青团员，本科学历。现任江苏省淮安市清河区住房和城乡建设局办公室副主任。

提升城市建设水平　促进县域经济发展

福建省明溪县住房和城乡规划建设局　王　录

2013年，明溪县住房和城乡建设局在县委、县政府的正确领导下，在上级部门的帮助指导下，全面贯彻党的十八大精神，以邓小平理论和“三个代表”重要思想为指导，深入贯彻落实科学发展观，紧紧围绕城市规划、城市建设、城市经营和城市管理的理念，创先争优，积极开展城乡建设的各项工作，确保各项工作顺利有序进行。

一、不断完善城市规划，发挥规划龙头导向作用

规划是建设和管理的根本依据，是保障城市功能格局有序发展的重要基础。我们要坚持把规划编制工作作为一项重要工作来抓。

（一）突出海西建设战略机遇

把明溪放在海西建设带来的战略机遇和三明市在吉口设台商投资区的辐射带动，制定明溪社会发展规划和发展战略，以此为指导，结合《明溪县国民经济和社会发展第十二个五年规划》，按照“立足长远、适度超前、体现特色、功能完备”的原则，突出侨乡特色、药都文化、红色记忆，进一步完善县城总体规划。

（二）强化相关规划的衔接性

要把城市总体规划与城市产业布局、生态环境布局有机结合，与土地利用总体规划相衔接，正确处理好城市规划与节约用地的关系，将规划建筑向空间发展，做到既节约用地，又使小区规划符合建筑密度、容积率、绿化率、消防等强制性规范指导要求，使城市建设与经济发展相互支撑、互为促进。

（三）突出城市功能布局

着眼于城区建设发展目标，科学合理布局城市功能设施，发挥县城的中心带动和辐射作用，使城市建设有序协调。

（四）注重城市个性特色

围绕生态立县，做优环境；围绕新型侨乡，突显个性和特色。做到既与时俱进又继承传统，既海纳百川又保持特色。

（五）建立完善规划体系

依据县城总体规划，编制控制性详细规划、修建性详细规划和城市道路交通、园林绿化、给水、排水、强电、弱电、消防、防洪等专项规划，切实发挥规划的龙头导向作用，使各项建设在规划的指导下有序建设，避免重复建设和乱建设。

二、加快城市建设步伐，不断完善城市各项功能

当前我县城市建设特别是基础设施建设正如火如荼进行，以“五纵贯五横”为骨干的城市道路建设取得了新进展；公厕、垃圾站的建设、污水处理、县容环境综合整治等工作顺利推进；城市的保障服务功能也进一步提高。但离我县打造生态和谐宜居宜业聚集区，力争三年后使城区建成区面积从4.72平方公里逐步扩大到6.5平方公里，城区人口发展到4.5万人以上目标要求，还有很大的差距，我们要着力提速基础设施建设和城市开发，按照县第十一次党代会提出“东拓、西进、南延、北展、中提升”的城区发展定位，即东拓通过实施县长途汽车站迁建、实验小学迁建、公安业务大楼、第二农贸市场、花果山城中村改造安置小区、建材市场、坪埠东路等建设项目，带动城市向东拓展；西进通过实施欧侨小镇、王桥变电站迁建、电力业务大楼、烟草业务大楼、第三农贸市场、城关乡行政中心迁建、造福工程等建设项目，带动城市向西推进；南延通过实施过境公路拓宽改造、红豆杉大酒店、罗厝岗城中村改造安置小区、龙井上城中村改造安置小区、拆迁安置房建设小区、影视城及文化三馆、职业中学和进修学校迁建、雪峰镇行政中心迁建等建设项目，带动城市向南延伸；北展通过实施四元堂城市公园、新华都超市、老年活动中心、杨石广场、写字楼、城关中学扩建、第三实验小学扩建、汽车城、高档住宅小区开发、北面过境路等建设项目，带动城市向南延伸；中提升通过实施南关溪旧城改造、河滨公园提升改造、绿色家园提升改造、县一中扩建、县医院扩建、县实验幼儿园迁建、县行政中心改造、城市道路拓宽改造等建设项目，完善城市功能，改善市容市貌和人居环境。

三、积极拓宽融资渠道，探索经营城市有效途径

由于历史、区位、发展基础等因素的制约，我县城镇建设与发展起点低、速度慢、规模小，城镇建设整体水平仍然较低，存在一方面城市基础设施差、资金投入严重不足，另一方面城市资源利用率低，大量的土地收益白白流失

的现象。说到底，在改革开放的大环境下，我们还是缺乏经营城市的理念，没有真正把城市资源转化为城市资本，走出一条适合我县“以地建城、以城聚财、以财兴城”的新路子。做好经营城市这篇文章，实现城市资源的有效配置及效益的最大化、最优化，一是要建立统一规范的政府投融资体制。政府经营城市的各种收入（含土地有偿使用收入、城市基础设施和公用设施及其他设施所有权、经营权、管理权的出让收入、特许经营权出让拍卖收入等）、地方财政安排的城市建设资金以及各种城市建设专项资金要纳入同级财政专项资金管理，集中用于城市建设和土地储备、开发整理。坚持“集中投入、有限使用”的原则，根据经济发展的情况，逐步加大政府资金用于城市基础设施、公用设施投资的力度，充分发挥政府资金的导向作用。二是要以土地储备运营为突破口，强化土地经营与管理。建立“一个渠道进，一个池子蓄，一个口子出，一个市场经营”的土地供应新机制；加强地价管理，深化有偿使用制度；严格控制协议出让土地的范围；建立健全地价管理制度，完善城镇基准地价更新，准确显化土地资产。同时做好存量土地盘活文章，实现城市建设与盘活存量以及土地置换的互动，为经营城市注入活力。三是要放宽准入限制，积极推进市政基础设施的市场化经营。借鉴市内外等地的经验，通过采取 BOT 等方式，按照“谁投资、谁经营、谁受益、谁承担风险”的原则，吸引有实力、会经营的企业参与市政基础设施建设。同时抓住发展县域经济机遇，选好基础设施建设项目（如供水、污水处理、住房保障等），建好项目库，用好的项目争取国家和省里的政策倾斜和支持，争取各级对我县城市基础设施建设的支持和投入。四是要加大金融部门对经营城市资金支持的力度。开展金融创新，积极试办以城市有效资产作抵押发放抵押贷款、以经营城市各种有效收费账户作质押发放质押贷款业务，为经营城市提供优质金融服务，对符合贷款条件的城市建设项目积极给予信贷支持。

四、高度注重建管并举，构建城市管理长效机制

城市发展“三分建、七分管”。城市越发展，越需要加强城市管理工作。当前，我县城市管理工作才刚刚起步，还需要做大量的工作。一是要强化批后跟踪管理。再好的规划，如果管理跟不上，措施不到位，就不能达到预期的效果。因此，我们要充实规划建设管理专业技术力量，建立一支具有较强的规划建设管理水平的专业队伍，加强对建设项目放样、验线、规划核实、竣工验收等环节的全过程跟踪管理，发现违章建筑坚决予以拆除，把违反规划建设行为消灭在萌芽状态。对未经规划核实或经核实不符合规划条件的建

设项目，不得组织竣工验收。二是要加强城市管理队伍的自身建设。城管、环卫、园林三支队伍是城市管理的主力军。我们要通过正面引导教育队伍，提高队伍的政治思想觉悟和道德修养，使执法人员牢固树立执法为民的理念，树立“细微之处见真情，服务之中树威信”的工作理念，倡导“以心以德感动人，以理以情说服人，以法以规教育人，以事实为依据处罚人”的循序渐进的教化于民的德政理念，树立良好的文明执法风范。三是要改革城市管理队伍管理体制。科学设置县城管大队内部机构，明确工作职责；通过改革我县环卫管理体制，实行环境卫生管理与清扫分离，向社会公开招标清扫队伍，最大地发挥工作效率，逐步改变城区的环境面貌；通过改革我县园林管理体制，实行城市园林绿化管养分离、养护承包，使我县园林管理工作由原来的管理与养护合一，转变为对养护技术监督管理，充分发挥园林站在城市绿化管理方面的职能作用，有效提高我县城市园林绿化养护工作效率和管理质量。四是要提高市民的文明素质。通过各种形式宣传和弘扬“人民城市人民管，管好城市为人民”的理念，构建干部群众体验城市管理工作等形式的参与载体，形成广大市民共同参与城市管理的社会风尚，营造支持城市管理、维护城市管理的社会氛围。五是要建立协调配合城市管理机制。城市管理是系统工程，要进一步发挥城管委的综合协调作用，形成各部门齐抓共管、协调配合的城市管理工作格局。

作者简介：

王录，男，汉族，1962年10月出生，中共党员，大专学历。现任福建省明溪县住房和城乡规划建设局局长。

历任团县委办公室主任，明溪县纪委检查室主任（副科级纪检员），明溪县纪委常委、监察局副局长，明溪县纪委副书记，明溪县县委政法委副书记、政法系统党委书记，明溪县人口和计划生育局局长。现任明溪县住房和城乡规划建设局局长。

强化规划管理 加快项目建设 优化城乡经济发展环境

福建省龙海市城乡规划建设局 高锦袍

1993年以来，在龙海市委、市政府的正确领导下，我们坚持以邓小平理论和“三个代表”重要思想为指导，深入实践科学发展观，突出“建设经济强市，构建和谐龙海”，以开展“三创”活动为载体，强化规划龙头作用，以项目建设推动城市建设，以强化管理保障城市发展，以提升服务优化经济环境，加快推进城乡一体化，全力推进富有闽南“水乡”特色的宜居型城市建设。

一、二十年来，我们积极顺应海西城市群建设、厦漳城市扩张发展的新态势，进一步优化城市发展布局，城乡规划日臻完善

在城市规划编制方面，2004年编制完成龙海市城市总体规划编制，在总规指导下，完成“龙海市一江两岸发展策划及重点地区城市设计”，制定“一心二轴三片区”的空间发展策划，并先后完成龙海市近期建设、住房建设、道路红线（专项)、城市给水、中心城排水系统、中心城消防系统、中心城绿地系统、城市公共交通、城市环境卫生、城市燃气、紫云公园总体规划等14项专项规划编制并获市政府批准执行，完成榜山片区、紫泥乌礁岛、海澄旧镇、山后片区、紫云片区、后港片区等控制性详细规划编制及紫葳路、紫云片区都边公园等城市设计，推进未来龙海城市发展架构进一步形成。2012年，启动新一轮城市总规修编工作，目前已完成总规纲要编制。在村镇规划方面，已完成全市所有乡镇总体规划编制工作，完成62个村庄规划编制，基本实现全市城乡规划全覆盖。

二、二十年来，我们按照“东向拓展、沿江开发、旧城提高、配套完善、产业增强、功能多样”的发展思路，加快城市建设步伐，项目带动战略成效显著

全面启动中心城区“紫云、芦州、后港、港岸、山后”等五个片区开发

建设工作，相继建成一批带动性强、基础性强的项目，中心城区建设取得了明显成效。

（一）城市道路全面拓展

2006年编制完成《龙海市城市道路红线规划》，拉开城市路网骨架，城市道路建设扎实推进，重点建成锦江大道东段一期、芦州大道一期、平宁南路、紫云路东段、十三号路、锦港路，改造人民路、西浮路（榜山段）、工农路、紫葳路、解放路等主次干道；在建锦江大道二期三期、紫云路西段、龙江大道、西浮路（海澄段）改造等城市道路，城市“三横六纵”路网格局基本形成。20年来城市道路总长由原来的16.7公里增加到131.95公里，人均拥有城市道路长度由原来的0.27米增加到0.75米，道路铺装总面积由21万平方米增加到237.1万平方米，人均城市道路面积由4平方米增加到12.93平方米。

（二）城市配套设施逐步完善

城市基础设施加快建设，建成翠林水厂、与漳州开发区合作自来水项目，开工建设东部十万段净水工程，铺设干线水管182.85公里，生产能力由0.8万吨/日增加到9.0万吨/日，年工业用水251.54万吨，生活用水793.75万吨，用水普及率97.44%，人均日生活用水量140.21升；建成龙海市污水处理厂，日污水处理能力2.5万吨，完成锦江道东段一期、紫葳路、工农路、人民路等城市道路49.62公里污水管网铺设，生活污水无害化处理率达80.16%；建成LNG供（加）气站4座，铺设燃气管道32.74公里，用气人口由4.2万户增加到17.12万人，燃气普及率达97.55%；启动蒲姜岭垃圾焚烧发电厂建设工作，日处理垃圾1050吨，建成垃圾转运站5座，新改扩建公厕24座，垃圾无害化处理率达99.76%。城市社会事业全面发展，建成市文体中心文化活动中心大楼、疾病控制中心、教室进修学校、文体中心体育场、龙海市职业技术学校、龙海四中改扩建、钻石大酒店等城市公建设施，开工建设龙海一中新校区、第一医院新院区、公交新站、厦门港龙海客运站、青少年校外体育活动中心、泷澄企业总部等公建项目，城市文化娱乐、科研教育、医疗卫生、体育设施等方面取得长足进展。

（三）宜居品质持续提升

充分利用九龙江穿城而过这一优势及市区发达的内河体系，打造线性滨河绿地，投资8889万元，完成北引灌区右干渠云都桥至山后英埭桥、内社支渠水晶花园进口至高坑排洪港出口、高坑排洪港和山后过港河段等市区内河整治和慢行步道建设，总长6.2公里。充分利用紫云山公园这一城市绿色屏

障，打造城市公园体系，建成街心公园、港口公园、紫葳绿地广场、中山亭及主干道两侧绿化工程，开工建设榜山综合公园、虎尾山森林公园、山后华轻公园、都边公园、云都公园等城市公园群，逐渐形成“江河辉映、群山望园”的绿地系统格局。20 年来城区公园由 4 个增加到 11 个，公园面积由 59.4 公顷增加到 245 公顷，园林绿地面积由 99.6 公顷增加到 664 公顷，其中公园绿地面积 272 公顷，建成区绿地面积由 108.5 公顷增加到 714 公顷，建成区绿化覆盖率由 27.1% 增加到 41.88%，人均公园绿地面积由 4.1 平方米增加到 14.84 平方米，2008 年我市被评为“省级园林城市”。

三、二十年来，我们以面向中、高收入家庭的商品房建设和以解决低收入家庭住房困难的安居工程、经济适用房和廉租住房建设相结合，双向发展，多头并进，有力地提高了我市人民群众住房条件

20 年来全市共完成商品房开发投资 120.89 亿元，竣工房屋面积 363.6 万㎡。相继实施公园西路、解北片区、工农路动力机厂一带、造纸厂、锦江道东段一期、山后新村等项目拆迁改造，建成运辉花园、港口花园、佳鑫花园、红树林小区、锦江明珠、领秀锦江、山后新村等高品质居住区，城市面貌焕然一新，城市人均住房面积达 30.02 平方米。为解决中低收入群众住房困难问题，2008 年前我市大力加强以安居新村、锦龙小区为代表的安居房、经济适用房建设，共建有建筑面积 11.17 万㎡，入住 1146 户；2008 年后以柯坑民生小区为代表的保障性住房建设作为“民心工程”和“实事工程”列入政府重要议事日程，现建有一期经济适用房 3.26 万㎡ 436 套，在建二、三期经济适用房 5.67 万㎡ 786 套；建成廉租房 1.82 万㎡ 367 套；在建公租房项目 538 套 2.52 万㎡。2007 年出台《龙海市市区城镇最低收入家庭廉租住房管理暂行规定》，累计对申请廉租住房补贴的 10141 户困难户，发放廉租住房补贴 1586.57 万元，实物安置 368 户，总面积 17601.82 ㎡，充分保障城镇弱势群体实现安居乐业。

四、二十年来，我们积极强化建筑行业监管，加大建筑企业扶持力度，服务地方经济发展成效明显

建筑业发展势头良好，通过改制、整合，企业规模不断扩大，建筑业支

柱地位日益显现，逐步成为我市的支柱产业、优势产业、富民产业和品牌产业，2007年被评为省“建筑之乡”。至目前，全市共有资质建筑企业40家，其中：施工总承包企业21家（一级2家，二级9家，三级10家），专业承包企业13家（一级1家、二级3家，三级9家），设计施工一体化企业3家（二级2家、三级1家），劳务分包企业3家，实现单一资质向综合资质和多专业方向发展。全市建筑业从业人数约17.50万人，工程技术人员3829人，其中高级职称84人、中级职称1083人，注册建造师512人，其中一级26人、二级266人。20年来，建筑企业总产值累计约500亿元，创税约16.2亿，为地方经济发展作出重要贡献。

作者简介：

高锦袍，男，汉族，1962年5月出生，中共党员，本科学历。现任福建省龙海市城乡规划建设局局长。

自1982年8月参加工作起，历任龙海东园中学教导处副主任，龙海市直机关党工委秘书科长，龙海市石码镇党委秘书，石码镇党委副书记，石码镇党委副书记兼任龙海市城管办主任，建设局主任科员、党组成员、市容管理处主任，建设局党组书记、副局长、市委候补委员。2012年2月至今，任龙海市城乡规划建设局局长。

曾先后获得“优秀公务员”、“2007～2010年度社会治安综合治理工作先进工作者”、“2009～2010年度龙海市优秀共产党员”、“漳州市优秀共产党员”等多项荣誉称号。

三位一体抓城建　九九归一出精品

江西省湖口县规划建设局　杨水平

十八大报告明确指出，城镇化将成为中国全面建成小康社会的重要载体。推进鄱阳湖生态经济建设，打造长江中游特大城市，是市委、市政府描绘的宏伟蓝图。作为九江都市区东冀副中心的湖口县，如何策应大九江发展规划，如何实现新一轮强工兴城赶超发展，既是摆在我们面前的现实课题，也是我们必须付诸实践的神圣使命。

城建工程主要包括规划、建设和管理三方面，如何在新时期实现新跨越、新发展，笔者认为，在具体工作中应注意以下几点：

一、规划要突出“三性”

一是前瞻性。只有超前的理念，才能把城建做优做强做美；只有超前的理念，才能做到超前建设，避免重复建设、资源浪费。事实证明，世界上许多品位独特、特色鲜明的城市都得益于若干年前甚至数百年前具有战略性、前瞻性的规划。尤其是城市重点基础设施建设的规划，一定要适度超前，做到几十年甚至上百年不落后，真正为未来城市的拓展打下良好的基础，避免因为规划的短视而造成建设的被动。要彻底从“建设推着规划走，规划随着项目转”的怪圈中走出来。湖口工业园由台山到柘机到牛脚芜是一个反面的例子；湖口行政大楼、行政广场之所以被人称道是因其建设规划极具前瞻性。

二是科学性。一座城市的规划建设，不是钢筋混凝土的简单浇注，也不是建筑物的随意搭建，而是要从艺术和美学上加以研究和深化，加以搭配和协调。如果一个城市只有象征气派的高楼大厦，而缺乏系统合理的生态建设，那这个城市是单调的、缺乏生机和动力的。因此，在城市规划中，一定要突出生态规划，突出抓好城市绿化规划的编制，科学合理规划好绿化建设用地布局，着力解决城市绿地分布不均的缺陷，通过点（公园）、线（道路绿化）、面（单位绿地）相结合，形成完善的绿地系统。湖口滨江临湖，集名山名江名湖为一体，更要充分发挥山水资源优势，构筑依山傍水的人居环境，构筑山水环绕、林木成荫、花草不败的生态环境，实现人与自然和谐共处。

三是操作性。规划一旦失去操作性，那便成了空中楼阁。城市规划问题，既是理论问题，更是实践问题。从根本上说，城市规划并不是为了纸上画画与编制文本，而主要的是付诸实施，它是一个从编制到管理、再到实施和反馈的连续过程。规划成果如果只是停留在“图上画画、墙上挂挂”，那它就失去了规划的价值。我县适时提出“依靠长江但不依赖长江”，将工业园“一园三区”扩大调整为“一园六区”，就是增强规划可操作性的最好体现。

二、建设要把握“三点”

一是突出重点。以道路、管网为代表的基础性市政工程永远是城市建设的重点。城市扩展，道路先行。近两年，我县在新城区路网建设上可谓是大手笔，总投资达到56000万元，总里程达到39.65公里，相当于湖口县2010年前30年的总和。仅2013年规划建设的路网就达20条，概算总投资约14000万元，总里程15公里。但我县在路网建设上要亟待解决两个问题：一是“三网”（路网、管网、电网）同步问题。由于政府投入不足和市场运作不到位，部分管网、电网铺设不能与路网建设同步，“补课”建设不仅增加了难度，也造成了资源浪费。二是设计等级问题。我县现有的县城和工业园道路都是按城市道路设计标准建设，用C30混凝土铺20cm厚，正常承载吨位30~40吨，而进出工业园大型货车载重量为60~100吨，道路不堪重负，破损严重，返修率高。

二是打造亮点。综合性组团功能区开发成为各地城市建设的重头戏和新亮点。2013年我县把洋港新区开发作为城建工程的重头戏和新亮点打造，是非常明智的选择。从规划上看，该小区有山有水，环境优美，湖口天地、湖口印象、湖口别院等几块功能性建筑，有品位、有档次，而且它将城区、景区、园区连为一体，地理位置得天独厚。如能顺利建成必将为2013年的城建工作画上重彩。湖口第一高楼力山世贸大楼和总建筑面积达12万平方米的中央商务区等一批标志性建设项目，都将成为湖口新的亮点。

三是彰显特点。每个城市有每个城市的特点。在城市建设过程中，各地要根据自己的特点，正确处理好历史文化资源价值的利用与城市发展的关系，处理好文化资源的保护与现代城市风貌构建的关系，处理好人文个性色彩与现代环境协调的关系，处理好历史文化遗产的继承与城市整体风格塑造的关系。我县占地近400亩的文体中心项目建设，不但是民本思想的体现，也是文化内涵的彰显。特别是高尔夫练习场、弓箭园等特色项目入场，更体现了我县特色。

三、管理要实现“三益”

一是政府受益。政府要借助市场这只手，实现城市建设与盘活存量以及土地置换的互动，为配套城市注入强大的活力。要走经营城市的道路，就要用全新的理念经营城市土地，全新的机制整合城市资源，全新的方式盘活城市资产，把城市作为重要的国有资产来经营，努力实现工作重心从单一建设城市向经营城市转变，通过经营城市，实现城市资源的有效配置及效益的最大化、最优化，使城市的集聚力、影响力、辐射力和竞争力明显增强，真正把城市资源转化为城市资本，走出一条“以地建城、以城聚财、以财兴城”的新路子。

二是投资受益。城市规划、建设、管理要从部门分割、封闭运行向集中统一、社会参与转变，城市基础设施和公用事业发展要从政府单一投资向多元化投资转变。我县2013年进一步加强了投、融资平台建设，要灵活运用市场原理，达到四两拨千斤作用。在城市建设的多元投入上，也进行了一些大胆的尝试和探索，洋港新区用土地置换开发成本，文体中心通过招商进行开发，全县路网工程采用BT模式建设，这一方面适度让利给投资者，同时也为政府缓解了投入不足的压力，属于双赢。

三是百姓受益。要把惠及民生贯穿城市建设和管理的全过程。从城市发展大局出发，把老百姓的自身利益放在重要位置，兑现承诺，加大力度，全力推进各项民心工程建设，提升湖口老百姓的生活环境、生活质量和生活水平。我县近几年来，从完善基础设施入手，加大市容市貌环境整治，“三城同创”稳步推进，继2012年创建省级卫生县城的目标一举获得成功之后，2013年又向创建省级园林县城目标迈进。这一切的出发点和落脚点都是为了湖口的百姓。

“百尺竿头思更进，策马扬鞭自奋蹄”。虽然现在的城建是大城建，许多的县领导亲自挂点城建重点项目，许多的干部参与到城建工作中来。从某种意义上讲，城建工作的好坏和城建成绩的体现并不是一个规划建设局所决定得了的。在今后的工作中，我们将继续秉承“我为人民搞城建、建好城市为人民”的工作理念，继续追求“讲奉献不图回报、讲收获不图得到”的崇高境界，继续发扬“5+2”、“白加黑”、“晴加雨”的苦干精神，同心协力，并肩携手，努力打造一个个精品工程，向全县人民交一份满意的答卷。

作者简介：

杨水平，男，1966年5月出生，中共党员，本科学历。现任江西省湖口县规划建设局局长。

自1985年8月参加工作起，历任湖口县政府办公室副科级秘书，县政府办公室副主任，县政府办副主任兼外侨办主任，县水产局局长，县农业局党总支书记、水产办主任。2013年3月至今，任湖口县规划建设局局长。

科学决策　精心组织
倾力打造一流工业示范园区

湖北省武汉市汉南区城乡建设局

工业示范园区是武汉市实施工业倍增计划，推动工业跨越发展的重要平台。2012 年，我市提出，每个新城区规划建设一个 20 平方公里以上的工业示范园区。汉南区高度重视，迅速成立了汉南产业新城（示范园区）基础设施建设工程指挥部，启动了基础设施建设工程。汉南产业新城（示范园区）基础设施建设范围为兴城大道延长线以西，103 省道以南地区。2013 年启动的一期工程须完成示范园区内"两纵两横"骨架道路市政设施综合配套建设和解放河、幸福河及马影河三条河流的清淤扩挖任务以及园区在建道路以外的主污水干管和提升泵站的建设。

根据示范园区基础设施建设工程指挥部的任务分工，区城乡建设局承担幸福园路、通江二路以及兴城大道延长线 3 条道路的建设任务，其中兴城大道延长线（汉南大道——通江四路）全长 2237.3 米，宽 60 米，双向六车道混凝土路面，通江二路（解放河——现状大埠路）全长 2270 米，宽 40 米，双向四车道混凝土路面，幸福园路（汉南大道——解放河）全长 1690 米，宽 30 米，双向四车道混凝土路面，3 条道路总长 6197.3 米，总面积达 27.57 万平方米。2012 年完成 5.1 公里的建设任务。为快速启动工程建设项目，按市时间节点完成好每个节点工作任务，我局迅速成立工作专班，坚持建设一流汽车产业工业园区标准，坚持产城一体化，加班加点，不分昼夜，综合配套建设雨污排水管网、给水管网和地下强弱电管群，预埋了燃气管道，实施了道路交通、园林景观绿化及路灯照明工程，充分保证了园区发展需要。

在近 8 个月的建设时间里，在市委、市政府的支持下，在区委、区政府的坚强领导下，在全区各部门的关心和支持下，在局党委领导班子的民主决策和科学管理下，在全局上下的团结协作下，在施工单位的全力奋战下，于 12 月 20 日完成了示范园区 3 条道路主车道、路灯、绿化以及相关配套工程建设，达到市关于园区"七通"标准要求。

一、园区特点

(一) 园区整体编制一流

区委、区政府遵循产业园区发展趋势，结合区情，秉持“以产兴城，以城带产，产城融合，城乡统筹”区域发展理念，在纱帽城区西建欧洲风情小镇，南造一流示范园区，西南方向筑大学城，从而使示范园区无需配套教育、医疗、污水处理、商业、公交、通讯、金融等，避免“飞地”现象和“半城市化现象”，同时园区和纱帽城区的基础设施实现了一体化，即道路对接，形成闭合路网，地下各种管道连通等，极大降低了园区建设成本。道路高程控制合理，避免了企业入驻时场地土方回填的麻烦，节约了投资和建设成本。

(二) 园区基础设施建设一流

示范园区核心启动区一期建成的四条道路呈“开”字路网，与之配套的污水收集处理、雨污排放、供水、供电、供气、通讯、场平等即将完成可全部发挥功能，为企业入驻提供了良好的条件。与此同时，园区基础设施为园区后期发展也打下了良好基础：预埋了1米口径的供水管道，按照园区整体道路路网规划，建设了各条交叉对接路口，建成了污水提升泵站。更为超前的是，其他园区采用管沟实现管线入地，而我区采用的是管群，并预留了今后发展所需的管孔。待园区企业全部入驻时道路站石高度可满足全部刷黑要求，路灯全部运用节能技术。

(三) 园区生态环境一流

高标准整治园区内两条自然河流——幸福河和解放河，新建幸福河桥和解放河桥，努力打造两河一江，三水环绕自然景观，提升园区商务功能；把研发区、培训区员工服务区等功能区临长江沿线布局，保护环境，力求人与自然的和谐统一。在纱帽城区，新建了医院、学校、体育活动中心，扩建了自来水厂和变电站，引进了两所高等职业学校，正在实施的欧洲风情小镇精致、典雅，为园区高端人才工作和生活创造了一流环境。

二、主要做法

(一) 组建五个专班，确保工程有序展开

为保证工程有序展开，加快推进园区基础设施建设，组建成立五个工作专班，工作中既分工明确，又团结协作。

一是组建成立办公室。负责园区基础设施工程建设影像资料的拍摄、收

集和整理，文字材料的撰写，以及园区后勤保障和服务等工作，实现了园区基础设施建设工程全过程跟踪，解决了园区建设的后顾之忧。

二是组建成立工程管理组。负责园区3条道路的市政道路主车道、道路绿化、道路照明以及相关配套工程的日常管理，使工程建设过程中出现的技术难点和困难等得以及时有效地解决。

三是组建成立工程质量监督检测组。负责园区3条道路建设所有工程的工序验收、材料检测等工作，避免了工程因材料和设备等而出现的质量等问题。

四是组建成立工程资料组。负责园区3条道路工程所有建设资料和管理资料的收集整理，做到了工程资料齐全完备，并与工程建设同步。

五是组建成立工程监理组。负责园区3条道路工程的现场监督管理和工程计量等工作，保障了工程质量和工程安全，避免了偷工减料等现象的发生。

（二）完备两项手续，确保工程依规合法

一是完备项目前期审批手续。按照《汉南区应急状态下政府投资项目管理办法》，兴城大道延长线、通江二路和幸福园路3个项目经区发改委审批通过了可行性研究报告（汉发改复\ ［2012\ ］2号），办理了3个项目的《建设项目选址意见书》、《建设用地规划许可证》、《建设工程规划许可证》，项目用地预审意见、图纸审查、环评报告、施工许可证等前期手续。

二是完备项目招投标手续。根据第八届汉南区人民政府第四次常务会议和汉南区委七届常委会第14次会议的决定，依照《汉南区应急状态下政府投资项目管理办法》，分别确定了三个标段的施工单位（南京江宁经济技术开发区市政工程有限责任公司承担一标段即兴城大道延长线、武汉致远市政建设工程有限公司承担二标段即通江二路、湖北顺泰建设有限公司承担三标段即幸福园路）、设计单位（武汉市政工程设计研究院有限责任公司）、监理单位（武汉永鸿建设监理有限责任公司）。招投标过程中，区发改委、区检察院、区监察局、区审计局对整个摇号排序过程进行全过程监督并签字确认。

（三）严把三道关口，确保工程质量安全

为确保工程质量安全，我们建立健全了设计、建设、审计、施工、监理“五位一体”的工程质量安全监督管理体系，严把三道关口，实现全方位、多关口的工程建设监管。

一是严把材料和工程质量关。工程质量监督检测组一方面实行每周两次的定期检测方法，对进场材料实行严格检测，确保进场材料质量合格。另一方面对工程每道工序进行现场检测，对不合格的要求坚决反工，确保工程质量符合标准要求。

二是严把施工程序关。整个施工过程中，每一道工序完成后做到“五方签字”（设计方、建设方、审计方、监理方、施工方签字）方可进入下道施工工序。发现问题及时会诊，果断处理。在施工过程中发现违规施工或达不到标准要求的工程推倒重做。并请审计人员现场跟踪核查，使每项质量管理措施都落到实处，确保工程建设质量。

三是严把施工安全关。工程建设过程中，我们始终把施工安全摆在第一位，要求施工单位严格履行安全责任，制定安全生产方案，落实安全生产制度，在建设部门定期检查的基础上，要求施工单位定期自查。特别是对在恶劣地质条件下施工的单位，要求制定有效的工程施工措施和应急预案，确保了零安全事故。

（四）攻克三大困难，确保工程顺利推进

一是攻克恶劣地质条件。示范园区地形地貌舒展平坦，隶属洞庭湖古云梦泽冲积平原，根据钻探和开挖后的实际情况看，土壤表层下 2 米左右为粉质性粘土层，再往下为淤泥质及流沙土壤，含水量大、抗压强度低、透水性强。根据规划、高程和污水管网等的设计，工程开挖较深。在工程开挖过程中，3 条道路深挖后不同程度出现突涌、流沙、塌方等现象，给地下隐蔽工程施工作业造成极大难度。对此，我们及时组织专业技术人员反复多次现场踏勘，召开现场分析讨论会，然后结合实际制定切实可行、又节约资金的解决方案，并组织论证，提交区领导决策。在 3 条道路的工程技术措施上，我们实施了两个“第一次”大胆运用：即对地下雨污水管道的施工，在我区基础设施建设历史上第一次采用“拉森钢板桩 + 内支撑”的支护方式、第一次采用每隔 20 米打降水井降水的施工工艺进行沟槽开挖，较好地解决了沟槽局部滑移、塌方、突涌、流沙、积水等地质灾害，确保了工程顺利推进和工程质量。

二是攻克拆迁退地困难。在 3 条道路的建设过程中，需退塘 27 口，涉及 48 户拆迁腾退，而这正是工程推进过程中的强大阻力，同时也给工程质量的保证增加了难度。为确保工程顺利推进，在工程开工初期，就将拆迁退地工作提上重要议事日程，并对整个工程工期安排做了科学合理的测算，确定了拆迁退地退塘的极限日期。同时，安排专人负责配合纱帽街的拆迁退地工作，一方面加强与街道和村的沟通，另一方面配合街道和村走村串户宣传政策，做拆迁户的思想工作，帮助村民租房过渡，使 3 条道路红线范围内的所有拆迁户和鱼塘如期腾退。

三是攻克施工材料紧缺问题。工程材料的供应是工程推进快慢的一个重要决定性因素。由于武汉各区及武汉周边地区都在搞示范园区建设，加上汉南本地无施工地材，在工程施工过程中，特别是在工程水稳层铺设阶段，施工材料的供应跟不上园区 3 条道路的建设速度，无形中影响了工程的推进。为不使工程因材料供应影响速度，我们及时组建专班，安排专人，组织施工单位相关人员先后多次赴武汉周边地区进行询问考察，以运途最短、价格合理、质量最优、成本最低为原则，在建设各方达成共识的基础上，确定供材地点和供材单位，及时有效解决了施工材料紧缺问题。

（五）坚持五项制度，确保工程管理科学

一是坚持工作例会和监理例会制度。为及时有效地解决工程建设过程中出现的各种问题，实行工作例会制度和监理例会制度。主要利用晚上的时间，坚持每周召开一次工作例会和监理例会，听取每个参会人员的工作情况汇报，收集整理工程推进过程中存在的困难和施工过程中出现的问题，并讨论确定解决办法和方案，同时，结合当前工作推进情况，确定下一步工作计划，布置下一步工作任务，确保了工程建设过程中出现的问题及时解决。

二是坚持专业分析会制度。对工程施工过程中出现的技术难题，及时组织召开设计、建设、施工、监理及审计五方专业会议，研究分析问题，制定实施方案，并以指挥部红头文件形式下发《纪要》，确保重大变更、重大事项做到集体研究、科学决策。

三是坚持设计和审计跟踪制度。工程质量和安全的重要保证之一就是按工程设计图纸施工。为保证工程质量和安全，工程设计人员每周定期到工地巡查，监督施工单位按设计图施工，特别是箱涵、管涵等重点部位的施工，设计人员全程跟踪施工，确保施工人员按设计图纸施工。同时，每周定期邀请审计人员到示范园区基础设施建设现场实施审计监督，特别是对工程设计变更、工程计量、现场签证、涉及投资的重要问题等，实施审计的全程参与和跟踪，确保工程建设和投资的科学性、合理性。

四是坚持园区道路建设管理制度。为确保三条道路建设顺利进行，规范施工过程中“工序验收、材料检测、设计变更及现场签证”等相关程序的管理，制定出台了《兴城大道、幸福园路及通江二路建设工程管理办法》，从质量控制、验收程序、设计变更、现场签证、进度款拨付以及工期控制等六大方面进行制度化管理。

五是坚持专款专用制度。为规范合理使用园区 3 条道路建设资金，设立了专用账户，启用了财务专用章，做到了专款专用。

（六）采取三项工作方式，确保工程节点工期

一是科学合理安排雨天工作。市政工程建设初期主要是地下雨污管道的铺设，只能在晴天开展施工。但自工程开工后的近4个多月里，暴雨、特大暴雨频繁不断，雨天一个接着一个，晴天不足80天，按正常情况，一场雨须经两天曝晒才能恢复施工。在有效工作日大幅减少的情况下，我们密切关注天气变化，一方面提前做好防范工作，科学合理安排施工计划，抢抓有效施工时间开展施工。另一方面利用下雨时间开展技术讨论，提前预测施工过程中可能出现的新情况和新问题，优化施工方案，并适时组织技术管理人员、施工单位到周边江夏、蔡甸等地考察学习，在吸取成功经验的同时，总结他们存在的问题和不足，在我们施工过程中加以注意和改进。同时，收集整理工程施工管理资料，完备工程建设手续。这样，雨天也同样成为了有效工作日。

二是采取5+2、白加黑工作方式。我区示范园区建设相对全市来说启动较晚，且建设任务重、时间紧，为保证安全地按节点要求完成工程建设任务，全局上下不讲条件、不畏艰难，自2013年正月初四即进入“战时”状态，开始工程预算等前期准备工作。特别是3月11日工程正式开工以后，工程管理责任领导及各专班全部驻扎工程管理指挥部，无双休日、无节假日地实施工程的无缝管理，特别是工程责任领导及工程技术管理组和工程监理组，24小时吃住在工地，与施工单位同进同出，做到工程施工全过程监管，确保工程顺利推进，保证工程按节点完成任务。

三是采取各负其责，分工协作的工作方式。工程监管是一项复杂的系统工程，针对园区基础设施工程3条道路建设的实际情况，采取主要领导负总责，分管领导具体负责，技术总顾问全面负责工程技术，工程管理组和工程监理组各负其责的工程监管模式。同时，在工程技术管理人员有限的情况下，将工程管理组和工程监理组的人员划分为三组，每组负责1条道路的监管，遇到技术难题和重大问题时，集体讨论、民主决策，既科学合理地利用了有限的人力和技术资源，也为工程节点工期提供了保证。

坚持高起点定位　实现城建事业新跨越

湖北省谷城县城乡建设局　张光炬

近年来，湖北省谷城县城建系统干部职工深入贯彻落实科学发展观，认真执行上级一系列重大决策部署，坚持服务大局、推动发展，坚持以人为本、关注民生，坚持城乡统筹、改革创新，各项工作扎实推进，主要任务指标超额完成，建设事业保持了持续快速健康发展的良好态势。

一、以推进城乡一体化建设为引领，抓好城乡规划工作

城乡规划管理部门认真贯彻落实市委、市政府提出的“河谷组群”发展战略，加快了新城区的规划编制工作；配合中规院完成了老河口——谷城组合城市空间战略规划的现场踏勘、调研座谈和前期基础资料收集；以招标方式确定上海同济大学城市规划设计研究院完成了谷城县40平方公里产业新区总体规划方案；聘请上海雅克城市规划设计公司编制了子胥新城总规方案。

为进一步加快乡镇和村庄规划建设，谷城县先后完成了庙滩彭家庄村、五山下七坪村等8项土地增减挂钩规划；完成了紫金镇孙家沟新村、庙滩兴隆殿村等4个村的建设规划；完成了开发区苏家盘村、莫家河搬迁、城关镇皮家洼还建、石花镇小坦山、谢湾镇入口局部等居民点5项规划；结合县城重点工程项目建设，完成了县城区、开发区、莫河、皮家洼等城中村改造建设项目，促进了新型社区建设；配合“八项整治”活动，完成县城区13条街街景改造规划。同时完成了南河镇污水管网布置（专项）规划的编制和调整。

为统筹城乡发展，谷城县还先后完成了冷集镇、五山镇的总体规划修编；石花镇邀请武汉、十堰、天津规划设计院对石花镇污水处理厂、沿河景观带及石花镇南片区进行了规划编制，还完成了小坦山村新农村发展规划。紫金镇完成了9个村的村庄规划编制。五山镇还启动了城镇规划修编工作。

日常工作中，规划管理部门切实规范审批程序，严格审批制度，在行政许可范围内，尽力压缩审批时间，全面提高审批效能。充分发挥城乡规划委员会作用，对全县的重点工程、住宅小区、大型公共建筑等进行把关，使各方意见得以表达，扩大规划审批的参与层面，提高决策水平。

二、以不断完善城市功能为着力点，推进城市重点项目建设

2012 年，谷城县委县政府研究确定了五大类共计 37 项城建项目，总投资约 28.79 亿元。对于负责的 19 项工程，谷城县城乡建设局成立工作专班，实行领导包保，按照既定的路线图，强力推进。

一是重点项目推进顺利。子胥新城建设项目已完成道路建设立项、设计及招投标工作，并签订了施工合同。百盟综合体项目已正式签订投资协议、项目售楼部已施工完毕，正在完善相关报备手续。聂家滩污水处理厂建设项目已完成了项目前期的各项审批和征地补偿等工作，正在进行基础工程建设。城区供水管网改造项目一期工程已完工，二期完成了 1300 米的 PE 辅助管网。城区园林绿化提档升级项目投资 1000 万元，改造了出口路及银城大道、康乐西路、谷丰路等三条主干道行道树，完成北河聂家滩大桥两侧绿化。

二是道路改造工程全面完成。粉水路人行道改造工程从电影院到烟草局地下地上改造配套基本完成，是县城第一条全石材铺装的配套工程，工程完工后受到各界的好评；新法院北侧道子、翰林西路、印刷厂道子等道路建设工程全部完工。

三是市政维养工程基本完成。先后对县城筑阳路、城垣路、谷南路、谷山路、洪胜路等 10 条主干道排水管道实施清淤。对县城主要道路的路面、人行道等维修。

四是粉水广场、体育场二期、城内北街、过山居民点拆迁及还建等续建工程已经完工并交付使用。此外，园林工人还在五一、十一、春节期间对县城重要节点实施绿化美化，对粉水路实施了亮化。

三、以保障民生为主题，着力强化建筑市场监管

建筑工程质量安全管理部门着力加强建设工程质量和安全管理。定期对房屋建筑和市政工程项目进行质量、安全监督检查，确保工程始终处于受控状态。在工程建设过程中，把好“材料关、施工关、养护关”三关，确保工程建设质量。结合安全工作程序，加大安全检查频次，强化安全责任落实，杜绝了安全隐患。全年无质量和安全事故发生。城建档案管理部门着力加强城建档案管理。以县政府确定的十件实事工程项目为重点，提前介入，做到文字、声像、图片档案同步收集，较好地完成了工业新区道路等重点工程的档案服务工作。墙体材料革新与建筑节能部门着力加强建筑节能管理。在巩

固全县“禁实”工作的同时，石花镇顺利通过了全省重点镇“禁实”达标复查。县城区及中心镇区新建工程“禁实”率达到了100%；县城城区及中心镇区新建工程“禁现”率达90%；水泥散装率达到65%；建设工程造价管理部门着力加强建设工程造价管理。进一步强化了施工合同监审备案的工作力度，规范了施工合同审查备案程序，及时收集并发布人工、材料、施工机械台班的市场价格和工程造价平均指数、价格变化趋势等造价信息，为各类建设工程造价提供计价参考。建筑设计院、质量检测、勘察、监理等行业服务单位着力加强服务功能，增强了单位发展后劲。

四、以村庄整治为突破，不断加强城镇规划建设管理工作

一方面，加快城镇规划编制进程。冷集镇总体规划、五山镇总体规划进行了修编，对50个新型农村社区规划进行了编制。

另一方面，加大城镇基础设施投入。石花镇先后投入近3000万元实施了镇区绿化、工业园路网建设、基础设施改造、城南新区一期等工程建设。庙滩镇先后投入500余万元完成了宣武街、金钗街改造工程。南河镇先后投入750万元对8公里旅游公路进行了混凝土路面硬化、完成了污水处理厂一期工程、启动了污水处理厂二期工程、对镇区公路进行安保设施维护、对镇区30户居民房屋进行立面改造。盛康镇先后投资500万元，实施完成了城镇出口路改造工程、镇区主街道亮化工程、环境卫生整治工程、安全饮水工程及新农村建设工程。冷集镇先后投资235万元，完成了南大街改造工程、小广场硬化工程、沈湾街至马庄桥头两边下水道工程、沈湾街路面硬化工程、沈湾水厂改造及桥头、镇区路灯整修。五山镇先后投入1000多万元进行基础设施建设，铺设下水管道3200米，安装路灯126盏，铺设街道板9300平米，新建垃圾处理场1处，购置垃圾清运车、垃圾箱，洒水车等环卫设施，街道线路。同时还启动了堰河、谢湾两个农村新型社区建设。茨河镇先后投资1415万元，完成了茨河镇花红园新区、铺设如松路、承恩街路行道板工程建设及供销社第一期棚户区改造任务，修建水泥路6公里，在农村乡道两旁建绿化带5公里，在镇出口处新建车站1所，为山区承恩寺、马家湾村建自来水，解决了1200人吃水难题。

五、以队伍建设为抓手，深入开展民主评议政风行风工作

一是认真安排部署。城建工作范围涉及到城乡规划、建设、管理等多方面，很多工作与民生息息相关。局党委制定了全局性指导性方案；局属各单位分别结合各自工作职能，制定出切合实际的工作方案。以行政审批为主的，侧重于从依法行政方面入手；以管理职能为主的，侧重于从提高执行力方面入手；以建筑市场服务为主的，侧重于从加强服务质量方面入手。所有方案要求结合实际，点到实处。

二是切实营造氛围。各单位机关办公区刷标语、设专栏、挂意见箱，局属单位凡有独立临街办公区的，均在临街单位门口悬挂民主评议政风行风工作宣传横幅，同时在电视和网站开设专栏，及时播报城建局行评动态，使社会各界充分感受到城建系统开展民主评议政风行风工作的社会氛围。

三是切实抓好整改。做为被评单位之一，县城建局既不妄自菲薄，又真心查找不足。有则改之，无则加勉，敢于“亮丑”，真心诚意向社会各界征求意见和建议，并在查找问题的同时积极整改落实。在查找问题阶段，通过自己征求意见，行评督查组、行评监督员反馈意见，局长在线访谈时网民提出意见等方式，收集整理涉及城建系统的共有100余条。对这些问题，城建局不回避、不找借口，把各位市民对我们的意见当作强有力的鞭策，强化督办，有诉必查，积极整改落实，用行动来回答社会各界反映的意见，顺利通过全县的综合测评。

值此党的“十八大”开局之年，谷城县委县政府提出了“扩规升级，提速增效，全力冲刺全省县域经济20强”这一宏伟目标。谷城县城建系统干部职工将改进作风，真抓实干，提振信心，强力推进，保障工作，努力实现工作素质和形象的大提升。

1. 解放思想，更新观念，找准定位。按照县委的决策和部署，围绕谷城发展定位，树立四种思想。其一，树立反骄破满思想，思想解放无止境，发展无止境，任何时候自大、自以为是的思想都是要不得的；其二，树立开拓创新思想，“流水不腐、户枢不蠹”。创新是一个民族进步的灵魂，是一个国家兴旺发达的不竭动力。没有创新，就没有发展；其三，树立真抓实干思想，出实招，鼓实劲，干实事，求实效，“实干兴邦、空谈误国”；其四，树立自我加压的思想，对标全省全市先进，加大压力，奋起直追。

2. 深化改革，创新机制，破解难题。坚持用新的理念、新的思维、新的

眼光，重新审视自己的思想观念和认识水平，坚决克服求稳、求轻、求安的观念，敢于冲破束缚发展的传统思想，善于做“结合”文章，各项工作统筹并进；善于做“创新”文章，用创新的思路精心谋划，用创新的实践破解难题，用创新的办法创造发展机遇。

3. 突出重点，打造亮点，塑造形象。对于重点工程建设项目，牵头领导要靠前指挥，帮助协调工程建设中遇到的各种矛盾和问题；及时向包保的县四大家领导汇报工程进展，获取最大支持；责任单位和工作专班要及时跟进，全力推动。对道路配套、绿化提档升级、市政设施维养、街景亮化美化、供水管网改造延伸等民生工程，要严把工程质量、加快施工进度、优化施工环境，将每项工程都打造成亮点工程、精品工程，以此来提升和塑造城建系统的形象。

4. 强化责任，提升能力，履行职责。坚持党委中心组学习制度，加强政策理论、法律法规和专业知识的学习。要坚持把学习贯穿全年工作的始终，把学习当作一种份内的职责，一种自觉的行为，坚持干中学、学中干，在博学新知中不断提高政治素养、提升管理和服务能力。通过各种形式的学习教育活动，来凝聚大气场，传递正能量，提升能力、提振信心、消除霾气。

5. 改进作风，优化服务，狠抓落实。大力克服作风建设中的“小胜即安、小挫即蔫”的倾向，自觉摒弃工作作风中的飘浮、骄躁、厌战情绪，抓好优良作风建设。坚持在严格内部管理上下工夫、求突破，不断提升行业整体形象和社会满意度。进一步转变工作思维，创新管理方式，增强服务意识，提高依法行政、依法办事水平。加强政务服务中心建设局窗口的管理，规范工作程序，量化服务标准，倡导主动服务、优质服务、创新服务，做到程序最简，服务最优，收费最合理，社会评价最好。

6. 团结协作，统筹兼顾，保障有力。牢固树立全局一盘棋的理念，切实增强整体观念和全局意识，充分发扬团队精神，拧成一股绳，心往一处想，劲往一处使。要紧紧围绕城市建设大局，想问题、谋思路、出良策，不上交矛盾，不回避问题。要立足本职，服务大局，切实增强凝聚力和战斗力，在全系统努力营造心齐气顺的良好局面。

7. 风清气正，清正廉明，争创业绩。正确对待党和人民赋予的权力，不滥用职权，不搞特权，做到权为民所用，情为民所系，利为民所谋。自觉接受党和广大人民群众的监督，不但自己要做到拒腐防变、廉洁从政，而且还要管好自己的配偶、子女和身边的人员不被“糖弹”打中。努力做到亲民淡泊、诚实务实、坦诚团结、勤俭廉洁，保持健康向上的工作和生活作风，开创城乡建设工作的新局面。

作者简介：

张光炬，男，汉族，1960 年 8 月出生，大学学历。现任湖北省谷城县城乡建设局党委书记、局长。

历任县航运公司办公室主任、团支部书记；县交通局团总支副书记、审计股副股长；县委经贸工委副书记、武装部部长；县化工医药协会党组书记、主任；县委办公室副主任；县供销合作社党委书记、主任；2013 年 1 月调任谷城县城乡建设局党委书记、人武部第一部长。2013 年 3 月至今，任谷城县城乡建设局局长。

做好产城融合文章　推动赤壁城市升级

湖北省赤壁市住房和城乡建设局　贺　飞

城市升级的目的是城市升值。城市升值与产业振兴相互融合，相互促进。湖北“南大门”赤壁，要在新一轮城市竞争中提质进位，必须紧紧围绕产业振兴加快推进城市升级，使赤壁这座拥有1800多年历史的文化古城更加宜业宜居。

一、城市升级是引领赤壁快速发展的迫切需要

（一）城市升级是新型城镇化发展的必然趋势

城市升级，简单地讲，就是城市规划建设管理的精细化，城市附加值的提高。2011年全省城镇化率51.83%，我市城镇化率达到61.3%，在全省排名第16位，在咸宁市排名第一，中心城区用地规模已接近30平方公里。一般来说，当城镇化率小于30%时，是城镇化初期阶段，发展速度比较缓慢；当城镇化率处于30%至70%时，是城镇化中期阶段，发展速度相对较快。发达国家的城镇化发展历程表明，人均GDP超过3000美元、城镇化率超过50%的时期，是城镇化加速发展时期，也是一个国家和地区进入加速发展的时期。2012年，我市人均GDP超过5800美元，城镇化率预计达到62.1%，正处在城镇化加速发展的新阶段，城市升级正当其时。

（二）城市升级是建设强而优中等城市的应有之义和基本之策

古希腊哲学家亚里士多德说：“人们来到城市是为了生活，人们居住在城市是为了生活得更好”！让生活更美好是城市的灵魂。咸宁市委书记在赤壁市三级干部大会上要求我们大力解决好城市功能全与不全、城市建设美与不美、公共服务好与不好的问题，为我们指明了城市升级的方向。赤壁建设强而优的中等城市上升为咸宁战略，吹响了城市升级的嘹亮号角。我们要牢牢抓住并利用这一千载难逢的历史机遇，进一步更新理念，拓展思路，明确目标要求，通过城市升级，加快推进城市经济社会发展转型，推动由粗放式发展向内涵提升的转变，建设强而优的中等城市。

（三）城市升级是解决当前我市城市发展问题的现实需要

赤壁在快速发展的同时，出现了城市不安全、不好用、不方便、不文明

等一系列亟待解决的突出问题。这些问题如果解决不好，轻则冲销我们科学发展的成果，重则断送赤壁产业振兴的前景。通过调研和走访，我们发现，城市发展主要存在以下几个突出问题。

一是城市安全运行缺少良好的保障。安全是“1”，发展是“1”后面的“0”，没有安全的发展不能称之为发展，没有安全作保障，发展只能是空谈。赤壁在城市交通、城市防洪排涝和城市供水这三个方面的问题比较突出，老城区交通拥堵日趋严重，城市排涝能力不足，供水管网老化，水质堪忧，城市安全应急能力脆弱，存在着巨大的安全隐患。

二是城市功能还不够完善。城市道路交通组织不尽合理，文化、教育、医疗、体育和市民休闲娱乐、公共设施、公共绿地缺失，城市运转不够高效，产业发展不够便利，市民生活不够幸福。

三是城市特色不鲜明。城市文化彰显不足，个性元素不突出，缺少让人一见倾心、过目不忘、流连忘返的吸引力。

四是城市管理无序。挖山填塘、“小产权”房、乱搭乱建、乱停乱靠的现象司空见惯，出店经营、占道经营比比皆是，交通无序、拥堵，背街小巷脏乱差。

二、城市升级的主要内容和任务

推进城市升级，总的思路是为产业振兴服务，总的目标是城市要好用，既宜业又宜居，总的措施是“软”“硬”兼施。产城融合，要求规划、建设、管理必须从产城一体的角度出发，一切以利于产业振兴为基础，一切为产业振兴而服务。好用就是城市升级既要外观整洁有序，更要内涵丰富，能够加快产业振兴，为市民群众生产生活提供最大化、最便利的公共服务。需要重点抓好四项工作。

（一）城乡规划要科学编制，刚性执行

城乡规划是城市发展的战略纲领，是城市升级的技术保障。

一是重视宏观规划研究。产业兴则城市兴，产业强则城市强。要站在产业振兴的高度和角度，围绕茶叶产业、竹产业、旅游产业和电子信息、机械制造、服装纺织、医药建材等产业的发展，根据城市资源环境承载能力、现有发展基础和未来发展潜力，跳出赤壁，放眼全省、全国，大视野谋划，前瞻性规划，预留未来发展空间，确保宏观规划经久耐用。

二是注重规划衔接和完善。产业发展规划的编制要与国民经济与社会发展规划、城市总体规划、城市土地利用总体规划相衔接，不交叉、不冲突。

在城市总体规划基础上，高起点、高质量地完善、深化、优化城市主体功能区规划、控制性详规和各类专项规划，高水平编制城市客厅、文化中心等重要地区、重要公共设施项目的修建性详细规划，策划一批能改变城市形象的市级公共空间项目规划。2013 年城市控制性详细规划覆盖率达到 70% 以上，2014 年实现全覆盖。

三是规划执行要更加严肃。规划的“划”不是图画的“画”，也不是鬼话的“话”，而是计划的“划”，规划一旦确定，就是法规，至少要管 50 年。建立和健全公众参与机制，扩大城市规划公众参与度，请群众监督规划实施，真正实现一张蓝图到底。各级领导干部都要敬畏规划，严格遵守和严肃执行，不朝令夕改，不朝三暮四。赤壁的发展，城市的升级，容不得反复，也经不起折腾。

（二）城乡建设要深度策划，快见成效

实践告诉我们，好钢要用在刀刃上。在推进城市升级的进程中，要慎重决策，集中财力、精力，解决制约产业振兴的关键问题，解决群众最关心、城市最受益的事情，实现城乡建设从粗放扩张向精细提质转变。

一是以产业振兴为导向，高标准建设产业园区。按照集约、节约的要求，统筹安排园区基础设施建设，满足项目入园的基本需求。合理布局谋划 8 平方公里的生态新区、18. 6 平方公里的光谷赤壁产业园以及乡镇工业产业园。

二是以产城一体为导向，高标准推进生态新区建设。严格按照“两带三轴，两核六心”的产业和空间布局，着力提升水、电、路、气等基础设施水平，增强新区的承载力、辐射力和吸引力，通过产业集聚来带动人气聚集，通过产业发展引领城市升级，建成“功能完善、交通畅达、人居适宜、产城一体”的现代化新城。

三是以历史传承和保护为导向，谨慎推进老城区改造。注重延续城市历史文脉，采取先控制、保护，再成片改造的方式，逐步畅通交通、搬迁危房、提升商业、改善环境、传承历史、彰显文化。

四是要以功能安全为导向，加快推进城市基础设施建设。全面检修城市桥梁，消除安全隐患；加快城市供水管网建设改造，加速新区水厂立项，确保城市供水安全；完善城市污水管网建设，污水处理率达到 85%；加快环境卫生、环境保护和城市公交设施建设，确保工业废物综合利用率和危险废物处置率达到 100%、城市生活垃圾无害化处理率达到 85%。

五是以优化环境为导向，加强生态景观建设。要把绿色作为赤壁的底色，启动环陆水湖绿道建设，按照“一心带两环，一网连多点”的空间规划布局，建设中心城区生态景观体系，形成“春有花、夏有荫、秋有果、冬有绿”的景观格局。

（三）城市管理要精细高效，刚柔并济

著名建筑学家梁思成说过：“现代化不是建高楼，而是使人们安居乐业，使工作有效率，使生活更舒适。”要健全“大城管”体制，动员全社会力量，像管理自己的家庭一样管理城市，像管理家具一样管理城市的市政公用设施。

一是精细管理要专心，还要专业。例如，上海为了科学设置闹市公厕，在外滩人流最集中地段花三天时间分早中晚三个时段掐表测算，得出科学数据，这就是专心。通过市场化的办法，将园林绿化、环境卫生、设施维（养）护交给专业的队伍，购置专业的设备，制定专门的制度，常态化高效管理，这就是专业。

二是精细化管理要念好洁、绿、亮、美、畅“五字诀”。落实网格化管理措施，强化综合治理，尽力把地扫干净，把街道建绿，把路灯点亮，把环境做美，把道路变畅通。

三是精细化管理要刚柔并济。“刚”就是加强制度建设，加大执法力度，严管重罚，严格责任追究。城管执法部门要坚持教育与惩处相结合，多形式开展市民文明素质教育，加大不文明行为处罚力度，在全社会形成关心城市管理、爱护城市设施、维护城市形象的城市文化自觉。“柔”就是要以人为本。启动“智慧城市”、“智慧城管”建设，建立城市管理信息平台，完善城乡互动、部门联动、信息共享、覆盖全市、高效运转的城市综合管理数字化监督指挥系统，推行科技化、人性化、人文化管理。

（四）城乡统筹要产业引领，试点推进

统筹城乡一体化发展是解决“三农”问题的根本途径。结合赤壁经济社会发展实际，统筹城乡发展要按照“规划一体、产业引领、资源共享、服务均等”的思路，试点推进。

一是重视规划的引导。根据产业振兴的总体要求，从全局以及城乡之间的内在联系来考虑城乡布局、生产力布局、要素和人口布局，形成和完善城乡一体化的规划体系，研究制定统筹城乡发展的“幸福蓝图”——2013 年建设赤壁、赵李桥、官塘驿和车埠4 个中心镇。到2015 年末，完成50 个中心村的试点建设，农村公共服务中心覆盖率达到100%，基本形成城乡规划、产业发展、基础设施、公共服务、社会管理和城乡基层党建工作一体化发展的新格局。到2020 年末，城乡经济、社会、文化、生态和党的建设全面协调发展，城乡共同发展、共同繁荣。

二是注重产业发展的带动。坚持产业主导、因地制宜，宜工则工、宜农则农，宜茶则茶、宜竹则竹，宜旅游则旅游，充分依托资源优势，坚持“三化”联动，建设农业产业化示范工程，通过产业发展带动镇村发展，带领农民发家致富。赵李桥镇和茶庵镇适合发展茶产业，就要想方设法，抱团发展，合作共赢。赤壁镇适合发展文化旅游，既要把三国赤壁旅游做精做优，还要延长旅游产业链，让农民参与，让农民受益。每个乡镇都要认真研究自己的资源优势和产业发展潜力，通过产业发展带动社会经济发展。

三是推进基础设施功能的延伸。实施“双轮驱动”战略，延伸城市基础设施和公共服务功能。一方面，通过产业园区建设，推动产业集聚，既完善当地基础设施，又吸纳更多的农民就地就业。另一方面，以适当就地集中的新型农村居民点作为突破口，延伸城市基础设施和公共服务功能，改善农民生产生活环境，提高农民生活品质。

三、城市升级的保障

（一）创新投融资体制

“巧妇难为无米之炊”，城市要升级，资金是关键。在国际经济下行压力增大、国内银根紧缩的大背景下，特别是县级市，只有不断创新投融资体制，将城市资源资产化，城市资产资本化，才能突破城建资金“瓶颈”。

一是盘活城市存量资源。所有闲置的、没有发挥或者没有完全发挥生产效率的生产要素就是存量资源。盘活赤壁的存量资源，既要看到赤壁的优势，更要看到省内、国内的需求，跳出赤壁，站在全省、全国看赤壁，将存量资源与产业优势、产业前景巧妙地结合起来，借用市场营销的概念，尽快制订盘活存量资源发展规划和具体计划，全盘考虑，统筹安排，拉动和推动相结合，逐步盘活。

二是经营城市无形资产。有选择性地出让部分基础设施的使用权和经营权，按“谁受益谁投资、谁占用谁出钱”的原则，通过对城市桥梁、道路冠名权，户外广告经营权的招标拍卖，将城市无形资产转化为有形资本。

三是引入社会民间资本。研究制定社会民间资本进入政府投资项目领域的政策，合理引导民间资本通过 BT、BOT 等模式，参与政府投资项目建设，拓宽投融资渠道，缓解资金压力。

（二）制定好规划和计划

城市升级是一项复杂的系统工程，需要全社会的长期贯彻落实。要在科学分析、论证的基础上，研究制定城市升级发展规划，制订城市升级三年行动计划，明确不同阶段的工作重点和各部门的工作责任，分工合作，强力推进。

（三）加大城市管理投入

三分建设，七分管理。精细高效的城市管理，需要持续、充足的经费作保障。尤其是城市环境卫生、市政公用设施维（养）护和城市综合执法管理方面，需要加大投入，增加专业设备，提高维（养）护频率，增强维（养）护效果。按照“政府引导、适当补贴、规范监管、合作双赢”的原则，创新城市管理投入机制，通过市场化的办法，引导社会资本进入城市管理“以钱养事”领域，有效缓解城市管理投入不足的问题。

（四）提高市民素质

人是城市的主体。城市管理归根到底是人的管理。要制定市民文明手册，在市民心中建立一把日常行为的标尺，逐步规范市民行为。还要组织开展城市文明大宣传、大教化，促进市民素质的大提升。

（五）优化人才机制

人才是城市升级的软力量和技术支撑。要探索建立和优化城市规划建设管理人才机制，畅通人才引进渠道，招才引智，为城市升级提供有力的技术储备。

作者简介：

贺飞，全国注册城市规划师，现任湖北省赤壁市住房和城乡建设局局长。

强化领导　严格管理　开创建设工作新局面

湖南省永州市零陵区建设局　张国材

永州市零陵区建设局前身为县级永州市建设委员会，2004 年 5 月城建、城管分设后成立区建设局，为区政府工作部门，现有在职干部职工 58 人，退休人员 29 人。下设城乡规划办、建工办、安监站、市政维护站、招标办 5 个事业单位，主管第一市政工程公司、华夏公司、七建公司、区建筑设计院、城建开发公司 5 个下属单位。主要负责全区城乡规划、工程建设、市政基础设施建设与维护、小城镇建设，管理监督建筑市场准入、建筑（含市政）工程招投标、工程监理以及工程安全等方面工作。

一、主要工作成绩

（一）加快城乡规划，打造城乡发展平台

突出以规划为龙头，共投规划编制经费 1900 余万元，完成了城市总体规划的修改和报批以及城区五大片区控制性规划，努力推进城市“北联西扩东进”战略，逐步明确城市发展的三大主功能板块，即“城北建新城，河东创名城，河西建园区”。

（二）提速城镇建设，推进城市扩容提质

围绕建设国家级历史文化名城和独具湖湘文化特色的魅力城市，逐步推进基础设施建设和配套。扩容路网建设方面，着力构建“一环五横六纵”的路网骨架。增加城市的便捷度。重点市政工程方面，制定详细的项目建设计划，对重点问题专项研究解决。坚持打造一批重点、亮点和精品项目。城市提质建设方面，共维修烂路 110 余条，改造背街小巷 92 条，新建、改造给排水管网约 36.8 公里，建设排污干管约 7.5 公里，城区美化、绿化、亮化、标志标线也已基本配套，人居环境逐步优化。小城镇建设方面，区级财政每年安排 200 万元实行“以奖代补”，重点扶持 8 个中心镇基础设施建设，力争全区乡镇向生态化、科学化、现代化中心城镇的目标迈进。

（三）强化项目带动，创建历史文化名城

围绕建设国际历史文化名城，努力推进优势项目带动，重点打造名城旅游项目建设。总投资 30 亿元的东山景区、总投资约 30 亿元的潇湘古镇开发、

总投资4.2亿元的沿江风光带等项目相继启动，朝阳山庄、何仙观风景区、异蛇山庄等较大名城保护建设项目基本达成合作意向。

（四）严格监督管理，抓好建设质量安全

质量安全是城市建设的根本。我们把建设工程质量和安全作为城建工作的重中之重，进一步规范安全生产管理，积极理顺市与区工作机制，建立了工程质量监督工作体系，组建了专门的安全监管专门队伍，工程质量稳步提高，安全生产形势持续好转，确保了建设领域无质量安全事故发生。同时，进一步规范招投标程序，加强招投标监管，确保政府投资和公共设施项目招投标率达100%。

二、先进工作经验

（一）领导重视是关键

区、局领导高度重视城乡规划建设工作，成立了区城建领导小组，由区分管领导亲自挂帅，正确领导，民主决策，率先垂范，层层抓管理，件件抓落实。根据工程的进展情况，定期召开城镇领导小组工作调度会议，切实解决工作中遇到的困难，对一些重点工程，从可研、设计、方案评审每个环节，区、局领导都亲自参与讨论，民主决策，科学决策，保证了城乡规划建设工作的正常开展。

（二）干群支持是基础

城乡规划建设与管理工作和老百姓的生活息息相关，各项工作能否顺利开展，广大群众参与和干部职工的支持是最根本最有力的基础保证。近年来，我们通过广泛宣传，提高了社会各界对城乡规划建设工作的认识，充分调动了广大群众和干部职工参与城乡建设的积极性，形成了全社会自觉理解、支持共建的良好氛围。

（三）责任明确是保障

城镇建设是既有关系全区经济社会发展全局的项目，又有直接关系广大群众日常生产生活的项目，任务繁重，备受关注。所有项目都明确责任领导和技术人员，做到分工明确，责任到人，职责清楚，考核严格，奖惩分明，形成一级抓一级，一级促一级的良性机制，为各项工作的落实提供了有力保障。

（四）充分准备是前提

城乡规划建设各项工作的顺利开展，有赖于充分的前期准备。每年年初，我们会根据上年度的工作进展情况和本年度的城乡建设需求，研究和制定详细的工作计划，做到有步骤、有措施、有期限、有落实。同时，针对建设资金的筹集、设计和施工队伍的选择、专职工作人员的安排等问题，提前召开专题工作会议进行研究，明确具体的工作思路，确保人员、资金到位，有力推进了各工程项目的顺利实施。

（五）狠抓落实是保证

我们对重点建设项目始终坚持“每月一调度、每季一督查，年终总验收”的制度，加强对建设项目督查和管理，奖优惩劣。对未完成计划任务、质量不过关的项目予以处罚，并要求针对项目建设过程中的重点难点问题提出具体的整改措施进行整改，明确整改期限和责任人，强化责任落实；对按进度、保质保量完成建设任务的，予以一定的奖励，提高工作人员积极性，促进工作的全面开展。

三、下一步工作设想

（一）加快城乡规划编制

引进一批高水平、高规格的规划团队和知名专家来编制和指导零陵的规划，加强交流与学习，为规划建设工作提供强大的技术支持。按照“城北建新城，河东创名城，河西建新区”的思路，进一步完善城区五大片区控规，拓展城市空间，实现城乡规划覆盖率达100%；加快各重点景区和项目的专项规划以及生态新城规划编制进度，改善中心城市形象，提高城市品位，打造零陵发展的新窗口、新平台；逐步完成乡镇总体规划、城乡居民点规划以及一批新农村建设规划，指导小城镇和新农村建设工作。

（二）加强城市建设与管理

进一步加快城区主次干道、背街小巷及下水道改造工程，全面配套硬化、亮化、绿化、排水、排污等公共设施，改善中心城区居住和出行环境。加大对重点项目的服务和支持，对每个重点项目明确一名技术人员，并组建区工程建设技术论证审查小组，全程提供技术指导和服务，解决技术难题。创新施工队伍引入机制，择优选取高水平、负责任的施工单位或团队，对资质挂靠、施工不负责的队伍列入“施工队伍黑名单”，禁止其在我区承揽施工项目。引进高水平规划设计单位和施工队伍，采用最好的建设材料，在中心城区新增一批绿化、亮化、休闲等公共配套设施，提升城市整体功能，满足居民的居住、休闲和娱乐等需求。

（三）推进小城镇规划建设与新农村建设

抢抓国家支持城镇化发展的有利机遇，全力推动小城镇规划建设与新农村建设，加快完成小城镇规划和新农村规划编制，完善小城镇建设管理机制，开展送图下乡，规范农村建房，加速推进水、电、路等基础设施建设，提升小城镇整体服务功能，缩短城乡建设和发展差距，促进城乡一体化发展。

（四）加强作风建设和队伍建设

以提升服务水平、加强干部纪律、转变干部作风为主要任务，严格工作制度，狠抓工作纪律，严厉查处“不作为、慢作为、乱作为”等行为，确保各项工作落实到位，保持良好的干部作风和机关形象。同时，引进一批规划专业人才，组建规划建筑市场执法大队和造价管理办公室，进一步加强城乡规划建设工作的管理和实施。

我区建设局在市委、市政府的正确领导下，在全区各部门的大力支持下，经过全系统干部职工积极努力，扎实苦干，取得了一定成绩。在新的一年里，我们将认真落实上级工作部署，坚持解放思想、与时俱进，以科学的发展观统领建设工作，为创建和谐零陵而努力奋斗。

作者简介：

张国材，男，汉族，1979 年 3 月出生，中共党员，研究生学历。现任湖南省永州市零陵区建设局党委书记、局长。

自 1996 年参加工作起，历任芝山区环卫处技术员，芝山区建设局办公室负责人，零陵区建设局副主任科员、办公室主任，中共零陵区委办公室综合秘书，零陵区城建管理办公室副主任，零陵区建设局党委委员、副局长，兼任区创卫办、区城建管理办副主任和湘江东路建设指挥部工程部长等职务，零陵区建设局党委委员、副局长。2012 年 6 月至今，任零陵区建设局党委书记。2012 年 8 月至今，任永州市零陵区建设局党委书记、局长。

合理布局　阳光规划
打造山水生态型旅游城市

湖南省通道侗族自治县住房和城乡建设局　刘银艳

自从2011年中共怀化市委下发《关于推进城乡规划一体化的意见》（怀发［2011］9号）和市人民政府办公室《怀化市推进城乡规划一体化实施办法》（怀政办发［2011］30号）要求，为了推进怀化市各县、市区城乡规划一体化工作进度，一年多来，我县城乡建设规划工作在市规划局的精心指导下，县委、县政府的正确领导下，积极推动城乡规划一体化工作进程，紧紧围绕打造“彰显侗文化特色的山水生态型旅游城市”的发展战略目标，以规范管理为中心，以完善规划体制建设为重点，抓好规划编制、规划许可审批、规划监督等系列工作，取得了一定的成绩。

一、加大城乡规划编制力度，扩大规划控制覆盖面

2009年，我县根据《城乡规划法》的要求和我县县城城市发展的需要，投入160万元委托湖南省建筑科学研究院对我县县城总体规划、县域体系规划和县溪镇总体规划进行编制，并于2010年11月18日经怀化市人民政府批准正式实施。同时还完成了县城消防专业规划、给排水专业规划、环卫专业规划、县城近期建设规划以及县城旧城区控制性详细规划和城北新区的控制性详细规划。2012年我县县人民政府投入500余万元规划编制经费，大大加强了规划编制力度。首先采用公开招投标方式委托相关规划设计单位分别编制了县城灯亮化修建性详细规划、行政中心修建性详细规划、沿河风光带修建性详细规划以及三个城市公园修建性详细规划。其次为了实现县城和县溪镇控制性详细规划的全覆盖，委托怀化市规划设计研究院对县城控规尚未覆盖之处进行了补充编制；为了完成市局下达的乡镇规划编制任务，我局还委托湖南城市学院规划设计院编制了下乡乡、木脚乡两个乡镇的总体规划编制工作。同时2012年我县还完成了县城燃气专项规划、县城绿地系统专项规划、县城公交专项规划、县城排水管网专项规划等几个专业规划的编制及审批工作。

在完成了县域村庄布局规划编制工作，这几年我县村庄整治规划都是按照布局规划的要求有序开展，至2011年已完成41个村庄的村庄整治规划编制工作。2012年，我局规划室从5月起开始进行村庄整治规划编制相关工作。至今已完成了坪坦乡横岭村、菁芜洲镇地连村等共计26个新农村的建整规划编制工作。

二、不断完善制度建设，强化规划审批与服务

至今，我县的城乡规划管理工作还是由住建局规划室专门负责，没有成立其它规划管理机构。2012年初依据市委下达的《关于推进城乡规划一体化的意见》（怀发［2011］9号）和市人民政府办公室《怀化市推进城乡规划一体化实施办法（怀政办发［2011］30号）要求，我局向县人民政府进行了汇报，要求增编17人，在建制镇建立规划建设管理站，采用以点带面的方式管理各乡镇规划工作。县人民政府对此事进行正在专题研究，预计2012年底将得以落实，我们将会按照上级政府相关要求，按“一办五中心”构架组建规划国土建设环保服务中心，明确规划管理专职人员管理规划工作。

我县现行的城乡规划管理方式是：城乡规划审批采取分级审批制度。一般项目经规划室审查后报住建局审批；重点建设项目经城乡建设规划技术审查小组评审后报县城乡建设规划委员会审批。

我县借鉴怀化市规划管理经验，制定并通过了《通道县城乡规划委员会工作规则》和《通道县城乡规划技术审查小组工作规则》，工作制度的进一步优化，有效提高了我县的规划审批质量。2012年，已召开城乡规划委员会议三次，规划技术审查小组会议十次，先后审议并通过了如侗乡水岸居住小区、第五中学、金水岸居住小区、盛世侗乡、锦江大酒店、城东大酒店、教师新苑等县里的重点开发建设项目的修建性详细规划。

推行公开透明的规划管理办法，群众办事更方便。依据《城乡规划法》及其它相关法律法规的规定，制定了符合我县实际情况且切实可行的管理办法。即把规划办公室工作职责、一书三证核发程序、规划收费标准及取费办法等规章制度张贴于办公室中，规范规划报建办理程序，方便了群众办事。2012年以来按程序共审批发放《建设项目选址意见书》47份；审批发放《建设用地规划许可证》59份，审批建设用地171646.39平方米；审批发放《建设工程规划许可证》47份，审批新建房屋面积657808.84㎡。县城规划区内规划报批率超过95%，建制镇和乡集镇规划区内规划报批率超过85%。全年共完成单位及个人建设地形图测绘32份，测绘面积358.4万㎡，规划放线

68 宗。

三、整合力量，加大规划批后监督与执法力度

鉴于我局规划室人员皆为专业技术人员，工作任务重而人员编制较少，无力单独承担规划执法工作。根据《中华人民共和国行政处罚法》第三章第18 条规定，我局把未报批的建设工程的城乡规划监察工作委托由城管监察大队专门负责实施，同时 2012 年我局成立了城建监察大队，专门负责规划批后管理执法工作，规划室只参与规划执法技术鉴定工作。

1. 开展阳光规划，推行规划公示制度。建立了规划公示牌，重大规划实行批前公示征求民众意见，一般规划批后公示，让全体市民参与规划监督管理。进一步完善了建设工程规划放线、验线制度，实行管理人员对建设工程管理的专项负责制。

2. 为了加强执法力度，县人民政府从相关单位抽调人员专门成立了“两违”建设整治办公室，对全县的两违建设工程进行监管执法，通过对“两违”建设或不按规划建设的工程进行督促整改或拆除，有效的抑制了“两违”工程泛滥的苗头。

3. 建立规划、国土和报建手续同步办理。在有用地手续的情况下才给予办理规划用地许可和规划工程建设许可，在办理取得规划工程许可之后方能办理工程建设施工许可，在缺其中任何一项许可的情况下，都视为违法建设行为。各部门许可一环扣一环，使得规划、报建和用地手续的办理更为规范。

4. 2012 年我局对违章建筑下达停工通知书 20 份，立案查处 16 起，下达行政处罚 13 份，罚款约 70 余万元，限期自行拆除 3 处，处理后补办手续 13 处。通过开展执法监管，法律的严肃性得到充分的维护，城市市民的规划意识明显提高。

四、规划工作存在的问题

回顾我县城乡规划管理实施情况，我们清楚地认识到，城市规划工作虽然取得了一系列的成就，但仍存在着许多亟待解决的问题。

1. 2008 年《中华人民共和国城乡规划法》颁布实施，根据城乡规划法的要求，规划管理的职能从城市扩充为城乡。而我县的规划管理职能现今集中在县城和重点镇，无法扩充到乡集镇，更无法深入到村庄，造成乡村规划管理的空白。

2. 县城居民集中于老城区，新区开发尚未形成规模效应，造成城市功能不完善，公共服务设施配套不足，道路、广场、绿地、停车场、公厕以及文化娱乐设施等未合理分布或严重不足，已不能满足广大市民生产生活的需求，市民对城乡规划提出更高的要求。

3. 由于规划管理人员不足，规划执法工作由城建监察大队和城管大队负责，规划室仅配合进行规划鉴定工作，规划执法质量有待进一步提高。

五、科学规划，合理布局，严格执行，推进城乡规划有效贯彻执行

1. 认真贯彻执行《城乡规划法》和《湖南省〈城乡规划法〉实施办法》，在推进城镇化进程中立足我县山区特点，突出我县侗民族文化元素，注重城乡的科学规划和合理布局。充分发挥城乡规划对土地资源、公共空间和城市建设发展的宏观调控作用。提高《城乡规划法》和《湖南省〈城乡规划法〉实施办法》的宣传力度。让群众充分理解，并自觉参与到监督城乡规划的行列中来，从而使规划得到更有效的贯彻。

2. 加强规划队伍建设，为全面推进规划工作提供有力的组织保障。为了进一步改善队伍的知识结构，增强队伍的生机与活力，采取举办培训班、座谈会等形式，定期邀请规划专家辅导，进一步提升干部职工的规划理念和业务素质，同时加强与上级规划部门的联系。

3. 提高城乡规划管理理念，强化规划管理力度。城乡规划要围绕城市发展“三个集中”的趋势进行城市规划管理，即土地向规模经营集中、工业向园区集中、农民居住向城镇集中。在城镇建设中着重搞好土地经营服务的规划、工业园区建设服务规划和妥善安置农民和居民的规划，为推动城市建设决策者当好参谋，做好跟踪服务。

4. 加强规划队伍建设，为全面推进规划工作提供有力的组织保障。为了进一步改善队伍的知识结构，增强队伍生机与活力。采取举办培训班、座谈会等形式，定期邀请规划专家辅导，进一步提升干部职工的规划理念和业务素质，同时加强与上级规划部门的联系。

5. 加大城乡规划的执行力度。严格依法行政，建立听证制度。加强城建监察、城管和规划的联系，提高联合执法的效率。进一步完善规划公示制度，推行阳光规划。坚持重要规划建设方案批前公示，审定时专家评审，审定后及时向社会公布，自觉接受社会各界的监督。

作者简介：

刘银艳，女，汉族，1981年1月出生，中共党员，大学学历。现任湖南省通道侗族自治县住房和城乡建设局副主任、机关支部书记。

凝心聚力 统筹安排 推动城市建设全面发展

广西壮族自治区南宁市青秀区住房和城乡建设局 宁军剑 蒋振华

青秀区位于南宁市区的中东部，辖区面积872平方公里，辖4个镇、5个街道办事处和一个省级经济开发区（仙葫经济开发区），户籍人口61.74万人，常驻人口70.97万人。城区地处北回归线以南，受海洋气候调节，属亚热带季风区。阳光充足，雨量充沛，少霜无雪，年平均气温21.7℃，年平均降雨量1300毫米，年平均日照1827小时。优越的自然条件，使植物终年生长繁茂。辖区内绿荫如盖，繁花似锦，终年树常绿，花常开，果常熟，充满着亚热带的景致，最能体现中国绿城南宁——“城在绿中，绿在城中”的城市风景。

城区城市基础设施配套，城市功能完善，交通便利，商贸活跃，通讯发达，产业优势明显，是南宁市近年来经济和社会发展最快的城区；投资环境优越，投资政策优惠，教育发达、社会安定、人才荟萃，是生活、投资、置业的理想之地。粤港澳经济圈、泛珠三角经济圈、中国——东盟自由贸易区、中越“两廊一圈”经济走廊和大湄公河次区域的经济合作，以及一年一届中国——东盟博览会永驻南宁市，给青秀区迎来了千载难逢的发展机遇。

近年来，在南宁市委、市政府的正确领导下，青秀区党委、政府深入贯彻落实科学发展观，狠抓经济建设，着力保障和改善民生，统筹推进各项社会事业，圆满完成了“十一五”规划确定的目标任务，城区经济持续快速健康发展，社会各项事业全面进步，城区先后荣获“全国卫生服务示范区”全国和谐社区建设示范城区等13项国家级、20多项自治区级荣誉称号。

一、旧改、征拆及城建工作现状

（一）旧改工作方面

近年来，我们以三旧改造作为改善居住环境、提升城市形象、调整经济结构的重要抓手，全面推进新兴村、维武街、长岗路等片区旧城改造工作。新兴村改造规划建设楼房90栋，总面积14万平米，现已完成60栋，总投资12800万元。维武街、长岗路片区改造拆迁已完成近90%的工作量，累计完成投资3.15亿元。

（二）征拆工作方面

根据自治区党委、政府和南宁市委、市政府有关工作部署，南宁铁路枢纽项目计划征地面积约3万亩，房屋拆迁面积约130万平方米，其中青秀区段范围内的5个涉铁项目计划征地面积9919亩、拆迁面积76.7万平方米。

1. 明确一个目标是推进工作的前提。我城区紧紧围绕涉铁项目征拆任务这个总目标，对各个片区的征拆冲刺工作进行全面谋划、全面部署、全面展开，确保了各片区、各环节工作有序推进，向既定目标聚拢。

2. 两种手段结合是完成任务的保证。其一，坚持通过协商谈判达成签约和征拆。我们广泛深入地开展了政策法规宣传，主动登门入户面对面与拆迁户沟通，争取其理解、支持与配合，并辅以社会关系协助、纪委约谈、单位领导谈话等方式，促使拆迁户转变思想，配合征拆。其二，果断采取保护性施工实现既定目标。在多次谈判协商无效的情况下，及时制定方案，做好证据保存、风险评估研判等工作，对拒绝依法履行协议和服从征拆的拆迁户，果断实施保护性施工，通过非常措施、非常手段，扫清障碍，保证了如期向业主交地施工。

3. 抓实三项工作是巩固成果的关键。针对部分群众对政府信任度不强、对涉及利益诉求高的情况，城区着重做好三个方面的工作，以取信于民，巩固成果。一是加快协议审核、打款速度。我们为征拆工作开通绿色通道，对已签协议做到随签随审，并尽快支付补偿款，将存折发放到群众手中，打消其疑虑。二是照顾群众关切，帮助解决困难。对拆迁群众关心的回建安置问题，城区积极协调落实了回建安置用地和临时过渡周转安置房源。对有意愿申购回建安置房的拆迁户，就其所提户型面积、房价补差等问题，我们创造性地提出了解决的方案，在政策范围内，最大限度满足其诉求，增强政府公信力。三是注重做好涉拆维稳工作。加强对涉拆矛盾问题的摸底排查，实行领导包干、分片负责、属地管理的办法，织好涉拆维稳网络。同时，畅通涉拆群众来访渠道，对来访群众安排专人热情接待，做到热心接待来访、诚心听取反映、细心了解情况、耐心说明解释、真心排忧解难，坚持特事特办、急事快办、难事巧办，公正处理问题，确保矛盾化解在萌芽状态，消除在基层。

（三）城建工作方面

我城区按照南宁市委、市政府如何建设“区域性国际城市”的目标要求，共规划建设小街小巷60余条，为民办实事停车场项目5个，乡镇基础设施建设项目10余个，拆迁安置回建小区2个，总建设规模超过50万㎡，建设城市道路总长近60公里，完成总投资6亿余元，高标准、高质量完成自治区、南宁市下达给我城区的各项建设任务，营造了规划整洁、设施配套、功能完善的城乡环境。

2013年，青秀区紧紧围绕市委、市政府的发展思路，以“充分发挥特色和优势，争当科学发展排头兵”为目标，突出抓好城乡基础设施建设工程建设任务，按照城区建设计划，我城区计划修建15条小街小巷，其中5条为民办实事项目，4条乡镇基础设施道路项目，新建2条小街巷、续建4条小街巷，计划投资近亿元。

1. 居民小区管理工作：2009年12月住建部颁布了新的《业主大会和业主委员会指导规则》，并于2010年1月1日实施，新的指导规则做了较大的修改，为此，我们认真学习领会新的法规政策，物业管理工作有条不紊地开展。按职权受理各类物业材料，对辖区内近千个物业小区业主委员会、物业服务合同进行备案，协调处理物业纠纷案件等，同时还进行物业服务企业资质测评工作。得到了辖区内各居民小区业主的肯定和好评。

在房产管理工作上，我们建立和完善了房产办证机制和流程，通过运用电子信息系统，在抵押登记、缮证等方面实现信息化，利用科技手段提高了工作的效率。

在廉租住房保障工作方面。根据《南宁市廉租住房管理办法》和《青秀区廉租住房保障工作方案》的规定，我城区建立了青秀区解住办、街道办事处（仙葫开发区）、社区居民委员会（村民委员会）三级住房保障管理网络。

2. 市政环卫工作：关于城市管理工作，我们一方面靠数字城管来推动，2007年，南宁市数字化城市管理系统正式投入运行，设立监督中心和指挥中心，青秀区二级指挥中心相应成立，对建筑工地，市场秩序、公共安全、环境监测、园林绿化等实行数字化管理。五年来立案和处理案件20万余起，处置完成率95%以上，“数字城管”系统试运行初显成效。

另一方面我们依托“城乡清洁工程”来促进城市管理，深入实施城乡清洁工程，坚持“落实三个到位，实现三个明显变化”的工作思路，全面深化、全民参与、全面整治，积极采取有效措施，深入实施“城乡清洁工程”，营造整洁优美的市容环境，取得了较好的成果，受到了市民的高度赞誉，也赢得了区内外友好城区的好评。主要体现在：第一，“脏、乱、差”现象得到了集中整治，城乡面貌发生重大改观，人民群众真实感受到了“城乡清洁工程”带来的新变化、新气象和新风貌。特别是以实施“城乡清洁工程”为抓手，提高了城市建设与管理水平，2007年南宁市荣获“联合国人居奖”，青秀区的城市形象、品位和竞争力也随同得到了进一步提升。第二，广大干部尤其是领导干部的工作作风得到了根本转变，干部的公仆意识、大局意识、服务意识和务实意识普遍增强，履行职责、服务发展、依法行政的本领和做好群众工作的本领普遍增强，政府的执行力和公信力得到进一步提高。第三，广大居民群众的环境卫生意识得到普遍增强，文明素质得到普遍提高，民风悄然出现明显变化。第四，发展环境得到进一步优化，企业投资信心继续增强，市场经济更加活跃，环境优势逐步转变为对外开放和招商引资的经济优势，青秀区日益成为承接东部产业转移的重要基地和国内外客商投资置业的热土。

3. 园林绿化工作：近年来，城区党委、政府十分重视园林绿化和生态建设，特别是2006年以来，根据南宁市委、市政府建设生态南宁的部署，实施了建设生态南宁2006年种植150万株树木工程和2007年种植170万株树木工程，青秀区两年内新增乔木36.5万株，乔木总量超过100万株，同时，我城区牢固树立生态文明理念，坚持不懈地绿化城市，大力采取“拆房建绿、拆违还绿、拆墙透绿、见缝插绿”等方式，增加城市的绿地、绿量和绿化品位，努力提高生态文明建设，2009年，新增种植树木59.37万株，城区绿量显著增加。目前，城区建成区绿地率、绿化覆盖率、人均公园绿地面积分别达到36.1%、43.7%和11.2平方米。

在增加城市绿量的同时，突出园林绿地系统中的重点和精华，建设特色鲜明、功能完善的城市绿地。目前，城区内共有广场5个、街头游园绿地28个、城市公园3个。民族广场地处政治活动中心，其设计建设风格空旷简约，以鲜花、草坪为主。“南湖名树博览园”，投资6200多万元，占地600余亩，种植具有南国特色的高大树木20多种910多株，人工水雾弥漫在百年古榕林中，恍如人间仙境，已经成为了南宁一张独具特色的“绿色名片”。全长11公里的“城市森林大道”——民族大道横贯城区建成区，其绿地率达33%，植物树种达160余种。

在抓好城市公共绿地建设与管理的同时，城区在辖区内开展多种形式的单位庭院绿化美化竞赛活动，通过创建“花园式单位”、“绿化达标单位”，开展园林绿化进街道、园林绿化进社区、园林绿化达标竞赛等活动，调动各单位绿化美化庭院的自觉性和积极性。到2012年底，城区共创建最佳花园式单位13个，花园式单位85个，绿化达标单位389个。

2012年，根据市委、市政府关于开展邕江两岸综合整治暨“绿满邕江”工程工作的决策部署，我城区精心组织，认真按照《南宁市实施邕江两岸综合整治暨“绿满邕江”工程总体方案》要求，科学合理调动安排各种力量，积极开展整治各项工作。2012 年～2014 年，我城区主要对辖区范围内的邕江大桥——三岸大桥邕江北岸段全长 23 公里沿岸开展综合整治、绿化美化任务，其中，绿化美化里程约为 12 公里，即邕江大桥至南宁大桥段。包括已建、续建邕江滨水公园、柳沙公园、白沙公园等三个公园，总占地 1197.5 亩。通过综合整治，实现邕江两岸绿化美化，恢复邕江生态环境，改善沿岸绿化景观，打造首府母亲河良好形象，全面提升沿江区域生态环境质量，全面提升沿江基础设施承载能力，全面提升沿江开发和建设水平，进一步提升城市宜居水平。

二、做好旧改、征拆及城建工作的具体措施

旧改、征拆及城建工作是一项长期、复杂而艰巨的系统工程。我们既着眼于长远规划、全面履盖，又做到突出重点、集中整治；既力争取得阶段性进展，又着手建立长效机制；既依靠政府主导推动，又充分发动群众广泛参与，力求举全城区之力共同推进，把各项工作抓出成效、抓出特色。我们的主要做法是：

（一）思想上强化认识，行动上认真落实，坚持把各项工作推向深入

1. 领导重视，狠抓落实，以高度的政治责任感将旧改工作向纵深推进。青秀区党委政府推行党政一把手亲自抓、负总责，分管领导集中精力具体抓，有关部门全力以赴配合抓的工作机制，层层建立目标责任制，逐级签订责任状，并把它作为考核各级领导干部政绩的重要内容。城区党政一把手坚持高标准、高要求地指导工作，带头迎战工作中的重点、难点、盲点问题。针对因思想松、干劲减、创新意识淡薄而导致的工作懈怠现象，采取明查暗访、效能督办等有力措施，及时制止其蔓延。领导的身体力行，极大的调动了各方面的积极性，推动了各项工作的顺利开展。

2. 充分发挥各级、各部门的职能作用。在城区党委政府的统筹指挥下，各街道办事处、仙葫开发区、镇按“属地管理”原则，征拆、市政、建设等部门按自身职责做好相关工作。各职能部门按照分级管理、条块结合、上下协调、齐抓共管的原则，加强各部门之间的协调配合和相互支持，搞好衔接，综合治理，确保各项工作纵向到底，横向到边。

3. 依靠群众，全城区动员。一是宣传先行，营造氛围。组织各新闻媒体大力宣传各项工作中的先进事迹报道，及时进行动态跟踪，把工作的重大意义宣传到位，营造人人皆知、人人参与的氛围。二是全面动员，任务到人。进行工作总动员，开展支持旧改、征拆及城建工作百万市民大行动

和宣传进家庭、进社区、进学校、进乡村“四进”活动。形成人人参与，个个有责，上下一心、齐抓共管的工作局面。三是广开言路，接受监督。公布旧改、征拆及城建专线电话，疏通市民建言献计渠道，定期在报纸、电台、电视台、简报选登市民好的建议，引导广大干部群众自觉参与、全民行动的良好局面。

4. 加强监督。采取定期检查和突击检查、明查和暗访相结合的方式，经常开展督查工作，及时提出整改意见。对落实整改措施不力的单位进行通报，并严肃追究相关单位主要领导和责任人的责任。每个月组织人大、政协、纪委等职能部门对各片区进行抽检，每季度组织各街道办事处、开发区、各镇开展各项工作检查评比和表彰，鼓励先进，鞭策后进。形成了各单位奋勇争先，你赶我超，互相促进，共同进步的良好氛围，对青秀区的旧改工作起到了良好的促进作用。

（二）加强日常整治，推动城市建设与管理工作制度化、规范化、经常化，逐步形成科学管理长效机制，努力为市民营造良好的工作生活环境

1. 整合力量，加强巡视，全天候开展市容保障。青秀区住建局和城管局密切联系各街道办事处，整合调动社区、村委、协管员、保安等力量，组成综合执法队伍，分片包干，加强日常巡视，发现建设及市容违章现象立即制止，取得了良好的整治效果。

2. 全面清理违章建设行为。我城区对违章建筑非常重视，调动街道办事处、城管、公安、工商力量，齐抓共管，成立了违章建筑查处工作组，并实行分片包干，深入辖区内进行查处违章建筑。同时，积极配合青秀规划监察大队，对辖区内违章建筑进行联合执法，对发现的违章建设行为，在现场拍照立案，对当事人进行教育，责成自行拆除违章建筑，并将查处情况及时上报城区政及相关部门，取得良好成效。有效地遏制违章建筑的蔓延，更好地消除安全隐患。

3. 进一步规范建筑工地和农贸市场管理。城区政府专门成立建设工地和农贸市场整治小组，对辖区300多个在建工地和30多个农贸市场实行全覆盖管理，发现问题立即督办。制定了评比细则，经常组织各镇、街道办事处和建设单位、农贸市场业主开展文明评比。通过经常性的检查评比，进一步提高了城区建筑工地和农贸市场管理水平，有效促进了长效机制的建立，保持了城市市容环境干净、整洁、有序。

2009年我们很好地完成了东盟博览会、民歌节、泛珠三角经济论坛、共和国六十周年大庆等重要活动的建设及市容保障任务，打响了青秀区的品牌，全年共接待来自全国各省、市、城区的城建与管理考察团150多次。

（三）下大力搞好“穿衣戴帽”、“楼宇亮化”、小街小巷建设工程，着力提升城区的宜居城市品质

深入拓展城建管理工作，进一步完善市政、环卫等基础设施建设，为市民提供更好的城乡环境。2008年、2009年青秀区重点开展城市美化和城中村改造工作，对辖区27条道路、156个节点进行“穿衣戴帽”，总计完成立面粉刷65万平方米、立面清洗12万平方米、围墙粉刷5.4万平方米。完成楼宇亮化建设271栋，10层以上楼宇亮化覆盖率达98%。建设完成金浦西一里等11条小街小巷，改造金州路、迎宾路、桂景巷等人行道。加强城中村建设和改造，投入资金近600万元，对城中村进行道路硬化、排水设施建设，完成了9条城中村主要道路的路灯安装和改造工程。

（四）加大财政投入，抓好专业队伍建设

1. 落实人员和必要经费，提供有力机制保障。以城建工作为例，加大市政基础设施投入，实施“城乡清洁工程”以来，青秀区新建改建环卫中转站4个，按南宁市“买一送一”政策购买环卫车辆设备300多万元，环卫工人从2006年的1200人增至现在的2100多人，实行全天保洁。给各街道办事处、开发区、各镇按月划拨城建管理专项经费，增聘市容协管员430多人，重点对城中村、农贸市场、内河等进行整治和保障。市政道路补设垃圾箱1300多个，购买环保垃圾桶3500多个投放在城中村、居住小区、小街巷，给各村镇修建垃圾池共37个，指导垃圾定点投放，减少垃圾乱扔现象。

2. 充分发挥主力军作用，建立稳定、高效、敬业的队伍，确保各项工作长抓不懈。充分发挥旧改、征拆及城建工作队伍的主体作用，加强对工作队伍的素质教育和管理，提高整体素质和执法水平，把工作队伍锻练成一支纪律严明、行动迅速、工作得力的队伍，在各项日常工作中发挥了积极的作用。

作者简介：

宁军剑，男，汉族，1971年9月出生，中共党员，研究生学历。现任广西壮族自治区南宁市青秀区住房和城乡建设局局长。

1989年9月参加工作起，历任南宁市新城区市政管理局副局长；南宁市青秀区市政管理局临时负责人；青秀区

市政管理局副局长；青秀区新竹街道工作委员会委员、办事处副主任；青秀区建设局局长；青秀区住房与城乡建设局局长。2010 年 3 月至今，任南宁市青秀区住房和城乡建设局局长。

蒋振华，男，汉族，1981 年 6 月出生，本科学历。现任广西壮族自治区南宁市青秀区住房和城乡建设局办公室主任。

齐心协力抓建设　创先争优强管理
力推市容市貌换新颜

广西壮族自治区融水苗族自治县住房和城乡建设局　田有仍　骆心华

2007年以来，融水苗族自治县住房和城乡建设局在自治县党委、自治县人民政府的正确领导下，在区住建厅和市住建委的业务指导下，坚持以邓小平理论和“三个代表”重要思想为指导，全面贯彻落实科学发展观，团结带领全系统广大党员干部，解放思想、创新求变、抢抓机遇、拼搏实干，各项工作实现了新跨越，为城市化建设作出了积极贡献。先后获得自治区第七届市容“南珠杯”竞赛优秀奖和先进集体、第八届市容“南珠杯”特等奖、2010和2011年度柳州市城市绿化先进单位、2012年自治区少数民族地区村寨防火工作先进单位、2012年柳州市住建系统“学用政策抓落实，强化执行促跨越”主题文艺节目比赛第二名等多项荣誉称号。

一、强化组织建设，发挥堡垒作用

几年来，局党委班子和行政班子坚持以邓小平理论和“三个代表”重要思想为指导，全面贯彻落实科学发展观，模范执行党的路线方针政策和国家法律法规，领导班子团结协作、作风民主、决策科学、勤政廉政，密切联系群众，扎实开展住房和城乡建设各项工作。特别是自2011年成立局党委以来，按照“班长抓班子、班子带队伍、队伍促发展”的指导思想，狠抓班子自身建设，严格执行民主集中制，进一步完善了党委内部分工和议事决策机制，党组织的凝聚力、创造力、战斗力和领导班子的领导力、执行力不断增强。融水县住房和城乡建设工作取得了显著成绩，为全县经济社会发展作出了巨大贡献。

二、开展创先争优，强化服务职能

在各窗口示范单位进行党员亮牌示范，全面创建党员示范岗，变管理为上门服务，特别是在工程规划、建设、质检、安检等各环节全程跟踪服务，为工程项目建设提供全方位技术支持。将房地产审批、房产管理等审批业务流程实行联合办公，大大简化了办事程序，缩短了办事时间。对重点工程、特殊群体开通“便民服务绿色通道”，实行随到随办或上门服务。创先争优工作的有效开展，全局干部职工找差距、补不足，形成了争比赶超的工作局面。班子成员放弃节假日，加班加点奋战在一线；工程技术人员倒排工期，挂图作战，所有工程如期高标准地完成了目标任务；城市管理人员错时工作，全天候巡察，推进了县城秩序的良好改观。全局上下主动加班加点，中层以上干部没有休息过一个节假日，据不完全统计，2012 年全局有 1000 余人次加班工作。

三、强化作风建设，打造廉洁队伍

坚持把转变作风作为推进工作、促进落实的重要举措，大力倡导“5 + 2”、“白加黑”精神，引导全系统干部全身心投入到各项工作中去，形成了勤奋敬业、无私奉献的风气。扎实开展思想作风整顿和文明创建活动，认真践行“一线工作法”和“星级服务法”，领导干部一线工作、一线指挥，工作人员现场服务、现场办公，形成了求真务实、团结实干的良好风气。认真落实党风廉政建设责任制，党员干部带头执行廉洁自律的各项规定，做到严于律己、以身作则，管好家人、带好队伍，树立了清正廉洁的良好形象。自 2007 年以来未发生过违法违纪事件、重大安全生产质量责任事故和“黄赌毒”等丑恶现象及邪教活动。

四、履职尽责，创新实干，力推城镇面貌大变样

全面推行城建重点项目负责人包干和指挥部制度，班子成员全部靠在一线，抓工程，促进度，以实际行动影响和带动广大干部职工，推动建设事业又好又快发展，在城乡规划、城区道路交通、市政基础设施、项目建设、绿化靓化、环境治理等方面均取得了可喜进展。2007 年以来，先后完成城市建设投资 8 亿多元，新建成水东大桥 1 座，在建城市桥梁 1 座，新改扩建道路 20 余条、25 多公里；新增排水管网 3 公里；新增供水管网 7.4 公里；新增弱电管网 8 公里；铺装人行道 8 多万平方米；新装路灯 750 多盏；新增园林绿地面积 4 万平方米，城区绿化覆盖率达 19.55%；完成廉租房和经济适用房 1392 套，在建廉租房和经济适用房 630 套，累计发放廉租住房补贴 703.51 万元，住房保障实现了零的突破，2011 年获全区保障性住房工作先进集体；累计投入资金 56020.7 万元，完成 17372 户农村房屋危房改造，农村危房改造工作在全区排名前列，多次在全区经验交流会上发言；建成了融城水岸等 30 个小

区，在建小区15个，完成房地产开发投资26多亿元；建成日处理100吨的生活垃圾填埋场并投入使用，垃圾无害化处理率达80%；建成日处理2万立方米的污水处理厂，污水处理率达76%生活垃圾和污水无害化处理实现零的突破，2010年获自治区污垃工程鼓励奖；投资3500多万元，实施了县城主要街道和重要节点的房屋外立面风貌改造，县城充满浓郁的民族特色，县城品位显著提高；先后编制完成了《县城总体规划（2010～2025）》的修编、《水东新区控制性详细规划》、《城南区控制性详细规划》等控制性详细规划的编制和《融水县县城农贸市场规划》、《融水县县城公共停车场规划》等专项规划，为城市科学建设和可持续发展提供了坚实保障；市政基础设施进一步完善，城市综合承载能力不断提高，人民生活环境日益改善，城乡建设事业实现了超常发展，“旅游商贸名城、生态宜居融水”的新县城初具规模。

2013年以来，我局按照县委、县人民政府“拉开框架，完善功能，塑造特色，提升品位”的城市发展战略，根据“以融江为轴线，南伸北充、重点向东”的城市发展思路，完成县城总体规划的修编，形成“两轴五区的发展格局”。“两轴”即依托现有寿星路形成的城市发展轴和依托水东大道形成的城市发展轴。“五区”即以商贸娱乐为主的老城区；以体育休闲、居住为主的城北区；以行政服务、居住、商贸流通为主的水东新区；以民俗文化旅游为主的城南区、以竹木加工为主的工业园区。紧紧抓住自治县成立60周年的契机，认真谋划启动城建重点工程，当前正在稳步实施以行政服务、居住、商贸流通为主的水东新区和以民俗文化旅游为主的城南区的两个新区建设，重点实施了苗都大道路桥工程、融水二桥、水东大道扩建工程、民族体育公园体育场（县庆主会场）改扩建工程。

五、创新城市管理办法，城市管理迈上新台阶

近几年来，我局坚持把树立苗乡新形象、开展市容环境综合整治与争创“南珠杯”、“金壶杯”竞赛活动有机结合，不断健全与完善城建规范化管理手段，彻底整治“五乱”行动，强化环境卫生管理，加强舆论引导，强化市民意识，推进示范街、示范市场创建工作，市容市貌明显改观。2007～2011年分别获得各年度柳州市城市绿化先进单位、2009年、2010年度柳州市“金壶杯”竞赛城乡清洁工程优秀奖，2009、2010、2011年度柳州市城市管理“金壶杯”竞赛优秀奖，2007年、2010年分别获得自治区第六届和第七届市容“南珠杯”优秀奖，2012年，我县城市管理再上新台阶——荣获自治区第八届市容“南珠杯”最高荣誉特等奖。

统筹城乡规划　推动区域经济社会发展

海南省海口市琼山区住房和城乡建设局　黄善才

琼山区位于海口市南部，全区总面积939.9平方公里，总人口42万多人。琼山区交通发达，海口美兰国际机场距府城11公里；东线高速公路、海文高速公路、国道海榆东线等构成了琼山陆路交通的主干线。全区乡村道路四通八达，8个镇出口路基本实现硬板化，乡村（行政村）通车率达98%。

琼山地灵人杰，是海南人才辈出和精英荟萃之地，文化发达，是海南岛文化传播最早的县份之一。区政府驻地府城镇，是古代琼州府所在地，原是海南岛政治、经济、文化和交通的中心，现在还保存有闻名中外的琼台书院、鼓楼、号称“海南第一楼”的五公祠以及丘浚故居、海瑞故居、琼州府治旧址等，全区有区级以上文物保护单位44处。

一、琼山区的规划编制情况

目前，琼山区全部完成八个镇的总规和控规编制并实施。为适应建设海南国际旅游岛的发展要求，根据海南省政府和海口市政府的部署及要求，琼山区将用两年时间对八个镇的总规和控规进行修编，对全区71个行政村及749个自然村进行规划编制，实现琼山区100%的规划覆盖率，实现全区项目建设发展有规可依，依规依法审批，推动琼山绿色崛起。

二、科学规划，推动区域经济社会发展

规划的核心在于高效的对空间资源进行合理的配置，实现经济产出和整体利益的最大化，是政府实现对社会管理的一种手段，也是政府与人民群众的协议，具有科学性、超前性及严肃性。

规划的调控作用主要表现在：一是导向作用，指导城镇功能的定位、发展规模的确定、产业结构的调整、基础设施的配置等等；二是协调作用，使该城镇规划与所在地区的区域规划相互衔接，与周边城镇合理布局；三是促进作用，完善的规划本质上又是政策性的规划，规划中确定的一系列政策措施，是加快小城镇建设进程的重要保障；四是约束作用，对小城镇发展过程中的一些盲目的、消极的、甚至破坏性的因素将起到重要约束作用。

如何利用城乡统筹规划，推动区域经济发展，实现城乡一体化，一直是我们思考和探索的问题。目前，我们的做法有以下五个方面：

（一）利用规划规范和引导区域特色产业发展

我区各镇区域经济发展至今，都具有各自的产业特点和优势，区政府在积极招商引资的同时，更关注、扶持和培育地方特色产业发展，通过编制总体规划，宏观上科学性、合理性引导各镇产业发展及引导今后发展方向。

龙塘镇是海口市中心城镇之一，位于海口市中部偏北，南渡江下游西岸，全镇土地面积为37.89平方公里，总人口3万3千多人，是典型的人多地少的地区，属商贸加工型性工业小城镇。该镇的优势有：一是区位优势，毗邻海口市主城区，直线距离只有8公里；二是工业基础，具有30多年的服装生产加工业基础和精湛的民间雕刻技艺；三是环境资源，该镇依傍南渡江边，风景优美，气候宜人。因此，编制龙塘镇总体规划，我们坚持：

1. 龙塘镇自然山水基础良好，应结合生态绿地系统与城镇风貌规划开发有特色职能的城镇绿地，为改善人居环境服务，规划中应重点突出龙塘镇的旅游性质和生态保护的关系。

2. 镇区绿地呈由线状到网络格局并与周围大绿地系统保持连接，用地在总体协调基础上尽可能有较高标准。

3. 结合镇区山水格局和人文环境条件，设置绿地系统，体现城镇特色等三个原则。

通过发挥龙塘镇区位优势，大力发展城郊型经济；重点发展镇区，加快城镇化进程。在龙塘镇镇区北部规划整合约百亩地，兴建服装工业城，吸引本地一批骨干企业入驻形成新兴工业园区，发挥集聚效应和规模效应，使之继续发挥琼山区服装产业基地的作用。通过搞好城镇建设和商品房的开发，增强镇区的综合功能，使之对镇域乡村产生较强的吸引力和辐射力，带动镇域经济社会的全面发展，逐步实现城乡一体化。

以市政府为主导沿南渡江而建的滨江路正在积极筹备当中，在2012年的龙塘镇总体规划修编，我们设想充分挖掘龙塘滨临南渡江旅游资源优势，打造龙塘娱乐、休闲观光旅游小镇。规划发展滨江路南渡江海鲜饮食街；依托文彩村精湛的传统民间艺术雕刻，通过总规镇域产业规划，政府策划、包装，将文彩村发展为具有代表性的海南民间艺术雕刻村庄。

（二）利用规划推进重点项目科学性发展

优化产业结构和布局是镇域产业规划的核心。它能建立适应地方发展条件的产业体系，促进产业的可持续发展能力的形成，又能保护生态环境，促进良好人居环境的建设，还能促进产业集聚及规模效应的形成，从而加快城镇化发展，有效解决“三农”问题，提高农村经济发展竞争力，促进城乡协调发展。因此产业合理布局与城乡发展有密切的关系，村庄是镇域产业布局和经济发展的核心区域，而专业镇则是中心镇发展的高级形态之一。

红旗镇位于琼山区中部（海榆东线34公里处），全镇总面积112.4平方公里，其中耕地面积8.6万亩，红旗镇是具有“23年红旗不倒”光荣历史的革命老区镇，是毛主席在农业生产合作化年代亲手树立的一面“做出榜样给农民看”的旗帜。该镇土地肥沃，具有较好的种植基础。2010年，香港荣丰集团通过一年的实地考察，决定在红旗镇投产约200亿，建设万亩花卉种植园，实现种、产、销一体化的红旗花卉基地，依托花卉产业建设红旗镇国际旅游风情小镇。

2011年，我区对红旗镇总体规划进行了修编，我们坚持：

1. 区域协调发展的原则。从城镇自然资源、区位条件、产业优势出发，综合分析红旗镇在琼山区乃至海口市的地位和作用；准确把握未来红旗镇的社会经济发展目标与区域定位；坚持城镇建设与本区域的社会经济发展相协调，与镇域村镇体系布局相协调，合理确定城镇的发展战略和目标。

2. 生态环境优先的原则。坚持生态环境优先和可持续发展的原则。对红旗镇范围内的土地、水系、景观等影响城镇发展的重要自然资源条件进行分析评价，提出对规划区内城镇建设用地、城镇环境的规划和保护要求；合理确定人口与用地的发展规模；明确镇域各村镇的发展目标和功能定位。

3. 功能布局合理的原则。根据红旗镇的发展战略目标，合理确定规划范围、建设用地、公共服务设施、生态环境和基础设施的布局；强化镇区在镇域发展中的核心地位，以期带动红旗镇社会经济的全面发展。

4. 突出城镇特色的原则。充分利用红旗镇已有的生态环境资源和产业优势来塑造城镇特色，提高红旗镇的知名度和改善投资环境，建设具有热带田园风光的生态型小城镇。

针对红旗镇镇区规划建设区无法扩大的情况，如何将产业合理向镇域村庄发展一直是我们思考和研究的问题，经多次与设计院及资深规划专家研究，我们提出了“小区大镇”的一个规划理念，即现有镇区规划范围不变的情况下，将产业项目科学、合理的向镇域村庄转移，利用村庄建设用地，实现产业项目落地。红旗镇总规修编结合香港荣丰集团公司的概念性规划，立足红旗镇现有土地、水库资源，将荣丰公司策划投建产业项目，在红旗镇镇域产业规划图上，科学、合理、超前拟定了花卉世界、咸木、龙蓬、龙发、道崇群壁和依必朗等六个组团，确定了红旗镇未来产业发展方向，充分展现了红旗镇的资源优势分布，同时也为产业项目审批提供了规划依据。

（三）利用规划，跨区域统筹各镇产业资源，促进镇域村庄发展

城乡规划是一种空间战略规划，是统筹城乡发展的综合调控手段。城乡规划在城乡统筹发展过程中扮演着越来越重要的角色，通过统筹城乡规划，实现区域产业和人口的合理集聚，增强产业的辐射带动作用，促进区域协调发展。

海南气候宜人，环境优美，四季如春，山清水秀，建设海南国际旅游岛，不仅在城市，广袤的农村更是我们城乡规划统筹的重点。根据琼山区村庄特点，目前，区委区政府在以原“百里文明生态村”为基础的条件下，整合红旗镇和三门坡镇的村庄资源，以龙马村委会为中心整合周边九个环境优美、带有“龙”字的村庄，规划编制“九龙戏村”的琼山文明生态乡村游。依据规划，“九龙戏村”具有休闲游、生态游、乡村体验游及都市周末田园体验游等一体化的特点。通过科学规划，整合周边村庄资源，拉动区域经济社会发展，逐步实现城乡一体化。

高尔夫产业是建设海南国际旅游岛的支柱产业之一。据统计，每年4月份至10月份，日本、韩国及国内高尔夫爱好者大批量到海南打高尔夫。单依必朗高尔夫球场，从4月份至10月份，平均每天接待日本、韩国及内地高尔夫球手近100人次。因此，以海榆东线国道为轴心，依托云龙中信台达高尔夫、红旗依必朗高尔夫和三门坡、甲子南湾国际旅游休闲度假中心为辐射点，跨区域统筹编制含云龙、红旗、三门坡和甲子镇的琼山乡村高尔夫旅游度假休闲服务产业圈的规划。对该区域周边村庄环境的改造，联合专业旅行社，借助网络预订，通过高尔夫产业发展带动周边村庄餐饮业、住宿业，促进该片区经济社会发展。

四、利用规划，借助社会资金，筑巢引凤

引入市场化管理体制，城乡统筹基础设施建设需要多方筹集资金，可按照国家、集体、社会投入相结合的原则，充分调动社会各方面的积极性，多层次、多渠道增加对基础设施建设的投入，把城乡统筹的基础设施建设推向社会。

如谭新工业加工基地，可充分引入市场化管理体制，即由实力雄厚的企业为平台，出资编制谭新工业加工基地规划，经政府审批同意后，依据规划确定范围，企业出资征地或租地，出资完善加工基地内的基础配套设施，形

成规模后出售或出租土地投建投产。既能增加政府财政税收，又能解决中小企业用地难的问题。

五、依托城乡统筹规划，建设经济发展与环境保护相协调

依助城乡统筹规划优先划定区域绿地、生态保护区、自然保护区、风景名胜区等禁止开发区域，为城乡可持续发展预留充足的生态空间；要优先划定生态环境空间和布置生态环保设施，再合理布局生产空间和生活空间。

同时要充分发挥乡镇的生态优势就必须做到经济发展与环境保护相结合，同时结合旅游资源发展生态旅游、农业旅游等，建立乡镇的绿色产业体系。例如，红旗镇总体规划中明确各个水库的蓝线控制，结合国土资源部门明确农田的保护区域；龙塘镇、云龙镇总体规划明确南渡江河流的禁止建设区的退线范围等。

乘风破浪　綦江建设扬帆远航

重庆市綦江区城乡建设委员会　李定兵　罗昭兵

2012年，綦江区城乡建委在区委、区政府的坚强领导下，以建设繁荣富强的“渝南门户”为目标，以“綦江的发展一天也不能耽搁”的责任感和使命感，负重自强，攻坚克难，全区城乡建设工作呈现出健康、稳定、快速发展的良好态势。

一、作风大转变

一是谋划大战略。深入调研，历时近一年，召开座谈会87次，收集建议意见近千条，先后代区委、区政府拟定《关于进一步加强城乡建设工作的决定》、《关于推进新型城镇化的意见》。二是服务大发展。23次主任办公会专题研究，为六大园城、公益性项目和招商引资项目并联审批57次，对35个项目实施质量、安全提前介入。区检测中心完成门窗、节能、空气检测增项工作，方便了企业就地检测。三是效能大提升。在区首届“三会”前按期完成了区委、区政府交办的五大突击任务。高质量办结人大代表、政协委员提议案34件。干部职工“5+2”、“白+黑”，“比学赶帮超”，收到锦旗、感谢信22件，全年无一起投诉。

二、党建大推进

一抓公推。为加强机关事业单位党组织建设，开展了6个党支部班子成员的公推直选。二抓建设。划转、成立建设行业非公有制企业党支部33个，34名“隐形党员”恢复了组织生活。三抓制度。创新非公有制企业党组织“六大基本任务”，党支部书记“三大任职资格”和“五个有”保障机制。四抓活动。扎实开展了“党员主题活动日”和“党员三亮”活动，建设行业党组织高质量举办系统“迎春联欢晚会”，16家房地产企业赞助265万元购买消防云梯。五抓廉政。实行廉政“十不准”，全年无违法违纪行为发生。基本实现建设行业党的组织全覆盖、制度全完善、活动全方位、作用全发挥，市委“两新工委”和市直机关工委给予高度评价。

三、工作大创新

一是行政执法创新。组建片区执法联组，建立“打非治违”联动机制，成立行政执法案件审查委员会，编印《行政执法实用手册》，系统执法人员全部持证上岗。二是村镇建设创新。出台村镇建设工程管理办法，规范“333”工程的审批和监管，经验在全市推广。三是安全管理创新。在全市率先建设施工安全智能监控报警系统、推行从业人员准入——“平安卡”制度。深化安全生产黄牌警告制度。狠抓行业安全监管规范化建设，落实“一岗双责”。狠抓企业安全管理标准化建设，实现“全员、全过程、全方位、全覆盖”管理。四是维稳机制创新。建立信访案件律师审查制度，按“有理推断”原则化解原綦建二公司破产遗留问题等疑难案件 11 件。

四、村镇大变样

一是推进中心镇、特色小城镇“561”工程建设。二是对 25 个农民新村选址进行严格审查，高品质建设农民新村 17 个。三是建设巴渝新居 1330 户，改造农村危旧房 3028 户，惠及 1.5 万人。四是争取上级资金 1.1 亿元，超任务 8000 万元。

五、行业大发展

一抓资质。新增建筑企业 6 家，三级升二级 5 家。新增房地产企业 15 家，三级升二级 6 家。綦江第七建筑工程有限公司、普惠置业有限公司分别晋升国家一级建筑业、房地产业企业资质，实现了我区一级资质企业零的突破。二抓品牌。恒都·世纪花城荣获詹天佑“优秀建筑设计”和“优秀工程质量”大奖，通惠大道延伸段荣获重庆市市政工程金杯奖。三抓增收。在宏观调控背景下，建筑业入库税收 2.6 亿元，同比增长 44%。房地产业入库税收 4.5 亿元，同比增 15%。配套费入库 2.2 亿元，同比增长 29.4%。

近年来，在区委、区政府和綦江区建设委的正确领导下，在全体工作人员的共同努力下，各项工作取得了较好的成效。但我们深知与区委、区政府的要求还存在一定差距，在今后的工作中，我们将进一步创新工作思路，突出工作重点，不断提高建设和管理水平，为綦江经济社会的发展作出新的更大的贡献。

热火朝天大建设　日新月异新面貌

贵州省剑河县住房和城乡建设局　刘永锋

剑河县住建局按照“整体推进、突出重点、保证效果”的思路，紧紧围绕全县经济社会发展大局，坚决落实县委、县政府关于开展项目建设年活动的各项政令，狠抓项目工程建设，强化城市综合管理，城市功能不断健全，城市品位有了明显提升，得到了上级领导和当地群众的一致认可。

一、完善机构，细化职责

剑河县住建局领导班子十分重视项目建设年活动，对各项工作进行了认真研究和全面部署。一是加强领导。及时成立了剑河县住房和城乡建设局项目建设年活动领导小组，由局长任组长，相关副局长任副组长，局属各相关股室站所负责人为成员，按照各股室站所的工作职能，分别负责抓好各个项目的规划设计、资金预算、项目申报、工程招标、工程质量管理、建设安全管理、资金管理等各个环节的工作。二是加强督查。成立了项目监督管理工作组，由局纪检组长任组长，局综合执法股工作人员为成员，具体负责对项目建设工作进行全程监督，对发现的问题及时进行整改，对不按时整改的责任单位和责任人将被问责；对不履行好监督职责，不及时发现问题，造成损失的，项目监督管理工作组和相关责任单位和责任人将被问责。通过完善的机构对项目进行精细化的管理，确保了各个项目的各个环节的工作都得到很好的落实，为本单位有效开展项目建设年活动打下了坚实的基础。

二、立足实际，科学规划

（一）突出城市发展，完善城市规划

由于剑河县城为移民搬迁的新县城，县城建成时间短，相关建设规划还不完善。为妥善解决这一问题，县住建局积极组织技术力量，制定和完善相关规划。一是完成了县城总规修编方案，修编内容包括将县城向东拓展至展架、温泉，向北拓展至五河，向西拓展至方陇。二是完成了温泉景区大门外大型综合停车场修建性详细规划、县城西区 0.8 平方公里控制性详细规划和城东片区寨章居住组团、旅游度假区、民族风情街约 1 平方公里修建性详细

规划等编制工作。三是实行了城市规划公示制。2012 年所有规划项目均提前向市民公开，并认真听取公众意见，初步形成了政府、专家、公众共同参与的规划设计机制。四是加大了违法建设的查处力度，开展规划执法，共拆除违法建筑 60 处约 1200 平方米。

（二）坚持统筹发展，推进村镇建设

县住建局在规划新县城的同时，始终坚持统筹兼顾村镇规划，确保县城和村镇共同开展建设。一是启动各乡镇规划编制工作，完成南明、岑松、柳川、磻溪、太拥、南寨、南哨等乡镇的总体规划的编制，对已编制总规的久仰、敏洞、观么等乡镇进行规划修编，截止 2012 年 9 月底完成 11 个乡镇集镇区域地形图测绘，计划 2012 年底完成 11 个乡镇集镇规划编制。二是推进镇村布局规划编制，2012 年根据省州下达的村寨规划编制任务，我县需完成 93 个村寨规划工作，截止 9 月底完成 93 个村寨地形图测绘工作；完成 8 个村庄整治规划编制，分别是："六好村寨"凯南明镇寨村、"两结合"示范村庄岑松镇温泉村、观么乡巫包村以及岑松镇的屯州村、革东镇的屯州村、交洗村、八廊村、革东寨村的规划编制工作，其余村庄规划编制工作正在进行编制，计划 2012 年底完成 93 个村庄整治规划编制。三是抓好村庄建设规划试点，完成"六好村寨"凯南明镇寨村、"两结合"示范村庄岑松镇温泉村、观么乡巫包村规划编制，并通过评审。

三、城乡同步，全面建设

（一）紧抓基础设施建设

剑河县住建局始终以"项目建设年"活动为契机，将抓好基础设施建设作为推进城镇化建设的重要举措，截止 2012 年 10 月底，完成仰阿莎广场、音乐喷泉、仰阿莎长廊工程，广场地面铺装 6000 平方米；完成校场坝清水江路路面改造工程，铺沥青路面 6800 多平方米；完成革东集镇雨污管网安装工程，修建雨水检查井 38 个，污水检查井 36 个，雨水管网铺设 996.7 米，污水管网铺设 1016 米；完成清水江河堤、源江河堤仰阿莎广场及长廊、阳光广场 LED 投、幻光灯安装工程，安装灯带总长 6700 余米，安装投、幻光灯 578 套；完成仰阿莎广场和阳光广场大树移栽工程，移栽银杏 3 株，雪松 20 株，台湾杉 12 株，桂花 4 株，红豆杉 2 株；完成清江路雪松栽植工程，移栽雪松绿化树 523 株；完成垃圾中转站改造工程，安装垃圾压缩设备 2 台，购置对口垃圾运输车和城市洗扫车各 1 辆，电瓶车、执法车各 3 辆；完成沅江河堤景观绿化工程，绿化面积 2 万多平方米；完成民族医院环境综合治理工程；

完成县移民局办公楼下坎安置区挡墙工程，砌筑挡墙140米；完成枞树堡假山景观工程；完成县境高速公路沿线200米可视范围内村庄整治亮化工程，涉及岑松镇和革东镇7个村500栋；完成行政中心周围道路改造工程，改造道路面积29893平方米；完成移民局下坎挡墙，修建153.9长的挡墙，挡墙方量为1840立方米，修建检查井1个，埋设污水管20米，修建踏步宽4.7米、长4.4米，面积为20.7平方米；完成阳光广彩色音乐喷泉建设工程；完成新县城垃圾填埋场项目总工程量的96%，完成投资1866万。

（二）绿化美化县城

2012年共计完成绿化项目建设24983平方米，其中，完成县城大树栽植932株，其中栽植大香樟343株，雪松545株，精品桂花37株，银杏树3株，台湾杉2株，红豆杉2株；完成源江路两侧及宝山小区一栋房屋背后绿化绿化面积，绿化地带面积共1292.8平方米，需种植金叶女贞、春鹃、红花继木、八角金排等植物共约23840株；源江河两岸绿化20000平方米，绿化面积20000平方米，种植灌木85958株，种植金叶女贞球、四季桂球、红花继古球、含笑球、蔷薇、月季、八角金盘、金森女贞、金叶女贞、橘子花等植物共17728株；完成仰阿莎广场及阳光广场桂花、罗汉松栽植工程，栽植胸径20公分甲级精品桂花7株，10公分精品桂花5株，9公分精品桂花20株，8~12公分造型罗汉松17株，共计49株；完成迁城碑附近300平方米绿化工程；完成二中护坡绿化工程，绿化面积1795平方米；完成仰阿莎广场长廊旁及公厕周边绿化工程，绿化面积1160平方米；完成林工商公司办公楼门口248平方米、4号区路口180平方米绿化工程，绿化面积428平方米；源江路两侧等共计1300平方米零星地块绿化工程。

（三）打造精品工程

为增强公共建筑的文化性、地域性和时代性，丰富城市文化内涵，培养与时俱进的城市精神，县住建局将打造城市精品工程作为一项重要工作来抓。一是将仰阿莎打造成精品广场，并在广场中心增设音乐喷泉及仰阿莎雕塑，同时完成仰阿莎长廊700米LED灯带亮化工程；二是完成高速公路出口至校场坝、温泉的房屋立面改造工程，房屋改造741栋，立面靓化面积11.5万平方米；三是完成清水江河堤景观打造及地面铺装工程，河堤景观打造2万多平方米，地面铺装1.8万多平方米；四是启动房屋灯带亮化工程，安装灯带5.2万米；五是完成高速路口至温泉、校场坝一线太阳能灯安装工程，道路长6600米，安装232盏；六是完成县城清江路太阳能景观灯安装工程，道路长2000米，安置太阳能灯80盏；七是完成丛树包流星雨灯光亮化工程；八是完

成清水江河堤、仰阿莎广场、阳光广场 LED 投、幻光灯安装工程，安装灯带总长 4700 余米，安装投、幻光灯 378 套；九是完成沅江河两岸夜景工程，安装 LED 数码管 600 米、LED 灯带 1000 米、树景照明灯 48 组、投光灯、泛光灯、洗水灯 60 组，城市品位形象得到显著提升。

（四）推进后续建设

在完成各项基础设施建设后，县住建局并未停下项目建设的步伐，继续加大力度，紧抓项目续建建设工程。一是实施了革东集镇道路工程建设改造，包括 1 ~ 11 号路，道路总长 2303.78 米；二是实施完成了县城姊妹路道路改造工程，铺装人行道青石板 1219 平方米，安装道牙 523 米，安装预制人行道花砖 1378 平方米，安装人行道绿化树池 34 个，砌筑挡墙护坡 733 平方米；三是实施了岑松、屯州及民族中学太阳能路灯安装工程，道路总长 3720 米，共安装太阳能灯共 172 盏；四是实施了校场坝人行道改造工程；五是实施了行政中心、体育馆主席台、松树堡假山灯带亮化工程，安装 LED 灯带 1100 米，激光灯 1 台、70W 规格泛光灯 40 台、壁灯 20 台、LED20W 规格投光灯 180 台、LED10W 规格投光灯 160 台、吊灯 45W 规格 12 套、配电箱 35KW 及 15KW 各一台、洗墙灯、水底灯、400W 泛光灯共计 40 台；六是实施了温泉景区拆迁户安置场坪临时给水管网安装工程，安装 Φ110PE 给水管、Φ75PE 给水管、Φ63PE 给水管、Φ40PE 给水管、Φ25PE 给水管安装、Φ80 水表安装等，管网全长约 2780 米；七是实施了柳川集镇线上扩容 1.2 号地块挡墙工程；八是实施了温泉景区标识系统安装工程，制作安装了标识牌 46 块；九是完成了城西农产品批发市场及商住楼开发项目，修建商住楼 422 套，已完成场平建设 23195.5 平方米；十是实施仰阿莎商业中及四星级宾馆建设，仰阿莎商业中心建设包括商住楼及四星级宾馆建设，目前商住楼工程已封顶，正在进行外装工程，四星级宾馆工程正在进行基础开挖，完成工程量 30%，仰阿莎商业中心项目进度目前完成 70%；十一是启动城西 1 ~ 7 号支路建设工程，道路总长 2688.776 米，总面积 36265.632 平方米；十二是启动了城西片区场地平整工程，城西片区场地平整面积为 175432.8 平方米，现已完成场地平整 17000 平方米；十三是完成我县城市规划建设沙盘展示厅建设，含展示厅 300 平方米，光电沙盘联动控制系统和显示屏多媒体展演系统。

四、关注民生，落实实事

县住建局在开展项目建设年活动中，十分关注民生问题，按照县委、县政府 2012 年初的工作部署，严格抓好事关民生的实事建设。一是抓好廉租住房建设工程：续建2010年度的326套廉租房建设现已全部完工；2011年度新建廉租住房954套，47700平方米，其中：南寨小区36套，1800平方米；宝山小区20套，1000平方米；观么小区32套，1600平方米；太拥小区34套，1700平方米；杏花小区40套，2000平方米；南明小区40套，2000平方米；大稿午小区180套，9000平方米；久仰小区120套，6000平方米；屯州工业园小区234套，11700平方米；敏洞小区120套，6000平方米；柳川小区42套，2100平方米；南加小区56套，2800平方米。现已建设完工杏花小区40套，2000平方米的廉租住房，其余小区的廉租住房已全部开工，计划2012年6月底全面竣工；二是启动公租房建设工程：屯州工业园区公租房建设项目，共96套，总面积4273平方米，总投资445万元；三是完成经济适用房建设项目，共计60套4285平方米；四是启动革东镇革东寨村棚户区改造工程，已与革东镇革东寨村农户签订了拆迁补偿协议，待资金到位后即着手建设；五是落实农村危房改造工程。上级下达我县2012年的危改指标为6918户，其中：革东镇581户，柳川镇475户，岑松镇721户，南加镇408户，南明镇656户，太拥乡531户，南哨乡535户，久仰乡630户，观么乡596户，磻溪乡555户，敏洞乡590户，南寨乡640户。各级政府共计补助资金3862.25万（其中：省补助资金3398.7万元，州级匹配资金77.25万元，县级匹配资金386.3万元），全部发放至各乡镇，现全县6918户已全部建设完工；六是启动城市扩容建设项目。完成城东城西征地1846.413亩（城东完成征地1138.893亩，城西完成征地707.52亩），其中耕地1151.66亩，林地及其他694.75亩。启动城西仰阿莎大道建设，道路总长1942.289米，宽25米，面积（含交叉口面积）50985.09平方米，工程内容包括道路工程（包含混泥土路面及人行道）、排水工程，道路工程填方总量86774m^3，挖方总量61435m^3，清表土方43800m^3，总投资1753.068万，现已完成清表量35550立方，路基挖方完成9557立方，路基填方完成84906立方，涵洞基坑开挖完成3188立方；七是实施民族风情街建设项目，总用地面积28784平方米，建筑占地面积9334.8平方米，总建筑面积29651.2平方米，容积率1.02，建筑密度32.4%，绿地率34.9%，总投资8000万元；八是实施校场坝至高速公路出口收费站至温泉景区大门共6600米长的道路太阳能路灯安装工程，安装太阳能路灯232盏；九是实施温泉景区升级改造，完成田土征用386.195亩，房屋拆迁95户，丈量面积20641.64平方米；完成景区大门、停车场场平及河堤工程，场平面积11950.4平方米；完成景区拆迁移民安置场平及河堤工程，场平面积24288.6平方米；完成景区拆迁移民安置场平往下延伸至温泉菜场段场平及河堤工程，场平面积 9674.2 平方米；完成景区大门外 23731.3 平方米大型综合场场平工程。

总之，项目建设年活动开展以来，通过剑河县住建局和全县人民的不懈努力，剑河的天更蓝了，水更绿了，城市更美了，流光溢彩的夜景、变幻多姿的喷泉、鸟语花香的小区……让剑河人民感到无限自豪，让八方游客流连忘返。当看到人们一张张满意的笑脸时，剑河住建人感到无比欣慰，他们将继续以最饱满的工作热情、最务实的工作作风，将剑河建设得更加秀丽，让剑河的明天更加美好。

作者简介：

刘永锋，男，水族，1963 年出生，中共党员，1982 年参加工作。现任贵州省剑河县住房和城乡建设局局长。

建管结合创精品　科学规划美环境
齐心协力提品位

云南省龙陵县住房和城乡建设局

2012年来，在龙陵县委、政府的正确领导下，住建部门按照具体部署，围绕中心工作，以推动城乡建设事业发展为主线，以改善城乡环境、提高人民群众生活质量为出发点，不断加快城镇化步伐，不断提升管理服务水平，充分发挥住建部门职责，较好的完成了各项工作任务。截止2012年底，累计完成城镇固定资产投资97029万元，完成计划的120%，县城建成区面积达4.7平方公里，城镇化水平达23%，保持了城乡建设事业的持续发展。

一、开展的主要工作

围绕把“龙陵打造成为国际大通道上重要的绿色、商贸、旅游、生态宜居城市”的目标，我们始终坚持以高起点规划、高标准建设、高水平管理统筹推进城乡建设工作的发展。

（一）科学规划，依法审批，不断优化城乡发展空间布局

1. 加强规划编制。按照城镇上山工作的要求，完成了“三规”的无缝对接，完成了象达、腊勐等7个乡镇总体规划及全县1398个村庄规划编制工作，基本形成了覆盖城乡的规划体系。同时，按照编制要求，完成了勐糯一镇一校校园规划方案、邦腊掌新建行政后勤区规划方案、龙山社区农贸市场规划方案、县第三中学校园规划方案、大垭口小学规划方案评审；完成了县城社会保障中心、环境监测中心、石斛交易中心、2012年保障性住房等项目的选址，使全县空间布局进一步优化，为科学规范建设奠定了基础。

2. 依法规范审批。为解决好群众建设需求与建设审批之间的矛盾，改变部门间各自为政、各自审批的旧形式，实现部门间的信息共享，减少审批矛盾，2012年来我们采取住建、综合执法、国土联合审批的新形势，依法核发《建设项目选址意见书》141户，占地面积46807㎡；核发《建设用地规划许可证》141户，占地面积46807㎡（亩）；核发《建设工程规划许可证》174户，建筑面积124085㎡，投资19101万元；核发村镇工程规划许可证共29

户，建筑面积 48449 ㎡；核发临时工程规划许可证共 64 户，占地面积 5754 ㎡；核发办理符合县城总体规划过户证明 153 户，建筑面积 11910 平方米；核发《规划竣工验收合格证》53 户。既兼顾了群众的眼前需求，又维护了规划的权威性，无形中节约了大量城市建设成本，使城市风格更加统一，建设更加有序。

（二）突出重点，统筹实施，不断完善城市功能

1. 加快重点市政工程建设。新建了长庚路延长段、玉缘路、龙玉大道南段、玉锦路、永安路；改造了龙华路中段、龙华路东段、兴农路、汇源路、龙山北路；完善了远征路、沿河路、沿山路、龙山南路路面、绿化、灯光工程。截止 12 月底，累计完成投资 15174 万元。

2. 抓紧实施县城近期供水工程。为满足县城近期用水需求，完成管网架设 7000 米，新建各类设施用井 50 余座，并进行抽水泵站设施改造，累计完成投资 2800 万元，缓解了城镇供水与用水需求矛盾，实现了全城近期稳定供水。

3. 加强重点节能环保项目建设。完成了污水处理厂及配套雨污管网建设项目，完成投资 5920 万元，并与省水利投资开发投资公司签订了托管协议，实现顺利运营，为生态县建设打下了良好的基础。

4. 积极稳妥推进房地产开发项目。严格执行国家调控政策，积极转变房地产业发展方式，稳步推进房地产业健康发展。2012 年来完成了凤凰城、龙苑小区、珠宝城一期、凯龙城一期，珠宝城二期、凯龙城二、三期及酒店的建设稳步推进，仙达玉园、黄龙玉都顺利开工，各项目累计完成投资 50267 万元，基本实现了供求平衡，稳定了房地产价格。同时，指导龙苑、凯龙城、珠宝城各开发企业相继引入小区物业或组建管理委员会。2012 年以来，初步建立了房地产交接机制、物业管理和监督机制，房地产管理和小区物业得到了进一步理顺。

（三）适时借力惠民，大幅提高住房保障水平

2012 年，在确保续建项目稳步推进的基础上，大力推进新建力度。完成了 2011 年 496 套 30276 平方米的续建任务，完成投资 1278 万元；2012 年在县财政困难建设任务较重的双重压力下引入省城乡建设投资公司，采取建、管、运一体的运作模式，新筹建 2000 套 10000 平方米，大幅提升城镇住房保障面，目前已完成投资 21388 万元。同时，农村危改方面也争取到中央补助资金 2200 万元，让农村 2200 户家庭顺利入住新居，为农村低收入群体住房安全增添了一份保障。

（四）规范行业管理，建筑市场持续健康发展

1. 注重工程质量安全管理。对县内施工企业、个人从业资质及从业行为进行全面的监管，组织县内2家注册施工企业30名建造师、建造员进行年检和培训；对21家驻龙施工企业、6家设计单位、7家监理单位、3家招标代理机构、2家造价咨询机构进行了资质复核；截止12月底，共审批建筑工程建设项目56个，核发放《施工许可证》62份，建筑面积为182404平方米，投资44201万元，其中实行监理项目62个；完成了75个项目的施工图设计审查。完成砼立方体、砂浆、钢筋等检测8552组；发放安全隐患及质量整改通知书160份，有效预防了安全事故的发生。

2. 依法招投标。按招投标管理办法的要求实施招投标项目67个，面积320425平方米，中标价58366万元。并对相关信息进行了及时发布，做到了公平、公正和公开。

3. 做好新型建筑材料推广使用。积极引入新型建筑材料生产企业两家，加强企业资质及产品质量监管，不断提高建筑质量安全系数。

（五）强化综合管理，城市管理服务再上新台阶

继续以抓管理就是抓效益的理念，进一步改善城市面貌，营造良好的发展环境。

1. 城区综合管理稳步推进。一是按照划行规市的要求，抓好重点整治。先后对县城内，龙山路、热泉路、远征路及白塔水乡车站门口，进行了清理整治；取缔了龙山路中段上节街以路为市行为，规范到新建设的龙达农贸商场；对兴农路上段及通道进行清理整治，进入意达商场及其他专业市场规范经营；对占道经营严重、安全隐患突出的远征路等洗车场采取了依法取缔，规范到龙陵县污水处理厂旁的佳洁洗车场集中经营；取缔了政协、人大门口临时市场。二是严把经营性选择关、行政审批关，2012年来共办理经营性选址、户外广告设置、用水用电选址、临时占道、城市道路开挖审批1546户；查处违章违法建筑30户，其中处罚18户；查处破坏公共设施10起，处罚当事人8人；办理缴纳环境卫生履约保证金103户。

2. 市政管理及环卫保洁水平显著提升。强化对环卫保洁、城市绿化管理，强化宣传教育，强化“门前三包”，明确各主体职责，营造齐抓共管的社会氛围。一是强化园林绿化养护管理监督巡查和路灯、排水、道路管理等的维护。2012年来，更换路灯耗损器件2642个，实施绿化养护76000平方米，对下水道盖板、雨水孔、人行道地砖、路沿石等进行了排查、疏通和更换，维护总长度6320米。二是继续紧抓环卫保洁的常态化管理。新增清扫片区2个，达

11个，清运处理生活、建筑垃圾40150吨，完成各类垃圾处理费征收165万元，基本实现了生活垃圾与建筑垃圾的分类处理。启动了社区环卫收费，实现了环卫保洁向城区边缘的延伸。

3. 房产管理有序进行。强化房产登记发证、交易抵押、商品房备案登记及发证的管理和服务。2012年共办理新建房屋发证、变更、买卖、商品户备案登记681户，建筑面积68400平方米（其中，预抵押102件）。

（六）加强内部建设，推动自身能力发展

1. 抓好党建党务。坚持把“创先争优”活动、基础党建示范点活动作为党委重点工作来抓，以活动为契机，采取促两头带中间的方式，推进学习型党组织建设。认真制定局党组中心组学习计划，准备学习资料，积极督促各中心组成员完成学习笔记和心得。积极组织开展“转变发展方式”专题组织生活会系列活动，组织全局党员建言献策。

2. 抓好党风廉政建设。局党组制定党风廉政建设岗位责任职责，明确班子集体和成员责任。局党组书记与各直属事业单位负责人签订党风廉政建设责任书，把党风廉政建设纳入局属各单位重要考核内容。组织机关全体干部职工和直属事业单位领导班子加强对渎职侵权相关法律法规的学习，增强法治意识和责任意识。

3. 抓好依法行政。局机关始终注重业务科室相关法律知识的学习，把提升机关依法行政能力作为一项长期工作来抓，通过各类竞赛、测试提高广大干部职工知法、守法、用法能力。

4. 抓好四群教育。按照“四群教育”的要求，深入我局联系的云山、白塔社区力所能及的开展帮扶联系工作，确实抓好村庄规划工作，在四群教育中加强党员干部党性锤炼，在四群教育中提升服务群众的素质和能力，在四群教育中树立认真务实的良好形象。

二、存在的主要问题

过去的一年，我们克服了重重困难，完成了各项目标任务，这是县委、县政府正确领导的结果，也是全县上下齐心协力、共同努力的结果。在总结成绩的同时，也必须清醒地看到，我们的工作离县委、政府和广大群众的要求还有较大差距：

（一）规划体系仍需完善

目前，由于政策调整的影响，总体规划修编，控制性规划、专项规划、详细性规划的编制工作至今还没有启动，现有规划对具体建设管理的指导作用尚不能充分发挥。

（二）由于受资金条件的制约，县城建设任重道远

我县老城区、城乡结合部住房简陋、布局零乱、土地利用率低，消防、环卫、供排水等基础配套滞后，停车场等配套缺位，仓储物流、建材、牲畜交易和屠宰等市场不完善，旧城待改造面广泛而迫切，资金投入仍需加强。

（三）征地拆迁工作难度大，且缺乏统筹性

受传统土地观念及一些投机倒把等不良观念行为的影响，县城建设征地拆迁面临的困难和问题较多，推进难度较大；另外，我县目前的征地工作往往是就项目而征地，但县城的绝大多数土地皆种植有高产值经济作物，既造成工作完成任务时间紧，又增加了征地成本，缺乏超前性和统筹性。

（四）房地产投资增速减慢

受县城人口总量、经济欠发达以及层次性、阶段性饱和的影响，房地产购买力不足，加之开发商融资成本增加，我县房地产投资增速明显放慢。

（五）居民城市意识观念不强

居民的素质高低直接影响着一座城市文明程度的高低，当前我县市民绝大部分属于第一代进城农民，在卫生意识、城市意识、文明意识、次序意识上还有一定差距，给城市管理工作带来较大压力。

三、下一步工作计划

尽管我县城镇化道路任重而道远。但是，只要我们继续坚定不移的实施城镇化战略，以规划、管理、建设、经营为重点，坚持新城建设与旧城改造并举、文明与宜居并建，着力拉框架、抓配套、创精品、出特色、美环境、提品位，我们就能逐步缩小差距。为此，在2013年的工作中，我们要着重抓好以下工作：

（一）加快规划体系建设

进一步增强规划意识，健全乡镇规划管理机构，强化乡村规划培训；并在完善总规的基础上抓紧新老城区控制性规划、修建性规划、重点领域专项规划以及详细性规划的编制工作。

（二）继续抓好重大项目建设和服务

经济的发展离不开项目的拉动，保障性住房建设、珠宝城项目建设、邦腊掌温泉旅游开发、松山旅游小镇建设、滨河公园改造、环城东路建设，这些重点项目有的是关乎民生的头等大事，有的是拉开城市框架、打造城市品牌的重要支撑，在今后的工作中我们要想法设法首要满足这些项目建设的需要，高品质、高水准的奠定城市发展的基础。

（三）启动县城供水工程

从打结河取水，建设覆盖黄草坝新区和县城的供水管网体系，以满足远期发展需求。

（四）强化融资能力建设

市政功能的完善一方面靠积极上报争取项目支持，另一方面还得靠融资解决，通过城市整体的魅力提升和科学的城市经营形成反哺后的良性循环。下一步我们将进一步整合市政资源，增强融资能力，多渠道争取建设资金，加大市政设施的建设力度。

（五）抓紧招商引资

随着凤凰城项目的竣工，旧城改造的效应已基本显现，下一步，我们将抓住重点和难点，组织业务骨干、专业技术人员对条件成熟的旧城改造区域进行包装推介，全力抓好项目的策划生成工作。

（六）大力宣传，深入发动，进一步营造“人民城市人民管”的良好氛围

通过不断加大宣传力度，使群众抛开城市管理工作性质表面，真正了解城市管理人无私敬业、任劳任怨的内在品质和平凡境界，全面改变城市管理人的形象；并有效地整合社会力量，充分凝聚人心，激发群众参与热情，调动起群众参与城市管理工作的积极性和主动性，让群众以主人翁的心态投入参与城市管理，全面改变城市管理部门“单打独斗”局面，形成“人民城市人民管”的良好管理氛围。

（七）抓好常态、长效化管理

一是坚持依法行政，狠抓相对集中行政处罚权力度不放松，在执法效果上力求新突破。加快城市管理工作重心向城乡结合部转移，逐步建立城管工作格局，提高城市管理效能。二是以经营性选址活动为抓手，狠抓市容市貌长效管理不放松，尝试创建示范路，示范商店。三是推进升级改造，狠抓市场周边管理水平提升不放松，进一步强化农贸市场监管职能，营造经营的良好环境。做好城区农贸市场布局调整的各项工作。尝试创建文明市场、星级市场、诚信市场评选工作，积极打造市场品牌，提升市场管理水平和竞争力。四是强化环卫、绿化监督检查，推进管理处罚，增强群众的自觉性，激发自律力。

（八）按照“条块结合”的管理思路进一步明确社会各主体职责

引导各小区建立完善物业管理机制，巩固提升社区环卫保洁，以减轻政府管理压力，提高管理效率和服务水平。

（九）继续坚持“建管结合”、“疏堵结合”的工作思路

近年来城市工作的成功经验无不说明“建管结合”、“疏堵结合”的重要性，这既是“核心思路”，也是“制胜方略”；“围绕管理抓建设、抓好管理促发展”是当前及今后一段时期凸显工作成效的有效途径，要找到更多的结合点、更多的突破口，坚定不移的贯彻落实下去，才能提高群众心中的满意度。

务实创新　与时俱进　促进建设事业稳定发展

云南省绥江县住房和城乡建设局　王光涛

绥江县受向家坝电站建设影响，县城和3个沿江集镇需整体搬迁，建设局在县委、县政府的正确领导和上级业务主管部门的指导下，抢抓电站建设机遇，正确应对机遇带来的挑战，紧紧围绕“湖滨生态旅游县”建设目标，迎难而上，求实创新，积极开展新城集镇移民迁建工作，促进了我县建设事业健康稳定发展。

一、住房保障

（一）廉租住房建设

我县自2008年实施保障性安居工程以来，上级下达我县廉租住房建设工程11万平方米2200套，预算总投资2.3亿元，到目前2008年、2009年廉租住房主体工程已全面完成，并按照县政府的统一安排，并采取摇号分房的形式对新县城申购和租住廉租住房进行了分配，出售和出租房源857套788户（其中：申购84户，租住704户）；同时自2008年开始实施廉租住房租赁补贴发放工作，已累计发放租赁补贴1254万元，保障对象5180户/次。

（二）农村民居地震安全和危房改造工程

我县自2008年开始实施农村民居地震及危房改造工程，已完成工程建设任务4330户，完成投资达4050万元，农村居民住房条件得到了明显改善。

二、城乡规划

2003年2月，省委、省政府下达向家坝电站库区停建令后，我局开始着手筹备新城集镇迁建工作。2004年，根据省委、省政府提出的“如何做好绥江县城，关键要搞好规划”的指示精神，按照县委、县政府的安排部署，我局聘请了美国安和迪公司和美国贝尔高林公司以及重庆市规划设计院、云南省设计院等设计单位，先后完成了新县城概念性规划、县城和集镇总体规划、控制性详细规划，滨江景观带、城市桥梁、供水供电等修建新详细规划。同时聘请了设计单位先后完成了南岸、新滩、会仪3个迁建集镇的总体规划和控制性详细规划。为统筹协调城乡发展，于2011年指导板栗乡开展了集镇修编工作，目前板栗乡集镇修编工作已基本完成；新城集镇建设正严格按规划组织实施。

三、城乡建设

历年来，我局始终坚持工作服务大局，全力推进城乡建设，统筹城乡协调发展，全县城镇化率快速上升，到 2011 年底，我县城镇化率达到了 34.6%，全县建设各项工作健康稳定发展。

（一）移民迁建工程

我县自 2008 年全面启动移民迁建工程，到目前，绥江县城迁建项目共计 211 个，其中总承包 131 个，非总承包 80 个。我县新县城移民安置房完成设计并启动建设 543 栋 15838 套 204.39 万㎡，统建多层和小高层移民安置房共移交钥匙 10222 套，各公建房已全部迁入办公；桥梁工程蓝湾桥已完工，马掌坝桥、杉木沟桥、小溪沟桥、五福桥已全幅贯通，四方碑桥已完成工程量的 72%；道路工程土石方及挡护工程基本完成，绿化工程移栽古树名木 132 株，栽种三角梅 3200 株；栽种行道树 2434 株；给排水、路灯等基础设施建设正有序实施。

迁建集镇移民安置房完成设计 217 栋 3330 套 47.39 万㎡，已全部通过竣工验收并交付使用；集镇一期场平工程已完工验收，主干管网、强弱电全部完工，小区给排水、路网、强弱电已全面完工。二期场平正在开展主干管网埋设和路面铺筑，小区给排水、路网、强弱电已全面启动。

（二）重大项目建设

绥江县污水处理厂及管网工程。按我县新县城建设的总体规划，新县城污水处理厂建设选址于新县城东侧的小汶溪右岸吊杆咀（华锋村 5 组），离新县城约 3 公里，占地 67.65 亩，由昆明建筑设计研究院有限责任公司设计，工程规模投资 7446 万元（其中配套管网投资 4644 万元），近期日处理能力 1 万立方米，远期日处理能力 1.5 万立方米，污水管主管道总长 32.4 千米，雨水管网总长 31.5 千米。目前，已完成厂区主体工程及设备调试安装，完成投资 3100 万元，正在实施进厂道路滑坡治理工程，预计 2013 年底投入试运行。

（三）统筹业务工作

我局根据开展业务工作的实际需要，及时调整内部工作力量，采取一岗多职，合并股室的方式，整合现有的人员，统筹推进住建各项业务工作的正常开展。一是将房产股和房管所整合，积极开展直管公房管理、房产注销、房地产购销合同登记备案、房地产抵押、房产登记等日常管理工作。二是将市政股与设计室整合，开展市政实施维护、建筑设计等日常工作。三是协调办公室、规划、建管、城监等业务工作正常有序开展。四是统筹推进移民挂钩帮扶工作。

历年来，我局办理完结县人大、政协议提案共214件，满意率均达到了100%；收缴直管公房租金402.44万元，完成房地产抵押登记470件，办理房产证54本，购销合同备案3824件，完成了“十二五”住房建设规划；办理建设工程选址意见书116份，建设工程用地规划许可证129份，建设工程规划许可证145份；建设工程施工许可证152份，建设工程初步设计批复134个，施工图审查213份，建设工程项目报建105个；投入市政基础设施维护资金近200余万元，确保了在搬迁前老城区市政基础设施的正常运行；拆除违章建筑物24处，纠正其它违法违章行为近560余起。投入资金近30万元帮助挂钩会仪村解决实际困难和基层组织建设。同时全面完成我局挂钩帮扶金江社区275户搬迁安置任务。

建设工作是一项全面的系统工程，我局将紧紧围绕部门中心工作和职能职责，在县委、县政府的领导下，一如既往地坚持建设人具有的优良传统，求实创新，与时俱进，谱写建设工作崭新的篇章。

抢抓机遇　突出重点
努力开创城乡建设新局面

云南省双江拉祜族佤族布朗族傣族自治县住房和城乡建设局　刀江红　董有华

双江拉祜族佤族布朗族傣族自治县位于云南省西南部，因澜沧江和小黑江交汇于县境东南而得名。距省会昆明729公里，距临沧市78公里，距临沧机场59公里，辖4乡2镇2农场，即沙河乡、忙糯乡、邦丙乡、大文乡、勐勐镇、勐库镇、双江农场管理区、勐库华侨管理区，总人口17.9万。全县国土面积2165平方公里，其中山区面积占96.2%；北回归线横穿县境，境内最高海拔3233米，最低海拔669（670）米，属典型的南亚热带暖湿季风气候；双江是全国唯一由拉祜族、佤族、布朗族、傣族4个民族共同自治的多民族自治县，境内居住着23种少数民族，少数民族人口占总人口的44.5%，是布朗族的主要聚居地和文化发祥地之一，各民族同生共荣，民族文化丰富多彩，被称为“中国多元民族文化之乡”。

近年来，我县按照市委、市政府的总体部署，以科学发展观为统领，抓住新一轮西部大开发和云南省“两强一堡”建设的重大机遇，以提高城镇化率为目标，以改善人的居住质量和生活环境为根本，突出抓好住房保障、城乡建设、园林绿化、城市管理等重点工作，努力开创住房和城乡建设工作新局面。2012年，我县不断加大城镇基础设施的建设力度，城镇建设步伐加快，全年完成固定资产投资3.37亿元，房地产开发投资2.43亿元。城镇建成区面积达到5.25平方公里，城镇人口为5.4万人，城镇化水平由2011年的28.32%提高到2012年的30.32%，比上年度增长2%；城镇建设工作取得明显成效，城镇品位逐步提升。

一、不断完善城乡规划编制，规划引领作用进一步增强

双江自治县于2000年启动了县城的总规修编工作，先后完成了《双江县城总体规划（2001~2020）》、《勐库镇总体规划（2001~2020）》、《县城新城区控制性详规》、《县城新区修建性详规》、《双江县城南勐河滨河地段修建性详规》、《双江县城北二期修建性详规》以及《双江自治县县城消防专业规

划》、《双江自治县县城绿地系统规划》等规划。根据2008年全省建设工作会要求，到2012年全省要做到县城控制性详细规划全覆盖，所有乡镇有总体规划的要求。我县以新一轮城市总体规划修编为重点，实现城乡总体规划全覆盖，充实完善各专业规划，使规划编制的广度和深度得到加强。现已完成《双江县近期建设规划（2011～2015年）》、《勐库镇总体规划（2011～2030年）》、《双江自治县大文现代农业特色小镇规划（2011～2030）》、《勐库镇控制性详细规划》、《勐库镇近期建设规划（2011～2015）》、《勐库镇特色旅游小镇规划》、《勐库镇商贸特色小镇规划（2011～2015）》的编制工作；《县城中心区控制性详细规划》已进行多次成果汇报；《邦丙乡、忙糯乡总体规划》已完成初评，规划成果正在完善。对我县的城乡建设、管理具有很好的指导作用。

二、全力推进城市建设，不断完善城市功能

2010年以来，围绕完善城市功能、提升城市品位、增强承载能力，全县加大了城市基础设施建设力度，实施了一批重点工程、完成了一批重点项目。一是建成四个重点基础设施建设项目，即：县城生活垃圾处理场、县城污水处理厂、县城供水管网改扩建工程、勐库供水工程，完成总投资金9868.45万元。完成了白象路（勐勐小学段）、育才路、县标至尹俸桥段道路的改扩建及环卫设施、太阳能路灯安装和绿化工程，完成了城北二号路、南勐河东路北段（公安局前）道路及延伸段路基土石方回填，4个项目共完成投资1234万元。目前正抓紧实施36米大道、锦丽新城片区忙袜河南北路。民族文化广场、全民健身活动中心及体育场项目正在有序开展相关前期工作。勐勐农贸市场提质改造项目，已基本完成房屋征收摸底调查工作。全县基础设施配套功能不断完善，城市综合承载能力不断增强。

三、着力改善民生，全力推进住房保障工程

近年来，双江自治县委、县人民政府紧紧抓住国家和省市加大保障性安居工程建设的重大机遇，下大决心、花大力气，大规模推进保障性住房建设。截止目前，我县已累计启动城镇保障性住房建设5432套，建成3932套，分配入住1049套，切实解决了部分城镇低收入家庭住房困难问题。2012年我县保障性住房建设任务2500套。按县委、政府计划，在县城北二期建设保障性住房596套，勐库镇建设保障性住房150套，忙糯乡建设保障性住房36套，工业园区配套建

设保障性住房718套。目前，各建设单位正抓紧开展相关前期工作；启动了七个房地产开发项目，总建筑面积约70万平方米，概算总投资约19亿元，截止目前，七个房地产项目累计完成投资4.6亿元，其中交付使用项目一个，完成投资1.36亿元；同时组织实施好农村危旧房及民居地震安全工程，截止目前，我县共完成拆除重建10469户，改造加固5445户，投入资金13.17亿元。项目的实施，有效地改善了农村广大农户的居住条件，切实解决了农村低收入住房困难家庭的住房问题，促进了社会主义新家园建设。

四、积极推广新技术，太阳能等可再生能源项目得到应用

为积极响应国家节能减排号召，建设节约型社会，充分发挥双江自治县可再生能源优势，减少常规能源使用以改善环境质量，推动可再生能源在建筑中的应用，带动可再生能源产业的发展，我县积极向国家争取2011年、2012年再生能源应用项目，实施方案报县人民政府审批后，项目主要在县城区、勐库镇、邦丙乡实施，目前共安装太阳能路灯860杆，完成投资1495.48万元；有效改善了生态环境。

五、植绿护绿，美化环境

2010年以来，我县围绕3年完成10000株以上大树移植目标任务，开展园林城市创建活动，积极打造生态宜居城市。2010~2012年全县共移植大树10710株，占3年完成10000株移植目标任务的107.1%，完成投资4034.22万元；开展了园林单位、园林小区创建活动，重点实施了双江县一中2800平方米绿化改造工程，新建德裕小区6500平方米绿地和铁厂片区廉租房小区1500平方米绿地，并巩固好已有的公园绿化成果；2013年以来在县城过境线移植大树1100株，完成投资462万元，在过境线公路朵火、部队桥、尹俸连接线、景亢段三角地段及过境线县城段隔离绿化带新建绿地面积21000平方米，累计完成投资500万元。目前正抓紧实施40万平方米的滨河景观工程，努力构建最适宜的人居绿色生态城市环境。

作者简介：

刀江红，男，汉族，1966年1月出生，中共党员，本科学历。现任云南

省双江拉祜族佤族布朗族傣族自治县住房和城乡建设局党组书记、局长。

1986 年 7 月参加工作，历任双江政府驻昆明办副主任；勐库镇镇长；双江劳动局局长；县工业商业和科技信息化局局长。2012 年 11 月至今，任双江拉祜族佤族布朗族傣族自治县住房和城乡建设局党组书记、局长。

董有华，男，拉祜族，1976 年 2 月出生，中共党员，本科学历。1996 年 9 月参加工作，现任双江拉祜族佤族布朗族傣族自治县住房和城乡建设局副局长。

以城乡规划为龙头　努力实现精细化管理

云南省巍山彝族回族自治县住房和城乡建设局　饶以政

巍山县城乡规划建设工作一直以来在大理白族自治州州委、州人民政府的指导帮助下，坚持以科学发展观为指导，以加强城乡规划建设管理工作为出发点，以古城保护、基础设施建设、城市管理为重点，以重点项目建设为支撑，以推进全县城镇化建设进程、服务经济发展为目标，以规划为龙头，坚持“先规划后建设，无规划不建设”的原则，注重科学民主依法规划，努力实现城乡规划精细化管理。目前，我县城乡规划管理建设各项工作进展顺利。

一、巍山县基本情况

巍山县国土面积 2200 平方公里。其中，山区面积为 2052 平方公里，占总面积的 93.3%。全县辖 4 镇 6 乡。共有 4 个社区、79 个村委会、1344 个村民小组。全县总人口 31.67 万人，共有 23 个民族。其中，农业人口 28.26 万人，占总人口的 89.21%；少数民族人口为 14.35 万人，占总人口的 45.31%；彝族人口为 10.97 万人，占总人口的 34.63%；回族人口为 2.35 万人，占总人口的 7.40%。综合地讲，我县是一个集贫困、山区、农业、多民族共存为一体的自治县。

二、规划工作情况

根据省州党委关于山地城镇建设的指示，我县积极推进“保护历史文化名城、保护坝区农田，促进城镇上山、项目上山”的“两保护两上山”战略，围绕大理滇西中心城市“1 +6”城市群建设，加大古城保护力度，保护开发文庙片区、开发文献新区，开发文华山片区，建设大仓永建新区建设，努力把巍山打造成生态宜居的大理滇西中心城市第一副城，坚持合理布局、突出重点、节约用地、优化环境、有利生产、方便生活的原则，全面推进城乡规划编制工作。

我县 2012 年完成了《巍山县城近期建设规划》、《巍山县文华山片区概念性框架规划》、《巍山县文华山片区控制性详细规划》、《巍山莱秧河文化旅游休闲项目规划》和《云烟印象庄园巍山园修建性详细规划》等一批重点规划编制和审查工作，进一步完善了县城规划体系，保障了巍山县城如期实现科学发展。

（一）新编《巍山县城控制性详细规划》。内容为完成县城建成区 3 平方千米的控规编制工作。

（二）新编《巍山县行政办公区规划设计方案》。内容为完成巍山县行政办公区占地总面积 200 亩的修建性详细规划编制工作。

（三）启动《巍山县城总体规划》修改。结合巍山城市发展实际，合理核定城市规模，完善用地布局，落实大理滇西中心城市总体规划对巍山的定位。

（四）启动《巍山历史文化名城保护规划》修改。及时修正保护规划中不适应城市发展的部分，落实古城保护和新城建设和谐推进的建设目标。

（五）启动《东莲花历史文化名村控制性详细规划》修改。

（六）新编《巍宝山风景区控制性详细规划》。完成巍宝山风景区核心区 8 平方千米的控规编制工作。

（七）新编《大理滇西中心城市群——大仓永建片区总体规划》。完成 60 平方千米范围、人口规模为 30 万人的总体规划编制（其中 20 平方千米核心区总体规划，40 平方千米控制性详细规划）。

（八）新编《城市绿地系统专项规划》加快创建省级园林城市步伐。

三、计划重点开发建设情况

（一）行政办公中心

按照省委、省政府“两上山、两保护”的部署，根据《巍山县城市总体规划（2009～2030）》和《巍山历史文化名城保护规划》的相关要求，规划优化老城区历史文化格局，保护历史文化街区及历史建筑，更好的发展生态宜居型历史文化名城，将行政中心向东片文华山片区迁移。规划用地位于文华山南片区，近期规划中的用地性质为行政用地。现已委托云南省设计院完成编制《巍山县行政中心修建性详细规划》，占地面积 18.45 公顷，总建筑面积为 12.16 万平方米，容积率 1.05，建筑密度 25.19%，绿地率 36.5%，规划以开放、民主、生态、环保为主题，设置平等的公共交往平台、平等的办公空间于城市空间。规划充分尊重自然，考虑巍山县文脉及周边山水的关系，形成左辅右弼、前水后山的规划格局，合理的结合周边的自然地貌，以现代的生活办公模式，兼顾周边地块形成完善的服务配套设施，统筹安排整体规划布局，以填补文华山南片区的行政服务空白，为城市输出公共绿地与沿街绿化等公共开敞空间，同时巍山县行政中心的建设也将代表文华山南片区的整体形象、形成地标式建筑，最终实现民主开放的和谐建设，巍山县的和谐发展。规划结构以“一心四轴一带、两片区五节点”为原则，一心是以行政广场形成的机关中心。包括绿地、水体、硬质铺装等结合属相设计形成的亲密、和谐、生态的行政广场等。这些元素共同形成行政中心面向市民的窗口，突出的位置和形象标识，体现“立党为公、执政为民”的精神，也典型地关注和体现人民的价值、梦想与情感。四轴主要是指三横一纵四条空间景观轴线，其中三条横贯用地的空间景观轴线，依山就势，自用地东北高地向西南山脚延伸；一条纵轴沿行政中心主题建筑对称布局，形成庄严、大气的空间风貌。一带是指根据地形地貌及对用地格局的分析，用地周边由西北向东南沿山体形成一条代行结构履带。两片区是指中心办公区和其他办公区。五节点是指贯彻机关州县的市民广场节点行政中心主楼节点及绿地节点。

巍山县行政中心建成以后，将成为我县带有浓厚地方传统民族文化特色的多功能城市吸引力的公共中心。

（二）城市提质扩容

城市功能，就是城市品牌，建设设施齐全、功能完善、环境宜人、活力无限的城市品牌，将极大地提高城市的核心竞争力。近年来，我们以优化发展环境为目的，大力实施系列项目建设。一是加快城市道路建设。道路是城市骨架，也是城市的形象，随着上下水坝、南熏街、东外街、竹壁巷及瓜浦街等24条古街道相继完成改造建设，改变了道路狭窄、坑洼不平、尘土满天的交通旧貌，提高了城市承载力；二是结合城市道路改造、公益设施建设、排污管道建设工程，形成了完整有效的排污管网。着力加强“两污”项目科学管理运营水平，切实有效发挥“两污”项目整体效益；三是实施精品工程，提升城市形象。规划建设了南诏文化广场一、二期建设项目、蒙阳公园改造提升、土主庙踏歌场改造完善项目等一批休闲娱乐活动中心，完善了城市功能，丰富了群众生活，提升了城市风貌；四是提升城市品位，改善人居环境，加强城镇化进程，开发建设文献新区，做好各功能区的修建性详细规划的监管工作；五是因地制宜，合理布局，乔灌结合，精益求精，打造绿化精品工程。按照小环境、大生态的思路，对古城区实施绿化改造。同时，坚持“突出重点、兼顾全面”的原则，合理划分区域，责任到人，综合养护取得良好效果。

下一步工作中我县将围绕“发展古城空间，提升城镇品质”中心任务，不仅把县城“块头”做大，更要想办法把“内涵”提高。通过建设一批精品项目，逐年逐步提升县城质量，形成支持“持续转型升级”科学发展的保障体系。

（三）创建省级园林城市

城市园林绿化作为城市环境建设中不可缺少的重要组成部分，在促进城市可持续发展战略实施中发挥着重要的作用。创建省级园林城市不仅是政府的形象工程，也是一项改善人居环境的民心工程、更可以提高巍山国家级历史文化名城的知名度。

根据《城市绿化专项规划》即园林城市创建目标，我县采取了一系列措施、保障绿化规划落到实处。一是确定绿化目标，按计划积极争取资金，创造条件，逐年实施，保障绿地面积逐年提高，保证了绿化与建设开发同步；二是积极开展园林单位、园林小区和园林奖补项目申报工作，为省级园林城市创建工作扎实基础。2013 年计划上报新建各类绿地 100 公顷，如链子桥三角地绿地、建设西河生态休闲旅游绿地等项目。十二五期间创建省级园林城市，计划总投资 5700 万元。严格按照省级园林城市标准，加大绿化投入，实现人均公共绿地 8 平方米，城市绿地率 35% 的主体核心目标；三是通过实施菜秧河旅游休闲文化项目等一批绿化项目逐年争创园林城市。创建省级园林城市，提升巍山县城居住质量，促进新区建设和历史文化遗产保护，实现富有民族和谐氛围的特色宜居旅游城市的建设目标，促进民族地区全面进步；四是动员全民参与，形成工作合力，每年在城区开展大规模的义务植树活动，逐步形成全社会参与的合力。

作者简介：

饶以政，男，彝族，1964 年 5 月出生，中共党员，本科学历。现任云南省巍山彝族回族自治县住房和城乡建设局局长。

创新求变促建设　　拼搏实干谱新篇

西藏自治区贡嘎县住房和城乡建设局　李柏松　白国华

2011年是全区隆重纪念建党90周年、热烈庆祝西藏和平解放60周年，稳步推进“十二五”开局各项工作之年，一年来贡嘎县住建局在县委、县人民政府的正确领导下，高举中国特色社会主义伟大旗帜，以邓小平理论和“三个代表”重要思想为指导，深入贯彻落实科学发展观，坚持中央关于西藏工作指导思想不动摇，紧紧围绕中心、服务大局，积极投身贡嘎经济建设主战场，扎实有序开展住房与城乡建设各项工作。

一、回顾2011年的工作成绩，切实坚定加快发展的信心

2011年，在县委、县人民政府的正确领导下，在上级业务主管部门的指导和关心支持下，在全局上下干部职工同心同德的共同努力下，我们紧紧围绕住房和城乡建设工作职责使命，切实加强和改进工作作风，积极服务于全县经济社会发展大局，解放思想，开拓创新，各项工作取得了令人鼓舞的成绩。

（一）以党和人民满意为追求，全面提升城乡建设工作业务指导和管理水平

根据县委、县人民政府要求，认真抓好项目建设管理，监督建筑活动、规范建筑市场秩序，承担建筑工程质量安全监管。截止2011年9月，全县工程建设项目累计开工42个，涉及基层政权建设、保障性住房、教育、卫生、基础设施建设、市政道路桥梁、安居工程和援藏项目等方面，项目投资总计14661.41万元。其中安居工程项目41个标段全部由当地农牧民施工队组织实施。目前已竣工项目10个，剩余32个在建，预计年底全部竣工。在项目实施过程中，我局对项目建设各个环节进行全方位严格把关和业务指导，狠抓质量安全，规范建筑市场秩序，建立健全相关工作机制，改进工作方法，对所有管理权限范围内的项目由专人负责建档管理。确保项目顺利投入使用，发挥应有的效益，让党和人民满意。

（二）坚持以人为本，情系民生，扎实推进住房保障与改革各项工作

积极向上级业务主管部门争取廉租住房、周转房项目等保障性住房建设

和住房公积金贷款。目前，2009年新建40套廉租住房已全部入住，2011年争取的36套廉租房已开工建设，将于2012年投入使用。2010年100套县直机关周转房将于11月底进行竣工验收。截止2011年9月份累计缴存住房公积金7278552元，缴存人数1363人。由于工作调动转移住房公积金496165.81元，涉及人数14人。因购房和退休累计兑现住房公积金3079163.51元，兑现人数90人。截止目前，我县住房公积金贷款累计发放8500000元，涉及人数52人。

（三）切实加强党风廉政建设，努力塑造住建管理良好形象

一是党风廉政建设责任制得到全面落实，增强了党员干部落实党风廉政责任制的自觉性和责任感。二是廉政教育活动扎实开展，定期组织学习，开展警示教育。三是政风行风不断改进，重点工程项目监督监管得到加强。

（四）大力加强市政设施维护和城乡环境综合整治，打造干净、亮丽县城

一是2011年我局累计更换下水道检查井盖200余个；雨水蓖160余个；路灯灯泡200余个，并对路灯线路和控制箱进行改造维护。全年累计投入资金36万元。二是加强整治城内乱贴、乱画、“牛皮癣”等现象。依法取缔占道和占用公共场地的夜市摊点、烧烤摊、水果摊、流动摊，规范了摊点经营。杜绝跨门经营行为，进一步落实“门前五包”责任制，开展学校、医院等周边环境整治。重点开展市场周边秩序管理，规范各大商场的户外广告宣传活动和整治乱堆、乱放、乱搭、乱占行为。截止12月份，共查处乱摆摊设点20余起、乱倒垃圾19余起、接收群众来访及举报电话7次。对违规违章人员进行了批评、教育。对来访及举报电话及时进行处理并予以回复。加强城市管理宣传。三是2011年共清运生活垃圾2125吨，比2010年增长5%，日保洁面积达7350平方米，日清运垃圾5.82吨，清淤下水道14.5公里，清淤量3吨左右，清推建筑垃圾120吨左右，总投入作业时间达12个工作日。加大对垃圾场的管理，制定了生活垃圾卫生管理的操作规程，做到垃圾场周边环境无污染事故发生，垃圾场工作移交国策公司运营。

二、展望住房和城乡建设工作壮丽蓝图，努力谱写新篇章

当前，我县经济社会各项事业发展迅速，各级领导和人民群众对住房和城乡建设工作给予了高度的关心、关注和支持。我们要以建党90周年、西藏和平解放60周年为动力，认真贯彻胡锦涛“七一”讲话和习近平出席西藏和平解放60周年庆祝活动一系列重要讲话精神，按照区党委书记在我地区调研期间提出的“要把山南建设成为全区六个模范区”的要求，立足创先争优，

大力加强组织和队伍建设，不断创新发展理念和工作举措，力争上游，勇创一流。

（一）努力探索科学发展新路子

当前的发展对住建工作的要求不断提高，我们将紧紧围绕中心任务，在推进住房制度改革、规范住房和城乡建设管理制秩序、监督建筑活动、规范建筑市场、指导建设工程项目管理和实施、监管建筑工程质量安全等方面不断总结经验，结合实际，探索科学的工作方法，有效的管理手段。着力找准工作的结合点、把握切入点、抓住着力点，不断提高工作的科学化水平，增强干事创业的实效。

（二）立足稳定，促进和谐发展，情系民生改善，着眼民族团结，注重改革发展

住房与城乡建设工作，是改革、发展、稳定的重要工作，是与群众生产生活息息相关的工作，是认干不认说的工作。新的一年里，我们将深入基层、深入群众、深入一线，掌握新情况、研究新办法、解决新问题。增强服务改革发展和社会稳定的观念，突出密切联系群众、服务群众的职能。重点围绕保障性住房建设，争取在2012年实施保障性住房项目公共租赁房100套，建设面积6000平米，周转房64套，建设面积3840平米，维修改造79套，维修面积2068平米；在工程建设领域项目建设监管；市政设施维护、市容市貌整治等涉及民意民生，增加农牧民收入，解决农牧民就业，促进民族团结、社会和谐稳定的工作中做到踏石留印，抓铁有痕，稳扎稳打，步步为营，让党和群众放心，使党和群众满意。面对改革发展对住建工作提出的新的更高要求，我们要自我加压，不断改进工作作风，着力提升群众工作能力；全力推进正规化建设，着力提高建设管理工作能力；善于处理各种社会矛盾，着力提高驾驭局面能力；认真抓好干部学习教育，着力提升创新工作能力。与创新社会管理相结合，与促进经济发展相结合，与转变干部作风相结合，努力使贡嘎住房与城乡建设工作经得起实践、群众和历史的检验。

回顾过去我们无比自豪，展望未来我们信心百倍，时代赋予了我们历史的重任，形势给我们提出了严峻挑战，我们将继续发扬保持优良传统和作风，振奋精神，开拓创新，与时俱进，不断开创住建工作新局面。

作者简介：

李柏松，男，汉族，1974年9月出生，中共党员，本科学历。现任西藏

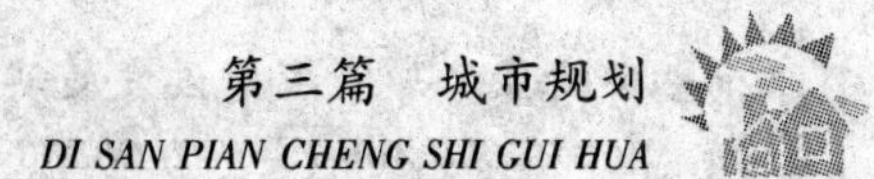

自治区贡嘎县住房和城乡建设局局长。

白国华，男，汉族，1980年6月出生，中共党员，本科学历。现任西藏自治区贡嘎县住房和城乡建设局副局长。

奋力拼搏 锐意开拓
推动城市建设事业再上新台阶

陕西省华阴市住房和城乡建设局 段江鸿 杨俊杰

2012年，华阴市住房和城乡建设局在市委、市政府的正确领导和市人大、政协的有力指导下，以建设国际山水文化旅游名城为目标，紧紧围绕“东扩南接、北挺西进、一河两岸、城景一体”的发展思路，按照“建高楼、腾空间、增绿地、造景观”的建设要求，以城乡规划为龙头，以项目建设为平台，以基础设施建设为重点，以改善人居环境为目标，大力加强城乡规划建设管理，充分发挥优势，积极应对挑战，圆满完成了上级下达的各项工作任务。

一、锐意进取，全面争先，城建事业取得新成就

（一）坚持规划先行，统筹城乡发展

加快《华阴市城乡一体化规划》和《华阴市城市总体规划》修编，目前工作已进入评审阶段；完成了《中海太华湖生态镇项目概念性规划》等一大批项目的详细规划和重要节点的规划；完成了东环路等重点道路市政工程设计及街景规划编制工作。始终坚持高起点、高质量、高水平、快节奏地推进各项规划编制、评审和报批工作，被渭南评为“2012年度村镇规划工作先进单位”。

充分发挥城乡规划的指导、调控作用，严格执行“一书两证”和建设项目选址意见书分级审批制度，全年核发建设工程“一书两证”34件，审批发放选址意见书7件，发放建设用地规划许可证9件，审批建设用地面积40万平方米，发放建设工程规划许可证18件，规划审批建筑面积达23.74万平方米。

（二）加快建设步伐，推进重点项目

2012年，我局重点实施了“四路两园”6项城市基础设施重点项目建设工程，完成投资1.831亿元。城市文化公园在完成了硬化、绿化、亮化工程，完善了公园内景观以及垃圾箱等环卫设施后，已于9月28日正式开园。随着综合功能的不断完善，城市文化公园日益成为广大居民休闲、娱乐的重要场

所，有力地改善了人居环境，发挥了多重功能，起到了应有的效果。杜峪河公园完成公园水利景观、园路、广场铺设、桥梁安装装饰，湖心亭安装以及两岸绿化工程，计划年内正式开园。东环路道路工程铺设雨污水管道 15600 米，路基底基层 6200 平方米，铺设电力电信穿路 102 道，完成砌筑检查井 310 座，管道回填土 96000 立方米，平整路床 6200 平方米。南环路工程计划年内完成杜峪河桥桥梁铺设，路床平整及管道铺设。滨河大道工程完成已征地范围内 1500 米雨污水管道铺设，处理沙坑 1300 米，平整路床 1500 米。贵妃路西段道路工程已完成雨污水管道各 200 米，路床平整 3000 平方米，给水改造 170 米。

（三）加强市政管理，完善城市功能

公厕建设项目作为市委、市政府为民办实事的任务之一，受到各级领导的高度重视。2012 年建成开放标准化公厕 8 座，使城市公厕布局更加合理，功能明显改善，标识管理统一规范，与周边环境更加协调，受到群众的广泛好评。

坚持市政设施日常巡查，实行路段包干、责任到人考核管理体制，做到“三个确保”：一是确保排水设施畅通。维修排水管道 75 米，清理雨水井、检查井 1244 座，疏通排水管及穿路管道 1320 米，更换雨水井、检查井 70 座；二是确保道路及市政设施完好。修复塌陷、破损、水毁人行道地砖 6300 平方米，修补路面及人行道 1900 平方米，更换北站广场石墩 223 个、政府广场座椅 12 套，修复电力缆沟 30 米；三是确保城区防洪安全。健全防洪应急预案，在汛前对城区各主要道路的排水系统进行全面疏通清理，缓解内涝问题。在汛期坚持日常巡查，分路段、分单位落实防汛责任，成功应对 7 月 4 日短时间特大暴雨，城市安全度汛。

（四）强化城市管理，提升城市形象

1. 城市绿化工作全面实施。对东环路影响道路施工的 2 万余棵苗木进行移栽；投资 260 万元，对城区绿化、行道路树补栽；先后投资 235 万元，完成华岳路北段、四五零部队专线、中海开发小区、华山景区（310 国道华山段）绿化，绿化面积达 4500 平方米；城市文化公园和杜峪河公园共投资 1600 万余元，增加绿化面积 7.5 万平方米。

2. 城市亮化工作扎实开展。为提高维护质量，确保亮灯率，对市区实行分片管理，责任落实到人，定期对路灯、线路进行全面检查维护，确保主干道亮灯率达到 98% 以上，小街小巷达到 95% 以上。全年共安装路灯 56 杆 108 余盏，维修路灯 2597 杆，更换地埋电缆 1120 余米，政府广场线路改造 500 余米。

3. 户外广告整治成效显著。重点对城区影响市容环境的陈旧、破损、规格不统一的多头匾、店招、灯箱等进行全面清理，督促更换维修广告牌20余座，拆除违章破损单立柱广告牌1座。完成设置大型户外公益广告4座，设置廉政宣传户外广告6座。

（五）突出工作重点，加强行业监管

1. 多措并举，建筑管理水平明显提升。全年先后组织5次安全生产大检查，累计检查项目96项，建筑面积98.86万平方米，造价18.91亿元。严格工程项目规划和审批，截至目前全市工程报建项目共27项，发放施工许可证25项。大力开展文明工地创建，2012年共有4个工地被评为省级文明工地。建筑节能工作推进顺利，全市范围内新建、改建、扩建的商品住宅和公共建筑100%达到节能设计标准。

坚持规模（50万）以上工程一律进入招投标有形市场公开招标，全年完成工程招投标28项，中标造价约5.06亿元，建筑面积约37.18万平方米，收缴有形市场交易服务费36.095万元。工程报建率、施工图审查率、招投标率、竣工验收合格率均达100%，工程质量监督覆盖率达96%以上。

2. 规范秩序，房地产市场管理成效显著。加强房产建设项目证和商品房预（销）售许可制度管理，全年发放房产建设项目证7份，发放商品房预售许可证10件。截止目前，房地产开发累计完成9亿元，同比增长363%；施工面积43.34万平方米，同比增长83%，竣工面积11.5万平方米，同比增长23%；商品房累计销售7.19万平方米，同比减少12%，其中住宅累计销售5.02万平方米，同比减少44%。

进一步规范房地产权属登记、交易过户、抵押鉴证等工作。核发房屋权属证书1270户（本），房地产转移登记1026宗，房地产抵押登记571宗。修订完善和执行各项物业管理政策，严格落实物业维修资金和保修金管理制度，审核物业维修资金涉及6个新建小区。

（六）落实“安居工程”，加强危房改造

全面完成2012年渭南市下达我市1128套保障性住房建设任务，交付使用1502套，超额完成了年度970套的目标任务竣工任务，344套保障房已分配入户。全年共争取上级各类资金1989万元，发放廉租房租赁补贴74.484万元，共计808户，2069人。

积极开展农村危房改造工作，全额发放了危房改造资金520万元，顺利完成2012年渭南市下达我市500户（其中200户节能示范户）危房改造任务。

（七）坚持以人为本，着力改善民生

1. 城市供水事业健康发展。对城市供水严格把关，加强对水源地的保护和水质的检测，全年完成城市供水142万吨，水费收入352万元，出厂水质综合合格率达100%，用户满意率达99%，加强供水设施维护，及时检修供水设备，科学调度，优化运行，安全度过了夏季供水高峰。

2. 污水处理项目稳步实施。污水处理厂提标工程前置反应区1#2#3#4#反应池混凝土浇注完毕，管道连接完成，投入正常使用。污水处理中水回用项目建设正有序进行。

3. 天然气综合利用项目扎实推进。城区管道铺设1.1万米，户内安装1928户，门站设施基础、储气井、加气罩棚、站房已完成，设施安装基本完成，电信小区已实现通气。

（八）加强队伍建设，服务发展大局

深入学习贯彻党的十八大精神，以“作风整顿”活动作为促进全系统效能建设的重要推手，狠抓工作作风和制度建设，以责任为第一要求，以干好为第一目标，进一步转变作风，提升效能，推动各项工作快速高效落实；加强队伍规范化建设，为机关工作人员统一配发了工作装，进一步提升住建系统整体形象。以“四严格一提升”活动为有效载体，认真落实党风廉政建设，加强廉政风险防控制度建设，打造务实高效、开拓进取、廉洁勤政的干部队伍。

积极宣传城市建设、项目建设、民生工程及各项亮点工作，2012年在地级以上报刊发表稿件72篇，上稿情况在全市名列前茅，充分展示了我局良好的对外形象，有力助推城市建设各项工作。此外，在招商引资、平安创建、安全生产、计划生育、工会、妇联、团委、信访等方面也做了大量工作，较好地完成了全年的目标任务。

二、奋力拼搏，再战来年，推动城建事业取得新辉煌

在肯定成绩的同时，也要清醒的认识到，我们的工作与市委、市政府的要求和群众的热切期望还有一定差距，重点项目推进、基础设施维护、公用事业服务等方面还存在着一些问题亟待解决。要想在新的一年里取得更大的成就，再塑新的辉煌，我们必须正视不足、克服困难，奋力拼搏、再战来年。

2013年我局工作的总体要求是：全面贯彻落实十八大精神，以科学发展观为指导，按照市委十五届四次全体（扩大）会议和市人大第十七届二次会议精神，以完善城市功能、提升城市形象、优化人居环境、增强城市的承载

力和吸引力为目标，以加快发展、改善民生为主题，以大力推进项目建设为手段，以提高干部队伍素质为助力，以狠抓执行落实为根本，注重质量，精细实施，努力在项目建设上求突破，在行业管理上创佳绩，在民生保障上建成果，着力营造住房和城乡建设新亮点。在具体工作中，努力实现五个新跨越。

（一）高标准建设城市，在城市硬件建设上实现新跨越

项目建设是提高城市功能，改善城市环境，推进城镇化进程的重要前提。2013年我们要抓好“一个全力推进”和“一个确保完成”，加速推动城市建设发展。一是全力推进2012年项目续建工作，通过加强督导调度，保工期、保质量，打造精品工程，确保重点项目如期完成；二是确保完成城市道路建设。投资2.1亿元，建成滨河大道、东环路、南环路、黄甫路、贵妃路等城市道路，打通一批“断头路”切实提高城区贯通能力，拉大城市框架，完善城市路网。

（二）高起点规划城市，在城乡规划管理中实现新跨越

城市规划是城市建设和发展的灵魂和龙头，规划水平的高低直接关系到城市的布局、功能和风格，我们要从全市经济社会发展的总体环境和目标出发，坚持“把城区当作景区来建设”这一理念，加快完善城乡规划体系。修编《城市控制性详细规划》，编制城市重要节点、园林绿化、城中村改造、文化雕塑等专项规划，高标准设计城市生态水系、“一河两岸”等街景规划。强化规划执行与管理，严把项目规划审批关，坚决遏制各类违法违章建设行为，切实维护规划的严肃性和权威性。

（三）规范化管理城市，在行业管理工作中实现新跨越

1. 进一步规范建筑市场，规范服务行为、提高服务质量。一是严把施工企业资质审查关，严禁不合格企业进入我市建筑市场或超范围承揽工程；二是坚持规模（50万）以上工程公开招标制度，所有建设工程一律进入招标有形市场交易，防止暗箱操作，维护公开、公平、公正原则；三是强化工程质量安全监督，监督覆盖率保持在95%以上，确保工程竣工验收合格率100%，全年无重大安全事故发生；四是做好建材测试检验，严守操作规程，杜绝假冒伪劣产品流入工地；五是按照“谁主管、谁负责”原则，从施工、监理、监督等各个环节层层落实质量安全责任制，促进我市建筑业健康发展；六是加强防灾减灾能力建设，做好初步设计审查和施工图审查。

2. 进一步抓好房地产业管理工作。一是加强房产建设项目证和商品房预（销）售许可制度管理，积极探索新形势下的房地产开发、物业管理、房屋征收管理与交易市场管理的有效形式和方式，切实稳定房价，维护群众利益，促进房地产业的健康稳步发展；二是切实加强物业管理，大力发展物业管理服务，进一步提高物业管理覆盖面，逐步规范管理行为，提高管理水平，提升市民的居住环境整体水平。

（四）狠抓民生工程，在完善住房保障体系中实现新跨越

一是明确任务，继续将保障性住房建设工作任务抓紧抓好，强化工作措施，认真落实；二是全力以赴抓进度，一方面继续加快完成续建保障性住房项目建设，另一方面攻坚克难，加快完成2013年保障性住房建设，确保我市保障性住房年度目标任务圆满完成；三是做好农村危房改造工作，及时发放农户补助资金。

（五）狠抓精细管理，在优化城市环境中实现新跨越

大力实施城市“绿化、美化、靓化、硬化”工程，坚持以人为本的思想，创造优美整洁的城市环境，做到“两个提升和两个加强”，完成创国卫年度工作任务，提升城市形象和品牌。一是市政基础设施完善提升。铺设北环路雨污管网1.9公里，逐步形成城市环形排水管网系统，加强对市政设施和路灯的日常管理及维护，实行路段包干、责任到人考核管理体制，确保市政公用设施完好率和亮灯率；二是城市绿化完善提升。抓好环城林带绿化、生态林绿化、道路绿化、河道绿化、小区绿化、庭院绿化六大“绿化工程”，把城市绿化向更大空间扩展和延伸；三是加强水源地保护和自来水消毒、水质监测工作，确保饮用水质达标率95%以上，做好污水处理工作，确保生活污水达标排放；四是加强规范户外广告管理，从设置地点、版面设计等方面严格把关，使之与周围环境风格相协调。

三、转变作风，真抓实干，奋力开创城乡建设新局面

将加强队伍建设作为推进建设事业发展的根本措施，切实加强党风廉政建设和作风建设，努力打造一支想干事、能干事、会干事、干成事、不出事的建设队伍。

（一）加强作风建设工作不放松

认真贯彻落实中、省、市关于《改变工作作风、密切联系群众八项规定》的实施意见，提倡讲实话、报实情，多讲问题、多提意见；提高会议实效，开短会、讲短话，切实改进文风，力求言之有物，实事求是。努力克服各种形式的脱离群众的特权现象，执行规定不突破、不变通；接待工作要严格按照规定办事，杜绝各类奢侈浪费现象发生。

进一步完善工作机制，研究解决问题不走形式，不走过场。建立重点工作督办机制，认真落实“首问负责制”、“限时办结制”、“过错责任追究制”等制度。形成工作在一线推进、问题在一线解决、成效在一线体现的工作局面。大力整治“不落实的事”，督查“不抓落实的人”，纠正作风拖拉、效率不高的现象。

进一步健全各项制度，规范办事流程。坚持依法行政、依法办事，无论是工程项目建设，还是相关管理工作，都必须高标准、严要求，不断提高工作效率和工作质量。

（二）加强党风廉政建设不放松

将十八大部署的一系列从严治党的工作牢记在心、认真落实。党员干部要时刻检视自己，约束自己的一言一行，防微杜渐。要进一步加强党风廉政建设，提倡节约，狠刹公款消费、公款吃喝风，加强对人财物的管理，强调机关工作纪律，建立强效的制约机制，各科室（单位）要加强服务管理，减化办事手续，提高服务人员的整体素质，建设规范、高效的服务型机关。

2013 年是全面贯彻落实十八大精神的开局之年，也是实施“十二五”规划承前启后的关键一年，更是充满机遇和挑战的一年。要想谋求新发展、实现新跨越，不仅需要我们知难而进、勇于任事，更需要我们强化措施、务实创新。让我们在市委、市政府的正确领导下，把十八大精神激发出的政治热情转化为推动工作的强大动力，以“动则真、干则胜”的胆识和勇气，以更加饱满的精神，更加昂扬的斗志，更加扎实的作风，为建设国际山水文化旅游名城作出新的更大的贡献！

作者简介：

段江鸿，男，汉族，1969 年 5 月出生，中共党员，研究生学历。现任陕西省华阴市住房和城乡建设局局长。

自 1990 年 6 月参加工作起，历任华阴市建设局副局长，华阴市市容环境卫生管理局局长，建设系统党总支部书记，市容管理局局长。2012 年 4 月至今，任华阴市住房和城乡建设局局长、建设系统总支副书记。

杨俊杰，男，1973 年 11 月出生，中共党员，大学学历。现任陕西省华阴市住建局城建档案馆主任兼广告科科长（兼职对外宣传报道工作）。

自 1990 年 12 月参加工作起，分别从事北京空军司令部第一通信总站政治处组织股、干部股、宣传股干事；华阴市城建管理监察大队文秘；现任华阳市住建局城建档案馆主任兼广告科科长（兼职对外宣传报道工作）。

规划引领　突出重点　实现城市建设大发展

陕西省洛川县住房和城乡建设规划局　雷广群

洛川县地处陕西省中部、延安市南部、洛河中游。县域总面积1804平方公里，总人口22.06万人。全县辖7镇9乡1个街道办事处，371个村民委员会。县住建局按照“决战十二五，实现大发展”的要求，以统筹城乡发展统揽全县规划建设工作，坚持“规划引领、重点推进、功能配套、协调发展”的总体思路，紧紧围绕“县城强、城镇大、社区好、果乡美”的目标要求，结合洛川实际确立了“一城四园六镇十社区”的统筹城乡建设体系框架。全县城乡建设以苹果、畜牧、旅游三大产业为支撑，以农民社区建设为突破口，以基础设施、公共服务设施和住房建设为载体，着力构建以县城为龙头、建制镇为纽带、社区为依托的城乡一体化新格局，努力把洛川打造成中国苹果之都、著名休闲胜地。

县城建设按照“拉大框架、完善设施、增强功能、提升品味”的总体思路，以重点项目为载体，以城市基础设施建设和解决城镇居民住房为重点，不断加大旧城区治理改造和新区开发建设力度，全县上下齐心协力“决战十二五、实现城市建设大发展”。

一、县住建局工作成效

近年来，我县重点启动建设“一个中心（狮子岭商业中心）、两个新区（迎宾大道片区、中心大街南片区）、三个广场（行政广场、商业中心广场、南中心广场）、四项改造（光明路、文化广场周边、城市沟壑治理、行政中心）、五条街道（210国道改线、北环路、丰园路、振兴路、龙翔路）、六个小区（丰禾苑、雅苑、龙翔苑、振兴苑、枫林苑、凤栖小区）”，通过一大批重点项目的实施，全面改变城市面貌，提升县城的承载力和辐射力。到“十二五”末，县城规划区道路框架基本形成，基础设施和公共服务设施相对完善，城市建设水平和城市品位得到较大提升，城市承载力进一步提高，力争实现撤县设市的目标。

（一）规划情况

近年来，县委、县政府高度重视规划在城市建设中的引领作用，先后投资1200余万元编制完成了《洛川县城乡一体化建设规划》、《洛川县统筹城乡体系规划》、《洛川城市总体规划》、《苹果产业发展规划》、《国家级苹果批发市场建设规划》、《百万头生猪大县建设规划》、《旅游发展规划》、《县域村庄布局规划》、《城市文化视觉设计方案》等一系列规划，同时，编制完成了6个重点镇总体规划和15个社区建设规划，县城重点编制了部分片区的修建性详细规划，截止目前，全县城乡规划体系基本形成，县城详细规划覆盖率达到70%，规划的编制为城市建设提供了科学依据。

（二）近年来城市建设取得的成就

近年来，我县加大旧城改造和新区开发力度，加快保障性住房建设步伐，县城基础设施逐步提升，人居环境明显改善，县城“四纵四横”道路框架基本形成。一是以“旧城改造、新区开发”为重点的县城开发建设步伐进一步加快。完成了龙阳金都、绿园小区、金苹果小区及尚苹苑小区建设，后子头、安民村和西关村“城中村”改造已经启动；建成解放路街心花园、南街社区休闲广场、民俗广场，新建和改造完成了解放路、凤鸣路、府前街、金苹果大道、振兴路、双拥路、老东街、老西街等城市主要街道，洛川苹果现代产业园区中心区已建成投入使用；东沟回填治理项目已完成土方回填，开工建设商住房。二是城市管理工作进一步加强。实施府前街、中心大街、金苹果大道、双拥街亮化工程，城市面貌焕然一新，市民满意度不断提高；建成了标准化的垃圾填埋场，目前运营情况良好，累计处理垃圾12000余吨；建成标准化的污水处理厂，全县新建及改造街道排水均实行雨污分流。三是保障性住房建设快速发展。我县实行限价商品房、经济适用房、廉租房、公租房为一体的保障性住房体系。现已建成限价商品房1600余套，解决了大部分干部职工的住房问题，安置了中低收入家庭2700余户。目前正在建设丰禾苑、雅苑、洛河小区三处保障性住房小区。

（三）2013年重点项目设置情况

2013年是全县统筹城乡建设最为关键的一年，县城共确定三个板块四大类51个重点项目，其中：续建项目14个，新建项目25个，前期项目12个，总投资达148亿元，当年计划完成投资34亿元。我局承办的项目有七大项，配合项目三项，2013年计划完成总投资8.33亿元。

二、工作措施

（一）提升规划设计水平，坚持用高标准的规划引领城市建设

近年来，县委、县政府高度重视规划在城市建设中的引领作用，先后编制完成了《洛川县城乡一体化规划》、《洛川县城市总体规划》、《洛川县城区控制性详细规划》、《城市文化视觉设计方案》等一系列规划，同时根据建设实际组织编制了部分区域修建性详细规划。截止目前，县城详细规划覆盖率达到90%以上，规划的编制为城市建设提供了科学依据。

（二）建立健全城镇投融资机制

一是要创造良好的投资环境，加大招商引资力度，充分吸引外来资金。二是积极搭建以金融机构和城投公司共同参与的融资平台，积极争取银行贷款用于城市基础设施建设。三是大力推行城镇建设投资主体多元化，放开投资主体，鼓励民间资本积极投资城镇基础设施和公共服务设施建设。

（三）制定政策，落实资金

按照“有多少项目、筹集多少资金”的城市建设筹资思路，为保证城乡建设工作顺利推进，我县制定出台了《关于鼓励开发企业和建筑企业参与我县小城镇和农村示范社区建设的意见》、《洛川城镇开发建设项目融资办法》《关于财政支持重点镇和新型农村示范社区建设的意见》、《关于捆绑使用涉农项目资金加快城乡统筹发展步伐的意见》等统筹城乡建设相关配套政策。这些政策的制定和实施有力地推动了城市建设的顺利进行。在项目实施过程中，我们一是按照“三年项目一年建，一年资金三年还”的建设思路，项目建设尝试采取垫资、借资、BT、BOT开发建设和土地预约等模式，着力解决基础设施建设资金短缺的问题。二是项目资金捆绑使用。要求相关部门单位要积极争取项目资金，用于城市基础设施和公共服务设施建设。三是充分利用城乡建设用地增减挂钩政策，盘活土地资源，大量收储土地，以地生金，缓解项目建设资金困难的问题。四是通过整理企业闲置土地、整合企事业单位办公腾出土地用于开发建设，筹集建设资金。五是鼓励企业参与我县城市基础设施和住房开发建设。对垫资、借资参与县城基础设施建设的企业，在政府实施的县城建设工程和交通、水利等重点项目施工招投标和开发性项目中在同等条件下给予优先考虑。

（四）建立规划建设管理联动机制

建立了“部门联动，城乡共管”的联动执法机制，成立了由经发、工商、公安、电力、供水、消防等部门的联合执法机构，切实加强乱修乱建整治查处力度，对不按照规划审批要求建设，拒不停工整改的，坚决予以断水断电，强制拆除，全面遏制违法违规建设现象。

（五）加强领导，夯实工作责任

为保证城市规划建设顺利实施，县上成立了县城开发建设指挥部，同时建立健全了县级领导和部门项目建设包抓机制，重点解决城乡建设中存在的矛盾和问题，上下联动、横向配合、齐抓共管，做到“任务、责任、措施、时限、效果”五明确，确保项目建设顺利实施。

虽然2013年我县城市建设进入高速发展期，重点项目建设进展比较顺利，但在实施的过程中依然存在很多问题需要我们解决。一是城市品位有待提升。城市基础设施和公共服务设施建设不完善，城市建设缺乏特色。二是投融资机制不健全，城市建设资金短缺。由于我县县级财力状况不好，长期以来在城市建设方面资金投入严重不足，城市建设欠账过多，导致城市基础设施、公共服务设施落后。三是规划管理执法手段单一。城市乱修乱建行为屡禁不止，规划执法力量薄弱，执法管理手段滞后，联动机制不完善。四是重点项目建设环境保障机制不健全。项目建设征地难、征迁难的问题和矛盾依然突出，严重影响了项目建设的顺利实施。我们将进一步攻坚克难，建管并重，为洛川县城乡建设发展作出突出的贡献。

求真务实　开拓创新
奋力推进我县住房和城乡建设事业跨越发展

陕西省靖边县住房和城乡建设局　田　元

近年来，靖边县住房和城乡建设工作以“建设陕北第三大中心城市”和“打造三十万人宜居宜业的现代化文明城市”为奋斗目标，按照“提升、改造、建设”的工作思路，认真落实上级部门下达的各项工作任务，坚持依法行政，城市建设进一步加强，人居环境进一步改善，县城整体品位进一步提高，行业服务水平进一步提升，住房和城乡建设各项工作成效显著。

一、城乡规划日趋完善

根据城乡发展现状，准确定位，统筹城乡发展规划，加快完善城市总体规划、各乡镇总体规划和村庄布点规划等相关规划的编制。

最新一版（2007 版）县城总体规划定位为：国家西气东输的重要枢纽，陕北能源化工基地的核心城市之一，榆林市域副中心城市，陕北第三大中心城市，以能源化工为主导产业，高标准、高起点、高质量全力打造城市环境、人居环境、投资环境和更加宜居宜业的现代化城市。

先后完成了 21 个乡镇总体规划、80 个行政村的村庄布局规划和村庄建设规划、主要道路街景规划、新城区等 8 大片区详规，完成城市路网规划、管网规划、绿地系统规划、人防规划、电力电信规划、城市防洪规划、芦河景观规划、延长生活区详细规划及五台森林公园规划、西草滩湿地公园规划、统万城开发保护规划等专项规划及近期建设用地修建性详细规划和控制性详细规划，县城详细规划覆盖率已达到 59%。城镇化水平由原来的 35% 提高到现在的 60.8%。

二、县城建设成效显著

近年来，我县通过政府增资、招商引资和市场化运作等多种模式，逐渐加大县城建设资金投入力度，建成区面积由原来的不足 10 平方公里扩展到现在的32平方公里。

1. 建成长庆路等19条市政道路和4座跨芦河大桥。对南北大街、东西大街、新东西街、利民街等旧城道路进行了提质改造，县城道路达149公里，298.2万平方米。人均市政道路面积达16.6平方米，路网密度达4.66公里/平方公里。

2. 建成高标准汽车客运站1处，发展公交车辆109辆，公交路线6条，每万人拥有公交车6.06辆。建成公交停车场3处，占地面积3万余平方米，在县城主干道两侧设置公共停车泊位3000余个，总面积达2.7万平方米。灾南环路和滨河路建设成大型停车场两处，在原武装部办公用地上计划建设停车场1处，人均公共停车场面积达0.82平方米。

3. 建成大型广场5处共6.6万平方米，人均广场面积达0.61平方米，广场内绿地率达26.2%。

4. 建成自来水厂1座，已铺设DN100mm以上供水主干管道84.8公里，供水管网总长330公里，日供水量2.08万立方米，供水面积达30平方公里，供应各类用水户13128户。

5. 建成天然气门站1处，天然气净化站1处，天然气加气站2处，液化气充装站1处，建成城市燃气管网431.7公里，发展天然气用户30400余户，天然气覆盖率达到85%以上。

6. 县城主次干道及广场安装路灯1.5万盏，亮化率达100%。

7. 完成芦河一、二期综合治理，建成靖边县山洪灾害防治会商指挥中心1处、靖边县地质环境监测站1处，全县22个乡镇建立会商视频系统，安装了滑坡裂缝报警器，建立了短信预警发布平台和传真发布平台，出现特殊天气能够第一时间进行预防预报。

三、公共基础设施稳步完善

（一）学校建设

建成县级职教中心1所，标准化高中3所，初级中学6所，学生平均校园用地面积达20余平方米；小学11所，小学服务半径约400米，小学生平均校园用地面积达16平方米。

（二）医疗卫生设施建设

建立了以县城为中心，以乡镇为枢纽，以村组为基础，设施设备齐全、服务较为优良的三级卫生服务网络，建成二甲综合性医院1所，二甲专科医院2所，其他专科医院2所。全县共有规范化村卫生室197个。

（三）文化体育设施建设

建成老年文化活动中心1所、青少年活动中心1所、公共图书馆1座、影剧院3所、标准田径场2个，建成二级以上公厕120余座，购置移动公厕8座；社区服务中心5处，建筑面积均达400平方米。

（四）社会福利设施建设

建成救助管理站1处，占地7938平方米。建成敬老院1处，建筑面积达16434平方米，床位300张。

四、住房保障加速推进

建成陕西靖边紫薇花园、康隆能源小区、红枫苑小区等一大批独具特色的高档次住宅小区，完成投资100多亿元，总建筑面积达400余万平方米。完成规划区居民个户、企事业单位整修和新建住房总面积260余万平方米，完成投资34.5亿元，人均住房建筑面积达36.6平方米。建成一期90套4500平方米城镇廉租住房，启动建设了西新区阳光家园和惠民苑78万平方米的保障性住房，人均住房建筑面积14平方米以下的低收入家庭廉租住房保障率达100%。全面加强住宅小区管理，发展住宅小区物业管理公司6家，管理覆盖率达85%。近年来，我县进一步加大住房信息系统建设的投入力度，结合陕西省住房普查工作，不断完善住房信息管理。

五、城市改造方面

（一）沿街危旧房改造成效显著

为完善城市服务功能，提升城市整体品位，通过住建局及相关单位的不懈努力，顺利完成了老十字街、老车站广场北侧及东西大街等14条主要街道两侧沿街危旧房屋改造工作。涉及沿街危旧房屋业主12户，改造面积达7.5万平方米。在城区内各主要道路两侧危旧房地段和空地拉设了文化墙4800多米。进一步美化了城市环境、有效消除了城市危旧房屋安全隐患。

（二）私房改造取得重大突破

十字街旧房改造工作取得了重大突破，顺利拆除李增宝等六户危旧房屋，安置到我县原武装部等黄金地段，全面解决了十字街各住户的历史遗留问题。

六、村镇建设方面

（一）重点镇建设有序实施

全面加快东坑省级重点示范镇的建设步伐，不断完善东坑新区市政道路的建设任务；开工建设幸福家园 A 区 11 栋 540 套 5.57 万平方米的保障性住房、建设创业小区 A 区、B 区 2.2 万平方米公租住房项目。

（二）农村危旧房改造进展有序

2011 年以来，改造农村危旧房 1180 户，截止目前，各乡镇的改造工程开工率达 100%，工程完工率达 98%。

七、城市建设管理方面

（一）全面加强规划审批

县城规划区内的大型项目、个户建设项目及村镇建设项目，严格按照要求进行审批，对大型项目按照建设单位申请、规划管理人员现场选址、局务会初审、县规划委员会审批、批后结果公开公示的程序进行审批。对个户建房项目按照个户申请、规划管理人员现场选址、局务会审批、批后结果公开公示的程序进行审批。

（二）进一步规范批后管理

按照《榆林市城乡规划管理办法》，严把放线、复线、验线“三线”关，实行划片管理、责任到人的办法，坚持现场选址定位、现场审查立面效果、现场跟踪检查落实，严格执行各项规划控制指标，不断加大对违法违章建筑的执法监察力度。

（三）建筑质量安全管理成效明显

全面落实安全生产管理的各项规章制度，有效杜绝了重大安全事故的发生。

（四）燃气安全监管力度逐步加大

对县域内燃气锅炉、燃气经营安装维修企业（门市）进行严格检查、审查和备案。

八、人防工作全面启动

2012 年，我县人防工作于 3 月份全面启动，并取得了较好的成绩。成立了靖边县人民防空办公室，在县城规划区内安装防空警报 9 台，于 9 月 18 日开展防空警报试鸣活动，增强了我县广大市民的防空意识，人防工程建设全面启动，为我县人防事业的健康发展奠定了坚实的基础。

九、信访维稳工作常抓不懈

为做好群众来信来访工作，切实维护社会和谐稳定，完善工作机构，成立了信访矛盾调解工作组，设立了信访矛盾调处室，负责接待群众来信来访及矛盾纠纷调解工作。

十、城市防汛工作有效落实

全面落实城市防汛责任制，进一步修订和完善城市防汛规划和预案，为有效应对突发事件进行科学规划，备足防汛物资储备，组建防汛抢险应急队伍，确保关键时刻拿得出、用得上。

十一、下一步工作打算

我局将紧紧围绕县委、县政府和上级业务部门的目标要求，正确贯彻落实党的十八大会议精神，认真做好城乡建设的各项工作，努力使我县住房和城乡建设事业再上新台阶。

（一）加快规划编制步伐，扩大城市详规覆盖率

全面完成滨河路片区等五大片区的控制性详细规划编制。

（二）加大市政建设力度，完善城市服务功能

道路是联结城市的纽带，城市发展中，道路建设要先行。一是全面完成龙山路市政工程建设。二是完成教堂巷市政工程建设任务。三是启动红柳路北段排水工程、西新街市政工程和综合文化广场地上工程。四是加大老城区沿街危旧房屋改造力度。五是加快经济适用住房等保障住房建设步伐。

（三）强化行业管理措施，提高城市管理水平

1. 规范规划审批管理。进一步规范审批程序，严格按照《城乡规划法》、《榆林市城市规划管理技术规定》和我县城市总体规划相关要求进行审批，确保各项建设科学、合理。

2. 规范建筑市场秩序。一是加快信用体系建设，发挥信用约束机制的作用。二是强化招投标监管，政府投资项目继续进入榆林市建设有形市场，充分发挥监管作用。三是推行以业主工程款支付担保为主要内容的工程担保制度。四是加大清理拖欠工程款力度，把农民工工资支付与企业资质年审、投标资格挂钩，防止产生新的拖欠。

3. 规范工程质量监管。严格执行《建设工程质量管理条例》，制订业主责任制和项目经理责任制，坚持质量监管三到位一抽查、完善见证取样制度，规范检测行为，狠抓施工现场各项基础管理工作。继续推行质量安全每月一检查，及时消除安全事故隐患，遏制事故发生，确保安全生产，力争建设工程一次性验收合格率达 100%。

大思路谋划 大手笔建设 大力度推进

甘肃省张家川回族自治县住房和城乡建设局

近年来，张家川县的城市建设工作按照“南北拓展、东西延伸、改建并举、综合开发”的城市建设思路和“扩大规模、增大容量、完善功能、提高品质、培育产业、增强综合承载能力”的要求，依托国家西部大开发和“关中——天水经济区发展规划”等一系列有利政策条件，牢固树立以人为本、经营城市的发展理念，坚定不移地把城市建设作为优化环境、改善民生、提升形象的先导工程，大力推进城镇化战略，坚持以大思路谋划，大手笔建设，大力度推进，全面掀起大开发、大建设、大发展的热潮，促进了县城规模的快速扩张和基础设施条件持续改善，市容市貌不断改观，人居和投资环境不断优化，城市品位大幅提升，拉动了城市人气的迅速聚集，优化了加快发展的投资环境，提升了张家川的对外形象，有效带动县域经济社会又好又快发展。

一、城市规划日趋完善

根据全县规划建设实际，为了有效推进全县城乡规划体系的完善，充分发挥规划在城乡建设中的指导作用，2010 年投资 100 万元对县城总体规划进行新一轮修编，新版县城总体规划规划面积将由原来的 4. 2 平方公里提高到 10 平方公里，地形图测绘面积由原来的 4. 2 平方公里提高到 13 平方公里。委托兰州交通大学建筑与城市规划学院完成了县城 13 平方公里的地形图测绘工作。2011 年委托兰州交通大学规划设计院，编制了县城、龙山镇建设总体规划编制，委托兰州华川城乡规划设计有限公司完成了对赵家村、赵阳村等 30 个村庄建设规划和胡川乡、梁山乡等 12 个乡的乡总体规划，全县城乡规划体系逐步完善。同时，遵循“先规划、后建设”的原则，严格落实“一书两证”制度，以开展县城建筑秩序清理整顿活动为契机，全面加强了报建项目的规划审批，增强了规划管理的透明度，强化了规划效能监察，城区建设秩序不断规范，城区面貌日益改善。

二、城市基础设施建设不断加强

近年来，在城市建设中我县坚持把基础设施建设作为城市建设的重中之重，集中力量狠抓了道路、给排水、市场和公共服务设施配套建设。

（一）道路建设方面

启动实施了县城中城北路、环城西路、和平路、阿阳路、人民路、滨河西路、解放路、上川路、西关路、峡口路、东台路及行政广场周边道路等17条20公里城区道路的新建和改扩建，共铺油40万平方米，铺设人行道8万平方米，敷设排水管网25公里，上水管网19公里，改扩建桥梁8座，形成了功能完善的“三纵五横”道路网络体系，供水体系和防洪排洪体系。

（二）城市供热建设方面

2003年以前城区有一座6吨供热锅炉，供热面积为5万平方米，供热管网长约2.5公里。2007年对原供热点进行了扩容改造，又新增供热点一处，供热面积达到35万平方米，供热管网长10公里。2012年以来，投资6434万元启动实施了城区集中供热工程，工程分为近期（2011年~2015年）和远期（2016年~2030年）两个部分。近期按84万平方米供热面积设计，主要建设内容有：占地45亩的热源厂1处，锅炉房及附属用房2934平方米，29兆瓦燃煤高温热水锅炉2台，换热站6座，敷设一级供热管网11.42公里。现已完成供热管网3.9公里，热源厂完成三通一平，正在进行桩基工程，完成投资2200万元。

（三）城市供水方面

2003年以前县城主要是：北山水厂井水（地下水）供水，日供水能力为1000吨，供水管道为80年代铺设的最大口径为Φ200㎜的铸铁管道，供水管网长度为8公里，排水管网长3.2公里。2003年以后，由于地下水位严重下降，不能满足城区人口的生活需求，县上筹资建设了南川水厂，引东峡口水库水源供水，日供水量为3500吨，实现了城区全日供水，供水管网长度达到19公里，其中，Φ800~1000㎜排水主管网20公里，Φ300㎜排水支管15公里。2011年，投资1394.54万元实施了城区供水管道改扩建工程，计划改扩建供水管网23.4公里，现已完成供水管网改造18公里，完成投资约1000万元。2013年计划实施张家川县净水厂二期工程，工程位于张家川县东峡水库下游2000米处，设计日供水能力21000立方米，主要内容为取水管线工程、输水管线工程及净水厂土建。其中新建DN400输水PE管5600米，净水厂占地20.3亩。项目估算总投资为2495万元，资金来源为通过申请国家补助及自筹解决。目前，正在做项目初设。

（四）垃圾污水处理设施建设方面

2010 年投资 1262 万元实施了县城区生活垃圾填埋处理工程，工程位于县城西北 4.3 公里处的上川村平桃塬，总占地面积 166.15 亩，设计库容为 53 万立方，有效库容 46 万立方，2011 年底完工。2011 年投资 5400 万元实施了城区生活污水处理工程，工程位于县城西南部后川河西岸、袁川村西南角，占地 36.87 亩。主要建设内容为新建污水处理厂一座，配套敷设污水收集管网 26.1 公里。设计污水日处理规模近期（2015 年）0.9 万立方米，远期（2020 年）1.4 万立方米。目前，场区土方回填及道路硬化已完成。场区 CASS 池、接触池、粗格栅以及贮泥曝气池已完成蓄水试验。生产管理楼、鼓风机房和污泥浓缩脱水机房已完成粉刷。粗格栅、加氯间和锅楼房已完成部分粉刷。细格栅已完成池体混凝土浇筑。综合办公楼已完成地板砖铺贴。CASS 池、污泥浓缩脱水机房和鼓风机房设备安装已完成 80%。已完成厂区管道约 400 米，围墙 400 米，完成中城路、北滨河路、南部路网以及阿阳大道污水收集管道 5.5 公里，累计完成投资约 4110 万元。

（五）市场建设方面

县城已建成市场有 4 个，分别是北门山货市场、牲畜交易市场、同仁建材市场、通达农贸市场、西城路社区市场，在建的市场有 2 个，分别是综合商贸城和张川镇活畜交易市场。

（六）城市绿化亮化方面

实施“绿化、亮化、净化”三化工程，投资 350 万元在城区 9 条主要街道、行政广场安装配置各式景观灯、路灯 982 盏，并引资 50 万元，在中城路安装灯光隧道 22 座；投资 65 万元，实施了滨河路、和平路等主要街道和行政广场的绿化，共栽植街道行道树 3740 棵，完成县城道路绿化面积 1.2 万平方米。2011 年启动实施了回乡风情园一期工程，总投资 1.8 亿元，截至目前，圣典雕塑、新月雕塑、汤瓶、五番钟、六信亭、五功柱、围墙、历史长廊、人工湖和伊斯兰文化交流中心完成主体。种植各种常绿乔木 1149 株、落叶乔木 905 株、灌木 1324 株。修建河堤 900 米，车行桥、人行桥以及园区大门正在进行施工，亮化和翻板坝等景观已完成设计，完成投资约 1.2 亿元。2012 年投资 1260 万元实施了城区绿化工程，对新建道路北滨河路、南部路网及上川路县城入口处、体育中东北角进行、南大桥西侧三角地带进行了绿化，新增绿化面积 3.18 万平方米。

三、建筑业及房地产市场稳步发展

近年来，特别是 2009 年以来，我县新开工各类建筑工程累计达 72 项，总建筑面积 98.57 万平方米，完成投资约 14.7 亿元，有效改善了人居环境，优化了县城投资环境。通过出让土地使用权，引进资金，启动实施了星月花苑、恒顺嘉园、宝鼎花苑和嘉乐小区等房地产开发项目，新增住房 830 套，新增建筑面积 9.48 万平方米。随着新月怡庭、金都聚富家园等一批高档住宅小区陆续建成，我县房地产业逐步壮大。

四、新区建设和经营城市初见成效

在新区建设方面，沿滨河路一线，围绕县行政中心办公大楼，建成了县行政中心广场、县公安指挥中心、劳动力市场中心、县体育活动中心，县中医院、工商局、国土局、会计核算中心、林业局、计生服务中心、民族博物馆、中石油分输泵站等一批建筑工程，新增建筑面积 10 万多平方米，新城区建设初具规模。在经营城市方面，坚持把收储经营土地作为经营城市的第一资本，按照《天水市土地收购储备暂行办法》等法律法规，坚持以规划为先导，以保障项目建设用地为目标和效益优先的原则，开展了土地征用收储工作，2007 年以来，共储备土地 3416.08 亩，有效保证了重大项目建设用地。同时，加大已出让土地出让金的收缴工作，采取多种方式，累计收回出让金 564 万元，占应收缴 1082.54 万元的 52.09%。为了防止已收储土地资产的流失，对土地资产进行了全面清理，对界限清楚、无遗留问题的区块栽植了水泥桩，并建立了台账和档案。特别是建立了土地资产管理制度，实行动态巡查，确保了土地资产的安全，经营城市初见成效。

五、存在的主要问题

一是资金短缺制约着城市的建设。目前，新城区建设任务重，旧城改造面较广，但由于历史欠账较多、起步较晚、投入资金短缺等原因，建设资金短缺的问题日益突出，特别是回乡风情园、城区集中供热工程和城区道路铺油工程等项目投资大，自筹资金多，给项目顺利推进带来一定困难。

二是环境复杂阻碍着项目的推进。一是征地拆迁难。由于征地拆迁价格以及安置与其对象的期望差距太大等原因，征地拆迁仍是项目建设的头等难事。因此，常常导致项目难以推进或者只有改变规划迁就，不仅造成了人力、物力和财力的极大浪费，还直接影响到了经济社会的发展。二是施工组织难。项目所在地居民违法违规、乱要补偿的现象比较普遍，如果不能满足其要求，就会阻工闹事，增大了协调难度，影响了工程进度。

三是城区环境治理仍是管理的难点。由于我县城中村的普遍存在和部分居民公民道德意识的缺失，增加了城区环境治理的难度。尽管我们采取了多种措施，清扫清运垃圾，但由于临街店铺开张搭台促销、小商小贩占道经营、临街居民乱倒乱放等现象的长期存在，严重影响了城区环境卫生状况的根本改善。

六、对策建议

近年来，我县的城市建设取得了明显成效，城市面貌有了新的很大变化。但与周边城市相比，仍存在一些差距。面对新的形势和要求，提出如下建议：

（一）树立抓城建就是抓发展的理念，把城市建设纳入经济发展的范畴

坚持解放思想，用发展的眼光看城建，放眼长远，立足当前，把城市建设作为经济建设的重要组成部分，把推进城市化步伐作为经济发展的直接动力，创造性地推进城市建设。

（二）搞好城市规划，进一步发挥好规划龙头作用

实践证明，城镇化发展，规划必须先行。今后应进一步加大规划投入力度，不仅要修编总体规划，而且要搞好系统的控制性详规和修建性详规以及城市设计。规划编制过程中，要充分考虑经济社会发展需求和未来发展趋势，留足城镇发展空间，并充分体现自然景观、地域文化和产业特色，确保规划的超前性和科学性。在县城，重点要对县城规划区内道路、排污、园林绿地等城镇基础设施进行全面统筹规划，使地面建筑与地下设施、平面布局与立体景观、经济效益与环境质量等协调统一，做到分区科学、布局合理、特色鲜明、设施配套、功能完善、环境优美。

（三）树立经营城市的理念，破解城市建设中的瓶颈制约

我县财力有限，更要坚持走经营城市之路，开辟多种融资渠道，有效解决城市投入不足的难题。要坚持适度负债理念，充分发挥投融资载体和操作平台作用，盘活、收储和运作县属范围内经营性用地和闲置资产。要加强与金融机构的联系和合作，争取银行更多融资，巩固和扩大与各商业银行的合作关系，达到互利双赢的目的。要认真做好城建项目包装，加大招商引资力度，以注册资本和国有资产经营公司的信誉，按照“大招商、招大商、招优商”的要求，广纳国内外客商，参与我县城市建设。

（四）树立彰显个性的理念，精心打造特色城市

对我县城市建设工作而言，应注重彰显城市特色和个性的培育，城市建设要体现地域和民族特色，扩大城市的知名度和美誉度。既要注重城市建设量的扩张，更要注重城市发展质的提高，不断完善城市功能，提升城市内涵，增强发展的“软实力”；既要注重城市融入现代元素，更要注重城市历史和文化的传承。在城市建设中，要注重彰显深厚历史文化的底蕴，同时进一步挖掘和整合人文景观，把地方特色文化和历史底蕴与城市建设结合起来，丰富城市景观，提高城市品位，塑造城市特色。

（五）树立以人为本的理念，走可持续发展的城市建设路子

要节约集约利用资源，走可持续发展之路，不仅注重当今的开发建设，还要为后人留下可持续的发展空间。当前，张家川步入快速发展的新时期，在城市规划工作中，要超前谋划，增强节约意识。要着力解决与群众切身利益密切相关、人民群众最为关心的热点、难点问题，坚持依靠群众建城市，建好城市为人民；突出生态建设，提高城市绿化覆盖率和人均绿地占有量，努力构建人与自然和谐共存的环境，为加快城市建设营造和谐的发展环境。

努力打造戈壁明珠城

甘肃省金塔县住房和城乡建设局

金塔县地处甘肃省河西走廊中北部，是神舟的故乡、航天的摇篮。全县总面积1.88万平方公里，所辖5镇5乡、86个行政村，总人口15万人，城镇人口5.2万人，城镇化率34.7%。鼎新机场、嘉策铁路、酒额公路、酒航公路，直通全国各地，公路、铁路、民航三位一体的交通网络基本形成。金塔，是一个历史悠久的文明古城，在悠远的历史长河中，一代代金塔人民用勤劳、智慧和热情的双手建设着美丽的家园，创造了这片戈壁绿洲。黑河、讨赖河、红水河、清水河相汇入境，鸳鸯湖、金沙湖、金鼎湖等十几座湖泊水库连绵交错，使这片热土人杰地灵，物华天宝，素有“塞上明珠”之称。

进入21世纪以来，金塔县依托酒航公路（酒泉至航天城），不断推进城镇化进程，城市规模迅速扩展，城市发展蒸蒸日上。“十一五”期间，共实施城市建设项目53项，改造和新建城市道路47公里，供排水、集中供热等地下管网改造全面完成，第二热源厂、垃圾填埋场、污水处理厂相继建成，航天广场、天利广场、金鑫工业园广场绿树成荫、设施齐备；共开发建设规模住宅小区10个，新建住宅8000多套；城市绿化、美化、亮化各项措施全面落实，城市绿化率达到38.6%，2009年被命名为“省级园林县城”。

近年来，金塔县紧紧围绕酒泉市委、市政府确定的五大主攻重点和“六翻番、六提升、三率先”，建设富裕文明和谐幸福酒泉的奋斗目标和《关于加快建设国际明星城市和戈壁明珠城市的实施意见》，认真贯彻落实“五个年”活动等重大部署，按照“新农业、兴旺一产，突破工业、壮大二产，开发旅游、活跃三产，打造戈壁明珠城、建设酒嘉后花园”的“3+1”发展战略，以项目建设为支撑、以招商引资为突破，狠抓产业培育和基础建设，全县经济实现了平稳较快发展。

在城市建设上，金塔县始终坚持“规划引领、分步实施、建管并重、凸显特色”的工作思路，狠抓城市开发建设，着力打造集旅游观光、休闲度假、餐饮娱乐、节会商务、生态园林、和谐幸福为一体的现代宜居、宜业、宜商、宜游的“戈壁明珠城市”，努力把金塔建设成为“酒嘉后花园”。

一、规划引领，绘制科学建设蓝图

坚持“城市建设、规划先行”的原则，狠抓城市规划体系建设。

（一）加快推进了城镇总规、控规的修编完善

委托甘肃省城乡规划设计研究院编制了县城总体规划，委托上海同济规划院编制了县城控制性详细规划，委托北京清华城市规划设计研究院编制了航天镇集镇总体规划，与此同时，全县上下积极努力，完成了8个乡镇的总体规划、集镇控制性详细规划和86个行政村的村庄规划，实现了县、乡、村规划全覆盖目标，使用建设有了科学的理论依据。

（二）启动了专项规划编制工作

启动了城市道路交通规划、供排水规划、供热规划、绿地系统规划等专项规划编制工作，计划于2013年全部编制完成。

（三）落实了修建性详细规划

编制完成了生态湖建设项目、新城区商贸中心、第二热源厂等修建性详细规划方案。初步形成了总规与详规相衔接、专项规划与详规相配套，功能完善、布局合理的城市规划体系，为全面提升城市开发建设水平奠定了坚实基础。

（四）加大了规划执行监管力度

严格控制新城区建筑密度、容积率、绿地率等强制性指标，建立了“建设单位申报、县政府审批、住建局执行、县人大监察”的城市规划管理机制，按照“航天主题、现代风格”，着力从街区风格、建筑色彩、单体造型等方面彰显城市特色，塑造“丝路胡杨、神舟故乡”的城市形象。

二、项目支撑，城市建设突飞猛进

（一）突出项目带动，新城区开发建设全面推进

2012年，全县上下积极申报国省投项目资金，广泛宣传吸纳社会资本参与城市建设，实施了路网框架、商贸中心、保障住房等11个重点项目，完成投资5.5亿元。投资2617万元完成了神舟大道东段、文化街、幸福街、宝塔街等道路铺筑、人行道铺装、地下管网敷设和鸳鸯街路基处理，为全面拉开新城区路网框架打开了局面；投资2558万元实施了第二热源厂一期工程；投资1900万元完成了污水处理厂二期工程；投资2300万元在拦河湾新水源地建设工程，城市日供水能力达到16000方，可以满足未来20年生活用水需

要；投资1.31亿元，完成了嘉磊华庭小区6栋住宅楼及嘉磊酒店3栋楼的主体工程建设；投资1.16亿元，完成了商贸中心15栋住宅楼、商业楼的主体工程建设；投资7400万元完成了泰安家园5栋152套住宅楼的开发建设；投资7100万元，修建保障房6栋316套，其中：廉租房180套，两限房100套，公租房36套；投资3900万元，完成了汽车客运站综合楼和司乘公寓楼建设；投资2400万元，完成了天然气储气站、汽车加气站土建。

（二）强化功能配套，老城区改造提升力度加大

按照完善功能、提升档次的要求，加大了城市供热节能改造、公共设施完善、城市照明改造和棚户区拆迁改造力度，实施了7项工程，完成投资1.66亿元。投资1066万元完成了33栋12.8万平方米的既有建筑节能改造；投资2600万元完成了24栋公共建筑太阳能光电一体化建设，总装机容量1MW；投资800万元完成了东环路广场经营和5户农家园升级改造；投资350万元完成了广场周边、解放路沿线公共建筑物亮化改造；投资800万元完成了泰安家园、金色阳光家园健身广场建设；投资1.1亿元在商业步行街、丽都花园、泰安家园、金色阳光、和顺苑新建住宅楼16栋682套；使老城区基础功能进一步强化，配套设施进一步完善，人居环境进一步优化。

（三）加大投入力度，城市园林绿化档次明显提升

以创建"国家园林县城"为目标，精心规划设计，加大投入力度，实施了2项工程，完成投资4348万元。投资3668万元实施了西湖生态公园一期工程，完成了湖底平整、湖岸整形、湖体防渗等土建任务和环湖道路、桥类景观的基础工程，正在进行绿化覆土和供水管网设计。投资680万元完成了以道路绿化、单位庭院和住宅小区绿化为重点的城区绿化工作，栽植树木5万多棵，移栽花卉8万多株，城市绿化覆盖率达到了38%。在城市外围新建了胡杨大道生态防护林1050亩，在工业园区、三湖一溪、森林公园共栽植树木31万多株，新增绿地面积66万平方米，形成了外围防护为屏障、道路绿化为网络、小区绿化为依托、街头绿地为点缀城市绿化体系。

（四）立足城乡统筹，小城镇建设步伐不断加快

按照统一规划、城乡统筹、突出重点、梯次推进的原则，充分整合项目资源，实施了4项工程，完成投资1.16亿元。投资5500万元在金塔镇金大村修建楼居式住宅14栋480套；投资1900万元完成了航天镇新区军民大道、滨河北路地下管网敷设和路基提垫；投资1600万元完成农村旧点改造和村庄整治1191户；补助2578万元完成农村危旧房改造2400户，农村人居环境明显改善。

三、改革创新，城市经营管理水平不断提高

（一）经营城市的路子越来越宽

以开展“政策落实年、招商引资年”活动为契机，抢抓机遇，加大专项资金、国债资金争取力度，积极向上申报了9个城市建设项目，共争取项目资金9117万元。采取土地招拍挂、出让经营等措施办法，完成了新城区118亩土地招拍挂，回笼资金4543万元。同时，积极搭建融资平台，通过国有资产抵押融资办法，向兰州银行申请贷款4000万元，有效弥补了建设项目资金缺口，推动了项目的顺利实施。

（二）管理城市的措施越来越具体

围绕建筑市场、房地产市场、城市供水、供热、环卫、绿化等市政公用事业，狠抓精细化管理，城市管理效能有了新的提高。

1. 狠抓了建筑市场及建设工程质量安全管理。落实了建筑工程质量安全责任制，开展了安全生产年、安全生产月、工程质量月活动，实施专项检查12轮次，落实了安全生产备案制度和风险抵押金制度，严格执行了建筑材料检测试验标准，建立了重大危险源、重大事故隐患台账，各项工程验收合格率达到了100%。强化了工程程招投标管理，招投标率达到100%。

2. 加强了房地产市场及物业管理。2012年共建成商品房1049套，建成保障房316套，发放廉租住房补贴900户、162万元；杜绝了商品房虚假广告和短斤少两问题；加强了物业法规宣传和日常监管，开展了物业检查评比和物业人员培训学习交流工作，深入整顿小区管理秩序，建立了四级物业管理体制，收缴住宅维修资金112万元，提高了物业维修保障能力。

3. 加大了市容市貌整治力度。完善了城管执法督察机制，建立了车辆乱停乱放联合执法机制、违章建筑查处联合执法机制和市容市市貌评比通报机制。开展环境卫生集中整治活动3轮次，加强了城市出入口、城乡结合部环卫保洁，依法取缔和查处了各类违规违章行为，认真落实了“门前三包”责任制，市容市貌明显改观。

4. 完善了市政精细化管理体制。围绕城市供水、供热、环卫、绿化等公用事业，狠抓精细化管理。加强供热监督管理，实行了服务承诺制，建立了供热巡查和定点测温制度，用户满意率达到96.5%。加强供水服务管理，及时检修、维护供水主管道，抢修意外事故，确保了居民生产生活用水。强化环卫保洁，落实了全天候“五无四净”要求，城区“六路九街”44万平方米街道清扫率达100%，保洁率达98%，共清运垃圾2万吨，按季度进行了推压

填埋和无害化处理。加大广场、路灯管理，城市照明设施亮灯率、完好率达到98%以上。

四、今后几年的工作思路

今后几年，金塔县将按照《金塔县城市总体规划（2011～2030）》目标，认真落实市委、市政府《关于加快建设国际明星城市和戈壁明珠城市的实施意见》和县委、县政府《打造戈壁明珠城，建设酒嘉后花园的实施方案》，立足城市建设实际，力争通过三年左右的开发建设，使新城区主体框架初具规模，城市建成区面积达到10平方公里以上，城市人口达到6万人以上，城镇化率达到40%以上，积极促进文化事业全面繁荣，全面推动西北休闲旅游名县建设，努力把县城建成规划体系科学完整、交通网络四通八达、基础设施配套完善、生态环境秀美宜人、公共设施合理布局、商贸旅游繁荣活跃、人居环境明显改善、辐射带动区域经济社会协调发展的现代化“戈壁明珠城市”。

（一）加快开发建设步伐，打造戈壁明珠城市

坚持“整体规划、分步实施”的工作思路，落实县城10平方公里的规划控制目标，全力启动实施和完成五大类项目建设任务。

1. 建立健全城市规划体系。建立健全以总体规划为纲、控制性详细规划为面、专项规划为线、详细规划为点的城市规划体系。一是狠抓城市规划体系建设。全面启动专项规划编制工作，完成城市道路交通规划、给排水规划、集中供热规划、城市燃气规划、绿地系统规划、电力设施规划、通讯设施规划等专项规划编制工作，超前启动新城区“九纵十二横”道路、中央景观带、“五馆”等各类建设项目详细规划，在项目实施前完成审核报批。二是注重打造城市特色。按照“航天主题、现代风格”打造城市特色，融入航天文化、居延文化、自然景观、低碳生活、风土人情等文化元素，从街区风格、建筑色彩、单体造型、元素符号等方面出发，把新城区行政中心、文化中心、体育中心、会展中心、商业中心打造成金塔的标志性建筑。老城区通过改造提升，着重在建筑物外形、装饰、色调、美化亮化上，塑造现代建筑风格特色。三是加强规划审批管理。各类规划批准后，要按照“建设单位申报、县政府审批、住建局执行、县人大监督”的规划审批管理程序，严格落实道路红线、绿地绿线、水域蓝线、基础设施黄线，以及建筑密度、容积率、绿地率等强制性控制指标，维护规划执行的严肃性，坚决制止和纠正违规乱建行为。

2. 健全完善基础设施体系。以绿色能源示范城市建设项目为抓手，健全

完善六大基础设施保障体系，不断提升城市承载能力。一是建全“九纵十二横”城市道路框架，启动实施22条道路建设项目。航天大道、神舟大道两条主干道按照双向八车道标准建设，道路红线宽度64米；其他20条道路按照路、街、巷三级标准分级建设，完善道路配套设施。到2015年实现新老城区路网全闭合，形成联通内外、顺畅便捷、配套完善的城市交通体系。二是健全完善城市自来水供给体系。大力实施新水源地建设项目、城区供水改扩建项目和工业园区生活用水建设项目，完成新水源地建设和覆盖城区及工业园区全境的供水主管网建设，全面提高城市供水保障能力。形成取水便捷、水质达标、管网配套、供给充足、安全可靠的城市自来水供给体系，日供水能力达到1.6万立方米，供水普及率达到100%。三是健全完善城市排污和污水处理体系。大力实施城市排水管网建设、污水提升站扩建、城区生活污水处理厂调试运行和工业园区污水处理厂建设。到“十二五”末，污水处理率达到90%以上，实现城区、园区污水集中收集和达标排放目标。四是健全完善城市集中供热体系。加大老城区老旧供热设施改造力度，实施供热二级管网改造工程，结合既有建筑节能改造项目，全面完成供热管网平衡改造和计量收费改造任务，完成第二热源厂建设和新老城区集中供热整合改造，形成两个热源厂供热、二级换热站换热的集中供热新体系，总供热面积达到200万平方米以上，集中供热覆盖面达到95%以上。五是健全完善城市天然气供给体系。加快实施城市天然气入户项目，建成中心储气站、汽车加气站，建立天然气价格管理办法和天然气供给保障体系。到2015年，完成天然气入户7000户以上，居民天然气普及率达到90%以上。六是健全完善城市电力通讯保障体系。按照城市电力通讯专项规划，老城区着重实施高低压线路入地工程，新城区要在道路建设前，预制好各类地下管线跨路综合管沟，配套完善各类强弱电线路建设。到2015年，城市所有电力通讯线路全部入地，形成覆盖全城、网络配套、设备先进、保障有力的电力通讯体系。

3. 加快推进新城区开发建设。全面启动实施行政办公区、公共服务区、商业服务区、商品房开发区四类开发建设项目，到2015年基本建成布点科学、服务到位、功能完善的公共服务街区。一是加快推进公共服务区建设。按照统一规划、整体布局、分步实施的原则，启动实施行政办公区、公务服务区建设，并配套建设文化广场和中央水景观工程，力争通过五年的集中建设，着力打造最具现代风格、造型美观、功能完善、设施配套的公共服务区。二是加快推进商业服务区建设。按照适度集中、立足长远、改建并举的原则，大力招商引资，全面启动实施金融保险、综合商业网点建设和专业市场建设项目，到2015年建成3个商贸中心和2个鲜活农产品交易市场，吸引商贸流通企业、品牌店、个体商户入驻，努力打造现代服务街区，形成结构合理、功能完善的现代服务业体系。三是加快推进新城区房地产开发建设。加大招商引资力度，围绕行政中心，启动宾馆酒店、商住小区、保障性住房等三类建设项目，到2015年，建成高标准商住小区4个、保障性住宅小区1个、四星级酒店2~3家，带动人流、物流向新城区转移，聚集人气，推动新城区商业开发热潮，打造县城高端形象。

4. 加大老城区改造提升力度。坚持新建与改造相结合，按照先易后难的工作思路，加大老旧平房拆迁改造力度，完善市政设施，提升老城区的综合服务功能。一是加大老旧片区建设力度。以棚户区、城中村改造和节能建筑改造为重点，着力推进老城区老旧平房片区建设项目，完成拆迁改造12万平方米以上。加快推进老旧住宅楼的外墙保温、供热计量和管网平衡改造，每年至少完成11万平方米老旧住宅楼的既有建筑节能改造工程，到2015年完成45万平方米既有建筑节能改造任务。二是完善小区基础设施和市政设施。每个小区建设市民健身广场1个，配套相关活动设施，落实住宅小区物业管理各项规定，提升居住区整体功能和物业管理水平，努力打造宜居小区。加大公用设施建设力度，配套建设城区停车场、社区公园、健身广场、金融保险、通讯等设施，不断提升城市综合公共服务水平。

5. 加快推进城市美化亮化建设。以创建国家园林县城为目标，按照政府主导、部门主抓、全民参与、市场运作的模式，狠抓城市绿化、美化、亮化建设。一是加快推进“四湖一溪”滨水景观带建设。按照“以人为本、因地制宜、注重生态、保护环境”的原则，高标准开发建设金塔生态公园景观工程；统筹规划利用县内丰富的水资源，实施引水入城，以上杰支渠为主线，建设城市中央水景观带，以水增灵气，提升城市品位。二是加快国家园林县城创建步伐。狠抓外围防护林带建设、道路庭院绿化、社区公园等建设项目，全民动员开展植树造林，用四年时间集中在城市外围实施环城西路以西贯穿南北的3000亩护林带建设项目、拦河湾防洪区的500亩成片林带建设项目和新水源地保护区200亩绿化带建设项目，构建城市生态防护屏障。新城区着力建成社区公园4个。到2015年，城市绿化覆盖率达到40%以上，绿地率达到36%以上，人均公共绿地面积达到12平方米以上，形成“外围防护为屏障、道路绿化为网络、小区绿化为依托、街头绿地为点缀”的点、线、面相结合的城市绿化体系，努力打造“城在林中、林在城中、居在园中、人在画中”的生态园林城市。三是加快推进城市美化建设。大力开展楼体美化改造、道路广场美化建设、花园式单位、花园小区、绿色家庭创建活动，城区主要街道和单位门前，要科学设计增加绿化美化景观，摆放花盆、设置花坛，注重景观效果，努力打造花园城市。深入开展市容市貌综合整治，合理设置和划定出租车停车位，规范车辆停泊管理，集中整治城区脏乱差，营造优美的城市环境。四是加快推进城市亮化建设。坚持点、线、面相结合的原则，加大老城区亮化改造和新城区亮化建设力度，城区所有道路全部安装标准化路灯，所有人行道、公共广场、社区公园、单位庭院、住宅小区全部安装风格多样、造型美观的景观灯、LED 彩灯、庭院灯，所有单位办公楼全部安装节能七彩灯和投光灯，努力打造区域特色突出、夜间景观靓丽的现代化城市。

（二）大力发展城市旅游产业，着力建设酒嘉后花园

立足金塔特色旅游资源，规划以酒航路、城郊带为核心，挖掘整合民俗文化、特色美食、风土人情等乡村旅游资源，把城市发展与旅游产业、新农村建设相结合，全景展示戈壁明珠、丝路胡杨、沙漠绿洲的独特风貌。包装好现有的旅游景点，提升景区档次和品味。规划以“四园一带”（东建黑河环流大漠地质园、南建三湖一溪水上游乐园、西建万亩胡杨森林生态园、北建三城一关军事文化园、中建乡村生态体验带）为总体格局，以六大品牌（航天科技游、胡杨森林游、水域风光游、大漠探险游、田园生态游、光电工业游）、八大景观为支撑，开发 20 个项目、力争达到 100 家旅游接待点。重点开发建设“四湖一溪”戈壁滨湖旅游度假区，打造金塔、航天两个特色旅游风情小镇，创建沙漠森林公园和“四湖一溪两寺”2 个品牌景区，建成城郊旅游服务体系、自驾车旅游服务体系、旅游咨询服务体系、旅游公共信息平台 4 项服务体系，建设 5 家星级酒店。到 2015 年，全县旅游总收入达 13. 5 亿元，带动就业 3700 人以上，旅游总人次达到 158 万人次，努力将我县打造成全国优秀旅游城市。

1. 加快森林公园开发建设进程。坚持保护性开发和合理性开发原则，在开发建设中注重体现和打造胡杨文化、胡杨精神，以公园内胡杨林、沙枣林、红柳园等自然景观资源为主，整合金塔生态湖、胡杨大道景观带以及周围沙漠绿地，开发胡杨观光、大漠运动、治沙科普等新型旅游产品，重点建设入口综合服务区、金波湖胡杨林核心游览区、沙漠运动康疗区、红柳园休闲狩猎区、沙枣林观光休闲区五大功能区。力争 2015 年把沙漠森林公园打造成集生态观光、休闲度假、运动康疗、科普教育等功能于一体的 AAA 级生态旅游区。

2. 着力推进“四湖一溪两寺”休闲度假旅游中心区建设。以县城发展规

划为指导，按照政府打基础、引资搞建设的方式，以“四湖一溪两寺”为核心，依托水优势，做足水文章，拓展度假功能，提升服务档次，努力打造休闲度假旅游中心区。鸳鸯湖景区要依托鲟鱼养殖区、万聚渔业项目，以会馆建设为重点，突出鸳鸯文化主题，大力扶持开发鸳鸯湖文化旅游产业化养殖项目，通过3～5年的建设，建成集鸳鸯生态体验馆、鸳鸯会所、水景观房产等为一体的高档旅游服务中心；金鼎湖、金沙湖景区建设沿岸水景观带和休闲度假中心，吸引民间资金开发水上游乐项目和水景观房产；引导民间组织，发展宗教旅游，完善金塔寺、青山寺、榆树观的基础设施，建成集宗教文化、生态园林、旅游观光为一体的特色景点，组织筹备面向河西地区的宗教节会活动，提高金塔宗教文化内涵和吸引力。到2015年，将“四湖一溪两寺”打造成河西地区规模最大的滨水休闲度假区。

3. 大力发展城郊乡村旅游。坚持城乡统筹发展原则，加大东环路、城郊村、酒航路沿线以及航天小镇等重要旅游节点农家乐的新建改造提升力度，集中力量建设东环路餐饮娱乐一条街、上杰村观光农业示范园及红光村餐饮休闲示范区等一批特色休闲街区，各乡镇每年至少兴建农家乐2家以上，到2015年，全县农家乐达到100家。大力发展乡村旅游，采用带状开发与重点建设相结合的方式，着力推进建设金塔镇、羊井子湾乡、大庄子乡、航天镇4个旅游乡镇和金大村、红光村、榆树井村、牛头湾村、永胜村、航天村等旅游村，打造一批各具特色的乡土度假村、民俗文化村和农事体验村，形成特色明显的城郊旅游带，将金塔打造成国家休闲农业和乡村旅游示范县。

4. 积极开发旅游发展领域。充分利用我县特色旅游优势，采取多种融资方式和经营形式积极开发新的旅游品牌，打造新的精品旅游线路。依托酒泉卫星发射中心、航天小镇，大力发展航天科技游；依托光电产业园区，大力发展新能源产业游；以酒航路沿线特色小城镇、胡杨林、黑河风光、农业示范园等景点，积极包装策划和广泛宣传集丝路体验、戈壁观光、休闲度假、大漠风情、自驾车旅游等特色旅游线路，把金塔打造为国内知名的旅游目的地和丝绸之路重要的旅游集散地。

（三）深入开展全民创建活动，提升城市文明水平

以打造文化强县、文化名城为总体目标，加快实施城市文化建设工程，积极开展全民创建活动，强化舆论宣传引导，彰显航天文化和胡杨文化特色，努力将我县打造成市民素质优良、文化设施完善、文化产业成熟、地域特色鲜明的文化城市。

1. 全面提升文化品位。推行“民办公助”等多种方式加大投入，完善城市文化功能，建设博物馆、文化馆、体育馆、电影院等文化设施，努力形成覆盖全社会的公共文化服务体系。在全社会大力弘扬“崇尚创新、宽容失败、支持冒险、鼓励冒尖”的创新文化。积极活跃市民文化生活，鼓励和引导群众创办各类文化活动载体，广泛开展丰富多彩、格调高雅的文化活动，扎实创建文化示范街道（社区）。大力发展文化产业，重点突出“航天文化、胡杨文化、居延文化”等地域文化特色，努力培育实力较为雄厚、竞争力较强、影响力较大的文化团体，不断提高城市软实力。

2. 深入开展全民创建活动。深入持久地开展群众性爱国卫生运动，提高群众卫生防病能力和健康水平，争创国家卫生城市。切实加强社会主义核心价值体系建设和公民思想道德教育，大力开展“讲文明、树新风”等各类主题实践活动，增强广大人民群众的城市意识、文明意识和环保意识，提升城市文明程度，确保公共文明指数考核达标，争取成为全国文明城市。

3. 积极营造宣传舆论氛围。按照“人民城市人民建，建好城市为人民”的宣传思路，充分利用现代化宣传手段，采取各种有效宣传形式，形成一个高密度、大力度、超强度的浓厚舆论氛围。一是在广播电视开设“打造戈壁明珠城 建设酒嘉后花园”专栏，推出大力加强公共文化服务体系建设、创建全国文明城市的系列报道、系列评论、系列专访，每年播出时长不少于10小时。二是制作文化城市创建公益广告，在金塔电视台每天黄金时段播出。三是加大对外宣传力度，每年制作专题片2部以上，在市级以上媒体刊播城市建设相关新闻稿件不少于60篇，积极向外推介金塔、宣传金塔，吸引外界对金塔的关注和支持。四是积极发动群众参与，开展“城市发展大家看”活动，每年举办城市摄影、书画、诗歌等征集展评活动2次以上，激发广大市民热爱城市、参与建设的热情。五是在公交车、县域班线客车、出租车的车体显著位置设立文明城市创建宣传标语，进一步扩大群众知晓率和参与度，在全县兴起人人支持创建、人人参与创建的浓厚氛围。

以精细化理念提升城区品质

青海省西宁市城西区建设局　祁芝伟

“建设实力强、群众富、城市美、社会稳的新西区!”这是西宁市城西区人民的心声，也是城西区建设职工的奋斗目标。2012 年以来，西宁市城西区建设局认真贯彻落实精细化工作理念，以“创新发展，提升品位，优化环境，扩大城市服务载体功能”为主线，以改善人民生活质量、提高城市品位为己任，通过“景观建设、基础设施改造、民生工程”三大抓手，大力实施惠民、爱民、为民办实事工程，努力加快推动环境最佳宜居区的建设步伐。投资 2. 4 亿元，实施了滨河路景观带建设工程；五四大街、兴海路片区街景整治工程、虎台公园周边风貌整治工程；“老旧散”楼院综合维修改造工程；农村道路维修改造工程；危岩体治理项目；辖区道路护栏安装工程、牛隆巷贯通工程；对建研巷、中华巷等 20 余条小街小巷墙体实施了以百家姓和十二生肖为主题的景观墙改造工程；完成了西川南路党政军企共建示范村建设工程等二十一个小城建项目，在项目建设中体现出了精、细、美，多个建设项目受到了上级领导的肯定和群众的一致好评。

一、精细化规划，打造宜居新西区

在项目设计中，坚持突出美观大气、整洁靓丽这一设计主线，采取外地高端设计单位与本地熟悉地域特色设计单位合作的方式，确保项目设计上档次、上水平。如在虎台遗址公园周边风貌整治项目设计中，为提升其品位，吸引和留住游人，充分开发历史文化的商业价值，使城市空间更加协调，提出了“以打造商业空间激活历史文化资源，充分开发文化的商业价值，使城市空间更加协调”这一设计思路，力争通过虎台周边风貌整治，打造我市新的旅游点和休闲场所。在五四大街景观整治工程中，根据五四大街功能区划分，一方面计划通过立面色彩的统一与变化，使建筑立面更加分明，空间更加明确，另一方面增加绿化景观节点，分别烘托道路西段良好的商业氛围和道路东段整洁的办公环境，将两种迥然不同的格局有机的融合在一起，进一步优化了五四大街现代商业圈和行政办公区的发展环境，突出城区建设的精、细、美。

二、精细化建设，打造城区新名片

紧紧围绕城市建设“精细、精致、精品”目标，注重细节、注重效果，努力营造西区环境最佳宜居城区的新名片。如在护栏安装过程中，结合实际情况，对不同道路确定了不同的款式，全部采用镀锌钢静电喷塑材质，不仅结实耐用且较为美观；在牛隆巷道路改造中，在消除“断头路”的基础上，配套建设了排水、绿化、路灯等基础设施，建立了周边小区域微循环交通网络。另外，率先实施了西山三巷、红房巷等小街小巷景观改造工程，取得了良好的社会反响和群众的高度认可。如对中华巷片区道路两侧实体墙实施了以十二生肖像、福文化为主要内容的景观改造，新建了花坛和休闲石椅；将具有中国传统特色的“百家姓”文化以浮雕图案镶嵌在建研巷的文化墙上，详细介绍了每个姓氏的起源与由来，吸引了众多市民前往观赏。

三、精细化管理，夯实城区新基础

城区建设工作精细化是深入落实科学发展观的必然要求，“树立精细化理念，探求精细化方法，体现精细化成果”显得尤为重要。2013 年，专门成立了以区长为组长、分管副区长为副组长、建设、城管、绿化、发改等部门为成员的城西区城建工作领导小组，制定了城建领导小组联席会议制度，经常性召开专题会议，一方面学习城市建设工作精细化理念，努力形成抓细节、出精品的良好工作氛围；另一方面及时讨论研究建设项目的设计思路、工期安排、工程质量等问题，确保城建项目健康、稳妥、高效推进，使精细化工作成为西区发展的新亮点。

四、精细化服务，搭建干群关系新桥梁

把精细化服务，优化干群关系，搭建沟通桥梁作为一项重要工作纳入行风建设体系，要求每一名干部职工时时处处为群众服务，树立良好的公仆形象。坚持从细微处体现对民生的关注和以人为本的理念。2013 年，为切实解决好辖区兴胜巷 12 号院、黄河路 150 号院等 9 个破产企业家属楼院和“三无”小区供暖问题，我区多次组织人员入户调查、走访，对锅炉附属设备及安装工程进行了预算，由于上述 9 个小区内居住的大多数住户家庭经济收入较低，无力自行更换或维修锅炉，采取了区财政补贴和居民自筹的方式，按市场价格进行指导，由业主委员自行组织进行锅炉的安装的办法解决群众冬

季采暖问题，在冬季采暖期来临前，上述9个小区燃气锅炉已安装完毕，并通过了有关部门的验收，保障了正常供暖。黄河路150号院居民代表专门为区委、区政府送来了“困难之时伸援手，尽职责心系百姓”的锦旗。让群众充分感受到了政府的关怀和以人为本、执政为民、精细化服务的理念。

五、精细化征收，开创工作新局面

为确保征收拆迁工作依法实施，对房屋征收工作流程、细节、法律法规等进行了系统学习，大力推行“一个项目、一套班子、一个目标、一抓到底”的工作模式和“组长负责制、组团式推进、动态化管理、六到位保障、八亲自落实”的工作措施，每一个征收项目均成立相应的组织机构，由县级领导干部挂帅，按照拆迁范围的实际情况和工作量，合理搭配工作人员，实行分组包干，定人包户，做到每个项目有人抓安排、抓落实，切实把压力转化为动力，确保征收项目的整体推进。在房屋征收中，严格按照新的条例和流程，制定征收安置方案，发放了征收决定，分阶段倒排进度表，实现了精细化征收的工作目标，2012年实施的七一路铬渣堆放场征收工作更是创造了西宁征收拆迁的第一速度，实现了征收拆迁零上访，为这一重点项目顺利实施作出了积极贡献。

“群众的认可比蜜甜！虽然工作很辛苦，付出的很多，但是，看到西区的繁荣和发展，我们都充满了自豪感”！城西区建设局局长朴实的话语折射出的是西区建设职工的动力之源、创新之本。在建设职工的不懈努力下，西区将迎来更加美好的明天。

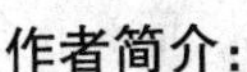

作者简介：

祁芝伟，男，汉族，1971年11月出生，中共党员，研究生学历。现任青海省西宁市城西区建设局党总支书记、局长。

自1995年7月参加工作起，历任西宁市城西区科技局干部；城西区古城台街道办事处副主任；城西区政协办公室副主任；城西区建设局副局长；城西区虎台街道书记、办事处主任。2011年11月至今，任西宁市城西区建设局局长。

工作期间被评为全省优秀共产党员、青海省第六次全国人口普查先进个人、“玉树4·14”地震抗震救灾先进个人等。

营造美好的家园

新疆维吾尔自治区博乐市住房和城乡建设局　符晓军　吴成军　唐良霜

博乐市位于新疆维吾尔自治区西北部，与哈萨克斯坦共和国接壤，边境线长119公里，距离自治区首府乌鲁木齐市524公里。博乐市是博尔塔拉蒙古自治州首府，也是兵团农五师师部，博尔塔拉军分区机关所在地。全市总面积7956平方公里，建成区面积13.14平方公里，总人口16.03万人（不含兵团）。近年来，博乐市先后被国务院评为西部大开发区域经济增长最快县（市）之一，荣获全国“科技进步先进市”、“中国优秀旅游城市”、全国“四五”普法先进市、“全国双拥模范城”、“自治区城市建设优秀城市”、“自治区文明城市”、“自治区农业富余劳动力转移就业工作先进集体”等荣誉称号。

一、城市建设跨越发展

博乐市从一个只有两条大街的小集镇，到一个拥有十几万居民的城市，它经历了沧桑巨变。

加快城市建设，事关博乐市的发展和未来，是历史赋予的光荣使命。博乐市历任领导始终把城市建设放在重要的位置上。当作对外开放、招商引资、树立形象的重要内容。尤其是近几年，博乐市用科学的理念，发展的眼光理清城市建设的思路，把思路认真落实到关注民生的改善上，精心打造了一个幸福和谐的宜居城市。

为适应对外开放和日趋加快的城市建设需要，博乐市出台了一系列城市建设的措施及宏伟目标，出台了在工业区、商业区、生活小区布局合理、科学规范的制度，城市防洪规划、园林规划、环境卫生规划等也相继编制完毕。城市规划管理工作步入法制化轨道。“一书两证”制度日趋完善，还设立了规划建筑设计室，城建科技档案馆，城市建筑逐步形成博乐独特的建筑风格。城市建设事业正规范有序地向前发展。

1996年底，博乐市青得里大街、北京路呈丁字型贯穿市区，这就是博乐当时最繁华的大街。十几年来，博乐市城市建设迅速发展，城市面貌日新月异，老城区高层建筑鳞次栉比，旧貌换新颜。新建的边境经济合作区平地而起，展露新城风采。城市规划已经实施，市政基础建设日臻完善，城市建设的健康、快速发展，为博乐市的对外开放、招商引资，促进经济繁荣和社会进步打下了良好的基础。博乐市撤县改市前，城市建设状况较差，缺乏严谨的科学规划管理，没有形成完整的科学体系，加之资金匮乏，城市建设举步维艰，进展缓慢。城市功能小区不明确，各类建筑结构简单，式样单一，市政基础设施薄弱，城市道路仅有 20 条，长 28.5 公里，且多为砂石或渣油路面，次高级沥青混凝土道路仅有 4 条。城市主干道 6000 余米，普及率仅为 21%，供水工程日供水量 505.6 立方米；城市园林绿化以自然形成为主，树木品种单一，布局散乱无序；城市公交、石油、液化气行业处于空白，环境卫生管理分散，部分地段"脏、乱、差"现象严重。市容市貌不尽人意。博乐撤县设市以后，市委、市政府抓住机遇，求真务实，加快了城市化建设的步伐，尤其是博乐被列为对外开放城市之一，市境内阿拉山口口岸批准为国家一类口岸，博乐边境经济合作区的建立等一系列因素，更进一步推动了博乐市城市建设事业的发展。城市总体规划全面实施，建设行为日趋规范、合理，城市公用设施不断完善，市容、市貌发生了较大变化。市区中心的休憩园，是市民休闲娱乐的场所，内有花圃、喷水池、石桌、凳及小型儿童游乐设施，因其设施功能单一，市委、市政府对其进行改造。叠水式音乐喷泉以开放使用，形成了以音乐喷泉、雕塑为主体的游览景点和休闲娱乐场所。

历史的年轮转到今天，按照"既量力而行，又尽力而为"的建设方针，博乐市确立了加快改造和完善北城区、稳步推进南城区建设，加快工业园区建设，组织实施了医疗废弃物集中处理中心、城市供排水、城市供热、维吾尔风情园、马踏飞燕标志、廉租住房、团结路和响根布呼路、文化路，硬化了市区部分巷道，完成了南城区中心环路人行道彩砖的铺设。同时，不断完善道路配套设施建设的投资，完成了道路标线、道路路灯、电力配套、八一桥涵建设、市区综合规划设计。城区道路经过 20 年的城市道路改扩建工程，形成"三纵"（北京路、团结路、光明路）"六横"（青得里大街、联通路、友谊路、长江路、响根布呼路、建国路）和"一环"（环城路）的城市道路骨架的格局。

目前城市道路共 49 条，总长 91.9 公里，总面积 165 万平方米，城市居民人均拥有道路面积 11 平方米。经过三期供水管网工程和南城区供水工程建设，全市供水管道总长 76 公里。城市排污系统进一步完善，到 2008 年，排水管道总长 56 公里，污水排放量 327 万立方米，再生利用水量 160 万立方米，总投资 3591 万元的污水处理厂 2006 年开始运营，目前污水日处理能力 15000 立方米，污水处理率达 85%；处理后水质达到国家二级排污标准，基本满足城市污水处理的需要。总投资 3168 万元、773 万元的垃圾处理厂和医疗垃圾处理厂已经开始使用。集中供热能力逐步提高，供热面积已达 185 万平方米，集中供热普及率已达 95% 以上；石油液化气储气能力为 180 吨，城市用气普及率达 95% 以上。

城市亮化水平逐步提高，共有路灯 5526 盏，亮灯率达 98% 以上，目前，博乐市建成区面积 14. 01 平方公里，绿地面积 443 公顷，绿地率 33. 74%，绿化覆盖面积为 627 公顷，绿化率 40. 92%，城市公园绿地面积 133 公顷，人均公园绿地为 16. 5 平方米。

二、重点工程顺利推进

排水工程——至 2008 年，排水管道总长 56 公里，污水排放量 327 万立米，再生利用水量 160 万立方米。城市防洪堤（渠）总长度达 7 公里。

供水工程——2008 年，供水管道长度 110 公里，供水生产能力 1. 49 万立方米/日，供水总量 413 万立方米，供水人口 11. 11 万人。

路灯建设——2006 年，博乐市区拥有道路路灯 1497 杆，11000 盏，变压器 18 台，配电箱 24 只，设有高杆灯 6 座。实施城市亮化工程，加强路灯的维护，更新。由白炽灯更新为高压钠灯，高压录灯，节能灯。路灯开关由人工拉闸更新为定时钟控装置。2008 年，道路安装路灯长度达 30 公里。

供热工程——2006 年，博乐市区形成 6 个供热源，博乐市腾博热力公司（原博乐市热力公司）；博新热力公司，博乐市南城区供热站，农五师热力公司（上述 4 个均为热水供热方式）和农五师热力厂（蒸汽供热），另有 58 个分散供热锅炉房。博乐市 5 个集中供热源设计总装机容量 378. 1 兆瓦，实际总装机容量 302 兆瓦；另外 58 个供热锅炉房锅炉吨位 336 吨。上述 6 个供热源的实际供热面积 297 万平方米。

供气工程——2008 年，博乐市储气能力 230 吨，供气总量 1106 吨，用气户数 35100 户，用气人口 11. 05 万人。

城建监察——1990 年 5 月 16 日，成立“博乐市城市管理监察队”，2001 年 6 月 12 日，更名为“博乐市城建监察大队”，是博乐市城建局所属受委托执法的事业单位。依照建设部《城建监察规定》和博乐市城建局授权委托，开展博乐市城建监察工作。坚持以科学发展观为指导，文明、规范执法，切实履行职责，坚持依法行政，热情服务和科学管理。十八年来，共受理博乐市城市管理中违章案件 6589 起，其中适用简易程序处理的 6504 起；一般程序立案 207 起，结案 207 起，结案率 100%，罚款 272157. 26 元。查处城市违章案件62起，合计面积17542.75平方米。审批广告牌匾349块，横幅813条，办理临时摊点许可证1104个。协助环卫处、养护处收取垃圾清运费和占道费121460元。违章备案建档13906人次。开展建设法规宣传142次，对违章当事人集中进行法规教育89次。城建监察大队均通过执法培训，提高执法水平和依法行政的能力，使城建监察工作步入良性发展的路子。

房地产产权产籍管理——截至2006年，博乐市现有房屋建筑面积达367.88万平方米。其中住宅建筑面积217.66万平方米，人均住宅建筑面积21.13平方米。2008年，博乐市（含农五师）房屋建筑面积563.6万平方米，其中住宅建筑面积300.06万平方米，人均住宅建筑面积25.28平方米。

住宅小区建设——从1995年开始，博乐市住宅小区建设起步，乐园小区安居工程楼开始建设。住宅小区内的规划应符合博乐市城市总体规划，住宅工程质量必须“合格”，住宅功能配套，要求符合抗震安居和环保、园林绿化、卫生服务等，建设成为环境优美的人居环境的住宅小区。至2006年，博乐市已建成乐园小区、丽园小区、楚天花园小区、金丽园小区、金汇园小区、帝龙花园、鸿盛园住宅小区。合计小区内住宅楼120余幢，总建筑面积44.75万平方米。

居民点建设和抗震安居房建设——博乐市党委、政府加大了社会主义新农村建设力度，开展了城乡抗震安居工程建设。从2008年开始，在三镇两乡一场有计划、按规划组织实施集中连片、整村推进工程住房519户，建筑面积3.4万平方米，实现了牧民定居；成为有史以来农牧民住房建设上，实现集中连片、整村推进的抗震安居房，成为社会主义新农村建设史上的亮点。

三、创建生态园林城市

2007年，在建设局党委一班人的领导下，博乐市提出的创建自治区园林城市的奋斗目标，狠抓了创建措施的落实，形成了公园。广场、庭院绿化为点，道路绿化为线，近城区片林为面、乔灌花草相结合的多层次、多品种、多色彩的城市绿化格局。大力实施重点绿化工程建设。重点对集博五公路绿色长廊、滨河公园、人民公园、赛马场、万亩生态园为一体的博尔塔拉生态旅游风景区重点进行了绿化，该风景区2006年被自治区旅游局评为国家AAA级风景区。以北京路为重点，加紧建设园林景观大道，引进黄金树、山楂、矮牵牛等乔灌木、花卉、草坪30余种。通过努力，建成区28条主次干道已建成10余条林荫路，城市道路绿化网络初具雏形，投资建成二类保护生态环境的托郭森布呼渠公共休闲场所。

近几年来，博乐市以争创国家级文明城市为目标，以“艰苦创业、团结奉献、兴博争先”的博乐精神为动力，以“文明社区、文明行业”为主的城市精神文明建设蓬勃开展，《公民道德建设实施纲要》20字基本道德规范深入人心，行业作风建设成效显著，城市居民文明素质不断提高，精神文明建设取得了丰硕成果。一是大力推进社区精神文明建设。立足实际，因地制宜，突出特色，广泛开展了以“环境优美，社会安定，服务完善，风尚良好”为主要内容，以科技、文体、法律、卫生进社区为切入点的文明社区创建活动，街道社区普遍建立了文体活动室，配备了运动器材，建立劳动保障工作站、法律服务中心和卫生服务站。在创建“文明社区”活动中，博乐市成立了以建设局为牵头单位、各街道社区和有关部门为成员单位的环境卫生综合治理工作组，建立了监督、检查、管理机制，从治理城市脏乱差入手，全面开展环境卫生集中整治活动。城乡结合部、星火干渠、托郭生布呼渠等区域的环境卫生得到了有效治理，居民生活环境得到优化。二是全面推进文明行业创建活动。以“三优一满意、行业树新风”为主题，在加强文明社区建设的同时，文明行业创建活动也得到了全面深入的开展。几年来，全市每个窗口单位以创建“文明行业”为载体，开展了“问一声好、让一个座、倒一杯水、给一个满意答复”的“四个一”活动。推行挂牌上岗服务、使用文明用语、规范服务行为等行之有效的措施，开展承诺服务、上门服务、限时服务、售后服务，有力地提升了窗口单位的形象。

2008年，建设局进一步修订了《博乐市城市环境卫生管理实施细则》、《博乐市城市生活垃圾管理办法》等规章制度，进一步明确了街道办事处和环卫专业队伍的分工，使城市市容和环境卫生管理细化到街、巷、单位。对清扫保洁定人、定岗，每月采取“两扫全保洁”的工作标准，城市道路清扫保洁率达100%。“门前五包”实行“四统一”（统一管理、统一清扫保洁、统一清运、统一收费），完善了“门前五包”责任制，并定期对责任制情况落实进行督察和考评。为改善城市环境面貌，投资400万元，购置了垃圾清运车、铲雪车、垃圾集装箱等环卫设备。城市环卫建设逐步加强，拥有城市环卫机械5辆，解决了全市清运垃圾的能力，城市水冲式厕所8座。狠抓市区门面、施工工地现场、卫生死角和城乡结合部卫生治理及户外广告整顿、拆除工作。对建筑垃圾渣土处理实行办证管理，制定线路、限时清运。对生活垃圾、建筑垃圾实行分类填埋。

1996年，博乐市城市公交开始起步，到2009年，按照“统一规划，统一管理、协调发展”的原则，博乐市编制了《博乐市城市公共交通规则》，制定了《博乐市优先发展城市公共交通实施方案》，并出台了一系列加强公交客运管理方面的地方性法规。加大公交设施投入力度，2009 年 10 月，投资 200 万元在北京路建设 22 个豪华美观配有 LED 灯的候车站点（雨棚），并对城市公交车站站牌进行更新，保证线路站牌“蒙汉”文字字迹清晰、整洁。目前，城市交通发展迅速，博乐市现有 4 条市内公交线路，总长 50 公里，公共汽车 60 辆，出租车 508 辆。全部实行统一管理，实现定点划线停靠，严禁压站候客、无章经营。加大稽查力度严厉打击非法营运，不断健全出租汽车经营权有偿出让和转让办法，规范出租汽车行业的管理，强化公交司乘人员的职业培训，开展“遵章守法，明礼诚信”文明行业创建活动，实现了城市客运服务的标准化，达到了五统一。

四、构建宜居安居城市

房地产业是国民经济和社会发展的基础性和先导性产业之一，国家把发展房地产业作为国民经济新的经济增长点。在计划经济时代，博乐市没有房地产开发。1996 年，博乐市开始实行安居工程建设，共计建设安居工程住宅 773 套，5.1 万平方米。1997 年，博乐市被列为“国家安居工程建筑城市”。

如今，博乐市有驻市房地产经营企业 39 家，全市的房地产市场稳定持续健康发展。自 1998 年以来，博乐市开发建设商品房建筑面积约 120 万平方米，一个个居民小区先后落成。完成开发投资约 9.6 亿元。博乐市人均住房面积大大提高。

博乐市扎实开展公园防护和绿化防护管理工作，完成了托郭生布呼渠清理清渠工作和滨和公园清运淤泥工程，恢复了滨河公园水域原来的面貌。

博乐市作为博州的首付城市，提升城市的对外形象，提高城市的聚集辐射带动作用，是博乐市今后工作需要着力解决的关键。对此，博乐市提出以打造“宜居”城市为目标，加快建设步伐，完善城市功能，提高城市管理水平。按照“多留遗产，少留遗憾”的要求，高起点谋划、定位和编制、完善各项城市规划：按照“完善北城区、推进南城区、打造滨河区“的思路，认真把握、精心考虑各项城市建设的每一个细节，用足用好每一笔建设资金，高水平、高质量地建好每一项工程。2009 年，博乐市重点完成了博乐市总体规划编修、北城区 5 平方公里控制性详规、滨河区修建性详规、城市的交通规划、城市商业网点及户外广告规划等多项重点规划编制工作，通过完善各项规划，使博乐市的城市建设沿着高标准、高起点、高水平的方向发展。为加快城市建设步伐，按照“完善北城、推进南城、打造滨河区”的思路。在北城区建设方面，主要以完善城市路网、改善人居环境、提高城市基础设施综合承载能力为目标，加快城区道路改造，供排水管网改造、集中供热等基础设施建设。自2007年以来，博乐市相继完成了团结路、响根布呼路、文化路、和平路等几条道路的改造建设任务，完成供热主管网16.1公里，并于2008年启动实施了青得里大街、北京路沿街一楼住宅该门面房清理和广告牌匾治理工程。在南城区，博乐市坚持量力而行、逐年推进的思路，加大了公共设施建设力度，南城区4平方公里供水、排水、道路等基础设施已基本覆盖，为下一步开发建设奠定了基础。目前，已建成州综合体育馆、博物馆、市联合办公楼、市党校综合办公楼等；在建的有博乐分校和南城区集资建房一期等；州烟草专卖局移动公司办公楼也即将开工建设。在滨河区建设方面，以融合南北城区协调发展为目标，立足“一河两园”生态区，高起点规划、高标准建设。加大拆迁力度，已完成近14万平方米的征迁任务，确保了州劳动力资源市场、州公安局应急指挥中心、州广电大楼等自治州重点项目的用地需求。

为减少城市污染、保护自然环境，2007年博乐市编制了城市供热工程规划，对原热力公司进行改制，成立了新疆腾博热力公司，大力实施集中供热工程，投资2400万元完成锅炉房4700平方米主体工程建设，并购置一台100吨热水锅炉。投资2000万元对供热主管网南北线进行建设，完成主管网建设工程1906米。2008年集中供热主管网南线全部建成。

博乐市多措并举，依法治理，不断提升城市管理水平，坚持“建管并举，重在管理”的工作原则，一手抓城市建设，一手抓城市管理，不断创新城市管理机制，按照城市管理重心下移和属地管理的原则，把公益性、群众性、社会性的职能下放给社区，并赋予一定的建议权、综合协调权。实行“财随事转、费随事转”保障其管理经费。完善了“两级政府、三级管理、四级网络”的城市管理新机制。

博乐市建设局按照“城市优先发展”的工作思路，以完善城市功能、美化、净化、绿化城市环境为目标，狠抓城市建设、加大城市管理力度。实施了赛马场建设、西部文化广场建设、街心广场建设、团结路、响根布呼路改造工程，八公里巷道建设工程，南城区道路、给水、排水、供热、供电、防洪、绿化工程，联合办公楼和附属楼的装修建设工程，北城水厂建设工程，生活垃圾处理厂建设工程，托逊布呼渠绿地建设工程，城市基础设施建设水平显著提高，以北城区、南城区、工业园区、博河旅游生态带和城市环城路为主的“三区一带一环”的城市格局逐步形成，城市功能日趋完善，人居环境得到明显改善。

五、打造城市全新形象

作为博乐市城市建设主管部门的建设局自从获得自治区文明单位以后，逐步加大工作力度，紧紧围绕城乡建设这一中心任务，内抓管理，外树形象，为推动博乐市经济社会又快又好发展作出了积极贡献。

博乐市是自治州的首府城市，是全州对外宣传的窗口和“名片”。加快城市建设、发展城市经济是建设局义不容辞的责任，也是重中之重的工作。博乐市要牢固树立抓城市发展就是抓经济发展的理念，加快推进城市化进程，紧紧围绕区域性中心城市建设目标，突出特色，超前规划，加快建设，科学管理，全面提升城市聚集、辐射、带动功能，全力打造城市新形象。

博乐市副市长、市建设局党委书记说：“要加强建设系统行政执法工作，确保城市有序；加强城市市容环境管理工作，确保城市整洁；加强城市绿化管理工作，确保城市美化；加强城市市政设施维护管理工作，确保城市亮化；加强城市公共客运管理工作，确保城市交通安全；加强城市公共设施管理工作，确保城市公共安全；加强工程质量监督工作，确保工程质量；加强城市建筑行业管理工作，确保建设行业安全；加强房地产管理工作，确保城市房地产市场健康有序发展”。

博乐市建设局先后获得“自治区文明单位称号、自治区“天山杯”竞赛“综合杯”最高奖，城市档案馆被自治区城镇妇女“巾帼建功”竞赛活动领导小组授予自治区“巾帼文明岗”称号、自治区城市建设“天山杯竞赛先进城市”等荣誉称号。

为了营造美好的家园，博乐市建设局领导和全体干部职工凝心聚力，奋力拼搏，为加强城市建设作出了巨大的贡献！清代诗人洪亮吉称博乐为“西来之异境，世外之灵壤”，博乐市在建设者的手中发生了翻天覆地的变化，相信在建设者的努力描绘下，博乐市的明天会变得更加美好！

全面改善人居环境　倾力打造魅力巩留

新疆维吾尔自治区巩留县住房和城乡建设局　陈　英

近年来，巩留县建设局在县委县政府的正确领导下，在县直各部门的大力支持下，全体干部职工紧紧围绕县委县政府的决策部署，把建设生态富裕文明和谐幸福巩留作为全部工作的主线，贯彻落实科学发展观，解放思想，创新实干，拼搏奋进，较好地完成了县政府确定的各项任务，创造了整洁、优美的城乡环境，有力促进了全县经济社会科学发展，和谐发展，加快发展。

一、统筹城乡发展，高点定位城市规划

按照“城乡发展，规划先行”的原则以及我县创建省级园林城市的总体要求，高度重视规划的先导性和基础性作用，放开规划市场，引入竞争机制，聘请名院、高手，高标准、高档次地编制城乡规划。截止 2012 年我县委托伊犁州规划设计院编制完成 6 乡 1 镇总体规划编制，阿克吐别克镇总体规划、沙尔吾则克村村庄建设规划已批复实施。巩留县总体规划已经修编完成，准备评审和报批。

二、基础设施不断完善，城市道路建设大发展

（一）市政工程

1. 县人民广场改造工程、文化长廊改造工程及 S316 线申遗环境整治工程；团结西路、西一路、文化路南段、西二路北段人行道改造已全部完工。

2. 亮化工程：公园路、恰布其海路正在打路灯基座，10 月底完成路灯的安装。新安装广场灯改造 15 盏。营造节日气氛悬挂灯笼 1600 只，彩灯 400 组。

（二）排水改扩建二期

排水改扩建二期项目，工程总投资 5200 万元（项目资金 2300 万元，地方自筹 2166 万元）。设计规模近期处理能力（2015 年）1. 3 万立方米/日，远期（2020 年）为 2 万立方米/日。建设内容包括 2705 平方米的污水处理厂一座，新安装排水管网 23495 米，工程于 2012 年 4 月初开工。

（三）供水改扩建二期

供水改扩建二期项目，工程总投资8828万元（项目资金2800万元，地方自筹6028万元），设计规模近期（2015年）供水能力为2万立方米/日，远期（2020年）供水能力为2.8万立方米/日。建设内容包括新建取水头部一座，2406平方米的水厂一座，输水管网36公里，配水管网26公里。工程于2012年6月开工，预计2013年10月前可正常投入使用。

（四）供热工程

已完成换热站三座（其中开发商投建两座），新敷设一次管网1500米、二次管网1800米。

（五）供气工程

燃气工程总投资2200万元，已完成3990.4平方米的加气子站一座，敷设输气主管道2000米，2013年年底完成了1600户入户安装。

（六）园林绿化工作

种植乔木13500株、灌木423600株，花草110万株，新增绿地面积23000平方米，绿地率达40.3%，绿化覆盖率43%，完成投资1115万元，完成创建国家级园林县城的初验工作。

（七）安居富民（灾后重建）工程

2012年巩留县安居富民任务为6170户，实际开工6421户，开工率104%，竣工6184户，截止目前80%已基本入住。

（八）保障性住房工程

1. 廉租住房建设：2012年新建廉租住房60套，建筑面积2940平方米，现已竣工验收交付使用。

2. 公租房建设：2012年公租房建设任务是1084套，实际实施建设1158套，总建筑面积为48784.52平方米，于2013年7月已全部交付使用。

3. 棚户区改造及安置建设：2012年棚户区改造任务是50户，5000平方米，到目前为止，我县保障性住房建设任务已经超额全部完成。

（九）房地产开发工程

2012年商住小区开发建设规模可达20万平方米，总投资达2.6亿元以上。主要由万合房地产开发、献瑞房地产开发、新疆仁杰地丰房地产开发商开发的万和丽景、东方雅苑、瑞禧源、金航图等住宅小区。

三、坚持依法行政，努力开创管理新局面

1. 切实加强审批管理。不断完善审批管理程序，减少审批项目和审批环

节，缩短审批时限，限时办结，提高办事效率。

2. 进一步加强城镇管理力度。加大城市管理监管力度，提高城管人员能力和执法水平，彻底进行“治脏、治乱、治差”；严肃查处挤压各类管道、挤占道路行为，继续加强摊位统一定位管理；切实加强县城内机动和非机动车辆的规范管理，使县城内的车辆停放井然有序；严格道路开挖审批，健全跟踪服务。深入治理卫生死角，继续实行整日保洁制。

3. 加强建筑市场监管。加大招投标全程监管力度，进一步规范交易程序，探索实施工程量清单计价招标，从严查处建筑市场中违规招标、违反法定建设程序、转包和违法分包等违法违规行为。严肃查处不履行法定建设程序和不执行工程建设强制标准工程项目，依法查处施工队伍无资质、乱挂靠、打招牌等违法行为。完善建筑市场信用档案建设，实行建设市场主体不良行为记录公示制度。加大劳保统筹费的收缴力度，杜绝减免劳保统筹费现象的发生。

4. 提高工程质量和安全生产管理水平。严格执行《建设工程质量管理条例》和工程建设标准强制性条文，坚持以结构质量为重点，完善见证取样制度，规范检测行为，狠抓施工现场各项基础管理工作，规范办事程序。加强《安全生产法》和《建设工程质量安全生产条例》的贯彻落实，积极探索质量安全管理措施，及时消除安全事故隐患，遏制事故发生，确保安全生产。

四、今后工作目标、思路、计划

以建设“绿色巩留、宜居巩留、最美巩留”为目标，努力把巩留建设成生态、宜居、旅游、休闲度假的圣地。按新型城镇化的要求，以库尔德宁天山申遗为契机，以城市规划为龙头，以创建国家级园林县城、自治区级卫生县城为抓手，加强基础设施建设，提升城市品位，改善人居环境，努力打造人、水、城宜居的旅游县城。

根据巩留县经济口专题汇报会的精神，按照县委书记提出的“一提升、二加强、三到位”，做到兼顾眼前，考虑长远，做好规划编制工作，进一步提升城市建设的品位、加强城市管理，加强功能区的完善，做到责任到位、体制建设到位、执法监督到位。贯彻落实副书记提出的“两个强化、五个明确”，即：强化时间、强化素质，明确周边环境、明确目标定位、明确重点亮点、明确工作细化、明确服从大局。

五、工作措施

1. 完善城乡规划体系，强化规划龙头作用。进一步完善规划体系，加快各类规划编制进度（控制性详细规划、专项规划和村镇建规划等），严格执行“一书三证”制度，强化对建设工程的规划后跟踪管理，严肃查处违反规划的行为，加大规划的执法力度，保证规划的有效落实。同时，需要增加规划设计室人员编制，解决专业人才规划人员缺少问题。

2. 加强城市生命线工程的监督管理工作。按照相关法规要求，做好县城管道线路铺设的审批、施工及竣工后跟踪监督管理及档案资料的收集工作。同时，设立主要管道的重要标志。做好管道铺设施工图纸档案资料的备查工作。

3. 切实加强城乡规划效能监察工作。围绕城市总体规划编制及执行情况，在全县范围内大力开展监督检查，采取综合执法手段，及时纠正和解决城乡规划中存在的问题，推进了城乡规划效能监察工作的深入开展。同时，不断完善规划管理各项机制，建立规划公示制度，坚持对重点建设项目和各类专项规划进行专家论证和社会各界评审，通过有效的政策引导和规范约束，保证城市建设的有序进行。

4. 标本兼治，不断提升县城管理综合水平。一是建立长效管理机制。二是积极开展县城环境秩序综合整治活动。三是加大城市环境卫生管理。坚持推行门前“三包”责任制，责任到人，督察到位。加大环卫设施投入，狠抓环卫队伍管理，充实了城建监察执法队伍，通过采取教育引导、疏堵结合、管罚并举的方式，不断提升县城管理水平。

5. 注重人才的培训及引进。做好冬季干部职工业务培训工作，提高职工的业务水平及理论素质。同时，需引进高层次专业规划人才，充实规划管理队伍。采用走出去、引进来的方式，派干部到张家港和疆内一些先进城市参观学习，进一步解放思想和开拓职工的知识面。

6. 配备必要的规划设备。为进一步提高工作效率和发挥规划龙头作用。目前，急需配置规划测量仪器及规划设计软件，为规划工作提供基础保障。

回顾这两年的工作，我们以创新的思维，务实的态度，有目的、分步骤地抓好了各项工作的落实。在新的一年里，住建局在县委、县人民政府的正确领导下，在上级业务部门的大力支持和相关部门的配合下，全局上下齐心协力，真抓实干，奋力拼搏，按照统筹城乡一体化发展，全力推进新型城镇化的要求，以库尔德宁天山申遗为契机，以城乡规划为龙头，以创建国家级园林县城、自治区级最佳卫生县城为抓手，加大基础设施建设，提升县城品位，改善人居环境，努力把巩留建设成生态、宜居、宜业、宜游县城。